国家清史编纂委员会·文献丛刊

主编 胡绳武

副主编 牛贯杰 戴鞍钢

清末立宪运动史料丛刊 ③

清廷的预备仿行立宪 第一卷

迟云飞 编

山西人民出版社

本书获中国人民大学"中央高校建设世界一流大学（学科）和特色发展引导专项资金"支持

"十二五"国家重点图书出版规划项目

国家清史编纂委员会出版委员会

主　　任　　戴逸

执行主任　　马大正　崔建飞

委　　员　　卜　键　朱诚如　成崇德　郭成康
　　　　　　潘振平　徐兆仁　邹爱莲

学术秘书　　赫晓琳　李岚

《清末立宪运动史料丛刊》出版工作委员会

主　　任　　贾新田　胡彦威

副主任　　姚　军　梁晋华

统　　筹　　蒙莉莉

委　　员　（以姓氏笔画为序）

王新斐　冯灵芝　史美珍　刘小玲　吉　昊

李　靖　李　鑫　张小芳　张志杰　何赵云

杜厚勤　张彦彬　柳承旭　武　静　郝文霞

贺　权　贾登红　崔人杰　阎卫斌　傅晓红

翟丽娟　蔡咏卉　魏美荣

总序

戴逸

二〇〇二年八月，国家批准建议纂修清史之报告，十一月成立由十四部委组成之领导小组，十二月十二日成立清史编纂委员会，清史编纂工程于焉肇始。清史之编纂酝酿已久，清亡以后，北洋政府曾聘专家编写《清史稿》，历时十四年成书。识者议其评判不公，记载多误，难成信史，久欲重撰新史，以世事多乱不果。中华人民共和国成立后，中央领导亦多次推动修清史之事，皆因故中辍。新世纪之始，国家安定，经济发展，建设成绩辉煌，而清史研究亦有重大进步，学界又倡修史之议，国家采纳众见，决定启动此新世纪标志性文化工程。清代为我国最后之封建王朝，统治中国二百六十八年之久，距今未远。清代众多之历史和社会问题与今日息息相关。欲知今日中国国情，必当追溯清代之历史，故而编纂一部详细、可信、公允之清代历史实属切要之举。编史要务，首在采集史料，广搜确证，以为依据。必藉此史料，乃能窥见历史陈迹。故史料为历史研究之基础，研究者必须积累大量史料，勤于梳理，善于分析，去粗取精，去伪存真，由此及彼，由表及里，进行科学之抽象，上升为理性之认识，才能洞察过去，认识历史规律。史料之于历史研究，犹如水之于鱼，空气之于鸟，水涸则鱼逝，气盈则鸟飞。历史科学之辉煌殿堂必须岿然耸立于丰富、确凿、可靠之史料基础上，不能构建于虚无缥缈之中。吾侪于编史之始，即整理、出版"文献丛刊"、"档案丛刊"，二者广收各种史料，均为清史编纂工程之重要组成部分，一以供修撰清史之用，提高著作质量；二为抢救、保护、开发清代之文化资源，继承和弘扬历史文化遗产。清代之史料，具有自身之特点，可以概括为多、乱、散、新四字。一曰多。我国素称诗书礼义之邦，存世典籍汗牛充栋，尤以清代为盛。盖清代统治较久，文化发达，学士才人，比肩相望，传世之经籍史乘、诸子百家、文字声韵、目录金石、书画艺术、诗文小说，远轶前朝，积贮文献之多，如恒河沙数，不可胜计。昔梁元帝聚书十四万卷于江陵，西魏军攻掠，悉燔于火，人谓丧失天下典籍之半数，是五世纪时中国书籍总数尚不甚多。宋代印刷术推广，载籍日众，至清代而浩如烟海，难窥其涯涘矣！《清史稿·艺文志》著录清代书籍九千六百三十三种，人议其疏漏太多。武作成作《清史稿艺文志补编》，增补书一万零四百三十八种，超过原志著录之数。彭国栋亦有《重修清史艺文志》，著录书一万八千零五十九种。近年王绍曾更求详备，致力十余年，遍览群籍，手抄目验，成《清史稿艺文志拾遗》，增补书至五万四千八百八十种，超过原志五倍半，此尚非清代存留书之全豹。王绍曾先生言："余等未见书目尚多，即已见之目，因工作粗疏，未尽钩稽而失之眉睫者，所在多有。"清代书籍总数若干，至今尚未能确知。清代不仅书籍浩繁，尚有大量政府档案留存于世。中国历朝历代档案已丧失殆尽（除近代考古发掘所得甲骨、简牍外），而清朝中枢机关（内阁、军机处）档案，秘藏内廷，尚称完整。加上地方存留之档案，多达二千万件。档案为历史事件发生过程中形成之文件，出之于当事人亲身经历和直接记录，具有较高之真实性、可靠性。大量档案之留存极大地改善了研究条件，俾历史学家得以运用第一手资料追踪往事，了解历史真相。二曰乱。清代以前之典籍，经历代学者整理、研究，对其数量、类别、版本、流传、收藏、真伪及价值已有大致了解。清代编纂《四库全书》，大规模清理、甄别存世之古籍。因政治原因，查禁、篡改、销毁所谓"悖逆"、"违碍"书籍，造成文化之浩劫。但此时经师大儒，联袂入馆，勤力校理，尽瘁编务。政府亦投入巨资以修明文治，故所获成果甚丰。对收录之三千多种书籍和未收之六千多种存目书撰写详明精切之提要，撮其内容要旨，述其体例篇章，论其学术是非，叙其版本源流，编成二百卷《四库全书总目》，洵为读书之典要、后学之津梁。乾隆以后，至于清末，文字之狱渐戢，印刷之术益精，故而人竞著述，家娴诗文，各握灵蛇之珠，众怀昆冈之璧，千舸齐发，万木争荣，学风大盛，典籍之积累远迈从前。惟晚清以来，外强侵凌，干戈四起，国家多难，人民离散，未能投入力量对大量新出之典籍再作整理，而政府档案，深藏中秘，更无由一见。故不仅不知存世清代文献档案之总数，即书籍分类如何变通、版本庋藏应否标明，加以部居舛误，界划难清，亥豕鲁鱼，订正未遑。大量稿本、抄本、孤本、珍本，土埋尘封，行将澌灭；殿刻本、局刊本、精校本与坊间劣本混淆杂陈。我国自有典籍以来，其繁杂混乱未有甚于清代典籍者矣！三曰散。清代文献、档案，非常分散，分别庋藏于中央与地方各个图书馆、档案馆、博物馆、教学研究机构与私人手中。即以清代中央一级之档案言，除北京中国第一历史档案馆所藏一千万件以外，尚有一大部分档案在战争时期流离播迁，现存于台北故宫博物院。此外，尚有藏于沈阳辽宁省档案馆之圣训、玉牒、满文老档、黑图档等，藏于大连市档案馆之内务府档案，藏于江苏泰州市博物馆之题本、奏折、录副奏折。至于清代各地方政府之档案文书，损毁极大，但尚有劫后残余，璞玉浑金，含章蕴秀，数量颇丰，价值亦高。如河北获鹿县档案、吉林省边务档案、黑龙江将军衙门档案、河南巡抚藩司衙门档案、湖南安化县永历帝与吴三桂档案、四川巴县与南部县档案、浙江安徽江西等省之鱼鳞册、徽州契约文书、内蒙古各盟旗蒙文档案、广东粤海关档案、云南省彝文傣文档案、西藏噶厦政府藏文档案等等分别藏于全国各省市自治区，甚至清代两广总督衙门档案（亦称《叶名琛档案》），被英法联军抢掠西运，今藏于英国伦敦。清代流传下之稿本、抄本，数量丰富，因其从未刻印，弥足珍贵，如曾国藩、李鸿章、翁同龢、盛宣怀、张謇、赵凤昌之家藏资料。至于清代之诗文集、尺牍、家谱、日记、笔记、方志、碑刻等品类繁多，数量浩瀚，北京、上海、南京、广州、天津、武汉及各大学图书馆中，均有不少贮存。丰城之剑气腾霄，合浦之珠光射日，寻访必有所获。最近，余有江南之行，在苏州、常熟两地图书馆、博物馆中，得见所存稿本、抄本之目录，即有数百种之多。某些书籍，在中国大陆已甚稀少，在海外各国反能见到，如太平天国之文书。当年在太平军区域内，为通行之书籍，太平天国失败后，悉遭清政府查禁焚毁，现在中国，已难见到，而在海外，由于各国外交官、传教士、商人竞相搜求，携赴海外，故今日在外国图书馆中保存之太平天国文书较多。二十世纪内，向达、萧一山、王重民、王庆成诸先生曾在世界各地寻觅太平天国文献，收获甚丰。四曰新。清代为传统社会向近代社会之过渡阶段，处于中西文化冲突与交融之中，产生一大批内容新颖、形式多样之文化典籍。清朝初年，西方耶稣会传教士来华，携来自然科学、艺术和西方宗教知识。乾隆时编《四库全书》，曾收录欧几里得《几何原本》，利玛窦《乾坤体义》，熊三拔《泰西水法》、《简平仪说》等书。迄至晚清，中国力图自强，学习西方，翻译各类西方著作，如上海墨海书馆、江南制造局译书馆所译声光化电之书，后严复所译《天演论》、《原富》、《法意》等名著，林纾所译《茶花女遗事》、《黑奴吁天录》等文艺小说。中学西学，摩荡激励，旧学新学，斗妍争胜，知识剧增，推陈出新，晚清典籍多别开生面、石破天惊之论，数千年来所未见，饱学宿儒所不知。突破中国传统之知识框架，书籍之内容、形式，超经史子集之范围，越子曰诗云之牢笼，发生前所未有之革命性变化，出现众多新类目、新体例、新内容。清朝实现国家之大统一，组成中国之多民族大家庭，出现以满文、蒙古文、藏文、维吾尔文、傣文、彝文书写之文书，构成为清代文献之组成部分，使得清代文献、档案更加丰富，更加充实，更加绚丽多彩。清代之文献、档案为我国珍贵之历史文化遗产，其数量之庞大、品类之多样、涵盖之宽广、内容之丰富在全世界之文献、档案宝库中实属罕见。正因其具有多、乱、散、新之特点，故必须投入巨大之人力、财力进行搜集、整理、出版。吾侪因编纂清史之需，贾其余力，整理出版其中一小部分；且欲安装网络，设数据库，运用现代科技手段，进行贮存、检索，以利研究工作。惟清代典籍浩瀚，吾侪汲深绠短，蚁衔蚊负，力薄难任，望洋兴叹，未能做更大规模之工作。观历代文献档案，频遭浩劫，水火兵虫，纷至沓来，古代典籍，百不存五，可为浩叹！切望后来之政府学人重视保护文献档案之工程，投入力量，持续努力，再接再厉，使卷帙长存，瑰宝永驻，中华民族数千年之文献档案得以流传永远，沾溉将来，是所愿也！

二〇〇四年

序言

胡绳武

清末立宪运动是一场全国性的政治运动。这场运动历时9年（1903—1911），波及除内外蒙古、青海、西藏之外的全国22个行省（内地18个省、东北三省和新疆），对辛亥革命前后的中国政治、经济、社会和思想文化均产生过重要的影响。这场运动的人和事，自宣统年间以来不断地有国内外学者们进行研究和评议。由于研究者的立场与观点不同，对这场运动的人和事的评议自然是见仁见智的。但研究者们一致感到研究立宪运动的困难之一在于史料相对缺乏。中华人民共和国成立后，国家重视对近百年历史的研究，在中国史学会的主持下，曾出版过一套《中国近代史资料丛刊》。这套资料的出版对中国近代史的教学与研究曾产生了很好的推动作用，但这套资料丛刊却没有把立宪运动包括在内。

有关立宪运动的文献资料，除1979年中华书局出版过一部《清末筹备立宪档案史料》外，尚无一套比较完整的立宪运动文献资料丛刊，这给中国近代史的教学与研究带来一定的影响。为此，中华书局编辑部于1986年曾拟定编辑一套《立宪运动》的文献资料，作为《中国近代史资料丛刊》的续编出版，并邀请我作为这套文献资料丛刊的主编。我当时因为正在撰写《辛亥革命史稿》，无力承担此项工作而加以婉拒。当时中华书局近代史编辑室的主任陈铮向我表示这项工作可在《辛亥革命史稿》完成以后再着手进行，并希望我能将此项工作接受下来。当时我的研究生程为坤讲师也希望我将这项工作接受下来，并表示愿意全力帮助我完成文献资料的搜集与整理工作。这样，我就终于将此项工作接受下来，并开始注意有关立宪运动文献资料的搜集工作。1990年以后，《辛亥革命史稿》的撰写工作虽然已经完成，程为坤却已出国留学，我又年近七十，无力单独承担，此项工作遂告中断。其后，我曾争取与中国人民大学图书馆古籍整理研究所合作，希望继续完成这套资料的搜集与整理工作，后因故再次中断。已经搜集却又未经整理的有关立宪运动的文献资料只好堆积存放。

2002年国家清史纂修工程启动后，清史编纂委员会主任戴逸教授动员我组织力量，将《立宪运动》这套文献资料的整理工作作为国家清史纂修工程文献整理项目之一继续下去，争取完成。我考虑到早在1986年即已接受中华书局近代史编辑室委托，承担《立宪运动》的主编工作，中途虽因客观原因中断，但我内心总觉得对学术界和出版社欠了一笔账，不免感到内疚，现在有机会将这套《立宪运动》作为清史文献项目之一列入计划，这是给我完成上世纪中断了的《立宪运动》这套文献资料的一个极好机会，遂于2004年向国家清史编纂委员会正式提出申请，并于2005年获得通过，正式立项。

这套《清末立宪运动史料丛刊》总的要求是，能够较为全面地反映这场运动的发展全貌，对该运动发生的历史背景、酝酿与兴起、发展和声势、它与民主革命运动及清廷预备仿行立宪的关系、立宪团体、立宪派人士的思想与活动，以及该运动对于中国近代社会历史所造成的影响诸方面，均得到合乎实际的说明。

以往《中国近代史资料丛刊》的编辑方法大致有三种：一是按资料的类型进行整理编辑，如《太平天国》；二是按事件发展进行编辑，如《辛亥革命》；三是二者结合，如《第二次鸦片战争》。本套文献资料大体依照第三种形式，从以下八个方面对相关资料进行搜集、整理与编辑：一、立宪运动的酝酿与发动；二、立宪派与革命派的论战；三、清廷的预备仿行立宪；四、立宪团体；五、国会请愿运动；六、资政院；七、各省谘议局；八、有关立宪运动的外文资料。谘议局文献的选编范围涉及12个行省，即顺直谘议局、奉天谘议局、吉林谘议局、山西谘议局、山东谘议局、江苏谘议局、浙江谘议局、福建谘议局、广东谘议局、江西谘议局、湖南谘议局、四川谘议局。参加本项目的成员及分工如下：中国社会科学院近代史研究所李细珠研究员（立宪运动的酝酿与发动、福建谘议局），清华大学马克思主义学院王宪明教授（立宪派与革命派的论战、有关立宪运动的外文资料），首都师范大学历史系迟云飞教授（清廷的预备仿行立宪），北京大学历史系尚小明教授（立宪团体、国会请愿运动、山西谘议局、山东谘议局），中国人民大学历史学院牛贯杰副教授（资政院、湖南谘议局、广东谘议局），北京师范大学历史学院邱涛副教授（顺直谘议局），中国社会科学院法学研究所孙家红副研究员（奉天谘议局、吉林谘议局），上海图书馆上海科学技术情报研究所高洪兴研究员（江苏谘议局），广东警官学院法律系沈晓敏教授（浙江谘议局），中山大学历史系廖伟章教授（广东谘议局），南昌大学历史系黄志繁教授（江西谘议局），四川大学城市研究所何一民教授（四川谘议局）。

值得说明的是，这套文献资料丛刊立项伊始，清史编纂委员会考虑到我年事已高，故建议增加一位项目主持人，我们经过商议，聘请复旦大学历史系戴鞍钢教授为主持人。项目进行期间，他审阅了700余万字的文稿，并提出具体的修改意见，帮助我承担了不少审阅初稿的任务。牛贯杰副教授承担了大量烦琐沉重的学术辅助工作。清史编纂委员会文献组的王汝丰教授、出版组孟超编审对本项目给予了特别的关心与指导。没有他们的帮助，很难相信这套文献资料丛刊能够如期完成，在此表示诚挚的谢意。同时，山西人民出版社的领导也给予了特别的关注，编辑们付出了辛勤的努力，在此一并致谢。

当然，囿于种种因素，我们不可能将22个行省的谘议局文献全部搜求于内，只选择性地摘取了12个行省的相关文献，这些省份涵盖了沿江沿海、中原腹地、京畿重地与清王朝的龙兴之地——吉林与奉天两省。此外，我们对各省谘议局文献的选编原则以谘议局本身文献为主，因此，规模方面无法做到整齐划一，而且数量各有不同。这些不足和局限，衷心期待学术界进行批评和补正。

2014 年 10 月

凡例

一、本文献为类编资料，资料来源均在正文结尾处标明。

二、本文献按照立宪运动发生、发展的脉络分为三十卷，各卷内容为：第一卷，立宪运动的酝酿与发动；第二卷，立宪派与革命派的论战；第三至六卷，清廷的预备仿行立宪；第七至八卷，立宪团体；第九至十卷，国会请愿运动；第十一至十二卷，资政院；第十三卷，顺直谘议局；第十四至十五卷，奉天谘议局；第十六至十七卷，吉林谘议局；第十八卷，山西谘议局；第十九至二十卷，山东谘议局；第二十一至二十二卷，江苏谘议局；第二十三卷，浙江谘议局；第二十四至二十五卷，福建谘议局；第二十六卷，广东谘议局；第二十七卷，江西谘议局；第二十八卷，湖南谘议局；第二十九卷，四川谘议局；第三十卷，有关立宪运动的外文资料。

三、文献史料如有原名，一律沿用；如没有原名，则由整理者自行拟定，文中注明。

四、资料原文所用繁体字，在不会造成歧义的情况下改为通行简化字。某些具体人名、地名不在此限。异体字、通假字尽量保持文献原貌。

五、本书在纂辑过程中，对清末惯用的一些字词，悉仍其旧，如"豫备立宪"、"豫算"、"筹画"、"画一"、"澈底"、"坐次"、"帐目"、"缕晰陈之"、"详晰"、"人材"、"发见"、"札覆"、"叠次"、"身分"、"省分"、"择尤"等。文中还有许多反复出现的字词属于此种情形,不在此一一列举。

六、文献资料均由编者标点、分段与校勘。错别字用( )标出,并于〔 〕中标明正确字,脱字以【 】标明,衍字以〈 〉标明,无法辨识文字和原公文中故意省略之字,均以□标示。

七、原稿繁体竖排,今改为简体横排。原稿中"左"、"如左"、"左列"、"右"、"如右"、"右列"等文字均保留原貌,一律不作改动。

八、为便于读者更好地利用资料,整理者对有必要加注的地方一律加注,以脚注标明。

整理说明

本卷为清政府的预备立宪活动,自五大臣出洋考察政治起,至清亡止。惟迄光绪三十二年七月清廷宣示预备立宪之清廷官员议论、策动,除出洋五大臣外,均划归立宪之发轫部分。关于清政府方面对国会请愿运动的反应,是清政府立宪活动的重要部分,但因国会请愿运动部分已收入很多,此部分尽量不再重复。有关谘议局与资政院的部分,也划分到相关选题,本卷不再收入。

关于宪政的措施,以一般理解的宪政为要,但适当考虑清廷的理解及清廷围绕宪政实行的措施。

本卷所收文献,以清政府官方文献为主,适当收入报刊报道、社会各界评论、日记等其他记录。

文献有涉及两项事务者,择其要者列入某一类。如各省提法使官制,既属地方官制改革范围,亦与司法改革有关,本卷列入地方官制改革部分。又如有关大理院,可列入官制改革,亦可列入司法独立,本卷列入司法独立部分。

文献无标题者,或虽有标题而不尽反映文献内容者,由编者拟具标题。

凡编者所拟标题，均予注明。

文献原文已有标点或断句者，尽量尊重原标点，除明显错误者或明显不合现在阅读习惯外，一般不做改动。

凡文献有多个出处，且文字有较大不同者，一般予以互校，明显歧异者予以标出。个别文献原作者文字能力较低，间有文意不通之处，为保持文献原貌，一仍其旧。

每一分类中，所选文献按文献所产生之时间排列，有年份无月份者，置于此年之末，有年、月而无日者，置于当月文献之末。

文中出现的外国的国名、人名等，仍保持原有译法，比如丹马（丹麦）、那威（挪威）、义大利（意大利）、奥大利（奥地利），以及拿波伦（拿破仑）等，但涉及由编者拟定的文章标题里出现的外国国名，则采用现代通行译法。

为符合读者阅读习惯和学界习惯用法，文献原文中之异体字，有些改用现今通行的写法，如原文"豫备立宪"，改为"预备立宪"。有些为保持原貌，仍保留原来写法，如"检察厅"，许多奏折作"检查厅"。

原文献中以小字为正文说明者，一律放于括号中，以便识别。

若干文献，如载泽《考察政治日记》、戴鸿慈《出使九国日记》，及考察政治大臣归国后所编介绍西方宪法及政治制度书籍，可反映官方人士对宪政之见解，但由于篇幅太长，大部分都未选入。

有些上谕、奏折虽不是直接关于立宪的，但可以反映清廷对宪政问题的态度和认识，我们也适当收入。新设各部奏陈当中关于立宪的奏折，有一些与宪政并无明显关系，但却可反映该部的工作内容和权限，反映官制改革的情况，我们也适当收入。

关于地方自治，资料甚多，而篇幅有限，主要收录官方文献，以反映政府政策及其实施。其他资料，大多割爱。

分省叙述情况部分，东三省因刚建省，由东三省总督统一管辖者多，故合为一部分，以便看到东三省改革的全体；江苏当时有两江总督辖区（宁属）和江苏巡抚（苏属）辖区之分，故一省中江苏巡抚和两江总督会分别奏报，但仍放在一起。

遗憾的是，本专题的编辑没有得到中国第一历史档案馆的授权许可，因此，本专题没能收入档案文献。这只好留待他日了。

我妻子张淑翠做了大量的录入工作，学生曲霞、潘鸣、张亚斌、尹家钢参加了课题的工作，中国社会科学院近代史研究所李细珠研究员提供诸多线索和资料，谨致诚挚谢意。

迟云飞

2015 年 12 月

目 录

第一卷

一、出洋考察政治与考察宪政

1. 五大臣出洋考察政治

命载泽等出洋考求政治谕	001
派绍英随同出洋考察政治谕	002
考查政治调员差委折（清单附、附片） ……载　泽等	002
命步军统领衙门等查究出洋考察政治大臣遇炸事件谕	004
派尚其亨、李盛铎会同考察政治谕	005
考察政治大臣戴鸿慈、端方奏放洋日期折	005
出使各国考察政治大臣载泽等奏抵日本东京并呈递国书日期折	006
出使各国考察政治大臣载泽在日本考察大概情形暨赴英日期折	007
出使各国考察政治大臣戴鸿慈等奏在美国考察大概情形	

并赴欧日期折……………………………………………………008
出使各国考察政治大臣载泽等奏报由美抵英日期折……………009
出使各国考察政治大臣戴鸿慈等奏到德后考察大概情形
　　暨赴丹日期折……………………………………………………010
出使各国考察政治大臣载泽等奏在英考察大概情形
　　暨赴法日期折……………………………………………………012
出使各国考察政治大臣载泽等奏由英抵法呈递国书日期折……013
出使各国考察政治大臣戴鸿慈等奏游历丹麦瑞典挪威三国情形
　　并赴奥日期折……………………………………………………014
出使各国考察政治大臣载泽等奏在法考察大概情形
　　并再赴英呈递国书折……………………………………………015
出使各国考察政治大臣戴鸿慈等奏到奥后大概情形
　　并赴俄日期折……………………………………………………017
出使各国考察政治大臣戴鸿慈等奏到俄考察大概情形折……018
出使各国考察政治大臣载泽等奏在比国考察大概情形折………019
出使英国大臣汪大燮奏会同载泽等考察英国政治事竣折………021
出使各国考察政治大臣戴鸿慈等奏在意考察大概情形
　　并启程回国日期折………………………………………………022
出使各国考察政治大臣戴鸿慈等奏在荷游历大概情形片………024
《苓泉居士自订年谱》节选 ………………………… 杨寿枏 025
吁请立宪折（代考察政治大臣泽公拟）………… 载　泽（杨寿枏代拟）026
镇国公载奏请宣布立宪密折……………………………… 载　泽 028
请定国是以安大计折……………………………… 戴鸿慈　端　方 030
《出使九国日记》序 ……………………………………… 戴鸿慈 041
《考察政治日记》序 ……………………………………… 载　泽 043
进呈编译各国政治书籍折（代考察政治大臣拟）
　　………………………………………… 载　泽等（杨寿枏代拟）045
进呈《欧美政治要义》折（附编辑各书经费片）………… 端　方 046

2. 第二次考察宪政

直隶总督袁世凯奏请简大臣分赴德日两国考察宪法片 …………………… 048

派汪大燮、于式枚、达寿出洋考察宪政谕（三件） …………………… 049

准文龢等为出洋考察随员 …………………………………………………… 050

出使德国考察宪政大臣于式枚奏考察宪政谨拟办法宗旨折 …………… 050

命李家驹充考察宪政大臣谕 ………………………………………………… 053

考察宪政大臣于式枚奏立宪必先正名不须求之外国折 …………………… 053

考察宪政大臣于式枚奏报行抵德京日期折 ………………………………… 055

出使日本考察宪政大臣李家驹奏酌调人员随同考察折 …………………… 057

考察宪政大臣达寿奏考察日本宪政情形具陈管见折 ……………………… 058

达寿奏考察日本宪政编辑图书进呈折 ……………………………………… 072

考察宪政大臣于式枚奏考察普鲁士国及德意志联邦
　宪法成立情形折 …………………………………………………………… 073

考察宪政大臣于式枚奏普鲁士宪法解释要译录缮呈览折（并单）……… 075

考察宪政大臣于式枚奏呈解释普鲁士宪法全文清单 ……………………… 081

考察宪政大臣于式枚奏译注普鲁士宪法全文折 …………………………… 118

考察宪政大臣于式枚奏各省谘议局章程权限与普国地方议会制度
　情形不符折 ………………………………………………………………… 120

考察宪政大臣汪大燮奏陈明考察宪政编辑情形并报起程日期折 ………… 124

考察宪政大臣李家驹奏考察立宪官制录缮成书敬陈管见折 ……………… 126

二、立宪的策划、措施的公布及清政府高层的讨论

阅看考察政治大臣条陈谕 …………………………………………………… 138

宣示预备立宪谕 ……………………………………………………………… 139

"齐东野语"（陶湘致盛宣怀函） …………………………………………… 140

御史赵炳麟奏立宪有大臣陵君郡县专横之弊并拟预备立宪六事折 ……… 142

内阁学士文海奏立宪有六大错请查核五大臣所考政治
　并即裁撤厘定官制馆折 …………………………………………………… 146

内阁中书王宝田等条陈立宪更改官制之弊呈……147

给事中刘彭年奏立宪宜教育财政法律三者并举折……156

御史徐定超奏更定官制办法十条折……158

江瀚致瞿鸿禨函（附清国立宪之危机）……162

范源濂致瞿鸿禨（附问答纪录）……165

一切政治切实举行力图振作谕……169

江苏巡抚陈夔龙奏新政请毋庸扩充立宪变法或暂缓施行折……170

两广总督岑春煊奏请速设资政院代上院以都察院代下院并设省谘议局暨府州县议事会折……172

准臣下上书陈立宪预备事谕……177

赵炳麟请清政源以为立宪预备疏……177

内外官员妥议化除满汉畛域办法谕……179

御史江春霖奏立宪宜先务理财并宜变通学制酌定律例消弭党祸等事折……180

御史赵炳麟奏组织内阁宜确定责任制度折……182

裁缺通政使郭曾炘奏宜徐议宪政折……185

两江总督端方代奏李鸿才满汉大同条陈折……187

两江总督端方奏均满汉以策治安拟办法四条折……189

章京鲍心增条陈……194

会议政务处奏议复鲍心增遵旨陈言折……201

候补内阁中书黄运藩陈请即罢议立宪呈……203

拣选知县举人褚子临等条陈宪政八大错十可虑呈……205

两江总督端方奏宪法典范相辅为用请饬编定颁布折……211

度支部奏筹内阁、大理院等经费折……212

署黑龙江巡抚程德全奏遵旨胪陈管见折……213

署黑龙江巡抚程德全请速开国会片……217

署黑龙江巡抚程德全奏请行宪政融满汉开国会导人才片……218

授旗丁以田筹生计逐步同于齐民谕……219

福建布政使尚其亨奏宪法立则公法行公法行则外侮靖折……220

都察院都御史陆宝忠等请改都察院为国议会折 …………………………… 221

切实研究君主立宪谕 …………………………………………………… 223

著学部编辑精要课本民政部妥拟自治章程谕 …………………………… 223

论都察院不可代国会疏 ………………………… 忠　廉　赵炳麟等四十八人　224

翰林院侍讲学士朱福诜奏立宪取法日本应择善而从折 ………………… 226

内阁会议政务处议复都御史陆宝忠等改都察院各折片折 ……………… 228

内阁候补中书朱兴汾请设立各级宪政编查馆汇集中外法律
　以厘定立宪草案呈 ……………………………………………………… 230

补用知府岳福条陈起草宪法等十事并请先立过渡法以调停新旧呈 …… 231

署理广西提学使李翰芬条陈五年预备立宪及速立内阁等事宜折 ……… 234

外务部员外郎辜汤生陈言内政宜申成宪外事宜定规制
　并请降谕不准轻改旧章创行新政呈 …………………………………… 239

会议政务处议复署黑龙江巡抚程德全奏胪陈管见折（附议复湖南举人
　萧鹤祥请开国会片） …………………………………………………… 244

命宪政编查馆、民政部妥拟政事结社条规谕 …………………………… 246

修订法律大臣沈家本等奏遵议满汉通行刑律折（又奏旗人词讼统归
　各级审判厅审理片） …………………………………………………… 247

外务部代递出使美国参赞官吴寿全条陈宪政折 ………………………… 250

御史黄瑞麒奏筹办立宪应统筹全局分年确定办法折 …………………… 252

镶蓝旗蒙古都统张德彝条陈整顿官制统一钱法等事折 ………………… 256

会议政务处奏议复升任直隶总督袁奏陈预备立宪折 …………………… 262

御史徐定超奏请进讲时添讲宪法并将钦定宪法讲义发交地方官研究
　各学堂加课折 …………………………………………………………… 264

严加考核候补州县人员谕 ………………………………………………… 265

前工部员外郎刘梣条陈预备立宪之事应实力举办呈 …………………… 266

王善荃奏请速开国会折 …………………………………………………… 269

考察宪政大臣于式枚奏立宪以保守渐进为主片 ………………………… 271

革法部主事陈景仁职谕 …………………………………………………… 272

御史俾寿奏法为治本请切实施行折 ……………………………………… 273

查禁政闻社谕 274
命各衙门六个月内奏报筹备宪政办法谕 275
重申仍以宣统八年为限实行宪政谕 276
设变通旗制处谕 276
再命各衙门六个月内奏报筹备宪政办法谕 277
宣示一定实行预备立宪谕 278
将陕甘总督升允开缺谕 279
请确定行政经费疏 赵炳麟 280
宪政编查馆奏议复考察宪政大臣于式枚奏陈谘议局章程权限折 282
时局危急密陈管见折 锡 良 288
论派员考察宪政流弊片 赵炳麟 290
奏陈中央集权宜先有责任政府及监察机关折 袁树勋 291
派员分路考查宪政 293
湖北布政使王乃徵奏筹备宪政酌分缓急等折 294
广西巡抚张鸣岐奏筹备宪政当从本原著手拟请酌量变通折 298
御史胡思敬奏立宪之弊折 300
缩改于宣统五年开设议院谕 302
命各衙门通盘筹画提前举办宪政各事谕 304
命督抚于地方应行提前赶办事项切实进行谕 305
奉天全省各界绅民因时局迫不及待呈请代奏明年
　即开国会以救危亡折 锡 良 306
直隶总督陈夔龙奏请划分中央与地方行政权限并议各省分设六司
　留府裁县折 308
宪政编查馆大臣奕劻等拟呈修正宪政逐年筹备事宜折
　（附修正逐年筹备事宜清单） 310
学部丞参上行走柯劭忞奏筹备立宪宜防大臣跋扈民众暴动组织政党等
　弊折 313
出使美墨秘古国大臣张荫棠奏内阁总理应由朝廷任命并请早定宪法
　速开国会折 315

军谘处第一厅厅长卢静远奏中央集权地方分权应因地制宜折 …………… 317
御史欧家廉奏立宪应以官民程度为准并请依君主立宪政体
  严定限制折 ……………………………………………………………… 320
出使美墨秘古国大臣张荫棠为时局危亟请速行宪政折 ………………… 323
资政院总裁世续等奏请本标兼治以救危局折 …………………………… 326
资政院奏内阁应实负责任国务大臣不任懿亲折 ………………………… 328
资政院奏请颁布明诏将宪法交院协赞折 ………………………………… 330
实行宪政谕 ………………………………………………………………… 332
组织完全内阁并令资政院起草宪法谕 …………………………………… 333
陆军统制官张绍曾等奏陈请愿意见政纲十二条折 ……………………… 333
资政院奏请速开国会以符立宪政体折 …………………………………… 336
资政院奏恩准此次革命党人按照法律改组政党并赐擢用折 …………… 336
法部奏党禁既开拟将监禁因犯政治革命嫌疑人犯请旨悉予释放折
  （又奏查阅汪兆铭亲供并无狂悖之语应如何弃瑕录用请旨片） ………… 337
资政院奏遵照宪法信条公举内阁总理大臣折（附任袁世凯为内阁总理
  大臣上谕） ……………………………………………………………… 339
监国摄政王退归藩邸谕 …………………………………………………… 339

三、宪法问题

宪政编查馆会奏遵拟宪法大纲暨议院选举各法并逐年应行筹备事宜折
  （附《宪法大纲》、《议院法要领》、《选举法要领》、《议院未开以前
  逐年筹备事宜》） ……………………………………………………… 341
九年预备立宪逐年推行筹备事宜谕 ……………………………………… 351
派溥伦、载泽为纂拟宪法大臣谕 ………………………………………… 353
荫昌、寿勋关于宪法条陈 ………………………………………………… 354
纂拟宪法大臣奏请简员协同纂拟宪法折 ………………………………… 357
奉天旗务处总办金梁条陈宪法与皇族族籍之关系呈 …………………… 358
资政院总裁李家驹等请将草拟宪法内重大信条先行颁示

并请准军人参与宪法起草意见折……360
择期颁布君主立宪重要信条谕（宪法十九信条）……361
兼署海军大臣谭学衡等请将宪法重大信条早日颁布折……362
告庙誓词（宣誓宪法十九信条）……364

四、官制改革

1. 中央官制改革方案的讨论和决定

载振致瞿鸿禨函（附疏稿）……366
请改定官制以为立宪预备折……戴鸿慈 端方 369
戴鸿慈、端方奏请设编制局以改定全国官制折……388
派载泽等编纂新官制谕……390
御史江春霖奏请除官制十二弊折……391
陆宝忠致瞿鸿禨函……394
出使德国大臣杨晟条陈官制大纲折……395
署理两广总督岑春煊奏派于式枚进京参议宪法预备改定官制
　事宜折……406
御史吴钫奏改官制宜筹安置汰员以消立宪阻力折……407
派徐樾赴京随同参议官制片……锡 良 409
翰林院侍读柯劭忞奏更改官制不能仓卒折……409
翰林院撰文李传元奏官制改革宜先裁并冗员缓设新官以节虚縻折……410
御史蔡金台奏改革官制宜限制阁部督抚州县权限折……411
翰林院侍读学士周克宽奏更改官制只各易新名实不如旧制折……414
御史刘汝骥奏总理大臣不可轻设以杜大权旁落折……416
御史王步瀛奏户刑两部事繁请勿轻拟裁员折……418
御史杜本崇奏更改官制不宜全事更张折……420
御史王步瀛奏新定官制多有未妥应饬认真厘定折……421
御史张瑞荫奏军机处关系君权不可裁并折……423
御史石长信奏请将政务处并入内阁其他官制勿大更张折……425

吏部主事胡思敬陈言不可轻易改革官制呈 …………………………………… 426
御史张世培奏改革官制不可轻弃旧章折 …………………………………… 430
御史赵炳麟奏新编官制权归内阁流弊太多折 ……………………………… 431
御史叶芾棠奏官制不宜多所更张折 ………………………………………… 436
御史贵秀奏改订官制首宜破除新旧党界折 ………………………………… 440
御史涂国盛奏请勿遽改官制折 ……………………………………………… 441
御史王诚羲奏更改官制应分未立宪与既立宪两期次第推行折 …………… 442
编纂官制大臣镇国公载泽等奏厘定官制宗旨大略折 ……………………… 444
《觉花寮杂记》节选 ………………………………………………… 杨寿枏 445
厘定官制密陈管见折
　（代厘定官制大臣泽公拟） ………………………… 载　泽（杨寿枏代拟）446
阁部院官制草案（附官制说帖、阁部通则及职官表） ………… 载　泽等 449
内阁学士麒德奏请徐图立宪不可轻改官制折 ……………………………… 505
刑部郎中陈毅建言亟应保存礼部呈 ………………………………………… 506
翰林院撰文李传元奏厘定官制不能过促折 ………………………………… 509
御史联魁等奏改革官制请从缓办理折 ……………………………………… 510
御史史履晋奏改革官制宜先州县后京师并先立议院后立内阁折 ………… 511
庆亲王奕劻等奏厘定中央各衙门官制进呈折（附清单二）………………… 513
章华致瞿鸿禨函 ……………………………………………………………… 520
裁定奕劻等核拟中央官制谕 ………………………………………………… 521
任免军机大臣上谕 …………………………………………………………… 522
妥议裁缺人员安置办法谕 …………………………………………………… 523
"齐东野语"（陶湘致盛宣怀函）……………………………………………… 523
御史王步瀛奏请免裁都察院员缺折 ………………………………………… 527

一、出洋考察政治与考察宪政[①]

1. 五大臣出洋考察政治

命载泽等出洋考求政治谕[②]

光绪三十一年六月十四日

光绪三十一年六月十四日,内阁奉上谕:

方今时局艰难,百端待理。朝廷屡下明诏,力图变法,锐意振兴。数年以来,规模虽具,而实效未彰。总由承办人员向无讲求,未能洞达原委。似此因循敷衍,何由起衰弱而救颠危。兹特简载泽、戴鸿慈、徐世昌、端方等,随带人员,分赴东西洋各国,考求一切政治,以期择善而从。嗣后再行选派,分班前

[①] 光绪三十一年第一次出洋考察名为"考察政治",光绪三十三年出洋考察直接名为"考察宪政"。
[②] 标题为编者所拟,原文无标题。

往。其各随事谘询，悉心体察，用备甄采，毋负委任。所有各员经费如何拨给，著外务部、户部议奏。钦此。

《光绪宣统两朝上谕档》第三十一册，第90页，广西师范大学出版社1996年影印出版

派绍英随同出洋考察政治谕①

光绪三十一年六月二十五日

军机大臣面奉谕旨：著派商部右丞绍英随同出洋考察各国政治。钦此。钞交商部。

《光绪宣统两朝上谕档》第三十一册，第96页

考查政治调员差委折（清单附、附片）

光绪三十一年七月二十八日②

载　泽等

臣载泽、臣戴鸿慈、臣徐世昌、臣端方、臣绍英跪③奏为遵旨考察政治，调员差委，仰祈圣鉴事：

---

① 标题为编者所拟，原文无标题。
② 日期据《清末筹备立宪档案史料》第1页。
③ "臣载泽……跪"据《清末筹备立宪档案史料》加。

一、出洋考察政治与考察宪政

窃臣等恭奉本年六月十四日上谕……①仰见朝廷锐意图强，实事求是之至意。

臣等伏维通变化裁，古有明训。方今各国政治艺术，日新月异，进步甚速，博采而参观之，取善从长，良多裨益。顾我中国近十余年来，非不派学生出洋，遣员游历，卒未闻卓著成效者，则由于提倡之不力，研究之不精。是以风气虽开，而持论者或参成见，规模虽创，而任事者绝少专门，仅袭皮毛，难言实济。今朝廷洞见于此，特命臣等分赴各国考察一切，以为先路之导，俾海内人民，咸晓然于我皇太后、皇上宵旰焦劳，将实行其因革损益之方，以收富国强兵之效。大局幸甚，天下幸甚。第臣等自顾驽庸，愧无识略，渥膺宠命，陨越深虞。惟有勉竭血诚，恪遵圣谕，于应行考察诸事，博访详咨，悉心体察，以期有裨万一，上副圣廑。至此次所带人员，必须择其心地纯正，识见开通者，方足以分任其事。现经迭次公同商酌，各据所知，详加选择，谨将所调京外文武各员，汇缮名单，恭呈御览。俟奉旨允准后，即由臣等分别行知在京各衙门及各省督抚，迅饬各该员克日治装。查向章随带京外各员，免扣资俸，候选者免其投供，仍应照章办理，以便分带前往。其余各员，应由臣等另行咨调。

所有遵旨酌调随带人员缘由，理合恭折具陈，伏乞皇太后、皇上圣鉴训示。谨奏。②

谨将考察政治随带京外文武各员，缮具清单，恭呈御览。计开：
随带京职人员：

内阁中书陆宗舆、翰林院编修邓邦述、翰林院编修关冕钧、翰林院检讨唐宝锷、翰林院庶吉士熊希龄、翰林院庶吉士麦鸿钧、商部员外郎杨道霖、商部员外郎柏锐、商部主事田步蟾、商部主事陆长儁、商部主事章宗祥、商部主事钱承鋕、户部郎中萨荫图、户部主事王伊、户部主事龙建章、兵部主事关赓麟、刑部郎中段书云、候选郎中刑部员外郎李焜瀛。

随带外官暨陆海军人员：

---

① 上谕前已录，此处略。
② 以下清单，据《端忠敏公奏稿》，《清末筹备立宪档案史料》略去了清单。

直隶候补道朱宝奎、直隶候补道姚锡光、湖南补用道金还、分省补用道袁克定、候选道王丰镐、道衔温秉忠、江西南昌府知府沈曾植、湖南长沙府知府刘若曾、候选知府施肇基、候选知府伍光建、候选知府关景贤、候选知府丁士源、选用同知陈琪、候选知县岳昭燏、选用知县田吴炤、分省试用县丞刘恩源、湖南补用参将姚广顺、湖南常备军统带官舒清阿、留直补用都司程璧光、县丞衔曹复赓。

调员随同考察片

再，掌江西道监察御史周树模、掌湖广道监察御史刘彭年，志趣正大，才识明通，均于泰西各国政治夙所究心。臣世昌、臣端方知之有素，可否恳恩饬下该御史等随同臣等出洋考察一切，以资臂助。出自圣裁。谨附片具陈，伏乞圣鉴训示。谨奏。

《端忠敏公奏稿》卷六，第1—4页，1918年上海印行；故宫博物院明清档案部编《清末筹备立宪档案史料》，中华书局1979年出版，第1—2页

命步军统领衙门等查究出洋考察政治大臣遇炸事件谕[①]

光绪三十一年八月二十七日

光绪三十一年八月二十七日，内阁奉上谕：

载泽等奏，二十六日乘火车出京，正拟开行，陡闻轰震之声。查系炸弹猝发，载泽、绍英均受微伤。除车旁伤毙三人外，其余随员、仆从有被伤者。车内轰毙一人，验有炸弹毁裂痕迹，等语。并据那桐等具奏前来。光天化日之下，竟有匪徒如此横行，实属目无法纪。著责成步军统领衙门、顺天府尹、工巡局、督

---

① 标题为编者所拟，原文无标题。

办铁路大臣等严切查拿，彻底根究，从重惩办，以儆凶顽。所有外城工巡局委员及南营参将、铁路车站委员，疏于防范，均著查取职名，交部议处。余著照所议办理。钦此。

《光绪宣统两朝上谕档》第三十一册，第 131 页

派尚其亨、李盛铎会同考察政治谕[①]

光绪三十一年九月二十八日

光绪三十一年九月二十八日，内阁奉上谕：
著派尚其亨、李盛铎会同载泽、戴鸿慈、端方前往各国考察政治。钦此。

《光绪宣统两朝上谕档》第三十一册，第 171 页

考察政治大臣戴鸿慈、端方奏放洋日期折[②]

光绪三十一年十一月二十二日

出使各国考察政治大臣户部右侍郎臣戴鸿慈、湖南巡抚臣端方跪奏，为恭报放洋，恭折仰祈圣鉴事：
窃臣等恭膺简命，出使各国考察政治，屡蒙训诲周详，仰见皇太后、皇上锐

---

① 标题为编者所拟，原文无标题。
② 标题为编者所拟。

意图强，远稽博采，圣猷广大，钦服莫名。旋经臣等慎选参随，部署行李，又因八月间未能成行，并奉旨续派大臣前往，一切又须商酌更调，行期展缓。兹经料理就绪，复于十月二十七日请训陛辞，又蒙指示剀切，逾增感悚。臣等先与臣载泽等商定分途出洋，即于十一月十一日启程出京，取道天津，沿途经督臣袁世凯密为布置，极其周妥。于十一月二十日行抵上海，购定美国公司西伯里亚轮船船票，于十一月二十三日放洋，先赴美洲考察一切，再分赴德、俄、意、奥等国。俟考察事稍有头绪，即当随时奏陈，以纾宸廑。

所有臣等放洋日期，理合恭折具报，伏乞皇太后、皇上圣鉴。谨奏。

光绪三十一年十二月初五日奉朱批：知道了。钦此。

军机处录副奏折，故宫博物院明清档案部编《清末筹备立宪档案史料》，第4页

出使各国考察政治大臣载泽等奏抵日本东京并呈递国书日期折

光绪三十二年正月初四日

臣载泽、臣尚其亨、臣李盛铎跪奏，为恭报臣等到东呈递国书日期，仰祈圣鉴事：

窃臣等由沪放洋，业经恭折陈报，并先后电达外务部在案。十二月二十日乘法公司船由吴淞口开行，二十二日戌刻抵神户。使臣杨枢由东京专赴神户迎候，日本宫内省遣式部官，外务省遣翻译官一员相迓。二十三日辰刻登岸，乘坐火车至日本西京，该处地方官吏及市会员绅俱来迎谒。因系彼国旧都地方，制度较为完备，当赴京都府署查阅一切行政办法，留住三日。二十六日乘车至名古屋。二十七日由名古屋登车，二十八日巳刻行抵日本东京。日本海军大将东乡平八郎、外务省次官、宫内省次官、警视总监、东京知事、东京市长等迎于车站。旋由宫

内省官员接至芝离宫居住，款待礼仪，颇为殷渥。当即知照日本外务省函订谒见日期，旋由该大臣复称，日主订于三十二年正月初一日相见。是日午刻宫内省遣宫车来迎，臣等恭赍国书，率同参赞等员赴其新宫呈递。日主免冠接受，敬颂皇太后、皇上圣安，臣等敬谨宣布德音，对答如仪，旋在宫中设宴款待，成礼而退。

除将颂词、答词抄送外务部备案，并先行电请代奏外，所有臣等抵东呈递国书日期，理合恭折具陈，伏乞皇太后、皇上圣鉴。谨奏。

光绪三十二年正月二十六日奉朱批：知道了。钦此。

《清末筹备立宪档案史料》，第5—6页

出使各国考察政治大臣载泽 在日本考察大概情形暨赴英日期折

光绪三十二年正月二十日

臣载泽、臣尚其亨、臣李盛铎跪奏，为具陈在东考察大略情形，暨由东起程赴英日期，恭折仰祈圣鉴事：

窃臣等到东呈递国书，业经专折陈报在案。查日本维新以来，一切政治取法欧洲，复斟酌于本国人情风俗之异同，以为措施之本，而章程、法律时有更改，头绪纷繁，非目睹情形，不易得其要领。连日率同参随各员赴其上下议院、公私大小学校，及兵营、械厂、警察、裁判、递信诸局署，详为观览，以考行政之机关，与其管理监督之法。又与彼政府各大臣，伊藤博文、大隈重信诸元老，及专门政治学问之博士，从容讨论，以求立法之原理，与其沿革损益之宜。大抵日本立国之方，公议共之臣民，政柄操之君上，民无不通之隐，君有独尊之权。其民俗有聪强勤朴之风，其治体有划一整齐之象，其富强之效，虽得力于改良律法，精练海陆军，奖励农工商各业，而其根本则尤在教育普及。自维新之初，即行强迫教育之制，国中男女皆入学校，人人知纳税充兵之义务，人人有尚武爱国之精神，法律以学而精，教术以学而备，道德以学而进，军旅以学而强，货产以学而富，工业以学而巧，不耻效人，不轻舍己，故能合欧化汉学镕铸而成日本之特色。虽其兴革诸政，未必全无流弊，然以三岛之地，经营二三十年，遂至抗衡列强，实亦未可轻量。至其法令条规，尤经彼国君臣屡修屡改，几费切磋，而后渐臻完密。臣等于其现行条例，勒为成书者，自当慎为选译，而诸人之论说，则随时记录，各署办事规则，亦设法搜求，总期节取所长，以备将来之借镜。此在东考察之大略情形也。兹定于二十日由横滨乘坐美国公司轮船，取道美洲，前往英国，仍酌留参随等员专驻日本，详细调查。

除俟编辑有成，另行咨送考查政治馆外，所有臣等在东考察大略情形，及起程赴英日期，理合恭折具奏。伏乞皇太后、皇上圣鉴。谨奏。

光绪三十二年二月十八日奉朱批：知道了。钦此。

《清末筹备立宪档案史料》，第6—7页

出使各国考察政治大臣戴鸿慈等奏在美国考察大概情形并赴欧日期折

光绪三十二年正月二十三日

出使各国考察政治大臣户部右侍郎臣戴鸿慈、闽浙总督臣端方跪奏，为敬陈在美考察大概情形，并赴欧日期，恭折仰祈圣鉴事：

窃臣等于光绪三十一年十二月二十九日行抵美京华盛顿，曾将呈递国书日期奏明在案。臣等于谒见美总统后，即由美廷派员导观各处，自公署、学堂、议院，下及商肆、工厂，排日考求。又至美之东境纽约、费城、波士顿等省，阅视一切。所至各处，该国士民无不倾诚相告，又得驻美使臣梁诚会同考核，尽心讨论，诸事更易周悉。计在美境一月有余，未尝片刻安暇，其有不及调查者，并派参随各员分途前往，冀收兼听之效。又于美国行政各部索取现行章程，酌派参随学生摘要译出，以资参考。虽时日较促，智虑不齐，而于美国大要情形，已可略知梗概。大抵美以工商立国，纯任民权，与中国政体本属不能强同，然其规划之周详，秩序之不紊，当日设施成迹，具在简编，要其驯致富强，实非无故，藉资取镜，所益甚多。至于商业之发达，工作之精良，包举恢宏，经营阔大，一学堂一工厂建造之费，动逾千百万金，不惟中国所难能，抑亦欧洲所叹畏。盖美为新造之国，魄力正雄，故其一切措施难以骤相仿效，而太平洋之商业航利，则我与美实共有之。此又中国所急宜注意竞争，刻不容缓者也。现就所得情形略加衰辑，容俟欧洲考察事毕，择其可资取法者，据实汇陈。臣等即于本年正月二十二日乘轮放洋，取道英、法，前赴德国，并酌留参随一二人在美考察，以竟未尽之务。

除俟到德后，再将考察各情陆续奏报外，所有在美考察大概情形，及赴欧日期，谨缮折具陈，伏祈皇太后、皇上圣鉴。谨奏。

光绪三十二年三月初十日奉朱批：知道了。钦此。

《清末筹备立宪档案史料》，第7—8页

出使各国考察政治大臣载泽等奏报由美抵英日期折

光绪三十二年三月初三日

臣载泽、臣尚其亨、臣李盛铎跪奏，为陈报抵英日期，恭折仰祈圣鉴事：

窃臣等由东起程赴英，业经专折具陈，并先后电达外务部在案。正月二十日由日本横滨乘坐美公司轮船东渡太平洋，二月初六日抵美国西亚得埠。初八日由西亚得埠乘坐火车，十五日抵纽约府，驻美使臣梁诚在彼迎候，因于十六日偕至华盛顿，览其都城，藉资考证，并拜晤美国总统。十八日复返纽约府，经过各都会，中国商民均来迎谒，臣等接见时宣布朝廷廑念侨民之至意，勉以忠爱，莫不欢忻鼓舞，感激涕零。二十日由纽约乘坐英公司轮船渡大西洋，二十八日抵英国利物浦登陆，驻英使臣汪大燮前来迎候，英外部亦派翻译官璧利南相迓，当即乘坐专车于是晚行抵伦敦。时值英主前期赴法尚未回国，臣等即向英外部商准先行考察，俟英主归国时再行定期谒见。

除俟呈递国书另行奏报外，所有臣等抵英日期，理合恭折具陈，伏乞皇太后、皇上圣鉴。谨奏。

光绪三十二年四月二十三日奉朱批：知道了。钦此。

《清末筹备立宪档案史料》，第7—8页

出使各国考察政治大臣戴鸿慈等奏到德后考察大概情形暨赴丹日期折

光绪三十二年三月十六日

出使各国考察政治大臣礼部尚书臣戴鸿慈、闽浙总督臣端方跪奏，为恭报到德后考察大概情形，暨起程日期，恭折仰祈圣鉴事：

窃臣等于光绪三十二年正月二十二日自美国纽约放洋，道出英、法，因各登岸游历，旋于二月十三日行抵德京柏林，适值德皇有事出游，一时未能入觐。当与该国首相及外部接谈，请其先为派员引导，俾免旷时废事，即经该国派令水师提督盖洛、上海总领事克纳贝随事照料。所有应看官署、学堂、工厂，均由该员排日导观，仍一面督饬参随购买书籍，择要分译，一如在美办法。嗣德皇归国，定期觐见，臣等于二月三十日恭赍国书，呈递如仪。德皇接见之顷，首先敬问皇太后、皇上安好，并经设筵款待，亲与皇后入座献酬，慰问殷勤，交谊极形辑睦。德皇论及中国变法，必以练兵为先，至于政治措施，正宜自审国势，求其各当事机，贵有独具之规模，不在徒摹夫形式，其言至为恳切，业将当时大略情形撮要电陈圣鉴。臣等即于觐见之后，前赴克虏伯炮厂及德国西境各省阅视兵操，调查工矿，又兼旬始毕。计在德国一月有余，驻居柏林之日较多，而在外博览周谘，所到之区，其官商之优待欢迎，均与美洲相等。

查德国以威定霸，不及百年，而陆军强名，几震欧海。揆其立国之意，专注重于练兵，故国民皆有尚武之精神，即无不以服从为主义。至于用人行政，则多以兵法部勒其间，气象森严，规矩正肃。其人民习俗，亦觉有勤俭质朴之风，与中国最为相近。盖其长处，在朝无妨民之政，而国体自尊，人有独立之心，而进步甚猛。是以日本维新以来，事事取资于德，行之三十载，遂致勃兴。中国近多歆羡日本之强，而不知溯始穷原，正当以德为借镜。至于德皇所论，适自明其强盛之由，在中国虽不必处处规随，而其良法美意行之有效者，则固当急于师仿不容刻缓者也。

此次所译之书，因德文繁重难通，译材太少，恐不免于罣漏，唯有多购书籍回国以待研求。驻德使臣廕昌，于德国情形最为熟悉，语言尤极谙练，正值料理交卸，在德京则尚可考究，在外省则无暇览观，深惜少一讨论之助。现在考察事竣，定于三月二十五日起程，遵旨先赴丹国游历，仍回柏林，再赴俄、奥各国，以期路途省便。

除俟到丹后再行奏报外，所有抵德考察大概情形，理合恭折具陈，伏乞皇太后、皇上圣鉴。谨奏。

光绪三十二年闰四月初六日奉朱批：知道了。钦此。

《清末筹备立宪档案史料》，第9—10页

出使各国考察政治大臣载泽等奏
在英考察大概情形暨赴法日期折

光绪三十二年三月二十四日

臣载泽、臣尚其亨、臣李盛铎跪奏,为具陈在英考察大概情形,暨由英起程赴法日期,恭折仰祈圣鉴事:

窃臣等抵英日期及缓递国书缘由,业经专折具报,并先后电达外务部在案。查英吉利为欧洲文物最著之国,一切政治规模与东方各国大有异同,考其政治之法,实数百年积渐修改,条理烦赜,仓猝未易洞悉源流。连日率同参随等员赴其行政各局署、海陆军营、公私学校、大小工厂,以及议院、警察、裁判、监狱、市会诸所,详加观览,以略考其机关,复延请彼国政法专家博士分门讲说,以深求其原理。大抵英国政治,立法操之议会,行政责之大臣,宪典掌之司法,君主裁成于上,以总核之。其兴革诸政,大都由上下两议院议妥,而后经枢密院呈于君主签押施行。故一事之兴,必经众人之讨论,无虑耳目之不周;一事之行,必由君主之决成,无虑事权之不一。事以分而易举,权以合而易行,所由百官承流于下,而有集思广益之休,君主垂拱于上,而有暇豫优游之乐。若夫外交、军政关于立国之要图,枢府间有特引之权衡,以相机宜之缓急。此行政之规模也。

至其一国精神所在,虽在海军之强盛,商业之经营,而其特色实在地方自治之完密。全国之制,府分为乡,乡分为区,区有长,乡有正,府有官司,率由各地方自行举充,于风土民情,靡不周知熟计。凡地邑民居,沟渠道路,勤工兴学,救灾恤贫诸事,责其兴办,委由详尽,纤悉靡遗。以地方之人,行地方之事,故条规严密,而民不嫌苛,以地方之财,供地方之用,故征敛繁多,而民不生怨。而又层累曲折以隶于政府,得稽其贤否而奖督之,计其费用而补助之,厚民生而培民俗,深合周礼之遗制,实为内政之本原。惟其设官分职,颇有复杂拘执之处,自非中国政体所宜,弃短用长,尚须抉择。此在英考察之大概情形也。

臣等在英留驻瞬将一月，拟于本月二十五日起程前赴法国。欧土往来甚便，舟车需日无多，俟英主归后，再行折回呈递国书，以免虚延时日。

除将考察诸务编辑成书，随后咨送考察政治馆外，所有臣等在英考察大概情形，及由英起程赴法日期，理合恭折具陈，伏乞皇太后、皇上圣鉴。谨奏。

光绪三十二年闰四月二十日奉朱批：知道了。钦此。

《清末筹备立宪档案史料》，第10—11页

出使各国考察政治大臣载泽等奏由英抵法呈递国书日期折

光绪三十二年三月二十七日

臣载泽、臣尚其亨、臣李盛铎跪奏，为恭报臣等由英至法呈递国书日期，仰祈圣鉴事：

窃臣等在英国考察事竣，业将大概情形及起程日期恭折陈报，并电达外务部在案。三月二十五日巳刻由伦敦乘火车赴多甫海口换坐轮船渡海，驻法使臣刘式训由巴黎专赴加赖迎候，法外部遣翻译官微席业偕来相迓，即经登岸乘坐专车，于戌刻行抵巴黎，法兵部遣副将德康佩等至车站来接，情意至为殷渥。所有应行考察事宜，先经驻法使臣与臣等函商妥协，知会法外部办理，旋准外部知照法总统，定于本月二十六日相晤。是日未刻，臣等恭赍国书，率同参赞各员赴其宫邸呈递，法总统免冠接受，敬颂皇太后、皇上圣安。臣等敬谨宣布德音，对答如仪，总统旋复延坐，寒暄数语而出。

除将颂词、答词抄送外务部备案外，所有臣等到法呈递国书日期，理合恭折具陈，伏乞皇太后、皇上圣鉴。谨奏。

光绪三十二年闰四月二十日奉朱批：知道了。钦此。

《清末筹备立宪档案史料》，第12页

出使各国考察政治大臣戴鸿慈等奏游历丹麦瑞典挪威三国情形并赴奥日期折

光绪三十二年四月初十日

出使各国考察政治大臣礼部尚书臣戴鸿慈、闽浙总督【臣】端方跪奏，为恭报遵旨游历丹马、瑞典、那威三国情形，并赴奥日期，恭折仰祈圣鉴事：

窃臣等在德京及瑞典途次，前后准外务部电开，据丹马、瑞典、那威三国恳请游历，奉旨准其前往作为游历，不备国书等因。钦遵知照前来。时值臣等在德考察渐已就绪，正拟定期赴奥，深知丹马等国，界连德境，应即先往游历，以免路途周折，曾经奏明在案。

臣等旋于光绪三十二年三月二十三日自柏林起程赴丹，二十四日觐见丹皇。二十七日赴瑞，二十八日觐见瑞皇，因瑞皇年老养疴在法，由其摄政皇太子接见。四月初三日赴那，初四日觐见那皇。三国觐见之日，国皇皆首先恭问皇太后、皇上安好，臣等亦敬宣朝廷德意，慰问如仪。内惟丹皇初嗣大位，尚在穿孝，未经款谦，余皆设筵邀饭，接待极优，并经各赠宝星，情谊至为恳洽。至于游历各处，亦不外学堂、工厂数端。

臣等伏查丹、瑞、那皆以弱小介居德、俄两大之间，三国之中自以瑞典为大，而丹马、那威则地相仿佛，其土壤之狭，人民之少，初不及中国一省。瑞、那分析未久，那威直接俄疆，与我只一俄之隔，故其形迹与中国较亲，而亦有逼处强邻之惧。然揆其立国本末，教育、工业均极讲求，大抵学堂林立，男女无不入校读书者，而商务则各占优胜。丹马之瓷器、皮酒，瑞典之炼钢厂、德律风公司，那威之纺织、渔业，皆为出口货物之大宗，亦为欧西商家所共许。至其街衢宽洁，屋宇整齐，轨道交通，帆轮络绎，则又三国之所同，而与欧洲大国无甚差异者也。海陆各军虽不能经营周备，然各有铁甲战舰数只，十数只不等，鱼雷快艇又十倍其铁甲之数，盖其自揣虽必无战胜攻取之功，而实不敢忘防守自全之兵。况丹、那之制造快枪，瑞典之操习马队，亦皆有以自见，非他国所能轻视者。

此次该三国之恳请游历，半缘其国与中国通商有年，轮船货物时相往来，欲藉以为联络商情之助，在外人或以该国地褊小等诸自郐，而以臣等心目所见，细加研求，则其所以竞存之故，实有可以不拔之基，其措理甚难，其经营亦复甚苦。臣等于亲历各强国之后，复睹此邦，盖虽不必有所取材，而适足增无穷之阅历矣。兹于四月初八日遄返柏林，又因德国联邦中萨克生、巴延两国来请游览，德外部定约在前，遂于初十日顺道前往，事毕即行赴奥。

除俟到奥后再行奏报外，所有遵旨游历丹、瑞、那三国情形，理合恭折具陈，伏祈皇太后、皇上圣鉴。谨奏。

光绪三十二年闰四月三十日奉朱批：知道了。钦此。

《清末筹备立宪档案史料》，第12—14页

出使各国考察政治大臣载泽等奏在法考察大概情形并再赴英呈递国书折

光绪三十二年四月十五日

臣载泽、臣尚其亨、臣李盛铎跪奏，为具陈在法考察大概情形，恭折仰祈圣鉴事。

窃臣等由英至法及呈递国书日期，业经专折具报，并先后电达外务部在案。查法兰西为欧洲民主之国，其建国规模，非徒与东亚各国宜有异同，即比之英、德诸邦，亦不无差别。臣等至法京后，连日率同参随等员至其行政各局署详加参考，复延请彼国政治名家悉心讨论，又因法政府之请，远赴该国南北各境里昂、都隆、哈富等处，察看商务制造，阅视船坞、战舰，而复知其立国之体，虽有民主之称，统治权实与帝国相似。条规既整齐完密，精神尤固结流通，遗其粗而撷

其精，可以甄采之处，良亦非鲜。

大抵欧洲各国政治，悉根原于罗马旧制，言政法者必先言罗马，犹中国学者必首推周秦。罗马为古昔强国，其立法之原，最富于统治之力。法国地近罗马，政法实得其遗传，而又经拿破仑第一之雄才大略，综揽洪纲，以沈毅英鸷之资，手定立国治民之法，公私上下，权限分明。数十年来，虽屡经变革，卒易世及为选举，而其理法条目，遗意相承，无或稍异。是其所变者，官家之局，其不变者，立法之精。故观其现行成法，大权仍集于政府，居中驭外，条理秩如。其设官分职，则三权互相维系，无轻重偏倚之嫌，其地方自治，则都府秉（成）〔承〕中枢，有指臂相联之势。比之英吉利，一则人民先有自治之力，而后政府握其纲，一则政府实有总制之规，而后人民贡其议，施之广土众民之国，自以大权集一为宜。且法自大败于德以还，凋丧之馀，不三十年后臻强盛，其作民气以培国力，实根于政治之原理，良非幸致。至其学术之精实，工业之良巧，蒸蒸日进，与英、德本并驾齐驱。惟汰侈之风，自路易十六以来，相沿未革，习俗使然，无关政治。此在法考察大概情形也。

顷接驻英使臣汪大燮来电，英主现已回国，臣等考察完毕，定于本月十六日自法赴英，订期呈递国书，届时另行奏报。

除俟编辑成书随后咨送考察政治馆外，所有臣等在法考察大概情形各缘由，理合恭折具陈，伏乞皇太后、皇上圣鉴。谨奏。

光绪三十二年五月初六日奉朱批：知道了。钦此。

《清末筹备立宪档案史料》，第 14—15 页

出使各国考察政治大臣戴鸿慈等奏到奥后大概情形并赴俄日期折

光绪三十二年四月二十四日

出使各国考察政治大臣礼部尚书臣戴鸿慈、闽浙总督臣端方跪奏，为恭报到奥后大概情形，并赴俄日期，恭折具陈，仰祈圣鉴事：

窃臣等于光绪三十二年四月初十日自柏林启程，途经德联邦萨克生、巴延两国，由德外部商定顺道前往游历，曾经奏明在案。旋于十一日抵萨克生，十三日抵巴延，两国王均各殷殷接见，款洽备至，赠送宝星。该两国在德联邦中立国最久，名誉著称，尤致力于学业之事，声名文物，众口交推，国中藏书甚多，兼讲求印刷装订之法，备极精美，各国藏书楼所有图籍，大半取给于此，实为欧洲巨观。嗣于十六日行抵奥京维也纳，十八日入觐，奥皇答问皇太后、皇上安好，接待殷勤。十九日赠送宝星，置酒款谦，奥皇入座亲陪，情谊尤为恳洽。考察各事先经臣等开单函致前驻奥使臣杨晟预为调查，采译各门，均稍有端倪。该使臣虽当料理交卸之时，尚能竭力相助，实为难得。抵奥之后，又偕现任驻使臣李经迈逐日阅视各学堂、工厂，并往匈牙利一带考察诸务，不及亲往者，仍派参随分途往看。虽在奥之日较短，而紧要之处，已均稽览无遗。

查维也纳自迭主盟会，蔚为名区，奥皇远略克勤，遂跻强盛。其注意军队考求武备，专用全国皆兵主义，与德国如出一途。论者谓其兵俭朴耐劳，实为此邦特色，而工厂中则枪炮、子弹、鱼雷、铁甲占数最多，规制亦甚详备。臣等所见如史高德炮厂、曼里夏子弹厂、怀铁特鱼雷厂，经营缔购，几几欲与德之克虏伯厂争衡。奥国海口极少，其缮造战舰乃复不遗余力，现在自造头等战舰三艘，皆重一万余吨。机器灵便，多出新式，欧洲各国咸称其所造之炮于海军最为相宜，订购几无虚日，即各厂所造子弹，亦大半兼应他国之求。臣等遇事咨询，乃知外人备戒不虞，各有不敢一日忘战之心，其能力正不可及。

至奥、匈两处教育，均以强迫为先，办法章程亦与德国大致相合。匈牙利幼稚园分寻常、特别及夏期三种，办法制度尤为完善。盖外人之驯致富强，初无他术，仍不外教育之普及，制造之精良，要皆不耻相师，期于尽善而已。

兹于四月二十四日启程赴俄，除俟到俄后再行奏陈外，所有到奥大概情形，谨恭折具陈，伏祈皇太后、皇上圣鉴。谨奏。

光绪三十二年五月初九日奉朱批：知道了。钦此。

《清末筹备立宪档案史料》，第 15—17 页

出使各国考察政治大臣戴鸿慈等奏到俄考察大概情形折

光绪三十二年闰四月初四日

出使各国考察政治大臣礼部尚书臣戴鸿慈、闽浙总督臣端方跪奏，为恭报到俄大概情形，恭折具陈，仰祈圣鉴事：

窃照臣等前在奥国，准驻俄使臣胡惟德函称：俄国现开议院，民气正嚣，请早日前往考察等语。当将奥国应办各事赶紧办完，即于光绪三十二年四月二十四日启程赴俄，二十六日行抵俄京森彼得堡。二十八日觐见俄皇，恭递国书，俄皇及皇后均敬问皇太后、皇上安，并即设筵款待，赠送宝星。此行所带参随，无论随观与否，亦经一律普给二三等宝星，情谊实形周洽。考察各事，臣等在德国时即经遴选参随、翻译四员，先日驰往，分门调查，并函请驻俄使臣胡惟德随时指导，俾期详尽。该驻使在俄已届三年，于俄国政界情形，平时本即留心，此次尤属热诚帮助。

现在俄国内乱未靖，所有学堂、工厂人数稍众之区皆已停办。臣等抵俄后，所见之事亦止陆军马步各队，及未经停工船厂、枪炮厂数处，其余全赖该驻使所译各件，以资稽核。且现值俄国政府组织宪政之时，中国尤应格外注意，已属该驻使于此项条议不厌详求。查俄国幅员最广，素以雄力横视环球各国，猜忌之

萌，已非一日，其政体久以专制著称。从前兵力盛强，民间虽怀有迫求立宪之心，尚不敢存暴动非常之想，战败之后，始有种种要求。当时迫于事势，不能不由政府允许，近则筹借国债，增练新兵，政府威权又稍稍复振，而议院所求各事未能事事允行，是以上下相持，颇滋疑沮。臣等曾与该国前首相维持接谈，据称该国预备立宪已逾百年，究之民间知识犹未尽开，一时甚难合度，大抵此次宣布，在政府不能不曲从舆论，而断不能满其所欲，深虑乱事难以消泯。此俄国现筹立宪之实在情形也。

至于该国虽经败乱，武备经营尚复不遗余力，自借巨帑后，训练益勤。此次所见陆军即新募之众，俄皇亲加简阅，军容亦颇雄整。俄国本有船厂，现正增造军舰，有重至一万七千吨者，其余他国代造代修之船所在多有，他若枪炮、子弹购造之数尤夥。臣等所至各国，凡有枪弹各厂，俄国多半有定购之品，并派兵官监督制造，是其补苴筹借，正复谋虑周详，实有未容轻视者矣。臣等现将诸事办毕，即于闰四月初四日启程前赴荷兰游历。所有到俄大概情形，理合恭折具陈，伏乞皇太后、皇上圣鉴。谨奏。

光绪三十二年五月二十八日奉朱批：知道了。钦此。

《清末筹备立宪档案史料》，第17—18页

出使各国考察政治大臣载泽等奏在比国考察大概情形折

光绪三十二年闰四月十五日

臣载泽、臣尚其亨、臣李盛铎跪奏，为具陈在比考察大概情形，恭折仰祈圣鉴事：

窃臣等由英赴比呈递国书日期，业经专折陈报，并先后电达外务部在案。查

比利时为欧洲新造之邦，开国距今仅七十余载，自法人助以兵力战胜和兰①，欧洲各强国协议定为永久中立之国，不与争战。故地虽偏小，而休养生息颇具繁盛之观，其立国治民，亦复井然有法。连日率同参随等员赴其行政各局署及议院、裁判、学校、军垒、工艺、矿厂诸所详悉观览，复即其现行成规，广为译说。大抵比国行政之体，取则法国者为多，其分区自治，既有因地制宜之效，其枢府统一，复有居中驭外之规，经制虽不及法国之完全，民气实较法人为纯朴。至其立国之要，则在奖励工商农三业以为致富之原，其铁路、矿务、制造诸工，早为欧洲各国所推许，因之货产骈阗，商务日盛。而其授田之法，复最均平，非若英、法诸邦，豪强坐拥膏腴，漫无限制，以故人自力耕，盖藏颇裕，植树艺之术，尤复有名于时。其与诸国互约，虽永守局外不得自设舟师，亦无武备口岸，而民二十以上征选入伍，严加训练，观其兵营及将弁学校，皆娴熟整齐，孳孳不已，盖国虽不与战事，不可一日忘战备，强民守国之道，莫要于此。惟其人民崇奉宗教，信仰独深，于行政之设施，不无稍碍。此在比考察大概情形也。

现在考察事竣，臣载泽、臣其亨定于本月十九日由法国马塞乘坐法公司轮船起程内渡，臣盛铎即赴出使比国大臣任，定期另行奏报。

除俟编辑成书咨送考查政治馆外，所有臣等在比考察大概情形及起程内渡日期，理合恭折具陈，伏乞皇太后、皇上圣鉴。谨奏。

光绪三十二年六月初一日奉朱批：知道了。钦此。

《清末筹备立宪档案史料》，第18—19页

---

① 原文如此，但其后奏折又作"荷兰"。

出使英国大臣汪大燮奏会同载泽等考察英国政治事竣折

光绪三十二年闰四月二十五日

出使英国大臣、二品顶戴、外务部右丞臣汪大燮跪奏，为遵旨会同考察政治事竣，胪陈大略，恭折仰祈圣鉴事：

窃臣伏读上年八月二十日军机处电传谕旨：前有旨特派载泽等分赴各国考察政治，该大臣每至一国，著各该驻使大臣会同博采，悉心考证，以资详密。钦此。仰见皇太后、皇上宵旰优勤，孜孜求治之至意，钦佩莫名。臣以樗材，谬膺使职，夙夜祗惧，陨越时虞。履任之初，前使臣张德彝业将简派大臣来英考察政治一事照知外部，故与彼都人士往来接见之际，率以如何考察，有何宗旨为问。而各处报章持论，每疑我国遇事敷衍，将为掩饰外人耳目之计，真意不存，最易启列邦轻视之心，由轻生骄，而国际受其影响，事虽一端，其所关系者大也。臣前以兹事体大，贻书各大臣先事商榷，聘定美国有名政治教习一人，将英国各部院暨其地方自治事务、警察、刑狱、市政、商会一切有关行政治事之法，排定日期，到时依类讲解。今日所述，明日往观，质疑征信，期于表里贯澈。并以海陆军别具专门，非一政治家所能包举，复商其该管部员，各派一人详陈精义，更以馀力阅看学堂、机厂等处。布置略定，载泽等于二月二十八日莅英，适值英主出巡，归期无定，未克呈递国书。英外部遣员导迎，谆嘱弗候英主，并为知照各处襄助考察。约及一月，大致粗毕。三月二十五日遣员往告外部暂赴法国巴黎，嗣因英主言旋，经臣电法，载泽等复于四月十六日重至伦敦，十七日臣循例偕同载泽等赴北钦咸宫谒见英主，英主慰劳赞美，言辞恳切。英议院绅及英相皆设宴款待，而英渥斯福、谦伯利两大学皆赠载泽等以博士称号。燕谈之顷，无不翘跂我国指日振兴为言，并谓我国文化最先，民物殷富，倘能提纲挈领，一变至道，实可为全球各国之冠。盱衡时局，中国安则天下之民举安。凡可以敦崇友谊裨我郅治者，英国人人皆愿引为己任等语。词意真挚，迥异恒言，酬酢往还，更阅十有七日。载泽等遂以闰四月初二日告辞,初三日前赴比国。此考察政治大臣两次莅英大概情形也。

臣窃维英以旧邦发明新政,方今列强政要,大都取法于斯,推为鼻祖。区区三岛,辖属乃遍五洲,而精益求精,不自满假之意,尤足发人深省。其立国既早,而习惯相沿之政事,有似复杂,深求其故,则凡所以相维相系者,靡不同条共贯,各寓精义于其间,洵非可以枝枝节节求之也。

近数十年来,彼以国势民风日臻上理,致治保邦之外,更无他求,惟期寰宇太平,则人民生意盎然自足。其与我虽非唇齿之依,要有腹背之应,故其祝我自强,言根于心,亹亹然不能自已。我国比年锐意图治,外人将信将疑,久已观听并集。此次考察政治大臣认真探索,彼得见闻互证,舆论因而一变,而载泽为皇室懿亲,尤能令人起敬。故其朝野之间,同声相庆,而两大学为英执政及议员人材所自出,全国意向视此转移,是其推崇之殷,正其责望之殷。外人殷望若是,则所为设施以满其望者,自无待言,而由此邦交日固,民气日振,国运日隆,必有可以计日而程功者。

微臣待罪是邦,外情注目所在,不敢壅于上闻,至一切政治纲要,亦经博采图书,用资编纂。除应由考察大臣汇总具奏外,所有遵旨会同考察事竣,胪陈大略缘由,理合恭折具陈,伏乞皇太后、皇上圣鉴。谨奏。

光绪三十二年七月十六日奉朱批:知道了。钦此。

《清末筹备立宪档案史料》,第 19—21 页

出使各国考察政治大臣戴鸿慈等奏在意考察大概情形并启程回国日期折

光绪三十二年闰四月二十八日

出使各国考察政治大臣礼部尚书臣戴鸿慈、闽浙总督臣端方跪奏,为恭报到

义后大概情形，并启程回国日期，恭折具陈，仰祈圣鉴事：

窃照臣等在俄考察事竣，即经前往荷兰游历。嗣因荷兰与比国接壤，不及半日之程，适值考察政治大臣载泽等正在比京，遂往晤商一切。回荷后，于光绪三十二年闰四月十六日起程赴义，途经瑞士国都，顺道游览。又因义国米郎地方正开会场，且其地为义国北境一大都会，工厂环集，较罗马为盛，有关考察，是以先至米郎小住三日，于二十三日行抵义京罗马。二十六日觐见义皇，呈递国书，义皇及皇后均敬问皇太后、皇上安好。义皇复与臣等坐谈移时，二十八日设筵款待，义皇、皇后入座亲陪，并赠送宝星，礼意优渥，与前至各国相等。

考察各事，臣等在德国时预计在义事毕，将附德国公司轮船回国，船期已定，或有他事耽延，必至调查不及，而义文须从法文转译，兼恐匆遽难详，特派法文较优之学生王继曾、陈箓及在义留学之赵诒璹等，会同驻义使臣黄诰所派译员分任译述，大致于宪法、财政、学堂、军政各门期其详尽。该学生等三月间即已抵义，臣等陆续奉旨敕往丹、瑞、那、荷等国游历，为时既久，船期亦屡次更移，该学生等转得于此两月之中，从容迻译，于以上所指各门，大半已臻详密。臣等到义后，又偕驻使臣黄诰逐日亲览，并派参随各员分途考察，以期始终弗懈。

查义国为欧洲旧邦，从前国人迷信宗教，国势涣散，为法、奥诸国蚕食殆尽。自拿破仑事败，近数十年间，得侯相嘉富尔逐渐规复，肇造新基，教皇退处无权，而政体大变，庶事克修，俨然有强国之望。海军精神制度，既可与各国抗衡，其财政又复经营不遗余力，度支之数，岁有溢收，商务亦蒸蒸日上。地处温带，于农蚕最为合宜，物产丰饶，制炼亦有进步，即如纺织一项，所织绸缎颇与法国有争胜之意。此次米郎会场，大要注意渔业，盖滨海之国，往往于渔业不惮推求，实于扩张海权有绝大之关系。

臣等于罗马事毕，即往拿波里一观。拿波里与义国旧为联邦，亦一都会也。日前改定德公司之吕尔坡轮船，即于日内抵埠，臣等挈同参随各员，于闰四月三十日登坐此船回国。统计此行在外八月有余，除去舟车往来，亦在半年以外，中间德国所居最久，美国次之，其馀俄、奥、义等国，皆先派员前往考察，未敢稍涉草率。至如遵旨游历各国，虽属小邦，亦皆参观周览，以期取镜有资，俾上副朝廷博采旁咨之至意。

除将各国所得译件，再行督率参随在途详加审择分别汇陈外，所有到义考察情形，并启程回国日期，理合恭折具陈，伏祈皇太后、皇上圣鉴。谨奏。

光绪三十二年六月十三日奉朱批：知道了。钦此。

《清末筹备立宪档案史料》，第21—22页

出使各国考察政治大臣戴鸿慈等奏在荷游历大概情形片

光绪三十二年闰四月二十八日

再，前往奥国准外务部电开，奉旨：敕往荷兰国游历等因。当查荷兰一国，界在法、比两国之间，若由奥径往，路途同一周折，且与俄使约会在前，是以先赴俄国。嗣于光绪三十二年闰四月初四日将俄事办毕，即行启程赴荷，初六日行抵荷京海牙。先经驻荷使臣陆征祥约定初八觐见荷国女主，女主敬问皇太后、皇上安好。臣等敬宣朝廷德意，答问如仪。旋经赠送宝星，设筵款待，情意均极殷洽。臣等并即会同驻使臣逐日游览。查荷兰滨居大海，国中河渠通达，舟楫往来，与中国苏、浙各省情形相似。地势低洼，举国皆注意河防，于筑堤、建坝、造桥、修岸、挖泥、疏水诸工，考求有素，并经设立专门学科，发明新法，为各国公推。其国之专家曾游中国，有制黄河流漫一书，虽书系荷文，未能知其所论之当否，然亦足见其留心，推究必有可观。此外商部工艺日有进步，航业既极交通之便，渔业亦复讲求。政治则律法、监狱是其著意之处，修明整洁，颇为他国所不逮。统计全国壤土之狭，殆不及中国一大府，而厕居列强之侧，汲汲图存，其经画治理之方，正复灿然可睹。此次在荷查阅各处，驻使臣陆征祥虽系初到是邦，颇能尽心访导，于应译要件亦多抉摘之功，较之丹、瑞、那诸国所得自为优胜。

所有到荷游历各情形，谨附片具陈，伏祈圣鉴。谨奏。

光绪三十二年六月十三日奉朱批:知道了。钦此。

《清末筹备立宪档案史料》,第23—24页

《苓泉居士自订年谱》节选

杨寿枏

编者按:杨寿枏时为商部官员,为载泽一路随员,所记有一定参考价值,学界利用亦不多,故收入。

乙巳(1905年)三十八岁

调补(商部)平均司帮主稿,又调庶务司帮掌印。僦居顺治门内石虎胡同。……六月,奉旨派镇国公载泽、戴尚书鸿慈、徐侍郎世昌、端中丞方、绍右丞英分赴东西各国考察政治。泽公邀余同行,以病辞。八月十九日,五大臣启程登车,炸弹骤发。绍右丞受伤未果行,徐侍郎旋授巡警部尚书,绍右丞伤未愈,乃改派尚方伯其亨、李公使盛铎为泽公之佐,余病已愈,泽公调充二等参赞。十月出都,十一月由沪放洋。抵日本东京,余随泽公住芝离宫,日皇之别宫也。在东京度岁。余任总文案,佐之者赵仲宣(从蕃,后官江西省长)、刘朴生(锺琳,后官湖南按察使)、姚柳屏(朋图,后官内务部司长)、黄次腴(瑞麟,后官御史)也……

丙午(1906年)三十九岁

正月……是月杪,由东京至横滨,登英国大北公司达柯达轮船渡太平洋,七日而抵美国之波汤星海口登陆。乘大北铁路公司贯北美全部,行八日而抵纽约。改乘英白星公司波罗的海轮船渡西太平洋,八日而抵英之利物浦登岸,至英京伦敦,留一月。至三月杪赴法京巴黎,留二旬,复回伦敦。渡加发海峡而至比京,

留半月。考察事毕，至法国马赛登法邮船公司阿赛布乙克轮船，出地中海、红海、苏彝士运河，历印度洋，经南洋新加坡等埠，以五月抵沪，六月回京复命。七月，编书于法华寺，余任总纂。所译东西洋政治书，编成六十余种，咨送宪政编查馆。择其精要者三十种，分撰提要，进呈乙览。九月，奉旨派泽公及各部院尚书、南北洋大臣厘订官制，奏派余随同编纂，居海淀之朗润园，同事者二十余人，皆一时明硕。以使事劳，保俟补员外郎后，以郎中即补，加花翎三品衔。

杨寿枏：《苓泉居士自订年谱》，癸未年（1943年）印行

吁请立宪折（代考察政治大臣泽公拟）①

光绪三十二年

载　泽（杨寿枏代拟）

奏为吁请实行立宪，以定国本而靖人心，恭折仰祈圣鉴事：

窃维时事方棘，世局日新，我皇太后、皇上通变宜民，勤求治理，凡兴学、练兵、改律、理财、通商、惠工、重农诸要政，次第举行，宫廷宵旰亦有年矣，卒未能卓著成效者，则以制治之未得其要也。夫振裘者必挈其领，张网者必提其纲。纲领不得，枝枝节节而为之，终无以耸动天下之耳目，振作天下之精神，而收变法自强之效。总览东西各国富强之策，千绪万端，莫不以宪法为纲领。宪法者，明秩序，定纪纲，使举国之人咸受制裁于法律之中，视为神圣不可侵犯。故国本愈固，君统亦愈尊。英吉利于百年以前，君民两党断断相攻，迨宪法行而国势骤盛，雄视五洲矣。日本维新以前，外内交讧，其势岌岌，明治变法，采用立宪帝国主义，行之三十年而治定功成，蔚为强国矣。何则？立宪之国，国与家一

---

① 下文之《镇国公载奏请宣布立宪密折》内云"窃奴才前次回京，曾具一折，吁恳改行立宪政体，以定人心而维国势"，是此折已经上奏，但上奏时可能有若干文字修饰。又，杨寿枏为载泽一路的考察政治大臣随员，任总文案。括号内文字为原有小字。

体，君与民一心，人人有合群爱国之心思，人人知纳税充兵之义务，事不劳而集，政不肃而成。上下交资，雍雍成治。各国业行之而有效矣。

或者以民权渐盛，政俗未合为疑。臣证之闻见，而后知所虑之过当也。夫民质有强弱，政体有宽严，惟措之得宜，而后行之无弊。中国自秦以来二千余年，废封建而为郡县，一人统治于上，群下戢戢奉法。其间英君雄主或不免挟威福之柄，以钳制臣民。我朝则宽仁节俭，远迈汉唐，敬天爱人，省刑薄赋，一切举措，无不俯顺舆情，骎骎乎与唐虞三代同风，而于宪法之精理隐相符合。徒以惠褒而威不振，法宽而令不行，忠厚之过，渐流于积弱，而轻儇之徒，乃反藉口于专制政体，倡为民权自由之说，以簧鼓吾民。此机一开，恐难终遏。夫顺其流而导之也易，逆其势而折之也难。今日之事，非行宪法不足以靖人心，非重君权不足以一众志。

外察列邦之所尚，内觇我国之所宜，则莫如参用日本严肃之风，不必纯取英法和平之治。法兰西为共和政府，宪法虽称完备，而治体与我不同。英之宪法略近尊严，然由民俗习惯而来，出于自然，亦难强效。惟日本远规汉制，近采欧风，其民有畏神服教之心，其治有画一整齐之象，公论虽归之万姓，而大政仍出自亲裁。盖以立宪之精神，实行其中央集权之主义，施诸中国，尤属相宜。

伏愿我皇太后、皇上，破群疑以决大计，秉独断而定一尊，明发谕旨，布告立宪，酌定若干年限，为实行之期。饬下考察政治馆，博采日本及欧美各国宪法，参酌损益，折衷至当，勒为法典，恭候钦定颁行。一面广兴教育，改良法律，行财政统计之表，立地方自治之制，以为立宪预备。纶音所播，观听一倾，日月出而氛翳消，雷霆震而勾萌达，建无疆之业，立不拔之基，万世瞻仰，在此一举。

抑臣更有进者，此次奉使考察政治，中外议论，咸谓为实行立宪而设，延颈企踵以俟德音，若犹慎重迟回，密云不雨，非特海内失望，且益启外人轻量之心，恐非长久治安之策也。臣谊属宗支，悉膺使事，睹朝野安危之所在，念国家休戚之相同，缕缕愚忱，不能自默，伏维圣明鉴察而裁择之。天下幸甚。谨奏。

杨寿枏：《云在山房类稿·思冲斋文别钞》，1930年印行①

---

① 该书未署何地印行，其各卷卷首均题"庚午"，即1930年，当为印行年份。

镇国公载泽奏请宣布立宪密折

光绪三十二年①

载 泽

窃奴才前次回京，曾具一折，吁恳改行立宪政体，以定人心而维国势，仰蒙两次召见，垂询本末，并谕以朝廷原无成见，至诚择善，大知用中，奴才不胜欣感。旬日以来，夙夜筹虑，以为宪法之行，利于国，利于民，而最不利于官，若非公忠谋国之臣，化私心，破成见，则必有多为之说，以荧惑圣听者。盖宪法既立，在外各督抚，在内诸大臣，其权必不如往日之重，其利必不如往日之优，于是设为疑似之词，故作异同之论，以阻挠于无形。彼其心非有所爱于朝廷也，保一己之私权而已，护一己之私利而已。顾其立言，则必曰防损主权，不知君主立宪，大意在于尊崇国体，巩固君权，并无损之可言。以日本宪法考之，证以伊藤侯爵之所指陈，穗积博士之所讲说，君主统治大权凡十七条：

一曰裁可法律、公布法律、执行法律，由君主。

一曰召集议会，开会、闭会、停会及解散议会，由君主。

一曰以紧急敕令代法律，由君主。

一曰发布命令，由君主。

一曰任官、免官，由君主。

一曰统帅海陆军，由君主。

一曰编制海陆军常备兵额，由君主。

一曰宣战、讲和、缔约，由君主。

一曰宣告戒严，由君主。

一曰授与爵位、勋章及其他荣典，由君主。

---

① 载泽出洋考察政治，于光绪三十二年六月初三日回京，初四日觐见慈禧太后，此折应在此以后。

一曰大赦、特赦、减刑及复权，由君主。

一曰战时及国家事变非常施行，由君主。

一曰贵族院组织，由君主。

一曰议会展期，由君主。

一曰议会临时召集，由君主。

一曰财政上必要紧急处分，由君主。

一曰宪法改正发议，由君主。

以此言之，凡国之内政、外交、军备、财政、赏罚黜陟、生杀予夺，以及操纵议会，君主皆有权以统治之。论其君权之完全、严密而无有丝毫下移，盖有过于中国者矣。以今日之时势言之，立宪之利，有最重要者三端：

一曰皇位永固。立宪之国，君主神圣不可侵犯，故于行政不负责任，由大臣代负之。即偶有行政失宜，或议会与之反对，或经议院弹劾，不过政府各大臣辞职，别立一新政府而已，故相位旦夕可迁，君位万世不改。大利一。

一曰外患渐轻。今日外人之侮我，虽由我国势之弱，亦由我政体之殊，故谓为专制，谓为半开化，而不以同等之国相待。一旦改行宪政，则鄙我者转而敬我，将变其侵略之政策为平和之邦交。大利二。

一曰内乱可弭。海滨洋界，会党纵横，甚者倡为革命之说，顾其所以煽惑人心者，则曰政体专务压制，官皆民贼，吏尽贪人，民为鱼肉，无以聊生，故从之者众。今改行宪政，则世界所称公平之正理，文明之极轨，彼虽欲造言，而无词可藉，欲倡乱而人不肯从，无事缉捕搜拿，自然冰消瓦解。大利三。

立宪之利如此，及时行之，何嫌何疑。而或有谓程度不足者，不知今日宣布立宪，不过明示宗旨，为立宪之预备。至于实行之期，原可宽立年限。日本于明治十四年宣布宪政，二十二年始开国会，已然之效，可仿而行也。且中国必待有完全之程度而后颁布立宪明诏，窃恐于预备期内，其知识未完者，固待陶熔其知识，已启者先生觖望，至激成异端邪说，紊乱法纪。盖人民之进于高尚，其涨率不能同时一致，惟先宣布立宪明文，树之风声，庶心思可以定一，耳目无或他歧。既有以维系望治之人心，即所以养成受治之人格。是今日宜宣布立宪明诏，不可以程度不到为之阻挠也。又或有为满汉之说者，以为宪政既行，于满人利益有损耳。奴才至愚，以为今日之情形，与国初入关时有异。当时官缺分立满汉，各省置设驻防者，以中原时有反侧，故驾驭亦用微权，今寰宇涵濡圣泽近三百年，从前粤捻回之乱，勘定之功，将帅兵卒，皆汉人居多，更无界限之可言。近年以来，皇太后、皇上迭布纶音，谕满汉联姻，裁海关，裁织造，副都统并用汉人，普天之下，歌颂同声。在圣德如地如天，安有私覆私载。方今列强逼迫，合中国全体之力，尚不足以御之，岂有四海一家，自分畛域之理。至于计较满汉之差缺，竞争权力之多寡，则所见甚卑，不知大体者也。夫择贤而任，择能而使，古今中外，此理大同。使满人果贤，何患推选之不至，登进之无门，如其不肖，则亦宜在屏弃之列。且官无倖进，正可激励人才，使之向上，获益更多。此举为盛衰兴废所关，若守一隅之见，为拘挛之语，不为国家建万年久长之祚，而为满人谋一身一家之私，则亦不权轻重，不审大小之甚矣。在忠于谋国者，决不出此。奴才谊属宗支，休戚之事，与国共之，使茫无所见，万不敢于重大之事卤莽陈言，诚以遍观各国，激刺在心，若不竭尽其愚，实属辜负天恩，无以对皇太后、皇上。伏乞圣明独断，决于几先，不为众论所移，不为浮言所动，实宗社无疆之休，天下生民之幸，事关大计，可否一由宸衷。乞无露奴才此奏。奴才不胜忧懑迫切。谨奏。

《东方杂志·临时增刊》，上海商务印书馆光绪三十二年十二月出版①

请定国是以安大计折

光绪三十二年

戴鸿慈　端方

奏为胪陈世界大势中国前途，请定国是以安大计，恭折仰祈圣鉴事：

---

① 《东方杂志》在刊载此一密折时加了如下编者按语："此为泽公回京后第二次所奏。辞意恳挚，颇动圣听。吾国之得由专制而进于立宪，实以此折为之枢纽。其第一折因外间绝少传抄，是以从阙。"

一、出洋考察政治与考察宪政

窃臣等奉命出洋考察各国政治，业将所历各国考察、比较大概情形奏报在案。此次先赴美洲，继由欧洲回国，所经日本、美国、南洋各埠，凡有华民聚集之地，莫不倾市欢迎，讴歌圣德，以冀祖国兴起，庇此海外黎民。臣等见其困苦之情，呼吁之状，不忍之意，恻然而生。所至各国，与其国君、官吏相接，亦莫不谓中国自此以后当可实行改革，日进文明，而颂我皇太后、皇上之仁圣。臣等自愧菲材，忝膺简命，加以中外属望，以为中国振兴之机，愈不敢不悉心考察，求列邦之善政可以实行于中国者，以期上副朝廷求治之心，下塞中外具瞻之望。今特举闻见所悉，列邦所以强盛之源，中国所以阽危之故，与夫内政改革之要领，谨撮其大要，为我皇太后、皇上陈之。

窃思中国自与东西洋各国通商遣聘以来，亦既数十年矣。此数十年中，关系之事日益繁多，交涉之途日益困难，其间最著者如与法兰西之战，与日本之战，与各国联军之战，莫不丧师偿金，甚至割地，其余各商埠、军港之失，矿山、铁道、航路之失，教案之偿命、赔款，月有所报，日有所闻。通计此数十年中，外交之事，中国无一不处于失败之地。此其故何哉？自稍有识者论之，则曰：我之兵强不如彼，我之国富不如彼而已矣。我与之为军事之竞争，则我败，是其兵强也；我与之为经济之竞争，则我败，是其国富也。夫外国之所以能制我，而我之外交日趋于困难者，谓非其兵强国富之故固不可也。然概观各国之土地人民，殆无一能及我国者，甚或土地小于我数十倍，人民少于我数十倍，而其兵之强国之富乃转有过于我数十数百倍者。此其兵何以能强，国何以能富，必有其不易之道焉，而非论者之言所能尽也。

中国数十年来，谈洋务者，亦未尝不震惊其国富兵强之效，而思有以仿之，练陆军、设海军以求强，筑铁道、兴航路、务工商以求富，然求强而反以益弱，求富而反以益贫者，此非富强之不可期，乃未知其所以致富强之原因，故但能效其末而不能效其本，所收之效乃与始志相反。此亦势之所必至，理之所固然，而不足怪者也。臣等悉心观察，乃知其所以致富强者，不当于其外交之敏捷求之，而当于其内政之整理观之。夫世固未有政治不修而其国能富、其兵能强者，亦未有内政不修而外交能制胜利者。欲判其内政之能修与不能修，此不必问其他，但问其政体之为何而可以判之矣。盖世界政体，厥有二端，一曰专制，一曰立宪。专制之国，任人而不任法，故其国易危；立宪之国，任法而不任人，故其国易安。夫任人者何以易危，任法者何以易安，此不可不论者也。

专制之国，凡一国中之事，无论大小，皆由君主一人裁决之，是君主对于举国人民而负其责任者也。夫君主既负此至重且大、至难且苦之责任矣，然欲以一人之心力，尽治天下之事，不待左右之赞助而可以为治，此其事必为势所不能，则不得已而必当委任官吏。国家之事体愈繁，则官吏之委任愈多。而此官吏者，奉一人之命以治民事。使官吏而皆仁贤，能奉行上命，斯犹可耳，然官吏之不能尽贤，此又势所必然。以尧舜之廷，而有四凶之罪，诚为事之无可如何，而非君主所能独任其咎者也。夫君主既对于人民而负其至重且大、至难且苦之责任矣，而其所委任之官吏又不能得多数之贤者以任之，于其治理民事之时，处一事而善，则人民感之，处一事而不善，则人民怨之。小民无知，不以为官吏之所自为，而以官吏为君主所命之故，感官吏者，并感及君主，怨官吏者，亦并怨及君主矣。且综观历史，贤者常居少数，而不肖者常居多数，官吏之中亦然。因此而民之感官吏者常少，怨官吏者常多。至民之怨官吏者多，则其怨君主亦从而多矣。故专制国之君主，其不为人民所怨者，合东西古今历史计之，而常为少数。然问其怨之所由来，则皆其官吏有以使人民之怨其君也。夫君主以官吏不贤之故而为人民所怨，则君主危，君主既危，则国事愈以难治，官吏愈无忠实之心，人民愈有离散之势，一切政事，愈以丛脞，而国家之危亡随之。

今世各国中其初谋立宪而未脱专制政体者，惟有俄国。俄之先皇，至有为民怨所及，遭炸弹之惨祸者。今之俄皇，臣等曾谒见之，实不失为中主，然其危殆之状，与其先皇同，每夕必数易其寝处，以防人民之报怨。其所以至此者，亦官吏使之然，而非俄皇之咎也。且亦非官吏之咎，特专制政体之结果必如此也。何也？专制之国，任人而不任法，人之不能尽必其善者，此无待论。而欲恃此以修内政，何可得也？夫即以俄国而论，其内政既如此矣，故其兵强国富之可见于外者，亦不足以敌他国。以俄国土地之广，人民之众，几为世界之冠，而以言乎兵强，则军事之竞争，曾不足敌一新起之日本；以言乎国富，则经济之竞争亦然。至欲与欧美各强国争，则其胜败之数，有十于此者矣。此无他，专制政体有以使其君与国之两危也。

夫东西洋各强国中，其仅一俄国为专制政体，亦惟前日为然耳。且俄国今者因战败之后，其君与民皆推其所以失败之原因，共求所以振兴之道，方日汲汲然谋改为立宪政体，各国中将无复有专制政体之存余。然追览乎百年以前之欧美诸邦，及二十年前之日本，则其政体亦皆为专制政体，与我同也。其所以皆改为立宪政体者，亦无不以其君与国常危而不安，故取任人而不任法者，一变为任法而不任人。至于任法则其君安、其国安，而富强之基亦以立矣。夫所谓任法而不任人者，不仅君主立宪政体为然也，即民主立宪政体亦然，所重者不在君主民主之别，而在立宪与专制之别。

立宪之所以异于专制者，于宪法之有无别之。所谓宪法者，即一国中根本之法律，取夫组织国家之重要事件，一一具载于宪法之中，不可摇动，不易更改，其余一切法律命令，皆不能出范围之中，自国主以至人民皆当遵由此宪法而不可违反。此君主立宪国与民主立宪国之所同也。

其所异者，虽不一端，而君主立宪国之所以位置君主者，则其君主无责任必明载于宪法之中。夫专制君主因官吏之不贤，而生人民之怨，致君与国之皆危，如前所陈者，则以君主对于人民负至重且大、至难且苦之责任故也。惟立宪政体，于宪法之中，载明君主无责任，则可以转危为安。何也？君主既无责任，则官吏对于人民即有不善之政，亦非君主之咎，故其君常安而不危。夫非谓此等政体之政府，对于人民可不必负责任也，乃谓其责任不由君主负之，而由其大臣代君主负之。故君主立宪国之政府，必有责任内阁之设。所谓责任内阁者，乃于内阁中设总理大臣一人及国务大臣数人。国务大臣以各部之行政长官充之，是之谓阁臣。凡此阁臣，皆代君主而对于人民负其责任者也。使其行政而善乎，则阁臣之位得安，使其行政而不善，为人民所怨，则是阁臣之责任而非君主之责任。其怨毒之极，亦不过变易阁臣而已，无丝毫之责任可以及于君主之身。故君主不仅常安而不危，且神圣不可侵犯之权，亦载入于宪法中。此无他，既无责任，则自不至有侵犯，此二者相因而并至者也。此所谓立宪则君主安者是也。

然如此君主固安矣，而国家之所以安者，尚不全在乎此。何也？责任内阁以大臣组织之，大臣者，固所以代君主而负责任之官吏，然其行政之善与不善，人民之怨与不怨，未可知也。既令其代君主而对于人民负责任矣，则人民之意向如何，不可不一视其从违以为行政之方针。而欲观人民意向之从违，又非可执国人而人人问之也。于是不能不设议会，由人民分区选举，以为议会之议员，以议会之可决、否决而觇国民意思之从违焉。试举议会之权能中之一端以论之，即如有所谓监财权者,乃一国中财政上岁出岁入当有几何,政府必与议会谋之。每岁以收入之数,制定预算表,以何理由而始为此收入,必得议会赞成之后,乃于人民征收之。每岁又以支出之数,制定决算表,以何理由而既为此支出,必报告于议会,而当得其承认,此各立宪国共同之制度也。此制度之所由来,则以政府因外交、内政之繁多,每苦经费之困难,势不得已,必难免加税添租之举,而租税之所自出,实无一不取诸人民者。人民平日于政府所为,一切不得与闻,但见其时时增索租税,而租税之收入用之于何地何事,又皆不得而知,则以为政府徒剥取吾民之资财以自利,而未尝一为吾民谋利益也。夫使政府而果如此,则人民之怨也固宜,使政府之取此财本非自利,而尽用之于利民利国之事,然而人民不知,则亦不得以人民之怨为咎也。何也？彼不知而责以不当怨,何如使尽知之且要其赞成之,不仅使之无怨,且使彼踊跃以尽纳税之义务之为得乎？此各国宪法中,无不以此监财权属于议会者,职是故也。故一国有议会,则政府之行动,人民可以知之,人民之意志,政府亦可以知之。上下之情相通,合谋以求一国之利益,故国事因此而得理,国家亦因此而得安矣。

此外制度其等于责任内阁与议会之重要者,又有司法之裁判,所据一定之法律以裁判刑事、民事之诉讼,乃以此保护人民之生命财产。而其所最重要者,则司法权独立于行政之外,不受行政官吏之干涉。又如地方自治之制,亦以国事之一部分委之人民自理,以补官吏之不及。此皆所以分行政官吏之责任,而使其事专而权一,得尽其职而日进于贤者也。

凡此等,类皆明载于宪法之中,彼此之间各有其权能,各有其职守,各有其职任,不能于宪法所规定者有一毫之移动,有一步之出入。无论何人,不能于此法律之下有不善之行为,故为任法而不任人然。而行政官吏之责任因以减轻,而其权力则反因以加重。此何故耶？则以事之不为行政官责任者,即一切不得与闻,而其为行政官责任者,其权力反可以自由行动,无复有掣肘之人,故百废可以具兴,国事可以大整,内政如警察、教育、实业、军事等,则有整齐画一之规；外交如宣战、媾和、立约、通商等,则有活泼自由之妙。于是政府信用,官吏皆贤,人民尽知政府之能如此也,于是依赖其政府,若墙垒之可以御人,保护其国家若巢穴之不使人入,牺牲财产以谋国家之公益,牺牲生命以谋国家之公安,所谓人民有纳税之义务,人民有当兵之义务,载在宪法之中者,亦有不待教而能知，不待刑而自勉者矣。国家如此，夫复何危！此所谓立宪则国安者是也。

夫专制之国，其君危其国危既如彼，立宪之国，其君安其国安又如此。以此为其原因，则其结果乃对于国外而有国富兵强与否之效，其故亦非难知矣。何也？天下未有国内不安而能致国富兵强者，亦未有国内大安而不能致国富兵强者。于何证之？亦可于俄、日而证之。俄国以专制政体之故，故无宪法，因无宪法，故无责任内阁及议会等制度，虽有地方自治之制，实亦甚不完全，以内政之不修，故为日本所胜。而日本则为君主立宪政体，与俄相反，故能败俄。此立宪与否之原因，即为兵强国富与否之原因，可以确见，而无容疑议者也。

臣等以考察所得，见夫东西洋各国之所以日趋于强盛者，实以采用立宪政体之故。因而推之于俄国其所以骤邻于弱败者，实以仍用专制政体之故。更进而观于我国数十年来之未臻富强，而外交之事无不失败者，亦与俄有同一之理由。专制政体之国，万无可以致国富兵强之理也。夫使欧美各国政体而犹如百年以前，日本政体而犹如二十年以前，其为专制如故，则世界各国之政体如一，专以土地、人民之广狭、多少为国力大小之准，则世界之最强者，宜莫如俄国与中国矣，虽东西洋各国合力以谋我，然我之国力足以敌数十弱小之国而有余，亦何至使我皇太后、皇上日夜忧勤，常虑他人之侵迫哉。于此可知，一国之内政不理，则国万不能富，兵万不能强，可断言也。然使国不富兵不强，于世界战国之中，仍有可以立国之理，则人虽富强，我虽贫弱，亦无妨各自立国，两不相妨。古人所谓尔无我诈，我无尔虞者，或犹得见于今日，则中国虽为贫弱，亦何害于生存。然而今日世界之大势，决非能许我如此者。彼其国家，以内政修明、人民发达之故，其国既富、兵既强，国力之发展有前进而无后退。凡此世界之上，无论何洲何国，苟有内政不修、国贫兵弱者，即为彼等投资本、殖人民、扩势力、争国土之地。西人谓此为帝国主义。帝国主义者，即霸国主义，攘夺人之所有以为己有者也。百年以来，欧洲各国之势力，即皆以此主义而涨出于外，若美洲，若澳洲，若非洲，几于无一尺寸之地而非列强之所有。五洲之中已有其四，即在亚洲，如印度、缅甸等，已隶属于英矣。又如安南、朝鲜等，本皆吾之属国，彼虽内政不修、国贫兵弱，然与列强固无恶也，而法兰西、日本竟取之以为己有矣。其所以如此者，亦由其国力膨胀，迫于不得不然。与其以此责法与日之横强，不如责安南、朝鲜之自取灭亡也。又如台湾本我之土地，乃以一战而割让于日本，胶州湾、广州湾、威海卫、旅顺口等，皆我之最良海军之港也，乃皆租借于他国。名为租借，实无归还期，至使我国欲兴海军，反无军港矣。又如山西矿产，本我国之财产，而皆为外人所隐占。又如海关税务，本我国自有之权，亦为他人所把持。凡此者，皆他人以国富兵强、势力膨胀于外，对于他国，不能不竞争此种权利，以扩张其国力，所谓霸国主义之结果，固如此也。贫弱之国，立于今世，即欲不与人争，而但求自守亦不可得。不能自存，即将就亡，不能夺人，即将为人所夺，断无苟且偷安而可图生存者。中国今日正处于世界各国竞争之中心点，土地之大，人民之众，天然财产之富，尤各国之所垂涎，视之为商战兵战之场。苟内政不修，专制政体不改，立宪政体不成，则富强之效将永无所望。俄于中国之商务，不足敌欧洲一小国，而其兵力亦遂不能敌一日本，此可以证明之者。盖商战恃乎民智，兵战恃乎民力，欲民智民力之发达，而以专制政体临之，无异欲南行而北其辙，必不济也。由此论之，则中国而欲国富兵强，除采用立宪政体之外，盖无他术矣。

虽然，中国为救亡计，即于今日采用立宪政体，实行宪法，可乎？臣等又考列国宪政制度所以能实施之故，而窃以为中国此时尚未可也。何也？中国数千年来，一切制度文物，虽有深固之基础，然求其与各立宪国相合之制度，可以即取而用之者，实不甚多，苟不与以若干年之预备而即贸然从事，仿各国之宪法而制定颁布之，则上无此制度，下无此习惯，仍不知宪法为何物，而举国上下无奉行此宪法之能力，一旦得此，则将举国上下扰乱无章，如群儿之戏舞，国事紊乱不治，且有甚于今日。是立宪不足以得安，而或反以得危矣。故谓此时即行立宪者，臣等实确见其不可，而未敢主张此有虚名而无实益之政策也。

夫中国非立宪不可，而速立宪又不可，然则如何而后可乎？臣等又尝考之于日本。查日本开设国会，实行宪制，在明治二十三年。而预定开设国会之期，则在明治十四年。然明治元年，其天皇已以五事誓于国中，其国是已大定矣。明治十四年以前，即已设元老院，开府县会。盖自明治元年以至明治二十三年，皆立宪预备时代也。其立宪以前，必以五事宣示天下，以定国是者，盖日本当时以西洋之相迫，激起国民救国之心，幕府以外交不善而受人民攻击，遂有覆幕尊王之举。及其成功，国内统一，而国民得闻西洋各国国家之富强，人民之安乐，皆由于政体之美善，于是呼号奔走，群起而求政治之改革。而其时日本天皇亦知非立宪不足以谋其国之安且富强也，欲即立宪，则东方治国制度，与此不能遽入，故先以五事定国是，旋乃定开设国会之期，而使全国之官吏与人民于若干年中为立宪之预备，实行种种之改革焉。及乎实施宪制之时，而一切法制皆已周备，无忙迫不及之弊，此其所以能从容变专制为立宪，无丝毫之流弊，而有莫大之利益。故开议会后仅五年，而其国力已足胜我也。

今日中国之情势，实与日本当时无异，我皇太后、皇上如欲使中国列入于世界各文明国而采其立宪之政体，则日本所行预定立宪之年，而先下定国是之诏，使官吏、人民预为之备者，乃至良甚美之方法，可以采而仿行之者也。至于定国是之诏令所宜宣示天下者为何等条款，则各国之历史情事不同，一国有一国之国是，决非可以相袭者。臣等深察中国现在之国势民情，其为国是中不可不早定之者，约有六事，谨为我皇太后、皇上一一陈之：

一曰举国臣民立于同等法制之下，以破除一切畛域。诗曰：率土之滨，莫非王臣。此言王者之德，一视同仁，对于举国臣民，本无可以重轻歧视之处。惟是各国内政未修之际，国中阶级制度，实所难齐，因而人民同处一国之中，无故而生畛域之见。阶级既殊，即利害相反，畛域不化，则离德易生。于此而欲求举国一致之效，必为势所不能。各立宪国知其如此，故于宪法之内，皆载入人民同等之文。今中国既欲为立宪之预备，则此宪法之精神亦不可不于此时预定之，以示一国之标准，而求人民之同德焉。所谓法者，凡一切刑法、民法、商法等之法律皆是也。所谓制者，凡一切官制、兵制等之制度皆是也。

二曰国事采决于公论。《书》曰"谋及庶人"，又曰"天聪明自我民聪明"，又曰"后非众，罔与守邦"。《诗》曰"先民有言，询于刍荛"。《礼》曰"民之所好好之，民之所恶恶之"。孔子曰"百姓足，君孰与不足"。孟子曰"国人皆曰贤，然后察之，国人皆曰不可，然后察之"[①]。诚以民为邦本，一国之事，无非民事，苟不察其意志之从违，则民必有怨抑而莫告者。故帝舜明四目达四聪，《周礼》小司寇之职掌外朝之政治，以致万民而询焉，一曰询国危，二曰询国迁，三曰询立君。凡此者，皆所以通民意者也。今世东西各立宪国之制度，亦本

---

① 此段原文为："左右皆曰贤，未可也；诸大夫皆曰贤，未可也；国人皆曰贤，然后察之；见贤焉，然后用之。左右皆曰不可，勿听；诸大夫皆曰不可，勿听；国人皆曰不可，然后察之；见不可焉，然后去之。"见《孟子·梁惠王下》。

此意以为之制，故中央必有议会，以代表一国之情，地方亦有议会，以代表一方之情。故一国之中，下无被壅之情，上无不知之状。今中国中央议会虽未可以遽设，然在此预备时代中，亦不可无之议政机关，以谋合议政事，此于将来宪法上之机关，即可以借此以为基础。至地方议会中之下级者，则此时即可酌量行之，使人民练习议会之事，为将来各省议会、中央议会之预备焉，亦所以顺民意而收舆情者也。

三曰集中外之所长，以谋国家与人民之安全发达。处今日之世界而求立国，非有世界之智识，则决不能以自存，此无论学术、政治而皆然者也。然中国以数千年之古国，其固有之文明实已深厚博大，于世界本有甚高之价值，若仅以维新之故，而一切舍己从人，不惟理所不可，亦势所不能。即令能之，而全国滔滔趋于欧化主义，社会之变迁过激，则人心之浮动愈甚，秩序大乱，国将不国矣。日本变法之始，人心倾于欧化，社会以骤失常态，恶象迭生。其后深识之士，乃倡为国粹保存论以救之，而后转危为安，此前车之可为我鉴者。而况我之文明，本所自有，非日本得于他人之比，于此而轻弃之，尤为不祥矣。故必采中外之所长，于学术于教育于法律制度皆然，不存中外之见，惟以是非为准，庶民德民智相将并进，且又秩序不乱，安全幸福得以保存。此不仅以中国之历史应出于此，且不发达则无由得安全，不安全亦无由得发达，二者互相循环，互为因果，而非以躁动为发达，又非以静守为安全也。夫以国力而使人民得其安全发达，又以民力而使国家得其安全发达者，此立宪政体之目的，若偏重于国家，则必减少人民之幸福，若偏重于人民，又必摇动国家之根本，究之一方之安全发达亦不可得，遑论二者。故惟有并重而无可偏歧也。

四曰明宫府之体制。臣闻汉诸葛亮有言："宫中府中，具为一体，陟罚臧否，不宜异同，不宜偏私，内外异法。"此乃宫府不分，体制如一，后之儒者，祖述斯言，一切法制，皆准此理，沿习既久，以至于今。不知蜀汉当时，后主刘禅，昏湎不治，任用宵小，疏远廷臣，故诸葛亮以此谏之，劝其视宫府如一，此实对于昏主浊世之言，而非郅治之朝臣子所宜引用。臣等考之各立宪君主国制度，其所以维持皇室之尊严者，即在使宫府体制划然分明。察其官制，则以一宫内部总理一切宫中之事，不复分掌于他官。如中国现在内务府、奉宸院、上驷院、武备院、太仆寺、太医院、銮仪卫等衙门，皆合为一署，使各治一事，而不复为如此之分散者。一则使为专一之供奉，而不更分心于他事，得以忠其职务；一则使为合同之供奉，而无散漫不统一、疏忽不周致之弊也。臣等游历俄、德、奥、义各国，国皇款待甚优，导观宫室，规模壮丽，陈列庄严，皆由于宫内部官制之完备，而其经费则又与国用分而为二，且有皇室私产之收入，因经理得法而日增者。故臣民之爱敬日加，君主之威严永固，此我所宜参考而厘定者也。

五曰定中央与地方之权限。中国各省疆臣，其权力较各立宪国之地方长官为大，此因土地过广，交通不便，若行中央集权之制，则中央统治之力终不能及，而国事反将坐是不理。故欲将一切之权集于中央，实非中国今日之所能行，然其权限则决不可以不定，盖法治国与人治国之所以异者，一切权限有无法律之规定，亦其最重要者也。凡事无论大小，职无论轻重，皆必各有一定之权限，于其权限之内，可以自由行动，而后万事可着手，无牵掣难行之患。今中国则不然，各种行政机关之间，其权限皆无一定，即责任皆无一定，惟视事之来时，因宜而与夺之。即如中央各部臣与各省督抚臣，皆为一国重要职司，然其间并无一定之权限，因而一切外交内政，其相因倚之益甚少，而相牵掣之害甚多。国中之事，因此废弛者，不知凡几。此非参酌各国官制，何者属于政府，何者属于地方，明定权限，必不足以为治。然地方行政，不仅官治，又有自治。地方自治制度，中国所无，而各立宪国皆有之，亦不可不使于此预备立宪时代中先行演习。既欲行此，则其与中央行政、地方官行政之权限，亦不能不一定之矣。

六曰公布国用及诸政务。各立宪国政府，其所以权力强大，为国民之所依赖者，以其信用也。其所以取信用之方法，亦不外事事公布而已。若夫关于财政之事，尤为最要。夫一国之事，非财不理，国家所营之事愈多，则其所用之财亦多。然而一钱一物，皆取于民，苟人民不知官吏之所为，则必疑其滥用图私，而不踊跃于纳税之义务。政府收税既难，生财无术，则一国之财政断无可以整理之时，因而一国之政务亦断无可以进步之时。各立宪国之政府，其经营财政之方法，所以必用预算、决算之制，经议会之承诺、审查者，亦欲其详知收入、支出之当然，而赞成其收入也。今中国虽未能即开议会，然当司农仰屋、百端支绌之时，欲求财政之舒展，亦无能出于此法之右者。故臣等拟请归并财政处于户部，以稽岁出岁入之实数；拟请特立会计检察院，以图预算、决算之即行，皆另折奏陈，亦所以求财政之发舒，增政府之信用而已。

凡此六者，皆为中国现在最重之国是，而不可不急定其方针者。若必待可以立宪之时期而后行之，则不惟仓促举行，难于骤变，且此国是未定，宪法未布以前，举国上下，茫茫如在大海之中，不知东西之所向。为官吏者，逐风气，谈维新，枝枝节节而为之，漫无方针，漫无把握，徒使名目繁多，头绪纷乱，名为涂饰新政，实为扰乱旧章，不惟无益，而且有损；为人民者，日睹外人之迫压，慨国势之凌夷，人民之生命财产日邻于危险之域，所依赖以保其身家性命者，政府耳，而政府官吏之无方针又如彼，则希望既绝，怨望日生，横议浮动，日以益甚，知国之不可复存，乃不惜孤注一掷以释憾于政府，乱端迭起，外人从而干涉之，则国事之沦胥将不忍言矣。由此言之，则此时而即行立宪，实为过早，此时而独未定国是，实为已迟。至乎今日，更无可再缓者矣。

臣等为国家万年计，拟请以上所举六事，明降谕旨，宣示天下，以定国是，约于十五年至二十年颁布宪法，召议员，开国会，实行一切立宪制度，而在此年限中，一切国事不得出此谕旨范围之外，其效力等于宪法，令举国臣民皆为立宪之预备，庶几国是既定，人心大安。自此以往，一二十年后，中国转危而为安，转弱而为强，亦能奋然崛起，为世界第一等国，则举国臣民，其沐我皇太后、皇上之福者，将亘亿万年而无穷矣。然预备时代，必以十五年至二十年为期者，则亦以中国数千年来，无宪制之习惯，且地方辽阔，交通不便，文化普及非可骤几，若为期过促，则一切预备未周，至期不能实行，反为阻文明之进步矣。然自臣等思之，如前所议期限，骤观虽若稍缓，实则所谓立宪预备，其事万端，如改官制、定法律、设独立裁判所，与地方自治、调查户口、整理财政、改革币制，分划选举区域及征兵区域等，种种政务，非可枚举，不预图之，则立宪等于不立。使欲实行预备，尚须上下一心以图之，且须竭力赴功，勇猛精进，乃能有济。若稍舒缓，犹将不及。是则此一二十年中，乃最忙迫之时代，而非宽暇之时代，不得谓约期之非促也。然若谓立宪犹可再迟，而约期不妨更缓，则是怠于国事，为苟安目前之计，未尝计及一国前途安危者之所言。臣等奉命考察，实见各国之所以富强，中国之所以贫弱，实在乎此，不敢有所饰词，以欺我皇太后、皇上也。臣等为国家安危起见，故敢不避忌讳，一效其忱。

所有请定国是以安大计缘由，理合恭折具陈，伏乞皇太后、皇上圣鉴，训示施行。谨奏。

端方：《端忠敏公奏稿》卷六，第28—42页，1918年上海印行

《出使九国日记》序

光绪三十二年六月

戴鸿慈

立于地圜之上，华离剖析，分合错峙，而名之曰国。国不能以虚名寄也，则必有与之而并立者矣。政事也，风俗也，言语也，文物也，宗教也，人种也，永永存在不可磨灭，如是者然后得谓之国。是故有国者，务保持而张大之。其犹未也，又从而师诸其邻。外交之官，擅觇国之才，游学之士，读四裔之书。心摩力追，以补其所不逮。凡夫政教艺术之同异得失，靡不取而绅绎之，比较之，斟酌而选别之。萃群族之所长，择己国之所适，文明输入，而不害于国粹之保存，所以得也。吾国自海通以来，持节使欧美者不绝于道，然大抵专任聘问，事竣即返，则无以为绅绎矣；局处一邦，势难周历，则无以为比较矣；私人交际，凭轼游观，非奉朝旨，令大设备以供吾之采择，则无以为斟酌选别矣。朝廷知其如此，谓非特简亲贵大臣，遍历东西诸国考察政治，归以为通变宜民之地，不足以齐瞻听而作新机也。乙巳六月，鸿慈遂同受出使五国之命，自东徂西，圆行一周。以八月之内，历十五国之地，行十二万里之程。亚、美、欧、非四洲之风土，大东、大西、太平三洋之航路，踪迹所之，城市欢动，诵诗闻政，周爰彼都，四国之事，灿然备已。于时编译所及，杂征文献记录之外，筹所以补其遗阙，非游记莫由也。乃重次日行所记，凡十二卷，又从而序之曰：

今之学者，惊叹于西方之文明，而欲弃吾国所有以从之也。足未出国门，取其书伏而诵之，逆臆而暗解，则以为西国之政俗如是如是。耳食者又从而崇拜之，诟骂之，几以为定案不可易矣。乃往往入其国，察其政治，考其风俗，与其

士大夫上下其议论，而情实有甚相远者。嗟夫！信书之蔽邪，译人之误邪，传闻之失实邪，倘所谓百闻不如一见者邪。曩所为崇拜之，诟骂之，逆臆而暗解之者，皆影响之谈，而于西国政俗之真相何当焉。自其真相而观之，则国各有其政教风俗，与国具立，不可磨灭者，而非身亲而目击者不知也。譬如民权，学者之所倡言也。我观西国，其重视主权也良至，凡百职司，权必归于，而下此服从焉，未有以分权而能治者也。共和之政治，学者梦想之所托焉耳，殆非我中土之所能有也。美为民主之国，而选举之法，弊亦随之，所见或不逮所闻，而况于人格之不美若乎。此民权之真相也。又如自由。自由云者，人人于其权利范围之中，得以为所欲为，不受压制焉耳，非夫放纵无节之谓也。我观欧美之民，无男妇老少，其于一切社会之交际，相待以信，相接以礼，守法律，顾公德，跬步皆制限焉。自其表观之，至不自由也。此自由之真相也。又如平等。西国之所谓平等者有之矣，上自王公，下逮庶民，苟非奴隶，皆有自主权，其享受国民之权利维均。一介之士，虽执业微贱，苟其学成专门，皆足以抗颜宰相之前而无所恧。盖其执艺平等，而非以爵位之贵贱论也。此平等之真相也。进而论之，则今日文明诸国之政治，皆吾国所固有也，莫不有其真相焉。不审其历史之沿革，施行之内容，而貌而袭之，则书院何以不学堂若？保甲何以不警察若？公局乡约何以不市会若乎哉？故一切政治，非躬至其地，假之时日，一一取而绅绎之，比较之，斟酌选别之，则其精微未由见也。鸿慈不敏，承乏兹役，愧无于顿出疆专对之能，而有张俨磨锋砺锷之志。惟时晷迫促，所谓绅绎比较斟酌而选别之者，诚未易言。幸有午桥制府和衷共济，兼谋断之长；参随诸贤晨夕襄助，并一时之秀。相与宣祖国之名誉，窥列雄之真际，或者其有裨乎。顾又思之，是行也，东起扶桑，西穷罗马。海外商民，各国君相，其所以期望吾国者，至厚且远。则夫他日之读吾游记者，其将俯仰太平，以兹行为中国维新之一大纪念焉，吾昧昧思之也。

　　光绪三十二年六月既望，钦差出使各国考察政治大臣礼部尚书戴鸿慈序。

　　《出使九国日记》，农工商部工艺局印刷科光绪三十二年十二月印行

《考察政治日记》序

光绪三十二年

载 泽

光绪三十一年夏六月,载泽与戴侍郎鸿慈、徐侍郎世昌、湖南巡抚端方,奉诏出使东西各国考察政治,复简商部右丞绍英偕行。八月首途,事变稽留,徐侍郎、绍右丞不果行。九月,以尚方伯其亨、李府丞盛铎代之。载泽实与二君俱往日、英、法、比四国。冬十一月陛辞出都,十二月诣日本,次年正月道美而英而法,五月自比东还,六月至京复命。谨以四国之所周咨,政教法制之大要,分属参赞随员,译纂成书,凡三十部,九十六卷。部为提要,恭呈御览,而以其书上考察政治馆备采择。若邮程所历,身履而目接者,与彼都人士言论之可甄存者,为日录一编,发凡篇耑,俟正君子。

载泽谫陋,承乏兹役,吾国志乘所未尝有。战战慄慄,惧上负皇太后、皇上宵旰求治之勤,下负百执事、士庶属望引领之盛。迎日环行,寒往而暑归,舟车之日十有四,觐拜宴酬之日十有三。殊方暂税,重译为言。谓能觇国而知其深,诚所愧恧。然彼内治、外交、法律、财政、教育、军备,凡百榘度之,至纤至悉。与夫工商、厂肆之闳赜玮诡而不可纪极者,虽学子专家居游累岁,廑或知其一端。彼邦学者,亦罕闻兼胜之艺。行人之责,尚非所亟。至于国势民风,彼我之所同异,礼俗政教,有可以相袭、不相袭之故,可得而规度也。

大地左旋,形脉东骋。兹行所届,自京而津而沪,我国大都会也,实居亚陆东陬。而日之神户、大阪、东京,美之华盛顿都、纽约,英之伦敦,法之杜隆、马赛,意大利之罗马,以迄印度与南洋之数商埠,率滨东方。山川之所赴注,形负阴而抱阳。而天运右旋,自东徂西,相为错综。伊古文明之治,肇始中土,厥后自印度而西,希腊、罗马为欧洲先导,法、奥、英、德更雄互长,今美已骎骎代兴,日本亦相因崛起。天道好还,无往不复。神皋区夏,振奋之机,会不在远。

若夫国势之异,在我曰用中,在彼曰用极。孔子删书,断自唐虞,为中国立政之始。《鲁论》末篇,历纪帝王治道,首引"允执其中"之文。《中庸》言舜执两端,用其中于民。用中者,于道德勉其不足,于物力留其有余。三代之治,率循罔倍。此中国四千余年,礼明俗美,绳绳勿替,为东西人所称述者也。古之圣人,非不知以政术开民智,以机械利民用也,时会未至,不欲先天而泄其密,尽人而竭其才,取物而尽其藏耳。

"用极"之义,朱子补《大学》第五章曰,即凡天下之物,莫不因其已知之理而益穷之,以求至乎其极。至于用力之久,而一旦豁然贯通焉,则众物之表里,精粗无不到,吾心之全体大用无不明。欧美列邦,往往萃十数国学者之研,穷数十百年之推嬗,以发明一名一物,成立一政一艺,不至其极不止,其强大由此。今其国诚日新,而岁骋然趋重于极端者,其消积亦相为比例。六七强国,莫不殚国之力与财于海陆兵备。一旦祸机触发,胜者勃焉,败者忽焉,兴替之间,不容旋踵。彼中深识之士,私忧窃叹,而无如何。至用中而弊,虽云致弱,然使人皆修勉于道德,举国上下,同力一心,正可利用此有余之物力,以善其后,安见旧邦之不可以维新也!

窃观彼富强之故,固三数豪杰政策之所致,而必以民德为之基。其尤强者,国民之程度,必有以过乎人。小德役大德,小贤役大贤,其殆庶乎!运启离明,万物相见,将权量人格以为国势,此我所当惧且奋者矣。何者?人与人相续而成世,相交而为界。同居世界,必有同相维系之谊。种族风土各殊,而心理则一。陆子静曰:东海有圣人,此心同,此理同也;西海有圣人,此心同,此理同也。昔舜命司徒修五教,父子有亲,君臣有义,夫妇有别,长幼有序,朋友有信。斯道也,亘古今通中外而一,揆谓与世界共存毁可也。交通日近,名理日精,世界渐跻于大同,必有定行同伦之制者,可百世俟圣人而不惑也。今虽国异政而家殊俗,习尚相缘,节文差别,而孩提爱亲长、知敬兄之道,固皆不学而知,不虑而能者也。夫法制、政教、兵农、商工,当因时损益,舍短取长,此可得而变易者也;伦常道德,当修我所固有,不可得而变易者也。奈何好为诡异者,未窥古圣人名伦修道之藩,而肆为诬邪,倡狂摧毁,自绝于人群,且浸淫以祸国家也。

综览汉唐以迄宋明,其季世也,异说朋兴,大道榛莽。所谓人才者,或似是而非，所谓事理者，多积非成是。萌蘖肇于数人，患害及于数世。国是之败，恒必由之。故孔子恶似是而非者，孟子亦言，诐辞知其所蔽，淫辞知其所陷，邪辞知其所离，遁辞知其所穷。生于其心，害于其政，发于其政，害于其事。互市以来，士大夫建言者众矣。洞达彼我，深切事理者，固不乏人，而扪烛之见，摸象之谈，訩于一庭，灾于一国者，岂不可深恫哉！

语云：知之为知之，不知为不知，是知也。彼国乡曲都邑，议事有会，学科有会，其于事理之真象，群搜冥讨，极深研几，必得当而后已，未闻孤论独断而见施行者，何其精且慎也！愿我士夫，于事理之曲折，非有真知，勿为高论，务虚中以研究，蕲适用而救时也。又闻彼国俗之胜者，民质直而知耻。古者论才，惟判枉直。三代直道，行于斯民。故曰：人之生也直，罔之生也幸而免。又曰：道政齐刑，民免而无耻；道德齐礼，有耻且格。孔子于民之直于耻，三致意焉。岂不以此定人格之崇卑，兆国家之治忽哉。愿我国人，以明耻励自治之精神，以秉直养高尚之人格。庶国势日进，闻实昭于天壤，传永永而无穷也。

兹编所录，略于形器，言之不文。初不欲发刊。知旧敦督，辄复循省。差信无缘饰，无徇枉，庶免生心害事之戾，且益以知耻尚直之义自黾勉也。

钦差考察政治大臣奉恩镇国公载泽序。

《考察政治日记》，上海商务印书馆宣统元年六月印行

进呈编译各国政治书籍折（代考察政治大臣拟）

载　泽等（杨寿枏代拟）

奏为编辑政治书籍，恭撰提要，进呈御览，仰祈圣鉴事：

窃臣等奉命考察政治，经历日英法比诸邦。使车所至，凡官制、学校、法律、财政、武备、警察，及农工商诸要政，无不博考其规模，而深求其原理。而彼国通人学士，亦各出其职守学问之所习，以相饷遗。臣等督同参随各员，削牍

怀铅，随时记载，见闻所及，衷录遂多。回京后分门纂辑，芟其繁冗，掇其菁英，共成书六十七种，都一百四十六册。而搜采东西文政治书籍，又得四百三十四种，均咨送考察政治馆，以备采择。

窃维各国富强之术，经纬万端，而皆以宪法为之纲领，国是则操诸议院，民治则寄诸地方，教民以学校为先，立国以工商为本，财政必须预算，无侵渔中饱之私，法律务在持平，无骫法舞文之弊，其教如墨子兼爱而尚同，其政如商君急功而趋利，兴废虽非一致，而缔造各逾千年。至其君权之轻重，治体之宽严，各本乎历史沿革与国民程度而来，政俗不同，非尽可法。惟日本远师汉制，近采欧规，其民有聪强勤朴之风，其治有画一整齐之象，政俗既与我相近，言文尤与我相通。故此次编译各书，以日本为较详，并采英法比三国制度，以资参镜。虽未敢遽言翔实，而各国政治之源流略具于此。

伏维朝廷勤求治理，百度更新。凡兹异域之见闻，足效壤流之裨益。惟原书门类纷赜，卷帙浩繁，谨择其尤要者三十种，恭撰提要，缮写正本，进呈御览。臣等知识梼昧，学问疏庸，四方专对，愧乏咨谋咨事之才，万国交通，愿睹同轨同文之化。谨奏。

杨寿枬：《云在山房类稿·思冲斋文别钞》，1930 年印行

进呈《欧美政治要义》折（附编辑各书经费片）

光绪三十三年九月

端　方

奏为敬编《欧美政治要义》，恭录成册，进呈御览，仰祈圣鉴事：

窃臣等此次前赴欧美各国考察政治，为期较促，历国甚多，深恐博览周咨，不免挂一漏万，是以放洋之后，即注意于采译书籍。诚以耳目所得，常不敌公私著述之切实可稽，详尽无憾。惟是译才较少，政典弥繁，参随各员，间有口译笔

受者，又往往得其一端，未能综括全体。且各国分译，亦不能贯串成编，上备朝廷采择。因特就各国政体，荟萃编为《欧美政治要义》一书，酌派妥员，专司纂辑，去其繁杂，撷其精善，似于政治大端，业已粲然具备。现奉明诏预备立宪，各国政体，自应兼搜并采，以备考求。谨将臣等所编，恭录成册，先行进呈，用备几余省览。至参随各员编译各书，门类甚夥，现正详加排比，分别部居，头绪纷繁，审定尚须时日。容俟编齐后，陆续咨送考察政治馆查核，再行呈进。其未经译出之各国政书，有由臣等购买者，有系各国赠送者，名类更繁，篇帙颇富，亦经饬员译出书目，开列清单，一并咨交政治馆收录，以俟择要编译，俾成巨观。

所有敬编政治要义成书，恭呈御览各缘由，谨缮折具奏，伏乞皇太后、皇上圣鉴。谨奏。

编辑各书经费片

再，臣等此次所译之书，种类甚多，随同出洋各员事务较繁，有不及编辑者。即由臣等陆续购归，在沪派员分纂。回国后查核所编，均臻妥密。此项编辑经费，系由前任上海道袁树勋垫给银四千两，以为开办之资，又经现任上海道瑞澂续垫银八千两，均经该员等声称所垫之款统由该员捐廉筹给，毋须在使费中拨还，实属急于公义。谨附片奏闻。伏祈圣鉴。谨奏。

《端忠敏公奏稿》卷六，第103—104页

2. 第二次考察宪政

直隶总督袁世凯奏请简大臣分赴德日两国考察宪法片

光绪三十三年六月十九日①

再，立宪纲目，端绪至繁，近数十年来，环球各国无不颁布宪法。顾国既有情势之不同，则法亦有范围之互异，况宪法一定，永永不易，则所以绸缪未雨，斟酌而别择之者，非假以岁月不为功。前者载泽等奉使出洋，原为考求一切政治②，本非专意宪法，且往返仅八阅月，当无暇洞见源流。臣闻日本之预备立宪也，遣伊藤博文等周游欧美，视察宪政，绵历九年，始宣布七十六条之宪法。各国政体，以德意志、日本为近似吾国，现奉诏切实预备立宪，柯则具在，询度攸资。拟请特简明达治体之大臣，分赴德、日两国，会同出使大臣，专就宪法一门，详细调查，博访通人，详征故事，何者为入手之始，何者为收效之时，悬鉴照形，立竿取影，分别后先缓急，随时呈报政府，核交资政院会议定夺，请旨施行。政府居出治之地，资政院当发轫之初，遇有疑难，正可与该大臣函电相商，使其发明真理。至该大臣回国之期，不必预定，总以调查完竣③，巨细不遗为断。庶可由浅及深，随时搜录，俾宪法未定以前，折衷至当，层递推行。模范既良，厘订自易。

抑臣更有请者，宗支之盛衰，动关国本之强弱。国朝旧制，每以王公首领枢廷，亲贤夹辅，巩我皇基。比者朝廷锐意图强，亲贵屡膺专使，但皆交邻之聘问，未闻求学之勤劬。若欧洲各国，往往遣皇子游学异邦，或入军队，或入学堂，将④以袤与国之专长，起国民之观感，而《传》所谓"苦其心志，劳其筋

---

① 此为奏上后奉旨交宪政编查馆日期，《时报》刊载此奏折日期为（旧历）七月十五日。《时报》刊载在前，当另有来源。
② 《时报》此处为"政法"。
③ 《时报》无"至该大臣回国之期，不必预定，总以调查完竣"一语。
④ 《时报》无"将"字。

骨"者，亦于此寓焉。拟请简择王公近支聪颖特出者，遣赴英、德两国，学习政治、兵备，不限员数，多多益善。每员慎选精通汉文、洋文之随员各一人，只带仆从二、三人，毋取仪从煊赫之华，力屏贵游骄惰之习，务与游学士绅相去不远，乃得专精学业，而不至旁骛于酬应之繁。此外贵胄廷臣，亦宜轮流选派游历，以祛锢蔽而廓见闻。

或谓逆党方张，啸聚海外，乘间窃发，危险堪虞。不知逆党阴谋，深恐立宪既成，绝其生路，故乘此人心未定之日，以恫吓为阻挠。如果因噎废食，惮此一行，讵非堕挟制之奸谋，长猖狂之声势。且上年载泽等派出洋，在都门炸药轰发之后，而东西徂征，往返固皆无恙。今若游学英、德，该两国警察严密，防范甚周，似亦无庸过虑也。

谨附片具陈①，伏乞圣鉴训示。谨奏。

光绪三十三年六月十九日，奉旨：考察政治馆知道。钦此。

《政治官报》第一号，光绪三十三年九月二十日出版；《时报》丁未年七月十五日，题为《直督袁奏请派大臣赴德日考察宪法并派近支王公赴英德学习片》

派汪大燮、于式枚、达寿出洋考察宪政谕②（三件）

光绪三十三年八月初二日

光绪三十三年八月初二日，内阁奉上谕：汪大燮著充出使英国考察宪政大臣。钦此。

光绪三十三年八月初二日，内阁奉上谕：于式枚著充出使德国考察宪政大臣。钦此。

光绪三十三年八月初二日，内阁奉上谕：达寿著充出使日本国考察宪政大

---

① 《时报》具陈以下无。
② 标题为编者所拟，原文无标题。

臣。钦此。

《光绪宣统两朝上谕档》第三十三册，第 181 页

准文龢等为出洋考察随员①

光绪三十三年十月二十四日

交考察宪政大臣于式枚：本日贵大臣奏调道员文龢等随带出洋片，奉旨：依议。钦此。又奏请编修郑沅偕同出洋片，奉旨：著毋庸议。钦此。又奏开用关防片，奉旨：知道了。钦此。相应传知贵大臣钦遵可也。此交。

十月二十四日

《光绪宣统两朝上谕档》第三十三册，第 267 页

出使德国考察宪政大臣于式枚奏
考察宪政谨拟办法宗旨折

光绪三十三年十月二十四日

奏②为赴德考察宪政，谨拟办法宗旨，恭折仰祈圣鉴事：

伏惟朝廷锐意维新，勤求治理，于五大臣考察政治回国之后，复派臣等分赴

---

① 标题为编者所拟，原文无标题。
② 《清末筹备立宪档案史料》在"奏"字前有"出使德国考察宪政大臣邮传部右侍郎臣于式枚跪"句，见该书第 305 页。

英、德、日三国考察宪法,诏书昭示,中外耸观。臣以迂生,忝膺专使,才轻任重,深惧弗胜。奉命以来,日与宪政馆诸臣详细讨论,拟定门类,钞阅京外条奏,博访中西论说及新译各国书籍,各处报章,分别部居,以资考证。宪法之用,各国不同,日本多用德国之制,与中国政体最为相近,诚如袁世凯原奏所谓柯则不远,询度攸资者也。然日本变法之初,德先主告日臣青木,即谓其国之法有与日本不能强同者,而日人所撰宪法略论,谓取法欧美,舍短用长,蕲于适用,尤在取日本风俗习惯以为基础等语。是知必以本国所有者为根据,而采取他国所有以辅益之,在求其实而不徒震其名。中国旧章,本来立宪,皇朝制度,尤极修明。《周官》言宪法,言宪令,言宪禁,言宪邦①。《传》称监于先王成宪,仲尼损益四代之制,以垂万世之宪。宪法为中国之名古矣。殷人作誓,汉代约法,尤与欧美所云立宪者相似,唐、宋迄明,规模具在,其能贻数百年之基业,成数十年之太平者,无不以顺民情、申清议为致治之本原。皇朝道监百王,治隆三代,科条律令,备极精详,行政皆守部章,风闻亦许言事,刑掌予夺,曾不自私。朝廷虽有特旨之允行,所司能举定例以更正,若有大政事大兴革,内则集廷臣之议,外或待疆吏之章,且有下及儒官,询于庠士,所以勤求民隐,博采公论者,与立宪之制无不相符。神圣相承,士民相习,上有教戒而无约誓,下有遵守而无要求,不言专制而权不下移,不言自由而情能上达。至于日久官吏失职,但有奉行之不善,而不能谓法之不良。又以近年海国开通,本为事例之所无,更不能谓法之不备,自可因时损益,并非变法更张。惟风气之开辟日新,则人心之趋向各异。当光绪初年,故侍郎臣郭嵩焘尝言西法,人所骇怪,知为中国所固有,则无可惊疑。今则不然,告以尧、舜、禹、汤、文、武、周、孔之道,汉、唐、宋、明贤君哲相之治,则皆以为不足法,或竟不知有其人。近日南中刊布立宪颂词,至有四千年史埽空之语,惟告以英、德、法、美之制度,拿破仑、华盛顿所创造,卢梭、边沁、孟德斯鸠之论说,而日本之所模仿,伊藤、青木诸人访求而后得者,则心悦诚服,以为当行,前后二十余年,风气之殊如此。

朝廷深观时变,俯顺群情,既有宣布立宪之文,复有特派考察之举,事关重

---

① 原文作"邦宪",误。按《周礼》原文,当作"宪邦"。《周礼·秋官司寇下·布宪》:"布宪掌宪邦之刑禁。正月之吉。执旌节以宣布于四方。而宪邦之刑禁,以诘四方邦国及其都鄙,达于四海。"(《周礼》卷第十,中华书局1992年影印北京图书馆藏南宋刻本)

大，不惮详求。查日本维新之初，即宣言立宪之意，分遣各使，周历外邦，最先整理行政及司法制度，其次整理地方行政制度。后八年乃设元老院及大审院，后十四年乃发布开设国会之敕谕，而先开设地方议会。又以教育未能普及，即与国民以参政权，最为危险，乃先改定普通教育制度，又先设裁判所构成法，设会计检查院，越二十年而后颁行宪法。盖预备如此其详密，而实行如此其迟回，不知者辄以限年为迂远之谈，遽以宣布为实行之证，人情易动，则靖之实难，民智已开，则愚之无术。自辛丑始昌言变法，至丙午遂定议立宪，其初心本出于望治之切，其流弊乃渐失权限之分。横议者自谓国民，聚众者辄云团体，数年之中，内治、外交、用人、行政皆有干预之想，动以立宪为词，纷驰电函，历抵枢部，上廑宸虑，屡动诏书，来日方长，坚冰可惧。夫不知立宪为我所自有，而以为西国之专名，舍本随人，其关于学术者固贻讥于荒陋；又以立宪为即可施行，并不审东洋之近事，冥行躁进，其关于政术者尤有害于治安。惟在朝廷有一定之指归，齐万众之心志，固不可因群言淆乱，遂有急就之思，亦不可因民气喧嚣，致有疑阻之意。但当预为筹备，循序渐进，先设京师议院以定从违，举办地方自治以植根本，而尤要者，在广兴教育，储备人材。此外凡与宪政相辅而行者，均当先事绸缪，而不容迟缓者也。

臣前随故大学士李鸿章历聘各国，曾至柏林，见其国势民风，骏厉严肃，议院虽设而主权甚专，政府所行与民情不悖，颇有合于尊主庇民之义，则于欧美最为雄强。所惜仅驻两旬，不过略观大概，何幸仰承特简，再莅是邦，宽以岁时，详加研究。驻德使臣孙宝琦究心西政，才识开明，陈请立宪最先，一切可资商榷，当如袁世凯原奏所请，会同详细调查，博访通人，详稽故事，不必预定年限，总期完密不遣。除将考察情形随时咨报宪政馆外，尤欲得以暇日，钩稽所得，荟萃众说，勒成一编，穷究源流变迁，参合中西同异，推原经训，博征史书，归极于皇朝之典章，蕲合于内地之情形，庶言皆有本，而事属可行，不使泥于守旧者有变夏之疑，急于趋新者有蔑古之虑。汉文帝有言：卑无高论，令今可行。班固所云极以世之眩耀，折以今之法度者也。是臣区区愚忱之所至愿也。

所有微臣赴德考察宪法，拟定办法宗旨缘由，理合恭折具陈，伏乞皇太后、皇上圣鉴训示。谨奏。

光绪三十三年十月二十四日奉旨：宪政编查馆知道。钦此。

《政治官报》第三十七号，光绪三十三年十月二十六日出版；《清末筹备立宪档案史料》，第305—307页

命李家驹充考察宪政大臣谕①

光绪三十四年二月二十一日，内阁奉上谕，达寿著回京供职，改派李家驹充考察宪政大臣。钦此。

《光绪宣统两朝上谕档》第三十四册，第37页

考察宪政大臣于式枚奏立宪必先正名不须求之外国折

光绪三十四年三月十七日

考察宪政大臣礼部左侍郎于式枚跪奏，为立宪必先正名，名正然后分定，以释群疑而弭后患，恭折仰祈圣鉴事：

窃臣愚以为宪法自在中国，不须求之外洋。近来访察群情，详加研究，遍考东西之历史，深知中外之异词。中法皆定自上而下奉行，西法则定自下而上遵守。此实振古未闻之事，乃为近日新说所宗。臣历取各国宪法条文，逐处参校，有其法为中国所本无，而不必仿造者，有鄙陋可笑者，有悖诞可骇者，有此国所

---

① 李家驹时任驻日公使。

拒，而彼国所许者，有前日所是，而后日所非者。固缘时势为迁移，亦因政教之歧异。

惟日本宪法，纂自日臣伊藤博文，虽西国之名词，仍东洋之性质，自为义解，颇具深心。其采取则普鲁士为多，其本原则德君臣所定，名为钦定宪法，实与他国不同。而论者乃以为此二国宪法，皆乘战胜之余威，实非通行之定制。法儒孟德斯鸠之言宪法，最为和平，犹以为是专制之良，而非立宪之正。盖虽不敢如法、美之昌言民主，而实注意于英、荷之张大民权。近见南中刊布今年国民为国会请愿文一篇，尤可骇诧。有云：今学堂布满全国，报馆盘踞要津，较日本明治二十二年人民程度，不能比例。又云：宪政所以能实行者，必由国民有一运动极烈之年月，盖不经此，不足摧专制之锋等语。近日东南各处，新学日盛，逆党潜滋，此等讹言，最易煽惑。

窃维各国立宪，多由群下要求，求而不得则争，争而不已则乱。夫国之所以立者曰政，政之所以行者曰权，权之所归，即利之所在，定于一则无非分之想，散于众则有竞进之心。其名至为公平，其势最为危险。行之而善，则为日本之维新，行之不善，则为法国之革命。昔法之大将辣飞叶，助美洲独立，成大功，负盛名者也。归而不忍法民之荼毒，倡言立宪，欲以治美者移而治法，而不知情势之不同，一发而不能收，遂至滔天之祸。即日本之立宪，亦屡经扰动矣。乱民四起，异党朋兴。其十四年日皇下书国中，有人心偏进，时会竞速，浮言相动之言，有故争躁急，煽变害安，处以国典之禁。次年，乃遣伊藤赴欧调查宪法。又次年回国，始草宪法。当遣使访查之际，即政党最炽之时。而其十七年至二十年，犹复严治党员，大石正已诸人相继下狱。后藤唱国家危亡之论，星亨受侮辱官吏之刑，变动纷然，仅而后定。盖法国则当屡世苛虐之后，民困已深，欲以立宪救亡，而不知适促其乱。日本则当尊王倾幕之时，本由民力，故以立宪为报，而犹须屡缓其期，上有不得已之情，下有不可遏之势，情势所迫，不得不然。

至于我国臣民，本来无此思想。中国名义最重，政治最宽，国体尊严，人情安习，既无法国怨毒之积，又非日本改造之初。我皇太后、皇上曲体舆情，俯从廷议，特允非常之举，实为莫大之恩。（选）〔迭〕降谕旨，既极周详，分定年期，尤为明画。应如何感颂奋勉，以待推行，岂容欲速等于索偿，求全同于谐价。况今之言立宪□国会者，实为利而不为害，且在士而不在民。其所言报馆、学堂,不农不工不商,但可强名曰士,未尝任纳税当兵之责,乃欲干外交、内治之权。至敢言监督朝廷,或一又云推倒政府。读诏书则妄加笺注,见律令则至肆讥弹。□动浮言,几同乱党。故观于法国之事,则知发端甚巨,固祸变之宜防。又观于日本之事,则知变法方新,亦人情所恒有。惟须亟筹补救之政,乃不至成溃决之忧。惟在朝廷力图富强,广兴教育,用人行政,一秉大公,不稍予以指摘之端,自无从为煽惑之计。至东南各省疆吏,尤当慎择有□力知大体者,随时劝导,遇事弹压,庶不致别生事端。当此十年预备之期,最为大局安危所系,当使知上下之分,须先明宪法之名。日皇所谓组织权限由朕亲裁,德相所谓法定于君,非民可解。故必正名定分,然后措正施行。孟子之言治乱,归于正人心,息邪说,拒诐行。礼经之言节制,所以决嫌疑,别同异,明是非。此皆先哲之至言,实为近今之急务。宪政编查馆开列各条问目,皆宪政应详之事,考察固须明备,抉择尤贵精严。将来各处奏报到齐,必须慎择□贤,详加编订。于西法不必刻画求似,但期于中正无弊,切实可行。

臣自愧迂疏,滥膺考察,不惟此日观瞻所系,即是异时责备所归。自当博访周谘,正□详说,断不敢导扬异学,附会时趋,贻误国家,得罪名教。除俟考察各节随时奏咨外,理合先行恭折具陈,伏乞皇太后、皇上圣鉴。谨奏。

光绪三十四年五月二十日奉朱批:宪政编查馆知道。钦此。

军机处录副奏折,《清末筹备立宪档案史料》,第336—338页

考察宪政大臣于式枚奏报行抵德京日期折

光绪三十四年五月二十日①

奏为微臣行抵柏林差次日期,恭折仰祈圣鉴事:

---

① 为朱批批示日期。

窃臣奉命考察德国宪政，于上年十月二十四日仰蒙召见，训诲周详，莫名钦感。随即出都，乘火车由天津、山海关以达奉天，祇谒福陵、昭陵。复由奉天乘日本火车至长春府，又乘俄国火车至滨江厅，取道西比利亚，于三月初七日行抵俄京森彼得堡，接晤驻俄使臣萨荫图。初九日驰抵德京柏林，接晤驻德使臣孙宝琦，询商一切。德皇方出游地中海各处，应先行照会其外部，俟德皇回国，定期接见，再行具报。

从前奉使欧西，皆由南洋航海，时因封冻在即，改由西比利亚铁道北行，正值隆冬，津榆严寒，关外尤甚。北路层冰积雪，人皆云近年所无。臣旧有痰喘之疾，沿途感触增剧，小愈仍即遄行。待至春气稍融，始能力就长道，行程濡滞，焦灼莫名。此行由奉天东至吉林，北至黑龙江，所有境内各处民情，尚称静谧。平原广漠，素号膏腴，兴利实边，正资筹划。入俄境后，则林木成列，村镇相连，北出赤塔，西沿贝加尔湖，又西度乌拉岭一带，溪山胜处，田畴庐舍，乃与江南蜀道相似。其东部之伊尔库斯克，西部之鄂木斯克，皆大都会，建置雄丽，殆近欧西。连日所见，西来移民之车，前后相属。往年俄臣维德请于东方广拓迁政，经营累岁，生聚日繁，西比利亚全部包我三垂。昔俄皇告前驻俄使臣洪钧，谓俄境虽甚绵长，自西趋东，处处皆侧面中国，由南向北，处处皆正面，言地势最为明瞭。乃彼日繁盛而我犹空虚。古之治生家言之，人有十亩之地，其家不得言贫，岂有坐拥万里之饶，乃令荒废多年之理。近年边陲多事，东隅势力已分，西北两面而犹属完全，桑榆之收，诚不可缓。

自入德境以后，所过田野开辟气象，又胜于俄。臣初到暂寓旅馆，在柏林之西，十二年前犹为旷野，今则市廛栉比，楼阁云连，进步之速，令人可惊。其市政精详，尤多可法。以后随时访察，所得均由臣分别奏咨。

所有微臣行抵德京日期，理合先行恭折具奏，伏乞皇太后、皇上圣鉴。谨奏。

光绪三十四年五月二十日奉朱批：知道了。钦此。

《政治官报》第二百三十三号，折奏类，光绪三十四年五月二十三日出版

出使日本考察宪政大臣李家驹奏酌调人员随同考察折

光绪三十四年七月初九日①

奏为酌调人员随同考察，恭折仰祈圣鉴事：

窃奴才钦承恩命，改充考察宪政大臣，仰见朝廷博访周咨，不厌求详之至意。所有随同考察人员，上年曾经前考察宪政大臣达寿奏请调充在案，现在该大臣奉命回京，原调各员内除内阁候补中书李景铢仍请留差外，其外务部候补主事王鸿年、陆军部候补员外郎朱麟藻二员，均据称回部供职，应即遴员接充。查有日本京都大学毕业生大理院候补六品推事曾仪进、日本东京高等工业学校毕业生使馆学务监督处课员周培炳，均属学有专长，精通方言之员，拟请调充随员，分任编纂及通译之事，如蒙俞允，即由奴才分咨各衙门查照备案。所有酌调人员缘由，谨恭折具陈，伏乞皇太后、皇上圣鉴训示。谨奏。

光绪三十四年七月初九日奉旨：著照所请。该衙门知道。钦此。

《政治官报》第三百三十一号，折奏类，光绪三十四年九月初三日出版

---

① 为奉到上谕批准日期。

考察宪政大臣达寿奏考察日本宪政情形具陈管见折①

光绪三十四年七月十一日②

奏为恭报考察日本宪政情形，具陈管见，仰祈圣鉴事：

窃奴才于上年十月恭荷恩命，出使日本考察宪政，迄今半载，觇其经国治民之规模，叩其学士大夫之议论，随时记录，积有成篇，业经缮写清本，分订成册，进呈御览。惟时日短浅，所得无多，而综此半年考察之情形，参以奴才管蠡之窥测，有不能不为我皇太后、皇上缕晰陈之者。

数年以来，朝野上下鉴于时局之阽危，谓救亡之方，只在立宪。上则奏牍之所敷陈，下则报章之所论列，莫不以此为请。朝廷亦既宣布诏书，明定立宪期限，此真非常之功，震铄前古，薄海内外，感戴同深。然则我国家将来之必为立宪政体，无可疑矣。虽然，立宪之为利为害，不可以不明，期限之宜短宜长，不可以不审。苟其本源之未澈，必至议论之多歧，挟成见者固可以危辞而惑圣听，昧大局者又将以目论而败至计，盈廷聚讼，一是莫衷，此则不可以不辨者也。夫世运未有不由鄙野而进于开明，国家未有不由弱小而臻于强大，而求其致此之故，则端在于政体之改良。故万车连轨，不能容一乘之退行，列国争强，不能听一邦之终弱。苟其外与世运对逭，必召阴谋，内与民意相违，终成暴动。东西历史，具有明征，缅前事而堪师，实近今之宜法。奴才窃愿我皇太后、皇上今日所宜综览时势，亟仰宸断者，有二事焉。一曰政体之急宜立宪也，一曰宪法之必③当钦定也。政体取于立宪，则国本固而皇室安。宪法由于钦定，则国体存而主权

---

① 《光绪宣统两朝上谕档》第34册第159页载："交宪政编查馆：本日侍郎达寿奏宪政重要谨就考察事件择要进呈折单一件，又奏考察日本宪政情形具陈管见折，又奏国会年限无妨预定折，又奏先立内阁统一中央行政机关片，均奉旨：宪政编查馆知道。钦此。相应传知贵馆钦遵可也。此交。计黏钞折片四件、单一件。"据此，达寿同时尚有其他折、片。

② 为奉到上谕批示时间。

③ 此处《政治官报》原文为"亟"，《东方杂志》为"必"。从《东方杂志》。

固。此皆有百利而无一害之事。敬为我皇太后、皇上剀切陈之。

夫所谓政体者，何也？政体云者，盖别乎国体而言。所谓国体者，指国家统治之权或在君主之手，或在人民之手。统治权在君主之手者，谓之君主国体，统治权在人民之手者，谓之民主国体。而所谓政体者，不过立宪与专制之分耳。国体根于历史以为断，不因政体之变革而相妨。政体视乎时势以转移，非如国体之固定而难改。例如日本，君主国体也，一姓相传，已历千载，而维新之明治，虽尽变其历古相承之制度，究之大权总揽，仍在天皇，故政体虽尽其翻变之奇，而国体实未有毫发之损。我国之为君主国体，数千年于兹矣。《易》曰：天尊地卑，乾坤定矣。《春秋》曰：天生民而树之君，使司牧焉。五伦之训，首曰君臣。此皆我国为君主国体之明证也。国体既为君主，则无论其政体为专制，为立宪，而大权在上，皆无旁落之忧。盖国体者，根于历史而固定者也。政体者，随乎时势而流动者也。世或以政体之变更，而忧国体之摇撼，于是视立宪为君权下移之渐，疑国会为民权上逼之阶，犹豫狐疑，色同谈虎，世皆大误者也。

国体、政体之辨既明，然则奴才所谓政体之必宜立宪者，何也？考欧洲宪法之发生，其渊源有二：一由于历史之沿革，一由于学说之阐明。而其结果，皆为人民反抗其君，流血漂杵而得者也。

欧洲中古，本为封建制度，各私其土，各子其民，威福日增，渐流横暴。其在英也，则有英王约翰、英王查理斯、英王威廉三次之革命，遂订权利法章、准权大典、权利请愿三次之宪章。其在美也，则因英国赋敛殖民之虐，遂起脱离母国之心，十三州逼而称兵，华盛顿举为领袖，糜财巨万，血战七年，卒开独立之厅，遂定成文之法，统领由于公选，政治取于分权。其在法也，则其宪法之完成，实经三次之革命，为祸最烈，流血独多，影响遍于欧洲，蔓延及于列国，斯固未有之奇祸也。考法兰西第一次之革命，实由路易十四世而①发生，暴横甚于嬴秦，残酷浮于桀纣，观其朕即国家之语，实背民为邦本之经，于是三级人民大开会议，自《人权宣言》之发布，实立宪政体之初基。后以路易背约，更逞阴谋，通款外邦，欲引回纥而平安史，大招民愤，乃合孟津而誓诸侯。此第一次之革命也。其第二次之革命，则因查理十世（能）〔解〕散国会，压制平民，废印

---

① 此处《政治官报》原文为"为"，《东方杂志》为"而"。从《东方杂志》。

刷之自由，削议会之权利，于是报馆、学生及劳动者，集一万之众，建三色之旌，占据市街，攻毁牢狱，阖城鼎沸，举国驿骚，卫人起逐其君，厉王出奔于巇。史家所称巴黎七月大革命者是也。其第三次之革命，则因人民要求改正选举法而起。其时适当二月二十二日，学生、劳动者集众数万，会于广场，高唱改正万岁，大收武器，直逼王宫，逼王退位，别立新君，以临时政府之委员，革民主共和之宪法，统领之任，定为四年，选举之方，取于直接，帝政既倒，民权益张。史家所称巴黎二月大革命者是也。法兰西既有第三次之革命，而影响所及，遍于（鲁）〔普〕、比、奥、意诸邦，如火燎原，不可遏抑。其在普也，则有柏林三月之变，柏林六月之变，其后普王虽钦定宪法，采用民权，而当国会修改之时，正君民争权之际，几经协议，仅乃成功。其在奥也，以梅特涅为宰相，实专制界之巨魁，鞫狱之酷，过于张汤，法网之严，甚于罗织，禁同偶语，剥言论之自由，律等挟书，夺出版之权利。然而丈水决防，自然泛滥，同盟虽盛，终乃无功，避朱泚而幸奉天，罢林甫而谢天下，乃颁钦定之宪法，意欲修好于国民。大乱初平，王又背约，后因一败于意，再败于普，王乃鉴外交之逼迫，悟民意之难违，终发布宪法焉。其在意也，则有加富尔、加里波的、玛志尼等共谋建国，统一诸州，转战数年，乃告独立。党名烧炭，终扬罗马之光，人慕自由，共奉沙王为主，颁布宪法，行之到今。其在比也，则始因人种问题，久思脱荷兰之轭，继受巴黎影响，乃谋兴革命之军，悉逐防师，一清境土。是时荷兰请援于普，比亦请援于法，然普为封建之制，其应募者尽属佣兵，法乃共和之邦，其来援者全为义旅，卒之兵未交战，胜败已分，经五国之调停，许比人以独立。

欧洲宪政，其渊源于历史之沿革者既已如是，而所谓渊源于学说之阐明者何也？

自十八世纪以来，欧洲人士竞谈新学，所谓权利、自由、独立、平等诸说，次第而兴，当时之君，固亦视同妖言，斥为邪说，其后大势所趋，终难钳塞矣。英国首采其说，迭次改正宪法，如臣民权利自由之保障也，裁判官之独立也，国会参与立法、议决预算也，征收租税必依法律也，国务大臣负责任也，君主无责任也。凡此荦荦大端，莫非创始于英国，而实以学者之议论为之先河。其后法人孟德斯鸠，考究英国政治，著《法意》一书，创三（种）〔权〕分立之论，而卢梭又著《民约论》继之。三权分立者，谓行政、立法、司法三权，宜各由特别之机关独立对峙，互相节制之谓也。而《民约论》之大旨，则主张天赋人权，谓人本生而自由，不受压制，惟当共结社会契约，以社会之总意，分配权利于人民，人民对于总意，受其拘束，此外悉可自由。此二氏立论之大概也。自孟德斯鸠之书成，而欧洲列国之政体，咸以是为基础。自卢梭之论出，而拉丁民族之国体，咸因此而变更。盖学说之力，足以激动人心左右世界者，有如此矣。考之历史则如彼，征之学说则如此，本理论而遂生事实，藉争斗而乃得自由。观其数十之条文，实捐万民之身命，缅怀列国，真可寒心。且夫察往者所以知来者也，惩前者所以毖后也。绸缪牖户，知道惟未雨之（诗）〔时〕；间暇国家，明政有及时之训，见几不吝于终日，覆辙共鉴于前车，而于是日本之睦仁天皇乃应运而起矣。

考日本昔为封建制度，幕府专政，垂数百年，历代天皇，虚拥神器，其去东迁之周室，末造之炎刘，殆无几也。自美舰东来，要求开港，幕府既与结约，遂失民心，守蛙见而始欲攘夷，咎戎首而转思覆幕。迨至将军归政，王室复兴，志士尊王，列藩奉籍，于是朝廷之上忽分二党，即王政复古党与王政维新党是也。其主张复古者，即前之攘夷派也。其主张维新者，亦前之攘夷派，后知夷不可攘，乃思应时会而亟谋变法者也。复古党以国粹为重，误以变更政体为有碍名分之尊。维新党以国体自存，今即百度更新，实无损秉乾之治。卒赖天皇果敢，英断独抒，先酌古而斟今，决从人而舍己，乃遣其臣木户孝允、大久保利通、伊藤博文等，先后驰赴欧美考察宪政。当其瓣香告庙，特颁五誓之文，戒旦临朝，未许万机之暇，求贤等于饥渴，图治同以励精，上下同心，君臣一体，其如火如荼之气象，觇国者早决其必强矣。虽然，民心犹水，就下之势难防，时运如花，向春之苞难遏，当预备立宪之日，正民权最盛之时，守旧者方执口实以耸朝廷，维新者欲凭威权而谋镇压，鹿儿犯命，藩士伏尸，江户陈书，党人下狱。斯时日本之国势，盖岌岌乎殆哉。然而人民之于君，犹赤子之于父母也，索饼饵而遽施以夏楚，则啼哭愈以不休，请权利而转压以威棱，则叫嚣决其益甚。于是御前会议，乾断独裁，缩短发布宪法之期，亟定开设国会之限，诏书一下，万姓欢呼。朝阳出而爝火微，雄鸡鸣而天下晓。乃于明治二十二年布宪法，二十三年开国会焉。盖自伊藤博文等考察宪政归朝以来，相距不及七年耳。于是一战而胜，再战而胜，名誉隆于全球，位次跻于头等。非小国能战胜于大国，实立宪能战胜于专制也。

综观以上之所陈，则世界立宪之大概，与日本立宪之情形，可以得矣。而奴才顾谓立宪可以固国体者，何也？今【之】天下，一国际竞争之天下也。国际竞争者，非甲国之君与乙国之君竞争，实甲国之民与乙国之民竞争也。故凡欲立国于现世界之上者，非先厚其国民之竞争力不可。国民之竞争力有三：一曰战斗之竞争力，一曰财富之竞争力，一曰文化之竞争力。备此三者而后，帝国主义可行。帝国主义者，聚全国人民之眼光，使之射于世界之上，高掌远蹠，不为人侮而常欲侮人，不为人侵而常欲侵人，故军国主义者，即战斗之帝国主义也。殖民政策也，势力范围也，门户开放也，利益均沾也，关税同盟也，即财富之帝国主义也。宗教之传播，国语之扩张，风俗习惯之外展，即文化之帝国主义也。今之列国，或于此三主义中取其二焉，或并取其三焉，而要以战斗、财富为尤重。大抵欲行帝国主义者，咸以财富、文化为先锋，而以战斗为后盾，此为今日世界列国之公例。循是者兴，反是者亡，无可逃矣。立宪政体者，所以厚国民之竞争力，使国家能进而行帝国主义者也。何以言之？中国古时锁国闭关，独自为治，其所称为外患者，不过沿边之小部落，而又以越国鄙远为戒，故其时常重内患而略外忧。虽得君有秦皇、汉武、唐太宗、元世祖，得臣如张骞、甘英、房、杜、耶律楚材等，而文化只及于域中，武功终屈于海外。何也？盖无国家主义之竞争，无国民主义之行动，只须一二贤君相指挥号令于上，而是时之民，不过作君相之机械而已。今也不然，八宇交通，万国并峙，其竞争也，常取于国家主义，其行动也，常取于国民主义。苟其国家国民只有机械之资格，则欲以一君一相最少数之人，而与五洲万国无量沙数之人对抗，以云斗力，不啻楚之撞钟，以云斗智，汤、武其犹病之，此固可以断言者矣。然则立宪政体之所以必能厚国民之竞争力者，则又何也？夫立宪之国家，其人民皆有纳税、当兵之义务，以此二义务，易一参政之权利。君主得彼之二义务，则权利可以发展，国民得此一权利，则国家思想可以养成。斯时也，君主又为之定宪法为臣民权利之保障，而臣民又得于国会协赞君主之立法及监督国家之财政，上下共谋，朝野一气，一休一戚，匪不相关，如家人父子者焉。夫如是也，以云战斗，则举国团结一致，为对外之举，所谓臣三千惟一心者是也。而战斗力足矣。以云财富主义，则平日君主政府常藉国力以奖励其殖民，保护其贸易，战时则以国家之信用，募集内国之国债，而人民因欲保其身命财产也，不得不先割其财产之一部，以应国家之要需，所谓百姓足君孰与不足者是也，而财富充矣。以云文化，则教育之事，地方可以各出财力以自谋，政府常为监督而奖励之，义务教育既易于普及，则进而上之，为文学，为宗教，为道德，为风俗，为言语，发挥其固有，熔铸其新知，圣学逐渐以昌明，异端无庸于置喙，浸假行于全国焉，浸假行于各藩属焉，浸假行于本洲焉，所谓声教迄于四海者是也，而文化盛矣。夫战斗、财富、文化既为帝国主义之要端，而是三者，则断非不立宪之国可以梦想而幸获。何也？不立宪，则其国家之机关不完，其在上也不能谋国民之发达，而下之国民亦因被上之拘束，不能自谋其发达。夫国民之不能发达，则其竞争力不厚，竞争力不厚，则不足以立于国际竞争之场，而于此独谓能行其国家主义者，此地球之上未曾有也。昔奥大利曾谋久以专制立国，结神圣之同盟，卒之一败于意，再败于普。俄国为世界著名之专制大国，一遇弹丸黑子之日本，竟至丧师。今则普、奥二国既先后立宪矣。普自胜奥胜法之后，铁血宰相之政略，久足以慑寰球，而俾士麦则亟亟于发布德意志帝国之宪法。日本自幕府归政以来，版籍奉还，废藩置县，中央集权，日形巩固，亦何尝乐于立宪哉。然外有国际竞争之剧烈，知非立宪而谋国民之发达，则不足以图存，盖大势所趋，终难久抗，只因其见机之早，故不必如欧洲列国之革命流血，竟告成功，此诚其大幸者也。夫日本之立宪，距今将二十年矣。此二十年来，世界列强政局又屡变不一，而今日之亚东大陆，适为环球视线所趋，当此之日，纵使宪政即行，而事既后于日本二十年，机又危于日本数十倍，将来成败，犹未可知，况乎兵欲渡河，犹作宋人之议论哉！

以上所陈，皆立宪可以固国本之说也。而奴才更谓立宪可以安皇室者，又何也？夫专制之国，其皇室每与国家相牵连，故往往国家有变，其影响必及于皇室，日本从前亦复如是。观其《大宝令》①之所载，可以知矣。自维新以后，大改制度，凡与人民发达有直接关系之事，则移诸国家，而于天皇有直接关系之事，则归诸皇室。皇室、国家之划分，纯以责任为标准。有责任者，天皇使国务大臣负之，无责任者，则命宫内大臣任之。盖政治之事，依于国民之状态而时有变迁，国务大臣随其变迁而达政治上之目的。而皇室之事，则关系天皇，永无改

---

① 此处《政治官报》原文作"大室令"，当为"大宝令"。

变,并无责任之问题,故以宫内大臣掌之。日本宫内省官制,凡涉及国家之事,宫内大臣与国务大臣协议而行,而令国务大臣负其责任。所以然者,盖恐宫内大臣若对国家而负责任,一有不慎,或贻皇室之忧,以是之故,宫内大臣之职务,全超然于国家政治之外。宫中官吏有时被选为贵族院议员者,则只许其择就一职,所以防国家政治上之风波,影响及于皇室也。凡此区分,名曰间接政治。间接政治者,谓依据宪法以组织施行之机关,由此机关间接以行政治也。盖君主国体,皇位本为世袭,其间难保无一二失德之主,若非行间接政治,则施发号令一拂民情,便危皇位,故一夫不获,时予之辜,万方有罪,罪在一人,在昔方引为美谈,而其实以君主一人自任天下之重,苟非尧、舜,则未有不危殆者。吾国自汤、武以来,征诛之局成为惯例者,大率以此。而现今立宪各国,则内阁旦夕有更迭之事,君主万年无易位之忧,责任所关,可以睹矣。或谓若行间接政治,则君主所管者只有皇室事务,而国家事务全在大臣之手,如是则君主不将徒拥虚位,而大臣不将窃弄权柄乎?斯言也,奴才窃亦疑之,及详细考究,而知其不然。试引一例以言之,今有一商人,其先第就家室之内经营商业,久之家政与商业相混,于是家之存亡,一系于商之赢绌。后知其法之不善,乃别设公司于外,公司之中,有理事,有株主,商人出居公司,则居于理事长之地位,入居家室,则居于家督之地位,公司有公司之章程,家室有家室之规矩,家政商业,两不相关。如是则公司虽有亏折之虞,而理事、株主人人有责,彼商人之家室固毫无影响也。惟国亦然。皇室者家室也,国家者公司也,君主对于皇室所处之事务,亦犹商人对于家室所处之事务,君主对于国家所处之事务,亦犹商人对于公司所处之事务。商人经营公司,可以居理事长之地位,君主创业垂统,自当握总揽之大权。皇室则愈见安全,权力固未尝减少。考诸宪法之实际,足以征信而无疑。

旧时宪法之精神,在于三权分立。三权分立之说,在昔孟德斯鸠本有误解,彼之所言,谓国家立法、行政、司法三大权,宜各设特别之机关而行使之,互相独立,不受牵掣。是说由今观之,不能无弊。何也?夫所贵乎国家者,以有统治之权力也。统治权系惟一不可分之权,若其可分,则国家亦分裂矣。故擘分国家主权为三事,而使分任之者,各自为其权力之主体,此种理论,实为国权统一之原则。大抵近今立宪国家,固以孟氏之论为基础,然舍美国实行分权制度外,余则未有不曲加改良者。其在日本,即如司法之裁判所,其法律本为君主所定,裁判官特以君主之名执行法律，故裁判官直辖于天皇，不受他机关之节制，以此谓之司法独立，非谓裁判所别有法律，虽天皇不得干预其事也。此司法独立之未尝减少君权者一也。至于立法之议会，在日本议会，不过有协赞立法之权耳，其裁决与否，属天皇之大权。至法律案关系重要者，政府犹得用种种之方法，操纵议员，以求其通过，而最终尚有命其解散或停会之权。其议会提出法案，虽亦宪法所许，然其议决上奏者，天皇可下内阁审议，内阁若以为有碍政府施政之方针，则不奏请裁可，于是议会提案，遂以未经裁可，不得成为法律。此立法独立之未尝减少君权者二也。若夫行政之内阁，则尤为完全属于天皇施政之机关。自表面观之，内阁大臣事事宜负责任，其权似较天皇为尤大，而实际则不然。日本宪法，国务大臣之负责任也，非对于议会负责任，实对于天皇负责任，故天皇有任命大臣更迭内阁之权。而关于皇室、国家之事务，其应如何区分，一任天皇自由之判别，天皇对于皇室之事，固可自由处置，而对于国家之事，苟其不背宪法之条规，皆得以命令其内阁。内阁大臣对于国家之事务，苟其稍涉重大，则无一不宜奏请而后施行。夫英国，议院内阁也，其内阁大臣权力，宜较大于日本矣，然千八百五十年，宰相巴氏因未经奏闻，擅认拿破仑三世为帝，女王维多利亚遂罢免其职。英国如此，日本可知。此行政未尝减少君权者三也。君权未尝减少，而此间接政治，既可以安皇室，又可以利国家，元首为其总揽机关，皇室超然于国家之上，法之完全，无过此者。以上所陈者，皆立宪可以安皇室之说也。今夫新陈代谢者，天地之常经也，因时制宜者，帝王之盛轨也。故寒暑互易，万物斯涵化育之恩；泄沓相仍，朝政安有清明之望。惟有聪明之主，烛照几先，与父老而约三章，人心自然归汉；开明堂而敷五教，天下始解尊周。宸断必待先抒，乾纲乃能终秉。非然者，西河险固，舟中不能防敌国之谋，东晋风流江左，何以弭强胡之乱，伊川披发，患不必于百年，文武无灵，道将尽于今夜。奴才所谓政体急宜立宪者此也。

所谓宪法之必当钦定者，何也？考宪法制定之历史，有东西各国之不同。就形式以为言，有三种之区别，即钦定宪法、协定宪法、民定宪法是也。钦定宪法出于君主之亲裁，协定宪法由于君民之共议，民定宪法则指定之权利在下，而遵行之义务在君。大抵君主国体未经改革，或改革未成之国家，其宪法仍由钦定，如日本与俄是也。已经改革，或经小变乱，而未变其君主国体之国家，其宪法多由协定，如英、普、奥是也。既经改革，而又尽变其君主国体，或脱离羁绊，宣告独立之国家，其宪法多由民定，如法、如美、如比是也。宪法制定之形式既有三种，而政治运行之实际，亦遂不同，即学者所称大权政治、议院政治、分权政治是也。大权政治者，谓以君主为权力之中心，故其机关虽分为三，而其大权则统于一。其对于内阁也，得以一己信任之厚薄，自由进退其大臣。其对于议会也，则君主自为立法之主体，而议会不过有参与之权，议会虽有参与之权，而君主实仍操裁可之柄。其对于裁判所也，其裁判权虽寄于裁判所，而大赦、特赦、减刑、复权之事，仍属天皇之自由。此大权政治之大概也。议院政治者，以议会为权力之中心，立法之权既全归于议院，而行政之权亦间接而把持。君主行政，必须内阁大臣之同意，而内阁大臣之进退，又视政党意见之从违，盖立法行政之权，皆混同于议会之内矣。此议院政治之大概也。分权政治者，其大统领则有行政权而无立法权，其议院则只知立法而不问行政，界限分画，两不相侵。此分权政治之大概也。虽然，后之三种政治，实与前之三种宪法有因果之关系焉。何也？盖宪法由于钦定者，未有不取大权政治者也；宪法由于协定者，未尝不欲行大权政治，其终未有不流于议院政治者也；宪法由于民定者，则大权政治、议院政治皆所不取，盖皆行分权政治者也。故日本之宪法，钦定也，而大权政治生焉。普国之宪法，协定也，而不能行大权政治。英国之宪法，亦协定也，而议院政治生焉。法、美①之宪法，民定也，而分权政治生焉。

考此三种之政治，不能卒断其短长，倘持国体以为衡，实以大权为最善。而欲行大权之政治，必为钦定之宪章。夫宪法之中有大端，即君主、臣民、政府、议会、军队是也。此五大端者，皆无害于国体，而无损于主权。然宪法苟非由于钦定，则此五者皆不免为流弊之滋。何则？查欧洲各国君主，虽亦称为皇帝，实不过其历史相沿之敬称，而未必即为握有主权之元首。例如德国君主，亦皇帝也，而其实际，乃联邦最高之机关，皇帝与帝国议会、联邦议会实立于同等之地位。比利时宪法，认主权出自人民，故其国王大权每为宪法所制。其他法兰西诸国系君主之地位，大抵与比利时相同。推其原因，皆其宪法咸出于协定，咸出于民定耳。惟日本宪法由于钦定，开章明义，首于天皇，而特权大权，又多外记。

---

① 此处原文作"米"，虽晚清也曾将美国译作"米"，但此文其他地方均作"美"，故应作"美"。

匪特外记已也，即其未经外记之事，亦为天皇固有之权。今试就其外记者言之：一曰裁可法律之大权，二曰召集议会及开闭解散之大权，三曰发行法律敕令之大权，四曰发行政命令之大权，五曰定行政各部官制及任免文武之大权，六曰统帅海陆军、定其编制及常备兵额之大权，七曰宣战、媾和及缔结条约之大权，八曰宣告戒严之大权，九曰授与荣典之大权，十曰恩赦之大权，十一曰非常处分之大权，十二曰发议改正宪法之大权。凡此大权，皆为欧洲各国宪法所罕有，而日本学者尚谓有漏未规定，时启疑问之端。中国制定宪法，于君主大权，无妨援外记之法，详细规定，既免将来疑问之端，亦不致于开设国会时为法律所制限。此钦定可以存国体而巩主权者一也。

至于臣民之权利，规定于宪法内者，实自美国始，而法国继之。自后欧洲、日本制定宪法，皆专设为一章，如所谓身体自由、居住移转自由、信书秘密自由、信教请愿自由、言论结社自由、住所不可侵犯、所有权不可侵，不知者方谓其民权之伸张，已达极点，充其所至，实可贻犯上作乱之忧。而岂知日本宪法，其揭载臣民权利自由者，莫不限之以法律。如言论、出版、结社、集会之自由也，则归于法律范围内有之，是则出乎法律范围外者，可以禁止无疑矣。如所有权之不可（偏）〔侵〕也，则解之曰认为公益必要之时，当依法律所定，则是必无关于公益必要者，方许以不可侵之权无疑矣。其他如住所、如信书秘密，亦必以无反法律之所定，方许其为不可侵。信教自由，必限以无背义务，无害安宁。请愿自由，必从别定之规程，守相当之敬礼，而际战时及国家事变之顷，犹有不得碍天皇施行大权之明文。据此而言，则臣民权利自由，实不过徒饰宪法上之外观，聊备体裁，以慰民望已耳。何也？臣民之权利自由，必间接而得法律、命令之规定，非可由宪法上直接生其效力也。且立宪国家，未有不重行政之命令处分者。当行政权行使之时，臣民未尝不负服从之义务，故臣民权利，受其限制者极多。英国，民权发达之国也，而治安判事，尚兼行政司法裁判之职权，遇有违反行政规则者，得行其强制之力，所谓强制权是也。而日本之行政执行法，亦于明治二十三年以法律敕令明定之。此国家对于臣民有强制权之明证也。强制权之外，又有所谓非常权。非常权者，谓人民苟以暴力抵抗命令之时，事小者用警察，稍大用宪兵，再大者用军队，尤大者，天皇可以宣告戒严焉。当施行戒严令之时，则举其平日归于司法行政所保护之臣民权利、自由，一切置诸军队处分之下。以民权最大之法国,犹为此戒严制度之滥觞,是后各国从而仿之。此国家对于臣民有非常权之明证也。或疑中国人民本来安静,一言权利,未免嚣张。不知欧洲各国之宪法,或协定,或民定,其人民权利既无限制,而义务亦多自由。日本为钦定宪法,苟不规定臣民权利,既违宪法之原则,亦何以责纳税当兵之义务乎。且其所谓权利者,如居住,如转移,如言论,如信教等,皆中国所视为固有之权利,而日本皆定宪法之中,其操纵之意可知矣。虽中国制定臣民权利不必尽如日本,而操纵之法,则必使出于上之赐与,万不可待臣民之要求。此钦定可以存国体而巩主权者二也。

  政府者,政治之府也。在立宪国之政府,必置国务大臣,又以国务大臣组织内阁,而国家行政上之机关乃备。自表面而观,国务大臣之权似为甚大,而不知立宪政体之妙用即在此焉。盖君主神圣不可侵,既为宪法上之原则,倘万几自负责任,则苟有违宪之事,必为指摘所归,故日本宪法明定国务大臣有辅弼天皇之责任,而一切命令均副署焉。盖不明定于宪法,则责任不能专,责任不能专者,政府即不能成立,而在上或不免专断之失,而在下者更难免委卸之心矣。且国务大臣虽为辅弼君主之重臣,而君主毫不受其拘束。英国,议院政治也,而凡内阁决议之事,一切均须上奏。美国,分权政治也,而任免大臣之权,仍操于大统领之手。比利时宪法纯为民定,而比王对于宪法上所定大权范围之内,尚得自由行其方针,如国防也,海外贸易也,殖民政策也,皆自选英贤,询以大计,而内阁向不与闻。夫以议院政治、分权政治之英、美、法、比等国,其君主对于大臣,犹有莫大之权,而所谓大权政(法)〔治〕之日本,益可知矣。日本之国务大臣,不对议会而负责任,乃对天皇而负责任。大臣失政,则天皇自由罢免之,大臣奏事,则天皇自由准驳之。其所以异于专制国者,则大臣若以天皇所下命令有背宪法,不敢担负责任,可以拒其副署,不经大臣之副署,则天皇命令终不得施行。此则所以防专制之弊者也。虽然,不经凤阁鸾台,不得为敕,我国自古封还诏书及署纸尾之事,已数见而不鲜,史家皆传为美谈,明主亦乐其献替,可见中西制度,不谋而同。今日若设内阁,不过复中书省之旧制而已,岂有损君权于万一哉。此钦定可以存国体而巩主权者三也。

  大凡君主国体而取大权政治者,其国会与民主国体取分权政治或君主国体而取议院政治者,判然不同。英国国会实握有立法、司法、行政之三权,故有万能议院之目，名为立宪，实则国会专制之政治也。如美、如法、如比利时，亦皆以国会种种之权，列诸宪法之上，而未曾列记者，亦视为国会固有之权。盖民主国以主权在民，故以代表人民之议会为主权之主体。而君主国则主权在君，人民实居于客体，虽以代表人民之国会，亦不得不居于主权之客体焉。且欧洲各国，其国会恒与君主立同等之地位，共握有立法权者，亦各有其历史之关系，余波流衍，以至于今，故君主与国会，犹平分其立法之权利。英国如是，法、美可知。苟其国体向为君主，则国会之权限，万不能与君主相俾。昔普鲁士因预算案一事，议院欲上奏弹劾政府，普相俾士麦扬言于议场曰：国会苟以此上奏，是要求普鲁士王室举其宪法上之权利让于国会也。此亦可以见普国国会之权限矣。日本国会权限，舍宪法上所规定者外，别无他权，其所定于宪法上者，一则协赞立法权，一则议决预算案。其余如上案，如建议，如受理请愿，虽属国会之职权，而其采纳与否，权在天皇，非国会所得以要挟也。法律案之提议，国会虽亦有之，而裁可仍听之天皇。至于改正宪法之权，解释宪法之权，亦全操于天皇，非国会所能置喙。盖天皇统治权之行使，为国会所参与者，实不过法律与预算而已。若夫开会、闭会、停会、解散、紧急命令、独立命令，无一不属于天皇之大权。若非纯粹钦定宪法，安得有此。世或有疑国会可以侵君主之权，掣政府之肘者，诚知其一而不知其二矣。此钦定可以存国体而巩主权者四也。

夫国家之不能无军队，此其故亦无待烦言矣。虽然，军队之经营，国家之经营也，军队之行政，国家之行政也。行政之事属于政府，行政责任属于国务大臣，而国务大臣之职守，与军队之目的，乃常生扦格之势，何也？国务大臣之职守，以发达国民为目的，务在省其经费，以轻国民之负担，而军队所需之经费，则务在求多，此扦格一也。国务大臣之职守，以力图国内生产为目的，故凡可为生产之要素，全国壮丁，募集务求其可，而军队目的，则常欲厚其兵额以固国防。此其扦格二也。抑国家事务，无论大小，其责任皆国务大臣负担之，而协赞、预算之权，亦专属于国会，此二者，立宪之大原则也。今苟以军队行政权属于国务大臣行政权之下，则军队之势力，必有流于薄弱之忧，如美、如法，是其例也。若以军队统帅权置诸国务大臣管辖之外，苟其常备兵额漫无制限，而预算所系，又安能以责任委诸国务大臣？故欲定两者关系之何如，其问题实为最困难矣。查美国之制，文武不分，大统领以文权统帅陆海军，陆海军之将校，亦皆文职,其平时兵额不过六万,犹不及日本警察官之总数,且其兵为义勇,介于雇佣之间,非视为国民当尽之义务。以是之故,美之兵力最为薄弱,倘遇战争,易败难胜。其所恃无恐者,则因财力雄厚,虽经一二挫败,犹可以为持久之谋。法国自定共和政体以来,军队之权属于行政权之下,其大统领虽有统帅权,常令陆海军大臣当指挥之任,于是统帅事务亦属之国务大臣,故其军人反对此等制度,而国会则赞成之。且恐国家多启战争,增长军队势力,以为苟又有拿破仑之雄主,则难保不改弦易辙,重其统帅之权,以覆共和政体也。英国军队本属王家,自克林威尔内阁以来,乃以军队置诸国务大臣监督之下。自古利米亚战争以后,议院又有特设调查军队之委员,于是军队又间接而受议院之监督矣。以上代国王统率之司令官,犹须隶属于国务大臣职权之下,故层层掣肘,全失军队行动之自由。要而言之,英之宪法由于协定,万能国会常揽大权,其统帅权之不能独立者,实受议院之监督也。若美、若法,民定宪法,其用意更别有在。日本之宪法,钦定者也。故其宪法第十一条曰:天皇统帅海陆军;第十二条曰:天皇定陆海军之编制及常备兵额;第十三条曰:天皇宣战、媾和及缔结各种条约。观此三条,则知日本军队统帅之权,全握于天皇一人之手,盖以国家事务与统率事务互相独立,而使戴同一之首领,以调和联络于两者之间。其军队之行政事务,虽属于国家事务,而天皇则本为国家之元首矣。其军队之统帅事务,不可以附丽于国务大臣也,而天皇则实为军队大元帅矣。维持二者之权衡,联络二者之关系,立于国家元首之地位,则行其国家行政之大权,立于军队大元帅之地位,则行其军队统帅之大权。而又恐文武兼裁,力有未及,于是置国务大臣、枢密顾问以辅文治,设军事参议院、陆军参谋本部、海军军令部以佐戎机。本其万乘无对之尊,立于补助机关之上,下则分途共治,上则挈领提纲,界限分明,事权统一,此其制度之善,实为各国所无,日本之所以克强者,全在乎是矣。夫我朝兵制,超越前古,统帅之权,本在皇帝,而军队行政,分寄之部臣、疆臣,不独前代藩镇之弊可以扫除,即日本宪法所谓天皇有统帅海陆军大权者,我列圣天锡智勇,固已开之先例矣。自咸、同军兴,曾、左、胡、岑诸臣督师剿匪,而疆臣间掣其肘,遂以兵权委之督抚,其后遂成惯例,循此以往,则统帅权与行政必致两相混淆,蹈美、法诸国之弊。今若采邻邦之新制,复列圣之成规,收此统帅之大权,载诸钦定宪法,则机关敏捷,既足征武备之修,帷幄运筹,实可卜国防之固。此钦定可以存国体而巩主权者五也。

抑奴才尤有请者，宪法者，国家之根本法也。是一言国家而皇帝亦包括在内，故欧洲各国凡关于皇室之事，或详定于宪法之内，或不见于宪法之中，此由国体不同，故制定之宪法亦异。日本参酌二者之间，宪法第二条止载皇位继承以皇男子孙之一语，而继承之法，以皇室典范另详之，皇族之事，以皇室令规定之。盖以皇位为国家之主体，亦即宪法所由来，不将皇位明定于宪法之中，即不能划分皇室于国家之外。其分于国家之外者，所以保皇室之安宁，其存于宪法之中者，所以明国家之统绪。故日本臣民对于皇室典范，与日本宪法同视为国家根本法者，此也。中国自禹、汤以来，已开家天下之局，故国家之治乱，即为皇室之安危。日本国体，旧与中国相同，而其皇室未尝改移者，实以大权之不在君主，及明治废藩，大权独揽，似乎可仍前例矣，乃因内鉴于本国诸侯之兴替，外观于各国皇室之永存，毅然决然，改从新制，此其故可深长思矣。国家制定宪法，则皇室之事自应与宪法同时制定，以为国家之根本法，或详载于宪法之内，或如日本另以皇室典范规定之，非奴才所敢妄议。惟兹事体大，国本攸关，拟请慎择廷臣，多设顾问。又开皇族会议，原本我朝之家法，参酌列国之新章，损益因时，折衷至当，恭候我皇太后、皇上钦定，垂为典要，与宪法同尊，则我国家万年有道之长，岂止比隆周、汉也。

奴才身受厚恩，躬膺宠命，简书在畏，本未敢以怀归，邦国所觇，亦有闻而必录。情既通乎彼己，事每较其短长，确知非实行立宪，无以弭内忧，亦无以消外患，非钦定宪法，无以固国本而安皇室，亦无以存国体而巩主权。大权政治，不可不仿行，皇室典章，不可不并重。夫难得而易失者，时也。一动而莫止者，势也。东流濯足，转瞬已无，前水之存，厝火积薪，顷刻而燎原之势。苟其优柔而未断，必致后悔之难追，见六鹢于宋都，知风宜避，听杜鹃于桥上，审变须防，亲征纳寇准之言，惟断奏平淮之绩。自古中兴之业，咸经百难而成。故错节盘根，良斧不忧大木，栉风沐雨，危邦乃出明王。伏愿我皇太后、皇上鉴此国家多难之时期，深维祖宗创业之匪易，大施英断，咸与维新，措天下于治安，与黎民而更始。则他日者抚兹臣庶，千秋庆玉牒之长，还我汶阳万里，见金瓯之固，江山锦绣，五原无窥塞之胡，海水不波，中国有圣人之治矣。

所有奴才考察日本宪政情形，恭折具陈，伏乞皇太后、皇上圣鉴。谨奏。

光绪三十四年七月十一日奉旨：宪政编查馆知道。钦此。

《政治官报》第二百九十二号，折奏类，光绪三十四年七月二十三日出版；《东方杂志》第五年第八期亦载此文，惟有删节

达寿奏考察日本宪政编辑图书进呈折①

光绪三十四年七月十一日

达寿奏：奴才奉命出使日本国考察宪政，遵依宪政编查馆所开要目，与日本子爵伊东已代治商订，区分六类。一日本宪法历史，一比较各国宪法，一议院法，一司法，一行政，一财政。由日本大学法科学长穗积八束、法学博士有贺长雄、贵族院书记官长太田峯三郎分类讲论。嗣于本年二月，奴才奉旨回京当差，因讲论未毕，曾电商军机大臣将奴才所讲之宪法历史、比较宪法、议院法等一手接洽，其行政、司法、财政三类，归后任李家驹接续讲论，以归简易。盖以各国宪法，具有由来，就其已成之迹，观其法制章程，粲然美备矣。而其中采择去取，沿革变迁，非素有学问经验者，莫能得其要领。究其指归，故学说一途，各国皆视之最重，往往因学说之力，可以变更事实与采以编订法规者。如日本宪法，虽取则普、比，其著重大权之处，实因伊藤博文赴欧考察时，多取奥国学者斯达因、德国学者古奈特之说，以矫正欧洲宪法之失。诚以一国法律，既经制定，最难改正，而其未尽合宜之处，本国学者每能详细研究，指摘分明，以供他人之采择。故考察宪法，必先通其学说，然后考诸事实，则较为明辨。奴才自上年十二月间，与该博士等逐日讨论，至本年五月始毕，随复逐类分晰，编辑成文。首日本宪政史，所以明日本国情与其立宪之由来；次欧美宪政史；次日本宪法论；次比较宪法，因日本宪法取法欧洲，其去取之间，比较益显；次议院法，

---

① 标题为编者所拟，原文无标题。

以议院乃立法机关，为宪法上最重要之端，亦立宪国最困难之处。其行政司法预算等，亦略具有贺、穗积讲述之中。奴才知识无多，阅历太浅，当兹重任，深惧弗胜。惟有夙夜兢兢详细调查，冀收壤流之助，仰答高厚之恩，或于立宪前途，稍补万分之一。谨将考察事件，分为五类，编为十五册，装订成书，恭呈御览。应须逐条发议者，间以案语具陈管见，附录各条之末。

下宪政编查馆知之。

朱寿朋：《光绪朝东华录》，总第5959—5960页，中华书局1958年出版

考察宪政大臣于式枚奏
考察普鲁士国及德意志联邦宪法成立情形折

光绪三十四年九月初三日①

奏为考察普鲁士国及德意志联邦宪法成立情形，缮单恭折仰祈圣鉴事：

窃臣准宪政编查馆开送考察宪政要目，曰成立前之历史，组织时之情形。查各国宪法，其精粗完缺不同，其成立之缓急难易亦不一，悉视其国体之本原，民情之习便，成以积渐，不能骤至，则其历史及缔造时之情形，固当详实考察者也。

德之与始，自布朗登堡侯继兼袭普鲁士公后称王，复以普鲁士国王兼德意志联邦皇帝。建国始自明初，迄今垂六百年，至道光三十年始为立宪之国。开国以来，贤君继轨，积盛强大，已在未行宪法以前，而其历代法制创垂，皆今日宪法之所本。阿布列士始定家法，传长子，禁分封。约喜姆第一始建大学，设高等裁判所。约喜姆第二播路德新教，等议会特权。约喜姆斐立奖科学及商业取得诸法制。斐立威廉第一定司法独立权。大斐立改定行政统一法，划行政区域、各部行政局课，分治工业商业，立咨议官，立青年养育会议官厅。斐立威廉第二广兴学

---

① 为奉到上谕批示日期。

校，使学官独立自治。斐立威廉第三废属农之制。皆今法之所本。

考其建置之迹，远自数百年，近亦垂百年，而其国民当德意志人徒填普鲁之初，已能互相团结，立地方自治行政，农工商渔诸业，尚在今王家未居普鲁士之先，其所由来者远矣。自大库非司提以后，以专制国著闻欧洲，九世相承，并以恭俭宽仁好学书于史册，尽心民事，力行富教，君于其民自比于供役，民于其君则颂以圣贤，上自专制而下无违言，君民相安，郁为强国。自拿破仑以伸张民权之说鼓动诸国民，使抗其上，及法国再倡革命，各国响应，普为最近，民党大起，遂有柏林三月之变，而立宪之机不可遏矣。既议立宪，乃谋国会，复以骚扰反抗，停闭者三，解散者再，政府与国会各以不法相诋诘。敕使临谕，加以叛逆之名，方事之殷，至于聚众阙庭，构兵都市，劫夺武库，迫逐乘舆，请斥相臣，挟制大将。日本学者谓普之宪法由爱国心生，与法以革命购得者不同，由今观之，其心即出于爱国，其迹已近于革命矣。犹幸其君善于抚驭，不致酿成法国之大乱耳。卒以解散国会之日，宣布宪法，用毕士麦之议，改定三级选举之制，出以独断，而宪法乃成。溯其造端之远，事变之繁，知其成立之艰难固如是也。

普宪法既颁行，越二十年而德意志联邦宪法亦议定，则毕士麦以联邦大宰相为参议院议长，以各国尊普鲁士王为德意志皇帝之岁宣布实行。先由各国政府自相商定，联邦议会仅应咨询，故为各政府保留特别权利最多，人皆知普宪法有钦定之名，而不知联邦宪法在议会亦并无确定之权力也。当普鲁士号为开明专制国时，专以总大权于上为政，故历代皆以摧抑等族议会特权为先务。至有固王权如铸铜之喻，而加议会以久忘之称。及国民请开国会，则更注意恢复等族议会之权利，而于国民之请则屡靳焉。先后政策，疑若相反，盖其先之等族议会皆以有势力者把持，行事与平民无涉，不摧抑之则有害于国与民。其后民气大盛，则虑有损于国权，而等族议会固平民所习宗仰者，乃欲以此隐为抵御。至今以上议院代表等族议会，与下议院并立，互相维持，张弛轻重，因时制宜，其要在扶弱抑强，利于民生，便于行政而已，未可以一概而论也。

臣自抵德以来，搜罗群籍，咨访儒生，就其旧史所传，参以诸家之说，博采详择，芟烦举要，辑为一篇，于普鲁士制度大端及立宪本末，约略备矣。宪政馆原咨谓考察应详于普国而略于联邦，惟德意志联邦立宪与普鲁士事迹相出入，必互相考校而首尾始完。至于民气之消长，国权之与夺，并足为得失之鉴，不可略也。

谨将普宪法及德宪法成立情形，分缮清单，恭呈御览。应请饬下宪政编查馆存备查核外，所有考察普鲁士及德意志宪法成立缘由，理合恭折具陈，伏乞皇太后皇上圣鉴。谨奏。

光绪三十四年九月初三日奉朱批：宪政编查馆知道。单二件并发。钦此。

《民政部奏折汇存》第一册，第373—376页，全国图书馆文献缩微复制中心2004年影印

考察宪政大臣于式枚奏
普鲁士宪法解释要译录缮呈览折（并单）

光绪三十四年九月初三日①

奏为普鲁士宪法解释要译录缮恭折仰祈圣鉴事：

窃西国之宪法，有所谓钦定宪法，有所谓民约宪法。民约宪法集众所成，而共守之权力全在国民，钦定宪法，则德博士阿恩特所谓君主于其权画一部分以赐其民者也。诸家言宪法，有广义，有狭义。其广义为证原为本据为证契誓约，其狭义则成文典则也。普鲁士宪法固世所称钦定宪法也，成文典则也。当始议宪法之时，国中治此学者绝少，惟司法大臣沙扬号为通晓法律而无特识，上下交哄，迄无成议，卒用毕士麦由君主以人民之意见制定一语，而宪法以成。君以民之意见制定宪法，则必能体察民情，同其好恶矣。

钦定宪法既行，其争民权者固多不满之望，于时治国法学者竞出，乃各为解释以析其疑。其后伊藤博文为日本宪法名义有云，日本维新，初多仿英、法主义，于时民智大开，欧美风气灌入，多有倡共和之说，乃采德国主义，立宪法以

---

① 为奉到朱批批示日期。

制之。又云其宪法固非立宪之至隆，所言当日情形，至为明确。近来中国新学日盛，乃正如伊藤前日所言，其意竟欲仿效所谓立宪之至隆，取法过高，责难太急，固亦出于忠爱，而实远于事情。夫以普鲁士为欧西文明旧邦，视英、法为近，日本为东瀛改造新国，师欧美最先，而君臣审慎迟回，犹不敢用其至隆之法。中国地远俗异，乃欲一蹴而几，此不待智者而知其决不可也。又伊藤博文之论责任大臣，谓君臣相与，先道德而后科条，君臣如此，君民何独不然，果能相结以诚，相孚以信，则普与日本以钦定宪法行之至今。如其不然，则法兰西固民约宪法也，何以革命者再三，改法者十数，而犹未定。愈可知立法贵有根本，而不在枝叶之文词。

臣愚以为，今日中国立宪，必应以日本仿照普鲁士之例为权衡，而尤以毕士麦人民意见制定、伊藤博文先道德后科条之言为标准，则宪法之大纲立矣。欧西百年以前，君权之滥用，民生之困苦，可云至极，是以卢骚民约论等说风行一时，其后民志已申，国是渐定，则必归于次序，乃能久远相安。于是伯伦知理诸儒乃主持国家主权，而力破民权之说。至今西儒言政治学者，以为百年来最有功效之言。伯伦知理尝言，凡法令定于上者，乃人民莫大之幸福也。综观泰西之历史，详稽儒者之论著，中正纯粹，与中国旧学本无乖违，其所以能致富强常保治安者，自有本原，不可没也。诸儒之说，更仆难终，臣但就德国及日本为德国学之博士专论普鲁士宪法者，择要集录，皆为考普鲁士宪法者所应知。至如阿恩特所论英吉利、比利时之法不可行于普鲁士，笕克彦所论日本采普宪法以国情不同于法、美，清水澄所谓日本天皇地位与普王相同而指出增修各条，尤为细密。凡此诸说，则尤为中国士庶所当共晓者也。兹将各条删繁节要，分别译钞，缮单恭呈御览。应请饬下宪政编查馆存案备查，理合专折具陈，伏乞皇太后、皇上圣鉴。谨奏。

光绪三十四年九月初三日奉朱批：宪政编查馆知道。单并发。钦此。

谨将德日两国学者论释普鲁士宪法要语，分别择出译录，缮单恭呈御览：
博士阿恩特之说
自千八百四十八年宪法，而普鲁士以次入立宪国之列矣。曩者王权无制，自兹以降，不能不受范于宪典。然宪法所未明载者，其权皆王有也。政治重要之设施，权利自由之赋与，于王无所迫制，亦无能迫制之者，不过王于其权能之实行，分予其一部分而已。此宪法世所称为钦定宪法者也。

其解散国会之权，紧急命令之权，绝无界限。以法理推之，国会协赞权，国民代议制保障尽撤，而宪法全失效力，宜国民之不满意也。其后王果据此两条布钦定选举法，即今所行三级选举，解散议会，新召议员，而召集复不如期，三级法至今不能改，而彼时所发布之法律，若裁判所构成法、刷印出版法、集会结社法、惩戒法，皆至重要，而皆未尝经协赞，其明征矣。王于议会，许应谘询而不许有决定权，而民党又纯取比利时宪法主权渊源国民之义。不知比利时草定宪法之日，王位犹虚悬也，此何可行于普鲁士，如民党之议，王权扫地尽矣。及改选议员，既集政府，提出十五条示，议会仅两条未承认，其余则王以仁惠之意自改正之。公布之前，王自临谕国会曰：普鲁士国家，必以国王统治之，统治之者非予也，上帝神圣，其鉴之矣。虽然，上帝命之矣，则予固将统治之，自由之国王统治自由之国民，斯予所最愉快者也。

故现行宪法之定义，得从两关系推论。曰个人与国家关系。曰王统与代表关系。第一关系，国家有直接之行为，政府司之，国民有间接之意思，议会代表之。而主权在国家，国家有权废个人之权利，然必据法律，而个人亦有不承认非法强迫之权。第二关系，当决以三义。第一义，王有宪法所明定之权，宪法所不备载者，一切归国会。比利时宪法是也。第二义，宪法者非君主所创造，非国民所创造，而创造于两者之集合体。今日德意志帝国宪法是也，而尤适普鲁士宪法之性质。第三义，国会有宪法所明定之权，宪法所不备载者，一切归国王。此则学说纷复，要必征证普鲁士现行有效国法与宪法成典符合一致，不得背驰而已。

国王统治之说，足知普鲁士宪法为君主国立宪制，非比利时共和制，非英吉利议院制也。虽其渊源不无所自，然比利时宪法明言主权出自国民，此岂适用于普耶。

博士司徒沙罗之说

宪法有实质，有形式。实质者，察建国之规模，张法制之纲维，因以定根本之组织，而一其权能，以摄百体，则一国之中有至尊之主宰焉，而实质问题，即由此主宰机关之组织若何而决之。此问题在普鲁士，则首出之国王与国民之代表其于国家最高支配权之关系是已，而国王而摄政而监国，其承统也，亲政也，人格财产也，及君权之废止，国会之开闭停解，综括而论之，以究国家团体国家属民相对之关系，其运用范围既已共在支配中矣。是即宪法之实质，其形式则成典也。

国家权利，宪法权利，自狭义言之，一而已矣。为宪法成典之明文所揭，内容所蕴，足尽之也。普鲁士宪法于国家权利亦然，而于成典之实行，更有他特别法律。国家权利无所不赅矣。

普鲁士自布郎登堡以来，世相传遗，非比利时君主之例，故国权存于君主之化体（谓不以君主生殁为国权之绝续①），而内部所有权悉集于国王之本身（化体指其位，本身指其人与前国王也非予也之说大致相同），然于名义无限制，而其实行也，在立法必经两院，在司法虽以王名宣告裁判，而王不得亲决，惟行政权据宪法四十五条专属国王矣，然必须大臣副署，大臣由王任免，而宪法机关不可废，则免一人必任一人。而国王即位，必宣誓遵守宪法，誓词亦限制也。若问王不践誓则奈何，曰誓词限制非法律问题，而亦无裁判国王之法律。虽然，臣民对于王不有尽忠之誓乎。誓可违也，夫岂国家之福也。

博士格阿克马耶之说

德意志诸国之君主政体，皆有限君主政体，而限制君主者，国会也。君主为统治权总揽者，集国家高权及其无限权于一身。然当其运用国家之机能，不得不待议会之协同，而议会所有者，特国家所明与之权利，故议会之权利，非由国民继受而生，生于宪法也。而君主之权利，尤非他机关所赋与，亦不由法律所取得。盖其地位则传袭，而宪法认定之，其权利为固有，而法律分明之也。

自十八世纪间国家思想勃发，以国家为一共同团体，君主为最高机关，君主对于臣民不惟有权利，亦有义务。此思想为德意志诸大地方所公认，而普王室火亨磋伦家尤以非常势力鼓吹之，普王大腓立所谓予为国民第一供职役者，可验也。以国王为国权总揽者，可谓最适普王室之历史者矣。

国家为国权主体，君主为统治权总揽者，其地位为国法特殊之地位，其人为国家中不受制御不有臣民性质之唯一人，其权力从自己固有之权利而有之，从代表国家而行之，非若摄政及民主主义国家之君主受自他人者比。本此原则，德意

---

① 括号内原为小字注释，下同。

志诸国宪法，若巴言宪法第二章第一条，萨克森第四条及其他诸国宪法，莫不公言集国权于君主。普宪法虽无明文，亦同此意，特非决无限制耳。观第四十五条行政权专属国王，而六十二条立法权须经两院，八十条司法权裁判所以国王之名行之，其义自见。普鲁士宪法本三权分立为原则者，非盖三权统一也。

日本博士有贺长雄之说

普王室钦定宪法，新召集议会修正之，王权民权，两相角逐，一咨一求，讨论对议，以王权制限，民权伸张为唯一标准。而前者无制限之事实，后者无伸张之保证。是以普鲁士于立宪国家编制之基本，仅恃一纸宪法成文耳，成文所以重要也。然此数十条成文，不能尽国政之规模，新奇之事情时起，有不得照旧条裁断者，势也。至是而所恃以决争议者，仍不外疏通解释宪法之条项以推断之耳。而政府利王权之辩护，议会就民权为注疏，于是争议不绝矣。我日本亦完全保续君主之权力，其以此权力制定宪法，与普鲁士及其他德意志国无以异也。开设国会之请愿，一时耸动上下，未始无促进之争也。然日本于普鲁士，于权力关系有一重大之差点，不可不注目者，即普以钦定宪法议案付国会修正议决而后确定，而日本唯以所钦定者公布之，未尝经国会也。此两者之差点，决非空论也，其于国法运用影响颇大。日本宪法解释权全属天皇，两院或政府与议会有异解时，则奏请裁决，无论何人不得争也。此类之例，在德意志诸国殆所未见。

博士笕克彦之说

普国立宪之变迁，始亦贵族与君主争权，君主胜焉，后则君主、贵族、人民皆有权力。法、美立宪之后，权概归人民。英自千六百八十八年以后，君主、贵族虽未尝无权，然其权乃人民与之，亦隐以人民为主也。此普国所以异于诸国。

日本立宪，非人民请求，由政府自发表之也。日本所以采普及德意志诸国宪法者，以英国宪法自然发达不可学，而法、美与日本国情不同，惟普及德意志诸国，皆酌内国情形制定宪法，适宜于日本故也。

普自千七百一年始确定为王国，十三年后为专制君主国，四十年至千八百四十八年为开明专制国。盖普国人民程度甚稚，非此长久开明专制，不能立国。前五十年腓立第二即大腓立英武能断，振提人民，普国最为发达。后五十余年有三大影响暨于人民，一、为大腓立既殁而制度留遗，尚可承守。二、受法国革命风潮之震荡。三、为法国所败，人人危迫，思起而自振。时有爱国豪杰士坦及哈敦伯，以为救普危亡，莫如讲求自治议会，及国法时①，为采用地方自治一端，他皆不行，其故有三：一、新败于法，外交困难。二、内政未善，非一时可以骤革。三、人民思古之贵族制度，地方自治议会，其可以实行者由贵族，以为我可握此权力，而平民欲行此理想，亦藉贵族代伸之。此地方议会藉贵族赞成之历史也。

人民请求立宪，政府发布选举法，开国会以议，不合，解散。毕士麦建议改用三级选举法、预算法，由君主以人民之意见制定宪法，人民不得任意解释，而宪法以成。普之宪法由爱国心发生，非如法之宪法以革命购之者也。

博士清水澄之说

日本宪法，先参考比利时宪法，后参考普鲁士宪法制定者也，故天皇地位与普鲁士国王地位大体相同。然增修改正者亦复不少。

一、普宪法规定执行命令，不规定独立命令，故独立命令发布权，议论不一致。日本鉴之，故宪法明以此权属之天皇。

二、普宪法无君主编制海陆军及定常备兵额之明文，故常备兵额恒为议院所左右。日本宪法明定此权属之天皇。

三、普国缔结条约权属之国王，然缔结通商条约及加负担于国家或课义务于国民之条约，必经议会协赞。日本宪法无论何种条约，议会不得参与。

四、日本宪法凡宪法第二章之条规，当遇战时及国家事变时，必无防天皇大权之施行，其大体与普宪法同，但普宪法其施行细则以法律定之，而日本则戒严要件虽定以法律，而关于事变之大权毫无限制，天皇得自由运用。

五、普国官制定权属之国王，岁计预算权须经议会之协赞，但官制议定权与预算议定权之关系全无规定，然则官制施行时所必须之预算，议会得废去与否，是宪法一疑问也。日本宪法，凡属天皇大权内之俸给规定权、常备兵额确定权、条约缔结权等，议会不得执预算议定之权废各种之岁出，以限制天皇大权作用。

六、预算不成立得停止行政权否，普国宪法无此规定，亦一疑案。日本宪法，预算不成立时，可据前年度之预算施行。故议会预算权运用之范围甚狭，不至因此而旷行政也。

---

① 此处原文如此，疑有脱字。

七、普国宪法欲改正时，除相距二十一日须两次决议外，与普通立法办法无异，以议会得提出改正案也。日本宪法改正案，须以天皇敕令付之议会，议会不能提出议案也。

由是观之，日本皇亲裁权之范围，优于普王施政权矣。

《政治官报》第三百五十一号，折奏类，光绪三十四年九月二十三日出版

考察宪政大臣于式枚奏呈解释普鲁士宪法全文清单①

光绪三十四年底至宣统元年初②

普鲁士宪法成典（千八百五十年正月三十一日）

天授普鲁士国王腓力·威廉诰曰：曩千八百四十八年十二月五日所制定公布之宪法，预约以立法正式加修正，曾经王国两议院承诺，今其修正毕，与两议院同意，一致确定为此宪法，公布之。自今以往，以此宪法为国家根本法，条例于次。③

云天授者明王权非受自国民，与比利时宪法大书主权渊源国民为反比例，盖比王为民所迎立，普国为王所固有也。

国王下，旧文缀王公侯伯号甚繁，皆历世兼并之国也。国民会以为当统合为一，即举一国戴一王，而同遵行一宪法，遂削去。

---

① 本文件虽为普国宪法，但考察宪政大臣（于式枚）及其随员作了大篇幅的注释，可以了解考察宪政大臣及随行官员对宪政的理解，故收录。

② 原件未署日期，但文中第二十六条有"千九百六年始颁新法，试行二年，至今年四月宣告实行"句，故文当作于1908年。又宣统元年二月十二日于式枚有奏折"考察宪政大臣于式枚奏译注普鲁士宪法全文折"，此文件当为与该折同时奏上。

③ 以下宪法条文之外的仿宋体字，均为奏呈者编译此宪法时所加的解释。——编者注

前此立法，但国王署可即成法律，载之法汇，即为公布。千八百四十六年乃定官报公布之法，故一切法皆钦定也。此次宪法有修正之约，公布之式矣。然制定自王，而以修正许国会，两度解散，卒以钦定选举法改选议员，修正乃得毕事，则其为钦定，无以异于一切法矣。惟自今以往，立法必遵宪法，征之国会之同意，与专制时代标准自殊耳。

以此为根本法，明凡国家意志之表示于外者，不得歧出也。比利时宪法以前之旧法，多置不用，普则不然。如本宪法所谓教育制度（二十六条）、租税法（百九条）等，皆遵用旧法，而事变之际，宪法且无用（百十一条）。故普宪法非能经纬国法全部也，树之根本，期无失正鹄而已。其尤当注意者，以王权创造宪法，非以宪法创造王权，而王固立于法之上，王统自有家法，亦不因宪法为变更也。

第一章　国家领土

全国分十二省一道三十五府，领五百七十七县。旧省八，曰普鲁士，曰布朗登堡，曰波森，曰士勒森，曰波门，曰萨克森，曰西代伦，曰莱因。千八百七十八年，分普鲁士为东西两省，遂益为九，皆立宪前所有者也。新省曰汉诺威，曰哈森那骚，曰士列士瓦火耳士坦，皆立宪以后所增。而千八百六十六年普奥战事之后，以法律定为府县者也。十二省中，首都柏林一城，十二省外，火亨磋伦一道，其法制皆异于诸省府。火亨磋伦道者，普王宗人黑身克洗马灵克两侯家故地，普国立宪之年，两侯以族合于王，以地归于国，而特置大臣专治者也。老恩堡公国，千八百六十五年与普为君合国，七十六年改为府县。黑尔哥岛，千九百年帝国以非洲属地与英国交换而得之，明年，以帝国法律命隶普，凡全境三十四万八千六百五十七基罗密达（每一基罗密达约合中国二里零十六分之一），居全德国三分之二。

第一条　以现今王国所包括全部为普鲁士为国家领土。

明统一齐法制也。立宪以前，凡通行法，今必署曰普鲁士各国，盖历世兼并，每袭其名号，承其旧法而治之，故号繁法异，畛域隔而公益不普。自宪法布而普鲁士画然若一国矣。其犹有署为诸国者，如千八百六十五年普通山岭法者，则偶失校正者也。

第二条　国家领土唯法律得变更之。

前条所谓现今，断至立宪之日为止，而包括之义，特明统治权之所已及，谓宪法布而始行画一之法，非宪法成而始竣兼并之功，不得以改革诸国疆宇为解。本条变更，专指立宪以后之国境，不及府县之界划。府县变界，向以命令行之，不必法律。必须法律者，惟司法裁判辖境，然宪法八十九条自有明文，不得从本条推断。立宪后新获领土应否在本宪法包括之中，亦为特别法律关系，不泥第一条为解。然若法律无不得推行同一宪法之明文，则既编入国家领土，即已纳入宪法范围，故新旧省无异法。而地方制度，则一省中亦不能强同，不得执一以绳之矣。领土唯一不可分割，领土非君主私产，不得专予擅受。当时德意志各邦宪法，莫不揭之明文（巴言，萨克森，瓦敦堡，哈森等国，悉与本条文义相符），然亦不能一律禁制。方普之谋并汉诺威、士列士瓦火耳士坦诸国也，国会不欲，于是军国大计，政府专决之。千八百六十二年至六十四年之间，世称为宪法抵触时代。普奥战事起，国会拒绝兵费，政府至贷犹太富人资以供之，战胜之后，遂郡县诸国，而国会赞同无有异词。故法律者，治之事定之后，不与强权同施，而密谋秘约，亦无昭示之理。如黑尔哥岛之交换，得失极不相偿，且岛中租税不足支办行政之费。然岛迫北海，扼军商舰往来之冲，而岛属英国，又为海权竞争之大敌，政府毅然行之，国会不悦也。财政一时之盈虚，国防百年之利害，比较孰巨，何可不审。推宪法之精意，则政府自当制变应机以决边计，守宪法之文字，则国会自当变难讨论，以谢国民，各尽责任而已，且政府固非违法也。宪法四十八条，国王有宣战、媾和、缔结条约之权。而百十一条所谓战时，所谓事变，所谓危及公安，不少操纵之余地，惟得地后之经营，定约后之功效，不可不经国会同意。则本条之义，是已诸家解说，多调停政府国会之间而两是之，然证之事实不得通也。日本宪法削去变更国境一条，直以变更之权归之天皇，以省争议。而于新领土应否纳于宪法之中，则聚讼未已，实无谓之争耳。变更在联邦以内者，以普国法律行之，盖国境变而联邦之境不变也，如老恩堡之例是。其在联邦以外者，必先经帝国法律，如黑尔哥岛之例是。

第二章　普人之权利

本章以法兰西人权宣言，佛兰甫提国民会所布德意志人根本权为标准，同时各国规定略同，风会所趋，莫能遏也。顾宪文浑括此种权利，若无特设实施之法，则亦无直接保障之效。而保障所及，限制立焉。过于放任，与过于侵夺，其坏法酿乱一也。本章再三致意于特定之法，皆由积极以见消极之用（伊藤博文宪法名义，消极谓以国权消归于众为主义也，积极谓以国权积壅于上为主义也），而以宪法维其大纲，示宪法不变，权力亦不变，又所以完积极之功。此其确然之界画，非可执片词只义，望文强断者也。

权力视能力为消长，亦随国是为转移。国民资格完具，则保障益优，而秩序益严，限制愈宽，而公德愈普。而帝国主义日张，则又不能不捐一人之私，为大局之益。张弛之范围，与宪法之微旨，立法守者默体之而已。

一人得为权利主体，学者已有定论，然不能如博士罗凝行政法，举宪政吁请权为证，盖吁请权者权力救济之方，而非发源之所也。有完全人格，故为权利主体，当服从国家，故不得为权利主体，权力非一人所得据也。

第三条　普人之资格及国民权，其所得、执行、丧失，依宪法及法律所定条件。

资格及身份，其所得、丧失，一以国籍得丧为断，古无专律，惟政府所予夺。千八百四十二年，政府以联邦保护属民权利之故，布保护住居及移居之法。今则以千八百七十年所布联邦特别法为通行法，普国仍无专律也。

其条件，在所得国籍者四，曰出生论血统，不论所生之地，从父籍，私生子不知父籍者，从母籍，养子不在此例。曰认知，出生不明者，以父母认知为证；曰婚姻，妻从夫籍，非礼之合不在此例。曰特与，由上籍行政之司特许而得之。在归化者四，曰依其人之国之法，为不失能力者；曰品行端正；曰于所居之地，有住所及有营业技能者；曰治生足养其身家，不仰给于人者。在丧失国籍者五，曰私生子被其父认知，父为外国人者；二女子嫁外国人者；三自请脱籍者，凡脱籍而入联邦诸国籍者，但得彼国入籍证，即可许诺，亦不纳办公例费，非入联邦诸国籍者，行政官裁量而后许之，关于兵役则咨军政官；四夺籍，战时应召而不归国者，无政府许可而私仕外国，命辞职而不应者，夺籍只夺本身不及妻子；五留滞外国十年无旅行契，不登领事名册，而服其国国务者，其执行条件则具于行政裁判法，不服者用判决例。

国民权即人权、根本权。国家关系而生之权利，除参政权外，凡身体、住居、言论、出版见于各条者皆是也。参政权必以国家为限，非本国人不与国民权，则外国人所得同享者，关于身分能力者，如成丁婚嫁、承受遗业，当从其人本国之法，其条件分注各条如下。

第四条 凡普人，于法律皆同等，废阶级特权，具有法定条件之资格者，均担任公务。

古阶级有四：曰高等类族，同于诸侯资格，而有议席于帝国议会者也。曰普通类族，勋爵武骑，世据军籍者也。曰市民。曰农民。各级各立制度，婚姻不得通，名号不得假，职业不得迁。农民最困，市民知识开而国体固，稍能享身体自由，而无权于政治。军国之事，非贵族莫能与闻。盖七大选帝侯，同操帝国之权，而其下又僭窃之也。及强者渐变为独立国，弱小者虽失政柄，役属于诸独立国，而于其封内犹专有裁判警察之权。而贵族之不成为国者，既各有私领，亦各据同等之权。于是独立者号为君主，家族失政之家旧有议席于帝国议会者，号为大名家族，而其他通号为贵族。各国立宪，宣言法律同等，然阶级特权，其积以渐，莱因同盟，维也纳大会及联邦决议，犹曲为保留。而诸族亦实有真势力于地方，断不能一举划除，至今日尚不与平民同等。在普除王族特权及诸火亨磋伦侯家，如黑身克、洗马灵克与王族同权外，其大名家族于千八百十五年及五十年、六十六年三次编入普国者，其兵役、赋役、住宅、财产、诉讼等皆有特例。而普通贵族则仅存名号、财产，民法实行以后，其所谓特权者亦迥非昔比。王族一国所尊重，自无所谓同等，其于他族，虽稍有所优，但上不能僭踰，下不能凌暴，则乔木之荫固可保存，而变世官为抢才，则人皆有政治之责，同等精意，全在此耳。

法定资格，文官非两经考试者，不得为高等官，而司法官尤严。武官非曾入高等战术学不得充将官，而参谋部尤严。惟国务大臣在例外。而选举法兼论财产，犹有贫富阶级。

第五条 身体自由保障之，对于此自由之限制，如逮捕拘留，必以法定条件及形式行之。

身体保护专律，千八百五十年颁行。凡逮捕，专主刑事，由裁判官发牒示罪状而后逮捕者为正式。其现行犯，或恐罪人脱逃，则先由警察发牒，是为假逮捕,与当场犯罪登时拿获者,均于二十四小时中,必送致裁判所。其非犯罪,而警察为保公安,据警察法逮之者,为拘留,四十八小时中必释放,因而发见罪名者,即送裁判所。违法拘留者,释放后得诉于裁判所。犯罪之当时眼见无遁情者,无职私人亦得追捕而致之警察,过时则虽知情,但得作证,不得追捕。盖捕者被捕者皆有限制,一限制自由,一限制侵人自由,而又不能无变例,以防漏网也。

第六条　住所不可侵,强入住所搜索检查及强取书信纸类,非遵法律定限定式,不得行之。

凡自有之宅、赁居之屋,无论何人何事,夜间强入者,罚监禁至一年止,罚金至九百马克止。于刑事搜罪人及搜犯罪证据,于民事征税及追抗税漏税,得搜索并收取暂存官署备检验。惟当搜检时,执行官吏之外,须有旁证之人。于警察法关于火险及卫生,凡以法令来者,主人不得拒,皆强制行之。

第七条　无论何人,不能夺人就法定裁判官受裁判之权,非常裁判所及委员会无效。

此保受裁判者诉讼自由之权,广呼吁之路,即所以杀强横之威,若司法独立及法外设法官等义,宪法第六章自有专条,不得以入一人权利范围也。盖十八世纪以降,司法权虽渐独立,而贵族大地主于领内犹自行裁判权,诸大名家族之特别裁判籍不受判于普通裁判官,而别设裁判以治之(至今日,大家名族于本族刑事,犹有设仲裁裁判之权)。故强弱相搆,即一时之是非易辨,而后此之报复难防,巧黠之徒,且不赴司直,而豪门倚酷吏肆武断矣。立宪以后,法官于所职不容不受理(如于普通裁判,控商务实业得不受理,为有专司也)。受判而不折服者上诉无阻,抑国王能赦于定罪之后,而不能注销未决之案,以乱曲直。故人人得援法以自卫也。

第八条　非准法律,不得以刑罚吓胁及处分。

禁刑求,禁以非法凌辱罪犯也。法律二字在本条应作广义解,例如,千八百五十年所布警察行政命令亦含其中,盖非为司法官判决定罪不遵成法而设,乃对司法之执行官吏与警察言之也。

第九条　所有权不可侵,惟因公益紧急之故,据法律预确估赔偿额者,得占取或限制之。

凡因公益占取，计产偿值而论价不协者，经判决所集员公定之，不得拒抗，不以私权挠国权也。如军事紧急，则先假定价格，若偿时不当其价，亦得诉求再估。关于卫生防险，警察据法以强制行之，又以限制为保护矣。

第十条 准死刑及财产没收刑皆不许用。

不杀而足以致于死，出律之罚是也。一切公私权悉剥夺之，乃至不得婚娶，不得承受遗产，而最酷者为无出诉法庭之权，则几于人人得诛矣。奥国以千八百六十七年，法国以千八百五十四年始尽消除。没取财产，则家族无以为生，非罪人不（孥）〔拏〕①之义，故皆禁之。

第十一条 移住自由，唯于兵役义务得立限制。不得征移住税。

自隶农之制废，移住之束缚稍弛，然必重征移住税以困之。千八百十七年，以联邦决议，各国同禁地主征移住税，因并禁市府征市民移住税。千八百四十二年，普国定收容移住法以徕民，五十三年更定移住条件。移住法渐备。今遵千八百七十年帝国陆军法十五、十七等条，除现役军人不得移住，及第一期预备兵役，须军政官许可外，殆全无限制。惟关于收容，得依贫民救助法送还本籍耳。

第十二条 信教自由，加入教会自由，于家宅内或公众前举行教礼自由，皆保障之。其所享公私法权利，不以宗教生异同，但不得以信教自由故而废公私法义务。

中世偏重罗马加特力教（天主教），不信奉者为大恶，教罚及之，国法及之。教权尊于国权，而其排异教，惨戮无人理。十六世纪宗教改革，罗马教权稍替，他教乃渐得成立。普国首崇路德新教（基督教），新旧教遂并行于德意志列国。然公认默许权在国王，国王所不认，国人不得自由信奉也。是谓宗教矫正权。千七百八十八年，普国首颁宗教制度宣言，任人心所宗，勿钳制，诸宗派悉同享民事权利。奥国袭普例为之。至莱因同盟，遂相约各国不得歧视新旧教徒之权利义务。而国王矫正权，杀国人信教权伸焉。惟犹太教无公认明文，不得与两教同。拿破（伦）〔仑〕胜普，索兵费六百兆，

---

① 原文为"孥"，疑当为"拏"，即"拿"。

普用宰相士坦策，纳犹太富人赀，而公认之，是为今普国公认三大宗教。惟国家礼制独宗新教，其他权利义务于法律无歧视也。

迷信深则教权横，利用之以愚民，且用之以事兼并，至争局渐定，各谋治安，则宽一人之束缚，以杀一教之专抗，已事可历惩也。

信心非法所能制，与其锢及精神，扰而无济，莫如正教旨以清其源，而乱萌自绝。普国法典于教旨有四禁：曰勿侮于神明，曰勿骇于习俗，曰勿忤于法律，曰勿贰于国家。千八百四十七年，复颁教律，于四者再申警焉。旧法入教者不得背教，今则许离教，亦许别入一教，是谓加入教会自由，惟必申学官，易学籍，以国民小学校分教派，有宗教教育也。

举行教礼，非向所指定习用之地者，必请于官。建筑教堂及类似教堂之公地，必请于官。而未经公认之教派，更须具章程，外会员名籍，上之政府，求国家特许。然未先得团体权，而以私人资格得请者寡矣。

本条所最注重者，在不以信教故废公私法义务一语，所以绝一切托避之缘。政教相关之界于以严，政教分离之机亦由此启。

第十三条 无团体权之教会并教徒会，非经特别法律，不得同享此权利。

历年以法律许成会有团体权者，凡王①派，其不得权者，亦分五派，皆三大宗之支派，然其徒不及三大宗之十一。至信教者之权利，无所谓异同。盖教会无团体权，而其人固犹是国民，不因此丧其人权利也。无团体权则不得求补助，不得以慈善之名结会公行街市以敛财，不得任意自立学校演授教义，即有团体者，于教授亦不得援宪法二十及二十二条教授自由之例，以限于本教之旨也。

第十四条 以基督教礼为国家礼制之本，但决不因此而害及第十二条保障之原则。

诸教并立，规制各殊，固不能不择其一以为通行之制。而普世宗路德新教，故以为国教，然不以此故而歧视他教也。

第十五条 与第十六、十八条并以千八百七十五年六月法律削除。

原文第十五条，基督教堂、罗马加特力教堂及其他诸教会，皆独立自

---

① 原文如此，疑当为"三"或"五"。

治，为经典教育及慈善事业，得以遗传及擅施之财，充固本金，永保存之。第十六条，诸教会交涉，神职自主之，不受干涉，但于国家所公布教律有限制明文者，不许违犯。第十八条，教职教务，其任命送举提议批准之权，除应属国家及非一定神职或特别法号者，教会得行之。教士在军队及国家各公役者，不得用此例。据此则教会自治之权与国家行政不能无击触。自宪权确定，乃渐收教会权利，置于国家监督之下。千八百七十三年四月，先变更第十五条、十八条两条文字，于第十五条独立自治下增仍应受国家法律监督一语。于第十八条增一附条，言一切规制，国家随时有创设变革之权，而教职神职惩戒权之界限国家定之。如是则国家随在可加限制，然仍拘牵文字之间。逾二年，径削之，而宪法以前旧法悉废不用，无视教务为国务者矣。

第十七条 教堂保护权及其权得废止之条件，以特别法律行之。

所谓特别法律者，至今无有也。惟明认保护权为其应享公权而已。

第十九条 私法婚姻制度，以特别法行之，并同时定户籍法。

现行者，千八百七十四年普国个人身分及婚礼法，七十五年帝国个人身分及婚约法也。旧制婚礼必请教堂，今但以婚书具媒证诣有司，曾否经教堂非法所问。惟阶级限制颇严，身分不对等则婚姻为法所不与。如王族大名家族不得与平民嫁娶，必嫁娶者勿强，而夺其身分所应享之权，所生子不得承父产用父姓。无媒证婚书不诣吏注籍者，法所不与。离婚之诉，非有正确理由者，得停延二年不判，满二年不可复合者任离析。婚姻户籍同掌于一司，是谓分限吏。分限者，国人身分资格之限也。户籍五年一大整理，生死以时报，生者至迟不得逾二十八日必登籍。出国三十年不归，不知其所在者，得以死报，而其妻得再嫁。因婚姻而取得国籍者，婚姻虽解而籍不变。私子不知父母，逾一年无人认知者，国养之，而国役之登于终身役之籍，满十四岁为人认知者，纳十四年养育费，得从认知者之籍，要无不著籍之民而已。

第二十条 学问及以其学教授者自由。

学问纯乎自由，施之教授，而于刑法有禁者不得传习。

第二十一条 公立学校当预备少年完全教育。父母及其保育者，当以公立学校教育法施家教。

自十八世纪以来，强迫教育法盛行，竞强不如竞智，未有无教之民而可与谋富强者也，未有无教之民而可与论秩序者也。其效在广建学校，不在处罚。普以千八百二十五年三十五年两次阁令，推广各省学校，而诸新省在未入普以前，已先有强迫令，其处罚由行政裁判，用判决成例酌行之。今则废重罚，而严警察召致之令，及岁不入校强致之，其父母抗令，乃罚以抗警察之罚。然户籍精密无可匿，校多而无费，固无抗令者。旧例自五岁至十二岁，推广为六岁至十四岁。六岁前常在幼稚园，以游戏教之。幼儿脑气未充，不使早耗也。旧例非普人之子弟在普境者勿强，今则联邦互相容纳，以便旅居。其家教能否中程，实无稽查之法。但学校试优劣以资愧励，于宪法有告诫，于法令无惩罚也。

第二十二条　无论何人，经主管官厅证明其德义学问及艺术之程度者，皆得自由设学教授，并管理之。

此法行而私学兴矣。主管官厅专指学官，警察无干涉之权，更非证明之权。诸法令皆专严于少年教育，正蒙养也。若设校教成人，无论为学问为艺术，但非害俗伤生刑法所禁，任自为之。其合公令者，学部认可所给文凭，与官校同。女子教育，则无论幼稚成人，必经特许乃得立校，其延之家中及致弟子于家中者，任教者学者所自择，不待证明。

第二十三条　凡公私学校及诸教育所，均受监督于国家所指定之官厅。

公立学校教员，有国家官吏之权利义务。学务旧属内务部，千八百十七年十一月始立学部专司之，在各地方则归各乡邑自治团体。而专科大学皆独立不受监督于学部，其课程讲义，收录生徒，考试卒业，诸博士公开会议定之，学部不得检查。大学教授由国王任免，然博士公会有不公认之权。盖庶务隶行政官，而关于教授法者，中央各省皆有视学委员会司之，其事非专门学者不解，庶务官自不得干涉。然学问独立，而教员仍视同官吏，非徒优以名位法令，亦自易施如。政社、政党于官吏有禁，是为服从命令义务，故教员推阐学理，惟其思想所能及，而谈论时政，必先辞职，乃得发舒，官吏义务然也。

第二十四条　公民国民学校，其规制宜注意宗教关系。学校之宗教教育，教会司之。学校之庶务，乡市司之。国家经当事乡市之协议，计员额选合格者任教员。

  注意宗教，惟小学校为然，然亦仅教者、学者须出同教，而得用本教规式耳，中学校以上无教派矣。宗教教育虽属教会，然其学校固国家之学校，即为教会所私立，而非教会所得专有，仍与他私校同受监督于国家。小学分区，由各自治体协议，不必与行政区相符，当酌道路远近以便儿童往来。公立之校不寄食寄宿也。学务由乡邑提议，决于府县会，而上之行省学司。而大学堂之在各省者，其监督即学部大臣代，与高等专门学校之直隶学部者，皆不属学司。学部分两大司，一治普通学务，一治大学高等学学务。十大学校合为独立团体，体制与学部平行。教员资格选择最严，故师范学校考试独重于他校。其员额视户口定之，每授课，每堂初级生不得过六十人，逾额则分堂增教员。高级生课程渐增，教员亦渐增，每堂不得至六十人。

第二十五条　公立国民学校，其建立维持及扩充诸费，乡市自任之。不能任时，由国库补助，但由特别正当名义所应担负之第三项义务如故。国家量地方情形定教员俸给而保障之。及公立学校不得征学费。

  专指小学校言。其中学校及高等女学校，则不以责地方。全国经费常过六百兆，出自国库者过二百兆，专用于补助小学校者，约百一十兆，地方所自筹者盖四百兆。云第三项义务，即国税地方税以外之杂捐，其大宗用于教育，不得因国家补助遂自释负担也。

  教员俸给，一校而教员满二十五员者，其第一教员月给五百马克，其次月给三百马克，女教员月给百五十马克。在职逾十年者而辞职者，恩给与官吏同。男子岁至少九百马克，女子至少七百马克。死于职者，家属养恤金每岁至少二百六十马克，至多二千马克。俸给由地方支给，不足乃请国库。恩给养恤金则由国库支给。

第二十六条　凡教育制度，以特别法律定之。

  自二十一条至二十五条内，遵用普通法典，千九百六年始颁新法，试行二年，至今年四月宣告实行，专以画一学制，除宗教畛域为主，而尤以学务独立为重。改正学区，各地方特设学官专司之，直隶学部，不受行政官节制，别筹常年经费二十万马克，以充行政之用。惟波省西普鲁士仍旧制，因两省多波兰遗族，无教育独立程度，而奉加特力旧教，未易骤改，不能不使受监督于地方行政官也。

第二十七条　凡普人，于言论著作印刷及图画，皆有自由发表其意思之权。废检阅稿本制度，非依立法正式，不得于出版别加限制。

检稿者，防于出版之前，其制始于教皇亚历山大第六，故其职教会司之。十六世纪后，乃载之帝国法律，置专官司监察，然繁扰难行。因限出版之地，以归简易，非政府所指定之诸大城市及大学堂所在地不得出版，于检查诚便，而有用书报传布亦不得广。联邦议定书宣示出版自由主义，相约确立保证。而千八百十九年出版法仍行检稿制，书报过二十页非检阅不得刊发。千八百四十八年，各国自定出版法，实行自由主义，检稿制始废，然其他限制如故也。千八百五十年，普王以紧急命令，命出版者质金政府作保证。明年布限制法，非特许不得营出版业，而行政官有注消其营业之权，则检稿废而封禁之法行矣。以紧急命令与行政行为限制出版自由，是否足法正式，固政府与议会一大争论也。至千八百七十四年，帝国布出版法通行各国，但以主笔者负责任，主笔不确知，责印刷者，印刷不确知，责发行者，皆罚其人，而不损其营业。而于违法害俗者，没收停止之。唯戏曲院本仍先检阅，非许可不得演。而于茶坊酒肆滑稽歌唱者，必报警察申明，其趣旨淫邪有禁，不得援检稿制已废为口实也。

第二十八条　因言论著作印刷及图画犯罪者，依普通刑法处分。

大之惑众鼓乱，谤君主，排外衅，及图画要塞以与敌国，小之淫画邪说，攻发阴私，于刑法各有专条，宪法之意谓依正条处分，不得别立苛罚，意为出入也。然亦未尝无特别法焉。则千八百八十六年，用于官吏之行政裁判判决例是已，特不与国民自由权相涉耳。

第二十九条　凡普人，不携武器平和集会于屋内者，不必预受官司许可。但屋外集会，于法律必须预受官司许可，不在前例。

此亦据国民会所布根本权以入宪法。千八百五十年，为防制集会权之滥用，布集会法三十余。凡集会，必以宗旨、会地、会时详报警察，于屋内者二十四点钟前，于屋外者二十八点钟前。其非寻常集会或新立会社，则至少三日前具详细章程及会员名籍申报。无论屋内屋外，均俟许可而后举行。凡集会，于所申报时间不得延长过一点钟。警察以警官或代表二员入座旁听，若有危治安乱秩序，得随时解散。此皆指公会言之。违法者，照集会法分别处罚。在王宫或行宫及议院会期中，相去两迈当（合英里十迈，即德里十五基罗密达）之地不许屋外集会，而秘密会则无论何时何事何地皆在禁例。屋内集会，虽云不须预受许可，而既须申报，则警察自有禁止之权，屋外集会，自集会法颁布后直无许可矣。

第三十条 凡普人，其目的不违抗刑法者，则有结社之权。为维持公安，故特定法律以保障本条及前条之实行。政治结社，得以法律限制，且因时禁止之。

结社者永久联合也，于集会法得适用第二条新立社会三日前申报之例。其在刑法，则百二十八条以密约结社者，处一年以下监禁，官吏为会员夺五年以下就公务之权。百二十九条妨行政处分及法律执行者，处二年以下监禁，官吏夺五年以下就公务之权（革职后五年内不得就一切公务也）。其罚重于集会。集会法至重罚金至三百马克止，拘禁至六个月止，不在刑书，然警吏随时执行，则罚轻。而防范密集会之罚，专施于不遵法申报，非罚其主义。若违背刑法者，故不得援轻罚逃重比也。

保障之特别法律，即集会法与千八百六十七年、七十六年两次法令，为现在通行法。其保障范围，专以人权范围为限，不得出乎本人权利范围之外，故妇人、学生（大学堂以外之学生）禁入政社，而政社禁与他社相联合。及千八百九十九年帝国法律，与政社目的相同之社会，得加入政社。然所谓因时禁止，则法律之外，不难以紧急命令行之耳。

第三十一条 团体权之许可或拒绝，从法律一定条件。

团体权，永久联合，得以团体名义理财产、起诉讼、立规律，国家认为法人者也。其许可拒绝，至今无法律条件，自教会、工商实业之外，若地方自治无待许可。而以政治学术结社者，往往不得团体权，诚慎之也。

第三十二条 凡普人，皆有吁请权，但非官厅及团体，不得用公共名义。

政窳法敝，抒意见陈得失，是为吁请。因行政处分损及私益，受损者诉于上官以求救济，是为吁诉。裁判不心服或蒙损害而控于上级裁判，是为上诉。警官邪保人权，周知民隐，改良法制，于是乎在。而吁请尤关公益，自君主、议会及各官厅无所不达，于法全无限制，惟禁私人假用公共名义而已。

第三十三条 书信秘密不可侵，惟关于刑事裁判之审问及战时，得以法律确定限制。

　　刑法第三百五十四条，三百五十五条，三百五十八条，邮电官吏公役，故开人邮信电报及包物者，漏其秘密于他人，因而损及权利者，隐容他人为之，或助成之者，皆处三月以上监禁，并夺五年就公务之权。千八百七十一年邮政专例亦同。惟裁判所搜求证据，关于刑事者不禁，而战时检查尤严。国人秘密尚不可侵，国家秘密可知矣。

第三十四条　凡普人，皆有兵役义务，其范围及种类以法律定之。

　　自腓立威廉第一废佣募，行征调，兵役义务于斯始，然未能遍及全国。十九世纪初，受拿破仑蹂躏之后，兵额有限制，乃以番练行之，无贵贱贫富，不得免役。今帝国制度，皆普国制度也。自帝国既建，编制之权归于帝国，故以帝国法律行之。然最高命令权全在德皇，而帝国陆军部即普国陆军部，海军则自来为普所专有。以帝国法律行之者，示统一也。

第三十五条　陆军者，包括常备、后备各部也。国王于战时得依法律召集国民军。

　　千八百四十八年宪法原文，陆军分部及役期，依特别法律定之，等语。五十年发布此宪法，改为包括常备、后备，明兵役期中皆有备征义务，而役期长短，部队分合，固应因时制宜，非得泥守成法。惟无故召集国民军，则使民废时失业，故限战时，限以法律，非时非法召而不应者，罚不及也。若在后备，于脱籍移住，不得完全自由，军令犹及之矣。

第三十六条　为镇压内乱执行法律故，得使用兵力，但以法律有明文，遵守其形式，且有文官厅请求时为限。其无文官厅请求，而得使用兵力者，为非常变例，别以法律定之。

　　此必警察之力所不逮而后出此，国家之大不幸，未可轻率者矣。至非常变例，则宣告戒严，一切隶于军权，非文官厅所得监督，宪政法律且无用，除戒严令外，无特别法也。

第三十七条　陆军军事裁判籍，在刑事范围内者，以法律定之，军律则以特别敕令定之。

　　军法军律，以普为最完备。千八百四十五年之军事刑法及裁判所法，六十七年六十八年各敕令，实推行于各联邦。帝国既建，为统一军权及法律，敕令悉由帝国制定颁布，然特去其不齐，以求画一，而原本仍普法。

　　帝国刑法第十条，凡在兵籍者，不得照普通刑法处分，但军律无专条者，不在此例。军民异裁判籍，固以保护军人，亦以维持司法权，使不挠于武力。国民自由权，在军籍时不得实行。法律原则不同，裁判必至矛盾。若其同者，不必特载之军律，刑法固得援用，则异籍而不异法，是其所以为别者。自一人所处之时之地，言非于其人有歧视。其不在刑事范围，如婚姻财产属于私法者，则军民一体，同在司法裁判籍矣。

　　军律用敕令，国民参政权不得与矣。而刑事务详审，非法律不能曲尽。虽在军籍中，固不以武断行之也。

第三十八条　武装军人，不问役期内外，不得开会议及不俟命令擅自集会。后备兵，虽非召集时，不得以议军制军令及命令故开会结社。

　　军人集会结社，是为国之大险，故自誓于军旗之下，服从而外无他务矣。

第三十九条　第五条、第六条、第二十九条、第三十条、第三十二条所规定，于军法军律无反对者，得通用于军队。

　　诸条皆国民自由权，除三十二条吁请权外，战时皆无用，此宪法第百十一条所明载者也。此条并载吁请权，则军人平时亦不得吁请矣。

第四十条　禁分土之制。关于旧存封土之现行关系，以法会解除之。

　　封土之制，由来已久，据所有权不可侵之义，无横夺之理，而亦无一一赔偿之力。宪法初次草案，公言不与赔偿，继改为依法会换易其所有权，而加入家族世产不在此例一语，有以易之，是不横夺，而予以相当之赔偿矣。然所有封土，莫非家族世产，不立区别，则换易无从实行，最后定为今文，不径解除封土，而解除其关系。是上无妨于国家政权，下无妨于国民生计。若第四十二条所载者，固不必一一强为更易，而关系轻重各殊，据现行不据已往。自千八百五十二年布解除法，复于东普鲁士，于波门、于西伐伦诸省，及老恩堡、勒士挨林诸地，各视其所关系，以特令行之，不胜枚举。然至今日，其以一家族世传私领之地自为一自治区域者，尚六千余家，其规画不与他乡市之制同，惟无特权而已。

第四十一条　封土之属于王族及在国境之外者，不用前条。

与王室正统相传袭之财产，不得以分赐子弟者也。其在国境外者，则王室贵族于古帝国时代，在联邦他国中直按所得之地，为联邦法所保证者也。

第四十二条　解除封土不与赔偿者，从法律所特定。如甲，领有土地，而附以裁判权或让与权利者，及因此权利所生之免除与赋课。乙，由地主裁判及保护主关系，与旧世袭隶属法、旧租税法、营业法所生之各种义务。凡以上诸权利者，既废之后，则反对之行为不堪之负担亦同归消灭。

本条不特解除封土，凡封土内之人，皆解除矣。此种特权无赔偿之理，而亦无法赔偿也。

第三章　国　王

王权不自宪法创定而生，则亦不以宪法列记而尽。本章所载成文之范围，非改王权运用之范围，特其大纲而已。宪法以前之旧法，既仍遵用，则历世相承之王权，凡无背成文而为成文所不赅者，其无减削可确知矣。

国王者，一国统治之主，非犹他出治之府仅为一官之司，此其义早有定释。当宪法修正时，毕士麦宣告下议院曰：国人于宪法，每欲效法兰西、比利时，此不可不急辨明者。普鲁士王国数百年来独立王治之王室，今日自以其大权之一部，许国民参与。此非民奉权于上，而国王赋权于民，出自惠予，非出自强迫。革命果起，政府之力自足制之，必无幸也。英吉利与法、比三国宪法，固国民以血购得之者，彼所以待其王，直无异委一重车于老马，故欲其不任也。比之所谓宪法，以暴力邀约之条类而已，何可施于普国。及宪法公布后六日，王自治临议会中解其义曰：普鲁士国王统治之，统治者非予也，然上帝鉴之矣，予固将统治之。然则王权世承而非他，受国王统治而非官司，不得别立异说明矣。

第四十三条　国王不可侵犯。

诸国宪法，多载神圣不可侵之文，此于法律无意义。夫国之元首，原非刑罚所论及，而一国之中，更无裁决之司立于元首之上者。故不可侵犯具有二义，一于刑法不受判断，一于政治不受责问而已。宪法非对臣民设禁止告戒之词也。大逆不敬，侮辱诋毁，刑法自有专条，不得以本条意义推解。而不可侵犯，又非主权无限制之证。英吉利王权，最受限制者也，而亦不可侵犯，则王固不得以不可侵犯之故而恣肆无法，盖限制之实不时，处罚而行①，则侵犯之实，亦不以告戒而止也。

国王不以国务故去位，不以家庭故去位，不以王室家法变易故去位。王非刑事所得及，而私法诉讼，则亦不容王废法。故损及公私财产利益者，受损者得诉之，司法者得判之。

第四十四条 国王之各大臣，皆负责任，国王之政务诰敕，以一大臣副署而生效力，大臣以副署而取责任。

国王不负责任与不可侵犯，自普已然，非立宪后以此为之保卫尊严解脱功罪也。大臣弼君柄政，自有应当之责任，非以国王功罪刑赏移之大臣也。副署者，明其为国务，即不可不经国务大臣，正以大臣有责任故也。若军务、教务、王室宫内之务，不副署矣。

副署之制，立宪前已行于德意志诸国。然昔之副署，以证诰敕出自王而非伪，今之副署，以明诰敕出于国而非私其意，不同也。

大臣责任，由副署生，不以不副署而解，在其位，任其责，不合则去，拒不副署非抗法也。

责任者，非对惩戒言，溺职犯法，按律定罪。若政策有异同，能力有厚薄，意识有广狭，则又无从立纠绳之法。故用舍有国王之大权，是非有国民之舆论，而度己审时，在大臣之自处耳。大臣无审定国王违法适法之权，国王无强迫大臣徇己徇同之理。使大臣不副署，将诰敕竟不行耶，是国权全在大臣也，效力如故耶，则何所取而存此副署之具文。要之，本条疑义至多，持论各异，至今无弹劾制决之成法，亦无事例可援以为推断者，仍副署形式举行之而已（按本条辨论至繁，应于国务大臣专条详述）。

第四十五条 执行之权专属国王。国王任免大臣，公布法律，并为执行法律发必要之命令。

一国中央之全权，惟国王有之，无论何人不得有也。国王以国人意力为意力，其所表示者，国家意力所萃合者也。然非一人意力认为一国意力，若宪法第六十二条所谓立法权与两院共行之，此当征之国民代表之意者也。若

---

① 此句原文如此，文意似不通。

第八十六条所谓司法权，以国王之名行之，此不以王意行之者也。若第百六条所谓法律命令，以公布而生效力，此据明文为断，不据王不可见之意者也。

任免大臣，不论资格，不必宣示理由。然无人格无公权之人不得任，是未尝无限制矣。

执行命令，其说不一，有谓得为权利标准并补充法律所不及者，如罗新警察法，有谓非权力标准，而司法裁判不受此种命令束缚者，如伦勒舒而赤诸家，盖在行政则命令之范围颇广，而在司法则诚如诸家之言，不得以增减法律之效力也。

第四十六条　国王行军队最高命令权。

自普王为德帝，而全帝国军队统一其命令权，不以普王名义行之矣。国务大臣不与军权，与军人不与政治，皆所以防乱萌也。

第四十七条　国王任用一切军官及其他官吏，但有特别法律时，不在此限。

今尚未有特别法律，以限任用之权。惟文武官资格有一定条件，武官一命以上，莫不出自国王，军人固非军帅所敢私也。文官通籍之始，据试验升转，则论资劳，但视有无能力，不问门第高下。长官有辟署而无引援，如各大府补助之吏，公民有推选而仍须敕命，如各地方自治之官，其大略也（详专案）。

第四十八条　国王有宣战、媾和及与外国政府缔结条约之权，惟所结条约若为商务条约，或因条约而生国家之担负及国民之义务者，必得两院之同意，始有效力。

今此权亦属德皇。凡主动之战，必谋之国会，若应敌之兵，则无咨询之暇。然事机万变，法难泥守，千八百六十二年以来，与奥与丹麦之战事，国会未尝同意也。条约之关于国家财政国民生计者，则非政府所得专矣。

第四十九条　国王有命恩赦及命减刑之权。大臣因职务行为犯罪者，非原提出弹劾案之两院有请求时，不得行此权。国王非由特别法律，不得于已开审之刑事审问命其免诉。

旧制，王得减刑，亦得加刑。今条但评减刑，于增刑示限制也。已定之罪得恩赦，未具之狱不得注消。刑赏有权，是非不可乱也。两院弹劾大臣，今无成律，惟据宪法，则王不得以独断解除大臣罪名，仍须得弹劾者解除而已。

第五十条 国王有授与勋章及其他荣典之权，惟不附带特权。

国王从法律所定，行铸币权，不附以免兵役赋役受岁禄恩俸之权也。铸币权，今亦统于帝国（详专案）。

第五十一条 国王召集议院及命其闭会，又得同时解散两院，或只解散一院。但解散后六十日内必选举，九十日内开新议会。

英、法、比诸国国会，有逾时不召得自聚集之权。普国非召集而自行开会，或已命闭会而仍议事者无效，得据集会法行之，不认为宪法之国会也。开闭之期，载在宪法七十六条，设欲变更，必据法定明文，故千八百五十七年五月，以法律限制变更会期，而本条再选再召之定时，则一成不易，所以维持国会之成立也。一院解散，则一院不得独议，不以一院之权成法律也。上院议员多世袭或终身任职，有停闭而无解散，本条文义与七十七条之文相歧，云同时解散，是上院得解散矣，云只解散一院，是他院得独集矣。政府与上议院，于此常起争议。然会期者，两院共同之会期。而六十二条明言立法权王与两院共行之，七十七条尤分别详明，本条特示大权在王耳。若两院一院同时不同时，自常据议院专条为解，不得据偏歧之词以害义。

第五十二条 国王得命议院停会，但非议院承诺，则停会期不得过三十日，同一会期中，亦不得再停会。

会期不满三月随意停会，则不废自废矣。停会期日，诸国中以普所定为最长，然议会以预算为重，未有不延展会期者。闭会及延期，法律本无特别限制，而必以议事终局为断，固事理所当然。特停闭延展，必经敕令耳。

开闭之期，法律但言为十一月初正月中，其一定之日，仍由每次敕令定之。而敕令不能命无期停会，以有三十日限制也。然满期之前，仍非敕令不得开议。故其限制只在解散后再选再集，闭会停会，无一定限制之法也。

第五十三条 王位依王室家法，以王室男统承继之，以长子及父系为次。

定国本也。自阿布列士阿喜立家法传长子，相传至今。无子而传弟者，立宪以前则布侯约翰果克，立宪以后则威廉第一即德意志皇帝位者也。父殁传子，子殁传孙，子孙俱殁，则及于同父兄弟，再及于同祖兄弟，以次递推，皆不离父系。论统系亲疏年齿长幼，先正系后旁支，摄政次第亦同，非变宪法不得更易。王室家法之关于国宪者惟此，其他典制有变更时，不必经国会也。

第五十四条 国王以满十八岁为成年。国王集合两院，亲临议会，对众宣示确守王国宪法无犯，且遵宪法及法律行政务。

民法以二十一岁为成年，成年者，意识能力完具之年。于法律行为得自主持之谓也。国王未达成年，不亲政事，减成年之期，国统所在，民望最切也。司法裁判，于供证每具誓词，誓而伪者罚加重。国王对众宣誓，官吏、军人亦对王宣尽忠之誓，非以神道设教，正谓民嵒可畏也。旧说违誓则上帝降罚，新说违誓则臣民效尤。义渐进矣，犹未达也。果上下离心，一国解体，法令固穷，誓约亦岂足恃。然欧人信誓，且已习故成常，虽近世科学大明，神教渐远，而旧式未能尽革，此风姑沿其礼式行之，亦足以存旧典也。

誓无定时，率在即位之初，以其时常召集临时国会也，亦非奉命不得自行聚集。惟遇第五十七条非常大故，得以内阁全体责任，发紧急命令行之，无所谓王命，以王位未定也。

第五十五条 国王无两院同意，不得兼王他国。

他国指联邦以外之国言之，若联邦诸国，不须两院同意，千八百六十五年，老恩堡之例是也。然此特以君位兼袭，偶然结合，若同法共，虽联邦之国，亦必不可不经议院，而籍地编民并入版图，则当变更国境，不仅以兼王论，自非攻取所得，必以法律从事。故老恩堡君合之始，国会未尝同意，而其后规划经营，仍以国会协赞，乃并入本国。若联邦以外之国，虽仅君合，亦绝不许以私行之，盖未有政策得失，不关本国利害者也。

第五十六条 国王未成年，或有长时间特别障碍不能亲政，则以成年王族于承统次序最近者，照五十三条任摄政，即时召集两院，开共同会议，以决议摄政必要之关系。

未成年者不亲政，重寄托也。障碍何如，要以能否亲政为断，而事体重大，必合两院共决之。所谓长时间及特别，则暂时寻常事故不在此例。摄政次序，即承统次序，此议会所不得议者。所谓必要关系，应否设置摄政是也。千八百五十四年，腓立威廉第四久病，召议会，议以弟威廉摄政。六十一年嗣统，是为威廉第一，至其子腓立第三，即位前已有痼疾，在位三月余而未尝置摄政。故议决在议院，而发议不始于议院，盖非王命不召集也。

第五十七条　无最近承统之成年王族，且前此无预定成法时，则由内阁大臣、两院共同会议选定摄政。自议选摄政至摄政就职时，以内阁任大政。

此则非常变局，内阁得发紧急命令召集国会议之。然选定摄政，非选定王位，他日王位所归，是否即此摄政之人，未可决也。若王位本有所归，惟因承统之次有法定承统之人，而无法定摄政之人，则应承统者既达成年，或障害消灭，摄政者必辞让。如嗣王冲龄，而近支皆不及岁，以法定以外之人摄政者，近支及岁时即更易之是也。承统次第，苟有大故，亦得变更，惟得行于未即位前，不得行于既即位后，既即位，则有摄政而无废立矣。

第五十八条　摄政者之行大权，以国王之名出之。就职后，会两院对众宣誓，确守宪法勿犯，且遵宪法及法律行政务。自宣誓始，即与内阁负政务部之连带责任。

权可假名不可假也。宣誓与王同，惟国会无待特别召集，以议置摄政时已集合故也。摄政行权而非王权之人，仍辅弼之任也。有行法之权无立法之权，有共同责任无独立责任也。

第五十九条　以千八百二十年正月十七日法律所规定，御领土地森林诸岁入额，充王室世产岁入额。

王室世产创于腓立威廉第一，其后腓立威廉第三继之，皆出于节俭所余者也。自千七百三十三年始，凡有打拿（每打拿约合三马克）五百万。历八十余年，至千八百二十年，岁入额约得二百五十万打拿。腓立威廉第三以土地森林归国家管理，而以其岁入充王室之用。立宪以后，于此项岁入定为七百七十一万九千二百九十六马克，专供王室，其所不足，由国库增益之。千八百五十九年增百五十万，六十年增三百万，八十九年再增三百五十万。故现今王室岁入额合为千五百七十一万九千二百九十六马克。其他王室私财未归国家管理者，以（问）〔向〕不公布，无从确之。然普王室在诸国中有贫名，而亲王中则有极富者，盖得亲族遗产或妇家奁赠也。如今太子妃携嫁资八千万，其最著者。然此类财产，他日即足益王室之私用，不以减国家之岁供也。

第四章 国务大臣

威廉第三建五部，独立分治，各专责任之制。寻合五部成内阁，以一统大政，而定为合议体。其会议，首外部、次兵部、法部、财政部、内部，王自为议长，亲裁决，未尝以一相专政。其受倚任断大计者，出于恩信而非首坐之特权，盖各大臣资格权限同也。后设学部、商工部、农部，又析商工为二部，今凡九部。其外则有枢密院、会计检查院、宫内省，以及司法之官，军谋之府，皆独立内阁之外，不预国务大臣之列。而九部总一国行政，合为内阁，其职权范围广于司法、立法，盖执行之权全者国王，而赞翼出纳，政本斯在。其为各部长官也，则各专行政之分职，其为国务大臣也，则共襄统治之大权，不以政党组织内阁，不以国会用舍大臣。故进无朋从，退无瓦解，主权尊而政本固，所以别于英之议院政治者此也。

第六十条 国务大臣及受命为其代理之国家官吏，有列席两院之权，且得随时发议。各院得求国务大臣列席，国务大臣于两院之一，除自为其院议员外，不得预议决。

大臣得发言于议院，议院亦得请大臣列席，去隔阂也。惟不得预议决，不以行政官侵司法权也。然除宪法八十一条议员必以大臣辩答者，百四条必须议会承诺者，大臣无必当列席发言之义务。其代理官吏，必国家官吏，王室官内之官、地方自治之吏，不得命也。

第六十一条 国务大臣犯违宪受贿及谋叛罪时，以一院议决，得弹劾之。此弹劾以王国最高法院与元老院联合裁判之，有两最高法院时，亦联合为一。关于大臣责任，弹劾办理法，及刑罚诸细则，以特别法律定之。

迄今无特别法律，此条直空文。受贿谋叛，则以刑事诉讼法控诉，裁判所依普通刑法处断。

第五章 国　会

民会萌芽，盖远自初民时代，种族相攻，莫适为主。则野集而议，将伐频仍，强武者遂王矣。割疆束壤，谋诒厥后，则专制之治随世王而生。及神权尊而僧侣横，地主强而封建立，商业兴而都府盛，民会胥沦，而等族阶级以渐继起。千百年来，绝续兴替，萌芽不断，直至于今。然等族之制，上持朝权，下遏民隐，有助虐之力，无公益之效。普国王家，雄才世出，开明专制，历百余年，富强之功，不由议会。而莱因同盟以降，亦群知议会偏徇，而议员缚于委托，训示言论，莫敢自主。于是国民会之运动，代表全体之思想，风靡潮激。而普王常持确保代议制度代表全体之说以应之，乃三级选举，随煌煌宪法代表全体之文而出，上院命贵人，下院论财产，非全体也，则彼时国民会之抗激有以致之矣。宪法所谓代表全体者，沿历世相传之语而书之耳。

国会权务，本章列记綦详，其所不尽之细则，皆其义所能括者也。此外无复有矣。第三章王权不以列记而尽者不同。撮其最特别者，凡有四端：曰议立法，曰议预算，曰议国债，曰议税率。盖财政最重，而立法则一切法律必经之，然参与而非执行，其间接监督行政则公认之，定义各国所同者也。虽弹劾之制不立，督责之实难行，然建议陈言，固其职矣。

第六十二条 立法权国王与两院共行之。凡法律，必要国王与两院合议一致。财政法律草案及预算案，先提出于下议院，上议院于预算准驳必举全案。

议决裁可公布，有一不具，不成法律，而敕令则不经议会。此法律之所以异于敕令，得以敕令暂代法律，不得以敕令经变法律，此立宪所以异于专制。法律议决在国会，而裁可公布，国王有全权，此君主立宪之所以异于议院政治。法律草案任付一院，必以通过为期，同付两院，必以合意为断。惟关财政，必先下院，此固其所代表之第一事，而亦行政之第一事也。上院得可否全案，不得抽项准驳，预算繁重而会期甚促，省往复也。国会无独意废止法律之权，故法律所已确定之款，继续之费，国会不得随意减削。政费款目，非政府不得具悉，无从预估。故预算草案，先由政府提出，然临时非常之用，有非先事所能逆计者，则权宜处分，不能不为政府留余地矣。

第六十三条 迫于保治公安或防非常急变，当议会不能召集时，国王大臣得以全体负责任，（废）〔发〕布命令代法律。但此命令不得违反宪法，且必于次会期速提出议会，待其承诺。

国务大臣以全体负责任，惟摄政时间与此而已。苟非至急，不容有临时召集国会之暇，固未许轻举。无违反宪法及次期速提待诺之限制，则宪法成具文，国会为虚设矣。

第六十四条 国王及两院，有提议法律案之权。法律案为国王或两院之一所拒绝者，同会期中不得再议。

先提案之一院，必通过彼一院，而后请裁可。若国王提案，当先付何院，则无明文。推宪法解之，则得任付一院，亦得同付两院。然同付两院，于事实不无窒碍，如一院方在讨论之中，一院已有可否之数，则牵而相徇，激而相抗者有之矣。故常择一院先议，较为持平。其已驳之案，同期不得再议，防要挟防冲突也。可稍迟滞，不可激争权，其轻重固应尔矣。

第六十五条至六十八条　上议院之构成，以国王敕令定之，此敕令非有两院协赞所定法律，不得变更。上议院议员由国王以有世袭特权者或终身选任为之。

各条以千八百五十三年五月七日法律删并，而别以敕令定上议院构成法，即五十四年十月敕令及六十五年十一月敕令也。

各条原文

六十五条，上议院构成：甲，王族成年男子。乙，贵族，于古帝国直接有尊族议员资格者，及诸世族之大宗长子，向有承袭权利，有田产于普国，而经王国命令得世袭上议员者，其列席必本身，不得遣代理人。其未成年者，有职务于联邦诸国以外之国者，久住于普国境外者不得列席。丙，受王命为终身议员者，惟其（教）〔数〕不得多于甲乙二项十分之一。丁，依七十条选举区能纳直接国税三十倍于原选举人者，用直接选举法共选九十人。戊，诸大市自治团体议会，于已被选议员中选三十人。甲乙丙三项议员总数不得多过丁戊两项总数。上议院有解散时，只解散选举议员。

六十六条，上议院构成，依前条所定，于千八百五十二年八月七日实行，前条未实行之前，仍用千八百四十八年十二月六日选举令。

六十七条，上议院立法期（定期改选谓之立法期）六年为期。

六十八条，凡有上议院议员被选资格者，须年满四十岁，有完全国民公权，未经法官宣告剥夺，并已有普国国籍五年以上仍继续者。上议院议员无俸金，亦不给旅费。

盖以两院选举组织之大纲并揭之宪法。然上院组织复杂，亲贵之外，更有特选，既非数条所能曲尽，而随时变通，以受范宪法之故，转难以敕令行之。用一成不易之资格，求名德论贤劳，其途狭而程度难定。专较资财，若丁戊两条，非设上院之意，故五十四年敕令备列应选资格，专以亲贵贤劳学问声誉为主，而必以若何程度为断，但得为浑举之词，其甄别之权在国王也。然亦不容任爱憎，故有非法律不得变更此敕令之限制，则此种敕令与法律同有固定之力矣。自此敕令后，上（员）〔院〕无公选之员，只世袭及终身职两部分。则无所谓解散，而亦无专以财产选者。于是改正两院名称，曰贵族院，曰代议院，盖其先原名第一院、第二院也。

第六十九条　下议院由四百四十三名议员而成，以法律确定选举区，由一乡或数乡，一市或数市而成。

议员原额三百五十名。千八百五十一年编制，火亨磋伦两侯家之地增二名。六十七年增八十名，以并汗诺威诸国为郡县也（即新三省）。七十六年增一名，并老恩堡也。千九百六年，普增十名，共成今数。选举区制具详选举令。

第七十条　凡普人，年满二十五岁，于乡市有住所，而有所住乡市之议员选举权者，得为原选举人。于多数乡市皆得与市邑选举者，其原选举人之权力，惟许于一乡市行之。

选举权非仅论国籍，并论乡籍。无其乡市之公民权，不得为其乡市之原选举人。盖以财产居住所在地为断，于数地皆有产居住者，被选权得不分界限，而原选举权惟得行于所定在之乡市。原选举人者，间接选举法，先选选举人，而后由所选人再投选选议员。此其最先有选出选举人之资格者也。

第七十一条　每住民二百五十人选一选举人，分原选举人所纳直接国税总额为三级，每级当总额三分之一。总税额计算法，甲，以一乡市为一原选举区时，以一乡市计。乙，以数乡市为一原选举区时，以数乡市计。第一级依纳税额次第，以纳最高税额之原选举人合算，满总额三分之一者充之。第二级依纳税额次第，以纳其次税额之原选举人合算，满税额三分之一者充之。第三级以纳低额税之原选举人充之。每级各行选举。每级选举全额三分之一。各级得分为数选举部分，但每一部分之原选举人不得过五百名。选举人由各级于原选举区内有投票权之原选举人中选出之，不问属于何级。

原选举人无限额，凡有选举资格者皆充之。选举人以住民满二百五十人选一人为率，户口增则选举人增，而议员不增，宪法有定额也。每级得分部分，其事每在第二三级，若第一级原选举人必少于二三级，分部时不多见。

每部分以原选举人五百名为限，过多则考核难，而竞争剧矣。原选举人限级，被选为选举人则不限级，财产有界限，而人才无区域，一严权利，一公舆论也。余详选举令。

第七十二条 代议士由选举人选举之。凡执行选举之细则，以选举法定，乡市之麦粉税屠兽税充直接税之一部分者，其规则亦并定于此选举法中。

所谓选举法，迄今无明文。依宪法百五十条，仍以千八百四十九年选举令行之，即钦定三级法。宪法许别立法而未布者，不止一选举法，而选举法尤国民所屡争而不得者。麦粉税屠兽税，旧常以充国税地方税，此皆日用必需，重取实害生计，故千八百七十二年废此项国税，惟地方税犹有听其保留者。

第七十三条 下议院之立法期，以五年为期。

议员改选期也，其长短原无定义，酌便宜定之耳。立法期以公布新选议员之日始，以五年后宣告闭会之日终，非必满五年之月日。故所谓五年者，非必须五年之意，乃止许五年之意，如解散则别选是其证也。

第七十四条 凡普人，年满三十岁，未经裁判所决定判夺国民权，且在普国籍以三年以上者，有被选为下议院代议士资格。会计检查院长及检查官不得为各院议员。

被选资格不止此，具详选举令。国籍在宪法定为三年以上，选举法又止定为一年，此其歧出者。而帝国宪法第三条有共同国籍之明文，则本条不适用于联邦诸国人之已缮取普籍者，特限制联邦以外之归化人耳。其一年之限制，则乡籍所通行，虽此乡之人移住彼乡，亦非得籍后一年无选举权，然非指被选言之，被选不论乡籍也。故一年三年于被选无关系，但以国籍为断，其限制全在选举权，盖无选举权，则亦无被选资格也。

会计检查院于决算关系至重，故对政府则独立不受节制，对议院则各别不相兼摄。决算责任在大臣，预算责任在议院，不符则检查院皆得诘问，因预算误而误及决算者，非议院追认，亦无解免大臣之责，是其监督全在出纳已行之后，一有瞻徇，则预算成具文，而政府藉以自免责任取信国会者，正在此。检查以检查官预闻预算，则政府所藉取信之人，又立于政府所欲示信之地，以其人之言信之其人，于理论不可通，非为防检查院与国会有私弊。

盖监督者与司财者有情可徇，故不使政府节制会计院，防以势利屈之也。监督者与编制预算者，则无可通同作弊之事，以皆不执行财政也。设今国会自行检查，则但有严刻，不患宽纵，而冲突不可止矣。

第七十五条　两院立法期满，则命新选议员，解散时亦然。二者前议员皆得再选。

新选议员，则立法更始，解散之时亦然，不以未满期故而续前期。旧员皆得再选，则国民公意由斯可见，再选者苟占多数，必难翻议，亦防维解散权之一护符也。

第七十六条　王国两议院通例，以每年十一月至次年正月中旬为会期，国王召集之。此外有必要召集者，随时召集。

定会期，亦即以限会期，故月而不日。开会日由敕令定之，而闭会日常以预算编成为断，不先定。其随时召集者，会期亦随时敕定。

第七十七条　两院之开会闭会，国王躬亲或委任大臣集合两院议员行之。两院之召集开会闭会停会，同时行之。一院被解，则他一院亦同时停会。

本条明晰，足解五十一条文义之误。召集而不开会或会期未终而闭会，议员无权自行集会议决，然既以会期揭诸宪法，则一年之中无不开会闭会之理，设国王违宪不开会，又别一事故矣。

第七十八条　各院审查其议员之资格而决定之，各以议事规程定议事法及惩戒法，并选议长、副议长、书记官。官吏为议员者，到议会不须乞假。议员拜命为有俸官吏者，及由官吏为议员而转职高于前官吏，附以多额俸给者，则于议会失议席及表决权，非新被选，不得再为议员。无论何人，不得同时为两院议员。

审查议员资格，防以无资格之人冒选举也。而不能审查选举之适法不适法，则又防党人倾陷也。议事规程两院自定之，亦得随时自变更之。官吏为议员者，则议会时惟一报知上官即行，不须俟允许，既为议员，而转官增俸即失议席，然再被选，则其人信于众矣。不虑政府市恩议员阿徇也。

第七十九条　两院会议公开之。各院由议长请求，或议员十人启发，则得提议决定开秘密会。

公开议会，人人皆得旁听，听而以正实情形报告于众者，法所不禁。秘密会，其所请决与公开会议效力相同。

第八十条　各院非有法令议员额之过半额到会，不得议决。凡议决，绝对从多数，但由议事规程所定选举特例，不在此限。上议院非千八百五十四年十月十二日敕令所定列席表决权之议员中有六十人以上到会，不得议决。

本条千八百五十五年改正两院名称，因先一年已布上议院构成敕令，即本条所引敕令，故增入一附条，则正条各院二字应改作下议院，盖过半额专指下院，上院并无法定额，六十人非过半额也。然议决以下之文，又是兼指两院，亦文义之歧，误失修正者。

第八十一条　各院各有上奏国王之权。无论何人，不得以私人自递吁请书及建白书于两院或一院。各院于所受理书类审为有当通告于大臣之诉愿，得求大臣之说明。

各院各奏不必联合也。议院于吁请建白本有受理义务，然非为一人之私，私人诉讼，宜赴专司。其通告大臣求说明，与责任无涉，亦仅得行之大臣，不得行之他官吏，不得侵行行政裁判之权也。

第八十二条　各院为审查事实，有命审查委员之权。

依宪法明文所予权利，议院之本体，非即审查官厅。盖能审查，不能处分也。亦仅得行之大臣，不得行之他官吏，间接监督行政，不直接监督行政官也。

第八十三条　两院议员为国民全体之代表，各以自由意思发言表决，不受委托及训示。

代表全体实际固有未逮，然足知当计一国之利害，不当徇一党之异同矣。

第八十四条　议员于其所决定全不负责任，惟发言表意，据议事规程而负院内之责任。议员在会期中，无议院许可，不得擅行刑事审问及逮捕，但当场及其翼日中被逮者，不在此限。债务拘留，亦同必要议院许可。对于议员之刑事诉讼审问及民事拘留，有本议员请求时，于会期中免之。

为防政府劫胁党人诬陷也。故当场犯罪确凿，有据无待质证者，则径行逮捕，非诸院所能庇。逾一日，即有得捕，用意可见。至议院许可请求，非屈司法权，以尊议员，特保其身体言论，于会期中使得各伸意力，以尽立法协赞之责。而会期外诉讼审问，执行如常，于司法权一无所损，不以议员而宽减也。若议院许可拘逮，则议员无从自免。然则本条为维议员之公道，非优一人之私权无疑义矣。

第八十五条 下院议员，由国库所受法定旅费日给，不得辞却。

法定旅费每基罗密达，通轮船火车者给三十分尼息，非通道给六十分尼息，近道不计里，每一往来给三马克。日给，每日十五马克。上院无给，只给由家至柏林免价车船票。

第六章　司法权

司法独立，始自腓立威廉专制时代，故三权分治，司法最早，其范围至狭而至严，不若行政立法权限辄有出入。学说虽繁，定义则简，一言以断之，曰准据法律，不行己意而已。然狱情万变，律文穷于胪列，有同一条之罪名，而罚金多寡差至数千马克，禁锢时期差至十有余年者，又不得不为法官宽留裁量之余地。繁文所不能尽者，转以简括之。出入增减，必当其罪，尺寸之间，剖析非易。此司法官资格之愈进愈难，而愈不可不慎重者也。

惟美国司法官有审查法律之权，以彼持之权，分立主义也。普国宪法明定审查敕令之权在两院，而法律审查权之当谁属，则无明文。据诸家说，则司法官但能审查其形式之是否完具，如协赞、裁可、副署、公布不具者，不认为法律，而不得审查其实质，如与宪法果否抵触，及法理是否正确，司法不得过问，一一准据而已。盖诸家多主三权不同等，立法在司法之上，立法权独尊于英，尤足证之。

广义司法包一切裁判，言之狭义，则专以刑民两法为限。行政、军事、商务、实业别立特官，非徒用其所习，亦以防侵踰掣制也。

第八十六条 司法权以国王之名，于裁判所行之。裁判所独立，不服从法律以外之权。判文以国王名制成而行之。

专据法律，不服从权力，生命财产之保卫在是矣。行以国王之名，明乎权有所统，非法官所敢私。而既据宪法立专司，委以生命财产保卫之重寄，则古者君主躬亲刑名之例，亦必不容行于立宪之时，非谓法有所徇，正恐情不易伸，而其不得于司法之外，更委他官以挠法权，又可知也。判文用王名，故恩赦减刑，亦惟王得行之。又义之一贯者也。

第八十七条 裁判官由国王躬亲，或以国王名终身任命之。裁判官非据法律所预定，除由经裁判宣告，不得夺职或一时免职。其假停职及递本意思之转任及休职，非指明法律原因，依法式，且经裁判所议决，不得行之。但因变更裁判所之组织及管辖区，必要转任者，不在此限。

　　法官独立，恩威两无所屈，趋避曲徇之计穷矣。夺免假停转休职之别，具详任免法。

第八十七条　甲在普国及联邦诸国领域所设共同裁判所，得变八十六条及八十七条第一项之规定。

　　此千八百七十九年二月十九日所增，因颁共同裁判所构成法也，与前两条并有关系，而又为两条之变例，故不屬入以乱正文，而次于其后，以甲字别之。盖共同裁判所不得单用普王之名制判文及命裁判官也。

第八十八条　以千八百五十六年四月三十日法律削除。

　　原文：裁判官不许其他有俸给之国家官吏转任，但法律有特定者不在此限（法官资格、裁判构成下两条，言有专律，则本条转任自括其中，义复文赘，恐生误解。故削之）。

第八十九条　裁判所之构成以法律。

　　千八百五十六年五月，于削除前条之后，即颁构成法。然今以千八百七十七年正月二十七日之帝国法为通行法矣。惟帝国法明许各国自定者，得以本国法行。本条示非国会协赞所定法律，不得变更裁判组织，不然，第八十七条无实效矣。

第九十条　非有法律所定资格，不得任裁判官。

　　凡专门学问技术之官，如邮电、铁道、工程、军官、医官等，皆有法定资格，不独法官为然。然用意自别，一防滥竽，对进用者言之，一防滥授，对用人者言之也。

第九十一条　对于特别事务之特别裁判所，如商事裁判所、实业裁判所，以法律设置于必要地方。此项裁判所，其组织、其权限、其审理办法、其裁判官之任用，与其特别关系及任期，均以法律确定之。

　　此则帝国命令有得行之者，不必尽用法律，然命令仅用于设置组织，若权限任用，固必根据法律也。此项裁判所，全出刑民两院范围之外，所谓广义司法，然其为独立同也（当与上数条并另详专案）。

第九十二条 于普国惟设一最高裁判所。

一国之中而有两最高裁判所，则司法权歧，设判决有异同，而诉讼有趋避，则狱愈纷而难定矣。千八百五十二年并莱茵河检查裁判所于高等保安裁判所，六十六年则建高等控诉院于柏林，七十四年仍并入高等保安裁判所，七十七年帝国统一司法权，布帝国裁判所构成法，就莱府联邦大审院改为帝国大审院。明年，普以法律废高等保安裁判所，改称高等法院，在各控诉院之上。又明年，布帝国裁判构成施行法，定帝国与各国司法权之分界，一二审由各国终审，统于帝国矣（参看百十六条）。

第九十三条 民事及刑事裁判之审理公开之，但虞有害秩序及风俗时，经裁判所议决布告，得停公开，其他非据法律不得限制公开之。

原则公开审理，昭示无私，故非法官决议或据法律，不许密审，并见裁判构成法。

第九十四条 于重罪，判断被告人之罪案，由陪审裁判行之，但预经两院许可所发布之法律定有特例者，不在此限。陪审裁判所之构成，以法律定之。

千八百五十二年法律第二条，凡刑罚重罪、政治罪（国事犯）、印刷出版言论著作罪，法律有不明确者，必以陪审员定员定之。陪审裁判构成法，依法律所定规则，等语。其构成法见帝国裁判构成法第八十一条至九十九条。陪审员凡十二人，由民选。其所谓不明确者，非谓无明文，无明文则不得科罪矣。刑法禁锢之罪，有同条而差至十二年者，又或仅曰若干年以上，或若干年以下，以法权之尊，法官固得裁量，然非参之舆论，恐未足服讼者之心，而释国民之疑。若法有特例，则不必矣（法律必经两院预经许可等语，似冗赘，因正文全系直译，未便删削诸家之说，于此未有别解）。

第九十五条 国事犯及内叛外患之重罪，以预经两院许可所发布之法律，得设特别法院裁判之。

此防法外设法，司刑武断也。然本条在今日实不通行，以对于君上及帝国之罪，皆归帝国裁判，其他则仍属陪审法院，无特别法院也。

第九十六条 裁判所与行政官厅之权限，以法律定之，二者起权限争议时，则取决于法律所指定之法院。

权限争议，不指刑民事判决言，盖狭义司法界限至明确也。裁判所执行事件与行政事件，每有出入，或且共同处理。大腓立时，常设公判委员，用高等法司与总务局局员（行政官）合判此种争议。其后改革行政，废公判委员，王躬亲裁决，亦有先由司法大臣与当事大臣协议，或由内阁审查，而后奏请亲裁者，有国王委之高等法院者。千八百四十七年乃特定法律，遇争议，先由行政官提诉，临时以司法官行政官共合成特别裁判所判之，无常职。立宪后，仍沿用至七十七年帝国布裁判构成法，其第十七条规定权限争议大旨，凡各国无特别规定者，皆从帝国法。然事在各国者，帝国官厅无权提诉，其有规定者，不可不以帝国法式为准则，各国旧法有不符者，亦应更改。七十九年以后，各国以次据帝国法律定委任裁判之法，在普则是年八月敕令是也。大抵以司法官、行政官参任行之。而在帝国，则以大审院参各国高等法官同判，至少五人，皆用奇数，亦有时由皇帝专委之大审院或最高行政裁判所者，特须由各国自行申请，且得联邦参议院同意耳。

第九十七条　文武官吏因越权行为而侵害法律者，裁判所呼召之条件，依法律所定，不必预得上级官厅之许可。

为不欲分司法官执行权，故法官非据法不得召行政官，而据法呼召，则行政长官亦不得阻属吏使不应召也。

第七章　非裁判官之国家官吏

第九十八条　裁判官以外诸官吏及检事，其特别法律关系，以法律定之。此法律于选任、行政，不与政府以不当之限制，而于专擅剥夺官职及俸给，则与官吏以相当之保护。

迄今无通行专律，皆散见于诸法律中。政府无用舍之权，则政令不可行，而百事不能举。然擅威福，岂止官吏之利害。故破格用人权在国王，亦只行之国务大臣，其他普通官吏，则资劳有限制矣。所谓不当，所谓相当，诚非一言所能断定，特坏法泥法皆不可耳。如官吏非过二年不晋级，既满二年必求晋级不得也。有任期官吏不满任而解官，必责问政府不得也。行政官但问能任不能任，不必有过而后去官。职务犯罪耳，施惩罚岂止去官。惟在职不给俸或无罪受罚，则所得控诉者。

第八章　财　政

德意志诸国财政大率三变。最初一国之财汇于王室，官府一体，莫或问也。其继封建渐成，皇帝辄与诸国王以收益特权，则例征之外，诛求无艺，而地方议会亦以租税承诺权与国王对立，为财政两主体，遂有王室财产、国家财产之别。王室财产，国王主之。国家财产，议会主之。而王室财产，实握一国财政之中枢。及三十年战争以来，增租额课别税以充军实，渐夺议会租税承诺权。然于所谓任意税者，犹必谋诸议会（时有必要税、任意税。必要税国家所必需，依令缴收，不问议会，任意税则无定税也）。而普国则大库非司提腓立威廉第一大腓立力排议会所谓租税承诺权，剥夺无遗。然向以王室财产属于国家，君无所私，则民无所怨。而累代节俭，以有赢余，则复归之国家，而食其租入（见宪法五十九条注，即今王室世产）。今王产、国财划然别矣（千八百二十年起，余收森林土地租入外国库，不供王室内用。后三次增补，凡八百万马克，并见前注）。然昔之为合，以王产属国家，非汇国财于王室，今之为分，非王室与议会各以权利义务相互筹立，并为财产主体。此其所特异者也。

  今之议会预算议定权，与昔之租税承诺权相代而起也，然义则迥别。预算者，立一岁出入之节度，非财源所从生，故预算不成立，而法定岁出岁入收支如故，其所严防者，在法律以外，不以预算变法律。承诺权则非同意不得征租，而但言承诺，不必有监督之义。预算则监督权自在，而预算外溢出之额，非常之用，仍必提出议会。是以未尝非承诺权，特承诺在事前，徒抵抗而无益，承诺在事后，既不掣肘，又得防滥。此预算之长于承诺者也。

第九十九条 凡国家岁出岁入，必每年估计而载之预算。预算者，每年以法律确定之。

  诸国有二年三年一预算者，普则一年一度。以四月一日始，至明年三月末日止，为一预算年度。预算估计大数，非能丝毫无出入，然所差过钜，必宣示其理由，否则责任有所归矣。每年一定，则一年之预算，效力不及于将来。然经年继续费，非满法定年限不得中止。而法定岁出岁入例列入表，议会无权减削。其以紧急命令、临时命令处分财政，有承诺，所以解司会之责任，无承诺，不能消已往之事实。故所谓以法律确定者，非视预算同法律，谓预算不得离法律范围也。

第百条 租税及其他收纳国库之国课，非载在预算或以特别法律规定者，不得征收。

预算所不载者不得征收，然凡以特别法规定者，国会固不许不编入预算，是预算已括收入之全部，预算外何从更有入款，而预算不成时，法律效力仍在，则预算自预算，法律自法律，预算终非承诺权也。地方租税及一切收入款，国会不得与闻。

第百一条　关于租税，不得有特别优待权。现行税法当改正之，改正之际，即废从来所行特别优待权。

整理国税使归一律也。然国民之一定当免税者，如官吏、军人在职役时，及其恩给与其妻子恩给，不纳地方所得税，如曾经法律特许免税之贵族，不以寻常法律或命令废其已得之特权。改正法凡三种，皆千八百三十年颁行，一原有免税权之地废特权，而与以赔价法，一不动产之地基税法，一建筑税法也。

第百二条　国家及地方自治体官吏，非据法律，不得征取报酬金。

旧有办公费征取无法，而私入肥己，亦无稽考，然又不能尽废，乃悉举而公之，取之入官。而办公费从官支给，向无法律，皆以命令行之（命令凡十余次，立宪前仅二次，余皆在立宪后）。妄取者，三马克以上作贼论，但以告发为限，与受同科，不问已得未得，情重者夺职处五年以下征役（禁锢作工），情轻者禁锢罚金（情轻者谓不背正当义务取之，而有词可执者也。然其罚犹如此，见刑法三百三十一条至三百三十五条）。

第百三条　非法律不得起国债，由国家担负之款亦然。

以紧急命令处分者，为预算外之岁出，国债则预算外之岁入也。分长期短期，长期以支办经常费，非法律不许募集，法律既定后，仍编入预算。短期则财政大臣得以命令行之，所以为一时弥补计者，或事前许允，或事后承诺，要非经国会不得解除责任。其由国家担负款，既负赔偿之义务，虽非国债，而至赔偿之时，其加重国民担负同也。

第百四条　预算溢额，必要两院事后承诺。关于预算之决算，会计检查院检查确定之。国库收支之普通决算，政府为解除责任故，增国债一览表，附会计检查院意见书，年年提出于两院。会计检查院制度及权限以特别法律定之。

溢额非仅指全案之总额，并分计各款之增减，防影射也。非仅计一年之总额，并包上年之所存余，与将来之应续支，防挪移也。溢额为常有之事，而承诺尤为不可无之举，不然，无以防浮滥，亦无以补充其不足也。若进款溢额，但须通告，不须承诺。法定岁入国会无承诺权也。检查法千八百七十二年颁行，其最注重者，尤在未经承诺之款，而政府亦必以会计院之检查意见书为据，若其误在预算，国会亦当追认，以解政府对于会计院之责。会计院制度，除千八百七十二年检查法中有附属条件外，更有七十三年、七十四年、七十七年诸法律，独立直隶国王，不受政府节制。凡一切出入账计皆得稽核，如国有商业、产业，其交通出入，必上之会计院。帝国既建，以普国会计院总司帝国会计，则帝国及领地及帝国银行，检查权悉属之。

第九章　乡市及省府县之联属

第百五条　普国乡市及省县之代议制与行政，悉以特别法律定之。

地方行政分国家行政、自治行政。自治以乡市为第一级，乡市之别，始沿习惯，继经法律，不必以地之大小，人之多寡，工农商业之盛衰也。长官皆民选。更有私领地，则一家族之地自为一乡者，多古大族。第二级为县，则长官皆命自国家，为自治联合体，而亦国家行政、自治行政承接之枢纽也。第三级则省，为自治之总汇。而府为政府之代表，府与省县乡邑绝无联合，纯乎国家行政。府由政府而分，省由县而合，地愈小而地方自治之权限愈宽。然国家监督权无所不及，法律一出，而地方章程及向行于地方之命令与法律不适者自废，不以自治挠中央行政立法之权也。具详千八百五十三年五月法律。其他法令尤多，各省各县不同，应专考。

第十章　通　则

第百六条　法律及命令，以经法定格式公布而生效力。具法式公布之敕令，其适法与否之审查权，属于两院，不属于官厅。

法式即裁可付署公布，除有特定时期外，例以登官报十四日后为实行之始。具法式公布之敕令与法律同效。官厅皆得议令，则令不可行，然敕令不经议会，若更无审查权，则亦有以令废法者。惟议会无行令之责，故议令以保法而不嫌于逆令。顾议令必据法，令不违法而据意以议之，又非宪法所许矣。

第百七条　宪法得据之法正式变更之，其议决要两次，以绝对多数为断。两次决议日期至少要隔二十一日。

  据法律正式得变更宪法，王与议会皆有提案权，与普通法律无异。惟决议次第不同，亦特重之矣。

  日本惟天皇有提议案权，其得失实难言之，因时制宜，普法较为便适。若国民程度不逮，人情易摇动，则日本法为坚定矣。

第百八条 两院议员及凡官吏，对于国王当立忠实服从且恪守宪法之誓约。军人宣誓不及于宪法。

  王誓于神，而臣民亦誓于王，此相沿之礼式，于法理无可推论。然亦心理之束约，且相率违誓，又未尝无利害关系也。若军人，则惟有服从而已，宪法不行于军人也。

第百九条 现行租税仍旧征收，现行法典及单行法令不抵触此宪法者，非将来变更法律，不废其效力。

  此足证不以宪法创造神法，而预算非租税承诺权矣。直至今日，普通法典并行不背者，未尽改也。单一条例，新法所不赅括者，往往得之旧法，而地方之政尤居大部分。千八百八年地方自治令，其法源也。

第百十条 现行法律所设置之官厅，其职务行至官制改正案实施之日为止。

  本条缺解。按历年有分合废置，如第四章国务大臣，而各省官制仅见千八百八年十二月改正令，未见内外官改正全案。

第百十一条 战时及事变之际危及公共治安之时，于宪法第五、第六、第七、第二十七、第二十八、第二十九、第三十、第三十六条所规定，得限于一时或一地停止其效力。其细则以法律定之。

  泥法而不知应变，既碍大权，亦误国事，不得不舍一时一地之权利，以全一国之大局百年之大计也。细则见千八百五十一年六月停止宪法法律，此律今并行于帝国全境，见帝国宪法八十六条，即军事戒严条件也。

第十一章 补则

第百十二条 千九百六年七月十日削除。

  以别布学校教育法，见二十六条注。原文：第二十六条所揭学校教育法未颁布以前，悉遵旧日通行法行之。

第百十三条 在刑法修正前，因言语、文书、印刷、图画犯罪者，特发法律行之。

　　第二十七条言言论自由，及二十八条此项罪犯依普通刑法处分，而刑法未修正以前，有不尽可遵者，不得不暂布专律代之。然罪情非专律不得曲尽，今以千八百五十一年普国印刷出版律及七十四年帝国出版律为行律，而处断罪名则依刑法。

第百十四条　千八百五十六年四月十四日削除。

　　以别布乡市行政警察令也。原文：乡市令未颁新令以前，依警察行政规则行之。

第百十五条　第七十二条所约选举法未发布前，下议院议员选举，依千八百四十九年五月三十日敕令。

　　至今未布选举法也，所谓敕令，即所谓钦定三级选举法，见七十二条注。

第百十六条　现存两最高裁判所合并为一，其组织以特别法律定之。

　　注详九十二条。

第百十七条　此宪法公布前依预算所任命官吏，其俸给请求权，官吏法中不可不参酌之。

　　官吏俸给载在预算，为不使旧吏俸给无著，参入官吏法，则新预算不得减削，官吏可据法请求也。然官吏法固未见颁行，而官吏俸给向例有定额者，预算亦例不减削。

第百十八条　据千八百四十九年五月二十六日所确定德意志联邦宪法草案，致此宪法有必须变更时，则以敕令命之变更，而于次会期报两院。

　　见德意志宪法历史，即普与萨克森、汉诺威结三王同盟，本佛兰甫提宪法草案制新宪法，以建联邦未成，而盟解。本条为将来建帝国之地，若帝国宪法成，则本国宪法自应有变更，其得以命令行之者，帝国宪法在各国上议会不得可否也。然亦未有变更正文时，特其权应归帝国者，自当遵帝国宪法。

第百十九条　载于第五十四条之国王宣誓，及百八条议员官吏誓约，于宪法依立法正式修正毕后行之。

　　修正既毕，则王与国会乃同意一致矣。未修正时，固钦定宪法也。然修正固未足损钦定之权,已同意一致,遂共誓守之。

《政治官报》第五百号至五百十四号,外事类,宣统元年闰二月初一日至闰二月十五日出版

考察宪政大臣于式枚奏译注普鲁士宪法全文折

宣统元年二月十二日①

奏为译注普鲁士宪法全文,缮单恭折仰祈圣鉴事:

窃臣准宪政编查馆开送考察宪政要目,曰宪法条文及附属法,又曰宪法成立后之改革。查普鲁士宪法,首为国家领土,次曰普人权利,三曰国王,四曰国务大臣,五曰国会,六曰司法权,七曰非裁判之国家官吏,八曰财政,九曰乡市及省府县联属,十为通则,十一为补则,共十一章百一十九条。其法多原于比利时,所异者,比宪法首明主权出于国民,普宪法则特著王权为所自有;比宪法所不载者,其权皆在议院,普宪法所不载者,其权皆归国王;比宪法既行,从前旧法多废,普仍遵用如前,所具列百十条文,不过揭示大纲,俾国民执为保护权利之据。毕士麦谓英法比三国宪法为暴力要索之条款,与普之惠与者不同。然与索虽殊,其为交换之条款则无以异矣。宪法定后,国民独于选举法频年争论,请改不已,因当时本有改定之谕,日久迄未议行,既经允许于先,宜有责言之及。此外各条,均无异词,惟于新定法律与宪法原文偶有歧互或更周密者,削除数条,无关宏旨。故其改革之迹,不似英法之多。

日本宪法又本于普,而删并为七章七十六条,尤为简括。伊藤博文自为义解,于普法颇有异同。如升天皇于首章,以明臣民统属之义,后大臣于国会,以示原本舆论之公,讥钳制君权之偏见,为仿法比宪法之慎,举废弃预算之变例,

---

① 为朱批批示日期。

为非奥美立宪之正，不必载事变专律，愈见特权保全之真，不备列铸币诸条，益征大权包括者广，大臣无别设纠弹断罪之法，议院不可有提出议案之权，租税议决不必限定一年议置，摄政不必召集两院。其所驳议，具见别裁，固由后起损益之弥工，亦见东方情势之异也。

普自立宪以来，宪法遂为专门之学，宪文本简，所重最在解释。近年各处所译普国宪法，但有正文，而词意又多误会，或致抵触，且于削除各条均未备载，致莫详其改革之由。前年考察政治大臣戴鸿慈、端方所译普国宪法，独有注语而不甚详。当时遍考各国政治，普宪不过一端，又为时甚促，故未能尽备。西人称宪法为根本法，考宪政者自须博考政治，尤以宪法为本。兹就正文逐条译注，根据历史，参稽律令，博采诸儒解释，附为论说，芟繁举要，期于详明。其削除各条，仍查译原文，以备考证。近译各本，间有附载议院选举敕令及战时停止宪法专律者，因与宪法有关，故附于正文之后，遂谓之附属法。其实关于宪法，如此等专律甚多，本非宪法正文所有也。其选举法案牍至繁，由臣别案具奏。先将译注宪法正文十一章百一十九条缮列清单，恭呈御览。应请饬下宪政编查馆存案备查。至宪法内如国王大权、大臣职任、人民义务，以及国会、司法、财政、地方自治各事，宪政编查馆开送考察要目内皆已备列，均由臣分别专案奏报。

所有译注普国宪法正文缘由，理合恭折具陈，伏乞皇上圣鉴。谨奏。

宣统元年二月十二日奉朱批：宪政编查馆知道。单并发。钦此。

《政治官报》第四百九十七号，折奏类，宣统元年二月二十八日出版

考察宪政大臣于式枚奏
各省谘议局章程权限与普国地方议会制度情形不符折

宣统元年初①

奏为各省谘议局章程权限，与普国地方议会制度情形不符，据实具陈，恭折仰祈圣鉴事：

光绪三十三年九月十三日钦奉上谕：前经降旨于京师设立资政院，以树议院基础，但各省亦应有采取舆论之所，俾其指陈利弊，并为资政院储（财）〔材〕②之阶。将来资政院选举议员，由该局公推递升。等因。钦此。三十四年【六月】③二十四日钦奉上谕：谘议局为采取舆论之所，并为资政院储备议员之阶，议院基础即肇于此。凡我士庶，均当共体时艰，同摅忠爱，勿见事太易而稍涉嚣张，勿权限不明而致滋侵越。等因。钦此。

恭绎谕旨，职权范围，昭揭无疑。宪政编查馆原奏所称各国皆设上下议院于国都，即指资政院也。又称其下直接地方议会，即指谘议局也。谘议局章程，自应查照各国地方议会之制，不能假借中央国会之权。普国地方各议会制度情形，臣已专折分别详晰具奏。国会为参与立法之地，而地方议会仅参与行政之一部，无立法之权，于国家行政得述意见，而不得决可否；于自治行政，得决可否，而不得与执行。其决议之不适于法者，长官例得禁止。盖国会得审查法令之适法不适法，而地方议会所决议，其审查即委之行政长官，此地方议会之权限，最不同于国会者也。若行政诉讼及其他争议，地方不能决者，则诣王国高等行政裁判所，亦可取决于国务大臣，而不得控诉于上下两议院，以国会并无裁判官吏之

---

① 原件未署日期，文中有"兹既奉使驻德经年"句，查于式枚奏报抵德京为光绪三十四年三月初九日，则此奏折于德国寄出当在宣统元年二三月。又宪政编查馆议复之折谓五月初四日收到军机处交来于式枚折，则其递到清廷当在宣统元年五月初。

② 原文作"财"，误，据《光绪宣统两朝上谕档》第三十三册第219页上谕原文，当为"材"。

③ 原文脱"六月"，编者据《光绪宣统两朝上谕档》补。

权。盖国会即间接监督行政,若又有裁判权,则地方议会联络呼应,劫持中外大臣,政权尽弛,不复能统一矣。今细核谘议局章程条文及案语,直以资政院为一国行政最高裁判之司,而谘议局立于一省行政唯一监督之地。又内外联络呼应,不问为国政为民事,一切纳入范围之中,既显失谕旨本意。且现在预备时代,改革未定,中央政权,惟恐少统一坚强之力,而国民识政体知法意富经验者极少,骤以此庞大政权之地方议会,横立于政府与国家之间,纵使被选者皆非营私武断之人,而一国政权,已落于最少数人之手,其为后患,何可胜言。原奏谓仰体圣训,博考列国立法之意,今以章程仰证谕旨,既已名实相违,而征之各君主立宪国制度情形,无类此者。

原奏谓立宪各国,无不设立议院,代表舆论,又谓议院乃民权所在,各等语。夫民权者,以哲理言之,则民彝民直之谓也;以法律言之,则有条件可指者也;舆论则国民意思之发为是非者也,为全国人之意思,不可一一尽问而征之,而后有代表之意。诸国宪法,诸家学说,所谓代表国民全体,一则非一部分人之私意,一则见议员不可徇一部分人之私意,虽无委任受任之分,自有客体主体之别。论国权者,有君主主体、国民主体、国家主体,未闻有议院主体也。即英国号称议院政治,法美实行民权主义,而所谓民权,自在国民全体。今以民权解舆论,而以议院为所在之地,既在矣,举而措之而已,何用代也。对国家则得以民权抗政府,对国民则又曰既在议院矣。代表且非训示所能束缚,况居所在之地,直行所在之权,又岂舆论所得而左右之哉。原奏谓民权者言之权,非行之权,而第三十条按语,乃曰资政院应实行其解决之权,谘议局与督抚不得另有异议。夫言安得有权,一言出而不许异议,此其强权于执行者远甚。专制之主,不过言莫予违。凡言之有权者,皆于主动者也。

原奏又谓,议院攻击政府,但有言词,普鲁士、日本宪法,明载任免之权,在于其君,等语。查日本宪法,不让议院有弹劾之权。普国宪法弹劾一条,以无特别法律之故,仅存具文,始终未尝实行。今资政院即为中央议院,是得攻击也,而又得裁判地方行政,则原告与法官同为一人矣,受裁判者尚有倖乎。此在民权主义之国,亦未尝以最高行政裁判权与弹劾权同归一处,今以君主国未成议院之资政院,乃有此权,而佐以谘议局之攻击督抚,则中外大臣,皆重足而立矣。

原奏又谓，谘议局之设，为地方自治与中央集权之枢纽，夫地方自治者，对国家行政言之也，中央集权者，对地方分治言之也。分地行政，而仍受统督于中央，其行政仍国家行政也。在地方初级，纯以自治为主，而于国家行政，则为受委任。在地方上级，则纯以国家行政为主，而于地方自治，则为司监督。此监督权即国家行政与地方行政之枢纽也。而中央政府，总监督全国行政，无论上级下级，国政自治，莫不奉行。此总监督权，即地方分治与中央集权之枢纽也。今以谘议局当之耶，将合地方之权归之资政院，则资政院既为中央国会，又为中央政府矣。将移督抚之权，以归之中央政府耶，则谘议局既为中央政府之分体，而又自合于中央国会，不受政府干涉，以卖中央监督权，直民主联合国中一国家之资格矣。

章程第三章常驻议员，若云比普国、日本之参事会，则参事会以行政长官为议长，以高等行政官为议员，皆国家所命官吏也。此外乃参以民选名誉职，然不过数人而已，并无薪俸津贴，其职权以裁判行政事件为最重。故普国于府，则由国王以明法者一人，习政者一人，终身任之。其民选名誉职只五人，日本府县与普国省制同，其民选名誉职，至多如东京、西京、大阪三府只八人，盖由议员不必尽有法律政治资格，故选有资格之人，为常驻之员。若云比普国各种委员会，则委员会不与国家行政，调查自治事务而已。若与国家行政相涉，未有不以国家官吏为主而参用议员者。且省府委员会甚少，以有专官也。今谘议局自设立局长，专行其职，而非会期中委任协议之权，又在议长，是明以开会之议长，代常驻议员，暗则以议长代督抚任权矣。

第六章职任权限第二十一条十二项中，有议决权者八，而第一项尤无限制，据第二十五条除预算决算两项外，谘议局皆得起草案，而四十六条督抚裁夺之权，仅及于二十二及二十三两条，所谓议定可行不可行两事，犹当说明原委，再令复议。是议决之案，督抚不得驳，一驳则应争议，而上之资政院变为行政诉讼，而资政院议员，则谘议局所举者也，是裁判官乃原告所举之人也。谘议局又得公断自治会争议，第三十条又得与督抚相持，又得与他省谘议局相持，一经其所自举之裁判官解决之后，又不得异议。而二十一条按语，且明言六七两项，为参与立法。此即以联合国中之国会比之，尚无此庞大权限。若地方议会，更无论矣。

总其权限之大者，分为数端。一于财政不特有监察权，且有承诺租税权，如二十一条第五项，所谓担任义务包国税及一切摊派之款言之。盖各省向无自治权，而外国自治税由初级自治定之，各县担负省税，由省会议之，若全省所担负者，则议定由国会。然政府于必需之用，有强制国会编入预算之权，故预算并非承诺之义，而财政在上级地方者极少，不在中央政府，则在初级也。一于督抚不特有弹劾权，且可操其任免权。如二十七章呈请资政院核办，此比弹章直达御前，其力尤强。盖直达则予夺出自圣裁，而呈请于谘议局所自设之裁判官，则主动全在谘议局矣。若谓资政院仅能定是非而不能操任免，设令判定之后，认为督抚违法而不免，则任用非人之责归之君主矣，免则判决之权，行于任免大臣矣。各国高等行政裁判，所以不侵任免权者，以其裁判官为君主特命终身官，及临时加派司法官，行政官非原告所自举之人，且非尽常设之职，从无以司法行政之官，自称挟全国舆论之势，劫持大权，如有此者。一于立法不特有参与权，且有审查权，故谘议局以为不可者，得请更正，且有强制执行权，故谘议局议定而督抚无异议者，有公布施行之责，且有责问权。故执议复议，必索理由，督抚必须复答。且有审查执行者适法违法之权，故得呈控督抚于资政院，又得指明官绅违法等事，呈督抚查办。而公私法诉讼，皆得充原告，于自治又得充裁判官，其于网罗权力之方，亦可云周密详明，完全无缺矣。以其权力与督抚监督权力相比较，轻重悬绝。督抚所监督，不违选举及议事规则，此在外国，皆不必属之行政长官者。而停会解散其情形如轻蔑朝廷及议场狂暴举动，此在普国地方议会，皆应据法惩处者，而援宪法保护国会议员之例，以为地方议员护符，乃至情节最重，不过除名，则人皆可肆无忌惮矣。此章程若但悬为拟议，不必实行，与从前所定之报律结社律诸条相似，或届时别有操纵辞就之法，则非臣所敢知。如果认真奉行，则谘议局权限之大不可思议。若督抚不为之屈，日事阋争，则责归疆吏。屡请解散，则怒归朝廷。若为之屈，俯首拱手，全听地方之指挥，则一省之政纲弛，内外把持，或更官绅联合，以抗国家之法令，则一国之政权移矣，未有能善其后者也。然而颁行已越半年，而中外曾无异议者何也。近日西风益竞，而西学犹疏。见此章程，认为西国所通行，岂有中国所不能仿效。若以中国之人，诋言西国之法，近于阻挠新政，即为政论所不容。原奏博考列国立法之意，一言已足关口而夺气矣。

臣本迂生，于西学本无所晓，若在中国，自必与众论从同。兹既奉使驻德经年，于普国地方议会，详细考查，并参稽各君主立宪国制度情形，立法用意，实与原奏章程不合。此间诸博士，见此章程，莫不骇跃超骧，书空浓笑，谓秦无人之意，溢于眉颊之间。臣愧愤实深，仍不能不静气虚心，以期辨别是非，证明真妄，往复剖析，口译笔述，遂得多条。臣职司所存，义无可避，不敢安于缄默，自应据实详悉上闻。所有指陈各端，非臣中国人之言，皆西国法学专家教习博士之说，辩西法非诋訾西法也。所有考察普国地方议会制度情形，与各省谘议局章程权限不符缘由，理合缮折举陈，伏乞皇上圣鉴训示。谨奏。

《国风报》，宣统二年第二号，宣统二年正月二十一日发行

考察宪政大臣汪大燮奏
陈明考察宪政编辑情形并报起程日期折

宣统元年闰二月十七日①

奏为陈明考察宪政编辑情形并报起程日期，恭折仰祈圣鉴事：

窃臣奉命赴英考察宪政，于上年三月间行抵英京伦敦，业将呈递国书日期具奏在案。查英国立宪历年久远，现时一切制度，大半异于曩昔，国势寖强，增荣益誉，率在近今百年之间。考察之意，要在有所折衷，易于取法，则凡咨询选译，自当以现行规制为准。臣前准宪政编查馆咨到考察宪政要目，条举纲领，颇为赅备，因以要目为考察始基，缕晰条分，务求赅简，成宪政要目答问十卷。惟是英国宪法素以不成典著称，其条文似乎漏略，其义例近于繁晦，非旁参曲证，未易瞭然，纂英国宪法要义四卷。又其八百年来，关乎宪政之事实，历史纠纷，读者猝难终卷，删繁择要，成效始明，纂英宪因革史三卷。其内阁制度，实为行

---
① 为朱批批示日期。

政枢机,各国效法,推为鼻祖,政治纲领,此其大端,纂政枢纲要五卷。其枢密院为国君顾问之所,推行各政,聿观厥成,纂枢密纪略二卷。其大臣卿贰行政之地,曰部曰院曰局,分曹治事,各专责成,凡十部五院五局,巨细咸赅,而其受辖于部院之局所则附载焉,纂曹部通考二十卷。议院事极繁重,英无上院下院之名,而以爵、绅、民、庶为别,君主统之,是为国会,决行国事,巨典所关,纂国会通典十四卷。国会重任曰立法,立法必先议事,郅治宏规,权舆于此,纂国会立法议事详规三卷。选举一事,为国民最大权利,国会由此成立,民志因此发舒,纂选举法志要十九章。财政一事,为国家最要关键,英自近百年来,屡有变更,进而愈上,问途已经,足资借镜,纂英理财沿革制度考五卷。英之司法独立,基于古昔,几经分并,条理秩然,纂法庭沿革考五章。其今时司法制度,颇称完备,万国奉为矩矱,实为仁政先声,纂司法考略四卷。地方自治,英为最古,下知自治,则在上者不劳而理,纂民政辑要八卷。英之属地,等级判然,维系扶持,各有其道,纂治属政略五卷。

以上成书十四种,宪政大纲胥于是乎在。其事项各以类从者,则分为卷,其事项连贯衔接者,则分为章。繁简随宜,不设成例。此微臣考察之大略情形也。惟是编译非出一手,名词互有异同,修饰整齐,尚需时日。臣随带仅有三员,译缮分途,未易速竣,若复因此迁延,则浩费良非称事。曾于本月初八日电奏请旨遵行,仰荷俞允,遵俟到京,即行缮写清单,陆续进呈御览,用备采择。臣准于闰二月初九日由英起程赴莫斯科,乘俄车回国。所有微臣考察情形并报起程缘由,理合恭折驰陈,伏乞皇上圣鉴。谨奏。

宣统元年闰二月十七日奉朱批:知道了。钦此。

《政治官报》第五百二十号,折奏类,宣统元年闰二月二十一日出版

考察宪政大臣李家驹奏
考察立宪官制录缮成书敬陈管见折

宣统元年五月初七日①

奏为考察立宪官制，录缮成书，敬陈管见，恭折仰祈圣鉴事：

窃维考察日本宪政事宜，经前大臣达寿与日臣伊藤博文、伊东已代治等协同商酌，按照宪政编查馆开送考察要目，综为六类：第一类宪政史，第二类宪法，第三类立法，第四类行政，第五类司法，第六类财政。其第一类、第二类、第三类业由臣达寿编辑奏进。其第四类、第五类、第六类均由奴才接续考察，仍延聘专家，先就第四类逐日讲论。

查行政第一类，其关系宪政为最要，而其条理亦最繁，就行政机关而言，则有官制，有自治制。官制之中，又析为中央行政官制与地方行政官制。其关于官制之各项法令，则有文官任用令、分限令、惩戒令、官吏俸给令、官吏服务纪律、文官试验规则等类，日本统称之曰官规。此其大较也。

日本官制诸书，我国早有译本，其现行之各种官规，亦经奴才译录，咨送宪政编查馆在案。惟是考察外国制度，不徒贵征其条文，尤贵研其义例，是以奴才与日本法学博士有贺长雄、清水澄等，讨论官制各事，必研求原理之所存，以推见立法之本意。并按切中国情势，应采何种制度始为适宜。又日本制度，经验成迹，有美有恶，我国采用所宜舍短从长，计编成官制篇、自治制篇、官规各种。又就日本现行制度，释其义例，参之欧洲各国，较其异同，计编成日本官制通释、日本自治制通释、日本官规通释、日本行政裁判法制通释各种，都三十余万言。全书译缮告竣，尚需时日，兹谨先将日本官制通释三册、官制篇二册，附中国内阁官制草案平议一册、自治制篇一册、官规篇一册，录缮成帙，恭呈御览。

---

① 为奉到上谕批示日期。

并请将奴才管见所及，敬为我皇上缕晰陈之。

凡厘定官制，必依其国之政体为标准，即循乎宪法之本义以为编制是也。日本为君主立宪政体之国，其宪法为钦定宪法，综七章七十六条之文，一言以蔽之曰：重君主之大权而已。其始也，立宪政体之规定发之自上，是为以大权操纵人民，而非以人民参与大权。其继也，宪法条文之制定裁之自上，是又以宪法待大权而行，而非以大权由宪法而生，故日本宪法，实以君主大权立诸行政、立法、司法三机关之上。其于行政权也，不惟任免官吏操诸朝廷，即厘定官制亦属大权，而非议会与法律所能左右。是故政府也者，乃君主行使大权所设机关之一，决不以君主为政府之长，所谓君主无责任也。此其本义一也。日本宪法第三条，天皇神圣不可侵。伊藤博文解之云，君主固当尊重法律，而法律则无责问君主之力。惟君主无责任，乃必有负责任之国务大臣，凡法律上之责任与政治上之责任，皆以国务大臣当之，善则归君，过则归己，苟有违法及失政情事，责问弹劾，实职其咎，言思拟议，不及于君，惟全国结一心，尊戴之诚，斯皇图保万世不拔之固。此其本义二也。立宪官制，首明责任，准此而编制之，其通义有四：日本官制，各大臣入赞阁务，谓之国务大臣，出领省务，则谓之各省大臣，以其责任有所不同，斯其名义乃各有当。责任有二：一曰宪法之责任，国务大臣负之。一曰行政法之责任，各省大臣负之。宪法责任，惟限于国务大臣，至关于行政之施为，则地方长官亦与有责。盖国家之岁入有限，而应举之事无穷，何事在所当举，何费在所必需，必有主持计画之人，此其人非负责任不可。是故国家政务无论大小，必以有责任之官吏主之。此其通义一也。国家政务，分别部居，固各有主任之人，而行政之方向与次序，则互有关系，是必协议于先，乃能施行于后。此立宪国家所以必取内阁之制也。日本内阁，以国务大臣组织之，凡政务，协议既定，然后各就所主任之事以命其属，是负责任者必为国务大臣。此其通义二也。各部政务，主任之人即负责任之人，其任事也，依其心所深信不疑最为美善之法行之，以期协乎国家之主旨，决不容枉己徇人，故主任者必归一人，否则互相牵掣，抑互相推委，其失惟均。是故各部政务负责任之大臣，不可无一，不可有二。此其通义三也。凡负责任之大臣，必有监督所属之权，日本有取消训令指令、升降惩戒处分之制，所谓监督权也。惟是以上临下，则监督也易，至于位分相等，则监督也难。日本制度，天皇发令，虽属统帅事务，亦必经海陆军大臣。韩国统监，望重位尊，而承旨及奏事，必经内阁总理大臣或外务大臣，盖必曲尽监督之权，方不戾责任之旨。此其通义四也。

由是而分配行政事务，斯有一定之准则。考建置部省多寡之数，各国不同，大率与其国行政事务之类别相副。国家行政事务，大别为五：曰内务，曰外务，曰军政，曰财政，曰司法。五者之中有必不可析为二部者，若外务行政，若财务行政，若司法行政，皆惟一而不可分。至军务行政，本有陆军、海军之殊，即可分设二部，其在并无海军之国，则但设陆军一部已足，其或虽有海军而事简不须设专部者，亦但设一兵部兼统其事，此则分合视乎国情者也。内务行政范围最广，各国大抵分设，自二部以至五部不等。日本分为四部，曰内务省，曰文部省，曰农商务省，曰递信省。当开辟北海道之时，曾设拓殖务省，略如英、法等国之殖民部及理藩部，然未几寻废，今则并台湾、桦太事务悉隶内务省焉。欧洲重宗教之国，有特设一部专司宗教教育者，日本则但于内务省设宗教局。又有专设铁道部者，日本但有铁道厅，旧隶递信省，今改为铁道院，隶内阁总理大臣之下。又有并铁道土木道路河梁诸工事专设一工部者，日本则以土木等事隶内务省之土木局。又有区农工商三事各设专部者，日本则统于农商务省焉。当明治初年，设省凡六，厥后递增，至明治十八年，始定为九省，宫内省尚在其外。此九省者，亦非一成不易之数，因时损益，理无不可，然损之至极，不能少于五省，以内务、外务、军政、财政、司法五者缺一不可立国也。至增益之限，亦不逾上文所举之外，以内务行政势难再析也。要之，立宪之国，凡于行政事务无须独立而负责任者，即无庸特设专部而与于国务大臣之列，此一定之准则也。

由是而组织内阁，斯有一定之权限。日本内阁官制第一条：内阁以国务大臣组织之。国务大臣云者，除宫内大臣外，合内阁总理大臣与各省大臣之称也。英国有额外大臣之制。日本内阁官制第十条，亦云各省大臣之外，若奉特旨，亦可使其为国务大臣，列入阁员，如伊藤、大木，皆曾以枢密院议长特命入阁，是其例也。美国为共和制度，行政事务悉委任大统领，故不须别置责任内阁。德国为联邦制度，惟宰相一人为真国务大臣，其余皆听命于宰相，第为之佐而已。此外各国大抵行组织内阁制度，各省大臣皆为阁员。其组织之例有二：一由总理大臣集合同志组织之，一由君主任命之，英国用前例，故有议院内阁、政党内阁之称。日本国法，任命大臣，权出天皇，则用后例。但总理大臣亦得荐举数人，陈于天皇，以备任用。天皇以阁员政见必须统一之故，往往如其所请。惟是组织之法虽异，而各省大臣必须与阁员之列则同。此组织之要义一也。日本制度，置内阁总理大臣一人，盖国家政务殷烦，各省大臣各有计画，辄为财政所限，不能同时进行，故必有总理大臣，本国家之主旨，以审各部政务之轻重缓急，分别而经营之，务令用财少而成功多，此则国是之所在，政策之所行，总理大臣所以必须也。英、法二国皆为议院政治，故其总理大臣之政策，必以议会之意向为标准，遂不免为所束缚。至日本、德、奥诸国，总理大臣所定政策，不惟不受议会之束缚，且可以操纵议会，则总理大臣之能事也。或于各部大臣之中使一人兼任，或于各部大臣之外专任一人，各国制度虽异，而总理大臣只有一人则同。此组织之要义二也。

内阁职权，日本官制规定綦详，隐栝其义，厥有七端：一曰定大政之方向。一国行政，有谋通常之利益者，如警察、裁判、普及教育之类是也；有谋特别之利益者，如扩充军备，所以伸国力于境外，实则方向所在，以助成国内之事业为归；又如致力于铁道、航运等事，所以图交通机关之完备，实则方向所在，以振兴农工商业为的，皆所谓间接之利益也。此其先后缓急之序，法令既未有规定，则惟由总理大臣因时制宜，以定方向。方向既定，然后各部行政之计画乃能相须而成，各大臣之政见自不至互相龃龉。故立大方向以统小计画，是为总理大臣之权。至于各大臣之行政，固当循其方向，又当各自树立，以定各部之计画，要以不背大政之方向为限，是又为各大臣之权也。二曰凡国务必经内阁。通常政务无论矣，既有关责任之大权事务，仍由内阁具案，奏请裁可施行。凡施行大权之形式，如诏书、敕书、敕令，皆须总理大臣副署。三曰凡臣工入对必经内阁。阁员之中，惟总理大臣得随时入对，其余必先商承总理大臣。至于阁员之外，许其入对与否，必开阁议决之，仍由总理大臣或某省大臣领同入觐。英国严守此例。日本前铁道总裁后藤新平自俄罗斯归国，有所陈奏，请觐日皇，嗣经阁议不允其独对，使外务大臣领之，日本元老重臣向可随时入对，今亦先商内阁，所以必如是者，盖不使无责任之人任意奏对，致与内阁政策有所矛盾而滋纷扰也。日本制度，凡政治上之入对，必经内阁，惟统兵元帅及凯旋大将皆可直接入对，此时日皇乃以大元帅之资格见之，非以政治上之君主临之也。至于枢密院顾问官，每星期进谒一次，亦与政治无关，但入宫问安而已。四曰凡臣工入奏必经内阁。各大臣遇有单衔上奏事件，将奏章呈送内阁，由内阁代递，此外概无上奏之权，悉由内阁代奏。其不经内阁者有四：一枢密院上奏，二议院弹劾政府，三会计检查院上奏，四陆海军统帅事务。此皆有明文规定为例外者也。五曰外交事件必取决于阁议。凡国内之行政事务，皆可以法律、命令规定之，至于外交事宜，则非法令所能预定，必由政府随时审议，始能因应适宜，不独和战、订约非常之举为然也。凡属国际之事，几无不取决于阁议，然后由外务大臣行之。六曰统一各部事务。统一之法，其要有五：一各部重要官吏之进退必经内阁，二各部经费必经阁议，三各部权限遇有争执，取决内阁，四各部所发命令与其所处分者，如有不合，内阁得停止之，以待敕裁，五内阁得发训令于各部。凡此皆实行其统一之权者也。七曰特别职权。例如建筑铁道，有时须据土地收用法买收私人之土地者，其必须收用与否，则取决于阁议，盖以事关人民之所有权而审慎出之也。此外尚有不属各省专管之事，权隶总理大臣者，如马政局之类，又有以便宜之故而隶总理大臣者，如铁道院之类。此则非所必应有之职权也。日本官制，除责任大臣外，更有各种独立机关，如枢密院，则与国务大臣同为宪法上之机关，如元帅府、军事参议院、陆军参谋本部、海军司令部，则皆为统帅事务之机关，然以不负责任之故，皆不得为国务大臣。至于会计检查院、行政裁判所等，皆为特设机关，不属政府范围之内。我国官制，此类较多，厘定之时，或依类并省，或改部为院，应以有无责任为断，凡以协乎立宪之本旨而已。

  以上所陈，属于中央官制，即我国之京师官制。至于直省官制，则所谓地方官制是也。各国制度，大别有二：一曰中央集权，一曰地方分权。中央集权者，凡行政事务悉由中央政府颁发法律命令，使地方官遵行之。其对于人民执行法令之事，日本谓之处分，亦由政府委地方官吏行之，而政府仍有取消及改正之权，固无所谓地方法律也。中央政府制定预算，举地方之行政经费悉纳其中，而统于内务省，支付之时，则委任地方官行之，亦无所谓地方预算也。此中央集权之制也。地方分权者，除军事、外交、邮政、铁道、电信、货币等项为全国统一事务，归中央政府施行外，其余一切事务，无论大小，悉由地方政府与地方议会各以其地方之法律行之。此地方分权之制也。二者皆趋于极端，与中国国情不合。

溯自封建易为郡县,既二千年,虽历代建置屡有因革,内外之间迭为轻重,然行省名义,本系中书,督抚受事,仰承朝命,内外相维,权衡至当,即欲如瑞士等国地方各自为制,势必不能,是纯乎地方分权之制不适于用也。中国广土众民,分省而治,各省政务统于疆臣,行政区域不能不广。设如今日复秦、汉初制,郡、县直达京师,则全国千五百余州县,分区行政,既涣散而无纪,且地方事务悉待部臣一一指挥而经营之,亦复势有不及。日本国境略与中国一大省相当,所置府县凡四十七,又其国交通利便,故地方政务统辖于内务省而绰然有余。然必非我国所能仿效。是纯乎中央集权之制不适于用也。

谨按逐年筹备事宜清单,已分全国预算、决算与各省预算、决算为两事。又按谘议局章程职任权限章,谘议局有议决本省预算、决算之权,又有议决本省单行章程规则增删修改之权。夫预算与法规,皆地方与中央关系最要之端,即为直省官制准的所在,综其之要义有三:一曰帝国行政与各省行政之关系,二曰帝国法律命令与各省法律命令之关系,三曰帝国预算与各省预算之关系。所谓行政之关系者,何种事务应归中央政府执行,何者应归地方官府执行,区而别之,约有四类:其一,中央政府制定法令,特设官吏,使行之于各地方者,是为直接官治事务。其二,中央政府制定法令,不须特设官吏,即使地方官吏行之者,是为间接官治事务。其三,地方官府制定法令,使地方官吏奉行之者,是为地方官(制)〔治〕事务。其四,使地方自治体依国家法令行之者,凡法令,不问由中央政府制定或地方官府制定,皆为国家法令,惟不使官吏奉行而委诸自治体,是为地方自治事务。以上四类,纲领已具,乃就国家行政事务,依类隶之。一曰军政。二曰外交。此二者皆对外之事,不能依据法令使地方官奉行者,当由中央政府直接管理而负责任。三曰财政。中央政府所掌财政,如编制预算之类,当为直接官治,征税之类,则为间接官治,或为直接官治,其地方官府依所定法令而行之财政,当为地方官治。四曰司法。司法事务,必须全国统一,当为直接官治。司法大臣所掌者,司法行政也,其各地方裁判所,则以独立之故,由司法大臣特设官吏行之,不委诸地方官焉。五曰民政。即内务行政也,其事最繁,其属于地方行政者亦最多,就中应归中央行政者有三:凡必须全国画一之事项,如民众行政及邮政、铁道、电信、度量衡之类,当以中央法令行之者,为直接官治或间接官治。此其一。凡权利及于全国之事项,如版权、专卖特许、商标登录之类,皆以权利许人，而其效力及于全国者，当由中央政府主行，而为直接官治。此其二。凡非地方民力所及，必合全国之力而后能举之事项，如大学校、大博览会之类，当由中央政府以国税经营之者，为直接官治。此其三。三者之外，其可属诸地方行政者，大宗有五：一警察行政，惟保安及司法警察，应归中央；二卫生行政；三教育行政，惟大学校应归中央；四实业，如农、工、商、矿、林、渔等；五善举，如救灾、恤贫、劳动保护等，此二宗之规模大者应归中央，小者悉属地方。至于征兵、赋税、户籍之类，虽属直接官治，然亦可委诸自治体行之，日本习用此法。此帝国行政与各省行政之关系也。所谓法律命令之关系者，一国之中，既有帝国法律，又有各地方单行法律，则两相冲突，在所不免。奥制，各州法律与帝国法律效力相符，此因各州本为独立国之故，中国不宜仿行，自以帝国法律效力在各省法律之上为是，否则不能收统一之效也。更参酌德国之治阿撒罗连省事例，于官制中明定标准，其例有三：一除全国公益之事项应以帝国法律规定之外，其余或以国律，或以省律，可斟酌定之；二除地方寻常事项应以本省法律规定之外，其余或以省律，或以国律，可斟酌定之；三国律与省律规定之事项，两面并揭，其所未载者临时酌定，而以规定在先者为有效。至于区分事项，其最便之法有二：一凡经费必由国库动支之事项，以帝国法律规定之，其地方所能支办者，则以省律定之。二厘定官制之先，即规定某事可由各省自行酌定，或开议会之时，于法律之中规定某事可委任于各省之立法机关，除未经载明之事，将来中央政府可以敕令定之外，其已经载明者，则不得以敕令变更之。考德制，帝国敕令之效力，在地方法律之上。平心而论，则紧急命令、执行命令、委任命令三种，皆应有超越地方法律之效力，惟所谓独立命令者，似不应有超越法律之力。然亦有辨，大抵关于全国公益之敕令，可以超越省律，若但属于各省寻常事务，或虽关全国而牵及该省者，如该省本无此项法律，则敕令为有效，如该省本有法律，则不得以敕令变更之，如是区别，似较允当。夫偏重帝国敕令之制，则失建立行省之本意，而偏重地方法律之制，又与中央统一责任之制相妨，欲剂其平，惟有于各省设参事院，隶于督抚之下，随时审议，凡事或从法律，或依敕令，由督抚奏请裁夺施行，庶免偏重之弊矣。此帝国法令与各省法令之关系也。所谓预算之关系者，帝国预算与各省预算虽分两事，而办法则必归一律。第一，宜先订会计法。会计法之要义有三：一会计年度，二岁入岁出款项节目之区别，三分设出纳官吏，不以一人兼管收支是也。第二，宜定国库制度。国库之制有三：一置国库于中央，二置国库于各省，三中央及各省各设国库是也。今欲采用，自以第三种制度为适宜。至于中央预算与地方预算之分配，仍以官治之类别为衡，约可分为三种：第一种，直接官治之预算，由中央政府特设之官吏编纂概算书呈送政府。第二种，间接官治之预算，由各省督抚编纂概算书咨送各部。此二种概算书，中央政府即据以编入帝国预算案内，与地方预算无关者也。第三种，地方官治之预算，其收入之款约有八宗：一国税之附课税，二本省自行征收之税，三本省所收手数使用免许①各料，四省有财产之收入，五本省所营官业之收入，六过怠金及寄附金②，七签捐之数，八本省公债是也。其支出之款，即属地方官治事务之经费，此不必概由本省收入项下支用也。日本恒委之自治体，例如府县所设中小学校经费之一部分，可令其自行筹办，似此之类，当以明文规定之。此帝国预算与各省预算之关系也。明乎三者之关系，则直省官制之准则在是矣。

编制大要，分为四种：一曰省务大臣及其官属。督抚为全省行政长官，即为省务大臣，其下置辅助官吏，设次官一二人，视京部左右丞，设各局，或曰各司，局各设长一人，局员若干人，分曹治事，视京部各司，其余委用之官称是。又废司道分设衙署之制，官吏治事，咸集一所，如京部之例。凡次官以下均受督抚节制。二曰中央政府特设官吏。此种官吏，专理直接官治事务，有通省只设一员者，如巡警道之类，有不止一员者，如关道之类，又不止一级者，如盐运司盐大使之类。惟其所事，则皆不属省务之范围，而直接京师，受京部大臣节制。其有应由督抚就近监督者，特别定之。三曰地方官吏。拟仿日本制度，不以府辖州县，凡府厅州县，均为同等之地方官。凡府县同治者，或裁府留县，或裁县留府，各视其宜，直隶州有属县者亦如之。凡府厅州县知事以下，均设补助官吏，所事直达本省督抚，受督抚节制。四曰参事院。各省设参事院，隶省务大臣之下，为全省行政会议之机关，又为联络中央行政与地方行政之机关，议长一人，督抚兼充，此外设参事官若干人。选任之途有三：一以中央政府特设官吏兼任，

---

① 手数，日语，此处为手续费之意；免许，日语，许可、准许之意。
② 过怠金，日语，指罚金；寄附金，日语，捐款。

二以本省次官及局长兼任，三专任参事官，则以合格专员任之。其职务亦有三：一调查本省法律案，二调查督抚所发命令案，三依特别委任议决之事。凡立宪政体，以多设合议机关为宜，德国阿撒罗连省于省议会之外，复设参事院，实为善制，所宜取法。盖有此院，则省律不至与国律冲突，法制方能统一。又虽督抚更迭，而本省新旧章程，不至前后相戾。此种编制，事属创举，其前三种则第就旧制变通而已。此直省官制之大要也。其中尚有要义一端，则督抚之责任，应如何分别规定是也。直省行政事务之中，直接官治事务一种，纯由中央政府主持，即由国务大臣负其责任，其间接官治事务，虽未特设官吏，然即由中央政府制定法令，委任直省官吏执行，则其责任仍应以国务大臣负之，殆无疑义。惟地方官治事务，督抚有直接处理与监督之权者，即属督抚之责任，而国务大臣不与焉。如督抚对于本省立法机关，则有监督谘议局之权，有召集、停会、解散之权，有提出议案及裁夺施行之权，对于地方行政机关及所属官，则有指挥、监督、训令、惩戒之权，凡在责任范围以内之事务，即可自为行政之计画，并有上奏之权，殆与各部大臣无异。惟直接官治事务，必由中央政府上奏，间接官治事务，由督抚咨报各部，应否具奏，则由各部酌定耳。总之权限以责任为衡，而责任又以分配之事务为准，此则同条而共贯者也。或谓直省行政，在在与中央行政相关，似应令督抚与于国务大臣之列。然而中央与地方事务既已画分，而内阁之大政方向与各部之行政计画，又属中央政府之职任权限，本不涉于督抚，且阁议随时举行，督抚远驻各省，无从预议，纵列阁员，亦属有名无实。惟是直省与中央，此省与彼省，互相关系之事甚多，诚不可无联合之机关，以谋统一，拟仿日本地方长官会议之意，每年定期，督抚咸集京师，会同国务大臣集议一次。其交通不便省分，与临时有重要事务不能与会者，得遣次官代行，此则于实事深有裨益者也。

以上内外官制，粗举大纲，至于细目，未遑缕述。惟是变革伊始，事出非常，群情顾虑，不无疑难。或谓我朝列圣相承，庶政悉仰宸裁，百工各安职守，即办理军机处，亦但掌书谕旨，职在承宣，今若行责任内阁之制，则大政施行，出自阁臣，朝命必待副署而行，章奏悉经内阁而进，保无大权旁落之患，致启窃弄威福之渐乎？不知君主立宪之国，国务大臣上对君主负其责，下对议会当其冲，黜陟进退，权在朝廷，议会弹劾，恒随其后。且大臣奏事，则君主自由准驳之，大臣失政，则君主自由罢免之，国有大事，仍归乾断，军谋兵柄，悉属统帅大权，更非阁臣所能妄干。至于敕尾署衔，阁台所职，封驳诏书，掌于门下，斯又辅弼之古谊，抑亦宪政之精神矣。或又谓建武罢丞相于前，事归台阁，洪武废丞相于后，权分六部，一王之制，固有然矣。周以冢宰统六官，贰以少宰，汉置左右丞相，更建三公，唐宋相职，分寄三省，平章参政，其人非一。自来当国重任，无取乎专，汉臣何武有言，古者民谨事约，辅佐贤圣，犹备三公，今政事繁多，才不及古，而丞相独兼其事，所以大化未洽也。方今国事烦难，百倍汉时，而内阁总理只设一人，纵无专擅之嫌，独无竭蹶之患乎？不知内阁以各部大臣组织，同心辅政，体敌位均，总理大臣第为领袖，我国设部，逾十以上，阁员之数，不嫌其少，若夫内阁职权，不过合中书出令、门下审驳、尚书受成统而一之已耳。宋臣司马光详论三省分隔之弊，力主通同职业，归一政事，允推卓识。今之责任阁制，正与符合，而况上有宸谟之秉承，下有诸司之佐理，治法修明，治人具备，举而措之裕如耳。

抑奴才更有请者，立宪国家，虽以三权分立为体，实则司法机关孑然独立，无关运用，独政府与议会两相对待，恒为国家进行主动之枢机，其关系至深，其冲突亦最激。故操国柄者必调剂维持于其间，而为正本清源之计，则训练人才，不令偏重，其尤要矣。假使人才集于政府，而议会人才不足以付之，将有以行政权干涉立法权之弊。假使人才萃于议会，而政府人才不足以付之，将有以立法权干涉行政权之弊。则夫预备立宪之国，造端之始，尤以训练人才，同时并进为要义，断可知矣。伏读上年六月二十四日谕旨，先于各省设谘议局以资历练等因。钦此。洵不刊之圣训，为薄海所同钦。逐年筹办事宜清单，各省谘议局定于第二年一律开办，现在各省选举，业已陆续举行，而资政院召集，亦复近在明年，是立法基础，有开必先，人才辈出，指顾可待。惟厘定官制尚复需时，至第五年而颁布，第七年而试办，第九年而后实行，从政之才无所历练，偏重之弊，窃恐寖成议院政治之局。此则区区之愚，不无过虑者一也。谘议局章程职任权限章，凡十二款，第一款议决本省应兴应革之事；第二款至第五款为监察财政之事；六七两款为参与立法之事。资政院此项章程尚未奏定，然事关全国，则议员权限范围当必较广，可揣而知。第就谘议局职权各款言之，官制不先定，则责任政府无由成立，于应兴应革之事，既无实行之机关，而各省事件，纷纷议决，何以处之？

且官制不定，内外行政权限尚未分明，即督抚且不知某种事务究当谁属，而况谘议员将以何者为标准从而议之。此不能无虑者二也。官制不定，则内外行政事项无从分配，国家财政与地方财政即无从清厘。以我国财政向无中央与地方之分类，今欲就现在岁出入之款项名目以别之，试问岁入项下，何者当为国税，何者当为地方税？岁出项下，何者属于中央行政费，何者属于地方行政费？既无官制以为标准，又不能凭臆为断，则所谓本省预算、决算者，将何从而议决之？此不能无虑者三也。谘议局为各省立法机关，顾立法机关之权限，恒与行政机关之权限相缘。官制者，所以立行政组织之规模，即为法令施行之关键。官制不定，则一切法令亦不能定，在督抚且无所据以提出议案，而况谘议员更将何据以议决本省之单行章程规则乎？此不能无虑者四也。由是言之，厘定官制，本当在谘议局开办之前，然后行政事务倚之为范围，立法机关据之为标准。否则议案先成，官制后出，无论各省议决在先之件，苟有与官制抵牾者，必将一律废弃，即一切法制先官制而发布者，苟有违异，亦必大费修改，殊非计之得也。为今之计，惟有将内外官制速行厘定，提前试办，以为目前之标准，即以杜日后之流弊。查日本颁布宪法在明治二十二年，而官制则自维新以来迭经改正，至明治十八年，责任内阁之制即已实行。盖自废藩置县，中央集权之局已成，其所谋画，不出中央行政机关之外，端绪初不甚繁，制度乃归简易。然编制则肇自十数年前，实行之期，亦距立宪六年以上，遂能使大小臣工，同心协力，预备之事，着着进行，大权操纵，绰有余裕，此又近事可师者也。惟是官制既经颁行，官方亦必整饬。日本当行新官制之初，即发布整饬纲领五条，于是各部、省据以裁汰冗员，并省局署，一时官吏失职者过半。我国将来颁行新制，似此情形亦必不免，应请一并将弼德院提前办理，以之位置勋旧重臣，上备朝廷顾问，略如日本枢密院之例。至国朝沿前明旧制，设内阁大学士，例兼殿、阁崇衔，将来厘定新制，大学士虽不为阁员，似可仍留此官，仿有宋朝殿学士故事，无吏守，无典掌，以宠辅臣之去位者，或现任国务大臣，亦酌予兼衔，以示优异，此则因官制连类而及者也。

奴才职在考察，苟有所知，不敢不言，用是披沥上陈，伏冀圣明垂察，无任屏营之至。

再，奴才现在东京，将司法、财政两类接续考察，预计本年秋间可以一律竣事，合并陈明，伏乞皇上圣鉴训示。谨奏。

宣统元年五月初七日奉朱批：宪政编查馆知道。钦此。

《政治官报》第六百二号，折奏类，宣统元年五月十五日出版

二、立宪的策划、措施的公布及清政府高层的讨论

阅看考察政治大臣条陈谕[①]

光绪三十二年七月初六日

军机大臣面奉谕旨：

考察政治大臣回京条陈各折件，著派醇亲王载沣、军机大臣、政务处大臣、大学士暨北洋大臣袁世凯公同阅看，请旨办理。钦此。

抄交：外务部、宗人府、政务处、内务府、练兵处

七月初六日

《光绪宣统两朝上谕档》，第三十二册，第 123 页，广西师范大学出版社 1996 年影印出版

---

① 标题为编者所拟，原文无标题。

宣示预备立宪谕[①]

光绪三十二年七月十三日

光绪三十二年七月十三日，内阁奉上谕：

朕钦奉慈禧端佑康颐昭豫庄诚寿恭钦献崇熙皇太后懿旨：我朝自开国以来，列圣相承，谟烈昭垂，无不因时损益，著为宪典。现在各国交通，政治法度，皆有彼此相因之势，而我国政令积久相仍，日处阽危，忧患迫切，非广求智识，更订法制，上无以承祖宗缔造之心，下无以慰臣庶治平之望，是以前简派大臣分赴各国考察政治。现载泽等回国陈奏，皆以国势不振，实由于上下相睽，内外隔阂，官不知所以保民，民不知所以卫国。而各国之所以富强者，实由于实行宪法，取决公论，君民一体，呼吸相通，博采众长，明定权限，以及筹备财用，经画政务，无不公之于黎庶。又兼各国相师，变通尽利，政通民和，有由来矣。

时处今日，惟有及时详晰甄核，仿行宪政，大权统于朝廷，庶政公诸舆论，以立国家万年有道之基。但目前规制未备，民智未开，若操切从事，涂饰空文，何以对国民而昭大信。故廓清积弊，明定责成，必从官制入手，亟应先将官制分别议定，次第更张，并将各项法律详慎厘定，而又广兴教育，清理财政，整饬武备，普设巡警，使绅民明悉国政，以预备立宪基础。著内外臣工，切实振兴，力求成效，俟数年后规模粗具，查看情形，参用各国成法，妥议立宪实行期限，再行宣布天下，视进步之迟速，定期限之远近。著各省将军、督抚晓谕士庶人等，发愤为学，各明忠君爱国之义，合群进化之理，勿以私见害公益，勿以小忿败大谋，尊崇秩序，保守平和，以豫储立宪国民之资格，有厚望焉。将此通谕知之。钦此。

《光绪宣统两朝上谕档》第三十二册，第128—129页

[①] 标题为编者所拟，原文无标题。

"齐东野语"（陶湘致盛宣怀函）①

光绪三十二年七月十四日　北京

一、立宪之说，自五大臣将次回国之时，外间宣传，已知一准大有举动。泽、尚②回京后，尚则无庸议，泽于召见时破釜沉舟，剀切陈奏。两宫大为之动容。其时甚秘密，但闻政府颇以立宪尚非其时为虑。及端、戴③回京，又复申说。端召见三次，为时甚暂。渠素与青莲④契合，后来居然做到可以随时见太后，且可长谈。而铁⑤与端甚为反对，端能随时进见，铁竟能随时阻止，彼此权力均属两不相下。知府中荣⑥、铁一起，瞿⑦则中立，鹿⑧则如聋如瞆，城北⑨则四面周旋。至于领袖⑩者，本属无可无不可，一听命于北洋⑪而已。铁于北洋心中本有芥蒂，近与端不合，不免因新旧而益形水火。初七，北洋进京，见铁开首即说，"老弟大权独揽"。自此以后，铁与北洋议亦不合。北洋召见时，面参铁谓："若不去铁，新政必有阻挠"，且谓铁揽权欺君。慈圣未加可否。上则笑容可掬，默不一言。北洋出，邸堂⑫单进，亦附和北洋，力言铁之不是（此皆道听途说，是否如此，无从得确，而袁、铁意见不合则实在也）。慈圣谓，铁尚无大

---

① 括号内文字系本书编者所加。
② 泽，载泽；尚，尚其亨。均为光绪三十一年所派出洋考察政治大臣。——原注
③ 端，端方；戴，戴鸿慈。为另一路出洋考察政治大臣。
④ 青莲，指太监李莲英。唐诗人李白号青莲居士，以此假借。——原注
⑤ 铁，铁良，时任军机大臣，户部尚书。
⑥ 荣，指荣庆，时任军机大臣，学部尚书。
⑦ 瞿，瞿鸿禨，时为军机大臣、协办大学士、外务部尚书。
⑧ 鹿，鹿传霖，时任军机大臣，吏部尚书。
⑨ 城北，指徐世昌，时任军机大臣，巡警部尚书。《战国策·齐策》："城北徐公，齐国之美丽者也。"——原注
⑩ 领袖，指首席军机大臣、庆亲王奕劻。
⑪ 北洋，指直隶总督、北洋大臣袁世凯。
⑫ 邸堂，指奕劻。

过；邸则称，铁为聚敛之臣。据说已由瞿拟旨，御前会议时，不准荣、铁、孙、王①数人与闻。而此谕计算初九即应颁发，后因邸、袁相继面参铁，此旨即留中。即此可知两宫之意。而当时上笑不言，又觉颇有深意云。总之，袁则非立宪不可，曾言"官可不做，宪法不能不立"。铁、荣亦非谓不应立宪，以为不宜过急。至因如何而屡屡冲突，难以尽知。两公俱掌兵权，外间以此生谣，则不堪入耳矣。王与议一次，即请假而回。孙固守旧者。大约荣、铁、王、孙、鹿数人之外，即系那②、徐随波逐流。此外均注意立宪。又闻日使曾对振③言："日本立宪时，第一有五十万兵，第二能有治外法权，第三百姓脑中皆有此想，然后宣布；今中国土地之广十倍于日本，而兵力之微则不及日本十分之三，边陲无防，民情皆懵，将何以收回治外法权，遑论立宪？恐不能图治，适足速乱"云云。闻者皆是。然又称：舍此，更将如何？于是，长沙④上折：首请立宪，应宽定年限；次请学生要给予出身，以定人心；三请先更官制，以一政令；亦是人云亦云者。近来谣传纷杂，摘要而言，必以更官制为首。据说设内部、外部为各部之冠，吏、礼（以太常、鸿胪、光禄并入）、户（以工部之半及财政处并入）、兵改为军（练兵处、太仆寺并入）、刑改法（大理寺并入）、巡、学、商（工部并入）共八部（各部设丞、参，尚书一，侍郎二）。外省不论督、抚，有一省即设一总督，藩改财政司，臬改法司，提学、巡警、盐务、军政、察吏共计七司。府、厅、州、县各仍旧而不相统属，悉直隶各司。大约有府即不设县，而皆听命于总督。部选则永远不办，佐贰、佐杂一律更名。州县之下设七所或四所，名目与司相同。又谓，已捐而未到省者，将部照到部更换国债票，永远取三厘息，本则永远不准收回。或云，此系北洋主见，铁则不云然。以上皆近数日之谣说较入情入理者。昨闻日内即将宣布，且看如何。朝市之间莫不皇皇如。竟有人言戊戌将见者，未免过甚。然而不能说不扰乱也。日内市面且因此而生观望之心焉。一切随后再详。（今晨已宣布，全篇空衍，惟先从官制入手为实在。）公此刻且坐岳阳楼，未始非福也。

---

① 孙，应指大学士孙家鼐；王，应指大学士王文韶。
② 那，那桐，时为外务部会办大臣。
③ 振，载振，奕劻之子，时任商部尚书。
④ 长沙，指张百熙，湖南长沙人，时任户部尚书。

一、昨见各报馆传单谓：今明两日即将宣布立宪之旨，以三年为准率，三年之后再行宣布定期实行之旨。然未见示下，不敢说何者为是也。

陈旭麓、顾廷龙、汪熙主编：《辛亥革命前后——盛宣怀档案资料选辑之一》，上海人民出版社1979年出版，收入本书时有删节

御史赵炳麟奏立宪有大臣陵君郡县专横之弊并拟预备立宪六事折

光绪三十二年八月二十一日

福建道监察御史臣赵炳麟跪奏，为立宪预防流弊，恭折仰祈圣鉴事：

窃读管子立政篇云：首宪既布，然后可以布宪，首事既布，然后可以布事。忕忕慎者在立法之始。日本方立宪时，明治帝敕国人曰，宪法初步，宜慎始慎终，倘遗忘大计，因误国运进张之机，非朕奉祀祖宗之制，而收立宪美果之道。集思广益，务极周详，此流弊所以寡也。我皇太后、皇上远稽往古，旁采列邦，将与天下臣民变通政体，励精图治，超越汉唐。臣愚窃鳃鳃过虑，以为立宪之始，有当预防者，谨为圣主详陈之。

凡君主立宪国，其君有统一之大权，一切关于政治之事，不经君主裁正，不能施行。而君主所以巩固其权力者，在有下议院以监督其行政诸臣，故政府权虽重，而军政、财政议院不承认，政府无从逞其强权，虽有枭雄，不敢上陵君而下虐民者，群策群力有以制之。今议者虽云采君主立宪制度，然其办法臣犹有未解者。民智未开，下议院一时未能成立，则无以为行政之监督，一切大权，皆授诸二三大臣之手。内而各部，外而诸省，皆二三大臣之党羽布置要区。臣亦知圣朝厚泽深仁，为大臣者自有天良，断无异志，然行之日久，内外皆知有二三大臣，不知有天子。虽曰二三大臣之进退操于君主，而党羽既成，根柢深固，天子号令不出一城，虽欲进退之，乌从下手，是流弊必至陵君。此未解者一也。

且也郡县贪暴，民受其虐，今已甚矣，而议者犹欲重郡县权。台谏之职罢，疾苦既无由上闻，监司之官裁，冤抑又无从上诉。虽有高等裁判，将以制守令之不平，然郡县离省数千里，离京数万里者，铁轨不通，轮舟不到，欲其案之达于省中、京中，无论贫弱之必不能也。即有力者能达矣，而其人之死于监狱，白骨已朽，其家之耗于官府，黄金亦尽，况郡县全归奏任，任守令者，非外政府之亲朋，则内政府之戚党也。专折直达君主者，外仅一总督，内仅数大臣，民虽欲赴君门而诉之，何从上达耶？贪酷横行，暗无天日，必千百倍于今朝，是流弊必至虐民。此未解者二也。

夫立宪本欲尊君，而其弊乃至陵君，立宪本欲保民，而其弊乃至虐民，此所谓大臣专制政体也。民不堪其虐，揭竿起事，海外会党利而用之，必有以更宪法伸民权为名，阴行其革命之术者。兴言及此，臣为中国危，臣为民生恸矣。故今日而言立宪，必自地方〈官〉自治始，使地方议会组织完密，逐渐而组织下议院，一面就内外官制因名核实，各定办事之权限，无事过为纷更也。今日欲为立宪之基础，首当预备者略有六端：

一、正纲纪。记曰：圣人作为，父子君臣以为纪纲，纪纲既正，天下大定。宋朱熹曰：人君为治之本在立纲纪，网无纲而不张，丝无纪而不理，一家有一家之纲纪，一国有一国之纲纪，人君正一国之纲纪，在乎驭大臣而已。故德之立宪，必统一列邦，日之立宪，必倾倒幕府，断无纲纪不正而可立宪者。近日朝廷于大臣优容过当，有赏无罚，有恩无威，以致各省封疆自为风气，爵赏废置，生杀予夺，为所欲为，司道以下感恩私室，各树党羽，暗窃朝权。幸祖宗法制未尽破坏，尚无敢明目张胆显为不臣者。并此礼法而尽去之，不有汉末割据之忧，必有唐季藩镇之祸，应请皇太后、皇上力正纲纪，权不下移，于大小臣工，信赏必罚，用人惟其才，不必尽谋于臣下，刑人惟其罪，不可偏宽于贵显。司马光曰：人君能有臣民者，八柄存乎己也。苟或舍之，彼此势均，何以使其下哉。盖人君驭大臣严明，则大臣不敢为私，如是可养成人民之公德，然后宪法可行。当预备者一也。

二、重法令。管子曰：国君重器莫如令，令重则君尊，君尊则国安，令轻则君卑，君卑则国危。申子曰：君之所以尊者令，令而不行是无君也，故明君慎之。今日法令亦甚轻矣，军机处之行政也，内下部院，外下督抚，发谕之后，不计其他。法所已斥之人，而督抚差委如故，法所严禁之事，而臣民行之无忌，各部则例，视其人为转移，行法如此，虽予以完全宪政，能一日守之乎？应请谕令行政诸臣，凡发一令，立一法，统计始终，综覆名实，奉旨之后，事在必行，不奉法者，罪在不宥。凡法律不合吾国程度者，毋轻列法典，以免立法不行，启国人之轻法。西国政治家恒曰：立法不善，弊甚无法，故必明立法权之所属，有法不行，与无法等，故必定司法官之权限，违法不惩，法良无用，故必严行法官之责任。数语者，立宪之要着也。如是可养成国人之守法心，然后宪法可行。当预备者二也。

三、养廉耻。昔康澄尝告唐明宗以六可畏，廉耻道消居其一，盖廉耻国人之生气也。有廉耻之世，官必勤于职，弗得其职则耻，士必勤于学，弗得其学则耻，民必勤于业，弗得其业则耻。其当为也，虽白刃不能阻，其不当为也，虽万钟不能诱，于是民气强而国事举。无廉耻之世，官则泄泄沓沓，窃位以为荣，士则呲呲涴涴，干禄以为志，民则优优攘攘，敬安以为乐，于是民气弱而国事废。今日廉耻之道微矣，权势之家，趋者如蚁，一旦得志，凭社假威，狗苟蝇营，名曰运动，至有贿赂运动、游说运动等方法。其人但可以致富贵，虽异种殊方，巨奸大猾，俯首摇尾，不以为辱，如此人格，其合立宪之国民乎？应请我皇太后、皇上进用笃实，屏斥浮嚣，重廉静之儒，杜苞苴之路，如是可养成臣民高尚特立之志，然后宪法可行。当预备者三也。

四、抑倖进。传曰：惟名与器不可假人。圣人非吝名器也，虑夫名器滥，不足以鼓舞人，用人之术穷矣。日本变法之初，诏谓滥举人才，实乖政体，必详考其性行事业，以慎登庸，此重名器之遗意也。近日朝廷用人，过于骤升，自微员而遽陟大僚，由杂吏而忽登卿贰，一疆臣保，疏逖者遂参枢密，一新部开，下流者亦列冠裳。现以官制变更，而京外官之无行及游学生之干进者，尤以联络权贵为终南捷径。在我皇太后、皇上求贤若渴，破格待人，固欲以劝励人才，赞襄庶政，然常之典，宜待非常之人。倘臣下皆怀躁进之心，斯仕途弥盛夤缘之习，受官王室，奔走私门，风俗所以日即嚣凌，人心所以日趋险诈。应请我皇太后、皇上用人授职，稍循资序，大臣有密保者，必试以事，效则擢之，不效责原保者。如是可洗濯臣庶患得患失之心，然后宪法可行。当预备者四也。

五、惩贪墨。古之惩贪严，故贪吏少，今之惩贪宽，故贪吏多。汉时赃罪被劾，或死狱中，或道自杀。唐宋制度，赃罪朝堂决杀，不与大赦。我朝雍、乾时督抚大臣犯赃罪者尚弃市，近日待臣下过厚，贪墨被劾者，轻则革职，重则戍边。而囊橐充盈，神通广大，革职者加倍捐复，或贿疆臣以保用，戍边者捐交臺费，或赂大吏以奏留。甚有拥巨赀，结外人，逍遥沪汉，虽去一官，获利千倍，何怪宦场如垄断哉。应请特旨定惩贪之例，凡赃罪被斥者，百金以外必籍其家，千金以外必杀无赦。此项人员无论如何，大臣奏保者必科之罪，如是可祛除臣下自私自利之心，然后宪法可行。当预备者五也。

六、设乡职。乡官之议，雍正时御史龚建飏请行，世宗即欲建置，旋为鄂尔泰等议格乃寝。日本明治七年开地方官会议，为自治基础，十二年开府县会，十八年始组织新内阁，二十二年遂实行宪政。彼其立宪起点，因从地方自治始，我皇太后、皇上仿行宪政，亦必以地方自治为根基。应请饬下政治馆定乡官位置、郡县议会章程，颁行天下，谕各省督抚选正绅分充乡职，开地方议会，及内地外洋毕业各学生，并请分三等试职：一等十之一，试各部职，二等十之二，试各省职，三等十之七，咨回原籍分补乡官。政治实业用视其学，变通郡县旧章，准以本省之人补省守令，情形熟则易见效，声气通则不扰民，如是可立民选议院之本基，然后宪法可行。当预备者六也。

以上六端，虽系空理，要皆立宪之精神。凡事不讲求精神，徒见人有一官，我易一官之号，人有一署，我增一署之名，犹袭泥马以学良骥，人皆知其必不行也。

臣于光绪二十八年七月进呈妨乱论吁求立宪，又于光绪三十一年六月条陈国本请考察宪政，臣非阻挠立宪彰明矣。今明谕预备立宪，臣恐立宪之初，稍有疏忽，足致祸乱，用不揣梼昧，泥首陈词，不胜悚惶待命之至。伏乞皇太后、皇上圣鉴训示。谨奏。

《清末筹备立宪档案史料》，第 123—128 页

内阁学士文海奏立宪有六大错请查核五大臣所考政治并即裁撤厘定官制馆折

光绪三十二年八月二十二日

内阁学士兼礼部侍郎衔奴才文海跪奏，为谨遵政治馆传知会议官制，恐误大局，所系匪轻，谨据实直陈，恭折仰祈圣鉴事：

窃前简五大臣赴各国考察政治，并设考察政治馆，原以知己知彼，参酌得失，修我政治也。当时明降谕旨考察政治，并未专指立宪而言，乃该大臣回国复奏，竟以立宪为请。细绎立宪各节，并无裕国便民之计，似有削夺君主之权。此大错一也。

其言立宪也，率云取法日本，不知日本明治以前，权在大将军，其主仅称守府，故其国不能治，自明治收回主权，力图专制，而国乃骤强。今议者欲去军机大臣，而设大总理以为立宪之地，是欲学从前之日本权在大将军也，败坏国家，莫此为甚。此大错二也。

中国内而部院各衙门，外而督抚以下各官，相为维系，各有职守，积久弊生，乃人不能举其职之故，非法之不善也。今不咎人不能举职，而但云法尽不善，欲逞私智以事纷更，更不知中国法度，乃历代圣神文武创垂后世，我朝列祖列宗，损益至三。试问欲行立宪诸臣，其学识才力，果能突过前人乎？今以数千年圣君贤相订定之良法，积久尚多弊端，而该大臣等，并无悉心考究，分别损益，派令少年多人，名曰起草，名曰评议，据为典要，恐误大局，不可收拾。此大错三也。

古人云：琴瑟不调者，则解而更张之。夫所谓解而更张者，乃就原有之琴瑟而更张其弦耳，非并琴瑟而亦易之也。三代殷因夏礼，周因殷礼，尚不能不相因，古时如是，况今日乎？外洋各国欲变其法，亦非尽弃其本，各国如是，况中国乎？今主议者欲尽去旧法，仅图一己维新之名，而以中国之法度，欲比照各国之法度,岂不知风土人情各异,不可同日而语也。此大错四也。

每定一法,君臣合德,屡经考究,始能就绪。今欲变法而欲速成,不论事情利弊,竟逞一己之见,臣民恐惧,内外不安。此大错五也。

自庚子后,我国君臣卧薪尝胆,励精图治,如筹饷、练兵诸政,已有起色,由此循序,救弊补偏,自能振兴。乃因此次会议官制,致已整顿者,作而复辍,未整顿者,弃而不顾,所谓庸人自扰,志士灰心也。此大错六也。

夫此六大错者,人所共知也,会议诸臣亦所共知也,会议诸臣有势成指鹿为马而不敢言也。为今之计,应请明降谕旨,将五大臣所考政治仍交政治馆逐条按照本国政治细加查核,分别某法可以参用,某法可以不用,条分缕晰,勒成一编,再呈军机大臣、各部院大臣等,统筹全局,酌量可否,庶不致破坏横决,内而贻误于己,外而见笑于人。所有厘定官制馆应请即行裁撤,并请饬下直隶总督袁世凯速回本任,以重职守。

抑奴才更有请者,现在时势艰难,列强环伺,民气既嚣,士习尤坏,苟复以立宪改官诸说生其奸心,则主权日削,国是益淆,而外人之从旁觊觎,将防之不胜防矣。区区之愚,是否有当,伏乞皇太后、皇上圣鉴。谨奏。

《清末筹备立宪档案史料》,第139—140页

内阁中书王宝田等条陈立宪更改官制之弊呈

光绪三十二年八月二十八日

具呈内阁中书王宝田、户部笔帖式忠文、户部郎中李经野、兵部员外郎马毓桢等,为国势寖削,主权宜慎,谨摅管见,呈请代奏事:

窃维一代之兴,其官法制度皆非一时所能定也。自其初累世经营,皆身历而手订之,以积久而驯至大备。虽后间有变革,而要不过进退损益于其间,故自秦、汉以讫今,上下二千余年,设官分职,相循不易,故语所谓其或继周,百世

可知也。及至世变多故,祸难繁兴,亦时有自奋私智以投时宜者,然其为政终不可行,即行之亦终不可久,苟强为之,亦未有不大败者。如唐之兵制,自张说而改,宋之新法,自王安石而行。其人皆学问深博,通晓古今,又值积弊之后,与可为之时,故专行不顾,欲改成法,以邀一切之功,而军弱民敝,卒以酿异日藩镇擅兵、宗社倾覆之祸。此其尤大彰明较著者也。然究唐与宋之所改,不过数端而已,其为祸之烈已如是。若如今立宪之议,则是举历世相承之官法制度,尽取而纷更之,其造端之大,固十百于唐宋也。其处心积虑欲以振国势,而势愈微,欲以尊主权,而权愈削,至其微削之极,则权与势不移之于下,即夺之于外。而顾悻悻然执词牢固,将以上蔽朝廷,下箝群议,而天下大局之溃败决裂,其后患固有不可量者,则职员区区所大惑不解者也。职员窃于本月初奉到本衙门行知御史王步瀛奏,令司员各抒所见。又据政治馆行下官制通则草案。职员恭读一过,仰见朝廷忧念时艰,虚衷研究,而在事诸臣,深权密几,改纪政事,惶惶焉亦自有不安于中者也。夫国家大政,本非小臣所能与,而狂愚悲愤之忱,亦时欲贡其所虑之一得,以庶几为壤流万一之助。谨考东西洋各国立宪始末,揆之中土形势,窃谓其中有大谬者四端,可虑者六弊,不可不防者四患。其他悖谊绝理支离乖忤而不可施之于天下者,又悉数之而不可终也。职员敢披沥肝胆,为我国家一陈之。

窃维近日五大臣持节历聘诸国,其涉心注意,成于立宪者,固以日本以立宪而致富强也。而考日本国纪,固与诸臣所见见闻闻有大异者。何以言其然也?伏查日本自后鸟羽以来,主幼时艰,昏弱相继,皆以丙壬促龄,致国统之屡易,朝纲中坼,政归私门,源氏以总捕之使,遂窃大柄。其后北条氏、足利氏、织田氏,以及丰田、德川,皆以大将军专总朝政,刑赏自操,一不关白。日王仅拥虚器,讫六百余载,国祚之仅仅不斩,盖亦会有天幸耳。洎明治即位,以豪雄之资,躬亲庶政,知大将军专擅,非国民之所与也,于是假宪法以收人心,即藉民力以倾幕府。至于大数既得,整军经武,讨庆喜以收旁落之权,罢藩封以定一尊之义,以致废三职八局,置议政行政国计诸官,所有一切设施,皆以独断行之。至于建立学校,尊用儒术,尤以圣学为本,而以欧罗诸科学辅之,以故朝廷之上,公卿庶僚,皆私淑程朱,躬行实践,以弼成大业。而水陆将弁,又以阳明氏良知之学私相砥砺,以养其心源,而发之于武事,故其兵锋所指,雄张海澨,一战而收朝鲜，再战而摧鄂罗，亚洲之国能自立者，盖未有能先之者也。是故论日本之政，其所以致富强者，以其能振主权而伸国威也。今之议者不察其本，而切切以立宪为务，是殆欲夺我自有之权，而假之以自便其私也，是蹈日本已往之覆辙，而益历其来轸也。夫日本以收将权而存其国，今我国以限君权而速其祸，不可谓善谋国者也。大谬一。

近世欧土诸国兵之强者称德意智，此亦我之近欲取以为法者，乃考德国之政，则亦与今立宪之说有不合也。何以言其然也？德国自维廉第三以不忍小忿挑西强邻，伊耶拿奥耶苏达之役，全军覆败，疆域顿削，其不至亡国者亦幸耳。及至和议一成，志切仇耻，简任贤材，整齐法度，一时大臣如绷苏旦、巴甸伯之徒，劝农惠商，爱育民萌，然以束缚于宪政之中，而未能一如其愿也。洎布伦士维廉以介弟摄位，禀承家训，励精政治，遂报强敌以称先志，固所谓一世之雄也。至究其为政之本，执经典以训民，作长歌以喻意，其雄才伟略，实能自奋于不足之中。而俾思麦、福恩伦更以刚明魁桀非常之才左右之，厘革弊法，尤以废立宪政体，去国民把持国计之权为竞竞，故其为相二次，解散会议，以张君威，而破积习。以故北抗鄂罗，南摧奥帝，兵势既振，疆宇遂拓，遂并日耳曼诸部总为一国。问罪法兰，耀兵巴黎，威棱震叠，称雄全欧，使高卢屈服，不敢一萌报施之志。其所以转至弱为至强者，固以能不为宪政所牵制也。夫德人以不缚于宪政而成其功，而我之学德者，乃欲自拘于宪政，以孤其主之势，是却行而求及前人也。大谬二。

至俄罗斯土宇广邈，跨有三洲，西人所称大邦也。近时师旅外挫，贼民内讧，日迫朝廷以立宪，固我所深援以为戒者也。然我之所欲为，皆俄之所以乱，此又事之不可解者也。何以言其然也？俄自尼哥劳第二即位，暗懦无断，大权旁落，戚畹宗藩，干预朝政，乃复疲竭根本，以事远略，既据我旅顺，复侵我奉天，日人恶之，遂构兵端，苦战经年，暴骨原野，此殆天之假手于倭以降之罚之也。至于兵挐不解，物力凋敝，饷需不继，益为苛剥，以求一当，以致下不堪命，远迩愤怨，而草野豪暴之徒，遂持宪法以与政府相抗，而乱萌不复可遏矣。然考其立国之初，其主聪明才杰固有不可没者，自宜万初兴，定独立之制，大权自持，密给尔·帖阿多尔微都继之，于是定商税之例，作经国之书，君主规模，粲然俱备，洎彼得帝以英迈之资，承积弊之后，通晓科学，愤然欲与斯民更始，微服远涉，备历诸艰，尽得英、荷诸国工商制作之法，用是归国创行新制，一改旧规，峻用威刑，不避亲贵，一时所用将相，列福多、绵果西夫，皆拔自寒微，骤跻枢要，而材兼文武，用能戡定内乱，辅成帝业。于是削破约连预政之条，除亲卫军谋叛之变，益用酷刑以威国人，而内外震慑，无一敢复抗违者，以故主权益尊，国势更振。乃始用兵于外，一攻亚速城，而夺黑海之锁钥，再战于波尔多瓦，而挫瑞典甲列之锋，其后遂并芬兰，破高加索，泛舟海壖，以临土疆，虽以英、法强大，亦不得不惮慑之。此其独夺威武，以纵横于亚、欧二洲，固其宜也。是则俄国之所以兴者，以能躬揽大政，击灭强宗，以自保其主权也。后之所以败者，以君懦政秕，委权于下，至于兵败民困，而匪徒乃敢执立宪之说以胁之也。夫以俄之主之前后得失如此，今我之所为，不求其所以得，而愿欲迹其所以失，不几为外人所笑乎。大谬三。

夫日本、德、俄罗斯情形如此，此可以得其略矣，然第举此，犹恐不足以折议者之心而屈其说也。以现在诸臣所涉历而考察者，当有数国，然其详非下臣所能知也。无已，则就欧土建国，纪元前后数千年，盛衰存亡之故，撮要删繁，一一陈之。伏查西土峨特诸族之兴也，其政皆本之罗马，罗马之王也，其政又本之希腊，希腊所有制度，则又自埃及天方诸国，以渐而西者也。其大端有三：有君主政，有民主政，有共和主政。此今之所援以为典要者。然考纪元前数百年间，希腊之雅典国废其王而设亚尔干，亚尔干即总理之说也。罗马废其王而立公修尔，公修尔亦总理之说也。其又以有事而设总管，为期六月，则大总理之说也。然雅典以废王之故，刑政不修，卒并于士帕太，而罗马贵族擅权，虐役其民，以致众怨沸腾，相率而叛之，积而至于同室操戈，大肆屠戮，祸难相寻，数百年不止，则所谓设总理之效亦可观矣。当其梭伦之执雅典政也，立议事之官，分都人之等，选都人年二十以一者，皆得参议事，又置审官执行法律，而以践履端直为众所服者充之，与国人约守其法百年。利古尔尼之执士帕太政也，立西那多议事，而以贵族贤者年六十以下为之，又开民会，而以都人年三十以上者为之，更置司法五员以纠其违，既定遂去国，后人哀之，相与守其法不变，此即后宪政之所由起也。此固与废王立总理，固判然为二事也，今议者并为一端，则又谬之谬者也。及罗马氏衰，各族崛兴，日耳曼诸国相继而起，尤以英吉利、法兰西为最著。然其立国之初，政法宗教，一皆源于罗马，而以希腊为学术文字之所自出，故上下议院，各国皆有，虽明知其非而不革也。故君与民不和，民与民不合，西土之乱，皆起于此，则皆宪政一端阶之厉也。至英一千六百四十四年之乱，查尔斯第一以骄暴失民，与其贵族巴力门治兵相攻，而叛将格朗宠助之，遂使王师大奔，身为俘虏。故逆徒弑君专国，废上议院，定合众政，而格朗宠独秉大权，威振远迩，英国之无君者至十余年，则皆立宪之所由致也。至法国之乱，则更有甚于此者，路易第十四以雄豪之资，据无上之尊，穷兵黩货，众心怨叛，仅得没身，嗣王遂罹其难。及国法议会起，矫称蜂出，而诸乘骚扰，逞其所为者，互募党援，所在集会，论说时事，煽动人心，于是有改革党，有守旧党。其继又有裴兰的党，有约各伯党，而约各伯又分二党，曰及伦的党，曰山岳党，袭政府，藉王宫传檄四方，大倡同等自主之说，以故奥、普、英、俄、西、葡、撒、拿诸君，连盟伐法，而全欧兵祸于是起。及拿破仑得志，战胜攻取，孤军深入，一挫奥将伯奥流之师，再破撒丁王维克多亚马丢之兵，大小百余战，威振西土。于是立撒宾共和府于伦巴多，捕教皇彪斯第六，立统领治于意大利，进并瑞、西，又立共和府于赫尔勿萋，以故兵祸波及全欧。而法国诸党驿骚，排挤倾轧，迭仆迭起，以至百余年之久，卒为英、普所破，焚杀屠戮，宗社邱墟，自古得祸之惨，未有甚于此者也。至此外诸国，有青绿之党，有冠帽之党，纷纷四出，则皆宪法有以激之也。夫以西国之立宪者如此，设总理者如此，亦可以得其概矣。而今之议者顾欲效而尤之，其涉心殆不可问也。大谬四。

至我中国疆理，肇自上古，固非欧洲诸国所可并论也，盖欧洲诸国出于商，商者以利为本，故其政主于丰财和众。中国出于士，士者以礼为本，故其政主于尊尊亲亲。尊亲之道一成而不易，而众与财之治，则必屡迁之以求其宜，而终不可以久。故中国自太昊氏以来，皆以君主为政，而欧洲则君主、民主与统领共和之主，迭盛互衰，自纪元前千数年以讫今，其为治乱亦已多矣。欧洲之人方自苦其宪政之非，而不知计之所出，而今中国乃复从而慕效之，执不信之民，而强之以素所不习之事，未有不骇怪乖剌以至激而相持者也。夫以中国大一统之治，自弃其法纪，而相与为西那多、巴力门之名目，如是则强族持权，庶民觖望，将使罗马苏拉、马黎约诸将治兵相攻之患复见于中土，而英之高门宠，法之守旧、改革诸党，穷凶极恶，以覆国祚者，亦将纷纭四出，而不可御也。又况欧洲之政累世相承，犹无以善其后，而我乃于旦夕之间媮为一切，以徼不可必之功，而贻无涯之戚，亦可谓拙谋之尤者也。可虑者一。

六官之制肇于羲轩，而大备于成周，下洎汉、晋，以讫宋、明，绵络百代，而官制终未能稍更。至我朝龙兴，混一区宇，而内外官吏之设，一循明旧，诚以汤割夏而反夏政，武伐商而反商政，其于国之大经大法，虽时移世易，而有不能一违者，先后圣千载同符，固如是其慎重也。故此六官之设，实总天下万事万物之本，有一不备，不可以国。至其为制之宏阔深远，虽历代修之，而不能究其义竟其功。而士大夫之官于此，自非学识精博，而又久于其任，专治其事，虽日勤心于职守，亦不能言其制之利害之万一也。今议者不此之察，乃取四千年相承不变之官制一举而改易之，使五六不更事少年，假托西法，逞其狂悖，用夷变夏，乱国法而坏人心，其为患固未知所终也。可虑者二。

而不但已也，国家之分内阁以置军机也，盖有监于胜国票拟之重，与严、张诸臣之专横而削而归之于上也。自此以后，威柄自持，密勿诸臣，但职传宣，百余年来，固无擅威福以自恣者，其立制之善，固与前代相万也。今之议者，乃欲于内阁置总理，是忌军机之守之谨而不能自恣也，是名为复内阁之旧，而实以藉以自便其私也。而不知军机上禀圣断，下佐戎政，调娱维持，不失宜称，其关于军国綦重，今之假内阁以去之，是阳以分军机之任，而实阴以夺朝廷之权也。且其所谓总理者，欧洲近无此官，苟求之于古，则必如昔之雅典之亚尔干始可以当此，否则如昔罗马之公修尔，亦可以当此。然考二官之设，皆以共和为治，故公选于众，畀以重任，而以施之于中土，则不免于僭也。即不然，如日本之大将军，位尊势重，礼绝群后，其为职固与总理不异，然下开幕府，上拥虚位，虽犹愈于雅典、罗马之无君，而声威气焰，则固轶于亚尔干、公修尔之上也。夫以日人之强，犹不能以为一日之安，而我顾设之以成不畜之忧，其为计固未有悖于此者也。传曰：人臣无将，将则必诛。今之议者，毋亦误听而非，果有将之一念，而考之不审，以致陷于不道之中，则固无怪也。可虑者三。

国家之权，莫大于用人、理财二端，选举、考试，虽代有不同，而爵人于朝之制，则百世不易，至于商战为国，尤以财用为急，综核不精，则货赂不赡，而大命将泛。我朝以铨政付吏部，以财政付户部，使二部得人，则内而台阁，外而行省，以及州郡牧守，莫不听进退准驳，于是而不敢以一人一财自私者，自虽肺腑重臣，柄任隆重，而二百年来委命下吏，固无擅制干纪以负禁而挠部章者也。

又考欧洲官制，选授尤重，一官一邑，皆求其材之能称而又为众所可者以与之。故朝无倖位，而职事修举。至于度支，所关会计尤精，量岁出入以为轻重，故税虽苛而下不怨，然其为法繁密，非中国之民所能任也。今之议者，于欧洲之制既未深考，而于中国之部务亦未能尽悉，特以吏、户二部所守，不便于其所为，故建议改之。铨选之政既分之于部院，又散之于各行省，则选司无权。而于户部外设民部，又设农工商部，以为农商皆民也，户亦民也，令他部职其名籍，而本部典其税额，则名予而实夺之。如是则吏、户二部不改自废，而地方官吏皆能擅取予之柄，以放其无等之欲，而与人主争黔首。可虑者四。

礼官之设，昉自伯夷，其由来尚矣，降及后代，虽沿袭不同，而职守则未有易也。故记谓安上治民，莫善于礼。诚以礼之用，固总贯夫君与民之纪，而立治安之本。而传又谓天道曰祥，地道曰义，人道曰礼。则礼者又蟠际于天道、地道之中，而以立人道之极者也。礼亡则人亡，人亡则国亡，而天地亦几于息矣。故历代皆设礼官，而我朝尤重，故自宫府之上，朝祭之重，与夫诸部寺院章服之分，等威之别，皆关掌于仪制一司，以及督抚大吏牧令诸职，谨守法度，无敢陨越，所以助成教化，宣美风俗，固无出礼之外者。而乾、嘉以后，威刑不肃，纲纪宽弛，藩臣戚畹，因缘恩泽，虽有假藉宠灵窃张恩威，而终无敢擅强大觊非分者，则以约束于礼教者深且久也。伏考日本礼仪既汇有成书，神祇又设有专官，其于礼遵守尤虔。而欧洲诸国即位有仪，加冕有仪，至于大祭，尤称严重，莫不设官守之。特以事有繁简，故制有隆杀，其士大夫尤以守礼为务，一切章服物采，苟有称谕本分改从异俗者，则以为大戾，而为人所不齿。其法之严如是。今之议者，不察其本末，而妄谓礼部职务清闲，其所典守又皆疏阔，无甚关系，遂谓可尽行裁并。如是是不知礼法一废，人怀纵恣，一二险果狷狂无知之徒，且将逞其冒上无等之意，而且为东西洋诸国所非笑也。可虑者五。

至六部以外，都察院最重，诚以风宪之臣，固国家耳目所寄也。自昔人臣纳忠补过，所在多有，而御史尤专谏争之任。我朝察院尤与部曹大异，院长虽设，不立堂属，所以养其风采，使不至销萎也。许以风闻，俾尽其词，而不以虚枉稍加罪责，所以培其气节，使不至畏忌也。所言一关地方，量遣查办，慎核功罪，以持其平，所以申明宪度而销不轨之萌也。自康、雍以来，忠清骨鲠之臣如魏裔介、赵鹏、郭琇之徒，指切是非，尽言无隐，其文章风节播于当代者，盖亦多矣。其后若孙嘉淦、李绂、钱沣、吴可读，章疏数上，皆正大剀切，而弹劾权要，举发奸贪，使远近震悚，豪贵敛迹。虽其言间有触忤，而未尝深责，即责之亦未尝不复用，而湔洗拔擢，所以养我忠直之臣之气，固至厚也。故当时在位诸臣，虽有强梁纵恣，不过恣意声色，从无希冀非分集丑于身以放命而干纪者，则台谏威约之渐之有以慑之也。故闲散或有可裁，而都察院断无可裁之理。又考日本藤原镰足拜佛之论，藤原藤房献马之谏，国人皆垂之简册，以为劝诫。而西洋自罗马以来，尤知褒崇直节，黜远奸佞之事迹皆有可征。今之议者乃欲去都察院，未知考察诸臣果何所据，要其平日所为必有不堪告人者，故大惧诸御史之多言而发其奸也，即诸御史不言，亦恐后之言者之一知而纠其隐也。可虑者六。

凡此以上诸条，皆就中外政体有关时局者言之。至其可防之患，则又有大者焉。自庚子一役，远近驿骚，民气之不靖，亦已甚矣。妖匪内煽，强敌外隙，方域震扰，戎心时启，在事诸臣，以赔款重巨，乃于地方货物一切诸税逐条加征，而皆以击断行之，物力殚竭，众怨沸腾。方且候望风尘，欲负有司之禁，以幸一逞，而上复以立宪之说歆动之，乡里少年，凶暴之徒，动以宪法劫制令长，一不如意，则相挺而起，小则为亡徒苏令之叛，大则为秦季胜、广，隋季王、翟之乱，而寇盗陆梁，覆没城堑，则噬脐之悔不可复也。即使幸而免此，而民日以宪绳其官，官即以宪求解于民，威禁不行，匪徒魁横，如日本之自由党，法兰西之细民党，藐法弄兵，终至溃乱而不可收拾也。此不可不防之患之一端也。

今士气之嚣亦已甚矣。自诸洋通商，海疆日棘，一时士大夫长虑却顾，崇尚西学，方宾宾焉以开民智结团体风励学者，奖诱后进，其用心亦不谓不苦也。然考近时所设措，未有以大异于昔也，而毁服童发以自即于夷者有矣，结党背公以谋大逆者又有矣，甚至重臣出使，炸弹窃发，摇毒肆蠹，以逞狂悖者又有矣。此其意之动于恶，非痛以威之不能弭也，奈何在事之臣计不出此，乃谋立宪以慰安之，以幸旦夕无事。如是则轻险之徒益无所忌，而声生势长，且将鼓其邪说，以煽惑愚蒙，摇动官府，而官长不得不听其指挥，朝廷亦不得不伺其动息，其为祸之烈，且更过于法、俄诸党之纵恣也，是何异养其外而食其内者之速之使亡也。此不可不防之患之又一端也。

今之议者，固谓立宪洋人之所欲也，如不立则将有拥众以迫我政府者，故当先立以伐其谋。此真不通之说也。夫我国虽弱，洋人虽强，然内政固非所能预也,整齐庶务,我自主之权固自在也。若立一法,行一令,而逆揣外人之喜怒,偶有窒碍,而列强环伺,各以其忿好以制我之动静,则我不可国矣。至于充类至尽,使外人迫我以避位,我即避位以听之,外人迫我以让国,我即让国以奉之,此必穷之术也。信如是则平日所为讲求法度,力图振作,自责其材以为足以抵制邻敌者,皆饰词以欺朝廷,而忘耻事仇以外,固别无所谓经济也。而论者又以外患既深,内忧亦重,不于此时立宪,则地方凶党如革命排满之伦,将有先我而为之者。此又赞慝庇奸之说也。古之时异服有诛,群饮有杀,小罪蔽以大刑,其断而不疑者,诚以除恶之必当尽也。今之执法纵不如古,亦何至畏而不敢孰何也。至如议者之说,则岂惟不敢孰何而已,且将以言餂之,以事饵之,以禄位固结之,而纷纷制作,是率天下而出于叛也。此又不可不防之患之两端也。

　　凡此以上诸条,皆必至之势,而切近之灾也。夫以立宪之患如此,改官之弊如此,而考之西国如日、俄、德、法等处,其大谬不然之实又如此。此其情形固夫人之所知也,特知之而不肯言,言之而又不实不尽也。传曰:非天子不议礼,不制度,不考文。盖以礼度与夫国家之大典,皆当出于天子,非臣下之所能妄预也。而谷梁传又谓君子之于天也以道受命,于人也以言受命,故君子莫大乎受命。盖以出于上者为言,受于下者为命,苟或反是,则是自悖其人纪,而大弃其所受于天之分也。今议者所称立宪改官制,其事固重于议礼制度,而传之所谓宜受言于上以为之者也。今会议之臣,私派心腹,妄加编纂,自以其意之忿好,制诸官之去留,近者不能裁其然否,远者不能究其终始,凭臆妄决,不但于外国之情形,既非其所素习,亦且于中朝之官方,更非其所能知,其悖谬固未有甚于此者也。原初建议者之心,亦岂料其至于是哉,而卒至于是,则亦平日不学无术,本不足决定大计,而惑于左右奸谗之说,遂为是立宪改官之纷纷也。而险诐猥琐,行检不齿于乡里之徒,妄意富贵,遂持巧辩以中之,其始亦若有可为,及势不可行,则又以为业已建之,乃欲持威权以相争,而倒行逆施,其隐忧遗祸有不可胜道者矣。

　　窃维厘改官制,非操刺者所能定,应须从长计议。至近岁筹款练兵,兴学育才,皆目前急务,苟能认真整顿,勿求小利,勿急近功,勿饰过以自功,勿护前以拒谏,则所谓抵制外洋者,其道亦不出此也。而区区之心,更有进于是者,则以主权宜尊,而奸雄不敢窥也。国是宜一,而众说不致荧听也。民力宜宽,所有杂税须量予核减也。士习宜端，所有邪说激论宜业行禁断也。章服宜严，以崇国体，所有欧洲衣冠，不许士民任便仿效，有违者则科其罪，诚以此等被服不但外人笑之，即吾人亦自轻之，故恶习不可不革也。会党宜禁，以弭乱萌，所有出洋子弟不许入革命诸党，啸聚丑类，有不遵者则峻其罚，诚以此等败类宽之则益骄，严之则知惧，故邪说不可不除也。涤除烦苛，以蔽吏治，自近世饷需不继，地方官吏皆以催科为材，于是民生重困，而税课益剧，以至盗贼滋炽，而更刻剥良懦以驱之。故今日大患在吏治之不修，不在部务之不理，则澄叙之方宜先讲也。培植人材，以端治本，自五洲通商，列强环伺，善觇国者，皆以有人与否以决内治之安危，故从善不足为政，徒法不能自行，苟崇任轻浮，简弃老成，将倖门大开，官方更紊，则作养之道更不容忽也。

凡此八事，浅陋之见，窃以为当今之务，莫大于是。苟能审所先后而悉心以图之，则政自上出，人无异望，所以制御邻敌，支持危疆，亦足以振天下积弱之气，而措之于安全之地，是犹泰山而四维之也。又况时势虽衰，纪纲犹在，执斯道以为之，亦自易易，奈何以大有可为之时，而顾为此必不可成之计，而循默畏慎，一任猖狂妄行者之轻议改制，以养成外重内轻之势，此则不得不为我国家惜此举动也。

职员管见如是，是否有当，谨一一历陈，伏乞代奏，不胜惶悚感激之至。谨呈。

《清末筹备立宪档案史料》，第 151—162 页

给事中刘彭年奏立宪宜教育财政法律三者并举折

光绪三十二年九月初二日

三品衔户科给事中臣刘彭年跪奏，为立宪事大，异论纷歧，请断自宸衷，实行预备，恭折仰祈圣鉴事：

窃读七月十三日谕旨，宪法有益人国，固已在圣明洞鉴之中。嗣由考察政治馆王大臣知照各衙门各抒己见，在朝廷集思广益，不厌求详，而一二老成，谓新法之宜行，究不若旧法之尽善，甚且谓君上不负责任为大权旁落，总理大臣事权太重，恐启觊觎非分之渐，此皆未深明各国宪法者也。谨按各国宪法皆言天子神圣不可侵犯，因不可侵犯，故有不负责任之语。夫不负责任非放弃主权之谓，试观日本宪法，凡黜陟、赏罚、宣战、媾和、统率海陆军、召集国会、解散议院一切大权，悉由天皇操之。设措施未协舆情，总理大臣代任其咎，此不负责任之确解也。且总理大臣之行政，天子照临于上，万民监视于下，稍不称职则辞位，即事事尽职，亦有三年一任之限，欲求如中国历代宰相之跋扈专恣，久于其位，何可得哉？此宪法有以制之也。

夫宪法所亟宜预备者有三：曰教育，曰财政，曰法律。

试言教育。中国文字之繁杂，各国所无，童年入学，即识字一门，已耗数年之脑力，欲教育之速成难矣。日用所需单简之字盈千已足，是宜编成读本授诸蒙小学堂，由形求音，由音得义，日以十字计之，不过百日，可以周知，可以牢记。既识字，而属文有其本矣。汉文通然后可以游学，可以译书，而人材辈出矣。推之女子知书，而家庭有母教，盲哑入学，而国民无弃材。此教育之亟宜预备者一也。

再言财政。查各国赋税重于中国，然多取而民不怨者，以地方之财办地方之事，涓滴归公，毫无中饱故也。日本大藏省总理财政，而银钱出入则帝国银行掌之，会计检查院以时稽核，又有储蓄银行以存民间之财，不问多寡咸收纳之，按日拆息，国家可得巨款以资周转，官民两益。我国藏富于民，但足取信则集款易易耳。所尤要者颁预算、决算程式，岁入岁出，咸令闻知。此财政之亟宜预备者一也。

再言法律。西谚有云：生于法律，活于法律，动作于法律。言法律一日不可离也。中国无完全现行之法律，专心法学者亦乏其人。前曾开法律馆，民事诉讼法、刑事诉讼法已经编纂，未见施行，究之不讲民法而讲民事诉讼，不讲刑法而讲刑事诉讼，是先用而后体，次序紊矣。是宜博采各国法典，先宪法、刑法、民法、商法，而后刑事诉讼法、民事诉讼法，并类及裁判所构成法、监狱管理法，条分目晰，次第成编，俾海内人士咸知遵守。此法律之亟宜预备者一也。

若是三者，就臣愚见所及，不能道其万一。其尤关重要者，期内外之相维，定中央集权之制，开府县之议会，立地方自治之基，以启民智，则邮政宜全国交通，以捍强邻，则海军宜及时兴复，凡此宪政之大纲，亟应同时并举，实行预备，不得谓厘定官制遂毕乃事也。时不可失，机有可乘，兆民所具瞻在此，列国所注视亦在此。否则或言之而不见实行，或行之而徒应故事，驯至民穷财竭，忧患迭生。论者或归咎于立宪之贻祸，岂知立宪何祸，立宪而犹怀观望，则祸不旋踵矣。大计所关，不为群言所惑，转弱为强，有利无害，深望乾纲之独断耳。

臣在日本考察政治，于各国宪法研究较确，谨就管见所及，冒昧上陈，伏乞皇太后、皇上圣鉴训示。谨奏。

《清末筹备立宪档案史料》，第162—164页

御史徐定超奏更定官制办法十条折

光绪三十二年九月十四日

山东道监察御史臣徐定超跪奏，为变制不在纷更，首在实事求是，谨拟办法十条，恭折仰祈圣鉴事：

窃维法积久而大弊，道与时为变通，今日之更定官制，诚属因时制宜之举，但变法图强，非徒以为美名也，必知宿弊之所在，洗涤而扫除之，然后能就新政之当行者次第敷布，而无不具举。且自五大臣考查政治回国后，有此一番举动，非独为国人仰望之所系，且为外人观听之所倾，不责其实，而易其名，虽法度屡改，政令屡颁，终无补于维新之治。谨就管见所及，冀以除宿弊而裨新政者十事，请为我皇太后、皇上谨陈之。

一曰通贤路。人才之壅滞，非独于其一人之升沈有密切之关系也，即政治之得失，国家之理乱，莫不因之而有影响焉。今之仕途滞塞极矣，以翰林院储材之

地，六部分司考勤之所，犹必待二十年之久而始得转一阶，较之朝处蓬庐夕达天衢者，其飞腾之迟速殆不可以道里计。臣谓新学固所当用，而旧学亦不可轻，应请于旧设各部院衙门升迁、调补之事，量予疏通，俾怀奇握异者早得及时而自效焉，此固议政诸臣之所当注意者也。

一曰遣冗员。自开设捐纳以来，分发部院及到省者盈千累万，猥冗实多。虽其间亦有才俊之士，尽可展布所长，裨补政治，无如人数甚众，差事难周，终日闲居，无所事事，重以米珠薪桂，度日维艰。其庸下者鲜耻寡廉，泄沓以求活；其高明者轻世肆志，潦倒以终身。废弃人才，殊属可惜。臣愚以为才无大小，皆当教导培养，使有所成，以资任使。除资深才优已有要缺要差者，均得留任外，余皆饬令回籍，自治其事。其年少未学者，概令入学堂肄业，俟需人时再行咨取，其力足自给愿留官所者听，并请在籍时不扣资俸，将来到京到省，仍照旧资依次序补。如此则国家不失教养之意而无遗才，官员不失进取之途而无觖望，较之羁绊职守毫无作为者，不犹彼善于此乎。

一曰均廉俸。廉俸之薄，至今而极，长安物贵，自昔已然，今则百物踊腾，视庚子前已加倍蓰，何论国初，所以事畜不赡，官民交困。然民贫犹可使富，官贫适以教贪，大臣岁入仅数百金，小臣仅一二百金，虽以号称廉洁如伯夷其人者，亦不能不仰给于亲朋之借贷，外官之馈赠矣。不特此也，债台高筑，弊窦宏开，大官之赂鬻风行，小官之钻营云集，天下事尚可为乎？雍正时加外官养廉而未及京官，嘉庆时加大学士、尚书养廉而庶僚仍旧，道光时锐意加俸，以两江总督孙玉庭之言而止，列祖列宗早已明见及此，惜无一人昌言于上，赞成圣德者耳。我皇太后、皇上宸聪天亶，惠恤臣僚，于军机大臣及外、商、学、警各部衙门，皆以赏给津贴，优渥异常。然臣犹哓哓而不能已于言者，诚以设官皆令治事，而穀禄尤贵均平，外官自督抚以下各衙门，官缺有肥瘠悬殊者，皆令裒多益寡，以示均平。京官不论满汉文武各衙门，概给津贴，但以事之繁简定禄之丰俭，略如日本每官定为禄俸三级之制，似尚可行。百官无内顾之忧，然后各奋群策群力，以治天下之事，此诚古今中外不易之通义也。

一曰专责成。设官分职，各有一事，即各有一责。但今日官多事少，臣工大半赋闲，见利则各自营谋，遇事则群相推诿，吏治不振，职此一由。自此次更定官制之后，所居何官，即当责以所成何效，其不效者罢之。外官如京师分部学习，外省分发试用，无事可办人员亦宜使之多读政治之书，如历朝圣训、六部则例、经世文编及近日时务新书之类，均宜浏览一过，粗明大略，再择精要，默识于心，至其专职，犹宜深考详求，储以待用。又令大僚按月考试，拔其尤者奖之，其怠惰者惩之。如此则人知勤勉，自无乏才之虑矣。

一曰理财政。古者冢宰制国用量入以为出，今东西各国皆有预算表，亦即此意，宜饬户部仿照办理。至铁路、开矿事宜，利大而年远，骤非易举，亦当择人筹款，徐图扩张。农、工、商三项实业，随时振兴，皆有实效，宜令各府州县设立劝农、劝工、劝商各官切实提倡，以开风气。其税务、盐务之弊政，浮冒欺朦，触手皆是，尤宜彻底清查，俾资整顿。京师供奉工程之类，弊尤浮于外省，所以敢于如此者，一因官不更事，易受人欺，一因官多久贫，易萌贪念，其后弊不惩而胆愈肆，习为固常而不自知也。应如何除弊改良，请旨饬下议官制大臣，妥筹办法，敬谨遵行。外省各局总办委员及司事、巡丁人等，皆宜优给薪工，使无匮乏。如再有前项情弊者罪无赦。风闻湖北督臣张之洞试办加税免厘法，皆优予总办以下津贴，诸弊悉绝，行之数月，入款大进，是其明效。人谓西人事事核实，而不知其薪工之丰实过我国十倍也，以优给西人者给本国之官吏，则岁入之款必当大有起色。如此而犹虞中饱焉，是我国人皆无天良也，臣有以知其必不然矣。

一曰选新进。新政非旧臣所知，其竞用新进是已。但新进之人品学术，用之者未必真知其详，不过采取虚声，虽欲纷纷奏调，恐有猎泰西之皮毛，欺大臣之耳目者，滥竽充数，偾事更多。尧典之论用人也，曰：敷奏以言，明试以功。孟子之论进贤也，曰：如不得已。应请旨饬下外部、商部、学部、警部详慎选择，必真知其贤，灼见其才，而后用之，可使今日有官不必备之讥，勿使他日有用人不慎之悔，时局幸甚。

一曰省具文事。君以不欺为本，行政以责实为先，今之例章苛细，文牍纷繁，或叠次行查，或多方驳诘，俨然慎重，公事不厌详求，实则辗转迁延，毫无实际。如吏部曾任实缺来京引见人员，既经吏部注册，又有同乡京官印结，可以信其无他，又必行查户部、礼部而后已焉，户部捐纳房亦然。以臣言之，此皆可省。又奏销为户部要政，外省造册需时，部臣稽核需时，其于公事非不详慎也。然例价多国初所定，今昔悬殊，外省以此报销，部臣以此考核，则其中之情伪显然，然京外奉行岁以为常者，以其为例之所在也。以臣言之，此皆应改。此举二事，余可类推。请旨通饬京外各衙门，无论何事，皆当诚笃力行，勿为虚伪，以符学部前此所奏尚实之本意。其例有未便者应奏请更改，不使有分毫欺饰，上负朝廷，自然百废具举，庶绩咸熙矣。

一曰禁鸦片。臣恭读八月初二日上谕，禁天下臣民吸食鸦片并种罂粟，具见宵旰勤劳，力图振拔之至意，钦佩莫名。惟操切既虞激变，而宽缓又成具文，禁之之法请自官员始，官员日有应办之事，一有嗜好，懈惰废弛，百病丛生。应请限定三年断瘾，不断者实缺者开缺，候补者停差，再限一年，断瘾者复其官，其不断者永不回任。若官居二品年逾六旬以上，平日尚资得力者，应请稍宽年限，以渐而除，如不能除，亦当自劾以去官，勿令恋栈。至学堂学生、军营兵丁，尤与维新自强有密切之关系，照学规、营规办理，应即斥退。其有嗜好尚浅欲除未除者，当剀切晓谕，予以自新，请限两个月一律禁止，不再展限。此外无业游民以及夫役、皂卒人等，执业愈卑，得钱较少，而吸鸦片者反居多数，不禁则违令，自禁则无力，应令官为设局给予戒瘾丸丹，限二个月即行断瘾。惟巨商、大贾，富豪有力之人，不妨姑听其便，而将洋药、土药并煮为膏，官为收卖，重其价值，自占日吸之数以报官，缴价而与之膏，使有限制，久之自悟靡费，不禁亦将自绝。禁种之法，当自各省产烟最多之地为始，令分别种户而岁减之，岁减十之二，减至十年，则自当净尽矣。印度进口洋烟岁销约有七八百万担，亦以十之二岁减之，十年亦当净尽。臣阅西报所载，亦屡言鸦片之为害，欲助我国以禁止之，是为民除害，中外本有同心，能于除恶务尽之中，仍寓和平办理之意，自强之道此其权舆矣。

一曰定教律。中外交涉之事无不起于民教之相争，其原因有三：一、入教者多痞棍而少善良，易于生事。一、传教者舍本务而预词讼，不守权限。一、地方官多偏袒而少持平，易动公愤。有此三因，而无良法以维持之，故衅隙一开，祸端大起，小者无论已，请言其大者，远者无论已，请言其近者。昔年拳匪之变，因排外而危及邦畿，今岁南昌之案，为民事而祸延官长。窃思传教本以劝善，然而劝善鲜成效而速祸易如反掌者，以国家无教律故也。请旨饬下外务部大臣，速与凡有传教各国之大臣妥商良策，永远遵行，必使教无干预，官无袒教，民无暴动，而后已焉。庶中外常相安于无事，此非独吾民之幸，抑亦教士之福也。

一曰乡官。顾亭林曰：天下之治，始于里胥，终于天子。自古及今，小官多者其世盛，大官多者其世衰。此真通达治体之言也。三代上政治之美莫如周，而姬公六典地官最详，三代下政治之美莫如汉，而西京设官乡职极备，三老司教化，游徼御盗贼，啬夫掌财赋，权限分明，规制井然，故西汉之治远非唐、宋所可及。东西各国号称富强，究其富强之原，非地方自治不为功，今者预备立宪诚为中国目前当务之急，然预备立宪而不从地方自治入手，则立宪终无实行之一日。谓宜远师古代乡官之制，旁参西国自治之法，由民间公举才望卓著之人，上之有司，使之办理地方之事，以辅助地方官吏之所不及，优其礼貌，厚其薪水，严其赏罚，十年以后，王道大行，虽媲美成周陵轹西汉不难矣。

以上十条，用人之事五，行政之事五，化旧为新，在除其弊，转弱为强，在作其气，务为切实可行之事，勿为更张无益之谈，此为得之。

臣才识迂庸，罔知大计，聊竭愚悃，上补高深，是否有当，伏祈皇太后、皇上圣鉴。谨奏。

《清末筹备立宪档案史料》，第164—169页

江瀚[①]致瞿鸿禨函（附清国立宪之危机）

光绪三十二年

敬启者：昨阅日本外交时报，内有该国博士中村氏所著《中国之危机》一篇，其推测立宪之意，虽未尽确，然有深足为我警者，待命儿子庸译出，录呈钧览。夫德之立宪，发轫于州会；日本之立宪，造端于府县会，今欲为立宪之预备，自当以建设议会为先。无如国民教育方始萌芽，而各省学风嚣张已甚，大率

---

① 江瀚，字叔海，福建长汀人，时为京师大学堂师范馆监督。

以聚众要求为团体，以蔑弃礼法为文明，服从约束，则斥为奴隶性质；反对抗议，则美为社会义务，种种流弊，可为浩叹。人格如斯，何能自治？若遽立议会，势必至官权旁落，而民权仍不能伸，徒便狡黠之辈包揽把持而已。窃谓为今之计，惟在循名核实，力戒欺蒙，果京外各大臣皆能如谕旨所言，尽去偏私，真任劳怨，自然志无不通，政无不举矣，何必慕立宪之虚名哉？冒渎尊严，伏增惶悚。江瀚谨上。

附：清国立宪之危机

（译《外交时报》第九卷第十二号）

日本法学博士　中村进午

清国顷有立宪之议，虽未提出具体的成案，无由深论。兹欲述其大体所见，以质世之识者。

清国从来为专制之国，不惟中央政府专制，即地方政府亦除专制外不悉其他。我国先设县令之制，以为疏通民意之基，根蒂既固，逮夫国民皆有深通宪政之资格，然后施之于中央政府。清国不然，犹欲由平地而跻层楼，不免有躐等躁进之观也。且夫清国，非中央集权之国也。各省之总督，坐镇一方，帝室及政府，虽云在北京处决万机，其实地方之长官，在各地专擅威权，中央政府之命令不能普及，宛然一封建国也。清国之中央政府，未尝举一伟绩，树一威望，外不能御侮，内不能弭变，地方人民之不服固其所也。如我国之维新事业，及德国之对法战争，先图固国内之基础者，在清国史上，未尝见也。无此准备，无此基础，突然欲施立宪之政，其意果何在欤？清国见立宪之国多致富强，以为立宪即可希冀富强，此吾辈推测之一也。清国见日本之国势日益加盛，以为悉属立宪之赐，清国一立宪遂足以一跃而跻于日本之上，是推测之二也。清国因民心乖离，政府贾怨已甚，忧朝廷不安，欲以立宪为饵，以收揽人心，此推测之三也。内有满汉两种党事，外有异邦之诛求，欲使全部一致，民众协力，以推此莫大之患，此推测之四也。深痛官府暴横之弊，欲容纳民众之意，以杜官吏之专横，增人民之幸福，而希冀过于迫切，此推测之五也。又以为内防本国之分裂，外求免于列强之分割，以立宪为独一无二之道，此推测之六也。其他可以臆度者，尚不可殚数。吾辈但就以上之推测，陈述私见，其庶几无大误乎。以立宪即为富国强兵之手段，此大惑也。立宪之布哇亡矣。立宪之脱兰斯佛何如乎？立宪之俄罗斯、波斯又何如乎？日本非因立宪而遂致富强，立宪之外，更有致富强之种种原因。清人中达识之士，亦有能辨之者，推测之第一第二，盖不足据也。清国今日在野之政治家，极为缺乏，知政治为何物之清国人，亦未足满意此姑息之立宪事业。清国之不安，官之罪，亦民之责也。虽云容纳民众之意，然所谓民众之意者，果健全乎否乎？正大乎否乎？即令其果健全正大，选举之制，不能完善，充议员而列于议会者，不过旧官吏之退职者及无知识之富商土豪，甚至愤懑不平之革命家耳。以此情形观之，立宪之于清国将来，福耶祸耶？盖不难逆睹矣。加之为议员者，更以贿赂行事，议员之贿赂，与官吏之贿赂，若叠矩而重规，人民负担将倍蓰，则民心之沸腾，亦必较畴昔加倍焉。何则？人民前只贿赂官吏足矣，将来更非将所以贿赂官吏者，又贿赂议员，则不能达自己之希望，第三第五之推测不可偏信也审矣。满人、汉人之争阋，由来夥矣。立朝者，或欲因立宪以弭此争端，不知在他国所谓保守、进步主义之争，在清国议会，即成为满汉两种之争。满人若以为借自己立宪之功为能得亿兆之心，必有感戴讴歌之报，其愚遂不可及矣。选举之结果，议员之多数为汉人所占无疑，然则立宪之结果，于满人有何利益？诚不待智者而后决也。使满人之势力尚足以匹敌汉人，则犹可言，然其争亦适足以召清国分裂之祸。北美合众国之南北战争，所得之善果，岂清国所能梦见者乎？清国之力，尚不足以防内国之变，更何能抵抗列强分割之事乎？内顾之忧，外患之所乘也。然时亦未尝无转祸为福之道。我国维新之际，为国家危急存亡之秋，朝廷对幕府之内争，时时为野心勃勃之列强所乘，某国则左袒朝廷，某国则欲助幕府，此等消息，多为世人所熟闻。然日本不乏有识之士，又有知其政策之所在者，使此等诸国互争于外，因得徐谋我内事之机，日本遂不致如布哇撒末亚之末路。今方列强无事之时，正清国内争之时，列强势力足以膨胀于外，以干与清国之事。清国若不知兄弟阋于墙外御其侮之道，或不一讲求使列强相争，无暇干与清国事件之策，则清国之事，遂不由清国而决，恰如朝鲜之事，不由朝鲜而决，由日俄两国及日英两国之关系而騞然以解也。然则第四第六之推测，又岂可谓得其正鹄耶？画清国立宪之策者，有何成算？有何希冀？固吾辈所亟愿闻者，然敢断其不能有名实相符、尽善尽美之望，不惟无尽善尽美之望，即些微之利益亦无从想象，此清国立宪之实情也。望清国人之在要津者，一读拙作，而以立宪之计划延之百年之后，实清国获消极的幸福之一道也。

《瞿鸿禨朋僚书牍选》，中国社科院近代史所近代史资料编辑部编《近代史资料》总108号，中国社会科学出版社2004年出版

范源濂[①]致瞿鸿禨（附问答纪录）

光绪三十二年

敬启者：趋谒崇阶，渥聆清论，谦光雅量，授粲征言，源濂何人，能无振奋？谨就面陈各节诠次于篇，聊备采择。中国今日，为从古未有之事局，赞襄立宪，为从古未有之功名，柱石擎天，薄海钦仰，岂独源濂之所跂祝哉？专肃。敬请钧安。范源濂谨启。

附：问答纪录

问：宣布立宪，宜明实行期限否？

答曰：宜明定期限。请详其故。凡一国欲有改革，必将其从来状态移置更换，社会上乃生出种种变动，即向为有位置之人，而今忽失去位置，向缘于某种事业得有利益之人，而今或失其利益。一国之人，共同生活，其得以相安无事者，实因各种关系互相联合成一定之秩序。若旧秩序忽破，新秩序方生，其间分配布置必难。即如前之已成习惯，至于确定之为自然，其新得势力者，未能遽信以为安全也。而旧有势力者，群失其固之把握矣。事会迁移，人心摇动，此各国举改革之业，未有不经过之现象也。固非一国之所能独免，亦原不足为深虑。且若阻于此些少之困难，即永远安习故常，则国家之进步无望，民间必有起而要求

[①] 范源濂，湖南湘阴人。曾留学日本，1905年任学部参事厅行走。

改革者，其祸不尤烈哉？故为政者，处此时势，审查全局，规划大计，持以强毅之力，为国家求改革之进行，固为第一要义。惟尤当观察周到，体贴民情于改革之进行中，而使人民满怀之疑惧渐次消除，不至渐次积结，其生活之困难之度，亦渐次低减，不至渐次增长，导其恢复渐成自然之习，使之乐于趋赴，斯为至善。试举例以明之：如行路然，必有期于到达之地点也。由此适彼，为主人者，于发程之初，即将期于必到之时日明示仆夫。彼为仆夫者，从此虽负担重荷，重足以行，思前路之辽远，念时日之迫切，即甚至夜以继日，努力兼程，受平常过倍之苦辛，亦当视为当然，而绝无怨怼。此无他，以其精神中有一定之目标，信其能为己之利益者，固可得之于到达地点之当时也。主人之命令，特引之于外耳。彼之精神之力，强制于内，身体之劳，曾何足以馁其气哉？苟异乎是，于发程之初，仅明示以到达之地点，而无必达之期限，则按里计日，兼程并进之决心，主人既先无之矣。沿途事态环生，心情屡易，或时乐流连，而任仆夫之延玩；或时发急令，而督仆夫以奋励，其能使多数混杂之任劳力者，欢欣鼓舞，惟命是从，而不至散乱纷扰，逃亡流离，误主人之行程，增行旅之艰苦，盖亦寡矣。夫同一行路，前者之易达则如彼，后者之难进乃如此。斯事虽细，亦可以喻大矣。

问：实行立宪，当定期限为若干年后？

答曰：以十年为预备之期，似较妥当，试分别内外情势言之。请先言内部情况。立宪必视国民程度之能及否，至为切要。但所谓国民程度，亦当分析国民性质观察之，孰为能力优长之点，孰为能力绌乏之点？发现其优长处，宜利用之，而更助其发达；其缺乏处，则促其发生，而使之伸畅可也。立宪一事，其所须于人民之能力者，试分二段言之：一曰地方自治之能力，一曰国会代议之能力。国会代议之能力，以吾国素乏普通学识，统一思想，非需以时日去其所以不统一、无学识之种种障碍，而求其种种改良之方法不可。如交通不便，当思所以便之；教育未兴，当谋所以兴之等是也。苟是数者，依然今日之现象，即遽言开设国会，或虑召乱，亦不为过。若地方自治之能力，则决非如国会代议能力之必待养成而后可期实行者比。从来吾国行政区划，以州、县为始级。一县之地，面积辽阔，邑阜虽号称亲民之官，其实以一身负多种责任，应接不暇，与接洽之机会实少。民间未尝无待理之事也，而求理于官，有种种困难，故不如设法自理之为便。以是如乡、团、镇、集等之结合团体，于自卫上为不可少之组织矣。其发达已习成自然，其势力决非可轻视。如以此种习惯最发达之处，比之日本现时之町、村自治，其实力或尚有远过之者。惟日本则有法制以维持于上，而我则放弃之于下耳。既无法制，于是地方之无赖者，不知公益，肆其武断，以鱼肉良懦。今之乡民被屈于强豪，而莫敢谁何者，可胜道哉？有此自治之基础，立法以整顿之，则莠民不得肆其恶，而县吏得以分其任，使人民受各安其居之福，即为国家举分疆而治之功。立法而善，是固不难，即行于今日而收改革之效也。若仍疑吾国人民不能即如日本之行町、村自治，请更申言之，而证以可信之例。如今日中国之商业，以言受官力之保护，比之日本，是安可同日而语？然商业上之信用道德，固迥出于日人之上也。因之商业之利益，虽屡受外人侵损，而仍得占优势之地位。此其原因为何如乎？个人之坚忍勤勉，固为成功之要素；而其最善结小团体，守自治法律，期达公共利益之目的，实为其要素中之最大者。试更思邻里乡党团结之力，宁有让于商人之完固耶？是无待烦言矣。为今之计，宜先定法制，使州、县以下之区划，实行自治，而以贤明之州、县官监督之，使其在法制之能力，渐至充实。再扩张其自治之范围，达于州、县，浸假而普通学识，渐次增进，全国统一之思想，自渐起于各地有志者之脑中，而后迄于十年，开设国会之预期，决不至落于虚望。此其次序，例之日本明治维新之初，即惯例听市、町、村自治五年，定市、町、村制，初开地方议会；至十一年，定府、县会规则，屡经改正增删；至二十三年，定府、县制，而国会亦同于是年成立矣。其推行自治之习惯，养成统一之精神，条理井然，循序渐进，是大可供借镜之资也。依前所说，则开国会非主张预备不可。以吾民富于自治能力，即今定州、县以下之地方自治制度，必行之无难。期以十年，始开国会，亦不患能力之不足。此特就内部情况言之也。

若论外部形势，则开设国会若迟过十年，有难免别生困难之处，不能不及早注意者。日俄战役之结果，英日同盟，保全东亚和平，宣明以十年为限。十年以后，大势之变迁，不能预定也。但在此期限以内，在东亚一隅之天地，谓英、日二国甘为戎首，启衅于干戈，当为理势所不易有之事。而美则常同于英、日者也。此外为德、法与俄，则因有英、日同盟之保障，非可轻肆其张牙舞爪之强力，破坏人所画定平和之范围。故此期内，苟吾国能善治理，不为全世界震烈之导火线,则平和可望其稳固,即吾尚有可自由发达之闲暇也。吾为独立国,固不当问外界之景象以定吾进行之步武;但国于天地,必有与立。值此竞争惨烈,千钧一发之时,知己知彼,尤不可忽。况己为孤立无援之己,而彼为协以谋我之彼乎。我果图强,即无害于彼之强也,而彼已不能逞其强以凌我之弱矣。况我果强,将有胜过于彼之望,而彼或反有被凌于我之惧乎?近年吾国稍有革新气象,民智稍开,彼即因收回利权之消息,而传黄祸横流之说于欧洲矣。此后十年中,吾果着着进步,国基安固,众志成城,则彼之惊疑疾视当更为何如乎?是不难推而知也。他国之人,凡非立于当国者之地位,不必直接图其国之利益者,固不得概谓其于吾之改革不愿表同情也。然苟至实利于吾,不利于彼之时,则欲望彼之稍为宽假,不加迫害,以待吾国改革之完成,是终属于不可能之事。且改革之进行,即以今日之形势论之,已难免与人生出纠葛。如对于税务大臣之异议,即其一例也。而今后十年间之经过,外势之增进,将及于何等地位,而内力之膨胀,将及于何等程度,其相接处,即相争处,其相争处,即可立生祸乱之处。节节遇险,即当步步为营,在此英、日同盟期内,实多易于解决之处。苟逾此期,则西藏之交涉,必与英更为迫切;满洲之关系,必与日本益加纷纭。吾果能强,其能不与英、日冲突者几希矣。苟英、日终欲遂其贪得之野心,其必相率以强力抑制我之发达,亦为意料能及之事,彼德、法、俄更何论哉?故国会成立若在十年以后,则难处之境,有加倍蓰什伯者此也。

问:地方自治与国家行政权有妨否?

答曰:地方自治,非人民之不受治于国家也,特国家认为可许其自治之范围内立定法制,明示权限,而听人民之自行治理而已,况有地方长官居于其上而为之监督乎。但此于认许之范围及权限与监督者之关系等,宜斟酌求得其当。至妨国家之行政权,则万无足虑也。

问:如改定官制,设总理大臣一员,副理二员,九部尚书为内阁大臣,其办法亦如今之军机大臣每日陈奏乎?所谓阁议,如何举行?又总理大臣可否设副?

答曰:如改官制,则每部似只宜设尚书一员,其下分设各局。一切政务,就性质言,则分门别类,各有专责属;就等量言,则审度轻重,定其等差。有关于全阁取决者,开阁议以决之。有仅关于一二部或二三部之事项,不必集全阁员与议者,则集关系各部大臣议之可也。仅属于一部之事项,则于部中集局长议之可也。由此类推，上下相维，层次递惯，若纲在纲，纲举则目张矣。凡循例无甚关于重要之件，即执定法以行之，或由行政上便宜处分，无所不可；似不必如今日一切例定事项，皆须一一入告，上累宵旰之勤劳也。各国现例，凡阁议，非有要事不开；但吾今方改革之始，固不必即效人之常例。致多窒碍难行之处，似宜时常开议，以期意见疏通。要之，于未开阁议之先，必预备定明行政之权限，而后议题，方不至有错乱之失，是最为要耳。总理大臣，虽他国皆只专设一员，但吾国情势，亦自有特殊之处；且改革伊始，责任繁重，采人之长，尤贵折衷于己所必要以适用之，则变通设置副理，以求分尽责任，固无所不可也。

《瞿鸿禨朋僚书牍选》，中国社科院近代史所近代史资料编辑部编《近代史资料》总108号，中国社会科学出版社2004年出版

一切政治切实举行力图振作谕[①]

光绪三十三年正月初六日

光绪三十三年正月初六日，内阁奉上谕：朕钦奉慈禧端佑康颐昭豫庄诚寿恭钦献崇熙皇太后懿旨：方今时事艰难，前经降旨为立宪之预备，内外大小臣工，于一切政治，宜如何切实举行，力图振作。乃体察近日情形，仍不免敷衍因循，徇情见好，殊负朝廷惕厉忧勤之至意。兹特严申告戒，嗣后内外诸臣，于办事用人，务各力求实际，一秉大公。倘再不能痛改积习，破除情面，一经查出，定不姑宽。钦此。

《光绪宣统两朝上谕档》第三十三册，第4页

---

① 标题为编者所拟。

江苏巡抚陈夔龙奏
新政请毋庸扩充立宪变法或暂缓施行折

光绪三十三年二月二十二日

江苏巡抚臣陈夔龙跪奏，为民生困苦，人心浮动，亟宜与民休息，以培元气而弭隐患，恭折密陈，仰祈圣鉴事：

窃惟①大江南北，本年米粮价贵，甫交春令，而饥民爬抢之案，即已时有所闻。臣已会同两江督臣端方，通饬文武严切查拿，并出示晓谕，遇有恃众逞强持械拒捕者，准其格杀勿论，拿获到案，讯系为首，即予就地惩办。诚以四方多事，不但治乱用重刑期无刑，即揆诸荒政之常经，亦有不得不然者。虽然，此特急则治标之计，而非务本之图也。救荒之策不止一端，大抵以保全民食为最要。上年各属灾重之区，议振议蠲，筹办已不遗余力，其勘不成灾及收成中稔之处，亦以储蓄不充，生寡食众，交春以后，同一拮据，是以叠次电奏请买洋米，请借漕粮，并饬（官）〔地〕方有司酌动积谷，筹办平粜，补苴罅漏，百计维持，不可谓非本图矣，然犹是本中之标，而非本中之本也。臣夙夜忧惶，盱衡时局，窃有千虑之一得，实为弭乱之本图，敬为我皇太后、皇上据实陈之。

就目下情形而论，鲜不谓饿民滋事，由于岁事之不登，然而上年江北各属纷纷抢米，事在夏间，其时尚未告灾也。近来广东、浙江等处，均有匪徒蠢动，大都藉米为名，其地并无大灾也。即以苏省言之，臣访诸二三父老，佥谓数十年前，斗米曾售至千钱，而民间并不因此滋事。近日人心不靖，固由于饥馑之洊臻，而要之民气日嚣，实由于民生日困，非一朝一夕之故也。民生何以困，物产虚耗，百货踊贵，而民困随之矣。物产何以虚耗，百货何以踊贵，用之如泥沙，而虚耗之弊中之矣，取之尽锱铢，而踊贵之弊乘之矣。

---

① 原文如此，疑当为"维"。

二、立宪的策划、措施的公布及清政府高层的讨论

慨自甲午而后，继以庚子之役，偿款数巨期迫，财力竭于外输。其原因一也。内外亟图自强，百度同时并举，他不具论，即练兵、兴学两大端，岁支之款殆不可以数计。其原因二也。各省筹款之法不必尽同，要以征榷为大宗，说者每谓征榷取之于商，固胜取之于农，不知商人重利，断不肯坐受亏耗，于是加其售价以取偿，而四民胥受其累矣。管氏之言曰：仓廪实而知礼节。民生既困，民气安得不嚣。东南江海之区支绌如此，则他省可知。风气柔弱之邦骚动如此，则他省又可知。为今之计，纵不能尽罢一切征榷，亦必务存节制，庶可补救于什一，而其势有所不行者，则以偿款无著，而新政未由措手也。

夫偿款无论已，即一切新政，如练兵以经武，兴学以育才，臣虽至愚，亦何敢谓为无关至计哉。惟念为政之道，足兵仍以足食为先，保庶有方，加教必在加富之后。况今日之陆军，是否果能御侮折冲，今日之学堂，是否果能振民育德，恐不独驽钝如臣不敢自信，即才力胜臣十倍者，亦恐难居之不疑。特以事会所乘，计非得已，倘此时停办庶政，则朝令夕更，既于政体有碍，而情见势绌，亦为外人所轻。然使循是不变，则悉索之物力有限，而推广之经费无穷，必将有傺焉不可终日者。惟有仰恳天恩，密饬在廷诸臣将陆军学堂诸事从容措理，勿事急促，一面密饬各省疆臣体察地方情形，如实力有未逮，准就已练之兵，已兴之学，认真整顿，毋庸汲汲扩充。其余新政事同一律，冀以稍纾财力，与民休息，俟数年之后，闾阎元气大复，庶几民和政举。

抑犹有进者，近来预备立宪之举，颇为海内欢迎，而欢迎之故，无非歆动于地方自治之一言。其实程度未到，自治恐为召乱之阶。即仅仅更改官制，似无大弊，而多更一制，即多一耗财之地，多设一官，转多一倖进之门，部臣筹费无出，责之疆吏，疆吏责之州县，州县舍百姓将谁责耶。惟有仰祈宸衷独断，凡一切改弦更张之举，已经宣布者不论，其尚未宣布者，暂缓施行，未始非隐培元气之一道。当此天下靡然，无人不言变法，无人不讲维新，而臣独为此迂阔之论，岂非不识时务，甘冒天下之不韪哉？然而静观人事，实有积薪厝火之危，默察天时，宜防履霜坚冰之渐，自维受恩深重，何敢缄默不言。况以皇太后、皇上宵衣旰食，轸念民依，不惜发帑蠲租，为穷檐力谋生聚，而内外臣工仍徒事涂饰耳目，不知思患预防，万一萌蘖不已，将寻斧柯，其何以仰副朝廷付托之重？用敢披沥直陈，恭候圣明采择。不胜惶悚之至。理合缮折密陈，伏乞皇太后、皇上圣

鉴。谨奏。

《清末筹备立宪档案史料》，第 176—178 页

两广总督岑春煊奏请速设资政院代上院以都察院代下院并设省谘议局暨府州县议事会折[①]

光绪三十三年四月三十日

太子少保、头品顶戴、两广总督臣岑春煊跪奏，为大局阽危，谨拟预备立宪阶级，请旨饬议施行，以期维系人心，巩固邦本，恭折仰祈圣鉴事：

窃臣此次入都陛见，迭蒙皇太后、皇上训诲周详，并谕以行政之要，在于上下一心，内外一气，事事认真，仰见圣谟宏远，力戒因循隔阂之至意，此诚致治之本原，而即立宪之精义也。臣伏读上年七月十三日上谕：廓清积弊，明定责成，必从官制入手。又伏读上年九月二十日上谕：此次厘定官制，据该王大臣等将部院各衙门详核定章，业经分别降旨施行，其各直省官制著即陆续编订，仍妥核具奏。等因。钦此。

臣在两广总督任内，接厘定官制大臣电，以外省官制分第一层、第二层两种办法，究竟程度何者为宜。业经臣电覆以第二法于现行之制无所出入，第一法博采众议，大率为实心改革者人人意中所有，既与各国立宪官制不甚相远，请即毅然行之等语。诚以预备立宪固在事事认真，而政治机关非斟酌变通，无以收推行尽利之效。臣通筹中国情形，旁采列邦宪制，以为今日亟宜诏示天下臣民，以预备立宪之阶级，敢为皇太后、皇上缕晰陈之。

窃观今日世界，殆无无宪之国，无论何种政体，变迁沿革，百折千回，必归

[①]《光绪宣统两朝上谕档》第三十三册第68页载："本日两广总督岑春煊奏谨拟预备立宪阶级请旨饬议施行一折，奉旨：著内阁、各部院会议具奏。其外省设咨议局各节，著各省督抚妥议具奏。钦此。"

二、立宪的策划、措施的公布及清政府高层的讨论

于立宪而后底定。中国三代后之天下，历祚最久者，无如汉、唐、宋，而唐、宋不过三百年，东西汉不过四百年，即上溯姬周，亦不过八百年。立宪则万众共戴一尊，即万年不易二姓。是定一统之天下者，太祖、世祖，定万年有道之天下者，我皇太后、皇上也。然欲行立宪，其预备之方法不应托诸空言，而当见诸实事，不必设为理想，而可得之模范。何谓实事？如改更外省官制及设立资政院是已。何谓模范？如开都察院会议以代下议院及各省设谘议局会议，各属设议事会是已。钦惟上年谕旨，原以变通官制为立宪之预备，又以厘定外省官制为饬治恤民之要务，煌煌圣谟，中外同仰。乃厘定外省官制之举，始而电询，则各疆吏意见不一，继而拟出草案，言者又谓为可缓，计自饬议至今，已逾半岁，而改定之制，颁行之期，尚无端绪，来揣摩之疑，召讥刺之口，非所以昭信于天下也。在论者不过谓无经费，殊不知现在各省局所林立，大省经费不下数十万，小省亦不下数万。臣核草案所拟，如督抚幕僚及布政五使，下而至佐治各员，添官均非甚多，若以各省局所经费及州县延宾幕者移为此用，似未见其不敷也。议者又谓各省水旱频仍，民情惶惧，不如俟年丰人乐，然后议行。窃谓改官制者乃以求治，如官制果行，任用得人，则民政、财政、学务、实业无一不举，水旱盗贼自可设法补救，不至如今日之甚。即如外官之制多因前明，然流寇、会匪之乱，无时或息，是地方不靖，未始非官制未善有以致之，此断不可缓者也。议者又谓无人才，不知人才之兴端由作育，如昔之捐保丛杂，考核无法，则有用可化无用，中材可成下愚，以言求才，亦自不易。若官制改后，人有专责，职有专营，修举者进，废弛者退，何患无才。今学堂广立，专门日多，皆以待国家之用，岂虑少任使之人。唐臣陆贽曰：弃短录长，则时无可弃之士。此皆所不必虑者。总之，现议官制已系酌就时宜，将来尚须厘改，方合宪法，并此不能，何望进步。伏恳严饬总司核定官制王大臣迅速议上，以慰中外望治之忱。

伏读厘定官制上谕，应行增设者，资政院为博采群言，著以次设立，等因。查资政院议案以恭绎谕旨：大权统于朝廷，庶政公诸舆论。若仍用保举徵辟之法，与原设政务处无异，即与谕旨公诸舆论之意不符。惟专设一舆论总汇之地，并以百数十人为四万万人之代表，通国之欲言于政府者移而归诸资政院，仍限制该院只有建言之权，而无强政府施行之力。使资政院当舆论之冲，政府得安行其政策，用意至为深远，与日本初设元老院之意隐相吻合。而资政院官制，参议员

有钦选、会推、保荐三种办法，其督抚保荐，由各省学务公所及教育会、商会、地方自治各局所先行公举，惟合二十二行省共举六十六人，似嫌其少。然甄择地方之代表，预树国会之先声，盘庚诞告有众，咸造王庭，周礼司寇致万民于外朝，而询国危国迁。不必侈谈欧制，而固已诉合古初，此为立宪国骨髓之所在。应请重申前旨，即按照前议官制，增设资政院衙门，宣示该院办法，庶天下臣民晓然于十年准备，有息息相通之隐，而民气疏达，不致横决难收矣。

督抚者，外省最高之行政官，即政府之代表也。乃者西人既笑我十八省为十八国矣，以臣观之，微特十八省而已，此省与彼省固疆线之甚分明，前任与后任又意见之难融洽，推而至于司道府州县皆然。若明定宪法，则无论此省与彼省，前任与后任，咸奉宪法为依归，如神圣之不可侵犯。查日本自明治四年至二十三年，历次派员赴各国考察，始草定议院章程，综二十年间，派员考察者凡三次，比其回国，则予以起草或总纂之责任，其择才也严，故其收效也宏。顾日本幅员狭，又先罢诸藩之制，故朝廷之命令，推行举国而无阻。中国各省辄藉口于因地制宜之习惯，于是彼一是非，此亦一是非，论者不揣其本，更托为中央集权之说，欲收一切财政、兵权，以为暗师日本削藩之议。不知中国幅员，固非日本所可比例，且军兴以来，督抚之权似已稍重，然进止机宜，悉秉庙谟，大难敉平，幸赖有此。中国政体早含有中央集权之习惯，天下更安有无四方而成中央者哉。恭绎列朝圣训，于治臣御侮，皆注重疆臣，以矫宋明重内轻外之弊，近如英之属地，美之各省，亦不能不委重权于驻守之臣及一省之长，更可证四方之与中央有相为维持之道也。故今日扼要之图，不患不能齐壹天下之命令，而患不能齐壹天下之心志。欲先齐壹督抚之心志，则宜寓下议院之制于都察院，以考核督抚，而令各督抚于年终派员来京会议于资政院、都察院，以讲求实政，而渐谋画一之法。盖各省风气不同，财力不同，或东南已有灿具之规模，西北尚少开通之气象。或一以经费较充而新政渐兴，或一以筹措维艰而举行尚缓，或名为已办而实托空谈，或勉为创行而轻滋流弊，皆非详为考核，将再数十年，恐亦无成效可言。近各省所造州县事实，虽皆按门胪列，殊不尽确，此宜以岁终督抚所报，下之都察院，令某道应管某省事务御史，考核所报之虚实。凡京官籍隶某省及虽非本籍而曾官某省，并各省绅商确知本省情形者，皆准具议单。与某道考核之议询谋既同，与督抚所报不符，凡虚而不实，办而未善，暨各省已行而一省未行者，皆下该省详核具覆,既覆而仍欺罔推诿者劾之。有应行而难行或应另筹办法者,或应改良者,均令督抚于年终派员来京赴资政院、都察院会议,渐规画一办法。既决议,则禀政府请旨行之,督抚坚持异议而实龃龉者,纷更前政而无补实际者,亦由御史劾之,办理有效者奖之。此所谓壹督抚之心志也。

一省者,府州县之所积也,其风气之不同,财力之不同,此州县之视彼州县,亦犹此省之视彼省也。则宜于各省城设谘议局,选各府州县绅商明达治理者入之,候补各官及虽非本省官绅,而实优于政治熟于本省情形者亦入之,皆由督抚会集官绅选定,以总督充议长,次官以下充副议长,凡省会实缺各官皆入谘议局。督抚监督之办法有三:一以州县所报政事询之绅商,而核其虚实。一令在局各官员、绅商条举利病,而下之州县询其能行与否,并酌筹划一办法。一令州县于上司政令有所难行,辖境利病有所兴革,皆准本人来局会议,其岁终会议,则由州县官派得力绅士来省赴院禀议,一如各督抚派员赴京会议办法。议既决,则请督抚批准行之,欺罔推诿者劾之,有效者奖之。凡谘议局议行者,后任督抚不得辄改,下至州县亦如之。此又以齐州县之心志也。

其尤要者,都察院会议、各省谘议局会议,未闻议之前,朝廷指明应行研究之条文,先期延请通人编为讲义,颁示京外各官,使人人备有普通之常识,庶莅会时咸知以法律为归宿,而不至以意见为是非,能由京师各部院为之倡率,则造车合辙,内外颙然,更为握本探原之办法。如蒙俞允,应请饬下总司核定官制王大臣,详订会议规则,咨行各省,俾资遵守。此以都察院代下议院即国会也,省城谘议局即各省之总议院也。

如是犹恐乡里民情不通,民识不开也,则宜设府州县议事会。查宪政原理,苟非人民得有参政权者,决不足语于宪政。欧美宪法,往往由其国君主褫夺人民之权利,徵收不法之租税,横暴过甚,于是人民各思自为保障,激于反动,而成为民约宪法。难者必曰,我国家深仁厚泽,所以保障吾民者,既周且至,保为必导以宪法而自扰乎?是说也,臣尝疑之。虽然以一人而保障千万人,与千万人之自为保障,且使一人之地位愈益巩固,其为得失相去何如。且闭关时代,所谓保障吾民者,施之也或易,今且情见而势日益绌,自五洲交通,国与国之人民日相见于盘错之地,设彼国之人民人人能自为保障,而我国之人民必依赖少数人之保障,而此少数人者又浸淫失其保障之具,其为得失相去又何如。且所谓人人自为保障者，非谓轶出乎一人范围以外也，本人人心意之所同，而制为一定之宪法，一人遵守之，千万人亦遵守之，此即所谓法人也。惟其制定之在上，故谓之钦定宪法，惟仍须得人人心意之所同，故上下议院之制不可不预备。臣已请速设资政院以立上议院之基础，并以都察院代国会，以各省谘议局代议院。拟请于各府州县繁盛地方及通商口岸皆设议事会，令官绅商耆集议，附设自治研究会，以讲论国民一体，各项选举，各项徵税之格令，庶上可膺资政院之保荐，下可成府州县议会之组织，而范围保障吾民之效，自可徐收。此皆预备立宪之阶级也。

以上各节，非先颁行厘定外省官制及设资政院，则不足昭天下人之信义，非在京设都察院会议，在省设谘议局会议，则不足提振行政官之精神。而亟亟焉培养全国命脉计，即为宪政本原计者，则地方议事会与夫地方自治，二者相为表里，其尤要也。夫国家之有人才，犹地中之有水也，大者为江河，小者为沟洫，顺水之性而已。湮之决之，奔溃千里，向恃水以为利者，而今适蒙其害，岂水之过哉，水失其性使然也。国家之于人才也亦然。若者为选举时代，若者为科第时代，以为人才所归宿，而可以入吾彀中也。科第既废，选举又不复行，则彼所谓人才者，挟其聪明才力，安肯寂寂焉以待死牖下，遇有惊异可喜之境，即不啻负之以趋，待其趋焉，而始为摧挫薙狝之计，摧挫薙狝之不尽，向恃人才以为用者，今惟人才之为患，是岂亦人才之过哉。顾又戚戚曰：无人才，无人才。将彼所谓人才者，别有所谓聪明才力，抑仅此二三狷薄与夫尸居余气自命老成者流，以浮沈没齿，此臣所窃窃然引为疚心，而欲以地方议事会与地方自治为归纳人才之地，使此辈聪明才力务合于正当之作用，而不至恣肆溃决，使啸聚海外者为同声之应，夫亦圣明所垂许，而四万万人所馨香祷祀者与？至于立宪之利与不立宪之害，上年考察政治诸臣回国言之已详，无庸臣之多赘。

所有微臣怵于大局阽危，谨拟预备立宪阶级，请旨饬议施行各缘由，恭折具陈，伏乞皇太后、皇上圣鉴训示。谨奏。

《清末筹备立宪档案史料》，第 497—503 页

二、立宪的策划、措施的公布及清政府高层的讨论

准臣下上书陈立宪预备事谕①

光绪三十三年五月二十八日

光绪三十三年五月二十八日，内阁奉上谕：朕钦奉慈禧端佑康颐昭豫庄诚寿恭钦献崇熙皇太后懿旨：直省官制，已据王大臣议拟饬行试办矣。惟立宪之道，全在上下同心，内外一气，去私秉公，共图治理。自今以后，应如何切实预备，乃不徒托空言，宜如何逐渐施行，乃能确有成效，亟宜博访周谘，集思广益，凡有实知所以预备之方，施行之序者，准各条举以闻。除原许专折奏事各员外，其余在京呈由都察院衙门，在外呈由各地方大吏，详加甄核，取其切实正大者选录代奏。但不得摭拾陈言，亦无取烦文词费，只要切合时势，实在可行者，逐一具陈，以便省览，而资采择。总之，此事既官民各有责任，即官民均应讲求。务使事事悉合宪法，以驯致富强，实有厚望。钦此。

《光绪宣统两朝上谕档》第三十三册，第93页

赵炳麟请清政源以为立宪预备疏②

光绪三十三年六月十八日

奏为请清政源以为立宪之预备，恭折仰祈圣鉴事：

---

① 标题为编者所拟。
② 标题为编者所改，原题为"请清政源疏"。

窃臣伏读谕旨，令内外臣工条陈宪法，仰见朝廷孜孜求治之至意。臣愚以为，各国宪法，固宜旁搜博采以备仿行，我国旧制含有立宪性质者，尤宜切实遵行，以为立宪之预备。夫宪法之妙，全在三权分立，政府总握行政大权，上受君主之命，下为民人所赖，故政府之对君、民，应自负其责任；君、民之对政府，应各施其监督。此固无论君主立宪、民主立宪，皆以是为不易之法也。我国军机处旧制，其良法美意，亦有含立宪性质，今日亟宜复行，以清政源者，请晰陈之。

一、宜复军机处署名之制也。考各国责任政府，凡用人、行政，必令大臣署名，任之专，正以责之重。我军机处旧制，亦令大臣署名，伏读乾隆三十年闰二月上谕："向来军机大臣寄信谕旨，该督抚等复奏时止称接准廷寄，并不书写承旨衔名，于体制殊未允协。嗣后各省督抚等接准军机大臣遵旨寄信传谕，有应具折复奏者，俱著将寄信内所开承旨人名一一开写，不得但称廷寄及军机处字样。可于奏事之便，传谕各督抚，一体通传应行奏事之各该衙门遵照。钦此。"三十六年二月驾巡山东，大学士尹继善、刘统勋，协办大学士尚书刘纶俱未随扈，经军机处奏请，面奉谕旨：清字寄信，著尚书福隆安署名；汉字寄信，著尚书于敏中署名。以此考之，凡传谕、保人，无不署名以当责任矣。自署名之制废，于是传谕以无考核而前后不免参差，保人以无责成而贤佞不免杂进，甚且善则归己，过则归君，其弊至于无所底止。拟请旨申明旧制，凡传谕之事，无论为明谕为密谕，皆署拟旨大臣衔名，以备考核；凡保人之事，无论为明保为密保，皆署原保大臣衔名，以当责成。即缮拟电谕，面保人才，亦必署名存案，务使档有可稽，责无旁贷。臣所谓清政源者，此其一也。

一、宜复军机处稽查之制也。夫立宪之事，累千万言莫究其端，而其义可一言尽之曰：君民共治而已。民之所以能共治于君者，曰举代表监督政府而已。唐太宗令谏官随宰相办事，千古传为美政。我高宗时军机大臣和珅、阿桂等不睦，办事异处，御史钱沣持旧制论之，高宗嘉纳，令钱沣稽查军机处。嘉庆五年十一月，仁宗以军机处宜严密肃清，命科道各一人进内稽查，此皆隐合监督政府之意。自稽查之制废，于是传谕参差，保人滥冒，皆无所举发，而国事多误于无形之中矣。拟请旨申明旧制，每月之杪，钦派给事中、御史各一人，检军机处本月档案，逐一清查，倘有传谕参差、保人滥冒之事，指名奏劾，按律严惩。务使责

二、立宪的策划、措施的公布及清政府高层的讨论

任既重，监督又严，自不敢不慎勉从公，共襄危局。臣所谓清政源者，此其一也。

以上二条，皆我旧制含有立宪性质，应请饬交政治馆王大臣会议施行，天下幸甚。伏乞皇太后、皇上圣鉴训示，谨奏。

光绪三十三年六月十八日上。奉旨：留中。钦此。

赵炳麟：《赵柏岩集·谏院奏事录》卷三，民国十一年全州赵氏铅印

内外官员妥议化除满汉畛域办法谕[①]

光绪三十三年七月初二日

光绪三十三年七月初二日，内阁奉上谕：朕钦奉慈禧端佑康颐昭豫庄诚寿恭钦献崇熙皇太后懿旨：我朝以仁厚开基，迄今二百余年，满汉臣民从无歧视，近来任用大小臣工，即将军、都统，亦不分满汉，均已量才器使。朝廷一秉大公，当为天下所共信。际兹时事多艰，凡我臣民，方宜各切忧危，同心挽救，岂可犹存成见，自相分扰，不思联为一气，共保安全。现在满汉畛域应如何全行化除，著内外各衙门各抒所见，将切实办法妥议具奏，即予施行。钦此。

《光绪宣统两朝上谕档》第三十三册，第133页

---

① 标题为编者所拟。

御史江春霖奏立宪宜先务理财
并宜变通学制酌定律例消弭党祸等事折

光绪三十三年七月初二日

掌新疆道监察御史臣江春霖跪奏，为应诏陈言，仰祈圣鉴事：

窃臣恭读本年五月二十八日上谕，钦奉皇太后懿旨：直省官制已据王大臣拟议饬行试办矣。惟立宪之道全在上下同心，内外一气，去私秉公，共图治理。自今以后，应如何切实预备，乃不徒托空言，宜如何逐渐推行，乃能确有成效，亟宜博访周谘，集思广益，凡有实知所以预备之方推行之序者，准各条举以闻。等因。钦此。臣谨按东西宪法互有不同，而下顺民志，上仍不失主权者，当以日本所定七章七十六条为切近，其大旨则不外君使臣以礼，臣事君以忠，民之所好好之，民之所恶恶之。欲行则行，无所用备，行则俱行，无所谓渐，特是法者形器，而行此法者精神作用。孟子曰：徒法不能以自行。又曰：当务之为急。此则预备逐渐之谓也。不揣愚昧，敢以未载宪法而与宪法隐相维系者，敬为我皇太后、皇上条举言之。

王制，冢宰制国用，必量入以为出，立宪则量出为入，宪法所以贵预算也。然直省自摊还赔款，举行新政以来，用如泥沙，取尽锱铢，搜括已不留余力。设更额外科派，无论民不堪命，或激事变，即踊跃输将，亦如罗雀掘鼠，必有雀鼠俱尽之一日，是宜以节财用为首。超出之数，不派田赋，则派捐税，而田赋之欺隐拖累，事非一朝，捐税之浮收匿报，弊更百出。贫富久失平均，多寡并无定准，畸轻畸重，旧贯难仍，孰减孰增，新章未订，款若不敷，算何从起，则稽赋税次之。宪法文武之俸给，定自国君，我国旧时廉俸虽薄，内外之以优差美缺致富者未乏也。而此请津贴，彼请公费，盈余归公，闻者盖尠，浮费增多，向隅之叹转甚，相形见绌，奔竞之习遂成，既坏官方，复糜帑藏，按之于法，殊不谓然，则清陋规定正俸又次之。凡此皆理财之事，即日本宪法第六章之会计，顾乃立在先者，譬之富室陵替，罄竭蓄积以营商业，而物价不知，费用无节，豪奴刁仆冒滥开支，不至于破家荡产不止，遑论其他。臣所谓日夜思维，沾沾以此为先务也。

虽然，当务止此而已乎？未也。臣请更逐条举之：其一则变通学制。今言立宪者亦以民智未开，筹及强迫教育矣。抑思向时蒙学所需无几，民犹多不识字，矧学堂之费倍蓰于昔乎，不富未有能教者也。计惟稍宽奖格，订浅近教科之书，遍颁中外，选村居生童之秀，俾任师资。其实无力入学者，则略仿宣讲行之，庶教育可期普及，不同言大而夸耳。其二则酌定律例。行政、司法必区以别，稍知宪法者皆能言之，而刑事、民事之裁判，互相驳诘而莫衷一是。今虽议改按察使为提法使，由东三省先行试办，而律例未定，旧者习烦苛而不知变，新者务宽大而不足惩，设非参酌中西，宽猛互济，庸有裨乎。其三则简约警章。设巡警道俾司警政，诘奸缉盗，计无逾此，然城市人烟稠密，经费已苦难筹，推之僻远乡村，贫瘠何能供给。靖豪强而不足，扰良懦而有余，除城市外，亦只就旧有保甲量为推广改良可矣，尽用警兵害多而利少也。其四则折衷公论。设乡官立议会，皆立宪所不可缓，然程度未足，遽行设立，上蔑长吏，下陵乡里，势所必至。谓宜先令道府州县，遇有重要事件，皆许绅民陈论，择善而从，善钧从众，贪酷无所容其私，即地方不啻于自治，斯乡官议会之权舆也。其五则挽回风气。论治于今，皆谓习尚愈侈，人格愈高，以费广财散，而贫民得分其利也。然为守钱虏言，似亦近理，独无解出于士大夫之口耳。居位无能，宰相已称伴食，朘民蠹国，不知是何居心，此风不革，长此安穷，斯侈靡之俗宜变也。其六则爱惜土物。保存国粹之说时有所闻矣，而器具外洋，衣服外洋，饮食外洋，戏玩外洋，甚至珍禽奇兽，昔人贡而不受者，亦于外洋购之。就令事事物物皆胜于我，耳目口体之奉，所益几何，矧更有损而无益乎。国粹不保，弃其礼义，土物不爱，失其权利，相提并论，其害维均，此诡异之好宜禁也。其七则消弭党祸。始议立宪未及二年，炸弹起于车站，洋枪发于学堂，而金华捦获之王秋氏，且以女流而为刺客，党羽散布，可为寒心。然来歙遇刺，何伤于汉，元衡被击，未损于唐。严加防范，徐图解散，无能为耳。激之生变，势且燎原，斯静镇之道，无用张皇也。其八则责成功效。倡行新政，诸臣兴一事必曰试办，立一法必曰试行，用一人必曰试署，意谓当如古之明试以功矣。乃事尚未办，法尚未行，而所用之人，由试署而实授者有之，由实授而升迁者有之，由彼调此，由此调彼者又有之，名曰选用专门，实则夤缘捷径，不责成效，安得真才，斯考绩之事，不容宽假也。以上各条，虽与宪法或不相涉，要之立宪止求富强，此而不讲，恐求富强愈益贫弱，臣所谓隐相维系者此也。

抑臣更有请者，王者劳于求贤，而逸于任人，尚侍得人，则一部事治，督抚得人，则一省事治，军机得人，则因数人而得数十百人，而天下事无不治。人于何得，采舆论、察素行、综核名实，信赏必罚而已。功效显著，疏贱必庸。罪状昭彰，亲贵不贷，针灸治病，刲割去毒，寒热不消，元气不复，腐烂不尽，血肉不生，弗忍支体之痛，而贻腹心之忧，当断不断，自古及今未有能治者也。

臣学识迂疏，极知无补，诏旨垂询，难容缄默，冒昧上陈，伏乞皇太后、皇上圣鉴。谨奏。

《清末筹备立宪档案史料》，第 203—206 页

御史赵炳麟奏组织内阁宜确定责任制度折

光绪三十三年七月初三日①

奏为组织内阁，宜确定责任制度，以为立宪之精神，而免专权之流弊，恭折仰祈圣鉴事：

窃闻朝廷纳直隶督臣袁世凯之请，建立政府，组织内阁，臣素持议院与内阁同时成立之说，盖以议院司监督，内阁负责任，二者并立，方免偏重。今既决意先立内阁矣，惟监督机关必须设立，请详陈之。

夫立宪国之贵有政府者，贵其有责任制度也。欲责任制度之确立，必有司督

---

① 此为朱批政务处议奏日期。《光绪宣统两朝上谕档》第三十三册第 134 页亦载有上谕"交会议政务处议奏"。

责之柄者,故东西各国政治家皆以英内阁代表全球,曰责任内阁,亦曰正统内阁。其制度之发明,当初有通常会议及永久会议议员,皆带监督行政之职守,终遂辅弼君主而司政治,后乃自其中特选数人,开枢密会议,通常、永久两会皆失势力,全权归于枢密。久之,君主以枢密不便,更选人入内阁,始有喀宾内阁之名。初无所谓党派,及威廉三世时,政党角立,互相争执,君主拣会中多数党派,使为内阁,而行其政见,政党内阁,滥觞于此。其内阁大臣对任命之君主有责任外,下为议会多数反对,即不能居其位,别易一新政党以随其后。故日本宪法第五十五条大书特书曰:国务大臣辅弼天皇,如失其道,任其重责。伊藤博文解其义曰:大臣掌行政强权,不独在于将顺参赞之职,又居匡救矫正之地,宜以躬任其责,若大臣而无责任之义,是行政权力得逾法律之外,而法律徒为空文。故大臣责任,实为立宪及法律之根据也。臣不揣梼昧,谨就确立责任之义,条陈管见于左:

一、政权兵权不可混合。内阁总理大臣权势极重,君民得恃以施责任之实力者,惟总理大臣不掌海陆军而已。万国宪法,皆以统帅海陆军之权专属君主,无论皇族分掌,将领分掌,但为内阁总理者,即不得兼掌海陆军,此不易之理也。汉时丞相掌政权,太尉掌兵权,御史台掌言论权,此中国政治上之三权,未可稍混。王莽以大司马而秉政,则汉移于新;曹操以丞相而专兵,则汉绝于魏。乃知政权兵权混合,皇室失其尊荣而陷于至危,小民受其压制而无所控诉,患孰甚焉。宜明定限制,凡为内阁总理大臣及副大臣者,不得兼海陆军与参谋本部之任,永著为例,俾大臣得专心于辅弼,而君民得实施其监督。诚第一要著也。

一、资政院宜实有议院之性质。议院者,立于人民之地位而监督政府者也。中国国会未能成立,资政院宜预备为国会一部分之上议院,须别以议院法令定之,与官制之性质迥相径庭,宜与政府分离,不为政府兼并。宜就钦选、会推、保荐三法,选通达治体、极言敢谏之人组织是院。凡院中所陈,得过半人数同意之决定者,政府不得拒绝;政府如违法失政,得院中人数过半同意之弹劾者,必付行政裁判官评议,其重大者,政府不得居其位。彼此相维,跻于完善,非此不可。故资政院必须先内阁而建也。

一、审计院及行政裁判院宜同时设立。君民所以实握督责之机关者,曰检查岁用,曰行政诉讼。审计院不立,则行政官之岁入岁出、借贷国债,皆无人过问，而财政上之责任弛矣。行政裁判院不立，则行政官之畸重畸轻、违背宪法，皆无人评定，而法律上之责任弛矣。欲行责任制度，必立监督机关。宜照光绪三十二年编定官制原案，将审计院及行政裁判院同时设立，而实行其职务。一以坚国民之信服，一以制行政之专横，庶责任机关较为完备。

一、都察院必须整顿。我国国会未立，资政院势力尚在幼弱，恃以操责任之实权者，在乎君上。都察院给事中、御史等官，不可撤其奏事之权，以备君上之耳目。宜照光绪三十二年编制局所定都察院原案，切实施行，并宜仿会推、保荐之法，选明达正直人员，以充是职。现在院中有不合言职者，酌量改外，特宽其格，在京历俸六年，准其保送以道员分省候补；在京历俸不满六年，准其保送以知府分省候补。满汉一律严加甄选，使与资政院同立于监督行政之地位。他日国会成立，此院方行裁撤，未为晚也。

一、内阁大臣必定任限。内阁大臣权势既重，责任又严，任限过久，恐其有专横之忧，且精神亦或不济；任限过暂，不能收措施之效，且政本亦多动摇。应酌定任限，凡内阁大臣无论总、副，皆以三年为一任，良者再任，不得连三任，间一任或二任之后，仍可复任。其退任者，或留京以备顾问之资，或退息以遂山林之乐，听其自便。若有大不当之事，被资政、都察两院过半同意之纠弹者，付行政裁判评定而行罢黜之典。如有小过，施以正当之处分，不宜轻忽易相，以致政事之无效也。

以上五条，明定责任之制度，确立监督之机关，如组织内阁，似皆不可偏废，方能维持秩序，而无患气之乘。倘各种监督机关全不预先设立，骤建此无限制之政府，臣恐大权久假不归，君上将拥虚位，议院无期成立，小民莫可谁何。颠覆之忧，将在眉睫。此固非朝廷之福，又岂政府诸大臣之福哉。是故非先设各种监督机关，责任制度断不完全，甚非所以预备立宪之义。臣以兹事关系国本，谨竭愚忠，冀邀采择。应请饬交王大臣一并会议具奏。不胜悚惶待命之至。伏乞皇太后、皇上圣鉴训示。谨奏。

光绪三十三年七月初三日奉旨：会议政务处议奏。钦此。

《政治官报》第六十九号，折奏类，光绪三十三年十一月二十九日出版

裁缺通政使郭曾炘奏宜徐议宪政折

光绪三十三年七月初五日

侍郎衔裁缺通政使司通政使臣郭曾炘跪奏，为敬陈管见，仰祈圣鉴事：

窃臣恭读本年五月二十八日奉上谕：朕钦奉慈禧端佑康颐昭豫庄诚寿恭钦献崇熙皇太后懿旨：立宪之道全在上下一心，内外一气，去私秉公，共图治理。自今以后，应如何切实预备，乃不徒托空言，宜如何逐渐施行，乃能确有成效，亟宜博访周谘，集思广益，凡有实知所以预备之方者，准各条举以闻。钦此。仰见圣朝虚己求言，励精图治之至意。臣才识迂阔，于东西各国宪政始末，未尝身亲研究，不敢掇拾浮词，上渎宸听。惟盱衡时局，默揣事机，国是多纷，乱萌未靖，必先有以植邦本而固人心者，乃可以徐议其后。谨就管见所及条举陈之。

一曰信诏令。窃观近年以来，屡奉明诏，锐意振新，薄海士民，喁喁望治。乃或言之而未见实行，行之而莫睹成效，则改革未衷其要，转滋无识之疑，推行不本诸诚，易动有司之玩，试思百姓所依赖者朝廷，而朝廷所以取信于四方者惟命令，故书曰：王言如丝，其出如纶。王言如纶，其出如綍。又曰：令出惟行，不惟反。而大学亦致戒于所令，反其所好。今当预备立宪之时，要在开诚布公，实事求是，事有疑不妨博参群议，令既布必当坚持一心，使天下之人晓然知宗旨之所在，而后众志可齐也。

一曰筹大计。大学论絜矩之道，而终于理财，其言曰：财聚则民散，财散则民聚。前代赋税，尝有上供、送使、留州名目，而泰西各国纳税，亦分国家税、地方税为两事。曩者拳匪之祸，肇乱者近畿，而赔款遍摊于十八行省，民间已啧有烦言。近则新政所需，无不用其摊派，计臣但知提拨，不问款项之何来，疆吏无计搜罗，且复刻剥以塞责。须知敛财之术虽巧，不得谓之理财，分外之供既疲，势必弛其分内，州县私忧亏累，闾阎已罄盖藏。工厂未兴，农林未阐，萃千百万游食之徒莫为之所，而欲其各循秩序，讲公德而图治安，此必不可得之数。

若非将财政大加整理,预算、决算立表分明,酌盈剂虚,互为挹注,恐上下交困,政策终有所穷也。

一曰挽积习。中国日言变法,所变者形式而已,而数百年相沿之锢习未尝变也。以柔靡为道德,以粉饰为事功,蒙蔽拘挛,以有今日。其尤为人心世道之忧者,则在于贪冒而不知耻,苞苴馈遗,竿牍夤缘,百计钻营,昌言运动,敛民财以媚贵要,侵公帑以饱私囊,搢绅半驵侩之流,小说有现形之记,虽言之不无已甚,而事或未尽无因。夫习俗移人,贤者有所不免,名节扫地,好官谁不愿为,随波逐流,安知所届,以圣明在上,众正盈廷,崇奖廉隅,转移风气,夫岂无术。管子所谓礼、义、廉、耻国之四维者,其言可深长思也。

一曰融成见。今煽乱之徒,倡言排满,特假以为名耳,以近事证之,湘、淮起团练乡兵,未藉八旗之禁旅,辽、沈建中书行省,已非昔日之陪都,因时制宜,起有成格。臣以为方今事局危棘至此,非惟满汉不宜分畛域,凡中外臣工、皆不可稍存彼己之见,外患内讧交迫而来,推贤让能,共济时艰,犹恐不及,而默观朝士,尚或狃拘墟之故智,忘厝火之殷忧,事非同利,新旧之界立分,论或效忠,姜斐之言旋入。徒使宵旰焦劳于上,曲意调停,昔人谓去河北贼易,去中朝朋党难,意见之祸人国,诚可畏也。今资政院虽未遽立,而政务会议已有常期,拟请饬谕诸臣各矢公忠,从容商榷,深思违覆得中之益,毋蹈面从后言之习。其已经决议条目,即随时刊布,俾众皆知,公事公言,无所用其秘密,似亦稍释猜嫌之一道也。

一曰明学术。孟子距杨、墨,比于抑洪水驱猛兽,如是其难也,彼邪说之移惑人心,盖亦持之有故,而吾国士大夫读圣贤书,莫审所用,儒术久沦陈腐,初未闻实践之功,经义但弋科名,转弗坚后生之信,习见鄙夷,故诐淫之辞得乘其机而中之。夫时势非前人所逆料,使孔、孟复生今日,亦不能不研新理谋变法。然诚正治平,本末有序,纲常名教,亘古不易,今学堂功课日不暇给,人伦道德徒演空言,似宜延访通儒,取古今学派异同,编缉成书,讲明而切究之,以践履为倡导,以志节相切磋,庶可振起颓风,扶持正教,事有似迂而实急者此也。

臣愚昧之见,鳃鳃过计,是否有当,伏乞皇太后、皇上圣鉴。谨奏。

《清末筹备立宪档案史料》,第 206—208 页

两江总督端方代奏李鸿才满汉大同条陈折①

光绪三十三年七月初六日②

奏为遵旨甄核条陈，选录代奏，恭折具陈，仰祈圣鉴事：

窃据安徽旌德县廪贡生李鸿才呈称：

"伏读五月二十八日上谕：立宪之道，全在上下同心，内外一气，亟应博采周谘，集思广益，凡有实知所以预备之方，施行之序者，准各条举以闻。等因。钦此。凡在士庶，无不欢欣。不揣冒昧，妄贡愚忱，以期仰答朝廷大开言路，询及刍荛之盛意。

窃见宪政之基，在弭隐患，满汉之界，宜归大同。近者不逞之夫，倡言革命，悖逆狂谬，鼓惑人心，私放债票，密运军火，勾结匪徒，蠢然思动。甚至戕杀大员，扰乱治安。设非措置得宜，防查有法，必至破坏不可收拾，其害有难以胜言者。推其致患之由，则在藉辞满汉，欲弭此患，莫若令满汉大同，消泯名称，浑融畛域，明示天下无重满轻汉之意，并无以满防汉之心，见诸实事而不托诸空言，事事合乎立宪宗旨，人知朝廷意旨之所在，食毛践土，具有天良，必不敢甘心从逆，自罹法网矣。谨就管见所及，条举数事如左：

一、满汉刑律宜归一致。刑律者，天下之至公且平者也，画一之谓公，不偏之为平。然律载旗人犯笞杖罪，照数鞭责，军流徒免发遣，分别枷号，徒一年枷号二十日，每等递加五日，军罪亦如之，至重者不过九十日。一则赭衣道路，罪役期长，一则略示薄惩，安居乡井，显生区别，讵谓公平。嗣后满汉当同罪同罚，以归画一。有驻防之州县，概加理事衔，其同知一并裁撤。旗民案件，务照平民，归地方官办理，庶无出入之嫌矣。

---

① 标题为编者所拟。
② 为奉到朱批日期。

一、满臣不宜称奴才。孔子曰：君使臣以礼，臣事君以忠。孟子曰：君之视臣如手足，则臣视君如腹心。古昔圣贤垂训，谓待臣以礼，未闻待臣以奴。视臣如手足，未闻视臣如奴隶。我朝汉人，官无大小，自称则曰臣，满人虽以王公之贵，均以奴才自称。伏查道光五年九月十二日奉上谕：向来督抚等奏折，有关地方公务，例俱称臣，从前乾隆年间，屡奉圣谕通饬各省，自应永远钦遵。近日各省奏折不能画一，殊属未协。嗣后各省旗员，督抚藩臬，除请安谢恩外，凡奏事具折，一律称臣，以符体制。钦此。圣谕煌煌，尤宜钦遵。今外人每讥我为奴隶之国，虽非专指乎此，而此亦即其因。即曰称谓之间，无关轻重，然名者实之归，名不正则言不顺，顾名思义其谓之何，故满臣亦宜称臣而不称奴才。

一、满汉通婚宜切实推行。英国三岛相合，则起于苏格兰之储与伦敦公主结婚，麦荆来挺生，又始于斯克郎特族偕俄郎达族配偶混合，血统最足化种族猜嫌，故秦越之人，肥瘠漠视，通以二姓之好，则休戚相关，有出于不容己者。满汉通婚，已奉明诏，然行之者鲜，联合綦难，多因礼节不同，遂致推行不易。拟请饬下礼部纂修通行议定满汉联姻典礼，务求简便易行，而不偏倚，于满汉致有窒碍。将见上行下效，草野从风。十年以后，满汉姻娅遍于全国。

一、满汉分缺宜行删除。向来部院官制，分满缺汉缺，自改官制以来，此例已废，而军机为枢要之地，其章京满汉分缺如故，内阁、翰林院乃清要之班，其学士、中书等官，满汉分缺如故。他项官制业已全更，何独留此一二班阶，以存形迹。嗣后军机、内阁、翰林院应请一如各部院，简放各缺，不分满汉，则无畛域之见矣。

一、满洲人士宜姓名并列。东亚之人，先姓而后名，西欧之人，先名而后姓，未有列名字而无氏系者。惟中国隶旗籍者，率皆列名而不列姓，虽由习惯，终非大同。今后列旗籍者，亦应名姓并列。如国姓则用爱新某某，其他大族章佳、马佳诸氏，亦称章佳某某，马佳某某，余皆仿此，通与汉人欧阳、东方等双姓相同矣。其本系汉姓者，并用汉姓，尤为易泯形迹也。

一、缠足宜垂禁令。满汉显分者，为汉女多缠足，服式不同。缠足陋俗，已奉明诏，劝令官绅化导，无如积习已深，不垂为禁令，仍习而罔觉。今使一命之官十岁以下幼女不准缠足，违者罚金，且不得受封赠，但使官为民倡，陋俗自易于革除。不数年而风行全国矣。

一、京营宜改混成旗。京营二十四旗，向分满洲、蒙古、汉军三部，不特满汉显分畛域，即满蒙亦界限分明，殊难为大同表率。应请改为混成旗，于正黄、厢黄名称之下，编为左右中三营，不分满蒙汉军名目，仍合二十四旗之制。所有官缺，不分满蒙汉军，一体升转。

一、驻防与征兵办法宜归一律。各省驻防，其无用与绿营相等，又不能自营生业，故生计艰难，人才亦因而缺乏。自今以后，其教练应与征兵同，若干年入伍，若干年退伍，退伍之后，为农为工为商，一任其便，有事则征调之。所有向日马甲步诸名，一律裁撤，或发给恩饷一次，听其随意居住，自谋生理，久之自有营生之计，无须年费巨款矣。

以上数则，皆为满汉大同起见，虽云补苴之术，实与宪政攸关。苏氏曰：天下无事，则公卿之言轻于鸿毛，天下有事，则匹夫之言重于泰山。非智有所不及，明有所不察，缓急之势异也。今当泯满汉之畛域，示天下以大同，令悖逆之人无词可藉，弭无形之隐患，正不定之人心，大局安危，实系于此。生愚不知忌讳，冒昧陈言，敢乞选录代奏，不胜悚惧屏营之至。"等语。

奴才详加甄核，该生所言，尚能独见其大，虽措词尚未尽合，而命意实为可嘉。用敢代为陈奏，上备采择。所有遵旨甄核条陈选录代奏缘由，谨恭折具陈，伏乞皇太后、皇上圣鉴。谨奏。

光绪三十三年七月初六日奉朱批：会议政务处议奏。钦此。

《政治官报》第六号，光绪三十三年九月二十五日出版

两江总督端方奏均满汉以策治安拟办法四条折

光绪三十三年七月十六日

头品顶戴两江总督奴才端方跪奏：为均满汉以策治安，遵旨妥议办法，恭折仰祈圣鉴事：

窃奴才伏读七月初二日上谕（即本书所收《内外官员妥议化除满汉畛域办法谕》）。仰见圣谟广远，覆帱无私，轸大局之忧危，弭内讧之隐患，凡在臣庶，感服莫名。

伏念我朝龙兴辽沈，抚定中原，列祖列宗，大公至仁，爱民如子，立贤无方，无间满、蒙、汉人，惟其材之见任。二百年来涵濡圣泽，微特满人以从龙之余廕，感戴独深，即汉人亦明率土之大经，忠爱罔替，满汉两族，久无畛域之可言。独惜国初以来，满汉通婚者尚少，交际之间，不无隔阂。朝廷虽于满汉并无歧视，尚有一二旧制，似乎权利义务不甚均平。如从前京外诸官缺，有专为满缺者，有满汉分缺者，有满汉并用者，大约满人较汉人为多。汉人无不纳税，满人则以兵之名额，坐领饷糈，有分利之人，而无生利之人。尝考唐代府兵缘起，本为太原从义之师，虽亦别为籍，要皆散隶各州郡，与齐民无异，后世卫所之制，即仿于此，从来龙兴旧区，疏附先后奔走御侮之人，世世子孙皆仰食于县官者。

我朝满洲、蒙古、汉军编立八旗，以兵政寓民，资环卫，备征讨，法至良意至美也。入关以来，聚之于京师，散之于畿辅，驻之于各行省，历年既久，生齿日繁，一甲之丁，衍为数什百倍，一甲之粮，不足以赡此数什百倍之人，于是生计日蹙，而无可为谋。列圣其仁如天，于俸饷外，添设佐领之官，优给养育之粮，而衣食之支绌自若，盖不待种族之说兴，而谋国之士，早有以知其非计矣。至于驻防旗营之设，在国初大难甫平，人心未靖，非八旗劲旅，直无可用之兵，统以重臣，藉资镇摄，迄今薄海内外，胥归版图，留守之职，久成旒赘。

迩来攻战之术与昔迥殊，前此骑射火器，陵厉无前，今则既雨，土龙几无所用。若使四方有变，其不能藉旗营以销兵气，更不待言。就国家言之，则岁糜巨帑，以养此不能执业之人，徒为财政一大漏卮。就旗人言之，除仰食钱粮外，别无生生之策，其懦者无聊坐困，其强者悍然为非，游惰徒滋，人材亦因而缺乏。上与下两无所利，而徒以衣租食税为偏重满人之口实，而授逆党以簧鼓煽惑之资，岂不重可叹哉。

我皇太后、皇上仁明天纵，用人一秉大公。上年改革官制，各部尚、侍等缺，皆以不分满汉，即如旗都统、各省将军、副都统、驻藏办事大臣，向来专为满缺者，均已兼用汉人。兹复宣布明纶，破除积习，诚以时局艰危，非靖内讧不足以御外患。欲靖内讧必使举国一心，休戚一体，此实奠安国本之至计，而天下臣民所共欢欣鼓舞者也。

奴才历膺疆寄，体察民情，去年使事所及，复详考欧美列邦得失之故，凡合两民族以上而成一国者，苟利益轻重，稍有偏畸，相形之间，动生猜贰。驯至尔诈我虞，人各有心，嫌疑日深，杌陧日甚，则其祸患所及，危及国家，小则日即衰颓，大则立成分裂。奥大利当百余年前为欧洲第一强国，但国中种族纷岐，不能并力一心，屡经挫败，降为第二等国。其施行宪政阅五十年，至今议院互相倾轧，先私利而后公益，宪政名实不能相副，其与匈牙利合为一国者二百年，近年革命屡起，奥政府以全力镇压之，仅免分立。俄罗斯睥睨全球，然其国中种族最多，人无固志，故与方兴之日本遇，一蹶不振。近虽采用宪政，识者谓其议会之纷乱，或将过于奥大利，其能否收宪政之成效，未可知也。比利时与荷兰原为一国，那威与瑞典原为一国，以两族积不相能，比利时、那威先后脱而自立，此皆人民种族之见未化，遂至分裂。其次者虽幸未至溃裂，而其猜嫌妒嫉之故，百废无能一兴，而国势亦奄奄不振。若英国本为盎格鲁、撒逊两族所共建，而今已合同而化，绝无内讧。美国为欧洲各国殖民尾闾，各种之人麕至杂居，从未闻区种族、分党派、怀私忿、忘大计者。盖其立国无论何族人民，皆受制于同一法制之下，权利义务均平齐一，种族虽异，利害不殊，人人乐于趋公，而以阋墙为大耻，其国力因而安全发达，莫之能御。唐臣孟昭图有言，治安之代，遐迩固应同心，多难之时，上下尤当一体。此其理无古今中外一也。

方今列强环伺，虎视鹰瞵，惟有统一人心，消弭内乱，使有志之士知政府之可以有为，喁喁然思竭其才，以应国家之用，上下一心，同御外侮。若使种族之见，自生厉阶，则适予外人以绝大机缘，将恐满汉两败俱伤，同归于尽，诚有如谕旨所云，岂可犹存意见，自相纷扰者。奴才谨就管见所及，谋所以平均满汉之方，切实可行之策，敬为我皇太后、皇上缕晰陈之。

一、旗人悉令就原住地方，如军籍例编为旗籍，与汉人一律归地方官管理也。向来旗人分编参佐领为之管辖，所在地方官不得而约束之，遇有讼案，办理多歧，满汉意见均由此起。就行政而论，既动多窒碍，就国法而论，亦稍失均平，自非毅然改之，不足以成治体。查乾隆间，史书孙嘉淦疏请汉军罢仕情愿在外成家者，无论五百里内外皆听置买田宅居住，报明地方官一体纳粮当差，如有生事犯法，地方官即行究办。沈起元则谓汉军闲散，听其出旗，择便占籍，隶于有司。道光初元喀什噶尔参赞大臣武隆阿、帮办大臣秀堃疏言，京旗愿赴各省谋生者，呈明给咨赴各府州县，照商籍例编为旗籍，户婚、田土、命盗诸务归地方官管理。今拟师其意而推广之，无论京旗及屯居、驻防，一律就所在地方入籍，归地方官管理，不独均平齐一，天下之观听一新，即将来地方议会权利义务，均得与汉人一体，不致虚悬而无薄矣。

一、旗丁分年裁撤，发给十年钱粮，使自谋生理也。乾隆间御史柴潮生请给数年之俸饷以遣汉军。同治间山西巡抚沈桂芬请无论马甲、养育兵、闲散，听往各省以舒国用。今请将京外所有旗营分年裁撤，仍给十年口粮，为之安顿生计，一切善后事宜，责成该省督抚妥为经理，其将军、都统，依前此裁缺各官，以相当之缺另补。或谓自来旗人仰官廪以自赡，一旦被撤，顿致失所。不知所领官帑，不足为养，徒以禁营他业之故，如束湿薪末由自拔。今拟裁撤之日，仍给以十年之粮，则自此别谋生理，皆有世业以长子孙，二百年来屡劳圣虑之八旗生计问题，可以从兹解决焉。昔日本维新伊始，废藩置县，裁撤藩士世禄，量其旧受之禄，予以一纸债券，作为国债，岁取息焉，分年由政府偿还。当时士族多怨望，十年以后乃感其德，盖前此藩士不能营业，微禄不足自给，与我八旗人正同，及停止旧禄，受领公债，始共瞿然兴起，从事实业，不至以游民终其身。今仿行之，而易债券为现银，则仁至义尽无有加矣。

一、移驻京旗屯垦东三省旷地，或自耕，或召佃取租，以资养赡也。前大学士舒赫德尝言，养人之道，在乎因天地自然之利而利之，必使人自为养，斯可以无所不养。若按人户给衣食，虽一州县尚不能遍，况八旗之众乎。近日列强政策，竞事扩张领土，实以人众日蕃，日用之需，仅取诸本国而常虞不足。据外人之所调查而定，满洲地面平畴沃野，宜于农业，现在之农业，不过已耕作五分之一，而南北各省无不食其高粱之酒，与其豆类之油。今日满洲农业，首在开垦，开垦之要，首在移民，若将京旗丁勇，尽数抽调移驻东三省，尽开荒垦土之能事，不惟经济发舒，兼可以消外人觊觎之心，而杜其占领殖民之计。先将可垦地方详加清查，酌量容积，陆续分配，官为备舟车、给资粮以供运送，设军备、兴警察以保安全，设男女学堂以宏教育。他若农学水利，以及拓殖银行，振兴实业，皆可次第举办。或谓移屯边方，从前孙嘉淦、舒赫德、富俊、英和诸臣，先后条陈，罕见实行，不知今昔之时势迥殊，即窒碍疑阻之情形，亦因之绝异。从前旗人依光日下，仕进多途，选补升转之迟速，考试录取之易难，旗人均较汉人为优。今则在京在外，等于齐民，官缺不分，无所系恋。一也。从前交通不便，每惮远行，自非遊宦四方，或终身不出国门之外，今则汽船、铁轨一日千里，远适闽、越，不以为艰。满洲本系旧疆，尤非边远，坟墓宗亲易于省视。二也。从前以旗员领旗兵，兵与民不能耦居无猜，官与官亦复动成嫌怨。今则虽编旗籍，同隶有司，钱谷交涉，悉归管理，地方官无所用其调停，自无所用其阻尼。三也。若中外臣工，犹有设计阻挠议其不便者，则是挟私畏难，应请立予参处。

一、旗籍臣僚宜一律报效廉俸，以补助移屯经费也。裁撤旗丁给发钱粮，除原有常年经费及裁缺旗员廉俸，可以先行提拨应用外，我皇太后、皇上加恩旗仆，当不惜颁发内帑，并可饬由部疆吏分认筹拨。其移驻京旗屯垦东省，所有迁徙路费及到地修造庐舍，制办耕具，采购牛籽粮料，一切需费甚繁。应饬由部库省关，照洋防边防要需，派定数目，按期分解，如有玩误，指名奏参。此事系为八旗筹生计，为满汉平畛域，即为宗社谋治安。凡旗籍臣僚，世受国恩，移驻之人，非其宗族姻亲，即其乡邻故旧，均应互为劝导，共计久长，岂宜苟安目前，置远猷于不顾。拟请自亲贵大臣、各部院卿贰丞参至六品以上京官，外而督抚、司道、实缺府州厅县以上等官，每年均各捐廉俸一成，以十年为率，各由该管官汇齐汇解，如有能不较官阶，独捐巨款者，并许从优请奖，庶可收通力合作之效，而无时绌举赢之讥矣。

以上四条，奴才粗举大纲，上备圣明采择，如蒙宸断施行，其未尽事宜，当随时殚竭愚诚，悉心筹议，以期仰副朝廷统筹全局永策治安之至意。

所有遵旨妥议缘由，谨恭折具陈，伏乞皇太后、皇上圣鉴训示。谨奏。

光绪三十三年七月十六日奉朱批：会议政务处议奏。钦此。

《清末筹备立宪档案史料》，第926—931页

章京鲍心增条陈①

光绪三十三年七月十七日

章京鲍心增呈，为遵旨陈言，敬请代奏事：

窃章京备员郎署，将及廿年，供职枢垣，亦且十稔，窃禄太仓，愧无涓埃之报。五月初六日因截取召见，仰蒙温谕垂询，昔年随扈，又一再谕以时事艰难，要大家尽力。跪聆之下，感激忧愤，交迫寸衷，正拟勉陈时务，又恭读是月二十八日因立宪求言懿旨。伏念职分虽有崇卑，而效忠要无殊致，章京愚懵，未能识天下大计，然本来自田间，近又居乡四载，于现时草野情形，稍觉体验亲切。夫政以宜民，合天下之私情，即成天下之公理。窃谓今日图治，固非蹈常袭故所能奏功，然必一切颁异标新，大局且恐愈敝。要期本立宪精意，而因地制宜，因时制宜，以神明而变化之，虽不泥言立宪，而事事无非立宪，乃可以救今日之弊，而立自强之基。请为我皇太后、皇上披沥陈之。

一、三纲必宜护惜也。人道所以参天地而立极者曰五常，五常之要为三纲。圣王之治天下，知刑不足威，赏不能劝也，乃以纲常范天下于秩叙之中，斯冠履之分严，而乱贼不敢作，此天之经地之义，而圣人之大用也。昔西汉之季，逢萌谓三纲绝矣，决知天下将乱，其消息之微显如是。自新学争腾邪说，父子平权，男女平权，而极之于革命，三纲已几乎熄。当此天理民彝绝续存亡之际，纵赖圣主贤臣力为护持，犹恐不胜，乃近日东三省及陆军部，均奏请准以持服未满人员署缺，众情甚为骇异。查金革无避，载在礼经，实指身在行间，言乎变非言乎常也。寒素之士哀泣未已，出门谋生，此诚痛心疾首不得已之恨事，乃至富贵之家，大臣之子，几筵未撤，而受爵不让，且以不祥之身，谢恩禁内。今时势虽危，犹未闻鼓鼙而交锋镝，天下万世谓朝廷何。昔咸丰间，湖北抚臣胡林翼当用

---

① 原标题为"章京鲍心增条陈护惜三纲振兴吏治等项不必泥言立宪呈"，此为本书编者重拟。

兵之际，力辞夺情，屡诏未起。闻李续宾三河之败，则不待朝命，星夜赴营，力挽危局。惟非背亲而忘义，自能移孝以作忠，倘事亲业已不子，而事君无愧为臣者，衡之常理，殆所难信。至以旗员及军营人员，比例似亦未审。恭查钦定吏部则例，凡外任旗员丁忧，除百日后回原衙门行走外，其开缺回旗起复，均与汉员无异。京职满官丁忧，除百日后回原任供职外，二十七月内遇有升迁，仍停其开列升转。仰见圣朝教孝教忠，于满汉原无殊致，盖必父得有其子，而后君乃得有其臣也。又恭查咸丰九年十二月初三日奉上谕：军务省分丁忧差委人员，即打仗出力，亦不准请署实缺。等因。今各部新设丞参，果原任而非升转乎？抑远过打仗出力乎？呜呼，当局纵忍为之，旁观不忍言之矣。独惜狂澜方激，复煽其波，中国三纲之防，将自此决裂无馀，关乎治乱者甚大，良可痛耳。且礼部方奏开礼学馆，若三纲不存，礼于何附。应否请旨饬议停止陆军部及东三省所请，以存三纲之处，伏候圣裁。

一、吏治宜设法振兴也。天下为州县之积，未有州县悉治，而犹患天下之乱者。近年各省屡有匪徒暴动，可为寒心，剿乱之功虽在临时，弭乱之方宜在平日。又自铜元价跌，江、浙、皖等省州县，多苦赔累，每一挂牌，相率求免，似此情形，固非地方之幸，亦岂国家之福。今谨拟振兴之法，可行于久远者二，可行于目前者一。上年政治馆通饬各州县造具州县事实册，今已知其难据，似不如改由各省京官据实开报。除平等外，其优劣两等，均须详注实事，每年九月中由各该省官爵最崇者汇齐呈送政治馆，该馆王大臣分省具奏，由军机处择其优劣两等，寄交各督抚切实查覆。见闻之确，取诸乡绅，黜陟之权，仍归疆吏，如京员颠倒黑白，照例反坐，似确实而无流弊。查从前巡按之设，本属善政，乃定为经制，始利弊参半，近如福建铜币厂亏案，亦由考察大臣查出，可知偶然行之，有效无弊。似可仿巡按御史之意，每年或间年特遣廉正科道一二员，按查数省或一二省，以疏民气而通脉络，两法并行，则阶前无殊万里，而呼吸胥通帝座。此可行于久远者也。直省赔款本系加派，而镑亏四分之一，又加派外之加派，今幸镑价跌落，此项余款几数百万，窃谓亟宜减派，各省原系按粮捐集者还诸民，原由平馀提取者还之官，恤官仍恤民也。如部臣以豫防镑贵为词，则既可分摊于前，何不可再摊于后，事至万不得已，天下皆谅朝廷之苦衷矣。此可行于目前者也。

一、言路宜切实推广也。近世纲纪稍陵替矣，而恃为圣主之耳目国家之爪牙者科道耳。然天下甚大，仅恃数十言官弥缝匡救，实苦不足，近日恭奉懿旨，准京外各官呈请代奏，可谓千载一时之遇。第明诏所指，专注立宪之事，且由长官详加甄核选录代奏，犹恐直言谠论，不无阻遏之虑。似不如变通旧章，京员则无论实缺、候补，均准其或由堂官，或由都察院代奏，外官道府县则以实缺为断，准由督抚代奏，倘督抚阻遏，准其密封邮呈都察院代奏。其署任及候补各员，果确有所见，亦准督抚破格代陈，仍概不拘有关立宪与否，如此则忠义之气伸，而壅阏之弊去，其于大局所裨必多矣。夫疏逖小臣，进言非易，虽诱之使言，仍恐畏缩者多，决不虞其烦数也。

一、政务处宜广设议员也。各部院正卿，现均兼参预政务大臣，以时会议于政务处，善矣。惜有大臣而无议员，近有请以科道会议代下议院者，然科道中漠视国事自同寒蝉者亦复不少，亦非人人可用。似不如择廉正通达抗直敢言之科道，再责其同僚同乡保任有十人以上者，准兼充政务处议员，合满汉约可得三十人，不足则暂缺。有要政先令各抒所见，分别可否，然后诸大臣综合会议，而折衷于宸断，此合外洋公举议院两法而会通之，简捷易行，略无流弊。盖事贵略形式而取精意，中国议院目前断难成立，此法所用虽止三十员，而保任者数逾十倍，且众目具瞻，一有偏私，参劾随之，所用者即不啻千数百人。而折衷以定行止，仍在宫廷与枢辅，是盈廷少聚讼之纷，而至尊无孤危之虑，此真立宪精意万善之本也。倘此数十员不能用，尚能用千万人乎，势必徒属空言矣。

一、赏罚宜伸大权也。近日督抚举劾一疏，或至数十员，奏上奉旨，中外亦为惊心。然此乃督抚仰藉圣主威灵以行其政，仍督抚之赏罚，非朝廷之赏罚也。谨按嘉、道以前，如藩臬获罪，督抚必为任过，诚以同城僚属，非党恶朋欺，何至不能觉察，督抚而党恶朋欺，朝廷将何所倚赖乎。赏罚之大者，其在是矣。近日江宁、福建铜币厂皆出巨案，而委用之督抚，概未深究，此疆臣所由罔知谨懔，而无以大畏民志也。现时世局，可谓存亡危急之秋，一牧令不得其人，则一州一县立可乱，况在道府藩臬乎。本年二月十九日召见新授庆远府知府全兴，奉旨令张鸣岐察看是否胜任，窃不禁感叹我皇太后、皇上为百姓劳心至矣。倘督抚悉能仰体宵旰焦劳，当用人之始，在在为官择人，不为人择官，则宫廷之劳心，赖有所分，而天下不难大治。惟朝廷专以僚属之功罪，为督抚之赏罚，庶几生其敬畏之忱。至部院大臣用人之得失，应否一律严定责成，伏候圣裁。

一、人才宜豫为甄择也。圣人对鲁君曰：举直错诸枉，则民服。举枉错诸直，则民不服。言用人之得失，关乎通国民心之向背，其重大可知。而今日中国用人行政，尤为五洲各国所环觇而密伺，用得其人，则觊觎潜消，用失其人，则阴谋益亟，其关系重大更何如乎。今居高位受重任者，为部院大臣及各省将军督抚，不过数十人耳，未知其中为皇太后、皇上所深信公忠廉直，能为国家殚血诚任艰巨者，居多数乎，抑少数乎？如并少数而亦不能深信，岂不可危。夫大臣、督抚不过三十余人，而储才之数，必常有余于用才之数。从前翰詹科道，递升卿贰，而部曹不与，既失之偏，今则专拔自丞参，或春为郎员，而冬为尚侍，其偏愈甚。至督抚率自藩臬擢用，而今日藩臬之贤否，率决于督抚之褒贬，其不可恃亦多矣。又出使各国大臣，为国家外交之代表，比诸出师命将，同为重任，今不问其居心之忠伪，（制）〔志〕行之廉污，而第取能外国语言者用之，且概由一人列保，遂多不符人望。窃谓中国议院未立，决难用外洋公举之法，然时势危急，进退人才，为天下存亡所系，任私不如任公，信寡不如信众，纷更于已用之后，不如慎重于未用之先。凡大臣、督抚有所保荐，无论为丞参，为出使，为藩臬道府，凡经奉旨存记者，似均可悬其名于政治馆，俾各大臣及议员详加考察，限于半年内，或公揭，或单衔，声明可否，上备睿裁。如此则圣心不劳，而有虞舜知人之哲，徼倖既绝，而庶绩可以咸熙矣。

一、宜均禄而惩贪墨也。中国自元、明以后，官俸太薄，百弊丛滋，近以外洋相形见绌，优给养廉是也。然闻外洋官俸资用有馀，从无因官致富之事，而日本俸给尤逊西洋，今我新设各署，一司官月给数百金，毋乃太过。至外省州县优缺，有岁入数万金者。似宜提出分贴瘠缺，令至优之缺，岁入勿过万金，其亦足矣。湖北淮盐督销局一差，岁入六万金，督抚之清廉者，断无此入款，岂得为平。至今日职官犯赃之案，罕见抄没，殊不足以示惩，即如五月二十九日邮传部尚书陈璧奏参京汉铁路监督柯鸿年，称其坐拥厚资百万。此须切实查明，如其致富非由铁路，虽千万何伤，非然者，岂宜徒以革职了结。又闻前吉林长春府知府王昌炽，当俄、日交战时，独能据约争收牛马税，其办事不为无才。然道路之言，谓其除交例额四千金外，入私囊者二百余万，即其自言亦谓有七八十万，此虽与贪墨剥民者有别，而不可谓之非假公济私。此两员者，似可仿乾隆以前成案，饬于京汉一路及吉林省各认修支路一段，以用银五十万为率，而王昌炽特免处分，似情理持平，而官方可饬矣。

一、财用宜同心节省也。近百年以来，中国金银流出外洋，难以亿万计，故今日民穷财匮，乃实境非虚言也。而最可患者，设遇有大兴作，需款数百千万，国家责之部臣，部臣摊派各省，不问其如何筹集也。苟常以此法展转取盈，恐大乱可翘足待。此一患也。又新学家不揣本而齐末，动以外洋为比，谓中国之财本多，但立宪一成，即取不尽用不竭，此真圣人所谓一言丧邦者，万一邪人以此言求媚，而朝廷误为所惑，则天下危矣。此又一患也。然则今日理财莫贵于取天地自然之财与外洋争回之财，而颠扑不破之要道，莫如同心节省。举上年一二事证之，考察政治原可责诸出使各大臣，乃专使特出而费以百万计，秋操似非急务，乃岁岁举行，所费又以百万计，以此推之，可节省者何限。又前月十六日赏加内阁等衙门办公经费，圣恩浩荡，感激同深，惟旧署已加，而新署未减，度支部常年添支四十万，亦未免甚费筹划。夫天下犹一身，偏肢全体，利病同之，惟各部臣与各疆臣互相体恤，互相补救，而同以节省为归，此今日救弊之至计也。

一、新政宜推行有序也。近年新政，足感天心，维国脉，全民命者，有二焉，则停捐与禁烟是也。此两事深望朝廷坚持勿懈，以底成功，此外多粉饰外观，且不无流弊。且如京师路政、警政，非不成可观，然拆毁民房太多，开支经费过钜，所恃辇毂之下，威令易行，而供支不敢缓，以此例诸各省，必立滋事端矣。至如多爇路灯，而所销者洋油也，多铸铜元，而所购者洋机也，多练新军，而所资者洋械也。又如立农业试验场者，而养及外洋之虎、豹、犀、象，则尤理所难通。每举一新政，即添一绝大漏卮，此不战而自毙之道也。盖闻古人谋国，必有天下之忧，而后能举一官之职，必有百年之虑，而后可就一时之功。若第囿于一时，泥乎一事，并不通筹全局，计及久远，必致利害不敌，而本末失序，即明明良法美意，而往往即为乱阶，自古然矣。惟熟权轻重缓急以渐行之，且无失乎因时因地之义，气则可静不可动，财则可俭不可侈，规模可变通以尽利，而不可扫除以更张，庶乎新政可图，而元气不伤矣。

一、部议宜慎重考核也。部臣为国家守法之官，向来一切政事，多交部议，各行省所赖以稍有节制防闲者在此，职綦重也。近则旧部尚多谨慎，而新设各署多不屑受法度范围，用人行政直不啻自为风气，虽流弊迭见，仍无悛改。至群臣条奏，奉旨交议者，往往颠倒是非，巧词驳斥，于原奏中要语，任意节去，以蔽圣听。所以然者，每部率有一二丞参或一二司员，肆其臆说，堂官未必觉察。又恃圣主敬礼大臣，奏上多奉旨依议，遂自陷于欺罔而不复为维持大体计，于是守法之官，转多坏法之事。伏读上年七月十三日懿旨，大权统于朝廷，庶政公诸舆论，圣训煌煌，实为立宪要纲。拟请饬嗣后各部议覆要件，概将原奏另为一折，逐条分析，全录原文，而覆奏另为一折，亦逐节注明第几条，庶几参证互观，益便宸览。其有关纪纲，有涉改革者，再交政治馆公同覆校，令各议员分别签明，大臣秉公核断具奏，则是非大明，而诬罔可绝。章京谓设政治馆议员为万善之本者，此亦一端也。

一、宜审察外情也。如英、德、法、俄，莫不鹰瞵虎视，有分割中国之心。而其阴险狠鸷，最为切近之患者，尤莫如日本，平日甘言相饵，无非离间中国人心，吸取中国脂膏之计，东省交涉，更难于俄，且又纷纷与各国约盟，无非欲协以谋我。从前中国交际，与我恶者畏之，与我善者忽之，故为各国所轻，而善者亦变而为恶，惟施报各如其分，斯好我者有所劝，而恶我者不至以我为愚。至日本君臣多讲阳明之学，泰西各国士风，作官者必实心为国办事，一犯赃私，即通国不齿，终身废弃，实胜于中国近今风气多矣。

一、宜使群臣不忘国耻也。孟子云：生于忧患，败于安乐。今中国忧患极矣，乃徒闻皇太后、皇上宵旰焦劳于上，百姓困苦呼号于下，而泛观京外仕路人情，薰心富贵，殆与处安乐时无异。意者忧勤惕厉，常情所难，有待于朝廷之提撕警觉乎。昔少康复殷，宣王兴周，句践霸越，非独其君及左右大臣尝胆卧薪，时时以复仇雪耻为念，即其通国臣民，亦实有捐顶糜踵为国效死之心，用能因败为功，转祸为福。近世法为德败，辄自绘其战败死亡种种惨状，张之画图，演为战剧，以激发国民之志气，其用心实与古暗合。溯查庚子洋兵入京一役，中国耻辱甚矣，综其最甚者，倭兵破齐化门将我门额取去，各国兵队直穿宫禁一过，虽名为保护，实不免震惊九庙。而天坛为列圣祀天之处，洋兵盘居甚久，其无礼作践之状，尤臣子所不忍言。堂子重地为彼拆毁，改造洋屋，各使馆拓地筑围如城，前门迤东一带禁城俨为所据，于其中擅穿一门，额书洋字，又向北暗筑炮台，遥拟大内，此等情形，揆诸主忧臣辱，主辱臣死之义，岂中国臣民所能恝忘。考西国于创巨痛深之事，皆务使通国上下常悬心目而不自讳，其虽败而能自强者在此。章京谓西法之精神最可则效者，亦正在此。倘蒙特旨饬史馆诸臣，据实搜辑，勒为一书，颁示中外大臣，悬诸公堂，饬僚属时时披览，庶忠愤之心，自然激发，复仇纵不敢言，雪耻其何能恝。且俱晓然今日为忧患而非安乐，今日作官为受责任而非享富贵，臣子托庇君父，必有国而后有家，苟大厦不支，将身家安保。如是则朝气常新，人心不死，必有以佐国家中兴之功，而壮宇内河山之气矣。

以上所陈，未尝泥定立宪，然苟求服民心而联众志，如是则公，否则私，如是则通，否则隔，公而无私，通而不隔，立宪之精意尽于此矣。所谓以天下之目视，则无不明，以天下之耳听，则无不聪，以天下之心思才力应事，则无不精审而曲当，九重何虑孤危，百尔何从欺罔，兆庶何由颠连而失所，人心既奋，即天运可回矣。

又敬思之，恭读五月二十八日懿旨：立宪之道，全在上下同心，内外一气，去私秉公，共图治理。等因。钦此。实为立宪之本。又恭查光绪二十七年八月二十日恭奉懿旨：予与皇帝宵旰焦劳，母子一心，力图兴复。等因。钦此。敬绎圣谟，实尤为立宪本中之本。章京每观臣庶之家，父慈子孝，根于天性，而曾经患难阅历崎岖，则慈孝愈挚，而家人子孙亦愈同心努力，以御外侮，其家运必勃然兴起，不可遏抑。伏惟我皇太后天下之祖父母也，皇上天下之父母也，圣慈圣孝，本超隆古，而又经历患难崎岖，历有年所，谅我皇太后必时时俯鉴皇上之孝，我皇上必时时仰体皇太后之慈，宫廷之内，太和翔洽，圣母、圣子一心，以保全祖宗之天下为念。皇太后、皇上圣念之动，上通苍昊，况天下臣民有如家人子孙，愈必同心努力以御外侮，而中国之勃兴，可计日待，此尤天下臣民所仰望而颂祷者也。

章京幸际特诏求言之时，用敢披沥肝鬲，谨贡愚忱，无任战栗待罪之至。伏祈代奏。谨呈。

《清末筹备立宪档案史料》，第211—219页

会议政务处奏议复鲍心增遵旨陈言折

光绪三十三年七月十七日

本年（丁未）七月十七日准军机处抄交军机章京鲍心增遵旨陈言一折，奉旨：会议政务处议奏。钦此。

臣等复核原折，似于人心风俗、国计民生，尚能确抒所见，顾其所陈各节，有可行者，有不可行者，谨为我皇太后、皇上陈之：

如第一条持服未满人员停止署缺，业经礼部议复御史沈潜条陈，奉旨饬行，自可无庸再议。第五条请以僚属之功罪，为督抚之赏罚，盖有见于江宁、福建铜币厂皆出巨案，事后未加深究而言。夫知人则哲，自古为难，苟觉察其非，自行检举，犹之可也。乃近来督抚藉词奏调人员以资熟练，或联名保举以邀奖励，及至委任非人，复以迴护前失，不为参劾，徇庇容隐，咎又奚辞。伏查雍正六年五月上谕，嗣后文武卓异官员，有犯贪赃不法之款而审讯确实者，将从前列为卓异之上司一并议处，等因。钦此。煌煌圣训，载在典章，拟请饬下部院大臣及各直省督抚，此后属官营私舞弊发觉后，惟该管上司是问，曾经奏调保荐者，原保大臣，应照保举卓异之例交部议处，则任用私人滥举不实之弊可绝矣。第七条均禄以养廉，而贪墨者必加以惩处，用恩用法，似为两尽，顾所言均禄，外省似可照直隶、广西办法酌量推行。在京各衙门业已蒙恩赏给津贴，暂无庸议。至所指贪墨人员，若京汉铁路监督柯鸿年、前吉林长春府知府王昌炽，以为可仿乾隆以前成案，饬于京汉及吉林省各认修支路一段等情。伏读乾隆六年上谕，定例文武官员犯侵贪等罪者，于限内完赃，俱减等发落。近来侵贪人员之案渐多，照例减等，便可结案。此辈既属贪官，除参款外，必有未尽败露之赃私，完赃之后，仍得饱其囊橐，殊不足以示惩儆，著尚书讷亲来保，将乾隆元年以来侵贪各案人等，实系贪婪入己情罪较重者，秉公查明，分别奏闻，陆续发往军台效力，以为黩货营私者之戒，嗣后官员有犯侵贪等案者，亦照此办理，钦此。恭绎圣谕，知官员侵贪等罪，自有常刑，如柯鸿年一员，前经邮传部奏参革职，因其匿迹外省，案悬未结，应由邮传部传案讯实办理。至王昌炽一员，未据有人参劾，且现在奉天省当差，该章京谓其当日俄交战时，经收牛马税，除交例额四千金外，入私橐者二百余万，即其自言亦谓有七八十万等语，原呈既谓道路传闻，皆应根究，请饬下东三省督抚查明复奏，以重公款而饬官方。第十条称新设各署多不屑受法度范围，至群臣条奏奉旨交议者，往往颠倒是非，巧词驳斥，于原奏中要语任意节去，以蔽圣聪等语。查新设各署，事当创始，或因时立法，或为地择人，诚不免有假借通融之处，以后办有端绪，自当议定画一章程，不宜各部自为风气。至部议皆关紧要，向来复奏事件例将原奏详晰申叙，似无巧词驳斥之弊，惟外省于奉旨饬查事件，间有含糊复奏，于原折中要语任意节去，巧辞曲解，以为避就之计。应请饬下各督抚臣，嗣后复奏折内，应将原折详晰申叙，其情节繁多者，正折之外，另将原折录呈，以备考核。至各部各省议复之件，凡有关纲纪、有涉改革者，并请饬交会议政务处公同复核具奏，以昭慎重。第十一条言美国慨让赔款二千数百万，似宜特遣专员往聘，以资联络等语。此事已由外务部行知出使美国大臣申谢。凡此皆事之可行者也。

其不可行者，如振兴吏治一节。请将开报州县事实责成京绅及添设巡按御史，未免徒多纷扰，于事无益。如推广言路一节，京外官言事，例准呈请代奏，若令密封邮呈，则虚实难知，恐滋流弊。如广设议员一节，今之会议政务处是行政一部分之事，日本亦有内阁会议之制，与议院体格迥殊，所请添设议员，未免情形隔膜。如甄择人才一节，向来京外大臣保荐人员，除事有关系未便即行宣布外，其余或交军机处存记，或将原奏清单发钞，几于共闻共见，设有不当，言路皆可指陈，考察何患不审。如推行新政节省财用一节，所谓行一新政多一漏卮，此自为办事不实者而言，若考察宪政之使，秋操之举，皆属强国远谋，方兴未艾，要当核实以杜虚糜，不当惜费而惮兴作。如不忘国耻一节，惩前毖后，宜各有忠愤之心，自应随时提撕警觉，以期奋发图强。以上各条，均可无庸置议。

又附片于直省官制清单，分註各条，持论甚正，惟直省官制虽经厘定，未尽实行，如地方审判区官佐治员等，将来应由各省督抚察酌情形，逐渐分设，以期尽善。该员于宪政本原未能深悉，故所陈不尽中肯，应无庸议。谨奏。

奉旨：依议。钦此。

《东方杂志》，光绪三十四年第二期

候补内阁中书黄运藩陈请即罢议立宪呈

光绪三十三年七月十八日

具呈员外郎衔候补内阁中书黄运藩，为拟请罢议立宪，应诏陈言，恳请核准代奏事：

窃职伏读五月二十八日上谕：钦奉懿旨，立宪之道，全在上下同心，内外一气，去私秉公，共图治理，应如何切实预备，乃不徒托空言，有实知预备之方施行之序者，准各条举以闻。等因。钦此。仰见两宫因时制宜，博采周谘之至意。惟职一隅之见，觉中国原自有宪，毋庸仿效外人，未能缄默，请直陈之。

大抵中西立国本原，绝乎不同。中国盛时，礼教修明，人物丰炽，君臣交儆，朝野荡平，淫巧奇技为上所禁，异端邪说不期自绝。内无吠犬之惊，外少谋夏之寇，其有臣而言利民而奸义者，国家贱恶之。盖五帝三王之治中国也，无非胥一世而纳之礼让之中，自两汉至今，范围不踰，民生日用而不觉，故即时当末造，土地可亡，而人心之廉耻不丧，所谓兵食去而信断不可无，其道足以防范万世，而鲁秉周礼，即以戢强邻之窥伺，非无术也。今东西各国君臣上下悻悻谋利，阴谋篡夺，不遑不止，故国愈富强者，其趣利如鸷鸟猛兽之博噬，相角而相乱。而不知其实为中国所不取，盖其为国本犹去开辟之时不远，草昧荒忽，祸乱相寻，即有渐立之宪能自治其国耳矣，乌足以为中国师哉。且查各国所有稍近文明之事，率多本之中土，而其人之自中土归者，又未尝不推我国为教化之最先，风俗政教，信多非彼国所及，使臣笔记，口语流传，不可诬也。

职窃揣主张立宪之诸大臣，特拟以师其富强耳，故谕旨亦以驯致富强为训。

夫中国自道、咸以来，本号贫弱，既贫且弱矣，乌得不勉图富强。职则以为中国自有可富可强之道，而亦为本富本强之国。阮元、林则徐、达洪阿、姚莹、徐广缙、左宗棠、彭玉麐等用之则富且强也，琦善、耆英、伊里布、桂良、花沙纳、牛鉴、叶名琛、谭廷襄、李鸿章等用之则觉贫且弱，盖富强固存乎其人也。今即外患棘矣，国势危矣，人心日嚣矣，乃不揣其本，而欲一一师法乎人，且似非立宪则犹未造其极者，职诚疑之。疑今所办新政，已非一端，而富强之效，胡茫若捕风也。又况男不尊君严父，女不敬父从夫，纲纪陵夷，怪变横出，至四品大员有敢于枪毙本管疆臣而图叛逆之事，此等风尚，犹可与图富强哉？或者且谓惟立宪可以已之矣。此尤谬说。夫宪非法之谓而已乎，宪又有大且要于中国之所谓三纲五常者乎？尧、舜、禹、汤、文、武数圣人，所以治中国之天下，而可仪型夫亿万世者，胥恃此焉耳。今男无君父，女无夫，当更取何者为宪，而必中国之创立之耶？岂不知破坏中国之宪以致坏乱者，实由事必学人而致然乎？今乃谓可藉立宪以定中国之乱，是欲以召乱贼者定乱贼耳，可乎否也？

顷见大学士湖广总督张之洞复王大臣改官制电：考各国立宪本旨，不外达民情、采公论两议，此乃中国圣贤经传立政之本原，唐虞三代神圣帝王驭世之正轨，心同理同，中外且有殊异。其语不啻为职言引其端。且又云宪法精义不外好恶同民，此大学平天下章民好好之，民恶恶之本旨，苟求立宪，一絜矩而即得之，又何待外求也哉。职伏愿朝廷今且稍示镇定，但取祖宗成宪，切实行之，而又戒官司以节用，勿假新政而为聚敛之谋，抑强暴而安民，勿苟目前而致本根之（拨）〔拔〕，补阙修废，毖后惩前，是即为立宪。万不必动于异说，别创一新奇名目，以淆乱人人之耳目，而震荡其心。且多一变更，必多一扰攘，必多一烦费，必多一搜括，中国此时之民尚堪此耶。人心一去而天下土崩瓦解矣，诸主张立宪各大臣料难担任其咎。

至于海军当立，实为今日御侮之要图，万难稍缓，即令筹款维艰，亦宜裁省他务注重于此，而又以撙节行之，实心任之，则自成效可期，而款归实用矣。

职不胜愤奋惶迫之至，谨具呈恳请代奏，果能即行罢议立宪，斯亿万年有道之长基此乎。谨呈。

《清末筹备立宪档案史料》，第 233—235 页

拣选知县举人褚子临等条陈宪政八大错十可虑呈

光绪三十三年七月十八日

具呈拣选知县举人褚子临、吏部誊录廪生陈景周、拣选知县举人王平仲、候选府经历监生李以恒，为敬陈管见，恳请代奏事。

伏读五月二十八日上谕：凡有实知所以预备之方，施行之序者，准各条举以闻。等因。仰见朝廷忧念时艰，勤求上理，虚衷延纳，不遗刍荛，眷眷焉有欲尽天下之公之意。职员伏处草野，学至庸陋，然于古今中外盛衰安危之故，亦曾探其原委而究其失得。窃以为昔日之乱在国计，今则并在民生，昔日之乱在世俗，今则并在人心，昔日之乱在政治，今并在学术。夫人心之乱在一时，学术之乱在万世，而国计民生，亦慼慼不能为旦夕之谋。以职员平时所闻见，苛政之亟行，群黎之凋敝，怨愤抑郁，隐隐有溃决不可收拾之势。而诸臣犹复以前事为未工，更为是奋不思难之举，以摇撼而挑激之，是何异厝火积薪而寝其上者之自投于灰烬而莫之寤也。职员窃以厘定官制，试行新政，凡以补救偏弊，而朝廷于举行之初，犹复兼采群议如此，此殆欲一闻草野无忌讳之言，以博士求其利害也。职员谨就今所为宪政官制，参之东西洋诸国所纪，其中有大错者八，有大可虑者十，明知其错与可虑而犹饰词附会，其害有不可胜言者。职员披肝沥胆，敢因明诏所及，一一陈之。

今论者皆谓宪政一行，可以强国，固以义分一明，则人人皆有以身殉国之志，而积弱可为之一振也。不知国以众强，尤易以众败，如腊丁史所记连合部之乱，七山城之役，祸钟都畿，扰及方域，罗马之濒于亡者亦数矣，则皆宪政之阶之厉也。大错一。

论者又谓宪政一行，可以尊主，此尤谬之甚者。盖宪政之起，激于君权之太盛，而挟民力以削之，一事之不合，则环视而争，未有不酿成大患者也。如英巴力门之叛，法改革诸党之变，王歼国灭，宗社为屋，以及群凶得志，恣意杀戮，兵祸相寻，至于百数十年而未有已也。大错二。

论者又谓国家有急，则上以事谘于下，下以财奉于上，虽重课之，而民不怨，其说似也。然以职员所闻，众不和而激成大变者亦有矣，以致征取无艺，群情怨毒，如昔尼罗之课税，而召高卢、西班牙之兵，英王之征费，而激亚美十三州之叛，兵挫地削，几至覆国，此尤非我中国之所能支也。大错三。

论者又谓戎政宽弛，刑威不肃，皆由宪法不明。宪法一明，则人乐于为兵，兵皆勇于赴敌，其说亦似也。然小人性于勇而啬于衅，不善用之而因以反中其身者亦有矣。以职员所闻，雅典、马其顿诸国以兵强，亦以兵亡，而罗马亲卫军之弊，废立恣其胸臆，威福出于睚眦，其受祸未有惨于此者也。大错四。

论者又谓宪政一行，则职守可定，官方自叙，其效可操券责也。然以职员所闻，欧洲自立宪以来，如亚尔干、公修尔之设，大总管之选，或以年计，或以月计，位同传舍，事多眊废，而威权偏重，庶民嗟怨。至苏押、马黎约之徒出，同室操戈，三军暴骨，而贸首之仇，残及手足，则绅民倾覆之祸，未有甚于立宪者也。大错五。

论者又以宪政一行，则祚延百世，而援罗马立国二千余年为证。然以职员所闻，则有大谬不然者，方纪元前后，王政中圻，豪族擅治，威权下移，内讧迭起，为祸亦烈矣。其后屋大维以枭雄之资，乘隙据位，然德声靡闻，佚君屡作，或数世一易主，或数年一易主，或数月一易主，职员观腊丁史所载，祸难之殷，篡逆之惨，未有甚于此者也。大错六。

论者又以英、法立国千数百年则犹前志也。伏查英自维胜主以长才大略号称极治，然势门豪右，身污寄治，以致庶民重困，国势中蹙，断代而言其世纪有不足道者。至高卢开国，威棱震叠，可谓盛矣。然以职员所闻，墨罗彬一朝二百余年，加鲁令一朝二百余年，瓦罗斯一朝百余年，加北珍两朝乃三百余年，期短祚微，远逊汉、唐。及路易不君，凶党蜂起，诛锄异己，喋血都市，而干戈之祸波及全欧，其易姓改物，亦何异于佣徒鹜償之为，而说者徒贪其名之美，而不顾其害之烈，可谓大惑不然者矣。大错七。

论者又以日本一姓历千余年，享国之久，非列强所及。然其大经大法，皆原本中朝，故能雄据一隅，延祚永世，初无所为宪政也。改行宪政自今明治始，究其改宪之故，则以政归私门，主拥虚器，不得已以权道行之。假宪政以收人心，即借众力以倾幕府，大数既得，观衅海澨，近并朝鲜，远摧鄂罗，传所谓再实之木，其根必伤者也。其能保世与否，则不可必也。大错八。

然此数端犹借鉴往事，据理以断者也。若其与宪政相表里，而新政所已行，其致乱而防不胜防者，可虑殆有甚焉。西土以商战国，中土以农战国，势不侔也。故中土之农，忍诟而易使，自近时新政试行，于是立学之费取之农，练兵之费取之农，其他杂款加税，无一不取之农，而未尝出怨言，以负有司之令，此西土所叹为四千年王化之盛者也。今顾以为未善，而又欲设官以督之，置吏以扰之，是使吾之农将无所措其手足也。设有胜、广之徒，辍耕太息，则恐国家之旰食也。可虑者一。

西土之商处于朝，中土之商处于市，分不同也，故中土之商安贱而畏法。自近世新政试行，征调烦重，凡农力所不能给者，则一切劫于商以足之，于是昔之单税今则复之，今之复税后又倍之。其他辱处贱业，前世宽之以养细民者，今则搜括无遗，甚至不肖之徒，假公司之名，攘商人之业。如煤铁之矿，蚕织之利，凡为吾民所自为者，今则夺而官之，以仕宦之重而躬贱夫之垄断，是绝商民之生计也。设有桀黠之徒，倡细工均财之说，为加俞颁田之计，则鼓力贩缯皆奋然有风尘之思也。可虑者二。

西土之教以基督，中土之教以儒道，固不同也。自近世欧教东行，官为保护，于是奸宄负罪者入焉，继则愚懦避役者亦入焉。今日入教，明日抗官，征发不敢役也，词讼不敢诘也，是多一教民，即少一良民也。今复以宪法歆动之，使吾人饫于西制之美，而迷于宗教之说，一事不合，动与官争。如西土青绿之党，宗教流血之难，则异时患害，将更甚于洪杨教匪之乱也。可虑者三。

西土之学在功利，中土之学在义理，操术固不同也。自近时改建学堂，崇高西法，以为他日富强之基也。然质性端悫守旧不变者，既不肯为此，而为之者皆儇薄轻险，行谊不齿于乡里之徒，以故一旦入学，内之则陵父兄，外之则忤师长，上之则挟制官府，甚至悖谊绝理，公为革命排满之说。以簪缨之胄，而怀叛逆之心，交通盗贼，煽结党与，其丧心昧良亦已甚矣。今不为之所，而复以宪政之行尉荐之，则声生势长，是率天下而出于叛也。可虑者四。

国之典礼，莫重于章服，而今之章服之紊亦已甚矣。以职员所涉历，车于陆，舟于水，皆洋式也，酒于觥，肉于俎，皆洋食也，倭其冠，洋其履，德、法其衣裳，皆洋工也。其始商民之贾于洋者，窃为之犹可言也，其继士大夫之习于洋者，公效之不可言也。以致王化销微，廉耻道丧，服洋服，言洋言，于市于朝，无复有知其非者，又何怪庠序子弟，毁服童发，蔑弃礼法，相率而入于大逆不道，虽至万被诛戮而莫之恤也。可虑者五。

民之恶其上久矣，自近世吏治宽弛，枭孽萌芽，于是白莲教匪以外，又有清净、五荤道教等目，添弟会匪以外，又有在理、安亲以及三点、八系等目。凶丑朋挺，矫称蜂出，地方官吏虽知之莫敢谁何也，计存首施，但苟目前，以幸在我之得免而已。重以洋教日炽，所在绎骚，于是教胁官以凌民，民结会以抗官，而奸人游匪又以卢骚之民约、斯宾塞尔之合群以讽示而激耻之，则民气日嚣，党会滋盛，而他日隐患，更不知所终也。可虑者六。

而不但已也，自道、咸以来，疆场日骇，赋调殷广，民力刘敝，然以时危莫能恤也。悃愊之吏不能任，则选取少年厉锋气者以幸集事，甚至官势之所不及，则纵爪牙之吏以搏噬之，吏力之所不至，则又结桀恶之搢绅以羽翼之。征敛烦苛，国家所获不过一二，而官则倍焉，吏则十焉，绅士则百焉。以今日之民，供今日之官，犹惧其不能胜，而况从而益之耶？若宪政果行，县置多官，则刁生劣监，皆得与于田畯之往，游徼之秩，而恣其谿壑，则非穷黎所能堪也。设如汉亡徒苏令之叛，魏镇户葛、杜诸族之乱，横溃四出，则噬脐之悔不可复也。可虑者七。

国之大事，首在戎政，所以威不轨而销逆萌也。自近时列强环伺，卫兵寡弱，于是宽筹款项，别练镇军，以及设立巡警，肃清街市，皆宪政中之最要者，其用心不可谓不忠也。然以职员所闻，军政方立，弊端百出，朝之所募，夕或逃焉，夕之所招，朝或散焉。优厚之饷，徒以餍无良之将，而坐作之勤，难望于欲溃之兵。至于巡警之设，本以伺察非常，而自成军以来，厉民病商，或苟留行客，或妄入人家，以及夫之责妻，父之训子，皆以违章受罚，而辇毂之下骚然矣。夫兵犹火也，不戢将自焚也。以今凶悖之徒，蓄谋叵测，藉词训练，潜相煽结。设如昔卫军噪于营次，降虏起于腄外，则肘腋之祸，固不可量也。可虑者八。

至于出洋游历，其害更始数人而已，及今在事诸臣派员备资遣赴各国肄业，大省百馀人，小省亦不下六七十人。其心固为国育材也，至其叛道离经，则非意所及也。以职员所闻，出洋诸生渐染异俗，性情顿变，固有改装自髡，自弃其家而不一顾者矣，又有结党背公，潜谋不轨以幸一逞者矣。至于重臣出使，炸弹窃发，疆臣阅操，火枪致命，所称身为戎首者，不出学堂之外，则皆新政之明效大验也。执典刑以诛败类，犹惧其未也，若畏其持刺而加意以抚之，是赏奸而奖乱也。如是则荆、聂之谋，日伏两柱之间，而隐娘、李龟寿之流，且接踵于世也，是群天下之学者，而相率为盗贼之归也。可虑者九。

至于外官改制，其弊更有重者焉。先是欧洲之人之旅于内地者，每笑十八省为十八国，盖外重内轻之势，西人固有窥于其微者矣。洎咸、同以后，海氛日棘，疆臣柄任益隆，文武大员向不准奏调者，今皆可专疏保用，铨曹不能以例驳也，租赋定额向不准议增者，今皆可缘变通，计臣不能从中覆也，是擅主权而干不畜之诫也。然瞻徇之私，臺谏或崎龁之，奏报之不实，户曹或指摘之，固犹有所惮而不敢逞也。若宪政一行，则司道束手，州县承风，而内政之不便于己者，且可派官抗议，其威力权势固过于前代诸道藩镇万万也。设有雄才大略，如罗马之绷标、恺萨，以及法之拿波伦，英之格朗挖，摇毒肆蠹，逞其狂悖，则大乱之刻，匪伊朝夕。即不然，如唐之魏博，宋之灵夏，皆以奸枭之才，负隅弄兵，与朝廷抗衡，则非今时势之所能支也。可虑者十。

夫以可虑之情形如此，而考之罗马、英、法相传之宪法，其舛错不合之实又如此。此固非职员一二人独知之也，盖天下之人皆知之也，亦非徒在下之人皆知之也，即在上之人亦未尝不知之也，特知之而不能言，言之而又不实不尽也。于此而为预备之谋，施行之序，深权密几，以为善建不拔之计，其道盖有四要焉。以今政令日纷，物议方讙，朝野忧疑，危甚委辔。为调停之说者，以为不逆其意，则谋可缓，而持离间之论者，又以为不弃其人，而宠秩之则党可解。然至匪徒魁横，窃发无时，则防备实难，而所为调停、离间诸一切法，皆适足以亢不衷而奖乱人也。为今之计，而求所以为持危定倾之道之要，则固未有出于四端外者。上之则在定国是。示以典章，使之凛然知其不可违，则众议息而人心自靖也。次之则在尊主权。威福之重，操之于上，使之肃然知其不可干，则逆萌戢而纪纲自正也。次之则在端学术。凡为异言异服之禁，严定科条，使之沐浴典训，慎持崖检，则品学正而乱党自削也。又次之则在饬吏治。凡为官人、刑人之事，申明旧章，不准丝毫专擅，使之恪居官次，爱育民萌，则官方肃而跋扈不臣之习自除也。至于国是既定，主权既尊，学术吏治，既端以饬，然后剔除弊端，去其泰甚。凡学堂课程之不便于人者，皆须精加厘正，原本中学，使之晓然于经术之重，以便酌量情形，规行旧制，使提学司举行岁科二试，使学堂与家塾并行应考，则人无觖望，士有奋心，计固无善于此者。

至于地方大吏，积重已久，因仍习惯，渐至骄悖，亦势之所必至也。改官之初，应举行旧制，使藩司各举其职，以符定章而分权限，则包揽把持之风，可以尽息，尤善之善者也。信如是修举废随，涤除烦苛，然后考求东西洋宪政，择其有益于吾国吾民者而审慎以图之，则事得其理，人安其政，既无罗马公修尔与大总管威权之盛，亦不至招英巴力门之叛与法改革诸党之乱。以中国政宽敛薄，民心固结，虽有材略伟异，权势赫奕，擅强大，觊非望，如昔苏押、马黎约以及绷标、恺萨之徒，不敢潜萌异志，而英将格朗挖、法将拿波仑，因缘事会，拥兵擅国，如使置之中土，则虽材武，亦将困于无所助而不得施也。职员浅陋之见，窃以为当今之要务莫大于是，苟能悉心殚虑，举而行之，内抚疲氓，外御强敌，究时俗之患源，振海内之昏敝，则天下数十年危急存亡之局，可一措之于安全之地，而长策远驭，固足以绷万世而扬休烈也。

职员窃以预备宪政，其要无逾于此。是否有当，伏乞代奏，不胜悚惶感激之至。谨呈。

《清末筹备立宪档案史料》，第 227—233 页

两江总督端方奏宪法典范相辅为用请饬编定颁布折①

光绪三十三年七月十八日②

奏为宪法与典范相辅为用，恳请迅饬编定颁布，以维国本而遏乱萌，恭折沥陈，仰祈圣鉴事：

窃自去年七月钦奉明纶，宣示立宪之预备，中外臣庶，欢忭同深。复读本年五月二十八日谕旨，立宪之道，凡有实知所以预备之方，施行之序者，准各条举以闻。仰见我皇太后、皇上博访周谘，务求实际之至意。

伏查各国之立宪，制各不同，由专制朝廷颁行宪法者，谓之君主立宪，其君主为万世不易之统。日本天皇，常握全国最高之统治法权是也。考日本宪政本源，一在万机决于公论，与人民以参议之权；一在振起皇基，使天子之权力不可侵犯。故其帝国宪法与皇室典范相辅而行。明治二十二年发布宪法敕语，大致谓本祖宗所授之大权，对于现在及将来之臣民，制定大宪，以示率由，子孙当循行不愆，臣民当永远从顺。其皇室典范，自皇位继承以及皇室经费，条目虽多，其纲要不外推本贻谋，总揽治统，以示相承一系，传之无穷。此即全国公奉君主一姓为永远不移之皇室，其所占之地位，实有确不可拔之基。我朝圣圣相承，聪听彝训，宵衣旰食，庶政亲裁，立国之体，与君主立宪国意义多同。至于制节谨度，杜渐防微，其典则之详明，与宫廷之节俭，亦复洪纤毕贯，薄海同钦。只以向来未有专书，臣民无从研究。兹当举行立宪之初，固应原本典章，垂为模范，

---

① 此奏折的最初起草者为郑孝胥，郑光绪三十三年六月初二日（1907年7月11日）日记记："午帅邀宴，座有严几道、李增辉等。午帅示折稿《请化满汉畛限》，以除满缺、废驻防为言，使余润色之。细视原稿，无可增益。乃另拟一片，请速将宪法及皇室典范二端提议编纂，布告天下，有曰：'今宜利用多数希望立宪之人心，以制少数鼓动排满之乱党。各省所立宪公会，如主持得人，则宗旨甚正，朝廷宜加考察，量与扶助，使信从渐广，亦可暗销乱党煽惑愚氓之力'等语。"见劳祖德整理：《郑孝胥日记》第二册第1099页，中华书局1993年出版。

② 此为奏上后奉交宪政编查馆日期，《清末筹备立宪档案史料》所署日期为七月初七日，见该书第46—47页。

上以昭祖宗之家法，下以作万世之规型。

近年不逞之徒，倡为排满之说，与立宪为正反对。奴才愚见，以为宜俯从多数希望立宪之人心，以弭少数鼓动排满之乱党。拟请饬下廷臣，迅将我大清帝国宪法及皇室典范二大端提议编纂，布告天下，必可永固皇基，常昭法守。至各省①绅商所设地方议会，实有关于立宪基本者，如主持得人，宗旨甚正，似可加以考察，量为扶助，使信从渐广，皆趋于宪政之一途，乱党煽惑愚氓之力，当不戢而自销。

尝考古今制法之原，在于合一国之人能自部勒以立纪纲，日进于不可侮辱之域。现在内患外侮，极为可忧，苟中外臣工仍以敷衍苟安为计，倾轧排挤为能，恐安危之数，不在党徒之煽乱，而在政论之纷歧。伏愿我皇太后、皇上施刚断之天聪，责宪政之实际，申儆臣工，力图挽救，以巩圣祚，以遏乱萌。天下幸甚。奴才一得之愚，谨恭折披沥具陈，伏乞皇太后、皇上圣鉴训示。谨奏。

光绪三十三年七月十八日，奉朱批：宪政编查馆知道。钦此。

宪政编查馆编：《政治官报》第一号，光绪三十三年九月二十日

度支部奏筹内阁、大理院等经费折②

光绪三十三年七月二十五日

度支部奏：准考察政治馆咨，准军机处片交六月十七日王大臣递拟给内阁等七衙门办公经费单一件。奉旨：著照所请。钦此。钞单咨行到部。又准政治馆咨，此项办公经费，应由度支部按季发给，自本年秋季始，照数核支。等因。又七月初二日法部奏筹设京师各级审判厅，请拨开办常年经费一折。奉旨：依议。钦此。由法部抄录原奏知照到部。

---

① 原文脱"省"字，据《清末筹备立宪档案史料》上册第47页补。
② 标题为编者所拟，原文无标题。

二、立宪的策划、措施的公布及清政府高层的讨论

查政治馆清单内开，内阁拟加经费银五万两，翰林院拟加经费银三万两，礼部拟加经费银六万两，法部拟加经费银六万两，理藩部拟加经费银九万两，都察院拟加经费银三万两，大理院拟加经费银八万两。共每年拟加经费银四十万两。法部原奏内称初办须款二十万两，以后每年须款十二万两，各等因。臣等伏查上年九月间奉旨赏给翰林院每年银三万两，都察院每年银四万两，又十二月间宗人府奏允常年拨给津贴银六万两，均经先后由部库遵照拨给在案。又本年五月二十八日法部奏允特支经费银三万两，亦应由部库拨给。此次内阁等七衙门办公经费，并法部筹设各级审判经费，关系紧要，自应分别筹给，以资应用。惟部库出入有经，年来筹给各项经费，实形支绌，而各省关同一艰窘，亦未便强为分派。查光绪三十一年八月间臣部会同外务部筹议考察政治经费，据各认筹统计约八十余万两，均系常年应解之款。臣等公同商酌，所有法部请拨审判经费内，八厅修造衙署，调查书籍，购买器用银八万两，拟暂由部库给发。其馀常年经费银十二万两，及内阁等七衙门办公经费银四十万两，请由前项款内如数动支，馀仍作为考察政治专款，虽名实稍有不符，然转移缓急，似不妨随时挹注，以资兼顾。惟前项考察政治经费，自去年以来，各省多未能如数解到，现在既添此项专需，势难再有短欠，应请旨饬下各督抚按照原认之数，源源筹解，以济要用。

得旨：如所议行。

朱寿朋：《光绪朝东华录》，总第5727—5728页，中华书局1958年出版

署黑龙江巡抚程德全奏遵旨胪陈管见折

光绪三十三年八月十一日①

奏为遵旨胪陈管见，敬备采择，恭折仰祈圣鉴事：

---

① 此为朱批政务处议奏日期。

窃臣恭读邸抄，钦奉光绪三十三年五月二十八日上谕：朕钦奉慈禧端佑康颐昭豫庄诚寿恭钦献崇熙皇太后懿旨：直省官制，已据王大臣议拟饬行试办。惟立宪之道，全在上下同心，内外一气，祛私秉公，共图治理。自今以后，应如何切实预备，乃不徒托空言，宜如何逐渐施行，乃能确有成效，亟应博访周谘，集思广益。凡有实知所以预备之方、施行之序者，准各条举以闻。等因，钦此。仰见我皇太后、皇上宵旰图强，求言若渴之至意。钦仰莫名。

窃维立宪之道，非徒编纂官制，修改法典，遽可谓毕乃事也，必上下先有同心，而后咸视国家如己事，必内外联合一气，而后推行法令如风霆。圣训渊深，实已隐括纲要。顾日言预备，而祸党适以繁兴，岂办法犹未切实欤；日言施行，而政治茫无寸效，岂秩序尚多紊乱欤。微臣待罪穷边，悼心时变，读诏书之剀切，敢忘主忧臣辱之言；披胸臆以直陈，窃附千虑一得之义。谨遵旨就立宪预备之方，施行之序，粗拟八条，敬为我圣明缕晰陈之。

一、政府必负责任，以合立宪制度也。窃维立宪国之内阁大臣，其对于君主、对于国民，皆担负至重之责任，故当国政不修，舆论嚣然，内阁大臣即有辞职之例。我国向仅以朝廷督责政府，大权统于至尊，当日时事不同，本无流弊。惟以一人监督行政机关，以求合亿万人之心，与以亿万人监督行政机关，以求合亿万人之心，似其中疏密详略，不无差别。目前我国民智虽未大开，然缙绅中深明时势、谋国公忠者，亦不乏人，应请诏示天下，查照上年改官制成案，速将新内阁组织成立，并创立国会，以重监督政府之权，妙选英才，以尽从容论议之长，特创立法，以符三权鼎立之制。必使政治得失，有众论以为准绳，而后政府之裁行得以适当。盖惟政府之裁行适当，则国家之运祚亦随与为无穷。此事为立宪最要关键，倘有以国民程度太低，故为沮尼者，伏维圣明乾纲独断，毅然决行。盖非此则上下之情仍多隔阂，固无望宪政之或有效也。

一、府县宜会议以备国会扩张也。地方团体为立宪制度之精神，昔美立宪法，先有十三州之联合，普设国会，先有州会之基础。日本明治十年，诏开府县会以为开设国会之先声。借鉴返观，取则不远。且自治、行政事项，其中官吏之职务若何，公民之资格若何，机关之组织如何，若非先为研究，临事何以实行。况选举区域如何规定，教育普及如何扩充，尤应预为计划。前准政治馆咨行奏定外省官制，各府厅县议事会、董事会均准设立，但时机危迫，刻难再缓。拟请饬下各省督抚,转行各属,一律速设府厅州县议事各会,并由民政部早为详定规制,奏明通行,俾收集思广益之功,而无凌乱偏私之弊矣。

一、调查国内习惯,以资采用也。凡制定一国之法典,必外征列邦之法律,内参本国之习惯,融会通贯,乃克有成。良以积习相沿,挽回非易,故法兰西贵族势重,至今犹存其遗风;俄罗斯宪法虽行,终竟难回其旧俗。查日本立宪之初,尝置制度取调局以调查欧西宪法,我朝自上年钦派王大臣考查东西洋宪政,靡不赅备,而独于国内习惯尚未详晰查明,诚恐骤议施行,犹多未当。盖教育租税一切行政,皆当因地制宜,各有不同,除关乎宪政最要者,当一律通行,以图划一外,拟请各行省皆各设调查局一区,专派员调查政治风俗上之习惯,良者因之,窳者更之,宜融合者因势而参酌之,以期厘定完密。否则仅以一二人之心思,有限之时日,预测未来之事实,决不能网罗无遗也。

一、学科宜增法制,以充智识也。泰西各国,咸以法律学为权利义务之学,其人有不知义务权利者,举视为未开化之民。盖立宪政体下固不能容彼屡民跧伏也。英人权利思想最重,故经济战胜于五洲,日人义务责任最大,故民气郁勃于世界,此其性岂由天赋哉,法律思想之普及然也。我国能解权利义务者,百无一人,今若实行宪政,窃恐责以纳税之义务,则以为烦苛,课以兵役之义务,更以为纷扰,且畀以选举被选举诸权利,亦将委弃而不知惜。拟请于各学堂普通学科中,添设法制一门,则国民皆知汲汲焉自保权利,自尽义务,合全国以研精法律,抵制列邦,臣知治化必日臻进步矣。

以上四端,为立宪预备之方。

一、请法行自近,以动天下观瞻也。昔越王尝胆以沼吴,卫文布衣以兴国。近者彼得游欧洲,身入工厂,明治行新法,始自宫廷。凡皆先以躬行,用能激励人心,挽回世运。我皇太后、皇上怆念多艰,比者遇事,皆经停罢筵宴,宫中用费悉从省啬,其忧勤惕厉,薄海臣民,莫不具瞻。惟立宪国之财政,贵统一不贵纷歧,忌放任尤忌弊混,故日本自皇室经费以次,其支费皆定有常额,既便所司预算,又足昭示民间。我国皇室经费虽有定程,近多未能悉遵定章,且未经详晰宣布;其各官经费暨各省局款项,尤多紊乱不清。且泰西公款有国家地方之分,中国有内结外销之异,但一则公家确知其数,一则司农莫究其实存,拟请严饬各省,速将我国向有内结外销各款,即照国家税地方税划分清晰,其关乎国家者,自不容由外间稍挪分毫，其关乎地方者，尤不得由内间故为牵制。惟敝习相承已久，虽前经度支部奏请查明详报，恐亦徒托空言。拟请我皇太后、皇上先饬内务府、度支部将现用皇室一切经费，妥为核定，张示民间，如此躬亲履行，则天下皆望风思治，然后责成各臣工厘清各省财政，以渐几立宪之文明。其治理之效，固有随圣心之久暂厚薄而应之者矣。

一、请实行宪政以化满汉界限也。国家御宇二百馀年，汉人身受国恩，践土食毛，已与满人无异。乃比者不逞之徒，倡为排满革命之说，意在身为祸首，扰乱治安，值此时艰，徒事阋墙之争，不思同族之谊，途穷反噬，良足痛心。此时欲行消弭，亦无他策，惟有实行宪政，以冀逐渐化除而已。盖立宪政体，向无种族之别。拟请明诏海内，自今后无论满人汉人，皆一律称为国民，不得仍存满汉名目。先化畛域之名，自足渐消相残之祸。至向日将军、都统及旗佐等名称，并请悉予裁改。其切要办法，现经遵旨另折奏陈，臣惟立宪精义，必须全国人心皆思巩固邦本，乃或有瘳。今国内骨肉相残至此，尚何冀宪政之成立乎？故浑融满汉，尤立宪政体亟当视为先务者也。

一、速设宪政研究所，俾资讲求也。立宪一事，论内阁之担负责任，则利于君；论国民之参与政权，则利于民；论政体之齐一人心，则有利于国。独不利者，官耳。盖众目相瞩，事理毕彰，欲徇私则既畏讥弹，欲贪婪则更多顾忌，此宪政实行，所以诺者什一阻者什九也。伏维我圣慈上年屡诏宣布立宪，望治之切，环海同钦，惟论议纷纭，诚恐宗旨未明，日后或致方针不定。拟请自京师暨各省皆设宪政研究所，遴选京外各员，皆令入所专心研究宪法，俾人人皆知其利于家国，则阻力或可渐轻，是亦挽回积习之一道乎。

一、请分别缓急，以免颠倒秩序也。窃以今日创行宪政，急起直追，已患不遑，但若任漫无次第，则前后倒置，似亦非政体所宜。故就臣所陈各端而言，府县会其要也，而开设国会尤为最要；调查局其要也，而法制普及尤为最要；宪政研究所其要也，而我皇太后、皇上躬亲作则，破除旧习，尤为要中之要。论者多谓骤设国会，势有难几，不知若无国会以通舆论而参政权，则宪政之精髓不存，新机之萌芽安望？是前之纂订官制，改易名称，已为纲举目张矣，我皇太后、皇上何又恳恳以求言为急哉。况立法、司法、行政三者，东西各国皆截然分离，不容含混，盖非先由立法机关议定法律，则司法机关既无所遵守，行政机关更无所适用。吾国民智虽云未充,然苟无以植其先基,又安冀后日政界之发达耶?至普通学科增课法制,实行宪政始自宫闱,是又皆宜及早推行,不容或缓者也。

以上四端,为施行宪政之序,右共八条,仅止综括大纲,未及详细规则。伏维我皇太后、皇上深思远览,择其要者,饬下内阁、宪政馆迅拟章制,早见施行,大局幸甚。抑臣更有进者,臣所言者理论也,即举而措之模型也,而我皇太后、皇上督饬于上者精神也,臣尝谓无中外无古今无新旧,总须处处认真,事事核实,所谓认真核实者,即行政之精神也。我圣慈试思自宣布立宪以来,果能处处认真否?果能事事核实否?当此国步日艰,必我皇太后、皇上时时有抱冰握火之心,必诸臣时时有忧国忘家之心,必国民时时有亲上爱国之心。然欲国民之有是心,必自诸臣先有是心,欲诸臣之有是心,又必自朝廷之先有是心也。微臣久处边陲,见闻僻陋,频年目击两强攫我东方权利,深为怵心。波斯之蹙于俄,高丽之并于日,可为殷鉴,况自顷日俄协约、日法协约屡见报章,彼皆弃仇寻好,协以相谋,侵逼之来,岂必在远?我若不于此时大辟新规,实行宪政,开国会以大伸民气,先躬行以激动人心,不惟有他族吞噬之忧,抑将有自相鱼肉之祸,此则臣眷念家国,而不能不激切上陈者也。所有遵旨敬抒管见缘由,谨恭折胪陈,伏乞皇太后、皇上圣鉴训示。谨奏。

光绪三十三年八月十一日奉朱批:会议政务处议奏,片三件并发。钦此。

《政治官报》第六十四号,折奏类,光绪三十三年十一月二十四日出版

署黑龙江巡抚程德全请速开国会片[①]

光绪三十三年八月十一日

再,国会一议,现在地方自治程度尚未完全,责任内阁亦未组织成立,自不能大

---

① 此件为上一折之附片,但刊载于官报的下一期。附片共三件,这里只选一件。

启宏规,转滋凌乱嚣张之弊,惟必须议定选举规则,先立国会议员之名,俾尽监督行政之责,且有国会则地方自治既可藉资考查,责任内阁亦可藉以维持。臣之议设国会者,非欲伸张民权也,良以询于刍荛,载在典籍,谋及庶人,曩哲所称。此之渎陈,无非冀此后当局措注渐有合于人心,以挽回全国泄沓之风,藉免斯世阽危之祸。我皇太后、皇上果欲通上下而知情变,其道不外此矣。微臣熟思审处,今日舍国会外,更无联国家与人民合为一事之长策。上年厘定官制王大臣所订资政院章程,用意最善,惟选举之途略狭,权责之寄太轻,是宜广选英贤,径开国会,以救时难而支危局。盖大势日逼一日,若必待事事皆有程度可言,则竟将无一事可办矣。所有亟宜速开国会缘由,谨附片续陈,伏乞圣鉴训示。谨奏。

光绪三十三年八月十一日奉朱批:览。钦此。

《政治官报》第六十五号,折奏类,光绪三十三年十一月二十五日出版

署黑龙江巡抚程德全奏请行宪政融满汉开国会导人才片

光绪三十三年八月十一日

再,比年以来,负笈东洋诸生率多诱于邪说,近则海外之风潮日剧,中原之党祸方兴,上年京城吴樾之事,本年安徽徐锡麟之事,莘莘学子,寖成匪徒,谁实激之,祸乃至此。臣尝究心历史,细溯根源,窃谓办理此等事件,首宜修明百政,以安反侧之心,不宜薙藟株连,以成钩党之祸,盖此辈宗旨以激成祸变为乐,以前仆后继为能。我若惩办过严,适以成彼党之名,彰国家之过,究何利焉。昔汉、宋、明之末季,顾厨、元祐、东林朋党迭兴,凡皆政治窳败,故生厉阶。我朝仁厚开基,近际时势变迁,并无深文苛政,若因此搜捕太过,窃恐多生枝节,为患益深。伏冀皇太后、皇上行宪政,融满汉,以安天下之心,开国会,导人才,以作徙薪之计,固不必惩祸变而悔行新政,尤不必因牵累而过事诛求

也。譬诸良医治疾，只求元气充足，百病自可全消，若攻伐之剂过多，必将病入膏肓，本根日削，虽和缓不能治矣。抑臣闻彼党之言曰，不破坏不能完全。是在我苟急图完全之谋，则在彼势难行破坏之事，臣愿圣朝尚宽仁而敦致本者此也。谨附片密陈，伏乞圣鉴。训示。谨奏。

光绪三十三年八月十一日奉朱批：览。钦此。

《清末筹备立宪档案史料》，第 259 页

授旗丁以田筹生计逐步同于齐民谕[①]

光绪三十三年八月十二日

光绪三十三年八月十二日，内阁奉上谕：我朝以武功定天下，从前各省分设驻防，原为绥靖疆域起见。迨承平既久，习为游惰，坐耗口粮，而生齿滋繁，衣食艰窘，徒恃累代豢养之恩，不习四民谋生之业。亟应另筹生计，俾各自食其力。著各省督抚会同各将军、都统等，查明驻防旗丁数目，先尽该驻防原有马厂、庄田各产业，妥拟章程，分划区域，计口授地，责令耕种。其本无马厂、庄田，暨有厂、田而不敷安插者，饬令各地方官于驻防附近州县，俟农隙时，各以时价分购地亩，每年约按旗丁十分之一，或十数分之一，授给领种，逐渐推广，世世执业，严禁典售。即以所授田亩之数，为裁撤口粮之准。裁停之饷，另款存储，听候拨用。该旗丁归农以后，所有丁粮词讼，统归有司治理，一切与齐民无异。至田亩之腴瘠，价值之低昂，各省互有不同，但以足敷赡养为度。一面仍将各项实业、教育事宜，勒限认真分别筹办，以广旗丁谋生之计。其授田之始，应需庐舍、堤堰暨农具、牛种等项，并开办实业各经费，准由裁停存饷内核实奏请，酌量协济。并著各将军督抚等破除情面，实力

[①] 标题为编者所拟，原文无标题。

奉行，不得任听协参佐领各员，挟持私见，阻挠大计。先由度支部迅筹实在的款，以备拨发，勿稍诿误。期于化除畛域，共作国民，用副朝廷一视同仁之至意。钦此。

《光绪宣统两朝上谕档》第三十三册，第196页

福建布政使尚其亨奏宪法立则公法行公法行则外侮靖折

光绪三十三年八月十二日

头品顶戴新授福建布政使奴才尚其亨跪奏，为宪法即公法之权舆，宪法立则公法行，公法行则外侮靖，谨就管见所及，恭折具陈仰祈圣鉴事。

钦惟我国家圣圣相承，厚泽深仁，二百馀年，迄于今日。我皇太后以慈惠视兆民，皇上以仁孝治天下，爱人勤政，惟日孜孜，不肖官吏，则明罚以黜之，水旱偏灾，则内帑以振之。制度恪遵祖训，行政一秉大公，何时何事，不以敬民事顺舆情为先务，又何有侵人自由之虐政，而必以立宪为请者，是岂戴天而不知高耶？盖实迫于列强竞争之时局，必置我国度于高等之地位，对他国有平等之权力，而后外侮不侵，国势乃振。夫外交之难易，视内政之得失，内政之得失，视民格之高下，宪法者实能造国民品格进于文明，居于不可侮辱之境，而张我国势，固我国权者也。

考泰西各国宪法之原起，在十八世纪以前，强者每扩张其权利以侵人自由，弱者欲伸其自由以保其权利，互相竞争，而宪法出焉。宪法者有限制之义，人与人交际各有限制，不得侵他人之自由，国与国交际各有限制，不得侵他国之自由。一国共守之法曰宪法，万国共守之法曰公法，其义实相通焉。我国之君且不能侵国民之自由，而谓他国之君能侵我国之自由乎？故曰宪法即公法之权舆也。况所谓限制者，非国君自弃其权，自由者，非国民任踰其检闲，实有法律以范围之。限制者，限制其法律之外，自由者，自由于法律之中，各保主权，各享利益，上不凌

下,下不犯上。始也上下一心,共守此法以成政,继也上下一德,共保其国于治安。荀子议兵篇曰:秦之锐士不可以当桓文之节制,桓文之节制不可以敌汤武之仁义。西士不伦氏公法第六十一章曰:国必自护,公法方护之。是皆能治其国家孰敢侮之之微义。泰西各国疆域密接匕鬯无惊者,胥赖此法以维系之也。

至于宪法之实际,惟是广教育以开民智,理财政以厚民生,开会议以通民情,公裁判以伸民气,保商、惠工以操利益之胜算,制造、开采以资利用于无穷,海陆军队以御外侮,警察、官吏以靖内乱,讲求医药以除疢疾,交通舟车以便行旅,邮政、电报以通消息,歌舞、游览以舒抑郁。裕其学识,足其财用,则民有礼而知耻,教养兼施,保卫周至,则民乐利而日进,是皆造国民之品格,使进于不可侮辱之境者也。应如何明主权之所在,定立法、司法、行政三权之作用,是在我皇太后、皇上以精心运之而已。奴才行将启程,心恋阙廷,谨就梼昧之见,敬效愚忠,是否有当,伏乞皇太后、皇上圣鉴。谨奏。

《清末筹备立宪档案史料》,第260—261页

都察院都御史陆宝忠等请改都察院为国议会折

光绪三十三年八月十八日①

奏为请旨改都察院为国议会,以立下议院基础而符立宪政体,恭折仰祈圣鉴事:

本年八月十三日钦奉上谕:朕钦奉慈禧端佑康颐昭豫庄诚寿恭钦献崇熙皇太后懿旨:立宪政体,取决公论,上下议院,实为行政之本。中国上下议院一时未能成立,亟宜设资政院以立议院基础。等因。钦此。仰见我皇太后、皇上因时制宜,维持邦本之至意,钦服莫名。

---

① 此为奉到批示谕旨日期。

臣等查各国议院即系议会，其制有国议会、省议会、县议会、市议会，如身使臂，如臂使指，机关既备，运用乃灵。《日本宪法》第三十三条，议会以贵族、众议两院成立。第三十四条，贵族院以皇族、贵族及敕任议员组织。第三十五条，众议院以人民公选之议员组织。盖上下两院之制，东西各国因袭已久，成效彰彰，揆厥所由，盖天下事物之理，皆以奇而立，以耦而成。故集思广益之机，非两不为功也。中国数千年来，非无圣君贤相，然而民气之湮郁末由宣通，民情之抑滞亦无所控诉者，此非尽用人之咎，要由于行政机关窒滞不灵，以致于此。是非仿各国制度，多设议会，俾君民一体，呼吸相通，窃恐未能见效。

伏读上年七月十三日上谕，时处今日，惟有及时详晰甄核，仿行宪政，大权统于朝廷，庶政公诸舆论。等因。钦此。圣谟洋洋，薄海臣民，同深感颂。臣等以为今日新设之资政院，即各国上议院之制也，而旧有之都察院，即各国下议院之制也。现在资政院既经设立，是上议院已有基础，似应将都察院改为国议会，以立下议院基础。惟按各国通例，下议院议员皆取于全国人民之公选，现在中国省县各议会尚未设立，章程既均未定，程度亦属不齐。似宜斟酌变通，选择都察院给事中、御史中之才识明通、宅心公正者，请旨录用，即充议员，无庸选举。现部院大臣保送御史各员，其中不乏通才，应由吏部定期考试，慎加选择，以备录用。一面由各省督抚各举品望素孚、通达政体之官绅各二三人，详具切实考语，送部引见，请旨录用，充当议员，以为各该省之代表。至各省之省议会、县议会、市议会，亦请饬下次第设立，俾与资政院、国议会声息相通，情志相洽，庶天下臣民，咸知与国家同休共戚，确有切己之关系，斯有当尽之义务。俟三四年后，各省会议①办有成效，再将资政院、国议会改为上下议院，而下议院议员即可实行选举之制。如蒙俞允，应请明降谕旨，将都察院改为国议会，所有一切章程，应详考各国通例，采择仿行，以为预备立宪之实验。

臣等愚昧之见，是否有当，谨恭折具陈，伏乞皇太后、皇上圣鉴训示。谨奏。光绪三十三年八月十八日奉旨：会议政务处议奏。钦此。

《政治官报》第九号，光绪三十三年九月二十八日

---

① 原文如此。

二、立宪的策划、措施的公布及清政府高层的讨论

切实研究君主立宪谕①

光绪三十三年八月二十三日

光绪三十三年八月二十三日,内阁奉上谕:朕钦奉慈禧端佑康颐昭豫庄诚寿恭钦献崇熙皇太后懿旨:前经降旨预备立宪,原以君主立宪为吾国政体所最宜,薄海臣民,咸当确切辨明,免涉误会。内外百官,俱有长民之责,尤须认真讲明,以示趋向。著在京各部院,在外各督抚,迅即将君主立宪国政体,博考各国成案,慎选名人论说,督率所属各员,分班切实研究,务期宗旨纯正,事理明通,其有力学精思,贯通治术,有裨时用者,该管长官据实保荐,听候擢用。其不能切实研究,于治理毫无体会者,亦应随时董戒,俾各勉为通才,共济时艰。倘或误入歧途,倡为谬说,淆乱国是,必须严查禁止,以杜流弊而端治源。将此通谕知之。钦此。

《光绪宣统两朝上谕档》第三十三册,第198—199页

著学部编辑精要课本民政部妥拟自治章程谕②

光绪三十三年八月二十三日

光绪三十三年八月二十三日,内阁奉上谕:朕钦奉慈禧端佑康颐昭豫庄诚寿

---

① 标题为编者所拟。
② 标题为编者所拟。

恭钦献崇熙皇太后懿旨：上年降旨宣布宪政，业经明白申谕，视进步之迟速，定期限之远近。朝廷廑怀宪政，盼望至殷，近已降旨先设资政院，以立议院基础。顾议院言论之得失，全视议员程度之高下，非教育普及，则民智何由启发，非地方自治，则人才无从历练。至教育宗旨，必以忠君爱国，屏除邪说为归，自治法规，必以选举贤能，力谋公益为主。著学部通筹普及善法，编辑精要课本，以便通行。并著民政部妥拟自治章程，请旨饬下各省督抚择地依次试办，并由该部随时切实稽查，立为考成，勿任空文塞责。务使议员资格日进高明，庶议院早日成立，宪法可期实行，有厚望焉。钦此。

《光绪宣统两朝上谕档》第三十三册，第 199 页

论都察院不可代国会疏

光绪三十三年八月二十九日

忠　廉　赵炳麟等四十八人

奏为下议院亟须特别设立，断不可以都察院更改，致失立宪之精意，恭折仰祈圣鉴事：

窃以立宪政体，累万语千言而不能罄，惟其要在使民参政而已。民人参预政治，必须组织议院，西儒美良房曰："议院之于国民，犹地图之于土地，有议院而国民之利病毕见，犹有地图而山川都邑悉陈也。历考君主各国宪法，推英国最为完善，由其国先有议会，其宪法皆自国民提议，经君主承认，故为各国所不及。中国今日甫议立宪，输入国民政治之知识，订定国家完全之宪法，实以组织议院为要著。近日恭奉明诏，设立资政院以为议院基础，他国臣民所竞争而不能得者，我皇太后、皇上毅然行之，薄海闻风，欢声雷动。惟一院制与两院制，各国政治家多研究之辨，端陛儿豪诸儒主一院制，自美国大统领亚登士倡两院议，乾德小弥尔诸儒继之，谓一院制论说专一，无人挽救，易流偏激，倘有人植党营

私,摧陷公法,压制人权,莫可诘责,为患曷极,不如两院制得所调和,可免专一之弊。德儒伯伦知理极论两院制之善,尤为明辨以析,各国宗之,多行两院制。欧墨小国,虽有行一院制者,然彼之所谓一院制,止立一下议院,若立一上院而无下院,古今万国无此制也。故国会之权偏重下院,盖下院者,代表全国之舆情,其组织之法,无国不用民选,特有单选复选之差别耳。单选者,谓国民自行投票直选代议士是也;复选者,谓国民先选选举人,而令其代选代议士是也。中国组织下议院,立法之始,万不可失民选之义,宜用复选法,先定选人资格,令其选举郡县议士,由郡县议士选举省谘议会员,由谘议会员各举代表组织国会。行此三级选法,使民间声气层层相通,行之十年,或十余年,尚可得立宪之真相。

而议者有以都察院代国会,以保荐代投票之说,臣窃以为差之毫厘,失以千里矣。

请将议院、察院之性质分晰言之。国会议员由民间公举,科道人员由大臣保送;国会议长以选票最多数之人,由君主敕任,都察院台长皆循资按格,照例迁擢;国会议事,定期召集,察院言事,随时具折,性质不同,作用绝异。欲以都察院之实,强附下议院之名,不惟不得下议院之精神,且必失都察院之作用。夫都察院今日不可骤撤者,正以国会权力尚未巩固耳。各国国会特权有三:一检查岁用,二弹劾政府,三监督官吏。中国币制、赋则皆未划一,预算、决算不能骤办,财用出入,谁能稽查,此实国会权力不能巩固之一原因;政府未负责任,虽有违法失政,无从究诘,此实国会权力不能巩固之二原因;他国官吏,皆经两种试验,行政、司法权限不混,中国官吏,品汇太杂,司法独立尚未实行,官权过重,民气难伸,此实国会权力不能巩固之三原因。有此三端,谓今日国会即可与政府对立,必不能之势也。尚赖有都察院风闻弹事,藉君上之威灵,拯民间之疾苦,倘混而一之,人将以国会合议为词,禁止言官专折奏事,是国会权力尚未巩固,察院制度先经破坏。而所谓议员者,稍有心肝,必被解散,其不肖者,或反资为权贵之利用,将见君主孤立于上,官吏横行于下,上下隔绝,民不聊生,旧日之君主专制忽变为贵族专制,西史谓之寡人政体,必有以争民权更宪法为名,酿出英法大革命之事,内乱纷滋,外人干预,荡析之忧,即在眉睫。臣等为中国危,臣等为生民恸矣。亟应请旨,饬令会议王大臣详议组织国会之法,酌定召集国会之期，扫除一切以察院代国会、以保荐代投票之谬说。务使下议院特别设立，不失民选之义。一面整齐财政，统一赋税，酌立责任政府，实行司法独立，各项官吏必经普通、高等两试验，严杜滥冒以清仕途。俟国会各种权力逐渐巩固，都察院应否归并裁撤，届时开国会议决之，慎毋画蛇以为龙，指鹿以为马，小则遗他国之笑谈，大则酿中原之实祸。天下幸甚，大局幸甚。

所有下议院亟须特别设立缘由，合词恭折具陈，是否有当，伏乞皇太后、皇上圣鉴训示。谨奏。

光绪三十三年八月二十九日奉旨：会议政务处议奏。钦此。

赵炳麟：《赵柏岩集·谏院奏事录》卷四①

翰林院侍讲学士朱福诜奏立宪取法日本应择善而从折

光绪三十三年九月初八日

日讲起居注官翰林院侍讲学士臣朱福诜跪奏，为预备立宪首当明定宗旨，以平政党，而慰舆情，恭折仰祈圣鉴事：

窃维宫廷励精图治，锐意图新，自上年七月以来，累沛德音，布告立宪。一则曰庶政公诸舆论，再则曰立宪政体取决公论。详绎旨意，实欲施行欧美之宪法，以为人民参预政务之机关。恳切求治之诚，薄海臣民，共深感幸。伏见改易官制诸条，大都取法日本，诚以日本持立宪帝国主义，与我国政体为最近，堪为前事之师，即法后王之义，惟考日本预备立宪之经过事实，有可取以为法者，有当引以为戒者。矧我之与日国体本有不同，若不分别抉择，而但于其陈迹所留，刻画求似，不独胶柱鼓瑟，抑且买椟还珠，臣谨为我皇上缕晰陈之。

---

① 本疏在收入是书时，其文末曾加有如下文字："都御史陆宝忠、副都御史伊克坦、陈名侃等请改都察院为国议会以代下议院，用大臣保荐为议员以代国民投票，同人皆以为大失立宪之精意，会集云山别墅，联衔力净，属麟起草，自掌印给事中忠廉、陈田以次，四十八人联名赴颐和园呈递。"

按日之初设议政官,其权甚大,原欲假之为后援,以固政体之基础,迨政府之基渐固,则公议舆论,亦渐疏外,当时政府初建,不得不为此权宜之计。我国三权未分,行政官势力独盛,何所用其假借,且树援或以树敌,以伪不如以诚。此所当戒者一也。日之元老院议员即立法官,当时多以府县知事老朽者充之,议事则服从于内阁,因有老翁废弃所之称,为明治政治史之一污点。我之资政院议员,将以代表舆论,监督政府,若用平庸衰老之员,何能任事。此所当戒者又一也。日政府之于舆论,虽亦时轻时重,然如板垣退助、木户孝允,有急进渐进之不同,而其抱民权主义则一,余则后藤、大隈并持此义,其时政党绝盛,公论卒以获伸。我国此事尚在萌芽,无赫赫者为之宗主,此当辅助之时,而非可摧抑之时。则所当戒者又一也。日之设地方官会议,以国民之程度不一,而官吏之资格较深,不得已而以会议之制先行于官,然大为民党所攻击,加之压制,其势反张。中国官场积习深锢,絜其高下,官民不甚相悬,不得援日本为口实。则所当戒者又一也。

然其宪法所以成立之故,厥有数端,日本明治元年以五事誓天,并发布政体书,欲实行欧美立宪,其后虽间有阻力,而抱此宗旨,期于必达,政府行极端之急进主义,各政党或以赞成,或以反激,无非扶助政府之速行。此所当法者一也。明治维新,得人最盛,自西乡隆盛以下盖数十人,至今伊藤诸人尚存,内安外攘皆其政策,而东乡平八郎实出西乡之门。当明治初,诏臣工以保举人才,首戒徇私纳贿,英俊咸集,职是之由。今欲延揽人才,当以贿赂人情为大戒,而又泯新旧之见,绝门户之私,剂宽猛之度,一秉至公,期收群策。此所当法者又一也。日之各政党组织虽有反对者,所争只在急渐迟速之间,大旨初无歧异,即政府亦非谓议院可不设也,故得进于大同,收此效果。此所当法者又一也。日第四次改定官制,废太政大臣、参议、各省卿,更置内阁总理大臣及外部等十大臣,是为法律上内阁之始,发自三条实美,而实伊藤氏数年所筹画,至是实行,以为国会之准备,此所当法者又一也。欧美各国,非立宪政体,其会计未有宣示者,日自大隈重信之见込会计表公示于众,其后改为预算表,至十二年始公布八年度之决算,此实预备时代之善政。其所当法者又一也。

综此数者,实为日本兴盛之大原因。伏愿皇太后、皇上迅定大纲,深维至计,鉴往车之已折,思成法之可师,择善而从,不善而改,安见我国宪法之成立，不超越乎德、日诸国之上者哉。若政府以因循为得计，臣工以倾轧为竞争，外患迭乘，内忧洊至，臣不知所税驾矣。

臣忧心如焚，情词迫切，谨缮折具陈，伏乞皇太后、皇上圣鉴训示。谨奏。

《清末筹备立宪档案史料》，第271—273页

内阁会议政务处议复
都御史陆宝忠等改都察院各折片折

光绪三十三年九月十六日①

奏为遵旨议奏，恭折具陈，仰祈圣鉴事：

本年八月十八日，准军机处片交都御史陆宝忠等奏请改都察院为国议会，以立下议院基础一折，奉旨会议政务处议奏。钦此。

窃维都察院职司风宪，关系至重。恭读顺治十二年上谕：凡事关朕躬，何令不信，何政有差。诸王、贝勒、在事诸臣旷职之愆，丛弊之处，及内外各司，何害未除，何利未兴，言官各据见闻，直言无隐。等因。钦此。康熙三十六年上谕：国家设立都御史及科道官员，以建白为专责，所以达下情而祛壅蔽，职任至重，使言官皆能奉法秉公，实心尽职，则闾阎疾苦，何一不上闻，官吏贪邪，何一不厘剔。故广开言路，为图治第一要务。等因。钦此。乾隆元年上谕：国家设科道官，原以发抒忠悃，随时献替为专职。而进谏之道，莫大乎绳愆纠谬，上佐君德；其规切用人行政，指陈吏治民生者次之。此古名臣之所以志在格君而□□硕画，有造于国是民依也。等因。钦此。仰见列圣贻谋，首开言路，煌煌祖训，著在台规，实为万禩不刊之令典。

窃尝考其官守，上则匡益君德，论议政事，次则纠核官邪，通达民隐。盖统

---

① 此为奉到批示谕旨日期。

括立法、司法、行政之机关,有东西各国议院之长,而无其党与竞争之弊。故法制之美备,为中外所同钦。苟与彼国两院之制以相衡,则固判然不合。且其所以设下议院者,缘全国人民之意见无由自达于君上,因公举少数之议员,以代多数人民之陈说。而国民义务,以纳税为大宗,故其选举之额,各随府县而定,其资格则以年龄及纳税之多寡为衡,此所谓民选议院者也。朝廷施行宪政,首立资政院以为议院始基。查去年所拟官制清单,如议员之由钦选、会推者,既略取上议院之意,其由保荐者,又隐然合通国人民以行选举之法。原其规则殆参合上下两院之制而成,盖在宪法准备之时,自有此必循之阶级,所以不遽议开国会者,非靳之也,盖有待也。

今该都御史等请将都察院改为国会,虽为推广舆论起见,不知谏官之与议员,体制不同,万难合混。抑臣等以为,斯署之设,上承列圣倚任之重,下系臣民是非之公,即异时上下议院规模完备,议员皆有合格之人,而都察院系独立之衙门,为国家广开言路,亦不可轻议更张。所有该都御史等原奏,应请无庸置议。

再,臣等正在议复间,准军机处先后片交御史江春霖一折,给事中忠廉等一折,均奉旨会议政务处议奏。钦此。查该御史等陈奏各节,与臣等意见大致相同,惟所请设立议院一节,查资政院现已设立,正在议拟章程,广选外省官绅入院与议,本已包括下议院办法大指在内,应俟资政院办有规模,再当审时度势,次第推行。

所有臣等遵旨会议缘由,是否有当,谨合词恭折具陈,伏乞皇太后、皇上圣鉴。谨奏。

光绪三十三年九月十六日奉旨:依议。钦此。

《政治官报》第八号,光绪三十三年九月二十七日出版

内阁候补中书朱兴汾请设立各级宪政编查馆汇集中外法律以厘定立宪草案呈

光绪三十三年九月二十二日

内阁候补中书朱兴汾谨呈，为立宪预备，敬陈管见，恳请代奏事：

窃见朝廷锐意维新，自去年七月间恭奉谕旨，布告立宪，时时为预备之计。近日伏读上谕，政治馆著改为宪政编查馆，又饬派汪大燮等出使英、日、德三国考察宪政，具见宫廷博采周谘，集思广益之至意。窃维英、日、德三国为君主立宪之国，而德、日又与英异，以其持立宪帝国主义也，又英为不成文宪法，德、日则为成文宪法。查日本预备立宪时之阶级，具见于政治法制史，大约始则借舆论以巩固政府，迨至两院成立，各府县会议员各自议其地方之行政费用，而宪法乃臻完备。我国虽以日本为法，亦不必于其所历之程途，为刻舟求剑之计。惟日本立宪，虽遣伊藤等至外洋考察频年，归而改制，然一切宪法仍以日本向来之国体为主，此日之宪法，非但与英不同，亦且与德有异也。我国地大物博，二十二行省，形势既甚涣散，而风俗又多歧异，其人民之性质又复微有不同，不独与东西洋各国情形迥别也，而我国所有法律财政诸书，合之宪法，多未完备，不足以为大同之准。除已派大臣出洋考察宪政外，内地应设之编查局，洵为不可缓之举。中书之愚见，拟请将宪政编查馆作为中央编查馆，各省另设调查局，名为地方编查局。其调查各员，可令各省地方官保举熟于地方情形及谙法律者若干员，官绅各举其半，别为等级。以上级之少数官绅充地方编查局员，同时再于各州县自治团体中附设宪法研究会，以调查地方情形为责任，州县官须与闻其事，额定十人或二十人。自治团体未立以前，即附属于中小学堂内，先由考察大臣及编查馆王大臣，将行政机关所应有之法典别为门类、章节、子目若干条，交由省编查局分给各州县按条加注。有中国法律向所规定者详之，无则记其类似者，或但有向来之习惯，或竟从无此事例，一一条陈呈之各省局。再由各省局厘订后汇呈中央编查馆寄与考察大臣，考察大臣再逐条注以各国法律，以资比较。门类既定，即可按月查寄，以后研究渐熟，调查亦易，半年以后，调查之件皆可倍于从前，各大臣亦不致久滞外洋，大约二三年后必已事毕回华。将所有调查之案交之编查馆，该馆平时已得外洋及地方之报告研究有素，再得各大臣回华面商要义，则全书不难告成，恭呈圣鉴。厘定后，即作为立宪之草案，析分宪法、法律二种，宪法则一成不变，法律可随时改更，此日之法典所以于法律独详，而宪法则揭举大纲。今之立法拟即仿此。法典既定，而立宪之精神亦不外是矣。

中书管窥蠡测，罔识精微，谨献一得之愚，恭候采择，伏乞代奏。谨呈。

《清末筹备立宪档案史料》，第290—291页

补用知府岳福条陈起草宪法等十事并请先立过渡法以调停新旧呈

光绪三十三年九月

保送分省补用知府岳福呈，为恭请代奏，遵旨条举立宪事：

窃于光绪三十三年五月二十八日奉上谕：朕钦奉慈禧端佑康颐昭豫庄诚寿恭钦献崇熙皇太后懿旨：直省官制已据王大臣议拟试办矣。惟立宪之道全在上下同心，内外一气，去私秉公，共图治理。自今以后，应如何预备，乃不徒托空言，宜如何逐渐施行，乃能确有成效，亟宜博访周谘，集思广益，凡有实知所以预备之方施行之术者，准如条举以闻。除原许专折奏事各员外，其余在京呈由都察院衙门，在外呈由各地方大吏，详加甄核，取其切实正大者，选录代奏。但不得摭拾陈言，亦无取烦文词费，只要切合时势实在可行，逐一具陈，以便省览，而资采择。总之此事既官民各有责任，即官民均应讲求，务使事事悉合宪法，必驯至富强，实有厚望。钦此。钦诵之下，具仰明目达聪，广求智识之至意。

伏维今世文明各国，莫不以宪法组织政治，以冀国势进步，我皇太后、皇上

洞烛时机，毅然变法，力图自强，为全国人民谋幸福，进求长治久安之道，深宫宵旰，诚格人天，此薄海臣民昭然共晓者也。综览东西洋历史，集人群社会而成国家者，求如我朝之君明民顺，实不多觏。若再立一上下相循之宪典，各儋责任，各尽义务，聚此四万万人之智力，合一团体而求公益，则富强之效，可操券以待。第立法伊始，虑贵周详，审时度势，我国尚有阙陷之点，不得不长思而却顾也。盖新理发明，各国得之较早，我则民智初开，风气狃旧，以通国人民计之，其不知立宪为何事者尚占多数，以各国成绩考之，我今尚为过渡时代，近虽有革命风潮，乃少数人借端生事，不在宪之立不立耳。大抵治一事，必先思其弊，虑其难，然后统筹办法，逐渐作去，方能有条不紊，推行尽利。愚以为奠定此立宪大策，乃国家强弱攸关，外人观瞻所系，既为实行之预备，宜定总理之一人，拟请简放通达宪法之大臣，负儋起立草案之重任，审查国体民情有与宪法背驰者，先立过渡法，为调停新旧之津梁，置立宪法之阶梯，前修订法律大臣颁行各条已有数议驳，足为车鉴也。兹先晓谕天下，咸使知朝廷命意之所在，以今日立宪并非心醉欧风，将我之纲常名教废弃屏绝，系取法人之善者，以补我之不足，有若琴瑟不调，改弦而更张之，非将琴瑟之形质削为管箫之亚者也。即日本居今宪法早庆成立，师德、法远绍于英，经营一君主立宪政体，系存固有之精神，去其糟粕，而以西法附益之，日本宪法有云特别国情者是也。我国今日所急者在拔取天下谙悉宪法国情之士，各抒己见，荟萃其说，折衷壹是，庶期举行而无他虞也。谨将管见所及，略具数条，恭备圣明采择。

一、起立宪法草案，如蒙简定总理大臣后，任其选用僚属，奏请作为立宪议员，即以宪政编查馆为收受条陈之总汇，通览综核，择其议论宏通，切实可行，确以君主立宪为宗旨者，仿古来言事拜官之制，锡以官阶，俾其耸动观听，歆起豪杰，并拔尤调取，令该管官赍送来馆，面加复试，委充议员，以示立宪为天下之大公，人人得议之意。如有假冒代责情事，治以重罪。

一、普令京外四品以上大员为士民先，条陈宪法国情如何治理，以为集思广益之助，并令互举现任大员，详其品学才识，宜于何官，无庸拘泥瞻顾，以备朝廷量能器使及为资政院储才之用。

一、立宪固须改定官制，亦须另法选人。议院未立，公举不行，则立法、司法、行政三大机关，端在用人。除令大臣互举外，暂用过渡法，亦令各部院署置一筒，统饬司员书名投票，各举所知，略书履历，详其才识宜于何官，于本署同僚外，亦许举别署人员。钦派大臣定期启取，视其被举占十人以外者，集为一册，另派大臣面为考试，先令述其心得，后再问难，使为论说，果副所举，则升授相当之缺，一洗为人选官之弊。俟举行有效，再拟推广于各省。

一、我国创立宪法，民主、共主皆不可行，惟仿日本君主立宪最为合式。请敕下京外大小各官，审观日本宪法译书，何条可因，何条不便，如有心得，具呈上陈，即无条奏，亦得知宪法之意义，将来实行立宪，于宪政亦不至于茫然。

一、组织资政院，似宜仿日本明治元年闰四月置上下议政二局，及四年七月改设左右两院议员之制，斟酌取舍，期于政体民情两无窒碍，并于文武大臣内择其通晓宪法选举教员，备充皇上之高等顾问官。

一、各省谘议局宜选本省绅士及候补中通宪法者，各举相当之数充当议员，不止融化官民界限，即有所议，亦不至各有所偏。

一、地方自治，暂由州县选派该地方绅士设立保安会，官督绅办，晓谕人民，系仿保甲、团练之制，共保生命财产。每县分为东、西、南、北、中五区，每区设局，派司事三人：一司教育，一司警察，一司征纳，不设总理，禀承于地方官。乡镇远者设立分局，附于该区，有扰害社会安平秩序者，大事送县究办，小事则由警察官急决也。行之一纪，绅士由民公举，渐用日本市町村制，地方自治会可期兴也。不然形式可仿，实质殊难学矣。

一、令各疆臣条陈该省民情，如南省风气大开，即早定立宪之期，西疆民俗狃旧，时日不妨少迟，俾免维新觖望，守旧扞格之弊。日本至今郡县町村尚有未设议员之处，足见人民进化迟速不能一律概之也。

一、令宪政编查馆先将大纲编定呈览，俟钦定后行于京外各衙门省观，并饬各地方官译成白话告示，并于朔望派人演说，使人民共晓立宪之益，则程度自能进化，庶免躐等而进，无画虎刻鹄之患者矣。

一、所有臣民条奏，悉令书备正副两封，仿前明通政之制，内由都察院，外由各地方大吏阅核副封，如无违碍，即将正封迳上，俾免稽迟复录之烦。除不准告讦外，并拟请常许臣民言事上书，以昭圣天子明达之治，俟议院完备，即行作废。

所有管见所及，谨删词费，恭缮具陈，是否有当，伏乞皇太后、皇上圣鉴。

谨请代奏，为此具呈。

《清末筹备立宪档案史料》，第291—295页

署理广西提学使李翰芬条陈五年预备立宪及速立内阁等事宜折

光绪三十三年十月初五日

署理广西提学使道员用臣李翰芬跪奏，为应诏陈言，谨将宪政预备施行管见，恭折具陈，仰祈圣鉴事：

窃臣恭读本年五月二十八日上谕：朕钦奉慈禧端佑康颐昭豫庄诚寿恭钦献崇熙皇太后懿旨，直省官制已据王大臣议拟饬行试办。惟立宪之道全在上下同心，内外一气，去私秉公，共图治理。自今以后，应如何切实预备，乃不徒托空言，宜如何逐渐施行，乃能确有成效，亟应博访周谘，集思广益，凡有实知所以预备之方施行之序者，准各条举以闻。除原许专折奏事各员外，其余在京呈由都察院衙门，在外呈由各地方大吏，详加甄核，取其切实正大者，选录代奏。但不得撇拾陈言，亦无取烦文词费，只要切合时势实在可行者，逐一具陈，以便省览，而资采择。总之此事既官民各有责任，即官民均应讲求，务使事事悉合宪法，以驯致富强，实有厚望焉。钦此。仰见庙谟深远，明目达聪，期于天下臣民，共襄郅治，曷胜钦忭。臣惟宪政之行，关系至巨，必有范人之法，尤必有行法之人，乃能上下内外相维相贯。至于预备之方，在包括纲条，不能举一而废百，施行之序，在体察时势，不必舍己而从人，而尤贵振刷精神，扫除积习，新中外之耳目，而慰薄海之人心。不揣愚昧，谨将宪政预备施行管见拟列八条，敬为我皇太后、皇上陈之。

一、实行宪政期限宜速也。方今时局艰危，事机日亟，外人每以宪政之成否占中国之存亡，若必预备于十数年前，施行于十数年后，虽缓急不容不审，而收

效实觉过迟。论者谓国民程度尚低，资格尚浅，未可轻率从事。抑知程度以造就而益高，资格以历练而渐进，东西国民程度资格不同，而其为立宪则一，又岂有一定标准哉。先预备，后施行，年复一年，不免有苟且因循之患。即施行，即预备，急所当急，乃一收倍道兼进之功。日本立宪之议，虽萌于明治初年，而自明敕国人预备立宪，以至开国会、布宪法，其间不过十载，而亦因日本当时尚未确信宪政之可行于东方民族，故迟回详慎，乃抵于实行。今则立宪为中国救时之惟一要政，中外通人已无疑义，而变巨期迫，又非可待十年，拟请明降谕旨，于光绪三十七年颁布宪法，开上下议院，有五年为之绸缪预备，则各省之议局，各府州县之议事会，渐多合格之议员，而两院不难成立，即宪法亦必编纂完善行之有效矣。

　　一、内阁宜速立也。君主立宪国以君主为统治权主体，而必有行使统治权之机关，其机关之最重要者实惟内阁。盖今日宪法上之内阁，上对君主，下对议院，均负绝大之责任，故必内阁已立，而后宪政乃有统系。查各国内阁皆各部大臣组织而成，若日本、丁抹①、诺威则别置内阁总理大臣，若英、美、普、法则不置总理大臣，而即以首席之一部大臣当其任。中国分部已多，政治繁赜，自宜设内阁总理大臣主持行政。查各国总理大臣之任，未有以亲王当之者，此由尊敬皇室之故，盖君主神圣不可侵犯，载之宪法，凡皇族亦援此例而尊敬之，亲王为总理大臣，必负责任，若政策不善，必受国民指摘，从民意而黜之，则失皇族之尊敬，不黜则或至丛怨于君主，皆于神圣不可侵犯之主体大有损碍。伏维我朝世祖奠基，康、乾郅治，咸、同中兴，近日新政，无不藉亲王之英辅，匡济艰难，则总理大臣自不能不先明载宪法条文，与其他之总理大臣同负责任上之处置，庶四海臣民咸晓然于朝廷用意之所在耳。

　　一、请设枢密院也。枢密院以备皇太后、皇上之顾问，从前编制大臣原议本省置枢密院一条，其性质作用如何，微臣窃未详谂。今拟略仿日本办法，查欧洲各国于国会决议之范围甚广，立法之外，即行政、司法所关诸事，往往经国会议决而行，故君主不必更有所谘访，而宪法上亦大概不认有枢密顾问之权限。日本则君主大权事项，悉出君主亲裁，惟特置枢密院，上佐君主之筹画。吾国若取则

---

① 丁抹，当为今译之丹麦。——编者

日本，则大权事项必出皇太后、皇上亲裁，似亦宜置枢密院以备顾问，兼为万几余暇典学侍从之资。其院员之组织，大约院长以勋望素高之大臣充之，院长以下应置院员，以海内通儒、毕业学生，学有经法通达时务者充之。其权限则除恭对皇太后、皇上谘询讲读外，不得自陈意见，不得干预施政，不得行命令于一切官民，不得受理官民之请愿上书及通信等，院员不得兼任他官。惟内阁大臣才望极著者，或许兼任院长。伏考我朝南书房之设，自部院堂官以至编检，皆得诏入行走为侍从清贵之臣。今枢密院拟即以南书房改置，而即为宪政之一重要机关，以备内阁议院之所不及。凡旧日经筵讲读隆重之典，悉统属之，则显以赞新政于九重，实隐以存旧制于一线。

一、各省官制宜速实行改革也。凡举一事，大抵由不完善而渐进于完善，若必筹度完全而后举，恐终无举行之期，即如今日外官制已经编定，议者主于一二省先行试办，老成持重，具见苦心。然此一二省之官已用新制，其裁撤之腐败俗吏，必改之他省遁逃渊薮，究竟受害者仍在国在民。况此一二省大吏，或措施之机宜未协，稍起风潮，或人民之程度尚差，未大效验，则顽固者必借口于宪政之无益而窃肆阻挠，此尤不可不虑者也。窃谓新定官制，宜即日实行，其有未备事宜，应酌察情形，随时损益。或虑陵躐贻误，不知提学司僚属，纯用新政制，毫无窒碍，则督抚、藩臬二司之幕僚，府厅州县之佐官，其必可依新官制可知。或虑无才可用，则宜就各省官大举甄别，可用者用之，可造就者，与设法政速成研究所以造就之。其毫无足取者，严加淘汰。爬罗磨刮，非必无可取之人，且地方员绅可备幕职佐官者不少，要视用人者何如耳。或虑经费难筹，不知举办之初，事物尚简，宜不必备，但求稍规模具，可为逐渐扩充之资，况裁并局所，提拔羡余，挹彼注兹，尽数展布。各直省督抚、司道，同在一署办公，如京师各部衙门之例，此项经费所省亦多，倘事事认真，涓滴归公，尤足收改制之实益。此新官制之断然可行不必疑虑者也。

一、宜推行宪政教育也。国家既设资政院、省议局、州县议事会，以为监督行政之机关，则必造就议员之资格，而所以造就此资格者，舍教育不为功。一国国民教育，必有特别之精神，此精神有本其固有性质而发达之者，有即其最缺乏之性质而补助之者。英之殖民思想，日本之武士道，皆特别精神也。三代治法用礼官制极有立宪精意，自秦、汉以后，君民悬隔，日即陵夷，故宪法精神在吾国古时为固有，在今日为缺乏，挽回补救，非学何从。前者学部通行天下实行强迫教育，迄奉明诏令各省切实研究宪政，皆与预备立宪关系至深。伏查钦定学堂章程，高等学堂、中学堂，皆有法律一科，惟仅讲授法制总论及民法。臣愚以为各学堂所有法律课程，及初级师范、简易师范等学堂原无法律者，宜一律加课宪法，将来教习高等小学须讲宪法大端，庶使初受教育之国民，咸有宪政思想。至省府州县所立之教育会，本应附设宣讲所，拟由各省宪政研究所，编纂宪政白话说帖，付宣讲所演之，使学堂以外之人，亦晓然立宪之不容缓。其从前各省设立之法政学堂，宜极力推广以造就议员之资格，兼培养自治之人材。以上数端，请饬下学部核议通行，则前次谕旨所谓议员资格日进高明者，将自此基之矣。

一、宪法及各法宜妥速编定也。宪法为国家之根本法，其所规定有诸国所普通者，有一国所持特别者，如关于君权之规定，君主神圣不可侵犯者其普通，而统治权之广狭则特别也。关于臣民权利义务之规定，纳税者其普通，当兵役与否则特别也。推之议会、司法、会计、继承、摄政、皇族种种之规定，莫不皆然。夫普通者可取法诸国，而特别者则各因其国之历史、民族而不同，故今日制定宪法，虽取东西诸国，而仍必以中国大经、我朝家法为据依，庶于国俗民情无所窒碍。然宪法者，仅规定运用大政之纲领，至其条目，则宜寄之于各法，而各法之亟宜编定者，一曰行政法规，凡改订官制及任用章程隶之，一曰法典，凡民法、商法、刑法、民事诉讼法、刑事诉讼法隶之。然后臣民有所遵守，不敢以言论为是非，内外有所率循，不至以意见为轻重。兹事体大，必参酌中外因革损益，乃能行之天下而无弊。近者政治馆已改为宪政编查馆，请谕饬刻期调查提议，次第付资政院议决。除宪法应定期宣布外，其余诸法随时请旨颁行，以速宪法之发达。

一、宜速行自治议会也。臣查天津、上海等处，近年举行自治，设参事、董事等会，为立法、行法之权舆，颇著成效。此外开通州县，间有拟办自治章程者，或议之而未行，行之而未效，良以所订规则未尽合宜。自治虽国民职任，而程度幼稚时代，必藉官吏为之提倡，拟请由民政部速妥定地方自治章程，颁行天下，以地方之贫富，风气之开闭，分省为数等。一省中之府州县，复以地方之贫富风气之开闭分为数级，虽下等之省，下级之州县，而城邑所在，必令设立自治议会。至高等之省与高级之州县，并宜由城而市，由市而乡，层累推广，要必使地方先有一自治之模范，则四乡不难摹仿举行。各省所设之法政学堂，陆续毕业，及此次遵办之宪法研究所，合力讲求，必不乏人才，堪以派充自治师资之选。又查各州县城乡多有公所、公局，类皆假办理事务之名，肆鱼肉乡民之欲，若绳以文明规律，使变为自治局所，则除害即以兴利，一举而两善得焉。惟应请旨饬各省大吏，以地方自治之发达为州县之考成，庶责任专而效验易期耳。

一、宜特设宪法报章也。普及教育、宪政教育固为预备立宪之大原，然其范围专属学堂之学生、官绅，则限于人，专寄于研究所、宣讲所，则限于地。臣愚以为不拘人地，可统上、中、下三等社会而陶铸之者，报纸是也。应请于内阁或资政院附设宪政官报局，此报编纂之法，首恭录关于宪政之上谕，次列现行之新章，次记各省试办自治之情形，次采择京外臣工关于立宪之奏折、条陈，及海内通人之论著，次编译各国立宪之法典与其一切自治之内容，复折衷而论断之，务期宗旨纯正，切合中国数千年历史之习惯，与夫现今国民之程度，而一切支辞谬说，力与破除。此报发行任人购阅外，仍配销于京外大小实缺候补供差人员，庶得实力研求，增广智识，并由民政部通行国中报馆有势力者，凡关于立宪之历史之办法之利益诸端，演为白话，逐日登报，于以发蒙化俗，尤易奏功矣。

臣伏见近日宪政纲要次第饬行，以上所陈管见八条，或尚未拟议，或议而未决，或议虽决而未尽实行。臣之愚则窃以为为宪政筹预备之方，施行之序，使上下内外维持不敝者，莫要于此。

抑臣尤有请者，立宪政体为中国数千年来有天下者之所未觏，即为我朝亿万年有道之统之所由基，夫欲建非常之功，先有非常之举，宣一人之精神，耸兆姓之观听，所关至巨也。唐宪宗平淮蔡，其臣韩愈颂之曰：不赦不疑，由天子明，凡此蔡功，惟断乃成。臣伏睹我皇太后、皇上已确见立宪政体之可行于中国，叠贲纶音，宣诰中外，圣明乾断，率土同遵。臣尝恭稽掌故，我太祖高皇帝以七事告天，明誓将士，遂启皇基。又考明治初年，其天皇以五条谕文誓于天地神明，播告众庶，用能君臣一德，蔚为强国。臣所谓非常之举者此类是也。伏恳我皇太后、皇上远法太祖创业之圣烈，近参东邻变法之成规，昭告天地、祖宗，誓行宪政，则薄海臣民益不敢不勉竭忠诚，赞襄圣业矣。

微臣才识迂陋，何敢妄参大计，然窃念忝列学司，例许专奏，且恭绎谕旨庶政公之舆论之言，不敢自安缄默，有负生成。敬陈管见，是否有当，伏乞皇太后、皇上圣鉴。谨奏。

光绪三十三年十一月十四日奉朱批：宪政编查馆知道。钦此。

《清末筹备立宪档案史料》，第 299—305 页

外务部员外郎辜汤生①陈言内政宜申成宪外事宜定规制并请降谕不准轻改旧章创行新政呈

光绪三十三年十月

具呈外务部员外郎辜汤生，为应诏陈言，呈请代奏事：

窃谓内政宜申成宪，以存纲纪，而固邦本。外事宜定规制，以责功实，而振国势。近日献策陈事者，皆以为中国处今日之时势，若不变通旧制，则无以立国。然微臣之愚，窃以为国之所以不立者，或由外患之所迫，或由内政之不修，独是外患之忧，犹可以为计，若内政不修，则未有能立国者也。惟修内政，在存纲纪，夫制度者，所以辅立纲纪也。盖凡经邦治国，定之者谓之制，行之者谓之政，行政若无定制，则人人可以行其私意，若既有定制，则虽人君亦未便专行己意。故制度者非特以条理庶事，亦所以杜绝人欲，杜绝人欲即所以存纲纪也。今制度若屡行更易，则纲纪必损，纲纪既损，邦本必坏，邦本既坏，又何以能立国耶。昔唐太宗指殿屋谓侍臣曰：治天下如建此屋，营构既成，勿数更易，若易一榱，正一瓦，践履动摇必有所损。若慕奇功，变法度，不恒其德，劳扰实多。盖言法度之不可轻改也。然法度亦有时不可不变也。昔汉承秦统，制度多用秦法，夫秦立国于群雄相争之际，而创制于海内未定之时，法多简陋偏刻，致以病民害治。当时是，贤如董仲舒，亦有改弦易辙之请，此乃立法不善，故有不可不变也。逮有宋之际，欧阳修对仁宗言，谓今日朝廷有三大弊，一曰不谨号令，二曰

---

① 辜汤生，即辜鸿铭。

不明赏罚,三曰不责功实,三弊因循于上,则万事废坏于下也。及后王安石用事,不务去此三弊而徒事变法,遂致纲纪紊乱,宋祚以亡。此则行法不实,而非立法不善,故徒改法度,适足以滋乱耳。若今日我国家之制度,其规模虽取法于前明,而体制实征验于往代,历今已千百余年矣,分目细条,或须随时删定,而大纲要领,岂有不足为治者哉。

臣幼年游学西洋,历英、德、法三国十有一年,习其语言文字,因得观其经邦治国之大略。窃谓西洋列邦本以封建立国,逮至百年以来,风气始开,封建渐废,列邦无所统属,互相争强,民俗奢靡,纲纪寖乱,犹似我中国春秋战国之时势也。故凡经邦治国,尚无定制,即其设官规模,亦犹简陋不备,如德、法近年始立刑、礼二部,而英至今犹未置也。至其所以行法施政,犹多偏驳繁扰,如商人议院则政归富人,民立报馆则处士横议,官设警察则以匪待民,讼请律师则吏弄刀笔,诸如此类,皆其一时习俗之流弊,而实非治体之正大也。每见彼都有学识之士,谈及立法之流弊,无不以为殷忧,惟独怪今日我中国士大夫,不知西洋乱政所由来,徒慕其奢靡,遂致朝野皆倡言行西法,兴新政,一国若狂。在朝诸臣,又不知清静无扰为经国之大体,或随声附和,或虽心知其不便,又不能明辨其所以不便,遂致近日各省督抚多有借西法新政名目,以任其意之所欲为,而置民苦民怨于不问也。诗云:民亦劳止,汔可小康。又曰:无纵诡随,以谨无良。盖今日民实不欲新法、新政,亦并无须新法、新政,而徒好大喜功之督抚,遇事揽权之劣绅,欲藉此以徼名利耳。至若西洋所创制器之法,如电报、轮船、铁路等事,此虽未尝无利于民生日用之事,且势至今日,我中国又不能不渐次仿行举办。然天下事利之所在,害亦将随之耳,故凡兴办此等事,又不可不严定限制也。盖自中古以降,生民风气日开,其于日用生计之谋,固非若上古屯晦钝朴,必待上之人纤悉教诏之也。彼其智巧溢而贪竞滋,苟利之所在,虽立法禁限之,犹且不能,若其熟视而莫肯趋者,则必俗之所不便与其力之所不赡焉。上之人且嗷嗷焉,朝下一令,曰为尔开学堂,暮下一令,曰为尔兴商务,彼民者未见丝毫加益于吾事,而徒见符檄之惊怛,征敛之无已,房捐、米捐、酒捐、糖捐日加月增,而民已无聊生矣。孔子曰:惠而不费。又曰:因民之所利而利之。夫今日民之所欲者,惟欲得政之平耳,政苟得其平,则百利自兴矣,然政之所以不得其平者,非患无新法,而患不守法耳。盖近日凡百庶政之所以不得其理者,其病由乎行内政则不守旧法,而办外事又无定章可守。所谓外事者,非仅指交涉一事,即近日凡谓洋务,如制造、电报、铁路、矿务等,皆为外事也。然内政旧法之所以废弛不守者,亦皆因办理外事之漫无定章也。推原其所由来,固非一朝一夕之故耳。请为我皇太后、皇上略陈之。

伏维我中国自弛海禁以来,天下多故,咸丰初年,发匪起于粤西,前督臣曾国藩奉命督兵平寇,当是时,匪踪蔓延十三省,大局靡乱,故朝廷不得不畀以重权命为钦差大臣。凡军国大事,虽具文关白,而实皆得以便宜行事,自是而后,天下遂成为内轻外重之势。然该督臣曾国藩秉性忠贞,学术纯粹,能明大礼,故天下大小臣工听其号召,犹能各矢忠诚,同心翊戴,尽瘁驰驱,是以卒成大功,河山重奠。及前督臣李鸿章为北洋大臣,适值中外交讧,外患孔亟,故凡办理外事,朝廷仍不得不畀以重权,一若前督臣曾国藩督军之时。由此以来,北洋权势愈重,几与日本幕府专政之时不相上下,故当时言及洋务,中外几知有李鸿章而不知有朝廷也。且该督臣李鸿章品学行谊,不如曾国藩之纯粹,故德望不能感服人心,号召天下,是以甲午之后,天下解心,一败几不可收拾。北洋既败,而各省督抚亦遂争言办理洋务,其意盖亦冀得北洋之权势,而可任其意之所欲为也。盖以既办理洋务,则虽动支百万金,而度支不敢过问,虽招致私人,声势震一省,而吏部或有不知其谁何者矣。此皆办理外事漫无定章之所由来也。人见办理外事既无定章可守,遂渐视内政之旧法亦可以不必守也。如此故人人各得徇其私意,此上下纲纪所以废弛,以致庶事不理,民生日苦,而国事日蹙,以至于今日也。

窃维今日如欲振兴国势,则必自整理庶政始,欲整理庶政,则必自分别内政、外事始,内政宜申明成宪,外事应通筹全局,而定立规制也。今为分别内政、外事,拟请先降明诏,特谕各省督抚,凡关吾民内政之事,不准轻改旧章,创行西法新政,当此民生凋敝之时,凡百设施,当以与民无扰为主,务去其害人者而已。至今日时势所不得不办之事,如练兵、设专门学堂,兴制造及各种凡用西法之事,必俟朝廷通筹熟议,定立规制,特降谕旨指省饬办,始准恪遵所定规制举行办理。如未奉此旨以前业已举办,能停止者即行停止,若势实未便即行停止者,则不准扩充,并将现办情形奏明请旨定夺,似此省事安民,即有职牧民之官,亦可以专心地方民事也。

至为申明成宪，拟请特谕军机大臣会同各部院大臣，并酌选久于外任有学识之大小人员，随同办理，将该部现行事例彻底推究，实实厘定，务使简明易行。其法涉于苛细者，熟议而酌除之，其事迹相同，轻重迥异，多设条目，致使胥吏得借法为奸者，一切删去。然后奏明定为令甲，分别纲目，刊成简明善本，颁行天下，似此成宪申明，则纲纪立，而庶事可以得其理矣。臣所谓内政宜申成宪以存纲纪而固邦本者此也。

至若办理外务，先应统筹全局。窃谓中外之所以多龃龉致启衅端者，皆因我内政之不修，或号令之不谨，或用人之不慎，以致内地民情不安，外人亦以为口实也。然我中国内政不修之所由来，又因自弛海禁以后，国家惟日汲汲于防外患，而无余力顾及内政也。故欲治内政，又不能不先使国家无外患之忧。惟近日国家愈汲汲于防外患，而外患日益孔亟者，此其故无他，皆因所以防外患者未得其肯要耳。夫治外患犹如治水患，若徒为堵御之防，而不设疏通之法，水愈积愈不可防，一旦决堤而溢，其害尤甚于无防也。即如庚子之祸，亦多因中外情太隔膜，以致彼此猜忌积嫌，久而不能通，遂如两电相激，一发而不可收拾。庚子之祸，诚有如当时谕旨所云彼此办理不善也。夫今日中国所以不得不仿行西法者，皆欲以防御外患耳，而所以防御外患者，惟在修邦交与讲武备两事为最紧要。然臣之愚以为今日国家之安危，关系全在乎朝廷庙算熟计，修邦交与讲武备，孰为轻重，孰为缓急，孰应先后，而早定国是，以辑天下之民志，而安中外之人心也。昔我朝睿亲王致故明史可法书曰：辄近士大夫好高树名义，而不顾国家之急，每有大事辄同筑舍。昔宋人议论未定，兵已渡河，可为殷鉴。窃维今日我中国自甲午庚子以来，士大夫皆多忿激，每言为国雪耻，遂致朝廷近日亦以筹饷练兵为急务，然臣之愚，诚恐此犹非计之得者也。昔日韩安国对汉武帝曰：高皇帝尝困于平城，七日不食，及解围反位，而无忿怒之心，圣人以天下为度者也，不以己私怒伤天下之功也。盖彼卧薪尝胆之论，犹是当时战国列邦之陋习，而非我帝王治天下之大度也。且我中国今日民生凋敝，士气不振，若不体量民力，一意汲汲于筹饷练兵，慕奇功，求速效，臣之愚诚恐此非特不足以御外患，而且必重伤民生，适足以致内乱耳。古人有言：兵犹火，不戢将自焚也。即使今日所练之兵，因有奇效，若我不修邦交之道，则彼联我孤，彼众我寡，我或犹可以敌其一国，试问能敌其众国耶？故臣之愚以为今日与其积兵力以防外患，而外

二、立宪的策划、措施的公布及清政府高层的讨论

患未去，内患已可虞，不如节兵费以裕民生，以治内政，以修邦交，而外患要无不可以销也。国固不可以忘戎，惟今日国家于戎政当以作士教礼为先，而不可以练兵集师为重。合无仰恳我皇太后、皇上特降明诏，通谕中外，谓我国家设戎政为诛暴安良，原以保民为主。今日重修戎政，亦为久远之计，而非因欲与外人为仇也。且当此民生凋敝之日，所应办者，亦惟在定军制振士气而已。至营伍兵额，除京卫重地之外，各直省应设之兵，当严立限制，使仅足以存军制之规模，备地方之不虞而已。内外各督兵大员，应仰体国家设戎政之意，先以保民为重，不可存好大喜功之念，不可有佳兵黩武之心，兵士固宜体恤，而以军礼纪律为先。至如营伍兵房，服色器械，凡百设施，必事事求撙节之法度，念念思民生之艰难，应如何可以节省兵费而不废戎政之处，请拟特谕陆军部会同南北洋大臣熟议通筹办法，奏明施行。如此则兵省民裕，内患既消，外患亦可以治矣。此臣所谓办理外事宜先统筹全局者也。

至于办理外事，应定规制，其关键在乎用人、用款两端，而两端之中，尤以用人为最要。夫用小人以办内政，固足以偾事，用小人以办外事，其祸为更烈，是犹不可不愈加慎重也明矣。臣观今日内外大臣所用一般办理外事之员，率皆树立私党，非其旧属故吏，即系采听虚声，罗致门下，彼此藉以自固。故奔竞夤缘者易以倖进，而贤能廉退之士反无自而升，此外事所以日形荆棘，几几乎无从下手者，职是故也。所有办理外事用人、用款，应如何严定规制之处，应请特谕军机大臣会同外务部通筹熟议，俾办理外事之大臣，人人知有限制之当守，然后筹一办理外事之款，则款皆实销，用一办理外事之人，而人收实效矣。臣所谓外事宜定规制，以责功实而振国势者此也。

臣又有请者，昔宋臣欧阳修对仁宗曰：陛下之所忧者，忧无财用也，忧无将帅也，忧无人材也。臣以为陛下今日皆有之，而所以不得其用者，盖有故焉。细按当日宋臣奏对之意，盖谓国之大弊不去，则大利不兴。所谓大弊者何，即上端所陈不谨号令，不明赏罚，不责功实是也。宋有此三大弊而不去，此宋室之天下所以终积弱而不复振也。臣愚以为今日之弊，毋乃类是。合无仰恳我皇太后、皇上，特谕军机大臣激发天良，昕夕图治，有类此三大弊者，亟宜振刷精神，删除净尽，以副朝廷汲汲救时之意，以慰四海喁喁望治之心。

臣本海滨下士，游学欧西，于彼邦国政民风曾经考察，略识端倪，回国后凡

中国经史诸子百家之言，亦尝稍稍涉猎，参观中外，利弊显然。现值圣明广开言路之时，目击时艰，忠义奋发，用敢就梼昧所及，披露沥陈，上渎天听，不胜屏营悚惶之至。伏乞代奏。谨呈。

《清末筹备立宪档案史料》，第307—313页

会议政务处议复署黑龙江巡抚程德全奏胪陈管见折

（附议复湖南举人萧鹤祥请开国会片）

光绪三十三年十一月十一日①

奏为遵旨会议，恭折仰祈圣鉴事：

八月十一日，准军机处钞交暂署黑龙江巡抚程德全奏胪陈管见一折，附片三件，奉朱批：会议政务处议奏，片三件并发。钦此。

臣等详阅原奏，分条胪列，而归重于办理之次第，诚至当不易之论。唯其中有业经通行者，有无庸置议者，谨为我皇太后、皇上一一陈之。

如原奏内称，府县宜开议会以备国会扩张、调查国内习惯以资采用、实行宪政以化满汉界限、速设宪政研究所俾资讲求各节，均为近时急务，然业经先后明奉谕旨，于各省设立谘议、调查等局，并饬下在京各部院、在外各督抚，迅即将君主立宪国政体，督率所属各员，分班切实研究，等因在案。

又原奏谓政府必负责任，以合立宪制度一节，立宪制度，中国尚未厘定，应俟宪政馆编定法规后，方可次第施行。

又原奏请于各学堂普通学科添课法制一节，查京师大学堂预备科及中学堂课程，本有法制一门，现并奏设法律学堂、法政学堂，考取学生专门肄习，盖必中学稍有根柢，而后能深通法律之意也。若于甫习普通之时，遽令兼习法制，非惟

---

① 为奉到批示谕旨日期。

二、立宪的策划、措施的公布及清政府高层的讨论

日不暇给，必且劳而无功。

又原奏请法行自近，以动天下观瞻一节，谓日本皇室经费以次，其支费皆有定额，我皇太后、皇上慨念时艰，宫中用度均已节省，每年各处解交内务府之款，皆有定额，本无难宣示；至京外财政纷如，未能划一，诚有如该署抚所陈者。现已奉旨开办统计局，将来调查详确，通盘筹划，再行妥订办法，奏请实行。

以上各节，均请毋庸置议。

惟所称分别缓急，以免颠倒秩序，自系正论。此后遇有应兴应革之事，应由臣等随时会商，酌量缓急，分别请旨施行。

至另片称创设国会各节，多与正折相同，应请无庸置议。又另片谓办理新政，严禁虚縻一节，现在新政迭兴，事事创办，用款自必稍多，若如该署抚所奏，竭比户之脂膏，供同僚之贪蚀。各大臣皆受恩深重，具有天良，亦何敢出此，而圣明在上，果有似此者，亦难逃洞鉴也。

所有臣等分别议复各缘由，谨合词恭折具陈，伏乞皇太后、皇上圣鉴。谨奏。

光绪三十三年十一月十一日奉旨：依议。钦此。

附：议复湖南举人萧鹤祥请开国会片①

再，军机处抄交都察院代递湖南举人萧鹤祥请开国会一折，奉旨：会议政务处议奏，钦此。臣等查阅原呈，谓国会之开，为立宪之本，立论非不甚善。惟两议院制度，必须审时度势，以冀次第推行。臣等前于议复都御史陆宝忠、给事中忠廉等折内已详言之。今资政院既经议设，实为议院之基础，并非贵族之更名，并令各省酌开董事会、议事会以办理地方自治。应俟议事会、董事会办有成效，再行议开国会，庶免欲速不达之弊。所有该举人请开国会之处，应暂毋庸置议。谨附片复陈。伏乞圣鉴。谨奏。

光绪三十三年十一月十一日奉旨：依议。钦此。

《政治官报》第五十五号，光绪三十三年十一月十五日出版

---

① 此标题为编者所加。

命宪政编查馆、民政部妥拟政事结社条规谕①

光绪三十三年十一月二十日

光绪三十三年十一月二十日，内阁奉上谕：朕钦奉慈禧端佑康颐昭豫庄诚寿恭钦献崇熙皇太后懿旨：上年曾经降旨预备立宪，原以兹事体大，条文繁密，非可率尔举行，必须上有完备之法度，下知应尽之义务，方可宣布宪法，定期施行。此时尚系预备之际，历次谕旨甚明，尤当视国民程度之高下，以为实行之迟速。我君臣上下各宜切实研究，依次经营，以期宪政成立，共享乐利。惟各国君主立宪政体，率皆大权统于朝廷，庶政公诸舆论。而施行庶政，裁决舆论，仍自朝廷主之。民间集会、结社，暨一切言论著作，莫不有法律为之范围，各国从无以破坏纲纪、干犯名义为立宪者，况中国从来敦崇礼让，名分严谨，采列邦之法规，仍须存本国之礼教。朝廷预备立宪，期望甚殷，乃近岁各省绅商士庶，其循分达理者，固不乏人，其间亦颇有浮躁蒙昧，不晓事体者。遇有内外政事，辄藉口立宪，相率干预，一唱百和，肆意簧鼓，以讹传讹。侵寻日久，深恐谬说蜂起，淆乱黑白，下陵上替，纲纪荡然。宪政初基因之阻碍，治安大局转滋扰攘，立宪更将无期，自强之机更复何望。盖民情固不可不达，而民气断不可使嚣。立宪国之臣民，皆须尊崇秩序，保守平和。其开设议院，专为采取舆论，而选举议员之人，与被举议员之人，均有定格。召集议会及解散议会，均有定式，所议事件，亦均立有明条，例章精密，权限分明，固非人人皆得言事，亦非事事皆可参预。现在京师资政院、外省谘议局业经饬设，原为立议院基础，嗣后各省利病，均应由该省谘议局详细讨论，如确有见地，可呈请本省大吏咨送资政院采择核办，不得凌躐无序，紊乱政体，尤不得胥动浮言，妨害治安。除报律已饬法部、民政部妥速议订外，著宪政编查馆会同民政部并将关于政事结社条规，斟酌中

---

① 标题为编者所拟。

外，妥拟限制，迅速奏请颁行。倘有好事之徒，纠集煽惑，构酿巨患，国法具在，断难姑容，必宜从严禁办，并著京外各衙门督饬所属，懔遵此次谕旨，实力奉行，倘敢瞻徇故纵，养成祸患，该管衙门不得辞其责。钦此。

《光绪宣统两朝上谕档》第三十三册，第298—299页

修订法律大臣沈家本等奏遵议满汉通行刑律折

（又奏旗人词讼统归各级审判厅审理片）

光绪三十三年十二月初七日①

奏为遵旨议奏事：

九月初三日奉上谕：朕奉慈禧端佑康颐昭豫庄诚寿恭钦献崇熙皇太后懿旨：礼教为风化所关，刑律为纪纲所系。满汉沿袭旧俗，如服官、守制以及刑罚轻重，间有参差，殊不足以昭画一。除宗室本有定制外，著礼部暨修订法律大臣议定满汉通行礼制、刑律，请旨施行。俾率土臣民，咸知遵守，用彰画一同风之治。钦此。

跪聆之下，仰见皇太后、皇上覆载无偏，一视同仁之至意，钦佩莫名。除通行礼制应由礼部议定具奏外，窃维率土之滨，莫非王臣，自来帝王御宇，未有歧视臣民者。我朝入关之初，八旗刑制视汉人有不同者，原以八旗户口未臻蕃盛，丁壮俱隶军籍，若犯罪概照民人实发，军伍即虞缺额，差务亦因之稽延。故将前明军人犯罪免徒流之律，改为旗人犯罪免发遣之条，凡满洲、蒙古、汉军犯该徒流军遣，分别改折枷号，不与汉人一例实发。其时盛京所招民人，有犯徒流等罪，亦照旗下分别枷号。可见折枷之制，全为军伍差务起见，初非歧视旗民也。且当时约束旗人，较民人尤为严肃。一赌博也，而旗人独拟绞候；一秋审也，而

---

① 为奉到上谕批示日期。

旗人概拟情实。嘉庆以后，始将此等例文删除，与民人一体办理。然未删之例，如吃酒行凶，即行送部发遣；金刃伤人，即永不准食粮。如此之类，皆旗人治罪之重于民人者，更可见旗人治罪旧律。世俗以为优待旗人者，皆未识定律之本意也。乾隆年间，迭次纂定旗人不准折枷各例，道光五年，复分别情节轻重，凡不在寡廉鲜耻之列者，准其折枷。如系不顾行止，有玷旗籍者，俱照民人一体实发，纂为通例。盖凡身隶旗籍者，人人有军人之责任，即人人当有军人之资格。一经有玷旗籍，即销除旗档，永远不准挑差。在东西各国之剥夺公权，有军籍资格一项，颇与此例之意隐相符合。自此例颁行以后，旗人犯罪之与民人一体办理者，日见其多，与从前情形已不相同。此由生齿日繁，人类即难一致，法令与人情风俗互为消息，自不得墨守成规。况乾隆十二年有八旗汉军准改民籍之例，道光五年又有八旗满洲、蒙古准改民籍之例。是化除畛域，早示端倪。方今中外交通，法律思想日趋新异，倘仍执旧律，划分满汉之界，不惟启外人轻视之心，尤与立宪前途诸多阻碍。臣等于现行律例，详加查考，其满汉歧异之处，同一决责用刑，而民人用笞用杖，旗人独用鞭责；同一发遣定地，而民人应发云贵、两广、新疆者，旗人则发黑龙江、宁古塔①等处。其他旗人犯罪，或较民人为轻，或较民人为重者，相歧之处尚多，诚如圣谕不足以昭画一。虽定例之初，原各有因时制宜之道，但纲纪所系，若仍彼此殊异，不足以化畛域而示大公。臣等公同商酌，凡律例之有关罪名者，固应改归一律，即无关罪名而办法不同者，亦应量为变通。除笞杖已改罚金，旗人鞭责业经一体办理外，拟请嗣后旗人犯罪，俱照民人各本律本例科断，概归各级审判厅审理。所有现行律例中旗人折枷各制，并满汉罪名畸轻畸重及办法殊异之处，应删除者删除，应移改者移改，应修改者修改，应修并者修并，共计五十条，开列清单，恭呈御览。如蒙俞允，即由臣等通行内外问刑衙门一体遵行。庶法权归于统一，足以彰圣主同仁之治，而宪政立有根基，亦可奠万年不拔之业矣。

再，在外蒙古案件，应按蒙古例问拟者，事隶理藩部，此时未便遽议更张，应仍照旧章办理。合并声明。

所有臣等遵议满汉通行刑律各缘由，谨恭折具奏，伏乞皇太后、皇上圣鉴施

---

① 宁古塔，清代属吉林省。

行。谨奏。

光绪三十三年十二月初七日奉旨：依议。钦此。

又奏旗人词讼统归各级审判厅审理片

再，查例载：一、凡旗人谋故斗杀等案，仍照例令地方官会同理事、同知审拟外，其自尽、人命等案，即令地方官审理。如果情罪已明，供证已确，免其解犯，仍由同知衙门核转。倘恃旗狡赖，不吐实供，将案内无辜牵连人等先行摘释，止将要犯解赴同知衙门审明。如该同知事外苛驳，借应质名色，滥差提扰，该上司立即题参。一、各省理事厅员，除旗人犯命盗重案，仍照例会同州县审理外，其一切田土户婚债负细事，赴本州县呈控审理。曲在民人，照常发落；曲在旗人，录供加看，将案内要犯审解该厅发落。至控告在官人犯，不论原、被，经州县两次拘传，别无他故，抗不到案者，将情虚逃避之犯严拿治罪。一、各处理事、同知遇有逃人案件并旗人与民人争角等事，俱行审理，不必与旗员会审。各等语。此三条在刑律军民约会词讼门内，前二条均系旗人案件，归理事、同知会同地方官审拟之例；后一条系理事、同知自行之例。

又例载：一、各省驻防旗人犯该斩绞者，毋庸解部，即在理事、同知衙门收禁。如有应入秋审人犯，令将军、都统等悉心确核，分别情实，缓决可矜，造册题达刑部九卿会核具题。至勾到时，某省驻防，即另册同各省应勾人犯一体办理，等语。此条在有司决囚等门内，系旗人犯死罪秋审专归将军、都统之例。此办理旗人案件与民人之不同者也。

查奉天省旗人词讼，向俱归州县审理，并不由旗员会审，遵行已久，并无窒碍。现在新定官制，京师及各直省设立各级审判厅，一切词讼俱归审判厅审理，旗民自毋庸区别。至秋审案件，皆系驻防旗人，今驻防规制，正议变通，则此项秋审事宜，自应统归督抚办理，以免歧异。拟请嗣后旗人词讼案件，统归各级审判厅审理，其审判厅尚未设立省分，概归各州县审理，毋庸再由理事、同知、通判等官会审。至各省理事、同知、通判等员缺，可否裁撤，应请由各该督抚酌量情形，奏明办理。至驻防旗人应入秋审人犯，亦请改归各督抚汇入民人秋审册内一体办理，毋庸再由各将军都统核审，以昭画一而免歧异。是否有当，谨附片陈明，请旨施行。伏乞圣鉴。谨奏。

光绪三十三年十二月初七日奉旨：依议。钦此。

《政治官报》第一百号，补上年，折奏类，光绪三十四年正月初八日出版

外务部代递出使美国参赞官吴寿全条陈宪政折

光绪三十三年十二月十一日①

奏为代递出使参赞条陈宪政，恭折奏闻，仰祈圣鉴事：窃臣部接据出使美国二等参赞官、分省补用知府吴寿全呈称，为应诏条陈，伏乞代奏事：

窃参赞恭读光绪三十三年五月二十八日上谕：朕钦奉慈禧端佑康颐昭豫庄诚寿恭钦献崇熙皇太后懿旨：立宪之道，全在上下一心，内外一气，去私秉公，共图治理。自今以后，应如何切实预备，乃不徒托空言，宜如何逐渐施行，乃能确有成效，亟宜博访周谘，集思广益，凡有实知所以立宪之方者，准各条举以闻。钦此。仰见圣朝立法行政，审慎周详之至意，钦感莫名。

伏维我朝法制昭垂，政治隆美，实足超越前古，俯胜全球。一旦设议院，开国会，地方自治，教育普及，即为完全立宪国。然议院之设，国会之开，自治之方，教育之广，皆当求之于下。是以立宪之基础，不难在朝廷，而难在百姓。何则？立宪人民，必须曾受教育，略晓法律，而后能公举代表以为议员而无私故，人民之意见以议员为衡，而议员之辨论以多数为断。此一国之事，采之众论而无庞杂之虞也。然有时众论虽同，苟与朝廷之建议或有歧异，则君主有解散议院之权。解散之者，使其议不得行也，此君主最上之威权也。又官吏之任免，条约之缔结，惟君主一人独主之，此又君主独有之权也。凡天下立宪国莫不皆然也。至于政府保护人民共享自由之幸福，人民辅助政府保持上下之安全，各有应得之利

---

① 为奉到上谕批复时间。

权，即各有应尽之义务。诚如上谕所谓上下一心，内外一气，去私秉公，共图治理也。乃见近日朝廷殷殷博访舆论，俯予民权，而人民学识未免程度尚浅。当议院未立之时，庶民皆以发言为己责，而未知权限之分，几有处处皆议院，人人尽议员之势。而朝廷将无可俯从，甚至长官而可以不公认，政府而可以不服从，此尤参赞十余年来三绕地球而目所未睹、耳所未闻者，恐于立宪前途大有窒碍。昔拿破仑第三有言，议员太多，徒生喧嚣。夫议员过多，犹恶其喧嚣，则散处四方之人民，纷纷建议，当为立宪国所不取矣。又查和国宪法第一百条，下议院于君主议案意见不同，须按例文奏上君主。其例文曰：国会之下院，感戴君王注意全国公益之厚情，敬谨上请将该议案付于再议。上议院之例文亦如是。是则议院成立，其对于政府有意见相歧者，犹且委婉其词，而无直斥之理，况非全国之代表乎。窃以为现当预备立宪之际，一时未能举宪政之全体而实行之，惟有先将宪法规则迅速宣示，使天下咸知法律范围，自由权限固有万不能稍为侵越者。尝考英、德、日本宪法大旨，首言君权，次言民权，次言议院权。此外如司法权、行政权与夫地方自治之条规，臣民应守之责任，约举大纲，不过百余条。拟请饬下宪政编查馆详细核议，应如何条列宪法规则，迅速请旨宣示，以别权限而靖人心，似于立宪之道，尤为当务之急也。虽议院一门，现时尚未成立，而宪法之属于议院者，似不妨预为厘订，同时宣布，随后实行。

参赞为宪法未布，民气嚣张，亟须预防以杜后患起见，是否有当，伏乞代奏，等情，前来。臣等查该参赞条陈宪政事宜，不为无见，未敢壅于上闻。理合恭折代奏。伏乞皇太后、皇上圣鉴。谨奏。

光绪三十三年十二月十一日奉旨：宪政编查馆知道。钦此。

《政治官报》第八十八号，光绪三十三年十二月十八日出版

御史黄瑞麒奏筹办立宪应统筹全局分年确定办法折

光绪三十三年十二月十五日

掌安徽道监察御史臣黄瑞麒跪奏，为预备立宪，宜统筹全局，分年确定办法，敬陈管见，仰祈圣鉴事：

窃臣伏见近年叠奉谕旨，凡在臣民，莫不延颈企踵，以为中国自强之基，实系于此。臣尝考之各国立宪政体，参以各国政治家之学说，所谓立宪国者，质言之，则法治国之谓也。法治国任法而不任人，人失而法不失，故其国能长治久安。非法治国任人而不任法，人失则法亦失，故常朝治而夕乱。今欲进非法治国为法治国，舍立宪莫由。立宪云者，立法以统治官吏、人民，使人人皆受治于法，法有权而人无权。故司法为独立机关，而行政官吏但能奉法而行，一有诡失，国家执法以绳其后，人民据法以发其私。立宪各国之所以政治修明，人能尽职，而不肖官吏不常有者，非其人尽圣贤，实其法有以限制之，一己之私无由逞也。然而欲立一法，不经全国人民之公认，则法无由定，不有各种机关之辅助，则法不能行。故欲立宪必先预备，今朝廷既以明示期限，以十五年为限，此十五年中，固由非法治国进为法治国最要时期也。臣知明谕所谓预备，非空言粉饰取具文告之谓，乃实事求是之谓，非东涂西抹铺张新政之谓，乃循序渐进之谓。今之奉行朝命者，或陷于无知，以粉饰了事，或误于妄作，以涂抹矜能，二者交失，不惟无裨于预备，更恐利未见而害已随之。苟欲于预备期内切实讲求，宜先求中国之所以不合于法治者，其受病之根源安在，思所以去之，各国之所以由非法治国进为法治国者，其设备之事端安在，思所以兴之。譬如耕田，先犁旧壤，而后可播新种，譬如筑室，先定图式，而后可庀工材。老子云：不塞不流，不止不行。此变法宜去积弊之说也。易云：殊途而同归，一致而百虑。此兴事宜定指归之说也。预备期内宜兼用二说，为去旧谋新之计，并应按照年限，逐一计画，何时应举何事，何时可去何弊，一一预定，依时履行。朝廷执以责大臣，大臣举以课僚属，庶不至有粉饰涂抹之弊，而可以养成法治国之精神，得以如期实行立宪。至中国现在情形，孰为应去之弊，孰为当兴之事，如臣末学，诚不足洞见体要，亦不得不竭一得之愚，披沥陈之。

臣以为现今最大之弊，最与法治国不相合者，莫如任人而不任法。尝以部臣与疆臣比较观之，而知有法与无法之利害，不可同日而语。各部事宜著之则例，无论堂司不能违例以断事，故部臣之诡法者不经见，而各部尚书、侍郎，即旬日迭易，亦无不举之事。此有法之效也。各省则事权集于督抚，初无一定之法规，举凡用人、行政、理财、用兵，皆督抚以意为之，督抚而贤则一省之事举，督抚而不贤则奸弊百出，贻误无穷。且无论督抚贤不贤，其封圻之内，自为风气，一有升调，变更纷纭，实为各省之所同。此无法之失也。部臣、疆臣同为国家所倚畀，而一以为法所制，欲为奸弊而不能，一以无法可循，自逞私图而不觉。甚至各行其是，任意纷更，视属吏为私人，对邻封若异国，全国之大号令不能齐一，精神不能贯注，此弊之最大当急去者也。

若夫应兴之事千端万绪，约其大要，不外教育、实业、民政、交通、军备、财政数大端。当此预备时期，宜统筹全局，以定布置之方，宜酌定岁年，以为设施之序，不可因事对付，待日后之挽回，不可偷安目前，冀将来之振作，不可枝节破碎，致举偏遗全之患，不可杂糅瞻顾，有求前反却之讥，此预备之大要也。析而言之，则立宪之迟速，视乎国民程度之高低，国民程度之高低，视乎教育之兴废，此教育为预备之根本，国家当为人民谋，而不能诿诸人民者也。既当兴普通教育以进国民之知识，并宜兴高等教育以应人才之急需。欲言高等，宜有普通以为根基，欲言普通，宜有师范以为前导。普通教育若何始能普及，高等教育何者最宜先兴，应责成学部分年预计，十五年内，某年能得速成师范若干人，能设小学若干所，某年能得完全师范若干人，能设中学若干所，某年能尽用完全师范以教小学，某年能尽用高等师范以教中学，某年应有初等小学毕业生若干人，应设高等小学若干所，某年应有高等小学毕业生若干人，应设中学若干所，何时可行强迫教育法，何时能征地方教育税，一一预计，以十五年为一律普及之期。至于高等教育，则某地应置某项高等，某地应置某项专科，何者宜预设，何者宜踵兴，何年可成专长，何学急须应用，一一预计，以十五年为足备任使之期。此预备之责在学部者也。欲增进国民之程度，必有生计以资之，则实业为要务矣。司马迁有言：农以生之，工以成之，商以通之。三者交需，皆为实业之所系，应责成农工商部就十五年内分年预计，某地宜农，某地宜工，某地宜商，某地于若干年后农可兼工，某地于若干年后工可资商。农业何时振兴，可开何项农业公司，工艺何以精进，可设何种制造工厂，商务何以推广，何时可特开商埠远贸外洋。此预备之责在农工商部者也。欲兴教育兴实业，必于各处户口、土产、风俗习惯切实调查，乃有著手之处，应责成民政部就十五年内分年预计，某年全国警察可以设齐，可以调查明确，某年某地应设若干小学报之学部，某年某地应兴何项实业报之农工商部，何者于十五年内可以预备完全，何者宜酌量情形稍展期限。此预备之责在民政部者也。一国之内交通不便，则气息不联，行政殊多窒碍，应责成邮传部就十五年内分年预计，某年成何处铁道，某年通某地舟航，某年电报可通行全国，某年邮便可直达乡村。此预备之责在邮传部者也。内政既修，宜防外侮，应责成陆军部分年预计，某年能练新兵若干，至某年而新兵备，某年能汰旧兵若干，至某年而旧兵净，某年能有常备兵若干，某年能有预备兵若干，某年能有国民兵若干，某年能自造枪械，某年能添制战舰，某年能重整海军。此预备之责在陆军部者也。然而兴教育，课实业，规民政，利交通，储军备，无一不视财力之盈绌以为张弛。应责成度支部就十五年内分年核计，某年应筹教育经费若干，实业经费若干，民政经费若干，交通用费若干，军事用费若干，以及司法、行政官吏用费，逐年预算，毋令各部各省自行筹措，以免此疆彼界，左支右绌之患。年刊岁计宣示中外，苟为应用之费，即酌量就民间应出税项如数加征，人民见于国家之切实预备，立宪有期，亦必踊跃输将，不复观望。此预备之责在度支部者也。

至于设官所以行政，宜因事择人，至何年而铨选旧章可以酌改，入官试验可以举行，为吏部应行预备之事。辑邻所以安邦，宜临机应变，至何年而治外法权可以收回，各国条约可以改正，为外务部应行预备之事。各就十五年内按年预计，筹定办法，次第施行。其余京内各衙门，莫不各有应行预备事宜，而宪政编查馆、资政院为预备立宪而设，尤当通筹全局，举十五年内应兴应革之事，一一预计，免致陵节而施，举一废百。

其在各省事宜，亟应责成督抚督率各州县，将其应行预备之事，如教育、实业、民政、交通、军备、财政，一一分年预计，集各州县之预计为一府之预计，集各府之预计为一省之预计,某年某地应办何事,概列于册。督抚以此上之于部,部臣都集而核议之,复将各部之所都集上之宪政编查馆、资政院,复核而会通之。核议既定,颁之各省著为令甲,责以实行,督抚易人,不能变其一省之预计,州县易人,不能变其一州县之预计。督抚以州县所预计之事项为州县之考成焉,朝廷以各省所预计之事项为督抚之考成焉。如此则部臣得以洞悉全国情形,与疆臣有通力合作之效,不惟空言粉饰东涂西抹之弊可以除,即前此各省变更纷纭奸弊百出之患,亦不禁而自绝。而十五年内有以养成法治国之精神,十五年后自可实行法治国之制度。不此之务,而徒张皇其词曰立宪,本末秩序,条段阶级,不能了然于胸,粉饰涂抹,虚应故事,不耕旧壤而遽播新种,不定图式而遽庀工材,窃恐植莠芸苗,不能为田,东扶西倒,不能成室。光阴易逝,日月不居,十五年之期转瞬即届,届期而不立宪,则朝廷失信于人民,贻笑于各国,届期欲言立宪,则人民程度不齐,一切法治不完,万不能收立宪之效。此臣所为睠睠以思冀朝廷统筹全局,分年确定办法,我皇太后、皇上主持于上,中外大小臣工实力奉行于下,庶几月异而岁不同,蒸蒸焉蔚为富强之国,而后以法治范万世之太平,则功德之隆与天无极矣。

抑臣更有请者,自上年恭奉明诏,庶政公诸舆论,近复试办地方自治,筹设谘议局,薄海臣民咸知国家之政要,皆为一己身家切近之图,故于地方利害所关之事,常欲竭其心力,以匡官吏之不逮,而越分干预,亦诚有所不免。顾就其不善者观之,似民气日趋于嚣陵,不可不绳以禁令,然就近年之大势论之,未始非起衰振懦之明效大验也。今试溯十年以前甲午之役,台湾已去,士大夫尤有不及知者。庚子之变,畿辅震动,东南搢绅尤有歌舞醉饱者。此盖于大局之安危缓急漠不相关,故亦浑忘于无事。迩来民智渐开,咸知家国一体休戚与共之义,其望治之心切,斯其忠义之气张,迎其势而扶植匡正之,可以养成尊君亲上,尚公敢任之民俗。臣愚以为一切言论、集会之事,但须明定法律,使之不悖于尊卑之大防,而民间之请愿要求,亦宜曲为转圜,不可过事禁抑,以阻其欣欣自向之意。否则情志不达,至于相激,奸人得乘间以肆其簧鼓煽诱之术,甚至横溢冲决,不可收拾,则臣有不忍言者矣。此其消息甚微,亦甚危也。臣以新进儒生,荷蒙天恩,畀以言职,用敢直陈,以备采择。

所有预备立宪宜统筹全局,分年确定办法,敬陈管见缘由,谨恭折具陈,伏乞皇太后、皇上圣鉴训示。谨奏。

《清末筹备立宪档案史料》，第 315—320 页

镶蓝旗蒙古都统张德彝条陈整顿官制统一钱法等事折

光绪三十三年十二月十六日

花翎镶蓝旗蒙古都统奴才张德彝跪奏，为求治莫如探本，立宪必期实行，谨条陈管见事：

窃奴才恭读上年七月十三日谕旨宣布立宪，仰见我皇太后、皇上讦谟深远，钦佩莫名。奴才叠次随使，以及奉使出洋，受恩深重，谨就见闻所及，揆度今日时势必当实行者，条列上陈，用备采择。

一、官制急宜整顿也。谨按东西各国，文武各员皆自学堂选拔者，良以既由学堂出身，事理明通，识资谙达，命以正当职务，始能才胜任使也。年来学堂虽已次第举办，而学员毕业尚需时日，自非妥筹切近之方，何以仰副朝廷求贤若渴之望哉。爰举其要约有四端：一曰变通补选之例。查吏部补选章程，无论京外各官，大半皆按轮序补，所以防躐等者，法良美也。虽然果能保其称职乎？况候选者不过每月投供，候补者不过终年听鼓，求其所谓学者，盖百不得一矣。吏治如此，安望进步？或有于轮次之外，间用酌补人员，似酌补优于轮补，不知酌补者，仅于外差之时，著有劳勣，于本职仍属茫然，是必变通办理，方于吏治有裨。拟请饬下吏部，凡现在候选人员一律签分，俟其禀到后，即由该长官多方考试，视其性质所近，令其学习，若果学有程度，再行奏留候补，庶几有才者不至韫玉久湮，无才者不得滥竽充数。否则不堪造就之员，该长官应破除情面，咨回原籍，庶可别谋出路。此条在吏部虽云窒碍难行，在奴才想为其人出头之计。如其不然，有将终老于选补之中，毫无是事，皓首无依，惟务必有托身之区，方能养赡矣。二曰严定升转之阶。伏念国家设官分职，所为事有专摄也，自不得以一

员而兼权数事，亦不得以一事而分任数员，责有攸归，庶无顾此失彼之虞，尔诿我推之弊矣。虽然升转之途，窃以为宜按级序补焉。何以言之？一署有一署之事，大略虽同而细目迥异，若非层层阅历，倏尔超迁，势必不能游刃有余，即云时势艰难，需人而理，不妨破格录用，然果遇有特出之才，理合送部引见，请旨定夺，毋任该长官自持权衡，致有徇私之虞。拟请嗣后京外各官，皆须由九品渐升于极品，饬下吏部永著为令。倘或出于不得已而有拣员借补之事，因地择人，固不能斥其所请，但该员才具优长，必为该长官所素知者，一有过失，该长官当负滥保责任，一律科罪。再，升转既勿许躐等，所有外差之保举，亦应酌定限制，除与本职有关系者，准其酌保实阶外，余即异常出力，亦仅许奖以虚衔封典，或优给薪水，俾与本职无碍。三曰实行举劾之典。近来长官举劾属员，不过数字考语而已，夫数字考语，即能恃为升降之定凭乎？似宜将该员优劣事实详细条列，方为有据。拟请饬下京外各长官，凡属贤良之选，必确查政迹可观，然后登诸荐牍，方可期得人之效，但据该长官一面之词，终恐有扶同捏保之弊。一经长官奏保，或送部引见，或派员考察，总应严加甄别录用，倘或所荐非人，仍宜作其举主。其在庸劣之员，病民误国，长官自应及时参劾，若将所以不职者登诸白简，上达宸听，下为天下之大小臣工告，此虽不言永不叙用，而永不叙用之意在焉。就使该革员多方取巧，彼身为长官者，断不舍己从人，率以藉图后效等语，为之奏请开复，是举劾终以核实为断，不仅此也，虽革退一兵一弁，亦须确有劣迹，以昭公平而足人心。四曰优给俸廉之资。古者劝士首在重禄，圭田之制，详于孟子，庶人之仕，禄足代耕，汉世以石为俸，厥有定制。宣帝用张敞、萧望之之言，增天下吏俸十五，故家室无累，人怀自励之心，贤才济济，驾乎历代。我朝制禄之方，大小皆有等差，所以为服官计者，已无微不至。迨雍正七年，又因外任之员费用浩繁，复颁养廉之制，人非贪酷，断无不自饬廉隅也。惟比年以来，库款支绌，不过按数成支发，且署任之员仅予半俸，例有明文，乃向之所藉以自赡者，京官则曰馈送，外官则曰陋规，一律提归公款，大小臣工势将有内顾之忧，可否京官仿照外、商两部，外官仿照直隶省，优加津贴之处，出自圣裁。

一、钱法宜求统一也。我华利源之为外人所夺者有二，一有形，一无形。有形者商是也。迩来商部已创立矣，工艺渐振兴矣，但使得人而理，日新月异，商业自可蒸蒸日上。惟其无形者，人或莫之察焉。谨为我皇太后、皇上陈之。即如银元一事，上海重用英圆，东三省重用俄圆及日本之元，中国所筹几至无人过问。然此犹曰上海本系商埠，东三省地邻俄、日，彼此交通，无怪其然。所可异者，辇毂之下，银元亦有等差，且反以各国银元谓为成色充足，多增其值。夫各国银元，纵成色加我十分，犹各国之银根也，于我国何利？况不惟无利于我国，抑且有害于我国，若不于此时设法挽回，只此区区银元，而利源之去于无形者，已非浅鲜。奴才前曾奉使英京，窃见通国所用金镑以及铜元、纸币，皆系本国制造，他若各国银钞，虽有专行兑换，不过备往来行旅之便，平时殆未一用，此英国之富所以甲于全球。今我欲维持利源，当禁用各国钱钞，惟禁用各国钱钞，必我国银元取信于天下而后可，必银元之成色、式样概归一律而后可。夫银元一枚，皆重库平七钱二分，明明镌有字样，色固不一，平则未尝不一。不知各省鼓铸率以九成为度，上下弗能平准，民若以之完粮纳税，仅抵六钱有零，似非钱法所宜。思之再四，伏愿谕令各省银元悉按十成鼓铸，不得稍有异同。至于银色低微，此又银中含有硫质，可用钠养以镕淘之，务期平色超乎各国银元之上。再，式样不一，民即显分畛域，亦属非宜，并请饬下度支部酌定程式，颁发各省，俾各遵守，以期划一。抑更有进者，鼓铸银元时，将监造各员衔名及年月不能一并镌入，可镌以暗号，以便随时考查。倘平色或不如法，即以中饱论，除监追赔补外，仍予以应得之罪，庶几官不至于侵吞，民皆乐于取用，各国银元不禁而自禁矣。至铜币既称国宝，自当通用一律使用，乃各省各城奸商舞弊，至视同十文制钱者鲜矣。现在银价日昂，竟至有视作五六文、七八文者不等，更有不使铜币之处，而竟用小制钱者，似此情况，而市面为之一荒，以致黎庶窘迫日甚一日。奴才拟思转圜之法，别无良策，惟有整顿银币定妥后，而铜币之荒庶可挽回矣。

一、教务宜尚和平也。窃维庚子以后，国力亦极疲敝，而大小臣工又复不能仰体圣意，于教案动有赔款之事。夫以有限之财，供无限之用，设一时运转弗灵，其患良非浅鲜，是教务一节，诚目前最关紧要者。然就管见所及，舍和平了结，别无办法，欲使办法和平，惟有预筹良策，可否饬下外务部选派专员之熟通法文者，与各国公使妥定专条，仿照商约办法，名曰教约，俾昭信守，而挽颓风。窃拟数则为我皇太后、皇上陈之。曰调查。各省入教之民，固已累百盈千，

二、立宪的策划、措施的公布及清政府高层的讨论

不惟地方官无从识认,即教士亦莫可稽核。此冒称教民所以接踵而来,于保护教民之道,大有妨碍,拟令各地教士将已入教及以后随时入教之人,各照小影一张,送交各该处地方官收存,俾遇事有可调查,至其是否确系奉教之人,亦可一览而知。第其人面貌历年而易,定以五年为期,届时另照呈案,庶几人数可知,调查亦易矣。曰防范。防范之道,尤当施之于入教之先也,嗣后入教之民,教士不得迳行认可,似应函知地方官,查其有无事故,果属品望纯良,然后传之,方无流弊。不特此也,从前入教者良莠亦正不齐,入教之后,群居杂处,不无习染之虞,并须与之酌定,一年无过,始得以教民论。其已入教有年者,则令各教士将其姓名、住址、年貌、财产、营业,以及入教日期,一一确查,载入册籍。凡关于物权、财权等件,并须随时呈请登记,设先期未经声明,争讼来案,即以欺诈科断,知照教士驱逐出堂,以后随时入教之徒,一律照办。曰权限。按教士之在各国,本无干预地方词讼之权。伏查咸丰十一年与法人所订条约第十三款内载,若已入教别有不法行为,地方官仍应照常科断等语,斟酌固尽善矣。乃迩来地方官既不遵成案,又不谙公法,迁就以图,无怪主权外失矣。及今而犹隐忍,则将来教士所以扰夺者,势必日甚一日,所有诉讼事件,无论刑事、民事,均应秉公判决,务使遵守我之法律。倘云时事艰难,易启外人之衅,不知公法有云:凡在领土之内,皆应服从命令。教士之不服从命令,已于公法有背,教民而复逍遥法外,则我之所以自治者,胡可言也。伏思比年以来迭奉明诏,无论何教,一视同仁,华民由华官治理,理有固然,教士不得袒护,淆乱是非,约内订明,永著为令。曰保护。西人传教,意在劝人为善,乃华民崇奉其教者,未必皆系善良之辈,遇有案涉教民,地方官每喜商诸教士,遂启干预之风,教民亦即假教士为护符,肆无忌惮,鱼肉平民,乡里往来,不能相安,此日积月累教案之所由起也。拟请饬下各行省于编查户口之时,为教民先立专册,注明何教何名,以资保护,将来教约订定后,地方官另造专册,每教民名下黏一小影,注明行业,存案备查。不惟教民之数一览无遗,即使遇有事端,地方官亦稍有把握也。

一、权衡宜求划一也。夫起诉之端不一,大抵关于民事者居多,然民事之所由来,则皆权衡失平而起也。欲救其弊,治之于已然,固须法律,防之于未然,首在权衡。窃查东西各国权衡不一,而在一国领土内者,要未尝不一。我国权衡本由钦定,无如疆域广远,因而参差不齐者有之,乃至一乡一镇之间,又复特标

名目。如是即民法不日颁行，何能戢其争端耶？况国际交通、铁路次第告竣，千里程途，朝发夕至，倘仍权衡高下，一如往日，彼经商之人，征尘甫息，诚必为权衡所蔽，殊非朝廷振兴商务之意。一切器具，如升、斗、尺、秤之属，伏乞饬下度支部、农工商部公同酌定，颁发各省，令各地方官谕令商民，一切弃毁旧制，改用新式，奴才于钱法一条已备陈之矣。若能将所有银根悉铸银元，不使再行显分成色，于商民便利匪浅，至于易换铜币，亦必严定其数，通知各省，务使均平。如是不惟商民免得欺侮为难，争讼事端，且各地方官之胺削脂膏，取盈囊橐，庶亦得免矣。

一、旗人虽经改除，仍宜划一录用者也。近闻各省驻防已蒙恩赏地亩，使令务农，异日其子弟入学堂于民籍无异，是旗民融合一体，界限删除矣。至京师之旗丁，一旦迫于不得已，亦必须改弦更张，若无位置，情必相离。回溯满、蒙、汉八旗从龙进关，届今二百馀年，谁不在恩养之中，虽身居闲散，而心实怀依，若用以充卫兵，皆欲报效，理所必然。可否仍行录用，专充卫兵，是京师卫兵用八旗之后裔，实系以本地之民作本地之用，非偏重之意也。查英国百年前之君主系苏格兰人，故其宫中护兵，咸用土人充当，至今国王虽非苏格兰人，而其护兵依然未改，恐偶一更迁，人地不宜，必至人心惶惶，骚然扰乱。况我朝君民一体，土著年深，若用以充卫兵，加以精练，更属相宜。至所拟录用之法，乃当奉旨改旗为民时，可否令各户由度支部给领文凭一纸，注明某旗某固山、某哈拉某姓、某年月日，领凭者何名，子孙各何名，将来卫兵出缺，即由某衙门出示招考。其本系旗丁存有文凭者，愿当卫兵，自当执凭报考，并须叙明伊系当初领凭之人之几世孙。然其赴考者必须年力富强，文字粗通，身材合格，方可录用，如是办法不惟旗丁无向隅之叹，而国粹亦见一端矣。

一、戒吸鸦片，须先明示所由，后则勒令断瘾也。查本年自奉旨后，在京旗、汉文武遵旨戒食，服药得断者有之，因而身故者亦有之。按此等人无论其知否断吸之原由，乃能遵旨戒吸，爱国之诚，置身不惜，殊属堪嘉。然闻竟有自谓戒饮食则可，戒鸦片则不能者，更有殷实之家，备购烟土足供其一二十年之用者，如是则十年后未必能无吸鸦片之人。为今之计，可否请旨谕令外务部，将以前向英国所定各条加以注解，多多印刷颁发各省各城，分给吸烟各人，以使明知十年之后必须一律断尽之原因。再拟一提前效后之办法，外交以十年为期，内政以六年为限，留四年之余步，将来断尽之效果可预观。查西国虽售烟膏，原非为吸食，乃作药料之用，彼买者非有医官之药方，内开若干分者不售。可否我国亦归各城村镇官卖烟膏，官立戒烟所，查明男女兵官之吸烟者共若干，各给凭票一纸，票上注明其人之姓氏，每日各准执票往买一次，其手无凭票者不卖。其已服药断成者，须将凭票缴还，且平日有卖烟土及类近吸烟应用之物者，概行抄之入官，并惩之以罪。如是则每年亦可知减食者若干，至六年后仍有日日吸食者，则无论其为何等人，一律令入戒烟所，勒令断食，以此于十年内庶有一概断尽之望。以上为奴才愚见所及，窃以各省地方官苟肯认真查办，成效即可立推，若敷衍塞责，虽百年亦难望功成，日复一日，不堪设想，内则腐败之现象实属堪忧，外则叵测之列强更为可虑。按此重大之事，乃见京外官民之关心痛痒者无多，尤堪深畏于将来，故临书之下，不胜零涕悚惶之至。再，查通商各口地方官，在本界内自有禁吸之力，于租界中则无阻设之权，是本界随时严禁，乃无知之人，则随时驱入租界，即如上海之青莲阁、大观楼等，若依然开设，则我国禁烟之令难行。可否请旨饬令外务部，向驻京各国公使权商，令将各租界内之大小烟馆，概行封闭，禁止吸食，以冀天下划一。

一、国乐、国歌及军乐，中华自古有之，废弛日久，今宜重整统归一律也。查东西洋大小各国，咸有国乐、国歌，每值操演、筵谦、演戏，以及学堂开学、放学之期，必奏国乐或唱国歌以祝天保国王，在场男女必皆恭敬起立，且此乐此歌通国五尺之童无不知者。可否即请敕令礼部会同乐部，拟定歌词、乐调，颁行各省，一律歌奏，以使天下男女老幼以及山野农民，随时歌曲奏乐，无往而非爱国敬君之义。至军乐一节，尤宜注重，各国皆各有音调、词义，不比我国之新军队，初经德人教练者奏德乐，英人教练者奏英乐，故各省各营音调多有不同，究非所宜。可否即请谕令陆军部拟定词文、音韵，颁行各省，以使演成一律，一旦有事于战场，不见兵队而闻乐声，即知来者系何国之兵，以为预备。以上两节，不知是否有当，伏祈圣裁。兹谨将英国国乐之歌文译出录呈御览。英国国乐之歌词曰：天佑仁爱当阳，万寿无疆，咸仰尊光，天佑国王。天使威克万方，雕雕皇皇，国祚永昌，天保国王。天备万物之良，共享安康，福禄允长，天保国王。天保常守宪章，歌以宫商，虔感颂扬，天保国王①。

《清末筹备立宪档案史料》，第320—327页

会议政务处奏议复升任直隶总督袁奏陈预备立宪折

光绪三十三年下半年②

本年（丁未）六月十九日，准军机处片交直隶总督臣袁世凯奏密陈管见，条举十事缮单呈览一折，奉旨著会议政务处王大臣会议具奏。钦此。

窃维今日大势，非实行预备立宪，无以定国是而救时艰，该升任督臣条陈各节，洵为当务之急，谨将其切于预备者数端，先议次第施行，敢为我皇太后、皇上缕晰陈之。

如原奏请早建政府一节。查东西各国宪政要领，无不有责任内阁，上为君主负责成，出与各部谋治理，且与议院立于对待之地，集全国之论思，作中枢之监督，故能事权统一，情志交孚。上年臣等厘订官制，立中央政府，即以各部长官会合而成，嗣因议院未立，行政机关不备，未敢遽议更张。今奉旨将会议政务处改归内阁，凡军机大臣、各部大臣皆入阁会议，公同取决，出则为各部行政长官，入则为内阁政务大臣，衡之各国中央合议之制，已有初基，与原奏所谓合军机政务处为一之办法，亦适相符合。至编制统计等局，业经宪政编查馆奏准，由军机处王大臣督饬办理。此建立政府之造端也。

如设立资政院一节。查资政院为议院之基础，臣等前拟官制，资政院参议员以钦选、会推、保荐之法定之。而保荐之法先由公举，一学务公所及劝学会，二商会，三地方官监督地方自治各局所，期于折衷群议，选任贤能。本年四月前两

---

① 原文至此结束。
② 《东方杂志》未署时间。按军机处交片在六月十九日，文中又称"本年"，故此折当在光绪三十三年六月十九日以后。

广总督臣岑春煊条陈宪政,请于各省城设谘议局,于各府州县设议事会,此即国会之权舆。今袁世凯所奏,推广其意,谓由各府州县举其议事会之尤者,以升于省谘议局,各省谘议局举其尤者,以升于资政院,使全国舆论丝联绳贯,若网在纲,详其用意,至为周密,可与前议保举之法参酌而行。总之,资政院为议院未立以先总汇舆论之地,诚如原奏预备之方,莫亟于此。应请准如所奏,速议施行,尅期成立。

如试办地方自治一节,本个人自治以辅官治所不及,各国宪政之成实基于此。中国州县地大物博,其在尽心民事者,已苦日不暇给,而宪政初行,如教育、警察、实业诸端,纷而待理,虽有兼人之才,亦难肆应,欲举其政,非地方自治不为功。近时天津、上海等处遵照部章设立学会、商会,已有公举议董之事,斯为自治萌芽,民志所趋,遂成风气,因势利导,正在兹时。本月袁世凯奏报天津试办地方自治一折,自设所研究法理,至划区公举议员,为时一年,诚极经营惨淡,而原奏所谓目前教育未周,读书识字之民尚少,设有误会,流弊滋多,亦属不易之论。应请饬下各直省督抚,先从省会及通商地方民智开通之处,参酌天津试办章程,择地开办,并督饬各该地方选任公正士绅,毋令不修行检、不守法律之人藉端把持,败坏公益,斯为防弊第一要义。一面广兴教育,造就人格,以培自治之基。此地方自治所宜逐渐推行也。

如教育普及一节。查东西各国宪政精蕴,无不从普通教育入手,以为增进民德之导。中国行政之法不完,户籍之法未定,地方自治甫经创始,强迫教育一时虑难实行,原奏谓先定简易通俗课本,专使下等人民易知易能,以补其普通之知识,并令一百家之村,必设一宣讲之所,使略闻尊亲大义,中外大势。此皆启牖民智,切实可行,应请饬下学部,预计教育普及之方,奏明办理。至京外师范学堂,必须改用官音,俾授受一堂,无所隔阂,尤为教育完备之资,师生浃洽之本,亟应列入章程,各省一律照办。惟拟编新字,原为下等人民便于识字起见,然欧洲政策,务存国粹,中国数千年之义理,皆藉文字以传,现在蒙小学堂课本,文字本极浅显,似毋庸另编新字,致涉两歧。

如融化满汉一节。我朝定鼎以来,厚泽涵濡,凡在满汉臣民,久已合同而化。上年(丙午)已奉满汉结婚之谕,近则满汉官缺,量能简授,圣人在上,一视同仁。乃逆徒煽乱,竟以种族之谬说,运其簧鼓之阴谋,此在贤智士夫,断不为其所惑,设有成见,难逃烛照之明。现在内外臣工条奏,有藉化除畛域之言,为生聚久长之计者,合群进化,首在教养兼筹,容臣等裒集群言,折衷定议,奏请圣裁。

此数者,于实行预备立宪至有关系,或宜急筹进步,或宜渐次图成。谨先按节详陈,以备圣明采择。谨奏。

《东方杂志》,光绪三十四年第一期

御史徐定超奏请进讲时添讲宪法并将钦定宪法讲义发交地方官研究各学堂加课折

光绪三十四年四月初五日

协理京畿道监察御史臣徐定超跪奏:为补救时艰,宪政为亟,拟请进讲时添讲宪法,以示实行而风海内,恭折仰祈圣鉴事:

窃自前年预备立宪之诏既颁,薄海臣民,欢欣鼓舞,嗣是改官制,修宪法,简派大臣出洋考查,凡所以裨益宪政者,业已次第举办矣。然臣细察京外人心,宪政一事,信者固多,疑者亦复不少。信者艳于各国立宪之治安,疑者狃于中国古法所未有,不知各国宪制学说纷歧,亦不免有支离之处。至于君主立宪,实我中国固有之成法,不过前无立宪名目。其所谓天皇神圣不可侵犯者,即中国自古相传尊君亲上之本意。其所谓内阁担责任,即周汉重任三公,明代尊相重内阁之制。其所谓议院担义务,有议事之权而无干涉行政之权者,即中国谋及卿士,谋及大夫,谋及庶人之制。我朝有大事交大学士各部院会议,并饬各督抚体察舆情复奏,亦即此意,非别有异义也。

今朝廷业已事事预备,明定期限,示海内以必行,应请于进讲之时,添讲君主立宪法制,经皇太后、皇上睿览之后,即饬宪政馆颁发各督抚、将军,责令大小属官,切实研究,并令各省提学司,即将御定宪法讲义,发交中学以上各学堂，按时加课，俾人人晓然于朝廷锐意立宪与宪法并非难行之意。如蒙俞允，拟请饬进讲大臣孙家鼐等添编讲义进呈御定，再发宪政馆通行各省，庶足以示实行而树风声。

所有拟请添讲宪法缘由，是否有当，伏乞皇太后、皇上圣鉴训示。谨奏。

《清末筹备立宪档案史料》，第1001—1002页

严加考核候补州县人员谕①

光绪三十四年五月十五日

谕：国家根本惟在民生，而养民教民之官，以州县为最亲，其责任最为重要。凡抚字催科，听断缉捕，悉萃于牧令之身，一邑数十万生灵于斯托命，加以各项新政待举，备极繁难，非才力优长，素经历练，不足以副是任。吏部职司铨选，自例章繁密，仅以班次资格为定衡，大失量能授官之本意。迩来保举捐纳，冗滥甚多，治理民情，多未明达，检查法律，亦不能通解。即系正途出身，于吏治亦尚乏体验，岂能措置裕如。此等人员，专凭年资入选，一旦任事，大率听命幕友，纵容丁胥，百弊丛生，小民深受其害。闻各省选缺州县，骤膺外任，不谙吏事者十居七八，该管督抚格于部章，日久不能不使之到任，及到官偾事，虽加撤参，地方元气已伤，其为害于国计民生者甚巨。嗣后州县两途，著将部选旧例，限三个月后即行停止。所有各班候选州县，由吏部分别查明，会同军机大臣迅速妥拟章程具奏，请旨颁行。其应选州县，依次分发各省，作为改选班。外省原有各项候补班次轮次，亦应酌量删减归并。凡改选人员到省后，督抚率同三司量其才性，试以吏事，或派入法政学堂，分门肄业，并须勤加考察。除有差人员随时接见外，其余各员，每两个月必须传见一次，三司按月传见一次，详细考

---
① 标题为编者所拟，原文无标题。

询，其才识学业能否造就，有无进益，如有糊涂谬劣，不通文理，或沾染嗜好，或年力就衰等情，均即咨回原籍，扣除本班。其应补人员，该各督抚务须一秉至公，认真甄核，不得瞻徇偏执，敷衍迁就。总期亲民之官，历经试验，娴习法理，一洗阘茸侥滥之习，用副朝廷察吏安民之至意。

朱寿朋：《光绪朝东华录》，总第5914页，中华书局1958年出版

前工部员外郎刘梼条陈预备立宪之事应实力举办呈

光绪三十四年五月二十四日

前工部员外郎刘梼谨呈，为近日预备立宪精神疏懈，谨胪列应行预备事宜，请旨饬下内外大臣议决施行，以植宪政而固邦基，呈请代奏事：

窃维近岁以来，时艰益棘，各国协约成立，虎视鹰瞵，协以谋我。日本号称同文同种之国，自水户宽人提倡侵略支那主义，彼邦人士每谓中国危弱，万难振救，势须及早经营，免落列强之后，附和演说，闻者悸魄。其新定小学教科书地理一门，添入东三省，近且议添设殖民部，雄心所注，路人皆知，此诚我国存亡危急之秋也。前年奉上谕预备立宪，薄海内外，额手懽呼，爰是改官制，设资政院，设宪政编查馆，设各省谘议局，虽成效尚遥，而天下晓然于朝廷有实行立宪之意，鼓舞轩鬐，精神一振。乃者谘议局章程久未议定，资政院名为议院基础，有名无实，一事未办，地方自治制度亦未经筹定施行。所谓上下一心共谋立宪者，前时犹渐次进行，近日似微觉停滞。在诸大臣荩虑周详，不肯求治太急，自系慎终于始之意，而嗷嗷望治之民，则不免略生疑沮，深恐宪政无实行之期，则人民无救亡之望。故今日必应将预备事宜实力举办，振吾民之精神，即以杜强邻之窥伺。预备之事，纷繁复杂，谨举其荦荦大者，为我皇太后、皇上剀切陈之。

一、各省督抚权限宜确定也。东三省现行官制，大致无舛，将来推行各省，当无沮碍。惟按日本制度，彼之郡犹我之州县，彼之府县犹我之直省。日本府县

知事统属于内务省，则我之各省督抚统属于民政部，而今各省督抚，固与民政部尚书立于平等地位，势均力埒。倘抑其权位使相统属，则督抚之权太轻，地大事繁，恐难镇摄。若仍现今平等之制，则督抚之权太重，各治一方，省自为制，与联邦政体无异，恐难收中央统一之效。此行政机关最重大之问题，应请旨饬下廷臣集议筹决，此议一决，则宪政之大体确定，其他易于著手矣。

一、资政院事务宜切实举办也。资政院设立以来，性质若何，权限若何，应选者何员，应办者何事，外人既概未闻悉，当局亦虚与委蛇。然上年上谕，固明明言中国上下议院，一时未能成立，急应设立资政院以为议院基础。是资政院系采取泰西一院制，合上下议院为一冶，国会之先声，而立法之关键也。现在组织之方法，与将来上下议院分设之规模，对于公论，何以不至遏抑，对于政府，何以实行监督，必先无敷衍之章程，而后有坚确之基础，否则精神内茶，形式空在，徒造成一种似是而非之议院而已。原奏资政院节略有云：若仍用保举征辟之法，与原设政务处无异，即与谕旨公诸舆论之意不合。诚哉是言，抱定此义，庶不患有毫厘千里之差矣。

一、各省议会宜先行举办也。我国上下议院现未成立，幅员辽廓，交通不便，议员入都大非易事。欲求轻而易举，莫急于设省会。现各省谘议局虽经渐次筹设，而性质若何，权限若何，尚未确定，与资政院无以异，或遂有以下议院当之者，不知下议院设于京都，不应设于省会，则谘议局确系最上级地方议会，即所谓省会是也。查日本于帝国议会定有选举专章，地方议会选举法只包含于府县郡市町村制之中，大约帝国议会议员多取通晓法律者，地方议会议员多取通晓财政者，以各有所宜也。今宜迅定谘议局章程，切实举办，务期势能独立，虽由督抚主持，不受督抚压制，方不失采取舆论之本意。

一、法律内之集会结社不宜禁止也。查日本集会结社取缔规则，军人、教员、学生、僧侣、女子等，不得为政社社员，然学生创立一会以研求各种学术，固在所不禁也。其非军人、教员、学生等，结合一社以研求各项政治，亦在所不禁也。上年奉上谕，著宪政编查馆会同民政部，将关于政事结社条规妥拟限制，原恐人心浮动，士气嚣张，不得不稍加裁抑，此以禁止法律外之纠集，果于法律无所忤犯，固不在厉禁之列，而官吏误会，士民气慑，遂群以社为嫌，以会为讳，惧触刑章，一律解散，似非预备立宪气象。应请谕令集会结社不违背法律者，仍旧举行，惟不得肆意簧鼓，扰害治安，庶研精政学者可收观摩之益，而好事之徒亦无从胥动浮言，致酿祸变，实于宪政前途大有裨益。

一、地方自治制度宜迅速议行也。今谋国者曰教育普及、地方自治，此天下所公认也。顾人咸谓必俟教育普及，而后可言地方自治，职则谓必办地方自治，而后可言教育普及。何以言之？学区之划分，学费之担任，皆惟地方是赖。近者兴学之寡效，正坐地方制度尚未成立之故，非办理不力之咎也。其他编查户籍，选举议员，禁种罂粟，征收租税，凡百要政，莫不从地方自治入手，此诚最要最切，速宜筹定办法，请旨颁行，不容刻缓者也。或虑程度不齐，未能骤举，不知完全自治原非一蹴可几，要当先划区域，确定规模，渐次扩充，自饶进步，即行之不效，亦不过如现在绅办情形，断无别项流弊。不然三年之艾，终身不得，徒因循坐误而已。

以上五端，皆关于宪政之大者，振国维，达民隐，遏乱萌，消外侮，盖莫要于此矣。

抑职更有请者，数十年前，我国与日本同时号称变法，论者咸谓我国地大财裕，必远驾日本之上，不谓迩年来彼已雄长东亚，抗席列强，我则时受侵凌，日即危弱，今益情见势绌，无能曲讳矣。推原其故，彼则仿效良法，急取直追，不遗余力，我则审慎迟回，长虑却顾，每不肯放手为之，兹所以一有效，一无效也。我国每举一事，必曰试办。若宪法者，泰西行之而效，日本师之而亦效，圣人复起，不易斯制。但当实力举行，不必姑为尝试，譬诸病证已审，方书已具，药力一到，沈疴立起，亦何容稍事疑畏以自误乎。以我皇太后、皇上宵旰之忧勤，执政诸大臣谋国之忠勇，知必能主持宪政，日起有功，此天下臣民日夕祷祝者也。又东西各国所以维持不敝者，不恃有完全之法律，而恃有多数通晓法律之人。我国版图式廓，除西藏、蒙古，必须特别规定治法外，其二十二行省府厅州县，如同时举行宪政，必得数万谙习法律实心任事之人，方能奏效。至国用出纳，尤为宪政首务，现在整饬财政，廓清积弊，及将来接收海关，开办审计院，编制预算、决算表册，在在需才，非得多数精研计学之人，亦难胜任。应请谕饬京外各处，多设法律学堂并财政研究会，庶实行立宪之年，不至有任事乏材之虑。

职识闇才庸，何敢妄陈大计，实因强邻逼处，时局阽危，拯溺救焚，迫不及待，是以不避斧锧之诛，冒昧上陈，伏乞代奏。谨呈。

《清末筹备立宪档案史料》，第 340—343 页

王善荃奏请速开国会折①

光绪三十四年六月初七日

王善荃奏：光绪三十二年七月十三日恭奉明诏：预备立宪，薄海臣民喁喁向治，臣工之封奏，士民之上书，恒多以速开国会为请。此其爱国热诚，固由国家数百年厚泽深仁，涵濡陶育所积而致，亦以外侮日见纷乘，事势日形艰棘，其刺激也愈深，其呼求也亦愈切。臣静观时局，默体舆情，必速开国会而后国权乃可扩张，内治乃可整理。谨请为我皇太后、皇上缕晰陈之：

何言乎国会之关于国权也。臣窃考之历史，验之当世之务，凡列强并立，其国权之作用，一为外交，一为军事。欧洲中古各国往往以君主之尊，任外交之长，及于近世，立宪主义，渐加进步，外交事务亦为内阁之责任，且有以缔结条约之一部分责之国会者。故普国宪法第四十五条有云，贸易及国民担负之条约，须得两院之同意，始有施行之效力。可见国会与国权有相依相辅之势。中国自海禁既开，列强麕至，其因昧于敌情，怯于国势，而受条约之损失者，何可胜道。若人民之拥护国权，与国家之缔结条约，影形响应，相与为援，即遇事体繁重，极费磋商，而有国会以辅助之，其势亦转圜较易，此犹为法律上之解决也。至于根本上之解决，臣观于日俄之战而知之矣。俄为近今强国，其器械之精，船炮之利，欧西诸雄犹然惮之。而甲辰之役，独见败于日本者何哉？盖以专制之国与立宪之国遇也。立宪而人民始知有国，专制而人民惟知有家。专制之国民与外国人战，其战也迫于公义，立宪之国民与外国人战，其战也如赴私仇。此其胜败之

---

① 标题为编者所拟，原文无标题。王善荃，民政部外城巡警总厅厅丞。

数,岂待交绥而后知之哉。俄人自败衄后,即已宣布立宪,召集国会,盖亦鉴于地球之趋势,不能不出于此。我国自丙午之岁,简派大臣分赴各国,考查政治,立宪之诏,迭沛纶音,而国会之召集,尚无时日,此岂可不及早图维哉。臣所谓国会成立而后国权可期扩张者此也。

何言乎国会之关于内治也。臣窃考一国之收入,不外国家税与地方税两种。而要皆出于人民之担负,宪法所谓人民有纳税之义务者是也。然专制之国,其取于民也寡,而常苦其烦苛,立宪之国,其取于民也多,而能收其实用。一则中饱之弊窦难除,一则利害之关系綦切,然非使预算决算之案,每年提出于议会,则中饱之弊窦无自而除,非使国家之岁出岁入,人民得以协赞,则利害之关系不觉其切,是二者皆立宪国所收之实效也。臣窃见数年以来,朝廷举行新政,不为不锐,部臣疆臣之计画,不为不深,然勉强而举一事,不能计日而责成功者何哉,则财政奇绌为之也。故言乎教育,则普及綦难。言乎交通,则机关未备。言乎实业,则发达迟缓。言乎军政,则经整需时。其余应兴应革之端,待理者更仆难数,无不因财力支绌,扼腕徒嗟。大抵国度日趋于文明,而行政之经费亦日觉其浩大,非增加人民担负,则收入无由而多,非召集国会,予人民以参与之权,则不能增加其担负。盖强制之征收,不如协赞之贡献,此理易明而事可征者也。臣所谓国会成立而后内治可期整理者此也。

由是言之,则召集国会非为今日亟宜筹画不容稍缓之要图欤?抑臣更有进者,我国之人民,于政治之真际,素鲜考究,故其立宪也与各国不同。各国之立宪,求之自下,中国之立宪,施之自上。求之自下者,则年限虽迟,而社会之进行仍无障碍,施之自上者,则年限须速,而国是之确定庶免游移。矧自朝廷宣布立宪,而兆民闻风兴起,群有政治之思想,诚使在上之人于关系国会之事,切实筹备,如谘议局之设立,户籍之调查,立议员选举之法,订两院议事之规,而谓三年后国民自治之能力尚复薄弱,其文化之程度,犹不足以召集国会者,臣可决其为必无之事矣。拟请宸衷迅断,颁发明诏,定期三年,召集国会,上以垂经世之宪法,下以顺望治之民心,我国家亿万年有道之长,实基于此。

下宪政编查馆知之。

朱寿朋:《光绪朝东华录》,总第5935—5937页,中华书局1958年出版

考察宪政大臣于式枚奏立宪以保守渐进为主片

光绪三十四年六月初九日

再，普国所行选举法，向用三级间接，平民力争平等，政府坚持不行。溯自道光二十七年三月，国民大起要求立宪及开国会，柏林都市几为战场，以德先主之仁爱夙著，又善于抚循，不至酿成大乱。至今民党犹以是日为祭节，德人谓为柏林三月之变者也。是年宣告立宪，明年颁选举令，又明年颁宪法，许以将来改定选举法律，每年工会开时，争平等选举权者，纷竞至今未已，是以德皇有不易仿行之语。

先是臣与外部大臣舒恩晤谈，据称宪法之难遽立，而以中国预备期限，先以考察，仰颂皇太后、皇上圣明，臣在俄都接见驻俄使臣萨荫图，详询俄国立宪情形，亦举俄臣石坡甫之言，谓施行太急，正滋纷扰，诚不如中国渐进之稳慎，各等语。英儒斯宾塞尔尝诘日本博士金子坚太郎，以为各国立宪，皆由逼迫而成，日本向为独裁之国体，民安其化，何以平地涌现此法。金子坚太郎乃告以维新以后废藩改制所由来，前后历二十年，并非突然而起。斯宾塞尔又言，一国之宪法及附属法律，必须与本国之历史及国体有同一之性质，否则实行之际，困难不可思议，流弊尤不可胜防。即如美国宪法，本在人民平等，行之既久，而政治渐集于政党掌握中，其政党亦多由利己之心，平民不胜其苦。反复数百言，纯以保守渐进主义为宗旨。盖欧人之言宪法其难其慎，固如此也。

今之言事者醉心西法，但知立宪为美名，为善举，以为惠而不费，又不劳而永逸者也。言之易而不知行之难，此于西事或未深求，于近事固应目睹矣。自上年江浙争路之后，横议遍于国中，皆以实行立宪为词。近闻皖豫各省又有联名上书，邀求国会之举。此外新奇论说，无日不见报章，上则诋政府为固权，下则詈国民为失职，专以争竞相劝导，叫号跳突，有类疯狂。此正斯宾塞尔所云政党者流，与平民固无预也。

臣深观时局，窃有隐忧。感于德俄君臣之言，证以东西儒者之论，不敢引嫌避谤，自甘缄默，谨就所见，据实上闻，至普德选举法及宪法成立各详细情形，由臣分别另案奏报。谨附片具陈，伏乞圣鉴。谨奏。

光绪三十四年六月初九日奉朱批：宪政编查馆知道。钦此。

《民政部奏折汇存》第一册，第371—372页，全国图书馆文献缩微复制中心2004年影印

革法部主事陈景仁职谕①

光绪三十四年六月二十七日

光绪三十四年六月二十七日内阁奉上谕：政闻社法部主事陈景仁等电奏：请定三年内开国会，革于式枚谢天下，等语。朝廷预备立宪，将来开设议院，自为必办之事。但应行讨论预备各务，头绪纷繁，需时若干，朝廷自须详慎斟酌，权衡至当，应定年限，该主事等何得臆度率请。于式枚为卿贰大员，又岂该主事等所得擅行请革。闻政闻社内诸人良莠不齐，且多曾犯重案之人，陈景仁身为职官，竟敢附和比暱，倡率生事，殊属谬妄。若不量予惩处，恐诪张为幻，必致扰乱大局，妨害治安。法部主事陈景仁，著即行革职，由所在地方官查传管束，以示薄惩。钦此。

《光绪宣统两朝上谕档》第三十四册，第149—150页

---

① 标题为编者所拟，原文无标题。

御史俾寿奏法为治本请切实施行折

光绪三十四年七月初七日

花翎掌云南道监察御史奴才俾寿跪奏，为法为治本，拟请切实施行，以端趋向，而培盛治，恭折仰祈圣鉴事：

窃维国无法不立，民无法不行，法者自朝廷以至庶民，所当共认者也。近来讲求立宪者虽多，而不先思立法，是欲建筑宫室而不知巩固基础者也。伏查东西各国，无不以立宪为图治之本。原一官也，必择其才之优者而任之，一事也，必期其理之当者而行之。无旷官，无废事，公论具在。父不得私其子，兄不得私其弟，朋友不得私其所亲，无他，法以为宜则宜耳。今中国动言立宪，而中外实缺候补者，举不尽才，人力居其多数，强半杂以年资，又不谙治略，威福自居，势力相尚，欲去压力而以抑制行其私，欲托公道而以情面赡其志，坐食俸薪，优游宴乐，逐逐利塗，毫不知耻，得之则喜，失之则谤，大员束手无策，小臣阿附取容，仅以成效昭著一语，美其观听，不知将谁欺乎。

今欲为自强之计，兴学则当立兴学之法，治军则当立治军之法，理财则当立理财之法，推之各政，无不各有其法，尤必以选举得人为立法之要。盖有治法尤贵有治人，旷观古今中外，不闻以冗员能肩重任者也。若惟知迎合敷衍，外似讲求，内实粉饰，恐立宪之期已届，而预备之效无闻，则贻误于此辈为不少也。

东西各国，憎于做官，乐于行商，以行商有自然之权利，而做官实责任之无穷。中国人民乐于做官，憎于行商，以做官有权利之无穷，行商多剥夺之顾忌也。外国务在保商，力求商权发达，边防铁路，必皆商股，一旦有事，偶有损毁，无论何国，皆当认为赔修，即有战事，亦必以商意为准。中国商务无利则已，有则必归官办，故有力者不敢轻动其资财，无力者不敢妄用其智慧，黠者因人成事，倚为护符，皆不肯自立一业，自成一枝，于是聚千百万冗员，咸以官为谋食之薮，以其身荣而利厚也。如此而欲其治法日新，商业日振，愚者亦知其无能为力耳。

拟请饬下中外大臣，循名责实，详定官制，严立选举之法，择能而使，务以胜任为主，差委即储才之选，能者留之，不能者去之，勿存一己偏私之见，勿听群小谣啄之言，尤必折节下人，虚心延揽，庶可举皆尽职，国无旷官。至于提倡商务乃自强之要，凡一技一艺，使之各尽其能，勿使利尽归官，民多失业，苟人人皆知竞争，商界方收富强之效。今国民程度如群居野处，茫无统属，果能以法率之，则法所当为者，即义所当为，无论为官为民，孰不知以一命为荣，以一艺为本哉，立宪预备基于此矣。

奴才愚昧之见，是否有当，谨恭折具陈，伏乞皇太后、皇上圣鉴。谨奏。

《清末筹备立宪档案史料》，第343—345页

查禁政闻社谕①

光绪三十四年七月十七日

光绪三十四年七月十七日，内阁奉上谕：近闻沿江沿海暨南北各省有政闻社名目，内多悖逆要犯，广敛资财，纠结党类，托名研究时务，阴图煽乱，扰害治安。若不严行查禁，恐将败坏大局。著民政部、各省督抚、步军统领、顺天府严密查访，认真禁止，遇有此项社夥，即行严拿惩办，勿稍疏纵，致酿巨患。钦此。

中国第一历史档案馆编：《光绪宣统两朝上谕档》第三十四册，第162页，广西师范大学出版社1996年影印出版

---

① 标题为编者所拟，原文无标题。

命各衙门六个月内奏报筹备宪政办法谕[①]

光绪三十四年九月二十九日

内阁奉上谕：朕钦奉慈禧端佑康颐昭豫庄诚寿恭钦献崇熙皇太后懿旨：前据宪政编查馆、资政院将议院未开以前逐年应行筹备事宜开单具奏，当经降旨谆谕内外臣工依期举办。查单开各衙门筹备事宜，系就与开设议院最关切近者而言，非谓未列单内之各衙门，便可不受责成，逍遥事外。如外务部职在考查外事，作养使才；吏部职在变通选法，考核任用；礼部职在修明礼教，移易风俗；陆军部职在巩固国防，振兴军势；农工商部职在提倡实业，保守利权；邮传部职在审度形势，统筹交通；理藩部职在考查藩情，整饬边务。皆与宪政息息相通，理应同时并进。即已入单内之民政部、度支部、学部、法部等衙门，尚多有未尽事宜，若顾此失彼，偏而不全，恐届开设议院之期，规模未备，致滋纷扰。著各衙门统限六个月内，按照该馆、院前奏格式，各就本管事宜，以九年应有办法，分期胪列奏明，交宪政编查馆会同复核，请旨遵行，以专责成而杜迁延。

《光绪宣统两朝上谕档》第三十四册，第230页

[①] 标题为编者所拟，原文无标题。

重申仍以宣统八年为限实行宪政谕①

光绪三十四年十一月初十日

光绪三十四年十一月初十日内阁奉上谕：朕缵承②大统，登极礼成，追念前谟，弥深乾惕。仰维列圣相传之治法，无非敬天法祖，勤政爱民，凡先朝未竟之功，莫不敬谨继述，本年八月初一日大行皇帝钦奉大行太皇太后懿旨，严饬内外臣工，务在第九年内将各项筹备事宜一律办齐，届时即行颁布钦定宪法，并颁布召集议员之诏各等谕。煌煌圣训，薄海同钦。自朕以及大小臣工，均应恪遵前次懿旨，仍以宣统八年为限，理无反汗，期在必行。内外诸臣，断不准观望迁延，贻误事机，尚其激发忠义，淬（厉）〔砺〕精神，使宪政成立，朝野乂安，以仰慰大行太皇太后、大行皇帝在天之灵，而巩亿万年郅治之基，朕有厚望焉。钦此。

《光绪宣统两朝上谕档》第三十四册，第274页

设变通旗制处谕③

光绪三十四年十一月二十四日

光绪三十四年十一月二十四日内阁奉上谕：宪政编查馆奏定逐年筹备事宜，

---

① 标题为编者所拟，原文无标题。
② "承"原文作"成"，疑误，此处据《东方杂志》第五年第十二期改。
③ 标题为编者所拟，原文无标题。

关系重要，将来颁布钦定宪法，并颁布召集议员之诏，全视乎此。是以朕登极后，特申告诫，期于迅速图功，以慰薄海臣民之望。兹据军机处王大臣奏请设立变通旗制处，自应简派大员，专司其事。著即派贝子溥伦，镇国公载泽，大学士那桐，侍郎宝熙、熙彦、达寿，总司变通旗制处，会同军机大臣办理。该大臣等务当即行开办，毋稍迁延。其余本年应行筹办之事，各该衙门著一律按照单开各节，迅速举办，以副朕孜孜图治实事求是之至意。钦此。

《光绪宣统两朝上谕档》第三十四册，第 287 页

再命各衙门六个月内奏报筹备宪政办法谕①

光绪三十四年十一月二十五日

钤章②

光绪三十四年十一月二十五日内阁奉上谕：本年九月二十九日，德宗景皇帝钦奉孝钦显皇后懿旨，饬各衙门统限六个月内各就本管事宜，以九年应有办法，分期胪列奏明，各等因。圣谟远大，遐迩同钦。在廷诸臣，均应恪谨遵守，亟里奉行。著各该衙门懔遵前次懿旨，依限办理，勿得稍涉延误。钦此。

军机大臣署名

        臣奕（劻）③

        臣世（续）

        臣张（之洞）

        臣鹿（传霖）

---

① 标题为编者所拟，原文无标题。
② 指摄政王章。宣统登基后，清廷定发布上谕时，前面钤摄政王载沣章，后面署军机大臣名。
③ 括号内名字均为编者所加。

臣袁（世凯）

《光绪宣统两朝上谕档》第三十四册，第290页

宣示一定实行预备立宪谕①

宣统元年二月十五日

钤章

宣统元年二月十五日内阁奉上谕：国家预备宪政，变法维新，叠奉先朝明谕，分年预备，切实实行。朕御极后，复行申谕，依限筹办，毋得延缓，今特将朝廷一定实行预备立宪维新图治之宗旨，再行明白宣示。总之，国是已定，期在必成，嗣后内外大小臣工，皆当共体此意，翊赞新猷。其有言责诸臣，亦当慎体朕殷殷求言之至意，于一切新政得失利病，剀切敷陈，俾臻上理。倘敢私心揣摹，意存尝试，撼拾腐败浮言，淆乱聪明，亦有应得之咎也。将此通谕知之。钦此。

军机大臣署名

　　　　　　　　　臣奕（劻）②
　　　　　　　　　臣世（续）
　　　　　　　　　臣张（之洞）
　　　　　　　　　臣鹿（传霖）
　　　　　　　　　臣那（桐）假

《光绪宣统两朝上谕档》第三十五册，第63页

---

① 标题为编者所拟，原文无标题。
② 括号内名字均为编者所加。

将陕甘总督升允开缺谕①

宣统元年五月初六日

钤章

宣统元年五月初六日内阁奉上谕：前以预备立宪，系奉先朝明谕，朕御极后復行申谕内外大小臣工共体此意，翊赞新猷，毋得摭拾浮言，淆乱聪明。乃陕甘总督升允前奏请来京面陈事宜，当经电谕尽可由折电奏陈。原以新政繁巨，不厌详求，内外大臣如有所见，不妨随时条陈，以资采择。兹据该督奏陈立宪利弊，并即恳请开缺，迹近负气，殊属非是。本应予以严惩，姑念该督久任封圻，尚无大过。著照所请，即行开缺。钦此。

军机大臣署名

臣奕（劻）②

臣世（续）

臣张（之洞）

臣鹿（传霖）

臣那（桐）

《光绪宣统两朝上谕档》第三十五册，第229页

---

① 标题为编者所拟，原文无标题。
② 括号内名字均为编者所加。

请确定行政经费疏

宣统元年五月

赵炳麟

奏为请旨确定行政经费，以免误国事而促乱机，恭折仰祈圣鉴事：

臣于五月初八日召见养心殿，监国摄政王询及九年筹备事宜，臣对以应从预算逐年经费下手。惟臣言语过拙，土音太重，恐面对尚未详明，谨具折为朝廷沥陈之。夫立宪国之贵有议院者，贵其以人民而协赞立法、审查岁用也。法律、财用必许人民参预者，盖君主行一政、出一令，必度民力、察民财，法出能顺舆情，令行斯如流水。故西国政治家谓财政为无形之道路舟车，以其非此，虽有良法美意，亦不能行也。九年筹备，若不量度财力，逐年算定，京外官吏文牍往还，顾炎武云明之亡国，由于法制纷扰，上下相朦，臣实惧之。

臣谨将筹备单内所开需款较繁者约略计算。

如巡警一项，单内所开，在宣统七年厅州县乡镇一律完备。厅州县土地不齐，且以百里为率，每厅州县非练巡士五百人不敷分布。京师巡士薪水自八元至十元不等，犹未完备，外省薪水至少每人亦需五元。每厅州县月需二千五百元，岁需三万元。小省岁略需银二百馀万，大省岁略需银三百馀万。而建局、购器、警官、书记各薪俸尚不在其内。

司法一项，单内所开，在宣统七年各直省府厅州县一律成立。查司法为三审制度，各省应设高等审判厅一，各府应设高等审判分厅一，各州县应设地方审判厅一，各乡至少亦必设东西南北四初级审判厅。考地方审判以上称合议制厅，分民、刑两庭，每庭至少设推事三人，初级虽云单独制，然推事有不止置一员者，而各级检察官数又半之。略计每厅州县应设司法官二十馀员，凡附属于司法官厅之员役不与焉。至小省分应设司法官一千五百馀员，每员薪水至少以月三十元平均算之，岁略需银五十馀万。合之建造廨署，改良监狱，及书记、执事各人役，薪水必在百馀万以外。

教育一项，单内所开，在宣统八年国民识字义者须得二十分之一。查现在各州县仅设一两等小学堂，生徒多者百人，少者数十人，常年经费至少者需银三千元，而所教人数不过百馀。以四万万人核算，欲得受教者二十分之一，每省非百馀万之教育经费，必不敷用。

自治一项，单内所开，在宣统六年厅州县地方自治一律成立。查民政部奏颁《地方自治章程》，除城镇乡议事会为名誉员，不支薪水外，其城镇董事会、乡董、乡佐，并文牍、庶务等员，皆支薪水。且自治范围广大，需款尤繁。

此外如调查户口、改行官制，清理财政，在在非款不行，倘不分年算定，预筹的款，臣恐纸片上之政治与事实上之政治全不相符。从纸片上观之，则百废俱举，从事实上核之，则百举俱废。官吏之巧黠者，装袭虚文，张皇门面，以欺陛下之爵禄，而剥民间之膏血；浮薄之士从而标榜之曰，某也才，某也能，其实皆虚应故事而已。臣每言念及此，未尝不抚膺太息，而继之以泣也。

拟请旨饬下亲王、贝勒、贝子、大学士、尚书、侍郎、翰林、给事中、御史、各省督抚，将九年筹备单内所开各条，某年某事，需款若干，从何处筹定，在何项指拨，分年列表，详议具奏。俟明年资政院开会，即将此交该院议员核议。视民力能否担任，分别轻重缓急，次第施行。如此方有实事可为，不致以空文误国，一言丧邦。大局幸甚。

抑臣尤有请者，尧舜禹大圣也，其授受之时，交相儆戒者，惟在四海困穷而已。方今民生凋敝，物力艰难，臣于本年四月初十日呈进讲义，引魏象枢请培元气各疏，及明吕坤忧危疏，略申其义。京察召见时，又晓晓妄论于监国摄政王之前。臣非敢言为民请命也，臣本迂儒，谬承德宗景皇帝及监国摄政王之知遇，信用异于寻常，臣深知民生休戚，关系国本安危，臣如不言，是负朝廷也。吕坤在万历时，上忧危疏，其时神宗加税尚未逾一千万两，吕坤言之，明主不纳。至怀宗时，复加剿、练诸饷，合计三饷，岁入不过二千一百三十馀万两，而流寇四起，外敌交侵，吕坤若逆睹之。今日四海困穷，较万历时更有甚矣。甲午、庚子以来，新旧赔款不下十馀万万，洋货侵入，土货不销，商务漏出者，十年以来不下二十万万，此皆输诸外国者也。近年度支所入，岁逾一万万两，一切练兵之经费，新政之诛求，铜圆之损失，何一非取给于民。八口之家，不聊其生者，比比皆是也。孟子曰，此惟救死而不赡。臣不禁为中国前途悲矣。国取诸民，民取诸土。今欲为国家筹经费，尤宜先为民人谋生计，方不致竭泽而渔。

臣于光绪三十二年十一月初一日请推广农林，奉上谕：著各省督抚通饬各属，详查所管地方官民各荒，并气候土宜，无论远近，绘图造册，悉数报部，由农工商部详定妥章，奏明办理。等因。钦此。至今数年，无一省奏报者。经农工商部两次请旨饬催，各省亦视若具文。拟请明降谕旨，严催办理，并请饬令会议诸臣，详筹推广农林、振兴工艺办法，分年列表，奏明认真举办。庶几民利可兴，用之不尽。孔子曰：百姓足，君孰与不足？是全在陛下之维持、扶助也。凡臣所言，关系安危至计，应请旨饬交会议施行。不胜迫切待命之至。伏乞皇上圣鉴。谨奏。

《赵柏岩集·谏院奏事录》卷六

宪政编查馆奏议复考察宪政大臣于式枚奏陈谘议局章程权限折①

宣统元年七月十六日②

奏为遵旨议奏，恭折仰祈圣鉴事：

五月初四日，准军机处片交本日③出使考察宪政大臣于式枚奏陈谘议局章程权限一折，奉旨宪政编查馆妥议具奏，钦此。钦遵钞交前来。

查阅原奏，于谘议局之性质范围大小及其职任权限各节，证以普国议会之

---

① 于式枚原折见第二次考察宪政部分。
② 《国风报》刊登时未署日期，《光绪宣统两朝上谕档》第35册（宣统元年）第331页关于此折上谕，为七月十六日。上谕内容："宪政编查馆奏议覆考察宪政大臣于式枚奏陈谘议局章程权限一折，又片奏奏定章程有疑义者，应以官定解释之说为据，坊间私刻不得援以为据，等语。著依议。钦此。"
③ "本日"，原文作"日本"，误。于式枚为出使德国考察宪政大臣，当为"本日"，如为"德国"，当作"出使德国"。

制，条分缕析，郑重详明，自为防微杜渐起见。惟臣等反复推求该大臣所陈，有涉于过虑者，有不免误会者，请为我皇上缕晰陈之。

查臣馆所拟谘议局章程，原系钦遵先朝谕旨，敬谨厘订。伏读光绪三十三年九月十三日上谕：朕钦奉慈禧端佑康颐昭豫庄诚寿恭钦献崇熙皇太后懿旨，前经降旨于京师设立资政院，以树议院基础。但各省亦应有采取舆论之所，俾其指陈通省利病，筹计地方治安，并为资政院储才之阶。著各省督抚均在省会速设谘议局，慎选公正明达官绅创办其事，即由各属合格绅民公举贤能，作为该局议员，断不可使品行悖谬，营私武断之人滥厕其间。凡地方应兴应革事宜，议员公同集议，候本省大吏裁夺施行，遇有重大事件，由该省督抚奏明办理。将来资政院选举议员，可由该局公推递升。如资政院应需考查询问等事，一面行文该省督抚转饬，一面迳行该局具复。该局有条议事件，准其一面禀知该省督抚，一面迳禀资政院查核。等因。钦此。是谘议局之范围权限，已明定于煌煌圣训之中，本非各国地方议会所得而比拟。

考各国地方行政，除联邦各有议院外，凡本国地方，皆直隶中央政府。至分配地方官吏，及其执行政务，亦均受成于内务大臣，合全国为一行政区域，而集权中央。与中国之部臣疆臣，显分内外，地方行政，可由督抚主持命令者，截然不同。其地方行政之范围既小，故辅助行政之机关，仅有上级自治制之地方议会，而不必别立制度。中国地大政繁，久已分省而治，而督抚实立于一省行政最高之地位。求之各国，本鲜此制。督抚之权限，既视各国地方行政长官为较广，则辅助行政机关之权限，自应与之相称，而不能仅据各国之上级自治以为准，则谘议局之设，用意盖即在此。臣馆原奏所以有谘议局为地方自治与中央集权之枢纽一语也。故谓谘议局为联邦议会，固属不符，即比之各国上级自治制，亦有区别。惟其为中国特别制度，自不能与普国地方议会相等。故其权限悉遵谕旨中采取舆论指陈利病筹计治安诸大端所规定，而又恐其逾越权限也，因明定监督一章，授督抚以停会解散之权。且对于谘议局议案，有裁夺施行之权，夫曰议案，是谘议局只能任决议，而不能强迫其实行。曰裁夺施行，则先裁夺而后施行，是督抚直处主动之地，而不得视为被动，二者之间，界限固甚分明。即虑一二议员，间或近于桀骜，而苟违悖法律，小则除名，大则解散停会。所以维持于事前事后者，固已无微不至。臣等以为监督全省之行政，以及一切之政权，实在督抚，而不在谘议局，何至如原奏所称谘议局立于一省行政惟一监督之地，及一国政权落于最少数人之手。臣等所谓该大臣所陈各节，有涉于过虑者，此也。

至原奏谘议局章程十二章六十二条，词简意该，不能不藉引伸以明其义，而前此所以只将条文，略具按语，不加笺释者，则以督抚对于兹事，苟有怀疑，不妨随时电询，即如办理初复选举，间有疑义，督抚之于臣馆，旋询旋复，便可迎刃而解，无所疑阻也。今核该大臣原奏各节，曰于财政不特有监督权，且有承诺租税权，于督抚不特有弹劾权，且可操其任免权，于立法不特有参与权，且有审查权，并谓有强制执行及责问各权。其于章程条文，殊多误解，遂有网罗权力完全无缺之疑。臣等细核其误解之处，要不外章程中之职任权限，及监督数条，在臣馆原定范围，固已严加制限，惟以该大臣既多疑虑，自应逐条发明原章意恉，以清权限，而释群疑。

查谘议局章程第二十一条，一、议决本省应兴应革事件，指定本省者，以本省人议本省事，痛痒相关，利害较明，即前年九月间谕旨指陈通省利病，集议兴革事宜之意所发生也。至事关君上大权，凡属国家行政者，自非谘议局所得参预，且谘议局仅代表一省之舆论，尚非国家议院之比，何至蹈原奏以议院为主体，得以民权抵抗政府之疑。

二、议决本省岁出入预算事件，诚以新政待兴，非财莫举，令人民负纳税之义务，自应令其周知每岁进出款，以激其急公好义之忱。臣馆于上年九月间咨行度支部文内，已声明谘议局预算事项，应以各省之地方办事用费为限，国家行政费，不在其内等语。则决议岁出入，只限于本省行政费无可疑也。

三、议决本省岁出入决算事件，各省报部支款，往往暗有融销，今与议员以公同决算三权，原以期稽察者多，稍可杜浮冒侵蚀之弊，揆诸清理财政之义，正为必不可少之举。

四、议决本省税法及公债事件，似于财政有特权矣。然税法公债，均冠以本省，乃系专指地方税与地方公债而言，与国税国债截然两端。若国家租税，则皆定于国家之法律，本非谘议局所得议决，其得议决者，仅属本省单行章程规则之征收方法而已。况宪法大纲载明，臣民现完之赋税，非经新定法律更改，悉仍照旧输纳。且臣馆核议度支部清理财政章程第十五条，声明各省岁入，当国家税地方税未分以前，谘议局不得议减现行税律，则所议决只有改良增加之事，并无议减之权。至地方公债,以本省之人,任本省之债,似更无流弊之可言。关于财政者限制如此,则原奏所陈谘议局干预财政各节,不无过当矣。

五、议决本省担任义务之增加事件。其指定本省者,譬如浚河、筑路、卫生、教育,本省应担之义务,为前此所无者,谘议局得视地方款项之盈虚,以为推行之准则。其前此已担任者,宪法大纲载明有法律上必需之一切岁出,非与政府协议,议院不得废除减削之条,是议院之议决权,其范围尚只如此。推而至于邻省之协济,海陆军之摊派,公债之募借,凡为国家特颁之命令,即皆不在议决之列。夫何至如原奏所谓有地方议会联络呼应劫持中外大臣之患。

六、议决本省单行章程规则之增删修改事件。查全国通行法律,须由钦定,颁行宪法大纲,早经揭明宗旨。惟各直省之风俗习惯不同,不能无特别之单行法。如违警律中,各省得定违警章程之类,而施行法律之细则,各省情形不一,亦不能不令各省自定。如地方自治等章程,施行细则之类,凡根本于国家法律之单行章程规则,属于督抚权限内者,自应由谘议局参与,以收集思广益之效。究其范围有限,非所谓参与国家立法之全权也。原奏所称谘议局居然有参与立法权者,未免视为范围太广矣。

七、议决本省权利之存废事件。譬如全省自有之公共产业,欲为变置移易,即为关于本省之权利存废。此种事项,全省利害所系,自不得不郑重视之。至业经法律规定及奉旨允准者,自不在谘议局应议之列,此可无庸疑者。

八、选举资政院议员事件。此即遵奉谕旨,谘议局为资政(员)〔院〕预储议员之阶也。臣等已会同资政院奏定院章第十一条内载明,各省谘议局议员互选后,由该省督抚复加选定,咨送资政院等语,是选举之权,虽肇端于谘议局,而仍受成于督抚,与原奏所称资政院议员,即为谘议局所选举者,究属有别。况资政院议员钦选互选,各居其半,凡王公世爵及京朝官,均可由钦选为议员,各省谘议局所互选者,第居得半之数,而并非其全体。是原奏专谓为谘议局所选举者,由未详查资政院前奏章程,遂有此议。

九、申复资政院谘询事件,立法事件。立法之始,不能不详查各省之习俗,以资参考。曰申复者,则必资政院有所谘询,该局方可建议。查资政院议员,既不尽由各省谘议局推选而来。至谘议局议员,更不能与资政院相为左右。组织既有不同,权限亦复反异。谓资政院即为各省谘议局之全体,已不尽然。今谓谘议局即属资政院之分体,更似误会矣。

十、申复督抚谘询事件。督抚对于庶政,本有主持之权,而有时或欲周谘博访者,则行政官有刍荛之询。谘议局即不能无一得之献,究之采纳与否,凭诸督抚。夫亦何至有原奏所称听地方指挥,致令终至下移之虑。

十一、公断和解本省自治会之争议事件。地方下级,各图自治,事势所至,或不免有权限之冲突。各国于下级自治会之争议,大都由上级自治会公断和解,现定地方自治章程,府厅州县之上,别无统一全省之最高自治会,谘议局既为全省舆论之代表,自应归其处理。然只处理自治会之互相冲突,若自治会与地方官之冲突,则仍属督抚主持,谘议局即有所见,亦但能建白以备督抚之参考。夫何至如原奏所称有裁判地方行政之权。

十二、收受自治会或人民陈请建议事件。督抚为国家行政之代表,有应行专决者,如军事外交裁判等事,断非议员所能干涉。但以人民各具国家思想,苟实有所见,不妨上书陈请,定例在内由督察院代奏,在外由督抚代(表)〔奏〕,已闻其例。其必以谘议局代为陈请建议者,因表示众意所在,以备督抚采择。其裁夺之权,则仍统诸督抚,谘议局固不得强督抚以执行,又何至如原奏所称有不问为国政为民事,一切均纳入范围之权。

此外如原章第二十七条所称,谘议局遇有督抚侵夺权限,可呈请资政院核办者,似为权之过重,不知侵夺云者,只限于谘议局应行决议之事,督抚于议场不许其议决,是之谓夺其决议权,非云议决之后,督抚不与施行,即谓之侵夺权限也。又如原章第二十二、二十三、二十四等条,系就谘议局所议与督抚或合或不合事件,定其办法。其各执一见,不能解决者,由督抚将全案咨送资政院,以待决定。而资政院议决事件,均须请旨裁夺,则是可否予夺之柄,仍在君上,固不出大权统于朝廷,庶政公诸舆论之本旨也。且臣等会同资政院奏定院章第二十三条内,载明各省谘议局与督抚异议,或此省与彼省谘议局异议事件,均由资政院核议。而关涉某省者,该省谘议局所选出之议员,不得与议等语。是于此等流弊,早已防范綦严。原奏所称谘议局与督抚相持,上之资政院,裁判官乃原告所举之人,似不然矣。且以资政院核议请旨之件,遽谓之为裁判权,是混议院议决与法定裁判为一事,裁判之真义,殆不如此。又况用人之权,操之君上,议院不得干预,钦定宪法大纲中早经明定,又何至如原奏所称有任免督抚之权。即原章

第二十八条所载，本省官绅纳贿违法等事，准谘议局呈控者，实因中国幅员辽阔，交通机关，又未便利，各省官绅中固不乏束身自好之人，而或操守难信，粮税逾额之征收，公款非理之滥入，以及舞弊营私坏法徇情者，皆在所难免。非得人民指摘，则害马不去，群何由安。且本条所载有以上情节，谘议局尚须指明确据，方可呈候核办。则发动之机，虽在谘议局，主持之权，实在督抚，何至如原奏所称与督抚监督权力相较，轻重悬绝乎。

原奏又称议员在议场，如有轻蔑朝廷情形，及有狂暴举动者，不过停会解散除名，因疑为处分过轻，不知会议时议员言论如有失检，议长即应止其发议，违者得令退出。故仅因发言不当，未必即成法律上之犯罪。此各国议院通例，谘议局章程第三十九条，即援以规定也。议员如有以所发议论，在外间自行刊布者，自应照各本律治罪。至狂暴举动，议长不能处理者，督抚有令其停会之权，其应治罪与否，自可以当时在场狂暴之现状为断。设以言论冲突，至于殴伤，亦应照殴人律例治罪，所谓轻纵者，亦未必尽然也。如现行犯罪，亦得逮捕，曾于原章第四十条内声明，是议员果有犯罪确据，及为议员以后，有品行悖谬营私实迹者，督抚即当凛遵前年九月间谕旨，断不可使品行悖谬营私武断之人，滥厕其间，随时斥退惩办。断不至如原奏所称假谘议局为护符，使之肆无忌惮也。

原奏又致虑于议院攻击政府。查宪法大纲所附议院法要领，内载行政大臣，如有违法情事，议院只可指实弹劾。其用舍之权，仍操之君上，不得干预朝廷黜陟之权。此又俟之议院成立以后，与今谘议局无与者也。臣等所谓该大臣原奏各节有不免误会者此也。

总之，谘议局为采取舆论之机关，予以决议权者，所以冀达情通隐，图省治之改良。督抚为督率行政之机关，予以监督权者，所以冀救弊补偏。期政务之统一，而二者之分际，均以法令为依归。在谘议局固不能出法令之外，为非理之要求，即督抚尤须持法令之平，为适宜之处理。官绅有相资为治之功，而无互相猜忌之患。此臣等上年拟订谘议局章程，所以恪遵历次大权统于朝廷庶政公诸舆论之旨，斟酌至再，以期无弊。而该大臣审慎迟迴，犹复过为疑虑。故不能不重申法意，以期与天下共晓也。惟是谋事最难于图始，徒法不能以自行。现届预备之第二年，尚在办理选举，今岁九月方为各省谘议局第一次开会之期，此后按照清单，递年筹办，行得其道，则循序渐进，上理自可日臻，行失其道，则动辄龃龉。大局或虞纷扰。得失之机,间不容发。惟望凡百臣工,以及士庶,均能和衷共济,开诚布公,臣馆更当随时随事,遇有纷岐侵越之处,力为指正,请旨办理。庶几朝野交励,上下相维。此八年中,实行预备,一届颁布召集国会之期,自有实效,而无流弊。以上慰圣主孜孜求治之怀,下慰薄海喁喁望治之愿,不至良法美意,徒以推行未善,而为四方万国所非议。此尤臣等殚诚竭思而愿与内外臣庶朝夕共勉者也。所有遵旨议奏缘由,谨恭折具陈,伏乞皇上圣鉴训示。谨奏。

《国风报》,宣统二年第二号,宣统二年正月二十一日发行

时局危急密陈管见折

宣统二年三月十七日

锡　良

奏为时局危急,密陈管见,恭折仰祈圣鉴事:

窃今日朝野上下,施措万端,无非藉以救亡图存,以臣所见,则变本加厉,恐适以召乱耳,敬为我皇上痛切陈之。

筹备立宪,限年进行,挽回危局,实恃通变。乃京师所最要之筹备,内阁尚无责任也,旗制尚未变通也。士夫习于奢侈,绝少实心任事之人,朝野号为文明,率多奔竞夤缘之习,狗苟蝇营,尽丧其廉耻,釜鱼幕燕,日逐于酣嬉。各省则如学务,如警务,如自治,如禁烟,如清理财政,如司法独立,或敷衍,或掊克,或有名无实,或似是而非,较之前十年气象,其进化欤,抑退化欤? 财力凋敝,民情骚动,不新不旧,不特为东西各国所腾笑,且恐上下交困,将有土崩瓦解之一日,思之可为寒心。臣愚以为欲实行立宪,无贵贱上下,胥当受制于法律,先革其自私自利之心。若败坏纪纲,蔑弃公理,政治日弛,人心日漓,虽九年立宪,终为波斯、土耳其、越南、朝鲜之续,庸有幸乎。此宪法不可不实行也。

甲午以前,风气闭塞,出洋游历者鲜,其一二留学者,率皆寒畯劬苦之士。

近数年来，则重臣联襼，亲贵接轸，无一事不考察，无一国不欢迎。究其所考察者，则随员钞撮之纪述，无裨实用，所欢迎者，则列强敏活之作用，别有祸心。徒縻金钱，藉饰观听。夫师人之长，以益吾短，讵不甚善。然必如俄之大彼得，德之俾士麦，身入工厂，甘执兵役，学有所得，归为国用。岂数日之勾留，随意所游览，遂得其要领耶。即如此次贝勒载涛赴日，日人方挟其皇室外交之手段，善为笼络。近又传闻英国有不接待之说，其事如确，辱国孰甚。臣愚以为，此后宜选亲贵中之明达朴实能耐劳苦者，亲入各国学校，留学数年，方有实用。如但游历考察，虚应故事，则出洋亦仅壮游耳，何益于国。此则亲贵出洋之宜慎选也。

至于今日所最忧者，尤为中央集权一事。主是说者，鉴于外人讥我二十二行省为二十二小邦之说，思欲整齐画一之，意非不善。不知中央集权之制，揆诸中国历史及地理上各种关系，断难尽适于用，即西人亦能言之。夫汉以众封建而存，宋以削藩镇而弱，重内轻外，强干弱枝，亦视其时代何如耳。即以我朝论，发、捻之役，故督抚臣曾国藩、胡林翼等，运筹决策，克收光复之功。拳匪之祸，江、皖、湘、鄂合约保疆，亦幸有故督臣刘坤一、张之洞等支柱其间，不至危及社稷。且如川、陇、滇、黔皆迥绝数千里，若事事仰承部臣意恉，必至拘挛痿废，坐误事机。即使部臣智周藻密，算无遗策，亦难遥制。况二三新进者流，挟其偏见，怂恿当局，遂谓坐论国门之内即可收长驱远驾之功，不亦慎乎。

总之，朝廷分寄事权于督抚，犹督抚分寄事权于州县，无州县，虽有督抚不能治一省，无督抚，虽有部臣不能治一国，督抚无权，是无督抚也。我朝立法最善，黜陟大柄操之君上，纵有奸慝，朝旨旦发，冠带夕褫，庸足为患。必欲以数部臣之心思才力，统辖二十二行省之事，则疆吏成赘旒矣。风气所趋，属寮解体，设有缓急，中央既耳目不及，外省又呼应不灵，为祸实大。

臣受恩深重，待罪疆圻，国步艰难，奉职无状。若知而不言，言而不尽，实无以对君父。谨具折密陈，伏乞皇上采纳施行。大局幸甚。谨奏。

三月二十五日奉旨：留中。钦此。

中国科学院历史研究所第三所主编：《锡良遗稿》第二册，第1126—1127页，中华书局1959年出版

论派员考察宪政流弊片

宣统二年四月

赵炳麟

再，臣闻宪政编查馆馆员现在极力运动该馆大臣，以考察宪政为名，派员分往各行省。此事徒滋骚扰，万不可行。

臣查唐宋末世，使节纷出，民不堪命，卒以亡国。唐起于开元、天宝之兴利，如杨国忠为宰相，所领四十馀使，及元结言到官未五十日，诸使征求，符牒二百馀封是也。宋起于熙宁、元丰之变法，如苏轼所谓使者四十馀辈，事少员多，人轻权重，及司马光所谓提举司乃病民之本源是也。此次宪政馆派员分往各省，在该大臣以为发给路费，不致扰及民间，岂知冠盖塞途，徒耗国帑，直接间接取诸闾阎。倘有少年浮动，操守难信之徒，馈赠往来，通行贿赂，招摇滋事，为害尤深。回京不过粉饰空文，报诸政府，有百弊而无寸益也。臣愚以为值此荒年，政府宜知民力之当纾，民艰之当恤，不可误听宵小之言，额外骚扰，致蹈唐宋季年遣使扰民之流弊。休养生息，俾吾民得安其生，为民人留一分生机，即为国家养一分元气，天下幸甚。是否有当，伏乞圣鉴。谨奏。

宣统二年四月十九日奉旨：留中。钦此。

《赵柏岩集·谏院奏事录》卷六

奏陈中央集权宜先有责任政府及监察机关折

宣统二年五月

袁树勋

奏为时局艰危，敬抒管见，恭折仰祈圣鉴事：

窃臣自牧令起家，蒙先朝知遇之隆，擢任监司，洊膺疆寄，其间躬所亲历内政外交诸大端，常以能见诸实行，不远于情事为趋向之鹄。自奉宪政筹备之诏，两年以来，核实进行，事之应办而无待迟回者，则即日程功，而惟恐不及，事虽应办，而不无窒碍者，则时有献替，而未敢少阿。凡应兴革各事宜，前经先后胪陈。圣明在上，或曲予优容，或敕交部议，诚如谕旨，内外相维，庶政皆然，薄海臣民，同深钦仰。顾臣有不能已于言者，则最新之学说，所谓中央集权是也。夫中央者对四方而言也，中央无权，则四方何所附丽，集之诚是也。然四方无权，中央亦将孤立，则集之亦必有道矣。稽之古训所谓四方风动之休，所谓推四海而准，动则必有发生之机，准则必有比差之率。其注重中央明矣。三代以上，封建诸侯，流弊至周，判为十二，合为七国，天子拱手于上，几若赘旒，为中央最无权之时代。秦废封建，裂都会而为郡邑，废侯卫而为守宰。自汉以后，相沿未改，虽其间设官分职，代有不同，唐臣柳宗元谓有叛国而无叛郡，有叛将而无叛州，在闭关时代，中央集权之明效盖如此也。

今者时殊势异，郡邑之制，固未少改，即中央之权，亦未少替。以近事论，中兴诸臣，身握疆符，一切兵权财权，虽力任筹画之劳，支配之责，而盈虚酌剂，亦无事不受成于朝廷，用能内外一心，光著盛业。盖权者称量之物，物不可以畸轻畸重也，故权焉以平之。是集其权，而非集其所权之物也。以权任诸中央，以所权之物布濩于四方，无轻重不齐之患。百姓足君孰与不足，而于是天下太平矣，或者曰：今寰球大通，非曩时闭关之比，故一切政策，当集于中央，非空言集权所能救济。是说也，臣尤疑之。各国造邦，制度不同，其地理习惯亦迥异，欧美疆土，号称富强者，其幅员率视吾国二三行省，而吾国以二十二行省——之大，其间山川阻塞，未尽交通者十而六七。督抚坐镇一省，任事以后，非积岁月，尚不能周知情伪，而中央以最辽远之观察，欲悬断于数千里之外，平时又未详审调查，如各国社会，皆为政府尽力，偶遣出外伺察，少仅兼旬，多或数月，非道听即臆断，而自以为得之矣。且各国之中央集权也，则尚有最要之政策焉，曰政府负责，惟政府能负责任，故一切筹画支配，皆在政府，酌盈济虚，亦在政府。而吾国则不然，历年各省关系国家行政经费，如海陆军各项，无一非责之各省督抚。又地方偏灾，或意外损失，并九年筹备种种新政各经费，无一非责之督抚，是中央集权而地方负责任也。天下事安有权不之属，而能负责任者乎。仆夫失辔，则马且奔踶而立蹶矣。且臣尤有进者，各国政府负责任，而其事尤与议院相维系，议院者所以监察政府，而使政府负完全之责任者也。盖君天下者莫患乎肆亡等之欲，如秦皇废封，建置郡县，其制则公，其心则私，故二世即不能振。尚书所载民视民听，周礼询于国危国迁。在昔圣君，亦以人民监察，为巩固其责任之必要，非自削其权，实亦稍宽其责也。议院未立，则政府负无限之责任，而无所监察，揆时度势，且尤不可，况不负责任哉。九年筹备清单，既以人民程度未及，而迟国会召集之期，则监察机关，尚未完备。为目前政府计，欲集权亦必先自负责始，必自组织内阁始。然臣以为即使政府真能负责任，以吾国之地理习惯，种种如彼其异，将来外省主管各官，咸直接于中央政府，督抚介居其间，威信皆无所施，已成赘疣之势。若遽加裁撤，揆时度势，似又有不能，是所剥削者，四方办事之实权，而与为凌替者，四方固有之责任，手足不完好，万无能捍卫头目之理，此大可虑亦大可危者。至于九年以后，召集国会，究能否实行监察，则尚非臣所敢知诸也。

臣又按督抚一职，当三代时之牧伯，汉时尚称州牧，晋魏以还，有都督总管持节刺史经略节度名称，至前明始定名曰总督巡抚。我朝因之，而明定其职掌，为统辖文武军民，考察布按诸道及府州县官吏，以时举劾而黜陟之，又兼督军务，兼理粮饷，其职务为至重，其用为至诚。诚以吾国幅员至广，中央不能一一直接，则分寄耳目于督抚，是督抚者即中央之代表也。督抚之贤不肖，则三载有考绩之明文，临时有进退之敕令，断不虑其权重而自专也。今时事变迁，在中央欲统一机关，因而别谋组织，遂并前此督抚奉行之职务，亦削而去之，不为骈枝拇指，即无异十羊九牧，而内外几无负责任之人，又何以对眈眈环视者之协以谋我乎。方今学说朋与，人材竞进，师其所长，以救我短，亦群治进化所必需，然或陈义过高，或言论偏激，则亦有远于情事，而转受实祸者。前大学士臣曾国藩有云：言治术则莫若综核名实，言学术则莫如取笃实践履之士，物穷则变，救浮华者莫如质。又云：方今时事孔棘，追究历阶之生，何尝不归于发难者，彼岂实见天下之大计，当痛惩而廓清之哉，岂预知今日之变，实能自我收之哉。其言至为沈痛，臣不敢谓今之嚁嚁于时者，无识大计知时变之人，而发之是否即能收之，臣固未敢遽言，窃愿皇上用人行政，以综核名实为先，取笃实践履者，以救浮华之弊。而又参酌古今中外之情势，为新官制区分权限张本，须知事事应有一我在，是吸取，非盲从，是贯通，非附和。臣受恩深重，知而不言，益用疚怍，应否敕下政务处宪政编查馆核议，仰体内外相维之谕旨，通盘筹画，斟酌损益，以裨事实而救艰危之处，出自圣裁。

所有微臣敬陈管见各缘由，理合恭折具陈。伏乞皇上圣鉴训示。谨奏。

袁树勋：《抑戒斋奏牍辑存》，载袁荣法编《湘潭袁氏家集》，台湾文海出版社影印本

派员分路考查宪政

宪政编查馆以各省逐年筹备宪政事宜，非遵照奏案，派员亲往各省考查，不足以昭核实。但道路有远近，交通有便否，拟分两期办理。第一期分为四路，直隶、东三省为一路，派该馆编制局科员陆宗舆；山东、山西、河南为一路，派该馆考核专科帮办黄瑞麒；湖北、江西、安徽、江苏为一路，派该馆编制局科员刘福姚；浙江、福建、广东为一路，派该馆考核专科科员林炳章，分途前往各省，切实考查。查竣回京，将所查情形，详细报告，由馆核明具奏。其办理核实，著有成效者，请旨褒奖；其逾限不办或阳奉阴违，与所奏不符者，请旨严惩。至陕

西、甘肃、新疆、四川、广西、云南、贵州等省，道途较远，又湖南一省，乱事甫平，经湘抚奏明筹办宪政，展缓三月有案。均请作为第二期，于秋季再行派员前往考查。

《国风报》，宣统二年第十三号《中国纪事》，宣统二年五月十一日发行

湖北布政使王乃徵奏筹备宪政酌分缓急等折

宣统二年六月初二日①

奏为筹备宪政应就目前财力酌分缓急，拟请变通原案办法，胪陈管见，恭折仰祈圣鉴事：

窃作法莫要乎顺民，变法莫善乎乘势。顺民之令行如流水，不强其所不欲也，乘势之效速于置邮，不举其所不能也。伏维先朝以圣明之虑，先天下而忧，采万国之良规，以建一代之宪典，下不以要迫为约，上不以专制自利，岂非诚求吾民维新望治之心，而迎今世国家变革必至之势者乎。乃筹备以来，历经岁月，进行之程，每不如限。有不可不立之法，而布之条教，或非人所乐从，有不可不办之事，而见之施行，或非力所能任。于是表册报告，尽成具文，糅杂纷纭，罔识底届。本欲以立宪固民心强国本，而时局日危，物力日敝，乱机所伏，转觉积薪厝火，在在可忧。夫岂无因而至于此。此臣所为焦思过虑不能已于考索者也。

臣以薄植，蒙恩一岁数迁，虽天下大计非浅识所知，而感激出于至诚，遂披沥效其无隐。辞阙伊迩，依恋备深，其惧负先朝维新之盛意，贻变法召乱之口实，敢竭千虑之得，以为万一之报。谨就臣职守所司，推论筹备次第与财政关系，为我皇上缕晰陈之。

夫九年筹备之期，岂不以事体重大，条理繁密，既非旦夕所能完成，更恐散

---

① 为奉旨批示日期。

漫而无统系，因分事以专其责，而刻日以观其成。以此总核名实，因循推诿之技无所施矣。顾百废俱兴，何从得财以为政费，此岂空文督责所能办者。他日以无款为词，将坐视其因循推诿而不能问，盖难责以无米为炊也。夫因牵合九年筹备之期限，明知财力不继，而敷衍以应之，与因励行九年筹备之实事，不问民力若何，而搜括以济之，皆足失民心伤国本，必不可为者也。然其势固将至此，何也。朝廷不受反汗之名，国民不胜担负之重，势不得止步，又不得改辙，则敷衍与搜括必出其一。甚或以搜括之财，行敷衍之策，而大局愈不堪设想矣。与其刻舟求剑，终至掩耳盗铃，何不称体裁衣，犹可得尺进步，但举一事有一事之成绩，自行一日有一日之进步，即稍不符原议，必能见谅吾民，况变通办法并非推缓期限，于成命何违，于政府何责。为今之计，惟有就财力之缓急，以为筹备之后先，而政府以全力注重财政，一切形式之法令，繁碎之科条，凡事无实效而款无的源者，暂罢勿举，然后取筹备案中所列事项，分别估计其费额，必须款有著落，乃能责以实行。

盖理财之道，不外开源节流二端，而在今筹备之中，亦不出为事筹款，就款办事两法。考各国财政，皆主量出为入之义，然必政府信用，民力富饶，其担负之数恰与经济程度相当，其销用之途，多为生发事业而起。今吾国资力平均比较分数若何既不可知，则外国所恃为入款之大宗者，如各项直接税中之财产税、所得税、营业税，不特不能骤行，即行之而其额不能确估，一有亏短，财政亦因而紊乱。是量出为入之义不可专用，即为事筹款之法不可必行。且彼以政策有统系，国会有担当之故，出入可以随时增省，亏缺可以随时弥缝，此盈彼绌，可以随时挹注。故一切归纳总额之中，从无指款办事款竭废事之说。

今财政困难，自非开源，无以供新政之用，而民力尤敝，仍不能不从就款办事之策为入手整顿之计。盖量入为出者，用之于行政而制三十年之通，非仅计一岁也。量出为入者，用之于立法而征一国人之意，非全由政府也。今宜略仿外国提前设会计检查院，即钦派政务大臣及度支长官充之，详定会计法及簿计格式，就现在用款严加勾考，先除浮冒挪移之弊，而后以筹款委之行政官，政府乃举核节之数与筹得之数，通盘计算，以定办事之次第。

而财政机关尤应分任。查各国行政官司，主出纳者不任规画，司稽核者不管金钱。今筹款用款司计司金，责任既不分明，指挥一从长吏，挪移则属官不敢问,蔽混则长官不能知。应以监理属会计院,专主稽核,以金库归银行,专主收发,庶理财之官得以专意财政之策,总任规画,统一事权。条理既清,弊窦自无从起。

而就款办事之最要者,莫如移销耗之款以供生发之用。查出款以海陆军备为大宗,新军成绩可见,而乱事屡出,海军需款浩繁,断非现在财力所能举,何不以次酌减,改充实业之资本,俟他年财力有余,再事扩充。教育经费,近渐不支,其误在给费以招来学生,而予官以奖励学问,于人才既不可得,而人格日以卑下。何不省大学高等各学之费以益实业及国民学校,既得养成人格,亦可教以技能。他如冗员兼差之无定限,薪水活支之无定章,使能从实核减,无名之费尚多,即节余之款不少。

而近年所办新政,在民政司法范围者,往往款未筹定事已创始,剜肉补创,其后难继,此非持久之道也。夫恃撙节以供无穷之用,诚无足给之时,然开浚财源,除国家原有公产能自营业之外,无非取之吾民。今言宪法者,固曰以宪法权利易吾民义务矣,然果为吾民所欲与否,此实未敢决之一疑问也。故筹画不能不责之计臣,而有万不可无端加征率意立法者。凡出自劳力及食用必须之品者不可取,以其增加物价提高生活而患害中于小民也。零星琐碎不成大款而行政费多者不可取,以期得不偿失而又繁扰也。与外货输入相关及能输出者不可取,以防渊鱼丛爵也。今我所恃为入款者,直接税仅以地丁钱粮为正款;间接税仅以关税厘金为巨额,况无通行画一之成规,多为赔款外销所耗用。邮电银行,皆外国政府之利源,而在我办理不如正式。以言开浚,遗利实多,果能逐项整理,原可增加岁入。烟酒印花,本应取之税,徒以行政机关不备,保护营业改良制造之法不周,虑生流弊,不敢推行。此皆今日所应规画者。

总之,一国出款,必归会计院乃许核销,一国入款,必归度支部乃可统一。而政府据一国之盈虚,以定一时之政策,则全局在胸,调剂有术,损益有方。前月御史赵炳麟奏请确定行政经费,其需款若干,从何筹定,已奉谕旨令在京各衙门各省督抚分年列表详议,仰见采集群策,务期筹备确有实际,不使徒存空文。而臣所以请变通办法,就财力为主者,正恐以无款废事,因而失信于民耳。惟规画方法,支用限制,必须中央挈其纲领,不徒责难于疆臣,而后全国无畛域之分,挹注有灵通之效。

其不能泥守原案者，以既须迁就款项，而筹款不容操切，即每事须另立程限，此非事前所得预知，亦非集款不能举办也。今日所筹备，皆宪政所必有，则他日之进行，即今日之赓续。但范围异广狭而条理无更改，故变通办法不特不至失九年立宪之信，正以实事求是，确立他年宪政之基础。

且臣更有进者，宪法者，一国法令之统系，非谓富强之术即在此数十条文之中。欧美何尝无立宪，其特出之数雄国，非徒恃一时政策而成，为有国民能力以维之也。故论者以地方自治为立宪根本。第今自治章程既已颁行，其与国民能力是否相称姑无具论，即以经费一端言之，各国地方附加税皆从国税之率而立，而公民担负之能力，实足与所享权利为对待。今国税尚未一律厘定，将听其自为，恐假武断之民，授以朘削之柄。若必事事禀命长官，不特为丛怨之府，亦实无应付之策。此又财政所急应规定之一端。

而亲民长吏之职任，地方自治之规模，更有不可不审慎变通者。夫国家弃数千年专制之旧，一旦改而立宪，将以求治，非以求乱也，立宪而期以九年，将以速治，非以速乱也。然使财政不理，百政俱废，乱且立至。宪于何有。且各立宪国政府，其对于国会，莫不以财政为重大难决之问题，不及早整饬，将来政府困难，必有百倍于今日者。臣考询外国政体，默念内国情形，既略有见闻，不敢漠视安危，以负圣恩不次之擢，而辱监司职守之重。所有筹备宪政应就目前财力酌分缓急，拟请变通办法，恭折具陈，是否有当，拟恳饬下政务大臣博议具奏，采择施行。臣不胜悚惶待命之至。伏乞皇上圣鉴。谨奏。

宣统二年六月初二日奉旨，已录①。

《政治官报》第九百七十四号，折奏类，宣统二年六月初十日出版

---

① 指已刊于《政治官报》上。

广西巡抚张鸣岐奏
筹备宪政当从本原著手拟请酌量变通折

宣统二年八月十八日①

奏为筹备宪政当从本原著手，拟请酌量缓急，略予变通，以纾民力而固邦本，恭折仰祈圣鉴事：

窃臣前在广西任内，先后接准内阁咨开本年四月十九日钦奉谕旨，御史赵炳麟奏请饬议确定行政经费一折，著在京各衙门、各省将军督抚，将九年筹备单内所开各条，某年某事需款若干，从何筹定，分年列表详议具奏。等因。钦此。又六月初二日钦奉谕旨，湖北布政使王乃徵奏筹备宪政酌分缓急一折，著在京各衙门、各省督抚归并御史赵炳麟条陈，一并详议具奏。钦此。并钞印原奏各折咨行钦遵办理到桂。臣彼时因北上在即，未及复奏。除广西逐年需款数目，应俟各主管署局预算列表，详由护抚臣核奏外，寻绎赵炳麟、王乃徵两奏之意，大抵均以量度财力，分别缓急为言。目下各省复奏虽尚未齐，谨就已载邸报者考之，直隶奏报，则预算需款三千数百万两；山东奏报，则预算需款四千馀万两；江苏奏报，则预算需款二千数百万两。以上各省，不过仅举巡警、教育、司法、自治四项，其他各事尚不在内，或并自治之费亦未计入，需款已及此数。若将清单以内所载各事悉数计入，尚需增加，若将清单以外陆军部、农工商部、邮传部续奏之事悉行计入，尚需大加。以此推之，每省经费所增平均当在四千万，全国即当在七八万万。果使民力能胜，虽多何害，而无如闾阎生计凋零，在今日实有不支之势。今岁以来，各省民变之警相继见告，固由官吏办理之不善，实亦民穷财尽之见端，于此而不亟筹穷变通久之方，万一奸宄之徒乘机煽惑，元明末造流寇之祸，岂可不为寒心也乎。

---

① 为朱批批示日期。

二、立宪的策划、措施的公布及清政府高层的讨论

　　夫筹备立宪之明谕，颁自先朝，国是所关，断无反汗，臣虽至愚，亦知此理。然臣窃读中庸之言达孝曰，善继人之志，善述人之事，孝而曰达，继志述事而曰善，可知有觐光扬烈之思者，固当审与时消息之宜，而不当墨守成规，泥小节而误大计矣。钦惟我孝钦显皇后、德宗景皇帝，以天下为公之心，建先天弗违之极，将以成一代之大宪，昭万世之贻谋。我皇上志切缵扬，惟当务其大者远者，以先端宪政之本原，但使有简单入手之方，足以速大政进行，而仰成先朝垂裕后昆之志者，虽于当时最初之规画有所增损，而要不得以三年无改之义绳之。夫宪政本原何在，责任内阁也，国会也，司法独立也，荦荦大端，不过三事，使一一实见施行，则正本清源之道已足。其他庶政，皆枝叶耳。查现行九年筹备各事项中，惟清理财政、调查户口、改订官制、编纂各项章程法典，实为筹备之要端。至如教育、巡警、自治，则当属普通行政范围，无论立宪以前，立宪以后，尽可视民力之盈虚，为进行之迟速，且皆累世莫究穷年莫殚之事业，亦必非九年限内所可赳期告成。若夫各部续奏逐年筹备未尽事宜，固不能谓其与宪政无关，似不得谓为预备之必要。微臣愚见，以为但使九年之内，内阁必组成，司法必独立，国会必召集，则虽他事未遑举办，而立宪政体大纲既具，已足下慰薄海臣民之望，上昭圣明作述之谟。倘不于本原之地，求审端致力之方，窃恐新政愈繁，度支愈绌，租税愈加，民生愈困，平时水旱偏灾，民间琐尾流离，尚仰赖宫廷轸念，发棠振赡，颁帑蠲租，极宵旰之忧劳，犹虑不足迥久涸之元气。今则虽遇丰年足岁，而盖藏犹有不给之虞，啼饥号寒，声遍闾左，金融迫蹙，万方一概，终窭之歌，鲜饱之叹，已成为全国普通之形象矣。夫民必有纳税力而后可以得税，今者举国国民之纳税力，已如羸夫举鼎，行将绝脰矣。征求不已，能无激变，内讧一起，外患交乘，本欲以立宪图存，转不期而召乱。此臣所为夙夜旁皇，不胜坠心危悌者也。

　　臣前蒙召对，略陈梗概，未罄所怀，比闻度支部明年预算不敷之数，约在五千万外，明年支绌情形已如此，以后岁岁进行，需财益巨，若不酌分缓急，虽竭泽亦恐无鱼。拟请我皇上深维大计，俯念民依，饬下宪政编查馆、会议政务处王大臣，将九年筹备清单酌议修改。现在资政院不日开院，抑或提交该院议员悉心核议，分别缓急办理，以纾民力而固邦本。臣不胜屏营待命之至。是否有当，谨恭折具奏，伏乞皇上圣鉴训示。谨奏。

宣统二年八月二十八日，奉朱批：该衙门知道。钦此。

《政治官报》第一千七十一号，折奏类，宣统二年九月十九日出版

御史胡思敬奏立宪之弊折

宣统二年九月二十五日

掌广东道监察御史臣胡思敬跪奏，为内外交讧，国势垂危，谨密陈立宪隐患，并筹献三策，请急修内政，以杜邪谋，恭折仰祈圣鉴事。

窃维欧西政体，有立宪、专制之分，其由专制趋于立宪，必上下相争，大乱数十年而后定，盖鸟穷则攫，兽穷则斗，非是不足以图存也。使我国专制，亦如曩之英、法，赋税无定，则徭役无定期，刑罚无定律，强凌弱，众暴寡，贵族蹂藉平民，途穷反噬，立宪可也。使今日要求立宪之人，果系闾阎供租税勤本业之民，痛切于身，公推其长老豪杰，呼吁君门，冀解倒悬之厄，立宪亦可也。两者一无所出，剸高马而适卑车，削附踝而纳褊履，盈廷聚讼，举国若狂，何其言之不祥也。

立宪之法，以位予君，以权予内阁，君不负责任，责在总理大臣，又设国会以监督之，会党寻隙相攻，总理辄引身而退，此上下互相劫制之道，争竞之祸愈烈，荼毒之害愈深。君子而充议员，党孤力怯，将屏息不敢出声。小人而充议员，上藉抵抗官长之力，即下可鱼肉乡愚。总理大臣而贤，牵掣多而一事无成，将有席不暇暖之势。总理大臣而不贤，勾通政党，且潜生睥睨神器之思。其谋甚拙，其势甚险。初由一二留学生敛钱设社研究，起发于上海，报馆助之，乃渐渍于学堂。袁世凯与铁良不合，欲藉是以倾政府，端方以维新自豪，欲藉是以要时誉，两奸比谋，渐达天听。二三浮薄希宠之徒，如吴廷燮、张一麐、杨度等，相与鼓煽其间，五大臣归自海邦，皆知有隙可乘，遂一发不可收拾。今且援三年无改之义，上诬先朝。彼金人乘时徼利，固有所图，孤愤忧时之士，迷溺其中，亦

二、立宪的策划、措施的公布及清政府高层的讨论

有时不能自坚其说者,其故何哉?盖自丙午变乱六官以来,名器之滥,征敛之苛,古所未有。刑罚之不中,贿赂之公行,内外私相指目,无可如何。穷民转死沟壑,而官吏恣为淫侈,权归私室,政出多门,国其有不乱者乎?病势至此,虽明知乌堇有毒,咸思徼幸一试,以验其方,其术虽疏,其心不无可谅。陛下诚发愤为雄,政府诚返躬自问,使彼党无所藉口,邪说将不辟自息,而谁敢和之?卫成公被逐,而求反国,私于甯喜曰:政由甯氏,祭则寡人。此君主不负责任之说也。倒持太阿,而授人以柄。此内阁负责任之说也。使雍正、乾隆之朝而有是言,两观之诛,何以逃罪。今众口并为一谈,牢不可破,转视持重老臣若升允、张人骏诸人,皆负大不韪之恶名,群起而相诟厉。物必先腐,而后虫生,其由来非一朝一夕矣。政府诸公,亦自知立宪为倒行逆施之道,然徒恃九年筹备之策,迂缓其途,冀及身不当其厄,是从计一己之利害,轻掷民命以为之障也。请开国会之书,已窃名两次上诉,朝廷不彰示威信,而设为漫溺之词以相笼络。今资政院又将以是言进矣。此亦主忧臣辱之时,谨冒死拟三策以献。上策:取消九年筹备清单,停办新政,宽一切无艺之征,下诏罪己,访贤才,广言路,整军政,裁冗官,杜幸进,复科举,黜陟群吏不职者,降罚有差,贪黩营私者,杀无赦。明降谕旨,宣明国会以下劫上,长奸堕威,大乱天下之道不可行。自申谕之后,毋得渎请,渎请者付所司案治。民情疾苦,许人民陈诉,都察院即据情上闻。中策:查察各省现行新政,凡害已形而利未著者,一切次第罢去,停办海军,并力专练陆师。徇资政院之请,明年九月召集国会,予以议政之权,凡国会所议,移交上议院议决,再行入奏。监国摄政王暂负总理责任,朝政阙失,经两议院驳诘,即时改正。两年后国会无弊,再设内阁,如实于国体有碍,民艰无补,即时遣散闭会,违抗者罪之。下策:分别缓急,改正九年筹备单,藉纾民力,缩短立宪期限约二三年,以塞资政院之口。违此不用,仍持九年筹备之说,坚执不变,不唯无策,乱且大起。

夫立宪机关,不外召集国会、组织内阁两端。各省所行新政,有百弊而无一利,与立宪判为两途,毒害甚剧,实为政党指摘之根。祖制未堕以前,国无非常之变,民无思乱之心,未尝不可有为。甲午、庚子两挫于敌,咎岂在法,盖亦人谋之不臧。谓交通不便,铁路既已开矣,谓器械不精,极力讲求制造可也。列国新法,既已仿行殆尽,所欠者只国会耳。国会既开,图穷匕见,当更无救药下手

之方。保民而王,莫之能御,要在战胜庙堂而已。

所有微臣密陈立宪隐患缘由,是否有当,伏乞皇上圣鉴训示。谨奏。

军机处原折,《清末筹备立宪档案史料》,第345—347页

缩改于宣统五年开设议院谕①

宣统二年十月初三日

内阁奉上谕:前据各省督抚等先后电奏,以钦颁宪法,组织内阁,开设议院为请。又据资政院奏称:据顺、直各省谘议局及各省人民代表等陈请速开国会,等语。当将原折、电交内阁会议政务处王大臣公同阅看。旋据该王大臣等各抒所见,具说呈进。又于本月初二日,召见该王大臣等,详细垂询,切实讨论,意见大致相同。

溯自分年筹备立宪,期限定自先朝,朕仰承付托之重,夙夜兢惕,无时不以继志述事为心,既不敢少事迟回,亦不敢过形急切。前经都察院两次代奏呈请速开国会,均即明白剀切宣谕。彼时为郑重要政起见,诚有不得不一再审慎者。乃揆度时势,瞬息不同,危迫情形,日甚一日,朝廷宵旰焦思,亟图挽救,惟有促行宪政,俾日进而有功,不待臣庶请求,亦已计及于此。第恐民智尚未尽开通,财力又不敷分布,操之过蹙,或有欲速不达之虞,故不能不验向背于舆情,决是非于廷议。

今者,人民代表吁恳既出于至诚,内外臣工强半皆主张急进,民气奋发,众论佥同,自必于人民应担之义务,确有把握,应即俯顺臣民之请,用协好恶之公。惟是召集议院以前应行筹备各大端,事体重要,头绪纷繁,计非一二年所能蒇事,著缩改于宣统五年实行开设议院。先将官制厘订,提前颁布试办,预即组

---

① 标题为编者所拟。

二、立宪的策划、措施的公布及清政府高层的讨论

织内阁。迅速遵照钦定宪法大纲,编订宪法条款,并将议院法、上下议院议员选举法,及有关于宪法范围以内必须提前赶办事项,均著同时并举,于召集议院之前,一律完备,奏请钦定颁行,不得少有延误。

总之,决疑定计,惟断乃成。此次缩定期限,系采取各督抚等奏章,又由王大臣等悉心谋议,请旨定夺,洵属斟酌妥协,折衷至当,缓之固无可缓,急亦无可再急,应即作为确定年限,一经宣布,万不能再议更张。尔内外各大臣,务当协力进行,时艰共济。各省督抚,领治疆圻,责任尤重,凡地方应行筹备各事宜,更当淬(厉)〔砺〕精神,督饬所属,妥速筹办,勿再有名无实,空言搪塞,必使一事有一事之成绩,一时有一时之进步,无论如何为难,总当力副委任,如或因循误事,粉饰邀功,定即严惩,不少宽假。

顾官吏有应顾之考成,国民亦有应循之秩序。此后倘有无知愚氓,藉词煽惑,或希图破坏,或逾越范围,均足扰害治安,必即按法惩办,断不使于宪政前途,稍有窒碍,以期计时收效,剋日观成,上慰先帝在天之灵,下慰海内喁喁之望。将此通谕知之。钦此。

会议政务处王大臣署名

         臣奕(劻)[1]

         臣毓(朗)

         臣那(桐)

         臣徐(世昌)

         臣世(续)

         臣陆润庠

         臣邹嘉来

         臣李殿林

         臣善耆

         臣载泽

         臣荣(庆)

         臣唐景崇

---

[1] 括号内名字为编者所加,以下同。全名未加括号者系原有。

臣荫昌

臣载洵（差）①

臣廷杰

臣溥颋

臣唐绍怡

臣寿耆

中国第一历史档案馆编：《光绪宣统两朝上谕档》，第三十六册，第376—378页，广西师范大学出版社1996年影印出版

命各衙门通盘筹画提前举办宪政各事谕②

宣统二年十月十一日

钤章

宣统二年十月十一日内阁奉上谕：前经明降谕旨，缩改于宣统五年开设议院，并谕令迅速纂拟宪法及议院法、上下议院议员选举法，暨关于宪法范围以内必须提前赶办事项，均于召集议员之前一律完备，奏请钦定颁行。所有关于宪法之各项法令及一切机关，应责成该主管衙门切实筹备。其民政部调查户口、筹设巡警等项，度支部清理财政、厘定税法等项，学部应筹办教育普及等项，均属关系重要，不容置为缓图，各该管衙门俱有应担之责任。著即迅将提前办法通盘筹画，凡召集议员以前必须完备各事宜，宜分别最要次要，详细奏明请旨办理。总期通力合作，一意进行，俾克早日观成，免致临时贻误。钦此。

军机大臣署名

---

① "差"字非名，原文作小字，系出差之意。
② 标题为编者所拟，原文无标题。

臣奕（劻）①
臣毓（朗）
臣那（桐）
臣徐（世昌）

《光绪宣统两朝上谕档》，第三十六册，第393页

命督抚于地方应行提前赶办事项切实进行谕②

宣统二年十月十一日

钤章

宣统二年十月十一日内阁奉上谕：前据各省督抚先后电奏请开国会，业经降旨俯如所请，缩改于宣统五年开设议院。其地方应行筹备事宜，并饬令各督抚淬（厉）〔砺〕精神，督饬所属，妥速筹办。年来财力竭蹶，办事艰难，朝廷素所深悉，既经该督抚等联衔奏请，必于地方情形确有体验，当不至徒托空言。第恐论事有奋勉勇往之诚，而任事有审顾迟回之虑。且奉行官吏或因事体繁重，费巨期迫，又存一畏难之心，藉词延宕。用特再申告诫，举凡开设议院以前地方应行提前赶办事项，著即懔遵前旨，切实进行。毋再因循推诿，致误期限。其有边远省分，未经设治，及甫经设治，人民稀少，与腹地情形显有不同，应办各事有不得不分别先后缓急者，准由该督抚等据实奏明，请旨裁夺。总不使宪政前途少有窒碍。该督抚等受恩深重，务当殚竭血诚，勉为其难，毋负委任。倘或乞请于前，而敷衍于后，以致名不副实，贻误事机，定惟该督抚等是问。钦此。

军机大臣署名

---

① 括号内名字为编者所加。
② 标题为编者所拟，原文无标题。

臣奕（劻）①
臣毓（朗）
臣那（桐）
臣徐（世昌）

《光绪宣统两朝上谕档》，第三十六册，第393—394页

奉天全省各界绅民因时局迫不及待呈请代奏明年即开国会以救危亡折

宣统二年十一月初六日

锡 良

奏为奉天全省各界绅民因时局迫不及待，呈请代奏明年即开国会以救危亡，恭折仰祈圣鉴事：

窃本月初三、初五等日，有各界绅民一万馀人，手执请开国会旗帜，伏泣于公署之前，求为代奏。先经各司道婉加劝慰，仍不肯散。当由臣传见各代表，将宪政应如何预备，国会应如何组织，反复晓谕，以朝廷所定宣统五年时间已极缩短，不必再生异议。当据代表咨议局议长吴景濂等面递公呈，大意则以东省大势，较三次上书时日俄协约、日韩合邦情形，更有迫不及待者。日则安奉宽轨日夜并工，闻于明年即拟告成，沿路线内移民日多，且以协剿胡匪挟我外部。俄则以侵蚀瓯脱、扩张交通为政策，移民之谋更亟于日，不惟航权界约狡执无方，且阴以诱我边民藉窥蒙古，是危机之伏已岌岌不可终日。诚俟至宣统五年而此土尚为我有与否已不可知。现今朝野上下，无不公认国会为救亡之良药。果无此良药则已，既有此良药，则早服一日，即早救一日之亡。乃犹纡徐以待，坐使良药不

---

① 括号内名字为编者所加。

二、立宪的策划、措施的公布及清政府高层的讨论

能即时收效,以致三省坐亡,牵及全国,此所由焦心沸血而不能已于再请缩短者也。况筹备之事,如官制、内阁、议院、选举法、宪法,缓图之即三年未必完全,急图之虽数月亦可蒇事。仍恳奏请明年八九月召集议院,以系人心而维大局。其情词迫切,出于至诚。万余人伏地悲泣,至有搏颡流血、声嘶力竭不能自已者。

臣维东三省自甲午、甲辰以后,受强邻之刺激,生国家之思想,人民知身家性命非合群不能自保,复目睹朝鲜亡国惨状,甚恐三省版图首沦异域,即万劫不能自拔,其切肤之痛,较之各行省有特别之危险,不能不有特别之要求。臣莅东以来,默察今日大势,欲求所以捍三省之危亡者,一无可恃,所恃者民心不死,皆知崇戴朝廷耳。夫以万馀里朝纵夕横仅馀此残缺不完之土地,与三百年深仁厚泽得来固结不解之民心,忍令转瞬之间拱手授之他人,为朝鲜之续乎。总之,时危势迫,为民人之大患,亦朝廷所深恫,何必靳此区区二年之时间,不与万姓更始耶。

臣待罪边陲,奉职无状,上无以匡国是,下无以慰舆情。伏乞圣明俯允所请,再降谕旨,定于明年召集国会,大局幸甚。如以臣言为欺饰,请先褫臣职,另简贤能大员以纾边祸,臣不胜迫切待命之至。伏乞皇上圣鉴。谨代奏。

十一月十三日奉朱批:缩改开设议院年限,前经廷议详酌,已降旨明白宣示,不应再奏。东三省地方重要,该督有治事安民之责。值此时艰,尤应力任其难,毋许藉词诿卸,致负委任。钦此。

中国科学院历史研究所第三所主编:《锡良遗稿》第二册,第1262—1263页,中华书局1959年出版

直隶总督陈夔龙奏请划分中央与地方行政权限并议各省分设六司留府裁县折

宣统二年十一月十七日

北洋大臣、直隶总督臣陈夔龙跪奏，为厘定直省官制，敬陈管见，恭折仰祈圣鉴事：

窃查十月初三日内阁奉上谕：著缩改于宣统五年实行开设议院，先将官制厘订，提前颁行试办，预即组织内阁。等因。钦此。仰见我皇上慎重官制，励行宪政之至意，钦佩莫名。惟直省官制与中央官制相为表里，措置非尽得宜，即于内阁政策不能收指臂相联之效。臣荷恩慈，叠膺疆寄，阅历所得，粗有所知，敢略陈以备采择。

中国疆域之广，交通不便，行省政策向任自为，必采府厅直隶中央制度，恐于情形尚多隔阂。然国家与地方权限不分，督抚自为风气，或于内阁政策互相歧出，倘内阁之信用不立，斯责任之名实不符。窃以为宜将国家行政、地方行政速为划分，督抚虽为疆吏，但于中央政策亦应随时接洽，拟仿从前兼部院衔旧制，悉兼参预政务大臣衔，遇有阁议，由阁臣通告督抚，俾得陈述意见，以通各省之情，但不列于议决之数。其属于国家行政事务，由内阁分任督抚办理，督抚但得咨达各部，仍由各部具奏。其属于地方行政事务，则由督抚监督下级官厅执行，凡在范围以内之事，皆得自为规划，直行具奏，各部亦不得侵越。如此则中央与行省互相维系之功，而无各自背驰之弊矣。

司道各官，藩司兼管吏治、财赋，宜分为度支、民政两司，裁巡警道，更升劝业道为劝业司，合交涉、提学、提法，凡为六司，皆责成于督抚。其盐、河、粮、关应设专官，暂仍其旧，仍略仿会议厅制，督抚、司道及督抚幕职按期集议。至地方应办公事，何者应由各司履行，按月详报督抚，何者应由督抚主政，随时分别奏咨，并应订入官规，以专责成而省繁牍。

其尤要者，此次厘定官制，原以促行宪政，顾立宪政体，三权必当分立，官制既定，议院复开，立法、行政已不相紊。惟司法一事，欲期各厅州县于两年之间悉将各级审判厅克期成立，不独无此人才，抑先无此经费。臣愚以为行政区域不妨稍广，俾施措易于见功，而行法区域必宜从小，庶诉讼得以便利。查各省府厅州县向分二级，今宜留知府以统各属，专办行政事宜，裁厅州县之员缺，仍留厅州县之治名，每属设地方审判分厅，并附设初等审判厅于其内，即以厅州县之衙属为之。其行政各事，于每属分设主计、劝学、劝业、警务各员，即名某厅州县某佐治员，以统隶于知府，而由府径达于院司。府辖区域较广者，距府较远之处，酌升州县为府，划疆分治，大约每三五州县即设一知府，而直隶州厅悉从并省分辖，以昭画一。循此以行，得有数利：督抚上承内阁，下任地方，权限既明，政令不致枘凿，一利也。督抚各司皆有责任，文牍既省，稽核易周，二利也。以府统辖县事，行政区域视前恢张，权力既雄，要政自无不举，三利也。仍留厅州县之名，百姓忘于改制之繁，而庶事已奏灵通之效，四利也。以厅州县之衙署为审判各厅，以厅州县之公费为推检及佐治各员薪俸，一转移间，行政、司法各已独立，经费不假另筹，五利也。

要之，今日之弊，各省对于中央，病在情形雍隔，必使督抚预闻乎阁议，斯法令利于推行，而政策亦归于画一。民权①对于地方，病在权轻责重，必使庶事悉归于知府②，斯事权足以相副，而职务自易于举行。但使办事者情有毕通，权无牵掣，于地方政务实多裨益。至直隶行政区域分隶热河、顺天，应如何力图统一，亦须折衷定制，以便施行，并请饬下宪政编查馆、会议政务处，于厘定官制案内一并核议。

臣愚昧之见，是否有当，理合恭折具陈，伏乞皇上圣鉴训示。谨奏。

宣统二年十一月十七日奉朱批：宪政编查馆知道。钦此。

军机处录副奏折，《清末筹备立宪档案史料》，第545—547页

---

① "民权"，应为"中央"，疑原文有误。
② "知府"，应为"政府"，疑原文有误。

宪政编查馆大臣奕劻等拟呈修正宪政逐年筹备事宜折

（附修正逐年筹备事宜清单）

宣统二年十二月十七日

臣奕劻等跪奏，为遵拟修正逐年筹备事宜清单，恭折仰祈圣鉴事：

十一月初五日奉上谕：前因缩改于宣统五年开设议院，业经降旨，将应行提前赶办事项，责成该主管衙门，迅将提前办法，通盘筹划，分别奏明办理。查预备立宪逐年筹备清单所开事宜，宪政编查馆有专办、同办及遵章考核之责。现在开设议院既已提前，所有筹备清单各项事宜，自应将原定年限分别缩短，切实进行，著宪政编查馆妥速修正奏明，请旨办理。等因。钦此。二十四日奉上谕：前经降旨，饬令宪政编查馆修正筹备清单，著即迅速拟订，并将内阁官制一律详慎纂拟具奏，候朕披览详酌。钦此。

仰见朝廷郑重宪政，刻期进行之至意。当即督饬在事人员，悉心研究，详加酌核，谨拟修正办法，约有数端：一为提前各项，如颁布施行内外官制及宣布宪法、皇室大典之类是也。一为增入各项，如设立内阁，颁布行政审判法之类是也。一为变通各项，如续办地方自治，续筹八旗生计之类是也。现在钦奉谕旨，确定召集议院期限，凡于未开议院以前，关系紧要，必应办齐，而原单列在第六年以后者，兹均拟酌改年限，一律提前，以期无误。至组织内阁，特奉明谕，实为施行宪政之枢机，自应钦遵增入。其续办地方自治各条，循序渐进，计非旦夕所能观成，兹酌改为按年续办，以求实际而免阻碍。此外巡警、教育等项，皆属普通行政事务，故此次单内未经列入，仍应责成主管各衙门，按照原定清单，分别最要次要，妥筹办理。

总之，时局阽危，至今已极，朝廷宵旰忧劳于上，国民迫切呼吁于下，臣工之筹策，士庶之论列，佥谓非立宪无以救亡，而清单修正各条，皆实行立宪之要领。溯自预备立宪，业经数年，中外奉行成绩如何，亦未一律。今又举第六年以后应办要政，责观成于第五年以前，自不得不遵筹修正，以期纲领之振举，免名实之乖违。窃查列邦立宪之初，大都叠经波折，惟德意志、日本，其在上者有英断特出之才，在下者有忠爱不移之志，故宪政之成，敏速而无流弊。若其他诸国，往往予权者有所悔，争权者多所私，遂致事变环生，重烦镇定，久之始克收效。至土耳其、波斯则又敷衍粉饰，慕立宪之虚名，而无尺寸之成绩者也。

臣等窃谓单内修正事项，皆为预备开设议院大端，必须勉赴期限，不容稍懈。而尤要者，则在内外臣工协力同心，共襄盛举，庶几宪政成立，克期可竣。至原单各项，均注明某衙门办，或同办，以寓明定责成，无误期限之旨。现拟修正各项，其在未设内阁以前，承办、同办之各衙门，均仍照原单办理。惟皇室经费，除照原单由内务府、宪政编查馆同办外，应兼会同度支部办理。一俟新内阁已设，官制已定之后，所有承办、同办之各衙门，如何酌定之处，届时应由新内阁奏明，请旨遵行。

除内阁官制，遵即详慎纂拟，另行具奏外，谨将修正逐年筹备事宜，加具按语，缮列清单，恭候钦定施行。是否有当，伏乞皇上圣鉴训示。谨奏。

附：修正逐年筹备事宜清单

宣统二年

一、厘定内阁官制。

一、厘定弼德院官制。

一、颁布新刑律。

一、续办地方自治。

一、续办各级审判厅。

一、续筹八旗生计。

宣统三年

一、颁布内阁官制，设立内阁。

一、颁布弼德院官制，设立弼德院。

一、颁布施行内外官制。

一、颁布施行各项官规。

一、颁布会计法。

一、厘定国家税、地方税各项章程。

一、厘定皇室经费。

一、颁布行政审判院法,设立行政审判院。

一、颁布审计院法。

一、颁布民律、商律、刑事民事诉讼律。

一、颁布户籍法。

一、汇报各省户口总数。

一、续办地方自治。

一、续办各级审判厅。

一、续筹八旗生计。

宣统四年

一、颁布宪法。

一、颁布皇室大典。

一、颁布议院法。

一、颁布上下议院议员选举法。

一、举行上下议院议员选举。

一、确定预算决算。

一、设立审计院。

一、实行新刑律、民律、商律、刑事民事诉讼律。

一、续办地方自治。

一、直省府厅州县城治各级审判厅一律成立。

一、续筹八旗生计。

宣统五年

一、颁布召集议员之诏。

一、实行开设议院。

军机处原折,《清末筹备立宪档案史料》,第88—92页

学部丞参上行走柯劭忞奏
筹备立宪宜防大臣跋扈民众暴动组织政党等弊折

宣统三年正月初七日

学部丞参上行走臣柯劭忞跪奏，为筹备立宪宜预防用人行政之弊，恭折仰祈圣鉴事：

窃维中国二千馀年之政体相仍已久，一旦改为外国立宪之法，更张太骤，虑患宜深，谨就臣管见所及，一一为我皇上陈之。

一、宜防内阁大臣代负责任之弊。臣维作福作威，操之君上，臣作福威，凶家害国，经有明训，千古常经。虽君主立宪有命令之权，然政柄既已下移，将并其命令之权而亦移之，阳为君主之命令，阴实权臣之主使，莽、卓、操、懿，皆其前鉴。今使内阁大臣代负朝廷责任，万一主权稍替，有鹰扬跋扈之臣专吾政柄，密布腹心于各部大臣，广树党援于上下议院，履霜之渐，不审朝廷何以制之。查君主立宪，德意志、日本二国俱略仿其法，然国势方强，君主之权暂不至于凌替。吾中国积弱如此，而顿革其二千馀年专制之旧法。此臣所私忧过计者一也。

一、宜防国会既开，奸民暴动之弊。查去冬天津各处要求速开国会，奸民煽惑，聚众横行，几至酿成大变。况上下议院成立之后，设有不安本分者，羼入其中，遇事生风，藉口公义，以簧鼓愚民，祸机猝发，恐有出寻常意计之外者。近日本东京以日、俄战争，议院与政府抵牾，聚众万馀，焚烧官廨，君臣屏息，莫敢谁何。况吾中国创办之初，规则未能完备，尤易滋生事端。此臣所私忧过计者二也。

一、宜防国民担负义务之弊。查立宪之国国民义务：一当兵，一筹款。筹款之法经上下议院认可，即责令国民担负。近日民穷财尽，各省皆然，几有无从罗掘之势。然举办新政，如地方自治，如巡警，如学堂，不能不资民力，以一省言之，一旦骤增百馀万之巨款，百姓何从担负。去年因新政筹捐而酿地方之乱者，各省相望，异日踵事增加，情形必尤危险。百姓归怨于议员，则议员不保其身家，归怨于地方官，则地方官不保其考成，新政之效未见其一二，而天下已骚然不靖矣。此臣所私忧过计者三也。

一、宜防组织政党之弊。外国之政府必树党援，以抵制议院之冲突，然其分党也，犹为政见之异同。中国近年以来，官常日紊，运动钻营，无所不至，如再以组织政党为柄臣自固之基础，则内阁大臣之所用者，无非奔走夤缘之士，有劝其援引私人者，彼必曰此与吾政见不合者也。不然必排挤吾之政党，而不利于吾者也。虽有法家拂士，不足以回其听而觉其迷，信用一非，弊端百出。此臣所私忧过计者四也。

一、宜防中央集权之弊。国家幅员广阔，其边远省分交通尤不利便。如尽夺督抚之权而归中央政府，恐鞭长莫及，易出情形。即以兵事言之，以三十六镇之兵而统归陆军部大臣之管辖，无论训练之是否切实，将弁之是否得力，该大臣耳目难周，设一旦边疆有警，盗贼窃发，该督抚非请命朝廷，经陆军部之认可，不能调一兵一将，岂不坐误事机，况将弁不归节制，必不能其指纵进退，俯张其偾事决矣。昔道光中承平日久，督抚调五百兵以上即应奏请，折件往来，动须时日，盗贼不能速剿，实由于此，终致洪、杨之乱，蔓延天下，前车不远，覆辙犹存。此臣所私忧过计者五也。

一、宜防司法、行政分权之弊。查三权鼎立之说，东西政治家已多以为非，如施于中国之外省，则尤多窒碍。今各省既有府厅州县之地方官，又设审判官以治讼狱之事。查亲民之官，听断是其专责，若不听词讼，则州县各官几同虚设，岂不徒糜廉俸。况审判官权既不重，易生刁民玩视之心，控告滋繁，良懦受累，其弊有不可胜言者。至该员等粗通日本之法典，于公事毫无阅历，操刀割手，异日吏治民生大局不堪设想。此臣所私忧过计者六也。

臣窃谓立宪之要义，在于举错发明，黜贪污，抑奔竞，与民同好恶，共是非，使上下之情通，远近忘服，不在举东西洋之规则而一一摹仿之也。臣悾悾之愚，伏愿皇上敕下政务大臣，将微臣之所窃虑者，悉心斟酌，预为曲突徙薪之计，庶几实行宪政有百利而无一害。是则区区葵藿之忱，窃效于万一者也。是否有当，伏乞圣鉴训示。谨奏。

《清末筹备立宪档案史料》，第347—349页

出使美墨秘古国大臣张荫棠奏
内阁总理应由朝廷任命并请早定宪法速开国会折

宣统三年二月二十日

出使美、墨、秘、古国大臣臣张荫棠跪奏，为请旨任命大臣授权组织内阁，明定责任，表示政策，开法治以图自强，恭折仰祈圣鉴事：

窃臣伏读十月初三日上谕：著缩于宣统五年实行开设议院，先将官制厘订，提前颁布试办，预即组织内阁等因。钦此。具见我皇上励精图治之至意。虽请开国会者人心竞于急焦，或未尽餍愿望之勤，然准酌时宜，缓急适中，宸衷具有权衡，尚亦为薄海臣民所共仰。

又闻朝廷意旨期于明年设立宪政内阁，而内阁总理有将廷推会选之说，虽得自报纸传闻，未足深信，然事关大计，臣子管窥所及，亦不敢不言。我朝枢机之职，本由内阁而移于军机处，即一内阁也。而近年所设之会议政务处，亦一内阁也。然不能举集权施政之大效者，则以组织之法有未当，而于责任亦未明故也。夫会选之说，或有取于明代廷推首辅之法，而未审于各国宪政制度与现时吾国之情状者也。考任命内阁总理大臣之职，非独立宪之国此权悉属君主，即共和之国此权亦属于总统。法制又鉴无取立异，若必以廷推会选为公，不独使朝廷抛弃大权，无此治体。又因此而纵朋比营私之弊，开夤缘奔竞之门，巽懦者随顺若脂韦，强忮者始争成水火，一时姑息，隐祸无穷，筑室道谋，成效盖寡，今欲立新内阁，其总理大臣之任所以必要简在帝心出自朝命者此也。

至于组织之法又取一贯，庶可收指臂联使之效，君主以己所信任而授职权于总理大臣之一人，总理大臣又以己之所信任而推荐各部大臣请于君主登任之。若在专制之国，则此制不得谓之无弊，震主之威，跋扈之行，利少害多，势有必至。惟在今日宪政制度发明之国，既有议会以操议政之权，监督之责，民具尔瞻，舆论难欺，而海陆军大元帅之职君主自领之，所发军令无须大臣副署，则前代权臣挟兵力以抗朝廷者可无虑。司法独立，则前代权臣以严刑劫持人心者可无虑。预算有案，则前代权臣以暴敛痛毒天下者可无虑。故为立宪国总理大臣者，虽不必人人有诸葛亮之忠，司马光之纯，然以无才而溺职者有之，不道而获罪者，殆可决其为必无之事，臣所以翘望于宸衷独断力排浮议而定组织之法者此也。

内阁大臣之有责任云者，乃对于议院而负责任之谓也。立宪之国君主不可侵犯，君主无责任，故君主对于国务之行为，必使大臣副署而负其责任，所以无损君主神圣之威严，而能收令顺民心之实效，法至善也。对于全般政务，则内阁大臣连带而负责任，于一部之政务，则该部大臣对行为自负责任。然则谁有能使大臣负责任之权力者乎？无他，即受宪法上之裁制是矣。若大臣有违背宪法，或有害于国利民福之行为，议院可以弹劾罢职而止其害，可以否决政府法律案、预算案，而表示其不信用。今日我国议院未开，宪法未颁，似可以资政院暂行议院之权监督大臣，以致独是①今日之资政院，其性质果当为上院乎？抑当上下两院之合体乎？固无明文。臣观美国报纸则俱目之为元老院。夫美国之有元老院者，所以代表各州，有代议院者，所以代表国民，而各国之有贵族院者，所以代表特别阶级，有代议院者，所以代表多数人民。未有无下院而可有上院之立宪国，然则美人加吾国资政院以元老院之称，非适当之名号也。要之，宪法一日未定，国会一日未成，即无从举责任内阁之实，此臣所以于叩请组织内阁之中而仍殷殷企望于国会之速开宪法之早定，伏愿圣明督励臣子以勉力可赴之程，而不必区区以年度为限者此也。

抑臣更有请者，规画法制不难悉臻美备，而措施政务尤贵动惬机宜。考日本设立内阁之始，亦在未召集国会以前，其国王特命伊藤博文组织成立之。内阁未立以前有太政官，略如吾国军机处、会议政务处等职。当时三条实美为太政大臣，先上表自请辞职，而尽裁太政官省缺，专以内阁为宰臣会议奏事御前之所，施政统一，因成维新之功。我国既从新组织责任内阁，则军机处、会议政务处自在裁撤之列，似应另设内廷大臣、内廷顾问官，以处亲贵耆硕。枢部旧臣，谙练国闻宣力有素者，及博识明通之士，无定员，不隶于内阁。其余各部以尚书为长

---

① 此处语句似不通，疑有误字，待考。暂从《清末筹备立宪档案史料》的断句。

官,或仍原称,或改称大臣,而裁管部之职,侍郎为次官,或仍原称,或改称副大臣,惟每部以长官一人入阁办事。内阁总理大臣似可兼一部长官,如英国内阁会议通例,总理常兼度支,如佛国大臣会议通例,议长多兼外务,但非定例,吾国可准酌行之。组织一成,枢机运用焕然更新,然后以准备改良条约责诸于外务,以完成自治制度责诸于民政,以清理财政责诸于度支,以编纂法典责诸于法部,以完备教育制度责诸于学部。至整顿海陆军务,振兴农工商业,扩充邮政,敷设铁道,诸部各专任责成。而于内阁中置法制局,分行政、法制、司法各部,掌法律、命令之起草,司行政裁判之事,设文官登用试验规则,厘定新官制,次第实行,大纲必举,国计通筹,一切政策乃可以握定方针,而施有程效赴功之日。

臣愚一得之见,是否有当,谨具折恭陈,伏乞皇上圣鉴,训示施行。谨奏。
宣统三年二月二十日奉朱批:宪政编查馆知道。钦此。

《清末筹备立宪档案史料》,第554—557页

军谘处第一厅厅长卢静远奏
中央集权地方分权应因地制宜折

宣统三年四月初三日

副都统衔陆军正参领、军谘处第一厅厅长臣卢静远跪奏,为敬陈军国大计,请旨裁夺,恭折仰祈圣鉴事:

窃维立宪之要,贵乎因时,而救时之方,莫如善变。况值积弊已深之际,处危机日迫之交,外患既相逼而来,内政复废而不举,非力破旧有之障碍,不足以振作新机,非速建不拔之根基,不足以保持独立。故居今日而为固本自强之计,必先通全局,而为补偏救敝之谋。臣窃见近年以来,朝野上下皆以励行新政为汲汲,然一令之颁,出国门而辄阻,一事之举,因费巨而不行,以致部臣、疆臣显

分畛域，疆臣之所管辖，部臣不得而干涉之，部臣之所筹划，疆臣或从而抵抗之，政出多门，权无专属。故论者有鉴于此，有主张中央集权之说者，又有谓各省督抚实操办事之实权，中央集权之说，为今日所万不能行者。不知中国地广人众，甲于全球，铁轨航线之联贯横亘于境内者，尚不及十之三四，而又甲省与乙省风气互殊，腹地与边地情形各别。必举内外数十行省，皆使与部臣直接，事事听命于中央，则声息既不灵通，事机必多牵制，边远各省将有鞭长莫及之虞。若仍守从前分设督抚之法，使之划疆分治，各自为政，则一出都门，便成无数小国，意见各执，政令难行，亦不足以绝分歧而谋统一。是故主绝对集权之说者，第知尊中央而无以固边围，主绝对分权之说者，第知重疆寄而无以一主权。臣尝斟酌于二者之间，而熟筹乎天下之势，窃以为欲收内外相维之效，必先为枝干并固之谋，欲利推行尽利之规，必参以因地制宜之意。故就今日情形而论，有宜全用集权之制者，有宜参用集权、分权之制者，有宜全用分权之制者，谨推本斯义为我皇上缕晰陈之。

夫邦畿千里，为群治从出之原，即为四方取则之地，故古者近畿之政，皆直隶于中央。今则中央政府所直接管辖者，不过京师百里之地面而已，其他则部臣委之疆臣，疆臣寄之百司，政令之是否实行，僚属之是否尽职，不得而知也。虽有督催，亦第空文一纸，虽有黜陟，全凭长吏一言，故京师行政各衙门，名为总汇之区，实则闲散无事，盖辖境（大）〔太〕小则权限甚微，亦势之所必然者。臣愚以为中央行政之范围，亟宜有以推广之，惟此时交通不便，财力不充，不能扩张太远，只得划定最近之区域以小试其端。如长城以南，黄河以北，渤海以西，太行山脉以东，皆所谓近畿之地也。以此划归中央，定为行政区域，则面积已足与法国相埒，凡属区域以内之政治，概归中央筹办，则大权操之在上，各省可由此观型。故中央政府对于近畿各地有完全董理之责，对于腹地各省有随时督率之权，以视近日条教所施，不能出国门一步者，其得失固较然矣。此臣所谓宜全用集权之制者也。

近畿各地既隶于中央，其稍远者如山西、陕西、湖北、湖南、江苏、安徽、江西各省，以及黄河以南之山东、河南诸地，虽不属中央，亦所谓腹地也。腹地之一切政令，本应归中央直辖，惟当试办之始，兼顾良难，拟以属于民政之事，暂归各地方自行举办，仍各留一巡抚，以为民政长官。巡抚以下分设各司，以资参赞,而以府厅州县为下级理民之官。盖治民之权不妨分,能分权而后治法可以密也。至关于国防及军事上之动作,则概归中央主持,其旧设总督之兼领军事者,悉裁撤之,使各省军政统于一尊,而不得自为风气。庶平时可以统筹全局,择要驻兵,蒐讨训练,号令齐一,有事则居中调度,首尾策应,有朝发夕至之便,无此疆尔界之殊。盖治兵之权不宜分,能集权而后军政可以肃也。此臣所谓宜参用集权、分权之制者也。

至于沿边各省如满洲、蒙古、甘、新、川、藏、云、贵、闽、浙、两粤,皆地居偏远,逼近强邻,军事之整理,国防之筹划,其情形迥与内地不同。且财政艰难,时资接济,道途险阻,不便运输,非特简重臣坐镇其间,不足济艰危而绝窥伺,非特假以便宜行事之权,使之斟酌盈虚,从容布置,亦无以操胜算而遏乱萌。臣愚以为宜裁去旧有之将军、都统、总督、巡抚及办事大臣,而仿各国边境设都督府之制,分设各路陆军都督:东北陆军都督府兼辖奉、吉、黑三省,北路陆军都督府兼辖内外蒙古,西北陆军都督府兼辖伊犁、新疆、甘肃、青海,西路陆军都督府兼辖川、藏,东南陆军都督府兼辖闽、浙、广东,西南陆军都督府兼辖云南、贵州、广西,均择各路适中之区以为驻扎之地。都督之任,仿照各国成例,必以陆军出身或于军事深有经验者充之。其职权可以统理区域内一切政务,而尤以军事为主要,凡关于军队驻所之配备,饷械之输送、补充,以及防御、作战各种计划,概由其酌量规定,而随时报告于军谘处及陆军部,遇有紧急事变,亦得权宜处置之。惟都督辖地太远,地方民事有难于兼筹并顾者,应就从前将军、都统、总督、巡抚及办事大臣屯驻之处,体察情形,分设民政长官,长官以下所属府厅州县,悉仍其旧。若蒙、藏之向无府厅州县者,亦宜酌参原有之机关略事变通,以便治理,而重大之事,仍受成于都督。盖边境幅员辽阔,列强环伺,练兵筹饷责之一人,则权限攸归,无从诿卸,利一。周历四境,情势瞭然,布设方略,必中窾要,利二。任用既专,威令易行,遇有危疑,迎机立断,无牵制束缚之弊,利三。边防既固,则觊觎不生,可以壮国威,即可以弭外患,利四。或谓晋设州军,唐置藩镇,重外轻内,酿祸无穷,今设都督府而特重其权,将毋为后车之覆。不知都督系特简重臣,实为朝廷所亲任,即有时权宜处置,仍必禀承庙算,敬谨遵行,设有违法之行为,侵权之举动,立时罢黜,固自无难。况宪法施行则邦基巩固,国是既归于大定,即反侧无自而生心,是魁柄下移之患与尾大不掉之虞，皆可消弭于无形，不必鳃鳃过虑矣。此臣所谓宜全用分权之制者也。

以上所陈各节，虽非立宪国完全之制度，然按切现今时势，必有此过渡办法，然后可以振纪纲之废坠，而促宪政之进行。况祸变之纷乘日甚一日，边备之废弛年复一年，时已往而不可追，机一失而不可返，及今犹不亟图变计，将见因循敷衍，苶然不振，内无可操之威柄，外无可固之藩篱，异日分崩离析，大局难支，恐有欲谋改革而不可得者。臣蒿目时难，杞忧日迫，用是不揣梼昧，敬献刍荛。可否饬下军谘处会同会议政务处、宪政编查馆，核议具奏请旨施行之处，伏候圣裁。

所有敬陈军国大计请旨裁夺缘由，理合恭折具陈，伏乞皇上圣鉴训示。谨奏。

《清末筹备立宪档案史料》，第 350—353 页

御史欧家廉奏立宪应以官民程度为准并请依君主立宪政体严定限制折

宣统三年五月二十三日

掌湖南道监察御史臣欧家廉跪奏，为编纂宪政宜按中国程度为准，并请恪遵钦定君主宪政体，严定限制，以免踰越，恭折仰祈圣鉴事：

窃自去年恭奉明诏缩短立宪年限，薄海臣民，欢呼感泣。然臣伏读谕旨，有曰：第恐民智未尽开通，财力又不敷分布。然后知朝廷筹备于事先者，如此其慎也。又曰：必于人民应担之义务确有把握。然后知朝廷期望于事后者，如此其重也。乃臣愚耳目所及，并察地方情形所在，恐尚不能副皇上期望之意，非惟不能副而已，且恐愈去愈远，有不可以道里计者。若不于立法之始，事为之制，曲为之防，为患曷既。

二、立宪的策划、措施的公布及清政府高层的讨论

语曰：知彼知己。言自审也。又曰：深则厉，浅则揭。言事之不可泥也。然则今日言立宪，亦惟自审而不可泥而已。论者皆曰立宪程度特患不行，不患不足，此言似也。顾今之明明不足，则有无可讳者。今试问乡僻之民，霜体涂足，目不识一字，何从有国家思想。鸠形鹄面，日不得一饱，何从知国民义务。三家之村，五家之市，无一橡瓦之屋，十里八里无一成聚之乡，何从设议董事会。办一学堂，抽捐若干，办一巡警，抽捐若干，办一工艺局，抽捐若干。甚至刁生、劣监攘据公款，占僧尼庙宇，夺孤寡田产，乡民俯受鱼肉，鱼肉至不可忍则起而为乱，纷扰如此，何从得地方自治。此人民程度明明不足也。十金买一票，百金买一票，运动选举，何足为议员。以私利而托公议，以一二人之意而冒全体之名，何足为代表。事事要求，事事请愿，一言不合，辄请收回成命，一语不合，辄请诛斥大臣，何足预闻政事。其在谘议局则言停会，言辞职，日与疆吏为难。其在资政院则言剪发易服，言赦党人，言劾军机，日与政府为难。甚至昌言无忌，以道德为亡国之具，以孝弟为不忠之媒，狂悖如此，何足取证舆论。此议员程度明明不足也。州县碍于考成，照式填表，何尝有实事，督抚限于部章，按季造报，何尝有成绩。易私塾门榜即为学堂，改亲兵衣饰即为巡警，建一二洋式衙署，用一二留学生，即为崇奉西法。甚至清理财政而漏卮愈大，编练新军而哗兵愈众，改轻刑律而断狱愈多，事事有尽更其故之思，人人有不如其初之慨，腐败如此，何尝见政治发达。此官吏程度明明不足也。故曰自审而已矣。以人民、议员程度如此，则知参预立法之不易。以官吏程度如此，则知辅佐行政之不易。井蛙不可语海，夏虫不可语冰，事有宜有不宜也，故又曰不可泥而已矣。知参预立法之不易，则权利、义务之分配，议事之权限，不得过滥。知辅佐行政之不易，则庶事之筹备，不得过速。乌获百钧，童子一羽，力有至有不至也。是故同一立宪之国，德不必如英，日不必如德。同一本国之法，英之藩属，不必如内地，日之现制，不必如初规。而我顾昧然不辨黑白，欲以一切施之。博者不问胜负，尽举所有以供一掷，谓之孤注。为国者亦不问成败，尽举其国以供一掷，欲不谓之孤注得乎。故臣伏愿皇上深思而慎处之者也。

抑臣更有虑者，吾国既钦定为君主立宪政体，方且明示宗旨，不得误会，而二三不轨之徒，乃日以结党横行为事，见朝廷优容之也，于是肆无忌惮，今日求立宪，明日求国会，呼号抢攘而不可止。见朝廷之又优容之也，于是益无忌惮，

321

今日劾督抚，明日劾军机，蜩螗沸羹而不可制。倘再无以防之，窃恐狡心愈生，国会未开，则劾督抚，劾军机，国会既开，则将劾内阁。夫立宪之国，内阁行政，议院监督，劾之诚是也。然此非劾其不职，乃劾其不党，劾之不已，则大臣必退。一退再退之不已，则党人者内结奥援，外托民誉，乘间抵隙，必跃然而登，此必至之势。党人既登，则内阁、议院联为一气，必欲干涉大权，既欲干涉大权，则必以神圣不可侵犯者隆君主之名，而以不负责任者去君主之实，其实既去，则在若存若亡之间。其奉之也如赘旒，其弃之也如敝屣，此亦必至之势。如是则明效日本，阴法泰西，明托君主立宪之名，阴行民主立宪之实。中国政见幼稚，其贤者未必得人，其不贤者则将为格朗、罗伯、但吞之续，英之共和政府，法之恐怖时代，皆由于此。今虽未必至是，然表之不正，其景必邪，始之不图，后将何及，不可不慎也。

抑臣尤有虑者，吾国既缩短立宪年限，方且与民更始，而二三不轨之徒，乃日以导乱为事，学堂停课，商会罢市，议员开会演说，且以不纳税不当兵为正当办法。更有丧心病狂主张合邦者，有明目张胆提倡民主者。犯上作乱之事，昔出于密谋，今见于公议，无父无君之论，昔起于匪类，今创于缙绅，世变之奇，至此已极，异日之患，臣不忍言，此亦不可不慎也。诗曰：相彼雨雪，先集维霰。又曰：民之讹言，宁莫之惩。以上二者，其为霰与讹言亦已多矣。

现当造端伊始，一切制度尚待厘订，伏愿饬下编纂诸臣，凡关于宪法各事，皆当择中国所宜及力所能行者，按程度之高下，以为立法之详略，并恪遵钦定君主立宪政体，严定限制，勿使踰越。尤愿我皇上内修政事，外正纪纲，以成万年有道之基，而勿为一日苟且之治，不胜幸甚。臣岂不知各国富强可慕，宪法成文可遵可守，所以鳃鳃过虑者，盖如医然，不问寒温，概投以参苓则必毙，如升阶然，一步百级则必颠，不毙不颠，然后医可为阶可升也。

臣为慎重宪政起见，区区愚诚，伏乞圣鉴训示。谨奏。

宣统三年五月廿三日奉朱批：纂拟宪法大臣知道。钦此。

《清末筹备立宪档案史料》，第355—357页

出使美墨秘古国大臣张荫棠为时局危亟请速行宪政折

宣统三年七月十五日

出使美墨秘古国大臣臣张荫棠跪奏，为时局危亟，敌侮民离，请明定国是，励行宪政，持急进以救危殆，恭折仰祈圣鉴事：

窃以吾国承积弱之后，当更新之时，由专制而进于立宪，举凡内政外交，无一事不关系重要，即能广集才智，奋发精神以当其冲，尚虞陨越。乃今春俄约之事，俄国要索六款，挟以战书，限期答复，我朝慎顾邦交，不得不曲徇所请。外侮方殷，内讧又起，山西、湖南、广东、蒙古同时电传有叛乱之事。而蒙古之乱，闻叛党得俄人济以军火，煽使构难。敌侮民离，国事日亟。臣夙夜焦思，无所为计，只望速定立宪政体，庶几上下一心，以救危乱。迩者国会之设，缩限三年预备之案，概从速办，朝旨所在，万目共瞻，臣岂不知而敢为渎请。特以时局危亟，存亡绝续，在此数年，非进则退，非富强则减亡，势无苟安，事无中立。夫以我孝钦显皇后更事之久，我德宗景皇帝求治之诚，于国家大计，宁不熟筹审虑，而顾决然变更旧制，取法列邦，建立宪之基础者，亦以大势所趋，非此不足以系四海之民心，挽历年之危局也。独是国交之事，瞬息百变，自日俄协约以后，并吞高丽之事遂行，辽沈、蒙疆又将沦陷矣。英、德、法各强国皆据有屯兵，港口炮台、军舰棋布星罗，门户大开，势力遍及于堂闼，不仅藏卫、川、滇、黔、桂、闽、粤邻边之地在在可虞也。内顾己国，兵力微薄，人无固志，官不保民，民亦不能自保。加以荧惑之言丛兴，排革之说风行，稍一扰乱，则外族乘机而入，强权是与，谁为善邻，大利所关，宁辨公理，无一地不可以瓜分，无一时不可以瓜分，千钧一发之机，仅系于宪政之实行而已。

吾国自鸦片战争以后，与外族遇，无有不败，国威不振，垂七十年。戊戌变法，新机一开，耸动邻邦之观听，外人与吾国商民遇者，握手称庆，望中邦之将为强国，遭拳乱而机一窒，贻误军国之罪魁终于就戮，两宫回銮复行新政，国是既定。立宪之业乃先朝所示，以系四海之观听者也。我皇上冲龄践阼，监国摄政王以亲贤辅相，继志述事，励精图强，臣虽梼昧，固无虞国是之复有变更。但在位诸臣，人各有心，或阳奉而阴违，或始勤而终怠，行之不力，则功堕半途，民心难系而易离，时会难得而易失，非乾纲独断，知人善任，振励精神，急起直追，固不能救今日之危殆也。

窃计内外臣僚，久已习为软媚，逆耳苦口之论，非惟不发，抑亦不闻，饰为已治已安，晏然无事。岂知自外人之眼观之，则法度之不立如故，政事之不修如故，官方之不肃如故，民治之不兴如故。迩者外国政治大家，当世伟人，或前为共和总统，或曾任内阁总理者，皆昌言吾国今日不复成为国家，演说于会堂，刊布于报纸，绝无所讳。微臣闻之，既惭且惧，抑药石之言，实亦足针膏肓之疾也。吾国言维新，言立宪，亦既有言，法令如毛，不得枢要，虽变犹不变也，且其弊或尤甚于不变。以虎皮羊质之具员，袭有名无实之新政，举国皇皇，无负担责任之大臣，无统系一贯之政策，无监督行政发表公意之机关，以此而当列强并吞国际竞争之潮流，危险何如？以故自存之权，领土之权，日被侵削，则亦无怪于外人之指斥为不成国家矣。抑船不坚，炮不利，兵士不武者，当世之所引为深忧，而非臣之所忧也。币不充，饷不继，国库不裕者，当局之所视为大惧，而非臣之所惧也。臣之所忧所惧也，则在于宪政名实之不副，而君臣上下之志睽也。在朝廷颁布宪法大纲，缩减筹备年限，于代议之制，参政之权，岂有靳而不予之意？顾时论或有以国人议政，则民气嚣张君权旁落为虑者，习非成是，阻梗宪政，必自此始矣。臣不避烦渎，略释其疑。

夫自来民气不靖，莫如暴政苛法，压制过甚，民怨沸腾，无所宣泄，祸机一发，遂不可制。故善治国者，导民而使之言，舆论藉以发扬，公意有所表见。以议场投票和平之竞争，化干戈相寻流血之惨剧，此欧美百余年来代议政体之功，施及国家，不可没也。诚有畏民气之嚣张而欲平之者乎，当速宣之于议院而已。昔日本甲午战役之前，议院与政府不谐，屡次解散，而预算案不能通过。论者遂臆断其政府无术筹饷以事战务。乃一得吾国有开仗消息，开临时会议，以五分钟决议，任筹二万万圆之军饷，通场一致无有异辞，议院之功效，灼然可见者如此。

顾如阻梗宪政者之说，必将以民气为有碍于君权，斯真大惑不解者矣。抑奸而托于忠，诈而托于信，窃位之工，藏身之固，尤不可以不辨。百官在位，果有实心诚意欲保君权者乎，请勿日日鹜权于外人，勿日日揽权于私室，则我皇上之大权，固金瓯无恙也。假使如论者言大权有旁落之患，又岂一二谐媚臣僚之功力所能保，岂一二迂腐章奏之言论所能保，臣以为欲保君权，当速求之宪法而已。自来专制之朝，君权无限，然亦惟一二雄武之主，能自把持之，其余非夺于母后，则夺于贵戚，非夺于贵戚，则夺于宦官，非夺于宦官，则夺于权臣，岂如立宪国家元首之大权，为宪法所规定所护持，而莫能侵越者乎。

曰立宪政体之善，在于合君民上下而范围于法律之中，使民知国家者，君与己共之，爱国之心油然而生，然后肯牺牲财产以供租税，牺牲身命以为兵役，故欲强兵当先强军国民之心，欲富国当先富经济界之源。窃观近日吾国所为，何其与富强之道相反之甚也。对内强而对外弱，厚于邻而薄于民，根本先拨，措置乖方，政散民离，斯真不治之病矣。臣不敢远引，试举一现事言之，譬如外债非不可借也，然因借外债之故，而许外人得操纵吾国币制之权，因操纵币制之权而泛及于财政，因泛及财政，则将牵涉政府之用人，国民之财产，如是必至国权陵替，不可挽救，在作始之人，初不料其贻害如此之巨也。贪目前之微润，忘百年之大计，其结果固必至是矣。

抑吾国之大患，岂真在贫？信用制度之待兴，交通机关之待设，地宝膏腴，农、商、工、矿百业之待发，得其道以驭之，乘其机而用之，吾国何尝患贫。所最可惜者，在于当道官吏务使朝廷与国民分离，上下志睽，然后居中者得遂其营私罔利之计。今当千钧一发之危局，尚有阻梗宪政荧惑圣听者，其人必无一毫爱国之心，而为工于营私舞弊之流也。

今欲转危为安，其机在于得民，欲布顺民之政，在我监国摄政王辅翊皇上，决以明见，行以大权，勿为臣下所挠。举国会与责任内阁之事，先立其基，速定宪法，以释危疑，此〈内阁〉多数臣民所引领翘望者也。我监国摄政王前聘欧洲大陆，博访周谘，于立宪政体之如何利益于国家，专制政体之不能适存于现代，亦既见之明而知之熟矣。今何惮而不断以雄心，将以勇气奋然兴起，以成就先帝未竟之业乎。昔孙权拔剑断案，以励群臣，项籍破釜沉舟，而胜前敌，必有决心，乃成大业。督励自上，臣下风从，易危为安，化弱为强，一转移间事耳。若犹俯仰因循，对付调停，国事不定，法令不行，知贤而不能用，知不肖而不能去，则内外臣僚亦将有妄窥朝旨，造作浮言，阻梗宪政，自便私图者矣。民心日离，外侮纷乘。四海揭竿，蔽听者可讳为小盗，国权卖尽，媚外者可饰为睦邻。以庞然万里之大国，岂不足供列强数十年之割度，其时窃位误国者流，骨朽已久，所不可知者，则上何以对列祖列宗，下何以谢亿万子孙臣庶而已。袁安念王室而流涕，贾谊陈治安而痛哭，臣虽乏昔贤救时之略，而同报此耿耿之愚。

恭折具陈，干冒宸严，不胜悚惶待罪之至。伏乞皇上圣鉴。谨奏。

《清末筹备立宪档案史料》，第 359—363 页

资政院总裁世续等奏请本标兼治以救危局折

宣统三年九月初五日

资政院总裁、大学士臣世续等跪奏，为内忧外患，恳请本标兼治，以救危局，恭折具陈，仰祈圣鉴事：

窃维方今时局，内忧外患，日迫一日，四川、湖北风鹤频惊，大局几为摇动。臣等以为，欲遏乱萌，必先勤求治理，用是仰体先朝庶政公诸舆论之意，暨我皇上网开一面之仁，立本以植万年之基，治标以济一时之急，敬为我皇上披沥陈之。

所谓治标以济一时之急者，道在宽猛之各当耳。今邮传大臣盛宣怀主张铁道国有，无铁道国有法案及铁道公债条例奏交臣院议决，徒以一纸朦奏，令川、粤诸省商民咸愤政府失信，以致四川肇变于先，湖北继乱于后。而四川总督赵尔丰先时极意赞助保路同志会，旋诬保路同志会为匪，诱拘谘议局议长及保路同志会绅商，川民疑惧，激成事变。又已革湖广总督瑞澂，于未事之先毫无防范，且首先弃城遁船，武汉遂以不守。之三人者，或则视议院如弁髦，或则视人民如土芥，或则视职守如传舍，罪魁祸首，舆论哗然。拟请乾纲独断，按律严惩，以谢天下而明国典。此以猛治标之大略也。铁道国有，必有精密之筹划，公平之处

理，定为法案。然后觖望不生，猜疑尽释。应请一面于资政院会期中饬下邮传部妥拟铁道国有法案，及铁路公债条例，迅交臣院会议。一面特颁明诏，释放四川谘议局议长等，促令照章开局议事，以慰人心。至于川、鄂乱民，按诸法律自应严诛，然该乱民皆系朝廷赤子，党羽众多，剿不胜剿。拟请谕令各该大臣多方招抚，设法解散，以示宽大而广皇仁。此皆以宽治标之大略也。

所谓治本以植万年之基者，道在一与诚而已矣。内阁为行政根本，内阁若无统一政策，则各省行政势必日见纷歧。拟请朝廷斟酌情势，迅速组织完全责任内阁，以一事权而明责任。并于明年提前召集国会，共筹大局，俾人心有所维系。凡此皆以一治本之大略也。内阁国会为行政立法之根本，而宪法尤为行政立法上根本之根本，关系綦重。与其以少数人意思编纂宪法，使天下之民不能谅圣朝实行立宪之苦心，致将来不免陈请改正，互生猜忌，曷若仿照泰西立宪各国通例，准议院得以协定。拟请饬下纂拟宪法大臣，将所拟宪法初稿即交臣院会议，广集王公士庶，悉心讨论，纵有不能仰赞高深之处，仍可随时交院覆议，恭候钦裁。总期军民一心，悉臻美善而后已。凡此皆以诚治本之大略也。

臣等内察舆情，外觇大势，忠爱所迫，不敢稍顾忌讳，缄默不言。如左右之臣或以处变过宽，致长浮嚣之气，或以宪法协议似侵君主大权，荧惑圣聪，莫回天听。诚恐人心一去，时局愈难挽回，事变所极，有非臣等所能逆料者。

臣等为内忧外患，恳请本标兼治，以救危局起见，是否有当，谨按照议事细则第一百六条，恭折具陈，伏乞皇上圣鉴训示。谨奏。

军机处原折，《清末筹备立宪档案史料》，第363—365页

资政院奏内阁应实负责任国务大臣不任懿亲折

宣统三年九月初九日①

奏为时局危迫，内阁应实负责任，不任懿亲，恳请明降谕旨，另简贤能，组织联责内阁，以顺民心而固国本，恭折仰祈圣鉴事：

窃维君主不担负责任，皇族不组织内阁，为君主立宪国唯一之原则，世界各国，苟号称立宪，即无不求与此原则相吻合。今吾国之改设内阁，变旧内阁之官制而另定官制，改军机处之旧名而另立新名，其为实行宪政特设之机关，固天下臣民所共见。而第一次组织内阁之总理，适与立宪国之原则相违反。凡论君主立宪政体者，类无不知君主神圣不可侵犯之语，君主既立于神圣不可侵犯之地位，密迩君主之皇族，亦即立于特别不可动摇之地位。而内阁之地位则可动摇而更新者也，立于君主之下，以受议会之监督，有政策之冲突，即发生推倒之事实。内阁为皇族所组织，皇族缘内阁而推倒，使臣民之心理忘皇族之尊严，君主之神圣恐不免因之少损。臣等并非谓皇族必无组织内阁之能力，亦非谓皇族必有行政丛脞之堪虞，第以皇族内阁与立宪政体有不能相容之性质。又各国之内阁总理当更换之时，各国务大臣皆联翩而退，新任总理重行组织，故皆负联带之责任。即钦定内阁官制，亦有内阁对于皇帝担负责任之文。今以皇族为总理，使其不可以推倒，如设立阁制之真意何。使其可以推倒，如皇上神圣之体统何。故现总理大臣庆亲王当受命之始，两次恳辞，请收回成命，特简贤能。一则曰居恒已形竭蹶，大受岂复堪胜，再则曰惟至圣能无我，咸知朝廷用舍之公，诚不欲开皇族内阁之端，以负皇上者负天下臣民之望，所以为皇上计为皇族计者至深远，非谨自为退让计也。且本朝定制，亲王不假事权，伏读仁宗睿皇帝圣训，有曰本朝设立军机处以来，向无诸王在军机行走，正月初间因军机处事务较繁，是以暂令成亲王永

---

① 为奉到上谕日期。

瑆入直办事，但究与国家定制未符。成亲王永瑆著毋庸在军机处行走。等因。钦此。当时之军机，原无负一切政治责任之明规，犹严亲王之限制，今日之国务大臣，责任重于军机，则组织内阁之国务大臣，更不可不循限制之旧法。伏愿皇上守祖宗之经制，采立宪之通例，明降谕旨，取销内阁暂行章程，实行完全内阁制度，不以亲贵充当国务大臣。博采舆论，特简贤能为内阁总理大臣，并使组织各部国务大臣，负完全联带之责任，以维持现今之危局，团结将散之人心，则责任明而政本以立，皇室固而国祚必昌，天下幸甚。

臣院会议，多数议员意见相同，当场议决。谨遵议事细则第一百六条，恭折具奏，请旨裁夺，伏乞皇上圣鉴。谨奏。

宣统三年九月初九日内阁奉上谕：资政院奏内阁应实负责任，国务大臣不任懿亲一折。懿亲执政，与立宪各国通例不符，我朝定制，不令亲贵干预朝政，祖训著有明文，实深合立宪国家精义。同治以来，国难未纾，始设议政王以资夹辅，相沿至今。本年设立内阁，仍令王公等充国务大臣，原属一时权宜之计，朝廷本无所容心。兹据该院奏称，皇族内阁与立宪政体不能相容，请取销内阁暂行章程，实行内阁完全制度，不以亲贵充当国务大臣，等语。所陈系为尊皇室而固国基起见，朕心实深嘉纳。一俟事机稍定，简贤得人，即令组织完全内阁，不再以亲贵充国务大臣，并将内阁办事暂行章程撤销，以符宪政而立国本。钦此。

《内阁官报》第七十号，折奏·宪政类，宣统三年九月十一日出版

资政院奏请颁布明诏将宪法交院协赞折

宣统三年九月初九日①

资政院总裁大学士臣世续等②奏为时事艰危，人心解体，请颁布明诏，将宪法交臣院协赞，以维人心而靖祸乱，恭折仰祈圣鉴事：

窃维鄂军之变，不及旬日而响应者四起，此非一朝一夕之故，其阴相勾结，阴相鼓煽，潜兹暗长，蔓延遍国中者，其必有所以勾结鼓煽之具。十余年来，革命党之风大炽，其中颇多聪明俊伟之士，持偏激之学说，挟锋锐之文字，发行报纸，刊刻画籍，腾播中外。夫其所藉以为口实而得多数之信徒者，无他，夫亦曰专制政体之不可以为国，非有横决之举，终不能脱此专制羁绁之下也。其意以为生今之世，万国竞争，非立宪无以立国。然窥我政府之意，则决不肯立宪，不立宪则亡，与其坐而待亡，孰若起而革之。其说皆由怵于危亡而起。近数年间，朝廷下预备立宪之诏矣，宣布九年筹备清单矣，上年采用臣院之意，又缩改之为宣统五年开国会矣，今年又按照缩改筹备清单，设立暂行内阁矣。夫此数事，皆有名无实，在政府以为可借此以敷衍人民，在人民终不能因此而信爱政府。于是愤政府之疲缓，官吏之酷虐，法律之不备，审判之不平，人民生命财产之无所保障，权利义务之不能确定，国势之凌夷，民族之衰弱，将归于优胜劣败之数。政府愈疲缓，人情愈愤激，愤激之极，则革命之说易于传播，而革命之势力于是大盛，横决以求一逞。彼且自以为有不得已之故焉。故彼之所藉口者，其初恐朝廷之不立宪，其继愤政府之假立宪，其后乃不欲出于和平立宪而思以铁血立宪。故欲维系人心，敉平祸乱，莫若示人民以真正立宪。真正立宪，惟在颁布宪法。颁布宪法而不使人民协赞，则信守之意不坚，爱护之诚不至，服从之效不笃。在彼

---

① 为奉到上谕批示日期。
② "资政院……等"一段文字据《清末筹备立宪档案史料》加，见该书第94—95页。

鼓吹革命者，犹以为非真正立宪，而勾结鼓煽如故，残杀战争如故。鄂乱虽平，而等于鄂乱者，且接踵而起。不观夫广州乎，半年之中，窃发者四起，人道之祸，曷其有极。故臣院集议，以为非请皇上将宪法交臣院协赞，无以示皇上公天下之心而表见其真正立宪之据。诏下之日，天下皆曰吾皇圣慈，宪法且交资政院协赞，吾侪小人，乐利无涯，何肯为乱逆以自背于人道乎。且夫宪法者，万法之母，而君民共守之信条也。夫既为君民共守之信条，则曷不使人民参预，俾权利义务，厘然悉当于人心，皇上既欲规定臣民之权利义务著为信条，又曷不于规定之始，诏进臣民一为商榷。夫协赞云者，在纂拟之后，钦定之前，先之以协赞，于先朝圣训钦定之义毫无所妨者也。世界各国，惟日本、俄罗斯为钦定宪法，常为世界学者之所短，我中国曷为而采择之。故臣院兢兢致惧，伏愿皇上迅赐采纳，颁布明诏，毅然将宪法交臣院协赞。以法理言，既无碍国家统治之大原，以事实言，尤足见天地无我之至量，所以弭一时祸变之源者在此，所以奠万世无疆之业者亦在此。

臣院会议，多数议员意见相同，当场议决，谨遵照议事细则第一百六条，恭折具奏，请旨裁夺，伏乞皇上圣鉴训示。谨奏。

宣统三年九月初九日，内阁奉上谕：资政院奏请颁布明诏，将宪法交院协赞一折。我朝列圣相承，深仁厚泽，垂三百年，我孝钦显皇后、德宗景皇帝俯念时艰，深维治本，迭降明诏，确定为君主立宪政体，并颁布筹备立宪事宜清单，按年进行。朕以冲龄入承大统，亦维兢兢业业，用迪前光。上年十月，该院奏请速开国会，当经明降谕旨，定于宣统五年召集议院，并特派溥伦等迅速纂拟宪法，候朕钦定。兹据该院奏称，宪法为君民共守之信条，宜于规定之始，诏进臣民商榷。又称协赞在纂拟之后，钦定之前，于先朝圣训钦定之义，毫无所妨。各等语。著溥伦等敬遵钦定宪法大纲，迅将宪法条文拟齐，交资政院详慎审议，候朕钦定颁布，用示朝廷开诚布公，与民更始之至意。钦此。

《内阁官报》第七十号，折奏·宪政类，宣统三年九月十一日出版

实行宪政谕①

宣统三年九月初九日

　　内阁奉上谕：朕缵承大统，于今三载，兢兢业业，期与士庶同登上理。而用人无方，施治寡术。政地多用亲贵，则显戾宪章，路事朦于佥壬，则动违舆论。促行新治，而官绅或藉为网利之图，更改旧制，而权豪或只为自便之计。民财之取已多，而未办一利民之事，司法之诏屡下，而实无一守法之人。驯致怨积于下而朕不知，祸迫于前而朕不觉。川乱首发，鄂乱继之。今则陕、湘警报迭闻，广、赣变端又见，区夏腾沸，人心动摇，九庙神灵，不安歆飨，无限蒸庶，涂炭可虞。此皆朕一人之咎也。

　　兹特布告天下，誓与我国军民维新更始，实行宪政。凡法制之损益，利病之兴革，皆博采舆论，定其从违。以前旧制旧法有不合于宪法者，悉皆除罢。化除旗汉，屡奉先朝谕旨，务即实行。鄂、湘乱事，虽涉军队，实由瑞澂等乖于抚驭，激变弃军，与无端搆乱者不同。朕维自咎用瑞澂之不宜，军民何罪，果能翻然归正，决不追究既往。朕以眇眇之躬，立于臣民之上，祸变至此，几使列圣之伟烈贻谋颠坠于地，悼心失图，悔其何及。尚赖国民扶持，军人翼戴，期纳我亿兆生灵之幸福，而巩我万世一系之皇基。使宪政成立，因乱而图存，转危而为安，端恃全国军民之忠诚，朕实嘉赖于无穷。此时财政、外交困难已极，我君民同心一德，犹惧颠危，倘我人民不顾大局，轻听匪徒煽惑，致酿滔天之祸，我中国前途更复何堪设想。朕深忧极虑，夙夜旁皇，惟望天下臣民共喻此意。将此通谕知之。钦此。

　　臣奕（劻）②　　臣那（桐）　　臣徐（世昌）

《光绪宣统两朝上谕档》，第三十七册，第278—279页

---

① 标题为编者所拟，原文无标题。
② 括号内名字均为编者所加。

二、立宪的策划、措施的公布及清政府高层的讨论

组织完全内阁并令资政院起草宪法谕

宣统三年九月十二日

宣统三年九月十二日内阁奉上谕：第十二镇统制张绍曾等电奏，奉初九日上谕，仰见朝廷实行立宪以与天下更始，三军感泣，惟内阁一日不成立，即内乱一日不平息，并宪法由议院制定等语。系为维皇室，靖乱源起见，览奏具见爱国之诚，实深嘉许。内阁总协理大臣及各国务大臣昨已具奏辞职，均经降旨允准，并另简袁世凯为内阁总理大臣，组织完全内阁。所有大清帝国宪法著即交资政院起草，奏请裁夺施行，用示朝廷好恶同民，大公无私之至意。钦此。

《清末筹备立宪档案史料》，第97—98页

陆军统制官张绍曾等奏陈请愿意见政纲十二条折

宣统三年九月十三日

奏为祸乱纷乘，人心遑迫，披沥意见，请速诏行，以定国危，而弭乱端事。窃臣等伏读连日诏勅，武昌不守，大军南下，惊心动魄，以为世界革命之惨史，行将复演于国中，弥漫而未有极也。伏维此次变乱起源，其肇因虽有万端，归纳言之，政治之无条理，及立宪之假筹备所产出之结果已耳。夫国家当祸变之时，其治乱也，亦犹医者之治毒疾，一面防其腐蔓，一面拔其症结，标本兼治，方可奏效，否则，一误再误，死亡随之。今鄂变告警，事机迫切，一般人民，方窃窥朝廷之举动，战局之胜负，以为转移。乃旬日以来，中央政策，兵力而外，

未闻于致乱之本源上大加改造，以懈其已发，而遏其将萌，循是以往，人怀疑阻，祸恐益深。旷观地球各国革命历史，经政府一度之杀戮者，其革命之运动愈烈，其国家之危亡愈迫，其君主之惨祸亦愈甚。即论吾国年来党人之被诛锄者亦夥矣，而前仆后起，曾不稍形怯退，驯至愈演愈进，以有今日。微论现在兵力之能胜与否也，即令力战侥幸，势必酿成流寇，分窜东南，涂炭万里，财赋灰烬，国力消竭，外人承之，豆剖瓜（子）〔分〕，不堪设想。此则臣等所为痛念国家前途，而不禁椎心泣血者也。

抑臣等更有不敢不沥陈者，臣等忝膺戎寄，现值国家多难，正为疆场效命之秋，自宜秣马厉兵，听候驱策，何敢妄干时政，越职建言。无如警耗频传，军情浮动，时闻耳语，各有心忧。臣等叠经召集各部队人等，反复开导，晓以忠君爱国大义，乃据各将士等环陈意见，胪列政纲，以改革政治诸端，要求代奏。览其大旨，佥以皇位之统宜定，人民之权利宜尊，军队之作用宜明，国会之权限宜大，内阁之责任宜专，残暴之苛政宜除，种族之界限宜泯，而归本于改定宪法，以英国之君主宪章为准的。臣等再三详绎，立言虽或过激，而究非狂悖之谈，抑压既有所不能，解譬复苦于无术。当此时局岌岌，亿众之向背，实为可虞，万一中路遄征，军心不固，大局益陷于不可收拾之地，即治臣等以应得之罪，臣等一身不足惜，如宗社何？如天下何？夫民犹水也，可载亦可覆，兵犹火也，不戢将自焚。今日军民所仰望要求者，惟在于改革政体而已，为朝廷计，与其迟徊不决，以启天下之疑，何如明示政纲，以箝党人之口。又况要求之改革目的，于我皇上地位之尊荣，无丝毫之损，而于我国家基础之巩固，有邱山之益。所不便者，独革党与朝贵耳，盖革党持极端主义，一新政体，则党援之携贰必多，朝贵怀垄断私心，一经立宪，则个人之利益足虑。臣等明知此言一上，必有熒惑圣听，以百端阻挠者。臣等敢更进一言曰，破坏我朝廷万世之大业，人民永远之幸福者，革党之煽乱犹小，而制造革党之政体实大也。古人有言，一言可以兴邦，一言可以丧邦。今日君主存废问题，国家兴亡问题，胥于此一言决之矣。

所有各该军等具陈请愿意见政纲十二条，附折恭缮，为此冒死据情代奏，伏乞宸衷独断，立决可否，迅即颁谕旨，明白宣示，导军心于一致，坚亿众之信从，则革党无自而煽，大乱由此而息。微特武昌匪祸，可以刻日就平，抑且政策一新，可使列强改视，虽令臣等赴汤蹈火，亦所不辞。如以臣等之言为欺枉，亦请治臣等以狂妄之罪，明正典刑，死亦无怨。

再，此次奏稿，经臣等往返商酌，意见相同，并铃用臣二十镇统制官关防，合并陈明。谨奏。

政纲十二条

一、大清皇帝万世一系。

二、立开国会，于本年之内召集。

三、改定宪法由国会起草议决，以君主名义宣布，但君主不得否决之。

四、宪法改正提案权专属于国会。

五、海陆军直接大皇帝统率，但对内使用，应由国会议决特别条件遵守，此外不得调遣军队。

六、格杀勿论、就地正法等律，不得以命令行使。又对于一般人民，不得违法随意逮捕、监禁。

七、关于国事犯之党人，一体特赦擢用。

八、组织责任内阁，内阁总理大臣由国会公举，由皇帝敕任。国务大臣由内阁总理大臣推任，但皇族永远不得充任内阁总理及国务大臣。

九、关于增加人民负担及媾和等国际条约，由国会议决，以君主名义缔结。

十、凡本年度预算，未经国会议决者，不得照前年预算开支。

十一、选任上议院议员时，概由国民对于有法定特别资格者公选之。

十二、关于现时规定宪法、国会选举法及解决国家一切重要问题，军人有参议之权。

《清末筹备立宪档案史料》，第98—101页

资政院奏请速开国会以符立宪政体折

宣统三年九月十五日①

奏为请速开国会，以符立宪政体，恭折仰祈圣鉴事：

窃臣院奏准信条，既为宪法之标准，则国民代表之确正机关，尤应早日成立，以期立宪政体之完成。所有议院法、选举法，拟由臣院征集军民意见，详慎议订，奏请颁布，以便即时选举，于数月之内召集国会。事关大局，无任迫切待命之至。伏乞皇上圣鉴训示。谨奏。

宣统三年九月十五日奉上谕：资政院奏请速开国会，以符立宪政体一折，所有议院法、选举法，著迅速拟订议决，办理选举。一俟议员选定，即行召集国会。钦此。

《内阁官报》第七十七号，折奏·宪政类，宣统三年九月十八日出版

资政院奏恳准此次革命党人按照法律改组政党并赐擢用折

宣统三年九月十五日②

奏为恳请明降谕旨，特准此次革命党人按照法律改组政党，并赐擢用，以纾兵祸而靖乱源，恭折仰祈圣鉴事：

---

① 为奉到上谕批示日期。
② 为奉到上谕批示日期。

窃维此次各省之变，其中类皆抱政治思想，无从展布，激而出此。现在朝廷与民更始，大赦党人，并于昨日奉准颁布信条，天下必晓然于圣意之所在，而自纳于轨物之中。所有此次革命党人，拟请明降谕旨，准其按照法律改组政党，如有才可擢用，并请量加甄录，并于原统兵队，俟其反正后，仍可收为国防之用。臣院为纾兵祸靖乱源起见，不得不迫切上陈，无任惶恐待命之至。伏乞皇上圣鉴训示。谨奏。

宣统三年九月十五日内阁奉上谕：资政院奏恳准此次革命党人按照法律改组政党，并赐擢用一折，前据该院请开党禁，业经降旨允准，所有此次党人，均著准其按照法律改组政党，藉以养成人才，收作国家之用。钦此。

《内阁官报》第七十七号，折奏·宪政类，宣统三年九月十八日出版

法部奏党禁既开拟将监禁因犯政治革命嫌疑人犯请旨悉予释放折

（又奏查阅汪兆铭亲供并无狂悖之语应如何弃瑕录用请旨片）

宣统三年九月十六日①

奏为党禁既开，拟将臣部监禁因犯政治革命嫌疑人犯，请旨悉予释放，恭折仰祈圣鉴事：

宣统三年九月初九日内阁奉上谕：资政院奏请速开党禁，以示宽大而固人心一折，所有戊戌以来因政变获咎，与先后因犯政治革命嫌疑惧罪逃匿者，悉皆赦其既往，俾齿齐民。等因。钦此。跪聆之下，仰见朝廷宽大为怀，与民更始之至意，感悚莫名。伏查宣统二年三月二十日军机大臣字寄，奉上谕：民政部会奏拿获要犯，请旨严惩一折，汪兆铭、黄复生著交法部永远牢固监禁，罗世勋牢固监

---

① 为上谕批示日期。

禁十年，余依议。钦此。遵旨寄信前来，并由民政部抄交原折到部，当经遵照分别办理在案。窃维比年以来，时事艰巨，愤时嫉俗之士，倡言改革政治，原出于热诚爱国，其心本属无他，我皇上廓然大公，豁除党禁，咸与维新，在逃诸人尚予赦其既往，则凡因犯此项嫌疑监禁在先者，自无不在圣慈曲宥之中。臣部仰体朝廷德意，谨就监禁人犯逐起调查，窃见汪兆铭等一案，情罪似出有因。旋即片行民政部咨取全案卷宗，详细核阅，所有原供罪状，实系因犯政治革命嫌疑，致罹法网。在汪兆铭等以改良急进之心，致蹈逾越范围之咎，其迹虽近愤嫉，而当日朝廷不忍加诛，亦实以其情尚可原冀，有被濯自新之日。乃者幸际圣明俯从舆论，一眚之玷，不咎厥初，与海内相见以诚，凡既往获咎者，同邀特赦。合无仰恳天恩，俯准将此案监禁人犯汪兆铭及黄复生、罗世勋等悉予释放。如蒙俞允，即由臣部遵奉施行。此外如有应行查办之犯，臣部自应随时查明，遵旨办理，并通饬各省，凡系类于此项人犯，无论在监在配，一体分别查办，以示宽大而广皇仁。所有因犯政治革命嫌疑监禁人犯，请旨悉予释放缘由，谨恭折具陈，伏乞皇上圣鉴训示。谨奏。

宣统三年九月十六日钦奉谕旨：法部奏党禁既开，拟将监禁因犯政治革命嫌疑人犯，请旨悉予释放，并钞录亲供呈览各折片，汪兆铭、黄复生、罗世勋均著开释，发往广东交张鸣岐差委。钦此。

又奏查阅汪兆铭亲供并无狂悖之语应如何弃瑕录用请旨片

再，臣等查阅汪兆铭亲供，所开各节，指陈政治之得失，发挥立宪精神，洋洋数千言，并无狂悖之语，抑且热忱苦志，时流露于公庭对簿之间，似此旧学新知，实属不可多得，其才可用，其志可悲。倘蒙天恩释放，加之驱策，当更感激圣慈，濯磨自效，谨钞录汪兆铭亲供一分，恭呈御览。应如何弃瑕录用之处，出自圣裁。谨附片陈明请旨。

《内阁官报》第八十一号，折奏·司法类，宣统三年九月二十二日出版

资政院奏遵照宪法信条公举内阁总理大臣折

（附任袁世凯为内阁总理大臣上谕）

宣统三年九月十九日①

奏为遵照宪法信条，公举内阁总理大臣，恭折仰祈圣鉴事：

窃查宪法信条第八条，总理大臣由国会公举，皇帝任命，又第十九条第八等条，国会未开以前，资政院适用之，等语。兹经臣院于九月十八日遵照宪法信条，用无记名投票法公举内阁总理大臣，以袁世凯得票为最多数，理合恭折奏陈，请旨任命，伏乞皇上圣鉴。谨奏。

宣统三年九月十九日内阁奉上谕：资政院奏遵照宪法信条，公举内阁总理大臣一折，朕依宪法信条第八条，命袁世凯为内阁总理大臣。钦此。

《内阁官报》第八十号，折奏·宪政类，宣统三年九月二十一日出版

监国摄政王退归藩邸谕②

宣统三年十月十六日

十月十六日内阁奉上谕：

监国摄政王面奉隆裕太后懿旨：据监国摄政王面奏：自摄政以来，于今三

---

① 为奉到上谕批示日期。
② 标题为编者所拟。

载，用人行政，多拂舆情，立宪徒托空言，弊蠹因而丛积，驯致人心瓦解，国势土崩。以一人措施失当而令全国生灵横罹惨祸，痛心疾首，追悔已迟，倘再拥护大权，不思退避，既失国民之信用，则虽摄行国政，诏令已鲜效力，政治安望改良。泣请辞退监国摄政王之位，不再干预政事。情词肫切，出于至诚。予深处宫闱，未闻大计，惟自武汉事起，各省响应，兵连祸结，满目疮痍，友邦商业，并受影响。每一念及，寝馈难安。亟宜察内外之情形，定安邦之至计。监国摄政王性情宽厚，谨慎小心，虽求治綦殷，而济变乏术。以至受人蒙蔽，贻害群生。自应俯如所请，准退监国摄政王之位，所钤监国摄政王章，著即缴销，仍以醇亲王退归藩邸，不再预政。著赏给岁俸银五万两，由皇室经费项下支出。嗣后用人行政，均责成内阁总理大臣、各国务大臣担负责任。所有颁布诏旨，应请盖用御宝，并觐见典礼，予率同皇帝将事。

皇帝尚在冲龄，保卫圣躬，应有专责。世续、徐世昌著授为太保，尽心护卫。现在四方多难，国步阽危，诸王公等，谊同休戚，各宜体念时艰，恪遵家法，束躬自爱，罔越范围。诸大臣膺兹重任，尤宜共矢公忠，精白乃心，力除锢弊，以谋国利民福。凡我国民，当知朝廷不私君权，实行与民更始，务须谨守秩序，各安生业，庶免纷争割裂之祸，而登熙皞大同之治。予有厚望焉。钦此。

监国摄政王钤章

袁世凯、胡惟德、赵秉钧、绍英、唐景崇、王士珍、谭学衡、沈家本（假）、熙彦、杨士琦、达寿署名

《内阁官报》第一百六号，宣统三年十月十七日出版

三、宪法问题

宪政编查馆会奏遵拟宪法大纲暨议院选举各法并逐年应行筹备事宜折

(附《宪法大纲》、《议院法要领》、
《选举法要领》、《议院未开以前逐年筹备事宜》[①])

光绪三十四年八月初一日

奏为遵旨择要编辑宪法大纲暨议院、选举各法,并将议院未开以前逐年应行筹备各事,分期拟议胪列具陈,恭折仰祈圣鉴事:

光绪三十四年六月二十四日奉上谕:朕钦奉慈禧端佑康颐昭豫庄诚寿恭钦献崇熙皇太后懿旨:宪政编查馆、资政院王大臣奕劻、溥伦等会奏拟呈各省谘议局及议员选举各章程一折。谘议局为采取舆论之所,并为资政院预储议员之阶,议院基础即肇于此。事体重大,亟宜详慎厘定。兹据该王大臣拟呈各项章

---

① 括号内为编者所加,以便利读者阅读。又,后面几个文献并非宪法性文件,但清廷同时且在一个文件内公布,为保持文件完整性,故均收录于此。

程,详加披阅,尚属周妥,均照所议办理。即著各督抚迅速举办,实力奉行。自奉到章程之日起,限一年内一律办齐。朝廷轸念民依,将来使国民与闻政事,以示大公,因先于各省设谘议局,以资历练。凡我士庶,均当共体时艰,同摅忠爱,于本省地方应兴应革之利弊,切实指陈,于国民应尽之义务,应循之秩序,竭诚践守。勿挟私心以妨公益,勿逞意气以紊成规,勿见事太易而议论稍涉嚣张,勿权限不明而定法致滋侵越。总期民情不虞壅蔽,国宪咸知遵循。各该督抚等亦当本集思广益之怀,行好恶同民之政,虚衷①审察,惟善是从,庶几上下一心,渐臻上理。至于选举议员,尤宜督率各该地方有司认真监督,精择慎取,断不准使心术不正,行止有亏之人托足其内,致妨治安。该王大臣所陈要义三端,甚为中肯,如宣布开设议院年限一节,自是立宪国必有之义。但各国宪政,本难强同,要不外乎行政之权在官吏,建言之权在议员,而大经大法,上以之执行罔越,下以之遵奉弗违。中国立宪政体,前已降旨宣示,必须切实预备,慎始图终,方不至徒托空言而鲜实效。著宪政编查馆、资政院王大臣督同馆、院谙习法政人员,甄采列邦之良规,折衷本国之成宪,迅将君主宪法大纲暨议院、选举各法择要编辑,并将议院未开以前逐年应行筹备各事,分期拟议胪列具奏呈览。俟②朝廷亲裁后,当即将开设议院年限钦定宣布,以立臣庶进行之准则,而副吾民望治之殷怀,并使天下臣民,晓然③于朝廷因时制宜变法图强之至意。钦此。

仰见我皇太后、皇上以天地之量为量,以百姓之心为心,大公无我,时措咸宜,薄海臣民,同深钦感。臣等遵即督饬馆、院谙习法政各员,博采精取,折中拟议。兹经该员等拟具各节,臣等复再三考核,悉心厘定。窃维东西各国立宪政体,有成于下者,有成于上者,而莫不有宪法,莫不有议院。成于下者,始于君民之相争,而终于君民之相让,成于上者,必先制定国家统治之大权,而后锡予人民闻政之利益。各国制度,宪法则有钦定、民定之别,议会则有一院、两院之

---

① 原文作"虚公",据《光绪朝东华录》改,见该书总第5977页。又《清末民初宪政史料辑刊》亦作"虚公"。
② 原文无"俟"字,据《光绪朝东华录》增,见该书总第5977页。又《清末民初宪政史料辑刊》亦无"俟"字。
③ 《光绪朝东华录》于"晓然"之前增"咸"字,见该书总第5977页。《清末民初宪政史料辑刊》与《政治官报》同。

殊。今朝廷采取其长，以为施行之则，要当内审国体，下察民情，熟权利害而后出之。大凡立宪自上之国，统治根本，在于朝廷，宜使议院由宪法而生，不宜使宪法由议院而出。中国国体，自必用钦定宪法，此一定不易之理。故欲开设议院，必以编纂宪法为预备之要图，必宪法告成，先行颁布，然后乃可召集议院。而宪法为国家不刊之大典，一经制定，不得轻事变更，非如他项法律可以随时增删修改。故编纂之初，尤非假以时日，详细研求，不足以昭慎重。惟条文之详备，虽非旦夕所能观成，而闳纲所在，自应预为筹定，以为将来编纂之准则。

夫宪法者，国家之根本法也，为君民所共守，自天子以至于庶人，皆当率循，不容逾越。东西君主立宪各国，国体不同，宪法互异①，论其最精之大义，不外数端：一曰君主神圣不可侵犯；二曰君主总揽统治权，按照宪法行之；三曰臣民按照法律，有应得应尽之权利义务而已。自余节目，皆以此为根本。其必以政府受议院责难者，即由君主神圣不可侵犯之义而生；其必以议院协赞立法、监察财政者，即由保障臣民权利义务之义而生；其必特设各级审判官以行司法权者，即由保障法律之义而生。而立法、行政、司法则皆综揽于君上统治之大权。故一言以蔽之，宪法者，所以巩固君权，兼以保护臣民者也。臣等谨本斯义，辑成宪法大纲一章，首列大权事项，以明君为臣纲之义，次列臣民权利义务事项，以示民为邦本之义。虽君民上下同处于法律范围之内，而大权仍统于朝廷；虽兼采列邦之良规，而仍不悖本国之成宪。

至议院、选举各法，均与宪法相辅而行，凡议事权限，选举被选举资格，非有一定之准绳，必启临时之纷扰，亦应隐括大意，豫为筹定，以便将来纂辑条文，有所依据。谨分辑议院要领及选举要领各一章附焉。此皆略举大要，以发其凡，其中细目，尚未议及，一俟奉旨裁定，臣等即当督饬在事各员，按照大纲、要领所列各端，分别编定详细条款。但必宽以岁时，从容讨论，以期精密无遗，迨他日编纂告成，再行进呈御览，恭候钦定颁行，以资遵守。

至开设议院以前应行筹备各事，头绪至为纷繁，办理宜有次第。如筑室然，

---

① 原文作"易"，据《清末民初宪政史料辑刊》及《光绪朝东华录》改，见《清末民初宪政史料辑刊》第二册第 320 页；《光绪朝东华录》总第 5978 页。

必鸠工聚材，经营无遗，而又朝夕程督，始终不懈，乃能聿观厥成。如行路然，必衣粮舟车，各物具备，而又逐日进行，不稍止息，乃能达其所向。综其大纲，预备自上者，则以清厘财政，编查户籍为最要，而融化满汉畛域，厘定官制，编纂法典，筹设各级审判厅次之。预备自下者，则以普及教育增进智能为最要，而练习自治事宜次之。凡此诸大端，若预备未齐，遽开议院，则预算决算尚无实据，议院凭何监察，户口财产尚无确数，议员从何选举，一切法度尚未完全，与闻政事者何所考核，人民程度尚有未及，何以副选举被选举之资格，地方自治尚无规模，何以享受权利，担任义务。是徒慕开设议院之虚名，而并无裨益政事之实济，非实事求是之道也。窃谓年限之远近，至速固非三五年所能有成，然极迟亦断不至延至十年之久。臣等公同商酌，拟自本年光绪三十四年起，至光绪四十二年止，限定九年，将预备各事一律办齐。谨分别年限，胪列上陈。其应行召集议院之期，自应恭候钦定。

抑臣等更有请者，迩岁以来，国势阽危，人心浮动，内忧外患，岌岌堪虞，即无议院监察于旁，亦当急起直追，一洗敷衍因循之习。至安上全下，尤莫要于纪纲整饬，忧愊交孚。臣等所议各项纲要，权限所定，不可侵越丝毫。其逐年应办事宜，须责成内外臣工，实力奉行，不得稍有推宕。应请特旨申儆天下臣民，务各恪守规绳，而又交相鞭策，庶乎进之以渐，持之以恒，各矢励精图治之心，自有日进无疆之效。

谨将所拟宪法大纲，及议院法、选举法要领，暨逐年筹备事宜，分缮清单，恭呈睿鉴，伏候圣明裁定召集议院年限，特沛纶音，布告天下，以立万年有道之基，而慰亿兆升平之望，臣等不胜激切屏营之至。

再，此折系宪政编查馆主稿，会同资政院办理，合并声明。所有遵旨筹议缘由，谨合词恭折具陈，伏乞皇太后、皇上圣鉴训示。谨奏。

谨将遵拟宪法大纲暨议院法、选举法要领，缮具清单，恭呈御览。

附：《宪法大纲》（其细目当于宪法起草时酌定①）

谨按君主立宪政体，君上有统治国家之大权，凡立法、行政、司法，皆归总

---

① 括号内原文为小字。

揽。而以议院协赞立法，以政府辅弼行政，以法院遵律司法。上自朝廷，下至臣庶，均守钦定宪法，以期永远率循，罔有逾越。谨本斯义，恭拟如左。

君上大权

一、大清皇帝统治大清帝国，万世一系，永永尊戴。

一、君上神圣尊严，不可侵犯。

一、钦定颁行法律及发交议案之权（凡法律，虽经议院议决，而未奉诏令批准颁布者，不能见诸施行①）。

一、召集、开闭、停展及解散议院之权（解散之时，即令国民重行选举新议员，其被解散之旧议员，即与齐民无异，倘有抗违，量其情节，以相当之法律处治）。

一、设官制禄及黜陟百司之权（用人之权，操之君上，而大臣辅弼之，议院不得干预）。

一、统率陆海军及编定军制之权（君上调遣全国军队，制定常备兵额，得以全权执行。凡一切军事，皆非议院所得干预）。

一、宣战、讲和、订立条约及派遣使臣与认受使臣之权（国交之事，由君上亲裁，不付议院议决）。

一、宣告戒严之权。当紧急时，得以诏令限制臣民之自由。

一、爵赏及恩赦之权（恩出自②上，非臣下所得擅专）。

一、总揽司法权。委任审判衙门，遵钦定法律行之，不以诏令随时更改（司法之权，操诸君上，审判官本由君上委任，代行司法。不以诏令随时更改者，案件关系至重，故必以已经钦定为准，免涉纷歧）。

一、发命令及使发命令之权。惟已定之法律，非交议院协赞奏经钦定时，不以命令更改废止（法律为君上实行司法权之用，命令为君上实行行政权之用，两权分立，故不以命令改废法律）。

一、在议院闭会时，遇有紧急之事，得发代法律之诏令，并得以诏令筹措必需之财用。惟至次年会期，须交议院协议。

---

① 括号内原文为小字，下同。
② 《光绪朝东华录》在"上"前有一"君"字。

一、皇室经费，应由君上制定常额，自国库提支，议院不得置议。

一、皇室大典，应由君上督率皇族及特派大臣议定，议院不得干涉①。

附：臣民权利义务（其细目当于宪法起草时酌定）

一、臣民中有合于法律命令所定资格者，得为文武官吏及议员。

一、臣民于法律范围以内，所有言论、著作、出版及集会、结社等事，均准其自由。

一、臣民非按照法律所定，不加以逮捕、监禁、处罚。

一、臣民可以请法官审判其呈诉之案件。

一、臣民应专受法律所定审判衙门之审判。

一、臣民之财产及居住，无故不加侵扰。

一、臣民按照法律所定，有纳税、当兵之义务。

一、臣民现完之赋税，非经新定法律更改，悉仍照旧输纳。

一、臣民有遵守国家法律之义务。

附：《议院法要领》（其细目当于厘定议院法时酌定）

一、议院只有建议之权，并无行政之责。所有决议事件，应恭候钦定后，政府方得奉行。

一、议院提议事件，须关乎全国公同利害者，不得以一省寻常地方之事提议。

一、君上大权所定，及法律上必需之一切岁出，非与政府协议，议院不得废除删削（其细目另于会计法内定之）。

一、国家之岁入岁出，每年预算，应由议院之协赞。

一、行政大臣如有违法情事，议院只可指实弹劾。其用舍之权，仍操之君上。不得干预朝廷黜陟之权。

一、议院所议事件，必须上下议院彼此决议后，方可奏请钦定施行。

一、议院有上奏事件，由议长出名具奏。

一、议员言论，不得对朝廷有不敬之语，及诬蔑毁辱他人情事，违者分别

---

① 《光绪朝东华录》作"干预"。

惩罚。

一、议院开会之际，议长有指挥警察整饬议场之权。如有违议院法律规则者，议长得禁止其发言，或令退出议场。

一、议员如有不合选举资格者，由议长审查得实，随时立予除名。

一、各省士绅所研究议会之会社，须遵照政治结社集会律办理，不准藉此敛派银钱，扰累地方。违者由地方官封禁惩治。

附：《选举法要领》（其细目当于厘定选举法时酌定）

一、议院举行选举事宜，俱由府厅州县各官实行监督。

一、不合于选举资格者，不得有选举权及被选举权（如品行悖谬营私武断者，曾处监禁以上之刑者，营业不正者，失财产上之信用被人控实尚未清结者，吸食鸦片者，有心疾者，身家不清白者，不识文义者等项）。违者立即撤销。

一、举行选举之期，应设管理员、监察员，于投票、开票时，严加省视，以防舞弊。

一、违背选举章程者（如以诈术获登选举人名册，或变更选举人名册者等项），另定罚则，分别科以监禁、罚金。

一、选举用投票之法，以得票多数而合例者方准当选（向来地方公举绅董之事，名为公举，或由官长授意，或由三数有力之绅推荐，不免有瞻徇情面，不孚众望之处，今用投票法，层层节制，期于力矫前项情弊）。

一、凡人民于选举之前，非在原籍地方住居满一年以上者，暂停其选举及被选举权。

谨将遵拟议院未开以前逐年筹备事宜，缮具清单，恭呈御览。

光绪三十四年（第一年）

一、筹办咨议局（各省督抚办）。

一、颁布《城镇乡地方自治章程》（民政部、宪政编查馆同办）。

一、颁布调查户口章程（民政部办）。

一、颁布清理财政章程（度支部办）。

一、请旨设立变通旗制处，筹办八旗生计，融化满汉事宜（军机处办）。

一、编辑简易识字课本（学部办）。

一、编辑国民必读课本（学部办）。

一、修改新刑律（修订法律大臣、法部同办）。

一、编订民律、商律、刑事民事诉讼律等法典（修订法律大臣办）。

光绪三十五年（第二年）

一、举行咨议局选举，各省一律开办（各省督抚办）。

一、颁布资政院章程，举行该院选举（资政院、各省督抚同办）。

一、筹办城镇乡地方自治，设立自治研究所（民政部、各省督抚同办）。

一、颁布厅州县地方自治章程（民政部、宪政编查馆同办）。

一、调查各省人户总数（民政部、各省督抚同办）。

一、调查各省岁出入总数（度支部、各省督抚同办）。

一、厘订京师官制（宪政编查馆、会议政务处同办）。

一、编订文官考试章程、任用章程、官俸章程（宪政编查馆、会议政务处同办）。

一、颁布法院编制法（宪政编查馆、修订法律大臣同办）。

一、筹办各省省城及商埠等处各级审判厅（法部、各省督抚同办）。

一、核订新刑律（宪政编查馆办）。

一、颁布简易识字课本，创设厅州县简易识字学塾（学部、各省督抚同办）。

一、颁布国民必读课本（学部办）。

一、厅州县巡警，限年内粗具规模（民政部、各省督抚同办）。

光绪三十六年（第三年）

一、召集资政院议员举行开院（资政院办）。

一、续办城镇乡地方自治（民政部、各省督抚同办）。

一、筹办厅州县地方自治（民政部、各省督抚同办）。

一、汇报各省人户总数（民政部、各省督抚同办）。

一、编订户籍法（宪政编查馆、民政部同办）。

一、覆查各省岁出入总数（度支部、各省督抚同办）。

一、厘订地方税章程（度支部、各省督抚、宪政编查馆办）。

一、试办各省预算决算（度支部、各省督抚同办）。

一、厘订直省官制（宪政编查馆、会议政务处同办）。

一、颁布文官考试章程、任用章程、官俸章程（宪政编查馆、会议政务处同办）。

一、各省省城及商埠等处各级审判厅，限年内一律成立（法部、各省督抚同办）。

一、颁布新刑律（宪政编查馆、修订法律大臣同办）。

一、推广厅州县简易识字学塾（学部、各省督抚同办）。

一、厅州县巡警，限年内一律完备（民政部、各省督抚同办）。

光绪三十七年（第四年）

一、续办城镇乡地方自治（民政部、各省督抚同办）。

一、续办厅州县地方自治（民政部、各省督抚同办）。

一、调查各省人口总数（民政部、各省督抚同办）。

一、编订会计法（宪政编查馆、度支部同办）。

一、汇查全国岁出入确数（度支部办）。

一、颁布地方税章程（宪政编查馆、度支部、各省督抚同办）。

一、厘订国家税章程（度支部、税务处、各省督抚、宪政编查馆同办）。

一、实行文官考试章程、任用章程、官俸章程。

一、筹办直省府厅州县城治各级审判厅（法部、各省督抚同办）。

一、创设乡镇简易识字学塾（学部、各省督抚同办）。

一、筹办乡镇巡警（民政部、各省督抚同办）。

一、核订民律、商律、刑事民事诉讼律等法典（宪政编查馆办）。

光绪三十八年（第五年）

一、城镇乡地方自治，限年内粗具规模（民政部、各省督抚同办）。

一、续办厅州县地方自治（民政部、各省督抚同办）。

一、汇报各省人口总数（民政部、各省督抚同办）。

一、颁布户籍法（宪政编查馆、民政部同办）。

一、颁布国家税章程（宪政编查馆、度支部、税务处同办）。

一、颁布新定内外官制（宪政编查馆、会议政务处同办）。

一、直省府厅州县城治各级审判厅，限年内粗具规模（法部、各省督抚同办）。

一、推广乡镇简易识字学塾（学部、各省督抚同办）。

一、推广乡镇巡警（民政部、各省督抚同办）。

光绪三十九年（第六年）

一、实行户籍法。

一、试办全国预算（度支部办）。

一、设立行政审判院（会议政务处、宪政编查馆同办）。

一、直省府厅州县城治各级审判厅一律成立（法部、各省督抚同办）。

一、筹办乡镇初级审判厅（法部、各省督抚同办）。

一、实行新刑律。

一、颁布新定民律、商律、刑事民事诉讼律等法典（宪政编查馆、修订法律大臣同办）。

一、城镇乡地方自治一律成立（民政部、各省督抚同办）。

一、厅州县地方自治，限年内粗具规模（民政部、各省督抚同办）。

一、乡镇巡警，限年内粗具规模（民政部、各省督抚同办）。

光绪四十年（第七年）

一、试办全国决算（度支部办）。

一、颁布会计法（宪政编查馆、度支部同办）。

一、试办新定内外官制。

一、厅州县地方自治一律成立（民政部、各省督抚同办）。

一、乡镇初级审判厅，限年内粗具规模（法部、各省督抚同办）。

一、人民识字义者，须得一百分之一。

光绪四十一年（第八年）

一、确定皇室经费（内务府、宪政编查馆同办）。

一、变通旗制，一律办定，化除畛域（变通旗制处办）。

一、设立审计院（会议政务处、宪政编查馆同办）。

一、实行会计法。

一、乡镇初级审判厅一律成立（法部、各省督抚同办）。

一、实行民律、商律、民事刑事诉讼律等法典。

一、乡镇巡警一律完备（民政部、各省督抚同办）。

一、人民识字义者，须得五十分之一。

光绪四十二年（第九年）

一、宣布宪法（宪政编查馆办）。

一、宣布皇室大典（宗人府、宪政编查馆同办）。

一、颁布议院法（宪政编查馆办）。

一、颁布上下议院议员选举法（宪政编查馆办）。

一、举行上下议院议员选举（民政部、各省督抚同办）。

一、确定预算决算（度支部办）。

一、制定明年确当预算案，预备向议院提议（度支部办）。

一、新定内外官制一律实行。

一、设弼德院顾问大臣（会议政务处、宪政编查馆同办）。

一、人民识字义者，须得二十分之一。

《政治官报》第三百一号，折奏类，光绪三十四年八月初二日出版。此文献《政治官报》刊载时有错字。编者据《清末民初宪政史料辑刊》第二册（第313—354页，北京图书馆出版社编辑影印，2006年）、《光绪朝东华录》（第五册第136—144页，总第5976—5984页，朱寿朋编，中华书局1958年出版）互校

九年预备立宪逐年推行筹备事宜谕

光绪三十四年八月初一日

光绪三十四年八月初一日内阁奉上谕：朕钦奉慈禧端佑康颐昭豫庄诚寿恭钦献崇熙皇太后懿旨：宪政编查馆、资政院王大臣奕劻、溥伦等会奏进呈宪法、议

院、选举各纲要暨议院未开以前逐年应行筹备事宜一折。现值国势积弱，事变纷乘，非朝野同心，不足以图存立，非纪纲整肃，不足以保治安，非官民交勉，互相匡正，不足以促进步而收实效。该王大臣所拟宪法暨议院、选举各纲要，条理详密，权限分明，兼采列邦之良规，无违中国之礼教，要不外乎前次迭降明谕大权统于朝廷，庶政公诸舆论之宗旨。将来编纂宪法暨议院、选举各法，即以此作为准则，所有权限悉应固守，勿得稍有侵越。其宪法未颁、议院未开以前，悉遵现行制度，静候朝廷依次筹办，如期施行。

至单开逐年应行筹备事宜，均属立宪国应有之要政，必须秉公认真次第推行。著该馆、院将此项清单，附于此次所降谕旨之后，刊印誊黄，呈请盖用御宝，分发在京各衙门，在外各督抚、府尹、司道，敬谨悬挂堂上，即责成内外臣工，遵照单开各节依限举办。每届六个月，将筹办成绩胪列奏闻，并咨报宪政编查馆查核。各部院领袖堂官，各省督抚及府尹，遇有交替，后任人员应会同前任将前任办理情形，详细奏明，以期各有考成，免涉诿卸。凡各部及外省同办事宜，部臣本有纠察外省之责，应严定殿最，分别奏闻。并著该馆、院王大臣奏设专科，切实考核。在京言路诸臣亦当留心察访，傥有逾限不办，或阳奉阴违，或有名无实，均得指名据实纠参，定按溺职例议处。该王大臣等若敢扶同讳饰，贻误国事，朝廷亦决不宽假。当此危急存亡之秋，内外臣工同受国恩，均当警觉沈迷，扫除积习。如仍泄沓坐误，岂复尚有天良。该馆、院王大臣，休戚相关，任寄尤重，傥竟因循瞻庇，讵能无疚神明。所有人民应行练学自治教育各事宜，在京由该管衙门，在外由各督抚，督饬各属随时催办，勿任玩延。

至开设议院，应以逐年筹备各事办理完竣为期，自本年起，务在第九年内将各项筹备事宜一律办齐，届时即行颁布钦定宪法，并颁布召集议员之诏。

凡我臣民，皆应淬（厉）〔砺〕精神，赞成郅治，如有不靖之徒，附会名义，藉端构煽，或躁妄生事，紊乱秩序，朝廷惟有执法惩儆，断不能任其妨害治安。总期国势日臻巩固，民生永保昇平，上慰宗庙社稷之灵，下答薄海臣民之望。将此通谕知之。钦此。

军机处上谕档，《清末筹备立宪档案史料》，第67—68页

派溥伦、载泽为纂拟宪法大臣谕[1]

宣统二年十月初四日

钤章

宣统二年十月初四日内阁奉上谕：钦定宪法为万世不易之典则，现在提前筹办宪政，亟应首先纂拟宪法，以备颁布遵行。著派溥伦、载泽充纂拟宪法大臣，悉心讨论，详慎拟议，随时逐条呈候钦定。如应添派协同纂拟之员，并著随时奏闻，候朕简派，以期迅速办理，剋期告成。钦此。

军机大臣署名

　　　　　　　　　　臣奕（劻）[2]

　　　　　　　　　　臣毓（朗）

　　　　　　　　　　臣那（桐）

　　　　　　　　　　臣徐（世昌）

《光绪宣统两朝上谕档》第三十六册，第378—379页

---

① 标题为编者所拟，原文无标题。
② 括号内名字均为编者所加。

荫昌、寿勋关于宪法条陈

宣统二年十一月

谨查君主立宪政体,立法虽属之议会,然亦有一定权限,不能举全国法制悉听主裁。今资政院为议会始基,开院以来,所议殊多逾越,若不及时预为限制,将来国会成立,必至与政府冲突无已,因以酿乱召亡。远则法之路易十六,近则土耳基、葡萄牙,皆我之殷鉴也。荫昌等每念及此,辄为寒心,用特不揣冒昧,与讲求宪法之员,朝夕研求,择取最关紧要者,胪举数端,呈备采择。明知荩画闳远,必早筹策无遗,特既有所知,合效一得之愚,以为万全之助。惟乞鉴詧施行。

荫昌
寿勋　谨呈

谨将宪法内最宜注意各节,参考各国条文,附加按语,呈请鉴核。

一、议院弹劾行政大臣宜略加限制

查日本宪法,不取弹劾制度,故其宪法第四章第五十五条,于国务诸大臣,止云辅弼天皇任其责。我国宪法大纲附议院法要领既云行政大臣如有违法情事,可指实弹劾,等语。是明明系弹劾制度。将来我国议院干涉政府必过于日本,即各大臣措置政务,亦必更难。查欧美各国情形不同,故虽皆取弹劾制度,而其所定弹劾范围暨审判机关,亦各有别。我国情势本非欧美可比,而亦袭取其议院弹劾行政大臣之制度,则尤不能不附加限制,以为一定之范围。若照原条文违法情事云云,则概括公罪私罪在内,范围过广,恐将来启议院攻击政府之渐,因而大臣事事掣肘,于行政反多阻碍。现在欲筹防范之策,惟有编订宪法时就原文弹劾

---

① 标题为编者所拟,原文无标题。
② 原文未署日期,但原文夹于上谕档十一月中。

一条，按照普国条文略予改正，作为附记，似尚适宜。今历举各国条例于下，以为比较。

普鲁士宪法第六十一条各议员得弹劾各大臣之违犯宪法及赃贿谋反之罪。

按此条包括公罪私罪而言。惟违犯宪法一语，失之过宽，易掣肘大臣行政之权。

墺地利议院得弹劾大臣滥用国费事。

按此条开议院阻挠国家行政经费之端，且轻易减削预算案等事。

英国议院得弹劾大臣收贿，及违宪法害国安又职务上之犯罪。

按弹劾收贿，至当不易。其余违宪法云云，范围失之过宽。若施之于人民智识低浅之国，则议院任意攻击，政府动辄得咎，政务转难望进步。

北美国议院得弹劾大臣收贿违宪法害国安又犯轻罪重罪事。

按弹劾收贿，固为至当，其余违宪法云云，范围已失之过宽，至于犯轻罪重罪尽归议院弹劾，是以司法裁判之权畀诸议员，此共和国政体，而君主立宪国不能取此也。

其余各国有规定议院弹劾大臣违反法律及不执行命令，又害国利民福及臣民之权利自由等条文，范围既失之太宽，政府几无所措手足。我国不宜强以为法也。

一、陆海军经费暨官俸，议院非得政府协议，不得废除减削

宪法大纲第四条设官制禄，第五条编定军制制定常备兵额，均属君上大权，非议院所能干预。又议院法要领第三条君上大权所定及法律上必须之一切岁出，非与政府协议，议院不能废除减削。按以上条文，皆取诸日本宪法，而与欧美各国大异。现今我国政府正宜执此条文，以保持君上大权。若本届预算案，京外各官署俸给暨陆海军经费，任资政院废除减削，政府勉强承认，则异日开国会时，议员即可以此次任意减削引为惯例，而强使政府之同意以减少各项之经费。是政府不能尊重君上之大权，人民必将轻易违背宪法，或致失君主立宪之国体。故宜慎之于始，以为异日维持国会和平地步，免致有卤莽决裂之虞。

（甲）陆军经费议院不（易）〔宜〕减削

查英国常备军之设置暨兵额，法国陆军之编制，每年须议院之通过，又德、法常备兵额受预算之制限。据此以观，军队之编制及兵器之准备等事，君主不得

独断而行，即军费亦常受议院掣肘矣。盖欧洲中古之世，各国君主穷兵黩武，民不聊生，故议院不得不为此条。然各国人民程度甚高，军费一项，非但不轻易议减，且常有增加之事。若日本，定编制常备兵额之权，属诸天皇，全然不与议院相干，即经费不受议院掣肘。但新增兵额，该经费则要议院之议决，一次确定，即属既定岁出，无政府之同意，不得变更。该国宪法第六十七条所定。是上年既定之军费，至次年议院不得废除减削也。现今我国既采用日本制度，自当于国会未开以前，将常备兵额一律编足制定，庶至五年开国会时，该经费即为既定之岁出，议院不得轻易废除减削也。

（乙）行政各部之官制及文武官员之俸给，议院不得变更减削

日本宪法第十一条暨六十七条所定。我国宪法大纲第四条暨议院法要领第三条所定。盖俸给等非与政府协议，议院不得废除减削也。闻资政院拟减削各部院衙门额缺等项，谅政府必不能认可，盖完全国会于行政各部之官制及俸给尚无任意变更减削之权，况资政院乎。

一、内阁不止以行政大臣组织

查各国内阁制度，只普鲁士以中央各部行政大臣组织，其余日本暨欧美各大国均不止以各部行政大臣组织也。

日本内阁官制第一条云，内阁以国务各大臣组织，第十条云，各部大臣之外，得由天皇特旨简为国务大臣，使列内阁。

英国内阁组织无定额，少则十一人，多则十五人。其中有常任者，有非常任者，又有时不限何人，得使列于内阁会议。

法国内阁不限以各部行政大臣组织，其会议时，议决紧要国务。

美国内阁为大臣之共议会，而备大统领之顾问。对于议员不负责任，更不限以各部行政大臣组织。

《光绪宣统两朝上谕档》第三十六册，第468—471页

纂拟宪法大臣奏请简员协同纂拟宪法折

宣统三年二月二十日①

奏为纂拟宪法，事关重大，遵旨奏请简派人员协同纂拟，恭折具陈，仰祈圣鉴事：

宣统二年十月初四日内阁奉上谕：钦定宪法，为万世不易之典则，现在提前筹办宪政，亟应首先纂拟宪法，以备颁布遵行。著派溥伦、载泽充纂拟宪法大臣，悉心讨论，详慎拟议，随时逐条呈候钦定。如应添派协同纂拟之员，并著随时奏闻，候朕简派，以期迅速办理，剋期告成。钦此。仰见圣谟宏远，钦服莫名。

臣等受命以来，迭经公同商榷，窃以宪法为治平之絜矩，法律之渊源，支字片言，关系大局，非精研法理，参以国情，不能轻事纂拟。臣等才识疏庸，肩兹重任，草创讨论，首在得人。自当慎举贤能，集思广益，以期仰副朝廷郑重宪典之至意。惟协同纂拟，责任非轻，适当之才，一时颇难其选。见闻过隘，既恐贻杜撰之讥，学术稍偏，又徒持难行之论，倘谬探虚声，轻易推举，恐不能收指臂之效。臣等斟择再三，查有度支部右侍郎陈邦瑞、学部右侍郎李家驹、民政部左参议汪荣宝等，志趣纯正，学识淹通，历经襄办要政，颇著成绩，均为臣等所深知之员。谨遵旨奏闻，恭候简派，如蒙俞允，拟请明降谕旨，派充协同纂拟，俾得与臣等悉心讨论，详慎拟议。一俟编有条文，再行随时奏呈，恭候钦定。

所有遵旨奏请简派人员协同纂拟宪法缘由，谨恭折具陈，伏乞皇上圣鉴训示。谨奏。

宣统三年二月二十日奉上谕。已录②。

---

① 为奉到上谕批示日期。
② 指官报已录，见后收上谕。

附：上谕

钤章

宣统三年三月二十日内阁奉上谕：纂拟宪法大臣贝子溥伦等奏请派员协同纂拟宪法一折。著派度支部右侍郎陈邦瑞、学部右侍郎李家驹、民政部左参议汪荣宝协同纂拟。钦此。

军机大臣署名

　　　　　　　　臣奕（劻）
　　　　　　　　臣毓（朗）
　　　　　　　　臣那（桐）
　　　　　　　　臣徐（世昌）①

《政治官报》第一千二百十七号，折奏类，宣统三年二月二十三日出版

奉天旗务处总办金梁条陈宪法与皇族族籍之关系呈

宣统三年四月初三日

具呈奉天旗务处总办金梁呈，为条议宪法与皇族、族籍之关系，呈请代奏，皇上圣鉴事：

伏读宣统二年十月初四日奉上谕：钦定宪法为万世不易之典，则现在提前筹办宪政，亟应首先纂拟宪法，以备颁布遵行。著派溥伦、载泽充纂拟宪法大臣，悉心讨论，详慎拟议，随时逐条呈候钦定等因。钦此。仰见朝廷郑重宪法，巩固国本之至意，圣谟宏远，钦服莫名。

---

① 括号内文字，为编者所加。此上谕见《光绪宣统两朝上谕档》第三十七册，第35—36页，广西师范大学出版社影印。

三、宪法问题

窃宪法为立国之本，宗社之安危，主权之轻重，全国上下之利害得失，全系于此。今东西各强国先后立宪，模范具在，我国自当取法乎上。为立宪应以本国为主体，一国之中，政治不同，民俗不同，阶级不同，族类不同，正赖宪法为之维持其间。立法之初也，外观世界之大势，内察本国之现情，经纬万端，会通一贯，斟酌而损益之，以求其至善，庶创制定法，全国上下皆范围于吾法之内，而无或有异憾，此宪法之精义也。梁愚陋无知，不足言宪法之大体，惟思中国立宪，其有关于皇族、族籍者至重且大，而上下议论，徒博立宪之虚名，竟置国本于不顾，盲从俗意以取媚当时，视为无足重轻之事，见闻所及，挽救无方，谨举其关系最要而亟应预议者，敬为我皇上陈之。

一曰宪法与皇族之关系。立宪之国，皇族不得干涉政治，谓与皇室同保其尊严，而我国皇族位尊而人众，向执政权，一旦加以限制，究于皇族之权利有损削否·政治之前途有关碍否？则宪法将何术以维其平。此应议者一。

一、宪法与旗籍之关系。京外旗人数及五百万以上，大抵充官兵食俸饷，不自谋生，调查选举资格与人民不能同享平等之权利。无论一时变通非易，即使立行裁改，而三百载来安于积习，元气久伤，亦非十年教养所能恢复，宪法能否为定特别待与之条？此应议者二。

尤有言者，中国议院自必取制两院，惟议员资格之若何规定，所关甚大。查资政院对于皇族议员限制极严，名额过少，而旗籍并不能如谘议局制为定专额议员，一似旗人只能与闻一省之政事，不能与闻全国之政事，尤多未协，万不可取以为则。今议宪法必当为之特别规定，使议员人数势力相平，以均钦选民选之额，而免畸重畸轻之弊，庶皇族、旗籍应享之权利藉以维持，不至剥夺殆尽，此尤宪法极应注意之端也。

以上所陈，谨言大要，不过为维持大局计，为维持宪法计，暂定便易之制而已。或责谓有意分界限，不知一部之分，正所以为全体之合也，今日之分，正所以异日之合也。一国之中政治不同，民俗不同，阶级不同，族类不同，其治法自不能强归一致。行之数年，国是大定，国本固而朝政安，自可因时制宜，归于统一，庶创制立法全国上下皆范围于吾法之内，而宪法之效大著矣。

所有条议宪法与皇族、旗籍之关系各缘由，是否有当，伏乞代奏，皇上圣鉴训示钦尊。谨呈。

《清末筹备立宪档案史料》，第353—355页

资政院总裁李家驹等请将草拟宪法内重大信条先行颁示并请准军人参与宪法起草意见折

宣统三年九月十三日

资政院总裁、内阁法制院院使臣李家驹等跪奏，为采用最良君主立宪主义，并先草拟宪法内重大信条，恳请宣誓太庙，布告臣民，以固邦本而维皇室，恭折仰祈圣鉴事：

窃维祸乱纷乘，蔓延于川、鄂、湘、赣、秦、晋、粤、汉各省，是大局已几于瓦解，又与前数日情形不同。而急切挽救之方，约千万语为一言，仍不外视宪法良否以为关键。顷者，特诏与民更始，并于统制臣张绍曾等所陈各节，均已仰蒙采纳。而天下亦晓然于朝廷意旨之所在，固将采用最良君主立宪主义，以餍薄海望治之心。兹复沛布纶音，宪法交由臣院起草，钦感莫名。臣院肩兹重任，敢不殚竭愚诚，仰副圣意。

伏查东西各国君主立宪，皆以英国为母。此次起草，自应采用英国君主立宪主义，而以成文法规定之。虽兹事体大，诚非旦夕所可完成。而臆测朝廷者，或且窃窃忧疑，以为左右臣工或有荧惑圣聪，至痛定之日，翻然反汗。法国拿破仑第三世往事，至为寒心。如将重大信条先行颁示天下，则天下军民皆欣欣喜色相告曰，吾君果顺臣民之请，廓然大公，掬诚相见。风声腾布，固已胜于百万之师。兹谨先拟具宪法内重大信条十九条，凡属立宪国宪法共同之规定，则暂从阙略，俟全部起草时，再行拟具。迭经会议，意见相同，谨缮具清单，恭呈御览。恳请宸衷独断，毅然俯允，宣誓太庙，布告臣民，以固邦本而维皇室。在臣院非敢故为此危言悚论，实以事机紧迫，稍纵即逝。倘朝廷不即宣布，恐德意犹不能

下究，而祸变尚未可胜言。臣院内激忠忱，外观时变，不得不痛切质陈于圣主之前，无任惶恐待命之至。

再，宪法为万世不磨之大典，君民共守，关系至巨。臣院受命起草，兢兢致慎，不敢不广证全国军民意见，以期精审。除业由臣院电告各省谘议局参与意见外，拟就现时重要事项，并请准军人暂行参与意见，以安众心，合并声明，伏乞皇上圣鉴训示。谨奏。

《清末筹备立宪档案史料》，第101—102页

择期颁布君主立宪重要信条谕（宪法十九信条）①

宣统三年九月十三日

宣统三年九月十三日，内阁奉上谕：资政院奏采用君主立宪主义，并先拟具重大信条十九条，缮写呈览，恳请宣誓太庙，布告臣民，以固邦本而维皇室一折。朕详加披览，均属扼要，著即照准。一面择期宣誓太庙，将重要信条，立即颁布，刊刻誊黄，宣示天下。将来该院草拟宪法，即以此为标准。钦此。

第一条　大清国皇统万世不易。
第二条　皇帝神圣不可侵犯。
第三条　皇帝之权，以宪法所规定者为限。
第四条　皇位继承顺序，于宪法规定之。
第五条　宪法由资政院起草议决，由皇帝颁布之。
第六条　宪法改正提案权属于国会。
第七条　上院议员，由国民于有法定特别资格者公选之。
第八条　总理大臣由国会公举，皇帝任命。其他国务大臣，由总理大臣推

---

① 括号内为编者所加。

举，皇帝任命。皇族不得为总理大臣及其他国务大臣，并各省行政长官。

第九条　总理大臣受国会弹劾时，非国会解散，即内阁辞职。但一次内阁不得为两次国会之解散。

第十条　陆海军直接皇帝统率，但对内使用时，应依国会议决之特别条件，此外不得调遣。

第十一条　不得以命令代法律，除紧急命令，应特定条件外，以执行法律及法律所委任者为限。

第十二条　国际条约，非经国会议决，不得缔结。但媾和宣战，不在国会开会期中者，由国会追认。

第十三条　官制官规，以法律定之。

第十四条　本年度预算，未经国会议决者，不得照前年度预算开支。又预算案内，不得有既定之岁出，预算案外，不得为非常财政之处分。

第十五条　皇室经费之制定及增减，由国会议决。

第十六条　皇室大典不得与宪法相抵触。

第十七条　国务裁判机关，由两院组织之。

第十八条　国会议决事项，由皇帝颁布之。

第十九条　以上第八、第九、第十、第十二、第十三、第十四、第十五、第十八各条，国会未开以前，资政院适用之。

军机处上谕档，《清末筹备立宪档案史料》，第102—104页

兼署海军大臣谭学衡等请将宪法重大信条早日颁布折

宣统三年九月二十八日

兼署海军大臣海军部副大臣、海军副都统臣谭学衡等跪奏，为乱事纷乘，祸变日亟，拟请将宪法重大信条早日宣誓太庙，以定国是而靖人心，恭折仰祈圣

三、宪法问题

鉴事：

窃臣等恭读本年九月十三日上谕：资政院奏，采用君主立宪主义，并先拟具信条十九条，缮单呈览，恳请宣誓太庙，布告臣民，以固邦本而维皇室一折。朕详加披览，均属扼要。著即照准。一面择期宣誓太庙，将重要信条立即颁布，刊刻誊黄，宣示天下等因。钦此。仰见我皇上一秉大公，实心与民更始之至意，钦服莫名。惟自奉谕以来，各省仍纷纷告警，险象环生。似此群情傲扰，将治安先不能保，宪政何由实行。窃维宪法重大信条十九条，于政治改革已臻圆满。各省人士，其宗旨与之不合者虽属有人，然愿遵守者实居大多数。拟请早日宣誓太庙，颁布天下，以示朝廷明定国是，断无反汗之理。则宗旨背驰之人无从煽惑，人心自可安靖，宪政庶易进行。

臣等经与同乡京官资政院总裁李家驹，署理邮传部大臣梁士诒，宗人府府丞许秉琦，大清银行副监督陈锦涛，度支部左参议曾习经，海军正参领曹汝英、蔡廷幹，陆军副参领冯耿光，京畿道监察御史麦秩严，翰林编修朱汝珍、李翘燊、陈启辉、刁作谦、林葆恒，外务部参议上行走廖恩焘，陆军部司长何守仁，海军部司长关景贤，邮传部佥事叶恭绰、关赓麟，陆军协参领吴为雨，法部参事潘元敉、郎中饶宝书、张丕基、元章、范家驹，大理院总检察官胡蓉第、推事吴尚廉、王克忠、员外郎梁志文、游敬森、陈芝昌、吴昌华、梁广照、颜绍泽、陈庆佑，资政议员刘曜垣、黄毓棠、刘述尧，京师地方审判厅推事萧日炎、彭光莹，高等审判厅推事朱玠、前帮办推事潘誉恩，高等检察官朱崇年，地方检察官区孝达、主事任文灿、谈道隆、黄庆元、姚梓芳、何若水、何晋梯、潘斯炽、林汝魁、郭宝兹、魏琦、郑懋修、吴之杰、郑增熙、郭经、杨毓焘、许秉璜、梁鸣治、谢荣熙、戴增诚、罗正阶、郑文杰、任士铿，初级检察官邓昀，海军部科长招瑞声、何嘉兰、梁芯、科员刘国桢、莫嵩福、罗济恒，陆军协军校梁广谦，军谘府科员温应星，裁缺内阁中书罗昌、罗翔云，小京官陈伯驹、陆鋆、伍文祥、龙学兢、周明泉、冯懿同、陈培琛、何蔚、王国樑，大理院正七品推事区枢、所官区孝适，学部书记官胡树勋等会商，意见相同。谨合词吁恳，不胜惶悚之至。伏乞皇上圣鉴训示。谨奏。

《清末筹备立宪档案史料》，第105—106页

告庙誓词（宣誓宪法十九信条）①

宣统三年十月初六日

维宣统三年岁次辛亥十月乙未朔越六日，孝孙嗣皇帝臣御名②年在冲龄，监国摄政王载沣行祀事，谨誓告于

　　太祖承天广运圣德神功肇纪立极仁孝睿武端毅钦安弘文定业高皇帝、
　　孝慈昭宪敬顺仁徽懿德庆显承天辅圣高皇后、
　　太宗应天兴国弘德彰武宽温仁圣睿孝敬敏昭定隆道显功文皇帝、
　　孝端正敬仁懿哲顺慈僖庄敏辅天协圣文皇后、
　　孝庄仁宣诚宪恭懿至德纯徽翊天启圣文皇后、
　　世祖体天隆运定统建极英睿钦文显武大德弘功至仁纯孝章皇帝、
　　孝惠仁宪端懿慈淑恭安纯德顺天翼圣章皇后、
　　孝康慈和庄懿恭惠温穆端靖崇天育圣章皇后、
　　圣祖合天弘运文武睿哲恭俭宽裕孝敬诚信中和功德大成仁皇帝、
　　孝诚恭肃正惠安和淑懿恪敏俪天襄圣仁皇后、
　　孝昭静淑明惠正和安裕端穆钦天顺圣仁皇后、
　　孝懿温诚端仁宪穆和恪慈惠奉天佐圣仁皇后、
　　孝恭宣惠温肃定裕慈纯钦穆赞天承圣仁皇后、
　　世宗敬天昌运建中表正文武英明宽仁信毅睿圣大孝至诚宪皇帝、
　　孝敬恭和懿顺昭惠庄肃安康佐天翊圣宪皇后、
　　孝圣慈宣康惠敦和诚徽仁穆敬天光圣宪皇后、
　　高宗法天隆运至诚先觉体元立极敷文奋武钦明孝慈神圣纯皇帝、
　　孝贤诚正敦穆仁惠徽恭康顺辅天昌圣纯皇后、

---

① 括号内为编者所加。
② 指宣统皇帝爱新觉罗·溥仪。下同。

三、宪法问题

孝仪恭顺康裕慈仁端恪敏哲翼天毓圣纯皇后、

仁宗受天兴运敷化绥猷崇文经武光裕孝恭勤俭端敏英哲睿皇帝、

孝淑端和仁庄慈懿敦裕昭肃光天佑圣睿皇后、

孝和恭慈康豫安成钦顺仁正应天熙圣睿皇后、

宣宗效天符运立中体正至文圣武智勇仁慈俭勤孝敏宽定成皇帝、

孝穆温厚庄肃端诚恪惠宽钦孚天裕圣成皇后、

孝慎敏肃哲顺和懿诚惠敦恪熙天诒圣成皇后、

孝全慈敬宽仁端悫安惠诚敏符天笃圣成皇后、

孝静康慈懿昭端惠庄仁和慎弼天抚圣成皇后、

文宗协天翊运执中垂谟懋德振武圣孝渊恭端仁宽敏庄俭显皇帝、

孝德温惠诚顺慈庄恪慎徽懿恭天赞圣显皇后、

孝贞慈安裕庆和敬诚靖仪天祚圣显皇后、

孝钦慈禧端佑康颐昭豫庄诚寿恭钦献崇熙配天兴圣显皇后、

穆宗继天开运受中居正保大定功圣智诚孝信敏恭宽明肃毅皇帝、

孝哲嘉顺淑慎贤明恭端宪天彰圣毅皇后

神位前曰：

洪惟我太祖高皇帝以来，列祖列宗贻谋宏远，垂三百年于兹矣。孝孙御名寅绍丕基，兢兢业业，仰承先朝立宪之大旨，力图急进，朝夕筹谋，乃弗克负荷，用人行政，诸未得宜，以致上下睽隔，情意不孚，旬月之间，寰区俶扰。深惧我累圣相承之大业颠覆于地，悯予小子，罪曷克当。兹由资政院诸臣，博采列邦君主最良之宪法，上体亲贵不与政事之成规，先撰重大信条十九条，其余未尽事宜，一并归入宪法，迅速编纂，并速开国会，以符立宪政体。审察情势，已允施行。用敢矢言于我列祖列宗之前，继自今藐藐之躬，振振之族，当与内外臣工、军民人等普同遵守，子孙万世，罔敢或渝。以纾九庙在天之忧，而慰率土苍生之望。惟我祖宗，实式临之。所有重大信条十九条，开列于后。谨誓①。

《内阁官报》第九十六号，宣统三年十月初七日出版

---

① 以下为十九信条，与前录十九信条同，省略。——编者

四、官制改革

1. 中央官制改革方案的讨论和决定

载振致瞿鸿禨函（附疏稿）

光绪三十一年八月—十一月①

玖翁尚书阁下，敬启者：中国官制腐败，亟待更张，欲求入手之方，必以祛冗滥、专责成为首务。振窃不自揆，妄思有所论列，谨拟具疏稿一通，拟于一二日内恭折上闻。夙稔执事公忠体国，当表同情，谨先录副呈政。管蠡之见，如有可备采择之处，入对之余，伏望赞成一切，俾可见之施行，深纫公谊，实无涯涘也。专肃，顺候台绥，伏惟亮察不具。载振顿首。

---

① 原编者将信函时间定为光绪三十二年。但疏稿中有"学务处宜改设学部，专司学校教育事宜。又现在科举既停"句，考学部之设在光绪三十一年十一月初十日，此函应在此之前；又清廷明令废科举系在光绪三十一年八月初四日；故此函及疏稿当在光绪三十一年八月初四日至十一月初十日之间。

附：疏稿

谨奏为官制腐败，事权不一，亟宜仿专任之法，一律改定，以维政体，恭折具陈仰祈圣鉴事：

窃维古者任官之法，所以得人而理者，不惟其繁，惟其专，不惟其暂，惟其久。是以唐虞郅治，只有五人，成周建官，必先六太。自汉唐以后，官制纷歧，事权渐替，而天下遂以多故矣。我朝设官分职，大都沿明代旧制，故有旧政既废，官位尚存，寖至名实不符，俸糈虚縻。迄于近世，闲官愈多，而办事益形阻滞。推言其弊，约有两端：一曰推诿，一曰牵掣。盖责任不属于一人，则纲领便无由提挈，国家遇有大事，此部推诸彼部，甲权诿为乙权，或明知其事之非，而不肯出一言以立断。此推诿之弊也。凡人气质刚柔，学问程度，大都未能一致。各部堂官既众，意见不无参差，往往提议一事，议论经年，终归搁置，所谓筑室道谋，不溃于成。此牵掣之弊也。诚以一人兼办数事，精神才力，断难兼顾；数人兼办一事，依回迁就，百无一成；何况凡人之聪明智识，各有专长，若今日任此部，明日又调彼部，何怪其遇事茫然，难得要领。凡此种种，皆责任不专之弊。由是政令歧出，中央之于各省，声气隔绝，呼应不灵，政府有所措施，地方官或多所窒碍，深宫焦劳于上，而诸臣相与束手于下，驯至内政外交，动多为难。兴言及此，可胜隐忧？奴才窃尝反复筹维，悉心计议。窃谓际兹时局艰难之会，而以此事权不一之官与为因应，欲求其挽回补救也难矣。为今之计，亟宜仿各国专任之例，将中央官制改弦而更张之，庶有以植新政之初基，而可自立于竞争之世。闻日本明治变法之初，亦先改定官制。今拟变通各部旧制，如刑部宜改为法部，仿日本司法省之制，考核天下讼狱，而不自理裁判；大理寺宜改为大审院，仍隶属于法部，所有都察院审判事宜，宜改归大审院办理；学务处宜改设学部，专司学校教育事宜。又现在科举既停，礼部应专司朝会祭祀一切礼仪，太常寺、鸿胪寺、光禄寺即可裁并。至财政处应与户部合并，练兵处应与兵部合并，其原派之王大臣，应请一并裁撤。总计外务部、商部、法部、学部、吏部、巡警部、户部、兵部、礼部、工部，凡十部，每部应各设尚书、侍郎共三四人。其事繁之部，设左右丞、左右参议各一人；事简之部，设丞一人，参议一人。所有冗滥不得力之司员，请一并酌量裁撤。各部堂司职员，请照外、商二部办法，各缺均不分满汉。又王、贝勒、公等，亦均应娴习吏事。嗣后各部尚书、侍郎，拟请一律简授，以重责任。宗室、世职、章京，亦可令在各部学习行走，量材补授实官。以上无论堂司各官，概不令兼充他差；其各部事务向有一事归二部兼管者，应请酌量轻重，归一部专办。内务府专司供应内廷事务，所有上驷院、武备院、奉宸苑暨园庭各衙门，均归内务府专管，毋庸另派大臣。又内阁大学士不兼部务者，同内阁学士等官，事务稀简，几等闲曹，于国家体制，名实太不相符，或可将近设政务处，归入内阁办理。此外，除翰林院系文学侍从之臣，都察院系建言论事之地，理藩院有抚绥藩服之责，銮仪卫有车驾卤薄之司，均未可轻议裁撤外，如太仆寺马政事宜，可并入兵部办理，国子监贡举事宜，可并入学部办理，所有各该原衙门，均可一律裁撤。此改定各部院官制之大概也。

至于各旗官制，今昔情形不同，亦应一律厘订，借资专任。查我朝入关之先，本只编立四旗，寻以归服日广，乃增建为八旗，然犹统满洲、蒙古、汉军而合于一也。厥后户口日繁，始先后续编蒙古、汉军八旗，设官均与满洲相等，为今二十四旗之制。奴才窃揆立法初意，盖因定鼎之初，满、蒙、汉习尚不同，难于统摄，故有分隶之举。方今中外一统，风尚大同，与其虚设多官，徒资冗滥，曷若规复旧制，俾专责成。至各旗都统兼办部务，精神不能专注，每至部务旗务，两俱废弛。即以奴才而论，除商部责任重大，逐日到署办事外，其余各项要差，虽竭力兼顾，仍有日不暇给之势。奴才才具虽短，年力方强，尚且时虞旷误，其多年扬历、年齿较长大臣，竭蹙更可想见。奴才愚见，嗣后满洲、蒙古、汉军，仍各按旗归并，每旗各设都统一员，令其专办旗务，不兼别项差使，足资笼摄。其余参领、佐领等官，亦可酌量归并，务昭核实。此外如前锋、护军等营，步军统领衙门，均有警跸宿卫之责，应俟警政办有端绪，再为陆续裁并，以昭划一。此改订各旗官制之大概也。

以上各部、各旗官制既定，责任既专，所有任职各员，自应一律优给廉俸，除将裁撤各衙门经费分布酌加外，其不敷之款，或令该衙门设法自筹，或由各直省量为协济，总期廪禄有余，不致别滋弊窦。倘加俸之后，仍不实心任事，一经觉察，必当予以重惩。其余裁撤实缺各官，应仍请赏给全俸，以备顾问。嗣后各部、各旗官员任事既专，各有应尽之责，而我皇太后、皇上询事考言，亦复易于稽核，赏信罚行，则办事自然简捷，庶务可期振兴矣。惟是从前官制沿用既久，名目又繁，骤言更张，自非易易，必须统筹全局，庶不至窒碍难行。况中央为政治本原，若中央不立整齐之法，则各省断不能守画一之规。兹事体大，可否饬下政务处核议施行，抑或别设官制局详细妥订之处，出自圣裁。奴才非敢好言更张，只以蒿目时艰，深知当今之世，非推行新政，不足以图存。而新政则断宜先改官制，务使尽人知责任之所在，斯办事乃有入手之处。用敢不揣冒昧，激切上陈，不胜惶悚待命之至。

所有请改定官制以一事权缘由，是否有当，谨恭折具陈，伏乞皇太后、皇上圣鉴训示。谨奏。

《瞿鸿禨朋僚书牍选》，中国社科院近代史所近代史资料编辑部编《近代史资料》总109号，中国社会科学出版社2004年出版

请改定官制以为立宪预备折[①]

光绪三十二年七月初六日

戴鸿慈　端方

出使各国考察政治大臣、礼部尚书臣戴鸿慈、闽浙总督臣端方[②]奏，为参酌中外，统筹大局，请改定全国官制，为立宪之预备，恭折具陈，仰祈圣鉴事：

窃臣等使事所及，历查各国政治，以为中国非急采立宪制度，不足以图强，又以现在如遽行立宪制度，亦不足以举实。因吁请皇太后、皇上立颁明诏，先定国是，以十五年或二十年为实行立宪之期。又思此议若蒙圣明采择，则纶綍一降，天下臣民，无不喁喁想望，以待治化之成。惟此十数年间，苟不能先筹预

[①] 《清末筹备立宪档案史料》亦载此文，见该书第367—383页，题为《出使各国考察政治大臣戴鸿慈等奏请改定全国官制以为立宪预备折》，但未收后面戴、端二人建议的官制清单。对个别用字不同，从《端忠敏公奏稿》，但对有意义不同处，均注出。奏折署名及日期均据《清末筹备立宪档案史料》。

[②] "出使……端方"，据《清末筹备立宪档案史料》加。

备，以新天下之观听，则转瞬期届，国中情状仍与今日无殊，必至欲举一事而无可用之人，欲行一政而无相当之法，宪政之不能实行如故，而举国今日属望之诚，将疑朝廷为不可信，人心一去，大局愈不可问。此臣等所为一喜一惧，日夕焦虑而未能即安者也。

臣等窃观日本之实施宪法，在明治二十三年，而先于明治七年、明治十八年两次大改官制。论者谓其宪法之推行有效，实由官制之预备得宜。诚以未改官制以前，任人而不任法，既改官制以后，任法而不任人。任人不任法者，法既敝，虽圣智犹不足以图功。任法不任人者，法有常，虽中才而足以自效。臣等游历所至，每与其国之贤士大夫潜心讨论，举以相衡，觉彼皆条理秩然，事无丛脞，而我则时形竭蹶，弊患潜滋，不尽由于才智之悬殊，当归咎于制度之未备。于是熟察其官署组织之法，参考其行政秩序之方，虽亦颇有增减异同，实则无不完全粹美。而求其可以为我法者，则莫如日本之仿效欧西，事事为我先导。盖各国国力、人格自有不同，而日本则能取彼之长而弃其短，尽彼之利而去其弊。中国今日欲加改革，其情势与日本当日正复相似，故于各国得一借镜之资，实不啻于日本得一前车之鉴，事半功倍，效验昭然。臣等不揣梼昧，谨就中国所阙失，与立宪所不能【不】预为组织者，分条缕析，敬为我皇太后、皇上剀切陈之。

一曰宜略仿责任内阁之制，以求中央行政之统一也。

查东西各国，无不有责任内阁。责任内阁者，合首相及各部之国务大臣组织一合议制之政府，代君主而负责任者也。盖中央政府实一国行政之总枢，一切政策从兹出焉，各部漠不相谋，则政策万难统一。故各国每由君主自擢首相，由首相荐举阁臣，一切施政之方，由阁臣全体议定然后施行，而得失功罪，则阁臣全体同负其责。所以必以阁臣负其责者，一则使之忠于职任，无敢诿卸以误国，一则虽有缺失，有阁臣任之，则天下不敢致怨于君主，所谓神圣不敢干犯者，此也。中国内阁昔为枢要，今如闲曹，比之各国固不同矣。军机处虽有类各国之内阁，然对于上则仅备顾问，对于下则未受责成，考其职权，只略如各国之枢密顾问院耳。若夫各部尚、侍，实可称一国行政长官，而各部相离，毫无联络，彼此政策平时既未尝与闻，遇事或转相矛盾，且所掌者不过簿书期会，所争者不过意见参差。其稍有实权者，或遇应办之事，应拨之款，必须相助为理、通力合筹，又因素不相谋，以致各不相顾，机关阻遏，名实俱乖，若不合议一堂，共谋大局,则虽有开诚布公之念,恐必无同心协力之时,殊不足以收实效。各国所以合各部于内阁,以阁议为一国政纲之所由出,正为是也。且军机处职在出谋发虑,各部臣职在宣化承流,虽皆上禀圣谟,实不啻躬亲庶政,奉行一有不当,小民难免怨咨,谴责尚未能施,宫廷已先受过,揆之各国责任内阁之义,殆有未安者矣。臣等考日本明治二年再改官制,于太政大臣外增设左右两大臣,太政大臣即各国之总理大臣也。变法之始,非一人之力所能因应,必有左右大臣以赞襄之。迨明治十八年后,一切新政均有基础,乃更定官制,设内阁总理大臣及九省大臣,统为阁员,一切诏敕皆令大臣副署,代天皇负责任,此即今日相沿之制也。窃以为中国大于日本十余倍,其审慎机宜,有不能不变通办理者,似应略采其意,以军机处归并内阁,而置总理大臣一人,兼充大学士,为其首长,以平章内外政事,任国政责成。置左右副大臣各一人,兼充协办大学士,为其辅佐,以协同平章政事,共任国政责成。其原有之大学士,则仍带各殿阁之名衔,简为枢密院顾问大臣,以示优崇之意。而令各部尚书皆列于阁臣。此三大臣者,常与各部尚书入阁会议,以图政事之统一,会议既决,奏请圣裁。及其施行,仍由总理大臣、左右大臣及该部尚书副署,使职权既专而无所掣肘,责任复重而无所诿卸,如此则行政之大本立矣。

二曰宜定中央与地方之权限,使一国机关运动灵通也。

各国行政,大概可分为中央集权、地方分权两种。中央集权例如日本,所有地方行政长官皆属于内务大臣监督之下,一切政策悉须禀承。地方分权例如美国,中央政府仅掌军事、外交、交通、关税荦荦诸大政,其余大小诸务,悉归各省巡抚自行办理。二者各有所长,不容轩轾,要皆各有其职守,而不能越出于范围。中国以军机、各部统治于内,以督抚分治于外,参酌于集权、分权之间。以中国之幅员既长,处置诚为得当,然因权限不清之故,各部与督抚往往两失其权。盖有时督抚以寻常奏报,遇部驳而格不能行,有时各部以管辖事宜,不奏咨而遂难过问,凡此等类,悉数难终。夫各部用其权以裁制督抚,若不量地方之情势,则善政几不得举行,督抚张其权而轻视各部,又破坏一部之机关,而政令几同于虚设,彼此之龃龉尚小,而事机之贻误实多。臣等之愚,以为治泱泱之中国,万不能不假督抚以重权,而各部为全国政令所从出,亦不能置之不理,视为具文。诚宜明定职权,划分限制,以某项属之各部,虽疆吏亦必奉行,以某项属之督抚，虽部臣不能挽越。如此则部臣、疆吏，于其权限内应行之事，无所用其推诿，于其权限外侵轶之事，无所施其阻挠，庶政策不至纷歧，而精神自能统一矣。

三曰内外各重要衙门，皆宜设辅佐官，而中央各部主任官之事权尤当归一也。

各国官制，凡各衙署皆有主任官与辅佐官，主任官即一署之长官，辅佐官次于长官一等，承长官之指挥而辅佐其职权者也。主任官一，辅佐官则或有二三，两者兼重，事乃毕治。中国现行官制，中央各部尚书似为主任官，而侍郎则其辅佐官也，惟是尚、侍职处平等，既不能受其指挥，即不可命为辅佐。而一部之中，有二尚书、四侍郎，又加以管部之亲王、大学士，则以一部而有七主任官矣，绝无分劳赴功之效，惟有推诿牵掣之能，官制之弊，莫此为甚。至新设各部，特置丞参，尚有辅佐之意，他部则惟有郎员，郎员分掌各司，实如日本诸省之各局局员、各课课长，不可谓为辅佐官也。夫主任官既已事权不一，又无人为之承乏指挥，安得不以一部主权，付诸吏胥之手。若夫各省督抚，责任至重，藩、臬两司既各有职守，善后局、营务处等，又各担一部分之责任，遂令督抚之下无一完全之辅佐官，至为可异。间有宏开幕府，妙选宾僚，虽亦稍收臂指之功，实则不受丝毫之责。夫至任事而不受其责，则贤者或相率诿卸，而不肖者转得以营私，推至藩、臬、府、县各官，均有地方责任，亦皆独肩巨细，绝少分司，漏略阙疏，殊多未善。臣等以为现今六、七堂官之制，必须首先更改。最善者径采各国之制，定为一大臣、一次官，大臣负阁臣之责成，次官综一部之庶务。其次则如商、学、警三部成例，设一尚书、两侍郎，不置管部，以尚书为主任官，而侍郎为之辅佐，受其指挥。更设丞、参各官，划定职权，丞如日本之参事，专主审议立案，参议如日本之局长，郎员如各课。其外省督抚，亦当如日本台湾之制①，设参事以代幕僚，设秘书以代文案。现有各局，除应裁撤、归并外，存留者悉为专官，并隶督抚，如台湾总督官署所属之各局②然，其余各官，亦各量分辅佐。如此则责任分明，诸务毕举，而内外各衙署之规模粗具矣。

---

① "亦当如日本台湾之制"句，《清末筹备立宪档案史料》无。
② "如台湾总督官署所属之各局"句，《清末筹备立宪档案史料》无。

四曰中央各官宜酌量增置、裁撤、归并也。

各国官制，中央政府各部名目虽各有不同，而檃括言之，不外内务、外交、财务、司法、军事五者。其中以内务所辖较繁，如是有析教育行政为学部者，有析农工商业行政为农工商等部者，又有因交通之利大开，析铁路、轮船、邮政、电报诸行政而为邮部者。军事一项，有析兵部而为海军、陆军两部者。又或领土寥廓，宜有专官，有于五者行政之外，而别为殖务部者。中国旧有六部，惟户、刑、兵三部最为切要，近日新设外、商、警、学四部，体制较备于昔，然尚有阙而未举，冗而无当，与职权不分明，名称宜斟酌者。增置、裁并，试举其略。

内部为民治事，职要而任繁，各国大率举教育、农工商及交通诸行政别区为部，中国必应仿行。其留存于内部范围者，尚有警察、卫生、土木、赈恤并监督地方行政诸大端。中国地方太广，监督行政一层断不适于措理，自以警察为一部最要之图，惟内务可以赅警察，而警察不能尽内务，今中国已设警部，复设内部，不独迹近骈枝，亦且无事可办。然考各国之制，以警部独称者甚希，而内部不立者则竟无有。臣等以为，不若改巡警部为内务①部，凡户部、工部之关于丁口、工程者，皆并隶之，是为第一部。户部掌财务行政，为旧制所固有，然以户名其部者，盖缘旧日财政以户田为其专务，今征诸各国所掌，则自国税、关税以至货币、国债、银行，其事甚繁，户田一端，实不足以尽之。臣等以为，宜因户部之旧，更其名曰财政部，而以前所设之财政处并入焉，是为第二部。外务部今已设立，法制略具，可以因仍不改，是为第三部。兵部掌军事行政，为旧制所固有，现在绿营半皆裁撤，各省训练新军，非复部臣所能稽核，然既无知兵之实，徒拥掌兵之名，名实不符，殆同闲冗。臣等以为，宜仍旧制，以练兵处并入，改其名曰军部，而将各国通行之军事行政职权，应归并兵部大臣统辖者，皆责成焉。近世各国多以海、陆军各自为部，中国虽应采用其制，而海军初有萌芽，未能独立，徒悬此职，亦等虚名，不若于部中分立陆军、海军两局，暂担责成。至参谋本部及军事教育，均须依次另设专署，以底完全。是为第四部。刑部掌司法行政，亦旧制所固有，然司法实兼民事、刑事二者，其职在保人民之权利，正国家之纪纲，不以肃杀为功，而以宽仁为用，徒命曰刑，于义尚多偏激。臣等以

---

① 此处《端忠敏公奏稿》为"内政部"。

为，宜改名曰法部，一国司法行政皆统焉。司法之权，各国本皆独立，中国急应取法。所有各省执法司、各级审判所及监狱之监督，皆为本部分支，必须层层独立，然后始为施行。是为第五部。学务部今已设立，法制略备，可以因仍无改，是为第六部。农工商三者为富国之本源，各国皆以殖产兴业为重要之政，常以专部领之，而或分或合，则随其所宜。法、普皆三部分立，英则仅有商部而农工隶焉，日本则有农商部而工隶焉，美以农部、工商部分立为二，义、比等国则合三者而为一，此其大较也。中国自古以农立国，而土地之膏腴，物产之丰殖，加以林业、矿产、渔业之盛大，实为世界农国之冠，而人民精勤技巧，于工最宜，信义勇诚，于商为适。故以我之地利、民情论之，三者实兼擅其长，况以中国幅员之大，任举一省，已足当欧洲之一国，国家若为之维持保护，一旦诸业发达，谁能御之？本应各分职掌，始能悉协机宜，然目前农工诸学尚未讲求，办事人材颇形缺乏，不如仿英、义各国之制，统归已设之商部管辖，日后再议增设。是为第七部。自轮船、铁路、电报盛行，而交通行政浸以繁多，各国殆无不特设专部以领之者。中国铁路，各国久为垂涎，急起经营，正恐惟日不足；邮政本为交通枢纽，今尚委诸税司之手，办理亦未得宜；其他轮船、电线，创办已久，而进步甚迟，欲求整顿扩张，正赖事权统一。臣等谓宜合此数项，仿日本递信省例，特设一交通部，是为第八部。近世各国皆忧人满，于是殖民事业相率踵兴，英吉利、荷兰、西班牙皆特设一部，法兰西、葡萄牙则并于海军，日本旧制亦有招殖省，惟专掌北海道移民事业，与他国经营域外者微异。中国新疆、西藏、青海、蒙古幅员阔大，地利未开，若能用晁错徙民实边之谋，行李悝广尽地方之策，俾我列祖列宗百战抚定之地①，殖我薄海内外亿兆蕃衍之民，不待跨越重洋，已复莫能相抗。乃日、英、俄三国，实逼处此，虎视眈眈，我若放弃固有之权，彼即各肆鲸吞之计，诚宜广募腹地民族，以实边陲。而体察外人殖民之方，图其利便，大抵不外开铁路以尽交通之用，明法令以收保护之效，投资本以开工作之途而已。兹事体大，所关亦觉甚巨，臣等请参酌英、法等国之制，特设一殖务部，而以理藩院诸职掌并入之，凡东三省、蒙古、青海、新疆、西藏开拓之政策，皆于是统焉。而南洋、美洲华民至夥，即于部内别设一局，为海外殖民专司，俾尽保护之

---

① "俾我列祖列宗百战抚定之地"句，《清末筹备立宪档案史料》无。

责。是为第九部。此九部者,为一国最高行政官署,总于内阁,如各国责任内阁之制,九部长官皆为阁臣,加以总理大臣、左右副大臣,为十二人。上之代皇太后、皇上负责任,下之各率其职,尽力于本部,是为中央政府之制。

此外有宜于内阁之外增置而别为独立机关者。一曰会计检查院。考各国财务行政,均操之户部大臣,而监督之者则为国会及会计检查院。凡国库金之出入,会计员之决算报告,均须经本院判决,当者认可,不当者使之辨正,仍不改,则一面奏陈君主,一面牒告长官,加以处分。此院之职务,殆与司法裁判同为独立之性质,故能破除一切弊端。中国户部,徒掌本部收支,而各部岁计出入之当否,户部无从过问,各省奏销,则凡外销一项,亦皆无从稽核,是全国财政无一监督之机关也。查普鲁士于未立宪法之先,即有会计检查院;日本于明治初年,亦就大藏省先设检查局,嗣因未能独立,效力颇少,乃离政府而直隶君主,监督之权遂由此而扩大。今宜仿普、日之制,特置会计检查院,设正卿、少卿各一人,凡关于检查会计之事,各地方行政官皆受其监督指挥,其官吏等于司法裁判,非经惩戒裁判所判决者,不受别项惩罚,然后机关始称完备。二曰行政裁判院,各国设此于司法行政之外,上图国家公益,使行政官吏不敢逾法,下保人民权利,使举国民族不致受损。虽制度各有不同,而公开裁判,许众庶旁听,扶助私益,许吏民对质,实与中国都察院大略相等。今都察院既如后所陈拟改为集议院矣,拟请设立行政裁判院,置正卿、少卿各一人,专理官民不公之诉讼,及官员惩戒处分,凡内外百僚之办事无成效者,并有弹劾之责。其总裁①判官之制,惟普鲁士为最善,大抵其半选于司法,其半选于行政,皆以年三十以上者充之,又定之为终身官,以保存其独立之资格,中国似宜切实仿行,以图实效。三曰集议院。考日本历设公议所、待诏局,皆使臣庶尽言,以为国会基础,嗣又别置集议院,取决公论。良以国会既难骤开,若不设此机关,则宪制终难成立,不如先立此院以为练习之区,凡各省州县所陈利病得失,皆上达政府,以备采择而定从违,亦准建议条陈,兼通舆情而觇众见。至于财政之预算决算,亦必属之。此院议员选举,除王公、勋爵、京员定额公推,此外则分奉天、吉林、黑龙江、直隶、山东、山西、河南、陕西、甘肃、新疆、四川、广东、广西、云南、贵州、

---

① 《端忠敏公奏稿》无"裁"字。

湖北、湖南、江苏、安徽、江西、浙江、福建为二十二选举区，每区荐举议员八人，共为总额一百七十六人。选举时暂行投票公举，凡被选举者，无论绅商士子，不拘资格，惟在位之实官不得被举。其议事，以多数决议之制行之，议长由议员中互选，有代表言事之权，无论平日有无职衔，既被举为议长，则应加以优异职衔，以示朝廷殊典，此集议院与国会组织之分别也。将来程度日高，可由国会立法，自可与以立法之权，另行组织。今为一时权宜之计，拟请改都察院为集议院，姑照以上办法行之，是选额既已平均，意见自无畛域，而本省利病亦可因此研究，以补中央耳目所不逮矣。

　　至于应行归并、裁撤各署，则如各国官府体制，划然分明。凡立宪君主之国，其所以保皇室之尊严者，首在厘定此制。臣等前于请定国是一折，业已详陈。日本宫内省制，统一切内廷供奉之职司，超然于内阁之上，不与诸部同负责任。臣等谓宜以现在所有之内务府，改名为宫内部，而以太仆寺、太医院、銮仪卫及其他供奉内廷之职司，归并隶属。其礼部、工部旧制有奉职内廷者，亦皆别立为司，而统于宫内部，则体制谨严，尊荣无极。此宜改并者一。政务处系属新设，职权本未分明，然会议大政以待圣裁，本有类于各国之枢密顾问府，法良意美，允宜保存。似可仿日本之制，改名为枢密院，以原有大学士及各部裁缺之大员特旨简任，十日一值，以备顾问，惟不入内阁，不受行政责成。此宜改并者二。吏部为六官之长，体制本崇，职在进退群僚，责任亦重。惟各国选除官吏，皆归本部长官，故各部皆有试验惩戒之司，各由本部考试拔用，即各由本部惩戒免除，知之既明，试之尤悉，是以易于得人。今吏部铨除，多用抽签成法，此制之弊已数百年。新设之外、商、学、警四部，一切司员皆由荐辟，即不啻专救此弊。臣等以为，方今朝廷百度更新，首当综核名实，请俟各部成立，制度完备之后，再将吏部裁撤。其所管恩赏、封爵诸典不能尽废者，将来可归内阁管理。至于惩戒官吏，法律必当先为颁定，分别实行。此宜改撤者三。礼部职司典礼，兼掌贡举事务，今科举既停，礼部职权已裁其半，所存者惟典礼一项，请改名为典礼院，而以太常、光禄、鸿胪三寺并入焉。此宜改并者四。工部专掌工程，与工艺实不相涉，今工艺已暂归商部兼领，而旧日所掌公共工程应归内政部，宫廷营缮应归宫内部，责任攸归，体制始能不紊，工部一官已无应办之事，拟请迳行裁去。此宜改撤者五。翰林院素号清华之选，自科举既废，新进渐稀，学校广开，文衡罢掌，官已近于闲冗，议且加以裁汰。惟各国本有学士院以待硕学耆儒，中国学术素号昌明，将来专门名家亦必乘时辈出，且经筵进讲，时或需才，史馆编修，人皆举职，拟请留存此位，以励学修。此宜因仍者六。大理寺之职，颇似各国大审院，中国今日实行变法，则行政与司法两权亟应分立，而一国最高之大审院必不可无。应俟司法独立之后，改大理寺为都裁判厅，以当其职。此宜改并者七。

以上皆就臣等管见所及，斟酌中外情形，定为中央官制。所增置者，出于事势之不得不然，所归并裁撤者，出于官司之不得不省，抑或厘正其名号，画定其职权，非有意于纷更，殆仅求其有当。似此办法，庶朝官皆无冗滥，而政事日见修明矣。

五曰宜变通地方行政制度，以求内外贯注也。

中国现在各省官制未臻妥洽者约有三端：一，官署之阶级太多；二，辅佐之职分不备；三，地方之自治不修。考各国地方行政，大率分为三级，少乃二级。法国划全国为郡，郡之下为县，县之下为乡、市。普国划全国为州，州之下为县，县之下为郡与乡、市，凡三级。英国划全国为州，州之下为区。日本划全国为府、县，府、县之下为郡及市、町、村，凡二级。大率行三级制者，第一级为官治，第二级为官治、自治参半，第三级为自治。行两级制者，第一级为官治、自治参半，第二级为自治，上下相维，治具毕举。中国地方之制，以汉时为最美，自周、隋间苏绰废乡官之制，于是自治之精意沦亡，所余者惟存官治。宋、元以后，长吏日多，亲民之官日以卑下。今日州、县之上有府及直辖州，府、州以上有守道及两司，司、道以上有督抚，凡经五级而政事始达于政府。试与各国互相比较，则英国伦敦不及中国四川三分之一，义国约比云南一省，日本亦不过四川一省，所分州县区域与吾之州县正复相等。而彼则直接中央，而一无隔阂，我乃展转五级，而莫识从违，且彼之州郡府县，其下画区数十，置吏数百，以分举各务。而我之州县，则以一人而治彼数百人之事，绝无佐理之人，无论材具各有短长，亦且日力必多不给。臣等窃参酌中外制度，以为除盐、粮、关、河诸道各有专责，不必议裁外，宜将守道及知府直辖州两级悉行裁去，而以州县直隶于督抚，采用普、法等国三级之制，以省为第一级，州县为第二级，乡市为第三级，庶几繁简得宜。惟是旧制州县秩卑而望轻，今既使之次于督抚，似宜进其品秩，以示优崇。考日本有府有县，其领地大者谓之府，小者谓之县，名称虽殊，职权平等。臣等谓宜酌采其制，将现在各州县因地之广狭，民之多少，区为三等，大县进为府，中县为州，小县为县。大县长官改称知府，秩正四品；中县称知州，秩正五品；小县称知县，秩从五品，不相统属，而同受监督于督抚。至其任用之法，则凡道府州县各班，皆可为地择人，分途并用。其本为道员者，则曰管某府某州某县事；本为知府者，则曰知某府事管某州某县事；本为州县者，则曰署某府事知某州县事。职权既无隔阂，仕路亦得疏通，如此则阶级太多之弊除矣。又考各国内外衙署，莫不有辅佐官，日本经营台湾府内，有民政长官、参事官长及各课课长等职①，与中国汉时郡县诸丞曹掾相似，后世此制湮废，自督抚以至州县，署中只存胥役，非士夫所屑为，辅助无人，事多丛脞。臣等窃计今一省督抚之所辖，足当欧洲一国而有余，故省中制置各司，宜略具中央政府之规范，并宜设一省议会，以拟国会，一切法律与国法不相违背者，可任其因地制宜，自行发布，然后能与地方利弊相应，而实收佐理之功。查今之藩、臬两司，虽为独立官署，非等督抚署中之一职，然位为僚属，义等次官，近设提学一司，地位亦复相埒。但一省要政，三司犹未能赅，臣等以为每省宜设八司：一曰民政司，二曰执法司，兼一省裁判事，三曰财务司，四曰提学司，五曰巡警司，六曰军政司，七曰外交司，八曰邮递司。除执法司为司法官，军政司应直隶中央，不入行政范围外，其余六司，皆为督抚之最高辅佐官。民政司如日本之民政长官，监督全省州县及乡市之行政，察其举职与否，越权与否，而农工商一切劝励保护之策皆出焉。财务司则专管全省理财之政，而撤各省善后局以入之。而提学、巡警、军政、外交、邮务诸司，皆可裁并向有局所称名，而举其职以受成于督抚。每司之下分置各局，或以事分，或以地分，局设一长以统其属，而受成于本司。为督抚者总其大纲，如挈裘而振领，全省自无不举之事。至于一省之议会，实有参与立法之权。现在国会未能骤开，而省会必当先办。臣等以为宜俟各府州县议会成立后，再由县议员中选出，大县二人，中小县一人，暂充为省会议员，使立法机关草创成立。夫省会之必图成立者，则以国家既定采用立宪政体，则此十余年间，必使人民略习宪法，讲明其故，此会既立，则讨论辨难，皆为有益。又如

---

① 《清末筹备立宪档案史料》无"日本经营台湾府内，有民政长官、参事官长及各课课长等职"句。

实行宪政,在在需财,中央之政费既已大增,一省之征求正复无已,若不立省会以为预算、决算之枢纽,则人民不知公益,岂乐输将,其有碍于行政机关,正不亚于毫无辅佐,是以二者必当兼用。若夫州县为第二级地方行政之官,绾官治①、自治之要,关系亦复甚重。考日本府县官制,于知事下设书记官、警部长、收税官、参事官、视学官、典狱官等,除书记、参事外,各官各有其属。凡州县署中,分设四部:曰内务、曰警务、曰收税、曰监狱。内务部复分五课,其他警务、收税、监狱三部署亦皆各有分职,是其辅佐周备,纤细靡遗,似亦我国州县所宜酌量取法,分曹治事,而各设专官者也,如此则分职不备之弊除矣。

又考各国之强,莫不原于地方自治。夫设官本以为民,而有时官为代谋,转不若民之自谋为得者,是以必区官治、自治,相辅而行,然后治化日进。中国乡官废于隋、唐之季,今之州县,不独以一人举欧美数百吏之职,其受治之人民,亦复群焉依赖,未尝自结团体,自开智识,以谋一方之公益,则以未有规制,无可率循,民德之衰,于斯为极。臣等习闻彼中贤士大夫所以相告者,咸曰中国立宪尚可需以日时,而地方自治之规则,固刻不容缓。盖自治制度苟发达,虽不行宪法,而国本已可不摇,自治精神不养成,虽宪法极善,而推行亦且无效。今考各国政体,无论大而一国,小而一乡,莫不分立法、行政为二事。故地方自治,其在乡者,必有乡会以司立法,有乡长以司行政,乡长大率一人,乡会则置议员数人、数十人不等,以户口之多寡为衡,皆由人民公举,官不过问。市则人口视乡为多,事务视乡为夥,亦有市会以司立法,有市参事会以司行政,市会选举与乡会同。市参事会则以市长一人、市丞一人或二三人、参事会员若干人组织而成。乡长既被公举,便可视事,市长、市丞则被举之后必待朝命然后任事,是乡为完全之自治,而市已略参官治之性质矣。其上为县,官治与自治参半,盖有县会以司立法,而行政则县之长官与县参事会共之,长官由君命,参事会由公举也。臣等以为,此实上下相维之妙用,不难立时举行,应请取全国各县而区划之,其田野散处者命之为乡,阛阓繁盛者命之为市,皆仿置乡会、市会、乡长、市长及市参事会,以为纯粹自治之行政。府州县则如前所陈官治行政之大概,复

---

① 此句《清末筹备立宪档案史料》为"彼官治",《端忠敏公奏稿》为"绾治",联系前后文,当以"绾官治"为是。

各立一府会、州会、县会，以司立法，各立一参事会以辅助官长之行政。一县之中，大端细务，无不克举。一县如此，县县如此，天下之治犹运诸掌矣。夫以吾民自治之力，本所固有，若得朝廷明定法制，使得率由，复得良有司鼓舞发明，似不难旋至立效，如此则自治不修之弊除矣。夫此三者，变通补助，皆属要图，其迹虽有似更张，其事则不能偏废。盖中国行省与各国迥不相同，设使官制不良，则中央之运掉虽灵，外省之推行仍阻，于情势可谓之隔绝，于政俗可谓之悬殊，各自为谋，何能画一。是以臣等不惮广咨博采，斟酌尽宜，拟恳简派内外重臣，核实议定施行，或令各省同时举办，而以直隶一省为之模型，则成效必次第可睹见矣。

六曰裁判与收税事务，不宜与地方官合为一职也。

司法与行政两权分峙独立，不容相混，此世界近百馀年来之公理，而各国奉为准则者也。盖行政官与地方交接较多，迁就瞻徇，势所难免，且政教愈修明，法律愈繁密，条文隐晦，非专门学者不能深知其意。行政官既已瘁心民事，岂能专精律文，故两职之不能相兼，非惟理所宜然，抑亦势所当尔。中国州县，向以听讼为重要之图，往往案牍劳形，不暇究心利病，而庶政之不举，固其宜矣。臣等谓宜采各国公例，将全国司法事务离而独立，不与行政官相丽，取全国各县划为四区，区设一裁判所，名曰区裁判所。其上则为一县之县裁判所，又其上则为一省之省裁判所，又其上则为全国之都裁判厅，级级相统，而并隶于法部。区裁判所则以一裁判官主之，县裁判所以至省裁判所、都裁判厅，则以数人之裁判官主之，而置一长焉。各裁判所皆附设检事局，区置检事一人，县以上数人，以掌刑事之公诉。凡民间民事、刑事，小者各诉于其区，大者得诉于其县，其不甘服判决者，自区裁判所以至都裁判厅，均得层层递诉，而以都裁判厅为一国最高之裁判。犹恐边省人民控诉不易，则于陕西、甘肃、新疆、四川、云南、贵州诸省设巡回裁判焉，略如汉代绣衣直指之制，以平天下之疑。其官制不与行政各官同，其升转事权分析，两无牵涉，在上者既能各行其是，小民自食其赐。又州县定制，兼征钱粮，考各国官制，收税官为地方官之属僚，而不躬亲其事，盖自改定官制以后，一切政费，地方官皆得有权支销，而不得管其出纳，收税之员则但能司其出纳，而不得擅自支销。如此则权限厘然，而自无贪酷之风矣。

七曰内外衙署，宜皆以书记官代吏胥也。

吏胥舞文之弊，前人已悉言之，上年屡奉明诏，敕令革除，近日内外各衙门大加汰革，改用司员，而仍未能革除净尽。良以从前旧例，久为吏胥窟穴之场，不免因熟于例文，藉以自固。臣等游历所至，亲见各国衙署用人至夥，人治一事，事不止用一人，秩序昭然，靡不就理。考其所登进，或皆取之士类，或且兼用女生，从不闻有徇法营私致偾国事者。此后中国新政施行，律文昭著，从前胥吏本已失所凭依，万不能容其久溷，应请将中外大小各衙门，悉依新设各部成例，不复更设吏胥，惟聘用书记官及书记生代之，必用士大夫之能知自爱者，积有资劳，并准与本署各官吏同其升转，庶人皆争自濯磨，而永无蠹胥之害矣。

八曰宜更定任用、升转、惩戒、俸给、恩赏诸法及官吏体制，以除种种窒碍而收实事求是之效也。

夫制度无论若何美备，苟运用不得其法，则一切皆为具文，从前吏治窳坏，固由官制之未备，亦由立法之未周。臣等请逐条缕陈，以谋补救。旧制，官吏出身不外科第、捐纳、荫袭、保举诸途，而科第、捐纳为最广，捐纳流品之杂，姑不具言。即科第号称正途，而所学皆非所用，至于荫袭、保举，叨滥尤多，是以铨叙虽宽，而人才难得。今者科举已废，捐纳将停，亦知其弊而思所以易之矣。然易之者不得其途，举国茫然莫知所适，有志仕进者不知从何道以求进身之阶，数年之后，必多歧念，此不可不急为设法者也。考日本官吏登庸，皆由试验，分高等、普通两种。高等试验科目则宪法、民法、刑法、行政法、经济学、国际法，六者必须遍试，而财政学、商法、民事诉讼法、刑事诉讼法四者则任择其一焉。普通试验，一依中学校科目。至于外交官、裁判官等，又各用其专门科目。盖凡所试者，不出其所学之途，而所用者即因其所执之业，是以学成入仕，无不各有治事之能。中国学校渐已成立，一国人才将由此出，且游学之士日益增多，若不觇其学之浅深，何以别其人之用舍。应请嗣后新增官职，均用新法试验，以广登进，学既验其本末，人必争自濯磨，非惟吏治可以振兴，即学风亦于以丕变。此选官之宜辟新途者一也。各国通制，多以本籍之人任地方之事，不独民选之乡、市各长为然，即长官亦初无歧异。中国宋、元以后，始有回避之条，以数千里风俗殊绝、言语不通之人，来尹斯土，岂能熟其情状，因应咸宜。然其为此制者，徒曰避嫌防弊耳。夫人孰不爱其桑梓，贤者固易增乡里之情，孰不畏其友朋，不肖者亦或生人言之惧。应请嗣后地方各官，不必更问籍贯，皆可简补，则不至视官如传舍矣。此回避之必须豁除者二也。三代以前，任官者多终身其职，有以官为氏族，俾长子孙者。汉制亦以久任为事，赐金增秩，传为美谈。近今欧美、日本各国，此例益严，往往既任一职，终身以之，即有迁除，亦不过递升优级，或与原职相似者耳。而海陆军官、外交官、裁判官、教育官等，则他途不能羼入，亦不得转入他途，盖以一切职务必恃有专长为之综理，不能朝拜而夕迁也。中国本无专门学业，入官之后，又复任意迁转，不论事情之同异，但论阶秩之崇卑，习为固然，漠不为怪，官不举职，夫何待言！臣等以为，宜令各官分职久任。其海陆军、裁判、外交、教育各官，皆宜各用其长，自为迁转，一如各国之例。自余各职，亦皆既效①一职之长，不得更冀他途之转，内而丞、参、郎、员，外而诸司、府、县，凡就任者必先策其悠久之功，始不致有置棋之消。其有以升转拔擢为鼓励之方，而致疑于任满不迁，人将怠倦者，考日本有爵位、功勋之制，前代亦有加秩、晋爵之荣，臣等谓宜参考其法，于旧有品级之外，更定勋爵名目，加级者增其俸给，有功者荣以爵勋，或增设仪同特进上柱国、金紫银青光禄大夫等名，或酌用五等封爵、都尉、骑尉旧制，或优给夫金帛，或宠锡以宝星，总期多其荣途以相激劝，则人自以尽职为事，而不徒以迁擢为荣。此升转之不宜烦杂者三也。中国官俸之薄，为前代所未闻，外官虽各有养廉，实则不足为养，京曹则并此而无之。故在内者皆乐就新部，在外者皆愿得优差，情势之不同，禄入之厚薄为之也。臣等尝考东西各国俸禄之制，虽位处最下之官吏，无年给数十两者，至于重臣长官，定制尤形优厚，且俸薪所入专赡身家，而一切因公应用之经费，使令奔走之员役，无不由公家支给，不待自解私囊。又其车马仪从之间，酬酢馈遗之细，亦无不事事简略，种种蠲除，糜费既不见多，洁身易于自好。至于老病退职，则厚予年金，在官病故，则优赐恩给。任官者率无子孙之计、后顾之忧，吏治安得不日见澄清，国事安得不日臻上理。臣等以为，今日中国欲求财政之充盈，官方之整饬，皆非从增加廉俸下手，不足以正本清源。其内官当一切如新设外、商等部例，一律增加；其外官则督抚、各司②不足自给者，亦宜设法增给。至于州县各官，则既升其品秩，自应更定禄糈，力从丰厚，且从

---

① 《端忠敏公奏稿》无"效"字。
② 此处《端忠敏公奏稿》为"藩臬"，《清末筹备立宪档案史料》为"各司"。

前供应上官之用，酬酢往来之繁，罗致幕友之资，舆服傔从之费，一概悉予蠲减。其因公需用款项，仍准一一开支，不令由私囊津贴，而退老暨身后恤赠、恩赏，亦当徐为议定。若裁判、收税等官，皆不可不悉从此例。使在官者别无赡家之虑，但有勤事之心，然后用监督之方，定惩戒之律，有贪婪者重罪之而不少宽，严罚之而不敢怨。盖使官可以不犯法，而亦知法之不易犯，官方澄肃，庶几有期。此禄俸恩给及政费界限、仪制繁文之亟应变通者四也。凡此四端，为仕途之通弊，即蠹国之大源，无论官制更改与否，皆不可不急图洗涤，况伏遇我皇太后、皇上励精图强，开自古以来未有之盛治者耶。《书》曰，若药不瞑眩，厥疾不瘳。臣等以为此类无形之积弊，最足以败事蠹法，倘不亟去此弊，则虽有良法美意，犹不足以为治，此于请改官制之后不得不附陈及之者也。

以上八条，臣等皆就此次考察所及，详细参稽，悉心斟酌，实欲舍中国数千年之所短，就东西十数国之所长，且以日本变法在前，成规具在，不得不取法度之善，以为预备之方。谨将请改内外官制名称大略，另缮清单，恭呈御览。

所有请改官制以为立宪预备缘由，理合恭折具陈，伏乞皇太后、皇上圣鉴，训示施行。谨奏①。

谨将请改内外官制名称及办事权限大略，开列清单，恭呈御览：

中央政府官制

内阁　以原有军机处、内阁改并。

总理大臣一人，兼充大学士，平章内外政事，任国政责成。

左副大臣一人、右副大臣一人，兼充协办大学士，协同平章政事，同任国政责成。

阁丞二人，参议四人，并设司员若干人，分理庶务。附设六局：曰庶务局；法制局，以考察政治馆并入；记录局；赏勋局；统计局；印刷局。由丞参六人分辖。

以上官制大略。

---

① 以下《清末筹备立宪档案史料》未收，仅据《端忠敏公奏稿》。

一、内阁以总理大臣、左右副大臣、与各部尚书会合而成。各部尚书俱为阁臣，并有参预国政之权。

一、总理大臣、左右副大臣仍逐日入对，各部尚书按五日一入对，但各部有要政时，得随时请开阁议。尚书遇有事故，以左侍郎代行。

一、凡法律及要政之请旨饬行者，总理大臣及专管之尚书共署名。属于一部之行政事务者，各部尚书独署名。

一、除各部尚书外，非奉特旨简派，不得列于阁议中。

一、应由阁议定夺者如下：

甲　新颁法律及岁出入之预算决算事件。

乙　军务紧要事件。

丙　外国条约及紧要之外交事件。

丁　奉旨饬交集议院之公议事件。

戊　关系官制变更及法律施行之请旨事件。

己　画定各部疑似之权限。

一、内阁三大臣及尚书均不得兼充繁重差缺，或因一时重要需人，亦只以一项为止。

以上办事权限。

内政部　以巡警部改并，并以工部及户部之关于丁口等项者并入。管理地方行政事宜，凡巡警、选举、土木、水利、卫生、赈恤等事属焉。

财政部　以户部、财政处改并。

外务部　仍现制。

军部　以兵部、练兵处改并。管理全国海陆军事务，俟海军规复，再分海、陆二部。其参谋本部及军事教育，应依次另设专署。

法部　以刑部改设。管理全国司法之行政事务，为各级裁判所及监狱之监督。各省执法司为本部分支。

学部　仍现制。

商部　仍现制。暂时兼管农务、工业一切事务，俟农工诸业发达后，再行分设。

交通部　增置。管理全国交通事务，凡铁路、轮船、电报、邮政等事属焉。

殖务部　以理藩院改并。管理内外蒙古、青海、西藏行政事务。

以上九部均设一尚书,经理本部事务,首任责成,是为行政长官,同入内阁为阁臣,参预国政。设左右侍郎各一人,协理部务,同任责成。按部务繁简,各设丞参司员等,分理庶务。

会计检查院　专任监督财政。设正卿、少卿各一人,酌置属官分任。

行政审判院　专理官民间行政不公之诉讼,及官员惩戒处分,依法律定之。凡百官之办事无成效者,并有弹劾之权。设正卿、少卿各一人,评定官无定员。

以上两院,较各院职权隆重,为独立机关,依各国例,直隶君主。正卿不入内阁,按十日一入值候旨,并得随时奏事。

集议院　以都察院改设。其制度大要如下:

一、议员资格:

甲　王、贝勒、贝子之已满二十五岁者,公推四人。

乙　世爵、勋裔已满三十岁者,公推六人。

丙　京员七品以下,每百人得推选五人。

丁　各省督抚及驻外公使保荐绅商士子有学问品望者,计奉天、吉林、黑龙江、直隶、山东、山西、河南、陕西、甘肃、新疆、四川、湖北、湖南、江西、安徽、江苏、浙江、福建、广东、广西、云南、贵州等二十二省,每省定额八人,共为议员一百七十六人。

二、议员任期,以三年为一任,任满更行推荐保荐。

三、下次推选时,俱行投票公举。

四、于议员中互选议长,正副各一人,常川驻院。余俟开会时到院。

五、院中应议事件:

甲　岁出入之预算。

乙　政府提出之法律案。

丙　人民呈进之请求书。

丁　其他政府交议之事。

六、每年正月二十日至四月二十日为开会之期。两宫御驾到院,行开院式,宣布应议各事。

七、议员年俸应参考各国章程定之。

八、集议院议决应奏事件,得随时奏陈。

以上一院为议院基础。

宫内部　以内务府、太仆寺、太医院、銮仪卫改并。管理供奉内廷事务。

枢密院　以政务处改。此院为最高顾问之地,以原有大学士及各部裁缺之大员特旨简任,十日一值,以备顾问,不入内阁,无行政责成。设正副掌院大臣各一人,余大臣无定员。

典礼院　以礼部改设,并以太常寺、光禄寺、鸿胪寺并入。专管关涉典礼一切事务。

翰林院　仍现制。如各国学士院之制。

以上一部三院,均无行政责成。

吏部　暂仍旧制。俟官制大定,再议改并。

工部　裁撤。

以上二部均拟分别裁并。

内外司法官制:

都裁判厅　以大理寺改。直隶法部。

省裁判所

府县裁判所

区裁判所　自省裁判以下直隶于执法司。

以上各裁判所暂受法部及各省督抚统辖,俟司法完全独立之日,再行更定,惟现时行政各官不得兼任。

地方官制

督抚　仍现制。

民政司　以布政司改。监督全省府州县以至乡市之行政,察其举职与否,越权与否,而农工商劝励之政、保护之策,皆属焉。

执法司　暂隶督抚,俟独立后直隶法部。凡一省之裁判所及监狱,皆其职掌。

财务司　管理财政一切事务。

提学司　仍照学部新制。

巡警司　省城用国家警察制度，其余各府州县，皆用地方警察制度，而由司监督之。

军政司　军政各事，应直隶中央，然遇有地方事变，督抚亦有统率征调之权。

外交司　外交事宜，应直隶外部，然于地方有交涉各事，亦可禀由督抚主政。

邮务司　一省之航路、铁道、电信，均其职掌，而本省驿递，应裁撤并入。

以上八司，皆略仿中央规模，酌量增置，以拟各部。凡一切法律与国法不相触背者，亦有因地制宜自行发布之权。每司之下，置若干局，局设一长以统其属员，分任各职，而皆受成于本司。

盐粮河关道各受责成，不理民事。除河道隶内政部外，余皆直隶财政部，不归督抚管辖。

府州县官　将道、府两级裁去，而以县直隶督抚。以地之广狭，民之多少，区为三等：大县进为府，中县进为州，小县为县。大县长官改称知府，秩正四品；中县称知州，秩正五品；小县称知县，秩从五品。不相统属，而同受监督于督抚。任用之法，于现在道府州县班中通补，本为道员者，曰管某府某州某县事；本为知府者，曰知某府事管某州某县事；本为州县者，曰署某府事知某州某县事。

以上各府州县均于署中分设四所：一曰内务，二曰警务，三曰收税，四曰监狱。分置曹属，各治其事，而受成于本县。

地方自治制

乡长　为地方初级自治。置长一人，以司行政。凡收租税、查户口、行强迫教育，均其责任。

乡会　置议员数人或数十人，以人口之多寡为比例，而皆由人民选举，官不过问。

市长　亦为初级自治。惟略参官治之性质。

市会　议员选举与乡会同。

市参事会　以市长一人、市丞一人或二三人，及市民所举之参事会员若干人组织而成。盖用合议制以司行政。

府州县会　议员由乡会选出，以司立法。

府州县参事会　用合议制，以辅助长官。

以上皆为第二级以下自治办法，再上则为省会。系仿英、普两国制度，分为三级，第一级为官治，第二级为官治自治参半，第三级为自治。

《端忠敏公奏稿》卷六，第43—68页

戴鸿慈、端方奏请设编制局以改定全国官制折①

光绪三十二年七月初八日

出使各国考察政治大臣礼部尚书臣戴鸿慈、闽浙总督臣端方跪奏，为改定全国官制，事体繁重，请设编制局，以资筹议而昭详慎，恭折仰祈圣鉴事：

窃臣等节次召对，均以实行变法必先改革官制为请，仰蒙皇太后、皇上俯鉴微忱，令得尽言无隐，臣等钦服之余，尤深感激。因详考中外现行官制，将中国全国内外各官大加并改，酌拟制度，缕析奏陈在案。伏念臣等使事所及，曾综览东西各国立官之法，而知其异同增减之故，凡有六因：

一、历史之习惯。英当日耳曼朝之世，创设专务官吏，因事增置，制度复杂，故枢密院议长、爱尔兰总裁亦列内阁。德及匈牙利、希腊、瑞典、那威以中古之世，教育事务多掌于教士之手，故文部亦兼宗教。此原于历史而异也。

二、政体之各别。英、德以日耳曼法系，重在地方分权；法、意以罗马法系，重在中央集权；俄为专制之国，其宫内府分立法、行政、农工、财政四局，为别一政府；美为民主之国，其全国各州分立法、行政、司法等部，为三权鼎

---

① 标题为编者所拟。

立，而中央内阁诸大臣，等于大统领之私属，对于国会无责任。此原于政体而异也。

三、事务之繁简。美以各州自主教育，而不设文部；普以德国统辖海军，而不设海军部。又以国力之增长，社会之进步，有不能不离于内阁而特立专职者。德于各部外有邮政、铁路、收税、银行、公债等局；美于各部外有①贸易、劳动、渔业各委员会，以收分职之效。此原于事务而异也。

四、疆域之广狭。俄国领土寥阔，于边境建州为军务知事，又合数州或数县为总督管区，皆以陆军大将或中、少将任之；美国新立之州，庶教未溥，定为特别官制。此外如俄之芬兰事务大臣，英之印度大臣，皆另立专官以司其政。此原于疆域而异也。

五、经费之赢绌。英、美、德、法国力最富，故其官制随时随事而增。国小者不然，瑞典以内务部而兼农工商，西班牙则以之隶于文部，荷兰因属地之远而有殖部，那威因耕地之少而有工部，均以土地不广、财力不足，未能特立农务专官耳。此原于经费而异也。

六、时局之变迁。自帝国主义之说日炽，欧美各国群起竞争，商力不足则以兵力继之，故于占领地方，多予以特别权力。美之非律宾，俄之远东，英之印度，法之西贡，其总督权力几与本国中央官府相埒，有统辖海陆军及立法、行政、收税之权。此原于时势而异也。

欧美各国制度之沿革，其不同既已如此，日本则起自东方，仿行西法，既以行政之敏断而取单独制，以立总理大臣及地方官厅，又因事务之重大而取会议制，以组织内阁及参事等会。大臣之下有次官，次官之下分判各局，局各有课，课各有挂②，分职任事，统系秩然，弃短取长，洵称善变。然考其全国官制，亦经两次改革，始底完全，诚以头绪纷繁，关系重大，职权之所掌，界限既欲分明，法律之奉行，条理尤应详密。虽其中偶有疏阙，或遇窒碍难行之处，原可次第增修，随时改正，而大端细目，皆须预为审定，一切方有遵循。中国现行官制，与臣等所请改定者，形式虽不甚悬殊，权限则必须厘析，虽日后整齐之功

---

① "有"字为《清末筹备立宪档案史料》编者所增。
② "挂"为日语，中文无对应词，但可译为"股"、"组"之意。

用,又期与日本比隆,而眼前复杂之原因,则正与欧美无异。以臣等一二人之所见,不过稍陈崖略,用备施行,而其中创制之苦心,立法之精意,非经再三研究,方免妄议更张。且以中国变法之初,全体立官之重,亦非简派明达治体之大臣会同咨议,不足以定制度而决从违。应请先行设立编制局,请旨简派王公及内外重臣入局讨论,选择员司,将古今中外官制之利弊,详加调查,分别部居,审定秩序,随时奏请圣裁,恭候钦定,然后颁示天下,永永遵守,庶中外晓然于朝廷变法图强之意,确有实行之一日,而无不欣然受治矣。

所有请设编制局以资筹议缘由,理合恭折具陈,伏祈皇太后、皇上圣鉴,训示施行。谨奏。

《清末筹备立宪档案史料》,第383—385页

派载泽等编纂新官制谕①

光绪三十二年七月十四日

光绪三十二年七月十四日,内阁奉上谕:

昨已有旨宣示急为立宪之预备,饬令先行厘定官制。事关重要,必当酌古准今,上稽本朝法度之精,旁参列邦规制之善,折衷至当,纤悉无遗,庶几推行尽利。著派载泽、世续、那桐、荣庆、载振、奎俊、铁良、张百熙、戴鸿慈、葛宝华、徐世昌、陆润庠、寿耆、袁世凯,公同编纂。该大臣等务当共矢公忠,屏除成见,悉心妥订。并著端方、张之洞、升允、锡良、周馥、岑春煊,选派司道大员来京随同参议,并著派庆亲王奕劻、孙家鼐、瞿鸿禨总司核定,候旨遵行,以昭郑重。钦此。

---

① 标题为编者所拟,原文无标题。

四、官制改革

附：

交内阁：本日奉旨派出厘定官制大臣，均著于本月十六日预备召见。钦此。相应传知贵衙门转传各该大臣一体钦遵可也。此交①。

七月十四日

《光绪宣统两朝上谕档》，第三十二册，第129页

御史江春霖奏请除官制十二弊折

光绪三十二年七月二十六日

江南道监察御史臣江春霖跪奏，为改制既参公论，除弊不厌详求，敬陈管见，仰恳谕旨饬并核议事：

窃臣恭读七月十三、十四两日上谕：廓清积弊，明定责成，必从官制入手。钦派载泽等公同编纂，端方等选派司道大员来京随同参议，庆亲王奕劻等核定，等因。仰见宸虑周详，莫名钦佩。诸大臣受恩深重，自必同遵圣训，斟酌尽善制定，而弊自除矣。顾以臣过计，尚恐千虑或有一失，不能不献末议者，与其言之于后，而为拾遗补阙之争，何若言之于先，以备土壤细流之择，不揣梼昧，敬为我皇太后、皇上缕析陈之。

凡人才力各有所限，以一人而治一事，庸众足效驰驱，以一人而兼数事，智勇亦形竭蹶。今之大臣兼管会办，已稍异设官分职之意，乃至各部司务，各省局差，亦复垄断独登，左右罔利，无论才非肆应，即聪明特达，剖判如流，恐亦疲于奔命矣，欲无敷衍塞责得乎？此兼差之弊可议者一也。

谷禄不平，不可为政。国朝自雍正年间提州县火耗以加养廉，同治年间复提

---

① 后附名单，系朱笔从各部尚书、侍郎及地方各总督中圈出厘定官制大臣名单。略。

厘金赢余以加津贴，酌盈剂虚，法良意美，久之而加派陋规，各为风气，肥瘠乃悬绝矣。今直隶、山东等省则有公费，外、商、学、警等部则有津贴，吏、兵等部则有化公为私，意亦何尝不善，而各自为谋，多寡不同，有无互异。臣朔朱儒，腾为嘲笑，古制且不必论，求之东西各国果有此耶？此偏枯之弊可议者二也。

西人之学，最重专门，而历官亦不出专门以外。今之新设诸部，例得奏调，因其所长而调之，即西学专门意也。调之而不称其职，则宜咨回，调之而称其职，则宜久任。乃未几有以候补道调郎中而出实缺者矣，有以郎中调参议厅丞而出为道员者矣，有左右丞而出为藩臬者矣。用人自有权衡，臣本不敢妄议，调之既因所长，而出之复仍所短，将无用违其才乎？此迁调之弊可议者三也。

进贤受上赏，进不贤蒙显戮，古之制也。御史刘汝骥之论列，政务处、吏部之议复，虽严保举限制，所争者众寡小大而已。臣谓所保诚当，即多开数人，加升数级，亦未为过，特患以贪为廉，以酷为能，以败为功，以无为有，以细为巨，颠倒是非，变乱黑白，侥倖一时犹小，流毒将来更甚耳。非严定保任，申明赏罚，夤缘请讬，其能禁乎？此保举之弊可议者四也。

筑坛拜将，汉以之兴，刻印弗予，楚以之败，而江南既下，太原未平，宋祖不授曹彬以使相，非惟爱惜名器，亦虑功高而无可复赏也。今诸部侍郎、丞参，皆不次擢用，郎中、员外、主事，皆旋即实授，需才之际，固不能拘以资格，而成效未见，即与真除，及其有成，何以赏之？此超躐之弊可议者五也。

相如、安国，皆以赀进，一文一武，至今称之。谓捐纳内无人才，是重诬天下士，臣不信也。但既重定官制，若再开捐，势必重订捐例，等第高低，较量贵贱，以创制显庸之事，竟类持筹握算之为，贻笑天下，良非浅鲜。此捐纳之弊可议者六也。

欲叙官方，必清品流，今流品之杂极矣。然京员捐班补缺无期，不支俸银，仅分印结，捐例一停，从公枵腹，挽之亦弗留矣。独至外省则自道府下逮州县，佐杂候补试用，动以千计，若不稍加甄叙，分别去留，则课吏之馆既不能容，钻营之方何所不至，上蠹吏治，下害民生。此分发之弊可议者七也。

度支日绌，冗食宜裁。今之议裁汰者咸集矢于寺、院，寺、院事简，裁之宜也。然使以俸食计，尽裁诸署，仅敷外、商郎中十馀人之津贴耳。若新立衙门，皆靡巨帑，警部至以周围四十里之地，分厅十三，分区四十，设官以百数计，不知行省普设巡警，将用几许人员，几多薪水。臣核户部存款无过六百馀万，而每易名目，辄多开支，为问廉俸，王阳真有化金术乎？此冗滥之弊可议者八也。

古之循吏在于爱民，今之能吏则惟奉上，非尽无良，以上官八字考语，能操予夺之权，而制生死之命也。三语之掾，三字之狱，何以异是。仁慈近于柔懦，刚直近于粗率，清介近于矫激，持重近于迂缓。得罪于民犹可弥缝，得罪于上必无倖免，中材数居最多，孰不顾全富贵，冤枉无所告诉，安得弗务逢迎。此考察之弊可议者九也。

赃私之罚，科及一两，可谓严矣。而授受过付同罪，据安可得，亲故馈遗，勿论受则有辞，似严实宽，亦何必为此苛例乎。今若捐弃一切，凡卖官鬻狱挂弹章者，不论实据有无，但以用人有无偏私，定案有无出入为断，属员被劾，则治上司以徇隐之律，参案全虚，则惩言官以失察之条，臣知纵令受贿而亦不敢受矣。此名例之弊可议者十也。

各部堂司三揖而止，例不屈膝，礼至简也。乃直省下属之见上司，初见则有庭参，常见则有请安，抑何内倨而外恭耶？今将军、督抚，亦或省去虚文，而拘儒以为无礼，诌笑胁肩，夏畦同病，大人卑职，唯诺成风，实则名分之严并不在此，徒令情意隔阂而已。此仪注之弊可议者十一也。

鸦片之嗜，捕博之戏，清吟小班之争逐，例禁既开，矜为豪举，废时失事，不忍言矣。即友朋宴会时刻弗准，其弊亦与旷废等。甚至竟日流连，更继以烛，共为长夜之饮，不顾尚书之期，无谓周旋，误公实甚。此习俗之弊可议者十二也。

凡此诸弊，皆妨官制。臣谓官制者，犹人之形体也，诸弊则犹形体之病也。病不去，则四体五官不能效其用，弊不除，则庶司百寮无以熙其续。去病必治其本，除弊必究其端，此臣区区微忱所日夜筹画而愿贡其一得之愚者也。应请谕旨饬并核议，以袪积弊，似亦不无小补。

臣才疏学浅，愧乏嘉猷，是否有当，谨缮折具陈，伏乞皇太后、皇上圣鉴训示。谨奏。

《清末筹备立宪档案史料》，第386—389页

陆宝忠致瞿鸿禨函

光绪三十二年七月二十七日

近日厘定官制,乃朝廷变法自强、实事求是之至意,预议诸臣,苟出以公心,酌古准今,和衷商榷,何尝不可推行。乃倡议者不学无术,又辅之以三五嗜进喜事少年,逞其私见,任意去留,几欲举祖宗成法扫除而更张之,以至人心愤怒,举国哗然。其意岂仅顾一身之禄位哉?盖为治乱存亡计也。今众论所归者,辄谓寿州、善化①必能主持其事,救国事之阽危。相公负此重望,尚祈副其实而身任之,天下幸甚。前日有内阁中书王宝田、户部郎中李经野等四人,赴台呈请代递封事,语皆征实,洋洋数万言。大臣不言,而小臣言之,汗颜无地。子年②引例迴避,明晨晚为加班代递。篇幅较长,恐慈圣年高,不耐披览,倘细绎其言,似必可动听;相公造膝时,能为略伸其意,俾达宸聪,亦转圜之一道也。相知垂二十年,敢布腹心,尚望默筹大计,以维国是而餍物望。敬请台安。晚名心顿首。

《瞿鸿禨朋僚书牍选》,中国社科院近代史所近代史资料编辑部编《近代史资料》总108号,中国社会科学出版社2004年出版

---

① 寿州,孙家鼐安徽寿州人;善化,瞿鸿禨湖南善化人。
② 寿耆,字子年,清宗室。

出使德国大臣杨晟条陈官制大纲折

光绪三十二年七月二十八日

二品顶戴、四品卿衔出使德国大臣奴才杨晟跪奏，为钦奉明诏，仿行宪政，仅就奴才管见所及，条议官制大纲，恭折具陈，仰祈圣鉴事：

窃奴才伏读电传上谕：以政令积久相仍，日处阽危，忧悼迫切，非广求智识，更订法制，上无以承祖宗缔造之忱，下无以慰臣庶治平之望。因亟亟仿行宪政，以立万年有道之基，仰见圣仁洞察中外，廑念时艰，当创深痛巨之余，与薄海臣民为发奋图强之举，凡有血气之伦，孰不感激兴起，以共尽此应尽之责任，而赞成空前莫大之规模。窃思立宪政体，条理至密，刱当嬗递时期，兴革损益，规画尤极繁复，自非扼其要领，舞以绝蒙名溷实枝节琐碎之弊。夫是非可决于坐论，而利害必验于实施，事无大小，法无新旧，执行之务要在百官，诚如圣谕：廓清积弊，明定责成，必从官制入手。惟是我国地广民众，设官之数，势必十倍他国，百倍前代。非讨论古今政治家学说，研精极虑，以求其原理，综举内外百司所现行，及国家社会将来所必发生之事实，条分缕析，以核其类别，则权限不得分明，隶属不得适当，即执行之际，无秩序可循，范围可守。考各立宪国制度，莫不本立法、司法、行政三权鼎立之说为原则，而执行机关权在行政，其立法、司法两权性质纯一，故机关组织不如行政之复杂。然究三者相互之关系，实不能有绝对独立之行为，更不能不防冲突，谋联合，必以大权统治权贞固其统一之精神，而敏活其运动之机轴。况在宪法未实行，议会未成立以前，尤宜三复斯义，坚树政基，用强国本，则大权统治权首当尊严，而欲专中央政府之责任，则当易其不负责任之机关，使天下人明知是非得失之所在。而欲促国家之发达，必以发达社会为根本，则地方制度，长官任用，及凡关于自治规则，亟宜及早制定。若督抚之自顾考成，致各省显分畛域，州县之兼理刑名，致民事转多废弃，既妨统一之义，更塞发达之机，尤当荡此积弊，使国家、社会两方面相挈进行，庶实力内充，富强可致。至协赞立法，必资国会，论者多谓国民智识尚乏相当程度，然以谋大计，诚患不足，若夫周谘情隐，陈其切身之苦乐，方隅之利弊，何至生息其中，绝无足资刍荛之献者，则地方议会可以先开。至若法制之选定调查，尤宜博揽英才专司其事，虽非出国民之公举，亦以昭示立法之不私。司法之权，义当独立，则司法之官，必别置于行政官厅之外。惟此十数年间，类多试行之事，凡百制定，岂能一一吻合法理，而司法官特别尊重不可侵犯之资格，亦恐难于多得。是其职制可定，而权限伸缩，在立宪以前与立宪以后，无妨斟酌时宜，稍事变通，务使今日无阻滞行政之虞，而仍不失其独立之义。及公明大著，足坚天下信法之心，将不威而自严，优崇不在形式也。要之因革之际，精密明确，殆未易言，势难尽泥学者之理论。而此次上谕大权统于朝廷，庶政决于舆论二语，已全揭一代宪法之精神，即为今日预备之标准，而更张官制，遂得根据斯意以定权限之范围，他日即更有废置分合，终不出此纲维之外。总使当事者知无旁贷之责，受治者知所禀承之地，举天下之事，一望而知其当属于何司，举天下之官，一动作而知其能否称其职，则无弗治者矣。奴才谨察内国之宜，略采外国之制，条议大纲，为我皇太后、皇上陈之。

一、协赞立法，宜权置法制撰定之官也。古之学者曰：立法以为民令，顺民心则易行。今之学者曰：国者，国民所构造，立法必出于国民。立说虽似各别，要其归也，务适国人之愿欲而已，务达治安之目的而已。夫非常之事，非所望于普通之人，今立宪国议会，岂遂无徒顾目前近利而忘国家远计者，即所谓集合意力，又何尝不因一二雄杰之政见，而舆论随与为转移。日本政党去岁之反对和议，美国向来之门罗主义，举国人百年保守而习惯之，今一变而从卢斯福侵略之政策矣，此国民情状可想者也。我国教育普及远逊日、美，虽不乏奇杰之士，而实多蒙惑之人，与其取决多数，何如精择其尤为之代表，而凭藉圣言，自有风草邮速之效。请以朝命严定格式，选举宿学识旧典明法意达世情者，曾历政界著治绩才能练达者，德望服其乡里悉地方生计民间疾苦者，习东西各国一国中法令而识力贯澈者，富资本能通晓一宗实业有经验而信于其侪者，集之京师，置局司，优俸给，博采中西成典，以制定宪章。其议案仰禀圣裁，其法文详加理解，使天下晓然其意，扞格自无从生。其体制当如翰詹科道平行，不相统属，其去留当渐用互选、公劾之法，其部分支配当依各部名义，现行事件，以类相从。而更就科学门目，以用其所习，就地方区域风俗利害异同，以尽其所知，故分析不惮其繁，员额以多为贵。惟只参与立法，而无国会监督行政之权。俟国会成立，然后减员撤署，而并其职掌于政府。此官之当权置而为今日立法之本者也。

一、郑重司法，宜别设各级审判之官也。今之论者，莫不知司法、行政两权混合之非，推究百弊，胥源于此。夫以行政官兼司法权，无论弊与不弊，要难兼尽其职，故东西各国莫不于行政官之外，别设各级裁判所，以专理刑事、民事。不特此也，更有行政裁判，以裁判行政违法处分，有惩戒裁判，以裁判官吏不法行为，有权限争议裁判，以裁判官吏争权之事，有检事局，以检察判决之适当不适当，执行不执行。而管理司法上之行政事件，则归司法省。其他关于军事，关于特别事件，如军法会议、捕获、审检、裁判等，尚不在此例。司法权之区别，学者论说甚多，而要不外以刑事、民事为其最明白之界限，实纯一司法事件也。于此二者之外，则与行政范围互相出入矣，既与行政范围相出入，若司法官尺寸绳墨，不问无定之事实，而一一苛以筹定之法文，则束缚行政之运用，若仍以行政官处分之，又必有瞻徇失平者，故不得不特别设立行政裁判官以救二者之弊。其用人宜取曾为高等行政官多年而公正深明法律者充之，此德、奥两国之制，而日本仿行者也。夫司法官既与行政官对立，复受国家法律特别保护，甚至君主不得轻易迁转其职。有罪免革，尚须经各项官长会议而证明之，其严重如此，则又不能不有视察之法，故设检事局，使与裁判所平行，不相统辖，有深意焉。而检事局视察所不逮者，更有惩戒裁判所断之，可谓密之至矣。然司法官不统辖地方，专以据法判事为职任，凡关于司法上应执行之事务，与执行之规则，如构成法、诉讼法、监狱法，以及号令警察逮捕罪犯，传集证人等事，皆非司法官所能自定自理者，故悉以司法省总其事，而监督地方官行之。其互相关系如此密切，则权限之争议在所不免矣，裁判争议，或就相近之高等裁判所，或由特选之高等官吏临时集会而成，皆视事之大小为断。惟各省行政官与行政官争权，则取决于政府之集议，日本所谓阁议是也。凡属以上诸端，必用合议制度。裁判所等级愈高，则裁判官员数亦愈多。更有评定、判事等官，陪审、听审等法，必详必慎，必公必允，与行政官每一职专责成一人者不同，此其大区别也。中国历代以来，刑名皆有专职，然皆隶属于行政官节制之下，惟于京师设卿贰以领天下刑名，则地广万里，案积如山，一凭纸上案情以决轻重，案虽合例，情已失真。加以士大夫不习律学，一切案牍皆出幕书之手，虽刑官失出失入，处分极严，而规避亦极巧。其有意缘法为奸者勿论矣，其关于司法上之行政事件为法所未规定者，又勿论矣。夫法者，国民性命、财产所寄托者也，其不得不慎，不得不改，何待踌躇。然积习相沿，为时已久，修改旧律，纂订新例，虽岁月从事，而明确完备，殆未易言，优具法官资格之士，亦恐难足内外之用。请先从下级裁判著手，令于每县设一普通裁判所，选官三人任之，其下置书记、判事等职，专理刑民事件，而以地方官暂行检事局之职，添设检事书记官一员以佐之，典狱之官兼受裁判所、检事局监督。凡判决之事，地方官不得过问，而司法上之行政事件，地方官亦不得推诿。其普通裁判所之下设立初级裁判所，于各乡以地方人组织之。查各省地方向有团保等名目，绅衿富室往往公同处理乡人争端，甚有议罚者，即重要案件，亦多有先经绅耆而后赴官者，故设初级裁判所，成立颇易。此等裁判，但取其能得两造实情，不必苛求其能深谙法律，以其无处断执行之权故也。然后于每府设高等裁判所，以理各县裁判所不能决之事，而行政裁判事件、权限争议裁判事件，则会同知府判定。又于省会设上级裁判，类如各国控诉院，专审府县上控之案，凡案非经府县已审不服者，不得受理，以侵府县裁判之权。再仿各国大审院之制，立最上级之司法官于京师，以统天下司法权，其司法上之行政事件，仍属刑部。如是则权限分明，而仍相助为理，地方官得专心民政，司法官则专心研究法律，而两事皆治矣。俟宪法完备，官制完备，一切法律完备，人才完备，然后分别设立各项各级裁判，以求精密。此官之当别置，而今日不能不略事变通者也。

一、疏通监察，宜暂存整肃风宪之官也。言官之职，所以匡君德，儆官邪，达民情，自来有国者所不能废。今各立宪国皆有惩戒委员、弹劾委员及受纳民人上书委员，其制度事权虽与我都察院不同，而用意则无以异也。夫各国国会，其监督行政官，可谓至严且密，而犹不能不专设弹劾之官者，则以国会监督其行政之事务，而弹劾委员纠察其私人之行为也。人民意思既有无限之地方代议士为之代表，上下接近，亦已毫无阻隔，而犹不能不专设受纳上书委员者，则以议士所代表者为人民之普通意思，而受纳上书委员所传达者，则人民之特别意思也。且以有专管委员之故，更得审视其所上书之格式，与上书人之能否谨守秩序也。至若惩戒委员，则有与惩戒裁判相辅而行者，一为判断之职，一为处罚之职，不与都察院相同,要其为儆官邪则一也。独至专司匡陈之官,则泰西各国数千年来所未尝有,此实我古先哲王之美德,历史之盛事,尤今日所当保全者。惟须稍易其职制,而厘正其发言之范围耳。盖现在国会未开,弹劾受纳之职不可暂缺,请即就都察院现在规模,裁其长官,而改其行取之法,废科道名目,另分为三职:一司谏诤。入侍禁闼,如古者左右史、殿中侍御史之职。一司监察。专察百官,每有参劾,必列实迹,不得以风闻入告。一司代达。考风问俗,访求民事,择其有关政教者随时上闻,士民上书,审视其无悖于理法者代达之。而全班皆得陈论时事,但不得论议法律、敕令,以防阻滞行政之运用。将来国会成立,再行察看,如有与宪法所规定之立法、司法、行政权限相抵触者,则裁撤其职,分别并入应管之官,而谏诤之职则终当存留,以彰圣德之美。此官之当暂存,而他日须分别去留者也。

一、联合中央行政各部立政府以一事权也。秦、汉丞相,唐、宋省阁,历代以来,莫不有弼赞之职,以为天下政本。中间虽多蒙蔽专恣等弊,要非立法之不善,不过权限未明,组织不备而已。明太祖以胡惟庸之故,至并废除其名义,分其权于六部,遂以天子躬负执行之责任,而大臣转得偷息于其间,是非功过,无所指名矣。然天下之大,万几之繁,上达下逮,岂能无喉舌之司,笃摄关键之地。于是内阁之制起,而未尝有统摄指挥之能力,狡悍则百官趋附其私,闇弱则小人盗窃其后。即有英才奇俊,优荷宠任,而发一策,建一议,犹虑牵制百出,不得达其目的,竟其事功。而六部之对抗分立,各不相谋,但能自治其本部亦已幸矣,何暇谋及全体,统筹全局,政治之弊,于斯为极。国朝深鉴前事,登大学士为极品,而特置军机处,凡三品以上大臣不依资格选任,尽得历代三公坐论,省阁平章之精意,加以列圣相承,躬亲庶政,午夜批览奏章,未明召见执政,遂能弭除百弊,故二百年来,治绩之盛,超迈前古,今之立宪各国君主未有如是之勤劳者也。夫列圣家法昭垂至今,相仍未替也。然昔为对于内而保治安,故一人劳而天下逸,今为对于外而求竞胜,又必举国奋而后政本强。上谕所谓因时损益,必当更张者矣。考各国政府,皆明负国务之责任,国务得失,一以政府当之,宰执贤愚,彰彰无所逃匿,察舆论以进退之,则英俊常接踵于政界,而政府既为国人所信赖,又具统摄强制之机能,每一政策得集全国之心力以共赴之。而国主以统治权总揽其大纲,以大权处分其非常,转因不负责任之故,而神圣不可侵犯之尊严益著，国民忠爱敬服之志益坚，遂能成精密之治，而淬其锐厉之锋，以角胜于列强并峙之世。今我国势积弱已久，政府非有强固之基础，敏捷之运用，乌能黄钟一击，万响齐应，非多析分任之司，广置补助之职，乌能抽理乱丝，缕缕就绪。今以我军机处拟各国政府职权，仅得其一部分耳，政务处类似枢密，内阁直同元老院矣。奴才以为宜并合三职，建立一大政府，用合议之制，以各部长官组织之，而特命一人为总理，居各大臣首班，其非各部长官膺简与政者，列于后座。辅弼天子，进退百僚，举凡法律施行之敕令，外国重要之条约，各部各省重大事件，与其互相关系事件，以及厘正百司之主管权限，统筹国计之出入盈缩，悉以集议决之，而详陈其理由。意有不尽，则召对坐论，反复以申之，而可否一禀决于圣旨，然后大臣署名发布，盖明委以一切国务之责任，而大权所在，仍未尝稍涉宽假也。政府僚属所以应大臣之咨询，总庶务之繁剧，尤宜甄拔学识兼优之士以充其选，受大臣监督命令，以行其职。而其职务大端：曰编录。凡旧典足备稽考者，现奉上谕事件备稽查者，摘录章奏简明表列备复案者，及内阁所行各事悉使掌之。曰法制。凡议案应审查者，应修正者，应废止者，应提议者，详附理由，申请各大臣集议，凡关于文案事件悉使掌之。此职既备，则今日权置之法制撰定官，将来裁撤之时，并归于此。曰稽勋。凡殊恩异典，世爵承袭，现有宝星辨其等级，以及将来有别制荣典以奖臣民者，正其佩用仪式，领缴章程，及吏部稽勋诸事，悉使掌之。而立赏勋会议，遇有应行会议之时，特派大臣会集详议。以符爵人于朝与众共之之义。其有特恩赐爵者，不在此例。曰选举。凡各项各级官吏，分别明立格式，考试而后用官，及吏部文选诸事，悉使掌之。曰考绩。凡行政违法处分条件、行政裁判条件，审查而修正之，及官吏被弹被控已判定者，据律施罚，申其事于大臣行之。曰统计。凡内外百司各种报告，足以稽消长、核虚实者，各国公使、领事报告，凡有关政治、工商业者，及特别派人调查外国之事，足与内地资比较者，悉以统计法详列之。曰公布。凡新旧法令、内外文书印刷发布之事，悉使掌之。以上诸端，大致略备，惟专司章奏，逐日轮派一班，以司传递，不宜专委一司，以防壅滞。其他有重要事务必须直隶于政府者，随时随事奏派专员领之。总之，举国大政，无二出之门，则举国行政之人，不敢存依违之意，因循萎靡之气自振，逶谢侵权之弊亦除矣。至行政各部，合之固为政府之总体，而分之又必为独立之机关，于其主任事务，当有裁断之权,且得径置局司于各省直接管理,而其第一要义,则一部只宜置一长官,以专责任。今商、学等部已立一尚书、两侍郎之制,其他各部,自应改归一律,务使一部命令,得周达于其所主管之事,而无横格之虞,然后受功无愧,受过无辞。除现在外务部、商部、户部、学部、兵部、刑部、巡警部之外,应增立内政部、邮政部、铁道部。海军虽未成立,国防要宜经营,必先专立一司预为规画,稍有头绪,即设海军部。改理藩院为理藩部,经营蒙古,以固西北之圉。合此十二部以成政府,差足尽举天下之事矣。其有应特立于行政十二部外,不入行政范围者,别制定之。其旧部当废者,九卿当裁者,分别其事改隶之,分别其人改官之。此中央行政官制之大纲,以集权为体,以能提挈全国为用者也。

一、改正地方制度,立行政自治之别,而多置参事官、民举官,以增进地方之发达也。分地而治之官,在中国大抵不出三级,曰方面,曰监司,曰亲民官。在外国大抵不出两级,曰官治之行政官厅,曰自治之公共团体。方面之制,以汉刺史之秩为最卑,以宋诸司使之权为最弱,而晋、唐各代,都督、节度则统辖文武,并军政、财政、用人各权而有之,致祸乱相寻,殆无所谓治理。元之行省,幅员广大,始于方面之上更立节制之官,其丞相、平章等官名,直同中书省矣。监司立于亲民官之上,原以察吏安民为职。汉、唐未设州牧、节镇以前,太守、刺史治行可称者及多,以其能直达天子,不受压制也。自层立节制,而州郡介乎二者之间,上受制于大府,而下不能逮及于百姓,不复能举其监司之职矣。惟亲民官自秦、汉以来,始终殆为一级,无大更革,然其下别无分治之官,独汉之三老、五更、啬夫,分掌教化、讼狱、盗贼诸务,有明定之职权。此外自秦之亭长至明之粮长,历代名目不同,要皆以应官役,而非为治地方设也,三代乡间之制于是尽坏。考欧美各国所以成治化致富强之故,实以地方自治发达为本。近百年来,科学实业发达之盛,进步之速,无一不得诸地方自治之力。日本仿而行之,于今才三十余年,社会之教育,经济之程度,十百倍于其锁港绝市之前,自治功效之伟大,尤可想见。今以我国人民之众,土地之大,物产之饶,何遽日本之不若,而贫弱之患乃日甚一日。然则振起而经营之,其必由地方自治无疑矣。盖治人之事,与使人自治其事,以一人兼治众事,与使众人共治一事,其智虑疏密,能力强弱,不待比较而自明,故地方自治实为合群进化之理。查各国地方制度,凡各地方行政官厅,皆直受内部监督,以铁路、电线交通便利之故,事无大小,报告络绎于首都，而政府指挥众务，亦极灵捷，原勿须遣派大臣秉节坐镇。故行政官厅不过两级，其分划行政区域至大者方二三百里，而更于其中划为无数下级行政区域。其行政官吏以及民选职员，动逾千百，地方议会之议士，尚不在此列，固已纤悉周至，事无不举矣。况其地方自治之制日益详密，直若举全部人民，无一不从事于地方义务者，以此兴实业，开利源，谋公益，资力焉得不厚，规画焉得不精。至其各项章程虽难枚举，然官治、自治之要义不过两大端：曰地方行政官厅。受统治权之委任，以处理国家事务，所发命令一依法律，而非出于当事者之私意，而自治团体则能以其团体之公意处理地方事务，所谓有法人资格者是也。故行政官厅惟有行政权，而自治团体则并有立法权，得于本地之内自订一切详细规则，且有所谓独立财政权者，则于国课之外征租税，募地方债等事是也，但不违背法律，即许施行，无须统治者之裁可。此官治、自治权限之区别也。曰自治团体。为养成公共爱国之精神，平社会之权利、义务，消公私利益之冲突。凡一切废置，苟遵一定法规，政府不得强而易之，务以政府政策虽有变动，而地方不受影响，为固自治基础之目的，而行政官于自治团体，则又有积极监督、消极监督二义。积极者，辅助其所以不能也。消极者，禁制其所不可也。故施行法令，有禁制执行之权，联合各团体公同事业，防其争议，有启发平决之责，但使行政官不损害地方公益，不破坏自治目的，即不得拒其干涉。此官治、自治权限之范围也。据此二义，以立地方通行制度之准的，其他规则，各地方皆不难依据此义分别议定。惟是欧美自治制度，发生也渐，由来已久，政府国民互相干涉，经无数剧烈之冲突，今日始得其平。既上下互争权利，则其救之也不分明界限不能止也。中国自来无政府国民互争政权之事，近日之弊，在于民不以国事为忧戚，官不以民事关痛痒。既官民不各尽其义务，则其救之也不疏通隔阂不能理也。然则今日官治、自治之权限，固宜分明，而求所以联络一气，相需而成之道，立法之精神，又自不同。况我国版图辽阔，中央政府实有鞭长莫及之势，非予各省以适当之权，不克举地方之政，非各省与中央政府团结一体，不能坚统一之力，此不可尽泥东西洋学说制度者也。请体察地方情势，分别议之。一曰国家行政官。督抚是也，不并设，不兼辖，则应一律改为总督或巡抚，或另定官名，以总理一省行政之机关，为中央政府之分体，以督抚为国务大臣之一员。向来督抚例兼京秩，本以内官出临方面，今请罢其原有兼官，即用前条所拟，非各部长官膺简与政之例，一律列于十二部长官之后，其品级降于各部长官一等，盖十二部分事而治，各省分地而治，其为国务同也。以保守封疆维持治安为责任，以维持中央政府与地方之统一为为办事之标准。其权限一依各部主管之范围，其下宜分置四司：曰民政兼巡警，曰学政，曰军政，曰财政兼商务。品级降于督抚一等，各负本管之责任，而督抚监督之。其不属行政范围者，如司法裁判所，有协助之责，不得侵其判决之权。其由各部派员直接管理者，有稽查之权。其应由政府集议者，如各部之例，咨请政府议决。其属朝廷大权统治权者，请旨办理。其特别事务，随时立专员领之。其行政裁判、权限争议裁判、惩戒裁判等事，则会集诸司行之。设名誉职员，先由政府议定格式，选本省人充之，开参事会以诸司及各誉职员组织之，加派省中高等官吏参预之，而以督抚为会长。至开行省议会，必须于各地方议会开齐之后，乃可举行，而先由政府会同各督抚议定会议通则、选举通则，宣布各省，即令参事会遵照通则，议定本省地方议会细则、选举细则，宣布各府县施行。要之督抚有节制诸司各府之权，而不得亲为辅助附属之官，凡司府自负责任之事，不得侵夺其职。四司上于各部之事，皆得径达，而大事应奏办者列衔督抚之后。其下于各地方之事，皆由督抚署名，以总理机关之名义布之。旧日司道悉应裁撤，并入四司，令四司与各府平行，不相统辖，则各府为上级之独立行政机关，诸司为分事而治之行政机关，而权限明矣。一曰地方行政之官。以府为上级，县为下级，废厅州等名，一律改合两级之制。各县疆界，悉仍其旧，而量其大小远近，以定隶属，大约一府属县以八至十二为适中，多者省之，少者增之。升知府为三品，降于督抚一级，与四司同品，其下多设参事之职，分治众事，而责任悉知府当之，不得诿过于属吏。地方利害，得自奏陈，或条上中央政府及督抚，而举办重大事件，与他府相关系事件，则必详由督抚分别奏咨而后行。本管各官皆听举劾，幕僚下吏自行辟署，使其权限如汉、唐之太守、刺史，庶几一府政令不受牵制。至遇有紧急可以请兵，可以临时召集府议会，可以自发号令，知府职权之大略如此。分县为三等，升大县知县为四品，中县为五品，小县为六品。久任中小县称职者，晋其秩为四品，不轻去其任，而大县必曾任中小县，或久任府中参事者，始得升调。其品秩渐崇者，擢以相当京外官，优其俸给而尽裁其陋规。变通知县迴避之例，别定选任专章，以重其资格，非本省人不得与选，他省人非入籍若干年有田宅者，不得与选，非曾受何等教育者，不得与选，而悉以考试定之，以府县参事官试之。现在各省候补州县官之冗杂，自来所未见，尤欧美所绝无，请特立格式，严行甄别，除现任要缺要差之外，合格者咨回本省委用。此次甄别之后，悉遵新章。惟边省乏人，始准拣发调用，借才他省，内省概停分发，捐纳实官之例尤须亟罢，以清其入仕之源。盖知县职权上承知府监督，下临自治团体，为官治、自治之枢纽，自行政言之，是为起始之地，自自治言之，是为总揽之地，人民身命财产寄托于此，实地方主要之官也。况与自治团体紧相接近，易启冲突，否则失之放任，故其职权尤宜详别，请亟定地方通行制度，府县行政规则，地方自治通行规则，俾有所遵守。至地方官迥避，除督抚、诸司、知府仍迥避本省外，其他官吏不论籍贯，知县只迥避本府本县及本县境界紧接之邻县，及本人田宅、工商业所在之县。县下职员自七品至九品，所以佐知县及分司各职者，务使一人专治一事，而地方财政必与地方人公理之。如是则官不能专，民不能肆，桑梓之地，见闻既真，情谊亦洽，而地方行政毕举矣。一曰自治团体。分一县为若干自治区域，废一切都图、里甲之名，别定名称，以变其向来之积习，而设二级自治之官，定官名，定俸薪，定升转之阶，定公举之法，而限用本区域之人，其权限及办事之方法，财政之计画，皆宜详载于地方自治通行规则。惟本区域中详细规则，听其自议而自行之，而知县得察其无违背法律。至其会计报告，应由知县详府立案，以凭调查，以便统计。凡关本县行政事务及各区域公共事务，一受知县指挥。若夫通都大邑，宜定市制，设市长以行市政。其自治权限及会计选举等法，亦应明定规则，以资实业之发达。如此则上下调和，互相为助，而自治成矣。盖国家地大人众，分疆而置，大府原出于万不得已，宣布法令，听民自治，为空前之创举，尤今日之难事，而非此无以振民气，救贫弱。论者或谓分疆过大，事权过重，恐酿专擅之忧，或谓外国镇压属地，始遣大官秉重权以临之，不可以待属地之法待国民，或谓国民程度既乏自治资格，难保地方秩序，而以奴才愚见度之，皆不足虑。夫朝廷统治权大权既已足以统一其上，又使行省为中央政府之分体，督抚为国务大臣之一员，正所以固结中央政府联合之力，而诸司各府之自负本管责任，省会、府县会之公议是非，安所容此专擅之人，介于政府地方之间耶。至以待属地法待国民之说，尤为不经。国家庶政，亦既公诸舆论，乌得徒据官制形式，横加区别。至若国民程度，诚有难为讳者，然自治者，即所以发达教育，陶成其相当程度也。夫以数万万之人，安能一一设官学而教之，自治兴则学校广，而风气开则思想盛，即所以预储立宪国民之资格，上负皇太后、皇上之厚望，而教育普及之期，亦将不远矣。此地方制度所以宜立行政自治之别也。

惟太庙陵寝之官，供奉侍从之职，似宜仿古者宫伯之制，总众职为专司，以昭郑重，以便稽核，其职制非臣下所敢擅拟。

至其应直属朝廷统治权大权，不在行政统辖之下，范围之中，应特设者，则有专备顾问之官，如各国所谓枢密院者。不特足资辅翼，且使政策宗旨不同之大臣，得于前席陈言之时，补救执政者偏激矫枉之弊。今国家百度维新，将来政策难免无各持异同者，古者三公坐论，谓之调和鼎鼐之职。然则坐而言之与起而行之，固将各有所长，而欲水乳融洽，必赖调和之力。此其应特设者一也。则有运筹帷幄之官，如各国所谓元帅府者。盖教练士卒，经理储备，皆军事行政之职，隶于部臣者也。若平日之编制布置，临事之调度指挥，皆出朝廷大权，所以重国防慎机密，非行政官所能驭矣。故各国陆军有参谋部，海军有军令司，而皆统于元帅府，即我古代所谓立素将立军师也。而统兵权于朝廷，实具防微杜渐之深意。此其应特设者二也。则有检定出纳之官，如各国所谓会计检查院者。夫内外百司莫不有会计出入之事，政府监督势难遍及，且以行政官自相检查，亦恐流于瞻徇，故必有一司独立于政府之外以检定之。况各国国会有担负财政之责，即有监督财政之权，今国会未开，不能不有一钩考之地以求整顿之法，盖举通国之盈虚，筹全局之大计，理财行政官有不能顾及不能合一者矣。此其应特设者三也。则有养老尊贤之官，如各国所谓元老院者。大抵才略之士，精神以劳顿而衰，智识转以阅历而进，固有重望老成，不堪案牍之烦，而多言论可采者，特留一养尊处优之地以待之。既足尝其前劳，亦不弃其余智，而忠爱热诚，犹得藉残年以答君国未酬之恩，皇仁未彰，微忱斯慰。此其应特设者四也。

抑奴才更有进者，今风气大开，学堂林立，游学东西洋者络绎于道，而深识之士，转有以旧学式微为忧者。窃思经史词章，皆专门名家之业，非普通所能深造，非致力科学之士所能兼习，若不留文章著作之官，以待天下专门研精旧学之士，则数千年文字之传，不能不为之鳃鳃过虑，此又今日议定官制所应加意者矣。奴才从前留学日本、德国，研习法政有年，以驽钝之材，优荷天恩，奉使海外，由奥而德，又逾二载。窃见其君民一体，呼吸相通，诚如圣谕洞察无遗，其一切施设，皆得由官制组织之完备，权限之分明，以知其法令之详整，声气之灵通。奴才既略有所见，不敢壅于上闻，谨就现在情形，兼采东西各国制度，参以奴才一得之愚，不揣冒昧，恭折条陈官制大纲。是否有当，伏乞皇太后、皇上圣鉴训示。谨奏。

《清末筹备立宪档案史料》，第389—402页

署理两广总督岑春煊奏
派于式枚进京参议宪法预备改定官制事宜折

光绪三十二年八月初一日

太子少保、头品顶戴署理两广总督管广东巡抚事、新授云贵总督臣岑春煊跪奏，为遵旨派员进京参议宪法，预备改定官制事宜，恭折仰祈圣鉴事：

窃臣恭阅电抄，光绪三十二年七月十三日奉上谕：（即《宣示预备立宪谕》，本书已载，不录。）又十四日奉上谕：昨日有旨宣示急为立宪之预备，著岑春煊等选派司道大员，来京参议等因。钦此。臣当经恭录出示晓谕，并转行钦遵查照在案。

伏维我朝制度修明，超迈前古，近数十年来，各国互市，风气交通，机势随事为转移，政法即当因时而损益。且中国积弊患在官民隔阂，势暌情涣，无以收上下相维之功，当兹时局日艰，尤应伸民气以固邦本。我皇太后、皇上宸谟广运，简派大员出洋考查政治，将为立宪之预备，纶因宣布，薄海喁喁向风，扩数千年未有之闳规，振四百兆合群之公德，诵绎圣训，庆忭无涯。查各国宪法之设，性质各有不同，而舍短取长，权衡至当，必以明诏所示，大权统于朝廷，庶政公诸舆论，为亘古不易之宗旨。周官少司寇掌外朝之政，致询万民及卿大夫之制，意义均与吻合。现在草创之始，酌改官制，通达民隐，自为推行宪法之机关。臣前于粤东省城开办法政学堂，多招各属士绅肄习其中，鼓舞爱国之热诚，

濬发自治之能力，期于数年后民智渐启，实行立宪，亦无扞格之虑。今复蒙圣明洞烛，博采群言，命臣派员进京随同参议，宸怀冲挹，钦佩曷可名言，遵即悉心遴选。查有广东提学使于式枚，器识闳远，学问渊泳，于古今中外政治源流，职官沿革，能融会贯通，堪以派委随同参议。

除檄饬遵照，并选员接署提学司，俾得交卸北上，暨咨部外，所有遵旨派员进京参议宪法预备改定官制缘由，谨恭折具陈，伏乞皇太后、皇上圣鉴。谨奏。

光绪三十二年八月二十九日奉朱批：该衙门知道。钦此。

《清末筹备立宪档案史料》，第403—404页

御史吴钫奏改官制宜筹安置汰员以消立宪阻力折

光绪三十二年八月初三日

江南道监察御史臣吴钫跪奏，为官制将改，宜熟筹至计，以安群情而消阻力，恭折仰祈圣鉴事：

窃维自古定大策决大计者，不可不排群议，尤不可不安群情。近者朝廷欲行宪政，预饬诸王大臣议更官制，皇太后、皇上以至公至明之心，毅然与天下更始。近数年来，学士大夫智识程度渐有进步，宜乎赞成者多，阻挠者少。然臣闻大小臣僚相与议论，皇然有不安其位之虑，则何也？以习俗之相沿既远，而利害之系于身者至切也。夫中国自三代而降，以官爵奔走天下也久矣，士亦萃其聪明材力以争趋于仕宦之一途，今日之纡青佩紫，皆积半生之殚精竭虑而始得之。一旦改弦更张，必至顿失故步。臣揆其由，约分三等。其一各部院大员，或以资格浑升，或以勤劳见擢，位望既高，资生之计亦繁，而一切仰给于官，一经裁并，闲废必多，若无罪而罢斥，亦人情所难堪。此阻力之由于大员者一。其一各部院司员积劳屡年，有以一等记名道府者，有以截取例用知府者，有积资望可驯至卿贰者。计自通籍以后，至速亦须十数年之久，一旦弃已成之绩，舍其旧而新是

谋，则向日之资格既归乌有，将来之升沉更不可知。此阻力之由于司员者二。其一满洲人员，国初定鼎，满员以从龙功多，五品以下京官额缺视汉员多至数倍。今议改官制，势难再分界限，则无数冗员将归裁汰，出身之路既绝，谋生之术俱穷。此阻力之由于满员者三。

以上情形，谅早在圣明洞鉴之中，顾皇太后、皇上力拯时艰，思深虑远，而出于不得不变者，为万年有道之计也。臣不揣愚昧，请量筹疏通之法，以破除一切障碍之端。窃料各衙门裁并后，旧日大员未必尽能位置，拟仿日本元老院之制，优其职位，重其俸给，遇有大员缺出，仍得请旨简用。盖日本元老复出而柄政权者往往有之，且该院有议论、监察之权，政事得失，官员贤否，亦得随时上闻，责任不为不重，如此则大臣不患屏弃矣。各部院京察截取之员为数无多，拟请一二年内仍照旧办理，俟此项人员用毕，再改归新章。其余材具较优者，计改章以后，需才必多，该员随处可以见长，不患无升转之路，知此则庶僚不忧沉滞矣。至五品以下满员，人数较多，品格不齐，拟俟新章定后，令各衙门甄别一次，择其才具胜任者，或内充书记之任，或外用佐理之官，责任既专，较从前之闲散，更有以自效，如此则满员不至窘迫矣。

夫国家经久之计，原不必尽徇众意，而多数人之不便，则事将阻格而不行，士大夫以官为生者，十之七八，势至无以为生，必出全力以相抵制，卒至盈廷聚讼，是非莫定。当事者畏难避谤，更改一二无关轻重者聊以塞责，使至良至美之法，破坏于庸众无识之口，甚可惜也。伏愿皇太后、皇上宸衷独断，无贰无疑，始以必改，终以必行。仍请饬下编定官制王大臣，将以上各端，一并筹议，于变通旧制之中，寓曲体群情之意，庶浮言可息，阻力自消，则宪法终有成立之时，而旧邦始有维新之望矣。

臣为维持大计起见，是否有当，伏乞皇太后、皇上圣鉴训示。谨奏。

《清末筹备立宪档案史料》，第404—405页

派徐樾赴京随同参议官制片

光绪三十二年八月初四日

锡　良

再,光绪三十二年七月十四日,钦奉电传上谕:昨日有旨,宣示急为立宪之预备,饬令先行议定官制。事关重要,并著端方、张之洞、升允、锡良、周馥、岑春煊选派司道大员,来京随同参议。等因。钦此。钦遵。仰惟朝廷修明政治,奋发图强之至意,薄海臣民同深钦感。奴才遵就司道中妥慎遴选,查有候补道徐樾,才识明通,政事练达,在川年久,熟悉情形,堪以派委赴京,随同参议官制事宜。除分咨查照外,理合附片具陈,伏乞圣鉴。谨奏。

十月初一日奉到朱批:该衙门知道。

中国科学院历史研究所第三所主编:《锡良遗稿》第一册,第598—599页,中华书局1959年出版

翰林院侍读柯劭忞奏更改官制不能仓卒折

光绪三十二年八月初十日

日讲起居注官、翰林院侍读臣柯劭忞跪奏,为敬陈管见,仰祈圣鉴事:

窃臣恭读七月十四日上谕,为立宪之预备,先行厘定官制,钦派编纂大臣悉心妥订。仰见我皇太后、皇上励精图治之至意,曷胜敬服。臣窃维朝廷变法,多采取于日本,然我国家之政体则有与日本迥不相同者。日本收幕府之权,革封建

之制，不能不更张旧弊，以尊主而庇民。然其改定官制，效法泰西，犹迟至数年之久，屡遣大臣考查欧美各国，而后次第举行，盖更张不易如此。国家官制本沿二千馀年之规则，又经列圣因时损益，垂为成宪。值今日之时势，或添设以分繁剧之任，或裁汰以省虚糜之款，亦补偏救弊之要者。然欲一切更张，仅凭载泽等五人往返不及一年调查，事太重大，期太仓卒，窃恐鲁莽操切之弊，均所不免，异日滞碍难行，悔将何及。且宪法之大端，一曰尊主权，一曰顺舆情。若政府之权太重，督抚之权太专，则主权将替。州县以下分设乡官，举措一乖，不肖绅衿倚势鱼肉，则舆情必壅。今中国上下议院不能骤开，即官制不能全仿外国，此诚宜周详慎重者也。盖更张之事，固当参用各国之成法，亦当以本国之政体民情为根据，方能由保存而进于开化。伏望圣明垂察，天下幸甚。

臣愚昧之见，是否有当，伏乞皇太后、皇上圣鉴训示。谨奏。

《清末筹备立宪档案史料》，第 410 页

翰林院撰文李传元奏
官制改革宜先裁并冗员缓设新官以节虚糜折

光绪三十二年八月初十日

日讲起居注官、翰林院撰文臣李传元跪奏，为请厘定官制，变通西法，以节虚糜而宽民力，敬陈管见，仰祈圣鉴事：

臣维仿行西国政治，即不得不仿行西国官制，此一定之理也。然师彼所长，亦不可不知我所绌。夫中原财力凋敝极矣，自外、商等部设立以来，公用津贴已岁增数百万之巨款，今厘定官制，必将内设各部，外设各司，无一事不须用款，无一款不待筹画，库帑既虚，民力又竭，此必穷之道也。况今外债未清，海军未立，用财之事，不知凡几，官制特新政之一端耳，岂能竭天下之力以供取用。

臣维方今要政如外交、商业、学校、巡警皆已设部，其余应办之事亦多已兴

办，所未备者形式耳。与其于无益之事过事铺张，如何留有用之财以备要政。应请饬下厘定官制大臣，先将复沓繁冗之官裁汰归并，厘定职掌。其东西各国增多官署，苟可减省，皆宜暂缓设立。如为要政所关，应先以职事相当之部兼领，俟财力稍纾，再议增设。其内阁之组织，亦宜俟立宪有期，再行筹议。各部员数尤宜严定，无许过滥，俸给多寡，按照品级，依日本之例开支，最为允洽。盖日本俸给视我旧制已为甚优，视新设各部津贴则又稍俭，实执中之道。其外省各司以藩、臬、学三司兼领，似亦足以胜任，所有各司即可缓设。

伏思我皇太后、皇上励精图治，所以仿行西法者，愿国家富强而已。窃谓凡摹仿形式，无关富强之事，皆宜一切暂缓。如墨守西人成规，势必增加捐税，敛怨于民，目今百姓穷愁，偏灾屡告，以臣愚昧，实抱杞忧。敢献愚衷，伏乞皇太后、皇上圣鉴。谨奏。

《清末筹备立宪档案史料》，第 411—412 页

御史蔡金台奏改革官制宜限制阁部督抚州县权限折

光绪三十二年八月十一日

掌湖广道监察御史臣蔡金台跪奏，为采择官制，宜防其损，而得其精，恭折仰祈圣鉴事：

钦维我皇太后、皇上躬上圣之姿，阐大同之治，特诏定国是，谋立宪之预，而以厘定官制为先，谟烈昭垂，震烁今古。臣考中外设官，大略相仿，而彼独优胜于我者，一言以蔽之，曰权限分明而已。盖事之治，治于有权，权之专，专于有限。惟有权即必有限，亦有限乃能有权，理势之相因有如此者。今既欲事更张，自应力求美备。夫用宏必赖取精，而求益必先防损。臣谨择要权之。

一、限阁部之权。我朝惩于前代权奸怙势之弊，乃多其副贰以分之，如军机之有数大臣，部院之有六堂官是也。而其弊又移于透挚，贤者苦其掣而不能有

为，不肖者又有所诿而不肯为，且或至于无所不为，政之不举实由于此。今欲扫除更张，自应远采古昔三公之制，近仿各国组织内阁之法，属其权于大臣数人，以专责成，而去阻碍。惟其权既增，则必仿其行政议政分途对峙之制，而以监督之权付之议院，又必仿其以民助君之意，而以选举之权授之民间，犹防川之必资乎隄，犹救焚之必资乎水。若使防弊之人悉举由作弊之人，则是以水济水，以膏沃焚，势且益张，祸更滋甚。夫汉有议郎而不能止操、莽之篡，唐置谏议而不能戢藩镇之横，前事昭然，可为殷鉴。各国之臣权百倍于我，而绝无内重外重之弊者，则民选议院之效也。臣愚以为此时仿办，但可狭其范围，不可误其宗旨，但可暂以此权付之与民相近之士，断不可误以此权属之势莫与京之官，此则姑徇民智未开之议论，而但冀本根不坏，则枝叶易繁。若使官权因此而益增，则不惟基础未端，而魁柄可虑，此则微臣之所大惧，而不敢避忌讳而不言者也。伏冀乾断，饬议施行，大局幸甚。

一、限督抚之权。督抚肇自前明，我朝始定为实职，始但为军务而设，后乃为地方之官。然其兵部之加衔，必由吏部之请旨，可知予夺尚待权衡，不似今日徒成故事。至若升学道为学院，司乡举于试官，悉是圣人之微权，实为深远之至计。昔故两江督臣曾国藩奏称，疆臣既有征伐之权，不当更与黜陟之事，恐启斯世争权竞世之风，兼防异日外重内轻之渐。当时传为名论，谕旨尤奖其忠纯。今其权势何如，谅在圣明洞鉴，履霜坚冰，可为危悚。窃维督抚大权无过兵、财两政，将事裁抑，此为最先。且今之贫弱正坐纷歧，譬犹手足之不仁，必责中枢之不建，故中央集权实为因时之要义，而兵财并治，尤在今日为要图。查各国任用将弁，莫不由军部主持。而我之兵曹但操例选，练兵处之制虽极精详，而命将之权仍在各省，徒有空文之咨达，断难指臂以相联。又如柯逢时之税土药，四川争之，两广尼之，各护所私，势难一贯。以此图强，强于何有，以此谋富，富更可知。此则整顿之无由，非独外重之可虑，惟积重者难返，远驭者难周，若不逐渐徐行，亦虑形隔势阻，盖必妥贴之易施，乃可收回于不觉。臣愚以为除财政原有区别，应照各国例，划清界限，各自持权外，其兵权则即用加衔旧制，必因人地而施，不可如前普及，宜即先从近省入手，俟其军队完全，由部自度权力可及，即奏请撤其兼衔，归权于部。其地虽近而关系紧要者，由特旨加衔，不为常例，或仿日制，时由本部尚、侍中简任，以期一气。一面由部制定军镇分驻各省，每组织一省定,即将其加衔奏撤,兵权收回,仍许其遇有事变,可请专防之镇队处分。其边远省分虽暂得兼衔,然亦宜慎简知兵之员,或亦时以本部大臣出守,盖边帅兵略为重,其他民政则有司存也。又各省无论远近,皆必设军令专司,必由本部选员派往。其武备大小学校及船炮各厂,亦必监以本部军学等司之员,亦许督抚举人,惟必来京在各司学习后,由部专札委用。臣惟各国之经武,咸注意于此数端,故日本仿之而设参谋、教育部监,但令通国将卒悉出于此,则部权自隐然独操。今藉此以收易收之权,即以齐难齐之制,振武在此,杜弊亦在此,似一举而两得,非窒碍而难行。是否有当,伏候睿裁。

一、限州县之权。夫天下者,州县所积而成者也。故论治必自州县始,即必自重任知州、知县始,由周及唐,此官特重,史称汉宣帝之亲见问,唐太宗之记姓名,上下堂廉洞达无阻,故能争励循良,弼成郅治。自长官日多,君门日远,品既益即于卑微,事即败坏于牵掣,吏治之坏,多由于此。故今有裁撤道府而仿日本知事直隶国主之议,意在汰冗而去蔽,使能俯注而仰承。然吾壤地太寥,轮路未遍,州县治距省远者或过二千馀里,往来恒须数十旬,声息既不易通,检查即不易及。而此时官场流品之不齐,情伪之百出,虽道府在迩,犹难周知,虽弹劾频加,尚不知儆。至于民间之冤苦,尤虞控诉之无门,若更撤去藩篱,更不知所底止。且其上司虽减,僚佐必增,仅制禄一端而力已苦不给,若禄薄如故,则婪索更复何难。顿令一县之内,忽多此权重糈贱之官,是去有限之虎,而进无数之狼,民何能堪,祸必踵至。臣愚则以为既确知道府阻掣之害,而亟亟去之,即必计及州县,放纵之易,布置之难,而亟亟图之。然则使其有所顾忌,而又易于建置者,殆莫如设乡官矣。建此议者多矣,而以前驻法使臣孙宝琦之奏为最切,以前山东莒州知州蒋楷上直隶督臣袁世凯之议为最详,臣不复论。论其与州县相关者,夫汉之守令所以能为贤良者,以有三老、啬夫之属为之小吏耳。日本之知事所以不虞专制者,以有郡町村长及各种会议为之匡救耳。盖以乡治乡,情谊既易于相洽,利弊尤易于洞明,而其不出里门,无所浮费,故千金之奉客,官受之而尚形不足,土著得半而即觉有余,而以少数之款养多数之官,亦似甚为得计。且昔之猾吏、劣绅,实激于人之不齿,又干与公事,士律所羞,故正士必不入公门,而公门即必无正士。今既荣以官名,又明许以共事,则中人有自爱之思,端人亦有难卸之责。故臣妄以为乡官既定,转能使宿弊悉消也。各国立宪之初,未有不自地方自治始者，即未有不自设乡官开乡议始者，此尤关于昭示诏旨之必信，又非独为辅助州县计也。其应如何定制之处，蒋楷条议极详，应请饬下袁世凯交由王大臣公同阅看，并稽合中外择善妥订，天下幸甚。

夫阁部者，奉君治官之官也。督抚州县者，由官及民之官也。此三级者有一权不足，则其机不灵，有一限不明，则其轨必出，各国之所斤斤者，举不外此。

臣为求益防损起见，谨择要据实具陈，伏乞皇太后、皇上圣鉴。谨奏。

《清末筹备立宪档案史料》，第412—415页

翰林院侍读学士周克宽奏更改官制只各易新名实不如旧制折

光绪三十二年八月十三日

日讲起居注官、翰林院侍读学士臣周克宽跪奏，为敬陈管见，仰祈圣鉴事：

窃臣恭读七月十三、十四两日谕旨，祗悉朝廷仿行宪政，明定责成，先从厘定官制入手，圣谟宏远，钦服难名。本月初七日复由考察政治馆将御史王步瀛奏准更定官制兼采众议一条，知照翰林院衙门，令各抒所见，仰见宸衷执挹，询及刍荛。臣词馆备员，例得与议，谨即利弊所在，切实发明，恭折具陈，用备采择。

臣惟我朝官制，经列祖列宗参考数千年圣君贤相之遗，因革损益，折衷至当，自非才德优于列圣，何敢轻议更张。且外洋官制大半袭我名称，我顾忍违祖制，摹拟外洋，而为之说曰，旧法之精意浸失，以致人无专事，事无专责，此次厘定，期于各副责成。殊不知皇朝通典、通志、通考及大清会典诸编所载，大小官员各有职守，权限分明，无事无专任之官，即无官无应办之事。长官不肯破除情面严定考成，玩愒因循，渐成废弛，病根在此，不从此痛下针砭，而以不对证之洋制医之，试问外洋富强，在官制乎，抑在为官择人乎？如在为官择人，所不

四、官制改革

提议，各衙门既无人才可从裁并。如第为异己故，而以为所司者祖宗之法，非外洋之法，所行者祖宗之政，非外洋之政，投之不死不生之地，听其浮沉，不相闻问，未免屈抑人才。所量予安置各人员，亦第为异己故，而大臣豢养以终之，小臣排挤以去之，煌煌帝京，曹署一空，亦复不成景象。圣明在上，岂宜有此畸重畸轻之政体，以致人心震动，因而疑议沸腾。然所订果百利而无一弊之存，人言原可不恤，今细绎中央政府官制、地方官制、内外司法官制、地方自治官制四大纲，祗于各易新名，实系不如旧制。谨为我皇太后、皇上详晰陈之。

臣伏考国朝定制之初，内阁职任綦重，自雍正十年设军机处办理密行要件，内阁之事稍分。而传宣纶綍，表率寅僚，撰拟表笺，收掌图籍，各有专司，并无闲冗。庚子后，内政、外交日益繁杂，仿宋三司置条例司遗意，另设政务处，以军机大臣领之，各部尚书多兼斯选，排日如直，密勿同参，比之五日一对，尤为切近。今议并军机、政务处于内阁，而设三大臣以担全国之责成，官少事烦，恐虽才力兼人，亦未易愉快胜任。此利在交益，而移并之弊也。

部院堂司各员，满汉并用，所以示天下之公，尚、侍必有六人，所以防臣下之专，三百年无一权臣，实由于此。而泄沓因之，不归咎于委用之疏，别简贤能，铲除积习，而矫之以减尚、侍，增丞、参，尚、侍藉以息肩，各司掌印、主稿之员亦即以无所责成，偷安长惰，大权悉入丞、参之手，重要事件，侍郎至有时亦不与闻。上年会议议停，有鉴于此，言犹在耳。又议此减而彼增，既贻朝令夕改之讥，而魁柄下移，久之将尾大不掉。此利在仍旧，而图新之弊也。

虞书以稷名官，农为中国本计，海禁既弛，商战方殷，朘我脂膏，工艺尤甚。我朝以户赅农，以工兼艺，处此竞争时代，已觉非宜。今议并三事于一部，而责之以修举实业，收复利权，一时固综揽无人，上下数千年，纵横五大洲，恐亦乏此全才，副兹重寄。此利在分立，而强合之弊也。

巡警为万事阶梯，外洋庶务修明，得力于此。日本幅员非广，号令易行，警政可并于内务。中国地大物博，既废刑讯，又乏侦探，弭盗安良，全资巡警。外省以额兵改充警卒，流弊滋多，京师新政次第举行，为巡警颇著效果。一旦改属内政，责分势涣，外省无从遥制，京师必照旧含糊，功败垂成，殊为可惜。此利在独立，而强同之弊也。

都察院为监察之司，职兼弹奏，凡不法之官，病民之政，朝廷耳目所不及，藉台谏敷陈之力，纤悉周知。我朝言路宏开，直前代所未有。今议员尚难合格，言官遽拟全裁，舆论壅于上闻，宫禁势成孤立，臣民惊惧，懔若冰渊。此利在缓办，而骤办之弊也。

州县为亲民之官，品秩过崇，障隔逾甚，无知府为之表率，廉明者固守官箴，贪酷者即恣为民害。宪政尚无基础，州县非属于知府，必至骄横自便，取督抚一人之悦，责闾阎十倍之偿，为所欲为，肆无忌惮。此利在受制，而专制之弊也。

至礼部之改为院，理藩之改为殖务，兵、刑之改为军、为法，职掌如旧，名称取新，辞不雅驯，事同儿戏，徒滋扰乱，胥动浮言，虽多过当之辞，究有宜杜之渐。

臣愚以为改官制为行宪政，即官制不改，亦断无妨害宪政之官，破坏宪政，何必多一纷更之迹，转致难为阻碍之防，惟冀恪守前模，认真整顿，浑化中西之见，永怀远达之图，以济艰难，而臻上理，庶我国家亿万年有道之长基此矣。

臣愚昧之见，谨恭折具陈，是否有当，伏乞皇太后、皇上圣鉴。谨奏。

《清末筹备立宪档案史料》，第 418—421 页

御史刘汝骥奏总理大臣不可轻设以杜大权旁落折

光绪三十二年八月十三日

掌江西道监察御史臣刘汝骥跪奏，为大权不可旁落，总理大臣不可轻设，恭折沥陈，仰祈圣鉴事：

窃臣伏读七月十四日上谕：厘定官制事关重要，必当酌古准今。等因。钦此。仰见宵旰忧劳，其难其慎之至意。臣至愚极陋，何敢与参末议，然臣窃见载泽密陈大计折内，有君主无责任一语。臣百思之而不得其解，已窃窃疑之。继闻厘定官制大臣，有设总理大臣一人之议，是置丞相也。是避丞相之名，而其权且

四、官制改革

十倍于丞相也。欧美之伯理玺天德译为大总统，抑何弗直名之为总统乎。其谁与画此策者，臣窃期期以为不可。臣请为我皇太后、皇上披沥陈之。

臣考历代官制，本不相沿袭，然其大旨不外乎六卿分职，各率其属二语。故有中央集权之政府，断无太阿倒持之政府，政府者，天子发号施令所从出之地也。一夫不获，曰罪在朕躬，百姓有过，曰在予一人。非好名也，萦怀杌陧，实隐系之，盖其责任有如此者。世徒见有明一代多秕政，遂归咎于太祖之罢丞相，岂通论哉。官不必备，惟其人，盖自成周而已然矣。且夫尧之禅舜也，命曰总朕师，然臣考其时已在耄期倦勤之岁。殷高宗之得说也，命曰总百官，然臣考其时乃在亮阴宅忧之日。苟非其时，臣知舜、说谦让未遑矣，故虞舜大圣，傅说大贤。伊尹之相太甲，周公之辅成王也，百官皆总己以听，然臣考其时乃在冲人嗣位之年，推伊、周之志，虽植腹委裘可也。苟非其人，有谋废立称居摄者矣。故伊尹非霍光可学，周公非新莽可为。至于伴食中书、万岁阁老，则自桧以下，臣何讥焉，盖相业之荒也久矣。

若夫我皇上春秋鼎盛，未明而求衣，既旰而忘食，上承慈闱之训迪，下采薄海之视听。方孜孜望治如不及，乃创为君主无责任之说，直以总理大臣一人任之，然则禹、汤何必罪己，文、景何必自咎。然则我皇太后、皇上孤立于上，虽深宫曲巷，锦衣玉食，独安乐之。且试问内而藩邸，外而封疆，孰胜任而愉快者乎？此非臣之所敢知也。且我朝受命之初，有议政王之设矣，然入则比肩长跽，出则同寅协恭，非一人所得专擅也。嗣去议政虚衔而立军机处，非独重其权也，盖犹是司出纳备顾问，议取迅速而已。乾隆十四年御史冯元钦请改军机处为枢密院，我高宗纯皇帝且以未识体要斥之。盖我朝家法至精至要，惟其超越往古，破迂儒之瞽说者，尤莫如不建储、不置首相二事。煌煌祖训，载在金縢，可谓深切著明矣。

然如圣祖仁皇帝之朝，而犹有鳌拜、明珠之丧心病狂。世宗宪皇帝之朝，而犹有年羹尧、隆科多之大逆不道。高宗纯皇帝之朝，而犹有和珅、福长安之朋比为奸。彼结党擅权，鞅鞅非少主臣者，何代蔑有。万一我皇太后、皇上信任过专，始因其小忠小信而姑许之，继乃把持朝局，紊乱朝纲，盈廷诺诺，惟总理大臣一人之意旨是向，且群以伊、周颂之，天下事尚可问乎。窃钩者诛，窃国者侯，假王者烹，真王者赏。然则八枋可以下移，九锡可以自加，天子可以复下堂之礼,将军可以有宇宙之称。易曰:履霜坚冰至。诗曰:相彼雨雪,先集维霰。臣谓率天下士夫,内背朝廷,因甲于内乱者必由此也。

抑臣更有言者,好恶之公与天下共之,爵赏之柄则自上操之,中外古今更无二理,故俾士麦之相德,嘉富洱之相奥,伊藤博文之相日本,皆力持其尊君权之主义,用能成霸业而享大名。今所谓大权统于朝廷者安在乎,以临轩策士为不足信,乃取之外国文凭,以吏部官人为不足信,乃託诸自行征辟,共隶版图,东三省乃自为风气,共劳王事,巡警部乃自定养廉。大学士之俸薪不敌一书记,是朝饥而侏饱,大司农之会计不及一客卿,是郑昭而宋聋。夕微员而旦卿贰者夥矣,问简在帝心者几人乎。朝走卒而暮军符者多矣,问曾经战事者几人乎。地方自治善矣,岂命官皆跂、蹻,乡官皆会、闵乎。各国游学善矣,岂留学生皆救时之彦,不世出之材,而旧日之举贡生员,皆太仓之蠹,沧海之蜉蝣乎。不揣其本,而齐其末,放饭流歠,而问无齿决,此所谓倒行而逆施者也。犹且日日言维新,日日言变法,今日设某官,明日裁某署,小则启门户之争,大则酿萧墙之乱。宋人议论未定,而金兵已渡河而南,此臣所日夜思之而惊惊危惧者也。

臣忧愤填胸,焚草者再,继念睿照无私,洞见万里,则又何疑何惧而不敢言,无任悚惶战慄之至。伏乞皇太后、皇上圣鉴。谨奏。

《清末筹备立宪档案史料》,第 421—423 页

御史王步瀛奏户刑两部事繁请勿轻拟裁员折

光绪三十二年八月十三日

四品衔掌浙江道监察御史臣王步瀛跪奏,为风闻户刑二部拟裁员缺太多,深虞丛脞,恭折仰祈圣鉴事:

窃维内政以户、刑二部为最先,是以州县幕友必专延钱谷刑名,而督抚属员最重在布政、按察,自余如学校、兵备尚在其次。盖非民庶而富,无由立教,而

非以刑辅政，则干戈迭兴，此周礼大司徒、大司寇职掌为最繁。而祖宗入关以来，参考旧制，户部设有十四司，刑部设有十八司，郎中、员外、主事各员缺，数倍于他部也。乃道路传闻，钦派厘定官制王大臣有将改户部为财政部，十四司并作十司，改刑部为法部，十八司且并作五司之说。夫本朝宪法莫重大清会典，恭查会典所载，户部掌天下土田户口财谷之政，平准出纳，以均邦赋。刑部掌法律刑名，以肃邦盗。是户部不必专言财政，而财政已在其中，刑部亦不必别言名法，而法已在其内。今议者不实使官无尸位，事有专司，而汲汲仿效他人，变易名称，作小朝廷举动，臣愚窃有所未喻。至闻有融化满汉，任用司员如外商学警四部故事，此诚议者力求公实不分畛域之心。然臣查该四部公事，每部不惟不及户部北档房之多，且似较刑部秋审处而亦少，如以臣言为未信，请圣明饬查本年正月以来户刑二部与外商学警四部奏事孰多，并请饬查交议之件，暨兵部收外文发部文，户刑二部比外商学警等部多至数倍。则知户部十司，刑部五司之说，均有所难行。若每司又只用一实缺郎中，员外、主事员缺亦裁，是户刑二部得力办事之人必少于旧日数倍，事多而人少。书曰：元首丛脞，股肱惰，万事堕。其殆今之谓矣。拟恳天恩饬下考察政治馆，将臣此奏悉心核议，以肃官方而重部务。

抑臣更有请者，今既停捐、禁烟，仕途不患其不清，然真欲清仕途，仍须预备八旗生计。欲为凡民谋生计，无过农工商务，应请饬下户部实力稽查满汉户口，务令士农工商，各执一业，以祛中国数千年人人喜尚作官之陋习。并请饬下刑部将如何惩办吸烟官民章程，会同政务处妥议实行，庶可望靡有旷官，各司其事矣。

臣愚昧之见，是否有当，谨恭折具陈，伏乞皇太后、皇上圣鉴训示。谨奏。

《清末筹备立宪档案史料》，第423—425页

御史杜本崇奏更改官制不宜全事更张折

光绪三十二年八月十七日

掌河南道监察御史臣杜本崇跪奏，为厘定官制事体重大，宜逐渐认真整顿，不宜全事更张，至隳纲纪而扰全局，恭折仰祈圣鉴事：

窃维今日时局之艰危，国势之积弱，言者动咎官制之腐败。臣以为官自腐败耳，旧制非尽不善也。立制之初，皆有深意，沿袭既久，名与实违，权限相侵，位多虚旷。至于近年以来，外侮内讧，交相凌逼。大势所趋，固非蹈常习故，所克自立于交争之世者。然欲举数百年之官制，凡关于司法、行政者，务尽扫除而更张之，则官府上下荡无所守，人心惶惑，纲纪日隳，徒暂快言者之意，而其害上及国计，下逮民生，有不可胜言者。如治病然，泥古方以治今病者固非，然尽弃古方而用新法，无仓、扁之智，徒逞其私臆，以卤莽灭裂行之，其不草菅人命者几何哉。臣非谓旧制之不可易也，因革损益，与时变迁，官制之议，不外宜增、宜裁、宜并三者而已。然或增，或裁，或并，京官则各部院与各部院殊，外官则各省亦与各省殊，头绪纷繁，非纸上空谈所能究其原委者。

今以全国之政法行之数百年之久，施之数万里之遥，徒取决于十数人之意见为之，概为改变，而此十数人者又惟有权力者主持其间，余则随同画诺。至于外省所派司道，亦旅进旅退耳。此其不可者一也。

议政大臣其才识之闳远与否，臣不敢臆说，而其名位之重，几务之繁，于一部分之事已难洞悉无遗，而欲举全国之大纲大纪，裁定于有限之日期，虽伊、傅、周、召复生，犹将逊谢不能者。故言之尚易于成理，行之则颠倒错乱。此其不可者二也。

欧美各国政法皆互有异同，日本善法欧西者也。正朔、衣服、器械无一不力求其似，而其立法、行政具有独立之规模，且日以保全国粹为宗旨，何者，风俗各殊，政教亦异，日本之不能尽如欧西，犹中国之不能尽如日本也。今但取东瀛之官制奉为蓝本，第为改窜名词，遂为不刊之法，犹削趾以适履，其溃败岂待再计哉。此大不可者三也。

今持改革之议者，动谓不破坏不能成立。夫既欲破坏矣，则成立者安在，且所谓破坏者，指国事乎，指民事乎，此特悖谬者之名词，非臣子所宜出也。臣观近来官制，京官如外、商、警、学四部之置，詹事府、通政司之裁，外官则提学司之设，且及于吉林、黑龙江、新疆各省，而河督、漕督、巡抚、道员各项之裁，亦数省行之。臣意宜从此逐渐厘剔，斟酌至善，凡各部院及各省，宜就旧有及新设各官认真整顿，务使官无冗员，人无废事，其大要尤在政府之无私，疆臣之忠实，权限分晰，内外相维，则扶危定倾，胥于是在，不然者，权柄所移，激将益变，其弊岂徒在官制一议哉。

臣愚戆之见，是否有当，伏乞皇太后、皇上圣鉴。谨奏。

《清末筹备立宪档案史料》，第 425—426 页

御史王步瀛奏新定官制多有未妥应饬认真厘定折

光绪三十二年八月二十日

四品衔掌浙江道监察御史臣王步瀛跪奏，为报章传述新定官制多有未妥，请饬原派王大臣认真厘定，以臻美善而利推行，恭折仰祈圣鉴事：

窃臣阅本月十六日北洋官报所述京师近事各条，备言官制，不无疑虑。夫报由官出，其言当非无稽，而事有难行，似应熟思审处，微臣浅见所及，请为我皇太后、皇上直陈之。

一、官报载议订阁部大臣官守一条，内称：传闻此次议设内阁总理及各部大臣，皆以一人总揽内阁各部之庶务，副以二人。内阁总理大臣遇有事故，则以左副总理大臣代行，各部大臣遇有事故，则以左副大臣代行等语。臣伏查当国之才，过人之识，代不多有。方今多故，顾安得贤明如恭亲王奕䜣、大学士曾国藩

其人而专任之。若号为内阁总理，不过近支王公，或者不明无断，名实相违，似转不若现设军机三五臣工参酌办理之为得。至谓各部亦只应用一大臣总揽，环顾（失）〔实〕少此才，即今外务部且有两尚书，是其明证，将来各部恐亦不免事繁才绌。此臣之疑虑者一也。

一、官报载改订户部官制消息一条，内称：户部拟以财政处归并，改为财政部，添设左右丞、左右参议，另添参事四缺，即以旧设之档房领办各员保升。原设十四司，今拟改并十司。曰丁赋，曰榷税，曰军需，曰盐课，曰漕运，曰俸饷，曰工程，曰币政，曰银行，曰织造。每司设郎中一缺，总理一司事宜，旧设之掌印、主稿等乌布一概裁撤。每司设员外郎四缺，按司中事宜之繁简，酌量设股，每一股设主事一缺，曰股长等语。臣伏查国初以来，户部满司员前列乌布，曰掌印，而汉司员前列乌布，则曰主稿，各专责成，具有深意。臣前在户部当差，尝见满员能操笔办理公牍者不过十之一二，汉员不能操笔办理公牍者亦有十之一二，良用叹息。今若以满汉司员才具较优者升作丞参及参事，自余印稿各乌布概不作用，另派职事，窃恐已经保送京察一等之员，且有难充郎中、员外、主事之选，遑论其他。若复徇名失实，惟其官不惟其人，何为整顿，况裁革太甚，变故堪虞，案卷错乱，误公滋弊。此臣之疑虑者二也。

一、官报载酌定年限裁撤兼差一条，内称：传闻各王大臣当议官制之初，本拟即将各员原兼差缺一概裁撤，以专责任。现闻此事拟变通办理，兼差各员暂仍其旧。据云：须俟十年后察看情形再议裁撤等语。臣伏查军国事务，胥关紧要，阁部大员，兼顾良难，但愿一事有数人能办，万不可以一人而充数人之役，既乏人才，岂可轻言变法。孟子云：如知非义斯速已，何待来年。况迟迟至于十年，跡类揽权，有妨贤路，此与并未拟年限撤差何异。此臣之疑虑者三也。

一、官报载限期预算各部经费一条，内称：传闻新议添改各部，每年支出经费，现经政府拟定每于九月即须预算来年额支、活支数目，条列清单，由该部大臣送呈内阁，经内阁会议核准后，方能指拨等语。臣伏查古者以三十年之通制国用，虽有凶旱水溢，民无菜色，预算之法，自昔已然，不独今之部费。今各部往往自筹经费，并不商之户部，而户部亦历年从未与外省澈底澄清结算，财何由理。既已拟由内阁总核，自系正办，惟各省征求无（艺）〔已〕，百物昂贵，商旅裹足，民不聊生，究应如何内外通筹，本末兼顾，恐非内阁二三大臣所能办了。此臣之疑虑者四也。

一、官报载筹议选举议员问题一条，内称：改订官制折内，闻已奏请将都察院改为集议院。兹闻近日王大臣又经提议，以本院奉准设立后，即应添置议员参与新政，惟充议员之资格者颇难其选，仍须宽筹办法，藉资得人，故目下对于此问题颇费踌躇等语。臣伏查帝王之世，弗询之谋勿庸。又曰：官师相规，工执艺事以谏。又曰：谋及卿士，谋及庶人。言路大开，并无所谓议院。今必欲遇事会议，以昭公直，则非得人之难，而听言之为难，主圣则臣直，尤在执政诸人不泥成见，不恶异己，凡忠谋至计必以上闻，则天下孰不乐告以善。即如八旗以及二十二行省，现任京官奚啻千百，每旗每省亦当有德望隆才猷练者数人，可以举令与议朝廷大政，不此之求，而曰天下今尚无合格议员，人谁欺乎。此臣之疑虑者五也。

以上五条，臣非敢鳃鳃过虑，实缘读虞书有曰：率作兴事，慎乃宪，屡省乃成，则知人君起事功，仍当谨守法度，戒纷更，而数考其成功。昔北宋王安石号为救时之相，意欲以鄞县一邑之治概之天下，又欲强天下人同其一人，新法之行，卒以祸宋，故知凡举一事须图万全。今将改官制以为立宪预备，势难中止，尚乞饬下厘订官制王大臣再三审定，然后奏闻，仍乞圣明兼询予告诸臣，命书所见，召问朝中元老，赐之坐论。并乞恩电谕资深望重督臣，许以封章连篇入告，圣上执两用中，垂为永制，则一切变法之举，必能允协，靡有后悔矣。

臣愚昧之见，是否有当，谨恭折具陈，伏乞皇太后、皇上圣鉴训示。谨奏。

《清末筹备立宪档案史料》，第 426—429 页

御史张瑞荫奏军机处关系君权不可裁并折

光绪三十二年八月二十二日

掌山西道监察御史臣张瑞荫跪奏，为军机处关系至大，不可裁并，恭折仰祈

圣鉴事：

臣闻变法者，贵去其弊，未闻无弊而去也。今军机处，其地至要，其弊极少，较诸汉相国府，唐之中书、门下，宋之三省，明之内阁，有利无弊，尽善尽美，苟无大故，未可易也。考我朝开国之初，沿用明制，事归内阁。世祖章皇帝日至内阁票本房，大学士在御前票拟，至康熙时拟旨归南书房，其机事仍属内阁。至雍正七年青海用兵，以内阁在太和门外，僚直者多虑漏泄事机，始设军机房于隆宗门内。乾隆初，遂名军机处，其大臣例司缮写谕旨，其权一归于上，非内阁比也。内阁之制，在前明有严嵩之奸，张居正之专擅，周延儒、温体仁之邪佞倾国。及至本朝，乾纲自秉，旧染一新，然以圣祖仁皇帝之天亶聪明，犹有鳌拜、明珠、索额图之小作威福。自设军机处，名臣贤相不胜屈指，类皆小心敬慎，奉公守法，其弊不过有庸臣，断不至有权臣。

今东西各国，相臣之权最尊，亦名内阁，即中国前代内阁之制，而威权过之。用人偶失，必出权臣。东汉鉴王莽之患，不敢立相，至末世只有一相，则为曹操。明太祖鉴胡惟庸之祸，不敢立相，事归内阁，及至中叶，则有严嵩。大抵天下之权，惟皇上可以操之，非臣下所宜擅也。军机处虽为政府，其权属于君，若内阁则权属于臣，不过遇事请旨耳，视前明之内阁票拟何异。若谓大权仍不下移，其谁信之。今之稍通新学者，多谓军机权轻，不得办事，岂知高宗纯皇帝之十全武功，穆宗毅皇帝之拨乱返正，何事不出于军机，谓之不能办事，不足信也。或谓东西各国权归内阁，不闻专权，不知泰西无论何等宪法，皆民为主，其君权轻，其臣无从专擅。然罗马之革老丢斯，不免受制于亲臣，法国之武额加颇多，亦曾废王自立。日本实为君主立宪，国势日盛，自无他虞，然百年以前，陪臣执命，太政揽权，岂无人耶。概谓无弊，亦不足信。

当兹整顿之时，如必须事归内阁，则政务处可以归并，军机处自宜并存，以分其势。大致如宋之枢密主兵权，中书主内治，汉之丞相秉政，太尉典兵，事有攸分，权无偏重。若谓军机不胜其任，则大臣之不称职者不妨屏斥，而军机处之制自不可废。朱子曰：今世有二弊，时弊、法弊，更改之却甚易，时弊则皆在人。今之军机处乃时弊，非法弊也。

事关至重，未敢缄默，愚昧之见，是否有当，理合恭折具陈，伏乞皇太后、皇上圣鉴。谨奏。

《清末筹备立宪档案史料》，第429—430页

御史石长信奏请将政务处并入内阁其他官制勿大更张折

光绪三十二年八月二十四日

浙江道监察御史臣石长信跪奏，为内阁官制设总理大臣一人，迹近专擅，恭折仰祈圣鉴事：

窃惟预备立宪，先从改官制入手，议事诸臣遂欲集权中央，推崇阁制，规仿日本设总理大臣一人、左右副各一人，提纲挈领，以一事权。臣考英制国有二相，摄枢府决庶政，所以重其权也。然首相必由议院保荐，遇事而议院持之，不崇朝而告退，是综理庶务之权虽属之若人，进退若人之权，仍属之众人，所以严其限也。今下议院未兴，国民程度不及，不能保荐即不能持其进退，而集重权于一人，幸公忠自矢，已不免专擅之嫌，倘私意偶蒙，恐流为僭窃之渐，征诸泰西，似有未协。

若中国则亲如公旦，成王不遣嫌吝于怀，贤如霍光，宣帝若负芒刺于背，何则，其权重，其任专也。考汉初进丞相为相国，续分置左右丞相，明初亦置左右相国、左右丞相等官，属中书省。自胡惟庸叛后，罢中书省，以政归六部，后置殿阁大学士，列六部上，遂为相职，国朝因之，所以杜专擅之萌也。且阁臣而仅理一阁之事，固可名曰总理，如各行省总督之称，若阁臣佐天子理万机，亦名总理，揆诸辅弼之义，窃有未安。虽日本以是名官，择善而从，师其意究不必袭其名也。现今风气初开，民权未立，军机处允宜仍旧，拟请内阁设四缺，将政务处并入，正副各二人，如大学士、协办大学士之类，其名仍候钦定。

至各官制若概行更张，非数百万不可，今民力艰难，可否就各部院或改或并，斟酌损益，重申职守，俾大小臣工各竭其诚，以备立宪基础。

谨贡刍荛，是否有当，伏乞皇太后、皇上圣鉴训示。谨奏。

《清末筹备立宪档案史料》，第430—431页

吏部主事胡思敬陈言不可轻易改革官制呈

光绪三十二年八月二十五日

吏部稽勋司主事胡思敬谨呈，为敬陈管见，呈请代奏事。

顷五大臣考察政治，归自海邦，采撷中外浮言，议大更制度，以作立宪基础。圣怀谦让，既明降谕旨，简派亲贵大臣，和衷商办，复俯从御史王步瀛之请，令大小臣工各抒所见，如江淮设行省故事。苟有一得之愚，何敢缄默自安，上负圣明，下惭衾影。窃维今日改官制之议，有不可不慎重者八，有不能不变通者三。谨就见闻所及，一一缕晰陈之。

累叶相承之法，经纬万端，非目论小儒所能窥见万一。法未败而欲扫除更张，窃外国之皮毛，纷更制度，惑乱天下之心，此职员所大惧也。春秋之末，诸侯恶周籍害己而私去之，遂大乱残杀不止。今改变官制，则必破坏会典，销毁则例，一切以意为之，荡然无复限制，强者出其坚僻自是之见，以逞其才，弱者守其持禄保妻子之心，以营其私。各部自辟规模，各省自为风气，不必猷法，而可行一己之爱憎，不必舞文，而可弄朝廷之威福。驱踶啮不羁之马，登临险阻，又自弛其鞦辔，虽三尺童子，知其必偾，金人瞰车中重载，欲乘其既败而攘取之。此不可不慎重者一也。

商部初兴，筹款数十百万，学部、警部继之，费用更不知凡几。搜括新法，愈出愈奇，征赌不已，变而征娼，教猱升木，国体何存？东西滨江各埠，因抗捐罢市，日有所闻。罄数百万穷民终岁胼胝负戴所获，不足供倖臣一夕之豪举。今而舍旧图新，经营创造，料非徒手可成。乃者湘、粤、苏、豫同时大水，饥民嗷嗷待哺，僵仆载道，淮南、辽东大风，济南、浙东大火，坏田庐、牲畜以亿计。

百物踊贵，土货不流，若欲于敲肤吸髓之余，更谋巧敛之术，鸟穷则啄，兽穷则攫，民不聊生，如水斯决。此不可不慎重者二也。

礼义既衰，邪说方炽，维新党派昌言物竞天择，各磨砺齿牙以争利禄，资格一破，人人有徼幸之思，夤缘请讬，辐辏于公卿之门，君子难进易退，耻与哙伍，举倦思归。只此二三攀附势力之徒，依恋阙下，平时既剥丧生民以自奉，临变即卖君父以邀功，九重孤立，谁与图存。此不可不慎重者三也。

军机处不设定员，同堂议事，无论官职崇卑，不相统摄。今而议立总理大臣，统一枢务，无论用亲藩，用满汉大臣，皆可恣睢自擅，窃弄权柄，启奸人窥伺之渐。若更假以兵柄，如汉时吕产以相国兼统南北两军，傅翼而飞，恐生他变。日本维新之初，倾幕府，废将军，收王室已替之权还之人主。我国事事效人，反树立权臣，酿成幕府将军之局，异时羽毛丰满，咄咄逼人，欲藉外诸侯兵力夷之，拒虎进狼，噬脐何及。此不可不慎重者四也。

满汉御史共五十六员，给事中二十四员，秩皆五品，资浅而近民，则耳目易周，位卑而禄薄，则顾惜之心不甚重。数十年来，台谏虽不甚得人，贪官墨吏被劾去位者累累相望，况惩一警百，隐然收效于无形者，又有藜藿不采之势也。以我幅员之广，人民之众，只此数十人者备员左员，职司纠弹，必挫折之摧残之，今日议汰，明日议裁，将求通上下之情，而先塞人主之聪。揆之古人悬鞀置铎之心固不合，即质之诸臣要求立宪之意，亦岂有当乎？此不可不慎重者五也。

人才杂沓并进，不严定铨选之格，何以靖天下之人心，官常败坏不堪，不慎操考察之权，何以肃朝廷之纲纪。会典载，内外官缺凡二万七千馀员，合之候选、补，当不下二十万人。倘误信誓言，仿东西洋规制，不设吏曹，悉解散其权，倒柄而授之督抚，一切升迁降罚，恣意任情，毋敢操成法以议其后，天下衣冠士族，尽奔走效用于私门。远则如战国诸公子树恩市义，招集四方游士，各骋其纵横捭阖之论，强私室而倾公家。近则如唐末藩镇将吏，感主帅煦濡饮食之恩，但倾心节度使，不复知有朝廷。天子端拱于上，号令不出一城，不待四邻分割，已先成华离破碎之区。此不可不慎重者六也。

地方官属之有州县、府道、院司，犹军营之有哨官、营官、统领也。今裁去府道，以州县直达院司，大省如直隶一百二十五县、十七州、六厅，四川一百十二县、十一州、十三厅，以督抚一人管辖于上，姓氏且不能尽记，尚能察其孰为贪廉，孰贤孰不肖乎？边地如甘肃安西州属，去省会二千馀里，内地如江苏徐州府属、江西南安府属，去省会亦皆千二三百里，声息且不易通，其能收身使臂臂使指之效乎？将谓上遵两汉，汉制县令长之上有郡国、守相，郡国、守相之上有部刺史，与今制不甚悬殊。今之巡抚镌用关防，称为部院，本属钦差，不过汉时差遣之刺史，官职略卑，如今科道，我朝差遣之巡抚，官职较大，乃用副都御史。汉初承秦制，只三十六郡，不得不重守相之权，今疆域广，督抚位尊，知府之权遂稍替耳。将谓远法日本，岛国方舆，仅抵我四川一省，全国分府三府、三十七县，而上隶于内务省，省卿犹我国之督抚也。裁判、税赋各总其成于司法、大藏二省，省卿犹我国之藩臬也。立名虽各不同，命意未尝少异，求治而自梦之，毋乃愈求而愈远乎？此不可不慎重者七也。

谈新法者又言宜规橅东洋州县，各设专官，分理裁判、警察、赋税、学堂，旧制知县以下有县丞以督粮，有典史以督捕，有教官以劝学，此等官未尝不备。今欲改立名目，将仍受制于州若县乎？权力既不能自伸，今日之裁判、警察等官，安知不成为异时之县丞、典史、教谕。徒为此纷纷扰扰，乱人耳目，骇人听闻，暮四朝三，曾何补益。将重其权与州县并行不相统辖乎？纵数十万虎狼于山林，各凭藉势力生事扰民，今日逐户苛敛，招无数恶少以充警兵，明日履亩加徵，集无数狂狡以充学徒，使四境之民如鸟兽骇散，非迫为盗劫，即流为饿莩。纵有一二贤明之吏，徒为同僚牵掣，袖手莫可如何。此不可不慎重者八也。

惟是法非成于一手，时会变迁，不无一二疏节阔目之处，枢庭赞襄密勿，六曹事务无所不统，从容论思，理宜予以逸暇。自雍正至今数百年，简陋相因，尚以他官兼摄，诸大臣资望既深，精力就疲，多者兼八九差，少亦四五差，蚤夜奔驰，曷能有济。是故一人兼数差，势必至勤者敷衍，惰者废弛，一差而派数人，势必至狡者倾轧，暗者推诿。此不能不变通者一也。

官俸太薄，廉吏不足自存，近岁新设四衙门，宽筹津贴，一郎中岁给三千馀金，而大学士春秋二俸只三百金，犹按成减放。外缺肥瘠不同，疆吏为人择地，更调纷纷，名为调剂。夫不能养其身家，而徒责以廉隅，虽尧舜在上，势所难行。迩来学务大兴，外洋游学生近二万人，半属官家资遣，总计内外学费，岁竭生民膏血不减庚子赔款。国家养一宰相，不及一平权自由之学生，事之骇绝可怪，孰有甚于是者乎？此不能不变通者二也。

以禹、皋、稷、契之才，终其身只任一身。今之尚、侍，刑部之律未谙，俄而调理财政，户部之席未暖，俄而又掌铨衡。以孔子之圣，自云三年有成，今之督抚，朝由陕、甘度陇入关，而迁闽、浙，夕又由闽、浙涉江泛湖，而量移云、贵。下至州县末吏，或补缺十余年，终身未莅本任，亲朋仆从奔走役役于道途，谁不视一官为传舍。此不能不变通者三也。

若欲过此而事新奇，卤莽图功，祸可立至。夫以祖宗完全无缺之天下，庚子以前，经一二执迷不悟大臣玩弄揣摩，浸成不可收拾之势。今又以危言耸动圣听，谓不立宪必亡，不变官制末由立宪。我国立宪在欧美未开辟以前，我朝立宪在英、德、美、日未兴之先，诸臣生长中土，服官数十年，问以六典要政，列圣斟酌损益，内外相维，大小相制之法度，瞪目不能言。竭数月之力，远涉重洋，环游一周，凭二三梼昧舌人，遂谓得邻邦秘钥，载宝而归，此不足以惑愚蒙，更何能以欺圣主？谓旧署闲冗无事，名实不相符，则宜解练兵处之权以还兵部，解财政处之权以还户部，解学部之权以还礼部，举铁路、矿务、电政、船厂、制造局之权以畀工部，举封驳之权以畀六科。谓旧人皆不可用，悉罢斥之，别举所谓喜功好事强干有气力者，置之卿贰司曹可也。何为颠倒淆乱，远效新莽，近循元丰之轨辙乎？举棋一误，大局全输，官乱于上，民变于下，海外党徒，长江会匪，东三省马贼，环伺而起，外夷乘之，措手莫及。糜烂之后，疆臣拥兵自卫，各私其领土，朝臣偷生忍耻，不难效张禹、孔光之为，前车可鉴，能勿寒心。

疏逖小臣，罔知忌讳，但求有补于国，不惜糜碎其躬。用是仰首哀鸣，席藁待罪，伏乞代奏皇太后、皇上圣鉴。谨呈。

军机处原折，《清末筹备立宪档案史料》，第431—436页

御史张世培奏改革官制不可轻弃旧章折

光绪三十二年八月二十五日

掌广西道监察御史臣张世培跪奏，为变通官制宜酌量裁并添设，以专责成而维政体，恭折仰祈圣鉴事：

窃臣恭读七月十四日谕旨，饬令厘定官制，必当酌古准今，上稽本朝法度之精，旁参列邦规制之善。臣维国家立法，在因地制宜，而效法外人，在取长补短，盖变法者贵有治法有治人，尤贵不惟其名，惟其实也。考之东西各国政法不同，故官制迥异，而同进于富强者，其大要在以进出保守为主义而已。可知外人之互相效法，从不轻弃旧章，惟其进取之心愈勇，斯其保守之心亦愈坚固，非徒务虚名，耸当世之观听已也。朝廷举行新政以来，孜孜求治，日昃不遑，而内政、外交，诸臣动多束手，实以官职太多，事权不一故也。去年振贝子奏改官制一疏，言之至详且备，而推究官守之弊，曰推诿，曰牵掣。因请仿行各国专任之法，将中央官制改而更张之，庶以植新政之初基，而自立于竞争之世。其改订各部院官制，改订各旗官制，或应存，或裁并，或添设，无不条分缕析，筹画精详，盖其所陈者不在专改名称，而在变通实际也。

臣愚以为各署之中，尤不应裁者为吏部，盖吏部古冢宰，相人君用人者也。人君以用人为职，职者权所在也。古者以参预赏罚为侵权，若各部皆预用人之权，是吏部直成虚设矣。自乡举里选之制废，于是用签掣选授之法，期于有公无私。今外、商、警、学各部五品以下人员，均归该堂官奏补，概不经由吏部，是不特开引用私人之端，抑且无此政体，盖权不可分也。拟请嗣后变通吏部章程，就各班之内选用专门，如长于外交选外部，长于商学选商部，他部准此，均于注选时声明，似较奏补为公允，且以专吏部责成。此外于内政最关系者，莫如邮政，办法不同，然皆视为重要，且规例极严，必重臣总司其事，中国将来邮政通行之后，势必改驿归邮，若久假手于外人，其贻患有不可思议者。亟应简派邮政大臣握其权利，宜与铁路、电报均隶商部，盖交通之事虽繁，似无须另设专署，因经费难筹，不如统于他部为得也。

若此者虽事更张，绝鲜纷扰，无抑中扬外之过，更无数典忘祖之讥。若谓署犹是署，官犹是官，不改用新名，必难聿新天下耳目。不知变法者循名责实，不必舍己从人，果能上下一体，无旷厥官，日后民智大开，自蕲至富强之域。是法之行不行，不在名之改不改也。宋王安石之变也，泥古而不通今，遂以乱有宋之天下。今当初定官制，若胥数百年成宪悉取而弁髦之，恐截指适履，筑室道谋，而国是反无从定矣。臣不揣冒昧，勉效涓埃，可否将该贝子原折及臣之管见核议施行之处，出自圣裁，臣不胜激切屏营之至。

是否有当，伏乞皇太后、皇上圣鉴。谨奏。

《清末筹备立宪档案史料》，第 436—437 页

御史赵炳麟奏新编官制权归内阁流弊太多折

光绪三十二年八月二十五日

福建道监察御史臣赵炳麟跪奏，为新编官制流弊太多，恭折仰祈圣鉴事：

窃臣伏读本年七月十三日上谕，预备立宪，先将官制分别议定，恭绎是日诏旨，大权统于朝廷，庶政公诸舆论二语，最合君主立宪国政体，大义微言，昭示天下，使编制诸臣仰承诏旨之义，体会周详，何有流弊。不谓其所编官制，乃大权操于大臣一二人，而庶政则私诸十员参事官也。臣于本月二十一日具折预防流弊，系言其理由，未尝逐条辩晰。今谨将新编官制流弊，再缕陈之。

臣闻该大臣等所拟内阁官制，开宗明义，即谓内阁政务大臣辅弼君上代负责任。此语非常狂悖。盖责任二字，有对待之义，人所责我者而我自任，故东西各国责任二字专属政府，当不敢指斥君主。矧我朝立国体制，君父至尊，与天无极，夫谁敢责之，又对谁任之。其措语已属不道，然犹得曰只文字之秕谬也，至

其实权所在，则尤有骇人听闻者。夫我朝定制，凡可言事之官，皆许单衔奏事，无庸关白阁臣及军机处大臣。凡召对臣工，虽在疏远小臣，亦与独对，内而阉寺，外而大臣，皆不许参侍其间。原使入对者无所顾忌，可以得尽所言，所以防壅蔽通耳目也，立法之善，远轶上古。是以惟在国初议政大臣如鳌拜、明珠诸人，声势炫赫，然言路之纠弹，廷臣之抗论，尚有以折其气而销乱萌。诚以其时朝廷股肱尚多，虽一二人盗窃威柄，其力固不足箝天下之口，以张其焰也。

顷臣闻拟订内阁官制条目有曰，内阁大臣具奏事件，其关涉行政全体者，由内阁总理大臣、左右副大臣会同各部尚书连衔具奏，其关涉数部变更者，由总理大臣、左右副大臣会同各该部尚书连衔具奏，其关涉一部变更者，由总理大臣、左右副大臣会同该部尚书连衔具奏，其专属一部行政事务者，由该部尚书单衔具奏，等语。夫曰一部行政事件，盖即一部之例行事件而已。兹惟例行事件，方许该部尚书单衔具奏，其稍有关涉稍觉特别之事，苟非经阁议，则每部尚书必不能具奏，即先开阁议，成议以后，苟非与内阁总理左右等大臣连衔，仍不得具奏，是每部大臣虽具单衔奏事之名，其权限固已微矣。夫我朝六部、九卿、科道各衙门，皆能奏事之官也，然言路尚虑不宽。兹经新拟官制，京秩衙门已多裁并，则得以专衔言事之官已汰大半，而收其权于内阁及各部大臣共十四人，是言路隘之又隘，流弊已不可胜言。况于此十四人中，其尚书十一人复受监督于阁臣，以限制其言事之权，而惟二三阁臣为朝廷专寄耳目，非特前古所无，恐五洲万国亦无此政体也。

再，臣又闻内阁官制条目有曰，总理大臣、左右副大臣仍逐日入对，各部尚书五日入阁会议一次，遇有本部重要事件，即日呈递膳牌，随同总理大臣、左右副大臣入对。各部尚书如有紧急事件，亦可随时自请入对等语。然此则是收中外各衙门事权于十一部，而十一部所有事务，非先开阁议，经内阁大臣允诺，苟非随同内阁大臣，仍不能入对。虽有自请入对之文，然苟不经阁议，不随同内阁大臣而自请独对，则在内阁大臣必以是为反对内阁之举，此必不避见怒阁臣之人而后敢毅然以请，恐由此而大臣敢自请入对者，盖亦寡矣。是请对一条，殆亦徒设虚文，以涂饰耳目，照此则内阁之势力，非特可监督诸臣之奏事，并得监督诸臣之奏对。设阁议之制，以限制各部院具奏之权，立随同入对之条，以破坏祖制召见独对之法，臣不知此次该大臣等所拟官制，将置朝廷于何地也。然此犹从其对

四、官制改革

于同官言之也。若照所拟官制，其对于君上，亦不外一专字，是以一则曰，凡用人行政一切重要事宜，均由内阁大臣承旨施行。再则曰，内阁各大臣恭奉谕旨，皆有署名之责。夫定制，凡奉上谕事件，有发内阁转行者，有交军机处字寄者。其发军机处者，实即直下各部院、各疆臣之谕旨，军机处特职在字寄而已，有承发之责，无施行之权。盖自前明洪武时，胡惟庸以诛败，遂废丞相府，置内阁以掌机务，承旨而已，施行之权则分寄于六部，所以杜专政之渐也，我朝因之。及雍正时设立军机处，特改题本为折奏，期于文字简易，于军事为便，其范围与内阁固无大异同。顷拟合承旨、施行而一之，则朝命不得直宣，凡京外一切衙门皆属于内阁，以承其令，内外一应庶政，皆仰于内阁，以受其成，是直恢复前明初年丞相府之权限。历稽掌故，国初时议政大臣之势力，尚不至此也。至各国诏敕署名之举，则各国国体不同，政俗亦异，故其君主且自署御名，而政务大臣亦随以署名。我朝名分最严，天泽之分，冠履之辨，断无臣下署名谕旨之理，应仍旧称某衙门奉上谕为正，此则名义所在，亦即预防专政之萌者也。

若夫用人之柄，尤为君上之特权，非臣下所敢暗干，现在拟改官制，则议设之各部三四品请简官，实即曩者三四品京堂之职，自应照应升此项官阶，或称此等职事者，普通开单，由上特简。乃臣闻所拟各部官制通则第二十四条称：有各部请简官，由本部尚书商同左右侍郎，选拟相当三人，开单经阁议后，请旨简授等语。是直限制君上简授之人，不得出此三人之外，而此三人者，苟非习于部臣，必不与于开单，苟非习于阁臣，必见屏于阁议，公权日轻，私权日重，殆莫此为甚。夫易警履霜，诗戒鸣鸠，臣念编制诸臣，何以甘溃国家之大防而不恤，敢背七月十三日之谕旨而不顾，岂不谓此各国通例则然，各国行之而富强，我国背之而贫弱，作此危言以耸群听。臣意提倡此议者，不过新进无识，不知大体之数留学生，适有主持是事之人，乐闻是说，以逞其私，而编制诸臣，亦相顾结舌而莫之敢抗也。

窃查此次所拟内阁官制，大率取裁日本职员录之内阁编制，而其权力又加甚焉。夫各国政府权力之重，原过于君主，故名之曰责任政府，其各部院大臣及地方长官，非与政府党派相同，不能居其位。故各国皆有政党之目，每易政府，则各部院大臣及地方长官必相率俱退，即易一新政党以乘其后，此各国通例也。日本虽君主立宪，然政府进退亦同此例，此在我国万不能行。然各国政党虽纷，而其君臣上下固相安于无事，君主虽不负责任，而常定于一尊，未闻其有跋扈之臣致起萧墙之祸者，则以其下有议院为之监督也。政府钳制议院，议院亦监督政府，政府有解散议院之权，议院亦有纠弹政府之权，且有拒绝政府提议并否决岁费之权，上下相维，而其皇室尊严转居定位，固非一任政府操无上之权而莫之或问也。且各国政党，盖公党非私党，以政见相同，遂结为党援，以求得伸其说。设其党中首领自犯不韪之事，抑或心迹不明，为其党人所觉，则其党立即解散，且讨诘其罪，故其党有政见固结之权，而无同恶相济之患。我国教育未兴，率有私党无公党，原无政界思想，只以富贵相求，富贵所在，即声气所通，故在朝只有私党之营，在野绝无政党之固，上下议院不克成立者以此，责任政府不能仿行者亦以此。若贸然为之，不揣其本，而齐其末，遽立此无监督之责任政府，恐患气之乘，不在敌国外忧，而在邦域之内也。

臣又查泰西各国，无论君主、民主、君民共主，其为治皆分立法、司法、行政三大权，三权鼎立，而国以安，未有合三权而畀之一人者也。即此次编制诸臣，亦明谓除立法、司法各官外，仅分别拟立行政官制，似亦不失三权鼎立之意。然臣闻拟订内阁阶级，除总理大臣仿日本太政官，左右副大臣仿其左右大臣，系其明治初年官制以外，其余皆仿日本现行办法。故日本内阁设五局，现拟官制亦设五局，其主要所在，则在第三之编制局，即日本内阁五局中之法制局也。日本法制局设参事十人，现拟设之内阁编制局亦拟设参事十人，相其形貌，亦大率从同，然性质则迥相径庭。盖日本法制局参事所起草之法律命令案，为已经议会所议定之法律，或拟交议会提议应行修改之法律，自与立法不相干涉。而我编制局所拟订之各行政法规草案，为未经集议会议决之法规草案，且亦不交集议会协议之法规草案，是立法、行政直出一人。且即使交集议会公议矣，然臣闻内阁官制条目称，有凡政府交集议院公议之法律草案，开阁议决之，以总理大臣为议长等语。夫提出法律草案交集议院公议者内阁也，经集议院公议后而操决议之权者仍内阁也，其居议长之席者则内阁总理大臣也。自行交议，又自行议决，而自作议长，是总理大臣非特上对君上代负行政之全权，并下代议院兼操立法之实际，而集议院徒作赘疣，甚或资为政府之傀儡，操立法、行政两大权，则司法之权可不言自在其中。此等威势权力，非特我朝三百年来所未有，亦自周、秦以来三千年所未有，非特日本维新以后之所无，亦亚、澳、欧、美列邦殊风异俗之所无也。明居行政之名,而阴攘立法、司法之柄,分寓于条目章制之中,而一纲罗致,一手握定。若据此推行,恐大权久假不归,群上将拥虚位,议院无期成立,下民莫敢谁何,颠覆之忧,将在眉睫,此固非朝廷之福,恐亦非该责任大臣之福也。

臣窃谓兹事体大,政本所关,断非凭一二人之臆见,数十日之程限所能厘定。亦断不能不论国体若何,人情若何,国民程度若何,遂抄胥各国官制成文,遽将三百年来奉行之成法,一旦尽翻全局。臣愚以为天运以不息而成,时序以积渐而转,审详持重,所全实多。以现在官制而论,则如轮船、铁道、电线、邮政皆属新政,无所隶属,积弊所丛,莫与稽核。此交通部所应设立者也。立国之本,农、工、商并重,中土原称农国,工业尤为富源。此农工商部所应设立者也。巡警一项,仅内政之一端,而户籍之稽,建筑之掌,皆属内治。此内政部亟宜设立,以容纳警部者也。预算、决算整齐天下之财政,而治国第一要着。此户部、财政处之宜联合整顿者也。绿营未尽裁,新军日加多,教练之法日新,管理之法亦异。此兵部、练兵处之宜归并扩充者也。青、藏、蒙古为我边疆,视作领土,乃为我有,名以藩属,便启戎心。此理藩院应大加整顿而并去藩称,竟编入各部,而一律视同内地者也。其余各部,皆有专掌,宜整饬调理,纲举目张,自徵成效。以上皆行政衙门。

臣愚以为远鉴前明内阁改设之意,近维我朝议政大臣颠蹶之由,旁考各国议院政府维系之故,似行政机关仍应暂归各部,而裁并、增置,大加厘订,亦即气象一新。已足塞各国之观瞻,慰臣民之跂望。立法一权,无所归属,宜遵祖制,以专衔言事属之御史、讲官及四品以上京堂,分任立法之职务,藉通国民之声气。其内阁、军机处,无论归并与否,并易何种名称,应暂仍旧制,以为承旨传宣之地位,不作总挈行政之枢机。一俟上下议院成立之日,乃为责任政府设置之时,现在惟以全力奖励自治,提倡教育,以储绅民政治之知识,以为立宪政法之基础。明示天下,无论如何,必使上下议院与责任政府同时设立,以免偏重,此则于本年七月十三日上谕最相吻合,而政柄之倒持,权臣之专国,可自此而息,此臣区区之愚,所以上陈君父者也。

抑臣更有请者,臣闻此次编定官制,虽经简亲王、大学士、军机大臣、政务大臣、各部尚书及直隶总督等公同编订,然主其事者不过一二人,而主笔起草亦只凭新进日本留学生十数人。此等留学生原无学问根底，亦未受普通教育，且率为其父兄不能拘管之人，乃纵之东渡。及至东京，粗习东文、东语，遽受选科学业，不三数年，遂哀乞各该校校长，优予毕业文凭，或伪受休业文凭，以为内渡投入权势门户，猎取官资之地，敢为大言，以肆欺罔。此次编制率出其手，于本国国体人情及数千年官制因革之故，并我朝开国以来成法精意之存，茫然莫解。即于东西各国官制，亦墨守一孔之言，罔知体要所在，是以此次编制随员中之文学生尽以日本职员录二本为秘钥，武学生则以日本陆军成规类聚一册为金科。夫职员录者，即日本每岁刊行之搢绅也，成规类聚者，即日陆军省岁集之例案也。臣尝以此两种与所闻拟订官制逐节比对，其符合者凡十之九，即间有出入之处，盖亦承受一二当道意旨，为推广其权力起见，即臣所谓权力又加甚焉者也。窃惟我国有大变革，有大制作，岂藉一二部日本搢绅成案与十数名留学生所能订定？我皇太后、皇上仁孝为怀，不忍以圣祖、高宗经营完善之天下，一旦乱于十数乳臭小儿之手，应请于该大臣等编定奏呈以后，其宏纲所在，朝廷自有权衡。若其各部节目条分缕晰之处，具体虽微，关系极重，应请饬令京外各大臣，各举所知须博通中外之故谙习古今之变名儒宿学，送入政治馆，令以现所拟定官制各条，详为磨核推究，申明理由，悉心厘订，庶几切实可行，不得即以一二留学生塞责，则于订定官制必有裨益。

臣为严杜流弊起见，不觉言之痛切，理合具折密陈，是否有当，伏乞皇太后、皇上圣鉴训示。谨奏。

《清末筹备立宪档案史料》，第 438—444 页

御史叶芾棠奏官制不宜多所更张折

光绪三十二年八月二十九日

江西道监察御史臣叶芾棠跪奏，为敬陈官制事宜，略抒管见，恭折仰祈圣

鉴事：

窃臣奉本衙门札知，准钦命考察政治馆王大臣咨称：准军机处片交御史王步瀛奏请妥定官制折，奉旨：考察政治馆知道。钦此。钦遵转行到道。令各抒管见，条陈利弊等因。臣备官言职，自当效刍荛之献，冀以仰补高深。伏查外国官制，皆从本国历史酌准而成，盖以俗有纯漓，地有广狭，国民之程度既异，物力之盈绌亦殊，纵或互取所长，彼此断难强合。近者考察政治大臣请改官制，参酌中外，具见苦心，然过为变更，非特事势所难行，抑亦财力所不逮。今惟于东西各国略仿其意，就吾所固有者而损益之，力求整顿，不事纷扰，既切实奉行新政，亦不背祖宗成宪，实事求是，较为妥贴易施。请为我皇太后、皇上陈之。

内阁、军机与各部不相联络，拟以军机处归并内阁，置总理大臣、左右辅大臣，与各部尚书入阁会议政事，责任专而意见合，机关自不至于隔阂。惟会议既决，奏请圣裁，自当上禀宸谟，不得植党树援，稍事要挟。倘有专擅，屏黜立加，威权既尊，魁柄自不虞其旁落，此履霜坚冰之渐，不能不慎者也。部臣疆吏划分限制，欲仿美国中央政府仅掌军事、外交、交通、关税各大政，其余大小诸务，悉归各省巡抚办理。臣惟美国系民主国，与中国君主不同，我朝以军机、各部统治于中，而以督抚分治于外，一切用人行政，无不奏闻，立法最为尽善。今若划分权限，事属疆臣者可以任意举行，专擅之端由兹而起，唐代藩镇之祸恐将复见于今，此事之断不可行者也。

各部改设一尚书、两侍郎，不置管部，划定职权，固为有见。惟云侍郎宜受尚书指挥，臣窃不能无疑。今之侍郎皆老于事世，方以画黑稿相诟病，部务之腐败，正坐侍郎巽顺自持，不能相助为理耳。故事，曹郎遇事不当，皆可力争，是属官尚无听指挥之理，似未便施之同官。夫使尚书所为尽善，犹之可也，万一举措偶有未协，为侍郎者将力图辅救乎，抑隐忍而听其指挥乎。今外省之权全归督抚，自司道以迄州县，莫不仰承意旨，此真受其指挥者矣，而吏治不修多由于此。考外国设官，授之以事，即予之权。今宜稍仿其法，大小之官明定权限，不使有尸位伴食之员，其属官以下举必当功，劾必当罪，若有滥枉，许其申诉，斯举措当而人思奋矣。科道为风宪之官，司喉舌之任，所以条陈治道，纠劾官邪，责任至为隆重。今改都察院为集议院，不使其言得以上达，而弹劾之权乃属之行政裁判院。夫官制既改，僚属俱由长官荐辟，万一有窃权植党，如严嵩当国，台谏尽置私人，凡有爱憎授之论刺，是朝廷之耳目悉为权要之爪牙，国是尚堪问乎。此都察院之万不容轻改者也。选除官吏，皆由本部长官，裁撤吏部，固属慎重用人之意。然臣考唐制，百官进叙，吏部皆得而检勘之，元载纳贿除吏，恐为有司驳正，因奏凡除六品以下官，吏部不得检勘，代宗恶其专，是吏部不司铨选，可司检勘。不然长官各置私人，超资越格，惟意所为，不有吏部，孰为纠举。况恩赏封爵，职掌攸关，则吏部可不必裁也。户部职掌财政，非户田一端所能尽，欲改户部为财政部，不知户部原为民部，唐避太宗讳，始改民为户，户即民也。天下之财，何一非出于民乎，似财政不如户之该括。惟尚有宜增入者，考周礼：载师、闾师掌农政，质人、廛人掌商政，而皆隶于司徒。盖农为商本，民之所赖以生，似农商宜属户部，以财政处并入焉。中外岁计出入，稽核当有专司，预算、决算每岁宜列为表，以备检查，其事掌于户曹，而以尚书监督之，户部之名可不必改也。科举既停，礼部但司典礼，拟改礼部为典礼院。臣惟安上治民，莫善于礼，中外皆同。今改部为院，命意原无轻重，而天下之揣摩者，以为朝廷有轻视礼制之意，况以太常、光禄、鸿胪三寺并入，其繁重更甚于往昔，礼部之名可不必改也。绿营多半裁撤，兵部徒拥虚名，拟改兵部为军部，管辖全国陆军、海军事务，而以练兵处并入。夫练兵处所练者兵也，陆军、海军亦兵也，改兵为军，于部务毫无关系，惟兵部原管驿站，今邮政既设，驿站遂裁，则邮务宜属兵部，设专司以掌之，兵部之名可不必改也。刑部之名，意多偏激，故欲改刑部为法部。臣惟国家制度皆谓之法，其范围甚广，其头绪甚繁，若以责之一部，恐有兼顾不及之势。即以刑论，今刑部堂司各官其勤劳常倍于他部，纵以现审划归大理，而一年京外案件之应归该部考核者，牍积如山，非专治断难周密，则刑部之名可不必改也。工部只管工程，与工艺不相涉，故欲以工程归内政部而裁工部。稽考工记之职，所掌皆百工事，周礼以补冬官，以工艺属工部，洵为名称其实。凡矿务、铁路、轮船、电报及一切工程、工艺，皆当隶入，则工部可不必裁也。六部之外，外务部管交涉，学务部管教育，自当立为专部，巡警部管地方行政，及警察、卫生、交通、赈恤各事，职要任繁，亦宜因仍不改，则内政部可无庸设。农、商属户部，工艺属工部，则商部可无庸设。矿务、铁路、轮船、电报属工部，邮政属兵部，则交通部可无庸设。稽核中外财政属之户部，预算、决算归其职掌，则会计检查院可无庸设。纠弹不法，下通民隐，剔弊锄奸，宜仍

四、官制改革

归都察院，则行政裁判院可无庸设。集议院为国会基础，但民格太低，一时尚无议员资格，遽集二十二省未经教育之人于一院，各执己见，党同伐异，徒事喧哕，广东粤汉铁路之事已可概见。宜俟将来民格稍高，然后再议，则集议院可以缓设。内务府掌供奉内廷，太仆寺、太医院、銮仪卫各官，皆归并隶属，则宫内部可无庸设。翰林院备经筵之选，充史馆之职，宜如所拟，因仍现制。此京官损益之大略也。

外省官制层级太多，改五级为三级，而以州县直隶督抚，州县之下各设专官为辅，以代胥吏之职，繁简尚觉得宜。惟每省拟设八司，计每司有长官，有局长，有僚属，一司所费，年须数万金，八司即须数十万金，加以州县僚佐各职所费甚巨，此款洵不易筹。窃以为除藩、臬、学原有之三司外，其余各司之事，可设为局，分隶于各司道，则事举而所费亦省。至地方自治洵属当今急务，今之州县所辖皆数百里，无论才具各有长短，即日力亦多不给。查闽、粤各省，自省城以及府厅州县皆有公局，各乡之中亦有乡正、乡副管理地方事务，惟人非公举，良莠难齐，甚至交结官吏，鱼肉乡间，为害于民者，所在多有。今宜就此改良，以为自治阶梯，人由公举，款由众筹，凡一切地方公益，会员议定，请官施行，偶有争端，先由乡长判断，及不能决，然后讼之于官，官治、自治相辅而行。但会员为地方代表，宜有限制，多不得过若干人，以杜互结朋党挟众把持之害。此外官损益之大略也。

夫官制改良，在精神不在形式，如果一切更张，每年须多数千万金，款岂易筹，若不切实仿行，只图敷衍外观，改易新名，或致启援引私人之弊，其害视不改而尤甚。乃论者动谓立宪之国事关公益，民即乐于输将。为此言者非搢绅贵族，即学堂学生，但闻彼国绪论，不知物力艰难者也。考东西洋各国农、商、工艺俱臻发达，人人各有事业，即妇人、孺子以及盲哑残疾，皆得执一艺以谋生，国无闲民，故巨款易集。中国不然，士为四民之首，近已绝无生路，农、工终岁勤动，难谋一饱，商贾资本缺乏，揭借者多，获利维艰，倒闭相望。城市村落，十室九空，无业游民居其大半，弱者转于沟壑，强者流为盗贼，土匪蠢动，此灭彼兴，民不聊生，何堪搜括。加以各省水旱蝗蝻，哀鸿遍野，徐、海饥民数百万，遮蔽江、淮，困苦流离，生无所赖。万一揭竿并起，滋蔓难图，而近邻之欲辟土者，必以代平内乱为名，耀兵腹地，大患岂堪设想。

臣愚以谓欲图强国，必先富民，富民之端莫如推广农、工、商实业。查各省所建学堂，实业甚少，不此之务，驯至民穷财尽，非特欲改官制无款可筹，即举行一切新政亦无从著手。惟于实业力求推广，使人人有以谋生。内外官制但就吾所固有者而损益之，忠信重禄，以劝于先，信赏必罚，以随于后，黜陟严明，斯人怀自励，不必袭外国名号而已实获其益。迨至财力充裕，民格渐高，于宪法已无不合，然后再议立宪，斯势顺而事易行矣。

臣愚昧之见，是否有当，伏乞皇太后、皇上圣鉴训示。谨奏。

《清末筹备立宪档案史料》，第 444—448 页

御史贵秀奏改订官制首宜破除新旧党界折

光绪三十二年八月二十九日

掌江南道监察御史奴才贵秀跪奏，为改订官制首宜破除党界，以端治本而裨新政，恭折具陈，仰祈圣鉴事：

窃谓设官分职，治法资乎治人，必臣心无蹈于偏颇，斯治道可臻于上理。方今朝廷锐意图强，派大臣出洋考察政治，采列强之精华，为立宪之预备，挈领提纲，先从改订官制入手，仰见圣谟高远，会极用中，议政大臣复能和衷参酌，务求美善，司官无旷职，政可观成矣。奴才愚以为古今来党字为害，始则贻误政事，究必累及国家，史鉴昭垂，万世之戒。立宪政体，端资群策群力，为上下除隔阂，内不能不设议院，为地方谋自治，外不能不设乡官。自近年举行新政以来，政界之中遂分为新旧两党。官制一经厘定，内外大小，有职任自有责成，使犹分新旧之界，各执一偏，势必至所谓守旧者顽固自封，易生阻力，自命维新者名词是好，竟蹈嚣张，微论于新政无裨，必至偾事。夫国家变法自强，原是取人之长，补己之短，初非吐弃一切，好事更张，穷变通久，时势必然，无所谓新，自无所谓旧也。改订伊始，相应请旨饬下京外臣工，务蠲除成见，相勖以公忠，

自官无虚设，政有必举，我国家转弱为强之道基此也矣。

奴才愚昧之见，是否有当，伏乞皇太后、皇上圣鉴训示。谨奏。

《清末筹备立宪档案史料》，第 448—449 页

御史涂国盛奏请勿遽改官制折

光绪三十二年八月二十九日

三品衔掌广东道监察御史臣涂国盛跪奏，为官制仍宜法祖，更名不如核实，请勿遽改，计出万全，恭折仰祈圣鉴事：

窃思政贵因时损益，原操于上，而官遵定制，中西各安其民。臣于本年七月十三日恭读上谕，有先将官制分别议定次第更张，并将各项法律详慎厘订，而又广兴教育，清理财政，整饬武备，普设巡警。使绅民明悉国政，以预备立宪基础。等因。钦此。钦遵。仰见我皇上监于成宪，因时制宜，有仰承祖宗缔造之精心，普慰臣民治平之至意。凡属臣民，无不钦感。嗣于本年七月十四日复恭读上谕，有更定官制，事关重要，必当酌古准今，上稽本朝法度之精，旁参列邦规制之善，折衷至当，庶几推行尽利，并钦派王大臣等公同编纂，总司核定，候旨遵行。等因。钦此。钦遵。仰见我皇上以更改官制，事关重要，再三详慎，有不敢轻改之至意。凡属臣民，无不尤为感泣。敬维祖宗定制，监于前代，因革损益，无不酌中，历二百馀年行之尚无流弊者，官制特其一端。试即京内百官，敬为我皇太后、皇上缕晰陈之。

如内阁六部与夫满汉各署，无不秩序昭然，各有专职，加以军机处仰承谕旨，夙夜宣勤，中外臣民，无不敬谨遵循，此官制之昭垂已久而不紊者也。至今时事日非，忧患迫切，非由官制之不善有以致之，实由官之办理不善者有以酿之。譬彼泉水，其源不清，其流必浊，今欲廓清积弊，力图富强，必先教以实心爱国，实事求是，然后帑不虚糜，富可渐图，兵非虚练，强可驯致。如虑其颠

危,急于更名,似乎积弊可以顿除,孰知本实已经先拨。昔王安石在宋时学问经济,号为名儒,其酌改祖制,原欲外御强邻,内富本国。追后一意纷更,而朝野骚然,泯泯纷纷,遂酿成南宋之祸,前车之鉴,曷可忽诸。

今国步虽艰,而民心尚固,皆原祖宗之良法美意,厚泽深仁,有以涵濡而维系之。欲乞我皇太后、皇上神明默运,计出万全,于军机、内阁、六部则仍专责成,以端表率。于满汉各署之公事稍简者,则酌量归并,庶事无大小,得人而理。国本不摇,民心益固。加以兴学、理财、练兵、巡警,与夫恤商民、开矿路诸要政,无不实心办理,倘有贪庸欺罔者,查明立予严惩。谅外人有知,必谓中国之官能爱民,民能爱国,君臣一德,官民同心,庶几信义相安,和平共守,各泯觊觎,勿相残贼,富强之计可见诸实行,而立宪亦有本矣。

臣愚昧之见,谨披沥陈之。理合缮折具陈,伏乞皇太后、皇上圣鉴。谨奏。

《清末筹备立宪档案史料》,第 449—451 页

御史王诚羲奏更改官制应分未立宪与既立宪两期次第推行折

光绪三十二年八月三十日

掌四川道监察御史臣王诚羲跪奏,为官制宪法,理实相须,势难偏举,谨再分别剖陈,以利推行而昭秩叙,恭折仰祈圣鉴事:

窃臣前以厘定官制宜防偏重之患,曾经沥陈,仰荷逾格优容,弗加谴责,莫名感悚。顾臣犹窃窃有私虑者,小臣所言,求有益于国家也,而厘定官制之请出于大臣,亦求有益于国家也。小臣但凭事理,似不若大臣得诸考验,且立宪必从官制入手,明诏煌煌,颁布中外,倘事不实行,疑非所以昭大信于天下,以此论之,是小臣虽披沥肝胆,而迹既嫌于阻挠,且易上累朝议,行止两难,有无所适从之患,冀望裨补大局于万一,然而无虑也。臣请再为我皇太后、皇上剖晰

陈之。

伏念上年五大臣之出洋，以奉命考察立宪之制也，迨诸大臣考求回国，灼知中外情势不同，遂主缓行宪法，先改官制之议，似亦几费权衡矣。然试问诸臣所考察外洋之官制，果为既立宪之官制乎，抑为未立宪之官制乎？盖外洋各国君无专制之权，而上下议院合通国之人心，以谋一国之政事，实所以补助君权也。故各国政府责任虽重，而内无专擅之嫌，外无藩镇之祸者，恃有议院以持其后也。有时政府行事不为议院所附，大臣且立时相率以退，其权之相为维系相为监防若是。假令各国并无议院之助，其设官必不尽如今日之制，断可知矣。故各国今日之官制，实既立宪之官制也。

今中国宪法未立，议院未开，而遽仿外洋之官制，似未免不揣其本而齐其末。且权在朝廷，犹讥为专制，权在政府及督抚，反不嫌于专制乎，其义更扞格而难通矣。臣反复思之，求其变通尽利，时措咸宜，上为国家立久远之规，下为诸大臣伸公忠之节，则请分为二期焉。一目前未立宪之官制若何厘定，纲举目张，更求补偏而救弊。一将来既立宪之官制，民和物阜，不妨舍旧以图新。如此分晰条理，次第施行，是圣主励精之治既表著于寰区，而新政美备之规亦可观成于岁月，诚有两得而无一失矣。如蒙圣明采择，即请申谕编纂之王大臣本此两义各勒一书，书成之后，先行刊布，准京外大小臣工悉心探讨，各献所疑，仍由原纂之王大臣上秉宸谟，折衷一是。然后诏谕天下，定日遵行，庶是非昭于薄海，上无群疑众谤之忧，举措协于群情，在下无倒行逆施之祸。

臣闻外洋议院，凡改革重大事件，或经历数期，然后决定，断非谋诸数人，要诸旦夕，便足成为典要。今中国方取法东西洋大公之治，当此开宗明义，务其博采畴咨，乃真得议院之精意，而足为立宪之先声矣。臣职位虽卑，然以兹事关系非常，不敢仅顾身家而昧于大局，谨再披沥上陈。

愚陋之见，是否有当，伏乞皇太后、皇上圣鉴训示。不胜悚惶待命之至。谨奏。

《清末筹备立宪档案史料》，第 451—452 页

编纂官制大臣镇国公载泽等奏厘定官制宗旨大略折

光绪三十二年七至九月①

窃臣等仰蒙简派公同厘定官制，业将开办日期奏陈在案。伏惟中国官制，相沿已久，一旦骤议厘正，肇端宏大，图始维艰，非常之原，易滋疑议。更张必分乎次第，创制贵合乎时宜，乃可外仿良规，内成善法。臣等谨酌拟厘定宗旨大略：

一、此次厘定官制，遵旨为立宪预备，应参仿君主立宪国官制厘定，以符圣训而利推行。惟古今各国，变更官制，条理至繁，俱非一朝所能完备。现拟官制，应就行政、司法各官，以次厘定。此外凡与司法、行政无甚关系各衙门，一律照旧，概不提议，以清界限。

一、厘定官制，因旧制精意寝失，名实不符，或事无专责，致生推委；或人无专事，致多废弛。故此次厘定要旨，总使官无尸位，事有专司，以期各副责成，尽心职守。

一、立宪国通例，俱分立法、行政、司法为三权，各不相侵，互相维持，用意最善。立法者，议院公议全国通行之法律，而奏请君主裁定颁行之事也；行政者，阁部按法律、命令而施行之国家政务也；司法者，裁判官纠判臣民有无违背法律、命令之事也。三权分立，而君主大权统之。现在议院遽难成立，先从行政、司法厘定，当采用君主立宪国制度，以仰合大权统于朝廷之谕旨。

一、钦差官。阁部院大臣京卿以上各官，作为特简官，遇有缺出，恭候简放。各阁部院所属三、四品人员，作为请简官，遇有缺出，由该管长官，拟保相当之人，商同总理大臣，请旨钦定简放。各阁部院所属五品至七品人员，作为奏

---

① 《东方杂志》未署时间。考编纂官制馆设立在七月十八日，奕劻等将官制草案上奏在九月十六日，故此折应在此期间。

补官，遇有缺出，由该管长官查明才资相当者拟定奏补。八、九品人员，作为委用官，由该官长官量才录用，咨明内阁备案。

一、厘定官制之后，原衙门人员不无更动，或致闲散。拟在京另设集贤、资政各院，妥筹位置，分别量移，仍优予俸禄。凡三品以上遇有相当行政、司法各官出缺，开单呈请简；其四、五品京堂各官，有才堪外用者，候旨简用；五品以下各京官，由各部长官分别考选录用。有愿就外职者，准其呈请改用，实缺人员照本官加一阶以外官用，额外候补人员各以对品官用。所有应行分发人员，均优列尽先班次，以昭体恤。

以上五条，系臣等公同商酌，意见相同，如蒙圣明俞允，即当按照陆续筹议详加核定，再行奏明请旨。谨奏。

《东方杂志》，光绪三十二年临时增刊《宪政初纲》

《觉花寮杂记》节选

杨寿枏

考察政治归国，始预备立宪。廷议从厘订官制入手，特派镇国公载泽及各部尚书、北洋大臣袁世凯、南洋大臣端方为厘定官制大臣。孙慕韩（宝琦）、杨杏城（士琦）、周少朴（树模）、熙隽甫（彦）、郭春榆（曾炘）、曹润田（汝霖）、陆润生（宗舆）、汪衮父（荣宝）、张仲仁（一麐）、金伯平（邦平）、赵仲宣（从蕃）、严伯玉（璩）及余等十馀人随同编订。于是改定官制，设内阁总理一人，协理二人；分设九部，曰外务部、吏部、民政部、度支部、陆军部、学部、法部、农工商部、邮传部；部设尚书一，侍郎二，左右丞二，左右参议二；添设资政院、集贤院、审计院、行政裁判院；改礼部为典礼院，大理寺为大理院；裁撤工部及太常、太仆、光禄、鸿胪各衙门。袁项城议裁都察院，余力争曰：台谏之职，总司风宪，纠察官邪，实为汉唐以来之善制，似宜保存。泽公亦语项城曰：台官弹劾，不避权贵，我辈不宜轻议。乃止（项城为总统后，复设肃政使，亦以此制为善也）。是时枢府中庆亲王（奕劻）握重权，瞿相国（鸿禨）与之抗，督抚则袁慰廷制军（世凯）为庆派，岑西林制军（春煊）为瞿派，各树党援，互相挤排，台谏上书亦党同伐异。泽公愤诸臣之结党营私也，乃令余草密奏，痛言其弊。末段有云，盈廷聚讼，党见纷歧，假立宪以粉饰虚文，借改官制以驱除异己；又云，驯至臣民解体，外侮生心，使奸雄得藉以为资而起。皆实有所指也。未几瞿相罢斥，大权乃悉归于庆邸矣。

杨寿枏：《云在山房类稿·觉花寮杂记》卷一，1930年印行

厘定官制密陈管见折（代厘定官制大臣泽公拟）

光绪三十二年七至九月①

载　泽（杨寿枏代拟）

奏为厘定官制，密陈管见，恭折仰祈圣鉴事：

窃臣奉命厘定官制，召对之日，仰荷圣明垂鉴，谕以任劳任怨，勿恤人言。祗聆之余，莫名钦感。伏念厘定官制为预备立宪之基础，大旨在变通旧制，以清权限而专责成，原非事事悉尊乎西法。然非常之原，易滋疑惧，当事者既以更章为虑，在官者尤以失职为忧。属草未终，议论纷起。近日政治馆钞交各折片，其中不乏通达事理、博究利病之言。如御史吴钫折内所称严定选举，平均俸给，简省仪节各条，皆今日澄叙官方之要策。自余言者，互有异同，而综其大旨，不外四端：曰变更祖制，曰屈抑人才，曰内阁之任太专，曰疆臣之权太重。虑患至切，陈义甚高，而揆诸愚衷，窃有未喻。敬为我皇太后、皇上缕晰陈之。

---

① 原文未署日期。文中提及各官员上奏，当在《编纂官制大臣镇国公载泽等奏厘定官制宗旨大略折》及许多官员已上书之后，《阁部院官制草案》之前。

四、官制改革

我朝创制之初，分职设官，具存精意。然其间职掌之变迁，员缺之裁汰，品级之更定，禄糈之参加，皆经列圣斟酌得宜，随时损益。恭读皇朝通典、通志、通考诸编所载，因革之迹，可考而知。即近岁我皇太后、皇上恢张鸿业，康济生民，一切新政之设施，岂必尽符乎往制。伏读光绪二十六年十二月初十日上谕，内称：我朝列祖列宗，因时立制，屡有异同。入关以后，已殊沈阳之时。嘉庆、道光以来，非复雍正、乾隆之旧。大抵法积则敝，法敝则更，要在因时制宜而已。等因。明诏煌煌，久为薄海臣民所钦仰。况此次厘定官制，无非恪遵睿训，参酌旧章，但期收整齐画一之规，原非为扫除更张之计。言者不悟圣哲因时制宜之妙，而斤斤以变更祖制为疑。此臣所未喻者一也。

立政官人量才授任，古今一辙，中外同符。以今日仕途之冗滥，条例之纷繁，已寖失前圣创垂之精意。即以京曹论之，阁、部、院、寺员数，无虑数千，掣签而授，循格而升，人多而无所责成，事繁而不分委任，一人而兼数事，事事无人，一事而用数人，人人无事。甚者以例行之牍而画诺，必遍全堂，琐屑之事，而行文动经数部。贤者窘其才而不能自振，不肖者转得以自容。事机之丛脞在此，人才之屈抑亦在此。此次厘定官制，正欲使官无旷职，事有专司，为鼓励人才之地。至衙署员缺，或增或并，数略相当。其实须裁撤者，亦迫于事理之无可如何，不敢稍存瞻徇。在大臣宣力有年，勋阶并茂，即小臣亦由积劳久次而来，自当仰体圣慈，妥筹位置。惟是具官千百，久苦于事少而员多，岂能人人尽予以迁除，人人悉酬以津贴，觊望者众，疑谤随之。任事者委曲为难之处，早在圣明洞鉴之中。今言者不以前此闲冗为非，而转以后此浮沉为虑。此臣所未喻者二也。

古者三公之职，寅亮天工，体制最为严重。汉之丞相，礼绝百寮，然黜陟之权操诸人主，一有过失，则玺书谴责，归第上印绶矣。故任相之法，汉为最善。我朝自雍正以来，政务萃于军机，实古宰相之职。其时参密勿者，只鄂尔泰、张廷玉两人，不闻其有植党揽权之事。今总理大臣之设，不过正其名位，以副中外之具瞻。若夫国家大政，出自亲裁，彼固不得而擅之也；部院大臣，皆由特简，彼固不得而私之也。犹虑其权之太重也，则有集贤院以备谘询，有资政院以持公论，有都察院以任弹劾，有审计院以查滥费，有行政裁判院以待控诉。凡此五院，直隶朝廷，不为内阁所节制，而转足以监督内阁。立法之密，实胜于前。至君主无责任之说，非诚锦衣玉食高拱而无为也。考日本宪法所载，凡内政、外交、军备、财政、赏罚黜陟、生杀予夺，以及操纵议会，皆为君主之大权，臣前奏固已明晰言之。特以天位尊严，神圣不可侵犯，有大臣以代负责任，则政事虽有阙失，不敢指斥乘舆，正所以巩固君权，尊崇国体。记曰：善则归君，过则归己。宋儒程颐有言：天下治乱，责在宰相。非皆大臣代负责任之义乎。夫立法、司法、行政三权鼎峙，而统于君主一人，宰相者不过负行政之责而已。行政有私，议院得而纠正之，法院得而裁判之，虽智如梅特涅，才如毕士马，孰敢背法律以行私。此正立宪君主国之特色。如此而犹虑其把持朝局，紊乱政纲，则必模棱脂韦之徒，始为称职，天下事将安赖乎。此臣所未喻者三也。

　　督抚之设，始自前明，其职近于唐之藩镇。然藩镇之弊，在坐拥财赋甲兵而世其土地，故号令有所不行。我朝定制之初，预防外重，兵财之籍，聚于京师，尺符寸柄，疆吏不得而擅之也。惟咸同用兵之时，不尽拘承平旧法，然此特一时权宜济变之计，不久即复旧章。故今日督抚之力，足以指挥属吏，奔走庶僚，而论其实权，则内制于六部，外分于两司，朝命一下，拱手受约束惟谨。何者？积威约之渐也。今且议添设各司，责成州县，采中央集权之主义，行地方自治之制度。此制一立，疆寄益轻，但虑其威令之不行，不当复忧其事权之太重。且以中国幅员之广，户口之繁，伏莽潜滋，强邻环伺，非有亲信大臣以为镇抚，断难收长驾远驭之规。若禁防过密，督察过严，使内外稍有猜疑，恐非国家之福。此臣所未喻者四也。

　　以上四端，或为人情之所不便，或为事势之所宜防，国是所关，敢不倍形慎重。特念处列强角峙之日，当先求对外之方。自昔权奸窃柄，藩镇擅兵，皆在暗弱之朝，积衰之世。如果乾纲独揽，变法图强，断无魁柄下移之虑。所虑者，盈廷聚讼，党见纷歧，假立宪以粉饰虚文，藉改官制以驱除异己，根本一误，设施俱乖。上负两宫宵旰之心，下辜四海治平之望，驯至臣民解体，外侮生心，使奸雄得藉以为资而起。此则可为深忧而大惧者也。臣素性愚拙，于朝列并无偏党，于行政亦无责成，徒以谊属宗支，与国休戚，彷徨终夕，义不忍默。缕缕愚忱，惟圣明鉴察而裁择焉。幸甚。谨奏。

　　　　杨寿枬：《云在山房类稿·思冲斋文别钞》，1930年印行

阁部院官制草案

（附官制说帖、阁部通则及职官表）

光绪三十二年七至九月

载　泽等

厘定阁部院官制说帖

　　谨按此次厘定官制，自当恪遵谕旨，以廓清积弊，明定责成，为预备立宪之初步。查立宪国官制通例，中央政府即以各部行政长官会合而成。盖一国之政至为殷繁，非有分司之官以各任其责，则丛脞必多。而庶政之行尤贵画一，非有合议之地以互通其情，则纷歧可虑。故分之则为各部，合之则为内阁，出则为各部长官，而入则为内阁政务大臣，此现拟内阁官制之所由来也。内阁既总集群卿，协商要政，而万几所出，一秉圣裁，不可无承宣之人为之枢纽，故设总理大臣一人，以资表率。总理大臣之称，初不昉于日本，我朝雍正、乾隆间固尝有之。采邻国之良规，即以复圣朝之旧制，称名至顺，取则非遥。总理大臣既禀承圣谟，平章庶政，而维新伊始，机务尤繁，不可无分任之人为之参赞，必援立宪各国首辅一人之例，尚非其时，故设左右副大臣各一人，以宏辅弼。且夫君主神圣不可侵犯，各国宪法之通义，善则归君，过则归己，昔我先正之格言，是以发纵指示之权操诸君上，而承旨施行之责端在臣工，故内阁各大臣不可以不负责任。人有专事，事有专司，无兼营并骛之虞，乃有趋事赴功之效，故内阁各大臣不可以兼充繁重差缺。犹虑其权之太重也，则有集贤院以备咨询，有资政院以持公论，有都察院以任弹劾，有审计院以查滥费，有行政裁判院以待控诉。凡此五院，直隶朝廷，不为内阁所节制，而转足以监内阁，皆所以巩固大权，预防流弊。此内阁官制之大略也。

行政各官理宜独任，向例每部尚书二人、侍郎四人，问事则政出多门，画诺则动须累日。新设各部均不用此制，是其积弊已在圣明洞鉴之中。今若援立宪各国每部一长官、一次官之例，则裁缺过多，又生窒碍，故定为一尚书、二侍郎，使新旧各部均归一律。向例，各部丞参阶级虽分，事权无别，故设承政厅，以一部总汇之事，使左右丞任之；设参议厅，以一部立法之事，使左右参议任之。每司郎中不过一人，而员外郎、主事以下，均视事务之繁简，以定额缺之多寡，要使责有专归，官无滥设。此各部官制通则之大略也。

若夫各部名称之所以变更，次第之所以移易，皆循名责实，务切事情，非厌故喜新，徒为纷变。列邦对峙，首重外交，外务部宜居第一。巡警为保安行政，实内治之要纲，而清查户口，齐整民风，改正市区，振兴土木，均与保安行政息息相关，非合为一官，难期联络，故以户、礼、工各部所兼掌之户籍、风教、道路、沟渠等事并入，总为民政部，以次于外务部。户部之称本为民部，唐人避讳，以户易民，今民政既有专官，财政自应独立，故并户部、财政处为财政部，以次于民政部。兵部掌绿营兵籍，徒拥虚名，近日时局，非有陆、海两军不能立国，而马政应隶陆军，故分兵部为陆军部，以太仆寺并入，而海军暂隶之，以次于财政部。刑部为司法之行政衙门，徒名曰刑，犹嫌绘漏，故改为法部，以次于陆海军部。法律既定，教育为先，故学部次于法部。农、工、商为富国之源，现设商部，本兼掌农、工，仅名曰商，义有未备，故正其名农工商部，以次于学部。轮、电、交通、邮递络绎，非设专部，则运转不灵，故变工部为交通部，以次于农工商部。各国竞争，殖民为要，蒙、藏、青海，固圉防边，其行政事宜，实与各部并重，故易理藩院为理藩部，以次于交通部。进退百官之法，特简者出自朝廷，请简奏补者，拟由各部，则吏部铨、除、签、掣，例事无多。惟档案所存，未宜裁撤，故以吏部殿焉。此各部职掌、次序之大略也。

以上各部，分负国政之责成，合为内阁之全体。若夫事不关于行政，而体固埒于阁臣者，则宜与各部命名有所区别。天秩、天序，典礼攸崇，礼部旧掌，学校、贡举之法，今已划归学部，臣民仪制之事，今已划归民政部。则该部为王者上仪之专署，无内阁政务之责成，故改为典礼院，而以太常、光禄、鸿胪三寺并入，使执礼之官与行政之官隐然对峙，以示隆重。

至于耆臣硕望，则仿成周优礼老更之例，上备垂询。裁缺庶官，则援宋代特定祠禄之条，暂令待用，故设集贤院以昭恩礼。欲广皇仁，宜求民瘼，上自亲贵，下及绅民，妙选通材，广搜舆论，袪下情之壅蔽，备圣世之刍荛，故改政务处为资政院，以彰公溥。此外审计院所以监察财用之浮糜，行政裁判院所以纠正官权之过当，大理院平反重辟，审决狱，成为全国最高之法院，军谘府赞画戎机，弼成庙算，为全国军政之要枢。此又新拟六院一府之大略也。

所有京朝行政、司法各官，业经斟酌再三，妥为厘定，或删烦而就简，或舍旧以谋新，凡所更张，均有依据。廓清积弊，虽非旦夕所敢期，而明定责成，窃意权舆之在此。至各官考验、任用、升转、惩戒、奖励、俸给等项，多与外官互有牵涉，应俟外省官制一律厘定后，再行分别核议，以与官制相辅而行，是否有当，谨请钧裁。

内阁官制草案（属员官制附，今不设）

内阁以内阁军机处改并。

内阁政务大臣共十四人，均辅弼君上，代负责任。

总理大臣一人，秉承圣谟，翊赞机务，平章内外政事。凡用人行政一切重要事宜，均由该大臣承旨施行。除立法司法各官外，所有行政各官，该大臣均有表率之责，并有督饬纠查之权。左右副大臣协同总理大臣，平章内外政事。外务部、民政部、财政部、陆军部、海军部、法部、学部、农工商部、交通部、理藩部、吏部等大臣十一人，分任本部事宜，与总理大臣暨左右副大臣，均为内阁政务大臣，参知政事。阁臣以外，如因事务繁重，奉特旨添派人员入阁议事，或协同办事，均无定额。内阁各大臣，均不得兼充。繁重差缺或因一时需人暂摄，亦只以一项为止。

总理大臣，左右副大臣，仍逐日入对。各部大臣按五日入阁会议一次，遇有本部重要事件，即日呈递膳牌，随同总理大臣、左右副大臣入对，详细面奏，并得随时请开阁议。各部大臣如有紧急事件，亦可随时自请入对。大臣遇有事故，以该部左副大臣代行。内阁各大臣恭奉谕旨，皆有署名之责。其机密紧急事件，由总理大臣、左右副大臣署名，其关涉法律及行政全体者，由总理大臣、左右副大臣及各部大臣联衔署名。其专涉一部之行政事务者，由总理大臣、左右副大臣会同该本部大臣署名。内阁各大臣具奏事件，其关涉行政全体者，由总理大臣、左右副大臣会同各部大臣联衔具奏；其关涉数部变更者，由总理大臣、左右副大臣会同各该部大臣联衔具奏；其关涉一部行政变更者，由总理大臣、左右副大臣会同该部大臣联衔具奏；其专属一部行政事务者，由该部大臣单衔具奏。

凡遇重要事件，由各大臣开阁议，请旨定夺。开议时，以总理大臣为议长议决之。其应议条目如左：一政府交集议院公议之法律草案及岁出入之预算决算事件。二军国重要事件。三外交条约及重要之外交事件。四奉旨饬交集议院之公议事件。五集议院送呈臣民陈请事件。六关系官制变更及法律施行之请旨事件。七奉旨交议奏补以上各官之任免黜陟事件。八彼此两部有争执时应由总理大臣判决事件。

内阁总理大臣暨左右副大臣在其职司所属事务内，得发布阁示。

内阁属员官制

提调承总理大臣、左右副大臣之命，恭拟谕旨草案，暨管理密折、文电，并提调内阁庶务，进退委用各官。副提调协同提调处理事务。

书记承内阁总理大臣、左右副大臣及提调副提调之命，所掌事务如左：

一缮发谕旨。二收掌谕折原本。三誊写及发还朱批奏折。四草拟文牍及检查收发文牍之事。五监印。六本阁之会计。七收掌奏补以上官册。八编纂本阁记录之事。九管理本阁应用图籍及编制目录。

录事承以上各员之命，料理庶务。

内阁提调以下员数如左：

提调一人，副提调一人（均请简）。一等书记一人，二等书记二人，三等书记三人（均奏补）。录事无定员（委用）。

内阁设局五，均直隶本阁。

制诰局所掌事务如左：一传钞明发谕旨。二颁发恩诏条件。三颁发诰敕及撰拟文字。四请用御宝。五尊藏实录。六进呈贺表贺本。七翻译国文蒙文。

制诰局置职员如左：总办一人（请简）。帮办一人，书记四人，译员四人（均奏补）。录事四人（委用）。总办管理局中一切事务，监督本局职员。本局奏补官之进退，由总办呈请总理大臣、左右副大臣行之。委用官之进退，由总办专行之。帮办协同总办处理局务，总办遇有请假离任时，帮办代理其职务。书记承总办、帮办之命，分任局中事务，兼收掌一切文件。译员掌翻译事件。录事承以上各官之命，料理庶务及誊写文件。

庸勋局所掌事务如左：一开列请简员缺差使名单。二收录奉旨存记名册。三开列宗室外藩请旨封赏单。四拟进封爵名号及巴图鲁勇号。五开具王公大臣应得恩赏条项。六开具王公大臣应得恤典条项。七拟进王公大臣谥号。八办理宝星事件。九外国宝星领受佩带之存案註册。

庸勋局置职员如左：

总办一人（请简）。帮办一人，书记四人（均奏补）。录事四人（委用）。总办、帮办权限及职掌同制诰局。书记官以下职掌同制诰局。本局附设文官考试处，办理奏补官考试事宜，临时奏请简派考官并稽核各衙门委用官考试事宜。

编制局所掌事务如左：一承总理大臣、左右副大臣之命，拟订各项行政法规草案。二考核各项行政法规，遇有应行增删修改事项，可条列意见，呈请阁议裁决。三审议各部大臣提交阁议之法规草案，条列意见呈送内阁。四若内阁总理大臣、左右副大臣有所谘询，应条列意见随时申复。

编制局置职员如左：总办一人（请简）。帮办一人，参事十人，书记四人（均奏补）。录事四人（委用）。总办、帮办权限及职掌同制诰等局，参事承总理大臣、左右副大臣及本局总办之命审议起草。书记以下职掌同制诰等局。

统计局所掌事务如左：一整理画一行政各衙门之统计。二编制不专属于行政各衙门之统计。三刊行关涉各项统计之册报。四联络各衙门统计员并筹办统计各员集议事宜。

统计局置职员如左：总办一人（请简）。帮办一人，纂修六人，书记四人（均请补）。录事四人（委用）。总办、帮办权限及职掌同制诰等局。纂修官掌编纂审查。书记以下职掌同制诰等局。

印铸局所掌事务如左：一编撰内阁官报。二编辑法规全书及文武缙绅录。三管理官报等之印刷发行。四恭办镌造册宝及铸造内外衙门印信关防。五拟定内外衙门文书凭照等格式并颁行样本。

印铸局置职员如左：总办一人（请简）。帮办一人，纂修四人，书记二人，工师四人（均奏补）。录事六人，司工无定员（均委用）。总办、帮办权限及职掌同制诰等局。纂修掌编纂事宜。书记录事职掌同制诰等局。工师承总办之命监理工务。司工承工师之命料理工务。

凡有未尽事宜，随时由本衙门续议核定奏明增入。书记以下各员应按事之繁简随时酌量增减。

各部官制通则

第一条　各部尚书一人，总理本部所属主管事务，担负责任，为全部之长。

第二条　各部左侍郎一人，右侍郎一人，赞助尚书整理部务，兼监督本部厅司各员。

第三条　各部尚书遇本部有重要事件，可随同内阁总理大臣、内阁左右副大臣入对，并得请开阁议。

第四条　各部尚书遇本部有紧要事件，可自请入对。

第五条　各部尚书于本部主管事务会同左右侍郎具奏（第五条为左右侍郎起见，但与内阁草案内大臣单衔具奏句不符，请核定）。

第六条　各部尚书与本部与他部或他衙门有关涉事件，可分别咨行简饬办理。

第七条　各部尚书就本部主管事务，可咨行各省将军督抚，转饬所属分别筹办，并有检查更正之权。

第八条　各部尚书就本部主管事务，可订定规则，发布部示。

第九条　各部尚书遇有事故，以该部左侍郎代行。

第十条　各部均设承政厅，其所掌事务如左：

一、机密事项。二、本部及本部所直辖各职员进退升转之注册存案等事项。三、稽核本部各司人员办事功过事项。四、编纂存储并收发各项公文函件事项。五、典守堂印事项。六、编纂本部主管事务之统计报告事项。七、管理本部出入经费及一切预算、决算事项。八、稽核本部报销事项。九、管理本部杂项事件，并经理本部公置财产及什物等事项。十、所有不属各司事项。

第十一条　各部均设参议厅，其所掌事务如左：

一、拟订本部法令章程草稿事项。二审议本部法令章程之应行增删修改事项。

第十二条　各部除设承政厅、参议厅外，应就本部主管事务，酌设若干司分掌之，其各部分司事宜，别于各部官制内定之。

第十三条　各部承政厅暨各司内，应酌设若干科分掌事务。其分科事宜，由该部尚书定之。

第十四条　各部置职员如左：左丞、右丞、左参议、右参议（均请简）；参事、郎中、员外郎、主事、七品小京官（均奏补）；录事（委用）。

第十五条　左右丞各一人，承尚书、侍郎之命，总核承政厅兼复核各司重要事务。

第十六条　左右参议各一人，承尚书、侍郎之命，总核参议厅事务，兼审议各司重要事务。

第十七条　参事承尚书、侍郎之命，佐左右参议审议拟稿。

第十八条　参事可视各该部情形，由尚书派令助理承政厅及各司事务。

第十九条　郎中每司一人，承尚书、侍郎之命，总核本司事务。

第二十条　员外郎、主事、七品小京官承尚书、侍郎之命，分任承政厅暨各司内各科事务。

第二十一条　各部参事及员外郎、主事、小京官额缺，应视部务繁简，由各该部尚书酌定，咨送阁议，请旨定夺。

第二十二条　各部可酌设额外郎中、员外郎、主事若干人，分厅司行走，襄理科务。

第二十三条　录事承上官之命，缮写文件、料理庶务，其额缺由该部尚书自定之。

第二十四条　各部请简官，由本部尚书商同左右侍郎，选拟相当三人，开单经阁议后，请旨简授。

第二十五条　各部奏补官，由本部尚书商同左右侍郎，拟定相当人员，带领引见，请旨补授。

第二十六条　各部委用官，由本部尚书商同左右侍郎，遴选笺补，咨明内阁存案。

第二十七条　各部请简奏补各员，有应行惩处或罢斥者，由本部尚书商同左右侍郎，定议后分别参处。

第二十八条　各部委用官之惩处罢斥，由本部尚书商同左右侍郎行之，仍咨明内阁存案。

第二十九条　各部经费，应于每年九月预定来年额支活支数目，条列开单，由本部尚书与左右侍郎议决后，咨送阁议核准指拨。

第三十条　除本通则所定外，各部如有须设专门职员者，于各该部官制中定之。

第三十一条　各部官制如有应行增删修改之处，可随时由本部尚书咨送阁议，请旨裁定。

第三十二条　本通则除陆军部、海军部及吏部外，所有外务部、民政部、财政部、法部、学部、农工商部、交通部、理藩部皆通用之。

外务部官制草案（说帖附，今仍旧）

外务部仍旧名，惟和会司所掌文武学堂、出洋学生等事，应画归学部、陆海军部；其考工司所掌之铁路、电线、矿务，榷算司所掌之关税、邮政，庶务司所掌防务、词讼等项，除遇有交涉事件，应由外务部分别办理转咨外，其余职掌，均应画归各该主管衙门办理。另定外务部职掌，条列于后。

第一条　外务部管理外交政务，暨侨居各国之本国臣民及通商事务，监督驻扎各国之出使大臣及领事，并稽察直省外务司。

第二条　外务部官制，除通则所定外，得以便宜特设管部大臣一员，督理本部重要事务，但不为常制。

第三条　外务部尚书、左右侍郎暨丞参以下各职员之职掌权限，均照各部官制通则所定行之。

第四条　外务部承政厅，除通则所定职掌外，兼掌事务如左：

一、出使大臣之开单请简及领事之派遣调补事项。二、出使大臣之通信报告事项。三、本部考试人员事项。四、稽核京外聘用外国人事项。五、收藏条约合同之原本事项。六、编译外交文书事项。七、翻译事项。

第五条　外务部参议厅，除通则所定职掌外，兼掌事务如左：

一、审议各种条约合同草案事项。二、关于万国保和会事项。三、关于万国各种公会事项。

第六条　外务部设三司，其目如左：国交司、通商司、和会司。

第七条　国交司所掌事务如左：

一、关于国际条约合同事项。二、关于界务、铁路、矿务、电线等交涉事项。三、交涉案件之存案转咨事项。

第八条　通商司所掌事务如左：

一、关于通商行船事项。二、关于通商行船条约事项。三、外国贸易事项。四、保护侨寓外国臣民事项。五、关于税务、邮政、外债等交涉事项。六、关于通商口岸、会审公堂事项。七、稽核领事报告事项。八、各国赛会事项。

第九条　和会司所掌事务如左：

一、恭办国书、国电，并赍送国礼事项。二、外国公使觐见事项。三、请赏外国人宝星事项。四、接待外宾事项。五、调查各国公使馆及领事官职员录事项。六、调查各商埠外国人民名籍事项。七、关于传教事项。八、游历保护事项。

第十条　外务部遇有特别重要事务，可设临时派办处，其职员临时委派。

第十一条　出使大臣之参赞、随员、翻译及领事官，须就外务部人员派充，任满时仍回本部供职。

第十二条　外务部附近设储材馆，其章程另定之。

以上各条，如有应行增删修改之处，随时由外务部尚书咨送阁议，请旨裁定。

谨按此次厘定外务部官制，须于光绪二十七年三月初四日，日国公使葛络幹照会不相抵触，方为妥善。查葛使照会原文云：前此总署应办各事，分任太滥，应将此散漫虚空之仔肩全归简实。原奏亦称各使每言西国外部只一正一副，至多两副，今于管部下拟设尚书、侍郎各二员，已较他国为多，若再增加，必至发言盈庭，遇事推诿，等语。揣其意原以西国一正一副或一正两副为正办，其所以请设大臣一员，会办大臣二员，并增添总办二员者，因承总署无数大臣之后，迁就其词。细绎原文，其以少为贵之意，跃然纸上。此其无容疑者一也。

照会原文有大臣一员独承其责，给予分所应得之爵秩权势，此员必须宗支王公，等语。无非欲得懿亲崇秩之大臣，以昭隆重。今若以王公为外务部尚书，彼必无词，即非王公为外务部尚书，可照英国前任首相格兰斯顿兼外部大臣，日本现任首相西园寺公望兼外部大臣之例，任择内阁总理大臣、左右副大臣中之宗支王公一人，仍兼管该部事务，期与葛使照会必须宗支王公之文不背，此系特别官制，各部不得援以为例。此其无容疑者二也。

照会原文又有会办大臣二员，其一必在军机大臣上行走者，其一至少必有尚书衔者。今拟各部通则，尚书一人，即本部大臣，侍郎二人，赞助尚书整理部务，即本部会办大臣。而各部尚书俱为内阁政务大臣，正与军机大臣相合，侍郎赞助尚书，亦与会办大臣名目相合。由西文译华文，本系比拟，当以各使所称西国外部只一正一副，至多两副之文为断。此其无容疑者三也。

照会原文又云：总理、会办三大臣位下，必增添总办二员，其中有一熟悉泰西一国语言文字之人，亦所殷盼。玩亦所殷盼一语，文意甚轻。今左右侍郎中，已有能通西文西语之人，自丞参以下各员兼通外国语文者，尤日多一日，合诸照会原文，有过之无不及。此其无容疑者四也。

有此四证，窃以为设一尚书、两侍郎，并特设管部大臣一人，丞参如旧。如此名正言顺，决无致生交涉之理。至此次厘定官制，系奉旨廓清积弊，明定责成，旁采列邦规制，自当切实遵行，况内政事宜本与外交无涉，各国通例，尤不待言矣。

民政部官制草案（今以巡警部改）

民政部以巡警部改设，并以步军统领衙门所掌事务，及户部所兼掌之疆理、户口、保息、拯救（谨按会典，户部保息之政十，一曰赐复，二曰免科，三曰除役，四曰振茕独，五曰养幼孤，六曰收羁穷，七曰安节孝，八曰恤薄宦，九曰矜罪囚，十曰抚难夷。荒政十有二，一曰救灾，二曰拯饥，三曰平粜，四曰贷粟，五曰蠲赋，六曰缓征，七曰通商，八曰劝输，九曰严奏报之期，十曰辨灾伤之等，十有一曰兴土功，十有二曰反流亡。皆与民政事宜相关，除赐复、免科、除役、蠲赋、缓征、严奏报等条与国家财政关系较巨，应仍由财政部随时酌量办理外，其余各条应尽归民政部，纂订章程，分别筹理）、礼部所兼掌之臣民仪制、风教、方伎（谨按礼部职掌，除关涉皇室典礼各项，应特由典礼院敬谨预备，以昭隆重外，其余关涉臣民仪制风纪各项，应由民政部办理），工部所掌之城垣、公廨、仓廒、桥道等工程及各项工程报告等事并入焉。

第一条　民政部管理地方行政、地方自治、户口、保息、拯救、臣民仪制、警察、疆理、营缮、卫生、寺庙、崇祀、旌表、方外等事务，监督顺天府府尹、京师巡警总厅，并稽查直省民政司。

第二条　民政部尚书、左右侍郎，暨丞参以下各员之权限及职任，依各部官制通则行之。

第三条　民政部承政厅，除通则所定职掌外，兼掌事务如左：

一、编译各国关涉民政事宜之各种法规等书籍事项。二、检查图书报章等之出版事项。三、管理关涉版权事项。

第四条　民政部置六司，其目如左：民治司、警政司、方舆司、营缮司、卫生司、寺庙司。

第五条　民治司所掌事务如左：

一、地方行政事项。二、地方自治事项。三、编查户口事项。四、保息事项。五、拯救事项。六、稽查臣民婚姻、丧祭、冠服等仪制事项。

第六条　警政司所掌事务如左：

一、行政警察事项。二、高等警察事项。三、司法警察事项。四、巡警学堂及他项教练事项。

第七条　方舆司所掌事务如左：

一、测量直省土地面积事项。二、编制直省地图事项。三、调查直省志书并编纂地志事项。四、核议直省地方区画之增析裁并事项。

第八条　营缮司所掌事务如左：

一、本部所直辖之土木工程事项。二、城垣衙署仓廒等土木工程事项。三、道路、沟渠、桥梁、公园等土木工程事项。四、上开各项工程报销事项。

第九条　卫生司所掌事务如左：

一、各种传染病预防法事项。二、一切公众卫生事项。三、检疫事项。四、考验医士及检查药品药业事项。五、病院事项。

第十条　寺庙司所掌事务如左：

一、保存古迹事项。二、调查神祠、佛寺、道观等事项。三、核议崇祀、旌表等事项。四、管理僧道等录牒事项。

第十一条　民政部除通则所定职员外，应特设职员如左：一、艺师，二、医师（均奏补）；三艺士（委用）。

第十二条　艺师承尚书、侍郎之命，筹画各项营缮及测绘事宜。

第十三条　医师承尚书、侍郎之命，筹画各项卫生事宜。

第十四条　艺士承上官之命，料理营缮及测绘事宜。

第十五条　艺师、医师之额缺，由民政部尚书酌定，咨送阁议决定之。

第十六条　艺士之额缺由民政部尚书定之。

第十七条　所有巡警部附设之高等巡警学堂、教养局、习艺所、医院等，均归民政部管理。如有应行增设或改并之处，由民政部尚书随时核办。

以上各条，如有应行增删修改之处，可随时由民政部尚书咨送阁议，请旨裁定。

财政部官制草案（今以户部改为度支部，以财政处并入）

财政部以财政处、户部改设，除户部所掌之疆理、户口事关田赋者，仍归财政部办理外，其整饬疆理、清查户口及保息等事，画归民政部。又以权量之事画归农工商部。以现审处之事画归法部。

第一条　财政部管理直省田赋、关税、榷课、漕仓、公债、货币、银行及会计、度支等事务，监督本部所特设之各分局处行所，并稽核各省财政司、盐粮关各项衙门，兼可随时派员调查各省财政情形。

第二条　财政部尚书、左右侍郎暨丞参以下各职员之权限及职任，依各部官制通则所定行之。

第三条　财政部承政厅除通则所定职掌外，兼掌事务如左：一、编译各国财政事宜之各项法规及经济学、簿计学等书籍事项。二、统筹财政上一切重要及特别事件。三、审定全国通年出入款项质剂事宜。

参议厅除通则所定职掌外，兼掌事务如左：一、筹议各项奏咨变通章程。二、拟复交议特别事件奏章。

第四条　财政部置十司，其目如左：

一田赋司，二主税司，三典榷司，四漕仓司，五货币司，六库藏司，七度支司，八俸饷司，九国债司，十会计司。

第五条　田赋司所掌事务如左：

一、直省地丁完欠奏销事项。二、新增地丁漕粮各捐规复征额差徭事项。三、额定并新增之沙田芦课事项。四、清丈田亩、改正地租、升科定则事项。五、直省耗羡完欠奏销事项。六、稽核内务府庄田地亩事项。七、稽核赐复、免科、除役、蠲赋、缓征事项。

第六条 主税司所掌事务如左：

一、海关收支事项。二、常关收支事项。三、直省商货统捐事项。四、筹计各省新增税项。五、各省烟酒杂捐事项。六、机器制造各货税事项。七、发给各省房产税契、货商牙帖及一切印花税事项。八、考核各种进出口税则并发给关单执照等事项。九、考核各种官物及新法制造之应行免税事项。十、查核各关出入口货税收数比较事项。

第七条 典权司所掌事务如左：

一、直省盐法事项。二、稽核盐课茶引并加价杂捐事项。三、调查产盐处所事项。四、洋药税捐事项。五、土药税捐事项。六、洋药土膏等专卖事项。

第八条 漕仓司所掌事务如左：

一、直省解运漕粮本色事项。二、漕粮改折事项。三、京外各仓积储米谷事项。四、仓米支放事项。五、截漕及筹备赈款事项。

第九条 货币司所掌事务如左：

一、改铸金银各币事项。二、改铸铜币事项。三、制造纸币并代造商家银行行使凭票事项。四、定各种币制并画一全国币制事项。五、考核直省铸币章程及其数目事项。六、筹画直省流通新铸各币办法事项。七、稽核直省造币厂及派员监铸事项。八、调查本国币价行情、各国镑价汇费之涨落并市面盈虚事项。

第十条 库藏司所掌事务如左：

一、收掌全国金银铜锭条及各种钱币并出纳事项。二、收藏纸币并销毁事项。三、存置纸币兑换本金事项。四、筹备国家银行本金事项。五、稽核直省商家银行本金及其出票数目事项。六、收掌直省商家银行请造纸币之押金事项。

第十一条 度支司所掌事务如左：

一、稽核苏浙两省织造奏销事项。二、收放缎匹颜料并稽核折价事项。三、稽核各项工程领款箚库事项。四、稽核路矿邮电本利各款事项。五、稽核各项杂支例定奏销事项。

第十二条　俸饷司所掌事务如左：

一、发放王公文武百官俸廉事项。二、稽核海陆各军兵饷及一切经费事项。三、稽核直省官设警兵饷银事项。四、稽核文武罚俸、借支、养廉事项。五、核放恤赏、养赡筹款事项。

第十三条　国债司所掌事务如左：

一、筹计颁布国家公债事项。二、筹借各项洋债事项。三、筹备赔还洋款事项。四、核算各项公债及註册更名事项。

第十四条　会计司所掌事务如左：

一、预算全国岁入岁出款目事项。二、综核各部各省岁入岁出款目事项。三、汇纂各部各省之财政统计事项。四、颁布各项簿计法式事项。五、核定各项特别经费事项。六、核算各项特别报销事项。七、刊布全国出入款目事项。

第十五条　财政部除通则所定职员外，应特设职员如左：一艺师（奏补），二艺士（委用）。

第十六条　艺师承尚书、侍郎之命，筹画化验金银铜三品原质较准平色，及绘画钱币图样，并创造模型事宜。

第十七条　艺士承上官之命，料理铸造钱币事宜。

第十八条　艺师之额缺，由财政部尚书酌定提交阁议决定之。

第十九条　艺士之额缺，由财政部尚书、侍郎定之。

第二十条　所有本部特设之税务处、造币厂、国家总银行、各省分银行、印刷造纸局厂，及仓场衙门、各釐捐局等，均须设特别专官，其职掌一切由本部尚书酌定。又户部捐纳房应行核办之事尚多，拟暂设核捐处，将来如何归并，由本部尚书酌定。

以上各条如有应行增删修改之处，由财政部尚书咨送阁议，请旨裁定。本部隶属之事甚多，名目亦极繁赜，除所定各司职掌大略外，馀当以类相从，照通则第十三条办理。

陆军部官制草案（职官表附，今以兵部改，以练兵处太仆寺并入）

陆军部以现设之练兵处军政、军学两司及兵部各司馆厅与太仆寺裁并改设。

第一条　陆军部管理全国陆军政务。

第二条　陆军部设大臣一人，总理本部所属主管事务，担负职任，为全部之长官。

第三条　陆军部设左右副大臣各一人，凡旧隶练兵处军政司及兵部之事，归左副大臣管理，兼考查本部重要事务及稽核各司人员功过。旧隶练兵处军学司之事，归右副大臣管理，兼订议本部章程及审议重要事务。均赞助大臣整理部务，监督本部司科各员。

第四条　陆军大臣于本部重要事务，可随同内阁总理及副大臣入对，并得请开阁议。如遇有紧要事件，可自请入对。

第五条　陆军部大臣遇有事故，由左副大臣代行。

第六条　陆军部大臣于本部主管事务，应会同左右副大臣具奏。

第七条　陆军部大臣，于在京各衙门及各省将军、督抚有关涉事件，随时咨行办理。

第八条　陆军部统辖京外陆军及旗绿各营军人军事。

第九条　陆军部监督贵胄学堂及各省制造局厂与关涉军事之各项学堂局所。

第十条　陆军营制饷章及一切应随时增改变通事宜，统由陆军部商明军谘府，咨送阁议，奏请钦定，并有检核厘定各省陆军事宜之权。

第十一条　京外陆军任职、补官及旗营官员，并未裁绿营官员升调补缺各事，皆由陆军部考验核定，分别奏咨办理。

第十二条　陆军部分设十二司，每司司丞一人，掌管本司事务。

一、军枢司，以练兵处文案及兵部之司务厅、满档房、收支处合并改设，管理本署开补官缺、考绩及收发文牍、编辑档案并收支事项。

二、军制司，以练兵处军政司之搜讨科及兵部之武库司合并改设，管理制度、军礼、旗制、旗务，及步队、马队、炮队、工队、辎重队事项。

三、军计司，以练兵处军政司之考功科及兵部武选、职方、武库三司及收支处改设，管理武职官兵黜陟赏罚事项。

四、军需司，以练兵处军政司之粮饷科及兵部武库、车驾二司摘并改设，管理粮饷、军装、建造事项。

五、军防司，管理营屯要塞事项。

六、军械司，以练兵处军政司之器械科及兵部之武库司摘并改设，管理制造存储事项。

七、军医司，以练兵处军政司之医务科改设，管理卫生医务事项。

八、军牧司，以兵部之马馆车驾司与太仆寺合并改设。

九、军法司，以练兵处军政司之法律科改设，管理法律事项。

十、军书司，以练兵处军学司之编译科改设，管理编译兵法战史事项。

十一、军训司，以练兵处军学司之训练科改设，管理训练兵队操法事项。

十二、军课司，以练兵处军学司之教学科改设，管理军学课程事项。

第十三条　陆军部各司，应按事之繁简，分设各科。每科科长一人，掌理科务。酌设一二三等科员若干人，襄同办理。并于军枢司设秘书官、副官、书记官、会计官各若干员，分管各项事务。于军需、军防两司分设艺师、艺士各若干员，管理陆军工程事务。每科分设各股，酌用一二等股员，以资分理。

第十四条　陆军部各科设一二三等录事若干人，缮写文件、料理庶务。

第十五条　陆军部大臣、左右副大臣恭候特简。各司司丞由本部大臣商同左右副大臣，每司各选拟才资相当者二三人，开单请旨简授。

第十六条　陆军部各科科长、科员，军枢司之秘书官、副官、书记官、会计官，及军需、军防两司之艺师，均由本部大臣，商同左右副大臣，拟定相当人员，带领引见，请旨补授。

第十七条　陆军部各职，应全用陆军出身人员。惟因人才不敷，可暂以京外知兵文武各员酌量借补，俟数年后人材辈出，仍应全用陆军人员，以昭画一。

第十八条　陆军部一二等股员暨艺士、录事，由本部大臣商同左右副大臣遴选签补。

第十九条　陆军部请简奏补签补各员，有应行惩处或罢斥者，由本部大臣商同左右副大臣定议后，分别奏咨参撤。

第二十条　京外陆军及陆军本署与所辖各项应支经费，由本部于每年九月议定数目，送阁核准后，奏请饬下财政部照拨。

第二十一条　陆军部设官详细章程及廉俸等项，应俟奉旨简定陆军部大臣后，即由该大臣酌拟，咨送阁议，请旨裁定。

第二十二条　练兵处旧设军令一司所管事务，应另设军谘府办理，其一切编制另行核订。

第二十三条　海军部现未设立，应于陆军部附设海军处，以旧隶军学司之水师科扩充改设，暂由右副大臣兼辖，管理南北洋兵轮及长江内河水师官兵名数，筹画开办海军一切事宜，俟规模略备，再设专部经理。

第二十四条　此次陆军部官制，系按现行办法拟订，其有应行增删修改之处，可随时由本部大臣咨送阁议，请旨裁定施行。

陆军部职官表

陆军部大臣（以正都统充）

陆军部左副大臣（以副都统充），陆军部右副大臣（以副都统充）

各司司丞（以协都统、正参领或同协都统、同正参领充）

各科科长（以正副参领或同正副参领充）

军枢司秘书官、副官（以正副参领或同正副参领充）、书记官、会计官

各科一二三等科员，一等（以副协参领或同副协参领充），二等（以协参领、正军校或同协参领、同正军校充），三等（以正军校或同正军校充）。

艺师

各股一二等股员，一等（以副军校或同副军校充），二等（以协军校或同协军校充）。

艺士

录事

陆军部借补各员，系因陆军部暂时择才为难，不得不变通办理，各该员原有官阶、升阶、升衔，仍应照借补定例，悉行存留。其中兵部应留人员较多，凡得有记名截取及随时呈请保送改用者，均照定例办理。

海军部官制草案（待设，暂归陆军部办理）

第一条　海军部管理海军政务，统辖海军人员。

第二条　海军部大臣一人，总理本部所属主管事务，担负责任，为全部之长官。

第三条　海军部左右副大臣各一人。左副大臣掌考查本部重要事务及稽核各司人员功过，右副大臣掌订议本部章程及审议重要事务。均赞助大臣整理部务，

分辖本部各司，监督司科各员。

第四条　海军部大臣于本部重要事务，可随同内阁总理大臣、左右副大臣入对，并得请开阁议，如遇有紧要事件，可自请入对。

第五条　海军部大臣遇有事故，由左副大臣代行。

第六条　海军部大臣于本部主管事务，会同左右副大臣具奏。

第七条　各水师学堂及关涉海军之厂坞，均归海军部监督。

第八条　海军部大臣于本部与在京各衙门及各省将军督抚有关涉事件，可分别咨行办理。

第九条　海军制度及一切应随时增改变通事宜，统由海军部商明军谘府咨送阁议，奏请钦定，并有检核厘正海军事宜之权。

第十条　海军部任职补官升调各事，皆由海军部考验核定，分别奏咨办理。

第十一条　海军部分设九司，每司设司丞一人，掌管本司事务。

一、军枢司所掌事务如左：关于本部开补官缺、考绩及文牍、档案、庶务及收支事项。

二、军制司所掌事务如左：关于海军编制、纪律、礼仪、服制、旗章及舰政等事项。

三、军训司所掌事务如左：关于海军教育、训练及编译兵法、战史等事项。

四、军籍司所掌事务如左：关于海军人员升转、进退及各项事故之註册、存案等事项。

五、军储司所掌事务如左：关于经理海军款项、粮饷、服装、器械及公置财产什物，并军储官之教育等事项。

六、军防司所掌事务如左：关于建筑军港、要塞等事项。

七、军医司所掌事务如左：关于海军卫生、医务及医官之教育等事项。

八、军法司所掌事务如左：关于海军人员之审判及监狱等事项。

九、军导司所掌事务如左：关于海军测候测量等事项。

第十二条　海军部各司，应按事之繁简，分设各科。每科置科长一人掌理科务，并酌设一二三等科员，一二等股员各若干人襄同办理。并于军枢司设秘书官、副官、书记官、会计官各若干员，分管各项事务。并于军储、军防、军导三司分设艺师、艺士各若干员，管理海军工程、测绘等事项。

第十三条　海军部各科设一二三等录事若干人，缮写文件、料理庶务。

第十四条　海军部大臣、左右副大臣恭候特简。各司司丞由本部大臣商同左右副大臣，每司各选拟才资相当者二三人，开单请旨简授。

第十五条　海军部各科科长、科员，军枢司之秘书官、副官、会计官，及军枢、军防、军导三司之艺师，均由本部大臣商同左右副大臣，拟定相当人员带领引见，请旨补授。

第十六条　海军部奏补以上各职，应全用海军出身人员。

第十七条　海军部一二等股员、艺士、录事，由本部大臣商同左右副大臣，遴选箚补。

第十八条　海军部请简、奏补、箚补各员，有应行惩处或罢斥者，由本部大臣商同左右副大臣定议后，分别奏咨参撤。

第十九条　海军及海军本署与所辖各项应支经费，由本部于每年九月议定数目送阁核准，奏请饬下财政部照拨。

第二十条　海军部设官详细章程及廉俸等项，应俟奉旨简定海军部大臣后，即由该大臣酌拟咨送阁议，请旨裁定。

第二十一条　海军部未设立之前，所有海军事务，暂归陆军部附设之海军处管理，其海军处章程，由陆军部奏定之。

第二十二条　海军部职官表，比照陆军部定之。

法部官制草案（说帖附，今以刑部改）

法部以刑部改设，并以户部现审处所管事务并归复核，现制分一厅十七司，以省为经，以事为纬。今议改设一厅五司，以事为经，以省为纬，分科任事，设官亦复相等，惟平反重辟及问刑事务，悉分掌于大理院及其他厅局，法部只调度而监督之，其法律馆、法律学堂，仍由修订律例大臣管理。

第一条　法部监督大理院并直省各厅局、检察局，调度检察事务，管理民事、刑事、牢狱并一切司法上之行政事务。

第二条　法部尚书、侍郎及丞参以下各职员之职掌权限，均照官制通则所定者行之。

第三条　法部于官制通则第十一条第五项所定之事项，得令各司分任之。

第四条　法部承政厅于官制通则所定各项外，并掌事务如左：

一、直省审判厅局之增析裁并事项。二、派遣巡行审判官事项。三、审判厅局所辖地域之区画事项。四、调派检察官事项。五、调度司法警察事项。

第五条　法部置六司如左：

一法曹司，二平法司，三祥刑司，四理民司，五典狱司，六庶务司。

第六条、法曹司所掌事务如左：

一、直省执法使司之履历，并开单请简事项。二、直省审判官之履历，并开单请简请补事项。三、直省检察官之履历，并开单请简请补事项。四、直省审判厅官吏及典狱官之履历，并请补事项。五、法官任用考试事项。六、考取审判厅书记。七、考验律师。八、直省陪审官之履历（暂阙）。

第七条　平法司所掌事务如左：

一、复核高等审判厅以上所决定之死罪应否复审案件。二、核定秋朝审实缓进呈册本事宜。三、恭办恩旨、恩诏、赦典事项。四、宣告死罪之行刑。

第八条　祥刑司所掌事务如左：

一、复核直省高等审判厅以上之刑事报告。二、编纂刑事案件统计书表。三、在外领事裁判刑事案件报告事项。

第九条　理民司所掌事务如左：

一、复核直省高等审判厅以上之民事报告案件。二、编纂民事案件之统计书表。三、在外领事裁判民事案件报告事项。

第十条　典狱司所掌事务如左：

一、审查直省牢狱建造之图案。二、牢狱之增析裁并事项。三、监察典狱官及狱吏司狱警察事项。四、罪犯习艺所事项。五、罪犯之名册。六、筹办改良牢狱事宜。七、颁行牢狱规则。八、编纂牢狱罪犯之统计书表。

第十一条　庶务司所掌事务如左：

一、稽查各项讼费。二、律师註册事项。三、管理罚金赃物。四、经理充公银钱产物并移交事项。五、囚犯费用事项。六、稽核罪犯习艺所成绩并制作品贩卖事项。七、稽察各谳局会计事项。

第十二条　以上各条，如有应行增删修改之处，随时由法部尚书咨送阁议，请旨裁定。

第十三条 本官制所定分司职掌事宜，应俟法部尚书、侍郎体察情形，酌定实行日期，请旨施行。其未请旨以前，所有问刑各衙门，仍暂照向章办理。

谨案各国所谓司法独立机关者，为裁判所，而非司法部。司法部者，只管司法上行政事务，而不及于裁判。诚以法部大臣与各部大臣同为内阁大臣，即为行政部长官，而断非裁判所之专官。中国刑部之制，以审理诉讼、考核例案为专职，而以司法之政务为兼掌，其制略似各国最高裁判所，而非各国之所谓法部，且刑部近来提审案件往往偏重于京城地面，而疏于各省，其结局几成为京师地方之法院。而京城地面之问刑衙门，其权限亦不甚分明，往往同一案件，可投诉于大兴、宛平县者，又可诉诸步军统领，诉诸顺天府，诉诸巡警厅，终则或归刑部，或不归刑部。此不明权限、不分审判等级有以致之也。

大理寺掌平反重辟以贰邦刑，其制似近于各国之最高裁判所矣。然大理寺不过为三法司之一，考会典大理寺卿有诣刑部暨都察御史会听重辟之责，是大理寺只有会议之权，而无独立之性质。揆之各国最高裁判所，为全国最高裁判之独立机关又异也。

今各国行政、司法无不分立，裁判所自下级以至最上级层层独立，而无受成于行政官者。审判之级，大都区之为三：即第一审（始审），第二审（控告），第三审（终审）是也。第二审以待不服第一审之判断者，第三审又以待不服第二审之判断者。其裁判所之等级大都分之为四，英美德法诸国，均取四级审判所主义。惟英美二国警察法堂之权限稍大，而德法诸国则区裁判之权限稍小耳。日本裁判制度，仿效德法二国，而亦分为四等，即裁判所、地方裁判所、控诉院、大审院是也。区裁判所为最小之裁判所，故只可承审轻罪案件。地方裁判所为第二级裁判所，凡区裁判所不能承审之案件，皆得承审之，一面即为区裁判所之第二审裁判所。控诉院承审不服地方裁判所裁判之案件，一面即为区裁判所之终审裁判所。大审院承审不服控诉院判断之案件，一面即为地方裁判所之终审裁判所。故轻罪案件，为区裁判所所管辖者，诉止于控诉院，不能上控于大审院。重罪案件为地方裁判所所管辖者，始得上控于大审院，此日本裁判所之制。虽分四等，而审判之级仍区为三，其详细法规，均定于裁判所构成法。英德法三国亦皆有此定章，司法部权止于监督裁判所及调度检察事务，并管理一切司法上之行政而已，初未干涉裁判事宜，此立宪各国所同，俄国之仿行此制，亦四十年于兹矣。

中国司法之权，向兼掌于行政官，现当厘定官制，预备立宪，自应以司法为独立机关，方符立宪各国公例，而创办伊始，不得不稍为变通。今拟分裁判为四等，于京师置大理院一所，即以大理寺改设，为全国最高之裁判所。每省置高等审判厅各一所，每县（府州统以县称，照戴、端两大臣原折分县为大中小等），各置地方审判厅一所，视县之大小，分置乡谳局若干所。除宗人府会审改归大理院，内务府所管特别讼狱仍旧外，其余直省之大小民刑案件，分别轻重，明定审级，统归以上四等审判厅局审理。特设法部以管理直省司法上之行政事务（如裁判之增析裁并及调补法官等事务），并监督直省各厅局。各省每省设一执法司为全省之法司，管理全省司法上之行政事务，并监督本省各厅局。京师之大理院直达于法部，各省之高等审判厅、地方审判厅、乡谳局均分汇于执法司，而仍总汇于法部。执法司直隶于法部，而节制于督抚。惟法部及执法司，只能监督裁判处理其司法上之行政事务，其审理事宜，一任之审判官，不能干涉其审判权。督抚之于执法司，亦只能有司法上行政之关系，而无审判之关系。其大辟之案，则由大理院或执法司详之法部，以及秋朝审大典，均听法部复核。此外，恩赦特典，则由法部大臣具奏，均请旨施行，以示生杀大权操于君上之意。如此则司法官可保其独立之性质，行政官仍不失其监督之权。至裁判所官制及审判官任用章程，当别定法院编制法及法官任用条例，制为法令，兹姑不具焉。

学部官制草案（今仍旧）

学部仍旧制，原定学部官制与此次各部官制通则草案最为相近，各司分科事宜，亦经奏定办理。惟案照此次通则，总务司应改为承政厅。除机要科、案牍科名目职掌无庸更改外，其会计司、司务厅应即裁撤，而以会计司之度支科改称会计科，以司务厅改为庶务科，并归承政司。将原设总务司、会计司郎中各一缺及司务二缺裁去，而于庶务科设员外郎、主事各一缺掌其事。其总务司原设之审定科，事理繁重，拟特设图书司领之，而以编译图书局所掌事务改为编译科，即与审定科同隶该司。增设图书司郎中一缺，编译科员外郎一缺，主事二缺；审定科主事原定一缺，亦拟改为二缺；除额定司员外，另设纂修员分任本司编辑纂订事宜。原设编译图书局，应即裁撤。至会计司之建筑科事务，另有艺师、艺士办理。此外，专门、普通、实业三司分科事宜及员缺职掌，均可一仍旧制。其京师督学局事体繁重，原系兼差，拟改为京师督学厅，另设厅丞一员领之，以专责成。今另拟改草案如下：

第一条　学部管理全国教育学艺事务。

第二条　学部尚书、侍郎及丞参以下各职员之职掌权限，均照官制通则所定者行之。

第三条　学部承政厅，除通则所定职掌外，兼掌事务如左：

一、高等教育会议事项。二、学堂卫生事项。

第四条　学部设四司，其目如左：

一、专门司。二、普通司。三、实业司。四、图书司。

第五条　专门司所掌事务如左：

一、核办大学堂、高等学堂事项。二、核办凡属文学、政法、美术、技艺、音乐各种专门学堂事项。三、稽核私立专门学堂教课、设备是否合度，及应否允准与官立学堂享有一律权利，或须公款补助等事项。四、保护奖励各种学术、技艺事项。五、考查各种专门学会事项。六、核议名儒、名臣应否从祀文庙事项。七、考察耆德宿学研精专门者，应否锡与学位事项。八、考核各专门学堂与地方行政、财政有关系之一切事项。九、办理图书馆、博物馆、天文台、气象台等事项。十、考核海外游学生功课程度及派遣奖励等事项。

第六条　普通司所掌事务如左：

一、核办优级师范、初级师范学堂、盲哑学堂、女子师范学堂教课规程、设备规则，及关于管理员、教员、学生并学堂与地方行政、财政有关系之一切事项。二、凡通俗教育、家庭教育及教育博物馆等事项。三、核办中学堂、女子高等学堂教课规程、设备规则，及关于管理员、教员、学生并学堂与地方行政、财政有关系之一切事项。四、核办凡与中学堂相类之学堂一切事项。五、核办小学堂之设立、维持、教课规程、设备规则，及关于管理员、教员、学生，并地方劝学所、教育会与地方行政、财政有关系之一切事项。六、核办蒙养院及与小学堂相类之学堂一切事项。

第七条　实业司所掌事务如左：

一、核办农业学堂、工业学堂、商业学堂、实业教员讲习所、实业补习普通学堂、艺徒学堂及各种实业学堂之设立、维持、教课规程、设备规则及关于管理员、教员、学生等一切事项。二、调查各省实业情形及实业教育与地方行政、财政之关系，并筹画实业教育补助费等事项。

第八条　图书司所掌事务如左：

一、审查教科图书事项。二、编译各种课本及一切有关学艺书类、报章事项。三、收管本部应用参考图书事项。

第九条　学部设视学官（暂无定员，约十二员以内），秩正五品，视郎中，由学部尚书、侍郎奏补专任，巡视京外学务，其巡视地方及详细规则，另定专章。

第十条　学部设纂修官，无定额，掌纂辑撰订各种课本及有关学艺书类，不拘资格，由尚书、侍郎酌量延聘奏派，并与以相当之待遇。

第十一条　学部设艺师，为奏补官，承尚书、侍郎之命，掌筹画学部直辖各学堂图书馆、博物馆等之建造营缮，并考核全国学堂图书馆等之经营建造是否合度，其定额由学部尚书、侍郎酌定，咨交阁议决定之。

第十二条　学部设艺士，为委用官，承上官之命，从事各项工程，其定额由学部尚书、侍郎自定之。

第十三条　学部设谘议官，无定员，不作为实缺，不限定常川在部，仿商部顾问官之例，分为四等，一等视丞，二等视参议，均由学部奏派；三等视郎中、员外郎，四等视主事，均由学部委派。凡学部有重要筹议之件，随时谘询。该员于教育有所建议，均得随时分别函呈，以备采择。

第十四条　学部设学制调查局，专研究各国学制，以资考镜，预备随时改良章程。其局长由学部奏派，其局员由视学官、各司员内派充，别设译官数人，以任翻译。其局长由原官兼充，体制视左右丞、左右参议。

第十五条　学部设高等教育会议所，属本部尚书、侍郎监督。其议员，选派本部所属职官、直辖各学堂监督、各省中等以上学堂监督及京外官绅之学识宏通于教育事业，素有阅历者充任。定期每年会议一次，又遇有重要事件时，亦可临时招集会议。诸议员均奏请派充，其议长则就议员中公选。其应议事项、议员资格及会议规则，当另定章程。又所中设庶务员二人掌理所务，即由本部酌派司员兼理。

第十六条　学部设教育研究所，延聘精通教育之员，定期演讲，以教育原理及教育行政为主，本部人员均应按时听讲。应设庶务员一人，编辑员一人，即由本部酌派司员兼理。

第十七条　学部设京师督学厅，置厅丞一员，秩正四品，视参议，由学部尚书、侍郎奏请简派。

第十八条　京师督学厅如外省提学使司，例设总务、师范、中学、小学四课。每课特设课长、副长、课员等员办理事务，无庸由本部司员兼理。其任用待遇及办事详细规则，另定专章。

第十九条　学部所辖国子监职员及一切事务，仍照奏定归并国子监章程办理。

以上各条，如有应行增删修改之处，随时由学部尚书咨送阁议，请旨裁定。

农工商部官制草案（今以商部改，以工部并入）

农工商部以商部改设。按商部职掌本兼农工，今特正其名而师其制。惟旧有之四司，按照通则改并为二厅三司，以通艺司所掌之铁道、行轮、设电等事画归交通部（如暂不设，仍归本部），而以外务部所管之商务、机器、制造，及户、工二部所管之度量、权衡专隶本部。今遵照各部官制通则，并参仿各国农工商部官制，分定职掌条列于后。

第一条　农工商部总理全国农工商政及森林、水产、矿产、商标、专利等事，统辖各直省农工商政司，监督各项农工商公司、学堂、局厂。

第二条　农工商部尚书、侍郎及丞参以下各官权限职掌，依各部官制通则所定行之。

第三条　农工商部丞参，除通则所定职掌外，并可由尚书、侍郎奏派前赴各省各埠考查商务。

第四条　农工商部承政厅、参议厅所掌事务，依各部官制通则所定者行之。

第五条　农工商部分设三司，其目如左：农政司，工政司，商政司。

第六条　农政司所掌事务如左：专司农田水利、屯垦、蚕桑、纺织、森林、水产、树艺、畜牧、狩猎及一切增殖农产、组织农会、检查丝茶等事宜。

第七条　工政司所掌事务如左：专司工艺、机器制造，劝工、招工，检定度量权衡，调查各项矿质，管理采矿、开矿一切事宜。

第八条　商政司所掌事务如左：专司各项商会、商埠、商勋、赛会、保险及一切保护、奖励、禁令、呈诉、调查、报告事宜，兼管公司註册。

第九条　除以上额设之二厅三司外，其左列各项局所、学堂悉仍旧制：

商标局（该局事务较繁，开办时如应添设专缺，由尚书、侍郎届时酌定咨送阁议，请旨裁定）；商报馆；京师、上海各实业学堂、艺徒学堂、工艺局（附绣工科）、劝工陈列所、农事试验场（附高等农学堂、农务局）。

第十条　如上列各局、所、学堂，有应行改并或此外有应行增设之处，由尚书、侍郎酌办。

第十一条　农工商部奏奖顾问官议员事宜，悉仍旧制。

第十二条　除通则所定各官外，农工商部得置专门之职员如左：艺师（奏补），艺士（委用）。

第十三条　艺师承上官之命，专司农田、森林、水产、矿产、工艺制造、度量权衡等各项测绘、试验、考查事宜。

第十四条　艺士承上官之命，协同管理各项测绘、试验、考查事宜。

第十五条　艺师之定额，由尚书、侍郎酌定，咨送阁议，请旨裁定。

第十六条　艺士之定额，由尚书、侍郎酌定委用。

以上各条，如有应行增删修改之处，随时由尚书、侍郎酌定，咨送阁议，请旨裁定。

交通部官制草案（今为邮传部）

交通为增进国势之要政，东西各国咸重之。中国现于电政、路政、邮政、航业亦既次第推行，不设专官，曷由进步。今拟以工部改设交通部，即以该部所掌之河工、海塘各事宜附入，并以商部通艺司所掌之铁路、设电、行轮，外务部榷算司所掌之邮政，兵部车驾司所掌之驿站并入焉。

第一条　交通部管理全国铁路、电报、电话、邮政、驿传、航政标识，商轮、民船，水陆运输、疏浚河道，河湖、江海堤工各事宜，并稽察各省交通司、河道及铁路局、电报局、邮政局。

第二条　交通部尚书、侍郎及丞参以下各员之职权，依各部官制通则所定行之。

第三条　交通部承政厅，除通则所定职掌外，兼掌事务如左：

一编译各国关涉交通事宜之各项法规等书籍事项。一遣人员入万国邮政、铁路等工会事项。一调查各国河湖江海堤防工程办法事项。

第四条　交通部置四司，其目如左：

一、路政司。二、邮电司。三、航业司。四、都水司。

第五条　路政司所掌事务如左：

一、管理监督已成、现修官设铁路及筹议应行续修铁路事项。二、各省商设铁路之允许、保护、查核各事宜。三、审定陆路转运货物规则及开设转运所之允许各事项。四、筹备分还造路洋款及考核出入款项事宜。

第六条　邮电司所掌事务如左：

一、审定电报、电话规则，局所章程，及修理添设事项。二、考验电报、电话用品，及关于电学之工业管理、电学工程之学堂（拟以工部奏设之艺学馆并入）事项。三、考察电报各局委员学生之成绩及稽核出入款项事宜。四、稽核全国邮政及研究一切邮政事项。五、筹办未立邮局地方之驿传更定章程，整饬驿务事项。

第七条　航业司所掌事务如左：

一、管理全国航路及推广外埠航业，并稽核灯台浮标事项。二、试验商船司机驾驶、领港各员，及筹办商船学堂事项。三、检查大小轮船、帆船及内河各种商船，审定水道转运货物规则，及海上保险事业之允许事项。

第八条　都水司所掌事务如左：

一、督理疏浚海口、河道事项。二、督理各省河湖江海堤防岁修专案工程，并核算报销事项。三、筹议河湖江海堤防善策研究工程做法，及考验需用土石各料事项。

第九条　交通部除通则所定职员外，得置专门职员如左：艺师（奏补）。

第十条　艺师承尚书、侍郎之命，稽查各项工程及物料用品，并测绘等事。

第十一条　艺师定额由交通部尚书酌定后，咨送阁议，请旨定夺。

第十二条　以上各条有应行增删修改之处，随时由交通部尚书、侍郎咨送阁议，请旨定夺。

理藩部官制草案（附说帖及职掌表，今以理藩院改）

理藩部以旧有理藩院改设。

第一条　理藩部管理各蒙旗、西藏、回部及西宁、西藏附近土司等事务。

第二条　理藩部尚书、左右侍郎暨丞参以下各职员之权限及职任，依通则所定行之。

第三条　理藩部除承政厅、参议厅所掌外，设五司，其目如左：王会司、旗籍司、理刑司、殖产司、边卫司。

第四条　王会司所掌事务如左：

一、各蒙旗、西藏、回部土司及廓尔喀、布鲁克巴、坎巨提等封袭朝贡事项。二、各蒙旗会盟事项。三、各藩王公俸缎盘费口粮及捐输等事项。四、通译各藩语言文字事项。

第五条　旗籍司所掌事务如左：

一、各蒙旗游牧疆理、地亩赋税、丁口册籍事项。二、回部、西藏，及附近西宁、西藏之玉树土司等疆理、赋税、丁口册籍事项。三、红黄喇嘛教封拜转世及庙产僧籍事项。

第六条、理刑司所掌事务如左：

一、复核各蒙旗土司民事诉讼事项。二、复核各蒙旗土司刑事案件事项。

第七条　殖产司所掌事务如左：

一、开垦蒙地、保护林业事项。二、整理牧畜、牲猎、织造、皮毛、骨角等事项。三、筹修铁路、开辟矿产事项（由本部会商交通部、农工商部办理）。四、兴举渔业、整理盐法事项（由本部会商农工商部、财政部办理）。

第八条　边卫司所掌事务如左：

一、训练蒙藏军队及征发事项（由本部会商陆军部办理）。二、筹办蒙藏学务事项（由本部会商学部办理）。三、台站供支事项。四、蒙藏边疆界务事项。五、各藩土司商务并互市事项。

第九条　理藩部除通则所定职员外，得置专门职员如左：艺师（奏补），艺士（委用）。

第十条　艺师承尚书之命，筹画各项土木工程及测量土地、编制地图等事宜。

第十一条　艺士承上官之命，从事各项工程及测量制图。

第十二条　艺师之定额，由理藩部尚书酌定后，咨送阁议决定之。

第十三条　艺士之定额，由理藩部尚书自定之。

第十四条　理藩部设编纂局，纂修各各藩历史、地誌、王公表传世系，及本部故实则例等项，并搜辑诸外国管理藩属殖民地制度。其局长由理藩部尚书、侍郎奏派，其局员由尚书、侍郎选派。

第十五条　理藩部设藩言馆，教授蒙古、唐古忒託忒等语言文字，并兼教满、汉、英、俄等文，及各藩历史、地理、典例等项，以储经理边藩之材。其馆中监督，由理藩部尚书、侍郎酌以相当之员奏请简派，其余教习等员，由理藩部尚书、侍郎遴派。

第十六条　理藩部设藩务调查会，调查各藩政治、边情、殖产、军防及一切应兴办事项。其会长由理藩部尚书、侍郎酌以相当之员奏派，其会员由尚书、侍郎选派部内或部外通晓藩务人员充之。

以上各条，如有应行增删修改之处，随时由理藩部尚书咨送阁议，请旨裁定。

按此次更定官制宗旨，即仿以事为经，以地为纬之意，与户部改财政部总列十司办法略同，重在撮举大纲，以类相从，未能一一备载。精神所注，全在殖产、边卫两司，御侮保边，莫急于此。原来职掌间有未及，略为补缀，期规自强。应否如斯，伏乞钧酌。拟设理藩部各司比较旧司职掌表：

旗籍司：内札萨克比丁等事，今仍归旗籍司。

　　　　内札萨克升降等，今归承政厅。

　　　　内札萨克袭替封赠等，今归王会司。

　　　　大凌河马匹、张家口驿站等，今归边卫司。

　　　　本部司员、驻外司员及西藏番官等之升选补授赏罚等，今归承政厅。

王会司：内札萨克年班朝觐等，今归王会司。

　　　　王公俸缎等，今归王会司。

　　　　更换内外馆监督等，今归承政厅。

　　　　　行围请安等，今归王会司。
　柔远司：喀尔喀朝贡等，今归王会司。
　　　　　喀尔喀王公俸缎等，今归王会司。
　　　　　筵宴等，今归王会司。
　　　　　察哈尔总管陛见等，今归承政厅。
　典属司：喀尔喀诸部袭替等，今归王会司。
　　　　　喀尔喀诸部比丁等，今归旗籍司。
　　　　　喇嘛圆寂、转世、寺庙工程等，今归旗籍司。
　　　　　廓尔喀进贡等，今归承政厅。
　　　　　库伦等城司员及察哈尔理事官等，今归承政厅。
　徕远司：回疆王公袭替等，今归王会司。
　　　　　福晋汇封等，今归王会司。
　　　　　回疆王公俸缎、盘费、口粮、捐输等，今归王会司。
　　　　　回部呈贡等，今归王会司。
　　　　　四川土司呈贡等，今归王会司。
　理刑司：内外札萨克命盗案件等，今仍归理刑司。
　　　　　内外札萨克词讼等，今仍归理刑司。
当月处，今归承政厅。
饭银处，今归承政厅。
俸档处，今归承政厅。
喇嘛印务处，今归承政厅。
银库，今归承政厅。
则例馆，今归编纂局。
蒙古学务，今归边卫司。
咸安宫蒙古学，今归藩言馆。
司务厅，今归承政厅。
雍和宫唪经道场等，今归承政厅。

吏部官制草案（先列说帖，今仍旧）

谨按吏部所掌，本古天官之职。两汉用人，悉归公府，所置常侍曹尚书，只掌公卿等奏事。魏晋以后，吏部权任始重，有铨叙百官，进退群材之责，如山涛、王戎、裴楷，其最著名者。唐之吏部尚书，多领之以宰相。金元以后，附中书省，职任渐轻，至明始重。我朝职官应简授者，皆归请旨，应酌补者，则由京外长官自择，轮补轮选，则有定例，吏部核名籍轮序，议章制之合否，而所司京察大计叙处诸政，均以寓慎重名器黜陟群材之意。现在更定官制，名器所系，固贵严甄殿最之繁，尤宜慎核以及选补轮次。京外班资，非有专司，难理纷赜，吏部职掌固綦重也。现将原隶验封司之诰命，缺科之缙绅，升调科之添铸、更换印信，专归新设之内阁办理。典吏科之僧道箚付，外官科之真人承袭，专归民政部办理。蒙古处所掌各事，专归理藩部办理。及改设之京外各衙门官员铨叙旌别诸事，均归本衙门自行办理。此外原辖四司，繁简悬殊，酌为分并，以示均平而专责任，参照新定官制，改设为两厅四司，条列于后：

第一条　吏部掌文官铨叙、勋阶、黜陟之政，厘饬官常，以赞邦治。

第二条　吏部尚书一人，总理本部所属主管事务，担负责任，为全部之长官。

第三条　吏部左侍郎一人，右侍郎一人，赞助尚书整理部务。

第四条　尚书就本部重要事件，可随同内阁总理大臣、内阁左右副大臣入对，并得请开阁议。

第五条　尚书遇本部有紧要事件，可自请入对。

第六条　尚书于本部主管事务，会同左右侍郎具奏。

第七条　尚书、侍郎于本部与他部或他衙门有关涉事件，可分别咨行简饬办理。

第八条　尚书、侍郎就本部主管事件，可咨行各省将军督抚，转饬所属分别筹办，并有检查更正之权。

第九条　尚书、侍郎就本部主管事务，可订定规则分布部示。

第十条　尚书遇有事故，以本部左侍郎代行。

第十一条　吏部设承政厅，以司务厅、满档房、收发处、俸档处、官册处、收支处并入，其所掌事务如左：

一、原隶司务厅所管之事项。二、原隶满档房所管之事项。三、原隶收发处所管之事项。四、原隶俸档处所管之事项。五、原隶官册处所管之事项。六、原隶收支处所管之事项。

第十二条　吏部设参议厅，除以原设之则例馆并入外，所掌事务如左：

一、拟订本部法令章程草案事项。二、审议本部法令章程之应行增删修改事项。

第十三条　承政、参议厅外分设四司，其目如左：

一、序官司。分原设文选司之开设科、缺科、升调科、笔帖式科、册库、题稿房、派办处改设，其缮折处、收发处，以现在拟分各事就原管画隶。二、主铨司。分原设文选司之求贤科、典吏科、凭科、投供处、大捐处、议选处改设。三、考功司。职掌如旧。四、崇制司。以原设稽勋司、验封司所掌事务并设。

第十四条　四司内原有之各科各处所掌事务，按照新定官制应行删并修改之处，由尚书、侍郎酌定。

第十五条　吏部置职员如左：左丞、右丞、左参议、右参议（均请简），参事、郎中、员外郎、主事、七品小京官（均奏补），录事（委用）。

第十六条　左右丞各一人，承尚书、侍郎之命，总核承政厅，兼考核参议厅事务，兼审议各司重要事务。

第十七条　左右参议各一人，承尚书、侍郎之命，总核参议厅，兼审议各司重要事务。

第十八条　参事承尚书、侍郎之命，佐左右参议审议拟稿。

第十九条　参事可视各该部情形，由尚书派令助理承政厅及各司事务。

第二十条　郎中每司一人，承尚书、侍郎之命，总核本司事务。

第二十一条　员外郎、主事、七品小京官，承尚书、侍郎之命，分任承政厅暨各司事务。

第二十二条　参事及员外郎、主事、小京官额缺，由尚书、侍郎酌定，咨送阁议，请旨定夺。

第二十三条　吏部可酌设额外郎中、员外郎、主事、小京官若干人，分厅司行走，襄理一切事务。

第二十四条　录事承上官之命，缮写文件，料理庶务，其额缺由尚书、侍郎定之。

第二十五条　吏部请简官，由尚书商同左右侍郎选拟相当三人，开单经阁议后，请旨简授。

第二十六条　吏部奏补官，由尚书商同左右侍郎拟定相当人员，带领引见，请旨补授。

第二十七条　吏部委用官，由尚书商同左右侍郎遴选箚补，咨明内阁存案。

第二十八条　吏部请简、奏补各官，有应行惩处或罢斥者，由尚书商同左右侍郎定议后，分别参处。

第二十九条　吏部委用官之惩处罢斥，由尚书商同左右侍郎行之，仍咨明内阁存案。

第三十条　吏部经费，应于每年九月预定来年额支活支数目，条列开单，由尚书、左右侍郎议决后，咨送阁议核准指拨。

第三十一条　吏部官制，如有应行增删之处，可随时由尚书、侍郎咨送阁议，请旨裁定。

典礼院官制草案（先列说帖，今仍称礼部，以太常、光禄、鸿胪三寺并入）

谨按典礼之职，唐虞掌自秩宗，周官辖于宗伯。自后世以学校贡举混入典礼之中，使礼官与行政官合而为一，不足以昭郑重。惟宋初礼仪之事，悉归太常，礼院贡举之政领于知贡举，分析最精，礼院不称部而称院，尤足保尊严而示复绝。礼院掌礼乐、祭祀、朝会、宴飨之政令，以枢密院参知政事等官充之，虽有礼部之名，止设判事一人（旧制以院统部），自元丰官制行，始设礼部尚书，遂失宋初立法之精意，盖部、院之名各有所当。国初设内三院：曰宏文院、国史院、秘书院，俱置大学士。今之翰林院、都察院皆立于各部行政官之外，现学校、贡举之事，既画归学部，礼部所掌之事，专系礼乐、祭祀、朝会、宴飨等类，既为王者上仪之专署，并无内阁政务之责成，若仍称部，名似未妥洽，应照翰林院、都察院两院之例，尊其名曰典礼院，而太常、光禄、鸿胪三寺隶焉。恭读钦定职官表，有曰唐六典于礼部尚书、侍郎及太常、卿沿革，皆以春官宗伯当之，未免散而无统，今制以礼部满洲尚书兼管太常寺，永为定式，于是容台之任始归画一，洵与周礼相符矣，等语。圣训昭垂，用意深远。查宋建炎时诏鸿胪、光禄、太常三寺悉并归礼部。国朝乾隆十三年，以大臣总理光禄寺，皆由特简，无常员。乾隆十四年定以礼部满洲尚书兼管鸿胪寺事，永为常式，是寺署并归礼部，乾隆时固尝行之。至三寺卿、丞以下各官省并，顺、康、雍、乾各朝历有成案可循，散见钦定各官表中，兹不赘述。远稽本朝法制之精，窃以为礼部宜尊为典礼院，太常、光禄、鸿胪三寺宜并入典礼院，其原有各官，以类附入该院，庶行政官与礼官不致混而为一矣。

典礼院以礼部改设，并以太常、光禄、鸿胪寺乐部职掌及内阁职掌之关涉典礼者，均归并办理。其工部屯田司、制造库等处所办事，宜亦应条分缕析，以关涉内廷供奉者并入内务府，以关涉典礼者并入本院，而以礼部原管之铸印事宜画归内阁，臣民仪制风教及方伎事宜画归民政部，学校贡举事宜画归学部，由各该衙门另订章程办理。

第一条　典礼院掌朝廷坛壝、陵、庙之礼乐及其营缮、制造、典守事宜。

第二条　典礼院尚书一人，总理本院事务。

第三条　典礼院左侍郎一人，右侍郎一人，赞助尚书整理院务，兼监督厅司各员。

第四条　典礼院学士兼侍郎衔四人，赞助尚书、侍郎奉行典礼事宜。

第五条　典礼院尚书遇举行各项典礼时，会同左右侍郎暨学士谨率其属而襄事焉。

第六条　典礼院尚书于本院主管事务应行陈奏者，会同左右侍郎具奏。

第七条　典礼院尚书于本院主管事务有与阁部等行政衙门相关涉者，可分别咨行札饬办理。

第八条　典礼院尚书遇本院主管事务有应行晓谕军民人者，可分别咨行箚饬该管衙门施行。

第九条　典礼院置秘书厅，其所掌事务如左：

一、本院各员进退升转之註册存案事项。二、稽核本院厅司各员办事功过事项。三、编纂存储并收发各项公文函件事项。四、典守院印事项。五、管理本院出入经费事项。六、稽核本院报销事项。七、管理本院杂项事件，并经理本院公置财产及什物事项。八、所有不属各司事项。

第十条　典礼院置议礼厅，其所掌事务如左：

一、议礼事项。二、恭拟尊号、徽号、奏书、册宝、文篆事项。三、恭拟尊封、册立、册封文、册宝文篆事项。四、恭拟尊谥、册谥事项。五、恭阅祭告祝文及缮写祝版事项。六、恭缮坛、庙、陵寝、神牌事项。七、恭拟山陵封号及山川神祇封号事项。

第十一条　典礼院置四司，其目如左：仪制司，以仪制司、主客司及鸿胪寺改设。祠祭司，以祠祭司及太常寺改设。精膳司，以精膳司及光禄寺改设。将作司，以工部制造库及屯田司改设。

第十二条　仪制司所掌事务如左：

一、恭办朝会典礼事项。二、恭办登极典礼事项。三、恭办尊崇典礼事项。四、恭办册立典礼事项。五、恭办尊封典礼事项。六、恭办册封典礼事项。七、恭办大婚典礼事项。八、恭办经筵典礼事项。九、恭办视学典礼事项。十、恭办巡幸典礼事项。十一、恭办御新宫典礼事项。十二、恭办耕藉典礼事项。十三、恭办亲蚕典礼事项。十四、恭办授时典礼事项。十五、恭办燕飨典礼事项。十六、恭办万寿典礼事项。十七、关于乘舆服饰之因时进御。

第十三条　仪制司除右列各项职掌外，附置和声署，掌朝会乐舞之声容条理。

第十四条　祠祭司所掌事务如左：

一、恭办南郊典礼事项。二、恭办祈谷典礼事项。三、恭办雩祭典礼事项。四、恭办北郊典礼事项。五、恭办升配典礼事项。六、恭办太庙典礼事项。七、恭办升祔典礼事项。八、恭办陵寝祭飨典礼事项。九、恭办社稷坛典礼事项。十、恭办日月坛典礼事项。十一、恭办帝王庙典礼事项。十二、恭办先师庙典礼事项。十三、恭办传心殿典礼事项。十四、恭办先农坛典礼事项。十五、恭办先蚕坛典礼事项。十六、恭办天神坛、地祇坛典礼事项。十七、恭办太岁殿典礼事项。十八、恭办大事典礼事项。十九、关于群祀典礼事项。二十、典守坛、庙、陵寝事项。

第十五条　祠祭司除右列各项职掌外，附置神乐署，掌祠祭乐章佾舞之声容条理。

第十六条　精膳司所掌事务如左：稽核右列各项典礼所应用之酒醴牲牢庶馐

等品汇名数事项。

第十七条　精膳司附置大官、珍馐、良酝、良醢四署，掌供给上项品物。

第十八条　将作司所掌事务如左：

一、恭办宫殿工程陈设事项。二、恭办庆典庶务事项。三、恭办卤簿大驾事项。四、恭办尚乘轿太监各帽及套垫绳绊事项。五、恭办采仗事项（以上五项拟归并内务府办理）。六、恭办驾衣彩绸棕毯事项。七、恭办恭送玉牒行驾彩棚事项。八、恭办坛、庙工程祭器陈设事项。九、恭办山陵工程树株祭祀陈设事项。十、恭办堂子祭祀应用器物事项。十一、恭办恭理庶务事项。十二、恭办吉安所事项（以上二项拟归并内务府办理）。十三、恭办行取琉璃瓦料事项。十四、恭办供应薪炭冰块事项。十五、恭办制造入祀牌位事项。

第十九条　典礼院设职员如左：

三品学士（原设太常寺卿、光禄寺卿以三品学士用），四品学士（原设太常寺少卿、鸿胪寺卿以四品学士用），五品学士（原设光禄寺少卿、鸿胪寺少卿以五品学士用），郎中、员外郎、主事（原设拔贡七品小京官及太常寺寺丞，均以主事用），署正、署丞、典簿（原设博士司库、司务、主簿、笔帖式等官，均以典簿用），读祝官、赞礼郎、鸣赞、序班、协律郎、司乐、坛庙各官、陵寝各官。

第二十条　典礼院三四五品学士各二人，承尚书、侍郎之命，分领秘书厅暨议礼厅事务，遇举行各项典礼时，随同尚书、侍郎敬谨襄事。

第二十一条　郎中每司一人，承尚书、侍郎之命，总核本司事务。

第二十二条　员外郎、主事承尚书、侍郎之命，分任两厅及各司事务。

第二十三条　署正承尚书、侍郎之命，分核和声、神乐、大官、珍馐、良酝、良醢等署事务。

第二十四条　署丞承尚书、侍郎之命，助理以上各署事务。

第二十五条　典簿承尚书、侍郎之命，分隶厅司，料理庶务，兼缮写各项文件。

第二十六条　读祝官隶祠祭司，掌读祝事宜。

第二十七条　赞礼郎、鸣赞、序班，分隶仪制、祠祭两司，掌引导传赞叙列事宜。

第二十八条　协律郎、司乐分隶和声、神乐两署，掌乐舞事宜。

第二十九条　坛庙、陵寝各官承尚书、侍郎之命,掌典守之事。

第三十条　典礼院员外郎以下各员之额缺,由本院尚书会同左右侍郎,酌量事务繁简,核议具奏,请旨裁定。

第三十一条　典礼院各职员简补铨选方法,悉依旧制行之。

以上各条有应行增删修改之处,由典礼院尚书核议具奏,请旨裁定。

集贤院官制草案（先列说帖今不设）

谨按大学士为宰相带职始于唐,如崔圆之集贤院,大学士杜审权之宏文院,大学士皆主典藏书籍,撰修国史,其下皆有直学士校理等职。宋沿唐制,设昭文馆、观文殿、资政殿,大学士品望清峻,非曾任执政者弗除。又置天章、龙图、宝文等十阁学士待制、直阁等职,以一阁主管一帝文翰,皆妙选行义文学之士,高者备顾问,次者与论议备校雠,而不预外司公事。盖宰相而外,必有勋旧重臣、名儒硕彦参议机务,翼赞宸谟,自昔为臣寮之华选,特未设专署耳。日本于明治二十一年立枢密院,班在内阁之上,此院为君主谘询要政之所,地位虽极崇高,而无干预政府之权,无命令人民之权。至顾问大臣及顾问官之资格,须年在四十以上,练达国务,由君主特简者,或各大臣暂不居位而充顾问者（伊藤博文曾居是职）。兹用唐代集贤院之名（唐至德初于集贤院置大学士,永泰时勋臣罢节钺,无职掌,皆待制于集贤门）,采日本枢密院之意,特设集贤院,专备谘询要政,以崇体制。至旧设之内阁衙门所有职掌,其关涉行政事宜及中书科所掌诰敕事项,均分归新设之内阁及行政各衙门办理。其关涉典礼之事,应专归典礼院办理。其关涉司法之事,应专归法部办理。所余职务甚简,拟即并入集贤院,以专责成,恭候钧裁。

第一条　集贤院为承旨顾问之地,专备特旨垂询要政,妥议复奏。

第二条　集贤院掌院大臣一人,以世爵大学士为相当官,掌理本院事务。

第三条　集贤院左右副大臣各一人,以一品大员为相当官,协同大臣管理本院事务。

第四条　顾问大臣无定额,以一二品大员为相当官,赞助大臣襄理院务。

第五条　集贤院大臣、副大臣、顾问大臣于立法行政事宜,均得承旨讨论复奏,但无直接施行之责。

第六条　集贤院大臣、副大臣、顾问大臣承旨垂询要政时，应会集本院应议人员，于本院公同筹议。

第七条　集贤院学士兼侍郎衔，无定员，遇本院会议要政时，均列席与议。

第八条　集贤院置顾问官，无定员，以三四五品京堂为相当官，遇承旨垂询要政时，均随同参议，并调查事件，撰拟草稿。

第九条　集贤院议决事件，由大臣、副大臣、顾问大臣联衔具奏。

第十条　集贤院除奉旨垂询事件外，不得受臣民条陈及一切呈禀。

第十一条　集贤院设崇政厅，掌事务如左：

一、机密事项。二、集贤院恭掌四库图籍一切检阅收藏抖晾事项，会同内务府、翰林院办理。三、本院各职员进退升转，及他项事故之註册存案事项。四、编纂档册，收发文书事项。五、典守院印事项。六、提调会议时一切预备布置事项。七、管理本院出入经费及一切预算、决算事项。八、稽核本院报销事项。九、管理本院杂项事件，并经理本院公置图籍财产及什物事项。

第十二条　集贤院置职员如左：

崇政厅丞二人（以三四品官为之，请简），一二三等书记官（以五六七品官为之，奏补），录事（以八九品官为之，委用）。

第十三条　崇政厅丞承大臣、副大臣之命，总核崇政厅事务，遇本院会议时，随同参议。

第十四条　一二三等书记官，承大臣及副大臣之命，助理崇政厅事务。

第十五条　一二三等书记官，遇本院会议时，均得由大臣及副大臣点派，旁听记录论政各词，并得呈递说帖。

第十六条　录事承上官之命，缮写文件，料理庶务。

第十七条　集贤院会议及办事章程，由大臣副大臣会同顾问大臣公议酌定。

第十八条　集贤院自大臣以下书记官以上各员，均得自请游历外国外省或请假暂行回籍，一律免扣资俸。

第十九条　集贤院三品以上各官，遇有行政、司法各衙门相当缺出，恭候特简。

第二十条　集贤院四五品各官，有才堪外用者，候旨简放。

第二十一条　集贤院大臣以下，仍可兼充各项馆阁差事及各项散差。其书记官可由阁部各衙门调用（谨按旧制，大学士向兼充文渊阁领阁事，学士兼充文渊阁直阁事，此外并兼充各项馆阁差事，今拟仍照旧兼充）。

第二十二条　集贤院五品以下各官，有愿就外职者，均可呈请改用，实缺人员照本官加一阶以外官用，额外候补人员各以对品外官用，所有应行分发人员，均优列尽先班次。

第二十三条　集贤院大臣以次各官，除照原官俸禄支放外，仍一律优给津贴。

资政院官制草案（先列说帖，待设）

谨按资政院设立之意，即为将来立宪预备。恭绎谕旨，大权统于朝廷，庶政公诸舆论，仁至义尽，中外同钦。惟舆论贤否不齐，究以何者为标准，采取舆论之法，究以何者为枢机，此各国所以有议院选举法，为国民代表也。吾国三代时，国民议政之事最多。如盘庚之诰，告有众咸造王庭。周礼小司寇致万民于外朝，而询国危国迁之类。至两汉以后，大意寖亡，虽廷臣会议有议郎博士等微员参与其间，而庶民不与焉。西国当吾东周初年，已开民会，事必经民会议定始行。近世文明日进，议院林立，与周书谋人之意符合。日本仿之，明治二年设集议院，凡上有所创，必付议院行，下有所陈，亦由议院达，以故君民一体，上下同心，有战事则人尽当兵，有巨费则人愿加税，富强之故，有由来也。中国此时程度诚不能早设议院，但谕旨明示预备立宪，则必采择多数国民之舆论，以宣上德而通下情，若仍用保举征辟之法，与原设政务处无异，即与谕旨公诸舆论之意不符。且国民义务以纳税为一大宗，现在财政艰难，举行新政，何一不资民力，若无疏通舆论之地，则抗粮闹捐之风何自而绝，营业税、所得税等法必不能行。日本明治元年，岁入银三千三百八万余元，至明治三十年，岁入已二万三千八百七十余万元，三十年中增加七八倍，而民不怨。中国岁入银八千余万两，一言加税，阻力横生，对镜参观，其故安在①，此不能不采舆论者一也。

现拟官制，内阁设总理大臣一人，左右副大臣各一人，言官交章弹奏，多以政府权重为词。不知东西各国内阁只总理大臣一人，从无专权之事，因有议院持

---

① "安在"之"在"不清晰，以文意当为此字。

其后，舆论所是者，政府不得非之，舆论所非者，政府不得尽是之。不得已而解散议院，惟君主大权可行，虽政府无权焉。所以尊君权而抑相权，有互相维持之妙用，安有前明阁臣自作威福之事乎。此不能不采舆论者一也。

近日民智渐开，收回路矿之公电，告讦督抚之公呈，纷纷不绝。若听其漫无归宿，致人人有建言之权，时阅数年，政府将应接不暇。惟专设一舆论总汇之地，非经由资政院者不得上闻，则资政院以百数十人为四万万人之代表，通国之欲言于政府者，移而归诸资政院，化散为整，化嚣为静，又限制该院只有建言之权，而无强政府施行之力。使资政院当舆论之冲，政府得安行其政策，而民气疏达亦不致横决难收，保全甚大。此舆论之不能不归于资政院者又一也。

仰承谕旨，俯察人情，谨拟资政院制并陈管见，伏乞钧定。

资政院以政务处改设。

第一条　资政院遴选京外才智之士，采取舆论，以通达下情，条陈治理，为立宪预备。

第二条　资政院总裁一人，即为本院议长，以王公大臣著有勋劳通达政体者，由特旨简放。

第三条　资政院副总裁二人，即为本院副议长，以曾任尚书、侍郎、督抚及出使大臣著有才望有识者，由特旨简放。

第四条　资政院参议员以钦选、会推、保荐之法定之，共合一百三十人。其分类如左：

一、王公世爵勋裔之已满三十五岁者，钦选十人。二、京员已满三十岁者，会推五十四人。三、各省官绅士商已满三十岁者，由督抚保荐六十六人。

第五条　除上条所定员数外，其有勋德闻望之绅者，或富商报效巨款至五万金以上者，均得奉特旨钦派，为额外参议员。

第六条　王公世爵待选之法，由宗人府、内阁查明合格之人，缮具全单，奏请钦选。

第七条　京员会推之法，由各该衙门查明合格人员，造册咨送本院，由总裁、副总裁刊印名册，并选举票，先期知会本人，令各书所推一人，钤印封送本院投匦，定期公开，并咨请集贤院大臣监视。

第八条　督抚保荐之法，由下开各项处所先行公举，以被推人数最多者定之，并将得举票数榜示。

一、学务公所及教育会。二、商会。三、地方自治各局所。

第九条　下开各项俱不得为本院参议员：

一、陆海军人员及军人。二、司法各官。三、巡警各官。四、收税各官。五、审计官，六、行政裁判官。七、学堂肄业之学生。八、小学堂教员。九、管理选举事务各员。

第十条　督抚保荐之参议员，奉天、吉林、直隶、山东、山西、河南、陕西、甘肃、新疆、四川、湖北、湖南、安徽、江苏、江西、浙江、福建、广东、广西、云南、贵州等二十二省合成六十六人。应视各省人数之多少，程度之高下，由总裁、副总裁会同民政部指定每省应保几人，先期电知办理。

第十一条　每年正月二十日至四月二十日为开院之期，由总裁、副总裁请旨特派亲贵大臣到院行开院式，宣布应议事宜。

第十二条　资政院应议事件开列于左：

一、奉旨饬议事项。二、新定法律事项。三、岁出入之预算事项。四、税法及公债事项。五、人民陈请事项。

第十三条　前条人民陈请事项，苟有学务公所及教育会、商会、地方自治各局所介绍所代陈者，本院不得拒绝，若未经此等处所介绍者，本院不得不酌量批驳。

第十四条　资政院所陈事件，由总裁、副总裁咨送内阁，请旨施行，若内阁总理大臣以为不可行，须临本院或派员陈明己见，本院不得强政府施行。

第十五条　资政院于政治得失关系重要事件，经本院议定后，总裁、副总裁得联衔封奏，并得请旨入对。

第十六条　资政院会议事件，如由内阁交议者，应会同内阁总理大臣、左右副大臣联衔具奏。

第十七条　资政院会议分通常、临时二种。通常会议之期日，于一个月前文电通知并刊布官报。临时会议之期日，临时文电通知并刊布官报。

第十八条　资政院非全院人员三分之二以上列席，不得开议。

第十九条　资政院开议时，由总裁、副总裁咨请民政部选派巡长、巡警，听候议长指挥。

第二十条　总裁有事故时，副总裁代理之。

第二十一条　资政院开议时，参议员中有违背规则扰乱秩序者，议长有戒饬禁止之权，违者扶出院外。

第二十二条　资政院开议时，如全院有扰乱秩序情形，议长得饬令暂行停议。

第二十三条　资政院各员于议事范围外，不得语涉侵侮，及攻发阴私，如有以上等情，被辱之员得呈请议长惩处，不得私相报复。

第二十四条　遇有上项惩处时，本院得于参议员中选派一临时审查员，定惩处之法，由议长决之。其惩处事项如左：

一、语言谴责。二、饬该员当场谢过。三、停止列席若干日。四、黜退资政院。黜退者须以全院三分之二以上人数决之。

第二十五条　遇有上项黜退时，如为王公世爵勋裔等人，应请旨办理。

第二十六条　资政院参议员如原有专折奏事之权，于本院现行开议之事不得陈请。

第二十七条　资政院有特行提议事件，非有参议员三十人以上同意者，不得开议。

第二十八条　资政院会议之事，以参议员过半人数同意定之，若可否同数，则由议长定之。

第二十九条　资政院用抽签法，分参议员为数科，每科置科长一人，由科员中公推。其科目，由总裁、副总裁定之。

第三十条　资政院有调查事件时，可特设调查科员调查其事，事讫呈报总裁、副总裁。

第三十一条　内阁交议事件，不经调查科之调查，不得议决。但事务紧急时，不在此例。

第三十二条　由内阁交议预算事件，本院应选派调查科员，于一个月内调查明确方得开议。

第三十三条　资政院遇特派调查科员时，应咨明内阁政务大臣查照。

第三十四条　资政院议定事件，由总裁、副总裁咨明内阁，若经内阁驳令再议时，得重行开议，但以三次往复为止。

第三十五条　资政院参议员得三十人以上同意，呈递说帖，经总裁、副总裁咨商内阁候复。

第三十六条　资政院于第十三条陈请事件公议许可时，应呈递说帖，咨送内阁候复。

第三十七条　凡关涉司法及行政审判之陈请事件，资政院不得收受。

第三十八条　资政院议事日记，由总裁、副总裁咨送内阁政务大臣查照。

第三十九条　资政院于开院期内，除内阁政务大臣外，不得与他种衙门文书往复。

第四十条　资政院不得向人民发贴告示及传唤人民。

第四十一条　资政院参议员除现犯罪案外，当开院时期，苟未经总裁、副总裁许可者，不得逮捕。

第四十二条　资政院参议员公务上之言论行为，他人不得加以诽毁侮辱，或嘱托迫胁。如有以上等情，该员得据实呈控，其规条另于厘定各项法律时定之。

第四十三条　资政院应设院正、院副各一人，常川住院，监督秘书厅事务。由参议员公推正副各三人，呈由总裁、副总裁开单请旨简派。

第四十四条　资政院置秘书厅，应设书记官长一人，书记官数人，承总裁、副总裁之命，编纂议事日记及各种文件，兼理会计、庶务。

第四十五条　资政院书记官长为请简官，书记官为奏补官。

第四十六条　资政院人员以二年为一任，任满时奏请钦选，并举行公推保荐。其任满仍被推荐者仍得连任，惟连任以二次为限。

第四十七条　资政院人员遇有被检举不合资格时，由总裁、副总裁选派调查科员查明议决。

第四十八条　资政院参议员请假不得逾十日，如逾十日者必经总裁、副总裁许可，惟不得请长假。

第四十九条　资政院参议员非确有正事，先期呈明总裁、副总裁核定者，不得临时托故不到。

第五十条　资政院参议员以外，不经总裁、副总裁特许者，不得入座旁听。

第五十一条　资政院秘书厅办事章程，由总裁、副总裁自定之。

第五十二条　资政院制，视人民进步之迟速，每年开院前变通增减，奏请施行。

审计院官制草案（先列说帖，后附职官表，待设）

　　谨按立宪各国支用经费之权，操于内阁政务大臣，但其权过大，恐有滥用之弊，不得不有以限制之。财政部大臣者，具管理财政之全权者也。故内阁政务大臣之支用经费，必得财政部大臣承认而后可。然财政部大臣只为财政上之行政监督，而其立法、司法之监督，尚须有他种机关以任之。此议院与会计检查院所以缺一不可也。盖立宪各国无不有预算、决算，经费未支之时，用预算，经费已支之后，用决算。预算者定岁出之多寡，决算者判决岁出之当否，有预算而无决算，则预算亦成具文。立宪各国以预算之权付于议院，即为财政上之立法监督，以决算之权付于会计检查院，即为财政上之司法监督。该院职任，在以决算之成绩上奏于朝廷，凡各大臣各官署之用财非法者，该院均有权以干涉之，且每岁必派员检查出入账目及其凭单，实行判决，合则予以核准执照，否则告于其长官而请惩治焉，其甚者，得以奏达于朝廷，报告于议院。日本明治二十二年始颁布宪法，而明治十三年已许会计检查院为独立衙门，然则预备立宪之时，不可无此项独立衙门明矣。惟吾国现在情形，欲立此项衙门，有先应清厘者数事：一须画一币制，先定本位，使银钱之价各相附丽，市侩不得操涨落之权，各省银圆不得省自为界，币制既不参差，会计乃有标准。一须画一平色，将库京湘漕等平，化宝松江等色种种名目，一扫而空之，广收银块改铸银元，颁定官用度量权衡，乃无纠葛不清之弊。一须大加廉俸，廉俸足用，则平余陋规种种名目方可禁绝，各署用款乃可责其实报实销。一须设国立银行，使国家操发用纸币之权，通一国之盈虚而消息之，各衙门款项于银行存之，官之领俸者于银行取之，抑勒折扣之风，不禁自绝。一须定会计法，日本会计法及会计规则都百数十条，细密如牛毛茧丝，层层控制，凡各项凭单票据，皆须存根，全国之物价商情，皆须登记。以上数者，皆检查以前之预备也。若如今日之各处报销，无一实账，省请部驳，责令自筹，则此院实无办法。今将各国会计检查院之用意，宋时审计司之名，拟审计院制，应请旨先派深通计学之大臣为审计院正使，会同财政部尚书，逐渐清厘，妥为预备，俟有头绪，再行选任审计官，实行审计院制，先后之序理宜如此，敬请钧核。

第一条　审计院掌检查京外各衙门出入款项之报销，核定虚实。

第二条　审计院置正使一人，副使一人，掌签事六人，签事三十六人，别置一二三等书记官、录事各若干人属焉。

第三条　审计院正使总理本院事务，为全院之长官，遇有本院重要事件，可随时会同副使具奏，并得自请入对。

第四条　审计院副使赞助正使整理院务，监督本院各员。

第五条　审计院正使遇有事故，以本院副使代理。

第六条　审计院于本院与京外各衙门有关涉事件，可分别咨行箚饬办理。

第七条　审计院分设六司如左：第一司，第二司，第三司，第四司，第五司，第六司。

第八条　第一司掌拟办奏咨稿件，各项章程表式，并收发文电、经理收支等事项。

第九条　第二司掌检查陆海军部所管理用款报销。

第十条　第三司掌检查民政部、学部、农工商部所管理用款报销。

第十一条　第四司掌检查财政部、法部、吏部所管用款报销。

第十二条　第五司掌检查外务部、交通部、理藩部所管用款报销。

第十三条　第六司掌检查内阁及各院用款报销。

第十四条　审计院掌签事掌理本司检查事务。

第十五条　审计院签事分任各司检查事务。

第十六条　审计院应行检查者如左：

一、奉特旨饬查之报销。二、财政部汇送之内阁各部院所管报销。三、官民呈控不实之报销。

第十七条　审计院于各项报销之准驳，以会议定之。

第十八条　审计院会议分为二种：曰院会议，曰司会议。院会议以正使为议长，副使为副议长。司会议以本司掌签事为议长。凡议事可否，以多数决之，如可否人数相同，则由议长决定。

第十九条　左开各项，须以院会议决之：

一、本院具奏复奏事件。二、厘订检查章程，颁行报销款式，及咨查事件。三、此外由审计院正使发院会议之事件。

第二十条　审计院应将本年检查之成绩，于年终汇奏一次。

第二十一条　审计院于各项报销查无不合者，应出具核准执照，发给各该衙门收支官收执。

第二十二条　审计院于各项报销查有遗漏、重复、谬误及其余可疑情节者，应酌定期限，咨行各该衙门，转饬收支官分别查明更正，并将账目单据移送备核。其情节较重者，并得奏派本院签事澈底检查。

第二十三条　审计院于各该衙门收支官所查复更正各节，仍见有不实不尽之处，或于澈底检查后，得有诈伪确据者，应将各该收支官分别轻重奏咨惩处。

第二十四条　审计院签事以上各官，均不得兼任他项官职，亦不得为资政院参议员。

第二十五条　审计院掌签事、签事以在任十年为俸满，方准迁除他衙门官职。在任期内卓著成绩者，由正使出具考语，奏请加衔加俸，以资鼓励。

第二十六条　审计院签事以上各官，非犯刑法及处分则例者，不得罢黜。其处分则例另定之（按审计各官职司查核款项，易招嫌怨，本条所拟，系在久于其任，不至任意调动，俾得尽心职守，无所顾忌）。

第二十七条　审计院一二三等书记官，承正使、副使之命，料理本院庶务，兼助理第一司事务。

第二十八条　审计院录事分隶各司，承上官之命，缮写文件，料理庶务。

第二十九条　审计院办事章程，由院使酌拟后，奏请钦定。审计院官制，应俟钦简本院正使，会同财政部尚书、侍郎筹议画一币制，设立国家银行，并会同修律大臣妥订会计法，咨送阁议，奉旨裁定后，由该正使奏请钦定施行日期。

审计院职官表：

正使，从一品，特简。

副使，正三品，特简。

掌签事，正四品，请简。

签事，正五品，请简。

一等书记官，从五品，奏补。

二等书记官，从六品，奏补。

三等书记官，从七品，奏补。

录事，八九品，委用。

行政裁判院官制草案（先列说帖，后附职官表，今不设）

谨按唐有知献纳使，所以申天下之冤滞，达万人之情状，与御使台并列。今各国有行政裁判院，凡行政各官之办理违法，致民人身受损害者，该院得受其呈控而裁判其曲直。英、美、比等国以司法裁判官兼行政裁判之事，其弊在于隔膜。意、法等国则以行政衙门自行裁判，其弊在于专断。惟德、奥、日本等国，特设行政裁判衙门，既无以司法权侵害行政权之虞，又免行政官独断独行之弊，最为良法美意。今采用德、奥、日本之制，特设此院，明定权限，用以尊国法防吏蠹，似于国家整饬纪纲、勤恤民隐之至意，不无俾益。是否有当，仍请钧裁。

第一条　行政裁判院掌裁判行政各官员办理违法，致被控诉事件。

第二条　行政裁判院置正使一人，副使一人，掌签事三人，签事十二人。别置一二三等书记官、录事各若干人属焉。

第三条　正使总理本院事务，为全院之长官，遇有本院重要事件，可随时会同副使具奏，并得自请入对。

第四条　副使赞助正使整理院务，监督本院各员。

第五条　行政裁判院正使遇有事故，以本院副使代行。

第六条　掌签事掌理行政裁判事务。

第七条　签事同理行政裁判事务。

第八条　行政裁判院于本院与京外各衙门有关涉事件，可分别咨行箚饬办理。

第九条　行政裁判院应行裁判之事件如左：

一、奉特旨饬交裁判之事件。二、关于征纳租税及各项公费之事件。三、关于水利及土木之事件。四、关于区画官民田地之事件。五、关于准驳营业之事件。

第十条　凡呈控事件关系阁部院及各省将军督抚暨钦差官者，准其径赴行政裁判院控诉，此外必须先赴各该行政长官衙门申诉，如不得直，可挨次上控以至行政裁判院，不许越诉。

第十一条　行政裁判院不得受理刑事民事诉讼。

第十二条　行政裁判院裁判事件，以会议决之。会议时，以正使为议长，副使为副议长。凡议事可否，以多数决之，如可否人数相同，则由议长决定。

第十三条　凡裁判事件之涉于细故者，由本院会议判结，并按月汇奏一次。其涉于行政官员枉法营私者，一经审查确实，由正副使联衔奏参，请旨惩处。

第十四条　行政裁判院签事以上各官，于裁判事件，应行迴避者如左：

一、事涉本身及亲属例应迴避者。二、事为该员所曾经预闻者。三、事为该员原任行政官时所曾经办理者。签事以上各官，遇裁判案件在上三项情节者，原被告均得具呈声明，请其迴避。

第十五条　行政裁判院判决事件，原告及被告人不得再求复审。

第十六条　行政裁判院签事以上各官，均不得兼任他项官职，亦不得为资政院参议员。

第十七条　行政裁判院掌签事、签事，以在任十年为俸满，方准迁除他衙门官职。在任期内卓著成绩者，由正使出具考语，奏请加衔加俸，以资鼓励。

第十八条　行政裁判院签事以上各官，非犯刑法及处分则例者，不得罢黜。其处分则例另定之。

第十九条　行政裁判院一二三等书记官，承正使、副使之命，料理本院庶务。

第二十条　行政裁判院录事承上官之命，缮写文件，料理庶务。

第二十一条　行政裁判院办事章程，由正使拟定后，请旨裁定。行政裁判院官制，应俟钦简本院正使会同修律大臣妥订行政裁判法咨送阁议，奉旨裁定后，再由该正使奏请钦定施行日期。

行政裁判院职官表：

正使，从一品，特简。

副使，正三品，特简。

掌签事，正四品，请简。

签事，正五品，奏补。

一等书记官，从五品，奏补。

二等书记官，从六品，奏补。

三等书记官，从七品，奏补。

录事，八九品，委用。

大理院官制草案（先列说帖，后附职官表，今以大理寺改）

谨按司法衙门官名，宜与行政各官稍有区别，以示司法特立之意。续通典大理寺丞唐置六人分判寺事，宋置推丞四人，断丞六人。推丞之称，义取推鞫，唐宋明裁判官均称推官。通典唐无州府之名而有采访使，采访使有推官一人，推鞫狱讼。明史职官志各府推官一人，理刑名赞计典。是推丞推官，正古来裁判官之专称，今用为本院官名，似尚允洽。至本院签察官，系专为搜查案证并调度司法警察而设，兼承法部尚书之命监督审判，其性质与裁判官略异，而与前代廷尉司直、大理司直职掌相似。通典后魏置司十人，视五品，隶廷尉，北齐改廷尉为大理，而司直仍旧制。唐制大理寺司直六人，掌承旨出使推复，寺有疑狱则参议之，所谓出使推复者，正查搜案证之意，所谓参议疑狱者，正监督审判之意。今拟师立宪各国签事之制，用前代司直之名，于本院附设司直厅，置总司直、司直等官，掌签查事务，以与本院裁判相副而行。另拟大理院职官表，是否有当，仍请钧裁。

第一条　大理院设于京师，为全国最高之审判院。

第二条　大理院掌平反重辟，审判不服直省高等审判厅所定拟者之上控，复核直省审判厅所拟大辟案件，并会同宗人府审判该衙门所管重罪案件。

第三条　大理院大理卿一人（秩正二品），总核全院事务，调度刑科、民科审判官及一二三等书记官以下各员。

第四条　大理院分设刑科、民科，各置审判官，分任审判事务。

第五条　大理院刑科置审判官如左：推丞一人（秩正四品，请简），推官十四人（秩正五品奏补）。

第六条　大理院民科置审判官如左：推丞一人（秩正四品请简），推官十人（秩正五品，奏补）。

第七条　推丞分掌各科事务，并监督各推官。

第八条　推官承大理卿之命，分理刑科、民科事务，但得酌量事务之繁简，彼此更调。

第九条　大理卿遇有事故时，以刑科推丞代理。

第十条　刑科、民科推丞有事故时，以各该科资深之推官代理。

第十一条　大理院附设司直厅，置检查官如左：总司直一人（秩正三品，请简），司直四人（秩正五品，奏补）。

第十二条　总司直承法部尚书之命，监督审判，调查案证，并调度司法警察官及司法警察。

第十三条　司直佐总司直分任检察事务。

第十四条　大理院置一等书记官一人（秩从五品，奏补），承大理卿及总司直之命，调度二三等书记官及录事。

第十五条　大理院置二三等书记官及录事若干人，分隶两科及司直厅，录供编案，办理文牍，料理庶务。

第十六条　刑科、民科推丞、总司直，俱由法部尚书会商大理卿开单请简。

第十七条　推官及司直、一二三书记官，由法部尚书会同大理卿奏补，录事由大理卿委用。

第十八条　大理院审判官、检察官，均须以深通法律、历练审判之员，分别请简补用。

第十九条　大理院审判，依合议之法，其详章以法院编制法定之。

大理院职官表：

大理卿，正二品，特简。

刑科推丞，正四品，请简。

民科推丞，正四品，请简。

刑科推官，正五品，奏补。

民科推官，正五品，奏补。

总司直，正三品，请简。

司直，正五品，奏补。

一等书记官，从五品，奏补。

二等书记官，从六品，奏补。

三等书记官，从七品，奏补。

录事，八九品，委用。

军谘府官制草案（先列说帖，后附职官表，待设，暂归陆军部办理）

按周官大司马掌九伐，即当今各国参谋部之职。唐之诸道元帅府，五季宋之枢密院，金之都元帅府，皆与兵部分置，专掌兵事。今各国如日、德，皆以国君统元帅之任，诚以兵马大权宜总之于上。今拟设军谘大臣，即仿唐诸道元帅、宋都元帅用舒王、梁王之意，宜请简宗亲重臣为之。我朝咸丰、同治年间，畿甸征剿粤捻各匪，皆以惠亲王、恭亲王统督诸军，此近事之可证者。又军谘副大臣主赞助大臣指挥军事，职任亦重，拟不限正副都统，皆得简用，既如唐之诸道副元帅则为郭子仪、李光弼、李晟、浑瑊诸人，金之左右副元帅则为完颜昌、完颜希尹诸人，皆以勋望居之。此副大臣选择宜慎阶级，宜崇之证也。

军谘府（练兵处军令司并入本府）

第一条　军谘府为上承诏命，襄赞军谟之地，凡经武要略之政，皆汇焉。

第二条　军谘府设军谘大臣一人，恭候特简，掌赞画全国军务，为全府之长官。

第三条　军谘大臣，凡军事之计画、命令，均由其奏拟，随时入对，请旨饬下陆海军大臣或督兵大臣办理。其有应商之内阁及陆海军部者，亦准请开阁议，与总理大臣、左右副大臣及陆海军部大臣会同入对。

第四条　军谘大臣统辖陆海军各参谋官，监察军事教育，凡陆军大学堂、测绘学堂及使馆武随员等皆隶之。

第五条　军谘大臣掌考核各军队成绩，并承旨调遣全国陆海军队，及订立行军条规各事。于在京各衙门及各将军督抚关涉事件，可随时咨行办理。

第六条　军谘府设军谘副大臣一人，恭候特简，赞助军谘大臣整理全府事务，考核属员功过。

第七条　军谘府分设五司，其目如左：第一司，第二司，第三司，第四司，第五司。

第八条　第一司（以军令司运筹科所管各事归并改设），掌拟发文电，拟办奏咨、批檄、章程各项稿件，管理庶务及本府出入款项。第二司（以军令司运筹科改设），掌筹度戎机，考核军队实在成绩事项。第三司（以军令司测绘科向导科改设），掌测绘地图，考核方舆险要形势，及兵路运道事项。第四司（以军令司储材科改设），掌遴储上等军官及参谋官任用事项。第五司，掌采访（講）〔购〕置军用图册画器，及经理文库事项。

第九条　每司设司丞一员掌理司务。

第十条　每司分设各科，每科设科长一员，办理科务。并于第一司设秘书官、副官、会计官、书记官，第三司设艺师、艺士，第五司设司库官。每科酌设一二三等科员，襄理科务，每科分设各股，酌用一二等股员，以资分理。各司科均设录事以供缮写。

第十一条　各司司丞，由军谘大臣、军谘副大臣酌择相当人员三人，开单请简。

第十二条　各科科长，第一司之秘书官、副官、书记官、会计官，第三司之艺师，由军谘大臣、军谘副大臣酌拟相当人员，带领引见，请旨补授。

第十三条　各股一二等股员，与第三司所设艺士、各司科录事，均由本府箚补。

第十四条　军谘府请简、奏补、箚补各员，有应行惩处或罢斥者，由本府大臣商同副大臣定议后，分别奏咨参撤。

第十五条　军谘府司科各员，应全用陆海军出身之人。惟创设伊始，择材为难，暂准以京外文武人员择其于本府事体相宜者，酌量借补，俟数年后人材敷用，仍专用陆海军出身人员。

第十六条　军谘府司科各员廉俸，由本府酌拟奏定。

第十七条　军谘府应需经费，由本府于每年九月预估，奏请饬下财政部照拨。

第十八条　军谘府详细条例，应俟奉特旨简定军谘大臣后，由该大臣另行酌议奏明办理。

军谘府职官表：

军谘府大臣（以亲、郡王、贝勒、贝子、公、陆军正都统充）。

副大臣（以陆军正、副都统充）。

第一、五司司丞（以正参领及军用文官充）。

第二、三、四司司丞（以正协都统、正参领充）。

各科科长（以正、副参领充）

第一司秘书官（以军用文官充）。

副官（以副协参领充）。

书记官（以军用文官充）。

会计官（以军用文官充）。

各科一等科员（以副协参领充，第一司、第五司，亦准以军用文官充）。

二等科员（以协参领、正军校充，第一司、第五司，亦准以军用文官充）。

三等科员（以正军校充，第一司、第五司，亦准以军用文官充）。

艺师。

各股一等股员（以副军校充）。

各股二等股员（以协军校充）。

艺士。

录事。

都察院官制草案（先列说帖，后附职官表）

谨按此次厘定官制要旨，在就行政、司法各官酌议变改，以为立宪预备。所有内阁部院官制，业经陆续拟呈，粗有端绪，惟都察院未经议及，似于厘定要旨尚欠吻合。查都察院掌纠察官邪，条陈治理，匡正之力可及于朝廷，弹劾之权不慑于逵贵，特立行政各官之外，而有监督行政之权。汉唐以来，悉重此职，实中国制度之特色，亦为各国所交称，风宪所关，无可裁并。惟揆度事理，有不能不变通者数事。现拟各部院官制，长官不过一缺，次官不过二缺，均不分满汉，惟才是任。若都察院仍沿旧制，不特与现拟官制相歧，实于圣训明定责成之意不合。此宜厘定者一。

六科给事中，向主封驳诏书，检阅题本。近封驳久停，题本亦改，给事中职掌，已与御史无殊。且六科之名，本与六部相为附丽，今六部已拟变更，而六科仍存旧目，名实违异，于义未妥。此宜厘定者二。

旧制，都察院除监察行政得失、弹劾官吏外，兼掌伸理冤抑，稽核报销，职务太繁，遂难尽举。今既仿立宪国司法独立之制，凡民、刑案件之裁判，明定等级，各有攸归，设大理院以为最高裁判之机关，设法部以为监督司法之总汇，设行政裁判院以为评定行政诉讼之专官，而又特设审计院以掌检查会计之事，分别部居，不相杂厕，则都察院应专掌监察非违，条陈利弊，原有职掌，自当条分缕晰，重行更定，以免分歧。此宜厘定者三。

以上数端，实与各部院制度互相倚系，变甲仍乙，既有碍于推行，按实定名，必有资于整理。今拟仿各部院通例，都察院设左都御史一人（仍从一品），左副都御史二人（改从二品），均不论满汉，一律通用。并仿国初成例，于副都御史下设签都御史二人（正三品），视各部丞参，以为言官升转之阶。既与各部院设官相等，且使言无沉滞之虞，似与整饬纪纲大有裨益。至科道以下各官额缺应如何增减，职掌应如何分合，以及任用之法、奖叙之方应如何变通尽利，均须详细核议，另订专章，以便与各部院官制相为表里。是否有当，谨请钧示。

第一条　都察院掌稽察京外行政各衙门办事成绩，纠劾非违，条陈得失。

第二条　都察院置左都御史一人，左副都御史二人，签都御史二人，给事中二十人，监察御史三十人，别置都事、经历、典簿、录事各若干人属焉。

第三条　左都御史总司风宪，考核科道，为全院之表率。

第四条　左副都御史协同左都御史整饬风宪，考核科道。

第五条　签都御史赞助左都御史、左副都御史整饬风宪，兼掌稽察内阁衙门办事成绩，并指挥都事以下各员，办理事务如左：

一、本院各职员进退升转，及各项事故之注册、存案等事项。二、编纂、存储并收发各项公文函件事项。三、典守院印事项。四、管理本院出入经费事项。五、稽核本院报销事项。六、管理本院杂项事件，并经理本院公置财产及什物等事项。

第六条　关于前条所列各项事件，有应行陈奏或与各衙门相关涉者，由左都御史会同左副都御史分别奏咨办理。

第七条　给事中掌稽察京朝行政各衙门办事成绩，分十科如左：

一、外务科，掌稽察外务部。二、民政科，掌稽察民政部。三、财政科，掌稽察财政部。四、陆海军科，掌稽察陆军与海军部。五、法科，掌稽察法部。六、学科，掌稽察学部。七、农工商科，掌稽察农工商部。八、交通科，掌稽察交通部。九、理藩科，掌稽察理藩部。十、吏科，掌稽察吏部。

第八条　每科掌印给事中一人，给事中一人，分任本科稽察事务。

第九条　监察御史掌稽察直省行政各衙门办事成绩，分十五道如左：

一、京畿道，掌稽察顺天府及直隶并东三省行政衙门。二、河南道，掌稽察河南省行政衙门。三、江南道，掌稽察江苏、安徽两省行政衙门。四、浙江道，掌稽察浙江省行政衙门。五、山西道，掌稽察山西省行政衙门。六、山东道，掌稽察山东省行政衙门。七、陕西道，掌稽察陕西、新疆、甘肃三省行政衙门。八、湖广道，掌稽察湖北、湖南两省行政衙门。九、江西道，掌稽察江西省行政衙门。十、福建道，掌稽察福建省行政衙门。十一、四川道，掌稽察四川省行政衙门。十二、广东道，掌稽察广东省行政衙门。十三、广西道，掌稽察广西省行政衙门。十四、云南道，掌稽察云南省行政衙门。十五、贵州道，掌稽察贵州省行政衙门。

第十条　每道掌印监察御史一人，监察一人，分任本道稽查事务。但得视事务繁简，由左都御史酌派简道各员助理繁道事务。

第十一条　内阁各部及各省督抚，须按月将本衙门办事成绩开列清册，咨报本院，听候稽核。

第十二条　签都御史及科道各官，就主管稽察事项，遇有咨报稽延或情节可疑者，得呈由左都御史咨行各衙门分别催询。

第十三条　签都御史及科道各官，就主管稽察事项，查有咨报不实或办理失当者，均得据实奏参。

第十四条　左都御史以下监察御史以上各官，于政事阙失民生疾苦应行上达者，均得条陈意见，随时封奏，如系他项官吏或人民呈请代奏者，应由左都御史会同左副都御史具奏。

第十五条　左都御史以下监察御史以上各官，于京外官吏，有认为不职不法者，不论风闻或得有实据，均得封奏弹劾，但事关报销款项及行政诉讼者，于审计院、行政裁判院设立以后，专归各该院办理。

第十六条　左都御史以下监察御史以上各官，于所陈奏事件，均不得摭拾陈言，渎告琐屑。

第十七条　左都御史以下监察御史以上各官，所有会省重狱、复核刑名及受理陈愬冤枉等职掌，于法部设立及法院编制法实施以后，应专归各该衙门办理。

第十八条　科道各官，所有验看、月选，发给官吏赴任文凭，及会办京察大计等职掌，悉仍旧制。

第十九条　左都御史以下监察御史以上各官，遇朝廷举行各项典礼时，所有侍仪、侍班、纠仪等职掌，悉仍旧制。其签都御史职掌视副都御史。

第二十条　经历、都事、典簿各二人，承签都御史之指挥，处理第五条事务。

第二十一条　录事无定员，承上官之命，缮写文件，料理庶务。

都察院职官表：

左都御史，从一品，特简。

左副都御史，从二品，特简。

签都御史，正三品，请简。

给事中，从四品，请简。

监察御史，正五品，请简。

都事，正六品，奏补。

经历，正七品，奏补。

典簿，从七品，奏补。

录事，八九品，委用。

左都御史以下录事以上，均不分满汉，一体任用。签都御史由左都御史会同左副都御史，就科道各官中，不论满汉，选拟相当三人，开单请旨简放。科道各官转补之法，所有新设科缺，即以现在给事中酌量改补。其改补未尽人员，暂不开缺，仍以原官作为各该科人员（如原系户科给事中，即作为财政科给事中，原系礼科给事中，即作为学科给事中，余类推），俟员数减至与现定额缺相符后，再有缺出，即以各道御史酌量升补。其各道缺，现暂仍旧制，遇有缺出，概停传补，俟员数减至与现定额缺相符后，再有缺出，即就其余各道溢额人员内酌量转补。必俟各道员数一律减至与现定额缺相符后，再有缺出，始行传补记名人员。其将来御史考试记名条例，应俟纂定官吏任用条例时另订之。科道各官所有保送截取等条例，悉仍旧制。都事、经历之奏补铨选等事，暂仍旧制。其将来任用之法，应依官吏任用条例行之。典簿现在先尽七品笔帖式改用，录事先尽八九品笔帖式改用，均由左都御史酌量遴选，分别奏补委用。其将来任用之法，均依官吏任用条例行之。

记者①谨按，厘定官制编纂大臣泽公等之意，原拟设立内阁及外务部、民政部、财政部、陆海军部、法部、学部、农工商部、交通部、理藩部、吏部等十一部，并改政务处为资政院，尊礼部为典礼院，而都察院则仍旧贯，又设集贤院、审计院、大理院、行政裁判院及军谘府等，共计十一部七院一府。嗣经总司核定大臣以财政部改为度支部，交通部改为邮传部，而罢设典礼院之议，仍用礼部名目，行政裁判院、集贤院亦经删去，盖视编纂大臣原拟之制，颇已不同。及九月二十日颁发明诏，宣布官制，则内阁之设，亦作罢论，而军机处则仍其旧，各署名称略与总司核定大臣所奏相类，至其次第先后，固已大有移易，自军机处外，为外务部、吏部、民政部、度支部、礼部、学部、陆军部、法部、大理院、农工商部、邮传部、理藩部、都察院，计一处二院十一部。若资政院、审计院则暂不设立，将以待诸他日焉。是编所录官制草案，皆为编纂大臣原拟之稿，故与现制大异，阅者须参考诏令奏议二门，以资对证（再，草案说帖先后不一，谨依原定次序，阅者鉴之）。

《东方杂志》，光绪三十二年临时增刊《宪政初纲》

内阁学士麒德奏请徐图立宪不可轻改官制折

光绪三十二年九月初三日

内阁学士兼礼部侍郎衔奴才宗室麒德跪奏，为敬陈管见，恭折仰祈圣鉴事：

窃奴才恭读本年七月十三日懿旨，朝廷锐意图新，于振兴庶务之时，仍寓范围莫越之意，圣谟深远，钦佩莫名。夫立宪必先预备基础，官制必须次第更张，天语煌煌，本极剀切。乃近日道路之宣传，报纸之腾说，竟有庆贺立宪及紊淆官制之举动，殊与谕旨所云有迥乎不相合者。奴才窃有虑焉，不得不为皇太后、皇

---

① 以下为《东方杂志》编者所做按语，可作参考，故仍附于后。

上陈之。

查各国之宪法，亦犹中国之例章，政策之大端，例章则垂为国典，宪法则出自议员。各国之议员，颇具普通之知识，惟其见理也明，斯其议事也当，故虽权操自下，不至以私害公。中国民智未开，选举无其人，堪膺选举者更无其人，执途人而语之，亦徒见辩言乱政耳。今之轻言立宪者，夫岂真知宪法哉？在上者非阿谀以徇众，即见异而思迁，在下者利于议院速成，置身议员，藉图干预，实有迫胁朝廷以不得不然之势。徒有倡言立宪之人，并无预备立宪之实，万一勉强施行，致令不谙政治之小臣亦得妄干国家之大计，必至横生阻力，太阿倒持。虽欲公诸舆论，而舆论已不能行，将仍统于朝廷，而朝廷亦难收其效，此区区愚忱所为鳃鳃过虑者也。

至于设官分职，原与时为变通，我朝率沿明制，而损益得中，立法不为不善，乃奉行日久，或冗员充斥，或虚设曹司，亟议裁并，讵曰不宜。第中外政法不同，即中外官制亦异。只应就中国旧有之官制悉心分别，孰为当因，孰为当革，初不必尽取外国之名称强为粘合。若事事袭其皮毛，不惟与现行新政裨益毫无，转将旧有之典章概从废弃，甚非计之得也。即或议应新建，而开办之初，经费浩繁，岂能同时并设，惟应急其所当先，缓其所当后，次第举行，方无窒碍。

奴才尤愿皇太后、皇上宸衷独断，屏息浮言，于立宪则慎终于始，必徐觇进止之机，于官制则择善而从，并可泯新旧之见。则天下幸甚，臣民幸甚。

愚昧之见，是否有当，伏乞皇太后、皇上圣鉴。谨奏。

《清末筹备立宪档案史料》，第 452—453 页

刑部郎中陈毅建言亟应保存礼部呈

光绪三十二年九月初三日

具呈刑部山西司郎中陈毅，为时局涣离，亟应保存礼部，以维国本而系人

心，呈请代奏，仰祈圣鉴事：

窃职恭读七月十四日谕旨，令王大臣更定官制，公同编纂，仰见睿怀奋越与民更始之至意。以职樗散，值此明盛，岂胜颂叹。比来侧闻编纂之制已有端倪，凡属骈枝，悉予省并，此在综核名实，道固宜然。惟闻礼部将并入卿寺，更名为典礼院，所掌仅太常、光禄、鸿胪三寺之事，职窃惑焉。而为之说者，其词甚辩，一曰礼部有名无实，不必虚留，二曰各国无礼部，我国何必独设，三曰礼官非以行政，不应设部。虽然法之目，固尽美矣，而法之意，职则以为未尽善也。伏思治平之术，舍礼末由，自积身成家，积家成国，讫积国以成天下，是为大学絜矩之道，是为东西各国宪法之精意，即所谓礼也。夫礼之设职，肇自古初，唐虞曰：秩宗掌天事、地事、人事三礼。周曰：大宗伯掌吉、凶、军、宾、嘉五礼。五礼其目，三礼其纲，其意盖贯注乎君臣民之间，非若近今礼部之仅能司仪文而已，盖礼部而至于仅能司仪文，是礼臣之寖失其官，非礼官之本无所事也。自礼官既失，礼化渐衰，后世遂无有能述礼部所职者，惟宋朱子能知之，故所撰仪礼经传通解一书，范围乎国事、民事者为最广。家有家礼，乡有乡礼，学有学礼，邦国之际，王朝之上，莫不有礼。通古五礼之目，而仍类别为五，所以辨等差至严也，所以画权限至晰也。准诸大学之絜矩，其揆有若何符。定官制于兹，当熟审古今中外情形，取礼纲、礼目之具于历代礼书者，列为司曹，就旧部所有官属而厘正之，而扩充之，而尊宠之。汰彼冗闒，任以鸿硕，而专其责成，斯于明诏尊崇秩序一言，日日可见诸实行，无往不可以仰合，则谓礼部有名而无实者非也。

自来君相之制治，以损益为因革，所贵相师其法之意，不贵徒袭其法之形。中外立国本不同，即据外国而言，美之官不能同于英，日之官不能同于德。今日而泥守旧法，诚顽固矣，然行新法而必泥乎日本，亦不得谓之非顽固。况日本职制，其君民间设官等级之精密，实隐含乎礼意，所异者彼未标礼以为部耳。本无礼部之职，阙之原无伤，既有礼部之名，去之适为害。自中邦以礼立国，礼亡斯国亦必随之俱亡，乌可因日本无礼部专官，并我立国本原而废之，以贻削足适履之诮也。且礼于我国所以为教，犹各国之有宗教也，其性质与学部相近，而实不同，虽各国之设官，文教皆并为一部，然波斯新制文部之外，实特立一教部。我国既以礼教治天下，且值更定官制之际，自当视新变法者而损益之，何必奉各国文教合部为定章，又何必援俄国文部及教院之旧规，而改礼部以为院也。希腊、突厥之战起于两教之竞争，人之保教至出重兵巨饷以相持，而我之礼教乃因一二草茅新进之言，遂弁髦而弃之。以此效列邦，恐转为列邦豪杰所笑，则各国无礼部我不应独设之说非也。

　　子贡欲去告朔之饩羊，孔子曰：我爱其礼。孟子见时臣泄沓，其言曰：上无礼，下无学，贼民兴。方今之时，强邻四环，大局危岌，革命之说腾于士林，哥弟、道友、会匪之徒蔓延于长江流域，所在不少。巨豪大猾及流离失所之士吏，然而不敢比附匪党者，固由刑法足以慑之，实亦礼教所以渐渍而维系之者深耳。时势至此，蔑礼极矣。国家去一礼部不足惜，窃恐海内以为朝廷轻礼，相率以趋于乱，是乃大可惧也。周诸侯去礼籍，遂有战国之祸，晋士大夫弃礼法，遂有五胡之祸，唐藩臣脱略不守礼，遂有五季之祸，衣冠涂炭，人禽混一，言念及此，可为寒心。职本刑曹，原不应越职以言礼，惟思本朝法度刑律，一原于服制，服制者礼也，无礼则刑无所丽，无刑则法无所施。盖立官之初，诸部所司皆以劝事为主，独礼、刑二部所司以齐俗为主，俗为政本，齐俗即所以行政也。欧阳修之言曰：三代而上，朝聘、射饷、师田、学校，下至凡民之事，一出乎礼，是谓治出于一。三代而下，以簿书、讼狱、兵食为急，曰此为政。至于礼乐藏其名物，时出而用之庙朝，曰此为礼，是谓治出于二。治出二斯政礼分，治出一斯政礼合，则持礼官非以行政之说者亦非也。

　　且礼之齐俗，制人于未犯法以前，刑之齐俗，制人于既犯法以后，春秋并职，互相为用，意至深也。今刑部拟更名法部，且将跻于学部之上矣，而礼部转不能自存，揆夫更定官制之初心，毋乃南辕而北其辙。或有曰礼之为部，专掌朝仪等事，更名曰院，正援翰林、都察二院之例以尊贵之，非轻礼也。不知翰林储相之地，都察言责之职，本无官守，故不妨示异于各部，若礼部则非无官守者也。况翰林既为储相，苟得相则权重矣，都察既有言责，苟建言则气伸矣。今礼部若更名为院，又所掌仅朝仪等事，臣民之礼，不复过问，将臣民无所纲纪，而君礼亦同虚悬，久而久之，其闲散视今日太常诸寺无以异，后且有人议裁之矣，复何尊贵之有哉？或又曰外使之礼掌于外部，藩属之礼掌于藩部，学校之礼掌于学部，人民交接之礼掌于内政部，分部以专其任，正以重礼，而示其可尊。其说似矣，然而银行、关税之输纳，非商业乎，何以不专属商而仍系之于财政？轮船、铁路、电线之制造，非工艺乎，何以不专属工而别标之曰交通？财政交通，不为要政则已，如以其为要政，而后立斯部也，则礼之不得立部也，果轻之非重之也。且职闻之日本之兴也以变法，埃及之亡也亦以变法。法非不可变，要必审乎所当变之故，而后可与言变耳。户、兵等部虽重，犹衣食也，可变者也。礼部则犹衣衣食食之精神也，不可变者也。

约而言之，礼部虽不可变，而其曹属则当按仪礼通解五目以更定之：曰王礼司，凡万寿、朝贺、巡幸、祠祭皆掌焉。曰邦礼司，凡外国觐聘、藩部贡饷皆掌焉。曰学礼司，凡升学名籍、相见仪节皆掌焉。曰乡礼司，凡建专祠、禁淫祀、吉凶服饰及释、道、回、耶诸教皆掌焉。曰家礼司，凡民间宗族、婚姻及节孝请旌皆掌焉。上二司专主国事，下二司专主民事，中一司兼主国事与民事，俾君得率臣民一范乎礼而莫之或越。而其部之位置则应与法部对立，次于内、外二部后，而冠于各部前，举各部及上下间凡关乎礼者，令礼部得监察之。如此虽隶于总理，而其尊其贵视不隶总理为有加，庶几礼法益崇，刑法益明，四海皆知有朝廷，毋敢怀犯上之意，而宗社民业乃可以长治久安矣。

愚憨之质，不知择言，所有宜存礼部以维国本情由，相应呈请代奏，伏乞皇太后、皇上圣鉴，饬核施行，大局幸甚。谨呈。

《清末筹备立宪档案史料》，第454—456页

翰林院撰文李传元奏厘定官制不能过促折

光绪三十二年九月初七日

日讲起居注官、翰林院撰文臣李传元跪奏，为切陈厘定官制之弊，请责成总核王大臣详慎核定，敬陈管见，仰祈圣鉴事：

窃维朝廷特派大臣厘定官制，以为立宪基础，此实至重至难之事。盖新旧之过渡，即治乱之攸关，非如承平制作，止于粉饰傅会已也。臣愚以为开办之始，

自当胪中西之册籍，征海内之通才，商榷讨论，以期尽美尽善，方足副国家整饬官常之意。乃自开馆以来未及两月，即已将各部院官制草定，为期已不免过促，又闻馆中秉笔者不过数人，虽有各部司员派往会议，亦只随同签稿而已。夫以三四人之精力，数十日之期限，遽欲将中西官制异同得失，钩棘难理之事，一一研核详审，虽有兼人之长者，恐亦不能自信，况秉笔者未必皆谙习掌故，洞达中西之人乎。其所定官制详目，外人不能尽悉，然如内阁总理一官，启专擅之渐，昧时势之宜，已为众论所指摘。至于各部院之事，繁者太繁，简者太简，将来推行时种种窒碍，可以预知。夫旧日各部虽极废弛，然典章法度犹未尽弃，今若任意变乱，则纲纪荡然，求如从前之所谓腐败者亦不易矣。

臣又闻时俗之论曰：新政事亟，不可借郑重以为延宕。伏思改定官制原为立宪，今立宪尚未有期，则官制之事自可从容商榷，有何急迫而防其延宕。现闻初稿已具，自须待总司核定王大臣公同复阅，然各馆旧例，凡初稿已定，复阅大臣不过照例画诺，鲜有更改。此次官制关系甚大，非寻常公事可比，应请饬下总司核定王大臣，钦遵七月十四日谕旨，酌古准今，细心详核。至将来施行之际，何者宜先，何者宜后，亦应由总司核定王大臣，权时事之宜，集中西之善，分别缓急，次第奏请，候旨遵行。庶几每举一事即得一事之益，不因变法之故，反致通国陷于无法之地，此实天下臣民所翘首企望者也。

臣为郑重立法起见，是否有当，伏乞皇太后、皇上圣鉴。谨奏。

《清末筹备立宪档案史料》，第457—458页

御史联魁等奏改革官制请从缓办理折

光绪三十二年九月初八日

掌福建道监察御史臣联魁等跪奏：为设官分职，变通旧章，宜昭慎重而规久远，恭折仰祈圣鉴事：

窃臣等恭读上谕，宣示立宪之预备，饬令先行厘定官制等因。仰见皇太后、皇上勤求上理，择善而从，长治久安，使斯世享和平之福，凡在臣民，莫不上升平之颂矣。臣等考经书所载，官职之设，自唐、虞至于夏、商，官制概从简略，其详不可得闻。惟周礼一书，备载六卿分职，各率其属以翊赞王廷，推而至于邦国都鄙以及乡邑关市，皆有专官分司其事。当其时问俗采风，上下不隔，闾阎识尊亲之义，妇孺具忠爱之忱，法良意美，实政通民和之极规也。至于秦而尽变其法，古道不复存矣。海外诸国，其风俗朴实，犹有古之遗风，上下相通，文武合一，则而效之，亦扶衰救敝之一助也。

然臣等犹有虑焉，夫创一事而可以利国可以利民者，举而行之可也，特恐利之所在，弊亦随之。今者使臣游历考察各国政治，于用人行政诸大端互证参观，编订新制，臣等以为取其所长，并宜舍其所短，斟酌损益，以协乎民情风俗之宜，必期谋万全而无一失也。夫吏治民生，关系至重，厘定官制大臣一时将京外文武大小各官统行拟改，诚恐未能尽详，难免顾此失彼。况创议官制原非筹饷急务，可否参酌考订，从缓办理，分别先后，次第举行，俾臻妥善而垂永久，则国家亿万年有道之长基此矣。

臣等愚昧之见，是否有当，伏乞皇太后、皇上圣鉴训示。谨奏。

《清末筹备立宪档案史料》，第458—459页

御史史履晋奏
改革官制宜先州县后京师并先立议院后立内阁折

光绪三十二年九月十六日

陕西道监察御史臣史履晋跪奏，为敬抒管见，恭折密陈，仰祈圣鉴事：

窃自七月十三日恭奉明诏，在编制诸臣仰承诏旨，自必分别后先，权衡轻重，折衷至当，纤悉无遗。乃两月以来，闻所编官制仅将在京各衙门大事更张，

取日本中央集权之意，归其权于内阁，而外官尚未议及，臣窃惑焉。

夫时处今日，非立宪无以自存，而立宪之大原必由地方自治入手，地方自治国民之事也。州县为亲民之官，首宜变革定制，州县署内各设吏、户、礼、兵、刑、工六房，是六官之事，均于州县一人任之。在闭关自守太平无事之日，尚可勉强敷衍，已有日不暇给之势。当此万国竞争，不能不因时损益，故又设外、商、学、警四部，而州县亦兼而有之，合十部之专门学问萃于一身，试问今日之州县能有此才具否？即有此才具，能有此精力否？窃闻考察政治大臣原折，有每省照新议官制，各设一司，裁去各道，而府州县统以县称，分大、中、小三等之说。查广西、云、贵边疆知府，无附郭首县，有专辖地方，如直隶州、直隶厅之制者，固可改称曰县，然亦不过五六府，其余均有附郭首县，将尽去其县名而以府名名之乎？抑去其府名而以县名名之乎？其大、中、小三等，将以幅员之广狭分之乎？抑以事务之繁简分之乎？臣愚以为似此镠辘纷纭，河清无日，不如为州县多设佐贰，条分缕析，各任一门，辅以乡官，以立地方自治之基础，而州县总其成，上之于府，府分上之于各司，而督抚总其成，再分上之于各部。此即明定权限之意。俟办理就绪，再将京师各衙门改并增置，俾内外一律，各有专司，庶几顺理成章，不劳而治，否则徒事纷更，必至旧事日见废弛，新事亦无所措手。譬之废科举，改学堂，须先从蒙学入手，而后小学、中学以至大学，层累而跻，不能躐等。未有不揣其本而齐其末，徒抄袭中央集权之名词，而毫无实际者也。

抑臣更有虑者，今日环球各国，无论君主、民主，无不立宪，其以专制称者惟中、俄两国耳。俄国姑不具论，中国之专制，非君上之专制，实政府之专制也。何以言之？我朝成法，内外题奏本章，除奉特旨著照所请，暨例行公事外，凡稍涉疑似无例可援，未有不交议者，是君上未尝专制矣。乃奉行日久，因循粉饰，竟成具文，内外臣工，一切用人行政，未必能尽泯偏私，而下情又不能上达，奏报者迥非实事，议复者亦遂属空谈，取于百姓者日多，用于地方者无几。加以贪官污吏横征暴敛，武断滥刑，假朝廷之大权，作一人之威福，哀我小民，任听官吏颠倒剥削而不敢问，是政府实行其专制矣。如此而欲上下不相暌，内外不隔阂，岂可得乎？官既不知所以保民，民即不知所以卫国，无他，筹备财用，经画政务，未尝公之于黎庶也。然则欲行宪法，非取决于公论不可，欲取决于公论，非先立议院不可。议院者立法之地也，政府者司法执行之地也，议院可以监督政府，则政府有所顾忌，不敢蒙蔽以营私，然后君民一体，呼吸相通，宪法之精意胥在乎是。倘未立议院，先立内阁，举立法、司法、行政三权握于三数人，则政府之权愈尊而民气不得伸，民心无由固，不但立宪各国无此成法，亦大失谕旨庶政公诸舆论之本意矣。应请饬下京外各大臣，分别后先，权衡轻重，博采周谘，悉心妥议，请旨次第施行，庶积弊廓清，变通尽利，对国而昭大信，富强之道基于此矣。

臣愚昧之见，是否有当，谨恭折密陈，伏乞皇太后、皇上圣鉴训示。谨奏。

《清末筹备立宪档案史料》，第459—461页

庆亲王奕劻等奏厘定中央各衙门官制进呈折（附清单二）

光绪三十二年九月十六日

臣奕劻、臣孙家鼐、臣瞿鸿禨跪奏，为遵旨厘定官制，为立宪预备，先将京官编定复核，恭折进呈，仰祈圣鉴事。

窃臣等伏读七月十三日上谕：时处今日，惟有及时详晰甄核，仿行宪政，廓清积弊，明定责成，必从官制入手，亟应先将官制分别议定，次第更张，等因。钦此。又伏读十四日上谕：昨已有旨，宣示急为立宪之预备，饬令先行厘定官制，事关重要，必当酌古准今，折衷至当，纤悉无遗。著派载泽等公同编纂，悉心妥订，并派庆亲王奕劻等总司核定，候旨遵行，以昭郑重。等因。钦此。仰见皇太后、皇上力拯时艰、通变宜民之至意。率土臣庶，感颂同声，实中国转弱为强之关键。兹事体大，臣等仰禀圣谟，总司核定，断不敢草率从事，亦不敢敷衍塞责。月余以来，准厘定官制大臣载泽等陆续送到草案，臣等悉心详核，反复商榷，间有未协，次第更定，京内各官现已竣事。

窃维此次改定官制，即为预备立宪之基，自以所定官制与宪政相近为要义。

按立宪国官制，不外立法、行政、司法三权并峙，各有专属，相辅而行，其意美法良，则谕旨所谓廓清积弊，明定责成，两言尽之矣。盖今日积弊之难清，实由于责成之不定，推究厥故，殆有三端。

一则权限不分。以行政官而兼有立法权，则必有藉行政之名义，创为不平之法律，而未协舆情。以行政官而兼有司法权，则必有徇平时之爱憎，变更一定之法律，以意为出入。以司法官而兼有立法权，则必有谋听断之便利，制为严峻之法律，以肆行武健。而法律寖失其本意，举人民之权利生命，遂妨害于无形。此权限不分，责成之不能定者一也。

一则职任之不明。政以分职而理，谋以专任而成，今则一堂而设有六官，是数人共一职也，其半为冗员可知，一人而历官各部，是一人更数职也，其必无专长可见。数人分一任，则筑室道谋，弊在玩时，一人兼数差，则日不暇给，弊在废事。是故贤者累于牵制，不肖者安于推委。此职任不明，责成之不能定者二也。

一则名实之不副。名为吏部，但司签掣之事，并无铨衡之权。名为户部，但司出纳之事，并无统计之权。名为礼部，但司典礼之事，并无礼教之权。名为兵部，但司绿营兵籍、武职升转之事，并无统御之权。此名实不副，责成之不能定者三也。

故臣等厘定官制，谨遵谕旨，上稽本朝法度之精，旁参列邦规制之善为主义，而尤以清积弊、定责成，渐图宪政成立为指归。

首分权以定限。立法、行政、司法三者，除立法当属议院，今日尚难实行，拟暂设资政院以为预备外，行政之事则专属之内阁各部大臣。内阁有总理大臣，各部尚书亦均为内阁政务大臣，故分之为各部，合之皆为政府，而情无隔阂，入则参阁议，出则各治部务，而事可贯通。如是则中央集权之势成，而政策统一之效著。司法之权则专属之法部，以大理院任审判，而法部监督之，均与行政官相对峙，而不为所节制。此三权分立之梗概也。此外有资政院以持公论，有都察院以任纠弹，有审计院以查滥费，亦皆独立不为内阁所节制，而转足监督阁臣。此分权定限之大要也。

此分职以专任。分职之法，凡旧有各衙门与行政无关系者，自可无庸议改。今共分为十一部，更定次序，以期切于事情，首外务部，次吏部，次民政部，次度支部，次礼部，次学部，次陆军部，次法部，次农工商部，次邮传部，次理藩部。专任之法，内阁各大臣同负责任，除外务部载在公约，其余均不得兼充繁重差缺，各部尚书只设一人，侍郎只设二人，皆归一律。至新设之丞参，事权不明，尚多窒碍，故特设承政厅，使左右丞任一部总汇之事；设参议厅，使左右参议任一部谋议之事。其郎中、员外郎、主事以下，视事务之繁简，定缺额之多寡。要使责有专归，官无滥设。此分职专任之大要也。

次正名以核实。巡警为民政之一端，拟正名为民政部。户部拟正名为度支部，以财政处、税务处并入。兵部徒拥虚名，拟正名为陆军部，以练兵处、太仆寺并入，而海军部暂隶焉。既设陆军部，则练兵处之军令司宜正名为军谘府，以握全国军政之要枢。刑部为司法之行政衙门，徒名曰刑，义有未尽，拟正名为法部。商部本兼掌农工，拟正名为农工商部。理藩院拟正名为理藩部。太常、光禄、鸿胪三寺，同为执礼之官，拟并入礼部。工部所掌半已分隶他部，而以轮、路、邮、电并入，拟改为邮传部。此正名核实之大要也。

若是者，责成既已明定，积弊庶可廓清，宪政规模实肇于此。如以议院甫有萌芽，骤难成立，所以监督行政者尚未完全，或改今日军机大臣为办理政务大臣，各部尚书均为参预政务大臣，大学士仍办内阁事务。虽名称略异，而规制则同，行政机关屹然已定，宪政官制确有始基矣。

抑臣等更有请者，制法固求其尽善，徒法不能以自行，必能有办事之精神，而后有改良之功效。要在大小臣工顾名思义，视国如家，无自私自利之心，有任怨任劳之实，各修职事，共济艰难，庶仰副两宫孜孜图治之怀，下慰薄海喁喁向风之望，是则臣等与有责成，尤不胜惶悚冀幸者也。是否有当，伏候圣明裁择，乾断施行。

此次官制纲目固已粗具，其细节容有未尽周密之处，应请命下之日，饬令各该衙门堂官，按照所定大纲及本衙门应办事宜，自行酌议，仍会同臣等核定奏明办理。谨将内阁官制清单一件，各部官制清单十二件，各部官制通则清单一件，各院官制清单六件，军谘府官制清单一件，阁、部、院官制节略、法部节略、资政院节略各一件，共二十四件，缮呈御览。恭候训示。

所有臣等核定京内官制缘由，恭折具陈，伏乞皇太后、皇上圣鉴。谨奏。

（选录清单二件附后，余略。）①

附：各部官制通则清单

谨拟各部官制通则，缮具清单，恭呈御览。

第一条　各部尚书一人，总理本部所属主管事务，担负责任，为全部之长官。

第二条　各部左侍郎一人、右侍郎一人，赞助尚书整理部务，兼监督本部厅、司各员。

第三条　各部尚书遇本部有重要事件，可随同内阁总理大臣、左右副大臣入对，并得请开阁议。

第四条　各部尚书遇本部有紧急事件，可自请入对。

第五条　各部尚书于本部主管事务会同左右侍郎具奏。

第六条　各部尚书于本部与他部或他衙门有关涉事件，可分别咨行箚饬办理。

第七条　各部尚书就本部主管事务，可咨行各省将军、督抚转饬所属分别筹办，并有检查更正之权。

第八条　各部尚书就本部主管事务，可订定规则，发布部示。

第九条　各部尚书遇有事故，以该部左侍郎代行。

第十条　各部均设承政厅，其所掌事务如左：一、机密事项。二、本部及本部所辖京外各职员进退、升转及各项事故之注册存案等事项。三、稽核本部各司人员办事功过事项。四、编纂、存储并收发各项公文函件事项。五、典守堂印事项。六、编纂本部主管事务之统计报告事项。七、管理本部出入经费及一切预算、决算事项。八、稽核本部报销事项。九、管理本部杂项事件并经理本部公置财产及什物等事项。十、所有不属各司事项。

第十一条　各部均设参议厅，其所掌事务如左：一、拟订本部法令、章程、草稿事项。二、审议本部法令、章程之应行增删修改事项。

第十二条　各部除承政厅、参议厅外，应就本部主管事务，酌设若干司分掌

---

① 括号内文字系《清末筹备立宪档案史料》编者所加。

之。其各部分司事宜，别于各部官制内定之。

第十三条　各部承政厅暨各司内，应酌设若干科，分掌事务。其分科事宜，由该部尚书定之。

第十四条　各部职员如左：左丞请简，右丞请简，左参议请简，右参议请简，参事奏补，郎中奏补，员外郎奏补，主事奏补，七品小京官奏补，录事以八九品官充委用。

第十五条　左右丞各一人，承尚书、侍郎之命，总核承政厅兼考核各司重要事务。

第十六条　左右参议各一人，承尚书、侍郎之命，总核参议厅事务兼审议各司重要事务。

第十七条　参事承尚书、侍郎之命，佐左右参议审议拟稿。

第十八条　参事可视各该部情形，由尚书派令助理承政厅及各司事务。

第十九条　郎中每司一人，承尚书、侍郎之命，总核本司事务。

第二十条　员外郎、主事、七品小京官，承尚书、侍郎之命，分任承政厅及各司内各科事务。

第二十一条　各部参事及员外郎、主事、小京官缺额，应视部务繁简，由各该部尚书酌定，咨送阁议，请旨定夺。

第二十二条　各部可酌设额外郎中、员外郎、主事、小京官若干人，分厅司行走，襄理科务。

第二十三条　录事承上官之命，缮写文件，料理庶务。其额缺由该部尚书自定之。

第二十四条　各部请简官由本部尚书商同左右侍郎选拟相当三人开单，经阁议后，请旨简授。

第二十五条　各部奏补官由本部尚书商同左右侍郎拟定相当人员，带领引见，请旨补授。

第二十六条　各部委用官由本部尚书商同左右侍郎遴选箚补，咨明内阁并分咨吏部存案。

第二十七条　各部请简奏补官，有应行惩处或罢斥者，由本部尚书商同左右侍郎定议后，分别参处。

第二十八条　各部委用官之惩处罢斥，由本部尚书商同左右侍郎行之，仍咨明内阁并分咨吏部存案。

第二十九条　各部经费应于每年九月预定来年额支、活支数目，条列开单，由本部尚书与左右侍郎议决后，咨送阁议核准指拨。

第三十条　除本通则所定外，各部如有须设专门职员者，于各该部官制中定之。

第三十一条　各部官制如有应行增删修改之处，可随时由本部尚书咨送阁议，请旨裁定。

第三十二条　本通则除陆军部、海军部及礼部外，所有外务部、吏部、民政部、度支部、学部、法部、农工商部、邮传部、理藩部皆通用之。

附：阁部院官制节略清单

谨拟厘定阁、部、院官制节略，缮具清单，恭呈御览。

谨按此次厘定官制，自当恪遵谕旨，以廓清积弊，明定责成，为预备立宪之初步。查立宪国官制通例，中央政府即以各部行政长官会合而成。盖一国之政至为殷繁，非有分司之官以各任其责，则丛脞必多。而庶政之行尤贵画一，非有合议之地以互通其情，则纷歧可虑。故分之则为各部，合之则为内阁，出则为各部长官，而入则为内阁政务大臣，此现拟内阁官制之所由来也。内阁既总集群卿，协商要政，而万几所出，一秉圣裁，不可无承宣之人为之枢纽，故设总理大臣一人，以资表率。总理大臣之称，初不昉于日本，我朝雍正、乾隆间固尝有之。采邻国之良规，即以复圣朝之旧制，称名至顺，取则非遥。总理大臣既禀承圣谟，平章庶政，而维新伊始，机务尤繁，不可无分任之人为之参赞，必援立宪各国首辅一人之例，尚非其时，故设左右副大臣各一人，以宏辅弼。且夫君主神圣不可侵犯，各国宪法之通义，善则归君，过则归己，昔我先正之格言，是以发纵指示之权操诸君上，而承旨施行之责端在臣工，故内阁各大臣不可以不负责任。人有专事，事有专司，无兼营并骛之虞，乃有趋事赴功之效，故内阁各大臣不可以兼充繁重差缺。犹虑其权之太重也，则有集贤院以备咨询，有资政院以持公论，有都察院以任弹劾，有审计院以查滥费，有行政裁判院以待控诉。凡此五院，直隶朝廷，不为内阁所节制，而转足以监内阁，皆所以巩固大权，预防流弊。此内阁官制之大略也。

行政各官理宜独任，向例每部尚书二人、侍郎四人，问事则政出多门，画诺则动须累日。新设各部均不用此制，是其积弊已在圣明洞鉴之中。今若援立宪各国每部一长官、一次官之例，则裁缺过多，又生窒碍，故定为一尚书、二侍郎，使新旧各部均归一律。向例，各部参丞阶级虽分，事权无别，故设承政厅，以一部总汇之事，使左右丞任之；设参议厅，以一部立法之事，使左右参议任之。每司郎中不过一人，而员外郎、主事以下，均视事务之繁简，定缺额之多寡，使责有专归，官无滥设。此各部官制通则之大略也。

若夫各部名称之所以变更，次第之所以移易，皆循名责实，务切事情，非厌故喜新，徒为纷变。列邦对峙，首重外交，外务部宜居第一。吏部旧冠六官，故次于外务部。巡警为保安行政，实内治之要纲，而清查户口，齐整民风，改正市区，振兴土木，均与保安行政息息相关，非合为一官，难期联络，故以户、礼、工各部所兼掌之户籍、风教、道路、沟渠等事并入，总为民政部，以次于吏部。户部之称本为民部，唐人避讳，以户易民，今民政既有专官，财政自应独立，故并户部、财政处为度支部，以次于民政部。天秩、天序，典礼攸崇，太常、光禄、鸿胪三寺皆礼官也，故礼部以三寺并入，以次于度支部。科举既停，教育綦重，今特立为部，故以学部次于礼部。兵部掌绿营兵籍，徒拥虚名，近日时局，非有陆、海两军不能立国，而马政应隶陆军，故分兵部为陆军部，以太仆寺并入，而海军暂隶之，以次于学部。刑部为司法之行政衙门，徒名曰刑，犹嫌绞漏，故改为法部，以次于陆海军部。农、工、商为富国之源，现设商部，本兼掌农、工，仅名曰商，义有未备，故正其名农工商部，以次于法部。轮、电、交通、邮递络绎，非设专部，则运转不灵，故变工部为邮传部，以次于农工商部。各国竞争，殖民为要，蒙、藏、青海，固圉防边，其行政事宜，实与各部并重，故易理藩院为理藩部以殿焉。此各部职掌次序之大略也。

以上各部，分负国政之责成，合为内阁之全体。至于耆臣硕望，则仿成周优礼老更之例，上备垂询。裁缺庶官，则援宋代特定祠禄之条，暂令待用，故设集贤院以昭恩礼。欲广皇仁，宜求民瘼，上自亲贵，下及绅民，妙选通材，广搜舆论，袪下情之壅蔽，备圣世之刍荛，故改政务处为资政院，以彰公溥。此外审计院所以监察财用之浮糜，行政裁判院所以纠正官权之过当，大理院平反重辟，审决狱，成为全国最高之法院，军谘府赞画戎机，弼成庙算，为全国军政之要枢。此新拟五院一府之大略也。

至都察院原掌纠劾官邪，条陈利弊，关系至重，惟原缺职掌与新拟部院官制参差重复者，当略加厘正，以归画一。此都察院官制更正之大略也。

所有京朝行政、司法各官，业经斟酌再三，妥为厘定，或删繁而就简，或舍旧以谋新，凡所更张，均有依据。廓清积弊，虽非旦夕所敢期，而明定责成，窃意权舆之在此。至各官考验、任用、升转、惩戒、奖励、俸给等项，多与外官互有牵涉，应俟外省官制一律厘定后，再行分别核议，以与官制相辅而行，是否有当，伏候圣裁。

军机处原折，《清末筹备立宪档案史料》，第462—471页

章华致瞿鸿禨函①

光绪三十二年七月十三日—九月二十日②

中堂夫子大人门下：前直湖班，屡蒙垂询官制。伏思官制损益，本为因时制宜，有适于古不适于今者，虽三代美备之法无所用；有宜于外不宜于中者，虽列强文明之制无所取。撮其大要，种类凡三：属于外省，曰地方制度；属于各部，曰中央集权；属于政府，曰组织内阁。分之为三门，合之实一贯。盖中央者，外省之标准也，改中央不改外省，犹以圆体积投方模范，既有凿枘不入之嫌。内阁者，各部之总汇也，改各部不改内阁，犹以旧锅炉运新汽机，必无指臂相使之效。窃意不久必有诋瑕导隙、因利乘便者，此亦势与理之所趋，不得不早为计及也。不自量力，拟作内阁、地方两篇，冀以补当世之阙。今唯内阁一篇，属稿粗

---

① 章华，字曼仙，号歔苏，长沙人，时为军机章京，后官邮传部郎中。——原注
② 原编者注时间为光绪三十二年，考清廷宣布仿行宪政及准备改官制为七月十三日，宣布中央官制改革为九月二十日，此函当在此时期内。

定，辱承明问，用敢先陈钧鉴，恭求训诲，并乞勿示外人。虔叩崇安。受业姻愚侄章华谨上。阅后付丙。

《瞿鸿禨朋僚书牍选》，中国社科院近代史所近代史资料编辑部编《近代史资料》总109号，中国社会科学出版社2004年出版

裁定奕劻等核拟中央官制谕[①]

光绪三十二年九月二十日

光绪三十二年九月二十日，内阁奉上谕：朕钦奉慈禧端佑康颐昭豫庄诚寿恭钦献崇熙皇太后懿旨：

前经降旨宣示为立宪之预备，饬令先行厘订官制，特派载泽等公同编纂，悉心妥订，并派庆亲王奕劻等总司核定，候旨遵行。兹据该王大臣等将编纂原案详核定拟，一并缮单具奏，披览之余，权衡裁择，用特明白宣谕，仰维列圣成宪昭垂，法良意美，设官分职，莫不因时制宜。今昔情形既有不同，自应变通尽利。其要旨惟在专责成，清积弊，求实事，去浮文，期于厘百工而熙庶绩。军机处为行政总汇，雍正年间本由内阁分设，取其近接内廷，每日入值，承旨办事，较为密速，相承至今，尚无流弊，自毋庸复改。内阁军机处一切规制，著照旧行。其各部尚书均著充参预政务大臣，轮班值日，听候召对。外务部、吏部均著仍旧。巡警为民政之一端，著改为民政部。户部著改为度支部，以财政处并入。礼部著以太常、光禄、鸿胪三寺并入。学部仍旧。兵部著改为陆军部，以练兵处、太仆寺并入，应行设立之海军部及军谘府，未设以前，均暂归陆军部办理。刑部著改为法部，专任司法。大理寺著改为大理院，专掌审判。工部著并入商部，改为农工商部。轮船、铁路、电线、邮政应设专司，著名为邮传部。理藩院著改为理藩

[①] 标题为编者所拟。

部。除外务部堂官员缺照旧外，各部堂官均设尚书一员、侍郎二员，不分满汉。都察院本纠察行政之官，职在指陈阙失，伸理冤滞，著改为都御史一员、副都御史二员，六科给事中著改为给事中，与御史各员缺均暂如旧。其应行增设者，资政院为博采群言，审计院为核查经费，均著以次设立。其余宗人府、内阁、翰林院、钦天监、銮仪卫、内务府、太医院、各旗营、侍卫处、步军统领衙门、顺天府、仓场衙门，均著毋庸更改。原拟各部院等衙门职掌事宜及员司名缺，仍著各该堂官自行核议，悉心妥筹，会同军机大臣奏明办理。

此次斟酌损益，原为立宪始基，实行预备，如有未尽合宜之处，仍著体察情形，随时修改，循序渐进，以臻至善。

总之，时局艰危，事机迫切，非定上下共守之法，不足以起衰颓，非通君民一体之情，不足以伸疾苦。所有新简及原派各大臣，责无旁贷，惟当顾名思义，协力同心，尽去偏私，真任劳怨，务使志无不通，政无不举，庶几他日颁行宪法，成效可期。倘仍视为具文，因循不振，则是上负朝廷，下负国民，不能为尔等宽也。将此通谕知之。钦此。

《光绪宣统两朝上谕档》第三十二册，第196—197页，广西师范大学出版社1996年影印出版

任免军机大臣上谕[①]

光绪三十二年九月二十日

朕恭奉皇太后懿旨：庆亲王奕劻、协办大学士外务部尚书瞿鸿禨均著仍为军机大臣，世续著补授军机大臣。钦此。

朕恭奉皇太后懿旨：鹿传霖、荣庆、徐世昌、铁良均著开去军机大臣，专管

---

① 标题为编者所拟。又，编者将几件相关上谕合为一件。又，上谕档此三上谕均二份，另一份为朱谕。

部务。钦此。

朕恭奉皇太后懿旨：广西巡抚林绍年著开缺以侍郎用，在军机大臣上学习行走。钦此。

《光绪宣统两朝上谕档》第三十二册，第195页

妥议裁缺人员安置办法谕①

光绪三十二年九月二十日

光绪三十二年九月二十日，内阁奉上谕：此次裁缺之堂官，均著以原品食俸，听候简用。其裁缺衙门之实缺候补司员、笔帖式，或由他衙门调用，或分别班次分发外省补用，著吏部即行妥议具奏。钦此。

《光绪宣统两朝上谕档》第三十二册，第197页

"齐东野语"（陶湘致盛宣怀函）②

光绪三十二年十月初七日　北京

一、立宪之举，始而恢张，继无消息，终成敷衍。当时传诼，莫衷一是。内廷秘密之甚，亦无从而知其底蕴。现在事已揭晓。谨将所闻明确者，逐一条列

---

① 标题为编者所拟。
② 括号内文字系本书编者所加。

于后。

一、本初①素来手段尚专制，午②公性实守旧，泽③在青年，李④眷甚微，戴、尚⑤固无论也。中央各领袖者毫无成见，城北⑥善事周旋，善化⑦乃见机之流，定兴⑧安于聋聩，荣、铁⑨守旧，而铁则铮铮。所以上下均以立宪持议者，实为上年炸弹所逼，况目今排满之横议频兴，始说立宪以息浮议。然本初另有深意，盖欲借此以保其后来，此固人人所料及者。端借此可以安于南洋之位，倘不力赞立宪，恐有刺客随之。泽为留学生所迷，极力推陈出新，专为沽名钓誉起见。此外均无足道。当端、泽等将回之际，众心共有一变更之举动，深勒脑筋，报纸持议尤甚。近年来，内廷阅报，意亦游移。后来端等先后回华，莫不以变法敷陈，持论痛切，两宫动容。向来疑难之事多取决于本初，荣、铁先期发电，请本初平议，讵意本初尚新更甚，两宫更无主意。当七月初以前，京津秘使往来甚繁，本初向来大权独揽，所发莫不中的。今"立宪"二字，上既摇动，以为此种好机会，略一布置，即可成功。在津即预计到京后如何入手，如何改官制。官制改，则事权亦更，数百年之密网，一旦可以廓除。意中自许如此，手下人等莫不相许如此，枢府亦料彼必如此，领袖⑩更随声附和，报纸又竭力怂恿，惟恐彼不如此。不过报纸之意见与彼之心迹相背耳。到京后连召四次，有"若不及早图维，国事不堪设想"之语。退食后，且有"官可不做，法不可不改"。又云，"有如此贤主在前，乃国家之福"。又云，"当以死力相争"。一时气焰可想而知矣。廷议两日，更无眉目。第一日，仁和⑪等有未去者，慈圣不悦；次日，仁和赶即前往（礼王即由此开差⑫）。询问许久，莫不称具表同情。寿州⑬、仁和均不发一

---

① 本初，指袁世凯。后汉袁绍字本初，故称。——原注
② 午，端方字午桥。
③ 泽，指载泽，出洋考察政治五大臣之一。
④ 李，指李盛铎，为出洋考察政治五大臣之一。——原注
⑤ 戴，戴鸿慈；尚，尚其亨。均为考察政治大臣。
⑥ 城北，指徐世昌。《战国策·齐策》："城北徐公，齐国之美丽者也。"——原注
⑦ 善化，瞿鸿禨，湖南善化人。
⑧ 定兴，鹿传霖，直隶定兴人。
⑨ 荣，荣庆；铁，铁良。
⑩ 领袖，指首席军机大臣、庆亲王奕劻。
⑪ 仁和，王文韶，浙江仁和人。
⑫ 礼王，礼亲王世铎。
⑬ 寿州，孙家鼐，安徽寿州人。

四、官制改革

言。慈圣问及且不知，经同人在后知会，始同对具表同情。慈圣遂问及醇邸①，邸即碰头奏称："奴才实在年幼无知，不敢妄陈。"慈圣即长叹曰："如何汝亦可如此？汝即不知，可问大众。"言外仿佛汝再如此无用，亲贵竟无人，所以长叹也。邸但惶恐碰首，所以后来即未预议。外间不知，且谓邸奏劾本初，皆是捕风捉影之谈。当初，卧雪②之与铁，铁之随卧雪，以及上之向用铁，各有深心。所以袁、铁决不能表里水乳。近来，铁司户部，钩稽精核，北洋财政竭蹶，不免牵萝补屋，铁则处处掣肘之，意见由此而起。至军务，则铁尚在甘拜下风之时，然彼此手下，俱有一各不相下之势隐在心中。初预廷议，本初气概如虹，退后与铁意见不合。铁有"如乃公所谓立宪，实与立宪本旨不合"之语。所谓冲突者，即由此。本初与领袖先后劾铁聚敛，已拟谕着荣、铁同出枢廷，忽然不应，本初始觉得有异。至二次集议，本初意兴稍衰，出而告人，有"我又何苦受人唾骂，京中事真不能办"等语。然第一次长谕又系本初拟稿，九公③改削。此谕发后，本初即知此事稍难，然又以为虽不能十分完足，目的必能达到也。端本有裁宫省之议，泽等均附和之。内监大危，终日在慈圣处泣诉，并谗以许多不相干之谈论。宵旰忧勤，真至废寝忘食，七月中，有两日早膳未进。据说有一夜，慈圣云："我如此为难，真不如跳湖而死。"本初等闻之，始有内务府及内三院、宗人府等与政治无关得失，一概不议，上意稍释。此际忽有人严劾疆臣揽权，庸臣误国。慈圣于枢廷召对时将折发阅，即碰首请发政务议。慈圣谓："此又何必？"即时收回留中。各官闻之，乘隙交劾，共几十余次。上意大回。本初邀端、泽诸公坚持前意，传说有"改（旨）〔制〕之旨不下，则不能出京"等云云，后来端知内意已变，即时请训。本初则进退维谷，于是竭力设法欲入内为协理，以陆军专署于铁，北洋交那④。盖初议臬司属法部，藩改名后属度支部、民政两部，外交属外部，轮、电、路、邮设专部，军务属军部，则督抚不过监察而已。权力大去，有何趣味？所以，非入内为协理不可。无如其跋扈之形迹太露，猜疑已启。本初定议总理一人，属现在之领袖。协理两人，现在有五人，能令何人出去

---

① 醇邸，指光绪帝之弟、醇亲王载沣。
② 卧雪，指袁世凯。《后汉书·袁安传》记袁安卧雪事。——原注
③ 九公，瞿鸿禨字子玖。
④ 那，那桐，时为外务部会办大臣。

为是，所以议令各专部务，庶几要出同出，可无痕迹。于是有唐①为外尚，泽为邮尚，那为北洋，九公与彼为副理。讵料归根有大谬不然者。说者谓本初败绩，其信然欤。

一、议改官制，领袖暨寿阳、九公②为督理。寿阳本守旧，领袖则向来无可无不可，故一切均九公专主。第一次编纂处议上时，系内阁、军机、政务大臣皆归并，改为总理一人，副理二人，并设资政、集贤两院，大理为大审，陆军部皆武职，不以尚书、侍郎为名，步军等衙一律议裁。善化朝夕持《会典》详核，稍事更动。十六日折进，本初故意候进折之日请训，以备召询，讵意上意尚不为然。本初走后，四日始发出，则又更改。

一、四大臣出军机，在徐、荣本无所短长，鹿则早有此说，铁系注重陆军起见。财政、兵权只陈雨苍③汉人，此中大有深意。陆军侍郎本拟士珍④，及见明文，乃系荫昌。虽令王署，总使汉族无兵权耳。至世中堂⑤之入军机，乃宸衷独断，或谓青莲⑥大力赞成。林中丞⑦系因电奏称旨，措词："不必更张，果能实事求是，何一不可自强，徒纷纷更名何！"甚称上意。

一、本初此番入都，颇露跋扈痕迹，内廷颇有疑心。迨官改制揭晓，练兵及铁路、电政均设专部，而军机仍旧，大失所望。邮传部既设，即应将督办大臣归并，而本初不肯交出，善化嘱长沙⑧赴天津亲见本初，并先到邸堂处请示，邸云："慰廷本欲辞兼差，我说且至各设专部再议，渠不致不交；汝可告，既设专部，部中应有全权。"于是长沙廿八赴津。三藏⑨系廿七前往，渠系本初提拔，受恩深重，但在旁静观，毫无建议。杨杏城⑩本系邮部右堂，讵料临时改变为胡云楣⑪，闻系世中堂说："云楣办铁路多年，似应给彼，以昭公允。"木易失望，

---

① 唐，当为唐绍仪。官制改革后任邮传部侍郎。
② 指改官制时，命载泽等编纂新官制，奕劻、孙家鼐、瞿鸿禨总司核定。寿阳，即孙家鼐。
③ 陈雨苍，即陈璧。
④ 士珍，即王士珍，袁世凯亲信。
⑤ 世中堂，指世续。
⑥ 青莲，指李莲英。
⑦ 林中丞，指林绍年，原为广西巡抚，九月二十日军机处学习入值。
⑧ 长沙，张百熙为长沙人，官制改革后由户部尚书改任邮传部尚书。
⑨ 三藏，指唐绍仪。
⑩ 杨杏城，即杨士琦，时为农工商部左丞。
⑪ 胡云楣，即胡燏棻，字云楣。

会办大臣并将不保,十分着急,因连夜赶赴天津,为本初竭力设法。于是,本初一面具折,辞各项兼差,杨则廿九赶回都中运动,但求暂管,意想将邮部如商部向章办理,各路不撤。讵料未能达到目的,本初兼差尽行撤去。本初并奏:"所有各镇各军应请归入陆军部,惟第二、第四两镇请归臣督饬训练"等情。奉朱批:"现在既设专部,应归部属,惟第二、第四两镇暂归该督训练。"面子大不好看,心境甚为恶劣。候补各官谒见者,动辄得咎。说者咸谓:本初从前谋夺宪台权利,一再营图,不肯稍留,今日亦然,出尔反尔,且系自己送去,天道不爽,云云。

陈旭麓、顾廷龙、汪熙主编:《辛亥革命前后——盛宣怀档案资料选辑之一》,上海人民出版社1979年出版,收入本书时有删节

御史王步瀛奏请免裁都察院员缺折

光绪三十二年十月十四日

四品衔掌浙江道监察御史臣王步瀛跪奏,为言路未宜骤塞,谕旨不可显违,谨披沥愚忱,恭折仰祈圣鉴事:

窃臣恭读九月二十日懿旨:都察院本纠察行政之官,职在指陈阙失,伸理冤滞,著改为都御史一员、副都御史二员。六科给事中,著改为给事中,与御史各员缺,均暂如旧。等因。钦此。二十三日又奉上谕(谕文见前)。仰见九重明目达聪,郑重周详之至意。凡属臣工,曷胜钦悚。臣恭绎懿旨,各员缺均暂如旧之义,盖谓他日颁行宪法之期,上下议院必均已成立,其时上下一体,志无不通,政无不举,自无庸更设言官。苟议院一日未成,即言官一日难去。且所谓议院者,必由二十二省各州县议会层累而上,以京师集其大成,然后得名议院,而非现在所拟资政院,每省由督抚保送二三人之比也。圣诰煌煌,何尝有目前即须裁减科道之意。又恭绎上谕,著各大臣会同妥议之旨,亦指嗣后激扬风宪,整饬台

纲，以及保送御史应慎加遴选，严定考成各节言之，亦非有目前即须裁减科道之意也。

乃近日忽闻台中议论纷纭，有议请裁缺一半之说，众情不胜骇讶。臣溯查裁减科道之议，始于本年正月宪臣缺多事简之奏，旋经编修刘廷琛呈请本院代奏，力辨其非，微臣亦于二月十一日沥陈科道宜增不宜减之故，均奉旨交政务处一并议奏。嗣闻政务处大臣颇有一二意主裁减，而自提调以下各员，复公具说帖争之，议得暂寝。迨七月以来，议改官制，初时风声所播，朝野震惊，而言路诸臣剖晰利害，指陈得失，有仗节死义之风，无趋福避祸之见，所奏多蒙采纳，主议者颇为气夺。特诸臣虽志在效忠于君父，而要其开罪于权势为不少矣。幸蒙宫廷洞鉴，特颁员缺如旧之谕，可知言官责任綦重，而当此新定官制预备立宪之时为尤重，亦足破群疑而息众喙矣。不意宪臣竟拟力伸前说，而置煌煌之懿旨、上谕于不顾也。现在汉科道迭出四缺，概不请补，且于前经记名之员，亦拟概不复用，臣窃讶其用意之甚悖矣。

臣惟宪臣裁减科道之说，不过曰缺多事简耳，不知科道为朝廷耳目之官，本以建言为职，不以治事为职，以纠察内外文武各官治事为职，不以一己治事为职，即从前五城街道等差，皆属后起之义。是以圣祖仁皇帝谕曰：国家设立科道，寄以耳目重任，建言参劾，乃其专责。仰维祖训昭垂，实足揭建置之本旨。今谓缺多事简，所见先已错误，且恭奉上谕责以纠察行政，于一切政事阙失，民生疾苦，均应留心考核，据实指陈。居是官者，苟能懔遵谕旨，实举其职，则事亦安得谓之简哉。此其不宜裁减者一。

又谓科道额设八十缺，其肯尽言者及半数，则其余皆冗散可裁。不知自古用人惟期拔十得五，似难尽人而责以忠鲠之节。查泰西议院在事常数百员，今以中国之大，庶政之繁，而言官仅八十人，即使人人尽言，已患其少，苟谓人人不能尽言，则于此中求得半之效，愈不病其多矣，若更锐加裁减，能言者更有几人，如以类不齐，清浊混淆，则堂官正宜遵旨随时甄别，据实奏参，亦何得去其半数，使能言者更少于今哉。此其不宜裁减者二。

又或谓满科道中文学较逊，则有溺职徇法，如前御史攀桂所为者，是亦可裁，不知此由选之不精，非满科道必无人材也。查满科道例无截取，升转较难，是以各署出色之满员，概不保送御史，其流弊遂不免若此。苟疏通其出路，而行以考试之法，则贤员必出其中。盖汉员宜严保送，满员宜严考试，义各有当耳，是故额缺不分满汉可也。如欲概屏满员而用汉员，臣虽下愚，知其义有不可。此其不宜裁减者三。

至或谓此次蒙恩赏银四万两，苟员缺仍旧，必以分而见少，不如裁减一半，俾得留者足以养廉，而公私交益。如果此论，则鄙陋不忠甚矣。科道著名清苦，不自今始，酌予津贴，出自上恩，倘藉口养廉而多减员缺，于科道私计则得矣，如盛世拾遗补阙求言务广之义谓何？此其不宜裁减者四。

总之，科道为朝廷耳目之官，爪牙之任，宜通不宜塞，宜刚不宜柔，宜养其志节，不宜挫其锐气。顾此官有裨于国家，而有时不便于权势，故自古大臣之公忠者必重之，其奸邪者必嫉之，史册所载，彰彰可考。我朝政治清明，从无壅塞言路之弊，窃闻光绪初年，言职讲官争厉锋吻，往往直劾枢辅，而当时军机大臣景廉等力持大体，于上前多方维护，不肯稍加谴责，谓此皆国之忠臣，奈何罪之，迄今谈者颂其公忠。今宪臣陆宝忠时进谠言，颇能职思其居，似其居心，不宜与前人稍异。且曾经引见记名之员，其用舍又岂臣下所能专主，懿旨既著员缺如旧，何以悬缺不补，臣深惑焉。臣待罪谏垣一载有余，自知心长才短，宜在裁汰之列，倘侥容滥竽，亦获优沾津贴，非不知缄默苟容有利无害，顾如此存心，则上负君父而内愧神明，臣实耻之。用敢不揣冒昧，激切上陈，所有科道员缺，应请仍遵九月二十日懿旨，免其裁减，以杜违旨擅专之渐，出自睿裁，臣不胜悚慄待命之至。

是否有当，伏乞皇太后、皇上圣鉴训示。谨奏。

《清末筹备立宪档案史料》，第473—476页

国家清史编纂委员会·文献丛刊

清末立宪运动史料丛刊 ④

主编 胡绳武

副主编 牛贯杰 戴鞍钢

清廷的预备仿行立宪 第二卷

迟云飞 编

山西人民出版社

本书获中国人民大学"中央高校建设世界一流大学（学科）和特色发展引导专项资金"支持

"十二五"国家重点图书出版规划项目

国家清史编纂委员会出版委员会

主　　任　　戴逸

执行主任　　马大正　崔建飞

委　　员　　卜　键　朱诚如　成崇德　郭成康

　　　　　　潘振平　徐兆仁　邹爱莲

学术秘书　　赫晓琳　李岚

《清末立宪运动史料丛刊》出版工作委员会

主　　任　贾新田　胡彦威

副主任　姚　军　梁晋华

统　　筹　蒙莉莉

委　　员　（以姓氏笔画为序）

王新斐　冯灵芝　史美珍　刘小玲　吉　昊

李　靖　李　鑫　张小芳　张志杰　何赵云

杜厚勤　张彦彬　柳承旭　武　静　郝文霞

贺　权　贾登红　崔人杰　阎卫斌　傅晓红

翟丽娟　蔡咏卉　魏美荣

目录

第二卷

四、官制改革

1. 中央官制改革方案的讨论和决定

"齐东野语"（陶湘致盛宣怀函） ··· 531
新官制评论 ··· 熊范舆 533
军机章京不准兼差酌拟变通章程折 ··· 548
御史俾寿奏改订各部官制宜妥筹升转折 ··· 551
御史江春霖奏都察院章程有阻塞言路之处请饬再加修改折 ··· 552
宪政编查馆会奏限制京外各衙门调用人员及游学毕业生办法折 ··· 555
宪政编查馆会奏核订游学毕业生廷试录用章程折（附单） ··· 556
会议政务处奏议复御史赵炳麟奏组织内阁宜确定责任制度折 ··· 559
掌云南道监察御史俾寿奏京外冗员宜设法疏通折 ··· 561

宪政编查馆奏行政事务宜明定权限酌拟办法折……563
吉林巡抚陈昭常奏请设立责任内阁折……565
滇督李经羲请设责任内阁折……568
定议裁撤礼部……571
宪政编查馆奏拟将官制提前官俸展后办理折……571
浙抚增请速设内阁电……573
新内阁官制……574
苏抚催设内阁电奏……574
筹办海军处会奏拟订海军部暂行官制大纲列表呈览折（附表）……576
设立海军部谕……578
苏抚第二次催设内阁之电奏……578
苏抚致瑞莘帅改筹备清单电……580
设立责任内阁朝廷自有权衡非资政院所得擅预谕……581
文官考试章程预闻……581
御史胡思敬奏官制未可偏信一二留学生剿袭日本成法轻议更张折……582
出使美墨秘古国大臣张荫棠奏陈设责任内阁裁巡抚等
　　六项文职官制折……584
御史欧家廉奏内阁官制宜详慎定拟以防揽权窃政折……588
宪政编查馆会奏遵拟内阁官制并办事暂行章程缮单恭候钦定折（并单）……590
颁布内阁官制暨内阁办事暂行章程谕……595
授奕劻为内阁总理大臣那桐徐世昌为协理大臣谕……596
任命各部大臣谕……596
裁撤旧设内阁军机处会议政务处谕……597
钦定弼德院官制章程（附原奏）……597
谘议局联合会呈请亲贵不宜充内阁总理折……601
内阁会奏酌拟内阁属官官制暨内阁法制院官制折（并单）……603
颁布内阁属官官制暨内阁法制院官制谕……606
谘议局联合会宣告全国书（本会委任起草员张国溶提出）……607
内阁协理大臣与副署……柳夷　613

各省谘议局议长议员袁金铠等为皇族内阁不合立宪公例请另组
　　责任内阁呈 ………………………………………………………… 615
各省谘议局议员请另组内阁议近嚣张当遵宪法大纲不得干请谕 ………… 617
内阁叙官局暂行章程（附原奏） ……………………………………… 618
直省谘议局联合会为阁制案续行请愿通告各团体书 ………………… 621
内阁奏接收吏部印信文件折 …………………………………………… 625
内阁总理大臣演说政纲 ………………………………………………… 627
弼德院奏办事议事细则 ………………………………………………… 630
内阁各厅局闲忙之异状 ………………………………………………… 633
钦定典礼院官制章程（附原奏） ……………………………………… 634
内阁会奏拟订弼德院参议官任用章程折并单（附片） ……………… 638
内阁奏请饬各衙门编纂现行法规并厘订具奏办法折 ………………… 640
都察院奏厘订法规先撮举大要编成总纲折并单（附片） …………… 644
俟简贤得人即组织完全内阁不再以亲贵充国务大臣谕 ……………… 649
内阁总理大臣奕劻等奏自请罢斥另简贤能组阁折 …………………… 649
国务大臣载泽等奏请开去职务另简贤能以符宪政折 ………………… 651
准奕劻等辞职派袁世凯为内阁总理大臣组织完全内阁谕 …………… 652
任袁世凯内阁各大臣谕 ………………………………………………… 652
任袁世凯内阁副大臣谕 ………………………………………………… 653
入对奏事暂行停止谕 …………………………………………………… 654
重申停止奏事谕 ………………………………………………………… 655

2. 中央各部改革情形

军机处度支部会奏度支部职掌员缺折片（章程附） ………………… 657
度支部奏遵设统计处并请饬下内外衙门迅速办理折 ………………… 662
度支部奏陈清理财政办法六条折 ……………………………………… 663
度支部奏拟清理财政章程折 …………………………………………… 664
度支部奏遵旨妥酌清理财政章程折 …………………………………… 666
度支部奏陈明办过第二年第一届筹备事宜并现在筹办情形折 ……… 672
度支部奏陈明第二年第二届及现办第三年筹备事宜折 ……………… 673

003/

度支部奏陈明办过第三年第一届并现办第二届筹备情形折 ………… 675
度支部尚书载泽等奏试办全国预算拟暂行章程并主管预算
　各衙门事项折（附清单三） ………… 676
度支部奏陈明办过第四年第一届筹备事宜并现在筹备情形折 ………… 683
遵旨拟议本部官制事宜折 ………… 邮传部 685
邮传部奏胪陈第二届筹备成绩折 ………… 689
邮传部奏遵章预陈次年筹备实情折 ………… 693
邮传部奏遵设宪政筹备处情形折 ………… 695
邮传部奏分年筹办邮政缮单呈览折（并单） ………… 696
学部礼部会奏画定学礼两部办事界限折 ………… 698
奏定学部官制暨归并国子监改定额缺事宜折 ………… 699
命大学士张之洞管理学部事务谕 ………… 703
学部奏第二期筹办事宜折 ………… 704
学部奏拟订视学官章程折（并单） ………… 706
学部奏遵章陈明次年筹备事宜折 ………… 710
学部奏遵设宪政筹备处等折 ………… 711
学部奏预备立宪第三年上届筹办事宜折 ………… 712
学部奏第三年下届筹备宪政事宜折 ………… 714
御史王步瀛奏工部改并为农工商部原工部事务请饬厘定片 ………… 716
军机大臣奕劻等奏厘定农工商部职掌及员司各缺折 ………… 718
军机大臣奕劻等奏酌拟将工部主管各事分别归并办法折 ………… 719
农工商部奏遵设宪政筹备处片 ………… 721
农工商部奏胪陈第三年第一届农工商筹备事宜折 ………… 722
军机大臣等会奏民政部官制折 ………… 723
民政部奏厘定本部及内外城巡警厅权限章程折（章程附） ………… 725
民政部奏接收工部划归事宜分别办法折 ………… 727
民政部奏请将州县事实表册咨民政部考核折 ………… 729
民政部奏遵设统计处折（并章程） ………… 730
民政部奏拟考核巡警官吏章程折 ………… 732

遵拟本部逐年筹备未尽事宜折（并单）	民政部	733
民政部奏陈明第二年第一届筹办事宜折		737
民政部遵拟次年筹备事项实行办法折		738
民政部奏遵设宪政筹备处折		740
民政部奏遵章陈明第二年第二次筹办成绩折		741
民政部奏陈第三年第二次筹备成绩折		744
军机处陆军部会奏陆军部官制及现行办法折（附清单）		746
陆军部奏拟订全国陆军应编镇数按省分配立定年限折		759
宪政编查馆军谘处陆军部会奏厘订陆军部暂行官制大纲列表呈进折（附表）		762
关于军事集权之结果		764
会奏遵议陆军部暂行官制		765
法部奏法部官制及应办事宜折		768
法部奏第二年第一届筹办成绩折		770
法部奏进呈上年统计表册并请饬催直省司法报告折		772
法部奏预拟宣统二年应行筹备事宜折		773
法部奏遵旨改设宪政筹备处折		776
法部奏遵旨筹画各级审判厅提前办法并预拟本年实行筹备事宜折		777
法部奏续陈第三年第二届筹办成绩折		781
吏部奏嗣后人员分发办法折		783
吏部奏遵章预陈明年筹备事宜实行办法折		784
吏部奏遵设宪政筹备处酌定办法折		786
理藩部奏核议理藩部大概情形折		787
理藩部军机处会奏酌拟员司各缺分定责任并拟设调查编纂两局折		789
理藩部奏拟设立调查编纂局等事折		791
理藩部奏遵章预定来年办法折		792
理藩部奏筹备藩属宪政第四届已办事宜等折		794

御史徐定超奏翰林院升途拥挤请变通官制折⋯⋯⋯⋯⋯⋯⋯⋯⋯⋯⋯⋯⋯ 796

会议政务处议复御史徐定超请变通翰林院官制折⋯⋯⋯⋯⋯⋯⋯⋯⋯⋯ 798

整顿都察院慎选言官著军机大臣等妥议谕⋯⋯⋯⋯⋯⋯⋯⋯⋯⋯⋯⋯⋯⋯ 800

军机大臣奕劻等复奏会议都察院官制折⋯⋯⋯⋯⋯⋯⋯⋯⋯⋯⋯⋯⋯⋯⋯ 801

准都察院官制谕⋯⋯⋯⋯⋯⋯⋯⋯⋯⋯⋯⋯⋯⋯⋯⋯⋯⋯⋯⋯⋯⋯⋯⋯⋯ 803

都察院奏整顿变通章程折片（章程附）⋯⋯⋯⋯⋯⋯⋯⋯⋯⋯⋯⋯⋯⋯⋯ 803

内务府奏设立宪政筹备处折⋯⋯⋯⋯⋯⋯⋯⋯⋯⋯⋯⋯⋯⋯⋯⋯⋯⋯⋯⋯ 806

3. 地方官制改革的讨论和决定

政务处学部会奏遵议裁撤学政设立直省提学使司折⋯⋯⋯⋯⋯⋯⋯⋯⋯⋯ 808

学部奏请简放直省提学使并陈未尽事宜折⋯⋯⋯⋯⋯⋯⋯⋯⋯⋯⋯⋯⋯⋯ 810

学部奏陈各省学务官制权限等事宜折⋯⋯⋯⋯⋯⋯⋯⋯⋯⋯⋯⋯⋯⋯⋯⋯ 811

编订地方官制谕⋯⋯⋯⋯⋯⋯⋯⋯⋯⋯⋯⋯⋯⋯⋯⋯⋯⋯⋯⋯⋯⋯⋯⋯⋯ 815

熊希龄致瞿鸿禨函⋯⋯⋯⋯⋯⋯⋯⋯⋯⋯⋯⋯⋯⋯⋯⋯⋯⋯⋯⋯⋯⋯⋯⋯ 816

御史史履晋奏请外省撤局所裁幕友折⋯⋯⋯⋯⋯⋯⋯⋯⋯⋯⋯⋯⋯⋯⋯⋯ 819

宪政编查馆奏酌拟切实考验外官章程折（并清单）⋯⋯⋯⋯⋯⋯⋯⋯⋯⋯ 822

张之洞致鹿传霖两电⋯⋯⋯⋯⋯⋯⋯⋯⋯⋯⋯⋯⋯⋯⋯⋯⋯⋯⋯⋯⋯⋯⋯ 825

劳鼎勋致瞿鸿禨函⋯⋯⋯⋯⋯⋯⋯⋯⋯⋯⋯⋯⋯⋯⋯⋯⋯⋯⋯⋯⋯⋯⋯⋯ 826

清末督抚答复厘定地方官制电稿⋯⋯⋯⋯⋯⋯⋯⋯⋯⋯⋯⋯⋯⋯⋯⋯⋯⋯ 832

岑春煊拟更定外省官制说帖⋯⋯⋯⋯⋯⋯⋯⋯⋯⋯⋯⋯⋯⋯⋯⋯⋯⋯⋯⋯ 864

编纂官制大臣载泽等原拟直省官制总则草案⋯⋯⋯⋯⋯⋯⋯⋯⋯⋯⋯⋯⋯ 865

编纂官制大臣载泽等原拟地方官设佐治员并酌拟佐治员

    任用法说帖⋯⋯⋯⋯⋯⋯⋯⋯⋯⋯⋯⋯⋯⋯⋯⋯⋯⋯⋯⋯⋯⋯⋯⋯⋯ 869

总司核定官制大臣奕劻等奏续订各直省官制情形折（附清单）⋯⋯⋯⋯ 870

各省官制由东三省先行开办他省十五年内通行谕⋯⋯⋯⋯⋯⋯⋯⋯⋯⋯⋯ 876

命宪政编查馆会同吏部详订考验外官章程谕⋯⋯⋯⋯⋯⋯⋯⋯⋯⋯⋯⋯⋯ 877

书总核官制大臣改订外省官制折后　　　　　　本社撰稿　蛤　笑　877

民政部奏拟订直省巡警道官制并分科办事细则折⋯⋯⋯⋯⋯⋯⋯⋯⋯⋯⋯ 879

宪政编查馆奏考核直省巡警道官制细则折（并单）⋯⋯⋯⋯⋯⋯⋯⋯⋯ 881

农工商部会奏拟订直省劝业道职掌任用章程折（附章程）⋯⋯⋯⋯⋯⋯ 884

宪政编查馆奏考核直省劝业道官制细则酌加增改折（并单） ……… 887

学部通咨各省各项学堂皆归提学使管辖考核文 ………………… 890

度支部奏酌拟清理财政处及各省清理财政局章程折（并单） …… 892

度支部奏请简各省清理财政正监理官折（并片） ………………… 899

度支部奏派充各省副监理官折（并单） …………………………… 900

度支部奏各省财政统归藩司综核折 ………………………………… 902

各省财政统归藩司或度支使经管谕 ………………………………… 903

掌湖南道监察御史石长信奏请改各省兵备道为兵备使司折 ……… 904

宪政编查馆奏考核提法使官制折（并单） ………………………… 905

度支部奏甘肃藩司玩误要政据实纠参折 …………………………… 911

甘肃藩司毛庆蕃革职谕 ……………………………………………… 912

度支部奏各省动拨款项统由本部核定片 …………………………… 913

度支部奏各省藩司请实行由部考核折 ……………………………… 914

山东巡抚孙宝琦奏厘定直省官制谨陈管见折 ……………………… 915

民政部奏议覆御史麦秩严奏各省警察腐败有碍宪政恳饬速定民政司
巡警道选任章程折（附片） ……………………………………… 921

民政部奏酌拟巡警道属官任用章程折（并单） …………………… 925

外务部奏请设各省交涉使缺并拟章程请饬会议政务处覆核折（并单） …… 928

会议政务处奏覆核外务部奏请设各省交涉使员缺折 ……………… 931

宪政编查馆奏拟订各省会议厅规则折（并单） …………………… 932

农工商部会奏续订直省劝业道职掌事宜折 ………………………… 934

江西巡抚冯汝骙奏归并财政局所设立公所分科治事折 …………… 935

各省督抚筹商官制电 ………………………………………………… 937

续录各省督抚筹商官制电 …………………………………………… 942

宪政编查馆奏考核巡警道属官任用章程折（并单） ……………… 946

法部奏各省驿传事务应由各省提法使移归劝业道管理片 ………… 949

各督抚会陈改订官制原奏 …………………………………………… 950

命锡良等参预厘订外省官制谕 ……………………………………… 952

民政部奏催设巡警道缺折 …………………………………………… 952

民政部奏各省土司拟请改设流官折……953
法部奏编订提法司办事划一章程折（并单）……955
吏部奏酌拟按察司属官裁缺人员办法折……962
陆军部会奏酌拟各省督练公所暂行官制纲要折（并单表）……963
五督对于新内阁权限之政见……966
五督为阁部与直省权责致宪政馆电……967
法部奏酌拟各省提法司属官奖励办法折……968
民政部奏酌增巡警道属官考试资格并声明照章任用办法折……969
民政部奏本届各省巡警道计典折……971
两江总督张人骏奏厘定外省官制宜以旧制为本量加损益折……972

4. 各省改革情形

直隶总督杨士骧奏本署设立会议厅片……976
东三省改为行省谕……977
拟请归并局处改设十司折……程德全 977
拟定东三省职司官制及督抚办事要纲折（附单）……徐世昌 等 981
请派署奉省司道各缺并遵旨增改官缺折……徐世昌 987
酌拟奉省提法司衙门及各级审判厅检察厅官制职掌员缺折
（附单）……徐世昌 989
东三省总督徐世昌等奏请设司缺派员试署并陈变通办法折……996
东三省总督徐世昌等奏酌拟奉省各官养廉公费以励廉隅折……997
吉省请设司道各缺派员试署折……徐世昌 朱家宝 999
议设三省督练处折……徐世昌 1001
裁缺文职请归部选用片……徐世昌 程德全 1003
江省添设道府厅县折……徐世昌 周树模 1003
吉省设立宪政调查局经费作正开销片……徐世昌 等 1007
裁撤锦州副都统员缺折……徐世昌 1008
谘议厅拟设参事片……徐世昌 1009
酌拟江省续设道府厅县设治章程折（附单）……徐世昌 周树模 1009
遵核奉天官制详陈办理情形折……徐世昌 1012

目 录

拟裁奉天巡警道添设洮昌临长海两道员缺折	徐世昌	1015
江省四司分设各科薪津公费数目折	徐世昌 等	1017
裁撤奉天府县司狱典史员缺片	徐世昌	1018
江省遵设清理财政局折	徐世昌 等	1018
东三省总督徐世昌奏奉省设立清理财政局派员开办日期片		1020
东三省总督徐世昌署理吉林巡抚陈昭常奏吉林遵设清理财政局并开办情形折		1021
查核东省官制请裁奉天左右参赞员缺折	锡 良	1022
裁汰奉省各司道局处冗员片	锡 良	1023
遵旨考察东三省情形裁并差缺折	锡 良	1024
拟请变通吉江两省巡抚奏事会总督后衔片	锡 良	1028
请升民政使为从二品管府厅以下升调事宜片	锡 良	1029
请设东三省帮办大臣折	锡 良	1029
奉省旗官出缺不补逐渐变通办法折	锡 良	1030
黑龙江巡抚周树模奏遵设行政会议厅办理情形折		1031
奉省公署遵设行政会议厅折	锡 良	1032
裁撤司道佥事并同江厅一缺改设经历片	锡 良	1034
江苏巡抚陈启泰奏设立清理财政局并开办日期折		1035
两江总督端方奏设清理财政局开办日期片		1036
江苏巡抚程德全奏统一财政开办度支公所情形折		1037
江苏巡抚程德全奏遵章设立幕职折		1038
浙江巡抚增韫奏设立清理财政局折		1040
安徽巡抚冯煦奏设幕职分科治事及会议厅折		1041
安徽巡抚朱家宝奏设立清理财政局派员筹办片		1042
安徽巡抚朱家宝奏设立财政公所拟筹统一办法折		1043
安徽巡抚朱家宝奏遵章设立幕职分科治事折（并单）		1044
闽浙总督松寿奏派藩司尚其亨等充财政局总办片		1046
闽浙总督松寿奏设立调查局并委员办理片		1047
江西巡抚冯汝骙奏设立清理财政局开办情形折		1048

009 /

前署山东巡抚吴廷斌奏裁撤东省督粮道增设巡警劝业两道缺折 …………… 1049

外务部奏议复东省添设交涉道缺折 ………………………………………… 1051

山东巡抚袁树勋奏设立清理财政局开办日期折 …………………………… 1052

河南巡抚吴重憙奏设立清理财政局开办日期折 …………………………… 1053

河南巡抚吴重憙奏豫省遵设调查局办理情形折 …………………………… 1054

湖广总督陈夔龙奏设立清理财政局遴员开办情形折 ……………………… 1056

湖广总督瑞澂奏会议厅并设宪政筹备处恭悬上谕折 ……………………… 1057

湖南巡抚岑春蓂奏设清理财政局折 ………………………………………… 1059

湖南巡抚岑春蓂奏湘省调查局办理情形折 ………………………………… 1061

湖南巡抚杨文鼎奏报会议厅办理情形折 …………………………………… 1063

两广总督张人骏奏设立清理财政局日期等片 ……………………………… 1064

署粤督咨呈宪政编查馆设立幕职分科办事文

（附章程员名单） ……………………………………… 袁树勋 1065

署理两广总督袁树勋奏统一财政依限成立筹办情形折 …………………… 1069

广西巡抚张鸣岐奏遵设调查局编纂法制统计事宜折 ……………………… 1071

广西巡抚张鸣岐奏司署遵设财政公所筹办事宜折 ………………………… 1072

广西巡抚沈秉堃奏预算不敷酌并局处折 …………………………………… 1074

四川总督赵尔巽奏遵设清理财政局切实筹办折 …………………………… 1076

四川总督赵尔巽奏统一财政办理情形折 …………………………………… 1078

四川总督赵尔巽奏臬司旧管驿传事务移交劝业道管理片 ………………… 1079

贵州巡抚庞鸿书奏提法公所遵章成立折 …………………………………… 1080

增设巡警道以杨道福璋试署折 ……………………… 锡　良（云贵总督）1081

交涉使饬赴新任片 ……………………………………………… 锡　良 1082

劝业道饬赴新任片 ……………………………………………… 锡　良 1083

陕西巡抚恩寿奏遵章裁汰原设按察司属官片 ……………………………… 1084

陕甘总督长庚奏设立幕职分科任事折 ……………………………………… 1085

甘肃新疆巡抚联魁奏遵设清理财政局派员开办情形折 …………………… 1087

新疆巡抚联魁奏筹办统一财政裁并居所于藩司署内

分科治事折 ……………………………………………………… 1089

四、官制改革

1. 中央官制改革方案的讨论和决定

"齐东野语"（陶湘致盛宣怀函）①

光绪三十二年十一月二十六日　北京

一、邮传部侍郎，始而咸指泗州②，后因泗州党卧雪③，善化④恶之。世公又非与卧雪接洽者，故即以云老⑤补之。现在云老出缺，议者谓必属泗州。然泗州

---

① 括号内文字系本书编者所加。
② 泗州，杨士琦，安徽泗州人。
③ 卧雪，指袁世凯。
④ 善化，瞿鸿禨，湖南善化人。
⑤ 云老，指胡燏棻，字云楣，任邮传部侍郎，于是年十一月初二日病死。——原注

此番因乃兄①被劾，颇受影响，恐未必如愿。善化曾云："长沙②胸无成竹，日后部事无非唐③、杨两人大权在握。"似乎泗州之右侍殆无疑义。然长沙闻善化之说，不肯认大权旁落之名，故近来与三藏于调人之际，颇有意见。长沙所调廿员，名士居多。三藏调十员，满人居其七，用心可谓深远，然皆不懂路、电等事，仅有冯次台（现办各路总文案）、金恭寿（云老十余年之文案）两人，虽皆调部，而派收支、庶务，用违其才，其毫无头绪可知矣。丞、参原定陈昭常、施肇基、周万鹏、朱桂辛，后忽临时抽出。传闻内中有资望不足，恐为言路弹劾。又闻朱桂辛因外城厅难做，由善化交派，三藏不愿，电询城北④，城北不允，所以抽出。朱则非调不可，纷纷争竞，殊可笑也。又闻拟以袁海观⑤补右侍，一则楚南团体可固，二则慕韩⑥可冀实授京兆也。然海公⑦于英国交涉尚多未了，恐又未必。最近之消息则有：以双木⑧简补入赞枢机，不能空衔，大约此说较确。顷又闻：泗州大施运力，可望珠还（初二，胡递遗折）。

一、从前都人士议论，均以钧处为非，现在已大不然。此番云老出缺，议者咸称应归钧处。缘轮、电、铁路皆钧处首创，公论亦应如此。窃揣情形，现内廷意思甚好，外间公论亦符，领袖⑨本无芥蒂。所隔膜者，惟善化一处，未能消融。如果微善化隔膜，则以目下情形，并不需大运动，只要有人一提即可。伏思公向作信天翁，故但据实录闻而已。

一、卧雪兼差全去。以轮、电、路等而论，既设专部，自应归并。所难堪者，兵权也。片奏"谨将第四镇、二镇仍归督练节制"，改为"暂由训练、调遣"。设非主上生疑，何至如此？闻七月中有日，卧雪召见时，慈圣云："近来，参汝等之折有如许之多，皆未发出。"照例应碰头，而卧雪以为系改官制之参折，即对称："此等闲话，皆不可听。"（粗率逼真）慈圣色为之变。后来领袖进

---

① 当指杨士琦之兄杨士骧，时任山东巡抚。
② 长沙，张百熙，湖南长沙人，官制改革后任邮传部尚书。
③ 唐，当指唐绍仪。
④ 城北，指徐世昌。《战国策·齐策》："城北徐公，齐国之美丽者也。"——原注
⑤ 袁海观，即袁树勋，后官至两广总督。
⑥ 慕韩，当指孙宝琦，字慕韩。
⑦ 海公，当指吕海寰。
⑧ 双木，指林绍年，光绪三十二年九月为军机大臣。
⑨ 领袖，指首席军机大臣奕劻。

去，慈谕："某臣如此，将何为？"适其时卧雪欲督办东三省、豫、东、直等省训练事，慈更生疑，渐用防范之策。卧雪当日闻信，惶恐无措，竭力设法周旋，不能了无痕迹矣。总之，母子①日渐和睦，卧雪即多不利也。

陈旭麓、顾廷龙、汪熙主编：《辛亥革命前后——盛宣怀档案资料选辑之一》，上海人民出版社1979年出版，收入本书时有删节

新官制评论

光绪三十二年十二月七日②

熊范舆

自五大臣出洋，声言考查政治，谋中国政体之改良。吾国人士，欣欣然望之。其既归也，主张施行宪政，内而枢臣，外而疆吏，率多赞同者。吾国人士，又欣欣然望之。及七月十三日预备立宪之上谕下，国内外欢欣鼓舞，所至祝贺，前此之欣欣然望者，大遂于心，安坐以待，一若十数年后，宪法发布，吾辈即可昂然侪于立宪国国民之列者。顾吾睹此，吾愈栗栗然危。何危乎尔？非危乎立宪上谕之不能实施也，危乎吾国民之不知所望何人，所待何人也。夫立宪国民之地位，岂望焉待焉者之所能取得者乎？吾人欲立于此地位，自谋之而自取之可耳，何所于望？何所于待？世界之立宪国，当其由专制政体而改为立宪也，皆其国民有以造成之。故其立宪国国民之地位，非离乎国民而别有人焉授与之者也。今不闻我国民谋自建设立宪政体，而立宪之说，反自政府倡之，世界安有人民不自谋立宪，一切任政府之所为，而立宪国家可以成立者乎？彼政府者，微论其不必果欲立宪也，即其欲之，殆亦不耕而求获耳。矧现政府之立宪议，固不必果有是心

---

① 母子，指慈禧太后与光绪帝。——原注
② 为《中国新报》发表时间。

乎？微特无是心也，彼又将藉此以坚一般人民望之待之之心，而因以假改革之名，唯所欲为，攫夺吾人民一切之权利，不唯不触人民之怒，而愈以博人民之欢心焉。是故政府主倡立宪之结果，适足愈巩固其专制势力耳。人民不知自谋，彼亦何乐而不为此者？而顾欣欣然望之，望之不已，而又待之。呜呼！此吾之所以栗栗然危也。

抑吾所谓现政府之主倡立宪，乃藉此以巩固其专制势力者，非故甚其说以诬之，而因以欺吾一般国民也。观于新官制之改革，固彰彰然足以显示其谋而不可掩耳。夫立宪之神髓，在人民皆得参与国政而已。国会者，人民参政之机关也，故各立宪国，皆使国会与政府对立。今中国预备立宪，仅亟亟于改革官制。官制者，不过编制政府之组织及权限耳，其所改革，勿论有合于立宪政体之编制与否，无与政府对立之国会以监督之，仍可肆行无忌，人民莫由起而诘问也。而其所谓预备者，乃仅亟亟于此，人民之参政机关，置而不问。观七月十三日之上谕云，亟应先将官制分别议定，次第更张，而其下胪记诸端，无一语言及国会者。然则政府之主倡立宪，其果意在立宪乎？抑不必意在立宪而别有作用乎？夫就改革官制而论，宁得谓其非预备立宪中所不可缺之事。然立宪政体之成立，与国会同其纪元者也，执此以与改革官制比，则预备立宪之所尤最宜亟亟而不可缺者，宜奚属乎？谋设国会而同时改革官制，则其官制之改革也，谓为立宪之预备，犹近似也。置国会于不问，而唯改革官制之是谋，其果为立宪之预备乎？抑不必为立宪之预备，而亦可以改革官制乎？欲改革则竟改革之斯已耳，又何必藉口于立宪之预备为也。今日以前，政府之组织及权限，纠纷淆乱，运用不灵，一切政务，尚不免有欲专制而无道以致之者，官制改革后，行政之运用，较为敏活，而又无人民之参政机关以盾乎其后，则今日以前之欲专制而不可得者，皆可以实行其私焉。然则吾所谓现政府之主倡立宪，盖藉此以巩固其专制之势力者，非过论也。虽然，吾于政府，亦无责焉耳。人民不自谋，而由政府自动以主倡立宪，固当然有此结果也，无足怪也。呜呼，我国民尚何所于望乎？尚何所于待乎？其曷弗勿望人而望己也！其曷弗勿待人而待己也！

或有为政府解说者曰：彼之亟亟于改革官制者，盖以此为预备之入手耳，未必其竟无意于人民之参政机关也，况新官制中，有资政院之设，其资政院官制草案说帖中，有"预备立宪，则必采择多数国民之舆论，以宣上德而通下情。若仍用保举、征辟之法，与原设政务处无异，即与公诸舆论之意不符"云云。就此以观，则今之改革官制，固不得谓其决不注意于人民之参政机关矣。是说也，盖未详审现今决议设立之资政院，其性质为何如耳。夫新官制中之资政院，或有谓其为他日上议院之基础者，然就资政院官制草案观之，不过为政府之一部分而已，其性质与国会一部分之上议院，绝不相同（说详后）。议院为人民之参政机关，安有所谓官制名称之可言哉。且即就官制论官制，彼其所改革者，愈足昭示其非为预备立宪而然也。夫立宪国政府之编制，所最重要者，为责任内阁耳。责任内阁者，出纳政令之处，与国会相须为用，枢纽国政，负国务上之责任者也。今日以前，中国政府之编制，其外形上亦与各立宪国无大差异，唯立宪国政府之编制，以责任制度为主义，中国则不过以历史之沿革为本，随时增损之而已。以责任制度为本，则凡国家之一切政务，无巨无细，皆有责任以附随之，政府无得而专制焉。而中国不然，是其所以成为专制国之政府，而与立宪政府不同之点也。今之改革官制，既所以为立宪之预备，则其不可不采用责任制度，盖无所容其疑矣。前者外间所得见新官制大纲，有改并军机处于内阁之说，由内阁总理大臣、左右副大臣及各部尚书，组织内阁，平章政事，任国政责成云云。就是说以观之，其于中国旧日官制根本上所采用之主义，一若已有变更者然。然据所得见大纲之内容，犹绝对不能贯彻责任制度之主义（总理大臣之外，有左右副大臣，同任责成，则施政方针，不能统一，始而互相牵掣，终则互相推委，不至无人任责不止。此与立宪国责任制度，最为凿枘，后当详之）。乃不谓九月二十日所发布之上谕，竟有更甚于此者，军机处与内阁，悉仍旧制，以外各部院，或增或减或并或分，仍不过基于历史上之沿革略为变更而已。根本上所采之主义，固持而不肯改，故其所改革者，无非就专制国政府之编制方法上，一换其面目焉耳，其增减分合，无论达如何之程度，终不出专制国政府编制方法之范围也。责任关系之不存，复何有于立宪国官制之可言？所谓预备立宪入手之改革，乃竟如此，然则官制之改革也，在政府之用意，其果为藉此以预备立宪乎否乎？不待智者而后决矣。

夫前此所得见之官制草案，已不能贯彻责任制度之主义矣，而九月二十日上谕发布之结果，犹终至不见采用者，何也？曰，根本上用意之差异也。前此者，不过于责任制度之主义，不能贯彻耳，其形式上固犹有所谓责任内阁之名词者存也。政府之主倡改革官制，原不欲适用立宪国政府编制之主义，则责任内阁云者，虽徒具形式，固与其初意相反矣。彼其编制委员中，意见冲突，互相反对者，不过各欲藉此为政界角逐竞争之具，因以增殖自己之势力而已，夫岂必以其有合于立宪国政府编制之主义与否而争之哉！铁良、荣庆等之单纯反对，其不欲立宪为众所周知，故其对于改革官制之意见，欲利用立宪之说，实行中央集权，以巩固专制势力，亦为众所周知。其不愿责任内阁之成立，不待论也。反对党之主张责任内阁也，亦不必果欲责任内阁之成立也，仍不过欲利用立宪之说，附会责任内阁，以抵抗铁良、荣庆等，而伸张自己之势力耳。而又虑责任内阁之果成立，不得遂其巩固专制势力之本意也，乃设为根本之牵掣，致责任制度主义之终不得而贯彻焉，是其所以主张责任内阁之作用也。顾责任内阁，虽徒具形式，而终以反乎改革官制初意之故，竟为终局审议之所不容，故九月二十日发布之上谕，并此形式的之责任制度亦不复存。旧日之军机、内阁，一如其旧，以完全贯彻其改革官制之初意，不惟立宪国政府编制之精神，不使混入于其中，即此立宪国政府编制之形式，亦拒之惟恐其不及。此现今新官制产出之原因，而所谓预备立宪入手之成绩也。虽上谕中有此次斟酌损益，原为立宪始基，实行预备，如有未尽合宜之处，仍著体察情形，随时修改，循序渐进，以臻至善等语，似其所改革者，即与责任制度不同，尚可随时修改，期臻至善于将来。然既云此次斟酌损益原为立宪始基实行预备矣，则更改之大，无有逾于是者，而官制之编制，其所采主义，仍与从前无殊，曾不肯稍有迁移，根本依然，其所谓未尽合宜者，不过枝叶而已。以后虽修改复修改，至再至三以至于十数，仍无非就本来之主义，而略为损益耳。岂复有过于此次之所谓立宪始基，实行预备者乎哉！准此旧有之主义以为改革，改革愈完备，专制愈稳固，所实行之预备，乃与其所宣言之宪政适相反。所谓始基者且如此，愈改革则距离愈差矣。故曰，就官制言官制，彼其所改革者，益足昭示其非必为预备立宪而然。宪政之实施，非由人民自倡之而自谋之，不足恃也。改革官制，其一端耳。

夫主义不变，而唯是枝叶迭更，则今日以前中国之官制，亦复时有改革矣。远者且不必论，就近十数年言之，外部、商部、警部、学部、政务处、财政处等之递增，通政司、詹事府等之撤废，何尝非改革官制者？不过前此之改革，不若此次之较为铺张扬厉耳，其改革主眼之所在，无以大异也，而今日之改革，顾独

四、官制改革

可以为立宪之预备，是何所于征耶？实之不存，名将焉寄？而政府内部之冲突竞争如临大敌乃若此，则其冲突竞争焦点之所在，于彼乎，于此乎？不辨而自明。而官制之改革，无以异于往昔之故事，固为冲突竞争者之所相喻于无言者矣。吾今更就九月二十日之上谕，为之类别而析言之，则所谓新官制之有无影响于立宪，益至易明也。

此次所改革之官制，略分四种：一仍旧者，二新增者，三并合者，四拟设而未设者。今分别摘录其上谕之概要如下：

仍旧者：

内阁、军机处一切现制，著照旧行。

外务部、吏部均著照旧。

学部仍旧。

宗人府、内阁、翰林院、钦天监、銮仪卫、内务府、太医院、各旗营、侍卫处、步军统领衙门、顺天府、仓场衙门，均毋庸更改。

都察院。

新增者：

邮传部　轮船、铁路、电线、邮政，应设专司，著名为邮传部。

资政院　审计院　资政院为博采群言，审计院为核查经费，均著以次设立。

并合更改者：

巡警为民政之一端，著改为民政部。

户部著改为度支部，以财政处并入。

礼部著以太常、光禄、鸿胪三寺并入。

兵部著改为陆军部，以练兵处、太仆寺并入。

刑部著改为法部，专①任司法。

大理寺著改为大理院，专掌审判。

工部著并入商部，改为农工商部。

理藩院著改为理藩部。

拟设而未设者：

---

① "专"，原文为"责"，据改官制上谕，应为"专"，文字亦较通。

海军部、军咨府　应行设立之海军部及军咨府，未设立以前，均暂归陆军部办理。

各部尚书均著充参预政务大臣，轮班值日，听候召对。

除外务部堂官员缺照旧外，各部堂官均设尚书一员，侍郎二员，不分满汉。

就以上所列记者观之，此次新官制，其似是而非，最足欺人者，略有四事：各部尚书均充参预政务大臣，此有似乎各立宪国之官制，凡各部大臣，皆同时为国务大臣也；各部尚书，只设一员，则有似乎责任制度也；资政院之设，有似乎为上议院之基础也；审计院之设，有似乎立宪国之会计检查院也。此外之仍旧者、新增者，合并更改以及应设而未设者，尚不过划定职权，区分事务，不若此四者之易餍人望耳。虽然，根本上之精神全缺，则此四者，徒足博美观虚名而已。其他之仅仅划定职权，区分事务者，更勿论也。所谓根本上之精神何谓乎？即前方所言之责任主义耳。立宪国官制，以内阁为负国务责任之主脑，今内阁、军机，一如旧制，则各部尚书，虽只一员，虽均为参预政务大臣，其果能负责任焉否乎？上议院为国会之一部分，乃监督责任政府之机关；会计检查院，乃检查国库实际上之出纳，与政府对立，而分任国会之一部财政监督权者。无责任制度之政府，则是二者，又将何所用也？矧资政院尚不足语于上议院之基础乎。今试就前二者，说明其与责任内阁之关系，以证军机处之仍旧，为不负责任之根本焉；然后分述后二者，以明其无用之点。而新官制之效果如何，昭然著矣。

中国之军机处，其地位与立宪国之内阁近似。立宪国之内阁，以国务大臣组织之，所以辅弼元首，负国务之责任者（本节所称元首，专指君主而言，盖新官制藉藉于模范君主立宪制，故对之为批评，不能不即君主立宪国之制度为标准耳）。故大臣责任，为立宪国中最重要之问题，而内阁即为全国大政方针所自出之地，中国军机处为行政总汇，诚如九月二十日上谕之所言也，然组织军机处之军机大臣，是否即负国务责任之国务大臣乎？立宪国之国务大臣，以内阁总理大臣为班首，此外则以各部大臣任之。各部大臣，一面为行政各部之最高长官，同时又为内阁之国务大臣。所以然者，盖因国务大臣，既须负国务责任，则行政各部，不可不准内阁之意旨，以为行政之方针。否则内阁既不得行其意旨，而顾责之以担负责任，无是理也。换一方面言之，各部大臣，为各部行政之最高长官，对于本部主任事务，亦不可不负其责，而施政方针，又须以内阁意旨为准。夫行他人之意旨，而自负责任，仍无是理也。惟其如此，故立宪国制度，凡各部大臣，同时为内阁之国务大臣，非如此则无由枢纽其间，即自欲负责，无从而负之矣。唯内阁总理大臣，不专掌一部之行政事务，盖内阁总理大臣者，乃所以总理万机，统一全国大政之方针，而组织内阁者耳。全国各部之行政，其方针不可不统一，故须由内阁决定。内阁各大臣，既同时为各部大臣，各部之行政，往往有利害冲突者（例如欲裕国家财力而课重税，则有妨民众；欲强国家兵力而役丁壮，则有妨教育等），而顾能于内阁中出于同一之方针，则由内阁迭更之际，为总理大臣者，先于内阁组织内阁时，已预为决定故耳。故内阁总理大臣，以此为唯一重要之责任。立宪国内阁之迭更，每每有合内阁之全体而变易者，职是故也。前内阁以一定之方针，施行政务，准其方针之所向，竟不能得其所期之结果，纠劾纷至，不得已，自责而辞职。国之元首，乃选择具有其他方针而能力足以组织内阁者，命之组织新内阁，受命者于正式任命之前，请假期日，谋诸政社中人（或谋之于同党，或谋之于各党，视其国势民情如何而定之），其所与谋者，如于其所立方针之下，允为各部大臣，则新内阁告成立，始为正式之任命，否则内阁不能成立，不能再选择抱持他之方针者而再为任命。内阁成立后，总理大臣常准其方针以指导各部大臣，施行政务。是故各部大臣如有违其方针之命令，总理大臣可以中止之。不如是则施政方针不统一，不能达其所向之目的，而失政之责任不能免矣。夫国务大臣之责任，原有违法及失政之两种。顾违法责任，率仅及于当事大臣之一身，唯失政责任，有不能不全体更易者，此内阁总理大臣所以立于决定全国大政方针之地位，而其他各大臣，悉视其进退而为进退也。内阁总理大臣与各国务大臣之关系既如此，内阁全部国务大臣与各部大臣之关系又如彼，是故责任制度，以内阁为主脑，责任大臣，又以总理大臣为主脑。中国之军机大臣，向无定额，率多至四五人以上，虽有所谓领班者，其地位权限，是否即与总理大臣同耶？各部尚书，虽亦有同时为军机大臣者，然非各部尚书皆于法定的当然得入军机也。今之新官制，虽云各部尚书均充参预政务大臣，所谓参预政务大臣者，固与军机处之军机大臣，非同一物。观于罢鹿传霖、荣庆、铁良、徐世昌四人之军机大臣职而使其专管部务也，则军机大臣虽无不得同时为各部尚书之明文，要其不使之同时为各部尚书，固明了易见。是军机处中，无所谓参预政务大臣者矣。九月二十三日上谕有云,政务处著改为议政处①。议政处不属于军机处,则议政处之会议不能与各国之内阁阁议同。然则各部尚书与军机处大臣,仍无关系,既无关系,则各部之行政,欲求其能准军机处所决定之方针而行之,不唯理论上绝对不可,即事实上亦有所不能矣。不可、不能,而犹冀全国各部之行政可以出于同一之方针,安可得乎?各部本各别之方针以行政,一旦有失政时,所谓全国行政总汇之军机处,其有责耶?其无责耶?谓其无责也,则军机处固全国行政之总汇也,何为其无责也?谓其有责也,则各部未尝本军机处所决定之意旨以为其行政之方针也。不行军机处之意旨,而顾以失政责军机处,无是理也。然则各部尚书,其所以必使之同时为参预政务大臣者,吾诚不知其何谓矣。吾更细绎其条段而窥其用意,所谓军机大臣,所谓参预政务大臣者,殆皆视之若立宪国之国务大臣耶?彼其官制草案,以内阁总理大臣、副大臣,及各部尚书会合而组成内阁,现在之军机处首领大臣,殆即与草案中之总理大臣相当乎?首领大臣以外之军机大臣,殆即与草案中之副大臣相当乎?然草案中之总理大臣、副大臣、各部尚书,皆同为内阁阁员,故拟之于国务大臣,尚或近似,若今之各部尚书,则非组织军机处者,是其所以绝对与组织同一内阁之国务大臣不能相同耳。唯其不同,故欲使军机大臣与参预政务大臣枢纽国政,对于同一之方针而活动,此必不可得之数也。且非特军机大臣与参预政务大臣如是而已也,即军机大臣与军机大臣之间,已绝对无可以取同一方针之道。何则?各军机大臣皆处于平等之地位,有同等之职权者耳。其首领大臣以外之各军机大臣,非首领大臣之补助机关也。是故各部之行政,微论其不能取方针于军机处,即其可也,各军机大臣人人皆有决定方针而指导各部尚书之职权,各部尚书,其何以决所从乎?盖各部尚书,各各躬亲一部之行政事务,若准以立宪国之制度,其不可不受指导于军机大臣,然后可统一其方针,宜也。然首领大臣以外之各军机大臣,未尝躬亲行政,故非受方针之指导于他人者,乃指导他人以方针者,首领大臣,岂能令各军机大臣不行使其职权耶?草案中之副大臣,与总理大臣同任责成②,夫其责成之所在,即其职权之所在,总理大臣尚不得而妨害之,况军机处

---

① 按,据《清实录》,当时系"改政务处为会议政务处"。见《清实录·德宗实录》第八册第474页(卷五六四),光绪三十二年九月丁巳。《光绪朝东华录》之记载与《清实录》同。
② 原文作"同责任成"。

四、官制改革

首领大臣与此外各军机大臣,其平等之关系更甚于总理大臣之于副大臣乎?各有职权,斯各有方针,一国三公,吾谁适从?难乎其为各部尚书者矣。

中国之行政,向来以互相掣肘为精神,除各部尚书额定二人,为法定的掣肘外,其他如一局、一所、一处,咸莫不有督办,有总办,有会办,有襄办,有帮办,种种名称,多多愈善,少亦二三或三四焉。何也?专制国之政府编制,以不负责任为主义,不有掣肘之者,则失政之时,无可推委者矣。即或事实上亦复时有独断独行,唯所欲为之人,然事实上可以行其专擅之手段,法律上不得责以专负之责任也。唯法律上不得责以专负之责任,而事实上乃不妨愈极端专擅,以独断独行而唯所欲为焉。专制国政府之编制,其妙用固有如此者。此现今新官制之所以矻矻抱持此主义而莫或动摇也。草案中之副大臣,既同任责成,即非总理大臣之补助机关,与各军机大臣同,然犹有所谓副之名称,固不若各军机大臣间之绝对无所轩轾耳。其首领大臣,不过军机大臣之班首而已,微特无服从之关系,更无正副之关系也。首领大臣与各军机大臣之关系,其冲突如此,军机大臣与各部尚书之关系,其隔绝又如彼。然则新官制之所改革者,为专制的之官制乎,抑为立宪的之官制乎?彼军机大臣者,欲如立宪国内阁总理大臣之组织内阁,求抱持同一之方针者以为行政各部之尚书,此于理论、事实,两无可能者。军机大臣非一人,其将准何人之方针而组织之耶?以首领大臣之方针为准,而此外各军机大臣,亦宜与行政各部尚书同为立于同一方针之下者乎?各部尚书,受首领大臣所指导之方针,将准之以行政也,各军机大臣立于首领大臣方针之下,将何所事事乎?得勿徒准其方针,以辅佐首领大臣而指导各部尚书乎?然则是乃首领大臣之补助机关,非平等对立者矣。而今之军机大臣固不若是,即草案中之副大臣,亦不若是也。何也?以其草案中有同任责成云云故也。现今各立宪国内阁之组织,皆无有与总理大臣具同一职权,任同一责成之人,而同立于指导各部大臣行政之方针之地位者。曾见有如中国军机处之组织者乎?曾见有如前此草案中之所谓同任责成之副大臣者乎?就中亦间有于总理大臣及各部大臣之外,由君主临时之任命,而得列席于内阁国务大臣,然此等国务大臣,一名之曰无任大臣,不过使其对于议会述政府之意见而已。唯其无任,是以与草案中之副大臣不同,与军机处首领大臣以外之各军机大臣更不同也。彼其地位,特有似乎所谓军机处学习行走之大臣,而殆或弗逮耳。唯普鲁士之内阁,则有副总理大臣一人,然其职权，非与总理大臣同负责任也，不过以备总理大臣之代理而已。盖普鲁士之内阁总理大臣，同时为德意志帝国大宰相，又同时为联邦参事会之议长，以一身当两国万机之冲，不免有临时不能莅职之事，特因此设副总理大臣，为其代理之准备，非平日皆与总理大臣有同一之职权也。而普鲁士副总理大臣，又同时为德意志帝国内部行政长官，故其代理执行普鲁士内阁总理大臣之职权时，必能准大宰相之方针，以指导各部大臣之行政。苟其所抱持者为其他方针，则其对于德意志帝国内部长官之行政，亦必与大宰相之方针不同，而已先有以调和于其间矣。是其所以能相为枢纽，无行政方针不能统一之患。而中国现制之军机大臣与前此草案中之副大臣，所以绝对与此不同，而不得以之为藉口也。是故军机处之仍旧，实所以使政府于根本上立于不负责任之地位耳。九月二十日之上谕中，有专责成云云，吾不知军机处之现制，于其所谓专责成者，其相合之点何在也。然则吾所谓新官制中，似是而非，最易欺人之四事，其前两者之内容如何，作用如何，亦既可以了然矣。是两者而如是，则后之两者，微论其不足当于立宪国之上议院及会计检查院也，即或近似焉，而亦无所用矣，而况乎改革之者之固别有作用乎。吾今更就后两者而说明其所以别有作用之故。

抑此次官制所已宣布而有效力者，唯九月二十日之上谕而已。除一切照现规制施行者外，其详细官制，尚须由各部院堂官，就原拟草案，自行核议，会同军机大臣上奏。夫军机大臣既非一人，而各部院堂官，又可自行核议，则将来之详细官制，其分道扬镳，不相照应，复何待言。今吾对于资政、审计两院之官制，欲专说明其别有作用之点，故暂就官制草案发挥之。

夫国会者，乃立于人民之地位，而与政府对立者也。现今所欲设立之资政院，不过为政府之一部分，与国会一部分之上议院不同，前方既言之矣。何也？既与政府对立，既立于人民地位，则其组织之法，须别以议院法令定之，与官制之性质，凿枘不能相入。今日资政院官制，尚何有于与政府对立而立于人民之地位之可言哉！况就国会而论，所谓上议院制度，不过历史上之产物而已，其组织之法，在现今各【立】宪国中，亦有种种之不同，而大要可别为民选上院，及贵族制上院之两种。贵族制上院，多以世袭之贵族饬任之议员组织之，此与立宪之精神，至为不合，学者间已不免有非议之者。各立宪国之所以尚存此制度者，盖由其最初设立国会之国，贵族之势甚盛，事实上有不能离脱贵族者，不得已，特别设一院以位置之，后此诸国乃相与仿效之耳。新官制之资政院，本不足以拟于国会一部分之上议院，唯就其形式言之，所谓资政院议员，有钦选者，有会推者，有保荐者，是盖模仿贵族制上院之组织法也。夫中国既非有贵族专横之历史，而现今又未设立国会，则事实上并非不得已，何必无端而模仿此不合于立宪精神之制度为哉！且何为仅亟亟于模仿此不合于立宪精神之制度，而其为立宪之神髓者，则竟置而不问乎？设立国会时采用两院制，而谓事实上有不能不然者，犹可言也。国会并未萌芽，而先设此政府的之资政院，不可解也。毋亦小变政府之形式，而曰此即立宪之预备也云尔而已。彼资政院官制草案说帖云："若仍用保举征辟之法，与原设政务处无异，即与谕旨公诸舆论之意不符。"然试问资政院官制之所谓钦选、会推、保荐等法，与保举、征辟，果有若干之差别乎？用保举、征辟之法，与政务处无异，与公诸舆论之意不符。用钦选、会推、保荐之法，岂遂有异于政务处，而符乎所谓公诸舆论之意耶？选之者非人民，推之者非人民，保荐之者又非人民，则其被选焉、推焉、保荐焉者之所参议，必不出乎选焉、推焉、保荐焉者所持意见之范围，于舆论乎何与？矧其草案说帖，更明言其设立资政院之意旨，乃所以为增加租税，而使其替政府当舆论之冲者乎。今先摘录该说帖原文于后，而一一论之如左：

原文有云：国民义务，以纳税为一大宗，现在财政艰难，举行新政，何一不资民力。若无疏通舆论之地，则抗粮闹捐之风，何自而绝。营业税、所得税等法，必不能行。日本明治元年，岁入银三千三百八万余元，至明治三十年，岁入已二万三千八百七十余万元。三十年中，增加七八倍而民不怨，中国岁入银八千余万两，一言加税，阻力横生，对镜参观，其故安在？此不能不采舆论者一也。现拟内阁官制，设总理大臣一人，左右副大臣各一人。言官交章弹劾，多以政府权重为词，不知东西各国，内阁只总理大臣一人，从无专权之事，因有议院持其后（中略），有互相维持之妙用，安有前明阁臣自作威福之事乎。此不能不采舆论者一也。近日民智渐开，收回路矿之公电，告讦督抚之公呈，纷纷不绝，若听其漫无归宿，致人人有建言之权，时阅数年，政府将应接不暇。惟专设一舆论总汇之地，非经由资政院者，不得上闻，则资政院以百数十人为四万万人之代表，通国之欲言于政府者，移而归诸资政院，又限制该院只有建言之权，而无强政府施行之力，使资政院当舆论之冲，政府得安行其政策，而民气疏通，亦不致横决难收，保全甚大。此舆论之不得不归于资政院者又一也。

观右说帖所述三理由，其第一理由，盖出于加税之目的，此为人人所共见。第二理由，一若将藉以纠查政府者。第三理由，一若将藉以代表舆论者。而实则两说之作用，皆适足以为政府宽其责任，一切皆可以卸责于人民，而政府专制之行动，乃因之而愈无阻挠耳。顾欲说明其作用，有宜先注意之一事，盖现今创立之资政院，其参议员乃由钦选、会推、保荐而来者，非由人民所公选者也。故参议员之所参议，适足为政府之后援而已。彼其第一理由，徒羡慕日本岁入之加增，而欲藉资政院以抑制加税之阻力，是不过一筹款之新法耳。抑知日本岁入之增加，乃经济事业发达进步有以使之然，而议会于租税之关系，不过税法须由议会协赞而止耳。议会之协赞，又不过求税法之有适于租税原则而止耳，岂其所协议之税法，徒唯是增加税率税目等，以期国家岁入之日进，而不问国民经济事业之如何乎哉？资政院官制草案，亦以税法列入应议事项之一，而其说帖中主张之理由既如此，则其所应议之税法事项，不外乎加税事项而已。未有资政院，则一言加税，阻力横生，莫得而遂其意，既有资政院以为之后援，则政府固可以得所藉口曰：是乃舆论之所主张也，非出于政府之本意也，胡为主张之而又阻挠之乎？横征暴敛，无所为而不可矣。是固其第一理由之作用也。其第二理由所谓"东西各国，只总理大臣一人，从无专权之事，因有议院持其后"数语，一若资政院之设，即可以妨大臣专权之（槃）〔弊〕者。然抑知立宪国之议会，其所以足以持总理大臣之后而妨其专权者，固由其有大臣责任之制度乎？新官制之改革，既绝对不采用责任（政）〔制〕度主义，则为大臣者，事实上虽用其极端专制之手段，而法律上（由）〔犹〕责以以一人专任之（专）〔责〕成，当其独断独行也，无干涉之可容，及乎纠弹纷来也，有推委之余地。所谓资政院者，即或其性质权限，一切皆与国会一部分之上议院无以异，亦安所得而限制政府之作威作福也乎？而况乎资政院之尚不足以语此也。彼编制委员，盖自知其改革官制所采用之主义，足以于根本上立于不负责任之地位，故不妨藉此数语以塞言官之口，而并以炫惑一般人之耳目耳，是又其第二理由之作用也。若第三理由，有以百数十人为四万万人代表之说，夫资政院由钦选、会推、保荐之议员组织而成，于舆论无与也，而顾谓此百数十人，足以为四万万人之代表，是何所于征耶？且其说帖中，一则曰近日民智渐开，收回路矿之公电，告讦督抚之公呈，纷纷不绝，再则曰时阅数年，政府将应接不暇，三则曰非经由资政院者不得上闻，四则曰通国之欲言于政府者，移而归诸资政院，五则曰使资政院当舆论之冲，政府得安行其政策。然则政府之不愿舆论喧嚣于其耳，以妨害其专制之进行也，愈讳无可讳矣。前此收回路矿之公电，告讦督抚之公呈，犹以其漫无归宿之故，不能不有以相应，即或不应，亦不能使其不喧嚣于耳焉，以后则一诿诸资政院，而资政院乃无妨曲护政府之用意，假舆论之名以敷陈于政府矣，即事实上有不能曲护之时，而资政院之所敷陈，又不过等于贡献刍荛之例，无强制实行之力，是对于政府之一方面，可以为之分其谤，对于人民之一方面，又可有以卸其责，而所谓政府得以安行其政策之目的，乃竟可以始终贯彻而毫无阻碍焉。资政院之设立，其利于政府之专制乃如此，是又其第三理由之作用也。夫其表面之所主张若彼，而实际之作用乃若此，然则改革官制者意中之资政院，是否果视之为国会一部分之基础乎哉。立宪国之国会，乃国家直接机关之一，而分司立法权者，彼资【政院】官制草案第一条云，"以通达下情，条陈治理，为预备立宪"。岂通达下情遂足当直接机关之职务，而条陈治理，即所以为立法权之活动也欤？为上议院基础之资政院且若是，则所谓审计院者，欲其能如各立宪国之会计检查院，分任国会一部分之事务，而于实际上监督财政出纳之会计，其可得乎？

今欲言现将设立之审计院，有合于立宪国之会计检查院与否，则须先问立宪国制度，果何为而必设立会计检查院乎？就表面之职务言之，则会计检查院之设，盖所以监督财政上之会计者，此不待论也。然监督会计，本为国会重要职权之一，顾不由国会并此而实行其监督，必分割其一部，别立一院以为之者，是何故耶？无亦以此一部监督权之行使，国会于实际上有不可能者故耳。夫国家之行政费用，莫不由人民负担而来，人民既有负担行政费用之义务，即因之有监督财政会计之权利，故立宪国中，无论其为君主国、为民主国，皆以人民有监督会计之权利，为立宪政体之一大要义，国家之支出，苟非用之于国会所已承诺之目的，而财政大臣负其责任，则虽锱铢细数，亦不得而浪费之，预算之协议，决算之承诺，皆所以实行此财政监督权者也。虽然，协议、承诺，不过对于其支出之目的，及其支出之程度，足以监察其所要求承诺者之有合于前此之所协议者焉否耳。若国库实际之金额，则不能知其出入之符合否也。夫使预算决算，其表面之款目虽相符合，而国库实际之出纳金额与之有出入焉，则财政监督之目的，终不能达。而所谓预算之协议，决算之承诺，均归无效。是故国库事务之检查，为财政监督上之所断不可缺者，而准监督之性质以言之，宜为国会职权中当然存在之事务也。顾国库实际之事务，至为繁琐，而出纳事务之发生，又复与事实相应而不能一定，非有继续活动之机关，则莫由随时逐事实行检查，而出纳金额之符合于预算、决算与否，仍莫得而知矣。国会之活动，不过限于其开会期间中耳，开会以前，闭会以后，莫由得而活动之也。而其开会之期间，多不过百日，此活动期间中，除协议全国一年之政务外，微论无一一检查出纳事务之余暇也，即或有之，亦不能应乎事实之发生，以临时监督，而防止收支之浮滥，况乎其实际出纳之正确与否，更有因其事务之性质，非临时检查，不能发见者耶。故立宪国制度，率皆将检查实际出纳事务之一部财政监督权，委诸会计检查院，以补助国会，而供承诺决算之预备，国会复得准据会计检查院之报告，以行使监查决算之权能。当其在闭会期间中也，有会计检查院，则司实际出纳之会计官吏，不能逃免其责任，及乎国会活动，则对于决算之异议，虽不必能及影响于政府内部之会计官吏，而政府与国会间之政治问题，由兹起矣。是故无决算之承诺以监督于事后，则预算之协议，徒为具文，无实际之检查以监督于平日，则决算之确否，无由决定。会计检查院，于一方纠查执司出纳之官吏于平时，于一方报告审查之成绩于国会，是其所以能枢纽其间，而达财政监督之目的也。今中国无国会而有审计院，则其所审查者，仅足以代表政府稽查其内部之会计官吏而已，非补助国会为对于政府之监督者也。彼其资政院，本含有政府之性质，故审计院官制中，唯有具奏入对之规定，而无所可容报告国会之文词，亦自然之结果耳。况其官制草案第十六条所列举之应行检查事项，其第二项为财政部汇送之内阁各部院所管报销，此当指预算中之内容而言。然第云检查报销，则不过如同官制第二十二条所云检查有无遗漏、重复、谬误及其余可疑情节而已。至于违背预算与否，该官制全文二十九条中无一语提及者，是审计院徒足为政府之会计、核对焉耳，宣复有监督政府财政上违法行动之性质乎？矧其第二项之所指，虽为预算之内容，而所谓预算，固由含有政府性质之资政院所参议而来者也。然则审计院之所审查，即令以有无违背预算为标准，仍无非为政府核对会计而已。故曰现将设立之审计院，非补助国会而为对于政府之监督者也。今更将资政院之性质暂置不论，假谓其为上议院之基础，然资政院官制所规定之参议事项，只有预算而无决算，审计院官制中，又无报告国会之说，夫资政院无过问政府决算之职权，则预算之协议，有何效力乎？政府即有预算外或超过预算之出纳，宁得而纠问之耶？审计院之于资政院，又无报告关系，则参议预算之资政院，不过足为政府之筹款处，审查会计之审计院，不过足为政府之报销局耳。形式上虽若不隶属于政府，实则立于补助政府之地位，不足以言监督也。彼其审计院说帖云，以预算之权，付之于议院，以决算之权，付之于会计检查院，而两院之关系，及国会之决算监督权则缺而不言，即其用意之所在。彼主张改革者，固绝对不欲政府立于受监督之地位，不过欲藉此愈使专制运用之灵活，而财政上之会计事务，尤为一切行政所最要者，因专设一院以经理之耳。审计院之设立，其作用固有如此者也。

据右所述，新官制中所最易餍人望之四大端，其结果徒足供政府专制之作用，则此外之改革，更不足语于所谓立宪之预备者，不待言矣。虽然，尚有一似是而非之事，则所谓谋司法之独立而特设大理院是也。夫司法权独立，为宪政所最要之事，吾亦宁得而谓其非。顾司法权之活动，以适用法律为目的，则欲问司法权独立之结果，利益于人民与否，须先问其所适用之法律，利益于人民与否。而欲法律之利益于人民，则须使制定法律之立法权，人民皆得参与而后可，今政府仅亟亟于改革官制，以期专制行政作用之活动，绝不欲人民参与国政，已如前述，则人民之莫获参与立法权，夫何待言。资政院应议事项，虽有所谓新定法律事项者，然资政院既含有政府之性质，则所参议之法律，仍无非出于政府之意思，其利益于人民与否，不特非其所周知，抑亦其所不遑过问者矣。然则司法虽独立，而其所适用之法律，仍出于专制政府之所制定，其于人民之利益，亦何与乎？立宪国中，司法权独立之作用，所以利益于人民者，盖犹有一前提焉，即其所适用之法律，皆由人民于议会中所协议而来者故耳。彼政府者，抱定一巩固专制势力之主义，则凡立宪国中之文明制度，其有利于专制之活动，而又不妨其根本上之主义者，咸莫不模而仿之，利用此以博人民望之待之者之欢心，而并得此以弥前此欲专制而有所不能者之缺憾。司法权之独立，亦其彰明较著者耳。此后我国民之自由，其被侵害于专制政府所制定之法律之下者，愈可危矣。呜呼！我国民其勿为政府之改革论所愚而窃安于心也。

虽然，吾右之所论，亦不过就官制言官制，以明乎现在之所改革，无与乎立宪之预备而已，实则以专制之政府，当人民望之待之之时，无所逼迫于其后，无端倡言立宪而预备之，已为至可骇怪之事。何也？世界各国立宪政体之发生，莫不由人民自谋干与国政之结果而来，故由政治方面以观察之，所谓宪法者，特人民约束政府之具而已，人民不谋约束政府，而谓政府可以出于作茧自缚之策，以自受约束，其谬孰甚，即或政府贸贸然为之，然可以由政府自动主张者，亦即可以由政府自动而破弃。故无论政府仅仅改革官制而已也，即令宪法颁布，一旦觉悟，彼固可自由收回耳。然则立宪之说，唯人民可以主倡，政府不得而主倡之，立宪之预备，唯人民可以自谋，政府不得而代谋之。更进而言之，立宪无须乎预备，所谓预备者，即进行而已，对于政治上实力之所在，从种种之方面，着着进行，实力之原在人民者，则扩张之；实力之被攘于政府者，则夺还之；实力之尚无所主者，则亟亟占有之。而又现实活动，勿为徒委却目前进行之责任，而理想乎将来焉。进行一步，实力即巩固一步，而立宪之预备，亦遂增一步。何物政府，尚得容其藉口于预备立宪，以改革官制而巩固其专制之势力为也。彼窃窃自虑程度之不及，而欲倚赖政府以间接希望将来者，抑更慎矣。呜呼，我国民其联袂而起，积极进行，而勿放任须臾也乎！（完）

《中国新报》第一号，光绪三十二年十二月初七日发行

军机章京不准兼差酌拟变通章程折[①]

光绪三十二年十二月初十日

臣奕劻等跪奏，为军机章京不准兼差，酌拟变通章程，以专责成，恭折仰祈圣鉴：

本年九月二十日内阁奉上谕：朕钦奉慈禧端佑康颐昭豫庄诚寿恭钦献崇熙皇

---

① 标题编者所拟，原文无标题。

太后懿旨：厘定官制，要旨惟在专责成，清积弊，求实事，去浮文。等因。钦此。跪聆之下，钦佩莫名。

窃惟设官分职，各有专司，迩来当差人员，每以一人兼充数项差使，并骛纷营，转多旷误。幸奉明诏，各衙门均撤去兼差，多年积习，一旦廓清，于公事洵有裨益。军机处出纳纶言，职掌尤重，各章京奔走供差，更宜专勤慎密，亟应开去原衙门差缺，俾得壹意趋公。惟军机章京向系有额无缺，该员等原衙门差缺既令一并开去，若不将章京原额量为变通，亦不足以广登进而资鼓励。

臣等公同商酌，拟请将各项章京均开去底缺，各以原官充补。其领班章京，请准食三品俸，秩视三品。帮领班章京，请准食四品俸，秩视四品。如能得力，请自到差补额之日起，八年期满，领班章京遇有提学、按察、盐运三司缺出，开列进单；帮领班章京遇有盐、粮、关道缺出，开列进单。其余各章京，原系实缺者，准食原官全俸，原系候补者，自补额之日起三年期满，作为实官，准食全俸。每届京察年分，拟请仿照内廷奏事官之例，每六员保送一等一员，与各衙门人员一律办理。至领班帮领班①章京，体制较崇，即毋庸保送京察。嗣后新传人员，以原官在额外行走，暂不开底缺，先行试看一年，再予奏留，如人不相宜，即咨回原衙门行走，以昭郑重。如此酌予升转，仍示限制，既不使有向隅之叹，亦不致开倖进之门，庶于鼓舞人才之中，仍寓慎重名器之意。而责任既专，考成愈重，臣等惟当督饬各员，矢慎矢勤，力图振作，于一切应办事宜，切实整顿，悉心经理，仍随时详加考核，以凭甄别，期仰副朝廷实事求是之至意。

所有酌拟军机章京不兼差缺变通办理缘由，谨缮折具陈，并将详细章程胪列清单，恭呈御览。如蒙俞允，再由臣等分咨吏部、度支部等衙门遵照办理。伏乞皇太后皇上圣鉴训示。谨奏。

光绪三十二年十二月初十日奉旨：依议。钦此。

谨拟军机章京升补详细章程，开具清单，恭呈御览：
一、本处满汉两项章京，各有紧要职掌，仍应照旧各分两班轮流入直。
一、两项章京原有三十四额，满十六员，汉十八员。汉员中额外二员，系前

---

① "帮领班"原文作"帮领官"，疑误。

因公事较繁，奏准添传，迄今奉行已久，与定额无异，拟请以三十四员均照旧作为定额。凡新传未经奏留者，均作为额外行走。

一、各项章京，嗣后均以奏留之日作为补额之日。

一、领班帮领班章京升阶，已于折内声叙。其余行走各员，自补额之日起，三年期满，候补者作为实官，实缺者升一阶，以后均届二年递升一阶，皆食全俸，候补人员未补实官以前，有半俸者仍食半俸。升阶至郎中为止。

一、现在行走章京有补额已满三年，补缺不及二年者，应仍扣足二年，照章升补。

一、丁忧起复人员，原系实缺者，仍作为实官。候补者接叙前资。

一、由本处保有郎中以下升阶，凡有即补字样者，应即作为实官；非由本处保升及由本处保升无即补字样者，仍照候补人员办理。

一、遇京察年分，必须补额已满三年者，方能保送一等。均由臣等酌量拟保。

一、汉员中如有愿就截取者，准照章保送。

一、此后各项章京既有一定升途，再遇修档年分，章京等均不得仍前优保，只准以封典虚衔请奖。

一、本处章京概不准外衙门调取当差，如有简放外衙门三品官者，仍照例开班。

一、各项章京，某员应以某官充补某项章京，俟奉旨允准后，再由臣等分别奏明请旨。以后凡有应补应升应留应传人员，均照此次奏定章程，随时奏明办理。

一、各项章京，均系曾经引见在内廷当差人员，从前奏请补额，向不带领引见，此次所定章程，又与各衙门设专缺者不同。凡遇升补之时，拟请免其再行带领引见，以符旧例。

一、各项章京均已销去本衙门字样，作为本处专差，所有应领俸饷，即由本处自行造册，赴部支领。

一、嗣后调取各衙门人员，仍照旧例办理，各衙门咨送人员，仍由本处先行考试一次，录取若干名，再行复试，择尤录取，咨由各衙门出具切实考语，由臣等带领引见。奉旨记名者，由臣等酌量传补，以期核实。

以上各条，系由臣等悉心商酌，公同妥议，是否有当，伏候钦定。

《光绪宣统两朝上谕档》第三十二册，第267—270页，广西师范大学1996年影印出版

御史俾寿奏改订各部官制宜妥筹升转折

光绪三十二年十二月二十三日

裁缺河南道监察御史奴才俾寿跪奏，为改订官制，宜妥筹阶级，以资谙练而广作育，恭折仰祈圣鉴事：

窃维近奉特旨，详订内外官制，并令各部堂官自行妥议具奏。仰见我皇太后、皇上澄叙官方，整饬部务，凡在臣民，同深钦佩。惟奴才窃思改制之初，非统全局详定阶级，不能得升转之宜，而人才亦无由表见。现在外官如何办理，尚无所闻，而各部所定章程，大都以增设郎中、员外郎、主事员缺为主。夫科举、捐纳既停，已到部者只有此数，有日减无日增，而毕业学生有进士、举人、五贡、生员各项出身，不必皆系进士，即不能人人骤膺主事。以目前而论，各衙门司员虽形拥挤，然求其真能办事者亦不多得。以日后而论，则由少以至于无，必思有以继其后者，庶人材不致缺乏。虽各部议有司书、录事等官，然皆限其升阶，不能遽有迁擢。推原其故，各部堂官所拟章程，皆派司官先行拟稿，司官希图得缺，故增司增缺，不厌其多。又狃于垄断积习，惟恐后人争其权位，故必立以限制，使人无从阶进，自不能与之争衡。

近来各堂官鉴于人才冗滥，处处皆求精核，司官迎合其意，即以严劾为自便之图，而堂官遂为其所蒙蔽而不觉。夫各部人员不患冗滥，而患赏识不真，若碍于师生情面、权要请托，使年老无才者皆得迁就任用，且以资深保列一等，藉博宽厚之名，并不考其才具器识，以至甫邀外任旋登白简者，不一而足。私心充斥，尚何望其拔取真材，整顿部务，仰副我皇太后、皇上励精图治之意乎？奴才

言念及此，不禁为之叹息痛恨也。

夫国家设官不能至主事而止，则主事以下自应增其阶级，以备升转，似宜仿照笔帖式之制，于主事之下添设七品以下小京官若干缺，令毕业学生之举贡生员出身者报名考试，签分各部学习，奏留后照拔贡之例升用。盖今日之用人既不能不取才于学堂，然必使之有入仕之途，无劣等之弊，而后人材方可有所造就。若徒于司官员缺著意，并不计及后来办事之人如何登进，平时又不能认真去取，专以人情为先务，窃恐部务日疲，官方日坏，必至有不堪设想者，而学堂学生亦终归于无用而后止。

现在各部章程尚未大定，可否请旨饬下各部堂官，务将部中事务以及司员如何升转，如何选取，通盘筹画，妥定阶级，俾得循序渐进，以资熟手，则人才不患消乏，部务亦可谙练矣。

奴才愚昧之见，是否有当，伏乞皇太后、皇上圣鉴训示。谨奏。

《清末筹备立宪档案史料》，第 493—494 页

御史江春霖奏都察院章程有阻塞言路之处请饬再加修改折

光绪三十二年十二月二十四日

掌新疆道监察御史臣江春霖跪奏，为台臣议定章程，势必阻塞言路，谨为分别（辩）〔辨〕晰，请旨饬再修改，恭折仰祈圣鉴事：

窃臣于本月十九日接奉都察院整顿变通章程，敬悉业经具奏，奉旨依议，本不敢再行渎陈。但伏读九月二十日上谕，如有未尽合宜之处，仍著体察情形随时修改。改既不惮，知敢弗言。谨按章程一十六条中阻塞言路者约有五事，上之显违乎诏旨，下之未协夫舆情，若非及时修改，势将流弊无穷，更非止未尽合宜而已，不得不披肝沥胆，敬为我皇太后、皇上（辩）〔辨〕晰言之。

四、官制改革

给事中出缺，向由吏部咨传各道御史，全带引见，候旨简用，查无按资挨补之例。自诸臣无足邀特简，后乃按资俸最深者而补之，然全行带引如故，则忠悫之士固有时脱颖而出也。今章程改为拟定正陪，虽或帝心简在，更不能于正陪二人之外而别有拔擢，请旨擢用之言，无过掩耳盗铃之术耳。中材以下，多慕荣利，发纵指示，将唯长官之命令是从，触邪之獬豸变为私门之鹰犬，谁复抗论以争国是。此阻塞言路者一也。

研究所之设是矣。然都察院职在指陈阙失，伸理冤滞，果欲研究，即当仰遵上谕，于一切政事阙失，民生疾苦，留心考核，据实指陈，以效嘉谟之入告，不应呈于堂官，致启副封之渐也。今章程令各抒议论，由堂调查以觇心得，是直欲以堂鉴代御览，弊更不止副封矣，岂谕旨据实指陈意耶？至云立画到簿，以别勤惰，尤为不知大体。史称阳城为谏议大夫，诸谏官纷纷言事琐碎，天子厌之，城方与宾客日夜痛饮，莫测其际，韩愈作诤臣论以讥之，城亦不以为意，及陆贽坐贬，裴延龄卜相，而城卒以谏显，谏官所重顾在勤乎。且自春徂秋，圣驾驻园，每上封事，往返必须二日，若令分日到所，设有紧要奏章刻不容缓，亦将以赴所画到迁延乎？名曰设研究所，实则使各员仆仆道途，疲于奔命，无暇为纠弹之事。此阻塞言路者二也。

前之记名人员，晚节虽不敢保，而都察院未荷恩赏之先，御史年间禄米饭银，综计不及三百，而推升给事中，更非四五年不可，迥异新设衙门之易于升官发财，一时趋之若鹜。膺斯选者多半清苦京员，孤贫寒士，其不由夤缘贿赂而得可共信也，行取之改为考试，未始不因乎此。今章程谓应否撤销须由吏部声明请旨，是直欲尽拼昔时狷介之士于不用，而别收一种奔竞权势之人，树党援以行其壅蔽。此阻塞言路者三也。

各专责成，访求利病，乃前明及国初巡按之职。自巡按改为坐道，所办仅秋审题本而已，余皆不分彼此，所以广忠益也。今各省京控皆归京畿审判，而于外事顾令按省专责，是同署不使预知，而欲其明千里之外，有是理耶？就云列表咨送，足凭考察，不知报销之案，虽计倪不能核其浮冒，奏当之刑，虽皋陶无由雪其冤枉。况乎用人行政，安石新法，可托于官礼，王莽巨奸，可貌为周公。掌道仅止二人，更何从遍察一省，此制若行，廉者未必能明，贪者且因以为市。此阻塞言路者四也。

满员之内非乏人才，然就都察院而论，则建白少于汉员，众人之耳目固不可掩也。今新设衙门皆不分满汉，本院堂官亦已融满汉之界，而章程于满御史独照旧例办理，保非为汉员敢言，裁之惟恐不少，满员简默，留之惟恐不多耶？且既以出路较隘，准其三年保送道府矣，而又必由彼察其才品是否堪胜，加考送部，是并此简默者，亦必使之局促如辕下驹，受其束缚驱策而后快也。明制，六科不隶都察院，御史虽隶于都察院，统而不属。国朝体制虽杀，都御史有过，仍许纠弹，所以作言官之气者具有深意。一旦举黜陟之权尽付之三堂官，三堂官皆贤，尚保无害，一有不贤，不至于方正不容谄谀竞进不止矣。此阻塞言路者五也。

凡此皆势所必至，臣之愚昧，尚且知之，岂圣明竟为其所惑，特以所拟亦有是处，遂不觉瑕为瑜掩也。应请饬下政务处王大臣，仰体谕旨随时修改之意，将臣所纠各条悉心平议，无党无偏，妥为改正，以开言路而除壅蔽，微臣幸甚，天下幸甚。至旨交政务处知道事件，闻多束置高阁，直以不知道了之，臣言无可采则已，倘有可采，务恳饬令议奏，庶事理是非，参观易见，不惟土壤细流或裨山海，亦使进言者无吾谋不用之叹。

臣为言路通塞起见，冒昧上陈，是否有当，伏乞皇太后、皇上圣鉴训示。谨奏。

《清末筹备立宪档案史料》，第495—497页

宪政编查馆会奏限制京外各衙门调用人员及游学毕业生办法折

光绪三十三年十二月二十日①

奏为遵旨议奏，恭折会陈，仰祈圣鉴事：

光绪三十三年九月初三日，御史孙培元奏请凡留学生未经考试者，无论内外大臣，不得率请调用，以市私恩而植党援一折，经学部议复，此项限制办法，应由宪政编查馆体察情形，严定任官资格，奏准通行，等语。钦奉谕旨允准在案。查东西各国任官之法，皆分别等差，明定限制，非普通考试合格者不得为判任官，非高等考试合格者不得为奏任官。此外各衙门需用专门学艺另行设官者，皆各有专条，按照办理。成学者不必入官，而当官者殆无不学，故上收器使之效，下绝躁倖之心，政美吏清，职由于此。中国用人之制，旧以科举为正途，近日科举既罢，入官者自以学堂出身为正宗。凡专门、高等学堂以上毕业各生，累经考试奉旨授职者，固当与从前正途录用各员一体升转，其未与学部考试给与出身者，虽与奉旨授职各员有所区别，而既经毕业，则其学力程度当不至全无心得。

现在各衙门推行新政，需材孔殷，如果确有所知，或不免采访调用，然使漫无限制，令未经考试各生与廷试授职各员一体补用，亦断非郑重名器之道。臣等公同商酌，拟请嗣后京外各衙门人员，除由考试录用及照章分发到部到省者，应各按向章办理，毋庸另订章程外，其奏调人员，如原系实缺候补者，准令以原官或改以对品及相当官缺分别奏补，原系学习试用者，应令于奏调后接算前资，扣足年限，奏留补用。其未经分发，仅系候选者，应自奏调到差之日起，概令当差一年后，分别以原官或改以对品及相当官缺留部留省学习试用，仍俟照章期满后奏留补用。其未经考试原无官阶之毕业学生，如确系在专门及高等各学堂以上毕

---

① 为奉到谕旨批示日期。

业得有文凭者,应由奏调衙门将各该生文凭咨送学部勘验合格后,再将该员奏调到差日期咨行吏部存案。自到差之日起扣足二年,在京各衙门,准其分别保以主事或以七品小京官学习行走,在外各衙门,准其保以知县试用,仍俟学习期满甄别后奏留补用。此外仅有虚衔各员及文凭不合格曾入高等以上学堂未经毕业之学生,准由各衙门随时考选,以八九品官委用,除照章升转外,不得逾级奏保,以示限制。似此斟酌变通,宽取严用,庶使怀材者无废弃之患,而躁进者亦无速化之方,似于行政用人不无裨益。如蒙俞允,即由臣馆通咨京外各衙门一体遵守,所有从前各衙门奏定调员补缺章程,有与此项定章相牴触者,除奏调在前各员,仍准各按原章办理外,其奏调在后者,概令遵照此次定章,不得再行援案另办,以昭画一而免参差。

所有遵旨议奏缘由,是否有当,谨恭折具陈,伏乞皇太后皇上圣鉴训示。再,此折系宪政编查馆主稿,会同学部办理,合并陈明。谨奏。

光绪三十三年十二月二十日奉旨:依议。钦此。

《政治官报》第九十二号,折奏类,光绪三十三年十二月二十二日出版

宪政编查馆会奏核订游学毕业生廷试录用章程折(附单)

光绪三十三年十二月二十日①

奏为遵旨核订游学毕业生廷试录用章程,恭折会陈,仰祈圣鉴事:

光绪三十三年九月初三日,御史孙培元奏考试游学生请择尤录用,以杜奔竞而作人才一折,经学部议复奏称,上年所定考验游学毕业生章程,系参照东西各国制度,将学成试验与入官试验分为两事,苟教育普兴,官制大定,则居官者无不学之人,而学成者不必汲汲于仕进,此制实无流弊。惟本年各省保送举贡,均

---

① 为奉到谕旨批示日期。

授职有差，其未经录取者，复经吏部奏定新章，分别等第，量予就职。至各项高等学堂毕业，亦皆奖励实官，此项游学毕业，量其登进之途，比较情形，不无轩轾。该御史原奏所称考试及格，应随时就职，就现在情形而论，尚属可行。惟任官章程，关系重要，应由臣部悉心妥议，咨送宪政编查馆王大臣详细酌定，奏明办理，等语。本年十月二十四日奉旨：依议。钦此。钦遵在案。

伏查我朝取士任官之法，向以科举出身者为正途，而廷试实为登庸之始，优拔贡则有朝考，进士则有殿试、朝考，分别等第，录用有差，略与各国文官高等试验用意相似。现在科举停罢，归重学堂，此后量能授官，自应以学堂为取材之所。惟入官试验，一时尚无善法，而内外百司推行新政，需才孔殷。此项游学毕业人员为数又属有限，争先罗致，亦理势之自然，往往负笈初归，而剡章已列，则与其私相延揽以辟召而得官，不如明定章程，俾因材而任使。

臣等公同商酌，拟请暂照光绪三十一年考验游学毕业生金邦平等成案，嗣后游学毕业生经钦派大臣会同学部考试，请予出身后，拟令恭应廷试一次，照从前殿试例，请旨分别授职，以广登进而励真才。俟将来考试官吏章程大定，再将各学堂实官奖励及此项授职考试，体察情形，酌量变通，奏准办理。兹由臣部妥议廷试章程十一条，送由臣馆详细核定，开具清单，恭呈御览。如蒙俞允，即由臣部奏请钦定廷试日期，一体遵行。

所有臣等核订游学毕业生廷试录用章程缘由，谨合词恭折具陈，伏乞皇太后、皇上圣鉴训示。再，此折系宪政编查馆主稿，会同学部办理，合并陈明。谨奏。

光绪三十三年十二月二十日奉旨：依议，钦此。

谨拟游学毕业生廷试录用章程缮具清单，恭呈御览：

一、凡在外国高等以上各学堂之毕业生，经学部考验合格，奉旨赏给进士举人出身后，每年在保和殿举行廷试一次，其廷试日期，于八月考验毕业以后，由部奏请钦定。

一、于廷试之前一日，由学部奏请，钦派深明中国文学及科学并外国文之大员数人以为阅卷大臣，仿殿试例，先期在内阁值宿，以便拟题。

一、由学部谘访明通科学及外国文之京外各官，开单奏请钦派数员为襄校官，亦先期在内阁值宿，以重关防。

一、恭应廷试者作经义一篇，科学论说一篇。其经义题目一道，恭候钦命。科学题目，应由阅卷大臣按应试者之学科门类，每门各拟二题，仿殿试例，恭候钦定。

一、此项廷试试卷，由学部备办，每人各给中文卷一本，其科学论说，愿用西文书写者，先期呈明给西文卷。

一、东西国之医科、工科、格致科、农科大学毕业生及各项高等实业学堂毕业者，往往仅以科学见长，不工文字。此项学生，准其仅作科学论说一篇，不必兼作经义。

一、此项游学毕业生之廷试卷，分为一二三等，中文与科学并能优长者列一等，中文平妥科学优长者列二等，科学优长未作中文卷者列三等。惟一二三各等不必全备，如全系佳卷，不妨尽列一等。如无中文优长者，亦不妨尽置之二三等，不必迁就。

一、此项游学毕业生之廷试卷，由阅卷大臣拟定等第，奏请钦定后，应由学部将该生等带领引见。其已得有进士出身者，按照二十九年八月升任湖广总督张之洞议奏奉旨允准鼓励游学章程，及三十一年考验游学毕业生金邦平等成案，分别请旨赏给翰林、主事等官。其已得有举人出身者，仿照本年举人考职成案，分别请旨赏给主事、内阁中书、小京官、知县等官。均于排单内按其所入学堂之程度，与毕业考验及廷试之等第，分别注明，恭候钦定。

一、凡经学部考验列最优等赏给进士者，廷试列在一等，引见时，于排单内注明，拟请旨赏给翰林院编修或检讨。经学部考验列最优等赏给进士者，廷试列在二等，引见时，于排单内注明，拟请旨赏给翰林院庶吉士，俟三年期满，由掌院学士出具考语，奏请分别授职编修或检讨。经学部考验列最优等赏给进士者，廷试列在三等，与经学部考验列优等赏给举人者，廷试列在一等，引见时，于排单内注明，拟请旨赏给主事，按照所学科目分部学习。经学部考验列优等赏给举人者，廷试列在二等，与经学部考验列中等赏给举人者，廷试列在一等，引见时，均于排单内注明，拟请旨赏给内阁中书。经学部考验列优等赏给举人者，廷试列在三等，引见时，于排单内注明，拟请旨赏给知县，分省即用。经学部考验列中等赏给举人者，廷试列在二等，引见时，于排单内注明，拟请旨赏给七品小京官，按照所学科目分部学习；其廷试列在三等者，引见时，于排单内注明，拟请旨赏给知县分省试用。

一、上届赏给进士、举人未经廷试者，准其一体廷试。

一、已有原官，愿就本班者，准其于廷试前期呈明，仍以原官，照从前进士告归本班用章程办理。

《政治官报》第九十二号，折奏类，光绪三十三年十二月二十二日出版

会议政务处奏议复御史赵炳麟奏组织内阁宜确定责任制度折

光绪三十三年七月——十二月

本年七月初三日准军机处片交御史赵炳麟奏组织内阁宜确定责任制度一折，奉旨会议政务处议奏，钦此。伏思内阁为行政枢纽，各国宪法，必以各部大臣参预政务，分之为各部，合之为政府，所以统一事权，明定责任。又必有议院之翊赞，行政之监督，期于互相维持，无复有畸重畸轻之弊，固为各国通行之成式，亦即宪法不易之定理。惟该御史所陈五条，有应切实推行者，有当次第筹画者，谨参考各国成例，酌量我国现情，分别详复，敬为我皇太后、皇上缕晰陈之。

原折内称政权、兵权不可混合。案立宪国之总理大臣，本不兼摄他缺，缘赞画机务，统辖各部，责任至重，势不能再有纷营。惟各国时政所趋，每随政党为转移，即视总理大臣为进退，如各国总理大臣或以外务卿兼任，或以度支卿兼任。此以见政策之所趋重。至于海陆各军大臣，必独立于政界之外，使政事、军事截然两途，虽德偶以总理大臣兼任陆军大臣，日于日俄争战时，桂太郎亦以总理大臣兼陆军大臣，此皆因国际战争一时权宜之计，各国海陆军之权，必专属君主统辖。今中国内阁尚未成立，果组织渐有头绪，总理大臣自不得兼海陆军之任，以清权限，而专责成。

原折又称资政院宜实有议院之性质。案此诚宪政之预备，所以采舆论达民隐也。亟宜查照上年官制原案，就钦选、会推、保荐三法，选通达治体之京外官绅，克期建立。惟所陈院中得过半人数决定者，政府不得拒绝，政府违法，院中有过半弹劾者，政府不得居其位一节。查各国议院与政府立于对待之地，政府违法，议院得以弹劾之，议院举止失当，政府亦得以君命解散之，自不得有所偏重，转失相系相维之意。日本内阁成立，参用君主立宪国制度，故内阁得自由行政，而有采公论以施行之事，议院得自由弹劾，而无强政府以必行之权，此固适合东方国之程度，且与上年预备立宪之谕旨大权统于朝廷、庶政公诸舆论二语意正符合。今以资政院代上议院，藉为政府之监督，在宪法未定议院未立之时，组织办法要在彼此相维，先使议政、行政权限分明，庶无凌越之弊。

原折又称审计院及行政裁判院宜同时设立。案上年厘订官制，已将两院职掌事宜分别订拟，其审计一事，比因京外财政茫无端绪，如外销解部之各立名目，平余陋规之难于稽查，加以币制未定，银钱参差，骤议更张，一时实难清厘，办理深防罣漏。应请饬下度支部会同各部各省，将京外每岁出入各款，限期截数，严定标准，俾全国财政得以施其正式之检察，直接之监督，诚今日至急之务。至行政裁判，为专理行政各官，被人民控告违法事件，在今日通达民隐，儆戒官邪，尤关切要。惟原奏有政府经资政院过半弹劾者，请付行政裁判一节，查各国政府如违背宪法，经议院弹劾而成诉讼者，谓之责任诉讼，其处断方法各因其政体而异，有以大审院任审判者，有以贵族院任审判者，有以特别国务裁判所任审判者。日本则大臣进退之权操之天皇，内阁不称职，是谓有负委任，或令其辞职，或罢黜之，与我国情形正合。若行政裁判院系专判民人与官府关涉案件，至官吏溺职，非该院之所应管辖，异时资政院成立，虽有弹劾大臣之权，而无许以请交裁判之理。此行政裁判之权限宜明也。

原折又称都察院必须整顿。案都察院本有监督行政之责，虽与议院规制不同，然议院表众人之意见，都察院表一人之意见，其条陈治理则皆可以收兼听之益，且议院提议岁有定期，都察院随时指陈阙失，可以无过时之虑，兼供议院开议时之参考，在今日代国会以立于监督政府之地位，裨助宪政实非浅鲜，自当审慎选通才，以充此职。原奏所称仿会推、保荐之法，遴选明达正直人员，自是要著。至于严加甄汰，宽予保送，以肃台政各节，应请饬下都察院厘定章程，认真办理。

原折又称内政大臣必定任限。案各国总理大臣多为政党之领袖，故各部大臣必视内阁大臣进止，迨议院有他党反对，则内阁大臣不安于位，于是议院解散，内阁亦交替。此民主与君民共主之国，其内阁大臣更替或直如传舍，原无所谓任期也。日本则全属君主之简用，往往议院解散，而内阁依旧成立，任期亦无一定。惟总持行政之地日久，亦难尽餍人心，自不妨酌定任限。原奏谓无论总理大臣、副大臣，皆以三年为一任，良者再任，不得连三任，如间一任或二任之后，仍可复任等语，似尚可行。若朝廷特别简畀之臣，则连任之权操之君上，自不可以定限例也。

总之，默察今日情势，民智尚未尽启，本难求精备之机关，宪政甫植初基，要当准完全之制度。该御史所陈各节，系为维持宪法，期无流弊，颇多见到之言。臣等审慎筹商，或理无歧异，或意有引伸，分条复陈，上备圣明裁择，如蒙俞允，再由臣等咨行宪政编查馆按照原奏分别审定，依次编辑，以期详审。谨奏。

《东方杂志》，光绪三十四年第一期

掌云南道监察御史俾寿奏京外冗员宜设法疏通折

光绪三十四年七月初七日①

奏为京外冗员宜设法疏通，以清吏治而肃官方，恭折仰祈圣鉴事：

窃维欲清吏治，首以疏通冗员为先，近虽改订官制，然内而部院外而各省，闲散冗员，不知凡几，堂官绝不一加顾问，但凭资格，自能得缺，而其人老矣。待其出缺后，再以一资深者补之，当差与否，概不过问。其勤奋得力者，苟无资格，转不能补缺。堂官但知某司掌印、主稿、总办为何如人，而某司共有几缺，

---

① 为奉到上谕批示日期。

实缺皆系何人，不惟不知，且亦不问。此不得谓之冗员，直谓之冗缺可也。况各部院选缺，主事本衙门概无升转，听其资深，再选他部，则本衙门何必有此一缺，朝廷又何必有此一官。他如各部院满洲司务，蒙古、汉军笔帖式，及内阁蒙古中书等，本衙门皆无升途，必致老死而后已。既补冗缺，则不得不以冗员自居。虚糜俸禄，莫此为甚。外官专讲情面，苟无援引，欲求一见而不可得。幕府家丁，皆能用事，果真逢迎得法，即可差缺频仍，并可以人材保荐。其真有才识，困于饥寒者不可胜计。至偶有展布，为人所忌，必至倾陷排挤，使不能伸而后止，不遭参劾，即为幸事。此等风气，虽有贤督抚亦不能免，盖其居气养体，已非一日，耳目为左右人情所蔽，而朝廷差缺皆以冗才居之矣。上以情面求之，下即以情面应之，且期其必受而后止，终日营营，苦心谋划，各为其私。似此情形，各省吏治概可想见。

拟请饬下各部院堂官，所有各部院司官，如有当差得力者，不论班次，均宜添改酌补之缺，并于本衙门疏通升转之阶。其永不入署当差者，无论何途，一概勒令回籍。而堂官尤必时常接见司员，拔取真材，勿以人言为是非，勿以人情为去留，则选举公而人才出矣。其外省各官，拟请饬下各省督抚，所有分发道府州县到省后，令其先在各署学习办理公事，时常接见，遇事考察，因其材而教之，数月之后，果能留心办事，再行留省差委。若一无可取，即行咨回，不必滥竽充数。督抚先于人材留心，则各事自能得人而理，不必身亲其事，自无不治之事。

奴才为整顿京外吏治起见，是否有当，谨恭折具陈，伏乞皇太后、皇上圣鉴。谨奏。

光绪三十四年七月初七日奉旨：会议政务处知道。钦此。

《政治官报》第二百八十五号，折奏类，光绪三十四年七月十六日出版

宪政编查馆奏行政事务宜明定权限酌拟办法折

宣统二年二月二十九日①

奏为行政事务亟宜明定权限，以为筹备宪政之本，酌拟办法，恭折仰祈圣鉴事：

窃维君主立宪政体，统治权属诸君上，而立法、司法、行政则分权执行，是为立宪要义。谨案钦定宪法大纲，君上有统治国家之大权，凡立法、行政、司法皆归总揽，而以议院协赞立法，以政府辅弼行政，以法院遵律司法。仰见朝廷博采成规，折衷至当，风声所树，观听一新。两年以来，业经筹备事项，如开设谘议局为各省采取舆论之所，开办资政院为上下议院之基，又法院编制法亦经钦定颁行，其京师、东三省所办各级审判厅先已成立，各直省亦次第筹设，克期施行。是立法、司法两大端基础已具，若于行政机关不亟设法整理，匪惟不利推行，且恐滋生弊害，敬为我皇上缕析陈之。

一曰行政权将为立法权所操纵也。三权分立，固为宪政之精神，而君主立宪国则以君主统治大权冠诸其上。三权之中，惟司法机关孑然独立，其互相维系而处于对待之地位者，则立法与行政二者而已。然征诸实事，则二者对待，各不相下，必有一焉隐握运用之权，始剂与平。其在议院政治之国，则议会操纵政府，其在大权政治之国，则政府操纵议会，不于此则于彼，东西各国有明征矣。我国宪法既采大权政治主义，则于议院政治绝不相容，故造端之始，三权机关必须同时设立，不可偏废。否则立法之基先具，既有以磨砺其才，增进其识，而行政机关袭故蹈常，不能相副，虽有人才，无从历练，优劣相形，势必成以立法权操纵行政权之局，而君主立宪主旨将破坏而不可收拾矣。

一曰行政之统系及责任不分明也。凡国家行政，同一之事务，必以同一之官

---

① 为奉到谕旨批示日期。

府统之，统系既明，责任自专，方能定趋向而促进行。现制有一事而分隶数部者，有一官而兼辖诸务者，互相牵制则召争，互相推诿则废事。至于宫府不分，皇室事务与国家事务混而为一，职掌未定，常设机关与特设机关动行抵牾。综此数端，是行政之机关整理愈不容缓矣。

一曰国家行政与地方行政界限不明也。行政事务，何者应归中央直辖，何者应归地方管理，究其性质，本有专司，不容牵混。现制每有应归中央直辖之重要事务，而举以责诸地方者，相沿日久，遂难分析，以致政令不齐，无从画一。上年各省谘议局开会，亦以界限不明之故，动辄有侵越权限之虞，迭经各督抚以国家行政与地方行政作何区别电询臣馆，亦因标准未定，不能详析指明。本年资政院召集在迩，若不先期详为规定，尤恐权限争执无已时矣。

一曰行政事类不分则财政无从清理也。筹备事宜，既有国家财政与地方财政之分，则国家行政事类与地方行政事类必先逐一画分，然后行政经费始有所据以为分配，清理财政始能措手，预算决算乃可实行。今则内而各部之计划，外而各省之措施，俱以限于财力，不能进行。遇有要政，部臣不能为谋，所需之经费，或令其自行筹措，或径摊派于各省。究其归也，往往以无款可筹之故，要政因以不行，此尤臣等所焦思而重虑者也。行政关系之巨，若此则整理机关实为本原，不容置为缓图也明矣。惟是治病者必察其源，治丝者先理其棼，方今行政之病，由于职掌不清，以致权限不明，则整理之法，必先规定职掌，以明权限所在，方能收整齐画一之效。是划分行政职权，又为整理行政本原中之本原也。

考行政之要义有二，一区分事务之性质，二区分执行之机关。国家行政事务本极繁赜，必辨其类以区之，而立为部以统之。行政事类大别有五，曰内务行政，曰外务行政，曰财政，曰军政，曰司法行政。其他事务，不在国家行政之列，即不属国务统系之中。至分部之法，各国多寡不同，我国现制设有外务部掌外务行政，度支部掌财政，陆军部掌军政，法部掌司法行政，而民政部、学部、农工商部、邮传部、理藩部分掌内务行政，较之各国编制虽有异同，揆诸国情，折衷已属允当。盖五类行政之机关，缺一不可立国，中外固无二致也。

至于执行机关，约分四级，一曰直接官治。由中央政府依据法令直接管辖，或由部特设专员，分赴各省办理，直达于部者。二曰间接官治。由中央政府委任各省官吏，遵照法令执行，不再由部特设专员者也。三曰地方官治。由各省官吏遵照法令奉行者也。四曰地方自治。由各自治职遵照法令奉行者也。凡中央集权之国，不须设地方官治一级，以事统于民部之故。凡地方分权之国，不须设间接官治一级，以事分隶于地方之故。惟是我国情形不同，纯然中央集权与纯然地方分权之制，均难适用，揆时度势，似以四级具备为宜。

臣等再四筹维，拟以各部现行职掌为经，以四级机关为纬，分别部居，列为简表，遇有应行改并增减之处，附加按语，纂成行政纲目一编，缮具清本，恭呈御览。俟命下后，即由臣馆咨送各该衙门逐条核酌，如有尚须量为变通损益，及事隶两部或数部者，由各该衙门分别会商，详细签注，限两月内咨复到馆，再由臣馆详加厘订，会同内阁会议政务处复核具奏，请旨钦定实行。此后筹备事宜，如厘订官制、清理财政等项，悉据此以为准的。其资政院暨谘议局权限，亦即以此为范围，庶几纲举目张，有条不紊矣。如蒙俞允，即由臣馆咨行各衙门钦遵办理。

所有酌拟行政事务明定权限办法缘由，谨缮折具陈，伏乞皇上圣鉴训示。谨奏。

宣统二年二月二十九日奉旨，已录。

《政治官报》第八百七十九号，折奏类，宣统二年三月初三日出版

吉林巡抚陈昭常奏请设立责任内阁折

宣统二年三月二十五日①

奏为请旨设立责任内阁，以固邦本而慰民望，恭折仰祈圣鉴事：

窃臣伏读光绪三十二年七月十三日上谕：廓清积弊，明定责成，必从官制入手，亟应先将官制分别议定，次第更张，等因。钦此。又伏读是年九月二十日上

---

① 为该期《东方杂志》发行日期。

谕：仰维列圣成宪昭垂，法良意美，设官分职，莫不因时制宜。今日情形既有不同，自应变通尽利。其要旨惟在专责成，清积弊，求实事，去浮文，期于厘百工而熙庶绩，等因。钦此。

是预备立宪，必先改定官制。在我孝钦显皇后，德宗景皇帝，固已洞烛几先，明定国是，圣谟宏远，中外同钦。惟以当日改革之初，群情或不无疑虑，故有次第更张之谕，期于依次举办，毫无阻碍。军机处为一国政治总汇之地，虽至今尚仍其名，而已不令兼别职，且各部大臣均兼充参预政务大臣，实隐寓外国大臣同负责任之意，即以为异日责任内阁之基础。现九年预备之事，逐渐推行，即改定官制一端，愈无可缓，而官制中之责任内阁，辅弼君上，代负责任，尤不可不急为设立。盖责任内阁者，为全国政治之最高机关，苟机关之组织未尽适宜，斯宪政之进行，必多扞格。近日东西各国，无不设立责任内阁，其大别有二：一曰政党内阁，一曰帝国内阁。所谓政党内阁者，即其内阁阁员对于议会而负责任，组织内阁必用议会多数之党，英、法、奥、意诸国行之。所谓帝国内阁者，即其内阁阁员对于皇帝而负责任，组织内阁之权，操之君主。德、日诸国行之。要之组织之方法，虽各有不同，而其为负责任之机关，则无或少异。

若吾国之军机处，其始本由内阁分设，与英国最初之内阁，其始本由枢密院分设者，正相符合。特彼之内阁，寖假而为政治最高之机关，寖假而对于政治负其责。而我之军机处，虽握有行政之实权，而因无责任之规定，故其所行而善，固无功之可言，所行而不善，亦无过之可指。且因责任之政府不立，纵有利民之政，亦莫能见信于人民。政府忧劳于上，人民怨咨于下，在政府固不必求助于人民，而人民亦实不谅夫政府。上下之隔阂，国是之纷纭，诚今日天下之大患也。

今欲更张有度，咸与维新，莫如裁撤军机处，设立责任内阁，以各部大臣组织之，其上置一总理大臣，以统一各部。苟有失政，则全内阁之大臣，连带以负责任，庶功过皆有所归，而庶绩自以日理。综其利益，厥有数端：

一、政务之系统可以分明也。今日行政机关之不能改革者，其弊在于无人，而尤在于无组织之法。议者或谓今日为预备立宪之时代，宜收地方之权力，集之于中央。于是学部则统辖提学司焉，农工商部则统辖劝业道焉，民政部则统辖民政司或巡警道焉，度支部则统辖度支司或藩司焉，法部则统辖提法司或臬司焉。不辨明政务之系统，而欲以中央之权力，支配各地方之官吏，在督抚固窃议其侵权，在中央亦实力有未逮。苟设立责任内阁，将全国之政务，一一区分而条理之，如陆海军行政权，外交行政权，财务行政权，司法行政权，皆宜握诸中央。其余或委诸地方官吏，或委诸自治团体。其握诸中央者，由中央政府负其责，其委诸地方官吏及自治团体者，由官吏及团体负其责。责任既极分明，机关自可效用矣。

二、施政之方针可以确定也。国家自举行新政以来，非不雷厉风行，以冀振积弱之余，而臻富强之域。然其成效卒不大著者，无他，施政无一定之方针也。此部与彼部不相习，此省与彼省不相闻，同处一国之中，俨若鸿沟之隔，从无有立大政之方针，通彼此之隔阂，挈一国之政务，而定其先后缓急之序者。故其弊也，凌躐错乱，利未著而害先形，然此犹曰有彼此之分也。有同属一部之事，而主义矛盾者矣，有同处一省之中，而意见歧出者矣。是皆背于施政之方针，而为立宪前途之阻碍。且财也者，事业之源，而百政之所从出也。今日新政纷繁，度支奇绌，部臣责疆臣以协助，而疆臣亦冀部臣之筹拨，卒之互相推诿，所损已多。全国之利源未开，即新政之阻力百出。长此因循，必有坐困之一日。苟设立责任内阁，将全国之政务，辨其孰为宜先，孰为可缓，然后综计全国之岁入若干，岁出若干，某事可以某项弥补，某事必须另为筹画。纲领既立，可随事以进行，秩序烂然，自有条而不紊。彼东西各国内阁之成立，必表示其施政之方针，或取积极主义，或取消极主义，或取保护政策，或取放任政策。非好为同异已也，必先有政见之标明，然后知措施之趋向，若不循其主义而行，即有舆轮①督随其后，所谓责任者，此而已矣。

三、政务之执行可以敏捷也。一国大政，端赖执行，稍一磋跌，事机即逝。况今日之时局，有千钧一发之危，即令急起直追，犹恐事机之或失，顾可迁延观望，虚掷此黄金之岁月乎？我国自丙午以来，改政务处为会议政务处，凡事议而后行，颇合于外国内阁会议之制度。但各部尚书虽有参预政务之权，而无署名谕旨之责，故于其所主管之事项，或尚黾勉以图功，而于关涉行政全体之问题，不免失之于淡漠。例如经营蒙藏，为吾国今日存亡一大关键，其经营之始，必以度支部任筹饷，陆军部任练兵，邮传部任敷设铁道，农工商部任开设各种银行，实

---

① "舆轮"，原文如此。

行其中央之干涉，然后有成效之可言。近日政府之对于蒙藏，虽屡有所议论，终未见之实行，坐令藩属生心，外人窥伺，则以未集合中央之各部，筹一通力合作之法也。苟设立责任内阁，凡一重要问题发生，开内阁会议决之，议决后即为执行，其权限既较会议政务处为确定，其责任亦较会议政务处为分明矣。

伏查改定官制一事，既见于先朝之明谕，而考察宪政诸臣，亦屡以为言，原无待于臣之哓渎。而臣顾以设立责任内阁为请者，实因目击时局之艰危，日甚一日，非著手于政治之根本，无以图宪政之实行，非力求夫宪政之实行，无以系天下之人望，国家安危之机，决于人心之向背，若再迟疑而不决，恐非时势之所宜。臣昔尝随使欧美各国，亲睹其内阁之设施，复证以平日之闻见，然后知其国势之所以蒸蒸日上者，无不于此基之。伏愿我皇上乾纲独断，毅然施行，上成先朝未竟之志，下慰生民望治之殷，敕下枢臣从速组织责任内阁，俟明年资政院召集之时，行政与立法之机关，咸效其用，则宪政之基础，既日趋于巩固，国家之郅隆。亦可计日而待矣。所有拟请设立责任内阁缘由，是否有当，恭折具陈，伏乞皇上圣鉴训示。谨奏。

《东方杂志》，第七年（宣统二年）第三期

滇督李经羲请设责任内阁折

宣统二年六月一日①

奏为筹备宪政，宜谋统一，恳请设立责任内阁，以专责成而征实效，恭折仰祈圣鉴事：

窃维立宪为因时变法之大计，预备立宪，即实行变法之初基。各国立宪求进之意同，而变法改良之事理则不同，其中轻重缓急，端绪纷繁，非政策统一，无

---

① 为《国风报》刊登日期。

以免治丝而棼之弊，非责任分明，无以收若网在纲之效。考之历史，验之往迹，治乱之源，靡不如此。中国议行宪政，凡数年矣。自光绪三十四年八月初一日，先朝特颁明谕，分为九年筹备，逐渐实行。海内喁喁，翘足望治，顾至今已历年余。所谓筹备之成绩，足予人以共见者，不过督催之文告交驰于道途，奏报之疏章纷传于内外已耳。至其实际收效如何，微臣之愚，窃恐有难于深究者。即以边瘠之滇省而论，财力人力，事事不能强同，而奉谕以来，勉为筹备，三次陈奏，未敢因循。然而叩其内容，除参酌边情，特别注重之数端而外，将来能否确著成效，实有未敢自信者。臣在滇言滇，原不敢以一隅例天下，第默察各省情形，恐亦不甚相远。此非必尽由于筹备者之不力，实因无责任内阁制度，俾廷臣合谋于内，疆臣实施于外。以故政策纷歧，莫衷一是，兼营并骛，遂至于此。谨将此中利弊，敬为我皇上剀切陈之。

查各国内阁制度，凡各部之行政长官，皆为内阁之国务大臣。国家政事，每年由阁臣先期规画，若者宜因，若者宜革，若者宜全力经营，若者宜先立基础，一一参酌国势，权量财力，担任利害，熟计通筹，预为宣示。宣示以后，即须按途循辙，计日程功。若或中止变更，凡属阁臣，均受其咎。责任内阁之名，取义即由于此。今中国之各部尚书，未尝不同为参预政务大臣也，各部每届年终，未尝不将下年筹备事宜先行奏陈也。然而对于本部之职守，虽有一定之责成，对于全局之经营，并无牵连之责任，以故彼此之筹画各不相谋，惟于其任务所属之端，为极力扩张之计。内以筹款之事，委诸计臣，外以奏限所关，严责疆吏。至于国家之经济如何，各省之情形如何，究未能中外通筹，精神毕贯。各省督抚，以一人之力，当各部之冲，惟有缩短部限，责成司道，司道责成州县，飞书严促，雷厉风行。州县复以一人之力，当督抚司道之冲，迫于考成，疲于应命，才虽不逮，不能不百务兼筹，款虽艰难，不能不多方敛怨。凡庸者固有召乱之忧，有志者亦不免丛脞之虑。不得已，只有装饰外表，聊以塞责。推原其故，盖由颁布法令之始，无统一大政之机关有以致之。

夫一国之财力有限，应行之要政繁多，固不能偏重于一端，亦当能同时而悉举。先朝洞烛几微，故有分年筹备之谕。细绎筹备事宜清单，不惟应办各端，逐年列举，即每年之中，亦自有比较缓急之不同。庙谟周详，莫名钦佩。而臣犹鳃鳃过虑者，诚以全国二十余行省，幅员甚广，情势各殊，腹地边陲，尤难一律。

此中酌剂盈虚之道，不有一同负责成之机关以统筹之，臣恐彼此之政策，日愈参商，国务之前程，日愈阻滞。即如试办预算，度支部奏准以量入为出为宗旨，而各部奏定筹备事项，则又年有增益。均有钦限日期，无一不需筹款。将来预算总数，入不敷出。若如度支部所奏，设届时无措，必开延搁要政之风，若如各部所奏，则期限难违，终蹈粉饰具文之过。推其流极所至，势必部与部争执，内与外争执。争执不已，归于延宕，徒使天下责望咸集于朝廷。而部臣疆臣，均得以事权不一，互相诿卸。长此以往，所谓筹备宪政云者，既不能停止不办，复不能核实渐行，更不能变通务当。是直将堕坏于冥冥罔觉之中，迷惘于枝节丛生之际。款已糜者不可复返，事已误者改作殊难。闾阎以苛取而无效果，怨望之极，奸宄乃乘，士绅见积弱而长乱机，要挟有词，嚣陵更甚。朝廷当此之际，未尝不可强为归罪，而实则罪无可归。即幸而大局粗安，各沿故智，如期奏报，表册纷陈。臣决其必为循例之文，徒足以涂饰耳目，九年以后，情状可知。上何以奠国家磐石之安，下何以慰薄海民生之望。

无责任内阁之弊，其极至于如此。臣为宪政前途隐切忧危，用敢不避嫌怨，剀切敷陈。伏祈我皇上乾纲独断，亲简大臣，组织责任内阁，使各部尚书同为内阁之大臣，即以新设之内阁，为全国行政之总汇，并责其逐年将应行事件通盘筹虑，量出入之岁额，准各省之事情，分别办法，预定方针，昭示天下。若执行不善，各主管衙门固属咎有专归，若主义背驰，则全阁大臣皆当同负其责。庶几政策统一，责任分明，一切无所隔阂，内不至徒以畛域之政见，为抵触之吹求，外不至违乎本省之所宜，耗精力于应付，进行有序，纲领不纷，监督机关立于对待之地位，亦得因时成立，宪政完全，或可期望。

臣亦知责任内阁，其事至重，其才甚难，非朝廷所不愿为，实朝廷所必当慎。且成立之初，万目所注，集矢更多，亦未必遽能就理。然当其冲者，仅在一二大臣，而享其利者，实在万年皇室。臣默审时势所趋，政策以相继而进，人才以交激而成，有责任内阁以取决舆论，尚可渐趋于有益之竞争。无责任内阁以总挈政纲，势必终归于无形之溃裂。窃恐异日国事之难，将有数倍于组织内阁者，而悔已无及矣。臣待罪边疆，筹备无状，一身咎戾，何敢诿卸。惟有在任一日，即竭一日之驽骀，仰遵钦颁事项，俯察滇省民情，择其尤宜注重之端，参以特别经营之意，冀获勉保治安，略图补救，所以赞助宪政于万一者，力止于是。披沥言之，不敢欺饰。所有恳请设立责任内阁缘由,是否有当,理合恭折具奏,伏乞皇上圣鉴训示。谨奏。

《国风报》,宣统二年第15号,宣统二年六月一日发行

定议裁撤礼部

宣统二年六月

政务处会议,此次举贡考职,拔贡朝考,业将完竣,亟宜奏请截止,不再举行。礼部衙门,前已议定裁撤,自应将该衙门所管各项事宜,划归各部院掌理。拟将典制、祠祭两司,划归民政部,太常司、铸印局划归内阁,光禄司、礼器库划归内务府。

《国风报》,宣统二年第十七期,宣统二年六月二十一日发行

宪政编查馆奏拟将官制提前官俸展后办理折

宣统二年九月十四日①

奏为官制未定,官俸章程碍难厘订,拟将颁布官制及试办年限提前颁布,官俸章程及实行年限展后,以利推行而免窒碍,恭折仰祈圣鉴事:

窃查奏定逐年筹备事宜清单,厘订官俸章程,为臣馆及会议政务处本年应办之件。当经臣等督同在事各员,详加核酌暨检察现在京外文官支给廉费津贴各

---

① 为谕旨批示日期。

项，并参之各立宪国官俸成法，反复考求，知官俸实应以官制为根本，未有官制不定而能先议官俸者也。今京外各项文官，多与立宪官制不合，一经厘定，裁并添改不可枚举。使仅议现行之官俸，则与宪政何裨，使遽议新制之官俸，则与今制迥殊。此一难也。

在京各署廉费等项，多因乌布而异，议者诧其支款之悬绝，名目之参差，而不知皆由官制之未定。今欲整齐画一，则必先为之厘改名称，确定职掌，增损员缺，庶所订官俸乃适宜而非虚受然。此皆官制内事而非官俸内事。此又一难也。

至外官司道公费，各省虽渐次奏定，然未尽协于平均，而州县等公费，尚多未经奏定。现在库款支绌，既不能悉资于正供，则原有规费平余不能不详查，以资挹注。倘未考核明确，遽定支数，款项从何取给，若仍虚拟俸额，将来必无望实行。此又一难也。

积此数难，本年颁布官俸章程，实多窒碍。惟变通筹备清单，关系较重，非臣馆所敢遽出，再四思维，宪政预备，究竟重在官制。现在内治难振，虽非一端，而权限之混淆，官缺之冗滥，实为受病之本。欲谋宪政之进行，非先从官制入手，亦恐别无办法。查逐年筹备事宜清单，第三年颁布文官官俸章程，第四年实行文官官俸章程，第五年颁布新定内外官制，第七年试办新定内外官制。可否将颁布官制提前一年，试办官制提前二年，颁布官俸展后一年，实行官俸展后二年，以免凌躐之弊，而收整理之效。伏乞宸断施行，如蒙俞允，即由臣等钦遵办理。

至文官考试任用两项章程，亦系本年应行颁布之件。查文官考试任用，为朝廷整理庶政之要端，关系于治忽者甚大。现在法官考试业已提前举行，各项文官未便漫无限制，自应将文官考试任用各章程，钦遵定限颁布，俾使明年实行，以为改定官制之预备。所有拟将官制提前，官俸展后各缘由，理合恭折具陈，伏乞皇上圣鉴。谨奏。

宣统二年九月十四日奉旨，已录①。

《政治官报》第一千七十一号，折奏类，宣统二年九月十九日出版

---

① 《光绪宣统两朝上谕档》第36册（宣统二年）第361页载谕旨："宪政编查馆奏官制未定官俸章程碍难厘订，请将颁布官制及试办年限提前，颁布官俸章程及实行年限展后一折，著依议。钦此。"

浙抚增①请速设内阁电

宣统二年十月②

迭奉谕旨，饬将提前赶办事项，由该管衙门通盘筹画，凡召集议员以前，必须完备各事宜，分别最要次要，请旨办理。并着各督抚将开设议院以前地方应行提前赶办事项，切实推行。等因。钦此。凡属臣下，敢不奋勉图维，以仰副朝廷殷殷求治之至意。惟提前赶办各事项，何者宜先宜急，何者可后可缓，若责成该主管衙门通盘筹画，但能于主管各事项详加分别，既未必能合全国之财力，以量入为出，复不能审通国之情势，以因地制宜。且提前赶办事项，何者宜属国家经营，何者宜俟地方分担，恐非各该管衙门所能各自取决。前者宪政筹备清单，不免竭蹶丛脞者，实由主持宪政者，既无从通筹财力，综核财政者又势难兼顾事体，遂致政令与政务未能合一。此次明谕，通盘筹画，通力合作，诚为宪政进行之根本。惟通盘筹画，莫如速设内阁，特简总理，以为统一之机关。通力合作，莫如主持于中央，商榷于各省，力除隔阂之旧弊。似此办法，或可于年内公同商决，请旨遵行，以免贻误。此国会未召集以前，目前宜亟亟定议者。

至地方应行提前赶办事项，仍宜以筹备宪政，应如何修改为标准。内阁综核一切，较各省先自为谋，自易统一。且现在国会尚待召集，责以负担义务，非国会成立确有把握者可比，而各省预算既已定表，部咨不准追加，尤难以空言而践实行。为今之计，惟有饬下政务处会议，将通国财政预算应加之数，妥拟办法，提交资政院决议，以期共维宪政。

愚昧之见，系为遵旨切实施行，不敢敷衍塞责起见，是否有当，出自圣裁。

---

① 浙江巡抚增韫。
② 电系清廷于宣统二年十月初三日宣布宣统五年召集国会之后发，故当为十月。

谨请代奏。

《国风报》，宣统二年第三十期，宣统二年十一月初一日发行

新内阁官制

内阁新官制，刻已议定。新内阁之组织，拟设国务大臣一员，副大臣四员，下分制诰、编辑、统计、印刷、庸勋五局。制诰局则以旧内阁及礼部所管各事并入，编辑局则以宪政编查馆并入，统计局则以政务处并入，印刷局则以宪政馆所属之政治官报局并入，庸勋局则以吏部所办各事并入。又旧内阁所管拟谥一事，亦分隶于庸勋局办理。

《国风报》，宣统二年第十三号《中国纪事》，宣统二年五月十一日发行

苏抚[①]催设内阁电奏

宣统二年十月十六日[②]

伏读本月初三日谕旨，提前赶办事项，须于召集议院以前一律完备。是现行筹备清单，必须重议修改。德全窃维从前筹备事项，所以竭蹶丛脞。应付不遑者，由于立法之始，无统一筹画机关，政务与政费，未尝合为计算，往往一事而

---

① 江苏巡抚程德全。
② 原文未署日期，文中"本月初三日谕旨"，指宣统二年十月初三日宣布宣统五年开国会的谕旨。文末署"铣"，为十六日。另后一电亦说明本电文十六日发。

各相牵持，一款而互争挹拨，内外上下，烦扰棼杂，大可引为殷鉴。现在预算案已咨部，地方之财，现只此数。所有提前赶办事项，应懔遵谕旨，通盘筹画一语，由各衙门组合商量，分别先后缓急，妥为规定。但求切实，不嫌简单，总期准乎财力，协乎时机，庶几言之能行，行之有效。惟是提前赶办事项，何者为先，何者为后，何者为缓，何者为急。盈庭聚议，莫衷一是，群摅意见，则各有理由，互证条文，则各成体要，必须有人焉为之萃众见而加以斟酌，守定见而力为主持，然后血脉流通，主脑泰适，一扫从前牵掣纷扰窳败之习。应请即速钦派总理预设内阁，就一切事项，先后缓急，斟酌而主持之。条列清单，综核厘订，以收提前赶办之实效。

至于人民担负义务，乃立宪国民自有之天职，按之宪法原理，所谓义务者，乃对于权利而言。此时国会未开，宪法未颁布，人民焉肯不睹权利而认义务，若遽议加担负，人民必有藉口，故量出为入之说，只能行之于国会既开之后，不能行之于国会未开之前。德全逆知宣统五年国会开设，彼时官民交相淬（厉）〔砺〕，合力进行，不特义务担负，确有把握，即一切政治问题，均可迎刃而解。惟为时修改清单，宜单简不宜繁密，宜通盘筹画，不宜各出心裁，而扼要之处，则在赶速简派内阁总理。盖内阁一日不设，则政治统一机关一日不备，即提前赶办之清单，一日不能规定，恐朝廷殷殷求治之意，亦因之濡滞矣。愚昧之见，是否有当，伏候圣裁。德全。铣①。

《国风报》，宣统二年第三十三期，宣统二年十二月初一日发行

---

① 铣，十六日。即宣统二年十月十六日。

筹办海军处会奏拟订海军部暂行官制大纲列表呈览折（附表）

宣统二年十一月初①

奏为拟订海军部暂行官制大纲，列表恭呈御览，请旨遵行，恭折仰祈圣鉴事：

窃海军部官制，业经筹办海军事务处拟请早日厘订，奏蒙俞允在案。伏查海军部为全国海军军政总汇之区，其长官之责任既重，事权即宜专一。拟请设大臣一员，以总其成，并设副大臣一员以助之。所有筹办海军事务处原设海军大臣二员，参赞一员，即应一并裁撤。其余各司科，亦应酌量变通，重加厘订。兹谨列表，恭呈御览，如蒙俞允，拟请将海军部大臣及副大臣员缺迅赐简授，并恳明降谕旨，责令该大臣等筹画一切海军事宜，以规进步而保海权。至各司科应设科员以次各员额，暨一切详细章程，应由新授大臣等会商宪政编查馆，随时另案奏明请旨办理。

又查日本官制，于陆军省之外，另设陆军参谋本部，于海军省之外，另设海军军令部。此两部皆掌管关于国防用兵事务，同隶于其天皇之下，不相统属。海军军令部之设，欧美各国，除德国略与相同外，其余各国皆无此制。现在我国海军方始萌芽，应行筹办之事虽多，而规模尚待推广。所有海军军令部事宜，应否从缓另设专署管理，抑由海军部暂行兼办，以节靡费而昭简捷之处，伏候圣裁。

所有拟订海军部暂行官制大纲，奏请钦定缘由，谨恭折会陈，伏乞皇上圣鉴训示。再，此折系筹办海军事务处主稿，会同宪政编查馆办理，合并陈明。谨奏。

---

① 清廷谕旨设海军部为十一月初三日，此折上奏当在初三日或此前。

谨拟海军部暂行官制大纲表

大臣一员			参谋官若干员		
副大臣一员			参事官若干员 秘书官若干员		
军制司	司长一员	司副一员	军政司	司长一员	司副一员
	制度科 考核科 器械科 驾驶科 轮机科	设科长五员、 科员若干员、 录事若干员		制造科 建筑科	设科长二员、 科员若干员、 艺师艺士若干员、 录事若干员
军学司	司长一员	司副一员	军枢司	司长一员	司副一员
	教育科 训练科 谋略科 调查科 编译科	设科长五员、 科员若干员、 录事若干员		奏咨科 典章科 承发科	设科长三员、 科员若干员、 录事若干员
军储司	司长一员	司副一员	军防司	司长一员	司副一员
	收支科 储备科 庶务科	设科长三员、 科员若干员、 录事若干员		侦测科 铨衡科	设科长二员、 科员若干员、 录事若干员
军法司	司长一员	司副一员	军医司	司长一员	司副一员
		设司法官若干员、 录事若干员		医务科 卫生科	设科长二员、 科员若干员、 录事若干员
主计处	计长一员	副计长一员	附记	一 军制司所办袭荫事宜，应划归内阁。其未划归以前，仍暂由该司办理。 一 旧设之宪政筹备处仍应暂设。 一 旧设之统计局改为统计科，归入新设之主计处办理。 一 军法司仍不分科。	
	会计科 统计科	设科长二员、 科员若干员、 录事若干员			

《国风报》，宣统二年第三十一期，宣统二年十一月十一日发行

设立海军部谕①

宣统二年十一月初三日

（监国摄政王钤章）

十一月初三日内阁奉上谕：立国之要，海陆两军并重，前因厘订官制，钦奉先朝谕旨：海军部未设以前，暂归陆军部办理。嗣有旨派载洵、萨镇冰充筹办海军事务大臣，复派载洵等前赴各国考察一切，筹办渐有端绪。兹据载洵等会同宪政编查馆王大臣奏拟订海军部暂行官制大纲列表呈览一折，详加披览，尚属周妥。自应设立专部，以重责成。所有筹办海军处，著改为海军部，设立海军大臣一员，副大臣一员，该大臣等务当悉心规划，实力经营，以副朝廷整军经武之至意。至应设之海军司令部事宜，著暂归海军部兼办。余著照所议办理。钦此。

军机大臣署名：奕劻、毓朗、那桐、徐世昌

《政治官报》第一千一百一十六号，宣统二年十一月初四日出版

苏抚第二次催设内阁之电奏

宣统二年十一月初五日②

德全于前月十六日电奏请预设内阁，速简总理，修改筹备清单。未奉明谕，

---

① 标题为编者所拟，原文无标题。
② 原文未署日期，文末署"微"，为五日，文中有"前月十六日电奏"句，知为十一月五日。

时切悚惶。世变日亟，政象愈颓，国是所关，岂容姑待。提前赶办事项，诚如明谕宜通盘筹画，通力合作者也。就全局言之，何部分应提前，何部分应赶办，就一部分言之，何项应提前，何项应赶办。此中通筹规订之责，专在内阁。今者内阁未设，总理无人，遽言提前赶办，则此以为应提前者，彼或推而后之，今日以为应赶办者，明日或从而缓之。从前不过因筹备而纷扰嚣杂，他日且将因提前赶办而多一纷扰嚣杂。流弊所暨，尚忍言哉。德全受恩至重，焉忍知而不言，用是一再沥陈，冒渎宸聪，并非敢胶执己见，更不敢邀博时名，盖为国家前途计，为宪政前途计，则速简总理，预设内阁，未可一日缓也。

德全伏念皇上圣明，非不欲速简总理也，而审慎于难得其人。诸王大臣非不欲速设内阁也，而嫌疑于难胜其选。因是总理未获即派，内阁未获即设，一切提前赶办事项，遂坐是不获酌定而实行。德全窃谓主忧臣辱，往训可稽。方今内忧外患，相逼而来，非皇上殷忧之时耶。诸王大臣如但知顾惜其名誉禄位，则已倘心于王室，则牺牲其名誉禄位，亦何足惜。德全非不知内阁创设，任总理者，诚难免于攻击推翻，然继起者前事为师，经验因以增进，其政象必有进步。是受攻击推翻者，不过总理一人，而享其利者，则国家万世也。内阁、国会冲突，乃立宪国必经之阶级，既无可解免，亦不必惊疑，要之磨砺既久，政府程度渐高，议员程度亦渐高，然后上下一心，交相赞助，而宪政根基，于以稳固。德全伏愿皇上即速简派总理，不宜过于审慎，受任总理者，即速组织内阁，亦不宜过于嫌疑。庶几提前赶办事项，得以及时通筹规订，见诸实行。世之论者每谓内阁责任重大，总理程度难得其人，然今日议员之有程度者，又几人哉。盖以程度论，上下同一不足，必须互相淬（厉）〔砺〕，程度乃有足之一日。尝考东西各国历史，内阁解散一次，总理攻退一次，其政象必进步一次。若虑及解散，而内阁不速成，虑及攻退，而总理不受任，则国是之远者大者，姑不具论，即目前提前赶办之规画，亦无从解决也已。愚昧之见，伏候圣裁。德全。微。

《国风报》，宣统二年第三十三期，宣统二年十二月初一日发行

苏抚致瑞莘帅①改筹备清单电

宣统二年十一月十二日②

佳③电悉。电馆商改筹备清单，甚表同情。先后缓急之说，弟胸中实无成竹。就事势言，则无一不宜急行，就财力言，则无一不宜缓待。内阁不预设，所谓提前赶办者，只可敷衍门面，断难通筹实行。质而言之，费笔墨之事业，可以提前。费钱之事业，不能提前。形式上之修改，可以赶办。实际上之修改，不能赶办。坚帅④电举必应筹备数端，除审判厅外，皆费笔墨之事业也，皆形式上之修改也。如此做法，虽无益处，然不至似从前之扰乱，弟亦赞成。坚帅又言，教育、自治、巡警断难刻期告成，弟对于审判厅，亦固此惧。年内各处大半开厅，姑勿论经费之困难也，试问人才安在，法律安在。将来丑状毕露，可以逆睹，何也？则以审判厅系费钱之事业，又实际上之修改故也。举一反三，能无太息。德全更有言者，事物之理论，本各有其是非，政治之眼光，要必求诸远大。我辈所谓后先缓急者，何尝敢自命为是，纵云是矣。馆臣据此而编为定程，皇上据此而任之内外臣工，果有效乎，无效乎。目前内外人材，不过如此，筹备清单，改亦无效，不改亦无效，筹备事项，缓亦无效，急亦无效，是可断言者也。政党不立，徒法不行。故今日除催设内阁外，竟无第二语可说。催设内阁，非谓天下从此治也，但设一总理以供人民推翻之资料而已。此仆彼兴，再接再厉，阅历渐进，继起有人，然后政党之机，乘此缔构，内外上下，同心戮力，此时方有求治之望。弟尝谓将欲求治，必先止乱，如修改清单，一洗从前烦杂棼乱之习是也，且非有乱不能有治，如预设内阁以备与人民冲激是也。公等苾谋伟论，联衔电

---

① 苏抚，江苏巡抚程德全；瑞莘帅，湖广总督瑞澂，字莘儒。
② 原文未署日期，文末署"文"，又称"弟本月初五日又经电奏"，故知为宣统二年十一月十二日。
③ 佳，九日。
④ 张鸣岐，字坚白，时署两广总督。

馆，弟必附名。但弟意仍以催设内阁为上策。弟本月初五日又经电奏，并闻。德全。文①。

《国风报》，宣统二年第三十三期，宣统二年十二月初一日发行

设立责任内阁朝廷自有权衡非资政院所得擅预谕

宣统二年十一月十七日

宣统二年十一月十七日内阁奉上谕：资政院奏，大臣责任不明难资辅弼折。朕已览悉。朕维设官制禄，及黜陟百司之权，为朝廷大权，载在先朝钦定宪法大纲，是军机大臣负责任与不负责任暨设立责任内阁事宜，朝廷自有权衡，非该院总裁等所得擅预，所请著毋庸议。钦此。

《清末筹备立宪档案史料》，第547页

文官考试章程预闻

宣统二年十一月

文官考试一节，闻宪政编查馆业已将考试章程大概拟定，不日即须颁布。今略志其章程大概如下：

（一）高等文官考试，及普通文官考试，分场考试。

---

① 文，十二日。

（一）高等考试，每年九月在京举行。普通在各省举行，考期由各省长官酌定。

（一）高等考试费洋十元，普通洋四元。

（一）应考之资格如左：（甲）曾在高等专门以上学堂毕业得有奖励者。（乙）举人出身者。（丙）七品以上者。

（一）高等考试分头二两场，头场试经义策论文牍各一篇。

（一）二场应试科目如左：（甲）大清宪法。（乙）大清民法。（丙）大清刑法。（丁）大清行政法。（戊）经济学。（己）国际法。以上六科为主要，必须考试者。（子）大清会典。（丑）大清商法。（寅）财政学。（卯）各国宪法比较。以上四科，自择一科应试。

（一）曾在东西洋及在本国高等法政学堂毕业得有奖励者，免去头场考试。

（一）应普通考试之资格如左：（甲）中学堂毕业。（乙）五贡出身者。（丙）九品以上。

（一）普通文官考试之科目，由各该省长官酌定。

《国风报》，宣统二年第三十一期，宣统二年十一月十一日发行

御史胡思敬奏官制未可偏信一二留学生剿袭日本成法轻议更张折

宣统三年正月十七日

掌广东道监察御史臣胡思敬跪奏：为官制重要，未可偏信一二留学生剿袭日本成法轻议更张，恭折仰祈圣鉴事：

窃维我朝旧制，以疆事责之督抚，而受成于六部，部臣遵守例案，请命而行，无敢专擅。国有大疑，集廷臣会议，朝有阙失，许言路纠弹。卿、寺、翰、詹皆储才要地，假以暇日，使得研究古今中外政治得失，不徒责以簿书期会之

劳，用意至为深远。去岁宪政编查馆所拟行政纲目，闻出自提调李家驹一人之手，并未与同僚商酌。该提调一意阿时，懵不晓事，徒袭东洋皮毛，将官制分为四级机关：一曰直接官治，二曰间接官治，三曰地方官治，四曰地方自治。所列表文如治丝而棼，立说至为纰缪。自纲目刊行之后，人情汹汹，有谓翰林院、礼部皆将裁撤者，有谓吏部将归并新内阁者，有谓都察院将改为行政裁判院者，有谓各衙门长官自辟僚属，三品以下皆不由朝廷简任者。讹言日兴，内外百官皆惴惴不自保，贤者引身而思退，不肖者求捷径而先趋，拙者遇事推诿而存五日京兆之心，巧者遇货贪婪而为日暮途穷之计，盖不待新制实行而乱机凑泊，已傑然如不终日矣。

夫所谓直接官治者，即中央集权之说，所谓地方自治者，即民权之说。前说行则督抚无可察之吏，后说行则州县无可牧之民。臣曾于去岁两次痛陈其弊。前史所载，若汉之王莽，宋之王安石、蔡京，皆以轻变官制致乱。事远且勿具论，丙午之役，袁世凯挟兵入京，用二三浮薄小人仓卒起草，百端恫喝，欲倾翻政府而代其位，潜拟疏稿，授已故尚书张百熙保己为总理大臣，由是立宪议起，而筹备单出，遂成今日不可收拾之势，此监国摄政王所亲见也。今袁世凯虽罢，宪政编查馆起草各员如汪荣宝、吴廷燮、章宗祥等，何一非丙午遗孽，又益以杨度，使实行革命于政治之中，故彼党谈新政者，皆言变法当从官制入手，盖官制既乱，倾去旧臣，援用私党，使布居要地，乃得尽逞其谋。戊戌康党之变，拟设十二制度局暗夺军机六部之权，即此术也。

自来用人之法无有公于我朝，资格未破之先，虽枢府大臣敢有安置一私人于司曹者乎？自六官变为十一部，内而丞参，外而提学、提法、巡警、劝业、盐务各官，半由夤缘而得，参事以下，一纸奏调，动辄数十百员，胥吏工贾杂出其中，屡见廷臣参奏，用人如此，行政则又可知。民政部号令不出一城，以亲贵大臣而下侵地方有司之职，已属可笑。农工商部坐食无聊，则设计而谋开赌。邮传部事权尽萃于铁路一局，其余半属闲曹。学部徒核奖励，奖励停而部职废矣。古兵部之职总核天下兵马钱粮，非欲驱之行阵也。陆军大臣荫昌归自海邦，剪发易服作西装，入朝则戴假辫，变卿贰为统领，全署司曹将尽成武弁，实创千古未有之奇。至海军捕风捉影，无一可恃之舰，无一可守之港，则亦徒供玩弄耳。是皆近数年来，新设各署利害之灼然可见者如此。谁与画此策者不急图挽救，反訾议铨曹词馆为外洋所无之官，妄欲有所处置，盗憎主人，不亦颠倒太甚乎？外洋虽皆立宪，官制亦各不同，日本事事规橅泰西，而我又事事步趋日本，尾道旁行乞之人，沾其余沥，其所获几何，则亦愈趋而愈下矣。

陛下所恃以立国者曰民，所与治民者曰官，盖自新刑律成而民乱于下，新官制成而官乱于上，上下交乱，彼等狼狈为奸，引进海外党魁，以陛下为孤注一掷，陛下高拱深宫，其果能收万世一姓之效乎？臣愚以为新官不可滥设，旧官不可尽裁，起草应用正人，颁行当采众议。拟请乾纲独断，严饬馆臣不得援引日本法规扰乱大局，实为天下苍生之福。是否有当，伏乞皇上圣鉴训示。谨奏。

《清末筹备立宪档案史料》，第547—549页

出使美墨秘古国大臣张荫棠奏陈设责任内阁裁巡抚等六项文职官制折

宣统三年二月二十日

出使美、墨、秘、古国大臣臣张荫棠跪奏：为敬陈管见，酌改内外文职官制，以立宪政施行之本，请旨交议，恭折仰祈圣鉴事：

窃以国家设官，所以敷政执法，保邦安民，权责轻重之调剂，制度质文之递变，各当其时，原无累世不改之法，当积弊既久以后，尤责有焕发更新之谋。我先朝明定立宪纲领，我皇上又减缩预备期限，著议院开设以前先厘定新官制，提前颁布试办。圣谕煌煌，臣虽奉使万里之外，而日夜眷念阙廷，翘首望治，未尝或已。又以各国政府向来由专制政体而变为立宪政体，俱不免有官民上下权限之相争，或政府之内因意见不同之相争，致成水火，穷于调停。我国家今当厉行新政之时，岂能侥倖无此见端，全赖朝廷预制机先，明决断行，融洽党见，消弭隐患而已。熟察今日言改良国政者，不外持分权、集权两主张。夫自来政事因专擅之弊而丛脞不举者，则其权当分，因放任之弊而散乱无纪者，则其权当集。故集

权与分权云者，乃各当其可之措施，而非两不相容之政策。考诸各国，若英，若美，前时地方分权太过，而今则日趋于集。若德，若佛，前日中央集权太过，而今又暂趋于分。我国向来用中央集权之治，而因权责之不明，事物之过赜，势不得不因循粉饰，欺谩取容。驯致官不治事，民不信官，上下隔膜，以成今日衰弱阽危之现象。既无治法，遂无治人，臣实痛之。不揣冒昧，参考各国之制度，按切吾国之情势，拟酌改内外文职新官制，举其六大要端，为我皇上陈之。

一、宜设责任内阁，以总司全国政纲，励精图治也。吾国自秦、汉以来，代有丞相之职，自明初析中书省为六尚书，归权于六部，而罢丞相不设。然自后中枢之权乃不得不移于内阁大学士，虽无丞相之名，而有丞相之实。今日各国之有总理大臣，即吾国昔代立相之制也，但其规制之优美远过于昔时，即在于统各部而负责任之一事。组织责任内阁事宜，臣已另折具陈，谓当特旨派一内阁总理大臣计画组织，以现有之度支、外务、司法、海军、陆军、民政、学务、邮传、农工商九部，并改设理藩院为理藩部共十部，均隶于内阁，各以部之长官一人入阁办事。而于内阁设编制、行政、考功三局，行政裁判、文官登用试验二部，分职任事，庶可以统筹国务，画一政体，上下相维，内外联贯，厉行新政，收日起有功之效矣。

一、宜设枢密院议官之职，以广揽才俊，宣德达情也。考自来国家之安宁，不外得国中多数贤才与共图治，枢密院之制，在英国发达最早，院中各员均为国王之顾问官，迄今枢要之事，实权悉移于内阁，枢密院徒拥虚名，然则员其中者常有二百余名。凡现任及前任内阁之各部长官，代议院议长，如大总督之高等官吏，莫不兼枢密院议官，国务诸臣得陈奏于国王者，即以枢密院之名义也。今我国可仿其制，亦以备朝廷顾问之名义而设立，院中议长、议官，均由特授。亲贵贤能悉集其中，凡得有专折奏事之权者，必兼枢密院一等或二等议官，如此可以消纳无数人材，上可以广圣聪，下可通民隐，党偏胥融，而郅治可期矣。

一、宜设不隶内阁之大审及会计检查两院，以完司法之独立，重财政之考核也。司法与行政官吏分职任事，不相统摄，已为立宪国之通例。设大审院为全国最高司法署，判事长当由钦派，掌审判全国重大案件及经由控诉衙门或提法使司而来之辞讼，为最后之裁判，独立司法不隶内阁。今大理院可改为京师控诉院，班于大审院之下，所司职制与各省之提法使司同。设会计检察院以稽核全国财政，院长由内阁大臣会奏任，但任职以后独立行事，不受内阁管辖。凡司大审院及会计检查院职者，在各国多为永任官，非犯罪恶不罢职。此制必须酌行，而后法权常伸，而财政不紊矣。

一、宜改并寺、院以敏事节费，消纳闲曹或分期裁撤也。既已设立内阁，集十部而组织一贯内阁，复分三局、二部以办事，则现时之军机处、会议政务处及吏部诸职权，可归并于内阁之中。礼部可裁，案卷分移于学部及拟设之文教院。都察院可裁，人才可酌纳于枢密院。翰林院可改为文教院，另设新院规。国子监改隶学部。通政使司改隶邮传部。现有之内务府当扩充职掌，司理皇室事务之不关于国家政治者。各府、寺闲曹可准酌裁撤，归并一署。翰林院之所以当改为文教院而不可裁者，因朝章国史既需积学之臣，典礼风教尤关治国之本。崇儒重学，历代以为美谈，稽古考文，列强未尝或异。伏愿圣朝宏奖文教，以励鄙陋之薄俗，则臣区区之微意也。

至于直省官制，层层箝压，上下推诿，簿书多而成事少，积弊已久，而仕途混杂，尤难清理。臣悉心筹画，谓宜分两大端以统驭厘定之。

一、宜悉裁巡抚。每省设一总督总司行政，分设布政、提法、提学三使司，掌理财政、司法、学务，专责成而求治理也。明制既有巡抚复有总督者，原由控制边防经略军务而起，初设于蓟辽、保定等处地方，后习为定制。今日与总督同城之巡抚悉已裁缺，将来各省行政之长官宜悉改为巡抚乎？抑宜悉改为总督乎？制度均须画一，庶免混淆之弊。臣谓宜每省设一总督，各按省分之大小，政务之繁简，而定俸禄之厚薄，而任期之长短，官阶之高下悉同，巡抚一缺可尽裁。总督之下分设三使司。一、布政使司。掌理全省财政，奖励生业，防卫公安，故劝业、巡警二道当隶之，而布政使为长，直辖一审计局，稽核全省财政，受考成于度支部。一、提法使司。掌全省最高法权，裁判特别要案及再审以上民刑诉讼，提法使为长，各府巡判道隶之，下注各州县厅初级审判官，受考成于法部。一、提学使司。提学使为长，管理全省兴教劝学事务，执行毕业大试验，振兴文艺，整饬礼俗，受考成于学部。此每省设一总督府、三使司之大略也。再就总督之职掌详细言之。总督既为一省行政之长，于所治省内代表中央政府监督吏治，则宜于署中设考功一局，稽核属员功过，其局长由总督聘任，总督亲辖考功一局，而分辖交涉、兵备两使。按照公法，凡一国主权所及之地，即一国法权所及之地，在其疆域内者,除他国君主、公使及海上军舰外,无一不服属于法权之下,内外一体,有何交涉。然我国与列强有条约之相梗,治外法权未能收回,则交通事繁之省,岂可无因应之方,按切时势,交涉一使不可不设。然不宜直隶于外务部,当属诸总督之下,使事权统一,且明示与外交事项有别。又论者之说皆知军事当别立于普通行政之外,臣考当今各国君主、总统,殆无不亲兼海陆军大元帅之职,亲掌海陆军之权。吾国情形自有不同,且吾国一省之大或过于欧美一小国,而内乱又所时有,固未可以粉饰太平,使事无常变,制无巨细,一切须听命于海陆军之措置,平时既隔膜丛胜,临时更仓惶失措。然则必于一省之中或合数省之区域而置若干提督、总兵,专掌兵权,遥受训令于总司令官,与总督无涉。军容不入国,国容不入军,极端分权,亦在调度有方,此兵制之得失,于国家安危所关极重。武官新制非臣此次献议所及,但总督既为一省行政之长,又承旧日兼管兵马粮饷之遗,粮饷一项自可专属之于藩司。至兵马一项,揆情度势,万不能全免关涉,当设一兵备使为联合文武两途之枢纽,即直受指挥于总督,同署办事,有时亦可代理出巡,其职权若何,当付详议。如此庶有指臂联使之功,而无尾大不掉之患矣。

一、宜尽裁府缺。各府只为司法、选举之分区,州县以下分治事、司法之官职为二,治事官由民选,司法官由部选,使权限分明,职守易尽,且奖励人民自治之心也。吾国民治不兴,虽立宪亦徒托虚文,地方无权,则民治又终难发达。然欲举二千年来郡县一统之官治巨变,更纯事放任,非惟于治法不可,抑亦于事势不行。惟有斟酌一适中之法,使地方治事之官吏由人民会议公举,选定之后,禀由本省总督核准就任,并咨阁部存案。其当选者要为本籍之人,有如何资格,选举之法要用如何手续,由内阁议定普通规则,请旨颁发遵行。人情莫不爱其乡土,且一州、一县、一厅、一市之内,地方既非辽远,人物易于周知,所举之人必不致过违众望,民情可通,民事易治。而地方司法、裁判之官吏,则另由法部选任,不拘定别籍、原籍,任期比任事官倍长,大约治事官三年一任,司法官六年一任。所有指省候补州县,一律著归原籍候选,则仕途可清。国家不放弃法权,既可以大畏民志,人民得参与政权,暂引其关心国事,于自治根柢培养实多,即于宪政前途收效甚巨。此改良州县厅市之官治,立以民保邦之本者又其一也。

综此六大端，内外通筹，总期设一官得一官之益，行一政有一政之效。开诚布公，实心任事，则无有不治，吏隐民欺，上下相朦，则无有不乱。治乱之本虽在人事，亦由法制，得其道者则端拱无为，而庶绩咸熙，失其道者虽宵旰焦劳，而万事丛脞。臣睠怀京邑，怆念时艰，一得之见，不敢不言。

所有微臣敬陈管见，酌改内外文职官制，请旨交议缘由，理合将恭拟酌改内外文职官制简表略释缮单，附折具陈，伏乞皇上圣鉴，一并发下会议政务处、宪政编查馆及资政院核议复奏，候旨训示施行。谨奏。

宣统三年二月二十日奉朱批：宪政编查馆、会议政务处知道。表并发①。钦此。

《清末筹备立宪档案史料》，第 549—554 页

御史欧家廉奏内阁官制宜详慎定拟以防揽权窃政折

宣统三年三月十二日

协理辽沈道监察御史臣欧家廉跪奏，为内阁官制将届颁布，请饬下馆臣详慎定拟，预防流弊，并将草案发交臣工会议，以免专擅而危大局，恭折仰祈圣鉴事：

窃自上年叠奉明谕缩短预备立宪年限，并饬宪政编查馆、会议政务处将内阁各项官制提前纂拟，仰见圣朝励行宪政至意，钦感莫名。伏查责任内阁之制，内总全国政令，外司百寮进止，即吾古者宰相之职，然至唐已分为三省，至宋已并为二府，明更轮召诸臣入阁办事，大权不及内阁之半而已，防其偏重矣。至外国阁制亦渐不同，英法用民政，故进退于议院，德主联邦，美主分权，故虽进退于议院，而实由大统领操之。日本则但听命于君主，任免由于上，可否由于上，而

---

① 《清末筹备立宪档案史料》略去了表。

又有枢密院以分其谋议，有会计检查院以核其出入，有行政裁判所以纠其非违，已隐鉴欧人之失权而渐趋中国之专制。我朝内阁初沿前明旧制，令大学士票拟，后遂移并军机处，亲贤并用，权力至平，而复内有部院百司，外有督抚大吏，其相维相系之制，较诸前代疏密固殊，较诸东西各国得失亦复百倍。今欲举而改为之，百度各更其故，则恐治丝而棼，诸弊顿弛其防，则恐决堤而溃，其损益取舍有不容不慎之又慎者。

臣愚所虑即有数端：一、大臣不可无正副。无正副则庸者寡助，才者擅权，则言日本无副大臣者不可从也。一、内阁以外不可无他独立衙门。无他独立衙门则朝论委靡，有利不能兴，有弊不能革，则言尽裁非行政衙门者不可从也。一、自各部大臣以下不可经由总理大臣始得入奏，会同总理大臣始得进见。诸臣不得入奏不得进见，则耳目壅蔽，一人孤立于上，群臣横行于下，则言规定奏事各权者不可从也。一、总理及各部大臣不可由议院举措。由议院举措则予夺在人，君不得有其臣，臣不得有其政，则以攻击政府为事者不可从也。一、总理及各部大臣不可负连带责任。负连带责任则进俱退，小则开富贵攀附之风，大则酿朋党争夺之祸，则明目张胆以组织政党为事者不可从也。

此数者，他国或可用而吾国决其不宜，浅者以为言，而识者知其不可。现在国中程度不一，民智未开，儻恬于君主不负责任之言，以政权付内阁，以内阁付议院，设有一黠桀者乘之而起，上不听命于朝廷，下不受制于议会，尾大不掉，将如之何。即或议院可用矣，而又有黠桀者驱以势利，结为腹心，与相首尾，又如之何。与其悔之于终，无宁慎之于始。现闻内阁官制将届颁布，可否饬下馆臣详慎定拟，未求有功，先求无过，以防流弊。并请按照向来六部九卿翰詹科道会议之例，将此项官制草案发交各衙门臣工会议，用收明目达聪之效，而免揽权窃政之虞，大局幸甚。臣愚昧之见，是否有当，伏乞皇上圣鉴训示。谨奏。

《清末筹备立宪档案史料》，第557—558页

宪政编查馆会奏遵拟内阁官制并办事暂行章程缮单恭候钦定折（并单）

宣统三年四月初十日①

奏为遵拟内阁官制，恭候钦定颁布，缮折会陈，仰祈圣鉴事：

窃上年十月初三日奉上谕：著缩改于宣统五年实行开设议院，预即组织内阁。等因。钦此。十一月二十四日复奉上谕：前经降旨饬令宪政编查馆修正筹备清单，著即迅速拟订，并将内阁官制一律详慎纂拟具奏，候朕披览详酌。等因。钦此。十二月十七日钦奉谕旨：宪政编查馆奏遵拟修正逐年筹备事宜开单呈览一折，著依议。钦此。

查钦定修正逐年筹备事宜清单，宣统二年厘定内阁官制，宣统三年颁布内阁官制，由宪政编查馆、会议政务处同办。臣等督饬在事各员，懔遵迭次谕旨详慎纂拟。窃维责任内阁在各国视为成规，在中国实为创举。溯自筹备宪政以来，凡请开议院者，皆以设责任内阁为急务。现参考各国之制，折衷我国政治之宜，骤求完备则恐滋扞格，过分同异又恐碍进行，酌度再三，未敢轻拟。当经督饬在事各员，反复研究，妥为纂订。谨将遵拟内阁官制，敬举要义，为我皇上详细陈之。

查各立宪国内阁之设，在负国务之责任，而对于何者应负责任，各国立法又复不同。恭绎《钦定宪法大纲》，统治之权属诸君上，则内阁官制自以参仿日、德两国为合宜。日本宪法，各大臣辅弼天皇任其责，以国务大臣责任关于辅弼之任务而生，故对于君主负责任，而国务大臣任免黜陟，君主皆得自由，与英、法之注重议院者不同，与德意志宰相对于其君负责任，非对于议会负责任者则相类。我国已确定为君主立宪政体，则国务大臣责任所负，自当用对于君上主义，任免进退，皆在朝廷，方符君主立宪宗旨。议院有弹劾之权，而不得干黜陟之

---

① 为上谕批示日期。

柄，庶皇极大权益臻巩固，辅弼之地愈著恪恭。此应陈明者一也。

又考各国内阁之制，总理大臣责任重在确定方针，统一政权，凡所规定，皆以防权任之游移，杜政令之歧出。诚以一国政府所寄之地，即安危治乱所从生，治内有递进之规模，对外有惟一之政策，必能坚持不敝，而后基业可固，富强可臻，否则前作后辍，此却彼前，百举百废，一无成立。宋以宰执不协，致绍圣靖国之纷更，明以枢辅不和，致疆事兵祸之日棘。今内阁之制，萃一国行政大臣于一署，分之则各专所职，合之则共秉国钧，可否于以协商，功罪于以共负，无隔阂，无诿卸，无牵掣，而皆以利国利民为归。是以各国责任内阁成立以后，预算、行政皆有汇归，缓急后先，谋定而动，洵足以挽前代政地散漫隔膜之失。现在宪政萌芽方始，外交内治，艰棘尤多，苟非统一政权，何由望有成效。此应陈明者又一也。

或者谓内阁权重，近于非宜。然冢宰本总百官，丞相实长卿尹，历代置相用意，实与各国责任内阁无殊，而彼则无议院之对待，无弼德院之赞襄，故有时或失之专恣。今则互相维系，法理精严，加以兵柄别有专司，法权又归独立，更无从威福自擅，凡历代强臣之弊，皆预遏于事先。且唐、宋三省之长，尚书以下几若属僚，行文论事，多用申状，今则各部之长皆为同体，皆如宰相，地位比肩，孰甘附和，此皆其无可虑者也。惟现在各种政治机关皆未完备，而设立内阁又属万不可缓，亟应先立基础，沟通新旧，以利推行而免窒碍。谨拟内阁官制十九条，以立经邦大本，宪政始基，并拟内阁办事暂行章程十四条，以为过渡办法。至内阁属官官制，已由臣馆草拟就绪，俟妥酌后，即行照章会同奏明请旨办理。谨将内阁官制及办事暂行章程，分缮清单，恭候钦定颁布。

抑臣等更有进者，旁求之典，在昔所重，爰立之举，择贤为先。周以旦、奭领六官，汉以萧、曹长百辟，故能蔚成盛治，康济斯民。近各国宰相之授，尤称郑重，往往名相受任，则其国勃兴。此又人存政举之经，为古今中外不易者也。伏乞圣明慎选贤能，特为简畀，庶几与民更始，以弼丕基，则大局幸甚，宪政幸甚。

所有遵拟内阁官制并办事暂行章程各缘由，谨合词具陈，伏乞皇上圣鉴训示。谨奏。①

---

① 其后尚有"宣统三年四月初十日奉上谕：录前"一句，"录前"指官报另登录。该上谕本书已收录。

谨拟内阁官制，缮具清单，恭候钦定：

第一条　内阁以国务大臣组织之。

第二条　国务大臣以内阁总理及左列各部之大臣为之：外务大臣、民政大臣、度支大臣、学务大臣、陆军大臣、海军大臣、司法大臣、农工商大臣、邮传大臣、理藩大臣。

第三条　国务大臣辅弼皇帝，担负责任。

第四条　内阁总理大臣一人，为国务大臣之领袖，秉承宸谟，定政治之方针，保持行政之统一。

第五条　内阁总理大臣于各部大臣之命令或其处分，视为实有妨碍者，得暂令停止，奏请圣裁。

第六条　内阁总理大臣就所管事务，对于各省长官及各藩属长官，得发训示。

第七条　内阁总理大臣就所管事务，监督指挥各省长官及各藩属长官，于其命令或处分，如有认为违背法令或逾越权限者，得暂令停止，奏请圣裁。

第八条　内阁总理大臣依其职掌或特别之委任，得奏请颁发阁令。

第九条　内阁总理大臣得随时入对。各部大臣就所管事件，得随时会同内阁总理大臣入对，或请旨自行入对。除国务大臣外，凡例应召见人员，于国务有所陈述者，由国务大臣带领入对。其蒙特旨召见及法令有特别规定者，不在此限。

第十条　关于国务之具奏事件，其涉各部全体者，由国务大臣会同具奏。专涉一部或数部者，由内阁总理大臣会同该部大臣具奏。除国务大臣外，凡例应奏事人员，于国务有所陈奏者，由国务大臣代递。其法令有特别规定者，不在此限。

第十一条　法律敕令及其他关于国务之谕旨，其涉各部全体者，由国务大臣会同署名。专涉一部或数部者，由内阁总理大臣会同该部大臣署名。

第十二条　左列事件，应经内阁会议：一、法律案及敕令案并官制。二、预算案及决算案。三、预算外之支出。四、条约及重要交涉。五、奏任以上各官之进退。六、各部权限之争议。七、特旨发交及议院移送之人民陈请事件。八、各部重要行政事件。九、按照法令应经阁议事件。十、内阁总理大臣或各部大臣认为应经阁议事件。

第十三条　内阁会议，以国务大臣之同意议定之。会议以内阁总理大臣为议长。

第十四条　关系军机军令事件，除特旨交阁议外，由陆军大臣、海军大臣自行具奏，承旨办理后，报告于内阁总理大臣。

第十五条　内阁总理大臣临时遇有事故，得奏请于国务大臣内特派一人代理。

第十六条　各部大臣临时遇有事故，得奏明以他部大臣代理。

第十七条　本官制第二条所列国务大臣外，有因临时重要事件奉特旨列入内阁者，为特任国务大臣，但不在常设之列。

第十八条　特任国务大臣所有入对、具奏、署名，均以临时事件为限。仍依本官制第九条、第十条、第十一条之例，会同内阁总理大臣办理。

附　则

第十九条　本官制奉旨颁布后，如有应行变通之处，随时恭候特旨裁夺，或经内阁奏明，仍恭候特旨裁夺。

谨拟内阁办事暂行章程，缮具清单，恭候钦定：

第一条　内阁总理大臣一员，协理大臣一员或二员，均候特旨简任。各部大臣均候特旨简任，为国务大臣。内阁总理大臣如因事未能到阁，协理大臣得代为办理。

第二条　内阁设政事堂，为国务大臣会议之所。按照内阁官制应经阁议事件，由内阁总理大臣、协理大臣招集各部大臣会议。

第三条　内阁官制第三条、第九条、第十一条之规定，内阁协理大臣均适用之。

第四条　内阁总理大臣、协理大臣每日入对，各部大臣分班值日。如有召见及因事请对者，得会同内阁总理大臣或协理大臣入对，其关于各部主管事件，应由该部大臣加班入对者，得随时会同入对。除前项会同入对事件外，各部大臣仍得请旨自行入对。

第五条　内外新官制未经一律施行以前，按照向例，得蒙召见人员于国务有所陈述者，由内阁总理大臣或协理大臣带领入对。其御前大臣、领侍卫内大臣、军谘处、海军司令部、宗人府、内务府各大臣、弼德院院长、资政院总裁及其他蒙特旨召见，或法令有特别特定者（如八旗都统、前锋、护军、步军各统领，或办理旗营，或宿卫宫禁，不负国务上之责任等官皆是），不在此限。各省将军、督抚，除请安、请训及奉特旨召见外，其于国务有所陈述者，应先商明内阁总理大臣、协理大臣或主管各该部大臣会同入对。

第六条 关于国务陈奏事件，在内外新官制未经施行以前，凡例应奏事人员及言官奏劾国务大臣，仍得自行专折入奏，候旨裁夺。凡关于一部之具奏事件，其重要者应会同内阁总理大臣、协理大臣具奏。其寻常例奏，可径由该部大臣具奏，仍俟上奏后钞稿咨送内阁查核。前项重要事件及寻常例奏事件，应由内阁总理大臣、协理大臣会同各部大臣分别规定，奏请圣裁。

第七条 按照内阁官制第十四条，由陆军大臣、海军大臣自行具奏事件，应由该衙门自行具折呈递，毋庸送交内阁。

第八条 内外行政各衙门应奏不应奏事件，除陆军部、海军部外，由内阁总理大臣、协理大臣会同各部大臣另拟章程，奏请圣裁。前项章程未经奏定以前，所有内外循例具奏事件照常具奏，候旨裁夺。其关系重要应行筹议事件，仍应具奏，候旨交付阁议决定后，由内阁总理大臣、协理大臣请旨裁夺。遇有紧急事件，不及付阁议者，由内阁总理大臣、协理大臣随时请旨办理。

第九条 除内阁总理大臣、协理大臣每日入对外，其值日之各部大臣，每遇星期及按旧例推班之期，应行推班，但有最关紧要事件不在此限。

第十条 除各部分班值日外，其余各衙门应否照旧值日，由内阁总理大臣、协理大臣妥酌后，请旨办理。

第十一条 各衙门带领引见，暂仍照旧办理。如有应行酌改者，随时候旨施行，或（有）〔由〕内阁奏请，候旨施行。至验放事宜，应由内阁总理大臣、协理大臣分别酌拟办法，奏请圣裁。

第十二条 此项章程施行之日，所有旧设内阁及办理军机处、内阁会议政务处，一律候旨裁撤。

附　则

第十三条 官制及官规未经改订施行以前，所有文武官员关于特旨简放暨记名请简，奏补咨补及文武爵职袭封各项事宜，均仍照现制，由内阁会同主管衙门分别办理。关于职官参劾及议处事宜，亦照前项分别办理。

第十四条　此项暂行章程与内阁官制同时颁布。将来应否撤销之时，仍奏明恭候圣裁。此项暂行章程施行之后，如有应行变通之处，随时恭候特旨裁夺，或经内阁奏明，仍恭候特旨裁夺。

《政治官报》第一千二百六十四号，宣统三年四月十一日

颁布内阁官制暨内阁办事暂行章程谕

宣统三年四月初十日

宣统三年四月初十日内阁奉上谕：上年降旨饬将官制厘订，提前颁布试办，并即组织内阁。旋经宪政编查馆奏拟修正筹备事宜清单，经朕定为宣统三年颁布内阁官制，设立内阁，所以统一政治，确定方针，用符立宪政体。兹据宪政编查馆、会议政务处会奏，遵拟内阁官制十九条，采取各国君主立宪之制，参酌现在时势之宜，审慎规定，尚属周妥。又因阁制甫经创办，必须以渐而进，作为筹画试行，并拟内阁办事暂行章程十四条，权宜损益，均属可行，曾经召见会议政务处王大臣等面加垂询，意见佥同。著将内阁官制颁布，遵照此项钦定阁制设立内阁，并即照办事暂行章程先行试办。除弼德院官制同时颁布外，所有内阁属官制、京外官制、各项官规，仍著遵照修正筹备清单妥速拟订，陆续奏闻，候朕颁布施行，用副朝廷进行宪政力图自强之至意。钦此。

《清末筹备立宪档案史料》，第565页

授奕劻为内阁总理大臣那桐徐世昌为协理大臣谕

宣统三年四月初十日

宣统三年四月初十日内阁奉硃谕：庆亲王奕劻著授为内阁总理大臣，大学士那桐、徐世昌均著授为内阁协理大臣。钦此。

《清末筹备立宪档案史料》，第566页

任命各部大臣谕

宣统三年四月初十日

宣统三年四月初十日内阁奉上谕：内阁总协理大臣业经简授，其各部行政长官有应同负国务责任者，应即同时简授。梁敦彦著授为外务大臣，善耆著授为民政大臣，载泽著授为度支大臣，唐景崇著授为学务大臣，荫昌著仍授为陆军大臣，载洵著仍授为海军大臣，绍昌著授为司法大臣，溥伦著授为农工商大臣，盛宣怀著授为邮传大臣，寿耆著授为理藩大臣。所有内阁总协理大臣及各该大臣均为国务大臣。钦此。

《清末筹备立宪档案史料》，第566页

裁撤旧设内阁军机处会议政务处谕

宣统三年四月初十日

宣统三年四月初十日内阁奉上谕：本日业经降旨设立内阁，所有旧设之内阁、军机处、会议政务处，著即一并裁撤。在内阁属官制未经奏定以前，以上各衙门旧设之章京、侍读、中书等项人员，著暂由总协理大臣督率办理日行事件。其内阁官制内未载之应行改并各衙门，有应照内阁暂行章程办理事宜，均著暂行遵办。其未经规定事项，暂仍其旧。其余无关行政各衙门，均照常办理。钦此。

《清末筹备立宪档案史料》，第571页

钦定弼德院官制章程（附原奏）

宣统三年四月初十日

谨拟弼德院官制，缮具清单，恭候钦定：

第一章 编 制

第一条 弼德院为皇帝亲临顾问国务之所。

第二条 弼德院设顾问大臣如左：

一 院长一人。

二 副院长一人。

三 顾问大臣三十二人。

第三条　前条顾问大臣，均以著有勋劳及富有政治上学识经验者任之。

第四条　现任国务大臣及宗人府、内务府大臣均候旨兼任弼德院顾问大臣。内阁总理大臣、协理大臣不得兼弼德院院长及副院长。

第五条　弼德院设参议官十人，以富有政治上学识经验者任之。

第二章　职　掌

第六条　左列事件应由弼德院议决具奏：

一　按照皇室大典，属于弼德院权限以内事件。

二　宪法及其附属法令之审议及解释。

三　宪法未颁以前，按照宪法大纲关于君上大权第八项、第十一项、第十二项所列事件。

四　条约及重要交涉事件。

五　弼德院官制改正事件。

第七条　前条所列各款外，如有临时顾问事件，得由弼德院议决具奏。

第八条　第六条议奏事件公布时，应叙明该事件业经弼德院议覆。

第九条　弼德院于议奏事件，不得干预主管衙门之施行。

第三章　会　议

第十条　弼德院会议，非本官制第二条所列顾问大臣半数以上到会，不得开议。

第十一条　会议时，以院长为议长，院长有事故时，以副院长为议长，并有事故时，以本官制第二条所列顾问大臣位次居前者为议长。

第十二条　议长有整理议场秩序之权。

第十三条　会议时，本官制第四条所列顾问大臣均得列席，共同议决。

第十四条　会议取决多数，若可否同数，则取决于议长。

第十五条　会议时，参议官得列席发议，但不列议决之数。

第十六条　会议时，关于本官制第四条所列顾问大臣主管事件，得由各大臣派员到会说明事由，但不得列议决之数。

第四章　院　务

第十七条　院长总理全院事务，所有奏咨文件由院长行之。

第十八条　副院长佐院长之职务，院长有事故时，由副院长代理。

第十九条　弼德院所有审查纂拟事件，由参议官办理。

第二十条　弼德院设秘书厅，掌本院文牍、会计、议事、记录及一切庶务。

第二十一条　秘书厅设秘书长一人，承院长、副院长之命，总理本厅事务。

第二十二条　秘书厅设秘书官若干人，承院长、副院长及秘书长之命，总理本厅事务。

附　则

第二十三条　弼德院议事及办事细则由院长定之。

第二十四条　宪法颁布以后，本官制有不适用之处，应候特旨交议改正。

宪政编查馆会奏遵拟弼德院官制，缮具清单，恭候钦定折：

奏为遵拟弼德院官制，恭候钦定颁布，缮折会陈，仰祈圣鉴事：

宣统二年十二月十七日钦奉谕旨：宪政编查馆奏遵拟修正逐年筹备事宜开单呈览一折，著依议。钦此。钦遵在案。查钦定修正逐年筹备事宜清单，宣统二年厘定弼德院官制，宣统三年颁布弼德院官制，由宪政编查馆、会议政务处同办。窃维弼德院制度防于东西各国之枢密院、参事院与国初议政处，及汉之中朝官，唐之翰林，明初内阁略同，所以上备顾问，参议国务，密翊君上帷幄之谋，隐匡政府措置之用，为国家重要机关，亟宜成立者也。臣等当饬在事人员详慎拟订，敬将弼德院要义，为我皇上详细陈之。

我国预备宪政，以钦定宪法为依归。查日本宪法中规定紧急命令、独立命令，皆为各国所无，而皇室事项、外交事项，欧洲必经由议院者，日本皆列之于君主大权，与钦定宪法大纲正相符合。故日本枢密院权限皆有议审及解释上列各端重要事件之规定，实为弼德院所宜仿。现拟该院权限所及，凡关于皇室及宪法、附属法令，并外交条约、内治重要者，皆由该院拟议，则任寄优崇，范围宽广。朝廷获咨询之益，政府收补助之功。此应陈明者一也。

国务大臣皆任行政，而谋议或虑其偶疏，宗人府、内务府皆分任皇室职权，亦未便使其不预计画。其尤要者，自院长以至顾问大臣，皆为专任，自可从容讨论决择大政之宜，而各国务大臣与宗人府、内务府长官，皆得兼顾问大臣，亦可收联络之效，无隔阂之虞。此应陈明者又一也。

日本枢密院大臣多用曾任政府及立功受爵诸人，盖取其勋望懋著，经验素优。是以汉之功臣每与朝议，宋之旧相多列经筵，其职任或有不同，而用意则如一致。现拟顾问大臣皆特重其资格，参日本之新制，即合历代之成规，而于应议诸端，皆可酌损益之中，祛新旧之失，尤于宪政裨益实多。此应陈明者又一也。

总之，立宪官制，其相与维系补助者，皆有精意存乎其间，而缺一有所不可。弼德院可以近依帝座，朝夕论思。凡上下应达之机缄，与操纵内治外安之扃钥，股肱元首，左右阁臣，皆于该院寄之。是又立宪初基所必宜注重者也。

谨将遵拟弼德院官制二十四条，缮具清单，恭候钦定颁布。

所有遵拟弼德院官制缘由，谨合词具陈，伏乞皇上圣鉴训示。谨奏。

宣统三年四月初十日奉上谕：上年修正筹备清单，经朕定为宣统三年颁布弼德院官制，设立弼德院。兹据宪政编查馆、会议政务处会奏遵拟弼德院官制缮单呈览一折，朕详加披览，除酌改外，余尚妥协。现在已经降旨设立内阁，该院权限与内阁相为维系，所关重要，必须同时并设，用备顾问。著将此项官制一并颁布，即行设立弼德院，以重宪政始基。钦此。

《民政部奏折汇存》第二册，第779—786页，全国图书馆文献缩微复制中心2004年影印

四、官制改革

谘议局联合会呈请亲贵不宜充内阁总理折

宣统三年五月十四日①

都察院代递谘议局联合会呈请亲贵不宜充内阁总理折。

谘议局联合会呈请都察院代奏，亲贵不宜充内阁总理，请实行内阁官制章程，另简大员组织。本日都察院代递，留中，原呈录下：

为内阁宜实负责任，总理宜不任懿亲，请实行内阁官制章程，另简大员组织，以固国本，而尊皇基。恭请代奏，仰祈圣鉴事：

窃本年四月初十日，颁发内阁官制，同日奉朱谕，庆亲王奕劻著授为内阁总理大臣。等因。钦此。仰见我皇上统一政权实行宪政之至意，钦佩莫名。查内阁为代君主负责任之机关，总理大臣为内阁全体责任之总汇，故君主立宪国，内阁大臣有组织内阁之权，能负完全无缺之责任，责任之所集，功罪之所归，即国家安危之所系。立宪国家，重内阁之组织，尤重总理大臣之任命。其最要之公例，在不令组织内阁之总理，归于亲贵尊严之皇族。此非薄待皇族，谓其无组织内阁之能力，实皇族内阁，与君主立宪政体，有不能相容之性质，势不得不然也。谈君主立宪政体者，类无不知君主神圣不可侵犯之语。君主立于神圣不可侵犯之地位，则隶于君主之皇族，亦即立于特别不可动摇之地位。内阁之地位，则可动摇而更新者也，立于君主之下，以受议会之监督，有政策之冲突，即发生推倒之事实。组织内阁之总理大臣，于君主无亲族之关系，倒一内阁，不过倒一某总理内阁，君主毫不受其影响。组织内阁之总理大臣，为密隶于君主之皇族，倒一内阁，即为倒一皇族内阁，皇族缘内阁而推倒，使臣民之心理，忘皇族之尊严，君主之神圣，必有不能永保之虞。恭读钦定宪法大纲，君主神圣不可侵犯，例为专条。新内阁官制十九条，绝无组织内阁必以皇族总理之规定，盖以守君主立宪国之公例。而第一次内阁总理，适为亲贵之庆

---

① 《东方杂志》附在大事记五月十四日，应为都察院代递日期。

王,庆王内阁既成,对于皇上担负责任,使不可以推倒,于设立阁制之真意何,使其可以推倒,于我皇上神圣之体统何。此某等所以熟思深虑,不能不披沥呼吁者也。或谓庆王内阁,不过暂行试办,原非以此开皇族内阁之例,某等亦知暂行内阁,不至成为经制,然朝廷不组织内阁则已,既已组织内阁,须具内阁之真相,似不可有暂行试办之制度。盖试办者,必成绩之良否不可知,姑为筹画试行以定进止。设内阁以定政治之方针,保行政之统一,但当期成绩之优良,决无可暂行尝试之理。以皇族内阁先为尝试,在皇族即为亵尊。政治之前途,尤有举棋不定之隐忧。庆亲王受命之始,两次恳辞请收回成命,另简贤能。一则曰,速谤疾颠,惧负非常之任寄。再则曰,惟圣王能无我。咸知朝廷用舍之公,诚不欲开皇族内阁之端,以负皇上者负天下臣民之望,所以为皇上计,为皇族计者,至深且远,非仅自为退让计也。且皇族仅不为组织内阁之总理,不虑无自展所长之地,皇室经费,亲贵各有定给,法律上政治上之特例,均不同于一班之臣民,安富尊荣,当然一受中外之尊敬,原无取乎当政事之枢纽,以自陷于危途。且若以皇族总理开希冀之门,万一内部生竞争之萌,尤非国家前途之福。某等若非有爱于皇上,有爱于皇族,但求得良内阁以得良政治,其或不良,任议会内阁之冲突,组织内阁之总理为皇族与否,皆可不问。以吾君主之团体,皇族密系于君主,君主密系于国家,今冲突之发生,属于皇族,国家之根本不固,亦无善良政治之可言。某等具爱国之天良,不能不望我皇上之预杜其渐也。

夫古者宰相率不任亲贵,本朝旧制,亲王不入军机。伏读仁宗睿皇帝谕旨曰:本朝设立军机处以来,向无亲王在军机行走,正月初间,因军机处事务较繁,是以暂令成亲王永瑆入直办事,但究于国家定制未符,成亲王永瑆著毋庸在军机处行走。等因。钦此。当时之军机,尚无负一切政治责任之明规,尚严亲王之限制。今日之内阁,责任重于军机,组织内阁之总理大臣,更不可不循限制之旧矩,伏愿皇上为国家计久远,鉴立宪之通例,守祖宗之经制,俯念阁制为国本所系,取消暂行章程,于皇族外另简大臣充当组织内阁之总理,责任明而政本以立,皇室固而国祚益昌,天下幸甚。某等愚忠所发,不敢不言。所有请代奏实行内阁官制另简大臣组织各情,伏乞皇上圣鉴。谨呈。

《东方杂志》,第八年(宣统三年)第五期,宣统三年五月"中国大事记"

内阁会奏酌拟内阁属官官制暨内阁法制院官制折（并单）

宣统三年五月二十七日

奏[①]为酌拟内阁属官官制暨内阁法制院官制，缮单具奏，恭折仰祈圣鉴事：

窃臣等前于遵拟内阁官制折内声明，内阁属官官制已由臣馆草拟就绪，俟妥酌后，即行照章会同奏明，请旨办理在案。现在内阁业经设立，亟应将属官官制详为拟订，以资赞佐而便遵守。查东西各国内阁制度不同，有专设官署者，有不设官属者，且有仅设秘书官一二人者，惟日本自书记官长而外，设有法制、统计、赏勋、印刷各局，规制特详。中国汉、晋宰相及三公等府，官属多至百数十人，分曹且逾十数，唐、宋三省，如吏、兵等房舍人及左右司郎中之类，属官亦多，元代又有参议中书省事等官，盖由机务殷繁，必得官盛任使，始足以裨庶政。

现以旧设内阁及军机处、会议政务处并于新设内阁，而宪政编查馆与吏部亦当为内阁职掌所赅，举凡应办诸务，事体重大，头绪繁多，断非设立专署不可。拟即参酌日本内阁属官办法，折衷现在情形，分别厘定。计设承宣厅一，制诰局、叙官局、统计局、印铸局各一，设阁丞以总各厅局之事，设厅长、局长以下各官，分治各厅局之事；别设法制院厘定法制，设院使以下各官，专治院事，各司其职，以重责成。所有参议、佥事以下各官额缺，拟由内阁总理大臣妥慎拟定，另案奏明办理。现议厘定官制，凡官品、官等各项，尚拟参酌古今，另订合宜办法。此次拟设各官，均暂令以原品治事，俟官品、官等办法奏请钦定后，再行遵照施行。谨将酌拟内阁属官官制暨内阁法制院官制，缮具清单，恭呈御览。

至内阁各厅局及法制院设立后，宪政编查馆及吏部自应一律候旨裁撤，惟吏

[①]《清末筹备立宪档案史料》在"奏"字之前，有"内阁总理大臣和硕庆亲王臣奕劻等跪"句。见该书第572页。中华书局1979年出版。

部原管事件甚为繁冗，拟请旨派员督率清理归并，以期简捷。至中书科衙门职掌无多，已规定于制诰、印铸两局之内，应与事项最简之稽察钦奉上谕事件处、批本处一并请裁，并将礼部铸印局及各衙门应行划归事项并入办理。其旧设内阁之撰拟、缮写关于祀典及无关于行政各事宜，应划归翰林院及典礼衙门分别管理。旧隶于军机大臣之翻书房所管事项，以译缮翰林院撰拟事件为最多，拟请改隶于翰林院，庶足昭整齐划一之规，而免权限参差之弊。

再，内阁办事暂行章程既设有协理大臣，则此项官制内凡称总理大臣各条，协理大臣皆得适用，俾免窒碍。其官俸章程未订以前，各项属官均须暂定公费，应由内阁总、协理大臣另行奏定，藉资办公。

所有酌拟内阁属官官制暨内阁法制院官制，缮单具奏各缘由，谨恭折会陈，伏乞皇上圣鉴训示。谨奏。

宣统三年五月二十七日奉上谕，录前。

谨拟内阁属官官制

第一条　内阁属官如左：

一、阁丞，简任。二、厅长，简任。三、局长，简任。四、副厅长，简任。五、副局长，简任。六、佥事，奏任。七、印铸局艺师，奏任。八、印铸局艺士，委任。九、录事，委任。

第二条　阁丞承内阁总理大臣之命，管理阁务，监督指挥各厅局，并进退本阁委任各官。阁丞有事故时，由承宣厅厅长代理。

第三条　厅长承内阁总理大臣之命，掌机要文件，管理承宣厅事务，并监督指挥本厅各官。

第四条　副厅长佐厅长之职务，厅长有事故时，由副厅长代理。

第五条　局长承内阁总理大臣之命，管理局务，并监督指挥本局各官。

第六条　副局长佐局长之职务，局长有事故时，由副局长代理。

第七条　承宣厅掌事务如左：

一、颁发谕旨及法律命令。二、典守谕旨及法律命令。三、收发呈递折奏事件。四、阁议事件。五、请用御宝。六、收掌阁印。七、本阁公牍文件。八、本阁会计庶务。九、编纂本阁档案。十、管理本阁图籍。

第八条 制诰局掌事务如左：

一、进拟徽号及尊谥庙号。二、恭进尊藏宝录。三、进拟制诏、诰敕。四、进呈贺表、贺本。五、勋封、藩封、世爵、世职之封赏、承袭事件。六、恩赏、封赠、恤荫、谥号、勇号事件。七、颁赏勋章、宝星事件。八、外国勋章、宝星受领、佩带事件。九、庸勋会议事件。

第九条 叙官局掌事务如左：

一、内外简任、奏任各官履历稽核存储事件。二、内外简任各官开单请简事件。三、内外奏任各官资格审查事件，其条目如左：（一）关于任用事项。（二）关于升转事项。（三）关于俸给事项。（四）关于品级事项。四、内外委任各官册报及履历存储事件。五、关于文官考试事件。六、关于文官处分事件。

第十条 统计局掌事务如左：

一、统一各部统计事件。二、办理不属各部统计事件。三、刊行统计年鉴及报告事件。四、交换各国统计表事件。五、统计会议事件。

第十一条 印铸局掌事务如左：

一、官报及法令全书、职官录之编辑发行事件。二、官报等及其他官文书印刷事件。三、册宝、印信、关防、图记等铸造、颁发事件。

第十二条 佥事承阁丞及厅长、局长之命，分任各厅局事务。

第十三条 艺师承局长之命，办理印铸事务。

第十四条 艺士承上官之命，办理印铸事务。

第十五条 录事承上官之命，缮写文件，办理庶务。

谨拟内阁法制院官制

第一条 法制院直隶内阁总理大臣，掌事务如左；

一、法律、命令案撰拟事件。二、法律、命令增删改废事件。三、各部所拟法律、命令案审查复核事件。四、现行法律、命令解释事件。五、各项法规编纂整理事件。六、其余关于法制统一事件。

第二条 法制院设官如左：

一、院使，简任。二、副使，简任。三、参议，简任。四、参事，奏任。五、佥事，奏任。六、录事，委任。

第三条　院使承内阁总理大臣之命，管理院务，并监督指挥本院各官。

第四条　本院奏任官以上之进退，由院使具状，陈由内阁总理大臣办理，委任官之进退，院使专行之。

第五条　副使佐院使之职务，院使有事故时，由副使代理。

第六条　参议及参事承院使及副使之命，掌第一条所列事件。

第七条　佥事承院使及副使之命，掌文牍、会计及一应庶务。

第八条　录事承上官之命，缮写文件，办理庶务。

附则

第九条　宪法未颁以前，按照筹备清单，关于宪政编查馆承办事件，一律归并内阁法制院办理。

《政治官报》第一千三百一十号，折奏类，宣统三年五月二十八日出版

颁布内阁属官官制暨内阁法制院官制谕

宣统三年五月二十七日

监国摄政王钤章

五月二十七日内阁奉上谕：内阁会奏酌拟内阁属官官制暨内阁法制院官制，缮单呈览一折，朕详加披览，尚属妥协。著先将此两项官制颁布。除应简之阁丞各员另行简补外，著即遵照设立内阁承宣厅及制诰、叙官、统计、印铸各局，应设之内阁法制院亦即同时并设。所有宪政编查馆、吏部、中书科、稽察钦奏上谕事件处、批本处等衙门，著一并裁撤。其所管事项，与已经裁撤之旧设内阁、军机处、会议政务处所管事项，凡应并入内阁办理者，统即分别接管。旧隶军机大臣之翻书房，著改隶于翰林院。至各衙门应行划入事项及应划归各衙门事项，均著妥慎交接，以清权限而专责成。余俱照所拟办理。此外各项官规及京外官制，仍著遵照修正筹备清单，妥速拟订，陆续奏闻，候旨颁布施行，俾臻完备。

钦此。

奕劻、那桐、徐世昌、邹嘉来、善耆、载泽、唐景崇、荫昌、载洵、绍昌、溥伦、盛宣怀、寿耆署名。

《政治官报》第一千三百一十号，谕旨宣统三年五月二十八日出版

谘议局联合会宣告全国书（本会委任起草员张国溶提出）

宣统三年五月二十一日①

敬启者：议员等学识浅薄，谬以故乡父老，选与议席。比年以来，代抒言论，靡补大局，内惭滋深。迩者时局濒危，国会未开，海内嗷嗷，望治孔亟。各省议局，远虑深忧。本年四月开议局联合会于北京，兼以全国人民，议定救亡之大计，佥以为欲救国亡，先定政策，欲定政策，先定政体。君主立宪国之所以有内阁者，为执行政策之总机关，对于国会代君主负责任者也。中国而不为君主立宪则已，如定君主立宪政体，必有责任内阁，内阁而不负责任则已，如负责任，则不宜有皇族内阁。盖专制政体，以一人负全国之责，故政治上所生之影响，其美恶常及于君主一人之身。而立宪国之君主，则以不可侵犯，不负责任为原则。君主处于神圣不可侵犯之地位，则密隶君主之皇族，亦即立于特别不可动摇之地位；君主退处于不负责任之地，而以责任负之内阁，则内阁实处于完全负责之地位，而不可以内阁之动摇，侵及于君主之神圣。内阁立于君主之下，以受国会之监督，有政策之冲突，即有推倒之事实。内阁而为皇族，万一皇族将因其地位特别之故，自认为不可动摇，则良美之政治，或不可常期。若任其推倒，则一般人民之怨望，因内阁而及于皇族，因忘皇族之尊严，而于君主之神圣，将有不能永保之虑。影响所暨，将与君主立宪政体之原则相背驰，而国家一切良美之政治，

---

① 为《国风报》刊登日期。

几无有完全成立之希望。此固吾父老之所为杞忧，而各议局之所共虑也。

议员等重膺各议局之推任，甫入都门，适值内阁官制发表，试办之初，即开一皇族内阁先例，诚如诸君子所虑及，迩者政策发表，又不足以定国是而餍人心，屡开会议，惧负诸君子之期望。思维凡百政治，必有一完全自出之地，根本之解决未定，则枝节之补救徒劳。故议以完全内阁为第一议题，以为内阁组织完全，则不患无完全之政治。谨于□月□日呈由都察院代奏，皇族不能充当内阁总理，另简大臣组织内阁，附上增练备补兵一折。复于□月□日呈由都察院代奏，请饬阁臣宣布政策，附上请废禁烟条件一折。先后折奏，俱闻留中，报纸交讥，自维无状。谨于□月□日又呈请都察院代奏，伏阙待罪，迄至今日，仍未明降纶音。议员等自媿恳诚未至，不能见信君父，惟为我父老作喉舌，绵力所及，只如此数，辜负望治之深心，又无呼吁之余地，不得不以诸父老之所言者，返而报告于诸父老，冀垂察焉。

议员等窃以为诸父老所希望者，欲得良善政治，以救国家危亡，本此心理，以生希望，新内阁成立，新政策发生，则转危为安，转亡为存，可以翘首俟也。乃观于近日之新政策，则适与所希望者相左，谨举其荦荦大者。

（一）借债政策。主张借债政策者，谓不借外债，则中国必亡。反对者则曰借债必速亡。夫东西各国，其国富强者，其国债亦必多，借债固非亡国政策也。但以借债救国亡，必先视其国财政之现状如何，又必视借债之合乎公例与否。今中国财政现状困难之原因，实生于紊乱，税法无统系，机关未完全，则整紊乱洵为先决问题。乃不谋清理紊乱之办法，而欲借巨款之输入，以苏目前之困难，输入愈多，紊乱愈甚，兴业无期，偿还失恃，欲不为埃及、波斯之续，殆不可得也。借债公例，本无担保之必要，中国信用久失，借债必有抵押，今不求所以致信用之途，而仍以任便指押，为借债之券，不计偿还之力，是否足以相应。今日岁出超超充额，一旦骤增，他日罗掘之方，苦无所措。目前之抵押物，欲免将来之断送品，盖不可得也。在主张借债政策者，必曰英美德法四国银行一千万镑，将以抵制日俄之攫我远东，然何以自解于日本横滨银行一千万元。且己国之财政，曾无解理紊乱之方，而以借债为抵制他国之计，前拒狼而后揖虎，虽至愚鲁，必不出此下策。又况川粤汉铁路借款，则又力拒民款以输入外债，四国之于东南主权，亦将如日俄之于远东，又何以自解于抵制他国之计画也。两次合同，根本损失，而主张借债者，又另议币制顾问之要约，以巧避监督之名，藉聘四国以外之工程师，以回护其卖路之实，司马心迹，路人皆知。而谓借债以救国亡，其复谁信。然则今日借债政策，较之未有新内阁以前之政策，为何如也。

（一）改定币制政策。主张此项政策者，以借债为计画。然此项借债，将为构置币材之用耶。按国中人口之比例，需铸实币若干，需用币材若干，流通于国中之生银若干，银元若干，各有详细调查比较，当采用自由铸造之法，以实值换实值，吸收国中之银货，而以外债补其不足。今于法制则不采自由铸造，而以外债为基本，此何说也。将为大清银行准备金之用耶。大清银行之组织，纯反乎银行之原则。迩年以来，败相毕露，改革实为先决之问题。而所谓准备金者，亦必有一定成数。今将以外债为准备金，而未见银行改良之方，并未确定准备之数，又何理也。将以收回旧币之用耶。国中旧币之恶孽，无逾于铜元之充牣，非不加贴补，仅数收回，必终至乱币制之统系，而蹙国民之生计。筹拟旧币办法大旨，不外暂准照市价行用，按年限制，随时设法收回。最后之解决，归于体察事情，斟酌办理。准此办法，能保并行不害于主币，收回不累及国民乎。则例颁行一载，施行瞬将届期，而于币制根本问题，曾未见有详晰之解决，而第定一借债改定之政策，然则今日改定币制政策，与未有新内阁以前之政策为何如也。

（一）兴业政策。主张兴业政策，以东三省工业为计画，而借外债以施行。夫生产之借债，与不生产之借债，其利害自迥不相同。然而政策者，系全国之政策，实业政策者，系全国农工商之政策。中国实业之凋凌，日甚一日，种种辅助之机关，如公司，如银行，旋起旋灭，既无法律之保障，而执法者又不适用法律。今欲振兴实业，先必解决根本问题。第一先确定完全之法律，应如何保护，如何补助，准他国之法理，按中国之情形，从速厘订颁布。第二先定完全之政策，统计全国实业，何者应为国家专利，何者应听国民经营，国有实业，应从何处何业著手，民间营业，应如何监督救济。非统筹全局，成竹在胸，则生产之率，不能相当。今内地实业主权，半抵押操于外人之手，曾不一为顾虑，悬一振兴实业之名，而实只及于东省。东三省之生计，种种在外人掌握之中，曾不一为顾虑。悬一振兴实业之名，而实只言及东省工业。工业之范围亦广，办法亦夥，资本几何先营何业，曾无详晰之表示，而第一抄借债抵制之政策。近日且闻有主张矿产国有政策，以议续举巨债之实者，国法不问，国权不问，国民不问，然则今日兴业政策，较之未有新内阁以前之政策为何如也。

（一）铁路国有政策。主张此项政策者，亦不外借入外债，收回商办之计画。其借债也，不外乎抵押。其收回也，不外压制。夫欲定铁路国有政策，第一必有完全之区划，通一国内应办之铁路，干路几何，枝路几何，何者为政事上铁路，何者为商事上铁路，干路是否一律禁止民办。政事铁路，是否不应民办。民办铁路，是否妨碍国家行政主权。已归国有之铁路，是否办有成绩。种种根本问题不能决，则不能区划。第二必有精密之布置。德相谋交通之统一，历八年始议买收。比则先画官设干线，历十七年而始定。日本之买收国内外铁路也，隐令商民以收回之股金，为南满振殖之事业，是以他政策为主目的，而以铁路国有政策济之也。奥国始则奖励私设，继且补助子金，后且以国有铁路，取半费卖与人民，是因国有政策不及民有也。各国之先例具在，按之中国内情，应如何妥为布置。第三必有收回之能力。今纵无区划，无布置，而国家财政整理之后，实有余力以为收回之资本，则克期收回，亦不得谓非政策，乃商民奉旨经年，咸晓然于交通要政之必需，铁路营业之利益，群策群力，冀睹商办之成功。或已开车，或待赶筑，或按年输股，是商力虽绵薄，尚以自己之资本，为铁路之主人。今骤反成命，改归国有，退还民股，而国有之主人翁，乃乞借于他之四国，弃自己之实力，引外人以抵制百姓，不问全国铁路之计画，不采各国国有之办法，率然请命，以遂其私。甚且以守商办成命者为违制，援用格杀勿论之条，诬一切摊股为派捐，博休养民力之誉。夫前之商办，今之国有，朝廷反汗，实以借债为前提，小民保全营业，系遵前旨，非作奸犯科可比。拟以格杀勿论，与草菅人命者，有以异乎。立宪公例，人民以负担为原则，为增进幸福计，原不应沽煦煦孑孑之仁义，即谓民力竭蹙，则国内之滥捐苛税，屈指难终，何不取其甚者而亟除之。今夺民生业，而文之曰体念民艰，是一方面以恶税收吸人民之脂膏，一方面又绝其生活之路也。立宪国人民权利义务，固应尔乎。新内阁负全国之责，而有轻率之暴动，然则铁路国有政策，较之未有新内阁以前之政策为何如也。

（一）禁烟政策。主张禁烟政策者，以从速禁革，提前办理为前提，似此项政策，不为无见。然而资政院去年议决案，非以今年十二月，为各省一律禁绝之期乎，新刑律明年施行，非列举种烟运烟吃烟各罪乎。外务部讵未之知耶。今观其与英使续订禁烟条件，则仍以七年为原则，仍以每年减运五千一百箱为原则。

其于禁运也，则一以绝种为断，一以土药禁运为准，虽有分省办理之名，而归结于考查认可，显有确据，若故使中国种绝运绝之后，尚留此犹豫期间，以为印药畅销之地者。且禁种不禁运，则来源不绝，而禁吸无功，禁运土药，不能同时禁运印药，则印药居奇，而禁运禁种，将致于无效，此必至之数也。其烟税也，则以每百斤箱加至三百五十税为率，而以消除印药大宗贸易之于各项限制，征收各项税捐，破除各口岸留难之事。若故予中国以赞助禁烟之名，而收自由贸易之实者，非惟我国民不认此条，即彼国民亦不直之，即第三国民力争之。而新内阁第一政策，乃有此废弛禁烟之反动，然则禁烟政策，较之未有新内阁以前之政策为何如也。

（一）外交政策。主张外交政策者，不外延宕与退让两途。近如片马交涉，喧传海内，滇督争持于上，绅民呼吁于下，国内人士，咸愤不平，外部迄未提出严重抗议与英交涉。乃者交由阁议说帖，仍不外延宕退让之法。夫今日片马交涉，实由延宕所致。滇缅续约，本有查明情形，再定界限等语，乘机不决，遂有革道石鸿诏与英领事烈敦会勘之语。外部既知石道之误，而自光绪三十一年，至今不援石道与烈敦误议之图说，速事另勘，酿成此辱。以延宕败于前者，乃欲以延宕持之于后，此何心理也。至若退让，则必仍照烈敦原议，高丽贡山将不保，英人从此沟通川藏，直踞长江上游。英人得利，法人继起，自余各国，亦必欲有以逞其所欲，何地非片马，何国非英人，大陆茫茫，瓜分在目，兴言及此，实可痛心。而外部至以就范不易为词，而阁议亦迄未见有如何之办法。且也北京各国使馆驻兵，大反各国公理，该项条约，以今年七月为期，如三月以前不通知，则承认接续之事实，外部诸人亦无有议及此者。种种失败，笔不堪书，过此以往，犹如曩日。然则今日外交政策，较之未有新内阁以前之政策为何如也。

纵观以上各政策，与我人民所希望转危为安转亡为存者，适成一相反之比例。我人民希望立宪，至于今日，国会之开，尚待后年，内外官制，迄未定议，方以为立宪尚不可期，乃君主立宪国之最重要最高级之机关，竟巍然出现于四千年来专制政体之中国。内阁官制十九条，姑无论其完全与否，而第二条有国务大臣辅弼皇帝担负责任之规定，第三条有内阁总理大臣定政治之方针，保持行政之统一之规定，是中国竟立宪矣，是政府竟负责矣。而新内阁新政策之发生乃如此，人民希望宪政之心日益高，政府所持之政策，乃日见其不可恃。昔日政府不可恃，独以不负责任为巧避攻击之地，今日之内阁，规定其责任矣，而政策仍不可恃。呜乎。吾人民欲得良美政治，以救国亡，幸而睹新内阁，而新内阁若此，吾人民之希望绝矣。议员等一再呼号请命而不得，而救亡之策穷矣。中国前途，旦暮不保，阁制既定，责有收归。今日之新内阁，而果实行担负责任也，则议员等以为吾人民希望内阁之心，正有加而无已也。而或者谓此数政策，有发于内阁官制未颁以前者，有发于内阁总协理大臣辞职之际者，内阁将持此以为不负责任之地，不知四月初六日借款上谕，署者为军机名大臣奕劻、毓朗、那桐、徐世昌，十一日铁路借款上谕，署名者为奕劻、那桐、徐世昌、载泽、假盛宣怀，除毓、盛外，后之内阁总协理大臣，即前之军机大臣，事属相承，策本一贯，是第一次借债政策，即新内阁之政策也。总协理大臣，虽经辞职，而已遵旨到阁办事，照章署名，不得以总理再辞职，协理未谢恩，而以十一日所发禁烟、铁路国有、铁路借款各政策，为总协理卸其责。且各部尚书，均为内阁国务大臣，既各照章署名，实有联带责任，更不得藉此为不负责任地也。或者又谓阁制并未实行，今日内阁不过为暂行办事之内阁，恐无完全负责之希望。不知内阁为一国行政之总机关，断不可以一日暂行，使全国行政计画，出于姑且尝试之举。暂行章程，在理宜速取消也。且暂行章程，虽有变通之处，而内阁第三第四各条之规定，固无以易之，不得以其暂行而取消阁制规定之责任。然则今日新内阁欲不负责而不能矣。今日新内阁，既据阁制而应负完全之责任，今日内阁之政策，犹是以前政府之政策，甚且推翻以前政府之政策。昔日政府不可恃，今日内阁果可恃乎。去年资政院弹劾军机，犹可以不负责任为词，今日阁制既明定担负责任，资政院常会时，内阁尚能以不负责任对付资政院乎。今日之内阁，虽一新其名称，而组织内阁之人，则犹是昔日之军机，以素不负责任之人，一易其名，即能变而完全负责任乎。今日内阁已发表之政策如此，未发表之政策，不可卜知。迨至资政院开院时，能保无去年弹劾之事乎。弹劾军机，去年已无效，以预备议会之资政院，而弹劾内阁，能否收法律上之效果乎。如仍无效，将解散资政院乎。则今日之内阁，实为皇族内阁，保无因资政院之解散，而一般人民之怨望，因内阁而及于皇族，因皇族而侵及于神圣之君主乎。如弹劾而有效也，则必重新组织内阁，内阁可推倒，皇族可以推倒乎。推倒皇族内阁，仍为皇族内阁，万一不幸，又有推倒之事，皇族特别不可动摇之地位安在乎。皇族特别不可动摇之地位，既不能确定，而皇族实密隶于君主，君主神圣不可侵犯之原则，尚能保其永防无碍乎。是故欲救中国之亡，必得良美之政治，欲得良美政治，必得完全内阁。欲得完全内阁，必求不反乎责任内阁之原则。君主立宪国，皇族不能充当内阁。我国阁制，本无内阁必用皇族之规定。诚以内阁者，全国行政之所汇归，而人民希望之所集的也。内阁而有其不可动摇，则政策之进步不可期，内阁而为皇族，则内阁几有不可动摇之质。如是则名为内阁，实则军机，名为立宪，实则为专制矣。是故内阁者，可以动摇者也，皇族者，不可动摇者也。皇族组织内阁，则内阁不得动摇，是无内阁也。内阁仍可动摇，是无皇族也。无皇族则君主危，无内阁则国家危。疆场多故，时不再来，我故乡父老望治之深心，议员等愧无以报命。谨就救亡根本大计，具陈一二，望我父老恕议员等能力之薄弱，引天下为己任，希望之心，永无断绝，则中国庶有豸乎。

《国风报》，宣统三年第十四期，宣统三年五月二十一日发行

内阁协理大臣与副署

宣统三年六月初一日

柳 夷

顷者新内阁成立，有协理大臣二员，其为法理之所不可通，与各国制度之所无，姑未遑深论，顾吾先有不能解者，则协理大臣之副署，不知何所取义也。谓其循前此军机处署名之例，不负有政治上之责任耶。如去岁之军机大臣，固尝以无责任之言，复资政院议员之质问矣。然今者新内阁官制，固有担负责任之明文，凡副署上谕者，实负有政治上之责任者也。且自新内阁成立后，关于普通政事之谕旨，皆由总协理大臣副署，惟涉及一部之事者，始由总协理大臣与该部大臣连署，是协理大臣之位置，虽下于总理大臣，而其责任则重于各部大臣也。夫协理大臣，既负如此之责任，则其在内阁中，实占重要之地位，盖显然无疑矣。

而稽之内阁官制，其第一条云，内阁以国务大臣组织之。第二条云，国务大臣，以内阁总理大臣及左列各部之大臣为之，即外务大臣，民政大臣，度支大臣，学务大臣，陆军大臣，海军大臣，司法大臣，农工商大臣，邮传大臣，理藩大臣，是也。执是以观，则所谓国务大臣者，惟总理大臣及各部大臣而已，若夫协理大臣，虽为内阁人员，实非国务大臣也。虽内阁官制中，又有所谓特任国务大臣者，然属临时任命，不在常设之列，且其入对具奏署名，均以临时事件为限，与现今之协理大臣，属常设之官，且对于一般政务，皆得副署，其性质盖截然不同也。然则协理大臣其非国务大臣，盖彰彰明矣。

夫今世立宪国，凡得副署谕旨者，惟限于国务大臣，此万国之通例也。今中国之协理大臣，以非国务大臣而得副署上谕。在草此官制者，固奇想天开，思独出创例，独不知衡之于义，果何所取。谓其副署为负有国务上之责任耶，则何不列之为国务大臣，谓其副署不负有国务上之责任耶，则何必添此赘瘤，以虚费笔墨。昔宋钱惟演自枢密使为使相，恨不得为真宰相，居常叹曰，使我得于黄纸尽处押一个名足矣。今之协理大臣，岂其慕押名黄纸尽处之虚荣，故为此副署耶。然今之协理大臣，即前此之军机大臣，其押名于黄纸尽处者屡矣。何事复慕此虚荣者。且今之新内阁负一国政治之责任，国家命脉，将尔系焉，薄海人民，具尔瞻焉，副署之事，即阁臣表示负责任之明征，岂容苟且为之耶。而乃以非国务大臣者，同副署上谕，苟其以儿戏视之，则非所敢知矣。若云有理由在也，则吾实索解而不可得也。

且吾又有不能解者，国家设官命职，凡一命以上，皆必载之官制中，此不惟中国之旧制，抑亦万国之通义也。今之协理大臣，佐总理大臣整理内阁一切之事，而对于一般谕旨，皆得副署，其地位如此之高，其责任如此之重，而内阁官制中，顾不见其名，独于内阁办事章程中，乃始出现。夫奉公人员，不必列之官制中，而仅规定于办事章程中，必也非官职，而为吏胥皂隶而后可也。举例以言之，如卤簿已耳，长随已耳，曾不谓以赫赫之协理大臣，而稽其由来，乃等于长随、卤簿，吾安得不为协理大臣羞也。呜乎！协理大臣乎，谓公等为长随、卤簿乎，则公等固官至一品也，谓公等为达官显职乎，则内阁官制中，固无其名也。夫身非职官，而有左右国务之权者，其在前占，则得君宠之宦寺耳，而不意丁此预备立宪之时代，乃复有所谓协理大臣者出焉，以与宦寺争辉，斯真新时代之新产物也。呜乎！协理大臣乎，吾欲拟之国务大臣，而国务大臣非其类，欲拟之其他官吏，而其他官吏无其类，欲拟之宦寺，拟之卤簿、长随，而亦悉非其类。则直四不像已耳。呜乎！内阁之中而有四不像在焉，亦适成为中国之内阁而已矣。呜乎！自新内阁成立，人皆欣欣然望其有新气象矣，乃视其在职之人，则旧而非新也，核其所办之事，亦旧而非新也。所新者，惟有此协理大臣之名目耳。中国政府之维新，其伎俩止此。此其所以成今日积弱之局也夫。

《国风报》，宣统三年第十五期，宣统三年六月初一日发行

各省谘议局议长议员袁金铠等为皇族内阁不合立宪公例请另组责任内阁呈①

宣统三年六月初九日

具呈直省谘议局议员：奉天谘议局副议长袁金铠、议员曾有严，吉林谘议局议长庆康、议员何印川，黑龙江谘议局议长李伯荆、议员韦景文，直隶谘议局议长阎凤阁、副议长王振垚、议员梁庭华、王邦屏、张汝桐、丁宗峄、孙洪伊，江苏谘议局议员汪秉忠、金詠榴、张家镇，安徽谘议局副议长窦以珏、议员陶冠禹、武炎康，山东谘议局副议长王景禧、于普源，山西谘议局议长梁善济，河南谘议局副议长方贞，陕西谘议局副议长李良材，福建谘议局议长高登鲤、议员张道南，浙江谘议局议长陈黻宸、议员余敏时，江西谘议局议长谢远涵、议员郭志仁，湖北谘议局议长汤化龙、副议长张国溶、议员陈登山、郑万瞻、胡瑞霖，湖南谘议局议长谭延闿、议员周煦埏，四川谘议局副议长萧湘，广西谘议局议长甘德蕃、议员蒙经，贵州谘议局议员杨寿篯，云南谘议局副议长段宇清等呈，为皇

---

① 《国风报》宣统三年第十三期刊登此文，题目为《联合会呈请代奏明降谕旨另简大臣组织内阁稿》，无前面署名人之名单。

族组织内阁不合君主立宪公例，失臣民立宪之希望，仍请明降谕旨另行组织，以重宪政而固国本，恭请据情代奏事：

窃议员等前以组织内阁之主体不宜以皇族充任，呈请代奏，请取消内阁暂行章程，另简大臣组织，未奉明旨，刍荛之言，不足以动天听，惴惴待罪，罔知所措。伏念议员等伏阙请愿，以达国民之公意，既不得邀俯察，何敢再行渎请。惟议员等爱我国家，爱我皇上，惧愚诚之未至，使人民对于政府生希望断绝之感，实非国家前途之福，不避斧锧，谨再为我皇上缕陈之。

君主不担负责任，皇族不组织内阁，为君主立宪国唯一之原则，世界各国苟号称立宪，即无一不求与此原则相吻合。今中国之改设内阁，变旧内阁之官制而另定官制，改军机处之旧名而更定新名，其为实行宪政特设之机关，固天下臣民所共见，而第一次组织内阁之总理，适与立宪国之原则相违反。国外报纸屡肆讥评，以全国政治之中枢而受外论之抨击，已有妨于国体，犹曰外人不知内情，可以置之不论也。自先朝颁布立宪之诏，天下喁喁望宪政久矣，请国会之早开，以求实行宪政也，责军机之不负责，亦以求实行宪政也。天下臣民求实行宪政之心日积日高，希望政府之心即日益日炽，挟最高最炽之希望，一睹新发布之内阁组织之总理，乃于东西各立宪国外开一未有之创例，方疑朝廷于立宪之旨有根本取消之意，希望之隐变为疑阻，政府之信用一失，宪政之进行益难，未识朝廷何以处之。

内阁之责任显于弹劾，终于惩戒。各国内阁大臣惩戒之例，若英内阁之曾受弹劾而宣死刑，意内阁之曾受弹劾而致流放，惟其绝非皇族，故于国家大本无所动也。今以皇族当其冲，惩之则于亲亲之仁不能无所顾惜，不惩则全国民之攻点交集于君主之身，国本动摇，实大变之所伏。此虽杞人之过虑，然既为历史之所有，不能保事实之必无，万一此种事实发生，未识朝廷何以处之。

内阁总理大臣任命于君主，以组织内阁，故责任联带，实以总理为中心。其能联带负职之原因，必在总理大臣与组织之国务大臣为同一政治方针之党派。君主无偏无党，操黜陟之权以临之，故元首超然而大权益固。若以皇族总理组织内阁，大权之行使欲为懿亲留余地，必生进退为难之现象。即乾纲长振，不至生此现象，而皇族悬内阁之希望，国中党派将有附和皇族以为政党之中权者。皇族既涉政治，不能禁政党之附和，政党各为附和，不能不生党派之竞争，及至酿成竞争，为患何堪设想。几虽不必骤动，弊实中于隐微，万一此种事实发生，未识朝廷何以处之。

四月十二日庆亲王奕劻奏内阁总理大臣断难胜任，仍恳收回成命一折，奉上谕：倘至数月以后，精力实有难胜，彼时再候谕旨。等因。钦此。恭绎圣训，亦知庆亲王内阁原出于暂时之权宜。然既开皇族内阁之端，即易启臣民之误会，第二次总理仍将为皇族之风说，渐传播于人口，虽属盲聋之拟议，决非朝廷之意，而以前次议员等呈请代奏未奉明谕，实为误会之大因，且既设内阁，而奏尚留中，即为内阁辅弼之无状。盖内阁责任缘署名而生，署名则责在大臣，留中则内阁大臣均处于消极之地位，而以责任纯归于皇上。既设内阁，重之以同负责任之明旨，署名与留中断无并存之理。内阁成立以后，奏折留中者凡数见，此天下臣民所以益不信内阁而妄测朝廷之意旨也。

议员等入都以来，闻诸中朝士夫，多谓皇族组织内阁，原非朝廷本意，实有不得已之苦衷。果如所言，朝廷真有不得已之苦衷，正当明布丝纶，期与臣民共见，不宜以焦劳独贻君父。议员等抱忠君爱国之隐，为披肝沥胆之词，仍请皇上明降谕旨，于皇族外另简大臣组织责任内阁，以符君主立宪之公例，以餍臣民立宪之希望，不胜悚惶待命之至。伏乞代奏。谨呈。

《清末筹备立宪档案史料》，第577—579页

各省谘议局议员请另组内阁议近嚣张当遵宪法大纲不得干请谕

宣统三年六月初十日

都察院代奏，直省谘议局议员呈请另行组织内阁一折。黜陟百司，系君上大权，载在先朝钦定宪法大纲，并注明议员不得干预。值兹预备立宪之时，凡我君民上下，何得稍出乎大纲范围之外，乃议员等一再陈请，议论渐近嚣张，若不亟

为申明，日久恐滋流弊。朝廷用人，审时度势，一秉大公，尔臣民等均当懔遵钦定宪法大纲，不得率行干请，以符君主立宪之本旨。钦此。

《清末筹备立宪档案史料》，第 579 页

内阁叙官局暂行章程（附原奏）

宣统三年六月十一日

谨将吏部旧管事件酌量划分规定暂行章程十条，缮具清单，恭呈御览。计开：

一、京官不分满汉，一律酌补也。查改定官制以来，各部官缺或尚分满汉，或只分酌序，或均归酌题，各为风气，殊非画一之制。拟请嗣后将满汉序补名目概行化除，遇有缺出，通行酌量才具升补。学习未经期满之员，仍不准其请补。其升补时官阶事故，应先行咨送查核。

一、州县以上外补各缺酌量变通也。查道府同通直隶州、州县题调要缺，关系綦重，为地择人，未便稍涉迁就。嗣后题调要缺出时，除坐补原缺即行补用外，应无论何项缺分，何项班次，悉准择其人地相宜者，升调补三项兼行。升调旧例之准其声明及不准声明各事项概予删除，惟特旨发往及卓异候升截取记名分发人员，应先尽酌量升补，如果人地不宜，方准以他项人员升补。应扣甄别考验未经期满留省者，仍不准补用。其中简各缺补班，仍暂按现行例章办理。至初任候补试用及河工人员补缺试署试俸名目，应一并化除，以昭核实而归简易。

一、佐杂各缺一律酌补也。查佐杂等官，向归咨补，本与奏任不同，嗣后无论何项缺分，均无庸分别花样班次科分到省先后，准其统行酌量咨补，并仿照州县汇奏办法，每半月汇咨一次，以省繁文。其坐补原缺，试署试俸以及应扣甄别考验之处，均照州县以上各官一律办理。其简缺中遇有裁缺即用、回避即用应补人员，仍尽先补用。

一、停止京外各项选班也。查京官自司员停选后，尚有小京官、笔帖式两项选班，外省州县盐务官外，均尚照常铨选办理，仍未一律。自应将京外选班概行停止，其道府两项请旨之缺，仍照例办理。应行咨选之缺，拟请将特旨候选及以简缺用并曾任实缺服满起复等项应选人员，一并开单奏请简放。其有愿呈请分发者，应准其分发。至其余停选各员应如何给予分发，妥筹安置，俟酌定后，再行奏明办理。

一、陵寝各缺应划归内务府也。查在京各部郎员主缺分，业经吏部于光绪三十二年奏请停选，分别酌序两班补用。陵寝郎员主各缺，则仍由吏部按班铨选。现吏部既经裁撤，此项人员为典守陵寝重地及供应祭祀要差，由行政衙门选用人员，多系初任，于一应祀典究非素习，拟请将此项额缺划归内务府核办。遇有缺出，由该管堂官详细查核，奏明办理，以昭慎重。未经出缺以前，不得遽行更换，致形纷扰。至吏部册载候选人员，应另案奏明办理。

一、丁粮等项处分宜定划一办法也。查各省奏报丁粮之案，有由度支部会同吏部具奏者，有由度支部具奏后咨送吏部核办者，办理未能一律。拟请嗣后关于丁粮等项之案，应由该部先行具奏，俟奉旨后，按照原册，将已未完分数及经征、任卸年月，开具职名清单，并标明正项杂项，移咨到阁，另行具奏，以归简易。

一、命盗案汇奏案件宜暂行停办也。查各省命盗展参之案，每月多至千数百件，然所办处分半成具文。拟五月以前吏部移交未办之案，仍照旧例办理，自六月初一日起暂行停办，俟各项官规颁布后再行遵办。

一、丁忧起复等项分别归划也。查丁忧起复更名复姓归宗过继改籍，向系吏部稽勋司专掌。今裁并之后，自应划分承办。所有丁忧起复更名终养修墓五项，并入叙官局办理。向例驳查事项，无关弊窦者均行删除实缺，丁忧人员并无庸每月汇奏，以省烦渎。至复姓归宗过继改籍，事关户籍，应俟奉旨后咨送民政部接收承管。

一、封典荫袭等项分别划归也。查吏部验封司专司请封给荫世袭议恤，并承办查斋坐朝及书吏充补考职供事著役各事，现既设立制诰局，所有封典荫袭议恤，应划归该局承办。其书吏、供事底册案卷并入叙官局分别办理。其查斋等项，事关典礼，并文选司承办大员吃肉牌册司员后管等项，均应划归礼部。又文选司所管之缙绅并篆拟印模，应划归印铸局管理，以清权限而专责成。

一、学治馆宜归并学部也。查该馆法政班原奏定一年半毕业，复经吏部酌照法政别科章程，延长学期，改为三年毕业，并附设研究一班，本年正月二十一日具奏，奉旨允准在案。现在研究班自当停止。惟法政班学员七十余人，至明年十二月始为期满毕业，该学员等成绩尚有可观，未便听其中废，自应并归学部，并由吏部存款酌提若干两以便接办。

以上各条，俟奉旨后，均照暂行章程办理，以清界限而归画一。

附：内阁奏接收吏部印信文件分别归并酌拟暂行章程折

奏为接收吏部印信文件分别归并，恭折仰祈圣鉴事：

宣统三年五月二十七日内阁奉上谕：内阁会奏酌拟内阁属官官制暨内阁法制院官制缮单呈览一折，朕详加披览，尚属妥协。著先将此两项官制颁布。除应简之阁丞各员另行简补外，著即遵照设立内阁承宣厅及制诰、叙官、统计、印铸各局，应设之内阁法制院亦即同时并设。所有宪政编查馆、吏部、中书科、稽查钦奉上谕事件处、批本处等衙门，著一并裁撤。其所管事项与已经裁撤之旧设内阁、军机处、会议政务处所管事项，凡应并入内阁办理者，统即分别接管。旧隶军机大臣之翻书房，著改隶于翰林院。至各衙门应行划入事项及应划归各衙门事项，均著妥慎交接，以清权限而专责成。等因。钦此。二十八日奉上谕：内阁现在接收吏部事宜，著派达寿帮同清理归并。钦此。

查吏部职掌，以隶于叙官、制诰两局为多，当由臣等饬令阁丞华世奎及各该局正副局长妥慎归并，复由臣达寿先后赴吏部会同清理。兹于本月初八日准吏部将印信官册文件一一点交，另由裁缺吏部尚书李殿林等分别造具清册存案，专折具奏。原有吏部衙门拟即给予叙官局为暂时接办之所，克日开办。尚有吏部筹款置备公所并借用公所共七处，为入值办公之地，自应仍发交叙官局接管，藉资办公。印信九颗，即日饬交印铸局照例办理。

臣等查吏部旧管四司一厅，另设收支、监印、稽俸、收发各处所，卷牍浩繁，事体纷杂，其每日之公事以千计，每司之用人以百计。当此接续过渡之交，新制既未颁行，旧章亦讵能遽废，自当删繁就简，因时制宜，庶利目前之施行，兼备维新之基础。谨将吏部旧管事件酌量划分归并，拟定暂行章程共十条，开列清单，恭呈御览，请旨遵行。至郎中以下裁缺及候补各人员，应由臣等详加考察，分别留改，以资任使而免向隅。其余未尽事宜，均由臣等随时奏明办理。

所有接收吏部，清理归并各缘由，理合恭折具陈，伏乞皇上圣鉴。谨奏。

宣统三年六月十一日奉谕旨：内阁奏接收吏部印信文件，分别归并，酌拟暂行章程，缮单呈览一折。著依议。钦此。

《民政部奏折汇存》第二册，第801—809页，全国图书馆文献缩微复制中心2004年影印

直省谘议局联合会为阁制案续行请愿通告各团体书

宣统三年六月十一日

敬启者：议员等膺父老之付托，开联合会于京师，以国势阽危，非改良政治，不足以图存，非改良政府，即无改良政治之希望。盖今日种种之恶政治，皆我政府之所铸造，我父老思之。迩年以来，朘削我民之脂膏，以蹙我民之生命者，谁之咎？割让我国之土地，以饱外国之馋吻者，谁之咎？委弃海外之侨商，任屠戮呼吁而不顾者，谁之咎？盖举吾国民无老无幼无男无妇，无不举首蹙额于我政府，而我迩年之政府，则世界各立宪国未有之皇族政府也，则我国初祖制所未有之皇族政府也。惟为皇族政府，其地位足以蔽塞圣聪，其势力足以左右内外臣工。我民即有至苦至痛之隐情，不能叩九阍而诉之。故皇族政府之阶级不废，无所谓改良政府，亦即无立宪之可言。乃者，朝廷实行立宪政治，新设内阁，父老喁喁望治，方冀循立宪之通例，不复以皇族掌握政权。而官制发布之初，组织内阁之大臣，仍属诸皇族，议员等伏阙呼吁，一再呈请。六月初十日奉上谕：都察院代奏直省谘议局议员呈请另行组织内阁一折，黜陟百司，系君上大权，载在先朝钦定宪法大纲，并注明议员不得干预，兹值预备立宪之时，凡我君民上下，何得稍出乎大纲范围之外，乃该议员等一再陈请，议论渐进嚣张，若不亟为申

明,将来恐滋流弊。朝廷用人,审时度势,一秉大公,尔臣民均当懔遵钦定宪法大纲,不得率行干请,以符君主立宪之本旨。钦此。伏查谕旨经内阁大臣之署名,即应归内阁大臣负其责任。此次内阁大臣署名之谕旨,舍皇族应否组织内阁而不言,惟以宪法大纲君上大权自为藏身之地,其所引之宪法大纲君上大权,又与议员等之所请求,毫不相涉,则我内阁大臣之蒙蔽宸聪,辅弼无状,议员等所不敢详为辨析也。

第一内阁大臣署名之上谕,谓黜陟百司,系君上大权,载在先朝钦定大纲,并注明议员不得干预。兹值预备立宪之时,凡我君民上下,何得稍出乎大纲范围之外。窃思黜陟百司之权,操诸君上,此自官民所同认。惟议员等请不以皇族组织内阁,乃立法之原理问题,机关组织之原则问题,非用人问题也。准立宪国之通例,行政官不得兼任司法官,外国归化人,于若干年内,不得任国务大臣。一机关之组织,类有特定之限制,以贯澈立法之精神。皇族之不任内阁大臣,亦立宪国所特定之限制,盖欲使内阁机关,为完全负责任之机关,不得不使皇族立于内阁之外。皇族立于内阁之外,实无黜陟之可言。申言之,即凡所谓黜陟者,必其人在法律上,可以组织某种机关,合则陟之,不合则黜之。是用人之问题,而非机关之问题也。若其人在立法上绝对不可以组织某种机关,无所谓黜,即无所谓陟,是纯为机关之问题,于其人之黜陟无与也。宪法大纲不云乎,君上神圣尊严,不可侵犯。君上何以不可侵犯,因有大臣代负责任。故大臣代负责任,何以不影响于君主,因大臣对于君主,但有任命之关系,无亲族之关系。故东西君主立宪国,限制皇族不入内阁之法理,全在保持君上之神圣尊严。我宪法大纲,既列君上神圣尊严,不可侵犯为专条,依论理之范围,应有皇族不入内阁之解释。故请皇族不组织内阁,非惟不出乎宪法大纲之外,实恪遵宪法大纲而后有此举也。且所谓干预君上黜陟之大权者,必对于大臣个人之贤否,强君主之黜之陟之也。请皇族不组织内阁,请皇族自为一团体,立于特别之地位,不得与于国务大臣之列,以当攻击之冲,非谓皇族贤者当陟,否者当黜,断断于皇族中之个人而评骘之也。议员等两次呈文,均请于皇族外另简大臣组织内阁,所谓除皇族外者,皆对于皇族团而言之,于皇族中之个人,未尝加丝毫之臧否。天下有对于个人不加臧否而谓之干预黜陟大权耶。宪法大纲中,附议院法纲领,一行政大臣,如有违法情事,议院只可指实弹劾,其用舍之权,操之君上,不得干预。朝廷黜陟之权，与宪法大纲中设官制禄，及黜陟百司之权一条，互相发明。议院之弹劾大臣，与君上之黜陟大权，犹并行而不相碍，议员等之请愿，并非弹劾，而谓之干预君上黜陟大权耶。阁臣不能言内阁必用皇族组织之理，欲巧借宪法大纲以掩一时之耳目，而不自知其逸于宪法大纲之外。此不敢不详为辨析者一也。

第二内阁大臣署名之上谕，谓朝廷用人，审时度势，一秉大公，尔臣民等均当懔遵钦定宪法大纲，不得率行干请，以符君主立宪之本旨。朝廷用人之必秉大公，为天下臣民所希望，审时度势，亦进退人才之妙用。然无论时势如何，于绝对不能通融者，即皇族之充当内阁大臣是也。盖皇族密迩于君主，开一皇族内阁之例，因亲贵而授以国务，无以明朝廷大公之心迹。且内阁而充以皇族，推倒内阁，即有推倒皇族之嫌，则内阁又以皇族之故，将有不能适应时势之更迭。故君主国无不有皇族，且既定为立宪政体，即无一不划皇族于内阁之外，皇族不组织内阁者，实君主立宪国最著之本旨也。而内阁大臣署名之上谕，斥议员等不得率行干请，以符君主立宪之本旨。夫皇族唯君主国有之，民主国无是也，皇族不入内阁之问题，惟君主立宪国有之，民主立宪国无是也。革命党与立宪党宗旨之差异，全在破坏君主政体，与巩固君主政体之一点。惟欲破坏君主政体，方期铲除君主制度，皇族更非其所问，惟欲巩固君主政体，期君主之永保其神圣，即不得不望皇族之永保其安乐。议员等之请不以皇族组织内阁，使皇族不立于政治之中权，以招天下臣民之尤怨，皇族不为臣民之怨府，皇上乃能永为神圣之保持，怀挟斯旨，吁定经制，为爱皇族否耶，为爱皇上否耶，爱皇上因而爱皇族，爱皇族即以爱皇上，此为欲破坏君主立宪政体耶，抑正巩固君主立宪政体耶。议员等惟求符君主立宪之本旨，而后有此次之请求，方以无此请求，即不符君主立宪之本旨，即无以表示我臣民爱戴君主立宪之至诚。而阁臣乃以为与君主立宪之本旨不符，假上谕以申儆之，则议员等之所惶惑不解者也。夫君主立宪政体，定自先朝，圣训煌煌，庶政公诸舆论，既为立宪，而禁臣民为政治之干请，犹得曰庶政公诸舆论耶，犹得曰符君主立宪之本旨耶。此不敢不详为辨析者又一也。

总之议员等之所请求者，为不以皇族组织内阁，皇族以外，无论满汉蒙回藏之五族，但属中国臣民，合于为国务大臣之资格者，皆得邀帝心之简在。本宪法大纲之精义，以求符君主立宪之本旨，议员等之所自信，抑亦我父老之所共信也。内阁大臣署名之上谕，于皇族内阁不置一词，则现内阁之自为庇护，不以立宪之公理启沃我皇上，又借我皇上之明谕，以冀缄天下之口，非独议员等之所深喻，抑亦我父老之所共喻也。夫立宪国之君主，以不负责任不可侵犯为原则，内阁之组织，属于君主之懿亲，是于君主不负责任不可侵犯外，加一不负责任不可侵犯之内阁，以地位之尊严论，不啻一国之中有二君主，以政治之责任论，不啻一国之中全无政府。一国之中有二君主，不可以为国，一国之中全无政府，尤不可以为国。现内阁自固其地位，使我国家于世界立宪国家不能占一地位。先朝之确定立宪政体，人民之希望立宪政治，自有现内阁而破坏断绝尽矣，此可为太息痛哭者也。自今以往，内阁因皇族而益固，于世界立宪国外，树一不可动摇之内阁，任政治之腐败，民生之困阨，我人民惟当俯首帖耳，而不能一指摘一攻击，指摘内阁，即指摘皇族也，攻击内阁，即攻击皇族也。指摘攻击皇族，即嫌于指摘攻击皇上也。自今以往，我人民无复可谈政治改良之一日，谈及政治改良，即冒触内阁，直接冒触皇上，是皇上之神圣尊严，与我臣民之言论自由，同载于宪法大纲者，其势且两不相容。日日言立宪，宪政重要机关之内阁，首与宪政之原则背道而驰。呜乎！其何望矣。议员等自愧能力薄弱，愚诚未至，不足以动天听。然欲得健全之政府，以改良政治，救中国之危局，区区之隐，始终罔间。读此次内阁大臣署名之上谕，亦未敢遽存绝望之想。上谕固云，凡我君民上下，何得出乎大纲范围之外。我臣民恪遵宪法大纲之要求，朝廷即当恪遵宪法大纲以为制度之改善，此绎上谕之意而可知也。上谕又云，朝廷用人，审时度势，一秉大公，则朝廷之视皇族内阁为暂时之计，而终以大公为归可知也。上谕又云，尔臣民无得率行干请，盖当暂行制度之时，疑吾民求之太急，故有率行干请之语。庆亲王内阁本有数月以后再候谕旨之明谕，稍俟数月，遵宪法大纲之大义，本君主立宪之本旨，再为请命。其必不以为率行干请又可知也。议员等窃体斯意，再励愚忱，定于八月内来京续行请愿，尤冀我海内外各团体同时派员来京，伏质帝阍，竭诚呼吁。倘邀皇上之俯鉴，另改内阁之组织，吾民得完全之内阁，可以求政治之改良。皇族不当政治之中枢，君主立宪政体，愈益巩固，国利民福，岂有暨焉。敬布区区，伏维公察。直省谘议局议员联合会谨启。

《国风报》，宣统三年第十六期，宣统三年六月十一日发行

内阁奏接收吏部印信文件折

宣统三年六月十二日

奏称①：本月初八日准吏部将印信官册文件，一一点交，另由裁缺吏部尚书李殿林等分别造具清册存案，专折具奏。原有吏部衙门，拟即给予叙官局，为暂时接办之所，克日开办。尚有吏部筹款置备公所，并借用公所共七处，为入值办公之地，自应仍发交叙官局接管，藉资办公。印信即交印铸局照例办理，并拟酌拟暂行章程十条具奏。奉旨：依议。暂行章程列下：

吏部旧管事件酌量划分归并暂行章程

一、京官不分满汉，一律酌补也。查改定官制以来，各部官缺或尚分满汉，或只分酌序，或均归酌题，各为风气，殊非画一之例。拟请嗣后将满汉序补名目，概行化除，遇有缺出，通行酌量才具升补。学习未经期满之员，仍不准其请补。其升补时官阶事故，应先行咨送查核。

一、州县以上外补各缺酌量变通也。查道府同通直隶州州县题调要缺，关系綦重，为地择人，未便稍涉迁就。嗣后题调要缺出时，除坐补原缺即行补用外，应无论何项缺分，何项班次，悉准择其人地相宜者，升调补三项兼行。升调旧例之准其声明及不准声明各事项，概予删除。惟特旨发往及卓异候升截取记名分发人员，应先尽酌量升补，如果人地不宜，方准以他项人员升补，应扣甄别考验未经期满留省者，仍不准补用。其中简各缺补班，仍按现行例章办理。至初任候补试用及河工人员补缺试俸名目，应一并化除，以昭核实而归简易。

一、佐杂各缺一律酌补也。查佐杂等官，向归咨补，本与奏任不同，嗣后无论何项缺分，均无庸分别花样班次科分到省先后，准其统行酌量咨补，并仿照州

---

① 《东方杂志》所载奏折，系节录，非全文。

县汇奏办法,每半月汇咨一次,以省繁文。其坐补原缺试署试俸以及应扣甄别考验之处,均照州县以上各官一律办理,其简缺中遇有裁缺即用回避即用应补人员,仍先后补用。

一、停止京外各项选班也。查京官自司员停选后,尚有小京官、笔帖式两项选班,外省州县盐务官外,均尚照常铨选,办理仍未一律。自应将京外选班概行停止。其道府两项请旨之缺,仍照例办理。应行咨选之缺,拟请将特旨候选及以简缺用并曾任实缺服满起复等项应选人员,一并开单奏请简放,其有愿呈请分发者,应准其分发,至其余停选各员,应如何给予分发,妥筹安置,俟酌定后,再行奏明办理。

一、陵寝各缺应划归内务府也。查在京各部郎员主缺分,业经吏部于光绪三十二年奏请停选,分别酌序两班补用,陵寝郎员主各缺,则仍由吏部按班铨选。现吏部既经裁撤,此项人员,为典守陵寝重地,及供应祭祀要差,由行政衙门选用人员,多系初任,于一应祀典,究非素习,拟请将此项额缺,划归内务府核办,遇有缺出,由该堂官详细查核奏明办理,以昭慎重。未经出缺以前,不得遽行更换,致形纷扰。至吏部册载候选人员,应另案奏明办理。

一、丁粮等项处分宜定画一办法也。查各省奏报丁粮之案,有由度支部会同吏部具奏者,有由度支部具奏后咨送吏部核办者,办理未能一律。拟请嗣后关于丁粮等项之案,应由该部先行具奏,俟奉旨后,按照原册,将已未完分数及经征任卸年月开具职名清单,并标明正项杂项,移咨到阁,另行具奏,以归简易。

一、命盗汇奏案件宜暂行停办也。查各省命盗展参之案,每月多至千数百件,然所办处分,半成具文。拟五月以前,吏部移交未办之案,仍照旧例办理。自六月初一日起,暂行停办,俟各项官规颁布后,再行遵办。

一、丁忧起复等项分别划归也。查丁忧、起复、更名、复姓、归宗、过继、改籍,向系吏部稽勋司专掌,今裁并之后,自应划分承办,所有丁忧、起复、更名、终养、修墓五项,并入叙官局办理。向例驳查事项,无关弊窦者,均行删除,实缺丁忧人员,并无庸每月汇奏,以省烦渎。至复姓、归宗、过继、改籍,事关户籍,应俟奉旨后,咨送民政部接收承管。

一、封典荫袭等项分别划归也。查吏部验封司,专司请封、给荫、世袭、议恤,并承办查斋、坐朝及书吏充补、考职、供事、著役各事。现既设立制诰局,所有封典、荫袭、议恤，应划归该局承办。其书吏供事底册案卷，并入叙官局分别厘定办理。其查斋等项，事关典礼，并文选司承办大员吃肉牌册司员后管等项，均应划归礼部。又文选司所管之缙绅并篆拟印模，应划归印铸局办理，以清权限而专责成。

一、学治馆宜并归学部也。查该馆法政，原奏定一年半毕业，复经吏部酌照法政别科章程，延长学期，改为三年毕业，并附设研究一班。本年正月二十一日具奏，奉旨允准在案。现在研究自当停止。惟法政班学员七十余人，计至明年十二月始为期满毕业，该学员等成绩，尚有可观，未便听其中废，自应并归学部，并由吏部存款酌提若干两以便接办。

以上各条，俟奉旨后均照暂行章程办理，以清界限而归画一。

《东方杂志》，第八年（宣统三年）第六期，宣统三年六月"中国大事记"

内阁总理大臣演说政纲

宣统三年六月十五日

本日内阁会议，总理大臣演说曰：

此次朝廷厘定官制，设立内阁，以立责任政府之基础，执立宪政治之枢机。内阁总理大臣为国务大臣之领袖，任重责繁，本爵自惭薄德，益之衰朽，辱承斯乏，固辞不获。受事以来，时深兢惧。顾念阁制要旨，在定政治之方针，保持行政之统一，是虽总理大臣之专责，然辅弼朝廷，赞襄大政，同心协力，以图进行，则国务大臣共此责也。

本爵仰承宸谟，熟筹政纲，敬循在官言官之谊，以告我同列。洪维我孝钦显皇后、德宗景皇帝鉴时局之艰危，考列邦之政治，知非立宪不足以自强。于是有九年筹备之诏。我皇上继述前徽，重申巽命，又有缩短立宪年限之诏。于是筹备之期孔迫，进行之事益繁。若财政，若民政，若教育，若实业，若交通，若司法，若军备，若理藩，若外交，以及附属事务，殆难枚举。盖几无一非国家要政，无一可以偏废者，诚以交通时代，与闭关时代不同，立宪时代，又与专制时代不同。昔以保守为主者，今则以进取为宗，昔行消极主义，而可以保安者，今则非行积极主义，不可以图存。是则大势所趋，不得不然，而政策必与时会相应者也。

政策既用积极主义，而以进取为宗矣。则以上所举诸要政，何一不当竭全力以图之，然何一不需财用以举之。夫国家之事业无穷，而国家之财力有限，将欲举诸要政，同时并进，虽在至富之国，尚恐不济，况如我国现在情形，遽以有限之财，办无限之事，不待智者而后知其力之不能逮也。然则财政者政治之母，将欲实行此政策，非从整理财政入手不为功，断可知也。

惟是整理财政云者，须合全局计画之也。以目前之财力，供目前之政费，入不敷出，为数已巨。况此后政策进行，岁出日有增加，又将何所取给。是昔以量入为出为主义者，今则必以量出为入为主义，而后财务行政，方可得而言焉。夫整理之事，为绪孔多，举其纲要，如税制之统系宜如何组织，税则之轻重宜如何厘定，征收出纳机关，宜随时改良，岁计事务法规，宜力求完备，以至币制之画一通行，银行之联络维持，均属重要之图。本原之计，应如何统筹全局，详析规画。度支大臣夙夜兢兢，不遗余力，举凡一切方法，当必有筹之已熟者。

虽然，整理财政，非但就现有之财而整齐画一也。国家财力，只有此数，况当小民困苦之时，岂忍为竭泽而渔之计。故整理财政，尤须培植财源，财源既厚，则无论增加租税，募集公债，皆属易行。国家岁计不患不增，所谓民富斯国富也。财源安在，厥惟实业，故振兴实业，斯为培植财源之要图。而经济行政，不得不与财务行政同时并进矣。

实业之图多端，综其大要，不出农工商三事。西国自古即有重农主义、重工主义、重商主义之不同，而论者或谓中国以农立国，全国生计系于农事，是宜重农；或谓中国大地物博，原料宏富，倘能讲求制造，实为莫大利源，是宜重工；或又谓通商以来，已成商战世界，必厚商力，利权乃自我操，是宜重商。愚以为农工商三事，相资为用，理无偏废，事可并举，不过措置之时，略有先后之序耳。农工商大臣讲求实业，夙具苦心，应如何提倡以资创始，改良以图进步，与夫奖励之方，保护维持之法，壹意经营，谅不难渐收实效。

整理财政、振兴实业二者，最为当务之急。近年度支部、农工商部各已有所奏陈，次第见诸施行矣。本爵夙表同情，今确定为政治方针，想亦我同列所共韪者也。惟既取国务大臣之同意而定政治之方针，更赖主管大臣之谋谟，以为行政之计画。盖政治有轻重缓急之分，行政亦有轻重缓急之序。故自政治言之，于重要国务之内，互相比较，则以整理财政、振兴实业为最重最急。自行政言之，则整理财政、振兴实业，各自有轻重缓急之可言。又从而区分之，以为行政之计画，何者在所必先，何者在所宜后，办理之法若何，所需之年期几何，岁需之经费几何，逐一规画，编为预算，措诸实行。庶政治之方针可达矣。

此外教育交通，亦最为紧要。其余一切政务，今虽不在最急之列，并非谓可以废而不举。所当就现所筹办者，切实经理，而徐俟扩充。故各主管大臣所为行政之计画，与财政实业计画之法无异也，且与二者有相辅而行者焉。如教育行政之计画，则于普及教育、师范教育、实业教育、高等教育四者之中，当以实业教育与普及教育并重，而普及教育之旨趣及教材，又皆以启发实业之精神为主。如交通行政之计画，则于路政、航政、邮政、电政四者之中，以路、航二事与实业关系最切，规画即以此为急，而规定路线，扩张航线，亦以有关实业者为先务。其余各部行政计画，亦复准此，俾与政治方针一气贯注。将来实业发达，财源渐裕，财政自充。则一切政务经费有著。不难次第扩充，盖事有相成而无相悖者也。

溯我朝列圣相承，与民休息，垂三百年。迩者国步艰难，朝廷宵旰忧勤，无时不以国计民生为念。上年资政院议员所建议，亦以经营财政、实业为先务者居多。本爵上秉圣谟，下采舆论，用是竭其愚虑，定为政纲。凡我同列，共谅此心，所望和衷共济，策励进行，则国家之福也。

《东方杂志》，第八年（宣统三年）第六期，宣统三年六月"中国大事记"；《光绪宣统两朝上谕档》第三十七册，第155—157页

弼德院奏办事议事细则

宣统三年六月二十二日

弼德院奏称,弼德院官制内载,弼德院办事及议事细则,由院长定之。谨拟细则七章,计三十七条,缮单呈览,并另折奏觅定地址,恳恩拨给。又工程估有成款,再请拨款。均奉旨允行。细则录下①:

弼德院办事及议事细则

第一章 总 纲

第一条 凡钦奉谕旨属于弼德院官制第六条所列事件,及第七条临时顾问事件,弼德院遵即议决具奏。

第二条 弼德院除与内阁及兼任顾问大臣主管各衙门因公交涉外,不得与其他各衙门暨议院别有交涉。并不得受人民之陈请。

第三条 遇有交议事件,由本院知会各顾问大臣,到院公同披阅,并将该项事件刷印分送各顾问大臣。其事关秘密者,不在此列。

第四条 所有应议事件,由院长、副院长编定议事日表,但兼任各顾问大臣,得说明理由,商由院长、副院长变更之。

第五条 遇有紧急事件,内阁得定期知照弼德院速议。

第二章 审 查

第六条 凡应议事件,院长、副院长命秘书厅送付参议官审查,或由院长特别指定,其审查期限,院长、副院长得限定之。事较繁重者,得由参议官陈明院长、副院长,展长期限,或添指参议官。

第七条 审查之时,兼任顾问大臣遇有该衙门关涉事件,得派员向参议官说

---

① 以上为《东方杂志》说明,非奏折原文。

明理由。

第八条　审查之时，有与该项事件关涉之主管衙门，应行咨答文牍，由参议官纂拟。

第九条　参议官审查既毕，应撰报告书，送交秘书厅，呈候院长、副院长查核。

第十条　审查报告书经院长、副院长复核后，定期会议，应于期前三日，连同附属文书议事日表，刷印分送各顾问大臣及参议官，但紧急事件，不在此限。事关秘密者，其审查报告书，得通告各顾问大臣到院阅览。

第十一条　遇有临时紧急事件，参议官得于议场以口说报告，仍应将审查要领载于议事录。

第三章　会　议

第十二条　会议之日，通常以下午一点钟开议，遇有紧急事件，由院长、副院长拟定时刻通知者，不在此列。

第十三条　会议之日，专任顾问大臣到会至半数以上，院长、副院长即入议场就坐。专任顾问大臣因事不能到会者，应先期通知。

第十四条　专任顾问大臣，除奉旨准假外，其无故不到逾三次以上者，由院长、副院长奏明请旨办理。

第十五条　议场坐位，以奏定次序为准。

第十六条　专任顾问大臣到会，不能满半数以上，院长、副院长即宣告展会。其到会已入议场者，应俟议长离坐后，一同离坐。

第十七条　会议日期及事件，皆按照议事日表办理。

第十八条　会议时刻，每次以一点钟至四点钟为限，如限内未能议决，应于次日接续开议。但紧急事件，不在此限。

第十九条　届开议时，议长就坐，报告文件之后，宣告开议。其未宣告以前，无论何人不得发议。宣告散会或展会之后，亦不得发议。

第二十条　会议之时，发议者应起立声明，经议长许可，方得发议。

第二十一条　会议之时，议长得酌量时刻，中止议事。

第二十二条　宣告开议之后，参议官将审查该项事件之报告案，再以口语详细说明。

第二十三条　兼任顾问大臣，于主管事件，派员到会说明。无论何时，经议长许可，皆得发言，惟不得中止顾问大臣及参议官之演说。

第二十四条　凡声请发议，如有二人同时起立者，由议长指定一人，先行发议。

第二十五条　凡讨论轶出议题之之外，或不合秩序者，议长得中止其发议。

第二十六条　讨论终局，由议长宣告之。

第二十七条　院长、副院长、各顾问大臣，均有表决权。其不在议场者，不得加入表决。

第二十八条　届表决时，院长宣告应行表决之议题，宣告表决以后，无论何人，不得就所议事件发议，亦不得声请更正表决。

第二十九条　表决用记名法，以为可者，用白色票，以为否者，用蓝色票。各记本人姓名，投入票匦。

第四章　纂拟

第三十条　凡议决事件，由参议官纂拟要恉并附理由，作为本院议决意见，呈由院长、副院长核阅，分送各顾问大臣。如系重要事件，并将讨论原委，摘要叙明。各顾问大臣对于讨论原委，如有更正错误之处，即函知参议官。

第三十一条　院长、副院长核阅前项纂拟事件后，命秘书厅按照纂拟要恉叙稿，分别奏咨。其由院长、副院长指定参议官办稿者，不在此列。

第五章　具奏

第三十二条　弼德院议决事件，由院长、副院长具奏，奉旨后，分别咨报内阁及主管衙门。

第六章　记录

第三十三条　本院应设议事录，其记载事项如左：

一、钦奉谕旨交到事件及年月日

二、会议之日时

三、到会之员名

四、审查报告书

五、讨论之原委

六、议决之意见及表决可否之数目

七、具奏之月日

第三十四条　议事录，由议长、副议长、秘书长及登录之秘书官署名签押存案。

第三十五条　议事录中载有各顾问大臣及参事官言论者，并由各大臣及参议官署名签押。

第七章　附　则

第三十六条　本细则自奏明奉旨之日起，为实行之期。

第三十七条　本细则实行以后，如有须修订增损之处，由院长、副院长随时奏明办理。

《东方杂志》，宣统三年第六期，宣统三年六月"中国大事记"

内阁各厅局闲忙之异状

宣统三年六月二十三日①

　　内阁各厅局近来任人办事规章已经粗定，惟各厅局应办政务繁简不一，故其闲忙情状亦殊。除承宣厅政务最繁外，其次即为叙官局，该两处人员逐日忙迫，几无暇晷，而各政务犹多延滞。他若制诰局不过仍按内阁旧例办事，至于统计、印铸两局事务最简，几等闲曹。故同一内阁，其中劳逸之悬殊有如此者。

《大公报》，宣统三年六月二十三日第二版报道

---

①　为《大公报》刊载日期。

钦定典礼院官制章程（附原奏）

宣统三年六月二十五日

谨将酌拟典礼院官制，缮具清单，恭呈御览：

典礼院以礼部改设，凡内阁、民政部职掌之分涉典礼职掌者，及乐部之神乐、和声两署皆并入之。礼部原管之铸印事宜，划归内阁。颁时宪书、稽核人民遵行礼制风教，并地方祀典、神祠、方术事宜，划归民政部。贡举、学校及文庙祠祀事宜，划归学部。分给外藩王公喇嘛食物事项，划归理藩部。另由各衙门详订职掌章程办理。

第一条　典礼院掌朝廷坛庙、陵寝之礼乐及制造典守事宜，并修明礼乐，更定章制。

第二条　典礼院设官如左：

掌院大学士　副掌院学士	特简。
学士　直学士　厅长	简任。
署长　佥事　簿正　典簿　司库	奏任。
赞礼郎　鸣赞　读祝官	奏任。
序班　库使　录事	委任。

第三条　典礼院掌院大学士一人，总理本院事务，监督厅署。

第四条　典礼院副掌院学士一人，佐掌院之职务。

第五条　典礼院学士八人，承掌院大学士之命，讨论典礼，参订章程。

第六条　典礼院直学士八人，承掌院大学士之命，襄同学士，讨论典礼，参订章程。

第七条　凡关于典礼差使，均由掌院大学士、副掌院、学士、直学士以下承充。不行取行政之衙门人员衔名，其扈从巡察等差及特别大典不在此限。其典礼院人员不敷承充时，得行取翰林人员襄同办理。

第八条　典礼院具奏，不经内阁。遇本院所管事务，有应行晓喻军民人等者，可分别咨札该管衙门办理。

第九条　典礼院设总务厅，其职掌如左：

一、恭阅祭告祝文及缮写祝版事项。

二、恭缮坛庙、陵寝、园寝、神牌事项。

三、本院补官考绩事项。

四、文牍事项。

五、典守院印。

六、本院经费事项。

七、本院庶务事项。

八、奏派咨取各衙门关于典礼执事人员事项。

九、不属各署事项。

第十条　典礼院设四署：

礼制署　祠祭署　奉常署　精膳署。

第十一条　礼制署职掌如左：

一、朝会事项。

二、尊崇事项。

三、庆贺事项。

四、大婚事项。

五、经筵事项。

六、巡幸事项。

七、耕耤事项。

八、亲蚕事项。

九、乘舆服物之因时进御具奏事项。

十、皇子成婚、公主厘降事项。

十一、册立册封事项。

十二、进书颁赏事项。

十三、更改厘定本院礼制事项。

第十二条　祠祭署职掌如左：

一、坛庙典礼事项。

二、陵寝典礼事项。

三、大事典礼事项。

四、恭拟山陵园寝名号及神祇封号事项。

五、备办一应典礼之卤簿礼仗彩棚器具事项。

六、关于典礼行取各项工料事项。

七、吉安所礼节及备办应需器物并王公大臣、外藩王公祭葬立碑事项。

八、恭办制造神牌及入祀牌位事项。

第十三条　奉常署职掌如左：

一、亲行礼节事项。

二、斋戒事项。

三、阅祝版事项。

四、赞引读祝事项。

五、典守坛庙各事项。

六、兼理神乐署、和声署各乐舞事项。

第十四条　精膳署职掌如左：

一、筵宴事项。

二、备办一应祭品事项。

三、稽核各项典礼应用之酒醴、牲牢、庶羞等名数事项。

第十五条　总务厅厅长一人，承掌院、副掌院之命，管理厅务。

第十六条　署长每署一人，承掌院、副掌院之命，总核本署事务。

第十七条　佥事分一二三等，承掌院、副掌院之命，分任总务厅及各署事务。

第十八条　录事承厅长、署长之命，缮写文牍。

第十九条　簿正、典簿、司库、库使隶属总务厅，经理所管事务。

第二十条　鸣赞、序班隶礼制署，读祝官、赞礼郎隶奉常署，分任所办事务。

第二十一条　坛庙、陵寝各官，承掌院、副掌院之命，掌典守之事务。

第二十二条　典礼院佥事以下各缺，由掌院、副掌院酌量事务繁简，拟定奏明办理，但不得逾礼部原设司员之数。

第二十三条　神乐署、和声署各员及坛庙官、陵寝读祝官、赞礼郎各有专司，所有职掌员缺均仍其旧，不另列表。

第二十四条　此项官制如有应行变通修改之处，由内阁会同该院奏明，候旨裁夺办理。

奏为酌拟典礼院官制，缮具清单，恭折仰祈圣鉴事：

窃查宪政编查馆奏行政纲目按语内声明，吏、礼二部不负宪法之责任，即不属国务之统系，故未列表，等因。嗣经会议政务处会同覆核具奏，奉旨：依议。钦此。

现吏部业经奉旨裁撤，各部官制将次厘定。查礼部原管事宜，如关于教育者应归学部。关于时宪及臣民礼俗并地方祀典、神祠、方术者，应归民政部。关于外藩王公喇嘛分给食物等事项者，应归理藩部。而铸印一项，现已归并内阁。自应酌设更改，以归一律。惟典礼事宜至为隆重，自唐至元皆曾设立专院，特命大臣以司厥事。唐曰礼仪使，宋曰知院，元为太常礼院使，品秩亦崇，均称清要。所以隆朝会郊庙之典，协沿革损益之宜，任至巨也。臣等督饬法制院，参考古今，详慎核酌，拟就礼部现管事宜，设立专署，尊其名为典礼院。溯查会典，大典礼大学士、学士均与襄赞，揆厥名称，用之该院，尤为合宜。拟设掌院大学士一员，副掌院学士一员，总理院务。学士、直学士各员讨论参订。设总务一厅，礼制、祠祭、奉常、精膳四署，并厅长、署长、佥事以下等员分厘其事。原设序班、鸣赞、读祝、赞礼各官及祠祭等署原有各官，为典礼所不可阙者，均仍其旧，隶于该院。

谨将酌拟典礼院官制二十四条，缮具清单，恭呈御览。伏候钦定颁行。

伏维晋之常寺，特先诸卿。唐之礼使，必选儒宿，益以典领朝会，虔肃明禋，垂为巨典。今则合历代礼院、礼曹为一官，并太常、光禄、鸿胪于一署，较之前代礼院尤为崇闳，是以设官特为详备。此又尊重昭代创制显庸之微意也。至该院应划归各衙门事宜，及各衙门应划归该院事宜，统俟奉旨设立典礼院后，由内阁会同各部及典礼院详细厘定，奏明办理。

所有酌拟典礼院官制，缮单具奏各缘由，谨恭折具陈，伏乞皇上圣鉴。

谨奏。

宣统三年六月二十五日具奏,奉上谕:内阁会奏酌拟典礼院官制缮单呈览一折,典礼事宜,至为隆重,亟宜设立专院,恪恭将事。著即将典礼院官制颁布,以礼部改设典礼院。所有礼部旧管事项,有关于行政者,均划归各行政衙门管理。其各衙门旧管之关于典礼,无关行政,应归该院办理事项,即划入该院管理。著内阁会同各部及该院详细厘定具奏,以专责成而崇巨典。钦此。

《民政部奏折汇存》第二册,第787—799页,全国图书馆文献缩微复制中心2004年影印

内阁会奏拟订弼德院参议官任用章程折并单（附片）

宣统三年闰六月二十日①

奏为拟订弼德院参议官任用章程,恭候钦定颁行,恭折会陈,仰祈圣鉴事：

四月初十日内阁奉上谕：上年修正筹备清单,经朕定为宣统三年颁布弼德院官制,设立弼德院。兹据宪政编查馆、会议政务处会奏遵拟弼德院官制缮单呈览一折,朕详加披览,除酌改外,余尚妥协,现在已经降旨设立内阁,该院权限与内阁相为维系,所关重要,必须同时并设,用备顾问。著将此项官制一并颁布,即行设立弼德院,以重宪政始基。钦此。仰见我皇上注意宪政,策励进行之至意。钦佩莫名。

查弼德院之编制,有顾问大臣及参议官两项,均为该院组织之要素。顾问大臣与国务大臣地位相同,应由宸衷特简。至参议官所以资助顾问大臣与闻谟议,应作为简任官,与阁部参议相等。查各国通例,简任以下各官任用之法,另有高等文官任用章程,为各项官规之一。现各项官规尚待厘订,而弼德院系奉旨即行

---

① 为谕旨批示日期。

设立,则弼德院参议官任用章程,自应先行厘订,以资遵守。查弼德院官制第五条,弼德院参议官以富有政治上学识经验者任之。是参议官之资格已定,其任用详章应按该院职掌所列各款,分别细目,酌为规定,庶于应议事件可期悉合机宜。又查参议官为顾问大臣之辅佐,顾问大臣既有专任及兼任之分,则参议官亦应酌设兼任人员,俾与相符。惟阁部行政各官系执行事务之员,未便兼任,其参议一职与弼德院参议官均系专掌撰拟审查事件,性质相类,兹拟弼德院参议官亦得以阁部参议兼任,但不得逾四人之数。至参议官之请简应如何规定,恭绎四月初十日谕旨,该院权限与内阁互相维系,等因。是弼德院之地位务当保其独立不受内阁之支配,则弼德院参议官自不得径由内阁选任,致受内阁之指挥,而侵弼德院之独立。查弼德院官制,院长总理全院事务,副院长佐院长职务,故定由院长副院长按照资格细目,酌拟相当人员,以昭慎重。惟简任人员皆由内阁开单请简,所有弼德院参议官拟由院长副院长酌拟相当人员,加倍开单咨送内阁,请旨简任。盖以遴保之权委诸院长副院长,既不失弼德院独立之本旨,以请简之事归内阁,又不悖行政统一之良规。庶与官制通例大致相符。现在官品官等官俸各章程尚待厘订,此项参议官拟请照内阁属官及法制院各官办法,暂以原品治事,并由院长副院长酌定公费,奏明办理,以资办公。谨将拟订弼德院参议官任用章程凡五条,缮具清单,恭候钦定颁行。

所有拟订弼德院参议官任用章程缘由,谨恭折会陈,伏乞皇上圣鉴。谨奏。
宣统三年闰六月二十日奉旨。已录。

谨将拟订弼德院参议官任用章程,缮具清单,恭呈御览:

第一条 京外简任或奏任文官合弼德院官制第五条之资格者,得任为弼德院参议官。其目如左:一,深于宪法学者。二,熟于行政法者。三,娴习财政者。四,通晓外交及国际法者。五,熟习各项法典者。

第二条 弼德院参议官得以阁部参议兼任,但不得逾四人。

第三条 参议官之简任,弼德院院长副院长按照第一条所定资格,酌拟相当人员加倍开列,咨送内阁,请旨简任。

第四条 参议官辞职、转任或出缺时,仍照前条规定办理。

第五条 参议官官等官品官俸各项,按照官等官品官俸章程办理。

又奏拟订弼德院秘书长秘书官任用办法片

再，查弼德院官制第二十条、第二十一条及第二十二条，弼德院秘书厅设秘书长一人，秘书官若干人，等语。现拟设秘书长一人，为简任官。一二等秘书官各三人，三等秘书官六人，为奏任官。另设一二三等录事十六人，为委任官。均为实缺，以资任使而裨院务。其官品官等各项，并俟于厘订各项官规时分别厘订，以期划一。此项章程未经奏定以前，仍令暂以原品治事，并由院长副院长酌定公费，奏明办理，以资办公。又查内阁官制，奏任以上各官之进退，应经阁议，弼德院秘书长以下各官，自应一律由院长副院长咨会内阁办理，以符阁制。惟奏任之权虽分属于内阁，而监督之权仍寄诸院长副院长，与弼德院官制两不相妨。

所有拟订弼德院秘书长秘书官任用办法，谨附片具陈，伏乞圣鉴。谨奏。

宣统三年闰六月二十日奉旨。已录。

《政治官报》第一千三百六十五号，折奏类，宣统三年闰六月二十四日出版

内阁奏请饬各衙门编纂现行法规并厘订具奏办法折

宣统三年闰六月二十五日①

奏为请旨饬下各衙门编纂现行法规，并厘订具奏办法，以重法制而谋统一，恭折具陈，仰祈圣鉴事：

窃查内阁法制院官制第一条内载各项法规整理编纂事件。法规者，即包含法律命令及一切章程规则而言。质言之，即向来律例馆之编纂则例是也。向例律例编纂之法，有大修小修之殊，其各部则例则每届十年纂修一次。自光绪二十五年

---

① 为奉到上谕批示日期。

重修会典告成以后，迄今又十余年。所有各部钦奉谕旨，及内外臣工条奏经部议准者，积案已多。又近年筹备立宪，新政繁兴，或由京部奏准通行，或由各省奏准施行，成案纷繁，亟应另行整理，续为编纂，以期画一。查内阁办事暂行章程第六条第三项称，前项重要事件及寻常事件，应由内阁总理大臣、协理大臣会同各部大臣分别规定，奏请圣裁。又第八条称，内外行政各衙门应奏不应奏事件，除陆军部、海军部外，由内阁总理大臣、协理大臣另拟章程，奏请圣裁等语。查律称应奏不应奏事件，范围虽宽，而标准究有一定。盖应不应之区别，纯以法令有无明文为限，非随时随事而于法令外有所重轻也。此项章程，若但胪举事例，终有挂一漏百之虞。现正遵照内阁办事暂行章程，将应奏事件分别规定，另拟章程，然欲彻底划清，必一面整理现行例案，厘为法规，务使办法各有一定，庶大权不致下移，而政令可期一贯。此修订现行法规与内阁办事章程实行之关系一也。

又查钦定修正逐年筹备事宜清单，宣统三年颁布行政审判院法，设立行政审判院。此项法制，业由臣等督饬法制院迅速厘订。惟查各国通例，行政审判事件，皆以法令分别指定，而此项事件，必系法令，著有明文，定有办法者，起诉之时，方有所遵循，审判之时，亦有所依据。现在例案，纷如牛毛，临事比引，未能画一。不惟何项事件应许行政诉讼，尚难规定，即强为规定，而审判之际，法令未能画一，评定亦无所适从。设或意为重轻，适启官民猜疑之渐，流弊将不可胜言。此修订现行法规与行政审判法编订之关系二也。

又查日本宪法第七十六条内载，宪法施行之日，所有现行法令，无论用何名称，但与宪法不相矛盾者一律有遵由之效力，等语。此为新旧过渡时代必不可少之办法，盖非是则宪法实行以后，所有向来法令若全归废止，则国家政令将不能举。我国宪法虽未颁布，此条似应仿行。然若现在各项法令不及时整理编纂，则形式不具，将来势不能以折片所指陈为法令。盖折片所陈，往往有同此一事而前后奏拟办法多所纷歧，或事涉两部而彼此奏陈办法不免抵触并存，则适用之日，抉择为难，并废则事机之来，应付无术。凡此皆法令之形式不完，必至宪法行，而旧日各项奏案难于适用，窒碍且因而环生。此修订现行法规与宪法施行之关系三也。

查光绪二十七年四月钦奉上谕：各衙门事务积久生弊，屡经降旨整顿，京师兵燹之后，各部案卷散失不全，复谕扫除销毁，原以歧出之案牍甚多，亟应力除积弊，若有关考察及旧例所无，随时新增成案，应由各部堂官派出司员，逐一查明，分别开单咨送政务处复核。其应存者一并纂入则例，以归画一而杜两歧。其应去者即一律销除，务使损益得中，俾中外昭然共守，不至再蹈从前积习，用副朝廷孜孜求治之意。等因。业经前政务处大臣将各部妥定简明章程复核奏准通行在案。仰见先朝注重法规，允为宪政推行之所本。惟纂例之事，现又将及十年，今昔情势不同，尤宜与时变通。兹既拟就新旧例案，统厘为现行法规，则编纂体裁应求与新颁法令一律。查律例有新置，故会典定有明文，实符立宪各国法令从新之义。惟从前每次编纂，率多新旧杂陈，一事而有两例之不同，引用殊多不便。此次编纂体裁，应即力矫前失，凡一事而有两例者，则以后例为准。一事而有两奏者，则以后奏为准。由阁部及各衙门分任编纂，各就主管事务，酌量分类。每件例案以类相从，均冠以各项法令名称。无论从前通行例案或历年奏咨成案，概将所定办法列为条文，凡有重复抵触之处，悉予销除，以昭画一。其有认为应行及时增改者，得随时另案办理。其未经改定以前，仍应一律纂入，俾免遗漏。至编纂人员及编纂期限，均关重要，亦应量为规定，庶通力合作，可免稽延之弊。其在此项法规未经编定以前，各衙门应办事宜及随时应以法令规定之件，仍应照常办理。兹拟定编纂先行法规章程十五条，缮单恭呈御览。如蒙俞允，应即通行钦遵办理。

抑臣等更有进者，立宪国家，凡主权者对于臣民公布之文告，必具有法律或命令之形式，而后遵守之力乃强。我国向来除律令外，多不胪列条款。历查近年以来内外臣工遇有应以法令规定之件，或循用折奏体裁，或径以附片具陈请旨，办法与理由杂陈并举，殊与立法体例多有未合。查内阁法制院官制所称法律命令，考其性质，凡从前业有定例，须改定办法，或向无定例，应行新定办法者，不惟明定章程、胪列条款之件应属法令范围，即以折奏或附片具陈，亦应在法令范围以内。性质本极分明，体裁自应画一。拟请嗣后京外各衙门，除现应循例奏报奏闻事件外，所有关于法令性质，应具奏请旨者，无论新定办法，或改定办法，系特旨交由内阁会议事件，及内阁主管事件，或内阁总、协理大臣认为应以法令规定事件，由内阁法制院撰拟。其属于一部主管或他部兼管者，由各该部分别拟具草案，均应逐款胪列，定为条文，不论条数之多寡，均须按照此次章程所定，冠以法律、条例、章程、规则等名称，一律咨送内阁，由法制院审查复核，均由该院具案呈经臣等查核，分别会同缮单具奏。其折片所陈，只应申明条款之理由，不得或紊体例，致滋歧误。此项条款奉旨施行之后，即应一律钦遵办理。即由该管大臣逐件交登官报公布，以利施行，并由内阁随时增订于法令全书之内，庶几国家政令，薄海得以周知，昭代典章，来许于焉，遵守法制之精义，不外于此。

臣等为整理法规画一办法起见，所有请饬各衙门编纂现行法规，并厘订具奏办法各缘由，是否有当，谨恭折具陈，伏乞皇上圣鉴训示。谨奏。

宣统三年闰六月二十九日，钦奉谕旨：内阁奏请饬各衙门编纂现行法规，并厘订具奏办法，缮单呈览一折，著依议。钦此。

编纂现行法规章程

第一条　现行法规由阁、部及其他各衙门按照现行例案编纂。所有编纂办法，依照本章程办理。

第二条　各部编纂法规，以各部向来主管事务为限。会奏事件，由各该部分别办理，其属于内阁总理大臣所掌事务，由内阁法制院编纂。不属阁、部主管事务，另有主管衙门者，由该衙门自行编纂，照章送交内阁法制院复核。

第三条　编纂人员，除前条规定外，各部由参议、参事等官及主任人员会同办理。其他各衙门酌派主任人员办理。

第四条　各衙门编纂法规，应就各主管事务，酌量分类，逐类分件，其每件标目所用名称如左：

一法　二律　三条例　四章程　五规则

第五条　编纂时，无论何件法规，均用第某条字样。其仅能列为一条者，则用一某某等字样。

第六条　编纂时，凡钦奉谕旨关系法令者，及各衙门定例或通行成案，并历年奏咨案件，均只摘叙办法，列为条文。其原案声叙理由之处，概从删节。

前项原案所叙理由，如应作为本件法规按语者，得摘要附入本件或各本条之后，但不得搀入正条。

第七条　各衙门依类编成之法规，应逐件编立号数，其次第以施行先后为准。

第八条　每件法规，应将奏准施行年月日揭载于本件标目之下。其系咨案编入者亦同。

第九条　凡事件有新例者，旧例概从删除，奏咨各案亦同。

前项有新置故之件，应将新旧沿革叙入按语。

第十条　凡例办事件现已奏改办法者，均从奏案。其与该奏案歧异之例一律删除。咨案与奏案抵触者，仍从奏案。凡从奏案之件，应将旧例及咨案沿革叙入按语。

第十一条　关系每件法规之表式及文书格式，均附编于本件之后。

第十二条　奏咨案之编入法规，以定有办法者为限。其寻常奏报咨报事件，无关引用者，不得编入。

第十三条　编纂期限，以宣统四年七月为止。自本章程奏准一月后，各衙门应于每月上旬将上月已编成之件咨送内阁，由法制院审查。

第十四条　此项法规未经编竣以前，各衙门所有新颁法令，均应依类编入。

第十五条　各衙门编纂完毕，由内阁法制院汇齐复核，具案呈经阁议后，即将此项现行法规缮册进呈，钦定颁行。

《内阁官报》第二号，宣统三年七月初二日出版

都察院奏厘订法规先撮举大要编成总纲折并单（附片）

宣统三年八月十四日①

奏为遵旨厘订法规，谨先撮举大要，编成总纲，恭折具陈，仰祈圣鉴事：

窃维事因类聚，固宜缕析条分，而义有指归，尤贵提纲挈领。我国册籍向无

---

① 为奉到上谕批示日期。

四、官制改革

法规之名，现在编纂章程，虽经内阁规定，其编次体式，尚无标准可循。臣衙门统司纠察，主管事务，向有台规，分门辑录。今既欲删繁而就简，自先应举要以例余。臣等谨稽列圣训词，兼考历年成案，督同派出编纂各员，悉心综核，撮举大要，编为总纲十章，各加按语，后附通释，申明编纂编次理由，谨随折缮具清单，恭呈御览，并咨送内阁法制院存案。此后即照总纲逐章分纂，列为条文。其旧有条款无关纲要各事件，则分别编入各章附则，不另标目，以归简易而免纷歧。至此项总纲，或日后有不适用之处，再随时声明，酌量更正。所有臣等派员编成法规总纲，先行奏咨各缘由，谨恭折陈明，伏乞皇上圣鉴。谨奏。

宣统三年八月十四日钦奉谕旨：都察院奏厘订法规，先撮举大要，编成总纲折、片单一件，知道了。钦此。

谨拟都察院现行法规总纲，缮具清单，恭呈御览：

第一章 训 典

谨按我朝自天聪以来，列圣垂训，莫不激扬风宪，慎重纪纲，台省有箴，谏臣有论，圣制、圣训、懿旨、谕旨，载在台规者，劝戒兼施，赏罚互用，鸿规巨范，洵可称圣谟洋洋。而仰测高深，则无非以上匡君德，下达舆情，纠察百司，综核庶政，为都察院惟一之职权，重要之责任。近年筹备宪政，督饬愈厉，亦嘉劝愈殷。如命都御史、副都御史为钦选议员互选监督，凡部院各衙门官员互选事宜，均归查核，则畀以组织立法之机关；命给事中、御史统司纠察，凡内外各衙门用人不当，办事不实，均准奏参，则用为监督行政之枢纽。训旨昭然，允宜敬谨遵守矣。

第二章 官 制

谨按我朝旧制，都御史、副都御史共六缺，称左都御史、左副都御史，又设右都御史、右副都御史为督抚兼衔。其给事中、御史各缺，亦迭经增设，各分掌协，沿为常制。积年累月，时势既变，而冗滥遂多。近年以厘定院制，归并裁汰，乃事事核实。伏读光绪三十二年九月上谕：兹当新定官制，预备宪法之时，该衙门纠察行政，责任綦重，务令举能其官，无忝厥职。煌煌天语，告戒森严，具有深义。又各道御史，按省分设，即责令于所掌各道，访求利病，是因省设道，随道设官，各专责成，制尤完善。至本年四月初十日，前宪政编查馆奏准各衙门办事章程，且有言官参劾国务大臣，仍得自行专折入奏，候旨裁夺，等语。则言权独立，更为例应奏事人员特别规定之特制矣。

第三章 规 谏

谨按都察院号称台谏，本以谏为职之官，列圣诏求直言，虚衷延纳，莫不好直恶谀，力戒容悦，间有敢为逆耳，不惮批鳞，忠谠骨鲠之士，多蒙优答。如孙家淦以三习为戒，徐继畬谓三渐宜防，一疏上陈，九重动色。盖闭邪陈善，敬上之道宜然，虽圣朝无阙，谏书固不可少也。

第四章 弹 劾

谨按都察院有发奸剔弊之责，凡巨奸隐慝，从未经人抉摘者，果有见闻，均应奏劾。如钦定台规所称文武大臣擅作威福紊乱朝政，具奏弹劾，不避权贵。又内外大小各官员，但有不公不法等事，俱得纠劾。又本院堂官及各道御史有不公不法者，令互相纠举，毋得徇私容弊等语。弹劾之义，约以此三条括之。盖言官有监督全国官吏之全权，所以肃百僚，厘庶政，使人人知所严惮，虽有奸猾而不敢肆。至近年饬筹宪政，钦奉谕旨，令言路诸臣留心察访，有逾限不办，或阳奉阴违，或有名无实，均指名据实纠参，则又予以督催侦察之特权，不惟奸猾无以遂其私，即因循者亦当知所悚惕矣。

第五章 条 陈

谨按言官建白，以敷陈治道为最要，所谓嘉猷硕画，有造于国是民依。乾隆年间，曾奉旨选刊臣工章疏，垂示模楷。近年筹备宪政，复奉先朝谕旨，于一切政事阙失，民生疾苦，皆责令都察院留心考核，据实指陈，并以毛举细故无当大体为戒。盖都察院虽无直接行政之权，而大利大害，应兴应革，切实可行者，言官均宜悉心条奏。君子出其言善，则千里之外应之，发号施令之枢机，未尝非间接行政之实权也。

第六章 奏 请

谨按都察院据情代奏之件，曰官员呈诉，所以伸冤抑理沉滞也；曰人民陈请，所以通下情祛壅蔽也；曰士民兵勇旌恤，所以发潜德阐幽光也。盖彰善即所以瘅恶，泽民即所以致君，故表扬之典，请愿之书，亦皆司风宪者所应留意焉。

第七章 监 察

谨按朝祭大典，礼节綦严，考试科条，稽察宜密。京官三年京察，外官三年大计，允厘庶绩，应慎考成。文职司道以下，武职副参以下，赴任凭限，不容延缓。至在京各部院衙门，举措损益，刊诸报章，在外各直省地方，调遣兴修，列之表册，是又近年奏准新章。果能殚心考核，随时纠正，较之风闻言事，诚为确有依据，以维宪政，即所谓认真整顿，实事求是之要义也。

第八章 稽 核

谨按都察院处监督庶政地位，不特普通行政统归调查，即经费出入，亦均需考核。如各部库经收捐项，各省关经收税课，按期汇报，有册可稽，各官差咨解文批，各部院支领银物，列款备查，无条可紊。其余朋椿俸饷，例有奏销之文，工关木税，兼造循环之簿。近年月折注销，年终刷卷，繁琐具文，既经删减，则出纳各项，专心稽核，不患不详，以维财政，亦预算决算之所关，而清理统计之一助也。

第九章 研 究

谨按给事中、御史各官，向系分科分道办事，除轮班到堂接见外，别无在署公会之期。自光绪三十二年筹备宪政，始设立研究所，购置新旧各书籍及一切中外报章，俾给事中、御史分日到所研究，并各抒议论，存稿传观，都御史、副都御史亦按期就所接见，其制与翰林院之讲习所办法略同。伏读是年九月上谕，翰林院为文学之班，都察院有献替之责，知朝廷之期望甚厚。职居清要，固应多读有用之书，参观古今之变，集思广益，以期揆合时势，剀切敷陈，方无负左右承弼之职。盖匡时俊彦，罔不自逊志学古来也。

第十章 考 选

谨按给事中、御史考选之例，初制有考取、考核两法，品秩、出身无甚限制。雍、乾以后，给事中既概由御史升转。考选御史之法，始专以编修、检讨、郎中、员外郎及内阁侍读等官保考，记名轮流传补。惟行之日久，保送者或不加甄择，虽经考试，亦或有甲乙而无去取，遂渐失立法之初意。自光绪三十二年钦奉上谕，慎加遴选，严定考成，乃奏准京官中书以上，外官州县以上，实系气节刚正，志虑忠纯者，始得保荐，其或品谊不端，学术不正，滥保者且从严治罪。保送之后，复请旨廷试，入选者即按钦定名次，依次传补，至升转给事中及掌印给事中，亦皆候旨擢用，不准擅拟。盖将广开言路，不能不慎选言官，所谓任官惟贤，其难其慎。观此知谏议一职，迥非朝廷不甚爱惜之官，膺是选者，允宜竭忠尽智，顾念时艰，力图报称，不应妄自菲薄，甘作滥竽充数计也。

附：总纲通释

按总纲者即编纂之要义，编次之准绳，系仿照宪法大纲，所谓隐括大意，预为筹定，以便纂辑条文有所依据。盖条文详备，非旦夕所能成，而纲要所关，则不能不亟为核定也。

兹谨拟十章，首以训典，明职权定自朝廷，终以考选，明责任肇于保荐。其余八章，官制即职权之范围，研究即责任之预备。至规谏、弹劾、条陈、奏请、监察、稽核各事项，则皆职掌所在，或关言权，或关事权，亦酌分重轻，略次前后，均按自然秩序以为逐章分纂之次第焉。

又奏编纂法规拟分纲目片

再，臣衙门主管事务，系监察全国用人行政各事宜，有议奏之权而无执行之责，与一切司法行政各衙门性质既殊，事体自异，所编法规，势不能以法律条例章程规则等名称强为标目。嗣后按章分纂，拟仿照资政院、弼德院等章程，以章为纲，以条为目，各章条文前后衔接，将来汇编成册，与各衙门标目虽异，而适用则同，似仍不失画一之旨，较之牵强附合名同实异者，转为适宜。谨附片陈明,伏乞圣鉴。谨奏。

《内阁官报》第四十九号,宣统三年八月二十日

俟简贤得人即组织完全内阁不再以亲贵充国务大臣谕

宣统三年九月初九日

内阁奉上谕:资政院奏,内阁应实负责任,国务大臣不任懿亲一折。懿亲执政与立宪各国通例不符,我朝定制不令亲贵干预朝政,祖训著有明文,实深合立宪国家精义。同治以来,国难未纾,始设议政王以资夹辅,相沿至今。本年设立内阁,仍令王公等充国务大臣,原属一时权宜之计,朝廷本无所容心。兹据该院奏称:皇族内阁与立宪政体不能相容,请取消内阁暂行章程,实行内阁完全制度,不以亲贵充当国务大臣等语。所陈系为尊皇室而固国基起见,朕心实深嘉纳,一俟事机稍定,简贤得人,即令组织完全内阁,不再以亲贵充国务大臣,并将内阁办事暂行章程撤销,以符宪政而立国本。钦此。

《清末筹备立宪档案史料》,第597—598页

内阁总理大臣奕劻等奏自请罢斥另简贤能组阁折

宣统三年九月十一日

臣奕劻、臣那桐、臣徐世昌跪奏:为臣等奉职无状,恳恩立予罢斥以谢天下,恭折仰祈圣鉴事:

宣统三年九月初九日恭奉上谕：朕缵承大统，于今三载，兢兢业业，期于士庶同登上理。而用人无方，施治寡术。政地多用亲贵，则显戾宪章，路事朦于佥壬，则动违舆论。促行新治，而官绅或藉为纲利之图，更改旧制，而权豪或只为自便之计。民财之取已多，而未办一利民之事，司法之诏屡下，而实无一守法之人。驯致怨积于下而朕不知，祸迫于前而朕不觉。川乱首发，鄂乱继之。今则陕、湘警报迭闻，广、赣变端又见，区夏腾沸，人心动摇，九庙神灵，不安歆飨，无限蒸庶，涂炭可虞。此皆朕一人之咎也。兹特布告天下，誓与我国军民维新更始，实行宪政。凡法制之损益，利病之兴革，皆博采舆论，定其从违。以前旧制旧法有不合于宪法者，悉皆除罢。化除旗汉，屡奉先朝谕旨，务即实行。鄂、湘乱事，虽涉军队，实由瑞澂等乖于抚驭，激变弃军，与无端构乱者不同。朕维自咎用瑞澂之不宜，军民何罪，果能翻然归正，决不追究既往。朕以眇眇之躬，立于臣民之上，祸变至此，几使列圣之伟烈贻谋颠坠于地，悼心失图，悔其何及。尚赖国民扶持，军人翼戴，期纳我亿兆生灵之幸福，而巩我万世一系之皇基。使宪政成立，因乱而图存，转危而为安，端恃全国军民之忠诚，朕实嘉赖于无穷。此时财政外交困难已极，我军民同心一德，犹惧颠危，倘我人民不顾大局，轻听匪徒煽惑，致酿滔天之祸，我中国前途更复何堪设想。朕深忧极虑，夙夜彷徨，惟望天下臣民共喻此意。将此通谕知之。钦此。

伏念臣等猥以庸愚，知能鲜薄，过辱恩遇，备立枢垣。自本年改设内阁，受命以来，不能上宣德意，下恤民隐，以致海宇鼎沸，人情汹汹，川发难端，鄂警继告，湘、赣、秦、晋变故环生，商民哗于市廛，军士噪于营伍，陷生灵于涂炭，贻宵旰以忧劳，皆由臣等奉职无状，遂使祸变至于此极。乃昨奉明谕，肫恳剀切，惟引咎于一人，不加责于臣等。循诵悚愧，不知所云。臣等渥荷累朝厚恩，僭窃高位，当此难危之际，薄海望治方殷，业经贻误至此，虽捐糜顶踵不足以自赎。倘再恋栈，不急退避贤路，窃恐贻忧于君父者更大，为祸于天下者益烈。况另行组织完全内阁，已蒙宣示中外，更不可稍缓须臾，失信天下。惟有恳恩立予罢斥，迅简贤能，另行组织完全内阁，改良政治，庶几挽回危局，孚惬舆情，使臣等罪戾亦得稍从末减。事关宗社之安危，民心之向背，务祈宸衷独断，立赐施行，天下幸甚。

谨合词恭折沥陈，伏乞皇上圣鉴。谨奏。

《清末筹备立宪档案史料》，第598—599页

国务大臣载泽等奏请开去职务另简贤能以符宪政折

宣统三年九月十一日

臣载泽、臣载洵、臣溥伦、臣善耆跪奏，为国务重要，恳恩另简贤能，以符宪政而资治理，恭折仰祈圣鉴事：

窃本月初九日奉上谕：资政院奏，内阁应实负责任，国务大臣不任懿亲一折。懿亲执政与立宪各国通例不符，我朝定制不令亲贵干预朝政，祖训著有明文，实深合立宪国家精义。同治以来，国难未纾，始设议政王以资夹辅，相沿至今。本年设立内阁，仍令王公等充国务大臣，原属一时权宜之计，朝廷本无所容心。兹据该院奏称：皇族内阁与立宪政体不能相容，请取消内阁暂行章程，实行内阁完全制度，不以亲贵充当国务大臣等语。所陈系为尊皇室而固国基起见，朕心实深嘉纳，一俟事机稍定，简贤得人，即令组织完全内阁，不再以亲贵充国务大臣，并将内阁办事暂行章程撤销，以符宪政而立国本。钦此。仰见我皇上励精立宪，巩固邦基之至意。

伏念臣等忝属宗支，仰蒙简畀，奉职无状，辜负圣恩。现当国步艰难，四海望治，朝廷实行宪政以答舆情，采立宪各国通例，不以亲贵任国务。伏读明诏，钦幸同深。窃维目前大局危迫，非迅速组织完全内阁，不足以定国是而济时艰。臣等均属懿亲，未便久充国务要职。合无仰恳天恩，俯鉴下忱，准将臣等即日开去国务大臣，另简贤能分任要职。庶国家收得人之效，而臣等亦免陨越之虞，实于立宪前途不无裨益。

所有臣等迫切吁恳缘由，谨合词恭折具陈，伏乞皇上圣鉴。谨奏。

《清末筹备立宪档案史料》，第599—600页

准奕劻等辞职派袁世凯为内阁总理大臣组织完全内阁谕

宣统三年九月十一日

宣统三年九月十一日内阁奉上谕：庆亲王奕劻等奏奉职无状，请立予罢斥；载泽等奏国务重要，请另简贤能，以符宪政而资治理；邹嘉来等奏时局艰危，请准辞职，以定国是而正人心，各一折。所奏甚是。均著照所请。庆亲王奕劻开去内阁总理大臣，大学士那桐、徐世昌开去协理大臣，镇国公载泽等，邹嘉来等，均各开去国务大臣。袁世凯著授为内阁总理大臣，该大臣现已前赴湖北督师，著将应办各事略为布置，即行来京组织完全内阁，迅即筹画改良政治一切事宜。袁世凯未到京以前，此数日间，仍著庆亲王奕劻等照旧任事，内阁组织未成以前，并仍著载泽等、邹嘉来等照常办事，均不得少有诿卸。钦此。

《清末筹备立宪档案史料》，第 600—601 页

任袁世凯内阁各大臣谕[①]

宣统三年九月二十六日

钤章

宣统三年九月二十六日内阁奉上谕：袁世凯面奏组织内阁，推举国务大臣。著命梁敦彦为外务大臣，赵秉钧为民政大臣，严修为度支大臣，唐景崇为学务大臣，王

---

① 标题为编者所拟，原文无标题。

士珍为陆军大臣,萨镇冰为海军大臣,沈家本为司法大臣,张謇为农工商大臣,杨士琦署邮传大臣,达寿为理藩大臣。梁敦彦、严修、王士珍、萨镇冰、张謇未到任以前,外务大臣著胡惟德暂行署理,度支大臣著绍英暂行署理,陆军大臣著寿勋暂行署理,海军大臣著谭学衡暂行兼署,农工商大臣著熙彦暂行署理。钦此。

臣袁

《光绪宣统两朝上谕档》第三十七册,第304页

任袁世凯内阁副大臣谕①

宣统三年九月二十六日

钤章

宣统三年九月二十六日内阁奉上谕:袁世凯面奏请简各部次官,胡惟德著补授外务部副大臣,乌珍著补授民政部副大臣,陈锦涛著补授度支部副大臣,杨度著补授学部副大臣②,田文烈著补授陆军部副大臣,谭学衡著补授海军部副大臣,梁启超著补授法部副大臣,熙彦著补授农工商部副大臣,梁如浩著补授邮传部副大臣,荣勋著补授理藩部副大臣。胡惟德、熙彦现署国务大臣,外务部副大臣著曹汝霖暂行署理,农工商部副大臣著祝瀛元暂行署理。梁启超、梁如浩未到任以前,法部副大臣著定成暂行署理,邮传部副大臣著梁士诒暂行署理。钦此。

臣袁

《光绪宣统两朝上谕档》第三十七册,第304页

---

① 标题为编者所拟,原文无标题。
② 杨度未任职,二十七日,复以刘廷琛为学部副大臣。

入对奏事暂行停止谕

宣统三年十月初十日

钤章

宣统三年十月初十日内阁奉上谕：内阁总理大臣面奏关于入对奏事暂行停止事项，开单呈览。著依议。钦此。

臣袁

内阁总理大臣面奏关于入对奏事暂行停止事项

谨按现在完全内阁业经组织，各项制度尚未规定，除各衙门办事仍暂照旧外，所有与立宪制度抵触事项，拟请暂行一律停止。

一、除照内阁官制召见国务大臣外，其余召见官员均暂停止。俟定有章制，再行照章办理。

总理大臣不必每日入对，遇有事件奉召入对，并得随时自请入对。

一、除照内阁官制得由内阁国务大臣具奏外，其余各衙门应奏事件，均暂停止。所有从前应行请旨事件，均咨行内阁核办。其必应具奏者，暂由内阁代递。凡无须必请上裁事件，均以阁令行之。

其关于皇室事务，如宗人府、内务府、銮舆卫、钦天监等衙门，暂仍照向章具奏，统由内务府大臣承旨署名具奏后，仍即知照内阁。但所奏以不涉及国务为限。

一、各部例行及属于大臣专行事件，毋须上奏。其值日办法，应暂停止。

一、向由奏事处传旨事件，均暂停止。内外折照题本旧例，均递至内阁，由内阁拟旨进呈，再请钤章。其谢恩请安折件，及进呈贡物，仍暂由奏事处照旧

---

① 标题为编者所拟，原文无标题。

呈递。

《光绪宣统两朝上谕档》第三十七册，第 311 页

重申停止奏事谕①

宣统三年十一月初一日

奉旨：立宪政体，于奏事限制颇严，所以定政治之方针，保持行政之统一。前经内阁奏准停止入对奏事清单，即本此意。所有嗣后例应奏事人员，于奏事章程未定以前，关于国务有所陈述者，均暂呈由内阁核办，毋庸再递封奏，以明责任而符宪政。钦此。

宣统三年十一月初一日　盖用御宝

内阁总理大臣	臣	袁
署外务大臣	臣	胡惟德
民政大臣	臣	赵秉钧
署度支大臣	臣	绍英
学务大臣	臣	唐景崇
陆军大臣	臣	王士珍
署海军大臣	臣	谭学衡
司法大臣	臣	沈家本
署农工商大臣	臣	熙彦
署邮传大臣	臣	杨士琦
理藩大臣	臣	达寿

---

① 标题为编者所拟，原文无标题。

附：内阁奏

查各立宪国，于奏事限制颇严。英制阁臣以外不得上奏，违者可由总理大臣弹劾。普制上奏之事，亦指明由内阁。日本官制，特著明内阁总理大臣奏宣机务。诚以立宪国以总理大臣担负责任，凡定政治之方针，保持行政之统一者，皆责成于内阁。如在廷上奏之件规定未严，恐致议论纷呶，贻误大计。是以各国规定綦严。前经内阁奏准入对奏事暂行停止事项清单，即本此意规定，亦以宪法信条指明用英国立宪，屡奉谕旨，责成内阁总理大臣及各国务大臣担负责任，复经宣誓太庙，颁示天下，自应一体遵守。乃现在呈递封奏人员，既非国务衙门，又非专有职掌，仍复纷纷呈递，殊与前奏停止之意未尽吻合，且与宪法信条显有抵触。拟再行请旨申明，除业经规定奏事各衙门外，嗣后凡向应奏事人员关于国务有所陈述者，均呈由内阁核办，一切封奏概行停止，庶于统一政治免有窒碍。谨奏。

十一月初一日

《光绪宣统两朝上谕档》，第三十七册，第 351—352 页

2. 中央各部改革情形

军机处度支部会奏度支部职掌员缺折片（章程附）

光绪三十二年

光绪三十二年九月二十日奉懿旨：户部著改为度支部，以财政处并入。

窃维度支部之称，始于魏晋，历代沿革，间与户部迭为主名，然其职掌初未或改也。本朝沿明代之制，以省分司，于广东等十三司外，增设江南一司，为十四司。铜关盐漕以及后来添设行省，别以司之事简者兼领之。此外如南北档房、俸饷处、现审处、井田科、饭银处、减平处、捐纳房、司务厅、督催所、宝泉局、钱法堂、则例馆、计学馆等，因时设立，多由各司派员兼理。平时循章办事，已属艰于肆应，庚子以后，国债顿增，整理之方，实称繁要。嗣又将三库事宜统归臣等管理，近更设立银行，创置造币总厂，以及办理土药统税，筹议画一币制。经纬万端，其繁难十倍于曩昔。顷奉明诏，将财政处并入臣部。又工部既经归并，其所管之工关各项事务，概由农工商部奏明移交臣部专管。职掌既繁，旧时之以一清吏司领一布政司者，揆之事势，殊难允惬。自不能不因时变通，求为执简御繁之法。

除应行划归他处各事，及银行、造币厂应设专官，另片奏明请旨外，谨拟添设承政厅左右丞各一员，参议厅左右参议各一员，综核部务。每厅均酌设郎、员以下各缺，以资襄理。所有各司，拟从新厘定，以事名司，分别部居，各归职掌。用参互之法，以考其成，辨财用之物，而执其总。

昔孔子系易以理财为义，盖治之使各得其条理之谓也。今统十四司职掌及新增各项要政，以类相从，列为十司。曰田赋，曰漕仓，曰税课，曰筦榷，曰通阜，曰库藏，曰廉俸，曰军饷，曰制用，曰会计。分配繁简，各以类附。惟司减事增，每司仍令设科分股，各专责成。旧有司务厅，向为收发文书及经理部中杂务而设，现拟并入督催所，改为收发稽察处，酌设员缺，附于承政厅。宝泉局为兑收铜铅、鼓铸制钱之地，向系兼差，应请暂行照旧办理。三库向设官缺六十员，自改归臣部专管，将额缺全裁，由臣部派员兼理。数年以来，体察情形，颜、缎两库事务略简，仍可归司办理；银库关系既重，而逐日收放平兑，职务极繁，自应量设专员，以重职守。原设捐纳房，现在实官捐输，虽奉明诏停止，惟尚有未尽事宜，及各项常捐，尚须核办，拟改为暂设核捐处，仍派员兼理。其南北档房、俸饷处、井田科、督催所、饭银处、减平处、钱法堂等所有应办各事，既分别并入厅司，应与旧有十四司名目一并裁撤。

至应议员缺，臣部自三库归并，奏裁额缺数十员，部务已虞竭蹶。近因农工商部划分，臣部人员照例轮班，间补员缺，更行拥挤。现在职掌之繁，用人之众，臣等一再筹维，不能不略广其途，冀收群策群力之用，断非敢意存见好，稍涉冒滥。查臣部向设满郎中十九员，员外郎三十九员，主事二十二员，笔帖式一百二十员；汉郎中十四员，员外郎十四员，主事十四员；满汉司务二员，小京官无定额。今拟承政、参议两厅各设郎中三员，员外郎四员，主事三员；十司每司郎中三员；田赋、军饷两司员外郎各六员，其余八司，每司各四员；主事十司每司各三员；金银库设郎中一员，员外郎四员，主事二员；收发稽察处设员外郎一员，主事二员。小京官无额缺，应与笔帖式均请仍旧，以便分派各司处行走。将司务二员裁撤，作为候补主事。其候补司务，请作为七品小京官学习司务，俟学习期满，作为七品小京官。由他衙门司务裁缺签分到部者，亦请一律办理。计两厅、十司、金银库、收发稽察处，共郎中三十七员，员外郎五十七员，主事四十员。比之旧有额缺，计裁司务二缺，增设郎中四缺、员外郎四缺、主事四缺。

至每届京察保列一等人员，暨俸满截取并保送各差缺，均请按照各部通例办理。其应行筹设之造纸厂、印刷局、编译所、财政学堂、财政研究所、财政调查处等，统由臣等体察情形，随时奏明办理。此外尚应酌调专科毕业学生，以艺师、艺士分别奏补，以期实效。

以上各项，臣等悉心核拟，意见相同。谨缮拟清单，恭呈御览。嗣后倘有未尽合宜之处，仍当随时奏明修改，俾臻至善。

再，现定以事分司，所有一切案卷，分类检查，亟难就绪。其日行公事，暂拟仍旧办理。一俟检查划分清楚，即照新定职掌，分别接管，以专责成。谨奏。

奉旨：依议。钦此。

谨将酌拟度支部职掌员缺章程，缮具清单，恭呈御览：

谨按臣部以财政处、户部改设，除应行划归他处各事外，今遵照臣部旧有职掌及财政处办理各事宜从新厘定暨分司隶事办法，条列于后。

第一条　臣部综理全国财政，管理直省田赋、关税、榷课、漕仓、公债、货币、银行，及会计、度支一切事宜，监督本部特设总分各局厂、学堂，并可随时派员调查各省财政。

第二条　臣部设左右丞各一员，佐理财政上一切重要及机密特别之件，审定全国通年出入款目、质剂事项，兼核奏咨稿件，经理本部职员进退升转注册存案，稽核各司人员办事功过，督理本部出入经费，核定预算决算、统计报告等项，知照各司派员轮流监视堂印，当月值宿，赴内阁钞件，兼管收发稽察处、译电所各事宜。

第三条　臣部设左右参议各一员，佐拟本部则例，及一切章程草稿，会同各司筹拟各项奏咨、变通章程，拟复交议特别事件奏章，审议各司重要事务。

第四条　臣部拟设十司，其目如左：

一、田赋司。二、漕仓司。三、税课司。四、筦榷司。五、通阜司。六、库藏司。七、廉俸司。八、军饷司。九、制用司。十、会计司。

第五条　田赋司掌事务如左：掌各直省地丁正耗完欠奏销，新增地丁随粮各捐，规复征额差徭，筹议垦务及清丈田亩，改正地租升科定则，并稽核内务府八旗庄田地亩，稽核赐复免科除役蠲赋缓征，并稽核州县交代各事宜。

第六条　漕仓司掌事务如左：掌各直省漕粮漕折漕项等奏销考成，春秋拨册，及临时蠲缓等款，稽核京外各仓积储支放，及各省兵米谷数，筹备赈抚各事宜。

第七条　税课司掌事务如左：掌稽核常洋各关收支，各直省商货统税，及当杂各税，筹计各省新增税项，烟酒杂捐，机器制造各货税，发给各省田房税契，货商牙帖，及一切印花，考核进出口税则，发给关单执照，考核官物暨新法制造应否免税等项，查核各关出入口货税收数比较各事宜。

第八条　筦榷司掌事务如左：掌各省盐法，稽核引票课厘租税规羡杂款，加价折价场课灶课井课畦税各项考成，奏销春秋拨册，贡盐京饷帑利饭银纸硃各款，盘查运库道库盐属各官交待，更换纲总，认办引岸，兼管茶引茶课羡截，土药统税，及筹议专卖各事宜。

第九条 通阜司掌事务如左：掌稽核各省所有金银铜铅矿务，云贵等省铜铅运务，筹铸金银铜各种货币，核议制造纸币，代造商家银行行使凭票，订正总分银行、总分造币厂各章程，筹画全国流通货币办法，调查全国需用货币数目，稽核银行造币厂印刷造纸等厂局报告，核计各省购买铜铅各事宜。

第十条 库藏司掌事务如左：掌稽核国库出入款项，各直省报解京饷，各项经费收放，颜缎两库物料核定折价，核议苏杭两省织造奏销，盘查银缎颜三库，稽核各省司道库储新旧案减平银册，兼管本部饭银出入各事宜。

第十一条 廉俸司掌事务如左：掌稽核京外王公百官廉俸，各处驻防官兵半俸半饷养赡红白事赏，及各衙门经费事宜。

第十二条 军饷司掌事务如左：掌稽核全国海陆各军、长江水师、在京各旗，及各处驻防、各省绿营、官设警兵饷项，并各省报解协饷各事宜。

第十三条 制用司掌事务如左：掌筹拨京协各饷，稽核各项工程领款，及一切例支杂支札库事宜，并各处河工海塘岁修款项，暨路矿邮电本利，福建船厂经费报销，及一切官有财产出入各事宜。

第十四条 会计司掌事务如左：掌综核全国岁入岁出款目，编列预算决算表式，汇纂各部各省财政统计，颁布各项簿计法式，核定各项特别经费、特别报销，筹计颁布国家公债，核算赔还洋款，核办各省春秋冬拨册各事宜。

第十五条 收发稽核处掌事务如左：掌收发京外各项公文函件，经理本部公置什物，及一切杂项事务，并督催各司已未办结文件，查核报销事宜。

第十六条 金银库掌事务如左：收掌全国金银铜锭条，及各种钱币并出纳事项，收藏纸币及销毁事宜，筹备国家银行本金，存置纸币，兑换本金，收掌直省商家银行请发纸币之押金各事宜。

第十七条 宝泉局掌事务如左：掌鼓铸制钱，收发铜铅各事宜。

第十八条 暂设核捐处掌事务如左：掌核办各项捐输请奖各事宜。

第十九条 臣部新办各项如左：京师总银行，天津、上海、汉口、山东、奉天、营口、库伦、张家口各分行，其余各处应设分行。见拟次第筹办天津造币总厂，各省造币各分厂；土药统税总局，各省土药统税各分局；计学馆。

第二十条　臣部现拟筹办各事如左：印刷局、造纸厂、财政研究所、财政调查处、编译所、财政学堂。

以上各项，由臣等随时奏明办理。

奉朱批：览。钦此。

再，近奉明诏改定官制，所有臣部职掌，有应行分别划归他处各项目，自应即时划定，以清权限而专责成。查清查户口等事既归民政部职掌，臣部每年汇奏民数一案，应请划归民政部办理，仍分咨臣部，以备地丁奏销案内查核。各省武职交代前，以关系钱粮，与文职交代，统由臣部稽核，自屯卫奏裁，所有钱粮已并入州县兼理，则武职交代一项，应请划归陆军部办理。大理院专司审判，臣部八旗现审案件，应请划归大理院办理。又各省农林已奉谕旨由农工商部详定妥章，奏明办理，至垦务一节，本关农政，中间荒价科则、升科年限、发给执照等项，事关钱粮，应请仍旧由臣部核办。其农林章程有关涉租税各项，亦应知照臣部备核。又度量衡等事，向由工部制造，会同臣部校验，今工部归并农工商部，自应由农工商部妥筹制度，仍会同臣部校兑，以昭画一。至耕籍典礼，业经奏明，奉旨归农工商部敬谨办理外，查臣部职掌，尚有奏请选看秀女一条，现在户口等事已归民政部办理，前项恭备选看秀女各事宜，应请划归值年旗会同各该旗办理，以昭慎重。

以上各项，如蒙俞允，即由臣部等分别办理，以专责成。谨奏。

奉旨：依议。钦此。

再，查银行、币制，东西各国均视为重要。日本初设中央银行，以大藏次官为总裁，其造币局长亦系敕任官。今臣部设立银行造币总厂，创办伊始，规模虽未大备，然总银行节制分行，提度全局，以及存放公款，发行纸币，造币总厂，筹定划一币制，考验成色分量，职任均甚重大。应请各设总监督一员，秩视臣部左右丞，各设副监督一员，秩视左右参议，为臣部特别专官。均请作为实缺，遇应升之缺，与各部丞参一律开列，如出缺时，应由臣部选择守洁才优之员，奏请派充，以昭慎重。其余各分行总办、帮办，如非臣部人员，应视各该员之品秩，带臣部参议、郎、员等衔,由臣部加札派充,以便统属。至各省造币分厂,应否照此办理,俟臣壁考察归并后,再行酌定。此外拟筹设之印刷局、造纸厂应否酌设专官,统由臣部随时核议,奏明办理。谨奏。

奉旨:依议。钦此。

《东方杂志》,光绪三十三年第六期

度支部奏遵设统计处并请饬下内外衙门迅速办理折

光绪三十四年二月十七日①

奏为遵设统计处,恭折奏闻,并请饬下内外各衙门迅速办理事:

光绪三十三年九月十六日内阁奉上谕:朕钦奉慈禧端佑康颐昭豫庄诚寿恭钦献崇熙皇太后懿旨:本日宪政编查馆奏请饬各省设立调查局,各部院设立统计处各折片。统计一项,宜由各部院先总其成。著各部院设立统计处,由该管堂官派定专员,照该馆所定表式,详细胪列,按期咨报,以备刊成统计年鉴之用。等因。钦此。钦遵到部。

臣等窃维统计之法,纲纪庶务,弥纶万有,而施之财政,尤为经国之要图,预算决算之始基。恭承明诏,应即钦遵设立统计处,遴派司员经理其事。惟是财政统计,必须总括全国全年一切出入款目勒为一编,而后名实乃可相符,盈虚乃可具见。今臣部纂辑财政统计,拟自光绪三十三年为始,而各省例定各项奏销,有限次年到部者,有限又次年到部者,有临时展限者,且每届奏销,又非必均自正月初一日起至年底止也。于此而欲就其现在报部之案零星凑集,则年限不能截清,势必参差错杂,不合体裁,其难一也。又各省出入款目,有正项,有外销,外销之款,向不报部,即正项奏销,亦有多年不报,任催罔应者。光绪二十九年

---

① 为奉到谕旨日期。

政务处奏定内外钱粮格式，经臣部将出入款目开单飞咨各省，限一个月查复，至今亦尚未复齐。三十二年臣部议复御史赵炳麟奏制定预算决算表折内，请饬各督抚据实开报，先之以公牍，继之以函电，现计咨复到部者仍寥寥无几。盖内外隔阂，久成习惯，不独各省收支实数不可得而周知，即其款目亦不可得而尽闻，其难二也。综此二难，而欲编纂财政统计年鉴，是非严定期限，内外通力合作，不能早蒇厥事。拟请饬下各省将军督抚等，恪遵谕旨，速设调查局，各将该省光绪三十三年全年出入款目迅速查明，除按照例限奏销外，所有该年该省一切收支款项数目，无论正项、外销，均即分门别类，逐一造具表册，并于表册内加以凡例，申明各种款项案件事由，限文到三个月内送部，至迟不过五个月，毋得延误。并将所派调查局员职名送部存案。凡关于财政事项，臣部即可径行札饬该局调查，如有逾违，即将承办之员移咨吏部，照钦部事件延迟例议处，以儆玩泄。如咨报之件仍循从前旧习，不实不尽，臣部惟有请旨派得力司员分往调查。并请饬下在京各衙门将该衙门光绪三十三年全年经费及所管一切出入款目，迅速造具表册，随时送部编辑。至部中现有案牍，臣等即督饬司员先行分类甄录，以资考核。

所有臣部设立统计处缘由，谨恭折具陈，伏乞皇太后、皇上圣鉴训示。谨奏。

光绪三十四年二月十七日奉旨：依议。钦此。

《政治官报》第一百四十六号，折奏类，光绪三十四年二月二十四日出版

度支部奏陈清理财政办法六条折

光绪三十四年十一月二十八日

度支部奏：清理财政要义有二：曰统一，曰分明。本此二义，于分年筹办之初，而为臣部职权所应及，与现在急当整理者有六：外债之借还，宜归臣部经

理。在京各衙门所筹款项，宜统归臣部管理。各省官银号，宜由臣部随时稽核。各省关涉财政之事，宜随时咨部以便考核。直省官制未改以前，各省藩司宜由部直接考核。造报逾限，宜实行惩处。综此六端，虽不足尽财政奥蕴，实为九年中分年筹办初基所托。明知办理之难，不敢不竭力图维，期以必行。

《清末筹备立宪档案史料》，第 1018 页

度支部奏拟清理财政章程折

光绪三十四年十二月初一日

奏为遵拟清理财政章程，缮单具陈，请旨颁行，恭折仰祈圣鉴事：

光绪三十四年八月初一日内阁奉上谕：朕钦奉慈禧端佑康颐昭豫庄诚寿恭钦献崇熙皇太后懿旨：宪政编查馆、资政院王大臣奕劻、溥伦等会奏，进呈宪法、议院选举各纲要，暨议院未开以前逐年应行筹备事宜一折单开逐年应行筹备事宜，均系立宪国应有之政，必须秉公认真，次第推行，责成内外臣工，遵照单开各节，依限举办。凡各部及外省同办事宜，部臣本有纠察外省之责，应严定殿最，分别奏闻。自本年起，务在第九年内，将各项筹备事宜一律办齐，届时即行颁布钦定办法，并颁布召集议员之诏。等因。钦此。又本年十一月初十日内阁奉上谕：本年八月初一日，大行皇帝钦奉大行太皇太后懿旨，严饬内外臣工，务在第九年内，将各项筹备事宜一律办齐，届时即行颁布钦定宪法，并颁布召集议员之诏各等谕。煌煌圣训，薄海同钦。自朕以及大小臣工，均应恪遵前次懿旨，仍以宣统八年为限，理无反汗，期在必行。内外诸臣，断不准观望迁延，贻误事机。等因。钦此。恭录到部。

臣等伏查宪政编查馆、资政院会奏清单内开：第一年颁布清理财政章程，第二年调查各省岁出入总数，第三年复查各省岁出入总数，厘定地方税章程，试办各省预算、决算，第四年编订会计法，汇查全国岁出入确数，颁布地方税章程，

厘订国家税章程，第五年颁布国家税章程，第六年试办全国预算，第七年试办全国决算，颁布会计法，第九年确定预算决算，制定明年确当预算案，预备向议院提议。前项事宜，均系臣部应行办理，及应与京外各衙门会同办理之件，臣等自当遵照奏定年限，次第举办。现当第一年筹备之期，应将清理财政章程先行妥拟颁布，臣等通盘筹画，悉心厘订，谨撮举纲要，为我皇上缕晰陈之。

窃维宪政成立，以整理财政为最要，而整理财政，必以确定全国预算、决算为最要。今朝廷预备立宪，特饬臣部清理财政。清理财政者，为筹备宪政之权舆，而其包涵全体，贯彻初终，必办至编定全国预算，乃为就绪。惟是全国财政，款目纷繁，平日经理出入，各有所司，事权不一，则彼此诿卸，机关不灵，则内外隔阂，臣部现拟章程是以有特设专局派员监理之议。各省款项，缪辖日久，尘牍山积，措手匪易，如治乱丝，必去其棼，如决溃痈，必去其腐，臣部现拟章程是以有划分年限截清旧案之议。旧案既已截清，新章尚待厘订，不事调查，何所依据，臣部现拟章程是以有调查出入款项之议。出入既有确数，涓滴悉属公款，不筹经费，奚资办公，臣部现拟章程是以有酌定外官公费之议。凡此皆为清理财政之方法，即为办理全国预算、决算之预备，而办理全国预算、决算，亦非可以一举而集事也。调查出入款项以后，应办各省预算、决算，为此宪政编查馆、资政院奏定之办法，臣部统筹全局，通权出入，京外一体，以类而推，是以现拟章程有核定京外各处预算、决算之议。国家税、地方税未分以前，各省谘议局先经成立，而谘议局议决预算、决算事项，不出地方用款之范围，此为宪政编查馆咨明之权限，臣部综核各款，研究性质，分别名目，以类相从，是以现拟章程有各省预算、决算册画分国家行政经费、地方行政经费之议。如此次第办理，期以数年，则京外之举行既习，编订自各有成规，官吏之经历既多，办理亦易于蒇事，然后分之为各省者，合之即为全国，一岁出入，条理井然，而全国预算之案于是立，即清理财政之效于是乎见矣。臣等本斯用意，详加筹度，谨酌拟章程三十三条，另缮清单，恭呈御览。如蒙俞允，应请明降谕旨，饬下京外各衙门，一体遵照办理。

抑臣等更有请者，为政之道，本非徒法之可行，自强之图，必合全国而申儆。财政至今日困难极矣，臣部库储奇绌，用款浩繁，各省请拨之书，既穷于应付，历年报销之案，又苦于稽延，仰屋彷徨，徒深嗟叹，而各疆臣以新政之待兴，外销闲款之悉索，罗掘几无余地，腾挪亦有穷期，长此因循，伊于胡底。臣等愚以为财政艰窘至此，与其内外相蒙，坐而待困，何如推心置腹，各出至诚，乘此百度维新，将出入各款逐项梳栉，澈底澄清，而财政尚有转圜之一日。在部臣此举，不为搜括之谋，更无吹求之念，既往之弊，不加追咎，查出之款，仍可存留，各省既无所用其回护，又何所用其讳匿，此则臣等区区之诚，所期与各省疆臣协力同心，以共图匡济者也。况清理财政为立宪切要之图，现在国家筹备宪政，期在必行，诏书严切，敢不钦遵。各疆臣受国厚恩，公忠夙矢，必能懔朝廷之明训，体臣部之苦衷，内外一心，共维大局，自此次奏颁章程之后，务当督饬所属切实奉行。藩司为筦理全省财政之官，责无旁贷，尤当激发忠诚，认真经理，如或阳奉阴违，有名无实，承积疲之余，以延玩为固常，习欺饰之风，以敷衍为得计，时会不常，事机易逝，万一年限已届，而财政未见清厘，国会将开，而预算仍无确数，致于宪政前途稍有阻碍，贻误国计，谁职其咎。臣部惟有懔遵本年八月初一日懿旨，随时稽察，据实纠参，请旨严谴，以为玩视宪政者戒。

除各省清理财政局章程另行核订，及各局应派监理人员，临时酌量奏派，暨分年应办事宜再行筹议具奏外，所有遵拟清理财政章程，请旨颁行缘由，理合恭折具陈，伏乞皇上圣鉴训示。谨奏。

光绪三十四年十二月初一日奉旨：著宪政编查馆迅速核复具奏。钦此。

《清末筹备立宪档案史料》，第1018—1021页

度支部奏遵旨妥酌清理财政章程折

光绪三十四年十二月二十日

奏为遵旨妥酌清理财政章程，缮单覆陈，恭折仰祈圣鉴事：

光绪三十四年十二月十五日，军机大臣钦奉谕旨：宪政编查馆奏议覆度支部奏清理财政一折，著仍交度支部详慎妥酌，再行具奏。单并发。钦此。钦遵由军

机处抄交到部。臣等窃维集思广益，筹议不厌求详，救弊补偏，折衷必归至当。清理财政为立宪切要之图，事体极为重大，臣部前拟章程三十三条，现经宪政编查馆增订二条，复奉谕旨，交臣部详慎妥酌，再行具奏。仰见朝廷重视财政审慎周详之至意。

臣等谨就该馆核覆章程，悉心研究，逐一推求，其增益条文及斟酌字句之处，均视臣部原议益加周密，自属妥善可行。至原奏所称各省清理财政局事宜应责成司道切实筹办，部派监理人员，只在稽察督催一节，系为明定权限，各专责成起见。查前次所奏章程内称，臣部清理财政处、各省清理财政局所有办事章程另行详订，自应由臣部查照此次章程第三十四条，再行妥议，俾资遵守。方今财政艰难，内外交困，非推诚相与，则积弊无由廓清，非实力奉行，则预算无由确定。事关宪政，惟赖各疆臣督率所属，共矢公忠，顾全大局。藩司为理财之官，其责任尤无旁贷。臣部有综核之责，即稽察不可不严。以上情形，臣部业于前奏遵拟清理财政章程折内，披沥详陈，早在圣明洞鉴之中。现在清理章程亟待颁布，谨将臣部原拟及宪政编查馆增订共三十五条，另缮清单，恭呈御览。如蒙俞允，应请明降谕旨，饬下京外各衙门一体遵照，切实办理。

所有臣部遵旨妥酌清理财政章程缘由，理合恭折覆陈，伏乞皇上圣鉴训示。谨奏。

光绪三十四年十二月二十日奉上谕，已录。

附：上谕

钤章①

光绪三十四年十二月二十日内阁奉上谕：前据宪政编查馆奏议复度支部清理财政章程，当以财政关系重大，不厌详求，仍饬度支部妥酌具奏。兹据度支部奏称，该馆核覆章程，增益条文，益加周密，妥善可行，等语。方今财政艰难，内外交困，必以廓清积弊，确定预算为先。全赖部臣疆臣和衷共济，各饬所属共矢公忠，按照所拟章程，实力奉行，认真办理。用副朝廷慎重度支之至意。单并发。钦此。

---

① 指摄政王章。宣统登基后，清廷定发布上谕时，前面钤摄政王载沣章，后面署军机大臣名。

军机大臣署名

臣奕（劻）①

臣世（续）

臣张（之洞）

臣鹿（传霖）

臣那（桐）

《光绪宣统两朝上谕档》第三十四册，第350页

度支部清理财政章程

第一章　总　纲

第一条　清理财政，以截清旧案，编订新章，调查出入确数，为全国预算、决算之预备。

第二章　清理财政之职任

第二条　臣部设立清理财政处，各省设立清理财政局，专办清理财政事宜。

第三条　臣部清理财政处，由臣部遴派司员，分科办理。其职任如左：

一、开列各省出入各项条款，发交各省清理财政局分别调查。一、综核京外光绪三十四年分出入款项详细报告册，并宣统元年以后各季报告册。一、摘录各项说明书，分门别类，编成总册。一、会同各司稽核京外各处预算报告册、决算报告册。一、汇录京外各处预算报告册、决算报告册，编成总册。一、核定各项清理财政章程。

第四条　各省清理财政局设总办一员，以藩司或度支司充之，会办无定员，以运司、关、盐、粮等道及现办财政局所之候补道员充之，设监理官二员，由臣部派员充之。其职任如左：

一、造送该省光绪三十四年分出入款项详细报告册，及宣统元年以后各季报告册。一、造送该省各年预算报告册、决算报告册。一、调查该省财政沿革利弊，分别门类，编成详细说明书，送部查核。一、拟订该省各项收支章程，及各

---

① 括号内名字均为编者所加。

项票式簿式送部。

第三章　划分新旧案之界限

第五条　各省出入款项，截至光绪三十三年底止，概作为旧案。各省旧案历年未经报部者，分年开列清单，并案销结。

第六条　各省出入款项，自宣统三年起作为新案。前项新案，遵照本章程第十四条、第二十三条办理。

第七条　各省出入款项，自光绪三十四年至宣统二年年底止，作为现行案。前项现行案，除由清理财政局将光绪三十四年分调查报告，宣统元年、二年分按季报告外，仍由该管司道详请督抚，将全年出入款项，分别造册报销（宪政编查馆增订）。

第四章

第八条　各省入款，如田赋、漕粮、盐课、茶课、关税、杂税、厘捐、受协等项，出款如廉俸、军饷、制造、工程、教育、巡警、京饷各款，洋款、杂支等项，统由臣部撮举纲要，开列条款，发交各省清理财政局，将光绪三十四年分各项收支存储银两确数，按款调查，编造详细报告册，并盈亏比较表，限至宣统元年底，呈由督抚陆续咨送到部。

第九条　各省清理财政局如有应行调查事件，得派局员至各衙门局所，调查出入各款及一切规费。遇有抗延欺饰者，经该员呈报到局，由局查实，禀请督抚参处，并报臣部查核。如所派之员有需索扶同弊混情事，由该局禀请督抚参处。

第十条　清理财政局应将该省财政利如何兴，弊如何除，何项向为杂款，何项向系报部，何项向未报部，将来划分税项时，何项应属国家税，何项应属地方税，分别性质，酌拟办法，编订详细说明书，送部候核。前项说明书，限至宣统二年六月底陆续咨送到部。

第十一条　自宣统二年起，各省文武大小衙门局所，应将出入各款，按月编订报告册，送清理财政局，由局汇编全省报告总册，按季呈由督抚咨部。上季报告册，限于下季到部。其清理财政局未成立以前出入各款，一律造册补报。

第十二条　在京各衙门所管出入各款，属于光绪三十四年者，应编造详细报告册，并附说明书，限至宣统元年底陆续咨送到部。

第十三条　在京各衙门所管出入各款，属于宣统元年、二年者，应按季编订报告册咨送到部。

第五章　预备全国预算之事

第十四条　各省文武大小衙门局所，自宣统二年起预算次年出入款项，编造清册，于二月内送清理财政局，由局汇编全省预算报告册，呈由督抚于五月内咨送到部。各省预算报告册内，应将出款何项应属国家行政经费，何项应属地方行政经费，划分为二，候部核定。前项之国家行政经费，系指廉俸、军饷、解京各款，以及洋款、协饷等项。地方行政经费，系指教育、警察、实业等项。

第十五条　各项岁入，当国家税、地方税未分以前，（咨）〔谘〕议局不得议减现行税率，其于地方行政经费范围内，视为应增新税时，得呈请督抚核定，奏咨办理。

第十六条　各省款项，出入比较，若有盈余，概列入次年入款之预算报告册。

第十七条　各省款项若有不足，于每年编订预算报告册时，由各该督抚商同臣部，设法筹措。

第十八条　在京各衙门，自宣统二年起，应将该衙门次年出入各款，编订预算报告册，于五月内送部。

第十九条　臣部直接所管之出入款项，应自宣统二年起，编订次年预算册，奏明办理。

第二十条　臣部自宣统二年起，逐年将京外各处送到预算报告册详细核定，奏请施行。前项预算报告册，限于文册到部两个月内核定。各省预算报告册内款项属于地方行政经费者，由臣部奏交督抚，送（咨）〔谘〕议局议决，并将预算全册送供参考。

第二十一条　京外各署出入各款，自宣统三年正月初一日起，一律遵照预算册办理。凡属出款项下，不得于定额外开支别项经费，亦不得彼此挪用。

第二十二条　遇有临时特别重要支款，未经列入预算册，或已列预算册而收不足数不敷所出者，由该督抚会商臣部，随时奏明，酌量筹拨。

第六章　预备全国决算之事

第二十三条　各省文武大小衙门局所，自宣统四年起，查明上年出入款项，编造清册，于三月内送清理财政局，由局汇编全省决算报告册，呈由督抚于六月内咨送到部。各省决算报告册内，应将出款项下国家行政经费、地方行政经费分别编列。

第二十四条　在京各衙门，自宣统四年起，应将该衙门上年出入各款编定决算报告册，于六月内送部。

第二十五条　臣部直接所管之出入款项，应自宣统四年起，编定上年决算册，奏明销结。

第二十六条　臣部自宣统四年起，逐年将京外各处送到决算报告册核定奏销。前项决算报告册，限于文册到部两个月内核定。凡向由京师主管各衙门核销之款，由各省另造专册，送各该衙门查核。该衙门于文册收到一个月内核定，知照臣部，汇总奏销。各省决算报告册属于地方行政经费者，由臣部奏交督抚，送（咨）〔谘〕议局议决，并决算全册送供参考。

第七章　酌定外官公费

第二十七条　在官俸章程未经奏定之先，除督抚公费业由会议政务处议筹外，其余文武大小各署及局所等处，应由清理财政局调查各处情形，一面禀承督抚及臣部，酌定公费，一面提出各款项规费，除津贴各署公费外，概归入正项收款。

第八章　附　则

第二十八条　全国财政，自宣统元年起至宣统五年全国预算成立日止，一律照本章程办理。

第二十九条　本章程各项报告册，应分门别类，每类细别为款，每款细别为项，每项细别为目，不得笼统含混。

第三十条　本章程所定造报到部期限，如有任意逾限，以致预算、决算无从预备，贻误宪政者，该管藩司或度支司，由度支部据实奏参，请旨办理。本章程所定造报到局期限，如有任意逾限者，由清理财政局禀请督抚，将该管官员分别撤去差任。（宪政编查馆增订）

第三十一条　云南、贵州、广西、四川、甘肃、新疆六省每年预算报告册，得展限至六月十五日以前到部，决算报告册得展限至七月十五日以前到部。

第三十二条　热河、察哈尔、绥远城、归化城各处都统、将军、副都统所管收支各款，应编光绪三十四年分详细报告册，并盈亏比较表，及自宣统元年起各季报告册，又自宣统二年起应编次年之预算报告册，自四年起应编上年之决算报告册，均由该处自行办理，按照各省定限，咨送到部。

第三十三条　乌里雅苏台、科布多、阿尔泰、伊犁、塔尔巴哈台、西宁、西藏、库伦各处将军、大臣所管收支各项，应编光绪三十四年分详细报告册，并盈亏比较表，限于宣统元年年底咨送到部。又自宣统二年起应编次年之预算报告册，自四年起应编上年之决算报告册，均由该处自行办理，按照甘肃、新疆等省展缓限期，一律咨送到部。其自宣统元年起每季应编报告册，仍行照限报部。

第三十四条　臣部清理财政处、各省清理财政局所有办事章程，另行详订。

第三十五条　本章程如有应行变通之处，由臣部临时奏明办理。

《东方杂志》，第六年（宣统元年）第一期

度支部奏陈明办过第二年第一届筹备事宜并现在筹办情形折

宣统元年八月二十八日①

奏为陈明办过第二年第一届筹备事宜并现在筹办情形，恭折仰祈圣鉴事：光绪三十四年八月初一日，内阁奉上谕：朕钦奉慈禧端佑康颐昭豫庄诚寿恭钦献崇熙皇太后懿旨：宪政编查馆、资政院王大臣奕劻、溥伦等会奏进呈宪法议院选举各纲要暨议院未开以前逐年应行筹备事宜一折，著即责成内外臣工，遵照单开各节，依限举办，每届六个月将筹办成绩胪列奏闻，并咨报宪政编查馆查核。等因。钦此。又十二月十一日宪政编查馆、资政院会奏设立考核专科章程内开，九年筹备事宜，应自光绪三十四年八月起至十二月底止为第一届，以后每年六月底暨十二月底各为一届，限每年二月内及八月内各具奏咨报一次，等语。

---

①　为奉到谕旨批示日期。

臣部遵照办理，已将第一年筹备事宜于闰二月间奏明在案。至第二年筹备事宜，系臣部会同督抚调查各省岁出入总数。查各省清理财政局均已陆续设立，各省正副监理官均已先后赴差，臣等前以事属创始，应格外详慎，故于六月间奏明，本年春季报告册展限至九月底到部，至预算决算报告册及每季报告等项逾限处分，业于本日会同吏部另折具奏。惟各省岁出入总数正款杂款名目繁多，必须各省逐一调查，将各项报告册依限造送臣部，乃能汇总稽核。应请饬下各省督抚等督催司道，将本年应行造送之报告册依限赶办，免致临时贻误，以重宪政。所有陈明臣部第二年第一届筹备事宜并现在筹办情形，理合恭折具陈，伏乞皇上圣鉴。谨奏。

宣统元年八月二十八日奉旨：该衙门知道。钦此。

《政治官报》第七百十六号，折奏类，宣统元年九月十一日出版

度支部奏陈明第二年第二届及现办第三年筹备事宜折

宣统二年二月二十四日①

奏为陈明办过第二年第二届及现办第三年应行筹备事宜，恭折仰祈圣鉴事：

光绪三十四年八月初一日内阁奉上谕，朕钦奉慈禧端佑康颐昭豫庄诚寿恭钦献崇熙皇太后懿旨：宪政编查馆、资政院王大臣奕劻、溥伦等会奏进呈宪法议院选举各纲要暨议院未开以前逐年应行筹备事宜一折，著即责成内外臣工，遵照单开各节，依限举办，每届六个月将筹办成绩胪列奏闻，并咨报宪政编查馆查核。等因。钦此。又十二月十一日宪政编查馆、资政院会奏设立考核专科章程内开，九年筹备事宜，应自光绪三十四年八月起至十二月底止为第一届，以后每年六月底暨十二月底各为一届，限每年二月内及八月内各具奏报一次。等语。臣部遵照

---

① 为奉到谕旨批示日期。

办理，已将第一年第一届筹备事宜于上年闰二月、八月间次第奏明在案。

查第二年筹备事宜，系臣部会同督抚调查各省岁出入总数。自各省正副监理官陆续到差，即饬将光绪三十四年现行案依限报告。臣等复于上年十月间通电各省，将光绪三十四年出入总数提前电咨，以便汇总具奏。嗣经各省将是年出入总数于十一月底先后电咨到部，业于上年十二月将各省出入总数分列清单，先行汇奏一次。此臣部筹备第二年第二届事宜之情形也。至第三年筹备事宜，查宪政编查馆、资政院会奏清单内开，复查各省岁出入总数，厘订地方税章程，试办预算决算，复准宪政编查馆咨称预算决算虽在一年，然必先有预算，方有决算，不能同年举办，等语。前项事宜系臣部与宪政编查馆暨各省督抚分别会同办理之件，而本年应行筹备之事宜，尤以试办预算为先著。诚以预算册报不早编订，岁出入总数既难详晰复查，地方税章程亦且无从核定，是以臣等于本年正月既经酌订预算表册式，奏请饬下京外各衙门依限赶办，以免延误。俟各该省此项报告到齐，臣部试办预算即可粗具规模。而复查岁出入总数，厘订地方税亦均有所凭依，可以措手。此臣部筹办第三年事宜之情形也。

所有陈明第二年第二届并现办第三年筹备事宜各缘由，理合恭折具陈，伏乞皇上圣鉴。谨奏。

宣统二年二月二十四日奉旨：各该衙门知道。钦此。

《政治官报》第八百八十四号，折奏类，宣统二年三月初八日出版

度支部奏陈明办过第三年第一届
并现办第二届筹备情形折

宣统二年八月二十七日①

奏为陈明办过第三年第一届筹备事宜，并现在筹办情形，恭折仰祈圣鉴事：

窃筹备宪政，照章每届六个月奏报一次。臣部遵照办理，已将第一年第二年各筹备事宜，于上年闰二月八月及本年二月间次第奏明在案。

查臣部第三年筹备事宜，系试办预算，复查各省岁出入总数，应会同各省督抚办理；厘订地方税章程，应会同宪政编查馆暨各省督抚办理。惟试办预算，尤为本年扼要之图，经臣部于正月间酌订预算表册式，奏请饬下京外各衙门遵办去后，复以限期严切，深恐稍有稽迟，中间文电交驰，极力督促。嗣于五月以后，据京外各处将试办宣统三年预算册表陆续咨送到部，臣等督率清理财政处各员，赶紧逐加复核。表册繁重，款项纠纷，数月以来，握算持筹，疲于钩校，而在事各员，尚能始终勤奋，勉赴期限。现已订定宣统三年试办预算总表，恭缮清册，进呈御览。并将各项总分表咨送内阁会议政务处查核。

至复查岁出入总数，前已由臣部咨行各省，将宣统元年出入总数，比照预算册式所列款目，尽早编齐送部。现在预算册表业经办竣，即应赓续办理，以重要政。

若厘定地方税章程，原系本年应办之事，惟前奉谕旨，御史王履康奏请变通厘定国家税地方税年限，并将国家税提前规定一折，著该衙门知道。钦此。钦遵到部。当经臣部复奏，以国家税地方税名义虽分，征权则一，自非与国家税同时厘定，则地方税即恐无所依据，请以本年为调查国家税地方税年限，宣统三年为厘定年限，宣统四年同时颁布，庶推行无所滞碍，等因。于本年八月初二日奉

---

① 为谕旨批示日期。

旨：依议。钦此。钦遵到部。遵将本年改为调查国家税地方税年限，应由臣等督率各员切实调查，与宪政编查馆及各省督抚会同办理。此臣部筹办本年应筹备事宜之实在情形也。

所有陈明办过第三年第一届并现办第二届筹备事宜各缘由，理合恭折具陈，伏乞皇上圣鉴。谨奏。

宣统二年八月二十七日奉旨：该衙门知道。钦此。

《政治官报》第一千六十二号，折奏类，宣统二年九月初十日出版

度支部尚书载泽等奏试办全国预算拟暂行章程并主管预算各衙门事项折（附清单三）

宣统三年正月十四日

经筵讲官、督办监政大臣度支部尚书、贝子衔奉恩镇国公臣载泽谨奏：为试办全国预算拟暂行章程并主管预算各衙门事项，缮单具陈，仰祈圣鉴事：

窃惟宪政筹备，理财最难，国会提前，预算尤急。本年正月间，臣部以试办宣统三年预算，酌定册式例言，奏请饬下京外各衙门依式填注。业经臣部汇齐复核编定岁入岁出总分各表，由内阁会议政务处交资政院核议，照章会奏，奉旨钦遵在案。伏查上年试办预算，事属创始，本难遽言完备，然因清理而渐得赢亏之实，亦由练习而始知条理之疏，循是以求改良，诚惟臣部之责。臣等督率员司详加研究，约举办法，其要有三：

一为规定行政之统系。上年为办各省预算，故以一省为一统系。本年为试全国预算，当合全国为一统系。各国岁出预算，皆以行政各部为纲，以事为目，唐宋会计录分析军民，用意略同。现拟岁入各类，均归臣部主管，以符统一财权之义，其岁出各款，则遵照钦定行政纲目，以所列各部为主管预算衙门。凡各省应编国家岁出表册，皆分别事项，造送主管预算各衙门核定编制，而仍以臣部总其

成。此外在京各衙门亦仿各省之例，以类相从，造送主管预算各衙门核编。其关于皇室事务各衙门预算分册，仍暂送臣部汇编，俟皇室经费确定后，即专归内务府主管。如此则全国用款展卷瞭如，而支配、统计亦不致漫无凭藉。

一为暂分国家岁入、地方岁入。中国向来入款，同为民财，同归国用，历代从未区分，即汉之上计，唐之上供、留州，但于支出时区别用途，未尝于收入时划分税项。近因东西各国财政始有中央、地方之分，然税源各别，学说互歧，界画既未易分明，标准亦殊难确当。现既分国家、地方经费，则收入即不容令其混合，业经臣部酌拟办法通行各省，列表系说，送部核定，并于预算册内令将国家岁入、地方岁入详究性质，暂行划分，仍俟国家税、地方税章程颁布后，再行确定。

一为正册外另造附册。预算原则，必以收支适合为衡。周官九式，义主均财。盖必验其盈虚，而后可施其酌剂。中国现在库储奇绌，故经常之款，必有定衡，而新政一切要需，亦未容预为限制。此次所拟办法，于编制总预算案之先，将岁出与岁入酌量支配，以待内阁会议政务处协商。至新增特别重要事件，应筹之款，则另编附册随同正册造送，而区分缓急，核复准驳，仍由主管各衙门与臣部分别办理。盖正册取量入为出主义，以保制用之均衡，附册取量出为入主义，以图行政之敏活，此则立法之微意，用权之苦心，当为内外官民所共谅者也。

要之，预算法繁事重，决非旦夕所能完成，考英、法、普等国之有预算，皆远在百年以前，非随宪法而起。而普国国会既开之后，犹有所谓黑预算时代，近渐精审，尚逊英、法，况普国之国有财产占岁入之九成，英、法之法定款目，过总额之强半。现当图始之初，原少固定之款，不难取资彼法，要贵适我国情。臣等窃本斯恉，谨酌拟试办全国预算暂行章程二十七条，特别会计暂行章程九条，并规定主管预算各衙门事项，分缮清单，恭呈御览。伏恳饬下京外各衙门，自本年起一律遵办，臣等仍当体察情形，随时修改，以期完备。

所有试办全国预算拟定暂行章程并主管预算各衙门事项缘由，理合恭折具陈，伏乞皇上圣鉴训示。谨奏。

附：清单一

谨将酌拟试办全国预算暂行章程，缮具清单，恭呈御览：

第一条　自宣统三年起试办全国预算，悉按照本章程办理。

第二条　各省应编国家岁入预算报告册、地方岁入预算报告册并比较表送度支部，限于四月十五日以前送到。各省文武大小衙门局所，应编造国家岁入、地方岁入预算报告分册并比较表，限于二月初十日以前送清理财政局汇总编制。

第三条　在京各衙门及所辖各处直接征收之款，应编造预算报告册及比较表，限于四月十五日以前送度支部。

第四条　度支部汇齐在京各衙门岁入预算表册及各省、各边防送到国家岁入预算表册，核定编制全国岁入总预算案，并将上年预算岁出总数册咨送内阁会议政务处协议分配，奏饬各主管预算衙门，分编岁出预算报告册。主管预算衙门如下：外务部、民政部、度支部、学部、陆军部、海军部、法部、农工部、邮传部、理藩部。

第五条　各省应编国家岁出预算报告册、地方岁出预算报告册并比较表，按照各主管预算衙门所管事项，分别咨送各该主管预算衙门，并将全分表册咨送度支部，统限五月十五日以前到部。各省文武大小衙门局所，应编造国家岁出、地方岁出预算报告分册并比较表，限于三月初十日以前送清理财政局汇总编制。

第六条　在京各衙门应编造岁出预算报告分册及比较表，按照主管预算衙门所管预算事项，限于五月十五日以前咨送各该主管预算衙门。主管预算衙门所管事项另行规定。

第七条　各主管预算衙门应将京外送到该管事项国家岁出预算表册，连同本衙门及所辖各处岁出经费，按照内阁会议政务处协议分配之数，核编所管岁出预算报告册及比较表，限于六月底送度支部。

第八条　度支部汇齐各主管预算衙门所编岁出预算报告册及本部所管预算报告册，编制全国岁入岁出总预算案，奏交内阁会议政务处核议后，送资政院议决。

第九条　主管预算衙门因新增特别重要事件，致所管预算岁出之数，不能适合于内阁会议政务处协议分配之数，另编岁出预算附册，限于六月底送度支部一并奏交会议政务处核议后，送资政院决议。

第十条　度支部将各省送到地方岁入岁出预算报告册核对后，电咨各省编制地方岁入岁出预算案，送交谘议局议决，仍将议决全数咨报度支部，并按照第五条分咨各主管预算衙门。

第十一条　各省编制地方预算案，如岁出之数逾于岁入之数，另筹本省地方岁入，经度支部认许后，得连同地方预算案提交谘议局议决。

第十二条　海关常关之岁入、岁出，应由各省清理财政局另编造预算报告册及比较表，按限送度支部。

第十三条　凡京外一切拨款、领款、协款、解款，均系重收、重支，应另编专册，按照额收、额解之数及近三年实收、实解之数详细开列，并将案由逐款声叙，随同岁入岁出预算报告册送度支部核办，各关解款、协款均照前项办理。其解本省之款，并作为协款。各省盐务款项，除由行盐省分自行征收之厘捐、加价等项，应列作各该省岁入外，其由产盐省分及邻省代收转解之款，各该省应各列专册，若系产盐省分统收分拨者，应即作为协款。

第十四条　预算岁入、岁出，各分经常、临时两门，按照此次所颁详细编订，分类说明大概情形，其款项子目应说明经费所需之理由，注于摘要格内。

第十五条　凡预算之收入、支出有定额者，照定额预算，无定额者用推测方法以三年间平均之数为标准，其有应增之岁入、岁出，不能用推测方法者，得酌量估计并申明估计之理由。

第十六条　预算册内出入各款，暂按照各该处原收、原支平色，折合库平足银，一俟新币发行，即按照币制则例折合国币计算，银以两为单位，国币以圆为单位。

第十七条　京外衙门在宣统二年以前借用国家公债、地方公债，业经奏准有案者，如系未经足收，准将应收之数列入岁入临时门，如应分期摊还或定期偿还者，亦准将应付本利列入岁出临时门。

第十八条　预算表册所列款项，均应满收满支，不得将出入数目互相抵除。

第十九条　岁出预算遇有廉俸、公费、饷乾、役食之类，应注明员数、名数及每员名月支之数，其有采办工程等项，应将工料价值分别注明。

第二十条　凡例应减平减成之款，应按实数估计，仍于摘要格内注明额支若干、扣减若干，以备查核。

第二十一条　京外各衙门所办事项须继续一年以上者，应预定每年支出之额，并将继续费总额注于摘要格内。

第二十二条　主管预算衙门有必须编制特别预算时，在会计法未定以前，应按照度支部所定特别会计暂行章程办理。

第二十三条　度支部得就国家岁入情形酌设中央及各省预算，全编入总预算案。

第二十四条　京外各衙门收放本色米谷、豆草等项，应另编预算专册及比较表，随同正册送度支部，并将支放本色表册另造一分，咨送主管预算衙门。

第二十五条　预算岁入、岁出比较表暂以奏定宣统三年预算之数列为比较。

第二十六条　京外造送各种预算表册，惟云南、贵州、四川、广西、甘肃、新疆六省，得较本章程第二条、第五条到部定限展缓十五日。

第二十七条　各边防将军、都统、大臣应编岁入预算报告册及比较表，限于四月十五日以前送度支部，岁出预算报告册及比较表，限于五月十五日以前送度支部及主管各预算衙门，惟库伦、乌里雅苏台、科布多、阿尔泰、伊犁、塔尔巴哈台、西宁、西藏、川滇边务等处，得援照第二十六条限期办理。前项岁出预算报告册表除按照事项分别咨送各主管预算衙门外，其将军、都统、大臣衙门行政经费及无可归类之出款，另册咨报理藩部核编，拨款、协款应照第十三条办理。

第二十八条　本章程未经规定事件，仍按照清理财政章程办理。

附：清单二

谨将酌拟试办特别预算暂行章程，缮具清单，恭呈御览：

第一条　凡内外官办事业有固定资本及运转资本者，得按照本章程办理。前项固定资本指土地、房产、机械、轮舶、物料、器具等项而言，运转资本指营业资本而言。

第二条　特别会计之种类限定如下：一、印刷局，二、造纸厂，三、造币厂，四、官银行，五、整理货币资金，六、路政经费，七、电政经费（邮传部直辖之电报电话均包此内，其由各省官办电话仍列入地方预算内官业收入支出中，毋庸作特别会计），八、邮政经费（文报局、军塘、驿站附），九、船政经费，十、官办矿务，十一、官办垦务，十二、官办森林，十三、官办渔业，十四、官办各制造工厂，十五、官办畜牧，十六、官办制造军装军火局厂。

第三条　凡特别会计盈虚之数，由度支部酌量情形，分别编入总预算。

第四条　凡特别会计之资本金及公债金，应于册内说明沿革及其运转之方法。

第五条　凡特别会计固定资本，得将其物品价格估计货币开列，以计算其事业之盈亏。

第六条　凡特别会计有必须借入短期债款者，须报明各主管衙门及度支部核定。

第七条　特别会计之核定及其期限，统照此次试办全国预算暂行章程办理。

第八条　本章程未尽事宜，由各该主管预算衙门编定特别会计各种细则，分别办理。

第九条　本章程自宣统三年正月起，各主管衙门及各省督抚均应按照办理。

附：清单三

谨将主管预算衙门所管京外预算经费事项，缮具清单，恭呈御览。计开：

岁入门，凡京外岁入预算统为度支部所管。岁出门，度支部暂管预算：内务府经费、宗人府经费、中正殿念经处经费、颐和园经费、东陵承办事务衙门经费、西陵承办事务衙门经费、奉宸苑经费、太医院经费、武备院经费、上驷院经费、銮舆卫经费、御鸟枪处经费、上虞备用处经费、领侍卫内大臣处经费、稽察守卫处经费、实录馆经费、崇陵工程处经费、奉天三陵衙门经费、苏杭织造衙门经费、各省看守行宫经费、各省例贡费。以上经费均关皇室事务，在皇室经费未奏奉钦定以前，一切预算事项，应暂由度支部承管。

外务部所管预算：本部及直辖各处经费、在外公使馆经费、各省交涉使或洋务局经费、各省临时接待赠答费。

民政部所管预算：本部及直辖各处经费、钦天监经费、京师禁烟公所经费、各省民政司或巡警道经费、各省警务公所经费、各省禁烟公所经费、各省祭祀费、各省时宪费、各省庆贺费、各省辅助地方民政费、各省临时调查户口费、各省临时旌赏费、各省临时祭祀费、各省临时辅助地方民政费。

度支部所管预算：本部及直辖各处经费、军机处经费、内阁经费、内阁会议政务处经费、资政院经费、宪政编查馆经费、吏部经费、礼部经费、都察院经费、给事中衙门经费、翰林院经费、方略馆经费、国史馆经费、内翻书房经费、稽查钦奉上谕事件处经费、盐政处经费、税务处经费、崇文门税务衙门经费、左翼税务衙门经费、右翼税务衙门经费、仓场衙门经费、变通旗制处经费、各省督抚衙门经费、各省藩司或度支司及财政公所经费、各省粮道衙门经费、各省巡道衙门经费、各省府厅州县衙门经费、各省各厅州县衙门征收赋税经费、各省盐务衙门局所经费、各省盐务官运经费、各省厘捐各局卡经费、各省调查局经费、各省官业支出（此指度支部所管不入特别会计者而言）、各省清理财政局经费、国债全国预备金造币厂经费（以下均特别会计）、造纸厂经费、印刷局经费、整理货币资金经费。

学部所管预算：本部及直辖各局馆学堂经费、贵胄法政学堂经费、辅助京外各学堂（此指不入国家预算之学堂而言，其已编预算各学堂，如有由部拨补之款，应由学部列入拨款专册）、各省提学司衙门经费、各省学务公所经费、各省大学堂经费、京外派遣学生留学日本五校经费、京外派遣学生留学东西洋经费（以官费为断，其由地方公费所派者，入地方预算）、各省学官费、各省辅助地方教育费。

陆军部所管预算：本部及直辖学堂营队近畿陆军各镇经费、军谘处经费、贵胄陆军学堂经费、步军统领衙门经费、禁卫军经费、武卫军经费、满蒙汉八旗营经费、两翼八旗前锋护军营经费、圆明园护军营经费、内火器营经费、外火器营经费、健锐营经费、善扑营经费、虎枪处经费、向导处经费、军马南北分监经费、左右两翼牧群经费、各省旗营经费、各省防营经费、各省陆军经费、各省炮台经费、各省陆军学堂经费、各省卡伦经费、各省牧场经费、各省陆军开办经费、各省营房炮台临时营缮经费、各省临时操防经费、各省旧军裁遣经费、各省兵差经费、各省制造军装军火局厂经费（特别会计）。

海军部所管预算：本部及直辖各处经费、驻扎各国人员经费、各省水师经费、各省军舰经费、各省船坞或船厂经费、各省海军学堂经费、各省军舰临时经费、各省船坞或船厂临时经费、各省军港临时经费、各省临时操防经费。

法部所管预算：本部及直辖各级审判检察厅经费、大理院经费、修订法律馆经费、法律学堂经费、各省提法司经费、各省各级审判检察厅经费、各省监狱及罪犯习艺所经费、各省遣流实发及解勘经费、各省司法教育经费、各省审判检察厅开办经费、各省监狱及罪犯习艺所开办经费。

农工商部所管预算：本部及直辖各局所学堂经费、各省劝业道衙门经费、各省河工或海塘经费、各省官业支出（此指农工商部所管不入特别会计者）、各省补助地方实业费、各省临时补助地方实业费、各省官办矿务经费（以下均特别会计）、各省官办垦务经费、各省官办森林经费、各省官办渔业经费、各省官办制造工厂经费、各省官办畜牧经费。

邮传部所管预算：本部及直辖各局所学堂经费、各省补助商办铁路经费、邮政经费（下均特别会计，邮政经费内包括军塘、驿站及各省文报局经费）、电政经费（邮传部直辖之电话局统并入内，其各省官办之电话局，仍列入地方预算册，毋庸作特别会计）、船政经费、路政经费。

理藩部所管预算：本部及直辖各处经费、各边行政经费（此指不属各主管预算衙门各费而言）。

《清末筹备立宪档案史料》，第 1044—1053 页

度支部奏陈明办过第四年第一届筹备事宜并现在筹备情形折

宣统三年八月二十七日①

奏为陈明办过第四年第一届筹备事宜，并现在筹备情形，恭折仰祈圣鉴事：

窃筹备宪政，照章每届六个月奏报一次，臣部已将第一年第二年第三年筹备事宜次第奏明，又上年十二月间准宪政编查馆将奏定修正逐年筹备事宜清单咨行到部，臣部遵将应行提前赶办事宜并加紧筹备情形，于本年二月间奏陈各在案。

查宪政编查馆奏定修正清单内开臣部宣统三年筹备事宜，一颁布会计法，系臣部会同宪政编查馆同办；一厘定国家税地方税各项章程，系臣部会同宪政编查

---

① 为奉到上谕批示日期。

馆、各省督抚同办；一厘定皇室经费，系臣部会同内务府、宪政编查馆同办。现在宪政编查馆业经裁撤，前项事宜应即会同内阁办理。

伏查编订会计法，必首定会计年度。今世界各国所行会计年度之制，不外三例，曰历年制，以正月一日始，十二月底止，俄、法、奥等国行之；曰四月一日制，以四月一日始，翌年三月底止，英、德、普、日本等国行之；曰七月一日制，以七月一日始，翌年六月底止，美、义、墨西哥等国行之。会计年度与国家预算及社会种种事业均有密切关系，各国情形不同，年度亦异，我国创制伊始，既求无背学理，尤贵适我国情。经臣部电商各省督臣，旋据电覆到部，主七月者五，主四月者一，主正月者二。臣等荟萃众说，一再讨论，似以七月说为优，当经拟具说贴，详述理由，咨送内阁复议，一面先将会计法草案编纂完竣，一俟内阁议复年度到部，即将所拟会计法草案咨送内阁法制院复查，奏交资政院核议。臣部所预为筹备者，此其一。

我国税款向皆指定用途，分款销结。从前内结外销之别，与近今国家地方之分，截然两事。兹欲将国家税地方税分别厘定办理，经臣部提前于上年十二月间酌拟办法，通行各省督抚，列表系说，咨送核订。又于本年正月间奏定试办全国预算章程，令各省于造送预算册内，将国家岁入、地方岁入详究性质，暂行划分，仍候国家税地方税章程颁布后再行确定。嗣据各督抚将各该省岁入情形列表系说，先后咨送到部，臣等遴派司员，按照各省送部原表，证以历年成案，近年各省清理财政季报年报及宣统三四两年预算表册，参以学说，逐项审查，大纲略具。除各项专法及施行细则再饬详细复查，妥慎编订外，现经酌拟厘定国家税地方税章程，俟咨送内阁法制院复查后，即行奏交资政院核议。臣部所预为筹备者，此其二。

至厘定皇室经费，原定筹备清单系内务府、宪政编查馆同办。上年十二月间，宪政编查馆奏定修正清单，始增臣部同办，臣部即于十二月十九日将关于皇室事务衙门岁出经费编具表册，咨送宪政编查馆查核。本年试办宣统四年全国预算，又经臣部奏明在皇室经费未确定以前，关于皇室事务各衙门预算，暂由臣部承管。嗣据京外衙门造具表册送部，所列款目，分划互歧，经臣部按照原报数目，考其性质，逐款梳栉，敬谨厘订，缮具总册暨比较总表，于本月十二日会同内阁具奏。奉旨：依议。钦此。钦遵各在案。除总册总表先经分行外，现将所编详细比较表照缮两份，分送内阁、内务府复核，应俟复加厘定后，再行会同臣部具奏，请旨遵行。臣部所预为筹备者，此其三。

以上三端，宪政编查馆修正清单虽均列为宣统三年应办事宜，经臣等通盘筹画，先事绸缪，次第进行，勉赴程限。

又原定筹备清单，第六年试办全国预算，而修正清单宣统四年即应确定预算，则全国预算自应提前试办。经臣部于本年正月间酌拟试办全国预算章程暨主管预算事项清单，奏奉允准，当即连同各种册式表式通行遵照办理。续于五月间先将全国岁入列表咨送内阁协议分配，一面会同各主管预算衙门，将京外送到表册分别核定，送交臣部汇编。臣等督饬司员漏夜赶办，业已编订完竣，缮具表册，会同内阁于本日另折具奏请旨交资政院核议。此臣部筹办第四年第一届应行预备各事之情形也。至以后应行赶办各事，仍遵照奏定修正清单，加紧筹办，随时奏报，以期无误宪政。

所有陈明第四年第一届筹备事宜情形，理合恭折具陈，伏乞皇上圣鉴。谨奏。

宣统三年八月二十七日钦奉谕旨：度支部奏陈明办过第四年第一届筹备事宜并现在筹备情形一折，著内阁知道。钦此。

《内阁官报》第六十一号，折奏·宪政类，宣统三年九月初二日出版

遵旨拟议本部官制事宜折

光绪三十三年六月二十三日

邮传部

奏为遵旨拟议邮传部官制事宜，缮具清单，恭折仰祈圣鉴事①：光绪三十二

---

① 《光绪朝东华录》前有"奕劻等奏"四字，无"奏为……圣鉴事"句。

年九月二十日内阁奉上谕：钦奉懿旨，轮船、铁路、电线、邮政应设专司，著名为邮传部。原拟各部院衙门职掌事宜及员司各缺，仍著各该堂官自行核议，悉心妥筹，会同军机大臣奏明办理。此次酌定损益，原为立宪始基，实行预备，如有未尽合宜之处，仍著体察情形，随时修改，循序渐进，以臻妥善。等因。钦此。

臣等受任以后，昕夕筹维，博访详求，期于适用。查各国官制，其交通一部，或领八局，或领五局，或领四局，或领三局。英、法则专辖邮电，德、比则兼辖铁路，惟日本之递信省始统辖铁道、商船、邮便、电信四政之全。臣等深维今昔之情势，熟审中外之机宜，断不敢稍涉铺张，致形疏阔，亦不敢苟安简陋，有碍推行，谨就愚虑所筹，拟定臣部员缺，为我皇太后、皇上缕晰陈之：

窃维全部之纲领，必有总汇之机关，兹谨遵官制通则清单，设承政、参议两厅，若机要，若考绩，若会计，均属于承政厅，以左右丞领之；若法制，若核稿，若检查，均属于参议厅，以左右参议领之。两厅各置佥事二员，七品小京官二员。分设五司：曰船政司，掌全国船政，凡轮船应行考核调查，及筹画扩充，并审议船律各项事件。曰路政司，掌全国路政，凡铁路应行考核调查，及筹画扩充，并审议路律各项事件。曰电政司，掌全国电政，凡电政应行考核调查，及筹画扩充，并审议电律各项事件。曰邮政司，掌全国邮政，凡邮政应行考核调查，及筹画扩充，并审议邮律各项事件。曰庶务司，掌部内各杂项事件为四司所不能赅者。综计臣部共置左右丞各一员，左右参议各一员，佥事四员，郎中十员，员外郎十二员，主事二十四员，七品小京官十四员。按照原奏各部官制通则，拟设八九品录事，不定额缺。伏思立部之初，首以综核名实为亟，如果缺多事简，自应悬缺待补，将来推扩日广，综领日繁，员缺如有不敷，仍应随时续请增置，期于职修事举，无滥无阙。

船路电邮四政，均系专门之学，应有专科之书，拟设图书馆一区，分咨各国出使大臣购寄各种图书庋焉。并设讲习所，俾合部人员得于暇时研究，以资练习。其余应行附设之考工通译各局所，统由臣等体察情形陆续筹办。此外尚应仿照农工商部之例，酌设顾问官、议员，凡于四政素有经验及著有名誉之京外官员绅商，由臣部慎选奏派，令随时往来调查报告，藉广询谋而备采择。邮传所司职事，无一不附丽于舆地，更无一不关系于工商，就今规画，固以厘定部制为急图，而造就人才，尤以增设学堂工厂为要务，庶几机器料件，不至仰给于邻邦，而建筑、驾驶、制造、管理之人员，亦免借材于异域。凡此皆必宜扩张，事似缓而实急也。至臣部关涉各部之权限，容俟会商画定，另行具奏。

以上各项事宜，均由臣等公同商酌，悉心核议，意见相同。谨缮清单，恭呈御览。嗣后倘有未尽合宜之处，自应恪遵谕旨，随时奏明修改，俾臻妥善。所有议定邮传部官制缘由，谨恭折具奏，伏乞皇太后、皇上圣鉴明示。再，此折系邮传部主稿，会同军机处办理，合并声明。谨奏。

光绪三十三年六月二十三日奉旨：依议。钦此①。

谨将酌拟邮传部职掌员缺章程，缮具清单，恭呈御览②：

第一条　邮传部管理全国轮船、铁路、电线、邮政事务，凡京外官商轮船、铁路各公司厂局及电局、邮局，并关涉本部各学堂，皆有统辖考核之责。

第二条　邮传部拟设承政厅、参议厅，凡二厅。拟设船政司、路政司、电政司、邮政司、庶务司，凡五司。

第三条　承政厅任一部总汇之事，拟设左右丞各一员以领之。凡承办机密、考核各司、筹核经费、典守部库各项事件皆属焉。设佥事二员，秩正五品；七品小京官二员。将来各项扩充事务渐繁，再于各司内选员分任。

第四条　参议厅任一部谋议之事。拟设左右参议各一员以领之。凡考订章程、复核文稿、检查事例，及提议交议各项事件皆属焉。设佥事二员，七品小京官二员。将来各项扩充事务渐繁，再于各司内选员分任。

第五条　船政司置郎中二员，员外郎二员，主事四员，七品小京官二员。掌全国船政，举内港外海各江航业所有测量沙线、推广埠头、建设各项公司、营辟厂务，以及审议运货保险、检查灯台浮标各事，凡有关于船政者胥掌焉。

第六条　路政司置郎中二员，员外郎三员，主事六员，七品小京官二员。掌全国路政所有规画路线、厘定轨制、筹还借款、提倡商办，并工程购料、通运行车，以及推广电车各事宜，凡有关路政者胥掌焉。

第七条　电政司置郎中二员，员外郎三员，主事六员，七品小京官二员。掌

---

① 《光绪朝东华录》无"嗣后……二十三日"一段。
② 《光绪朝东华录》未载清单。

全国电政，举官局、商局之则例，海线陆线之规章，万国电政联盟之条款，下至城市所敷之电话、电灯各事，凡有关于电政者胥掌焉。

第八条　邮政司置郎中二员，员外郎二员，主事四员，七品小京官二员。掌全国邮政，举一切邮递、邮便、汇兑、邮便包裹、邮票款式、邮盟条约各事，凡有关于邮政者胥掌焉。

第九条　庶务司置郎中二员，员外郎二员，主事四员，七品小京官二员。掌承办各司员升迁、调补、监用、典守、堂印、收发文件、电报，并署内会计、营造、购办及不属于各司之一切杂项事件胥掌焉。

第十条　以上五条所掌事件，范围甚广，条目尤繁，所有各司办事细章，应由臣部核定分科分所，酌添司员经理，以专责成。

第十一条　拟照原奏各部通则设八九品录事，缮写文件，料理杂务，由臣部酌量委用，不定额缺，咨行吏部存案，并设额外缮写录事，不列品级。其办事奖励各章程，均仿照外务部、农工商部之例办理。

第十二条　拟仿照农工商部之例，设一二三四等顾问官。一等视丞，二等视参议，三等视郎中，四等视主事。不作为缺额，凡京外著有名誉官员绅商及于轮路电邮四项素有经验者，均由臣部慎选奏派，以备咨询。顾问官于此四项有所建议，亦可随时函呈臣部，用资采择。

第十三条　拟仿照农工商部之例，设议员。从前铁路事隶商部，曾经由部奏明拣派熟悉路务之员，分在各路，作为议员，令其逐事考察研究，随时报部。其后铁路改隶臣部，商部改为农工商部，又分设农工商务议员。臣部自应仿照办理。商部原派路务各员，即由臣部加札委派。此外各员均由臣部博访精选熟悉船路电邮之员，作为臣部议员，分在各省调查一切利弊，径报臣部，以备采择。

第十四条　拟设图书馆，掌收储东西各国专门图书，以备臣部各员随时考察分科研究。酌派司员经理。

第十五条　拟设讲习所，为部员讲习专门学业之地，并附设阅报所，以资研究。

第十六条　拟设考工局。置测绘员一二等艺师、一二等艺士各员。其艺师、艺士均以得有专科毕业文凭者，由臣部考验选择，分别奏补委用。一时难得此项人才，应俟查有合格之员，再行酌定。

第十七条　拟设通译局。置翻译编辑各员，掌翻译臣部与各国交涉文牍、合同、章程、帐册，并编辑译述各国有关系轮路电邮四项专科书籍。现在暂由参议厅经理，将来扩充以后，事务殷繁，再行设局。

第十八条　本部所辖，除上海实业学堂外，拟择地设立铁路商船电报各学堂，而以车务工厂、船务工厂、电务工厂附焉，俾各堂学生皆得就地实验，而各厂艺师艺士亦得随时证明学理。至邮政学堂，亦拟另行建设，由臣部延访人才，筹画经费，随时举办。

第十九条　邮传部所辖四司，俱系专门，与他部人员不同，所有应用各员及议置各缺，拟请援照外务部、农工商部奏准成案办理，不归签选，以收因职任材之效。

第二十条　邮传部实缺人员，每届京察保列一等，暨俸满截取并保送各项差缺，均请按照各部通例办理。

第二十一条　部外各局，与本部关系至重，应分设总理、协理、总办、帮办、总副监督，由臣部酌量事体，拟定阶级，再行奏派。

以上各条，为现拟事例办法，嗣后如有应行增修删改之处，由臣等公同商酌妥协，随时会同军机大臣奏明请旨办理。

邮传部参议厅编核科编辑印行《邮传部奏议类编·总务》奏折；又载朱寿朋：《光绪朝东华录》，总第5707—5708页

邮传部奏胪陈第二届筹备成绩折

宣统元年九月二十二日①

奏为遵章胪陈本部第二届筹备成绩，恭折仰祈圣鉴事：

---

① 为奉到上谕批示日期。

窃查宪政编查馆奏定考核章程内开，九年筹备事宜，责成内外臣工，每届六个月将筹备成绩胪列奏闻，并咨馆查核，应自光绪三十四年八月起十二月止为第一届，以后每年六月及十二月底为一届，限每年二月内及八月内，各具奏咨报一次，等因。嗣臣部于本年闰二月十八日奏陈按年筹备要政情形，经馆核奏遵办在案。兹值第二届奏报之期，自应遵章胪陈，以崇邦典。伏惟邮传四政，义主交通，其事胥与国防民业相资为用，即与宪政机关有裨，而其要不外转移地形之夷险，以度民居懋迁物产之盈虚，以善民器厚生利用，国力斯雄，八表经营，于焉基始，此臣部之职也。惟船政电邮，皆滥觞于臣部未设以前，及今图维，应扩充者既极纷繁，应补救者尤形复杂，即就扩充、补救，入手著效固属匪易，就绪亦复甚难。谨将本届筹备成绩，略别扩充、补救二款，更于二款中区分著效、就绪两级，为我皇上缕晰陈之。

请先言补救。臣部所辖，现惟路、电最繁。路政一门，凡属从前借款合同，鲜不含权利外移之患。自光绪三十四年清还京汉比款，接管全路以后，至宣统元年五月，行车进款乃增多七十余万元，而撙节洋员薪工各费，岁计约十万元。是时京奉适定路章，乘而改良，未及半年，进款共增一百万元，用款反较减七万余元之谱。而中英合办南票煤矿合同，亦于六月赎出，将合同咨由驻英使臣注销，并将英商扣留备筑运煤枝路之借款十五万镑取回，累年交涉从此断结。即新奉、吉长两段，上年臣部乘遵约与日本借款之便，派员与日使议定续约，其新奉之辽河东岸，日本不委帐房，又日本工程司仍归京奉总办、总工程司节制，以及吉长总工程司、总帐房均归中国委派，等语，视协约实多挽回。至电政本中央机要之权，各国俱设为专职，中国因开办伊始，商股占多，以致历年相承，几同营业。上年臣部将全股收赎，本年正月实减二成价目，收费尚不至锐减，三月又奏裁局费，岁计约五万元有奇。开源节流，交相裨益，纵目前无大起色，而权归国有，机括自更灵通。臣等所谓筹备补救，此其著效者也。海通以来，中国因应之方，辄居人后，近年力争先著，赴机已觉其迟。夫中外梯航，原期联贯，而邮传四政，列邦尤尚同盟，上年臣部接准外务部来咨，知葡萄牙大开万国电会，当即札派候选道周万鹏等前往听讲，而他年电政入会，此实初基。又中葡公司旧订广澳铁路约文，明著华葡合办之条，比较各路合同，害实加甚，旋葡商因华界归华自筑，愿将合约注销，臣部前据前太仆寺卿张振勋来咨，随咨请外务部照商葡使，现正往还辩驳，期于挽回利权。

臣等所谓筹备补救，此其就绪者也，请更言扩充。盖路、电两端虽异，排虚跖实之功，究同定线程工之旨，人力所举，其地亦灵。查路政各工，始则沪宁六百三十余里告成，继则杭嘉一百二十八里告成，水陆交萦，江南为之增胜。而新宁、意溪及粤汉之黄沙、琶江，凡告成于粤境者，犹其次也，若北方告成之线，论枝轨既有京师之门头沟，复有江省之昂昂溪，而其荦荦大者，边地则有京张，腹地则有汴洛。张家口号为中原形胜，居庸阨塞，山谷阻深，驼马皮毛，充斥塞北，此线支干虽仅四百四十九里，然以天下奇险，华人有其全功，故当八月开车，夹道欢呼，一时称盛。从此蒙疆朝轫，暮达皇都，不惟边民蕃殖可期，而畿辅实收巩固之效。汴洛一线，计亦四百余里，今虽桥工未竟，两岸早已通车，将来展入潼关，举秦晋货矿大宗，可以截河而东，即现在并河南行而遵循京汉之途，亦可辐辏于汉口。若电线一项，非独京保、宁汉大修各役，早经告葳，其展设者，于黔有贵阳兴义之线，于湘有常德益阳之线，于赣有饶州景德之线，于浙有桐乡双桥之线，于苏、皖有下关浦口之线，有上海川沙之线，有太湖安庆之线，于直隶有保定信阳之线，有信阳光州之线，有河南汝州之线，纵横交迕，密若蛛丝，于旧线五万余里外，计又展长三千九百余里，一律完工。臣等所谓筹备扩充，此其著效者也。

臣等谨案轨线全图，京张为北干经线，自京张更北抵库伦，为张库，自京张折西抵绥远，为张绥；其南干经线，实惟京汉，而粤汉遂承其纬，津浦则迤逦以纬之，而自汴洛左联清海开徐，右联洛潼西潼，复成一东西大纬线。顷者粤汉案卷甫饬接收，津浦工程，臣世昌等方督饬在事人员遵期启筑。其东西纬线之洛潼一段，业经部准豫绅议，雇华员熟手充当工程司，并派员查勘西潼，兼接于同蒲。而前所派测绘清海开徐之员，适于是时勘定。惟张库北线，道出沙漠，袤长二千余里，工艰款巨，议置缓图，已改计先从张绥施工，以取左右旁通之势。其余如官办之广九，商办之杭嘉，固已接筑，而前即吉长、延长、正太各官路轨线，以及川汉、豫陕、苏浙、滇蜀、安徽、江西各商路之工款，均经派员四出，分别查完。各商路中以滇蜀、川汉为最险要，滇蜀业准该督电称，所雇美国工程司多莱、哈克二员已到，川汉前曾奏准由该省聘定詹天佑等为总工程司，责令兴造。而此数月以内，所有张恰、福广、湘鄂，暨陕境电线，同时大修，只以科布多紧接俄邻,其地又南为阿尔泰山所阻,欲通声气,须设一无线电于新疆之绥来,已由臣部饬令洋商呈验电机,验妥即行安设。其近年京内之电话机器,前曾奏请订购,而各省所办,亦通饬呈核章程。总之四政胥属专门,故臣等于部辖各学堂尤为注重,其在上海,甫咨催增课船电两科,其在唐山,早札令注重铁路一项。嗣因唐山路学仅有机械工程,复于署旁筹设管理专科,俾资行车之用,业于京师暨津沪豫鄂粤五处,分途招考,共得徒生二百余名,一俟先后到齐,冬间即可开学。臣等所谓筹备扩充,此其就绪者也。

此外正太所借法款,计本金酬费,共法金四千零十万佛朗,依合同,从明年起可以提前全数还清。臣等昕夕图之,而开海、清徐关系东西纬线,均为重要,臣等现与外务部、度支部商酌筹办。其余凡第三届事项,俱恪遵前奏筹备,仍当随时酌夺,据实奏明。以上情形,第就路电而言,若船邮两门,近正遵查八月间宪政编查馆续奏责成臣部筹办未尽事宜清单,办理船政,自招商局奉旨专归部辖,旋准北洋大臣咨移案卷到部,窃以招商局不过船司之子目,部本中央行政,更当务为远猷。臣等兢兢者,一在采择海外之航规,以待修船律,一在调查内港之艘数,以推广航权,一在研究理船厅旧章,以张划分权限之本,一在辟建船学科新校,以裕培养人才之源。凡此数端,业饬厅司议办,一面查考河流海线,并酌量提倡邮船,以便逐渐推行,俾扩航路。邮政则臣等正与税务处筹拟接收办法,咨商往复,头绪纷纭,俟将全案移交,再当遵照馆章,相机擘画。惟是臣部职掌范围颇宽,订约既牵涉外交,措款更关系财政,而转输得力,尤在振兴实业。诚欲按年课绩,必得外务、度支、农工商各部通力合作,始克奏济物阜民之效,而收体国经野之功。至于陆海之如何沟通,音信之如何径捷,技师之如何教育,专律之如何颁行,是则臣部专司,责无旁贷,臣等惟有仰承圣训,以勉图其难者也。

所有遵章胪陈本部第二届筹备成绩各缘由,除分咨查核外,谨恭折具陈,伏乞皇上圣鉴训示。谨奏。

宣统元年九月二十二日奉旨,已录。

《政治官报》第七百六十一号,折奏类,宣统元年十月二十六日出版

邮传部奏遵章预陈次年筹备实情折

宣统元年十二月十七日①

奏为遵章预陈次年筹备实情，恭折仰祈圣鉴事：

窃准宪政编查馆咨开续奏折内称，各部院筹备事宜，实为行政准的，拟请每年冬间，由该管衙门按本年原奏清单，将拟定次年实行办法，先期切实奏明，但使所筹克赴准的，纵与原单略有出入，不妨声明请旨，等语。

臣部所拟九年筹备清单暨第二届筹备成绩，业于闰二月及九月间先后奏陈，咨馆查核在案，兹将拟定次年筹备实行办法，谨遵章一一陈之。

查臣部四政，路电极繁。其路政现办之工程，腹地则以津浦、粤汉、川汉为最长，边地则以锦爱、吉长、张绥为最要。津浦经臣世昌等切实整顿，复经臣云沛亲赴浦口相度，约计明春北段可通车至德州境内，而南段浦滁二百里间沮洳之地，土方亦可完工，自应督饬员司，南北兼程，期与京汉、粤汉相为经纬。其东西纬线之汴洛一路，前因洛溢桥圮，现方赶紧施工，而臣部原奏，拟定自此左出为清海、开徐，右出为洛潼、西潼，清海为纬线之尾闾，开徐居纬线之中点，尤宜及早兴工。经臣等夙昔图维，业已粗有端绪，惟须款项有著，方能议及兴修。至清徐及洛潼、西潼各段工程，仍饬苏豫陕三公司遵期赶办。粤汉自归部办后，旋奏派候补参议龙建章等赴粤澈查工款，仍于署内特设一筹办处，以专责成，并随时与外务、度支两部妥慎筹商。总期上秉宸谟，下导民利，务为沟通省界，俾昭同轨之功。川汉自鄂境宜昌以东，遵旨归并粤汉案内统筹，其宜昌以西，由川省公司聘定臣部候补丞参詹天佑为总工程司，方谋兴工凿险。巴东三峡，古号崎岖，该工程司于京张之居庸既擅前功，当不难于川汉之巫山更收后效。而西北张绥轨线，仍由臣部奏令詹天佑以京张总办兼顾，已拨款二十万两，以应工需，据

---

① 为奉到谕旨批示日期。

称洋河现已挖筑桥墩，预度后年春间当能通车至于山西之天镇。若东北吉长轨线，业经购地复勘，开春冰泮，当能建厂设栈，分段程功。其京奉展线一节，臣等责令铁路局长梁士诒督同委员，与日本南满公司再四磋商，总冀挽回路权，渐使驰驱就范。而锦爱一线，首衔京奉干轨，中贯奉吉黑三疆，关系东陲，尤为重要，业由外务、度支两部与臣部会奏，准由该省借贷美款，当即遵咨该督臣催令赶紧经营。此外如江西之南浔，安徽之芜湾，福建之漳厦，据各该公司前后报告，或按年接展，或如限葳工，均应随时督催，俾符原议。此臣部实行筹备路政之办法也。

其电政一门，原分电报电话两项。电话现于镇江规划代办，并于福州、上海酌量扩充。电报则线杆须大修者，惟有赣、浙两境，计估工费约需三万余元。而先后展设，除东北之秀齐、吉延业经编线外，其在西北，则拟自归化西达于包头，其在东南，于闽则拟循漳州而东，以络汀州，于赣则拟循吴城而西，以联广信。惟川藏之线袤长二千余里，其费经外务部会同臣部奏准由西藏开办费内提拨，必须西藏筹有的款，方可提前兴修。而凤阳、徐州之间，为津浦轨道所经，原拟以电线与轨线相辅相行，一俟轨出其途，即当因地敷设。此臣部实行筹备电政之办法也。

余如船政，经臣等查悉招商局历年官督商办情形，拟定查核帐目办法，仍一面调查内港外江大小轮船艘数，一面议订轮船公司注册给照章程，并派员赴沪考察海外行船事宜，以期扩张航业。

邮政则迭与税务处筹议接收，兼分咨出使大臣，拟拣派学生赴奥练习邮便及银行储蓄规章，俾备器使。盖专门艺业，专在培养专门人才，故臣等既于上海实业学堂附设船电两科，复于吴淞海滨创建一商船学堂，以冀实习驾驶，而署旁铁路传习所内，近亦拟增邮电两学，为将来通信统一之始基。嗣思培才以学校为先，而行政以法律为本，因又责成佥事陈毅及起草员、参订员等分类纂订，先从船路二律入手，依次及于电邮。俟草案告成，当再分别奏咨颁行遵守，庶几措施有准而章程不至参差。

以上数端，俱为臣部要政所关，臣等自当勉竭驽骀，相与慎图经久于先，而早期乐成于后者也。所有遵章预陈次年筹备实情各缘由，除分咨查核外，谨恭折具陈，伏乞皇上圣鉴训示。谨奏。

宣统元年十二月十七日奉旨,已录。

《政治官报》第八百三十二号,折奏类,宣统二年正月十五日出版

邮传部奏遵设宪政筹备处情形折

宣统二年二月十八日①

奏为遵设宪政筹备处情形,恭折仰祈圣鉴事:

宣统元年十二月二十日钦奉谕旨:宪政编查馆奏请饬京、外各衙门设立宪政筹备处,并将十月十三日上谕恭书悬挂一折。著依议。钦此。钦遵咨抄到部。原奏内称,拟令京、外各衙门一律设立筹备处,并声明从前所已设者,由各该衙门改易今名,等因。窃惟预备立宪,头绪纷繁,自非专设机关,无以提挈纲要,况臣部所司交通各政,与宪政进行之迟速,均属息息相关,尤应急起直追,方足以利推行而期进步。查臣部原设宪政研究所,由臣等督率丞参以下各员随时规划,所有九年筹备事宜暨第二届筹备成绩、第三年筹备实情,迭经奏咨在案。兹值奉旨设立专处,俾资筹备,自应遵照宪政馆所奏,改为宪政筹备处,以昭划一。凡臣部所辖各政,已办者应如何考查实绩,未办者应如何督令程功;其关于预算者,应如何稽核盈虚,以时酌剂;其关于核议者,应如何研究利弊,以慎推行,仍由臣等责成丞参,督同该处员司认真经理,并遵将上年十月间钦奉上谕恭书悬挂,藉资惕厉。总期九年以内渐臻美善,以冀仰副朝廷立宪求治之至意。其原派各员向未支薪,应仍照旧办理,合并声明。除将该处员名咨馆查核外,所有臣部遵设宪政筹备处缘由,谨恭折具陈,伏乞皇上圣鉴训示。谨奏。

宣统二年二月十八日,奉旨,已录。

《政治官报》第八百七十三号,折奏类,宣统二年二月二十七日出版

---

① 为奉到上谕批示日期。

邮传部奏分年筹办邮政缮单呈览折（并单）

宣统二年九月初二日①

奏为分年筹办邮政，缮具清单，恭折仰祈圣鉴事：

窃查臣部职掌交通，凡船路电邮四政，在在均与推行宪政有密切之关系，必期交通机关组织完备，而后庶政敏活，消息灵通。所有路政分年筹办事宜，及关于船政电政办理情形，均经陆续奏报在案。邮政一项，为无形交通之大端，于宪政精神关系尤巨，东西各国近数十年于此项政务锐意讲求，竭力推广，一国大小邮局多至数万处所，既以宣达上下之情，消除隔阂之弊，且于汇兑储蓄等事罔不周备，国家人民交受其益。

我国邮政开办之初权，由税务司兼理，十数年来，规模粗具。查宪政编查馆奏定行政纲目，规定臣部邮政司掌全国邮政，注明邮政局现在由税务司办理，亟应改归臣部。又查上年八月宪政编查馆会同复核各衙门九年筹备清单内开，邮政附属税务司，本在未设专部以前，风气未开，暂归兼辖，今既有专官，自应责成该部堂官，会商税务大臣，筹备收回方法，以符名实，各等因，均经奉旨允准。是臣部职司所在，责无旁贷。当此筹备宪政之时，自应力图推广，以臻完备。惟其事务繁多，整理不易，且与各衙门多有关涉事件，所有交接之次序，权限之划分，以及对于国内推广局所，及汇兑储蓄办法，对于国外行驶邮船，及定约入会等事，非一一预为筹计，不足以臻完密。自应酌量情形，分别缓急，将一切应办事宜，按年筹备，开列清单，及时陈定，以便与各处互相接洽，而臣部亦可按期程功，免滋贻误，庶冀邮务日有起色，于宪政前途实多裨益。

所有分年筹办邮政情形，除咨宪政编查馆，并俟接管后，将办理事宜随时具奏外，谨缮具清单，恭折具陈，伏乞皇上圣鉴训示。谨奏。

---

① 为谕旨批示日期。

宣统二年九月初二日奉旨，已录。

谨将分年筹办邮政清单，恭呈御览。计开：

宣统二年。筹办接管邮政事宜（调查从前及现在办理情形，并经费等项，又各国邮政办法章程，筹备一切经费并各色邮票）。与税务处协商交接邮政事宜，编订邮律及一切规则（采各国通行之邮律，先行编订，奏明办法）。设邮电班于交通传习所，派学生赴奥学习邮政（以上二项均已奏明办理）。筹画邮政经费及推广所需经费（按每年邮税所入，以四分之三充一切办公杂费，而以其余一分为推广经费）。筹备归并驿站办法。

宣统三年。颁布邮政新章（以后按年修改，订价出售）。厘定邮政职分并薪俸、考试任用章程。规定各省总分局设立处所（从前多系按税务区分，应照行政区域改设）。派员赴万国邮政公会，并考察各国邮政（购邮信盖印机器数具，发交工厂仿造，以便发各省总局应用）。奏设划一邮政应用图记，各项物料所。筹办邮局储蓄事宜（储蓄一门，在我国为尤急）。筹办外洋邮船。

宣统四年。入万国邮政公会（与各国提议裁撤客局）。宣布邮律。裁改各处民信局。推广各府州县二等邮政局。订无法投递信件办法（各国特设有专局以办此事，并付以拆信权。此外无论何员，均不得拆阅，订为专律）。筹办蒙古西藏邮局。开办外洋邮船。开办各省邮局储蓄。

宣统五年。推广各郡县乡镇三等邮政局。设邮报（专载邮局事实，每七日一发行，不出售）。开办邮局电汇。

宣统六年。与各国分别订立保险邮件及汇兑条约。推广蒙古西藏邮局。设机器工程局（各局需用机器甚夥，非专设局制造，必有供不应求之势）。

宣统七年。开行邮政特别快车于通商口岸（凡经过零星小车站，用机器收发包封，而车不停，亦名行局）。推广四等邮政局于京外各街衢（由殷实铺户代办）。推广汇兑储蓄两项于各省二三等邮政局。

宣统八年。发行立宪纪念邮票。推广邮政火车局，附设于各路特别快车后。推行邮局电汇并保险信件于五洲邮会诸国。

《政治官报》第一千六十七号，折奏类，宣统二年九月十五日出版

学部礼部会奏画定学礼两部办事界限折

光绪三十一年八月至三十二年三月①

恭照光绪三十一年八月十三日奉上谕：前已有旨停止科举及岁科考试，饬令各省学政专司考校学堂事务，嗣后各该学政事宜，著即归学务大臣考核，毋庸再隶礼部，以昭画一。钦此。

臣等伏查从前之恩拔岁优贡及廪增附生，均由学政考取，册报礼部，其贡士、举人、副贡亲供卷册，亦隶礼部。所有各省贡士、举贡、生监改籍更名出继归宗，以及承荫就职斥革开复各项事宜，向归礼部承办。此次钦奉上谕，学政专司考校学堂事务，毋庸再隶礼部。恭绎谕旨之意，似专指学堂而言，其从前之考试等事，应隶何部，未奉明文。现在停止科举，推广学堂，学部新设，筹画一切章程，头绪纷繁。又经政务处及袁世凯等奏准宽筹举贡生员出路，将来保送举贡及各省优拔贡等项，考试事体亦极烦重。各省因章程未定，文电交驰，纷纷请示，率皆分咨学、礼两部。若不画定界限，窃虑承办各员无所适从，公事转多贻误。且册档文卷，均在礼部，往返咨查，既延时日，若全移交学部，新旧纷歧，尤多不便。臣等公同会商，拟请将从前之贡士、举人、恩拔、副岁、优贡，并廪增、附生、例贡、监生考试引见，解卷行文，以及改籍、更名、就职、报捐一应事宜，统由礼部仍照例章分别核办。至由学堂出身之进士、举人、优拔、副岁、贡廪增附生，暨出洋游学毕业生，并国子监归并学部后，在学部领照之监生考试引见、解卷行文以及改籍、更名、就职、报捐一应事宜，统由学部查照新章，分别核办。如此画定界限，庶承办者有所遵循，而事情亦不致歧误矣。

恭候命下，即由臣等行知京外各衙门一体遵照。谨奏。

---

① 文件未署日期，文中有"此次钦奉上谕，学政专司考校学堂事务，毋庸再隶礼部"，此上谕为光绪三十一年八月十三日发布，而学政于光绪三十二年四月初二日裁撤，因此，此奏折当在光绪三十一年八月之后，三十二年四月之前。

奉旨：依议。钦此。

《东方杂志》，光绪三十二年第八期

奏定学部官制暨归并国子监改定额缺事宜折①

光绪三十二年四月二十日

谨奏为酌拟学部官制，并归并国子监事宜，改定额缺，恭折仰祈圣鉴事：

窃臣部奉旨设立，为全国学务总汇之区，国民程度之浅深，教育推行之迟速，董率督催，责任綦重。顾设官分职，必预筹夫久远可行之规，以徐收夫名实相副之效。臣等公同商酌，仰体朝廷设官敷教之精心，参仿外、商、警部分曹隶事之办法，拟设左右丞各一员，左右参议各一员，参事官四员，分设五司十二科，郎中、员外郎、主事各缺，视事之繁简，为缺之多寡，期于各专责成，无有旷误。此外视学官暂无定员，谘议官不设额缺，其一切翻译图书、调查学制以及管理京师学务，与夫本部会议研究教育之事，皆分设局所，派员兼理，徐规美备。

至国子监业经遵旨归并，查该衙门旧日职掌，系专司国学及典守奉祀之事，现学务事宜已经归并办理，其文庙辟雍殿两处，典礼崇隆，观听所倾，自应特设专官，以昭慎重。拟设国子丞一人，总司一切礼仪事物，分设典守、奉祀等官，各司其事，仍隶臣部办理，俾垂久远。

所有臣等酌拟本部官制及归并国子监事宜，改设额缺章程，谨分缮清单，恭呈御览，伏候钦定。再，臣部设立伊始，酌定职司以资分守，至各员升补章程，及嗣后如有应行增减变通之处，容随时酌量情形，奏明办理。所有臣部酌拟官制

---

① 学部成立虽在宣示预备立宪之前，但作为晚清新设的中央机构，学部与外务部、商部、巡警部等，对于官制改革以后设立的部的内部机构设置、职权、运作等有相当影响，故将其官制收入以为参考。

各缘由，谨缮折具陈，伏乞皇太后、皇上圣鉴。谨奏。

光绪三十二年四月二十日具奏，奉旨：依议。钦此。

谨将酌拟学部官制职守，缮具清单，恭呈御览。计开：

一、拟设左右丞各一员，秩正三品，佐尚书、侍郎整理全部事宜，并分判各司事物，稽核五品以下各职员功过。

一、拟设左右参议各一员，秩正四品，佐尚书、侍郎核订法令章程，审议各司重要事宜。设参事官四员，秩正五品，视郎中，佐左右参议核审事务。

一、拟设五司，曰总务司，曰专门司，曰普通司，曰实业司，曰会计司。每司分设数科。其各司、科职掌、员数分别于下：

总务司，郎中一员，总理司务。

机要科，员外郎一员，主事二员，办理科务。

掌理机密文书，撰拟紧要章奏及关涉全部事体之文件函电（各司专件仍归各该司办理），稽核京外办理学务职官功过及其任用升黜更调，并检定教员，掌理筹聘外国人及高等教育会议，学堂卫生等事务（可暂聘精通学校卫生之博士为顾问①）。

案牍科，员外郎一员，主事员一员，办理科务。

掌收储各种公文函电、案卷册籍编类编号，又编纂统计报告，兼掌管各省学务报告等事。

审定科，员外郎一员，主事一员，办理科务。

掌审查教科图书，凡编译局之已经编辑者，详加审核颁行，并收管本部应用参考图书，编录各种学艺报章等事（除常置员司外，可酌派本部他司人员或各学堂教员之熟悉科学者助理之）。

专门司，郎中一员，总理司务。

专门教务科，员外郎一员，主事一员，办理科务。

掌核办大学堂、高等学堂及凡属文学政法美术技艺音乐各种专门学堂一切事务，并稽核私立专门学堂教课设备是否合度，及应否允准与官立学堂享有一律权

---

① 括号内原为小字。

利,或颁公款补助等事。

专门庶务科,员外郎一员,主事一员,办理科务。

掌保护奖励各种学术技艺,考察各种专门学会,考察耆德宿学、研精专门者应否赐予学位,及学堂与地方行政财政之关系。又凡关于图书馆、博物馆、天文台、气象台等事,均归办理,并掌海外游学生功课程度及派遣、奖励等事。

普通司,郎中一员,总理司务。

师范教育科,员外郎一员,主事二员,办理科务。

掌优级师范、初级师范学堂、盲哑学堂、女子师范学堂教课规程、设备规则,及关于管理员、教员、学生,并学堂与地方行政财政有关系之一切事务。又凡通俗教育、家庭教育及教育博物馆等事务,均隶之。

中等教育科,员外郎一员,办理科务。

掌中学堂、女子中学堂教课规程、设备规则及关于管理员、教员、学生,并学堂与地方行政财政有关系之一切事务。又凡与中学堂相类之学堂一切事务,均隶之。

小学教育科,员外郎一员,主事二员,办理科务。

掌小学堂之设立维持、教课规程、设备规则及关于管理员、教员、学生,并地方劝学所、教育会、学堂与地方行政财政有关系之一切事务。又凡蒙养院及与小学堂相类之学堂一切事务,均隶之。

实业司,郎中一员,总理司务。

实业教育科,员外郎一员,主事一员,办理科务。

掌农业学堂、工业学堂、商业学堂、实业教员讲习所、实业补习普通学堂、艺徒学堂,及各种实业学堂之设立、维持、教课规程、设备规则,及关于管理员、教员、学生等一切事务。

实业庶务科,员外郎一人,主事一员,办理科务。

掌调查各省实业情形,及实业教育与地方行政财政之关系,并筹划实业教育补助费等事。

会计司,郎中一员,总理司务。

度支科,员外郎一员,主事一员,办理科务。

掌本部经费之收支、报销,及本部岁出岁入之预算决算及教育恩给事,管理本部所有财产器物，核算各省教育费用。

建筑科，员外郎一员，主事一员，办理科务。

掌本部直辖各学堂图书馆、博物馆之建造营缮，并考核全国学堂图书馆等之经营建造是否合度（可暂聘精通建筑之技师为顾问）。

司务厅，司务二员。

掌开用印信，收发文件、值日值宿、递折传钞折件，并管辖本部各项人役，及不属于各科杂项事件，皆隶之。兼派本部司员督理其事。

以上各司科事务，均就目前情形择要分配，以便各专责成，事分易理。嗣后如有增减改置之处，当随时奏明办理。

一、拟每司及司务厅设一二三等书记官，秩七八九品，按司之繁简酌设，不定缺额。学部不用书吏，酌设书记生若干员，考选士人充补。

一、现在奏调各员，除随时酌量请补员缺外，其余均作为候补额外司员，在相当品级上行走。

一、拟设视学官（暂无定员，约十二人以内），秩正五品，视郎中，专任巡视京外学务。其巡视地方及详细规则，当另定专章，奏明办理。

一、拟设谘议官，无定员，不作为实缺，不限定常川在部。仿商部顾问官之例，分为四等。一等视丞，二等视参议，均由学部奏派；三等视郎中、员外，四等视主事，均由学部委派。凡学部有重要筹议之件，随时咨询，该员于教育有所建议，均得随时分别函呈，以备采择。

一、拟设编译图书局，即以学务处原设之编书局改办，其局长由学部奏派，其局员均由局长酌量聘用，无庸别设实官。并于局中附设研究所，专研究编纂各种课本。

一、拟设京师督学局，置师范教育、中等教育、小学教育三科。每科设科长一人。其局长由学部奏派，其科长可酌派部中司员兼任，其科员则以聘用员充之。

一、拟设学制调查局，专研究各国学制，以资考镜，预备随时改良章程。其局长由学部奏派，其局员由视学官内派充，别设译官数人以任翻译。

以上各局长，由原官兼充，体制视左右丞、左右参议。

一、拟设高等教育会议所，属本部尚书、侍郎监督。其议员，选派本部所属职官、直辖各学堂监督、各省中等以上学堂监督，及京外官绅之学识宏通于教育事业素有阅历者充任。定期每年会议一次，又遇有重要事件时，亦可临时招集会议。诸议员均奏请派充，其议长则就议员中公选。其应议事项、议员资格，及会议规则，当另定章程。又所中设庶务员二人，掌理所务，即由本部酌派司员兼理。

一、拟设教育研究所，延聘精通教育之员，定期讲演，以教育原理及教育行政为主，本部人员均应按时听讲。应设庶务员一人，编辑员一人，即由本部酌派司员兼理。

《学部奏咨辑要》卷一，宣统元年学部刊

命大学士张之洞管理学部事务谕[①]

光绪三十三年八月十四日，内阁奉上谕：大学士张之洞著管理学部事务。钦此。

《光绪宣统两朝上谕档》第三十三册，第193页

---

① 标题为编者所拟。

学部奏第二期筹办事宜折

宣统元年九月十六日①

奏为谨将臣部第二期筹办事宜按期奏报，恭折仰祈圣鉴事：

光绪三十四年八月初一日内阁奉上谕：朕钦奉慈禧端佑康颐昭豫庄诚寿恭钦献崇熙皇太后懿旨：宪政编查馆、资政院王大臣等会奏进呈宪法议院选举各纲要暨逐年应行筹备事宜一折，著该馆、院将此项清单附于此次所降谕旨之后，刊印誊黄，盖用御宝。即责成内外臣工，遵照单开各节，依限举办。每届六个月，将筹办成绩胪列奏闻，并咨报宪政编查馆查核。等因。钦此。

又于九月二十九日内阁奉上谕：朕钦奉慈禧端佑康颐昭豫庄诚寿恭钦献崇熙皇太后懿旨：前据宪政编查馆、资政院将议院未开以前逐年应行筹备事宜开单具奏，当经降旨谆谕内外臣工依期举办。即已入单内之民政部、度支部、学部、法部等衙门，尚多有未尽事宜，著统限六个月，按照该馆、院前表格式，各就本管事宜，以九年应有办法，分期胪列奏明，交宪政编查馆复核，请旨遵行。等因。钦此。钦遵。臣部于本年闰二月二十八日，将第一期应行筹备事宜开单具奏，奉旨：著宪政编查馆知道。钦此。当即知照宪政编查馆复核，仍一面按照奏明清单，逐一举办。

查原单内开筹备事宜，约分四类。一、法令章程类。简易识字学塾章程，视学官章程，检定两等小学教员及优待教员章程，女学服色章程，图书馆章程，增补学堂管理章程，全国学堂统计表，学部则例，皆属焉。二、教科课本类。简易识字课本，国民必读课本，两等小学各科教科书、中学堂初级师范学堂教科书审定书目，两等小学堂中学教授细目，各种科学中外名词对照表，皆属焉。三、筹办推广事宜类。京师分科大学，京师图书馆，催办各省优级师范学堂、中等实业

---

① 为奉到谕旨批示日期。

学堂、初级师范学堂、各府中学堂、各厅州县及城镇乡推广两等小学堂，皆属焉。四、整顿考察事宜类。通行各省学司整顿已设之各项学堂，派视学官分查各省学务，考核各省提学使，皆属焉。

其法令章程一类，经臣等督同丞参暨各司员，博考旁稽，详慎拟议，所有本年应颁各项章程，规模均已粗具，一俟修改完竣，即当次第奏明颁行。臣部则例，亦已就现行章程依类编纂。统计表正在核计，年内当可告成。此筹备第一类之大略情形也。其教科课本一类，除简易识字课本，国民必读课本，一为普通知识所关，一为国民道德之本，其筹备情形，另由专折奏明外，初等小学及各种简易科之教科图书，已由图书局各员编纂成帙，现经派员复阅，年内即可印行颁发。中学堂、初级师范学堂审定书目，业经督令审定科各员，将京外呈请审定之教科图书，刻期审校，此项书目，年内亦可颁布。其各学堂教授细目，亦已分饬纂辑。名词对照表，前经奏派臣部丞参上行走之严复办理，现已设馆编译，本日另折具奏。此筹备第二类之大略情形也。至臣部筹办之分科大学，叠经大学堂总监督与各科监督详细规划，明年正二月间，即可开学。京师图书馆现亦奏明开办。各省学务应行筹备之事，迭经电咨各省迅速筹办，报部查核，现尚未据报齐。至于选派视学官，考核提学使，刻正赶速举办，俟选定有人，查核有绪，即行奏明办理。此又筹备第三类、第四类之大略情形也。

伏查预备立宪为当今急要之图，其分年筹备事宜，业经宪政编查馆奏定，自应赶紧筹备，不逾期限。即臣部筹办事件，既经奏明于先，岂敢推宕于后。臣等当督率司员，妥筹赶办，如期蒇事，以期仰副朝廷注重宪政，振兴教育之至意。除咨报宪政编查馆查核外，所有臣部应行筹备事宜按期奏报缘由，谨恭折具陈，伏乞皇上圣鉴。谨奏。

宣统元年九月十六日奉旨：宪政编查馆知道。钦此。

《政治官报》第七百二十九号，折奏类，宣统元年九月二十四日出版

学部奏拟订视学官章程折（并单）

宣统元年十月二十九日①

奏为遵拟视学官章程，恭折仰祈圣鉴事：

宣统元年闰二月二十八日，臣部具奏分年筹备事宜单开，派视学官分查各省学务，业经宪政编查馆复核奏准，自应遵照办理。窃维臣部有统辖全国学务之责，凡各省教育行政，皆应随时周知，以期有所施设。惟地方情形，远近不一，风气否塞之地，则应极力劝导，以徐俟期开通，士习浮嚣之区，则当严定范围，以渐防其流弊。自非随时派员视察，不能因时制宜，徐图整顿，派遣视学之举，实不容缓。惟权限不明，则与地方行政或时有侵越之嫌，考成不定，则于办学人员或不无瞻徇之处。臣等公同商酌，遵拟视学官章程三十三条，缮具清单，恭呈御览。如蒙俞允，即由臣部遵奉施行。其有未尽事宜及应随时变通之处，仍由臣部奏明办理。所有遵拟视学官章程缘由，谨缮折具陈，伏乞皇上圣鉴。谨奏。

宣统元年十月二十九日奉旨：依议。钦此。

谨将遵拟视学官章程缮单，恭呈御览：

一、视学区域

第一条　视学区域分为十二区：一奉天、吉林、黑龙江，二直隶、山西，三山东、河南，四陕西、四川，五湖北、湖南，六江苏、安徽、江西，七福建、浙江，八广东、广西，九贵州、云南，十甘肃、新疆，十一内外蒙古，十二青海、西藏。

第二条　每区视学官应派二人，其视察区域由部临时指定。

第三条　视学官按年派遣，每年约视察三四区，每三年视察一周。

---

① 为奉到上谕批示日期。

第四条　三年之内，每区必须视察一次（除内外蒙古、青海、西藏暂行缓派外）。此外遇有应特行视察之件，得由部临时加派视学官前往视察。

一、视学资格

第五条　视学官以宗旨正大，深明教育原理者为合格。

第六条　每区所派视学官，须有精通外国文及各种科学者一人，以便考察中学以上之教法。

一、视学职任

第七条　视学官不设定员，以部中人员或直辖学堂管理员、教员职分相当者派充。

第八条　视学官除驻扎省城视察外，并须出省视察外府县或乡镇之学务情形（凡铁路轮船交通最便省分，各府直隶州厅均应遍查，各州县及乡镇可以抽查。边远省分，各府厅州县及城镇均可抽查）。

第九条　视学官应视察之事件，其要目如左：

一、各省学务公所、各厅州县劝学所劝学区教育行政情形。

二、各种官立、公立、私立学堂教育情形。

三、学堂卫生情形。

四、学堂经费情形。

五、各项学务职员、教员办事授课情形。

六、各项学堂学生之风纪。

七、有关教育学艺诸种之设施。

八、特受部示之事件。

第十条　前条所列各项细目，视学官于每次巡视时，预为详细酌定，并呈部核准遵照办理。

第十一条　视学官于应视察之事件，如有所见，应于巡视之前，撰具节略呈部核定。

第十二条　视学官于巡视以前，应将所查省分业经报部之学务册籍，摘要记录，以为巡视时征实之据。

第十三条　视学官由部刊发钤记一颗，文曰"学部视学钤记"，为钤印函牍之用，以资信守。回京时缴存。

一、视学权限

第十四条　凡部议所已决定及特受部示之事件，视学官应向该省学务人员申述意旨，劝导办理。

第十五条　凡各省学务公所有与章程不合或未能实行者，视学官应妥商该省提学使改正整理。

第十六条　凡各厅州县劝学所事务有与章程不合或未能实行者，视学官应详告办事人员，令其改正整理，并通知该省提学使及省视学，并该府厅州县官，随时留心考察。

第十七条　凡各劝学区事务有与章程不合或未能实行者，视学官应详告办事人员，令其改正整理，并通知该府厅州县官及劝学所总董、县视学，随时留心考察。

第十八条　凡各学堂事务有与章程不合或未能实行，或所授教课于学科教授训练之次序方法未能合度者，视学官应详告该学堂监督、堂长、教员，令其改正整理，并通知该省提学使及省视学，或府厅州县官及劝学所总董、县视学，随时留心考察。

第十九条　凡视学官所视察之学堂，其管理员、教员，如实有不能称职及旷假太多，虚糜经费等弊，视学官得详具事由，商由提学使即行撤换。

第二十条　凡视学官巡视地方，遇有关系教育事务之争端（如官绅攻讦及因学款争讼，管理员、教员争执意见等事），得将情由移交提学使或该管地方官办理。

第二十一条　凡各省学务公所、各厅州县劝学所、劝学区及各学堂所存之案卷簿册，视学官得随时调取阅看。

第二十二条　凡视学官视察某处，得商令该处办事员随同视察，并可向该员详询事由。

第二十三条　视学官视察各学堂，为考验学问程度起见，得随时考试学生，并调取讲义稿本，或图书目录查阅。

第二十四条　凡视察某学堂，毋庸预期通知。

第二十五条　视学官每视察一府或一直隶州厅毕，即将视察情形具呈报部，如别有条陈，得随时呈递，听候部核。

第二十六条　视学官每次巡视，应约会该省议长、议绅、教育会长，或省视学、县视学，筹议各项教育改良扩充办法。遇有地方教育会议之时，视学官亦应前往，聆其议论，并可自陈所见，以期互相裨益。

一、视学日期

第二十七条　视学官每次巡视，除途中往来日数不计外，每一省视察之日，至少以八十日为度，年假暑假日期不得合算，以昭核实。

第二十八条　视学官奉派之后，得于一月内，在部设视学事宜研究会，各司人员应轮流到会，俾该视学官得考询讨论各地方学务及风土人情，并研究教育行政法、教育学、教授法、管理法、视学规制方法，及东西各国教育情形，以为视学之预备。

一、视学经费

第二十九条　视学官自由京起程之日起，至回京之日止，应给月薪一百六十两，夫马费一百四十两。其视察川陕、两广、云贵、甘新四区者，每月加给夫马费四十两。

第三十条　视学官二人，应随带书记生一人，月给工费银二十两，沿途舟车等费，由视学官发给，回京时报部核销。

第三十一条　视学官沿途食宿，均须自给，不得受地方官供应。惟巡视所至，得借宿于该处之学堂内，仍将每日膳费照数发给。

一、视学考成

第三十二条　视学官如有收受地方馈送，及干预权限以外之事者，经部查实，立即分别撤参。

第三十三条　视学官如有敷衍瞻徇，视察不能认真，报告不能切实者，经部查明，立即撤换。

《政治官报》第七百七十号，折奏类，宣统元年十一月初五日出版

学部奏遵章陈明次年筹备事宜折

宣统元年十二月二十八日①

奏为遵章陈明次年筹备事宜，仍按原定办法，恭折仰祈圣鉴事：

窃准宪政编查馆咨称，本年八月十四日，本馆会同资政院奏复核各衙门九年筹备未尽事宜折内，此次各衙门所奏筹备事宜，嗣后每年冬间，由该管衙门按本年原奏清单，再将拟定次年实行办法，先期切实奏明办理。但使所筹事项克赴行政准的，纵与筹备清单略有出入，不妨声明缘由，请旨遵行，等因。奉旨：依议。钦此。钦遵咨行到部在案。查臣部原奏本年筹备事宜，均已按单次第筹办。其明年单开各项，约分教科书籍为一类，法令章程为一类，督饬各省举办事项为一类。而教科书籍之中，则又分编辑之书为一类，颁布之书为一类。谨将原单预定实行办法，分别缕晰陈之。

查单开中学堂教科书、初级师范学堂教科书及初级师范学堂教授细目、女子小学及女子师范教科书，以至官话课本，臣等于图书局暨审定科各员，择其宗旨纯正深明教育者分任编纂，立限定程，一经脱稿，先由图书局局长审阅，再送臣部丞参复校，然后由臣等详慎检核，以臻周密，预计明年年内当可依限成书。至各种辞典，并由臣部审订名词馆赓续编译，循序进行，以期早日蒇事。此编辑教科书籍之预定办法也。

其应行颁布之高等小学教科书，业于今年先期编辑，核计成书已逾十分之七。其小学中学教授细目，亦经通行京师督学局暨各省提学司，饬令中小学堂教员同时编订，年内送部考核。一俟汇齐，再当甄择善本，俾资应用，藉杜纷歧。已于各高等专门学堂所送讲义及臣部已发行之各种教科书，仍照章分饬审定科及图书局各员分别审定改正。此颁布教科书籍之预定办法也。

---

① 为奉到谕旨批示日期。

又如检定中学教员、初级师范教员及其优待等项章程，拟定蒙藏回各地方兴学章程，悉宜博采成规，熟权现势，期于斟酌尽善，乃能扞格无虞。已饬司员创具草案，应俟臣等详加察核，奏明办理，并将前次奏准检定两等小学教员及优待等项章程，届时切实奉行，庶为中国师范导其先河，示之标准。此应颁法令章程之预定办法也。

至于派视学官分查直省学务，派员查看华侨学堂，与夫各省分画城乡之学区，估计筹备之经费，其图书馆暨存古学堂则并应按期举行，一律开办，盖在在胥关要政，自汲汲不容缓图，必臣部挈领持纲，而后收脉络贯通之效，必各省应弦赴节，而后奏教育普及之功。此臣部督饬各省举办事项之预定办法也。

以上诸端，区分数类，固不欲胶执成见，稍涉于拘墟，亦未敢驰骛虚名，侈言夫美备。惟有按照原单预定办法，黾勉将事，积累图成，以仰副朝廷注重宪政期利推行之至意。嗣后如有变通之处及一时尚未筹及者，应仍遵馆章，于每年冬间先期声明，请旨办理。

所有预陈次年筹备事宜缘由，除分咨查核外，谨恭折具陈，伏乞皇上圣鉴。谨奏。

宣统元年十二月二十八日奉旨：已录。

《政治官报》第八百二十八号，折奏类，宣统二年正月十一日出版

学部奏遵设宪政筹备处等折

宣统二年二月十五日①

奏为遵设宪政筹备处，并恭书上谕，敬谨悬挂，恭折仰祈圣鉴事：

宣统元年十二月二十日钦奉谕旨：宪政编查馆奏请饬京外各衙门设立宪政筹

---

① 为奉到谕旨批示日期。

备处,并将十月十三日上谕恭书悬挂一折,著依议。钦此。当由该馆钞录原奏咨行到部。查原奏内称,拟令京外各衙门堂官,责成丞参督率承办各员,办理其事。其从前已设督催总核考核等处,即由各该衙门改易今名,藉昭画一。凡派在宪政筹备处人员,应令开单咨报臣馆,以便遇事互相考论,并将十月十三日上谕恭书悬挂,以励推行而免疏懈,各等因。

查宪政之权舆,必先资于筹备,自非挈其纲领,握以机关,不足收循序渐进之功,且恐失因事制宜之义。臣部前奉明诏,业将分年筹备事宜开列清单,分别奏咨,并于上年年终,遵照馆章,先期陈明本年应筹事项各在案。复念徒法难行,得人尤要,曾就臣部设立宪政研究所,取教育行政范围以内之事关于宪法者,绎其要义,推究綦详,俾各司人员昕夕研求,庶几按期筹备要政,得收切实进行之效。兹复钦奉明谕,应即专设宪政筹备处,责成丞参,率同司员认真办理。并遵将宣统元年十月十三日上谕恭书悬挂,一面仍由臣等按照原单开列事宜,督饬克期兴举,次第施行,以仰副朝廷注重立宪,广励庶官之至意。

除将所派各员衔名开送宪政编查馆外,所有遵设宪政筹备处缘由,理合恭折具陈,伏乞皇上圣鉴。谨奏。

宣统二年二月十五日奉旨:宪政编查馆知道。钦此。

《政治官报》第八百六十三号,折奏类,宣统二年二月十七日出版

学部奏预备立宪第三年上届筹办事宜折

宣统二年九月二十九日①

奏为谨将臣部预备立宪第三年上届筹办事宜,按期接续奏报,恭折仰祈圣鉴事:

---

① 为谕旨批示时间。

四、官制改革

窃臣部于本年三月十五日奏报预备立宪第二年下届筹备事宜一折，奉旨：宪政编查馆知道。钦此。钦遵。查本年单开筹备各事项，约分教科书籍为一类，法令章程为一类，督饬各省举办事项为一类。而教科书籍之中，又分编辑为一类，颁布为一类，其实行办法，业于上年十二月预先奏明在案。兹届六个月奏报之期，谨将筹办情形，为我皇上缕晰陈之。

查单开中学堂教科书、初级师范学堂教科书，及女子小学、女子师范教科书，以至官话课本，经臣等遴选妥员，督饬编纂，已成初稿，尚须审校，计年内当可陆续成书。其初级师范学堂教授细目，已行京师督学局及各省提学司编订送部，以备采择。至各种学科中外名词对照表，由臣部名词馆专司编订，亦于年底可以告竣。各种辞典，类别尤繁，仍须赓续编译，用期早观厥成。此筹办编辑教科书籍之实在情形也。

其应行颁布之高等小学教科书，已经编印多种，颁发各省，照式翻印，藉资普及。其小学、中学教授细目，现在饬臣部谙习教育各员赶紧编排，并通行京师督学局暨各省提学司悉心甄采，力求善本，以资应用。至各高等专门学堂讲义，除江苏、江西两省业经咨送臣部审定外，其余设有高等专门学堂各省，均经迭次行催，一俟咨送到部，即随时为之审定。其已发行之各种教科书，由审定科各员修改驳正者，日有多帙。此筹办颁布教科书籍之实在情形也。

至于检定中学教员、初级师范教员，及优待教员等项章程，已饬司员起具草案，由臣等详慎厘订，俟斟酌妥善，即行请旨颁布，以利推行。前次奏准检定两等小学教员及优待教员等项章程，业经臣部通行各省，遵照切实办理，以期讲席无滥竽充数之虞，师资有教育英材之乐，庶小学可以发达，而中学、师范亦可树之风声。至光绪三十四年分全国学堂统计表册，现据各省陆续咨送到部，由承办统计各员逐日颣较参稽，不久当可蒇事。其臣部则例本年续编奏咨辑要，已刊印成书，一俟装订整齐，即行通咨各省，仍派定臣部专员，分门别类，赓续编纂。至拟订蒙藏回各地方兴学章程，粗具大致，惟边隅情势与腹省不同，尚须详细调查，始能规定妥善。此筹办法令章程类之实在情形也。

他若各省存古学堂，现由臣部拟定变通办法，分别已设未设省分，酌量设立。其各省图书馆，上年奏准章程，业经通行在案，现报部开办者已有多省，其未经设立省分，当再咨行各该督抚一律开办。至因城镇乡已定之界域分画学区一项，与地方自治事宜息息相关，前于八月十七日具奏地方学务章程，业经钦奉谕旨，饬交资政院议决，俟议决后奏请裁夺施行，再由臣部分咨各省钦遵办理。其分别各省学务经费之出自国家税与地方税一节，当由度支部厘定国家税地方税章程后，再行分析。此臣部督饬各省筹办事项之实在情形也。

其余如派视学官分查各省学务，派员查看华侨学堂，意在整齐国内之学制，提倡海外之学风，均属要政，不容缓图，臣部拟即次第办理，不误期限。

伏念教育为宪政之根本，必教育之进步日速，而后国民之程度日高，立宪前途乃无阻碍。臣部惟有按照原单克期进行，实力举办，以仰副圣主兴学图强之至意。除咨报宪政编查馆考核外，所有臣部预备立宪第三年上届筹备事宜按期奏报缘由，谨恭折具陈，伏乞皇上圣鉴。谨奏。

宣统二年九月二十九日奉旨：宪政编查馆知道。钦此。

《政治官报》第一千八十四号，折奏类，宣统二年十月初二日出版

学部奏第三年下届筹备宪政事宜折

宣统三年三月十五日①

奏为谨将臣部预备立宪第三年下届筹备事宜，按期接续奏报，恭折具陈，仰祈圣鉴事：

窃臣部原奏单开第三年应行预备各项事宜，计二十二项，区为三类。教科书籍为一类，法令章程为一类，督饬各省举办事项为一类。业由臣部于上年九月二十九日分别遵章胪列上届办理情形，奏报在案。现又届满六个月之期，自应仍遵馆章，将本届依限办理事宜，为我皇上缕晰陈之。

查单开应行颁布各书，一为高等小学教科书，一为小学中学教授细目。上年

---

① 为谕旨批示日期。

六月已将底稿一律编齐，由臣等悉心校订，统共成书七十二册，业经分别刊印装发，并饬各省照样翻印。应行编辑各书，中学教科书，初级师范教科书，初级师范学堂教授细目，女子师范教科书，女子小学教科书，官话课本，以及各种辞典，皆系本届编订之件，有尚在纂辑者，有已经脱稿者，有正在校正者，计可按日成书，以期无误颁布之期限，其女子小学教科书并经提前颁布。至改正已发行之教科书籍，查初等小学既经改章，其从前已经颁布初等小学教科各书，仍应从事厘订，始能适用。现已改正过半，计印成者共有二十余册，业于去年颁发京外应用。此外，各高等专门学堂咨送讲义，亦经随时派员审定。此臣部办理各项教科书籍颁布编订之实在情形也。

又单开颁布检定中学教员、初级师范教员，及优待中学师范教员章程各节，臣部已于上年督饬司员，酌核东西各国办法，准以我国情势，拟具章程，奏明请旨颁布。其订拟蒙藏回兴学章程一节，事关边徼，兴学情形与腹地不同，准资政院咨送蒙古兴学议案，由臣等酌量情形，参照原案拟订章程，业经咨商理藩部妥筹办法。至编纂臣部则例，系属按年编纂，其续编奏咨辑要一书，亦于上年督饬司员选辑刊印颁行。

又统计报告，事关全国教育成绩，臣部续编光绪三十四年统计表，业经办理完竣，于去年十二月缮呈御览，并分咨京外各衙门查核。此臣部筹办法令章程之实在情形也。

又单开实行检定教员及优待教员章程一节，在京已由督学局实行检定，其外省有已具文咨报实行者，有因办理窒碍准其暂行缓办者。惟新疆、云、贵等省尚未咨报有案，应由臣部酌核情形分别咨催办理。

又图书馆章程，上年业经奏定，存古学堂章程，本年复加厘定，亦经奏准，均已咨行各省钦遵切实办理。官话课本尚在编订，期内未及颁行，臣部已于去年十月按单咨行各省初级师范学堂及中小学堂，仍遵原章讲读圣谕广训直解。

至各省兴学款项，应分别国家经费、地方经费一节，仍应俟度支部厘定税则，分别国家税、地方税，再由臣部咨行各省一律办理。其分划学区办法，已于地方学务章程及臣部奏定地方学务章程施行细则内详细酌定，咨行各省，按照原章妥为规画。此臣部督饬各省举办事项之实在情形也。

此外，如派员查看华侨学堂及派视学官分查各省学务，臣部已于上年十月间奏明在案。华侨学堂拟即由该处学堂教员就近分往视察。其各省原派视学官，现正分道抽查直隶、山西、山东、广东、福建、广西等省，约计今年暑假前即可竣事。

以上各项，皆臣部按年赓续筹办之件，均经依限办理。伏念九年筹备，为先朝注重立宪之要政，现在开设议院，复钦奉明诏缩短期限，臣部职司教育，于宪政尤为息息相关，臣等自应仍照上年十二月奏明改订筹备事宜清单，切实举办，以期克日进行，仰副圣明兴学图强之至意。除咨报宪政编查馆考核外，所有臣部预备立宪第三年下届筹备事宜按期奏报缘由，谨恭折具陈，伏乞皇上圣鉴。谨奏。

宣统三年三月十五日奉旨：宪政编查馆知道。钦此。

《政治官报》第一千二百四十一号，折奏类，宣统三年三月十八日出版

御史王步瀛奏工部改并为农工商部原工部事务请饬厘定片

光绪三十二年十二月初八日

再，查各部院衙门，自来以积弊著名者，莫如工部，书吏把持盘踞，而司官不肖者利用之以致富，遂一切任其颠倒，以无作有，支一销百，邪慝纠纷，不可究诘。自上年七月鹿传霖任工部尚书，发愤振顿，奏定新章，裁去书吏，拔司官之贤者用之，事必躬亲，工皆核实，而开支仅及往年十分之二三，即如节慎库，向例岁领户部款七万两，仍不敷用，往往藉词预支，今乙巳、丙午按年领银六万两，而除两年支用外，反积存七万两交还户部。又如料估所，专办琐碎工程，每案数百金或数十金，常年必合支数万两，现裁去此所，而两年所支绝少。举此两端，则凡裁汰于临事与禁绝于无形者，每岁为国家节省帑金甚巨。试将工部新旧销册与户部逐年支领之数，按籍而稽，必较然明白。以二百余年积垢含污之所，

一旦为之弊绝风清，行之期年，各事遂俱有成案可据，踵此办理者纵思染指，而势有难能，其用心良苦，而其为功亦不细矣。似此良法美意，宜如何共为护惜，垂诸久远，岂宜弃若弁髦，使已革旧弊得以因缘复起。

恭读九月二十日懿旨，以工部并入商部，改名农工商部，谨绎圣意，原不过以类相从，俾归简要，未尝谓司空职掌举可废弃也。乃风闻农工商部改订大旨，于工部旧署仅留都水一司，其虞衡、屯田、营缮各司之事，归诸礼部者什一，归诸内务府者什九。夫礼部所职，与工程既绝不相类，而内务府办事情形更难以各部相例，必在圣明洞见之中，倘竟照此办法，将来之弊必无异于从前之工部，或又加甚焉，臣甚惑之。谨按周礼一书，冬官独缺，自汉以来，仅存附属之《考工记》。然记中如匠人营国于明堂、宫室、沟洫、道涂，凡后世所谓程者，无所不掌。今该部注重工艺诚当，然遂谓除水利外一切工程，无关官守，按之经义则不典，稽诸祖制则非法，义果何居。论者谓商部虽系新署，而其用事司员未能全无习气，此次摈斥各司，正以承澄清之后而然，倘如昔时积弊相沿，司官可坐丰囊橐，则此三司者未必不获与都水并存。是说也，未免以不肖待人，臣所不取。惟是昔日之工与今日之农工商，均为圣朝设官分职之一部，当今改并之初，凡该部堂司各官，受兹重任，固宜为朝廷爱惜纪纲，（归）〔规〕画久远。倘竟不究其端，不讯其末，师心自用，于去留分际，不求至当之归，致嗣后国家仍岁糜无数金钱，夫岂我圣主刻励自强之意，与诸大臣感激图报之心耶。

伏思研理以能公而益明，历事以愈多而愈练。访诸舆论，吏部尚书鹿传霖办事实心，忠于谋国，颇能不避劳怨，且系亲革工部风弊之人，倘能特饬农工商部各堂官会同该尚书，将原有工部事务悉心筹画，厘定职守，务期名实相符，历久无弊，其足以裨补国计维持新政者，诚非浅鲜。

臣管见所及，仅附片具陈，是否有当，伏乞圣鉴训示。谨奏。

《清末筹备立宪档案史料》，第478—480页

军机大臣奕劻等奏厘定农工商部职掌及员司各缺折

光绪三十二年十二月初九日

军机大臣、总理外务部事务和硕庆亲王臣奕劻等跪奏,为厘定臣部职掌事宜及员司各缺,以专责成而清权限,缮具清单,恭折仰祈圣鉴事:

光绪三十二年九月二十四日内阁奉上谕(即"裁定奕劻等核拟中央官制谕",本书已收):仰见圣明在上,烛照万几,以改官制为立宪之先声,尤以专责成为改官制之要键,圣谟宏远,钦服莫名。

臣等奉命以来,夙夜筹维,通盘计画,窃以为非明定职掌,无以清行政之权限,非划清权限,无以专办事之责成,惟有恪遵懿训,实事求是,悉心妥筹。伏查臣部旧设四司一厅:曰保惠司,凡提倡商务保护商人各事项隶焉。曰通艺司,凡路矿、轮电、机器制造各事项隶焉。曰平均司,凡农商、畜牧、树艺、生植、各事项隶焉①。曰会计司,凡经费报销、商业银行、赛会、词讼各事项隶焉。曰司务厅,凡收发文件、监用印信、缮译电报各事项隶焉。历年来循章办事,尚属次序秩然。

现在钦奉懿旨改为农工商部,又以工部并入,臣部责任愈重,事务愈繁,亟应更定职掌,俾清权限。除旧隶工部各事宜,与臣部名实不符者,另行奏明请旨分隶他部外,谨拟改平均司为农务司,专司农政。其旧隶户部之农桑、屯垦、畜牧、树艺等项,自应改隶臣部。而旧隶工部之各省水利、河工、海塘、堤防、疏浚事宜,均属有关农政,并应归并该司办理。改通艺司为工务司,专司工政。其铁路、轮电事宜,业经移交邮传部管理,而招商承办及保护奖励之方,仍当核实循名,不敢自宽责任。改保惠司为商务司,专司商政,以旧隶会计司之赛会、词

---

① "曰平均司……隶焉",原文缺,致四司少一司。据《东方杂志》光绪三十三年第二期所载《农工商部奏厘定本部职掌员缺折》一文补。

讼各项属之。改会计司为庶务司，专司臣部报销经费暨一切庶务，并以旧隶保惠司之员缺升补等事属之，而旧设之司务厅拟即裁并。另设承值所，由臣等酌派司员，专管收发文件、监用印信等事，即隶属该司办理。

至各员司缺，每司旧设郎中、员外郎、主事各二员，司务厅设司务二员。现在工部既经归并臣部，各司职掌重加厘定，所有员缺自宜分别增添裁撤，以资整理，而专责成。拟请农、工、商三司每司添设郎中一员，员外郎、主事各二员，庶务司职掌较繁，拟请添设郎中一员，员外郎二员，主事四员，并先行奏补十数员，仍留出额缺，陆续量才补用，以符任缺毋滥之义。旧设司务厅司务二员，应即裁撤，其候补人员仍视各司事务之繁简，由臣等随时酌定。

至旧设之商标局、商律馆，奏办之农事试验场及现拟筹设之权衡度量局、化分矿质所，皆需专门人材切实办理。臣等体察情形，惟有酌调专科毕业学生，择其试用有效者奏留后酌量补用，并酌设一二等艺师、艺士各专官，以资实用，藉收群策群力之效。

以上各项事宜，均由臣等公同酌商，悉心核议，要在划清权限，明定责成，谨缮清单恭呈御览。嗣后倘仍有未尽合宜之处，仍当恪遵懿旨，随时修改，以臻至善。如蒙俞允，臣等谨当钦遵次第办理。

所有厘定臣部职掌事宜及员司各缺，是否有当，谨恭折具陈，伏乞皇太后、皇上圣鉴训示。

再，此折系农工商部主稿，会同军机大臣办理，合并声明。谨奏。

《清末筹备立宪档案史料》，第480—482页

军机大臣奕劻等奏酌拟将工部主管各事分别归并办法折

光绪三十二年十二月初九日

军机大臣、总理外务部事务和硕庆亲王臣奕劻等跪奏，为酌拟归并工部办

法，缮单恭折具陈，仰祈圣鉴事：

窃本年九月二十日内阁奉上谕：钦奉懿旨，工部著并入商部，改为农工商部，等因。钦此。臣等当即传令工部各司员到部，饬将工部事宜，暂行循旧办理，业于十月初五日专折奏明在案。

伏查工部一职，兼古之水火工虞，如河工、海塘、水利、船政、度量权衡，矿冶之利，山泽之材，其事多与农工商相表里，循名核实，皆应并入臣部，以一事权。京外土木工程旧隶工部，惟此次原定民政部官制清单内特设专司，管理土木建筑事宜，责有攸归，臣部即无庸兼管。此外如木税、船捐，事属财政，宜划归度支部，军械、兵舰，事属武备，宜划归陆军部。至典礼一门尤关重要，凡礼器、法物、乘舆、服御，一切制办供张之具，坛庙、陵寝、宫殿等处整理陈设之事，皆属帝室之上仪，礼官至专职。若仍由臣部办理，似于名实未符，拟请以内廷典礼事宜，并入内务府恭办，外廷典礼事宜，并入礼部恭办，庶足以昭诚敬而示尊崇。所有库存祭器、陈设等件，应由内务府、礼部派员分别点交接收。至各衙行取之物，大都照例折价，不若听其自行采办较为简便。此归并工部事宜之办法也。

工部款项，每年由度支部支银七万两，木税项下每年收银一万余两，又宝源局每年收钱十万串，是为正款，系备各处行取采办物件及一切正项开销之用。此外有水利、饭银二款及各项销费、解费，每年约共银四五万两，是为另款。于光绪三十一年七月间，由工部奏明化私为公，作阖署津贴。今工程制造、采办各事宜均已他隶，所有前项正款银两，自应剔除。其存库正款，拟即拨归度支部接收，由各处酌定用款多寡，自行奏明立案，径向度支部支领。其另款各项，应请饬下各省督抚，分别照案解交臣部，拨充添设官缺之用，现在存库另款应并归臣部接收。至工部裁撤人员为数较多，除由臣部调用外，余均开单咨送吏部，按照新章分发他部及外省补用，俾免向隅。此清厘款项安置人员之办法也。

以上各节，由臣等公同商酌，务在廓清积弊，明定责成，谨缮清单，恭呈御览。如蒙俞允，即由臣部行知各衙门钦遵办理。

所有酌拟归并工部办法缘由，理合恭折具陈，伏乞皇太后、皇上圣鉴训示。

再，此折系农工商部主稿，会同军机处办理，合并声明。谨奏。

《清末筹备立宪档案史料》，第482—483页

农工商部奏遵设宪政筹备处片

宣统二年二月八日[①]

再，恭照宣统元年十二月二十日钦奉谕旨，宪政编查馆奏请饬京、外各衙门设立宪政筹备处，并将十月十三日上谕恭书悬挂一折，著依议。钦此。当由馆钞录原奏咨行到部。查原奏内称，拟令京、外各衙门堂官，责成丞参，督率承办各员办理其事，其从前已设督催、总核、考核等处，即由各该衙门改易今名，藉昭画一。凡派在宪政筹备处人员，应令开单咨报臣馆，以便遇事互相考论，并将十月十三日上谕恭书悬挂，以励进行而免疏懈，各等因。

查臣部自奉明诏预备立宪，业于光绪三十三年九月在署内创设宪政研究所，派员讲论宪法事宜，令各司员轮流听讲参考在案。今奉谕旨设立宪政筹备处，臣等公同商酌，拟将原设之研究所改为宪政筹备处，拣派臣部四司印稿王大贞等承办一切，并以臣部丞参上行走各员总理其事。当将宣统元年十月十三日上谕恭书悬挂，由臣等督率在处各员昕夕凛遵。于臣部分年应办诸事，次第筹备，以期无误期限，仰副圣朝力行宪政之至意。除将所派各员衔名开单咨送宪政编查馆外，所有遵设宪政筹备处缘由，理合附片具陈，伏乞圣鉴。谨奏。

宣统二年二月初八日奉旨：宪政编查馆知道。钦此。

《政治官报》第八百六十四号，折奏类，宣统二年二月十八日出版

---

① 为奉到上谕批示日期。

农工商部奏胪陈第三年第一届农工商筹备事宜折

宣统二年九月二十二日①

奏为遵章胪陈第三年第一届农工商筹备事宜，恭折仰祈圣鉴事：

光绪三十四年八月初一日奉上谕：钦奉懿旨：逐年应行筹备事宜，责成内外臣工依限举办，每届六个月，将筹办成绩胪列奏闻，并咨报宪政编查馆查核。等因。钦此。旋准宪政编查馆奏定考核专章行知到部，遵于上年八月间，本年三月间，将第二年筹备成绩先后奏陈在案。现值第三年第一届奏报之期，谨将续行筹备事宜，为我皇上缕晰陈之。

伏查原单所开第三年农工商筹备事宜，计二十二条。农政项下，其调查内地丝茶事件，业于本年五月间厘订表式，通饬各直省劝业道暨农务商务各总会，将各该境内丝茶情形切实调查，妥议办法报部。农务总分各会，各直省以次举办，总计农务总会奏准设立者十五处，农务分会核准设立者一百三十六处。安徽则设有柞蚕传习所、蚕业讲习所，福建则设有茶叶讲习所，江西义宁州则设有茶叶改良公司。仍当通饬各省一律推广。此本年筹备农政事宜之情形也。

工政项下，设化分矿质局，暂附设于臣部高等实业学堂内，已于本年四月开办，一俟经费充裕，再行设局扩充。矿务新章，业已修改完竣，计正章十四章八十一款，附章九章四十六条，于本年八月间会同外务部奏准在案。度量权衡，臣部工厂业于本年七月间开工制造，惟各省需用浩繁，现正咨商各督抚酌设分厂，以资推广，一俟筹定办法，再行陆续奏陈，并将各种细章一律推行，以收划一整齐之效。工会规则，亦经督饬司员分别编订。此本年筹备工政事宜之情形也。

商政项下，其调查商品一事，于上年闰二月间奏明筹办，八月、十月先后通饬赶办。旋据奉天、吉林、山东、河南、陕西、甘肃、湖北、湖南、四川等省陆

---

① 为谕旨批示日期。

续造册报部，其余各省仍当一律饬催，限期报齐。其调查侨商一事，业经通咨各出使大臣，并札饬各侨商总会列册报部。至保险规则、运输规则两种，臣部业经编订，于本年八月间奏明请旨，饬交资政院照章核议在案。各直省商务总会，除黑龙江、新疆尚未成立外，余均以次设齐。此本年筹备商政事宜之情形也。

以上数端，均属本年业经筹备之件，臣等仍当赓续规画，督促进行，以仰副朝廷力图宪政之至意。所有遵章胪陈第三年第一届农工商筹备事宜缘由，谨恭折具陈，伏乞皇上圣鉴。谨奏。

宣统二年九月二十二日奉旨，已录。

《政治官报》第一千八十五号，折奏类，宣统二年十月初三日出版

军机大臣等会奏民政部官制折

光绪三十二年十二月十七日

九月二十日（丙午）恭奉懿旨：巡警为民政之一端，著即改为民政部，原拟各部院等衙门职掌事宜及员司各缺，仍著该堂官自行核议，悉心妥筹，会同军机大臣奏明办理。等因。钦此。

臣等当即督饬各员悉心筹议。窃维民治为保邦之本，设官乃熙绩之原，虞周司徒实掌邦籍，魏晋民部皆列尚书，责任之专，关系之重，实中夏由来定制，亦环球立国所同。臣等前奏拟巡警部官制，即屡经声明为内治根基，民事总汇，所拟办法，已隐寓民政于中。兹复钦奉懿旨，特改民政部，仰见朝廷讲求内治，绥靖民生之意。臣等详绎总司核定官制王大臣奏定民政部官制，参之各部官制通则，纲目已具，凭藉有资。因就原设巡警部分司职掌，原有者量为合并，原无者分别增入。如民政之地方行政、地方自治、移民、侨民，暨户部分入之保息、赈救、疆理，工部之营缮，此皆为巡警部原设司科所无者也，各项警察行政、司法教练，暨整饬风俗、礼教、户籍、保安、营业、工筑、卫生、编译等项，此皆为

原设司科所有者也。此外一部总汇之事，如原设考绩、统计、文牍、庶务等科机务一所事项，此应遵通则设承政厅，以左右丞督理之者也。

一部谋议之事及谘议、审议章程等事，原由各司拟稿，丞参复核者，此应照通则设参议厅，以左右参议综核，而酌设参事，以佐理之者也。计应设各司，按照原奏，仍设五司：一曰民治，二曰警政，三曰疆理，四曰营缮，五曰卫生。均已另定职掌。而将原设各司所分别归并办理。现在创办民政，较之巡警部事务倍增，拟按各司繁简，酌设额缺。巡警部原设郎中五缺，员外郎、主事各十六缺，小京官四缺，照七八九品笔帖式设一二三等书记官，每司限以十缺。今职掌既繁，员缺自应改置。拟参照原奏设郎中八缺，参事二缺，员外郎十八缺，主事二十缺，七品小京官九缺，仍遵设八九品录事，将原设一二三等书记官裁撤。其各司增设之七品小京官一缺，兼可为八九品录事升转之阶。

臣等伏维更定官制，全在综核名实，不在广增员缺，是以事务虽较从前为多，而员缺合计仍未敢多所增加。将来民政推扩日广，综领日繁，员缺如有不敷，仍当再行续请添设。

至民政原系包括巡警，应有专司稽核之员。查周礼本有司稽一官，汉魏司徒各曹亦有督查专职，京城警卫责任重要，臣部现直辖各厅局堂所，人员事务亦极纷繁。前于巡警部创设之始，曾设有稽查处，为稽察、警卫跸路及各厅局之用，拟仍照前设立，以重考核。

又查内外两城巡警两厅官制，本与原设巡警部息息相通，现臣部既经议定职掌，嗣后京城巡警为该两厅专责，亦应酌议变通。拟将两厅丞员缺升为从三品，俾重事权。部中既设参事，该两厅参事应改为佥事，并添设司法处，以办理司法警察。现均酌按事宜，改定各处官员名称、职掌、品级，以符名实而便升转。并推办外城巡警，移设分厅，以期布置周密。

臣等公同商酌，意见相同，分缮清单，进呈御览，俟奉旨允准后，臣部即遵照办理，并通行知照。谨奏。

光绪三十二年十二月十七日具奏。奉旨：依议。钦此。

《东方杂志》，光绪三十三年第二期

民政部奏厘定本部及内外城巡警厅权限章程折（章程附）

光绪三十二年底①

窃臣等前于上年十二月奏拟原设巡警部及内外城巡警总分厅权限章程，钦奉谕旨允准在案。现臣部既经改设，并经迭次奏准，令该厅丞等专任京城警务，臣部惟司督察，所有应分权限，一切自应详细筹度，重为厘定，方足以资遵守而免贻误。窃维汉之警署，隶于诸卿，唐之巡使，直达端省。凡夫权寄之重，统率之加，皆所以密考查而责实效。现部厅改章伊始，端绪纷繁，该总厅有应酌为变通者，如专办跸路警卫，整理地方，于所辖境内有完全警察之权，与各衙门文牍直接等是也。有仍照奏定章程者，如丞参准令照京堂奏事，及分厅不得申部，皆须禀总厅，并巡警学堂、习艺所、教养局、消防队等皆归部辖之类是也。至考查民政，宜派专官，慎简贤能，预储器使，皆期事体之胥协，以冀警务之有裨。谨缮具清单，恭呈御览。嗣后如有应行变通之处，仍当随时奏明办理。谨奏。

奉旨：依议。钦此。

谨将酌拟臣部及巡警厅权限章程，缮具清单，恭呈御览。计开：

一、巡警为民政之一端。巡警部现既改为民政部，范围较广，所有全国警政，自应仍归民政部统管。其京师警察事宜，应责成内外城巡警总厅办理，受民政部考核。

一、部丞、参议及内外厅丞，准照京堂例，专折奏事。惟关部厅应行奏请事件，仍由臣部具奏，以重职守。

一、臣部左右丞及参议，均可随时奏派考查各省民政事宜。

---

① 原文未署日期，文中有"上年十二月奏拟原设巡警部"，考巡警部之设，在光绪三十一年，光绪三十二年九月官制改革改为民政部，故文件应为光绪三十二年年底。

一、各分厅以下应申臣部事件，须由总厅转申，不得直接臣部，以清权限。

一、部丞、参议及内外城厅丞，均由臣部开单奏保，请旨特简。签事、知事，由臣部奏补。其五六七品警官，由厅申部奏补。八九品警官，由厅丞申由臣部委用，咨明吏部立案。

一、厅丞于所辖境内有完全执行警察事务之权，按照奏定章程及各项法律规则，得发布巡警厅命令于管辖区域之内。其事关各署，须会衔出示者，仍由臣部领衔核议刊发。

一、总厅事须速办者，与各衙门直接来往文牍，其关重大者，仍须报部酌核。

一、巡警总厅达各部公文用咨呈，各部达厅公文，仿照行文顺天府格式办理。

一、凡分厅达总厅之公文俱用禀申，厅丞达臣部之公文，亦用申文，其承政厅、参议厅、各司与内外总厅互相知会公事，俱用移文，由臣部交厅者，则用札文。

一、凡事关跸路警卫及地面整理与稽察一切事项，由总厅管理，仍归臣部督察指挥。

一、厅丞遇所属各知事、各区官之措置有违法令侵权限者，得撤销或停止之。其厅丞有办理未尽善者，臣部亦有撤销停止之权。

一、厅丞得设定本厅及各局所办事细则。

一、巡警学堂、习艺所、教养局、消防队、协巡营、探访局、官医院、路工局等，既仍归臣部管辖，如有改置添设，应行商酌之处，均由臣部督饬内外厅丞酌核办理。

《东方杂志》，光绪三十三年第四期

民政部奏接收工部划归事宜分别办法折

光绪三十三年初①

窃臣部前准农工商部咨称，光绪三十二年九月二十日内阁奉上谕：钦奉懿旨，工部著并入商部，改为农工商部。等因。钦此。当即将工部一切事宜，分门别类，划归各部执掌，业经奏明。钦奉朱批：依议。钦此。

原奏声明，拟以工部所掌京外各项土木工程一切营缮报销事宜，均归民政部办理。其琉璃窑、木仓应一并移交，等因。抄奏知照前来。前经臣部于光绪三十二年十二月二十日，派员前往接收，并于是年十二月二十五日将接收日期附片具奏。奉旨：知道了。钦此。臣等当即督饬司员编查案卷，详细酌拟办法，敬为我皇太后、皇上缕（细）〔晰〕陈之。

一、为坛庙各工。臣部有管辖地面之责，坛庙皆在京城地面，拟请嗣后坛庙各工随时修葺者，无论工程巨细，皆查照原设工部定例，由臣部敬谨遵办。

一、为陵寝另案工程。每年由该管大臣奏报一次，统归工部汇案，次第奏请简派勘估承修大臣恭谒两陵，敬谨估修。此项工程用款，向由度支部拨发核销。仪□数株，亦由勘估大臣履勘。惟往勘陵工，例由工部缮具侍郎衔名，请旨简派，勘估后复奏，请钦派大臣承修。恭绎例意，自系为慎重工程起见。查近年派修景陵、惠陵各工大臣铁良、鹿传霖、陈璧等，即系合勘估、承修为一事，责成既专，靡费亦节，办法最为合宜。两陵另案工程，约估止万余两，不及铁良等所修工程之什一。现当改办伊始，自未便稍涉拘泥。又查近来承修之员，既非勘估之员，情形不熟，意见不同，辄于原估之外，另议续估，不但增加分量，且恐易生流弊。拟请援照恭修惠陵各工成案，自本年为始，两陵另案工程，拟请缮具臣

---

① 原文未署日期，文中有"光绪三十二年十二月二十日，派员前往接收，并于是年十二月二十五日"句，而刊登此文为《东方杂志》三十三年第五期，故此文当在三十三年四月以前。

部并咨取各部例应派修大臣衔名，奏请简派勘估，并任承修事宜，以专责成。如蒙俞允，即由臣部遵照办理，奏请简派，以重要工。

一、为宫殿各工。伏查接管卷内，近数年宫殿粘补工程，工部均未承办。至天安门内外修整各工，仅有数案。查农工商部原奏关涉内廷典礼供张，概归内务府办理。奉旨允准。工部原办宫殿各工，事同一律，拟请嗣后大内宫殿各工，及拔草、勾抵、悬灯、进匠等工，均照农工商部奏案，划归内务府承办，以免两歧。

一、为城垣各工。拟京师城垣仍由步军统领衙门随时报明，由部勘修。各省城垣完缺，向由各省督抚将军按年报部汇奏，久成具文。臣部重在循名责实，拟嗣后各省城垣，遇有修补建筑者，应令绘图贴说造具细册，随时报部，以昭核实。

一、为衙署仓廒、营垒、炮台、监狱及驻防兵舍各工。查京内文武衙署及各仓廒座墙垣监狱诸工，向归工部分别修理。所有动用工料各款，除钦派各工不计外，均由度支部支领汇案奏销。其京外营垒、炮台、监狱、各省驻防兵舍及察哈尔、伊犁、科布多各处兵房各工，或有年久坍塌，因艰于筹款，请由兵饷按成计算修葺建筑者，此项工程仅造册咨部核销，毋庸筹给款项。臣等拟暂仍旧制，俟陆军部订有营垒、炮台章程，法部订有监狱章程后，再行分别办理。

一、为道路、桥梁各工及各省古迹保存。拟嗣后道路、桥梁各工，仍照原设工部办法，如遇谒陵及恭送玉牒诸要差，沿途道路、桥梁，由臣部札饬各该州县，敬谨预备，用款报部核销。至保存古迹事项，工部例章，向取具各省保固甘结，造册报部，按年汇奏，亦成具文。查各国民政应行保存古迹事项范围颇广，拟暂饬各省将历来保存前代陵庙各项古迹，认真查报，另行酌拟推广办法，妥定章程，奏明办理。又，各省道路、桥梁等工，均关民政，多因年久失修，水冲石压，倾欹阻塞，一遇霖潦，邮驿商旅便致梗滞，有碍交通，为害颇巨。此外□路、小路，山则险仄难行，水则津渡殊少，沦溺舟车，颠踬人畜者，往往而有，困陁情形，几难言状。现既统归臣部经理，自应设法整顿，拟并由臣部酌筹办法，另行具奏。

一、皇木厂木仓、琉璃窑，向由工部设有监督，按年奏请更替。今工部既已裁并，原有各监督名目，拟请一并撤裁，其应办事宜，归臣部营缮司管理，以专责成而节靡费。

以上所拟办法，或酌筹变通，期事理之悉协，或量为裁并，俾名实之咸符。暂仍旧制者，职掌尚待于改更，续当推广者，考究必归夫确实，以期仰副朝廷划清权限，明定责成之至意。

再，臣等查工部旧案，光绪三十一年七月，经工部奏定新章，所有各省工程销案，均照六厘消费，于一月内依限解部，历经办理在案。现事隶臣部，拟请饬下各省将军、督抚，仍照旧章，依限解部，以资办公。谨奏。

奉旨：依议。钦此。

《东方杂志》，光绪三十三年第五期

民政部奏请将州县事实表册咨民政部考核折①

光绪三十四年三月十三日

民政部奏：臣部前于光绪三十二年十二月十七日会同军机大臣具奏民政部官制章程内开，臣部管理地方行政等事，凡直省民政等官，臣部皆有统属考核之权，各等语。钦奉谕旨允准在案。良以臣部职掌，略与各国内部相当，凡地方行政之得失，有司之贤否，均应详加甄察，严定考成，以收统一内治之功，而免彼此隔阂之弊。惟现行制度，地方官吏铨选除授之事，属于吏部，而激扬举劾之权，又分属于各省督抚，臣部虽有统属之名，曾无考核之实。夫亲民之官，莫要于州县，今部以民政为名，而于州县事实无所闻知，甚非设部之初意。伏思光绪三十年五月十四日曾经钦奉懿旨，著各省督抚将各州县分别优劣，开列简明事实，奏到后，交政务处详核具奏，请旨劝惩。等因。钦此。旋经政务处奏定通行画一章程，遵照办理。嗣后政务处归并考察政治馆，又改为宪政编查馆，因归该

---

① 标题为编者所拟，原文无标题。

馆核办。查此项事实表册，于各地方政绩之良窳，进步之多寡，分类胪陈，逐年比较，以之考求吏治，虽不敢谓事无循形，词无虚饰，而循文责实，亦庶几有所凭依，实于整饬地方，推行民政，不无裨益。臣部职司所在，自应黾勉从事，以企成功。拟请饬下各省督抚，将州县事实表册，除照章咨送宪政馆外，另造一分咨送臣部详细考核，俟核定优劣分别等第后，仍行咨请宪政编查馆王大臣复核主稿，会同臣部具奏，请旨劝惩。其章程表式如有应行增修改订之处，为臣部所见及者，亦拟随时酌定，会同具奏。庶使内外相维，名实相副，用收监督地方行政之效，而餍朝廷实事求是之心。如蒙俞允，即由臣部通咨各省，并咨行宪政编查馆钦遵办理。

得旨：如所请行。

朱寿朋：《光绪朝东华录》，总第5883页，中华书局1958年出版

民政部奏遵设统计处折（并章程）

光绪三十四年七月初八日①

奏为恭报臣部遵设统计处，并拟定章程及制订各项表式，恭折仰祈圣鉴事：光绪三十三年九月十六日奉慈禧端佑康颐昭豫庄诚寿恭钦献崇熙皇太后懿旨：本日宪政编查馆奏请饬各省设立调查局，各部院设立统计处各折片。统计一项，宜由各部院先总其成。著各部院设统计处，由该管堂官派定专员，照该馆所定表式，详细胪列，按期咨报，以备刊成统计年鉴之用。等因。钦此。

窃维统计之法，中国虽无此专学，而考诸古代夏书《禹贡》一篇，分类列记，实得统计之精义。厥后《史记》诸书，亦多列表绘图，以便参观比较。诚以事务繁赜，非有挈领提纲之法，难收综名核实之功。臣部职司民政，大凡内治

---

① 为奉到上谕批示日期。

之得失，疆域之广狭，人口之多寡，社会之情形，均赖统计详明，方足总括机宜，力求进益。是以臣部改设之始，即于文牍科内兼使办理统计等事。嗣奉明诏，饬派专员经理，允见朝廷实事求是注重统计之至意。当即于去年十一月间在本部遵设统计处，遴选司员分任其事，复派参议一员为之总核，以专责任。并饬臣部内外城巡警总厅各将本厅统计事宜均归该处核定，俾得划一整齐。嗣由该处拟订办事简章，当经臣等阅看，尚属妥洽，即令试办在案。现在已届半年，所有本部应办统计事宜，均经拟有表式。除由臣部咨送宪政编查馆应俟复核后再行颁发各省外，现将该处章程详加厘定，理合缮单恭呈御览。如蒙俞允，即由臣部钦遵办理。

所有遵设统计处缘由，恭折具陈，伏乞皇太后、皇上圣鉴训示。谨奏。

光绪三十四年七月初八日奉旨：依议。钦此。

谨将统计处章程缮具清单，恭呈御览：

第一章 总 纲

第一条　本部统计处专司统计民政事宜，按照本部职掌，综辑全国民政，别列表以备刊成统计年鉴之用。

第二条　本部所办统计年鉴，由本部各厅司处所、内外城巡警厅区及各省造报办事成绩，编辑成书。其关于现行事项，概不涉及，以清权限。

第三条　本部直辖各厅司处所，及内外城巡警总厅，应按照职司，酌派调查员，依本部所定表式，分期填写，送至统计处复核。

第四条　各省现设调查局，本部咨明督抚转饬该局，每年春季即将上年民政部统计各表及调查报告等项，除送宪政编查馆外，应备一份，由督抚咨送本部。如本部有应行调查事件，得径令各省调查局调查一切，随时申报。

第二章 职 掌

第五条　统计处分设二科，一调查科，一编制科。

第六条　调查科所掌如左：

一　调查本部厅司局处应行统计事项。

二　调查本部直辖厅区局所学堂等处应行统计事项。

三　调查各省属于民政应行统计事项。

第七条　编制科所掌如左：

一　掌理案牍，整理保存事项。

二　掌理表件核算校对事项。

三　掌理图册编制绘画事项。

第三章　权　限

第八条　统计处设总核一员，提调二员，科员十员。

第九条　总核综理统计处一切事项；提调帮同掌理一切应办事件，并核定稿件表式；科员分担两科应办事务。

第十条　统计义例至为精密，亟应遵旨派定专员经理其事。现在开办伊始，暂作乌布，不设额缺。将来事务增繁，再行酌量情形，奏明办理。

第十一条　统计处拟于本部所属该主管衙门局所酌派谘议员，遇有重要应商事件，随时咨询，以期接洽而臻周密。

《民政部奏折汇存》第一册，第221—224页，全国图书馆文献缩微复制中心2004年影印

民政部奏拟考核巡警官吏章程折[①]

光绪三十四年八月初八日

民政部奏：本年四月二十六日宪政编查馆具奏核订直省巡警道官制并分课办事细则一折，奉旨允准，钦遵通行在案。

---

① 标题为编者所拟，原文无标题。

查原奏清单内开各项，举凡官员之任用，警务之得失，臣部皆有督率考核之权。而实行考核，自应严定劝惩，但非限以时日，课以事功，无以定责成而觇实效。臣部总揽全国内政，警察乃内政之一端，责任至重，关系至巨，考查应益加严。京师警务系各省之观瞻，内外警厅为臣部所直辖，自应通行考核，一律办理。臣等悉心商订，拟具考核巡警官吏章程九条，京师自巡警总厅厅丞以下，各省自巡警道以下，所有办事成绩，均由臣部定期核办，分别殿最，请旨劝惩。其实系成绩昭著或办事不力者，亦即随时奏明办理，似此黜陟兼施，群下咸知激励，庶警务日有起色，新政藉以推行，期仰副朝廷实行整顿保护黎民至意。

得旨：如所议行。

朱寿朋：《光绪朝东华录》，总第5986—5987页，中华书局1958年出版

遵拟本部逐年筹备未尽事宜折（并单）

宣统元年

民政部

奏为遵旨妥拟逐年筹备未尽事宜，缮具清单，恭折仰祈圣鉴事：

光绪三十四年九月二十九日内阁奉上谕：朕钦奉慈禧端佑康颐昭豫庄诚寿恭钦献崇熙皇太后懿旨：前据宪政编查馆、资政院将议院未开以前逐年应行筹备事宜开单具奏，当经降旨谆谕内外臣工依期举办。查单开各衙门筹备事宜，仅就与开设议院最切近者而言，非谓未列单内之各衙门便可不受责成，即已入单内之民政部等衙门，尚多有未尽事宜。著各衙门统限六个月内，按照该馆、院前奏格式，各就本管事宜，以九年应有办法，分期胪列奏明，交宪政编查馆会同复核，请旨施行。等因。钦此。十一月二十五日复奉谕旨：著各该衙门懔遵前次懿旨，依限办理。等因。钦此。仰见圣谟宏远。国是既定，期于大成。

臣等窃惟立宪之本，首重内政，内政修明，则人民皆知尊重秩序，代议之制，自能实行。臣部职司民政，所有本管事宜，与开设议院切近之事最多。举凡调查户口、筹办自治、设立巡警各大端，业经上年钦定分期施行。此外未尽事宜，自应以上年清单所载为纲，增设细目，详定办法，务期首尾贯串，经纬分明，毋误议院成立之期，而实收宪政完备之效。节经臣等详慎讨论，谨就切实可行之事，分期胪列，另缮清单，恭呈御览，伏候饬交宪政编查馆复核，请旨施行。

除臣部职掌范围内常年例行事件，应行逐日清理者毋庸列入此单，暨嗣后兴革损益事宜，应行随时斟酌办理者，届时另行具奏外，所有遵拟逐年筹备未尽事宜缘由，是否有当，谨恭折具陈，伏乞皇上圣鉴训示，谨奏。

谨将遵拟臣部逐年筹备未尽事宜缮具清单，恭呈御览：

宣统元年　第二年

一、拟订自治研究所章程，请旨钦定通行各省，照章设立。
一、拟订京师地方自治章程，请旨钦定。
一、筹设京师议事会、董事会。
一、核定各省城镇乡自治区域。
一、指定各省繁盛城镇地方，督催照章筹设该城镇议事会、董事会。
一、督催各省，将该省省会及外府所属各首县，并商埠地方人户总数照章调查，一律报齐。
一、汇造各省第一次查报户数清册。
一、整理京师内外城巡警厅区编制。
一、扩充京师高等巡警学堂，并推广内外城巡警教练所。
一、督催各省，照章设立省城高等巡警学堂及各厅州县巡警教练所。
一、督催各省，将该省省会及外府所属各首县，并商埠地方巡警一律办齐。

宣统二年　第三年

一、京师地方议事会、董事会限年内成立。
一、考核上年指定各城镇议事会、董事会办理成绩。
一、指定各省中等城镇地方，督催照章筹设该城镇议事会、董事会。

一、督催各省，就该省省会地方首县照章筹设该县议事会、董事会。

一、督催各省，将该省上年未经清查各地方之人户总数照章调查，一律报齐。

一、汇造各省第二次查报户数清册。

一、确定京师内外城巡警编制。

一、推广京师外郊巡警。

一、督催各省将上年未经筹办之各厅州县巡警一律办齐。

宣统三年　　第四年

一、考核上年续行指定各城镇议事会、董事会办理成绩。

一、督催各省，将上年未经指定筹办自治之其余各城镇一律照章筹办，并就近城各乡地方照章筹设乡议事会、乡董。

一、考核各省省会首县议事会、董事会办理成绩。

一、督催各省，就该省外府所属各首县，照章筹设该县议事会、董事会。

一、督催各省，将该省省会及外府所属各首县，并商埠地方人户总数，照章调查，一律办齐。

一、汇造各省第一次查报口数清册。

一、考核各厅州县巡警办理成绩。

一、指定各省繁盛市镇地方，督催筹设该镇巡警事宜。

宣统四年　　第五年

一、考核上年续行筹办自治之各城镇议事会、董事会，及近城各乡议事会、乡董办理成绩。

一、督催各省，就所属偏僻各乡地方，指定若干处，照章筹设乡议事会、乡董。

一、考核各省外府各首县议事会、董事会办理成绩。

一、指定各省冲繁厅州县，督催照章筹设该厅州县议事会、董事会。

一、督催各省，将该省上年未经清查各地方之人口总数照章调查，一律报齐。

一、汇造各省第二次查报口数清册。

一、考核上年指定各市镇巡警办理成绩。

一、指定各省中等市镇地方，督催筹办该镇巡警事项。

宣统五年　第六年

一、拟订户籍法施行细则。

一、考核上年续办自治之各乡议事会、乡董办理成绩。

一、考核上年指定筹办自治之各厅州县议事会、董事会办理成绩。

一、就各省偏僻各厅州县指定若干处，照章筹设该厅州县议事会、董事会。

一、考核上年指定各市镇巡警办理成绩。

一、督催各省将所属近城各乡地方巡警一律筹办。

宣统六年　第七年

一、考核上年指定筹办自治之各厅州县议事会、董事会办理成绩。

一、督催各省，将上年未经指定筹办自治之其余偏僻各厅州县，一律照章筹设该厅州县议事会、董事会。

一、考核各省近城各乡地方巡警办理成绩。

一、督催各省，就所属偏僻各乡地方指定若干处筹办该乡巡警。

宣统七年　第八年

一、考核上年续行筹办自治之各厅州县议事会、董事会办理成绩。

一、考核上年指定各乡巡警办理成绩。

一、督催各省将上年未经筹办之各乡巡警一律办齐。

宣统八年　第九年

一、考核上年续行筹办之各乡巡警办理成绩。

一、拟订关于议员选举事宜之各项程式规则。

一、核定下议院议员选举区。

一、督催各省调查选举人数编造名册。

《民政部奏折汇存》第一册，第21—28页，全国图书馆文献缩微复制中心2004年影印

四、官制改革

民政部奏陈明第二年第一届筹办事宜折

宣统元年九月二十二日①

奏为遵章陈明第二年第一届筹办事宜，恭折仰祈圣鉴事：

光绪三十四年十二月十一日，宪政编查馆、资政院会奏设立考核专科章程内开九年筹备事宜，钦遵懿旨，责成内外臣工，每届六个月将筹办成绩胪列奏闻，各等语。除第一年臣部应行筹备事宜，如城镇乡地方自治章程、调查户口章程，业经陆续奏报外。兹届第二年第一届筹办成绩奏报之期，查宪政编查馆筹备事宜及臣部续拟筹备清单内开第二年应行筹备之事，一拟订自治研究所章程。臣部于本年闰二月间具奏，经宪政编查馆复核，奏准通行各省在案。一京师地方自治章程。本年七月间，臣部业经拟订，奏请饬交宪政编查馆核议，一俟复核奏定，即将京师地方自治事宜妥筹办理。一整理京师内外城巡警厅区编制。臣部于本年春间奏请将内外城巡警厅区编制另行组织，警官员缺分别裁并暨甄别整顿情形，迭经奏明，奉旨俞允，钦遵办理。一京师高等巡警学堂。成立已久，将届卒业，现复量加扩充，拟于堂内附设警官巡警讲习新班，以广造就，并于内外城分设巡警教练所，就现充巡警各员，酌量抽出分班补习，务期有裨警学，无旷职守。一各省筹备城镇乡地方自治，设立自治研究所。查各省筹办城镇乡自治情形，除山西、陕西、甘肃、新疆、江西、广东、贵州等处尚未据咨报外，直隶一省筹办最早，天津议事会及董事会先后成立。其余各省均经奏咨筹办有案。至自治研究所，惟江苏、浙江、江西、甘肃、贵州等省未据咨报，余亦设立。仍即督催一律赶办，以免延误。一各省筹办厅州县巡警。查各省省会巡警大都开办，至外府所属各首县并商埠地方巡警，有已经布置者，有尚待推广者。本年六月间，咨催各省将现时厅州县实在办法专案报部，以重警政。一各省设立省城高等巡警学堂及

---

① 为奉到上谕批示日期。

各厅州县巡警教练所。除安徽、江西等省未据专案咨报，甘肃一省咨请展限，仍分别督催依限筹办外，其余业经咨报。各省或就原有学堂改设或另行筹设，当经臣部分别咨复，准其试办，并将各省送到课程表册逐加考核，汇存备案。一各省调查省会及外府所属各首县并商埠地方人户总数。迭经臣部通咨各省，限于年内十月间，将查报户数填表送部。至汇造各省第一次查报户数清册，应俟各省到齐后，再行汇核奏明。

以上各节，或系臣部与宪政编查馆同办之件，或系与各省同办之件，均经分别奏咨办理。至各省能否实力奉行，臣部更应随时考核。曾于五月间拟订巡视各省民政章程，奏蒙允准，当即遴派妥员，分期巡视。仍一面督催各省，将应行筹备事宜，迅速举办，毋误限期，以仰副朝廷实行立宪之至意。此外单开之厅州县地方自治章程，应由臣等督饬司员，拟订草案，详细斟酌，于第二届期内另行具奏。

所有胪列臣部第二年第一届筹办成绩缘由，谨恭折具陈，伏乞皇上圣鉴。谨奏。

宣统元年九月二十二日奉旨：该衙门知道。钦此。

《政治官报》第七百四十四号，折奏类，宣统元年十月初九日出版

民政部[①]遵拟次年筹备事项实行办法折

宣统元年十二月二十九日[②]

奏为遵拟次年筹备事项实行办法，先期陈明，恭折仰祈圣鉴事：

本年八月十四日，宪政编查馆会同资政院具奏复核各衙门九年筹备未尽事

---

① "民政部"为编者所改，原文为"本部"。
② 原件未署日期，此为奉到谕旨批示日期。

宜折内称，嗣后每年冬间，由该管衙门按本年原奏清单，再将拟定次年实行办法及预算用款数目，先期切实奏明办理，等因。奉旨：依议。钦此。钦遵咨行在案。

窃查臣部奏定逐年筹备未尽事宜单内，所有第三年应行筹办之件，关于自治事项者凡四。一为考核上年指定各城镇议事会、董事会办理成绩，一为指定各省中等城镇地方督催照章筹设该城镇议事会、董事会，一为京师地方议事会、董事会限年内成立，一为督催各省就省会地方首县照章筹设该县议事会、董事会。查各省城镇地方自治事宜，据各省陆续咨报，尚未到齐，拟由臣部咨催各省，分别繁盛城镇暨中等城镇次第举办，并将指定地方详细胪列，报部立案，以凭查核。至京师及各省省会首县议事会、董事会，节经臣部将京师地方自治及府厅州县地方自治各章程先后拟订，奏交宪政编查馆复核。一俟核复奏定，咨行到部，即行分别照章办理。

关于户籍事项者凡二。一为督催各省将上年未经清查各地方人户总数照章调查，一律报齐，一为汇造各省第二次查报户数清册。查臣部本月十八日具奏遵章调查第一次人户总数折内，曾声明未经送报各处，业经一再咨催，督饬赶办，并计调查户数，以宣统二年十月前为报齐之期，吁请饬下各省督抚将军，责成所属，务各遵照定章，克期举办。如有逾限不报或查报不实者，一经臣部确实查明，据实纠参，用示惩儆，等语。钦奉谕旨允准施行。自经此次严切奏催，则第一次人户总数，可期迅速观成，即第二次户数清册，或不致再行延宕。

关于警察事项者凡三。一为确定京师内外城巡警编制，一为推广京师外坊巡警，一为督催各省将上年未经筹办之各厅州县巡警一律办齐。查京师警务，臣等于本年十一月间奏陈整顿办法并经费支绌情形，恳请饬下度支部，查照臣部六月间奏交预算出入表内不敷银两，如数拨给。旋经该部奏复，每年筹拨银二十万两，作为整顿京城警务常年经费，自明年起，由臣部量加扩充，等语。所有内外城巡警编制，臣等自应查照奏定整顿各节，顾念财力，分别妥筹。惟查奏交预算表，系自本年七月起至次年六月止，其推广京师外坊巡警一节尚不在内，拟请俟此次巡警编制确定后，再酌量情形，仿照推行，并于明年六月预算出入经费时，另行筹画，奏明办理。至各省未经筹办之厅州县巡警是否办齐，除一面分别咨催外，并拟于各省造报州县事实册内，切实考校，以臻完密。

以上数端，或系臣部督率办理之件，或系臣部咨催各省督抚督同办理之件，臣等自应逐条筹画，依限举行，仰副朝廷望治之殷，俾收宪政进行之效。所有遵拟次年筹备办法，先期陈明缘由，谨恭折具陈，伏乞皇上圣鉴训示。谨奏。

宣统元年十二月二十九日奉谕旨：民政部奏遵拟次年筹备事项实行办法，先期陈明一折，著宪政编查馆知道。钦此。

《民政部奏折汇存》，第15—17页，全国图书馆文献缩微复制中心2004年影印

民政部奏遵设宪政筹备处折

宣统二年二月二十三日①

奏为遵设宪政筹备处，并恭书上谕，敬谨悬挂，恭折仰祈圣鉴事：

宣统元年十二月二十日钦奉谕旨：宪政编查馆奏请饬京外各衙门设立宪政筹备处，并将十月十三日上谕恭书悬挂一折。著依议。钦此。当由该馆钞录原奏咨行到部。查原奏内称，拟令京外各衙门堂官，责成丞参，督率承办各员办理其事。其从前已设督催总核考核等处，即由各该衙门改易今名，藉昭划一。凡派在宪政筹备处人员，应令开单咨报臣馆，以便遇事互相讨论。并将十月十三日上谕恭书悬挂，以励推行而免疏懈，各等因。查宪政为立国要图，其事端则极为繁赜，其程限则互相赓续，倘非策应于几先，必致贻忧于事后。臣部自奉明诏预备立宪，业将应行筹备事宜，分年胪列开单奏明依限办理。如城镇乡及府厅州县地方自治章程，均经先后奏准颁行。至各省人户第一次调查报明总数，暨各省厅州

---

① 为奉到谕旨批示时间。

县巡警粗具规模，亦经臣部于上年十月及本年正月间分别奏报各在案。兹复恭奉谕旨，自应钦遵办理，即于臣部设立宪政筹备处，派委总理帮办会办等员承办一切，仍责成丞参，督率各员，依限举行，认真经理，并遵将宣统元年十月十三日上谕恭书悬挂，朝夕懔遵。惟是立法之始，不厌求详，百端之兴，得人则理，举凡筹备事宜，其隶于臣部，与各省督抚同办者，均属责无旁贷，必使脉络贯通，力祛隔阂，始可得指臂相连之助。臣等于此次派委人员内，一秉此义以为准则，庶几为事择人，事无不举，以期仰副朝廷注重宪政，核实程功之至意。除将所派各员衔名开单咨送宪政编查馆外，所有遵设宪政筹备处缘由，理合恭折陈明，伏乞皇上圣鉴。谨奏。

宣统二年二月二十三日奉旨：宪政编查馆知道。钦此。

《政治官报》第八百七十四号，折奏类，宣统二年二月二十八日出版

民政部奏遵章陈明第二年第二次筹办成绩折

宣统二年三月初三日①

奏为遵章陈明第二年第二次筹办成绩，恭折仰祈圣鉴事：

光绪三十四年十二月十一日宪政编查馆、资政院会奏设立考核专科章程内开，九年筹备事宜，钦遵懿旨，责成内外臣工，每届六个月将筹办成绩胪列奏闻，等语。当经钦奉谕旨允准，钦遵咨行到部。所有臣部第一年及第二年第一届筹办事宜，均经遵章先后奏报在案。兹届第二年第二次奏报筹办成绩之期，自应详细胪陈，以符定章。

查宪政编查馆筹备事宜清单及臣部续拟筹备清单内开第二年应行筹备之事，一为设立自治研究所。臣部于上年闰二月拟订自治研究所章程，奏经宪政编查馆复核，奏准通行各省。业经上届奏报在案。除甘肃一省未据专案咨报成立，迭经

---

① 为谕旨批示日期。

臣部督催筹设并将办理情形迅速报部外，其余各省均经先后咨报遵章成立。

一为拟订京师地方自治章程，筹设京师议事会、董事会。上年七月间，臣部拟订草案，奏交宪政编查馆核议，业经该馆于上年十二月二十七日核定奏准颁行。当由臣部札饬内外城巡警总厅妥速会商设立筹办处，克期举办，俾无误年内成立之期。

一为核定各省城镇乡自治区域及指定各省繁盛地方筹设该城镇议事会、董事会。查臣部宣统元年十二月十九日奏陈次年筹备事项实行办法折开，各省城镇地方自治事宜，各省陆续咨报尚未到齐，拟由臣部咨催各省分别繁盛城镇暨中等城镇次第举办，并将指定地方胪列报部，以凭查核，等语。各省筹设董事会、议事会，惟直隶筹办最早，天津县议事会于三十二年七月成立，董事会于三十四年七月成立。湖北、广西两省均经指定繁盛地方咨报到部。安徽、福建、山东、河南、陕西、吉林六省亦经定期选举，克日成立，先后咨报有案。其余未经咨报各省，业由臣部分别咨催依限成立，迅速咨报。统俟下届考核成绩时分别奏明办理。

一为督催各省省会及外府所属各首县并商埠地方查报人户总数，汇造第一次户数清册。查京城八旗、内外巡警两厅、顺天府，及奉天、吉林、直隶、江苏、安徽、陕西、新疆、山东、河南、福建、浙江、湖北、湖南、广东、广西、云南、贵州等省，热河、山海关、察哈尔、青州、江宁、荆州、成都、西安、科布多等处驻防，所有人户总数陆续依限报部，业经臣部于上年十二月十八日缮具清单，奏报在案。其逾限未报之四川、山西、黑龙江、江西、甘肃等省，内务府二旗、凉州及驳回更正之密云、库伦等处，经臣部督催赶办，亦均于本年正二月间先后补报到齐。贵州一省上年仅据咨报首府首县户数，其全省总数现亦据该省电咨报明。其山东、湖南、河南、福建等省及江宁驻防近复将全省各州县地方人户总数提前查报到部。均经臣部汇列表册，俟下届汇造第二次查报户数清册时再行详核具奏。

一为整理京师内外城巡警厅区编制。上年春间，臣部奏撤内外城巡警五分厅，厘定厅区编制，所有改订组织，裁并警员各情形，迭经奏奉允准，钦遵办理，并于十一月间奏陈整顿办法各在案。内外城厅区编制，自经臣部迭次厘定之后，行之数月，尚无窒碍。臣部仍当随时体察情形，如有应行因时损益之处，拟俟本年确定京师内外城巡警编制及推广京师外郊巡警时通盘筹画，确定办法，再行奏明办理。

一为扩充京师高等巡警学堂及内外城巡警教练所。查京师高等巡警学堂前因学舍不敷分住，考取各生未能一律传齐。嗣经扩充房舍，添聘教员，始得增加员额，分班教授。其前班学生已于上年毕业，经臣部会商学部奏请奖励在案。臣部复于上年更新组织，于堂内附设巡官补习所，就内外城厅区酌拨巡官三十员分班补习，以广造就。并附设初等班，学生二百四十名，将内外城巡警教练所归并办理，务使教科完备，有裨警学，庶几异日实施，无忝职守。

一为各省设立高等巡警学堂及各厅州县巡警教练所。查各省筹办此项学堂教练所，上年第一届奏报成绩时，各省咨报到部者已居多数，业经臣部于第一届奏报成绩折内陈明，并声明安徽、江西等省未据专案咨报，甘肃一省咨请展限，仍分别督催，依限筹办，等语。嗣据安徽、江西等省将开办高等巡警学堂办法及教练所章程表册咨报前来。其吉林、河南两省并将已办学堂教练所详细名册咨送到部。惟甘肃一省迭经督催，迄未咨报，现已由臣部电催赶办，克期成立，如再延误，再由臣部奏明请旨办理。

一为督催各省省会及外府所属各首县并商埠地方巡警。查各省举办巡警，均于上年咨报到齐，其直隶、安徽、广东等省则已将全省厅州县巡警成绩表册咨送到部。江苏一省亦经奏称各厅州县巡警于元年十月内一律办齐。湖北一省上年三月间奏报全属举办已在八成以外。其余各省或均粗具规模，或已成立过半。迭据各该省依限咨明，尚无延误。此外如察哈尔、江宁、西安、成都、荆州、广州、乌里雅苏台、京口、凉州、山海关、伯都讷、墨尔根、西藏、呼伦贝尔、阿勒楚喀、库伦、科布多、古北口等处，亦经陆续咨报遵章成立。

至臣部应行拟订之府厅州县地方自治章程，亦经臣部于上年十一月间详细拟订，奏交宪政编查馆复核，具奏请旨，钦定颁行。即由臣部通咨各省遵照筹办在案。

以上各节，或系臣部与宪政编查馆同办之件，或系臣部督饬举办及督催各省督抚举办之件，均经先后奏咨办理。至于逐年筹备，程限綦严，考核稍疏，或不免有奉行不力之弊。臣部自应随时督催，责成各省认真筹办，依次举行。一面仍按照臣部奏定巡视民政章程，随时拣派妥员，分期巡视，以仰副朝廷慎重宪政有加无已之至意。所有遵章奏报臣部第二年第二次筹办成绩缘由，谨恭折具陈，伏乞皇上圣鉴。谨奏。宣统二年三月初二日奉旨：宪政编查馆知道。钦此。

《政治官报》第八百九十号，折奏类，宣统二年三月十四日出版

民政部奏陈第三年第二次筹备成绩折①

宣统三年三月二十三日②

奏为胪陈第三年第二次筹备成绩，恭折仰祈圣鉴事：

窃查筹备宪政事宜，照章每年六个月奏报一次，并咨报宪政编查馆查核，历经依限遵办在案。上年十一月奉旨提前开设议院，缩短筹备年限，由宪政编查馆将筹备事宜清单另行修正。臣部业经遵照修正清单，将本年应行筹备各事先期陈明。本届奏报成绩，系结束上年下半年之事，自应仍按原单办理。查原单内宣统二年臣部应行筹办事宜计有五项，谨为我皇上缕晰陈之。

一曰续办城镇乡地方自治。查臣部奏定未尽事宜清单内，分定第三年为考核上年指定各城镇议事会、董事会办理成绩，及指定各省中等城镇地方督催照章筹设议事会、董事会之期，业于上届折内，将各省先后成立各会及湖南、新疆两省奏请缓办等情胪列陈奏。现据直隶等省咨报，指定之繁盛城镇议事会、董事会均已成立，指定之中等城镇议事会、董事会正在筹办。又东三省、直隶、四川、江苏等省则有提前办理偏僻城镇及乡自治者，屡由臣部照章考核督催，尚无贻误期限。至京师地方议事会、董事会本限年内成立，其办理选举情形，业于上届折内陈明。嗣因内外城归并警区，所有原选之议长、副议长致浮原额，复于十月内照章改选，现已一律成立。

---

① "民政部"为编者所加。
② 为奉到上谕批示日期。

一曰筹办厅州县地方自治。臣部前拟未尽事宜清单内,定第三年为督催各省就该省省会地方首县照章筹设议事会、参事会之期。据直隶、四川两省咨称,均已提前办理。其黑龙江之巴彦州,江苏之川沙厅亦已提前办理。其余各省均咨称限期筹设。惟查原定清单,先城镇乡而后府厅州县,修正清单则统言地方自治,上年冬间,迭据湖广、云贵总督及山东、广西巡抚等先后奏咨,请将府厅州县自治提前筹办,已于上年奏定次年筹备事宜折内陈明,由臣部知照各省体察情形,酌定次序,俟各省咨复到后,再行奏明。

一为汇报各省人户总数。查各省第一次报到人户总数,臣部已于前年十二月专案具奏。其第二次报到人户总数及提前查报人户总数,亦于上年十二月专案具奏各在案。以后仍令遵照定章,详细编订,年终汇报,以昭核实。

一曰编订户籍法。查此件已由臣等督率员司详加拟订,业于上年十二月咨送宪政编查馆,核定后即行会同具奏。

一曰厅州县巡警限年内一律完备。京师内外城巡警编制及外郊巡警办法,业于上届折内详晰陈明。至各省厅州县巡警,迭据报称一律完备,惟详核册内官警编制,尚多不合定章及名额太少之处。滇桂各属,则因匪扰民穷,有数州县尚未举办者。臣部已咨行各该省分别更正扩充,并严催续办,以期实臻完备,俱俟咨复到后,再行专案奏明。

以上各项,其应由臣部办理者,均已次第就绪,其应与各省督抚同办者,亦经迭次督催考核,尚无贻误。此后筹备各事,应遵照修正清单依次举办,迅速进行,以仰副朝廷提前筹备,克期成立之至意。

所有胪陈臣部第三年第二次筹备成绩缘由,谨恭折具陈,伏乞皇上圣鉴。谨奏。

宣统三年三月二十三日奉旨:著宪政编查馆知道。钦此。

《民政部奏折汇存》第一册,第261—264页,全国图书馆文献缩微复制中心2004年影印

军机处陆军部会奏陆军部官制及现行办法折①（附清单）

光绪三十三年四月二十七日②

奏为核议陆军部官制并酌拟办法恭折会陈仰祈圣鉴事：光绪三十二年九月二十日内阁奉上谕，钦奉懿旨：兵部著改为陆军部，以练兵处、太仆寺并入，应行设立之海军部、军谘府，未设以前，均暂归陆军部办理。原议各部院等衙门职掌事宜及员司各缺，仍著各堂官自行核议，悉心妥筹，会同军机大臣奏明办理。等因。钦此。仰见朝廷执两用中，权衡至当，钦服莫名。

伏维国朝兵制，震古铄今，茂矩崇规，载在方册，谨案钦定中枢政考各书，凡兵制、营制、仪制、铨政、军政、马政、关禁、海禁、邮禁、驿递等要政，皆兵部所职掌。原设四司，条理秩然。即太仆寺本周官校人之职，所司牧厂、孳生、均齐等事，于马政要务，亦属提纲挈领，巨细靡遗。苟守法者能实力奉行，原自范围，不过此皆旧制之不容轻废者也。至世事推移，器械日新，则编制训练亦因以递变。自光绪二十九年十月遵旨设立练兵处以来，参考东西各国兵制，酌用新法编练陆军。凡学堂之教育，兵队之训练，步、马、炮、工程、辎重之分门编配，衣粮器械之筹备运输，关塞台垒之测绘图维，军队之卫生疗治及一切应办事项，历经各设专员，悉心经画，以求精进，此皆新法之日见扩张者也。现经遵旨将练兵处、太仆寺归并臣部，自应酌定次第，分司治事，以重职守而备规模。

臣等再四筹商，拟首设军衡、军乘、军计、军实四司，分掌兵部原设武选、车驾、职方、武库四司旧管例行等事，而将练兵处原设考功、器械两科，并由工部划拨臣部之应办事宜分别并入，以归画一。此外，则以练兵处所掌新军应办各

---

① 题目为编者所拟，原文无标题。《东方杂志》光绪三十三年第七期载此奏折，标题为《军机处陆军部会奏核议陆军部官制并酌拟办法折》。

② 原件未署日期。此处据《光绪宣统两朝上谕档》。附上谕档记载："交陆军部：本日贵部奏核议陆军部官制并酌拟办法各折片，单五件。奉旨：依议。钦此。相应传知贵部钦遵可也。此交。四月二十七日。"见《光绪宣统两朝上谕档》第33册（光绪三十三年）第67页。

项,分晰门类,设立军制、军需、军学、军医、军法五司,其太仆寺应管事务及新军马政,拟并设军牧一司,共设十司。或率由旧章,或参订新制,所期立法周详,无稍偏重。而用人之道则务广其途,所有兵部、练兵处、太仆寺旧有诸员,均由臣等审其材能分别任用。总之,谙悉例案人员则于军衡等四司为宜,通晓军事及练习专门人员则于军制等五司为宜,习知马政人员则于军牧一司为宜。而以上各项人员又于各司中参错互用,俾旧者得扩新知,新者与闻旧案,习同而化,浃洽日臻,此臣等所拟分司用人之大概也。

惟臣部设官有不能与各部尽同者。臣部遵旨统辖新军各镇,自应与军队一气贯通,以免隔阂。查光绪三十一年八月由练兵处奏定陆军补官任职章程,系以三等九级之官任镇协标营各等之职。臣部现订官制,拟即略仿其意,所有兵部向设郎中、员外郎、主事等官,并练兵处奏设之三等九级等官,是皆为应设之官。此次臣部拟设各司,均各设司长一员,其各司之中分设各科,均各设科长一员,又于司科中分设科员、译员、司法官、绘图员、艺师、承发官、艺士、录事等员,是皆为应分之职,以官任职,第其等差,则取材之途无虞或隘。窃惟古者官有公卿、大夫、上中下士之殊,职有三百六十属之别,臣等远稽古制,近察时宜所为,现拟官制,官与职分者此也。又兵部原设之郎中、员外郎、主事等官,向系分属各司,现在每司既各设司长,官与职殊,则所有郎中以下等官,自难再系以司,祇可统属以部,即称为陆军部郎中、员外郎、主事,其原有各缺,则悉仍旧额,以存阶级。此于旧制之中,所应量为变通者也。至三等九级等官,自应与文员一体订设额缺,俾归一律,特现自正军校以上,尚未经授补有人,而自司长以下诸职,一经奏定,即须陆续派充,除文员内应以郎中等员遴委外,其需用武秩各员,势难悬缺以待,拟暂就前充练兵处差缺得力之员,视其才具资格,酌量录用。其中应补三等九级官阶者,先予任职,然后次第补官,此又于新章之中不得不权宜办理者也。

各司既定,责成自有所归,惟职掌各分,仍不能无总汇之区,以统诸务。拟参仿厘定官制大臣所定各部官制通则,设承政、参议两厅。承政厅设左右丞各一员,总司阖署事宜,原设之司务厅等处即归并其中;参议厅设左右参议各一员,总司本署及各军队、学堂、局所等处应行核议并稽察各事宜,以为指臂之司,耳目之寄,则所有十司乃无散而无纪之虑,臣等亦得所赞助。此臣等公同拟订衙门职掌、员司各缺之大纲办法也。

至应行设立之军谘府、海军部，遵旨暂归臣部办理，拟将军谘府暂名曰军谘处，设五司以掌要务；海军部暂名曰海军处，设六司以理庶政。而此两处之中均设正副使各一员，以比陆军部丞参，管理全处事务。又于军谘处五司内暂先设三司，兼摄其余二司事宜。海军处六司内暂先设三司，俟各该处事务日增，再照原拟司科分别次第添设。此则臣等为军谘、海军姑立始基而徐图将来府部之推行尽利者也。

至陆军部及军谘、海军两处员司，自丞参、正副使以次下至录事，所有人员数逾各部，盖以兵部、练兵处、太仆寺三衙门合并而成，实综军政、马政、军谋、军学四大端，事类殷繁，百端待理，势不得过从简略。至臣部原有一应实缺、候补人员，并由臣等慎选详察，如有庸惰不职者，亦即随时奏明撤退，以资整饬。其余未尽事宜，容臣等陆续议拟具奏。

谨将陆军部章制办法及军谘、海军两处章制，分缮清单，恭呈御览，如蒙俞允，俟奉旨后即由臣部钦遵办理。抑臣等更有进者，臣部以新旧三署合而为一，论旧制则统须整顿，论新法则亟待扩充，而综厥指归，胥以有俾军事为准。惟其间办法迥异，归并伊始，融洽实难，且各署人员或筹计新军，或职司部务，平日办事既两不相谋，遽令合参，亦多凿枘。臣等所为迟回审顾，议久未定者，职是之由。此次所拟厅司章制，新旧统筹，寓合于分，以期融会，然究系权宜之计，未敢谓久远之图。嗣后军备恢张、编练日盛、学堂遍设、成材日多，则事务无分新旧，条目无论洪纤，均得相时制宜，酌筹更变，正可以章制修改之次第，为军队进境之明征。臣等断不敢以经始之人，胶执成见，应俟试行以后，切实体验，如有应行损益之处，或二三年一变，或五六年而再改，谨当随时奏请遵行。总期戎政修明，颛若画一，以仰副朝廷经武图强，变通久大之至意。所有厘定陆军部官制并现行办法各缘由，谨恭折会陈，是否有当，伏乞皇太后、皇上圣鉴训示遵行。谨奏。

四、官制改革

谨将拟定陆军部章制，敬缮清单，恭呈御览：

部务总纲

一、钦遵谕旨兵部改为陆军部，以练兵处、太仆寺并入，总理全国陆军事务。

一、陆军部统辖京外陆军及旗绿各营军人军事，并关涉军事之各项学堂及军械制造局厂。

一、陆军部有厘定纠正各省陆军事宜之责，至关系军制饷章及一切重大事件，应由陆军部酌拟，会商军机大臣奏请钦定。

一、京外陆军任职补官及旗营官员并未裁绿营官员升调选补各事，皆由陆军部考验核定，分别奏咨办理。

一、凡京外陆军及旗绿等营所需经费，应由陆军部会同度支部核办。

一、陆军部设承政、参议二厅，及军衡、军乘、军计、军实、军制、军需、军学、军医、军法、军牧等十司，分理部务。

一、陆军部所用各项人员，于每季首开具职名清单奏报一次。

官员职掌

一、承政厅掌本部文牍收发、经费出入、各官差缺、各员功过并全部庶务，凡不归各司事项皆属焉。以兵部之满档房、司务厅、派办处、收支所，武库司之俸饷股及练兵处之文案、收支两处改并，区为秘书、典章、庶务、收支四科，分理厅务。左丞专司秘书、典章两科事项，右丞专司庶务、收支两科事项。又别设从事官，为陆军部堂官传宣辞令，接待宾客，附于该厅之内。

一、参议厅掌规画军事、考订章制、研究访查、详议决议等项事宜。凡一应饬议、提议、调查、密查之件皆属焉。左参议专司核议本部及军队、学堂、局厂章制并应办各事项，右参议专司稽察本部及军队、学堂、局厂章制并应办各事项。该厅拟不设科，分设谘议、检察等官分理厅务。

一、军衡司掌武职月选、旗绿营官弁轮升拔补，暨荫袭封典各项事宜。凡旧隶兵部武选司事件皆属焉。区为遴材、任官、袭荫、旗务四科分理司务。

一、军乘司掌军台、驿站、牌票、贡马、军马各项事宜。凡旧隶兵部车架司所掌除各牧场事宜划归军牧司外，其余各项及由武库司内划出遣配等事件皆属焉。区为驿传、销算、配成三科分理司务，其捷报处、马馆仍旧设立，一切事宜隶属该司。

一、军计司掌陆军官佐之补官任职并旗绿防营员弁之叙功议过各项事宜。凡旧隶兵部职方司、练兵处考功科事件皆属焉。区为考绩、策勋、恤赏、议罚四科分理司务。

一、军实司掌器械弹药，一应军装制造、存储、销用各项事宜。凡兵部武库司所掌除将俸饷、遣配等事划出外，其余各项及工部划归各项并练兵处器械科事务皆属焉。区为制造、保储二科分理司务。

一、军制司掌陆军一切制度编制、征调补充各项事宜。以练兵处蒐讨科改设，益以要塞工程等事。区为蒐简、步兵、马兵、炮兵、工兵、辎重兵、台垒七科分理司务。

一、军需司掌陆军军队及各学堂局厂薪资饷项、军装建造并经理人员教育各项事宜。以练兵处粮饷科改设，区为统计、粮服、建造三科分理司务。

一、军学司掌陆军各学堂教育及各项队伍操法、官兵学术、教练程度各项事宜。以练兵处原设之军学司所属训练、教育两科归并设立，区为教育、步队、马队、炮队、工程队、辎重队、要塞炮队七科分理司务，其原属之编译一科改设为编译局，事隶该司，职仍专掌。

一、军医司掌陆军卫生、疗伤、医药及军医、马医教育各项事宜。以练兵处医务科改设，区为医务、马医二科分理司务。

一、军法司掌陆军一切法律及陆军监狱各项事宜。以练兵处法律科改设，不分科。

一、军牧司掌各项马匹孳生牧养及整顿改革颁行马政各项事宜。以并入之太仆寺改设并旧隶兵部车架司之牧场事件皆属焉，区为均调、蕃殖二科分理司务。

厅司员缺

承政厅设左右丞各一员，承发官二员，秘书、典章、庶务、收支四科各设科长一员，共设一二三等科员二十员，一二三等译员五员，录事十四员。又别设正副从事官各一员。

一、参议厅设左右参议各一员,承发官一员,分设一二三等谘议官、一二三等检察官,均无定额,录事十二员。

一、军衡司设司长一员,承发官一员,遴材、任官、袭荫、旗务四科各设科长一员,共设一二三等科员三十二员,录事十二员。

一、军乘司设司长一员,承发官一员,驿传、销算、配成三科各设科长一员,共设一二三等科员十八员,录事十二员。另设捷报处总办一员、办事官六员、录事二员,又马馆监督一员、录事二员。

一、军计司设司长一员,承发官一员,考绩、策勋、恤赏、议罚四科各设科长一员,共设一二三等科员三十员,录事十二员。

一、军实司设司长一员,承发官一员,制造、保储二科各设科长一员,共设一二三等科员十六员,绘图员、艺师、艺士各一员,录事八员。

一、军制司设司长一员,承发官一员,蒐简、步兵、马兵、炮兵、工兵、辎重兵、台垒七科各设科长一员,共设一二三等科员二十六员,绘图员、艺师、艺士各一员,录事十二员。

一、军需司设司长一员,承发官一员,统计、粮服、建造三科各设科长一员,共设一二三等科员十五员,录事十二员。

一、军学司设司长一员,承发官一员,教育、步队、马队、炮队、工程队、辎重队、要塞炮队七科各设科长一员,共设一二三等科员三十四员,录事十二员。另设编译局,应设总办、提调、收掌、编纂、译述及应用各员随时酌设,不定员额。

一、军医司设司长一员,承发官一员,医务、马医二科各设科长一员,共设一二三等科员八员,录事六员。

一、军法司设司长一员,一二三等司法官六员,录事六员。

一、军牧司设司长一员,承发官一员,均调、蕃殖二科各设科长一员,共设一二三等科员六员,录事八员。

一、以上二厅十司,于定额之外,如应添用科员、办事官、译员、绘图员、艺师、艺士、录事等,随时酌派,均不作为定额。

充补章程

一、承政厅左右丞二员，参议厅左右参议二员，应钦遵谕旨，由陆军部堂官于试验得力文武人员，出具切实考语，豫行保荐，听候记名，由军机处开单请简。

一、承政厅四科科长以实缺候补郎中、员外郎，陆军副协参领及同副协参领派充；一二三等科员以实缺候补员外郎、主事，陆军正副协军校及同正副协军校派充。又别设之正副从事官，以陆军副协参领派充。

一、参议厅一二三等谘议官、检察官，由京外文武实缺候补人员内，不拘官阶，遴择才具相宜之员，分别奏咨调充。

一、军衡、军乘、军计、军实四司司长，以实缺候补郎中、员外郎派充。

一、军制、军学二司司长，以陆军正副参领派充。

一、军需、军医、军法三司司长，以陆军同正副参领派充。

一、军牧司司长，以陆军正副参领或同正副参领及实缺候补郎中、员外郎派充。

一、军衡、军乘、军计三司科长，以实缺候补郎中、员外郎、主事派充；一二三等科员以实缺候补员外郎、主事、七品笔帖式及陆军正副协军校分别派充。

一、军实司科长，以实缺候补郎中、员外郎、主事及陆军副协参领分别派充；一二三等科员以实缺候补员外郎、主事、七品笔帖式及陆军正副协军校分别派充。

一、军制、军学二司科长，以陆军副协参领派充；一二三等科员，以陆军正副协军校及实缺候补员外郎、主事、七品笔帖式分别派充。

一、军需、军医二司科长，以陆军同副协参领派充；一二三等科员，以陆军同正副协军校及实缺候补员外郎、主事、七品笔帖式分别派充。

一、军法司一二三等司法官，以陆军同协参领及同正副协军校并实缺候补员外郎、主事、七品笔帖式分别派充。

一、军牧司科长，以陆军副协参领及同副协参领并实缺候补郎中、员外郎、主事派充；一二三等科员以陆军正副协军校或同正副协军校及实缺候补员外郎、主事、七品笔帖式分别派充。

一、承政、参议两厅承发官,以实缺候补员外郎、主事及陆军协参领、正军校并同协参领、同正军校派充;各司承发官,以七八品笔帖式及陆军正副协军校或同正副协军校分别派充;厅司录事,以笔帖式、员外郎并未经授官之陆军毕业生派充。

一、译员、绘图员、艺师,以文武出身人员分别派充,艺士酌量录用。

一、捷报处总办、马馆监督,以实缺候补郎中或员外郎派充;捷报处办事官,以实缺候补员外郎、主事、七八品笔帖式派充;编译局总办以下等员,不论候补、候选、京外文武官及文武出身人员,酌量派充。

谨拟陆军部现行办法分条开列,敬缮清单,恭呈御览:

一、查前练兵处奏定陆军官制,系以三等九级军官充补镇协标各项军职,官与职分。现在陆军部既遵旨统辖各省陆军,自应按照前练兵处奏定陆军官制一律办理。所有新设各员,除左右丞、参议系请简员缺外,自司长以下,均定为陆军部职任,以各项文武官员充任,俾与各军队官职区分之制不相歧异。

一、陆军部拟用之陆军人员应补军官军佐,遵照前练兵处奏定章制,郎中以次等员应补官阶,仍循照旧例办理。至现定之司长以下各职系属差缺,即仿照各部旧章点派各司掌印、主稿等差之例,由陆军部堂官按照此次奏定充补章程遴员派充。

一、陆军部以军事为重,应全用陆军出身及各专门学堂出身人员,惟现在人才缺乏,自应就练兵处、兵部、太仆寺各项人员内量才器使,俟将来各项学堂造就人才敷用,即应统用陆军各学堂出身人员,以昭画一。

一、拟设之两厅十司,系就部中例行事项及陆军应办事项酌量区分归并,以杜淆混及漏略之弊。至各厅司承办事件,即责成各该丞参司长等,禀承堂官克期办理,俾免隔阂而归直捷。

一、兵部向设满汉郎中十八缺、员外郎十六缺、主事十四缺,太仆寺向设满蒙员外郎四缺,主事四缺,共郎中、员外郎、主事三项五十六缺。现在除部司务、主簿业由吏部奏请裁撤外,拟将兵部、太仆寺原设额缺变通并改,拟定郎中为十六缺、员外郎为十八缺、主事为二十二缺,仍符五十六缺之数。又兵部向设笔帖式九十四缺,太仆寺向设笔帖式十六缺,兹并为笔帖式一百十缺,其各项额缺拟统为陆军部全部文官员缺，即名曰陆军部郎中、员外郎、主事等官，不系以司，并不分满汉额缺。其各项应补应升并记名截取保送等项及遇京察年分，均循照定章办理。

一、所有郎中、员外郎、主事、笔帖式均以原有官阶分别补充各厅司职任，如有所充职任系办理军事各项，愿改就军官军佐者，应由陆军部堂官考核，果能胜任，再行奏明办理。

一、军官军佐现在既与郎中、员外郎、主事、笔帖式同任陆军部职务，即属陆军部部员，与在行营充任军职者不同，应一律订定额缺，以归划一。拟比照郎中、员外郎、主事额数定为正参领八缺、同正参领四缺、副参领十二缺、同副参领六缺、协参领十八缺、同协参领八缺，共五十六缺。又拟比照七八九品笔帖式额数，定为正军校十八缺、同正军校八缺、副军校二十四缺、同副军校十二缺、协军校三十二缺、同协军校十六缺，共一百十缺，是统为陆军部官佐员缺。其补缺升转及与各军镇、陆军各学堂迁转调用，另订章程奏明办理。

一、陆军部事务日繁，如额设官佐不敷任用，应以各军镇官佐及文武知兵人员分别调用。

一、现在由各省及各衙门调用各员，暂以原有官阶分别补充各厅司职任，查明果能胜任，将来或补陆军部对品文职或补军官军佐，由陆军部堂官分别请补。

一、此次拟定充补章程，厅司各项职任内有应以官佐派充者，惟名器宜慎，此项官佐一时未能全行奏补，拟请暂以曾任练兵处职务之得力人员，按其原充差缺之资格酌量派充。俟陆续奏补官佐人员足敷任用，再当悉照充补章程办理。

一、各厅司应用之译员、绘图员、艺师、艺士等员，现在应不拘资格，暂以原有官阶及原有出身分别派充，或察其资格所及酌补陆军军佐等官，一俟各项学堂人才辈出，再行拟订充补章程奏明办理，以示限制。

一、各厅司应用录事暂由兵部、太仆寺现有之笔帖式外郎及练兵处现用之清书内分别选充，如有不敷，拟酌调候选八九品官及各项学堂毕业生并八旗外郎考充。

一、此次奏拟各厅司章制仅举大纲，至各科详细条目及办事规则，应由陆军部堂官督饬各员条列事宜，次第酌定。

一、此次拟设十司，每司所设各科系均就现行事项从简设置，惟推行以后，自应随事扩充，恐现设之司科将来不足包举全局，尚应增司置科，以求完备，应由陆军部堂官体察情形，随时奏明办理。

一、此次拟设科员额数，亦系经再三核减，如将来事务日繁，须添员额，届时亦妥核奏明办理。至现设员额如人才实在不敷，未能全数充补，则亦任缺毋滥。

一、陆军部直辖之军镇、学堂、局厂岁需经费，应随时会同度支部奏明办理，至部内应支经费当另行核明具奏。

谨将拟订军谘处章制并官员额缺及现行办法，缮具清单，恭呈御览：

一、军谘府遵旨暂归陆军部办理，谨拟暂名为军谘处。

一、军谘处禀承陆军部堂官，掌理全国筹防用兵事务，将练兵处原设军令司应办之件统行并入。

一、凡关于规画筹防用兵及重要事件，由军谘处慎密酌拟，呈请陆军部堂官覆核，会同军机大臣具奏请旨遵行。

一、军谘处禀承陆军部堂官管理陆军各参谋官、检察参谋官之报告与参谋官之教育及该处所属人员补官、黜陟并陆军大学堂、测绘学堂及驻扎各国武官等项事宜。

一、军谘处暂设正使一员，管理全处事务；副使一员，帮同管理。承发官二员，录事四员，分别经理文牍及一切庶务，凡不关涉各司科之件皆归职掌。

一、军谘处拟设五司分任职掌。除测地司外，其第一至第四等司科职掌事宜另行开单陈明。

一、第一司掌第一、第二、第三、第四等科事宜。拟设司长一员，承发官一员，每科科长一员，一二三等科员十二员，一二三等译员五员，录事八员。

一、第二司掌第五、第六两科事宜。拟设司长一员，承发官一员，每科科长一员，一二三等科员四员，录事六员。

一、第三司掌第七、第八、第九、第十、第十一等科事宜。拟设司长一员，承发官一员，每科科长一员，一二三等科员十员，录事八员。

一、第四司掌第十二、第十三、第十四、第十五等科事宜。拟设司长一员，承发官一员，每科科长一员，一二三等科员九员，录事六员。

一、测地司掌陆路测量、绘图及测量人员教育并各测绘学堂等项事宜。区为三角、地形、制图三科，拟设司长一员，承发官一员，每科科长一员，一二三等科员六员，艺师四员，艺士八员，录事八员。

一、以上五司，于定额之外如应添用科员、译员、艺师、艺士、录事等，随时酌派，均不作为定额。

一、军谘处正使秩视陆军协都统，拟暂由陆军部堂官遴选相当人员，比照陆军部丞参员缺例具奏请简；副使秩视陆军正参领，拟由陆军部堂官遴择相当人员二三员开单奏请派充。

一、由第一至第四司司长以陆军正副参领派充。

一、测地司司长以陆军同正副参领派充。

一、由第一至第四各司科长以陆军副协参领派充，一二三等科员以陆军正副协军校派充。

一、测地司科长以陆军同副协参领派充，一二三等科员以陆军同正副协军校派充。

一、正副使所属及五司承发官、一二三等译员、艺师、艺士、录事等员均照陆军部充补章程办理。

一、军谘处应用官佐，亦应比照陆军部订定额缺，拟订正参领四缺、同正参领一缺、副参领六缺、同副参领一缺、协参领十缺、同协参领二缺，共中等三级官二十四缺；正军校十缺、同正军校二缺、副军校十二缺、同副军校三缺、协军校十六缺、同协军校五缺，共下等三级官四十八缺，其补缺升调一应章程酌照陆军部办理。

一、军谘处应用官佐既订额缺，则自司长以下各员，自应悉照定章补以官佐，惟名器宜慎，一时未能全行奏补，拟暂由曾任练兵处职务人员内择其学术优长尤为得力者酌量派充，俟陆续奏补官佐人员足敷任用，再当悉照定章办理。

一、军谘处开办之初，事务尚简，所有五司暂尚无庸统设，除测地一司应行照设外，其余四司拟姑设第一、第二两司兼摄第三、第四两司事宜，其军官军佐应设额缺亦准此酌减，先照六成设置，俟该处成立以后职务日增，由陆军部堂官察核情形，将应设司科及应置额缺随时奏明推广设立。

一、各司科人员应全用军事出身之人，惟创设伊始，择材为难，暂拟参用京外文武人员，俟数年后人材敷用，仍须专用军事出身人员，以昭画一。

一、军谘处为设立军谘府始基，应实力经理，以期日起有功，一俟规模大备，应否改为军谘府之处，由陆军部奏明请旨办理。

一、军谘处每年额支、活支各款，另行核明具奏。

谨将拟订海军处章制并官员额缺及现行办法，缮具清单，恭呈御览：

一、海军部遵旨暂归陆军部办理，谨拟暂名为海军处。

一、海军处管理全国海军政务，将练兵处军学司原设水师科及工部划出船政等事宜统行并入。

一、海军处凡关海军厘订章制、考究教育、节制海军人员、监督造械及造船厂坞并扩充办法等项事宜皆属焉。

一、凡海军应办事件及人员补官黜陟，皆由海军处详慎酌拟，呈请陆军部堂官核定，分别奏咨办理。

一、海军处暂设正使一员，管理全处事务；副使一员，帮同管理。承发官二员、录事四员，分别经理文牍及一切庶务，凡不关涉各司科之件均归职掌。

一、海军处拟设六司分任职掌。

一、机要司掌海军规制、炮械、驾驶、轮机等项事宜。区为制度、筹械、驾驶、轮机四科，拟设司长一员，承发官一员，每科科长一员，一二三等科员十二员，录事六员。

一、船政司掌修造、建筑等项事宜。拟不分科。设司长一员，承发官一员，一二三等考工官共五员，艺师一员，艺士二员，录事六员。

一、运筹司掌筹画海军战事、考核教育及应行测绘等项事宜。区为谋略、教务、测海三科，拟设司长一员，承发官一员，每科科长一员，一二三等科员共六员，艺师二员，艺士三员，录事六员。

一、储备司掌海军收支经费、制购装服、存储军粮及一切品物等项事宜。区为会计、服用、屯积三科，拟设司长一员，承发官一员，每科科长一员，一二三等科员九员，录事六员。

一、医务司掌海军卫生、治疗伤病、制配医药等项事宜。拟不分科，设司长一员，承发官一员，一二三等医官五员，录事六员。

一、法务司掌海军一切法律等项事宜。拟不分科，设司长一员，承发官一员，一二三等司法官四员，录事六员。

一、以上六司，于定额之外，如应添用科员、考工官、医官、司法官、艺师、艺士、录事等，随时酌派，均不作为定额。

一、海军处开办伊始，事务尚简。所有此次拟设六司，现尚无庸统设，拟先设前三司，后三司暂从缓设，俟该处成立以后，职务日增，由陆军部堂官察核情形，将应设司科随时奏明，推广设立。

一、海军处正使秩视陆军协都统，拟暂由陆军部堂官遴选相当人员，比照陆军部丞参员缺例具奏请简；副使秩视陆军正参领，拟由陆军部堂官遴择相当人员二三员开单奏请派充。

一、各司科人员应全用海军出身之人，惟目前择材为难，暂拟参用京外文武人员酌量充补，俟数年后人才敷用，仍专用海军出身人员，以归画一。

一、从前海军人员系按奏定海军章程照绿营官制充补，现拟仍暂循旧章办理，嗣后当比照奏定陆军三等九级官阶并设置官佐额缺，另订章制续行奏明，请旨遵行。

一、海军处为设立海军部始基，应实力经理，以期日起有功，一俟规模大备，应否改为海军部之处，由陆军部奏明请旨办理。

一、海军处每年额支、活支各款，另行核明具奏。

《国家图书馆藏历史档案文献丛刊·清陆军部档案资料汇编》，全国图书馆文献缩微复制中心 2004 年影印

陆军部奏拟订全国陆军应编镇数按省分配立定年限折

光绪三十三年七月二十一日

窃查光绪三十年八月初三日练兵处会同兵部奏定陆军营制饷章，又同日具奏陆军学堂办法折内声明，常备兵额约需三十六镇，等因。奏准通行各在案。

两年以来，内由练兵处王大臣，外由各省督抚等分别筹饷，次第编练。其业经成镇，考验奉旨编定者，为近畿第三镇，直隶第二、第四镇。现已具报成镇者，为近畿第一、第五、第六镇，湖北第七镇。此外，各省或甫成一镇，或先成两协及一协一标，并有未经编练者。亟应分配兵区，立定年限，依期如数编足。

夫军队之扩充，以储才、筹饷为先务，现在陆军人材缺乏，各省财政窘迫，勉为措注，诚知其难。惟时事方殷，列强均势，觇国者恒视其兵力强弱以为重轻，建威销萌，不得不急起图维，力筹布置。本年正月间，臣部奏准于各项正课学堂外，由部专设陆军速成学堂，明定各省学额，按年考收，二年半毕业，以期三五年后，造成多数初级军官，俾供军队任使。应即以各班学生毕业回省之日，为该省新军陆续添练之期。计应编之三十六镇，惟近畿之数较多，其余均按各省情形，分别编配，仍核明该省额设镇数，已编兵数及应行添练多寡，分定年限，统于限内一律编练足额。至于应备饷需，尤必分年预筹的款。兹事造端宏大，全在中外协力，始克观成。臣部总摄师干，固属责无旁贷，而计臣、疆臣深维大局，公忠夙矢，自应力当艰巨，以重戎备而固国防。谨将所拟章程，另缮清单，恭呈御览。如蒙俞允，拟请饬下度支部及各省将军督抚一体钦遵办理。谨奏。

光绪三十三年七月二十一日奉旨：依议。钦此。

谨将拟订陆军三十六镇按省分配限年编练章程，敬缮清单，恭呈御览。计开：

近畿四镇。查畿辅拱卫京师，宜宿重兵，以操居中驭外之势。现在已成四镇内,一镇移驻山东。又经东三省奏准调往一镇并混成一协。除俟各该省自编成镇,或自筹的饷,再由臣部照原拨镇数,分别调回及添练补足,以符定额。

直隶两镇,山东一镇。查该两省屏蔽畿疆,濒临渤海,互相联络,以固神京右辅。现在直隶两镇业经编定,山东一镇,系以近畿第五镇移驻,应令该省另筹的款,自编一镇,将原镇调回,或腾出第五镇现饷,由陆军部另编一镇,即以原镇改属该省,均由该抚详细参酌,咨商度支部、陆军部奏明办理。仍以三年为限。

江苏两镇。查该省值江海之冲,督抚分治苏、宁,均称要地。现在江宁已成一镇,应令按照章制,认真编练,以待考验。江苏已编步队一协,马炮队各二队,工程一队,并拟编辎重一队,应限三年编成一镇。

江北一镇。查江北专设提督,屯驻清江,值东豫苏皖之冲,扼东南孔道。现已编成步队一协,炮队二营。应由南洋大臣会同江苏山东河南安徽四省巡抚、江北提督协筹的饷,限四年编成一镇。

安徽一镇,江西一镇,河南一镇,湖南一镇。查该四省皆居腹地,各编一镇,平时足资镇慑,有事时并可出境协助。现在安徽已改编步队一协,马队一营,炮队二队,工辎各一队,军乐半队。江西已编步队一协,马队二队。河南已编步队一协,马炮队各二营,军乐一队。湖南已编步队一协。应统限四年一律编练足额。

湖北两镇。查该省居全国适中之地,宜厚兵力,以资策应。现已编成一镇,又混成一协,应限三年编练足额。

浙江一镇,福建一镇。查该两省地处海疆,必须联络一气,以固东南门户。现在浙江已编一协,据奏拟编一镇。福建已成步队一协,拟编步队一协,炮队一营,工程二队。应均限二年各编足一镇,以符定额。

广东二镇,广西一镇。查该两省当海陆边要,须通力合作,以固南服藩维。现在广东已编混成一协,广西已编步队三营,炮队一营。均应限以五年一律编练足额。

云南两镇。查该省控制西南边徼,亟宜厚集兵势,以资防守。现在已编步队一协,炮队二营。应限五年,筹饷添练,于限内编练足额。

贵州一镇。查该省尚属腹地,编设一镇,足资分布。现在已编步队一标,应限五年编练足额。

四川三镇。查该省为长江上游，与滇藏接壤，且物产富实，较诸他省款尚易筹。现在已编步队一协，应限三年编足两镇。其余一镇，另由度支、陆军两部商筹协拨。统于限内编练足额。

山西一镇，陕西一镇。查该两省虽近西北诸边，尚据山川形胜，各编一镇，可以扼要分驻。现在山西拟编混成一协，已成步队一协。陕西已编步队一协，炮队一队。均应限以三年一律编练足额。

甘肃两镇，新疆一镇。查该省为西北门户，必须关内外联络一气，以控边陲。现在甘肃已编步队一协，马队二营，炮队各一营。应限五年编足两镇。新疆已编步队一标，马队二营，炮队一营。应限三年编足一镇。

热河一镇。查该处为京畿外辅，控引蒙旗，须专设一镇，以资扼守。惟创始非易，应令该都统妥为策画，限四年编练足额。

奉天一镇，吉林一镇，黑龙江一镇。查东三省地方辽阔，亟须各编一镇，俾资分布。现在该省除奏调近畿一镇及混成二协外，其自行编练者，惟吉林步队一协。其余均未编设。应责成该督抚等速行筹画，统限二年一律编练足额。

以上应编练陆军，自近畿以至各省，共设三十六镇。所有应需饷项，除由部筹设之镇另行办理外，其余均责成该省将军督抚，就地筹款，悉心经画。均自奉旨之日起，按照奏定年限，画分次第，分年依次编练，扣至限满，一律编练足额。其在定章以前奏报编成及声明拟编各兵队，并应遵照章制，切实编设，如有缺少，即行补足，不得稍涉参差。仍将分年筹定办法，随时奏报，以凭考核。俟限满之日，由臣部将各该省编练情形据实奏闻。凡督练各疆臣，于该省应设之镇依限编足，悉合章制者，应请特加奖擢，倘逾限不能练足，查与章制不符，并请量予惩处，俾昭激劝。

再，此次所拟章程，系按通国大势，按省分配镇数。纲维粗具，条目尚繁。一切未尽事宜，仍由臣部随时拟订，陆续具奏。

《东方杂志》，光绪三十三年第十期

宪政编查馆军谘处陆军部会奏厘订陆军部暂行官制大纲列表呈进折（附表）

宣统二年十一月初

奏为厘订陆军部暂行官制大纲，列表呈进，请旨遵行，恭折仰祈圣鉴事：

窃臣处核复陆军筹备事宜内开，陆军部新官制，应并于宣统二年厘订。又臣部片奏划分接管事宜办法声明，将部中用人行政各事，酌量变通，均经奏蒙俞允在案。伏查陆军部为军事行政总汇之区，必事权有所专属，员司各协其宜，乃能挈领提纲，收画一整齐之效。方今实行宪政，已奉诏旨缩短时期，臣等忝参军画，屡经集议筹商，窃谓凡陆军筹备事宜，均应提前办理，而尤以组织中央军政机关为入手惟一办法。现经参照各立宪国中央行政机关，编制厘订陆军部暂行官制大纲，与将来各部新官制体例不相背驰，而于军事性质，似亦吻合，其名称地位等，如有与各部官制通则歧异之处，统俟厘订新官制时，再行酌归一律。谨缮列简明清表进呈，伏候钦定。

此次臣等所拟，系采取各国军署编制，务使阶级较少，事类相从，一洗从前牵掣推诿之习。陆军部长官总持军政，责任宜专，拟即设陆军大臣一员、陆军副大臣一员，统辖全国陆军行政事务。所有原设之尚书、左右侍郎、左右丞参，均拟一并裁撤。并将旧设之两厅十司各处职掌事宜，酌核归并，另设承政等八司，审计一处，其军学院未经专设以前，并拟暂设军学处，掌管陆军教育事宜，遴派司长等员，分任经理。如此变通厘订，实于军事行政大有裨益。如蒙俞允，拟请将陆军大臣及陆军副大臣员缺，迅赐简授，并恳明降谕旨，责令该大臣等共矢公忠，力膺艰巨，以规进步而畅国威。至裁缺人员应如何另行简用之处，伏候圣裁。其各司处科员以次员额，暨一切详细章程，应由新授之大臣等，会同军谘处妥慎筹商，另行奏明请旨办理。

所有厘订陆军部暂行官制大纲，奏请钦定缘由，谨会同缮折具陈，伏乞皇上圣鉴训示遵行。谨奏。

酌拟陆军部暂行官制提纲表

	陆军大臣一员 陆军副大臣一员			参事官若干员 检察官若干员 驻扎各省调查官若干员	
承政司	司长一员　司事官一员		军制司	司长一员　司事官一员	
	秘书科 典章科 庶务科 收支科	设科长四员、一二三等科员若干员、译员若干员、录事若干员		搜简科 步兵科 马兵科 炮兵科 工兵科 辎重兵科 台垒科	设科长七员、一二三等科员若干员、绘图员艺师艺士各若干员、录事若干员
军衡司	司长一员　司事官一员		军实司	司长一员　司事官一员	
	考绩科 任官科 赏赉科 旗务科	设科长四员、一二三等科员若干员、录事若干员		制造科 保储科	设科长二员、一二三等科员若干员、绘图员艺师艺士各若干员、录事若干员
军需司	司长一员　司事官一员		军牧司	司长一员　司事官一员	
	统计科 粮服科 建筑科	设科长三员、一二三等科员若干员、录事若干员		均调科 蓄殖科	设科长二员、一二三等科员若干员、录事若干员
军医司	司长一员　司事官一员		备考	一、军学处官制另案拟订。 一、旧设之财政统计两处裁撤，各该处一切事宜归新设之审计处办理。 一、旧设军乘司裁撤，该司一切事宜归入新设之军制司办理。 一、旧设之军乘、军实、军需三司核销事宜归入新设之审计处办理。 一、旧设之军衡司所属之袭荫科事宜，应划归内阁。其尚未划归之前，仍暂归新设之军衡司办理。 一、旧设军医司所属之马医科应划归军牧司办理，是以此次所拟军医司内未经列入。 一、旧设之宪政筹备处应仍暂设。 一、表内人员，除大臣、司长、计长、科长、司事官外，其余员额，另案奏明办理。	
	卫生科 医务科	设科长二员、一二三等科员若干员、录事若干员			
军法司	司长一员　司事官一员				
	设一二三等司法官若干员、录事若干员				
审计处	计长一员　司事官一员				
	综察科 核销科	设科长二员、一二三等科员若干员、录事若干员			

《国风报》，宣统二年第三十一期，宣统二年十一月十一日发行

附：上谕

宣统二年十一月初三日内阁奉上谕：宪政编查馆、军咨处、陆军部会奏厘订陆军部暂行官制大纲列表进呈一折，陆军部总持军政，责任宜专。所拟各节，尚属周妥。所有尚书、侍郎、左右丞参各缺，著即裁撤，改设陆军大臣一员、副大臣一员。当此整军经武之际，该大臣等务当认真整顿，切实进行，毋负委任。余著所议办理。钦此。

军机大臣署名

臣奕（劻）①

臣毓（朗）

臣那（桐）

臣徐（世昌）

《光绪宣统两朝上谕档》第三十六册，第442页

关于军事集权之结果

宣统三年五月

军咨府与陆军部，拟行中央集权政策，日前电饬各省督练公所改设军事参议官一员，归军咨府直接派充管辖，离督抚而独立。各督抚接此电后，大不以为然，谓向来各省督练公所之组织，由督辕之军事秘书官，与现充军官者组合而成，归督抚直接派充管辖，遇地方有警耗，以督抚之命令，即可调遣军队，迅速扑灭。若改归军咨府直接派充管辖，是将督抚兵权削去干净，遇有乱耗，束手待毙，皆极力反对此议。推江督领衔，具折奏争。折内大意，略谓陆军部奏定督练

---

① 括号内名字，均编者所加。

公所官制纲要，于各省办事情形，诸多隔阂，办理为艰，拟请将水陆巡防队，归督抚直接管辖，等语。闻日前已有旨，嗣后各省督练公所，应派军事参议官以下各员，饬令查照定章，和衷商榷，仍由陆军部奏派，以免歧异云。

《国风报》，宣统三年第十二期，宣统三年五月初一日发行

会奏遵议陆军部暂行官制

宣统三年二月

略称：见在陆军部一切职掌，凡与军事行政无涉者，已逐渐画拨管理。全署机关务极简括，方合立宪国军署编制。叠经集议，拟分设承政、军制、军衡、军需、军医、军法等六司，并陆军审计一处。暂设军牧司、军学处，为将来改建军马总监及军学院基础。此外设参事、检察专官，参订一切法律章制，检察军队、局厂、学堂，并设部副官以备使令。分派调查员驻扎各省，随时监察报告，均直接大臣，各专责任。至旧设之军实司，前经奏明应并入军制司办理。旧设之捷报处、马馆事涉驿站，亟应一并画分。拟俟新旧事项办有端倪，即奏明裁并。至从前厅司事务繁赜，员额较多，今职掌既多归并，自宜实力核减。当督饬各司处长酌拟员额，一再减削，计全部应设员司实较旧设减少三分之一，将来各司应行剔出事项逐渐画清，尚可再行删减。各司处长以次职员应以何项官阶补充，亦经按照陆军官佐等级分别拟订，谨缮单列表呈览：

陆军大臣、陆军副大臣管理全国陆军行政事宜，统辖陆军军人军属；参事官掌参订一切法律章制并本部咨询事件，及特交参议各事宜；检察官掌陆军军队、学堂、局厂等处检察，及大臣、副大臣特命检察一切事宜；驻扎各省调查员掌调查各该省军人军事报告本部事宜；部副官供大臣、副大臣随时差遣及传达命令。

承政司掌本部文牍收发、军费出入、各官差缺功过并全部庶务，凡不隶他司及应会同各司办理事项，皆归管理。分设四科：曰秘书、曰典章、曰庶务、曰收支。

军制司掌全国陆军制度编制、征调、补充,及军械制造、交通建筑等项事宜。分设七科:曰搜简、曰步兵、曰马兵、曰炮兵、曰工兵、曰辎重兵、曰台垒。

军衡司掌陆军官佐补官任职、旗绿防营员弁升调,及叙功议过、卹赏并陆军官佐各项武职难荫、应行带引验放等项事宜。分设四科:曰任官、曰赏赉、曰考绩、曰旗务。

军需司掌经理全国陆军营队、学堂、局厂之出纳会计及军需人员教育等项事宜。分设三科,并附设银库:曰统计、曰粮服、曰建筑。

军医司掌全国陆军卫生、治疗、医药器具及军医教育、升调等项事宜。分设二科:曰卫生、曰医务。

军法司掌全国陆军司法刑罚暨陆军监狱等项事宜,不分科。

陆军审计处掌监督陆军署、军队、学堂、局厂等处所用军费确数,实行会计检察,并覆核各项预算决算。在陆军会计法未普行以前,本部旧管之销算事宜并归稽核。分设二科:曰综察、曰核销。

军牧司(暂设)掌军马之购运、补充、孳生、牧养,暨马医等项事宜。分设二科:曰均调、曰蕃殖。

军学处(暂设)掌全国各项军队训练、各项陆军学堂教育学术并研求成绩等项事宜。分设六科:曰教育、曰步队、曰马队、曰炮队、曰工程队、曰辎重队。

陆军部职员表

陆军大臣(正都统①)、陆军副大臣(正都统、副都统②)

参事官四、检察官八、驻扎各调查员、部副官四、录事二。

承政司司长一、科长四、科员二十八、录事二十;

军制司司长一、科长七、科员三十六、录事二十;

军衡司司长一、科长四、科员四十、录事二十六;

军需司司长一、科长三、科员三十、录事三十;

---

① 指陆军大臣由正都统担任。又,此表原文位置错乱,副大臣及军衔(正、副都统)所在位置经编者调整。

② 指陆军副大臣由正都统或副都统担任。

军医司司长一、科长二、科员十四、录事十；

军法司司长一、一等司法官二、二三等司法官初级司法官十二、录事十；

审计处长一、科长二、科员二十八、录事十六；

暂时军牧司司长一、科长二、科员十二、录事十；

暂设军学处长一、科长六、科员三十四、录事十四；

一、各职司均应以陆军官佐充任，见因陆军人员尚形缺乏，拟暂以阶级相当，著有成绩之各项文官酌量参用。

一、参事官、检察官分为一二三等，以正参领以次之军官及相当之文官遴充；调查员、部副官以正参领以次之军官派充。

一、司处副官以正副军校及相当之文官遴充。

一、暂设之军牧司、军学处为将来改建军马总监及军学院基础，是以表内附于陆军审计处之后。

一、旧设之军实司拟俟筹议就绪，即奏明实行裁并，是以表内未经列入。

刘锦藻编：《清朝续文献通考》卷一百二十三，职官九，总第8839—8840页，商务印书馆1936年3月出版

附：上谕

钤章

宣统三年二月初九日内阁奉上谕：陆军部会奏遵拟陆军部暂行官制缮单列表呈览一折，陆军大臣荫昌著补授陆军正都统，陆军副大臣寿勋著补授陆军副都统。余照所请，由该大臣等分别奏咨办理。钦此。

军机大臣署名

臣奕（劻）假

臣毓（朗）

臣那（桐）

臣徐（世昌）

《光绪宣统两朝上谕档》第三十七册，第27页

法部奏法部官制及应办事宜折①

光绪三十二年十二月十八日

法部奏，光绪三十二年九月二十日钦奉懿旨，刑部改为法部，专任司法。又议各部院等衙门职掌事宜及员司各缺，仍著各该堂官自行核议，悉心妥筹，会同军机大臣奏明办理。等因。钦此。臣等跪聆之下，感悚莫名。

窃维理刑一官，关系重大，现今易名法部，其范围更广，其组织更难，由旧以入新，似因而实创。受任以后，博访深思，累月图维，始有端绪。伏读《钦定大清律例》一书，原有吏律、户律、兵律、工律名目，精深闳远，无乎不赅，第时代既早，故商律、路律诸端，尚未议及。若近今东西各国，则有公法、私法、行政法、国际法，以及民法、民事诉讼法、刑法、刑事诉讼法，类皆萃全国议会之精神，复参以百年民情之习惯，斟酌妥善，都归画一。司法衙门乃总汇而实行之，使举国之人胥受治于法律之内，故内而各部省之法制归其综理，外而大审院、控诉院、地方裁判所，一切均受其监督，非徒管理刑名稽核案件已也。今夫作室者必先立其基础，而后墙宇可循序而施，行远者必先定其指归，而后跬步可计程以赴。臣等深维今昔之事势，熟审中外之机宜，上禀宸谟，悉心筹画，固不敢矜言远驭，遽涉于张皇，亦不敢狭小规模，自隳其职守。谨就愚虑所及，为我皇太后、皇上缕晰陈之。

一、在申明权限也。从来事机败坏，由于权限不分，兹当改制之初，自应慎之于始。比者法部专任司法，大理院专掌审判，明谕煌煌，固已厘然悉当，则凡司法官吏之进退，刑杀判决之执行，厅局辖地之区分，司法警察之调度，皆系法部专政之事，应由臣衙门随时奏明办理。至于直省刑事稿件，原议官制，法部及大理院均有复核明文，盖以生命所关，倍当矜慎，改章伊始，不厌求详，拟由各

---

① 原文无标题，本标题为编者所拟。

直省分达部院,经大理院复判后,咨部核定,即由法部具折请旨施行。如有情罪未符,仍咨回大理院自行驳正。如此则司法审判各有主持,而事权不至淆乱矣。

一、在分定职掌也。刑部向设十七司,分掌各省刑事,案牍纂繁。原议改为六司,恐滋竭蹶,且部中所属,皆刑罚事项,牵连缪辖,难以类分。既当循守旧章,尤待扩充新政。兹拟遵设承政、参议两厅,综辖部务,设参事四员襄理,更由各司派员会办,不设专缺。此其纲领也。外设八司,曰审录、曰制勘、曰编置、曰宥恤、曰举叙、曰典狱、曰会计、曰都事,事则衰益其简烦,官则均平其职掌。仍饬各司按省按事,酌量分股,各专责成。其涉繁杂难以类从者,设收发一所以包括之。至应设之七八九品京官录事,除由臣部笔帖式考选改充外,量才委用,务令举能其官,无替厥职,而庶事不虞丛脞矣。

一、在广行调查也。变制之初,百端草创,非体察我国人民之程度,采访列邦制作之精详,必不能任用适宜,推行无阻。日本明治初政,锐意更新,最注意于法律之改良,分遣贤能,遍游欧美,归而厘定法制,骤进富强。亦前事之师也。中国此时举办新政,若禁刑讯,若重证人,各直省谳局之积习若何,各地方之监狱之内容若何,拟选明达司员,委令回籍分行查察。尤明达者,酌派游历东西各国,絜短较长,务取彼国之所优,以补我国之不足,惟远游必需重资,考察贵有专门,多数派充,实非易易。俟陆续规画,择员分遣,以宏探讨而备观摩。此臣等所妥筹而思为宪法储其用者也。

一、在汇订法律也。现在各部院改定官制,旧时法律当有变更,此衙门之法律与他衙门之法律互相抵触者,在所不免。且航路电矿工商律日有发明,若不求画一之规,则受治者必将无所适从,而舞文者转得任意出入。查美国官制,各部皆有法官协同经理,立法诚善。但中国法学尚鲜专长,不必慕其名而在师其意,且与律例一书有吏户兵工诸律之旨相合。拟请饬下各部院衙门将现行则例全咨法部,由臣等派员详细稽核,如应行例案有互相牴牾之处,会同该部院堂官酌量修改,以归统一而免参差。此又臣等所妥筹而思为宪法集其成者也。

至于欲才能之乐为用,则禄糈不能不筹,欲任使之得其人,则遴选不能不豫,以及厅所之如何增设,监狱之应否改良,所有一切应办事宜,容臣等次第筹商,续行具奏。谨先将法部官制缮具清单,恭呈御览。如蒙俞允,即由臣等分别保荐,请简请补。

得旨：如所议行。

朱寿朋：《光绪朝东华录》，总第5618—5619页，中华书局1958年出版

法部奏第二年第一届筹办成绩折

宣统元年九月初一日①

奏为续陈第二年第一届筹办成绩，恭折仰祈圣鉴事：

查宪政编查馆逐年筹备事宜清单，及臣部统筹司法行政事宜分期办法清单内开，臣部第二年应行筹备事宜，共分九项。兹值第二年第一届奏报之期，谨将筹办成绩，为我皇上缕晰陈之。

一、筹办京师模范监狱。其建筑地址，业经勘得右安门内迤东镶蓝旗操场空地，奉旨允准拨归臣部应用，以备及时建筑。第模范监狱为中外观听所系，规模务极完全，工料必期坚实。现正影绘图式，妥商办法。所需经费，除南洋商人苏秉枢、戴春荣等报效粤洋十三万元，及臣部特支项下余京平足银三千五百余两，又已革科布多参赞大臣瑞洵案内，应缴科平银四万五千二百余两，奉旨允准拨给外，其余不敷尚多，应俟切实估工后再行筹措，陈明办理。至改良各省监狱一节，臣部前核议御史麦秩严改良监狱亟宜整顿折内，业经请旨饬下各省督抚饬属举办在案。兹据宪政编查馆酌核臣部筹备未尽事宜单开，筹办模范监狱，仅及京师，恐各省相距辽远，未能悉来取法，应酌定年限，令各省一律筹办，以期周遍，等语。查奉天、湖北、两江、云贵等省业已建筑，山东、广西等省正在筹设，均先后咨商臣部核定。其余各省，再由臣部通咨一律赶办，以免延误。

一、筹办各省省城、商埠各级审判厅。查现在省城，如奉天业经成立，吉、黑两省亦俱筹设。商埠如天津、营口均先后奏报开办。他若云贵、湖广、广东、

---

① 为奉到上谕批示日期。

广西、山东、山西、浙江、四川等省，其筹备审判情形，均各奏咨有案，而臣等犹虑其开办之初，规模未能画一，是以补订外省省城、商埠各级审判厅试办章程，及编制大纲、筹办事宜，于本年七月初十日奏明通咨各省遵照办理。庶始基既定，不致稍涉更张，进步易求，或可渐臻完备矣。

一、颁布审判厅试办章程。查此项章程，业于光绪三十三年十月二十九日具奏，交宪政编查馆核议，本年六月据该馆咨复，准即通行试办，业已通咨各省，以为试办之标准。

以上三项，宪政编查馆原奏清单及臣部具奏清单，均经开列。其清单所未开列，而为臣部随时奏办者，如因人少事繁，虑案悬莫结，奏增京师地方审判厅民刑三庭，因旧用仵作学识卑陋，本年五月间于京师高等检察厅设立检验传习所，聘请教习，特设学科，并令学生于仵作检验时随同察视，藉资练习，期于养成此项人材，以供检验之用。又如臣部律学馆为预储法律人才之地，其第一次毕业学员，业于本年二月间奏报在案，嗣更增设外国法政学科，俾扩充知识，以为将来实行新律之预备。此皆本年期已经筹办者也。

其余单开之编定法官进级章程等事，尚有六项，或业经脱稿，犹待会商，或业已分编，仍须核议，容由臣等分别督饬司员次第办理，均限于本年第二届期内告成，以仰副皇上力行宪政，切实预备之至意。所有胪列臣部第二年第一届筹办成绩缘由，除咨明宪政编查馆查照外，谨恭折具陈，伏乞皇上圣鉴。谨奏。

宣统元年九月初一日奉旨：宪政编查馆知道。钦此。

《政治官报》第七百十五号，折奏类，宣统元年九月初十日出版

法部奏进呈上年统计表册并请饬催直省司法报告折

宣统元年十月十一日①

奏为进呈光绪三十四年统计表册，并请旨饬催直省司法报告，恭折仰祈圣鉴事：

窃臣部上年六月十八日奏撰成第一次统计表并规划司法统计大略一折，奉旨：依议。钦此。查第一次统计表自三十三年三月十七日臣部改并司所之日始，至年底止。草创规模，粗具纲领，业于上年排印成册，通行各省在案。本届表式仍分部、厅二纲，凡经臣部奏咨议结者，自秋朝审暨京省新旧各案，与夫援免、减等、矜留、缓释以及销档、枷号、监配、逃故、官绅革讯等报部有案者，皆件系条分，各立专表，冠以官制、鸟部，附以监狱、经费诸目，为部表二百七十有四。至京师高等以下审判厅，凡三级总检察厅以次，凡四级。属于臣部所有民刑诉讼判决罪名等案，羁禁人犯出入年龄，罚金讼费以及检察执行官役费用各端，别纂厅表一百有九。部表遵用律目，以彰昭代明罚敕法之精意，厅表参用东西各国司法统计规则，以为直省编立提法审判之纲维，缮装八册，都为一函，恭呈御览。

谨案司法统计，各国皆设专科，岁益精密，总洪纤而计数，考政教之隆污，视统计与法权，同为重要。臣部上年六月奏奉谕旨，通行各督抚，饬各州县将已未结刑名词讼各案，按年详报咨部，迄今一岁有奇，未据咨报到部。伏查本年闰二月二十七日臣部遵奏九年筹备事宜单开，宣统二年请简放各省提法使，及省城商埠各审判厅一律成立，年期瞬届，似应预备统计完全办法，以储全国司法考镜之基，而为中央统一权舆之地。相应请旨饬下各督抚，除例应报部案件，仍照旧章办理外，将臣部上年通行统计表册，饬各厅州县，仿照部厅各表式，自宣统元

---

① 为奉到上谕批示日期。

年起承审管理狱讼刑案，无论巨细，分别刑事民事监狱年龄等目，列表咨部备纂。其有已设审判各厅省分，即饬各该厅迅将开庭以来审办各案，仿照臣部刊行各级厅表式，编缮成表，均限于宣统二年二月以内报告到都，毋再稽延，庶于司法筹备前途有所综核。恭候命下，即由臣部咨行各督抚钦遵办理。除另缮表册咨呈宪政编查馆外，所有进呈统计表册并请饬催直省司法报告缘由，理合恭折具陈，伏乞皇上圣鉴训示。谨奏。

宣统元年十月十一日奉旨：依议。表留。钦此。

《政治官报》第七百五十三号，折奏类，宣统元年十月十八日出版

法部奏预拟宣统二年应行筹备事宜折

宣统元年十二月二十三日①

奏为遵章预拟宣统二年应行筹备事宜实行办法，恭折仰祈圣鉴事：

本年九月准宪政编查馆咨会核各衙门九年筹备未尽事宜一折内开，此次各衙门所奏筹备事宜，实为各部院行政之准的，与立宪本旨息息相通，嗣后每年冬间由该管衙门按原奏清单，再将拟定次年实行办法及预算用款数目，先期切实奏明办理，但使所筹事项克赴行政准的，纵与此次筹备清单略有出入，不妨声明缘由，请旨允行，等因。奉旨：依议。钦此。

臣等窃维政贵有恒，事预则立，欲按届以图成，必先时而虑始。臣部原奏清单宣统二年应行筹备事宜，共分十项，除审判厅试办章程本年六月据宪政编查馆咨准即通行试办，业已通咨各省，法官惩戒章程另片陈明办法外，其余八项：

一曰奏请简放各省提法使。按提法使为各该省司法行政总汇之机关，非精通

---

① 为奉到谕旨批示日期。

法律之员不堪胜任。查各省提学使皆由学部预保，临时奏请简放。京师总检察厅以下各厅厅丞，由臣等预保存记，遇有缺出，奏请简放。又臣部前于会核奉天各级审判检察厅官制折内，声明将来法官请简请补事宜，应由开办审判厅各省随时开单咨达臣部，奏明请旨，依法升降，各等因。历经遵办在案。所有明年应简各省提法使员缺，臣等公同商酌。在京即由臣部于司法官内应行升转各员慎加遴选，在外咨行各督抚，如各该省实缺道员内有深明法律者，亦可酌选一二员，开具事实履历，速行咨部，统由臣部考核，将堪以胜任各员，先行开单预保，届时咨明军机处，连同各省现任按察使一并奏请简放。

一曰通行提法司衙门官制。臣部前于光绪三十三年十二月会奏酌拟提法使衙门官制职掌事宜，本年十月经宪政编查馆核复奏准在案。明年应即由臣部通咨各省遵行。

一曰筹办京师外城地方审判、检察厅。准宪政编查馆核复臣部筹备事宜清单内称，自光绪三十三年奏设京师内城地方审判厅兼理外城民刑诉讼，尚觉力能兼顾，等因。自应遵照，毋庸再设京师外城地方审判厅。惟是区域较广，虑管辖之难周，狱讼日繁，恐承审之稽滞，拟由臣等体察情形，如有必须酌加地方审判厅民刑庭数，添设内外城初级厅所之处，届时预算需款数目，奏请施行。

一曰奏请颁布登记章程。准宪政编查馆核复臣部筹备事宜清单内称，登记章程与民商户籍各法相辅而行，各项专律未颁以前，此项章程应由该部会同民政部、度支部、农工商部编订，奏交臣馆核复颁布，等因。此项章程臣部早经派员编订，将次成稿，应即分咨民政部、度支部、农工商部，俟会商奏准后再行颁行。

一曰奏请颁布监狱规则、监狱官吏惩罚规则。准宪政编查馆考核提法司衙门官制折内称，际此改良监狱之时，拟请由该部会同修订法律大臣，详考各国成规，另辑监狱法奏交臣馆核复，请旨颁行，等因。此项规则臣部亦经派员编辑，俟成稿后咨行修订法律大臣会商办理。

一曰各省省城及商埠等处各级审判厅限年内一律成立。自臣部通咨各省筹办以来，选据各省奏报筹备情形，其培养人才，预筹款项，均各具有端倪。惟人才消长，款项赢绌，各省情形互异，要难强同。所有各省报部筹备审判厅抄折，臣等现正督饬司道汇核，如与奏定新章不符，咨令更正，并由臣部咨催，迅速成立，无误期限。

一曰编定法官考试任用官俸各项章程。据宪政编查馆考核提法司衙门官制折内称，司法人员与普通行政官吏不同，应由臣馆另定司法官登用章程，请旨遵行，等因。查法官考试任用，均可包括于登用章程以内，既由该馆另订，臣部自勿庸再编。惟司法官官俸，似应与普通行政官吏略加区别，拟俟文官官俸章程奏准后，仍由臣部参酌编定，再行奏交该馆详核。

一曰奏请京师实行法官进级章程、法官补缺轮次表。准宪政编查馆核复臣部筹备事宜清单内称，该部所订进级章程，应令作为暂行办法，俟文官各章程颁布实行时，悉归该章程办理，等因。本年十月，臣部奏准京师各级厅员升补暂行章程，嗣复补订轮次表，奏明遵行在案。惟未议及外省法官升补轮次，尚多缺略。臣等前曾派员编订法官进级章程暨补缺轮次，分晰规定，较为完密，明年当可奏请实行，仍应作为暂行章程。

凡此八项，皆原奏清单所分列，为明年筹备之要端。臣等谨当按照此次拟定办法切实办理，以期仰副朝廷力行宪政之至意。

所有预拟宣统二年筹备事宜办法各缘由，谨恭折具陈，伏乞皇上圣鉴训示。谨奏。

宣统元年十二月二十三日奉旨：宪政编查馆知道。钦此。

又奏法官惩戒章程等应俟会商妥协分别具奏片

再，臣部前奏筹备事宜清单内开，法官惩戒章程，应于宣统元年、二年，分别京师、直省次第奏请实行。嗣准宪政编查馆咨，此项惩戒章程与吏部所奏增删承审事件处分则例相同，吏部奏称会同法部办理，应令法部会同吏部同办，以免两歧，等因。自应遵照办理。惟查吏部清单内称，承审事件处分则例一项，宣统四年始行删订，距臣部实行惩戒章程，前后尚隔两年之久，既应会商该部同办，臣部所定章程自未便先请实行。又详订司法警察职务章程奏请颁布一项，亦系宣统元年应办事宜，现在业经具稿，尚应会同民政部办理，往返咨商，恐稽时日。以上两项，应俟会商妥协，再行分别具奏。谨附片陈明，伏乞圣鉴。谨奏。

宣统元年十二月二十三日奉旨：宪政编查馆知道。钦此。

《民政部奏折汇存》第二册，第479—483页，全国图书馆缩微复制中心2004年影印

法部奏遵旨改设宪政筹备处折

宣统二年正月十八日①

奏为遵旨设立宪政筹备处，并恭书上谕，敬谨悬挂，恭折仰祈圣鉴事：

宣统元年十二月二十日钦奉谕旨：宪政编查馆奏请饬京外各衙门设立宪政筹备处，并将十月十三日上谕恭书悬挂一折，著依议。钦此。当由该馆抄录原奏，咨行到部。查原奏内称，拟令京外各衙门堂官，责成丞参督率承办各员办理其事。其从前已设督催、总核、考核等处，即由各该衙门改易今名，藉昭画一。凡派在宪政筹备处人员，应另开单咨报臣馆，以便遇事互相考论。并将十月十三日上谕恭书悬挂，以励进行而免疏懈。各等因。

查臣部前于光绪三十三年改章之始，业于署内创设编查处，陆续选派人员，研究司法行政事宜，编拟各种章制，期立司法统一之基。自奉明诏预备立宪，遇有臣部主管事件，悉令切实筹办。嗣于上年七月附片奏陈，复就该处设提调一员，总纂一员，纂修六员，庶务一员，行走五员，均慎选明习法律，通晓新政人员派充分任，并以臣部左丞曾鑑总理其事，办理尚臻妥协。臣等公同商酌，拟即就原设之编查处改为宪政筹备处，以符名实而专责成。仍派左丞曾鑑为总理，其余各员暂仍其旧。并饬将宣统元年十月十三日上谕恭书悬挂，由臣等督率在处诸员昕夕懔遵，于应办一切事宜，按照定章，次第筹备。现在司法上用人行政事务日益殷繁，如须添派人员，再由臣等酌加选用。总期官惟其人，事无不举，以仰

---

① 为奉到谕旨批示日期。

副圣朝力行宪政循名责实之至意。

所有请将编查处改为宪政筹备处缘由，除将各员衔名开单咨送宪政编查馆外，理合恭折具陈，伏乞皇上圣鉴。谨奏。

宣统二年正月十八日奉旨：宪政编查馆知道。钦此。

《政治官报》第八百四十号，折奏类，宣统二年正月二十三日出版

法部奏遵旨筹画各级审判厅提前办法并预拟本年实行筹备事宜折

宣统三年二月十六日①

奏为遵旨筹画各级审判厅提前办法，并预拟本年实行筹备事宜，缮单具陈，恭折仰祈圣鉴事：

宣统二年十月十一日奉上谕：前经明降谕旨，缩改于宣统五年开设议院，所有关于宪法之各项法令及一切机关，应责成该主管衙门切实筹备。法部应筹设各级审判厅等项，著即迅将提前办法通盘筹画，分别最要次要，详细奏明，请旨办理。等因。钦此。嗣准宪政编查馆将钦定修正逐年筹备事宜清单暨原奏按语咨行到部。查单内每年均列续办各级审判厅一项，而城治各厅成立即在宣统四年，仰见朝廷注重司法，克期观成之至意，钦悚莫名。第念自司法分权以来，应办事宜，端绪繁赜，储才筹款，在在困难，绠短汲深，时虞不逮。今复兼营并计，综第六年以后应办之事，责成于第五年以前，其势不能不会商各省疆臣，就各该省情形统筹兼顾，部臣遥制之难，当在圣明洞鉴。惟召集议院为期已迫，事无可缓，即责无可辞，自不得不悉心拟议，勉筹办法，谨条举概要，为我皇上缕晰陈之。

---

① 为谕旨批示日期。

一、为调查司法管辖区域。查宪政编查馆奏定司法区域分划暂行章程，曾声明本章程内各级审判厅未定区域者，外省由该提法司酌拟，呈请督抚核明，分别咨送法部奏定，等语。良以辖地过广，赴愬不便于人民，辖地过狭，设厅又虞其烦费。事非一致，省各不同，非调查详确，则审级位置固难得宜，即经费预算亦将无据。臣部业于上年咨行各督抚，就近参酌情形，列表咨报，应仍咨催迅速办理。一俟报齐，即由臣部汇核，并遵照法院编制法第十一条之规定，赶于本年资政院开院前奏请交议，期利推行。

一、为调查地方监狱处所。查地方监狱，尤与审判各厅有重大之关系。上年臣部议复东三省总督变通监狱管辖折内业经奏明，每省除省城模范监狱外，应就地方远近，分设地方监狱，计府与直隶州应有一所，其邻近州县人犯即解送该处监禁。究应如何平均分配，拟由臣部转饬提法司，查照奏定办法，参酌各该省户口地域，将应设处所，分别列表，咨部核定，以为实行新律刑罚之准备。

一、拟筹设临时法官养成所。查法官考试任用，原定资格甚严，上年举行法官考试，虽叠据各省咨报奏请变通从宽收考，尚苦人数无多，不敷选用，将来续办各厅同时成立，约需员额当在万人以上，自应及早储养，以备任使。

一、拟附设监狱专修科。查管理监狱，责重事繁，值此狱制改良之初，非有专门人材，难期胜任。近年各省筹办审判，亦多有奏设此两项研究所及传习所者，然学期既未画一，学科非尽主要，容由臣部另拟简章，奏准通行，藉广造就。

此皆臣部本年实行筹备之概要也。

至城治审、检厅署之建设虽关紧要，究与省埠各厅之系中外观听者有间，若必一一依法营构，不特工程浩大，亦难旦夕观成。计将来新官制颁行后，旧日官厅当有裁改，且各省同城州县，近已有奏请裁并者，若择其可用，略加修葺，改作法庭，则建筑设备等费可省十之七八。此则属于明年举办之事，届时拟由臣部奏请饬下各督抚体察施行。

此外一应章程规制，有为从前清单所有，而揆（请）〔诸〕今日情形，宜稍加改订者，或从前清单所无，而按诸现行事实，宜酌量增入者，臣等当督饬司员赓续赶办，以冀无误时期。凡此胪举各端，悉属筹备要件，谨先将通筹分年提前办法，缮具清单，恭呈御览。伏俟命下遵行，并由臣部通咨各该省一体遵照。其余未尽事宜，或有应行变通之处，仍由各督抚臣随时会商臣部，剀切胪陈，请旨办理。

至此次修正清单，但将城治各厅成立提前一年，而于乡镇审判未定期限，系属循序以图，慎防窒碍。查奏定司法区域分划暂行章程内，有直省得酌择繁盛乡镇设初级审判厅若干所，等语。是乡镇审判之筹设，应以地方之繁盛与否为衡。此又臣等与各督抚所当斟酌时宜，督促筹办，不敢以单内未列，稍涉迁延者也。

再，本年筹备实行办法，照章于上年冬间先期奏陈，嗣因缩短年限，遵筹修正，是以奏报稍迟，合并声明。所有筹画各级审判厅提前办法，并本年实行筹备事宜缘由，除咨明宪政编查馆查照外，谨恭折具陈，伏乞皇上圣鉴训示。谨奏。

宣统三年二月十六日奉旨：该衙门知道。钦此。

谨将酌拟臣部应行筹备事宜提前办法分年缮具清单，恭呈御览：

宣统三年

续办各级审判厅（修正清单原文）。调查全国应设各级审判厅管辖区域。拟订司法区域分划暂行章程施行细则。调查各直省应设地方监狱处所。筹设临时法官养成所并附设监狱专修科。拟订提法司办事划一章程。拟订各级审判检察厅办事章程。奏请颁布承发吏职务章程。拟订法院书记官职务章程。拟订法官升转简补章程。拟订法官俸级章程。拟订法院书记官升转补缺章程。拟订法院书记官俸给章程。拟订庭丁职务章程。拟订监狱官制及分课章程并监狱中医官、教师职务规则。改订法官惩戒法。拟订司法汇报规程。拟订审判厅金钱物品保管章程。改订不动产登记法。拟订诉讼监狱各项书式及文件保存规则。拟订司法警察服务须知。拟订律师注册章程。

宣统四年

续办各级审判厅（修正清单原文）。筹建城治各级审判厅署。筹建各处地方监狱。拟订法官考绩章程及调查概目。拟订审判厅会计处务章程。拟订监狱官吏任用补缺章程。拟订监狱法施行细则。拟订监狱看守考试任用章程。拟订监狱官吏俸给章程。拟订巡视监狱章程。拟订监狱官吏惩戒章程。拟订监狱会计处务规程。拟订非讼事件程序法。拟订监狱作业章程。拟订感化院法并施行细则。拟订精神病人监督法并施行细则。筹设各处感化院。拟订地方分厅暂行章程。拟订法官第二次考试章程施行细则。全国城治审判厅一律成立（修正清单原文）。全国地方监狱一律成立。

又奏新疆开办各厅请暂行变通任用法官片

再，上年新疆录取法官，仅得八员，不敷任使。叠据新疆抚臣电商臣部，经臣等于本月初六日具奏声明，俟妥筹办法，再行奏明办理在案。兹据该抚电称，新省商埠三处共六厅，应需推检二十四员，拟请暂行变通，遵照部颁外省各厅试办章程内用人一条，于本省候补人员中，选取品秩相当或专门法政毕业并曾任正印或历充刑幕各员酌量派用，并令先在省城各厅试验数月，再行发往各该处开办，各等语。查自法院编制法颁布以后，法官非经考试不得任用，今该抚电请变通各节，本与现制不符，顾念新省地居边徼，穷荒万里，人多裹足不前，若不略予变通，则各厅成立无期，贻误实非浅鲜。臣等公同商酌，拟如该抚所请，准其暂时变通办理。仍俟各员在省试验数月，发往各该处开办，一年后，再由该抚查照上年京外补行考验各厅法官办法，一律严行甄别，以定汰留，而示限制。此项办法，系专为新省地远才难，与内地各省迥乎不同，不得不于十分困难之中，筹一暂时变通之策，此外无论何省，均不得援以为例。如蒙俞允，即由臣部电饬该抚遵照妥办。除咨明宪政编查馆外，理合附片陈明。谨奏。

宣统三年二月十六日奉旨：依议。钦此。

《政治官报》第一千二百十九号，折奏类，宣统三年二月二十五日出版

法部奏续陈第三年第二届筹办成绩折

宣统三年三月初七日①

奏为遵章续陈第三年第二届筹办成绩，恭折仰祈圣鉴事：

窃臣部第三年第一届筹备成绩，曾于上年九月间照章胪陈在案，兹值第二届奏报之期，除原单内开之第一第二第八等项业已筹办外，谨将本届筹办事实，为我皇上缕晰陈之。

一、考试法官也。自法院编制法颁布以后，司法各官非经考试不得任用，所有京外法官第一次考试，业于上年八九月间次第举行，复经臣等将录取各员凡八百余人，先后照章奏请任用在案。其已设各审判、检察衙门人员，奏明分别免考及第二次、第一次考验办法，学科成绩二者并重。京师于上年十二月分场举行，计第一次考验合格者二十二员，第二次考验合格者一百零二员，直省则由各该督抚核实办理。

一、预储司法人才也。查各省所办法政速成科暨司法研究所等项，多系三学期毕业，按之馆定与考法官资格，实有未符，虽经臣部奏准推广报考，仍属寥寥，且究系权宜办法，并声明暂以本届为限，则储材不能不预，造就不可不宏。故臣部律学馆两年毕业者，更令加习一年。其黑龙江等省法政速成班，均行令查照学部奏定别科章程，改设别科，期收完全教育之效。并拟别筹奖励私立法政法律学堂之法，以期逐渐普及，藉辅官力之不逮。此外，若检验吏学习所、登记讲习所、监狱专修科，亦均同时举办。凡直省奏咨达部者，臣等无不照章立案，准予施行。

一、直省省城商埠各厅依限成立也。查省埠各厅本届即为成立之期，故臣等请旨改设各省提法使后，即以择任各该厅、丞长为尤亟，除各该省先后奏咨预保

---

① 为谕旨批示日期。

外，臣等复就素所深悉者列保数员，一并开单请旨简放。其应设厅数员数悉心斟酌，因地制宜，曾于上年列表进呈。凡设厅一百七十三，凡设员二千一百四十九。除湖南、广东两省，吉林滨江、绥芬，黑龙江呼兰府等商埠，因事奏明展缓外，余均一律开庭。

一、筹办模范监狱也。京师模范监狱工程，本年即可告竣。直省则有成立在先者，如湖北、奉天、江西、广西、贵州奏报有案。其直隶、安徽、浙江、广东，或就原有高等、地方之拘留所改良建筑，或就犯罪习艺所大加扩充，或就原设之习艺看守所改良建造。其余江苏、四川、福建、黑龙江，或尚未落成，或已经估勘，均尚未逾定限。至于府厅州县应设监狱处所，尚须续行调查。惟是监狱官制未定，狱政必无起色。现已拟订管理规则、惩罚规则，亦须俟官制奏定后，方可颁布施行。

一、奏请申禁刑讯也。自刑罚减轻以来，屡经先朝告诫不准刑讯，京外新设各审判衙门，尚能始终恪守，惟闻各直省州县，近渐视为具文，如山东之蒋兹，甚至滥刑毙命。臣等因于本年正月二十七日专奏请旨，重申告诫，当经奉旨钦遵通行在案。此皆臣等筹备司法要政之实在情形也。

至原单内开之法官惩戒法，前已咨商馆臣，旋由御史赵熙请饬加意详订，等因。奉旨：该衙门知道。钦此。容俟馆复，再行核奏。法官进级章程补缺轮次表尚须重订，拟改为法官升转简补章程。不动产登记暂行章程，亦应商同度支部改订试办。法官官俸暂行章程，应俟馆部核复，奏准通行。均已列入下届单内，迅速妥筹办理。其有原单所未列者，如民事刑事讼费暂行章程奏交馆核，如承发吏职务章程奏交资政院提议，尚未议决，旋即闭会，现拟提前奏请颁布施行。此外，法院书记官及承发吏考试任用各章程，均已奏准通行。此又关于司法各项法令切实筹备之实在情形也。

窃惟司法一端，关系重要，既与立法、行政相鼎峙，复为人民生命财产所保持，造端之宏，事理之赜，诚有非他项新政所可比伦者。上年八月间，美洲开第八次万国刑律监狱改良会，臣等奏请派员赴会，并调查各邦司法事宜，曾将报告书进呈，并通行京外。观其审判制度之修明，监狱政策之完美，彼邦人士犹复寻究冥索，月异而岁不同。我国审判制度方具始基，款绌才难，京外一辙，臣等忝长秋官，责无旁贷，惟有勉其力之所能至，不敢以一得自封，挟群策群力以图功，冀得尺得寸之进步，此则鳃鳃之愚，所不敢稍懈者也。

所有续陈第三年第二届成绩缘由，理合恭折具陈，伏乞皇上圣鉴训示。谨奏。

宣统三年三月初七日奉旨：该衙门知道。钦此。

《政治官报》第一千二百四十号，折奏类，宣统三年三月十七日出版

吏部奏嗣后人员分发办法折①

光绪三十二年十月二十日

吏部奏：现在厘定官制，添改各部，以专责成。各部办事，必须预储人才，练习讲求。若专恃各衙门访查调用，恐不能得如许人才以供任使，况向来应行分部人员，有特旨分部，荫生录用分部，两陵调京分部，及近日盛京裁缺暨各衙门新裁应行改掣人员，为数已属不少。其劳绩保举及捐纳未经分部者，人数尤多。若不设法疏通，殊非皇太后、皇上体恤庶僚不使失望之至意。伏思才能以练习而出，此项部员，其中亦不乏可造之才。臣等再四筹商，酌拟办法。查民政部设有警务学堂，度支部设有计学馆，陆军部设有兵学馆，法部设有法律学堂，商部设有实业学堂，工部亦设有艺学馆，今归并农工商部，自应仍旧设立。以上各部，拟请一律掣签分发，各该员到部后，由各该堂官令其先入各馆、各学堂肄业专门之学，仍按学习期满年限。其学能及格者，由该堂官奏留补用，其不及格者，或再分别学习，酌量奏留，或咨回臣部照例办理。现学部设有法政学堂，凡各该部裁撤及新分司员、笔帖式，并请准其咨送学部，各按所分之部，分门学习。俟毕业后，由该部考试，分别等第，酌量办理。庶所学各适所用，似于整顿部务，培植人才，两有裨益。此外理藩部仍应按旧签分。吏礼二部，满员向

---

① 题目为编者所拟。

不论出身一律签分，汉员向例惟进士出身之部属，及拔贡小京官，方准签分。现科举已停，既无进士出身者分部，拟请由举人、五贡、荫生出身者，酌配签支，统行分发。如此变通办理，吏礼二部办事人员，庶无缺乏之虞。得旨：如所议行。

朱寿朋：《光绪朝东华录》，总第5597—5598页，中华书局1958年出版

吏部奏遵章预陈明年筹备事宜实行办法折

宣统元年十二月二十七日①

奏为遵章预陈明年筹备实行办法，恭折仰祈圣鉴事：

窃臣部前以妥拟筹备九年立宪事宜，于本年闰二月二十七日开单具奏在案。现准宪政编查馆咨称，本年八月十四日会同资政院奏复核各衙门九年筹备事宜一折内称，嗣后每年冬间，由该管衙门按本年原奏清单，再将拟定次年实行办法及预算用款数目，量财政之盈绌，为规模之大小，先期切实奏明办理。惟既经第二次预筹实行办法之后，各该衙门堂官即须负其责成，按照所奏，实力施行。每届六个月，仍按照将、已办成绩咨送臣馆考核，以昭慎重，等因。奉旨：依议。钦此。咨行到部。

臣等伏念宪政关系重大，举凡臣部应备事宜，皆当次第筹画，力求改良。去年九月二十九日钦奉特谕，以变通选法考核任用与宪政息息相通，责成臣部预备。圣谟广远，贯彻初终，诚以用人之柄操之朝廷，而察吏之条司之吏部，用以承政府之后而持天下之平也。臣等深维治本自以厘定京外官制，编制考试任用章程，为宪政预备之权舆，实臣部最要之职任。今春奏陈筹备事宜，亦已列单恭呈御览，嗣经宪政编查馆复核，以此项章程系归宪政编查馆、会议政务处同办，毋

---

① 为奉到谕旨批示日期。

庸另订办法，是则应兴应革之大端，臣部亦暂难著手。固不能躐等而求完善，亦何敢观望以误事机。再四思维，求其可以自致而有裨于宪法者，实力实心，同时并进。除已办成绩须俟届期奏报外，计臣部筹备清单内开拟定停选佐杂章程、停选教职章程、改订外省大计章程、归并考核事实章程、改订命盗案处分则例，皆为明年预筹应备之事。查州县选轮业经停止，教佐各项自可参酌办理，大计三年一举，考核事实一年一举，其名则异，其实则同。拟俟咨商宪政编查馆酌定办法，期示劝惩而昭划一。

提学司隶学部、巡警道隶民政部，劝业道隶农工商部、邮传部，监理官隶度支部，各有责成，即各有功过，拟分咨各衙门，参考事实，分别门类，明定议叙议处专条，纂入则例，以资遵守。其增修道府以下新设旧有缺目一览表，行查各省在籍候选佐杂实存员数表，俱已分别举行，归入明年办法。

至臣部常年经费，虽不敷支销，惟当力加撙节，就事核实办理。要之，臣部职掌，实任统均，况当新旧交错，部自为例，省自置官，自非官制画一，无以挈纲维而崇政体。今此项章程既由宪政编查馆、会议政务处担荷，自为统筹全局力任其难起见，臣等叠奉明旨，亦何敢自诿责成。此次筹备，但以拾遗补阙之心，期收造车合辙之效，一俟该馆奏定章程，臣部有所遵循，再当随时酌核情形，奏明办理。

所有遵章预陈明年筹备实行办法缘由，谨缮折具陈，伏乞皇上圣鉴训示。谨奏。

宣统元年十二月二十七日奉旨：宪政编查馆知道。钦此。

《政治官报》第八百三十号，折奏类，宣统二年正月十三日出版

吏部奏遵设宪政筹备处酌定办法折

宣统二年二月初二日①

奏为遵设宪政筹备处,并恭书上谕,敬谨悬挂,恭折仰祈圣鉴事:

宣统元年十二月二十日钦奉谕旨,宪政编查馆奏请饬京外各衙门设立宪政筹备处,并将十月十三日上谕恭书悬挂一折,著依议。钦此。当经该馆抄录原奏咨行到部,查原奏内称,拟令在京各衙门堂官,责成丞参,督率承办各员办理其事,凡派在宪政筹备处人员,应令开单咨报臣馆,以便遇事互相考论商榷,并将十月十三日上谕恭书悬挂,以励进行而免疏懈,各等因。

查宪政为立国远谟,必先筹备完全,而后可推行尽利。臣部于宪政事宜,前经奏设宪政研究所,选派司员认真讲习,嗣复将应行筹备各事,分年胪列,开单奏明,依期办理各在案。兹奉明谕,自应钦遵办理,即于臣部设立宪政筹备处,派委总办、会办、帮办等员。将应行筹备事宜分为四科,一曰叙官科,主文职任用应行变通事宜。二曰考绩科,主文职功过应行变通事宜。三曰调查科,主行查事项列造表册事宜。四曰编制科,主审议章程厘定则例事宜。遴选司员分科办事,仍责成丞参督率承办各员认真办理。并遵将宣统元年十月十三日上谕恭书悬挂。其前在宪政研究所各员,仍令照旧讲习。

除将所派承办各员衔名开送宪政编查馆外,所有遵设宪政筹备处缘由,理合恭折具陈,伏乞皇上圣鉴。谨奏。

宣统二年二月初二日奉旨:宪政编查馆知道,钦此。

《政治官报》第八百五十六号,折奏类,宣统二年二月初十日出版

---

① 为奉到谕旨批示日期。

理藩部奏核议理藩部大概情形折

光绪三十二年十一月十九日

光绪三十二年九月二十日钦奉懿旨：理藩院著改为理藩部，原拟各部院等衙门职掌事宜及员司各缺，仍著各该堂官自行核议，悉心妥筹，会同军机大臣奏明办理，等因。钦此。钦遵到部。

臣寿耆等公同筹议，窃以剔除积弊，为臣工应负之责成，而怀柔远人，实朝廷不易之宗旨。查理藩部与各部情形不同，谨以原单所拟，撮其大要，钦遵谕旨，悉心妥筹，有尚难遽设者，有应行缓办者，有量为归并者，有量为扩充者，有仍因其旧者。现与臣奕劻等公同商酌，意见相同，谨胪列各条，敬为我皇太后、皇上缕晰陈之。

一、丞参尚难遽设也。查理藩部事宜，向由承办司员直接堂官，每届蒙古王公朝觐之时，事务殷繁，随报随办，且有不及具折径行片奏者。若设丞参各官，层折较多，转恐贻误。所有左右丞、左右参议，拟俟设立殖产、边卫两司，再行请旨遵行。

一、殖产、边卫两司事宜，拟暂行缓办也。查原拟单内，殖产司掌开垦蒙地，保护林业，整理牧畜、牲猎、织造、皮线、骨角、筹修铁路、开辟矿产、兴举渔业、整理盐法；边卫司掌训练蒙藏军队、征发，筹办学务，台站供支，边疆界务，商务互市等事，实为藩属应办要政。惟事体繁重，一时骤难举行。拟由理藩部咨商各路将军大臣及各部落盟长，体察所属各旗情形，何地宜兴办何项新政，总期设施得宜，有利无弊。一俟详细声复后，再行会同度支、陆军、学部、农工商、邮传部等衙门，分别核议，妥拟章程，奏明办理。

一、处所量为归并也。查理藩部满档房为合署公事总汇之区，拟将汉档房、俸档房、督催所等处并入，改为领办处。选派司员，充为领办、帮办，承准其事。其各司掌印、帮印各员，均不得兼充领办、帮办，以示限制而专责成。

一、蒙古学宜量为扩充也。查理藩部原有蒙古学，向以本署实缺候补司员、笔帖式入学肄业，因经费难筹，肄业者无多。惟蒙文为理藩部案牍所必需，亟应设法培植人才，方足以资治理。拟先就原设之蒙文教习，筹加津贴，增益学员，认真教育，果使司员等多通满蒙语言文字，实于部务大有裨益。原单所拟之藩言馆，用意正同，拟即以蒙古学量为扩充。

一、原设六司，拟仍因其旧也。查理藩部所属旗籍、典属、柔远、王会四司，分掌内札萨克六盟四十九旗，归化城、土默特、打牲乌拉、呼伦贝尔、鄂伦春，外札萨克四部落，青海、西藏、土尔扈特、杜尔伯特、霍硕特、阿拉善、伊克明安、察哈尔等处一百五十余旗王公官员升降、袭替、比丁、田产、封赠、赐恤、赐祭、奖惩，及达赖喇嘛、班禅额尔德尼、哲布尊丹巴、呼图克图喇嘛等赏赉、封赠、年班、朝觐、进贡、宴赉、廪饩、俸银、俸缎一切事项。理刑司总核内外蒙古各处民事、刑事案件。徕远司综理回部王公、四川土司一切事项。臣等详核六司执掌事宜，各有专责，未便移易。以六司名称久播蒙藩，自不若仍存旧名，以免误会。其司务厅收发文移，当月处监守印信，银库承办支放蒙古盘费，喂养草豆银两，饭银处专司本署经费，喇嘛印务处系掌印呼图克图办公之所，均请一仍旧制。

至额设司员各缺共百余员，分隶各司等处，执掌除所属宁夏等处十一差及乌里雅苏台、西宁、热河、库伦各差所人员不计外，每届一年班蒙古王公到京时，差务殷繁，尚须多派司员分理其事。兹当整饬部务之际，固不容阘茸之员滥厕其间。拟就现属各员缺，由臣寿耆等分班考选，认真甄别。其才具优长者，分派各司充当要差，其不能得力者随时核办。究竟员缺之多寡，请俟考选后，分别各司繁简，再行核定。

以上各条，系就现在大概情形，先行拟议，如蒙俞允，其余一切未尽事宜，容臣等详细妥筹，再当会同奏明办理。谨奏。

十一月十九日具奏。奉旨：依议。钦此。

《东方杂志》，光绪三十三年第二期

理藩部军机处会奏酌拟员司各缺分定责任并拟设调查编纂两局折

光绪三十二年十一月至三十三年①

窃查臣部会同军机大臣具奏核议理藩部大概情形折内声明，理藩部司员、笔帖式各缺，拟俟考选后分别核定，并声明缓设殖产、边卫两司，拟由理藩部先行调查，等因。于光绪三十二年十一月十九日奉旨：依议。钦此。

臣等伏查内外札萨克蒙古各藩属，东起盛京、吉林、黑龙江，北界库伦、恰克图，西连青海、藏卫、回疆各城暨土司、廓尔喀，幅员既广，政务殷繁，况值百度维新，尤在得人。而理臣寿等谨遵前奏，传集阖署司员、笔帖式，分班当堂面考试以论说，以觇其才，课以翻译，以观其学。现在考试完竣，臣寿等公同校阅试卷，并于平日公事差使资格互考参观，择其学识优长才具明敏各员，分派各司处，用资表率。其余各员，亦不无可造，均可量为器使。谨将现拟司员、笔帖式各项差缺，分别等次，另缮清单，恭呈御览。

至殖产、边卫两司所掌蒙地之开垦、林业、牧畜、牲猎、织造、皮毛、骨角、铁路、矿产、渔业、盐法、军队、学务、台站、界务、商务互市等事，本为蒙藩要政，因事体繁重，骤难举行，是以前奏拟由理藩部咨商各路将军大臣，暨各部落盟长，详细查明何处宜兴办何项要政，先行调查，以便会同度支等部妥拟章程，奏明办理。惟调查伊始，头绪纷繁，其编纂条规，酌拟办法，亟宜设立处所，委派专员，以资统摄。臣等公同商酌，拟设立调查、编纂两局，附入理藩部领办处，拣派司员，分股任事，暂不预定缺额，以为将来添设两司之基础。

至原设各司处之郎中、员外郎、主事、笔帖式及司务、司库、库使共一百六

---

① 《东方杂志》刊载时未署时间，文中有"光绪三十二年十一月十九日奉旨"句，奏折当在此后，文刊于光绪三十四年第一期，成文当在此前。

十二员，除宁夏等处十一差及乌里雅苏台、西宁、热河、库伦各差所人员不计外，现在考选等第，量才任使，仅敷分布。即将来设立殖产、边卫两司时，员缺应否添设，尚须酌量情形，奏明办理。所有理藩部原设各缺，拟请免其裁撤。其现在归并处所之原隶各缺，拟即归入领办处，以便分任其事。惟是在公人员，事有专司，务当各尽乃职，部务自臻上理，倘有不职之员，或始勤终惰，应由臣寿等随时甄别，据实参劾，以仰副朝廷澄叙官方实事求是之至意，谨奏。

奉旨：依议。钦此。

谨将酌拟理藩部各司处司员笔帖式各缺，分定责任，缮具清单，恭呈御览。计开：

领办处。为阖署公务总汇之区。拟设领办二员，以郎中、员外郎充之。帮办二员，稽核文移二员，总看奏折四员，以郎中、员外郎、主事充之。委署主事四员，正缮写四员，副缮写八员，以笔帖式充之。调查局、编纂局，分股任事，以郎中、员外郎充正管股，以郎中、员外郎、主事充副管股，以郎中、员外郎、主事、笔帖式择其翻译优长者，充翻译官。此两局暂不预定额缺，俟添设殖产、边卫两司，再行分别酌定。

旗籍司。拟设掌印一员，以郎中、员外郎充之。帮印二员，主稿二员，以郎中、员外郎、主事充之。委署主事四员，正缮写四员，副缮写四员，以笔帖式充之。

典属司。拟设掌印一员，以郎中、员外郎充之。帮印二员，主稿二员，以郎中、员外郎、主事充之。委署主事四员，正缮写四员，副缮写四员，以笔帖式充之。

王会司。拟设掌印一员，以郎中、员外郎充之。帮印二员，主稿二员，以郎中、员外郎、主事充之。委署主事三员，正缮写四员，副缮写四员，以笔帖式充之。

柔远司。拟设掌印一员，以郎中、员外郎充之。帮印二员，主稿二员，以郎中、员外郎、主事充之。委署主事三员，正缮写四员，副缮写四员，以笔帖式充之。

徕远司。拟设掌印一员，以郎中、员外郎充之。帮印一员，主稿一员，以郎中、员外郎、主事充之。委署主事二员，正缮写三员，副缮写三员，以笔帖式充之。

理刑司。拟设掌印一员，以郎中、员外郎充之。帮印一员，主稿一员，以郎中、员外郎、主事充之。委署主事二员，正缮写三员，副缮写三员，以笔帖式充之。

司务厅。拟设掌印一员，以郎中、员外郎充之。帮印一员，以郎中、员外郎、主事充之。委署主事四员，正缮写四员，副缮写四员，以笔帖式充之。

《东方杂志》，光绪三十四年第一期

理藩部奏拟设立调查编纂局等事折①

光绪三十三年六月二十一日

理藩部奏：臣部会同军机大臣具奏核议理藩部大概情形折内声明，理藩部司员、笔帖式各缺，拟俟考选后分别核定，并声明缓设殖产、边卫两司，拟由理藩部先行调查。等因。于光绪三十二年十一月十九日奉旨：依议。钦此。

臣等伏查内外扎萨克蒙古各藩属，东起盛京、吉林、黑龙江，北界库伦、恰克图，西连青海、藏卫及回疆各城，暨土司廓尔克，幅员既广，政务殷繁，况值百度维新，尤在得人而理。臣寿耆等谨遵前奏，传集阖署司员、笔帖式，分班当堂面考，试论说以觇其才，课翻译以观其学。现在考试完竣，臣等公同校阅试卷，并于平日公事差使资格，互考参观，择其学识优长，才具明敏各员，分派各司处，用资表率，其余各员，亦均可量为器使。谨将现拟司员、笔帖式各项差缺，分别等次，另缮清单，恭呈御览。

至殖产、边卫两司所掌蒙地之开垦林业、牧畜、牲猎、织造、皮毛、骨角、

---

① 标题为编者所拟，原文无标题。

铁路、矿产、渔业、盐法、军队、学务、台站、界务、商务互市等事，本为蒙藩要政，因事体繁重，骤难举行，是以前奏拟由理藩部咨商各路将军、大臣暨各部落盟长，详细查明，何处宜兴办何项要政，先行调查，以便会同度支等部妥拟章程，奏明办理。惟调查伊始，头绪纷繁，其编纂条规，酌拟办法，亟宜设立处所，派委专员，以资统摄。臣等公同商酌，拟设立调查编纂局，附入理藩部领办处，拣派司员，分股任事，暂不预定缺额，以为将来添设两局之基础。至原设各司处之郎中、员外郎、主事、笔帖式及司务、司库等，共一百六十二员，除宁夏等处十一差及乌里雅苏台、西宁、热河、库伦各差所人员不计外，现在考选等第，量才任使，仅敷分布。即将来设立殖产、边卫两司时，员缺应否添设，尚须酌量情形，奏明办理。所有理藩部原设各缺，拟请免其裁撤，其现在归并处所之原隶各缺，拟即归入领办处，以便分任其事。惟是在公人员，事有专司，务当各尽乃职，部务自臻上理。倘有不职之员，或始勤终惰，应由臣等随时甄别，据实参劾，以仰副朝廷澄叙官方之至意。

得旨：如所依议。

朱寿朋：《光绪朝东华录》，总第5703—5704页，中华书局1958年出版

理藩部奏遵章预定来年办法折

宣统元年十二月二十五日①

奏为遵章预定来年办法，谨将筹办情形，恭折仰祈圣鉴事：

窃准宪政编查馆咨开续奏筹备折内称，各衙门筹备事宜，实为行政之准的，拟请每年冬间，由各该管衙门按本年原奏清单，再将拟定次年实行办法切实奏明办理，但使所筹事项克赴行政准的，纵与原单略有出入，不妨声明缘由，请旨办

---

① 为奉到谕旨批示日期。

理，等语。查臣部于本年二月奏明，藩属情形与内地不同，请分别缓急，择要推行。拟先从调查事项为入手，一俟调查齐备，即会同各部暨各路将军、大臣、沿边督抚等酌定办法，每届将应办事宜奏报一次。本年九月，曾将内六盟各旗调查事项列表进呈，饬交东三省督抚、热河都统、绥远城将军、察哈尔都统等处实地复查，究竟所开各节是否属实，有无漏略，并将来实行有无窒碍，限年内查复到部。嗣因日期迫促，又电行各处，先尽已经查明者年内咨复，其一时未能详查者，准其陆续咨送。

现据热河都统电称，已饬各府州县会同各盟长实地调查，俟查复到日，再行电复。其绥远城、察哈尔、吉林、黑龙江等处，尚未接有复电，惟奉天巡抚程德全送到哲理木盟科尔沁十旗调查事项列表咨复，凡原表漏列之事件均行补查，并将向未呈报之科尔沁右翼后旗、左翼后旗一律详查咨复到部。臣等详查各表，较原报已为加详，就中如垦务学务两端，该盟旗久经举办，现正极力扩充。其原报向未开列而亟待举办者厥为矿产，该盟除科尔沁右翼中旗、右翼后旗、左翼后旗、郭尔罗斯后旗无矿产外，其余六旗，均据复称查有煤铁金矿。至皮毛骨角可备制造之用者，亦据复称或向归自用，或弃置不存，难以调查确数。此外如林业、渔业、牧政等均沿习旧俗，未知讲求新法。是该抚所查各节，已十得八九。惟欲实行开办，有无窒碍，未据详细查复。臣等公同商酌，拟由臣部一面咨商该督抚，再将举办详情分别查复，一面将应办各件分行各衙门筹定办法，会同各该部奏明办理，以期无误来年施行之要政。其未经查复各等处，拟俟查复到部时，一并照此办理。

所有臣部预备来年办法缘由，谨恭折具陈，伏乞皇上圣鉴。谨奏。

宣统元年十二月二十五日奉旨：该衙门知道。钦此。

《政治官报》第八百三十号，折奏类，宣统二年正月十三日出版

理藩部奏筹备藩属宪政第四届已办事宜等折

宣统二年九月十三日①

奏为筹备藩属宪政，谨将第四届已办事宜及调查各事项分别胪陈，恭折仰祈圣鉴事：

窃臣部典属藩封，蒙藏回番风气未开，惟有因机利导，不计近功，以冀徐收实效。是以先从调查入手，已于上年九月本年三月，将内扎萨克各旗，外扎萨克图车二部落先后奏报在案。现经各将军大臣、沿边督抚次第报到，如汇报人户总数，查上年民政部奏定调查户口章程内开，凡未设行省如内外蒙古、青海、西藏等地方，应由各该管长官按照章程，另订细则，分别调查，一律按款汇报民政部等语。当经臣部通行各路将军大臣遵照，先后准伊犁将军、乌里雅苏台将军、西宁办事大臣、库伦办事大臣、科布多参赞办事各大臣等造具各该所属户数表册咨送前来，并准新疆巡抚、科布多办事大臣送到回部并哈萨克户口表册，除未到各处分别咨催外，已到各表册，均经臣部咨送民政部核办。旋准民政部咨以伊犁、西宁二处所送表式不合，已由臣部咨回另行填注。此皆指明藩部应办之件也。

此外，如地方自治、岁出入预算决算、审判厅、简易识字学塾、巡警等项，皆各省应办事宜。其未设行省之处，未能一律照办。惟乌里雅苏台将军堃岫奏在乌城创建初级师范学堂，调取三扎两部落子弟四十名，乌梁海子弟五名，习学满蒙汉语言文字，学成回旗转授于各盟长处，自立满蒙汉小学堂，各旗均设蒙养学堂。前挑巡警四十名，巡官一员外，复添练巡警二十名，加派巡官一员，分巡城市，另派教习一员，司书一名。并试办开垦，劝立商会自治所，当经臣部会同各主管衙门遵旨分别议复在案。

又库伦办事大臣三多奏明于库伦添练蒙古巡警队四十四名，驻藏办事大臣联

---

① 为谕旨批示日期。

豫奏明在前藏设立巡警总局，分派巡官巡长，带领修业步警兵一百四十名，马警兵二十四名，一律站岗梭巡，俟警兵毕业转多，再行挑选拨往亚东、江孜两处分别开办。复据库伦办事大臣三多电称，库、恰原设半日学堂二所，现拟酌改简易识字学塾。库、恰二处应设审判厅，正在组织。此三处皆于新政极力规画，稍有端倪，需以岁时，当可渐著成效。仍由臣部随时咨查，共图进步，以期相与有成。

至调查事项，臣部于本年三月初九日曾将续行调查事项列表进呈，奏请交由该管将军、都统、总督暨各大臣等复查在案。其乌里雅苏台将军所属之三扎两部落，新疆巡抚所属之回部，热河都统所属之锡拉图、呼图克图，科布多办事大臣所属之新图尔扈特各应查事项，均于本年开报到部。臣等督饬员司逐条译汉详核，除回部一项太略，据其原表附说声明，自光绪九年改设新省以后，除哈密回王之土地人民照旧管辖外，其余要政，均归厅县管理，诸项事宜故多阙略。综计该将军等所陈各节，尚属实在情形。除科布多参赞大臣所报事项，甫经到部，尚待详核，其余各处原报虽有事项而含混未清尚须详查者，由臣部行文该将军等处再行详查开报外，兹就其所报事项明晰者列表呈进。仍由臣部按照所开各项，咨行各该管将军、都统、巡抚、大臣等实地复查，究竟所开各项是否属实，有无漏略，并应如何筹办可免窒碍之处，一并查复，咨明臣部会同各该衙门切实办理，务期调查一次即收一次之成效。谨将本届调查事项分别列表，恭呈御览，伏乞饬交宪政编查馆考核备案。

所有筹备藩部宪政，暨臣部第四届调查各事项，理合恭折具陈，伏乞皇上圣鉴。谨奏。

宣统二年九月十三日奉旨：该衙门知道。表并发。钦此。

《政治官报》第一千七十三号，折奏类，宣统二年九月二十一日出版

御史徐定超奏翰林院升途拥挤请变通官制折

光绪三十三年十二月十八日①

奏为翰林院升途拥挤，拟请变通官制，以免淹滞人才，恭折具陈，仰祈圣鉴事：

窃惟翰林院之设，所以掌制诰文史，并备顾问，凡珥笔銮坡，陈书讲幄，入承僾直，出奉皇华，职司綦重。故朝廷选任是官，必择各科所得士之秀者。士既授职入院，亦多研求学问，砥砺风节，不敢自待菲薄，以辜厚恩。其出身编检庶常，内而赞画纶扉，外而建立勋绩者，二百余年，后先相望。是国家定制，固始终重视翰林院储才以供上用，亦未尝无补于国家也。自科举既停，官制迭改，而翰林院仍如旧制，惟将詹事府裁去，各官对品，酌添学士二缺，撰文四缺，旋又裁去祭酒、司业四缺，近年将新科庶吉士悉令入进士馆及派赴日本学习法律政治，宽其录用，概予留馆。凡以为时事艰难，使翰林人才尽出于有用，以为异日简拔地步，圣意至为深远。

惟查翰林院掌院学士，向为兼差，其实缺仅有三品学士，当时不设一二品实官者，原以翰林院学士莫不转内阁学士，而内阁学士莫不转各部侍郎，升途极为疏通。今各部皆自设丞参，侍郎由内阁学士推升者，数年中无一人。因是翰林院学士以下，白首沉沦，等于废弃，揆之朝廷重视翰林院之本意，未免相睽。臣愚虑所及，惟有仿照各部官制，自设升阶，而推广内转外放旧制以辅之。拟请将掌院学士改为实缺，升从一品，遇有大学士、尚书缺出，一律开单请简。翰林院学士添设两缺，升从二品，遇有尚书、都御史、侍郎、巡抚缺出，开单请简。侍读、侍讲学士仍为十缺，升正、从三品，遇有侍郎、阁学、副都御史及藩学臬各司缺出，开单请简。侍读、侍讲仍为十四缺，升正、从四品。撰文添设四缺，升

---

① 为奉到上谕批示日期。

正五品，修撰升从五品，编修、检讨升正、从六品。以上四项，由掌院学士平日认真考察，择其品学兼优，内而堪胜各部丞参，外而堪胜提学使及京外衙署相当各项差缺，每年密保一次，一律开单请简。其五品以下之京察、截取、保送等例，悉如其旧。五经博士、典簿改为七品，待诏改为八品，孔目、笔帖式改为九品，未入流不设官。如是则升阶较宽，入是院者不致有人才淹滞之叹，而于朝廷留设翰林院之意亦相符合。此非独翰林院得有升途，贤能得以自奋，即揆之九经体群臣之语，固当如是其纤悉靡遗也。

臣为爱惜人才，画一官制起见，谨拟变通翰林院升途办法，理合详晰具陈，应请饬下会议政务王大臣核议施行。是否有当，伏乞皇太后、皇上圣鉴。谨奏。

光绪三十三年十二月十八日奉旨：会议政务处议奏。钦此。

又奏请将编书处改为顾问处片

再，翰林院初制，以备顾问为重要，积久相沿，遂致专掌文史，难尽献替之职，甚可惜也。查翰林院所设编书处，与学部之编译图书局制度相复，不妨裁并，以归画一，而以编书处改为顾问处，仿日本枢密顾问之意，承诏敕之垂询，备谟猷之入告，与资政院专司议政者相辅而行。内设顾问官三十四员，头等四员，在侍读、侍讲学士内选派。二等八员，在读、讲、撰文内选派。三等二十二员，在修撰、编、检年在三十岁以上者选派。两年一任，每一年则改选其半数，别设顾问官长一员，顾问官副长二员，以掌院及学士任之。此外设书记官长一员，在读、讲、撰文内选派，书记官五员，在编、检内选派。如是则国家大政多一征求意见之所，而翰林各官亦知研究政治以为建议之地，将来内升外放，不致涉于迂疏，且于旧制今情悉皆吻合。是否有当，应请饬下会议政务处王大臣并议施行。伏乞皇太后、皇上圣鉴。谨奏。

光绪三十三年十二月十八日奉旨：会议政务处议奏。钦此。

《政治官报》第一百五十八号，折奏类，光绪三十四年三月初七日

会议政务处议复御史徐定超请变通翰林院官制折

光绪三十四年三月初三日①

奏为遵旨会议，恭折覆陈，仰祈圣鉴事：

光绪三十三年十二月十八日，军机处钞交御史徐定超奏翰林院升途拥挤，请变通官制一折，附片一件。奉旨：会议政务处议奏。钦此。

窃维该御史原奏各节，大都以翰林院为储才之地，国家定例，本较他曹为优，年来官制屡更，各部自为升转，而翰林院转虑沉沦。本策励英俊之心，为添设阶级之请，并递及于五经博士等缺，纤悉靡遗，所陈不为无见。唯臣等以为，翰林院官制，自国初以来，迭次更订，近年臣工条奏亦复加详，屡经廷臣议定，事关制度，未敢率尔更张。况值新政创行，练才尤亟，固不敢谓词曹容与，未足以建事功，亦不敢谓新进名流，俱足以资干济。若徒为疏通人员之计增设官缺，而不为之开出路，定课程，诚恐徒更虚名，无关实际，且虑疏通于下级，转兹壅积于前途，亦属于事无济。

臣等再四商榷，爰就该御史原奏所已及，并原奏所未及而为臣等所见及者，引申其说，详定规制，冀有裨于翰林之递转，并无碍各部之迁除，庶几群才得并进于朝，而京外可兼资其用。谨分条论列，为我皇太后、皇上缕晰陈之。

一、原奏请将掌院学士改为实缺，升从一品，遇有大学士、尚书缺出，一律开单请简。查掌院学士本有品级，向以大学士、尚书兼充，并无窒碍，应请仍照旧制。

一、原奏请将翰林院学士添设两缺，升从二品，遇有尚书、都御史、侍郎、巡抚缺出，开单请简。查翰林院学士系光绪二十九年甫经政务处议复给事中熙麟请复詹士府折内，奏请添设二缺，径升内阁学士，未便复行更改，转滋复沓。今

---
① 为奉到上谕批示日期。

拟请遇有侍郎缺出，由军机处将内阁学士、副都御史、翰林院学士与各该部左右丞分别列单请简。若遇有巡抚缺出，则将内阁学士、副都御史与该省布政使分别列单请简。

一、原奏请将翰林院侍读学士、侍讲学士升正、从三品，遇有侍郎、内阁学士、副都御史及藩学臬三司缺出，开单请简。查侍读学士系于光绪二十九年甫经升为正四品，未便遽改。今拟仍从旧制，而遇有内阁学士缺出，与翰林院学士、内阁侍读学士、翰林院侍读，各照从前应升及其次应升人员之例，一并开列。并酌增顺天府府尹缺出，仍照旧章将翰林院侍读学士、侍讲学士开列，并将翰林院侍读比照从前庶子开列之例，一体缮单请简。至藩学臬三司缺出，除提学使向由学部将翰林院侍读学士以至编、检各员密保外，其布政使、按察使缺出，应查照顺治十二年定制，詹事、少詹事以布政使用，侍读学士以按察使用，及近年各部丞参、三四品京堂简放藩臬等官之例，将侍读学士、侍讲学士与翰林院学士及各部丞参、京堂，由军机处分别开单请简。

一、原奏请将侍读、侍讲升正、从四品。查翰林院侍读系于光绪二十九年甫经升为正五品，未便复行更改。唯既将侍读升为正五品，嗣后由侍讲转侍读，应即改为升任，庶与侍讲学士升任侍读学士之例相符。

一、原奏请添设撰文四缺，升正五品。查翰林院撰文系光绪二十九年奏设四缺，定正六品，未便复行更改。唯自裁撤詹事府、国子监后，员缺较少，拟请酌增翰林院秘书郎四缺，定为从六品，以便递转。

一、原奏请将修撰升从五品，编修、检讨升正、从六品。查现在翰林院学士正三品，侍读学士、侍讲学士正、从四品，侍读、侍讲正、从五品，撰文正六品，益以新添从六品之翰林院秘书郎一阶，已属完备。修撰、编、检各员品级应仍其旧。

一、原奏请将撰文、修撰、编、检各员由掌院学士认真考察，择其品学兼优，内而堪胜各部丞参，外而堪胜提学使等差缺者，每年密保一次，开单请简。查翰林院编书局本年即将告竣，拟令专办讲习馆事宜，所有侍读学士以下各员，除兼有要差及已调各部外，其余人员，俱令入馆肄业，就各部所需之政学，取其于平日学问相近者，专习一门。由掌院学士认真考察，择其成绩最优之员，每二年密保一次，每次每部不得过二人，任缺勿滥，以备各部丞参之用。其各部奏保及先行调部行走者，仍听其便。

一、原奏请将五品以下之京察截取、保送等例，悉如其旧。查截取、保送等例，节经奏定有案，自应照旧办理。唯翰林院近年员数较多，拟请遇有京察年分，除内廷供奉之合例人员一律保荐外，其余各员，请以六员计额，以广其途。

一、原奏请将五经博士、典簿改为七品，待诏改为八品，孔目、笔帖式改为九品，未入流不设官。查现在自翰林院掌院学士以下，品级俱未更动，其五经博士至孔目等官应亦悉仍旧制，以免纷歧。

以上各条，系就该御史原折所请逐一核议，意见俱属相同。至另片所称编书处与学部编译图书局制度相复，请酌量裁并，以编书处改为顾问，等语。臣等窃以为待直銮坡，备员讲幄，俱为朝廷侍从之臣，圣明如有咨询，随时可以入对。现在编书处既将截止，似毋庸另设一处。抑臣等更有请者，新学固宜研究，国粹尤应保存。此后中国学堂毕业及留学东西洋毕业诸生奖用编、检、庶吉士者，应仍遵光绪二十九年学务大臣暨上年宪政编查馆会同学部先后奏定章程，认真考核，冀拔真材而免倖进。

所有会议变通翰林院官制各折片缘由，谨合词恭折具陈，伏乞皇太后、皇上圣鉴。谨奏。

光绪三十四年三月初三日奉旨：依议。钦此。

《政治官报》第一百五十七号，折奏类，光绪三十四年三月初六日出版

整顿都察院慎选言官著军机大臣等妥议谕

光绪三十二年九月二十三日

光绪三十二年九月二十三日内阁奉上谕：都察院为朝廷耳目之官，于一切政治阙失，民生疾苦，自应留心考核，据实指陈。近来科道等官，识见通达议论纯正者，固不乏人，而毛举细故无当大体者，亦时不免。兹当新定官制预备立宪之

时，该衙门纠察行政，责任綦重，务令举能其官无忝厥职，庶几广忠益而通下情。嗣后应如何激扬风宪，整饬台纲，以及保送御史应如何慎加遴选，严定考成，俾无滥列之处，著军机大臣、大学士、各部参预政务大臣会同都察院堂官一并妥议具奏。钦此。

《清末筹备立宪档案史料》，第472页

军机大臣奕劻等复奏会议都察院官制折

光绪三十二年十一月二十七日

臣奕劻等跪奏：为遵旨会议复奏，恭折仰祈圣鉴事：

本年九月二十三日内阁奉上谕①。仰见朝廷明目达聪，整纲饬纪，臣等捧诵之下，钦佩莫名。

伏惟自古治道之隆，必以求言为先务，盖欲通下情而宣民隐，莫如资忠益而纳嘉谟。恭读谕旨，谆谆于广开言路，慎选言官，洵为立政任人之要。臣等钦遵公同商议，窃以科道职司纠察，关系綦重，向来各部院衙门保送御史，凡愿送之员，一概保送，不加甄择，虽有考试，亦但第其甲乙，并无去取，实非立法之本意。嗣后保送御史，拟请责成各部院大臣，举所夙知，于京官实缺中书以上，外官实缺州县以上，如实系气节刚正，志虑忠纯，均准保荐，至多不得过三员，应胪陈该员志行事迹，出具切实考语，不得以寻常笼统之词漫为推许。其有品谊不端学术不正者，毋得滥保，如或滥保，一经发觉，并将原保大臣从重治罪。保送既齐，由该衙门请旨廷试，简派大臣校阅，拟定名次，再行引见，听候记名录用，庶几举者不敢徇私，应者亦无从倖进。至现在激扬整饬，应由都察院堂官随时考核，如有声名平常志节卑陋者，即行据实纠劾。

---

① 谕文已收入本书，即《整顿都察院慎选言官著军机大臣等妥议谕》，见前。

其科道各员缺，定自国初，多沿前明旧制，前奉上谕：六科给事中著改为给事中，与御史各员缺均暂如旧。钦此。恭绎谕旨，暂字之义，原待量为变通。臣等悉心斟酌，科道各缺，有应请再行增设者，有应请略从裁减者。如各御史向系按省分道，当初行省不及今日之多，是以分道较简，今设二十二行省，自应按省增设，以符名实。原置京畿道，系掌道二缺，协道二缺，东三省为根本重地，谨拟仿京畿道例，增设辽沈道，以重陪都，亦设掌道二缺、协道二缺。其余各省均从初制，只设掌道，不设协道。原设江南道，拟照省分为江苏、安徽，各设掌道二缺。原设湖广道，拟照省分为湖北、湖南，亦各设掌道二缺。浙江、江西、福建、河南、山东、山西、陕西、四川、广东、广西、云南、贵州等省，均各设掌道二缺。甘肃、新疆两省，拟各增设掌道二缺。责成各该御史于所掌各道访求利病，凡有关国计民生者，均应据实胪陈。给事中既奉旨撤去六科之名，于部务已非专司，新设各部亦本无稽查专责，拟请酌裁四缺，原设科道共八十缺，今拟共留六十四缺，共裁十六缺，仍拟暂请缓裁，以后出缺不补。给事中、御史各员，拟请责成统司纠察，凡内外各衙门如有用人不当，办事不实，均准奏参。所有各部及各衙门，即无庸派专员稽察，以归画一，而昭核实。

原拟都察院草案，有设佥都御史之议。查国初曾设汉佥都御史一缺，嗣于乾隆初年议裁，自应毋庸再设。员缺既定，考选既严，责任专而纲维肃，果能实事求是，精白乃心，庶几大法小廉，仰副圣明集思广益之至意。其余未尽事宜，另由都察院堂官妥拟具奏。

所有臣等会议复奏缘由，是否有当，伏乞皇太后、皇上圣鉴。训示施行。

此折由军机处主稿，会同内阁、各部、都察院等衙门办理，理合陈明。谨奏。

《清末筹备立宪档案史料》，第 476—478 页

准都察院官制谕

光绪三十二年十一月二十七日

光绪三十二年十一月二十七日，内阁奉上谕：

军机大臣会奏议复都察院官制一折，科道职司纠察，关系綦重，前经谕令军机大臣等将如何慎加遴选，严定考成之处，会同妥议具奏。兹据奏称保送章程及增减额缺各节，所拟尚属周妥，即著依议行。嗣后著各部院大臣于京官实缺五品以下至中书，外官实缺四品以下至州县，各举所知，将该员志行事迹胪陈，切实保荐，不得以笼统之词，漫为推许。如或徇情滥保，定将原保大臣一并从重议处。该给事中、御史等即著照此次奏定章程，统司纠察，凡内外各衙门如有用人不当、办事不实，均准奏参。仍著该堂官等随时查核不称职者，据实甄核。尔大小臣工，务当精白乃心，实事求是，用副朝廷集思广益之至意。钦此。

《光绪宣统两朝上谕档》第三十二册，第257页，广西师范大学出版社1996年影印出版

都察院奏整顿变通章程折片（章程附）

光绪三十二年十二月十二日

窃臣等会奏官制后，即将新设各道御史，分别遴员奏补，所有一切章程，有应行删改者，有应行整顿者，逐条悉心筹议，务期剔除积弊，整饬台纲，以仰副我皇太后、皇上慎重言路之至意。另缮清单，恭呈御览。俟奉旨后，即咨行京外

各衙门一体遵照，臣等率同给事中、各道御史实力奉行，以期不负委任。谨奏。

再，臣院额设笔帖式四十二缺，其中勤慎趋公者，固不乏其人，而滥竽充数者，亦不能免。臣等公同面试，酌留三十员，作为额缺分配。堂上各道及两厅当差六科，原设笔帖式八十缺，从前各科皆有题本、科抄，用人较多，现改题为奏，又无稽查事件，今昔繁简迥不相同，当令给事中等公同考试，酌留三十缺，归并后随同当差。嗣后两项人员缺出，扣补扣选，以裁至额缺为止。现裁汰之员，如有愿在额外行走者，仍听其便。其余分别造册咨部，照裁缺人员例办理。但该笔帖式等素无实业，一时裁缺，无所依恃，情殊可悯。合无吁恳天恩，照各衙门裁缺之例，准食原俸，其改赴他衙门效力者，即行扣除，于体恤之中，仍寓裁成之意。其候补学习人员，仍令留院。谨奏。

光绪三十二年十二月十二日，奉旨：依议。钦此。

谨拟都察院整顿变通章程，恭呈御览：

一、六科既经归并，向来办公所居之朝房，应即缴还，仍酌留吏、户科所居之东首朝房二所，以为侍仪、验看等差暂憩之所。

一、给事中额缺二十员，随带笔帖式三十员，臣院房屋无多，难于位置。臣等公同商酌，旧有河南道衙门，即在刑部街，距院咫尺，拟请改为给事中公署。其河南掌道现只二员，暂归并山东道署内，明春再议分设一转移间，两得其宜。如蒙俞允，即饬遵照办理。

一、六科既经归并，所有应办事件，如吏、兵科之画凭，刑科之秋审、朝审复奏与一应事宜，均由给事中公同办理，不分畛域。

一、六科既经归并，所有各省关解科饭银，应令改解都察院衙门，以资给事中办公。应请饬下度支部转饬各省关立案，嗣后臣院代为咨催，其解到款目，仍由给事中公同经理，以清界限。

一、给事中缺出，向由吏部按资挨序带领引见。近年均按资俸最深者挨补，虽属公平，而不足以资激劝，嗣后请由臣等精加甄择，拟定正、陪，请旨擢用。

一、申冤理枉，通达下情，系都察院专责，故京控案件，向归办理。惟步军统领，亦准呈控，所以防壅闭也。余如京畿道之会办，京察大计军政，河南、山西道会同吏、兵部掣签,各科道之派验看月宫,事关防弊,应请仍照旧章认真办理。惟各科道之注销月折与河南道之年终刷卷,部意不过防有迟延舛漏之弊,久之遂成具文,应请即予删除,以省繁赜。

一、查旗各差,前经裁撤,所有稽察宗人府、内务府等差,应请一并裁撤,以归画一。

一、满缺给事中御史出路较隘,拟请准其三年俸满保送道府,仍由臣等察其才品是否堪胜,再行加考送部引见。

一、在京各衙门,都察院均有稽查之责。近年陆续添设之外务部、农工商部、学部、民政部、邮传部等衙门办理事件,并不关报都察院,无从稽察,若令每事关报,实属繁重,若仅将每月奏咨若干件笼统报院,仍无从知其底蕴。又何贵有此具文,不得不变通办理。查各衙门紧要事件,必须陈奏,嗣后请将京外各衙门章奏,凡关涉用人、行政举措损益者,概行发抄,俾给事中、御史等悉心考究,如有未协,随时纠正,不必拘定何衙门归何科、何道稽察,似办理较为核实,而耳目亦转周密。

一、各道按省分设,责成各该御史于所掌各道访求利病,仰见朝廷勤求民隐之至意。嗣后拟令各省于州县以上之补署,内外各局所之增减,以及兵制、财政、学务、农业、路矿、警察诸大纲,按年列表,咨送都察院,以凭考察。在各省只举其要,尚非繁重难行,在臣院按籍可稽,亦不至传闻失实,似于治理不无裨益。俟奉允准后,即咨各省遵行。

一、设立研究所,添购各种书籍及京外报纸,以为纠察行政及裁判行政之基础。由堂遴派提调二员,编译二员,专司其事。给事中、御史各员,分日到所研究,如有所见,各抒议论,存稿传观并设立画到簿,由提调稽核,不准托人代查。月终由堂调查,以别勤惰,并觇其有无心得。

一、经历都事满汉各一缺,向章出缺一咨一留。现请一律改为留题之缺,由本衙门捡员奏补,以资熟手。

一、咨取各衙门保送御史及考试引见传补时,复带领引见,向由吏部办理,应请照旧章。现奏补各缺外,满御史只余四人,汉御史只余二人,距传补不远,应由吏部遵照新章,咨行各衙门保送,其旧记名人员应否撤销,亦由吏部声明请旨。再,御史为朝廷耳目之官,秩最清要,宜申明旧例,非进士、举贡荫生出身人员，不得保送。此外，非学堂卒业人员，不得保送，以清流品而绝奔竞。至满御史，仍照旧例办理。

一、院中向设承发科，收发公文，日久流弊滋多。现拟仿照各部司务厅之例，设立收发文书处，由经历都事、笔帖式内，酌派数员，轮班值日。所有出入公文，均归其承办，立簿登记，逐日呈堂，以专责成而防积压。从前承发科即行裁革，其堂上及各道书手、茶房、皂役，亦择尤黜革。此后有犯即惩，以清积弊。

一、蒙恩赏每年津贴银四万两，照翰林院之例，堂官分四成之一，其三成按给事中、御史员数均匀每季分放，以免偏枯。

一、都察院本系旧署，年久失修，兵燹以后，颓废更甚。本年始，在办公节省项下，将大门大堂量加葺治。两廊各道公署，以款绌而止。现拟在署后隙地建立研究所，两廊添建增设各道公署，旧时各道房屋，亦择要拆卸重修，俟春融后，核实估勘需款若干，再行请旨发帑办理。

《东方杂志》，光绪三十三年第三期

内务府奏设立宪政筹备处折

宣统二年二月十八日①

奏为遵旨设立宪政筹备处大致情形，恭折具陈，仰祈圣鉴事：

窃准宪政编查馆咨开，拟请通饬京外各衙门设立宪政筹备处，并将十月十三日钦奉上谕，令各衙门恭书悬挂，以期周密而促进步，等因。于宣统元年十二月二十日具奏，奉旨：依议。钦此。钦遵刷印原奏咨送前来。臣等遵将钦奉上谕敬谨恭录悬挂。

---

① 为奉到谕旨批示日期。

伏查上年宪政编查馆编定宪政分年筹备事宜内开,应于宣统七年确定皇室经费,由内务府、宪政编查馆同办,等语。臣衙门承应一切差务,凡关于皇室经费者,亟应分别筹备,以期逐渐进行。惟臣衙门所属各司各库,处所较多,差务极繁,臣等详加权商,其筹备之法,必须博考详稽,次第清理,方能就绪。现已遵旨设立内务府宪政筹备处一所,拣派总办一员,总司筹备一切事宜,并派协理司员十二员帮同筹办。即以该协理司员等备充编查馆顾问,其文移、折奏事件,遴选堂主事等十二员办理。至应行调查各司处事宜,即责成各该处司员等督饬所属,悉心经理,以免延误。抑臣等更有进者,前遵谕旨设立统计处一所,曾经拣员清厘,遵照部章办理。其上驷院、武备院、奉宸苑、中正殿、颐和园等五处,已由该处自行设立统计处,综核一切在案。伏维此次设立宪政筹备处,系为钦定皇室经费之基础,与统计处事体殊异,所有内务府所属各处,凡有关于筹备事宜,无论是否另有堂官专管处所,均应咨报臣衙门筹备处考核,以归简易而一事权。此臣衙门遵旨设立宪政筹备处之大致情形也。理合恭折先行奏闻,伏乞皇上圣鉴。谨奏。

宣统二年二月十八日奉旨:宪政编查馆知道。钦此。

《政治官报》第八百四十七号,折奏类,宣统二年二月十八日出版

3. 地方官制改革的讨论和决定

政务处学部会奏遵议裁撤学政设立直省提学使司折①

光绪三十二年四月初二日

谨奏为遵议裁撤学政，请设直省提学使司，俾重事权以宏教育，恭折覆陈，仰祈圣鉴事：

窃准军机处钞交直隶总督袁世凯奏陈学务未尽事宜一折，奉朱批：政务处、学部议奏。又云南学政吴鲁奏请裁撤学政一折，奉朱批：学部议奏。钦此。

臣等伏查国初沿前明旧制，各省设提学道，雍正年间改为提督学政，仰见列圣建置，具有深意，要在因时制宜，初不拘乎成例。现在停止科举，专办学堂，一切教育行政，及扩张兴学之经费，督饬办学之考成，与地方行政在在皆有关系。学政位分较尊，事权不属，于督抚为敌体，诸事既不便于禀承，于地方为客官，一切更不灵于呼应。即有深明教育之员，补苴一二，为益已鲜，且各省地方寥阔，将来官立公立私立之学堂日新月盛，势不能如岁科各试分棚调考之例，而循例按临，更有日不暇给之虑，劳费供张，无裨实事。学政旧制，自宜设法变通。上年奉旨设立学部以来，臣荣②等即已筹议及此。而督臣袁世凯及学臣吴鲁先后陈奏，皆以裁撤学政为请。袁世凯所陈已极详切，吴鲁现任学政，身居局中，所言尤为洞中利弊。是学政之应行裁撤，内外臣工意见佥同。佀袁世凯原奏，主规复提学道之制，近来地方有司办理新政，恒视上司督催、权力之所及以为进退，藩臬两司，统辖全省道员，则范围已隘，权限稍轻，若学政改设提学道，恐体制大异于从前，督饬或难于见效。至吴鲁原奏，主责成督抚办理，封疆

---
① 标题中"政务处学部"为编者所加。
② 即荣庆，学部尚书。

四、官制改革

大吏，一切吏事兵事财政皆其统筹兼顾，势不能专心教育。

臣等公同商酌，请拟裁撤学政，各省改设提学使司提学使一员，秩正三品，视按察使，统辖全省地方学务，归督抚节制。于省会地方置学务公所，分设总务、普通、专门、实业、会计、图书六课，每课设课长、副长、课员，分曹隶事，仿汉代辟召之例，选官绅之有学行者，由提学司详请督抚札派，另设学务议绅四人，由提学司延访本省学望较崇之绅士充选，并设议长一人，由学部慎选奏派。其提学司养廉，一仍学政之旧，仍量加公费，以资津贴。僚佐薪费，皆以公款支给，所有从前之棚规、供应，一概禁绝。其旧有学政衙门之胥吏，尤当一律裁革。以上各节，名实既副，权限自明。于袁世凯折内所谓定统系四端，吴鲁折内所谓广筹经费四事，斟酌而损益之，实力而推行之，但使任用得人，职务咸理，庶几地方学务日有起色，而教育之发达不难矣。

一俟提学司设立之后，其各省学务处即行裁撤，所有学务处绅士及办事委员，其佐理学务实有成绩者，应留充学务公所议绅及课长各员之选，均由提学司届时斟酌分别办理。如蒙俞允，即由学部筹拟详细官制及办事权限章程，续行具奏请旨。其提学司员缺，应由学部博求深明教育素有阅历者，开单请简。其各省学政既经裁撤，自应饬令回京供职。其提学使未经到任以前，各该省学校事宜，暂由督抚督饬学务处人员认真经理。

所有遵议裁撤学政，请设提学使司缘由，谨会同恭折具陈，伏乞皇太后、皇上圣鉴训示。再，此折系由学部主稿，会同政务处办理，合并陈明。谨奏。

光绪三十二年四月初二日具奏，奉上谕：政务处、学部会奏遵议裁撤学政，请设直省提学使司一折。现在停止科举，专办学堂，所有学政事宜，自应设法变通。著即照所请，各省改设提学使司提学使一员，统辖全省学务，归督抚节制。一切详细官制及办事权限章程，仍由学部筹议具奏。所有各省学政一律裁撤，均著回京供职。各该省学校事宜，暂由各该督抚督饬学员，妥为经划。余著照所请办理。钦此。

《学部奏咨辑要》卷一，宣统元年学部刊

学部奏请简放直省提学使并陈未尽事宜折

光绪三十二年四月①

窃本月初二日，臣部会同政务处具奏遵议裁撤学政，请设提学使司员缺折内，声明提学使司人员，即由学部开单请简，奉旨允准在案。自应钦遵办理。

伏查提学使司员缺，统辖全省学务，关系重要，非资望素著深通学务之人，殆难胜任。臣等遵奉谕旨，悉心延访，谨就京外服官人员，择其心术纯正，通达时务，并各省学务处总办经理学务历有年所，或为臣等所稔知，或为时论所推许，胪列上陈，谨备圣明采择。诚知海内人才甚众，深通学务者尚复不止此数，而限于见闻所及，不敢仅采虚声，滥竽充选。至单内各员，其有官资尚浅者，承蒙圣恩，量加录用。应否先行试署，以观实效，敬候圣裁，非臣等所敢擅拟。嗣后提学使司人员三年任满，由臣部考验成绩，分别奏闻。其办理学务毫无成效者，亦由臣部随时考查，奏请撤换，不敢以遴保在先，稍涉回护。

再，查奏定学务纲要内载，各省学堂官绅，必先出洋考察，等语。提学使司为学堂官绅表率，尤宜亲自出洋，详加考校，藉可扩充识力，于地方学务实有裨益。拟俟命下之日，除前经出洋及办理学务资劳久著者，可即行赴任外，其余各员，应先派赴日本考察学校制度及教育、行政事宜，以三个月为期，归国后再行赴任。

至各直省现改设提学使司额缺，其顺天附属各州县学务，除京城内外悉隶京师督学局办理外，所有各属学务，均归直隶提学使司统辖，以归划一。其江宁、江苏地方为督抚驻扎省会，向均设有学务处，应照布政司管辖地方例，各

---

① 原文未署日期，文中有"本月初二日"，学部、政务处会奏设提学使司折，该折系光绪三十二年四月上，已收入本书。故可断定此折为光绪三十二年四月上。

设提学使司一员。吉林、黑龙江、新疆三省所有考试事宜,向隶东三省学政,及甘肃学政办理。现在推广兴学,开通风气,应各设提学使司一员,以重职守。其改设提学使司额缺及遴保堪胜提学使司人员,谨分缮清单恭呈御览,谨奏。

《东方杂志》,光绪三十二年第六期

学部奏陈各省学务官制权限等事宜折

光绪三十二年四月①

本月初二日内阁奉上谕:政务处、学部会奏遵议裁撤学政,请设提学使司一折。现在停止科举专办学堂,所有学政事宜,自应设法变通,著即照所请,各省改设提学使司一员,统辖全省学务,归督抚节制。一切详细官制及办事权限章程,著学部妥议具奏。等因。钦此。仰见圣明注意学务,慎重官常,莫名钦服。

窃维兴学之道,期于普及,而各省幅员辽阔,风气不齐,全赖办事官绅通力合作,广施诱掖劝导之方,徐收划一整齐之效。惟是地方官应办之学务统系不定,则推诿恒多,权限不明,则侵轶可虑。臣等谨就各省现在办学情形,参以东西各国地方兴学制度,凡提学使司以下人员,厘定职司,提挈纲领,晰科目以专责成,合官绅而筹任使,尤重在教育行政与地方行政之机关,各有考成,不相扞格。期于实力奉行,徐图推广。至现在风气初开,办理学务之员,于教育学、教授管理诸法及教育行政、视学制度,皆须随时研究,以谋补充识力。

其各厅州县,凡有劝学之所,皆当遵照章程,妥筹办理。城乡市镇,一律推行,尤宜定期宣讲教育宗旨,俾资遵守,庶几经正民兴,邪慝不作。此则臣部任

---

① 原文未署日期,文中有"本月初二日",学部、政务处会奏设提学使司折,该折系光绪三十二年四月上,已收入本书。故可断定此折为光绪三十二年四月上。

督催统率之责，而日兢兢焉者也。

其各省学务详细官制、办事权限并劝学所章程，谨分缮清单，恭呈御览。谨奏。

谨拟各省学务详细官制及办事权限章程，缮具清单，恭呈御览：

一、每省设提学使司提学使一员，秩正三品，在布政使之次，按察使之前，总理全省学务，考核所属职员功过，其旧有学务处，俟提学使到任后，即行裁撤，以专责成。（江宁、江苏向有布政使二员，应于江宁省城设提学使一员，江苏省城设提学使一员，照布政使管辖地方例管理学务。其吉林、黑龙江、新疆三省均添设提学使一员）

一、各省提学使司提学使员缺，拟由学部以京外所属学务职员开单奏请简放。

一、此次提学使初设，需员甚多，拟由翰林院人员品端学粹通达事理，及曾经出洋确有心得，并京外究心学务素有阅历之员，不拘资格，一体擢用。其现任各省学政暨学务处总办，果系素谙学务，办事认真者，并由学部奏请改任提学使，或补或署，以资熟手而广任用。

一、提学使自到任之日起，每三年作为俸满。俸满之前，各督抚将其平日所办事项详细咨部，本部证以三年内派出视学官所切实考察者，该司办理学务，有无振兴实效，详晰胪列奏闻，或留任或升擢，或调他省或调回本部，请旨遵行。

一、提学使由四五品京堂及实缺道员简任者，升转与臬司同。其由他项人员补授者，应俟三年俸满，列入升转。由他项人员署理者，俟实授后扣足俸满年限，列入升转。

一、提学使照各直省藩臬两司例，为督抚之属官，归其节制考核。一面由学部随时查考，不得力者，即行奏请撤换。

一、地方学务，凡系按照定章，复经督抚筹定举办者，提学使当督饬地方官切实举办，力除向来因循敷衍之积习，其有延宕玩视，并办不以实者，提学使可具其事状，详请督抚分别记过、撤参，毋稍徇隐。其有办事实心，卓著成效者，亦可具其事状，详请督抚从优奏奖。每届年终，分别所属府厅州县兴学考成，出具考语，申详督抚办理。

一、提学使于通省学务应用之款，应会同藩司筹画，详请督抚办理。

一、提学使所办事务，除随时禀报督抚，由督抚咨报学部外，每学期及年终，将本省学堂办理一切情形详报于学部，以备考核。如有重要事件，仍可随时径达学部。

一、提学使如遇有紧要事件，应行出省考察，须先期电达学部，经学部允准后，方可出省考察，但仍当轻骑简从，勿受他方供应。

一、提学使衙门，可仍用旧有之学政衙门，所有旧日隶役人等，概行屏除。其有学政向不与督抚同城者，均应改归一律。至各省业经裁撤之学务处，即改为学务公所。提学使督率所属职员，按照定章，限定钟点，每日入所办公，不得旷误。所有学政衙门案卷，学务处公牍，均移送提学使衙门，毋得遗漏，以便稽考。

一、学务公所设议长一人，议绅四人，佐提学使参画学务，并备督抚谘询。议绅由提学使延聘，议长由督抚咨明学部奏派（须择端正绅士，通晓学务者）。

一、学务公所分为六课，曰总务课，曰专门课，曰普通课，曰实业课，曰图画课，曰会计课。其各课所掌事务分列于下：

总务课掌办理机密文书事件，收发一切公文、函电、案卷、册籍，编纂统计报告及各种学务报告，并编印教育官报，检定教员，考核所属职官、教员功过，及其任用、升黜、更调，核定关于本省学务全体之规则章程，并掌理佣聘外国人，考查公所人役一切杂项事务。又各学堂卫生事务，亦归管理。

专门课掌理本省高等学堂及各种专门学堂教课规程、设备规则及关于管理员、教员、学生等一切事务，并保护奖励各种学术、技艺及海外游学生事务。

普通课掌理本省优级、初级师范学堂，中等学堂，女子师范学堂，女子中学堂、小学堂教课规程、设备规则，及关于管理员、教员、学生等一切事务。又凡通俗教育、家庭教育、教育博物馆及与中小学堂相类之学堂一切事务，均归办理。

实业课掌理本省农业学堂，工业学堂，商业学堂，实业教员讲习所，实业补习，普通学堂，艺徒学堂及各种实业学堂之设立、维持、教课规程、设备规则，及关于管理员、教员、学生等一切事务，并考察本省实业情形，筹画扩张实业教育费用。

图书课掌理编译教科书、参考书，审查本省各学堂教科、图籍，翻译本署往来公文、书牍、集录、讲义，经理印刷并管图书馆、博物馆等事务。

会计课掌本所经费之收支、报销、核算，省会及各府厅州县教育费用是否合度，并稽核各学堂。凡各学堂建造、营缮之事，亦归考核经理。

一、各课设课长一人，副长一人，其课员视事之繁简，由提学使酌量详派，限定人数，少则一员，多不得过三员。

一、各课课长、副长、课员，以曾在中学堂以上毕业或曾习师范并曾充学堂管理员、教员，积有劳绩者充任。此时创办，应予变通，暂就本省官绅办理学务，积有阅历，学望素孚者，由提学使详请督抚札派。

一、提学使下设省视学六人，承提学使之命令，巡视各府厅州县学务。各省省视学，由提学使详请督抚札派曾习师范或出洋游学并曾充当学堂管理员、教员，积有劳绩者充任。其巡视区域及规则，另详专章，由学部奏明办理。

一、课长、副长、省视学，如无官者，均给予职衔。课长五品，副长及省视学均六品。其资深劳著者，准以京外相当之学务官员调用。

一、课长、副长、省视学及各课员，每年由督抚汇奏汇咨一次，以上各员应领薪水，均比照旧有学务处人员薪水开支。

一、各省提学使养廉，均比照学政原有之养廉支给。其署任人员，若署无人之缺，养廉全支，均加给公费，其数目由督抚奏定。所有学政旧有之规费供给等项名目，一概禁绝。

一、课员以下可设司事、书记，其人数视事之繁简为定，皆开支工薪，不作缺底，公役尤宜限定人数。

一、各厅州县均设劝学所，遵照此次奏定章程，按定区域，劝办小学，以期逐渐推广，普及教育。此为当今切要之图，提学使务严督地方官限期速办，实力推行，并于劝学所内，定期约集学会绅衿，宣讲教育宗旨，以资遵守。

一、各厅州县劝学所设县视学一人，兼充学务总董。选本籍绅衿年三十以外，品行端方，曾经出洋游历或曾习师范者，由提学使札派充任，即常驻各厅州县城，由地方官监督办理学务，并以时巡察各乡村市镇学堂，指导劝诱，力求进步，给以正七品虚衔。其办理实有成效者，准其擢充课长、副长，以示鼓励。

一、各省设教育官练习所，由督抚监督，由提学使选聘本国或外国精通教育之员，讲演教育学、教授管理诸法，及教育行政、视学制度等，以谋补充识力，每日限定钟点，自提学使以下所有学务职员，至少每星期须上堂听讲三次。

《东方杂志》，光绪三十二年第七期

编订地方官制谕①

光绪三十二年九月二十日

光绪三十二年九月二十日，内阁奉上谕：朕钦奉慈禧端佑康颐昭豫庄诚寿恭钦献崇熙皇太后懿旨：

此次厘定官制，据该王大臣等将部院各衙门详核拟定，业经分别降旨施行。其各直省官制，著即接续编订，仍妥核具奏。方今民生重困，皆因庶政未修，州县本亲民之官，乃往往情形隔阂，诸事废弛，闾阎利病，漠不关心，甚至官亲幕友，肆为侵欺，门丁书差，敢于鱼肉，吏治焉得不坏，民气何由而伸。言念及此，深堪痛恨。兹当改定官制，州县各地方官关系尤要，现在国民资格尚有未及，地方自治一时难以遽行，究应如何酌核办理，先为预备，或增改佐治员缺，并审定办事权限，严防流弊，务通下情。著会商各省督抚，一并妥为筹议。必求斟酌尽善，候旨遵行。朝廷设官分职，皆以为民，总期兴养立教，乐业安民，庶几播民和而维邦本，用副怀保群黎，孜孜图治之至意。钦此。

《光绪宣统两朝上谕档》第三十二册，第197页

---

① 原件无标题，此标题为编者拟。

熊希龄致瞿鸿禨函

光绪三十二年十月

敬陈者：窃查厘定地方官制，事体重大，斟酌损益，务得其宜，尤在权缓急，别轻重，明渐进之方，避纷扰之失，此等情形，当在精明洞鉴之中，无庸赘述。钧议改定州县、划分数级，增设僚佐，特立审厅，均为扼要，即可施行。惟撤首县、留巡道两事，有应详加审酌者。查古今各国，划地设官，大都以户口多寡为衡。周礼以一万二千五百家为乡，二千五百家为州；法国以三万人以上、德国以五万人以上，列为都会。良由富庶相因，则治理毕举，不可不重视也。中国旧日府治，大都设于数县扼要之区，繁简不同，有一府而设附郭二三县者，如广州、苏州、长沙、杭州、江宁等府是也。盖中国百数十万人口以上之都会甚多，有非各国所能比似者。今仅改以知府专治附郭，郭以内庶政既繁，郭以外之乡镇又辖地至数百里，实非一知府所能兼顾。应请除简缺知府地方仍照原议施行外，所有繁缺知府，则专治旧日县城内外所及之区。其原有两首县，如广东之南海、番禺者，仍照从前分辖乡镇地界治理其民，不过另择扼要适中之乡，移设县治，以与附郭分离耳。此外百数十万人口以上之市镇，如上海、汉口等处，亦宜照附郭例，改为繁缺知府，以重事权而示优崇。此实于将来推行新政有极大之影响也。至留巡道、监督一节，查各省巡道所属州县，至二三十余处之多，区域未免太广，而权位等于两司，州县受其掣肘之力甚大，留之仍多窒碍，不如径行裁撤，而以旧日之知府一缺改为监察道。如江南之江宁、上元两县，改为江宁府知府，专治附郭县事；其原有江宁府知府，则改为江宁监察道，并明定该道权限，只能于所属州县兴革要政集会筹商，并监察其能实力遵行与否，禀候督抚惩劝，不能如旧日堂属之尊严也。此制若定，其益有四：

一、便于开地方官会议。查日本明治初年，于民议会未开以前，屡开地方官会议，一以示政府统一之方针，一以审地方适宜之政策，而后见之施行，内外同心,举国一致也。中国幅员辽阔,交通不便,必须各省行政机关完备,方能召集各督抚于京师,行中央与地方官会议之举。然就各省而论,必须由各省督抚先期召集各府州县于省会,会议地方兴革要政,预定办事次序。今若改定州县官制,直接督抚,将一省之大,多至百十州县,安能一时同集省会?故必留此旧日知府,改为监察道,使未开省会之前,限令召集本属州县会议府治,调查各地情形,半年之后,即以监察道为一府代表人,由督抚召集省会,议定遣归,使率各府州县循此趋向而行。俟二三年后,各府州县机关完备时,再将监察道一缺裁撤,犹之婴孩稍长,无须保姆矣。此其一也。

二、便于振兴各种实业。查现在东西各国对于我国,皆以工商政策为平和竞争,我之商业涣散,民办薄弱,何足当此大敌?故审酌时势缓急,当趋重于各省市镇殷实之区、商埠交通之地,如汉口等处,财力既易集事,民智亦较开明,仿日本东京、西京、大阪,设立知府之例,并作为敕任官,使该埠人民易于崇信,而收群策群力之效。此其二也。

三、便于人民遵循旧惯。查各省人民之于本属长官,服从已久,骤易名词,必致互相惊诧,有碍于行政敏捷。前闻北京有以警察服装临民审判者,民间往往有轻视不服之意。奉省近于承德县外添设兴仁县治,而民间词讼案件亦往往多投承德。今改定地方官制,如特立审判厅之类,更易甚多,不能不放旧日名词一概保存,故于附郭外,仍照旧制分设两县,实足使民有不扰不疑之意。此其三也。

四、便于将来分划区域。查各地兴办地方自治,皆就财力而定施行之政务。有此区财力不足自治者,则归并于邻区,凡关于教育之类居多。今若以一县之力,欲设一高等工业学校而不足者,若以数县合之于监察道,则必有余。且目前牵就时局之危迫,又有种种交通之不便,不能不采中央集权与地方分权同时并进之策,寄其责任于向来之督抚。行之数年,机关完备,即仿德、法之制,将一省区域划为数省,以便于中央之统一行政。今有此监察道暂行制度,则将来归并三四监察道为一省,亦觉甚便。此其四也。

四者之外,又有须注意者:一曰财政。查原议增改官职既多,则行政经费亦必因之而加,应将前此各府州县所有俸廉、税款、平余、陋规,一律提归省城,通盘筹算,匀派各府州县,作为俸给及行政经费,以昭划一。其不足者,由省城筹补。二曰市政会。查原议拟开董事会,固为自治本源,然各府州县民智未开,财力亦有未逮，应请于城市巨埠先开市政会，以为之倡。盖地方富庶，易于筹款，又为绅商萃集，多具政治上之知识，兴办要政，可减阻力。日本制度，于市长一职，例由天皇敕准，其重可知也。三曰区官。查原议于各府州县分划数区，区各置审判厅。夫审判厅，不过民事诉讼之一部分，其他教育、警察、修路、救恤、卫生，皆一区自治之最要者，若不设立区官，奚足以补助知县之所不及？今纵未能照自治制度由人民公举区长，亦当暂设六七品之区官，以资分治。此斟酌各府州县官制之大概办法也。

又，原议于省城院司分为两层办法，固属精当，然查东西各国，设官分职，皆有普通制度与特别制度之殊。内地交通便利，犬牙相错，则用普通之制，其权均握于中央；而距国窵远之领土，鞭长莫及，则用特别之制，其权均授于总督。

今中国地大人众，又当列强环注之时，其改定制度，有不可不决别者：一关于疆域之远近。如黑龙江、新疆及将来之西藏、蒙古、青海，如改为行省，其地户口稀少，机关不完，均不能以治各行省之法治之。应照日本北海道或台湾之例，以总督统率陆海全军，另置民政长官，受总督之指挥，专从事于开垦移民，是宜立为特别之制。二关于外界之刺激。如吉林、奉天、山东、广东、广西、云南，皆与各国所设之租地总督相对峙，彼之处处敏活，我之事事牵制，则不待相见于疆场而即可决其胜负者，是宜于特别中参以普通之制。三关于时势之变迁。查各国外交，军政之权，皆操之中央，无有为地方官所兼任者。中国门户洞开，教案层出，凡关于地方事实之外交，皆督抚代任其责。又伏莽未清，征兵未行，旧营未改，苟非有统率陆军之职，恐中央相距过远，反有以集权而酿祸者，是宜于普通中授以特别之制。以上三种情形，皆改定官制所宜预为计及者。职道意以为钧议所拟两层办法，宜合而为一，斟酌行之，不必分为二也。盖同集一署办公，与一稿同画之法，事关行政敏活，不独第一层制度宜然，即第二层制度亦当照此行之。中国官府积弊，胥役把持，使上下情意隔阂，案牍废弛延阁，即惟此衙门分治、堂高帘远之故。藩臬见督抚，州县见藩臬，坐候官厅，旷时废事，有百损而无一益。故欲廓清锢病，宜自督抚以至各府州县，皆照京城各部之例，同集一署办理公牍，另由官给私宅，为督抚及县官住眷之用，庶几减省仆从，屏除繁文，而后可收改官制之益。今请酌参钧议两层办法，附以拙见，乞采择焉。各省督抚，责任甚重，上承中央政府，有种种机要之政务，须仿各国大臣官房秘书之例，置参赞一人；而兴革庶政，审议起草，亦须照各国参事官之例，置参议二人或四人；此均赵军宪前次奏改奉省官制各折中所陈请者也。此外宜分为六司：一民政司，以布政使改；二财政司，以善后局改；三提学司，仍照新制；四外交司，以洋务局改；五军政司，以营务处改；六农工商司，关系全省实业，欲促其进步，以与各国竞争，有不能不特设一司者。其按察司，则专督司法上之行政，直隶法部，不归督抚节制，使其独立，并任之终身，以免有所瞻顾也。六司之外，如有关于专务者，则另设局所，如日本矿山监督署、土木监督署、山林铁路局之类。其有应直接于中央者，如邮政局、电报局，则归邮传部；关道、粮道、盐道，则归度支部；河道则归民政部。均对于所驻省份，既不受督抚之指挥，又不负民事之责任。如此权限分明，新旧参用，或于目前局势有千虑之一得。此斟酌各省院司官制之大概办法也。是否有当，伏候钧裁。职道熊希龄谨陈。

《瞿鸿禨朋僚书牍选》，中国社科院近代史所近代史资料编辑部编《近代史资料》总108号，中国社会科学出版社2004年出版

御史史履晋奏请外省撤局所裁幕友折

光绪三十二年十二月十二日

辽沈道监察御史臣史履晋跪奏，为改定外省官制，敬陈管见，恭折仰祈圣鉴事：

自本年九月二十日奉旨，将部院各衙门分别厘定，薄海内外，耳目为之一新，而州县为亲民之官，关系尤要，并饬令会商各督抚，或增改佐治员缺，审定办事权限，严防流弊，务通下情，仰见深宫惓怀民瘼，孜孜图治之治。乃窃闻各督抚复厘定官制大臣电文，有以为可者，有以为否者，有游移其说隐持两端者，大抵以无款无人及风气未开为词。夫时至今日，民穷财尽，罗掘一空，积习相

仍，人才消乏，而蚩蚩者氓，甘受官吏之压制已数千年于兹矣，以云无款无人，风气未开，岂不谓然。然试问各省自举办新政以来，除旧日外销各款不计外，此处加一捐，彼处增一税，非取之州县乎？今日设一局，明日设一所，非优给薪水乎？每省实缺、候补以及投效之员，多或二三千人，少亦千数百人。即以道员而论，有一省多至四五百者，岂官制不改即人尽循良，官制一改即人皆败类乎？且朝廷设官凡以为民，民间风气未开，官不为之提倡而化导之，岂任其浑噩，而终于草昧乎？抑徐以俟之而冀其自悟乎？臣前次敬陈管制一折，曾以州县一人兼有十部之事，首宜变革，应多设佐贰，各认一门，辅以乡官，以立地方自治基础，不过言其大概，尚未周详。兹就各督抚来电之意筹思办法，厥有二端，谨为皇太后、皇上缕晰陈之。

一、撤局所而专责成也。各省局所林立，名目各有不同，除银铜元局、机器军械局必宜设于省城，如粮饷局、支应局，宜归之藩司，文报局宜归之臬司，督销局、盐务局宜归之运司。他如筹款局、货捐局、交涉局或洋务局、巡警局、牙厘局、振抚局或善后局、工程局、卫生局、农工商务局、劝学所、劝工所或考工厂，每立一处，即有总办、会办、帮办、提调、监督、委员各差，有一局而分为数处者，有一人而挂名数局者，非欲其办事也，为位置闲员地耳。于是其总、会、帮办必系道员，提调、监督必系知府，委员则同、通、州县、丞倅杂然并进。其薪水津贴则无不从优，大省每年开销至数百万两，中小省分亦需百余万或数十万两，而总、会、帮办所得尤多，故贪官污吏囊橐充盈，无不过班道员者。甚至市井小人，未谙政治，膏粱子弟，不辨之无，亦纷纷以道员到省矣。非不知终身无补缺之日也，因一过道班，即无事不能，无求不遂，不论何项局所均可委充，致令外人谓中国人才尽是候补道，言者传为笑柄，闻之实觉汗颜。试思此数百万、数十万之款，筹画亦煞费苦心，乃取之尽锱铢，用之如泥沙。民不堪命，稍有违抗，即目为刁民，严拿惩办，州县且撤任矣，筹款、货捐、牙厘各局则不任过也。一毁教堂，即谓为保护不力，而偿款抵命，州县且革职矣，交涉、洋务各局则无所责也。至添设巡警，建立学堂，提倡农工，振兴商务，仍责令地方自筹，贤者太息咨嗟，束手无策，不肖者藉端苛敛，扰累无穷，如此而言自治，非南辕而北其辙乎？与其以数百万、数十万之脂膏，浪费于无用之局所，如何分之州县，即以地方之财为地方之用，以内地十八省计之，或百余州县，或数十州县，当各得数万两，以之举办新政，自可黾勉图功。若边省州县无多者，则更绰有余裕矣。

一、派委员而裁幕友也。外官延聘幕友，本半公半私之事，良以事务纷繁，不得不需人佐理，业此者以浙绍人为最多，而尤以刑、钱两席为最巨。大抵读书不成之人，展转传授，互结党援，其每年修金则视州县养廉之数以为衡。办钱谷者须与藩幕通气，办刑名者须与臬幕通气，是其徒党，纵不成公事，不通文理，亦可照准，否则吹毛求疵，必遭驳斥。其所办之稿，钱谷不过按册而稽，例征若干，例缺若干，本官应得平余火耗若干，吏役应分费用若干，少知持筹握算之术者，即优为之。刑名则有一定格式，如寻行数墨，如按谱填词，而案情之变幻不问也，犯供之虚实不顾也，是以咨奏案件千篇一律，按之实事，十无一二。本官之不谙公事者固听其所为，即通晓律例者亦不敢不俯首画诺，而贪贿舞弊更甚于书吏、门丁，盖书吏、门丁一经发觉，尚可重办，幕友则明目张胆，挟制本官，本官亦无如之何。常见各省劣幕经人参奏，至重不过驱逐回籍，而阳奉阴违，盘踞如故，蠹国害民，莫此为甚。应请饬下督抚、司道、府州县，将此项幕友全行裁去，上下衙署均派本省候补人员练习公事，督抚派道员佐理，司道派知府、同、通佐理，府州县派州县、丞倅佐理，而实缺人员总其成。凡候补者均令自行呈明，或善钩稽，或能审判，或通警察，或明学务，或习外交，或考求农工商，各认一门，加以面试，果能明白通晓，再拨各处试之以事，轮补到班，仍照例办理。有才力不及者分别降改，循私罔利者立予罢黜，实缺人员亦如之。其薪水一项，即以裁撤局所腾出之款用作开销，而实缺各官延聘幕友之款，亦可匀给津贴，则各专责成，事无不举矣。

以上二端，各省之情形不同，缺分之繁简亦异，而普通之刑钱学警要不能外。冲繁之地，每事派一员，荒僻之区，以类相从。如筹款、货捐、牙厘、振抚、善后可并入丁粮，交涉、洋务可并入裁判，工程、卫生可并入警察，农、工、商可并入学务，是在各省大吏临时体察酌量施行。而实缺各官，尤在久于其任，不得藉口调济，纷纷更调，致视官场如传舍。如此则不必大加更改，亦不必变其名称，惟酌裁巡道，仍留知府，佐贰杂职，暂如其旧。试办数年，诸事就绪，民智渐开，再举议员，设乡官，庶各省督抚不至畏难惮改，亦与预备立宪之谕旨适相吻合矣。

臣一隅之见，理合恭折具陈，伏乞皇太后、皇上圣鉴训示。谨奏。

《清末筹备立宪档案史料》，第488—490页

宪政编查馆奏酌拟切实考验外官章程折（并清单）

光绪三十三年十二月二十二日①

奏为遵旨酌拟切实考验外官章程，缮单恭折会陈，仰祈圣鉴事：

本年九月二十八日奉上谕：修明内政，吏治为先。亲民之官，莫如守令。若地方官尽得其人，实心任事，何利不举，何弊不除。近来捐纳、保举，流品冗滥，以候补人员为尤甚。迭经降旨，饬令各省督抚于各员到省时考试甄别，乃十数年来，分发选缺到省各员经督抚考验黜革、开缺及咨回原省者甚不多觏，一味虚应故事，滥容阘冗，是并无扬清激浊之诚，殊属不成事体。著宪政编查馆会同吏部详定切实考验外官章程，请旨饬下各省督抚，将所属地方候补选缺到省人员，认真考验，严定去留，并条列实迹，咨报吏部查核，以清仕途而端治本。钦此。

窃惟考试甄别，定例非不详明，乃因习视为具文，遂致鲜收夫实效。兹复恭奉谕旨，饬令详定切实考验章程，臣等遵查古今考课之法，不外考言、询事两端。考试第试之以言，而考验必验之以事。至于举行甄别，则必待试、验之俱实，而后征举劾之非虚。方今捐纳、保举两项人员，自道、府以至佐杂，分发各省，日形拥挤，流品芜杂，贤否不齐。向来考试甄别，虽有停委、降补、回籍、休致各条，而日久奉行不力，诚有如圣谕所谓一味虚应故事，不成事体者。必欲求切实考验之法，非将原定例章合并变通，另订章程，无以清仕途而肃吏治。臣等前次议复御史赵炳麟捐纳变通办法，业经声明，捐、保人员概令入法政学堂肄

---

① 为奉到上谕批准日期。

习。又臣馆于奏陈考核上年州县事实清册折内，另拟劝惩办法，皆为实事求是起见。兹谨酌照新章，参合旧例，拟定切实考验外官章程六条。谨缮清单，恭呈御览。如蒙俞允，当即通行遵办。

抑臣等更有请者，前代考课民吏，有以身言书判精校于未选之先者，有以才守政学责举于任职之后者，其始法非不密，而其后卒患乏才。臣等所拟章程，皆审度情势所能行，不敢稍邻于苛细，而遵循之实则在疆臣。经曰：徒法不能以自行。此则臣等凡有用人之责者尤愿与疆臣共勉之者也。

所有遵拟考验外官章程缘由，谨恭折会陈，伏乞皇太后、皇上圣鉴。再，此折系宪政编查馆主稿，会同吏部办理。合并陈明。谨奏。

光绪三十三年十二月二十二日奉旨：依议。钦此。

谨将遵拟切实考验外官章程，缮具清单，恭呈御览：

一、变通考试旧例，概令先行学习也。查考试定例，只作论判一道，或写履历数行，文字短长，殊不足以尽人才，且使平日未尝学问即考试，安得而施。应令概照臣等议复御史赵炳麟条陈新章，凡捐纳、保举两项之道、府、同通州、县，以及佐杂各员，除正途出身及本系高等以上学堂毕业学生外，无论月选分发到省，一律俱入法政学堂，先考以文字，其文理不通，及不能执笔者，即咨令回籍，无庸入学外，余各按其文理浅深，分为长期、速成两班，限年学习，期满卒业，由督抚督同司道，按照法政课程，切实考试，必须给有卒业文凭，方准赴任差委。

一、分别学堂等第，必须严示劝惩也。前议法政学堂办法，第有卒业考核合格、不合格之分，既未详分等第，至留学仍不合格，仅予停止差缺，尚不足以澄汰冗滥。现为认真考试起见，必须按照学堂办法，以分数之多寡，定等第之高下。拟即参酌从前考试候补人员旧例，分别一二三四等及不列等为五项。考列一二三等者，分别各给最优等、优等、中等卒业文凭，赴任差委。四等者分别留学半年一年，再行考试。凡卒业考试不列等者，及留学考试仍不合格者，应即分别奏咨开缺、降补及勒令回籍，不得稍涉瞻徇。似此明示劝惩，庶使阘冗无所溷迹，仕途可望澄清。

一、考验应条具实迹也。法政学堂卒业人员，应即量加差委，究其学成致用,是否才长守洁,非重加考验,不能知其品学相符。前定考核州县事实清册,其中本有候补、署事人员,惟有缺无差,尚虞缺漏。方今新政繁兴,如洋务、财政、学务、巡警、审判、监狱、工艺等类差务,尤关紧要。应各就其所供差事,分由司道切实考验。如财政归布政司,学务归提学司,审判归提法司,巡警归巡警道,工艺归劝业道之类。其佐杂各员,由各府州差委者,即归府州考验,再由督抚层递加考,条列实在事迹,仿照州县事实例,每年分别造具差委事实清册一次,分列最优等、优等、平等、次等、下等,出具切实考语,于年终汇总,咨明吏部查核办理。

一、甄别须改定办法也。甄别旧例,向以到省扣足一年为满,现令概入法政学堂,正在三年或一年半或留学学习期内,自未便遽行甄别。即令学堂卒业,而未加差委,考验不真,亦恐甄别未能切实。应饬嗣后将甄别年限,除在学习期内不计外,应自各该员奉有差委日起,扣足供差一年,确实试验,方准出具考语。于差委事实册达部后,并开具学堂等第、差委事实,甄别奏留。其最优等、优等、平等者方准留省分别补用,并咨吏部查核,不得用向来年富力强等字,含糊出考,以杜虚应故事之弊。其次等者降补,下等者分别休致、黜革,均奏咨办理。至各项正途人员,虽不在考试之列,而亦间有试用之班。其向例一年甄别者,亦照此条扣足供差一年,按照事实册办理。

一、在省候补人员,宜通行考试一次也。前项考试、考验办法,凡此后初行到省人员,可期澄汰,而前此先经在省者不与其列,亦未足以昭平允而示激扬。查各省候补人员,拥挤已甚,请停分发者,不一而足。若仍其流品冗滥,因循姑息,即延至数十年后,亦无澄叙之时,吏治安有起色,况现行新政各项,均非其平日所素习,尤不可不曲予造就。现奉严诏整饬之际,各省应将在省候补人员,认真通行考试一次,严定去留。除正途出身及高等以上卒业学生,及历任重要差使各员无庸考试,统归考验办法外,余均由督抚率同司道,严行考试一次,照前分别五等。其考列一二等者分别差委,三四等者令入法政学堂分别速成、长期两班肄习,俟得有卒业文凭,再予差委。其不列等者,即饬令回籍。至入学堂以后,统按前条卒业考试法办理,应饬各省于奉到此次章程之日起,限三月内举办,奏明咨部。

一、出考上司,应酌予议处也。各省法政学堂,现尚未能遍设,若无学习之方，安有试验之实。应请通饬各省，自此项新章颁行以后，凡未设立法政学堂省分，统限三个月内一律开设，选聘教习，认真办理。如有未能依限设立，仍照从前空言出考，或仅考试、考验，未将该员学堂等第、差委事实列册奏咨，朦混甄别者，及将未经甄别人员滥予署缺者，应由吏部查明，即将该督抚司道分别察议。

《政治官报》第九十四号，折奏类，光绪三十三年十二月二十四日出版

张之洞致鹿传霖两电

光绪三十二年

一

鹿尚书：冰①前接京城改官制电，本拟即复，因闻各省多不以为然者，故未敢首先提倡驳议。兹知各省已复齐，已于昨日电复。此乃二三东洋游回学生浅躁狂悍剿袭不切题之成文，意欲破此国家大局，实可愤恨。不意竟有数贵人一力主持，尤为可笑。此次内官改制，全赖止②老默运挽回，功在社稷。外官纲纪，实关治乱安危，稍一不慎，大乱立起，不可救矣。发蒙弭祸，仍望止老，请转达。冰。啸（十八日）。

二

（北京锡拉胡同吏部大堂）鹿尚书：冰昨漾（二十三日）电，论官制局司法独立一条，闻谬党狡辩坚持，诸大臣全不悟其居心蓄谋之所在。止老于此件议论

---

① 张之洞自号抱冰老人。
② 瞿鸿禨号止盦。

若何？有挽回之望否？此皆东洋学生谬见。现在各报馆皆称各学生为中国将来主人翁，存心叵测。将来裁判，必用东洋法政学生，是天下大权全归于数百名学生矣。大患无穷，可危可惧！此节务请转达止老。洞。感（二十七日）。密。

《瞿鸿禨朋僚书牍选》，中国社科院近代史所近代史资料编辑部编《近代史资料》总108号，中国社会科学出版社2004年出版

劳鼎勋致瞿鸿禨函

光绪三十二年

谨拟裁改整顿外官条议五则，恭呈钧览。

窃古有不变之纲常，世无不转之运会，贫弱之极，即富强之机，理固然也。朝廷自庚子肇祸以来，卧薪尝胆，力求致富致强之道。如兴学练兵，渐著成效。此外警察、农商诸要政，次第举办，已立富强之基；犹复简派重臣，考求宪政，颁立宪之明诏，编改官之实录，薄海臣民，耳目一新；固已人士效爱国之忱，妇孺识同仇之义矣。然宪政之行，必及乎程度，官职之订，宜酌乎现情；旧制原无可疵，遵行久，稍觉其繁密；积弊尤应先革，名实符，不尽在更张。是惟有就现在职官，去其繁冗，严其考程，以简易为更新之目的，以整顿为革故之良图。鼎勋学识庸愚，何知政要？供职粤赣，偶有见闻。伏念泰山之高，不厌尘壤，河海之大，不择细流，用陈管见，上备采择：

一、督抚权限宜明定也。原各行省督抚之设，实以全省民政军政，设官分理，不能无所统一，故尊其秩而一其权，使无亲任庶务之劳，而民政军政之废兴，由其监视而举劾之，权限固只此也。今则不然，军政之归督抚专主，固已然也。至一省用人行政之大，司道所应自主者，多悉以其权授之督抚，司道尊例奉行，自固其位，是全省军政民政，实督抚一人亲任之也。以全省庶政之殷繁，任之督抚一人，其才识宏远者，固足胜任而愉快，而质性闻见稍有偏隘，致庶政转

废而莫举者，往往有之，则今日蒙蔽隔阂、疲软不振之治象，未始不由乎此也。由是言之，则整饬吏治，尤应先定督抚之权限，俾专握察属举劾之柄，不侵用人行政之权；而用人行政者，专任其老成，或能振励精神以求称职。若其设施之适当，用人之失察，督抚随时举发，以其事闻于朝，先以不称职论，而后按其事之轻重，由部议而科定之，失察由该司自行举发者，免议；督抚隐忍不举发而为朝廷举发者，督抚亦以不称职论。如此，则责有专任，而举劾者，鉴空衡平，无所回护矣。又以现有之分道监察御史，令岁周巡该省一次，以所见所闻之政治得失，随时奏陈；关于督抚各司之贤否，再由朝廷专派重臣查办，以实行其赏罚，庶督抚以下，咸思振励，能渐袪一切因循苟简之习焉。

一、分设五司以专责任也。原各行省布政、按察、提学司之设，所以分任庶政，各司其职。惟近数年来，讲求新政，期至富强，而警察、路矿及农商、工艺、制造诸大政，各省多粗具形模，在在皆须经画，是庶政较昔尤繁，多应隶之布政司，该司职任更重，势难兼顾，不若将该司所辖财政划出，另设专司。其军政一司，未设专官，而各省旧设营务处，以道员充当，例作差使，亦不若添设专司，以重职守。用就现在情形，拟改设立五司：

布政司，仍其名（行政、布政无甚区别，似不必改），专司用人行政之事。全省府县佐职、调署、补授、黜陟、举劾，均其职掌，差委则分司札委。各司委用人员及应得功过，随时照移该司总核申报。有应举劾而不举劾，为督抚查觉者，该司及所管本司，均以不称职论。该司举发申详，督抚徇私隐忍，该司可据实呈部代奏，派员查办。全省户口、驿站、警察、农商、路矿、轮船、工程、制造、外交，及全省应兴应革之利弊，均归专管；遇有海关省份，海关亦归专管。其紧要国际交涉，禀商督抚办理。

财政司，专司全省钱粮、丁漕、厘金、统税、盐政、捐款、出入支解、核销造报及另筹款目，凡关财政之事，皆其职掌。所辖州县局员，征收支销，是否称职，有应举劾，照移布政司查核，会衔申详办理。其他司亦如之。原有盐粮道省份，盐粮道职守既并该司管理，盐粮道应并裁撤。其有运司省份，引销不止一省，职掌过繁，应仍其旧，改盐政司；所辖差缺人员，仍归专管。

按察司改刑政司，除现管之驿站、警察归并布政司专管外，其全省刑名裁判各职掌，悉仍照旧管理。

提学司改学政司,其职掌照学部奏定章程管理。

军政司,凡全省水陆军政、训练操防、险要布置、炮台军械、马匹粮饷、水师陆军、将弁学堂,均其职掌。除有紧要查巡事件,应随时巡阅外,岁例巡阅全省各军二次。各提镇平行,提镇以下,应得兼辖。武弁不称职者,该司兼得举劾,惟须与该管提镇会衔申详。该提镇徇徂,不与会衔,亦可径详,仍移咨该提镇知照,听候督抚核办。遇有紧要军务,随时禀商督抚办理。

一、道府宜裁一留一,以专巡察也。原各行省,道府并设,同为察吏之官,裁一留一,庶免繁冗。鼎勋现供府职,未敢擅拟去留,惟道府全裁,未见其可。何言之?各省三十县,有距省数百里及千里之外者,州县贤否难齐,政治得失,统摄于司,耳目实有未逮。以广东之琼州言之,远在海外,绅民多老死未至省城者,州县倘有冤抑,小民何处申诉?是无巡察之员以申理之,求通民隐,隔阂实甚。其他距省千里外者,其情形大致相类,此则道府全裁之转形隔阂也。惟是道府原司察吏,而近来州县,多上官有所系属之人,且道府供给,取之州县,不称职者,每相弥缝而隐饰之;有遇事认真,不稍瞻徇,偶一举劾,督抚两司,多不之察,甚且转自获戾。司道平行,外道举劾一人,两司每不无意见,故今之道府,每乐相安无事,不肯认真考察,道府遂为赘疣。且道府专驻一城,终年安坐衙署,不一出巡,遇有控案,派员查之,欲确知县治得失,耳目终多扞蔽。是宜严申厉禁,力祛积弊。凡该管上司供给,一概不准取之州县,有受州县供给者,以得赃论。周年分巡各州县四次;平时遇有风闻事件,随往亲查,不得委员代之,不准多带丁役,食用均自备办,有取受州县供给者,亦如之。每出巡,务须切实考察,切实举劾,不得稍有隐饰。民间冤抑,于出巡时赴诉者,就近在县申理,免传署解审之烦难;平时赴署控诉者,尤应随时申理。州县不称职而不举发,为上司查觉者,该员以不称职论;再究其有无故隐私情而科定之,举劾到司,由司复查核办。该司徇私致不即举发,或督抚查觉,应予该司不称职处分,该员免议。属内旧驻水陆营,应归调遣,遇有警事,就近赴该处办理。

一、直隶州同、通宜并裁改也。原直隶州,有理民之责,兼司察吏之权,制原未合。其缺应改知州,专理民事;其实任之员,即改为该缺知州,管该州事。惟其原官品秩略崇,既裁其官,应准予以知州在任候选,或道或府升阶。其在知州任内,六年俸满,能称职者,准予插班升迁。其原直隶州所管各县,不归该州管辖，或添设专员，以巡察该州及旧属各县；或仍道管候补试用人员，均照原班改用知州，并予以补缺后，或道或府升阶。其所属直州同、直州判各缺，应改州同、州判。其员应均改库大使，由院挈项咨部，原省委用。裁缺实任之员，优予遇缺先花样；候补人员，优予分缺先花样补用。同通二缺，有兼理民者，其员缺均改知县同知，品秩相若，不再予升阶。专管水利、粮、捕各缺，应即裁撤，裁缺实任之员，同知改分缺先知县，通判改候补班知县补用。其原候补各班人员，均照原班改用知县。

一、州县宜一其品秩而严其考成也。原州县同为理民之官，品秩悬殊，亦未合宜，应均改为五品官，无分正从（凡一品至九品正从，似应一例改定）。州县事务极繁，责任极重大，而刑钱教养，细及民间口角之事，无一不为州县所应亲理之事，属内地方辽远，耳目固已难周，且一人专任而无分理，百废何能具举？况积习相沿，讼牍之延搁，丁役之纷扰，不独不能治民，多以病民，为今日州县之隐害；有能清白乃心，不自暇逸者，其人已不多得，此欲事事尽职，势亦不能。是非重定区域之限，代筹分治之法，革除固有之弊，严定劝惩之条，无以为立宪之基础。就现在情形所宜改革者，略举其要，厥有四端：

一曰县治区域宜重划定也。现各省州县广狭不一，有宽广至二百里及百余里者，寻常勘案，至边境远者，非三日不能返署。一县之内，欲皆为县官亲历之境，殊多未遍，非尽不勤民事，实地方辽远，不及周巡，不及周知耳。是宜划定区域，至宽广者，四至不得逾百里。宽广逾额者，划出添设州县，即七十里，亦可立县。其原有不及百里者，无庸增广。辖地既近，耳目易周，令随时周巡，以省民间疾苦，并其利弊而兴革之，在勤求民隐者，庶不至为道里所限。

二曰县治有专责不能不分任也。现各省州县，例聘刑钱幕友，原以佐治也。州县自谙律例，此佐治之人万不可少，应仍令自选。其收发文件，及办学堂、农工、巡警各要政，亦可照此办理，或友或官或绅，令其自辟，并刑钱准用五六人，均作九品县掾，以资佐治。为县属吏，由县给凭牒，详司报院，不由上司派委，不作国家实职。其薪俸，准在地丁正项内，大县支六百金，中县四百金，小县三百金，由该县作正项报销，其不敷，均县捐廉自给。州县易人，县掾与俱易，后任愿留佐治，重报司院，不另给凭牒。该掾有才具优长，佐治三年能称职者，由县保荐该本管上官查核，实可升用，加结申送司署，由司考核无异，准升司吏员，将来司署书办裁撤，即用该吏员入署办公，仍给薪资，由司正款支销。三年期满称职，报院咨部，准照各部吏员，予以出身。其在县佐治，不称职者，由县裁换，追缴凭牒。其有诈赃等事，仍照律科罪。州县隐忍不举发，及不称职不即撤换，为上官查觉者，州县以不称职论。县掾佐治，事事皆决行于州县，不得本官允许，不得擅办。佐治之得失，总为州县之考成，其裁判、巡视各事宜，不得分任县掾，以防流弊。县境另设乡官八人，四正四副，选之绅耆中有品望者，由县自举，给牒申报，亦作九品县属吏，归县管辖，筹给薪资，以资佐治，不作国家实职。其责任，专司讲求公益，代达民隐，于地方应兴应革之利弊，得请于州县，实行举办；遇有冤抑，准代白申诉。如州县应办不办，申诉不理，乡官可代白于管辖州县之上官，查核办理。惟不准徇私干预，并借此武断乡曲，挟制县官，违者由县撤换，追缴原牒，不称职者，亦如之；倘情节较重，仍照律科罪。如佐治三年能称职者，准由县申详司院，查核咨部，赏七八品顶戴以奖励之。县属绅士，有五品以上实职虚衔之员堪资佐理者，不作县属，由县移咨办理，申报司院，筹送薪资；佐治权限事宜，亦如之。如此，则分理有人，而地方责任，亦有专属矣。至历设之县丞各员，为佐治之官，惟现在佐贰一班，流品最杂，学务庶政，多不能办，任之若员，或多流弊。其中有才堪佐治，品行端方，该县原可委办。议内曾有或官或绅一条，其现在任之此项人员员缺，似可暂留停补，将此项缺留为将来县掾出身之阶，亦无不可。

三曰裁判讼费宜明定章以禁诈索也。现各省州县丁役，于民间词讼，多立名目，取受规礼，民实不堪其苦，有因此倾家鬻儿女以尝者，情殊可悯；于牵控命案尤甚，相沿已久，实为病民之大蠹。州县非无洞悉民隐而痛惩之者，不过稍为敛迹，其弊究不能尽除。缘若辈既无生产，又无薪资，向例州县在地丁正项内开报役食银两，为数甚微。大县正役帮差有多至七八百名，以全年支销之数给之，不敷各役十日之粮。欲若辈洁己奉公，其势不能，故惯以鱼肉乡民为生计。州县家丁，有稿案、签稿、门上名目，公牍案件，发行传唤，皆其经手，致每与书差狼狈为奸，遇案苛索。其州县贪黩者，多以门上为过付，小民何辜，遭此惨毒，不知凡几矣。讲求吏治，应自痛除此弊始。惟家丁门上名目，现各省有曾实行裁革，改用收发员友者，实为惠民之至计。条议有收发县掾一条，自不准再用门上，而书办差使，则难尽革。盖改用书写，改募亲兵，薪资口粮，州县无力赔给。且书手、亲兵亦未可靠，不若就现有书差，极力裁汰，极力整顿，为若辈筹糊口之资，然后重惩其诈索之罪；则惟有明定讼费，取之两造，讼费有定章，为数不多，两造既无所苦，若辈或不敢多索，且可举现有之种种规费明目而痛除之也。其裁汰书办差役定额，每房书办，大县只准用二人，中小县一人；壮班、快班传案缉匪差役，大县只准用正差三十名，不准另用帮役，中小县二十名；皂班用刑差役，大县只准用六名，中小县四名；仵作，各县只准用二名。监羁派亲兵监守，免有虐待情事，羁差应并裁革。讼费则每案两造只各纳费一次，书办传供纸笔费钱二百文，案差路费钱四百文，站堂听刑费钱二百文，作为讼费。报验生伤，由报验人给仵作钱一百文，尸伤二百文，作为验费。案结，由得直者照纳讼费之半，分给书差，作为结费，理屈者不纳。如系赤贫，由官捐廉照给，一概免纳。如此，则用人既少，役食易敷。除此定章外，旧有之传呈期呈，状式盖戳、值堂油烛、开单录供、羁差取保，一切礼规名目，自应一例裁尽，永悬厉禁，泐石遵守；遇再有诈索情事，重惩一二，以照炯戒，此弊或可渐除，小民受福无量矣。

四曰黜陟委受宜严劝惩也。亲民之官，莫若州县，一州县得人，则一州县治，一省三十县得人，则一省治，此致治之根源也。今日政治腐败之达乎极点，其发现则在于州县，其原因实缔于委用州县之人。彼昏庸贪黩、贿赂公行，致丧属僚之廉耻，养成此钻营苟且之恶习者，无论已。其廉洁自好者，或不能去其徇私之见，致属吏之贤否，政治之得失，不复虚心考察，公其赏罚，以为鼓励人才之具；属吏望风承旨，谁复存振作之思？即一二初膺民社，力求称职，上官终漠视之，势相率而入于因循敷衍之一途。能敷衍上官，使无拂意，能敷衍绅民，使无怨谤，遂相竞为能吏矣。习是以为治，治象那得不腐败耶？是澄清吏治，端在慎简乃寮，尤必屏其赡徇之见，实行其赏罚之权。除遇奇才异能之员，随时密保，予以不次超迁外，其州县在任三年，能尽心民事，庶政咸举者，应予以在任，或道或府，候选升阶。六年任满，应予以升阶实任。凡以不称职论者，应严为淘汰，予以原品休致，永绝其仕进之路。督抚以下，凡以不称职论者，应订为一例处分；有诈赃失入情罪，仍照律科断，则人皆兴起，争自奋于进取之一途。至州县各缺，应概由司补授，详院咨部，不归部选，以重职守。除照向章挨轮补用外，遇有署任之员，才识优长，已著政声者，应不论是何项班次，均得酌补，即授是缺。如此，则惩劝既严，又不以资格相限，则州县人才辈出，吏治自可澄清矣。

《瞿鸿禨朋僚书牍选》，中国社科院近代史所近代史资料编辑部编《近代史资料》总109号，中国社会科学出版社2004年出版

清末督抚答复厘定地方官制电稿①

厘定官制大臣致各省督抚通电

光绪三十二年九月十九日②

现遵谕旨，厘定官制为立宪预备，各省官制自应参仿京部官制，妥为厘定。亲民之职，古今中外皆所重要。我朝承明制，管官官多，管民官少，州县以上府道司院层层钤制，而以州县一人萃地方百物于其身，又无分曹为佐，遂致假手幕宾，寄权书役，坏吏治，酿祸乱皆由于此。今拟仿汉、唐县分数级之制，分地方为三等，甲等曰府，乙等曰州，丙等曰县。今现设知府解所属州县，专治附郭县事，仍称知府，从四品，其原设首县即行裁撤。直隶州知州、直隶厅抚民同知均不管属县，与散州知州统称知州，正五品，直隶厅抚民通判及知县统称知县，从五品。每府州县各设六品至九品官，分掌财赋、巡警、教育、监狱、农工商及庶务，同集一属办公。别设地方审判厅，置审判官，受理诉讼；并画府州县各分数区，每区设谳局一所，置审判官，受理细故诉讼，不服者方准上控于地方审判厅。每府州县各设议事会，由人民选举议会，公议本府州县应办之事。并设董事会，由人民选举会员，辅助地方官，办理议事会所议决之事。俟府州县议事会及

---

① 此批资料，藏于中国社会科学院近代史研究所。由侯宜杰先生整理刊出。因电文时间前后不一，故置于光绪三十二年之末。又，小标题督抚将军名字多为本书编者所加。

② 为收到电报日期。下同。

董事会成立后,再推广设城镇乡各议事会各董事会及城镇乡长等自治机关。以上均受地方官监督。仍留各巡道,监督各府州县,宜体察情形并按地方广狭、属县多寡,酌量增减,并分置曹佐。以上办法由各省督抚酌量推行。

至省城院司各官,现拟有两层办法。欧洲各国本土,鲜如中国之广,英之属地如加拿大、澳洲及美国各省,均设总督,略如中国行省。其民政、财政等官,皆为总督僚属,与唐初益州、襄州诸道尚书行台分设子部,元行省设平章丞参,明布政司设左右布政、参政、参议者相合。大要汇公牍于一属,则去承转之繁多,省批详之重叠,事可会商即决,最有益于治。拟仿我朝各边省将军衙署分设户礼兵刑工各司、粮饷各处办法,合院司所掌于一署,名之曰行省衙门,督抚总理本衙门政务,略如各部尚书。藩臬两司,略如部丞。其下参酌京部官制,合并藩臬以外司道局所,分设各司,酌设官,略如参议者领之。以下分设各曹,置五品至九品官分掌之。每督抚率同属官定时入署,事关急速者即可决议施行,疑难者亦可悉心商榷,一稿同画,不必彼此移送申详。各府州县公牍直达于省,由省径行府州县。每省各设高等审判厅,置省审判官,受理上控案件。行政、司法各有专职,文牍简壹,机关灵通,与立宪国官制最为相近。此为第一层办法。

其次,则以督抚径管外务、军政,兼监督一切行政、司法。以布政司管民政,兼管农工商;以按察司专管司法上之行政,监督高等审判厅;另设财政司,专管财政,兼管交通事务,秩视运使,均酌设属官佐理一切。此外,学、盐、粮、关、河各司道仍旧制。以上司道均按主管事务,禀承督抚办理,并监督各该局所。此系按照现行官制量为变通,以专责成而清权限。此为第二层办法。

执事久莅封疆,外台利病皆所稔悉,此次厘定官制,关系颇重,究竟此时程度以何者为宜,务请迅赐电复,无任祈祷。厘定官制大臣。效①。

吉林将军达桂来电

九月二十七日

效电敬悉。尊拟改设官制,酌古准今,办法周密,钦佩良深。

吉省与内地情形稍有不同,而军署向分五司,入署办事,公同画稿,则与京

---

① "效",即韵目代日,为发报日期。下同。

部规模相似。至地方民官，省城止有巡道一缺，实兼藩臬两司，并无布、按。其各府均有自理之责，附郭亦无首县。若照第一层办法，似觉较近。即各局所将来归并，分曹治事，当亦无所隔阂。惟边隅僻处，开化较迟，国民程度未高，骤语以乡镇自治机关，恐多退谢不敏。此种乡官合格之人，甚难其选，惟有多设学堂，人人有国民之资格，而后能推行尽利也。缘奉垂询，谨摅所知，合肃复陈。达桂。宥。

新疆巡抚联魁来电

九月二十八日

效电敬悉。拟定官制，注重亲民，斟酌古今，权衡中外，定三等之制，增分曹之官，立自治之权舆，去重叠之铃制，法良意美，毫无间然。

惟新疆民族，种类庞杂，程度太低，实无自治之资格。拟俟新制颁行后，再为详察地方情形，将人民选举、地方自治各节略请变通，即可推行尽利。

至省城院司官制，鄙见主第一层办法。窃以为敏行政之机关，树立宪之基础，舍此末由。若第二层办法，就现行官制量为变通，虽权限较清，责成较专，恐仍不免蹈壅滞隔阂之弊。迂疏之见，无当明问，谨此复陈，伏候甄择。联魁扣。宥。

陕西巡抚曹鸿勋来电

九月二十八日

效电敬悉。外官改制，参酌古今中外，去隔阂，清权限，专事责，荩画周详，莫名钦服。

其两层办法，若论实行立宪，自应取法乎上。惟就此时程度悉心推究，似仍以第二层为宜。盖初事改弦，必由渐进，先从简易入手，则法制易行，而经费亦省。俟法政俱娴，名效已著，然后逐渐增改，求与宪政相合，所谓不凌节而施也。

至省外官制，府州县分区各设谳局、各举议员，民有贤愚，地有繁简，以天下言，此省与彼省异；以一省言，腹地与边地异。陕西如平原南山，自兴学以来，渐见开通，士绅或可与议。若北山则地广人稀，民愚官冷，有学堂已设而无学生者，议事、董事各会虽欲立而无人，虽有人而无事。似宜分别繁简，毋遽一律施行。

以上就愚虑所及，胪陈一二，用副谘询，伏惟钧酌。鸿勋叩。感。

调任贵州巡抚庞鸿书来电
九月二十九日由长沙抚署来

效电敬悉，仰见荩筹硕画。立官制，决壅蔽，通上下之情谊，为宪政之预备，参酌中外古今，蔚为成典，以答海内喁喁之望，深堪钦佩。

管官官多，管民官少，前人已有此说，诚中窾要。今拟裁去首县，分府州县为三等，设六品官至九品官以分掌庶务，并分设裁判，受理诉讼，及议事、董事等会，有协济而无牵掣，实为行政机关。惟距省渐远之州县尚各自为风气。查各国选举人、被选举人资格虽各不同，大约皆受国民教育，具有政治思想，所以推行尽利。吾国教育尚未普及，未必人人有政治思想，其能具选举人、被选举人资格者，不少概见。鄙意首在注重教育，并于省会及各府州县陆续增设法政研究所，选年龄若干、纳税若干、其品行端方、有名誉者入所肄习，并饬（官）〔地〕方官派出曾习法政之人，随时宣讲。庶几人民知识渐占多数，基础既立，而议事会、董事会方可次第举办，相辅而行耳。官场人材尤须注意，即如佐贰杂职，唐、宋以前人材辈出，自明来人材渐少，其故由于昔重今轻。今令各司其事，受长官监督，诚以法良意美。仍宜先令现任候补人员，无论正印杂职，分别研究法政，以求吏治完全。由是官民并进，上下相通，诚此时必经之阶级也。

又查两层办法，论宪政自应以第一层为佳。但此时官制初改，裁并增设，层累曲折，头绪烦多，非可咄嗟立办。鄙意先从第二层入手，俟行政、司法诸机关规模初具，人民程度自卑而高，仍当递进第一层办法，以臻美善之域。

至贵州风气，向来朴塞，苗、民杂处，自治之程度更恐未易骤达，俟到彼后查看情形，再行电闻。是否有当，伏乞采择施行。鸿书前日奉到钧电，正在筹度二十六交卸，复达是以稍迟，乞恕。鸿书。感。

江苏巡抚陈夔龙来电

十月初二日

厘定官制王大臣钧鉴：接奉效电，以改定外间官制垂询利病，谨就管窥所及，妄拟数则。其中有参附末议者，有引申尊指者，有通计大局者，有专言苏省者。缕述如左，以备采择。

一、地方分府州县三等，不相统属，事壹易行。惟府城有二首县三首县者，是否一概裁撤，抑酌留其一，似宜计及。至以巡道监督，并酌量增添，查巡道或兼关务，或兼盐、河，监督州县恐成具文，似可不必添设。如虑地方官无人监督，或不改知府，特重府权，但将直隶州厅及散州概改知县，作为五品官，仍以府监督之，只司监察，不管承转。巡道一律裁撤，关河粮盐各道均仍其旧，不问地方。此参末议者也。

一、三等地方官增设佐理员，分掌各事。特佐贰杂职非昔之州长、党正可比，增设过多，诚恐得人不易，且开请托之门。如准地方官自辟僚佐，或较得力，否则事权不一，流弊宜防。拟将所有佐员责成本官监督，但不得安坐伴食，如从前之名实不符。至一署办公，专指稿件，与实行政治无关，不必悬之令典。一、府州县别设审判厅，及分行政、司法权为二，东西立宪各国皆甚措意。惟于我国政治尚须逐渐仿行，或暂由本官督厅办理，一面实力讲求法政，养成裁判人材。一、设议事、董事等会。查现在各处商学等会，风气已开，而冲突牴牾往往不免。然程度以渐而进，亦未便因噎废食。惟须明订规律，以昭严肃而杜弊端。以上皆引伸尊指者也。

一、省城院司，第一层办法果能办到，诚足豁除病结，观所一新。惟目下程度急切似多窒碍，若行之以渐，莫如先用第二层办法，而于各局所中择其事关新政、最宜便捷者，改设数处，先行试办，以为推广地步。或于院署设一议政公所，院司道局各官每日定时聚会，将各署局紧要事件公同议决施行。至一切例行文牍，可删者多，但机关系乎各部，如能由部芟繁就简，则外间推行无阻矣。此通计大局而言定者也。

改设行省衙门，督抚即既画疆而治，无庸会衔。从前虽有督治军、抚治民之说，实则同城者由督主政，不同城者即各治其军、各治其民。现无同城抚缺，督抚大都分治，会衔本属具文。惟江苏虽不同城，却居一省，若分而为二，按察司尚须增添。果照第一层办，江苏似应提议。若照第二层办，只可一切由旧。此专指苏省而言者也。

抑鳃鳃之虑，古今法制虽极精密，不能有利无弊。惟有慎之于始，先求无目前之患，而后可期远大之功。改官原为治民，然过涉纷更，恐于民转多滋扰。况洋债赔款偿期计三十余年，若改官办法稍有未善，必致扰民，恐洋债亦受影响，谁职其咎？盖新旧过渡自有天成阶级，非一蹴所克臻。培元气而转新机，悉惟荩筹是赖。夔龙一知半解，无补高深，仍乞熟思而审处之。如有未尽，容随时续陈。夔龙。东。

陕甘总督升允来电

十月初二日

厘定官制大臣鉴：洪效电读悉。甘肃风气较迟，一切新政开办独后，此次改定官制，难与各省争先并举，俟邻省川、鄂行之无弊，再行仿照。允。东。

云贵总督丁振铎来电

十月初六日

奉效电，崇论宏议，斟酌中西，钦佩无既。辱承明问，不遗鄙庸，益悚息。闭关之世，局促汉唐，立为专制，故张官置后，勇于监弊而袪于兴利。诚反其道而用之，划削阶级，芟夷枝叶，于事实则日求其缜密，于案牍则日进于精纯，寻绎尊旨所为参酌乎英法德美，而网罗户汉唐元明者，意在斯乎？兹事体大，未易推详，谨献刍言，以备采择。

来谕第一说陈义甚高，远仿行中书省，近参陪都五部，甚盛事也。惟档册架阁于经年，既廓清之不易，廨宇偪侧于容膝，又改作之维艰，承流者非其人，不将抢攘而无睹乎？第二说平易近人，然无以震天下之耳目，即无以策天下之心思。管蠡所及，窃以为宜执两而用其中。夫督抚既视尚书，而其下视丞参，隐然一部院矣。而有不能强合者，坐言之与起行耳。坐言则应接疏而用力少，起行则应接密而用力多，一日之间，外交军政势必遍接各司，庞杂靴掌，纵姿禀过人，几何不外强中干、架支度日也。若定省为若干司，司若干局，局若干员，传署不必易也。但于院署设值班处，司道以类相从，以序相及，务间日一周，重要者立禀商，届班则各司道率其属咸集，分稿为奏，为电奏、为札、为电报，一事同议，一议同决，一决同诺，此外无私谒。其薄物细故，视已成事，各司道设书记员，俟司道退而呈押。如此，则下僚之心志通，而长短有以自竭。众著之才猷定，而好恶不至相歧，而督抚亦得以自治之暇，论思献纳，自营四境，游刃而有余。夫变法于形式，或糇大而廪足，从事于精神，则提要可持，中其肯綮。尤当增新官制之糈，重新官制之律，一新官制文牍之事，删新官制泛滥之称，辨兼摄之非，惩试守之误，使疏贱辽绝皆可径达，幽翳晻昧得耀乎光明，将有不止如所谓简壹而灵通者，其于立宪未汲汲也，而行政司法已犁然有当矣。此铎于二说而折其衷者也。

若夫天下之大计，中国重治人，徒善固不足以为政，西人重法治，徒法亦不能以自行。非归纳溃痈无以消蕴积，非赏罚黜陟无以澄官方。立地方自治之基，则坐筹地方自治之税。莫艰于外交，然必以武威殿其后；莫亟于学务，然必以实业剂其虚。有强弱，无存亡。知此，则国力乃其真精神，定制由如形式矣。惟振裘挈领，凡有部于朝者，必有司于省，有司于省者，必有局于府县，外交、军政、学务皆宜与京师直接者也。今即间接，督抚以为己任，府县亦宜引为身图，若量力待时，或效唐之分天下为十道，并练营镇，则饷需省而声势张；或效汉之太守绾兵符，则事权专而名实核。夫不大破坏者不建立，每新学家孤注一掷之说，老成人多顾虑焉。际二十世纪竞争剧烈之秋，环玮通达高掌远跖之英，量乎己者肝胆溃涌之有余，存乎物者头目扞蔽之不足，要大数得而坚毅缜栗以赴之，天下事必有可为者。况立宪须民人之程度，若厘定官制则有非程度之可拘牵者乎。至府州县办法，分条佐治，苾虑周详，可袪宿弊，自当一如来谕。丁振铎谨复。勘。

广西巡抚林绍年来电

十月初七日

厘定官制王大臣钧鉴：效电敬悉。闳规苾画，钦服无任。连日与僚属筹商，似院司各官两层办法，均无不可，而第一层尤为尽善。府州县本沿明制，其未善处前人已屡言之。今流品益杂，吏才益少，而责任益重，诚非改弦更张，不足为治。承示新制，诚见精意。惟熟察本省情形，尚难骤行。查广西府厅州县八十余缺，每遇补署，恒苦乏才。今增出之官不止十倍，人才必不足用，难一。通省岁支廉俸役食等银十三四万两，增养官之款取于公则款万绌，取于民则力早穷。即将州县原有之平余陋规悉化私为公，以资挹注，而广西平余陋规以养一官犹苦不足，若分养多官更不能敷。即全用本省之人，亦无以养。经费无可骤筹，难二。夫州县所以必须改制者，以其萃百务于一身，无分曹为佐耳。然旧制之教佐巡典等官虽责未甚专，固分曹之意，何以毫无佐理之实，岂不以任非其人耶？今虽改设六七八九品官，若仍于现在各员求之，与从前教佐何异？且州县之所以假手幕宾者，以幕宾尚有学，州县绝无学也。寄权书役者，以文法太繁，更调太多也。若不培养人才，汰除文法，改变铨选，无论新制旧制，恐均不足为治，培才固不外学堂，用才实系于铨选，查汉世郎官出宰百里，晋、唐之制，不经宰县不得入为台郎，唐时明经进士初除不过县尉，宋太平兴国时所赐进士出身，最优亦不过大理评事通判诸州而已。今欲改州县之制，责其治理，须先重州县之选，拟请嗣后自某年起，府州县及其曹佐非某等学堂出身，不得为某官；非曾任府州县或其曹佐，不得入为京曹及其上级官。更将掣签轮补诸例一概废除，庶州县之选既经，治理斯有可望。现在人才不足，似宜先改一省，或每省先改一府，或即改一县，照新制试办。听督抚为地择人，不拘文法，非实有专长者不得用，既用则非革黜无更调，三年得课其成绩，严行赏罚，庶以节经费或较易求才，否则推广窒碍。日本维新之初，亦有所谓模范自治权，盖有益也。至于知府更同州县，诚力袪隔阂之意。惟司院耳目必有不足，虽留巡道为监督，然边一省道辖境千余里，监察固嫌不便，民人有欲上诉至道至省，必有因路远无力而沈冤者，如更增设，何如留府？况附郭有二三县者似断不宜裁亦不必改，留为监督行政兼司法官，则巡道可裁。若夫议事、董事诸会，实地方自治之机关，但须视程度，民知濬开之地自宜速设，民知未开之地设之转阻进步，因时因地，当有变通，势难一律。总之，上级官厅系与官交涉者，无论如何改革，尚不为难。下级官厅系与民交涉，改革稍有未宜，若不得其人，即恐厉民滋甚。恐仍只能谋之于渐，过急则纷而无补，转贻口实矣。迂庸之见，自知无当，辱承垂问，敢贡管蠡，敬候钧裁。绍年谨肃。支。

广西巡抚又电

十月初七日

厘定官制大臣钧鉴：前电以改铨选为首，意尚未尽。今譬有一臣室就圮欲改作，势必先求新木石，梁栋固应先求，然柱础墙基尤宜坚好。大官，梁栋也；州县及曹佐，基础也。今日人才本极消乏，其可资节取者或业经拔擢，或不甘抑屈，均已躐居高官，群趋于梁栋一途，而基础转不得不以粪壤充用。此固由于人多躁进，然实铨法不善之所致也。查汉制令长人为议郎，议郎出为太守，太守入为公卿，阶级极简，则久任自无嫌沈滞，内外互用，则治事可无虞隔阂。又其时啬夫狱吏均可仕至公卿，绝无流品之目，是以人才竟奋，两汉吏治为三代以下最。今日佐杂之官，人已皆视为不甚爱惜；州县之得卓异者又未必即升，且阶级实多，由州县荐升疆吏六七阶，若佐杂则十余阶，倖进之途复多而且速。循此不改，无论乏才，（总）〔纵〕有才能，皆欲扶摇直上躐居显要矣，孰肯自甘沈滞，从事州县及其曹佐耶！官制铨选，有如形影。窃谓改定之法，似当阶级务简，内外互用，实行久任，严杜倖进，其可听外省自辟之掾属并听自辟，不必概归部选，惟严举主之罚。毕业学生出身，授官尤不可优，务使经历州县或其曹佐。如此，则基础庶几可固，新官职亦可有效矣。谬妄之言，再求察鉴。绍年谨肃。支。

河南巡抚张人骏来电

十月初八日

厘定官制大臣钧鉴：效电敬悉。承示酌改中省官制，宏猷伟略，钦佩良深。

州县地广政繁，自应添官佐理。惟添官必先增费，非厚给俸糈，优予公费，不能责其洁己奉公。今每县添财赋、巡警、教育、监狱、农工商佐官五员，审判厅官一员，谳局区官约四员，共十员。即以河南一省而论，计一百七厅州县，应添官一千七十员。各员职掌繁简不一，岁给多寡不同，姑以每员二千两核算，每年即增费二百一十余万。此外尚有省城新设丞参曹佐、高等审判厅、各府州县议员、董员，以及新添各官应增人役，审判厅局应设廨署，监狱应添巡警，各巡警分置曹佐，一切经费，概不在内。豫省州县有余者十之一，仅足者十之五六，不

四、官制改革

足者十之三四。各缺平羡历次酌提归公,所余无几,总使锱铢悉索,酌剂匀摊,杯水车薪,于事无济。若仍如丞典旧制,每员岁给廉俸数十金,则禄薄不足以养廉,多一官多一需索,其弊更甚于书差,于地方不惟无益而有损矣。此项新增之费为数甚巨,取之于公,则空虚之余无此财力;取之于民,则宪法未备,民智未开,苛敛适以召乱。是酌改官制非先筹费不可。此外千条万绪,利病甚多,今姑举其大者。

亲民之官骤增十倍,员数逾千,一省之官几不足一省之用,滥任则偾事,简选则财难,虽欲造就甄陶,亦非旦夕可得。此一难也。

向来民间上控,由府而道而司而院,均许吁诉,遇有冤滞,道府均可就近提审平反。今地方审判官一鞠不服,必赴省高等审判厅上控,此外无控诉之门。各属审判官贤否勤惰,仅恃高等审判官一人为之考核,其余督抚司道均无干涉裁判之权,无从过问。民间难于上诉,则远道老幼恐有含冤莫伸;上官疏于稽察,则属吏鬻狱舞文,谁为摘发?况词讼与地方庶政无一不相关涉,合之则脉络贯通,分之则权限易紊。州县不司裁判,则与民日疏,疆吏不管刑名,则政权不一。若文武因案革审,民间指控县官,又应归何处审判?此二难也。

中国一省之大,等于泰西一国,外交、内政、理财、治军已不胜其烦,再加以近日新政,如学务、巡警、农工商矿诸务,尤为繁赜,固非京师每部专管一事者可比,亦与奉、吉边省土旷人稀者不同,更与外国之治属地视为异种,但已兵威镇乱敛财者迥别。向来一省庶政,司道局所分其任,督抚总其成,重且要者督抚治之,寻常者司道局所治之,要事直决径行,本不拘乎承转,例案多一稽核,似不厌其周详,督抚权不下侵,司道责无可卸,彼此有匡助之益,无搀越之嫌,故能上下相维,各尽其职。今合司院所掌于一署,彼此同画一稿,似觉权限不轻,轻重无别。督抚既为总理,则辅佐之藩臬道皆有所禀承,虽各掌一门,而既有总理在前,则佐司转轻责任。督抚一人精力有限,事无巨细,似难综核靡遗。即以画稿而论,向由司道分核办理者,今皆须督抚画诺,簿书填委,日画千百之稿,已虞不给,遑问其他。才愚者必致丛挫贻讥,刚愎者难免师心自用,一有贻误,互相推诿,各思回护。欲专责成而转无责成,欲不废弛而转多废弛。此三难也。

其余详细节目,此时未睹全章,无从揣议。窃谓此事关系重大,现当议办之始，筹度不妨审详，或于繁富及贫瘠之区各择一省，先行试办，如无窒碍，各省再依次推行，似尚有把握。管窥之见，撮要上陈，用备采择。是否有当，伏候卓裁。骏。

四川总督锡良来电
十月初八日到

厘定官制王大臣钧鉴：承电商外省官制，旋又钦读谕旨，饬令会商妥筹，力求斟酌尽善等因。良自维谫陋，顾职任封圻，际此官制厘定之初，实为地方治忽所系，敢不竭其愚虑。即就四川现势，困思熟筹，用备采择。

查东西各国，地方官不兼司法，各设议会，以防威福专制之渐，而合官民一体之精神，讲求内治，洵宜取法。惟在今日法政之教育未溥，国民之程度犹低，而审判之刑事、民事、诉讼法尚未颁定，虽东南各省风气早开，苛求多数审判、议事、董事之人，亦恐猝难备选。蜀在边陲，乏材尤甚，益以民族失教久矣，今日州县尚能勉强集事者，幸赖执法为操纵，解削此权，即使司法皆得其人，牧令徒拥监督虚名，号召已难；万一非人，其弊滋大。且四川州县除审判、缉捕、征收钱粮外，其财赋上之征收津捐及三费肉厘烟酒捐、铁路租股各事，行政上之管理学务、劝工、农商、团练各事，来自均归绅办，不必设会，已非州县专有其权，士绅德智不足，徒标会名，必有偏颇牵制之弊。窃谓此时储审判、议事、董事之材不可缓，设审判、议事、董事之员不可急。至增加佐治，诚宜规法汉唐，特四川州县凡百数十，各增佐治员，通省将及千员。现在正杂各官能明法政者有几，若由内铨外补，仅取备员，更甚于旧日冗庸之丞尉。或者兼师古时自辟掾曹之法，责成地方官自行选举，不拘官绅班阶，详候酌委，仍量地广狭，酌定额数，亦勿遽定为员缺。惟既责以实行佐治，必先厚禄养廉，际兹财政至窘，于何取求，此又不能不预计及者。他如裁府留道，四川五道，川东辖至三十六属，建昌幅员数千里，余亦辖境辽阔，若任府州县各自为治，势涣形散，窒碍甚多。则府裁而道加增大官转多，似非本旨。倘虑道府多一番周折，向来州县照例公事层累核转，紧要原系通禀，径批径行，并无隔阂阻滞之虞，而有监察维持之益。此筹议省外官制大略也。

至若省治官制，第一层办法最为简壹灵通，惟以川省政治之繁，欲期萃居分理，必先将旧日各署局档案从头清理，乃能裁旧谋新，重立规制，有非旦夕所能举办者。第二层自较易行，但民政范围太广，即如川省警察、劝工皆办有端倪，正在扩充，专员各主其事，犹形繁重，以藩司一人任之，恐徒有监督之名不获尽主管之义。而财政如丁粮、津捐等项，向系专隶藩司，其余牙厘等局皆归领衔，今若别设一司清理，更置亦尚需时，似应仍留各局所，以司道依衔切领，而督抚总其成，似觉有条不紊。

良荷蒙大恩，自牧令道府藩臬以至督抚，皆跞亲阅历，深知利病，用敢据实直陈。回忆奏裁河督，实行裁定，良实首创，只求治理得当，万不敢有丝毫成见于其间也。辱承下问，缕举肃复，伏候钧裁，汇核定议。锡良。

署闽浙总督福州将军崇善来电

十月初九日

厘定官制王大臣钧鉴：效电敬悉。钧拟官制，斟酌损益，体大思精，去朝野之隔阂，专官吏之责成，极合立宪预备机关，曷胜钦佩。

惟府州县分三等，分设曹佐与审判厅、谳局、议事会、董事会各节，就闽省情形而论，有可商缓者三。目下财政困难，添官设会，薪费无著，尚待设筹，方能举办。应商缓者此其一。曹佐辅助府州县分掌政事，与国民有密切之关系，若就现有之佐贰改易名称，添选录用，佐贰流品既杂，又少学问，更张伊始，府州县耳目所寄，即国民生命所关，恐不足膺斯任。即似仿照唐刘宴用士人之意，曹佐等官由府州县自行选举，亦须令现有之佐贰及士人速入法政、警察各学堂肄业，以备选用。培材非指日可成，至速一年方见效果，应商缓者此其二。由毫无程度之国民举充会员，非慕于权势，即阿其所私，会员与会员不相洽，议事与董事不相能，地方官周旋其间，转多掣肘。窃谓宜俟各府州县学堂学生成效大著，国民程度稍高，再自选举，庶昭慎重。应商缓者此其三。

至于院司两层办法，第一层设行省衙门，分曹隶事，汇公牍于一署，与府州县直接，去承转，省批详，办法简壹，权限极清。惟巡道参伍其间，无行政办事之权，徒拥监督虚名，转觉牵掣。应否量予裁改，俾免闲冗而副名实。第二层办法于现行官制无甚出入，奉行较易。惟藩司为用人理财专官，若第司民政，另设财政司专管财政，而府州县之升迁调补应归何司主政？用人理财，事权贵一，分之有无窒碍？蠡测之见，伏候钧裁。善扣。庚。

山西巡抚恩寿来电
十月十五日

厘定官制王大臣钧鉴：钧电敬悉。厘定各省官制参酌古今中外而归于至当，敬佩远谋。惟细绎电文，谨抒管见。

尚有应考究者，府州县为行政机关，分曹佐理，就晋省论，添员需八百余人，不惟薪费无著，概由拣派，一时安得如许贤能？且偏瘠之区，实业未兴，拟为变通，先从繁庶地方办起，其余或兼摄，或缓置，统视各属情形酌量增减，即参仿汉唐自辟曹掾之制，令其各举所知，不论外省本省，择贤而任，如有疏失，归咎原举之官。

晋省本有乡社董事名目，拟即就此基础推行议、董各会，但宜明定权限，毋令民气嚣张。

至省城院司各官，照第一层办法，通隔阂，省文牍，实与立宪国制相近，拟即统照钧旨办理。惟将来处分功过，若照一稿同画论，人人均有责成，恐不胜其烦。不如以重要事件彼此会商，同画一稿，其余仍由专司官自行主持，事后录稿送呈存案。核与钧署奏改京部官制，分之则为各部，合之则为政府，意相符合。惟将来推行次序，端绪纷繁，应如何斟酌至当、有无利弊之处，不厌详求，容另函呈候钧裁，再求指示。寿。咸。

浙江巡抚张曾敭来电
十月十六日到

厘定官制王大臣钧鉴：效电祗悉。承询外官改制，将以重亲民、省钤辖、明权限、专责成以为立宪之预备，而求正当之办法。敭熟察事势与官民程度，窃谓预备万不可缓，而实行则有所难。即如府州县下骤添多官，又系专门，就浙省论已需四五百员，每区谳局及议员、董事尚不在内。浙中教育未普，法政始行开办，警学甫议改良，实无如许可用之材，委任非人，有害无利。且诸员廉俸自当从优，浙省州县昔年优缺，今皆视为畏途，库储又极支绌，此项新增廉俸无从取给。一府所属十余县，少亦数县，去府任道，耳目难周。

至院司第一层办法原仿部章，然部以事分，院以地分，元明中书行省，盖其事实兼各部，惟各司分掌一事，乃与部近。今各部尚待丞参不能于内阁办事，则院司聚于一署不无窒碍可知。第二层办法督抚径管外交、军政兼监督一切行政、司法，然外交、军政虽曰径管，仍须设局；其余行政、司法兼为监督，则似受成于属员，恐不免失官离局之弊。至现在布政司事务极繁，若另设财政司专管财政，布政司但管民政与农工商，则事务较简，尚不以兼顾为难。惟补署员缺各事是否仍旧，应候核定，熟思统计。

窃以为府州县下应照章先设视学官，其余且须注重教育，尤须亟办警监法政，以为预备。将来卒业渐多，佐员议董人材足用，乃可实行。府与县近，耳目易周，巡道一官本同虚设，与其去知府，不如去巡道，仍留关道，以重交涉权政。裁附郭之县，由府自治，照旧兼辖各州县，其制如直隶州，州县之事径禀院司，议定即由院径行州县，亦足以省承转而捷机关。

伏读谕旨，注重亲民之官。然国民资格未及，自治难以遽行。睿虑早经筹及，译来电酌量推行一语，亦以事体重大，必须出以慎重。盖寒暑推移，事必由渐，条规宪政，萌芽在百年前，议院之成亦非一日。英国三岛、德国联邦分治之法，因地而易；日本壤地偏小，程效较速，然犹需以时日，至其官制，仍旧者尚多。今以中国之大，欲尽去数百年之旧，而新者又未预备，骤然改制，恐致纷扰。夫事穷则变，然必求通，若变而不通，不如受之以渐矣。敬陈刍见，伏候裁择。曾毂肃。删。

湖南巡抚岑春蓂来电

十月十七日

厘定官制王大臣钧鉴：春蓂抵湘接篆，准前任移交尊处效电，仰维厘工熙绩，蔚为宪典，荩筹硕画，深堪钦佩。

窃查各节大要，分理以清权限，合治以通机关，除省城督抚司道各官之第二层办法，系就现行官制量为变通外，余与立宪政体为符合，自可渐次推行。

所最要者，亲民之职贵得其人。此后府州县分曹审判各职皆亲民之职矣，不患理民之无官，而患当官之无人，养官之无力。此不得不预筹者也。预筹之策，一在重其选。昔之佐贰，目为闲曹杂职，禁受民词，即庸劣滥厕，为害犹浅；今既寄以地方要公，非责其学以考其行，难遽委以重任。宜广推附学旁听之法，由法政各学已排印开学以来所授课程给令各员补习，一面印给每日课程，俾一并研究。迨其毕业，先派往各府州县试用三月，查其行操端谨，办事结实，由地方官出具考语，方准给凭充当。有行检不饬，地方官瞻徇妄举者，同干查究。其有到省人员曾由学堂毕业领有文凭者，仍应俟试用期满，加给凭照，方准充当。似此遴选精慎，考核详明，庶不至以任用非人，贻误地方。一在均其养。近来财力之支绌已成通病，任办何事，总苦筹款之维艰，况瘠苦之州县犹如小家户，骤然减一人不觉其宽，增一人便形其绌。窃见黔省州县至有每年二百余金之小幕力不能延者，其情形亦概可见。将来分派曹佐，仍应按地方之苦腴，定员数之多少，薪赀乃有所出。鄙见略有变通办法，其省分较大，优缺较多者，尚可通筹合算，酌挑优缺之羡余，用资瘠缺之津贴，或亦均则无贫之道。然亦有全省之州县瘠则奇瘠、优亦不优者，则惟有另行设法，使不至以篮篝不饬仍蹈旧时巡典之弊，于地方乃有裨【益】。

若夫议员、会董之设，诚自治之第一义。为立宪完全之政体，夫亦视乎得人与不得人而已。如外国之议院，一也得其人，则上立法，下集赀，持正秉公，极为中国所称羡。不得其人，下挟私，上偏徇，亦中国人所深忧。又如中国之团甲，一也得其人，则息讼斗，弭盗贼，足补官司所不及。不得其人，则渔苞苴，胁威福，转为地方之大害，其非明证欤。如曰选举之权出自人民，宜其直道而行者。无如今日之人民既无此知识，且寻于今日之士绅亦无此权力。是必俟学校修明，士绅廓然于自私自利之见，人民晓然于公是公非之理，乃能相与以有成。若遽行之今日，蚩蚩之氓但听豪右之嗾使，恂恂之士动为黠猾所抵排，众正蜎缩，党会蜂起，始则膻慕，继且狺争，徒滋沸羹，终属画饼。非鄙人之过计，实揆以今日之风气弊必至此。总之，天下事未睹其利，先究其弊，非法弊人，实人弊法。区区之意，正恐不得其人，举良法美意而尽失之，用是斤斤。管蠡之见，是否有当，伏祈钧裁。春冀扣。铣。

四、官制改革

署贵州巡抚兴禄来电
十月二十日午刻到

奉效电谨悉。查厘定官制为立宪基础，事关重大，行之有益。黔省苗疆时宜①实无程度，谨就黔言黔。第二层办法系目前局势量为变通，自可酌议，徐徐推行。即第一层内每日率同属官定时入署办事一节，极为省便，惟人才缺乏，财力竭蹶。谨当一面率同司道等官拟议，新任庞抚到任酌核办理。兴禄谨复。巧。

盛京将军赵尔巽来电
十月二十三日申刻到

厘定官制王爷公爷中堂大人钧鉴：效电敬悉，仰见权衡中外，参酌古今，曷胜敬佩。

奉省官制，尔巽于本年春间奏请厘定，所拟府州县分曹治事，将行政司法各分专责，并参用乡官以为自治基础，其制度大概与尊电相合。今拟分府州县为三级，同受成于省署，奉省本只奉、锦两府置有首县，余皆自理地面，改章亦易。惟留各巡道监督各府州县一节，于事实未必有效，于名义又觉相违。既今各府州县直隶于省署，何必又添此骈枝，动多窒碍。若虑偏远州县艰于控制，或即仿照各国特设官吏惩戒委员会，以巡道改设，仍隶于行省衙门，较易责效。奉省驿巡山海东边三道前请改为关道，专司外交，亦系就地方情形参酌立论。即如奉锦山海关道向不核转地方公事，本无监察之责，仍俟奉准奏定章程，分别次第饬办。

至省城院司各官，尊电第一层办法与尔巽春间奏改奉省官制亦符。若第二层办法，或近兼摄，或近迁就，似非所宜。而尔巽窃有所进者，东西各国设官分职本有普通制度、特别制度二种，腹地声息相通，犬牙相错，则用普通之制，其权均集于中央。边地与属地相距甚远，或为疆域所限制，或为外势所凭陵，则用特别之制，其权均授于总督。而今日中国情形又有不同，列强环伺，堂奥腹地每与外人共之，轨路、航路、电政、邮政多有未能尽通之处，交通未便，机关不灵，一切行政、司法各职又均无专门人才，处处迁就。老成者宥于习惯，旧时之窠臼

---
① "时宜"，原文如此，疑有误。

难除；新进者富于理想，实地之经验尚少，种种艰棘，动多为难。似不如采中央集权与地方分权同时并进之策，拟以十年为期，十年以上，即合边腹各省均用第一层办法，不特民政、财政暨一切学务农工商矿诸务均责成于督抚，即军政、外交亦受督抚，俾免贻误事机。惟当饬责疆臣赶即筹办铁路、轮船各种邮传交通之事，一面普设学堂造就人才，俟十年以后机关完备，才俊朋兴，其时民人程度较高，可以实行宪政。即全用帝国立宪主义，将各省区域分画归并，以便中央统一行政，内设一部，外设一司，此时之合为一署者，将来分之即各为一司，受成京都，甚易为力。其时边属各省仍当另议特别之制。狂瞽之见，自知无当，辱承明问，敢不愚忱，伏维重察。尔巽扣。养。

云贵总督岑春煊来电

十月二十三日到

厘定官制王大臣钧鉴：效电敬悉。行省官制自当以府州县为主，仍其旧名，去其钤制，分为三等，俾各有地方之责任，于改革现行官制最为简捷妥善，曷胜钦佩。

惟巡道本无实权，于外官中素称冗赘，似宜径行裁撤。监察按验，责成院司，或以时巡行各属，或因事派遣专员，均无不可。至边疆及通商口岸因有交涉防务，非行省衙门所能遥制者，自应酌设专官，归督抚节制，秩视道员，而不必仍巡道之名。府州县径与行省衙门直接，而他无所牵率瞻顾，事权方为专一也。

院司之制，无论各省程度如何，皆当实行第一法。第二法于现行之制无所出入，深恐蹈常袭故，责任仍不能专，权限仍不能清。机关不灵，则府州县之制即多牵掣，故可置勿论。第一法博采众议，大率为实心改革者人人意中所有。至谓督抚责权太重，两司几同虚设，或谓行省衙门公牍太繁，恐至应接不暇，此等论议，亦有所闻。然两司之禀承督抚，事无专决，各省已相沿成习，今改为行省衙门之次官，则于一省之事皆当佐督抚筹画处决，其权惟有增重，而何尝减轻。至公牍既省批详承转之繁，亦必有减无增，何至应接不暇。事当创始，往往疑虑多端而未尝研究，其实际所见之蔽固有如此者。鄙意以为既谋更张，但问实际之有益与否，若求合于各省程度，则此时无论组织若何，皆不能无得此失彼之虑。第一法既与各国立宪官制不甚相远，请即毅然行之可也。春煊。漾。

黑龙江将军程德全来电

十月二十四日到

厘定官制大臣钧鉴：效电敬悉。拟改各节，均极周密。惟省会院司各官，其第二层似于边省不甚相宜，其第一层与立宪国官制较近，于江省旧制亦易更张。前奏拟改十条，原意先定宗旨，再行择要陆续设立。盖本省新设地方官仅十四处，事事草创，若省会骤设多司，不特无此多数人才，尤万无此财力，且有上官太多头重足轻之弊。拟请权从第一层，暂由内间照章定制，一面由本省体察情形，先其所急，奏设略如部丞之官，其余各司亦应择要奏设，任缺毋滥。此外各官俟将来多添民官，局势展拓，再行奏请办理，以昭慎重，统维钧裁。德全叩。元。

两广总督周馥来电

十月二十七日午刻到

厘定官制大臣鉴：辰奉效电，示拟重亲民之职，去知府直隶厅州名目，设三等县，县下设六品至九品官，分掌庶务，一署办公，县设三谳局，又设议事会、董事会助官办事，诚为自治之基。自督抚以至司道分两种办法，细绎尊指，惟以剔除壅蔽、简省文牍为重，诚属不刊之论。惟斯事体大，节目繁多，猥承明问，敢抒管见，以供采择。

查州县为治民之官，即为政治之本。旧制权职太轻，责任太繁。当秦汉时尚有丞、簿、尉、三老、啬夫、游徼分管诸事，今之丞、簿，防制太严，转成冗滥。查各国地方官专理民政，皆有分治之官，仿此试行，州县当能专心民事。惟中国州县有辖地太广者，裁判既繁，每县只设谳局一所，尚恐不敷，必须计户口若干，分设一局，如村户稀少，亦须计里数设局，取其路近，小民赴诉易于往还。至分掌庶务各官，各有专司，若令同在一署办公，势恐难行。

至省城督抚司道各有专司，卷册分存各署，若汇公牍于一署，百司庶务立时取决，似觉权限无分，必有推诿，非阁手仰成即纸尾画诺耳。边省将军分设各司、六部衙门一稿同判，似与督抚公事繁简殊别。愚以为审判监狱大小各官，应仿各国司法官之例，径隶京都，不为他官所辖，非贪恶不职，督抚不得参预，听其由区报县，县报省，省报京师察核，人民不服裁判，许其层递上控。其余各司是行政官，仍由督抚主持筹画，并纠察一切，并准各司择要径报京部，以免阂滞。至其次办法，与现在体制无大更改，分权限、专责成似尚易行，惟应添襄佐之官，杜诿卸之弊。如今日兴学练兵颇急，而群向藩司所款，几无以应。然犹勉强图维者，以藩司为一省领袖，督抚得以通盘筹计，移缓就急。若另立财政司，直隶度支部，则督抚省事，藩司更不过问，欲兴新政，其道无由。愚以为宜杜其诿卸之弊即此也。

总之，今日变法医急，尤宜体民心，量财力，不可骤为大改，先增治民分佐之官以立基础，限定治事专任之权以重责成，此首务也。尊论已经洞悉。抑馥尤有请者，现在通国官民无不以立宪为幸，而程度太低，更张如速，恐复变故环生。目下所最要最急者莫如财政一事，似宜略仿外国办法，分别国家用、地方用，人人共晓，筹措稍易。否则，治民之官遽加数倍，而无以养之，适足为害而自扰也。又铨政亦关紧要，汉唐征辟纵不能行，亦当如今之提学司，准自选官绅，以为僚属。若仍按旧例，凡一命之官，仍论班次论花样选补，虽添官改制，亦徒具形质而已。深望元机默运，综握大纲，其余诸事量地量时量力为之，从容详议可也。伏乞钧裁。馥。宥。

山东巡抚杨士骧来电

十月三十日到

厘定官制王大臣钧鉴：效电谨悉。垂询外省官制，集思广益，执两用中，缜密周详，无任佩仰。

所示核改府州县等级，设分曹，置审判，立议事、董事会，此欧墨列强普通之制，即日本维新进步之原。若中国近日情形，改设官级颇多，难于遽行者，分立乡会亦甚有可虑者。一难于得人。各省府厅州县开通者渐多，真谙新理者亦鲜，佐杂流品淆驳，选任更难。若强迫教育以速成，广设教科以普及，须由学堂毕业入官，其期固缓，即法政学堂为造就已仕之才，而试用亦在二三年以后。此人才之待商也。二难于筹费。新官逾于旧额甚多，新俸溢于旧廉尤重，各省应付赔款业已竭泽而渔，巨项奚从挹注？势必仿照各国，凡民政所应取给者，征之于公会，供之于公家，民足养官，官不损民，方克有利无弊。此则视乎国民之资格，殆非旦暮所能必期。此筹款之待商也。三难于定律。各部应各有专律，各省秉承之，各府州县分曹遵守之，官俸律则有权限，民知律则知免耻。而审判律尤为要著，近虽修定民刑诉讼各法，而本律为改良刑法，方针迄未议定，试办尤无根据，繁赜谨严，甚非易易。此本律之待商者也。至议事会、董事会之分立，尤在选举人及被选举人均有国家思想，新政识解，公益热诚，而后具议事、董事之资格。否则绅衿沌渚不一，见有利于己，则开会以营求，设不遂其谋，则散会以挟制。自治之经费并不能筹，官出之经费转有牵制。此大可虑者也。

恭绎谕旨，所谓国民程度未及，自治难以遽行，实已洞中症结。即以山东全省论，沿海一带生计尚饶，风气略开，第不免于嚣竞，惟有注重于教，而兼之以养。滨河千里，患水患盗，地瘠民贫，乔野不文，犷悍成习，惟有注重于养，而加之以教。加以强邻咫尺，本无治外法权，凡筹备各项新政稍不如法，指摘随之，甚又因此增添交涉。是必逐条次第预备，如财赋、教育、巡警、监狱、审判、农工商六项及议事会、董事会之预备，皆宜及时讲求，略如科学分数，统至几分成数再行试办。查《日本变法考》一书，其办法次第悉有年分可稽，展卷即是，即仿行之，尚有情形不同之处，须量为变化。若操之太蹙，并仿行之而亦不能如法。此又预备而宜分次第年限者也。

至两层办法，似第一层尤臻完密。惟合院司所掌于一署，各国所属殖民地偶有此等规制，内地省分则仍分署办公，遇有重大事机，特别会议。就中国情势论，如内外蒙古、青海、西藏，地僻政简，合处为宜。若各行省，似宜仍旧。分署置事设有疑难，随时会议较为妥洽。第一层官制似宜与第二层参互酌核，其中有应增应裁并者，妄以管见拟议之。内既有专部，外当有专司，指臂是联，相为表里。名实不符，上下不联，势必界限凌杂。外务部之外交，陆军部之军政，外省有应相表里，而援各国总督兼辖外交、军政之例，似仍宜督抚主之，复专员以佐其成，凡洋务局、营务处裁并焉。吏、礼二部，近仍旧制，户部改为度支部，外省有应相表里者，藩职用人理财，学职学堂礼仪，藩司似宜改称度支司，兼管民政司，与度支、民政二部相表里，凡牙厘、筹款、善后、支应、振抚、巡警等局裁并焉，设副员以分任之。臬司似宜改称法司，并设高等审判厅隶之，与法部、大理院相表里，凡司府、发审等局裁并焉。提学司甫经改设，应毋庸议。此外，似宜别设农工商司，兼管邮传司，即以运司、盐道改之。盖运司、盐道职事太简，盐亦商类，似可统赅，与农工商、邮传二部相表里，凡商务、路矿、工程、工艺等局裁并焉，设副员以分任之。各省河道、粮道原可酌量裁并，若东省则本无河道，黄河又为天下之巨工，为各省所无，似关系极重，宜以首道、粮道分兼之，凡河防、水利各局裁并焉，亦应设副员以分任之。粮道与他省不同，德州为南北咽喉陀要，一旦海上有警，非有专员，安有专责？此外巡道有兵备之责，今既监督各府州县，似宜监统防营，以资调度。以上所备各项副员暂不另设专官，即以本省候补道充之，藉省廉俸。此拟议之大概也。

总之，制必求其能行，事必求其有益。自治既难遽行，守令暂宜仍旧，内外本属臂指，司局是应变通。骧疏陋迂庸，辱承下问，不敢高远无当，亦不敢故步自封，敬献刍荛，伏维甄择。士骧扣。勘。

江西巡抚吴重熹来电

十一月初六日未刻到

厘定官制王大臣钧鉴：洪。承准效电，系为力除外官隔阂积弊，预备日后立宪张本，共图自治，以跻文明，曷胜钦佩。惟兹事重大，地方利害攸关，熹忝领疆符，苟有所知，亟应据实详陈，仰答明问，藉备采择。

查州县为亲民之官，原应躬亲民事。其考成至重者，惟刑、钱二端，平日果例案讲求，吏事娴习，则官可自做，延幕宾以资佐理，自无假手之弊。无如由正途出身者每多不达事情，由异途出身者又多不明义理，于例案吏事尤少研究，势不能不重赖幕宾，资其办理刑、钱。幕友向习专门，如延学粹品端者，假手亦复何害。若易幕宾而置曹佐，于刑名钱谷恐更懵然不知，且流品最杂，其弊愈甚。州县本设有州同、州判、吏目、县丞、巡检、典吏、学正、教谕、训导等官，由六品以至九品皆备。论州同、州判、吏目、县丞、巡检、典吏，实为州县之副，而例不准收受民词、经征钱粮，偶一假手，则藉端讹索，鲜有不肇事端。由于该员等出身非吏员即捐资，所费无几，而当官所得又甚属有限，躬自菲薄，人亦轻视也。虽州同、州判、县丞、巡检分防是其专责，而弓兵差役仅供奔走缉捕，遂有名无实。吏目、典吏管狱是其专责，而修理整顿动需款项，非其力所能为。教职本司整化，从前尚有送考等事，藉资津贴，兹一无事事，窘不可支，循名核实，与现议置曹分掌原无二致，独所以坐致腐败者。由于俸不足以养其廉，官不能明习其事。即以本年江西近事而言，庐陵县因催征委员从九赵彝鼎在乡索扰，致酿纠众罢市毁电重案。瑞金县因警察委员典史马冀抽收猪铺，致肇毁拆警局、波及习艺所学堂重案，萍乡县因学堂监督教谕汪凤翔舞弊营私，致成胁众罢学滋闹重案。良田佐杂各官程度太低，故偶一假手，即肇事端，此其明证。然欲厘定此项官制，非先讲求官格、宽筹经费不可。特才识稍优者不甘委为下吏，洁清自好者不欲辱在卑官。势非先就候补佐杂等官假以数年，按现拟分掌职事各设学堂，陶镕而造就之，将来再优给饩禄，使足以赡身家，无内顾忧，然后可望其称职守法。至书役之为害，一在于州县驾驭无术，怠于治事，动派差皂，惟书差之言是听，则权寄于下，此官实使之然也。一在于书无领款，各房稿书清书约数十人，既须自谋衣食，并须赔贴纸张，差有役食，不足以养正身，所募白役，尽皆枵腹。此弊之所由滋。且额设卯名无多，每一呈期收理词讼，繁县不下数十起，简县亦十数起，若逐起遵例自身往传，每月六期，差役仅奉票传人已奔走不遑，而署中应差无人矣。此外押解人犯、饷鞘、保护教堂及游历洋人，与夫一切杂差，岂非须官自为之？此白役虽禁而不能免者，职是之故也。若议府州县分曹而治，俾各有专司，应须各设书役，方能呼应。欲求曹役无害，必先厚给辛工，乃能禁绝诸弊。则各筹此项，数亦不菲，综计各府州县增添养官养役之费，多在万余金，少亦数千金。以江西十四府州七十九厅州县核算，数几百万，而府州县本官之办公经费以及添募警察巡丁口粮均不与焉。按现时州县俸早停支，廉亦扣抵摊捐各款，惟赖钱粮平余以为办公经费，而江西历届提取平余以抵赔款及学堂、练兵各经费，实已搜剔殆尽。前数年银价甚低，钱价尚贵，以例定钱价折银收解，钱赖有盈余，藉以支拄。迨去岁下半年以迄今夏，银贵钱贱，钱价大跌，收解仅足相抵，办公经费无出，赔累不堪，纷纷乞退。思欲发还平余，而解款无著；思欲取偿民间，而农商各业实已征不遗力。况江省度支本身困穷，入不敷出数在百万左右，正苦筹措无从，更何能再骤增巨款，似欲厘定府州县官制，宜先从培人才、筹的款入手，暂缓举行，以期实事求是。

至设议事会、董事会两项，为实行宪政办法。江省系属腹地，山乡愚鲁，民智未开，本年饶州、抚州两府会匪滋扰，获办首要各犯多有文武生员，入会倡乱，聚数百人即揭竿而起，颇存轻视地方官之意，故伪徽内直称"武营已裁，官不足畏，并以举行新政为媚外"之语。是一时遽望其开通洵非易事。前曾通饬各属设立教务公所，延绅董主之，排解民教相争之事，迄今民教控案仍须由地方官审理，从无由该公所了结一起，即此可见。近如省城设立商会，经费尚须由官筹垫，铁路局绅议定请抽米捐作股，而商绅董旋又联名禀请减收。以商务极繁盛之区，集捐应非难事，论铁路乃地方公益，询谋尚难佥同，则地方自治机关应办庶务遽欲其决议辅助，更戛戛乎难矣。连日采访各绅，以最考求时务之陈主事三立亦以尚非其时。应恪遵懿旨，俟数年后规模初具，立宪实行期限宣布天下，再议举行，以昭慎重。窃以为立宪基础尚未完备，此层更宜从缓。前准慰帅①密缄，长江哥老会、闽越孙逆党②潜布赣境，武营尤多，正须镇慑料简，设一旦政事纷更，民权大振，恐谣诼滋起，匪徒生心，则办理愈形棘手，强邻环伺，有隙即乘，不能不长顾远虑也。

又省城院司各官办法两层，与司道熟筹，自以第一层为易。以在省司道各有专管，遇重大事件皆随时禀商巡抚，议定即行，虽有批详，系属事后备案，除例文外，鲜有不取决于一堂。即州县公文，亦皆通禀通详，直达于省，惟例行公事始层转而上。遇例行公文，删繁就简，非从法律改定不可。论外省行政，本较京曹为简捷，特限于例案，转折遂多。现在京曹官制既更，应请俟各部院各项律例详纂厘定颁发以后，则各省所有遵循，逐渐改良，较易著手。若京外同时并改，恐上下棼乱，易滋舛错，难于接洽。且设立公署，分置各曹，一切经费非可托诸空谈，若议定而不克实行，实行而不能收效，转致惑人观听。管窥之见，窃谓立宪固宜有次第，改定官制亦宜有次第。直隶为近畿首善，开风气之先，能先从直隶改有规模，各省再取次仿办，著有成效，即不难于推行，目染耳濡，潜移默化，人心不致震动，规则亦不致分歧。以赣为江督兼辖省分，已将前情函商，复电谓筹费、培才最为要议，俟集议筹定函商，用稽奉复。兹承电催，谨先陈闻。意。江。

安徽巡抚恩铭来电

十一月初六日酉刻到

厘定官制大臣钧鉴：洪。前奉效电，详加细绎，于州县则省铃制，增曹佐，

---

① 即袁世凯，时为直隶总督。
② 孙逆党，指孙中山与同盟会。

置审判,设议董;于院司则参酌中西,取法前代,立行省衙门,仿丞参官制,会商面决,简壹灵通。而大意则不外分权于众,集权于一,苾筹周密,纲举目张,钦佩曷已。铭知识短浅,谨就皖省情形言之。

夫州县非无曹佐也,按之定制,各有专司,然或阘茸无能,或侵越失检,其稍可造就者,率皆保擢捐升不甘小就。以安徽论,求好州县已属不易,求好县佐尤难其人。今议增设佐官,分曹专掌,仍其旧有,则于事无裨,舍他而求,则无才可用,况为数甚多耶。

若夫议事、董事各会为自治机关,意至美而法至良矣。惟皖省民智未开,人民程度不及,要可断论,彼不能者无论矣!即如办学务者类皆乡党自爱之流,而争利争权,日日构讼,几于十县而九,甚或藉自治之名,把持丁漕,蔑视官长,干司法、行政之权,虽有正绅,亦皆敛避。若欲选举议员、会员,势必若辈厕迹其间,藉便私图。

又设官设会既多,所需俸廉公费势必什伯倍蓰于前。皖省各州县巡警多未举办,学堂亦有简陋者,实由地瘠民贫,无从筹措。今增设曹佐,分掌巡警、教育、农工商等事,亦必筹办事之款,俾可实行。皖本瘠区,库局支绌,万状不一,从何取给?

铭窃以为厘定官制,所以为立宪之预备,而尤当先为改官制之预备。今当议改之始,亟宜变通铨选,注重教育,为用才计,任惟其人,更宜筹一普通集款之法,为办事规则。官不虚设,一旦拓而新之,自无捉襟见肘之弊。至两层办法,第二层则责成各专,第一层则精神尤振,而要皆以得人得款为归。改府增道各节,议定后再当酌办。谨抒所见以闻,伏惟裁察。恩铭。支。

湖广总督张之洞来电

十一月二十日午刻到

厘定官制大臣钧鉴:效电悉。恭绎谕旨,以定官制为立宪预备,则此次官制之应如何改定,自以有关于立宪之利害为主,其无关宪法者,似可不必多所更张,转致财才竭蹷,政事丛脞,人心惶扰。考各国立宪本旨,不外乎达民情、采公论两义,此二事乃中国圣经贤传立政之本原,唐虞三代神圣帝王驭世之正轨,心同理同,中外岂有殊异。圣谕剀切深厚,自应切实筹议推行,谨分条奉复如左：

一、设四乡谳局、议事员、董事员。详读尊电各条，惟设乡官、设议事会、董事会两法有关立宪本意。窃维中国风尚，乡绅自爱者以不管公事为有品，或遇有关利害安危大端，偶一任之，或必须地方官敦请，始来与议；其平日自愿管地方事者及好管地方琐细事者，多非端廉之士。若概名为官，必不免徇私作威，包揽利权，吓诈乡愚，抗挠政令诸弊。故四乡分理细故词讼之乡绅，不宜名之为官，只可名为乡长，若当日团长、团总之例，亦不宜袭日本分区之制，名为区官。查咸丰、同治年间，发捻为乱，皖、豫、山东及直隶南数府处处办团，流弊滋多，除黑团通贼谋逆如苗沛霖之类不计外，即不为匪之团亦多有抗粮抗案、擅杀寻雠诸弊，幸官军剿平发捻，诸团或惩或散，始渐敉平，今岂可导之使乱。至议事、董事两会，未尝不可设立，但一须正其名义，二须定其权限。名义者，只可名局，不可名会。查各省府县多有绅局，或主捕盗清匪，如广东之安良局、沙田所之类；或主筹费济公，如四川之三费局、夫马局，陕西、河南之车马局之类；此外，堤工、善举各局，所在多有。名沿其旧，则不僭不骄，屏去会名，则不致为江湖会、联庄会、三合会、哥老会各种作乱之会匪所影射。此名义也。权限者，议事之员但许有议事之职，不予以决断之权，其议决之可否，悉由官定，以审度其可行与否。至董事之员，只可供地方官之委任调度，不宜直加以辅佐地方官办事之名。若权限逾分，必致官为董制，事事掣肘，虽有地方官监督之说，徒拥虚文，而其为害殆不可思议。故议事之员能议而不能决，董事之员宜听官令而不宜听绅令。此权限也。尊电因拟裁知府，故未言及府城之议事及董事各员。兹鄙意拟请仍留知府，则府城亦应照州县办法，层递设立议事局、董事员，其权限亦与州县之绅董同，总以达各县之民情，供知府之委任。惟分理各乡谳局之乡长及议事、董事之员，须由本县人公同推举。其推举此各项绅董者，必须家有中人产业，而又素行端谨者，方许列名为推举人，由官选定派充禀报，如公派不公，准其赴省控告，民举不公，准本县官停议另举。如此则民情可上达，公论可上闻，而纲纪等级尚未废弃破除，绅谋官断，互相补救，似与朝廷勤求民瘼之意相合。俟行之十年以后，学校日增，士民智识日开，道德日进，设有嚣张恶习，狂悖言行，随时训导儆戒，俾其道德之效不致为犯上作乱之行，其智识之效能谙习一乡之情形，明晓全国之大势，并能通知中外交涉之大端，国家政事兵食之梗概。总之,必其智识不离于道德,尚武不越乎法律范围,方为合格。届时体察,果能臻如此之程度,再议立宪之大举,然后有利无弊。若十年以后,人民道德未能尽纯,智识未能尽充,则尚须从缓。仅照以上所言,各府县分设乡长,分设议事、董事各员,官绅互相维持策勉,亦足以破壅蔽,杜偏徇,察穷檐之疾苦,采岩穴之良谋,不致大有流弊也。

一、议改州县之制。考本朝沿明制,州县分三等,曰繁,曰中,曰简,本有等差,与汉唐县官之制大同小异。今欲重其品秩,而又分为三等,则大县称州,中县称厅,小县称县可也。盖外间同知称厅,理民通判,理苗分防,州同州判,民间亦称厅,似体制较州为稍逊。至废去各府,而令大县称府,则似以未妥。各府幅员辽阔,轮电罕通,每一府所辖,少则四五县,多至十余。各县距省遥远,极远者至二三千里,赖有知府,犹可分寄耳目,民怨可申理,灾荒可复勘,盗匪可觉察饬缉。若尽归省城,考察岂能遍及?待该县禀报至省,祸乱已成,控告到院司,民命已毙矣。故裁去知府一说,万分为碍,势有难行。称府而无属县,名义亦难解,似不必蹈袭日本之故套,以东京、西京、大阪三处专名府也。既有属县,则事繁体尊,附郭之首县不宜裁矣。至每州县各设佐治官,分掌财赋、巡警、教育、监狱、农工商及庶务,甚为有益,惟员少不足济用,禄少不足养廉,员多俸厚,经费太巨。今日州县之俸,大率因处分被罚,其养廉亦多被司库因公款扣抵,不能全领,安有余力巨款为新设之州县佐治官筹俸廉哉!似宜听州县量力延访委员,较为可行。

一、议改省城院司各官之制。第一层办法,院司合为一署,同画一稿,定时入署一节,晷刻有限,必致草率敷衍,一也。京城每一部皆一类之事,然且每司各自有印,各自有稿,若一省督抚及各司道则兼有各部之事,若并为一署,无此广大廨舍能容许多官吏,能存许多案牍,二也。近因患责任不专,故督抚只留其一,今设两丞,岂不又添两巡抚乎?徒多牵掣推诿,三也。院司局各有等级,各有责成,各有印信,能自行文牍,其间准驳异同,亦可收匡助之益,倘有谬误,责有攸归。若并为一稿,必仍是一人作主,若督抚骄矜,则两司徒画黑稿,若两司跋扈,则督抚只如赘瘤。六部堂官虽多,仍是一人主稿先行。东三省事务较简,岂能以例内地?外省衙参之期,司道公见,不过略谈大指,并不能立时筹定办法,大率有重要事,必须与司局着重之一二员或二三员便坐燕见,或至日晡,或至夜分，纵谈深透，反复筹思，乃能筹定一议。即京部堂司商榷要政，亦多是司官赴宅内详陈密谈，乾隆以前名臣皆是如此。若到署片刻，不查案，不思索，恐未能遽筹得至当不易之办法，四也。

至于府县文牍直达于省，由省径行州县一节，查照例公牍，无论上下行，乃是层层递转。若紧要事件，州县一面径禀督（府）〔抚〕，一面分禀司道局府，谓之通禀通详，督抚亦径批札州县。军兴以来此类甚多，至今犹然，不患不能直达也。

至每省设高等审判厅，行政、司法各有专职一节，尤所未喻。一省之中，臬司即是高等审判厅矣，另设一厅何为？若谓臬司系行政之员，须另有司法之官，则臬司问案拟罪仍须督抚核批，达部者须督抚核转，总须俟部复乃定，然则臬司及督抚即是司法之行政，刑部即是司法矣，何必剿袭东语，多此纷歧哉！传闻献议者并有拟由高等审判厅以直达法部，督抚但司检察，不司裁判之说，不胜骇异，想贵大臣未必允行。假使万一采用其言，则以后州县不亲狱讼，疆臣不问刑名，昔孔圣知机，专论听讼，鲁庄胜齐，惟恃断狱，若州县不审判，则爱民治民之实政皆无所施，以此求治，未见其可。况外州县距省或数百里，以至二三千里，若裁去知府，则冤狱偏断，何处申理？小民寻常讼案，亦必将卖产为资，赴省上控。即使省控，而督抚臬司亦不能审判，仍须取决于法部、理院，夫老弱穷嫠安能奔驰数千里而京控乎？京师部院能日讯全国数千万起之讼案乎？假如文武官吏有犯而督抚不能审判，何以号令属官乎？

第二层办法，似尤多窒碍之处。民政以警察为大端，乃臬司分内事，今乃不属臬司而属藩司。理财乃藩司分内事，今乃不属藩司而又别立财政司，且通省财政关系极重，而秩视运司，转较学臬为小。即如现在藩学臬运粮盐关河，权限本自分明，不相混淆，乃亦议改变，则尤可不必矣。

若知府一官，鄙见必须留之，不宜裁撤。因其去民较近，辖属较少，可为院司分任考察。既留知府，则巡道似可裁撤。惟各省设巡道之本意，大率以兵备为主。前三十年军务，近二十年教案等事，则道员之责较重，取其官阶较崇，调遣武营较易。故地理大家之要诀，须先将一省各道之疆域分清，则一省之形势脉络瞭然于胸，此可知前人建设巡道之有深意，有关系矣。至知府职司，如所属州县钱粮奏销，灾款蠲缓，秋谳审转，州县仓库，交代盘查，出结代赔之款，皆知府考成，州县出缺，由知府委员代理，均不由巡道转详。议者或虑司之下、府之上添一道员，徒多层折重复，此未知设官例章职守、道府各有取义也。至如湖北之襄阳道，则有关三省边防教案，湖北新设之施鹤道，亦专为教案边防，均甚有关系，似不应在裁撤之列。此外，即如湖南镇筸，江南徐州，河南南汝光，四川建昌，安徽庐凤颍，此数处皆非粮盐关河，然岂可无道台镇守？然则各省道员似以不裁为尤妥。在省之官，除藩学臬三司仍旧不改，三司之外，尊电拟留粮盐关河四项道员，惟既不分巡，则道员之名义不协，此四项拟改名为参政，秩从三品。此外紧要各局所，视该省必需者留之，不必各省一律。该局总办拟名为参议，秩正四品，以裁缺道员及候补道充之。盖前明官制，外省本有参政、参议、副使、佥事之属，正是两司副贰，今设此以为知府升转三司之阶，庶免过于躐等。若不裁巡道，则一切名目可仍其旧矣。抑更有进者，既设议事、董事之绅，又增佐治之官，则州县应议应办之事日多，各种治理皆赖财用，学校、警察、农商工业、河堤水利，凡一切厚民生、捍民患之事，非财不济。各国制度皆分国家税、地方税两端，断宜划分酌留，不致竭泽而渔，庶教养诸政可以实行。此方是立宪要义，爱民真际，应请贵大臣于此项一并议及，是所感幸。

总之，今日预备立宪，只须合立宪之用，不必求合于海外立宪国之官制。大抵中国疆域广大，数倍于东西各国，而轮船、火车、电线通者什一，不通者什九，且立国之本原，历代政体相沿之成局，国民性情之利病，目前国家之实力，中外各自不同，岂能事事强合。况君主立宪之国，惟日本与德国为然，故论者谓中国立宪宜仿此两国，然德与日之官制，曷尝相同哉！请检考之可悉也。窃惟今日国事多艰，宵旰焦劳，贵大臣忠公体国，故求治之心不自觉其过急。特是度德量力，善俗以渐，经典明训，用法宜得法外意，史册良规。方今天灾迭乘，民穷财匮，乱匪四起，士气浮嚣，省外之学堂无不思干预公事，攘取利权，海外之学生尤为狂妄，动辄上书政府，干预朝政，凌辱监督，横索钱财，电致本省督抚，诋斥地方官，及加查核，十无一真，其悖谬情形罄牍难书。而待举之新政甚多，州县外受督责，内忧赔累，疲于奔命，无米为炊。督抚支左绌右，救过不遑，但能抚绥镇遏，平静无事，已自不易。若改变太骤，全翻成局，需费太多，课虚责有，不惟官吏耳目眩惑，无从措手，权力改变，呼应不灵，窃恐民心惶惑，以为今日即是官民平权，刁民地棍藉端鼓众，抗粮不完，厘税不纳，缉盗匪则抗匿不服，筹赔款则抗欠不交，传讯不到，断案不遵，一切纪纲法度立致散乱逾越。国纪一失而难收，民气一纵而难靖，恐眉睫之祸将有不忍言者矣。昔圣贤有云，天下本无事，乃庸人自扰之耳。洞窃以为不然，无事自扰，尚无大害，若方今四海有事之日，加之以扰，则不可支矣。且庸人安能扰天下，惟才敏气盛、急于立功立名之人，察理不真，审势不明，贸然大举，乃能扰天下耳，宋王安石岂庸人哉！洞近年以来于各种新政提倡甚力，创办颇多，岂不愿中华政治焕然一新，立刻转弱为强，慑服万国？第揆之民情，衡之物力，实不宜多有纷更。官制各条，以洞愚见论之，似不甚与立宪关涉。窃谓宜就现有各衙门认真考核，从容整理，旧制暂勿多改，目前先从设四乡谳局，选议绅、董事入手，以为将来立宪之始基。如能实力奉行，此尚是达民情采公论之实际，亦可稍慰环海望治之心。至目前民生困穷，动辄思乱，欲求养民生感民心之术，则以少取于民为先，多兴实业次之，练兵虽要，尚不如安民得民之尤急，宪法精义，总不外好恶同民耳。总之，立宪本意在于补救专制之偏。日本立宪之要语曰：万事决于公论。果能事事虚衷咨访，好恶同民，虽官制仍旧，无害其为立宪政体。如不能集思广听，事事皆为国民公益计，则虽尽改照日、德官制名目，仍无解于上下之暌隔、民情之困苦怨咨也。贵大臣所议似宜慎重图维，博采周咨，然后奏请施行，方于立宪体裁有合。洞衰病迂庸，愧无奇谋速化耸动四方之策，承问奉复，曷胜惶悚，幸维裁察。如有管见，容当续陈。之洞肃。洽。

湖广总督来电

十二月二十五日辰刻到

军机处钧鉴，官制大臣钧鉴，袁宫保：闻官制局现议设高等审判、地方审判两项人员，系司法独立，一切案件直接法部、大理院，不由臬司督抚核转，凡行政官均不受理诉讼等语，不胜骇异。此乃出自东洋学生二三人偏见，袭取日本成式，不问中国情形，故坚持司法独立之议。果如此说，大局危矣。贵大臣亦知司法独立之害乎？盖外国立宪之制，其最要一语曰三权鼎立。三权者，立法权、司法权、行政权也。立法之权在议院，行法之权在司法官及裁判官，行政之权在内外文武各官。故裁判官所断之案，内外大臣不能参议，朝廷不能驳改；习裁判者终身为此官，只有自行告退，朝廷不得罢黜之。外国裁判官告退后多改为律师，以其惯技在舞文卖法，上下其手，故获利最厚，上海诸律师可证也。大抵外国司法官所以必须独立者，专为力伸民权故也。外国前数十百年，暴君虐政，民不堪命，故国民公论特重司法之权，以求免残酷之祸。而外国人民智识多开，程度较胜，皆具有爱国之心，但争强于外国，不为害于本国，且适承虐政之后，故民权虽似乎偏重，而其实适得其中。然而外国胁君刺相之事时有所闻，美国政体可谓和平，其总统仍不免被戕，何也？以外洋国事犯罕置重典，裁判官所定之案无人驳改故也。

中国民智未尽开通，爱国者固多，而持破坏主义志在乱国亦复不少。方今革命党各处蠢动，沿江沿海伏莽繁多，凡内地获一乱党，必有海外学生联名干预，甚至外人出头保护；各省学堂辱官逐师，兵民殴本管官，纷纷不绝。狂焰日张，礼法浸废，各处乱党甚多，必为之腾谤捏诬，多方开脱，颠倒黑白。假如裁判官果有独立之权，州县臬司督抚概不与闻，现议虽有督抚监督字样，然既不核转，止属空文。裁判各员中难保无学术不纯、心思不端者，每遇拿获逆党，必将引西律曲贷故纵，一匪亦不能办，不过数年，乱党布满天下，羽翼已成，大局颠危，无从补救，中国糜烂，利归渔人，是本意欲创立宪之善政，反以暗助革命之逆谋，不惟贵大臣必悔之，即创此议之各学生亦将悔之，恐海内外盼望立宪之数千万人亦将悔之矣。即使无此巨患，然谓外省自疆臣以至牧令尽是害民枉法之人，独此一项裁判官皆属明允笃诚之选，亦恐必无此理。徒致此辈舞文鬻狱，州县法令不行，即警察、学校、钱粮、缉捕、赔款诸事，亦无从措手而已。或谓司法独立即可收回治外法权，尤为事理所无。近阅直隶刊本，试办审判章程，叛逆人命等重案仍照旧例归臬司审理，虽未言州县，自是仍由州县审拟详办。绎其章程文义，当是无论民事刑事，仍归督抚核实，似乎稍有限制。此时如必欲试行西法之裁判，万不得已，或者采取直隶章程，先行试办数年，并须增入准府州县监督地方裁判一条。俟十年以后推行全国，果系有利无弊，再改为独立章程，较为妥善。如虑行政之官执法不公，府县误断，例准上控，此后可加重其处分，臬司督抚误驳，准其直揭部院，上达圣聪，似已可杜偏断之弊。如虑立宪之宗旨不能显露，则与其过重裁判之权力，莫如稍扩议院之规模，地方要政准其入告，时政阙失准其陈言，京外大臣有不职者准其举发上闻，上下议院互相补益，官吏绅民互相匡救。盖议院虽重，仍是专属立法一门，不能兼揽司法之权，流弊尚少。窃惟立宪良法也，美名也，谕旨预备立宪固海内臣民之所欣愿，洞略晓时局，尤望其早见实行者也。譬如欲治多年之痼疾，必非一药所能愈，要须量其气体，相其病情，如专用杀虫之剂、麻肺之汤，药性与平日脏腑迥不相习，必致吐泻昏眩，五脏翻覆，立时困顿不支，一剂之后断不敢再进二剂，则从此痼疾无就愈之望矣。洞所以前电力陈更张太多之弊，此电尤于裁判司法独立一节，不惮苦口力争，非阻立宪也，盖深盼立宪之局之必成也，莫洞若也。不然，洞为外吏三十年，岂不知州县之难得良吏哉！又岂不知劣员弊政之足以害民，即不为各省计，独不为乡里计、亲族计哉！披沥再陈，幸为明察。之洞肃。漾。

收两广总督来电
光绪三十三年正月初五日酉刻到

厘定官制王大臣鉴：近闻谣传，外省官制将次议定，有谓巡道宜裁者，有谓臬司独立不便并不设佐县分治事官者，传闻不一。愚窃虑前电未详，或致误会，特再渎陈，乞次览焉。

前奉效电本有留各巡道监督州县之语，今若专留盐粮关河各道而偏裁巡道，似属非宜。即以两广而论，如广东之琼崖道、廉钦道、惠潮嘉道、南韶连道，广西之左江、右江、太平、桂梧等道，非管关务洋务，即管边防海防，似不宜裁。即如广肇罗道，辖治内地，或谓可裁，而捕盗则防此拿彼窜，兴学诸事则宜集资提倡，众擎易举。若裁此巡道，而以知府监察，权势相当，必致呼应不灵，似不如仍旧为便。若虑多此转折，文牍稽迟，向来州县要案无不径禀于省，道为两司辅佐之官，耳目较近，稽察易周，绝不虞其扞格。此两广巡道缺之不可裁也。

至分防同知、通判、县丞、主簿等职，多成闲冗，同城府佐、县佐等官亦无权责，原可裁撤。然裁之所省廉俸无几，留之以待改缺，化无用为有用，尚虞缺少不敷治也。前奉效电谓治民官少，县设三区审判，诚为至论。愚窃更进一说，自古天下大乱皆起于细微，而闾阎疾苦每患不能周知，各国治民之官必数十里一置，其职事重在巡警、审判，中国今日时势，尤为安良防乱之本。至若兴学、垦荒、劝工、保商诸新政，亦非添官佐治，不能图功。顾添官易，求才难，而养其廉尤难。各州县有急应添设者，有宜缓设者，不妨悬此一令，以待各属陆续相机办理，其缓急多寡之数，不必拘也。今日民心无不注意立宪，而匪党尤以此借

四、官制改革

口，应待官有程度而后能治其事，民有程度而听官令，再行选绅襄事，庶几上下同心，共此目的。馥前电谓宜增巡县佐治之官而虑财政之困，无以资其办公，铨政之弊不能用当其财，正为此也。今各属佐杂闲职亦似不必遽裁。

又京师既添设各部，则外省应亦添设各司，以资承转。现时廉俸难筹，自应仍以各局所委员充当。而其事相联属者必须兼摄，如藩司兼理财政，臬司兼理巡警之类，不必遽开生面，徒费无益。

至若臬司独立，前电已达大概。此为司法之官，各国体例皆不为他官所辖。即明初定制，各省设布、按二司，藩司名承宣布政，职在行政；臬司为提刑按察，专在司法，互相维系，不相制辖。明中叶以后，遇有军务河工等事，另派巡按督抚以监制之。今日时势自不能不重督抚之权，以期号令齐一。愚以为寻常外结及秋审案件，宜由各区各县各府及臬司审办，其不服者准上控，非必逐案转勘。至若用兵、捕盗及牵涉官绅之大案，仍应由督抚主持。臬司本专掌刑名，向来解勘转奏本属具文，而督抚既有纠察之权，亦不至情睽势隔。

总之，今日预备立宪，须以防民之乱、通民之隐二者为要务。而其办法则以能筹地方之财，办地方之事，及用所学之人充其所任之职为根本。前电量时量力为之，即此意也。馥衰庸无识，多所顾虑，用再详陈管见，请备采择施行，不胜惶悚。馥。支。

《近代史资料》总第76号，中国社会科学出版社1989年出版

岑春煊拟更定外省官制说帖①

光绪三十三年一至七月②

窃为预备立宪，以更定官制为始基。煊优见现拟京外官制草案，厘然大备。煊窃欲更进一议，以备采择。外省亲民之官，莫如州县。州县辖境太广，职司太繁，兼人之才，既不甚多，遂至吏事不修，民生受病。煊上年在粤督任内，接奉钧电，内开：各府州县，各设六品至九品官，分掌财赋、巡警、教育、监狱、农工商及庶务，同集一署办事，等因。诚以职分则事易举，用意至善。惟吏治之坏，率由于流品之太杂，流品之杂，尤以佐杂为最多。浑言之曰：每府州县设六品至九品官，必至仍以昔日之佐杂滥竽充数，而其所掌财赋、巡警、教育、监狱、农工商、庶务，在在为地方公益所系，稍不得人，影响非浅，待其不职而劾去之，此辈固已饱而思飏，于吏治民生，终无补救。煊意以为不如参用古昔乡官之制，地方佐治，多用士绅。盖生长是邦，情形既所素习，凡道里远近，户口多寡，风俗良恶，乡人贤否，与夫丛弊之薮、窝盗之区，知之最详，出而任事，不至有所隔膜，举向来州县差役勾结乡正里胥以为奸者，皆可湔除，利一。大抵人情不无乡里之念，祖宗墟墓在是，子孙田宅在是，其自为保障，谋之必周。盖桑梓之情殷，则秦越之见泯，况乡评可畏，舆论难诬，在稍为自好之俦，必不肯窃行政之权，而贻里党之消，利二。往昔南北选人之制，利少弊多，前人言之已屡。若以本土之人，任本土之职，平时既无需次之资，赴官又省舟车之费，所耗者少，则不必思取偿于民，以致流于贪墨。即禄糈一节，虽从稍薄，亦可供事畜之需，于公家借资撙节，利三。佐治各员，准由州厅县自行征辟，原以助耳目不

---

① 此说帖系岑春煊写给瞿鸿禨的。
② 原编者将时间署为光绪三十二年，但文中有"煊上年在粤督任内"句，考岑光绪三十二年七月由两广总督调任云贵总督。文中又有"前经煊于召见时面奏大概"，岑自沪入京当在光绪三十三年一月，由邮传部尚书改任两广总督（未上任）系三十三年四月，被免职系光绪三十三年七月四日。故此函应作于光绪三十三年一月以后，四月转任两广总督以前，最迟不应超过七月四日。

及，为指臂之资。在任州厅县者，即非本籍之人，若佐治之员，仍为外籍，情形同一扞格，虽有佐治之名，与无佐治等。现在更定官制，议设佐治各职，皆分州县行政实权，较从前佐杂，责任尤重，与其用杂流之辈，曷若取舆论之公；矧乡曲不乏才能，往往因旧日科第未尝获选，无由置身仕宦，转流为豪滑，以逞其武断，拔而用之，即可伸抑塞之气，则人才咸思濯以自效矣，利四。综此四端，既合于古代乡官之制，亦借清仕宦流品之污，其为补益，良非浅鲜。

至于选用资格，约分数项：一、凡法政学堂及各专门学堂毕业者；二、地方素著名誉者；三、旧为举贡生员，才堪任事者；四、曾为职官，于吏治有所阅历者，均为合格。他如品级等差，员缺定额，任用年限，迁转程途，俸糈数目，均请由编制各员，详为核议。其旧日原有之实缺、候补、佐杂各官，应由各督抚认真甄别，可用者，仍予酌留；不及者，勒令学习；老年及庸劣不职者，分别咨回原籍，亦请会同吏部，酌核定议。

以上所陈，前经煊于召见时面奏大概，惟此仅厘定官制中之一端，未便遽登封奏，谨具说帖呈核，如蒙采择，请汇入更定外省官制案内，一并议奏施行。岑春煊谨上。

《瞿鸿禨朋僚书牍选》，中国社科院近代史所近代史资料编辑部编《近代史资料》总109号，中国社会科学出版社2004年出版

编纂官制大臣载泽等原拟直省官制总则草案①

光绪三十三年五月二十七日以前②

第一条　一省或数省置总督一员，总理该管地方外交、军政，统辖该管地方

---

① 此件《东方杂志》原标题为"附编纂官制大臣泽公等原拟直省官制总则草案"，附于"总核官制大臣庆亲王等奏改定外省官制折"之后。现标题为编者所拟。

② 原件未署日期，总司核定官制大臣奕劻等核定直省官制上奏为光绪三十三年五月二十七日，此件至少应在此之前。

文武官吏,并兼管所驻省分巡抚事,总理该省地方行政。

第二条　每省置巡抚一员,总理地方行政,统辖文武官吏。惟于该省外交、军政事宜,应商承本管总督办理。其并无总督兼辖者,即由该省巡抚自行核办。总督所驻省分,不另置巡抚,即以总督兼管该省巡抚事。

第三条　总督、巡抚于各部咨行筹办事件,均有奉行之责,但督抚认为于地方情形窒碍难行者,得咨商各部酌量变通,或奏明请旨办理。

第四条　总督、巡抚衙门各置幕职,佐理文牍,分曹治事。

第五条　总督衙门幕职员数,职掌如左:

一,秘书员一人,承督抚之命,掌理机密折电、函牍,凡不属各曹之事,皆隶之。二,外务曹、吏曹、民政曹、度支曹、礼曹兼学曹、军曹、法曹、农工商曹、邮传曹参事员各一人,承督抚之命,就主管事务,掌理各项文牍,但各曹参事员有事简不必备设者,得由该省督抚酌量合并,以一员兼任三曹以下之事。三,秘书员、参事员,不作为官缺,统由各省督抚自行征辟,但每年应将各员衔名及到差年月分别奏咨存案。四,秘书员、参事员以下,应酌设助理及缮写人员者,均由各该省督抚酌定,毋庸奏咨。五,各省督抚衙门幕职办事章程,由该督抚自行订定。

第六条　各省督抚,应于本署设会议厅,定期传集司道以下官,会议紧要事件,决定施行。

第七条　各省除别有设官专章者之外,各置三司如左:布政司、提学司、提法司。

第八条　各省布政司置布政使一员,受本管督抚节制,管理该省财赋,考核该省地方官吏。

第九条　各省布政司置副使一员或二员,秩正四品,以原设道员酌改,受本管督抚节制,分理该省民政、农工商务及邮传事宜。

第十条　各省布政司所属经历,理问、都事、照磨、库大使、仓大使等官,应仿照提学司属员分科治事章程,由吏部会同民政等部,另订职掌,酌量改置。

第十一条　各省提学司置提学使一员,受本管督抚节制,管理该省教育事务,并监督各种学堂、学会。

第十二条　各省提学司所属职员,应按照学部奏定章程行之。

第十三条　各省提法司置提法使一员,秩正三品,以原设提刑按察使改设,受本管督抚节制,管理该省司法上之行政事务,监督各审判厅局,并调度检察事务。但各省于审判制度未经更改以前,应暂仍按察使旧制。

第十四条　各省提法司应设属员,即以原设按察司所属经历、知事、照磨、司狱等官,由法部拟定职掌,酌量改设。按察使职掌未改省分,暂仍旧制。

第十五条　各省除右列三司外,得视地方情形,酌设司道各员如左:

盐运司、盐法道或盐茶道。其盐法道有原兼驿传字样者,一律撤去。

督粮道或粮储道、关道、河道。

第十六条　右列各司道,除主管事务外,不得兼管地方行政事宜。其右列各司道以外,所有管理地方之守道、巡道一律裁撤。

第十七条　各省盐运司所属运同、运副、运判、监掣官、盐课提举、盐课大使、盐引批验大使、库大使、仓大使、经历、知事及右列各道所属库大使、仓大使等官,暂仍旧制。其守道、巡道原有属官,应与道员同时裁撤,酌量改用。

第十八条　右列各司道,如有事务太简,可酌量裁并改置者,由各该省督抚随时奏明,请旨办理。

第十九条　各省原设各项局所,应视事务烦简,酌量裁并,由各该省督抚核议具奏办理。

第二十条　各省所属地方,分为若干府,各设知府一员,分治之。

第二十一条　各府知府承本管督抚之命令,并就布政司、提学司主管事务承该司长官(兼指副使而言)之命令,处理境内各项行政,并指挥监督所属厅州县各官。

第二十二条　各省府治其形势偏僻或治理烦剧,须有品秩较崇之员以资镇慑者,即以该府知府加兵备道衔,但不得兼辖他府。

第二十三条　各府原设之同知、通判、经历、知事及他项佐杂官,有事务太简应行裁改者,由各该督抚酌量情形,奏明办理。

第二十四条　知府所属地方,应酌量区画广狭、治理繁简,分为三等。上等为厅,中等为州,次等为县。各设知厅、知州、知县一员,分治之。

第二十五条　各厅知厅,秩正五品(各省原设之直隶州、直隶厅,均一律改称某厅知厅。如所属州县分隶于就近之府,其属县较多者或竟升为府。其有两直隶州厅壤地相接者，即合为一府。均由各该督抚核议，具奏请旨办理）。各州知州，秩从五品。各县知县，秩正六品。均受本管知府之指挥，监督处理各该厅州县境内各项行政。

第二十六条　各厅州县，应酌置佐治各官，分掌事务如左：

一，总务长一员，掌承办该厅州县总汇事件，并佐理一切庶务。二，主计一员，掌理该厅州县租赋征收事宜。三，警务长一员，掌理该厅州县户籍、巡警及卫生事宜。四，劝学一员，掌理该厅州县教育事宜。五，劝业一员，掌理该厅州县农工商务及营缮交通事宜。六，典狱一员，掌理该厅州县监狱事宜。

第二十七条　各厅州县佐治各官，如因地小事简，不必备设者，得以一人兼任二职，但警务长及劝学不得以他员兼任，亦不得兼任他职。

第二十八条　各厅州县佐治各官员，由各该知厅、知州、知县，按照定章，就合格人员内辟举，仍由督抚委用，咨部存案。其辟举及任用章程，由民政部会同吏部议订，俟奏定后，通行各省遵照办理。

第二十九条　从前各州县所设佐杂等官，应由各该督抚酌量裁撤，奏明办理。

第三十条　各府厅州县，均设文庙奉祀官一员，秩正七品至从八品，掌理释奠洒扫事宜。仍听本管知府统辖、考核，应以原设教职酌量改用。

第三十一条　各省应就地方情形分期设立府厅州县议事会、董事会，其细则由民政部议订，奏定后，通行各省办理。

第三十二条　各省应就地方情形，分期设立高等审判厅、地方审判厅、初级审判厅（即原拟乡谳局，以命名尚未妥洽，拟改），分别受理各项诉讼及上控事件，其细则，另以法院编制法定之。

第三十三条　各省地方行政官均不得受理诉讼及上控事件，惟于该省审判厅未经设立以前，暂仍旧制办理。

第三十四条　本则除东三省及新疆外，其余各省均通用之。

《东方杂志》，光绪三十三年第八期

编纂官制大臣载泽等原拟地方官设佐治员并酌拟佐治员任用法说帖①

光绪三十三年五月二十七日以前②

谨案原电分地方官为三等，甲为府，乙为州，丙为县。今既议留知府，则直隶州以下制度未便遽改。至州厅县属下各设佐贰，分掌财赋、巡警、教育、监狱、农工商及庶务，各省电复，大半以无才无费为词。查学部颁定劝学所章程，各属皆有劝学员，巡警普设，则各属皆有巡官，典史本为管狱官，但须改良，毋庸添设。所少者，惟财赋、农工商二项耳。今拟州厅县之下，分为六项。一曰总务长，二曰主计员，三曰警务长，四曰劝学员，五曰劝业员，六曰典狱员。皆由各州厅县自行选举，不拘官绅，详候酌委。其僻小不能备员者，许其兼摄，惟至少须设四员。是地方官于原有三项之外，仅添一项，所需公费，似尚易筹。至以人才缺乏为词，今拟不拘官绅，凡法政学堂毕业者，旧为举贡生员者，地方素著名誉者，皆可延揽。惟当定其资格，毋许冒滥，自收得人之效。其原有各佐杂官，应由各督抚另设考验处，将实缺、候补各员一体甄别，合格者注册，听各州厅县详请委用。文理不通者，沾染烟瘾者，给予川资，一律咨回原籍。教职年已笃老者，改为文庙奉祀官，各员年少未学者，令入学堂，毕业后以原班候委。如此则仕路可清，人才日出，亦与变通铨选之意隐相为用。谨拟说帖，伏候钧裁。

《东方杂志》，光绪三十三年第八期

---

① 文件原题为"附编纂官制大臣泽公等原拟地方官设佐治员并酌拟佐治员任用法说帖"，附于"总核官制大臣庆亲王等奏改定外省官制折"之后。现标题为编者所拟。

② 原件未署日期，总司核定官制大臣奕劻等核定直省官制上奏为光绪三十三年五月二十七日，此件至少应在此之前。

总司核定官制大臣奕劻等奏续订各直省官制情形折（附清单）

光绪三十三年五月二十七日

臣奕劻、臣孙家鼐跪奏，为遵旨续订各直省官制，恭折具陈，仰祈圣鉴事：

窃臣等上年核定京内官制，钦奉谕旨，分别施行。复奉上谕：各直省官制，著即接续编订，州县各官，关系尤要，现在地方自治一时难以遽行，应如何酌核办理，先为预备，或增改佐治员缺，并审定办事权限，著会商各省督抚，一并妥为筹议。等因。钦此。仰见皇太后、皇上轸念民生，有加无已之至意。当经厘定官制大臣载泽等酌拟办法，电商各省。数月以来，节据各督抚臣先后电复到京，其中或一意赞成，或主张缓办，类皆各抒所见，业经分别缮单进呈御览。

兹准载泽等将商定草案送交臣等覆核。伏念中国二十二行省，幅员之广，人民之繁，非东西洋各国所能比，视从前设官分职，大小本属相维，近年新政日兴，职多不举，已不免稍形阙失。而此次厘改，关键尤在为预备立宪之基，是以司道以上各官，即与各国情形不同，尚不妨随时量为更改。至于司法各官，以及府州厅县各制，则皆与民人直接，而为宪政萌芽，共有此国，共治其民，如其受治之理，初不至大相悬殊，即其施治之方，亦不容稍存偏倚。伏读谕旨，以大理院专掌审判，又谆谆于州县各官关系尤要，实已洞见及此，烛照无遗。

臣等愚计所及，直省司道各官，除原设之布政、提学两司毋庸议改外，按察司宜名为提法司，而解兼管驿传事务，专管司法上之行政，监督各级审判。别就省会增设巡警道一员，专管全省警政事务。劝业道一员，专管全省农工商业及各项交通事务，现有之驿传一并由其兼管。此外盐粮关河各道，各有专司，应仍其旧。分守分巡各道，一律裁撤。其有距省辽远地方，应须大员镇摄者，拟仍留道缺，即名为兵备道，由各省督抚察度情形，请旨设置，或一员，或二三员，均就地方斟酌办理。此拟增改司道各员之大概办法也。

至于此次厘定直省官制，注重之处，则仍不外两端。

一曰分设审判各厅，以为司法独立之基础。古者执法之官，事权本不相假，三代之士师，两汉之廷尉，皆奉天子之法，以为天下之平，权既不分，法无所枉。国家因仍明制，分设布政、按察两司，亦复各有专官，截然不紊。自州县身兼其事，始不免凭恃以为威福，今日为外人藉口，而自失其权者，正坐于此。若使不相牵混，自能整饬纪纲，由此而收回治外法权，初非难事。如虑行政官一旦不兼司法，号令难施，则不知行政处分之权，尚为地方官所有，况地方保卫，自有警政担其责成。又有虑及法官独立，将有枉法以行其私者，又不知法者天下之公，岂容其意为左右，且监督之官，检查之法，一切具在，正不必鳃鳃过虑。现在法部、大理院既经分设，外省审判之事，自应由此划分权限，别立专司，俾内外均归一律。此各省审判各厅不能不按级分立者也。

一曰增易佐治各员，以为地方自治之基础。夫自治机关，包举甚富，中国循良之选，往往以抚字心劳，署为上考，究其实际，不过以治民不扰，听讼稍勤，毕其能事。近年举办州县事实表册，于学堂、巡警、工艺、种植诸端，考核非不认真，填写率多敷衍。盖繁剧之邑，词讼丛多，贤能之官，已苦日不暇给，清简之缺，又苦款项无著，风气难开。至于县丞、巡检各官，既不准擅受民事，又初无一定责成，虽号分防，几同虚设，以至民生坐困，吏治不修，而其原，则仍由于官制之未尝完备。今使州县各官不司审判，则尽有余力以治地方。又于佐治各员，各畀以相当责任，更次第组织议事、董事各会，期如谕旨所云，严防流弊，务通下情者，则其收效之多，或不致如今日之敷衍从事，而自治范围，亦必能渐求恢扩。此各省佐治各官不能不切实增易者也。

夫以时会所趋，事机相迫，断不能不改弦易辙，切实振兴。惟各直省地方，风俗之不齐，人民知识之未浚，措手不易，扞格必多，有不仅如各督抚所虑人才难得，款项难筹者。若必同时并举，其势有所不能。臣等审酌再三，窃以东三省根本重地，经划宜先，且一切规模，略同草创，或因或革，措置亦较易为功。此次官制办法，拟请从东三省入手，除实与内地情形不同者，应听其量为变通，期于推行尽利，余应令查照此次通则，酌核办理，俾为各省之倡。直隶、江苏两省，交通较便，风气以开，亦宜及时举办，其余各省，分年分地逐渐推行，即一省之中，何处宜先，何处宜缓，并由该督抚体察情形，斟酌办理，惟须于十五年内，务令一律通行。

抑臣等更有请者，现因国民程度未及，故不得不次第措施，但由未及以几于及，全视官长为之转移，若以时期尚缓，仍复因循，又安有程度之可望。是在各督抚臣公忠体国，力任艰难，必使教育普兴，人才辈出，事事准诸公理，以求通上下之情。明法律者多，则审判不致棘手，尽义务者众，则地方必能改观。然后预备始有实际，立宪乃有定期，庶上副两宫求治之心，下慰海内群生之望，此则臣等与内外诸臣所当兢兢共勉，而不容或懈者也。

是否有当，恭候宸断施行。谨将外省官制通则清单一件，缮呈御览。所有臣等续订外省官制录由，恭折具陈，伏乞皇太后，皇上圣鉴训示。谨奏。

附：清单

谨拟各省官制通则缮具清单，恭呈御览。

第一条　一省或数省设总督一员，总理该管地方外交军政，统辖该管地方文武官吏，并兼管所驻省分巡抚事，总理该省地方行政事宜。

第二条　每省设巡抚一员，总理地方行政，统辖文武官吏。惟于该省外交军政事宜，应商承本管总督办理。其并无总督兼辖者，即由该省巡抚自行核办。总督所驻省分，不另置巡抚，即以总督兼管该省巡抚事。

第三条　总督、巡抚于各部咨行筹办事件，均有奉行之责。但督抚认为于地方情形窒碍难行者，得咨商各部，酌量变通，或奏明请旨办理。

第四条　总督、巡抚衙门各设幕职，佐理文牍，分科治事。

第五条　督抚衙门幕职员数、职掌如左：

一、秘书员一人，承督抚之命，掌理机密折电函牍，凡不属各科之事皆隶。

二、交涉科、吏科、民政科、度支科、礼科、学科、军政科、法科、农工商科、邮传科参事员各一员，承督抚之命，就主管事务，掌理各项文牍。但各科参事员有事简不必备设者，得由该省督抚酌量合并，以一员兼任三科以下之事。

三、秘书员、参事员不作为官缺，统由各省督抚自行征辟，无庸拘定官阶大小，但每年应将各员衔名及到差年月，分别奏咨存案。其办事得力之员，随时切实保荐，以备简擢。

四、秘书员、参事员以下，应酌设助理及缮写人员者，均由各该省督抚酌定，毋庸奏咨。

五、各省督抚衙门幕职办事章程，由该督抚自行订定。

第六条　各省督抚应于本署设会议厅，定期传集司道以下官会议紧要事件，决定施行。如有关地方之事，亦可由官酌择公正乡绅与议。

第七条　除东三省外，各省均置三司如左：布政司、提学司、提法司。

第八条　各省布政司设布政使一员，受本管督抚节制，管理该省户口疆理财赋，考核该省地方官吏。

第九条　各省布政司所属经历、理问、都事、照磨、库大使、仓大使等官，应仿照提学司属员分科治事章程，由吏部会同民政、度支等部另订职掌，酌量改置。

第十条　各省提学司设提学使一员，受本管督抚节制，管理该省教育事务，并监督各种学堂学会。

第十一条　各省提学司所属职员，应按照学部奏定章程行之。

第十二条　各省提法司设提法使一员（秩正三品，即以原设提刑按察司使改设）。受本管督抚节制，管理该省司法上之行政事务，监督各审判厅，并调度检察事务（各省于审判制度未经更改以前，应暂仍按察使旧制，惟从前所管驿传事务，毋庸兼管）。

第十三条　各省提法司应设属员，即以原设按察司所属经历、知事、照磨、司狱等官，由法部拟定职掌，酌量改设（按察使职掌未改省分，暂仍旧制）。

第十四条　各省除右列三司外，应设两道如左：

一、劝业道。专管全省农工商及各项交通事务，并将按察司旧管驿传事务，改归该道兼管。

一、巡警道。专管全省巡警、消防、户籍、营缮、卫生事务。

第十五条　右列两道，每省各设一员，两道各应酌设属员，分科治事。其细则由农工商、民政、邮传等部订之。

第十六条　各省除右列各司道外，得视地方情形，酌设司道各员如左：

盐运司、盐法道或盐茶道（其盐法道有原兼驿传字样者，一律撤去），督粮道或粮储道（粮道除苏州、浙江两省督运应留外，其余应由各省督抚酌量裁并，以归一律），关道，河道。

第十七条　右列各司道，除主管事务外，不得兼管地方行政事宜。其右列各司道以外，所有管理地方之守巡各道，一律裁撤。如距省较远之地，必须体制较崇之大员以资镇慑者，可仍留留缺，即名兵备道，或一员或二三员，专管督捕盗贼，调遣军队事务，应由各该督抚酌察情形，奏明办理。

第十八条　各省盐运司所属运同、运副、运判、监掣官、盐课提举、盐课大使、盐引批验大使、库大使、仓大使等官，应如何裁并酌改，由各该省督抚核议，奏明办理。其守道、巡道原有属官，应与道员同时裁撤，酌量改用。

第十九条　各省督抚幕职，既已分科治事，所有原设各项局所，应视事务繁简，酌量裁并，由各该省督抚核议，具奏办理。

第二十条　各省所属地方，得因区划广狭，治理繁简，分为三种：曰府、曰直隶州，曰直隶厅。

第二十一条　各府设知府一员，承该管督抚之命，并就布政司、提学司、劝业道、巡警道主管事务，承该长官之命，监督指挥所属州县各官，处理境内各项行政。

第二十二条　各直隶州设知州一员，承该管督抚之命，并就布政司、提学司、劝业道、巡警道主管事务，承该长官之命，处理所治州境内各项行政，并监督指挥所属各县。

第二十三条　各省原设之直隶厅有属县者，一律改为直隶州。其无属县者，仍设同知一员，承该管督抚之命，并就各司道主管事务，承该长官之命，处理所治境内各项行政。

第二十四条　各府所属地方分为二种如左：曰州（散州），曰县。

第二十五条　各直隶州所属地方曰县。

第二十六条　各州设知州一员，受本管知府之监督指挥，各县设知县一员（秩正六品），受本管知府或本管直隶州知州之监督指挥，处理各该州县境内各项行政。

第二十七条　各府原设之同知、通判，有辖境者，一律改为州县；其无辖境而有主管事务，如河南之河防，各省之海防、粮捕等同知、通判，均应由各省督抚择其事务繁要者，一律作为同知（撤去通判名目，别于各级审判）。明定责成，以资治理。若不关紧要各员缺，应与各府所属佐贰杂职一并斟酌改置，作为知府佐治员缺，由各该督抚体察情形，分别奏明办理。

第二十八条　各直隶州、直隶厅及各州县应酌设佐治各官，分掌事务如左：

一、警务长一员，掌理该州厅县消防、户籍、巡警、营缮及卫生事宜。

二、视学员一员，掌理该州厅县教育事宜。

三、劝业员一员，掌理该州厅县农工商务及交通事宜。

四、典狱一员，掌理该州厅县监狱事宜。

五、主计员一员，掌理该州厅县收税事宜（此员应州厅县官俸公费确有定数，实行支给，并将从前平余名目一律剔除后，再行设置）。

其从前各直隶州、直隶厅及各州县所设佐贰杂职，应即一律裁撤，酌量改用。

第二十九条　各直隶州、直隶厅及各州县佐治各官，如因地小事简，不必备设者，得以一人兼任二职。但警务长及视学员，不得以他员兼任，亦不得兼任他职。

第三十条　各直隶州、直隶厅及各州县佐治员缺，应由司道各就本科考取国文通畅，科举谙习人员（凡佐贰等官，举人五贡及中学以上毕业生，均可与考），详请督抚委用。视学、劝业二员，并可参用本地士绅，由州县采访舆论，举其贤能端正者，一律详请与考委用，仍分咨各部存案。其考取委用详细章程，由考察政治馆会同各部议订通行。

第三十一条　各直隶州、直隶厅及各州县，应将所管地方酌分若干区，各置区官一员，承本管长官之命，掌理本区巡警事务。其原设之分司巡检，应即一律裁撤，酌量改用。

第三十二条　各府州厅县均设文庙奉祀官一员（秩正七品至从八品），掌理释奠洒扫事宜，仍听本管官统辖考核，应以原设教职酌量改用。

第三十三条　各省应就地方情形，分期设立府州厅县议事会、董事会，其细则由民政部议订奏定后通行各省办理。

第三十四条　各省应就地方情形，分期设立高等审判厅、地方审判厅、初级审判厅（即原拟乡谳局，以命名尚未妥洽，拟改），分别受理各项诉讼及上控事件。其细则另以法院编制法定之。

军机处原折,《清末筹备立宪档案史料》,第 503—510 页,括号内字为原书小字

各省官制由东三省先行开办他省十五年内通行谕[①]

光绪三十三年五月二十七日

光绪三十三年五月二十七日,内阁奉上谕:朕钦奉慈禧端佑康颐昭豫庄诚寿恭钦献崇熙皇太后懿旨:各直省官制,前经谕令总核王大臣接续编订,妥核具奏。兹据庆亲王奕劻等奏称,各省按察使拟改为提法使,并增设巡警、劝业道缺,裁撤分守、分巡各道,酌留兵备道,及分设审判厅,增易佐治员各节,应即次第施行。著由东三省先行开办,如实有与各省情形不同者,准由该督抚酌量变通,奏明请旨。此外直隶、江苏两省,风气渐开,亦应择地先为试办,俟著有成效,逐渐推广。其余各省,均由该督抚体察情形,分年分地请旨办理,统限十五年一律通行。至一切办事权限,各项详细章程,有应由各部及各衙门核议者,著即分别妥拟划一办法,奏定陆续颁行。其有未尽合宜之处,仍著随时修改,以臻美善。当此改章伊始,举凡用人行政,在在均关紧要,一有不慎,百弊丛滋,该督抚等务当督饬所属,振刷精神,力求实际,毋尚虚文。总期上合政体,俯顺舆情,朝野联为一气,君民得以相安,以为实行宪政之预备。钦此。

《光绪宣统两朝上谕档》第三十三册,第 91—92 页,广西师范大学出版社 1996 年影印出版

---

① 标题为编者所拟,原文无标题。

命宪政编查馆会同吏部详订考验外官章程谕①

光绪三十三年九月二十八日

上谕：修明内政，吏治为先，亲民之官，莫如守令，若地方官尽得其人，实心任事，何利不举，何弊不除。近年捐纳、保举，流品冗滥，以候补人员为甚。迭经降旨，饬令各省督抚于各员到省时考试甄别，乃十数年来，分发选缺到省各员，经督抚考试黜革开缺暨咨回原省者，甚不多觏。一味虚应故事，滥容阘冗，是并无扬清激浊之诚，殊属不成事体。著宪政编查馆会同吏部详订切实考验外官章程，请旨饬下各省督抚，将所属地方候补选缺到省各人员，认真考验，严定去留，并条列实迹，咨报礼部查核，以清仕途而端治本。钦此。

《光绪宣统两朝上谕档》第三十三册，第247页，广西师范大学出版社1996年影印出版

书总核官制大臣改订外省官制折后

光绪三十三年

本社撰稿 蛤 笑

吾国之以官权而冒为君权，记者已为文以明辨之矣。是故官权一日不去，则民权一日不兴。非惟民权之不可兴也，即欲求圆满无缺之君权，而不可复得。然

---

① 标题为编者所拟，原文无标题。

则欲宪政之实行，惟在使国民得预政权而已，欲使国民得预政权，惟在以国民任地方之官吏而已。

朝廷以预备立宪之故，而首以议改官制为当务之所亟，诚可谓识求治之本原矣。然记者伏读原议之章疏，窃有未慊于心者，愿得扬榷而直陈之。原奏所注重者两端，一则分设审判各厅，以为司法独立之基础，一则增置佐治各员，以为地方自治之基础。夫不欲司法之独立，则亦已耳，既欲其独立矣，而仍使受成于督抚，是仍一向者臬司总理刑名之制，不过夺州县之权，归之监司耳，何独立之与有。三权鼎立之制，今之列强无不奉为矩矱，循是则治，逆是则乱。故泰西司法最高之机关，上之不受成于君主，中之不关会于政府，下之不受制于议院。夫如是，故能持天下之平，挺然而无所于诎。夫以君主政府之威权，而不能干预司法裁判之柄，况督抚乎？夫督抚者，不过地方行政之最高官厅耳，自行政一面言之，尚不能便宜行事，而当受节制于政府，曾是司法之权，而可以一人兼之。吾国裁判之不公，刑狱之不平，失在州县者，什之三四，失在督抚者，什之六七。曩者四川东乡之狱，江宁三牌楼之狱，浙江杨乃武之狱，河南王树汶之狱，皆以督抚一二人之偏见，酿为莫大之案情。其咎固不在州县之牧令也。今百度维新，首当清百寮之权限。法部、大理院既为司法裁判最高之机关矣，即不当系属于政府，而各省审判诸厅，既已与州县分离，即不当听疆臣之辖治，而当直隶于大理院与法部。行政、司法两不相碍，夫而后纪纲始能整饬，而枉法受贿之事，可以永绝。不然，则虽有独立之名，而毫无独立之实。纵曰取东西国之律令格式，逐条而仿行之，其无当于治乱安危之数，则一而已而，欲因此以拒回领事裁判权也，岂可得哉。

吾有司之吝民权也，鲜不曰人民程度之未及也。夫政治者，人事之演进，而非若干局之本于天生，可自然而致也，故不试之于实行，则终古决无演进之一日。今州县佐治各员，惟劝业视学，始准参用本地士绅，而其他则仍就旧有之实缺、候补、佐贰人员，考取其国文通畅、科学谙习者以充其选，是犹狃于官吏回避本籍之旧例耳。泰西地方官吏，未有不由于乡民之会推者，即吾国唐宋以前，尚有以部民而为一方之牧伯，如范文正之帅苏，韩魏公之帅相，其尤著者矣。自元以后，法网增密，而后本籍之人不得任本籍之官，胜国因之，吏治乃每下而愈况。今当百度更新之日，正宜罢一切无用之科条，而注意于通上下之情，去拘挛之敝，庶几民困可苏，而官方稍叙。孰意所改定者，不足以杜塞官邪，而反嘘其焰乎。今日州县之职，虽曰有丞簿之属，以佐牧令，实则皆坐食冗员，而地方公事，大抵以地方之士绅任之，不过为不文之宪法，有其事而无其职，且牧令之权过重，什九皆任用私人，而正士端人，不屑效公门之奔走耳。谓宜专用地方士绅，为地方佐治之员，重其禄秩，明其权限，使牧令得以董其成而不得掣其肘，其任免悉听人民之舆论，而牧令不得操纵之。如此则官威稍敛，而民志乃可稍伸耳。人才之消乏，至今日之佐杂极矣。求其稍明事理者，已如麟凤之不可必得，而况其通晓国文研究科学者耶。以此等之人材，而欲其佐牧令以兴新政，是犹制千金之裘，而与狐谋其皮也。今之论者，皆谓以士绅而干预公事，鲜有不鱼肉乡里，恣行威虐者，故参用士绅，犹不如专任官吏。虽然，此不揣其本之言耳。士绅之敢于弄权肆虐者，以有地方官之权力为之后盾耳，城狐社鼠，必有所藉以藏身者，去其城社，而狐鼠自无所依矣。

要之，今日之事，欲兴民权，固不得不稍杀官权，而欲保君权，尤不得不痛抑官权。诚以君权者，必待民权而始固，非遇民权而丧失也。非然者，君主日尸其贵而无位高而无民之势，以树虚名于上，而大小官吏，皆得窃君权之一支半体，以肆虐于吾民，及其敝也，则官吏反得藏身于无过之地，而天下之祸悉君主一人代为受之，此亢龙之所以垂鉴于大易也。谋国之君子，尚其垂念于斯。

《东方杂志》，光绪三十三年第七期

民政部奏拟订直省巡警道官制并分科办事细则折

光绪三十四年三月初三日①

奏为遵旨拟订直省巡警道官制并分科办事细则，缮单具奏，恭折仰祈圣

---

① 为奉到上谕批示日期。

鉴事：

窃前准考察政治馆咨开：内阁奉上谕：据庆亲王奕劻等奏称，各省按察使拟改为提法使，并增设巡警、劝业道缺，应即次第施行。著由东三省先行试办。此外直隶、江苏两省风气渐开，亦应择地先为试办。等因。钦此。刷印原奏清单咨行钦遵办理前来。

臣部查原奏各省官制清单内第十四、十五等条，各省巡警道专管全省巡警、消防、户籍、营缮、卫生事务，每省各设一员，应酌设属员，分科治事，其细则由民政部订之。各等语。窃维巡警为民政之大纲，中央为各省之总汇，臣部忝司内治，有管理地方行政之职权，而警察一端，尤为防患保安之要务，非有指臂相使之用，不能收整齐划一之功。比年以来，屡奉明诏兴办警务，叠经臣部通咨各省实力奉行，以副朝廷保卫闾阎之至意。现在逐加稽核，各省警政虽已先后创行，而编制各殊，章程互异，不独精神未能统一，即形式亦复参差。揆厥由来，实缘警察机关未臻完备，内外隔阂，呼应不灵，不得不各囿方隅，姑仍旧贯。臣部屡经筹议，拟于各省增设巡警专司，以为挈领提纲之计，徒以事关官制，非通盘筹划，未敢率请施行。现值朝廷锐意更新，勤求治理，特旨令各省增设巡警道，并准令臣部详订细则通行各省。仰见圣明烛照，振兴警务，规划周详，莫名钦感。臣等遵即督饬员司，按照厘订官制王大臣奏定外省官制内关涉警政事项，并参酌学部奏定各省学务详细官制章程，妥慎厘订，拟成巡警道官制及分科办事细则十五条，谨缮具清单，恭呈御览。事关职制，应请饬下宪政编查馆按章考核，奏请钦定颁行，以资遵守。

臣等为整理警务，统一规制起见，是否有当，理合恭折具陈，伏乞皇太后、皇上圣鉴训示，谨奏。

光绪三十四年三月初三日奉旨：依议。钦此。

《政治官报》第一百五十九号，光绪三十四年三月初八日，第7—8页

宪政编查馆奏考核直省巡警道官制细则折（并单）

光绪三十四年四月二十六日①

奏为考核直省巡警道官制细则，另缮清单，恭折仰祈圣鉴事：

本年三月初三日，民政部具奏拟订直省巡警道官制并分课办事细则一折，奉旨：依议。钦此。由该部钞录原奏清单咨送前来。原奏内称，巡警一端，为防患、保安之要务，非有指臂相使之用，不能收整齐画一之功。各省警政虽已先后创行，而编制各殊，章程互异，不独精神未能统一，即形式亦复参差。朝廷锐意更新，特旨令各省增设巡警道，并令臣部详订细则通行各省，遵即按照厘定官制王大臣奏定外省官制内关涉警政事项，并参酌学部奏定各省学务详细官制章程，拟成巡警道官制及分课细则十五条，应请饬下宪政编查馆按章考核，奏请颁行。等语。

查民政之有巡警，所以整齐地方，纳民轨物。近来东西各国讲求规制，日益精严，其能约束人民，号为法治国者，实赖巡警职司完备，呼应灵通。中国幅员辽阔，新政初兴，将各齐其民俗之宜，以为推行之准，自非增设直省实缺大员，不足以专责成而速治化。该部所拟巡警道官制及分课办事细则十五条，臣等详加考核，系为统一规制，整理警务起见，应如所奏通行各省，增设巡警道一缺，将所有原设巡警等局归并办理。惟员缺首贵得人，而官属必期当秩。现在屡奉明旨，各部丞参不准指名保授，巡警道为行政重要之官，各省新设此项员缺，或遇有缺出，应由督抚遴保堪胜此任人员，奏请简放，或先行试署，民政部亦可预保人员，请旨存记，由军机处开单，一并进呈，恭候简用。原奏第二条所称由部奏请及督抚咨送一节，自应酌改，以符体制。又第八至第十条警务公所分设四课，课长秩视五品，副课长秩视六品，等语。查各部分司，俱以郎中领职，各省提学

---

① 为奉到上谕批示日期。

司、提法司所属各课课长亦均以五品为限，警务公所既为道属，品秩自应略降，拟请改为课长秩视六品，副课长、课员以次递推，俾示区别。

抑臣等尤有进者，警政之善否，与民生之休戚关系最密，方今预备立宪之初，旧章新律，交互施行，凡从事警务人员，必皆融会贯通，方能措之无弊。是其品格行能之优劣，即地方之利病因之。各省巡警学堂今犹未能遍设，此项人才尤称缺乏。自巡警道以下应设巡官、长警，若就旧有之弁勇丁役敷衍改编，程度不齐，而操之已蹙，恐保安不足，而酿厉转多。原奏只称用毕业之巡警学生，而未注重学堂办法，自应由民政部奏定章程，通饬各省，先从办理巡警学堂入手，务以造就此项人才，足用而止。故臣等考核原奏清单各条，酌为改并，益以第十一条之巡警学堂一项，以期养成警务人员。

又上年厘定外省官制原奏，声明各省增设巡警、劝业两道，应将守巡各道一律裁撤等语。今若应裁者尚未尽裁，而应设者先行遍设，各省财力拮据，亦恐有所不支。应请饬下各省督抚，迅将应裁守巡各道妥议裁撤，一面增设巡警道缺，认真整顿，庶节虚糜而重要政。

所有考核巡警道官制细则缘由，谨另缮清单，恭呈御览，伏候钦定颁行，直省一体遵照办理。是否有当，理合恭折具陈，伏乞皇太后、皇上圣鉴训示。谨奏。

光绪三十四年四月二十六日奉旨：依议。钦此。

谨将考核各省巡警道官制并分课办事细则缮具清单，恭呈御览：

第一条　各省按照奏定官制通则，设巡警道一员，归本省督抚统属，管理全省巡警事宜。

第二条　各省巡警道员，必须谙习警务，并熟习地方情形。遇有新设此项道员，或原有巡警道出缺，应由该省督抚在实缺道府暨本省候补道员内遴保二三员，出具切实考语，奏请简放，或先行试署。民政部亦可就所知堪胜此项人员，胪列事实，预保存记。遇有缺出，由军机处开单一并进呈，恭候简用。

第三条　巡警道自到任之日起，每届三年作为俸满。届时各该省督抚将该员平日所办事宜有无成效，详细咨明民政部，由部查核与平日考验成绩是否相符，分别最、殿，胪列奏闻。

第四条　巡警道除受各该省督抚节制考核外，仍由民政部随时考查。如有任事日久，实在不能得力者，即行据实奏参。

第五条　巡警道举办一切事宜，除随时申报该省督抚外，仍于年终汇齐造册列表，申报民政部查核。如遇重要事件，准一面申请该省督抚核办，一面报部备案。

第六条　巡警道应督饬各厅州县，按照奏定官制通则，各就所管地方，分划区域，举办巡警，并得禀明督抚，随时亲履巡查，或派员视察。完竣时，即将详细巡察情形禀报本省督抚，并申民政部备案。

第七条　各省举办巡警需用款项，由巡警道随时禀请督抚筹拨应用，按年所用各款，除禀由督抚照例奏销外，仍由该道汇造清册，申报民政部查核。

第八条　巡警道应就所治地方设立警务公所，督率所属各员，每日订时入所办事。公所分设四课如下：

一、总务课掌公所总汇之事。凡承办机要、议订章程、考核属员、分配官警、编存文牍、收发经费、统计报告，及巡警学堂各事项皆属之。

二、行政课掌行政警察、高等警察、国际警察之事。凡整饬风俗、保护治安、调查户口、籍贯稽核、道路工程，及消防警察各事项皆属之。

三、司法课掌司法警察之事。凡预审、探访、督捕、拘押，及处理违警罪各事项皆属之。

四、卫生课掌卫生警察之事。凡清道、防疫、检查食物屠宰、考验医务医科，及官立医院各事项皆属之。

第九条　每课设课长一员，副课长一员。其课员额缺由巡警道酌量事务繁简定之，但每课至多不得过三四员。

第十条　课长秩视六品，副课长秩视七品，课员视八品。均以中外警务学堂毕业之学生及曾办警务得力人员，由巡警道禀准督抚，分别任用。但开办之初，得以不拘原官品级，酌量差委，仍将各该员履历申报督抚，咨明民政部备案。

第十一条　巡警有保卫地方、监察人民之责，非品格高尚，而于警政警学研求有素，不能胜任。各省推行巡警，用人较多，应各先从办理巡警学堂入手，分派各厅州县。务使毕业学生人才足用为度，不得概以旧有弁勇胥役人等改编充数，致滋流弊。

第十二条　各厅州县应按照奏定官制通则设警务长一员，并各分区区官若干员，均受巡警道及该地方官之指挥，监督办理本管巡警事务。区官以下，所有巡官、巡长、巡警等阶级名目，均应按照民政部定章办理。

第十三条　各厅州县每届年终，应将该处警务分门别类制成统计册表，申报巡警道查考。

第十四条　巡警道得量地方情形，督同所属酌拟办事细则，禀准督抚施行，并申报民政部立案。

第十五条　各省俟巡警道简放到任后，所有原设之总理巡警事务等局与巡警道职掌重复者，应即一律裁撤，归并办理。

《政治官报》第二百九号，光绪三十四年四月二十九日，第5—8页

农工商部会奏拟订直省劝业道职掌任用章程折（附章程）

光绪三十四年五月初九日①

奏为拟订直省劝业道职掌任用章程，恭折仰祈圣鉴事：

光绪三十三年五月二十七日，内阁奉上谕：朕钦奉慈禧端佑康颐昭豫庄诚寿恭钦献崇熙皇太后懿旨：各直省官制，前经谕令总核王大臣接续编订。兹据庆亲王奕劻等奏称各节，应即次第施行。至一切办事权限，各项详细章程，有应由各部及各衙门覆议者，着即分别妥拟划一办法，奏定陆续颁行。等因。钦此。钦遵到部。续准宪政编查馆咨开，此次拟定各项章程，应由各部奏明，交本馆详细覆核，然后请旨颁行，等因。

臣等伏查劝业道有振兴实业、规划交通之责，非明定划一之职掌，无以为督率考察之资。特是各直省情形繁简不同，分科办事详章，臣等殊难预订。叠经往

① 为奉到上谕批示日期。

返商酌，惟有提纲挈领，拟订简章十四条，俾创办之初，有所遵守。一面由臣等咨行各省督抚，饬令该道各就该省情形，酌拟办事细则，送部核订，以期周妥而便施行。其余未尽事宜，应随时损益者，仍由臣等会商修改，奏明办理。

又查直省官制原奏清单第十四条内开，劝业道专管全省农工商业及各项交通事务，并将按察司旧管驿传事务改归该道兼管，等语。三十三年五月，准陆军部咨，四月二十七日会同军机大臣具奏，各省驿站、边防台站，向由兵部掌管，现在轮路未尽交通，拟请仍照旧例由陆军部经理，以一事权。奉旨：依议。钦此。自应查照原奏，俟将来航路铁路一律通达，再由陆军部会同邮传部详察情形，奏明办理，以符奏案。

所有臣等遵拟直省劝业道职掌任用章程，谨合词缮单，恭折会陈，应请饬下宪政编查馆详细覆核，请旨施行，伏乞皇太后、皇上圣鉴训示。谨奏。

光绪三十四年五月初九日奉旨：依议。钦此。

谨将拟定劝业道职掌任用章程恭呈御览：

一、劝业道秩正四品，为督抚之属官，归其节制、考核，应禀承农工商部、邮传部及本省督抚，办理全省农工商业及各项交通事务，并应由农工商部、邮传部随时考核。

一、各省应行兴办农工商各实业，以及推广船路邮电等事，劝业道应先详细调查，呈明农工商部、邮传部及本省督抚，设法筹办，并有督饬地方官切实奉行及考察勤惰之权。

一、地方办理农工商业各员绅，除奏派大员外，均归劝业道管辖。其关于农工商业之学堂、公司、局厂，应随时稽考，将办理情形，汇报农工商部及本省督抚。

一、各省原设农工商矿各局所应办事宜，均归劝业道管理。其原派员绅，应由该道体察情形，详明各省督抚，分别裁并，以一事权。至农会、商会等项，该道有劝导稽查之责，并应遵照农工商部奏定章程办理。

一、各省原设之招商、铁路、电报、邮政等局，以及商办之铁路公司一切事宜，劝业道应会同筹商、督饬、保护，并将办理情形，随时调查汇报邮传部。

一、农工商部、邮传部将来在各省特设专局，章程载明由劝业道兼辖者，该道应按照定章，切实筹办。

一、关于农工商业及交通事务，应设地方各项局所，由劝业道禀明筹设，札派员绅经理。

一、劝业道应视各该省事务繁简，禀明督抚，酌派相宜人员分任各事，以资佐理，并得派员周历调查。其各厅州县之劝业员，即由该道详请任用。

一、农工商部、邮传部现在通行各项章程条例，劝业道均应遵守奉行，并得酌量地方情形，督同所属，拟订办事细则，仍随时分别申报农工商部、邮传部及本省督抚核定。

一、劝业道办公经费，应先就本省筹拨款项，并由农工商部、邮传部分别省份大小、事情繁简，两部筹给津贴每年不逾二千两，分两季发给，由该道按季详请农工商部、邮传部请拨办公。

一、劝业道所办各事，除随时详明督抚或申报农工商部、邮传部外，应按年将本省兴办实业交通事项，及用人款项等事，详列表册说帖，报部以备统计。

一、遇有新设此项道员，或原有劝业道出缺，应由该省督抚在实缺道府暨本省候补道员内遴保二三员，出具切实考语，奏请简放，或先行试署。农工商部、邮传部亦可会同就所知堪胜此项人员，胪列事实，预保存记，遇有缺出，由军机处开单一并进呈，恭候简用。

一、此项人员，应就衔缺相当以及京外应升人员遴选，或曾充农工商矿各差及办理交涉各事务经理得宜，或提倡公司局厂确著成效，或曾在农工商部、邮传部供差，公事娴习以及讲求实业交通诸政素有心得者，方为合格。

一、以上各条，将来如有增添删改之处，应随时请旨办理。

《政治官报》第二百二十一号，光绪三十四年五月十一日，第6—8页

四、官制改革

宪政编查馆奏考核直省劝业道官制细则酌加增改折①（并单）

光绪三十四年七月初五日②

奏为考核直省劝业道官制细则，酌加增改，另缮清单，恭折仰祈圣鉴事：

本年五月初九日，农工商部、邮传部会奏拟订直省劝业道职掌任用章程一折，奉旨：依议。钦此。由农工商部钞录原奏清单，咨送前来。原奏内称，劝业道有振兴实业、规划交通之责，各省情形繁简不同，分科办事详章殊难预定，惟有提纲挈领，拟订简章十四条，俾创办之初有所遵守。其驿传事务，应查照本年四月二十七日陆军部原奏，俟将来航路铁路一律通达，再由陆军部会同邮传部详查情形，奏明办理。应请饬下宪政编查馆详细覆核，请旨施行，等语。

臣等查原奏所拟各条，胪举大纲，均属切实可行。惟于该道办事分科细则未经叙明，若由各省自行拟设，恐不足以昭划一。现在朝廷注重实业交通事务，特设专员，以资董率，自应仿照各省新设司道规制，设立办事公所，分设各科，置科长、副科长、科员等员，以专责成而资佐理。谨于原拟章程内增设三条，按照该道应管事务，分为六科，设科长、副科长各一员，科员视事务繁简，各科分别设二三员或四五员，均由该道遴选合格人员，禀准督抚分别任用。其余各条，并参照臣馆前次奏定巡警道官制体例增改删并，其由部考核一层，原奏未列详细办法，亦经查照巡警道官制，一律酌订，都为十八条，以期法制渐归统一。至驿传一节，现在各省提法使尚未遍设，应如原奏，仍归按察使兼管，嗣后按察使改为提法使时，应将驿传事务移归该道管理。惟于航路铁路未经一律通达之前，应仍

---

① 国家图书馆藏历史档案文献丛刊《清宪政编查馆奏稿汇订》第170—203页（全国图书馆文献缩微复制中心2004年影印），亦载此折及清单，署名为：宪政编查馆大臣和硕庆亲王奕（劻）、宪政编查馆大臣和硕醇亲王载（沣）、宪政编查馆大臣大学士世（续）、宪政编查馆大臣大学士张（之洞）、宪政编查馆大臣协办大学士鹿（传霖）、宪政编查馆大臣外务部尚书袁（世凯）。括号内名字为编者所加。

② 为奉到上谕批示日期。

由该道将办理情形兼报陆军部，以符奏案。

所有考核劝业道官制细则缘由，谨另缮清单，恭呈御览，伏候钦定，颁行各直省一体遵照办理，是否有当，理合恭折具陈。

再，学部前奏定提学使官制，及臣馆核定巡警道官制，所有分科字样，均作分课，惟课字不若科字通行明晰，故此次改作分科，其提学、巡警两官制及此外章程有用分课字样者，应即一律照改，以归划一。合并陈明。伏乞皇太后、皇上圣鉴训示。谨奏。

光绪三十四年七月初五日奉旨：依议。钦此。

谨将考核各省劝业道官制并分科办事细则恭呈御览：

第一条　各省按照奏定官制通则，设劝业道一员，秩正四品，归本省督抚统属，禀承农工商部、邮传部及本省督抚，管理全省农工商矿及各项交通事务。

第二条　劝业道应就衔缺相当及京外应升人员内遴选，曾充农工商矿及交通事务各差办理得宜，或提倡公司局厂确著成效，或曾在农工商部、邮传部供差公事娴习，以及讲求实业交通诸政素有心得者，方为合格。

第三条　劝业道之任用，由各该省督抚在实缺道府暨本省候补道员内遴保二三员，出具切实考语，奏请简放，或先行试署。农工商部、邮传部亦可会同就所知堪胜此项人员，胪列事实，预保存记，遇有缺出，由军机处开单一并进呈，恭候简用。

第四条　劝业道自到任之日起，每届三年，作为俸满。届时各该省督抚，将该道平日所办事宜有无成效，详细咨明农工商部、邮传部，由两部会同查核与平日考验成绩是否相符，分别最、殿，胪列奏闻。

第五条　劝业道除受各该省督抚节制考核外，仍由农工商部、邮传部随时分别考查，如有任事日久，实在不能得力者，即行据实奏参。

第六条　各省应行兴办农工商矿各实业，及推广船路邮电等事，劝业道应随时详细调查，呈明农工商部、邮传部及本省督抚，设法筹办，并有督饬地方官切实奉行及考察勤惰之权。

第七条　各省关于实业及交通之学堂、公司、局厂，除由农工商部、邮传部及督抚奏派大员特办者外，劝业道均应随时考察。

第八条　各省所设农会、商会等项，劝业道有劝导稽查之责。其各省原设之招商、铁路、电报、邮政等局，及商办之铁路公司一切事宜，该道应会同筹商，督饬保护。

第九条　农工商部、邮传部将来在各省特设专局，其章程载明由劝业道兼辖者，该道应按照定章切实筹办。其现在两部颁定通行各项章程条例，该道均应遵守。

第十条　劝业道所办各事，除随时详明督抚，或申报农工商部、邮传部外，应按年将本省兴办实业交通事项，及用人款项等事，详列表册说帖，报部以备统计。

第十一条　劝业道办公经费，由本省督抚筹拨，并由农工商部、邮传部分别省分大小、事情繁简，每年酌给调查费二千两以内，以资津贴。调查费分两季发给，由该道按季详请农工商部、邮传部按照定数拨给。

第十二条　劝业道应就所治地方设立公所，督率所属各员，每日订时入所办事。公所分设六科如下：

一、总务科。掌承办机要、议订章程、考核属员、编存文牍、收发经费、统计报告，及实业、交通学堂各事项。

二、农务科。掌农田、屯垦、森林、渔业、树艺、蚕桑，及农会、农事试验场各事项。

三、工艺科。掌工艺制造、机器专利、改良土货、仿造洋货工厂各事项。

四、商务科。掌商业、商勖、赛会、保险，及商会各事项。

五、矿务科。掌调查矿产、查核探矿开矿、聘请矿师，及矿务公司各事项。

六、邮传科。掌航业、铁路、轮车、电线，及测量沙线、营治埠头厂坞、考查路线、稽核通运行车，并电话、电车、邮政各事项。

第十三条　每科设科长一员，副科长一员，其科员额缺，由劝业道酌量事务繁简定之。惟总务科、邮传科每科不得过四五员，其余每科不得过二三员。

第十四条　科长秩视六品，副科长秩视七品，科员秩视八品，均以中外高等中等实业或路电等项学堂毕业之学生，及曾办实业或交通事务确有经验人员，由劝业道禀准督抚，分别任用。但开办之初，得以不拘原官品级，酌量差委。仍将各该员履历申报督抚，分别咨明农工商部、邮传部备案。

第十五条　各厅州县，应按照奏定直省官制通则设劝业员一员，受劝业道及该地方官之指挥，监督掌理该厅州县实业及交通事宜。劝业员得参用本地士绅，由各该地方官采取舆论素孚、廉能公正者，详请督抚照章考取委用。

第十六条　各厅州县每届年终，应将所办实业及本境交通情形，分门别类制成统计表册，申报劝业道查考。

第十七条　劝业道得酌量地方情形，督同所属，酌拟办事细则，禀准督抚施行，并申报农工商部、邮传部立案。

第十八条　各省原设农工商矿各局所，俟劝业道简放到任后，应均归该道管理。惟该道设立之初，于各项实业一时未能周悉，不便概行裁并，应择该道擅长者归并专任外，其余旧有总办得力者，可仍旧分任局所事务，改为会办坐办，而由该道总司考察办理。

《政治官报》第二百七十七号，光绪三十四年七月初八日，第6—9页

学部通咨各省各项学堂皆归提学使管辖考核文

光绪三十四年十月以前

为通行事，查照前后奏定学堂各项章程，凡各项学堂皆应归提学使管辖考核，历经奉旨允准，钦定在案。前此本部因分科大学将次设立，亟应调取各高等学堂、法政学堂、高等实业学堂以及各项高等专门学堂各本科历期历年各学科讲义，由各提学司汇齐送部察核，以立分科大学之基，等因。通行各省在案。兹据奉天提学司呈称：案奉学部札开前，因遵查奉省现时尚未设有高等学堂，其方言学堂开办仅一学期，课程系遵照奏定章程，于外国文外，兼习普通。须俟二年以后，始兼习专门各科，届时再按高等办理。至法政学堂，系由督抚宪派参赞为监督，并另派专员为副监督，不归本司管辖，讲义向未录送。此外，森林农业各校，均经延有东西洋专门教员教授各课，虽名目较高，均隶于劝业道管辖，其中

一切课程讲义，本司亦无从深悉。兹奉前因，除咨左参赞、劝业道请遵饬办理外，理合呈复查核，等因。到部。

查法政学堂，亦属专门学堂之一种。光绪三十二年四月二十日，本部奏准学务官制并办事权限章程，内开专门课，掌理本省高等学堂及各种专门学堂教课规程、设备规则及关于管理员教员学生等一切事务等语，是法政学堂之教课、设备及用人管理诸事，皆在提学司权限之内，不应另派参赞或藩臬司专管，致违定章。至森林、农业各校，亦统括于实业学堂之内，上年十二月十八日，本部会同农工商部议奏贵州开办农工商总局以兴实业一折内开，该省拟设之农林学堂、试验场、艺徒学堂，应由农工商局随时督饬考求，表列成绩，遵章呈报农工商部，以符职掌。至所有教课规程，设备规则，关乎管理员、教员、学生等一切事务及将来毕业考试事宜，自应由承办各员禀承提学使司酌核办理，并由该提学司随时认真督察，详报学部，以符定章，等因。奉旨依议在案。是森林、农业各校管理员、教员、学生等一切规则，本为提学司职守所关，断难置之不问。

兹据奉天提学司来呈所称，实与迭次奏章不符。除咨行东三省总督并札行该提学使司遵照奏定章程办理外，亟应重申定章，通咨各省，并札饬各提学使司，凡关于专门教育、实业教育之学堂事务，皆当责成提学使司管理，不得因设立学堂之经费筹自他处，或学生毕业后应归他处任用，遂将该学堂管理之权划归他处，庶与定章相符，以收教育统一之效。相应通行各省查照办理可也。须至咨者。

《东方杂志》，光绪三十四年第十期

度支部奏酌拟清理财政处及各省清理财政局章程折①（并单）

宣统元年二月三十日②

奏为酌拟臣部清理财政处、各省清理财政局办事章程，缮单恭折仰祈圣鉴事：

上年十二月，臣部奏定清理财政章程第二条内开，臣部设立清理财政处，各省设立清理财政局，专办清理财政事宜。又第三十四条内开，臣部清理财政处、各省清理财政局办事章程另行详订，等因，各在案。现当筹备宪政之际，财政所关，百端待理，自应将臣部清理财政处、各省清理财政局即行遵章设立，以便从事清理。而该处、该局所办事项，尤应明定章程，俾资遵守。臣等公同商酌，悉心厘订，谨酌拟臣部清理财政处办事章程十三条，各省清理财政局办事章程二十七条，缮具清单，恭呈御览。如蒙俞允，臣部即遵照章程切实办理，并请明降谕旨，饬下各省督抚，一体遵照此次奏定章程，赶紧派员设局，刊给关防，以重职守，迅将开局日期专案奏明，开具局员职名，酌拟办事细则，咨报臣部立案。至该局开办以后，应责成总办、会办等，遵照章程，将全省财政情形，出入确数，切实查核，逐项梳栉，彻底澄清。其各衙门局所向来开支各款，查有可裁可减之处，务须核实撙节，以资挹注。庶几试办预算得所措手，而清理财政亦可冀收实效，除各省监理官另行遴选③请派外，所有酌拟臣部清理财政处、各省清理财政局办事章程缘由，理合恭折具陈，伏乞皇上圣鉴。谨奏。

---

① 标题为编者重拟，原文为："度支部奏酌拟清理财政处各项章程折"。又，清理财政处并非地方官制，为保存文件完整性并有助于读者了解清理财政的全面情况，仍予收录。
② 为奉到上谕批示时间。
③ 上谕见下一文件《度支部奏请简各省清理财政正监理官折》，不再另录。

宣统元年二月三十日奉上谕。已录。

谨将酌拟臣部清理财政处办事章程缮具清单，恭呈御览：

第一章　总　则

第一条　清理财政处遵照奏定清理财政章程第三条所定职任，专办清理财政事宜。

第二章　设员分职

第二条　清理财政处设提调、帮提调，总司清理财政事宜；设总办、帮办，分管清理财政事宜，一切呈由堂官核夺。

第三条　清理财政处分科如左：

一、总务科掌稽核各项清理财政章程，颁发调查条款，汇录各项说明书及各处预算决算报告册，编成总册。

二、京畿科掌核办在京各衙门、各旗营、顺天府属，及直隶、热河、察哈尔等处出入款项之按年按季报告，及预算决算报告。

三、辽沈科掌核办奉天、吉林、黑龙江三省之报告。

四、江赣科掌核办江苏、安徽、江西三省之报告。

五、青豫科掌核办山东、河南两省之报告。

六、湘鄂科掌核办湖南、湖北两省之报告。

七、闽浙科掌核办福建、浙江两省之报告。

八、粤桂科掌核办广东、广西两省之报告。

九、秦晋科掌核办陕西、山西及库伦、绥远、归化、乌里雅苏台、科布多、阿尔泰等处之报告。

十、甘新科掌核办甘肃、新疆及伊犁、塔尔巴哈台、西宁等处之报告。

十一、梁益科掌核办四川、云南、贵州及西藏等处之报告。

十二、收掌科掌收发公文，呈递折件，管理案卷，编辑目录，并经理杂务。

以上十二科，各设总核一员，坐办、行走无定员，分理本科事务。除收掌科外，各科总核、坐办、行走以通晓算法及熟悉所管省份财政情形者为合格。其在总务科者,以明晓财政学理者为合格。

第四条 清理财政处设书记员,无定员,掌各种缮写事件,以善书为合格。

第五条 清理财政处设谘议官,无定员,以明达财政学理,及熟悉各省财政情形者遴选派充,以便谘询筹议。

第六条 清理财政处遇有重要事件,由提调会同帮提调、总办等,邀集谘议官协同妥商办理。

第七条 清理财政处提调、总办、帮办、各科总核,应以每星期六为会议常期,有要事则开临时会议。会议时,以领衔提调为议长。由议长约订二员为记录。提议事件,以多数赞成为议决。议决后,记录员退拟节略,以备核夺。如遇领衔提调因事不能与议,即以其次提调、帮提调为议长。

第八条 清理财政处应分别各员差事,酌给公费,以资办公。提调、帮提调、总办、帮办、谘议官,原系有公费者,概不再支。其各科总核、坐办、行走及书记员,如系原有公费人员兼充者,照章减半支给。

第三章 职务及权限

第九条 清理财政处应办事项,以奏定清理财政章程第三条所定职任为范围。凡不在所定职任范围内者,仍由各司办理。大要如左:

一、凡关系清理财政一切新章,均由清理财政处核订。

二、在京各衙门及各省清理财政局造送光绪三十四年出入款项报告册,暨宣统元年以后出入款项按季报告册及说明书,均由清理财政处核办。

三、自宣统二年起,京外各处造送次年预算报告册,又自宣统四年起京外各处造送上年决算报告册,均由清理财政处会同各司核办。至奏定章程第七条所称,自光绪三十四年至宣统二年年底止各省出入款项现行案报销册,应由各司办理,册到时即行移知清理财政处。按照清理财政处所管各季报告册彼此核对,以免歧异。各省清理财政局未成立各局报告册未送到以前,所有光绪三十四年现行案报销册业已到部者,由各司先行核办,仍于核覆后知照清理财政处备案。

第十条 清理财政处付查各司事件,各该司应于五日内声覆。如有款项较多应详细核算者,于十日内声覆。其必须酌展期限者,商明清理财政处酌量办理,仍不得逾二十日。清理财政处应行查核各司事件亦同。

第四章 附 则

第十一条 清理财政处开办之初，事务尚简，应暂行先设总务、收掌二科，总核各一员，总务科坐办四员，收掌科坐办二员，行走无定员，书记员六员。其京畿等科，均俟事务加增时，酌量派员。至该科未经派员以前所有各处造送之报告册，均暂由总务科核办。

第十二条 清理财政处于宣统五年试办全国预算案成立日，再行酌量情形，奏明裁改。

第十三条 清理财政处办事章程未尽事宜，应随时酌量条改。

谨将酌拟各省清理财政局办事章程缮具清单，恭呈御览：

第一章 总 则

第一条 各省清理财政局，遵照奏定清理财政章程，专管清理各该省财政事宜，由度支部会同各省督抚督饬办理。

第二条 清理财政局有稽核全省出入确数，改良收支方法，及调查该省财政一切沿革利弊之权。

第二章 设员分职

第三条 清理财政局设总办一员，主持该局一切事宜，以藩司或度支使充之。会办无定员，协同总办管理该局一切事宜，以运司、关盐粮等道及现办财政各局之候补道员充之。

第四条 清理财政【局】设正监理官一员，副监理官一员，稽察督催该局一切应办事宜，由度支部遴员奏派，以二年为任期，任满后亦可酌量留任。监理官在任期内，该省不得派充他项差事，期满后，该省督抚亦不奏留。各衙门局所出入款项，有造报不实，而该局总办等扶同欺饰者，并该局有应行遵限造报事件，而该总办等任意迟延者，准监理官径禀度支部核办。度支部于各省财政遇有特别事件，经饬监理官切实调查，如各衙门局所有抗延欺饰者，照清理财政章程第九条办理。

第五条　清理财政局分科如左：

一、编辑科掌编订各项收支章程及各项说明书，并各项簿式票式册式。

二、审核科掌稽核各衙门局所所送各项出入款项清册，及各项报告册，并汇编全省按年按季报告总册、全省预算决算各报告册。

三、庶务科掌该局一切出入款项及公牍案卷各事宜。

以上三科，各设科长一员，科员无定员，禀承总办、会办、监理官办理该科一切事宜。由该局遴派该省曾习法政人员充之。

第六条　清理财政局应设书记，专司缮写，由该局按事繁简，酌定名数，以举贡生员充之，不得参用胥吏。

第七条　清理财政局设议绅，无定员，以备谘询。由该局遴聘通晓该省财政情形之公正绅士充之。

第八条　清理财政局会办须有一员常川驻局，监理官及科长、科员、书记均须常川驻局。监理官如由部派各省份银行总办、造币分厂会办等人员兼充，不能驻局者，须常川到局。其不驻局之总办、会办，应随时到局，会同驻局会办及监理官考察办事人员贤否勤惰，暨商榷该省财政一切兴革办理。议绅不必常川到局，但须随时声覆清理财政局谘询事件，并陈述该省财政一切事宜，其于各衙门局所出入各款确知其中情弊者，得随时指实具报，候局查核。

第九条　清理财政局总办、会办、监理官应每月会议数次，每年开特别会议数次，以总办为议长。会议时，总办、会办、监理官均须与议，但会办各道之驻扎省外者，可于特别会议时到局。

第十条　清理财政局于左列事项，须经总办、会办、监理官议决后，由总办执行：

一、议决该省财政一切应兴应革事宜。

二、覆核各衙门局所各项按月报告册，及按年出入款项清册。

三、审订一切财政新章。

四、审订全省预算决算报告总册。

五、核办各议绅陈述具报各项事宜。

第三章 职 务

第十一条 清理财政局应遵照清理财政章程第八条，将该省光绪三十四年各项收支、存储银粮确数，按款调查，编造详细报告册，并盈亏比较表，送部查核。前项调查条款，由度支部开列纲要，其详细条目，应由该局酌量办理，总以确实详明为主。

第十二条 清理财政局应遵照清理财政章程第十一条，自宣统元年起，造送该省各季出入款项报告册，其清理财政局未成立以前各衙门局所出入款项，一律查明，遵章造册补报。清理财政局开办时，应由督抚督同该局总办、会办及监理官，亲莅司道局库盘查一次，将存储实数查核明确，造册报部。

第十三条 清理财政局应遵照清理财政章程第十条，将该省财政沿革利弊，编订详细说明书，送部查核。

第十四条 清理财政局应遵照清理财政章程第十四条、第二十三条，造送全省预算决算报告总册，依限到部。前项预算报告册，应遵用度支部颁发册式，并须于每类附上年出入数目，以为比较。

第十五条 清理财政局应遵照清理财政章程第四条第四项，拟订该省藩运道局各库及旗库收支章程，并各项收入流水簿式、支出流水簿式、收入总簿式、支出总簿式、收支对照表式，及各库收支票式、丁漕盐课关税厘金各种杂税征收票式。前项收支章程及各项簿式票式，由局拟订后，送部覆核，咨由督抚颁布施行。各项征收票，除存该署或该局及给纳税人收执外，应以一联缴存清理财政局备查。

第十六条 清理财政局应调查该省各项征收惯例，拟订丁漕盐课关税厘金及其他杂税等项改良征收章程。清理财政局拟订前项征收章程，应斟酌该省情形，逐条详加按语，送部核定，奏请颁布施行。前项征收章程，得由清理财政局酌量该省情形，分年办理。

第十七条 清理财政局应照部颁预算决算报告册式，分别编订各项出入款项册式，呈由督抚发交各衙门局所按式填送。各衙门局所按年填送各项出入款项清册，须于每类附上年出入数目，以为比较。

第十八条 清理财政局应遵照清理财政章程第二十七条，调查各衙门局所公费等级表，并附各项规费多寡表，送部查核。

第四章 权　限

第十九条　清理财政局遇有重大事件，除随时详报该管督抚外，得由总、会办会同监理官径禀本部。

第二十条　各衙门局所对于清理财政局调查事件有抗延欺饰者，按清理财政章程第九条办理。如遇应行报局事件任意逾限者，按清理财政章程第三十条第二项办理。

第二十一条　各衙门局所造报出入款项到清理财政局，如查有虚捏情弊确据，由局将该管官员详请督抚，从严参处。

第五章 奖叙及惩罚

第二十二条　清理财政局如办理确有成效，该局总办、会办由度支部会同督抚奏请从优奖叙。局中办事各员亦得分别异常劳绩，酌量保奖。其部派监理官，由度支部按照异常劳绩奏请奖叙。各局办理成效，以出入款项调查明确，造报事项无误限期者为断，应遵筹备宪政年限，于宣统三年度支部汇查全国岁出入确数后，将各该局办事人员保奖一次，再于宣统五年试办全国预算案成立后保奖一次。

第二十三条　清理财政局于应行造报事件任意逾限者，除遵照清理财政章程第三十条将总办之藩司或度支使由部据实奏参外，其会办司道一并参处。若监理官督催不力，轻则撤换，重则奏参。

第二十四条　清理财政局造送各项报告册如有不实者，查有确据，由部将该局总办、会办据实分别参处，若监理官扶同弊混，查实严参。

第六章 经　费

第二十五条　清理财政局办公经费由该省司库筹拨，准其作正开销。

第二十六条　清理财政局总办、会办及议绅均不支薪水，监理官薪水、川资及出省调查费用，由本部给发。科长、科员及书记生应给薪水，由该局于办事细则内自行酌定。

第七章 附 则

第二十七条　各省清理财政局办事细则，由该局拟订，呈请督抚核准施行，报部备案。

《政治官报》第五百一号，折奏类，宣统元年闰二月初二日出版

度支部奏请简各省清理财政正监理官折（并片）

宣统元年闰二月十四日①

奏为遵旨开单请简事：

宣统元年二月三十日，内阁奉上谕：清理财政为预备立宪第一要政，各省监理官，又为清理财政第一关键。所有正监理官，着该部自丞参以下开单请简，俾昭慎重。其副监理官，着即由该部奏派。等因。钦此。臣等应即恪遵谕旨，自丞参以下遴选堪充清理财政正监理官人员，开列衔名及各行省清单，恭呈御览，请简各省正监理官，以重委任。至各省副监理官，俟臣部拟定后再行奏派。

所有遵旨请简正监理官缘由，理合恭折具陈，伏乞皇上圣鉴。谨奏。

宣统元年闰二月十四日奉上谕。已录。

又奏简派各省正监理官请免开底缺派员署理片

再，此次开单奏请简派各省正监理官，责任綦重，自应遴选贤能之员，以备任使。除将现在臣部当差人员开列外，并将曾在臣部当差得力，暨现充臣部评议员，现办臣部银行税务各员，以及外省当差人员，臣等知其于财政讲求有素者，一并开列请简。至实缺各员，如蒙简派正监理官，应请免开底缺，分别派员署

---

① 为奉到上谕批示日期。

理,以免旷误。理合附片陈明。伏乞圣鉴。谨奏。

宣统元年闰二月十四日奉上谕。已录。

《政治官报》第五百二十四号,宣统元年闰二月二十五日,5—6页

度支部奏派充各省副监理官折（并单）

宣统元年闰二月二十四日①

奏为遵旨奏派副监理官,恭折仰祈圣鉴事:

宣统元年二月三十日奉上谕:各省监理官为清理财政第一关键,所有正监理官着该部开单请简,其副监理官着即由该部奏派。等因。钦此。臣部遵于闰二月十四日开列清单,请旨简派正监理官,当蒙硃笔派出右参议刘世珩等各员,并奉旨赏加三品卿衔及四品卿衔。等因。钦遵在案。其各省副监理官,臣等就留心财政人员,详加遴选。现已公同拟定,谨按行省先后开列员名清单,恭呈御览,请旨派充副监理官,以资任使。恭候命下,臣部即饬各员会同正监理官前往各省,遵照清理财政章程,切实办理。所有遵旨奏派副监理官缘由,理合恭折具陈,伏乞皇上圣鉴。谨奏。

宣统元年闰二月二十四日奉旨。已录。

谨将拟派各省副监理官各员开列衔名清单恭呈御览。计开:

奉天,丁忧主事栾守纲。吉林,主事荆性成。黑龙江,主事甘鹏云。直隶,主事陆世芬。江宁,主事景凌霄。苏州,研究所评议员翰林院检讨王建祖。两淮,七品小京官梁致广。安徽,主事熊正琦。山东,主事章祖僖。山西,主事袁永廉。河南,七品小京官蹇念益。陕西,主事薛登道。甘肃,丁忧主事高增融。

---

① 为奉到上谕批示日期。

新疆，主事梁玉书。福建，丁忧主事许汝棻。浙江，主事钱应清。江西，员外郎润普。湖北，主事贾鸿宾。湖南，郎中李启琛。四川，丁忧主事蔡镇藩。广东，主事胡大崇。广西，主事谢鼎庸。云南，主事余晋芳。贵州，丁忧员外郎陈星庚。

又奏奉天吉林黑龙江江宁苏州两淮盐务各派副监理官一员片

再，臣部前次请简各省正监理官，东三省、江苏各派一员。查东三省地方辽阔，江苏为财赋要区，又两淮盐务行销六省，款目繁巨，此次拟派副监理官，所有奉天、吉林、黑龙江、江宁、苏州、两淮各派一员，俾资分任。理合附片具奏，伏乞圣鉴。谨奏。宣统元年闰二月二十四日奉旨。已录。

又奏江西在任候补道九江府知府孙毓骏请开缺仍以江西候补道充正监理官片

再，臣部前于请简各省正监理官折内附片陈明，实缺各员，应请免开底缺，分别派员署理，等因。原以实缺人员毋庸开去本缺，略示优异之意，奏蒙圣恩允准在案。兹据四品卿衔江西正监理官在任候补道九江府知府孙毓骏呈称，在部当差二十余年，由京察一等简放江西九江府知府，保以道员在任候补，今奉命前往江西，监理该省清理财政事宜，责任重大，若不开去知府底缺，则于本任未免久旷职守，而于新任亦恐多所牵制，仰恳据情转奏，开去九江府知府底缺，俾得专心要政，以期无负委任。等语。臣等查该员所呈各节，系为专心要政起见，合无仰恳天恩，俯准江西九江府知府孙毓骏开去底缺，仍以江西候补道充正监理官，出自逾格鸿慈，理合附片具奏，伏乞圣鉴。谨奏。

宣统元年闰二月二十四日奉旨。已录。

《政治官报》第五百二十五号，宣统元年闰二月二十六日，第11—13页

度支部奏各省财政统归藩司综核折

宣统元年四月初六日①

奏为各省财政宜统归藩司，以资综核而专责成，恭折仰祈圣鉴事：

窃维理财之道，经纬万端，而事权必归统一。唐以度支使领两税，宋以转运使隶三司，内外相维，古今并重。国初定制，各省设布政使司，掌一省钱谷之出纳，以达于户部，职掌本自分明。自咸丰军兴以后，筹捐筹饷，事属创行，于是厘金、军需、善后、支应、报销等类，皆另行设局，派员管理。迨举办新政，名目益繁，始但取便于一时，积久遂成为故事。虽或兼派藩司综理，而署衔画诺，徒拥虚名，责任既分，事权益紊。且多一局所，即多一分糜费，于事体则为骈拇，于财用则为漏卮。近数十年来，各省财政之纷糅，大都由此。方今朝廷整饬百度，又以清理财政为立宪之初基，责成所在，京外相同。苟各省无总汇之区，臣部何以定考成之法。现在各省均设立清理财政局，以藩司或度支使为总办，责成至为重要。然该局之职任在于核订章程，调查款目，以为预算决算之预备，并无直接行政之权。至于综库藏之出入，权岁计之盈虚，自非统一财权，难期整理。臣部正在筹议办法间，适据护理云贵督臣沈秉堃电称，欲廓清积弊，确定预算，非统一财政机关，划清权限，力专责成不为功。极言各省财政，往往特设局所，另委专员，藩司虽居会核之名，并无察销之实，至运关盐粮各司道各有专司，财权尤非藩司所能过问，等语。其所论列，均系实在情形。

臣等一再筹思，各省财政头绪纷繁，必须一面清理，一面统一，则条理较易分明，而机关乃益臻完备。拟请将各省出纳款目，除盐粮关各司道经管各项，按月造册，送藩司或度支使查核外，其余关涉财政一切局所，均次第裁撤，统归藩司或度支使经管。所有款项由司库存储，分别支领，庶几若网在纲，各省既易于

---

① 为奉到上谕批示日期。

清厘，臣部亦便于稽核。如蒙俞允，拟请饬下各省督抚，转饬该司等一体遵照办理。

方今时事多艰，财力奇窘，全赖内外官吏化除畛域，顾全大局。藩司、度支司职在理财，裁撤各局之后，事权既无纷出，责成自有专归。务当实心任事，将全省财政通盘筹划，认真整顿。仍由臣部随时考核，分别劝惩，以收综核名实之效。

臣等为统一各省财政，俾专责成起见，是否有当，理合恭折具陈，伏乞皇上圣鉴训示。谨奏。

宣统元年四月初六日奉上谕。已录。

《政治官报》第五百六十五号，宣统元年四月初八日，第12—13页

各省财政统归藩司或度支使经管谕①

宣统元年四月初六日

钤章

宣统元年四月初六日内阁奉上谕：度支部奏各省财政宜统归藩司以资综核而专责成一折，各省财政，头绪纷繁，自非统一事权，不足以资整理。嗣后各省出纳款目，除盐粮关各司道经管各项按月造册，送藩司或度支使查核外，其余关涉财政一切局所，著各该督抚体察情形，预限一年，次第裁撤，统归藩司或度支使经管。所有款项由司库存储，分别支领。即由各督抚饬该藩司等将全省财政通盘筹画，认真整顿。仍著度支部随时考核，分别劝惩，以副综核名实之至意。钦此。

军机大臣署名

---

① 标题为编者所拟，原文无标题。

臣奕（劻）①

臣世（续）

臣张（之洞）

臣鹿（传霖）

臣那（桐）假

《光绪宣统两朝上谕档》第三十五册，第190页

掌湖南道监察御史石长信奏请改各省兵备道为兵备使司折

宣统元年五月初四日②

奏为海陆二军，均宜切实举办，请旨饬改各省兵备道为兵备使司，监督军界学堂，办理该省营务，以专责成而肃戎政，恭折仰祈圣鉴事：

窃时至今日，群雄角立，不以力战而以学战，不必决胜于当岁，而每决胜于平日。然则中国欲图自强，非练兵不可，欲练兵非设陆军学堂不可，乃学堂立矣，而各省陆军仍无起色，大都责任不专，无熟谙韬略之大员以董率之也。近畿四镇、直隶二镇操练攸娴，颇著成效。其余各省，能自成一镇者亦不多睹。良由经费艰难，未能遽办，重以路务矿务之相逼而来，学堂、巡警之无容过缓，言之则在在皆关紧要，行之则事事俱费经营。然以兵者，国之大事，死生之地，存亡之道，较之则一切皆其后焉者也。是要政之中，又当权其轻重缓急，而次第行之。方今轮轨交遍，门户洞开，疆场之事，何国蔑有。今幸友邦辑睦，信使交通，允宜制器练兵，共保平和之局。且英俄美德齐躯并驾，雄视全球，犹复于海陆二军加意训练。于是悉心研究，学校如林，凡诸制造，一国创一新式，各国争

---

① 括号内名字均为编者所加。
② 为官报刊载日期。

起效之，钩心斗角，精益求精，乃强者毕虑以图，弱者畏难自阻，欲求转弱为强，岂可得哉。中国之兵，其先半无业游民，素未受教育，聚则为兵，散则为饥寒所迫，不免多事，间有流为窃盗者，人遂以当兵为耻。今朝廷文武并重，广设陆军学堂，以树风声，务使之各精一艺。是不以走卒待兵，以学生待兵，熏陶日久，兵亦以学生自待。其在军也，有事则足以致死，其退伍也，无事则足以谋生。近复议兴海军，需才尤亟，亦宜于近海形胜之处，设立海军中学堂，仿日本海军机关学校及海军兵学校办法，分设炮术、水雷术练习所，使之实地练习，扩充其胆识，增益其知能，以备选用。若非董以知兵大员，恐仍奉为虚文，莫收实效。夫以陆军部所定镇数，加以海军，现今才力原有未逮，惟各省量力变通办理，如滨海省分，改设海军学堂，以为海军之预备，练兵若干，通筹大局，再行酌定。至海疆要隘，先练雷艇一队，亦守口者当务之急也。其余省分，仍练陆军，责成该员切实举办。夫巡警、劝业尚设专官，至如兵者，安危所关，倘因循迁就，曷由振尚武精神而挽积弱之习哉。拟请饬下会议政务处，所有各省设立兵备使司，妥定权限，监督该省海陆军学堂，综理练兵事宜，仍归督抚节制。原有兵备道缺，概行裁撤，以节縻费。非敢谓增设一司，遂能化弱为强，但责有专归，宜无不竭力整顿，似于军事稍有裨益，是否有当，伏乞皇上圣鉴训示。谨奏。

《政治官报》第五百九十一号，折奏类，宣统元年五月初四日出版

宪政编查馆奏考核提法使官制折（并单）

宣统元年十月十四日①

奏为遵旨考核提法使官制，谨缮清单，恭折具陈，仰祈圣鉴事：

---

① 为奉到上谕批示日期。

光绪三十三年十二月二十四日,法部等衙门会奏酌拟提法司官制,开单请饬下宪政编查馆考核一折,奉旨:依议。钦此。嗣经该部钞录原奏并清单知照前来。

窃维宪政之初基,莫要于司法,而司法之统一,尤莫重于设官。自厘定官制,改按察使为提法使,并另设高等审判以下各厅专理词讼,是提法使一官,名为提刑所改建,实乃法曹之分司,其制虽为各国所无,而其集权中央之旨则一也。臣等检阅原奏并清单十八条,盖本东三省总督所定官制,酌加损益,至为周密,惟其中应行斟酌者尚有四端。

原奏拟设总务、民事、刑事、典狱四科,以定该司之职掌。查总务综理全省法官之补署升降,及收发文牍,稽核度支;典狱职司全省监狱之改良,及工作之成绩,均责任繁重,自应各设专科。至刑事、民事等项,大致以备编辑诉讼统计为主,与旧日臬司之必应逐案勘转者不同,且中国民事案件甫经分析,事本简略,兹拟合并一科,与总务、典狱共为三科,以节虚縻而昭核实。

又原奏所称应行变通一节,拟厘正各科佥事品秩,并删除科员、司书等官,以杜滥冒。查从前臬司所掌事宜,仅止刑名一端,既改今制,分设各科,职守较繁,自不待言,各科仅置佥事一人,深虑不敷任使,如以书记承乏其间,钞胥末秩,不足以胜重寄。至佥事之名,本明以前旧制,用以定提法使之属官,本属名实克副,第创建伊始,一则恐无合格之人,一则现行事例有须由经历而知者,如预为限定其名称,恐将来变更非易,应否定为实官之处,俟明年厘订直省官制时再行核办。兹拟暂仿新设官署科长、科员之制,将佥事改为科长,并于科长之次酌设一二等科员数员,分理其事。惟此项人员究与普通行政官吏不同,既须明其责任,更宜课以专长,并参用陆军部官与职分之意,暂不作为实官而定为实职,凡一切补署,概须奏报立案,以示优崇。仍将任用资格严行厘定,免各省蹈常习故,率以寻常需次人员滥行充补。考各国任用官吏,均先之以试验,今另定考用提法司属官章程,所有新设各科员额,悉令遵照考验,分别补用,以副朝廷郑重司法审判官材之至意。

又原奏所称亟应兼筹一节,拟以按察使旧有经历、照磨、知事、司狱等官,改补典簿、主簿,及初级推事、检察所官录事。查经历等官,旧本闲曹,如以主簿、典簿所官录事对调,自无不可。至推事、检察,责司审录,乃人民身命财产之所寄，必须明允之员方克胜任。虽属初级，不过为诉讼阶级之分，初非有爵秩尊卑之别，即朝廷设官本意，所以涤新吏治，亦非为位置冗员地也。拟请将经历等官，由各督抚详加甄别，或以所官录事，或另以相当之职调用。至改补推事、检察，应请毋庸置议。

又清单第十三、第十四两条，关系司法官之登用，一为法律毕业员充补书记，一为书记径升审判、检察厅相当之官，并未指明何项，则推事、检察自在晋擢之列。查各国通例，司法官之资格最为尊崇，非修法律专科在大学毕业，受判检事登用试验者，不能得司法官之资格。夫曰法律毕业员，其为指考试及格者而言，可知以享有司法官资格之人，断无仍委以书记之理。日本试验之法，第一次合格者名曰判检事试补，即中国之学习，第二次合格者名曰预备判检事，即中国之候补。其于试补期内，多有执书记之任以资习练者，若预备中则无之。至书记之擢为判事、检事，更无其例也。即在中国从前刑部之时，凡签分到部，必须读律有年，曾任秋审提调、坐办者，方能保荐京察一等，其重视资格，略与各国相同。今以书记为储养法律人材之地，更以推事、检察为书记晋级之阶，揆之中外，均属未符。伏查钦定分年筹备事宜，限七年内各级审判一律成立。欲谋审判之进步，亟宜陶育人材，否则滥竽充数者有之，夤缘幸进者有之，沿习既久，窳败不可闻问。应由臣馆另定司法官登用章程，请旨遵行。

至原奏应行增置一节，详定狱官品秩。查监狱官吏，职掌繁重，际此改良监狱之时，断非例文数条所能赅载。拟请析出，由该部会同修订法律大臣，详考各国成规，另辑监狱法，奏交臣馆考核，请旨颁行，以资遵守。

其余章程内词议未协，及字句歧异之处，臣等公同商酌，逐条修改，仍厘定为十八条，并附订考用提法司属官章程十条，敬缮清单，恭呈御览。

再，驿传事务，旧属按察使管理。上年七月初五日臣馆奏定劝业道官制，业经改归该道管理在案，如将来提法使改定后，该道尚未设立，仍应暂由提法使兼理其事，以免旷误。合并声明。

所有考核提法使官制缘由，是否有当，伏乞皇上圣鉴训示。谨奏。

宣统元年十月十四日奉旨。已录①。

谨将核订各省提法使官制缮具清单，恭呈御览。计开：

第一条　各省照奏定直省官制通则，以原设提刑按察使司改为提法使司。设提法使一员，承法部及本省督抚之命，管理全省司法之行政事务，监督各级审判厅、检察厅及监狱。

第二条　提法司分设三科如左：一总务科。二刑民科。三典狱科。

第三条　总务科职掌如左：

一、掌本司及各级审判厅、检察厅、监狱各员之补署、升降、保奖、处分等项事宜。

二、掌收发文件，编纂档册，及刑民、典狱两科以外各项统计事宜。

三、掌经费出入，办理本司及各级审判厅、检察厅预算决算，并一切杂项事宜。

第四条　刑民科职掌如左：

一、掌草拟现行各项法律疑义之解释、请示事宜。

二、掌各级审判厅之设立、废止及管辖区域更改事宜。

三、掌编纂刑事、民事及注册等项统计事宜。

四、掌稽核检察事务及司法警察各项事宜。

五、掌办理秋审、恩赦、减等及留养事宜。

六、掌死罪案件备缮供勘，及军流以下人犯汇案申报事宜。

以上两款，如在各级审判厅未立以前，所有招解、勘转事宜，仍查照向章办理。

第五条　典狱科职掌如左：

一、掌改良监狱，推广习艺所等项事宜。

二、掌稽核罪犯工作成绩，及编纂监狱统计等项事宜。

第六条　每科设科长一员，承提法使之命，综理本科事务。

---

① 已录，指《政治官报》已录。《光绪宣统两朝上谕档》第35册（宣统元年）第435页载上谕："军机大臣钦奉谕旨：宪政编查馆奏考核提法使官制缮单呈览一折。著依议。钦此。"

第七条　每科由提法使酌量事务繁简,设一等科员一员、二等科员一员至四员,承提法使之命,协同科长分理本科事务。

第八条　每科视事务繁简,酌设书记,以五员为额,受各该科长、科员之指挥,缮写文件,办理庶务。

第九条　科长秩视五品,一等科员秩视六品,二等科员秩视七品。均以谙习法政人员照章考试合格者,由提法使详由督抚咨达法部奏补。书记官秩视八九品,由提法使以照章考试合格者,详请督抚酌量署补,并咨明法部存案。科长、科员、书记考试任用之法,照另定考用提法司属官章程办理。

第十条　提法使于现行各项法律,遇各级审判厅、检察厅有疑义不能决定者,得详拟解释,申请大理院核示。

第十一条　提法使于死罪案件,应备缮供勘,详由督抚奏交大理院覆判,法部核定汇案具奏。其军流以下人犯,应汇案详由督抚咨报法部存案。

第十二条　提法使于全省各级审判厅、检察厅,均得随时亲往视察,或派员前往。其赴外属各处时,可详明督抚,即行前往巡视,事竣除申报本省督抚外,仍将详细情形申报法部。

第十三条　提法使于各级审判官、检察官补缺后,如须更调,应详由督抚咨报法部照章核办,不得任意更调。

第十四条　提法使于筹办司法一切事宜,除随时申报督抚,由督抚咨报法部外,仍于年终汇齐造册列表申报法部查核。其有重要事件,得一面申报督抚,一面径达法部核办。

第十五条　提法司经费数目由督抚酌定,其举办各级审判厅、检察厅需用款项,应由督抚筹给,每年编入预算,照度支部奏定清理财政章程办理。

第十六条　各省监狱事宜,应由提法使按照监狱法督饬办理。

第十七条　各省俟提法司改设后,所有原设按察司属官应一律作为裁缺,仍应照章考试始准任用。

第十八条　提法司办事细则由该司酌定,其各级审判厅、检察厅及监狱办事细则,由各该厅及该管官酌定,经该司覆核后,仍分报督抚及法部,由部汇集各省司厅规则,酌中损益,编定通行划一章程,以昭法守。

谨拟考用提法司属官章程缮具清单恭呈御览。计开：

第一条　提法司属官，应按照奏定官制，以考试合格者分别奏咨补用。

第二条　科长、科员由左列人员内考试合格者奏补：

一、在法政、法律学堂三年以上，毕业得有文凭者。

二、举人以上出身者。

三、文职七品以上者。

四、旧充刑幕，确系品端学裕者。

其在京师法科大学、法政学堂正科毕业，及在外国法政大学或法政专门学堂毕业，经学部考试给予出身者，得免其考试，即予酌量分别署补。

第三条　考试科长、科员应具备左列各款科目：

一、奏定宪法纲要。

二、大清律例。

三、现行各项法律。

四、各国民法、商法、刑法及诉讼法（外国法学派别不同，准由各人自行呈明，就其所学者考试）。

五、国际法。

右列各款，以第二、第四为主要科，主要科考试分数如不及格，余科分数虽多，不得录用。

第四条　考试科长、科员由提法使主试，并详请督抚派员监试，暨遴派深通中外法学者数员为襄校。

第五条　科长、科员考试合格者，由提法使详请督抚，按照考试成绩及原有官阶出身分别派署，一年期满，再由提法使出具切实考语，详请督抚咨达法部奏补，并将履历咨部存案。若合格人员逾定额时，由提法使详请督抚记名，俟有缺出，仍照前项办理。

第六条　科长、科员奏补后，仍留原官原衔，每届三年，由提法使查验各该员办事成绩，出具切实考语，详请督抚咨达法部奏请分别升黜，以示劝惩。其有办事实在不能得力者，由提法使随时详请督抚撤换，咨部另行奏补。

第七条　书记官由提法使就左列人员内，以考试合格者酌量补用：

一、在中学堂以上毕业得有文凭者。

二、生员以上出身者。

三、文职八品以下者。

第八条 书记官以文理清顺缮写整齐者为合格。由提法使率同各科各长考试其科目,由提法使临时酌定。

第九条 书记官考试合格者,由提法使按照考试成绩及原有官阶出身分别派署,满一年后,果系称职,再行补实,均由提法使详请督抚办理,并将履历咨送法部存案。若合格人员逾定额时,应作为记名,俟缺出候传。书记官补缺后,仍留原官原衔,每届三年甄别一次。其办事实在不能得力者,由提法使随时详请督抚撤换。

第十条 本章程与提法使官制同时施行。所有施行细则,由提法使酌订,详请督抚核夺办理,并咨明法部存案。

《政治官报》第七百五十一号,折奏类,宣统元年十月十六日

度支部奏甘肃藩司玩误要政据实纠参折

宣统元年十一月初六日①

奏为藩司玩误要政,据实纠参,请旨惩处,恭折仰祈圣鉴事:

窃维清理财政,为立宪大纲,叠经臣部奏定章程,钦奉明诏,颁行京外,复蒙特派监理官,分赴各省稽查督催。朝廷筹备宪政,慎重度支,凡在臣工,宜如何激发忠诚,共维大局,乃臣部屡据各监理官来禀,佥以官场积习疲玩,阳奉阴违,办事之难,几同一辙。良由各省财政紊乱已久,脂膏所在,奸蠹丛生,欲举数百年之锢弊,遽令廓清,人情本多不便,然未有抗违玩误如甘肃布政使毛庆蕃者。查臣部于本年二月奏定各省清理财政局章程折内,请饬各省赶紧派员设局,

---

① 为奉到上谕批示日期。

迅将开局日期专案奏明，开具局员职名，酌拟办事细则，咨报立案。该藩司于三月到任，即经陕甘督臣派充清理财政局总办，五月间兼护督篆，直至六月间始行遵章设局，八月底始奏报开局日期，其办事细则至十月底甫经送到，局员职名则迄未开报，事事延缓。而甘肃正监理官刘次源、副监理官高增融来禀，亦屡以办事棘手为言。臣部念当清理之初，或有为难之处，复经分电严催，叠据该监理官等将先后情形禀覆，据称该藩司平日宗旨，不以清理财政为然，訾訾部章，诋为多事。设局以来，仅派局员五人，并不分科治事，监理官督同局员纂拟各项规则表册文件，例送总办画行，该藩司搁置数旬始行发出。藩库款项既不定期盘查，亦不遵章造报，外销之款，尤讳莫如深，迄无一字到局。财政局会办兰州道彭英甲管理统捐，意欲据实开报，商诸该藩司，大被申斥。于是各衙门局所承伺风旨，观望迁延，监理官舌敝笔枯，叠催罔应。等语。臣部以甘肃清理财政局奏报开局日期及办事规则先后到部月日，与该监理官等所禀情形两相印证，该藩司之抗违玩误，实属显然。若各省相率效尤，则财政永无澄清之日，贻误宪政，关系匪轻。臣部有纠察外省之责，不敢扶同讳饰，惟有懔遵光绪三十四年八月初一日谕旨，并查照清理财政章程第三十条，据实纠参，请旨严惩，以为玩误要政者戒。现在春夏季报告限期早过，而各省报告尚未到齐，其逾限省份，容臣部查取该管官员职名，随后遵章参处。

所有藩司玩误要政，据实纠参缘由，理合恭折具陈，伏乞皇上圣鉴训示。谨奏。

宣统元年十一月初六日奉上谕。已录。

《政治官报》第七百七十四号，宣统元年十一月初九日，第6—8页

甘肃藩司毛庆蕃革职谕

宣统元年十一月初六日，内阁奉上谕：度支部奏藩司玩误要政，据实纠参一

折。清理财政，为预算决算入手办法，于立宪前途大有关系。乃甘肃布政使毛庆蕃于藩库款项既不定期盘查，亦不遵章造报，违抗玩误，实属咎无可辞。毛庆蕃著即行革职，以为贻误宪政者戒。钦此。

军机大臣署名

臣奕（劻）

臣世（续）

臣鹿（传霖）

臣那（桐）

臣戴（鸿慈）①

《光绪宣统两朝上谕档》第三十五册，第460页

度支部奏各省动拨款项统由本部核定片

宣统元年十一月初六日②

再，宣统元年十月二十六日，臣载泽面奉谕旨：各省应解款项，如京协各饷，及各项洋款，关系紧要，无论何项用款，均不得任便挪移。嗣后凡动拨款项，应统由度支部奏咨核定，各该衙门亦不得径向外省指拨，著由度支部电知各省遵照。钦此。除已由臣部遵旨电知各省钦遵外，理合附片奏闻。伏乞圣鉴。谨奏。

宣统元年十一月初六日奉旨：知道了。钦此。

《政治官报》第七百八十二号，宣统元年十一月十七日，第7页

---

① 括号内名字，为编者所加。
② 为奉到上谕批示日期。

度支部奏各省藩司请实行由部考核折

宣统元年十一月十八日①

奏为各省藩司请实行由部考核，以统财权而免隔阂，恭折仰祈圣鉴事：

窃查光绪三十四年十二月间，臣部遵旨妥议清理财政办法折内，请将各省藩司归部考核，遇有关系财政稍为重大事件，除详报该管督抚外，一面径报臣部。等因。奉旨：依议。钦此。钦遵通行遵照在案。

臣部当时原奏，以各省藩司专司出纳，必息息与臣部相通，庶于一切财政方无隔阂之弊。奏奉通饬，迄今一年，而各省仍未见切实遵行。窃维各省布政使司官制始自前明，其初由行中书省改设，谓之行省，其为内外一体，本不待言。国朝定制，各省布政使司掌一省钱谷出纳以达于户部，职掌亦自分明。顾当承平之日，出纳皆有定程，藩库每岁奏销，即古者年终上计。自时艰日亟，庶政繁兴，出纳多途，事权纷糅，臣部于是有各省财政统归藩司综核之奏，意谓职任既专，则纲领毕举，加之以随时达部，于政体则无内外畛域之分，于财赋则有质剂咸宜之用。乃一再申明，而泄沓如故。臣部忝掌度支，考核既疏，遑论制用。宋臣司马光论钱谷宜归一，辄称祖宗之制，天下钱谷自常平仓隶司农寺外，其余皆综于三司，一文一勺以上，悉申帐籍，非条例有定数者不敢擅支，故能知其大数，量入为出，详度利害，变通法度，分划移用，取此有余，济彼不足，指挥有司、转运使、诸州，如臂使指。盖收天下财赋之权于京师自宋始，其时直接考核之法固严密如是也。近世东西各国，其全国出入款项，无不随时电达其所谓户部、大藏省者。以彼预算夙定，犹汲汲于此，无他，舍此无以为公共爱惜通融措置之地也。兹当宪政始基，以清理财政为急务，又值用款浩繁之会，倘未能随时考核，即无从消息盈虚。臣等再四筹思，实深焦迫。各省藩司，非实行由部考核，财政

---

① 为奉到上谕批示日期。

终无振起之望。近来新设各官，如提学使、巡警道、劝业道等，先后经学部等部、宪政编查馆奏定章程，除由该管督抚节制考核外，一面由部考查，不得力者即行随时奏请撤换。统属既明，则责成有在。现在各省藩司虽未及遍改度支使，然财政万紧，藩司固责有专归。拟请实照提学使等官直接臣部，各省凡关涉财政稍为重大事件，除详报该管督抚外，一面径报臣部，以资考核。经此次申明之后，各省藩司均应切实遵行，不得视同具文。其办理得力者，由部奏请奖励，倘仍前玩泄，即由部据实奏参。总期内外相维，上下一心，庶隔阂不形，而财政可资整理。

臣等为实行考核，统一财权起见，是否有当，理合恭折具陈，伏乞皇上圣鉴训示。谨奏。

宣统元年十一月十八日奉旨：依议。钦此。

《政治官报》第七百八十九号，宣统元年十一月二十四日，第4—5页

山东巡抚孙宝琦奏厘定直省官制谨陈管见折

宣统元年十二月初九日①

奏为明年厘定直省官制，谨陈管见以备采择，恭折仰祈圣鉴事：

窃维析疆分治，古今所同，而分权集权，义各有当。各国地方官吏，凡在中央集权之最重者，皆受监督于内务大臣，与汉之以御史中丞总领州郡奏事，用意不殊而用法特密。其在地方分权之最重者，则直别立政府，如元之行省，规模拟于中书，如美、瑞之联邦，英、法、德之属地，或因历史之发达而组织殊，或因形势之禁格而权限异，类皆自为制度，俨具独立自主之资格。惟普国每省有省长，代表内部，其职独尊，常与国务大臣互调，犹唐宋宰相之出领府州，而其权

---

① 为奉到朱批批示日期。

则多用于非常特别之事。诸司守令,各有独立责任,权限分明,不相侵越,集权分权,轻重最为适均。中国封域辽阔,统摄甚难,历代成法,每假方面之权以集事,而遗巡方之职以诘奸,控御则务指臂之相联,抚循但求安辑而不扰教养之政,放任实多。今宪法将颁,自治渐启,政府之于封疆,官吏之于议会,关繁迥与昔殊,昔多消极之防制,今为积极之进行,百废俱兴,万端待理,出以汉唐简静之治,恐抑社会发达之机。而欧美各国之集权分权,则又意有可师,法难尽适。彼缩四境于户庭,我隔各省为畛域,既不能以一部之精神周察万里,亦岂可委一人之节度专制百城,允宜博采东西之宜,镕成一代特别之制。

臣辱遭圣明,悉膺疆圻,受任以来,悉心研考,窃见今日地方制度之害,莫甚于督抚虚拥泛博无限之权,而每举一事,又辄支绌扞格,无贯澈始终之实力,集权分权,两失所当。夫控御无万全之策也,唐宋之季,内外轻重之势,其失各有所偏,惟教养兼修,政和民乐,而国本始固。是富强之业,尤当望之州县亲民之官。汉唐令长之选最重,而致治以隆,五代令长之选最轻,而召乱斯极。臣愚以为,一省之权寄于督抚,地方之政起于州县,二者实当并重。故集权分权,必以督抚为机轴,而归纳于中央,国政民政,必以州县为本根,而裁成于知府。督抚、州县两官之权限责任既明,然后大之司道之类事分职,小之佐贰之辅助其长,一切据之以定界划。明年将厘定直省官制,谨就臣管见所及,择其要义,敢为我皇上陈之:

一、确定督抚权限,特设责任专法,以绝牵制。军兴以来,颇假督抚便宜,职权广狭,已非旧制。近十年中,又益宽大,用财用人,每邀曲允。本为时局艰危,取资共济,而成功甚少,流弊转多。论其人岂尽营私,考其事非必失策,而人有更调,宗旨逐歧,事无始终,条理易乱,是非功过,究诘难明。今宜为督抚特设权限责任专法,分执行、监督为两大纲。执行权限约为四端:禀承庙谟者,以谕旨临时特定为断;依据法令者,以法令成文及新旧典制例案为法令所认可者为断;受之政府命令者,果有窒碍,许其陈论,而受事之后,不得推诿,政府勿掣其执行之权。督抚有维持政策统一之责,出之督抚建白者,规画之初,预立经纬,既经政府许可,即以全权委任行之。设或不符原议,必须声明理由,非有确据,不得自卸责任。以上数者,各定专条。其监督权限,则有直接间接之分。直接监督权行于司道、知府正印长官者,考核勤惰,举劾功罪,必据列实迹,公行

四、官制改革

赏罚，而勿侵其职任。行于直辖之职，如督抚幕职者，奉命承教，分曹治事，仍由督抚自负责任，不得诿过其下以自解。间接监督权行于司道、知府所属副贰之职者，考察各由其长，但加复按，补署总归一司，不得侵越，如有枉法徇情，则付行政裁判所公断；行于各部所附设及兼辖官厅者，各依定章所委任之范围，惟州县职重秩卑，不能不受两重监督，则直接间接之权皆所必及。至监督地方议会，用权自当别论。其他凡在权限之中，皆为责任所在。对于谕旨之责任，则刑赏出自圣恩；对于法令之责任，则惩戒必付廷议。其与政府政策不合，与地方人地不宜，去职固出宸断，辞职亦准自请。要使议事之人不敢轻率，任事之人不敢巧遁，局外之人不敢妄持短长，局内之人不敢故存意见，则地方之政毕举，而朝廷之权愈尊。其司道以下地方官吏，又宜有通行职权法，普国、日本可参用之例甚多，而与吏部处分则例迥乎不同。职权既变，则处分例亦宜删改，而督抚有特别责任，尤不可用通行处分例，其责任等法，皆务取简明，持其大体。科条太繁，反与事实矛盾，而规避以生。今言集权分权者，但防制度之偏，而不知操纵运用之妙，全在责任法中。责任果明，未有不能统一者。此立法之精意不可忽略者也。

一、申明司道职守，俾各有独立责任，而后督抚任事之范围可以收缩。裁局所并入各司道，增设参佐，改差为缺，而后责任职权法可以实行。盖督抚总制方面，要在振纲挈领，范围过广，任事之能力转薄，而其任事范围与司道职守最为密接，督抚特权之事固非司道所能问，而司道主管之事莫非督抚所应知，故就督抚任事范围以定界限，不如专就司道职守以设防。维司道职守既明，则督抚任事范围自缩，然后以司道所不能任者，包括督抚范围之中，其最要者各有独立责任，乃能不失其职。定制司道本得专折奏事，今事无大小轻重，非经督抚不得奏咨，乃至例行公牍，疲于画诺，簿书鞅掌，丛弊愈深。固由督抚揽权，亦实司道责任不能独立，以渐酿成至此。近年局所益多，委员益滥，司道之权益削，督抚乐委员之可以更调自专，指挥惟意。当军兴事变之际，诚可收震厉敏活之功，而岂可以为常制改正之法。宜裁局所，以其职分归司道或督抚幕职，而改差为缺，即续订官制通则第五条，督抚征辟之官，既分别奏咨，随时保荐，已无异以实缺待之。而布政司职务太繁，实非一人所能兼顾，今拟定职制分布政为民政、度支二司，与提学、提法、劝业、巡警为常设司道，其有河防、盐茶关税者，则为特设司道。司道职守，各于职权法中分别条列。民政、度支事较复杂，且多与他司相涉，而性质最易辩识，则以类记括之，总以明白详尽为主。以上皆为专务长官各员独立责任，而统受监督于督抚。督抚增设幕职，司道改设属官，续订官制通则已有专条，臣窃以为就现在情形而论，督抚幕职固非十科不能尽事，若欲实行责任法，申明司道职守，惟交涉、军政为督抚专责，其余应归司道主管，拟请设交涉、军政两科。此外只设统计一科。盖民政张弛，财力盈耗，教育盛衰，实业增损，谋事者所资以立计画者也。定筹策规远大，督抚之责也，遵法令核名实，司道之任也。三科所不尽，悉隶秘书，而以秘书为幕职之长，别设庶务长以主杂务，并管全署人役。司道各设副官一员，上佐其长，下为属官之首领，如秘书员而分科设额，应参酌现行规则，由各部颁职掌责任专章，以取画一。以上皆为辅助官，各直辖于其长官，仍间接受监督于督抚，督抚司道各就其职权以内日行之事裁决施行。所有奏咨札行之件，皆应单衔，以专责任而防侵越。若遇奉旨交议交查特别之事，则督抚随时召集各司道会议，或专就所主管之司道密议，议决之后，所有奏咨札行之件，应由督抚与司道会衔，以同担责任。每五日督抚必与司道会议一次，互述日行紧要之事，俾可接洽。如此则分之各尽政事之责任，合之可保政权之统一，力除昔日敷衍推诿之弊，而吏治必蒸蒸日上矣。

一、加重知府责任，而其职权范围，则上据督抚职权之所不能逮，下据州县职权之所不能胜以定之。知府之监督州县不妨严，而督抚之监督知府则宜宽。汉唐州郡，世称善制者，少层递，监临之司无束缚干涉之苦也。文景贞元之治，实与贤良共之，近郡比于股肱，上州选及亲贵，玺书郊饯，恩礼甚隆。至州牧专兵而郡政坏，刺史失职而节度横，得失之数，于此可知。况今之州县为官治自治集合之地，又拟革除回避之例，任用本省之人，则知府监督命令之权尤应加重，然后足主上级平决，以保官民两权之均衡。近世各国地方区域，未有庞大若吾一府，而上不接于政府，日理民事，而下不接于百姓者。中国地广人稠，固不能以府职内隶，使离督抚监督范围，亦宜略复汉唐之旧，委以独立责任，令得自行其意。且督抚本以钦差监临方面，改正官制又将纯以督抚代表中央政府，而司道平行并立，各有专任之职，无相统一之权，此其性质资格皆不适为分地而治之长官也。是集权必政府为主体，而督抚代表之分权必知府为主体，而督抚监督之无疑义已，督抚下行，州县上行之事，未有不经知府而后办者。向来紧急公牍，督抚知府直达者多，其由司道转详转札，皆属例事，知府通禀，仍惟督抚批示是从，与其存此具文，何如省一转折。臣愚以为宜加崇知府体制，使与司道平行，一省统一权既在督抚，则知府直接奉承号令，原无碍于司道专任之权。盖司道专任之权，督抚尚不能侵，而知府承督抚号令乃能侵之，无是理也。司道之对于知府，犹各部之对于督抚，昔不以札饬而见司道之权重，今岂以咨行而见司道之权轻，既在司道专任范围，自有强制执行之力，若为知府独立责任，尤无越俎代庖之权，但以直接督抚而得简捷之益，决不至于平行司道而生抗违之弊。同为国家高等官吏，何以司道必可信，知府必不可信也。知府之下虽有同通佐职，而规制未能画一完备，宜一律设上佐二员，一主地方财政，一主国民教育，此教养两大纲也。其余民政，分科置吏，是为普通佐官，选一郡人望以充之，郡职既能独立，郡吏复盛选人才，则汉唐之盛可复，而新政可冀渐有实效。至直隶州厅，宜酌区域大小道里远近，并省分隶，或升为府，其边地有交涉屯垦者，性质既与内地不同，职制职权自应特定，不以普通法治之矣。

一、除州县回避之例，确定登用资格，严其选举，以发达民政。盖教养之事，至极纤悉，富强之基，起于乡里。古重亲民之官，正所以急为政之本。汉代令长，多取郡吏尤异，而吏多通经，又习于政，故循吏独多。晋唐以降，犹郎官出宰，而县令有政绩者内调省台，明经进士，释褐仅受丞尉，未尝以百里之任寄之书生，南北分地置选，至远勿逾三十驿。良法美意，典册具存。即今东西各国，如日本郡长有特别试验登用之法，而普国千八百八年改制之后，选取县长更无一不与我古法相符。其秩甚尊，出自国王任命，非曾供职裁判所及高等行政官厅者，不得为之，间有出本县推荐者，则又非占县籍一年以上，或在本县有财产者，非曾在裁判所学习四年以上，或任本省地方自治行政官吏四年以上者，不与推荐之列。其得整理地方行政，尽心民事，视如己事，实由于此。今中国之州县就官者，动涉数千里，资用倍繁，人情又隔，名节累于衣食，利害视同秦越，官民并困，独吏胥利为奸弊。现当新政亟行，自治萌芽之初，兴革损益，日趋复杂，既事非素习，亦力所难能，不敷衍以塞上官，即卤莽以滋民累，情见势绌，窘急更甚于前。臣以为非除回避之例，用其地方之人，以谋桑梓之利，断无改良进行之效。盖官治自治，最患隔阂，调和维持，实惟州县是赖，其于自治之发达关系尤密。且服官乡里，人情所乐，即俸入稍俭，而视其原有生计，业已比较加增，亦易以自给。现在佐杂之职已免回避本省，与教职同。拟请将州县并前条所议增设各衙门科员，与凡五品以下佐职，亦一律办理。州县任地，以去本籍五百里为限，其选举不宜专试法律，亦不须深通东西各国之学，国有新法，乡里无新事，民政条理，虽密不出身家范围，人人智力之所能逮，但上下扶持，实心以谋公益，则才识以经验而优，利弊以研考而见。拟分登用为三途：曰曾任府县行政官吏三年以上优异者，曰曾任高等行政官厅科员三年以上有成绩者，曰曾任地方自治行政官吏四年以上有名誉由长官保举者。而别设考试一途，试以州县应知之事，及格后，勿遽受州县正官，先令在各行政官厅学习，必勤能然后补职。现在各省实缺候补人员，准其自行呈请改归本省，仍依原班序补，将来登用，则悉依新例。其州县职权，凡在地方行政范围，悉由监督执行，非事连他县，或有冲突，不上于府。凡在国家行政范围，以法令条列委任之。行政警察，悉听指挥，以维地方秩序。而分曹设属，即遵续订官制通则，或考或举，悉用士绅，使官民融洽，如治家事。十年之后，州县之才必出，地方之政必举。至疑官吏多出本省，恐与议会结合把持政权，则国法具在，长官命令，岂敢抗违。古今中外未闻以离隔官民为操纵者，且回避专为防私，今议司法独立，州县不理词讼，议会公开之后，耳目众多，更无容私之地。中西历史成效可征，今日地方根本救济之策，未有急于此者也。

  以上各条，略举大纲，自非专定章程不能详尽。而官制精神，全在任用、惩戒两法，两法不立，所谓职权责任，皆成具文。考历代铨法及考绩察吏之典，未有久行不敝者，大率则例繁密，而奸弊遂缘法以生。各国任用法总于内阁，而考试选补，分主于各部，未尝以一部一司之智力评量天下之人才，有廷推者，有独荐者，有大臣自辟者。大臣各有密考簿，注优注劣，随时呈于国君，漏洩者有罚，而惩戒则有特设裁判所，必依诉讼法起诉，开庭公审。其最要者，在限资格于用官之初，而处分必凭公判，故爱憎恩怨不得行于其间，考核甄别之例，转可从简。今宜削除吏部各项繁碎则例，采取各国之制，参以古义之精当者，改定任用惩戒法。地方官选补，内归民政部，外归民政司。其司法等官，各由主任部司，而复汉唐公府征辟长官署吏旧法，府县属吏委之知府，惟其上佐乃由督抚司道会推，督抚司道直辖科员，听其自择，惟不许择及任用资格以外之人。将来组织内阁，若裁撤吏部，必须于阁中设司勋主选之职，以复按内外补署之公私。其惩戒法，应各省各设一行政裁判所，督抚司道皆为例设裁判官，于高等审判厅司法官中，每年请旨点派数人会之，有大参案，仍特简大臣或御史按临。而于京师设高等惩戒院，每年钦派大臣及法官为常设裁判官，有大参案，仍特派大臣加入之。如是则长官不得肆威福，而人得以法自卫，无所创制，皆乐立志节以赴功名，展布建白，必有异于从前者。

抑臣更有请者，当此过渡时代，新旧法令必多牴牾，而施行法往往疏漏，或但凭理想，不察事实，常有窒碍难行者。又每从全部中抽改一二，以致不能贯通。法令如机器，又如治宫室，未审全部图案，而以意为增损，安望其完全成立。即如地方官制，其与内阁组织及司法独立、行政裁判、自治机关种种制度，皆有密切关系，又无时不与人民身家财产相涉，尤应调查社会情状。

臣智识短浅，初任封疆，又未尝身历亲民之官，可否饬下各省督抚，照臣所奏，博访周谘，各陈所见，由宪政编查馆、资政院汇择妥酌，请旨核定。其施行不宜太骤，务须逐条实验，以便随时改良。其关于职权者，条文不可稍涉含混，致费解释质问。管蠡之见，是否有当，恭折具陈，伏乞皇上圣鉴训示。谨奏。

宣统元年十二月初九日奉朱批：宪政编查馆知道。钦此。

《政治官报》第八百三十四号，折奏类，宣统二年正月十七日出版

民政部奏议覆御史麦秩严奏各省警察腐败有碍宪政恳饬速定民政司巡警道选任章程折（附片）

宣统元年十二月二十二日①

奏为遵旨议奏，恭折仰祈圣鉴事：

宣统元年十一月十九日，军机大臣钦奉谕旨：御史麦秩严奏各省警察腐败，

---

① 为奉到上谕批示日期。

有碍宪政，恳饬部速定民政司、巡警道选任章程一折，著民政部议奏。钦此。由军机处钞录原奏一并片交前来。

原奏内称，各省开办警察，大都敷衍塞责。主持警务如民政司、巡警道等官，学问既不出于专门，得缺补官，徒凭督抚保奏，委任员弁皆听命于督抚，所用者皆不习警务之人。拟请旨饬下民政部切实保荐，遇有缺出，照单请简，并将选任章程妥速编定，奏准颁行。如各省果有历办警务成绩卓著之员，准由该督抚开具履历，送部考验合格，一并开单请简，毋庸由督抚奏保，以示统一。各该员得缺后，并令出洋考察六个月，然后到任一节。查上年宪政编查馆奏定各省巡警道官制，内开各省巡警道员必须谙习警务，并熟悉地方情形，此项员缺，应由该省督抚遴保，奏请简放，或先行试署。等语。各省现行官制，惟东三省特置民政司使，兼管该省巡警事宜，不另置巡警道。其余各省，除直隶、江苏、福建、甘肃及新疆外，先后经各该省督抚奏明设立，并各遴保堪胜人员，分别奏请简放试署在案。查核所保各员，确系谙习警务熟悉地方情形者，固不敢谓绝无其人，而其中学问不出于专门，保奏非因乎才力，如该御史原奏所称者，盖亦在所不免。臣等维行政之要，首在用人，各国任用官吏，多由试验，学问资格，限制甚严。惟任官者必审其材，故居官者恒称其职。现在办理新政，悬缺待人，虽不得不降格以求，勉期拔十得五之效，而关系专门学术者，亦当郑重其选，以免滥竽幸进之嫌。本年臣部奏陈整顿京师警政折内，曾声明京师为各省表率，欲推广各省巡警，自以整顿京师警政为入手之办法。嗣后厅区人员，应专用法政毕业生。其从前调用各员，有非由学堂出身者，一律送入臣部巡警学堂，分班肄业，俟毕业考验后，再行按照等差，分别任用。当经奉旨俞允，钦遵办理在案。各省巡警道员有统筹全省警政之责，目前选任办法，虽不能遽执一格以相绳要，亦必学识相当，方可免用非所习之弊。该御史所请援照学、法等部保荐提学司及审判厅厅丞等成案，概由臣部保荐，毋庸再由督抚奏保之处，意在统一事权，预防流弊。惟各省督抚身任地方，见闻较广，果有堪胜此项员缺人员，亦不妨酌量奏保，以资任使。拟请嗣后各省巡警道员，由臣部钦遵本年八月十一日谕旨，就熟悉警务应放道员人员内预保存记，遇有缺出，由军机处开单请简。其各省督抚，如有所知合格人员，一面开列该员姓名事实，出具考语，咨送臣部考核，一面仍由督抚预保存记，遇有缺出，一并开单。其有违章奏保或临时指名请简者，准由臣部随时奏请更正，以昭划一。其巡警道属官任用办法，应仿照奏定各省提法司属官考用章程，严定资格，一体考试，非经考试及格，不得率请补用。容由臣部另订详细章程，奏明遵办，仍俟文官任用考试各章程一律厘定颁布后，再行按照该章程办理。至所请巡警道得缺后概令出洋考察，再行到任，系为实地阅历，增益见闻起见。惟考察之能否得益，亦复存乎其人，若必垂为法令，加以强制，或恐敷衍了事，徒成具文。拟请毋庸置议。

原奏又称，凡已设民政司、巡警道各省，应由部按照九年预备立宪巡警事宜，酌拟分年进行期限，通饬遵照，令将办理成绩按年切实呈报，定为考成一节。查本年臣部拟定逐年筹备未尽事宜清单，谨以上年钦定筹备清单所载为纲，增设细目。凡臣部应与各省同办之件，均经详定办法，分期胪列，业由宪政编查馆核准覆奏，通行各省遵照办理。该管司道自应将筹办成绩按期呈报，以资考核。此项考核章程并经臣部于上年八月间奏定通行，所有各省巡警道办事成绩，及所属各员，每届六个月，应由该道分别造册列表，并出具考语申报一次。应再申明定章，自此次奏明奉旨之日起，予限六个月，所有各省民政司或巡警道应一律按照臣部上年奏定考核章程，分类申报。如有逾期不报者，即由臣部指名纠参，以儆玩愒。

原奏又请参酌日本办法，详定警察巡阅规则，每年由部派员分赴各省巡视一次，该司道有不称职者，报部据实纠参一节。查本年二月间臣部奏订巡视各省民政章程，内载各省民政由臣部分年逐次派员前往巡视，凡各省禁烟、地方自治、户籍、巡警等项，及其他本部所管一切事务，均应详细调查，造具报告，并声明巡视员所过地方，应力戒声张，不得受地方官一切供应，违者查明参处，等情。当经钦奉谕旨允行。随由臣部密遣部员，分往两江、两广等处，照章巡视，以经费无多，巡视省份未能遍及。仅就沿海沿江等地先行考察，俟经费扩充，再行推广。将来该巡视员等回部报告后，应即覆加查核，分别奏陈。

以上各节，或应揣度情势量为变通，或已妥订章程，现正筹办，既经奉旨交议，自应据实胪陈，如蒙俞允，即由臣部分别咨行军机处、宪政编查馆及各省督抚，通饬各该司道钦遵办理。

所有臣等遵议缘由，是否有当，谨恭折具陈，伏乞皇上圣鉴训示。谨奏。

宣统元年十二月二十二日奉旨：依议。钦此。

又奏厘订巡警道职权片

再，查各省所设巡警道缺，其品秩虽视守巡道员，而按其职掌，有监察全省警务之责，与藩、学、臬三司权限无殊。所有该省各府厅州县，自应就主管事项归其考核。查学部奏定提学使权限章程内开，查各省地方官员补署举劾等事，向由藩司会同臬司具详，现既添设学司，拟改为藩、学、臬三司会同具详，等语。奉旨允准在案。拟请仿照办理，凡已设民政司使各省，自应查照部纲，遇有关于地方官员补署举劾等事，会同具详。其仅设巡警道各省，亦令一律会详，以符监察之实。至各省巡警道应否分别改为民政司之处，应俟厘定官制时统筹全局，另行奏明请旨。所有厘订巡警道职权各缘由，谨附片陈明，伏乞圣鉴。谨奏。

宣统元年十二月二十二日奉旨：依议。钦此。

又奏请催各省迅设巡警道并裁并原设巡警等局片

再，上年宪政编查馆具奏核定直省巡警道官制细则一折内称，各省督抚迅将应裁守巡各道妥议裁撤，一面增设巡警道缺，等因。钦奉谕旨俞允遵行。各省自应一律照办，以重警政。现在各省遵章设立者，计山西、山东、河南、湖南、湖北、广东、广西、浙江、安徽、云南、四川、贵州、江西、陕西，共十四省。所有此项员缺，先后奉旨简放，或由各该省督抚臣奏请试署在案。其余各省，除奉天、吉林、黑龙江三省警务由民政司办理外，如直隶、江苏、福建、新疆、甘肃等五省尚未设立，自应催令增设，毋再延缓，致违定章。其已设巡警道省分，所有各该省省城巡警即归该巡警道直辖，其原设巡警等局应遵章一律裁撤归并，庶节虚縻而重要政。如蒙俞允，即由臣部咨行未设巡警道省分，并通行各省，一体钦遵办理。谨附片具陈，伏乞圣鉴。谨奏。

宣统元年十二月二十二日奉旨：依议。钦此。

《政治官报》第八百八十五号，宣统二年三月初九日，第5—9页

民政部奏酌拟巡警道属官任用章程折（并单）

宣统二年四月十四日①

奏为酌拟巡警道属官任用章程，缮单具陈，恭折仰祈圣鉴事：

宣统元年十二月二十二日，臣部议覆御史麦秩严奏各省警察腐败，应速定民政司、巡警道选任章程折内，曾声明巡警道属官任用办法，应仿照奏定各省提法司属官考用章程，严定资格，一体考试，非经考试及格，不得率请补用，容由臣部另定详细章程，奏明遵办，等因。奏奉允准钦遵在案。窃维推行警政，先在培养人材。臣部上年奏拟各省巡警学堂章程，即订明此项毕业生准充各省巡警道属官，各地方警务长，及各区区官，按照另定任用章程办理，等语。比年以来，各省警政据报粗有规模，各省巡警学堂学生计亦次第毕业，所有任用办法，自非特定章程，无以杜滥竽而昭详慎。臣等谨就学科程度，警官阶级，别为两种考验，分期举行。其在他项学堂毕业，或曾办警务著有成绩，或有教练所毕业成绩最优，经派充巡长确有经验者，亦准分别与考，庶几取材之途既广，而抉择之法惟严。计厘定为十三条，敬缮清单，恭呈御览，并请饬下宪政编查馆照章覆核，奏请颁行。所有臣部酌拟巡警属官考用章程缘由，是否有当，谨缮单恭折具陈，伏乞皇上圣鉴。谨奏。

宣统二年四月十四日奉旨：依议。钦此。

谨将酌拟巡警道属官任用章程缮具清单，恭呈御览：

第一条　本章程所称巡警道属官，指左列各员而言：

一、本道警务公所科长、副科长及科员。

二、各厅州县警务长及各分区区官。

---

① 为奉到上谕批示日期。

第二条　巡警道属官,以考试合格者分别奏咨补用。

第三条　巡警道属官考试分为二种如左:一、高等考试。二、区官考试。

第四条　有左列资格之一者,得应高等考试:

一、在高等巡警或法政法律学堂三年以上毕业,得有文凭者。

二、曾办警务著有成绩三年以上者。

其在京师法科大学、法政学堂正科或高等巡警学堂正科毕业,或在外国法政大学或法政专门学堂毕业,经学部考试给予出身者,得免其考试,视与高等考试合格者同。

第五条　高等考试应行试验科目如左:

一、宪法纲要。

二、大清违警律。

三、法学通论。

四、警察学。

五、奏定各种警察章程。

六、地方自治章程及选举章程。

七、各国户籍法大意。

八、统计学。

前项第一至第四款为主要科目,应全行试验,第五至第八款为拣择科目,得由应试者任择其一二,先期报明。主要科目分数有不及格者,余科分数虽多,不得录取。

第六条　高等考试由巡警道主试,详请督抚派员监试,并遴派深通中外法学者教员为襄校。

第七条　应高等考试合格者,由巡警道按照成绩及原有官阶出身,详请督抚分别派署科长、副科长或厅州县警务长,俟一年期满,再由巡警道出具切实考语,详请督抚奏补,并将履历咨行民政部存案。若合格人员逾定额时,由巡警道按照前项规定,详请督抚分别以科员或警务长记名,俟有缺出,再行派署。

第八条　科长、副科长、科员及警务长奏补后,仍留原官原衔,每届三年,由巡警道查验该员办事成绩,出具切实考语,详请督抚奏请分别升黜,并咨行民政部存案。其有办事实在不能得力者，由巡警道随时详请督抚撤换另补，分别奏咨办理。

第九条 有左列资格之一者，得应区官考试：

一、在高等巡警学堂附设简易科或中学堂以上毕业得有文凭者。

二、照各省巡警学堂章程第二十条规定，经派充巡长在任一年以上者。

第十条 区官考试应行试验科目如左：

一、本国法制大意。

二、大清违警律。

三、警察要旨。

第十一条 区官考试，由巡警道率同各科长，或派员会同警务长举行之。

第十二条 区官考试合格者，得由巡警道按照考试成绩及原有官阶出身，分别派署区官，满一年后，果系称职，再行补实。均由巡警道详请督抚办理，并将履历咨送民政部存案。若合格人员逾定额时，应以区官记名，俟缺出候传。区官补缺后，仍留原官原衔，每届三年甄别一次。其办事实在不能得力者，由巡警道随时详请督抚撤换。

第十三条 本章程以奏定颁行文到之日为施行之期，嗣后如有应行变通之处，随时酌量增改具奏。其施行细则，由巡警道酌订，详请督抚核定，咨部办理。

《政治官报》第九百三十五号，宣统二年五月初一日，第3—6页

外务部奏请设各省交涉使缺并拟章程请饬会议政务处覆核折（并单）

宣统二年六月十三日①

奏为请设各省交涉使，以裨外交，谨拟章程，恭折具陈，仰祈圣鉴事：

窃惟国家之有外交，其事常统全局，为筹维其人，必就专门为任用，故设官分职，贵在内外联成一气，大小递有专司，然后督察之法易行，隔阂之虞可免。向来各省多设洋务局或交涉局办理交涉事务，以藩臬两司兼充总办，而参用道府以下人员。自光绪三十三年东三省总督奏定官制，始于奉天、吉林各设交涉使司交涉使员缺，嗣后惟云南、浙江先后仿照奏设，他省概从阙如。夫一省交涉，何等重要，乃仅受成于局所，待理于兼差，虽各口岸尚有关道分治，而全省总汇之地委任不专，督抚无以分责成，部臣无以资考核，殊非统一外交之道。现在各省提学、巡警、劝业各有司道专官，皆由所辖之部订立章程，随时考察。交涉一司，既经奉天等省次第创设，颇称利便，拟请定为通制。除奉天、吉林、浙江、云南业已设立外，直隶、江苏、湖北、广东、福建交涉均极繁要，应先一律设立。安徽、江西、湖南、广西四省，均归兼辖总督省份之交涉使兼办。此外如黑龙江、山东、山西、河南、陕西、甘肃、新疆、四川、贵州等省，交涉较简，拟暂缓设，将来如应行增置，随时由臣部察看情形，奏请办理。其旧时办理交涉之局所，即行裁撤，以其经费并入于岁支之款，亦不至大有加增。至交涉使任用之途，拟请酌照学部奏保学使之例，由臣部以所属及曾任交涉人员开单预保，听候简放，俾得内外互调，出入兼资，庶于外务职司更多裨益。

以上各节，业经臣部与各该省督抚电商妥协，谨参照奏定官制通则，及提学司、巡警劝业两道成案，斟酌损益，拟为各省交涉使章程十八条，缮呈御览，请

---

① 为奉到上谕批示日期。

饬下会议政务处覆核,请旨施行。一俟命下,臣部即遵照办理。

所有请设各省交涉使缘由,理合恭折具陈,伏乞皇上圣鉴训示。谨奏。

宣统二年六月十三日奉硃批:依议。钦此。

谨拟各省交涉使章程缮单,恭呈御览。

各省交涉使章程

第一条　凡有交涉省份,每省设交涉使司交涉使一员,办理全省交涉事务。

第二条　现在安徽、江西、湖南、广西等省,暂不专设交涉使,所有各该省交涉事件,除由本省巡抚督饬关道办理外,其应与兼辖总督会商者,即由该总督所驻省份之交涉使禀承办理。

第三条　交涉使拟定为正三品,位在布政使之次,提学使之前。

第四条　交涉使任用之途,拟以外务部所属人员,及各省曾任交涉之实缺道员,由外务部拣选预保存记,听候简放。各督抚亦可将办理得力著有成绩之相当人员,出具切实考语,咨送外务部,由部查核相符,一体预保。

第五条　外务部丞参,及出使各国大臣,遇有交涉使缺出,亦可因材简任。惟丞参、使臣,原系特简大员,拟无庸由部预保。

第六条　交涉使由外【务】部丞参、出使大臣、实缺道员简放者,作为实授。由出使大臣改任,请仍留原衔。其原官为郎中、候补道员者,拟照从前编检充提学使之例,一律作为以道员署任。

第七条　交涉使照各省藩学臬三司例,为督抚之属官,归其节制考核,一面由外务部随时考查,不得力者,即行奏请撤换。

第八条　交涉使所办事件,除随时详请督抚咨报外务部外,仍于年终造册汇报外务部,以备考核。如遇重要事件,一面禀报督抚,一面报部。

第九条　交涉使自到任之日起,每三年作为俸满,届时督抚将其平日所办事项详细咨部,由部查核,分别殿最,胪列奏闻。

第十条　交涉使就所驻地方设立交涉公所,督率委员,每日订时入所办事。公所分设两科,曰秘书科,曰翻译科,由交涉使酌拟办事细则,详准督抚施行,并报外务部立案。

第十一条　交涉司酌设委员，分隶两科。其员数，事繁省份不得逾七八员，事简省份不得逾四五员。

第十二条　交涉司委员应用历办交涉及通晓各国语文人员，以业经到省及由外务部发往差遣者为合格，由交涉使遴选，详请督抚札派。亦可不拘原官品级，酌量差委，仍将各该员履历详报督抚，咨部备案。其应领薪水，酌照该省旧时洋务人员薪水，由交涉使详请督抚核定。

第十三条　交涉使除例支俸银外，每年额支养廉公费及外交经费，应由督抚酌拟奏定。此外建修衙署公所，及所属员役薪工、公所费用等项，均由督抚酌筹的款，以规久远。

第十四条　交涉司委员之下，应设书记生。其人数视事之繁简为定，皆开支工薪，不作缺底，公役亦宜限定人数。

第十五条　各口岸交涉向归关道办理者，本为交涉分司，职任一切仍旧，惟所有上详督抚之件，均应分咨交涉使查核。

第十六条　所有旧时由藩学臬三司会详督抚之件，交涉司应一体会详，并一切关于各司通例者，均与各司一律。

第十七条　各省俟交涉使简放到任后，所有原设之办理洋务局所即行裁撤，将一切案卷移送交涉司，以其经费并入交涉司经费。

第十八条　以上各条，将来如有增添删改之处，随时察度情形，请旨办理。

《政治官报》第一千零十四号，宣统二年七月二十一日，第4—7页

会议政务处奏覆核外务部奏请设各省交涉使员缺折

宣统二年七月十四日①

奏为遵旨覆核，恭折具陈，仰祈圣鉴事：

本年六月十三日，外务部奏请设各省交涉使员缺，并拟章程，请饬会议政务处覆核一折，奉硃批：依议。钦此。当经该部钞咨前来。

臣等覆查近年各省口岸迭开，商埠林立，中外交涉日益纷繁。因应少失其宜，动辄误事机而生枝节。从前各口岸关道，及省会所设洋务局，或官由兼任，或事隶局差，责成不专，办理每多歧异，自非遴派专员，无以一事权而资考核。原奏谓奉天等省创设交涉一司，颇称利便，除奉天、吉林、浙江、云南业已设立外，直隶、江苏、湖北、广东、福建交涉繁要，应先一律设立。安徽、江西、湖南、广西四省，均归兼辖总督省份之交涉使兼办。此外如黑龙江、山东、山西、河南、陕西、甘肃、新疆、四川、贵州等省，交涉较简，拟暂缓设。其各省旧时所设洋务局所即行裁撤，其经费统归并交涉司。至交涉使任用之法，仿照学部奏保提学使之例，在于该部所属及曾任交涉人员开单预保，听候简放，等语。审度缓急，次第推行，实于外交有裨，应如所奏办理。原奏章程十八条，酌订职权，量筹经费，以及任用考成各办法，无非参照成案，斟酌时宜，均可照章试办。此后如有增删修改之处，应由该部随时体察情形，奏明办理。

所有臣等覆核交涉使员缺章程缘由，谨恭折覆陈，伏乞皇上圣鉴训示。谨奏。

宣统二年七月十四日奉旨。已录。

《政治官报》第一千零八号，宣统二年七月十五日，第3—4页

---

① 为奉到上谕批示日期。

宪政编查馆奏拟订各省会议厅规则折（并单）

宣统二年八月十六日①

奏为遵旨拟订各省会议厅规则，缮具清单，恭折具陈，仰祈圣鉴事：

窃查臣馆议覆翰林院侍读吴士鉴申明裁夺权限折，内载奏定各省官制清单内开，各省督抚应于本署设会议厅，定期传集司道以下官，会议紧要事件，决定施行。如有关地方之事，亦可由官酌择公正乡绅与议，等语。是会议厅第属行政合议体制，而无与审查谘议局事件之职，若将审查之权寄诸该厅，则非另行编制不可。拟于会议厅内分设两科，一参事科，专司参议庶政施行之件；一审查科，专司审查谘议局议决案件。此项详细章程，容俟臣馆另行拟订，奏请施行，等语。业经奉旨俞允在案。

嗣据各该省遵设会议厅，并将暂行规则先后奏咨到馆，臣等查阅各该省所拟办法，虽多本臣馆原奏，惟条理仍未能一律，自应由臣馆另拟章程，庶足以收划一整齐之效。窃维会议厅之设，内以辅导督抚，助宪政之进行，外以对待人民，备议案之审核，苟无详善规制，完备机关，实不足利措施而规实效。臣等督饬馆员，按照臣馆原奏，参酌各省办法，拟订会议厅规则十九条，缮具清单，恭呈御览。如蒙俞允，即由臣等钦遵分咨办理。

所有遵旨拟订各省会议厅规则缘由，谨恭折具陈，伏乞皇上圣鉴。谨奏。
宣统二年八月十六日奉旨。已录。

谨将拟订各省会议厅规则缮具清单，恭呈御览。计开：
第一条　各省督抚，应于署内设立会议厅，会议全省之行政事务。
第二条　会议厅以本省督抚为议长，其下分设两科，一参事科，一审查科。

---

① 为奉到上谕批示日期。

第三条　参事科以左列各项人员承充：

一、司道及府厅州县官。

一、各局所总办。

一、督抚奏设之幕职。

以上各员，均由督抚遴派。

第四条　审查科以左列各项人员承充：

一、司道及府厅州县官。

一、通晓法律人员，或现任司法官。

以上两项人员，均由督抚遴充。

一、本省士绅。本项人员，由谘议局按照督抚所定员数加倍公推，呈请督抚覆选派充。如该局所公推者系谘议局议员，应开去议员之职。

第五条　两科人员，由各督抚酌量该省事务之繁简，规定额数。惟审查科人员，应于本章第四条所载三项资格中，按照总额各选三分之一充任之。

第六条　两科人员，除司道外不得兼充。

第七条　两科人员，每届三年遴选一次。选定后，由督抚开列各员衔名，咨送宪政编查馆暨资政院存案。

第八条　两科人员，至少须过半数住在省城。

第九条　参事科应办事件如左：

一、凡特旨交议事件，及各部咨商事件，遇督抚谘询时，由本科条议。

一、本省行政事件，照章不经谘议局议决者，由本科议决。

一、本省单行章程，提交谘议局以前，先由本科核订。

第十条　审查科应办事件如左：

一、本省谘议局议决议案，呈请督抚核夺施行者，应交本科审查。

一、行政审判厅未设以前，所有行政审判事件，暂归本科处理。仍俟此项法规规定后再行开办。

一、关于本省单行章程规则，及督抚衙门训令等项，经本科审查。如有与国家现行法令抵牾之处，得呈请督抚核办。

第十一条　各省原设之宪政筹备处专办筹备事宜，其关于第九条所列各项，悉划归参事科办理。

第十二条　谘议局议决案件，经审查科审定应行公布或更正施行者，呈请督抚照章办理。其尚待详议者，呈请交局覆议。如该局所不应议决者，即具理由书呈请行局声明，不交覆议。凡经该科审查之毋庸交议事件，如谘议局尚有待申之义，得由该科推选一二员到局，以资质问。

第十三条　会议日期，由督抚指定，分别召集两科人员，届期到厅会议。会议时，须有在省会员三分之二到会，始得开议。

第十四条　每开会时，应行会议事件及其次序，由督抚宣布，分交两科人员办理。

第十五条　两科会议，以到会员过半数之同意为议决，呈候督抚核夺施行。

第十六条　两科人员中，如有对于本科会议事件与本身利害有关系者，应即回避，不得与议。

第十七条　所有每次应行会议事件，除督抚认为应行秘密外，得公布之。

第十八条　两科人员均为名誉职，不支薪水。惟通晓法律及本省士绅两项人员，得由督抚酌定公费。

第十九条　所有会议细则，以及常年会期之长短，由督抚各就本省情形，详细具拟，并将细则报明宪政编查馆暨资政院存案。

《政治官报》第一千零四十号，宣统二年八月十七日，第3—6页

农工商部会奏续订直省劝业道职掌事宜折

宣统二年九月二十二日①

奏为续订直省劝业道职掌事宜，恭折会陈，仰祈圣鉴事：

窃维为政之道，有治法尤贵得治人，任职之方，操实权而后收实效。光绪

---

① 为奉到上谕批示日期。

三十四年，宪政编查馆核定直省劝业道官制细则，奏由臣部咨行各省，照章遴保，奏请简放试署。本年复遵旨由臣部等预保存记，计已设立者直隶等十八省，其未设之山西等五省，亦催令赶行筹设，期以上副朝廷振兴实业规划交通之至意。惟查宪政编查馆奏定劝业道官制细则内，仅有督饬地方官切实奉行考察勤惰之权，而无实行考核纠举之责，若不稍为变通，重其职掌，恐不足以资督率而利推行。案查民政部奏请厘订巡警道职权一片内称，各省所设巡警道缺，其品秩虽视守巡各道，而按其职掌监察全省警务，与藩学臬三司权限无殊，拟请凡已设民政司使各省，自应查照部纲，遇有关于地方官员补署举劾等事，会同具详，其仅设巡警道各省，亦应一律会详，以符监察之实，等语。奉旨允准在案。劝业道一职，管理全省农工商矿及各项交通事务，凡应行兴办，皆今日利用厚生要政，较巡警道职掌尤为繁重。拟请仿照民政部厘订巡警道职权办法，凡已设劝业道各省，遇有关于地方官员补署举劾等事，一律会详，以符督饬考察之实。所有续订直省劝业道职掌事宜，是否有当，理合恭折会陈，伏乞皇上圣鉴训示。

再，此折系农工商部主稿，会同邮传部办理。合并声明。谨奏。

宣统二年九月二十二日奉旨。已录。

《政治官报》第一千零九十一号，宣统二年十月初九日，第4—5页

江西巡抚冯汝骙奏归并财政局所设立公所分科治事折

宣统二年十月二十八日①

奏为赣省归并财政局所，于藩署设立公所，分科治事，恭折具陈，仰祈圣鉴事：

---

① 为奉到上谕批示日期。

窃前准度支部咨，钦奉上谕：各省财政，头绪纷繁，自非统一事权，不足以资整顿。嗣后各省出纳款目，除盐粮关各司道经管各项按月造册，送藩司或度支使查核外，其关涉财政一切局所，著该督抚体察情形，予限一年，次第裁撤，统归藩司或度支司经管。等因。钦此。钦遵咨行到臣。

窃维归并之始，必先将向来支用款目勾稽清楚，一律和盘托出，化私为公，明定薪费，以昭核实。兹据布政使刘春霖逐一考核，拟具办法，详请奏咨前来。臣查藩司每年向来入款，地丁火耗银三万三千余两，漕务火耗银三千九百两，官银号炉息节规一千四百余两。以上三项，本官经费及经历、理问、库大使以及书吏人等，皆取给于此。此外藩司公费及修署、换季等银七千二百两，员幕薪修银一万二千一百八十余两，工食杂支银二万五千余两，均系动支库款。至分管财政局所，一曰税务局总局及各分局口，每年一成开支银二十一万余两；一曰田赋税契支应局，每年支薪费银七千三百八十两，又税契油红银二万两；一曰赈捐局，每年支银四千一百五十余两。以上按照宣统元年收支之数核计，共约银三十二万四千两之谱，闰月添支之款尚须另计。

现经该藩司悉心厘订，分为六科：曰总务，曰铨叙，曰田赋，曰税务，曰制用，曰会计，即将税务局、田赋税契支应局、赈捐局一概裁撤，遴委科长科员，分司其事。田赋、税务、制用三科归并之始，须资熟手，督同候补道员会同襄办。其办公处所，就司东偏改建。因管辖事宜兼综用人理财之责，即称布政公所。所有丁漕火耗炉息及税契油红，概提归公。规定公所常年额支经费银六万二千三百余两，遇闰照加。税务科所辖各分局口按照预算一成开支之数，大加删减，实支银十七万五千余两。除另案奏定藩司岁支公费二万四千两，仍就藩司旧有入款内提拨外，其藩司属官，现定经历、理问、库大使之缺，共岁支公费银四千二百两。例有廉俸、役食均仍其旧。库书、库丁、库勇岁支辛工银四千八百余两，一并遇闰照加。实共节省银五万三千余两，核与前复度支部电裁之数，计多节省银一万八千余两。至关道收入之款，仍遵部章办理，并饬按月报司查核。

除将分科简章开支细数咨部查核外，所有赣省归并财政局所，于藩署设立公所，分科治事各缘由，谨会同两江总督臣张人骏恭折具奏，伏乞皇上圣鉴，敕部核复施行。谨奏。

宣统二年十月二十八日奉朱批：度支部知道。钦此。

《政治官报》第一千一百一十三号，宣统二年十一月初一日出版

各省督抚筹商官制电

宣统二年十月①

一、滇督②电

国会原以监督内阁，使负责任，今既缩短三年，内阁成立，未定期限，朝野咸谓官制与内阁相关，官制一日不定，内阁一日难设，周折日多，变端日亟。诸公荩献在抱，必谋补救。鄙意能早妥定官制，内阁或不虚设，内官制可参酌各国中央制度，尚不难于厘定。外官制因吾国地大俗殊，交通濡滞，内外关系之间，既不能效联邦之组织，复不能如日本现制，以府县直接中央。自非体察国情，我定我法，无以谋全国政治之统一，期地方行政之整理。

羲不揣谬妄，以为今日行政组织，宜分三级。第一级为内阁与各部，其权责在计画国务，统一政纲。第二级为督抚，其权责在秉承内阁计画，主决本省行政事务。第三级为府厅州县，各治一隅，不相统辖，其权责在秉承督抚命令，整理本属行政。省制略如部制，司道如部中各司之长，补助督抚，同一公署办事，不宜独设衙门。府厅州县仍为各司属官，并受考核，而公牍均直接督抚。一省行政得失，督抚对于内阁完全负责，各司对于督抚，分事负责。各司由督抚辟荐，用舍决于内阁。溺职者，内阁、督抚均得勒退，惟另选必由督抚。府厅州县进退决于督抚，各就事务繁简，酌设佐治员缺，由府厅州县自

---

① 原文未署日期，因以下各电除署粤督未明日期外，其余均十月所发，故署十月。
② 云贵总督李经羲。

辟。如此办法，方能有监察而无僭越，有维系而无推诿。边省照僻远地方酌设巡道，受督抚指挥考核。府厅州县务期权责分明，行政敏活，一扫从前散漫隔阂牵制延宕之弊。

此特略陈大意，诸公各具伟识，如有异同，彼此参合，均径达清①、莘②两帅处，公推主议定稿联衔入奏。未知可否。羲之言此者，以外官制关系甚重，若筑室道谋，漫无折衷，全由内议，又恐不明外情，凭理想而误事实，则事更难办。

再，各省未便通电，如诸公谓然，再请清、莘两帅通电各省。不愿者听。羲分浅才庸，只能聊贡愚忱，知无不言，边远乏才，苦难筹决，力挽大局，惟望诸公。乞教盼复。

二、鲁抚③电

仲帅④文⑤电谓先定官制，为设阁张本，而外官制较之中央为难，行政组织，拟分三级，各司由督抚征辟各节，深佩卓识。惟各省督抚为中央政府之代表，监督一切行政，各司即为中央各部之分设机关，既规定各司权限，则凡在职权中者，皆可直接中央各部，不必尽由督抚承转，但遇重大事件，须行会商，如现行会议厅规制，督抚对于军事外交负完全之责任。如此庶权限分明，机关敏活，利于推行。若同一署办事，巨细悉集于督抚一人，精力疲于画诺，要政必多废弛。各司既设佐治人员，以及储藏案牍，皆非有公署不便，似难比拟各部司长。鄙意目前急宜划分度支民政两司，即以藩司公费匀分之，度支以藩司所管财政部分隶之，民政巡警道及筹办自治处隶之。中央应有审计院，各省宜改清理财政局曰审计局，为钩核全省财政机关，务与中央相应。上年琦条奏厘定直省官制，一确定督抚权限，设责任专法，一申明司道职守，一加重知府责任，一除州县回避例，大指以一省之权，统于督抚。地方之政，起于州县，集权分权，必以督抚为机

---

① 锡良，字清弼，时为东三省总督。
② 瑞澂，字莘儒，时为湖广总督。
③ 山东巡抚孙宝琦。
④ 指李经羲，字仲仙。
⑤ 文，十二日，十月初三日清廷宣布宣统五年开国会，故当为宣统二年十月十二日。

轴，而归纳于中央。国政民政，以州县为根本，而裁成于知府，而官制精神，尤全在任用惩戒两法。原折均经咨送，请调卷检阅，以备参酌。照清帅莘帅电，仍请仲帅主稿，并挈蔽衔为感。

三、吉抚①电

仲帅文电，清帅、莘帅咸②电，又清帅号③电，坚帅④啸⑤电，慕帅⑥篠⑦电，朴帅⑧铣效⑨两电，均敬悉。中国行省制度，为地方一种特别阶级，诚如仲帅文电，不能以德国联邦，日本府县为例，所定三级之说，尤不可易。惟仲帅省制略如部制一议，东三省行之已久，比已稍事变通，利弊均如清帅号电所云，此时议定官制，当以统一全国政治整顿地方行政两义为前提，时论所称中央集权地方分权之说，均属偏倚，于义无取，谨伸鄙见，藉备采择。

其一，规定组织。拟分地方官制，总督与各司为一级，总督亲任，司敕任；府县及佐治员为一级，府县奏任，佐治员判任；巡抚名制不符，拟裁，从总督称。布政司、巡警道拟裁，改设民政司，铨政别出。提法司、提学司、度支司皆系甫经改定，暂仍今制。劝业道拟裁，改设农工商务司。交通司或兼或分，视地方之繁简，边省别设殖务司。司各设科，外交军务本为君主特权，宜直辖中央，委任总督。拟裁交涉司，改外交处。裁督练处，改军务处，总督领之。道缺与三级制相背，分巡非制，兵备无实，拟裁。其边要各处，有外交军务者，均设知府，由总督委任执行，另定兼衔。盐运等使，河工等道，拟裁，设立专局，别于各司府县，各有辖境。直散厅州旧名无所取义，拟裁，从府县两称。佐贰各官职制未合，拟裁，改设佐治员，分课治事，为府县辅助机关。分防与佐治制背驰，

---

① 吉林巡抚陈昭常。
② 咸，十五日，当为宣统二年十月十五日。
③ 号，二十日，当为宣统二年十月二十日。
④ 张鸣岐，字坚白，时署两广总督。
⑤ 啸，十八日，当为宣统二年十月十八日。
⑥ 即山东巡抚孙宝琦，字慕韩。
⑦ 篠，十七日，当为宣统二年十月十七日。
⑧ 黑龙江巡抚周树模，字少朴。
⑨ 铣，十六日，当为宣统二年十月十六日；效，十九日，当为宣统二年十月十九日。

拟裁，改设警区，如辖境过广，难于控制，分所辖独立，从府县。总督既内承中央，外任地方，署内宜略仿内阁制，以现设会议厅改置内厅，各司为省务大员，总督为之长。设铨政、法制、统计、官报四局，设行政裁判、文官试验两种委员。自督司府县均独立衙门。设官房，置秘书、书记等官，由主官判任。

其二，分定权限。

关于总督者，一、参预国务，其细别二：（甲）列入内阁会议本省事务，（乙）预议全国重大事务。二、秉承内阁计画，计决一省政务，得发省令，对于内阁负完全之责任。三、一省之外交军事，得直接受君主之委任，行其职务。四、进退一省文官，其细别三：（甲）各司奏由内阁请旨，（乙）府县及上级事务官随时奏明，（丙）佐治员及下级事务官汇案奏报。五、一省武官得奏咨参撤。

关于各司者，一、辅治省务，凡属一省大政，应列入内厅会议。二、禀承总督命令，主管一司政务，得发司令，对于总督负完全之责任。三、有进退考核所属文官之权，其细别二：（甲）本司所属之判任事务官，呈报总督备案，（乙）府县以次之文官，随时受其考核。

关于府县者，一、禀承督司命令，主管本府县行政事务，对于督司负完全之责任。二、进退本管佐治员。三、有外交军事之府治，得受总督之委任，行其职务。

其三，差缺合并。就今日仕途论，大官浮于小吏，差事多于实缺。其流弊极于牵制推诿。其现状成为破碎支离，实为官制大害。鄙拟不论局科课，一律均为实官。惟暂时派员，如调查采办之类，始作差事。

其四，品职分离，品以定级，职以治事。现例品职淆杂，级事不明。拟厘订品位，职从其品，杂职以品名官，其余俸给考试任用诸大端，别以法令行之。此其荦荦大者。

窃谓官制关系至重，议订之始，似宜先从中央地方两面规定联系办法，清帅号电，今日督抚实带有国务大臣性质一语，最为精当。惟但须兼含职权，不必专立衔名。若各司直接中央，各自为政，如坚帅电，则督抚但类一民政长官，如慕帅电，督抚又同一名誉监督。就我国历史地理两方面观之，实恐窒碍难行。鄙拟总督权责，第一条首定参预国务，即以总督一官，对于中央为国务大臣，对于地方为行政长官。虽各国无此成例，仲帅文电体察国情，我定我法，义实同之。督抚既当参预国务，鄙拟内厅办法，自不可少，事属一司则一司负其责任，事属全省，则各司连带负其责任。此又督司相维，期于允协。其他更置各条，无非求权责分明，行政敏活，与各节意见小异大同。

事关经制，敬陈管见，惟诸帅裁夺教正，仍遵清帅莘帅咸电，由仲帅主稿，厘订就绪，尚希教示。再，仲帅皓电转雪帅①覃电所述各节，词严义正，具表同情，敢避多口之憎，愿随诸帅之后，昭常印。

四、署粤督②电

仲宪并清、莘两帅电示先后敬悉，外官分级编制办法，仲宪所谕，极为精当，岐在都向宪政馆诸公所陈意见大致相同，稿成甚愿附骥。惟鄙见官制由政务而生，若不趁此将中央与地方行政权限划分清晰，恐官制难改，仍不免牵掣错误。督抚一官，将来应作为中央之官，抑作为地方之官，馆中议论，尚未一致。岐愚以为应作为地方之官，不宜列入国务大臣之内。按照各国所分五类行政支配，中央与地方之权责，内务行政包括最广，其事亦属于地方行政范围者居多，此类事权，宜专属诸督抚，中央但受其权，不为牵制。其中间有应属国家行政范围者，则以中央之命令委任督抚行之。外务各国皆视为国家行政，此类宜照各国通例，集权中央，不隶督抚，如以领事租界之故，外省不可无应付之人，则各省新设之交涉使，尽可直接内部。司法纯是国家行政，亦应集权中央，不隶督抚。惟就地正法四字，既为目前事实所万不能废，即为督抚所必争，然此四字当归入军事范围，不当属之司法，是督抚不干涉司法之权，于事无损。财务行政，为目今内外交争最烈之事，然正坐权限未清之故耳。若划清何者为国家税，何者为地方税，国家税提归国库，以供国家行政之支用，地方税留存省库，以供地方行政之支用，夫而后各省乃得各就其财力之盈虚，以为办事多寡缓急之标准，何有于争。至征收国家税之权，或委任督抚行之，或特设度支司直隶中央以专管之，均无不可。军事行政，亦今日内外交争之事，岐谓果是军队，自系国家行政，必应

---

① 程德全，字雪楼。
② 张鸣岐。

集权中央，欲明外省是否应争，当先问所争者是否军队。夫军队者其性质均独立对外，近日所练新军是也。各省所争者，实非负国防责任之新军，乃系负省防责任之巡防队。此种营队，专在弹压地方，缉捕土匪，只可同为一种特别巡警，不得谓之军队。若将新军之权，集之中央，巡防队留与外省，亦何争之有。再不能将巡防队属之巡警，仍令属之军队，以归入国家行政范围，亦可暂时划出此一部分之权，委任督抚管理。此与就地正法一项，均系权宜办法，照此划分，似与新官制权限尚无窒碍。以上所述，岐在都亦为宪政馆陈之，是否有当，仍求教示。

《国风报》，宣统二年第三十期，宣统二年十一月初一日发行

续录各省督抚筹商官制电

宣统二年十月①

（一）东督②电

慕帅③箇④电，区分权责，以行政各司为各部之分设机关，直接中央各部，以军政外交为督抚完全之责任，集权分权，筹画至当。惟按之今日情势，似尚未协。中国幅员辽阔，交通不便，直接官治，实难适用。想行政各司，类多彼此联络之事，设直接京部，各自为谋，畛域既分，意见互异，必有涣散杂乱之虞。督抚管理军政外交，前王大臣原奏新官制职掌有此，查行政长官，兼辖军民两政，本为各国所无。今军政已直隶中央，征调训练，督抚将不能过问，所宜陈请者，

---

① 原文未署日期，从内容及刊载时间看，当为宣统二年十月。
② 指东三省总督锡良。
③ 山东巡抚孙宝琦，字慕韩。
④ 二十一日。

地方遇有急变，督抚应有调遣之权。外务本应属诸中央，方能立一定方针，现今重大事件，外人动向外部交涉，亦实非督抚概能主持，此无完全责任之可言者也。窃谓今日督抚，实带有各国国务大臣之性质，各司分管职员，不能如各国上级地方团体之行政长官。仲帅①三级之议最合今日政治组织之原则。中国积弱，由于内外不负责任，若各司直接中央，则督抚只类一名誉监督，不如裁撤之为愈矣，果可裁撤，讵不大快，否则既有督抚，即应负责。雪帅②谓权责两字，必须详细分晰，实至论也。府道职司监率，今日已成赘疣，州县直接公署，东省行之无碍，惟僻远地方，酌设巡道，平时分寄耳目，有事互联指臂，因地制宜，不得不然。至合署办公，事简费省。法固甚善，然有利亦有弊，每日督抚司道，督同科员，定时聚集，稿件积叠，准驳处分，取决俄顷，疏略往往有之。东省前经陈奏，未尽照行，现司道仍各设衙署，欲实行此制，必须厘正公牍，似各国程式之简单，而后精力不疲于肆应。又必有极大之公署房舍，足容纳各署科之员书，及收藏各署科之卷牍，而后精神团结，机关简敏，可一洗从前牵隔疲延之弊。此则实事求是，而甚有益于政务者也。敬申鄙窥，尚祈裁教。朴帅③铣④电，辟荐司道，恐政府疑而反对，筹虑周至。东三省官制司道中，除法学两司多得由督抚奏保署补，系改行省时奏定，特别章程，似不可为通例。再，译发间，又接朴帅效⑤电，与鄙见极合。惟诸帅裁之。

（二）黑抚电

慕帅篠⑥电敬悉，循译大旨，在于分明权责，用意良深，至为倾佩。惟有尚须献议者，中央遥制为难，门户各分，则交互之机关必窒，于行政妨碍良多。愚意以为一省之大，除司法独立外，其余行政官，断不可无统一之机关，以总挈纲维，而上接于中央政府。如督抚专负外交军政责任，则今日军政已不全属于督抚，外交则重要者须取部进止。中国幅员过大，交通阻隔，本不宜于直接官治。

---

① 云贵总督李经羲，字仲仙。
② 江苏巡抚程德全，字雪楼。
③ 黑龙江巡抚周树模，字少朴。
④ 铣，十六日。
⑤ 效，十九日。
⑥ 篠，十七日。

从前行省制度，亦因形势扞格而起，其谓之行省者，乃自内而分，非由外而立。故督抚必带京衔，纯属部院性质，为一省之长官。司道属于督抚，与属于中央同。若司道不相统辖，各自为政，直接京师，万里请命，则中央交涉司既设，亦可直接。是督抚竟成虚位，不妨径裁。模不敢主张此说者，以承乏外吏，粗涉事情，确见一省无统治之区，则散漫纷歧，弊害利见。抑封疆之责，谁与任之。故于仲帅我定我法，省制略如部制之说，极表同情也。至府州县阶级，宜通为一，民政度支，宜划为二，其理不可易矣。事关经制，敢略陈愚管，祈诸帅裁择教正。

又坚帅①啸②电敬悉，其意在划清权限，以释内外之争。极佩卓见。行省制度，督抚权责，模前效③电已略陈愚管，当蒙均鉴。行省本沿元制，省即中书省，如今内阁。督抚为中央政府所分出，总领一省行政之事，盖因地大，为此特制，非各国可同。若督抚为地方官专管内务，是为一部之分支，非中央政府全体之分支，恐失一统之效。财政一类，现既除去内外销名目，正杂一切报部，均以度支司领之。政费既经确定，国库省库，无所于争。军事一类，谓军队为独立对外，实为新义。惟各省绿营将次裁尽，东三省防营部令改练新军，如新军不任剿匪，如皖粤兵变，山东民变，岂巡警遂可倚以平定内乱，而新军逍遥以待未来之战事乎。模前随使至巴黎，适值同盟罢工，商房昼闭，经政府调兵五万至京，三日乃定。不得谓军队不任营队之事也。若督抚无调遣新军之权，恐难负封疆之责耳。至外交重大者请部示，寻常者归交涉司，相习办法如此。就地正法案，归入军事范围，不侵司法权，实精当不可易也。模识陋望轻，因事关经制，琐琐陈言，尚祈教察。

（三）吉抚④致浙抚电

杭州增固帅⑤鉴：奉敬⑥电，匡我不逮，至为钦佩。惟鄙见与尊论尚觉微有

---

① 张鸣岐，字坚白，时署两广总督。
② 啸，十八日。
③ 效，十九日。
④ 吉林巡抚陈昭常。
⑤ 浙江巡抚增韫，字子固。
⑥ 敬，二十四日。

异同，经制所关，不嫌求备，敢援斯义，再贡所怀。尊论谓各司不必特发命令，不必特设衙门，利固然矣，然全省政令所出，无论巨细，必由督抚批行，长官疲于文牍，弊一。司为敕任之行政官，俨如中央各部，分执各政，不发司令，似背分事负责之义。弊二。各司于主管事务，自呈自批，等于幕僚。弊三。部以政分，令固宜一，省以地限，包举各政，无司令为之分布，责成每虞不专。弊四。此皆东省经验所得。清帅①号电云云，正相符合。边要各处之外交军务，鄙拟委任知府，本含有请示意义，尊论似不如由总督直接命令各属行之，更为圆满。惩戒委员会，自应专设。行政大臣，系法理上解释语，似不如仍从总督旧称。

总督权责第一条前电尚未分明，请申言之：一关于国家根本问题。内阁应令总督预议，得其承诺，列入副署，连带负其责任。二关于全国或数省重要问题。内阁应通知总督，令其条议，不必得其承诺，亦不副署负责。三君主视为重要事件，得特调总督列入阁议，或本省重要事件，总督亦得自请入阁会议，仍应副署负责。至尊处交通不便，未必能实行会议，则通电商榷，一二日即可遍达。又虑内阁变更，各省必受影响，此则理论固然，于事实不至出此。总之前拟办法，实以总督一职，为中央地方之关键。仲帅文②电清帅号③电用意皆同，惟仲帅三级之说，级字当作部分论，不作阶级论。前拟系以中央为一部，地方为一部，中央与地方分内外不分上下，如今制。地方则实分上下两级，亦如今制。其与今制略有变通者，仅为总督权责第一条，无非求内外相维，悉归允协。愚昧之见，未审尊意如何。

（四）浙抚电

各省督抚鉴：慕帅篠电坚帅啸电少帅④效电均悉。慕帅主张民政度支宜划为二，改清理财政局为审计局，与中央审计院相应。少帅主张督抚行省，由内而分，非由外而立，除司法独立外，其余行政官统属于督抚，与属于中央同。坚帅意首宜分中央与地方行政权限，为改新官制之张本，暂以管理巡防队之权委任督

---

① 东三省总督锡良，字清弼。
② 文，十二日。
③ 号，二十日。
④ 疑即黑龙江巡抚周树模，字少朴。

抚，专弹压缉捕之责。均甚钦佩，极表同意。

敝处先日接清帅转仲帅电，已具复文曰：仲帅电商外官制大略，分行政组织为三级，力矫向来管官官多管民官少之弊，与鄙见极合。督抚如部臣，各司如部曹。府厅州县不相统辖，禀报公牍，只须一分，文书骤简，胥吏可裁，官舍居宅，不相混杂，公私截然不淆，政费必然大省，向来积习，一扫而空。惟内阁统一全国，督抚管理全省，凡章程法令，内阁只定大纲，范围宜广，俾督抚有伸缩之权，但不得显有抵触。各司由督抚辟荐。本汉唐旧制，但宜预定资格，中央方不疑督抚有私，即府厅州县之佐治官，亦宜严格考选，以杜倖进。仍谨推仲帅主稿，附列敝衔以奉闻。增个印。

《国风报》宣统二年第33期，宣统二年十二月初一日发行

宪政编查馆奏考核巡警道属官任用章程折（并单）

宣统二年十一月十三日①

奏为考核巡警道属官任用章程，缮具清单，恭折仰祈圣鉴事：

宣统二年四月十四日，民政部奏酌拟巡警道属官任用章程，请饬下宪政编查馆覆核一折，奉旨：依议。钦此。由该部抄录原奏并清单前来。

伏查警察为治安之本，使办理不得其人，则保民者适以扰民。是以任用之初，宜求审慎。臣等检阅原奏清单十三条，与直省官制通则及巡警道官制所载各节均相吻合。惟第九条第二款派充巡长在任一年以上者，得应区官考试一节，查区官管辖全区，责任颇重，即由巡长考取，其资望恐尚不足，拟请改为现任巡官，似于限制较严。其余各条，均尚周妥，便于施行，惟字句之间，稍加修正。谨另缮清单，恭呈御览，如蒙俞允，即由臣馆咨行，钦遵办理。

---

① 为奉到上谕批示日期。

所有考核巡警道属官任用章程缘由，是否有当，伏乞皇上圣鉴训示。谨奏。宣统二年十一月十三日奉旨。已录。

谨将酌拟巡警道属官任用章程缮具清单，恭呈御览：

第一条　本章程所称巡警道属官，指左列各员而言：

一、本道警务公所科长、副科长及科员。

二、各厅州县警务长及各分区区官。

第二条　巡警道属官，以考试合格者分别奏咨补用。

第三条　巡警道属官考试分为二种如左：

一、高等考试。

二、区官考试。

第四条　有左列资格之一者，得应高等考试：

一、在高等巡警或法政法律学堂三年以上毕业，得有文凭者。

二、曾办警务三年以上，著有成绩者。

其在京师法科大学、法政学堂正科或在外国法政大学或法政专门学堂毕业，得有文凭，经学部考试给予出身者，得免其考试，视与高等考试合格者同。

第五条　高等考试应行试验科目如左：

一、宪法纲要。

二、大清违警律。

三、法学通论。

四、警察学。

五、奏定各种警察章程。

六、地方自治章程及选举章程。

七、各国户籍法大意。

八、统计学。

前项第一至第四款为主要科目，应全行试验，第五至第八款为拣择科目，得由应试者任择其一二，先期报明。主要科目分数有不及格者，余科分数虽多。不得录取。

第六条　高等考试由巡警道主试，详请督抚派员监试，并遴派深通中外法学者数员为襄校。

第七条　应高等考试合格者，由巡警道按照成绩及原有官阶出身，详请督抚分别派署科长、副科长、科员或厅州县警务长。俟一年期满，再由巡警道出具切实考语，详请督抚奏补，并将履历咨行民政部存案。若合格人员逾定额时，由巡警道按照前项规定，详请督抚，俟有缺出，再行派署。

第八条　科长、副科长、科员及警务长奏补后，仍留原官原衔，每届三年，由巡警道查验该员办事成绩，出具切实考语，详请督抚奏请分别升黜，并咨行民政部存案。其有办事实在不能得力者，由巡警道随时详请督抚撤换另补，分别奏咨办理。

第九条　有左列资格之一者，得应区官考试：

一、在高等巡警学堂附设简易科或中学堂以上毕业，得有文凭者。

二、现任巡官者。

第十条　区官考试应行试验科目如左：

一、本国法制大意。

二、大清违警律。

三、警察要旨。

第十一条　区官考试，由巡警道率同各科长或派员会同警务长举行之。

第十二条　区官考试合格者，得由巡警道按照考试成绩及原有官阶出身，分别派署区官，满一年后，果系称职，再行补实，均由巡警道详请督抚办理，并将履历咨送民政部存案。若合格人员逾定额时，应以区官记名，俟缺出候传。区官补缺后，仍留原官原衔，每届三年甄别一次。其办事实在不能得力者，由巡警道随时详请督抚撤换。

第十三条　本章程以奏定颁行文到之日为施行之期。嗣后如有应行变通之处，随时酌量增改具奏。其施行细则，由巡警道酌订，详请督抚核定，咨部办理。

《政治官报》第一千一百三十一号，宣统二年十一月十九日，第6—8页

法部奏各省驿传事务应由各省提法使移归劝业道管理片[1]

宣统二年十一月二十一日[2]

再,查宪政编查馆奏定考核直省劝业道官制细则折内载驿传一节,现在各省提法使尚未遍设,应如原奏,仍归按察使兼管,嗣后按察使改为提法使时,应将驿传事务均归该道管理,等语。奉旨:依议。钦此。查各省按察使业经臣部于本年七月二十一日奏请改补提法使,所有各省驿传事务,自应遵章移归劝业道管理。其未设劝业道之山西、江苏、甘肃、新疆、黑龙江等省,所有驿传事务,仍著该省提法使或兼提法使衔之道员暂行管理。其已设劝业道之奉天等省,驿传事务应由各该省提法使移归劝业道管理,以遵定章而免歧异。除由臣部咨行各该省遵照,并咨行陆军部、农工商部、邮传部查照外,谨附片陈明,伏乞皇上圣鉴。谨奏。

宣统二年十一月二十一日奉旨:该部知道。钦此。

《政治官报》第一千一百五十五号,宣统二年十二月十三日,第10页

---

[1] 标题系编者重拟。
[2] 为奉到上谕日期。

各督抚会陈改订官制原奏

宣统二年十二月初八日①

北京军机处钧鉴：恭读上谕，前经降旨饬令宪政编查馆修正筹备清单，著即迅速拟订，并将内阁官制一律详慎纂拟具奏。等因。钦此。

伏思修正清单要旨，期于能实行而已。顾清单能否实行，视修正者能否负责为准。今宪政编查馆既不能代内阁负实行之责，他日内阁成立，亦不能代馆臣负修正之责。是内阁一日不成，即修正一日无效。皇上洞见及此，特敕同时拟订内阁官制，俾内阁得及早观成。圣谟周详，曷胜钦仰。锡良等窃以为内阁所负之责任，乃全国之责任，非仅中央责任也。然则内阁官制，微特不能各部分而为二，且不能与外省各别独立。就今日情形而论，中央官制之厘订，尚不甚难，所难者内外关系间耳。吾国地大俗异，交通阻滞，各省制度，既不能效德美联邦，复不能如日本现制，以州县直接中央。似宜内外统筹，分为三级。第一级为内阁与各部，其权责在计画国务，统一政纲。第二级为督抚，其权责在秉承内阁，计画主决本省行政事务。第三级为府厅州县，各治一邑，不相统辖，其权责在禀承督抚命令，整理本属行政。省制略如阁制，裁道设司，以补助督抚，各就其主管事务，对于督抚负责。边要地方，酌设巡道，注重巡察，为督抚考观属吏特别指挥之辅助，不委以专官事务。督抚虽非国务大臣，而一省行政得失，既已对于内阁完全负责，则各司宜由督抚保荐，府厅州县之进退，决于督抚。各就事务繁简，酌设佐治员，由其自辟，呈督抚加札委用。各司府厅州县及佐治员之资格，皆先行规定，由保荐者负其责任。三级大纲既定，则内外事务界限，自不难准其权责，量为区分。

至于条目，似不宜过于细密。预留行政伸缩之地，以收随时修补之宜，乃于

---

① 原文未署日期，电文后有代日韵"庚"，批示上谕为十二月初十日，故电奏应为宣统二年十二月初八日。

法理事实，两无窒碍。其中惟外交军事两端，易滋纷议，然京部既负有统筹国务权职，督抚定为地方行政长官，则外交事件，其纯系乎外人私权上之利益者，固为该管督抚之责，其关乎国权，及私权上利益而涉及国权者，应由京部主决负责。如京部因办事上之便利，指定事件，委托督抚，督抚亦应于委托各部，分对部负责。至各省巡防军队，专为弹压内乱，缉捕土匪而设，类于地方巡警之职务。目下内治未完，乱萌时见，现有巡防军队，尚不敷用，断难裁减。将来体察情形，地方巡警推广，果收实效，防军始可渐裁，移饷需以办巡警。是日前防军所以代地方巡警之用，与新军目的注重国防，其中自有判别。故防军权责，宜专归督抚，新军权责，可直接中央。惟督抚对于新军，亦宜仍带兼衔，俾得节制调遣，以备变起非常，因机应伏，否则临时请命中央，诸多窒碍，封疆之责，督抚实难担任。此外边地各省，措施控制，情事不同，政策自难齐一，宜参取各国属地总督之制，特别组织，外交财政军事司法之权，均宜比较腹省酌量加重，而关于国家全局计画，仍受成于中央。如此办法，庶可期行政统一，权责分明，一扫从前疲痿隔阂延宕之弊。

至于详明条目，头绪纷繁，欲求推行无碍，似须内外协商，以期完善。应恳皇上钦派督抚数员，敕下宪政编查馆，随时电商，协同妥订，庶几内外关系之间，得藉此以沟通解决。一俟纂拟告成，奏请裁可颁行，即同时简任总理，组织内阁。责成阁臣，首先统筹财政，准量盈虚，修正清单，未经修正以前，除各项法典，仍赶速编定外，其实行事件，暂以原案为准。已办者致力勿懈，未办者量力而进，免致贤愚俱穷，内外交困。

锡良等深受国恩，忝膺疆寄，事关经制，不敢缄默坐误，往复电商，意见相同，用竭愚昧，伏候圣明裁择。请代奏。锡良、张人骏、瑞澂、李经羲、松寿、张鸣岐、程德全、朱家宝、孙宝琦、丁宝铨、增韫、沈秉堃、庞鸿书、陈昭常、周树模同叩。庚①。

十二月初十日奉旨：锡良等电奏厘订官制，宜内外统筹分为三级，及现有巡防军队断难裁减等语。著该衙门知道。钦此。

《国风报》，宣统三年第三期，宣统三年二月初一日发行

---

① 庚，初八日。

命锡良等参预厘订外省官制谕[①]

宣统二年十二月十三日

宣统二年十二月十三日内阁奉上谕：现在厘订外省官制，必须详慎。著派锡良、陈夔龙、张人骏、瑞澂会同宪政编查馆王大臣悉心参酌，遇有紧要节目，随时电商。钦此。

军机大臣署名

　　　　　　　　　　臣奕（劻）[②]
　　　　　　　　　　臣毓（朗）假
　　　　　　　　　　臣那（桐）
　　　　　　　　　　臣徐（世昌）

《光绪宣统两朝上谕档》第三十六册，第524页

民政部奏催设巡警道缺折

宣统三年正月二十二日[③]

奏为催设巡警道缺，以专责成而重宪政，恭折仰祈圣鉴事：

窃查宪政编查馆奏定直省巡警道官制细则，各省应酌裁分巡各道，增设巡警

---

① 标题为编者所拟，原文无标题。
② 括号内名字为编者所加。
③ 为奉到上谕批示日期。

道缺。嗣臣部于宣统元年十二月二十二日片奏，尚未设立巡警道省分，应催令增设，毋再延缓。奉旨允准在案。上年十月十一日钦奉谕旨，缩改于宣统五年开设议院，臣部调查户口，筹设巡警，均属关系重要，圣训周详，莫名钦仰。是全国警政，为宪政各项基础，必须早筹完备，未设巡警道缺各省，万难再缓。现查江宁、新疆等处，尚未遵章设立。江宁巡警事宜，前经该省督抚奏称，宁属地广于苏，越江兼治，统辖为难，宜仿藩学二司之例，宁、苏分设两缺，各等语。新疆巡警，由兼提法司衔镇迪道督理，现在司法机关业经独立，未便兼揽行政之权，且新省高等审判厅厅丞、检察长现已奉旨简放，警察为执行各项行政机关，尤为切要，臣部与各该省督抚于应行提前筹备事宜，同荷仔肩，应即克期筹划。所有江宁、新疆等处巡警道缺，亟应遵章设立，以期切实进行，无误程限。如蒙俞允，即由臣部咨行各该省，迅速钦遵办理。是否有当，谨恭折具陈，伏乞皇上圣鉴训示。谨奏。

宣统三年正月二十二日奉旨：依议。钦此。

《政治官报》第一千一百九十五号，宣统三年二月初一日，第6—7页

民政部奏各省土司拟请改设流官折①

宣统三年二月十二日②

奏为各省土司拟请改设流官，以资治理，恭折具陈，仰祈圣鉴事：

窃维臣部职司民政，有周知疆理之责，凡郡县之变置，官治之推行，均宜因地审时，统筹核办。查西南各省土府州县及宣慰、宣抚、安抚长官诸司之制，大都沿自前明，远承唐宋，因仍旧俗，官其酋长，俾之世守，用示羁縻，要皆封建

---

① "民政部"为编者所加。
② 为奉到上谕批示日期。

之规，实殊牧令之治。明代播州水西，每酿巨患，阿瓦木邦遂沦异域。立法未善，流弊滋多。是以康熙、雍正年间，川楚滇桂各省迭议改土归流，如湖北之施南，湖南之永顺，四川之宁远，广西之泗城，云南之东川，贵州之古州、威宁等府厅州县先后建置，渐成内地。乾隆以后，大小金川重烦兵力，迨改设民官而后，永远底定。比值筹备宪政之际，尤宜扩充民治，教养兼施，以维治安而广文化。近年各省如云南之富州、镇康，四川之巴安等处，均经各该疆臣先后奏请改土归流在案。而广西一省，改革尤多，所有土州县，均因事奏请停袭及撤任调省，另派委员，弹压代办。此外则四川之瞻对、察木多等处，拟办而尚未实行，德尔格忒、高日、春科等处，条奏而甫经核准。

伏维川滇等省，僻处边陲，逼近邻壤，而土司蛮族错居期间，獉狉自封，统驭莫及，争哄角逐，动滋事端，自非一律更张，设官分理，不足以巩固疆圉，弭患无形。惟各省情形不同，办法亦难一致，除湖北、湖南土司已全改流官外，广西土州县、贵州长官司等，名虽土官，实已渐同郡县，经画改置，当不甚难。四川则未改流者尚十之六七，云南土司多接外服，甘肃土司从未变革，似须审慎办理，乃可徐就范围。拟请饬下各该省督抚暨边务大臣，详细调查，凡有土司土官地方，酌拟改流办法，奏请核议施行。其实有窒碍暂难拟改者，或从事教育，或收回法权，并将地理夷险，道路交通，详加稽核，绘制图表，以期稍立基础，为异日更置之阶，似于边务不无裨益。

如蒙俞允，即由臣部通行钦遵办理。是否有当，谨恭折具陈，伏乞皇上圣鉴训示。谨奏。

宣统三年二月十二日奉旨：依议。钦此。

《民政部奏折汇存》第一册，第245—247页，全国图书馆文献缩微复制中心2004年影印

四、官制改革

法部奏编订提法司办事划一章程折（并单）

宣统三年三月初七日①

奏为编订提法司办事划一章程，拟请颁行各省，谨缮清单，恭折仰祈圣鉴事：

上年宪政编查馆核订各省提法使官制清单第十八条内，称提法司办事细则，由该司酌定，仍分报督抚及法部，由法部汇集各省规则，酌中损益，编定通行划一章程，以昭法守，等语。又本年二月十六日臣部奏定各省审判厅提前办法，并单开筹备各项事宜，声明提法司办事章程应于本年拟定，先后各经奏蒙俞允。钦遵在案。窃维提法使为臣部之分司，各厅之主管，就一省司法行政事务，纲维张弛，靡不由之。顾其官既为列国立法所无，其制迥非旧日提刑可比，不为之精密条理，明定规程，恐关系司厅之事，界限转有不清。即行使监督之权，范围未必不过，此通行划一章程所由不容或缺也。上年各省自改设提法使后，节据拟定该司办事细则，咨部核查，大要因地制宜，各行其是，就中意见杂出，繁简互殊，自未能颟若划一。臣部综筹全局，亟应比类而整齐之。现在各省审检各厅以次成立，率循所资于兹，尤亟当饬司员遵照馆奏，即就各该司所定，酌中损益，编定提法司办事划一章程八十五条，谨缮清单，恭呈御览，伏候命下，既由臣部通咨各省，一体遵行，以资法守。

所有编订各省提法司办事划一章程各缘由，是否有当，谨恭折具陈，伏乞皇上圣鉴训示。谨奏。

宣统三年三月初七日奉旨：依议。钦此。

谨将编订提法司办事划一章程缮具清单，恭呈御览：

---

① 为奉到上谕批示日期。

第一章　总　则

第一条　提法司主管事务，按照奏定提法使官制，暨法院编制法规定司法行政事宜办理。

第二条　提法司署应设办公处，每日由提法使督同属官，齐集办事。

第三条　提法司署遵章分设总务、刑民、典狱三科，俟各该省审判厅遍设后，得由提法使酌将刑民科析为刑事、民事两科。审判厅未遍设以前，提法使得将各科职掌量为变通，以甲科某项事件移归乙科承办。

第四条　各科除设科长一员外，科员、书记由提法使于法定员额内，酌量事务繁简设置。

第五条　科长承提法使之命令，综理该科事务，并稽核该科各员之勤惰。

第六条　科员佐科长，承提法使之命令，分理本科事务。事务之分配，由提法使核定指派。

第七条　科员于所承办事务，各负责任，但事件繁赜时，得互相协助。

第八条　书记受各该科长、科员之指挥，缮校文件，并办理该科庶务。

第九条　各科科员、书记，遇有某科事件繁剧，由提法使命令，随时派委兼办。

第十条　各科如需书记生时，得由该科科长禀准提法使，临时雇用。

第十一条　各科到处办公时间，由提法使定之。

第十二条　各科皆备考勤簿，科长以下各员，每日须于各该科簿内填注出入时刻，月朔由科长呈提法使核阅一次。

第十三条　办公处应派科员、书记各一员轮班值宿，其轮次，由提法使于每月朔定之。

第十四条　万寿圣节、先师圣诞及星期各放假一日，年末岁始假期由提法使酌定之。

第十五条　休假日由提法使就各科轮派一员值班，遇有重要文件，即知照各该科主管员到署赶办。

第十六条　除例假外，因事请假者，临时由提法使批定。

第十七条　科长遇有事故，由一等科员代理，科员则由同科一人代理。

第十八条　各项文件到司,由收发处汇齐,呈提法使阅后,交总务科科长盖戳分科。各科接收后,应备簿册,记其案由,分别缓急先后,各办稿件。其紧要文件,收发处随到随呈,不候汇齐。

第十九条　凡事隶于各科者,归各科主办,其关系数科者,以关系最重之科会同各科商酌办理。

第二十条　各科拟订文件,经科长覆核后,呈由提法使核行。

第二十一条　各员遇繁难事件,应先拟议办法说帖,呈提法使核定。如有疑义,并得请提法使集各科科长、科员议决。

第二十二条　各科设立手续簿,事无巨细,均摘由录入,每日呈提法使阅视。如已办,即刊办字戳,在各事由上印记,并注明某员拟稿。其已办结行文者,另刊结字戳印记。

第二十三条　各科收文送稿暨签文检卷,应备各种簿册,由书记逐日分别摘由整理,交各该科科长、科员核阅。

第二十四条　各科办理事件,有应知照另科者,可用文片摘叙事由、办法,送付该科备查。前项文片所用纸张格式,各科商同一律,以便编订。

第二十五条　凡各处来文及提法使随时命令,应知照各科者,由总务科用传知簿,附同原件送各科查阅。前项传知簿,各科阅遍,当日缴还总务科。

第二十六条　各员在办公时间,虽无事亦不得擅离。如有来宾,须在接应室款待者,亦不得久谈,致误要公。

第二章　总务科

第二十七条　总务科职掌,除照提法使官制第三条所列外,提法司印信、(必)〔秘〕密函电,及不属于刑民、典狱两科所掌一切杂项事宜,均归管理。

第二十八条　提法司署及各级审判厅、检察厅、监狱各员之补署、升降、保奖、处分等项事宜,应按照各项法令办理,并随时分别注册。

第二十九条　司法官吏考试事宜,由该科会同刑民、典狱两科办理。

第三十条　司法官吏之姓名、履历,由该科分类列簿,有变更时,随时编改,以备查考。

第三十一条　该科设收发处,派员专司,凡外来文件,摘由登载收文簿,按照第十八条之规定,交由科长分科。

第三十二条　各项文件,由书记将事由、件数、送科日时分别登载分科文簿,分送各科,即由各该科书记印记收字戳,即将事由、件数、到科日时登载到科文簿。

第三十三条　各科文件经书记繕校后,记于签文簿,送由该科盖印、粘封,交收发处登载发文簿,即行发送。

第三十四条　各科文件册籍,均由总务科编纂档册,并分立编卷簿,注明某科字样,汇总存储。

第三十五条　各科文牍,凡应归卷者,由该科书记每日检查一次,汇送总务科,依类编存。

第三十六条　编纂簿应照各卷种类编列号数,并于号数之下摘叙事由,各科随时钞存,以便调阅。

第三十七条　各科调取文件,均用文片为据,由总务科记入调卷簿,缴还时,应于调卷簿及各该科还卷簿内印记收字戳。

第三十八条　刑民、典狱两科以外之统计事宜,应按定限填写于颁行表式内,呈由提法使核定,分报督抚及法部。

第三十九条　各厅署及府厅州县所掌事件,足备统计材料者,呈由提法使行文知照,按月报告。

第四十条　编纂统计应行调查事件,其关涉各科者,随时片查。其与各厅署及府厅州县关涉者,呈请提法使行文调查。

第四十一条　提法司及各厅署常年经费,应先制备预算,报告督抚及法部。该预算年度内所有用款,均以预算为准,即由提法司请领支发。

第四十二条　提法司及各厅署出入经费,由总务科按月列表,呈由提法使核阅。每一年度汇造决算,呈报督抚及法部核销。

第四十三条　各厅讼费、状纸费、罚金等款报告到司时,应与刑民科会核办理。

第四十四条　出入款目应需各种簿册,暂由总务科拟制格式,呈由提法使核定通行。俟法部奏定各项会计章程,再行分别遵用。

第四十五条　各厅署工程报销,应详细核定,呈请提法使造册详报。

第四十六条 提法司官有物，由总务科录入专册，每年定期点检一次。

第三章 刑民科

第四十七条 刑民科职掌事宜，按照提法使官制第四条办理。

第四十八条 于刑律、民律、商律、诉讼律等及其他关于司法之各项法律，遇各厅有疑义不能决定者，由该科详拟解释，呈由提法使详请大理院核示。

第四十九条 登记及其他非讼事件等一切关于司法行政之法令，遇有疑义须待解释者，呈由提法使详请法部核示。

第五十条 各厅之设置，除遵照筹备年限酌量设立外，如因情势改易，或其他未便事宜应须废止，或添设，及其管辖区域之宜变更者，即详细体察，妥为改定。

第五十一条 各厅工程营缮，应先绘具图式，呈提法使审定，并送付总务科备查。

第五十二条 各厅开厅时刻及开庭日期，由该科拟呈提法使酌定，一律遵行。

第五十三条 各部院之通行通饬关于刑民事项应转行各属者，由该科办理。应印刷颁发者，定稿判行后，送总务科印刷颁行。

第五十四条 编纂刑事、民事及注册等项事宜，得参照第三十八条至四十条办理。

第五十五条 各级检察厅检察事务，由该科随时稽核，并得呈由提法使发布命令，统一全省检察事宜。

第五十六条 凡部颁检察厅调度司法警察执照，由该科填核转发，仍知照总务科备查。

第五十七条 凡司法警察事务，有应由提法使与巡警道会同协商之件，先由本科酌拟办法，呈由提法使酌核商办。

第五十八条 凡秋审、恩赦、减等及留养事宜，均遵现行法令办理，分别报部核办。

第五十九条 高等、地方检察各厅呈报审判厅判决死罪案件到司，应即备缮全案供勘，申报法部分别核办。

第六十条　高等、地方检察各厅呈报审判厅判决遣流案件到司，应备缮全案供勘，分别按月汇报法部存案。

第六十一条　高等、地方检察各厅呈报审判厅判决徒罪案件到司，应摘叙简明案由，分别按季汇报法部存案。

第六十二条　各初级检察厅呈报审判厅判决刑事案件到司，分别于年终汇报法部存案。

第六十三条　各级审判厅所定刑事案件判决确定后，如查有引律错误，或事实上极端错误者，得呈由提法使核定，行令该管检察厅分别提起非常上告，或再审。

第六十四条　未设审判厅地方一应专奏汇奏死罪案件，应备缮全案供勘，详由各督抚奏交大理院覆判，俟奉部覆，分别办理。

第六十五条　未设审判厅地方所有遣流以下案件，例应咨部候覆者，应详由各督抚照例咨报大理院核定，俟奉部覆，遵照施行。其例归外结之案，无论罪名轻重，一并分别汇报。

第六十六条　未设审判厅地方问拟徒流以上刑事案件，经覆审无异，详请核办到司，倘有鸣冤翻异及案情实有可疑者，得呈由提法使核定，行令高等检察厅，分别提省，移送高等审判厅办理。

第六十七条　无论已未设立审判厅地方，每月现审案件，均应详核，分别已未判决，编造司法汇报，以验成绩，并为年终办理统计之用。

第四章　典狱科

第六十八条　典狱科职掌事宜，按照提法使官制第五条办理。

第六十九条　改良旧有及新设之监狱，当监狱法未颁布以前，由该科拟订暂行规则，呈由提法使核行。

第七十条　关于监狱工程，应先绘具图式，呈提法使核定，并送付总务科备查。

第七十一条　习艺所附设于监狱，或另设之，应分别拟订规则，并筹推广之法。

第七十二条　推广习艺所，有应与行政衙门协商者，由该科酌拟办法，呈由提法使酌核商办。

第七十三条　调查监狱习艺所之管理方法、赏罚制度有不合法者，呈请提法使饬令改良。

第七十四条　关于监狱习艺所考绩事宜，由该科随时送付总务科查核办理。

第七十五条　监狱习艺所罪犯姓名、年岁、犯罪案由、作工期限，按月调查，编制表册。如有释放或病故等事，应付送刑民科备查。

第七十六条　监狱习艺所之工作成绩报告，有不确实或不合法者，得核明呈请提法使查办。

第七十七条　监狱习艺所经费及工业成本，应会商总务科详确核定，呈提法使编入预算，并酌量筹给。

第七十八条　罪犯工作品贩卖所得之款项报告，应详为稽核。

第七十九条　各审判厅附设之看守所，及未设审判厅各属之候审待质等所，均由该科稽查。如押犯月报有不确实及其他情弊者，得呈提法使派员巡视。

第八十条　调查各属看押人犯，有延不讯结者，得知照刑民科，呈请提法使札催。

第八十一条　看守人等选用及服务章程未颁布前，由该科拟订暂行规则，呈由提法使核行。

第八十二条　编纂监狱统计，得参照第三十八条至四十条办理。

第八十三条　各部院之通行通饬关于狱务事宜者，得参照第五十三条分别办理。

第五章　附　则

第八十四条　未设审判厅地方事宜，除本章程规定外，得参照按察使旧制，分隶各科，但奉文划归别衙门管理者，不在此限。

第八十五条　本章程奏准颁布，自文到之日实行，各省提法使得于本章程范围内酌定办事细则，仍须报部查核。

《政治官报》第一千二百五十号，宣统三年三月二十七日，第4—10页

吏部奏酌拟按察司属官裁缺人员办法折

宣统三年三月二十五日①

奏为酌拟按察司属官裁缺人员办法，恭折奏闻，仰祈圣鉴事：

查宪政编查馆奏订提法使官制清单第十七条内开，各省俟提法司改设后，原设按察司属官，应一律作为裁缺，等语。

现各省提法司业已改设，所有按察司经历，并知事、照磨、司狱等官，现任、候补、候选人员，为数众多，自应妥筹位置，以免向隅。臣等公同商酌，拟请按照裁缺人员办法，凡现任人员有升阶者，准其以升阶留于原省补用，例应引见之员，令该省给咨送部引见。无升阶者，准其于对品中指定一项，归入裁缺即用班内，遇有缺出，先尽请补。其候补人员，系指项者，准其改指一项，系掣项者，由各该省咨部，由部掣定一项，均按原到省日期及原有班次，与同班人员按班补用。分发人员，由本员具呈到部，亦即照此分别办理。候选人员，或由各该省咨部，或本员在部具呈，亦分别指项、掣项。系劳绩人员，与同班之员，按奉旨日期；系捐纳人员，与同班之员，按卯次、名次先后，挨次选用，如卯次、名次相同，即将掣改之员附于各本班之后，作为重数。

惟查按察司经历，秩正七品，外官对品者，只有知县一项，系正印官，不得改用，应以从七品之盐运司经历、州判改用；其恩拔贡、副贡出身之员，准以直隶州州判改用，以示区别。如蒙俞允，俟命下之日，臣部钦遵知照京外各衙门遵照办理。

所有酌拟按察司属官裁缺人员办法，恭折具陈，伏乞皇上圣鉴。谨奏。

宣统三年三月二十五日奉旨：依议。钦此。

《政治官报》第一千二百五十二号，宣统三年三月二十九日，第7—8页

---

① 奉到上谕批示日期。

陆军部会奏酌拟各省督练公所暂行官制纲要折（并单表）

宣统三年三月二十六日①

奏为酌拟各省督练公所暂行官制纲要，缮单列表，恭折会陈，仰祈圣鉴事：

窃查臣处核覆筹备陆军事宜折内，声明各省督练公所官制，准于宣统二年厘订具奏，并经臣部于陈明筹备情形折内酌拟限期，奉旨钦遵各在案。臣等伏维各省编练陆军，必须有军政总汇之区，挈领提纲，方足收划一整齐之效。前练兵处会奏陆军营制内载，凡各省新军业经练及一协以上者，应于省会设立督练公所，由各将军、督抚督率筹办，等语。嗣准各将军、督抚先后奏咨，所有酌拟办法，往往互相歧异，亟应厘订章制，俾有遵循。兹经臣等迭次会商，按照奏准筹备事宜，谨将督练公所官制纲要先行厘订，酌分科局，核定人员，办理该省一切军政。各该省原设新旧营之各项局所，概行裁改归并，以一事权而节縻费。除边远省份暨交通不便之处，遇有地方缓急，准由该督办酌量办理外，至运用国军计划，以及训练、教育等事，由该军队学堂随时禀呈军谘处、陆军部办理。其督练公所应行筹办事宜，由各将军、都统、督抚督率公所人员，按照此次所定纲要，切实整理，以重军政。谨酌拟纲要，分缮单表进呈，恭候钦定。如蒙俞允，即由臣等通行各省一体钦遵，不得再有歧异。

所有酌拟督练公所官制缘由，谨缮折会陈，伏乞皇上圣鉴。再，此折系由陆军部主稿，会同军谘处办理。合并声明。谨奏。

宣统三年三月二十六日奉旨：依议。钦此。

谨将酌拟各省督练公所暂行官制纲要缮具单表，恭呈御览：

一、督练公所督办，以各该省原管之将军、都统、督抚兼充，管理该省新旧

---

① 为奉到上谕批示日期。

各军，及筹备粮饷、编练队伍一切事宜。

一、督练公所设军事参议官一员，禀承督办，督率各科局，办理该省新旧各军编练、裁改、筹备粮服军械、测绘一切事宜。

一、督练公所内分设科局如左：

一、筹备科。二、粮饷科。三、军械局。四、测地分局。

一、督练公所所有各科局之事务，统归军事参议官核办。设一、二等副官若干员，书记官若干员，均禀承军事参议官，分掌一切事宜。

一、一、二等副官掌管事务如左：

甲、管理督练公所内之会计经理。

乙、传达命令及报告。

丙、收发文件，掌管图书及区别一切例行公事。

丁、凡不隶各科局事件，均归掌理。

一、书记官受副官及所属长官之指挥，办理一切文牍事宜。

一、筹备科以原有之兵备处、营务处各项旧营公所，督抚衙门内军事幕僚及兵房等裁改归并，其掌管之职务如左：

甲、筹办新军编成改并事宜。

乙、征募、召集、退伍、补充事宜。

丙、征发、运输、交通及关于战备各事宜。

丁、马匹购买及补充事宜。

戊、掌管裁撤绿营及善后事宜。

己、掌管防营裁改、归并、训练及善后事宜。

庚、掌管裁撤一切杂项队伍事宜。

一、粮饷科以原有之粮饷、服装、财政、调查各局裁改归并。其掌管之职务如左：

甲、掌管新旧军队及该管陆军学堂粮饷收发、存储、会计事宜。

乙、掌管新旧军队及该管陆军学堂被服、装具及军用物品购买、收发、补充、保存、修理、交换事宜。

丙、掌管新旧军队及该管陆军学堂一切建筑事宜。

丁、关于新旧军队及该管陆军学堂预算决算事宜。

戊、关于新旧军队财政调查事宜。

一、军械局以原有之军械各局裁改归并。其掌管之职务如左：

甲、掌管新旧军队及该管陆军学堂枪炮弹药等项收发、保存、修理、交换及购买等项事宜。

乙、掌管新旧军队及该管陆军学堂器具材料之收发、保存、修理、交换及购买等项事宜。

一、测地分局掌管该省地图测绘事宜。以原有之测地局并入，其详章由军谘处另行拟订。

一、督练公所除文官外，军事参议官以下各员，悉按照陆军补官任职章程办理。

一、各省督练公所人员额缺编制，悉按照后列之编制表办理，若军队未及一镇，则因事务之繁简，量为核减，惟须咨商陆军部核准施行。

一、以上系暂行官制大纲，如有应行增损及未尽事宜，并详细规则，均随时由陆军部审定，咨行各省办理。

一、督练公所公费薪水，暂按此次所定章程施行。俟陆军官俸职薪章程颁发后，再行遵照办法。

督练公所公费薪水数目：

督练公所公费每月四百两。督办不支薪。军事参议官以协都统充，每员月支薪水五百两；以正参领充，每员月支薪水四百两。科长以副参领充，每员月支薪水一百六十两；以协参领充，每员月支薪水一百二十两。局长以副参领充，每员月支薪水一百六十两；以协参领充，每员月支薪水一百二十两。一等科员每员月支薪水一百两，二等科员每员月支薪水七十两，三等科员每员月支薪水五十两。一等副官每员月支薪水一百两，二等副官每员月支薪水七十两。一等书记官每员月支薪水六十两，二等书记官每员月支薪水四十两，三等书记官每员月支薪水三十两。司书生每员月支薪水十二两。

督练公所编制表

将军、都统、督抚	协都统或正参领	科局名称	副、协参领	协参领	正军校	副协军校	五六七品文官	八九品文官
督办一员	军事参议官一员			一等副官一	二等副官二		一二三等书记官五	司书生十六
		筹备科	科长一	一等科员二	二等科员四	三等科员五		
		粮饷科	科长一	一等科员二	二等科员五	三等科员六		
		军械局	局长一	一等科员一	二等科员二	三等科员三		
		测地分局						

附记：一、凡一二镇之省份，督练公所人员均依此表办理。如有三镇以上，或不及一镇，应分别酌量增减，报部核准施行。

《政治官报》第一千二百六十九号，宣统三年四月十六日，第5—8页

五督对于新内阁权限之政见

宣统三年三月

东、直、江、鄂、滇①五督，闻内阁新官制，已议定草案，大略系内阁总理大臣，其权能监督指挥各省长官，得发训示命令，或处分。如有认为违背法令，或逾越权限者，得令停止或撤销之。又总理大臣得随时入对，除国务大臣外，凡例应召见人员，于国务有陈述者，由国务大臣带领入对，例应奏事人员，于国务有陈述者，亦由国务大臣代递。惟法令有特别规定者，不在此限。闻所谓特别规定，系不负国务上之责任等官。又闻现议内阁暂行办事章程，内外新官制未经颁行以前，向例得蒙召见人员，于国务有陈述者，由内阁总理大臣带领入对。各省

---

① 东三省总督锡良、直隶总督陈夔龙、两江总督张人骏、湖广总督瑞澂、云贵总督李经羲。

将军督抚,除请安请训,及特旨召见外,其余关于国务之陈述,应先商明内阁大臣,或主管各该王大臣,会同入对。关于国务陈奏事件,除依内阁官制规定外,向例准专折奏事者,应具折交内阁代呈等语。各督对于此案,颇多辩论,兹汇录如下。(一)直督已发电致前奉会商外官制之四督,谓督抚应直接代君主负责任,但于行政上得内阁之同意,断难分隶各部。原有上奏权,不宜剥削。若照现所规定,各省政权,恐难统一,必多窒碍。拟联合各督,先行陈奏声明。(二)江督赞成直督之说,联奏允列名。(三)东督谓督抚承隶内阁,不专折奏事,为宪法所宜然。若督抚直接君主,则内阁不可负责任。至督抚为国务大臣,抑为行政长官,问题虽未解决,然总应隶于内阁之下,方合立宪政体。不赞成联奏。(四)鄂督谓督抚隶于内阁,即可不负连带责任,现在各督之部衔已销去,其必为行政长官无疑。清帅①根据宪法之论,极表同情,不赞成联奏。(五)滇督谓按立宪制度,上奏权本为内阁及议院所独有,清帅所论极是,甚为赞同。惟边远地方,情势不同,应视其有无特别规定,再行酌议,联奏似可不必云云。合观诸说,若以多数取决,则原有之上奏权,恐不能保存矣。

《国风报》,宣统三年第7期,宣统三年三月十一日发行

五督为阁部与直省权责致宪政馆电

宣统三年三月

参预外官制五督,日前为阁部与督抚权责,关系重大,特联衔电致宪政编查馆,略谓:奉命会商外省官制,于阁部草案,本不应有所参预,惟阁部制度,对于各省关系,实为改定外省官制之权舆。是以良等上年会奏内,有内阁官制,不能与各部分而为二,且不能与外省各别独力等语。窃以督抚秉承内阁,固有一定

---

① 锡良,字清弼。

办法，惟对于各部之关系，未知若何规定。良等推论此事，当就国务与各省行政分别观之，国务为通筹全国计画，内阁权责所在，自应力谋统一，各省行政，但使不背内阁政纲，因时因地，应由督抚主决。上年会奏案内，亦曾于阁部及督抚权责，详晰声明在案。若边远督抚，似宜更有特别之规定，倘蒙将草案大纲全行详示，设有一得之见，谨当随时陈述，用备采择云云。

《国风报》，宣统三年第八期，宣统三年三月二十一日发行

法部奏酌拟各省提法司属官奖励办法折

宣统三年四月初七日①

奏为酌拟各省提法司衙门属官人员奖励办法，恭折仰祈圣鉴事：

宣统元年十月，宪政编查馆奏考核提法使官制折内称，提法司属官暂不作为实官，而定为实职。又考用提法司属官章程内开，科长、科员奏补后，仍留原官原衔，每届三年，由提法使查验各该员办事成绩，出具切实考语，详请督抚咨达法部奏请分别升黜，各等语。钦奉谕旨：依议。钦遵在案。

窃维提法司衙门属官分掌各科，责任繁重，事原创始，端资经营，缔造之才，期以方来，亦负萧规曹随之责，又况必经考试，登进之资格綦严。果其著有微劳，报最之升途宜定。现在各省提法司衙门属官分科办事，迭据奏报有案。将来期限届满，其办事勤劳确有成绩者，自应分别酌予奖叙。惟如何奖叙之处，向无明文规定，若不预定划一办法，不足以资鼓励而便遵守。查上年七月学部奏酌拟学务公所人员奖励办法一折内称，其有实心任事届满三年有职人员，准其按照寻常保举加衔，无职人员，参酌定章，咨明吏部，给予六七品职衔。如供职又至五年之久，不论有无官职，一律均照异常劳绩请奖。至三年届满未经按照寻常请

---

① 为奉到上谕批示日期。

奖者，至五年届满时，亦准一律按照异常办理，各等语。奉旨：依议。钦此。历经遵照办理。臣等公同商酌，所有提法司属官奖励办法，拟即援照学部奏定学务公所人员奖励成案，一律照办。如蒙俞允，即当遵奉施行。除奉天一省开办在先，应咨令另案办理外，嗣后各省提法司衙门属官，统俟奏补后届满三年，由提法使查验办事成绩，出具切实考语，详请督抚咨达臣部。果系始终勤奋，成绩卓著，即由臣部查照此次奏案，分别给予奖励，以昭激励而示限制。

所有酌拟各省提法司属官奖励办法缘由，谨恭折具陈，伏乞皇上圣鉴。谨奏。

宣统三年四月初七日奉旨：依议。钦此。

《政治官报》第一千二百七十八号，宣统三年四月二十五日，第6—7页

民政部奏酌增巡警道属官考试资格并声明照章任用办法折

宣统三年五月初十日①

奏为酌增巡警道属官考试资格，并声明照章实行任用办法，恭折仰祈圣鉴事：

窃臣部奏拟巡警道属官任用章程，前经宪政编查馆覆核具奏，奉旨允准通行在案。查章程所列高等区官考试各项资格，惟游学日本警察学生不在应试资格之列，此项学生向由臣部注册试验，咨回原籍听候酌量委用，历经办理在案。该生等学期程度长短不同，而揆诸学成致用之心，自未便令其概抱向隅之叹。臣部迭准浙江、湖北、四川、广西等省先后电咨，遵章举行考试，报名合格者寥寥。当以各该省需才孔亟，将此项学生年半以上得有毕业文凭者，暂准应高等考试，以

① 为奉到上谕批示日期。

此次为限，业经分别咨覆。嗣后游学日本警察学生，于每年八月到部呈验文凭，由臣部定期按照警察应习科目，分门考试。凡二年以上，得有毕业文凭，考验及格者，准应高等考试；一年以上，得有毕业文凭，考验及格者，准应区官考试。试后填给分数凭照，拟分别咨回原籍，于各省举行任用巡警道属官考试时呈验，凭照准其应试，庶此项人才既无滥进之嫌，亦鲜弃才之虑。至臣部奏定任用章程之意，系为慎重资格起见，自颁行后，所有各省办理警务人员，自应照章一律考试，于考试合格后分别派署，俟一年期满，再行出具考语，详请奏补，并咨行臣部核办，以重资格而期核实。

再任用章程第八条，科长、副科长、科员及警务长奏补后，仍留原官原衔，每届三年，由巡警道查验该员办事成绩，出具切实考语，详请督抚奏请分别升黜，并咨行民政部存案。其有办事实在不能得力者，由巡警道随时详请督抚撤换另补，分别奏咨办理，等语。此项章程系于宣统二年十一月奏定通行，其从前奏定考核巡警官吏章程内，有与此项任用章程规定不符之处，均应按照新章接办，以免抵触。查考核章程第八条，厅丞及巡警道所属各员，由各该管长官考核汇报，其实系才力出众者，准予分别奏保，或记名升补，其办事平常者，亦即分别奏参，或立予撤任，等语。核与任用章程未能一律。现在各省巡警道属官任用，既经定有专章，所有各该管长官任用考核属官办法，自应遵照此项章程办理，俾资划一。如蒙俞允，拟由臣部通咨各省一律遵行。谨恭折具陈，伏乞皇上圣鉴训示。谨奏。

宣统三年五月初十日奉旨：依议。钦此。

《政治官报》第一千三百零二号，宣统三年五月二十日，第3—4页

民政部奏本届各省巡警道计典折

宣统三年六月初四日①

奏为遵章具奏本届各省巡警道计典，恭折仰祈圣鉴事：

窃臣部于宣统二年十月二十七日奏定巡警官吏大计办法折内称，本届计典，民政司、巡警道由督抚注考，咨民政部分别奏闻，各等语。奉旨允准通行各省遵照在案。兹届宣统二年大计之期，除奉天、吉林、黑龙江等省前经奏准展至下届办理，广东奏明展限三个月，江宁、新疆尚未设置道缺外，查直隶巡警道因时已交卸未据该督出考，河南、安徽、甘肃三省新任巡警道均未到任，例不出考，其余江苏、山东、山西、陕西、浙江、江西、福建、湖北、湖南、四川、广西、云南、贵州等省，迭据各该督抚出具考语，胪列事实，造具清册，先后咨送到部。臣部覆查原册所开考语事实，暨各该员等历俸年限，均系不入举劾人员，考绩为巨典所关，自应遵章具奏，以符成案。至各省巡警成绩，臣部原有奏定考核专章，限以时日，课以事功，其严定殿最之方，实隐寓激扬之义，拟由臣部另案分别办理。所有遵章具奏本届巡警道计典缘由，谨恭折具奏，伏乞皇上圣鉴。谨奏。

宣统三年六月初四日奉旨：知道了。钦此。

《政治官报》第一千三百二十五号，宣统三年六月十四日，第3—5页

---

① 为奉到上谕批示日期。

两江总督张人骏奏厘定外省官制宜以旧制为本量加损益折

宣统三年七月二十五日

南洋大臣、两江总督臣张人骏跪奏，为遵旨参酌外省官制，敬陈管见，伏候圣明采择，恭折仰祈圣鉴事：

宣统二年十二月十三日奉上谕：现在厘订外省官制，必须详慎，著派锡良、陈夔龙、张人骏、瑞澂，会同宪政编查馆王大臣悉心参酌，遇有紧要节目，随时电商。钦此。

伏查地方官制，东西列国各不相同，其大别有二，一曰中央集权，二曰地方分权。大抵各因其地势国情，历史沿革而异，而衡之我国情势，均未恰合。中国疆土之大为各国所无，俄称最大，乃兼藩服，言之本土，亦小于中国二十二省，且各国交通便利，虽远如近，故可纯乎中央集权。中国则不能然，若全国千余州县皆直隶于京师各部，势必涣散无纪，不可收拾，是极端中央集权不可行也。至西国联邦制度，则各邦自有政府，上国仅同盟主，是为纯乎地方分权，中国若仿行之，将如唐末藩镇，有尾大不掉之虞，是极端地方分权亦不可行也。

我朝制度，设督抚于各省，封疆之任直受付託于大君而切政事，京师各部皆有监察、制裁之责，司道府县节制于督抚而仍考核于部臣，内外相维，上下相应，分权而不虞擅专，集权而无虞掣肘，法至善也。承平累叶，成效固已昭然，而咸、同之际，勘定祸乱，多属督抚之功，庚子之变，保全东南，尤赖疆臣之力，是我外省官制本深有裨于大局。今将实行立宪，揆时度势，自不能墨守故常，而只宜量加损益，不可大事更张。光绪三十三年总司核定官制大臣等奏呈酌拟各省官制通则，自督抚以至州县，皆以旧制为主，而酌量变通，期与宪政地方自治、司法独立诸大端无所窒碍，而大体则仍率循祖制，无所愆忘，（间）〔洵〕属老成谋国之见。窃谓今日厘订外省官制，其大纲悉当以此为本，而其节目则宜加以申明，以期详晰周备，推行无阻，其应申明者约有数端。

一曰督抚权限。一、奏事之权。日本制度，臣工上奏必由内阁代递，地方官更无上奏之权，乃极端中央集权办法。我国疆域广远，若疆臣奏事不能直达御前，必至贻误事机。查总司核定官制大臣所拟各省官制通则第三条云：总督、巡抚于各部咨行筹办事件，均有奉行之责，但督抚认为于地方情形窒碍难行者，得咨商于各部酌量变通，或奏明请旨办理等语。是于督抚奏事之权未尝更动也。今应申明督抚一切具奏事件悉仍旧制，无所变易。一、军政之权。通则第一条云：一省或数省设总督一员，总理该管地方外交、军政，统辖该管地方文武官吏，并兼管所驻省分巡抚事，总理地方行政事宜。第二条云：每省设巡抚一员，总理地方行政，统辖文武官吏，惟于该省外交、军政事宜，应商承本管总督办理，其并无总督兼辖者即由该巡抚自行核办，总督所驻省分不另置巡抚者即以总督兼管该省巡抚事，各等语。是军政仍责在督抚也。今为中央集权之说者，欲将外省军政悉直隶于内部，将领不归督抚任用，不归督抚节制，则兵将皆将不听督抚调遣，一旦有事，必有缓不济急之患。即如近年安徽、广东省城之变，督抚若无兵权，其祸将不可问，其明征也。又立宪之制，司法独立，而于军事则有紧急命令，得以军法行之，今制督抚于土匪乱民得以就地正法，即军令之执行也。督抚若无此权，则遇有变乱不足以弹压地方，今应申明督抚有调遣兵队节制进退将领之权，军法从事之权。一、外交之权。观通则第一、第二条，督抚本有外交之责也，外交之权原统属于外部，但通商、游历、传教等事皆在外省，遇有事端，若在外省了结，即可化大为小，免成国际交涉，是督抚不可无此权也。今应申明督抚有办理本省外交之权。其关系重大，不能在外省完结者，仍归外务部办理。此外理财、用人一应事宜，俱循照旧章，上秉庙谟，内遵部议，妥慎将事，不必另立科条。此督抚权限之说也。

二曰司道分合。司道分署办事，合署办事，今之论者有此两说，各持一议。窃谓外省司道分曹治事，等于京师各部，京师部臣议国务则集于内阁，理部务则莅于本部。外省之有会议厅，犹内阁也，司道各有本署，犹各部也。事关全局，若不聚而合议，则不能会通，事属专司，若不退而考求，则不能精审。通则第六条云：各省督抚应于本署设会议厅，定期传集司道以下官会议紧要事件，决定施行，即合署办事之义也。第七条至十七条规定各司各道之职掌，并各设属官，各定权责,即分署办事之义也,实为折衷良法。应申明各省司道于全局之事,在会议厅合办,于专司之事,在各本署分办。此司道分合之说也。

三曰道府存废。旧制数州县统属于一府州,数府州分隶于一道,层层钤制。说者谓其阶级太多,有拟以府州县各辖地方不相统属而直隶于省者,有拟存府废道者,有拟存道废府者。窃谓省之于府,府之于州县,如身之于臂,臂之于指,身必有臂,乃能使指,若无臂而十指径附于身,其不能运动也必矣。通则无守巡道而有府州县,即存府废道办法。其第十七条云:所有守巡道一律裁撤,如距省较远之地,必须体制较崇之大员以资镇慑者,可仍留道缺,即名为兵备道,或一员或二三员,专管督捕盗贼。调遣军队事务,应由各该督抚,酌察情形,奏明办理等语。是道亦酌量存留,用意颇为周密,似可照行。现在附府首县业经内阁奏明裁撤,令知府自理民事,与直隶州一律,今应申明各省裁去守巡各道,辽远者酌留一二,各府皆自理民事,仍兼管所属州县。此道府存废之说也。

四曰审判办法。通则第三十四条云:各省应就地方情形分期设立高等审判厅、地方审判厅、初级审判厅,分别受理各项诉讼及上控事件。其细则另以法院编制法定之等语。现在法院编制法业经颁布,省城商埠各级审判厅业经成立,明年即为府厅州县城治各级审判厅一律成立之期,亟应妥为筹办。伏思司法独立为宪政要端,自不能不依限实行,但行法首重宜民,若于民情习惯不能相洽,必致滋生事端,求安反扰。中国郡县之制行已一二千年,乡民心目中只知州县衙门为其本管官衙,应行服从。若于州县之外别设法庭,乡民少见多怪,必致别生疑虑,如建洋式房屋,尤将疑虑为洋教,更易生事,近来各处新设审判厅,每滋纷扰,是其明证。乡曲愚氓,难以理喻,惟有顺其习惯,使之不觉,自然默化于无形。窃谓各直省府厅州县地方审判厅,皆宜以原有州县衙门改设,而别给州县官以屋舍,乡民涉讼仍在州县衙门,必无不服。而州县官既已不理词讼,所居之屋亦不必定须官衙堂宇形式,既可以省建筑之费,又足以服乡民之心,实为一举两得之法。东西各国法官皆服古衣冠,乃由远年顺民耳目,沿袭至今,亦此意也。至州县为地方行政官,虽不应干预司法之权,而地方治安是其责任,又兼理巡警,与民相亲,则检察官应办之搜查、处分、提起诉讼等务,州县官皆可办理。若将检察官一职皆令州县官兼任,则既可省设官之费,而民情尤易相安。编制法内检察官本不得干涉推事之审判,或掌理审判事务,则亦不致有行政官干涉司法之嫌，实为有利无弊之道。又缉捕盗贼，旧例本系牧令专责，民政部会奏司法、行政分权，声明地方官责任折内，亦以缉捕、防范、稽查等事责成府厅州县。今州县巡警尚未办理完善，地方官责成尤重，今应申明府厅州县地方审判厅，皆以州县衙门改设，而别给州县官以屋舍，州县官皆兼任该处检察官，缉捕盗贼，仍按旧例责成州县办理。此审判办法之说也。

五曰地方自治实行监督。通则第三十三条云：各省应就地方情形，分期设立府厅州县议事会、董事会，其细则由民政部议订，奏定后通行各省办理等语。即地方自治办法也。自治章程现已由民政部议订颁行，限年筹办。查地方自治本属良法，但中国民智未开，畎亩蚩氓，安于耕凿，不知自治为何事，出而任事者仍属士绅，其中固不乏端人正士，而平日好事之徒亦复不少。近日各处乡民因自治与士绅为难，滋生事端，不一而足，仍赖地方官为之平亭剖决，是民习信向，仍托命于官府也。查城镇乡自治章程以地方官为自治监督，有纠正、检察、解散、撤销、罚办、治罪之权。府厅州县章程以府厅州县长官为参事会会长，于议事会、参事会议决事件，有执行之权，有撤销之权，以本省督抚为监督，更操监察督率全权。是定章于官长监督之权，本极完足也。为官长者果能实力监督，为士绅者果能照章服从，何致冲突之患。无如各处士绅不知恪守章程，往往逾越权限，而府厅州县以及督抚又多曲意阿徇，自放责任，以致上凌下替，纪纲隳颓，此非章程之过，不善行用章程之过也。今应申明地方自治，在民有一定范围，不得逾越，在官有完全权力，不容放弃。请旨饬下民政部，将自治章程内官长监督权责诸条，专案提出，通行各省恪遵办理，不准稍有迁就，以靖嚣风而安愚贱。此自治监督之说也。

此皆外省官制大端，不可不详慎参酌者，他若督抚幕职，司道增改，及司道科员、府厅州县佐治等官通则，原议均臻妥善，今已陆续实行，自当悉照原议办理。臣愚昧之见，以为徒善固不足以为政，徒法亦不能以自行。此次厘订外省官制，臣等自当竭尽愚诚，妄参末议，略效壤流之助，俾阁臣博采众长，折衷至当，以期百度惟贞。尤伏愿我皇上慎选群才，布列在位，冀收人存政举之效，臣等亦勉竭驽骀，上酬高厚于万一也。现接内阁来电，令即派员赴法制院以备咨询，并令各陈所见。除咨明内阁并遵照派员来都听候咨询外，所有参酌外省官制，敬陈管见，以备采择缘由，谨恭折具陈，伏乞皇上圣鉴训示。谨奏。

宣统三年八月十二日奉朱批：内阁会议具奏，片并发。钦此。

《清末筹备立宪档案史料》，第 591—596 页

4. 各省改革情形

直隶总督杨士骧奏本署设立会议厅片①

宣统元年闰二月十五日②

再，谘议局成立以后，提议之事必多，全省经纬万端，咨谋宜有体要，是预备议案，实第一要义。举凡行政秩序，民生乐利，一切兴革大端，必须研究熟审，讨论精详，临事方有主宰。查奏定官制第六条，各省督抚应于本省设会议厅，传集司道以下官会议紧要事件，各省关于地方之事，亦可由官酌择公正乡绅与议。又查东西各国议事会成立，必有参事会以执行之，取其上下交孚，并行不悖，成效具在，实可仿行。拟就臣署设立会议厅，饬拟章程，定期集议。应择本省重要事件，公同悉心考核，撮其大端，随时编为议案，以备谘议局提议之用。必使官绅悃忱交孚，毫无隔阂，乃能博采精取，百废咸兴。除咨呈宪政编查馆、资政院外，谨遵章拟设会议厅，附片陈明，伏乞圣鉴。谨奏。

宣统元年闰二月十五日奉朱批：该衙门知道。钦此。

《政治官报》第五百十六号，折奏类，宣统元年闰二月十七日出版

---

① 标题为编者所拟。
② 为奉到朱批批示日期。

四、官制改革

东三省改为行省谕①

光绪三十三年三月初八日

上谕：东三省吏治因循，民生困苦，亟应认真整顿，以除积弊而专责成。盛京将军著改为东三省总督，兼管三省将军事务，随时分驻三省行台。奉天、吉林、黑龙江各设巡抚一缺，以资治理。徐世昌著补授东三省总督，兼管三省将军事务，并授为钦差大臣。奉天巡抚著唐绍仪补授，朱家宝著署理吉林巡抚，段芝贵著赏给布政使衔署理黑龙江巡抚。该督等受兹重寄，务当悉心经画，破除情面，任怨任劳，于一切应办事宜切实通筹，次第举办，用副委任。其应如何分设职司之处，即著该督等妥议具奏。钦此。

《光绪宣统两朝上谕档》第三十三册，第31页

拟请归并局处改设十司折

光绪三十二年三月二十一日②

程德全

奏为筹议设立专司，将旧有之各司局处一律归并，以专责成而新政令，恭折仰祈圣鉴事：

---

① 标题为编者所拟，原文无标题。
② 日期为原书所有，当为奏上日期。

窃查江省将军衙门日行公事，向由四司及管档主事分办，系承驻防旧制。自光绪三十年添改局处，复设地方各官，政令为之一新。上年变通旗制，请将四司暂仍其旧，因恐更张太骤，无以慰藉群情。今幸各旗风气渐开，正可因势利导，以期共济时艰。惟边徼情形，较内地固自不同，较奉、吉亦有区别，是以布置之法，不得不因地制宜。现拟酌量归并，重定名目，融化满汉畛域之见，但视其人能办某事，即膺某差，无旗籍民籍之别，无候补投效之分。俟试办年余后，果能纲举目张，绝无流弊，即以派定之差作为实缺，充差者久于其事，庶几满缺汉缺皆得用之员，无虚设之病矣。谨将筹议大概办法，为我皇太后、皇上缕晰陈之。

一曰咨询司。查日本变法初年，守旧诸臣，往往以保全禄位之故，多所阻难，遂有元老院之设，以安众心。江省开化较迟，向不讲求新政，一旦骤议变法，皆瞠目结舌，相顾错愕，茫然不知所措。今拟略仿日本办法，凡旗员曾任实缺，（籍）〔藉〕力就衰者，统行归入该司，仍请恩赏原俸，以示体恤。实本古时三老五更之意而推广之也。为力行新政，脩此尊贤之典，并非位置闲员。日后如该项人员逐渐出缺，应请以卿士大夫有德望者补充斯选，藉资顾问。

一曰行政司。即以文案处暨原设之管档主事、笔帖式等会同办理。为全省政令之所从出，宣化承流，悉基于此。况当百度并兴之候，旗民各属往来公牍，较前已不啻数倍，将来辟荒愈广，建治愈多，往来公牍又不啻数倍，文日积而日繁，法日改而日密，此提纲挈领之不可不郑重也。

一曰外交司。即交涉局所改者。专掌邦交之事，以修好弭争，不失国权为宗旨，不仅在语言文字见长。江省咫尺俄疆，庚子乱后，客军尚未撤退，此次中日协约告成，又议开辟商埠，交涉之事，日繁一日。其间瞬息机征，动关全局，较内政尤宜慎重，非熟悉公法约章成案及各国政体治法者，不能胜任。

一曰财政司。所以综核度支也。从前俸饷捐税一切出入款项统归户司经理，兵乱以后，善后应办之事，头绪纷繁，遂另设善后总局，前已奏明有案。惟财政一事，为全省命脉（示）〔所〕关，自练兵筹饷、迁民实边以及设立学堂、创（条）〔办〕铁路，并举办农商工艺各要政，无一不仰给于此。总期何者可以利民，何者可以裕国，为推本穷源之计，又不仅综核度支已也。拟请将户司、善后局归并于内。

一曰武备司。以兵司、营务处隶焉。查黑龙江旧有部前①,素以武备名震天下,平日熟习满文,经史子集,强半均能记诵,并非空疏无具。故当时八旗子弟无人不兵,亦无兵不学,中兴战功,半出其中。诚能遵照练兵处章程,汰弱留强,陆续编为常备军,并一而设立陆军小学堂,认真训练,俟办有成效,或能成协成镇成军,均照定章,分设兵备、参谋、教练等处。至行军之要,测地为先,拟于该司附设绘图处,将全省山川扼要,逐渐详绘,以资考察。

一曰学务司。即前设之学务处,为作育人才之地。近年科举一停,士子进身之阶,莫不由学堂而起,第办理稍一不慎,徒使诸生沾染习气,平等自由之风潮,日高日涨,流弊将不可胜言。江省边陲僻处,民智未开,旧设满汉官学、义学,几同赘瘤,即今改为学堂,就学人数仍属无多,程度亦浅。曾于上年变通旗缺升补折内,将大概情形陈明在案。在他省讲究学务,但期教迪之有方,而此间人安固陋,兼在劝导之得力。省城总汇之区,尤当竭力主持,开通风气,使郡孙②村市,闻风兴起,无人不学,无地不学,无时不学,则今日多一读书明理之士,即他日多一忠君管③国之人,收效良非浅鲜也。

一曰巡警司。即周礼修闾禁暴,条狼野庐之遗法。泰西诸邦行之最早,凡公家出一政布一令,可以奉命而行,人民犯一法触一禁,可以蹑踪而得,所以辅地方有司之不及也。江省幅员辽阔,盗源不清,尤宜认真办理。自上年整理街衢,道途之崎岖者平之,沟渠之淤塞者通之,路政已见起色。兹拟就军署原有之工司及警察局归并于内,从类亦从简也。

一曰裁判司。非精于法律者,不能董率其事。军署向来以刑司承办刑案,自设民官后,又于善后局内兼办清讼,上年冬间始立裁判处,札派分巡道为总办,并以候补及投效人员分任会办以下各差。兹拟将刑司之理刑员外郎与裁判处合而为一,凡有京控上控命盗杂案,以及提省之户婚田产词讼,均归审理。窃谓命案重在洗验,仵作之责任非轻,盗案重在缉捕,侦探之耳目最要。尤当分别挑选,佐辅法政。总期无案不破,无案不结,庶几愿裁判之名而无愧。

一曰农政司。以开垦闲荒为专职,而林业附焉。拟以现设之垦务局归并之。

---

① 原文如此,文意似不通。
② "孙",原文如此,或当为"县"。
③ "管",原文如此,或当为"爱"。

考泰西农部树艺之法，皆从格致化学而来，著为成书，绘为图画，于物理可谓体察入微。江省草莱初辟，所放之荒，以目前计之，尚不过十分之一二。现在办理开垦，正以招民实边为富强基础，一面实行森林警察，保护山权，俟垦务办有端倪，再行量地栽种蔬果兼各种树木，并由该司拣选农家子弟之事教者，参考选种、更种、治疫、治水诸法，务使农业大兴而边圉益固。

一曰商务司。所有工程及工艺厂属隶其下。溯自五大洲通商以来，辟古今未有之局，外洋百货，惊奇眩巧，向来市中所不一见者，今具遍于国中。懋迁之盛，横绝四海。我国于制造一道，近虽略至研究，然所出之货，百不逮一。杜漏卮①，仍屡无补。岂真我国之聪明智识，远逊欧西，亦以从前轻商之倍见有以限之，近年朝廷既设商部提倡于上年，各省自应则效于下，今设专司以为督率，果能扫除官习，与各商联络一气，无丝毫壅隔，则商务之兴盛，不难翘足而待矣。

大凡举行新政，必先改定官制。盖令出自上，舍此即无以达挽回之目的。东西各国变法之初，无不从此入手。前准政务处议准吉、江两省增设郡县一折，钞奏到江，始知五品京堂曾广干预筹东三省事宜折内有分设局所一条，已奉旨饬下盛京将军赵尔巽酌量妥议办理，所惜未见原奏，无从择善而师。想赵尔巽公忠素著，必能通筹妥善之方，力支时局。固陋如□②，偏僻为江省，本不敢妄议更张，第思设官之义，首在专其责成，庶虞旧时之积习既消，新机之进步自速。此次所定十司，系就江省程度所能及者，斟酌损益，立基试办。将来奉省奏设专员分判各局章程议准通行后，略为转移，发③可合格。可否饬下政务处核议施行之处，出自圣裁。所有江省筹议设立专司归并局处缘由，伏乞皇太后、皇上圣鉴训示。谨奏。

同日奉到朱批：政务处议奏。惟折内所用三老五更及尊贤之典等语，措词失体。著申饬。钦此。

程德全：《程将军守江奏稿》卷十，台北，文海出版社影印本，第51—56页

---

① "杜"，原文作"札"，疑误。此句仍疑脱字。
② 原文空格，当为"臣"或程德全的名字"全"字。
③ 原文如此，疑有误。

拟定东三省职司官制及督抚办事要纲折（附单）

光绪三十三年四月十一日①

徐世昌 等

奏为遵议东三省设立职司官制及督抚办事要纲，分缮清单，恭折具陈，仰祈圣鉴事：

窃臣等钦奉三月初八日谕旨：东三省应如何分设职司之处，著该督等妥议具奏。等因。钦此。仰见朝廷眷顾根本，与时通变之至意。钦悚莫名。臣等遵即详细筹商，参酌时势，稽中外之善制，揆东省之所宜，谨拟行省公署官制办法，敬为我皇太后、皇上陈之。

东三省为我朝根本重地，历来设官分职，办法本与内地省分不同。各将军衙署原设有户、礼、兵、刑、工五司；盛京以陪都体制，又设有五部、府尹以资分理。近来交涉日繁，郡县日辟，举凡财政、军政、警务、学务，无不量添局所，增派官员。于是旧司新局，纷列渐多，旗署、民官，畛域显判，几于漫无统纪，浸就废弛。此疆吏之擘画，京员之章奏，中外人士之论议，皆以改定东三省官制为第一要务也。前蒙圣明鉴察，特裁盛京五部及奉天府尹，以一事权，上年又于三省添设提学司，以广教育。损益通变，原以振兴政治，有裨地方。臣等以为欲祛散漫牵掣之弊，则宜有总汇公署，方能合一事权。欲谋整齐修举之规则，必须分置厅司，方能各专职业。溯考各边将军、大臣有仿京部设户兵各司者，有派部员佐理者，本兼部体。钦定历代职官表指明督抚为行部，盛京将军原兼兵部尚书、右都御史，亦有部院之称，与晋唐都督府分设长史、司马、各曹参军及英之

---

① 原文未署日期。《光绪宣统两朝上谕档》载批复谕旨为光绪三十三年四月十一日，《光绪朝东华录》，总第5669—5670页列在四月十四日，当以四月十一日为是，十四日当为对外公布日期。按徐世昌光绪三十三年三月初八日（1907年4月20日）被任命为东三省总督，此奏当在到奉天之前上。附上谕档记录："交东三省总督徐等：本日贵督等奏遵议东三省设立职司官制及办事要纲一折、单二件。奉旨：依议。钦此。相应传知贵督等钦遵可也。此交。四月十一日"见《光绪宣统两朝上谕档》第33册（光绪三十三年）第55页。

澳洲、美之各省于总督府分设财政、学务等官者相合。拟于奉天、吉林、黑龙江三省每省各设行省公署，以总督为长官，巡抚为次官，皆如各部堂官。于行省公署内分设二厅，一曰承宣厅，禀承督抚，掌一省机要，总汇考核用人各事；一曰谘议厅，掌议定法令章制各事。就原有局署酌量归并，分设七司：一曰交涉，二曰旗务，三曰民政，四曰提学，五曰度支，六曰劝业，七曰蒙务。仿国初将军设参赞及出使大臣参赞之例，设左右参赞各一员，分领承宣、谘议两厅事务。交涉等七司各设司使一员，总办司事。承宣厅及各司均设分科，每科设佥事及一二三等科员佐之。谘议厅不设官缺，酌派议员、副议员、顾问员、额外议员，皆选明达政治者充之，以资研究。此外陆军关系綦重，应另设督练处以扩军政，司法分权，宜预拟专设提法使以理刑法，其官制另由臣等详议具奏①。他如划分权限、酌拟补署、建立衙署、筹支廉费，皆属更张之要务，即为图治所宜先，谨遵议章程，缮具清单，恭呈御览。

又东三省总督，恭绎谕旨，责成视各省为重，谨拟督抚办事要纲六条，一并缮单呈览，其道府以下官制亦拟酌定阶级，以期简捷。容俟到任后体察三省情形，酌筹办法，再行具奏。总之东事措置，上关国家之本计，外为环海所注观，臣等惟有竭尽愚忱，悉心筹划，难行者不敢曲为，因仍相宜者必求规于详备，法无一成而不变，道贵因时以制宜。国初直省官制至雍正中而大更，近来边省建置亦弛张之不一，此第粗拟大纲，其详细章程及以后有应行酌议变通之处，仍当随时奏明办理。

再，三省旗务本归将军管理，今改设督抚，总督奉特恩兼管三省将军事务，则三省巡抚亦有分理旗务之责，相应吁恳天恩，俯准将奉天、吉林、黑龙江三省巡抚皆兼副都统衔，以便措置而资坐镇。所有遵议东三省设立职司官制及办事要纲各缘由，分缮清单，恭折具陈，伏乞皇太后、皇上圣鉴。

再，暂署黑龙江巡抚程德全，现未在京，是以未经列衔，合并声明。

附：东三省职司官制章程

一、设立行省公署。

---

① 《光绪朝东华录》所刊该奏折在此结束，其后有"得旨：如所请行"句。见该书总第5670页。

东三省向于将军衙署分设各司,将军、副都统每日率领司员于衙署办事,与京都办法相合。现在东省外交内治,日以繁难,自未便照各省分设督、抚、藩、臬各署,致令公牍转多周折,属僚疲于禀谒,甚或动相龃龉,贻误要公,所关非浅。拟以军署各司合之现有各局并提学司总立一署,仿前代行省行台办法,名之曰奉天行省公署,吉林、黑龙江如之。以总督为长官,巡抚为次官,于公署内分设承宣、谘议二厅,交涉、旗务、民政、提学、度支、劝业、蒙务七司隶之,各员逐日入署,事则公商,稿则会画,以期赴机迅速,简省繁文,藉收整理地方之效。

一、酌定官品。

金、元行省,本有丞参等官,明布政司即元行中书省,亦设有左右布政使、左右参政等官。国初将军经略,皆设参赞。现在出使大臣亦设有参赞员缺。拟于行省公署内设左参赞、右参赞各一员,秩从二品,以左参赞领承宣厅事,右参赞领谘议厅事。交涉、旗务、民政、提学、度支、劝业、蒙务七司,拟均设司使一员,总理一司事务,参照各省提学、盐运等司及军署原设各司协领品位,酌按管理事务之繁次,量分等差。拟交涉、旗务、民政、提学四司司使秩正三品,度支、劝业、蒙务三司司使秩从三品。承宣厅及各司,均就所管事务,以类相从,分设各科,每科设佥事一员,办理科务。首科佥事从四品,各科佥事皆正五品。其下设一等科员,从五品;二等科员,正六品;三等科员,正七品。分佐之交涉、提学、蒙务各司,别设一二等译官,民政司别设一二等医官,提学司别设一二等编校官,度支司别设一二等库官,劝业司别设一二等艺士。凡列一等者,品视二等科员,二等者品视三等科员。自佥事以下,无论调用京外人员,皆选有专门学业及材地相宜者遴充,庶几事有专责,人用专长,以精职业。谘议厅拟设议员、副议员、顾问员、额外议员,以集讨论政治之益,均不定品位,不拘本省实缺、候补及京外官员、士绅,皆选明达政治,熟于本省情形者充之。督抚仍各设一二三等秘书官,无定员,以办秘密紧要事件。

一、厘定职掌。

行省公署承宣厅禀承督抚办理一省机要总汇事件,考核用人及省内省外四品以下官员升调补署。谘议厅掌议一省法令章制,研究本省利病应行损益各事。交涉司掌办理外交各事,以原有交涉等局改并。旗务司掌办理旗署各事,以军署原有户、礼、兵各司改并。民政司掌办理民政、巡警、缉捕等事。提学司掌办理教育等事。度支司掌办理财赋等事，以原有财政、厘税等局改并。劝业司掌办理农工商、邮电、航路、垦矿等事，以农工商各局改并。蒙务司掌办理蒙部各事，奉天则辖科尔沁六旗，吉林则辖郭尔罗斯前旗，黑龙江则辖郭尔罗斯后旗、扎赉特、杜尔伯特三旗。承宣厅及各司分科名目、职掌，由臣到任后体察情形，酌拟奏咨办理。此外应设局所、厂场、学堂、公司等，皆以类相从，附属各司，酌令司使以下人员或学有专长办事得力者办理，合坐言起行为一职，以资实验。

一、划分权限。

旧时内地各省督抚同城，往往意见参差，僚属遂分党派，互相倾轧，最滋流弊。而同城之驻防将军、副都统则鲜闻牵掣等弊。盖一则督抚各有关防，各有公署，故易于生隙；一则将军有印，副都统无印，办事同在一署，故无由启争也。现拟以总督为行省公署长官，巡抚为次官，凡奏咨批札稿件，厅司皆以次呈督抚核定。总督在他省时，日行公事皆呈抚核，重要事件先呈抚核，电商总督定夺。督抚如京部尚书、侍郎，三省公事，皆由督抚联衔具奏。至例行之事与迫不及待者，如总督出省，仿内地兼辖省分之例，列总督前衔，由该省巡抚一面办奏，一面电商总督，以期迅速而免贻误。贺谢各折，仍循例专奏。三省皆仿京部规制，铸行省公署堂印，文曰奉天省印、吉林省印、黑龙江省印。凡道府以下印委公事，皆祗申行省公署一分，由承宣厅分交各司核办。厅司稿件经督抚核定后，即用省印行下。如此省批详之重叠，移咨之往复，权限分明，文牍简捷，似较内地办法为合宜。其厅司印信，曰某省某厅印，某省某司印，皆如各部司印，冠省名于上，由臣等到任后再行奏请颁铸。

一、专设督练处。

东三省练兵关系重要，现在肃清土匪，巡缉地方，又倚防军之力。拟另设督练处，办理开练新军，振兴兵学，整顿防军各事。俟臣等到任后再行详议奏明办理。

一、专立司法。

东省治理，更张伊始，行政、司法分权宜预，拟仿明巡按御史及国朝盐政之制，于三省各设提法使一员，秩正三品，专管司法行政，兼理裁判事务，别为一署，暂受督抚考核节制，应设高等裁判以下各官，由臣等到任后，督同新简提法使妥为筹议，奏明办理。

一、议改各属官制。

东三省民官情形，新设知府，皆无首县，其府厅各官，自新设东边道、哈尔滨道外，大率径归将军及驻省道员管辖，承转本较内地为少，各属幅员宽广，于治理不便，多须析置。江省边城率无民官，增置更不容缓，且动系通商地方，民官体制自须略为加崇。拟多置府厅，合州为三级，增设道监督之。知府拟仿国初云南各省军民府之制，不设属县，兼辖旗民，与厅州皆隶于道，以期与东省时势相宜。各外城副都统官阶过大，动多牵碍，拟照江省裁撤呼兰等处副都统之例，酌拟裁撤，改设兵备道员暨以下各官，以重民治。三省原设知县，本兼有理事通判衔，拟均升为厅治，原有厅州或酌改为府。其直隶厅有属县者亦改之，而升厅治为府，径隶于道，以省周折。统俟臣到任后详细体察，通盘筹度，再行奏明办理。

一、酌拟补署办法。

左右参赞及提法使、各司司使，品秩较崇，责任綦重，拟照各省布、按两司办法，作为特简之缺。惟现在东事万棘，经营草创，非慎选得力人员，不足以资赞助，拟均由臣等奏保堪胜人员，请旨简放，或先奏请试署，以昭慎重。佥事以下，拟遴选胜任人员，皆先以本官试充，原官大者作为借署，原官小者作为试署。俟一年后再行请补，不胜任者另行撤换，汇案奏咨。

一、设缺分别次第。

奉天规模颇具，事务至繁，拟请将左右参赞及各司司使即行设立。吉、江两省事务较简，拟先不备设，俟查看情形，随时奏明办理。又奉、吉两省讼牍亦多，裁判尤重，拟于该两省先设提法使员缺，所有奉天驿巡道、吉林分巡道原兼按察使衔，拟均请裁去，以一事权。江省民户较少，控案无多，俟臣等到任后再行酌核办理。

一、建造衙署。

三省原有将军衙署，均极褊隘。现议合立一署，分别厅司，必须相度形势，另行修建，方足以昭严整而重要公。督抚、参赞、司使均应酌建住署，佥事以下照京部司员规制，无须另建住署。

一、筹支廉费。

重禄劝士，图治之本。现既议改立新制，分设厅司，自应宽给廉费。东三省近年兵荒迭乘，物价昂贵，数倍内地，尤非从优酌给，无以袪蠹弊之源，责整饬之效。拟俟臣等到任后，酌核该三省入款，从优支给，佥事以下亦按三省道府当差人员现支薪水之数，量为加给，以励廉隅。

一、吉、江两省拟移建省治。

查吉林将军国初本驻宁古塔，黑龙江将军本驻瑷珲，后移墨尔根，皆以控扼边要，实较今省治偏在西南者为合宜。拟俟应修东省铁路开有规模后，仍拟以吉林省治移治宁古塔，黑龙江省治移治墨尔根，亦俟臣等到任后再行体察情形，奏明办理。

附：东三省督抚办事要纲

一、东三省为全球注目之地，措置得失，动关大局，外交内治，全赖仰禀宸谟。现京奉铁路两日可达，三省皆有巡抚表率控驭。查日俄两国在东三省统兵大员，皆时常回国面商进止，汉晋刺史亦有乘轻车奏事京师之制。拟嗣后三省如有应办重要事件疑难待决者，准令总督随时赴阙面奏机宜，恭请训诲，及与枢部各臣悉心商办，以期周妥而免贻误。

一、奉天距京较近，为吉、江两省根本，现各干路枝路皆以该省城为枢纽，总督应建驻署于奉天，以便控制。吉、江两省应各建行署，以符三省各建行台之旨，俾得随时周历，商同三省巡抚办理外交内治一切重要事务。三省巡抚，亦可随时前赴邻省，会商整顿及互有关涉各事，并周巡属境，以严考查。

一、东三省现设巡抚办法，应与内地殊别。凡三省公署堂印，应由总督佩带，总督在他省时，则本省印信由巡抚佩带，回省则仍交之总督。督抚每日率属皆在公署办事，以便会商而去延滞。如此则收相维相助之效，而无内地督抚同城，院司不和之弊，于整顿东事，裨益非浅。

一、东三省总督现奉旨兼管三省将军事务，臣世昌并蒙特恩授为钦差大臣，现已请颁发关防，改铸印信，凡三省旗务及关涉特别重要事件，均应专用三省将军印信暨钦差大臣关防奏咨，以专责成。

一、东三省现在整顿一切，事同创始，得人为先。前大学士曾国藩、左宗棠于所辖用兵之省，提、镇、藩、臬皆准保用，臣世昌蒙特授钦差大臣，仰见朝廷郑重东事之至意。拟东三省三品以上大员，无论旧有新设，皆准择堪胜人员，指名密保，或会同该省督抚臣奏保，请旨简放，或派员试署，以收得人之效。此外各项员缺，拟皆准变通补署。布衣、获咎及丁忧人员，才具出众职事必须者，亦可擢用。凡实缺当差人员有绩效者，或按边俸升擢，及按异常劳绩保奖，均由东省督抚奏明办理，能明外交者，尤宜不次任用，以重交涉。三省实缺、候补各员，拟皆得通用，如江省新设各缺，用吉、奉人员之例，遇有差缺，均可互委，不分畛域，以广量材任职之路。

一、东三省地处边要，诸事草创，若仍拘泥例章，恐致诸多贻误。拟请嗣后东三省所有吏治损益，财款出入，及一切事项，皆暂准酌量变通，随时随事，因地制宜，分别奏咨核办，俟数年后筹办渐有端倪，再查看情形，奏明办理。

徐世昌：《退耕堂政书》卷八，奏议八，第22—31页

请派署奉省司道各缺并遵旨增改官缺折

光绪三十三年

徐世昌

奏为请派署司道各缺，并遵旨增改官缺，以资治理，恭折具陈，仰祈圣鉴事：

光绪三十三年五月二十七日恭奉懿旨：各省按察使改为提法司，并增设巡警道、劝业道缺，裁撤分守、分巡各道，酌留兵备道，著由东三省先行开办，如实有与各省情形不同者，准由该督抚酌量变通，奏明请旨。等因。钦此。旋准考察政治馆将续订直省官制咨行前来。伏查原奏内开，东三省根本重地，经画宜先，此次官制办法，拟先从东三省入手，除实与内地情形不同者，应听其量为变通。又清单第七条内开，除东三省外，各省均置三司。各等语。仰见皇太后、皇上俯念东三省官制事同草创，与内地情形不同，准其酌量变通，莫名钦佩。

臣等抵任以后，详加考察，实以同署办公，泯意见、省承转，为行政最善之法，自应从东三省办起，所有三省督抚、参赞以下各官，臣等前次奏陈东三省行省官制章程请设交涉、旗务、民政、提学、度支、劝业、蒙务七司，各设司使一员，业经奉旨允行在案。现除旗务、蒙务两司本为东省特别官制外，其交涉、民政、提学、度支各司各有专任，均应仍遵前奏办理。至劝业有保商之责，巡警为安民之官，应遵照此次懿旨，将原奏之劝业司改为劝业道，并增设巡警道一缺，其奉天分巡道亦遵即裁撤。惟巡警虽为民政之一端，而奉省巡警已普及于各属乡镇，允宜特设专官，民政司以组织地方自治为重要，即可划出警务一门，俾之分任。奉省局所林立，公牍纷杂，权限混淆，亟应挈领提纲，与之更始，故以上各官，即拟遵照原奏，先行分别派员试署，以为开办之基，如有窒碍及增减之处，再行随时变通，以臻美备。

兹查有奉天驿巡道陶大钧，心气和平，思虑周密，堪以试署交涉司司使。正红旗满洲印务参领恩志，器识宽宏，办事妥慎，堪以试署旗务司司使。存记道调补奉天锦州府知府张元奇，厚重闳通，才堪大受，堪以试署民政司司使。奉天东边道张锡銮，老成练达，洞悉事情，堪以试署度支司司使。候选道黄开文，勤明耐事，强干有为，堪以试署劝业道。在任候补道奉天府知府邓嘉缜，朴诚廉正，物望允孚，堪以试署巡警道。仍由臣等随时察看，如能胜任，再行请旨简授。其蒙务一司，尚未选有堪胜人员，容续行奏请试署。至各厅司道以下各员，容由臣等督率该厅司道，拟定分科设缺章程，再行具奏。其吉、江两省各司道应如何酌量设立之处，俟臣世昌行抵该省，察看情形，与该两省抚臣会商筹设，再行奏明请旨办理，所有陈请派署司道各缺，并遵旨增改官缺缘由，谨恭折奏陈，伏乞皇太后、皇上圣鉴训示。

徐世昌：《退耕堂政书》卷九，奏议九，第9—10页

酌拟奉省提法司衙门及各级审判厅检察厅官制职掌员缺折（附单）

光绪三十三年九月初三日①

徐世昌②

奏为酌拟奉省提法司衙门及各级审判厅、检察厅官制职掌，并员司各缺，分缮清单，恭折仰祈圣鉴事：

窃臣等前于具奏东三省公署官制折内，陈明提法司别为一署，应另拟官制，以为司法独立之基础。等因。在案。嗣据法部、大理院会奏京内外各级审判厅职掌各折片。奉旨：依议。钦此。钦遵咨行到奉。

臣等详绎原奏之意，大旨以审判分为四等，而皆设检察官以检查③之，取外国单独合议制度，分庭而治，并详及于各级官厅之职掌、品位、员数，纲举目张，允为外省准则。又查续定外省官制内，第言各省按察使改为提法使，该司官制以原设之经历、司狱等官改设。臣等查奉省初设法官，本无内地习惯，若不先将该司职掌、员缺酌拟试办，则各级官厅将无成立之期。且司法关系极重，此次特设专官，期于独立，在各省为改良，在奉省为草创。尤宜参酌中外，折衷至当，以耸外邦之观听，而树内地之风声。臣等督饬署提法使吴钫悉心核议，于该司职掌则隐规部制，而统系必使相联于各厅，职官则悉仿部章而变通，期于尽善。诚以提法司管理一省司法上之行政，而以审判之事专属之各级审判厅，以提法司监督之，以期达于司法独立之地位。惟旧制有应暂存者，如招解、勘转、上控等件，向来由县递详至院，虽层折太多，尚寓矜慎庶狱之意。现在司法机关未

---

① 时间据《政治官报》补第八号，光绪三十三年九月初八日出版。又徐世昌奏折又载《政治官报》补第八号折奏类，章程清单载补第八号法制章程类。
② 时为东三省总督。
③ 原文如此。

备，各级审判厅未能遍立，而东省官制拟将厅州县并为一级，尚未实行，故此制未能遽废。又秋审为各国法制所无，而实中国刑事中特别大典，应仍隶于刑事，以存其旧。其新制有应发起者，如监狱为司法行政大端，日本司法省且设专局，与民刑同，今拟另列一科，以待推广。又登记为民事诉讼之根据，目前虽暂不举办，不可不存其名，应即隶于民事，以符名实。此组织提法司官制职掌之大凡也。

至审判厅为司法独立机关，规制尤宜详备，惟体察奉省情形，仍有尚须变通者。查原奏直省地方审判厅于直隶厅州及散厅州县各设一厅，推事长品级定为从五，其不言府治者，以内地府治皆有县令同城也。今奉省除奉天、锦州两府设县外，其余皆无附郭之县，其推事长品秩，即应依照各该地方官，以四五六品为差，斯品位相埒，无牵掣之患矣。原奏京师地方审判厅预审推事由厅丞于各厅推事中临时派充，不设专缺，盖因该厅推事额设二十四人，足敷分布。奉省地方审判厅推事至多不过十二人，若由此中分出预审二员，则民刑均不敷二庭之数，今拟另设预审推事，专办重罪、预审事件，斯责任专矣。原奏各直省高等审判厅推事品级定为正六，地方审判厅推事定为从六，固与京师审判厅微示区别，惟中缺五品一阶，升转究有未便。今奉省各府地方审判厅拟改为厅丞，升为从四，似宜于高等审判厅推事及各府地方审判厅推事中各设刑科长、民科长一员，品级升为从五，略仿日本民刑部长之制，斯各有统属矣。原奏于登记一条尚未议及，惟登记为民事诉讼之根据，各国皆以属之初级审判厅，今亦拟仿照办理。至高等审判厅如一省只设一处，则距省窵远者赴诉维艰，应否设立分厅，原奏亦未议及。今拟于省城先设一处，俟体察情形，再行酌量分设，以便就近审理上控诉讼。其余各级审判厅应如何先后设立，统俟通省合筹，奏明办理，此组织各级审判厅官制职掌之大凡也。

至于检察厅以保护公安为专职，介于行政权审判权之间，以剂其平。今综其职掌，如调度司法警察、搜查犯罪、逮捕犯人、提起公诉、陈述证据、驳诘被告、执行处刑，及不服审判宣告而上控者，民事如婚姻、嗣续、家产等案，皆检察官职权所及。今遵照部章，于各级审判厅内均附设检察厅，专司检察事宜，均应服从上级检察官之命令，其对于审判有补助而无干涉，此组织各级检察厅官制职掌之大凡也。

维是司法部分关系至重,法律改良,此为缘起,极其效力,可以平熄乱党,收回法权。奉省初立法庭,外为列邦所注目,内为各省所取资,故凡建造厅廨,断不可安于简陋,任用法吏,亦未便绳以常规,用款用人,不拘成例,而后规模肇造,气象一新,法令所颁,中外受范,此尤臣等心力所专注而不能不慎之于始者也。

所有酌拟奉省提法司衙门及各级审判、检察厅官制职掌员缺品位各缘由,是否有当,谨恭折缮单具陈,伏乞皇太后、皇上圣鉴,饬下法部、大理院会议核覆施行①。

附:提法司衙门官制职掌员缺品位单

第一条 提法司掌全省司法上之行政事务,监督本省各级审判厅及检察厅。

第二条 提法司总理全司事务,监督佥事以下各员,为一司之长。

第三条 提法司分设四科,如左:

一、总务科,二、刑事科,三、民事科,四、典狱科。

第四条 总务科职掌如左:

一、掌关于考绩事项。凡本司及全省各级审判厅、检察厅、典狱官吏之履历、请补、升降、考试、司书生、调派检察官、司法警察等项,皆隶之。

二、掌关于文牍事项。凡收发文件,编纂存储卷宗档册,各项统计表册、报告,及办理不属民刑各项特别公文函电专件等项,皆隶之。兼典守印信。

三、掌关于会计事项。凡本司出入经费、预算、决算、稽核各级审判厅经费、讼费、纳赎、收赎、罚金、充公赃物财产、罪犯作工成绩贩卖款项各事,皆隶之。兼管理本司杂项事件及本司公置财产什物等项。

第五条 刑事科职掌如左:

一、掌复核全省死罪各犯奏咨案件,及死罪人犯招解、勘转事宜。

二、掌复核全省军、流以下各犯内结外结案件,及军、流人犯招解、勘转事宜。

三、掌办理秋审事件,并恩赦条款查办减等留养事宜。

---

① 法部、大理院核覆的奏折见本资料集司法独立部分,题为《法部会奏核覆奉省提法司各级审判检察厅官制折》。

第六条　民事科职掌如左：

一、掌承断析产及婚姻等涉讼事件。

二、掌钱债、房屋、地亩契约，及索取赔偿等涉讼事件。

三、掌不动产、商业、船舶及其他各项登记事件。

第七条　典狱科职掌如左：

一、掌全省监狱事件。凡考察监狱、改良及狱中赏罚制度，核算囚粮报销，调查罪犯名册，稽查押犯月报，及监犯病故报告等项，皆隶之。

一、掌全省习艺所事件。凡考察工作良否，及所中管理、赏罚制度、稽核罪犯作工成绩、调查罪犯名册、稽查作工年限、释放及病故报告等项，皆隶之。

第八条　总务科置佥事一员，承提法使之命，综核总务科各项事件，兼整理要务。

第九条　刑事科置佥事一员，承提法使之命，综核刑事科各项事件。

第十条　民事科置佥事一员，承提法使之命，综核民事科各项事件。

第十一条　典狱科置佥事一员，承提法使之命，综核典狱科各项事件。

第十二条　各科设一等科员一员，二等科员一员，三等科员二员，承提法使之命，受各该科佥事之指挥，分理各该科事件，并设正副司书官四员，专司缮写紧要文件，承办庶务。附置司书生三十名，帮同司书官分缮文件。

提法司职官表

提法司	正三品	特简
首科佥事	从四品	奏补
佥事	正五品	奏补
一等科员	从五品	奏补
二等科员	正六品	奏补
三等科员	正七品	奏补
正司书官	正八品	委用
副司书官	正九品	委用

附：各级审判厅官制职掌员缺品位单

一、高等审判厅

第一条　高等审判厅掌不服地方审判之上控案件，为第二审。其由初级审判厅起诉者，则以此厅为终审。

第二条　高等审判厅置厅丞一员，总司厅事，调度本厅民刑推事长以下各员，监督各级审判厅。

第三条　高等审判厅分设刑科、民科，每科各置推事长一员，推事五员，仍合刑事、民事各二庭，每庭三人之数。

第四条　民、刑推事长总理各该科审判事务，并调度本科一切事宜，各推事分任各科审判事务。

第五条　高等审判厅置典簿一员，主簿二员，录事二员。

第六条　典簿掌办理文牍、会计一切庶务。主簿掌录供、叙案，承办文牍，督同录事缮写文牍。录事掌缮写文牍，承办庶务。

附置书记生，不设额缺，至多不得过二十名。

二、地方审判厅

第一条　地方审判厅掌审判不属初级审判厅之刑事民事案件，及不服初级审判厅判结而上控之案。

第二条　地方审判厅置厅丞一员总司厅事，调度本厅民、刑推事长以下各员，监督初级审判厅。

第三条　地方审判厅自厅丞以下，设官分职，与高等审判厅同，但新设各厅州县人稀事简者，推事以下各员缺酌量核减。

第四条　地方审判厅置预审推事二员，专司重罪预审，事简者一员。

第五条　地方审判厅设看守所，置所官一员，管理看守所，归地方检察厅监督。

三、初级审判厅

第一条　初级审判厅之审判权如左：

一、刑事。凡违警罪及轻罪，止于笞杖而改为罚金者。

二、民事。分二项：

第一项钱物不逾百元之争讼。

第二项不论价值之多寡,均可收理者如左:

田产界址之争讼。

雇佣契约之争讼。

旅客与客店及运送商帐目之争讼。

第二条　初级审判厅置推事一员或二员,总司厅事,审判刑事、民事如上项之案件。

第三条　初级审判厅酌设书记生数名,办理案牍、庶务。

第四条　初级审判厅兼办不动产、商业、船舶及其他各项登记事项。

高等审判厅职官表

厅丞	从四	请简
刑科长	从五	奏补
民科长	从五	奏补
推事	正六	奏补
典簿	正七	奏补
主簿	正八	奏补
录事	从九	委用

各府地方审判厅职官表

厅丞	从四	奏补
刑科长	从五	奏补
民科长	从五	奏补
推事	从六	奏补
典簿	从七	奏补
主簿	从八	奏补
所官	正九	委用
录事	从九	委用

各厅州县地方审判厅职官表

| 推事长 | 厅、州从五 | 县正六 | 奏补 |
| 推事 | 从六 | 奏补 | |

典簿	从七	奏补
主簿	从八	奏补
所官	正九	委用
录事	从九	委用

初级审判厅职官表

| 推事 | 正七 | 奏补 |

附：各级检察厅官制职掌员缺品位单

第一条　高等检察厅、地方检察厅各置检察长一员，总理各该审判厅检察事务，调度司法警察事宜。初级检察厅置检察官一员，专办初级审判厅检察事务。

第二条　高等检察厅置检察官二员；地方检察厅置检察官，事繁者二员，事简者一员，分任检察事务。

第三条　高等检察厅、地方检察厅各置录事一员，并酌设书记生数名。初级检察厅酌设书记生数名。办理文牍、庶务。

第四条　地方检察厅设医师一名，检验吏数名，为诊治病犯及检验尸伤之用。

高等检察厅职官表

检察长	从四	请简
检察官	正六	奏补
录事	从九	委用

地方检察厅职官表

检察长	府从四	奏补	厅、州从五	县正六	奏补
检察官	从六	奏补
录事	从九	委用

初级检察厅职官表

| 检察官 | 正七 | 奏补 |

徐世昌：《退耕堂政书》卷十，奏议十，第18—25页

东三省总督徐世昌等奏请设司缺派员试署并陈变通办法折①

光绪三十三年十一月十一日

奏为请设司缺，派员试署，并陈变通办法情形，恭折仰祈圣鉴事：

窃查江省幅员辽阔，物产丰饶，百废待兴，得人而理。臣世昌于本年十月二十日行抵齐齐哈尔省城，与臣德全晤商办法，仍以设官分职，明定责成为目前之要务。惟是江省土广人稀，天寒地僻，自哈尔滨以北，荒凉满目，有亘数十百里不见居民者，至一省所入，岁不及五十万。近年举办各政，皆恃荒价以为挹注，一切经营，悉同草昧，而员司俸糈微薄，又不足以赡给贤材。故论现在情形，不患有冗旷之官，而苦无民可治。其难处，又不独无行政之费，且恐无以养官。此种艰难，无论内地行省迥然不同，即揆诸奉、吉两省，亦觉较难措手。臣等再四筹酌，惟有查照前奏官制，量为变通，盖既不敢踵事增华，致来虚位之诮，尤不敢因陋就简，致无举职之人。查奉省司道各缺，除交涉司江省事务本简，旗务、蒙务二司尚须体察情形另筹办法，均请暂从缓设外，民政为地方自治之权舆，提法有司法独立之关系，度支为通省财政之枢纽，自应一律增设，与原有之提学共为四司。巡警则江省城乡居民甚②少，拟不设道缺，归民政司兼办，并以从前之工司并入。劝业在江省最为切要，而诸务并无萌芽，拟亦不设道缺，暂由提学司经理。江省学务，经该司张建勋苦心劝导，粗具规模，学业本属相通，使之尽心擘画，不难兼顾有余。提法司即以现有之分巡道兼按察使衔裁改之，度支司则以善后局及从前之户司并入，似此变通办理，庶几损益得宜。

以上各缺，即应派员试署。兹查有军机处存记二品衔直隶候补道倪嗣冲，器

---

① 《退耕堂政书》题为"黑龙江派员试署司缺并陈变通情形折"，未署时间。此折应为徐世昌与黑龙江巡抚程德全会衔。

② "甚少"，《政治官报》作"并少"，此处从《退耕堂政书》。

局阅通，才猷练达，堪以试署民政司司使；现在黑龙江分巡道兼按察使衔秋桐豫，谨慎老成，熟谙律意，堪以试署提法司司使；二品衔候选道谈国桓，学识开敏，勤干有为，堪以试署度支司司使，仍由臣等察看，如其果能胜任，再行请旨简授。至参赞所领之承宣、谘议两厅事务，江省原由文案处办理，尚臻妥洽，现在佥事、科员、议员等暂难添设，拟酌设秘书官，与原有之委员分任其事，并将从前之印务处并入。其各司以下各官，亦均暂用委员，以归简易。

所有请设司缺，派员试署，及变通办法各缘由，理合恭折具陈，伏乞皇太后、皇上圣鉴训示。谨奏。

光绪三十三年十一月十一日奉朱批：著照所请。该衙门知道。钦此。

《政治官报》第五十四号，折奏类，光绪三十三年十一月十四日出版；又载徐世昌：《退耕堂政书》卷十一，奏议十一，第19—20页

东三省总督徐世昌等奏酌拟奉省各官养廉公费以励廉隅折

光绪三十三年十二月二十九日①

奏为酌拟奉省各官养廉，并酌定公费，以励廉隅而资整饬，恭折仰祈圣鉴事：

窃查奉天自改设行省，厘定官制，一改旧日将军之制。惟是设官之意，要在查吏安民，整躬率属，欲其裁革陋规，剔除中饱，必使禄足代耕，乃能趋事赴功，廓清蠹弊。从前东省官吏差缺，所入甚微，遂至贪赇公行，寖成风气。现值改章伊始，万不容再蹈前辙，自应明定养廉，以挽颓习。谨就各省督抚司道以下各官所定养廉，分别比照定拟。

---

① 为奉到上谕批示日期。

又查奉省迭遭兵燹，百物昂贵，数倍内地，臣等到任后覆绝供应，所有内地办差各名目及一切陋规，概行禁绝，凡所取求，皆归自备，若仅恃廉俸一项，断不敷用。查各省凡官缺清苦者，每于养廉外加给公费，即奉省地方官，前将军赵尔巽亦曾奏请酌加公费。诚以边远之区，物用翔贵，欲责其操守谨严，尽心民事，不得不优给禄糈，以赡其身家，故于养廉外分别酌定公费数目。此项养廉公费银两，即由度支司在正款内分别筹给，应作正开销。公费一项，遇闰照加，应由署缺派差之日起支，以示体恤。至佥事、科员等官，现尚未定额数，暂拟不定养廉，先支公费。其外府州县以下各缺，有支廉俸者，有支公费者，办理未能一律，应俟通盘筹画，酌核定拟，再行奏明办理。

至于吉、江两省应定养廉公费，俟查明该两省财政情形，臣世昌随时与两省抚臣酌定，再行具奏。

兹将酌拟养廉公费数目，分缮清单，恭呈御览，合无仰恳天恩，俯如所请，饬部立案施行。除咨部外，所有酌拟各官养廉并酌定公费各缘由，谨恭折具陈，伏乞皇太后、皇上圣鉴。谨奏。

光绪三十三年十二月二十九日奉朱批：著照所请，该部知道。单二件并发。钦此。

谨将酌拟督抚参赞司道各官养廉开具清单，恭呈御览。计开：

东三省总督	三万两
奉天巡抚	一万五千两
奉天左右参赞	各九千两
奉天提法、交涉、度支三司司使	各六千两
奉天民政司司使	五千两
奉天提学、旗务两司司使	各四千两
奉天巡警、劝业两道	各三千两

光绪三十三年十二月二十九日奉朱批：览。钦此。

谨将酌拟督抚参赞司道佥事科员公费缮具清单，恭呈御览。计开：

东三省总督	每月五千两

奉天巡抚	每月三千两
奉天左右参赞	每月各一千五百两
奉天提法、交涉、旗务、民政、提学、度支各司司使	每月各一千两
奉天巡警、劝业两道	每月各八百两

奉天谘议厅顾问员，每月二百两；议员，每月一百五十两；副议员，每月一百两；额外议员，每月五十两

奉天各厅司道佥事，每月二百两；一等科员，每月一百五十两；二等科员，每月一百两；三等科员，每月八十两；司书，每月四十两；副司书，每月二十两

光绪三十三年十二月二十九日奉朱批：览。钦此。

《政治官报》第九十九号，补上年，光绪三十四年正月初七日出版

吉省请设司道各缺派员试署折

徐世昌　朱家宝①

奏为吉省请设司道各缺，派员试署，并酌量裁改各情形，恭折仰祈圣鉴事：

窃臣世昌于本年十一月初七日行抵吉林省城，与臣家宝接晤筹商一切，并及官制办法。伏念吉省为我朝根本重地，实居三省之中，文化久开，民生较富。长春一府，又绾南北要冲，交通既繁，形势尤为扼要。比之江省，各事俱有规模，比之奉天，地方亦尚为完善。徒以官吏不知整顿，积弊丛滋。现在外患已形，不能不急图治理。现有提学、提法两司，其吉林分巡道一缺，自应遵照奏定外省官制裁撤。此外应增设者，吉省外交事件现在正关系紧要，将来吉、长通行铁道，诸务更繁，各国商民必且日多一日，亟应设立专司经理，以交涉局附入；民政则以巡警局、自治局及关于民政各项局所改设，不更设巡警道缺；度支则以所有财

---

① 时署吉林巡抚。又原文"无朱家宝"，以此折应为徐、朱两人会衔上，由编者增"朱家宝"。

政各局及从前之户司并设；劝业道则以农工商矿林业各局所并设；从前之刑司裁归提法司兼办；工司则分别并入民政司、劝业道。统计增设各缺，合之原有两司，共为五司一道，庶可各专责成。旗务暂不设司，以从前兵司改设旗务处，先行试办；蒙务则仍须体察情形，从缓办理。至吉林副都统一缺，自改设行省以后，事务颇简，与外城各副都统情形不同，查黑龙江省城副都统缺早经奏请裁撤，吉省事同一律，相应请旨裁撤，俾昭核实。

所有新设各缺，自应派员试署。兹查有二品衔奏调分省补用道邓邦述，器识闳通，才猷练达，考查各国政治极有心得，堪以试署交涉司司使；二品衔军机处存记代理吉林分巡道谢汝钦，才识优长，器局稳练，久历边徼，众望允孚，堪以试署民政司司使；二品衔军机处存记奏调分省补用道陈玉麟，时务通达，规划精详，前在湖南、四川筹办要政，均能洁己奉公，卓著成效，堪以试署度支司司使；二品衔奏调直隶候补道徐鼎康，心细才长，安详谨慎，讲求时务，识议闳通，堪以试署劝业道，仍由臣等察看，如能胜任，再行请旨简授。参赞所领之承宣、谘议两厅事务，吉省亦由秘书官及文案处办理，均臻妥洽，应如其旧，而以从前之印务处并入。司道以下各官，先各设首科佥事一人，余暂缓设，而以委员分任其事。至省外各缺，则以长春最为紧要，地居四达之冲，中外辐辏，交涉纷繁，实与哈尔滨同一情形，非有得力大员，不足以资镇摄，应请先设吉林西路兵备道员缺，驻扎长春，责令办理交涉一切事务，俾专责成，一俟奉旨允准设缺后，再行拣员试署。其余各路应设员缺，容再体察地方情形，陆续奏明办理。

所有请设吉省司道各缺，派员试署，并酌量裁改各缘由，理合恭折具陈，伏乞皇太后、皇上圣鉴训示。

徐世昌：《退耕堂政书》卷十二，奏议十二，第8—10页

议设三省督练处折

徐世昌

奏为议设东三省督练处，以重军政，谨将试办章程缮具清单，恭折会陈，仰祈圣鉴事：

窃臣等前于遵议东三省官制章程折内声明，东省练兵，关系重要，拟另设督练处，办理开练新军、振兴兵学、整顿巡防各事，奉旨允准在案。伏查旧制盛京设兵部以掌兵籍，而三省将军以下各置兵司，俸饷征调则胥隶于兵部，法未尝不善也。积久弊生，日就废弛。兵部前经奏请裁撤，所存之兵司亦仅司旗营尺籍，无关大计。统计三省军队，有八旗额兵、有巡防营、有捕盗营、有护垦队，共马步一百数十营，土客并收，操法不一。其制则庞杂纷歧，其势则散漫惰窳。臣等到任之始，又奏拨陆军一镇两混成协分驻要地，自非有统管军政之区，无以收整齐画一之效。窃维前练兵处、兵部奏定陆军章制内开督练处官制，均按事之繁简，由督办酌定人数，奏咨立案，思虑周密，允宜取法。又升任直隶督臣袁世凯于北洋设立督练公所，仿照部章酌量变通，亦经奉旨允准在案。今三省地方，较北洋尤为辽阔，其事机之迫切、军政之颓败，则又过之，亟宜参考形势，酌仿成规，以期推扩而资整顿。

臣等到任后，即选择熟悉兵事各员，分别委充，以为开办基础。现经重加会议，厘定章程，拟请设立东三省督练处，经理新旧各军事宜。遵章以总督为督办，三省巡抚为会办，分置参议官，兵备、参谋、教练三处总办，及帮办、提调、文案等员，俱如定制。北洋大臣前曾奏请添设总参议，以赞佐军政，现三省地广兵多，归并征募筹计检校之事，逐日增繁，必须有资深望重之大员相助为理，故拟仍设总参议一员。奉省辽河口旧设兵轮，现亦亟须整理，松花、黑龙二江，亦拟扩充航政，保护利权，尤非有熟悉江防、海防人员不办。定制督练公所应设省会地方，东三省督练处为统一三省军政机关，其势不能三省并设，专驻一省则又有偏重隔阂之虑，拟请以总督所驻之区作为东三省督练处，余由该处派员轮流驻扎，禀承会办就近办理，仍一面禀请督办核夺，庶几如臂使指，一气相生。原定员司本无额数，而此次酌拟，繁简与北洋互有异同者，亦正以此。

至既设三省督练处，其吉林原设之督练处固应裁撤，以一事权，即三省旧有之营务处亦应逐渐归并。惟各防营编制不同，现经调防各处，拟暂留营务处就近督率，以资经理，俟地方安堵，编制改订以后，再行归并办理。至三省本为丰镐旧都，士马夙号精强，近年日就凋敝，尚拟汰弱留强，挑入陆军，同时练习，以成劲旅，藉以自固藩篱，此又于该处成立之后所应行筹议者也。

惟是军政一端，为人民之保障，外交之后援，三省频遭兵燹，逼处强邻，民贫而智不开，兵多而饷日绌，道路广远，交通不便，较内地尤难措手。臣等惟有殚谋竭虑，并力图维，以改良营制，研求兵学为始基，以整一军队，恢张国权为主义，以期仰副皇太后、皇上眷念东陲，力图自强之至意。其督练处已派在事各员薪水，均参照北洋成案办理，因东省百物翔贵，酌加津贴以资办公，如能胜任，再行具奏。至经费一项，亦饬该员等预算，俟核定后另行陈明。此外未尽事宜及有应行变通之处，随时奏请施行。

再，臣等现所拟系属试办章程，俟陆军部将督练处详章奏准颁发后，再行遵照办理。又，现在东三省陆军已两镇有余，所有应设之东三省陆军粮饷局，业经照章设立，三省军械局就奉天原有之军需局改设，军医局以兵队卫生关系紧要，亦草创筹办，其余如讲武堂及测绘学堂，现均次第开办，宪兵学堂亦正在筹设。合并声明。

所有议设东三省督练处试办章程，缮单会奏各缘由，是否有当，谨恭折具陈，伏乞皇太后、皇上圣鉴训示。

徐世昌：《退耕堂政书》卷十二，奏议十二，第19—21页

裁缺文职请归部选用片

徐世昌　程德全

再，江省改设各司，变通办理，迭经臣等奏明，将原有将军衙门户、工各司暨印务处、银库司分别归并在案。又刑司亦经奏明归并裁判处办理。现在新设各司，均已奏饬赴任，刑事亦归裁判处办理，自应将从前各司、处额缺陈明，分别裁改，俾昭整齐。计共裁撤理刑员外郎一缺，理刑主事一缺，管档主事一缺。其银库主事一缺，应查照东三省官制，改为度支司六品库官，容臣等另行派员试署。又裁无品级笔帖式九缺，九品笔帖式二缺，额外笔帖式十七缺。惟各员等从公有年，现因改制裁缺，拟请将所有裁缺各员，均以对品，分别归部选用。其各该员未改就以前，仍请给予原俸。如原有升阶者，并请按照升阶办理，以示体恤。除将各员履历咨部查照外，谨附片具陈，伏乞圣鉴。

徐世昌：《退耕堂政书》卷十四，奏议十四，第7—8页

江省添设道府厅县折

光绪三十四年五月十二日

徐世昌　周树模[①]

奏为江省幅员辽阔，亟应添设民官，以资治理，谨将酌拟增改道府厅县办

[①] 日期为周树模《周中丞抚江奏稿》所载，《退耕堂政书》未署日期。

法，缮单具奏，恭折仰祈圣鉴事：

窃查黑龙江省南障奉、吉，西控蒙藩，外接邻壤，经纬纵横，几及万里。圣武龙兴，索伦、巴尔虎、鄂伦春诸部后先归附，率系打牲游牧，聚处无常，是以仅设驻防，未立郡县。咸丰以后，呼兰等处屡议开荒，内地侨民负耒而至，加以外屯密布，邻柝相闻，时势变迁，断难墨守。于是呼兰、绥化相继设官，近年又于省城及开垦三蒙旗并原设呼、绥两厅增设府厅州县一十三处，以为绥边抚民之计。然合计全省地面，民官所治，仅及十之二三，瑷珲、呼伦贝尔、墨尔根、布特哈四城所属仍无郡县。方今瑷珲商埠次第开通，交涉烦重，墨、布两城垦荒开矿，历有年所，黑龙江沿岸数千里皆与俄邻，彼则屯守相望，我则草莱未辟，以无官故无民，无民则形势隔绝，土地荒芜，外启他族侵越之谋，内为匪徒逋逃之薮，是非增设郡县，充实内力，别无控制之方。前代如辽金元皆于江省设立路府州县，即今各国亦咸于荒旷之区以殖民设邑为至计。臣世昌自三十二年查事来江，即见边卫过于空虚，非增设民官，不足以言拓殖。抵任以后，屡与署抚臣程德全会商办法，此次复与署抚臣周树模体察情形，通盘筹划。窃以实边至计，不得不先定规模，筹款维艰，不得不略分次第。现拟添设瑷珲、呼伦贝尔道员两缺，黑河、满珠①、佛山、嫩江知府四缺，瑷珲、呼玛、漠河、呼伦、室韦、萝北、武兴、讷河、布西、甘南直隶厅同知十缺，舒都、乌云、车陆、春源直隶厅通判四缺，诺敏、鹤冈、林甸、通北、铁骊知县五缺，改设龙江、海伦知府二缺。拟就开辟商埠之区及人户较多形势扼要者先行设立，此外或先派委员，或暂缓设治，俟地辟民聚，经费有著，再行陆续筹设。其新设各缺所辖之区，除俟设治时详审履勘，划清界限，再行绘具图说，奏明办理外，谨将详细办法，缮具清单，恭呈御览。

至墨尔根、呼伦贝尔、瑷珲副都统三缺，自应按照上年原奏，即行裁撤。惟呼伦贝尔、瑷珲两处，办理交涉、关税事务，责任较重，且有兼辖属部之责，今既改设道员，应请加参领衔，以资控制。其拟设之黑河、满珠、佛山等府缺，拟查照上年原奏及吉林新设密②山府奏案办理，不领属县。设治以后，应如何明定廉费，酌设佐吏，添拨兵队，建置署所，届时续行具奏。

---

① 《退耕堂政书》为"满珠"，《周中丞抚江奏稿》为"胪滨"。
② "密"，《周中丞抚江奏稿》作"密"，《退耕堂政书》作"蜜"。

此次添设各缺,皆系边疆重要,与内地情形不同,非有熟悉边情,能耐劳苦之员,难资得力,如蒙俞允,拟由臣等慎选堪胜人员,随时奏明请旨补授,以裨地方。

总之江省情形,实由人民过少,以致百端废弛,等于石田。伏查雍正年间改诸边为郡县,而要塞以固,嘉庆年间于川陕置郡县,而乱端以平。证之前史,晋增东南郡县,则日臻富庶,明废诸边郡县,则寖至危亡,得失之分,关系甚巨。现拟增设江省民官,事机危迫,已觉后时,若再迟徊,更属无从措手,此臣等不敢不切实陈明者也。

所有酌拟增设江省民官各缺,缮单具奏缘由,谨恭折具陈,伏乞皇太后、皇上圣鉴,饬下会议政务处核议施行。谨奏。

朱批:会议政务处议,奏单并发。钦此。

谨按此折经会议政务处议覆:以就其所陈,详加覆核,尚能审量缓急以为建置之后先,斟酌古今以定地方之名称。凡所筹划,具有条理,应即请旨饬下该督、抚,速即履勘,妥为经营。除原拟缓设各缺,应由该督、抚随时体察情形,陆续设立外,其添设改设各缺,应如何建署定俸,置吏添兵之处,详细具奏。至所称此次添设各缺,皆系边疆重要,非有熟悉边情,能耐劳苦之员,难资得力,拟慎选堪胜人员,随时奏明请旨补授。开办之始,自当准如所请,不为遥制,并请饬下该督、抚慎选妥人,一切事宜,责成切实经理,以收实效而固边圉。等语。于光绪三十四年七月初九日具奏。奉旨允准。

谨将酌拟添设江省道府厅县名称驻所并分别先设缓设缮具清单恭呈御览。①
计开:

瑷珲兵备道	加参领衔,驻瑷珲,拟即添设。
黑河府知府	驻大河屯,拟即添设。
瑷珲直隶厅同知	驻瑷珲,拟即添设。
呼玛直隶厅同知	驻西尔根卡伦,拟缓设。
漠河直隶厅同知	驻漠河,拟缓设。

---

① 自"谨按"至此,均为《周中丞抚江奏稿》所载,《退耕堂政书》无。

以上归瑷珲道直辖

呼伦兵备道	加参领衔，驻呼伦贝尔，即拟添设。
满珠①府知府	驻满洲里，即拟添设。
呼伦直隶厅同知	驻呼伦贝尔，即拟添设。
室韦直隶厅同知	驻吉拉林，即拟添设。
舒都直隶厅通判	驻免渡河，拟缓设。

以上归呼伦道管辖

佛山府	驻观音山，拟缓设。
萝北直隶厅同知	驻托萝山北，即拟添设。
乌云直隶厅通判	驻乌云河，拟缓设。
车陆直隶厅通判	驻车陆，拟缓设。
春源直隶厅通判	驻伊春呼兰河源，拟缓设。
鹤冈县知县	驻鹤立冈，即拟添设。

以上归兴东道管辖

龙江府知府	以黑水厅同知改，即拟改设。
林甸县知县	驻大林家甸，即拟添设。
嫩江府知府	驻墨尔根，即拟添设。
诺敏县知县	驻诺敏河，拟缓设。
海伦府知府	以海伦厅同知改，即拟改设。
通北县知县	驻通肯河北，拟缓设。
铁骊县知县	驻铁山包，拟缓设。
讷河直隶厅同知	驻东布特哈，拟缓设。
布西直隶厅同知	驻西布特哈，即拟添设。
甘南直隶厅同知	驻富耐拉尔基，即拟添设。
武兴直隶厅同知	驻多耐站，拟缓设。

徐世昌：《退耕堂政书》卷十六，奏议十六，第16—20页；《周中丞抚江奏

---

① 《周中丞抚江奏稿》作"胪滨"。

稿》，卷一，第8—12页（除注明者外，两者字句尚略有不同，但不影响文意）

吉省设立宪政调查局经费作正开销片

徐世昌 等

再，准宪政编查馆咨，奏准饬各省设立宪政调查局，由督抚派员经理，等因。咨行前来。

查吉林初设行省，风气未开，文献无征，有同草创，而疆里扼塞，筹备尤不容缓。是调查一事，以吉林为最难，亦以吉林为最要，固地势使然矣。臣等就省垣原设之政治考察局改为宪政调查局，檄委奏调吉林差遣学部郎中马濬年为该局总办。开办之初，所有各科员、股员，自应慎选分任，而边地乏才，究难一一求备。至局中办事规则及一切组织机关，编造表册，均经该总办详细拟议，由臣等按照馆章核定饬遵。惟是调查项下，有记录、实地两方法，吉省则各官署文牍向称缺略，即昔贤记载之有关掌故者，尤较内地为稀。是欲搜集资料，非注意实地调查，殊无下手之方。因于该局内附设编译处，并选集士绅常川担任调查事务，以广报告。而边境人材销乏，求于政治素有研究并谙习编辑体例者，殊不多觏，则又非养成学员，不足供橐笔之选。因附设调查员养成所，以资培育。此皆因地制宜之不得不然者也。所需经费，现暂由饷捐项下借拨，均饬令核实动支，应请准作正开销，并刊给木质关防，开局试办。

除将所拟章程咨送宪政编查馆查照外，理合附片具陈，伏乞圣鉴。

徐世昌：《退耕堂政书》卷十八，奏议十八，第6—7页

裁撤锦州副都统员缺折

徐世昌

奏为锦州副都统员缺职务太简，积弊相仍，拟请裁撤以裨旗务，恭折仰祈圣鉴事：

窃查现任锦州副都统秀昌，前因降调前署锦州协领萨尔杭阿禀讦多款，经臣檄派署旗务司司使恩志前往确查，业经附片奏明在案。兹据逐款呈覆，臣详加核阅，其所控隐匿库款，侵蚀官马，变价加征草银，侵冒公款，验照索费各节，尚非无因，其余均属误会诬指。属员禀揭本管长官，本干例禁，所列各款，亦未能尽实，此端万不可长，应由臣随时察看，如有不安本分情事，即行从严究办。其查明有因各节，虽系该副都统咎由自作，亦由历任积弊相沿，即令另简他员，亦恐陋习难除，积重莫返。此盖由于职务太简，积弊相仍之所致也。案查锦州副都统所辖之锦州、义州及宁远州等四路八边门地方民旗一切事宜，向归协领、城守尉及府州县等禀承将军办理。自光绪二十八年、三十二年先后将锦州官庄衙门、大凌河牧群衙门裁撤，该副都统事务更简，不过寻常转咨之件，久无责任可言。而廉俸既薄，其所恃以为挹注者，或不免索取规费，苛扰旗丁。今奉天改设行省，厘定官制，意在明定权限，可专责成，既设旗务司以为旗官之统属，而一切公事又皆萃于公署，由督抚主持，是该副都统既无主管职务，员缺几同虚设，若复长此积弊，则于旗务终难整顿，而旗民生计亦恐多所阻挠。自应将锦州副都统员缺裁撤，以袪积弊。该副都统秀昌，念其事非一任，似可不追既往，应从宽免其置议，仍照裁缺副都统成案办理。至裁缺以后应办旗民各事，仍均由协领、府县直接公署办理，以专责成。如蒙俞允，即由臣通饬遵照办理。

所有锦州副都统员缺职务太简，积弊相仍，拟请裁撤，以裨旗务缘由，谨恭折具奏，伏乞皇太后、皇上圣鉴训示。

《退耕堂政书》卷十九，奏议十九，第1—2页

谘议厅拟设参事片

徐世昌

再，查奏定东三省职司官制章程内开，谘议厅设议员、副议员、顾问员、额外议员，均不定品位，等语。现在开办已逾一年，体察情形，该厅掌议一省法令章制，研究本省利病、应行损益各事，实为全省立法机关，职务极为重要，应酌量添设实缺人员，以资佐治。今拟照承宣厅佥事品位，设参事二员，位从四品，佐右参赞筹议一切事宜。参事以下，仍照章设置议员等员，不定品位。又该厅原未分科，今筹办统计及庶务事宜，亦拟分设两科，以资任使。谨附片具陈。伏乞圣鉴。

《退耕堂政书》卷二十，奏议二十，第4页

酌拟江省续设道府厅县设治章程折（附单）

宣统元年正月十二日①

徐世昌　周树模②

奏为江省续设道府厅县，酌拟设治章程，以扩新规而资治理，恭折仰祈圣鉴事：

---

① 日期据周树模《周中丞抚江奏稿》卷二，上，所载此奏折。
② 奏折系东三省总督徐世昌与黑龙江巡抚周树模同上，奏折亦载周树模《周中丞抚江奏稿》卷二，上。

窃查上年江省奏请添设民官，经会议政务处议覆照准，并令将添设改设各缺应如何建署、定俸、置吏、添兵之处，详细具奏，等因。奏奉允准，咨行前来。

伏维今日拓张民治，自应仿照新定官制，酌量地方情形，因时变通，庶冀行之有效。江省边荒初辟，更张法制，较易推行。臣等谨按照新定直省官制及本省原定设治章程，详细酌拟办法，大要各道府厅县均不设大使、经历、巡检等官，裁旧有之承办处，而设佐治员以分理庶政；裁旧有之捕盗营民壮等名目，而分设司法行政巡警，以树新政之基。至现在设治各处，人民本稀，词讼尚简，其各级审判厅均应暂缓设立，仍于各府厅县设审判员，帮同地方官审理词讼案件，并于各道设司法股委员，帮同各道核转该管所属地方各案件，以期分理而归详慎。其余正佐各官养廉薪公等费，亦均体察情形，分别酌定。除此次添设改设各缺均应遵照办理外，其余旧设各缺，一俟新章实行无碍，再行奏请一律照办。所有江省续设道府厅县，酌拟设治章程缘由，除分咨外，理合缮单恭折具陈，伏乞皇上圣鉴训示。

附：黑龙江省设治章程

第一条　本省添设道府厅县各缺，原奏分别即设、缓设，业经会议政务处议准，现在体察情形，拟先就冲要之区设道府厅数缺，其余原议即设者，容陆续分派设治委员，俟著有成效，再行改归实缺。缓设各缺，一并随时酌量办理。

第二条　新设兵备道，承本省督抚之命，办理交涉、关税、调遣境内巡防各军，并考核所辖府厅州县，兼理旗蒙一切事务。

第三条　新设知府、同知、通判、知县，禀承本省督抚及本管兵备道，或本管道府，自理所辖地面。其知府领有属县者，并考核所属一切事务。

第四条　本省原定设治章程，各道府厅州县设有承办处，并大使、经历、巡检等官，此次新设各缺，均拟仿照新定直省官制，改设佐治员以资分理，不再设承办处并大使、经历、巡检等官。

第五条　兵备道酌设佐治员如下：

一、司法股员一员，管理词讼案件，及关于司法行政上之事。

二、财计股员一员，管理岁出岁入，及交通实业等事。

三、文牍股员一员，管理军事、交涉、教育、警务各文牍，并文书收发等事。

第六条　府厅县酌设佐治员如下：

一、审判员一员，帮同地方官审理词讼案件，兼理一切文牍事宜。

二、视学员兼劝业员一员，禀承地方官管理全境教育及文庙祠祀，并交通实业等事。

三、警务长兼典狱一员，禀承地方官管理全境巡警、消防、户籍、营缮、卫生、监狱等事。

四、主计员一员，禀承地方官征收地租、捐税，兼管文书收发等事。

第七条　新设道府厅县各缺养廉公费，应参酌本省旧设各缺成例，并比照现有司缺，以次递减。拟定兵备道养廉银二千四百两，公费银每月六百两；知府养廉银二千两，公费银每月五百两；同知、通判养廉银一千六百两，公费银每月四百五十两；知县养廉银一千二百两，公费银每月四百两。

第八条　新设道府厅县佐治员薪水及杂役工食，并纸笔柴炭等费，应参照旧有承办处，分别酌给，以资办公。拟定兵备道佐治员薪公等费银每月六百两，各府厅县佐治员薪公等费银每月五百两。

第九条　除此次择要添设改设道府厅各缺外，其续派设治委员应领廉费薪公，均照以上定章折半发给。至就近如有垦税各局，酌量令该局委员兼办设治事宜，应否仍照折半发给或再减数发给，应查照该地方情形，随时酌定。

第十条　以上各地方官养廉薪公等费，均一并由正款项下开支。

第十一条　各处设治地方应修衙署、仓库、监狱各工程，及铺垫等费，均准由正款项下实用实销，另由本省酌定办法，咨部备案。如就地原有合宜房屋，可以赁购修葺备用者，先行酌量赁购开办，以节经费。

第十二条　本省各属旧设捕盗营民壮等名目，拟一律改为司法巡警。其应需之款，应比照捕盗营民壮定额发给，准由正款项下开支。俟酌定划一章程，再行咨部备案。

第十三条　各府厅县各于所辖荒段内划留学田，招佃开垦，免纳地价，以其岁入为各属提倡蒙养小学之用。其划留学田数目，每府厅各留四千垧，每县各留三千垧。

第十四条　凡设治地方，所有关涉旗蒙与民人互控之案，悉归该管地方官直接审理，旗员蒙员均照定例不准干预。

第十五条　新设各缺皆系边疆重要，拟请随时出缺由本省督抚拣选妥员奏请补授。至应定何项缺分，拟俟派员试署以后，体察实在情形，再行详细分别奏咨办理。

第十六条　此次添设改设各缺，均由本省暂行刊给木质关防，俾资钤用。仍请饬部撰拟字样，刊铸关防印信，照章颁发，以资信守。其现派设治委员地方，应俟补授实缺后续请颁发。

第十七条　以上系暂行章程，如有未尽事宜，及尚有应行变通之处，容再随时奏咨办理。

《退耕堂政书》卷二十五，奏议二十五，第4—7页

遵核奉天官制详陈办理情形折①

宣统元年二月三十日②

徐世昌

奏为遵旨酌核奉天官制，详陈办理情形，恭折据实覆陈，仰祈圣鉴事：

准军机大臣字寄光绪三十四年十一月十六日奉上谕：有人奏，奉天官制宜斟酌损益，以节縻费一折，著徐世昌按照所陈各节，体察情形，酌核办理。原折著钞给阅看。钦此。钦遵寄信前来，仰见朝廷澄叙官方，综核名实之至意，钦佩莫名。

窃维设官之道，要有一定之职守权限，乃无尸位之讥；用人之方，必先历试其学识才能，自免滥竽之诮。详阅原奏所述四端，斟酌损益，具有深意。惟臣于

---

① 《政治官报》标题为"东三省总督徐世昌奏酌核奉天官制详陈办理情形折"。
② 为奉到朱批批示日期，见《政治官报》，《退耕堂政书》无日期。又徐世昌宣统元年正月十九日奉命调任邮传部尚书，故文中有"臣现已蒙恩量移京部"句。

改设行省奏定官制之时，悉心研究，详加探讨，与原奏所陈，有已虑及而无庸议裁者；有官制本有而为缓设之缺，须求统一之方，未便三省分设者；有官制本无而为后设之缺，按诸事实应从原奏议裁者；有为奉天官场习惯，已经臣严予限制者。

如原奏谓巡抚应裁一节，查内省督抚不宜同城，因无职务之可分，且各有官署，故遇事或有龃龉。今总督统辖三边，巡抚主任全境，又皆同署办公，权限既明，猜嫌悉泯。总督之驻奉天，实因目前交通之便，仅及沈阳，非经常制也。若俟铁路贯通，政权敏捷，则总督应驻三省之中权，以扼军政财政外交之枢纽，而专为筹边治蒙之计划。其省内一切政令皆任之以巡抚，是巡抚之不应裁，非仅为总督之入觐阙廷出巡边塞将倚之代行职务也。又以巡抚为总督次官，略如京部之尚侍，与往日之督抚同城者不同。臣原定官制，曾奏明规仿京部，是巡抚仍受总督之节制，而各有所事，既不能以骈枝为嫌，复何至以虚设见诮。若议裁奉天巡抚，则总督囿于一隅，于吉、江两省重要事件，必至隔膜贻误，所办者仍奉天巡抚之事，机局既滞而不通，纲领亦偏而不备，三省开创重要之政，必至延搁不办。又显然以东清南满铁路界限划境而治，此中机括，关系甚大，万难裁撤。此为臣所虑及而无庸议裁者也。

原奏谓蒙务司应设一节，查原定官制，本有奏设蒙务司之请。臣到任后体察情形，蒙旗分隶三省，生性颛愚，匿庇匪人，携贰官府，且受人煽惑，为所利用，欲进而干涉之，则必有划一之方，实行之策。若仅于奉省设蒙务司，则于吉、江势难兼顾，若分设三省，则事权不专，政令歧出。且驭蒙之术，在周知其情势，以德威化其气质，政教保障其生产，是必周历蒙疆，迎机而导，非如他司之设，常驻于省城，仅以文牍往还也。臣因奏设三省蒙务局，以朱启钤为督办，去岁出法库边门，循辽源达洮南，由齐齐哈尔折回奉省。又分派人东至吉林之新城，溯松嫩两江，西由朝阳、赤峰，沿新旧辽河等处循行一周，考察形势风俗。又于吉林分设蒙务处以资联络，将来款充事举，尚应移总局于蒙旗中央，而分设于吉、江扼要之地。至原奏谓多立蒙文学堂，兼用汉文教习，广开蒙民风气，诚为扼要之图。臣已分饬学堂兼习蒙文，并招致蒙王子弟入学，以期教育普及。此蒙务必应统一而不宜分设司缺者也。

原奏谓民政司与巡警道应归并一节，查奉省奏定官制，本无巡警道之名，良以警务即在民政范围，不当另有主任。嗣因奉天巡警普及城乡，而警捐之复杂，警兵之凌乱，将欲改良整顿，似须另设专员，又因外省官制皆添设巡警道，奉省警务最繁，故奏请添设道缺。但吉、江两省警务初办之时，皆统辖于民政，现在整理已将两年，且迭奉部章，诸资遵守，则设民政司省分，自不应再有道缺，以清权限而免纷歧。奉天巡警道一缺，应请照原奏裁撤，归并民政司办理。至巡警总局，亦犹民政部之有两厅，为执行警务机关，势难裁并，或遵照部章改为警务公所，容臣体察情形，改订规则，再行分别筹办。至奉省要塞之区，为治蒙防边之最重者，尚须添设员缺，以资筹备。应如何酌量增减之处，统俟并案奏明，请旨办理，此巡警道一缺应从原奏议裁者也。

原奏谓杂项职衔应限制一节，查奉省初无掣签人员，故投效习为惯例。臣到任后严加考核，凡投效人员，先须考试，并遵照吏部、宪政编查馆所订章程，分别选入法政学堂肄业，非正途及学堂卒业者不得录用，且须取有不吸鸦片烟甘结，是限制不为不严。间有派科员、委员者，亦必试之以事，果系才堪造就，或奏请留奉以资器使。盖奉省投效之原因有二：一则未改行省以前，诸事漫无稽考，投效人员或办垦务，或充税差，偷漏舞弊，饱则远飏；一则因新政繁兴，一技片长，皆思有所表见。臣于用人一事，固不敢存求备之心，以限制之法待中材，以鼓舞之机振士气，然至一事之来，尚有乏才之叹，实未敢听若辈之百计钻营，先委后捐以行其弥缝之术。原奏谓奉省已不下数百员，官册具在，可以覆按。嗣后仍应严加考核，期无冒滥。此皆往年之习惯，而历经严予限制者也。

以上四端，官制为经久不渝之典，用人系办事最要之原，自应审慎图谋，以期尽善。臣现已蒙恩量移京部，卸任以前，仍应担负责任，悉意经营。愚虑所及，不敢不据实陈覆。所有遵旨酌核奉天官制，详陈办理情形缘由，谨恭折覆陈，伏乞皇上圣鉴。

宣统元年二月三十日奉朱批：知道了。钦此①。

《退耕堂政书》卷二十三，奏议二十三，第6—9页；《政治官报》第五百四号，折奏类，宣统元年闰二月初五日出版

---

① 此句为《政治官报》所载，《退耕堂政书》无。

拟裁奉天巡警道添设洮昌临长海两道员缺折

宣统元年

徐世昌

奏为酌拟裁并添设各道员缺，以归统一而重边要，恭折仰祈圣鉴事：

窃维边省设官分职，其要端有二，一曰治内，一曰对外。奉省之内政，治安为急，奉省之外防，蒙边并重。臣自前年到任之初，即首以吏治因循，民生凋敝为念，故奏定东三省官制，于三省各设民政司以为行政机关，而巡警职掌即寓乎其中。嗣因外省官制皆普设巡警道缺，奉天全省巡警业已遍设，款目纠纷，事务繁杂，整顿须有专员，故亦请添设巡警道缺。今整理已及两年，均有端绪，而民政司权限复杂，推行既久，渐觉未便，且多一官厅，亦嫌糜费。臣于《遵旨覆奏酌核奉天官制折》内，曾以巡警道一缺，应从原奏议裁。盖民政司有管理户口之权，无巡警则舆籍无从稽核；有召集议会之责，无巡警则选举无从调查。奉省四乡巡警，率由地方组合，而监督地方自治，职在民政司，其中参互关系固如是之纠纷也。夫巡警本内政之一端，不能离民政而独立，故民政部即以巡警部改设，行政机关始为完备。今奉省民政既设专官，与内地省分不同，自不应再设巡警道缺，以期统一。拟请将奉天巡警道员缺即行裁撤，所有职务统行归并民政司兼管，仍直受民政部考核，与各省巡警道无异。至吉林、黑龙江两省警务，本归民政司直辖，应即一律办理。此应行裁并者也。

至拟增设之缺，查奉省北连蒙古邻于俄，南界朝鲜迫于日。非经营蒙古无以备俄，而洮、昌之间，实为咽喉；非巩固东南无以拒日，而临、长之冲，实据要害，均应特设大员，专任一面，以为对外之资。臣体察情形，通盘筹划，窃以洮南一府，孤悬北荒，南隔达尔汗王旗，入昌图府之辽源州，始连奉境。由辽源至洮，必先经达尔汗王旗二百余里，始达洮界。达尔汗王旗介于洮、昌之间，横绝洮南通省之路，实为经营蒙古入手第一障碍。南道梗塞，则洮南以北之蒙荒终无开通之望。近因清偿该旗俄债，经臣奏明以荒价作抵，是该旗山荒，正宜速筹开放。而昌图一府，东界吉林，又为胡匪麇集之地，辽源实为洮、昌咽喉，控两府之极端，对西北蒙地有高屋建瓴之势。拟请于昌图府之辽源州添设道员一缺，辖洮南、昌图两府全属，名曰洮昌等处分巡兵备道。该道界连蒙旗，有兼辖属部之责，应比照江省新设道员成案，兼管蒙旗事务，以资控制。

又查奉省南边防务之重要，十百倍于曩昔。上年经臣划吉省南境奏设长白府，归奉管辖，于是奉省东南边防更形吃重。东（西）〔面〕沿鸭绿江岸，处处与韩毗连，日人对岸经营，著著进步，彼则屯守相望，我则势孤援绝。由长白至安东东边道治，且千有余里，日人趋利甚捷，稍事迟回，赴机已迟，而南沿江岸，除塔甸已设长白府治外，独临江最据要害。拟请划东边道东境，于兴京厅之临江县添设道员一缺，辖长白一府、海龙府全属，临江、辑安、通化三县，名曰临长海等处分巡兵备道。盖地处边瘠，必厚集其势，始可以谋进步，兼辖海龙，为清盗计，亦为协边计。其与兴京厅如何分界，应俟设治时详审履勘，绘具图说，再行奏明办理。

以上所请添设二道员缺，一以筹蒙，一以防边，实为奉省南北屏障，不可无专任大员，以资坐镇。合无仰恳天恩，俯念东陲紧要，事机危迫，允准添设，期于大局有裨。至于设治以后，应如何明定廉费，酌设佐吏，添拨兵队，建置署所，统俟妥筹核定，届时续行具奏。此次添设道员，均系沿边要缺，与内地情形不同，并拟援照吉、黑两省新设道员成案，由督抚臣慎选堪胜人员，奏请试署，以裨地方。总之东事万难，欲图挽救，外之以殖民实边为重，内之以吏治民生为急。整理内政，要在统一，职以专而成，权以分而败。故治内不在多官经营，边备最忌空虚。唐置八道而漠南靖，明废九边而辽东失。故防外利用重镇，此臣自到任以来，所日夜审慎图维以迄今日，终不敢以交卸在迩，规划稍疏，所应切实陈明于圣主之前者也。

所有拟裁奉天巡警道，添设洮昌道、临长海道两员缺缘由，谨恭折具陈，伏乞皇上圣鉴训示，饬下会议政务处核议施行。

《退耕堂政书》卷二十三，奏议二十三，第6—9页

江省四司分设各科薪津公费数目折

徐世昌 等

奏为江省四司以下分设各科，月支薪水、津贴及办公经费数目，恭折具报，仰祈圣鉴事：

窃臣世昌会同前署抚臣程德全于光绪三十三年冬具奏江省分设民政、提法、提学、度支四司，将从前各局处裁撤归并折内，声明四司以下办事各官，暂用委员，以归简易，等因。奏奉允准在案。伏查江省地方初辟，自改建郡县，政务较前益繁，多系分归各司管理。原奏暂用委员，并不设缺，良以本省财政困难，不得不量入为出。第既经奏明设司，凡民政所管，如民治、疆理、警务、营缮各事宜，提法如民事、刑事、典狱诸要政，至提学司系经学部奏设六课，江省自应仿设六科，度支则会计、田赋、俸饷、税务各端，事体均极繁重，必须得人而理，自不能不分科派员，以专责成而免贻误。计自上年夏间，经臣等饬令各司按照执掌事务，分别设科，并定科长、正副科员名目。科长月支薪津银一百五十两，正科员月支薪津银八十两，副科员月支薪津银各五十两。其司书、副司书月支薪水银二十四两、十六两、十二两不等，业经次第酌定名额数目。综计每司各科每月定额共应支薪津银一千数百余两至二千三百余两不等。惟定章期于完全，而经费必求撙节。现在所派各员，均按各司事务繁简，酌量选用，或以一科长兼管两科事务，其非必须之员，皆饬任缺勿滥。俟将来事见增繁，再行斟酌添派。仍按年查明现支员数，核实造报，以重公款。至各司应用各项差杂役、柴炭、灯油、心红、纸张一切办公等项，亦经另行酌定，计每司每月共需公费银八百两，遇闰加增，统于光绪三十四年五月一律起支，饬由度支司按月照发。所有动用各款，自应奏明作正开销。除将开支细数清单咨部查照外，所有江省四司以下各科月支薪水津贴及办公经费数目，理合恭折具奏，伏乞皇上圣鉴，饬部立案。

《退耕堂政书》卷二十五，奏议二十五，第7—8页

裁撤奉天府县司狱典史员缺片

徐世昌

再，奉省开办模范监狱及建筑工竣各情形，业经先后奏明，奉旨允准，行知在案。伏查新监成立，部定官制，管狱既有专官，该奉天府司狱、承德、兴仁两县典史员缺，均在议裁之列。所有兴仁县典史，前因兴仁县移设抚顺，推广抚顺地方审判厅，业将该典史一缺先行奏裁。现在承德县旧有一切命盗杂犯，均经移入新监，该府司狱并医学正科暨承德县典史各员缺，并无专责，均同虚设，自应查照奏案一并裁撤，以省繁费。至准补奉天府司狱刘柏、承德县典史杨裕民，应各以对品相当之缺另行酌量补用，除咨部立案，并将该司狱、典史文卷印信钤记饬由该管府县查明，分别存案缴销外，理合附片陈明，伏乞圣鉴。

《退耕堂政书》卷二十五，奏议二十五，第 14 页

江省遵设清理财政局折

徐世昌 等

奏为黑龙江省遵设清理财政局，谨将派员开办情形，恭折具陈，仰祈圣鉴事：

窃准度支部咨称：本部具奏遵旨妥酌清理财政一折，光绪三十四年十二月二十日奉上谕：方今财政艰难，内外交困，必以廓清积弊，确定预算为先，全赖部臣、疆臣和衷共济，各饬所属，共矢公忠，按照所拟章程，实力奉行，认真办

四、官制改革

理。等因。钦此。钦遵恭录到江。仰见我皇上慎重度支,力除积弊,钦佩莫名。旋准部咨奏定清理财政处暨各省清理财政局章程行知前来。

窃维宪政之预备,首在和众,次则丰财。盖不和众无以一天下之人心,不丰财无以立万事之根本。唯是欲求丰财,必先理财,周以冢宰制国用,汉责郡国上计书,凡出入之有经,实古今之通义。苟财政或涉于紊乱,即百度无望于修明。方今民力维艰,库储日绌,司农徒为仰屋之叹,疆吏已苦竭泽之渔,自非将全国财政设法清厘,使部臣周知其盈虚,内外悉除夫壅蔽,何由立预算决算之准,而为哀多益寡之方。此统一财权所以为今日惟一之要图也。

江省向称边瘠,地未尽垦,利未尽出,岁入之款,不出两宗。其一则大小地租及一切捐税,笼于度支司者也;其一则放荒收价,笼于垦务局者也。综计全省税租,所入不足以当江南一大郡。荒价则早成弩末,现计一年来所收,止得三四万两。其余如盐运、屯垦,均属借款开办,须二三年后,欠款偿清,乃有增入之数。而边防紧要,新政繁多,均属竭蹶以图。其艰窘情形,迭经臣等奏陈在案。惟因款目之无多,斯综核较易为力,且以救贫之乏术,故筹划在所宜先。兹奉明谕周详,自应赶速钦遵办理,以光盛治。现于闰二月二十二日就本省公署前院遵设清理财政局,檄派试署度支使谈国楫为总办,垦务局总办分省补用道何煜为会办,饬令并力筹维,认真厘剔,并刊刻木质关防一颗,文曰"黑龙江全省清理财政局关防",发交该局钤用。所用科长、科员等差,先行择要酌派数员,俾资开办。俟正副监理官到江,再行会同酌核,照章办理。至如何分年筹办,如何逐案报销,暨划分税项,酌定公费各事宜,均即次第遵章妥慎办理。所冀纲目备举,涓滴归公,下以济边疆措画之穷,上以辅圣世维新之治,庶仰纾宵旰忧劳于万一。

除将局员职名并续拟办事细则咨部外,所有江省遵设清理财政局缘由,理合恭折具奏,伏乞皇上圣鉴训示。

《退耕堂政书》卷二十六,奏议二十六,第9—11页

东三省总督徐世昌奏奉省设立
清理财政局派员开办日期片

宣统元年三月十六日①

再，准度支部咨：遵旨妥酌清理财政章程，奏奉谕旨，咨行到奉，当经转行钦遵办理在案。嗣准将遵旨妥议清理财政办法暨奏定各省设立清理财政局办事章程，先后行知前来。

窃维筹备宪政，纲目纷繁，而扼要之图，实莫先于财政之清理。盖财政为万事之根本，苟度支弗失于紊乱，斯庶政可望其修明。中国各省财政，向无统一机关，每患纷杂。奉省自设立度支司以来，财政已有汇归之所，自非②设法清厘，合全省收支之款目，计终岁出入之盈虚，仍无以为衰多益寡之方，而立预算决算之准。今奉部章，饬令设局清理，自应从速举办，以仰副朝廷慎重度支之至意。现于三月初八日在省城设局开办，檄委奉天度支司使张锡銮为总办，度支司佥事留奉委用道赵臣翼、省城税捐局总办补用道齐福田为会办，并刊刻木质关防，发交该局钤用，以昭信守。其余科长、科员等差，并饬遴员派充。一俟正副监理官到奉，即按照部定章程办理。

除咨部查照外，所有奉省设立清理财政局，派委总、会办各员职名及开办日期，理合附片具陈，伏乞圣鉴训示。

宣统元年三月十六日奉朱批：度支部知道。钦此③。

《政治官报》第五百五十二号，折奏类，宣统元年三月二十四日出版；《退耕堂政书》卷二十六，奏议二十六，第16—17页

---

① 为朱批批示日期。
② 《退耕堂政书》为"然亦非"。
③ 此句《退耕堂政书》无。

东三省总督徐世昌署理吉林巡抚陈昭常奏吉林遵设清理财政局并开办情形折①

宣统元年三月二十五日②

奏为吉省遵设清理财政局，谨将开办情形，恭折具陈，仰祈圣鉴事：

窃准度支部咨称：本部具奏遵旨妥慎斟酌清理财政一折，光绪三十四年十二月二十日奉上谕：方今财政艰难，内外交困，必以廓清积弊，确定预算为先，全赖部臣、疆臣和衷共济，各饬所属，共矢公忠，按照所拟章程，实力奉行，认真办理。等因。钦此。恭录到吉。仰见我皇上慎重度支，综核名实，采中央集权之制，体疆臣措画之艰，内外相维，消除隔阂，圣谟深远，钦服莫名。旋准部咨奏定清理财政处暨各省清理财政局章程行知前来。

窃维成周制用掌于冢宰，汉唐会计著为专书。古代制治保邦，无不以财用为急，以今日环球通轨，群雄争竞，非富国不能图强，非自强不可立国。然必须财权有所统一，则凡开源节流，盈虚消息，既已绸缪于先事，自无竭蹶于临时，此清理财政诚为今日当务之急也。吉省地处边远，政治简陋，先前一切财政，系由将军衙门户司综管，历任交代，向少清查，拉杂纷乱，由来已久。而税捐等局，又各立机关，不相统辖，税权歧出，名目孔多。自改建行省，设度支司后，凡税捐各项，经臣等详细调查，一律改为尽征尽解，复饬将旧时所有规费酌提入公，虽宿弊一清，骤增巨款，而厘剔钩稽，亦复颇费心力。迭经臣等于裁并税务、整顿厘捐及财政困难各折，先后沥陈在案。臣等尤以度支司综核财政，论机关则为行政总要，论职务则为理财专官，当兹清厘积弊之余，要筹统一财权之法。因拟定表式，分别种类，逐项调查，按年编制为度支司报告书，并于各款目下逐条说

---

① 标题从《政治官报》，《退耕堂政书》为"吉省遵设清理财政局折"。
② 为朱批批示日期。

明，以清眉目。每届一年编辑一次，由该司督同科员，照章办理。庶通省岁入岁出，寓目瞭然，实为他日预算决算之基础。臣等用意，亦与部臣现拟清理宗旨大概相同。兹奉明谕，自应赶速钦遵办理，以重宪政。现于三月十五日先就本省度支司衙署东偏原有房屋，遵设清理财政局，委派度支使陈玉麟为总办，劝业道徐鼎康为襄办，官帖局广西补用道张璧封为会办，饬令悉心筹划，认真清厘。并刊木质官防一颗，文曰"吉林全省清理财政局之关防"，发交该局钤用，以昭信守。所有科长、科员等差，先行择要酌派，俟正副监理官到吉，再行会同酌核办理。至如何分年筹办，如何逐案报销，暨划分国家税、地方税，酌定公费各事宜，均即次第遵章妥慎办理。所冀条件事项，纲举目张，司农得按籍而稽，国库无虚糜之款，以辅圣治而实边陲，期仰副朝廷九年立宪之明诏①。除将局员职名并续拟办事细则咨部外，所有遵设清理财政局缘由，理合恭折具陈，伏乞皇上圣鉴训示。

宣统元年三月二十五日奉朱批：度支部知道。钦此②。

《政治官报》第五百五十六号，折奏类，宣统元年三月二十八日出版；《退耕堂政书》卷二十六，奏议二十六，第21—23页

查核东省官制请裁奉天左右参赞员缺折

宣统元年四月二十一日

锡　良

奏为查核东省官制，请裁奉天左右参赞员缺，以归一律，恭折仰祈圣鉴事：
窃惟官吏之建置，固贵因时以制宜，尤必循名以核实。东省现设奉天左参赞

---

① 《退耕堂政书》无"期仰副朝廷九年立宪之明诏"句。
② 《退耕堂政书》无此句。

一员，右参赞一员。按照原奏章程，左参赞领承宣厅事，办理全省机要事件；右参赞领谘议厅事，核议全省章制法令。推原设官之意，系因总督将来须移驻长春，而以左右参赞改为东三省参赞，专受钦差大臣节制，同驻长春，故吉、江两省但设文案，而不设参赞。现在度支奇绌，移驻之议骤难实行，而两厅所管事务，强半为文案之事。揆诸东三省官制，既未能自为一律，即查上年总司核定王大臣奏颁各直省官制通则，亦无设立参赞之名。大官太多，新政所病。拟请将左右参赞与承宣、谘议两厅一并裁撤，俟将来总督移驻长春，再行酌量添设。其两厅应办事件，遵照官制通则，改设幕僚，分科办理。似此则事归简易，职务并无丛脞之虞，而官制亦较齐一。如蒙俞允，现署奉天左参赞梁如浩，本任系外务部右丞，应请旨饬令回京供职；奉天右参赞钱能训，系由民政部左丞简授今职，应如何录用之处，恭候圣裁。

除咨部外，所有拟裁奉天左右参赞员缺缘由，是否有当，理合恭折具陈，伏乞皇上圣鉴训示。谨奏。

二十九日奉到朱批：梁如浩、钱能训均回京当差，余照所请办理，该部知道。钦此。

中国科学院历史研究所第三所主编：《锡良遗稿》第二册，第891—892页，中华书局1959年出版

裁汰奉省各司道局处冗员片

宣统元年四月二十一日

锡 良

再，用人之道，务在激励贤能，尤宜力除冗滥。冗员太多，则事之举者转少，而贤者亦无由见长，不特虚糜经费已也。奉省各司道衙门，委用人员多者至五六十人，其中不乏瑰异之才，而滥竽冗食者亦居半数。奴才到任，调查财政出

入不敷岁约数百万，库空如洗，应付俱穷，甚至饷项薪糈，亦有停支之势，不得不将浮费、冗员切实裁汰，计自督抚司道各署以及各局处，约每岁节省银四十余万两。其有才能出众办事得力者，则仍优给薪津，以昭激励。固知庸流觖望，怨谤易滋，然际此款绌时艰，但于实事有裨，即人言在所不恤。

迂拙之见，是否有当，谨附片具陈，伏乞圣鉴训示。谨奏。

本月二十九日奉到朱批：著照所请。钦此。

《锡良遗稿》第二册，第892—893页

遵旨考察东三省情形裁并差缺折

宣统元年六月十七日

锡　良

奏为遵旨考察东三省情形，裁并差缺，撙节经费，恭折仰祈圣鉴事：

窃奴才承准军机大臣字寄：宣统元年三月初四日奉上谕：有人奏，东三省冗员太多，用款太巨，亟宜仿照内省，改定官制一折，著锡良到任后体察情形，妥筹办理，据实具奏。原折著钞给阅看。钦此。跪诵之下，钦佩莫名。

奴才伏查东省自改设行省以来，庶政繁兴，规模式廓，设官较内省为众，用费亦较内省为多。其时总司核定官制王大臣改定官制通则尚未颁行，东省原议官制，本系试办，故先后奏设各缺，于三省已非一律，与原奏亦多异同。今既屡致人言，自不能不酌议变通，以期妥洽。兹就原奏各节悉心考核，有实宜裁并者，有毋庸更改者，有应从缓议者，有碍难照办者，谨为我皇上缕晰陈之。

如原奏："内省督抚同城者，均巡抚裁缺，奉天似宜仿照归并，以专责成"一节。查东三省总督建驻署于奉天，吉、江两省各建行署，原拟随时周历，商同三省巡抚，办理外交、内治一切重要事件。旋复议总督移驻长春，以便控驭三省。驻扎奉天，原非久制。今则总督每年巡历吉、江，为时甚暂，移驻之议亦难遽行。遵照外省官制通则，总督所驻省分不另置巡抚，即以总督兼管巡抚事，自宜将奉天巡抚一缺裁去，以专责成。惟该抚臣程德全现甫奉旨补授，应否裁撤之处，恭候圣裁。

又原奏："左右参赞，一司用人，一司行政，度支司专司财政。今以用人、行政、理财归并于布政司，既节费用，又免纷歧，则左右参赞及度支司均当裁撤"一节。查奉天左、右两参赞暨所领承宣、谘议两厅，奴才到任后业经奏明裁撤。度支司有总管财政之责，东三省并未设有布政司，自可毋庸议裁。

又原奏："民政司之事，巡警道足以办理，何必十羊九牧，自取纠缠，似民政亦毋庸另设"一节。查巡警仅民政之一端，民政可以包括巡警，巡警不能包括民政。奉省巡警道缺，业经前督臣徐世昌奏裁并归民政办理，现设民政司一缺，自未便再议裁撤。

又原奏："现拟融化满、汉，旗务司毋庸另设，即有旧办之事，奉天副都统亦可代办"一节。查奉天设立旗务司，专司从前将军衙门及三陵、内务府各项旗务，而尤以筹办八旗生计为专责。惟现值化除满、汉畛域之际，且宪政成立后，八旗旧迹皆应变通，自应将奉省旗务司一缺即行裁撤，仿照吉省设立旗务处，而以该司原办之事属之。

又原奏："蒙务司之事，由督署设一分科即足办理，何必另设一司，徒耗巨款"一节。查奉省并无蒙务司，惟省城现有蒙务局，系为规划全盟兴革事宜而设，因办事尚无的款，业经奴才奏请裁去该局督办一差，以节经费。

又原奏："奉省劝业道之所布置，只为虚名，不求实际，乃每岁用款多至六十余万两。现又新设农官，纷扰更甚。今以其事或归之商会，或归之农会，公款之所省甚巨，地方之获益甚多，则劝业道及农官似宜缓设"一节。查奉省劝业道衙门及所属各局场所，每年用款六十余万，糜费颇多，现已大加核减，年可节省银三十万上下。该道管理事件较繁，未便遽议裁撤。至农官现未设立，且乏农业专门之员，自应暂从缓议。

又原奏："提法司为民刑之总汇，即属高等审判，即可与地方审判直接，则厅丞审判似宜毋庸另设，地方审判附入府署，初级审判只设一处，附入县署，即以府县官充检察之任"一节。查提法司职掌系管理司法上之行政事务，监督各审判厅并调查检查事务，奉天事较繁赜，未便兼任审判。现在行政、司法正谋分立，凡已设审判厅处所，亦未便以府县官兼充检察。

又原奏："各局处所名目甚繁，择其尤切要者存之，其余亦尽行归并"一节。查奉天省城各局处所，多系另派道员专办，奴才到任后，业经迭次裁并，如裁东三省支应处归入度支司，裁矿政调查局归入劝业道，裁省城牛马税局归入税捐总局，又以省城工程总局、钦工局、探访局、乡镇巡警总局，并归各司暨地方官兼办，现存局所均关切要，应免再裁。

又原奏："既有三司、两道，不必再有佥事，每司道署中，择候补人员才堪胜任者，分科办事"一节。查东三省官制，各司道每科设佥事一员，现未照章尽设，惟首科佥事为各科领袖，职务重要，类皆办事得力之员，揆之东省情形，实在相需，未便更议。其余各科毋庸增设佥事，以省冗赘。至各司道署科员，业经大加裁减，仍饬由该管司道随时察看去留，以足敷办公为度。

又原奏："吉林省巡抚以下，设藩、学、臬三司及交涉司、巡警道，首府分理其事，其余官缺，皆宜酌裁。推之黑龙江巡抚以下，设藩、学、臬三司及首厅，而交涉、巡警为事无多，道缺似宜缓设"一节。查吉林现设交涉司、民政司、提学司、提法司、度支司、劝业道各一缺，黑龙江现设民政司、提学司、提法司、度支司各一缺，所有巡警事宜，均由民政司兼管，江省则并无交涉司。若照官制通则，裁民政、度支两司，改设布政司，则巡警须另设差缺，用费未能节省，官制徒涉纷更，应请悉仍其旧。惟江省政务稀简，所辖仅十余州县，现设四司，事少官多，拟请将该省度支司暂行裁撤，归并民政司兼管，以免冗费。

又原奏："奉省每岁进款不下五百万两，官之廉俸及委员之薪金约须一百万两，练军一镇约须一百二十万两，办公及杂用约须一百万两，尚有敷余可以协济吉、江两省"一节。查奉省出入各款不敷甚巨，通省额支各衙署、局处廉俸薪津经费、役食、祭祀等项，按现时核减，年需银二百零五万五千余两；各学堂及留学生经费年需银六十九万三千余两；督练处并所属各学堂局处，暨陆军二标、奉军五路、安海绥辽炮舰、河防、捕盗等营各薪饷，以及淮军津贴，各营军装，年需银二百二十万零四千余两；八旗俸饷津贴年需实发银四十九万三千余两；又加调陆军第一混成协，自本年六月起，年需饷银七十二万两。以上各款，已共需实银六百一二十万两。此外一切活支及特别用款，约需银二百余万两，无论如何节省，万难敷用，焉有余款可以协济？原奏似未悉奉省财政出入情形。

又原奏："奉省之官银号，吉、江两省之官帖局，均成本无多，纸币甚夥，官场之取携甚便，纸币之应付殊难，亟宜及时补救，改设大清银行。"一节。查东省现银缺乏，半恃纸币以资周转，本金太少，出帖太多，殊非所宜。然目前若遽阻发行，无现银为之接济，官款既穷于应付，市面亦立见恐慌，非仅恃设立大清分银行所能补救。奴才此次巡历吉、江，已分饬澈底清厘，限制出票。应俟统筹办法，再行奏明办理。

综核原奏各节，大率不外裁员减费，藉纾物力而恤民艰。奴才到任后，计裁两厅，汰冗员，并局所，并先自革除浮费，为僚属倡，前经奏明，每年可节省银四十万两。嗣据各署局所陆续呈报裁减，通盘核算，每年实可节省银一百余万两，于财政不无裨益。奴才忝总三边，责大任重，庶政既待人而理，凡事又非款不行，苟有需用之人才，应用之款项，断不敢存省事惜费之见，自隘规为。而际此款绌时艰，亦不敢虚糜公帑，曲徇人情，上负朝廷澄叙官方，综核名实之至意。

所有考察东三省情形，裁并差缺，撙节经费缘由，是否有当，除分咨查照外，理合恭折覆陈，伏乞皇上圣鉴训示。

再，拟裁奉天旗务司司使等缺，如蒙允准，应俟奉到朱批，再将裁缺人员奏明请旨办理，合并声明。谨奏。

本月二十六日朱批：奉天巡抚事宜，另候谕旨，余照所请，该部知道。钦此。

《锡良遗稿》第二册，第910—914页

拟请变通吉江两省巡抚奏事会总督后衔片

宣统元年六月十七日

锡　良

　　再，东三省设立督抚原奏章程，总督为长官，巡抚为次官，三省公事，皆由督抚联衔具奏，其例行之事与迫不及待者，总督出省时，仍列总督前衔，由该省巡抚一面办奏，一面电商总督。自应循照办理。兹查东省情形原殊内地，诸凡用人行政，率须三省通筹，自未便划疆而治。惟总督现驻奉天，吉、江两省距离较远，若一切例行事件均须会商会稿，既多转折之烦，而公事亦虞延误。拟请变通办法，嗣后凡例行之事，由该两省巡抚主稿，会列总督后衔具奏，一面咨送奏稿备案，俾省周折。其关系重要及特别事件，或由各该省巡抚主稿，咨送核定；或先电商定稿，再行缮奏拜发，以昭慎重。如蒙允准，即由奴才咨明吉、江两省，遵照办理。

　　除分咨外，谨附片具陈，伏乞圣鉴训示。谨奏。

　　二十六日奉到朱批：著照所请。钦此。

《锡良遗稿》第二册，第914页

请升民政使为从二品管府厅以下升调事宜片

宣统元年六月十七日

锡　良

再，查各省督抚以下例设布政使一员，管理疆域财赋，考察地方官吏。东三省未设布政使，惟奉天原设左参赞，有禀承督抚考核用人之责。现在参赞业已裁撤，全省府厅州县以及佐贰杂职，一切升迁调补，不可无专司考核之官。拟请升民政使为从二品，仿各省布政使，兼管府厅以下升调补署，以裨吏治。如蒙俞允，吉、江两省并请一律照办。

除咨部查照外，谨附片具陈，伏乞圣鉴训示。谨奏。

二十六日奉到朱批：著照所请。钦此。

《锡良遗稿》第二册，第915页

请设东三省帮办大臣折

宣统元年六月十七日

锡　良

奏为密陈管见，恭折仰祈圣鉴事：

窃奉天巡抚与总督同驻省城，论者皆谓督抚同城，应在裁撤之列，臣业于奏覆裁改官制折内陈明在案。

惟巡抚一缺，如果议裁，则总督自应兼管奉天巡抚事件。查东省自改建行省以来，情形迥殊内地，诸凡用人行政，率须三省通筹，不分畛域。而边垦、军政、外交重要事件，尤以奉省为总汇之区，政务极为纷繁，实非督臣一人精力所及。现任奉天抚臣程德全，洞悉边情，诸资赞助，倘荷天恩逾格，仿照边地办事设立帮办大臣之例，特设东三省帮办大臣，以程德全简授是差，帮办边垦、军政、外交事宜，实于东省大有裨益。

愚昧之见，是否有当，谨恭折密陈，伏乞皇上圣鉴。谨奏。

奉旨：留中。钦此。

《锡良遗稿》第二册，第915页

奉省旗官出缺不补逐渐变通办法折

宣统元年六月二十二日

锡　良

奏为谨拟奉省旗官出缺不补，逐渐变通办法，恭折仰祈圣鉴事：

窃自上年钦奉谕旨，筹办宪政，变通旗制，明定限期。奉天为八旗根本重地，生息教养，事务殷繁，亟应首先计画。唯今日为旗人筹生计尚易，为旗官筹出路实难。本省旗人，家有地亩，世为农工，并不专恃饷项，皆自食其力者居多，故筹生计易。旗官员缺较多，久无职守，已成虚设，唯赖俸饷为活，如一旦失其所恃，必至无以自存，故筹出路难。

夫国家以旗籍世代效力，丰沛旧都，尤应优异，俸饷、地租皆随缺为定额，德泽自较隆厚。降至今日，世受豢养，习为骄惰，无不坐昧生机。而后进子弟，犹相率视此为利禄之途，不知变计，又岂初料所及。论者尝谓八旗人才大抵销磨于区区俸饷之中，虽系激论，盖亦实情，不可不为速定久远之策。前督臣徐世昌曾经奏请将副都统、城守尉各缺暂行停放，奉旨允准有案。此外旗官各缺遂亦援例停放，诚以旗缺陆续挑补，有增无减，瞬届变通年限，办理必多窒碍。而旗员徒顾目前，皆无远虑，不先去其倚赖之心，何以坚其自立之志。

臣等伏思朝廷轸念八旗，注重生计，今日应办生计事宜，既未全定，自不便遽言裁撤，致行操切。而变通旗制，定限八年，为期甚迫。迨至其时，宪政实行，满汉融化，断不容有畛域之分。与其届时骤裁，有积重难返之势，何如先事筹备，为渐移默化之方。今拟请将八旗官缺暂仍旧制，唯嗣后出缺概行停补。一面仍为另筹酌改外官，对品调用，暨送习法政等办法，既以广其出身之道，亦不阻其上进之阶，似于旗务前途不无裨益。合无仰恳天恩，饬交变通旗制处核议饬遵。吉林、黑龙江两省事同一律，并应照办，以免参差。其余关于变通旗制，筹办生计事宜，臣等仍当统筹全局，考查当地情形，分别缓急，随时举办，以期满汉畛域之化除，而为实行立宪之预备。

所有谨拟奉省旗官出缺不补办法缘由，是否有当，谨恭折具陈，伏乞皇上圣鉴训示。谨奏。

二十九日奉到朱批：变通旗制处议奏。钦此。

《锡良遗稿》第二册，第925—926页

黑龙江巡抚周树模奏遵设行政会议厅办理情形折

宣统二年三月十一日①

奏为江省公署遵章设立行政会议厅，谨将办理情形恭折具陈，仰祈圣鉴事：窃维立宪首重分权，而大权统于行政。行政之要，专在执行，而执行之造端，先由决议。故必有最高体制，乃能统筹全局，定施政之方针；必有合议机关，乃能博采群言，收断行之效果。江省改设行政以后，一切设官分治，本照新章办理，自奉明诏预备立宪期限定以九载，治体即渐判三权。上年咨议局、审判厅先后成

---

① 为朱批批示日期。

立,立法、司法两端业已权限各分,基础略具。惟行政一部分范围最广,而端绪尤繁。公署为最高官厅,尚无共同决议之机关以为审择权衡之枢纽,揆之立宪制度,参之江省情形,均属不无缺憾。查光绪三十二年新定直省官制通则第六条载,各督抚于本署设会议厅,定期传集司道以下官,会议紧要事件,决定施行。如有关地方之事,亦可由官酌择公正乡绅与议,等语。上年吉省奏设会议厅,即参酌此项新章,设立会议厅,专筹行政事宜。江省现拟仿照办理,就公署设立行政会议厅,派三司、首府及省城行政各局所委员,并文案处人员为额定议员,省外各官如有要事应行会议,并(咨)〔谘〕议局常驻议员与在省娴习法政人员,均得随时召集与议。会期分通常、临时两种。凡本省重要事件,咨议局议决执行事件,并应付(咨)〔谘〕议局筹议事件,均交该厅会议。业经拟订简章,提出各种要件,编成议题,发交议员分途研究,定期开会成立。臣忝居议长,应有裁决之权。谨当率各员将全省行政事宜分饬妥速筹议,遇事广征意见,庶询谋可期其佥同,随时决定施行,庶期限得免于延误,以仰副圣主咸熙庶绩之至意。除将简章及议员衔名分咨外,所有江省公署设立行政会议厅办理情形,谨会同东三省总督臣锡良恭折具奏,伏乞皇上圣鉴。谨奏。

宣统二年三月十一日奉朱批:该衙门知道。钦此。

《政治官报》第八百九十号,折奏类,宣统二年三月十四日出版

奉省公署遵设行政会议厅折

宣统二年三月二十六日

锡 良

奏为奉省公署遵设行政会议厅,以资统辖而勉进行,恭折具陈,仰祈圣鉴事:

窃维立宪总纲,三权鼎峙,惟行政范围最广,事体极繁。计九年期限,瞬逾

两载，已去三分之一，非竭力遵行，无以臻完备，非众论兼采，无以定方针。溯查光绪三十二年续定直省官制通则第六条载，各省督抚应于本署设会议厅，定期传集司道以下各官，会议紧要事件，等语。原拟为各省行政官设一统辖机关，以为提挈纲领、甄采群言之枢纽。奉省于光绪三十二年改设行省，原定官制章程，督、抚、司、道同署办公，虽无会议厅之名，已隐寓会议厅之制。兹覆准宪政编查馆颁发新章，遵即于公署内设立行政会议厅，并分设参事、审查两科。凡本省应行事件，必须妥筹熟计者隶参事科；凡谘议局呈请事件，分别应行与否、应覆议与否，必须公同抉择者隶审查科。参事一科，即以本署额设秘书员、参事员各幕职充之；审查一科，即以奉省同城司道首府各局所总副理及谘议局常驻议员充之。此外各府、厅、州、县，无论士绅耆旧，如有精通法律，名实相符者，尤当随时召集，而使之尽言。

顾章制纷繁，门类宜晰。拟将议案分为两宗：奉旨颁发暨准部院咨行者为国家议案，由绅民发起关系公益者为地方议案。会期亦分两种：曰通常，曰特别。普通公共事件，即于通常会期，随时决定施行。遇有紧要事件，则不拘期限，立行开会，是为特别会期。纲举目张，冀有条而不紊；集思广益，庶采择之弥精。所有以上筹议各案，仍由臣随时随事，虚心裁酌，核定施行，以仰副我皇上立宪保邦之至意。

除将简章并各员衔各分咨查照外，所有奉省公署设立行政会议厅，遵章办理情形，理合恭折具陈，伏乞皇上圣鉴。谨奏。

四月初四日奉到朱批：该衙门知道，片并发。钦此。

《锡良遗稿》第二册，第 1129—1130 页

裁撤司道佥事并同江厅一缺改设经历片

宣统二年五月二十五日

锡 良

再，奉省各项员缺，有须酌量裁改者，自应详加综核，以求实济而免虚縻。

查前督臣徐世昌奏定东省官制案内，各司道均设佥事员缺，原以奉省各司道多系创设，开办之初，事务繁赜，故设佥事以资佐理。现查馆部奏定直省提学司、提法司、劝业道等官制，均无佥事名目，自应将奉省原设各司道佥事员缺裁撤，以归一律。所有裁缺民政司佥事蒋棻、交涉司佥事袁良，均已保有在任候补道升阶，应请改归道员留奉补用。

又同江厅河防同知一缺，由前将军臣赵尔巽奏设，专司缉捕、交涉事务。查同江本系昌图府辖境，自添设同知，并未划有专治地面，凡缉捕事宜，系责成防营，向归营务处统辖；至重要交涉暨各项新政，悉归昌图府管理，同知一缺几同虚设，应即裁撤。惟同江距昌图府七十余里，必须设有行政官厅，藉资抚治。当经檄饬民政使张元奇，查明堪以设分防经历一缺，名曰昌图府同江口分防经历。如蒙俞允，拟即饬司派员试办，并请旨饬部颁发印信，以昭信守。其现任同江厅同知高暄阳，拟请归于裁缺即补班补用。

除将该同知关防咨缴并分咨外，理合附片具陈，伏乞圣鉴训示。谨奏。

六月初二日奉到朱批：著照所请，该部知道。钦此。

《锡良遗稿》第二册，第1153页

江苏巡抚陈启泰奏设立清理财政局并开办日期折

宣统元年三月十五日①

奏为苏省遵章设立清理财政局，委员开办日期，恭折仰祈圣鉴事：

窃准度支部咨行奏定清理财政章程第二条内开，部设清理财政处，各省设清理财政局。又第四条内开，各省清理财政局设总办一员，以藩司或度支司充之，会办无定员，以运司关粮等道及现办财政局所之候补道员充之。又续准咨行酌拟清理财政办事章程，令各省赶紧派员设局，刊给关防，将开局日期专案奏明，各等语。

臣查清理财政为立宪之权舆，现值分年筹办宪政之时，尤必以此为入手之先务。自接准部咨后，即经遵章于苏州省城设立苏属清理财政局一所，札委江苏布政使瑞澂为总办，苏松粮道兼苏州关道惠纶、江海关道蔡乃煌、镇江关道刘燕翼、苏省善后报销局总办江苏候补道王仁东、松沪厘捐局督办江苏候补道朱宜振，皆为该局会办。惟兹事体大，经纬万端，尤必有常川驻局之员，综持局务，庶可以专责成，应再加委坐办一员，责令经理。查有苏省牙厘局督办正任淮扬海道朱之榛，本在应委会办之列，该员综核精密，廉正不阿，且经管苏省财政，历年最久，熟悉情形，业经札委该道兼充该局坐办，核与部定清理财政局办事章程第八条会办须有一员常川驻局用意相符。已由臣饬刊江苏省属清理财政局木质关防一颗，发交开用。据报于宣统元年闰二月二十二日设局开办。

除饬拟办事细则并令遵照部章分科治事，遴派科长科员，开具职名，另行咨部查核外，理合将苏省遵设清理财政局开办日期，恭折具奏，伏乞皇上圣鉴训示。谨奏。

宣统元年三月十五日奉朱批：该部知道。钦此。

《政治官报》第五百四十六号，折奏类，宣统元年三月十八日出版

---

① 为朱批批示日期。

两江总督端方奏设清理财政局开办日期片①

宣统元年四月初三日②

再，清理财政为筹备立宪之基，预算决算之本。江南新政待举，事非一端，用款浩繁，倍于畴昔。既不能因噎以废食，又不能无米以为炊。就目前情势论之，自非综通省之度支，合数年而比较，无以定量入为出之经，求酌盈剂虚之法。前经度支部奏准清理财政章程咨行到宁，当经遵章饬设江南宁属清理财政局，檄委藩司为总办，运司、粮盐关道、淮扬海道、现办厘捐官钱各局道员为会办。并以总会办或系实缺或属要差或在省外不能常川驻局，因派坐办驻局及委提调文案各员认真办理。刊刻关防，于本年闰二月十五日先行设局开办在案。续准度支部咨奏定各省清理财政局办事章程，应设编辑、审核、庶务三科，各科长科员复经照章分别派委，以专责成。兹据该局总会办江宁布政使樊增祥等督同局员拟订该局办事细则具详前来，奴才复加查核，尚属妥协。如有未尽事宜，随时增改。仍俟正副监理官到宁，再会商一切，查照部章，悉心经理，划分新旧现行三案，调集出入各款，澈底清查，研究利弊，实图改良，比较盈亏，妥商办法，期于财政实有裨益。除将办事细则并局员职名咨送度支部查核备案外，所有设局开办日期，谨会同江苏巡抚臣陈启泰附片具陈，伏乞圣鉴。谨奏。

宣统元年四月初三日奉朱批：度支部知道。钦此。

《政治官报》第五百六十二号，折奏类，宣统元年四月初五日出版

---

① 标题为编者所拟。
② 为朱批批示日期。

江苏巡抚程德全奏统一财政开办度支公所情形折

宣统二年七月初十日①

奏为苏省筹办统一财政开办度支公所情形，恭折具陈，仰祈圣鉴事：

窃前准度支部咨，奉上谕：各省财政头绪纷繁，自非统一事权，不足以资治理。嗣后各省出纳款目，除盐粮关各司道经管各项按月造册送藩司或度支司查核外，其余关涉财政一切局所，著各该督抚体察情形，限予一年次第裁撤，统归藩司或度支司经管。所有款目，由司库存储，分别支领。即由各督抚饬该藩司等将全省财政通盘筹画，认真整顿，仍著度支部随时考核，分别劝惩，以副综核名实之至意。钦此。

当经前抚臣陈启泰恭录转行，钦遵办理去后，旋即因病出缺。接任抚臣瑞澂、宝棻正拟筹办，即奉升调。臣抵任后，当以事关钦限，办理不容稍缓，督同藩司，迭次筹议开办。遵查江苏夙称财富之区，丁漕以外，关涉财政局所，除筹款所业于上年七月裁并，裕苏官银钱局本隶藩司直辖，毋庸更张，此外向有苏省厘局、淞沪厘局、善后局、房捐局四局，其岁出岁入款项纷繁，自应钦遵一律裁撤，统归藩司职掌。即就藩署西偏隙地建筑房屋，设立度支公所一区。所中分设五科，曰总务，曰田赋，曰筦榷，曰典用，曰主计。五科以下，分设十三课，曰机要，曰文书，曰库藏，曰庶务，曰稽征，曰勘核，曰苏厘，曰沪厘，曰税捐，曰经理，曰支放，曰稽核，曰编制。分委科长科员，并于筦榷科加设总稽查二员，督同经理，统由藩司董率各员分任其事。所派科长科员，均以所司繁简，以定薪资多寡。常年开销亦应撙节支用，不得糜费。所有各局所主管款项，即令迅速截清，连同新旧案件，移送接管。其征收厘税、各项单照捐票，既归藩司统一，自应概用藩司印信，以昭郑重。其粮道、关道经管款项，应即饬令按月造

---

① 为朱批批示日期。

册，送由藩司查核。至藩司衙门吏治民政事宜，核与财政无关，亦应划清界限，另设专科。臣与藩司陆钟琦反复筹商，现经定议于六月十一日为公所开办之始，即以七月初一日为公所成立之期，分委办事人员，切实奉行，以期仰副朝廷综核名实之至意。兹据江苏布政使陆钟琦具详请奏前来，臣复核无异，除饬藩司赶将公所房屋建筑工竣，并将办事细则及开办常年经费妥订专章，另行详送咨部查照外，所有筹办苏省统一财政设立度支公所开办情形，谨会同两江总督臣张人骏恭折具陈，伏乞皇上圣鉴训示。谨奏。

宣统二年七月初十日奉朱批：度支部知道。钦此。

《政治官报》第一千六号，折奏类，宣统二年七月十三日出版

江苏巡抚程德全奏遵章设立幕职折

宣统二年七月二十五日①

奏为遵章设立幕职分科治事，恭折具陈，仰祈圣鉴事：

窃查光绪三十三年五月二十七日总核官制王大臣奏定各省官制清单第四条内开，总督巡抚衙门各设幕职分科治事；第五条内开，幕职职掌，秘书员掌理机密折电函牍，参事员就主管事务掌理各项文牍，统由督抚自行征辟，分别奏咨。秘书员、参事员以下，应酌设助理及缮写人员，各等语。

臣伏思开幕延英，肇源周季，分曹辟掾，著效汉廷。自来名臣良将，其出自幕僚者，代不乏人。我朝中兴人材，亦每于斯奋起。盖幕职固可为培养贤能之地，而分科尤得收专精治理之功。且绎原奏清单所定勿拘官阶大小，则资格宽，衔名奏咨存案，则责任重，办事得力之员随时切实保荐，则奖励优，凡所以为得人计者，至周且挚。方今时局艰危，内治外交，与夫地方利弊之兴革，

---

① 为朱批批示日期。

无一不以得人为首务。臣夙夜兢兢于此，故随时随地加意物色。本年四月到省，因署中幕职尚未设立，当即斟酌情形，按照定章分为十科，惟以秘书员一人不敷任用，酌照山东、浙江奏案，添为二员，以资佐理。现经臣派定补用道候补知府应德闳、开缺黑龙江绥化知府多禄为秘书员，分省补用道何煜为交涉科兼邮传科参事，候补道胡念修为吏科兼礼科、学科参事，补用道保送知府陆懋勋为民政科兼农工商科参事，知县用试用府经历吴彭年为度支科参事，候补知府张弨为军政科参事，中书科中书张廷骧为法科参事。此外助理缮写各员，并经臣酌定名额，分别委派，照章毋庸奏咨。自派定幕职之后，臣即于署中设立办公厅一所，妥订章则，逐日按定时刻，由臣督同各幕职莅厅办事，既获筹商讨论之功，并免积压迁延之弊，似于政治实际不无裨益，以仰副我皇上求治改良之至意。

所有遵章设立幕职分科治事缘由，除分咨外，理合恭折具奏，伏乞皇上圣鉴训示。谨奏。

宣统二年七月二十五日奉朱批：该衙门知道。片并发。钦此。

又奏行政会议厅遵章另行编制片

再，苏省遵设会议厅，传集各地方官吏会议筹备宪政事宜，业经前抚臣陈启泰于宣统元年闰二月具奏，奉旨：该衙门知道。钦此。钦遵在案。查宣统元年十二月宪政编查馆奏准议复吴士鑑请申明议案权限一折内开，拟于会议厅内分设两科，一参事科，专司参议庶政施行之件，一审查科，专司审查咨议局决议案件。至审查科编制之法，应分三项，一，司道以下官通晓法律人员，或现任司法官，均由督抚遴选派充；一，本省士绅、（咨）〔谘〕议局公推呈请督抚复选派充，各等语。① 臣按苏省会议厅原定章程与此次宪政编查馆奏定新章微有异同，自当遵照另行编制，爰即于行政会议厅内将原有参议等名目一律撤销，遵章设参事一科，以本署新设之秘书员、参事员任之；设审查一科，以司道以下官及通晓法律人员并公推复选之本省士绅任之。已经臣逐加遴选，分别派定，即由臣为议长。每月朔望各一会，曰通常会议；遇有紧要事件由臣随时召集，曰特别会议。另定

---

① 原文如此。

简章及规则，以资遵守。所有苏省行政会议厅遵章另行编制缘由，除咨宪政编查馆外，理合附片具陈，伏乞圣鉴。谨奏。

宣统二年七月二十五日奉朱批：览。钦此。

《政治官报》第一千二十二号，折奏类，宣统二年七月二十九日出版

浙江巡抚增韫奏设立清理财政局折

宣统元年五月初五日①

奏为浙省遵章设立清理财政局，恭折仰祈圣鉴事：

案查迭准度支部咨行清理财政章程，并刊刷原奏，恭录谕旨，令即设立清理财政局，等因。窃维筹办宪政为富强之基础，而清理财政尤宪政之纲维。比来新政迭兴，需用浩繁，若不将岁出岁入各款逐加厘剔，殊难为预算决算之资。浙省藩库入款，以抵洋款镑亏、新约偿款、京协绿营饷，岁亏约一百二十余万，盐粮关库暨厘饷局，亦均穷于挪垫。犹幸此次度支部详示调查之方针，划分新旧之界限章程，至为周妥，凡在疆臣，自应和衷共济，实力奉行。当经奴才遴委藩司颜钟骥为总办，运司王庆平、粮道王季寅、杭关道启约、宁关道桑宝、温关道黄祖经为会办，并派委现充厘饷局总办委用道章樾为驻局会办，又遴聘通晓财政之公正绅士数人为该局议绅，饬令查照部章，参酌浙省情形妥慎筹办去后。兹据该局司道等详称，财政关系至重，各衙门局所款目繁多，情形互异，如丁漕奏销则有当年隔年之别，盐课额引则有压销溢销之殊，关税则有常关新关，销结参差，厘饷则有正捐、杂捐、存垫镠镣。今欲划清界限，岁会月要，惟有令各衙门局所按款造报，为入手办法，庶几条分缕析，易事清厘。业于三月初一日刊刻关防开局视事，并酌拟办事细则等情，详请奏咨前来。奴才复加查核，尚属周妥。所有一

① 为朱批批示日期。

切应行筹备事宜，应随时督率该局司道等，认真经理，俟监理官到浙，会同妥慎商办，以仰副朝廷慎重财政之至意。除将局员职名暨办事细则分咨查照外，所有浙省遵章设立清理财政局缘由，理合会同闽浙督臣松寿恭折具陈，伏乞皇上圣鉴。谨奏。

宣统元年五月初五日奉朱批：度支部知道。钦此。

《政治官报》第五百九十五号，折奏类，宣统元年五月初八日出版

安徽巡抚冯煦奏设幕职分科治事及会议厅折①

光绪三十三年七月二十九日

冯煦奏：皖省地瘠俗强，又值奇变之后，张弛均难措手，朽钝如臣，岂克胜任。非得人相助，陨越必多。伏按续订直省官制，巡抚衙门各设幕职，佐理文牍，分科治事。兹就臣所知者，自行征辟，不拘官阶大小，凡为秘书一员，助理秘书二员，交涉科以下参事七员。各科之简者则一人兼两科，其繁者酌设助理一员，缮写文牍，稽核卷宗，则仿学部例为书记员，量其材之高下，事之繁简，以等别之。才各有能，既无丛脞颓弛之虞，事各有司，亦无推诿纷更之弊，臣得收其群策群力以匡不逮。此设幕职之大效也。

臣又伏按续订直省官制，巡抚衙门应设会议厅，兹就本署择一宽广之处以充之。凡分六班，七日一周。甲、现任司道及交涉以下各科总会办各员。乙、交涉各科提调监督各员。丙、在籍各绅及列于学会商会者。丁戊两日与甲乙同。己、武职各员。每会议自辰至午，以半日为率，凡地方行政有应决议者，则各衙门局所先开一事由，复杂者用说帖，单简者用标目。其所议之政策，有当时决议者，则立二簿记之，一存抚署，一存藩署，以待实行。有当时未决者，记其往复辨难

---

① 标题为编者所拟，原文无标题。

之故于簿中，以待下次再议。议不决，则博访通材，旁稽旧案，俾得所折衷，以为施行之准。至第七日，则举六日所议者，斟酌损益，次第施行。以集众思，则造议院之初级，以采舆论，则导自治之先阶，隔阂之弊既除，因循之习亦振。此设会议厅之大效也。

下所司知之。

朱寿朋：《光绪朝东华录》总第5729—5730页，中华书局1958年出版

安徽巡抚朱家宝奏设立清理财政局派员筹办片

宣统元年三月二十一日①

再，案准度支部咨遵旨妥酌清理财政章程内开，各省应设清理财政局，等因。查清理财政实为筹备立宪之权舆，亦各疆臣应尽之职务。皖省僻处江介，一切出入款目，较各行省为稍简，而支销牵混，造报延迟，积习相沿，其不能收统一分明之效，为弊正复从同。窃惟财政纷淆百端，几难以措手，始则挹彼注兹，既患其钩稽之不易，继而千创百孔，尤苦于罗掘之已穷。兹者钦承明诏理财正辞，部臣复以开诚布公之心，行实事求是之政，除旧布新，千载一时。自应遵照定章，彻底清查，扫除延误欺饰积习，俾服官者心迹共著，争劝勉于廉洁自饬之为，行政者经费有常，不呼吁于挪移无定之款，而后教育兵刑诸大政始能逐件举办，日进富强，所谓财政为万事之母也。现遵章于藩司署内暂行设立专局，委署布政使沈曾植为该局总办，署皖南道郭重光、皖北道毓秀、候补道陈师礼为该局会办，其余编辑、审核各员，均饬令遴员派充，责成该司道等就奉到章程详加研究，次第筹办，以期预算之成立，无误宪政之进行。一面颁发关防，定于三月初一日开局。应需经费，由司库核实动支，作正开销。除咨宪政编查馆、会议政务

---

① 为朱批批示日期。

处、度支部查照外，所有设立清理财政局日期及委派总会办衔名缘由，谨会同两江总督臣端方附片具陈，伏乞圣鉴。谨奏。

宣统元年三月二十一日奉朱批：该衙门知道。钦此。

《政治官报》第五百五十四号，折奏类，宣统元年三月二十六日出版

安徽巡抚朱家宝奏设立财政公所拟筹统一办法折

宣统二年五月十六日①

奏为皖省设立财政公所拟筹统一办法，恭折具陈，仰祈圣鉴事：

窃前准度支部电，奉上谕：各省财政头绪纷繁，自非统一事权，不足以资整理，嗣后各省出纳款目，除盐粮关各司道经管各项按月造册送藩司或度支司使查核外，其余关涉财政一切局所，著该督抚体察情形，预限一年，次第裁撤，统归藩司或度支使经管，所有款项由司库存储，分别支领。即由各督抚饬该藩司等将全省财政通盘筹画，认真整顿，仍著度支部随时考核，分别劝惩。等因。钦此。当经臣札饬藩司钦遵办理去后。伏查皖省介居吴楚之间，局面狭隘，财政较各行省为最支绌，亦较各行省为少纷歧。通核全省出入，除丁漕正供例归司库外，其收入最巨者为牙厘局，其支出最巨者为防军支应局。嗣因新案赔款，则设立筹议公所；因调查岁入岁出，则设立财政统计处；因抵补土药税，则设立印花税处。其关于平准者，则有裕皖官钱局；关于荒政者，则有振抚局；关于销案者，则有报销局。以上各公所局处，向皆以藩司兼督办而实董其成者也。其歧出者，在省内则为土膏牌照捐局，巡警道、劝业道主之；为烟酒税局，劝业道主之；在省外为皖北防军支发局，皖北道主之；为芜湖米厘局，别委候补道主之。至凤阳、芜湖两关，则皆奉旨敕由皖北皖南两巡道兼充监督。此皖省财政之大略情形也。窃

---

① 为朱批批示日期。

维预备立宪以清理财政为进行始基,而清理财政则又以统一事权为扼要办法。盖利源一则縻费可渐蠲除,责任专则功过自无旁贷也。自上年钦奉谕旨以来,当由臣与藩司悉心讨论,督饬局所各员通盘筹画,分别裁撤归并,责令依限成立。除凤阳、芜湖两关仍遵由皖北道、皖南道监督,土膏牌照捐局由巡警道、劝业道经收,饬将经管各项造册移司汇核,此外各公所局处一律裁撤,统归藩司衙门办理。其支发、米厘两差,亦均改由藩司详委。兹据署布政使沈曾植拟定统一办法,设立财政公所,开具简章,详请奏咨前来,臣复核无异。除批饬照办并将简章咨部查核外,所有遵设财政公所统一皖省财政缘由,理合会同两江总督臣张人骏恭折具陈,伏乞皇上圣鉴训示。谨奏。

宣统二年五月十六日奉朱批:度支部知道。钦此。

《政治官报》第九百五十四号,折奏类,宣统二年五月二十日出版

安徽巡抚朱家宝奏遵章设立幕职分科治事折(并单)

宣统二年十二月初四日①

奏为遵章设立幕职,分科治事,恭折仰祈圣鉴事:

查考核官制王大臣奏定各省官制清单第四条内开,督抚衙门各设幕职,分科治事。第五条幕职职掌,秘书员掌理机密折电函牍,参事员就主管事务掌理文牍各等语。伏惟幕职之设,所以赞助行政,参预机谋。臣前在吉林巡抚任内,会同升任督臣徐世昌奏定东三省官制,行省公署设有秘书官、科员,分任机要文牍事宜。当时文案处之组织,与今日所设幕职大致相同。莅皖以来,亦复照此规定。现宪政提前筹备,事务益繁,亟应遵章奏定,以专责成。惟原章秘书员仅设一

---

① 为朱批批示日期。

人，尚觉不敷，拟仿甘肃、江西成案，量为变通，暂设秘书员一员，副秘书员二员。其交涉科以下应设各科参事，简者以一人兼理两科，繁者则一科添派二人。此外助理缮写各员，亦均视事务之繁简，酌设名额，照章毋庸奏咨。

皖省著名瘠苦，薪公素薄，人才延揽维艰。此次委派各员，或随臣有年，学行尚堪共信，或随时任使，资望亦属相孚。其各员薪公，仍就向来文案处经费撙节开支，尚无出入。所有遵章设立幕职，分科治事缘由，除分咨查照外，理合缮具各员衔名清单，恭折具奏，伏乞皇上圣鉴。谨奏。

宣统二年十二月初四日奉朱批：该衙门知道。片二件并发。钦此。

谨将安徽巡抚衙门幕职各员衔名开具清单，恭呈御览。计开：
秘书员　浙江试用道吕钰
副秘书员　补用道顾赐书　副秘书员　吉林补用知府李维桢
交涉科参事员　补用道顾赐书
吏科参事员　郎中职衔秦毓琦
民政科参事员　分省试用通判蒋耀奎、分省试用通判李枢
度支科参事员　候选府经历沈骧、补用知府李諴
礼科参事员　补用知县宋灿
学科参事员　日本法政大学毕业学生张铭彝、中书科中书鲍诚毅
军政科参事员　郎中职衔秦毓琦、分省补用县丞朱景熙
法科参事员　分省补用知县韩绍先、日本法政大学毕业学生张铭彝
农工商科参事员　补用直隶州知州叶潜
邮传科参事员　前广东潮阳县知县崔炳炎
宣统二年十二月初四日奉朱批：览。钦此。

又奏开办会议厅片

再，皖省前经遵照奏定官制通则，于臣署设立会议厅，定期传集司道以下各官公同会议，决定施行，业于本年二月间奏咨在案。嗣准宪政编查馆奏定各省会议厅规则咨行到皖，自应钦遵另行编制。业经遵章于会议厅分设参事、审查两科。参事科人员遴派现任司道各局所总办、臣署幕职充任；审查科人员由臣规定

总额，遴派司道以下官暨通晓法律者各八员，复由谘议局公推士绅遴派八员，其由议员选充者并照章开去议员之职。业于十月初一日召集开议，并由臣厘定办事细则，饬令一律遵守。需用经费，均撙节开支造报。除将会议厅细则分咨查照外，谨附片陈明，伏乞圣鉴。谨奏。

宣统二年十二月初四日奉朱批：览。钦此。

《政治官报》第一千一百四十九号，折奏类，宣统二年十二月初七日出版

闽浙总督松寿奏派藩司尚其亨等充财政局总办片①

宣统元年四月二十日②

再，本年二月初四日准度支部咨行奏定清理财政局章程第二条内开，部设清理财政处，各省设清理财政局。又第四条内开，各省清理财政局设总办一员，以藩司或度支司充之，会办无定员，以运司关粮等道及现办财政局所之候补道员充之，等语。又续准咨行清理财政局办事章程前来。窃维闽省财政出入款项，头绪至为繁赜，虽经历年造报核销，而平日经理出入，各有所司，年来新政繁兴，用款倍蓰。闽本瘠区，艰窘情形，实为各省所未有，自非将历年收支各款逐项梳栉，使部臣周知其盈虚，无以为预算决算之本。兹奉部章，饬令设局清理，并分别年限，定为新旧现行之案，或开单报销，或造册报销，或全年报告，或按季报告，规画周详，条文周密，自应赶速遵办，以为筹备立宪之要图。现已在本省皇华馆设立清理财政局，照章派委福建布政使尚其亨为总办，并委提学使姚文倬、按察使鹿学良、督粮道张星炳、盐法道陈浏为会办。其科长科员即由该司道遴委，并经奴才刊刻木质关防一颗，文曰福建全省清理财政局关防，发交该局钤用。饬令先行按照部颁章程，实

---
① 标题为编者重拟。
② 为朱批批示日期。

力筹办,认真厘剔。俟正监理官到日,再行会同酌核,照章办理。所需经费应请作正开销。除咨宪政编查馆、会议政务处、度支部查照外,所有闽省设立清理财政局及派委总会办各员衔名,谨附片陈明。伏乞圣鉴训示。谨奏。

宣统元年四月二十日奉朱批:度支部知道。钦此。

《政治官报》第五百七十九号,折奏类,宣统元年四月二十二日出版

闽浙总督松寿奏设立调查局并委员办理片

宣统元年五月二十六日①

再,前准宪政编查馆咨,奏奉上谕,钦奉懿旨:著每省设立调查局一所,由该督抚遴选妥员,切实经理。等因。钦此。并将调查局章程咨行到闽。当经行司钦遵筹办在案。窃维调查局之设,照章应分法制、统计两科,一以供编制法规之用,一以备统计年鉴之刊,头绪至繁,非详细考求,未易得其纲领。该局系乎全省政俗,尤非令现任监司各员并延公正明达省绅公同办理,不足以杜隔阂。现就奴才衙门附近设立调查局一所,檄委藩司尚其亨、学司姚文倬、臬司鹿学良充该局总办,并另延省绅翰林院编修郑锡光、前四川夔州府知府潘炳年会同办理。其应派科长、股员,均由该局道等遴选详委,并已刊给木质关防,先行开局。所用经费,由藩库筹拨,应请作正开销。至各衙门应添设统计处,亦经通饬遵章设立。其余未尽事宜,容当督饬该局司道妥筹办理,以期有裨宪政。所有闽省遵设调查局缘由,除咨宪政编查馆查照外,谨附片具陈,伏乞圣鉴。谨奏。

宣统元年五月二十六日奉朱批:该衙门知道。钦此。

《政治官报》第六百十六号,折奏类,宣统元年五月二十九日出版

---

① 为朱批批示日期。

江西巡抚冯汝骙奏设立清理财政局开办情形折

宣统元年四月十二日①

奏为赣省遵旨设立清理财政局，谨将开办情形恭折具陈，仰祈圣鉴事：

窃臣准度支部咨具奏妥酌清理财政章程一折，光绪三十四年十二月二十日奉上谕：前据宪政编查馆奏议复度支部奏清理财政章程，当以财政关系重大，不厌求详，仍饬度支部妥酌具奏。兹据度支部奏称，该馆核复章程，增益条文，益加周密妥善可行，等语。方今财政艰难，内外交困，必以廓清积弊，确定预算为先，全赖部臣疆臣和衷共济，各饬所属，共矢公忠，按照所拟章程，实力奉行，认真办理，用副朝廷慎重度支之至意。单并发。钦此。并准刷印原奏章程，咨行到赣。旋又准度支部咨奏定各省清理财政局章程，等因，行知前来。遵即由臣查照部章，于省城设立清理财政局，派委布政使刘春霖为总办，并以九江关道、盐法道暨现办省城财政局所之候补道员为会办，分别遴委科长、科员，延订议绅，即日开办。一面刊刻江西清理财政局木质关防一颗，发交该局钤用。饬令先将该局应行筹备各事宜，按照部章整理端绪。俟正副监理官到赣，再行会同酌核，依限办理。

伏念方今宪政经纬万端，而其措手之基，尤以理财为要，非通权出入，无以定制用之经，非捐弃故常，无以祛积重之弊。赣省库储素绌，民力维艰，年来新政繁兴，局所林立，策既穷于罗掘，势不免于腾挪款目，久虑其纠纷权限，益难于统一，欲纾筹于仰屋，诚亟待乎改弦。臣惟有恪遵谕旨，督饬所属，将出入各款，逐项梳栉，彻底澄清，务使涓滴归公，丝毫无隐。庶冀上下交儆，无误九年筹备之期；朝野同心，弼成百度修明之治。除将局员职名并办事细则另行咨部外，所有赣省遵设清理财政局缘由，谨会同两江督臣端方恭折具陈，伏乞皇上圣

---

① 为朱批批示日期。

鉴训示。谨奏。

宣统元年四月十二日奉朱批：度支部知道。钦此。

《政治官报》第五百七十二号，折奏类，宣统元年四月十五日出版

前署山东巡抚吴廷斌奏裁撤东省督粮道增设巡警劝业两道缺折

光绪三十三年末三十四年初①

据署德州知州豫咸禀报，督粮道周开铭于光绪三十三年十一月二十七日因病出缺等情，当经遴选候补道徐世光前往暂行接署。伏查山东督粮道一缺，原驻省城，因办漕务移驻德州，统辖五卫所各帮，帮弁督理全漕，兼管德、常、临各仓事宜，责任本属繁重。自粮运停办，漕粮全行改折，五卫所员弁一律裁撤，卫所钱粮改归州县征收，由藩司经理粮道，事甚清简。本应早日裁撤，因前抚臣周馥于光绪二十八年奏明办理屯田缴价一案，责成粮道在德州设立总局，经理德州等三十州县屯田缴价，头绪纷繁，颇形棘手，一时未便议裁。业将屯户抗缴为难情形迭次奏明在案。嗣又酌量改章，变通缴价名目，令屯户完纳税契，军户呈缴，照费减之又减，轻而易举，方得稍稍就绪。爰将总局裁撤，通饬各州县将税契照费径解藩司核收，粮道仅管漕折仓款，除簿书期会而外，几于无事可办。现虽速议疏浚南北运河，实为开通航路、振兴商业起见，兖、沂、曹、济道本兼管运河事务，已令该道妥为筹办，是运河本与粮道无涉。即粮运一事，前朝之艰巨具在，今昔之情形亦殊，似难再议规复，况京汉铁路已通，津镇铁路将办，万一海上有事，亦可无虑阻碍。

---

① 《东方杂志》未署日期，文中有"督粮道周开铭于光绪三十三年十一月二十七日因病出缺"句，奏折刊于光绪三十四年第三期，奏当于年末年初上。

恭读光绪三十年五月二十七日谕旨，现在物力维艰，自应力除冗滥，用资整顿，凡各项差缺，有应行裁汰归并者，著各督抚破除情面，认真厘别，奏明裁并，以节虚縻。又于光绪三十三年五月二十七日奉旨，各省应增设巡警、劝业道缺，准由该督抚奏明请旨，各等因。钦此。仰见朝廷综核名实，维新百度之至意。查东省襟海带河，左辅畿疆，地少膏腴，民多朴野，西南曹、兖各属，既为著名盗区，东北胶澳、烟台又为通商要地，轮舟铁路，往来如织，近复开设济南、周村、潍县三埠，中外交通日臻繁盛，非警察得力，实业竞胜，不足以肃内治而裕民生，是巡警、劝业两道实为必不可少之官。惟库款奇绌，设缺经费筹措为难，粮道既同虚设，縻费未免可惜，拟援照陕西、湖北裁撤粮道成案，请旨将山东督粮道一缺即行裁撤，其督粮道库大使一缺，自应一并裁撤。所有各州县应解该道漕折仓款，均令按照旧章径解藩库存储备拨。一切稽征、督催及拨解款项，由藩司照章办理。其旧日所存仓谷，应令德州知州就近经管。查山东督粮道，于例支廉俸外，经前抚臣周馥于光绪二十九年裁革陋规案内，每年议给公费银一万两，粮道衙门书吏纸张工食银一千八百两，巡勇口粮饷鞘盘费等项银四千二百两，粮道库大使公费银二千两，共计银一万八千两，又各州县另有解费倾镕补平等项，每年将及银二万二千两。现既将粮道及库大使两缺裁撤，应将以上公费等项，每年约可凑足银四万两，尽数提存，作为东省增设巡警、劝业两道缺经费，化私为公，实于东省吏治财政大有裨益。其该道例支廉俸，请归入公费，通盘核算，以期核实。

臣维时势日益艰难，行政贯乎通变，当此振兴庶务之际，不汰其旧，何以图新。此次请裁粮道，实为力顾全局起见，如蒙俞允，原任督粮道周开铭业已病故，应毋庸议，其道库大使谢祖贻，应即留于山东作为裁缺应补班，遇有品级相当之缺，尽先咨补，以昭平允。至巡警、劝业两道，既系创设，自应为地择人，非熟习东省情形，不足以收实效，拟由臣遴选人地相宜之员，不拘常格，先行奏请简补一次，以后出缺，再遵部章办理。容俟议定办法，另案奏明。

再，德州为南北通衢，粮道裁撤之后，应由臣酌派武职大员，率队前往驻防，以重地方。谨奏。

奉朱批：著照所请。该部知道。钦此。

《东方杂志》，光绪三十四年第三期

四、官制改革

外务部奏议复东省添设交涉道缺折

光绪三十三年底三十四年初①

光绪三十三年十二月十三日,准军机处钞交署理北洋大臣直隶总督杨士骧、署山东巡抚吴廷斌会奏东省酌设办理洋务商税专员一折,奉朱批:该部议奏。钦此。钦遵到部。

查原奏称,东省洋务日趋繁重,不但威海、胶澳交涉紧要,此外凡有商埠、路矿、教堂之处,无不关系全省大局,必须设有专员妥慎经理。拟请酌量设缺,援照奉天添设交涉司成案,添设山东全省交涉道兼兵备道衔。责成该道办理全省洋务,兼监督济南、周村、潍县三商埠事宜,并拟在济南设关,在周、潍两处添设分关,专抽火车所运货物税捐,其关道即以奏设之交涉道兼充。所收税捐,留拨三商埠常年经费,该道应领廉俸公费,暨本署应支各款,拟请从优核给。再,声明该道俟奏准设缺后,遴选熟悉本省洋务人员先行奏补一次,以后再按照各海关章程办理,等语。臣等查东省洋务近来益行繁重,原属实在情形,署北洋大臣等拟请添设办理交涉道员,自系因时制宜起见。惟以道员管理山东全省交涉事务,则该省原有登莱青道监督东海关向来管理该地方交涉事宜,于权限殊有未清,若归其统辖,于体制亦有未合,如援照奉天添设交涉司成案,议设交涉司,则职权又未免过大。臣等公同商酌,北洋大臣等所请添设东省交涉专员之处,应暂缓置议,俟改定外官官制一律实行后,再行照办。该省洋务紧要,原设有洋务局,应暂行责成该局员随时禀承该抚臣办理。所有济南、周村、潍县三商埠监督,并议仍照向章,由济东泰武临道兼充,以免纷更而重责任。

至设关征税一节,查该处洋货,悉由胶州进口,业经该关征税后,已无可重

---

① 《东方杂志》未署该件日期,其所议之折于光绪三十三年十二月十三日钞交,而此折刊于光绪三十四年第五期,其时间当为三十三年之末三十四年之初。

征。只该处土货出口，得有应征税项，但系出洋货物，则胶关自必按照税则征收，似于税项尚无关系。且一经设关，常年经费浩繁，税项所入，恐亦未必能抵所出，当该三商埠初开时，原奏明暂不设关征税，以广招徕。现在各该埠商务亦尚未见兴旺，并议仍暂缓设关征税，应随后体察地方情形，再行斟酌办理。其办公经费如何核给，补缺章程如何核定，现既缓设交涉专员，所请应毋庸议。谨奏。

奉朱批：依议。钦此。

《东方杂志》，光绪三十四年第五期

山东巡抚袁树勋奏设立清理财政局开办日期折

宣统元年三月初五日①

奏为遵旨设立清理财政局，择日开办，恭折具报，仰祈圣鉴事：

窃臣于宣统元年正月初四日准度支部咨妥酌清理财政章程一折，单一分。于光绪三十四年十二月二十日具奏，奉上谕：前据宪政编查馆奏议复度支部奏清理财政章程，当以财政关系重大，不厌求详，仍饬度支部妥酌具奏。兹据度支部奏称，该馆核复章程，增益条文，益加周密妥善可行，等语。方今财政艰难，内外交困，必以廓清积弊，确定预算为先，全赖部臣疆臣和衷共济，各饬所属，共矢公忠，按照所拟章程，实力奉行，认真办理，用副朝廷慎重度支之至意。单并发。钦此。并准刷印原奏章程咨行到臣。当查章程第四条内开，各省清理财政局设总办一员，以藩司或度支使充之。会办无定员，以运司关盐粮等道及现办财政局所之候补道员充之。又第三十四条内开，各省清理财政局所有办事章程，另行详订，各等因。

---

① 为朱批批示日期。

遵即由臣派委布政使朱其煊为总办，盐运使丁达意及南运局总办候补道陈炳文为会办。饬令预筹局所，并酌派熟悉财政者，先将该局应行筹备各事，按照部章妥为布置，一俟财政局办事章程颁发到东，再行添派员司，依限办理。兹于本年闰二月十二日，准度支部刊发清理财政局办事章程二十七条，并恭录原奏谕旨，咨行钦遵查照，派员设局，先行开办，等因。复经臣檄饬该司道等，遵照定章，分别遴委科长科员，并延聘议绅，即日开办，一面札饬善后局刊给山东清理财政局木质关防，以昭信守。旋据该司道等详称，已于闰二月二十日启用关防，开局办事，呈请具报等情前来。

臣查东省财政，自道光季年钦差查办，至今六十余年，头绪至为繁赜，为一省计，亟塞已漏之卮，为全局言，共汲方长之绠，非得人而理，束手益虑其无方，倘及今不图，噬脐更悔其何及。臣惟有会同监理，督率属员，导浊流而使清，析棼丝而就理，经国有政，聚人曰财，或基乎此。除饬该司道等悉心经画，开具局员职名清单，办事细则，并酌定开办及常年经费数目，由臣覆核另行咨部备案外，所有东省设立清理财政局开办日期，合先恭折驰报，伏乞皇上圣鉴训示。谨奏。

宣统元年三月初五日奉朱批：度支部知道。钦此。

《政治官报》第五百三十六号，折奏类，宣统元年三月初八日出版

河南巡抚吴重憙奏设立清理财政局开办日期折

宣统元年三月十五日①

奏为遵旨设立清理财政局开办日期，恭折具陈，仰祈圣鉴事：

窃照宣统元年闰二月十五日准度支部咨：酌拟本部清理财政处、各省清理财

---

① 为朱批批示日期。

政局办事章程一折，奏奉上谕一道，恭录行知。并刷印原奏章程，令即遵照此次定章，赶紧派员设局，迅将开局日期专案奏明，开具局员职名，酌拟办事细则，咨部立案。等因。

伏维清理财政为方今切要之图，亟应遵章认真举办，以为预算决算之本。臣于本年正月接准前次部章，随督同司道悉心商酌，豫省出入款项繁杂，非遴员分股核办，无以理其绪而清其源。即于省城设立清理财政局，照章派委藩司朱寿镛为总办，并委总办厘税局兼筹款所新授南汝光道于沧澜、总办支应局署开归陈许郑道候补道王梦熊为会办。一面饬令选派局员分股办事，刊给木质关防一颗，文曰：河南清理财政局之关防，以重职守。已于二月二十五日开局在案。此次接准部文，复经转行遵照去后，兹据该局司道拟定办事细则，暨分科办事局员职名，造具清册，并声明未尽事宜，俟监理官到豫，再行商榷，等情，详请奏咨前来。除由臣随时督饬切实清厘，并将呈到清册咨部立案外，所有设局开办日期，理合恭折具陈，伏乞皇上圣鉴，谨奏。

宣统元年三月十五日奉朱批：该部知道。钦此。

《政治官报》第五百四十八号，折奏类，宣统元年三月二十五日出版

河南巡抚吴重憙奏豫省遵设调查局办理情形折

宣统元年四月十四日①

奏为豫省遵章设立调查局，遴委妥员，切实经理，恭折仰祈圣鉴事：

（卷）〔窃〕查光绪三十三年九月十六日奉上谕：钦奉懿旨：著每省设立调查局一所，由该管督抚遴选妥员，按照奏定章程，切实经理。等因。钦此。钦遵并承准宪政编查馆将调查局章程咨行到豫。当经升任抚臣林绍年饬司妥议筹办，

---

① 为朱批批示日期。

复以事体重大，非养成多数调查人材，不足以济。因饬各属选送士绅，来省学习调查统计事项，未据送齐，旋即卸事。臣到任后，复饬催送前项人员，即在省城法政学堂内附设调查员养成班，分课讲授，至上年十二月底，始行毕业。本年因办理谘议局选举，该士绅回籍后，大率借充选举调查员，未遑兼顾他事。现在选举大致就绪，急所先务，自以设立调查局为第一要图。经臣与司道悉心筹画，就臣署西偏修建房屋，设立调查局一所，派委特用道蒋楙熙为总办，特用直隶州知州徐寿兹为帮办，另设提调一员，稽核局中各事。所有科长、股员，均经照章分别遴委，各专责成。复派布政使朱寿镛监理一切，并饬发木质关防一颗，文曰河南全省调查总局关防，已于三月二十七日据报开办。

复查调查局定章，分法制、统计两科，包举靡遗。事体繁重，创办之始，不患其不密而患其失真，必使各管官知此项文件，不敢与从前册报视若具文，而后可窥其实际，又必使各管官于各类调查之事不致因繁而无纪，措手为难，而后可得其要领。故欲求报查之确实，端在事例之简明。臣连日督饬该局司道，率同局员，厘订细则，编制书表，以便次第颁行。一面饬催各府厅州县设立统计处，即以曾在法政学堂调查班毕业之士绅，先尽充当各处调查统计员，以期联络一气，无延缓阻阂之虞。

至该局开办常年各经费，统饬司库设法筹拨。除开办经费若干，俟造房屋告成，再行核定外，计常年活支额支各款，约需银一万六千七百五十余两，均属再三撙节，无可再减，应请作正开销，以重款项。除咨宪政编查馆查照外，所有豫省遵章设立调查局缘由，理合恭折具陈，伏乞皇上圣鉴。谨奏。

宣统元年四月十四日奉朱批：该衙门知道。钦此。

《政治官报》第五百七十三号，折奏类，宣统元年四月十六日出版

湖广总督陈夔龙奏设立清理财政局遴员开办情形折

宣统元年四月初十日①

奏为遵旨设立清理财政局，谨将遴员开办情形恭折具陈，仰祈圣鉴事：

窃臣于宣统元年正月十三日准度支部咨开，具奏妥拟财政章程一折，单一分。奉上谕：前据宪政编查馆议复度支部奏清理财政章程，当以财政关系重大，不厌求详，仍饬度支部妥酌具奏。兹据度支部奏称，该馆核复章程，增益条文，益加周密妥善可行，等语。方今财政艰难，内外交困，必以廓清积弊，确定预算为先，全赖部臣疆臣和衷共济，各饬所属，共矢公忠，按照所拟章程，实力奉行，认真办理，用副朝廷慎重度支之至意。单并发。钦此。刷印原奏章程，咨行到臣。仰见我皇上统一财权，实事求是，下怀钦感，何可名言。

当即檄行省城各司道暨关于财政各局钦遵，妥晰筹议，先就湖北善后局内设立清理财政局，酌派员司，拟呈入手办法十二条，随于二月初一日开办。经饬刊给湖北清理财政局木质关防，即日启用，以昭信守。旋又准度支部刊发原奏各省清理财政局办事章程，并恭录谕旨咨行钦遵照办，等因。由臣详加披绎，首将该局应设各员照章分划派定，札委布政使李岷琛为总办，提学使高凌霨、按察使杨文鼎、巡警道冯启钧、劝业道邹履和、盐法道马吉樟、江汉关道齐耀珊、荆宜关道吴品珩、牙厘局总办候补道黄祖徽、官钱局总办候补道高松如、签捐局总办特用道钱绍桢为会办，善后局总办候补道金鼎为驻局会办。饬即择用相当房屋，迅将该局迁移，分设编辑、审核、庶务三科，遴员派充各科科长、科员，选聘议绅，招用书记，务求组织完密，机关敏活。所有遵章规画及执行事件，冀可收振裘挈领之功。兹据该司道等遵报到差，妥慎拟议办理，详请奏咨前来。

臣伏念鄂省襟带江湖，向为南北枢纽，历经前督臣积年擘画，百务具兴，维

---

① 为朱批批示日期。

新之政，每视各省为较先，需用之财，自比各省为尤巨。近以时艰孔棘，朝廷锐意图强，出款愈形繁多，几骤过从前数倍。既不敢迁延以误国计，亦何能操切以蹙民生。目击艰窘情形，殆将日甚一日，亟应综核常年之收入，通筹全省之支销，先以截清旧案，为棼丝就理之谋，即以遵率新规，策涓滴归公之效。庶几内外勿忧其隔阂，后先得剂其盈虚，举庶政之经纬万端，或不至茫无所措。是清理财政固为今日第一要图，而于鄂省治忽所关，尤属刻难再缓者也。维兹事体大，头绪纷赜极矣，臣应督饬该局各司道，不辞劳怨，不畏烦难，查照部章应行措注事宜，次第刻期举办。一俟正副监理官抵鄂，即当和衷商榷，实力推行，用期忱悃交孚，扫除粉饰欺朦积习，以仰副圣主慎重度支孜孜求治之至意。除饬局开具员名清单，拟定办事细则，及开办常年经费数目，咨部查照立案外，所有湖北遵设清理财政局派员先行开办缘由，理合恭折驰陈，伏乞皇上圣鉴训示。谨奏。

宣统元年四月初十日奉朱批：度支部知道。钦此。

《政治官报》第五百六十九号，折奏类，宣统元年四月十二日出版

湖广总督瑞澂奏会议厅并设宪政筹备处恭悬上谕折

宣统二年七月十一日①

奏为鄂省会议厅并设宪政筹备处，恭录上谕，敬谨悬挂，并增订章程规则，恭折仰祈圣鉴事：

窃维筹备宪政，造端宏大，事体殷繁，有散寄之职任，不可无统辖之机关，有顺序之执行，不可无先时之议决。前经调任督臣陈夔龙附片奏设筹备处，以挈纲维而专考核，嗣又查照奏定官制通则第六条于本署设立会议厅，定期传集司道以下各官会议要政，所有开办简章，均经前督臣分别奏咨在案。臣到任后，查准

---

① 为朱批批示日期。

宪政编查馆咨行议复翰林院侍读吴士鉴奏请申明裁夺议案权限折内，饬令各省会议厅另行编制，分设两科，一参事科，专司参议庶政施行事件，宪政筹备处事宜即行归并办理；一审查科，专司审查（咨）〔谘〕议局议决案件，行政裁判事宜暂行归并办理。是会议厅之性质既为综合舆论之总区，又为督促推行之缩毂，自非重加组织，增订规章，不足以企完全而资商榷。查前督臣陈夔龙原设筹备处暨会议厅，事关草创，粗具规模，现经臣就署内西偏择定宽闲厅事，略加营葺，用肃观听。会期分常会、大会、临时会三种。常会每月举行一次，专议庶政施行事件；大会每年七月、九月举行一次，预备（咨）〔谘〕议局交议及札复事件；临时会则不拘期限，凡有特别紧要事宜，皆可临时召集。经臣通饬各署局所，各就主管事务之应兴应革者，发抒意见，草具说贴，先期呈送，以备采择。其参事一科，札委臣署额设幕职充之，其审查一科，札委现任司道府厅州县充当重要局所各员，以及谙晓法政与（咨）〔谘〕议局公推士绅三项人员充之。除行政裁判事体重大，应俟宪政编查馆拟定章程奏准施行，再饬审查科遵照办理外，其原设之宪政筹备处遵章即行归并，所有从前该处之总办坐办会办提调等名目，悉行裁撤，该处应办事宜，即责成该厅参事员会同书记员妥慎办理，以期画一而免纷歧。并由臣恭录宣统元年十月十三日上谕，敬谨悬挂，俾得仰体朝廷宵旰之精勤，用以下励臣工就瞻之警惕，庶谋断悉归公决，行政乃有一定之方针，官绅各守范围，立法亦有可循之秩序。

臣惟有虚心顾问，遇事折衷，实力施行，同深策励，以期仰副我皇上励精图治重视宪政之至意。除将暂定简章规则并各员衔名分咨查照外，所有鄂省编制会议厅，并将宪政筹备处归并办理情形，理合恭折具奏，伏乞皇上圣鉴。谨奏。

宣统二年七月十一日奉朱批：该衙门知道。钦此。

《政治官报》第一千七号，折奏类，宣统二年七月十四日出版

四、官制改革

湖南巡抚岑春蓂奏设清理财政局折

宣统元年四月初七日①

奏为遵设清理财政局,按照部定章程切实办理,恭折仰祈圣鉴事:

窃照宣统元年正月二十一日准度支部咨开,遵旨妥酌清理财政章程一折,于光绪三十四年十二月二十日具奏,奉上谕:前据宪政编查馆奏议复度支部清理财政章程,当以财政关系重大,不厌求详,仍饬度支部妥拟具奏。兹据度支部奏称,该馆核复章程,增益条文,益加周密妥善可行,等语。方今财政艰难,内外交困,必以廓清积弊,确定预算为先,全赖部臣疆臣和衷共济,各饬所属,共矢公忠,按照所拟章程,实力奉行,认真办理,用副朝廷慎重度支之至意。单并发。钦此。仰见皇上整饬财政,实事求是之至意。臣跪诵之下,钦悚莫名。

伏查湖南岁入各款,以丁漕、盐课、厘金为大宗,长沙、岳州两新关所征税课次之,辰州、宝庆两关税又次之。长沙关税奏明拨作接办商埠礅岸马路工程之用。岳州关税征数无多,归还开关垫用经费尚未完竣。所有京协各饷并本省防绿各营兵饷,文武廉俸,及一切杂支之款,历来均赖丁漕盐货各厘供支。嗣因筹备偿款,初议加收茶糖烟酒各厘,迨各项搜罗俱穷,于是始抽盐斤加价、口捐,并加征田房契税,勉强支拄,本属竭蹶。自光绪二十九年起,彼时因粤西匪乱未平,筹办边防,添募兵队,迨举行新政,增建开办各项学堂,派遣学生出洋,编练常备新军,起造营舍,办理巡警等项要务,费用繁多,而款未加筹,多系挪移垫支,日积月累,致成巨亏。虽将办矿盈余并官钱局余利挹注补苴,而杯水车薪,无济于事。臣于三十二年秋间到任后,考核每年收放各款,以入抵出,不敷甚巨,惧非经久核实之道,是以将一应用款竭力裁节,厘金契税,认真整顿。核计年来进出之款,虽不致如前数年之相去悬殊,而前亏既不能弥,岁支亦尚不免

---

① 为朱批批示日期。

短绌，以事关筹办新政，只能力求核实，势难概从裁停也。至积年善后报销各案，迭经臣饬据善后报销局，将光绪六年至八年止善后第三起造具清册，详请奏咨核销。其光绪九年以后至三十三年止，因年分积压太久，经臣奏请核实开单奏报，免造细册，以清尘牍。盖欲清理财政，非先清销案不可，已准度支部核复照办。

上年八月间，准内阁会议政务处咨议复御史赵炳麟奏统一财权整理国政案内，行令将出入各款通盘调查，并将何项应入国税，何项应入地方税，详拟办法咨部、会，拟章程奏请饬办。即经檄行布政使庄赓良会同善后局总办署巡警道赖承裕、官钱局总办候补道朱祖荫、牙厘局总办候补道胡得立，在于善后局内遴委筹办在案。前准部咨，当以事关宪政筹备事宜，即饬刊给木质关防，设立清理财政局，以布政使庄赓良为总办，并添派盐法长宝道长沙关监督朱延熙为会办，会同赖承裕等，督饬原派各员，遵照部定章程，通盘筹画，切实办理。已于宣统元年二月初八日开局。此事为预算决算预备，应以调查为入手办法。旧案报销，应照前次奏案并部章第五条，截至光绪三十三年年底止，分别开列清单，于本年十二月以前并案奏请核销。所有本年应行编造全省文武大小各衙门局所按季出入各款报告册，及三十四年分全省各项收支存储银粮确数详细表册，现经该局分别移行各署局赶紧查复，一经调查明确，即当照章编造，陆续咨部。惟司库出入各款，发端于州县者为多，前准会议政务处咨行后，当由局拟定岁入岁出各表式，饬发各州厅县查造。岁入表分为二种，一系丁漕驿站税课等项，一系近年就地筹集之警务学务一切新旧公款。岁出表分为三种，一系应列交代之款，一系署中应解应用自行清理之款，一系地方公用之款。分别填赍。惟查各属所赍表册现虽已到一半，察核所造，核实合式者甚少，即经逐一驳换，仍不免笼统造赍。应俟各属造送齐全，由局分别详核，派员调查确实，汇总造报。

现值时局艰难，整理财政为目前切要之图，臣仰蒙圣恩，畀以疆圻重任，自当懔遵谕旨，与部臣和衷共济。藩司综理全省财政，布政使庄赓良素称精核，熟悉情形，亦属责无旁贷。臣惟有会同监理官并督饬该司等，按照部章，认真清理，核实造报，断不敢稍涉敷衍因循，有误宪政期限，以仰副朝廷慎重度支之至意。据总办清理财政局布政使庄赓良等详请具奏前来，除分咨宪政编查馆、会议政务处、度支部查照外，所有设立清理财政局派委总会办各员衔名及遵办缘由，谨会同湖广总督臣陈夔龙恭折具奏，伏乞皇上圣鉴训示。谨奏。

宣统元年四月初七日奉朱批：该衙门知道。片并发。钦此。

又奏派巡警道赖承裕驻局办理财政片

再，准度支部咨具奏酌拟各省清理财政局办事章程一折，恭录钦奉谕旨，咨行到臣。查湘省清理财政局前准部咨后，业经遵照设立，另折奏报在案。兹查此次奏定章程第八条内开，清理财政局会办，需有一员常川驻局，科长、科员、书记均须常川驻局。等语。查署巡警道赖承裕在湘多年，历充善后局总办，于财政款目素称熟悉，现经臣饬派该道常川驻局，会同总办布政使庄赓良暨各会办，遴派科长、科员，以曾习法政人员充任。应设议绅，由该局遴聘通晓财政情形公正绅士充当，以备咨询。暨饬该局将办事细则拟订，呈由臣复核，报部立案。所有应办事宜，务应遵照此次奏定章程，实力奉行，次第办理。除分咨查照外，谨会同湖广督臣陈夔龙附片具陈，伏乞圣鉴。谨奏。

宣统元年四月初七日奉朱批：览。钦此。

《政治官报》第五百六十六号，折奏类，宣统元年四月初九日出版

湖南巡抚岑春蓂奏湘省调查局办理情形折

宣统元年五月十一日①

奏为恭报湘省调查局办理情形，仰祈圣鉴事：

窃照光绪三十三年九月十六日奉上谕：钦奉慈禧端佑康颐昭豫庄诚寿恭钦献崇熙皇太后懿旨：本日宪政编查馆奏请饬各省设立调查局，各部院设立统计处各折片，现在该馆开办编制、统计二局，非有京外通力合作办法，无以推行尽利。

---

① 为朱批批示日期。

著各省设调查局一所，由该管督抚遴委妥员，按照此次奏定章程，切实经理，随时将调查各件咨报该馆。等因。钦此。钦遵。旋准宪政编查馆恭录谕旨，刷印原奏章程，咨行遵办到湘。

臣维宪政预备之时期，必先有编制法规，统计政要之经画，然非斟酌习惯，则国家之法律恐难尽洽乎舆情，非勤事勾稽，则各省之设施无由悉知其确数，各省调查局之设，洵清厘庶政之本源，目前至要之关键也。

湖南界连六省，族杂苗（猺）〔瑶〕，风气不齐，习尚迥异。当此调查伊始，端绪纷繁，必有整齐画一之方，庶收兼综条贯之益。臣自奉明谕，遵即查照定章，筹议办法。只以法制、统计，学理繁赜，人材难得，总办责任尤重，当经奏调留学日本法政大学毕业翰林院编修张启后为该局总办，奉旨允准，由臣电催来湘，照会充任，将该局事务筹计订定。爰于省城设立调查局一所，遵章分法制、统计两科，各设三股，附设庶务处，遴选曾习法政暨通达治理人员，分别派充科长、股员，于光绪三十四年七月初八日开办。所有该局办事细则，及各府厅州县就近派员调查，各衙门应添设统计处，均各遵章办理。惟是该局对于全省为考察编辑之总汇，省内外各署局对于该局即有调查报告之责任，一切宗旨办法，远近设未周知，缓急恐难应付，亟宜先事筹备，用期妥速。开办以来，节经该局将各府厅州县派员调查规则暨各署局统计处简章一律代为拟定，并将调查事项内属法制科者，逐一缕列问题，以为事实之范围，属统计科者，分类暂定表式，以为填写之标准。均各汇订成册，排印多本，一并呈由臣核定，陆续颁行，通饬遵照，妥速办理。一面量予期限，明定功过，俾各地方官皆负有确实调查，迅速报告之责成。一面由该局遴派曾习法政人员，分赴各属实地调查，期与各地方官之报告书参互比较，庶免虚饰敷衍之弊。一俟报告成书，统计列表，再由臣咨送宪政编查馆及主管各部院核办。庶几他日成文法规之编订，统计年鉴之刊行，咸有所据依，以上副朝廷预备立宪综核政俗之至意。

其该局房舍，现系租佃开办，俟择定地址，筹有的款，再行建造。至开办经费，约用银一千三百余两，常年经费，除特别临时活支不能预计外，每年约需银一万七八千两，均属核实计算，撙节动支，由善后局筹款拨用，应请作正开销。除由臣随时督同认真经办暨分咨查照外，所有湘省调查局办理情形，理合恭折具奏，伏乞皇上圣鉴。谨奏。

宣统元年五月十一日奉朱批：该衙门知道。钦此。

《政治官报》第六百号，折奏类，宣统元年五月十三日出版

湖南巡抚杨文鼎奏报会议厅办理情形折

宣统三年六月初五日①

奏为具报湖南会议厅办理情形，恭折仰祈圣鉴事：

窃查光绪三十三年总核官制大臣奏定直省官制通则，内载各省督抚于本署内设会议厅，定期传集司道以下各官会议紧要事件，决定施行，等语。臣于本年七月间曾经参照奏案，规仿各省办法，拟具章程，设厅会议。旋准宪政编查馆奏定各省会议厅规则咨行到湘，复经改照办理参事、审查两科，均遵章遴员派充。湘省原设宪政筹备处即归并该厅参事科办理。审查科于审查谘议局议案，是其专责，行政裁判事件，应俟颁行此项法规再行开办。数月以来，臣集思广益，足以助庶政之进行，而救弊补偏，亦以征群情之向背，官绅除其隔阂，众论得所折衷，裨益行政，良非浅鲜。除将会议细则暨两科各员衔名分咨宪政编查馆、资政院查照外，谨会同湖广总督臣瑞澂恭折具陈，伏乞皇上圣鉴。谨奏。

宣统三年六月初五日奉朱批：知道了。钦此。

《政治官报》第一千三百二十号，折奏类，宣统三年六月初九日出版

---

① 为朱批批示日期。

两广总督张人骏奏设立清理财政局日期等片

宣统元年闰二月二十四日①

再，本年二月初七日准度支部咨，遵旨妥酌清理财政章程，奏奉谕旨咨行到粤，当经转行钦遵办理在案。窃维清理财政，实为筹备立宪之权舆，必须财政清明而后百务乃可具兴，庶民始昭信服。粤省出入款项岁益繁赜，虽经历年销算，而各归各库，造报究未能统一汇规，自非合全省之收支，考终岁之盈绌，无以为预算决算之本。今奉部章饬令设局清理，并分别年分，定为新、旧、现行三案，或开单报销，或造册报销，或全年报告，或按季报告，规画精审，条理精密，臣敢不督饬司道局所各员认真举办，以仰副朝廷理财正辞之至意。现于省城设立清理财政局，照章派委广东布政使胡湘林为总办，并委署提学使沈曾桐、按察使魏景桐、署盐运使丁乃扬、巡警道王秉必、会办粤海关务处劝业道陈望曾、会办善后局广东候补道李哲浚、帮办造币粤厂江苏补用道方正为会办。其提调、坐办、文案、核算、缮校、收发、庶务各员，饬令遴员派充，责成该司道等综核，先就奉行章程调查编造，仍俟部颁细则到日，再行遵照办理，已于二月二十二日开局。所需经费，在于厘金项下动支，应请作正开销。除咨宪政编查馆、会议政务处、度支部查照外，所有设立清理财政局日期及派委总会办各员衔名，臣谨附片具陈，伏乞圣鉴训示。谨奏。

宣统元年闰二月二十四日奉朱批：该衙门知道。

《政治官报》第五百二十七号，折奏类，宣统元年闰二月二十八日出版

---

① 为朱批批示日期。

署粤督咨呈宪政编查馆设立幕职分科办事文（附章程员名单）

宣统元年十月二十二日①

袁树勋②

为咨呈事，案查光绪三十三年五月间，考察政治馆王大臣奏准新官制一折单开督抚衙门幕职章程，有秘书员、参事员等名目，分掌章奏文牍，随时分别奏咨，各等语。本署部堂在东抚任内即已实行，兹调任两粤，事务尤为纷繁，自应参照定章，并斟酌地方情形，设立幕职，分科办事，以资襄助。所有派充各员衔名及幕职章程，除分别奏咨外，合行抄粘，咨请贵馆王大臣察照施行，须至咨呈者。

两广总督衙门幕职章程

第一条　本章程系参照奏定外省官制通则第五条第五项所订定，即名曰两广总督衙门幕职章程。

第二条　本章程咨部立案施行，凡幕职各员皆应遵守。

第三条　遵照奏定外省官制通则第五条，幕职应分为秘书员、参事员，其员数遵章酌设，并参照官制通则中所定职掌，分科治事。

第四条　秘书员掌理机密文电章奏，及不属于各科之事，并参预一切要政事宜。

第五条　参事员掌理各科文牍，其主管事件，参照定章分别如左：

甲、交涉科　掌理一切交涉事务及文牍。按，本署向称洋务文案，今照章更正。

---

① 原文件未署日期，此为《政治官报》刊载日期，由两广督署递出当在此之前。
② 原文件无署名，应为署两广总督袁树勋，宣统元年五月十一日由山东巡抚升署理两广总督。

乙、民政科　掌理谘议局、地方自治、调查户口、巡警、禁烟各项事宜及文牍。

丙、法科　掌理筹备审判及改良新刑律监狱各事宜。

丁、度支（部）〔科〕　掌理关系财政及关、盐、厘各项事务及文牍。

以上两科，在新刑律未施行，财政未清厘之先，所有刑名、钱谷两席即仍旧称，其在九年筹备范围内者，另设主管之员掌理之。

戊、吏科　掌理文武升迁事件。按，本署向系刑、钱席分办，今仍以刑、钱席分充之。

己、学科　掌理教育行政事宜及文牍。按，本署向有学务文案，今照章更正。

庚、礼科　掌理关系一切典礼事项及文牍。按，本署旧有礼科事宜，向归刑、钱席分办者，今仍以刑、钱席分充之。

辛、农工商科　掌理关系农工商矿一切实业事项及文牍。

壬、邮传科　掌理邮电铁路一切交通事项及文牍。

以上两科，如遇有交涉事务，应与主管交涉科员彼此会商办理，其已成交涉者，应径归交涉科。

癸　军政科　主管水陆新旧军政事宜及文牍。按本署设有营务刑名，其彼此有关系者，应会商办理。

以上十科，均系参照定章，以便承接京师各部院所司事项及文牍，遵循办理。

第六条　秘书员、参事员之外，每科得设置副员，无定额。按，照章有助理名目，今酌称为副员。

第七条　设收发员二人，掌理一切文牍收发事宜。其应送各科之文牍，并随时加识分送之。按，如系交涉事项，应盖红印交涉科数字，余类推。

第八条　设缮写员，无定额，分别掌理缮写折函及各项文牍事宜。按，本署向有缮折文案，应即作为缮写员。其寻常誊写，另设书识数人。

第九条　各员应刻木质姓名图记，曰某某核字样，加盖于主管文牍年月之左旁。其彼此互送会核文牍，则加盖某某会核字样，以识别之。

第十条　秘书员所掌折电各件，有与各科相关系，而可以发布者，应送主管该科事务之员会核。

第十一条 各科所掌文牍,有与他科相关系者,应送主管各该科事务员会核。

第十二条 各员所掌主管事务,有应兴应革及有疑义者,得提出说帖于督院,以备采择,并请示施行。

第十三条 本署每日会阅文牍一次,秘书员及各科员、收发员,均依时齐集于会阅处所。如遇紧要事宜,督院届时入席,或特别召集各员会议之。其会阅时间如左:

自二月初一日起至四月三十日,午后四时至五时。

自五月初一日起至七月三十日,午后五时至六时。

自八月初一日起至十月三十日,午后四时至五时。

自十一月初一日起至正月三十日,午后三时至四时。

第十四条 每日会阅文牍,应设立纪事簿,纪录所到人数及提议或决议事项。临时书记以收发员充之。

第十五条 各员非有不得已事故,不得请假。

第十六条 遇星期休息一日,年节亦照通行休假。惟有紧要文牍,仍照常阅核。

第十七条 以本署东院方厅为会阅文牍处所。

第十八条 本章程自各员通过并由督院核定之日起,为施行之期。

第十九条 本章程得随时修改,或各员有随时变通增减之处,均照章分咨存案。

两广总督衙门幕职遵章分科办事衔名表

秘书员 掌理机密文电,兼会核交涉科文牍,参预各项要政事宜。施炳燮,江苏补用道,浙江会稽人。

秘书员 掌理机密文电及章奏,兼会核筹办各项新政事宜。沈同芳,翰林院编修衔,江苏武进人。

交涉科参事员 掌理一切关系交涉事项文牍。陶邵彬,同知职衔,浙江会稽人。

按粤省未设交涉使，亦向无关道，一切交涉事宜，均直接于督署，历任相沿，在署内附设洋务处，派委员数人。按照幕职性质，应以掌理文牍为参事员主管之必要，兹即以该处办理文牍委员为交涉科参事，以省繁冗。其余向有委员须直接办理交涉者，均仍其旧。

民政科参事员　分掌巡警、调查户口、调查局、谘议局、地方自治、禁烟各事项文牍。方表，分省补用知县，湖南长沙人。

民政科参事副员　陈佩实，广东候补知县，江苏阳湖人。

按，章程本有助理员名目，兹因民政科事项属于九年筹备者为多，应分掌调查文案各事项，以便进行，酌称为参事副员。

法科参事员　掌理筹办审判及新刑律各事项文牍。黄敦怿，分省补用知县，湖南善化人。

法科参事副员　掌理改良监狱及文牍。

按，监狱为专门之学，改良伊始，头绪纷繁，故亦酌设参事副员。廖维勋，中书科中书职衔附贡生，湖南武陵人。

按，本署向有刑名一席，掌理命盗案件。现在审判未成立新刑律未施行之先，仍旧。

吏科礼科参事员　沈毓嵩，分省补用知府，浙江会稽人。堵煜，同知职衔，浙江会稽人。沈寿松，广东候补通判，浙江德清人。

按，吏科职掌升迁，礼科职掌各项典礼，所有文牍，向系刑钱席分办，今仍旧。

度支科参事员　掌理财政事宜，及关盐厘务事项文牍。刘棣蔚，奉天补用知府，湖南龙阳人。黄敦怿，分省补用知县，湖南善化人。

按财政未清厘之先，所有本署钱席向管关系财政事务文牍，均仍旧。

学科参事员　掌理一切教育行政事项文牍。以军政科参事副员陈允豫兼理。

农工商科参事员　掌理农工商矿一切关系实业事项文牍。赵廷㪺，奉天补用通判，湖南武陵人。

邮传科参事员　掌理邮电铁路一切关系交通事项文牍。以农工商科参事员赵廷㪺兼理。其已成交涉者，归入交涉科办理，仍由主管邮传科之员会核文牍。

军政科参事员　掌理新旧水陆军政事项文牍。鲍振镛，广东候补知县，江苏东台人。

军政科参事副员　兼办书记。陈允豫，前浙江候补知县，江苏武进人。

《政治官报》第七百五十七号，咨札类，宣统元年十月二十二日出版

署理两广总督袁树勋奏统一财政依限成立筹办情形折

宣统二年三月十四日①

奏为粤省遵旨统一财政，依限成立，谨胪陈筹办情形，恭折仰祈圣鉴事：宣统元年四月初六日，钦奉上谕：各省财政头绪纷繁，自非统一事权，不足以资整理。嗣后各省出纳款目，除盐、粮、关各司道经管各项按月造册送藩司或度支使查核外，其余关涉财政一切局所，著该督抚予限一年，次第裁撤，统归藩司或度支使经管。所有款项由司库存储，分别支领。即由各督抚饬该司库等将全省财政通盘筹画，认真整顿。仍著度支部随时考核，分别惩劝，以副综核名实之至意。钦此。由度支部咨行到粤，即经前督臣钦遵转行去后。

臣上年七月间到粤，督饬前署藩司沈曾桐详悉筹议。以兹事体大，头绪纷繁，先就该司署附设统一财政筹办处，通盘筹画。嗣正任藩司陈夔麟抵任，臣复与该司悉心讨论，以为财政一事，为预备立宪之本原，行政经费界限不明，则预算无由举办。是故欲查以往之弊，必从清理财政始，欲除以后之弊，必从统一财政始。提纲挈领，约有三端：一设立公所。藩司衙门为用人行政之总汇，既将财政一端特别注重，必先组织一独立机关，方与庶政不相凌杂。拟照新设司道建立公所成案，于藩司衙门筹款择地建筑财政公所，就粤省向来经营财赋事项，酌定科目，设置专员，分司其事。一曰裁撤局所。财政权限既专，各局所虽职掌攸异，同属骈枝，无取多立名目，自应一律裁并。惟查各该所成立已久，案牍纷

---

① 为朱批批示日期。

繁，款项缪辖，若不详慎，遽加改革，挂漏必多。似应酌量难易，分别期限，次第裁撤。所裁等局用，即可拨充财政公所经费，有盈无绌。一曰实行统一。各局所既经裁撤，一切收入款项，除盐、关两库外，均归公所委员经理，存储司库，决不假手书吏。嗣后各局署应支款项，按月预算列表，均赴司署请领，下月决算列表报销。表册有一定程式，支领有一定时期。其盐、关两库，仍遵章按月造册送核，并汇核通省出入款目，按季编造统计书，以示整齐划一之义。当经饬据该司拟订统一财政办法，暨财政公所分科办事章程，及职掌各条，另册咨部。一面遴委谙晓财政人员，优给薪公，一切向有陋规，悉数裁革。即于二月二十五日开办。其关涉财政之厘务、清佃、税契、善后等局，统限四月初一日以前次第裁撤。惟是款目出纳专责，固在藩司，而簿籍钩稽考成，亦关疆吏，且一省之内政外交，关系财政，有赖乎酌盈剂虚衷多益寡者，正复不少。查奏定九年筹备清单，调查岁出入，应各督抚同办，是该公所成立以后，既为全省度支之渊汇，臣署亦应时相接洽，始有督率之方，而免隔阂之虑。拟仿照臣前在东抚任内办理新政成案，遴派谙习财政之幕职一员，委充该所参议，以备顾问而资筹画。毋庸开支薪水夫马，俾省糜费。仍由臣懔遵谕旨，督饬该司，将全省财政通盘筹画，认真整顿，以仰副我皇上综核度支之至意。所有粤省筹办统一财政现已依限成立缘由，除咨部查照外，理合恭折具陈，伏乞皇上圣鉴训示。谨奏。

宣统二年三月十四日奉朱批：度支部知道。钦此。

《政治官报》第八百九十四号，宣统二年三月十八日出版

广西巡抚张鸣岐奏遵设调查局编纂法制统计事宜折

宣统元年三月十五日①

奏为桂省遵章设立调查局，编纂法制统计事宜，以备宪政参考，恭折仰祈圣鉴事：光绪三十三年九月十六日奉上谕：钦奉懿旨：著每省设立调查局一所，由该管督抚遴选妥员，按照奏定章程，切实经理。等因。钦此。钦遵并承准宪政编查馆咨行调查局办事章程前来。

窃维调查一事，远之备统计年鉴之刊，近之为编纂法规之据，必使民宜土俗，合巨细以无遗，而后辨异统同，庶整齐之可望。桂省山川阻深，獐（猺）〔瑶〕杂处，交通多窒，风气不齐。就目前调查而论，著手较他省为难，为将来统一之谋，举办较他省尤急。先经查照馆章，于光绪三十三年十一月十一日就臣署东偏设立广西调查局，筹办一切。只以法制、统计学理繁赜，人才缺乏，骤难得其要领。嗣经奏调翰林院编修颜楷来桂驻局总办，遴派科长、股员等职，各专责成，并以调查事项，胥在三司主管范围，续派布、学、按三司兼充总办，以期施行无阻。兹据该总办等遵照奏定章程，参酌本省情形，拟订办事细则暨将来开办常年经费，列表呈核前来。臣详加复核，尚属周妥。除该局日后续添活支未能预算外，开办经费约须二千两，常年经费约需一万八九千两，均属格外撙节，核与江、陕等省奏定局费数目，有绌无盈，应请作正开销。臣当随时督饬局员认真经理，一面饬催各府厅州县添设统计处，相助为理。调查所得，咨馆参考，以为编制法规，统计政要之助。除分咨查照外，所有桂省遵设调查局缘由，理合恭折具陈，伏乞皇上圣鉴。谨奏。

宣统元年三月十五日奉朱批：该衙门知道。钦此。

《政治官报》第五百四十八号，折奏类，宣统元年三月二十日出版

---

① 为朱批批示日期。

广西巡抚张鸣岐奏司署遵设财政公所筹办事宜折

宣统二年正月二十日①

奏为布政司署遵设财政公所，筹办归并财政事宜，恭折具陈，仰祈圣鉴事：

窃臣前准度支部咨开，本部具奏各省财政统归藩司以资综核一折。宣统元年四月初六日奉上谕：各省财政，头绪纷繁，自非统一事权，不足以资整理。嗣后各省出纳款目，除盐粮关各司道经管各项，按月造册送藩司或度支部查核外，其余关涉财政一切局所，著该督体察情形，予限一年，次第裁撤，统归藩司或度支部经管。所有款项，由司库存储，分别支领。即由各督抚饬该藩司等，将全省财政通盘筹画，认真整顿，仍著度支部随时考核，分别劝惩，以副综核名实之至意。钦此。由部恭录咨行到臣。

查桂省现管财政局所，一曰派办政事处，一曰统税总局，一曰经征总局，照章均应归并。当经转饬布政司，于九月十三日在司署设立筹备归并财政处，并经臣札委派办处会办补用道彭清范，会同该司，将建筑办事公所，订拟分科章程，改良司库出入，裁留书吏、陋规、酌定公费、薪金，以及支配收支机关员书办公，凡一切有关归并事宜，拟具各项表册，并由臣随时督同会议审决，依限办理在案。

窃查司库出入，原只丁粮赋税饷廉俸薪，自屡案变迁，另立名目，一款区分多类，而一类之中有总收而散支者，有散收而总支者，分之固毫厘不爽，合之亦针孔相符。是以奏销册籍，收支不能分为两部，且款目出纳，均须指定，即有盈绌，不便挪移。又因慎重库款，遂有投文验批核稿札库悬牌示期各项文法，繁难委曲，不便急需。军兴以来，趋求捷便，另设军需局所，事平改为善后，久与司库分歧，筹饷创办厘金，而入款亦不归司库。此为桂省派办处、统税局之权舆。经征局则本年甫经开办，划出司中契税一部，从便整顿，附以牌照等捐，其与统

---

① 为奉到朱批批示日期。

税总局纯属收入之部，除开销坐支外，别无支款，归并非难。惟派办处大宗，虽重军需，而历来收支杂款，头绪尤繁，未能一一牵合例章，向本别为报销，不与司库奏销相混。缘司库量入为出，宜于经常制用，与派办处之趋重统收统支者性质不同。今既统一财政，则统税、经征等局及派办处，自应一律归并司署经管。但分离日久，一时归并，厥有二难，按度支部所颁条例，岁入岁出厘然刊为两端，合以派办处现行之报告，多可会通，绳以司库旧案之奏销，实多扞格，盖章程原不能强合也。查九年筹备预算，限始宣统二年，决算尚在四年，际此新旧乘除，司署奏销之案，尚须逐年接续办理，而统一条例，又应先行规定以待将来，办法两歧，莫衷一是，则沟通难。司署钱谷一席，历来取办专家，统税、经征、派办各局处，亦各有本省单行章制，自为风气，不相为谋。今合一炉而治之，欲仍其习惯，是同胡越于一家，欲令其普通，又虑丝棼而难理，则支配难。经该司等屡事磋商，拟定统一章程及分科治事简章，办事细则，除吏政另列一门外，专就财政分为五科，曰总务，曰主计，曰库藏，曰编核，曰理财。前四科管全省之出纳，勾稽而报销之。其理财一科，则主全省财政之利弊，为开源节流之计画，其组织之法，款总于科而分于股，科则综稽出入，得以合计盈亏，股则分管收支，俾其渐归统一。又桂省交通不便，向来营属领解款项，皆就近由分设之转运饷械支应等局，及代发薪饷之统税卡官银钱号展转抵拨，原为便于边远营县起见，乃机关以多而益散，归结以分而愈难。本年清理财政，任举一项，欲求岁入岁出之总数，皆非调齐月册及积年旧案，逐细推求，不能真确。无论于预算统计，固为困难，即随时应付，亦苦纠纷。今拟于省外各属就近适中之地，分设机关八处，另订妥善章程，仍拟由从前代办收支之局号经理。其余零星局卡，概不准代收代支，逐渐归并，当亦不难。惟拨抵各款，向以司库为最繁琐，现在奏销之案仍不能免，自应暂仍其旧。其他营署局所取便抵拨，以省周转，固可通融，然究应一领一解，截然分为两端，不可联为一牍，以为办理报告预决算统计之基础。此筹办司署分科治事及归并省内外财政机关之大概情形也。

至于分科治事所用员书、丁役，酌定薪公，为数甚巨，先行调查司中旧有陋规，将名目不正者革除，余概化私为公，并例支库款合为一部，连同派办处常年开支经费，暨统税、经征局常年开支长平一厘公费等项，以充公所之用。统计出入抵算，每年尚有赢余。惟陋规一项，或主径裁，然每兴一法，即增一款，公家力恐不逮，闻度支部办法亦取化私为公，不敷由他项闲款划拨济用，未请开支正款，似可仿办。一俟改良收支之后，有画一之章程，再行随时革正。此筹措司署分科，员书、丁役薪工之大概情形也。

现在办事公所已经建筑竣工，应行筹办各事，大致均已就绪。拟即定于宣统二年正月初一日开办，为实行归并财政之期。据广西布政使魏景桐详请奏咨前来，臣复核无异，除将章程分咨查照外，所有布政司署遵设财政公所，筹办归并财政事宜各缘由，理合恭折具陈，伏乞皇上圣鉴训示。谨奏。

宣统二年正月二十日奉朱批：度支部知道。钦此。

《政治官报》第八百四十一号，折奏类，宣统二年正月二十四日出版

广西巡抚沈秉堃奏预算不敷酌并局处折

宣统三年闰六月初二日①

奏为桂省预算不敷，酌并局处，以一事权而节经费，恭折仰祈圣鉴事：

窃查桂省筹办新政，曾于宣统元年设立调查局，分法制、统计两科，分任法制、统计事宜。设立自治筹办处，筹办地方自治事宜。其军政事项，设有陆军财政局以掌财用，复设有粮饷局以掌军需。而军装、火药，又以新军所需掌之军械局，旧军所需掌之军火局。局处设立过多，员薪不无冗滥，事权既难划一，经费更觉不支。本年预算，入不敷出至七十余万之多，自应竭力裁并，以为节流之计。惟筹备为宪政初基，军事为国防要政，关系至重，诸待进行，既不可滥费以耗国家有限之财，亦不能惜费以妨国家待兴之政。因督饬司道，反复熟筹，并与馆、部咨电商议，务期费节而事不废，乃为切实可行。经于本年三月内电咨宪政编查馆、民政部，核准将自治筹办处归并宪政筹办处办理，于宪政筹备处添设参

---

① 为朱批批示日期。

议一员，其编制、考核两科科员，均经遴选通晓法政人员派充，分科任事。原设自治筹办处于四月初一日裁撤。复于五月内遵照宪政编查馆咨到裁撤调查局办法，将调查局法制科事务归并会议厅参事科办理，由原派参事科科员兼任，不另派员。其统计科事务，于臣衙门另设统计处办理，经酌派科员四人分别任事。原设调查局于六月初一日裁撤。此关于新政事宜之酌量归并者也。

陆军财政，本陆军一部分之事。本年二月内，准陆军部电咨，将陆军财政并入督练公所办理。当经遵照归并。其原设陆军财政局于二月内裁撤。至军政虽有新旧之别，军械军火实无可分，粮饷乃军需之一宗，自毋庸独立。因于本年五月内并为一处，定名为陆军饷械局，并于该局附设修理枪械厂，修理旧坏枪械，由臣派员分股办事，暂设总办一员，以总其成。原设之粮饷局、军械局、军火局，均经裁撤。此军政事宜之酌量归并者也。

凡所裁并，于事项各以类从，分者使之合，俾一事权而重责任。于经费力求省约，繁者使之简，俾顾预算而节度支。自经分别改并之后，各局原支经费每年约银三万六千八百余两，现支经费每年约二万四千三百余两，计每年可节银一万二千余两，而一切事宜由臣督饬各员认真办理，试行有日，尚无偏废之处。仍当随时督察，务期费省而事仍毕举，得以仰副朝廷立宪图强整军经武之至意。

所有桂省预算不敷，酌并局处，以一事权而节经费缘由，除分咨内阁、军咨府、民政部、度支部、陆军部查照外，谨恭折具陈，伏乞皇上圣鉴训示。谨奏。

宣统三年闰六月初二日奉朱批：该衙门知道。钦此。

《政治官报》第一千三百四十六号，折奏类，宣统三年闰六月初五日出版

四川总督赵尔巽奏遵设清理财政局切实筹办折

宣统元年四月二十九日①

奏为川省遵设清理财政局，派员切实筹办，以期廓清积弊，确定预算，恭折具陈，仰祈圣鉴事：

窃准度支部先后颁布奏定清理财政章程及各省清理财政局办事章程到川，令即赶紧派员设局，专案奏咨，并蒙简派帮办土药统税事宜候补四品京堂方硕辅为四川正监理官，又奏派丁忧主事蔡镇藩为四川副监理官，以稽查督催。仰见朝廷慎重度支之至意，与部臣推诚相与之苦心，自应实力奉行，以免临期贻误。当于奉到清理财政章程后，即饬司道先行择地设局，派员预为筹办。将入手之次第如何，循序渐进调查之方法如何，握要以图，报告册比较表如何编造，国家税地方税如何划分，应考核者逐细研求，应预备者即先饬办，俾局员不致误会，各属得以预筹，庶办事章程一经颁到，即可及时遵行。惟开办期促，不得不暂就藩属匀拨闲屋，葺治备用，俟觅得相当处所，再修作此项专局。一面饬委布政使王人文为清理财政局总办，以盐茶道、重庆关道及现办财政之官运、厘金、经征、筹饷、粮饷、造币各局厂总会办兼清理财政局会办，并以该局道等政务殷繁，均难专司其事，复设坐办一员，坐局会办，以专责成。已刊给木质关防一颗，文曰四川清理财政局之关防，于本年闰二月初三日开局启用。其科长、科员，均由局遴选曾习法政及素娴计学者委充，经费由藩库筹拨，作正开销，仍令力求撙节，不准稍有虚糜。组织经旬，大端粗具，清理之役，斯为基础。此奉到清理财政章程以后之筹备情形也。

正在分行调查间，准度支部将办事局章咨送前来，当即转行遵照，除各科名目应分别更正，职掌应另行支配外，其余一切办法与奴才所饬筹备者大致相同，

---

① 为朱批批示日期。

均可无事更张。惟正副监理官尚未到差，议绅亦未聘定，已饬局将通晓本省财政情形之公正绅士广为采访，以便延充议绅，临时咨询事件。一俟正副监理官到省，奴才即当督同该局总办会办亲莅司道局库，盘查造报。并开特别会议一次，先将兴革事宜择要商榷，收支方法妥议改良，于提纲挈领之中，为正本清源之计，使葛藤永断，耳目一新。嗣后即照章按月会议数次，按年开特别会议数次，以收集思广益之效。现在该局已酌拟表式加以说明，分发各衙门各局所，令将光绪三十四年分各项收支存储银粮确数，切实填注，详细报告，并严定功过章程，以免查复迟延及欺饰错漏等弊。其各项征收惯例及各种簿表票式，应俟调查明确，再行妥为审订。此奉到清理财政局办事章程以后之办理情形也。

窃维财政至今日困难极矣，部臣综核度支，请拨既穷于应付，疆臣百端待理，无米又何以为炊。新政所需，动关紧要，添拨之款，岁有加增，取求日繁，皆有迫不及待之势。揖挂乏术，遂多移缓就急之图，始则取给于外销闲款，继则并外销向有专支之款亦复挪用。今则外款告罄，而侵及正杂等项，正杂不敷，而借给次年津捐，款皆实用实支，并非官吏侵蚀，只以造销徒干部驳，即不能不任其虚悬，积久成亏，日益缪戾。当局者既不克径情直达，接任者更无从借箸待筹。今欲彻底澄清，自非破除积习，不足以得其真际。幸荷圣明主持于上，部臣又以既往之弊不加追咎，查出之款仍可留存，等语。谆谆示以真诚。俾晓然于此举非为搜括之谋，更无吹求之念。奴才敢不懔朝廷之明训，体部臣之苦衷，务使有蕴毕宣，无复不发，一洗从前敷衍欺饰之弊。此则区区血诚，所期与各员绅协力同心，共图匡济者也。

惟是承积疲之余，立法固应严密，然值此创办伊始，督过尤须原情。川省幅员辽阔，道路险阻，交通之难，迥非他省可比，内而府厅州县，外而西北屯台，多至百数十属，远者三四千里。加以事系创举，官吏既未经历，编订又无成规，一有不符，即须驳查，有一未到，即难汇编。凡此显然易见之端，已为稽延通案之累，况款目纷纭错杂，相沿有年，其中套搭牵连，几有固结莫解之苦，即使悉心搜寻，从容就理，犹恐舛错遗漏，未必针孔相符。设再一意迫催，更将欲速不达，是求期限不误，转致报告失实，甚非所以权轻重而慎要公。部臣于川省每年预算决算报告册，均各特予展限，盖深鉴此间路远地僻，故定章列为专条。则光绪三十四年之报告、比较册表，及起自光绪元年之按季报告总册，自必同在展限之列。奴才仍当严饬该局，实力督催，认真办理，以廓清积弊为清理之要领，以确定预算为清理之归宿，总期次第成功，如期蒇事，俾清理之成效大著，宪政之前途无阻。此则奴才昕夕图维，不敢以事涉艰巨，稍存畏阻者也。

除将该局各员衔名及所拟办事细则咨部备查外，所有川省遵设清理财政局情形，理合恭折具奏，伏乞皇上圣鉴训示。谨奏。

宣统元年四月二十九日奉朱批：度支部知道。钦此。

《政治官报》第五百八十九号，折奏类，宣统元年五月初二日出版

四川总督赵尔巽奏统一财政办理情形折

宣统二年五月初九日①

奏为遵旨统一财政筹办大概情形，恭折具陈，仰祈圣鉴事：

窃准度支部咨：宣统元年四月初六日奉上谕：度支部奏各省财政统归藩司，以资综核而专责成一折，各省财政头绪纷繁，自非统一事权，不足以资整理。嗣后各省出纳款目，除盐粮关各司道经管各项按月造册送藩司或度支使查核外，其余关涉财政一切局所，著各该督抚体察情形，限于一年次第裁撤，统归藩司或度支使经管。所有款目由司库存储，分别支领。即由各督抚督饬该藩司等，将全省财政通盘筹画，认真整顿。仍著度支部随时考核，分别劝惩，以副综核名实之至意。钦此。恭录咨行到川。遵查川省关涉财政一切局所，向有经征总局、筹饷报销局、厘金总局、津捐局、展办赈捐局。其厘金一局，上年八月即已截并经征总局管理，现复与藩司悉心筹议，将以上各局一律裁撤，改设财政公所，分总务、粮赋、税务、厘捐、典用、协解六科，每科量事之繁简，酌委科长科员分任其事，而以藩司总其成。业于四月初一日成立。其盐关两道经管款项，并饬令按月

---

① 为朱批批示日期。

造册，送由藩司查核，以昭统一。惟归并伊始，事体既属重大，款目又极纷繁，酌剂盈虚，所关尤为紧要。臣惟有随时督同藩司切实通筹，认真整顿，以副朝廷慎重度支之至意。据布政使王人文拟具章程，详请奏咨前来，除将章程咨部外，所有统一财政筹办大概情形，理合恭折具陈，伏乞皇上圣鉴训示。谨奏。

宣统二年五月初九日奉朱批：度支部知道。钦此。

《政治官报》第九百四十六号，折奏类，宣统二年五月十二日出版

四川总督赵尔巽奏臬司旧管驿传事务移交劝业道管理片①

宣统二年十月十五日②

再，准吏部咨，宣统二年七月二十一日奉上谕，四川提法使著江毓昌补授，等因。钦此。钦遵咨行到川，当经转饬遵照。兹据提法使江毓昌详称，查宪政编查馆奏考核提法使官制折开，驿传事务旧属按察司管理，上年奏定劝业道官制，改归该道管理，等语。现奉明谕改补提法，自应遵照奏定官制，将按察司旧管四川驿传事务分别造册，于宣统二年九月初十日移交劝业道管理，以重职守。并据署劝业道周善培将接管驿传日期详请奏咨前来，臣复查无疑，除饬取具交代册结并先咨部查照外，理合附片具陈，伏乞圣鉴。谨奏。

宣统二年十月十五日奉朱批：知道了。钦此。

《政治官报》第一千一百号，折奏类，宣统二年十月十八日出版

---

① 标题为编者重拟，原题为"又奏臬司旧管驿传事务移交劝业道管理等片"。
② 为朱批批示日期。

贵州巡抚庞鸿书奏提法公所遵章成立折

宣统三年二月初五日①

奏为黔省提法公所遵章成立，恭折仰祈圣鉴事：窃维司法独立，乃预备立宪之要政，然使于司法行政之机关不先设备，则规画既无专任，统一安望有功。黔省司法事宜，本年夏间经臣檄饬臬司文徵先事筹办，该司于八月奉旨补授贵州提法使，复饬恪遵宪政编查馆核定各省官制章程，设所分科办事。迨考试法官完竣后，照章考试司属署官及书记官，俱就合格人员逐加遴选。现已派定总务、刑、民、典狱三科，每科科长一员，一等科员各一员，二等科员各二三员，每科正副书记官各一员，以专职守，已于十二月初一日成立。前次奏设之审判厅筹办处即日撤销，将来筹设各属审判，即由公所办理。至旧有按察司属官照磨一员，拟即裁撤，司狱一员，拟候监狱修竣设定管狱官后，再行一并裁汰。据提法使文徵详请具奏前来，臣复核无异。所有黔省提法公所成立缘由，理合恭折具陈，伏乞皇上圣鉴训示。谨奏。

宣统三年二月初五日奉朱批：知道了。钦此。

《政治官报》第一千二百三号，折奏类，宣统三年二月初九日出版

---

① 为朱批批示日期。

增设巡警道以杨道福璋试署折

光绪三十四年七月初三日

锡　良（云贵总督）

奏为遵旨增设巡警道缺，遴员陈请试署，以资保卫而专责成，恭折仰祈圣鉴事：

窃奴才前承准总司核定官制考察政治馆王大臣咨：光绪三十三年五月二十七日奉上谕：钦奉懿旨：据庆亲王奕劻等奏，各省增设巡警、劝业道缺，裁撤分守、分巡各道，酌留兵备道各节，应即次第施行。等因。钦此。仰见朝廷因时制宜、振兴庶务之至意。并准宪政编查馆咨送奏定巡警道官制细则内开，各省新设此项员缺，应由督抚遴保堪胜此任人员，奏请简放，或先行试署。等语。

遵查云南分巡各道，或远驻边方，或兼管关务、粮盐，亦各有专司，实无可裁之缺。正在具奏拟请增设间，准军机处电：云南劝业道一缺，业经会同各部奏请增设。

伏维劝业系民生之本计，巡警尤为民政之要图。滇省僻处边隅，幅员辽阔，内则汉夷杂处，外则缅、越比邻，加以铁路将成，事益繁杂。内地之巡警、消防、户籍、营缮、卫生，与铁路之稽查、弹压、保安、防匪等事宜，均惟警察是赖。历年虽设局遴员，认真筹办，而规模粗具，未尽推行，自非设立专官，挈领提纲，切实整顿，断难实收成效。亟应增设云南巡警道一缺，凡全省巡警事宜，概归该道专管，原设局所，即予裁撤。其设署分科治事，一切均查照部定章程并参酌地方情形，随时酌量奏咨办理。该道事务繁要，所支养廉，应即查照本省粮道现支数目，每年额支五千九百两，照章八成支给。以现设警察局总办年支薪水、公费等款合计，增费无多。

惟是新设之缺，经营伊始，事事均关紧要，必须体用兼备，结实可靠之员，方能胜任。奴才督饬三司，遵章于实缺道府并候补道员内详加遴选，查有二品衔奏留云南补用道杨福璋，年五十岁，浙江会稽县人。由附生中式光绪壬午科本省乡试举人，丙戌科会试挑取誊录，传充国使馆誊录。于纂修大臣年表案内，议叙以知县选用。嗣因办理顺天赈务出力，保准选缺后以同知、直隶州用。复因办理晋边赈务出力，保加五品衔，奏调热河差遣，调赴四川差遣。于热河剿平建昌股匪案内，保准以知县不论双单月归本班尽先选用。旋在广东实官捐输局捐过同知班双月选用，又于四川赈捐局报捐三班分发试用。于攻克四川巴塘夷匪案内，保准免补同知，以知府分省补用。报捐三品衔。三十三年，经奴才奏调云南差遣委用，先后两次密保，奉旨交军机处存记。复经奏留云南补用，奉旨允准。嗣于收复河口案内保奏，三十四年五月初三日奉上谕：三品衔云南候补知府杨福璋，著免补知府，以道员仍留原省补用，并赏加二品衔。钦此。该员器识闳通，有为有守，奴才历任热河都统及四川、云贵各总督，均奏调该员随行。委任各差，率皆心精力果，任怨任劳，平日于东西洋及各省警察章程，尤能悉心推究，洞明原委，实属滇省道员中最为出色之员，以之试署增设巡警道缺，洵堪胜任。据云南布政使沈秉堃等会详前来。合无仰恳天恩，俯念新设员缺紧要，准将该员杨福璋试署云南巡警道，并俟奏请实授时，再照例给咨送部引见。

除咨部查照外，谨恭折具陈，伏乞皇太后、皇上圣鉴训示。谨奏。

九月十八日奉朱批：著照所请。该部知道。

中国科学院历史研究所第三所主编：《锡良遗稿》第二册，第807—809页，中华书局1959年出版

交涉使饬赴新任片

光绪三十四年九月初二日

锡　良

再，查新授新设云南交涉使高而谦，业已到省，应即饬赴新任，所有原设之

洋务铁路局，即行裁撤，并归该司经理，以专责成。即以洋务局改为交涉司衙署，一切应办事宜及应议廉俸等项，饬由该司及藩司分别妥议筹办。仍由奴才先行刊发木质关防一颗，文曰"云南交涉使司关防"，用昭信守。

除咨部外，谨附片陈明，伏乞圣鉴训示。谨奏。

光绪三十四年十一月初十日奉朱批：该部知道。

中国科学院历史研究所第三所主编：《锡良遗稿》第二册，第830页，中华书局1959年出版

劝业道饬赴新任片

光绪三十四年九月初二日

锡　良

再，查云南新设劝业道一缺，奉旨以刘孝祚补授，应即饬赴新任，以重职守。所有原设之农工商务、矿政调查两局，均即照章裁撤，并归该道管理，并兼管云贵电报局事务。一面由奴才先行刊刻木质关防一颗，文曰"云南劝业道之关防"，发交该道启用。

除咨部外，谨附片具陈，伏乞圣鉴。谨奏。

光绪三十四年十一月初十日奉朱批：该部知道。

中国科学院历史研究所第三所主编：《锡良遗稿》第二册，第831页，中华书局1959年出版

陕西巡抚恩寿奏遵章裁汰原设按察司属官片①

宣统二年十月二十一日②

再，查法部奏定提法司设科章程第十七条内开，各省提法司改设后，所有原设按察司属官应一律作为裁缺，仍应照章考试，始准任用，等因。陕西提法使司前已奉旨改设，现正考试科长科员等官，分科办事，以符定章。原有属官，自应照章裁改，分别补用。兹据提法使司锡桐会同藩学二司、巡警道详称，遵查现任按察司经历刘钰平日当差无误，近则年老多病，司狱杨逴当差勤慎，年力正强，均拟于宣统二年十月初一日一律作为裁缺留司试看，如果才尚可用，自当详明，以相当之缺调补。原领廉俸工食，统归提法司新设三科经费项下留支，衙署一并留备设科公所之用，等情，会同详请奏咨前来。臣复查无异，除分咨部院查照并饬将裁缺各员留司详加试看，如果才具尚属可用，再行详请以相当之缺分别调补外，所有遵章裁汰原设按察司属官各缘由，理合附片具陈，伏乞圣鉴训示。谨奏。

宣统二年十月二十一日奉朱批：该部知道。钦此。

《政治官报》第一千一百六号，折奏类，宣统二年十月二十四日出版

---

① 标题为编者所拟，原题为"又奏遵章裁汰原设按察司属官片"。
② 为朱批批示日期。

四、官制改革

陕甘总督长庚奏设立幕职分科任事折

宣统二年八月初二日①

奏为遵章设立幕职分科任事，以专责成而资赞助，恭折仰祈圣鉴事：

窃查光绪三十三年准考核官制王大臣咨行奏定直省官制通则第四条载，总督巡抚衙门各设幕职分科治事；第五条载幕职员数职掌，秘书员掌理机密折电函牍，凡不属各科之事皆隶之，各科参事员就主管事务掌理各项文牍，有事简不必备设者，得以一员兼任三科以下之事。统由督抚自行征辟，并酌设助理及缮写人员。各等因。

伏维幕僚之辟，所以佐助行政，参预机谋，职至重也。粤稽前代，汉魏分曹置掾，唐之长史参军，均能妙选英才，藉资匡辅。我朝中兴之际，幕府得人，一时称盛。往往入幕之宾，跻位节镇，懋建勋劳。盖熟悉于图籍掌故，遂以周知天下之形势，与夫古今人事之得失，中外政术之异同，以故见诸措施，即能卓有树立，为时名臣。如前大学士左宗棠等，尤其表表者也。甘省控制西陲，强邻密迩，所有内政外交，以及边防番务，均关紧要。近年筹备立宪，体大事繁，臣忝绾疆符，深虞陨越，自非仿求俊乂，分任赞襄，不足以当艰巨而期整饬。兹将臣衙门文案处遵照奏定章程，酌量更改，设立秘书、参事各员。惟原章秘书仅设一员，综理机要，尚觉不敷，拟仿山东、浙江奏准成案，量为变通，设总秘书一员，副秘书一员，会办一员。盖此项人员，既须掌理文书，又复参预机务，集思广益，难拘成数。其余各项政务，照章分为十科。甘境蒙番回撒，种族杂居，抚驭绥柔，讲求宜预，宜增设藩属科，都为十一科。应委各员，即于随臣由伊犁入关及甘省僚属内广为搜罗，因材器使，其事简者则以一员兼办两科之事。查有三品衔补用知府徐普，堪以派充总秘书员；直隶州用补用知县樊鼎枢，堪以派充副

---

① 为上谕批示日期。

秘书员；报送知府鲁尔斌，堪以派充会办秘书员；直隶州用补用知县徐登第，堪以派充民政兼藩属科参事员；候补同知叶克信，堪以派充吏科参事员；直隶州用补用知县叶荣甲，堪以派充度支科参事员；议叙知县孙道毂，堪以派充礼科参事员；准补合水县知县张瀛学，堪以派充学科参事员；补用知县杨昌禄，堪以派充军政兼邮传科参事员；附生罗恭寿，堪以派充法科参事员；补用直隶州知州钟鼎，堪以派充农工商科参事员。惟交涉科职司外务，颇难其人，拟暂令副秘书员樊鼎枢兼理，并派总秘书员徐普总理各科事务，以会办秘书员鲁尔斌暨副秘书员樊鼎枢委充协理帮办。务令草创讨论，修饰润色，各尽所长，以收指臂之效。此外应设助理及缮写人员，亦即酌量派充，照章毋庸奏咨。如以后各科事繁，一人不能兼摄两科，自当随时遴员添派，据实陈奏。

至分年筹备事宜，均分寄于各科之内，上年臣于署内奏设宪政督催处，嗣照定章改为宪政筹备处，所有一切宪政，均划归该处经理，以免推诿。现又于署内增设办公处，以为各幕职办事会议之地，并立簿二册，凡每日所到文件，均逐一登记。有当决议者，则将如何决议之宗旨注于每件之下，有当时未决者，则将如何未决之原因亦注于每件之下，以待下次再议，再议不决则博访通才，旁稽旧案，折中一是，以便施行。其簿一存办公处，一存署内，臣仍不时亲莅该处，与各该员筹商办理，以期昕夕靡懈。如将来秘书、参事各员实在得力，即遵章切实保荐，以备拔擢。应需薪费，向来文案委员均由薪饷所按月支领，作为外销，今当清理财政之时，剔除外销名目，幕职薪公等项应仍由薪饷所筹拨，作正开销。刻已于本年六月初一日实行。一切办事章程，另由臣酌核厘订，俾有遵循。

所有遵章设立幕职分科治事缘由，除分咨查照外，理合恭折具陈，伏乞皇上圣鉴训示。谨奏。

宣统二年八月初二日奉朱批：该衙门知道。片并发。钦此。

《政治官报》第一千二十八号，折奏类，宣统二年八月初五日发行

四、官制改革

甘肃新疆巡抚联魁奏遵设清理财政局派员开办情形折

宣统元年十月二十九日①

奏为新省遵设清理财政局，谨将派员开办情形，恭折仰祈圣鉴事：

窃准度支部咨，妥酌清理财政章程奏奉上谕：方今财政艰难，内外交困，必以廓清积弊，确定预算为先。全赖部臣、疆臣和衷共济，各饬所属，共矢公忠，按照章程，实力奉行，认真办理。等因。钦此。复准咨具奏酌拟清理财政处、各省清理财政局办事章程一折，恭录谕旨，刷印各章程，先后咨行到新。奴才遵饬司道，即在省城择于迪化府署东偏建筑清理财政局，照章檄委布政使王树枏为该局总办。新省向无运司、关盐粮道专官，亦无现办财政各局之候补道员，即以现任各道府会办。刊发木质关防一颗，文曰"新疆清理财政局之关防"。饬令先行委员筹备各项事宜，并移知各道转饬所属，将光绪三十四年分暨宣统元年春季收支银粮确数，分别按款造具报告册，送局汇办。据报已于本年五月二十三日启用关防开局，遵章办理。经奴才于八月奏报筹备事宜折内，将大概情形胪列在案。

伏查新疆自设行省二十余年，虽生聚休息，边境粗安，而才力迄今未裕。现复举行新政，百端待理，费用繁多，各省协饷，年亏一年，以之开支常年经费，不敷甚巨。本地额征粮草及一切课税，又属无多。常须挹彼以注兹，不免移缓而就急，补苴乏术，措挂无方，正如棼丝，亟须清理。钦奉谕旨饬令廓清积弊，确定预算，奴才敢不懔遵督饬，实力奉行，认真办理，一洗从前敷衍纠葛之弊，冀得财源盈虚消息之机。据藩司详称，细译部章，条文缜密，表册报部期限綦严，自应按限造齐，以资综核。无如新省南北两路相距窵远，文报往返，动需数月，夏间山水时发，冬令冰雪封山，驿路常梗，迥非内地交通省分可比。加以事属创

---
① 为奉到上谕批示日期。

办，官吏俱未经历，编订难遽相符，至今各属赍到表册未及一半。而所造之册，非太笼统，即多错漏，逐一驳换，合式者仍属寥寥。若必俟各属造送齐全，再由局分别详审汇总造报，深恐有误期限，适副监理官主事梁玉书于八月十三日到新，即与会商加电催令赶速造报。惟外府州县距省远近参差，一处未到，即难汇编，拟请将省外各属月季各册，随到随核，随核随报，以免稽延通案，等语。奴才维清理财政，通盘筹划，原应汇总编告，方协画一办法。该司所请将月季各册随到随核，随核随报，亦系迫于地势，冀不延误全案起见，第承积疲之后，先重力戒因循，即酌寓变通，务求事无贻误。奴才仍当严饬该局，切实督催，赶速办理。一面遵章亲莅司库，督同该总办等，盘查造报，以期澈底澄清，仰副朝廷慎重度支之至意。

至部章各科长、科员遴派该省曾习法政人员充之。查新省法政学堂开办未久，尚无合格人员，现就候补中遴选通晓财政，熟悉公牍者委充，容俟法政学员毕业，再行酌派。又清理财政局设议绅无定员，由该局遴聘通晓该省财政情形之公正绅士充之。新省北疆回多汉少，识字者多系流寓，于本省财政情形不免隔阂；南疆则概系缠民，性情愚昧，风气未开，更难通晓财政关系。经藩司再三延访，刻下实无合格士绅，将来遴选得人，随时延聘。除将局员衔名，及拟订办事细则报部备案外，所有新省遵设清理财政局缘由，理合会同护理陕甘督臣毛庆蕃，缮折具陈，伏乞皇上圣鉴训示。谨奏。

宣统元年十月二十九日奉朱批：度支部知道。钦此。

《政治官报》第七百六十九号，折奏类，宣统元年十一月初四日出版

新疆巡抚联魁奏筹办统一财政裁并居所于藩司署内分科治事折

宣统二年五月二十二日①

奏为新省筹办统一财政，裁并居所，于藩司署内分科治事，以资整理，恭折陈明，仰祈圣鉴事：

窃臣钦奉宣统元年四月初六日上谕：各省财政，头绪纷繁，自非统一事权，不足以资整理。嗣后关涉财政一切局所，予限一年次第裁撤，统归藩司或度支使经管。等因。钦此。仰见朝廷慎重出纳，画一财权之至意。当经钦遵，饬由新疆布政使王树枏将全省财政通盘筹画，妥拟办法，禀经臣随时核明批饬认真经理，力图整饬。兹据详称，新疆自建置行省以来，合镇迪、伊塔、阿克苏、喀什噶尔四道，每岁钱粮税课所入，以之支发文武廉俸、驿站、祭祀、杂支各款，不敷甚巨。兼之戈壁长途，相距窎远，喀什噶尔距省五十余站，所属和阗、于阗等处更远，阿克苏距省三十余站，伊塔较近，亦二十站。故原定所属领解款项，各归各道经理，内惟喀什一道地方繁富，出入相抵，尚属有赢。阿克苏道即入不敷出，伊塔道尤甚。阿属焉耆府及所属轮台、新平、婼羌等县，伊属精阿、塔城两厅，或以距省较近，或以道库缺款，领解悉归司库。其余不敷之款，仍由司筹拨道库备支。而司库收款如焉耆、轮台等府县，粮折无多。北路税课为数亦少，其所恃以资支放者，惟仰给于协饷。于是有每年由新饷项下拨解司库例支不敷一款，历经造报有案。新饷既为新省入款来源，故沿粮台之旧设新饷所专司军需善后之出纳，而由藩司主持，报销仍粮台名目。曩时协饷充裕，与司库交涉，年清年款，毫无纷糅。迨协饷岁有短解，库款日益空虚，频年新政叠兴，需款甚巨，支发遇有不继，互相通挪，或由道库提解指拨，其中转折既多，不觉纷纭套搭，经手人

---

① 为朱批批示日期。

众,更或诿卸推延。即卷宗一项,亦有时调查不能应手。自非统一办法,不足以清界限而断葛丝。前请将光绪三十四年司库例款军需、善后以及外销各款并为一案造销,不用粮台名目,现已逐款梳栉,赶办齐全,并将三十三年未经报部各款,遵照清理财政章程,一律造册补报。宣统元年则以按季报告为凭。厘剔渐有端绪,办法亟应改良,爰仿奉天各司分科治事章程,参酌本省现在情形,将原设房科、粮台、新饷所、统计处、商务局、官钱总局归并分隶,即于司署设立十科,曰总务、曰统计、曰吏科、曰财赋、曰俸糈、曰军需、曰交通、曰礼学、曰法科、曰实业。其总务、统计两科各设科长,以资督率,其余各科,按事务繁简,酌设科员多寡不等。拟订分科治事试办通则,各专责成,于宣统二年二月初一日实行开办。所需各员薪资,应请一并作正开支。此外如货税一项,亦新省入款大宗,喀什噶尔各属向归商民包办,其余均系委员经收。设立总分各局,并提调以下各员,以藩司暨镇迪道为总办,而镇迪道实主其事。前岁另订章程,于喀什各属增设局卡员司,先后概改统捐,收数较有起色。现拟察看情形,一律归并,以一事权。至各道收支款项,不能概归司库,实限于道途过远,事出权宜。惟此次清理报销之后,应另订考核提解章程,俾款目易于分明,库储益昭实在,等情详请奏咨前来。

　　臣维现值财政困难,宜以统一为归,局所纷歧,尤以裁并为要。而欲求机关之完备,积弊之蠲除,则又全在兼综条贯,办理切实。查阅该局所拟采并房科局所,分科治事各则,尚属区画得宜。臣仍当饬令督率科长科员,各就职掌事宜,恪慎经理,并随时考察勤惰,分别劝惩。务期纲举目张,有条不紊,俾将综核名实之效,以立维新百度之基。至货税向归总局经理,自改统捐后,各局税课就近径缴司道各库,报解均有期限,稽核尚极严切。现仍应饬司酌量归并,其应订考核提解库款章程,系整饬财政之要著,亦当令详细拟订。除将分科治事试办通则咨部查核外,所有新省遵限裁并局所筹办统一财政各缘由,谨会同陕甘总督臣长庚缮折具奏,伏乞皇上圣鉴训示。谨奏。

　　宣统二年五月二十二日奉朱批:度支部知道。钦此。

《政治官报》第九百六十三号,折奏类,宣统二年五月二十九日出版

国家清史编纂委员会·文献丛刊

清末立宪运动史料丛刊 ⑤

主编 胡绳武

副主编 牛贯杰 戴鞍钢

清廷的预备仿行立宪

第三卷

迟云飞 编

山西人民出版社

本书获中国人民大学"中央高校建设世界一流大学（学科）和特色发展引导专项资金"支持

"十二五"国家重点图书出版规划项目

国家清史编纂委员会出版委员会

主　　任　戴逸

执行主任　马大正　崔建飞

委　　员　卜　键　朱诚如　成崇德　郭成康
　　　　　潘振平　徐兆仁　邹爱莲

学术秘书　赫晓琳　李　岚

《清末立宪运动史料丛刊》出版工作委员会

主　　任　　贾新田　胡彦威

副 主 任　　姚　军　梁晋华

统　　筹　　蒙莉莉

委　　员　（以姓氏笔画为序）

王新斐　冯灵芝　史美珍　刘小玲　吉　昊

李　靖　李　鑫　张小芳　张志杰　何赵云

杜厚勤　张彦彬　柳承旭　武　静　郝文霞

贺　权　贾登红　崔人杰　阎卫斌　傅晓红

翟丽娟　蔡咏卉　魏美荣

目录

第三卷

五、司法独立的讨论及措施

1. 中央的讨论与实施

大理院奏请款开办折 …………………………………………………… 1091

大理院奏拟四级三审制及京师设立审判厅城谳局折 ………………… 1093

大理院奏裁并大理寺应办事宜暨停支常年经费折 …………………… 1095

御史吴钫奏厘定外省官制请将行政司法严定区别折 ………………… 1097

大理院官制清单 ………………………………………… 奕 劻 等 1100

大理院审判编制法 …………………………………………………… 1102

法部尚书戴鸿慈等奏司法权限折 …………………………………… 1106

大理院正卿沈家本等奏酌定司法权限并将法部原拟清单加具

    案语折 …………………………………………………………… 1108

001 /

著大理院与法部和衷商办权限事宜谕 …………………………………… 1112

军机大臣法部大理院会奏核议大理院官制折（附清单三件） ………… 1112

编纂官制大臣载泽等原拟行政司法分立办法说帖 …………………… 1117

大理院奏设详谳处专司复判外省死罪案件折 ………………………… 1121

修订法律大臣沈家本奏酌拟法院编制法缮单呈览折 ………………… 1122

法部奏酌拟各级审判厅试办章程折 …………………………………… 1125

各级审判厅试办章程 …………………………………………………… 1127

法部奏京师各级审判厅定期开办情形折 ……………………………… 1139

法部等告示四则 ………………………………………………………… 1141

修订法律大臣沈家本等奏遵议满汉通行刑律折暨旗人词讼统归

　　各级审判厅审理片 ………………………………………………… 1145

法部会奏核复奉省提法司各级审判检察厅官制折 …………………… 1148

法部会奏各级审判厅成立酌拟司法警察及营翼地方

　　办事章程折 ………………………………………………………… 1152

民政部奏法部审判厅成立裁撤预审厅折 ……………………………… 1153

法部大理院会奏遵旨和衷妥议部院权限折 …………………………… 1154

会议政务处奏议复御史赵炳麟奏司法人员官阶终身升转分别

　　准驳折 ……………………………………………………………… 1155

大理院奏设立统计处并饬各员研究宪政事宜折 ……………………… 1157

御史徐定超奏司法官制关系宪法始基应加厘正统一折 ……………… 1158

大理院奏筹备关系立宪事宜折 ………………………………………… 1160

法部奏筹办外省省城商埠各级审判厅补订章程办法折

　　（附章程、大纲等）………………………………………………… 1162

大理院奏遵章预陈次年筹备实情折 …………………………………… 1168

宪政编查馆奏核定《法院编制法》并另拟各项暂行章程折

　　（附《法院编制法》、《法官考试任用章程》、《司法区域分划暂行章程》、

　　《初级暨地方审判厅管辖案件暂行章程》）……………………… 1169

颁布《法院编制法》施行司法独立谕 ………………………………… 1193

法部奏法官升任须经考试折 …………………………………………… 1194

法部奏定考试法官指定主要各科应用法律章程折（并单） …… 1195
法部奏《法官考试任用暂行章程》施行细则 …… 1197
宪政编查馆会奏酌拟各省法官变通回避办法折 …… 1203
宪政编查馆会奏遵议变通府厅州县地方审判厅办法折 …… 1204
宪政编查馆奏拟订《宗室觉罗诉讼章程》折（附上谕） …… 1208
司法官由部主持 …… 1219
通咨司法行政权限一览表 …… 1220
宗室觉罗诉讼暂仍照向章办理谕 …… 1220
高等审判厅管辖之范围 …… 1221
法部奏定《法官分发章程》 …… 1222
奏定考试法官取中员额 …… 1223
浙江巡抚增韫条陈审判事宜折 …… 1224
邮传部主事陈宗蕃陈司法独立之始亟宜预防流弊以重宪政呈 …… 1226
大理院正卿定成奏请提前筹议大理分院事宜折 …… 1229
宪政编查馆大臣奕劻等奏核议顺天府所奏各级审判制度
　　暨现行清讼办法折 …… 1230
宪政编查馆大臣奕劻等复奏查核锡良所奏解释法令纷歧并窒碍
　　情形折 …… 1235
宪政编查馆大臣奕劻等奏地方审判厅管辖区域范围间有疑义
　　分别规定片 …… 1240
宪政编查馆大臣奕劻等奏官吏犯法应视情事不同分由审判厅
　　或行政衙门受理以清行政司法权限片 …… 1242
法部奏编定京外各级审判检察厅办事章程拟请颁行折（并单） …… 1243
法部答复商事诉讼办法 …… 1249
司法独立之缺点 …… 雪　堂　1250
内阁会奏请裁各省府治首县并归该府直辖提取原有款项设立地方
　　审判厅折 …… 1252
民政部会奏行政司法分权声明地方官责任折 …… 1254

2. 地方实施情形

法部奏京师各级审判预算经费请拨款开办折（附清单） …………… 1257
法部奏报京师各级审判厅启用关防日期片
 （附高等审判各庭暂用木质钤记片） ………………………… 1260
法部奏京师开办审判厅划分辖境等事情形折 …………………… 1262
天津府属试办审判厅章程 …………………………………………… 1264
直隶总督袁世凯奏天津试办独立审判折 ………………………… 1277
直隶总督陈夔龙奏省城商埠各级审判检察等厅开办日期
 等折（并单） ……………………………………………………… 1279
东三省总督徐世昌等奏开办各级审判厅情形折 ………………… 1281
吉省开办各级审检厅遴员试署折 …………………… 徐世昌 等 1283
归并奉天府各级审判厅并酌改厅名员缺折 ………………… 徐世昌 1285
抚顺地方审判检察厅开办情形折 ……………………………… 徐世昌 1286
奉省各级审检厅遵章退还司法巡警折 ………………………… 徐世昌 1287
设立营口新民各级审判检察厅折 ……………………………… 徐世昌 1289
黑龙江巡抚周树模奏筹设各级审判厅情形并薪费数目折 ……… 1290
东三省总督锡良、奉天巡抚程德全奏安东商埠设立审判检察
 各厅开办情形折 …………………………………………………… 1292
吉林巡抚陈昭常奏省城各级审判检察厅成立年余办理情形
 并请颁发印信折 …………………………………………………… 1294
吉林巡抚陈昭常奏筹设长春初级审判检察各厅并办理情形折 … 1296
吉林巡抚陈昭常奏筹办宾州府初级审判检察各厅等折 ………… 1298
东三省总督锡良奏筹设省城特别地方审判厅折 ………………… 1300
黑龙江巡抚周树模奏遴选审判检察两厅丞长等折 ……………… 1301
筹议辽阳审检各厅情形并改设抚顺分厅片 ………………… 锡 良 1302
吉林巡抚陈昭常奏改设农安县地方审判检察等厅请颁印信折 … 1303
东三省总督赵尔巽奏特别地方审判厅一时未能裁撤折 ………… 1304
奉天提法使与高等审、检两厅冲突 ……………………………… 1306
山西巡抚宝棻奏筹办审判厅情形折 ……………………………… 1307

山西巡抚丁宝铨奏筹设省城各级审判厅折 …… 1308
山西巡抚丁宝铨奏审判检察各厅先行试办片 …… 1311
浙江巡抚增韫奏浙江筹办各级审判厅情形折 …… 1312
浙江巡抚增韫奏续陈筹办审判厅情形折 …… 1314
安徽巡抚朱家宝奏筹备皖省省城及芜湖商埠各级审判厅折 …… 1317
闽浙总督松寿奏福建省城商埠各级审判厅一律开庭折 …… 1320
江西巡抚冯汝骙奏遵旨筹办审判厅酌拟情形折 …… 1322
江西巡抚冯汝骙奏江西省城九江商埠各级审判检察等厅依限成立
　及开庭日期折 …… 1324
山东巡抚袁树勋奏筹办各级审判预备情形片 …… 1325
山东巡抚袁树勋奏山东筹办审判厅折 …… 1326
山东巡抚孙宝琦奏筹拨省城商埠各级审判厅经费片 …… 1329
山东巡抚孙宝琦奏预保审判检察厅丞长各员折 …… 1330
山东巡抚孙宝琦奏筹设省城商埠各级审判厅依限成立折 …… 1331
河南巡抚吴重熹奏筹办省城各级审判厅情形折 …… 1333
湖广总督陈夔龙奏筹备各级审判厅议办情形折 …… 1336
护理湖广总督杨文鼎奏省城暨各商埠审判厅将次成立筹拨
　常年经费情形折（并单） …… 1338
湖广总督瑞澂奏省城商埠各级审判厅依限成立折 …… 1340
湖北之特别审判 …… 1341
湖北司法经费之支绌 …… 1341
湖南司法界近事 …… 1342
护理两广总督胡湘林奏拟设各级审判厅筹备处等折 …… 1343
署两广总督袁树勋奏粤省筹办审判厅大概情形折 …… 1345
广西巡抚张鸣岐奏筹办审判情形折 …… 1347
广西巡抚张鸣岐奏各级审判厅成立折 …… 1350
四川总督赵尔巽奏请改定地方审判厅初级审判厅管辖区域折 …… 1351
四川总督赵尔巽奏四川省城各级审判厅一律开庭折 …… 1352
重庆法官尊重法权 …… 1353

贵州巡抚庞鸿书奏筹办各级审判厅并设司法讲习所折 …… 1354
贵州巡抚庞鸿书奏各级审判厅一律开庭折 …… 1356
护理云贵总督沈秉堃奏遵章筹办各级审判厅折 …… 1357
云贵总督李经羲奏省城各级审判检察厅成立推检各员酌量
　　变通委署折（并单）…… 1359
陕甘总督长庚奏设立审判厅筹办处研究所等拟定章程折 …… 1362
陕甘总督长庚奏考试法官事竣折 …… 1364
法部奏热河改设高等审判检察厅等折 …… 1365

六、地方自治

1. 清政府关于地方自治的讨论及章程、文件

南书房翰林吴士鑑请试行地方分治折 …… 1367
出使俄国大臣胡惟德奏请颁行地方自治制度折 …… 1370
大学士孙家鼐奏改官制当从州县起并请试行地方自治折 …… 1372
出使奥国大臣李经迈奏地方自治权限不可不明求治不宜
　　过急片 …… 1373
宪政编查馆大臣奕劻等议复闽浙总督松寿所奏乡官考试任用
　　章程折 …… 1374
民政部咨各省督抚自治章程未颁以前暂勿办理自治 …… 1375
宪政编查馆奏城镇乡地方自治章程并选举章程折
　　（附单二件、附上谕）…… 1376
公布地方自治章程及选举章程谕 …… 1399
宪政编查馆奏核复自治研究所章程折（并单）…… 1400
宪政编查馆奏核订《京师地方自治章程》暨《选举章程》折 …… 1402
宪政编查馆奏覆核府厅州县地方自治暨选举各章程折（并单）
　　（附府厅州县并设自治职分股细则）…… 1429
办理地方自治谕 …… 1446
山东巡抚孙宝琦奏请变通地方自治折 …… 1447

浙江巡抚增韫条陈地方自治事宜三条折 ………………………………………… 1449
御史萧丙炎奏各省办理地方自治流弊滋大拟请严加整顿折 ………………… 1451

2. 各省推行自治的情形

民政部饬办地方自治示 …………………………………………………………… 1452
京师外城巡警总厅札左右分厅调查地方情形以为自治预备文 ……………… 1453
民政部奏请旨圈定京师总董事会总董折 ………………………………………… 1454
袁世凯奏天津筹备地方自治情形折 ……………………………………………… 1455
直隶警务处职员朱廷桢等禀办清苑地方自治期成会文（附规则并批）…… 1457
直隶天津县议事会遵照自治章程第五十三条议定事务所规则 ……………… 1460
直隶天津府自治局详遵改自治学社通行章程文并批 ………………………… 1462
直隶总督杨士骧奏遵章筹办地方自治情形折 ………………………………… 1465
盛京将军赵尔巽奏奉天试办地方自治局情形折 ……………………………… 1466
吉林自治会改为吉林府自治局并设研究所片 ……………………… 徐世昌 等 1468
奉天地方自治筹办处办理情形并预算常年经费折 ………………… 锡　良 1469
奉省城镇乡自治会成立征收附加捐税拨充自治经费折 …………… 锡　良 1470
吉林巡抚陈昭常奏吉林筹办府厅州县地方自治情形折 ……………………… 1471
山西巡抚宝棻奏创办谘议局并附设自治研究所折 …………………………… 1473
筹办地方自治局折 …………………………………………………… 端　方 1474
【江苏】前抚部院陈【启泰】札饬裁撤自治总局于谘议局
　筹办处内另设自治筹办处文 ……………………………………………… 1476
江南筹办地方自治总局简章 ……………………………………………………… 1477
两江总督端方、江苏巡抚陈启泰奏江苏省城开办自治谘议两局折
　…………………………………………………………………………………… 1479
江苏省苏属地方自治筹办处办事章程 ………………………………………… 1481
照会黄绅炎培充本处顾问员文 ……………………………… 江苏地方自治筹办处 1485
江阴县详报筹备自治公所办事细则 …………………………………………… 1485
江阴县详报筹备自治公所会议办事细则 ……………………………………… 1487
江苏苏属地方自治筹办处详定厅州县自治章程施行细则 …………………… 1489
安徽巡抚朱家宝奏筹备州县地方自治提前办理酌定期限折 ………………… 1490

江西巡抚冯汝骙奏设地方自治筹办处等片 …………………………………… 1491
山东巡抚袁树勋奏筹办地方自治设立研究所情形折 …………………… 1492
河南巡抚宝棻奏筹办地方自治酌量变通办理情形折 …………………… 1493
湖广总督赵尔巽奏设立地方自治局片 ……………………………………… 1495
湖广总督陈夔龙奏鄂省遵设自治研究所折 ……………………………… 1496
湖南巡抚岑春蓂奏湖南筹办地方自治设立研究所情形折 …………… 1498
广西巡抚张鸣歧奏以道员刘士骥为自治局总办片 ……………………… 1500
广西巡抚张鸣歧奏筹办地方自治情形折 ………………………………… 1501
护理广西巡抚魏景桐奏变通省会及外府首县自治会筹办期限
　等折 …………………………………………………………………………… 1503
护理四川总督赵尔丰奏设立成都自治局片 ……………………………… 1505
四川总督赵尔巽奏筹办城镇乡地方自治情形折 ………………………… 1506
云贵总督锡良奏设立自治局暨调员差委片 ……………………………… 1508
护理云贵总督沈秉堃奏改设自治筹办处片 ……………………………… 1509
云贵总督李经羲奏厅州县地方自治拟变通期限提前筹办折 ………… 1510
陕西巡抚恩寿奏设自治研究所片 ………………………………………… 1512
陕甘总督长庚奏甘肃设立地方自治筹办处并地方自治研究所
　情形折 ………………………………………………………………………… 1513

五、司法独立的讨论及措施

1. 中央的讨论与实施

大理院奏请款开办折[①]

光绪三十二年十月四日

大理院奏：

光绪三十二年九月二十日奉上谕：刑部改为法部，专任司法，大理寺改为大理院，专司审判。等因。钦此。臣等当以大理院一时未能成立，刑部原办现审案件，碍难久为延搁，仍由法部暂时办理。以三月为限，届时查酌情形，再行交代，并请赏给衙署及公所，以资办公。于二十七日会同法部尚书戴鸿慈等具奏。奉旨：依议。钦此。仰见圣明洞鉴，体恤下情，既专定夫责成，复少宽其程限，

[①] 标题为编者所拟，原文无标题。

俾得从容布置，不至贻陨越之讥。钦感之余，弥增兢惕。

窃维大理一官，实始于皋繇之作士，亦即成周秋官之职任。秦、汉、魏、晋，皆名廷尉，唐以大理卿掌邦国折狱祥刑之事。明臣邱濬《大学衍义补》，谓刑部、都察院、大理寺为三法司。而大理之设，则是两法司所听断冤者、疑者、情轻重者，皆得据律参较，期归至当，然后月报岁闻，请施行之。其职固重且要也。沿袭既久，名实渐乖，讯谳已等虚文，会听只循故事，重以经费支绌，振作难期。虽有贤能，末由展其尺寸，官之失职，有自来矣。方今环海交通，强邻逼处，商约群争进步，教会遍布神州，愚民每激而内讧，利源遂因之外溢。且复藉口于我之裁判法制不能完善，日谋扩张其领事裁判权。主权不伸，何以立国。故欲进文明之治，统中外而纳于大同，则大理院之设，诚为改良裁判、收回治外法权之要政。顾事关创举，经始为难，不更张其形式，无以收善成善作之功，不广揽夫人材，无以集群策群力之用。东西各国皆以大审院为全国最高之裁判所，而另立高等裁判所、地方裁判所，层累递上，以为辅翼，条理完密，秩序整齐。其大审院法廷，规模严肃，制度崇闳，监狱精良，管理有法，不惟国人奉令承教，无敢起玩忽之心，即外人来观国是者，亦且生其敬惮。用能民志益奋，主权不挠，国势日臻于强固。今欲仿而行之，则法廷宜先设也，监狱学宜讲求也，高等裁判及地方裁判所与谳局，宜次第分立也，裁判人才宜豫为储备也。既已颁布明诏，各有专司，臣院即为全国最高裁判之地。编制之当否，措置之得失，海外列强，将于此属耳目焉，不仅为国人之观瞻所系也。我皇太后、皇上不以臣等为不才，特命承乏斯任。臣等奉命后，昕夕晤商，窃谓开办之初，以调用人员，建立法廷为亟，而筹款尤为先著。旧日大理寺常年经费只六百金，为数至微，无裨实用。际此厘订官制，期于规复国权，事体重大，端绪纷繁，断非敷衍因循所能蒇事。一切经费，自应另筹的款。有当与法部会商者，有当由臣院自办者，容俟斟酌妥协，再为陆续上陈。除裁判人材，现已设有法律学堂，应俟毕业后分别甄录外，所有臣院开办经费，员司律贴，书记杂役工食，及制备器具，并茶水煤炭心红纸张等项，撙节计算，大约需银二万两。合无仰恳天恩，饬下度支部照数拨给，以便开办。俟三四月后，办有规模，再行酌量请给常款，以持永久。此举为变法之发轫，立宪之基础，臣等任重才轻，惟有矢慎矢勤，黾勉从事。仰副朝廷汲汲求治之盛心。

得旨：如所议行。

朱寿朋：《光绪朝东华录》，总第5586—5587页，中华书局1958年出版

大理院奏拟四级三审制及京师设立审判厅城谳局折①

光绪三十二年十月二十七日

大理院奏：光绪三十二年九月二十日，内阁奉上谕：刑部著改为法部，专任司法，大理寺著改为大理院，专掌审判。等因。钦此。臣等当于本月初四日，会同法部尚书戴鸿慈等奏明，大理院尚未成立，所有现审案件，暂由法部照常办理，请俟三月后，查看情形，再行交待等因。仰蒙俞允在案。

惟是审判权限，等级攸分，查阅总司核定官制王大臣奏定法部节略内开，各国审判之级，大都区之为三，第一审，第二审，第三审是也。第二审以待不服第一审之判断者，第三审又以待不服第二审之判断者。其裁判所之等级，大都分之为四。英、美、德、法诸国，均取四级裁判所主义。日本裁判制度，仿效德、法，而亦分为四等，即区裁判所、地方裁判所、控诉院、大审院是也。区裁判所为最小之裁判，只可承审轻罪案件；地方裁判所为第二级裁判，凡区裁判所不能承审之案件，皆得承审之，即为区裁判所之第二审；控诉院承审不服地方裁判所判断之案件，即为区裁判所之终审；大审院承审不服控诉院判断之案件，即为地方裁判所之终审。故轻罪案件，为区裁判所所管辖者，诉止于控诉院。重罪案件，为地方裁判所所管辖者，始得上控于大审院。等语。臣等详加寻绎，复证之各国法制，盖德意志及日本刑法，均分违警罪、轻罪、重罪为三项。犯违警罪者，警察厅得而惩治之。犯轻罪者，得于区裁判所赴诉，而不能越控于地方裁判所。犯重罪者，得于地方裁判所赴诉，而区裁判所不得受理。控诉院则承受不服

---

① 标题为编者所拟，原文无标题。

地方裁判所之审判者，而并无始审之案。大审院则承受不服控诉院之审判者，而自理词讼，以皇事官犯及国事犯为断。是故大审院不必俯侵控诉院之权，地方裁判所不能兼理区裁判之事，分之则各成独立，合之则层递相承，所谓分权定限，责有攸归者也。

中国行政司法二权，向合为一，今者仰承明诏，以臣院专司审判，与法部截然分离，自应将裁判之权限等级，区画分明，次第建设，方合各国宪政之制度。官制节略，既变通日本成法，改区裁判所为乡狱谳局，改地方裁判所为地方审判厅，改控诉院为高等审判厅，而以大理院总其成。此固依仿四级裁判所主义，毋庸拟议者也。惟每级各有界限，必须取中国旧制，详加分析，庶日后办理事宜，各有依据。臣等公同商酌，大理院既为全国最高之裁判所，凡宗室官犯，及抗拒官府，并特交案件，应归其专管。高等审判厅以下，不得审理。其地方审判厅初审之案，又不服高等审判厅判断者，亦准上控至院为终审，即由院审结。至京外一切大辟重案，均分报法部及大理院，由大理院先行判定，再送法部复核，此大理院之权限也。高等审判厅，则不收初审词讼，凡轻罪案犯，不服乡谳局并不服地方审判厅判断者，得控至该厅为终审。凡重罪案犯，不服地方审判厅之判断者，得控至该厅为第二审，其由该厅审判之案，内则分报法部及大理院，外则咨执法司以达法部。至死罪案件，并分报大理院，此高等审判厅之权限也。地方审判厅，则自徒流以至死罪，及民事讼案银价值二百两以上者，皆得收审。讯实后，拟定罪名，徒流案件，在内则径达法部，并分报大理院，在外则详由执法司以达法部。死罪案件，在内在外，俱分报法部及大理院，此地方审判厅之权限也。乡谳局则笞杖罪名，及无关人命之徒罪，并民事讼案银价值二百两以下者，皆得收审。讯实以后，径自拟结，按月造册报告，在内则分报法部及大理院，在外则详执法司，以备考核，此乡谳局之权限也。权限既定，则高等审判厅以下，必须次第建设，方有专司。除各直省审判衙门，应俟官制厘定，由法部咨商各督抚，次第筹设外，其京师词讼，自以地方审判厅为重要，乡谳局次之。拟于内外城设立地方审判厅，凡刑事徒流以上，民事二百两以上者，俱以该厅为始审，则重罪案件有所归宿矣。京师乡谳局，拟正名为城谳局，循巡警分厅之旧，于内外城分设九所。凡刑事无关人命之徒罪以下，民事二百两以下者，俱以该局为始审，则轻罪案件有所归宿矣。至高等审判厅，外国俱与大审院相附丽，应俟臣院择定衙署后，再行斟酌定议。此设裁判所之次第也。

夫建置宜定规模，而施行必循次序，臣等承乏大理，极知为中外之观瞻所系，事关重大，夙夜绸缪。窃以为入手之初，非确定各审判官之事权，则责无所属，非预筹各审判所之区域，则事无所归。故于百端代理之中，谨择目前所急需筹办者，先行奏闻，恭俟命下，臣等即会同法部，将京师地方审判厅及城谳各局，逐渐设法成立，庶三月以后，法部现审各案，得所交代。至宗室案件，应否会同宗人府审讯；法部复核死罪，应否由臣院会衔；以及提督衙门应否只管缉捕，不理讼狱；民政之巡警厅与城谳局，若何分别权限，并应设司法警察若干；高等审判厅以下，应设员缺若干，统俟臣等熟商妥协后，再行会同各衙门陆续请旨施行。

得旨：如所议行。

朱寿朋：《光绪朝东华录》，总第5598—5600页，中华书局1958年出版

大理院奏裁并大理寺应办事宜暨停支常年经费折

光绪三十二年十一月十七日①

窃维设官必先分职，责实务在循名，惟事核其实而有以正其名，斯人能其官而无不修之职。昔宋神宗时，详定官制，一切领空名者，皆加厘正，以位叙官，以事从职，以阶定禄，条理精密，史册著称。盖必先专其责任，然后可以课其成功也。我皇太后、皇上勤求治理，变法图强，将以经纬万端，权舆百度。臣院专司审判，自当讲明宪政，期于巩固法权，未便沿袭虚文，致负维新之治。

从前大理寺之设，在平反重辟，以贰邦刑。凡参核之文，会听之事，虑囚之

---

① 原文未署日期，文件末尾有"十一月十七日奉旨"，考官制改革系光绪三十二年，《东方杂志》刊登系光绪三十三年第三期，故此文"奉旨"应为光绪三十二年十一月十七日。

责，清狱之司，载在会典一书，至为赅备。兹复禀承懿训，改寺为院，明定责成，储裁判独立之精神，为宪法执行之基础，职司重要，迥非丽法议狱之常。臣等前次奏请申明审判权限一折，即已分晰上陈，仰荷圣明洞鉴。惟查总司核定官制王大臣咨送法部及臣院官制草案，秋朝审均隶法部，则虑囚、清狱，当由法部主持；其各直省审判死罪案件，两处草案皆载有复核字样，系为慎重民命起见，原统平反、参核、会听三事，总贯于复核之中。将来如何核定之处，俟与法部等筹商妥协，再行会同具奏，请旨遵行。此就大理寺应办事宜，参以臣院现在情形，所当酌议归并者也。

定例京师及各直省永远枷号人犯，向由大理寺专司稽查，每届年终，摘叙案由，汇奏一次。推原立法之始，本为严防情弊，奉行既久，几等具文，徒劳案牍之纷纭，无裨治平之化理。溯查此项人犯，始于乾隆初年，至嘉庆后，渐形稀少，迨至光绪二十二年，仅有太监永禄即宣增泰一名，由内务府遵旨发往黑龙江永远枷号监禁，迄今已及十年，京城及各直省并无此项人犯名目。且每逢恩赦，此项人犯，应否援免，皆在查办之列，即无大理寺之稽查，亦不虞其枉纵。况此系司法中行政之事，而非裁判上应有之权，臣院既以审判为专司，似不应兼及行政，致使权限不分。现在署顺天府尹臣孙宝琦条奏废除枷号，已蒙饬交法部核议，将来或全行宽免，以广圣朝覆帱之仁，或量予减轻，用进薄海文明之治，应俟法部复奏后，再行办理。所有大理寺稽查汇奏之例，应请停止。

再，查大理寺向办各衙门来文行文事件，均造具清册，按月分送都察院刑科广东道注销，原以重公事而免积压，惟该寺员缺，刻已奉裁，六科给事中已改为给事中，臣院所司各事，亦非复曩日之旧。嗣后注销事件，应请毋庸办理，以省繁缛而归简易。

至大理寺旧日办公经费，岁止六百金，皂役津贴银两，岁不过数十金，按季由部库拨给，为数至微，无裨实用。臣院事属创设，业邀圣恩体恤，饬拨帑金，俾资开办，成立以后，尚须另筹的款，以持永久。该寺原领经费暨津贴银两，应请暂行停支，并将造册咨送河南道照刷之处，一律裁除，用副朝廷实事求是之至意。如蒙俞允，臣等即分别知照遵行。谨奏。

十一月十七日奉旨：依议。钦此。

《东方杂志》，光绪三十三年第三期

御史吴钫奏厘定外省官制请将行政司法严定区别折

光绪三十二年十二月二十一日

掌京畿道监察御史臣吴钫跪奏，为厘定外省官制，请将行政、司法严定区别，分期实行，以维法权而杜乱本，恭折仰祈圣鉴事：

窃臣前见总司核定官制王大臣奏称：今日积弊之难清，由于权限之不分，以行政官而兼有立法权，则必有藉行政之名义，创为不平之法律，而未协舆情。以行政官而兼有司法权，则必有循平时之爱憎，变更一定之法律，以意为出入。以司法官而兼有立法权，则必有谋听断之便利，制为严峻之法律，以肆行武健，举人民之生命权利，遂妨害于无穷。其言深切著明，洞见症结，于立宪各国之精义，昭若发矇。惟是变更伊始，欲一举而臻完全之域，其势有所不能，方今普通教育甫有萌芽，上下议院一时未立，则立法权不能骤与行政权分离，实朝廷不得已之苦衷，为臣民所共喻。至司法独立，揆时度势，最为切实可行。

伏读本年九月二十日上谕：刑部著改为法部，专任司法，大理寺著改为大理院，专掌审判。等因。钦此。仰见圣明烛照，于审判权与法务行政权之区别，辨析至精。以大理院为全国最高之法院者，即为全国审判官与一切行政官对峙分立之基础。嗣大理院奏请定审判权限一折内称：中国行政、司法二权，向合为一，今者仰承明诏，以臣院专司审判，与法部截然分离，自应将裁判权限等级区划分明，次第建设，方合各国宪政之制度。至各直省审判衙门，应俟官制厘定，由法部咨商各督抚次第筹设。等因。奉旨：依议。钦此。是则各省审判制度之应行变通，早为圣明所俞允。中外有识之士，皆谓此次厘定官制，惟司法分立一事，最得预备立宪之本原，莫不延颈企足以待法院编制之成立。然而绳墨之吏安其所习，蔽于其所希闻，或为种种疑似之谈以相挠阻。揣其命意不外三端，一曰国民程度之未及，一曰审判人才之不足，一曰行政官权力之寝微而已矣。夫以中国人民为不应受独立法院之审判者，此不通事理之言也。至内地通商口岸各国租界，群行其领事裁判之权,未闻以华民程度太低致生异议。彼方用其审判于中国人民,而我转谓本国人民不应受独立法院之审判,臣诚痛之。至嫌审判人才之不足,其说似矣,然昔日之州县不外科举、劳绩、捐纳三途,未必素习审判之事,一旦身任行政官,遂举一切民刑诉讼付之审判而不疑。今若行政与审判分权,向之以两事责一人者,今惟以一人专一事,夫兼营旁骛,上智犹苦其难,用志不纷,中材亦堪自勉,而转虑人才之不足,此又臣之所未喻也。至谓行政官权力寖微,则尤属一偏之见。夫官吏所以有行政权者,乃国家予之也,权之所在,虽以督抚大员,不必亲身断狱而其权自尊。若夫假审判之权以自便其作威作福之私,而肆其武健严酷之手段,此正圣世所不容,而宜加屏斥者也。臣考东西各国古制,其行政、司法初亦不分,迨后法理日精,渐图分立。行政官得尽心于教养,而无滥用权力之事,故民事日新。司法官得以法律保障人民,故狱无冤滞。倘法权独立果有妨行政官之权力,则彼各国何不守其自古相传之旧俗,而好为是纷纷也。且使行政、司法并为一官,而无害于长治久安之计,固不妨置为缓图,乃臣熟察世界各国之情形与夫内地民生之疾苦,窃以为司法分立关乎时局安危者甚大,而有万不可以再迟者,请为我皇太后、皇上剀切陈之。

夫国家者主权所在也,法权所在,即主权所在,故外国人之入他国者,应受他国法堂之审判,是谓法权。中国通商以来,即许各国领事自行审判,始不过以彼法治其民,继渐以彼法治华民,而吾之法权日削。近且德设高等审判司于胶州,英设高等审判司于上海,日本因之大开法院于辽东,其所援为口实者,则以中国审判尚未合东西各国文明之制,故遂越俎而代谋。更以东三省近日情形言之,长春以南遍地有日本人,长春以北遍地有俄人,既遍住日、俄之人民,势将设日、俄之法院,民习于他国之法律,遂忘其为何国之子民,法权既失,主权随之,言念及此,可为寒心。夫及今而改良审判,其收效亦须十余年,溯甲午至今,曾几何时,添开口岸已十余处,此后十余年中,虽内政竭力整顿,外权且日进而无穷。若复因循苟安,坐待法权之侵夺,则逃犯不解,索价不偿,赴愬多门,人心大去,无论治外法权不能收回,恐治内法权亦不可得而自保矣。是司法制度之不可不分立,关乎外交者其一也。

臣尝观自古治乱之故有二,一则由于民财之穷尽,一则由于讼狱之不平。顾民财穷尽,尚有拊循赈恤之方,惟以讼狱不平激成变故者,则郁怒猝发而不可收。泰西各国百年以来，皆病行政官之专横，而改设法堂公判之制，由是民气渐靖，治化日隆。中国审判向由州县兼司，簿书填委，积弊丛生，非延搁多时，即喜怒任意，丁役视为利薮，乡保借为护符。往往一案未终而家产荡尽，一差甫出而全村骚然，遂致骗民入教，干涉横生，民教相仇，变起不测，匪徒乘机煽惑，酿为厉阶，是国家欲藉州县官以宣德达情，而州县官以滥用法权，反致民离众畔。推原其故，则以州县事繁，既须抚字催科，而又劳形诉讼，跋前疐后，两无所居，贤者竭蹶不遑，不肖者遂恣睢自逞。且审判一事须平日熟谙法律，而案情万变，悉待推求，行政官以日不暇给之躬，用之于非其素习之事，必致授权幕友，假手书差，枉法滥刑，何所不至。又以层层节制，顾忌良多，未免曲徇人情，无独立不挠之志。若使司法分立，则行政官得专意爱民之实政，而审判官惟以法律为范围，两事既分，百弊杜绝。是司法制度之不可不分立，关乎内政者又其一也。

事势之孔急如彼，斯制之易行如此，即不宣布立宪，揆之圣世恤民保邦之意，尚当毅然决行，况明诏既颁，国是既定，毋论官制如何迁就，惟此司法分立之宗旨万不宜为浮说所摇。方今诉讼各法渐次编成，法政学堂渐次设立，虽审判各厅不能使全国同时并举，而预备之法实行之期，或分省而试行，或分年而举办，必须筹画于事始，岂宜更俟诸异时，应请饬下厘定官制王大臣悉心核议具奏，迅赐乾断施行，海内幸甚。臣不胜迫切屏营之至。

谨恭折具陈，伏乞皇太后、皇上圣鉴训示。谨奏。

【下考察政治馆知之】①。

军机处原折，载故宫博物院明清档案部编《清末筹备立宪档案史料》下册，第821—824页，中华书局1979年出版

---

① 此句据《光绪朝东华录》加。

大理院官制清单

光绪三十二年四月三十日①

奕劻等

谨拟大理院官制,缮具清单,恭呈御览:

第一条　大理院设于京师,为全国最高之审判院。

第二条　大理院掌平反重辟,审判不服直省高等审判厅所定拟者之上控,覆核直省审判厅所拟大辟案件,并会同宗人府审判该衙门所管重罪案件。

第三条　大理院大理卿一人,总核全院事务,调度刑科、民科审判官及一二三等书记官以下各员。

第四条　大理院分设刑科、民科,各置审判官,分任审判事务。

第五条　大理院刑科置审判官如左:

推丞　　一人　　请简

推官　　十四人　　奏补

第六条　大理院民科置审判官如左:

推丞　　一人　　请简

推官　　十人　　奏补

第七条　推丞分掌各科事务,并监督各推官。

第八条　推官承大理卿之命分理刑科、民科事务,但得酌量事务之繁简彼此更调。

第九条　大理卿遇有事故时,以刑科推丞代理。

---

① 原文未署日期,《光绪宣统两朝上谕档》第三十三册(光绪三十三年)第69页载:"交大理院:本日贵衙门会奏核议官制开单呈览一折,奉旨:依议。钦此。相应传知贵衙门钦遵可也。此交。四月三十日。"奉旨依议之官制,必为核定官制大臣或军机处与大理院一同核议奏上,而非大理院单独奏上,故上谕应系就此奏折而发。

第十条　刑科、民科推丞有事故时，以各该科资深之推官代理。

第十一条　大理院附设司直厅，置检察官如左：

总司直　　一人　　请简

司直　　　四人　　奏补

第十二条　总司直承法部尚书之命，掌监督审判、调查案证并调度司法警察官及司法警察。

第十三条　司直佐总司直分任检察事务。

第十四条　大理院置一等书记官一人，承大理卿及总司直之命，调度二三等书记官及录事。

第十五条　大理院置二三等书记官及录事若干人，分隶两科及司直厅，录供编案，办理文牍，料理庶务。

第十六条　刑科民科推丞、总司直，俱由法部尚书会商大理卿开单请简。

第十七条　推官及司直一二三等书记官由法部尚书会同大理卿奏补，录事由大理卿委用。

第十八条　大理院审判官、检察官均须以深通法律历练审判之员分别请简补用。

第十九条　大理院审判依合议之法，其详章以法院编制法定之。

大理院职官表

职官	品级	任用
大理卿	正二品	特简
刑科推丞	正四品	请简
民科推丞	正四品	请简
刑科推官	正五品	奏补
民科推官	正五品	奏补
总司直	正三品	请简
司直	正五品	奏补
一等书记官	从五品	奏补
二等书记官	从六品	奏补
三等书记官	从七品	奏补

录事　　　　八九品　　　委用

中国第一历史档案馆藏《军机处录副奏折宪政地震类》，档案号:03-168-01,缩微胶卷第667卷

大理院审判编制法

约光绪三十二年底①

第一节　总　纲

第一条　本院权限，除大理院官制所定之外，大理院谨拟审判编制法，请旨施行。

第二条　大理院在京直辖审判厅局有三：（一）② 京师高等审判厅。（二）京师城内外地方审判厅。（三）京师分区城谳局。

第三条　自大理院以下各审判厅局，均分民事、刑事二类为审判事。

第四条　大理院自实行审判新章之日起，凡于本院审判厅局，一概遵新章办理。

第五条　凡自本院以下及直辖之审判厅局，其有民事、刑事诉讼在京师城内外者，统有审判权限。其附京郭及在乡间者，另有乡谳局办理，以清界限。

第六条　自大理院以下及本院直辖各审判厅局，关于司法裁判，全不受行政衙门干涉，以重国家司法独立大权，而保人民身体财产。

第七条　大理院及直辖各审判厅局，关于证据事件须调查者，可随时径由本

---

① 《东方杂志》未署日期，清廷改革官制上谕于光绪三十二年九月二十日发布，至光绪三十三年京师正式设审判厅，则城谳局已改为初级审判厅，故文件产生当在光绪三十二年底或三十三年初。又，内中文句较草且有不通者，或为起草中尚未正式发布之文件，或为暂行章程。

② 本文件括号格式，均原文所有。

院会商民政部所辖巡警厅，使巡警单独或协同本院以下直辖检察官调查一切案件，平时亦可由本院会同该厅委派警察官为司法警察官，以备侦探之用。

第八条　大理院及大理院直辖各审判厅局，其署中办理一切事务，由各科各课从其事务性质拟定，禀知本院长官酌核办理。

第九条　大理院、京师高等审判厅、城内外地方审判厅，均为合议审判，以数人审判官充之。至城谳局，不妨以单独之一人审判官充之。

第十条　凡大理院以下之审判厅局，其设立裁撤及更移管辖地段，须会商法部随时奏闻，请旨施行。

第十一条　凡大理院以下审判厅局，均须设有一定员数，以重审判之事。

第十二条　凡大理院以下审判厅局，均须设有检察官，其检察局附属该衙署之内。检察官于刑事有起公诉之责。检察官可请求用正当之法律。检察官监视判决后正当施行。

第十三条　各检察局亦须置有一定之员数。

第十四条　大理院直辖审判厅局，其行政各事，须禀承本院办理，各该厅局长官有指挥督理之责。

第十五条　自大理院以下各审判厅局，须置有承差若干人。承差掌送达诉讼人票提及送达两造原被告控禀，并办理审判衙署已审决之案件。

第十六条　（原缺）

第二节　大理院

第十七条　大理院长官指挥大理院一切事务，并监院中行政事务。

第十八条　大理院分派事务，并科员有事故时，关于代理事务责任，科员与科丞协议，由大理院长官酌核定之。

第十九条　大理院之审判，于律例紧要处表示意见，得拘束全国审判衙门（核之中国情形，须请旨办理）。

第二十条　大理院于上控、京控案件，其各科判决意见有相反时，科丞禀知院中长官，由长官审察案件性质，使民事科或刑事科或使民事、刑事两科会同审判。

第二十一条　大理院因重大案件得为秘密预审，其因案件本院开内部会议时记录一切事宜，不由录事，以防漏泄机要。倘公开法堂及当堂宣告判决时，其录供与缮文等事，则由书记官督同录事为之。

第二十二条　大理院于左列事项有审判责任：（第一）终审案件。（第二）官犯。（第三）国事犯。（第四）各直省之京控。（第五）京师高等审判厅不服之上控。（第六）会同宗人府审判重罪案件。

第二十三条　大理院于法堂审判事件时，以推官五人为问官，其五人中，以资高历深者，定为问官长一人，以审判案件。

第二十四条　前条中会同审判案件，其问官至少须以三分之二到堂始可审判，其问官长由院中长官认许后，对于会审事宜，有总司其成之权。

第二十五条　大理院长官于大理院权限之内第一审事件，得命审判官先为预审，或因便宜，亦可使下级审判厅局问官参预预审。

第三节　京师高等审判厅

第二十六条　京师高等审判厅，为京师合议第二审判衙署。

第二十七条　高等审判厅置厅丞一员，指挥厅内一切事务，并监督行政事务。高等审判厅内可酌设一课或二课以上之民事、刑事课。

第二十八条　高等审判厅内每课置课长一人，监督该课事务，并分派各事。

第二十九条　京师高等审判厅于左列事项有审判责任：（第一）地方审判厅第一审判决不服之控诉。（第二）城谳局判决经过第二审判之上告。

第三十条　高等审判厅以五人审判官编成一课，其审问时，亦以五人编制之公推一人为问长，但须该厅长官认许。

第三十一条　高等审判厅内附设检察局，置检察长一员。

第四节　城内外地方审判厅

第三十二条　地方审判厅为合议第一审审判衙署。地方审判厅内，视案件繁简，得置一课或二课以上之民事、刑事课。

第三十三条　地方审判厅置地方审判厅长一员。厅长指挥厅内一切事务并监督行政事务。地方审判厅各课置课长一人，监督该课事务及定其分派各事。

第三十四条　地方审判厅于民事诉讼左列事项，有审判责任：（第一）第一审案件。除城谳局及上级审判权限以外之事项。（第二）第二审案件。对于城谳局已判决不服之控诉。

第三十五条　地方审判厅于刑事诉讼左列事项，有审判责任。（第一）第一审案件，不属城谳局权限及大理院特别权限之刑诉。（第二）第二审案件，对于城谳局已判决之控诉。

第三十六条　地方审判厅设有待质所一所，如有案情重大者，得拘留入所。其有案情较轻者，亦得拘留数日。但经判决后，须按刑律径详大理院，移交法部监狱。

第三十七条　地方审判厅于商民破产事件，有审判责任。

第三十八条　地方审判厅以三人编成一课，其审问时，亦以三人编制之公推问长一人，但须由长官认许。

第三十九条　各地方审判厅各检察局附设于该厅之内，检察局须置检长一人。

第五节　城谳局

第四十条　城谳局审判事务，以单独一人审判官行之。城谳局亦可置二人以上之审判官，但须一人为监督审判，并局中行政事务亦委任之。

第四十一条　城谳局于民事诉讼左列事项有审判责任：（第一）二百两以下之诉讼及二百两以下价额物产之诉讼。（第二）不论价额，于左开之事项：（甲）田土疆界案件，（乙）占据案件，（丙）有雇佣（调）〔关〕系之案件，（丁）旅人客店及饮食店主人间所起之诉讼，旅人与运送人间所起之诉讼。

第四十二条　城谳局于刑事左列事项有审判责任：（第一）违警罪有不服者。（第二）罚金十五两以下者，枷号者。（第三）妇女折赎在四十两以下者。（第四）徒罪无关人命者。

第四十三条　城谳局审判官有事故或疾病时，须请示大理院长官预派代理审判之人。

第四十四条　城谳局须附设传问所，凡有案件关系嫌疑者可暂羁留之，并于事轻者可随时质问取具保结释去。倘有认为必要时，不妨续传至传问所。

第四十五条　各城谳局内附设检察局，城谳局内之检察局，其管辖地段内之警察，须听其指挥。

《东方杂志》，光绪三十三年第三期

法部尚书戴鸿慈等奏司法权限折

光绪三十三年四月初三日

经筵讲官、法部尚书戴鸿慈等跪奏，为酌拟司法权限，缮具清单，请旨遵行，恭折仰祈圣鉴事。

窃臣部职掌司法，为国家法（际）〔治〕① 所系，内谋全国之治安，外增法权之巩固，使版图之内无论何国人民，胥受治于法律之下，其关系甚重，其条理至赜，非细为分析，立之准则，不足以昭一代之法治。臣等前者核议官制，并陈明办法一折，即遵照王大臣奏定法部节略及清单所开各条，申明臣部权限，大端已具，原可逐渐推行。惟司法一权，意义极精，包含甚广，而于各级审判，尤有其相维相系之道。当兹改章伊始，臣部不能不谨守职权，尽其管理监督之责，然每致牵连辇辘，阻力旋生，此司法权限所亟宜规定者也。

夫所谓司法者，与审判分立，而大理院特为审判中最高之一级，盖审判权必级级独立，而后能保执法之不阿，而司法权则必层层监督，而后能防专断之流弊。考之东西各国，莫不皆然，此之谓司法行政权。由此析之，即分二义，一为司法，即王大臣原奏法部节略所称，大辟之案，由大理院或执法司详之法部，以及秋朝审大典，均听法部覆核，此外恩赦特典，则由法部具奏等语。此臣部所有司法权之明证也。一为行政，即王大臣原奏法部官制清单第一条所开，法部管理民事刑事牢狱，并一切司法上之行政事务，监督大理院、直省执法司、高等审判

---

① "法治"，原作"法际"，文意不通。《光绪朝东华录》此处作"法治"，见《光绪朝东华录》总第5679页；《东方杂志》光绪三十三年第六期《法部奏酌拟司法权限折》亦作"法治"。从《东方杂志》及《光绪朝东华录》。

厅、地方审判厅、乡谳局，及各厅局附设之司直局，调度检察事务等语。此臣部所有行政权之明证也。由行政权复析之，曰区划权，曰调度权，曰执行权，曰任免权，即臣等核议官制奏称，司法官吏之进退，刑杀判决之执行，厅局辖地之区分，司直警察之调度，皆系法部专政之事等语是也。

夫司法一语之中，端绪之繁如此，而每一权之中，又各有其事项。现今臣部现审既交大理院接收，则臣部覆核之事，即相因而至，民刑案件，各有轻重，大理院占最高裁判之一部分，则各级审判即待渐次设立，而接收民政部之预审，以及向来问刑衙门之现审，皆臣部所应预筹。司直一官，现拟改为检察，大理院中附设之检察总厅，本隶于臣部，而对于大理院为监督之机关，故王大臣原奏大理院官制清单第十二条，有总司直承法部尚书之命之明文，此外审判官自推丞以至推官，俱有会商请简会同奏补之语，是在在皆有彼此相涉之关系。此中认真经理，辄相龃龉，过事迁就，又虞放弃。臣等忝膺重寄，不敢自负委任，仅就司法权限，悉本王大臣原奏，兼采东西各国之长，择其切要者，逐条缮具清单，恭呈御览，请旨遵行。庶臣部有所率循，而法权可收统一之效，臣部幸甚，大局幸甚①。

所有酌拟司法权限缘由，是否有当，伏乞皇太后、皇上圣鉴训示。谨奏。

附：清单

谨拟司法权限，缮具清单，恭候钦定。

一、大理院自定死刑之案，咨送法部核定，将人犯送法部收监，仍由大理院主稿会同具奏。其秋后人犯于完案后，移送法部监禁，朝审册本由法部核议实缓，再由法部及钦派大臣覆核，黄册专由法部进呈。

一、外省秋审事宜，仍照向章办理。

一、大理院自定遣、军、流、徒之件，由大理院定稿后咨送法部查照例章办理。

一、大理院自定专案军、流以下之件，由大理院自行具奏，咨报法部备案。

---

① 《光绪朝东华录》在"大局幸甚"之后，有"得旨：如所议行"句。见《光绪朝东华录》总第5680页。

一、高等审判厅、地方审判厅成立后，其死罪案件，分详部、院，由大理院覆核后，咨法部核定，由法部主稿，会同大理院具奏。其遣、军、流、徒以下案件均详法部办理。

一、速议之件，外省奏请奉旨后，专由法部核议。如情罪不符者，咨交大理院，俟供勘到后，援律驳正，仍由法部具奏。

一、汇案死罪之件，外省具奏奉旨交法部议奏者，应令各省将供勘分达部、院，由大理院覆核，限十日咨送法部核定，即由法部具折覆奏。如有情罪未协者，仍咨大理院驳正。

一、外省寻常军、流以下咨案，应由法部覆核，笞、杖等案，造册报部。

一、大理院官制，因检察总厅隶于法部，及请简请补员缺，皆须会商，即应会同法部具奏。其推丞及总检察，由法部会同大理院请简，推事及检察，由法部会同大理院奏补。

一、各级审判厅官制员缺，及分辖区域设立处所，由法部主稿，会同大理院具奏。

一、法部监督各级审判厅、检察厅，由法部议定处分。

一、死刑由法部宣告，令该管检察官监视行刑。其检察厅未成立以前，暂由法部派员会同原审官监视行刑。

军机处原折，《清末筹备立宪档案史料》，第824—827页

大理院正卿沈家本等奏酌定司法权限并将法部原拟清单加具案语折

光绪三十三年四月初九日

修订法律大臣、大理院正卿沈家本等跪奏，为臣院创办伊始，诸务艰难，谨就司法权限，酌加厘定，恭折仰祈圣鉴事。

准法部咨称：本部具奏司法权限一折，清单一件，于光绪三十三年四月初三日军机处交片，奉旨依议。钦此。遵即抄录原奏清单，咨行前来。

臣等伏查上年改变官制，钦奉懿旨，命法部专任司法，臣院专掌审判。恭绎谕旨，原以法部与臣院同为司法之机关，法部所任系司法中之行政，臣院所掌系司法中之审判，界限分明，可无疑议。司法独立，为异日宪政之始基，非谓从前刑部现审办理不善，故事更张也。臣等恭承简命，夙夜祗惧，以衙门初设，既无经费之可筹，而臣院承受之大理寺，夙称闲曹，又乏人才之可用。且中国积习，大都不愿为刑官，加之律例较繁，非平日极意讲求，临事亦不适于用，故自去年十月以来，仅就素所深知者，于法部及各衙门前后奏调七八十员，以为开办之基础，绸缪数月，粗有端倪。

臣等窃维审判分权，系属创举，内则树直省之准的，外则系各国之观瞻，其事极为重要。而其中最难分析者，则莫如司法权限。法部固以司法行政为职权，而臣院亦为司法之审判，其事皆有维系之故，即其权遂有互相出入之虞，宪法精理以裁判独立为要义，此东西各国之所同也。臣院为最高之裁判，环球具瞻，以征其信用，今死罪必须法部覆核，秋朝审必须法部核定，权限未清，揆诸专掌审判之本意，似未符合。然谓法部必一切解去，亦非事理之平，盖裁判人材未经预备，而外省刑政分析尚难豫期，斯不得不斟酌情形，沿用旧制。此臣等所能谅于法部者也。

司法之行政事务为法部应有之权，此亦东西各国所同者也。用人为行政之一端，臣等固所深悉，但各国法理昌明，学校林立，法律思想普及全国，其高等法学毕业之人，皆足备法官之登进，取才初不为难，故可由司法省大臣专任其事。其试验之法，虽可由司法省主持，而大审院及控诉院判事，实兼充试验委员，非谓裁判人员遂不预闻用人之事也。今中国法学甫有萌芽，收效至速亦在数年以后，势难悬事待人。臣等调用各部院人员，亦属不得已之举，刑名判决关系至重，若不亲加试验，难期得力，设有贻误，咎将谁归。如云用人之权应由法部，此应俟各学堂法律人才造就著有成效，各省审判官俱由法部任用之后，臣院用人之事，亦同归之法部，今兹尚非其时。此则法部所宜见谅于臣等者也。

自古创办之举，皆不能无所扞格，然必酌理准情，蕲有济于公事，且官制清单，其职掌事宜，钦奉懿旨本有核议妥筹之语。诚以更张伊始，不厌求详，总期脉络贯通，方能推行无阻，是以各部奏定官制，均就本署实在情形，斟酌变通。臣院与法部各堂官往返晤商，欲将彼此权限酌量定拟，合词请旨遵行，乃商未就绪，而法部已自行具奏。查阅清单所开十二条，有与臣等已经商定者，有与臣等商而未定者，其中尚无窒碍各条，臣等自当钦遵办理。惟第一条臣院自定死刑之案及朝审册事宜，尚须稍加厘正。第五、第六两条，尚须添入臣院会同具奏。第九条，臣院官制业经恭奉懿旨，仍著各该堂官自行核议，似未便再会法部。至臣院推丞、推事等官，必须得力人员，经臣等试验有素，而后量能任用，方足以鼓舞群材，若以他衙门之堂官而定此衙门之员缺，情形既未必周知，而以本衙门之僚庶，更听他衙门之任用鉴别，恐难于允当，似应仍由臣等请简奏补，以专责成。凡此四条，或与法权相关，或与事实不便，臣等再四筹维，必重加厘定，始无窒碍。谨就原开清单，加具案语，恭候钦定，请旨遵行。

所有司法权限酌加厘定缘由，谨恭折具陈，伏乞皇太后、皇上训示。谨奏。

附：清单

谨将法部原拟司法权限清单加具案语，恭呈御览。

一、大理院自定死刑之案，咨送法部核定，将人犯送法部收监，仍由大理院主稿会同具奏。其秋后人犯于完案后，移送法部监禁，朝审册本由法部核议实缓，再由法部及钦派大臣覆核，黄册专由法部进呈。

谨案各国裁判制度，皆以大审院为全国最高裁判之地，定拟各案，惟死罪送交司法大臣执行，如情罪或有可原，则由司法大臣奏请减免，并无驳审之权。即厘定官制王大臣奏呈法部节略所称，法部只能监督裁判处理，其司法上之行政事务，不能干涉其裁判权是也。若大审院自定死刑之案，犹须咨送法部核定，似与原定官制节略及各国办法均不相符，窃恐贻笑外人，而治外法权之收回，迄无效果。臣等现拟通融办法，凡臣院审定死罪之案，抄录红供奏底，连折稿送由法部覆核，会画以后，系立决人犯，即送交法部收监，以便执行处决，系秋后人犯，俟会奏后移送法部监禁。至朝审册，本系臣院自审及京师、地方审判厅以上审理之案，查外省秋审人犯，必须各省自拟实缓，先行奏闻，则京师各审判衙门定拟秋后人犯，亦应由臣院审拟实缓，咨由法部核办，黄册则由法部进呈。

一、速议之件，外省奏请奉旨后，专由法部核覆。如情罪不符者，咨交大理院，俟供勘到后，援律驳正，仍由法部具奏。

谨案外省重大案件，如奉朱批法部速议具奏者，自应由法部核议。若情罪不符，既咨交臣院驳正，则具奏之日，亦应会同臣院，以备圣明垂问。

一、汇案死罪之件，外省具奏奉旨交法部议奏者，应令各省将供勘分达部、院，由大理院覆核，限十日咨法部核定，即由法部具折覆奏。如有情罪未协者，仍咨大理院驳正。

谨案汇奏之件，既由臣院覆判，则检查例案及查核减等等项，恐需时日，拟于供勘到后，以二十日为限，咨送法部覆奏。若由臣院驳正者，仍须会衔具奏。

一、大理院官制，因检察【总】厅隶于法部，及请简请补员缺，皆须会商，即应会同法部具奏。其推丞及总检察，由法部会同大理院请简，推事及检察，由法部会同大理院奏补。

谨案光绪三十二年九月二十日钦奉懿旨，大理寺著改为大理院，专掌审判，原拟各部院等衙门职掌事宜及员司名缺，仍著各该堂官自行核议，会同军机大臣奏明办理等因。钦此。臣等数月以来，业经核议竣事，今谓应会同法部具奏，显与慈谕不符，似应仍遵原旨，由臣院会同军机大臣奏明办理。至检察总厅职掌，实与审判相关，盖各国之有检事官，藉以调查罪证，搜索案据，其宗旨在于护庇原告权利，与律师之为被告辩护者相对立，而监督裁判特其一端。该检事官厅，大都附设于裁判衙门，故大理院官制清单，列入检察各官，职是故也。至推丞推事等官，以今日开办伊始，应由臣院请简奏补，以一事权而免贻误。异日法学材多，法院编制法纂定颁行，自可部院会商公同奏请。若检察厅丞及检察官，职任虽与审判相维系，而所司为行政事务，应俟官制奏定后，会同法部请简奏补。

军机处原折，《清末筹备立宪档案史料》，第 827—830 页

著大理院与法部和衷商办权限事宜谕①

光绪三十三年四月十九日

交大理院：军机大臣面奉谕旨：本日大理院奏司法权限酌加厘订开单呈览一折，著与法部会同妥议，和衷商办，不准各执意见。钦此。相应传知贵院钦遵可也。此交。四月初九日。

《光绪宣统两朝上谕档》第三十三册，第 54 页

军机大臣法部大理院会奏核议大理院官制折（附清单三件）

光绪三十三年四月三十日②

军机大臣、法部、大理院奏：光绪三十二年九月二十日内阁奉上谕，钦奉懿旨，大理寺著改为大理院，专掌审判，原拟职掌事宜及员司名缺，仍著该堂官自行核议，悉心妥筹，会同军机大臣奏明办理。如有未尽合宜之处，仍著体察情形，随时修改，以臻至善。等因。钦此。旋准考察政治馆将奏呈官制清单咨送到院。

臣等伏思司法职权与行政分立，欧美各国其始第征诸学说，其后即见诸实行，咸以此为宪法之要义。故西人所谓裁判权者，虽属司法之一端，而独立不

---

① 标题为编者所拟。时大理院与法部有权限争议。四月十二日，清廷又将大理院正卿沈家本调任法部右侍郎，将法部右侍郎张仁黼调任大理院正卿。

② 日期据《光绪朝东华录》，《东方杂志》未署日期。

羁，即外国侨寓之臣民，莫不俯首就治。法权所在，主权系焉，其关系极为重要。今者皇太后、皇上采择宪政，以臣院专司审判，凡一切组织机宜，必符各国立宪之精神，乃成一代完全之制度。臣等查阅官制清单，于院卿以下，设推丞推官，分办民刑审判事项，设书记录事，分办文牍及庶务事项，附司直一厅，设总司直及司直，专办检察案证及调度司法警察事项。原拟职掌事宜及员司名缺，大抵远师德法，近仿东瀛，其官称则参以中国之旧制，亦既斟酌中外，得所折衷矣。惟就其中细加考核，似尚有一二应行增改者，谨详晰陈之。

查推官之名，肇自有唐，相传甚古，然历代皆属外僚，不系京职。考宋时大理有左右推事之称，拟改推官为推事，即以此通行内外审判衙门，以符裁判独立之义。司直官称，亦缘古制，惟名义近于台谏，尚与事实不符，拟改总司直为总检察厅丞，该司直为检察官，庶核实循名，人人易知其职守。书记即古之记室，日本取之为各衙署之通制。今中国各部院并无此官，近日民政等部奏设三等书记，其品秩亦不相同，似应酌行变通，以免混淆。考明初大理寺有都典簿一官，簿罪簿囚，皆簿记事也。近今翰林院有典簿，从前太仆、鸿胪皆有主簿，其制俱古，拟改一等书记官为都典簿，二等书记官为典簿，三等书记官为主簿，【既】①得还中国之旧观，亦免袭外国之职制，此名称之应行酌改者。

夫民生有饮食即有讼狱，为之裁判者，操三尺法以从事，上系国家之威权，下关民庶之生命，其职任綦重，其办理亦綦难。臣院既掌最高审判，则民刑讼案自应酌量分庭，方足以专责成而杜诿卸。查原单刑科推官拟设十四人，民科推官拟设十人，自系取外国合议制度之意，以民刑各分二庭，刑事以七人为一庭，民事以五人为一庭也。然同办一院之事，而各庭人数不一，未免参差，且刑事本视民事为繁，以管理全国上控之案，兼有自理词讼，仅拟分立二庭，亦虞人不敷用。臣等公同商酌，拟分刑事为四庭，民事则仍用二庭，各设推事五人，秩视各部之郎中。其第一庭则各以推丞为之长。统计刑科设推事十九人，合推丞为二十人，民科设推事九人，合推丞为十人，分配既无虞其不均，即体制仍无伤于合议。此员缺之应行酌增者。

若夫现审案犯，其人既未定罪名，其事又未便取保，势必有羁禁之所，以便

---

① "既"字据《光绪朝东华录》增。

法庭之提讯，外国所谓未决监是也。臣院理宜附设一区，拟质名之曰看守所，设所长一员，所官四员，专司其事。案经定罪者，仍送法部归入已决监，以示区别。此又原单所未提议，臣等因关系审判，不得不筹及之者也。至典簿、主簿及录事各员，则酌量臣院情形，一律拟定缺额，余悉如原单所定，倘仍有未尽事宜，敬当恪遵懿旨，随时修改，以臻至善。

谨将臣院官制清单一件，看守所官制清单一件，各加具案语，恭呈御览，如蒙俞允，臣等即遵照办理。谨奏。

奉旨：依议。钦此。

谨将核议大理院官制清单，缮呈御览：

谨按大理院为全国最高之审判衙门，凡宗人府会审案件，各高等审判厅判结不服之上控案件，关于国事重罪案件，平反及详议各直省审拟之大辟案件，特旨交审案件，皆应由院办理，此职掌之大凡也。员司各缺，正卿、少卿之下，应分设刑科、民科，科各设推丞一人，以总其事。推丞之下，仿照宋代名称，设推事一官，分庭任事。刑科拟设四庭，民科拟设二庭，专掌各项审判案件。各庭俱以五人组织，而第一庭则推丞为之长，此关于审判之员司也。大理院职掌所关，事极繁重，举凡法庭之录供，例案之编辑，及一切文牍、会计，不可无专官以分理之。拟立典簿一厅，设都典簿一人，督理庶务；设典簿四人，主簿六人，分任其事；设录事三十人，专司缮写及承办一切庶务。此典簿厅之员司也。

各国通例，凡审判衙门，必有检事局，以检察案证，调度司法警察，其对于审判事项，有补助而无干预。大理院内应附设总检察厅，设厅丞一人，专司检察事宜，监督各级检察厅，设检察官六人以佐之。设主簿一人，任该厅庶务。设录事四人，专司缮写，承办庶务。此又总检察厅之员司也。

他如中国幅员广大，与东西各国情形不同，距京窎远地方，遇有上控案件，势不能纷纷提质。应如何酌量情形，变通办理之处，俟臣部详细审定后，另行奏明办理，以资遵守焉。

计开：

正卿一人，掌总理全院事务，监督刑事、民事审判官及都典簿以下各官，并所属各级审判厅应行事宜。

少卿一人，掌佐正卿总理全院事务，及监督一切事宜。

刑科推丞一人，掌第一庭刑事审判事务，并调度刑科一切事宜。

民科推丞一人，掌第一庭民事审判事务，并调度民科一切事宜。

刑科推事十九人，分庭任事，以五人为一庭。民科亦如之。

第一庭掌审判特交及国事犯案件，并详核京内外大辟重案，以推丞为之长。

第二庭掌审判宗室及官犯案件。第三庭掌不服京师高等审判厅判结之院控案件。第四庭掌不服直省高等审判厅判结之院控案件。

民科推事九人。第一庭掌宗室民事词讼及不服京师高等审判厅判结之院控案件，以推丞为之长。第二庭掌不服各直省高等审判厅判结之院控案件。

都典簿一人，掌总理文牍、会计及一切庶务，监督典簿以下各员。

典簿四人，掌佐都典簿分任文牍、会计及一切庶务，并监印。

主簿六人，掌录供编案译电及督同录事缮写文件。

录事三十人，掌缮写文牍，承办一切庶务。

附设总检察厅官制

总检察厅厅丞一人，掌总司大理院民刑案内之检察事务，并调度司法警察官吏，监督以下各级检察厅。

检察官六人，掌分任检察事务，听总检察厅丞之命令。

主簿一人，掌经理一切庶务。

录事四人，掌缮写文件，承办庶务。

大理院职官表

正卿	正二品	特简
少卿	正三品	特简
刑科推丞	正四品	请简
民科推丞	正四品	请简
刑科推事	正五品	奏补
民科推事	正五品	奏补
都典簿	从五品	奏补

典簿	从六品	奏补
主簿	正七品	奏补
录事	八九品	委用

附设总检察厅职官表

厅丞	从三品	请简
检察官	正五品	奏补
主簿	正七品	奏补
录事	正九品	委用

谨将酌拟看守所官制清单，缮呈御览：

谨按东西各国监狱法制，具有已决未决之分。已决监所以处定罪之人，使之群聚作工，便于防范。未决监所以羁现审之犯，使之拘留候讯，便于亲提。故已决监多设之僻静之区，稍远尘市；未决监则必与裁判所相附丽，始于质讯之事为宜。现在大理院衙署，拟于其中附立一看守所，设所长一员，所官四员，录事二员。至外省高等审判厅以上，亦得依制设立，应设员缺若干，则俟各督抚详议焉。

计开：看守所官制

看守所长一人，掌羁管现审人犯，总理所中一切事宜。看守所官四人，掌分任所中一切事宜。录事二人，掌缮写文件。

看守所职官表

看守所长	从五品	奏补
看守所官	正八品	奏补
录事	正九品	委用

《东方杂志》，光绪三十三年第十期；《光绪朝东华录》总第5674—5675页，载奏折，但无清单

编纂官制大臣载泽等原拟行政司法分立办法说帖[①]

光绪三十三年五月二十七日以前[②]

谨案：此次各省督抚复电，赞成通电第一层办法者居多数，主张参酌第二层办法者亦不少。于州县分曹，有主试办，有主变通；于地方自治，则或主缓办或主防弊，类皆各抒实见，足见各督抚公忠体国，于朝廷此次厘定官制、预备立宪之大计，俱有实力奉行之愿，而于政府此次实行改革之宗旨，初无甘为反对之心。惟是各省之情形不同，进步之迟速迥异，重以数千年相沿之积习，数百年惯历之成规，一旦骤议更张，势必不能一致，诚有如各督抚所虑财力不足、程度不齐者。顾细绎各省来电，于地方另设审判厅，将司法与行政分离一层，类皆语而不详，甚有误以审判权分属于地方自治之议事会者。此由于通电电文之简略，因而致生误会。窃谓此次厘定官制，最切要最平易最少窒碍而最有关系者，莫如将行政司法分而为二之一事。伏读九月二十日上谕，刑部著改为法部，专任司法；大理寺著改为大理院，专掌审判。等因。钦此。十月二十七日大理院奏请厘定审判权限一折，奉旨：依议。钦此。仰见朝廷慎重司法独立之至意。原折内称，中国行政司法二权，向合为一，今者仰承明诏，以臣院专司审判，与法部截然分离，自应将裁判之权限、等级区画分明，次第建设，方合各国宪政之制度。至各直省审判衙门，应俟官制厘定，由法部咨商各督抚，次第筹设。等因。

今京朝官制已定，法部与大理院既已截然分离，其大理院以下之审判厅，亦已由法部、大理院次第筹办，是京朝司法独立之机关，不久可期成立。审判宜于统一，京外岂可两歧。各省审判衙门固已不得不遵旨筹办，而无庸拟议者矣。然

[①] 原件题目为"附编纂官制大臣泽公等原拟行政司法分立办法说帖"，附于"总核官制大臣庆亲王等奏改定外省官制折"之后。现标题为编者所拟。

[②] 原件未署日期，总司核定官制大臣奕劻等核定直省官制上奏为光绪三十三年五月二十七日，其中提到拟改乡谳局为初级审判厅，而此件尚未改。此件至少应在此之前。又此件当与"编纂官制大臣载泽等原拟直省官制总则草案"（见官制改革部分）同时交总司核定官制大臣。

窃更有进者，三权分立之说，各国宪法俱奉为圭臬。现在议院未立，立法机关未易骤议。所谓预备立宪之最要者，实惟严行政与司法之权限。考各国行政司法，其初莫不兼摄，其后文明愈进，法制愈备。于是知司法之权寄之行政官，徒以长行政官之威福，贾人民之怨望。盖官之于民，惟听讼最足以施恩威，民之于官，亦惟讼狱最足以觇向背。官而贤，固不至滥用职权，不贤，则擅作威福，民受其累，始而积怨于官长，终且迁怨于朝廷，弱者饮恨，强者激变矣。各国革命风潮，莫不源于讼狱之失平。故立宪之国，莫不以修明法律，保障人权为先务之急，而藉法律以保障人权之机关，莫不另立法衙，使人民共信。惟法衙始能遵法律，惟法律始能保人权。非不知行政官亦有足以奉法律以卫民者，而要不若专立法衙之尤足以固人民之信用。此立宪各国之所以专立审判衙门，而不使行政官兼管之大原因也。

吾国地方审判之事，向兼之于州县，而总之于臬司。其他司道之过堂，固为形式，督抚之勘转，亦属具文。然州县为地方行政之官，一州县之政务总于一人，何能兼理词讼，冲繁之区，莫不另派发审委员，平时不亲讼狱，有时因行政之事而滥用其司法权。例如里正催科稍迟，因而擅责笞杖矣；上司限期交犯，因而血比差役矣。诸如此类，向非司法兼之行政，则彼无辜之里正、差役，何至枉受非刑。彼里正、差役之惧受非刑也，于是严催小民，横逮无辜，其弊不可胜问矣。至臬司本为问刑专官，因事简缺瘠，于是以调剂为名，兼摄种种行政事务，向之问刑专责，反若视为兼差，名实不符，莫此为甚。若以地方词讼尽分归之于各等审判厅，严定法律，使之遵守，而以监督之权，寄之臬司，一切司法上行政事务，如设厅分官等，俱为其专责，一转移间，而向之所谓简司者，今且视为紧缺，向以发审为附属者，今且变为专衙。如此则行政官无干预司法之权，司法官无兼摄行政之事。责有攸归，事无不举，实力奉行，民自知便。所谓上宣德意，下达民情之善政，莫有过于此者。窃以为最切要最平易者此也。

吾国审判之法，向为各国所藉口。诚以拷问刑讯，类皆各国行之于十七八世纪，今已绝无此事，而吾国乃仍沿各国三百年前之秕政，亦无怪各国之齿冷矣。顾昔也仅藉口于文明人之身体、财产，惟文明法律始足以治之，而要求设立领事裁判权，今也更进而谓法权不完全之国，不足以自治其人民，且有越俎代谋之渐。于是若英则已于通商口岸更于领事裁判之上，添置高等按察司矣。美则继起效尤，拟于通商各埠设立高等审判所矣。其他若德之于青岛，日本之于旅大，特开法院，更无论矣。凡此侵害我法权，即为侵害我主权。设寝假而各口岸遍设各国之裁判所，寝假而各国裁判所受理各口岸之无关交涉之人民案件，寝假而内地人民之案件，亦具诉讼各国裁判所，我将何以处之。今朝野以各国领事裁判权之有玷国体，渐已倡议收回法权矣。英美日商约，亦有俟我国法律裁判改良，允各撤其领事裁判权矣，而顾汲汲焉于吾国设立裁判所者，彼盖深见我国不知司法独立之义，即万无裁判改良之望，故侵我法权，有进无已。窃惟今日立宪之明诏已颁，若不预立司法独立之基础，恐撤回领事裁判权之条约，永无实行之期。各国裁判权之扩张，不知伊于何底。此次改革官制，此事尤为各国视听所关，似不宜草率敷衍。虽司法分立以后，设官分职，需人孔多，一时不易得全才，可暂以行政官改补司法官，反对者亦不至冲突。窃以为最有关系而最少窒碍者此也。惟是实行之初，宜用缓进主义，不宜用急进主义，入手办法，当慎之又慎。谨陈管见，伏候钧裁。

一、宜先定期限，俾各省分期措办也。尝考日本司法与行政分离之时，于明治四年建东京裁判所，是为裁判所与行政官衙分离之始。翌年乃于各通商埠横滨、神户、长崎建立裁判所，其后逐渐推广，乃于中央即司法省内置司法裁判所，于各府县置府县裁判所，各府县之乡镇置区裁判所。明治八年始置大审院。裁判机关，至此粗具。迨明治二十三年裁判所构成法成，而后司法独立之事业以成。日本原小吾国倍蓰，其设置裁判所，尚不能同时并举。以中国幅员之广，若同时于全国而设多数之裁判所，不但财力困难，更恐根基不固，转致有名无实。窃以为吾国审判厅分立之办法，当分为五期，以三年为一期。期以十五年而后，全国之裁判制度以备。京师为首善之区，直隶、江苏交通较便，风气较开，奉天则更新伊始，以上四处，宜列为第一期。湖南、湖北、江西、安徽、浙江列为第二期。山东、广东、广西、福建列为第三期。四川、河南、山西列为第四期。云南、贵州、新疆、陕西、甘肃、吉林、黑龙江列为第五期。此其大较也。至各省之中，有欲提先试办，或须展期缓办，均由各该省督抚体察情形，斟酌办理。即一省之中，何处宜先办，何处宜缓办，其限期亦由各该省督抚酌定。惟须于十五年期内一律办齐。盖实行立宪之期，现虽未定，日本立宪自预备以至实行，期以十五年，以此推之，中国预备立宪，至少亦当以十五年为断。如此分期筹办，则第一期各省办有成效者，可分其办理熟悉之人以办第二期之各省，以次愈推愈广，人材不至有缺乏之虞，国家经费亦可逐期预备，不至有无款可筹之虑。且办一府即确定一府之规模，办一省即确定一省之规模。推而至于全国基础，亦无不巩固矣。

一、宜详定审级，俾审判不至淆乱也。窃读大理院厘定审判权限原折内称，大理院为全国最高之裁判所，凡宗室、官犯及抗拒官府并特交案件，应归其专管。其地方审判厅初审之案，有不服高等审判厅判决者，准其上控至院为终审。高等审判厅则不收初审词讼，凡轻罪案犯，不服乡谳局并不服地方审判厅判断者，得控至该厅为终审；凡重罪案件，不服地方审判厅之判断者，得控至该厅为第二审。地方审判厅则自徒流以上者，皆得收审。乡谳局则笞杖罪名及无关人命之徒罪，并民事讼案价银值二百两以下者，皆得收审。等语。是审判厅虽分为四审级，仍定以三，与各国三审主义，实已吻合。将来除大理院全国只一所外，其高等审判厅可置于每省省城，地方审判厅可置于每府首县，或从便宜置于交通繁盛之区，乡谳局可置于每县。惟中国疆土广大，交通不便，其边陲腹地欲上控至京师者，固觉其难，即一省之中，离省较远之区，欲赴省上控，亦殊不易。若欲计民之便，而多设高等及地方审判厅，则觉经费太大。拟仿德法日本诸国成法，各上级审判厅，得于距离较远地方设分厅于其下级审判厅，由上级派员受理上控事件。如大理院可酌设分院于各省之高等审判厅，各高等审判厅可酌设分厅于各地方审判厅，各地方审判厅可酌设分厅于各乡谳局。至乡谳局本应察度地方情形量为增减，原不必限以一县一所，更于每年定期或临时仿昔时巡按之例，参以英美办法，由上级审判厅派员巡察其所属各处，收理上控词讼。如此办法，在国家不必多设上控裁判所，而可有受理上控之机关，在人民不必有长途跋涉之劳，而得有上诉之门路。其细小案件之只须诉之乡谳局者，又随处皆有谳局。窃谓此制可免凌乱壅隔之弊。至各等审判衙门之组织及一切办法，各国莫不定之以律。拟请俟官制改定后，饬下修律大臣，仿各国裁判所构成法之意，制定法院编制法，以资遵守。

以上所陈办法，一遵七月二十日上谕之意，并大理院奏准办法，而于现在情形似无窒碍。至议者谓司法与行政分离，则行政官不能节制司法官，司法官势必流于专横。不知营私执法，律有专条，果有情弊，则司法之人，即系犯法之人，法纪所在，决无变更。各国于司法官，任之固专，防之亦密，有检事为之监察，有法官惩戒法为之防范。现拟大理院官制所设司直一官，即系各国检事之职。至法官惩戒法，亦当由修律大臣另订专条，奏定办理。然则法官专横之弊，自可勿庸顾虑矣。

要之，司法独立，非尊重法官，乃尊重法律。无论政体如何，而尊重国法之宗旨，实为万国所同。其能行不能行，皆以司法机关之独立与否为断，立宪预备，此为最要，他可迁就，此不可迁就也。是否有当，伏候钧裁。

《东方杂志》，光绪三十三年第八期

大理院奏设详谳处专司复判外省死罪案件折①

光绪三十三年六月十九日

大理院奏：臣等于本年四月二十日，会同法部具奏部院权限单内声明，汇案死罪之件，应令各省将供勘分达部院，由大理院复核，限二十日咨法部核定，即由法部具折复奏。如有情罪未协者，仍咨大理院驳正后，再行缮折会同大理院具奏。等因。仰邀俞允在案。

伏查直隶各行省每年斩绞案件，统计立决、监候两项，不下一千六七百起。从前刑部核复，分隶各司，其情罪不符者，则交由律例馆议驳，事权分故案无留牍，比例熟故法无异歧。此亦部务归宿之大端也。今者既改由臣院复判，司法分权，责无旁贷，而自定章以后，各省供勘咨送到院者，已不下数十百起，日后纷至沓来，势必更形拥挤。查臣院民刑各庭，员缺较少，若责之以复核谳牍，不惟分其讯断之力，抑恐繁剧难胜，转滋枉纵出入之虑，非所以重人命也。臣等公同商酌，拟仿从前刑部律例馆之制，于臣院设一详谳处，择各庭推事中之熟悉例案

---

① 标题为编者所拟，原文无标题。

者,派为总核或分核,专司复判外省死罪案件,其应行驳审者,亦由该处拟稿。此项即作为臣院差使,不增缺额。俾刑名总汇之区,得以从容核拟,庶责成既有专属,而人命亦益昭慎重矣。

得旨:如所议行。

朱寿朋:《光绪朝东华录》,总第5703页,中华书局1958年出版

修订法律大臣沈家本奏酌拟法院编制法缮单呈览折

光绪三十三年八月初二日

修订法律大臣、法部右侍郎沈家本跪奏,为酌拟法院编制法,谨缮清单,恭折具陈,仰祈圣鉴事。

窃维东西各国宪政之萌芽,俱本于司法之独立,而司法之独立,实赖法律为之维持,息息贯通,捷于形影,对待之机,固不容偏废也。恭读本年五月二十七日上谕,该按察使为提法使,分设审判厅,增易佐治员,著由东三省先行试办。此外直隶、江苏两省,择地先为试办,其余各省,统限十五年一律通行。等因。钦此。为宪政之预备,奠自强之初基,睿谟宏远,钦佩莫名。

伏查我朝官制等书,会典至详,然以行政而兼司法,揆诸今制,稍有未符。至如吏部处分则例,以六曹分职,审断虽立专门,而旨在惩戒,于治事之规程,权界之斠画,盖缺如也。臣曩膺简命修订法律,上年在大理院正卿任内,适值构缔伊始,深以审判官制诸多未备,非特辑专例,不足统一事权。乃饬馆员考古今之沿革,订中外之异同,分门纂辑,并令法律学堂日本教习法学博士冈田朝太郎帮同审查。该教习学识宏富,于泰西法制靡不洞彻,随时考证,足资甄择,逐条由臣折衷刊定,阅八月始克属稿。兹奉明诏涣布中外,复据法部、大理院,暨考察政治王大臣各官制清单,详加对勘,剥肤存贞,厘定十五章,共一百四十条。凡机体之设备,审级之制度,官吏之职掌,监督之权限,一一赅载,名曰《法

院编制法》。惟其中有为各国之通则，而于今日之实际及中国之风习未宜因袭者，厥有数事。

一曰定额。查各国审判制度，分初级审判、地方审判、高等审判、最高审判四级。初级审判以判事一人专任，名单独制；地方审判为三人，高等审判为五人，最高审判为七人，名合议制。最新学说，颇主倡高等宜三人，最高宜五人者，盖一则可节省经费，一则可精选讞员。况开庭事宜，向责之审判长一人，定额过多，非惟邻于尸位，复恐群议纷如，意见各执，于裁判反致阻滞。兹拟采用其说，于初级审判厅用单独制，地方审判厅用折衷制。其事系初审者，仍用推事一人，若经预审或再审，增为三人。高等审判厅以上俱用合议制，惟每级按照各国酌减二人，以杜滥竽。此征于今日实际，未宜因袭者也。

一曰巡审。即巡回审判。日本用之于区裁判之出张所，临时遣员裁判其事，大致与明之巡按御史及遣官审录之制相似。中国现在审判人材尚未储备，凡供帐之繁苛，胥吏之婪索，在所不免，利弊倚伏，无资补救。兹拟地方审判厅以上多设分厅，以分其责，必不得已，或于大理院临时酌量派遣，但仍以特别事件且关系重要者为限，高等审判厅以下不得援用也。

一曰休假。约在中历自八月至十月之间，其制仿于德国，于此时期适值收刈小麦、葡萄，故停止裁判，以免召集人证，日本因之，与中国农忙旧制同，本为恤农而设。然吾国农忙之制，未能实行，且休假之时仍须组立休假部，审理款项财产，登记建筑，及其他急迫不容稍缓者，屡事更张，徒形周折，日本近亦拟废其制矣。此二者，揆诸吾国之风俗，未宜因袭者也。

再，大理本古官，于东汉时为廷尉，凡郡国疑谳，皆处当以报，所谓廷尉天下之平是也。逮后厥名互更，要皆专司决劾奏狱，与今日东西各国大审院、帝国裁判所、最高法院等之审理终审事件者，阶级互等。顾名思义，乃全国唯一之最高法庭，宜设于京师首善之地，斯崇体制。惟各省幅员广袤，什倍外国，如事事责令来京上告，川陆修阻，交通不便，适形拖累。查德国乃联邦集合而成，各联邦自为风气，习惯所囿，至今未能刊改。帝国裁判所设立于沙格逊国之拉布基地方，今联邦之高等裁判所，均有代表帝国裁判所之权。若法律问题关涉联邦者，即于联邦中之高等裁判所定之，关涉全国者，始于帝国裁判所定之。如巴维利亚之民事诉讼，不于帝国裁判所裁判，即其例也。兹拟折衷德制，凡距京较远等省，即于高等审判厅内附设大理分院，视事之繁简，酌分庭数，各庭推事强半之数，由大理院遴派，余由该厅推事兼充。一切审判制度，俱准大理院办理，既免迁延时日，且可省小民跋涉之劳。此又限于我国今日特别情形，而未可以各国普通之例例之也。

编辑之旨，即本以上数端，量予变通，虽期循各国通行之轨途，仍不暌历世相沿之政习，谨缮清单，恭呈御览。

查宪政编查馆奏定章程，凡各项法律，均归该馆考核，以收统一法制之效。伏乞饬下宪政编查馆，照章考核，请旨颁行，以垂永制，而严职守。

所有酌拟法院编制法缘由，谨恭折具陈，伏乞皇太后、皇上圣鉴。谨奏。

军机处原折，《清末筹备立宪档案史料》，第842—845页

附：上谕

交宪政编查馆：本日法部侍郎沈家本奏酌拟《法院编制法》开单呈览一折，奉旨：宪政编查馆知道。单并发。钦此。相应传知贵馆钦遵可也。此交。（计粘抄折一件）

八月初二日

《光绪宣统两朝上谕档》第三十三册，第184页，广西师范大学出版社1996年影印出版

五、司法独立的讨论及措施

法部奏酌拟各级审判厅试办章程折

（附宗室诉讼仍由大理院裁判片）

光绪三十三年十月二十九日①

奏为酌拟高等以下各级审判厅试办章程，缮单进呈，恭折会陈，仰祈圣鉴事：

窃臣部于本年八月初二日议复各省复奏民刑诉讼法，拟请展限详核妥拟折内，声明各级审判厅开办在即，先由臣部督饬司员编纂试办章程，奏请施行。等因。在案。

数月以来，悉心考究各国审判办法，其程途要非一蹴可几。惟查升任直隶总督袁世凯奏定《天津府属审判厅试办章程》，当法律未备之时，为权宜开办之计，调和新旧，最称允协，洵足为前事之师。第天津开一省之先，而京师实各省之准。此次办法，系乎全国司法机关，其规定自应更求完密。既于该章程所试行者采用独多，复取修律大臣沈家本奏呈《法院编制法草案》，详加参对，务期损益适中，悉臻妥善。

兹拟编次之法，以总纲居首，释民、刑之定义；次审判通则，明司法之权能；次诉讼通则，详呈诉之方法；次检察通则，尽补助之作用；而以附则终之，定施行之期间。凡为五章，每章之中，自分节目，都为一百二十条。虽细则尚有未赅，而大端差已略举。所尤要者，闾阎之衅隙，每因薄物细故而生，苟民事之判决咸宜，则刑事之消弭不少。惟向来办理民事案件，仅限于刑法之制裁，今审判各厅既分民事为专科，自宜酌乎情理之平，以求尽乎保护治安之责。兹择其简要易行者，量为规定，庶与刑事显有区别，而适相成。

至讼费一节，系比照天津审判现行之例，而更从轻。盖诉讼所用之费，取偿

---

① 为奉到谕旨批示日期。

于输服之人，乃东西各国之通例，而又有酌量减免之法，以救其穷。不知者或且以为诟病，抑思一切院厅设备、官吏俸糈，无非出自公家，若讼费尚须仰给度支，焉得人人而济。且此项规费亦向来所不能无，与其隐恣诛求，不如明定限制。此又臣等所熟思焉不得不预为厘定者也。

要之，世无不弊之法，而贵有杜弊之人。臣等日与编纂各员及该厅丞等迭次讨论，重加考正，并将草案钞交臣院逐条详核，意见亦复相同，惟有督饬各厅，认真举办，务令躬任劳怨，逐渐推行，以副朝廷整顿法治之至意。

所拟试办章程，谨另缮清单，恭呈御览，并请饬下宪政编查馆核议。其未经议复之先，拟暂由各厅先行试办，俟复奏奉旨后，再行遵照。并通行试办审判省分，以昭划一。

再，此折系臣部主稿，会同大理院办理，合并声明。所有酌拟各厅办法缘由，理合恭折会陈。是否有当，伏乞皇太后、皇上圣鉴训示。谨奏。

光绪三十三年十月二十九日奉旨：依议。钦此。

又奏宗室诉讼仍由大理院裁判片

再，查向来宗室与民人涉讼案件，均系由部派员赴府①会审，觉罗案件则由府派员赴部会审。此外步军统领及各衙门奏交之案，凡奉旨交部审讯者，皆由刑部承审，实以行政而兼司法之事。自厘定官制以来，臣部即经停止审判，所有以上各案，均改归大理院办理。惟核之此次修律大臣所定《法院编制法》草案，其于宗室等民事案件及步军统领奏交各案，应归何处审判，并无规定明文。即大理院从前奏定审判权限，亦系略分等级，尚未奏请实行。现在京师各级审判厅渐当成立，若按各国法律言之，宗室民事，应以高等审判厅为始审，惟会府及奏交之例，本为各国所无，是高等审判厅既无会府之权，地方审判厅又非奏交之地。值兹司法独立方始萌芽，全国裁判尚未能一律普遍，若将宗室及奏交各案遽行分送各级审判厅承审，深恐职司太微，不足以昭慎重。拟请将宗室、觉罗民刑诉讼仍归臣院特别裁判，其步军统领衙门及各衙门奏交之案，暂由臣院审判，以固法权而归划一。俟将来《法院编制法》实行时，再行查照编制法办理。事关审判

---

① 指宗人府。

权限，是否有当，理合会同附片奏明请旨。

光绪三十三年十月二十九日奉旨：依议。钦此。

《政治官报》第四十六号，折奏类，光绪三十三年十一月初六日出版

各级审判厅试办章程①

光绪三十三年十月二十九日②

第一章　总　纲

第一条　凡审判案件，分刑事、民事二项，其区别如左：
一、刑事案件凡因诉讼而审定罪之有无者属刑事案件。
二、民事案件凡因诉讼而审定理之曲直者属民事案件。
第二条　凡登记事件，由该管初级审判厅照登记章程行之。
第三条　凡本章程未规定者，依旧章行之；无旧章者，由法部酌核办理。

第二章　审判通则

第一节　审　级

第四条　凡民事、刑事案件由初级审判厅起诉者，经该厅判决后，如有不服，准赴地方审判厅控诉；判决后，如再不服，准赴高等审判厅上告。

第五条　凡民事、刑事案件，除属大理院及初级审判厅管辖者外，皆由地方审判厅起诉，经该厅判决后，如有不服，准赴高等审判厅控诉；判决后，如再不服，准赴大理院上告。

---

① 标题为编者重拟，原题为"法部酌拟各级审判厅试办章程"。
② 为奉到谕旨批示日期。

第二节 管 辖

第六条 各级审判厅管辖之民、刑案件，依《法院编制法草案》第二、第三、第四三章办理。但初级审判厅管辖之刑事，以杖罪为限。刑事案件，如系数人共犯，从罪重者之管辖。

第七条 各级审判厅管辖之区域，暂依内外城各巡警分厅辖地区划之。

第八条 管辖不明确者，由受理之审判厅申请上级审判厅指定之。

第九条 管辖有错误时，于未判决前发现者，应移交该管辖之审判厅另行审理。管辖错误发现在判决后者，应将本案供、招、判词钞送该管审判厅详核存案。其原判有出入时，另行提案复审。

第三节 回 避

第十条 审判官承审案件应行回避之原因如左：

一、审判官自为原告或被告者。

二、审判官与诉讼人为家族或姻亲者（参照刑律诉讼门听讼回避条文）。

三、审判官对于承审案件现在或将来有利害关系者。

四、审判官于该案曾为证人、鉴定人者。

五、审判官于该案曾为前审官而被诉讼人呈明不服者。

第十一条 有前条之原因时，经该审判官或检察官①或诉讼人声明后，由该管长官核夺。

第十二条 除第十一条回避原因外，审判官与诉讼人有旧交或嫌怨，恐于审判有偏颇者，检察官及诉讼人得请求该审判官回避。但预审系紧要案件时，毋庸回避。

第十三条 审判官应回避时，由该管长官委员代理。

第四节 厅 票

第十四条 刑事厅票如左：

一、传票传讯原、被告及其他诉讼关系人等用之。

二、拘票拘致犯徒罪以上之被告及抗传不到或逃匿者用之。

三、搜查票搜查罪人及证据用之。

---

① 此章程内有时作"检查官"，有时作"检察官"。统一为"检察官"。

第十五条　民事厅票如左：

一、传票同前条第一项。

二、搜查票因查封时遇有隐匿财产者用之。

第十六条　凡审判官皆有发厅票之权。

第十七条　刑事厅票由检察官或预审推事指挥司法警察官执行之；民事厅票由承发吏执行之。

第十八条　传票之限期至迟不得逾五日，但被传人实有不得已之事由，限于未满期前呈明审判厅，经审判官查无虚伪时，酌量展限。

第十九条　拘票之限期至迟不得逾三日。

第二十条　凡因案传到者，应即日讯问之。其拘到者限两日内审讯，如拘到而未能即时审讯，或审讯而不能保释者，用收签付看守所管收之，其提出时则用提签。

第二十一条　凡有逮捕现行犯之责者，可不待厅票而逮捕之。

第五节　预　审

第二十二条　凡地方审判厅第一审刑事案件之疑难者，应行预审。

第二十三条　凡现行犯，事关紧急者，预审推事可不待检察官之请求径行预审，但须知照存案。

第二十四条　凡公判案件，因证人、鉴定人供述不实，或本系重罪，受理时误认为轻罪者，或由轻罪发觉其他重罪者，均由审判官移送预审。

第二十五条　凡预审案件，除预审推事、检察官及录供者莅庭外，不准他人旁听。

第六节　公　判

第二十六条　凡诉讼案件，经检察官或预审官送由本厅长官分配后，审判官得公判之。

第二十七条　审判官于公判时，发见附带犯罪不须预审者，得并公判之。

第二十八条　凡公判，单独制以审判官一人开庭；合议制以审判官三人开庭，并得由本厅长官派候补人员二人以上随同听审，但非承派代理者，不得参预审判。

第二十九条　法庭秩序，依《法院编制法草案》第十一章各条办理。

第三十条　凡莅庭各官，均著常服。

第三十一条　审判用语，以官话为准。

第三十二条　对于外国人诉讼，得用本厅繙译官，如审判官有能通其国语者，经本厅长官认可，亦得参预审问，但录供叙案仍用汉文。

第三十三条　凡审判方法，由审判官相机为之，不加限制，但不得非法凌辱。

第三十四条　审讯时，每次录供后，对诉讼人等照供朗诵详问，如有差异，立予更正。

第三十五条　合议审判之评议，依《法院编制法草案》第十二章之规定行之，但评议员之意见各持一说时，可合本厅各庭长公同议决。

第三十六条　判词之宣示，于议决后三日内行之。民事则使承发吏誊写副本递送于诉讼人，刑事则提传原被告于法庭宣示。

第三十七条　判词宣示后，不得更改。

第三十八条　判词之定式，除记载审判厅之名称，并标明年月日，由公判各官署押盖印外，其余条款如左：

刑事：

一、犯罪者之姓名、籍贯、年龄、住居、职业。

二、犯罪之事实。

三、证明犯罪之缘由。

四、援据法律某条。

五、援据法律之理由。

以上系有罪判决之款式。其无罪之判决，但须声明放免之理由，不列定款。

民事：

一、诉讼人之姓名、籍贯、年龄、住所、职业。

二、呈诉事实。

三、证明理曲之缘由。

四、判断之理由。

第三十九条　公判时，遇有左列原因，可即时判决。

一、因原告人无故不到案，被告人申请结案，经审判官依法律定限催传而原告人仍不到案者。

二、因被告人无故不到案，原告人申请结案，经审判官查明原告之证据确凿可信者。

第七节　判决之执行

第四十条　刑事之判决，徒罪于上诉期满后执行，其流罪以上，遵照奏定章程，于核准后执行。

第四十一条　民事之判决，毋庸复核，于上诉期满后，除被告遵断完案外，得依左列方法行之：

一、查封欠债者之物产，勒限完案。

二、管理查封之物产，以其利息抵偿欠款。

三、拍卖查封之物产，抵偿欠款。

第四十二条　因理曲人家产净绝，不能依前条方法执行者，得将理曲人收教养局作工一月以上三年以下。如工作中查出有隐匿家产据实者，仍照前条办理，得将理曲人释放。

第四十三条　对于军人，应照第四十一条办理时，审判厅得知照其所属长官执行之。

第八节　协　助

第四十四条　审判厅或检察厅遇有须他审判厅或检察厅代为办理之事件时，得请求协助，其事项列左：

一、罪人之捕拿及审判。

二、证人之讯问及证据之搜查。

三、罪人之拘留及护送。

第四十五条　遇有交涉案件及于外国管辖区域内，逮捕及搜查或照第四十一条办理者，由本厅申部，行文外交官，知照外国公署办理。

第三章　诉　讼

第一节　起　诉

第四十六条　凡刑事案件，因被害者之告诉、他人之告发、司法警察之移送、或自行发觉者，皆由检察官提起公诉。但必须亲告之事件（如胁迫、诽毁、奸通等罪），不在此限。

第四十七条　于公诉时并请求追还赃物、赔偿损害及恢复名誉者，曰附带私诉。

第四十八条　凡民事案件，非本人或其代理人，不得诉讼。

第四十九条　凡诉讼，概用诉状，但有特别规定者不在此限。

第五十条　刑事诉状应填写左列各项：

一、原告之姓名、籍贯、年龄、住居、职业。

二、被告之姓名、籍贯、年龄、住居、职业（若为原告所不知者，即不填写亦可）。

三、被害之事实。

四、关于本案之证人及证物。

五、赴诉之审判厅及呈诉之年月日。

第五十一条　民事诉状应填写左列各项：

一、原告之姓名、籍贯、年龄、住所、职业。

二、被告之姓名、籍贯、年龄、住所、职业。

三、诉讼人之事物及证人。

四、请求如何断结之意识。

五、赴诉之审判厅及呈诉之年月日。

六、黏钞可为证据之契券或文书。

第五十二条　职官、妇女、老幼、废疾为原告时，得委任他人代诉，但审判时有必须本人到庭者，仍可传令到庭。

第五十三条　左列人等不得充当代诉人：

一、妇女。

二、未成丁者。

三、有心疾及疯癫者。

四、积惯讼棍。

第五十四条　凡遣代诉，须附呈委任状。但祖孙、父子、夫妇及胞兄弟代诉者不在此限。

第五十五条　凡代诉人于诉讼上之行为及供述，均作为本人之代表，但左列各项须经本人之许可，始得为之：

一、上诉。

二、和解。

三、抛弃诉讼物。

四、承认被告之请求。

第五十六条　委任状应填写左列各项：

一、委任人及代诉人之姓名、籍贯、年龄、住所、职业。

二、代诉人与委任人之关系。

三、委任之原因。

四、委任之权限。

五、代诉之年月日。

第五十七条　凡诉讼，除刑事外，准原告呈请注销诉状。

第二节　上　诉

第五十八条　上诉之方法如左：

一、控诉凡不服第一审之判决，于第二审审判厅上诉者，曰控诉。

二、上告凡不服第二审之判决，于终审审判厅上诉者，曰上告。

三、抗告凡不服审判厅之决定或命令，依法律于该管上级审判厅上诉者，曰抗告。

第五十九条　非左列人等不得上诉：

一、刑事上诉：检察官、原告人或被告人、代诉人。

二、民事上诉：原告人或被告人、代诉人。

第六十条　凡刑事上诉，自宣示判词之日始，限于五日内呈请原检察厅移送上级检察厅。

第六十一条　凡民事上诉，准用前条之规定，但其期间以十日为限。

第六十二条　凡上诉，不得越级为之，并不准翻供及改变事实。

第六十三条　凡在未决监狱内欲上诉者，呈请监狱官转呈原检察厅移送上级检察厅。

第六十四条　上诉状须填写左列各项：

一、上诉人之姓名、籍贯、住所、年龄、职业。

二、原审判厅。

三、原审判厅之判词。

四、不服之理由。

五、赴诉之审判厅。

第六十五条　凡逾上诉期限而不上诉者，其原判词即为确定。但因天灾或意外事变之障碍，准其声明于原检察厅查无虚伪，仍许上诉。

第六十六条　上诉人除检察官外，准其呈请注销上诉状。

第六十七条　上诉人经两次传案不到者，其上诉状即行撤销。

第三节　证人鉴定人

第六十八条　不论何人，凡于审判厅受理之民、刑案件有关系或知其情形者，除后条规定之制限外，皆有为证人之义务。

第六十九条　凡证人，除原、被告两造所举外，审判官亦得指定之。

第七十条　审判官须讯问证人时，得发传票传讯，但证人有特别身份者，应就其所在地讯问之。

第七十一条　证人不遵传票期限到庭，有因疾病自行声明者，审判官得就其住所讯问，若无疾病又不声明者，处三十圆以下之罚金，仍发传票勒令到庭作证。

第七十二条　凡证人为伪证者，于新刑律未颁行以前，照证佐不实例办理。

第七十三条　证人之日用旅费，举证者供给之，但得归入诉讼费用结算。

第七十四条　凡诉讼上有必须鉴定始能得其事实之真相者，得用鉴定人。

第七十五条　鉴定人由审判官选用，不论本国人或外国人，凡有一定之学识、经验及技能者，均得为之，但民事得由两造指名呈请选用。

第七十六条　鉴定人于鉴定后，须作确实鉴定书，并负其责任。

第七十七条　凡有左列之原因者，不得为证人或鉴定人：

一、与原告或被告为亲属者。

二、未成丁者。

三、有心疾或疯癫者。

四、曾受刑者。

第四节 管 收

第七十八条　凡刑事犯，徒以上之罪，未经判决及被告逃匿被获者，皆于审判厅之看守所管收之。

第七十九条　凡民事被告不能保释者，亦得管收。

第八十条　受罚金之判决未能遵限呈缴者，可暂行管收。

第五节 保 释

第八十一条　凡民事被告及刑事轻微案件之被告，均准取保候审。

第八十二条　凡取保，或责付其家属，或取具切实铺保，或由官吏及殷实土著之人保其听候传审，皆可无庸管收。

第八十三条　凡不能依前条规定取保，而呈交相当之保证金者，亦得释放，其保证金于本案完结后发还之。

第六节 讼 费

第八十四条　凡因诉讼所生之费用，责令输服者缴纳。其因诉讼人一面所生之费用，或诉讼人一面声明障碍致他人生留滞之费用者，均各责令本人补偿。

第八十五条　凡诉讼费用，除本章程有别条之规定外，皆照前条办理。

第八十六条　凡诉讼费用，除随时征收者外，其余于本案完结宣示判词后，综核其数，限期征收之。但实系无力呈缴者，准其呈请审判厅酌量减免。

第八十七条　凡民事因财产而诉讼者，从起诉时诉讼物之价值，按左列之等差征收诉讼费用：

一、十两以下三钱。

二、二十两以下六钱。

三、五十两以下一两五钱。

四、七十五两以下二两二钱。

五、百两以下三两。

六、二百五十两以下六两五钱。

七、五百两以下十两。

八、七百五十两以下十三两。

九、千两以下十五两。

十、二千五百两以下二十两。

十一、五千两以下二十五两。

十二、五千两以上每千两加二两。

其价值以银圆计者，准上率依比例法推算。

第八十八条　凡民事非因财产而起诉者，照百两以下之数目征收诉讼费用。

第八十九条　拍卖时，按左列之等差，于拍卖所得金额内征收诉讼费用：

一、二十两以下三钱。

二、五十两以下五钱。

三、百两以下八钱。

四、二百五十两以下一两五钱。

五、五百两以下二两。

六、千两以下三两。

七、千两以上每千两加一两。

其价值系以银圆计者，准上率依比例法推算。

第九十条　录事抄录案卷，每百字连纸征收银五分作为录事办公费。

第九十一条　承发吏递送文书及传票，每件征收银一钱作为承发吏办公费。

第九十二条　承发吏递送文书及传票于十里以外者，每五里加征银五分，路远不能一日往返者，每日加征食宿费三钱。火车、轮船已通或未通之处，其川资由审判厅酌核实数，标明该文书之表面，向收受文书及奉传票者征收之。如有多索，准人告发。

第九十三条　证人到庭费每次银五钱，鉴定人到庭费每次银五钱以上五两以下，由审判官酌定。

第九十四条　前条人等住所在十里以外者，每五里加川资银一钱，火车、轮船已通或未通之处，其川资照实数核算。

第九十五条　前条人等每日旅费银五钱，但可视其身份，酌量加增。

第九十六条　以上各项诉讼费用，须列表悬示，俾众周知。

第四章　各级检察厅通则

第九十七条　检察官统属于法部大臣，受节制于其长。对于审判厅独立行其职务。其职权如左：

一、刑事提起公诉。

二、收受诉状，请求预审及公判。

三、指挥司法警察官逮捕犯罪者。

四、调查事实，搜集证据。

五、民事保护公益，陈述意见。

六、监督审判并纠正其违误。

七、监视判决之执行。

八、查核审判统计表

第九十八条　凡属检察官职权内之司法行政事务，上级检察厅有直接或间接监督之权。

一、总检察厅丞监督总检察厅及其下各级检察厅。

二、高等检察长监督高等检察厅及高等审判厅管辖区域内之各检察厅。

三、地方检察长监督地方检察厅及所附置地方审判厅管辖区域内之各检察厅。

第九十九条　各级检察厅职官缺额如官制，但初级检察厅得由法部酌委行走员，由检察长官分配班次，轮流值宿，收受诉状于本厅。检察官因病或其他事故不能办公时，亦可委任代理。

第一百条　检察厅之补助机关如左：

司法警察官营翼兵弁地方印佐各员

第一百一条　检察厅就审判厅管辖区域内负检察之责任，但不得干涉审判事务。

第一百二条　各级检察厅联为一体，不论等级之高下、管辖之界限，凡检察官应行职务，均可由检察长官之命委任代理。

第一百三条　凡刑事，虽有原告，概由检察官用起诉正文提起公诉。其未经起诉者，审判厅概不受理。现行犯附带犯罪、伪证罪可不经检察官起诉而为预审或公判，但必须通知检察厅存案。

第一百四条　凡起诉时，须指明一定之被告人，其有不知姓名而或知其形状及犯罪形迹或遗物足资凭证者，均可请求搜查或预审。若全无犯罪形迹时，须俟警察访查确实后起诉。

第一百五条　凡起诉时，或应付预审，或应付公判，由检察官临时酌定。

第一百六条　凡经检察官起诉案件，审判厅不得无故拒却，被害者亦不得自为和解。

第一百七条　凡应公诉案件，不问被害者之愿否诉讼，该管检察厅当即时起诉，但奸通、诽谤等罪须亲告者不在此限。如检察官非因过失妄为起诉，致他人无辜受害者，依惩戒处分规则行之。

第一百八条　检察官应由法部发给执照，遇有现行犯事关紧急时，得指挥巡警、兵弁搜索逮捕。

第一百九条　检察官收受诉状，须于二十四小时内移送审判厅。

第一百十条　预审或公判时，均须检察官莅庭监督，并得纠正公判之违误。

第一百十一条　检察官对于民事诉讼之审判，必须莅庭监督者如左：

婚姻事件亲族事件嗣续事件

以上事件，如审判官不待检察官莅庭而为判决者，其判决为无效。

第一百十二条　凡不服审判厅之判决，于上诉期限内声明不服之理由呈请上诉者，检察官应即申送上级检察厅。

第一百十三条　检察官得随时调阅审判厅一切审判案卷，但须于二十四小时内缴还。

第一百十四条　凡判决之执行，由检察官监督指挥之。

第一百十五条　凡死刑，经法部宣告后，由起诉检察官监视行刑。

第一百十六条　检察厅每日办公时间，以十小时为率，入夜概不收受诉状，但重要案件不在此限。

第一百十七条　各检察官办公时间、值宿班次，由该厅长官因时宜而分配之。

第一百十八条　各级审判厅审判统计表，非经各该检察厅查核，不得申报。

第五章　附　则

第一百十九条　本章程施行期间，自各级审判厅开办之日为始，俟《法院编制法》及民事、刑事诉讼法颁行后，本章程即停止施行。

第一百二十条　本章程之规定，如有未尽事宜及不适于用之处，得由法部奏请增改。

《政治官报》第四十六号至第五十号，法制章程类，光绪三十三年十一月初六日至初十日出版

法部奏京师各级审判厅定期开办情形折[①]

光绪三十三年十一月初三日[②]

奏为各级审判厅定期开办，谨陈大概情形，恭折仰祈圣鉴事：

窃臣等于上月初三日奏明审判各厅创始繁难，拟请展限一月，俾免贻误。等因。当经奉旨允准在案。

伏查裁判独立，为各国司法通例，京师首善之地，遐迩具瞻。臣等奉命以来，于审判章程再三商订，复请旨饬交宪政编查馆核议。良以改章伊始，头绪纷繁，法治所关，宜求变通尽利之用。现在限期届满，据该厅丞等报称，高等、地方各厅均已妥慎布置，规模粗具，谨择于本月初五日一律开办。

臣等查京畿地方辽阔，统辖难周。今既定内城设初级三厅，外城设初级二厅，拟请查照民政部所分内城二十六区、外城二十区，凡于区内有民、刑控诉事件，悉隶归各该厅按级审判。其营汛分辖地面，尚未设厅，若有旗民人等在该管衙门呈控者，笞杖由该衙门拟结，徒流以上罪名送交地方审判厅讯办。至顺天府辖境尤宽，凡在民政部所分区内涉讼，无论民、刑各事，胥归新设各厅办理。大、宛两县均应停止审判。此外该县所辖四乡地方，与顺属该管州县应如何分别设厅之处，由顺天府会同直隶总督随时咨商臣部核办。其未经分设以前，应由该府尹于大、宛辖地不在内城外城区内者，先行酌派审判官，专理词讼。其一切审

[①] "京师"二字为编者所加。
[②] 为奉到上谕批示日期。

判事宜，仍暂照部定试办章程办理。此区域之亟宜分也。

京师自裁撤五城御史后，凡民事诉讼及刑事少轻案件，均改归内外城预审厅审办，本系一时权宜之计，今各厅既已成立，所有预审厅未结之案，自应一并接收。第恐案卷繁多，若不分期交代，必致纷扰立形，难免贻误。拟由民政部箚行该厅，所有承审各案，凡易结者，仍令从速清厘。其不能速结之案，无论民、刑事件，均由该厅先行检齐卷宗，开明案由若干起，造册送地方审判厅接收，再由地方审判厅核明民事、刑事，应归何厅收审者，即转知该厅，逐起分期行文提收，并由预审厅点验犯证，出具清单，分别交代，统限于本月底一律接收清楚。其大、宛两县现审系在内外城区内者，亦即照此办理。此外大理院承办之案，已隶最高裁判，拟请毋庸移交，以省繁复。嗣后民、刑诉讼事件，均自十一月初六日起，概归初级、地方各厅起诉，俾昭划一而专责成。此交代之宜慎也。

再，司法机关于人民之利害安危关系最重，故任用法官，较之别项人才倍宜审慎。其有熟谙新旧法律及于审判事理确有经验者，自应酌加遴选，以备临事之用。除由臣部各司择其素称得力、品秩相当之员分派各厅外，其余或系奏咨调用，或由臣等箚委。此项人员，不分京外实缺及候补、候选，均经采访确实，并次第传见，详细甄择，拟由臣等量能器使，先行派厅委任，仍分别办事行走，俟一月后，果能勤慎尽职，再行开列衔名，奏请予限试署，并咨明吏部立案，以昭慎重。此又设官用人之不敢少形轻率者也。

以上三端，皆各厅重要事件。盖必明定区域，则权限无所侵，分任职司，则责成有专属。臣部为该厅等行政长官，今当开办有期，谨详陈办法，以资遵守。如蒙俞允，即由臣等咨行各衙门遵照。其有未尽事宜，仍当督饬该厅丞等悉心筹度，认真举办，以仰副朝廷矜慎庶狱之至意。

所有各级审判厅定期开办，并酌筹大概情形，理合恭折具陈，伏乞皇太后、皇上圣鉴。谨奏。

光绪三十三年十一月初三日奉旨：依议。钦此。

《政治官报》第四十八号，光绪三十三年十一月初八日出版

法部等告示四则

光绪三十三年十一月初七日①

一、法部设立各级审判厅检察厅告示

法部为出示晓谕事：

照得司法之制与行政攸殊，审判之权与警察亦异，此法治之本原，不容或紊者也。方今朝廷预备立宪，凡所以通达民隐，保卫民生者，无不力求规划之完备。有立法之基础，尤贵有司法之专官。本部堂掌理全国司法上之行政事务，膺改良审判之责，兹经奏准设立京师高等以下各审判厅，合大理院最告审判衙门为四级三审之制。事权分属而等级相衔，讯鞫周详而机关独立，务使情无冤抑，责有攸归，上以巩国家之法权，下以增闾阎之幸福，是则本部堂所愿与尔居民人等共谋治安者也。

惟是庶狱殷繁，情伪百出，听断者势不能烛照靡遗，故于审判衙内各附设检察一厅，以检察官为审判上之补助，而又以司法警察、营（汛）〔汛〕各官为检察上之辅佐，专以有罪必发为宗旨，而人民赴诉之途，证据调查之实，咸于是赖。此又司法上之设备所亟应组织者也。

所有以上审判、检察各厅，将次开办。为此示仰京师内城外城居民人等知悉：嗣后尔等如有诉讼事件，均准用本部奏定状纸，遵照各厅揭示专条，分别审级，呈诉各厅审判刑事、民事案件。悉遵《大清律例》及本部所定试办章程办理。

我国家勤求上理，不惜巨款设立各级审判衙门，无非为确实保障人民身体财

---

① 为《政治官报》刊载日期。

产起见，尔等亦宜仰体朝廷德意，激发天良，毋诈毋虞，是信是实，本部堂有厚望焉。除将各厅设立处所开列于后外，合行先期晓谕，俾众周知。特示。

一、高等审判厅设立刑部街南头路西。
一、内城地方审判厅设立灯市口大街中间路南。
一、第一初级审判厅设立地安门内黄花门路南。
一、第二初级审判厅设立东单牌楼栖凤楼路南。
一、第三初级审判厅设立西单牌楼报子街东口路南。
一、第四初级审判厅设立崇文门外清化寺街中间路南。
一、第五初级审判厅设立骡马市大街迤南潘家河沿南头路西。
一、总检察厅设立大理院内。
一、各级检察厅设立各级审判厅内。

二、京师内城地方审判厅告示

京师内城地方审判厅为出示晓谕事：

照得本厅奉法部奏准设立，定于十一月初五日开庭审理内城地面民事、刑事各项案件，其外城地面该管案件并归本厅兼理，嗣后内城、外城居民人等，凡有诉讼事项属本厅管理者，应赴本厅附设之地方检察厅呈诉，经该厅移送后，本厅准予从速审理。须知本厅为保卫人民身体财产而设，果系据实呈诉者，无不秉公判断，其有逗刁健讼者，亦当从严惩治。除将本厅管理案件开列于后外，合行先期晓谕，俾众周知。特示。

计开：

一、徒罪以上刑事诉讼案件。
一、债负、买卖等项逾二百两以上民事诉讼案件。
一、由初级检察厅申请地方检察厅移送之控诉案件。
一、破产案件。

三、京师各初级审判厅告示

京师初级审判厅为出示晓谕事：

照得本厅奉法部奏准设立，定于十一月初五日开庭审理内外城巡警各分厅管辖地面刑事、民事各项案件。该地面居民人等凡有诉讼事项属本厅管理者,应赴本厅附设之初级检察厅呈诉。经该厅移送后,本厅准予从速审理。须知本厅为保卫人民身体财产而设,果系据实呈诉者,无不秉公判断,其有逗刁健讼者,亦当从严惩治。除将本厅管理案件开列于后外,合行先期晓谕,俾众周知。特示。

计开:

刑事:

一、杖罪以下之诉讼。

民事:

一、债负、买卖等项在二百两以下之诉讼。

一、房屋租赁之诉讼。

一、田地界限之诉讼。

一、管有权之诉讼(如典质、借用、受寄之类)。

一、一年以下雇佣契约之诉讼。

一、酒馆、饭店、客栈关于房饭金或行客之行李、包件等项之诉讼。

非讼事件

一、选任管理财产事件。

一、山林、田土、房产及船舶上权利之注册。

一、商业商标及意匠特许之注册。

四、京师内城地方审判厅牌示

为牌示事:

照得本厅审判案件,悉遵法部奏定试办章程办理,除业将本厅管辖权限先期示谕外,所有诉讼规条,亟应摘要录示,以便遵行。特示。

计开:

一、无论民事、刑事诉讼,均须购用检察厅发行部颁各项状纸,按照格式填明,赴本检察厅呈递。每张状纸收价当十铜元十枚,其种类如左:

刑事诉状凡刑事原告于第一审审判厅呈诉者用之。

民事诉状凡民事原告于第一审审判厅呈诉者用之。

辩诉状凡民事被告、刑事被告于各审判厅呈诉者用之。

上诉状不论民事、刑事，控诉、上告或抗告者用之。

委任状不论民事、刑事，其委任抱告者于诉状外附用之。

一、本厅传唤民事原被告、刑事原被告及证人用传票；其刑事被告，分别情节签发传票或拘票。

一、本厅搜查罪人证据及查封时隐匿财产者用搜查票。

一、原告或被告于奉传后一再不遵限期到案，经到案之被告或原告申请结案者，照章即时判决。

一、刑事判决后，按律分别治罪。

一、民事判决后，欠债人如不遵断完案，得依左列方法执行：

查封欠债者之物产，勒限完案；

管理查封之物产，以其利息抵偿欠款；

拍卖查封之物产，抵偿欠款。

一、刑事案件于宣示判词后五日内准其上诉，民事案件于宣示判词后十日内准其上诉。

一、上诉应呈由原检察厅申送。

一、上诉不准越级，并不准翻供及改变事实。

一、上诉未经提审，准上诉人呈请注销上诉状。其两次被传不到者，亦将该状注销。

一、诬告不实者按律惩办。

一、证人到庭，由举证者供给日用旅费。

一、证人于奉传后一再不遵期限到庭者，处以三十元以下之罚金，仍发传票勒限到庭。

一、证人为伪证者，照证佐不实例办理。

一、诉讼费用照章由输服者于结案后缴纳。

一、承发吏递送文书及传票，每件收公费银一钱，折当十铜元十五枚。如道路在十里以外，由本厅酌加数目批明照收。

以上均载《政治官报》第四十七号、四十八号，示谕报告类，光绪三十三年十一月初七日出版

修订法律大臣沈家本等奏遵议满汉通行刑律折暨旗人词讼统归各级审判厅审理片

光绪三十三年十二月初七日①

奏为遵旨议奏事，九月初三日奉上谕：朕奉慈禧端佑康颐昭豫庄诚寿恭钦献崇熙皇太后懿旨：礼教为风化所关，刑律为纪纲所系。满汉沿袭旧俗，如服官守制以及刑罚轻重，间有参差，殊不足以昭画一，除宗室本有定制外，著礼部暨修订法律大臣议定满汉通行礼制、刑律，请旨施行。俾率土臣民，咸知遵守，用彰画一同风之治。钦此。

跪聆之下，仰见皇太后、皇上覆载无偏，一视同仁之至意，钦佩莫名。除通行礼制应由礼部议定具奏外，窃维率土之滨，莫非王臣，自来帝王御宇，未有歧视臣民者。我朝入关之初，八旗刑制视汉人有不同者，原以八旗户口未臻蕃盛，丁壮俱隶军籍，若犯罪概照民人实发，军伍即虞缺额，差务亦因之稽延，故将前明军人犯罪免徒流之律改为旗人犯罪免发遣之条，凡满洲、蒙古、汉军犯徒流军遣，分别改折枷号，不与汉人一例实发。其时盛京所招民人有犯徒流等罪，亦照旗下分别枷号，可见折枷之制，全为军伍差务起见，初非歧视旗、民也。且当时约束旗人较民人尤为严肃，一赌博也，而旗人独拟绞候，一秋审也，而旗人概拟情实，嘉庆以后，始将此等例文删除，与民人一体办理，然未删之例，如吃酒行凶，即行送部发遣，金刃伤人，即永不准食粮，如此之类，皆旗人治罪之重于民人者，更可见旗人治罪旧律。世俗以为优待旗人者，皆未识定律之本意也。乾隆年间，迭次纂定旗人不准折枷各例，道光五年，复分别情节轻重，凡不在寡廉鲜耻之列者，准其折枷，如系不顾行止，有玷旗籍者，俱照民人一体实发，纂为通例。盖凡身隶旗籍者，人人有军人之责任，即人人当有军人之资格，一经有玷旗

---

① 为奉到上谕批示时间。

籍，即销除旗档，永远不准挑差，东西各国之剥夺公权有军籍资格一项，颇与此例之意隐相符合。自此例颁行以后，旗人犯罪之与民人一体办理者日见其多，与从前情形已不相同。此由生齿日繁，人类即难一致，法令与人情风俗互为消息，自不得墨守成规，况乾隆十二年有八旗汉军准改民籍之例，道光五年，又有八旗满洲蒙古准改民籍之例。是化除畛域，早示端倪。

方今中外交通，法律思想日趋新异，倘仍执旧律，划分满汉之界，不惟启外人轻视之心，尤与立宪前途诸多阻碍。臣等于现行律例详加查考，其满汉歧异之处，同一决责用刑，而民人用笞用杖，旗人独用鞭责，同一发遣定地，而民人应发云、贵、两广、新疆者，旗人则发黑龙江、宁古塔等处。其他旗人犯罪或较民人为轻或较民人为重者，相歧之处尚多，诚如圣谕不足以昭画一。虽定例之初，原各有因时制宜之道，但纲纪所系，若仍彼此殊异，不足以化畛域而示大公。臣等公同商酌，凡律例之有关罪名者，固应改归一律，即无关罪名而办法不同者，亦应量为变通。除笞杖已改罚金，旗人鞭责业经一体办理外，拟请嗣后旗人犯罪，俱照民人各本律本例科断，概归各级审判厅审理，所有现行律例中旗人折枷各制，并满汉罪名畸轻畸重及办法殊异之处，应删除者删除，应移改者移改，应修改者修改，应修并者修并，共计五十条，开列清单，恭呈御览。如蒙俞允，即由臣等通行内外问刑衙门一体遵行，庶法权归于统一，足以彰圣主同仁之治，而宪政立有根基，亦可奠万年不拔之业矣。

再，在外蒙古案件，应按蒙古例问拟者，事隶理藩部，此时未便遽议更张，应仍照旧章办理。合并声明。

所有臣等遵议满汉通行刑律各缘由，谨恭折具奏，伏乞皇太后、皇上圣鉴施行。谨奏。

光绪三十三年十二月初七日奉旨：依议。钦此。

又奏旗人词讼统归各级审判厅片

再，查例载：

一、凡旗人谋故斗杀等案，仍照例令地方官会同理事同知审拟外，其自尽、人命等案，即令地方官审理，如果情罪已明，供证已确，免其解犯，仍由同知衙门核转，倘恃旗狡赖，不吐实供，将案内无辜牵连人等先行摘释，止将要犯解赴同知衙门审明。如该同知事外苛驳，借应质名色，滥差提扰，该上司立即题参。

一、各省理事厅员，除旗人犯命盗重案，仍照例会同州县审理外，其一切田土户婚债负细事，赴本州县呈控审理，曲在民人，照常发落，曲在旗人，录供加看，将案内要犯审解该厅发落。至控告在官人犯，不论原、被，经州县两次拘传，别无他故，抗不到案者，将情虚逃避之犯严拿治罪。

一、各处理事同知遇有逃人案件，并旗人与民人争角等事，俱行审理，不必与旗员会审。各等语。

此三条在刑律军民约会词讼门内，前二条均系旗人案件归理事同知会同地方官审拟之例，后一条系理事同知自行审理之例。

又例载：

一、各省驻防旗人犯该斩绞者，毋庸解部，即在理事同知衙门收禁。如有应入秋审人犯，令将军、都统等悉心确核，分别情实缓决可矜，造册题达刑部九卿会核具题。至勾到时，某省驻防即另册同各省应勾人犯一体办理，等语。此条在有司决囚等第门内，系旗人犯死罪秋审专归将军都统之例。此办理旗人案件与民人之不同者也。查奉天省旗人词讼，向俱归州县审理，并不由旗员会审，遵行已久，并无窒碍。现在新定官制，京师及各直省设立各级审判厅，一切词讼俱归审判厅审理，旗民自毋庸区别。至秋审案件，皆系驻防旗人，今驻防规制正议变通，则此项秋审事宜，自应统归督抚办理，以免歧异。拟请嗣后旗人词讼案件，统归各级审判厅审理。其审判厅尚未设立省份，概归各州县审理，毋庸再由理事同知、通判等官会审。至各省理事同知、通判等员缺，可否裁撤，应请由各该督抚酌量情形奏明办理。至驻防旗人应入秋审人犯，亦请改归各督抚汇入人民秋审册内一体办理，毋庸再由各将军、都统核审，以昭划一而免歧异。是否有当，谨附片陈明，请旨施行，伏乞圣鉴。谨奏。

光绪三十三年十二月初七日奉旨：依议。钦此。

又奏旗下家奴条例俟议复周馥折后再议去留片

再，旗下家奴各条例，亦多与民人办法不同。上年据前署两江总督周馥奏请禁革买卖人口一折，由政务处知照法律馆参考办法，当经议定办法咨复去后，嗣因政务处裁撤，一切案卷辗转移交宪政编查馆经理，尚未复奏。所有旗下家奴各条例，应俟议复周馥一折定议奏准之后，再议去留。理合附片具陈。谨奏。

光绪三十三年十二月初七日奉旨：知道了。钦此。

《政治官报》第一百号，折奏类，光绪三十四年正月初八日出版

法部会奏核复奉省提法司各级审判检察厅官制折

光绪三十三年十二月二十一日①

奏为遵旨会议具奏事：

光绪三十三年九月初八日内阁钞出东三省总督徐世昌等奏酌拟奉省提法司衙门及各级审判、检察厅官制、员缺一折②，奉朱批：该衙门议奏。单三件并发。钦此。钦遵钞出到部。

查阅原奏内称，臣等前奏东三省公署官制折内陈明，提法司别为一署，应另拟官制，以为独立之基础。嗣据法部、大理院会奏京外各级审判厅职掌各折片咨行到奉，大旨以审判分为四等，而皆设检察官。以检察之取外国单独合议制度，分庭而治，并详及各级官厅之职掌、品位、员数，纲举目张，允为外省准则。又查续定外省官制内，第言各省按察使改为提法使，该司官制以原设之经历、司狱等官改设。奉省初设法官，本无内地习惯，若不先将该司职掌员缺酌拟试办，则各级官厅将无成立之期。且司法关系极重，尤宜参酌中外，折衷至当。诚以提法司管理一省司法上之行政，而以审判之事专属之各级审判厅，以提法司监督之，期达于司法独立之地位。惟旧制有应暂存者，如招解、勘转、上控等件，向来由县递解至院，虽层折太多，尚寓矜慎庶狱之意。此制未能遽废。秋审为各国法制

---

① 为奉到谕旨日期。
② 该折见本资料集"官制改革"之"地方官制改革"部分。题为"酌拟奉省提法司衙门及各级审判厅检察厅官制职掌员缺折"。

所无，而实中国刑事中特别大典，应仍隶于刑事，以存其旧。其新制有应步趋①者，如监狱为司法行政大端，日本司法省且设专局，与民刑同，拟另列一科，以待推广。又登记为民事诉讼之根据，目前虽暂不举办，不可不存其名，应即隶于民事，以符名实。至审判厅为司法独立机关，规制尤宜详备，惟体察奉省情形，有尚须变通者。查原奏直省地方审判厅于直隶厅州及散厅州县各设一厅，推事长品级定为从五，其不言府治者，以内地府治皆有县令同城。今奉省除奉天、锦州两府设县外，其余皆无附郭之县，其推事长品秩，即应依照各该地方官，以四五六品为差。京师地方审判厅预审推事由厅丞于各厅推事中临时派充，不设专缺，盖因该厅推事额设二十四人，足敷分布。本省地方审判厅推事至多不过十二人，若由此中分出预审二员，则民刑均不敷二庭之数，今拟另设预审推事，专办重罪、预审事件。各直省高等审判厅推事品级定为正六，地方审判厅推事定为从六，固与京师审判厅微示区别，惟中缺五品一阶，升转究有未便。今奉省各府地方审判厅拟改为厅丞，升为从四，似宜于高等审判厅推事及各府地方审判厅推事中各设刑科长、民科长一员，品级升为从五，略仿日本民刑部长之制。登记为民事诉讼之根据，各国皆以属之初级审判厅，今亦拟仿照办理。至高等审判厅如一省只设一处，则距省窵远者赴诉维艰，应否设立分厅，原奏亦未议及。拟于省城先设一处，俟体察情形，再行酌量分设，以便就近审理上控诉讼。至于检察厅以保护公安为专职，介于行政权审判权之间，如调度司法警察、搜查犯罪、逮捕犯人、提起公诉、陈明证据、驳诘被告、执行处刑，及不服审判宣告而上控者，民事如婚姻、嗣续、家产等案，皆检察官职权所及，今遵于各级审判厅内均附设检察厅，专司检察事宜，均应服从上级检察官之命令。惟是司法部分关系至重，法律改良，此为缘起，故凡建造厅署，不可安于简陋。任用法吏，亦未便绳以常规，用款用人，不拘成例，而后规模肇造，气象一新，法令所颁，中外受范，尤不能不慎之于始。等因。具奏前来。

正在核议间，据宪政编查馆王大臣咨称，各省提法司应设属员，以原设按察司所属等官，由法部拟定职掌，酌量改设，奏明交馆详核。等语。

---

① 徐世昌原奏，"步趋"为"发起"。见"地方官制改革"东三省部分之徐世昌"酌拟奉省提法司衙门及各级审判厅检察厅官制职掌员缺折"。

除将该司官制清单应由臣等遵照王大臣原咨提出妥议再行奏请交核外，臣等窃维设官分职，大小必使相维，内外尤宜衔接。是以本年六月间，臣部会奏各级审判厅职掌事宜折内，声明管辖之区域，建立之处所，判官之选用，事务之分配，皆臣部应办事宜，而责无旁贷。并列京外职官各表，以为外省准则，等因。奏准通行遵照在案。盖司法机关非与行政官截然分离，不足以谋独立，亦非由臣部为之提挈，不足以综全纲。兹据该督等奏称提法司管理一省司法上之行政事务，而以审判专属之各级审判厅，以提法司监督之，期达于司法独立之地位，核与臣等前奏用意相同，而其中如以秋审隶于刑事，监狱另分一科，登记隶于民事，责令初级审判厅试办，并检察官专司检察事宜，在各厅附设，均系因时制宜，保固法权之意。

惟所称内地府治皆有县令同城，奉省除奉、锦两府设县外，余皆无附郭之县，其推事长即应照各该地方官，以四五六品为差，等语。查各直省原设之府厅州县，系就行政而言，臣等奏设之地方厅制，系就司法而言，性质既有不同，即品位不相统属。如谓原拟地方审判厅职官单内仅冠以某厅州县字样，而府治无文，不知府有附县，固应隶于县中，府无附县，即仍与厅州一体。厅州县均不过为划区域省调查起见，并无崇卑高下之分，则府治之无县令同城者，不妨亦以府名可想①。原奏乃欲以各府审判厅改为厅丞，升为从四，无论意为增置，未能与京师一气相衔，且与京外各高等厅势位相侔，亦属漫无区别。况臣部前奏京师地方审判厅官制折内，本有外省不得援以为例之文，似厅丞体制较崇，固未便以府无附县遽可滥设也。

至预审推事另设专缺，自系明定责成。但预审系专理疑难及情罪重大之狱，此项案件无多，预审终结后，即无所事，似不如仍由各推事中临时派充，较省冗滥。即谓该厅员缺只有此数，分派无人，或于各庭中酌派候补二三员，略仿日本预备判事之法，亦足以资周转。

原奏又称高等审判厅推事定为正六，地方定为从六，中缺五品一阶，升转究有未便，等语。查臣部原定直省地方职官表内，推事长系属从五，则此职即为各该推事升转之阶。以每厅州县各设一员计之，为数当已不少，即选擢谅亦无难。

---

① "可想"原文如此，语意似不通，待考。

若如所奏高等及各府地方推事中添设刑民科长一员，品级升为从五，非惟职司层迭，转有壅滞之虞。且司法甫谋分立，亦难得如许合格人才足供驱策。与其多立名目，未免涉于虚糜，何如限以阶资，俾得乐于见用。此固臣等筹之已熟者也。

总之，该省初设法官，比较内地情形，本易着手。虽规模不可过陋，而统系要使相联。倘不于此时组织完全，仍复自为风气，恐外无以齐列邦之观听，即内无以树各省之先声，揆之整齐划一之道，殊未妥协。臣等公同商酌，所有部定审判厅官制，前奏本极详明，应令该省查照办理，毋庸另议更张。

该督等又称高等审判厅如一省只设一处，则距省窎远者赴诉维艰，拟再行酌量分设，等语。查修律大臣拟定法院编制法草案，业经奏交宪政编查馆核议，并另缮全册咨部备案。内有地方辽阔或其他不便等情，法部应（设）〔于〕① 高等审判厅管辖之地方审判厅内设高等分厅一条。是该草案内早已筹议及此，应俟奏准颁行后，由该督等体察情形，再行咨商臣部，妥为设立，以资周备。

抑臣等更有请者，臣部有管理全国司法上行政之责，而提法司为一省司法行政机关，不啻为臣部之分司，即应以臣部为总汇。现当新旧递更之会，虽不得不受节制于督抚，以谋行政之便利，然非直隶臣部，不足收法权统一之效。即将来法官请简请补各事宜，亦应由开办审判厅各省随时开单咨达臣部，以便奏明请旨，依法升降。此又臣部应尽之职务，不得不觊缕上陈者也。

再，此折系法部主稿，会同大理院办理。合并声明。所有臣等遵议缘由，谨恭折具奏请旨。

光绪三十三年十二月二十一日奉旨：依议。钦此。

《政治官报》第一百二号，折奏类，光绪三十四年正月初十日出版

---

① "于"字原文为"设"，编者参考《法院编制法》改。

法部会奏各级审判厅成立酌拟司法警察及营翼地方办事章程折

光绪三十三年十二月二十四日①

奏为各级审判厅成立，会同酌拟司法警察及营翼地方办事章程，恭折仰祈圣鉴事：

查京师高等以下各级审判厅经法部于本年十一月初三日奏明开办在案。窃维各国裁判制度至为精详，而其构成之法，又实与行政官署有互相维系之效，故法制日臻上理，而职权因以不挠。现在各厅成立伊始，所有审判章程业已奏准试办，是既具独立之基础，即应求补助之机关。查四级审判，俱附设检察一厅，其要务在监察裁判，提起公诉，有纠正辅翼之责，兼理其司法上之行政事务。故凡逮捕罪犯，搜索证据，以及调度司法警察等事，必有统辖之地方官相助为理，然后利于推行。而凡巡警分区，营翼地面，所以保治安而司缉捕者，尤与审判衙门有息息相关之谊。当此裁判分立方始萌芽，若非脉络贯通，何以化畛域而规美备。是以臣等公同商酌，嗣后内外城总厅所管司法警察及两翼营汛地面，其有关涉审判事宜，或与各级检察官直接之件，自应妥定条规，俾资遵守。当经臣等节次派员会同筹议，酌拟司法警察职务并营翼地方办事章程，大致以划分权限，明定责成为要义。臣等复加详核，尚属周妥可行。谨分缮清单，恭呈御览。如蒙俞允，臣等即饬知该管官厅一律遵照，以杜侵越而免推诿。以后如有应行变通之处，另由臣等随时修改，奏明办理。

所有部院衙门会商办事章程各缘由，理合恭折会陈，伏乞皇太后、皇上圣鉴训示。

再，此折系法部主稿，会同民政部、步军统领衙门、大理院办理，合并声

---

① 为谕旨批示日期。

明。谨奏。

光绪三十三年十二月二十四日奉旨：依议。钦此。（章程另录）

《政治官报》第一百二号，折奏类，光绪三十四年正月初十日出版

民政部奏法部审判厅成立裁撤预审厅折

光绪三十三年十二月二十五日①

奏为法部审判厅业经成立，遵照奏案，请将预审厅裁撤，恭折具陈，仰祈圣鉴事：

窃臣部光绪三十二年十二月十七日具奏臣部部、厅官制章程一折清单内开，巡警部原设之预审厅，讯断刑、民案件，俟法部、大理院奏定裁判阶级，定期实行后，应如何移交归并之处，届时应会同法部、大理院妥议办理。至寻常违警罪犯，仍由分厅讯结，等因。本日奉旨：依议。钦此。钦遵在案。现在法部各级审判厅已经奏明于十一月初六日一律开办，准法部行知到部。臣等当即饬令预审厅即于是日一律停审，并将现审未结各案造册，于十一月初十日分别移交内外城地方审判厅接收。据预审厅申报交接清楚前来，自应遵照奏案，将预审厅裁撤。除寻常违警罪犯，仍由巡警各分厅讯结，其原设预审厅印信两颗，应由臣部咨送礼部缴销外，所有臣等遵照奏案，请将预审厅裁撤缘由，理合恭折具陈，伏乞皇太后、皇上圣鉴。谨奏。

光绪三十三年十二月二十五日奉旨：知道了。钦此。

《政治官报》第九十九号，补上年，折奏类，光绪三十四年正月初七日

---

① 为奉到上谕批示日期。

法部大理院会奏遵旨和衷妥议部院权限折

光绪三十三年

窃光绪三十三年四月初三日，臣部奏酌拟司法权限一折、清单一件，军机处片交，奉旨：依议。钦此。嗣经臣部查阅清单所开十二条，其中尚无窒碍者，自当钦遵办理。惟第一、第五、第六、第九等条，或与法权相关，或与事实不便，奏请酌加厘订，等因。旋由军机处片交，奉旨：著与法部和衷商办，不准各执意见。钦此。臣等奉命之下，惶悚莫名。

伏念臣部原折，皆系遵照王大臣奏定官制章程，亦为东西各国之公例，非敢稍逞私臆。早在圣明洞鉴之中。惟是臣院创办伊始，诸务艰难，前奏酌加厘订之处，原欲设法以济其穷，亦非别存意见。兹既钦奉谕旨，责令和衷商办，臣鸿慈与臣仁黼等谨遵圣训，悉心参酌，除臣部原奏清单内八条，业经臣院遵照办理，应请毋庸置议外，所有第一、第五、第六、第九等条，有仍照原拟者，有量加增改者，又有原奏所未及，此次应行补订者。臣等连日晤商，公同妥定，理合开列清单，恭呈御览。此后部院交涉事务日繁，臣等惟有随时随事妥商办理，以敦同寅协恭之谊，上纾宵旰廑念之殷。谨恭折具奏请旨。

奉旨：依议。钦此。

谨将原定司法权限酌改四条续增一条，缮具清单，恭呈御览。

一、大理院自定死刑之案。先行抄录红供奏底，咨送法部复核，有无签商，于三日内片复大理院，再由院备稿送部会画，定期具奏。系立决人犯，即送交法部收监，以便执行处决。系秋后人犯，于定案后移送法部监禁。朝审册本，由法部核议实缓后，并照旧章奏请钦派大臣复核，黄册专由法部进呈。

一、速议之件。外省奏请奉旨后，专由法部核议。如情罪不符者，咨交大理院，俟供勘到后，援律驳正。仍由法部缮折，会同大理院具奏。

一、汇案死罪之件。外省具奏奉旨交法部议奏者，应令各省将供勘分达部、院，由大理院复核，限二十日咨法部核定，即由法部具折复奏。如有情罪未协者，仍咨大理院驳正后，再行咨部，缮折会同大理院具奏。

一、大理院官制。拟会同法部具奏后，所有附设之总检察厅丞及检察官，由法部会同大理院分别开单请简、请补。其刑科、民科推丞，应由部院公同妥商，将大理院审判得力人员，开列清单，由部会院请简。推事以下各官，即由院会部奏补。以收得人之效。

一、外省奉到文后，应即遵照新章，将死罪案件供勘分别咨达部、院，听候大理院复判，法部核定。如在未经奉到部文之先，业已交部核议者，仍由法部照常办理，以免参差。

《东方杂志》，光绪三十三年第七期

会议政务处奏议复御史赵炳麟奏司法人员官阶终身升转分别准驳折

光绪三十三年

本年（丁未）十月初三日，准军机处抄交御史赵炳麟奏司法人员官阶终身按次升转一片，奉旨：会议政务处议奏。钦此。

查原片内称，司法人员皆定为终身官，令其久于职掌，事无顾虑、偏袒之弊，以冀伸公理而雪民怨，等语。意在收司法独立之效，兼以杜夤缘捷径之门，用意至为深远，且于东西各国通例，亦甚相符。惟是各国任官，无论下级高等，皆由学堂毕业出身，而又加之以实验，但使人称其职，终身于此递迁，禄糈必从优厚。甚至去官之后，仍予俸金，后嗣子孙尚劳补助，固不独司法一部为然，而于法官实为优待，盖欲使其专心审判，绝无他顾之忧。法至美，意至善也。中国既言立宪，则将来各署堂司，自应统由各该衙门按级升转，以资熟手。第法部现在虽于京师奏设高等地方各级审判厅区，以冀逐渐推广，而法学人员，多未卒业，后来新进，又苦于地方风俗未能全行了然，势不能不兼用昔日资深谙练之人以维持于其际。是出身本来各异，则出路自难强同，况各署俸薪未能一律，若使概从优厚，则库帑有所不支，倘竟靳其调迁，则来者又将观望。恐欲重法律专门之学，而转致英才裹足之忧。是以臣等公同商酌该御史所称司法人员定为终身官阶一节，一时尚难办到，应俟将来分科学堂毕业，各项专门学生较多，再行照此任用。

至所谓各司员希冀多设额缺，以为京察截取外转道府地步等情。查现在各署新设之缺过多，往往以双月候选人员率请补授要缺，一经捐俸，即予以道府之阶，于鼓励则有余，于历练则不足，不特外省员缺只有此数，纷纷改外，断难容纳，且恐各司员补缺之后，即视此官以为借径，一切民事、刑事概不留心，似不可不预防其后。拟请饬下法部、大理院堂官，将现在该衙门额设员缺若干，将来如何升转，详细开单，咨由吏部会同臣等复核，参酌本年（丁未）九月吏部奏定限制警官保送章程，画开内升外转之途，使与各署司员无所偏倚，庶足以昭公允而资鼓励。谨奏。

奉旨：依议。钦此。

再，查各国审判制度，有检察官以保卫原告，有辩护士以保卫被告，而又多设审级，使不服者得按级上诉，一狱之成，准予三审，故官司无偏纵之虞。而编氓受治安之益。然犹恐有决罚不如法者，复规定惩戒裁判法，以议其后，用意至为周密。第上诉案件，虽上级改易下级之判决，苟无枉法情弊，即使下级承审者有因解释法律或执行职务所生之错误，从不加以惩戒，盖所以保全审判官之名誉，而不予人以媒孽也。现在京师各级审判厅业经成立，所有辩护士一项，尚无合格之人，应请毋庸置议。其余办法，皆系折衷东西各国之制，且臣部有监督之权，而死罪案件，大理院复有驳审之责，立法已极周备。嗣后各级审判官果有贪赃枉法及请托情事故出入人罪者，自（办）〔当〕照例论罪。其在上级复控之件，有改易下级之处断者，与平反冤狱不同，应请免其置议。至寻常因公错误之事，拟并仰恳天恩，准授大理院开办成案，暂予宽免六个月公罪处分，以示体恤。一俟臣部详定法官惩戒章程，再行奏明办理。臣等为维持司法独立起见，是否有当，谨附片具奏请旨。

奉旨：依议。钦此。

《东方杂志》，光绪三十四年第三期

大理院奏设立统计处并饬各员研究宪政事宜折

光绪三十四年正月十二日①

奏为遵旨设立统计处，并饬各员研究宪政事宜，恭折仰祈圣鉴事：

光绪三十三年九月十六日内阁奉上谕：朕钦奉慈禧端佑康颐昭豫庄诚寿恭钦献崇熙皇太后懿旨：本日宪政编查馆奏请饬各省设立调查局，各部院设立统计处各折片。统计一项，宜由各部院先总其成。著各部院设立统计处，由该管堂官派定专员，照该馆所定表式，详细胪列，按期咨报，以备刊行统计年鉴之用。等因。钦此。钦遵钞出到院。

臣等窃维为政之道，必提挈纲要，而后全体之条贯乃有可寻，必综核名实，而后庶务之举废始莫能遁。是故统计一端，本周礼岁稽月考之遗，上自朝廷诸大政，下及至纤至悉，靡不备载，执政者按表推求，考其得失善败之由，俾阴行其补救维持之术，关系至为重要。臣院职司审判，以刑名为专责，内则审结特别权限各案件，外则复判各省军流以上罪名，而案犯之多寡，情罪之重轻，以及员缺经费各项，俱应分门别类，详细胪陈，始得有所稽考。上年臣等饬令员司按照各节定拟表式，业经咨送宪政编查馆详核。惟是表式既定，嗣后按期填列咨报，自应钦遵懿旨，派定专员，方足以昭慎重。查臣院前经奏设之详谳处，系属院务总汇之区，臣等当就分核及行走人员中派定六员专司其事，每遇月报岁报之时，责成该员等会同各庭处所，将各门各类一一填表，毋使错漏。至研究宪政，亦应钦遵上年八月二十三日懿旨，督率各员，暂就详谳处切实讲贯，使知统大权而公庶

---

① 为谕旨批示日期。

政，实维宪法之精神，宣上德而通下情，胥属新政之枢要。其各员能否力学精思，抑或毫无体会，届时再由臣等分别考核，董劝兼施，庶员司俱勉为通材，不至为奇衺所惑，淆乱国是，于以仰副朝廷汲汲求治之至意。

所有臣院设立统计处并饬各员研究宪政各缘由，理合恭折具陈，伏乞皇太后、皇上圣鉴。谨奏。

光绪三十四年正月十二日奉旨：知道了。钦此。

《政治官报》第一百七号，折奏类，光绪三十四年正月十五日出版

御史徐定超奏司法官制关系宪法始基应加厘正统一折

宣统元年二月二十七日

京畿道监察御史臣徐定超跪奏，为司法官制关系宪政始基，拟请详加厘正，以规统一，恭折仰祈圣鉴事：

窃立宪之要，以三权分立为先。司法一权，动关举国之秩序，与人民之治安，东西各邦，莫不同力一心，维持司法独立，而膺是任者，亦得遵宪法之规定以自尽其职守。凡国内之审判、检察，皆受其监督命令，是以事无纷歧之患，责无旁贷之虞，此其明效大验也。国家自光绪三十二年改设法部、大理院，大纲所在，厘然秩然。惟是改章之初，办理尚多歧阙，若不加厘定，成效安期，宪法前途不无阻碍。九年预备，圣训煌煌，当厘正官制之期，筹统一司法之效，臣不揣冒昧，谨就管见所及，为我皇上缕晰陈之。

谨按：光绪三十二年九月二十日钦奉懿旨：刑部改为法部，专任司法。嗣据法部奏定官制职掌单开，法部管理全国民事、刑事、监狱及一切司法行政事务，监督大理院、直省提法司，下及各审判、检察厅。是行政之权，应统归法部，复核之责，即惟部是司，各省案件，无庸分达，以期迅捷。而大理院奏呈统计表折内称，直省案件应行指驳者，由院拟稿，咨送法部会奏，似与司法权限未甚分

明。闻部院交涉之事，尚多类此。虽前此曾有和衷之奏，恐积久或滋镠轕之端。此应厘正者一也。

查部院妥议权限一折，总检察厅丞员缺，会同法部开单请简。案立宪之国，设各级审判，又设各级检察，以相对待，所以重法权，慎狱讼，意至善也。总检察厅之于大理院，有监察、纠正之权，若令院卿会保厅丞，不啻为其僚属，安能独立而尽其责任。颇闻该厅有类赘疣，时多掣肘，最高检察之职务不完，则全国司法之机关易窒。大理院卿既为特简之官，总检察厅丞，似应仍照复核官制王大臣原奏，总司直一官，秩正三品，并改为特简，庶体制相当，互相维系。此应厘正者二也。

又查各国司法统计之例，最高审判之统计报告，皆送司法总署，会编一册，以报于内阁及议院。日本司法省统计年报民刑事各册，皆首列大审院，次及控诉院与各裁判所，此其明证。案上年六月法部奏统计表折称，除大理院奏准自行办理外，止列京师高等以下各审判、检察厅之表，而大理院及总检察厅不与焉。大理院统计表折称，胪列复判案件，似与法部刊列各省罪刑重见复出，不啻有二司法部，内无以专责成于邦宪，外无以一观听于列强。此应厘正【者】三也。

夫法部者，司法之纲领也。大理院者，审判之极地也。必先规部院之统一，斯可规京省之统一。三十二年奏定官制，法部举叙司事务内开，直省执法司使之履历，并开单请简事项，上年复谕令于各省城及各商埠限一年内筹备高等审判厅。窃维外省之审判、检察，必以提法司为之枢，乃可推行无弊。拟请谕令各直省于三年内一律改设提法司，直隶于法部，而节制于督抚。更饬法部详议一切规制，庶高等以下各级厅可以次第设立，由省而府而县而乡，等级既备，纲目毕张，散为万殊者，仍归于一贯，司法有独立之权，斯宪政有观成之日。此应厘正者四也。

臣之愚虑，以司法关系綦重，八年期限至速，苟有所见，不敢缄默不言。拟恳饬下会议政务处议奏施行，于宪政不无裨助。所有规划司法统一缘由，是否有当，谨恭折具陈，伏乞皇上圣鉴训示。谨奏。

《清末筹备立宪档案史料》，第862—864页

大理院奏筹备关系立宪事宜折

宣统元年三月初八日①

奏为敬陈臣院关系立宪应办事宜，恭折仰祈圣鉴事：

光绪三十四年九月二十九日，内阁奉上谕：钦遵懿旨：前据宪政编查馆、资政院将议院未开以前逐年应行筹备事宜开单具奏，当经降旨谆谕内外臣工依期举办。查单开各衙门筹备事宜，系就与开设议院最关切近者而言，非谓未列单内之各衙门，便可不受责成，逍遥事外。等因。钦此。宣统元年闰二月初四日内阁奉上谕：国家设官分职，各有应尽责任。现在朝廷预备立宪，屡降谕旨，不啻三令五申，自此宣谕之后，责成各该部院衙门堂官，举凡应办要政及一切关于预备立宪各事宜，皆当次第筹画，认真办理。仰见我皇上光绍前谟力行宪政，臣等跪聆之下，悚佩莫名。伏思宪政编查馆、资政院奏定逐年应行筹备事宜，臣院未列单内，盖以臣院系遵律司法，执国家已定之典章，判民刑方来之诉讼，其筹备之项，诚不必逐年皆有，而应办事宜，有深知其与立宪相关，必须筹备者，厥有数端，未敢安于苟简，自谢责成。谨就愚忱所及，酌拟办法，为我皇上详陈之。

查立宪国裁判制度，凡地方审判厅以上，类分预审与公判为二端，预审以秘密为主义，一切调查案证，讯问原被，以审判单独制行之，而不许人之旁听。公判以公开为主义，一切质证情节，宣告罪名，以审判合议制行之，而不禁人之旁听。故各国建造法庭，大都气象崇隆，规模宏敞。其大者至能容千人以上，所以系众庶之心思，耸外人之观听，匪细故也。臣院改设以来，诸务草创，曾经奏请移入工部旧署，就原有之堂司略加修葺，暂就其中分庭审讯，以限于旧有屋宇，一切规制尚未完备。嗣复请将銮舆卫旧署拨归臣院应用，并于接收卫署折内，声明嗣后建筑，应俟请有的款，另行奏明办理，等因。仰邀俞允在案。窃维法权之

---

① 为奉到谕旨批示日期。

五、司法独立的讨论及措施

尊重，实国体所攸关，形式之完全，亦精神所由寄。日本变制之初，首从事于建筑法廨，需费无虑巨万，一时君臣上下震动恪恭。不十余年，各国撤回领事裁判权，遂收司法统一之效。臣院为全国最高审判衙门，自开办至今，日本之游历来华者入院参观，络绎不绝，奉天等省亦复派员来院考查，若犹是因陋就简，苟且目前，不惟无以尊上国之法权，亦恐不足餍中外之视听，倘异日欲自治其域内侨民，或人尚多所藉口。臣等公同商酌，拟博访外国法庭制度，取其适用者，就两署旧基合并沟通，重新建造，凡臣院开庭及预审各厅事，俱一一量为布置。至臣院附设之看守所，仅就工部原有大库权宜葺治，亦应于院内另建一区，略仿各国未决监规制，以为京外模范。以上所拟，臣等于统筹出入款项折内谨陈大概，拟俟奉旨后，与度支部妥商筹款之法，另行具奏。此建筑法庭及改造看守所之所宜筹备者一也。

环球各国法学昌明，惟其不耻相师，乃能驯致相胜。审判系专门之学，半由学校养成，半由经验有得。中国改定新刑律，范围至广，使不早筹用律之人，恐颁布届期，终有徒法不能自行之虑。今法律学堂已渐设立，而审判练习尚须有方。臣等拟就本院慎选合格之员，每年资遣数名分赴东西各国，在裁判衙署实地练习，专备学成归国施行新律之用，所需各费亦拟咨商度支部斟酌办理，总视拨款之多寡，定资遣之人数。此练习审判人才之所宜筹备者二也。

新定刑律，义取简赅，非有解释之书，不足以资依据。东西各国，凡最高裁判衙门，均刊有判决录，所以揭示案由，模范全国，法学专家亦得援以诘难，用能研究益精，日有进步。查实行新刑律定于宣统五年，臣院拟届时编刻判决录分行各省，既资审判之准绳，亦备法家之攻错。所有编纂体例，拟俟新刑律宣布后，随时奏定。此编定判决录之所宜筹备者三也。

以上数端，皆为审判切要之图，亦即宪政应有之义。除编刊判决录，应俟宣统五年实行新刑律再行开办外，至建筑法庭及看守所，与遣员出【国】实地练习，总须在实行新刑律年限以前办有成绩，方免贻误无形，而事之能否举行，胥视款之有无为断。臣等职守所在，夙夜兢兢，固不敢以多费耗财，亦不敢以畏难省事，总期黾勉图效，月计有余，藉以仰副朝廷慎重宪政实事求是之至意。

所有臣院关系立宪应办事宜，除咨呈宪政编查馆外，谨恭折具陈，伏乞皇上圣鉴。谨奏。

宣统元年三月初八日奉谕旨：大理院奏筹备立宪事宜一折，著会同度支部妥为筹商具奏。钦此。

《民政部奏折汇存》第二册，第457—460页，全国图书馆缩微复制中心2004年影印

法部奏筹办外省省城商埠各级审判厅补订章程办法折（附章程、大纲等）

宣统元年七月初十日[①]

奏为筹办外省省城、商埠各级审判厅，谨补订试办章程，并拟定编制大纲及筹办事宜，请旨通行，以示准绳而免歧异，开单具陈，仰祈圣鉴事：

窃臣部奏定统筹司法行政事宜，分期胪列开单复陈一折，宣统元年闰二月二十七日奉旨：交宪政编查馆核议。钦此。钦遵在案。查臣等原奏系预筹九年应有办法，事项繁多，尚未据该馆核定。惟前奉宪政编查馆、资政院会奏各部分年筹备事宜清单内开，本年筹办外省省城、商埠各级审判厅，法部、各省督抚同办，限明年一律成立。为时既已过迫，自不能不预为规定，以免临期贻误。现在省城如奉天业经成立，吉、黑两省亦俱筹设，商埠如天津、营口均先后奏报开办外，其余或甫在规画，或尚少端倪。即就奏咨有案省分而言，其悉心研究，竭力从事者，尚多疑难待剖之端。而意图速成，以趋简便者，且不知有行政、司法之别。似此分途异辙，莫定指归，即便程限无愆，而良楛杂陈，恐亦事势所不免。臣部职司所在，责有专归，若不先示准绳，何以固法权而昭统一。如定各厅之组织，明审判之等差，别事物之管辖，厘官吏之职权，此法院编制法所有事也。推事、检察等员应如何资格，黜陟进退各官应如何依据，此法官登进惩戒章程所有事

[①] 为朱批批示日期。

也。诉讼、和解宜遵如何程式，判决、执行宜循如何节次，此诉讼法所有事也。此等法律章程，类非一时所能颁布，而以上指陈各事，又悉为各级审判厅所不能无。则欲示筹办者以津逮之途，自宜先定简要之归，俾为权宜之用。断断然矣。

窃查臣部前年奏定京师高等以下各级审判厅试办章程，就中纲举条分，略具法院编制法及诉讼法大要，现据编查馆咨复，准其通行试办。今就关于各直省者量加补订八条，俾率循不至无方，而推行可期尽利。至应设厅所员额，拟照臣部原定京外各级审判厅官制，兼采法院编制法草案，复酌量省、埠情形，拟定为编制大纲十二条。此外筹款、用人及一切关系各厅事项，拟别定为筹办事宜四款。虽体制未尽完全，第当此甫经创立之时，形式既已粗陈，斯精神自当流贯。一俟将来各种法律次第颁行，此项章程条款即当改归一律，俾免歧趋。是有裨于初基，并无梗于进步。除原定试办章程无庸再行缮呈外，谨将补订章程及编制筹办各条目，分缮清单，恭呈御览。如蒙俞允，即由臣部通行各该省一体遵照筹办，并咨交宪政编查馆存案，暂为依限考核之据。其余应行损益及未尽事宜，拟由各督抚臣随时会商臣部，分别奏咨办理。

抑臣等更有请者，国家帑项岂容稍涉虚糜，况在司农仰屋之时，更宜力求撙节。然司法独立，特为宪政之纲维，审判厅即其精神之所寄也，乃或过持减啬之义，意存敷衍，其甚者至欲以地方官署为审判厅，即以地方官兼充推事，于司法、行政分立之意实大相径庭，况省城为郡邑楷模，商埠系中外观听，前所以定分年筹备之制者，正欲令财力纾缓，得以布置从容。今臣等所拟办法，系专为筹办省城、商埠各级审判厅而言，编制已极简约，所冀各疆臣凛遵立宪谕旨，勉为其难。将来推广厅州县乡镇各级审判厅，或有应行变通之处，应俟随时考查，临期再议。若夫省城、商埠，则当以此次所拟为范围，不得再行减缩。此臣等与各督抚所宜共勉者也。

所有筹办外省省城、商埠各级审判厅补订章程办法各缘由，理合开单恭折缕陈，伏乞皇上圣鉴训示。谨奏。

宣统元年七月初十日奉旨：依议。钦此。

拟补订高等以下各级审判厅试办章程（凡八条）

一、原章第七条各级审判厅管辖区域，系专指京师内外城而言。外省各级审判厅之管辖区域，应查照此次拟定筹办事宜第四款办理。

二、原章第三十二条对于外国人诉讼，得用本厅翻译官，外省各级审判厅或临时雇用翻译，或设置专员，应视讼事繁简经费盈绌酌量办理，惟以能传达诉讼审判之本意为断。其雇用翻译之费，应归本人自理。至录供叙案，仍当主用汉文，遇有必须严密慎重之案，其供辞证据可于汉文之外附存外国文。

三、原章第四十五条遇有交涉案件，由厅申部，行文外交官知照外国公署。外省各审判厅遇有此等案件，其只须知照驻在该省之外国领事者，可由该厅申请督抚或移知关道就近直接知照，其应与外国公使馆交涉之件，仍申部办理。

四、原章第五十条、五十一条、五十六条、六十四条之诉讼状及委任状、上诉状，凡外省有审判厅之处，应俟本部奏定诉讼状纸章程颁发后，一律遵照办理，不得歧异。

五、原章第六十条、六十一条上诉期限，各省刑事展为十日，民事展为二十日。若因天灾及意外事变至逾定限者，仍准上诉，但须于呈内详细声明。其未设初级审判厅及未设地方审判厅之处，上诉期限应除去在途之日计算。

六、原章第八十七条诉讼费，各省得斟酌情形，量为增减。但其增减之数不得超过原额十分之五，且须先将酌定数目咨部考核，并列表悬示，俾众周知。其第八十九条至九十五条各项，亦可照此办理。

七、原章第九十九条职官额缺，外省各级审判厅应查照此次拟定编制大纲及筹办事宜办理。

八、原章及此次补订各条，应于各审判厅开办之时广行刊布，俾境内人民一体知悉。

拟定各省城、商埠各级审判检察厅编制大纲（凡十二条）

一、凡省城、商埠同在一处者，设高等审判厅一所。凡首县，各设地方审判厅一所，初级审判厅一所或二所。其省城、商埠各在一处者，省城设高等以下各厅，商埠不设高等审判厅，余俱如省城之例。其商埠大而事繁或距省城过远者，得酌设高等审判分厅，由厅丞于推事中保任一人为推事长，代行厅丞职务，仍由厅丞随时指挥监督。

二、凡高等审判厅，各设厅丞一人。民科一庭，刑科一庭，每庭设合议推事三人。每厅设典簿一人，主簿二人，录事四人或六人。高等审判分厅除不设厅丞外，余俱如高等审判厅之例。

三、凡省城、商埠之地方审判厅，设推事长一人。暂设民科一庭，刑科一庭，每庭各设合议推事三人。每厅设典簿一人，主簿一人或二人。事务较简之地，可不设主簿，以录事兼行其职务。设所官一人，录事四人，多至八人。

四、凡省城、商埠之初级审判厅，每庭各设单独推事一人或二人，书记生如推事之数。

五、凡省城、商埠各级审判厅，俱各设同等之检察厅。其厅所即附于各审判厅之内。

六、凡省城之高等检察厅，设检察长一人，检察官一人，录事二人。商埠之高等检察分厅，设检察官一人，录事一人或二人。地方检察厅设检察长一人，检察官一人，其商埠事务较简者，或即以检察官兼检察长，录事一人或二人。初级检察厅设检察官一人，书记生一人或二人。

七、凡以上应设各官，其品级职务权限，应查照本部奏定京外各级审判厅并附设检察厅官制，及高等以下各级审判厅试办章程办理。再有未详者，《法院编制法（草案）》亦可参照。

八、凡以上应设厅数、庭数、员数，俱系最简之办法，各省、商埠不得再行减缩。其繁剧之处，量宜增置，不必拘守此限，惟须奏咨立案。

九、凡以上各厅，应各设候补之员，俾为补助，且资练习，但其数不得逾于定员之数。其以推事候补者，得办理预审及代理回避各推事之任。惟办理预审时，不得有判决之权。

十、凡以上各厅应有之承发吏、庭丁，应酌量地方情形，设定额数。其职务权限参照法院编制法草案办理。

十一、凡检察厅俱有指挥司法警察之权，一切照本部奏定司法警察职务章程办理。至应用人数，由各该省酌定。此外地方官吏营汛地保，均有协助之责。应由各督抚率属详订章程，通饬遵照，仍一面将章程咨部立案。

十二、此项编制大纲，系为权宜代用而设，将来法院编制法颁布，如有规定异同之处，应即改归一律。

拟定各省城、商埠各级审判厅筹办事宜

一、经费。按照拟定编制大纲，称量筹足，度支部统一财政未实行以前，筹措之权应归督抚督同藩司或度支司任之。所有开办费须特别筹拨应用，其常年各费，如省城、商埠旧有之发审、清讼等局，其事既移归审判厅管理，则年支各款以及该问刑衙门如刑幕束脩、招解公费及其他因审理词讼所有之款（现有已筹办公经费四川等省应就其公费内酌量划提），均可划提。其照章所收之诉讼费及各项罚金（除向章应解部之外），亦均应充各厅常年之用。再有不足，饬司筹继，仍将筹措情形并预算表目咨部考核。

二、建设。法庭及办公处所，自以从新建筑为合宜，如财力实有不给，尽可就各项闲废公局处所酌量修改，但不得与现在之各行政官署混合，以清界限。

三、用人。内外审判、检察各厅，属于本部直辖，所有一切官员请简、奏补、委用之权均应归宿本部，以与各行政官区别。京师既已实行，各省自应一律照办。惟创办之始，法官考试任用章程未实行以前，宜略予变通，今拟办法如左：

高等审判厅厅丞、高等检察厅检察长，由本部择员预保，临时请简。各督抚亦得就近遴选或指调部员，先行咨部派署，不得径行请简。

推事、检察官各员，由督抚督同按察使或提法使认真遴选品秩相当之员，或专门法政毕业者，或旧系法曹出身者，或曾任正印各官者，或曾充刑幕者，或指调部员，俱咨部先行派署。典簿、主簿、所官、录事各员，由督抚督饬按察使或提法使认真考试，就现任、候补各员及刑幕人等，拔取资格程度相当者，分别咨部派署委用。

以上各员，除请简者应由本部奏请简用外，凡明年成立之省城、商埠审判、检察各厅一切应行奏补员缺，在法官考试任用章程未实行以前，均应作为署任，俟该章程奏明实行后，考核成绩，再行分别奏补。

四、管辖。各省城高等审判厅管辖全省诉讼，各府厅州县地方审判厅管辖全境诉讼，当各乡镇初级审判厅各府厅州县地方审判厅未遍设之时，拟定诉讼管辖之权限如左：

省城、商埠初级审判厅之辖境不必但以城垣商场为限，应酌量形势、户口，如附近之地实为该审判厅力所能到，且势宜兼及者，即划定为该厅管辖之界。凡界内诉讼事件（原被告有一为界内人或皆非界内人而出事在界内者皆是），地方官不得受理。有投告错误或发现犯罪之时，当指令自赴该厅或移送该检察厅赴诉。其界外词讼案件，仍归府厅州县官照常收受审理。

地方审判厅辖境内之乡镇，其词讼虽暂归府厅州县官受理，有不服时，仍可依照试办章程，就该地方审判厅上诉。该检察厅于收受诉状时，应按试办章程第六条各级审判厅管辖案件之区别，查其应以本厅为第二审者，即照章归本厅审判。应以高等审判厅为第二审者，民事令自赴该厅起诉，刑事移交高等检察厅办理。未设地方检察厅之府厅州县依法递控到省之案，向归臬司或发审局审理者，俱应向省城高等审判厅起诉。由该厅按照前条，区别应以本厅为第二审者，判决之后，许其照章向大理院上诉；应以本厅为终审者，判决时并宣告该案无上诉于大理院之权。惟此项案件系专指依法递控，曾经该地方官判断有案且未逾上诉期限者而言。如并未在该地方官署呈控之案，一概不与受理，并不许向督抚及各司道衙门越诉，仍饬回该府厅州县听候判断。

非照新章上诉于大理院之京控案件，由京师发回原省审讯者，由该省高等审判厅照前条区别第二审、终审，判决后呈明督抚及按察使或提法使，分别奏咨结案。

《政治官报》第六百六十六号，折奏类，宣统元年七月二十日出版

大理院奏遵章预陈次年筹备实情折

宣统元年十二月二十三日①

奏为遵章预陈次年筹备实情，恭折仰祈圣鉴事：

光绪三十四年九月二十九日，内阁奉上谕：钦奉懿旨：前据宪政编查馆、资政院将议院未开以前逐年筹备事宜开单具奏，当经降旨谆谕内外臣工依期举办。查单开各衙门筹备事宜，系就与开设议院最关切近者而言，非谓未列单内之各衙门，便可不受责成，逍遥事外。等因。钦此。宣统元年闰二月初四日内阁奉上谕：国家设官分职，各有应尽责任。现在朝廷预备立宪，屡降谕旨，不啻三令五申，自此宣谕之后，责成各该部院衙门堂官，举凡应办要政及一切关于预备立宪各事宜，皆当次第筹画，认真办理。等因。钦此。八月十四日宪政编查馆会奏复核各部院九年筹备未尽事宜，分别缮单一折清单内开，大理院为全国最高法院，乃立宪国实行宪政重要之地，法庭规制为观瞻所系，审判人才为民命所关，该院所奏建筑法庭练习人才两端，均属切要之图，应令该院按照前后所陈认真办理，等因。伏查建筑法庭与收回领事裁判权至有关系，使经始稍涉草率，则改作所费更多，必须博考各国制度，择善而从，庶臻完备。臣等前经查有丁忧开缺臣院民科推丞周绍昌，熟悉工程，精明廉干，奏调回京，派令专办法庭及臣院附设之看守所工程，现方详考规制，估计作法，力求撙节。并经臣等分咨出使各国大臣，将现在大审院法庭及未决监图式，详细贴说，迅速寄京，以资参考。一俟图式汇齐，斟酌尽善，并度支部拨到款项，再行定期开工，专折奏报。此预筹建筑法庭之实情也。

臣院承审各员，大半调自法部，不乏熟谙例案精于鞫问之才，而先后奏调及签分到院人员，亦多有游学毕业通晓法学者。惟新旧既贵贯通，深造乃能有得，

---

① 为奉到谕旨批示日期。

臣等现于署中设立审判研究所，以熟精现行刑律司员充当教习，自帮审官以次，悉令按日授课。先以讲求律例为根本，以至问案、办稿、叙供之法一一讲授，开学迄今，已有数月。臣等曾加考试，颇有求学专一之员，足以造就。拟自明年始，凡派充乌布，即以各员所学等差为断，藉资策励。盖学识以讲习而出，人材因诱掖而成，陶育之方，不敢不尽。至实行新律，必先预储用律之才，遣员出洋在裁判官署实地练习，自是当务之急，臣等拟俟与度支部筹得经费有著，随时奏明办理。总期旧者知新，不拘于故步，新者知旧，不涉于嚣张，中外沟通，用乃宏大。此预筹练习人才之实情也。

以上两端，胥关财用。现当此库储齐绌，何敢稍涉铺张，惟既为宪政要图，亦难自安苟简，惟有殚竭心力，持之以恒，要之以久，藉以仰副圣明殷殷告诫之至意。所有遵章预陈次年筹备实情，理合恭折具奏，伏乞皇上圣鉴。谨奏。

宣统元年十二月二十三日奉旨：宪政编查馆知道。钦此。

《政治官报》第八百二十九号，折奏类，宣统二年正月十二日出版

宪政编查馆奏核定《法院编制法》并另拟各项暂行章程折

（附《法院编制法》、《法官考试任用章程》、《司法区域分划暂行章程》、《初级暨地方审判厅管辖案件暂行章程》）

宣统元年十二月二十八日[①]

奏为遵旨核定《法院编制法》，另拟各项暂行章程，谨缮清单，恭折具陈，仰祈圣鉴事：

光绪三十三年八月初二日，修订法律大臣沈家本奏酌拟《法院编制法》，开单请饬下宪政编查馆考核一折，奉旨：宪政编查馆知道。单并发。钦此。钦遵抄

---

① 为奉到上谕批准日期。

录原奏并清单知照前来。恭查《钦定逐年筹备事宜清单》，内载《法院编制法》应于宣统元年颁布等因，钦遵在案。

窃维司法与行政分立，为实行宪政之权舆。上年《钦定逐年筹备事宜清单》，令各省分期筹设各级审判厅，即为司法独立之基础。而《法院编制法》所以明定等级，划分职权，尤为筹设各级审判厅之准则。臣等检阅原奏清单，都十五章一百四十条，举凡机关之设备及其执掌、权限，规定綦详，于采用各国制度之中，仍寓体察本国情形之意，尚系折衷拟定。惟其中尚有应行增损者数端，谨参照最新法理，证以现在实情，逐次修正，以期完美。

原奏于条文之内，往往附加小注。查律文以谨严为主，注释律义，不能与条文混为一事。今拟一概删除，其条文意义未足者，仍别加款项，以期明显。又原奏于法官品级，详为区分。查《法院编制法》在规定审判厅之办法、权限，其性质属乎法律，至规定品级等项，则属乎命令之事，今拟改为总括之语。其品级及俸给等项详细办法，由法部另行厘订，奏交臣馆复核办理。又原奏胪列初级审判厅管辖事件。查审判管辖事件，为诉讼之要端，现诉讼律及民商各律、刑律，尚待编订，若于编制法约举一二，亦属偏而不全，而地方及初级审判各厅即须开办，所有第一审管辖案件，亦须明定办法，乃有遵循。谨另拟《初级暨地方审判厅管辖案件暂行章程》，以便施行。又原奏书记课内，录事以外，别设书记生。查书记生系临时雇用，无庸列入定章。今拟删改，除典簿、主簿外，一律称为录事。又原奏于考用法官、分划司法区域现行办法，均未详及，谨另拟《法官考试任用暂行章程》、《司法区域分划暂行章程》各一种，以杜滥竽而免纷歧。其余条文、词义未协及字句歧异之处，均经详细商酌，分别改正厘定，为十六章一百六十四条，并附订暂行章程三种，谨分别缮具清单，恭呈御览，伏候明降谕旨，钦定颁行，用资法守。

至从前法部会奏《各级审判厅试办章程》，业经臣馆咨准该部通行试办在案。该章程各条，有已定之于《法院编制法》者，应行作废，其余仍应照行，以资办理。此外法部、大理院奏定各项章程，有与《法院编制法》所载不符者，应请饬下一律改正，以归划一。再，《法院编制法》之制定，固为改良审判之用，而诉讼律不同时颁布，则良法美制恐亦牵掣难行。现距诉讼律告成施行之期尚远，而《法院编制法》立待施行，臣等公同商酌，拟请饬下修订法律馆，将诉讼律内万不容缓各条，先行提出，作为诉讼暂行章程，并会同法部，查明中国诉讼积弊，奏明请旨严禁，则新旧交替，各得其时，自可收相得益彰之效。现在过渡办法无逾于此。

其《法院编制法》内定有律师，即属外国之辩护士，关系于审判者甚大。查东西各国俱特定辩护士法，各有严重规定，以示范围。吾国筹办审判伊始，自应由法律馆拟订律师单行法，奏交臣馆复核遵行，以期一贯。

抑臣等更有进者，法院编制，兹既特颁法典，则行政、司法各官权限皆有一定，法部及大理院以下，京外各级审判、检察厅均应一律钦遵办理，若仍听其牵连缪辕，不惟审判权难收级级独立之实效，而不能保执法之不阿，抑且司法权徒拥层层监督之虚名，而或易滋专断之流弊。是宜于定制颁行之始，切实声明，凡从前法部、大理院权限未清之处，自此次《法院编制法》颁行以后，即应各专责成。拟请嗣后属于全国司法之行政事务，如任用法官、划分区域，以及一切行政上调查执行各项，暨应钦遵筹备事宜清单筹办者，统由法部总理主持，毋庸会同大理院办理。其属于最高审判暨统一解释法令事务，即由大理院钦遵国家法律办理，所有该院现审死罪案件，毋庸咨送法部复核，以重审判独立之大权。凡京外已设审判厅地方，无论何项衙门，按照本法无审判权者，概不得违法收受民刑诉讼案件。其有不服各该厅判决之上控案件，应查照诉讼律及奏定审判、诉讼各章程审结，亦均毋庸复核解勘，致涉纷歧。其外省未设审判厅地方，一应汇奏、专奏死罪案件，暂准由该院照章复判，具奏咨报法部施行。一俟各直省府厅州县地方、初级各审判厅成立之日，均遵定律、定章审结，届时再将复判各节一律删除，其秋朝审制度，现在新刑律尚未颁布实行，亦应照旧由法部办理，庶事实不虞窒碍，权限各有范围，洵足尊重法权，可期推行便利。惟是部院之权限既定，则审判之责任宜专，查大理院审判宗室觉罗案件，例应会同宗人府，而其办法向分会府、府会两种，均系沿刑部现审旧制而来。然该院既为全国最高审判机关，无论民刑各科俱用合议，已非复刑部发司承审之比。宗人府职掌崇隆，原与审判衙门有别，若仍拘会审旧制，是徒存该署有名无实之会审，致国家之司法权不能独立，何以昭示统一，似非朝廷预备立宪之本旨。查日本皇族诉讼事件，向归控诉院审理，不由宫内省参与，虽审级与齐民不同，而其得享法定裁判之权利则一，维持司法，此为最要。盛京宗室觉罗案件，现亦归审判厅管理，京师事同一律，自应变通旧制，将宗室觉罗案件，由审判衙门钦遵法律，独立审判，毋庸由宗人府会审。其业由审判衙门判定罪名者，应如何照例执行之处，暂由宗人府查照向章分别办理。俟新刑律颁布实行后，再定通行办法，以重刑制而示大公。惟宗室觉罗案件向归大理院审判，大理院系最高终审衙门，一经断定，即无处上控，其权利转不能与齐民相等。查日本之控诉院，即吾国之高等审判厅，拟请嗣后宗室案件如系民事，两造俱属有爵宗室者，由宗人府自行办理；其余宗室觉罗与旗民涉讼案件，由高等审判厅审理；如系刑事，凡宗室有犯在流遣以上，由大理院审理，徒罪以下及觉罗有犯，均由高等审判厅审理，不服该厅之判断者，皆得上控于大理院。如此办理，庶于崇重法权之中，仍寓优待属藉之意，既使宗藩枝叶得法律之保障而益尊，抑令朝廷法官因独立之精神而益重。至宗室觉罗案件，例应行文、遣抱、传质等事，暂仍遵照向例及现行章程，径由该院及该厅分别受理。

以上各端，或曾经该部、院先后奏陈，或已据各臣工叠次条议，现由臣等审度情形，实均为司法行政分权最要最急之务，应即请旨遵行。其应另定详细办法者，应按照此次奏定各节，由法律馆于拟定诉讼暂行章程时，分别厘定，奏交臣馆复核奏明办理。

此外，直省创设各级审判厅，凡属司法行政监督权限，一以《法院编制法》为准绳，其余行政各官与司法各官，事权既不相统属，即不得互相侵越。倘有故违本法者，由法部查明，据实纠参，请旨办理。

再，审判得失，为人民生命财产所关，亦为将来改正条约所系，任用苟不得其人，则上足以损法令之威严，下适以召闾阎之藐玩，众心散失，贻患无穷。现在财政困难，各直省不惜增加数百万之负担，以筹设数十百之审判衙门，原为清理讼狱、保持公安起见，倘以庸闇陋劣之员滥竽充数，则经费掷之于无用，各该厅且将为酿祸之媒。拟请饬下法部，嗣后于考试任用各项法官时，务须钦遵颁定暂行章程，严切奉行，不得稍存宽假。其京外已设各级审判、检察衙门，亦应于明年举行第一次考试后，定期将各该衙门所有实缺、候补、调用各员认真甄别，按照此次章程所定各科目补行考验，分别汰留。惟各该司法衙门事属创办，固不免悬缺待人，未便过予限制。然与其淘汰于事后，何若慎重于事前。拟请暂为分别办理，凡非推事及检察官者，未经照章考试，无论何项实缺人员，不得奏请补署法官各缺。其现有各项候补推事及检察官，由该部堂官查验，果系通晓法律，长于听断之员，准其出具切实考语，奏请补署现悬各缺，如无前项人员，仍应钦遵定章任用，总以法官悉合资格为主，俾策成效而洽舆情。惟官吏以考试而来，则幸进之门自绝，而人材以培养而出，则造就之法宜先，若未蓄艾于三年，猝欲取材于一旦，窃恐笔述口答之所得，或不免空疏涂饰以为工。拟请饬下学部，通行各省督抚，就京外现设及将来续设法政、法律各学堂，次第扩充，以期通材日出，藉为审判、检察之取资。仍一面别筹奖励研究法学之方，使法律智识逐渐普及，于司法前途，裨益实非浅鲜，斯则筹办审判时所宜兢兢注意者也。

至于审判各官独立执法权限，既重考成，宜严其能，审判公平、克尽厥职者，法律自当一一为之保障。倘有不当行为，按法应予惩戒者，亦须明定专条，庶几范围不过。拟请饬下法部，迅将法官惩戒暂行章程会商拟定，奏交臣馆复核，请旨颁行，以饬官箴而肃法纪。

所有核订《法院编制法》暨另拟各项暂行章程缘由，是否有当，谨恭折具陈，伏祈皇上圣鉴训示，谨奏。宣统元年十二月二十八日奉上谕，已录①。

谨将核定《法院编制法》缮具清单，恭呈御览。
《法院编制法》目录
第一章　审判衙门通则
第二章　初级审判厅
第三章　地方审判厅
第四章　高等审判厅
第五章　大理院
第六章　司法年度及分配事务
第七章　法庭之开闭及秩序
第八章　审判衙门之用语
第九章　判断之评议及决议
第十章　庭丁

---

① 为《政治官报》已录（刊载）。

第十一章　检察厅
第十二章　推事及检察官之任用
第十三章　书记官及翻译官
第十四章　承发吏
第十五章　法律上之辅助
第十六章　司法行政之职务及监督权
附则

《法院编制法》

第一章　审判衙门通则

第一条　审判衙门共分为四，如左：一初级审判厅；二地方审判厅；三高级审判厅；四大理院。

第二条　审判衙门掌审判民事、刑事诉讼案件，但其关于军法或行政诉讼等另有法令规定者，不在此限。

第三条　审判衙门按照法令所定，管辖登记及其他非讼事件。

第四条　初级审判厅为独任制，其审判权以推事一员行之。

第五条　地方审判厅为折衷制，其审判权按照左列各款分别行之：

一、诉讼案件系第一审者，以推事一员独任行之。

二、诉讼案件系第二审者，以推事三员之合议庭行之。

三、诉讼案件系第一审而繁杂者，经当事人之请求，或依审判厅之职权，亦以推事三员之合议庭行之。

地方审判厅独任推事业经审理之第一审诉讼案件，按照前项第三款所定。改用合议庭时，其以前办法仍属有效。

第六条　高等审判厅为合议制，其审判权以推事三员之合议庭行之。高等审判厅审判上告案件，高等审判厅厅丞得因该案情形，临时增加推事为五员。

第七条　大理院为合议制，其审判权以推事五员之合议庭行之。

第八条　合议审判以庭长为审判长，庭长有事故时，以庭员中资深者充之，独任审判即以该推事行审判长之职。

第九条　审判衙门推事审判诉讼案件，其事务分配及代理次序，即有未合本法庭所定者,其审判仍属有效。关于登记及其他非讼事件亦同。

第十条　地方及高等审判各分厅及大理分院审判诉讼案件,准用各本厅及本院之规定,但有特别规定者不在此限。

第十一条　审判衙门之设立、废止及管辖区域之分划或其变更事宜,以法律定之。

第十二条　推事员额由法部奏定之。

第十三条　审判衙门权限及办事方法,本法所未定者,按照诉讼律及其他法令所定办理。

第二章　初级审判厅

第十四条　初级审判厅视事之繁简,酌置一员或二员以上之推事。

第十五条　初级审判厅如置推事二员以上,得以资深者一员为监督推事,监督该厅行政事务。其置推事一员者,该厅行政事务由该管地方审判厅厅丞或厅长监督之。

第十六条　初级审判厅按照诉讼律及其他法令,有管辖第一审民事、刑事诉讼案件,并登记及其他非讼事件之权。

第三章　地方审判厅

第十七条　地方审判厅视事之繁简,酌分民事、刑事庭数,并置二员以上之独任推事。

第十八条　京师地方审判厅置厅丞一员,各省地方审判厅置厅长一员,总理全厅事务并监督其行政事务,仍兼充一庭长。各庭置庭长一员,除兼充外,以该庭推事充之,监督该庭事务并定其分配。

第十九条　地方审判厅有管辖左列民事、刑事诉讼案件及其他非讼事件之权。

第一审　不属初级审判厅权限及大理院特别权限内之案件。

第二审　一、不服初级审判厅判决而控诉之案件。二、不服初级审判厅之决定或其命令,按照法令而抗告之案件。

第二十条　地方审判厅合议庭庭长,得派该庭推事办理刑事案件预审事务,预审完毕后,该推事仍得加入本庭合议之数。地方审判厅丞或厅长,得临时派该厅独任推事办理预审事务。

第二十一条　各省因地方情形，得于地方审判厅所管之初级审判厅内，设地方审判分厅。

第二十二条　地方审判分厅得仅置民事一庭、刑事一庭，并置一员或二员以上之独任推事。

第二十三条　地方审判分厅合议庭推事，除由本厅选任外，得以分厅所在初级审判厅之推事兼任之，但每庭以一员为限，其独任推事仍不得兼任。

第二十四条　地方审判分厅如置合议庭二庭以上，或独任推事二员以上，以资深者一员为监督推事，监督该分厅行政事务。地方审判厅厅丞或厅长于分厅所在及邻近之初级审判厅，得以第十五条第二项之权限，全分或一分委任于该分厅之监督推事。

第四章　高等审判厅

第二十五条　高等审判厅视事之繁简，酌分民事、刑事庭数。

第二十六条　高等审判厅置厅丞一员，总理全厅事务，并监督其行政事务。各庭置庭长一员，以该庭推事充之，监督该庭事务，并定其分配。

第二十七条　高等审判厅有审判左列案件之权：

一、不服地方审判厅第一审判决而控诉之案件。

二、不服地方审判厅第二审判决而上告之案件。

三、不服地方审判厅之决定或其命令，按照法令而抗告之案件。

四、不属大理院之宗室觉罗第一审案件。

第二十八条　各省因地方辽阔或其他不便情形，得于高等审判厅所管之地方审判厅内，设高等审判分厅。

第二十九条　高等审判分厅得仅置民事一庭、刑事一庭。

第三十条　高等审判分厅合议庭推事，除由本厅选任外，得以该分厅所在地方审判厅或邻近地方审判厅之推事兼任。但三人合议庭每庭以一员为限，五人合议庭每庭以二员为限。

第三十一条　高等审判分厅如置二庭以上，以资深者一员为监督推事，监督该分厅行政事务。

第三十二条　第三十五条、三十七条、四十四条、四十五条及八十条之规定，准用之于高等审判厅之上告案件。

第五章　大理院

第三十三条　大理院为最高审判衙门，置民事科、刑事科，视事之繁简，酌分民事、刑事庭数。

第三十四条　大理院置正卿一员、少卿一员，总理全院事务并监督其行政事务。各科置推丞一员，监督该科事务，并定其分配，仍各兼充一庭长。各庭置庭长一员，除兼充外，以该庭推事充之，监督该庭事务，并定其分配。

第三十五条　大理院卿有统一解释法令、必应处置之权，但不得指挥审判官所掌理各案件之审判。

第三十六条　大理院有审判左列案件之权：

第一　终审

一、不服高等审判厅第二审判决而上告之案件。

二、不服高等审判厅之决定或其命令，按照法令而抗告之案件。

第二　第一审并终审

依法令属于大理院特别权限之案件。

第三十七条　大理院各庭审理上告案件，如解释法令之意见与本庭或他庭成案有异由，大理院卿依法令之义类，开民事科或刑事科或民刑两科之总会审判之。

第三十八条　诉讼案件属于大理院第一审并终审之特别权限者，如关系重要，得就该处高等或地方审判厅，开大理院之法庭审判之。于前项情形，大理院卿除由该院派遣推事外，得临时令高等审判厅推事协同审判，但以二员为限。

第三十九条　刑事诉讼案件属于大理院第一审并终审之特别权限者，由大理院卿令该院推事办理预审事务，但得因情形令高等或地方审判厅推事办理。

第四十条　各省因距京较远或交通不便，得于该省高等审判厅内设大理分院。

第四十一条　大理分院得仅置民事一庭、刑事一庭。

第四十二条　大理分院推事除由本院选任外，得以分院所在高等审判厅推事兼任之，但每庭以二员为限。

第四十三条　大理分院如置二庭以上，以资深者一员为监督推事，监督该分院行政事务。

第四十四条　大理分院各庭审理上告案件，如解释法令之意见（于）〔与〕本庭或他庭成案有异，应呈请大理院开总会审判之，其分院各该推事应送意见书于大理院。

第四十五条　大理院及分院简付下级审判厅之案件，下级审判庭对于该案不得违背该院法令上之意见。

第六章　司法年度及分配事务

第四十六条　司法年度每年自正月初一起至十二月底止。

第四十七条　高等以下审判厅办事章程，由法部奏定通行，除京师外，各省由提法司按照前项章程统一全省审判厅应办事宜，并发布命令，定开厅时刻及开庭日期。大理院及分院办事章程由大理院奏定，惟施行以前应咨报法部。

第四十八条　审判衙门按照办事章程及其他命令，于每年年终会议，预定次年左列事宜：

一、分配合议庭及独任推事应办之司法事务。

二、定庭长、庭员、独任推事之配置及其代理次序。

三、定第五十一条所载代理次序。

第四十九条　前条所载各事宜，会议时以过半数之意见定之可否，同数则取决于会长。

一、地方及初级审判厅事宜，以该地方审判厅厅丞或厅长为会长，各庭长及资深庭员、独任推事各一人为议员。

二、高等审判庭事宜，以厅丞为会长，各庭长及资深庭员一人为议员。

三、大理院事宜，以正卿为会长，少卿为副会长，推丞、各庭长及资深庭员一人为议员。置推事二员以上之初级审判厅事宜，由该管地方审判厅决议之。大理分院、高等及地方审判各分厅事宜，均由本院、本厅决议之，但分院、分厅之合议庭及二人以上之独任推事，均得准前项之例，预行会议，以其决议报告本院、本厅。

第五十条　前二条所载分配事务及配置推事，既经决定后，于本司法年度内不得更改，但遇有案件增加，致合议庭或独任推事担任过多或推事有他项事故，致延搁过久者，院卿及厅丞、厅长得将所预定酌量更改。

第五十一条　审判衙门推事及代理推事遇有事故，得以直隶下级审判衙门推事代理，地方以下审判厅并准用该厅候补推事代理。前二项之代理，所有直隶下级审判衙门推事及候补推事，接据各该审判衙门移知后，应遵照预定次序行之。初级审判厅推事及代理推事遇有事故，由该管地方审判厅厅丞或厅长照预定次序，派令各该地方审判厅独任推事或候补推事代理。

本条之代理，以紧急事宜为限。

第五十二条　高等以下审判厅遇有法令上或事实上不能行审判权时，得以最近同等之审判厅暂行代理，但以紧急事宜为限。

第五十三条　审判衙门已分配之事务，于本司法年度内尚未完结者，得由各该合议庭及独任推事继续完结之。

第七章　法庭之开闭及秩序

第五十四条　法庭开设于审判衙门内，但有特别规定者不在此限。

第五十五条　诉讼之辩论及判断之宣告，均公开法庭行之。

第五十六条　审判长居法庭首席，于开闭法庭及审问诉讼，均有指挥之权。

第五十七条　审判长于开庭时，有维持秩序之权。

第五十八条　公开法庭有应行停止公开者，应将其决议及理由宣示，然后使公众退庭，至宣告判断时仍应公开。

第五十九条　停止公开法庭，审判长得指定尚无防碍之人特许旁听。

第六十条　审判长得命旁听之妇孺及服装不当者退出法庭，并应详记其事由于谳牍。

第六十一条　有妨害法庭执务或其他不当之行为者，审判长得酌量轻重，照左列各款分别处分：

一、命退出法庭。

二、命看管至闭庭时。

三、至闭庭时，更得处十日以下之拘留或十元以下之罚金。

第六十二条　原、被告及中证人、鉴定人、翻译等有前条行为者，照左列各款分别处分：

一、刑事被告受前条第一或第二款处分者，应不听其辩论，即行审判。

二、民事原、被告受前条第一或第二款处分者，应听在庭当事人之供述，行其审判。

三、刑事被告或民事原、被告受前条第三款处分者，该处分应与本案分别宣告。

四、中证人、鉴定人、翻译等得不待闭庭，实行前条第三款处分。

第六十三条　前二条所载处分，不得用刑律俱发罪之例，并不准上诉。

第六十四条　律师在法庭代理诉讼或辩护案件，其言语举动如有不当，审判长得禁止其代理辩护。其非律师而为诉讼代理人或辩护人者亦同。

第六十五条　处分妨害法庭秩序之人，应详记其事由于谳牍。

第六十六条　受第六十一条、第六十二条之处分者，如系官员，得按其情节移请惩戒处分。律师受第六十四条第一项之处分者亦同。

第六十七条　独任推事行审判时，均有本章所定审判长之职权。

第六十八条　推事、检察官及书记官等员，在法庭执务时，均应服一定制服，律师在法庭时亦同。

第八章　审判衙门之用语

第六十九条　审判衙门行审判时，以中国语言为准。

第七十条　原、被告及中证人、鉴定人等如有不通中国语言者，由翻译传译。其有不通审判官所用中国语言者亦同。如无翻译而审判衙门或检察厅内执事各员有能通原、被告及中证人、鉴定人等所用语言者，得委令传译。

第七十一条　审判衙门之案牍，用中国文字记录之。如恐两造争执或有必需时，得附录外国语言及各省土语存案。

第九章　判断之评议及决议

第七十二条　审判衙门合议庭判断案件，应照本法所定推事员数评议及决议之。

第七十三条　刑事案件审问有延至四日以上者，审判衙门长官得另派推事一员莅视，为补充推事。补充推事于庭员有疾病及其他事故不能继续审判时，有代其审问及完结之权。

第七十四条　判断之评议，由审判长总司其事。

第七十五条　判断之评议概不公开，但候补及学习推事准其入座旁听。

第七十六条　评议判断时，该庭员须各陈述意见。

第七十七条　评议判断时，其陈述意见之次序，以官资较浅者为始，资同以年少者为始，以审判长为终。

第七十八条　判断之决议，以过半数之意见定之。关于金额，若推事意见分三说以上不能得过半数者，将诸说排列，以金额之多寡为序数，至居中之说为止，以该说作为过半数。关于刑事案件，若推事意见分三说以上不能得过半数者，将诸说排列，以不利被告之重轻为序数，至居中之说为止，以该说作为过半数。

第七十九条　评议判断之颠末，及各员之意见，均应严守秘密。

第八十条　大理院民事科、刑事科及民、刑两科总会，须有各该科推事三分之二以上列席，方能开议。总会由大理院卿总司其事，会长由院卿自任或命推丞或推事中资深者一人充之。总会之决议以列席推事过半数之意见定之。大理分院各庭推事，依第四十四条第二项之规定，有意见书时应列入决议之数。除前项意见书外，大理院卿得预征各分院各庭推事之意见书列入总会决议之数。第七十五条至七十七条、七十八条第二项第三项及前条之规定，准用之于大理院总会。

第十章　庭　丁

第八十一条　法庭置相当额数之庭丁。

第八十二条　法庭开审时，与本案有关系者，均由庭丁引至法庭听审，其预审时亦同。庭丁职务章程由法部定之。

第八十三条　庭丁应服一定制服。

第八十四条　庭丁之雇用撤换，各审判衙门长官行之。

第十一章　检察厅

第八十五条　各审判衙门分别配置检察厅如左：

一、初级检察厅。

二、地方检察厅。

三、高等检察厅。

四、总检察厅。

地方及高等审判各分厅、大理分院分别配置地方及高等检察分厅。

第八十六条　检察厅分别置检（查）〔察〕官如左：

一、初级检察厅置检察官一员或二员以上。

二、地方检察厅置检察长一员，检察官二员以上。

三、高等检察厅置检察长一员,检察官二员以上。

四、总检察厅置厅丞一员,检察官二员以上。

第八十七条　初级检察厅如置检察官二员以上,得以资深者一员为监督检察官,监督该厅事务。其置检察官一员者,该厅事务由该管地方检察长监督之。地方及高等检察长、总检察厅丞分别监督各该检察厅事务。地方以上各检察分厅,如置检察官二员以上,得以资深者一员为监督检察官,监督该分厅事务。

第八十八条　检察厅之设立、废止,以法律定之。

第八十九条　检察官员额由法部奏定之。

第九十条　检察官之职权如左:

一、刑事。遵照刑事诉讼律及其他法令所定实行搜查处分,提起公诉、实行公诉,并监察判断之执行。

二、民事及其他事件。遵照民事诉讼律及其他法令所定,为诉讼当事人或公益代表人实行特定事宜。

第九十一条　审判衙门为民事诉讼当事人时,应由配置该审判衙门检察厅检察官代理为原告或被告。

第九十二条　检察厅之管辖区域与各该审判衙门同。

第九十三条　检察官遇有紧急事宜,得于管辖区域外行其职务。

第九十四条　检察厅对于审判衙门,应独立行其职务。

第九十五条　检察官不问情形如何,不得干涉推事之审判或掌理审判事务。

第九十六条　总检察厅以下各检察厅办事章程,由法部奏定通行。除京师外,各省由提法司按照前项章程,统一全省检察厅应办事宜,并发布命令,定开庭时刻。

第九十七条　各检察厅长官,按照通行办事章程及其他命令,应于每年年终,预定次年左列事宜:

一、分配检察官应办之事务。

二、定检察官之配置。

初级检察厅事务之分配及检察官之配置,由该管地方检察长行之。地方以上各检察分厅事宜,由本厅长官行之。

第九十八条　检察官均应从长官之命令。大理院审判特别权限之诉讼案件时，与该案有关系之各级检察官，应从总检察厅丞之命令，办理一切事务。

第九十九条　检察官遇有必须代理情形，得代理所属检察厅检察官。

第一百条　地方及高等检察长、总检察厅丞，有亲自处理各该管区域内检察官事务之权，并有将各该管区域内检察官之事务移于别厅检察官之权。

第一百一条　学习检察官及学习推事，得由法部派充，代理检察官办理初级检察厅事务。

第一百二条　法部及各省提法司，得命初级检察厅所在地之警察官及城镇总董、乡董办理该厅检察事务。

第一百三条　初级检察官如有不得已之事故，初级审判厅监督推事得因请求派该厅推事临时代理。其不设监督推事者，由该管地方审判厅厅丞或厅长行之。地方及高等检察官、总检察厅检察官如有不得已之事故，各审判衙门长官得因请求派各该推事临时代理。地方以下各检察厅并用该厅候补检察官代理。

本条之代理，以紧急事宜为限。

第一百四条　各检察厅检察官，得调度司法警察。检察厅调度司法警察章程，由法部、民政部会同奏定通行。

第一百五条　检察厅权限及办事方法，本法所未定者，应按照诉讼律及其他法令所定办理。

第十二章　推事及检察官之任用

第一百六条　推事及检察官，应照《法官考试任用章程》，经二次考试合格者，始准任用。《法官考试任用章程》另定之。

第一百七条　凡在法政、法律学堂三年以上，领有毕业文凭者，得应第一次考试。其在京师法科大学毕业及在外国法政大学或法政专门学堂毕业，经学部考试给予进士、举人出身者，以经第一次考试合格论。

第一百八条　第一次考试合格者，分发地方以下审判厅、检察厅学习，以二年为期满。

第一百九条　学习推事应受该管地方审判厅厅丞或厅长之监督，学习检察官应受该管检察长之监督。其品行、性格，分别由该监督官届时出具切实考语，京师径呈法部，各省送由提法使申报法部核定鉴别之，其劣者得随时罢免。

第一百十条　凡在地方以下审判厅学习满一年以上者，得由该厅监督官派令掌理特定司法事务，但不得审判诉讼，并管理登记及其他非讼事件。在地方以下检察厅学习满一年以上者，得由该厅检察官派令掌理特定检察事务，但除第一百一条所载外，不得代理检察官。

第一百十一条　学习人员期满后，应受第二次考试，其合格者始准作为候补推事、候补检察官，分发地方以下审判厅、检察厅听候补用。

第一百十二条　领有第一百七条所载之文凭，充京师及各省法政学堂教习或律师历三年以上者，得免其考试，作为候补推事、候补检察官。

第一百十三条　候补推事、候补检察官，得不拘年限，遇有缺出，即行奏补。惟以先补初级为限，其候补逾三年以上者，遇地方审判厅地方检察厅出缺，亦可酌量奏补。

第一百十四条　地方以下审判厅、检察厅遇有缺出，在京由法部，在外由提法司申请法部，于前条限制以内，以候补推事、候补检察官署理。

第一百十五条　凡有左列情形之一者，不得为推事及检察官：

一、因褫夺公权，丧失为官吏之资格者。

二、曾处三年以上之徒刑或监禁者。

三、破产未偿债务者。

第一百十六条　大理院正卿、少卿俱为特简官。总检察厅厅丞、大理院推丞、高等审判厅厅丞、高等检察长、京师地方审判厅厅丞，俱为请简官。各地方审判厅厅长、检察厅检察长及各推事、检察官俱为奏补官。

第一百十七条　前条各官品级细目，另以官制定之。

第一百十八条　补高等审判厅推事及高等检察官者，须有左列资格之一：

一、任推事或检察官历五年以上者。

二、照第一百十二条充京、省法政学堂教习或律师五年以上而任推事及检察官者。

第一百十九条　补大理院推事及总检察官者，须有左列资格之一：

一、任推事或检察官历十年以上者。

二、照前条第二项充京、省法政学堂教习或律师十年以上而任推事及检察官者。

第一百二十条　前二条所载年限，均应接续计算。

五、司法独立的讨论及措施

第一百二十一条 推事及检察官在职中,不得为左列事宜:

一、于职务外干预政事。

二、为政党员、政社员及中央议会或地方议会之议员。

三、为报馆主笔及律师。

四、兼任非本法所许之公职。

五、经营商业及官吏不应为之业务。

第一百二十二条 推事及检察官如因精神衰弱不能任事,各省由提法司申报法部,奏请退职;京师由各审判衙门、检察厅长官报明法部,奏请退职。

第一百二十三条 审判衙门及检察厅如有裁改,其裁缺之推事及检察官,由法部奏请给以全俸,遇缺即补。

第一百二十四条 自大理院卿以下,所有推事及检察官之廉俸,并进级章程,除本法规定外,另以法令定之。

第一百二十五条 法部对于推事及检察官,不得有勒令调任、借补、停职、免职及减俸等事。其有左列情事者不在此限:

一、关于第一百二十一条、一百二十二条所指情节者。

二、系候补推事及检察官尚未补缺者。

三、因惩戒调查或刑事被控,律应停职者。

四、出于刑律之宣告或惩戒之处分者。

第一百二十六条 推事检察官之廉俸,虽在惩戒调查或刑事被控时,仍应照给。

第一百二十七条 推事及检察官退职后,得受恩俸,其细则于廉俸章程中附定之。

第十三章 书记官及翻译官

第一百二十八条 各审判衙门分别置左列各项书记官,掌录供、编案、会计、文牍及其他一切庶务:

一、初级审判厅置录事。

二、地方及高等审判厅置典簿、主簿、录事。

三、大理院置都典簿、典簿、主簿、录事。

第一百二十九条 初级审判厅应置书记官不得少于该厅独任推事之数,如置二员以上时，以资深者一人为长，监督其余各员。

第一百三十条　地方及高等审判厅应置书记官不得少于该厅合议庭及独任推事之数，以典簿一人为长，从厅丞或厅长之命令，分配其余各员之事务，并监督之。

第一百三十一条　大理院应置书记官不得少于该院合议庭推事之数，以都典簿为长，从院卿之命令，分配其余各员之事务，并监督之。

第一百三十二条　大理分院、高等及地方审判各分厅应置书记官不得少于合议庭及独任推事之数。

第一百三十三条　各检察厅分别置典簿、主簿、录事各书记官，掌该厅会计、文牍及其他一切庶务。前二项之规定，准用之于检察分厅。

第一百三十四条　书记官员额视事之繁简定之。

第一百三十五条　审判衙门及检察厅书记官从各该长之命令，得于权限内互相代理。

第一百三十六条　地方审判厅厅丞、初级审判厅监督推事，得派该厅学习推事临时执行该厅书记官事务。地方检察厅检察长、初级检察厅监督检察官，得派该厅学习检察官临时执行该厅书记官事务。其应行署名者，应附记临时代理字样。

第一百三十七条　审判衙门开庭审判时，书记官应遵审判长之命令，执行职务。其关于特定事宜，书记官应遵该特定推事、检察官之命令执行职务。书记官据前二项命令记录口供、编制或更改文书，如认该命令不当，应附记其意见。

第一百三十八条　书记官于权限内所行职务，即不合本法所定之事务分配，仍属有效。

第一百三十九条　书记官以考试合格者录用之。考试任用书记官章程由法部奏定之。

第一百四十条　都典簿、典簿、主簿为奏补官，录事为咨补官。

第一百四十一条　书记官品级及奏补、咨补事宜，除前二条规定外，于考试任用书记官章程定之。

第一百四十二条　京师及商埠地方审判厅以上审判衙门，得特置翻译官，由法部及提法司酌量委用。

第一百四十三条　书记官及翻译官权限并应办事宜，本法所未定者，按照诉讼律及其他法令所定办理。

第十四章　承发吏

第一百四十四条　初级及地方审判厅置承发吏，其职务如左：

一、发送审判、检察厅之文书。

二、受审判厅、检察厅之命，执行判断及没收之物件。

三、当事人有所申请，实行通知催传。

第一百四十五条　承发吏应从长官之命令。

第一百四十六条　承发吏应服一定制服。

第一百四十七条　承发吏有缺额或有其他故时，监督官得派本厅录事代理。

第一百四十八条　承发吏须经考试，始准录用。考试任用承发吏章程，由法部定之。

第一百四十九条　承发吏由法部及提法司派充，并得委任地方审判厅厅丞或厅长派充之。

第一百五十条　充承发吏者，应缴纳相当之保证金。

第一百五十一条　承发吏应照职务章程所定，分别酌给津贴。

第一百五十二条　承发吏职务章程，由法部定之。

第一百五十三条　承发吏权限并应办事宜，本法所未定者，按照诉讼律并承发吏职务章程及其他法令所定办理。

第十五章　法律上之辅助

第一百五十四条　审判衙门办理诉讼事宜，应互相辅助。前项辅助，除有特别规定者外，由事务所在地之初级审判厅行之。

第一百五十五条　各检察厅于管辖区域内执行事务，应互相辅助。

第一百五十六条　审判衙门、检察厅书记官及承发吏于权限内之事务，应互相辅助。

第十六章　司法行政之职务及监督权

第一百五十七条　大理院卿、高等审判厅厅丞、地方审判厅厅丞或厅长、初级审判厅监督推事或独任推事、总检察厅厅丞、高等检察厅检察长、地方检察厅检察长、初级检察厅监督检察官或检察官，按照本法，分任法部及提法司司法中行政之职务。

第一百五十八条　司法行政监督权之施行，其区别如左：

一、法部堂官监督全国审判衙门及检察厅。

二、大理院卿监督大理院。

三、各省提法使监督本省各级审判厅及检察厅。

四、高等审判厅厅丞监督该厅及所属下级审判厅。

五、地方审判厅厅丞或厅长监督该厅及所属初级审判厅。

六、初级审判厅监督推事或独任推事监督该厅各员。

七、总检察厅厅丞监督该厅及各级检察厅。

八、高等检察厅检察长监督该厅及所属下级检察厅。

九、地方检察厅检察长监督该厅及所属初级检察厅。

十、初级检察厅监督检察官或检察官监督该厅各员。

审判分厅、大理分院及检察分厅，如置监督推事及监督检察官时，准前项之例，由该推事及检察官行监督权。

第一百五十九条　监督权之施行其权如左：

一、有废弛职务及侵越者，应加儆告使之勤慎。

二、有行止不检者，应加儆告使之悛改。

第一百六十条　审判衙门及检察厅各员如有前条情节，经各该监督官屡戒不悛或情节较重者，应即照惩戒法办理。

第一百六十一条　前数条列举之司法行政职务及监督权，不得有瞻徇请托情事。

第一百六十二条　审判衙门及检察厅各员，关于法律及司法行政事宜，如法部及有监督权之审判官或检察官有所询问，应陈述其意见。

第一百六十三条　本章所载各条，不得限制审判上所执事务及审判官之审判权。

附　则

第一百六十四条　本法自颁行后，各省应遵照逐年筹备事宜清单所定年限，一体施行。

谨将酌拟《法官考试任用章程》缮具清单，恭呈御览。

《法官考试任用章程》

第一条 法官考试，京师及各省统由法部堂官主其事。京师由法部奏请钦派通晓法律大员会同考试。距京较远交通未便省分，由法部将通习法律人员开单奏请简派前往各省，会同提法使考试。

第二条 法官考试，应以左列各项人员为襄校，京外皆由法部奏派：

一、在京师法科大学，法政、法律学堂或各省官立法政学堂充当教习或曾充教习者。

二、在京师法科大学、法律学堂、法政学堂正科毕业及在外国法政大学或法政专门学堂毕业得有文凭者。

第三条 考试分为二次。

第四条 凡得应第一次考试者，除《法院编制法》第一百七条第一项所定资格人员外，所有左列各项人员准其暂行一体与试：

一、举人及副拔优贡以上出身者。

二、文职七品以上者。

三、旧充刑幕确系品端学裕者。

第五条 第一次考试科目如左：

一、奏定宪法纲要。

二、现行刑律。

三、现行各项法律及暂行章程。

四、各国民法、商法、刑法及诉讼法（准由个人自行呈明，就其所学种类考试，但至少须认二类）。

五、国际法。

右列各款，以第二至第四为主要科，主要科分数不及格者，余科分数虽多，不得录取。

第六条 第一次考试分笔述、口述二种，笔述及格者再令口述，口述科目以主要科为限，笔述除第五条所定各科外，应再令拟论说一篇，以主要科命题。

第七条 第一次考试合格者，应行实地练习，照章分发初级审判厅、检察厅作为学习人员，但开办之初，准其暂以考试成绩最优者，分发高等以下审判厅、检察厅学习。

第八条　学习期满人员，照《法院编制法》第一百八条所定，准其应第二次考试。

第九条　第二次考试仍照第一条办理。

第十条　第二次考试以查验实地练习优劣为主，仍分笔述、口述二种，笔述以实地案件为题，应详叙事实理由，拟定判决以对。口述以第五条所载主要科为限。

第十一条　第二次考试合格者，照章作为候补，先补各初级审判厅、检察厅之缺，但开办之初，在高等以下审判厅、检察厅学习者，准暂以考试成绩最优者，分别酌补高等以下审判厅、检察厅之缺。

第十二条　第二次考试不及格者，仍发往原厅学习一年，期满再行考试，仍不及格者，应即罢免。

第十三条　京师暨直省高等审判、检察厅推事、检察官，如现无合《法院编制法》第一百十八条之资格人员应补者，京师由法部，外省由提法司，呈请法部按照本章程第十一条办理。大理院推事、总检察厅检察官，如现无合《法院编制法》第一百十九条之资格人员应补者，推事由院卿就该院现有候补人员内拣定，咨由法部分别奏请补署。总检察官由厅丞拣员报由法部核定，分别奏请补署。

第十四条　本章程与《法院编制法》同时施行，其施行细则另由法部定之。

谨将酌拟《司法区域分划暂行章程》缮具清单，恭呈御览。

《司法区域分划暂行章程》

第一条　大理院设于京师，以全国为其管辖区域。其大理分院管辖区域，由大理院核明，咨送法部奏定之。

第二条　高等审判厅，京师及各省城各设一所，其管辖区域如左：

一、京师高等审判厅以顺天府辖境为其管辖区域。

二、各省高等审判厅以各该省辖境为其管辖区域。其有总督、巡抚及边疆大臣驻所并距省会辽远之繁盛商埠，得设高等审判分厅。

第三条　地方审判厅，京师及直省府、直隶州各设一所，但府、直隶州诉讼简少者，得不设地方审判厅，于该府直辖地面或首县及该州初级审判厅内，由邻近府、直隶州地方审判厅分设地方审判分厅。直隶厅有属县者与直隶州同。

第四条　地方审判厅管辖区域如左：

一、京师地方审判厅以京师内外城及京营地面为其管辖区域。

二、直省府、直隶州地方审判厅以各该府、直隶州辖境为其管辖区域。

第五条　顺天府各州县及直省各厅州县应设地方审判分厅，其词诉讼简少者，得合邻近州县共设一分厅，其距府、直隶州最近者，即由该府、直隶州地方审判厅或分厅管辖之，不另设地方审判分厅。

第六条　各厅州县地方审判分厅以各该厅州县辖境为其管辖区域。

第七条　初级审判厅顺天府各州县、直省厅州县各设一所以上。其仅设一所者，管辖区域与该地方审判分厅管辖区域同。府有直辖地面者，与厅州县同。

第八条　顺天府及直省得酌择著名繁盛乡镇设初级审判厅若干所。

第九条　所有本章程内各级审判厅未定区域者，顺天府所属由该府核明，外省由该省提法司酌拟呈请督抚核明，分别咨送法部奏定之。

第十条　本章程与《法院编制法》同时施行，其施行细则另由法部定之。

谨将酌拟《初级暨地方审判厅管辖案件暂行章程》缮具清单，恭呈御览。

《初级暨地方审判厅管辖案件暂行章程》

第一条　民事案件之管辖依左列各款规定办理：

第一，初级审判厅之管辖

一、关于钱债涉讼案件。

二、关于田宅涉讼案件。

三、关于器物涉讼案件。

四、关于买卖涉讼案件。

右四款之诉讼物，以价额不满二百两者为限。

五、旅居宿膳费用案件。

六、寄存或运送物品案件。

七、雇佣契约案件，其日期以在三年以下者为限。

八、其他民事案件，诉讼物价额不满二百两者。

第二，地方审判厅第一审之管辖

一、前项一二三四款案件，其诉讼物价额在二百两以上者。

二、亲族承继及分产案件。

三、婚姻案件。

四、其他不属初级审判厅管辖之民事案件。

第二条　诉讼物之价额准起诉时之价值定之。

第三条　凡以一案请求数件者，将其诉讼物之价额合并计算。其以利息赔偿及讼费等随案请求者，不算入诉讼物价额之内。

第四条　因担保债权涉讼者，其诉讼物之价额，准担保物之价额定之。若担保物之价额多于债权之额者，以债权额为准。

第五条　刑事案件之管辖，依左列各款规定办理：

第一，初级审判厅之管辖

一、依现行刑律罪，罪该罚金刑以下者。

二、依其他法令罪该罚金二百圆以下，或监禁一年以下，或拘留者。

第二，地方审判厅第一审之管辖

一、依现行刑律，罪该徒、流刑以上者。

二、依其他法令，罪该罚金二百圆以上，或监禁一年以上者。

第六条　刑事案件系数人共犯者，从其罪重者之管辖。

第七条　地方审判分厅之民、刑案件管辖权与地方审判厅同。

第八条　民、刑案件管辖有不明确者，由受理之审判厅报由上级审判厅指定之。

第九条　民、刑案件管辖错误，于未判决前察觉者，应移交该管辖之审判厅办理。

第十条　因刑事案件而附带民事者，不论价值多寡，应并入该刑事案件办理。

第十一条　初级暨地方审判各厅，除本章程规定外，有以其他法令定其管辖权者，应依各该法令办理。

第十二条　本章程与《法院编制法》同时施行。

《政治官报》第八百二十六号，宣统二年正月九日出版

颁布《法院编制法》施行司法独立谕①

宣统元年十二月二十八日

宣统元年十二月二十八日内阁奉上谕：本日宪政编查馆奏核订《法院编制法》，并另拟法官考试任用、司法区域分划，及初级暨地方审判厅管辖案件各暂行章程，缮单呈览一折。朕详加披阅，均系参考列邦之制度，体察中国之情形，斟酌厘定，尚属周妥。立宪政体，必使司法行政各官权限分明，责任乃无诿卸，亦不得互越范围。自此次颁布《法院编制法》后，所有司法之行政事务，著法部认真督理，审判事务，著大理院以下审判各衙门各按国家法律审理。从前部院权限未清之处，即著遵照此次奏定各节，切实划分。其应钦遵逐年筹备事宜清单筹办各级审判厅，并责成法部会同各督抚督率提法司切实筹设。应需司法经费，著该部会同度支部随时妥筹规画，以期早日观成。至考用法官，尤关重要，该部堂官务须破除情面，振刷精神，钦遵定章举办。嗣后各审判衙门，朝廷既予以独立执法之权，行政各官即不准违法干涉。该审判官吏等遇有民、刑诉讼案件，尤当恪遵国法，听断公平。设或不知检束，或犯有赃私各款，一经觉察，必当按律治罪，以示惩儆而维法纪。其有关宗室案件，著另订细则办法，奏明请旨。余著照所议办理。钦此。

军机大臣署名

---

① 标题为编者所拟，原文无标题。

臣奕（劻）①

臣世（续）

臣鹿（传霖）

臣那（桐）

臣戴（鸿慈）

《光绪宣统两朝上谕档》第三十五册，第538页

法部奏法官升任须经考试折

宣统二年正月二十四日②

奏为法官任用须经考试，拟请饬下吏部，将签分大理院人员先行停止，以尊法权而符馆章，恭折仰祈圣鉴事：

宣统元年十二月二十八日宪政编查馆奏核订《法院编制法》一折，奉旨允准在案。查原奏内开，嗣后属于全国司法之行政事务，如任用法官各项，统由法部总理主持。又请饬法部于考试任用法官时，务须钦遵颁定暂行章程，严切奉行，不得稍存宽假。凡非推事、检察官者，未经照章考试，无论何项实缺人员，不得奏请补署法官各缺，各等因。

臣等窃维审判之得失，系于法官之贤否，是以各国于任用法官，必严其选，审级愈高，则资格俞峻。大理院为最高审判衙门，其推事各官，非精通法律，经练有得者不能胜任。查吏部每次京官分发时，有签分大理院之员，此项人员并未经过法官考试，遽行分院，于任用章程殊有不合。拟请嗣后无论何项出身人员，均毋庸再行签分大理院，统俟臣部详订考试任用细则，奏明请旨施行。如该院有

---

① 括号内名字均为编者所加。
② 为奉到谕旨批示日期。

需用审判人材之时,应随时咨商臣部,照章办理,俾归画一。

再,总检察厅以下各官,均系臣部随时会院奏请简补,官册向存部内,至大理院请简请补推丞以下各员缺,向俱会同臣部具奏。此后,凡全国司法行政事务,如任用法官等项,均归臣部总理主持,应由臣部咨行大理院,迅将该院实缺候补各人员详细履历造册送部,以备任用而清权限。

所有请停大理院分发各缘由,理合恭折具陈,伏乞皇上圣鉴训示。谨奏。

宣统二年正月二十四日奉旨:依议。钦此。

《政治官报》第八百四十五号,折奏类,宣统二年正月二十八日出版

法部奏定考试法官指定主要各科应用法律章程折(并单)

宣统二年四月初四日①

奏为考试法官主要各科,应用法律章程,拟按馆章暂行指定,以资遵守而免纷歧,恭折具陈,仰祈圣鉴事:

窃查宪政编查馆奏定《法官考试任用暂行章程》第五条内称,第一次考试科目凡五项:一、奏定宪法纲要,二、现行刑律,三、现行各项法律及暂行章程,四、各国民法、商法、刑法及诉讼法,五、国际法。五项之中,尤以第二至第四为主要科。上月十七日,臣部具奏法官考试施行细则,第一次考试,第一场宪法纲要一题,现行刑律二题,现行各项法律及暂行章程二题;第二场各国民、商、刑法及诉讼法各一题,国际法一题,论说一题。均先后钦奉谕旨允准在案。

臣等窃维筹备立宪以来,法律章程至为繁赜,馆章既以现行为限,若不将应用各项明白指定,将泛涉者既与司法无关,浅尝者转以空疏侥获,且考官命题,亦必须有遵用之本,明示途辙,海内乃得所率从。臣等当将馆章所列逐类引伸,

---

① 为谕旨批示日期。

除现行刑律黄册尚未进呈，应准暂用大清律例，各国民法、商法、刑法、诉讼法，法律馆及坊间多有译本外，所有各项现行法律及暂行章程，臣等择其有关于司法者，一一标明种类，暂为法官考试之资，谨将指定各项，缮具清单，恭呈御览。如蒙俞允，即由臣等通行各省，一体遵照。将来完全法典颁行后，再行随时通饬更订。所有本届第一次考试暂行指定主要各科，应用法律章程缘由，理合具折陈明，伏乞皇上圣鉴训示。谨奏。

宣统二年四月初四日奉旨：依议。钦此。

谨将拟定考试法官主要科应用法律章程缮具清单，恭呈御览。

计开：

一、现行各项法律

法院编制法，大清商律，违警律，结社集会律，国籍条例，禁烟条例。附件：宪政编查馆会奏汇案会议禁革买卖人口旧习酌拟办法折并单，宪政编查馆奏核议法部奏酌拟死罪施行详细办法折。

二、暂行各项章程

法官考试任用暂行章程，司法区域分划暂行章程，初级及地方审判厅管辖案件暂行章程，高等以下各级审判厅试办章程，筹办外省省城商埠各级审判厅补订试办章程编制大纲筹办事宜，司法警察职务章程，营翼地方办事章程。

《国风报》，宣统二年第十四号，宣统二年五月二十一日发行

法部奏《法官考试任用暂行章程》施行细则

宣统二年五月初一日①

目 录

第一章　通则

第二章　职掌

第三章　关防

第四章　与考资格

第五章　报考

第六章　考期

第七章　第一次考试

第八章　核定分数

第九章　授职

第十章　学习

第十一章　经费

第十二章　附则

第一章　通 则

第一条　法官考试任用暂行章程一应未尽事宜，悉按此施行细则办理。

第二条　凡考试事宜，京外统由法部总理主持，其派员往考省分，应由提法使详明督抚，遵照定章办理。

第三条　照原章第一条派员往考省分指定如左：一、四川，二、广西，三、

---

① 为《国风报》刊发日期，原件未署日期。

云南，四、贵州，五、甘肃、新疆（会考于甘肃）。除前列六省外，其余各省一律赴京应试。

第四条　考试试场及报考处所，在京由法部，在外由提法使先期指定，出示晓谕。

第二章　职　掌

第五条　照原章第一条，京师考官由法部奏请钦派，并请于法部堂官内钦派一员会同考试，其四川等省考官，由法部遴选京员五品以上人员，出具考语，开单奏请简派，会同各该省提法使考试，每省以二员为额。

第六条　襄校官资格，除原章第二条所载外，京师司法各衙门有深通法律、富于经验之员，统由法部堂官出具考语，一同奏派。

第七条　襄校官员额，京师视与考人数临时酌定，外省以二员为额，如与考人数过多时，得由监临官遴选该省合于原章所定资格人员，电咨法部，奏请添派。

第八条　京外考试，设监临官一员。京师由法部堂官内奏请钦派一员，外省以办考省分之督抚任之，督率执事各员，办理考试事宜。

第九条　京师考试，设监试御史一员，由法部咨取科道各官衔名，奏请钦派；外省设监试官一员，由提法使详请督抚，就道府内札派，专司稽查关防。

第十条　京师考试，设提调官二员，由法部丞参或参事郎中内奏派；外省设提调官一员，由提法使详请督抚，于道府或提法使衙门科长中选派，管理内场事宜，并办理核算分数，拆封填榜等事。

第十一条　设内外收掌官、弥封官各二员，管理收掌弥封事宜。京师由法部堂官就本部各司员中遴选奏派。外省由提法使详明督抚，就本署各科员中遴选札派。

第十二条　设庶务官若干员，办理场内供给及杂务。监场官若干员，监察应考员生，整肃场规。京师由法部堂官就本部各司员中，外省由提法使详明督抚，就本署各科员中分别遴派。

第十三条　外省于本则第九条至第十二条所载，派出执事各官，仍咨报法部备案。

第三章 关 防

第十四条 凡考官、襄校官,暨监试、提调、内外收掌、弥封、庶务等官,一经派定,均须即日入场住宿,未揭晓以前,不得外出,以昭慎重。

第十五条 监临官应在外场住宿,以便稽查出入,严杜弊端。

第十六条 试卷于每卷末页之左角内填弥封红号,于卷面之浮签上填写应考员生姓名及坐号。收卷后,由弥封官揭去浮签,交提调官,呈由监临官分送校阅。其各项试卷,非经考官评定分数后,不得开拆弥封,既拆弥封已知红号之后,不得复将分数增减,开拆弥封时,由监临会同考官督率执事各员公同办理。

第十七条 一应考试场规,由法部另订施行。

第四章 与考资格

第十八条 法官第一次考试,凡年在二十以上六十以下,而合原章第四条资格之一者,准其与试。投考时,应照作列各项办理:一、在法政法律学堂三年以上毕业者,应将文凭呈验。二、举人及副拔优贡,其有贡单者,应随带呈验。三、文职七品以上者,以实官为限,虚衔不得与考。其有实官部照者,仍须呈验。四、旧充刑幕人员,以历充五年以上而现充刑幕者为限,应将历充现充某地之刑幕,详细叙入履历册,并由出具文结各员声明,确系品端学裕以备考核。

第十九条 凡有法院编制法第一百十五条所列三项之一,并有干禁烟条款者,一概不准与考。其无前项情事,须于文结内声明。

第五章 报 考

第二十条 报考办法,列为左之三种:一京师投考者,在京及交通便利省分来京应考各员生,除实缺候补人员,应由京师各衙门及督抚备文咨送外,其候选人员及毕业生举贡等,有不及在本籍起文者,得于到京后,取具同乡京官印结或本旗图片报考。惟刑幕一项,应由游幕省分之地方官出具印文,申送提法使,切实考验合格,详由督抚备文咨送。其各项咨送员生名册,统由提法使汇造申送法部备案。二本省投考者,除实缺候补各员,呈明本省督抚,仍于提法使衙门报考外,其余无论本籍、寄籍、寄居,有合应考之资格者,均报由所在地方官或旗官备文申送提法使，届期报考。其刑幕一项，由现在就幕之衙门或地方官出具印文，申送提法使，先行切实考验合格，方准与考。三新疆赴甘肃会考者，报考各员生，除照本条第二款办法外，由该省巡抚给咨赴甘会考，仍一面将与考员生名册咨送陕甘总督，仍札知甘肃提法使备案。其候选人员及毕业生举贡等，有不及在本籍起文者，得在甘省取具同乡正印、实缺官印结（如同乡无实缺者，得由候补同乡官借用地方正印官印出结），或本旗图片，即予报考。其旧充刑幕者，亦由就幕之衙门或地方官出具印文，申送镇迪道兼按察使衔衙门，切实考验合格，详请本省巡抚给咨，赴甘报考。

第二十一条　应考人员投考报到，均应亲自填写履历，并呈缴本人四寸照片。

第二十二条　凡应第一次考试者，于临场纳卷时，每名缴卷费银二圆，此项卷费均由办考各衙门列入考试经费内核销，仍分别咨部。

第六章　考　期

第二十三条　每届举行第一次考试，由法部于四月以前通咨各省，出示晓喻，并登报广告。

第二十四条　第一次考试，无论京外，每届定以八月初旬举行。

第二十五条　考试齐集及分场日期，由办考衙门预先酌定宣示。

第二十六条　各场考试，如因人数过多，得酌量情形，分起排日举行。

第七章　第一次考试

第二十七条　照原章第六条办法，第一次考试，分笔述、口述二种，先试笔述，笔述不及格者，毋庸再试口述。

第二十八条　笔述考试分为二场，间日行之，俱当日交卷。其分场科目如左：第一场奏定宪法纲要一题，现行刑律二题，现行各项法律及暂行章程二题。第二场各国民法、商法、刑法及诉讼法一题（准由各人于报考时呈明就其所学种类，至少认作二题），国际法一题，主要科论说一题。

第二十九条　口述考试列为一场，均按照原章第五条所列第二至第四主要科科目，分起考问，令书记从旁笔录。

第八章　核定分数

第三十条　笔述分数，由襄校官按科分拟呈，由考官公同核定。口述分数，由考官或襄校官考问，详注名册，再由考官公同核定。

第三十一条　凡考试，通计笔述口述各科分数满百分者，为极则。满八十分以上者，为最优等。满七十分以上者，为优等。满六十分以上者，为中等。不满六十分者不录。

第三十二条　笔述各科计分，按原章第五条第一至第五所列科目及论说一篇，定为六门，其口述亦作为一门并入笔述，各门分数以七除之，而定为总平均分数。

第三十三条　主要各科以满五十分为及格，不及格者，照章不录。其有一科不满六十分者，不得列优等；不满七十分者，不得列最优等。

第三十四条　笔述考试后，合计两场主要科分数及格，而平均分数在六十分以上者，先行发榜一次，再试口述。口述分数及格者，照第三十二条办法平均后，再行分等发榜。

第三十五条　考试等第，分最、优等，中等三项，如成绩均优，即统列最优等，稍次即统列优等或中等。总以考试成绩为断，不必强分高下，致有幸获抑置等弊。

第三十六条　录取各员姓名、分数，在京由法部缮具清单，会同钦派考官专折奏闻；外省由监临会同考官造具清单，并连同试卷咨送法部具奏。

第九章　授　职

第三十七条　京外第一次考试录取人员，以正七品推事或检察官用，分发各厅学习。其文职七品以上人员，暂以原官分厅学习，俟第二次考试合格，再以品级相当之推检奏留候补。

第三十八条　在京考取人员于试毕后，由法部带领引见，其简员往考省分，俟第二次考试合格，再由法部带领引见。

第三十九条　考试录取人员，直省开办之初，得由提法使择其成绩最优者暂行委署，仍分报法部并督抚衙门备案。

第四十条　直省筹办审判处得力人员，经第一次考试合格者，开办之初，亦得照前条办理。

第四十一条　学习人员分发办法，由法部另行奏定。

第十章　学　习

第四十二条　学习人员之职务，依编制法第一百十条之规定，但直省开办伊始，需才甚亟时，得于学习期内，照本则第三十九条、第四十条办理。

第四十三条　学习人员，于学习期内，应作修习日录，按月呈各该厅长官标阅，于应第二次考试时，一并呈验。

第四十四条　学习人员之品行及办事成绩，每届年终，应由该厅长官造具简明事实清册，加具考语，在京径呈法部，在外送由提法使汇报法部。

第四十五条　学习人员，如于职务有废弛、侵越及行止失检者，该厅长官应随时儆告，并将儆告之次数及事由记入该员事实清册内，一并汇报。其屡戒不悛者，照编制法第一百九条办理。

第四十六条　学习人员，照法院编制法，以二年为期满。其有正当理由或疾病请假时，须经各该厅长官查明，方准给假。因请假而所缺之学习日数，如逾二月以上者，应令其按日补习。

第十一章　经　费

第四十七条　考试一应经费，预计实数，在京由法部奏明，行文度支部支领；在外由提法使详由督抚办理，仍申报法部核定。

第四十八条　各项经费，办考衙门均须核实动用，不得沿科场供应旧例，致滋靡费。在京由法部奏销，外省由督抚奏销，分咨度支部、法部备案。

第四十九条　四川等省考官及襄校官津贴、川资，视道里远近，统由法部酌定奏明，由度支部支发。除内场供给外，其沿途车船夫马，由地方官代雇，自行发价，概不得有需索情事，地方官亦不得另有馈送，违者查明参处。

第十二章　附　则

第五十条　关于第二次考试施行细则，届时由法部另行奏定。

第五十一条　本则所订事宜，如有应行增减及变通之处，应随时体察情形，量加改正，奏明办理。

《国风报》，宣统二年第十二号，宣统二年五月初一日发行

宪政编查馆会奏酌拟各省法官变通回避办法折

宣统二年五月初七日①

奏为酌拟各省法官变通回避办法，以广登用而利推行，恭折会陈，仰祈圣鉴事：

窃维理民之要，莫重于审判，而尤以广储人才，取便听讼，为改良审判之本。定例外官须回避本省，现各省开办审判，奏准实行考试，叠接湖北、浙江等省先后电咨，本籍人员，应否回避，并回避本府，及三百里以内，等因前来。臣等伏查州县各官分发及回避旧例，迭经中外臣工奏请变通，有谓宜多用邻省者，有谓宜不回避本省者。吏部于光绪三十四年议复河南巡抚林绍年、御史吴纬炳折内，于府经历以下六项，则令不回避本省，惟本府州及距本籍三百里以内之缺，仍不得补署。于同、通首领及州县各项，则惟声明愿归近省，于直州同直州判各项，则令专擎近省，均经奉旨允准通行。征之古制，汉唐郡县诸职，多在其乡；宋代用人，率取近路。是任官一法，自以取风土人情语言皆便习者为合宜；明之回避，有类于汉季之三互法，早为当代所讥。今京城审判各厅，与从前之刑部，非无本京人在内，亦未见有请托瞻徇之弊，此又实事之可证者也。现在各省审判开办伊始，人才之难，经费之绌，情事皆同。自应酌定用人办法，以利推行而免窒碍。

---

① 《国风报》刊登时未署日期，此据《光绪宣统两朝上谕档》批示谕旨日期。当日上谕："宪政编查馆会奏酌拟各省法官变通回避办法一折，著依议。钦此。"见《光绪宣统两朝上谕档》第36册（宣统二年）第145页。

查各省审判厅检察厅，如地方、初级等厅，皆有专管区域，拟令本省人员，回避本管府州及本籍三百里以内，与各省人员一体任用。揆其缘由，厥有数便。本省人员，于风土人情语言习俗，均所熟谙，审判易以尽职，一也。羁离远宦，人情所苦，今令就近任职，则川费一切皆可从省，用度易敷，节廉自励，二也。近来各省士绅，习法政者较多，可酌令在本省任用，以视专用候补实缺人员者，取材为宽，三也。

至各省高等审判检察厅分厅，及提法司属官，其区域或系管辖全省，其职任或为司法行政，拟仍照制不用本省人员为宜，其书记官以下，并无诉讼职掌，应准以本省人员，分别任用。如此办理，则本籍不令决事，既免戚族难处之虞，本省皆令服官，可收听讼尽情之效。庶于改良审判，不无裨益。至东西各国成法，虽无服官回避本籍之例，而于临时临事回避条例，则甚周密，有由上官令其回避者，有由本官自请回避，及由当事人指请回避者，多与我国审案回避旧法，用意相合。拟请饬下修订法律大臣，于厘订诉讼律时，详加规定，以示防制。

如蒙俞允，即由臣馆通行遵照。所有酌拟变通各省法官回避办法缘由，理合恭折会陈，伏乞皇上圣鉴。再，此折系宪政编查馆主稿，会同法部办理。合并声明。谨奏。

《国风报》，宣统二年第十六期，宣统二年六月十一日发行

宪政编查馆会奏遵议变通府厅州县地方审判厅办法折

宣统二年五月初十日①

奏为遵旨酌议变通府厅州县地方审判厅办法，恭折仰祈圣鉴事：

---

① 《国风报》刊登时未署日期，此据《光绪宣统两朝上谕档》批示谕旨日期。当日上谕：宪政编查馆会奏遵议府厅州县地方审判厅办法一折，著依议。见《光绪宣统两朝上谕档》第36册（宣统二年）第151页。

五、司法独立的讨论及措施

上年六月初十日，山东巡抚袁树勋奏筹办审判厅并变通府县审判厅办法一折。奉朱批：该衙门议奏。钦此。十月初一日，四川总督赵尔巽奏请改地方审判厅管辖区域一折，奉朱批：该衙门妥议具奏。钦此。

查袁树勋原奏内称，九年期限清单，第四年筹办府厅州县城治各级审判厅，第五年筹办乡镇初级审判厅，是每府厅州县至少必设地方审判厅一所，初级审判厅一所，乡镇平均计算，每处必在四所以上。以此例推，则每一州县必有地方审判厅一所，初级审判厅五所。又初级审判厅须置一员或二员以上之推事，初级检察厅须置一员或二员以上之检察官，是每一厅州县之初级审判厅，须设官二十员左右。地方审判厅，既分民刑两庭，又兼用合议制，合计推事长、庭长、推事、检察长、检察官，总在十员以上。俸给太少，则不足以养人之廉，即不能责人以事。若平均计算，每员岁以六百两计，则俸薪一项，每一厅州县，岁费已在二万两左右，加之典簿、录事、书记、承发吏、庭丁、检验吏各项俸薪，与其他办公费用，至少亦须万金。是一厅州县当岁费三万两左右。合吾国二十二行省各府厅州县计之，岁费约以五千万两计，而建筑等费，尚不在内。既虑国家无此人才，抑亦断无此财力。变通之法，宜于府、直隶州，设立地方审判厅一所，而于有辖地之府及厅州县，设立初级审判厅一所或二所。似此转移，于事实既无窒碍，而全国经费，可锐减十分之九。又称初级审判厅，只能审判二百两以下之民事，监禁一年罚金百元以下之刑事。今既于有辖地之府及厅州县，但设初级审判厅，则案情稍大者，势必远涉该管府、直隶州，拖累迟延，民情必不甚便，而府、直隶州之地方应判，转有日不暇给之虞。宜将初级审判厅权限，略与扩张，民事以五千两以下为限，刑事以十年以下监禁为限。

赵尔巽原奏内称，准法部咨行，外省省城、商埠各级审判厅筹办事宜，第四款内开，省城、商埠初级审判厅之辖境，应酌量形势，划定该厅管辖之界，凡界内诉讼事件，地方官不得管理，其界外词讼案件，仍暂归府厅州县官，照常收受审理。地方审判厅辖境内之乡镇，其词讼虽归府厅州县官管理，有不服时，仍可依照试办章程，就该地方审判厅上诉。其应以本厅为第二审者，即照章归本厅审判，应以高等审判厅为第二审者，民事令自赴该厅起诉，刑事移交高等检察厅办理。又查编制大纲第三条内开，凡省城商埠之地方审判厅，设推事长一人，暂设民科一庭，刑科一庭。每庭各设合议推事三人。第六条内开，地方检察厅，设检察长一人，检察官一人，各等语。是地方审判、检察两厅，各设五六品官九人。而于一县辖境之内，又仅能审判已设初级审判厅区域。民刑重大事件之第一审，及乡镇民刑轻微事件之第二审，其乡镇第一审大小词讼事件，仍归地方官管理。不独一县内有治理两歧之嫌，且事少员多，朝廷亦何必虚靡此廪禄。至于初级审判厅，现虽不能设及乡镇，然其管辖区域，不妨及于乡镇。拟以城治初级审判厅，酌增推事员额，辖及县治全境，于人民向来诉讼，必至城治习惯，亦不相妨。又称事经升任山东巡抚袁树勋所奏陈，该督亦夙与同意，各等语。

臣等查该督抚等所奏，皆因审判厅设官既多，所费至巨，请变通办理。袁树勋则请于府、直隶州，设立地方审判厅一所，而于有辖地之府及厅州县，设立初级审判厅一所或二所。将初级审判厅权限，略与扩张，民事以五千两上下为限，刑事以十年以下监禁为限。赵尔巽则请以城治初级审判厅，酌增推事员额，辖及县治全境。当此财力艰难之际，诚不能不撙节办理。但向来各州县命盗重情，皆归州县官审办，民间遇有命盗案件，皆赴本州县城治控告听审，从未有远赴郡治者。若州县城治，仅设初级审判厅，即将其权限扩至以十年以下监禁为限，命盗案件，亦不能管理。命盗案件为民间所常有，若皆令赴郡城控审，贫婆小民，断无此力量。案证人等，亦皆拖累无穷，殊非恤民之道。是以臣馆上年奏进司法区域分划暂行章程，特将各府厅州县附设及共设地方审判分厅办法，分别详悉规定，早于因地制宜之中，寓有省节财力之意。嗣后省城暨各府、直隶州之有同城州县者，应照章共设一地方审判厅，或一分厅。其各厅州县之词讼简少者，照章又得合邻近州县，共设一分厅。是已与袁树勋所谓每一州县，必有地方审判厅一所者不同。至乡镇应设初级审判厅一节，定章仅酌择各该省繁盛乡镇，依限成立，各该厅州县如无繁盛乡镇，仅可照章设初级一厅，是每处并不必在四所以上。则岁费自不致如袁树勋约计之多。所有地方审判厅及分厅，并初级审判厅各该管区域章程内，业经一一订明，则袁树勋所谓远涉迟延之弊，赵尔巽所谓治理两歧之嫌，已属现制所无，不必斤斤过虑。至于地方、初级审判，既已各殊，即权限当有一定，若令独任审判之权太广，实于慎重狱讼之旨有乖，况两级附设一处，已无道途奔走之劳，宜取轻重适均之制，是以臣馆上年奏进《初级暨地方管辖案件暂行章程》，特将民刑案件各该管辖权，严重规定，俾得量案情之大小，分审级之高低，原为预防流（失）〔弊〕起见。查以上两种章程，业奉钦定颁行京外，即应一体遵办。该督抚所请变通设厅，暨扩张初级权限及辖境各节，自应毋庸置议。

总之细核该督抚原奏，持论虽各有异同，而其鳃鳃然以官多费巨为虑则一。现在筹备宪政，凡百需财，若不斟酌时宜，自难免日形竭蹶。惟司法制度，为人民休戚利害所关，直省筹办审判各厅，固不应多置冗员，致糜薪俸，亦未便过从省略，有碍推行。查法院编制法所定法官员数，应视事务繁简为衡，并载明推事检查官员额，由法部奏定等语。应请旨饬下法部，迅将直省应设高等以下各审判检察厅及分厅，各应酌设推事、检察官、书记官等各若干员，通盘筹画，奏定遵行。务以量事设官为主，不得于法定若干员以上，过于冗滥。庶人才不虞消乏，而要政可冀进行。其司法经费一项，关系尤重，既据袁树勋约计岁费，反复奏陈，自应统筹兼顾。恭读上年钦奉谕旨筹办各级审判厅，责成法部会同各督抚督率提法司切实筹设应需司法经费，著该部会同度支部随时妥筹规画，以期早日观成。等因。仰见圣明注重审判独立之至意。查司法经费，现应分开办及常年二种，开办之费，以建筑为大宗，常年之费，以薪俸为大宗。然建筑究不过筹拨于一时，而俸给则实应规画于久远。亟宜审量财力，以为逐渐扩充之地。应请旨饬下法部，迅将全国应需司法费，咨查直省，筹拟办法，统俟据报到部后，即行按照度支部试办预算册式，分类胪列，遵旨会同该部妥筹规画，奏明办理。至法官官俸，本包于文官官俸之内，臣馆于上年核复各衙门未尽事宜清单，业已声明，该部所订各章程，应令作为暂行办法等语。惟现在审判各厅，亟须依限筹设，则法官官俸，自不能不提前酌定。查法官独立执法，责成甚重，限制复多，其考用之法，既如是其严，则待遇之方，即不宜过薄，应设员额，固须多寡适中，而应需官俸，亦应丰啬各当。应由法部遵照臣馆奏进法院编制法原奏所陈俸给等项详细办法，商明度支部，从速酌中厘订，作为法官官俸暂行章程，奏交臣馆复核，请旨遵行。此外法官章服体制，及司法衙门文书程式，均应及时厘定，以便遵循。容由臣馆另行核议，奏明办理。

所有臣等遵议缘由，理合会奏请旨，如蒙俞允，即由臣馆通行各省，一体遵行。此折系宪政编查馆主稿，会同内阁会议政务处、法部办理。合并声明。为此恭折具陈，伏乞皇上圣鉴训示。谨奏。

《国风报》，宣统二年第十六期，宣统二年六月十一日发行

宪政编查馆奏拟订《宗室觉罗诉讼章程》折（附上谕）

宣统二年五月二十七日①

臣奕劻等跪奏，为拟订《宗室觉罗诉讼章程》，谨缮清单，进呈请旨钦定，恭折仰祈圣鉴事：

宣统元年十二月二十八日，臣馆奏进《法院编制法》折内声明，嗣后宗室觉罗民刑案件，分别由宗人府、大理院、高等审判厅审理，并经声明：宗室觉罗案件，由审判衙门钦遵法律独立审判，毋庸由宗人府会审，各等因。钦奉谕旨：嗣后各审判衙门，朝廷既予以独立执法之权，行政各官即不准违法干涉。其有关宗室案件，著另订细则办法，奏明请旨。余著照所议办理。等因。钦此。钦遵在案。

窃维诉讼者为保障臣民身命财产之大端，审判者为维持国家安全秩序之要政。宗室觉罗同是臣民，其得享法定裁判之权利，自属毫无疑义。惟事涉宗支，究与齐民有别，故各国设皇族诉讼之特法，而中国亦有议亲之专例，制度虽未便强同，义例要不难一贯。现在朝廷预备立宪，于筹办审判各端推行不遗余力，其从前会审旧制，均已奉旨一律废止。匪特事势所趋，亟应及时通变，抑且法权所在，尤宜日进大同。查向例宗室觉罗诉讼办法，其限制率视旗民为严，如犯案到官，不问是否无干，俱先摘顶跪审，告讦有案，但系事不干己，即照违制重科。至于诈赃入手，有实行发遣之条，狡辩不承，有先行板责之例。凡此皆旗民诉讼之所无，而又不适用层递上控之制，诉理之途既隘，优异之谊徒存。况旧制诸王获戾，必奏闻后再行传问，贝子以下则否。细绎列朝定法本旨，初不过预防骄纵之苦心，而揆诸现今立宪精神，实应采因时制宜之善法。臣馆既奉明谕另订办法，遵即督饬馆员，上稽我朝旧制，旁采列国良规，谨将有关宗室案件各办法，

---

① 为奉到上谕日期。

厘订为《宗室觉罗诉讼章程》，凡六章都三十七条。就中以管辖传唤审判执行各章为宗室觉罗特有之法，多与旗民诉讼不同。凡向例于宗室觉罗限制独严之处，如跪审等项，概从删节，均与旗民一律，毋庸跪审。所有各该审判衙门法庭秩序，及该管检察厅暨司法巡警官署法定职权，既属制度所关，无论宗室觉罗，均应遵守，违者即按《旗民诉讼章程》分别惩处。庶于优待属籍之中，不失崇重法权之意。其两造俱系有爵宗室之民事案件，各国通例，皇族五服以内亲属彼此民事诉讼，多归宫内省，惟其审判员率以宫内省大臣并大审院长及皇族一人组织而成，大审院长之获列皇族会议，受亲任官待遇者以此。我国宪政甫经草创，骤尔蹈袭，凿枘良多，不如仍循旧制，暂由宗人府理事官等兼充，俾归简易。此外民刑案件，宗室觉罗之为被告者，查照本章分别办理，若但为原告，则旗民系属被论之人，仍分别在所属之地方及初级审判厅起诉，以符诉讼管辖之定义。至执行刑罚，本检察官法律上应有之权，惟现在新刑律尚未颁布实行，凡宗室觉罗有犯按照现行刑律应各量予折罚者，自应仍遵臣馆前次奏陈办法，暂由宗人府分别照例执行，以期变通尽利。一俟新刑律实行暨皇室大典、民刑诉讼各律颁布后，届时再行钦遵办理。

如蒙俞允，即由臣馆通咨各该衙门一体遵行。其现在未经审结宗室觉罗各案件，均应按照此次所定章程，分别由该管审判衙门审办。

所有拟订《宗室觉罗诉讼章程》，请旨钦定各缘由，理合缮单恭折具陈，伏乞皇上圣鉴训示。谨奏。

  宪政编查馆大臣和硕庆亲王臣   奕劻
  宪政编查馆大臣大学士臣   世续
  宪政编查馆大臣大学士臣   鹿传霖 假
  宪政编查馆大臣署大学士臣   那桐
  宪政编查馆大臣侍郎臣   吴郁生

谨将拟订《宗室觉罗诉讼章程》缮具清单，恭呈御览。

第一章　通　则

第一条　本章程所称宗室如左：

一、有爵宗室

二、闲散宗室

称有爵宗室者，指王以下将军以上。其应封爵而尚未封爵者，以有爵宗室论。有爵宗室已经革爵者，以闲散宗室论。

谨按中国服图，限以五世，与各国五等亲大致从同。考大清会典天潢支派，显祖宣皇帝本支为宗室，伯叔兄弟之支为觉罗，贵胄繁衍，源远流长，迈轶前代。其懿亲荩臣以勋绩世袭罔替者，亦与各国微异。惟是分有尊卑，支有远近，而待遇之礼，要不能不判隆杀。兹敬遵会典及宗人府则例诸书，分为有爵宗室与闲散宗室二项，各条均分别事例，指定名称，如仅称宗室，则系兼赅二项言之。第二款依钦定爵表，定有爵宗室之范围。查皇子封爵，俱有年限。此外如亲王以下奉恩将军以上之子，亦有恩封、考授、降袭之别。凡此同属宗亲，虽在未封爵之时，应准有爵论，以示优崇。其原系有爵而因事革除者，不在此例。

第二条　凡宗室降为红带，觉罗降为紫带，不在本章程所称宗室觉罗之列，其诉讼仍照旗民办理。其另档存记，未入玉牒之私生子女亦同。

谨按康熙五十二年例，革退宗室给以红带，革退觉罗给以紫带，均准附名玉牒，盖恐世代渐远，与庶民无别，是以设此宽典。惟究系因事获罪，既褫其章服之荣，难齿于宗潢之列。至私生子女另记清册，并给红紫等带，所以防选充秀女之用，初非特别之章记，凡此皆应照旗民一律办理也。

第三条　本章程所称宗室觉罗诉讼如左：

一、有爵宗室与有爵宗室之民事案件。

二、有爵宗室与闲散宗室或觉罗之民事案件。

三、闲散宗室与觉罗之民事案件。

四、闲散宗室与闲散宗室或觉罗与觉罗之民事案件。

五、旗民对于宗室觉罗之民事案件。

六、宗室觉罗有犯之刑事案件。

谨按本条定宗室觉罗诉讼之事件，第一项至第五项为民事，第六项为刑事。各国皇族限以五等，其相互之民事诉讼并不以爵为衡，良以支派较近之故。中国宗室较各国范围稍广，是以特设第一项之制限。又宗室觉罗名称既繁，偶涉简略，恐滋疑虑，兹并分列第二至第五之四款，质言之，即宗室觉罗之为民事被告是也。

第四条　除本章程特定外，《法院编制法》、审判诉讼各章程及宗人府则例，凡与本章程不相抵触者，于宗室觉罗诉讼均适用之。

谨按本章程乃特别法令之一，凡在本章程未规定者，仍应适用通常一切法律。现在编制法业已颁行，此外皇室大典、民刑诉讼等律尚在编辑，均与本章程关系尤切。惟此类法律未实行以前，其现行之审判诉讼各章程，暨宗人府则例，以不与本章程抵触者为限，仍应引用，以收循序渐进之效。

第二章　管　辖

第五条　宗室觉罗民事案件之管辖，依左列各款规定办理：

第一，有爵宗室与有爵宗室之民事案件：

本款案件之管辖权属于宗人府。以宗人府各司理事官等充审判员，所有判决仍行具奏，奉旨执行，其审判办法及执行办法，由宗人府堂官定之。

第二，有爵宗室与闲散宗室及觉罗之民事案件。

第三，闲散宗室与觉罗之民事案件。

第四，闲散宗室与闲散宗室或觉罗与觉罗之民事案件。

第五，旗民对于宗室觉罗之民事案件。

右四款案件之管辖权属于京师高等审判厅。

谨按此条定管辖民事诉讼之官署。平常管辖问题，分事件管辖、区域管辖二种。宗室觉罗虽分有远近，而为皇室亲属则一，推尊敬之义，故异平人，管辖问题，自宜特别规定。考各国通例，皇族间相互之民事诉讼属于宫内省，其被告为皇族者，则属于高等法院。兹酌仿其意，分定五款。第一款指两造均系有爵宗室而言，惟现在新官制尚未颁行，而宗人府世掌属籍，应仍归宗人府照旧审理，其审判及执行各项章程，均由该堂官奏定。因两造分属周亲，职居藩翰，宜以郑重之办法出之也。其余四款，均宗室觉罗之为被告者而言，应概归高等审判厅审理，以示优异。

第六条　宗室觉罗刑事案件之管辖，依左列各款规定办理：

第一，宗室有犯依现行刑律罪该流遣刑以上，或其他法令罪该罚金二百元以上，或监禁一年以上，或四等以上有期徒刑者。

本款案件之管辖权属于大理院。其审判准用大理院通常诉讼之办法，本章程有特别规定者，不在此例。

第二，宗室有犯依现行刑律罪该徒刑以下，或其他法令罪该罚金二百元以下，或监禁一年以下，或五等有期徒刑，或拘留者。

第三，觉罗犯罪者。

第二及第三款案件之管辖权属于京师高等审判厅。其审判准用地方审判厅第一审之办法，本章程有特别规定者，不在此例。

谨按此条定管辖刑事诉讼之官署。平常刑事管辖问题，向以犯罪之种类或轻重而分，与民事不同。所谓种类者，如违警罪及窃盗罪，应属于初级审判厅审理是。所谓轻重者，如罚金以二百元，监禁或徒刑以一年区别上下，分属于初级及地方各审判厅审理是。民事诉讼，既因宗室觉罗而异其管辖，则刑事诉讼亦应从同。兹酌采中外之制，定为三款。第一款乃宗室犯刑事罪名较重者，应属于大理院。第二款乃宗室犯刑事罪名较轻者，应属于高等审判厅。以上两款，均按各国通例纂定。第三款系觉罗有犯，各国服制，亲等至五而止，以外并无特例。中国觉罗有犯，旧制由刑部审讯，待案结之后，除死罪外，惟遣流以下，始照宗室改折圈禁，虽与宗室不同，亦与平人有间，是以仍仿其制，不论罪名轻重，概属高等审判厅审理，稍示分别。惟普通诉讼法乃一国人民所宜遵奉，本章程所规定，仅指宗室觉罗之异于平人者而言，凡大理院及高等审判厅之诉讼办法，为本章程所未赅载者，仍应适用。其系特别规定，如传唤须由奏请，执行改折圈禁之类，乃因系宗支特设之利益，自不能与旗民一律办理也。

第七条　民事案件宗室觉罗与旗民共被诉者，或刑事案件宗室觉罗与旗民共犯罪者，仍并属于管辖宗室觉罗诉讼之审判衙门审理。

谨按本条所揭情形，各国学说，有主分案审讯者，有主共同审讯者。窃惟诉讼进行以便捷为主，分案办理，窒碍实多。试以民事例之，一案两属，讼费必多，于经济不免亏损，其弊一；审判官意见不能强同，同一事项，甲是而乙非，判决之例两歧，其弊二。此外刑事事件，一切审判事宜在在有相关之处，必须彼此环质，此中利弊，尤事理之显然昭著者。此本条所以采共同审讯之主义也。

第八条　属于大理院之事件，判决后，得在本院行非常上告，或再审或再诉。

谨按《法院编制法》，大理院特别权限系第一审并终审。窃惟三审之制，乃诉讼通例。宗室刑事事件，酌量轻重，分属大理院，虽审级最高，不能复行上告抗告之制，要不可无订正之方。兹采用日本新刑事诉讼法草案，许其于本院非常上告，或再审或再诉。非常上告者，以订正法律上重大之错误为宗旨，再审者，以订正法律豫定事实上之错误为宗旨。以上二者，俱审判确定后行之。再诉者，曾经无罪免诉之判决，因发见有罪证据，再行审判之办法。至非常上告及再审，原审判官应行回避，从前即系如此办理，其在新例，更不待烦言矣。

第九条　属于京师高等审判厅经判决后而不服者，得在本厅行第二审，其第三审则属大理院。

谨按本条采各国通例，既许其于本厅行第二审之制，自应宽其阶级，以大理院为终审之地。此亦由前条之意而变通之也。

第十条　宗室觉罗对于旗民为原告或被害人或证人者，仍依初级暨地方审判厅管辖案件章程，由该管审判厅审理。其经审判厅讯明系属诬告或伪证者，仍分别改送管辖宗室觉罗诉讼之审判衙门审理。

谨按旧例宗室词讼，俱用会鞫之制，初无原被之分，而各国于审判皇族，专以被告为限，若为原告或被害人及证人，仍在通常之审判厅行之，权界最为明晰。上年呈进法院编制法折内，于刑事业经订定。惟民事一项，诚恐奉行之人狃于故常，转生误会，故设第一项之规定。诬告伪证，事所恒有，设于诉讼进行之际发见此类情弊，应归何审判衙门审理，如无明文，亦滋疑议。故复设第二项之规定。

第十一条　凡宗室觉罗不得为被告之参加人。

谨按参加人以第三人之名义参加其事之谓，有主参加、从参加、告知参加、指名参加四种，惟民事案件有之。主参加者，该案于审判厅审理之际，第三人出而主张所诉讼之物不属于原告，亦不属于被告，而属于己，将两造俱行控告者是也。从参加者，因一造胜诉，而第三人以有利害关系之故，出而辅助被告者是也。告知参加者，为被告通知诉讼行为于辅助之人者是也。指名参加者，欲免己之负担，指称第三人于本案有关系，令其参加诉讼者是也。本条系指从参加以下三种而言，主参加不在此限。依本章程对于宗室觉罗之民事诉讼，其第一审第二审之审判权属于京师高等审判厅。如旗民甲与乙已成诉讼，而宗室觉罗欲为被告之参加人时，既不属于京师高等审判厅，则原审之审判厅，并无管辖之权，是以设此制限，即有时甲与乙在京师高等审判厅提起诉讼，该厅虽应管辖宗室觉罗而偶然之适合，亦不许其参加也。

第十二条　东三省宗室觉罗诉讼审判权，于未设大理分院以前，属于各该省之高等审判厅，其审判办法，依通常审判诉讼各章程行之。

谨按盛京本许宗室移居，并设宗室觉罗等学以资教养。此外吉林、黑龙江两省亦有因事发遣者，迄今生齿日繁。所有诉讼事件，将来大理分院设立以后，自应适用本章程第六条第七条之例。其在未设立以前，宜酌予变通，归各本省高等审判厅审理，并许用寻常诉讼办法，以省扰累而示体恤。

第三章　起　诉

第十三条　凡宗室觉罗民事案件，原被告应照章遵用诉状、辩诉状、委任状及各项法定状纸，其有爵宗室例应行用门文者，仍须遵用状纸，随文投送，其抗告或上告者亦同。

谨按各项状纸业经法部奏蒙俞允通行在案，不论宗室觉罗，均宜遵守，即有爵宗室行用门文者，亦应随文投送。

第十四条　凡审判衙门管辖宗室觉罗刑事案件，无论呈诉、告发或现犯，均由该管检察厅先行讯问，依法起诉。其抗告或上告者亦同。

谨按各国诉讼，或行检察制度，或行陪审制度，中国采取法德等国通例，已设各级检察厅，凡刑事案件，均须由该厅检察，方准收审，历经办理在案。宗室觉罗自应一体遵奉，以昭慎重。

第四章　传　唤

第十五条　有爵宗室犯罪该徒流刑以上者，系近支缌麻以上、远支公以上，奏闻后再行传唤，余均径行传问。其罪该罚金刑者，系王行文该门上讯问，系贝勒以下遣抱到案听候讯问。其民事案件应传问者，系王仍行文该门上，系贝勒以下遣抱到案听候讯问。

谨按宗人府则例，亲王、郡王行文讯问，若犯大罪，奏闻后传唤，贝勒以下传讯，等语。同列懿亲，显分隆杀，似未周洽。惟会典封爵等级，自亲王逮奉恩将军，凡十有四等，降至奉恩将军，则世袭罔替，是有爵仍有亲疏之别，则待遇自难一例。考唐律议亲之法，迄于袒免而止。袒免云者，即高祖兄弟、曾祖从父兄弟、祖再从兄弟、父三从兄弟、身之四从兄弟五项。既同五代之祖，服制应异他人，初非同姓无服之亲，均可滥厕其列。今习俗凡族人概称袒免，盖即误会此律。大清律例，悉承唐律之旧，本宗五服九族图，自本身而上曰高曾祖父，本身而下曰子孙曾元，服制仅及缌麻，与议亲律注微异。伏读同治二年上谕：嗣后各王公之女，著自高宗纯皇帝之子孙以下各王公所生之女，均作为近支，其余均作为远派，等因。钦此。远近之分，俱以缌麻为断，实本服图，则将来继继绳绳，自应垂为永制。以次递推，传唤虽诉讼中之程序，应仍寓议亲之意。兹拟变通旧制，有爵宗室犯徒流以上刑者，系近支缌麻以上，不分爵之等差，远支公以上，均非经奏奉谕旨，不得传唤。余仍照旧例办理，并增入民事一层，藉昭赅备。

第十六条　闲散宗室应行传问者，行文该旗，派司法巡警随同该旗族学长往传，出具识认报本，送案审讯。若有患病，知照该旗佐领往验，取具切结呈报。其捏病延宕者，按例治罪，并将原验之员及加结之族学长一并参处。

谨按此条节采宗人府则例，合并声明。

第十七条　觉罗应行传问者，行文该旗，出具图片，派该管领催送案审讯，并得径行传案。

谨按觉罗传唤，并无明文，向俱照旗人办理。兹拟纂为定例，以资引用。

第十八条　传到之宗室，视其所犯，该徒流以上之刑，系有爵者，交宗人府看管，随时提讯；系闲散或觉罗，即在该管衙门看管。罪该罚金刑者，无论宗室觉罗，均交该族学长或本旗佐领保候传讯。

谨按有爵宗室犯徒流以上等罪，情节虽重，究异齐民，在本人固属咎由自取，而皇室之尊严不可因之而损。查宗人府既有圈禁处所，自应责交收管。闲散宗室即在大理院收管，以示区别。至罚金罪名，即在平人亦不应拘留，应交族学长保候传讯。

第十九条　近支缌麻以上，远支公以上之为证人者，审判官得就其所在而讯问之。其余有爵宗室、闲散宗室或觉罗为证人者，原告或被告得邀同到庭讯问，其必须传问者，并得径行传案。

谨按此条采用日本皇族诉讼令，新律颁行，治罪全凭证据。证人者，乃目击其事之人，与旧日之因案牵连者不同，亦将来立宪后，必应担膺之义务也。是以特定此条，预为提倡。

第二十条　宗室觉罗被诉犯罪，由总检察厅或高等检察厅照章搜查证据。

第二十一条　宗室觉罗有现行犯罪者，总检察厅或高等检察厅得以职权先行讯问。

前项现行犯，如罪该徒流刑以上而有逃匿之虞者，该管检察厅于搜查讯问后，得暂行看管。但须于三日内起诉。

第二十二条　前二条犯罪，若须急速处理者，地方或初级检察厅或司法警察官署，得依本章程或其他法令，行搜查讯问之权。

谨按以上三条属检察事务，检察与审判相辅而行，故分辑三例，以资遵守。

第五章　审　问

第二十三条　宗室犯罪该徒刑以上者，先行革去顶戴。

第二十四条　宗室有犯，除情罪重大奉特旨革黜外，其余不得率请革去宗室。

谨按以上二条节采宗人府则例，合并声明。

第二十五条　宗室觉罗民事案件判决确定后，由该管审判衙门照章执行，仍分报法部、宗人府存查。

谨按此条定判决民事之例，分报法部、宗人府存案，兼可备编辑统计之用。

第二十六条　宗室觉罗刑事案件，该管审判衙门判决后，即将全案供勘缮册，连同人犯移交该管检察厅，分别报解法部或宗人府。

谨按此条定判决刑事之例，应解法部或宗人府，详第六章执行各条。

第六章　执　行

第二十七条　凡宗室觉罗有犯，应按现行刑律治罪者，除本章程别有规定外，经该审判衙门判决确定后，均由该管检察厅径送宗人府分别照以下七条执行，但各该厅仍得依法监察。

谨按甸师行戮，见于周官，仕伍易称，兼详汉律，议亲特法，自古而然。从前会鞫宗室案，先由院援刑律定拟，继由府查照则例改折。此次钦遵明诏，改交大理院、高等审判厅审理，而宗室应沐之宽典悉应仍旧，用副朝廷矜恤宗人之至意。惟现行刑律业经修订颁行，则例新旧错出，犹沿折枷旧制。又妇女犯徒以上等刑，折罚养赡钱粮，盖本纳赎之例推阐而出，乃分割之法过涉畸零。凡此未能斠若划一，均应逐一厘正。兹拟条列轻重，详定七条，判决之际，除死罪外，即可随案改折，庶不致有出入之虞也。

第二十八条　宗室犯服制并情节重大及谋杀者，应按现行刑律定拟，请旨钦定。犯寻常命案问拟死罪者，应于判决确定后，解交盛京监狱，秋审时，由法部会同宗人府进呈黄册，应情实者奉旨后，即由部札令奉天高等检察厅遵依奉行。觉罗犯死罪者，在法部监禁，秋审时，由法部进呈黄册，分别照例办理。

第二十九条　宗室犯死罪，未经秋审，遇赦减等或缓决一二次者，均减发吉林，三次以上者减发盛京。

第三十条　宗室觉罗犯外遣之罪者，实发黑龙江。

第三十一条　宗室觉罗犯徒流内遣等罪者，依左列期限改折圈禁：

徒二年以下三月。

徒二年半及三年九月。

流二千里一年二月。

流二千五百里及三千里一年八月。

极边安置二年。

烟瘴安置二年半。

第三十二条　闲散宗室及觉罗犯罚金刑者，依左列期限折罚养赡钱粮：

一等罚至四等罚半月。

五等罚一月。

六等罚以上，每等递加一月。

系职官以上照例议处。

第三十三条　宗室觉罗累犯罪，依左列分别处断：

二次犯徒圈禁二年。

一次犯徒一次犯流圈禁三年。

二次犯流或一次犯徒一次犯遣及三次犯徒实发盛京。

二次犯徒一次犯流实发吉林。

二次犯遣或三次犯流实发黑龙江。

第三十四条　宗室觉罗妇女犯罚金刑，照第三十二条之例减半折罚养赡钱粮，其犯徒流遣等罪者，依左列期限折罚养赡钱粮。

徒一年五月。

一年半以上，每等递加一月。

流二千里一年。

二千五百里以上，每等递加二月。

遣刑以满流论。

谨按以上七条节采宗人府则例，合并声明。

第三十五条　凡宗室觉罗有犯应按现行刑律以外之法令治罪者，经该管审判衙门判决确定后，即由该管检察厅监察执行。其在新刑律未实行以前，应按现行刑律以外之法令处徒刑或监禁者，仍由该管检察厅送交宗人府，按照该管审判衙门判定年限执行。

谨按刑律以外之他项法令，如结社、集会律、报律、禁烟条例之类皆是，其中罚金、徒刑、监禁等刑俱采取新制，不论中外，一律同科，以为统一法权之基础。且各刑均设有以上以下之限，宗室觉罗有犯，断难墨守旧制，应由检察厅按照判定年限执行，一则新定各刑与前七条之规定比较为难，一则仍可以宗室觉罗等阶级不同之故，随时处法定刑名中最轻之罚也。

第三十六条　凡宗室觉罗犯违警律者，仍由该管巡警官署按该律判断执行。

谨按违警律亦新律之一，为谋治安起见，警察之权宜遵，所处罚例奚可因人而异，且违警罚以即结为主，如办法稍涉纾缓，即不足以收惩肃之益矣。

附　则

第三十七条　本章程自颁布日施行。

附：上谕

宣统二年五月二十七日内阁奉上谕：本日宪政编查馆奏酌拟《宗室觉罗诉讼章程》缮单呈览一折，上年颁布《法院编制法》，因司法独立为宪政初基，当将审讯宗室觉罗事宜，分别划归大理院、高等审判厅审理，并谕令该馆另订细则，奏明请旨。兹据拟定此项章程六章并附则凡三十七条，朕详加批阅，大致原本大清会典及宗人府则例诸书，参以新制，承行新旧之间，尚属周密。嗣后宗室觉罗案件，即照此次定章办理。其在新章以前未结之案，概由宗人府分别咨交各该衙门审讯。至有爵宗室与有爵宗室民事案件，仍由该府审理，并著该堂官另拟章程奏请施行外，其宗室觉罗刑事案件定案时，由大理院咨行宗人府、法部查核后，由大理院具奏。余依议。钦此。

《清末民初宪政史料辑刊》第二册，第19—53页，北京图书馆出版社编辑，影印，2006年

司法官由部主持

宣统二年五月

法部通咨各省，略云：查宪政编查馆核订《法院编制法》内开，嗣后凡属全国司法官务，如任用法官各项，统由法部主持。又请饬法部于考试任用法官时，务须钦遵颁定暂行章程，凡非推司检察官者，未经照章考试，无论何项实缺人员，不得奏请补署法官各缺。查吏部每次京官分发时，有签分大理院之员。此项人员，并未经法官考试，遽行分院，于任用章程，殊有不合。拟请无论何项出身人员，均毋庸再行签分。统照本部奏准之考试细则，考试任用。此后凡全国司法官等，均归本部总理主持等情。业经奉旨允准，应即一体查照云。

《国风报》，宣统二年第十二号，宣统二年五月初一日发行

通咨司法行政权限一览表

宣统二年五月

法部通咨京内各部及各直省将军督抚，略谓司法行政权限，最易混淆，亟宜分析清楚，俾资遵守，方能按照立宪年限，次第举行。查京师及各省检查审判等厅，均已成立，而权限一时尚未划清，难免与行政衙门互相推诿，及掣肘侵越等事。特将司法各项事宜，逐一详细注明，俾与行政应管事项划清界限，并订有司法行政一览表，咨到之日，希即照咨饬属遵守云。

《国风报》，宣统二年第十三号《中国纪事》，宣统二年五月十一日发行

宗室觉罗诉讼暂仍照向章办理谕[①]

宣统二年六月十四日

钤章

宣统二年六月十四日内阁奉上谕：所有新定宗室觉罗诉讼章程，著俟新定法律实行及将来皇室大典并民刑诉讼法颁布后，再行会同奏明实行。现在宗室觉罗诉讼一切事宜，著暂行仍照向章办理，毋庸按照新章更改。该衙门知道。钦此。

军机大臣署名

---

① 标题为编者所拟，原文无标题。

臣奕（劻）①

臣世（续）

臣鹿（传霖）假

臣那（桐）

臣吴（郁生）

《光绪宣统两朝上谕档》第三十六册，第191页

高等审判厅管辖之范围

宣统二年六月

法部为高等审判厅管辖区域一事，通咨各省，略谓省城高等审判厅，原系管辖全省诉讼，但各府厅州县地方审判厅及各乡镇初级审判厅未遍设之时，自应拟定诉讼管辖之权限，凡省城商埠审判厅之辖境，不必但以城垣商场为限，应酌量形势户口，如附近之地，实为该审判厅力所能及，且势宜兼及者，即划定为该厅管辖之界。如界内诉讼事件，原被告有一为界内人，或皆非界内人，而案情发生在界内者，地方官皆不得受理。倘有投告错误或发现犯罪之时，当指令自赴该厅，或移送该检察厅起诉。其界外词讼案件，仍暂归府厅州县官照常收受审理，以清界限。

《国风报》，宣统二年第十五号，宣统二年六月一日发行

---

① 括号内名字为编者所加。

法部奏定《法官分发章程》

宣统二年八月二十一日①

第一条　凡法官分发，统由法部按照本章程办理。

第二条　分发人员分左之三种。甲第一次考试录取人员。乙照《法院编制法》第一百七条免第一次考试人员。丙照《法院编制法》第一百十二条免第二次考试人员。

第三条　分发京师人员，不论籍贯，总以熟悉官话为限。

第四条　分发本省人员，准其自行呈请，惟仍以地方各厅为限。

第五条　分发近省人员，其配置方法，由法部仿照吏部直州同以下各员专归近省分发之例办理。

第六条　原有服官省分人员呈请仍留原省者，应造具详细履历，呈由法部查核，确系人地相宜者，准予分发。

第七条　各员呈请愿就现在流寓省分者，应取具同乡官印结，呈由法部考验，确系熟谙该省语言习惯者，准予分发。

第八条　派考省分录取人员，除就近分发该省外，其有援照第三条至第七条呈请分发者，应由提法使查照各条所定，分别考核，详由督抚咨部办理。合于第二条乙、丙两项资格，在服官省分援照第三条至第七条呈请分发者，应由该省提法使查照前项办理。

第九条　分发人员，除京师各厅及在外省就近分发外，均由法部发给凭照。其前条呈请分发他省者，应俟法部核准后，将凭照发由各该省提法使转给该员，自领到凭照之日起，统照第十条所定，凭限到省后，缴由该省提法使详由督抚咨部核销。

---

① 为《国风报》刊发日期。

第十条　分发人员到省凭限分左之二种：一、交通省分两个月。一、非交通省四个月。遇有特别事故，不在此限。惟须取具所在地方官印结，报由该管督抚咨部备查。

第十一条　分发人员已有原官或升衔者，经分发后未补缺以前，照《法官考试任用暂行章程施行细则》第三十七条办理。

第十二条　分发人员系受学部考验，得有举人以上出身，并经学部带领引见者，及曾经引见之职官，经法官考试录取者，均毋庸带领引见。其仅受学部考验，得有举人以上出身者，及照《法院编制法》第一百十二条得免第二次考试者，应由法部带领引见，并将原领毕业文凭分别呈验。

第十三条　法官考试录取应行引见人员，分别京外，照《法官考试任用暂行章程施行细则》第三十八条办理。

第十四条　本章程自奏准之日施行，其未尽事宜，由法部随时酌改奏明办理。

《国风报》，宣统二年第二十三期，宣统二年八月二十一日发行

奏定考试法官取中员额

宣统二年九月

此次考试法官，在京报考人数，共有二千八百八十余人之多，其由各直省咨送未到者，尚有二百六十余名。然查直省本年开办省城商埠各级审判检察厅，约需推检不过六百余员，似此则应考人数，多于员额数倍。法部各堂特公同商议，拟就应需员数，于考生内，酌取十成之二，以为本届录取名额之标准。若优卷过多，所录员额，亦不得过十成之三。经已具奏，奉旨允准矣。

《国风报》，宣统二年第二十四期，宣统二年九月初一日发行

浙江巡抚增韫条陈审判事宜折

宣统二年十月初十日

浙江巡抚臣增韫跪奏，为条陈审判事宜，恭折仰祈圣鉴事：

窃维司法、行政，向系混合为一，自奉先朝谕旨，制定审判，规定各厅，而司法遂以独立，嗣经馆部诸臣划区编制，全国颁行，道一风同，臣复何说。惟是事属创始，造端宏大，各省之风气未尽开通，相需之人才未必适用，一或不慎，其流弊所至，上之不足尊崇法律，下之且将遗害民生，腾笑邻邦，为世诟病，此大可虑者也。臣管见所及，谨陈办法三端，上备圣明采择。

一、商埠审判宜暂缓开厅也。自中西刑律不同，各国均藉口中律过重，遂于通商口岸得有领事裁判权，即条约上所谓治外法权也。查光绪二十九年中日通商行船续约第十一款，有中国整顿律例，与东西各国改同一律，一俟审断办法及一切相关事宜皆臻妥善，日本国即允弃其治外法权等语。是年中美续约其第十五款，亦与此同。是收回治外法权，要以审判妥善为衡，初不斤斤于迟速间也。今设立审判，先从商埠入手，机关既不完全，官吏又无经验，以万国具瞻之地，一不得当，即为口实，信用若失，挽救终难。臣愚以为商埠审判，暂不开厅，而专注力于省城，省城各厅距上级机关甚近，程督易而稽查周。一年以后，著有成效，再于其中挑选明干练达之员，派充商埠推、检各官，驾轻就熟，舆论翕然，坚外人之信仰，即徐收已失之利权，事半功倍，无逾于此矣。

一、司法人员宜于未开庭时先行练习也。查现时法官资格凡三种：一为通晓法政人员，其学虽系专门，然诉讼不过各科之一，致力未必专精也；一为文官七品以上及举贡出身者，其中岂无绩学之士，然法律非素习，未必遽能明通也；一为旧时刑幕，其中亦多知名之流，然所习者旧法，于新学或懵如也，况法部通行招考之时，现行刑律甫经奏定，应试之士，尚未窥见全书，朝获幸取，夕操法权，以人民生命财产极为重要之端，托之资格不齐、一无历练之人，临事张皇，全体哗然，虽有圣神不可侵犯之法律，亦将见轻于民。当是时也，旧法之范围已破，而新法又不足资维持，国家将何所凭藉以控驭人民乎？臣愚以为宜将现取司法人员，分发各省，暂不开庭，即就现建之高等、地方各厅中练习半载，凡审判一切手续，及应用规章，讨论其疑义，演习其规模，其偏畸缺漏处，先事补正之，至明年七月为实行开庭之期，练习既久，措置裕如，较之现时开庭，功效自倍，此求迟反速之道也。

一、法官薪俸宜从优给予也。查审判各厅，至一律成立之年所需经费，人员薪俸约占全数十分之八九。诚以法官资格既高，俸禄不容过薄，且昔日州县重寄，一切移之法官，若所入不足自存，不独不能保持独立之地位，而流弊且不可胜言。然调查各省所定州县公费有千余两者，有五六百两者，至少亦二三百两，而法官薪俸规定极简，若忘其为实缺并终身官也者，甚至以秩视四品之厅丞，其薪俸乃不及简缺州县之公费，推简更无论矣。司法与行政既不平等，人将以司法为朝廷不甚爱惜之官，奇才异能，皆趋重于行政，而视司法为畏途，法制纵极完全，无人才以司之，终必归于堕坏。今欲司法之独立，宜先期薪俸之持平。拟于未设审判厅之处，州县公费，照常支给，已设审判厅之处，州县不管词讼，可酌提公费三分之一以补助之。以州县公费平均约六百金计算，初级厅成立后，提出二百金，足养一推事、一检察官。再如刑幕脩金、秋录招解等费，差役工食，凡应归司法经费者，悉数提出，已足养录事、庭工之属而有余。况各厅成立以后，本有正当之收入，如诉讼状纸、印纸、登记费、罚金等项，足供支出费用大半。推行愈久，收入愈多，即有不足，由国库支出者，当亦有限，正不必震惊于经费过大，而以裁减薪俸为唯一之目的也。

抑臣更有进者，国家所恃以保持全国之安宁秩序者，法制与人才而已，无法制不足以范人才，无人才不足以行法制，相需相成，未容偏重。况改革伊始，天下之观听系焉，基础一坏，阻力横起，新法之弊较旧法为尤甚，迨至弊端已见，复事变更，不独前此所筹备者等诸虚牝，而迁贸无常，适易启人轻视现时制度之心，转无以昭威信于天下，此又不可不早为计及者也。

所有条陈审判事宜缘由，谨恭折具陈，伏乞皇上圣鉴，敕部核议施行。谨奏。

军机处原折，《清末筹备立宪档案史料》，第881—883页

邮传部主事陈宗蕃陈司法独立之始亟宜预防流弊以重宪政呈

宣统二年十月二十七日

四品衔邮传部路政司主事陈宗蕃谨呈，为司法独立，造端伊始，亟宜预防流弊，以重宪政而保民生，恭呈仰祈代奏事：

窃维宪政之本，首重三权分立。三权者，立法权，司法权，行政权也。立法权以国会行之，司法权以审判厅行之，行政权以内阁行之。有是者谓之立宪，无是者谓之非立宪，此通义也。我国筹备宪政，定自先朝，直省各级审判厅，皆定于本年试办，划分权限，组织机关，渐进有资，推行有序，此不独中国臣民将来之福，抑亦全球宪政未有之光。惟是筹办之初，事易疏略，一或不慎，则流弊所及，不可胜言，谨敢竭其愚诚，为我皇上缕晰陈之。

夫司法独立，首重者法。今日新刑律虽已编订，而实行尚未有期，民法、商法、刑事诉讼法、民事诉讼法，则颁布之期尚远；登记法、非讼事件手续法之类，更无论矣。言司法独立，仅于审判之机关，推事、检察之组织，稍事更张，而于司法之精神则未也。然法者虚器，新法虽未备，而旧法尚可遵行，苟得其人，犹足以治。夫所谓司法人才者，非普通知识之谓也，必于新律确有研求，旧律亦多经验，乃能胜审判之任而无疑。而今日所谓法官者何如也？查考试法官章程，应考之资格有四：法政毕业生也，刑幕也，举贡也，五品以下之京外官也。四者之资格不同，而于新旧律例之知能，偏而不全，则一法政毕业生，于新律略有所知矣，而于旧律之经验已嫌不足。且其所业者，必由于法政学堂。乃环视各省，除直隶、浙江、江苏、福建、广东而外，设学者已鲜，毕业者更无其人。刑幕一项，所长者在旧律之经验，而于新律又无所知，然即此富于经验之人，大都瞻顾迟疑，裹足不至，其来者非新进则伪托者也。举贡暨五品以下京外官二项，以言新律，既无以造就于先，以言旧律，亦非必经验有素。而设为是项者，以为

五、司法独立的讨论及措施

姑设一格,冀其或能就范而已矣。于搜罗法学之意少,而疏通旧学之意多,毋亦与朝廷慎重司法之心有未合欤。

虽然资格之失既已如彼,然苟严格以试之,分科以取之,则真才可以入彀,不肖不致滥竽,犹得半之道也。而今日考试之法又何如?考试之科目,中外兼举,新旧并列,既已包括靡遗,其所选用之襄校官,限于现在之人才,断难求全而责备,则毋亦各取所长,以分校一二之科目已耳。乃取旧日科举之制度,分房校士,总揽诸科,于是明于此者,或昧于彼,得其旧者,不谋其新,轻率操觚,冒昧从事,舍精义而求楷法,弃法理而取词章,而法官之登进滥矣。

且不但此也,考试之科条既经法部奏定,御史赵熙又奏请认真办理,亦经议复施行,禁令本极严密,乃奉行不力,视为具文。怀挟者,当扶出而不扶出,固以抄袭为工矣。交谈者,当禁止而不禁止,且以口耳传递矣。狡黠者易为工,拘谨者多失败,而法官之登进又滥矣。故此次法官揭晓以后,所取之士,讵无一二贤者,而侥幸登第者,徒亦实繁。或不知法律为何事,或不知审判为何官,或以学部屡试不第之学生,襃然上列,或以从未读律冒名妄充之刑幕,竟获优选。其尤甚者,狂易丧心之辈,犯禁无耻之流,亦皆倖列高科,巍然学者。以此托民生,寄民命,授以民事、刑事之柄,予以判决、判复之权,诸事草创,端绪茫然,讼庭初开,毫无历练,诚恐非独不能企各国司法独立之盛轨,且较之中国旧日司法未独立者,流弊更无穷也。

虽然既往之失,无可言矣,实行宪政,期以宣统五年,司法独立更不容或缓矣。当无可如何之中,筹补偏救弊之术,虽非本论,而较之因循敷衍者,固有进焉。盖今日所谓法官者,推事而外则有检察,而与推事相辅而行者,实不止检察一端,律师也,司法警察也,执达吏也,侦探员也,此皆与推事、检察相维,曾不可以偶缺。譬之筑室,梁栋之外,有榱桷焉,有机槛焉,有门户焉,有一不具,室屋不成。司法犹是也,推事为审判之主体,检察、律师、司法警察数者,为审判之辅助,检察既设,而律师以下无闻,是得其一而失其二也,举其偏而遗其全也。

请言律师。律师之用,所以宣达诉讼者之情,而与推事相对待,有推事而无律师,则推事之权横而恣。今推事设矣,而录用律师,必迟至一二年以后,则奚以故,或谓律师关系慎重,必待造就相当之人才,始可设立,否则弊与旧日之讼师等固也。然推事关系尤重于律师，奚为不待诸人才造就以后。或谓考试法官与考试律师同年并举，事务太繁，故不可不分年筹办。然法部所司为何，岂并此一请派考官预备试卷之劳，而亦靳之。此所未解者一也。

司法警察不过警察中一部分耳，而自司法方面言之，则拘执罪犯，搜查证据，非司法警察莫属。夫今日每一州县名役数十，白役数千，事由以办，弊亦由以滋，司法独立，必不能不裁汰也固矣。然裁汰之后，司法警察又复不备，则一切事件将仍用旧日之差役而变其名乎？抑姑为宽纵，以待司法警察之成立乎？抑将尽使推事、检察，躬自执行乎？此所未解者二也。

至于执达吏事尤卑矣，配送文书，征收罚锾，殆与旧日之差役同，而任用须经考试，充当须纳证金，防之者至周，故任之者亦重。今以各省审判厅计之，不下数千所，计当须用数万人。此数万人者，亦必限以资格，略知教育，稍有身家，非如旧日之差役等也。而今日执达吏章程尚未颁布，毋亦以为其事不足重，他日取诸其人而皆是耶？则差役之弊，见于今者，将复见于后也。此所未解者三也。

侦探员者，探访刑民疑难事件，以补警察所不足也。警察尚未成立，安能遽言侦探。然中国幅员辽阔，户口滋繁，狡伪之情，变幻之态，百出而不穷，虽有侦探之至精者，尚无以尽其变，又安能恃此不出户庭之推事、检察，遂能尽民之辞耶？故今日司法上之侦探，实与推事、检察、警察相倚而相成，非可或有偏废也。而今日法部尚未有筹设侦探之举。此所未解者四也。

夫此四者，皆为司法上必要之条件，有一不备，司法无由成立，即强行成立，其弊亦与旧日之州县等，又曷贵有此司法独立为也？夫今日言宪政者，莫不托于分年筹备之说。然天下之事，有可分者，有不可分者。田夫农耕，春播种，夏溉耨，秋收获，此可分者也。收获之际，或刈以镰，或束以绳，或取其穗，此不可分者也。不可分者而强分之，事必不治，今日司法徒设法官，而不设律师各项，其弊何以异此。为今之际，宜请饬下法部，迅将律师考试章程、管理章程、惩罚章程编订施行，并会同民政部商定司法警察之办法及权限，而执达吏任用，侦探员之养成，皆各严定章程，转饬各省提法使认真筹办，务与各级审判厅稍缓开办，以待各种组织之完全。否则徒以推事、检察为司法独立之具，则贤者苦于无所赞助，不能有为，不肖者转以事得自专，敢于恣肆，非司法前途之福也。

抑更有请者，法律馆之设三年矣。此三年中，仅编订刑法四百数十条，民商各法皆未颁布，不知馆中诸臣所司为何，而竟疲缓如此。诚宜严定期限，饬令将各种法律陆续编纂，奏交资政院核议施行，庶审判得有遵循，司法不成虚设，尤根本之计也。

宗蕃昔年备官刑曹，嗣后留学东瀛，于彼邦司法之规模，略加考究，回国以后，复任京师地方审判厅，故于中外审判情形，粗有所得。窃睹今日司法独立缓急先后之序，间有未宜，关于民生者至重，关于宪法者尤可忧，故不觉言之激切如此。

愚昧之见，是否有当，理合请代奏皇上圣鉴。谨呈。

《清末筹备立宪档案史料》，第883—887页

大理院正卿定成奏请提前筹议大理分院事宜折

宣统三年三月初七日

花翎、大理院正卿臣定成等跪奏，为各省高等审判厅成立，亟应将大理分院事宜，提前筹议，酌拟办法，恭折仰祈圣鉴事：

查《法院编制法》第四十条内称，各省因距京较远，或交通不便，得于该省高等审判厅内设大理分院。又四十七条内称，大理院及分院办事章程，由大理院奏定各等语。诚以中国幅员寥廓，户口殷繁，如绳以各国成例，将终审之权概集于中央，必至鞭长莫及，故变通其制，酌量情形，增设分院，意至美法至善也。上年各省高等审判厅丞依次简擢，本年各省高等审判厅一律成立，则司法之与行政彼此划分，自不能仍袭旧贯。在从前诉讼案件，由府而道，而司，而院，历级较多，且严惩越诉，是以京控案件，十无一二。今既废复核之制，宽控诉之阶，则上告事件，必逐渐加增。第川、藏、秦、陇，地逼西陲；桂、粤、滇、黔，远暌南服，如概责令奔赴京师，诚恐有闻阍九重，呼吁无闻之感。而湮灭证

据，拖累无辜，皆势所必至。是分院之经画，实难稍缓须臾。臣等公同商酌，拟请于甘肃省设一分院，而以陕西、新疆属之；四川省设一分院，而以驻藏大臣辖境属之；此外云、贵合设一分院，两广合设一分院，仍就总督辖境以为管辖，俟司法区域另行划分之后，再行随时酌量变更。

至分院官制，编制法除由本院选任外，系由高等审判厅兼任，二庭以上置监督推事一员，其品级之高下，法部原定司法官制并无明文。窃谓分院对于下级审判，虽无监督之权，而于解释法律，听断讼狱，实握最高之枢纽，究与高等及地方之分厅体制不同。际此新陈遭递，阶级观念未尽划除，且高等审判厅丞秩系四品，如以普通推事承乏其间，恐各级易生轻玩，即两造之受质成者，亦无以坚其尊崇之志。似应量予变通。拟请各省大理分院设置推丞一员，并加少卿衔，以别等级而肃观听。其余推事，仍照编制法办理。在臣院推丞职守，本系兼一庭长，质言之，实即简任之推事，揆诸编制法并无不符。

以上各节，事关官制，伏乞饬下宪政编查馆照章核议，请旨施行。其分院应办事宜，俟拟定后，会商法部办理。至总检察分厅，编制法内并未规定，应由法部详议具奏。

所有酌拟设立大理分院办法缘由，谨恭折具陈，伏乞皇上圣鉴训示。谨奏。

军机处原折，《清末筹备立宪档案史料》，第889—890页

宪政编查馆大臣奕劻等奏核议顺天府所奏各级审判制度暨现行清讼办法折

宣统三年三月二十九日

臣奕劻等跪奏，为遵旨核议顺天府奏陈各级审判制度暨现行清讼办法，恭折会陈，仰祈圣鉴事：

宣统二年二月三十日军机大臣钦奉谕旨：顺天府奏胪陈第三届宪政事宜，并

五、司法独立的讨论及措施

各级审判制度暨现行清讼办法,请饬详议一折,著该衙门议奏,等因。钦此。

由军机处遵旨将原折抄交到臣馆臣部,所有该府尹胪陈第三届筹备宪政事宜,业由臣馆照章汇案办理。其原奏所陈顺天府属各级审判制度,尚有不能不详加研求者四端,并陈明顺天清讼办法,分别请饬详议各节。臣等按照原奏,反复审核,撮其要义,不过划分司法区域及划分司法权限两大端,在该府尹衡量时宜,于筹备审判力事研求,尚系循名责实之意。惟司法制度既奉特旨颁行,虽京府、外府情形各有不同,然法院编制究应以整齐划一为主。若于京畿首善之区,先紊审判独立之制,似非所以重宪政而促进行。臣等谨就该府尹原奏,逐加核议,敬为我皇上一一陈之。

原奏内称:京师高等审判厅既与各省同级,而监督之权,于各省则有提法司,于京师则直隶法部,在审判递级上行,原无窒碍,而法部监督及于初级,不免繁琐。且今日之筹办,不能不责成地方行政长官,即各厅之行政,未尝不关涉地方行政权限。若以下级归府尹,则上级行政与下级行政不一贯,若并下级归法部,则各厅行政与地方行政必两妨。自非别有明文,凡法令之能通行各省者,转不便于顺天等语。

查京师特设高等审判一厅,辖及顺天全府,已与外府审判制度办法不同。直省提法司之设,诚以我国疆域辽阔,事属改制,端绪纷繁,无论边腹省分,司法行政之权,既非中央一部所能遥领,故目前办法,不能不以其司法监督权委任于该司,而仍令受成于臣部。至顺天府属州县仅二十有四,体制虽崇于外府,而辖境则小于省区,且近在京畿,一切司法行政事务,实臣部监督权所能及,是以未设提法专司,原以为省节财力,统一事权之计。至司法行政监督权之施行,《法院编制法》业已详悉规定。京师高等审判厅厅丞对于顺天府属地方以下各级审判厅司法行政事务,京师地方审判厅厅丞及其他顺天府属地方审判分厅监督推事,对于各该下级审判厅司法行政事务,均各有监督之权,而皆依法应受臣部之监督,层递而上,系统厘然。初级既非仅直接监督于部,自无繁琐之虞,司法又复与地方行政分权,尤无不便之弊。至于今日之筹办,本地方行政长官应有之责成,各厅司法行政关系地方行政,此在法律上当然有共助之义,断难以监督不属之故,而有此疆尔界之嫌,况京师高等以下审判各厅,成立已历数年,向由臣部直接监督,事理并无窒碍,此时若必议归府尹,不惟有乖定制,恐亦妨碍法权。

查臣馆前次奏进《法院编制法》折内声明，各级审判厅，凡属司法行政监督权限，一以《法院编制法》为准绳，其余行政各官与司法各官，事权既不相统属，即不得互相侵越，倘有故违本法者，由法部查明据实纠参，等语。业经奉特旨照议办理通行，钦遵在案。该府尹所称，自非别有明文转不便于顺天之处，《法院编制法》既有明文，应仍令钦遵办理。其筹办审判一节，查修正逐年筹备事宜清单内载，本年为续办各级审判厅之年，明年为直省府、厅、州、县城治各级审判厅一律成立之年。顺天府属除京师各级审判厅已由臣部于光绪三十三年一律筹设外，其余各州县应如何赶紧筹办之处，应请饬下该府尹，迅速拟具本年应行筹备办法，随时咨报臣部核办。

原奏又称，京师地方审判厅，其管辖区域只及京师内外城及京营地面，是大、宛两县所辖余境应划属他分厅。在各国，司法、行政各分区域，不必相符，以案牍全在法庭，而裁判各有定籍也。详览司法区域章程各条，皆以不与行政区域相歧为主，原以司法独立之初，尚多关涉地方行政之事，区域相歧，则条理易紊，执行多阻。今破两县辖境，使城外远隶他分厅，既不便于赴诉之人，且于户婚田土案件，尤多缪轕。以两县合隶一厅，则首善之地虑其太繁；以一县分属两厅，则牵连之事虑其多纠。或移两县于城外，而划京师为特区，或分审判为两厅，而依旧界为辖境，等语。

查钦定司法区域分划暂行章程第五条内载，顺天府各州县应设地方审判分厅，其词讼简少者，得合邻近州县共设一分厅，其距府最近者，即由该府地方审判厅管辖之，不另设分厅，等语。又臣馆会奏遵议山东巡抚袁树勋等奏变通府、厅、州、县地方审判厅办法折内声明，嗣后各府、直隶州之有同城州县者，应照章共设一地方审判厅，或一分厅等语。又钦定司法区域分划暂行章程第九条内载，所有本章程内各级审判厅未定区域者，顺天府所属由该府核明分别咨送法部奏定，等语。查大、宛两县行政区域，将来应否变更，应俟厘定外省官制时，再行核明汇案办理。现在京师地方审判厅，既奏定以京师内外城及京营地面为其管辖区域，其京师内外城及京营地面①以外之属于大、宛两县辖境者，应否别立一

---

① 《清末筹备立宪档案史料》脱"为其管辖区域，其京师内外城及京营地面"，语意亦不甚明。据《政治官报》补。

地方审判分厅，或援距府最近之条，即由京师地方审判厅管辖。而于内外城以外之属于该两县辖境及京营地面，酌设初级审判厅若干所。除京营地面由臣部自行筹办，另案请旨遵行外，其在内外城及京营地面以外之属于该两县辖境者，应否别立分厅，或即由京师地方审判厅管辖。并其余州县，应如何分别专设分厅，或共设分厅，及酌设初级审判厅之处，应由该府尹遵照定章，迅速核明咨部核办。其顺天府属应需司法经费，应由该府尹遵照历次奏案筹拟办法，咨由臣部遵旨会同度支部奏明办理。该府尹所请或移两县于城外，或分审判为两厅，均应毋庸置议。

原奏又称，顺天一府，其属二十有四，地大讼繁，自非直省一府之比，章程既以一高等审判厅专辖顺天，又以一地方审判厅专辖内外城，本与外府审判编制有别，而独于所属州县建设分厅，仍从外府与直隶州之例。夫外府之得设分厅者，为便民也，得不设分厅者，为省费也。顺天辖境辽阔，且为首善观瞻所系，规模不宜俭于外府。外府以一地方审判厅辖全境，其所设分厅皆在辖境以内，今京师地方审判厅亦包括二十四属，是于总厅辖境以外设分厅，而京城以外无地方审判厅矣，等语。

查京师地方审判厅管辖区域，照章本有一定，并无包括二十四属明文。其余顺天府属州县所以定为仅设地方审判分厅者，原以国家财力有限，地方繁简不同，若每一州县必设地方审判一厅，规制必力求完备，经费恐多有不敷。故臣馆核定《法院编制法》时，特立地方分厅之制，不外乎便民省费之谋。且管辖区域，顺天府属州县与直省州县所设分厅办法一律，并无一在本厅辖境以内，一在本厅辖境以外之别，原奏似不免误会。况地方审判分厅所有管辖民刑案件之权，按照《钦定初级暨地方审判厅管辖案件暂行章程》，其权限与地方审判厅同，规模虽俭，审级不殊，似无庸斤斤以外府为比例。顺属州县既多贫瘠之区，而国家财政又有困难之患，筹设分厅，尚不免左支右绌，而必谓京城以外多设地方审判厅，规模始为不俭，恐非折衷缓急轻重之道。至谓首善观瞻所系，然既特设高等、地方各厅于京师，所有建筑法庭等事，臣部业经请拨专款，克日经营，似不致犹嫌简陋。惟顺天府属州县情形究有不同，如果审量财力，能于繁盛地方再设地方审判厅一二处，未为不可。仍应由该府尹切实通筹，拟定办法，照章咨报臣部核办。

原奏又称，顺天州县旗民杂处，凡词讼所自赴①，皆外府所不闻，虽受治于法权者同等，而法庭行政与地方行政之交涉，实与外府迥殊。遵内务府去年奏案，以词讼分归慎刑司、审判厅，而顺天州县又仍有讯办案件，其范围当若何，权限当若何，必法令有明文而后规划可预定，盖民刑分庭之缔构有阔狭，即筹办经费之多寡有增损，等语。

查旗民案件，既非大理院特别权限之比，自应按照律例一律办理。顺天府属州县地方各该审判厅成立后，凡向由该州县讯办之案，及照《钦定初级暨地方审判厅管辖案件暂行章程》各该厅有管辖权者，皆归各该厅审判，范围本有一定，权限不患不明。至民刑酌分厅数，此为筹办时亟须详核之事，应由该府尹分别拟具办法，咨报臣部核办。

以上四端，臣等系谨遵颁行法令及历次奏案以为之引申证明，其于顺天府现在情形，亦复详加体察，应令一律遵办，以期京畿审判早日观成，用副朝廷注重宪政之至意。

原奏所称顺天清理积讼，为目前要事，而办法尤难，京畿数百里中，内府庄园，王公圈地，所在皆是，一纸文书，便成原告，屡经追究，完结无期。论司法独立，既有成立之高等审判厅，应即以各属上诉案件悉隶该厅，行政官吏亦乐委卸责成。惟是清界催租，每在地方行政范围之内，即审判归厅，而办理仍不能不责诸州县。况积年案牍，散在各州县衙门，旧例新律，势难尽出一贯，骤以委诸法庭，案情猝难了解，审查仍归州县，判断既多周折，而法官复不得侵地方行政之权，则禁格既生，传集更累。将来司法一律成立，新案必归法庭，决无疑义，现当筹备限内，审判权与行政监督权应如何暂行变通，冀能刻期蒇事，等语。

查顺天府属未设审判厅地方各州县，照例仍负问刑之责，积讼如何清理，应由该府尹行查各该州县，自奉文之日起，究有积案若干，分别勒限完结，系刑事案件，凡例应解勘者，均于定拟后，遵照臣部上年十二月会奏该府尹奏拿获盗犯请变通咨交审判折内所定办法，将供勘人犯报由该府尹咨送京师高等审判厅复鞫。其各州县判结之案，有不服上诉者，均令径赴京师高等检察厅呈控，由高等

---

① 此句《清末筹备立宪档案史料》为"凡诉讼所自起"，《政治官报》为"凡诉讼所自赴"。

审判厅审理，以广人民伸诉之途，而符司法独立之制。至旧例新律，虽难尽出一贯，然既系现行，无论地方官司，或审判官吏，讯办案件，均应以法令为范围，何致委诸法庭，既有猝难了解之弊。此外清界催租事件，果属行政范围，自应概由地方官办理，如其涉及诉讼，应归民刑审判者，定章具在，势不能听令权限混淆。凡在已设审判厅地方，俱归该厅办理，其有执行判决，应须地方官为之协助者，彼此以法令为准绳，当无互相侵权之事。该府尹所请审判权与行政监督权，应如何暂行变通之处，应请毋庸置议。

所有遵议缘由，是否有当，理合恭折会陈。

再，此折系宪政编查馆主稿，会同法部办理，因往返会商，是以复奏稍迟，合并陈明。伏乞皇上圣鉴。谨奏。

宣统三年三月二十九日奉旨，已录①。

《清末筹备立宪档案史料》，第892—897页；《政治官报》第一千二百五十六号，折奏类，宣统三年四月初三日出版

宪政编查馆大臣奕劻等复奏查核锡良所奏解释法令纷歧并窒碍情形折

宣统三年三月二十九日

臣奕劻等跪奏，为遵旨查核具奏，恭折仰祈圣鉴事：

宣统二年十一月初三日据东三省总督锡良奏，解释法令，议论纷歧，据实直陈一折，奉朱批：该衙门查核具奏。钦此。由军机处将原折抄交前来。

臣等覆查该督原奏所称各节，不外以未设审判厅地方，循例解勘、提审事宜，划归高等审判厅办理，为解释纷歧之端，并胪举窒碍情形，请旨饬下臣馆查

---

① 此句为《政治官报》所载，《清末筹备立宪档案史料》无。

明覆奏，等因。自属为慎重刑狱起见。惟综其疑义所在，并非臣馆前后奏咨之果有纷歧，实由于已、未设立审判厅地方之易生误解。查筹办审判各厅之制，定自先朝，筹备次序，以省城商埠为先，而府厅州县次之，乡镇又次之。京外办法，须按年而递进，即院司权限，亦不免因时为转移。宣统二年，为直省省城商埠审判厅应行遵限成立之年，各该省省城已非未设审判厅地方之比，院司为省会行政衙门，自应划清权限，以专责成。是以臣馆咨复山东巡抚文内所称，未设审判厅地方，已结案件如果查有情节可疑，罪名未协者，应由司行令该管检察厅，分别提起非常上告或再审，均归高等审判厅审理。其寻常招解到省之案，不论翻供与否，均归该厅勘转报司，分别照章办理等语。原文即已声明，以本年直省高等审判厅依限成立后为限。诚以直省省城如果已设高等审判厅，则一省最高审判事宜自不能不变通旧历，改定职权，若听其糅杂纠纷，司法安有独立之日？前次臣馆咨行山东巡抚原文所称，未设审判厅地方已结案件等语。其未设审判厅字样，系指省城以外之府、厅、州、县未设审判厅地方者而言。其省城已设有高等审判厅者，查照历次馆、部奏案，自应照已设审判厅地方办理。

至臣馆核定《法院编制法》原奏，及议复法部死罪施行办法原奏，并核复吉林提法司呈请解释原文所定应照新章，或暂循旧例之处，均声明以各该地方已、未设立审判厅为标准。一届直省高等审判厅成立之后，从前院司勘审事宜，划归该厅管理，办法本属一贯，规定似无不符，既非另生条文，遂未声请更正。现在直省招解事务，业经臣馆会同法部于上年十二月二十四日具奏，酌拟变通办法，以道、府、直隶厅州复审为止。并经声明各省督抚，于该管行政事宜，烦重倍于往日，若再令疲劳于案牍，则一省最高行政，势必致旷废于无形。至提法司特设专官，尤应以司法、行政事务为急，解勘之例，原属审判范围，自以责成审判各官为适法，等因。奉旨允准通行，钦遵在案。该督所称院司循例勘转一层，现既奏准变通，应即毋庸置议。

至原奏所陈窒碍八端：

一曰院司提审案件，定有司法特别之规，不容再有更张等语。查未设审判厅地方之府、厅、州、县，所有原审已结、未结案件，一应上控提审事宜，查照奏案，现应统归各直省高等审判厅审理，奉省自未便两歧。该省前次奏设特别地方审判厅，核与钦定《法院编制法》规定不符，拟即请旨饬下该督即行裁撤，以一事权。

二曰高等未设分厅，遽责以处理全省之事，审判虑有不当等语。查直省高等审判厅成立后，向归臬司或发审局审理案件，俱应归高等审判厅管辖，法部业于宣统元年奏准通行有案。上年臣馆会同法部具奏变通死罪招解办法折内复经声明，凡已设有高等审判厅省分，若不遵照臣馆奏进《法院编制法》原奏所称已设审判厅地方奏定办法办理，则管辖限于一隅，目前之事务过简，刑谳之经验无多，将来地方以下审判厅一经成立，上诉事件日渐增加，必致有猝难因应之虑，其何以策成效而促进行等语。是高等审判厅既已设立，依法应辖及全省各府、厅、州、县，审判厅未遍设以前，亦不能不责以处理全省之事，正所以策逐渐进行之功。如审判果有不当，检察果有不周，按照奏定死罪施行办法，本不患无救济之途，似无庸鳃鳃过虑。

三曰四级三审已成定制，自非人民请求上诉，本无招解转勘之法，高等审判厅岂可沿用州县办案成规，自紊其例等语。查刑事上诉系检察官应有职权，本不必尽人民请求始行提起，查上年十二月法部会奏，顺天府奏拿获盗犯，拟请暂时变通，咨交大理院审办一折内开，直省高等审判厅成立后，各该省未设审判厅地方，所有原审未结例须提省各案暨已结各案，遇有情节可疑，或罪名未协例得发局另审者，并与寻常招解到省之案，不论原供有无翻异，均应统归各该高等审判厅审勘，分别报司照章办理等因。是未设审判厅地方所有已结、未结各案件，高等审判厅既有审判之权，该检（查）〔察〕厅即有分别行其职权之责，此项办法虽属一时权宜之计，而实足以树司法、行政分权之基，尚不得谓为自紊其例。

四曰高等审判厅适用解勘之法，此项案件应否开庭公判，应否检（查）〔察〕莅庭等语。查解勘一项，向例仍须讯鞫，现又改为复审，尤属审判范围，自应遵行开庭莅庭之制，一应办法，应照该厅现审案件办理。

五曰大理院复判之制尚在，高等厅转勘之案安归等语。查大理院复判直省案件，本为暂行办法，臣馆奏进《法院编制法》折内曾经声明，俟各直省审判厅成立后，均遵定律定章审结，届时再将复判各节一律删除等因。是大理院复判之案，皆系督抚奏咨之案。现在直省高等审判厅既已成立，从前省城行政各衙门例管一应审勘事宜，臣馆会同法部业经奏明，均钦遵宣统元年十二月二十八日特旨，划归该省高等审判厅办理，毋庸再由院司勘审。凡经由高等审判厅审理之案，均毋庸督抚奏咨，以符司法、行政分权之实等因。奉旨俞允通行。钦遵在案。嗣后各直省高等审判厅审理案件，无论系已设审判厅地方依法递控之案，或未设审判厅地方复审、提审之案，除（案）〔按〕照《钦定初级暨地方审判厅管辖案件暂行章程》，应以该厅为终审者外，其应以该厅为第二审者，毋庸再由大理院复判。如有不服，仍得上诉于大理院，并得查照死罪施行办法原奏所定随时提起非常上告或再审。如此办理，司法事务可以渐近统一。既不必凭奏咨以为最高复判之据，而报部仍依死罪施行办法原奏所定，无所谓与奏案不符，又可藉上诉以为伸理怨抑之途，而厅判确定有期，执行自无窒碍。所称厅判虽决，仍无丝毫之效，衡以现今办法，其弊当不至此。

六曰高等厅之于州县，既非上级官吏，即无监督之权，各州县遇案送厅，纵使原判极偏，亦复无从驳正等语。查司法官吏，朝廷既予以独立执法之权，则审判应以公平为主，该审判官虽不能监督州县，而亦不受州县之监督，如果州县原断极偏，应即依法驳正。至每案必须判决，即无任意发回之烦，定谳各尽职权，自无心有未安之虑。

七曰向例州县刑事案件，徒罪解府，遣流解司，死罪解院，倘令一律归厅招解，则解府之徒亦当改为解省，非所以恤累囚等语。查招解之例，臣馆会同法部业已奏准一律变通，原奏声明所有未设审判厅地方各州县，问拟徒流遣罪寻常命盗案，一切死罪人犯，均经本管府及直隶州复审，距府、直隶州窎远者，由府及直隶州委员前往复审。其由府、直隶厅州初审案件，经该管道复审，距道窎远者，由道委员前往复审，如复审无异，即录供定谳，详司核办等因。奉旨允准通行在案。是嗣后未设审判厅地方各州县问拟刑事案件，不惟徒罪毋庸解省，即遣流以上人犯，亦均以经道、府、直隶州复审而止，既非一律归厅，实隐寓矜恤累囚之意。原咨规定办法，仅以向由院司审勘者为限，并无徒罪亦须解省明文，原奏似不免有所误会。惟查臣馆上年会同法部奏准变通招解办法折内所称，由府、直隶厅州初审案件，经该管道复审，或委员前往复审一节。查光绪三十三年奏呈各直省官制通则清单第十七条内载，所有管理地方之守巡各道，一律裁撤等因。近年以来，各道遵章裁撤者已复不少，应即再为声明，拟请嗣后凡府及直隶厅州之无本管道者，其初审案件，由邻封道复审。如人犯过多提解不便，得由该道委员前往复审，复审无异，即录供定谳，报司核办。其向归首道所辖及无本管道而距省或高等审判分厅较近之府、直隶厅州，初审案件则由该省高等审判厅或分厅复审，其报司报部办法，均遵照死罪施行办法原奏所定办理。此外府、直隶州治所地方之已设有审判厅者，除应归现设地方审判厅管辖区域外，其该府、直隶州所属州县问拟人犯，统暂归该府、直隶州治所之地方审判厅复审，其报司报部办法，均遵照死罪施行办法原奏所定办理。至原奏所称复审无异，详司核办一节，除经由审判厅所审案件查照新章办理外，凡属未设审判厅地方道、府、直隶州复审案件据报到司后，查有情节可疑，或罪名未协者，由司行令高等检察厅，遵照馆、部奏案分别办理。其该司查无前项情形之案，系死罪及遣流例应实发人犯，由该司径报法部，一面由司将全案供判送由大理院，均照向章复判，分别奏咨，报由法部施行。其系遣流例不实发暨徒罪人犯，即由该司札令执行后，再行录叙供判，径报法部存案。如此分别办理，虽招解之法已废，而道、府、直隶州复审案件，既准赴厅上诉，以示朝廷矜慎庶狱之心，复须由院复判，以防官司出入人罪之失，过渡办法，莫善于此。此则因该督奏陈解省窒碍之端，特为详晰区分，庶足以利进行而规画一。

八曰奉省胡匪鸱张，凡属立决盗犯，部准就地正法，本不在常犯解勘之例，倘与寻常死罪一律办理，勘者既无平反之实，解者殊增疏脱之虞等语。查臣馆原咨山东巡抚文开各节，本以例应解由院司勘转者为限，至就地正法之犯，并无令其一律办理明文，即毋庸虞其疏脱。惟就地正法一项，本系军兴以来一时权宜之计，现既遵奉先朝明诏筹办审判各厅，上年十二月又复钦奉特旨，予各审判衙门以独立执法之权，四级三审，特立专法，尤不应群趋简便，致有草菅人命之虞。查法部议复署理两广总督袁树勋奏，广东盗风甚炽，仍请照历年变通章程办理各折，业于就地正法之案严示限制，声明各省实系土匪、马贼、会匪、游勇啸聚薮泽抗拒官兵形同叛逆者，仍暂准就地正法，其余不得仍援就地正法章程先行处决等因。又内阁会议政务处奏核复法部议复御史吴纬炳奏寻常盗犯请一律照例解勘折内亦经声明，除东三省根本重地，现尚剿办胡匪，以及各省实系土匪、马贼、会匪、游勇啸聚薮泽抗拒官兵形同叛逆者，仍暂准就地正法外，其余寻常盗案，均应一律复勘详办，以昭详慎等因。均先后奏奉谕旨允准通行，钦遵各在案。细绎阁、部原奏，既云抗拒官兵，自系指派兵剿办时而言。凡由军营官兵登时于军前拿获者，暂准讯明，禀请军令，立予就地正法。此外事后捕获人犯，但有拒捕情形，只能按律治罪。诚以罪人拒捕，现行刑律列有专条，与抗拒官兵者，情事确有不同，仍应遵照现行法令，送交审判衙门或地方官衙门讯办，不得率行处决，致有冤滥之虞。总之，就地正法之案，向来办法，仅不层递解勘，现在层递解勘之定例既废，则就地正法之限制宜严，若概从简便，设或枉杀无辜，殊非所以仰副朝廷矜恤民命之意。该省胡匪鸱张，如果派令军营官兵前往剿办，按照法部奏案，确系暂准就地正法之犯，即系以军令从事，既不在问刑定罪之例，则与高等审判厅应行审理案件，尤属各不相妨。

凡此皆就该督所陈窒碍情形，逐一为之疏证，既不敢回护原咨，蹈解释纷歧之弊，亦未便稍涉迁就，紊司法独立之规。至该督所请将奉省未设审判厅地方一应死罪案件，仍照定章办理之处，查臣馆会同法部业已奏准变通死罪招解办法，通行钦遵在案。所请应毋庸议。如蒙俞允，即由臣馆咨行该督，并通行各省督抚，一体钦遵办理。

所有遵旨查核具奏缘由，是否有当，理合恭折具陈，伏乞皇上圣鉴训示。谨奏。

《清末筹备立宪档案史料》，第897—903页

宪政编查馆大臣奕劻等奏地方审判厅管辖区域范围间有疑义分别规定片

宣统三年三月二十九日

再，查《司法区域分划暂行章程》第四条载，直省府、直隶州地方审判厅，以各该府、直隶州辖境为其管辖区域，等语。本条所称该府、直隶州辖境字样，系指府之有直接辖境暨直隶州之直接辖境而言。其直接辖境以外之所属州县，应照本章程第五条酌设分厅，并非以一地方审判厅而辖及该府州所属州县全境也。查臣馆于上年五月会奏议复山东巡抚袁树勋等奏变通府、州、县地方审判厅办法

折内声明，若州县城治仅设初级审判厅，即将其权限扩至以十年以下监禁为限，命盗案件亦不能管理。命盗案件为民间所常有，若皆令赴郡城控审，贫窭小民断无此力量，案证人等亦皆拖累无穷，殊非恤民之道，是以臣馆上年奏进司法区域分划暂行章程，特将各府、厅、州、县附设及共设地方审判厅办法，分别详悉规定，早于因地制宜之中，寓有省节财力之意。嗣后省城暨各府、直隶州之有同城州县者，应照章共设一地方审判厅，或一分厅。其各州县之词讼简少者，照章又得合邻近州县共设一分厅，各等语。业经奉旨俞允通行。钦遵在案。

现在直省筹办各厅，于该地方审判厅管辖区域范围，多因解释章程，间有疑义，咨询到馆，自应详悉声明。拟请凡府、直隶州有直接辖境者，即以其直接辖境为该地方审判厅管辖区域。凡无直接辖境之府有属县二县同城者，即查照奏章，共设一地方审判厅，而以各该县辖境为该厅管辖区域。其县治不在府城而有二县同城者，即共设一地方审判分厅，而以各该县辖境为该厅管辖区域。此外厅、州、县或专设一地方审判分厅，或合邻近州县共设一分厅，或距府、直隶州最近者，即由该府、直隶州城治所设地方审判厅管辖，均遵照定章办理。

至共设一地方审判厅或分厅之各府、直隶州、厅、州、县地方，应如何分别酌设初级审判厅一所以上，由该省提法司遵照本章程第九条酌拟呈请督抚核明，分别咨送臣部核办。如二县同城已共设有地方审判厅者，其分设初级审判厅之处，应即同时筹办，以利推行而免歧异。至府、直隶州审判厅已经成立地方，其属县之未设初级审判厅及地方审判分厅者，一应初审案件仍暂归地方官照例办理。其上诉案件，暂应查照臣部前次奏定省城、商埠各审判厅筹办事宜管辖专条所载，遇有经州县判决不服案件，即就该地方厅直接上诉。当收状时，由检察厅查明该案系应以本厅为第二审者，即归本厅审判，应以高等审判厅为第二审者，应即分别民事、刑事，令自赴该厅起诉，刑事即由该厅移交高等检察厅办理。一俟各该州县地方审判分厅陆续成立，该管上诉事宜，即行划归管辖。

如此分别规定，揆诸法理，既属相符，案之事实，亦无窒碍。理合附片会陈，伏乞圣鉴训示。谨奏。

《清末筹备立宪档案史料》，第903—904页

宪政编查馆大臣奕劻等奏官吏犯法应视情事不同分由审判厅或行政衙门受理以清行政司法权限片

宣统三年三月二十九日

再，查刑律为国之常宪，无论官民有犯，均有同等制裁，此东西立宪各国之所同，即吾国亦早有此不刊之例。惟现行刑律所载官吏犯法各条，有纯粹属于刑事审判范围者，亦有应属于行政审判，或惩戒审判范围者。故同一触犯现行刑律，而断罪则事隶法曹，处分则向归吏议，讯办之情形既异，即制裁之方法各殊，是以臣馆奏进修正逐年筹备事宜清单规定，行政审判院法，应于本年颁布。至文官、法官惩戒各章程，均为官规内重要之件，亦限于本年颁布施行，正所以示行政审判、惩戒审判应与刑事审判划清界限之意。

现在以上各项法令，尚未厘定颁行，而京师暨直省省城、商埠各级审判厅，业已先后依限成立，现行刑律，自应由审判各官于施行刑事审判时分别适用。惟官吏犯罪情事不同，若并应属行政审判、惩戒审判者，而亦归通常审判衙门管辖，未免有权限不清之弊。查官吏违法，例准人民向该管上司衙门呈控，现制司法既应独立，内而部院各行政衙门，外而院、司、道、府各行政衙门，按照《法院编制法》，不准受理民刑诉讼案件，如并官吏违法应予处分者，而亦不准受理，殊无以广人民救济权利之途。拟请嗣后除职官有犯应按现行刑律分别科罪者，如犯事在已设审判厅地方，由该管检察厅随时提起公诉，径由该管审判厅审理，及犯事在未设审判厅地方，暂归各该省高等审判厅审理外，其余官吏违法事属因公，按照律例，应予以革职、降调、罚俸及一应参罚各处分者，系行政官吏由该管上司随时查觉之案，即由该管上司各按律例办理，如有人民呈控之案，并应由该管上司衙门查明照例办理。此外一应民刑诉讼案件，不论是否上诉，暨官吏犯罪应按刑律定拟者，概不准各该行政衙门违法受理。其官吏违法之案，如系经该管上司查觉，或由人民控告，而查核案情，仍应按刑律断罪，不在寻常参罚处分之列者，自应送交该管检察厅起诉，以清权限。如系法官，即由该省提法司查明报由法部复核，暂照现行处分则例，分别奏明请旨办理，一俟行政审判院法、文官法官惩戒各章程颁行后，届时一律钦遵办理。

臣等为划分行政、司法权限起见，理合附片具陈，伏乞圣鉴训示。谨奏。

《清末筹备立宪档案史料》，第905—906页

法部奏编定京外各级审判检察厅办事章程拟请颁行折（并单）

宣统三年四月二十一日①

奏为编定京外各级审判检察厅办事章程，拟请颁行，以资援用而昭画一。谨缮清单，恭折仰祈圣鉴事：

查法院编制法第四十七条、第九十六条，分载高等以下各审判厅、总检察厅以下各检察厅办事章程，由法部奏定通行等语。臣部本年二月奏定筹备事宜清单声明，应于本年颁布各级审判、检察厅办事章程。先后各蒙俞允，钦遵在案。窃维立宪事项，属于法院者大别凡三：一、规定审、检各厅之组织及其权限，由《法院编制法》主之。一、规定审、检各厅诉讼之手续，由民刑诉讼法主之。至于司法行政期归统一，则又必有一种规则可循，其规则专以明定事务标准为宗旨，即办事章程是也。方司法改制之初，编制法迟而始成，诉讼法久犹未定，仅有臣部奏定《各级审判厅试办章程》通行各省，而又略举大纲，不赅细目，是以各省所拟办事规则，节据咨部核查，只能据编制法及试办章程为定，而以诉讼律未颁之故，往往取材外邦法制，其所为规则，乃不啻以彼之搆成诉讼两法，合搆而成，入彼出此，混无界限。故文成已伤繁赜，而义例终嫌龃龉。为取便一时

① 为谕旨批示日期。

计，又不得不过而存之，固其势然也。现在各省法庭次第开办，法律馆所编民刑诉讼两律，业于上年奏交宪政编查馆核议。此后司法者不患无所遵循，即应将办事章程及时编定颁行，以昭法守。

兹谨拟为十三节都五十八条，凡已为编制法所定及应为诉讼律并其他章程所有者，概不阑入，而为本章程不甚详备者，另以专章补助之，尚容陆续编定。谨缮具清单，恭呈御览，伏候命下，即由臣部通咨各省遵行，以归画一。所有编订京外各级审判、检察厅办事章程各缘由，理合恭折具陈，伏乞皇上圣鉴，谨奏。

宣统三年四月二十一日奉旨：依议。钦此。

《审判厅及检察厅办事章程》

第一节　总　则

第一条　本章程以规定审判厅及检察厅事务标准为宗旨。

第二条　审判厅自高等以下，检察厅自总检察厅以下，其办事方法，除依编制法诉讼律及与本章程相关联之他项章程所定外，悉照本章程办理。

第三条　本章程所称各厅长官为左之各项：

（甲）审判厅一高等审判厅厅丞。二地方审判厅厅丞或厅长。三初级审判厅监督推事或独任推事。

（乙）检察厅一总检察厅厅丞。二高等检察厅检察长。三地方检察厅检察长。四初级检察厅监督检察官或检察官。

（丙）各分厅之监督推事监督检察官。

第二节　职　权

第四条　各厅员应于法定范围内各行其职权。

第五条　关于司法上行政事务，应各受本厅长官及上级厅长官之监督者，悉照编制法第一百五十八条之规定。

第三节　事务之分配及代理

第六条　高等及地方审判厅诉讼事务，应按各厅分期承审，由该厅长官预定该年度分期开庭表，于该厅署内公众易见之地揭示之。

第七条　置两员以上推事之初级审判厅，于承审诉讼事务，有应行分期办理者，适用前条之规定。

第八条　审判厅分配事务，应按事务之种类或土地之区域定之。分配事务得酌量繁简，令甲庭之推事兼办乙庭事务，或令独任推事兼庭长庭员。

第九条　前条第一项之规定，初级审判厅如置有二员以上之推事时，亦适用之。

第十条　由各厅长官交审事务，其次序当从各厅或推事承办事务之号数定之，但有紧要时得变更其原定之次序。

第十一条　检察厅有检察官数员时，其事务之分配，由该厅长官定之。但初级检察厅及分厅，应照编制法第九十七条第二项第三项之规定。如遇重要事件，应由该厅长官自行处理。

第十二条　各厅书记官应办之事，由书记官长从该厅长官之命令分配之。

第十三条　各厅长官遇有事故时，以厅长或厅员之资深者代理之。各厅员之代理量事情形，分别照编制法关于代理各条之规定。

第四节　服务之时限

第十四条　各厅长官及厅员，除有第十八条第十九条情事外，不得旷其职守。其书记官以下员役，亦如之。

第十五条　各厅设考勤簿，厅员自行画到，由该厅长官查核，每半年汇报法部或提法使。

第十六条　各厅办公时间，除京师外，各省由提法使定之。

第十七条　万寿圣节，先师圣诞及星期各放假一日。年末岁始假期，除京师外，各省由提法使酌定。

第十八条　各厅厅员，于前揭假期外，因事请假，必须书明理由，经该厅长官之认可。

第十九条　各厅员请假，每月不得逾五日，但有特别事故不在此限。有前项特别事故请假者，仍应开具事实，经该厅长官之认可。

第二十条　各厅应派书记官轮班值宿，其轮次由各该厅长官于每月朔定之。

第二十一条　各厅杂役均应常川驻厅，有请假者，适用第十八条第十九条之规定。

第五节　关于厅员进退之申报

第二十二条　各厅长官，于所属各厅员到厅接事卸任交替等事，均应具文申报法部或提法使。各厅员有前项事宜，亦应具文申报本厅长官。

第二十三条　各厅员有补职派署加俸退职等事，应由该厅长官出具切实考语，开单具文，经由该监督上官层递出考，申请法部或提法使核办。

第二十四条　总检察厅、高等审判检察各厅长官，于该厅书记官之进级，得按各该厅预算定额，照书记官俸给进级章程，以法部或提法使之名义代行之。但事后仍应分报法部或提法使。

第二十五条　地方审判检察各厅长官，于该厅及该管下级审判检察各厅书记官之进级，得适用前条之规定。

第二十六条　高等审判、检察各厅长官，于该厅及该管下级审判、检察各厅之书记官，得按该厅预算定额，以法部或提法使之名义，于该管内调用差遣之，但事后仍应申报法部或提法使。

第二十七条　地方审判、检察各厅，于该厅及该管内书记官之调用差遣，适用前条之规定。

第二十八条　各厅长官，得按各该厅预算定额雇佣员役，但在初级厅，应详由该管地方厅长官核夺。

第六节　会　议

第二十九条　高等及地方审判厅，除编制法第四十八条所列会议外，遇有左列事宜，应开推事之总会议。一关于编制法第一百六十二条事宜。二关于法律章程之执行，由高等检察厅检察长、地方检察厅检察长有所请求事宜。三关于事务细则之设定变更事宜。四审判厅厅丞或厅长认为必要事宜。

第三十条　总会议以审判厅厅丞或厅长为会长。

第三十一条　非有该厅三分之二以上之推事列席，不得开总会议。

第三十二条　高等检察厅检察长或地方检察厅检察长，得列席会议，陈述意见。

第三十三条　高等审判厅，每年三月开定期总会议，关于该管内下级审判厅上年办事成绩，据高等检察厅检察长之报告，如有应行矫正之处，互相讨论，加以评决。

第三十四条　高等审判厅为前条之评决，应先申报法部或提法使，俟奉批后，由该厅长官行文通谕下级各审判厅。

第三十五条　地方检察厅检察长，应将该级审判厅及该管内之初级审判厅所有上年办事成绩及随时矫正之法，于每年正月开具详明事实，呈报高等检察厅检察长。

第三十六条　高等检察厅检察长，应将该管内下级审判庭上年办事成绩及随时矫正之法，于每年三月高等审判厅开总会议时演述之。演述之笔记，应申报法部或提法使。

第七节　召　集

第三十七条　高等及地方各厅长官，得于该厅内召集直接下级厅长。

前项之规定，总检察厅不适用之。

第三十八条　为前条之召集时，应申报法部或提法使。

第三十九条　地方各厅长官，得于该厅内召集该管内初级厅书记官。

第四十条　为前条之召集时，应报告直近上级厅长官。

第八节　巡　视

第四十一条　高等审判厅厅丞得承法部或提法使之命，巡视该管下级审判各厅及监狱，但于应分地巡视时，得分派地方审判厅长官相互代行之。地方审判厅长官得承提法使或高等审判厅厅丞之命，巡视该管初级审判厅及监狱，于应分地巡视时，得分派初级厅厅员互相代行之。

第四十二条　高等及地方检察厅长官，得适用前条之规定，各巡视该管下级检察各厅及所在之监狱。

第四十三条　前二条巡视事毕，限一个月内，将考察情形申报法部或提法使，于巡视之先，并应将定期呈报。

第九节　出境勘验

第四十四条　推事及检察官，如应于该厅所在地外亲临勘验，应先请示于该厅长官，但遇紧急事宜，可于勘验后，再行报告。

第十节　出　差

第四十五条　地方审判厅长官，得在高等审判厅或该管内初级审判厅出差。初级审判厅之推事或监督推事，得在直近上级审判厅出差。前二项之出差，应经直近上级厅长官之认可。

第四十六条　地方审判厅长官，得派该厅及初级审判厅之书记官，在该管各初级审判厅出差。初级审判厅之推事或监督推事，得派该厅书记官在直近上级审判厅出差，但必经直近上级厅长官之认可。

第四十七条　前二条之规定，地方或初级检察厅长官适用之。

第四十八条　为本节之认可或派书记官出差，应分别照第三十八条、第四十条办理。

第十一节　表簿之设备

第四十九条　各厅每年应制司法诸表簿，由各该厅长官管理之。

第十二节　文书之申送

第五十条　各审判厅因行其职务，申报法部，在京应详经各该监督上官层递转呈，在外应详经各该监督上官，由提法使转呈。

第五十一条　各检察厅因行其职务，应申报法部或提法使时，适用前条之规定，但依别项规定，必经由总检察厅者，仍报由总检察厅转呈法部。

第五十二条　遇有紧急事宜，各厅在京得径申法部，在外得径申提法使。但仍应分报各该监督上官存案。

第五十三条　各厅内与京师各部院衙门，外与直省将军督抚，因公往来文件，均应由法部或提法使转咨，但与司道府厅州县及其他武职衙门行文时，又因特别事故，应行径自行文京师或直省各行政衙门时，不在此限。

第五十四条　各厅与驻札外国公使领事因公往来文件，在京由法部咨行外务部转递，在外由提法使申请督抚转行，仍咨明法部备案。

第五十五条　各厅在京在外或京外各厅相互间因公来往文件时，不适用前两条之规定。

第五十六条　前三条如有别项规定时，不适用之。

第五十七条　文书程式照别定章程办理。

第十三节　附　则

第八十五条　关于执行审判司法警察，及保管金钱物品征收费用，管理文牍会计事务，照别定章程办理。

《国风报》，宣统三年第十二期，宣统三年五月初一日发行

法部答复商事诉讼办法[①]

农工商部咨行各省，案据山东劝业道电称，省城商埠所设审判厅正月成立，商事诉讼自应一概归并。惟各府州县尚未遍设，遇有债务讼案，是否概不收理，抑或暂仍旧贯。乞电示遵，等情。当即咨行法部核复去后，兹准复称，司法独立，民刑分庭，凡属债务讼案，均为民事裁判所范围。其已设审判厅地方之商事诉讼，自应如原咨所称一概归并；其未设审判厅地方之债务讼案，若令远诉于省城商埠之审判厅，不免重滋烦扰，应暂仍旧贯，由府州县受理。惟四级三审，成规备在，已设审判厅地方商事诉讼，得以按级上诉，未设审判厅地方债务案件之欲行上诉者，不予以遵循之准，转恐无呼吁之门。大凡从前不服府州县判决而上诉之债务讼案，每归劝业道复讯。此项案件既可远赴省城上诉于劝业道，即可转而上诉于高等审判厅。嗣后不服府州县判决而上诉之债务讼案，应归高等审判厅复审，劝业道毋庸受理。等因，到部。查商事诉讼，既未别设审判厅，自应归并民事办理。嗣后遇有商人争讼及省城商埠应赴审判厅呈诉，未设审判厅地方，应仍赴府州县呈诉。上控案件，本部及劝业道概不受理，庶司法、行政机关不致混淆。惟以前未结之商事诉讼，自交到后限三个月仍由劝业道转饬各府州县从速讯结，报部核消，以清积案，毋得再行延缓。

《法政杂志》第一年第三期，记事，宣统三年四月二十五日发行

---

① 标题"法部答复"四字为编者所加。

司法独立之缺点

宣统三年六月二十五日

雪 堂

凡一机关而欲其运用自如，克尽其机关之能事焉，必待他机关各各能运用自如，尽其能事而后可。未有种种机关不尽其职，而一机关能独立无碍者。吾国今日之政治，乃各机关互相牵掣之政治，而非各机关互相辅助之政治。故一机关未尽其职，各机关必胥受其害。况各机关无一能尽其职，而欲一机关之尽职，无是理也。近日之所谓司法独立，是其明证也。夫立宪政治所谓三权分立，固溯源于学说，而实际上人民困于行政官吏之苛虐，迫不得已，而思以人民最感痛苦之诉讼一事，分离焉不使行政官吏之干涉，其用心之苦，期望之切，实为出专制而入立宪之第一条件。故独立两字之当尊重保守，与参预立法、监督财政，同为人民对于政府最紧要最积极之权利（其他于法律范围以内自由者乃消极之权利），有不容丝毫假借以欺吾民者。自先朝决定仿行宪政以来，至于今日，亦数年矣，议会未开，政府未负责任，预算未实行，借债未询民意。举凡宪政之要件，遑论精神，即形式亦无一具备。惟有司法独立一事，则今年各省省城及商埠高等审判厅，均已成立，且奏报开庭矣。法部及各省所考取合格之法官，已照新章任用矣，可谓吾国立宪史上最先成立之事件（资政院、咨议局均为过渡时代之制度，地方自治间有成立，已照章实行办事者尚少）。故欲研究吾国宪政实现之方法，就目前以预测将来，则司法独立，实为今日最重要之论点矣。乃者观法界之行动，闻社会之评骘，于司法独立一事，若甚未餍初意者。不特人民无减少痛苦之观念，且有玩视独立之现象，此其故何也？若推其原，则政治基础未确定，社会趋向未转移，为根本之弊病。若姑就其近者言之，则缺点亦有数端，试列举如左：

（一）法官惩戒章程未颁布也。

欲保司法独立，第一在保障法官之身分。吾国行政官吏，重重箝束，故下级对于上级，奉承意旨，未敢稍忤。若至一省之行政长官，则积习相沿，威权独尊，所谓有争臣无争吏者，已久成风俗。今欲仿行司法独立制度，首宜划分行政长官监督之权限。若如近日，法官进退之权，仍全操之于提法使，而提法使又受督抚之监督，则与向来行政官所派之发审委员，有何区别？因此，凡法部奏定各项章程，行政长官随时可以变更。即法官之地位，比之向来各省之州县佐杂，亦未见其较优，况今日之所谓法官，大半即为州县佐杂之变相耶。因此而有地方长官干涉判决之事，而推事于审判之际，亦有以回明督抚为推诿之口实。此岂非司法独立之大缺点耶？宪政馆奏定《法院编制法》时，本请饬下法部，迅将法官惩戒暂行章程拟订颁布，今事隔年余，尚未颁布，是宜亟行拟订。而拟订之目的，不特为饬官箴起见，尤当保障法官之身分，不使地方行政长官得以喜怒为任用，庶司法独立或能少有进步也。

（二）律师单行法未拟订也。

宪政馆奏定《法院编制法》内，定有律师，并声明应由法律馆拟订律师单行法，至今各省高等审判厅已均成立，而此项单行法尚未见颁行，不知何故。去岁资政院曾提出质问书，法律馆竟未答复，不知其用意所在。颇闻人言，尚有狃于向来讼棍之恶名词，而隐试其阻挠者。夫法庭之有律师，与法官相对待，如车之有两轮，缺一不可，非仅为被告人利益已也。凡被告人以无法律知识为多数，而普通人于事理明白有条理者，尤所少觏。故法官欲得当事者之实情，而但恃法庭严重之讯问，其所得必不能完全。况向来习惯，当事者于法庭供词，必先存一狡展掩饰之心。而近时禁止刑讯，法庭全仿文明办法，则刁健之徒，又生藐玩，至有无谓之挺撞。若有律师以代为辩护，则凡在法庭所不能陈述之事实，对于律师，无不可直言，而无益于当事者之狡展挺撞，律师亦自可预为告诫。诉讼者信法官之心，终不如其信所延律师之深，故法官之言难入，律师之词易受。夫听讼得情，不特为诉讼当事者之所希望，即执法者亦岂不欲当事能尽其辞。设律师然后当事者能各尽其辞，然后法官按律判决，实为上下两便之法。况今日法官程度，既比向来行政官问案全用威吓手段为高，而诉讼当事者程度仍低，则凡法官所讯问之词，往往有不明其指者。于是法庭之上，动成笑柄，亵渎司法，阻碍宪政，莫此为甚。是有律师，方足以尽司法独立之妙用。今律师法既迟久不出，而审判厅乃以次成立，实为司法独立之大缺点也。

（三）诉讼暂行章程未颁布也。

民刑律为体，而诉讼律为用。今民刑律虽未颁布实行，然尚有现行律可以承用，独至诉讼律则吾国向无专书。法律馆编订之刑诉民诉草案，虽已于上年底奏进，而复核交议通过尚需时日。宣统元年十二月二十八日宪政馆奏进《法院编制法》时，曾请由法律馆拟定诉讼暂行章程，交馆复核，奏明办理。今此项章程，亦久未颁行。至各省办事，大率参照外国法者办，承用向来习惯者亦办，虽取便一时，而实行究多窒碍。至当事人各种权利义务，多不确定，而诉讼行为中，凡讯问传唤拘摄搜索扣押等，均无一定界限。吏役得因缘为奸，小民遂深怀不平，偶有触发，即起风潮。推其原因，诉讼暂行章程不早颁行，亦当分任其责。此司法独立之缺点又一也。

以上所举缺点，但就法令不完备一方面言之也。若夫官制上之行政、司法区划不分明，任用上之考试资格不确定，与夫劣绅刁役因其不便而造谣阻挠，乡曲愚民不察事实，信为实有是事。而法官之贤者，亦但知以笔墨争权限，不肖者遂至以受贿被纠，并有滥用职权，取快一时。种种流弊，其原因极为复杂，而补救之方，亦殊不易言，当别为论。

《法政杂志》第一年第六期，杂纂，宣统三年六月二十五日发行

内阁会奏请裁各省府治首县并归该府直辖提取原有款项设立地方审判厅折

宣统三年闰六月二十五日①

奏为请裁各省府治首县，并归该府直辖，提取原有款项设立地方审判厅，以

---

① 为奉到谕旨日期。

五、司法独立的讨论及措施

饬民治而重司法,恭折仰祈圣鉴事:

窃维振兴司法,筹费为先,改定官制,汰冗为亟。查钦定修正筹备清单,各省府州县审判厅均限于宣统四年成立。现在各省库款皆属奇绌,除省城商埠外,多未举办。惟宪政根基,重在区分司法行政,若因囿于款项,至观成无日,实于预备宪政大有关碍。再四酌度,欲为挹注之谋,须筹变通之法。自以裁汰府城首县,提取原有款项筹设各府地方审判厅为合宜。查东三省、新疆南路新设各府,皆无首县,热河旧设之承德府及贵州之思州等府,向皆自管地面,与各省直隶州相类。刻下筹备宪政,重在设一官得一官之用,向者有首县之知府,止监督所属,不亲民事,专为管官之官。其实所属州县遇有重要事务,多径达院司取决,该府等但司勘转例行各件,循名责实,不得谓非闲冗。现在厘定官制,须先妥筹办法,以期官无冗滥,事无旷废。前东三省总督锡良业经奏准将奉天附府旧设之承德县、锦州附府旧设之锦县裁并,归各该府管理,腾出的款,为审判厅经费。湖广总督瑞澂现又奏裁武昌等十府首县,以其款项为设地方审判厅之用,奉旨交议。是裁并各府首县,各疆臣每建此议,证之新旧法制,揆之地方治理,实无窒碍,且有数便。

各省知府以不亲民事,每于地方少所体验,往往于考察属员,兴除利弊,多有隔阂。其贤能者或尚讲求,而安逸者遂甘坐啸。今令兼治民事,则地方蠹弊,民间疾苦,皆易周知。前湖北巡抚胡林翼即以贵州知府亲理民事,磨砺所成,查吏整军,皆有把握,翊赞中兴,实基于此。其便一也。

近论治者,每谓外官大则督抚,小则州县,最为重寄,称职为难。知府一官,则谓易于充位,驯致以剖符分守之官,为投老养闲之地。若分任地方,才俊之士固易表见,阘茸之徒亦难掩覆,与振兴民治甄核人才皆有所宜。其便二也。

各府廉俸而外,公费幕脩,大都派之各属,而首县陋习相沿,几专以供应本府为事。现在清理财政,期于经用,毫无虚糜,供应皆为除汰。今裁去首县,予以民治,则支出者为必要之需,供应者绝承奉之本,而各省首县支应各上司官署之弊,自可一律裁除,由督抚另定办法,不再贻累属员。其(各首府县)〔各府首县〕向来迎送过往差使,伺应院司之习,亦应禁绝。其便三也。

惟各府首县例定廉俸均少,向资以办公者,多在钱粮平余、漕余及规费等款。除各省现已报明度支部者外,均应令和盘托出,不得任令稍有隐匿,以免裁缺之后，应提之款又归无着。而此大宗款项，即可拨为设立审判厅之用。其首县衙署亦可腾出建设法庭，庶各府地方审判厅即可依期成立，乃为妥善。拟请饬下各省将各府同城首县概行裁汰，并入该府管理，照直隶州办法，仍兼管属县。提取原有款项，并划拨县署作为筹设地方审判厅之用，迅速设立府治审判厅。

如蒙俞允，拟即通行各省遵照办理。

所有请裁各省府治首县，并归该府直辖，以饬民治而重司法各缘由，谨恭折具陈，伏乞皇上圣鉴训示。谨奏。

宣统三年闰六月二十五日奉旨，已录。

《政治官报》第一千三百六十九号，折奏类，宣统三年闰六月二十八日出版

民政部会奏行政司法分权声明地方官责任折

宣统三年七月初三日①

民政部为片送事：承政厅案呈本部现有会同内阁法部具奏行政、司法分权伊始，亟应声明地方官责任，以防诿卸而重考成一折，于宣统三年七月初三日奉旨：依议。钦此。相应粘抄原奏及应行处所，片送贵局查照详核刊登，作为公布可也。

奏为行政、司法分权伊始，亟应声明地方官责任，以防诿卸而重考成，恭折会陈，仰祈圣鉴事：

窃查向例军民词讼，均由州县起诉，行政、司法之权寄于牧令一人，而事务遂日形其丛脞。自先朝宣布预备立宪后，筹办审判各厅，业经列入钦定逐年筹备事宜清单。上年修正筹备清单，复将续办各级审判厅事宜提前限令成立，是司法

---

① 此为奉到上谕日期。

独立之制，关系宪政精神，已为一定不移之国是。

宣统元年十二月钦奉特旨：立宪政体，必使司法、行政各官权限分明，责任乃无诿卸，亦不得互越范围。等因。恭绎圣谕，所谓司法、行政分权之义，乃就行政衙门向管之司法事务，划归司法官吏办理。其关涉司法之行政事务，自应仍由行政官吏分别办理，固属毫无疑义。惟查司法制度颁行未久，直省已设审判厅地方，往往因地方官不明司法、行政分权之故，而于应负行政责任，亦复随意诿卸。每遇命盗重案，或坐视不理，而以应归审判为词，或徒袭具文，而以照例饬缉了事。近年以来，直省迭告偏灾，民力穷困，抢劫之案，时有所闻，此等作奸犯科之徒，实缘捕务废弛而起。各该地方牧令，事前既疏于防范，事后又不认真查缉，人民生命财产之危，益将不可究诘。臣等体察情形，窃以为非声明地方官应负责任不可。

查司法独立，既应以审判事务为范围，则地方有司即应以行政事务为专责。就刑事案件而言，承审则属于司法，承缉则属于行政，权虽各异，义实相联。是以《法院编制法》定有检察官调度司法警察之条，奏定《各级审判厅试办章程》内载司法警察官、营汛兵弁、地方印佐各员，俱为检察厅之补助机关。州县系地方印官，巡警归其管理，无论查照旧例新章，其分权于司法官吏者，仅承审一端，非并承缉之责而亦不属于州县也。现在府、厅、州、县巡警业已据报遵限成立，惟是否确有成绩，仅凭奏咨，似难核实。应由民政部通行直省，责成督抚，督饬所属认真办理。如果巡警实系得力，则地方官有执行警政之权，即巡警未能完备，而督饬应捕人员，协同营汛兵弁，俱不难负补助司法之责。

臣等往复会商，酌定办法，拟请嗣后直省已设审判厅地方，凡直辖地面之府，暨直隶厅州、州县该管境内一应保卫、治安事宜，即责成该府、直隶厅州、州县督饬所属认真办理，遇有命盗重案及一应刑事案件，审判、检察各厅及地方官均应各按承审、承缉权限，互相维持，以期共济。其刑事人犯，不论系司法衙门移缉之案，或巡警官署发觉之案，如果事犯在逃，即责成该府、直隶厅州、州县督饬巡警暨应捕人员，分别协同地方营汛兵弁，勒限认真查缉。均于捕获后移送该管检察厅起诉，由该管审判厅按律讯办。其盗贼之如何防范，奸宄之如何稽查，尤应责成该管地方官督率巡警及应捕人员，先时筹备，为犯罪之预防。此应声明地方官缉捕责任者一也。

缉捕责任既有一定，则处分之法不可不严。在文官惩戒章程未经颁行以前，所有该府、直隶厅州、州县例得疏防承缉各处分，自应暂照现行律例分别参办，以重责成。此项参罚案件，应如何查办之处，均查照奏定划分行政审判暨司法审判权限暂行办法，报由民政部汇咨内阁，由内阁叙官局查照现行处分则例办理。庶牧令有严重之考成，而捕务乃日有起色。此则因声明责任而处分不得不议者又一也。

惟处分所以惩既往，而考核实所以励将来。嗣后捕获人犯，除业经移送起诉案件，判决后由该司法衙门查照奏章分别报司报部外，该府、直隶厅州、州县应将该管境内所出命盗重案及一切刑事案件起数，分别已捕获、未捕获两种，按月造具案由清册，报由该省民政司或巡警道查核，详由督抚严加考核，按季咨报民政部查考。如有任意不报，或报而不实不尽者，即由民政部暨该督抚查明据实参处。其未设审判厅地方，除承审事宜查照馆、部奏案分别办理外，其所出刑事案件，亦均遵照此次奏案，分别已、未捕获，报由民政司或巡警道并案详咨，以凭查考。此则因声明责任而考核不得不严者又一也。

总之，现在司法甫立根基，而地方之习惯，人民之信用，则皆重在州县，必须于两方关涉事件，和衷商榷，共相勉勖，乃能使司法行政交益而不相碍。在州县于承缉各项，固不得少有诿卸，致误地方，而审判各官亦宜于承审各项，悉心研鞠，虚衷体访，务得实情。凡一应逮捕、搜索等事，必须究有确据，方可知会地方官办理，万不宜鲁莽灭裂，强州县以执行。现在改良伊始，深虑旧日之州县因循固多，即新设之法官，经验尚少，业由法部行文告戒，以策将来。此又应互任责成，以冀司法行政交有进步者也。

以上办法，系为斟酌时宜而设，一俟新定外官制暨刑事诉讼法律颁布施行后，届时再一律钦遵办理。所有行政、司法分权，亟宜声明责任各缘由，理合恭折会陈，伏乞皇上圣鉴训示。谨奏。

宣统三年七月初三日奉旨：依议。钦此。

《内阁官报》，宣统三年七月初七日，第七号《法令》

2. 地方实施情形

法部奏京师各级审判预算经费请拨款开办折（附清单）

光绪三十三年六月中下旬①

本月十二日，臣部会奏京外各级审判官制清单，奉旨：依议。钦此。又前月二十七日钦奉上谕：各省审判厅著东三省先行开办。此外直隶、江苏两省，亦应择地先为试办，其余各省分年分地请旨办理，统限十五年一律通行。著各部各衙门妥拟画一办法，奏定陆续颁行。等因。钦此。仰见圣谟广远，体察精微，以司法为独立之机关，即示薄海以立宪之标准。纶音所播，中外翘瞻，法治覃敷，定基于此。

伏维京师根本重地，观听攸关，自应遵照奏定办法，将各级审判次第设立，以期司法行政切实措施，以仰副朝廷统一法权之至意。惟是事属创始，端绪纷繁，一切审判之通则，诉讼之条规，检察职务之章程，官吏调度之方法，与夫择地分区建庭置所，皆殚心竭虑，详慎经营。而开办之先，即当预筹经费。考东西各国司法费比较表，惟英国国家负担最微，亦几及岁支总额百分之一，其余欧洲大陆诸国，俱由国家担负，大率达于岁支总额百分之五。中国审判分立，此为始基，纵不必步武欧洲，而政体所关，即不得过于简略。

臣等悉心参酌，核计自高等审判以及初级审判，共设八厅，员缺百有余人。京师地面辽廓，四方辐辏，酌设司法警察官约数十人，统计大小员缺二百三十三人。其余警兵、庭丁、承发、检验吏等又约二百余人，常年薪金、饭食，暨一

---

① 《东方杂志》未署具体时间。文中有"前月二十七日钦奉上谕"句，系指光绪三十三年五月二十七日裁定地方官制上谕；文中又有"本月十二日"句，故知此奏当在中下旬。

厅杂支各项，预算岁费总达二十一万两以上。然窃念今日百端待举，物力艰难，更拟再加撙节，照额支之数，暂按五成发给，俟筹款充足，再行办理。其警兵、吏役人等职微禄薄，非从优厚给，不足以专典守而杜弊端。统计官吏五成，吏役十成算给，每年额支经费最少须十二万两，遇闰加增一万两；其余八厅修造衙署，调查书籍，购置器用，共约银八万两。核计今年初办之费须款二十万两，以后每年须款十二万两，方能永久成立。臣等不揣愚昧，惟有吁恳天恩，俯念审判重要，京师地面，事在必行，特旨饬下度支部，无论如何为难，务必如臣所请照数给足，以便遵旨设立，庶不致上负圣慈，下亏职守。臣部向称清苦，既无自筹自用之良策，又无借拨抵拨之微权，不独圣明洞鉴，抑当为部臣所共谅。

所有筹设京师各级审判预算经费请拨的款缘由，恭折具陈，另缮清单，恭呈御览。

再，各官实缺俸糈，仍照例由臣部造册到度支部支领。合并声明。谨奏。

奉旨：依议。钦此。

各级官等津贴表

高等审判厅

	每人月薪	每人全年	总数
厅丞一人	二百四十两	二千八百八十两	二千八百八十两
庭长四人	一百五十两	一千八百两	七千二百两
推事八人	一百两	一千二百两	九千六百两
检察长一人	二百四十两	二千八百八十两	二千八百八十两
检察官四人	一百五十两	一千八百两	七千二百两
典簿二人	七十两	八百四十两	一千六百八十两
主簿四人	五十两	六百两	二千四百两
录事八人	二十两	二百四十两	一千九百二十两

地方审判厅

	每人月薪	每人全年	总数
厅丞二人	二百四十两	二千八百八十两	五千七百六十两
庭长八人	一百五十两	一千八百两	一万四千四百两
推事四十人	一百两	一千二百两	四万八千两
检察长二人	一百五十两	一千八百两	三千六百两
检察官八人	一百两	一千二百两	九千六百两
典簿四人	六十两	七百二十两	二千八百八十两
主簿八人	四十两	四百八十两	三千八百四十两
所长二人	七十两	八百四十两	一千六百八十两
所官四人	四十两	四百八十两	一千九百二十两
录事二十四人	十五两	一百八十两	四千三百二十两

初级审判厅

	每人月薪	每人全年	总数
推事十人	七十两	八百四十两	八千四百两
行走推事十人	三十两	三百六十两	三千六百两
检察官五人	七十两	八百四十两	四千二百两
录事十五人	十五两	一百八十两	二千七百两

各厅兼差职官津贴表

	每人月薪	每人全年	总数
司法警官四十九人	四十两	四百八十两	二万三千五百二十两
翻译官八人	六十两	七百二十两	五千七百六十两
医官二人	四十两	四百八十两	九百六十两

各厅警兵吏役工食表

	每人月薪	每人全年	总数
承发吏十七人	十两	一百二十两	二千零四十两
值庭警兵三十四人	五两	六十两	二千零四十两
看守所警兵六十八人	五两	六十两	四千零八十两
庭丁三十四人	五两	六十两	二千零四十两
刑皂二十四人	五两	六十两	一千四百四十两
忤作十四人	七两	八十四两	一千一百七十六两
稳婆六人	二两	二十四两	一百四十四两

八厅饭食预算费　每年五千七百九十两

八厅各项杂支费　每年约六十两

统计职官二百三十三人，警兵、吏役二百七十人，常年经费二十万余两，按职官五成、吏役十成发给，统共十二万两。另本年开办经费、修造八厅衙署、购置器用、图书等项共约八万两。

《东方杂志》，光绪三十四年第二期

法部奏报京师各级审判厅启用关防日期片①

（附高等审判各庭暂用木质钤记片）

光绪三十三年十月二十六日②

再，臣部于本年八月十六日奏请暂刊京师各级审判、检察厅木质关防，并请饬下礼部铸造印信一折，奉旨：依议。钦此。遵即刊刻各厅木质关防、钤记共十

---

① 此奏折可显示京师审判厅、检察厅的实际设立及运作，故予收录。
② 为奉到谕旨批示日期。

四颗，文曰"京师高等审判厅之关防"、"京师高等检察厅之关防"、"京师内城地方审判厅之关防"、"京师内城地方检察厅之钤记"、"京师第一初级审判厅之钤记"、"京师第一初级检察厅之钤记"、"京师第二初级审判厅之钤记"、"京师第二初级检察厅之钤记"、"京师第三初级审判厅之钤记"、"京师第三初级检察厅之钤记"、"京师第四初级审判厅之钤记"、"京师第四初级检察厅之钤记"、"京师第五初级审判厅之钤记"、"京师第五初级检察厅之钤记"。现均分别颁给祗领。兹据该厅等具报，择于十月二十六日一律启钤，以资信用，并申请转奏前来。臣等查核无异。所有高等审判各厅开用木质关防、钤记日期，理合附片陈明请旨。

光绪三十三年十月二十六日奉旨：依议。钦此。

又奏高等审判各庭暂用木质钤记片

再，臣部于本年十月初三日奏请饬下礼部铸造京师高等审判厅、内城地方审判厅民、刑各庭印信一片，当经奉旨：依议。钦此。钦遵在案。现在各该厅开庭在即，需用印信一时未能颁发到部，拟请暂刊木质钤记，共八颗。文曰"京师高等审判厅民科第一庭之钤记"、"京师高等审判厅民科第二庭之钤记"、"京师高等审判厅刑科第一庭之钤记"、"京师高等审判厅刑科第二庭之钤记"、"京师内城地方审判厅民科第一庭之钤记"、"京师内城地方审判厅民科第二庭之钤记"、"京师内城地方审判厅刑科第一庭之钤记"、"京师内城地方审判厅刑科第二庭之钤记"。颁给各该厅转发各庭，饬于开庭审判时一律启钤，以昭信守。容俟各庭印信颁给祗领后，即将木质钤记销毁。所有高等地方审判各庭拟请暂用木质钤记缘由，理合附片陈明请旨。

光绪三十三年十月二十六日奉旨：依议。钦此。

《政治官报》第四十六号，光绪三十三年十一月初六日出版

法部奏京师开办审判厅划分辖境等事情形折①

光绪三十三年十一月初三日

法部奏：臣等于上月初三日奏明，审判各厅创始繁难，拟请展限一月，俾免贻误，等因。当经奉旨允准在案。

伏查裁判独立，为各国司法通例，京师首善之地，遐迩具瞻。臣等奉命以来，于审判章程，再三商订，复请旨饬交宪政编查馆核议。良以改章伊始，头绪纷繁，法治所关，宜求变通尽力之用。现在期限届满，据该厅丞等报称，高等地方各厅均已妥慎布置，规模粗具，谨择于本月初五日一律开办。臣等查京畿地方辽阔，统辖难周，今既定内城设初级三厅，外城设初级二厅。拟请查照民政部所分内城二十六区，外城二十区，凡于区内有民刑控诉事件，悉隶归各该厅按级审判。其营汛分辖地面，尚未设厅，若其旗民人等在该管衙门呈控者，笞杖由该衙门拟结，徒流以上罪名，送交地方审判厅讯办。至顺天府辖境尤宽，凡在民政部所分区内涉讼，无论民刑各事，胥归新设各厅办理，大、宛两县均应停止审判，此外该县所辖四乡地方，与顺属该管州县，应如何分别设厅之处，由顺天府会同直隶总督随时咨商臣部核办。其未经分设以前，应由该府尹于大、宛辖地不在内外城区内者，先行酌派审判官，专理词讼。其一切审判事宜，仍暂照部定试办章程办理。此区域之亟宜分也。

京师自裁撤五城御史后，凡民事诉讼及刑事少轻案件，均改归内外城预审厅审办，本系一时权宜之计，今各厅既已成立，所有预审厅未结之案，自应一并接收。第恐案卷繁多，若不分期交代，必致纷扰立形，难免贻误。拟由民政部剳行该厅，所有承审各案，凡易结者仍令从速清厘，其不能速结之案，无论民刑事件，均由该厅先行检齐卷宗，开明案由若干起，造册送交地方审判厅接收，再由

---

① 标题为编者所拟，原文无标题。

地方审判厅核明民事刑事应归何厅收审者，即转知该厅逐起分期行文提收，并由预审厅点验犯证，出具清单，分别交代，统限于本月底一律接收清楚。其大、宛两县现审系在内外城区内者，亦即照此办理。

此外大理院承办之案，已隶最高审判，拟请毋庸移交，以省繁复。嗣后民刑诉讼事件，均自十一月初六日起，概归初级地方各厅起诉，俾昭画一而专责成。此交代之宜慎也。

再，司法机关于人民之利害安危，关系最重，故任用法官，较之别项人才，倍宜审慎。其有熟谙新旧法律，及于审判事理确有经验者，自应酌加遴选，以备临事之用。除由臣部各司择其素称得力品秩相当之员分派各厅外，其余或系奏咨调用，或由臣等札委。此项人员不分京外实缺及候补候选，均经采访确实，并次第传见，详细甄择，拟由臣等量能器使，先行派厅委任，仍分别办事行走，俟一月后，果能勤慎尽职，再行开列衔名，奏请予限试署，并咨明吏部立案，以昭慎重。此又设官用人之不敢少形轻率者也。

以上三端，皆各厅重要事件，盖必明定区域，则权限无所侵，分任职司，则责成有专属。臣部为该厅等行政长官，今当开办有期，谨详陈办法，以资遵守。如蒙俞允，即由臣等咨行各衙门遵照。其有未尽事宜，仍当督饬该厅丞等悉心筹度，认真举办。以仰副朝廷矜慎庶狱之至意。

得旨：如所议行。

朱寿朋：《光绪朝东华录》，总第5787—5788页，中华书局1958年出版

天津府属试办审判厅章程

光绪三十三年二月①

第一编 总 纲

第一条 本试办章程至高等审判分厅而止。

第二条 高等审判分厅设在府城,地方审判厅设在各县城,其乡谳局暂就巡警所定区域而设,其未有巡警之处暂行缓设。

第三条 凡审判案件分为二项:一、刑事案件,二、民事案件。

第四条 凡叛逆、谋杀、故杀,伪造货币、印信,强劫,并他项应遵刑律裁判之案,为刑事案件。

第五条 凡因婚姻、承继、钱债、房屋、地亩、契约,及索取赔偿等事涉讼,为民事案件。

第六条 除谋反、叛逆及逆伦,并杀一家三命(指例应恭请王命者而言),暨京控奏交案件,仍照旧律例归按察司衙门审理外,其人命重案(指州县应行回避者而言),暨京控咨交案件,改归高等审判分厅办理,其余一切民刑诉讼,概归地方审判厅办理。

第七条 左记各项,归乡谳局办理。

一、刑事,凡违警罪及轻罪止于笞杖者。二、民事,分为二项:甲、钱债及所争物价不逾一百两者。乙、不论价值之多少,均可收理者如左记之各项:子、田产界址之争讼;丑、雇佣契约之争讼;寅、旅客与客店及运送商账目之争讼。

第八条 凡同一诉讼事物分向两处呈控,或既经判决之案复向同等厅局呈控

---

① 原书未署时间,据直隶总督袁世凯光绪三十三年六月奏报天津试办独立审判折"臣于上年迭饬天津府县暨谙习法律并法政毕业各人员,拟订章程,稿凡数易,至本年二月初十日始克成立"(奏折本书已收入),可知章程完成时间在光绪三十三年二月。

者，概不收理。

第二编 厅局官制

第一章 高等审判分厅

第九条 高等审判分厅应设左记之官吏：

一、高等审判分厅长一员（知府）。二、刑事部长一员。三、民事部长一员。四、刑事、民事每部分设审判官，以事之繁简定数之多寡。审判时，由部长轮流指定承审官一员，会审官二员。五、预审官二员（轮流审理预审事件）。六、检事长一员。七、检事官一员。八、书记官一员。九、书记生，以事之繁简定数之多寡，以下皆同。十、检验吏。十一、承发吏。十二、堂丁。十三、司法巡警。

第二章 地方审判厅

第十条 凡繁要之州县，其设官员额与高等审判分厅同，其中简州县应设左记之官吏：

一、地方审判厅长一员（知县）。二、刑事部长兼承审官一员。三、民事部长兼承审官一员。四、会审官，以事之繁简定数之多寡，以下皆同。五、预审官。六、检事官。七、书记官。八、书记生。九、检验吏。十、承发吏。十一、堂丁。十二、司法巡警。

第三章 乡谳局

第十一条 乡谳局应设左记之官吏：

一、承审官一员。二、检事官一员。三、书记官一员。四、承发吏，以事之繁简定数之多寡，以下皆同。五、堂丁。六、司法巡警。

第四章 厅局官吏之职务

第十二条 府县厅长之职务如左记之事项：

一、考察司员之勤情。二、分配内部之事务。三、一切公牍署名签押。

第十三条 部长之职务如左记之事项：

一、指挥本部之事务。二、指定承审官及会审官。三、遇有重大案件时，得兼充承审官。民刑事部长有故不能视事时，两部长得以互相代理。

第十四条 承审官之职务如左记之事项：

一、维持公堂秩序。二、讯问原被告及证人、鉴定人。三、定关于诉讼各种期日。四、定案及宣读判词。五、一切公牍署名签押。

第十五条　会审官之职务如左记之事项：

一、会同承审官讯问案件。二、表决定案之意见。

第十六条　预审官之职务如左记之事项：

一、预行秘密之讯问。二、勘验及搜集证据。三、证据不确凿时，免其诉讼。四、遇有目睹犯罪者时，虽未经起诉，得先行预审。

第十七条　检事长之职务如左记之事项：

一、监督所属之检事。二、指挥所属检事施行之职务。

第十八条　检事官之职务如左记之事项：

一、收受关于刑事控告各呈状。二、检阅呈状，应预审者直送预审，无须预审者直送公判。三、遇有目睹犯罪者时，得略加讯问。四、监视刑事堂讯，但民事之有关伦纪者亦同。五、指挥司法巡警执行处刑。

第十九条　乡谳局检事官之职务，除前条第二项外，皆遵用之。

第二十条　书记官之职务如左记之事项：

一、招录口供。二、核议文牍。三、整理保存诉讼文牍案件。四、管理会计及庶务事宜。五、核算诉讼费用。

第二十一条　书记生之职务如左记之事项：

一、受书记官之指挥，分理文书、会计、庶务事宜。二、受书记官之委托招录口供。三、代递状人写状。四、抄发案底，缀订档案。五、缮写申详、报告、示谕一切文牍。

第二十二条　乡谳局书记官之职务，兼用前二条规定。

第二十三条　承发吏之职务如左记之事项：

一、收受关于民事控告各呈状。二、民事判决后之执行。三、递送文书及传禀。

第二十四条　检验吏之职务如左记之事项：

一、验尸检伤。二、检验后具确实报告书。

第二十五条　堂丁之职务由厅长另定规则，颁发遵守。其乡谳局，由该局承审官定之。

第二十六条　司法巡警之职务如左记之事项：

一、搜查。二、逮捕。三、执行处刑。四、遇有目睹犯罪者时，不持拘票亦得逮捕，直送交检事官。

第五章　各厅局官吏之回避

第二十七条　审判官遇有左记之原因，得因诉讼人之陈请或自向部长陈请回避：

一、审判官自被损害者。二、审判官与原告或被告有戚谊者。三、审判官于该案曾为证人或抱告者。四、审判官于该案无论现在或将来，有关涉利益或损害者。

第二十八条　凡陈请回避之案，由部长另指他审判官以承其乏。

第二十九条　前二条之规定，书记官援用之。

第三编　诉讼规则

第一章　民事通则

第一节　抱　告

第三十条　凡职官、妇女、老幼、残废，于民事诉讼及刑事诉讼之原告，须用抱告。但审判官认为必须到堂者，仍可传令本人到堂。

第三十一条　凡抱告，必系其人之亲戚，或向所亲信之人，但左记人等不得充当：

一、妇女。二、未成丁者。三、有心疾及疯疾者。四、非本国籍贯之人。

第三十二条　凡抱告，除祖孙、父子、夫妇及同胞兄弟间不必另用委任状外，其余须具委任状。

第三十三条　凡抱告，于诉讼上一切行为及供述，均与本人之行为及供述无异，但左记各项，须经本人特别之许可：

一、上控。二、和解。三、抛弃诉讼物。四、代具输服甘结。

第三十四条　委任状须照左列之各项记载：

一、抱告及委托者之姓名、职业、籍贯、住所、年龄。二、抱告与本人之关系。三、本人委任抱告之原因。四、委任之权限有所增减时。五、年月日。

第二节　证　人

第三十五条　凡刑事、民事各案之原告或被告，均可带同证人到堂供证，并可呈请公堂传令某人到堂作证，公堂亦可酌量该案情形，传令某人到堂作证。

第三十六条　凡证人奉到传票后，即须依限到堂，如有疾病或不得已之事故不能到堂，必须预向厅局声明，以便展期。

第三十七条　凡证人临期不到，又不声明不到之原委者，即由审判官勒传到案，并得处以相当之罚金。

第三十八条　凡证人到堂供证后，具有随时听传甘结，准其从便，不得拘留。

第三十九条　凡普通人民得认其一事之真正情状者，皆可为证人，但左记人等不得为之：

一、未成丁者。二、有心疾及疯疾者。

第四十条　凡证人，须据实供述，不得捏造诬蔑，违者即处以相当之罚金。其关于刑事而误入人罪者，以诬告论，关于民事致人损害者，责令赔偿。

第三节　鉴定人

第四十一条　凡诉讼事务，须经具有一定学识经验技能之人鉴定，始能得其真正情状者，得用鉴定人。

第四十二条　鉴定人得由审判官因两造公同之申请选用之。

第四十三条　鉴定人鉴定后，须作确实鉴定书，以资征信。

第四十四条　本节所未规定者，援用本章第二节证人之规定。

第四节　厅局所用各票

第四十五条　厅局所发之票，分左记之四种，须由发票之官盖印画行：

一、传票。二、拘票。三、管收票。四、搜查票。

第四十六条　凡审判官，皆有发传票、拘票、管收票、搜查票之权，但情形急迫，案情重大，恐有人犯逃匿、证凭灭失之虞者，检事亦得发之。

第四十七条　凡左记之各项用传票：

一、民事之原告、被告。二、刑事之原告。三、轻罪人犯有一定之住所者。四、证人及鉴定人。

前项传票，以路之远近，定到堂之时日。

第四十八条　凡重大案件，必须押解到堂者，用拘票。

第四十九条　凡用拘票押解到堂，因人证不齐或其他事故临期不及审讯者，用管收票。

第五十条　凡搜查人犯或证据，用搜查票。

第五节　审　讯（附取保及管收）

第五十一条　凡审讯，先讯问原被告，次证人，皆隔别询问。其必须对话者，亦得同时讯问，但非经承审官发问，两造不得自行辩驳。

第五十二条　审讯时，先由承审官将原告诉状被告辩状朗读一遍，再令原告或被告申诉争讼之原因，并略述证据。

第五十三条　讯问时，由书记官照供记录后，一一朗读，详问原被告及证人等，如有错误，随时更正。

第五十四条　凡审讯，除刑事被告照例跪供外，其余原被告及各证人均准其站立陈述，不得逼令跪供。

第五十五条　凡用拘票拘到者，即时审讯，用传票传到者同。

第五十六条　凡用管收票者不得逾六日，但得展限，每限均不得逾六日。如逾十次尚不能审讯者，取保释放。

第五十七条　凡刑事被告，除叛逆、谋杀、故杀、强劫并他项重罪之案不准取保外，其余各案，被告得审判官允许者，均准其取保出外候审。

第五十八条　凡民事被告遵传到案，如审讯未完展期再审，应准其归家，令依限到堂听审。

第五十九条　凡例应管收之人，于审讯中应另置一所，不得与已定罪之犯人同狱监禁，例准取保尚未觅有保者亦同。

第六十条　凡承审一案，限三十日结案，其应勒转者，除扣除路程所费之时日不记外，每级加十日，其必须展限者，亦不得逾三个月。

第六十一条　凡关于刑事案件，经公判后，如因审讯不公，或裁判不合供证，及违背法律而心不甘服者，自判决后十日内，在原审厅局提出上控状，请求送交上级审判厅复审。

第六十二条　凡关于民事案件，因前条理由而上控者，其上控期间以二十日为限。

第六十三条　凡欲上控者,应按级上控,不得越诉。

第六十四条　凡犯人在监而上控者,其上控状应由监狱官转呈原厅局。

第六十五条　上控状须照左列之各项记载:

一、上控人之姓名、职业、籍贯、住所、年龄。二、被控之厅局。三、不服之理由。四、上控之年月日。五、赴控之审判厅。

第六十六条　原厅局收受上控状后,于三日内将本案一切文件、凭证、判词送呈上级审判厅之部长,并知会原告及被告。

第六十七条　凡已逾上控期限而不行上控者,其原判决即为确定,但因天灾或意外事变等之障碍而未能上控者,虽已逾上控期限,准其于障碍原因终止后,立即具状详细声明,由审判官查无虚伪,仍许上控。

第六十八条　承受上控审判厅之部长,调查其上控之合例,及理由之正当与否,以定准驳。

第六十九条　凡上级审判厅认为准其上控者,行文原厅局,令其将应讯人犯解送复审,如上控出于原告者,原告亦应同时传讯。

第七十条　凡上控案件,上级审判厅不得发交原厅局审理。

第七十一条　凡经上控判决后,有罪者发回原厅局执行,无罪者即时释放。

第七十二条　凡上级审判厅复审后平反或更改原判者,其原审官除查有贪赃曲庇或溺职等弊确据照例惩治外,余俱不得申饬议处。

第七十三条　凡民事上控自口销案者,无论何时,准其将上控呈状注销。

第七十四条　上控时之审讯规则,援用本章第五节之规定。

第六节　期间例

第七十五条　凡本法称时者,即时起算,称日者二十四小时,称月者三十日,称年者三百六十日。

第二章　刑事专则

第一节　起诉

第七十六条　凡关于刑事之起诉,除由检事访闻外,分左之二种:

一、控告状由被害人呈递于检事者。二、举发状由举发人呈递于检事者。

第七十七条　控告状应照左记之各项记载:

一、原告之姓名、职业、籍贯、住所、年龄。二、被告之姓名、职业、籍

五、司法独立的讨论及措施

贯、住所、年龄（若为原告所不知者，即不记载亦可）。三、控告之事由。四、关于本案之凭证。五、赴控之厅局及呈递之年月日。

第七十八条　举发状应照左记之各项记载：

一、举发人及犯人之姓名、职业、籍贯、住所、年龄。二、举发之事由。三、关于本案之凭证。四、赴控之厅局及呈递之年月日。

第七十九条　检事收受控告状或举发状后，察核应记事项并无遗漏，且凭证认为可信者，其重大案件，如谋杀、故杀、强劫，及重要之盗窃、诈骗，或必须预审者，直送于预审官，其余直送于刑事部长。若部长认为必须预审者，径由部长移送于预审官，其无须预审者，指定承审官及会审官审讯。

第二节　逮　捕

第八十条　凡有犯谋杀、故杀、强劫，及重要之盗窃、诈骗，或他项重大之罪，准由司法巡警或被害人或知情目睹人，不持拘票，将该犯捕送厅局，补呈诉状。此外无拘票者，不得捕送。

第三节　关　提

第八十一条　凡关提逃往本厅局管辖境外之刑事被告人，无论系在何处，本厅局应先察核请发拘票人呈递所称犯事及藏匿各节实属可信，然后准其所请，签发拘票，另备公文，饬令司法巡警前往关提。

第八十二条　凡关提被告之拘票内，须将原告被告姓名、职业、住所、被控事件、犯罪月日及逃匿处所，逐一载明。

第八十三条　持票之司法巡警亲赍公文，至被告逃匿处所，先行认明票内所指之人，指交该处巡警或地方，即至该管衙门投递公文，派差协提。

第八十四条　协提之衙门即将被获之人审明，如实系票内所指之人，即交持票巡警解回发票之原厅局审讯，如因错误与票内所指不符者，应即取保释放。

第四节　搜　查

第八十五条　凡证据人犯藏匿一定处所者，审判官得发搜查票，使司法巡警前往会同该处巡警及地方乡董搜查，但案情重大事机迫切者，不必会同该处巡警及地方乡董，得径由厅局派带队官一员前往搜查。

第五节　预　审

第八十六条　预审时，以预审官一人行之，除检事官、书记官监视录供外，不准旁听。

第八十七条　讯问后，预审官认为证据不确凿，可免诉者，有即时释放之权。

第八十八条　凡预审后，预审官认为证据确凿未便免诉者，应即时将一切案卷证据人犯送呈刑事部长，移交公判。

第六节　公　判

第八十九条　公判时，以承审官一人，会审官二人，书记官、检事官各一人行之，不得秘密。

第九十条　凡预审移交之证据，承审官认为无关涉于本案者，可置勿议。其临时发见而预审时未经搜集之证据，亦可随时调查。

第九十一条　承审官于承审一案中，临时发见他案者，可不经起诉与预审，即时归入公判。

第九十二条　遇有证据确凿，供招毫无疑窦，着即下有罪之判决。如犯人坚不承认，而承审官认为证据确凿者，亦同。如证据供词两无可凭者，无罪。

第九十三条　判词须照左列之各项记载：

一、罪名。二、事由。三、犯人姓名。四、承审厅局，及承审官、会审官、书记官签名盖印。五、判决之年月日。

第九十四条　判决后定期宣告罪名时，必须朗读判词，并将罪由榜示。

第九十五条　刑事被告人所受之损害，其于公判后请求赔偿，其办法遵用民事专则损害赔偿之规定。

第七节　勘　转

第九十六条　凡勘转，仅报文书不解人犯。

第九十七条　军流遣勘转至高等审判分厅止，斩绞勘转至按察使衙门止。徒罪以下概由地方审判厅定案发落，毋庸勘转（此条系专指地方审判厅有权审问者而言，其第六条所定应归按察司衙门及高等审判分厅有权审问之案，则初审时即应人文并解，自不在此限）。

第八节　刑之执行

第九十八条　刑之执行，非经判决确定以后不得为之。

第九十九条　刑之执行，由检事指挥司法巡警行之，办法如左：

一、死罪奉到部复或院批后，即日行刑（其监候者仍归秋审办理）。二、遣军流奉到部复后，分别发配或送习艺所。三、徒罪奉到院批或部复后，送习艺所。四、折赎罚金（即笞杖所改者），由检事征收。

第三章　民事专则

第一节　起　诉

第一百条　凡关于民事之诉讼，由原告以起诉状径送厅局收呈处。

第一百一条　诉讼状应照左之事项记载：

一、原被告之姓名、职业、籍贯、住所、年龄。二、诉讼之事物。三、诉讼之原因。四、恳求如何断结之主意。五、乡局及起诉之年月日。

第一百二条　如有可为证据之契券及文书，一并粘入诉状。

第一百三条　收呈处收受诉状后，即呈民事部长。

第一百四条　部长审定并无违式及不合该局权限者，即指审判官审讯。

第一百五条　凡公判中诉讼所争之物，不得擅动，但经审判官应许者不在此限。

第一百六条　原告因诉讼所争之物有灭失藏匿之虞者，公判中，无论何时可请求审判官暂行查封，其不能久存者，得暂行拍卖，俟判决后分别发落。

第二节　传　讯

第一百七条　审判官收受诉状后，即定明堂期，如有应行传问之人，补传到案，于传唤被告时，须将原告之诉状录一副本送交。

第一百八条　被告欲查看原告所缴之证据文书者，可由书记抄录给付。

第一百九条　被告欲辩诉者，准其于堂期前呈辩诉状，如堂期过促，得电请酌量展缓。

第一百十条　被告抗传不到而逃匿者，作为情虚畏审，应听原告一面之词判决执行。

第一百十一条　原告堂期不到又不申明故障事由者，作为情虚畏审，应将本案注销，但讼费仍照例向原告征收。

第三节　协　传

第一百十二条　如民事被告人在本局管辖境外者，签发传票，另备公文，移请该民事被告人所在处之厅局协传到案。临期不到者，改用拘票，援用本编第二章第二节之规定。

第四节　公　判

第一百十三条　公判时,除婚姻承继案件须检事监视外,其余案件,以承审官一人、会审官二人、书记官一人行之,不得秘密。

第一百十四条　判词须照左列之各项记载:

一、判旨。二、理由。三、原被告姓名。四、承审厅局,及承审官、会审官、书记官签名盖章。五、判决之年月日。

第五节　损害赔偿

第一百十五条　凡理直人因理曲人故意或过失之行为所受有形无形之损害,得向审判官申请,于判决时,酌令理曲人赔偿。

第一百十六条　审判官认为确系因理曲人故意或过失致受损害者,酌定赔偿数目,于判词末宣言之。

第六节　强制执行

第一百十七条　凡民事判决之执行,由书记官督率承发吏执行之。

第一百十八条　凡判决后,由书记抄录判词副本并执行谕书,交承发吏照办。

第一百十九条　凡承发吏因执行而追出之款项或物产,除将讼费及执行费扣除外,即日交付于应领之人,不得揩留需索。

第一百二十条　凡执行判决,应尽理曲人之银钱征收,有不足时,得由承审官于三十日以内,酌示限期,将其财产查封。查封之后,更示限期,于限期内仍不缴时,即行拍卖备抵。再不足时,准其分年摊还。

第一百二十一条　凡查封本人之财产,如其产物系一家之公物,则查封本人名下应得之一分,在他人名下者,不得株连。本人之分,所值若干,一经呈缴,立即揭封。

第七节　和　解

第一百二十二条　凡民事案件,无论已未起诉,在判决前,两造情甘和解者,准其自行邀请公正人调处,出具切结声明,愿遵公正人决词,决不翻悔。其如何调处了结,须呈厅局存案。

第一百二十三条　两造所举之公正人,须彼此同数,若公正人对于该案意见未能佥同，则从多数定议。意见各执者，则另举一中人以定从违。

第一百二十四条　前条之中人，由两造或公正人合举之，如两造或公正人均不能妥议合举，即由审判官派一于该案无涉之殷实人充之。

第一百二十五条　凡公正人或中人所定决词，即认为该案之决词，与承审官之判词无异。

第四编　讼费规则

第一章　讼　费

第一百二十六条　讼费分左之三种：

一、印纸费。二、承发吏规费。三、杂费。

第一百二十七条　诉讼费用，于结案时归书记官结算，与本案同时判决。前项诉讼费用归理曲人呈缴，如两造各有曲直时，由承审官酌量减成分派，理曲人有数人时亦同。前项诉讼费用，如因理直人自己懈怠疏忽以至费用增多者，其增多之分仍由理直人呈缴。

第二章　印纸费

第一百二十八条　凡一切呈状，不贴用印纸者，概不受理，其贴用印纸不足例定数目者，准受理后令其补贴足数。

第一百二十九条　起诉及上控之各诉状，从诉讼物之价值，分别从左记之数目贴用印纸，其评定诉讼物之价值，从起诉当时之定价：

甲、十两以内者三钱。乙、百两以内者每达十两三钱。丙、千两以内者每达五十两一两。丁、万两以内者每达百两一两。戊、万两以外者每达二百两一两。

第一百三十条　刑事诉讼，除命盗案件免贴印纸外，其余概贴印纸一两。

第一百三十一条　民事诉状之非财产诉讼者，贴用印纸二两。

第一百三十二条　和解状照起诉应贴印纸减半贴用。

第一百三十三条　前三条以外之禀呈，每件贴用印纸二钱。

第三章　承发吏规费

第一百三十四条　承发吏应得之规费如左记之各项：

一、传递文书每件二钱。二、传票每件二钱。三、查封及拍卖，依左定之数目分别征收：甲、十两以内者一钱五分。乙、百两以内者每达十两三钱。丙、千两以内者每达五十两五钱。丁、万两以内者每达百两五钱。戊、万两以外者每达二百两五钱。

第一百三十五条　承发吏查封拍卖所费时间至一日以上者，每日照前条所列之数加十分之三。

第一百三十六条　承发吏之因公外出在十里以外者，每五里加五分，其路程弯远非一日所能往返者，每日加食宿费三钱，其火车轮船已通之处，其费临时由签发文书之官员酌量注明该文书之表面。

第四章　杂　费

第一百三十七条　书记抄录案卷之费，每百字连纸征收五分。

第一百三十八条　运送通信费，悉照实数计算。

第一百三十九条　公告分两种：一、由官府自行揭示者二两。二、登报广告者照实价计算。

第一百四十条　理直人及证人、鉴定人之日用及旅费，如左记之数给发：

一、理直人每次到堂费二钱。二、证人每次到堂费五钱。三、鉴定人每次到堂费五两以内，得由审判官酌给。

第一百四十一条　前条人等，其住所在十里以外者，每五里加川费一钱，如火车轮船已通之处，照实价计算。

第一百四十二条　前条人等旅中费用，每日五钱，但鉴定人、证人可视其身分随时酌加。

第五章　保　证

第一百四十三条　审判官得斟酌诉讼人之情形，先令诉讼人呈缴相当之保证金，或觅可靠之铺保。

第一百四十四条　凡诉讼费用限内不即呈缴，其有保证金者，即在保证金内扣除，其无保证金而有保人者，责令保人呈缴，其无保证金又无保人者，如实系穷苦，力难呈缴，应酌量豁免。

第一百四十五条　前条之豁免，系指厅局代垫各款而言，其理直人所用各费，归入损害赔偿办理。

甘厚慈辑：《北洋公牍类纂》卷四，吏治二，京城益森印刷有限公司光绪三

十三年印行

直隶总督袁世凯奏天津试办独立审判折[①]

光绪三十三年六月十日

袁世凯奏：臣伏读光绪三十二年九月二十日上谕：刑部著改为法部，专任司法，大理寺著改为大理院，专掌审判。等因。钦此。又十月二十七日大理院奏请厘定审判权限一折，奉旨：依议。钦此。

大理院原奏审判权限，其设在外省者，曰高等审判厅，曰地方审判厅，曰乡谳局。各有限制，秩然不淆。臣惟司法独立，万国通例，吾国地方官兼司听断，救过不遑。近今新政繁兴，诸需整顿，亟宜将司法一事分员而治，各专责成，以渐合立宪各国制度。但势成积重，若一旦同时并举，使划然分离，则法官既少专家，布置亦难藉手，惟有逐渐分析，择一二处先行试办，视情形实无窒碍，然后以次推行。臣于上年迭饬天津府县暨谙习法律并法政毕业各人员，拟订章程，稿凡数易，至本年二月初十日始克成立。现经试办数月，积牍一空，民间称便。谨将详细情形为我皇太后、皇上缕晰陈之：

此项审判，系从天津一府试办，而一府之中，又先从天津一县试办，于变通旧法之中，寓审慎新章之意。天津县审判，名为地方审判厅。天津府审判，名为高等审判分厅。又量分天津城乡匀设乡谳局四处，期与大理院原奏吻合，以为法院编制之先声。所有两厅及谳局办事人员，就平日研究谳法，暨由日本法政学校毕业回国之成绩最优者，并原有府县发审各员，先令学习研究，试验及格，分别派充。故人争濯磨，尚无滥竽充数之事。此设置厅局选用官员之实在情形也。

各国诉讼，民刑两事，办法迥乎不同，盖民事只钱债细故，立法不妨从宽，刑事系社会安危，推鞫不可不慎。日本刑事案件，多由检事提起公诉，以免冤狱

---

① 标题为编者所拟，原文无标题。

而省拖累。采取此制，可期庶狱之敉平，而旧日之借端讹诈，及骫法私和等事，亦即不禁自绝。至起诉之后，所有搜查证据，逮捕人犯，必非一二承审官所能为力，是以特设预审一官，以为承转机关。盖既经预审，则案中节目，量必已成竹在胸，然后移送公判，众证确凿，供招较易。此慎重刑事之实在情形也。

厅局雇用之人，皆由招考而得，写状录供，整理公牍，则有书记生。收受民事诉状，递送文书传票，则有承发吏；搜查逮捕执行处刑，则有司法巡警。以上三者，皆优给工食，严杜需索。其人证到案，向与书差杂处，殊易滋弊，乃为之设待质所，分绅商平民妇女之室，以示区别。其紧要人犯之尚未定罪而碍难保释者，为设管收所，准其亲友到所省视送食，无力者由厅酌给钱文。所中扫除洁净，并洒避疫药水，以重卫生。此用雇役及设待质管收等所之实在情形也。

从前酌收讼费，定数太多，且征收于结案之后，往往延宕不缴，无法传催。今变通旧章，一切状纸，由厅发卖，每纸制钱五千文，并遵章贴用印纸，方予收理。此外承发吏规费，俱限有定数，交厅存储，务使酬其奔走之劳，而较从前书差等费，民力已轻倍蓰。既有画一章程，丝毫不容出入，是以行之数月，民间翕然从风，良由费省而事便，无从上下其手。此明定讼费之实在情形也。

向例外国商民控告华人事件，类皆先赴领事衙门投禀，再由领事转交关道，或由关道自行讯断，或发交县署判决。开厅以来，由县署移交以及洋商径自来厅控告者，已断结十余起。外人于过堂时，则脱帽致敬，于结案时，则照缴讼费，悉遵该厅定章。亦有不先赴该国领事投禀而径赴该厅起诉者。惟司法独立，未易一蹴而几，但既办有端倪，则此后之进步改良，尚非难事。至目前府县虽不专亲审判，而仍兼厅长之职，亦因报案移文，既用守令印信，且一切布置建筑，不能使府县不任责成。应俟法部颁有新章，再行遵守。盖弊当去其太甚，物有开而必先。臣仍督饬在事各员，始终勿懈，以期仰副圣朝矜恤庶狱之仁。

得旨：法部知道。单并发。

朱寿朋：《光绪朝东华录》，总第5694—5695页，中华书局1958年出版

直隶总督陈夔龙奏省城商埠各级审判检察等厅开办日期等折（并单）

宣统二年十二月二十一日①

奏为省城、商埠各级审判、检察等厅开办日期情形，拟订各项章程规则，并请颁发印信，恭折仰祈圣鉴事：

窃查省城、商埠各级审判厅，按照筹备清单，年内应行成立。天津各厅开办最早，原订章程规则与新颁法制颇多歧异，现在省城暨张家口商埠各厅次第开办，欲期厅制整齐，非将章程规则详细厘订，不足以资遵守。前经委派厅丞俞纪琦等妥为拟订，送由提法司汇核详定。窃以此项章程规则，必以《法院编制法》为标准，惟《法院编制法》系构成裁判之大纲，一切诉讼手续，则必依诉讼律之规定。今民刑诉讼律尚未颁行，而法部奏定各级审判厅试办章程，又在《法院编制法》颁布之前，今昔情形不无异同，当此过渡之际，宜筹适用之规，阅时数月，刻已告成，虽事理或有未周，而规模固已粗具。

查现订章程规则共分二类，订为四册。一为直隶省各级审判检察厅暂行章程。其间章节条款，以法部奏定试办章程为依据，凡已经《法院编制法》规定者，应即遵照添改，其未经规定者，本诸馆、部历次奏咨各案参照编辑，俾臻完善，用示率循。一为《直隶省各级审判厅办事规则暨直隶省各级检察厅办事规则》、《直隶省看守所暂行规则》。仿照各处已办成规，参以本省民情习惯，斟酌损益，务期允协。此外如各厅应用公文票纸表册簿籍等项，均已厘定画一程式，并将卷宗力图改良，附卷各件尺寸大小，皆归一律。俾可集订成本，力祛旧日零散不齐之弊，仍此分别拟订，大致厘然，实于审判前途不无裨益。其有未尽事宜，仍当随时修改，以昭慎重。

---

① 为朱批批示日期。

至省城及张家口商埠各级审判厅暨看守所，十月间均已竣工，应备各事亦经布置就绪。法官在京录取者近多来省，书记官亦分别考验以备任用。兹定于本年十二月十五日开厅。所有直隶厅数员额，前经按切事势酌核议定，由司详经咨部在案。第事属初创，端绪纷繁，此次分发各员，甫经到直，学理虽有心得，情形不免生疏，且直省命盗重案之难结者，向皆饬交保定府发审局审判。现高等厅业经成立，前项案件应即归厅审理，特恐接手之初，难期接洽，拟暂就发审局委员中，择其精通法学，资格较深，素有治狱经验者，饬到厅清理移交积案，将来再行察酌更调。一面即令新分法官实地练习，俟试办数月，由司详加考察，遵照部章，择其成绩最优者先行委署。津厅原有人员，不乏可用之才，亦拟酌量调用，俾资熟手。惟天津为通商巨埠，华洋杂处，时有交涉案件，厅丞、检察长在津有年，办理尚属合宜，省厅成立之后，固属责无旁贷，而津厅事务繁重，亦应随时兼顾，以收驾轻就熟之效。

再，各厅开办之初，前经刊发木质关防钤记暂资印用，兹既一律成立，应请敕下礼部铸造新印二十二颗颁发来直，分给祗领，以昭信守。

据提法使齐耀琳详请奏咨前来，臣复核无异，谨将拟请颁铸各厅印信，缮单恭呈御览，除章程规则咨送法部立案，暨咨礼部查照外，理合恭折具陈，伏乞皇上圣鉴，敕部核办施行。谨奏。

宣统二年十二月二十一日奉朱批：该部知道。单并发。钦此。

谨将颁铸各厅印信，缮具清单，恭呈御览。计开：

直隶高等审判厅印一颗、天津高等审判分厅印一颗、保定府地方审判厅印一颗、天津府地方审判厅印一颗、张家口地方审判分厅印一颗、清苑县初级审判厅印一颗、天津县第一初级审判厅印一颗、天津县第二初级审判厅印一颗、天津县第三初级审判厅印一颗、天津县第四初级审判厅印一颗、张家口初级审判厅印一颗、直隶高等检察厅印一颗、天津高等检察分厅印一颗、保定府地方检察厅印一颗、天津府地方检察厅印一颗、张家口地方检察分厅印一颗、清苑县初级检察厅印一颗、天津县第一初级检察厅印一颗、天津县第二初级检察厅印一颗、天津县第三初级检察厅印一颗、天津县第四初级检察厅印一颗、张家口初级检察厅印一颗。

以上共计印信二十二颗。

宣统二年十二月二十一日奉朱批：览。钦此。

《政治官报》第一千一百六十六号，折奏类，宣统二年十二月二十四日出版

东三省总督徐世昌等奏开办各级审判厅情形折

光绪三十三年十二月二十四日①

奏为开办各级审判厅，谨陈大概情形，恭折仰祈圣鉴事：

光绪三十三年五月二十七日奉上谕：各省按察使改为提法使，分设审判厅。著由东三省先行试办。等因。钦此。仰见我皇太后、皇上勤求治理，矜慎庶狱之至意。臣等遵即督饬署提法使吴钫，体察奉省情形，切实通筹，次第规定，于本年八月二十六日，将酌拟提法司衙门及各级审判厅官制、职掌，分缮清单具奏。钦奉谕旨交法部、大理院议奏在案。

伏念中国刑事向由地方官裁判，惟职务甚烦，往往听断不慎，百弊丛滋。今改章伊始，独设法庭，自应组织机关，以期推广。况奉省为陪都重地，尤当从速创办，树厥风声。臣等谨按照法部奏准直省各级审判厅官制，并奏定《京师高等以下各级审判厅试办章程》，先行试办。惟奉省地方辽阔，举行伊始，普及维艰。拟先于奉天省城设立高等审判厅一厅，于奉天府设立地方审判厅一厅，于承德、兴仁两县地方按巡警区域分设初级审判厅六厅。各厅均附设检察厅。俟办有成效，再行逐渐推广应用。厅署自应从新建筑，以合制度。但当此百度维新，需款浩大，又值隆冬，不便兴作。拟暂借宗人府两翼公所改设高等审判厅，就奉天发审局改设地方审判厅；其初级六厅，均暂附设于城乡各巡警局，追款项稍裕，即行另建。

---

① 为奉到上谕批复日期。

至于各厅管辖权限，高等掌审理全省上诉案件，惟各属尚未遍设审判厅，人民上控者向无已结未结之限制，若不划分界限，则阶级错乱，临事必致纷歧。今拟已设审判厅之处，自应照章定级。未设审判厅之处，则凡上控各案，已经该地方官讯结及应提审者，概归高等审理；未经讯结及不应提审者，由提法司分别批令该地方官秉公讯断。奉天府所属共十二州县，距离过远，管辖难周。今拟地方审判厅只审理承德、兴仁两首县地面民、刑诉讼之不属初级者，一以为将来府不辖县之规画，一以为人民赴诉之便利。初级六厅，各按本区域内管理该厅应管之事。自各厅成立之日起，凡属承、兴两县管辖之处，除行营发审系属特别裁判，暂仍其旧外，其余民事、刑事案件，悉归审判厅管理。奉天府承德、兴仁两县即不收管诉讼，其未结旧案，在两县呈诉者，归地方分期接收；在奉天府上控系两县界内者，亦归地方接收；其不属两县者，概归高等接收。遇有招解、转勘等件，系审判厅之案，即由各该厅径行解司解院，不必由上级审判厅转解。系各州县之案，仍照旧例办理。盖造端不慎，则难期次第推行；管辖不明，则必致事权凌乱。以上分配厅位，改设衙署，明定区域，划清权限各办法，经该署司逐条妥拟，呈明臣等，复饬承宣、谘议两厅悉心核议，始克就绪。

唯是司法机关，处处与人民直接，非得廉明精练之员，不足以资倚畀。故任用法官，较之他项人员，倍宜审慎。臣等先于奏咨调奉各员内，遴派四品衔记名繁缺知府民政部外城巡警总厅行政处佥事许世英试署高等审判厅厅丞，丁忧民政部外城巡警总厅司法处佥事汪守珍试署高等检察厅检察长，大理院详谳处分核丁忧法部候补主事萧文华试署地方审判厅推事长，民政部外城巡警总厅六品警官廖世经试署地方检察厅检察长。其许世英、廖世经二员，应请暂留原缺原俸，以示体恤，并饬该署司随时督同各该员等妥慎办理。此外熟谙新旧法律及于审判事理确有经验者，不分京、外，实缺及候补、候选，或系奏咨调用，或系留奉当差人员，均经切实考查，详细甄择，由该署司呈明臣等札委，分派各厅，以备任使。至初级各厅检察官，即分委各巡警局之巡警官暂行兼办，一可以节省经费，一可以实资补助。部署既定，遂于十二月初一日一律开办。兹据该署司转呈前来。

臣等伏查奉省地旷人稀，易滋奸宄，命盗重案，层见叠出。又风气不开，民情顽犟，间有不肖官吏，利用其戕法行私之伎俩，恣为奸贪，久则习若固常，毫无顾忌，案牍之积压，胥吏之骚扰，更无论矣。此吏治因循，民生困苦，所由早在圣明洞鉴。兹值司法独立实行之始，种种积弊，自应扫除廓清，虽成效未易骤期，而精神已为一振。况奉省交通利便，将来法律改良，可以巩固宪政。新设各厅，当为嚆矢。开办以后，如该员等果能勤慎尽职，再行开列衔名，请旨简授。并分别奏请补署，咨明吏部、法部立案，以昭慎重。

其有未尽事宜，仍由臣等督饬该署司率同该员等随时斟酌，以期妥善。除将各项章程、规则咨明法部、大理院外，所有奉省各级审判厅及附设检察厅开办大概情形，理合恭折具陈，伏乞皇太后、皇上圣鉴。谨奏。

光绪三十三年十二月二十四日奉朱批：著照所请。该部知道。钦此。

《政治官报》第九十七号，折奏类，光绪三十三年十二月二十七日出版

吉省开办各级审检厅遴员试署折

徐世昌 等

奏为吉林开办各级审判、检察厅，遴员试署情形，恭折仰祈圣鉴事：

窃光绪三十三年五月二十七日奉上谕：各省按察使改为提法使，分设审判厅，著东三省先行试办。等因。钦此。仰见朝廷于变通旧法之中，仍寓审慎新章之意。嗣经法部、大理院以奏准京外各级审判、检察厅职掌事宜各折片咨行到吉，自应遵照办理。

窃谓司法机关以保护社会公安为专责，明是非，伸曲直，事体本极重要，亟宜与行政官分途办事，斯法权乃能独立。查此次部院奏定章程，纲举目张，有条不紊，当经札饬提法司吴焘参酌本省情形，悉心组织，逐渐推行。惟是吉林未设行省以前，无综核刑事专官，牧令听断粗疏，案件积压，百端待理，非先行清厘积案，大纾民困，不足以端本源。而边地材乏，法吏更少，专家又非养成，审判法员不足以供任使。臣等抵任后，一面督饬该司严定府厅州县词讼月报章程，分别惩奖，以警疲延。就原设之裁判所改为高等审判厅，附设审判讲习所，饬令候

补、投效各员分班肄业。本年三月，遵章明定职权。复筹设地方审判厅一所，其初级审判厅原以吉林府辖境辽阔，拟设四所，现暂设两厅，将来再行推广。以上各厅均各附以检察厅，业已分别选赁官房民屋，于本年五月初一日一律开办。其各属应设之审判厅亦即以次推行。

再，查高等审判掌理全省上诉案件，地方审判掌理吉林府辖境民刑诉讼之不属初级者，初级两厅按照省城巡警区域划分界址各理其区内应理之事。吉林一府现既设有法庭，该府自应专任地方行政事宜，以清权限。其招解、勘转等件，系审判厅之案，即由该厅径行解司，不必由上级审判厅勘转。吉林府所属之伊通州，敦化、盘石两县，均一律改与法司直接。未设审判厅之处，仍照向章办理。其秋审一项，乃中国刑事中特别大典，奉省已奏明仍存旧制，吉省亦应照办，以归划一。

至于任用法吏，非得精明干练之员，不足以资倚畀。兹于奏调、候补各员内遴派直隶候补知府戚朝卿试署高等审判厅厅丞，候补道史菡试署高等检察厅检察长，候补同知王炳文试署吉林府地方审判厅推事长，候补同知李廷璐试署吉林府地方检察厅检察长，其余各厅员均经详细甄择，由司呈请札委。日后各该员果能称职，再行开列衔名，分别请旨简授，并奏请补署，以昭慎重。

又吉省监狱亦亟须改良，现经该司参照日本制度，在新建司署之旁建造监狱一所，足容罪犯百六十八，拟即定名为吉林省狱，并令佐班各员习监狱学，分科教授学习管理事宜。其各属监狱亦均分饬设法修改，以恤囹圄。

除将各项章程规则分别咨送法部、大理院立案外，所有吉林开办各级审判、检察厅，遴员试署情形，理合恭折具陈，伏乞皇太后、皇上圣鉴训示。

徐世昌：《退耕堂政书》卷十八，奏议十八，第7—9页

归并奉天府各级审判厅并酌改厅名员缺折

徐世昌

奏为归并奉天府各级审判厅,并改拟厅名员缺,谨将办理情形,恭折具陈,仰祈圣鉴事:

窃奉天开办各级审判厅,暨分别拟补各厅员缺,历经具奏在案。伏查创办伊始,因省垣附郭原设承德、兴仁两首县,未便划分,故设奉天府地方审判一厅,初级六厅,附设检察厅,按两首县辖境,分别受理应管之诉讼。自各厅成立,试办年余,成绩尚有可稽,商民靡不称便。正宜逐渐推广,以冀恢张法权。近以兴仁县移驻抚顺,改为抚顺县,从前归兴仁所辖区域内一切诉讼,自应改归抚顺管理。已拟于抚顺分设审判、检察各厅,其初设之奉天府第二初级审判厅在抚顺辖境以内,亦即划归管理。而奉天府之第一第三第四第五第六各厅,均属承德区域,该县为省城首邑,地广事繁,就令五厅分治,本不复赘,特以百度维新,需款浩大,且各冲要商埠审判厅均未成立,尚待扩充,自非将初级各厅酌量裁并,不足以节经费而规久远。当饬提法司吴钫妥慎筹划,督同高等审判厅厅丞许世英、署高等检察厅检察长汪守珍详细调查,总以民不失便,官以节款为要。兹据该司覆称,除第一初级审判厅专收审省城之该管案件,无庸归并,仍改名为承德第一初级审判厅外,其余四厅所辖屯堡之多且密,以第四为最,第三次之,第六第五又次之;案件之繁且难则第四第六相等,第三次之,第五又次之。度形势之异,宜按户口之多寡,应将第三第六并为一厅,改名承德第二初级审判厅;第四第五并为一厅,改名承德第三初级审判厅,各检察厅附之。至省城原设之奉天府地方审判检察厅,亦应改名承德地方审判检察厅,不用府厅州县字样,一为将来推广时两县合设一厅之计划,一为与行政部分有所区别。唯是厅名既已变更,斯官称亦应改易。所有原署奉天府地方审判厅推事长萧文华,原补推事孙长青、袁晟、倪泰、汪超,典簿罗鸿宾,主簿许维瑜、沈启贤,及原补奉天府地方检察厅检察长廖世经、检察官萧晋荣各缺，均应改为承德地方审判检察厅各缺；原补奉天府第一初级审判检察厅推事杜锡麟、检察官李仙根，应改为承德第一初级审判检察厅推事、检察官；其原补奉天府第六初级审判厅推事颜文海，应改为承德第二初级审判厅推事；原补奉天府第四初级审判厅推事姜可钦，应改为承德第三初级审判厅推事，以期名实相符。至各初级检察厅检察官向系委巡警局各巡官暂行兼办，原以发端之际，各厅附设于乡镇巡警局，不得不为一时权宜之计。现在既图归并，规定务在周详，允宜权限划清，以谋完全之独立，应请遴派妥员，专司检察事务，等情前来。

臣覆加考核，规划既宜，名实亦副，应如所拟办理。除将抚顺地方、初级各厅开办情形另行具折奏报，并将并厅改名办法咨行法部备案外，所有归并奉天府各初级审判检察厅并请改厅名员缺各缘由，理合恭折具陈，伏乞皇上圣鉴。

《退耕堂政书》卷二十一，奏议二十一，第24—25页

抚顺地方审判检察厅开办情形折

徐世昌

奏为筹设抚顺地方审判检察厅，谨将开办情形，恭折具陈，仰祈圣鉴事：

窃臣上年具奏奉天省开办高等审判检察厅，及设奉天府地方、初级各厅，接收承德、兴仁两首县民刑诉讼，为奉天各州县试办之先声，即为行政司法区分之创始。嗣以兴仁移驻抚顺，改兴仁县为抚顺县，并将兴京厅迤西弯远之地划归管辖，特设民官，行政既具有规模，司法亦宜布置。第抚顺商旅增益，且去该县八里之千金寨地方，煤矿利源日见增扩，若将民刑案件仍隶于原设之奉天府地方审判厅审理，微特管辖难周，人民失便，即按之慎重法权，讲求交涉之道，亦觉非宜。迭饬提法司使吴钫详细通筹，督同高等审判厅厅丞许世英、署高等检察厅检察长汪守珍，调查集议。据该司覆称，查抚顺县所辖地方辽阔，而户口之繁多，

商旅之发达，道途之便利，形势之适宜，以千金寨为最，抚顺应设之地方审判检察厅宜在该处建立。惟时值沍寒，不能工作，而一切词讼又急待受理，拟在距抚顺十二里塔峪地方，租赁民房，先行开办，抚顺地方审判厅检察厅附之。该处原设有奉天府第二初级审判检察厅，现既划归界内，即作为抚顺第一初级审判检察厅，暂设一厅。如将来实系事繁，再行酌量加增。所有各厅员缺，拟由高等及奉天地方两厅内拨员派署，以资熟手而节经费。原补之奉天府第二初级审判厅推事方瑛，应改补抚顺第一初级审判厅推事，俾副名实，各等情，先后呈请前来。

臣覆加查核，尚属周妥，当经批准照办，并派高等审判厅庭长法部主事程继先署理抚顺地方审判厅推事长，奉天府地方检察厅检察官萧晋荣试署抚顺地方检察厅检察长。其余各员，均由该司于高等、地方两厅人员内分别拨委，于十二月初一日开办。臣自当督饬该司，随时考察该员等，如果始终勤奋，克尽厥职，再由臣开单出考，咨行法部，分别奏咨补授，以昭慎重。除咨法部备案外，所有筹设抚顺地方审判检察厅开办缘由，理合恭折具陈，伏乞皇上圣鉴训示。

《退耕堂政书》卷二十一，奏议二十一，第25—26页

奉省各级审检厅遵章退还司法巡警折

徐世昌

奏为奉省各级审判检察厅遵照部章，退还司法巡警，以专责成而收实效，恭折仰祈圣鉴事：

窃臣于光绪三十三年十二月创设奉天省城各级审判检察厅，调普通巡警八十名隶于司法部分，分布各厅遣用，名曰司法巡警。原系仿照京师审判检察厅初时办法，本一时权宜之计。嗣经法部、民政部会奏司法警察章程，京师审判检察厅遂将司法部分所有巡警悉还警厅，其关系司法警察事务，统归警官担任，而审判法庭上所用之人，只另募庭丁以备任使。于是警厅有完全之职权，司法收助理之

效用，实为正当不易之办法。兹据提法使吴钫转据高等审判厅厅丞许世英、署高等检察厅检察长汪守珍呈称，审判厅为预备立宪重要之图，按照年限添设，不容迟缓。若每厅必须专用司法巡警，非特款项支绌，力难筹办，且所用人数有限，亦决不能举地面搜查逮捕之事并顾无遗，诚不若警察之布满城乡，耳目心力较为周至。是以司法巡警事务，皆应以行政官厅任之，毋庸于巡警中特标司法之名，亦毋庸于司法中另立巡警一部。此各国之成规，部院之所由取则也。查检察一官，有代表国家保护公益之责，职务甚繁，广土众民，决非少数之检察所能尽其事，故必以行政官厅为补助。自各厅拨用巡警以来，巡警局之巡官长警于此中权限职守，未必尽人皆知，或以为司法既有专官，则缉捕非复己事，恐习焉不察，将至行政官以放弃而溺职，司法官因乏助而鲜功。设不及时变通，势将两受其害。夫司法警察权，本系法部监督，而委任检察厅以执行之。检察厅为司法巡警之长官，故有指挥巡警及印佐兵弁之权。盖检察、巡警，实有息息相关之谊。东三省试办审判检察各厅，实为各行省司法分立之先声，若以辅助之未良，致使推行之寡效，影响所及，关系非轻。揆诸法理，征之事实，拟将各厅拨用巡警，悉数还之警局，而使各巡官长警，遵照部章，担任司法警察事务，受司法之委任，承检察之指挥，庶畛域不分，而诉讼易理。所有对于巡警局办事章程，均遵照光绪三十三年法部、民政部会同奏定章程办理。从前奉省咨部之检察厅对于巡警局办事简章概行废止，等情，呈请奏咨前来。臣窃维司法之权最尊，故必完全独立，而后职权不挠，司法之事至赜，又必有所协助，而后实效乃获。该司使吴钫呈请各情，臣复加查核，按之各国办法，既属从同，揆之两部定章，亦皆符合。应如所请办理。除分别咨部立案外，所有遵照部章，退还司法巡警缘由，理合恭折具陈，伏乞皇上圣鉴训示。

《退耕堂政书》卷二十五，奏议二十五，第2—3页

设立营口新民各级审判检察厅折

徐世昌

奏为设立营口新民各级审判厅并检察厅，恭折具陈，仰祈圣鉴事：

窃查光绪三十三年五月二十七日奉上谕：各省按察使改为提法使，分设审判厅，著由东三省先行试办。等因。钦此。臣遵于是年十二月筹设省城各级审判厅，三十四年十二月筹设抚顺各级审判厅，均附设检察厅，历经奏明在案。

伏查预备立宪年限，本年筹办各级审判，省城而外，先及商埠。奉省通商各埠，以营口为最繁。该埠西临渤海，东据辽河，北接南满铁道，西北连京奉铁道，舟车四达，中外商民云集，诉讼烦难。新民一府，虽开放较迟，而地方寥廓，户口殷繁，讼狱之多，不亚省治，法庭之设，均属刻不容缓。当经饬令提法司使吴钫督同高等审判厅厅丞许世英、署高等检察厅检察长汪守珍迅速筹办，并分饬奉锦山海关道周长龄、新民府知府管凤龢各就地筹款，以充各厅经费，不足则由公家设法补助。兹据该司使呈称，拟于营口设地方审判一厅，初级审判一厅，均附设检察厅，按照奏定章程，分级管理该厅府所辖境内人民诉讼。其分配法官，支给薪公，均照省垣酌量减少。暂行租赁民房，略加修葺，法庭则务求整齐，群室则仅取敷用。业已组织就绪，请即派员，定期开庭。所有以前积案，查照奉天府审判厅成立时办法，暂由该厅府自行清理，分期由审判厅提收，以免壅滞，仍以三个月收尽为限，等情，呈请具奏前来。臣覆核无异，当即札委署抚顺地方审判厅推事法部主事张志嘉署理营口地方审判厅推事长，委调署抚顺地方检察厅检察长萧晋荣署理营口地方检察厅检察长，委高等审判厅推事陶祖尧署理新民地方审判厅推事长，委署高等检察厅检察官赵毓衡署理新民地方检察厅检察长，其余推事以下各员，均由提法司于省城各厅当差及练习员内分别拣派，前往任事，以资熟手。定于十五、二十等日，营口、新民两埠地方、初级各厅一律开庭，受理一切诉讼。其署理各员，由该司使随时考核，果能胜任，再行呈请咨明法部分别奏咨补授。至初级暂只一厅，诚恐地旷事繁，或形不便，应俟将来察看情形，再行酌增。

窃维司法分立，内以保人民权利，立宪政之始基，外以弭各国讥评，跻法权于统一，不务求其名而贵成其效，不仅肃其形式而必作其精神。臣惟有督饬该司使慎选贤能，勤加考察，已立者力求进步，不以一得自矜，未立者亟图扩充，期以推行尽利，务使法权巩固，积弊廓清，以仰副我皇上注重宪政之至意。除咨部查照外，所有设立营口、新民各级审判厅并附设检察厅缘由，理合恭折具陈，伏乞皇上圣鉴训示。

《退耕堂政书》卷二十六，奏议二十六，第15—16页

黑龙江巡抚周树模奏筹设各级审判厅情形并薪费数目折

宣统元年十月十二日①

奏为筹设黑龙江省城各级审判厅办理情形，并开支官吏薪费数目，恭折具陈，仰祈圣鉴事：

窃照前准法部咨，本部为司法总汇，组织京外各级审判是其专责，现奉谕旨依期成立。令将应设各级审判厅逐年筹划，并将详细章程随时咨部，又单开宣统元年筹办各省城及商埠各级审判厅，二年成立，府厅州县城治乡镇各级审判厅三年至七年成立，等因，咨行到江。当经臣树模会同前督臣徐世昌于续陈第二年筹备宪政折内，将筹拟各级审判厅大概情形，先行奏报。嗣经法部将省城商埠各级审判厅补订试办章程办法，奏准行知在案。

臣维东西立宪各国，无不以司法独立为宪政基础，亦无不以审判分级为司法机关。黑龙江初设行省，一切规模未备，行政与司法多属创办，易于划分。只以

---

① 为奉到上谕批示日期。

地处极边，人才两绌，施设未能裕如，故臣尝谓以江省而筹审判，易分独立之界限，而难得完全之精神。然宪政所关，不得不黾勉图功，以期无误成立。是以前饬提法司遵照部章并就奉吉两省办法，酌量减缩，拟定省城各级审判章程，嗣又饬司遵照此次法部补定章程量为增减，大致酌度本省之财力，仍不出部章之范围。现已将旧有之裁判处裁撤，改为高等审判厅一所，拟定厅丞一员，民科一庭，刑科一庭，每庭设合议推事三员，典簿一员，主簿二员，录事六人。其高等检察厅附设该厅以内，设检察长一员，检察官一员，录事二人。又地方审判厅一所，设推事长一员。民科一庭，刑科一庭，每庭各设合议推事三员，典簿一员，主簿二员，所官一员，录事八人。其地方检察厅附设该厅以内，设检察长一员，检察官二员，录事四人。又初级审判厅一所，每庭各设单独推事一员，书记生二名，书记四名。其初级检察厅亦附设该厅以内，设检察官一员，书记生一人，书记一人。凡各级审判厅承发吏、庭丁、医师及司法警察官兵，均照部章酌量募设。江省设立提法司未久，审判人才无多，此次所有各级审判推事以及检察各官，多由原有裁判处人员及提法司各科员内选择委充，其投效人员有素习法律，勤慎从公者，亦复酌量选用。惟厅丞掌理全厅事务，监督通省地方以下各厅，责任綦重，现未请简有人，应饬提法司暂行兼任，俟择有相当人员，再行奏明办理。推事长及各检察长，前经奏调深通法理之员，拟于到省后，由臣分别委任。

各级审判厅建筑经费，一时无款可筹，现将高等审判厅附设提法司署内，该司虽为司法上行政之官，究系刑名总汇，尚可通融。地方审判厅即设于应裁之黑水厅巡检衙门，虽与新改之龙江府接近，但自为一署，无虞混合。初级审判厅即以旧日之习艺所略为修改，免赁民居。至齐齐哈尔商埠，与省城近在咫尺，商贾尚未麇聚，房屋亦属零星，虽有日俄两国商人，多系小本营业，不尽在埠内居住，无庸另设专厅。以上所设省城各级审判、检察共六厅，约计所需经费，高等审判厅每月额支银一千二百二十六两，高等检察厅每月额支银五百四十两，地方审判厅每月额支银一千二百五十八两，地方检察厅每月额支银七百九十两，初级审判厅每月额支银二百七十六两，初级检察厅每月额支银一百八十四两，共计每年统需银五万一千二百八十八两。除去裁判处及巡检一缺每年共额支银一万两外，其余银四万余两，尚无的款，应由民政司设法筹拨。此次所定额支数目，较之吉省尚未及半，较之奉省亦不及三分之一，无非因财政困难，不得不力求撙节，以后徐图扩充。其绥化、呼兰两府地方以下各审判，前已奏明先行开办，应即按照省章，责成各府就地筹款办理。至模范监狱尚未建修，原有龙江府监狱，应即划归地方检察厅暂行兼管。所有通省刑事勘转及秋谳大典，应请仍照旧制办理。据提法使秋桐豫拟定章程预算经费，具详前来，复经臣细加查核，酌量订定，先行刊就各级审判、检察木质关防，并酌拨开办经费发交该司，限令月内迅速开庭。一面于高等审判厅内设立司法传习所，选在省人员之明通者入所研究，养成审判人才，以备推行各属之用。

除分咨查照外，所有筹设黑龙江省城各级审判厅情形，并额支经费数目，谨会同东三省督臣锡良，恭折具陈。伏乞皇上圣鉴训示。谨奏。

宣统元年十月十二日奉朱批：该部知道。钦此。

《政治官报》第七百五十号，折奏类，宣统元年十月十五日出版

东三省总督锡良、奉天巡抚程德全奏安东商埠设立审判检察各厅开办情形折

宣统元年十月二十八日①

奏为筹设安东地方、初级各审判厅，并附设检察厅，谨将开办情形暨拨用款目，恭折具陈，仰祈圣鉴事：

窃照筹备宪政年限清单内开，本年应筹设商埠审判厅，限于明年一律成立。奉省商埠重地，如奉天府之承德、抚顺，如营口、如新民，业经前督臣徐世昌先期筹设，分别具奏。此外安东、辽阳、铁岭、凤凰、法库、通江六处，繁简各殊，情势互异。安东一埠，商务之盛不亚营、新，尤宜尽先筹设审判各厅，以维

① 为奉到上谕批示日期。《锡良遗稿》第二册第1002—1003页亦载此奏折，作宣统元年十月二十三日，当为自奉天发出日期。

法律而重宪政。第事属推广，求才匪易，集款尤难。臣等莅东之后，虽极力撙节，财用仍形拮据。际此各埠次第设厅之时，苦无正当之款可以动支。当经饬令盐务局于一五加价项下，岁筹银一万两，并饬兴凤道就埠筹款，由商会于水师捕盗款内，岁筹银五千两，由巡警局于员司经费项下，岁筹银二千四百两，计尚不敷银四千余两，拟在该埠巡警市房租银项下动用。以上共银二万一千余两，比照本年七月法部奏定各商埠审判厅编制大纲，酌以地方情形变通办理，设安东地方审判厅一，第一初级审判厅一，分理安东全埠民刑诉讼事务，各附设检察厅。地方审判厅暂设民事刑事各一庭，仿照营、新两处办法，派推事长兼刑庭庭长一，推事兼办理民庭庭长一，两庭各派委员一人，公开则集两委员于一庭，以符会议之制。派主薄兼办典簿一，所官一，医官一，录事二。地方检察厅派检察长兼检察官一，委员二，录事一。初级审判厅派推事一，检察厅派检察官一，仍拣派法政学堂毕业生于各厅为练习员，藉资补助。其各员公费，比照承德、抚顺现行章制，核减四成，以六成实银发给，都四厅，常年额支经费需银二万一千五百二十八两，闰年按一个月定数照加，饬由提法司查照指定之款具领转发，核实动用。据提法司吴钫呈报，该两厅定于本年十月十六日开庭，遴派本任金州厅同知孙长青署理地方审判厅推事长兼刑庭庭长，奉天候补同知黄庆阶署理民庭推事兼庭长，调奉民政部六品警官赵毓衡署理地方检察厅检察长兼检察官，留奉补用县丞曾纪馨署理初级审判厅推事，议叙县丞舒渭滨署理初级检察厅检察官，呈经臣等分别札委，依期开办。仍将辽、铁等处审判厅应行筹备事宜，饬提法司赓续筹办，毋误定期。

除咨部外，所有安东商埠设立审判、检察各厅开办情形暨支用款目，理合恭折具陈，伏乞皇上圣鉴训示。谨奏。

宣统元年十月二十八日奉朱批：该部知道。钦此。

《政治官报》第七百六十七号，折奏类，宣统元年十一月初二日出版

吉林巡抚陈昭常奏省城各级审判检察厅成立年余办理情形并请颁发印信折

宣统元年十一月二十四日①

奏为吉林省城各级审判、检察厅成立年余办理情形，并请颁发印信，以资信守，恭折仰祈圣鉴事：

窃照吉林省城高等、地方、初级审判检察各厅，于光绪三十四年五月初一日成立，经升任督臣徐世昌、调任抚臣朱家宝于是年八月，将开办情形并拣员试署各厅员缺缘由奏报在案。臣到任后，复饬提法司吴焘将各厅秩序益加整饬，随时改良，以收实效。一年以来，规模渐臻完备。谨将办理情形，为我皇上缕晰陈之。

伏查吉省开办之初、高等审判厅，原设厅丞一人，民刑各一庭，各设推事三人，典簿一人，主簿二人。高等检察厅设检察长一人，检察官二人。现皆一仍其旧。地方审判厅原设推事长一人，民刑各两庭，每庭各设推事三人，典簿一人，主簿二人，所官一人，嗣因民间诉讼案繁多，厅员不敷分配，乃添委候补推事二人，帮同审讯，俾资练习。地方检察厅原设检察长一人，检察官二人，嗣因吉林府辖境辽阔，遇有赴乡勘验等事，动需时日，而厅中收受诉状，莅庭监审各项职务，转无承乏之员，遂添委帮办检察官二人，行走员二人，作为差使，以资襄助。又初级审判第一第二两厅，每厅原设民刑推事二人，嗣因初级诉讼无多，裁去一人，每厅仅留推事一人，兼理民刑两科诉讼。余如初级检察厅，原设检察官一人，并各厅原有书记、吏丁人等，亦各照章酌设，分任职务，别无更动。惟当上年开办伊始，省城内外巡营机关尚未完善，故于高等巡营学堂附设司法巡营一科，教授学生八十八人，毕业后分隶于各检厅。现在城乡巡警整理渐有进步，因即并归警局管理。遇有搜查逮捕之事，即由检察官临时指挥各区巡警行之，以符

---

① 为奉到朱批批示日期。

法制而免纷歧。此员役之更订一也。

至各厅经费，则高等由度支司筹款，地方、初级由吉林府就地筹措，如有不足，再由度支司拨款补助。查各厅员缺，本属实官，吉林边远，百物翔贵，自宜优定公费。惟查各国司法用款，类皆取之登记、诉讼等费，我国现在尚未举行，又无他款堪以挹注，则用费一切自不得不力加撙节。现均查照奉天章程核减发给，其临时用款，如检验调查等费，则于各该厅所收状费、讼费项下，核实动支，不再另请专款。此经费之节省二也。

其高等、地方两厅衙署，前已勘定巴尔虎门内官庄公仓两处地址，旋即动工建筑，现均一律落成，于九月初一日迁入办公。其规模构造，悉按东西各国法庭制度建造，收人犯之所，亦一洗从前囹圄黑暗之习。且两厅法庭所设旁听坐位，可容二百人，中外士绅之来庭参观者，莫不称赏，以为进步之速，于是司法精神愈益振励。俟将厅署工程图式报销清册，造具完竣，再行另案奏请核销。此厅署之建筑三也。

以上所陈，均臣到任以后随时整理情形，此外如有未尽事宜，自当督饬该司，逐渐改良，以期日臻完善。至于各厅员缺，初因法官任用章程尚未颁布，均就吉省奏调候补报效各人员中详加遴选，委令试署。开办以来，时有更调，现除高等检察厅检察长史菡一员，已由法部奏请简授外，其余各员，试署一年，各已期满，均能勤奋供职。自应由臣随时考查，依照法部新定章程，将各该员履历衔名造册咨部，分别补署，用资观感。又各该厅开办之初，均系刊给木质关防，暂资钤用，现已成立年余，并请饬部铸造吉林省高等审判厅印，吉林省高等检察厅印，吉林府地方审判厅印，吉林府地方检察厅印，吉林府第一初级审判厅印，吉林府第一初级检察厅印，吉林府第二初级审判厅印，吉林府第二初级检察厅印，各一颗，颁发来吉，分别祗领，以昭信守。

所有吉林省城开办各级审判、检察各厅成立年余，随时改良情形，并请颁发印信各缘由，除分咨宪政编查馆、法部、礼部、大理院查照外，谨会同东三省督臣锡良恭折具陈，伏乞皇上圣鉴训示。谨奏。

宣统元年十一月二十四日奉朱批：该衙门知道。钦此。

《政治官报》第八百二十二号，折奏类，宣统元年十二月二十八日出版

吉林巡抚陈昭常奏筹设长春初级审判检察各厅并办理情形折

宣统元年十二月二十四日①

奏为筹设长春地方、初级审判检察各厅，业已先期成立，谨将办理情形，恭折仰祈圣鉴事：

窃查宪政编查馆奏定筹备宪政年限清单内开，各省省城及商埠各级审判厅，限于宣统元年筹备，二年成立，等因。吉省长春一埠，地当冲要，商旅殷阗，词讼之繁，甲于他郡。光绪三十四年五月吉林省城各级审判厅成立之后，即据提法司吴焘以设立长春审判厅为请，当经批饬照办。暂设地方审判厅一，地方检察厅一，初级审判厅一，初级检察厅一，于是年八月二十一日行正式开庭礼。所有长春府属一切民刑各案，无论已结未结，概行移交各该厅管理。先将从前积案悉数清厘，新收诉讼，无不随时讯结，积习一清，商民称便。即各国侨寓商民人等，遇有词讼案件，亦皆就我范围，来厅起诉。其现行人犯，由警局拘送来厅，即按照条约，移送该管领事执行，并于各庭公开时间，特设外宾旁听座，准各国人民入庭旁听，以昭大信。开办经年，一切秩序，颇为整齐，倘能行之以渐，持之以恒，既可巩固宪政初基，亦为收回法权地步。此开厅以来办理之情形也。

至各该厅官制，均照法部奏定章程分别设置，略有变通。计地方审判厅设推事长一员，民刑各一庭，每庭各设推事三员，典簿一员，主簿二员，所官一员。地方检察厅设检察长一员，检察官二员。初级审判、检察厅设推事、检察官各一员，其应设之翻译官，则以地方检察官暂行兼任，以节经费。均由提法司遴选熟谙法理富于经验之员，详请札委。应俟该司随时考察，如果始终勤

---

① 为奉到朱批批示日期。

奋，克尽厥职，再行开单出考，分别咨部请补。其余各厅应用书记、吏警、厅丁人等，皆照省章办理。所有开办经费，均由该府筹拨。其经常费原议以禁烟局征收票照盈余款项提拨，现在吉省烟地一律禁种，此项经费因之无著，业已另筹办法，附片陈明。至临时费，即由该厅所收讼费、票费、状费等项开支，毋庸另筹专款。

又各该厅创办之时，因急于开庭，即以该府原有之交涉局房屋略加添修，暂作厅廨，拟俟该处商埠成立之后，再于埠内择地建筑，俾壮观瞻。其初级两厅房舍，前以经费支绌，暂附设地方审判厅内。嗣因界限究属不清，业于本年九月间租赁民房，另行分设，以符定制。现据该提法司吴焘详请奏咨立案前来。臣查长春本在自开商埠之列，日俄两国交涉最繁，审判之设尤关紧要，故臣到任之初，于时筹备宪政清单尚未颁布，一据该司详请，即饬认真筹办，幸于筹备年限之前，即已先期成立，徒以组织未臻完善，未敢遽行奏报。现在开办业已年余，成绩渐著，相应据实胪陈，并请饬部分铸长春府地方审判厅印，长春府地方检察厅印，长春府第一初级审判厅印，长春府第一初级检察厅印，各一颗，颁发来吉，俾昭信守。

除分咨宪政编查馆、法部、礼部、大理院查照外，所有筹设长春地方、初级审判检察各厅先期成立缘由，理合会同东三省督臣锡良，恭折具陈，伏乞皇上圣鉴训示。谨奏。

宣统元年十二月二十四日奉朱批：该衙门知道。钦此。

又奏征收蒙地公费添拨长春府审判各厅经费片

再，长春府审判各厅额支经费，无闰之年，计共需吉市钱二十一万三千零四十八吊。开办之初，原议以禁烟局所收票照盈余提拨，现在吉省一律禁种，此项入款遂成无著。统计该厅经常所入，只有由省暂借发商生息官帖龙圆两项，每月息钱六千五百吊，全年七万八千吊。此外别无的款堪资挹注。查内蒙哲木盟各旗新放荒地，每垧岁征大租钱六百六十文，照章以四百二十文解归蒙旗，以二百四十文作地方衙门办公之费。长春本系郭尔罗斯前旗蒙地，因开垦较早，每垧仅征蒙租四百四十文，并未征收公费，若照各旗办法，一律征收六百六十文，仍以四百二十文解归蒙旗，以二百四十文拨充审判经费。长春一属，计有蒙地四十一万九千余垧，岁可得钱十万吊有奇，以地方应纳之赀，办地方应办之事，既与蒙旗毫无亏损，亦非公家额外加征，实属两无窒碍。如蒙俞允，拟自宣统二年起，即行计亩征收，拨给各厅，核实动用。不敷之数，再行饬府筹补。所请是否有当，除分咨法部、度支部、理藩部外，谨会同东三省督臣锡良附片具陈，伏乞圣鉴训示。谨奏。

宣统元年十二月二十四日奉朱批：该部议奏。钦此。

《政治官报》第八百二十三号，折奏类，宣统元年十二月二十四日出版

吉林巡抚陈昭常奏筹办宾州府初级审判检察各厅等折

宣统二年正月初六日①

奏为筹办宾州府地方初级审判检察各厅，现已成立，并请颁发印信，恭折仰祈圣鉴事：

窃查宪政编查馆奏定筹备宪政年限清单内开，各省省城暨各商埠审判厅均限宣统二年成立，其各府厅州县之审判厅则于三年筹办，五年成立，盖以省城为通省之表率，商埠系各国之观瞻，故宜先期筹办。但司法机关既经分立，地方、高等，阶级厘然，亦应预谋普及之方。吉林省城高等审判厅现在业经成立，所有各属民刑诉讼，即应以该厅为模范，若循旧制仍由各地方官承理，统系未免紊乱，自非择地逐渐设立，不足以重法权而收完全独立之效。吉省宾州厅地方虽非商埠，然人民蕃庶，词讼殷繁，实不亚于长春等处，光绪三十四年三月据该厅同知详请设立该处审判各厅，当经前任督抚臣等批准先行试办。迨臣到任后察看情形，以该处审判虽已略有基础，但仍附设行政官署，即以该厅同知兼充推事、检察两长，权限终属混淆，其他各项组织亦多不合定章，亟应设法改良，以求完

---

① 为朱批批示日期。

善。当饬提法使吴焘重新规画，另选妥员前往试署各厅推事、检察等缺。一面札饬该宾州厅划分权限，各专责成，其旧有一切民刑诉讼案卷，悉数移交该厅接收，至本年三月十六日始告正式成立。计地方审判厅设推事长一员，民刑两庭各设推事三员、典簿一员、主簿二员、所官一员，地方检察厅设检察长一员、检察官二员。并先设第一初级审判厅一所，厅中仅设推事一员，兼理民刑诉讼事件，附设第一初级检察厅一所，设检察官一员，皆于吉省候补、投效各员中酌委试署，有不称职者即行撤换，应俟随时考察，如果试署期满，克尽厥职，再行开单分别请补，以昭郑重。至于各厅书记、吏丁人等，亦均照章设置。所有薪水公费，皆照省城各厅酌量减发，统计四厅额支经费，无闰之年共应需银二万八千余两，均由地方官筹拨，如有不敷，再由度支司拨款补助。开庭以来，已阅八月，受理一切民刑各案，皆能随时判决，一洗从前稽延草率之弊，商民称便，成效可期。现据该司详请奏咨立案，并请颁发印信前来，经臣复核无异。惟查宾州厅现已改为府治，并划该厅阿勒楚喀地方另设阿城县一缺，所有该审判厅裁判区域，自应随缺变更，另定名称，相应请旨饬下礼部铸造宾州府地方审判厅印，宾州地方检察厅印，宾州府第一初级审判厅印，宾州府第一初级检察厅印，各一颗，颁发来吉，分给钤用，以昭信守。

所有筹办宾州府审判厅现已成立，请颁印信各缘由，除分咨宪政编查馆、法部、礼部、大理院外，理合会同东三省督臣锡良恭折具陈，伏乞皇上圣鉴训示，谨奏。

宣统二年正月初六日奉朱批：该衙门知道。钦此。

《政治官报》第八百三十一号，折奏类，宣统二年正月十四日出版

东三省总督锡良奏筹设省城特别地方审判厅折

宣统二年五月二十三日①

奏为筹设省城特别地方审判厅，以重法权而维审级，恭折仰祈圣鉴事：

窃维司法独立为宪政之始基，自《法院编制法》颁布以来，臣已行司通饬所属审检各厅钦遵办理。惟细绎原法规定各条款，按诸奉天现在情形，新旧之间，似有未能尽洽，倘非别设补助机关，转于司法独立多所妨碍。查原法于明定等级、划分职权二者最为注意，例如属于地方审判厅者，有一定之区域，非其区域以内则不得而受理；属于高等审判厅者，有一定之审级，非其审级所及，亦不得而受理。诚以职权定则法官之权限可清，等级明则民间之蔓讼可绝，意至美法至良也。惟是创办之初，势难一律。以奉天全省论，已设审判厅者仅十之一，未设审判厅者尚十之九，其未设审判厅之府厅州县人民诉讼，势不能禁止其不上控于院司。且新律未颁，旧章具在，如逆伦重案、京控要案及民人控告官吏之案，准之旧例，均应提省讯办。遇有此项案件，发交地方审判厅则案系省外区域，既非所辖，发交高等审判则案系初审，审级又不相符。若仍以向日之发审局、处承审，又乖统一法权之旨。经臣饬司再三筹议，拟就省城暂设特别地方审判厅一处，凡未设审判厅地方审理未结上控之案，或控关官吏，及由院司发觉提审案件，并一切京控发回原省审讯者，均交该特别地方审判厅起诉，按照厅章审理，如判决不服，准其按级赴高等上诉。其应以大理院为终审者，准其以次诉至大理院。庶几阶级无虞阙略，区域不至混淆。此为目前过渡时代之权宜办法，一俟全省审检各厅成立，即行裁撤。该厅一切组织，应酌量参照地方厅章程办理，并遵章将省城原设之行营发审处裁撤，就该处地方改设特别厅，以节经费。其行营发审处向办各项盗案，仍责成该厅照常办理。据提法司吴钫呈请具奏前来，臣复核

---

① 为朱批批示日期。

所拟办法，均属可行，相应请旨敕部立案。如蒙俞允，再将该厅拟派各员饬司开单咨部办理。所有筹设省城特别地方审判厅，以重法权而维审级缘由，是否有当，伏乞皇上圣鉴，敕部核复施行。谨奏。

宣统二年五月二十三日奉朱批：法部知道。钦此。

《政治官报》第九百六十二号，折奏类，宣统二年五月二十八日出版

黑龙江巡抚周树模奏遴选审判检察两厅丞长等折

宣统二年九月初一日①

奏为遵章遴选审判检察两厅丞长，恳恩饬部存记，并令先行试署，以专责成，恭折仰祈圣鉴事：

窃江省省城各级审判厅，曾于宣统元年十月间奏陈开办，并将各厅署理人员咨部查照各在案。臣维筹备宪政，以司法独立为先，巩固法权，以得人分理为要。试办以来，行将一年，规模渐臻完备，裁判力求改良。惟高等审判厅厅丞掌理全厅事务，监督通省下级各厅，责任綦重，开办之初，暂令提法司使兼任，系属权宜办法，自应另拣他员专任其事，庶可清独立之界限，重完全之法权。查法部奏定章程内载，各省高等审判厅厅丞，高等检察厅检察长，由部择员预保，临时请简，各省督抚亦将就近遴选或指调部员先行派署，等语。良以人民生命财产所寄，多在法官，故法官任用，较之他项人员倍宜审慎。臣于通省候补及奏调各员内逐加遴选，查有奏调分省补用知府试署高等检察长赵𠁟葳，湖北安陆举人，注选教谕报捐试用同知。光绪三十三年在湖北办学出力案内得保补缺后，以应升之缺升用，复捐升分省补用知府，历经湖广督臣派赴日本考察学务暨地方行政各事，复入东京法政大学肄业，嗣经山西抚臣调晋筹办审判，颇称得力。臣谂知该

---

① 为朱批批示日期。

员干济优长，通晓律例，适江省开办审判，招致来江，委署高等检察长。一切厅制，全资规画，开庭以后，案无违误，实属著有成绩，以之调署高等审判厅厅丞，可期称职。递遗高等检察长，查有奏调邮传部主事周贞亮，湖北汉阳进士，签分刑部主事，入进士馆肄业，光绪三十二年由学部派赴日本留学法政大学法律科，毕业回国，经学部会考取列最优等第一名，钦派王大臣验放，于三十四年九月二十一日，奉旨：以原官留部，遇缺即补，钦此。旋经邮传部奏调当差，复留部候补。宣统元年八月，经臣奏调来江。该员湛深律学，研贯中西，前在刑部办理现审，于审判确有经验，本拟委办审判，值清理财政局事务纷繁，急待清厘，暂委该局驻局会办，厘订稽核，昕夕从公，各种册报，均能如期送部，实该员之力居多。现在预算告成，关于财政事宜渐次就绪，敕令试署高等检察长，必能藉展所长，克胜厥职。查安徽、山西等省均于筹办期内遴员试署，江省审判成立较各省尤为提前，自应择员专任，赵儼葳等两员于新订法律研究有素，熟悉本省情形，均为司法不可多得之员，拟恳天恩，准将赵儼葳试署高等审判厅厅丞，周贞亮试署高等检察厅检察长，仍乞饬下法部照章存记，此后如能胜任，再行咨部请简，以重职守而符定章。据提法司使杜桐豫详请前来，除将该员等履历咨部查核外，所有遴员试署高等审判、检察两厅丞长缘由，理合会同东三省总督臣锡良恭折具陈。伏乞皇上圣鉴训示。谨奏。

宣统二年九月初一日奉朱批：著照所请。该部知道。钦此。

《政治官报》第一千五十六号，折奏类，宣统二年九月初四日出版

筹议辽阳审检各厅情形并改设抚顺分厅片

宣统二年十一月初六日

锡　良

再，查照筹备清单，本年为商埠审判厅一律成立年限。臣于上年奏报安东审

判厅成立折内声明，仍将辽阳、铁岭等处设厅事宜，随时规画办理。兹据辽阳州就地认筹常年经费银一万两，并饬据度支司筹拨开办经费银二千两，由提法司呈准于辽阳州城内设立地方审判厅一，第一初级审判厅一，各附设检察厅，审理该州辖境内一应诉讼。各厅组织，比照营、新、安东成例，将部定官制量为变通，定于本年十一月初一日开庭。并查照《法院编制法》，地方分厅办法，同日改设抚顺地方审、检分厅，将该厅从前组织情形酌予改订。该分厅自改设之日起，即就原有经费，每年减支银六千四百余两，由度支司改为辽阳地方初级各厅常年经费，藉以弥补。其铁岭、凤凰二处，正饬筹款接续开办。法库、通江地较简僻，集资尤难，应俟来年陆续筹办。据奉天提法司吴钫呈请具奏前来，臣复核无异。除分咨外，仅附片具陈，伏乞圣鉴。谨奏。

于十二日奉到朱批：该部知道。钦此。

中国科学院历史研究所第三所主编：《锡良遗稿》第二册，第1255—1256页，中华书局1959年出版

吉林巡抚陈昭常奏改设农安县地方审判检察等厅请颁印信折

宣统三年三月十二日①

奏为遵章改设农安县地方审判、检察分厅，并添设初级审检各厅，暨请颁发印信，恭折仰祈圣鉴事：

窃查宪政筹备清单内开，直省府厅州县城治各级审判厅，应于宣统三年筹办，五年成立。现在立宪年限既奉明诏缩短，凡关于司法事项，尤宜提前赶办。吉省农安县治系属长春府管辖，该县设治较早，人物殷繁。上年据该县知县详请

---

① 为朱批批示日期。

筹办审判，经批饬提法司派员试办，先设农安县地方审判厅一所，附设检察厅，于宣统元年十二月初一日开庭。因厅署与行政衙门混合，另购地址兴修，嗣准宪政编查馆咨行司法区域分划暂行章程，直省各厅州县应设地方分厅、初级审判厅各一所。今拟遵章改正，将原有地方审判厅改为地方审判分厅，酌置推事三员；原有地方检察厅改为地方检察分厅，暂设检察官一员。于分厅内设初级审判厅，酌置推事一员，附设初级检察厅，置检察官一员，照章酌置书记官、承发吏、庭丁。所有该分厅行政事务，由长春府地方审判厅按照《法院编制法》分配办理。

查该处审判成立经年，明效渐著，现在遵章改定，并添设各厅，审级始能厘然。据吉林提法使吴焘详请奏咨立案，并请颁发印信前来，经臣复核无疑，相应请旨饬下礼部铸造农安县地方审判分厅、农安县地方检察分厅印，农安县第一初级审判厅印，农安县第一初级检察厅印各一颗，颁发来吉，分给钤用，以昭信守。除各该厅人员经费由司核定，另行办理，并分咨宪政编查馆、礼部、法部、大理院外，所有遵章改设农安县地方审判、检察分厅，并添设初级审、检各厅，暨请颁发印信缘由，理合会同东三省督臣锡良恭折具陈，伏乞皇上圣鉴训示。谨奏。

宣统三年三月十二日奉朱批：该衙门知道。钦此。

《政治官报》第一千二百三十八号，折奏类，宣统三年三月十五日出版

东三省总督赵尔巽奏特别地方审判厅一时未能裁撤折

宣统三年闰六月初四日①

奏为奉省特别地方审判厅为司法补助机关，一时未能裁撤，恭折仰祈圣鉴事：

---

① 为朱批批示日期。

五、司法独立的讨论及措施

窃维筹设各级审判厅为司法独立之基础，奉省高等及商埠各级审判厅虽经前督臣督饬提法司次第筹办，依限成立，第未设审判厅地方尚十之八九，如将审理未结上控之案，或控关官吏，及由院司发觉提省案件一律提归高等审判厅审理，究与《法院编制法》规定审级不符。是以前督臣锡良奏准设立特别地方审判厅，专理省外未设审判厅各处应行提审案件，正为维持司法等级，俾免凌越起见。兹准宪政编查馆以与钦定《法院编制法》规定不符，奏请即行裁撤，等因。自应钦遵办理。惟查《法院编制法》第四章高等审判厅审判案件，仅以控诉、上告、抗告及宗室觉罗案件四项为限，未设审判厅地方原审已结未结各案，本不在高等审判厅审判范围以内，以故宪政编查馆此次复奏，亦谓系一时权宜之计，但四级三审，定章具在，不容混淆，与其勉强变通，转致旧制新章，两相牵混，何若于审判厅未经遍设以前，存此特别机关，为沟通新旧之地。况法权统一，必遍设审判而后可，今未设审判厅之府厅州县仍许审判案件，是行政与司法究未分权，徒斤斤于院司之权限，而曲为迁就，亦嫌轻重倒置。此犹就法理言之也。若夫东省为根本重地，胡匪出没靡常，久在圣明洞鉴。臣奉命之初，即以严办盗匪为先务之急，盖未有内不靖而外能安者。现设之特别审判厅，系就行营发审处裁改，凡旧日由发审处审理之盗案，皆归该厅承审。此等人犯，或由各路军队拿获，或系吉、黑两省送交，本非例应提省之案。因欲尽法严惩，遂不得不出此权宜办法。设将特别地方审判厅裁撤，以后军队拿获盗犯，既非各府厅州县原审已未结案件可比，更万无违法发归高等审判之理。斯时发交各属则虑稽显戮，派员另审则干涉法权，两者均无所可。窃谓奉省特别地方审判厅本为辅助司法机关而设，开厅以来，一切手续均照《法院编制法》及审判章程办理，如判决不服，仍按级赴高等上诉，行之一年，并无窒碍。现将未设审判厅之各府厅州县已结各案，遇有情节可疑或罪名未协，以及寻常招解到省之案，不论原供有无翻异，均经遵照馆奏，统归高等审判厅审勘，分别报司照章办理。其各府厅州县未结例须提省之案，以及控关官吏，或院司各衙门发觉，并军队获送盗案，凡不属已设审判厅地方区域案件，拟请仍发特别地方审判厅审理，以维审级而清界限。一俟全省审判厅成立，再将该厅裁撤，以符定章。

所有本省特别审判厅为司法补助机关，一时未能裁撤缘由，理合恭折具陈，伏乞皇上圣鉴训示。谨奏。

宣统三年闰六月初四日奉朱批：法部知道。钦此。

《政治官报》第一千三百四十八号，折奏类，宣统三年闰六月初七日出版

奉天提法使与高等审、检两厅冲突

闻其原因，系高等审、检两厅与提法使争用人俸给权限。（一）用人。法部原定京外各级审判、检察厅办事章程第二十三条，各厅员有补职、派署、加俸、退职等事，应由该厅长官出具切实考语，开单具文，经由该监督上官，层递出考，申请法部或提法司核办。又第二十四条，总检察厅高等审判、检察各厅长官，于该厅书记官之进级，得按各该厅预算定额，照书记官俸进级章程，以法部或提法司之名义代行之，但事后仍应分报法部或提法司。此项公文，日前已由司行文到厅，而提法司并不遵照章程，由各该厅长官层递加考呈请，辄以己意升调人员，高等两厅以为侵越权限。（二）俸给。法部奏定司法划一经费表，奉天、吉、黑等省生活程度较高，得照定经费数目酌加五成，而提法司于司中经费，悉遵法部规定，统加五成，厅中仅将各厅长加足五成，至推、检以下及书记官，莫不随意减少，显分轩轾。

《法政杂志》第一年第七期，记事，宣统三年闰六月二十五日发行

山西巡抚宝棻奏筹办审判厅情形折

宣统元年五月二十二日①

奏为遵限筹设审判厅,先将办理情形恭折具陈,仰祈圣鉴事:

窃照审判检察厅官制章程,业经法部会奏通颁。续准宪政编查馆于九年筹备事宜清单内奏定,省垣各厅,本年筹办,明年成立,其余至第八年一律完备,各等因。先后咨行到晋。仰见朝廷因时制宜,实行司法独立之至意。奴才忝列疆圻,际兹时会,敢不遵照定限,勉力图成。

窃维晋省北连蒙古,南滨大河,辖境辽阔,统计府厅州县一百二十有二,经营草创,头绪纷繁,必先有一总汇之处,提纲挈领,然后可以逐渐布置。已于本年四月初八日在按察使司署设立审判厅筹办处,内分编查为一科,凡编制调查等事均隶之;设备为一科,凡营缮预算等事均隶之。遴选娴习法政人员量才分任,而令按察司为督办。

综计目前当务之急,所必应筹办者,一为储养谳才。按照奏定章程,外省自初级以至高等共分三级,省垣各厅并有第一期审判传习所毕业人员可资分布,日后各属地方、初级等厅逐次成立,需才正多,亟宜预计员数,陆续招考讲习,以备将来分任各职。一为预算经费。晋省财力支绌,甚于他省,新厅开办,常年各费,虽力求撙节,不事侈张,然合省所需,为数颇巨,筹抵非易。惟有先将逐年应需款项若干,精确估计,列为详表,及早筹备。所有用款,均请作正开销。一为划分区域。吾国旧有行政区域,多沿习惯,地广人多者谳牍如山,地狭人稀者讼庭若水,烦简失宜,即有畸轻畸重之弊。新厅区域,自当详察户口之疏密,赴诉之便利,分划得宜,以期劳逸相均,各尽厥职。一为营缮厅署。省垣各厅明年即应成立,所需廨署等项,虽无取美观,当力求适用,或改用废署,或择购民

---
① 为朱批批示日期。

房，亟宜早为准备。至省外一切厅署，皆数年内应行设备之事，亦宜调查明确，预为之计。凡此各节，均系该处专责。

由按察使志森议定分科筹备章程，详请奏咨立案前来。伏查周礼秋官所属，自大司寇以至司隶，皆专掌狱讼之官，司法独立，其制本肇自中古，后世此意寖微，遂以行政官兼任司法，流弊渐滋，相沿至今，权限益混，有不得不改弦更张者。朝廷深观远览，上稽古昔之良规，兼采列邦之成法，厘定审判阶级，克期举办，于以奠立宪之基础，保裁判之公平，关系至为重大。奴才悉心考察，如储养谳才，预算经费，划分区域，营缮厅署各端，皆目前所急应筹备之事。该处既经成立，自当督同按察使司，随时谆饬各科员，先事绸缪，循序日进，庶几原定期限不至迟误，而司法独立亦可收效于将来。除此后办理情形随时奏报暨分咨查照外，所有晋省审判厅筹备缘由，理合恭折具陈，伏乞皇上圣鉴训示。谨奏。

宣统元年五月二十二日奉朱批：该衙门知道。钦此。

《政治官报》第六百十一号，折奏类，宣统元年五月二十四日出版

山西巡抚丁宝铨奏筹设省城各级审判厅折

宣统元年十二月二十四日①

奏为筹设山西省城各级审判厅，谨将办理情形，恭折仰祈圣鉴事：

窃维东西立宪各国，无不以司法独立为宪政基础，亦无不以审判分级为司法机关。考周礼秋官以大司寇掌邦刑，复设乡士、遂士、县士分听国中郊野之讼狱，与审判分级之意适符。后世行政与司法混合为一，流弊日滋。现当锐意改良，亟宜远师中古，近法列邦，为立宪进行之预备。查宪政编查馆奏准筹备年限清单内开，省城各级审判厅，应于本年筹办，明年成立，等因。经前抚臣宝棻转

---

① 为奉到朱批批示日期。

五、司法独立的讨论及措施

行遵照，本年五月间奏设审判筹办处，派委臬司督办，并遴派委员，分科筹备。旋准法部奏定试办章程咨行到晋。臣升任后，复督同署臬司陈际唐查照部章，酌量本省财力，核实拟定，现已办有端绪。谨将筹办大概情形，为我皇上缕晰陈之。

一曰分设职官。审判用三级制度，为东西列邦通例。查部颁司法官制内载，外省应设各厅，自初级起至高等止。现章于省城设高等审判厅一处，管理全省民刑上诉案件。设民刑各一庭，各设合议推事三员，下设典簿一员，主簿二员，录事四员，而以厅丞为之长。又设阳曲县地方审判厅一处，管辖该县全境民刑起诉控诉案件，设民刑各一庭，各设合议推事三员，下设典簿、主簿各一员，所官一员，而以推事为之长。其初级审判厅原议分设两厅，嗣因限于财力，拟先开一厅，暂管阖县民刑轻微案件，亦分民刑两庭，各设单独推事一员，书记生二人。至配置各审判厅内，省城应设高等地方检察厅一处，每处设检察长一员，检察官一员，录事二员。其初级检察厅仅设检察官一员，书记二人，以节縻费。各厅应有承发吏、检验吏、庭丁、所丁等，均暂设数名。将来诉讼殷（烦）〔繁〕，再与职官酌量增置。其司法警察，照京师办法，暂由警务公所借拨应用。此拟设各厅职官之办法也。

一曰划分权限。全晋审判各厅，现只就省城筹设，此外各厅州县词讼尚归地方官管理，审判制度未能遽谋统一。当此过渡时代，尤须权限分明。现拟俟地方、初级两厅成立，阳曲县即停止审判，凡境内民刑轻重新案，悉归该管厅分别管理。由初审以讫终审，均循法定章程。其未设审判厅各属，上诉案件，如曾经地方官判决，依限上诉及应提审之案向归发审局者，均照新章归高等审判厅。若未经判决及不应提审者，仍由臬司批饬该管地方官讯断，其招解、审转、勘拟、秋谳暂照旧章，俟审判厅遍设，再议更张。至各级检察厅提起公诉，有监督审判之责，有指挥警察之权，自应查照试办章程及司法警察职务章程办理。此划定各厅权限之办法也。

一曰建设厅署。部章设法庭须与行政官厅分析，如不能从新建筑，尽可就旧有局所酌量修改。惟省垣系列郡之观瞻，固不必侈语崇宏，亦未可过形卑陋，兹就省城旧有裁缺参将衙门改修高等审判厅，又就裁缺太原同知旧署改修地方审判厅。高等、地方两厅，均添建检察厅、看守所各一处。其初级审判、检察厅，即在高等厅附近添建。以上各厅，均于月前工峻，经臣率同臬司亲往查看，规模均尚整齐，工料亦复坚实，与各行政衙门界限划分尚为合式。此筹建各级厅署之办法也。

一曰培养人材。现当开厅伊始，在事各员，贵能深明法意，融会新旧，庶不背社会之习惯，并可速新政之进行。目前用人，自应遵照部章，凡有指调部员及法政卒业，曾任地方历充刑幕者，均一律择尤录用。惟此后全省设立审判，需员颇多，若非预为储备，临事必有乏才之患。晋省于上年四月间设立审判传习所，以六个月卒业，现在卒业者计有数十人，已分派筹办处当差，及委赴问刑衙门实地练习，就中不乏明通可用之才。其传习二班，业将学员如额考取，延派教员，拟即展长学期，加授功课，异日成就当更可观。俟二班毕业，仍拟续招三班，俾储才较广，将来审判普设，可备法官之选。至检验一途，关系民命，本年选送学生数名赴京师检验学习所附学，毕业回省，藉资传习，并令传习所学员加讲法医学、洗冤录两门，为检察官监视检验之预备。此培养人材之办法也。

一曰筹措经费。现在筹办处薪费并修建厅署及各厅开办经费，业经升任臬司志森详定拨款四万两，陆续请领作正开销。至各厅常年经费，亦经逐款预算，计审判、检察各厅员役薪工，月需银三千两有奇，加以额支饭食纸笔等项，岁需银三万九千余两，合之活支各款，通年共需四万八千两上下，遇闰照加，已为极省办法。查法部补订章程，内载旧有清讼发审等局用款，及刑幕束修招解公费，均可划提，等语。现在全晋惟省城开办，以上各项尚难指款划提，惟发审经费，旧案清结，尚可提归厅用，至罚金、讼费，收数初难预定，所有不足之数，仍须饬司筹拨，以应要需。至司法警察饷械制服，据该司详请暂在原有巡警项下划支，亦系节省之道。此筹定各厅经费之办法也。

以上数端，据该署臬司陈际唐胪列表册，拟定各项办事规则，具详请奏前来。臣逐加考核，所拟均尚切要，目前期限渐迫，惟有督率臬司及在事各员，竭力经营，庶明年三四月间，可以及时开厅。现筹给法吏俸薪，本应较行政官略示优异，以期群材争奋，执法不挠。惟晋省财力艰窘异常，复值新政踵兴，应接不暇，不得不力求核减。此次所拟各厅经费，以视奉天、川、广，尚不及四分之一，较之吉林、黑龙江、安徽等省，亦均有减无增。应俟法官任用章程实行，再行量力扩充，以固法权而臻完备。

除分咨查照外，所有筹办省城审判各厅缘由，理合恭折具陈，伏乞皇上圣鉴训示。谨奏。

宣统元年十二月二十四日奉朱批：该部知道。钦此。

《政治官报》第八百二十三号，折奏类，宣统元年十二月二十九日出版

山西巡抚丁宝铨奏审判检察各厅先行试办片

宣统二年五月三十日

再，晋省应设各级审判检察厅，臣于上年十二月间，曾将筹办大略情形专案奏明，并于本年第三届筹备宪政折内声明，遴派人员，于四月间先行试办各在案。兹据按察使王庆平详，各厅修建工程，早经告竣，派委各员，自二月间即已入厅预备。兹于四月二十六日一律开厅试办，等情，具详请奏前来。臣查中国司法行政，久经混合，今欲尊重法权，改良裁判，若非行之以渐，无以资官吏之经验，而释民志之猜疑。故设立审判如奉吉黑龙江等省大都先从试办入手。晋省各厅部署既已就绪，自应查照奏案，及时试办。一俟法部考试法官后，再行正式开厅，以符新章而重要政。所有晋省审判检察各厅先行试办缘由，理合附片具陈，伏乞圣鉴。谨奏。

宣统二年五月三十日奉朱批：法部知道。钦此。

《政治官报》第九百六十八号，折奏类，宣统二年六月初四日出版

浙江巡抚增韫奏浙江筹办各级审判厅情形折

宣统元年六月三十日

浙江巡抚奴才增韫跪奏，为遵照预备宪政清单，筹备审判厅情形，恭折胪陈，仰祈圣鉴事：

窃维司法独立，创于英儒洛克，至法儒孟德斯鸠著《万法精理》，而其说大昌，嗣是风靡欧美，均以此为立宪政体之要素。盖宪政之精神，司法与立法、行政三权并重，惟各有行使其权之特别机关，而后其权乃能健全而无缺，理势然也。周制掌讼狱之官，如乡士、遂士、县士、讶士①等，各有专司，为秋官所属，而州长、县正之职掌，关于教养行政者，别属于他官，无兼治讼狱之事，是我国郅治时代，司法与行政原分离而独立。秦、汉以降，郡县守令皆以行政官兼任司法官，而酷吏之严刑峻法，每锻炼周内入狱，以矜其能，论者又恶其不仁。然此非独其人之过，盖以一身兼行政、司法，适足以为酷吏之藉也。沿流至今，外人且藉口司法制度之不善，而领事裁判权遂有迫我不得不许容之势。国权攸系，自宜亟谋挽回，朝廷预备立宪，改良司法制度，俾各级审判厅分年筹备，依限成立，非独明罚敕法已也，而巩固国权之道亦在是。奴才忝膺疆寄，敢不勉力图度，计日程功。谨将浙江现在应行筹办之实在情形，为我皇上陈之。

浙省二厅一州七十五县，按法部奏定各级审判厅制度，除省城高等审判厅不计外，全省应共设地方审判厅七十八所，每一地方审判厅之下，酌量地域之繁简，道里之远近，平均各城治乡镇，至少应共设初级审判厅三所，合计二百三十四所，而省城及商埠应特别加增，尚不止此数。事属创举，关系至为重要，而逐年筹备端绪，又极纷繁，非特设一总汇机关，恐不足以利推行而资统摄。现于省城设浙江审判厅筹办处一所，关于审判厅一切事宜，即责成该处筹画办理，以臬

---

① 案《周礼·秋官》"县士"之后尚有"方士"。

司为总办，内设法制、筹备两科，分科治事。委派曾习法政人员，充科长科员等差，并选任洞悉法政、才具干练者，商承总办，统筹一切事宜。业于六月初二日开办，俟全省审判厅成立，即将该筹办处裁撤。此统筹全局，设立审判厅筹办处之实在情形也。

各级审判厅既应设三百，推事、检察等职，约计需二千余人，明年仅省城及商埠各级审判厅成立，亦须推事、检察等百余人，是养成审判人才，即为筹办审判厅之第一要义。奴才相其缓急，饬于审判厅筹办处内，附设审判研究所，专为养成省城及商埠各级审判厅应用人才，遴聘翰林院编修孙智敏为该所监督，招考合格人员入所研究。此项人员，自以法政毕业者为最相宜，以其讲习有素，事半而功倍也。惟浙省法政学堂去年毕业者为数无多，且考列最优及优等者，率已派委差缺及襄办各局所事务，未便使朝移夕转，反致纷纭。拟俟今年冬季该学堂讲习科毕业，与去年毕业者合同考试，拔其尤者，约可得八十人，即为审判研究所甲班，定于明年正月间开班，限八个月毕业。另招文理优长，粗有法政知识者为乙班，提前办理，即于今年七月间开班，限十五个月毕业。每班毕业后，均令实地练习三个月，俾学理与事实融会贯通，然后分别委用。豫计明年年内，省城及商埠各级审判厅，均可一律成立。至各厅州县各级审判厅，需才孔多，尤宜先期造就，已饬令法政学堂分设法律别科，专攻法律各学，陆续招考，限三年毕业。豫计至宣统七年，全省审判厅一律成立时，此项人员亦足敷用，不患有乏才之叹矣。此筹备养成审判人才，设审判研究所及法律别科之实在情形也。

凡事必有经验，而后其中之得失利害始明。审判厅既为创举，使明年省城及商埠各级同时成立，事体一有未谙，而影响甚大，即临时亟图补救，亦贻误恐多。且审判研究所学员毕业后，即行实地练习，其练习之地，旧设之发审局，既形势扞格，不能相通，若仅恃讲堂之指授，仍不免有扪烛扣盘之诮。拟于明年春先设模范审判厅一所，选派法政毕业且于审判素有经验者，充该厅职员，试习审判，并研究其利害得失，随时改良进步。数月以后，于推办审判事宜既有把握，并可为研究学员实地练习之所，诚一举而两得。迨省城商埠各级审判厅一律成立，该模范审判厅即行归并，并将原有人员分布于各级审判厅，以资熟手。此拟提前设立模范审判厅，以备试习之实在情形也。

至各项经费，除厅州县各级审判厅随时设法筹备外，明年省城及商埠各级审判厅，须一律成立，为期既迫，非筹定专款，不足以克期集事。已饬藩、运两司协商妥筹，指拨备用。此外未尽事宜，仍随时由奴才督饬该筹办处，详慎规画，奏咨办理。

除将审判厅筹办处章程及审判研究所章程分咨外，所有遵照预备宪政清单，筹办审判厅情形缘由，理合恭折胪陈，伏乞皇上圣鉴训示。谨奏。

朱批奏折，《清末筹备立宪档案史料》，第876—878页

浙江巡抚增韫奏续陈筹办审判厅情形折

宣统二年三月初一日①

奏为续陈浙省筹办审判厅情形，恭折仰祈圣鉴事：

窃查宪政筹备清单开列各项事宜，每六个月均应将办理情形奏陈一次。浙省筹办审判专设一审判厅筹办处，业经臣于上年六月间奏报在案。计该处成立半载于兹，考其成绩，均略有端倪。兹届奏报之期，谨将该处筹办情形，为我皇上缕晰陈之。

司法制度之改良，其枢机全在于司法官吏，故养成司法官吏，实为筹办审判厅之第一要义。该处开办之初，即注意于此。预期各级审判厅成立之日，所有司法官吏俾皆有专门法律学识，决不肯稍取迁就之谋，致贻误要政。臣前奏设审判研究所及添招法律别科各节，业经陈明办法。现计审判研究所自上年开办以来，甲班学员共八十名，已行第一学期试验，成绩尚属可观。乙班学员八十名，系专招法政讲习科或别科毕业者，于上年十二月间入学试验，本年正月初开班授课。计年内省城及商埠各级审判厅成立，此项学员已足资分配。至法政学堂之内应行

---

① 为朱批批示日期。

推广法律别科，以宏造就，业由该处会同藩学两司遵照奏案次第开办。将来全省审判厅成立，专门毕业者接踵而起，学理尤深，举办必益资得力。此筹办养成司法官吏之实在情形也。

执行法律者为司法官吏，而直接执行者为司法巡警。如学识不足，于司法前途关系匪浅。业由该处会同巡警道设司法巡警教练所一处，考选曾经巡警教练所毕业者，教以关乎司法之课程，限五个月毕业，于上年十一月间开班。预计审判厅开庭时，此项巡警即能应用。此筹办司法巡警之实在情形也。

审判厅为司法独立机关，省城、商埠尤为中外观瞻所系，故建筑之规模虽不取乎华丽，而必求其完全。现经筹定省城先设高等审判厅一所，仁和、钱塘地方审判厅合设一所；初级审判厅省城内一所，城外两所。宁波、温州各设地方审判厅一所，初级审判厅二所。共计十一所。其省城高等审判厅及地方审判厅地址已勘就臬署东偏官地。宁波、温州各商埠应设各级审判厅之处，亦由该处特派专员赴该地相度筹画，以期适宜而臻完备。各项应用地基，业经勘定，先后估工建筑。至所需建筑经费，由该处列表详请，已饬司分期筹拨，俾得早观厥成。此筹办建筑各级审判厅之实在情形也。

审判厅在我国既系创举，非先行试习，恐不足以昭慎重而示楷模。臣前奏提前设立模范审判厅一所，以资试办。现由该处次第规画，勘就地基，于上年十二月开工，约本年四五月间即可告竣。如赶办不及，尚拟借贷房屋，提前开办。至该厅一切职员，尤加注意遴选，如推事、检察等职，皆限有一定资格，非在各国法政专门毕业及曾充推事等职确有经验者，不得滥竽充数。务期审判厅成立，为完全之司法独立制度，不使旧日发审局及问刑衙门之积习丝毫掺杂于其间。此筹办模范审判厅之实在情形也。

适用法律之地为审判厅，而执行刑罚之地则为监狱。故审判厅与监狱必须相辅而行。上年经该处筹议审判厅成立时，即同时在省城建筑模范监狱一所，曾提出于臣署会议厅议决，嗣复准法部咨开各省模范监狱至迟宣统三年必须成立，等因。当饬司赶速筹拨经费，以期与审判厅同时成立。惟既办监狱，而看守之人才必须预先养成，始可应用。拟即提前设立模范监狱学堂看守教练所一处，限五月间开办，一年毕业。预计模范监狱落成之日，此项毕业者即足以备任使。此筹办模范监狱学堂及看守教练所之实在情形也。

于司法中有密切关系者，尚有检验一节。查刑事案件尸伤一舛，冤抑必多。各州县向用仵作，此等重要之事，若仍委诸毫无学识之人，其中流弊曷可胜言。现拟于模范审判厅开庭时，即该检察厅附设检验传习所一处，专造就检验人才。招考合格学生，于五月开班传习，俟年内高等审判厅成立时，即附属于高等检验厅之下，限一年半毕业。预计浙江全省检验人才皆须有专门学问者始能派任，似与慎重民命之道不无小补。此筹办检验传习所之实在情形也。

凡事非先定规章，不足以资遵守，而司法制度改良伊始，尤须纤细毕举，而后方利推行。今关于各级审判厅应用规章既经法部先后奏定，纲要俱备，固已有所遵循，但各项详细章程尚未颁布，而浙省模范审判厅指日成立，即须适用，不得不斟酌浙省情形，预先订定。现该处悉心编拟，其已成者如《各级审判厅暂行细则》、《司法警察职务细则》、《律师暂行规则》、《司法官吏惩戒暂行规则》、《模范审判厅章程》、《模范监狱暂行章程》，均陆续咨部核定，以便遵行。此筹办各级审判厅及订定各项章程之实在情形也。

以上各端，据该处总办按察使李传元详请具奏前来，臣复核无异。查审判厅为法权所关，形式精神均须并顾，故该处入手伊始，即饬其务求实际，力戒敷衍。现在期限将届，略植初基。此外未尽事宜，仍由臣随时督率，竭力经营，以期计日程功。除分咨查照外，所有续陈浙省筹办审判厅成绩缘由，理合恭折具奏，伏乞皇上圣鉴。谨奏。

宣统二年三月初一日奉朱批：该衙门知道。钦此。

《政治官报》第八百八十五号，折奏类，宣统二年三月初九日出版

安徽巡抚朱家宝奏筹备皖省省城及芜湖商埠各级审判厅折

宣统元年九月二十日①

奏为筹备皖省省城及芜湖商埠各级审判厅办理情形，恭折具陈，仰祈圣鉴事：

窃查宪政编查馆奏定九年筹备事宜清单内开，第二年即宣统元年筹办各省省城及商埠等处各级审判厅，等因。臣维司法独立，宪政之精神，大权之作用，皆系乎此，内将以杜行政官混合之弊，外将以救裁判权侵越之失，尊重人道，巩固法权，关系至为重要。倘造端一有未慎，成效将不可期。兼以事体极繁，措施匪易，不特设总汇之区，恐难收推行之利。爰于本年七月，在臬司署内创设审判厅筹办处，即委该司为总办，法部奏留委用补用道直隶候补知府沈金鑑为参议，安庆府知府豫咸为提调。并设总务、编制、审查、设备四科，遴选研精法政人员，由臣督同筹划，随时商榷。所有本年应行筹备省城及芜湖商埠两处审判厅，数月以来，业有端绪。谨将办理大概情形，为我皇上缕晰陈之。

一曰分设职官。审判用三级制度，为东西各国通例，等级厘然，虽有平反之权，并无束缚之力。查《法院编制法》，外省应设审判厅自初级以至高等。现拟遵照馆章，先于省城设高等审判厅一所，管理全省民刑控诉、上告案件，分设民刑两庭，每庭设合议推事三员，下设典簿一员，主簿二员，录事四员，而以厅丞为之长。芜湖为通商口岸，华洋错杂，讼狱繁滋，照章应设高等分厅，惟该埠距省城不远，轮船往来，朝发夕至，暂应缓设。现拟于省城附郭之怀宁，及该埠所在之芜湖两县，各设地方审判厅一所，管理辖内民刑起诉、控诉案件。每厅分设民刑两庭，每庭设合议推事三员，下设典簿一员，主簿二员，所官一员，录事四员，而以推事长为之长。其初级

① 为奉到朱批批示日期。

审判厅此时尚难多设,拟暂在省城及芜湖两处,各设一所,管理辖内民刑起诉案件。亦分设民刑两庭,每庭设单独推事一员,书记生一人,经理供招等事。至附设各级审判厅内,省城应设高等检察厅一所,计检察长、检察官各一员,录事二员。省城及芜湖两处各设地方检察厅一所,计各设检察长、检察官各一员,录事二员。其初级检察厅,计仅设检察官一员,书记生一人,藉节糜费。检察厅提起公诉,搜集证据,有监督审判之责,有指挥警察之权,均应查照审判试办章程及司法警察职务章程办理。至各厅应有之承发吏、检验吏、庭丁等,俟酌量地方繁简情形,再定额数。此拟定审判厅之职官,所筹办者一也。

一曰划权限。我国民刑诉讼,查周礼秋官,以大司寇佐邦刑,而分设乡士掌国中,遂士掌四郊,县士掌野,以各听狱讼,与司法独立之制适符。秦汉以还,听讼治狱,渐由行政官兼理,不特一身难兼,庶务案牍,累累积滞,足为民累,且徇私执法之弊,往往由此而生。恭绎钦定宪法大纲,载君主综览司法权,委任审判衙门,遵钦定法律行之,不以诏令随时更改。等语。已规定法律与命令之范围,即划清司法与行政之权限,亟应敬谨遵守,以定规模。惟是全皖各级审判厅,刻只就省城及商埠筹办,当新旧迭乘时代,管辖不明,易滋凌乱。现拟俟两厅成立,将怀宁、芜湖两县已结未结之诉讼,悉归各该地方、初级审判厅接收,不得再由县听断。如在安庆府上控系属怀宁县者,亦归地方审判厅接收,其非属该县者,归高等审判厅接收。查高等审判厅掌全省上诉案件,今则各属审判厅尚未普及,势难遽握统一之权,惟有于已设审判之处,照章办理。未设审判厅之处,上控案件曾经地方官讯结及应提审者,归高等审判厅审理,未经讯结及不应提讯者,仍由臬司批令各该地方官审办。至招解、审转及勘拟、秋谳,俱暂行照旧办理,俟审判厅遍立后,再行更张。又初级审判权限,编制法以本刑该四等有期徒刑以下之罪为限,审判试办章程,以杖罪为限,现在新刑律尚未颁布,仍应引用现行律,笞杖徒流死五刑之制,杖罪以下者拟归初级审判厅审判,杖罪以上者即应归地方审判厅审判。此拟定审判厅之权限,所筹办者二也。

一曰营建厅署。凡法庭及办公处所,自应与行政官厅分析,以清界限。省垣地狭人稠,购地不易,高等审判厅拟就臬司衙门隙地,并将毗连马王庙公地开拓营建省城地方审判厅。拟就按照磨署改建,即与高等审判厅庭院相望,局势均尚整齐。现正委员勘估绘图,即日兴工。其初级审判厅,刻就安庆府署官置房屋改

五、司法独立的讨论及措施

造。芜湖两厅，就该县西门外官地鸠工建设。至监狱为执行刑罚之地，意主戒深功参感化，虽未能遽采分房阶级等制，亦宜讲求整洁，一扫从前所有积习。拟就省城及芜湖两处习艺所改建，务求坚实，渐就文明。此拟定审判厅之建置，所筹办者三也。

惟是为政首在得人，有财斯能有用。查皖省六十州县各属审判厅一律成立，应需人至数百员之多，即开办省城及芜湖两处五厅，大而审判、检察等官，小而书记、承发吏、检验吏，亦需人至数十员，储才不预，非临事有乏才之叹，即当官多滥竽之讥。现一面饬法政学堂各科注重司法，加授中外法律课程，一面饬臬司开设审判研究所，招致法政毕业学员及现充发审巡警各差人员，先开简易科一班，一年毕业。现在开办审判，开庭虽遵新章断案，仍援旧律，为问官者，若未能融贯新旧律例，无以合旧日之惯习者，即无以进后来之开明。故甄录明习法理富有经验之员，复加研究，事半而功亦倍。并拟一学期后，饬赴省城各问刑衙门，参观陪审，草拟判批，俾资历练。将来开庭，即就各员中择尤录用，以应急需。此班毕业，尚拟续开正科，养成专门人材，以敷布设。至学习检验，亦饬法政学堂各科及研究所，讲授法医学、洗冤录两门，俾有检验知识，为检察官监视之预备，仍饬照章考选合格学生入所肄习，为检验吏之预备。此又储养审判人才之实在情形也。

至此项经费，尤当先事预筹，庶免临时周章。除设筹办处及附设研究所经费，每月需银约六百余两，岁需银约八千两，已由臣札饬藩司按照筹拨，应请作正开销。至明年应设省城及芜湖五厅经费，据臬司预算，每月需银约三千七八百两，岁需银约四万五千余两，而建筑开办等费，尚不在内。查法部奏定补订章程内载，旧有清讼发审等局年支各款，以及问刑衙门，如刑幕束修招解公费均可划提，等语，自是正当办法。惟全皖刻甫设审判两处，以上各款实有暂难提用之势，应俟开办后察酌情形，分别酌提办理。此外不足之款，仍由公家补助。至现在预算经费，饬由藩司暨皖南道分别筹拨，以便及时布置。皖省财政艰窘，又值新政踵兴之际，臣通盘计算，所有开支，虽不敢偏于俭啬，亦不敢稍事铺张，所拟厅丞以下各员薪水款目，均系按照法部司法统计报告，酌量核减，力求撙节。此又筹划审判经费之实在情形也。

以上数端，均由臬司玉山陆续详请奏请立案前来，臣复核无异。此外未尽事宜，仍随时督饬该司悉心妥筹，继续办理，以仰副朝廷尊重司法之至意。除分咨查照外，所有筹备皖省省城及芜湖商埠等处各级审判厅缘由，理合会同两江督臣张人骏，恭折具陈，伏乞皇上圣鉴训示。谨奏。

宣统元年九月二十日奉朱批：该衙门知道。钦此。

《政治官报》第七百三十二号，折奏类，宣统元年九月二十七日出版

闽浙总督松寿奏福建省城商埠各级审判厅一律开庭折

宣统三年七月初八日①

奏为福建省城、商埠各级审判厅业已一律开庭，恭折具陈，仰祈圣鉴事：

窃查闽省省城、商埠各级审判、检察厅，经臣督饬福建提法使鹿学良照章逐项先行筹备，并将本省堪胜高等审判、检察厅丞、长人员遵章预保，奏奉简派试署，由京考试之法官亦分发到闽。其典主簿、录事等官，饬司照章招考，由臣派员监视襄校，遵章录取，分别派委。省城与南台各级审、检厅业于上年十二月二十七日开办，将各厅依限成立日期奏明在案。查审判厅署先经提法使分别派员勘定地基，次第修建，高等厅、福州地方厅、南台商埠地方分厅、厦门商埠地方厅各一所。其初级各厅，暂赁民房，俟觅有相当地址，即行分别添筑，以图完备。曾于第四届筹备事宜案内奏报。旋据先后呈报工竣，分别验收。厅用各物，亦已布置粗备。其司法警察一项，由巡警道另招普通巡警五十名，交高等巡警学堂教练毕业，以备遣用。经臣专案奏咨，并由提法使会同厅丞、检察长，参酌就地情形，详订各级审判厅章程、办事规则、各级检察厅职务纲要、办事规则四项，臣逐加稽核，大略已具规模。此外各厅公文、票结、表册、簿籍、卷宗，另定章式，一律改良，以免散失。计设福建高等审判厅一，福州地方审判厅一，南台商

---

① 为奉到上谕批示日期。

埠地方审判分厅一、初级厅三，先期依限成立。厦门商埠地方、初级各一厅，因人烟稠密，觅地颇难，迭经督催，建筑完竣，是以展至本年六月十八日始行开庭。各厅均暂分设民、刑各一庭，照章支配，各级检察厅仍独立行其职务，一面出示晓谕，凡已设厅之处，无论民、刑事件，遵章赴厅起诉，行政官概不受理。原设之清讼、发审等局，及厅、县帮审委员，一律裁撤。

惟是审判各厅开庭独立，职务之重要，实有关于人民生命财产之关系，不能不稍事变通，以期妥善。查上年分发到闽法官三十九员，内未到省者一员，籍隶福州例应回避本府者二十七员，堪以派赴福州与南台商埠各级厅者仅止十一员，而城、台各厅推、检，照额应委三十四员，实属不敷分派。时间已迫，未便迟误，随暂就本省曾习法政并曾任繁剧州县或供差谳局，于治狱素有经验之通晓法律人员，间杂委用。各该员系暂充斯任，与考试法官不同，所有俸薪酌量减给。其回避福州之推、检，派委厦门商埠地方、初级两厅九员，该处商埠事繁地方厅添设行走推、检六员，初级厅缓设监督推事，添派行走推、检四员。其余各员，既无从另为位置，又未便置散投闲，今于无可设法之中，暂请变通分发各府、州衙门学习，以备考验。至南台地方分厅，交涉事繁，应添派帮办检察一员。闽侯、南台三初级厅诉讼之繁剧相同，每厅添派推、检各一员。各厅录事，前照法部定额派委，已据陆续到厅。现在续颁表式，较之前额所减实多，本应分别裁减，因开办伊始，手续甚繁，应将溢委录事暂改行走，以收辅助之功。

所有添派各员薪水，均以州县委充推、检减支薪银项下分别提给。统计各厅增委推、检十四员，分发各府州学习法官九员，而匀给薪银，按照法部表式厘定之数，核计年尚节省银一千五百六十两。前于核定各厅经费案内奏报，列表分咨在案。此变通委用及匀给俸薪之情形也。

现在城、台各厅实行受诉业已数月于兹，察看情形，该员等均能各就职务，恪守规章，判断持平，舆情允服。窃以司法独立，甫有萌芽，裁判改良，尚在幼稚，惟有督同提法使竭力维持，以期法权巩固，仰副圣主变法维新之至意。除咨部查照外，理合恭折具陈，伏乞皇上圣鉴。谨奏。

宣统三年七月初八日奉朱批：法部知道。钦此。

《内阁官报》第十一号，宣统三年七月十一日《折奏·司法类》

江西巡抚冯汝骙奏遵旨筹办审判厅酌拟情形折

宣统元年六月初七日①

奏为遵旨筹办审判厅，酌拟情形，恭折具陈，仰祈圣鉴事：

窃准法部咨：本部为司法总汇，组织京外各级审判，是其专责。现奉谕旨依期成立，令将应设各级审判厅逐年筹画，并将详细章程随时咨部查核。又清单内开，宣统元年筹办各省城及商埠各级审判厅，二年成立，府州县城治乡镇各级审判厅三年至七年成立，等因。咨会到臣。

窃维司法独立，为立宪各国通例，朝廷预备立宪，筹办各级审判，期以七年，下至州县乡镇，均一律成立，而省城及商埠各级审判厅，则以本年为筹办之始，明岁为成立之期。臣忝膺疆寄，自当急起直追，依限筹办，曷敢稍延。随即督同按察使悉心研究，暂就本省情形，斟酌布置，以期无误成立之限，而植司法独立之基。拟于省城建造高等审判厅一所，地方审判厅一所，所有高等、地方检察厅各附设于内，并附设检验学习所。赣省财政困难，筹款维艰，且近年来军学两界建筑宏多，实无余地可以购造，惟有于旧有公廨官基酌量改建，以节经费。查有按司狱衙署及旧有司监地基宽敞，可以改建高等审判厅并检察厅。又陆军测绘学堂本系友教书院改设，今该学堂另移他处，即以该书院旧址改建地方审判厅并检察厅。其应设之拘留候审所，则有南昌、新建两县新修之内外监足以备用，无俟改作。至初级审判，即日本之区裁判所，照章应分区设立，现当创办伊始，暂拟每县各设一厅。查初级为第一审判衙门，刑事民事之轻微琐细者隶之，夫词讼多起于细微受理之件，最为繁杂，而民间诉讼，又各依其县籍，习为固然，南昌县民，尚难迫之赴愬，新建若骤欲强而之他，恐民情疑阻，不无窒碍，似宜略予变通。所有初级审判，拟于县署附近择立厅所，目前暂以两首县兼充该厅推

---

① 为朱批批示日期。

事,而仍设初级检察官监察而纠正之。俟试办一二年,民智大开,各级规模亦渐完备,然后专设初级审判官,离州县而独立,以清权限。省城高等审判厅,拟暂设厅丞一员,推事二员,典簿主簿各一员,录事二员。省城高等检察厅,拟暂设检察长一员,检察官一员,录事一员。省城地方审判厅,拟暂设推事长一员,推事二员,典簿主簿各一员,录事二员。省城地方检察厅,拟暂设检察长一员,检察官一员,录事一员。省城南、新两县初级审判厅,拟设推事各一员,暂以南昌、新建两县兼充,照章不设录事。省城初级检察厅二所,拟暂设检察官二员,照章不设录事。赣省商埠,惟九江一处交涉繁多,虽不必建设高等审判,亦应照章建置地方审判厅,并以德化县暂兼初级审判,与省城办法一律,同时并举,共底于成。

第司法独立,必须有专门人才,将来各府厅州县乡镇审判成立,需员甚众,始收得人之效,宜为蓄艾之谋。拟就法政学堂另设司法讲习一科,会同提学使考试本省候补州县佐贰杂职各员,取录文理清通者一百名,分作两班,添延教员,专门讲授民事、刑事中西法律,以二学期为卒业,旧班毕业,再招新班,更番培养。至宣统五年后,人才当可敷用。

现在外府州县审判尚未一律成立,所有京控省控案件,仍由臬司督同发审局讯办,其刑事招解勘转及秋谳大典,亦仍照旧制办理。

据按察使陈夔麟具详前来,除咨法部外,理合将江西省城及九江商埠遵章筹备各级审判厅情形,恭折具陈,伏乞皇上圣鉴训示。

再,此项设立各级审判厅详细章程,部中尚未颁发,所拟办法,是否得当,并乞敕部核复施行。谨奏。

宣统元年六月初七日奉朱批:法部知道。钦此。

《政治官报》第六百二十七号,折奏类,宣统元年六月十一日出版

江西巡抚冯汝骙奏江西省城九江商埠各级审判检察等厅依限成立及开庭日期折

宣统三年二月十一日①

奏为江西省城、九江商埠各级审判、检察等厅依限成立，开办日期，恭折具陈，仰祈圣鉴事：

窃查宪政编查馆分年筹备清单内开，直省及商埠各级审判厅限宣统二年一律成立，等因。遵经臣将赣省筹办情形先后具奏，一面督饬提法司，将省城高等审判厅、地方审判厅派员督匠催筑完竣，因库款支绌，尚有初级审判两厅不能同时创建，即就已裁之按察司属官经历等衙署重加修葺，改设南昌、新建初级审判厅各一所。又于九江商埠建筑地方审判暨德化初级审判厅各一所，并各附以检察厅。克日经营布置，分别委员验收，工程均尚完固。嗣蒙简员派署高等审判厅厅丞及高等检察厅厅长，饬司暂刊木质关防，移送启用。其地方初级审判厅厅长、推、检以下等官，虽经法部陆续分发法官十一员到赣，不敷分派，开庭期迫，未能久待，复按照奏定试办章程，先就候补人员中遴选品秩相当，于裁判素有经验，及具法政知识者，各就职掌，暂行派充。其典簿、录事等员，则以法政学堂及司法讲习所毕业人员考验分派。该丞、长等于宣统二年十二月十五日到厅任事，并因封篆期近，于本年正月十九日开庭。省城地方、初级审判检察各厅，亦同时成立开庭。其九江商埠地方、初级审判检察两厅，先经派员前往，亦据报一律开办。

至改良监狱，与审判本属相辅而行，赣省模范监狱久经成立，南昌、新建两县监亦均次第改筑。所有审判各厅应禁人犯，自当预为区画，拟嗣后高等审判厅定谳人犯，发模范监狱拘禁；地方审判厅定谳人犯，交南、新两县监禁；其德化

---

① 为奉到朱批批示日期。

县监一体仿办。

至各初级审判厅辖境,遵照部章暂行划定,不仅以城内商场为限,饬司会同巡警道查明省、浔两处城厢及各村庄,凡距离最近为警察权限所及者,一应刑民词讼均归审判厅管理,仍俟开办三个月后,察看情形,再行量为扩充。

据署提法使张检详请具奏前来,臣维司法独立为执行宪政之始基,今省城及九江商埠各设审判、检察等厅,裁判既已改良,法权可期巩固。臣复于省城各厅开庭之日,督率司道亲诣,逐一验视,规模均极闳敞,秩序亦属井然。惟当勉励在厅各员,务须按照历次颁发章程,悉心考核,谨守法规,不得稍有紊越,以期仰副圣主变法维新,力图自强之至意。除分咨部、院查照暨饬取派委各员履历清册咨送法部立案外,所有江西省城及九江商埠各级审判、检察等厅一律依限成立及开庭日期,理合会同两江督臣张人骏恭折具陈,伏乞皇上圣鉴。谨奏。

宣统三年二月十一日奉朱批:法部知道。钦此。

《政治官报》第一千二百十号,折奏类,宣统三年二月十六日出版

山东巡抚袁树勋奏筹办各级审判预备情形片[①]

宣统元年二月二十三日[②]

再,宪政编查馆奏定九年筹备事宜清单内载,第二年期筹办各省省城及商埠等处各级审判厅,法部、各省督抚同办一节。查审判一项,在吾国旧制皆视为州县分内之事,其听讼判决,稍稍负神明之誉者,大都得之经验,而非有专门之学问。譬如医者用药,以病人之身命为尝试,必俟其经验稍多,而或有一二之微中。以是言之,冤滞之能伸雪者殆无几何。在闭关之时,州县以此为考成,终日

---

① 标题为编者重拟。
② 为朱批批示日期。

堂皇，不难徐增其阅历。今则世变孔亟，地方应办之事愈多，即如九年筹备，凡外省所应办者，无一不当责成州县。论学问岂能兼长，论时间亦虑未逮。臣与司道等悉心斟酌，欲筹办各级审判，当先养成审判人材。然参仿列邦制度，揆之吾国情形，以一县设立一审判厅计之，每邑分为刑事民事两庭，每庭推事三人，山东百余州县，需员六百余人，而检察员及典狱官尚不在内，其与此事相需而成之律师、陪审等员更无论矣。现在新政繁兴，百端待理，不特经费支绌，且无如此宽广之讲舍为同时并进之图。查东省法政学堂开办已久，上年遵照学部划一办法，业已切实举行。兹将原有之速成班分别认真考验，增益课程，改为司法讲习科，专为养成审判员之地，新招之讲习班亦准此办理。庶几此项人才稍有萌蘖，将来逐渐推行，不无基础。仍候法部订章会同办理。

所有筹办各级审判先行预备情形，除分咨查照外，理合附片具陈，伏乞圣鉴训示。谨奏。

宣统元年二月二十三日奉朱批：该衙门知道。

《政治官报》第四百九十四号，折奏类，宣统元年二月二十五日出版

山东巡抚袁树勋奏山东筹办审判厅折①

宣统元年五月二十七日

头品顶戴、署理两广总督、山东巡抚臣袁树勋跪奏，为遵照预备宪政清单筹办审判，并恳变通府县审判厅办法及初级审判厅权限，以利推行而维治体，恭折仰祈圣鉴事：

窃维司法独立，名词则新，而意义则古。虞廷明刑，皋陶惟知执法，秋官设属，乡遂俱有专司，诚以教养事繁，不能兼治狱讼。汉、唐而降，职守渐淆，听

---

① 标题为编者重拟。

五、司法独立的讨论及措施

断奉若神明，居官视为殿最。在闭关之世，或南面行简而有余，洎门户大通，恐惟日兼营而不足，在内多冤滞之狱，在外攘裁判之权。臣于本年二月间，曾将筹办审判先行预备情形，附片奏明在案。

查九年期限清单，自本年起至宣统七年，逐年均有应行筹办之事，依期成立，不容延缓。若非有总汇之区，为之提纲挈领，则督催无自，深恐贻误将来。爰与司道等筹商，援照本年广西抚臣奏设审判筹办处成案，即在省城择地设立，于本月二十四日开办，名曰山东全省审判厅筹办处，委藩、学、臬三司为总办，加派娴习法政人员，分充会办各职务，以助进行。俟全省审判成立，或新官制实行，提法司已有专职，无容另设机关，即将该处裁撤，以一事权而免縻费，此为目今筹办审判入手要义。其事实所应筹办者：

一曰审判人才之养成。除上次奏明将法政学堂速成班改为司法讲习科，次第增加，以养成审判官外，预计各处审判成立后，此项推事、检察及典簿、书记、承发吏、庭丁、检验各员，东省一百零七州县，需人至少在二千以上。仅恃司法讲习科之附设，断断不敷。兹拟饬按察使及济南府属发审局委员，候补人员曾任差缺者，于法政学堂附设夜课，专授民、刑、商法及诉讼法，并外国之审判例，俾有经验之官吏，得以扩张其知识；而令曾在京外各法政学堂毕业之优秀者，择尤派充发审局帮审委员，俾有学问之学生，得增长其阅历，另饬巡警学堂添设司法警察班，并饬法政学堂筹办检验吏养成所，储之于未设审判以前，用之于既设审判以后。此已筹办者一。

一曰审判地所之分配。例如山东之济南为省城，可为商埠，烟台、周村、潍县虽同为商埠，而商务之繁简，人口之多寡悬殊。初级审判厅应设几所，每所职员应置若干，民、刑应分几庭，推、检应设几缺，平昔诉讼习惯，出入用度，衙署应否建设，管辖如何分区，现在已派员分投调查，为设置之预备。此已筹而待办者二。

一曰审判经费之预计。支出之大宗，为官吏之俸薪，为办公之费用，为衙署之建设或租借。入款之大宗，为固有之官缺，为民事诉讼之例银，为照章之罚款，出入必不能相抵，且或悬殊，本在意计之中。惟现在财政困难，各省一律，东省不敷尤巨，既挹注之无方，亦罗掘之殆尽。此已筹而不能即办者三。

此臣筹办山东全省审判厅之大概情形也。然万事以财为母，有财而后有用。

臣统观九年预备，惟审判为至繁重，用财亦为最多。而知原定府县审判厅办法，初级审判厅权限，有不能不斟酌变通，以求适于吾国之事实者。谨竭一得之愚，以备圣明采择。

查九年期限清单，第四年筹备府厅州县城治各级审判厅，第五年筹备乡镇初级审判厅，是每府厅州县城治，至少必设地方审判厅一所、初级审判厅一所，乡镇平均计算，每处必在四所以上。以此类推，则每一厅州县，必有地方审判厅一所，初级审判厅五所。又据《法院编制法》，初级审判厅须置一员或二员以上之推事，初级检察所须置一员或二员以上之检察官，是每一厅州县之初级审判厅，须设官二十员左右矣。地方审判厅既分民、刑两庭，又兼用合议制，合计推事长、庭长、推事、检察长、检察官，总在十员以上，俸给太少则不足以养人之廉，即不能责人以事。兹平均计算，每员岁以六百两计，则俸薪一项，每一厅州县，岁费已在二万两左右矣。加之典簿、录事、书记、承发吏、庭丁、检验吏各项俸薪，与其他办公费用，至少亦须万金。是一厅州县当岁费三万两左右，合吾国二十二行省各府厅州县计之，岁费约以五千万两计，而建筑等费尚不在内。既虑国家无此人才，抑亦断无此财力。变通之法为何，则试先求之事实。查吾国州县之面积，与日本之县大异，平均计算，每县约当日本之二郡，人口多寡迥异，诉讼繁简亦殊。若照上项编制权限办理，转虞事务过简，而新设各官，不无冗滥闲散之嫌。今议者以日本司法制度为标准，而不知其名称与实际大相悬殊，于是有为权宜之计者，谓宜以州县权兼推事长，其意亦在祛冗滥而节糜费。然司法与行政混合，其弊已人人能言之，即谓过渡之际，不妨暂予通融。然当宪政颁布之时，又值期限促成之会，与其补苴而违背立宪之原则，不如变通以蕲合现在之情形。臣愚以为宜于府、直隶州设立地方审判厅一所，而于有辖地之府及厅州县设立初级审判厅一所或二所，似此转移，于事实既无窒碍，而全国此项经费，可锐减十分之九有奇。

若然则编制旧案，亦须有量为变通之处。查《法院编制法》，初级审判厅止能审判二百两以下之民事，监禁一年、罚金百元以下之刑事。今既于有辖地之府及厅州县，但设初级审判厅，则案情稍大者，势必远涉该管之府、直隶州，拖累迟延，民情必不甚便，而府、直隶州之地方审判，转有日不暇给之虞。臣窃以为宜将初级审判厅权限，略予扩张，民事以五千两以下为限，刑事以十年以下监禁为限。如此斟酌变通，则司法独立之实，既可举行，一面培养人才，任使或不虞少，一面预筹经费，节省已实觉其多。事关全国筹办审判，微臣利害相权，琴瑟不调，改弦更张，出于必不获已。

所有东省遵照预备宪政清单，筹办审判并恳变通府县审判办法，及初级审判权限各缘由，除分咨政务处、宪政编查馆、大理院、法部查照外，刍荛之见，是否有当，理合恭折具陈，伏乞皇上圣鉴训示，并敕下各该部院衙门核议施行。谨奏。

宣统元年六月初七日奉朱批：该衙门议奏。钦此。

《清末筹备立宪档案史料》，第873—876页

山东巡抚孙宝琦奏筹拨省城商埠各级审判厅经费片

宣统二年三月初七日①

再，东省先就省城、商埠筹设各级审判厅，业经详拟办法，奏明在案。规制既定，则以建筑设备为先。省城高等、地方两厅合设一处，分别支配，系仿奉天、直隶办法。为全省观瞻所系，筹折中定制之方，依式兴工，需费较巨。济南商埠初级一厅，择地兴筑，同属创始经营，约共需银四万七千两。其省城初级厅暨烟台地方、初级两厅，均系就衙署公所分别改筑，约共需银六千两。各厅将来成立，通盘估计，约需开办经费八千余两。计六厅工程设备两项，约在六万一千两上下。一面委员绘图估工，如式兴造。所需款项，查东省盐斤四文加价，本系奏明留归东省之用，前经饬运司预筹五万两备用，不敷之数，饬由藩库动拨。应饬撙节支用，务期工皆核实，款不虚糜，以为各属模范。统于工竣后详晰报部核销。除分咨度支部、督办盐政大臣查照立案外，理合附片具奏，伏乞圣鉴。

---

① 为朱批批示日期。

谨奏。

宣统二年三月初七日奉朱批：该衙门知道。钦此。

《政治官报》第八百八十七号，折奏类，宣统二年三月十一日出版

山东巡抚孙宝琦奏预保审判检察厅丞长各员折

宣统二年九月二十八日①

奏为遵章遴员预保审判检察厅丞、长，恳恩饬部存记，恭折仰祈圣鉴事：

窃查法部奏定章程内，高等审判厅厅丞、高等检察厅检察长，由本部择员预保，临时请简，各省督抚亦得就近遴选或指调部员，先行咨部派署，等语。

臣维法治之精神，系于宪政进行者最切，法官之职掌，关于民生休戚者尤殷。近者恭阅邸抄，山西、河南、江苏、福建等省，先后遴员预保堪膺厅丞、检察长之员，奏请饬部存记，奉旨允准在案。

兹查山东省本年应行筹办省城商埠及烟台口岸各级审判厅，均限年内成立。现在经营建筑，程督进行，而计画开厅，尤以得人为要。自非遴选深谙法律富有经验之员，并于本省民风习俗素所熟悉，难期胜任。查有山东补用道龚积炳，安徽合肥县举人，历办河工要差，著有成效，在本省法政学堂审判厅夜班毕业，考列最优等。该员才优学裕，任事精能。又山东试用道刘先登，湖北天门县附生，游学日本，前抚臣周馥委办营务处，旋带领官派学生赴日游学，并考察学务，历充会办客籍学堂、河防局、商埠局等差。在本省法政学堂审判厅夜班毕业。该员心地笃诚，勤敏不苟。以上二员，均堪膺高等审判厅厅丞之任。

又花翎运同衔山东候补知州陈业，湖南湘乡县附生，报捐知州，经法部札派京师地方审判厅刑科二庭行走，调第五初级审判厅民科推事行走，地方审判厅刑

---

① 为朱批批示日期。

科二庭推事行走。呈归本班，指分山东，前抚臣袁树勋委办审判厅筹办处。臣到任后，复委承修省城商埠各级审判厅工程。该员学有本原，通达时政。又山东候补知府沈瑞祺，浙江会稽县监生，由蓝翎东河试用县丞，在河工迭次抢险案内保升今职。历署海阳、蒙阴等县知县，充司局帮审案件多年。上年考入法政学堂肄业。该员熟悉吏治，听断勤能。以上二员，堪膺高等检察厅检察长之任。

臣为审判、检察关系司法重要起见，合无仰恳天恩，俯准饬下法部，将龚积柄等四员分别存记，届时开列奏请简用试署，出自逾格鸿慈。除咨部查照外，所有遵章遴员预保丞、长恳请存记缘由，理合恭折具陈，伏乞皇上圣鉴训示。谨奏。

宣统二年九月二十八日奉朱批：法部知道。钦此。

《政治官报》第一千八十五号，折奏类，宣统二年十月初三日出版

山东巡抚孙宝琦奏筹设省城商埠各级审判厅依限成立折

宣统三年二月二十三日①

奏为山东筹设省城商埠各级审判厅依限成立，恭折仰祈圣鉴事：窃查筹备宪政清单，宣统二年各省省城及商埠等处各级审判厅应于年内一律成立，所有东省拟办情形，如酌置厅数，分配员额，预储人才，划分权限，措备经费各节，业经臣逐项筹定，先事具奏在案。嗣准法部咨，法官应俟举办新章考试后再行任用，厅丞、检察长由部择员预保，临时请简，各省亦得遴选咨部考核，奏蒙俞允，咨行遵照，等因。臣当即预保本省堪任丞、长人员，奏请饬部存记。

上年十一月间，山东高等审判厅厅丞、高等检察厅检察长均蒙简员试署，部考法官亦陆续分发来东，经臣督同提法使按法部奏定各厅推、检员额，分别酌

① 为奉到朱批批示日期。

派。惟法官到不足数，而年内为日无多，因仿照苏省办法，暂就本省曾习法政及曾任州县或供差谳局，于治狱素有经验之员，照额分别先行遴委。至典簿以下各官，遵照部章，由本省考试任用。

各厅建筑工程先后报竣验收，厅内应用各件，均布置粗备，即于十二月二十六日一律开厅。饬令该员等依据法院编制法分任各事。计省城高等一厅，地方一厅，初级一厅，济南商埠初级一厅，均于本年正月初一日受诉。烟台商埠地方一厅，初级一厅，缘距省较远，铁路又因防疫停车，各省报到稍有后先，展至本年正月三十日受诉，并经出示晓谕，凡各该管区域内民刑案件，俱照新章，分别赴各该厅起诉，地方行政官概不审理。

其各厅需经费，照本省宣统三年预算总册，连闰共银七万四十四两。现以原定检察官薪俸均较少于推事，经宪政编查馆核令改归一律，而各项厅员人数，按法部奏改定额，亦互有出入，均已遵照一一更正。此外又有预算未经计及而为开厅所必不可少者数事，一各厅开办之初，新旧递嬗，派委各员，公牍或未谙习，拟于典、主簿中各添一行走人员，以向办刑幕者充之。于录事以下，酌派书记生，以向当刑书者充之，以期便利。一检察厅既掌侦查要任，拟设司法警察以供指挥。一地方两厅既有未决犯徒，拟定口粮银两，以资养赡。一省城初级审判厅既有看守所，拟设所官一员。一各厅看守所既有待质人犯，拟各设医官一员，高等一厅、地方两厅仅有庭丁，不敷使用，拟各增杂役十名。一地方两厅看守所官及六厅录事，原定薪俸较薄，月给拟稍增加。一烟台商埠华洋杂处，物值较昂，杂用拟稍宽备。以上各项并计，连同原预算新定经费，连闰共银九万八千五百二十七两，内尚有正月份未经准领之款除去免计，实银九万七千八百六十九两，较原预算增银二万七千八百二十五两。因前准法部咨行与资政院协商案内，载有部定审判费每厅标准高等二万八千余两，地方三万两零，初级六千余两。原案少者照增，另入追加预算办理，等语。东省所增银数，各厅分计，惟省城初级稍较部定为多，统计则所省仍巨，并未逾协商案标准。拟请照准动支，仍遵清理财政章程第二十二条，归入本省预算不敷案内，汇款另案奏明，以慎度支而重宪政。

至司法警察厅，分厅内厅外两类。厅内一类，已在前计经费之中，厅外一类，因历城县现无审判职务，裁撤捕差，其中颇多老练，熟于缉捕之人。饬巡警道就该县捕班挑选五十名，合原有侦探三十名，编为一队，专司逮捕、搜缉、拘传等事。平时由警官管带，遇事仍受检察厅调遣，并札派历城县为警务长，以期于行政各事呼应灵通。此项经费，需银三千九百八十两四钱。查部定预算册式，系属地方行政范围，应另札谘议局追加，俟开会后补行议决。

除将提法使详送厅员衔名履历册及另造六厅经费细册咨部查照，并此后续筹事宜另按修正清单赶办外，所有山东省城商埠各级审判厅依限成立缘由，谨恭折具陈，伏乞皇上圣鉴。

再，此折因防疫奉旨停进奏折，是以呈递稍迟，先将各厅成立日期电奏，合并声明。谨奏。

宣统三年二月二十三日奉朱批：该部知道。钦此。

《政治官报》第一千二百二十号，折奏类，宣统三年二月二十六日出版

河南巡抚吴重熹奏筹办省城各级审判厅情形折

宣统元年十一月二十三日①

奏为筹办省城各级审判厅情形，恭折仰祈圣鉴事：

窃查司法独立之制，在泰西创始于十七世纪中，日本仿行于四十年前，至今而制度大备，成效昭彰。证之吾国，则虞廷大师，周礼秋官，即其先导。自后世治狱不设专官，行政、司法遂相混合，流弊滋多。比年庶政叠兴，牧令一身，日虞不给，更未遑尽心听讼。际此筹备立宪，苟非取列邦之良法，复往古之宏规，无以植司法独立之基，为宪政推行之准。前准宪政编查馆奏定筹备宪政年限清单，内开省城及商埠各级审判厅，限宣统元年筹备，二年成立，等因。比经转行臬司遵办，并饬于署中设立筹办处，分科遴委妥员，责成切实筹办。续准法部咨

---

① 为奉到朱批批示日期。

行奏定详细章则到豫，臣将臬司所拟办法逐一衡量，大致吻合，兹已筹有端绪，谨为我皇上缕晰陈之。

一曰编制。豫省并无商埠，应就省城设高等审判厅一所，厅丞一人，民刑科各一庭，各设合议推事三人，每厅设典簿主簿各一人，录事四人；设地方审判厅一所，推事长一人，民刑科各一庭，亦各设合议推事三人，典簿主簿各一人，录事四人；设初级审判厅一所，推事一人。以上各厅，俱各设同等之检察厅。高等、地方各设检察长一人，检察官一人，录事二人；初级设检察长一人，书记生一人。其各厅应设之承发吏、庭丁俱各酌设数名，检验吏则地方、初级分用一人。此系暂时编定，将来事务加繁，再各量宜增置。至各厅官员，自厅丞以及主簿，统俟开厅时量才派委，分别奏咨立案。所有高等、地方两厅管辖权限，悉遵定章办理。至初级之辖境，姑拟以城关为限。恭阅邸抄，四川督臣赵尔巽因虑一县词讼或归初级或归县官，有治理两歧之嫌，且事少员多，虚糜廪禄，奏请改定区域。奉朱批交议。臣窃以为该督臣所陈，洵合事理，相应请旨饬下部臣速议复奏，以便遵行。

一曰建筑。部章以财用困难，准就各项闲废公局处所修改。查豫省现无空闲官房，拟在城西北隅大兴街购地从新建造。将高等、地方暂并一处，划分院落，各设两庭，并设预审厅及人证、待质、罪犯拘留各所，检验学习所亦附丽其中。共计应建屋大小三百七十余间，足敷办公之用。臣维此举方属权舆，形式精神，务宜兼筹并顾，规模固贵完善，工程戒虚糜。当饬臬司，督办委员，认真估修，不准浮冒。现已拨款庀材，一俟春融，即行鸠工兴筑，克日告竣。日后库款稍裕，仍将地方一厅分离另设，以区阶级而期速成。

一曰储材。窃查审判、检察各官之职掌，与民间生死财产，最有密切关系，必须深明法律原理，熟谙现行章制，洞达社会情形，方能胜任。且此后逐年推广，积至宣统七年一律成立之时，合豫省一百七厅州县计之，需员在二千以上。若不早为储养，必致临时无所取材。第设置既分后先，斯储养当分缓急。拟于法政学堂内附设司法研究科一班，额定一百二十名，官班八成，绅班二成。分甲乙两级，甲级以六个月毕业，专就该堂上年官班讲习科毕业学员及现时在堂肄业各官绅中，择取成绩优胜者，教以司法手续各法。乙级以一年毕业，另行考取官绅之文理通达品行端正者，并教以司法之实体手续各法。因限于堂舍，已于十月杪

五、司法独立的讨论及措施

先开甲级，毕业后再开乙级。管理各员，概不另设，谨添聘教习两员，课程一以现行律例规章为准，参以中西法典，务使中外沟通，庶此时可利推行，他日更臻合拍。届时毕业，应按其官秩之大小，程度之高下，予以相当职任。仍俟两级办完，再另招完全新班，以资任使而免躐等。

一曰经费。开办如建筑法庭各种房屋，置备一切器具，预估需银七万两。上年秋间奏准将各属每年摊解臬司公费银一万四千两，充作创造模范监狱一款，截至明年四五月止，实力催提，当可收至二万两以上，以之建筑新监狱，不敷甚巨。应急移缓救急，先行挪用，尚短五万两之谱，饬由藩司筹拨。经常如各厅员役薪工伙食为大宗，约略预算年需三万余两，其检验学习所经费，人证口粮并一应活支尚不在内。以前项公费及裁撤督审局委员薪水，暨各厅所收讼费罚金尽数充用，下余所短，亦由藩司设筹，随时拨济。统俟各项估算确实，藩司筹定的款，再行奏明作正开销。

此外如司法巡警，必先施以正当之教育，然后执行事务可期有效。已饬巡警道于巡警学堂中另开一班，以资造就。检验吏一项，亦饬提前招考，酌聘教员，妥订课程，早谋开学，以备及时应用。据藩臬两司具详前来，臣查以上所举各节，皆为筹备要端，措置尚觉适宜。转瞬期限将届，惟有督率臬司及在事各员，竭力经营，认真筹办。总期房屋落成之日，正学员毕业之时，庶几明年四五月间即可开厅，不致有误钦限，以仰副朝廷郑重宪政，巩固法权之至意。除饬取图表咨送馆、部查照外，理合恭折具陈。伏乞皇上圣鉴训示。谨奏。

宣统元年十一月二十三日奉朱批：该衙门知道。钦此。

《政治官报》第七百九十一号，折奏类，宣统元年十一月二十六日出版

湖广总督陈夔龙奏筹备各级审判厅议办情形折

宣统元年闰二月二十五日①

奏为筹备湖北省城暨汉口商埠各级审判厅议办情形，恭折仰祈圣鉴事：

窃准法部咨，本部为司法总汇，组织京外各级审判是其专责，现奉谕旨依期成立，行令将应设各级审判厅妥速筹画，并将详细章程随时咨部查核。又单内开，宣统元年筹办各省城及商埠各级审判厅，二年成立；府厅州县城治、乡镇各级审判厅三年至七年成立，等因。咨会到臣。

窃维法穷则变，必因时而制宜，事贵改良，务求臻于完善。迩年朝廷锐志变法，百度维新，迭奉明诏，预备立宪，亟应迅速筹议，将省城及商埠先行开办，无误明年成立之期。臣督同湖北按察使杨文鼎悉心筹画，详加研究，此次法部奏定章程，司法与行政各有专责，审判各厅于司法裁判不受行政干涉，以重国家司法独立大权，是督抚司道府厅州县均不得受理诉讼及上控事件，方合权限。惟实见施行，必须官制大定，在上各设专司，在下各设分职，使行政上事事皆有秩序，而后以司法之权归于审判。今分职未定，地方官无司法之权以济行政之穷，遇事必多扞格，转生阻力。现当筹设伊始，不能不使府县任其责成。兹拟暂以府县为厅长，遵照新章，另设厅员若干，使府县暂兼司法，不致失行政之权，厅官设有专员，已渐分司法之势，俟设官分职各有专掌，立宪规模逐年完备，再行分清界限，地方官一意行政，不预司法，审判厅一意司法，可成独立。

查定章各直省分设各级审判厅，而各以检察厅附之，等级厘然，纲目悉举。审判厅为司法权行使之主体，检察厅有纠察审判、检察证据、举发罪案之责任，相助为理，而一切传唤、拘引、搜捕等事，尤必须寄之于地方巡警。是审判检察厅之设，应在巡警成立处所。湖北武昌省城及汉口商埠巡警均已办齐，现遵章先

---

① 为朱批批示日期。

五、司法独立的讨论及措施

于武昌省城设立初级审判厅两所,地方审判厅一所,高等审判厅一所。汉口为商埠最盛之处,词讼较省城尤繁,应设立初级审判厅四所,地方审判厅一所,高等审判厅一所,各附以检察厅。其初级审判厅各厅,即按照巡警区域酌设,应需官厅,或以公所修改,或暂租赁民房,由臬司督饬厅县筹办。省城地方审判所附设于江夏县署,高等审判所附设于武昌府署。汉口地方审判所附设于夏口厅署,高等审判所附设于汉阳府署,检察厅亦各附之,期各节省经费。将来司法行政官制大定,仍当另行择地建筑,彼此不相混淆。

初级审判厅依单独制,每厅推事录事各一员。地方审判厅每厅各设推事长一员,省城以江夏县知县任之,汉口以夏口厅同知任之。每厅各设民事庭长一员,刑事庭长一员,典簿、主簿各一员,民科录事、刑科录事各一员。高等审判厅每厅各设厅丞一员,省城暂以武昌府知府任之,汉口暂以汉阳府知府任之,每厅暂设民事庭长、刑事庭长各一员,典簿、主簿各一员,民科录事、刑科录事各一员。初级检察厅每厅设检察官一员,录事一员。地方检察厅设检察长一员,检察官一员,录事一员。高等检察厅设检察长一员,检察官一员,录事一员。其各厅应设书记生、承发吏、庭丁、警兵,照章酌量选用。所有办事规则、权限,均遵照法部颁行试办章程,以昭划一。

各厅开办经费,饬由藩司设法筹拨,作正支销。其常年经费,按照京师所设审判检察厅法部统计表,为数甚巨,湖北现仅省城、汉口商埠两处开办,约计费已不赀,将来推行于各府厅州县,需款当不止倍蓰。公家力有未逮,而实行地方税又在九年制定预算案之后,此时尚难提议,应饬司局会同商筹,通盘计划,再行奏咨立案。

此项人员,除高等厅丞照章均应请简外,其推事以下各官,亦应分别奏补。惟本年系甫经筹办,应由臣暂于候补厅州县内择其通晓法律,长于听断,及曾任出洋游学之员,分别委用。典簿以下各员,由臬司选派承充。试办之初,官俸未能遽定,暂行酌给薪水,务求俭省。所定员额,亦系极少之数,如果办有头绪,事务较繁,再为逐渐增设。

勒限本年七月起次第开庭,实地练习,以期组织完备,明年即可依限成立。其不能得力者,亦可随时撤换,不致滥竽充数。倘能称职,届时再遵定章请简请补,以重职守。惟是审判之事,得人为先,以后次第设立,需才尤众,非预为筹备，不敷任使。臣与臬司筹议，应以养成审判人材为急务。拟就湖北法政学堂另招新班，设立司法讲习专科，切实研究，分期毕业，以备将来推行各属之用，另片奏明办理。

再，查大理分院未经议设，外府州县审判亦未一律成立，所有京控省控案件，仍由臬司督同发审局讯办。其刑事案件招解、勘转及秋谳大典，此时司法未能独立，均应仍照旧制办理。

据湖北按察使杨文鼎具详前来，除咨法部外，所有湖北省城及汉口商埠遵章筹备各级审判厅情形，理合恭折具陈，伏乞皇上圣鉴训示。谨奏。

宣统元年闰二月二十五日奉朱批：该衙门知道。钦此。

《政治官报》第五百二十七号，折奏类，宣统元年闰二月二十八日出版

护理湖广总督杨文鼎奏省城暨各商埠审判厅将次成立筹拨常年经费情形折（并单）

宣统二年二月二十五日①

奏为湖北省城暨商埠各级审判厅将次成立，谨将筹拨常年经费情形，开单恭折仰祈圣鉴事：

窃查前准法部咨，各省省城及商埠等处各级审判厅，限于宣统元年筹备，二年一律成立，等因。咨行到鄂。经前督臣陈夔龙饬司筹备，购地估工，分投建筑，务期依限成立，并将筹备情形，于胪陈宪政成绩案内奏报在案。兹查湖北省城及汉口商埠各级审判厅工程将次告竣，宜昌、沙市两埠亦经饬令筹办，年内均须次第开庭。所有建筑经费，均系另行设法借垫，随时筹拨济用，应俟工竣再行造报。至常年经费，自应先事预筹，以免贻误。经臣督同署按察使马吉樟悉心筹

① 为朱批批示日期。

议，力求撙节，核计每年约共需银十四万余两。查法部补订审判章程，司法经费，虽应由藩司筹拨，惟近年司库异常支绌，独任未免为难，即经分饬司道妥筹分认。兹据署湖北布政使高凌霨、署按察使马吉樟会同各关道局详称，现当筹备立宪，庶政维新，司法为宪政纲维，关系尤为紧要，奉拨审判常年经费，自应合筹补助，俾观厥成，拟请自宣统二年正月分起，由司关道局各库每月共筹银一万二千两，按月拨解，以济要需，等情，详请奏咨前来。除咨法部、度支部查照立案，暨将筹办审判章程连同预算经费各表另行奏咨外，所有筹拨湖北省城及各商埠审判厅常年经费情形，理合开单恭折具陈，伏乞皇上圣鉴。谨奏。

宣统二年二月二十五日奉朱批：该部知道。单并发。钦此。

谨将筹拨湖北省城及商埠各级审判厅常年经费银两数目缮具清单，恭呈御览。

计开：

一、湖北藩库每月认筹银一千五百两。

一、湖北粮库每月认筹银一千两。

一、湖北盐法武昌道每月认筹银一千两。

一、湖北江汉关道每月认筹银一千五百两。

一、湖北官钱局每月认筹银二千两。

一、湖北签捐局每月认筹银二千两。

一、湖北善后局每月认筹银一千两。

一、湖北统捐局每月认筹银一千两。

一、湖北荆宜关道每月认筹银一千两。

以上每月共认筹审判各厅常年经费银一万二千两。合并陈明。

宣统二年二月二十五日奉朱批：览。钦此。

《政治官报》第八百七十四号，折奏类，宣统二年二月二十八日出版

湖广总督瑞澂奏省城商埠各级审判厅依限成立折

宣统三年正月二十二日

奏为湖北省城商埠各级审判厅均依限成立，恭折具奏，仰祈圣鉴事：

窃查宪政编查馆奏定逐年筹备事宜清单内开，第三年各省省城、商埠各级审判厅限年内一律成立，等因。遵经督司克期筹办，并将办理情形于历届奏报筹备宪政成绩折内陈明在案。查湖北本年应（议）〔设〕各厅，省城计设高等、地方、初级各一厅，汉口、宜昌、沙市三商埠计设地方、初级各一厅。按照法院编制法，并参酌地方情形，高等审判厅内分设民刑各一庭，地方审判厅内分设民刑各一庭，初级审判厅内各分设二庭，并照章配置各级检察厅，仍独立行其职务。嗣准法部颁发奏定法官考试章程，湖北系交通便利省分，应由部考试分发任用，当经饬司招录申送赴部投考。除高等审判厅厅丞、检察长由臣遴员奏保，业已钦奉简放试署外，其余应设推检各官六十四员，先期咨部照额分发，并饬司将应设典簿、主簿、录事等员，暨承发吏、驻厅司法警察、庭丁人等，分别考试派充，招募雇用。其关于审判事宜各项单行章程，亦由司陆续拟详核定，通饬遵行。至各处厅署，如宜昌、沙市两埠各厅，汉口地方一厅，省城、汉口初级两厅，或尚未竣工，或竣工而尚待修改，均分别租借合式房屋，布置就绪。本拟十二月初一日开庭，嗣因分发法官甫于十一月三十日给凭，且分发仅止三十余员，限内到省者，又甚寥寥，实属不敷分设。年内为日无多，未可迟误，复经电商法部，查照奏定试办章程用人条内所载四项资格，在于鄂省候补人员中按格遴选，暂行派委代理，俟法官补发到后，陆续更换。即改期于十二月十六日，将各厅一律开庭。所有原设之督审处及江夏、夏口两厅县审判见习所，均先期裁撤。惟查高等审判厅为外省最高之审判衙门，从前应交发审局审办之京控、上控以及提审、翻供各案，均归该厅审判，现照馆章，未设审判厅地方招解到省之案，亦归该厅审勘，是一厅实兼院司发审局三处之事，范围较广，职务更繁。鄂省高等审判厅，现在仅设民刑各一庭，恐有日不暇及之势，将来尚须增设数庭。且各厅推、检如有特别事故，照法院编制法所规定，得派候补推、检代理，此项候补法官，亦应照章设置。均由臣督同察酌情形，另行妥筹办理，以副朝廷慎重司法之至意。兹据署湖北提法使梅光羲详请奏咨前来，除咨部外，谨恭折具奏，伏祈皇上圣鉴。谨奏。

宣统三年正月二十二日奉朱批：该部知道。钦此。

《政治官报》第一千一百八十九号，折奏类，宣统三年正月二十五日出版

湖北之特别审判

湖北提法司，以原、被告人均在各国租界者，审判厅或传或拘，先要照会各国领事签字，与司法独立之权限相背。日前拟定暂行章程，讼案有在各国租界者，仍由各地方行政衙门审判，并先由行政衙门禀请提法司，照会各国领事签字，转饬行政衙门传拘到案，以为特别审判。由总督电达法部，业奉核准矣。

《法政杂志》第一年第三期，记事，宣统三年四月二十五日发行

湖北司法经费之支绌

鄂省司法经费，原列预算二十一万两，经部院一再核减，仅存十五万余两。故省城及汉、宜、沙三商埠各级审判厅经济极为困难，推、检等官薪俸皆不能照章支发。讵列在预算之司法经费，有汉口、宜昌两关认解银三万二千五百两一

项，前奉度部电饬停拨；又签捐局认解银一万三千两一项，因彩票减额，盈余无多，奉文减解。是认定之款，遽短去四万五千余两。虽经鄂督饬令藩司另筹抵补，而该司执定藩库异常支绌，实无的款可拨，所以省内外各审厅本月薪公，竟无的款支放，咸以罚款暂济眉急。闻法司马吉樟以本年预算仅十五万两，本属减无可减，而既定之常用经费，骤短此四万余两，必至半途而废。司法为宪政要端，如此尚复成何事体，今藩司既无法代筹，本司又从何应付。爰将危迫情形，详请鄂督查核，电达度支部、法部，迅将停解减解各款如何筹补，明示电复。

《法政杂志》第一年第七期，记事，宣统三年闰六月二十五日发行

湖南司法界近事

各省审判早经开庭，而湘省则以去岁匪乱之故，一再请展。推其原因，实有二大困难，一则因此项经费需款甚巨，迄未指定的款，亦竟无现款可以腾挪；一则因初级、地方各厅均未建筑完毕，无可开庭，是以迟迟不能发表。兹奉部催甚急，各厅已陆续指定地址，修建完竣，经费亦渐有头绪。刻经袁提法司拟定于七月初一日开庭，不再改期。湘省模范监狱，前因经费无着，俟省城各级审判厅成立，再行筹办。现值厅工将竣，不日开庭，此项监狱亟应提前办理，惟基地必须宽大，方敷展布，一时无此相当地址。兹经法使勘定北关外距城数里之碑园地方官地一所，四园面积约三千余方丈，以之改修监狱，尚属相宜。惟该地早经不肖官吏私赁民间建造屋宇，相沿已久，民间展转变买，有已数易其主，并不知为官地者。一旦清查驱逐民房，收回拨建，又不易于着手也。

《法政杂志》第一年第九期，宣统三年八月二十五日发行

护理两广总督胡湘林奏拟设各级审判厅筹备处等折

宣统元年七月十九日①

奏为拟设广东各级审判厅筹备处，并酌计建筑经费及官吏俸薪各缘由，恭折仰祈圣鉴事：

窃照接准部咨，省城、各商埠各级审判厅均限本年筹办，宣统二年成立。府厅州县城镇乡各级审判厅限宣统三年至七年一律筹办成立。是审判事宜，逐年均须赓续筹办。当经调查各省办法，以奉天尤合部章。惟奉天系鼎新缔造，行政与司法易分，广东现在新官制既未审定颁行，民刑诉讼法律亦未宣布，暂无成规可资遵守，措置苟有未当，方枘圆凿，窒碍必多。且虑权限稍涉牵混，即不合于独立之性质。臬司衙门现在未改提法司，以前一切刑案均取办于现行律例，初无民事刑事之分，责以改革更新，则僚友均非素习，组织必难完全，实惧无以巩法权而促进步。现在各省筹办此事，均另行设处办理，拟即仿照，暂于臬司署内专设广东审判厅筹备处，以为全省审判总汇机关。即由臬司总持其事，加派娴习法政人员分充提调、文案等差。俟全省审判一律成立，或臬司衙门官署已照新章改设科员后，再行裁撤。庶提纲挈领，权限分明，得以程督进行，依期集事。

第凡事非人不举，而人才非造养不成。明年为省城及五商埠各级审判成立之期，需用推事、检察、典簿、主簿、所官、录事等职已属不少，虽省城法政学堂毕业已有数班，不过研求法理，并未实地练习。再四思维，惟有多调法政毕业之员入省城谳局帮审，俾资实习，并于法政学堂内附设审判研究所，酌定名额，于通省同通州县佐杂内，择其文理优长心地明白者，入所研究审判检察制度以及中西法律学说。该各员研究之余，并令其入局参观审判，以收观摩之益。明年省城商埠各级审判成立时，即可于此项人员内按照班次，核其成绩高下，挨次委署。

---

① 为朱批批示日期。

庶不至临时有无材之叹。

至于审判建筑经费及官吏俸薪，均拟仿照奉天办理。奉天高等、地方审判两厅共在一处，内合外分，支配合法，共用银三万八千余两。惟系以人犯充作小工，而所用砖木又半系公家旧存之料。广东系雇工新建，估计约需银五万两。其五商埠之地方审判厅建筑费，每厅估计银一万两，约共需银五万两。南海、番禺、新会、三水、合浦、澄海、琼山等县，既系商埠所在，则各该县属分防二十八处，应设初级审判二十八厅，建筑费每厅估计银二千两，约共需银五万六千两。统计各建筑费共需银十五万六千两。应请俟审判厅筹备处成立后，择定地址，委员按图切实估勘，决算列表，另案办理。官吏俸薪一项，奉天除公费外，另有津贴，论者以为过优。今拟照给公费，酌加夫马，更不另支津贴，似已丰约得宜。计省城高等审判一厅审判、检察两项人员每月约需公费、伙食、夫马、杂支各项银四千余两，每年需银四万八千一百余两，闰年需银五万二千一百余两。省城及五商埠地方审判共六厅，每厅审判、检察两项人员每月需公费、伙食、夫马、杂支各项银三千四百余两，每年需银四万一千二百余两，闰年需银四万四千六百余两。六厅每年共需银二十四万七千三百余两，闰年共需银二十六万七千九百余两。各分防初级审判共二十八厅，每厅审判、检察两项人员每月约需公费、夫马、伙食、杂支各项银五百余两，每年需银六千八百余两，闰年需银七千四百余两。二十八厅每年共需银一十九万二千七百余两，闰年共需银二十万零八千八百余两。明年省城及五商埠各级审判成立，每年统共需银四十八万八千二百余两，闰年统共需银五十二万八千九百余两。

其余模范监狱均拟仿照奉天办理。臣在广东藩司任内会同署提学使沈曾植、按察使魏景桐备列章程，绘具图表，详请具奏前来，复加查核，尚属妥协。除将图表章程咨部核饬仿照建筑办理外，臣谨恭折具奏，伏乞皇上圣鉴训示。谨奏。

宣统元年七月十九日奉朱批：该部知道。钦此。

《政治官报》第六百六十九号，折奏类，宣统元年七月二十三日出版

署两广总督袁树勋奏粤省筹办审判厅大概情形折

宣统二年三月初一日①

奏为粤省筹办审判厅粗具规模，谨胪陈办事大概情形，恭折仰祈圣鉴事：

窃照粤省筹办审判厅一事，前于宣统元年六月间，经前护督臣胡湘林将拟设筹办处并酌计建筑经费及官吏俸薪各缘由分别奏咨，并经臣到任时会同前督臣张人骏于会奏宪政成绩案内报明在案，当经督饬所属，赓续推行。适值臬司交替频繁，筹办处虽经议有端倪，迄未成立。而造就人才，估计经费，应行斟酌变通之处尚多。随经臣电奏请调湖北候补道梅光羲，专任筹办司法独立事宜，以辅主管衙门所不及。该员旋于十一月间来粤，当经臣酌定筹办处简章，率同开办，复饬据该司道等拟定办事细则，通饬所属，遵照办理。数月以来，略有端绪，谨将筹办情形，为我皇上缕晰陈之。

一、编制期限清单，酌定省、埠各级厅数，并确计建筑经费、官吏薪公也。查审判厅之设，由省城、商埠以普及全省，原有一定次第。但造端伊始，若不于纲要之中析分子目，则条理仍恐粗疏，即措施必多凌躐。爰自筹办处开办之日起，预计至宣统二年十月省城、商埠各厅一律成立之日止，拟定期限，刊发清单，通饬照办。属僚计日以程功，长官及时而考绩，庶免因循错迕之弊。其本年应设各级厅数，查照法部奏定章程，计省城设高等审判厅一，地方审判厅一，初级审判厅二；新会、三水、合浦、澄海、琼山五商埠各设地方审判厅一，初级审判厅一，并各就本级附设检察厅。合计建筑经费共需银十一万四千两，成立以后官吏办公人等年需薪水公费银三十八万余两。以上两项，皆参考津、奉成法，斟酌粤省情形，核实规定，尚无冗滥。

一、造就各项司法人才也。司法人才，以推事、检察官为最要。盖推事有完

---

① 为奉到朱批批示日期。

全独立之职权，检察官有事实调查之专责，使非学识富，则裁判无以持其平，非经验深，则施行无以妙其用。查法部奏定办法筹办事宜清单，声明推事、检察各员由督抚督同按察使或提法使认真遴选品秩相当之员，或专门法政毕业者，或旧系法曹出身者，或曾任正印各官者，或曾充刑幕者，或指调部员，俱咨部先行派署，等语，自为慎重司法人才起见。但粤省实缺、候补各项人员中，经臣详加察看，其能合此资格者，为数无多，且值新旧接续之交，例案熟者或新律未谙，理论高者或经验尚浅，再四思维，不得不预筹教育。当经督饬该司道等设立司法研究馆，即派梅光羲为监督，并派臣衙门法科参事补用知县黄敦懌为教务长，考选前项合格学员，并推广取录正途出身及法政学堂毕业各员，共计一百名，教以中外各种法律学，暂以八个月卒业。计此班学员卒业之期，适值省、埠各厅一律成立，届时再于其中遴选成绩最优之员，咨请派署推事、检察等官，以视未经研究者，任事当较有把握。此外司法警察、检验吏、典狱官、典簿、承发吏等项人员，均在该馆陆续分班研究，以职务之轻重，定毕业之迟速，统以本年十月审判厅成立之日为限，以资练习而备任使。

一、通筹改良全省监狱、看守所也。查法部咨行各省，以审判厅设立之处即为改良监狱推行之处，又省城模范监狱限宣统三年以前成立，等语。是筹办改良监狱应归并审判厅筹办处办理，以免纷歧。惟收留人犯之所分为二种，已定罪名者曰监狱，未定罪名者曰看守所，自应分别筹议，于房舍之形式，管理之精神，逐加整顿。省城为全省观瞻所系，规模未能过狭，拟建筑模范监狱一所，需银十万两。各级审判厅成立，民事刑事待质者多，拟建筑模范看守所一所，需银七万两。五商埠各设监狱、看守所一处，建筑费共需银十万两，统限本年成立。其各府州县监狱，俟推广审判厅时再行议改。惟看守所积弊甚深，各该牧令稽察难周，多派家丁管理，以致需索虐待诸弊，时有所闻。现拟先就省城考取曾经肄习监狱学科之毕业学生，分途派往各属，充当看守所委员，繁县二人，简县一人，再酌招巡长巡兵，以资管理。计此项薪公每年需银十四万余两，而全省看守所改良之计画已得其大凡，于朝廷慎刑恤狱之意，或不无裨补于万一。

以上三端，均属提纲挈领之事，经臣督率主务各员，统筹全局，循序进行。粤省财政艰难，出入相衡，不敷甚巨，现复骤增数十万之款，挹注诚属不易。惟司法独立为实行宪政之权舆，一切新建廨舍，优给薪公，均与斯事本原极有关系，固不敢铺张以涉浮费，亦不敢苟简而昧远图，惟有就粤省财力所及，权衡缓急，暂就司局各库陆续筹挪，核实动用，以济要需而免贻误。

除将期限清单、开办常年经费预算表及司法研究馆各章程，分咨宪政编查馆、法部、度支部查核外，所有粤省筹办审判厅各缘由，理合恭折具陈，伏乞皇上圣鉴训示。

再，现奏教练官吏、建筑厅廨、支给薪公各项办法，暨经费数目，均系详悉讨论，酌量改定，与前护督臣胡湘林原奏稍有不符，应请以本届奏咨之案为定。合并陈明。谨奏。

宣统二年三月初一日奉朱批：该衙门知道。片并发。钦此。

《政治官报》第八百八十一号，折奏类，宣统二年三月初五日出版

广西巡抚张鸣岐奏筹办审判情形折

宣统元年四月初四日①

奏为遵照预备宪政清单筹办审判，谨将办理情形恭折详陈，仰祈圣鉴事：

窃惟司法独立之说，虽近沿于泰西，而其制实早开于中古。周礼秋官所属，自大司寇以迄司隶，皆专掌狱讼之官，如六乡之狱则以乡士主之，六遂之狱则以遂士主之，复有县士以掌外野之狱，有方氏以掌都家之狱，有讶士以掌四方诸侯之狱，均系随地设官，专司其事。其州长县正诸职，略视今之州县，则统系别属于地官，职掌多关于教养，无兼治狱讼之事。降及汉唐，治狱虽尚有专官，然行政司法权限已多混合。沿至今日，州县均以行政官兼任司法，于是滥用司法权以逞其私者有之，牵于行政不能尽其司法之职者亦有之，以致狱讼未能尽得其平，外人且藉口要索领事裁判权，失国家统治之柄。我孝钦显皇后、德宗景皇帝准今

---

① 为奉到朱批批示日期。

酌古，特改审判制度，与天下更始，限以分年筹办，明罚敕法，薄海同钦。臣疆寄忝膺，敢不循序程功，勉图尺寸。兹谨将筹办情形，为我皇上陈之。

度广西六十五州县、四直州厅、四同知、一通判、一州判，共计七十五属。查照法部奏定各级审判厅官制及体察本省各属道里远近情形，除高等审判厅外，统计全省应设地方审判厅约七十余所，初级审判厅约二百余所，检察厅数亦如之，应设员缺亦按定章，从至少之数，核计约共二千余人。此事造端宏大，头绪纷繁，自本年起以至宣统七年，逐年均有应筹办应成立之处，若无一总汇之区，提纲挈领，按限督催，深虑不无延误。现拟设一审判筹备处，以为提挈督催之所。该处定于四月初一日开办，以臬司为总办，加派娴习法政人员充帮办、编制、审查等差，俟全省审判厅一律成立，或臬司衙门官属已照新章改设科员后，即将该处裁撤，以免糜费。此通盘筹画著手办理之情形也。

司法官属需员如此之多，则储养人才实为筹备第一要义。臣上年即以筹虑及此，是以有分年拣发人员来桂之请，惟目前尚无到者，只可暂就现在法政学堂肄习别科、讲习科各员，设法培植。别科本有大清律例、民法、刑法、商法等学科，自本年起，已饬该堂分别酌加授业时刻，并加入民事诉讼法、刑事诉讼法两项；讲习科则加入大清律例、商法、民刑诉讼法等科，以期毕业学员堪备司法各官之选。此预储异日人才之情形也。

法政学堂增订学科，虽足储异日之才，然毕业需时，仍难应目前之急，按照分年筹备事宜清单，省城及商埠各级审判厅应于明年成立，广西商埠三处，连省城并计，明年应成立高等审判厅一、地方审判厅四，初级审判厅每城治至少姑以二区，计共应设官一百二十余员，需才既多，为时复迫，势不能不别筹储备之方，以资急用。查省城谳局向归臬司直辖，凡全省上控提审要案，均由该局审理，局中承审帮审人员，不乏明于听断之才，惟新制未能娴熟。现拟将该局移设审判筹备处内，并设一研究所，令局员于审理案件之余入所研究审判检察制度及中西法律学说，复延揽曾习法政、品粹学优之士来局派充帮审，俾资实习，总期浑融新旧，无碍推行。至现在本省投效，及照章不入学堂之同通州县佐杂，亦尚有可用之人，并拟挑选文理优长者入厅研究法律，入局参观审判。俟届明年成立审判厅之时，即尽以上各项人员，按其原官及成绩高下，分别挨次委署推事、检察、典簿、主簿、所官、录事等职，试署一年期满，果能称职，再请实授。此储备明年应用人员之情形也。

凡事非财莫举，而刻期举办之事，尤非有专款不为功，本年明年尚在未经试办预算以前，款项若不预筹，临事虑多牵掣。饬据臬司预算，本年审判筹备处及附设之研究所需用经费，约共一万两，明年省城各级审判厅，拟于四月开办，商埠各级审判厅，拟于七月开办，连筹办处经费并计，约共需十一万余两。广西财政困难，本无可指之款，惟筹办审判关系重要，不能因无款迁延。臣现已督饬司处设法腾挪，并将他项局所力加裁并，筹定的款十二万两，专供筹办审判之需，俾要政得以依期集事，仍饬该司但有可以搏节之处，均须切实节省。此筹备经费之情形也。

据署按察使吴徵鳌会同署布政使王芝祥，详请奏咨立案前来。此外未尽事宜，容臣督饬该司等悉心妥筹，随时奏咨办理。除将详细预算案咨送度支部、法部暨分咨查照外，所有筹办审判情形，理合恭折具陈，伏乞皇上圣鉴训示。谨奏。

宣统元年四月初四日奉朱批：该部知道。钦此。

又奏请先定任用司法官属暂行章程片

再，文官考试章程、任用章程，按照分年筹备清单，应于本年编订司法官属，亦文官之一项，应如何考试任用，宪政编查馆、会议政务处必已早有权衡。第此项章程须至宣统三年实行，而明年值成立省城、商埠各级审判厅之期，需用司法人员颇众，倘专于需次各官中遴用，就广西情形而论，人数甚苦不敷，揆之他省情形，当亦有与广西同一为难者。查吏部奏定新章，佐贰杂职，准其在本籍服官，以此类推，则审判厅内各项官职，可用本籍人员者，正自不少。可否仰恳天恩，饬下宪政编查馆、会议政务处，于文官任用章程未经颁布以前，先定一任用司法官属暂行章程，俾资遵守。恭候圣裁。谨附片具陈，伏乞圣鉴训示。谨奏。

宣统元年四月初四日奉朱批：该衙门知道。钦此。

又奏请将推事朱文劭等调桂差委片

再，筹办审判，端绪甚繁，目下民刑诉讼法、法院编制法尚未颁行，暂无成规可守，非得有熟悉此事之员相与筹商办理，或虞偾越。查有京师地方审判厅推事朱文劭、京师地方检察厅候补检察官广西即用知县曾广源，均在部院供差有年，于审判、检察各事宜均称熟悉，合无仰恳天恩，俯念广西筹办审判得人为难，准将朱文劭开去底缺，连同曾广源一并调桂差委，以资臂助，出自逾格鸿施。除将该员等履历照章咨送吏部查核外，谨附片具陈，伏乞圣鉴训示。谨奏。

宣统元年四月初四日奉朱批：著照所请。该部知道。钦此。

《政治官报》第五百六十四号，折奏类，宣统元年四月初七日出版

广西巡抚张鸣岐奏各级审判厅成立折

宣统二年七月十八日

奏为广西省城各级审判厅筹办成立，恭折具陈，仰祈圣鉴事：

窃查逐年筹备事宜清单内载，宣统二年，各直省省城及商埠等处各级审判厅限年内一律成立，等语。广西省城高等以下审判各厅，原拟于本年春间提前成立，当于具奏筹办审判期限、区域拟请酌量变通折内陈明在案。嗣因承准宪政编查馆咨行奏定法官考试任用暂行章程，法官非经考试，不得任用，复经商准法部，定期五月十五日考试法官，招致本省及湘粤近省合格人员来桂应考。法部奏简派臣充监临，提学使李翰芬、按察使王芝祥充考试官，钦遵入闱，排日分场考试，录取三十二名，咨部核办会奏覆命在案。法官既已遵章考取，原设之审判研究所录事、书记、承发吏、检验吏各学习所均先后次第毕业，各厅建筑亦一律告竣。自应部署开厅，以副提前成立之意。当经督同按察使详加规定，遵照法院编制法并参酌目下情形，议于高等审判厅内分设民刑第一庭，桂林地方审判厅内分设民刑各一庭，临桂初级审判厅内亦分设二庭，并配置各级检察厅，仍独立行其职务。由臣先行札委奏调京师地方审判厅推事俞澍棠、朱文劭两员，分署高等审判厅厅丞、高等检察厅检察长。刊刻各厅关防，暂发启用。考试录取各员由司照

章酌量派署省城各级审判、检察官缺。其典簿、主簿、录事及书记、承发吏等，就研究所学习各项人员中分别考试考验，暂行派充。六月初三日审、检各厅一律开厅。据按察使王芝祥具详前来。

伏维司法独立，为九年筹备之要图，当兹事创椎轮，法律既未完全，官吏复无经验，著手进行之下，备极困难。惟省城各级审判系全省之观瞻，即为各属之模范，臣惟有督饬臬司，策励各员，悉心经理，务由成立渐底完全，以期上副朝廷弼教明刑之至意。除将商埠各级审判分期筹设暨分咨查照外，所有省城各级审判厅成立缘由，理合恭折具陈，伏乞皇上圣鉴训示。谨奏。

宣统二年七月十八日奉朱批：该衙门知道。钦此。

《政治官报》第一千十四号，折奏类，宣统二年七月二十一日出版

四川总督赵尔巽奏请改定地方审判厅初级审判厅管辖区域折

宣统元年十月初一日①

奏为请改定地方审判厅、初级审判厅管辖区域，以资治理而维宪政情形，恭折仰祈圣鉴事：

窃准法部咨行外省省城商埠之各级审判厅筹办事宜第四款内开，省城商埠初级审判厅之辖境，应酌量形势户口，划定该厅管辖之界，凡界内诉讼事件，地方官不得受理。其界外词讼案件，仍暂归府厅州县官照常收受审理。地方审判厅辖境内之乡镇，其词讼虽暂归府厅州县官受理，有不服时仍可依照试办章程，就该地方审判厅上诉。其应以本厅为第二审者，即照章归本厅审判，应以高等审判厅为第二审者，民事令自赴该厅起诉，刑事移交高等检察厅办理，各等语。又查编

---

① 为奉到朱批批示日期。

制大纲第三条内开，凡省城商埠之地方审判厅，设推事长一人，暂设民科一庭，刑科一庭，每庭各设合议推事三人；第六条内开，地方检察厅设检察长一人，检察官一人，各等语。是地方审判、检察两厅共设五六品官九人，而于一县辖境之内，又仅能审判已设初级审判厅区域民刑重大事件之第一审，及乡镇民刑轻微事件之第二审，其乡镇第一审大小词讼事件，仍归地方官受理，不独一县内有治理两歧之嫌，且事少员多，朝廷亦何必虚糜此廪禄。至于初级审判厅，现虽不能设及乡镇，然其管辖区域不妨及于乡镇，是以奴才原奏筹办川省审判厅折内，即拟以城治初级审判厅酌增推事员额，辖及县治全境，于人民向来诉讼必至城治习惯，亦不相妨。且司法独立，不独钦定宪法大纲许为臣民权利，亦为预备收回领事裁判权，以保我国家完全主权之基础。若当创办之初，改一邑而不收一邑完全之效，恐司法独立之精神既因而顿阻，即完我主权之提议，亦从而相妨，此尤不能不早为虑及者也。又当此民穷财困之秋，百端并举之际，若能扩大司法区域，减少司法官吏，既可省国家无穷之经费，又早促司法独立之观成。经升任山东巡抚臣袁树勋所奏陈，奴才亦凤与为同意，可否请旨敕下馆、部诸臣，从速拟议，早事变通，庶于筹备宪政前途不无裨益。所有请改定地方审判厅、初级审判厅管辖区域，以资治理而维宪政缘由，是否有当，伏乞皇上圣鉴训示。谨奏。

宣统元年十月初一日奉朱批：该衙门妥议具奏。钦此。

《政治官报》第七百四十号，折奏类，宣统元年十月初五日出版

四川总督赵尔巽奏四川省城各级审判厅一律开庭折

宣统二年十二月十九日①

奏为四川省城、重庆商埠各级审判厅分别定期开庭，恭折具陈，仰祈圣

---

① 为朱批批示日期。

五、司法独立的讨论及措施

鉴事：

窃查宪政分年筹备清单内开，直省及商埠各级审判厅限于宣统二年成立，等语。一切事宜，早经筹备，法官、书记官，亦已照章考试取录，并以开庭在即，遴员暂行派署高等审判厅厅丞、检察长，以重职守，节经奏报在案。兹据提法使江毓昌详，省城应设高等审判厅及成都府地方审判厅，与成都、华阳两县初级审判厅，并附设高等、地方、初级检察各厅，均已一律成立。除高等审判、检察两厅厅丞、检察长已蒙遴员奏派暂署，所有高等、地方及成、华两县初级审判各厅应用推、检、书记、所官各员，均照章〈在〉于考取法官、书记官内分别遴选。暂照预算拟定员额，委令试署，并将取录未用法官分派学习，以资历练。遵于宣统二年十一月初一日一律开庭，造具各员履历清册，详请奏咨。并申明重庆商埠地方及巴县初级审判、检察各厅应设推、检各员，亦于取录法官、书记内慎选，委令试署，遵照定限，于十二月初一日开庭。该司随即亲身赴渝监督开办，并于往返经过府州各属，将择定审判厅地址逐一查勘，预为筹备，等情前来。

伏查司法独立，裁判改良，实为筹备宪政之要图，收回法权之根本。惟是事因创设，学鲜专精，后进固乏经验，小民更少新知，况法典尚有待编，机关尤多未备，则因难为势所必有，而阻碍当预图维持。臣于省城各厅开庭之日，躬临演讲，剀切励勉在厅各员，务须谨奉法规，恪共职守，上副朝廷变法维新治外图强之至意。除重庆商埠审判各厅俟开庭另行奏报并咨部、院查照外，所有四川省城各级审判厅一律成立及开庭日期，理合恭折具陈，伏乞皇上圣鉴训示。谨奏。

宣统二年十二月十九日奉朱批：知道了。钦此。

《政治官报》第一千一百六十四号，折奏类，宣统二年十二月二十二日出版

重庆法官尊重法权

护理四川总督及提法司，迭接重庆地方、初级审判检察各厅全员来电，请部

力拒英领事所请在重庆审判厅观审卜内门一案，函电交驰，力争再四。最后所奉部电，仍饬遵照条约，将案移送地方官审理。外、法两部，均同一电文。提法司惟有饬重庆审判厅遵照办理，将案移送巴县审讯。闻重庆审、检各厅法官，以损失法权，莫此为甚，将以去就争之云。

《法政杂志》第一年第四期，记事，宣统三年五月二十五日发行

贵州巡抚庞鸿书奏筹办各级审判厅并设司法讲习所折

宣统元年正月十五日①

奏为筹办贵州省城各级审判厅，并先设司法讲习所，恭折具陈，仰祈圣鉴事：

窃照前准法部咨，京外各级审判厅应分年筹设。又单开，宣统元年筹设省城及商埠各级审判厅，二年成立，府厅州县城治乡镇各级审判厅三年至七年成立，等因。

臣惟审判为法学专门，我国法家之学，远有端绪。汉代经师，莫不兼通法律。自六朝以至唐，凡议礼之家，亦多取裁于律义。至有宋以降，礼学盛兴，乃薄管商申韩为刑法家，以为鄙倍不足道，凌夷至今，士大夫每疏于律例，及至当官，任事多取决于幕僚，以是平谳亭疑，每难其选。近因时局孔艰，叠奉谕旨改良法律，旁采泰西司法独立之规，并以为收回领事裁判之计。虽新刑律之编定犹慎重而未即施行，而京师审判厅已先时成立，分级治事，各省亦循迹而起，并谋建设。黔省并无商埠，自应先从省城筹办。惟照部章设置，规模宏大，财力万有不逮，即应用人员，一时实难猝得。然部限紧急，关于宪政最为紧要，无论如何为难，断不能不急为筹画。叠经饬司遵依年限妥议设置去后，兹据署布政使陈

---

① 为奉到朱批批示日期。

五、司法独立的讨论及措施

骧、署按察使王玉麟详称，贵州省城拟设高等审判厅一，设厅丞一员，民科一庭，刑科一庭，每庭设合议推事三员，典簿一员，主簿二员，录事四人。其高等检察厅即附设该厅以内，设检察长一员，检察官一员，录事二人。又合贵筑县与贵阳府亲辖地面共设地方审判厅一，设推事长一员，民科一庭，刑科一庭，每庭各设合议推事三员，典簿一员，主簿二员，所官一员，录事四人。其地方检察厅亦附设该厅以内，设检察长一员，检察官一员，录事四人。又初级审判厅一，设单独推事二员，书记生二名，书记四名。其初级检察厅亦附设该厅以内，设检察官一员，书记生一人，书记一人。凡各级审判厅承发吏、庭丁、医师，均照部章酌量募设。其司法警察，移明巡警道招募训练备用。统计费用每年约需银五万两内外。惟开办之始，高等审判厅丞尚难其人，拟暂由按察司兼充，地方审判厅推事长暂以贵阳府兼理。各庭建设处所，高等审判厅则以臬署东偏之旧庙宇官地改建，地方审判厅则以发审局及相连之府经历署改设，初级审判厅则以按司狱署改设。庶修改较易，而省费实多。现于按察司署设立审判厅筹办处，规画一切事宜，并附设司法讲习所，养成应用人员，业已开班讲习，以十个月为毕业，俾明年审判厅成立，不至有临事无才之叹。听讲各员，并令于发审局设陪审席，实地练习，以资经验。一切费用，力求撙节，惟综计实已不赀，详请奏咨，并拨定经费等情前来。臣复查所拟各节，布置尚属周妥，已饬认真筹办。惟款项难筹，自应归入预算案内咨明部臣酌核办理。

所有筹办贵州省城各级审判厅，并先设司法讲习所各缘由，谨会同云贵总督臣李经羲恭折具陈，伏乞皇上圣鉴训示。谨奏。

宣统元年正月十五日奉朱批：该衙门知道。钦此。

《政治官报》第八百三十五号，折奏类，宣统元年正月十八日出版

贵州巡抚庞鸿书奏各级审判厅一律开庭折

宣统三年二月初五日①

奏为贵州省城各级审判厅成立，谨将开庭日期，恭折具陈，仰祈圣鉴事：

窃臣遵奉谕旨筹办各级审判、检察厅，督同提法司，就臬署右偏设立筹办处，将一切应办事宜遵章筹议，一面相定地基，详绘厅图，鸠工选材，刻期建筑，遴派熟习工程之员，认真监督，以期款不虚縻，从速蒇事。本年八月，蒙钦派法官考试官来黔考试，取定各法官，业经造册分别奏咨。前因开庭在即，经臣电请以知府朱兴汾暂署高等审判厅厅丞，知府贺廷桂暂署高等检察厅检察长，仰邀俞允，于十一月二十九日奉电传上谕：贵州高等审判厅厅丞著朱兴汾试署，高等检察厅检察长著贺廷桂试署。钦此。钦遵行知在案。各厅应用典簿、主簿、录事各官，于法官考试后，由提法司招考，经臣派员监试襄校，亦经遵章取定。现在各厅工程业已完竣，建筑经费力从节省，规模尚属可观，工料亦颇坚实。现已分定省城高等审判、检察各一厅，民刑各一庭；贵阳地方审判、检察各一厅，民刑各一庭；贵阳初级审判、检察各一厅，管辖贵阳府亲辖地面；贵筑初级审判、检察各一厅，管辖贵筑县地面。高等、地方各厅概系新建，两初级租借民房设立。所有各厅应用人员，经臣会同提法司再四酌定，地方审判厅厅长以考取法官补用知县梁韵清试署，地方检察厅检察长以日本法政毕业生王右庚试署。其余各员，均经分别选委，造具履历清册咨部。现在各事就绪，于十一月十五日饬各员入厅办事，十二月初一日一律开庭。开办之初，诸事无成法可（寻）〔循〕，所在不免困难，惟幸提法司文徵尚能留心考求，厅丞以下各员，亦皆和衷共济，臣当随时稽察，总期渐臻完善，仰副朝廷慎重司法之至意。各厅关防尚未颁发，暂由臣饬司刊刻木质关防，发交各级审判、检察厅启用，合并声明。所有贵州省城

---

① 为奉到朱批批示日期。

各级审判厅业经开庭各缘由,谨会同云贵督臣李经羲恭折具陈,伏乞皇上圣鉴训示。谨奏。

宣统三年二月初五日奉朱批:法部知道。钦此。

《政治官报》第一千二百二号,折奏类,宣统三年二月初八日出版

护理云贵总督沈秉堃奏遵章筹办各级审判厅折

宣统元年六月初九日①

奏为遵章筹办各级审判厅,胪陈筹备情形,恭折仰祈圣鉴事:

窃查宪政编查馆同资政院奏定议院未开以前逐年筹备事宜清单,本年应筹办省城及商埠等处各级审判厅。臣以司法分立,实关宪政基础,自到护任,即率同臬司妥商办法,电咨宪政编查馆、法部,承准部电依次筹办。目前筹办各事渐有端绪,谨为我皇上缕晰陈之。

伏维司法官吏之职掌,与人民生命财产关系最为密切,非深明法律之原理,精研现行之章制,洞达社会之情形,断难胜任。吾国旧制,举凡行政、司法事宜,悉责诸牧令一身,平日又无专精之学,在昔政务清简,尤可藉法廷为试验之场,今则百废待兴,日不暇给,自非速储司法人才,特设司法机关,不足以资治理。第储才必须乎学,滇省自设法政学堂,原系官绅并教,因官吏狃于故习,入堂受学者寡,且学科悉准通章,不克偏重法律,即毕业有人,未必适于审判、检查之用。爰于堂内增设司法讲习科,考选本省官吏及有职人员百名,授以今世必要之法学,及吾国现行之法制。已于本年三月初一日开课,定于明年二月杪毕业。届时即按其官秩量其程度,分别奏咨,予以相当之职任。此储备司法官吏之办法也。

---

① 为朱批批示日期。

至应行筹设之审判厅，除省城外，则为商埠。滇省已开商埠凡三，一蒙自，一腾越，一思茅，奏准将开之商埠一，即省城南城外地面。现在腾、思两埠商务未盛，民刑诉讼之简与内地略同。又滇越铁路年内可达省城，蒙自一埠亦仅为汽车通过之区，以后中外互市之场，或将移于他处。目前筹办各级审判厅，拟从省会及省城外商埠办起，共设高等、地方审判各一厅，合昆明县属地分，设初等审判厅五厅。一俟筹办就绪，再推及于各埠。惟是审判各厅之创设，为内外国人观听所系，规模过陋，体制固有未协，一切从新建造，财力尤苦不支。现经择定旧日衙署及公屋数处，酌量改修。务期建筑之费可省，而法庭之体制亦备。此设厅修署之办法也。

创办伊始，头绪纷繁，如规画各厅管辖区域，厘定各项办事细则，训练看守役、承发吏、庭丁等事，均不可无一机关为之擘画而指导之。特仿咨议局筹办处成案，于臬司署内附设一审判厅筹办处。查现任按察使世增，才识明通，热心宪政，即以总理其事。又查有前督臣奏调来滇之京师内城地方审判厅推事王采，才华茂美，于审判事宜确有经验，即以之赞助该司，规画一切，并据拟定章程，详经审定，已于三月十六日开办。此特设筹备机关之办法也。

臣维立宪制度，根于三权分立之原理，凡属立宪国家，俱有独立之司法机关，所以保障人民之权利，维持社会之安宁。方今朝廷锐意立宪，自当使行政、司法渐次分立，以谋内政之改良。倘因人才缺乏，财政艰窘，竟置此为缓图，非特延误宪政，无以保宇内之和平，而外人之领事裁判权亦将永无收回之日。此臣所以日夜兢兢，不敢不急于筹备者也。前接法部复电，谓前奏审判检察各章，俟宪政编查馆核定奏准，即当咨行遵照，嗣后一切组织，自当恪循定章，随时咨商法部办理。

所有筹办省会及商埠各级审判厅情形，除咨明宪政编查馆并将审判厅筹办处咨送法部查照外，谨恭折具陈，伏乞皇上圣鉴训示。谨奏。

宣统元年六月初九日奉朱批：该衙门知道。钦此。

《政治官报》第六百三十一号，折奏类，宣统元年六月十五日出版

云贵总督李经羲奏省城各级审判检察厅成立推检各员酌量变通委署折（并单）

宣统三年四月二十八日①

奏为云南省城各级审判检察厅成立，谨将试署及代理推检各员缮单恭折具陈，伏祈圣鉴事：

伏查宪政编查馆会同资政院奏定议院未开以前逐年筹备事宜清单，宣统二年各省城及商埠等处审判检察厅应一律成立。滇省商埠曰腾越、曰思茅、曰蒙自、曰省城南关，计共四处。腾、思两处商务未盛，蒙自一埠接近铁路，火车虽已通行，商货仍未发达。所有该三埠审、检各厅，应俟省城各厅成立后，再行酌量筹办。省城南关外自开商埠，密迩省垣，应遵法部奏定编制大纲，无庸另设专厅，以纾财力。均经迭次奏陈有案。省城应设各厅，所有建筑厅署，拟定规章，养成司法人材，划分管辖区域一切事宜，业由臣督饬审判厅筹办处先事筹备，于上年十一月底一律完竣，十二月初一日各厅已同时成立开庭。除高等审判厅厅丞、高等检察厅检察长蒙恩简放王耒、张一鹏两员试署外，其他推、检各员，应查照法官考试任用暂行章程第七条及同章程施行细则第三十九条，就录取各员比较成绩高下，分别学习试署。滇省此次法官考试，谨录取二十六员，内有杨华春等五员查系本籍，均距省城三百里以内，例应回避，其余二十一员不敷任用。曾电法部请于京师法官考试录取人员中择其成绩较优者拣发十员来滇，俾资委任。惟开庭期迫，势难悬缺以待，且审、检各厅之设，系属创制，人民之责望至重，狡黠者尝试必多，臣查考取各员，虽亦有曾习法政历充刑幕者，然未设法庭，终鲜实验，非有洞悉社会情形之员参与其间，一有丛脞，即起人民轻玩之心，而为司法前途之障。再四筹思，不得不酌量变通。先就调滇差委之法政科举人郑文易一

---

① 为朱批批示日期。

员,及考取之二十一员中遴得郑溱等十五员,分别委署。再于行政官中,遴选通晓现行律例,熟习听讼之寇宗儁等五员暂行代理。一俟拣发人员到省,及学习各员经验渐增,即行察酌更换,以符定章。庶于因时制宜之中,仍不背司法分立之旨。据云南提法司秦树声将各员履历造册详请奏咨前来,臣复查无异。除将名册咨送法部查照外,理合缮单恭折具陈,伏乞皇上圣鉴。谨奏。

宣统三年四月二十八日奉朱批:法部知道。钦此。

谨将云南省城各级审判检察厅试署代理推事检察各员缮具清单,恭呈御览。计开:

高等审判检察厅

一、刑事庭庭长一员,以云龙州知州寇宗儁暂行代理。该员现年四十五岁,系贵州贵筑县进士。一、推事二员。一员以考取法官最优等第六名、历充刑幕端木垚试署,该员现年三十二岁,系贵州贵筑县人。一员以考取法官最优等第四名、试用盐大使徐承恩试署,该员现年三十五岁,系贵州贵筑县光绪癸卯科举人。

一、民事庭庭长一员,以考取法官最优等第八名、历充刑幕张承惠试署,该员现年四十五岁,系安徽桐城县人。一、推事二员。一员以考取法官最优等第一名、补用知县郑溱试署,该员现年四十五岁,系浙江黄岩县人。一员以考取法官中等第六名、历充刑幕刘邦基试署,该员现年四十四岁,系浙江会稽县人,云南补用府经历。

一、检察官二员。一员以考取法官中等第三名、历充刑幕梁念绳试署,该员现年三十岁,系湖南零陵县人。一员以考取法官中等第五名、补用知县陈镐试署,该员现年四十三岁,系福建侯官县优贡。

地方审判检察厅

一、庭长兼刑事庭庭长一员,以镇沅直隶厅同知洪念江暂行代理,该员现年五十四岁,系四川绵竹县监生。一、刑事庭推事二员。一员以试用知县钟锐暂行代理,该员现年四十三岁,系四川安县举人。一员以考取法官中等第一名、历充刑幕周葆忠试署，该员现年四十五岁，系四川合江县人。

一、民事庭庭长一员，以考取法官最优等第五名、试用布经历张世褆试署，该员现年三十岁，系湖南零陵县监生。一、推事二员。一员以考取法官优等第六名林名正试署，该员现年四十四岁，系贵州普定县光绪己丑恩科举人。一员以考取法官优等第十二名、历充刑幕于寅亮试署，该员现年三十六岁，系湖南慈利县人。

一、检察长一员，以法政科举人郑文易试署，该员现年三十四岁，系浙江黄岩县人。一、检察官二员。一员以补用知州邵良遇暂行代理，该员现年三十三岁，原籍系浙江山阴县，寄籍贵州平越直隶州附贡生。一员以考取法官最优等第七名举人梁庆橞试署，该员现年四十五岁，系云南蒙化厅光绪癸巳恩科举人。

初级审判检察厅

一、监督推事一员，以补用同知朱知绪暂行代理，该员现年四十一岁，系江苏娄县监生。一、推事一员，以考取法官中等第二名、历充刑幕廖维熊试署，该员现年二十九岁，系湖南湘潭县人。

一、监督检察官一员，以考取法官优等第十名、历充刑幕马继眉试署，该员现年二十八岁，系四川越嶲厅人。

一、检察官一员，以考取法官优等第九名、历充刑幕龚达森试署，该员现年三十八岁，四川宜宾县人。

宣统三年四月二十八日奉朱批：览。钦此。

《政治官报》第一千二百九十九号，折奏类，宣统三年五月十七日出版

陕甘总督长庚奏设立审判厅筹办处研究所等拟定章程折

宣统二年三月初六日①

奏为设立审判厅筹办处、研究所，并附入巡警兵、检验吏分别课习，及筹款建筑各情形，酌定章程，恭折具陈，仰祈圣鉴事：

窃前准法部咨行分年筹办各级审判厅事宜到甘，当经前督臣转饬臬司照办。查宣统元年为筹备省城及商埠等处各级审判厅之期，二年即须成立。此事造端宏大，头绪纷繁，非设一总汇之区，提纲挈领，通盘筹画，则既无先事之预备，亦安能克期以告成。随就按察使署内设立审判厅筹办处，于元年十一月十五日开办，即以臬司为总办，兰州知府为提调。考部章厅丞、检察长由法部请简，或由督抚选调。各厅推事、检察官及典簿、主簿、所官、录事等员，均易照章分配。现在甘肃尚无商埠，似可暂从缓议，顾以省城各级审判厅而论，约需四十余员，以全省八府六十余厅州县及分防之州同、州判、县丞而论，约需一千数百员。奴才督同该总办等悉心区画，所亟宜筹办者厥有数端。

一曰人才宜储养也。甘省僻处边陲，见闻较狭，虽法政学堂早经设立，渐臻起色，然求其足当审判之选者尚不多觏。既有乏材之叹，当为蓄艾之谋。现于筹办处附设审判研究所，拟定章程十九条，考选候补正佐中先习法政及文理明通者八十名，于上年十一月十九日开学，限一年毕业。其学科以中律为体，西律为用。缘甘省民智迟开，回番错处，凡审判各员，非中律与西律相参，旧法与新法互酌，诚恐民情风俗尚有窒碍难行之处。况大清律例一书，仁至义尽，海内久奉为圭臬，虽自环球交通以来，时殊势异，不能不改订新律新法，收回治外之法权，期臻刑措之上理，究之成宪昭垂，仍当奉为法守。故此次选择教习，系以熟悉国律及曾在天津、日本学习法律毕业者各二员会同编辑讲义，参订中西，轮班

---

① 为朱批批示日期。

授课，期于变通宜民，推行适用。查研究所与兰州府谳局毗连，皋兰县署亦属相近，该两处皆实行审判之地，民刑昭见之场，令各学员于研究之暇，轮往观听，择其才具较长，阅历较深者，酌派帮审。庶将来分任裁判时，人无滥竽，事无旷职。

一曰官署宜建造也。省城应设高等审判厅、地方审判厅各一所，初级审判厅二所，已于城内关外觅得大小隙地四区，以为修理高等、地方二厅署及初级二厅署之基址。一俟派员前往北京、天津调查修建图式至日，即行开工。至各属厅署亦数年内应行设办之事，拟札饬各地方官或就旧廨改修，或从新建筑，均须先事绸缪，以免临时拮据。

一曰区域宜划分也。查各级审判厅之管辖区域，宜预先划分清楚，以便易于管辖。省城所设初级二厅之区域，拟将城垣以内之民刑起诉案件归城内初级审判厅管辖，关厢内外及太清宫、河北玉泉山一带并附近村堡之民刑起诉案件，均归城外初级审判厅管辖。其界限以外之词讼，拟仍归皋兰县暂行管理。至各府厅州县之初级审判厅，拟即颁发表式，令将词讼之多寡、户口之疏密、相距之远近、赴诉之适宜，详细填报后，再为划分区域，次第按限设立，以免贻误。

一曰经费宜预筹也。甘肃财力困难，固不敢稍事铺张，而审判为宪政要端，亦不宜过于俭啬，致涉敷衍。统计筹办处每年需经费银二千两，研究所需开办经费四百两，常年经费银六千六百两，建筑省城各级审判厅需银三万余两。拟饬藩、道二库分筹拨用。其各厅员吏常年俸薪公费为数甚巨，断非发审局款及诉讼费各项所能资其挹注，而库藏空虚，尚无的款指拨，应俟调查员报告至日，再行设法力筹。至如司法巡警及检验吏，皆于审判检察有密切关系，他省有设司法巡警学堂，甘省财力支绌，拟由警兵中挑选数十名，令讲员于星期之日，轮班调所训迪，俾知服从命令，足资检察厅之驱策。其检验吏即昔日之仵作，前于三十四年六月曾经设立仵作学堂，调取各属文理粗通之书吏来省，派员课以《洗冤录》，于一年毕业后，发回充役。现拟仍调前项学徒，再加补习生理、解剖学，并陈列骨殖模型标本，以期完备。惟甘省风气迟开，师资甚少，拟派志趣纯正学识通达之员，前往办有成效之京津等处，切实调查，务将审判厅之纲维要义及一切章程虚心讨论，详晰记录回甘，藉资则效。

据按察使陈灿具详请奏前来。奴才窃维虞廷熙绩，皋陶惟掌明刑，周礼设官治狱，各有专职，周公于立政一篇，朏朏以庶狱为言，曰继自今文子文孙，其勿误于庶狱，庶慎惟正，是又是。司法独立之说，不仅泰西为然。今则我皇上缵承孝钦显皇后、德宗景皇帝欲竟之志，酌古准今，观会通而神其变，明罚敕法，合中外而制其宜，立中国裁判之法权，建宪政统治之基础。奴才忝膺疆寄，叠奉宸纶，敢不殚竭愚诚，赞成郅治。详核该臬司所拟各节，先从研究入手，系为养成人材起见，俾于民事刑事之定义，司法裁判之权能讲求有素，始能逐渐推行。其余若建筑、若区画、若经费，亦系尽财力之能到，尽心筹办，不敢延缓。此外未尽事宜，仍当遵照逐年筹备事宜清单，督同该司责成各科员详加研究，切实举行，以仰副圣主明德慎罚，巩固国权之至意。

除章程分咨各部院外，所有甘省设立审判厅筹办处、研究所，并附入巡警兵、检验吏，及筹款建设各缘由，理合缮单恭折具陈，伏乞皇上圣鉴训示。谨奏。

宣统二年三月初六日奉朱批：该衙门知道，单并发。钦此。

《政治官报》第八百八十七号，折奏类，宣统二年三月十一日出版

陕甘总督长庚奏考试法官事竣折

宣统二年十月初九日①

奏为甘肃考试法官事竣，所有录取名数揭晓榜示，暨监临出闱日期，恭折仰祈圣鉴事：

窃查本年举行法官第一次考试，臣奉电钦派监临，业将带印入闱日期具折奏明在案。查此次考试事属创举，且旧时贡院改设实业局厂，不能迁移，爰借用陆军小学堂，厅舍尚属宽敞，应派内外场各官，经臣以候补道霍勤燡派充监事，王

---

① 为朱批批示日期。

新桢派充提调，并由提法使陈灿详请，以审判厅筹办处科员分别派委内外收掌、弥封、监场、庶务各员，住场专司稽察等事。场外按照从前乡试旧例，饬令督标中军副将率弁兵昼夜巡逻，以昭严密。八月初六日正考官李擢英、副考官萧丙炎率同襄校官万之一、恽福鸿，臣率同提法使陈灿及监事、提调等一同入闱。应考员生计一百四十名，初八日考试第一场，初十日考试第二场。先试笔述，每场收卷毕，即时封送内帘。十八日由臣会同考官，督率执事各员开拆弥封，按考官核定分数，发榜一次。十九日面试口述三场完竣，内外帘一律肃静，由考官等按照考试成绩，严定总平均分数，分别等第填榜。计取最优等十一名，优等八名，中等二十三名，共取四十二名，于八月二十二日揭晓，臣即于是日钤榜后带印出闱。除将录取各员姓名、分数，照章会同考官造具清册，连同试卷咨送法部核奏外，所有甘肃考试法官事竣，录取名数揭晓榜示，暨监临出闱日期，理合恭折具陈，伏乞皇上圣鉴。谨奏。

宣统二年十月初九日奉朱批：知道了。钦此。

《政治官报》第一千九十四号，折奏类，宣统二年十月十二日出版

法部奏热河改设高等审判检察厅等折

宣统三年三月二十二日①

奏为热河改设高等审判、检察厅，并请旨将热河道暂加提法使衔，恭折仰祈圣鉴事：

窃臣部上年十一月二十一日具奏，热河设立高等分厅及地方以下各厅，以符定章一片，奉旨：依议。钦此。钦遵咨行在案。嗣据该都统电称，热河蒙民杂处，命盗讼狱繁过内地，若仅设一高等分厅，事权遥制于总厅，直、热相距弯

---

① 为上谕批示日期。

远,分厅位卑权轻,必多窒碍。矧热河蒙民交涉案件,刑司既裁,若无大员坐理,不足以镇服蒙旗,自应仍照上年原奏,设立高等审判厅并加热河道提法使衔,以资审转,方于大局有裨,等因。臣部当将以上各节咨商宪政编查馆,旋准复称,馆奏司法区域划分暂行章程第二条第二项,边疆大员驻所,得设高等审判分厅,系指各该边疆驻所大员向不勘转刑名,其司法审判仍归本省管辖者而言,故分厅与本厅仍得同隶一省。热河所属旗蒙民刑事件,向归都统管理,是其司法权限早已划分,且以数千里广漠之地,数百万抚绥之众,仅以一普通推事坐镇其间,而监督之权远在直隶,殊有鞭长莫及之势。该都统所请拟设高等审判厅之处,自应变通奏案,准予设立,并准其将热河道暂加提法使衔,兼掌司法行政事宜,由部奏明咨行,该都统遵办,等语。查臣部上年奏令设立高等分厅,原为慎重官守,撙节经费起见,惟该都统电商各节,亦系实在情形,核与定章虽稍有变通,而于立法本意尚无抵触。既据该都统于上年十二月间奏明拟设高等审判、检察厅,并遴保丞、长,等因。奉旨:该部知道,钦此。在案。自应钦遵办理。

其热河道员暂加提法使衔一节,□□□□□□□□□□□成案,事同一律,且热河命盗一切案件,自道光年间即已划归热河道总核审转,呈由都统达部,是司法机关向已自为区域。拟并仰恳天恩,俯准将热河道暂加提法使衔兼掌司法行政事宜,以免窒碍。所有热河改设高等审判、检察厅,并将热河道暂加提法使衔缘由,理合恭折具陈,伏乞皇上圣鉴。谨奏。

宣统三年三月二十二日奉上谕,已录。

《政治官报》第一千二百五十一号,折奏类,宣统三年三月二十八日出版

六、地方自治

1. 清政府关于地方自治的讨论及章程、文件

南书房翰林吴士鑑请试行地方分治折

光绪三十二年六月十五日

臣吴士鑑跪奏，为请试行地方分治，以具改良政体之基，敬陈管见，恭折仰祈圣鉴事：

窃天下无久而不敝之法，法敝必变，变必采人之长，以补我之短，其大较也。然欲规其全体，必先揽厥大纲。方今环球棣通，列强林立，言政治者必竞推欧美。朝廷甄陶三古，孕育八荒，不惮采异域之良谟，佐中原之郅治。既特简五大臣分赴东西各国考察一切，复设考察政治馆于京师，司编纂译述之役，海内喁喁想望新政。臣窃谓改政之举，用宏体巨，经纬万端，而会归有大原，推行有大本。闲尝取各国政法参互比勘，更证以彼邦通人学士之议论，而知司法行政之

道，不外两端：曰中央集权，曰地方分治。中央集权者所以尊主柄也，其法权操诸君主，事虽经上下议院允行，非得君主俞允，则不成为法律。若既经君主许可，以敕令布之全国，则中央政府得时时监督之，辟阖张弛，惟其所令，而全国不敢自为风气。然又恐权集中央，彼国臣民或但知有服从之义务，而不知有协赞之义务也，则又有地方分治之制以维之。其法凡郡县町村悉举明练公正之士民以充议长，综赋税、学校、讼狱、巡警诸大政，各视其所擅长者任之，分曹治事，而受监督于长官。其人之不称职，事之不合法者，地方长官得随时黜禁之，遇有重大事件，则报告于中央政府，以行其赏罚。盖东西各国所以能上下相维，内外相制，主权伸而民气和，举国一心，以日进于富强者此也。中国比年举行新政，于中央集权之制，已逐渐整饬，故立商部以总商务，立学部以总学务，立警部以总警务，立财政处、练兵处以总全国之赋税、军旅，凡有兴举，颟若画一，进步已大著矣。而地方分治之制，惟直隶初试其端，故近年郡邑吏治以畿疆为称最，他省犹因仍旧制，未加改良。夫官吏士民，同属朝廷臣子，官即已仕之民，民即未仕之官，使地方司法行政官果独任有余，曾何需民之参预。无如考察事理，盱衡时势，有必待官民之合力分治者。臣请撮新政重要诸端，为我皇太后、皇上陈之。

一、财政。国非财不立，财非民不生，司农、大藏，皆用财之区，非生财之区也。生财者其地方乎，而中国地方财政，夙由守令兼管，催科之外别无作用，夫催科固不足以尽财政矣。东西各国司理财者，于民生之舒蹙，地利之肥瘠，物产之丰绌，贸易制造之进退衰旺，无不通筹并计，全局罗胸。平日合公私上下之财以联为一体，一旦有事，民财无非君才，操纵敛散，捷于呼吸。中国大患在贫，兹事首宜仿效，然非一牧令所能胜任。此财政之宜分治者一也。

一、学务。旋乾转坤，惟学是赖。然普通、专门异其用，高等、蒙养异其程，其中管理、教授诸法，非学务解人不能心知其意，知其意而不能身亲其事，犹无益也。今各地方学务，皆循例以守令兼司，天下守令深明学务者曾有几人，况簿书鞅掌何暇究心。将来学堂大兴，一郡一邑之间，多或百余，少亦数十，而无专司董理之人，坐令家自为师，人自为学，成绩漫无考见，而风潮时有所闻，自非一府一州一县各设专员，势难统一。此学务之宜分治者二也。

一、裁判。听讼折狱，守令专职，而今日之裁判不可以与昔比，昔恃果决，

六、地方自治

而今重精详。民刑两诉讼法，已由法律大臣纂布，禁刑讯，准辩护，重证据，慎差传，狱无大小，必纡余委备，以研其理，反复曲折，以尽其情，武健之为，一无所用。夫以中国前此谳狱之法，其率易苟简若此，而各州县犹积案累累，以今日裁判律绳之，事繁晷促，百案将无一举矣。东西各国主裁判者，皆出身学堂，任以专官，终身令治法律。中国词讼之烦，远过欧西，而独令地方长官兼摄，吏治之敝，患在民生。此裁判之宜分治者三也。

一、巡警。日本维新变法，惟得力警察，而遂收富国强兵之效。其事综行政、司法，无所不包，实为新政之总枢。特条理至繁，而义类至细，非办事者之精神念虑在在与为周浃，则奉行必无实际。外省州县瞢于警察之原理，或以保甲改充，或以营勇募补，以未受教育之人材，滥竽警政，其故由于地方官先不知警学也。比自设立警部以来，京城内外分置厅区，未闻令大、宛两县之兼摄，首善既已创行，各省自宜仿举。此巡警之宜分治者四也。

以上四端，臣但举其荦荦大者言之。新政事宜，犹不尽此，然皆分治则利，合治则害，分治则益，合治则损，分治则成，合治则败。臣非谓今日地方官中必无泛应曲当之才能兼任有余者在也。顾即兼任有余，而当此世界文明人群进化之际，国与地球上者无不挟国民之力以竞争，其身为国民者亦无不有政治法律之思想。中国举行新政，苟惟与地方官吏谋之，而蚩蚩之氓，长听其茫昧终古，则对于内政、外交，人挟多数之国民以竞争，而我仅挟少数之官吏以抵制，众寡之势既殊，胜负之形立判，此尤外瞻邻敌，内念邦基，而不得不亟图变计者也。如谓士民预政，积久或滋流弊，则就近有地方长官之监督，其上有行省大吏之监督，又其上有中央政府之监督。况政体既定，立法仍归之于上，通国臣民无非奉行成法，分治之举，职分而权不分，意美法良，无逾于此。

臣备员禁近，目击时艰，恭值宸谟广运之秋，适际变法图强之会，窃谓地方分治实为改良政体之基，壤流一得，辄效其悃款之愚。倘蒙附采刍荛，可否恳请饬下政务处筹议采择施行。臣愚昧之见，是否有当，谨恭折具陈，伏乞皇太后、皇上圣鉴训示。谨奏。

《清末筹备立宪档案史料》，第711—714页

出使俄国大臣胡惟德奏请颁行地方自治制度折

光绪三十二年七月十八日

二品衔、三品卿衔、出使大臣、分省补用道臣胡惟德跪奏，为拟请颁行地方自治制度，以资群而力兴庶务，恭折仰祈圣鉴事：

窃维比岁以来，朝廷锐意自强，举凡练兵、理财、学校、巡警诸要政，莫不次第振兴。而于各国现行法律，如刑法、商法、民刑诉讼法、商法破产律等，亦已旁搜博取，先后仿行。近复特简重臣，分赴东西各国考察政治，轺车所采，举要迭施，郅制之隆，计日可俟。微臣待罪海外，忝奉会同考证之命，猥以谫陋，莫益高深，谨就管见所及，敬为我皇太后、皇上陈之。

今中外言治者，皆曰欲期上下交泰，君民一体，明主权之作用，握万法之根源，莫急于颁行宪政，是诚探本之论，切要之图矣。惟是立宪枢键，其要有三：曰行政、曰司法、曰代议。代议者，所以代表国民决议法律，故亦谓之立法。三者一有未备，奏效无从。纵使急切图谋，必亦宽期岁月。时势所迫，通变合宜，臣愚以为莫如先行地方自治制度。查东西诸国无不分中央统治与地方自治为二事，而地方自治之中，亦有行政、代议之别。府县官吏为地方行政机关，府县议会为地方代议机关，职务权限界画分明，而同受治于法律范围之下，有左右维持之势，无上下隔阂之虞，用能百事俱兴，众心一致。英吉利为宪政所滥觞，自一千八百三十二年发布大宪章以前，民间久行自治，合群进化，历世相沿，法令所颁，不期而举，此英国法所以称习惯法也。日本自明治四年废藩置县，即有地方团体治理公共事务，或由敕令，或由省令，逐次改良，随时进步。至明治二十三年发布府县制、郡制，其时一切规模，早臻完备，不过征累年之治效，按通国之情形，以著为成文法而已。其他诸国类似者尚多，善政流风有自来矣。

中国幅员辽阔，户口殷繁，一省之中，州县数十，大或千里，小亦数百里，统治之权，仅委诸一二守令，为守令者又仅以钱谷、狱讼为职务，民间利病漠不相关，重以更调频仍，事权牵掣，虽有循吏，治绩难期。至于编户齐民，散而不群，各务私图，遑知公益，为之代表者，不过数绅士，又复贤愚参半。其出入官署因缘为奸者无论矣，即有一二搢绅，表率乡里，或由族望科名之殊众，非必才能学识之过人，以故府县之中，遇有应兴应革事宜，守令以一纸公文移知绅士，绅士以数人武断对付守令，转辗相蒙，而事终不举。夫治天下自郡县始，今郡县之治，疲散颓茶如此，而望国民有公德之感情，具参政之能力，以日进于盛治之无疆，是何异南辕北辙也。

今欲上下一心，更张百度，所有地方种种事宜，咸待措理。举要言之，如小学教育所以造就国民，民间子女皆须就学，以户口计之，一县之中当有小学校数十处，造就教员，又当有师范学校。而建筑校舍，则当相度地形，稽查学龄，则当编订户籍。又如水陆道路所以便利交通，近岁内地杂民、外人日众，每议我国道路秽塞，行旅艰难。此后工商繁兴，学校林立，市廛罗布，车马骈阗，在在与道路有密切之关系。他如卫生事宜，所以图国民身体之健全，则当清洁市衢，建修病院。积储事宜，所以备社会不时之灾歉，则当收敛米谷，存蓄金钱。自余庶务，至纤至悉，更仆难终，断非守令一二人所可独担，亦非绅士数人所能分任。使无地方团体实行自治制度，图功程效，其道无由。是宜取鉴列邦，举行新制。提纲振领，其要有二：一曰明定府县官吏职务权限。府县守令为行政官，对于中央政府受监督之责，对于地方团体任管辖之权，以故法律命令之所规定，府县议会之所议决，皆为守令所执行。而于守令之下，增置府县吏员，分担众务，任免委诸守令，而登用必经考验，俸给出自府县，而籍贯必属本乡，是为地方行政机关。

一曰设立府县议会、参事会。每县设一会，以本县人民选举议员组织之，每府设一参事会，以府县守令及由县会议员中选举参事会员组织之。县会议员额数，视一县人口多寡而定。选举人及被选举人资格，视财产职业而定。其议事权能，则预算一县岁出入，稽核决算报告，及关于地方公益一切应办之事。其担任义务，则征纳地方税，以充本地办事之费。至府参事会，所以联络各县会，凡关系重大事件，受县会之委托而临时集议之，是为地方代议机关。

以上二者，实地方自治之精髓，即国民进步之阶梯。为今之计，似未有急于此者，用敢竭其愚虑，披沥上陈。如蒙圣明采择，应请饬下考察政治大臣会同政务处大臣，调查东西各国地方自治制度，参酌损益，详订章程，颁示天下，限期兴办，庶几资群力而众擎易举，兴庶务而百弛俱张，人奋忠爱之精神，日收富强之功效，权舆宪政，焜耀环球，我国家亿万年有道之长基此矣。微臣不胜惶悚之至。

所有拟请颁行地方自治制度缘由，恭折具陈，伏乞皇太后、皇上圣鉴训示。谨奏。

《清末筹备立宪档案史料》，第 714—716 页

大学士孙家鼐奏改官制当从州县起并请试行地方自治折

光绪三十二年九月十六日

大学士臣孙家鼐跪奏：为立宪改官制，宜设法试行，以期万全无弊事。

窃惟近日奉旨，立宪首改官制，仰见朝廷孜孜求治，力图振兴之意。月余以来，臣等所再三考订者，已经公折奏陈。但此次所议皆系京职，外省各官尚待续议。臣愚以为设官分职，皆以治民，则亲民之官尤为紧要。迩来吏治偷惰，贪酷横行，民不聊生，邪说易于鼓煽，士风不靖，民气嚣张，此非天下之细故也。欲改定官制以治今日之天下，当从州县起，而京朝百官犹其后焉者也。譬如筑室，先从根基做起，逐渐加高，自然稳固。若根基不固，虽墙高九仞，堂实焕然，有立见倾圮耳。州县者天下之根基也，乡邑者又州县之根基也，乡邑治而州县治，州县治而天下治矣。夫州县虽小，与治天下之法政无不备具，古有乡大夫及闾胥、比长，今用绅董、耆老，实为乡官遗意。兴贤选能，士人之入仕籍者，州县皆有册可稽，此即吏曹之事也。春秋耕获，必完丁漕，里党善举，必筹经费，此即户曹之事也。庙祀、乡饮各有典章，冠、婚、丧、祭各有伦叙，此即礼曹之事也。举团练以诘奸禁暴，即兵、刑、巡警之所司。兴水利而开塘、筑堤，即农部、工部之所掌。又如蒙塾教诲，实同学校之规模，教堂往来，宜讲中外之交

际，以及舆图险要，行商坐贾、山林渔牧之业，工艺路矿之利，凡京朝所设职官，乡邑莫不具体。合乡邑以成州县，合州县以成天下，所以懋治功而美风化者，推行愈广，则收效愈宏，盖观于乡而知王道之易易也。

现在民智未开，宪法恐多阻碍，乡邑固有之事逐渐扩充，民人得享安全，政令自易于鼓舞。然则地方自治实为宪法初基，将欲责效于台司，莫若试行于州县，但州县中真不愧为民父母者不可多得，又未便同时并举。应请饬下各督抚，于所属州县中慎选循良，每省奏保数员，先于物力充裕之区，假以事权，使其切实兴办，苟无其人，任缺无滥，并请谕令各部院堂官，如有所知，亦准保荐，兼准保部署各员。如果地方自治办有成效，必优加奖励，或增禄晋秩，或如汉时玺书褒勉之例，积日既久，不次超迁。设有贪婪不职者，本官严参治罪，原保官照滥保匪人例议处。其未经保奏州县不奉督抚札谕者，不准操切从事。俟成效既彰，逐渐推广，十数年后，庶几天下乂安，宪法可不令而行矣。

臣愚昧之见，是否有当，伏乞皇太后、皇上圣鉴。谨奏。

《清末筹备立宪档案史料》，第461—462页

出使奥国大臣李经迈奏地方自治权限不可不明求治不宜过急片

光绪三十三年四月二十二日

再，地方自治，欧洲各国办法大略相同，原以本地之绅民，集本地之款项，图本地之公益，情势既洽，措施较易。中国沿海各省，近亦有议仿行者，第官吏行政之权，与地方办事之权，必须预为分晰，断不至因侵越而生冲突，如虑官吏阻阏，尽可准赴司法官控诉秉公判决，而地方官进退之权，不可操之于自治会。臣到奥后，屡向维也纳都城巡抚及其城长详晰谘询，皆云权限不可不明，盖非如此，则政界必因而扰乱。臣又闻之此间政治家言，中国举行新政，诚为自强之需

要,然求治不宜过急。日本变法之初,各国皆虑其因速而致乱,幸其壤地本小,转移尚易为力。中国幅员太广,人数太多,风俗各殊,教化尚未普及,与环球各国情形皆有不同,目前改革之道,只宜对症发药,逐渐改良,免蹈危机等语。查其所言各节似尚明中国情形。地方自治一事,为将来宪政基础,此实内政改革最大之关键,立法之始,固有不能不慎之又慎者。谨附片具陈,伏乞圣鉴。谨奏。

光绪三十三年四月二十二日奉朱批:考察政治馆知道。钦此。

《清末筹备立宪档案史料》,第 718—719 页

宪政编查馆大臣奕劻等议复闽浙总督松寿所奏乡官考试任用章程折

光绪三十四年四月二十六日

臣奕劻等跪奏,为遵旨议奏,恭折具陈,仰祈圣鉴事:

光绪三十四年三月初八日闽浙总督松寿奏请定乡官考试任用章程一折。奉朱批:宪政编查馆议奏。钦此。准军机处抄交到馆。查原奏内称:前由考察政治馆王大臣奏,各省毕业学生,请先以乡官考试任用一折,其中如职务、经费、期限,均应明定详细章程,以归画一而资遵守等语。用意颇为周密。惟是臣等查光绪三十三年五月二十七日臣奕劻与臣孙家鼐因遵旨续订直省官制,另行具奏,请将各省毕业学生,先以乡官考试任用,俾资历练而收治效一折,系为学堂毕业学生,注重国文,娴习吏事起见。其时尚未恭奉明诏试办地方自治,故拟先请仿古乡遂设官之法,考选中学堂以上之毕业学生任为乡官,以本地方之人办本地方之事,俾佐州县以下各官之不逮。至光绪三十三年八月二十三日,内阁奉上谕:钦奉懿旨,著民政部妥拟地方自治章程,请旨饬下各省督抚,择地依次试办等因。钦此。现民政部正在拟订自治通则,各州县之城镇乡,皆得设立自治会,办理自治事宜。所有会员,均由本地选举,其为法虽与任用乡官稍异,其收效实与设立

乡官相同，俟该部奏准通行后，自当仰遵明谕，选举贤能力谋公益。其学堂毕业学生果能合格，则被选为自治会会员者必多，似无须再设乡官及先定考试任用章程，致涉两歧。该督所称职务、经费、期限各节，应请无庸置议。

所有遵旨议奏缘由，谨恭折具陈，是否有当，伏乞皇太后、皇上圣鉴训示。谨奏。

《清末筹备立宪档案史料》，第723—724页

民政部咨各省督抚自治章程未颁以前暂勿办理自治①

光绪三十四年十月以前

城镇乡地方自治章程。未颁布。

然民政部咨行各省督抚，略言自治为我国创举，事理备极繁赜，非详加讨论，不足昭郑重，尽美善。城镇乡自治章程，甫经审订就绪，尚未奏请钦定颁行。近来迭接各省士绅禀报，开办自治，私拟章程，多未合法，甚有误解自治字义，举动轶出范围者，倘不慎之于始，必致流弊丛生，转失朝廷讲求宪政之本旨。嗣后各省绅民，在自治章程未经颁布以前，应安心静候，不得轻举妄动，致出纷歧。除直隶天津等属，办理在先，所有章程，业经奏咨有案，暂应照常办理外，其余尚未奏准开办各地方，应俟本部章程奉旨钦定颁行后，再行遵章办理。云云。

则部臣所欲收画一之效者，于自治制甚明，乃于谘议局章程已颁行后，竟有轶出范围之山西省，其谓之何②？

《东方杂志》，光绪三十四年第十期《宪政篇》

---

① 标题为编者所拟，原文无标题。
② 末一段为《东方杂志》之评论。

宪政编查馆奏城镇乡地方自治章程并选举章程折（附单二件、附上谕）

光绪三十四年十二月二十七日①

臣奕劻等跪奏，为核议城镇乡地方自治章程，并另拟选举章程，谨缮清单，恭折仰祈圣鉴事：

光绪三十四年七月二十八日，民政部奏遵拟地方自治章程一折，奉旨：依议。钦此。由民政部抄录原奏清单，咨送前来。原奏内称：地方自治为臣部之专责，城镇乡为自治之初级，拟订章程七章，请饬下宪政编查馆核议施行。其厅州县自治章程，应俟续订告成之日，再行具奏，等语。

臣等查地方自治之名，虽近沿于泰西，而其实则早已根荄于中古。周礼比间、族党、州乡之制，即名为有地治者，实为地方自治之权舆。下逮两汉三老、啬夫，历代保甲、乡约，相沿未绝，即今京外各处水会、善堂、积谷、保甲诸事，以及新设之教育会、商会等，皆无非使人民各就地方聚谋公益，遇事受成于官，以上辅政治而下图辑和。故言其实，则自治者，所以助官治之不足也。民生所需，经纬万端，国家设官董治，仅挈大纲，非独政体宜然，实亦势有不逮。若必下涉纤忽，悉为小民代谋，设官少则虞其丛脞，设官多则必至于烦扰。况山国、泽国，利害不必悉同，好雨、好风，嗜欲尤多殊异，强以官府之力行一切之法，意本出于爱民而受之者或反以为不便。北宋用青苗法乱天下，而朱子社仓用意与之相仿，乃为法于后世者，则一主以官，一主以民之故也。言其名，则自治者，与官治相对待而言也。无官治则无所谓自治，犹无二物则无所谓彼此。自治之事，渊源于国权，国权所许，而自治之基乃立，由是而自治规约不得抵牾国家之法律，由是而自治事宜不得抗违官府之监督。故自治者，乃与官治并行不悖之

---

① 此为上谕颁布时间。

事，绝非离官治而孤行不顾之词。惟立宪国之所异者，彼于官治、自治之限阈，郑重剖晰，勒为法典，上下相信，守之不渝。民固不得奋私智以上渎，而官亦不得擅威福以下侵。用能互相系属而龃龉不生，各守分限而责任亦无所贷。于是乎特立地方自治之名，使与官治相倚相成，而自治与官治乃有合则双美离则两伤之势矣。查民政部所拟章程，深明此意，列具各条，均能纲举目张，惟兹事关系宪政根本，循名责实，不厌精详。臣等复悉心考求，再三讨论，增改厘订，务求完备周密，拟订城镇乡地方自治章程，凡九章都一百十二条。其原奏自治选举，悉照谘议局选举章程办理一节，查谘议局议员选举，系用复选制度，现在自治职员选举，宜用单选制度，繁简各殊，一切规制，势难通用，且选举人不分等级，尤易使刁生劣监，要挟平民，冒滥充选，殊非为地方兴利防弊之道，是宜别设自治选举章程，以求适合。兹并一律厘定，谨胪举大要，及预行严防流弊之处，为我皇上缕析陈之。

一、明示自治名义也。新政权舆，事端既多创举，即名义不免创设，若或望文生训，笼统误解，以自治为不受管辖之意，不独失国家驭民之柄，而无识官吏或谈虎变色，阴为摧阻，以隳宪政之基。名之不正，则生心害政，在在堪虞。故于章首特为标明，使人皆了然知地方自治之真意，庶上下相疑之患可以无虑。

二、划清自治范围也。地方自治，既所以辅官治之不及，则凡属官治之事，自不在自治范围之中。查各直省地方局所，向归绅士经理者，其与官府权限初无一定。于是视官绅势力之强弱以为其范围之消长，争而不胜，则互相疾视，势同水火。近年以来，因官绅积不相能，动至生事害公者，弊皆官民分际不明，范围不定之所致。今既令人民自治，若再有此种情形，宪政前途何由日进？是以特将自治事项指实条列，别为款目，俾一览而知其范围之所在。此外非国家之所许，即不容人民之滥涉。经理在民，董率在官，庶得相倚相成之意，而胶扰可以不生。

三、慎重自治经费也。万事非财不举，地方自治既不能动用国家正款，则于旧有公款公产而外，不能不别开筹措之途，然若漫无限制，则浮征滥费，势所难免，而甚者会敛逾等，或至与国税相妨，则尤与自治宗旨相反。兹故特于经费章内，明定收捐之制，而仍规以定率，以至管理、征收、预算、决算、检查，俱各详示准绳，仍随时报由地方官查核，所以防逾滥亏蚀之弊，而期有饩廪称事之实。

四、责重自治监督也。自治之事，既渊源于国权，即应受监督于官府，法理当然，无待繁称。所虑官不知所以监督之道，宽猛一失其宜，不独戕折良民自治之机，亦且为长奸启侮之渐。兹故以监督重权，上寄于民政部及各省督抚，下畀于地方官吏，并确示监督条款，特订自治职员罚则，俾得按章督责，无敢非慭，庶自治区域虽多，而一一就我准绳，不至自为风气；自治职员虽众，而一一纳之轨物，不至紊乱纪纲。

以上臣等区区之愚，反复核议，尚少流弊。谨将核定地方自治章程并另拟自治选举章程，分缮清单，恭呈御览。如蒙俞允，拟请明降谕旨，钦定颁行，俾昭法守。

抑臣等更有请者，地方自治，以本乡之人办本乡之事，情亲地近，功效易见，而流弊亦易生。选举苟不得人，则假公济私，把持垄断，将利未形而害先见。全在地方州县于监督选举时慎之又慎，必使当选者皆得正人，乃能获相助为理之益。然州县若不得其人，仍难经理得宜而收实效。故其根本，尤在督抚之善择州县。应请旨饬下各督抚，慎选牧令，严切告诫，务令所选之人，皆合资格，不得使品行悖谬、营私武断之徒滥厕其列，以期扶持善类，屏黜奸豪，仰副朝廷扬清激浊、好恶同民之至意。

再，地方自治事宜，既属创办，端绪纷繁，若各省无提纲挈领之处为之主持，则各该地方官遇事无所禀承，办理恐滋贻误。拟由臣馆通行直省，各就谘议局筹办处，责令兼理地方自治一应筹办事宜，以资擘画而利推行。俟各直省地方自治办理粗具规模，再行一律裁撤，用节糜费。

所有核议地方自治章程，并另拟自治选举章程各缘由，理合缮单，恭折具陈，伏乞皇上圣鉴训示。谨奏。

宪政编查馆大臣和硕庆亲王臣奕劻
宪政编查馆大臣大学士　臣　世续
宪政编查馆大臣大学士　臣张之洞
宪政编查馆大臣大学士　臣鹿传霖
宪政编查馆大臣大学士　臣　那桐

谨将城镇乡地方自治章程缮具清单，恭呈御览。

计开：

第一章 总 纲

第一节 自治名义

第一条 地方自治，以专办地方公益事宜，辅佐官治为主，按照定章，由地方公选合格绅民，受地方官监督办理。

第二节 城镇乡区域

第二条 凡府厅州县治城厢地方为城，其余市镇村庄屯集等各地方，人口满五万以上者为镇，人口不满五万者为乡。

第三条 城镇乡之区域，各以本地方固有之境界为准。

若境界不明或必须另行析并者，由该管地方官详确分划，申请本省督抚核定。

嗣后城镇乡区域如有应行变更或彼此争议之处，由各该城镇乡议事会拟具草案，移交府厅州县议事会议决之。

第四条 镇乡地方嗣后若因人口之增减，镇有人口不足四万五千，乡有多至五万五千者，由该镇董事会或乡董呈由地方官，申请督抚分别改为乡镇。

第三节 自治范围

第五条 城镇乡自治事宜，以左列各款为限：

一、本城镇乡之学务

中小学堂 蒙养院 教育会 劝学所 宣讲所 图书馆 阅报社
其他关于本城镇乡学务之事

二、本城镇乡之卫生

清洁道路 蠲除污秽 施医药局 医院 医学堂 公园 戒烟会
其他关于本城镇乡卫生之事

三、本城镇乡之道路工程

改正道路 修缮道路 建筑桥梁 疏通沟渠 建筑公用房屋 路灯 其他关于本城镇乡道路工程之事

四、本城镇乡之农工商务

改良种植牧畜及渔业　工艺厂　工业学堂　劝工厂　改良工艺　整理商业　开设市场　防护青苗　筹办水利　整理田地

其他关于本城镇乡农工商务之事

五、本城镇乡之善举

救贫事业　恤嫠　保节　育婴　施衣　放粥　义仓积谷　贫民工艺　救生会　救火会　救荒　义棺义冢　保存古迹

其他关于本城镇乡善举之事

六、本城镇乡之公共营业

电车　电灯　自来水　其他关于本城镇乡公共营业之事

七、因办理本条各款筹集款项等事

八、其他因本地方习惯，向归绅董办理，素无弊端之各事

第六条　前条第一至第六款所列事项，有专属于国家行政者，不在自治范围之内。

第七条　城镇乡地方就自治事宜，得公定自治规约，惟不得与本章程及他项律例章程相抵牾。

自治规约内得设罚则，以罚金及停止选民权为限。罚金最多之额不得过十元，停止选民权最长之期不得过五年。

第四节　自治职

第八条　凡城镇各设自治职如左：

一、议事会

一、董事会

第九条　凡乡设自治职如左：

一、议事会

一、乡董

第十条　城镇乡地方，有分属二县以上，或直隶州与县管辖者，其自治职仍得合并设置，毋庸分立。

第十一条　城镇有区域过广，其人口满十万以上者，得就境内划分为若干区。各设区董，办理区内自治事宜。其细则以规约定之。

第十二条　乡有户口过少，其选民全数不足议员最少定额十倍之数者，得不

独立设置自治职，与同一管辖内邻近之城镇乡合并办理。

若因地方情形不便合并者，除按章设置乡董外，得不设乡议事会，以乡选民会代之。

第十三条　凡二乡以上，有彼此相关之事，必须连合办理者，得以各该乡之协议，设连合会办理之。

第十四条　城镇乡地方各设自治公所，为城镇乡议事会会议及城镇董事会、乡董办事之地。

自治公所可酌就本地公产房屋或庙宇为之。

第五节　居民及选民

第十五条　凡于城镇乡内现有住所或寓所者，不论本籍、京旗、驻防或流寓，均为城镇乡居民。

居民按照本章程所定，有享受本地方公益之权利，并有分任本地方负担之义务。

第十六条　城镇乡居民具备左列资格者，为城镇乡选民：

一、有本国国籍者

二、男子年满二十五岁者

三、居本城镇乡接续至三年以上者

四、年纳正税（指解部库、司库支销之各项租税而言）或本地方公益捐二元以上者。

居民内有素行公正，众望允孚者，虽不备第三第四款之资格，亦得以城镇乡议事会之议决作为选民。

若有纳正税或公益捐较本地选民内纳捐最多之人所纳尤多者，虽不备第二第三款之资格，亦得作为选民。

第十七条　有左列情事之一者，虽具备前条第一项各款及合前条第三项所定资格，不得为选民：

一、品行悖谬，营私武断，确有实据者。

二、曾处监禁以上之刑者。

三、营业不正者。其范围以规约定之。

四、失财产上之信用，被人控实，尚未结清者。

五、吸食鸦片者。

六、有心疾者。

七、不识文字者。

第十八条　城镇乡选民，按照本章程所定，有选举自治职员及被选举为自治职员之权。

以第十六条第三项资格作为选民者，有选举自治职员之权。若不能自行选举权者，得遣代理人行之。

代理人以具备第十六条第一项第一、二款之资格，且不犯第十七条所列各款者为限。

第十九条　左列人等不得选举自治职员及被选举为自治职员：

一、现任本地方官吏者。

二、现充军人者。

三、现充本地方巡警者。

四、现为僧道及其他宗教师者。

第二十条　现在学堂肄业者，不得被选举为自治职员。

第二十一条　凡被选举为自治职员者，非有左列事由之一，不得谢绝当选，亦不得于任期内告退。

一、确有疾病，不能常任职务者。

二、确有他业，不能常居境内者。

三、年满六十岁以上者。

四、连任至三次以上者。

五、其他事由，特经城镇乡议事会允准者。

第二十二条　无前条所列事由之一，而谢绝或告退者，得以城镇乡议事会之议决，于一年以上五年以下停止其选民权。

第二章　城镇乡议事会

第一节　员额及任期

第二十三条　城镇议事会议员，以二十名为定额。

城镇人口满五万五千者，得于前项定额外增设议员一名。自此以上，每加人口五千,得增议员一名,至多以六十名为限。

第二十四条 乡议事会议员,按照人口之数定之,其比例如左:

人口不满二千五百者,议员六名。

人口二千五百以上不满五千者,议员八名。

人口五千以上不满一万者,议员十名。

人口一万以上不满二万者,议员十二名。

人口二万以上不满三万者,议员十四名。

人口三万以上不满四万者,议员十六名。

人口四万以上者,议员十八名。

第二十五条 城镇乡议事会议员,由本城镇乡选民互选任之。

城镇乡议事会议员选举事宜,照另定选举章程办理。

父子兄弟不得同时任为议员。若同时当选者,以子避父,以弟避兄。

若有父子兄弟现为城镇董事会总董、董事,或乡董、乡佐者,不得为该议事会议员。

第二十六条 城镇乡议事会各设议长一名,副议长一名,均由议员用无名单记法互选。其细则以规约定之。

第二十七条 议员以二年为任期,每年改选半数,若议员全数同时选任者,其半数即以一年为任满。

前项一年任满之半数,以抽签定之,若全数不能平分者,以多数为半数。

第二十八条 议长、副议长以二年为任期,任满改选。

第二十九条 议员及议长、副议长任满再被选者,均得连任。

第三十条 议员因事出缺至逾定额三分之一者,应即补选。

第三十一条 议长因事出缺,以副议长补之。副议长因事出缺,应即补选。

第三十二条 补缺各员,其任期以补足前任未满之期为限。

第三十三条 议员及议长、副议长均为名誉职,不支薪水。

议长、副议长有办公必须之费用,得给相当之公费。其数目由本城镇董事会或乡董定之。

第三十四条 城镇乡议事会各设文牍、庶务等员,其员额、薪水以规约定之。

文牍、庶务员不限以选民，由议长、副议长遴选派充。

第三十五条　乡选民会议员无定额，以本乡选民全数充之。

乡选民会设议长、副议长，均由会员互选，其任期及再选照第二十八、二十九条办理。若因事出缺，照第三十一条办理，薪水、公费照第三十三条第一、第二项办理。

第二节　职任权限

第三十六条　城镇乡议事会应行议决事件如左：

一、本城镇乡自治范围内应行兴革整理事宜。

二、本城镇乡自治规约。

三、本城镇乡自治经费，岁出入预算及预算正额外预备费之支出。

四、本城镇乡自治经费岁出入决算报告。

五、本城镇乡自治经费筹集办法。

六、本城镇乡自治经费处理办法。

七、本城镇乡选举上之争议。

八、本城镇乡自治职员办事过失之惩戒。惩戒细则以规约定之。

九、关涉城镇乡全体赴官诉讼及其和解之事。

第三十七条　议事会议决事件，由议长、副议长呈报该管地方官查核后，移交城镇董事会或乡董按章执行。

第三十八条　议事会有选举城镇董事会职员或乡董、乡佐及监察其执行事务之权，并得检阅其各项文牍及收支帐目。

第三十九条　议事会遇地方官有咨询事件，应胪陈所见，随时申复。

第四十条　议事会于地方行政与自治事宜有关系各件，得条陈所见，呈候地方官核办。

第四十一条　议事会于城镇董事会或乡董所定执行方法，视为逾越权限，或违背律例、章程，或妨碍公益者，得声明缘由，止其执行。若城镇董事会或乡董坚持不改，得移交府厅州县议事会公断。

若于府厅州县议事会之公断有不服时，得呈由地方官核断。如再不服，由地方官申请督抚交谘议局公断。

第四十二条　乡选民会职任、权限，照乡议事会办理。

第三节 会 议

第四十三条 城镇乡议事会会议每季一次。以二月、五月、八月、十一月为会期。每会期以十五日为限。限满议未竣者，得由议长宣示展限十日以内。其有临时应议事宜，经地方官之通知及城镇董事会或乡董之请求，或议员全数三分之一以上之请求者，均得随时开会。

每届会议，应由城镇董事会或乡董，将本届应议事件，距开会十日以前通知议事会议员。其临时会议，事出仓促者，不在此限。

第四十四条 会议时，议长如有事故，以副议长代理；若副议长并有事故，由议员中公推临时议长代理。

第四十五条 会议非有议员半数以上到会，不得议决。

第四十六条 凡议事可否，以到会议员过半数之所决为准。若可否同数，则取决于议长。

第四十七条 会议时，城镇董事会职员，或乡董、乡佐，均得到会陈述所见，但不列议决之数。

第四十八条 凡会议不禁旁听。其议长、副议长视为应行秘密者，不在此限。

第四十九条 会议事件，有关系议长、副议长及议员本身或其父母兄弟妻子者，该员不得与议。

议长、副议长如有前项事由，照第四十四条办理。议员半数以上有前项事由，因而不能议决者，由议长将该件移交府厅州县议事会，或邻近之城镇乡议事会代为议决。

第五十条 会议时，议员有不守议事规则者，议长得止其发议，违者得令退出。因而紊乱议场秩序，致不能会议者，得令暂时停议。

第五十一条 旁听人有不守规则者，议长得令其退出。

第五十二条 议事规则及旁听规则，由议事会自定之。

第五十三条 乡选民会会议，照乡议事会办理。

第三章　城镇董事会

第一节　员额及任期

第五十四条　城镇董事会各设职员如左：

总董　　　一名

董事　　　一名至三名

名誉董事　四名至十二名

董事以该城镇议事会议员二十分之一为额，名誉董事以其十分之二为额。

第五十五条　总董以本城镇选民，由该城镇议事会选举正、陪各一名，呈由该管地方官申请督抚遴选任用之。

第五十六条　董事以本城镇选民，由该城镇议事会选举，呈请该管地方官核准任用之。

第五十七条　名誉董事以本城镇选民，由该城镇议事会选任之。

第五十五、五十六条及本条选举事宜，照另定选举章程办理。

第五十八条　总董、董事以二年为任期，任满改选。

第五十九条　名誉董事以二年为任期，每年改选半数，若同时就任者，其半数即以一年为任满。

前项一年任满之半数，照第二十七条第二项办理。

第六十条　总董、董事均支领薪水，其数目以规约定之。名誉董事不支领薪水。

第六十一条　董事会职员任满再被选者，均得连任。

第六十二条　董事会职员不得同时兼任该议事会议员，若有由议员当选者，应辞议员之职。

父子兄弟不得同时任董事会职员，若同时当选者，照第二十五条第三项办理。

第六十三条　总董如有事故，以董事内年长者代理，年同则以居本城镇较久者代理，若再相同，以抽签定之。

第六十四条　总董、董事因事出缺，及名誉董事因事出缺，至逾定额之半者，均即补选。

第六十五条　补缺各员之任期，照第三十二条办理。

第六十六条　城镇董事会因执行各事，有应设各项办事员时，由总董遴选派充，不限以选民，但须经董事会之公认。其细则以规约定之。

第六十七条　城镇董事会得设文牍、庶务等员，其员额、薪水以规约定之。

文牍、庶务员不限以选民，由总董遴选派充，或按地方情形，即以该议事会文牍、庶务员兼充之。

第二节　职任权限

第六十八条　城镇董事会应办事件如左：

一、议事会议员选举及其议事之准备。

二、议事会议决各事之执行。

三、以律例、章程或地方官示谕委任办理各事之执行。

四、执行方法之议决。

第六十九条　董事会于议事会议决事件，视为逾越权限，或违背律例、章程，或妨碍公益者，得声明缘由，交议事会复议。若议事会坚持不改，得移交府厅州县议事会公断。

不服者照四十一条第二项办理。

第七十条　总董总理董事会一切事件。凡董事会公文函件均以总董之名行之。

第七十一条　董事及办事员辅佐总董，分任董事会事件。

第七十二条　名誉董事参议董事会应行议决事件。

第三节　会议

第七十三条　城镇董事会每月举行职员会议一次。

每届会议，董事会文牍员应将本届应议事件，距开会五日以前通知各职员。

第七十四条　会议时，以总董为议长。

总董如有事故，按照第六十三条，以其代理者为议长。

第七十五条　会议时，非董事会职员全数三分之二以上到会，不得议决。

议决方法照第四十六条办理。

会议时，办事员就该管事务亦得到会与议。

第七十六条　会议时，议事会议长、副议长、议员得到会陈述所见，但不列议决之数。

第七十七条　会议事件，有关系董事会职员本身，或其父母兄弟妻子者，该员不得与议。

总董如有前项事由，照第七十四条第二项办理。董事、名誉董事全数三分之二以上有前项事由，因而不能议决者，将该件移交本城镇议事会代为议决。

第七十八条　凡议决事件，应随时报告议事会，并呈报地方官存案。

第四章　乡　董

第一节　员额及任期

第七十九条　各乡设乡董一名，乡佐一名，以本乡选民，由该乡议事会选举，呈请该管地方官核准任用之。

第八十条　乡董、乡佐不得同时兼任该乡议事会议员，若有由议员当选者，照第六十二条第一项办理。

父子兄弟不得同时为乡董、乡佐，若同时当选者，照第二十五条第三项办理。

第八十一条　乡董、乡佐以二年为任期，任满改选，再被选者，均得连任。

第八十二条　乡董、乡佐均支领薪水，其数目以规约定之。

第八十三条　乡董如有事故，以乡佐代理。

第八十四条　乡董、乡佐因事出缺，均即补选。

第八十五条　各乡因执行各事，有应设各项办事员时，由乡董遴选派充，不限以选民，但须经乡议事会之公认。其细则以规约定之。

第八十六条　乡董得设文牍、庶务等员。其员额、薪水，以规约定之。

文牍、庶务员不限以选民，由乡董遴选派充，或按地方情形，即以该议事会文牍、庶务员兼充之。

第二节　职任权限

第八十七条　乡董职任权限照第六十八条第一至第三款及第六十九条办理。

第八十八条　乡董就应办各事，定执行方法。

第八十九条　乡佐及办事员辅佐乡董办理各事。

第五章　自治经费

第一节　类　别

第九十条　城镇乡自治经费，以左列各款充之：

一、本地方公款、公产。

二、本地方公益捐。

三、按照自治规约所科之罚金。

第九十一条　前条公款、公产，以向归本地方绅董管理者为限。

其城镇乡地方向无前项所指公款、公产，或其数寡少不敷用者，得由议事会指定本地方关系自治事宜之款项、产业，呈请地方官核准拨充。

第九十二条　公益捐分为二种，如左：

一、附捐。

二、特捐。

就官府征收之捐税，附加若干，作为公益捐者，为附捐。于官府所征捐税之外，另定种类名目征收者，为特捐。

前项附捐数目，不得过原征捐税定数十分之一。

凡以劳力或物品供给办理自治事宜之需用者，得计其相当价值，以特捐论。

第九十三条　公益捐之创办，由议事会拟具章程，呈请地方官核准遵行，嗣后如有应行变更、废止之处，亦由议事会条议，呈请地方官核准。

第二节　管理及征收

第九十四条　自治经费由议事会议决管理方法，由城镇董事会或乡董管理之。

第九十五条　公款、公产之内，有系私家捐助，当时指定作为办理某事之用者，不得移作他用。其指定办理之事业，以律例章程变更废止者，不在此限。

第九十六条　附捐由该管官吏按章征收，汇交城镇董事会或乡董收管，特捐由城镇董事会或乡董呈请该管地方官出示晓谕，交该董事会或乡董自行按章征收。

第九十七条　凡于本城镇乡内有不动产或营业者，即本人不在本地方居住，亦一律征收公益捐。

第三节 预算、决算及检查

第九十八条 城镇董事会或乡董每年应预计明年经费出入,制成预算表,于每年十一月议事会会议期内,移交该会议决。

议决后,除照第三十七条办理外,应由地方官申报督抚存案,并于本地方榜示公众。

第九十九条 预算内除正额外,得设预备费,以备预算不敷及预算各款外临时之支出。若预备费不敷支出者,非经议事会之议决,不得提用他款。

第一百条 城镇董事会或乡董,每年应将上年经费出入制成决算表,连同收支细帐,于每年二月议事会会议期内移送该会议决,议决后照第九十八条第二项办理。

第一百零一条 凡自治经费出入之检查,分为二种,如左:

一、定期检查。

二、临时检查。

定期检查每月一次,由城镇董事会总董或乡董行之。

临时检查每年至少一次,由城镇董事会总董或乡董会同该议事会议长、副议长及议员一名以上行之。

第六章 自治监督

第一百零二条 城镇乡自治职,各以该管地方官监督之。该管地方官应按照本章程,查其有无违背之处而纠正之。并令其报告办事成绩,征其预算、决算表册,随时亲往检查,将办理情形按期申报督抚,由督抚汇咨民政部。其分属二县以上或直隶州与县管辖者,由各该州县会同监督之。

第一百零三条 地方官有申请督抚解散城镇乡议事会、城镇董事会,及撤销自治职员之权。

解散或撤销后,应分别按章改选。城镇乡议事会应于解散后两个月以内、城镇董事会应于解散后十五日以内重行成立;乡董应于撤销后十五日以内重行选定。

若城镇议事会、董事会同时解散,或乡议事会、乡董同时解散撤销者,应于两个月以内先行招集议事会。所有选举及开会事宜,由府厅州县董事会代办,其城镇董事会及乡董,应于议事会成立后十五日以内重行成立。

第七章 罚 则

第一百零四条 自治职员有犯赃私及侵吞挪借款项者,除责令全数缴出外,仍按照律例治罪。

第一百零五条 自治职员有不受该管地方官监督者,应由地方官详请该管上司核准办理。

第一百零六条 自治职员有以自治为名干预自治范围以外之事者,城镇乡议事会各员及城镇董事会名誉董事,于会议时,停止其到会三日以上十日以下;城镇董事会总董、董事及乡董、乡佐,停止其薪水半月以上二月以下。其情节重者,均除名。

第八章 文书程式

第一百零七条 城镇乡议事会、城镇董事会及乡董行文该管地方官,用"呈";彼此互相行文及与府厅州县议事会、董事会互相行文,均用"知会";地方官行文城镇乡议事会、城镇董事会及乡董,用"谕";城镇乡议事会、城镇董事会及乡董行文本省谘议局用"呈",本省谘议局行文用"知会"。

第一百零八条 城镇乡议事会、城镇董事会及乡董各备木质图记,由督抚核定式样,通行各该管地方官刊发,仍由地方官申报上司立案。

第九章 附 条

第一百零九条 本章程施行之期,遵照钦定逐年筹备事宜清单办理。

第一百一十条 本章程内所定应由府厅州县议事会、董事会办理之件,在府厅州县议事会、董事会未经成立以前,由各该地方官代办。

第一百十一条 本章程如有增删修改之处,得由议事会拟具条议,呈送本省谘议局,由谘议局审查后,呈请督抚咨送民政部核议,奏明修改。

第一百十二条 本章程施行细则,由督抚酌定,仍咨报民政部存案。

谨将城镇乡地方自治选举章程缮具清单，恭呈御览。

计开：

第一章 总 纲

第一条 凡选举及被选举资格，按照城镇乡自治章程所定办理。

第二条 城镇乡议事会选举事宜，由城镇董事会及乡董、乡佐办理；城镇董事会及乡董、乡佐选举事宜，由城镇乡议事会办理。

第三条 办理选举，应设调查及管理各员，由城镇董事会总董、乡董或城镇乡议事会议长各就自治职员内酌派充之。

第二章 城镇乡议事会选举

第一节 选举年限

第四条 凡选举议员，每年一次，于议员应届任满三个月前，由城镇董事会总董或乡董预定日期举行。

第二节 选举等级

第五条 选举人分为两级。就选举人内择其年纳正税或公益捐较多者若干名，计其所纳之额足当选举人全数所纳总额之半者，为甲级，其余选举人为乙级。

第六条 选举人有所纳税捐之额介于两级之间者，归入甲级，若两级之间有二名以上所纳之额相同者，以年长之人入甲级，年同者由城镇董事会总董或乡董抽签定之。

第七条 两级选举人分别各选举议员半数，其被选举人不必限定与选举人同级。

若议员全数不能平分者，先按两级各分半数，其所余单数由甲级选举之。

若甲级选举人数少于该级应出议员额数者，除各举一名外，其余额归入乙级选举之。

第三节 人名册

第八条 每届选举，应由城镇董事会总董或乡董派定调查员，按章查取合格人员，造具选举人名册。所有选举人及被选举人均以列名册内者为限。其照城镇乡自治章程仅有选举资格而无被选举资格者，应于本人姓名项下注明。

调查细则由城镇董事会或乡董拟订施行。

第九条　选举人名册应按名记载姓名、年岁、籍贯、住居年限及完纳税捐年额。

第十条　选举人名册应于选举期两个月以前一律告成，存放自治公所，宣示公众。

第十一条　宣示选举人名册，以二十日为期，如本人以为错误遗漏，准于宣示期内取具凭证，声请城镇董事会总董或乡董更正。逾限不得再请。

城镇董事会总董或乡董据前项声请，应即日移知议事会公断。

第十二条　议事会自接到前条移知之日起，应于十日以内断定准否。若断定准其更正者，应由城镇董事会总董或乡董一律更正，即作为确定。

第十三条　选举人名册确定后，应由城镇董事会总董或乡董保存。如本届选举年限内有当选无效及照章应行补选者，所有选举人及被选举人仍以列名册内者为限。

第十四条　选举人名册确定后，应分缮副本申报地方官存案，并交各投票所及开票所各一份备查。

第十五条　宣示选举人名册时，应刊印选举传单一同公布，其应载事项如左：

一、选举日期。

二、投票所及开票所地址。

三、投票方法。

选举日期，两级应分两日，先乙级，次甲级。

第四节　投票所

第十六条　投票所设于自治公所，其自治区域较广，人口较多者，得由城镇董事会总董或乡董区划地段，分设投票所若干处。

第十七条　投票所由城镇董事会总董或乡董派定管理员，掌投票一切事宜。

第十八条　投票所除本所职员及投票人外，他人不得阑入。

第十九条　投票所之启闭，以午前八时至午后六时为率，逾限不准入内。

第二十条　管理员于投票毕后，应将投票始末情形造具报告，连同投票匦于翌日移交开票所，并报告城镇董事会总董或乡董。

第二十一条　投票所自投票完毕之日起，十五日以内一律裁撤。

第二十二条　投票所办事细则，由城镇董事会或乡董拟订施行。

第五节　投票簿、投票纸及投票匦

第二十三条　城镇董事会总董或乡董应按照各投票所投票人数，分别造具投票簿，并按照定式制成投票纸及投票匦，于选举期十日前分交各投票所。

第二十四条　投票簿应记载投票人姓名、年岁、籍贯及住所。

第二十五条　投票簿应将两级分别两册记载。

第六节　投票方法

第二十六条　投票人以列名各该投票所之投票簿者为限。

第二十七条　投票人届选举期，应亲赴投票所自行投票，不得倩人代理。

其照城镇乡自治章程第十八条第二项特许者，不在此限，但投票时应将代理凭证向管理员呈验。

第二十八条　投票人应在投票簿所载本人姓名项下签字毕，方准领投票纸。

第二十九条　投票人每名只准领投票纸一页。

第三十条　投票用无名单记法，每票只准书被选举人一名，不得自书本人姓名。

第三十一条　投票人应准于选举票附记格内将所选举人素行如何，公正附记一二事为众论所称道者，并得于附记格内注明所选举人官衔、职业、住所等项。此外不准夹写他语。

第三十二条　投票人于投票所内，除关于投票事宜得与职员问答外，不得涉及私言，并不得与他人接谈。

第三十三条　投票人投票毕，应即退出，不得逗留窥视。

第三十四条　投票人倘有顶替及违背定章等事，管理员得令退出。

第七节　开票所

第三十五条　开票所设于自治公所。

第三十六条　开票所由城镇董事会总董或乡董派定管理员掌开票一切事宜。

第三十七条　开票所自投票匦送齐之翌日，由城镇董事会总董或乡董酌定时刻，先行榜示，届时亲自到场，督同管理员，当众开票，即日宣示。

第三十八条　开票时，准选举人前往参观，若人众不能容时，管理员得以限制人数。

第三十九条　管理员应将开票始末情形造具报告，于检点票数完毕之翌日报告城镇董事会总董或乡董。

所有票纸应分别有效、无效，一并附送，于本届选举年限内，由城镇董事会总董或乡董保存之。

第四十条　第二十一条、二十二条所定事项，开票所一律照办。

第八节　检票方法

第四十一条　检票时，应先将选举票与投票簿对照，如有票数与名数不符，及放弃选举权等事，均应另册记明。

第四十二条　凡选举票无效者如左：

一、写不依式者。

二、字迹不可认者。

三、不用投票所所发票纸者。

四、选出之人不在选举人名册内者。

五、选出之人不合被选举资格者。

第九节　当选决定

第四十三条　凡选举，以得票较多数者为当选。按得票多寡以次递推，票数同者，以年长之人列前；年同者，由城镇董事会总董或乡董抽签定之。

第四十四条　当选人确定后，应即榜示，并由城镇董事会总董或乡董具名分别知会各当选人。

第四十五条　当选人接到知会后，应自知会之日起五日以内答复应选，其逾期不复者，以谢绝论。

第四十六条　一人两级均当选者，应自知会之日起五日以内答复愿应何级之选，其逾期不复者，亦以谢绝论。

第四十七条　前二条以谢绝论者，照城镇乡自治章程第二十一、二十二条办理。

第四十八条　凡应选者，由城镇董事会总董或乡董呈请地方官给予执照，并由地方官呈报督抚汇咨民政部存案。

第十节　选举变更

第四十九条　凡左列各款为选举无效：

一、选举人名册有舞弊作伪情事，牵涉全数人员，公断确实者。

二、办理选举，不遵定章，公断确实者。

三、照章解散者。

第五十条　凡左列各款为当选无效：

一、谢绝。

二、告退。

三、身故。

四、被选举资格不符，断定确实者。

五、当选票数不实，断定确实者。

六、当选后失其资格，断定确实者。

七、受除名之处分者。

第五十一条　当选无效，如已给予执照，应令缴还，并将姓名及其缘由榜示。

第五十二条　每届选举年限，应行改选。议员出缺至额定三分之一者，应行补选。

选举无效，一律改选；当选无效，一律补选。

第五十三条　补选以得票最多者补所出缺中任期未满最长者之缺，其余以次递推。票数同者以年长之人列前，同年者由城镇董事会总董或乡董抽签定之。

第五十四条　改选及补选一切应有事宜，均照本章程办理。

第十一节　选举争议

第五十五条　凡选举人确认有左列各款情事者，得提起选举争议：

一、选举人名册有舞弊作伪情事，牵涉全数人员。

二、办理选举不遵定章。

三、被选举资格不符。

四、当选票数不实。

五、当选后失其资格。

第五十六条　选举争议由选举人申诉，城镇乡议事会公断。不服者申诉府厅州县议事会公断。仍不服者呈由地方官核断。如再不服，由地方官申请督抚，交谘议局公断。

第五十七条　申诉除第五十五条第五款外，应自选举之日起三十日以内为限。

第五十八条　落选人员确信得票额数可以当选而未经与选者，得照前二条办理。

第三章　城镇董事会选举

第五十九条　凡选举总董二年一次，选举董事及名誉董事每年一次，于各该员应届任满三个月前，由城镇议事会议长预定选举日期，招集议员举行，并呈请地方官亲临或派员监督之。

第六十条　总董用无名单记法选举，以得票满议员总数三分之一者为当选。

董事及名誉董事用无名连记法分次选举，以得票满议员总数三分之一者为当选。

票数同者，以年长之人列前。年同者，由议长抽签定之。

若得票无满议员总数三分之一者，应即如法再选，以选出为止。

第六十一条　总董选举完毕后，由议长将得票当选者拟定正、陪各一名，开列姓名、履历及得票数目，造具清册，呈由地方官申请督抚遴选一名，加札任用，咨报民政部存案。

第六十二条　董事及名誉董事选举完毕后，由议长开列姓名、履历及得票数目，造具清册，呈请地方官核准任用，并由地方官申请督抚咨报民政部存案。

第六十三条　总董、董事及名誉董事，均由地方官给予执照。

第六十四条　城镇董事会选举一切细则，由城镇议事会以规约定之。其选举争议应申诉府厅州县议事会公断。不服者，呈由地方官核断。如再不服，由地方官申请督抚交谘议局公断。

第四章　乡董及乡佐选举

第六十五条　凡选举乡董及乡佐，二年一次，于每届任满三个月前，由乡议事会议长预定选举日期，招集议员举行，并呈请地方官亲临或派员监督之。

第六十六条　乡董及乡佐用无名单记法分次选举，各以得票满议员总数三分之一者为当选。

第六十条第三、第四两项所载各节，本条一律照办。

第六十七条　乡董、乡佐选举完毕后，由议长开列姓名、履历及得票数目，造具清册，呈请地方官任用，给予执照，并由地方官申请督抚咨报民政部存案。

第六十八条　乡董及乡佐选举一切细则，由乡议事会以规约定之。

第六十四条第二项所载各节，本条一律照办。

第五章　罚　则

第六十九条　以诈术获登选举人名册，或变更选举人名册者，处三元以上三十元以下之罚金。

办理选举人员知情者，处一月以上二月以下之监禁，或三十元以上六十元以下之罚金。

第七十条　冒用姓名投票者，处一月以上六月以下之监禁，附加五元以上三十元以下之罚金。

第七十一条　以财物利诱选举人，或选举人受财物之利诱，及居中周旋说合者，处一月以上二月以下之监禁，或三十元以上六十元以下之罚金，财物入官，已用去者，按价追缴。

第七十二条　以暴行胁迫、妨害选举人及选举关系人者，处一月以上三月以下之监禁，或三十元以上百元以下之罚金。

第七十三条　选举人及选举关系人携带凶器者，处一月以上二月以下之监禁，凶器入官。

第七十四条　加暴行于办理选举人员，或骚扰投票所、开票所，或阻留毁夺选举票、投票匦及其他有关选举文件者，处一月以上六月以下之监禁，附加五元以上三十元以下之罚金。

第七十五条　办理选举人员漏泄选举票上之姓名者，处一月以上六月以下之监禁，附加五元以上三十元以下之罚金。

其所漏泄非事实者，罚同。

第七十六条　办理选举人员违法干涉选举人之投票，或暗记被选举人之姓名者,处一月以上三月以下之监禁,或三十元以上百元以下之罚金。

违法擅开投票匦,或取出投票匦中之选举票者,罚同。

第七十七条　凡犯本则所定各条者,于处罚后一年以上五年以下,停止其选举权及被选举权。

第七十八条　凡犯本则所定各条者,由审判厅审理执行。

其未设审判厅地方,由地方官审理执行。

第六章　附　条

第七十九条　本章程与城镇自治章程同时施行。

第八十条　本章程如有未尽事宜应行增改者,照城镇乡自治章程第一百十一条办理。

第八十一条　城镇乡自治开办时,第一次议事会选举所有办理选举人员,应由地方官遴派官绅充之。

公布地方自治章程及选举章程谕[①]

监国摄政王钤章

光绪三十四年十二月二十七日,内阁奉上谕:

宪政编查馆奏核议民政部奏城镇乡地方自治并另拟选举章程一折。地方自治,为立宪之根本,城镇乡又为自治之初基,诚非首先开办不可。著民政部及各省督抚督饬所属地方官,选择正绅,按照此次所定章程,将城镇乡自治各事宜迅即筹办,实力奉行,不准稍有延误。尤须将朝廷惠爱闾阎,官民共济之意,剀切晓谕,使知地方自治乃辅官治之所不及,仍统于官治之内,并非离官治而独立之词。周之比闾、族党,汉之三老、啬夫,其来自古。惟选举自治之职员,责在州

[①] 此标题为编者所拟。又,原文献上谕在宪政编查馆奏折之前。

县，而选择州县，责在督抚。官绅皆得其人，方能有实效而无流弊。此外宪政馆奏定各衙门应归第一年筹办之事，现已据陆续具奏，至明年以后，所有分年应行筹备各事，并著内外各衙门按限妥筹，次第举办，毋得始勤终懈，疲缓延搁，以致贻误实行立宪之期。用昭大信而慰民望。钦此。

军机大臣署名：奕劻、世续、张之洞、鹿传霖、那桐。

《宪政编查馆各项奏折》，清末印本，藏中国社会科学院近代史研究所图书馆

宪政编查馆奏核复自治研究所章程折（并单）

宣统元年三月十六日

奏为核复自治研究所章程，缮单具奏，恭折仰祈圣鉴事：

本年闰二月十三日准军机处钞交钦奉谕旨：民政部奏遵拟自治研究所章程缮单呈览一折，著宪政编查馆核复具奏，单并发。钦此。臣等遵查地方自治之制，虽东西各国一律通行，而溯厥由来，实分二派，有由市府自治而自然发达者，有由国家立宪而渐次推行者。一则因人民本有自治之能力，而日以扩充，故编制易而范围自广；一则欲人民克尽自治之义务，而徐为倡导，故施措难而监察亦严。源流既别，法意迥殊。今当中国创行自治之始，皆本朝廷预备立宪而生。臣等前奏复核城镇乡地方自治章程，首以渊源国权对待官治，郑重剖析，复举其名义范围及责重监督之意，逐一声明。皆所以示研究之指归，定人民之法守。兹据民政部原奏清单，拟订自治研究所各条内讲授科目，即已隐含此意，其余设立次序，选送资格等项，亦均简要易行。臣等悉心复核，方今各省人民知识尚稚，财用极艰，此项研究学员，将由省城递及府厅州县，依次传习，必使学力稍能深造，经费悉戒虚縻，庶可以免谬说之流传，杜前途之阻碍。谨就原章，酌加推阐，共核

订为十有四条，缮具清单，恭呈御览，伏候钦定颁行。即由臣馆通咨各省，一体遵照办理。所有核复自治研究所章程缘由，谨恭折具陈，伏乞皇上圣鉴。谨奏。

宣统元年三月十六日奉旨，已录。

谨将核复自治研究所章程缮具清单，恭呈御览。

计开：

第一条　自治研究所为讲习自治章程，造就自治职员而设，应就各省省城及各府厅州县各设一所。前项所称之府，指有直辖地方者而言，以下各条凡称府者均同。

第二条　各省省城自治研究所，遵照逐年筹办事宜清单，统限本年年内成立。各府厅州县自治研究所应俟省城第一届听讲员毕业后，即行派赴各属，一律成立。

第三条　各省省城自治研究所，应由自治筹办处遴派通晓法政人员充任讲员，由讲员内遴派一员为所长。府厅州县自治研究所所长、讲员，即以听讲毕业员分别派充。

第四条　各省自治研究所除官设各所作为模范外，其各地方士绅自愿照章设立者，均得呈明该管官批准照办。惟该所所长应由该所公举通晓法政品学优裕士绅一员，呈请自治筹办处核派。如各地方先经设立者亦同。

第五条　自治研究所应讲授左列科目：一、奏定宪法纲要，二、法学通论，三、现行法制大意，四、谘议局章程及选举章程，五、城镇乡自治章程及选举章程，六、调查户口章程，七、其他奏定有关自治及选举各项法律章程，八、自治筹办处所定各项筹办方法。

第六条　自治研究所宗旨，应以恪守奏定地方自治章程，不越范围为要义。统由自治筹办处稽察管理，并得查核功课勤惰，酌加激劝。

第七条　省城自治研究所学员，应由各府厅州县遴派本地士绅，按届送所听讲。每届每属至少以二人为率。

第八条　各府厅州县自治研究所学员，应就该管境内，分别城镇乡区域，遴选本区士绅，次第入所听讲，以每区有听讲员为度。

第九条　自治研究所应由所将城镇乡应办自治各事演为白话刊布宣讲，以资劝导。

第九条　自治研究所学员资格，以按照地方自治章程得为选民者为限。其无选民资格不得为自治职员者，均无庸入所听讲。

第十一条　自治研究所以讲授八个月为毕业期，俟第二届毕业或第三届毕业，即行裁撤。其由地方士绅呈准设立各所不在此限。

第十二条　省城自治研究所经费应由自治筹办处筹拨，各府厅州县经费由各该地方公款筹办。其选送各员赴省川资，并由该地方官筹给。

第十三条　自治研究所需用讲堂、房舍，应各就原有公所公产空闲房屋酌量设立，无庸建筑。所中一切用款，亦不得稍涉糜费。

第十四条　自治研究所内详细章程，应由自治筹办处酌定通行，以及一切办理情形，均由各省督抚随时咨报民政部存案。

《政治官报》第五百四十六号，折奏类，宣统元年三月十八日出版

宪政编查馆奏核订《京师地方自治章程》暨《选举章程》折

宣统元年十二月二十三日

奏为核订《京师地方自治章程》暨《选举章程》，另缮清单，恭折具陈，仰祈圣鉴事：

本年七月二十六日，准军机处抄交钦奉谕旨：民政部会奏拟订京师地方自治暨选举章程，缮单呈览一折，著宪政编查馆核议具奏。钦此。旋准民政部将章程咨抄前来。查原奏内称，京师为首善之区，四方辐辏，户口殷繁，所有地方区域、官署阶级，既与各省不同，则关于自治选举等事，自难一律办理。亟应分别变通，另订专章。谨拟就《京师地方自治章程》，凡八章一百三十六条，《选举章程》，凡七章八十七条。总期制度完密，推行无阻，请饬交照章核议办理。等语。

六、地方自治

查振兴民政，为预备立宪之基，而自治一端，尤为民政根本。现在《城镇乡自治章程》业经臣馆奏定通行，《府厅州县自治章程》亦正逐细考核。京师为万方表率，向来管理地面各官权限及民情、风俗、习惯均与各省迥异，自非如原奏另订专章，不足以资法守而利推行。臣等督饬馆员，将原订章程详加考核，于区域之划分，范围之限制，区、总各议事会、董事会之办法，经费之指项，监督之规制，均称赅备。惟原章第九条，系规定巡警各区设区议事会、董事会之制。查各区有人口较少，财力较绌，专设则力有不及，不设则事有所阙。拟准与邻近各区得相联合设立一所，以从人情之便。第十六条所载顺天府及大兴、宛平官吏有直接监督自治之责者，不得选举及被选举自治职员一节。查顺天府及大兴、宛平原单章程，并无规定监督明文，应删改为："现任京师地方官吏有直接管理地方行政之职者"，以符事实而免遗漏。第三十七条区议事会会议每月二次，恐妨职务，拟改为每月一次，每次三日，使期限有定，既可详议利病，且免于他务有碍。第九十三条董事会总董以本地方选民，由总议事会选举正、陪各一名，未免人数过少，拟改为正、陪三名。第一百二十七条，系规定巡警总厅厅丞、各区长为监督及外郊地方自治各区监督。惟京城向办自治事宜，有分隶于各衙门而不尽属于巡警总厅、步军统领衙门者。拟加其第五条所列自治事宜有应隶各衙门管理，并由各该主管衙门监督之一项，以清权限而昭慎重。第一百三十二条各自治监督行文董事会、议事会用"札"，拟改为用"照会"，冀可与绅民接洽。其余各条，均甚妥协。拟概照原单办理。

至京师自治选举章程，亦经酌为删改。谨并另缮清单，恭呈御览。如蒙俞允，拟即咨行，遵照办理。

至从前京师官商绅民已办之各种事业，凡在自治章程范围以内著有成效者，拟请仍令照旧办理。将来续有增加，并准官商绅民一体筹办，俾收众擎易举之效。

总之，举办地方自治，重在综核名实，通力合作，乃能规久远而免作辍。诚以自治事宜如学务、卫生等项，既不容自为风气，有一处废置而不行；而公益等捐，为集事根基，尤不容有一廛一家之不纳。民治为宪政所经始，京师尤为四方所取则，必宅居者皆能守法，而后可望治理之整齐；必有力者皆肯筹财，而后可期公益之修举。章程所以著自治之格式，而实行尤在精神，否则奉行参差，诸务延搁，何以重宪政而示天下？应并请饬下该管各衙门，责成认真办理，以副朝廷预备宪政、子爱元元之至意。

再，官治与自治，事理相因，关系最密，故地方自治章程与地方官制相为表里，现在拟订自治章程，自应就现行官制酌量比附，将来官制一律厘定，此项章程及城镇乡地方自治章程，均应酌加修正，届时再由臣等奏明办理。合并声明。

所有核订《京师地方自治章程》暨《选举章程》，另缮清单具奏各缘由。伏乞皇上圣鉴。谨奏。

宪政编查馆大臣和硕庆亲王臣奕劻

宪政编查馆大臣大学士臣世续

宪政编查馆大臣大学士臣鹿传霖

宪政编查馆大臣大学士臣那桐

宪政编查馆大臣尚书协办大学士臣戴鸿慈

谨将核订《京师地方自治章程》缮具清单，恭呈御览。

计开：

第一章　总　纲

第一节　通　则

第一条　京师地方自治事宜，按照本章程所定，内外城地方，由巡警总厅所辖各区公选合格绅民，归民政部督率办理。

其外郊地方，按照本章程，归步军统领衙门督率办理，仍随时咨报民政部查核。

第二节　区　域

第二条　京师地方自治区域，内外城地方以巡警总厅所辖区域为境界。

其外郊地方，以京营所辖地面为境界。

第三条　京师地方自治分区之法，内外城地方，以巡警区之境界为准。

其外郊地方，应就京营地面分区办理。

第四条　巡警区域有更改时，自治区域一并更改。

其京营地面亦同。

第三节　自治范围

第五条　京师地方自治事宜，以左列各款为限：

一、本地方之学务。

中小学堂　蒙养院　教育会　劝学所　宣讲所　图书馆　阅报社

其他关于本地方学务之事

二、本地方之卫生

清洁道路　蠲除污秽　施医药局　医院　医学堂　公园　戒烟会

其他关于本地方卫生之事

三、本地方之道路工程

改正道路　修缮道路　建筑桥梁　疏通沟渠　建筑公用房屋　路灯

其他关于本地方道路工程之事

四、本地方之农工商务

改良种植牧畜及渔业　工艺厂　工业学堂　劝工厂　改良工艺

整理商业　开设市场　防护青苗　筹办水利　整理田地

其他关于本地方农工商务之事

五、本地方之善举

救贫事业　恤嫠保节　育婴　施衣　放粥　义仓积谷　贫民工艺

救生会　救火会　救荒　义棺义冢　保存古迹

其他关于本地方善举之事

六、本地方之公共营业

电车　电灯　自来水　其他关于本地方公共营业之事

七、因办理本条各款筹集款项之事

八、其他因本地方习惯向归绅董办理，素无弊端之各事

第六条　前条第一至第六款所列事项，有专属国家行政者，不在自治范围之内。

第七条　京师地方就自治事宜，得公定自治规约，惟不得与本章程及他项律例、章程相抵牾。

自治规约内得设罚则，以罚金及停止选民权为限。罚金最多之额不得过十元，停止选民权最长之期不得过五年。

第四节　自治职

第八条　京师地方设自治职如左：

一、区议事会、区董事会。

二、总议事会、总董事会。

第九条　内外城巡警各区设区议事会、区董事会各一所，但各区有人口较少者，得与邻近之区合为一所。其总议事会及总董事会，内外城应合设一所。

京营各区，设区议事会、区董事会各一所，其照本章程所定应属总议事会、总董事会权限者，即由各区随时连合协议办理。至应属自治总监督核办事件，由各自治监督会同办理。

第十条　办理自治事宜，应各设自治公所，为议事会会议及董事会办事之地。

自治公所可酌就本地方公产房屋或庙宇为之。

第十一条　内外城各区与京营各区，有彼此相关之事，必须连合办理者，得以协议设连合会办理之。

京师地方自治各区与附近地方自治各区有前项情事亦同。

第五节　居民及选民

第十二条　凡于京师地方现有住所及寓所者，不论本籍、旗籍或流寓，均为居民。

居民按照本章程所定，有享受本地方公益之权利，并有分任本地方负担之义务。

第十三条　居民具备左列资格者为选民：

一、有本国国籍者。

二、男子年满二十五岁者。

三、居本地方接续至三年以上者。

四、年纳正税或本地方公益捐二元以上者。

居民内有素行公正、众望允孚者，虽不备第三第四款之资格，亦得以议事会之议决作为选民。

若有纳正税或公益捐较本地选民内纳捐最多之人所纳尤多者，虽不备第二第三款之资格，亦得作为选民。

第十四条　有左列情事之一者，虽具备前条第一项各款，及合前条第三项所定资格，不得为选民：

一、品行悖谬、营私武断，确有实据者。

二、曾处监禁以上之刑者。

三、营业不正者。其范围以规约定之。

四、失财产上之信用，被人控实，尚未结清者。

五、吸食鸦片者。

六、有心疾者。

七、不识文字者。

第十五条　选民按照本章程所定，有选举自治职员及被选举为自治职员之权。

以第十三条第三项资格作为选民者，有选举自治职员之权，若不能自行选举权者，得遣代理人行之。

代理人以具备第十三条第一项第一、二款之资格且不犯第十四条所列各款者为限。

第十六条　左列人等不得选举自治职员及被选举为自治职员：

一、现任京师地方官吏，有直接管理地方行政之职者。

二、现充军人者。

三、现充本地方巡警及兵丁者。

四、现为僧道及其他宗教师者。

第十七条　现在学堂肄业者，不得被选举为自治职员。

第十八条　凡被选举为自治职员者，非有左列事由之一，不得谢绝当选，亦不得于任期内告退。

一、确有疾病，不能常任职务者。

二、确有他业，不能常居境内者。

三、年满六十岁以上者。

四、连任至三次以上者。

五、其他事由，特经议事会允准者。

第十九条　无前条所列事由之一而谢绝或告退者，得以议事会之议决，于一年以上五年以下停止其选民权。

第二章　区议事会及区董事会

第一节　区议事会

一、员额及任期

第二十条　区议事会议员以十五名为定额。各区人口有满五万五千者，得于前项定额外增设议员一名，自此以上，每加人口五千，得增设议员一名。至多以三十名为限。

第二十一条　区议事会议员，由选民互选任之。

区议事会议员选举事宜，照另定选举章程办理。

父子兄弟不得同时任为本区议事会议员，若同时当选者，以子避父，以弟避兄。

若有父子兄弟现为总议事会议员，或总董事会总董、董事，及本区董事会总董、董事者，不得为区议事会议员，但名誉董事不在此限。

第二十二条　区议事会设议长一名，副议长一名。均由议员用无名单记法互选。其细则以规约定之。

第二十三条　议员以二年为任期。每年改选半数。若议员全数同时选任者，其半数即以一年为任满。

前项一年任满之半数，以抽签定之。若全数不能平分者，以多数为半数。

第二十四条　议长、副议长以二年为任期，任满改选。

第二十五条　议员及议长、副议长任满再被选者，均得连任。

第二十六条　议员因事出缺至逾定额三分之一者，应即补选。

第二十七条　议长因事出缺，以副议长补之。副议长因事出缺，应即补选。

第二十八条　补缺各员之任期，以补足前任未满之期为限。

第二十九条　议员及议长、副议长均为名誉职，不支薪水。

议长、副议长有办公必需之费用，得给相当之公费，其数目由区董事会定之。

第三十条　区议事会得设文牍、庶务等员，其员额、薪水以规约定之。

文牍、庶务员不限以选民，由议长、副议长遴选派充。

二、职任权限

第三十一条 区议事会应行议决事件如左：

一、本区自治范围内应行兴革整理事宜。

二、本区自治规约。但事关全体通行者，不在此限。

三、本区自治经费，岁出入预算及预算正额外预备费之支出。

四、本区自治经费，岁出入决算报告。

五、本区自治经费筹集方法。但公益捐之性质，应由京师地方全体担任者，不在此限。

六、本区自治经费处理方法。

七、本区选举上之争议。

八、本区自治职员办理过失之惩戒。

九、关涉本区全体赴官诉讼及其和解之事。

第三十二条 区议事会议决事件，由议长、副议长呈报自治监督查核后，移交区董事会按章执行。

第三十三条 区议事会有监察区董事会执行事务之权，并得检阅其各项文牍及收支帐目。

第三十四条 区议事会遇自治监督有咨询事件，应胪陈所见，随时呈复。

第三十五条 区议事会于地方行政自治事宜有关系各件，得条陈所见，呈候自治监督核办。

第三十六条 区议事会于区董事会所定执行方法，视为逾越权限，或违背律例、章程，或妨碍公益者，得声明缘由，止其执行。若区董事会坚持不改，得移交总议事会公断。

若于总议事会之公断有不服时，得呈由自治总监督核断。但京营各区有前项情事时，得径呈自治监督办理。

三、会议

第三十七条 区议事会会议每月一次，每次三日。其有临时应议事宜，经自治监督之通知及区董事会之请求，或议员全数三分之一以上之请求者，均得随时开会。

每届会议，应由区董事会将应议事件距开会三日以前通知议事会议员。其临时会议，事出仓促者，不在此限。

第三十八条　会议时，议长如有事故，以副议长代理。若副议长并有事故，由议员中公推临时议长代理。

第三十九条　会议非有议员半数以上到会，不得议决。

第四十条　凡议事可否，以到会议员过半数之所决为准。若可否同数，则取决于议长。

第四十一条　会议时，区董事会职员均得到会陈述所见，但不列议决之数。

第四十二条　凡会议不禁旁听。其议长、副议长视为应行秘密者，不在此限。

第四十三条　会议事件有关系议长、副议长及议员本身或其父母兄弟妻子者，该员不得与议。

议长、副议长如有前项事由，照第三十八条办理。议员半数以上有前项事由，因而不能议决者，由议长将该件移交总议事会或邻近之区议事会代为议决。仍照第三十二条办理。

第四十四条　会议时，议员有不守议事规则者，议长得止其发议，违者得令退出。因而紊乱议场秩序，致不能会议者，得令暂时停议。

第四十五条　旁听人有不守规则者，议长得令退出。

第四十六条　议事规则及旁听规则，由区议事会自定之。

第二节　区董事会

一、员额及任期

第四十七条　区董事会设职员如左：

总董一名

董事一名至三名

名誉董事三名至六名

董事以区议事会议员十分之一为额，名誉董事以其五分之一为额。

第四十八条　总董以本区选民，由议事会选举正、陪各一名，呈由自治监督申报自治总监督遴选任用之。

第四十九条　董事以本区选民，由议事会选举，呈请自治监督核准任用之。

第五十条　名誉董事以本区选民，由区议事会选任之。

第四十八、四十九条及本条选举事宜，照另定选举章程办理。

第五十一条　总董、董事以二年为任期，任满改选。

第五十二条　名誉董事以二年为任期，每年改选半数。若同时就任者，其半数即以一年为任满。

前项一年任满之半数，照第二十三条第二项办理。

第五十三条　总董、董事均支领薪水。其数目由总议事会以规约定之。名誉董事不支领薪水。

第五十四条　区董事会职员任满被再选者，均得连任。

第五十五条　区董事会职员不得同时兼任本区议事会议员。若有由议员当选者，应辞议员之职。

父子兄弟不得同时任为本区董事会职员。若同时当选者，照第二十一条第三项办理。

若有父子兄弟现为总议事会议员，或总董事会总董、董事，及本区议事会议员者，不得为区董事会职员，但名誉董事不在此限。

第五十六条　总董如有事故，以董事内年长者代理。年同则以居本区较久者代理。若再相同，以抽签定之。

第五十七条　总董、董事因事出缺，及名誉董事因事出缺至逾定额之半者，均即补选。

第五十八条　补缺各员之任期，照第二十八条办理。

第五十九条　区董事会因执行各事，有应设各项办事员时，由总董遴选派充，不限以选民，但须经董事会之公认。其细则以规约定之。

第六十条　区董事会得设文牍、庶务等员。其员额、薪水，以规约定之。

文牍、庶务员不限以选民，由总董遴选派充，或按地方情形，即以本区议事会文牍、庶务员兼充之。

二、职任权限

第六十一条　区董事会应办事件如左：

一、区议事会议员选举及其议事之预备。

二、区议事会及总议事会议决各事之执行。

三、以律例、章程或自治监督委任办理各事之执行。

四、执行方法之议决。

第六十二条　区董事会于区议事会议决事件，视为逾越权限，或违背律例、章程，或妨碍公益者，得声明缘由，交区议事会复议。若议事会坚持不改，得移交总议事会公断。不服者，照第三十六条第二项办理。

第六十三条　总董总理本会一切事件，凡区董事会公文函件，均以总董之名行之。

第六十四条　董事及办事员辅佐总董，分任本会一切事件。

第六十五条　名誉董事参议本会应行议决事件。

三、会议

第六十六条　区董事会每月举行职员会议二次。每届会议，由区董事会文牍员将本届应议事件距开会三日以前通知各职员。

第六十七条　会议时，以总董为议长。

总董如有事故，按照第五十六条，以其代理者为议长。

第六十八条　会议时，非董事会职员全数三分之二以上到会，不得议决。议决方法，照第四十条办理。

会议时，办事员就该管事务，亦得到会与议。

第六十九条　会议时，区议事会议长、副议长、议员均得到会陈述所见，但不列议决之数。

第七十条　会议事件有关系区董事会职员本身，或其父母兄弟妻子者，该员不得与议。总董如有前项事由，照第六十七条第二项办理。董事、名誉董事全数三分之二以上有前项事由，因而不能议决者，将该件移交区议事会代为议决。

第七十一条　凡议决事件，应随时报告区议事会，并呈报自治监督存案。

第三章　总议事会及总董事会

第一节　总议事会

一、员额及任期

第七十二条　总议事会议员以各区议事会议员十分之一为定额。

第七十三条　总议事会议员由各区议事会于议员内互选兼充。其选举事宜，照另定章程办理。

第七十四条　总议事会设议长一名，副议长一名，均由议员用无名单记法互选。其细则以规约定之。

第七十五条　总议事会议员及议长、副议长之任期、改选、补选等项，照第二十三、二十四、二十六、二十七、二十八条办理。

第七十六条　议员及议长、副议长均为名誉职，不支薪水。

议长、副议长有办公必须之费用，得给相当之公费。其数目由总董事会定之。

第七十七条　总议事会得设文牍、庶务等员。其员额、薪水，以规约定之。文牍、庶务员不限以选民，由议长副议长遴选派充。

二、职任权限

第七十八条　总议事会应行议决事件如左：

一、关涉京师地方全体自治范围内应行兴革整理事宜。

二、各区通行之自治规约。

三、本会应需自治经费，岁出入预算，及预算正额外预备费之支出。

四、本会自治经费岁出入决算报告。

五、本会自治经费筹集方法，及地方全体担任之公益捐。

六、本会自治经费处理方法。

七、本会选举上之争议。

八、自治职员办事过失之惩戒。其惩戒细则以规约定之。

九、关涉本会全体赴官诉讼及其和解之事。

第七十九条　总议事会议决事件，由议长、副议长呈报自治总监督查核后，移交总董事会按章执行。

第八十条　总议事会有监察总董事会执行事务之权，并得检阅其各项文牍及收支帐目。

第八十一条　总议事会遇自治总监督有咨询事件，应胪陈所见，随时呈复。

第八十二条　总议事会于地方行政与自治事宜有关系各件，得条陈所见，呈候自治总监督核办。

第八十三条　总议事会于总董事会所定执行方法，视为逾越权限，或违背律例、章程，或妨碍公益者，得声明缘由，止其执行。若总董事会坚持不改，得呈候自治总监督核断。

三、会议

第八十四条　总议事会会议每季一次，以二月、五月、八月、十一月为会期，每会期以十五日为限。限满议未竣者，得由议长宣示展限十日以内。其有临时应议事宜，经自治监督之通知，及总董事会之请求，或议员全数三分之一以上之请求者，均得随时开会。

每届会议，应由总董事会将本届应议事件，距开会十日以前通知总议事会议员。其临时会议，事出仓促者，不在此限。

第八十五条　会议时，议长如有事故，照第三十八条办理。

第八十六条　会议议决之方法，照第三十九、四十条办理。

第八十七条　会议时，总董事会职员均得到会陈述所见，但不列议决之数。

第八十八条　会议时，不禁旁听。其有应禁旁听者，照第四十二条办理。

第八十九条　会议事件有关系议长、副议长及议员本身，或其父母兄弟妻子者，该员不得与议。

议长、副议长如有前项事由，照第三十八条办理。议员半数以上有前项事由，因而不能议决者，由议长将该件移交总董事会代为议决，仍照第七十九条办理。

第九十条　会议时，议员及旁听人有不守规则者，照第四十四、四十五条办理。

第九十一条　议事规则及旁听规则，由总议事会自定之。

第二节　总董事会

一、员额及任期

第九十二条　总董事会设职员如左：

总董一名

董事五名

名誉董事十二名

第九十三条　总董以本地方选民，由总议事会选举正、陪共三名，呈由自治总监督申报民政部，开单奏请圈出一人。

第九十四条　董事以本地方选民,由总议事会选举,呈由自治总监督核准,申报民政部任用之。

第九十五条　名誉董事以本地方选民,由总议事会选任之。

第九十三、九十四及本条选举事宜,照另定选举章程办理。

第九十六条　总董、董事及名誉董事之任期、薪水,照第五十一至五十三条办理。

第九十七条　总董事会职员任满再被选者,均得连任。

若总董再被选者,应仍照九十三条办理。

第九十八条　总董事会职员不得同时兼任总议事会议员及各区自治职员,但名誉董事不在此限。

父子兄弟不得同时任为总董事会职员。若同时当选者,照第二十一条第三项办理。

若有父子兄弟现为总议事会议员或各区自治职员者,不得为总董事会职员。

第九十九条　总董如有事故,以董事内年长者代理,年同则以居本地方较久者代理,若再相同,以抽签定之。

第一百条　总董、董事及名誉董事因事出缺及补缺各员之任期,照第五十七条、五十八条办理。

第一百零一条　总董事会因执行各事,有应设各项办事员时,由总董遴选派充,不限以选民,但须经总董事会之公认。其细则以规约定之。

第一百零二条　总董事会得设文牍、庶务等员,其员额、薪水以规约定之。

文牍、庶务员不限以选民,由总董遴选派充。

二、职任、权限

第一百零三条　总董事会应办事件如左:

一、总议事会议决各事之执行。

二、以律例、章程或自治总监督委任办理各事之执行。

三、执行方法之议决。

第一百零四条　总董事会于总议事会议决事件,有视为应归各区分办者,得以总董之议决,委任各区董事会办理。

第一百零五条　总董事会于总议事会议决事件,视为逾越权限或违背律例、章程，或妨碍公益者，得声明缘由，交总议事会复议。若总议事会坚持不改，得呈请自治总监督核断。

第一百零六条　总董总理本会一切事件，凡总董事会公文函件，均以总董之名行之。

第一百零七条　董事及办事员辅佐总董，分任本会一切事件。

第一百零八条　名誉董事参议本会应行议决事件。

三、会议

第一百零九条　总董事会每月举行职员会议一次。

每届会议，总董事会文牍员应将本届应议事件距开会五日以前通知各职员。

第一百一十条　会议时，以总董为议长。

总董如有事故，照第五十六条，以其代理者为议长。

第一百十一条　会议时，非董事会职员全数三分之二以上到会，不得议决。议决方法，照第四十条办理。

会议时，办事员就该管事务，亦得到会与议。

第一百十二条　会议时，总议事会议长、副议长及各区董事会总董均得到会陈述所见，但不列议决之数。

第一百十三条　会议事件有关系总董事会职员本身，或其父母兄弟妻子者，该员不得与议。

总董如有前项事由，照第六十七条第二项办理。董事、名誉董事全数三分之二以上有前项事由，因而不能议决者，将该件移交总议事会代为议决。

第一百十四条　凡议决事件，应随时报告总议事会，并呈报自治总监督存案。

第四章　自治经费

第一节　类　别

第一百十五条　京师地方自治经费，以左列各款充之：

一、本地方公款公产。

二、本地方公益捐。

三、按照自治规约所科之罚金。

第一百十六条　前条公款公产，以向归本地方绅董管理者为限。

如向无前项所指公款公产，或其数寡少不敷用者，得由议事会指定本地方关系自治事宜之款项、产业，呈请各该自治监督核准拨充。

第一百十七条　公益捐分为二种，如左：

一、附捐。

二、特捐。

就官府征收之捐税，附加若干作为公益捐者，为附捐。于官府所征捐税之外，另定种类、名目征收者，为特捐。

前项附捐数目，不得过原征捐税定数十分之一。

凡以劳力或物品供给办理自治事宜之需用者，得计其相当价值，以特捐论。

第一百十八条　公益捐之创办，由议事会拟具章程，呈请各该自治监督核准遵行。嗣后如有应行变更、废止之处，亦由议事会条议，呈请各该自治监督核准。

第二节　管理及征收

第一百十九条　自治经费由议事会议决管理方法，由董事会管理之。

第一百二十条　公款、公产之内，有系私家捐助，当时指定作为办理某事之用者，不得移作他用。其指定办理之事业，以律例、章程变更废止者，不在此限。

第一百二十一条　附捐由该管官吏按章征收，汇交董事会收管。特捐由董事会呈请各该自治监督出示晓谕，交董事会自行按章征收。

第一百二十二条　凡于本地方内有不动产或营业者，即本人不在本地方居住，亦一律征收公益捐。

第三节　预算、决算及检查

第一百二十三条　董事会每年应预计明年经费出入，制成预算表，于十一月议事会会议期内移交该会议决。

议决后，除照第三十二条办理外，应呈报各该自治监督存案，并于本地方榜示公众。

第一百二十四条　预算内除正额外，得设预备费，以备预算不敷及预算各款外临时之支出。若预备费不敷支出者，非经议事会之议决，不得提用他款。

第一百二十五条　董事会每年应将上年经费出入制成决算表，连同收支细帐，于每年二月议事会会议期内，移送该会议决，议决后，照第一百二十三条第二项办理。

第一百二十六条　凡自治经费出入之检查，分为二种，如左：

一、定期检查。

二、临时检查。

定期检查每月一次，由董事会总董行之。

临时检查每年至少一次，由董事会总董会同议事会议长、副议长及议员一名以上行之。

第五章　自治监督

第一百二十七条　京师地方自治，内外城以巡警各区区长为监督，巡警总厅厅丞为总监督，均受成于民政部。各该监督应按本章程，查其有无违背之处而纠正之，并令其报告办事成绩，征其预算决算表册，随时亲往检查。将办理情形，按期由内外城总厅汇齐，会报民政部查核。

其外郊地方自治各区监督，由步军统领衙门派员充之。按照前项所列各节，申报步军统领衙门查核。仍由步军统领衙门汇咨民政部存案。

其第五条所列自治事宜，有应隶各衙门管理者，并由各该主管衙门监督之。

第一百二十八条　各区区长有申请厅丞、厅丞有申请民政部解散议事会、董事会及撤销自治职员之权。解散或撤销后，应分别按章改选。议事会应于解散后两个月以内，董事会应于解散后十五日以内重行成立。

若议事会、董事会同时解散，应于两个月以内先行招集议事会，所有选举及开会事宜，由各该自治监督遣派官绅代办。董事会应于议事会成立后十五日以内重行成立。

其外郊地方各议事会，步军统领衙门派出之员，有申请步军统领衙门解散或撤销之权。其重行成立期限及办法，照前两项办理，并随时咨报民政部存案。

第六章　罚　则

第一百二十九条　自治职员有犯赃私及侵吞、挪借款项者，除责令全数缴出外,仍由审判厅按照律例办理。

第一百三十条　自治职员有不受监督者,应酌量情形,照第一百二十八条第一项办理。

第一百三十一条　自治职员有以自治为名干预自治范围以外之事,议事会各员及董事会名誉董事,于会议时,停止其到会一次以上三次以下,或三日以上十日以下。董事会总董、董事停止其薪水半月以上二月以下。其情节较重者,均除名。

第七章　文书程式

第一百三十二条　议事会、董事会行文各该自治监督用"呈",彼此互相行文用"知会",各自治监督行文议事会、董事会用"照会"。

第一百三十三条　议事会、董事会各备木质图记,由民政部核定式样,归自治总监督颁发钤用。

其外郊地方,由步军统领衙门颁发钤用。

第八章　附　条

第一百三十四条　本章程自奏明奉旨后施行。

第一百三十五条　本章程如有增删修改之处,得由总议事会拟具条议,呈送自治总监督审查,申报民政部核议,会同步军统领衙门奏明修改。

第一百三十六条　本章程施行细则,由内外城巡警总厅酌定,仍申报民政部存案。

其外郊地方,由步军统领衙门派出之员拟订施行细则,申报步军统领衙门核准,仍随时咨报民政部存案。

谨将核订《京师地方自治选举章程》缮具清单,恭呈御览。

计开：

第一章　总　纲

第一条　凡选举及被选举资格,按照《京师地方自治章程》所定办理。

第二条　选举事宜，区议事会由区董事会办理，区董事会由区议事会办理。总董事会由总议事会办理。

第三条　办理选举，应设调查及管理各员，由区议事会①总董或区议事会、总议事会议长各就自治职员内酌派充之。

第二章　区议事会选举

第一节　选举年限

第四条　凡选举议员，每年一次，于议员应届任满三个月前由区董事会总董预定日期举行。

第二节　选举等级

第五条　选举人分为两级，就选举人内择其年纳正税或公益捐较多者若干名，计其所纳之额足当选举人全数所纳总额之半者为甲级，其余选举人为乙级。

第六条　选举人有所纳税捐之额介于两级之间者，归入甲级。若两级之间有二名以上所纳之额相同者，以年长之人入甲级，年同者由区董事会总董抽签定之。

第七条　两级选举人分别各选举议员半数。其被选举人不必限定与选举人同级。

若议员全数不能平分者，先按两级各分半数，其所余单数，由甲级选举之。

若甲级选举人数少于该级应出议员额数者，除各举一名外，其余额归入乙级选出之。

第三节　人名册

第八条　每届选举，应由区董事会总董派定调查员，按章查取合格人员，造具选举人名册。所有选举人及被选举人均以列名册内者为限。其照京师地方自治章程仅有选举资格而无被选举资格者，应于本人姓名项下注明。

调查细则由区董事会拟订施行。

第九条　选举人名册应按名记载姓名、年龄、籍贯、住居年限及完纳税捐

---

① 疑应为"董事会"。但《政治官报》第八百二十四号（宣统元年十二月三十日出版）亦作"区议事会"，待考。

年额。

第十条　选举人名册应于选举期两个月以前依限告成，存放自治公所，宣示公众。

第十一条　宣示选举人名册以二十日为期，如本人以为错误、遗漏，准于宣示期内取具凭证，声请区董事会总董更正，逾限不得再请。

区董事会总董据前项声请，应即日移知区议事会公断。

第十二条　区议事会自接到前条移知之日起，应于十日以内断定准否，若断定准其更正者，应由区董事会总董一律更正，即作为确定。

第十三条　选举人名册确定后，应由区董事会总董保存，如本届选举年限内有当选无效及照章应行补选者，所有选举人及被选举人仍以列名册内者为限。

第十四条　选举人名册确定后，应分缮副本，申报各该自治监督存案，并发交投票所及开票所各一份备查。

第十五条　宣示选举人名册时，应刊印选举传单一同公布，其应载事项如左：

一、选举日期。

二、投票所及开票所地址。

三、投票方法。

选举日期，两级应分两日，先乙级，次甲级。

第四节　投票所

第十六条　投票所设于自治公所。

第十七条　投票所由区董事会总董派定管理员，掌投票一切事宜。

第十八条　投票所除本所职员及投票人外，他人不得阑入。

第十九条　投票所之启闭，以午前八时至午后六时为率，逾限不准入内。

第二十条　管理员于投票毕后，应将投票始末情形，造具报告，连同投票匦于翌日移交开票所，并报告区董事会总董。

第二十一条　投票所自投票完毕之日起十五日以内依限裁撤。

第二十二条　投票所办事细则由区董事会拟订施行。

第五节　投票簿、投票纸及投票匦

第二十三条　区董事会总董应按照投票所投票人数造具投票簿，并按照定式制成投票纸及投票匦，于选举期十日以前发交投票所。

第二十四条　投票簿应记载投票人姓名、年岁、籍贯及住所。

第二十五条　投票簿应将两级分别两册记载。

第六节　投票方法

第二十六条　投票人以列名投票所之投票簿者为限。

第二十七条　投票人届选举期应亲赴投票所自行投票，不得倩人代理。

其照《京师地方自治章程》第十五条第二项特许者，不在此限，但投票时应将代理凭证向管理员呈验。

第二十八条　投票人应在投票簿所载本人姓名项下签字毕，方准领投票纸。

第二十九条　投票人每名只准领投票纸一页。

第三十条　投票用无名单记法，每票只准书被选举人一名，不得自书本人姓名。

第三十一条　投票人应准于选举票附记格内，将所选人素行如何，公正附记一二事为众论所称道者，并得于附记格内注明所选举人官衔、职业、住所等项，此外不准夹写他语。

第三十二条　投票人于投票所内，除关于投票事宜得与职员问答外，不得涉及私言，并不得与他人接谈。

第三十三条　投票人投票毕，应即退出，不得逗留窥视。

第三十四条　投票人倘有顶替及违背定章等事，管理员得令退出。

第七节　开票所

第三十五条　开票所设于自治公所。

第三十六条　开票所由区董事会总董派定管理员，掌开票一切事宜。

第三十七条　开票所自投票匦送到之翌日，由区董事会总董酌定时刻，先行榜示。届时亲自到场，督同管理员当众开票，即日宣示。

第三十八条　开票时，准选举人前往参观，若人众不能容时，管理员得以限制人数。

第三十九条　管理员应将开票始末情形造具报告，于检点票数完毕之翌日，报告区董事会总董。

所有票纸应分别有效无效，一并附送，于本届选举年限内，由区董事会总董保存之。

第四十条　第二十一条、二十二条所定事项，开票所一律照办。

第八节　检票方法

第四十一条　检票时，应先将选举票与投票簿对照，如有票数与名数不符，及放弃选举权等事，均应另册记明。

第四十二条　凡选举票无效者如左：

一、写不依式者。

二、字迹不可认者。

三、不用投票所所发票纸者。

四、选出之人不在选举人名册内者。

五、选出之人不合被选举资格者。

第九节　当选决定

第四十三条　凡选举，以得票较多数者为当选。按得票多寡以次递推，票数同者，以年长之人列前，年同者，由区董事会总董抽签定之。

第四十四条　当选人确定后，应即榜示，并由区董事会总董具名，分别知会各当选人。

第四十五条　当选人接到知会后，应自知会之日起五日以内答复应选，其逾期不复者，以谢绝论。

第四十六条　一人两级均当选者，应自知会之日起五日以内答复愿应何级之选，其逾期不复者，亦以谢绝论。

第四十七条　前二条以谢绝论者，照《京师地方自治章程》第十八、十九条办理。

第四十八条　凡应选者，由区董事会总董呈由各该自治监督，申报自治总监督给予执照，并由自治总监督汇申民政部存案。

外郊地方，凡应选者，由区董事会总董呈请各该自治监督，申报步军统领衙门给予执照，汇咨民政部存案。

前二项执照，均由民政部先期依式制定。京师内外城交由巡警总厅，外郊地方交由步军统领衙门分别填用。

第十节　选举变更

第四十九条　凡左列各款，为选举无效：

一、选举人名册有舞弊作伪情事，牵涉全数人员，公断确实者。

二、办理选举不遵定章，公断确实者。

三、照章解散者。

第五十条　凡左列各款，为当选无效：

一、谢绝。

二、告退。

三、身故。

四、被选举资格不符，断定确实者。

五、当选票数不实，断定确实者。

六、当选后失其资格，断定确实者。

七、受除名之处分者。

第五十一条　当选无效，如已给予执照，应令缴还，并将姓名及其缘由榜示。

第五十二条　每届选举年限，应行改选；议员出缺至逾定额三分之一者，应行补选。

选举无效，一律改选；当选无效，一律补选。

第五十三条　补选以得票最多者补所出缺中任期未满最长者之缺，其余以次递推。票数同者，以年长之人列前，年同者，由区董事会总董抽签定之。

第五十四条　改选及补选一切应有事宜，均照本章程办理。

第十一节　选举争议

第五十五条　凡选举人确认有左列各款情事者，得提起选举争议：

一、选举人名册有舞弊作伪情事，牵涉全数人员。

二、办理选举不遵定章。

三、被选举资格不符。

四、当选票数不实。

五、当选后失其资格。

第五十六条　选举争议由选举人申诉区议事会公断,不服者申诉总议事会公断,仍不服者,呈由自治总监督核断。

外郊地方应由总议事会公断者,即由各区议事会连合协议办理;应由自治总监督核断者,由各自治监督会同办理。

第五十七条　申诉除第五十五条第五款外,应自选举之日起三十日以内为限。

第五十八条　落选人员确信得票额数可以当选而未经与选者,得照前二条办理。

第三章　区董事会选举

第五十九条　凡选举总董及董事,二年一次;选举名誉董事,每年一次。于各该员应届任满三个月前,由区议事会议长预定选举日期,招集议员举行,并呈请各该自治监督亲临或派员监督之。

第六十条　总董用无名单记法选举,以得票满议员总数三分之一者为当选。

董事及名誉董事用无名连记法分次选举,以得票满议员总数三分之一者为当选。

票数同者,以年长之人列前,年同者,由议长抽签定之。

若得票无满议员总数三分之一者,应即如法再选,以选出为止。

第六十一条　总董选举完毕后,由议长将得票当选者拟定正、陪各一名,开列姓名、履历及得票数目,造具清册,呈由各该自治监督申报自治总监督遴选一名,照会任职,并由自治总监督汇申民政部存案。

外郊地方应呈请各该自治监督遴选一名,照会任职,并由各该自治监督申报步军统领衙门汇咨民政部存案。

第六十二条　董事及名誉董事选举完毕后,由议长开列姓名、履历及得票数目,造具清册,呈由各该自治监督申报自治总监督核准任用,并由自治总监督汇申民政部存案。

外郊地方,应呈请各该自治监督核准任用,并由各该自治监督申报步军统领衙门汇咨民政部存案。

第六十三条　总董、董事及名誉董事均由自治总监督给予执照,外郊地方由各该自治监督申报步军统领衙门给予执照。

前项执照均由民政部先期依式制定，京师内外城交由巡警总厅，外郊地方交由步军统领衙门分别填用。

第六十四条　区董事会选举一切细则，以规约定之。

其选举争议，应申诉总议事会公断，不服者，呈由自治总监督核断。外郊地方，照第五十六条第二项办理。

第四章　总议事会选举

第六十五条　凡选举总议事会议员，每年一次，于议员应届任满三个月前，由各该区议事会议长预定选举日期，招集议员举行，并呈请各该自治监督亲临，或派员监督之。

第六十六条　总议事会议员用无名单记法选举，以得票较多数者为当选，按得票多寡以次递推，票数同者，以年长之人列前，年同者，由各该区议事会议长抽签定之。

第六十七条　总议事会议员选举完毕后，由各该区议事会议长将得票当选者开列姓名、履历及得票数目，造具清册，呈由各该自治监督申报自治总监督，汇申民政部给予执照，并由民政部存案。

第六十八条　总议事会选举一切细则，以规约定之。

其选举争议，应申诉自治总监督核断。

第五章　总董事会选举

第六十九条　凡选举总董事会总董及董事，二年一次，选举名誉董事，每年一次，于各该员应届任满三个月前，由总议事会议长预定选举日期，招集议员举行，并呈请自治监督亲临或派员监督之。

第七十条　选举总董、董事及名誉董事之投票方法及当选决定，照第六十条办理。

第七十一条　总董选举完毕后，由议长将得票当选者拟定正、陪共三名，开列姓名、履历及得票数目，造具清册，呈由自治总监督申报民政部开单奏请圈出一人。

第七十二条　董事及名誉董事选举完毕后,由议长开列姓名、履历及得票数目,造具清册,呈由自治总监督核准,申报民政部任用。

第七十三条　总董、董事及名誉董事均由民政部给予执照。

第七十四条　总董事会选举一切细则,以规约定之。

其选举争议,应申诉自治总监督核断。

第六章　罚　则

第七十五条　以诈术获登选举人名册或变更选举人名册者,处三元以上三十元以下之罚金。

办理选举人员知情者,处一月以上二月以下之监禁,或三十元以上六十元以下之罚金。

第七十六条　冒用姓名投票者,处一月以上六月以下之监禁,附加五元以上三十元以下之罚金。

第七十七条　以财物利诱选举人,或选举人受财物之利诱,及居中周旋说合者,处一月以上二月以下之监禁,或三十元以上六十元以下之罚金,财物入官,已用去者按价追缴。

第七十八条　以暴行胁迫,妨害选举人及选举关系人者,处一月以上三月以下之监禁,或三十元以上百元以下之罚金。

第七十九条　选举人及选举关系人携带凶器者,处一月以上二月以下之监禁,凶器入官。

第八十条　加暴行于办理选举人员,或骚扰投票所、开票所,或阻留、毁夺选举票、投票匦及其他有关选举文件者,处一月以上六月以下之监禁,附加五元以上三十元以下之罚金。

第八十一条　办理选举人员漏泄选举票上之姓名者,处一月以上六月以下之监禁,附加五元以上三十元以下之罚金。

其所漏泄非事实者罚同。

第八十二条　办理选举人员违法干涉选举人之投票,或暗记被选举人之姓名者,处一月以上三月以下之监禁,或三十元以上百元以下之罚金。

违法擅开投票匦,或取出投票匦中之选举票者,罚同。

第八十三条　凡犯本则所定各条者,于处罚后一年以上五年以下,停止其选举权及被选举权。

第八十四条　凡犯本则所定各条者,由审判厅审理执行。

第七章　附　条

第八十五条　本章程与《京师地方自治章程》同时施行。

第八十六条　本章程如有未尽事宜,应行增改者,照《京师地方自治章程》第一百三十五条办理。

第八十七条　京师地方自治开办时,第一次区议事会选举,所有办理选举人员,由各该自治总监督会同遴派官绅充之。其外郊地方,由步军统领衙门派令官绅办理。均于派定后汇报民政部查核。

附：上谕

宣统元年十二月二十三日具奏,二十四日军机大臣钦奉谕旨：

宪政编查馆奏核定京师地方自治章程暨选举章程,缮单呈览一折。著依议。钦此。

《宪政编查馆各项奏折》,清末印本,藏中国社会科学院近代史研究所图书馆

宪政编查馆奏覆核府厅州县地方自治暨选举各章程折（并单）

（附府厅州县并设自治职分股细则）

宣统元年十二月二十七日[①]

奏为遵旨复核《府厅州县地方自治章程暨选举章程》，分缮清单，恭折仰祈圣鉴事：

宣统元年十一月初七日，准军机处抄交钦奉谕旨民政部奏拟订《府厅州县自治章程》缮单呈览一折，著宪政编查馆复核具奏，钦此。并据民政部咨送拟订《府厅州县地方自治章程暨选举章程》前来。

查原奏内称，现拟地方自治制度，分为上下两级，以城镇乡为下级自治机关，而以府厅州县为上级自治机关。现在《城镇乡地方自治章程》业经钦定颁布，依限实施，自应将上级自治制度及时厘定，以期相辅而行。上级自治区画，原奏清单仅有厅州县而不及府，自因府有监督各厅州县之权，无直接管理地方之责。惟查边省地方及东三省新设各府，往往即以知府直辖地面，名虽为府，实与厅州县无异。若不分别办理，似多挂漏之虞。查《谘议局选举章程》第二条，府之有本管地方者，均作为初选区。此次拟订上级自治章程，自应仿照增入，以臻完密，各等语。

臣等窃维官治与自治同为国家之行政机关，凡国家事务之委诸官府者，固悉遵国家之法律命令以行，而不容有所非违，其委诸自治职者，亦悉遵国家之法律命令以行，而不得有所侵越，此自治与官治并行不悖者也。此次民政部原拟章程，一秉光绪三十四年十二月二十七日谕旨，惟于编制及职权等事，大致比照《城镇乡地方自治章程》，无甚区别。考各国自治制度，以分设上下级者居多，其上下级编制之法，论者或谓彼此宜用同一之制度，或谓上级自治之编制不能与

[①] 为奉到上谕批示日期。

下级自治相同,其故有三:盖地方公益事务规模较大者,既非下级自治之力所能举办,且事有关系多数利害而不便于分办者,皆非由上级自治办理不可,其故一也;国家委任事务,往往有需费较巨,为下级自治所不能担负者,非由上级自治任之不可,其故二也;下级自治事务一面当由官府监督,又一面当由上级自治监督,其故三也。然则上级自治,其地位介于官府与下级自治之间,兼有官治与自治之性质,故其编制必为官治与自治合并之制度,此上级自治与下级自治迥异之端也。现在城镇乡自治章程颁行未久,地方自治程度尚低,倘采用两级自治同一之制,窃恐人民对于地方事务于利害切己者则互相侵攘,于利害无关者则互相推诿,或至地方事业发达无期,仍仰赖国家一一设官为理,非磨练国民预备立宪之本意也。

臣等悉心体察,酌加修改,其要义约有数端:

一、原章府厅州县设董事会为执行机关,兹改称参事会,以府厅州县长官为会长,而为常设之议决机关,其执行机关则寄诸府厅州县长官而不属于参事会。

一、原章自治监督事宜尚未详尽,兹逐一增列,凡府厅州县长官对于议事会及参事会之议决事件,有交令复议及撤销之权,凡监督、官府,对于自治预算有减削之权;对于应行核准事件,除批驳外,更有改正之权。

一、原章议事会得议决自治规约,兹从删除,凡规则均须经府厅州县长官申请督抚核准,或咨民政部等衙门核准,然后施行。

一、原章屡用律例章程字样,范围既未确定,即解释不免纷歧,兹改为法律命令,于各章条文一律修正。

一、原章议员、董事各由选民互选,均以二年为任满,每年改选半数,兹改为三年任满,其参事会员即于议员内互选,此项选举章程亦即改称《府厅州县议员选举章程》。

以上各事,特其重大者,至于章节条目,随而增删,选举章程亦从更正,不至有所抵牾。计自治章程都为八章一百零五条,附府厅州县并设自治职分股细则,凡十一条。选举章程并为一章,不分节目,凡四十七条。谨分别缮具清单,恭呈御览,如蒙俞允,拟请明降谕旨,钦定颁行,俾昭法守。

至《城镇乡地方自治章程》颁布在前,其条文有涉及《府厅州县地方自治章程》歧异之处,应请饬下民政部另案更正,奏明办理。

再，地方自治区划与地方行政区划本属一体，现在两级自治章程俱已先后厘订，筹办之初，应先从分划区域入手，查边远地方如贵州等省，往往有府厅州县辖境壤地插花，不便行政者，若非及时整理，嗣后举办一切，殊多窒碍。应请旨饬下民政部通行各省督抚，将区划不便之处，酌量改正，奏交该部议复施行，所有复核《府厅州县地方自治暨选举各章程》，理合缮单，恭折具陈，伏乞皇上圣鉴训示。谨奏。

宣统元年十二月二十七日奉上谕，已录。

谨将核订《府厅州县地方自治章程》，缮具清单，恭呈御览。

计开：

第一章　总　纲

第一条　本章程所称府厅州县者，指左列各地方而言：

一、府之直辖地方

二、直隶厅

三、厅

四、直隶州

五、州

六、县

第二条　府厅州县自治区域，各以该府厅州县行政区域为准，府厅州县行政区域有更改时，自治区域一并更改。

第三条　府厅州县自治事宜如左：

一、地方公益事务，关于府厅州县全体，或为城镇乡所不能担任者。

二、国家行政或地方行政事务，以法律或命令委任自治职办理者。

第四条　府厅州县自治职如左：

一、府厅州县议事会及参事会，掌议决自治事宜。

一、府厅州县长官，掌执行自治事宜。

第五条　府厅州县所属城镇乡自治职，有照《城镇乡地方自治章程》第十条合并设置者,该府厅州县议事会及参事会亦得合并设置,前项合并设置,以该府厅州县所属城镇乡之协议,由该管地方官会同申请督抚酌夺,咨送民政部核定。府厅州县议事会及参事会合并设置者,除本章程规定外,其分股细则另行规定。

第二章 府厅州县议事会

第一节 编制及选任

第六条 府厅州县议事会议员员额,以所属地方人口之总数为准。总数二十万以下者,以二十名为定额。自此以上,每加人口二万,得增设议员一名,至多以六十名为限。其照本章程第五条合并设置之府厅州县议事会议员员额,以合并地方人口之总数为准,总数三十万以下者,以三十名为定额,其递增之率,照前条规定办理,但至多以一百名为限。

第七条 府厅州县议员额数分配所属各选举区之法,以各选举区人口之多寡为准。

第八条 府厅州县所属城镇乡选举民,有选举城镇乡自治职员之权者,除左列人等外,有选举府厅州县议员之权:

一、现任本府厅州县官吏者

二、现充本府厅州县巡警者

第九条 府厅州县所属城镇乡选民有选举府厅州县议员之权者,除小学堂教员外,得被选举为府厅州县议员。

第十条 城镇乡居民,以不具《城镇乡地方自治章程》第十六条第一项第三款资格不得为选民者,若居本府厅州县所属城镇乡接续至三年以上,亦得选举府厅州县议员及被选举为府厅州县议员。

第十一条 议员以合被选举资格者,由有选举权者选任之,选举事宜照另定选举章程办理。议事会议员不得同时兼任谘议局议员,或该参事会参事员及城镇乡议事会议员,城镇董事会职员,或乡董乡佐。父子兄弟不得同时任为议员,若同时当选者,以子避父,以弟避兄。

第十二条 凡被选举为府厅州县议员者,非有左列事由之一,不得谢绝当选,亦不得于任期内告退:

一、确有疾病不能常任职务者。

二、确有他业不能常居境内者。

三、年满六十岁以上者。

四、连任至三次以上者。

五、其他事由，特经府厅州县议事会允准者。

第十三条 无前所列事由之一而谢绝或告退者，得以府厅州县议事会之议决，于一年以上五年以下，停止其选民权。

第十四条 府厅州县议事会各设议长一名、副议长一名，均由议员用无名单记法互选，其细则由议事会拟订，呈由府厅州县长官申请督抚核定。

第十五条 议员及议长、副议长均以三年为任期，任满改选。

第十六条 议员及议长、副议长任满再被选者，均得连任。

第十七条 议员因事出缺至逾定额三分之一者，应即补选。

第十八条 议长因事出缺，以副议长补之。副议长因事出缺，应即补选。

第十九条 补缺各员，其任期以补足前任未满之期为限。

第二十条 府厅州县议事会得设文牍、庶务等员，由议长、副议长遴员派充。

第二节 职任权限

第二十一条 府厅州县议事会应行议决事件如左：

一、本府厅州县自治经费岁出入预算事件。

二、本府厅州县自治经费岁出入决算事件。

三、本府厅州县自治经费筹集方法。

四、本府厅州县自治经费处理方法。

五、城镇乡议事会应议决而不能议决之事件。

六、其余依据法令属于议事会权限内之事件。

第二十二条 议事会应行议决事件，得由该议事会委托参事会代为议决。

第二十三条 议事会遇有官府咨询事件，应胪陈所见，随时申覆。

第二十四条 议事会于地方公益事宜，得条陈所见，呈候官府核办。

第三节 会议

第二十五条 府厅州县议事会会议每年一次，以九月为会期。每会期以一个月为限，限满议未竣者得展会十日以内。如有临时应议事件，得开临时会议，其会期以十日为限。

第二十六条　议事会之召集及其开会、闭会、展会事宜，府厅州县长官掌之。凡召集之期距开会之期，须在十五日以外，但临时会不在此限。

第二十七条　每届会议，应由府厅州县长官将本届应议事件距开会十日以前通知议事会议员，但临时会议不在此限。

第二十八条　会议时，议长如有事故，以副议长代理，若副议长并有事故，由议员中公推临时议长代理。

第二十九条　会议非有议员半数以上到会，不得议决。

第三十条　凡议事可否，以到会议员过半数之所决为准，若可否同数，则取决于议长。

第三十一条　会议时，府厅州县长官或所派委员及参事会参事员均得到会陈述所见，但不列议决之数。

第三十二条　凡会议，不禁旁听，其有左列事由，经本会议决者不在此限：

一、府厅州县长官特令禁止者。

二、议长、副议长或议员五名以上提议禁止者。

第三十三条　会议事件有关系议长、副议长及议员本身，或其父母兄弟妻子者，该员不得与议。议长、副议长如有前项事由，照第二十八条办理，议员半数以上有前项事由，因而不能议决者，得将该件移交参事会代为议决。

第三十四条　会议时，议员有不守本章程及议事规则者，议长得止其发议，违者得令退出，因而紊乱议场秩序，致不能会议者，议长得令暂时停议。

第三十五条　旁听人有不守规则者，议长得令其退出。

第三十六条　每届会议完毕，应由议长、副议长将本届议事录会同议员二名以上署名，报告府厅州县长官。

第三十七条　议事规则及旁听规则，由议事会拟订，呈由府厅州县长官申请督抚核定。

第三章　府厅州县参事会

第一节　编制及选任

第三十八条　府厅州县参事会，各以该府厅州县长官为会长，其照本章程第五条合并设置之府厅州县参事会，以该长官内官尊者为会长，余为副会长，官同则先资深者，资同则先年长者，年同则抽签定之。

第三十九条　参事会参事员由议事会于议员中互选任之，参事员以该议事会议员十分之二为额。议事会选举前项参事员时，应于参事员外另行互选候补参事员，如参事员之数。本条互选细则照第十四条规定。

第四十条　议事会议员改选时，参事员及候补参事员亦一律改选，参事员任满再被选者，得行连任。

第四十一条　参事会参事员不得同时兼任谘议局议员，或该议事会及城镇乡议事会议员，城镇董事会职员或乡董乡佐。父子兄弟不得同时任为参事员，若同时当选者，照第十一条第四项办理。

第四十二条　参事员因事出缺时，以候补参事员补充，其补充之次序，以选举先后为先后，同时选举则票多寡为先后，票同则先年长者，年同则以抽签定之。若候补参事员无人或不敷补充时，应即补选。

第四十三条　补缺参事员之任期，照第十九条办理。

第四十四条　府厅州县参事会得设文牍庶务等员，由府厅州县长官遴员派充。

第二节　职任权限

第四十五条　府厅州县参事会应办事件如左：

一、议决议事会议决事件之执行方法及其次第。

二、议决议事会委托本会代议事件。

三、议决府厅州县长官交本会代议事会议决之事件。

四、审查府厅州县长官提交议事会之议案。

五、议决本府厅州县全体诉讼及其和解事件。

六、公断和解城镇乡自治之权限争议事件。

七、其余依据法令属于参事会权限内之事件。

第四十六条　参事会得于参事员中选举委员若干人，检查府厅州县自治经费收支账目。为前项检查时，应由府厅州县长官或所派委员会同办理。

第四十七条　本章程第二十三、二十四条之规定，参事会准用之。

第三节　会　议

第四十八条　府厅州县参事会每月会议一次，其有特别事由，经府厅州县长官召集或参事员半数以上之请求者，得随时开会。参事会开会期限由长官定之。

第四十九条　参事会会议禁止旁听。

第五十条　会议时，非会长及参事员半数以上到会，不得议决。议决方法照第二十九条办理。议决第四十五条第三款事件时，会长不列议决之数。

第五十一条　会议时，府厅州县长官所派委员及议事会议员得到会陈述所见，但不列议决之数。

第五十二条　每届会议议事录，由会长及参事员二名以上署名存案。

第五十三条　本章程第三十三条第一项之规定，府厅州县参事会准用之。若会员因而不及半数时，府厅州县长官得以候补参事员与本事件无关系者，照第四十二条规定之次序临时补充。仍不及半数时，得就府厅州县议员中与本事件无关系者指定若干人临时补充。

第四章　府厅州县自治行政

第一节　府厅州县长官

第五十四条　府厅州县长官代表府厅州县。

第五十五条　府厅州县长官应办事件如左：

一、执行府厅州县议事会或参事会议决之事件。

二、提交议案于府厅州县议事会或参事会。

三、掌管一切公牍文件。

四、其余依据法令属于府厅州县长官职权内之事件。

第五十六条　府厅州县议事会或参会之议决及选举如有逾越权限或违背法令者，该管长官得说明原委事由，即行撤销，或将其议决事件交令复议，若仍执前议，得撤销之。若议事会或参事会不服前项之撤销者，得呈请行政审判衙门处理，行政审判衙门未经设立以前，暂由各省会议厅处理之。

第五十七条　府厅州县议事会或参事会，于府厅州县之收支为不适当之议决，或议决事件有碍公益者，长官得说明原委事由，交议事会或参事会复议。前项复议事件，若议事会或参事会仍执前议，长官得呈请督抚核办。

第五十八条　府厅州县长官得令府厅州县议事会停止会议，其停会日期以十日为限。

第五十九条　府厅州县长官遇议事会不赴召集，或不能成立，或遇紧急事件不及召集议事会时，得将该事件交参事会代议。议事会于应行议决之事件不能议决，或闭会期届尚未议决者亦同。

第六十条　府厅州县长官遇参事会不赴召集，或不能成立时，得将该事件申请督抚核准施行。参会于应行议决之事件不能议决者亦同。

第六十一条　前两条事件，府厅州县长官应于下次议事会或参事会开会时，分别声明。议事会或参事会若以长官办法为不当者，得呈请督抚核办，或行政审判衙门处理。

第六十二条　府厅州县长官提交议案于议事会时，应先将该议案交参事会审查，若参事会与长官意见不同，应将其意见附列议案之后提交议事会。

第六十三条　府厅州县长官得将其职权内事务之一部，委任城镇董事会、乡董、乡佐代行。

第二节　自治委员

第六十四条　府厅州县得置自治委员若干人，辅佐长官执行自治事宜。

第六十五条　自治委员员额、任期、规则，由府厅州县长官拟订，经议事会之议决，申请督抚核定，并咨报民政部存案。

第六十六条　自治委员之进退，该长官掌之。自治委员之掌收支及经理公款、公产者，必须身家殷实，操守廉洁，非经议事会或参事会之保证，不得任用。

第六十七条　府厅州县自治委员，承府厅州县长官之命，办理各该管事宜。

第六十八条　府厅州县长官监督自治委员，如有过失，得依情节轻重分别处分如左：

一、申饬。

二、罚薪十日以上两月以下。

三、撤差。

第六十九条　凡受前条第三款处分者，二年以内不得充府厅州县自治委员，亦不得充府厅州县议事会议员及参事会参事员。

第七十条　府厅州县长官得以议事会之议决，申请督抚核准，于自治委员外增设临时委员，其员额、任期及选任规则，照第六十五条办理。

第七十一条　府厅州县办事细则，由该长官定之。

第三节　薪水及公费

第七十二条　府厅州县自治委员，及议事会、参事会文牍、庶务等员之薪水、公费，经议事会议决，由该长官定之。

第七十三条　府厅州县议事会议员、参事会参事员及临时委员，均不支薪水，但给相当之公费。前项公费数目及支给规则，经议事会议决，由该长官申请督抚核定。

第五章　府厅州县财政

第一节　自治经费

第七十四条　府厅州县自治经费以左列各款之收入充之：

一、府厅州县公款、公产。

二、府厅州县地方税。

三、公费及使用费。

四、因重要事故临时募集之公债。

第七十五条　府厅州县公款、公产，以向归府厅州县全体公有，不分属于城镇乡者为限。

第七十六条　公款、公产之内，有系私家捐助，当经指定作为办理某事之用者，不得移作他用。其指定办理之事业以法令变更或废止者，不在此限。

第七十七条　府厅州县地方税征收赋课事项，按照地方税章程办理。地方税章程由度支部另行厘订，奏定施行。

第七十八条　地方税章程未经施行以前，凡按照现制为府厅州县所应负担者，照旧办理。

第七十九条　府厅州县于依据法令应行办理之事，有关系个人利益者，得向该关系人征收公费。

第八十条　凡使用府厅州县公共营造物或其他公产者，府厅州县得向该使用人征收使用费。

第八十一条　公费及使用费征收事项，除法令另有规定者外，得设征收细则，经议事会之议决，由府厅州县长官申请督抚核定，并咨报民政部、度支部存案。

第八十二条　府厅州县遇有左列各款事由，得募集公债：

一、为府厅州县永远利益。

一、为救济灾变。

一、为偿还负债。

前项募集，经议事会之议决，由府厅州县长官申请督抚核准，并咨报民政部、度支部存案。关于募集方法、利息定率及偿还期限各事项，照前项办理。

第八十三条　府厅州县为筹备预算内之支出，得募集短期公债。前项募集并关于募集方法、利息定率及偿还期限各事项，经议事会之议决，由府厅州县长官申报督抚存案。

第二节　预算及决算

第八十四条　府厅州县长官每年应预计明年出入，编成预算，于议事会开会之始提交该会议决。

第八十五条　府厅州县会计年度，以国家会计年度为准。其国家会计年度未定以前，按照旧例办理。

第八十六条　府厅州县长官提交预算时，应附加按语，连同上年度预算，汇交议事会。

第八十七条　以府厅州县经费办理之事件，其事业非一年所能完竣或其费用非一年所能筹拨者，得以议事会之议决，预定年限，设继续费。

第八十八条　预算除正额外，得设预备费，以备预算不敷及预算外之支出，但不得以充议事会所否决事件之用。

第八十九条　预算议决之后，由府厅州县长官申请督抚核准，咨报民政部、度支部存案，并于本地方榜示公众。

第九十条　府厅州县经议事会之议决，得设特别会计。

第九十一条　府厅州县长官每年应将上年出入编成决算，连同收支细账，于议事会开会期内提交该会议决。

第九十二条　决算议决后，由该府厅州县长官申请督抚咨报民政部、度支部存案，并于本地方榜示公众。

第九十三条　预算、决算程式，及其余关于收支之重要规则，由民政部会同度支部厘定通行。

第六章　府厅州县自治监督

第九十四条　府厅州县自治由本省督抚监督之，仍受成于民政部，其关系各部所管事务，并受成于各部。

第九十五条　前条监督之官府，得令该府厅州县呈报办事情形，并得随时调阅公牍文件，检查收支账目。

第九十六条　监督事项，照本章程所定各条办理。

第九十七条　监督官府如以府厅州县之预算为不适当者，得减削之。

第九十八条　督抚遇有不得已情节，得咨请民政部解散府厅州县议事会。议事会解散后，应于三个月以内改选，重行召集。前项重行召集时，其会期之长短，由府厅州县长官申请督抚酌定之。

第九十九条　凡应经监督官府核准之事件，各该官府得于申请之范围内酌加改正，但不得与申请本意相反。

第一百条　凡呈请行政审判衙门处理之事件，关于呈请事项，另以法律定之。

第七章　文书程式

第一百零一条　府厅州县议事会或参事会行文府厅州县长官及监督官府，用"呈"；府厅州县长官行文议事会或参事会，用"照会"；监督官府用"札"；议事会及参事会互相行文，及与谘议局互相行文，用"知会"。

第一百零二条　府厅州县议事会、参事会各备木质钤记，由民政部核定式样，通行督抚刊发。

第八章　附　条

第一百零三条　本章程施行之期，遵照钦定逐年筹备事宜清单办理。

第一百零四条　本章程如有增删修改之处，得由议事会拟具条议，知会本省谘议局，由谘议局审查后，呈请督抚酌夺，咨送民政部核议，奏明修改。

第一百零五条　本章程施行细则，由督抚酌定，仍咨报民政部存案。

六、地方自治

附：府厅州县并设自治职分股细则

第一条　凡府厅州县合并设置之自治职，若该府厅州县财政因必须分划之故而分股办理者，由该长官呈请督抚，咨部核准施行。

第二条　依前项事由，该府厅州县得于议事会及参事会内各分设二股。

第三条　府厅州县议事会分设二股时，以各该府厅州县所选之议事会议员充各该股员。

第四条　凡属于府厅州县议事会权限之事件，某项应经合并议事会议决，某项应经各该分股议决，先由合并议事会呈由该管长官申请督抚核准，并咨部存案。

第五条　参事会之各股，以各该府厅州县长官为该股会长，各该参事员为该股参事员。

第六条　凡属于府厅州县参事会权限之事件，某项应经合并参事会议决，某项应经各该分股议决，先由合并参事会呈由该管长官申请督抚核准，并咨部存案。

第七条　府厅州县收支经费分配于各该股时，由合并议事会议决，呈由该管长官申请督抚核准，并咨部存案。

第八条　会议第四、第六、第七各条事件时，非合并议事会议员五分之四以上到会，不得开议。

第九条　各该股议事会解散之时，各该股议事员同时解合并议事会议员之职。

第十条　其向归该府厅州县分办或合办之事件，与章程不相触背者，得照旧办理。

第十一条　除本细则所规定外，其余均照《府厅州县地方自治章程》办理。

谨将拟订《府厅州县议事会议员选举章程》，缮具清单，恭呈御览。

计开：

第一条　府厅州县议事会议员，于各选举区选举之。

第二条　选举区以本府厅州县所属城镇乡之区域为准，府厅州县长官得以议事会之议决，申请督抚核准，合并二乡以上之区域作为一选举区。

第三条　各选举区应举议员额数，由府厅州县长官按照《府厅州县地方自治章程》第七条酌定，申请督抚核准。

第四条　选举日期，府厅州县长官定之。

第五条　每届选举，府厅州县长官应先期出选举告示，载明左列各款，颁发各选举区：

一、选举区分划。

二、各选举区应举议员额数。

三、选举日期。

颁发前项选举告示在应另造选举人名册时，至少须于选举日期八十日以前行之。若毋庸另造时，至少须于二十日以前行之。

第六条　选举事宜，城镇由总董，乡由乡董管理之。若二乡以上合为一选举区者，由府厅州县长官于各该乡董内派定一人管理之。

第七条　城镇总董、乡董编造现在选举人名册，按名记载姓名、年岁、籍贯、住居年限及完纳税捐年额，于选举期日五十日以前一律告成，存放自治公所，宣示公众。若二乡以上合为一选举区者，由各该乡董移送管理选举之乡董宣示之。

第八条　宣示选举人名册以二十日为期，若本人以为错误、遗漏，准于宣示期内取具凭证，声请城镇总董更正，逾限不得再请。城镇总董、乡董据前项声请，应即日知会府厅州县参事会公断。

第九条　参事会自接到前条知会之日起，应于十日以内断定准否，若断定准其更正者，由城镇总董、管理选举之乡董一律更正，即为确定。

第十条　选举人名册确定后，由城镇总董、管理选举之乡董保存之，自确定之日起一年以内，若有改选补选，所有选举人及被选举人仍以该册为准。

第十一条　选举人名册确定后，应分备副本，由府厅州县长官申报督抚存案，并交各投票所及开票所各一分备查。

第十二条　投票所分设于各选举区。其选举区较大者，得由城镇总董、管理选举之乡董划定地段，分设投票所若干处。

第十三条　投票所所在地，由城镇总董、管理选举之乡董定之。

第十四条　城镇总董、管理选举之乡董，应按照各投票所投票人数，分别造具投票簿，并按照定式制成选举票及投票匦，于选举日期十日以前分交各投票所，投票簿应记载投票人姓名、年岁、籍贯及住所。

第十五条　城镇总董、管理选举之乡董，届选举日期，应亲莅投票所监察之，其投票所有二处以上者，呈请府厅州县长官派员分莅监察之。

第十六条　投票所之启闭，城镇总董、管理选举之乡董掌之。其启闭时刻，以午前八时至午后六时为率。

第十七条　投票人以列名各该投票所之投票簿者为限。

第十八条　投票人届选举日期，应亲赴投票所自行投票，不得倩人代理，其照章特许者不在此限，但投票时应将代理凭证向城镇总董、管理选举监察之乡董或另派之监察员呈验。

第十九条　投票人应在投票簿所载本人姓名项下签字毕，方准领选举票。

第二十条　投票人每名只准领选举票一页。

第二十一条　投票用无名单记法行之。投票人得于选举票附记格内注明所选举人官衔、职业、住所等项，此外不得夹写他语。

第二十二条　投票人于投票所内，除关于投票事宜得与有关选举之职员问答外，不得涉及他事，并不得与他人接谈，投票人投票毕，应即退出，不得逗留窥视。

第二十三条　投票人倘有顶替及违背定章等事，城镇总董、管理选举之乡董或另派之监察员得令退出。

第二十四条　投票所除有关选举之职员及投票人外，他人不得阑入。

第二十五条　投票完毕后，由城镇总董、管理选举之乡董将始末情形造具报告书，连同投票匦于翌日移送开票所，并呈报府厅州县长官。

第二十六条　投票所自投票完毕之日起十五日以内一律裁撤。

第二十七条　开票所设于各选举区之城镇乡自治公所。

第二十八条　城镇总董、管理选举之乡董于各投票匦送齐之翌日，酌定开票日期、时刻，先行榜示，届时亲莅开票所，当众检点票数，即行开票。

第二十九条　开票时，准选举人前往参观，若人众不能容时，城镇总董、管理选举之乡董得限制人数。

第三十条　检票时，应先将选举票与投票簿对照，如有票数与名数不符，及放弃选举权等事，应另册记明。

第三十一条　凡选举票无效者如左：

一、写不依式者。

二、字迹不可认者。

三、不用投票所所发选举票者。

四、选出之人不合被选举资格者。

第三十二条　选举以得票较多数者为当选，当选人名次以得票多寡为先后，票数同者以年长者列前，年同则由城镇总董、管理选举之乡董抽签定之。

第三十三条　当选人确定后，城镇总董、管理选举之乡董，应即将当选人姓名及得票数目榜示，并造具清册及始末情形报告书，连同选举票纸呈送府厅州县长官，由长官通知各当选人。前项清册及选举票纸，于下届选举以前，由府厅州县长官保存之。

第三十四条　当选人接到前条通知后，应自通知之日起五日以内答复应选，其逾限不复者作为谢绝。

第三十五条　凡应选者，由府厅州县长官给予执照，并呈报督抚，汇咨民政部存案。

第三十六条　凡左列各款为选举无效：

一、选举人名册有舞弊作伪情事，牵涉全数人员，公断确实者。

二、办理选举不遵定章，公断确实者。

三、照章解散者。

第三十七条　凡左列各款为当选无效：

一、谢绝。

二、告退。

三、身故。

四、被选举资格不符，断定确实者。

五、当选票数不实，断定确实者。

六、当选后失其资格，断定确实者。

七、受除名之处分者。

第三十八条　当选无效，如已给予执照，应令缴还，并将姓名及其缘由榜示。

第三十九条　每届议员任满或选举无效时，应行改选。议员以当选无效、出缺至定额三分之一时，应行补选。

第四十条　补选以当选最前列者补任期未满最长之缺，其余以次递推。

第四十一条　凡选举人确认有左列各款情事者，得提起选举争议：

一、选举人名册有舞弊作伪情事，牵涉全数人员。

二、办理选举不遵定章。

三、被选举资格不符。

四、当选票数不实。

五、当选后失其资格。

第四十二条　选举争议，由选举人申诉府厅州县参事会公断。不服前项之公断者，得呈请谘议局公断。

第四十三条　申诉除第四十一条第五款外，应自选举之日起三十日以内为限。

第四十四条　落选人员确信得票额数可以当选而未经与选者，得照前二条办理。

第四十五条　城镇乡自治选举章程罚则，府厅州县议事会议员选举准用之。

附条

第四十六条　本章程与《府厅州县地方自治章程》同时施行。

第四十七条　本章程如有未尽事宜，应行增改者，照《府厅州县地方自治章程》第一百零四条办理。

《政治官报》第八百二十五号，宣统二年正月初八日出版

办理地方自治谕①

宣统元年十二月二十七日

钤章

宣统元年十二月二十七日内阁奉上谕：本日宪政编查馆奏覆核《府厅州县地方自治章程》并《府厅州县议事会议员选举章程》，缮单呈览一折。朕详加披览，尚属周妥。府厅州县各官为国家亲民之吏，兼为执行上级自治之职。此次所定章程，与城镇乡地方自治相辅而行，即著民政部会同各督抚，按照定章，督饬各该地方官切实施行。各该地方绅民于自治事宜休戚相关，尤当恪守范围，公同协议，务期官民交勉，治理日隆，用副朝廷实行宪政乐利同民之至意。余著照所议办理。钦此。

军机大臣署名

　　　　　　　　　　臣奕（劻）② 假
　　　　　　　　　　臣世（续）
　　　　　　　　　　臣鹿（传霖）
　　　　　　　　　　臣那（桐）
　　　　　　　　　　臣戴（鸿慈） 假

《光绪宣统两朝上谕档》第三十五册，第536—537页

---

① 标题为编者所拟，原文无标题。
② 括号内名字均为编者所加。

六、地方自治

山东巡抚孙宝琦奏请变通地方自治折

宣统二年六月十一日①

奏为地方自治拟请变通章程，先办厅州县，次办城镇乡，以便推行而免阻碍。恭折仰祈圣鉴事：

窃维地方自治，为宪政之基础，业由宪政编查馆、民政部先后议定城镇乡、厅州县自治各章程，饬令各省迅即筹办。条分缕析，备极周详。臣谨按九年立宪期限清单，城镇乡自治，限于第六年成立，厅州县自治，限于第七年成立。山东前已设立自治筹办处，并开办全省自治研究所，先后奏报在案。现在自治学员，已于上年毕业。各处自治区域，亦经分饬州县，设立筹备公所，派委绅士，调查列表报告，期于次第核定，无误要政。惟细绎章程，按之内地情形，人民程度，尚有不免窒碍之处。伏读十月十三日上谕，各直省督抚奏陈第一二届筹备事宜，均尚妥协，自兹以往，益当振刷精神，认真整饬，无取乎虚文粉饰，徒事铺张。若揆诸现在情形，或有窒碍，亦准其剀切胪陈，并妥筹善法，仍一面持以毅力，务底于成。等因。钦此。仰见朝廷虚衷采纳，因时制宜，莫名钦佩，谨将城镇乡筹办自治情形，缕晰陈之。

一、划分区域之难。自治章程，以府厅州县治城厢为城，其余市镇村庄屯集各地方，人满五万以上者为镇，不满五万者为乡。东省州县人口，多者六七十万，其次四五十万，最少亦不过十余万。大率零星散处，能成一镇者甚少，每县或千余庄，或数百庄。即分设乡会，亦须设法归并，方能成立。其中地土之腴瘠，人民之贫富，万有不齐。乡曲愚民，但有畛域自封之私，鲜识守望相助之义。欲仿联庄之法，以为合群之谋，尤须规画周详，布置周币，否则，强为牵合，将来同一议会，必致意见各存，纷纭不已。此不可不虑者一也。

---

① 为《国风报》刊登日期。

一、选举职员之难。自治章程,每乡设议事会,凡人口不满二千五百者,议员六名,由是递推,人口至四万者,议员十八名。城镇议事会议员,以二十人为额,人口过五万五千者,增议员一名,自此以上,每加人口五千,增设一名,至多以六名为限。董事会有总董有董事,每乡有乡董有乡佐,以一州县计之,如人口至六十万者,须有议员二百余人。当此民智未开,教育未普,人才消乏,安得多数正绅与谋公益,势必品流淆杂,议论纷歧。谨愿者方引避之不遑,浮嚣者益张皇而无实,甚则挟官长以愚乡里,假公论以便私图,流弊所丛,不可收拾。此不可不虑者二也。

一、筹备经费之难。地方自治,不准动用国家正款,惟于公款公产而外,另有附捐特捐之条,固于筹措之中,严寓限制之意。就东省而论,公款公产,有为一县所无者,间或有之,数目甚微,无济实用。今设议事会多处,会场有公用,议长有公费,董佐有薪水,其余议员,每季须十五日到会,往来奔走,旷时废业,若无津贴,谁能任之。窃维自治范围,如学务,如卫生,如道路工程,农工商业,以及一切善举,公共营业,无不一藉财力以为展布。若一事未办,每年须先筹巨款,以养此数百职员,其谓之何。比年物力艰难,民生凋敝,偏灾屡告,十室九空,以终岁勤动之余,既输将于国家税,又附益以地方税,万一轻言会敛,重剥脂膏,民力难堪,隐忧方大。此不可不虑者三也。

一、联结团体之难。地方自治,受监督于官府,然区域太多,议员太众,则一县之中,不免自为风气,城与乡各分界限,乡与乡又分界限。其势愈分,其力愈薄,即如设一高等学堂,创一公共善举,势非一城一乡所能独任。离而析之,未办者更无建设之望,已办者且有解散之忧。定章城镇乡区域,如有应行变通,或彼此争议,拟具草案,移交厅州县议事会议决之。今厅州县议事会未立,各乡议会岂能尽无违言,一水利之交争,一山荒之互占,一市场之建置,一商业之经营,利害所形,哄争立起。欲其通力合作,相倚相成,殆亦难矣。此不可不虑者四也。

以上四端,臣鳃鳃愚虑,或者疑其太过。惟事关创举,则防弊不厌其详,法以渐行,则求效不容太急。查地方自治之制,遍行于东西各国,惟英人能力最富,成立最早,故发达悉出于自然。至于若德若日,皆由积渐以利推行,经组织而臻完密。德国以省会为上级,县次之,市乡为最初级。日本以府县为上级,郡次之，市町村为最初级。其统系大致相类。我国自治章程，有府厅州县，有城镇乡。然谘议局性质，近于省会，则亦自治之最上级矣。今各省谘议局业经开会，窃谓宜就目前各厅州县筹备公所改设厅州县自治会，萃一邑之人，谋一邑之事，联合群力，讲求公益，较易程功。其市镇人口满五万以上者，亦可先行举办，此外各乡均宜从缓，应俟教育普及，实业发达，然后体察形势，酌量财力，逐渐分设乡会。至其会场之分合，员额之多寡，亦无庸过于拘泥，致有形式而无精神。日本明治二十二年，颁布市町村制，其以法律制定者，则创始于明治十三年之区町村会法，明治十七年复经改正，然法律不过定会议之大纲，余则听各地方适宜定之。至于今日全国之町村，尚有未设议会之处。诚以法令者，依人民之情况，察其智识程度，而取其宜，非能据自治之理论，遽求完备也。远维成周里党之规，西汉乡亭之制，中国自治源流最古，谓小官多则治，而非论于民物穷匮之时，谓王道始于乡，要须俟诸富教递加之后。若徒事摹仿，只取备数，始基一误，贻患安穷。实于宪政前途，大有阻碍。臣愚昧之见，不敢安于缄默，披沥上陈，拟恳饬下宪政编查馆会同民政部迅速核议，奏请明旨，通饬遵行，大局幸甚。所有拟请变通地方自治缘由，谨缮折具陈，伏乞皇上圣鉴训示。谨奏。

《国风报》宣统二年第十六期，宣统二年六月十一日发行

浙江巡抚增韫条陈地方自治事宜三条折

宣统二年十月十二日

浙江巡抚臣增韫跪奏，为条陈自治事宜，恭折仰祈圣鉴事：

窃维地方自治之设，东西立宪国所以练习人民政治上之知识，而以本地之人办本地之事，则利害切而谋虑周，于各地选民之中举国会代议之士，则阅历多而政见确。立宪前途，最关紧要，各省自筹办以来，成效罕著，谨举其急务分别陈之。

一曰扶持自治之能力。谨按奏定逐年筹备事宜，宣统元年筹办城镇乡地方自治，宣统五年一律成立。宣统二年筹办厅州县地方自治，宣统六年一律成立。而现行章程自治体应办之事，凡学务、卫生、善举、道路、工程、农工商务及公共营业，筹集款项，范围至广，头绪至繁，若听其自然发生，则能力未充，事事皆办，实则一事莫办。即今实力奉行，而各省自为风气，趋向不同，亦不能收全国统一之效。臣愚以为此五年中，宜有缓急先后之序，由宪政编查馆合同民政部编具大纲，于各级自治体应办之事，每年分为实行及筹备两项，详列清单，颁布各省，由督抚编订进行细目，交谘议局议决施行。例如宣统三年为续办城镇乡地方自治之第二年，以学务、卫生为自治体实行之事，而其他各项为筹备之事。举一事即责一事之效，不至名实两歧，筹一款即办一款之事，不至支绌坐废，主义虽似于渐进，而实效必多于并进矣。

一曰助长自治之事业。夫自治之规章，既非吾国所固有，而自治之事业，亦非吾民所习知。以吾国素不与闻公事之人民，而责以学务、卫生等事，渺不知其为何物，黠者因假公以营私，愿者乃敷衍以塞责，此必然之势也。臣愚以为取法于人者，非徒形式具而已，当注重其精神。东西各国自治之发达，皆在吾国数十年以前，其筹办之规模，每年皆有成绩表存储待考。应请敕下民政部及各省督抚，选派专员，逐项调查，分类刊布，附以浅说，令其择要仿行。夫派员调查之举，前者履行之，似同具文矣。然前者多抄袭其章程，今则研究其实验，前者多探取其现在，今则考求其已往，取径既殊，收效自异，此尤地方自治进行之初所刻不容缓者也。

一曰比较自治之成绩。查九年筹备，自宣统六年以后，自治体一律成立，似国家别无筹备自治之责任，臣独以为未尽也。自治章程之通行于各省者，规则同，范围同，组织同，其事业亦同。然执行有勤惰，筹画有疏密，收效有后先，无全国之比较，俾收交换智识之益，以起其奋发事业之心，则亦未可尽恃。臣愚以为自治体成立以后，当由民政部会同督抚实力调查，刊列成绩比较表，第其优劣，颁布各省，使相仿效，而又完全者褒美之，怠惰者策励之。如此则自治之团体虽多，自治之事业虽广，而消长升降之机，无一不贯属于政府。夫国家者一乡一邑之积，一乡一邑皆治，而国家不富强者未之有也。

抑臣尤有进者，近年谘议局既开，各处复筹办地方自治，因之出而任事者多少年新进之士，往往逾越权限之外。臣愚以为自治研究所，宜逐年续办，将来通晓法制大意之人，日见其多，逾越权限之事，自日见其少。自治体成立以后，利用其嚣张好事之气，致之于实事求是之途，而官吏实行监督其间，斯民智渐开，而民气亦静。臣于地方自治管见所及，大略如此，是否有当，恭候圣裁。

所有条陈自治事宜，谨恭折具陈，伏乞皇上圣鉴，敕部核议施行。谨奏。

《清末筹备立宪档案史料》，第752—754页

御史萧丙炎奏各省办理地方自治流弊滋大拟请严加整顿折

宣统三年闰六月初七日

掌广西道监察御史臣萧丙炎跪奏，为各省地方自治，办理失宜，流弊滋大，拟请旨饬严加整顿，以裨宪政而固民心，恭折仰祈圣鉴事：

窃维治民之道，端在便民，立法之良，视乎行法。方今朝廷预备立宪，励精图治，一切法制改良，原为便民起见，地方官吏职务奉行，宜如何矢慎矢勤，以求尽善尽美。乃臣闻各省办理地方自治，督抚委其责于州县，州县复委其责于乡绅，乡绅中公正廉明之士，往往视为畏途，而劣监刁生，运动投票得为职员及议员与董事者，转居多数。以此多数刁生劣监，平日不谙自治章程，不识自治原理，一旦逞其鱼肉乡民之故技，以之办理自治，或急于进行而失之操切，或拘于表面而失之铺张，或假借公威为欺辱私人之计，或巧立名目为侵蚀肥己之谋，甚者勾通衙役胥差，交结地方官长，藉端牟利，朋比为奸。其苛捐扰民也，不思负担若何，惟恐搜括不尽，农出斗粟有捐，女成尺布有捐，家蓄一鸡一犬有捐，市屠一豕一羊有捐，他如背负肩挑瓜果、菜蔬、鱼虾之类，莫不有捐，而牙行之于中取利，小民之生计维艰，概置弗问。其开销经费也，一分区之内在局坐食者多至一二十人，一年度之间由局支出者耗至二三千圆，以一城数区合计之，每年经

费不下万金。而问其地方之善堂如何，学校如何，劝业如何，卫生如何，不曰无款兴办，即曰不暇顾及。所谓办有成效者，不过燃路灯，洒街道，或设一二阅报社、宣讲所而已。而旧日育婴堂、养老院、义塾、社仓、宾兴、乡约、施药、施茶、积存储公费，非皆挥霍尽净不休。似此办理地方自治，其人既多败类，其费又多虚糜，苛取民财，无裨民事，怨声载道，流弊靡穷。若不量为变通，严加整顿，臣恐民怨日积，民心渐离，大乱将兴，何堪设想！

查现行自治章程，原以地方官为监督，其对于自治职员及议事会董事等，固有撤销与详请解散之权，对于预算决算表册，又有随时检查之权。拟请明降谕旨，通饬各省督抚，严督所属各地方官，认真监督，严加整顿。办法量为变通旧章，慎选职员，撙节经费，如有职员等假公济私，抑勒苛索，挟嫌寻仇，侵吞浮冒诸情事，准该县民赴邻封据实指控，一经发觉，立将该管地方官严行奏参，以为监督不力者戒。务使闾阎毋扰，则民心可安，官吏秉公，则宪政无弊矣。臣愚昧之见，谨缮折具陈，是否有当，伏乞皇上圣鉴，训示施行。谨奏。

《清末筹备立宪档案史料》，第 756—758 页

2. 各省推行自治的情形

民政部饬办地方自治示

光绪三十三年九月二十八日①

照得地方自治为立宪根本，迭奉谕旨通行，钦遵在案。京师为首善之区，亟应率先筹办，以为各省模范。盖地方利害，非生长其间者，无由洞悉。若必事事

---

① 为本期《政治官报》出版日期。

仰赖官力，不独情形隔阂，难期实效，且官力有限，亦断不能巨细无遗。是地方自治所以辅官治之不逮，即谋自己之安全，凡在国民，所当交勉。至本部设立之自治局，惟任提倡监督之责，一俟京师议事、董事等会次第成立后，所有京师地方自治事宜，即应由该会等按照章程，分别担任。尔人民等务当及早研究，先事预备，以养成公民之资格，庶几循序渐进，日起有功，用副朝廷实行立宪之至意。本部总司民政，指导启发，责无旁贷，现正厘订章程，拟即奏明办理。尔等须知地方自治系国民应享之权利，亦即国民应负之义务，将来公开国会，选举议员，均以此为基础。尔等生逢圣代，幸得为立宪国民，自当奋发公心，化除私见，共赞国家维新之治。惟恐开办之始，无知愚民造作谣言，群相疑阻，不得不剀切晓谕，俾众周知。为此示谕，仰即悉心体会，遵行毋违。特示。

《政治官报》第九号，示谕报告类，光绪三十三年九月二十八日

京师外城巡警总厅札左右分厅调查地方情形以为自治预备文①

光绪三十三年九月二十九日②

为札饬事：

照得远征周制，首重乡官，旁览列邦，群夸市政。客岁明诏煌煌，限期立宪。薄海臣民，当莫不知宪政为强国之要图，自治为宪政之基础矣。本年民政部以京师为全国观瞻所系，首创自治局，责成内外厅丞会同部员筹议一切，业经粗订章程，克期办理。本署厅丞责无旁贷，固甚愿其早日举行，第念非有各厅区直接之官吏，不能适得其情；非有本地良善之绅民，不能周知其故。联官民之交而

---

① 标题"京师"、"巡警"为编者所加。
② 为《政治官报》刊载时间。

审其结合，则无有阻碍；谋公共之事而自为受用，则争自濯磨。是自治不难，难于首初措置；措置不难，难于先事调查。盖本地之情形一有未详，则自治之机关将无由成立。

为此札饬该厅转饬各区，将该地面素有名誉之居民姓氏，与夫堪设工暖厂、学堂之房屋或庙宇，堪设停车场、小菜场之地段，及应开辟之道路、应疏通之沟渠，分别详查，列为表式，限于月内申报，以为地方自治之预备。仰即遵照办理。切切特札。

《政治官报》第十号，咨札类，光绪三十三年九月二十九日

民政部奏请旨圈定京师总董事会总董折

宣统三年六月二十七日①

奏为京师地方自治总董事会总董选举完竣，遵章开列正、陪，请旨圈定，恭折仰祈圣鉴事：

窃查《京师地方自治章程》第九十三条内称，总董以本地方选民由总议事会选举正、陪共三名，由自治总监督申报民政部，开单奏请圈出一人，等语。兹据自治总监督、内外城巡警总厅厅丞申称，京师总董事会总董，业由总议事会议长委任各区董事会总董、董事充管理员，投票选举决定当选各员，申请奏明任用等情前来。臣等查京师为四【方】表率，总董有总理会事之责，职任尤为重要，此次据该厅申称总议事会公同选出祝椿年等三员当选情形，核与定章相符。谨缮具清单，恭候圈出一人，以资董理。所有请旨圈定京师总董事会总董缘由，理合恭折具陈，伏乞皇上圣鉴。谨奏。

宣统三年六月二十七日，奉朱笔圈出祝椿年。

---

① 为奉到朱批日期。

谨将总董事会当选拟正拟陪总董衔名、年岁、籍贯暨得票数目缮具清单,恭呈御览:

拟正总董一名:

祝椿年,年五十一岁,顺天宛平县举人,学部主事,第一次选举得十一票。

拟陪总董二名:

李万藻,年五十一岁,顺天大兴县人,候选同知,第二次选举得十三票。

吉安,年三十四岁,正白旗满洲人,顺直谘议局议员,第三次选举得十三票。

《民政部奏折汇存》第一册,第327—329页,全国图书馆文献缩微复制中心2004年影印

袁世凯奏天津筹备地方自治情形折[①]

光绪三十三年七月二十二日

袁世凯奏:臣于光绪三十一年七月准政务处咨开奏复侍郎沈家本条陈时事一折内开,聘用公举之士绅,参预谋议,不必拘定乡官之名,但求能办地方之事,等语。又上年六月准政务处咨开奏复御史顾瑗请设乡官一折,并拟由奉直两省先行试办。先后奉旨:依议。钦此。咨行前来。

臣维周制六官之数,约五万余人,而乡遂之官,多至三万七千八百有奇,分职愈繁,欲与民相亲而事无不举。汉之三老啬夫,犹存古意。自隋以后,尽废乡官,以数百里之地,寄诸牧令一人之身,遂使猾吏奸胥,因缘舞弊,治道之隳,胥由于此。比者东西立宪诸国,雄长大陆,稽其历史,则地方制度,必先乎立宪

---

① 标题为编者所拟,原文无标题。

政治，而奥、德之建国，发轫于州会，日本之维新，造端于府县会。选举有定法，议决有定程，人以被选为荣，斯民德日崇，类能辅官治之所不及，比隆三代，有自来矣。

臣夙昔讨论及此，窃谓非行地方自治，无以补守令之阙失，通上下之悃忱。爰于天津设立自治局，委升任天津府知府凌福彭、翰林院检讨金邦平会同筹办，招集法政各员，暨明达妥绅，拟议章程，往复辩论。至本年七月初十日，天津县议事会始克成立。计一年以来，惨淡经营，规模略具。谨为我皇太后、皇上缕晰陈之：

地方自治为我国创办之事，非先以预备，则不能实行。目前教育未周，识字之民尚少，设有误会，流弊滋多。乃拟派曾习法政熟谙土风之绅士为宣讲员，周历城乡，宣讲自治之利益，复编印法政官话报，分发津属州县，以资传习。并将自治利益编成白话，张贴广告，以期家喻户晓，振聩发聋。此派宣讲员与编官话报及白话广告之情形也。

各国自治章程，俱有法理，研究比较，责在士绅。乃设自治研究所，饬津郡七属选送士绅之阅历较多素孚乡望者，大治八人，小治六人，并设旁听生，入所研究，四个月毕业后，各回原籍，筹设自治学社，为定学社通则，以研究所得者传习之。该绅等于自治理法，略能详解，俱有期望实行之心，可收因势利导之效。此设自治研究所与自治学社之大略情形也。

实行自治，立法为先，公听并观，理无专断。乃仿日本期成会，合该局全员，并由局公举绅士十二人，学会公举二十人，商会公举十人，组织全会。又委派服官本省饶有经验者四人为谘议，先由该局草拟自治章程，于开会时，拟稿员宣述理由，诸会员逐条驳诘，多数赞成，方为决议。计开会议十有九次，议成章程百十一条。此设期成会与谘议员会订章程之大略情形也。

自章程批准之后，即实行入手之初，选举者与被选举者，既须有一定之资格，不可无调查之机关，乃设选举总分课，总课以本局人员兼任，分课以研究所之毕业士绅分任，散给选举人被选举人格式纸，令其逐项自行填注，送还选举课，换给执照。计给照者一万二千四百六十一纸，其中有被选举资格者二千五百七十二人。此设选举总分课调查选举权与被选举权之大略情形也。

调查既毕，乃照章先行初选举，其法凭执照掉换初选举票，各写所举一人，投入票箱，当众公开。先按被选举人所住区域，划成八区，分拣各本区得票最多者四人，共三十二人。复将所余各票，合拣得票最多者一百三人。以上一百三十五人，为初选举当选人。初选举既毕，乃照章举行复选。其法亦凭执照换给复选举票。凡初选举当选人各互举三十人，记于一票，投入票箱。当众公开，分拣每区减为一人，共八人，合拣减为二十二人。以上三十人为当选，即议事会之议员。此分别初选举复选举与分拣合拣之大略情形也。

所有当选议员，经该员备函通告，并赁定议事会地址，于七月初十日行开会式，互选议长、副议长。其议长为在籍度支部郎中李士铭，副议长为分省补用知县王劭廉。此后即由该议事会自行筹设董事会，各按章程办理。

计设自治局以讫议事会成立之日，适已经年。盖事关兴革，发端务极周详，理可贯通，循序自能普遍。既有天津为之模范，其余推行各属，当有事半功倍之望。臣已督饬自治局计画全省地方自治办法，期以三年一律告成，仰副朝廷预备立宪之至意。

得旨：民政部知道，单并发。

朱寿朋：《光绪朝东华录》，总第5723—5725页，中华书局1958年出版

直隶警务处职员朱廷桢等禀办清苑地方自治期成会文（附规则并批）

光绪三十三年下半年①

敬禀者：窃查光绪三十三年八月二十三日奉上谕：上年降旨宣布立宪，视进步之迟速，定期限之远近。顾非地方自治，则人才无由历练。著民政部妥拟自治

---

① 原文未署时间。文刊于光绪三十四年二月《政治官报》，当在此之前。文中有"本年四月间禀蒙工巡局宪"，应指光绪三十三年。此文禀上应在三十三年八月关于地方自治上谕之后，故作下半年。

章程，请旨饬下各省择地依次试办。又于九月十三日奉上谕：著各省均在省会速设谘议局，其各府州县议事会一并预为筹画。务期取材日宏，进步较速，与庶政公诸舆论名实相符。各等因。钦此。仰见朝廷廑怀宪政，责望臣民，属在舿幪，同深钦感。而天津地方自上年即蒙前督宪袁创设自治局，议定天津自治章程，并于今年春间公布，调查实行选举，设立天津县议事会，又将各项草案理由书刊登官报，俾众周知。盖以天津为试办起点，欲令各属相继仿行也。自后各府州县禀请设自治学社及研究所者，先后奉准。而保定地居省会，若犹迁延不办，自为放弃，微特显违谕旨，抑且无以仰慰各宪文明提倡之心。

惟查地方自治团体，必兼设议决、执行两机关，方为完备。此时部章未颁以前，遵照筹画议会办法，不涉行政范围，但为资政院、谘议局之下级基础，事体尚属单简，第亦须有种种之预备，大率最要者，为学理之研究及民智之启发。职董等业于今夏公举自治员赴津学习，蒙考验送赴日本讲习科，指日回国。又本年四月间禀蒙工巡局宪筹给常款，在于省城大慈阁设立宣讲所，逐日集会商民，演讲自治办法，颇著成效。

其次则预备之事，如绅商之联络，地方之调查，会员之选举，以及市政、町村政之分合，尚须先期组织，以企成立。拟请仿照天津自治局办法，设清苑自治期成会，办理一切，以议事会成立之日为止。应用地方，查有城隍庙东首土地祠一座，房院宽广，足敷将来兼设董事会之用。该处现为藩理问占用存储书版，拟请藩宪饬令迁让。至需用经费，查有猪捐一项，系照四川办法，奉准通行，多未举办，而省城为此物绝大销场，拟责成各作坊每杀猪一口，缴制钱二百五十文。按猪一口至少五六十斤，每斤市价约制钱一百四五十文，现用铜子，如每斤改收足钱，一猪约增收制钱二三百文有奇，足敷捐款之用。查猪肉一项，与烟酒同属消费品，即重征无碍穷民生计，况价不增而事集，且确属地方税之性质，于学理民生，均无窒碍。理合连同期成会一并拟具规则办法，伏乞鉴核，批示祗遵。

谨拟暂设清苑地方自治期成会规则，开呈鉴核。计开：

一、本会钦遵谕旨，先期筹画议事会一切事宜，以企成立。即名为清苑地方自治期成会。

六、地方自治

一、本会系暂时设立，以议事会成立之日为止。

一、本会以热心公益，品行端正，素有乡望者组织之。

一、本会提议各事，得设暂行会长，决议一切事宜。其会长由同人公推。

一、在会同人皆为会员，凡提议某事宜，即由发起者任报告员。另设书记员，以便登载。

一、本会担任之事宜如左：一、关于商民住户之调查。二、关于区域之支配。三、关于选举被选举者之资格。四、关于议事会章程之起草事宜。五、关于投票前后之预备、登簿，并宣示一切事宜。六、关于议事会之经费，得先事筹备并支出之。

一、本会会员仅居发起，俟办议事会，仍居同等地位，不得有优先权利。

一、本会规则，至议事会成立之日，即行取消。

学台卢批

禀送自治期成会规则办法，极为简要得中，成效当可立待。惟第四条会长有决议一切事宜之权，恐于实行有碍。盖会长之解决稍差，虽全体会员不能背章与之抗议，是不可谓无其时无其事也。大凡会议取决，理论优长者胜，若纷持不解，则取多数以决之，同数则由会长决之。此即会长特殊之权利也。订定会规，不能不推究极端，且于实行上似觉此善于彼，仰即酌量改善为望。猪捐似亦营业税之一端，致作坊从而蚕食，蹈牙纪书吏之覆辙，虽涓滴归公，究使人民增第二之负担，是在自治团体之识力何如耳。仍应候督宪藩宪批示饬遵。缴折存。

《政治官报》第一百四十一号，杂录类，光绪三十四年二月十九日出版

直隶天津县议事会遵照自治章程第五十三条议定事务所规则

光绪三十三年①

第一条　本事务所一切事务,由议长、副议长随时督理之。

第二条　议长每星期至少必须到所二次,副议长每星期至少必须到所一次,应预定时期,以便会商公事,彼此不可爽约。

第三条　本事务所设书记长、书记各一员,书记生二员。

第四条　书记长之职务,承议长、副议长之委任,掌管、保存及启用钤记事、保存议事录及文件,拟定各项文件,录载记事始末,并编辑议事录,稽查本所会计、庶务各事。

第五条　书记之职务,草拟各项文件,录载记事始末,并编辑议事录,遇书记长不在所时,代其职务。

第六条　书记生之职务,抄录各项文件,收发各项文件,登载各项册籍,会计、庶务各事,分认执掌,督饬本所夫役,保持秩序,议场中遇有记载事项,帮同书记长或书记办理本所中应办各事,须受成于书记长及书记。

第七条　本所办事时限自上午八点半钟起至十一点钟止,下午一点半钟起至四点半钟止。星期休息一日。但遇会期及有重要事不在此限。

第八条　本事务所每日须有住所之值日员二人,或书记长及书记生一人,或书记及书记生一人。

第九条　本会办公经费及开支方法,应遵照条例第六条办理。

第十条　议长、副议长不在事务所时,遇有来文或函件,由书记长或书记即

---

① 《东方杂志》刊载时,未署日期。该期杂志发行时间为光绪三十四年二月二十五日,则该规则之产生,至少当在光绪三十三年。

行拆阅，如视为紧要之件，须速通知议长、副议长，约定时刻到所会商。

第十一条　各项文件，应由书记摘要录出，俾各议员知之，并酌量调查。但有一切匿名之函及无关公益者，均不必记录。

第十二条　公决议案之意义，无论何人不得擅改。

第十三条　公决文件之字句，如有未妥处，必须稍为修饰者，须有议长、副议长二人同意始得酌改。

第十四条　非经公决之文件，须有议长、副议长二人同意始能定稿。

第十五条　公议文件，自议决至起稿不得过七日，自定稿至发行不得过七日，如事体繁琐或未行文件太多，可由议长当会声明。

第十六条　所行文件，须有议长、副议长二人署押始得发行。

第十七条　公决议行文件，议长或副议长不得因与己意不合置不署押。

第十八条　本会文件，凡盖用钤记后，随下次开会时报告之。

第十九条　本会议员，除因公到事务所外，不得在事务所闲谈。

第二十条　凡会外人，有因公到会陈递事件者，在延接室接待。

第二十一条　所有本事务所一切公事，书记长、书记、书记生均须秘密，以防泄漏之弊。

第二十二条　本会购办之器具，须详细注册，以便稽查。

第二十三条　本会议事场及本会所有器具，非关地方公益事项，均不得外借。

第二十四条　于本所公役外，有愿自带跟役者，辛工伙食自给。

第二十五条　凡有未尽事宜，应随开会时公决议定。

《东方杂志》，光绪三十四年第二期

直隶天津府自治局详遵改自治学社通行章程文并批

光绪三十四年三月初一日①

为详复事：窃职局遵饬核议盐山县自治学社规则，并拟订自治学社通行章程，详请宪台核定，通饬各州县缘由一案，旋蒙批：开详，折均悉。自治学社之设，原为养成组织自治人才，预备普通选举资格起见，自应颁发通行规则，以归画一而期进步。惟只有研究范围，并无干涉性质。兹就所拟规则，酌加添改。仰即按照签出各条，详候核饬通行。折发，此缴。等因。奉此。仰见宪台筹画周详，孜孜图治之至意。钦佩莫名。当即遵奉宪台添改各节，依次照录，呈请鉴核，批准立案，并恳通饬各厅州县，嗣后开办此项学社，务各按照通行章程办理，以示划一而免纷歧。所有遵改自治学社通行章程，呈请核定通饬缘由，理合备由具详，伏乞照详施行。须至详者。

谨将遵改自治学社通行章程，缮具清折，恭呈宪鉴。
计开：

自治学社通行章程（附注）

自治学社为自治之预备，去年本局提倡设立，订一通则，发交各属。于是热心之士，相与组织学社，以研究自治法理。但其所订章程，人自为法，纷纭歧互，不足以昭划一。顷有某某县以章程禀呈，督宪批交本局核议。按之通则，诸多不合，因再订一通行章程，以为模范，俾各自治学社办法无甚出入，将来亦可免核改往复之烦云。

第一条　本学社由（某县人、某县某处人）公同设立，故名（某县、某县

---

① 此为《政治官报》刊载日期。

某处）自治学社。

（注）各处自治学社往往自立名目，既难记忆，又易蒙混，今正名为自治学社，而以某县或某处冠于其首。其学社为合县人组织者，则名某县自治学社，为某处人组织者，则名某县某处自治学社。

第二条　本学社以研究自治学理，造就公民资格为宗旨。

第三条　本学社记载事项如左：

一、本学社设在（某县、某县某处）

二、发起人姓名、年岁、职业、住址

三、代表人姓名、年岁、职业、住址

四、讲员姓名、年岁、职业、住址

五、社员姓名、年岁、职业、住址

六、本学社于某年某月某日成立

（注）第六项之年月日须依批准立案之日填注。

第四条　本社以地方官为监督，所有讲员、社员由众公举，候监督秉公选派。

第五条　本社讲员以研究法政，通晓掌故者，由本社延聘，或各发起人自行任定分担讲席上之义务。

（注）学社讲习，应以掌故与法政并重，以自治学员乃为将来办事者也，否则学理与事实不能合一，无所据以为施行之地矣。

第六条　本社社员，由发起人知照各该处绅董公举入社。

（注）自治学社目的在担任地方事务。今日研究自治之人，多系将来议、董两会之人，即不尽然，当得大半，或可选入各区会，苟招致稍滥，流弊滋多，故宜公举。

第七条　本社讲席之课目如左：

国法学（法政丛编本）、经济学（小崎觉次郎著，王绍曾译）、行政法（法政粹编本）、地方行政制度（上海立宪公会出版）、地方自治纲要（同上）、地方财政论（天津自治研究所讲义）、公民必读（上海立宪公会出版）、选举法（天津自治研究所讲义）、户籍法（同上）。

前项课目外，应备参考各书如左：

大清律例、大清会典、部定商律、刑律、矿章、印花税章程、满汉通行刑律、违警律、报律、交涉约章、自治局章程文件。

第八条　本社既为养成人民普通选举资格，为议会预备，以平时宣讲为要义。定期由社员明白宣讲，共相讨论学理实验，互相维属，以期研究进步。惟不得演说自治以外之事。

第九条　本社以□个月为毕业期限。

（注）毕业期限应在六个月以上一年以内。

第十条　本社经费由发起人禀请地方官就本地方酌夺筹给，并由好义者量力捐助。

第十一条　本社出入款项，按月开列细数公布之。

第十二条　本社依通则禀呈之事如左：

一、缮具章程二份，呈本县转详自治局。

二、奉到批准后申报巡警局并送章程存案。

三、迁移住址，报告新旧所在地之巡警局。

四、临解散前申报本县及自治局查核，并报告巡警局。

第十三条　本社社员所讲学理及事实，应筹普及地方人之法。

（注）旧习各事，但求自知，不暇及人。自治事理，非求普及，不能为实行之预备。故社员毕业后，或设分社，或分投宣讲，或编白话以相告语，乃无负所学之事。

第十四条　本社成立后，如受官府询问及委托调查之件，本社有申复之义务，但不得侵越权限，干预地方官司法行政事务。

第十五条　本社讲堂、斋舍规则另定之。

（注）学社讲堂，在所必有。至斋舍应酌量情形而后设备。此等规则，应附列学社章程之后，一并呈明立案。

第十六条　本社章程如有应行增改之处，应由本社社员公同议决后，呈由本县申报自治局核定，详请督宪批准施行。

署直隶总督杨批：如详立案，仰候通行各府厅州县，所有自治学社均按此次通行章程办理，并候行藩、学、臬、运四司查照。折存，此缴。

《政治官报》第一百五十二号，杂录类，光绪三十四年三月初一日出版

六、地方自治

直隶总督杨士骧奏遵章筹办地方自治情形折

宣统元年闰二月十三日①

奏为遵章筹办地方自治，并胪陈直隶试办成绩情形，恭折仰祈圣鉴事：

窃臣恭读本年正月二十七日上谕：宪政编查馆奏定分年筹备事宜，本年各省均应筹办各州县地方自治，设立自治研究所，一律依限成立，各等因，钦此。

臣维地方②自治名义，远法周汉旧制，近采欧美良规，宜统辖于国权，受官府之监督。直隶自治开办较先，光绪三十二年六月，经前任督臣袁世凯奏明试办在案，先于天津设天津府自治局，派员宣讲，刊行《法政官话报》，设研究所，（招）〔召〕集津郡七属士绅听讲，令各归本籍传习，拟定《试办天津县地方自治章程》，创办阖县选举。是年七月成立议事会，上年七月成立董事会。两年以来，规模粗具。并饬由提学司札知各属，选举士绅来津讲习，择其优胜者一百六十余人派赴日本，一面入校听讲，一面游历府县郡市町村调查自治制度，归国后各在籍开办自治学社，讲演劝导，颇资得力。

自经（叠）〔迭〕奉谕旨饬办自治，臣熟思审虑，目睹成效渐著，亟应逐渐推行，期臻完善。复与司道等商榷推广预备方法，于上年四月间改为直隶筹办地方自治总局，与谘议局筹办处同设一处，专派按察使何彦升，暨筹办处总办直隶补用道祁颂威、道员用翰林院检讨金邦平督理其事。取其事理相因，机关统一，与宪政编查馆原奏责令筹办处兼理自治一应筹办事宜宗旨相符。又以前定学社通则尚未完备，复饬该局另定自治学社通则章程，通饬各属一律试办。现在呈报成立学社者，已有五十余处，此次遵照奏定名称改为自治研究所，其未报成立者，亦经严饬速办。此直隶试办自治之实在情形也。

---

① 日期据《杨文敬公奏议》，当为发折日期。
② 《政治官报》无"地方"二字，据《杨文敬公奏议》补。

正在筹办未及奏报间，准民政部咨到奏颁《城镇乡自治章程》，当即发交该局，研究办法，克期举行。大抵城镇乡自治较难于府厅州县，穷隅僻地，智识多未开通，董劝难期速效，不可因循隳事，尤不可躁切图功。揆厥先务，应由划分区域入手，已饬札催各属赶报本境村庄户口图表，由城而镇而乡。直隶百余县治，幅员辽阔，经费尤艰，既曰自治，必须就地筹款。东西各国办理自治，每于国税地方税外，收基本财产息金，不足更收附加税充之。方今官制未改，税则未定，安得大宗的款，取用得宜。现在自治经费，臣为一时权宜之计，饬司局暂时垫款，仍饬该局撙节动用，核实呈报。俟筹定地方款项，再行划还。（叠）〔迭〕经告谕该局，于定规则、慎选举、筹经费三事，务以公正和平为主，明其权限，示以范围，乃能蠲流弊而不失之滥；取诸公产用之地方，乃能程近功而不病其苛，庶于宪政初基筹谋巩固。

再，府厅州县自治已于天津一属试办，业经奏明，仍饬照常办理，其余各属，专俟筹备第二年期内部颁府厅州县自治章程到后，再行依限办理。除将自治研究所章程及职员清单分咨查照外，所有遵章筹办自治情形，恭折具陈，伏乞皇上圣鉴。谨奏。

宣统元年闰二月十五日奉朱批：该衙门知道。钦此。

《政治官报》第五百十六号，折奏类，宣统元年闰二月十七日出版；《杨文敬公奏议》卷九

盛京将军赵尔巽奏奉天试办地方自治局情形折

光绪三十三年三月十八日

奴才赵尔巽跪奏，为试办地方自治，拟先编订制度，培养人才，谨将设局开办情形，恭折具陈，仰祈圣鉴事：

窃奴才前准政务处咨到会同吏部议复御史顾瑗片奏，请设立乡官以补州县之

六、地方自治

不逮一折。因奴才前在护理山西巡抚任内，奏请整饬乡社，前年会同直隶督臣袁世凯奏改奉省官制，亦有筹议乡官另订专章之语，议由奉、直两省先行试办，并将详细章程及办理情形，随时奏报。奉旨：依议。钦此。钦遵钞奏咨行前来。

奴才伏维近世交通日繁，地方政务日赜，就一州县而论，学务、警察、农工商务，百端待理，为牧令者，讵一身而万能也。东西列国，皆使地方之人任地方之事，事无不举，而地方以治，政府所设之官吏，仅监督焉而已。奴才先后奏请筹设乡官，皆以谋地方自治之要计也。查直隶督臣袁世凯业于天津开局试办，奴才亦即督饬司道府县详细筹商，于上年冬间开办全省地方自治局，檄委提学使张鹤龄为局长，遴选明达诚谨之员，分科办理。立政之基，首在取资于成法，而行政之要，尤必探本于培才。谨将筹办大略情形，为我皇太后、皇上陈之。

查各国地方自治之制，凡一切议决执行，皆责之市町村会暨公选之长，经营维持，责任綦重。我国创始之际，编制制度实为首要之图。惟市町村制，在法典中最关重要，日本维新之初，聘用德人起草，采用普鲁士之成规。今之设局规画，为全省自治初基，自应译辑东西各国已成之法，参稽慎择，损益用中，期无流弊。此法制考订之宜设专科也。自治制度，虽采择各国之成规，尤宜调查本地之旧惯。日本明治初年，市町村长即用幕府时庄屋名主旧名，改称户长、副户长，其后复定郡区町村编成法，并设区会，町村会，复经一年余，始定现行之市町村制，而自治之制度乃定。自非就本地旧惯详晰调查，因势利导，则施行之时，必至格不相入而徒托空言。此惯例调查之宜设专科也。惟是奉省地方朴僿未开，自治之义，士绅未能尽解，何论编氓？非与培养人才，以为实行之储备，则虽编制尽善，而徒法亦终以不行。诚如政务处议奏所称，不得其法，则鱼肉平民，武断乡曲，亦复易滋流弊，又为深虑者也。

奴才当经就地方情形，详细筹画，因奉省人民程度不一，更非内地直省可比，自宜仿照各国创办各种要政必先设养成会及研究会之意，特延聘中外政法学专家，任为教习，先设调查员养成会，饬各府州县选送旗、汉绅士员生到局分门讲演，以预储实地调查人员。俟局舍建筑完竣，即行开办自治制研究所，增广额数，酌定学期，将根本之学理及组织之方法，详细讲求，俟其毕业之后，选派学识优长品性纯粹者，再于各属原籍推广传习，俾之涵濡浸灌，输入文明，庶几风气渐开，人人知有负荷地方之责任，而法典之编纂亦得从容审定。使人才与法制互相维系而成功，取径似迂而收效实广，此则通盘筹画，既不敢操切以期其速效，尤不欲简陋以隘其初基者也。其开办及常年经费，由征存税捐项下开支，经局长提学使张鹤龄筹议具详请奏前来。

所有试办全省地方自治局缘由，理合专折具陈，是否有当，伏乞皇太后、皇上圣鉴。训示施行。谨奏。

光绪三十三年三月十八日奉朱批：著徐世昌查核办理。钦此。

《清末筹备立宪档案史料》，第716—718页

吉林自治会改为吉林府自治局并设研究所片

徐世昌 等

再，吉省在前将军达桂任内，曾经本地士绅呈请设立自治会一所，章程出诸私拟，办理未能合法。前准民政部咨开，各省自治局未经奏咨立案，应候部定章程颁发后，再行遵办，等因。自应即饬该会停办，以俟部章。第念该会开办已久，一旦解散，恐滋惶惑。臣等反复筹商，计惟有援照直隶奏准自治章程，先从天津一府试办之例，将原设自治会改为吉林府自治局，官绅合办，专事筹议调查，以为异日实行自治之预备，及各地推行自治之规模。暂归谘议局筹办处一并经理，俾一事权而便筹备。更另设自治研究所，饬令各府厅州县选送士绅，入所分班讲授，俟毕业后遣回原籍推广传习，兼就地筹办自治事宜，并通饬各属，凡已立有自治会名目者，概改为自治研究分所，以归一律。均已先后斟酌改办，依次施行。理合附片具陈，伏乞圣鉴。

《退耕堂政书》卷二十一，奏议二十一，第23页

奉天地方自治筹办处办理情形并预算常年经费折

宣统元年十月二十六日

锡　良

奏为奉天地方自治筹办处办理情形，并预算常年经费，恭折仰祈圣鉴事：

窃地方自治为谘议局进行之始基，现谘议局既经筹办完竣，则城镇乡自治，必须急起直追，继续办理，方无偏而不举之弊，而收交相为辅之功。查奉省谘议局于九月初一日成立，地方自治筹办处亦即于九月初一日开始，当经臣等刊发关防，选派员司，核定章程，责成民政使张元奇监理其事，并照会籍绅盛京副都统多文为会办，凡关于城镇乡地方自治事宜暨附属各会所，统归该处核转，由臣等随时认真督饬，务臻周密。

臣等窃维筹办自治，必先养成人民智识，使皆知自治名义为辅官治所不及，而非独立于官治之外。宗旨不致误会，始于地方为有益，则入手办法，自以遍设府厅州县自治研究所为第一义。奉天省城研究所，业于本年八月二十一日毕业，共得毕业学员一百七十三名，当即派赴各属举办自治研究所，分作三届，限期成立，每届每属至少以一所为限。此次毕业学员即充作该所研究员。以四个月为一学期，计两学期毕业，并由臣等核定规则，颁发遵行，用防流弊而归一律。将来学员毕业后，传习渐广，一般人民均具有普通自治之智识，了然知地方自治之真意，庶续办城镇乡自治得以推行尽利，不致贻误。此奉省地方自治筹办处创始筹办之情形也。

至常年经费，据该处开具预算呈请奏咨前来，由臣等切实核减，每年约需动用银一万七千二百八十两，拟由度支司税捐项下动支，应请作正开销。

除分咨查照外，所有开办自治筹办处暨动拨款项各缘由，理合恭折具陈，伏乞皇上圣鉴。谨奏。

十一月初四日奉到朱批：该衙门知道。钦此。

《锡良遗稿》第二册，第1004—1005页

奉省城镇乡自治会成立征收附加捐税拨充自治经费折

宣统二年十一月初六日

锡　良

奏为奉省城镇乡自治会渐次成立，拟请查照馆章，征收附加捐税，拨充自治经费，恭折仰祈圣鉴事：

窃奉省城镇乡地方自治，遵照筹备清单提前赶办，业将次第办理情形，列入八月筹备宪政折内奏报在案。现在各属城镇乡自治会渐次成立，所有会中一切办事费用动需款项，奉省财政困难，各项杂捐，除办警学外，绝无赢余，若非另筹捐款，颟若画一，则各属自为风气，办法纷歧，名目众多，民将不堪其扰，官亦无法可稽。

查城镇乡自治章程九十二条，就官府征收之捐税，附加若干作为公益捐者为附捐，又附捐数目不得过原征税捐十分之一，等语。兹经奉省谘议局提议公决，拟就各属税捐局于旧日征收税额之外，每项附加十分之一，专充自治会常年经费。此系间接于民，较诸他项筹款尚无琐碎烦扰之弊。征收之后，每月由各属警学收捐处向税捐局照捐册具领。按之自治章程第九十六条，附捐由该管官吏征收，汇交城镇董事会或乡董收管之文，亦无不合。拟即于宣统三年正月实行，呈请具奏前来。

臣惟宪政以自治为最急，需款亦以自治为最巨，而自治用款理应就地自筹，求其费省而事易集，舍此亦别无筹措之方。相应仰恳天恩，俯念奉省自治会需款孔殷，准就各项税捐加收一分附捐，专充自治常年经费。如蒙俞允，并拟饬由各地方官按各会治事之繁简，将此款妥为分拨，一俟厅州县自治会成立，再将分拨之法，归该议事会议决，照章办理。

除将谘议局公决议案分咨查照外，谨恭折具陈，伏乞皇上圣鉴训示。谨奏。

十二日奉到朱批：该衙门知道。钦此。

中国科学院历史研究所第三所主编：《锡良遗稿》第二册，第1254—1255页，中华书局1959年出版

吉林巡抚陈昭常奏吉林筹办府厅州县地方自治情形折

宣统二年十一月十一日

头品顶戴副都统衔吉林巡抚臣陈昭常跪奏，为遵章筹办吉林全省府厅州县地方自治情形，恭折具陈，仰祈圣鉴事：

窃臣于宣统二年二月准宪政编查馆咨，将钦定府厅州县地方自治章程暨选举章程，颁行到吉，当经饬由吉林地方自治筹办处遵照章程，分别筹办在案。惟查民政部奏定逐年筹办事宜清单，所列筹办府厅州县地方自治顺序，以等级言，则先之以省会首县，次外府首县，次冲繁厅州县，次指定偏僻厅州县，次其余偏僻厅州县。以年限言，则自宣统二年至宣统六年，凡各省厅州县之议事会、董事会，均依所定等级，分年照章成立。在都臣统筹全局，证之关内各省情形，自为不易之办法，而吉林地处遥陲，事皆草创，审时度势，似有不能不因地制宜者，谨约举大概，为我皇上分别陈之。

一、地方等级之宜略事变通也。查吉省原设府厅州县，均有直辖地方，比年因幅员广廓，治理难周，复经增改府厅州县，各治概依新章，不相统辖。论职官品级虽有尊卑，而行政区划实无差别。故筹办上级地方自治，在国内各省，次别府于厅州县，而于吉林则须合府厅州县同时并举。现拟仍仿前定城镇乡自治办法，就各府厅州县，分为繁盛、中等、偏僻三项名目。以部定省会首县、外府首县及冲繁厅州县，须分三年举办者，均纳之于繁盛一级之中，统归一年筹办。其中等一级，则凡次于繁盛，而不得称为偏僻者属之。至偏僻一级，吉省于东南、东北各属，均系区域初分，人民未集，部章于各省偏僻之府厅州县，复区为指定

偏僻与其余偏僻两级，所议本级详备。而揆之吉省情形，属于部定之其余偏僻者较多，故与部分等级，实难一致。

一、筹办次第之宜预定限期也。查各府厅州县，既依繁盛、中等、偏僻划分等级，自应按照等级之次第，以定筹办时期之先后。拟以宣统二年十月至宣统三年九月，筹办繁盛各府厅州县为第一期；以宣统三年十月至宣统四年九月，筹办中等各府厅州县为第二期；以宣统四年十月至宣统五年九月，筹办指定偏僻各府厅州县为第三期；以宣统五年十月至宣统六年九月，筹办其余偏僻各府厅州县为第四期。如此则分期筹办，虽与部定略异，而依限成立，仍与部章适符。

一、选举机关之宜另行组织也。查府厅州县，在国法上为上级自治团体，其区域视城镇乡为大，其选举事务自较城镇乡为繁。现设地方自治筹办处，系全省自治之总机关，自能专一筹画。若各属则地方官事务殷繁，百端待理，以之兼任，难保无贻误事机，似须另立机关，以专责任。拟饬各属遴选公正明达士绅，组立自治筹办公所，专理全属自治事务。至府厅州县选举事宜，按照定章，城镇由总董，乡由乡董管理。当此筹办伊始，除城自治职已先期成立外，其镇乡自治，或正在筹措，或尚未举行，是镇总董及乡董并未发生，而镇乡区域势不能不另有管理选举之人，拟于城区仍照章以总董为选举管理员，其余未经成立之镇乡各区，则另设镇乡选举事务，专管该区选举事宜，以期上下机关承接灵敏，藉收臂指之效。

以上三端，皆于遵照定章之中，参酌吉省情形，分别筹拟。其详细办法，仍饬由地方自治筹办处妥列表式，咨部查核办理。

再，吉省府厅州县自治，虽拟分四期筹办，惟现定繁盛各属，实不及内省之中等。其中等以下地方，或设治未久，或甫经设治，地远人稀，民贫财困，仅此三五年间，欲责其一例成功，虽有贤智，恐难为力。伏查宪政编查馆奏复山东巡抚奏陈地方自治请变通章程一折内称：各省地方果有实在窒碍情形，应经该省督抚将一省中之何府厅州县，一府厅州县中之何城镇乡，胪陈实在情事，并缓办自治缘由，请旨办理，等因。将来吉省筹办自治，此等情形在所不免，届时再当胪陈实在情形，援案奏请办理。臣责任所在，自不能不审察时势，先事绸缪，而宪政攸关，亦断不敢稍涉因循，预存观望。兹经拟定分头办法，仍当责成各属计日程功，切实筹办，以冀仰副朝廷实行宪政之至意。

所有筹办吉省府厅州县地方自治情形缘由，除将顺序期限表分咨查照外，谨会同东三省督臣锡良，恭折具陈，伏乞皇上圣鉴。谨奏。

宣统二年十一月十一日奉朱批：该衙门知道。钦此。

《清末筹备立宪档案史料》，第754—758页

山西巡抚宝棻奏创办谘议局并附设自治研究所折

光绪三十四年七月初六日①

奏为遵旨创办谘议局并附设自治研究所事宜，恭折仰祈圣鉴事：

窃光绪三十三年九月十二日奉上谕：钦奉皇太后懿旨，于京师设立资政院，各省亦应有采取舆论之所，俾其指陈本省利病，筹计地方治安，并为资政院储才之阶。著各省督抚在省会速设谘议局，慎选公正明达官绅创办其事。等因。钦此。又准资政院咨开，谘议局事关重要，其详细章程若由外定，恐难划一。此时应先设局所，俟由院拟定草章，咨商各省议妥后，奏请颁布。等因。仰见朝廷俯顺舆情实行立宪之至意。

窃维法制之国，首重宪政，而宪政之成立，有中央立法，以集统一之主权，又有地方议会，以采国民之舆论。今日各省谘议局之设，为地方上级之议会，凡上承顾问，下衷群言，皆属应尽之责任，关系至为重要。奴才奉命以来，即思早日兴办，惟以官绅集议，为近日创行之事，必须格外慎重，方能历久无弊。当于省中司道大员及在籍绅士悉心考查，遴得现任藩司丁宝铨，学识优长，洞明时局，去岁议结福公司矿约，利归本省，绅商学界诸人同声爱戴，当委为该局总办，专任统筹事宜。又在籍翰林院检讨梁善济，乡望素孚，热心公益，前在日本学习法政，于彼国法制多所考究，当延为该局局长，预备选举事宜。旋由藩司

---

① 为奉到朱批批示日期。

丁宝铨督饬开办，议拟谘议局创办所简章，分部设课，选任员绅，大要以养成谘议人员为宗旨。奴才详加考核，尚属周妥，即于六月十三日先行开局试办，仍俟奉到资政院详细章程，参以地方习惯，即当切实举办，以为开集国会之预备。

至于地方自治事宜，与谘议局性质最近，附设尚为相宜。应遵上年八月二十三日懿旨，慎选通省合格士绅，详悉研究，融会讲贯，使知选举行于乡里，远师周礼闾比之规，治安责之地方，近采欧美富强之政，将来在局员绅能否资格日臻完全，仍应随时分别考察，董劝兼施，庶员绅群晓然于宪政为立国之精神，不至重私德而轻公益，于以仰副朝廷孜孜求治之至意。

所有遴员开办谘议局及附设自治研究所缘由，除将拟定开办简章咨送宪政编查馆、资政院外，理合恭折具陈，伏乞皇太后、皇上圣鉴。

再，该局开办常年一切经费，已饬司局筹备，应请准其作正开销。合并附陈。谨奏。

光绪三十四年七月初六日奉朱批：该衙门知道。钦此。

《政治官报》第二百七十八号，折奏类，光绪三十四年七月初九日出版

筹办地方自治局折①

光绪三十三年十二月

端　方②

奏为地方自治事宜，先就省城遴委官绅商③，设局筹办，恭折仰祈圣鉴事：

---

① 所奏为筹办江宁地方自治局事宜。又《政治官报》标题为"两江总督端方等奏地方自治先就省城设局筹办折"。编者已将两文互校，明显歧异者注明。
② 端方时为两江总督。
③ 《端忠敏公奏稿》无"商"字。

六、地方自治

光绪三十三年八月二十三日奉上谕：钦奉皇太后懿旨：上年降旨宣布宪政，业经明白申谕，视进步之迟速，定期限之远近。朝廷廑怀宪政，盼望至殷，近已降旨先设资政院以立议院基础。顾议院言论之得失，全视议员程度之高下，非教育普及，则民智何由启发，非地方自治，则人才无从历练。等因。钦此。仰见朝廷讲求宪政，锐意图强，凡在臣民，同深感奋。

臣等伏念地方自治之制，其名词译自日本，其经画始于欧美。自列强均势，凡政治学家之言，皆曰非立宪无以自存，非地方自治无以植立宪之基本，而疑中国数千年来有官制无自治。臣等以为周之闾胥、比长，与汉之三老、啬夫，虽命自国家，事殊团体，然其受任自选举而来，其用人又不出本郡，揆诸自治之义，不啻导以椎轮。必谓中外治术不同，犹非新旧沟通之论。

江南地方，交通最早，士绅智识开明，自奉明诏预备立宪，群情鼓舞，望治尤殷。诚如慈谕。亟宜择地试办地方自治，以为人才历练之地，以速实行立宪之期。惟是规画自治，按之法理，宜从下级入手。中国乡遂之制，既已名存实亡，人民程度又复秀野不齐，城乡互异。仍应仿照天津办法，于省会设局，以官力提倡，先谋预备之方，徐为实施之地。即于江宁省城设立筹办地方自治总局，檄委调补奉锦山海道朱恩绂、盐巡道荣恒、浙江补用道宗舜年、署江宁府知府许星璧为局长，前浙江候补知府伍元芝、七品小京官善溥、署上元县知县田宝荣、署江宁县知县龙曜枢、候补知县罗良鉴为参事。拟定开办简章，分设法制、调查、文牍、庶务四课，并于总局内附设自治研究所及实地调查所。研究所为预备之始，先征江宁一府之士绅入所授课，而递及于他府县。调查所为实行之始，先从上元、江宁两邑试办，而次及于他属。一面开办宣讲以晓颛愚，画定区域以行选举。选举既定，议事会与董事会乃得次第组织。町村置长，近采邻邦经野之规，王道观乡，远稽三代大同之治。臣等忝为行政长官，幸际昌期，不敢不勉力倡导。仍俟民政部颁发自治章程，再行察酌地方情形，依次筹办。

其办事经费，本应由地方公众担任，惟目前局由官立，性质既微有不同，且就地筹款，亦非俟自治规模大备，未能遽责以义务。现在该局逐月支销之款，暂饬财政局垫拨，俟地方筹款有着，再议归偿。除开办简章分别咨送宪政编查馆、民政部外，所有江南筹办地方自治缘由，谨会同署江北提督臣王士珍合词恭折具陈，伏乞皇太后、皇上圣鉴训示。谨奏。

《端忠敏公奏稿》卷十，民国七年上海印行，第27—29页；《政治官报》第一百三号，折奏类，光绪三十四年正月十一日出版

【江苏】前抚部院陈【启泰】札饬裁撤自治总局于谘议局筹办处内另设自治筹办处文①

宣统元年四月二十一日②

为札饬事：照得苏省上年遵章设立自治、谘议两局，分派官绅办理，嗣又遵奉宪政编查馆行知，将谘议局改为筹办处，先后奏咨在案。本年二月奉行《城镇乡地方自治章程》原奏内，叙明责令谘议筹办处兼理，又经转饬遵照。现奉续颁《自治研究所章程》，叙明归自治筹办处稽察管理。查自治筹办处先未奉文饬设，自即指谘议筹办处而言。惟苏属谘议局现有合并江宁之议，拟就苏属现设之谘议筹办处内，另行组织苏属谘议筹办处一所，遴选品端学裕，熟谙法理之官绅，董理地方自治及研究所各事。其上年所设之自治总局，即行裁撤，以免纷歧。经本部院于宣统元年四月初七日电请宪政编查馆核示在案，兹于四月十一日承准宪政编查馆真电内开："阳电悉。本馆前具奏地方自治章程，令谘议局筹办处兼理地方自治事宜，本为节省糜费起见。谘议局议员选举现已完竣，即就谘议局筹办处改为自治筹办处，与奏定研究所章程用意正同，应即照来电办理。"等因，到本部院承准此。查苏属谘议局合并江宁一节，甫准督部堂电请遴派官绅赴宁商办，所有苏属谘议筹办处尚难遽行裁撤，应照原电，于苏属谘议筹办处内另设苏属自治筹办处，遴选官绅办理。兹查有署苏州布政使左孝同、苏州提学使樊

---

① 陈启泰于宣统元年五月五日死于江苏巡抚任，接其任者为瑞澂。
② 日期据《江苏自治公报》中紧接此文的下一文，题为《本处详自治筹办处开办日期请饬筹定经费文》。

恭煦、署江苏按察使赵滨彦，堪以委充自治筹办处总办。江苏候补道夏敬观，堪以委充会办。苏州府知府何刚德、候补知府陆懋勋，堪以委充提调。并以翰林院侍讲邹绅福保、翰林院编修蒋绅炳章、分省补用道江绅衡、法部主事孔绅昭晋、候补道罗绅饴，均充参议。其提调以下办事人员，由该总办、会办就原设之自治总局及谘议筹办处各员内遴选委用，开折报查。谘议筹办处虽未裁撤，然复选已竣，并无多事，此次自治筹办处所用人员，凡原在谘议筹办处领有薪水、夫马者，均毋庸再给薪水夫马，以节縻费。其原设之自治总局，俟自治筹办处开办后，即行裁撤，以前所有文卷一切，一并移送自治筹办处查收接办。除附片具奏，并分咨宪政编查馆、督部堂查照，暨分别札饬照会外，合并札饬。札到该处，即便遵照毋违。此札。

江苏苏属自治筹办处印行《江苏自治公报》第一期

江南筹办地方自治总局简章

光绪三十四年二月初六日①

第一章　宗　旨

第一条　本局以养成本省地方人民自治之知识能力为宗旨，暂定名为江南筹办地方自治总局。

第二条　本章所拟办法，系遵照宪札，专就江宁府属之上元、江宁两县办起，以为模范。兼为府属之各县先行预备，以便逐渐推行。俟规制完备，再由府属推暨于本省各府州县。

第三条　本局俟第一条所定宗旨达到后即行停止。

---

① 为《政治官报》刊登日期。

第二章　组织及职务

第一条　本局职务，分设四课，附设二所，各派员以分理之。一，法制课，掌稽考地方自治制度并编订章程事。二，调查课，掌关于调查地方户口风俗教育生计等事，以及各项调查报告之纂录。三，文书课，掌理文牍及文书之撰拟记录，编辑白话讲义，印刷、收发、核对、保存并监用关防事。四，庶务课，掌理经费之收支，预算决算及不属他课之一切庶务事。第一附设，地方自治研究所，征选各州县之士绅为学员，研究地方自治法理。第二附设，实地调查所，所员分有给员与名誉员二种。

第二条　本局职员人数：局长员、参事员。法制课课长一员（研究所员数另章定之），课员二员。调查课课长一员（实地调查所员数另章定之），课员二员。文书课课长一员，课员二员。庶务课课长一员，课员一员。

第三条　本局职员权限分列如左：一，本局直接受监督于督宪，凡与地方各官署及各局所文牍往还，得以径行办理。二，局长总理局务，监督局员。三，参事襄助局长，参议局务。四，课长及课员受局长、参事之委属，分理课务。五，课员辅助课长分理课务。六，凡本局文件，局长以下，参事官及关系何课之课长、课员皆得核稿署名。

第四条　于前条定员外，得另用司事、书手、丁役。

第三章　经　费

第一条　本局经费分开办、经常、临时三种，由局长拟定，禀请督宪核准。

第二条　附于本局之员司薪水、夫马，量其职务之轻重繁简酌宜给与。

第四章　集　议

第一条　本局设经常、临时两议事会，协议地方自治事宜。

第二条　本局延请地方公正士绅及向办慈善事业富于经验者、曾入日本学习法政者，入局研究自治事宜，每月开会三次，是为经常会。

第三条　临时会由局长随时发起之。

第五章 宣 讲

第一条　本局于城厢各段分设宣讲处，选派员绅演说自治法理及自治利益。此外四乡于村镇要点假公所地方演讲。

第二条　本局编定白话讲义，白话告示，分派张贴。

第六章 附 则

第一条　本局简章经督宪核准后即行实施，遇有应行改定者，得随时呈请督宪核夺。

第二条　于本章外应另订局中治事通则，各课治事规则。应俟开局后由局长开职员会协定，仍呈请督宪核夺。

《政治官报》第一百二十八号、二十九号，法制章程类，光绪三十四年二月初六日、初七日出版

两江总督端方、江苏巡抚陈启泰奏江苏省城开办自治谘议两局折

光绪三十四年五月十二日①

奏为江苏省城设立自治、谘议两局，遴委官绅先行开办，恭折仰祈圣鉴事：

窃于光绪三十三年八月二十三日奉上谕：钦奉皇太后懿旨：著民政部妥拟自治章程，请旨饬下各省督抚择地依次试办。又于九月十三日奉上谕：朕钦奉皇太后懿旨：著各省督抚均在省会速设谘议局，慎选公正明达官绅创办其事。各等因。钦此。

---

① 为朱批批示日期。

当经臣方先就江宁省城设立筹办地方自治总局，并附设谘议局，派员延绅，详加研究。已将开办情形会同臣启泰具奏在案。

伏查自治、谘议两局，同为立宪之基础。泰西各国宪法各有不同，而近可取法者莫如日本。然其维新之初，亦复几经考察，因时改良，乃得渐收整齐划一之效，至今犹未能臻于完备。中国情形较异，人民程度未齐，举行太骤，或不免成效未睹，流弊先滋。此前奉明诏宣布宪政，而不能不先之以预备也。江苏省会距上海最近，交通既早，智识灌输，风气之开通过于他属。自奉预备立宪之谕旨，群情鼓舞，望治孔殷，自应官为提倡，俾绅民切实讲求。庶几法理互相研究，人材藉以养成，以仰副朝廷亟图自强之至意。现经臣启泰就苏州省城择地并设自治、谘议两局，均以藩、学、臬三司总理局务。札委江苏候补道王仁东、苏州府知府何刚德充两局局长。又委候补知府陆懋勋、长洲县知县宗能述、元和县知县魏诗诠、吴县知县金元烺同为该两局参事。并照会省绅前翰林院侍讲邹福保为自治局长。其余课员以下，由总理会同局长遴选娴习法理官绅，分别委用。已经刊给木质关防，次第开局。酌拟简章，就省城长洲、元和、吴县三邑先行试办。自开局以来，每值星期，臣启泰必亲诣该两局，督同总理、局长、参事诸员，邀集苏绅王同愈、江衡、蒋炳章、潘祖谦、尤先甲、陶冶元、孔昭晋、张履谦、吴韶生、石祖芬、程增瑞、吴本善等，将自治、谘议两局应行事宜详加讨论，一俟民政部及资政院拟定章程，奏准颁行，即行遵奉办理。

该两局所需经费，均由藩库分别筹拨。自治局用项，应俟地方筹有的款，再议归还。谘议局用款，应请作正开销。其省外各府州县间有绅士请设自治会者，臣等拟令先行试办，并饬该地方官妥为监督，勿任稍有流弊。统俟省城办有明效，并奉到奏定章程，再行次第推广，通饬遵办。

除分咨宪政编查馆、资政院、民政部查照外，所有江苏省城设立自治、谘议两局，遴委官绅先行开办缘由，谨合词恭折具奏，伏乞皇太后、皇上圣鉴训示。谨奏。

光绪三十四年五月十二日奉朱批：该衙门知道。钦此。

《政治官报》第二百二十五号，折奏类，光绪三十四年五月十五日出版

江苏省苏属地方自治筹办处办事章程①

宣统元年八月②

第一章 总 纲

第一条 本处系查照宪政编查馆原奏设立，为筹办地方自治之总机关，督催所属自治职依限成立为宗旨。

第二条 本处所辖为苏属四府一州，故名苏属地方自治筹办处，仍应与宁属地方自治筹办处联络为一体，同受监督于督、抚院。

第三条 本处组织，官绅并用，期于地方情形破除隔阂，所有总、会办，总、协理，参议，提调各员，由抚院选充。

第四条 本处设法制、调查、文牍、庶务四科，分任事务。所有各科职员，由本处遴选，详候抚院核准委用。

第五条 本处兼办全省地方自治研究所，另定专章，详候抚院核行。

第六条 本处拟刊地方自治公报，分布各属，以代宣讲所之功用，其从前自治局所设省城各宣讲所应即停止。

第七条 本处遵饬刊刻木质关防，文曰"江苏苏属地方自治筹办处之关防"。

第八条 本处查照宪政编查馆原奏，一俟地方自治粗具规模，即行裁撤。

第二章 组 织

第九条 本处组织如左：

---

① 标题为编者所拟，原题为《本处办事章程》。
② 为刊登该章程之《江苏自治公报》该期发行月。

一、总办三员，以藩、学、臬三司充之。

一、会办一员。

一、总理二员，以本省绅士充之。

一、协理二员，以本省绅士充之。

一、参议无定员，以各属绅士充之。

一、提调一员。

一、顾问四员。

一、法制科（科长一员，科员二员）。

一、调查科（科长一员，科员三员）。

一、文牍科（科长一员，科员一员）。

一、收发一员。

一、缮校五员。

一、庶务科（科长一员，科员二员）。

一、会计司事一员。

第三章 职务权限

第十条　总办、总理监督本处一切筹办事务。

第十一条　会办、协理商同总办、总理监理本处一切筹办事务。

第十二条　提调禀承总、会办管理本处一切筹办事务。

第十三条　参议、顾问得随时到处，协议一切筹办事务。

第十四条　科长、科员官绅并用，各就所长者分任之。禀承总会办、总协理、提调执行本科应办事务。另订有各科治事规则，分任职掌。

第四章 筹办顺序

厅州县地方自治筹办顺序，俟奉到部颁厅州县地方自治章程后，再行拟定增入。

第十五条　本处筹办城镇乡地方自治顺序如左：

宣统元年

一、由地方官遴选城厢公正明达之绅，设立城厢筹备自治公所。五月初一至六月初一。

一、以城厢固有之境界,定为城之区域。六月初一至七月初一。

一、调查城之区域内户口总数。七月初一至十月初一。

一、调查城区域内之合格选民,造选举人名册,呈报地方官。十月初一至十二月十五。

宣统二年

一、举行城议事会选举。正月十五至三月十五。

一、开办城议事会。三月十五至四月初一。

一、举行城董事会选举。四月初一至五月初一。

一、开办城董事会。五月初一至六月初一。

一、就各繁盛市镇遴选公正明达之绅,设立镇筹备自治公所。六月初一至七月初一。

一、调查繁盛市镇户口总数,并由地方官另选各乡明达绅董,调查各乡户口。七月初一至九月初一。

一、人口满五万以上之地,定为镇之区域。九月初一至十月初一。

一、调查各镇合格之选民,造选举人名册,呈报地方官。十月初一至十二月初一。

宣统三年

一、举行镇议事会选举。正月十五至三月十五。

一、开办镇议事会。三月十五至四月初一。

一、举行镇董事会选举。四月初一至五月初一。

一、开办镇董事会。五月初一至六月初一。

一、就各乡遴选公正绅董,设立乡筹备自治公所,复查乡户口总数。六月初一至八月初一。

一、划定乡之区域。八月初一至九月初一。

一、调查各乡合格之选民,造选举人名册,呈报地方官。九月初一至十二月初一。

宣统四年

一、举行乡议事会选举。正月十五至三月十五。

一、举行乡董、乡佐选举。三月十五至四月初一。

一、开办乡议事会并任乡董、乡佐之职。四月初一至六月初一。

一、于僻地、人户稀少不便合并之区域设乡选民会，并选举乡董、乡佐。六月初一至八月初一。

一、调查城镇乡户口详细确数，造具清册。八月初一至十二月初一。

第五章 会 议

第十六条 本处为筹办地方自治事宜，集思广益，特设会议规定如左：

一、定期会议。

一、特别会议。

第十七条 定期会议，于每月初三日行之。特别会议，遇有应议事项，不能待至定期会议之日者，由总办、总理指定日期行之。

第十八条 会议时，以总办及总理为正副会长。如总办及总理是日不能到处，则以会办及协理任之。

第十九条 会议日期，本处各职员均为会员，非有特别事故必须请假者，不得缺席。

第二十条 会议日期，各属参议均须到处，即于是日将各属办理地方自治情形报告本处。其有应行提议事件，得告会长，即日议决筹办。

第二十一条 会议时之书记，由会长临时指定科员中二人充之。

第二十二条 会议事项如左：

一、关于本处内部重要事件。

一、关于各厅州县重要事件。

第二十三条 会议议决事项，另以议事录记之。

第六章 经 费

第二十四条 本处经费，由总、会办酌拟预算，禀候抚院核准饬拨。

第七章 附 则

第二十五条 本处章程由抚院核准后，即行实施。如有应行增删更改之处，随时由本处会议，呈请抚院核行。

江苏苏属地方自治筹办处印行《江苏自治公报》第二期，宣统元年八月

照会黄绅炎培充本处顾问员文

江苏地方自治筹办处

为照会事：照得本处筹办地方自治，业经分设法制、调查、文牍、庶务四科，并照会杨绅廷栋、雷绅奋、沈绅恩孚、孟绅昭常为顾问员，以资助益。现查各属城厢自治虽均办竣，而筹备镇乡，正切进行，自应添延明晓法政士绅为本处顾问员，俾收集思广益之效。相应照会贵绅为顾问员，按期到处，商议一应筹办事务，按月支送夫马湘平银二十两。为此照会贵绅，请烦允照施行。须至照会者。

《江苏自治公报》第三十三期

江阴县详报筹备自治公所办事细则①

宣统元年

一、所中执行事件，由正所长一人、副所长二人、驻办员一人、书记一人、庶务兼会计一人分掌之。

---

① 有关各县自治筹备及相关文献甚多，限于篇幅，这里只选取若干件以为学界参考。

一、恪遵苏省筹办宪政会议厅议决案所定办事次第，只准提前，不得改后。

一、办事开始、告竣，均应呈报监督。

一、现值筹备城厢地方自治之时，首先注重规定区域、调查户口暨合格选民。

一、所中用款，每年造册呈报监督鉴核。

一、所长办事之规定：

甲、办事时间　除星期日外，星期一、四正副所长均到，星期二、三正所长到，星期五、六副所长到。到所时间以上午八点至十一点钟止，二至二分以后重行规定。

乙、避席与缺席　凡避席，照《城镇乡地方自治章程》第四十九条办理，并解去所议之事执行之责任。凡缺席，必有假条，惟与到所之所长负同一之责任。

丙、就职与辞职　均以接到官厅照会之日为始。有辞职之文件时，必将就职时之照会一同交所，俟正副所长及参议员三人以上认为正式之理由，方允申送。俟官厅批准后，由本所发出知照书，方能解去责任。其私具函牍，径行呈县者，本所认为无效。

一、办事场所　凡关于自治范围以内之事，其应接谈判，必在本所方为有效。

一、经费出入　凡有款项，必存可靠之庄。其庄折由正副所长交付驻办员收存。所内用款时，必外加正所长书明用项之印条，然后持折照付。凡所中用款，除经常费用或按月或按旬支付外，其特别费用在十元以上者，必得所长二人之同意；五十元以上者，必得参议员三分之一之同意，方可支付。凡入款不敷之时，须由参议员会议决筹集方法，交由正副所长禀请地方官执行。如正副所长不能执行，必须切实宣布不能执行之理由。

一、驻办办事之规定：

甲、办事时间　每日自上午八点钟起至下午四点钟止。二至二分后重行规定。

乙、避席与缺席　凡避席，与所长所定规约同；凡缺席，必有假条。

丙、就职与辞职　均与所长规约同。

丁、职务　凡有文牍，悉承所长意见，会商叙稿，由所长签字方生效力。

一、书记办事之规定：

甲、办事时间　常川驻所，遇有特别事务，先期告假，每月以四日为限。

乙、职务　管理所中收支、预算、决算之事，兼理一切庶务事宜。凡所中执行事件，有应行预备者，须先期商请驻办，规定随时预备。

丙、款项出入　凡经常用款，核实开支，逐日清结，须随时告知驻办。每月必缮一报册，交由驻办交所长查核。

一、参议员川资，每来往一次，规定甲乙丙丁四项。甲，四十里至六十里者发洋三元；乙，二十里至三十里者发洋二元；丙，十里至二十里者发洋一元；丁，不满十里者发洋五角。

一、职员薪水

正所长一人、副所长二人，名誉职，不支薪水。

驻办员一人，每季五十元，一年合二百元。

书记一人，未规定薪水。

庶务兼会计一人，每月薪水五元。

江苏苏属地方自治筹办处印行《江苏自治公报》第九期、十期

江阴县详报筹备自治公所会议办事细则

一、以参议员二十四人及正所长一人、副所长二人组织之。

一、参议员开会，除驻所参议员外，须得参议员人数三分之一。

一、常会依四季开四次，其会期以二、五、八、十一月之二十日开会。由正副所长先期十日知会开会之期，总以事件议了为限。

一、临时会须得参议员三人以上之要求，又须得正副所长之允许，始得定期开会。

一、参议员开议事件，以到会人数之过半数为决议，如议决之人适相等，则取决于正副所长。

一、参议员议事，必列议案及议决案。

一、参议员于临议时或有急须提议事件，得正副所长之许可，亦得列入议案，随时凭众取决。

一、参议员议事时，设记事录，凡有人陈述意见，必录其大略，其职掌暂由坐办等任之，是为临时书记。临时书记无发言权，惟承参议及正副所长之询问，得陈述其关于本事之始末与学理之解决。

一、参议员凡遇应行秘密事件，当照通行法理，即议定而尚未实行或实行而未得结果者，亦勿应轻率宣露。

一、参议员议决事件，必在会场决议，决议以后不得退有后言。

一、参议员于凡开会时有与所提议之事件有关系者，系照例出席。

一、参议员开会，须得正副所长一人以上到会，如正副所长遇有事故均不克到会，必须于驻所参议中函托一人为临时主席，方可开议。

一、参议员于常会时必须到会，如有事故不得到会，须通函知照本所，（维）〔惟〕不得继续两次不到。

一、参议员遇常会时期，有继续两次不到，而又无特别之事者，当取（销）〔消〕其职权。

一、参议员川资由所给发，规定甲乙丙丁四项，甲项三元，乙项二元，丙项一元，丁项五角。

一、驻所参议规定六人，必有三人以上常川驻所。

一、驻所参议每一次驻所时间，公议规定半月。

一、驻所参议遇有不得已事故，始得于参议中请代，惟规定不得继续请代。

一、驻所日期，以七月十六日为始。

一、驻所参议员金文翰、蒋保康、王清墀，承认七月十五日到所。

一、驻所参议员郁芳润、姜凤衔、陈冀毓，承认八月初一日到所。

附：会议开会会场规则八条

一、正副所长东西对坐，各参议员序齿挨坐。

一、二人不得同时发言，须俟一人说毕，方得发言。

一、议事时，非关于本条者，不得牵引，虚废时间。

一、勿交头接耳。

一、勿哗笑。

一、勿吸烟、唾涕。

一、午后两点钟开会，六点钟散会，中以三点五十分至四点十分为休息时间。

一、未到摇铃散会时，不得先行散坐。

如有未尽事宜，下届常会时，由起草员列议案提议。

江苏苏属地方自治筹办处印行《江苏自治公报》第十期

江苏苏属地方自治筹办处详定厅州县自治章程施行细则①

第一条　各厅州县长官各设立本厅州县自治筹备公所一处，其应合并设置者，照章程第五条办理。

第二条　筹备厅州县自治，应以该厅州县所辖城镇乡自治公所一律成立为根据。现苏属四府一州各厅州县城厢自治公所，除武阳外，已一律成立。应从筹备镇乡自治入手，特分期规定厅州县自治筹备公所成绩如左：

甲、以镇乡自治公所一律成立为第一期成绩（武阳县兼筹城镇乡）。

乙、以厅州县自治公所一律成立为第二期成绩。

第三条　筹备日期另定详表，通行各州县遵照办理。

第四条　筹备公所各设所长一人、副所长二人，参议无定额（每城镇乡至少各一人）。

---

① 标题为编者所拟，原标题为《本处详定厅州县自治章程实行细则》。

第五条　前条各职员，均由本厅州县长官遴选公正明达士绅任之。

第六条　各厅州县有区划不便之处，应行整理者，各该厅州县得绘具图说声明（理由呈候督抚奏交民政部议定施行）。

第七条　各厅州县镇乡区域，各以固有之境界为准。

第八条　筹备经费由各该厅州县长官筹集之。

第九条　筹备公所应各拟订办事细则，呈由本厅州县长官申报苏属地方自治筹办处核定。

《江苏自治公报》第三十期

安徽巡抚朱家宝奏筹备州县地方自治提前办理酌定期限折

宣统三年三月十八日①

奏为筹备州县地方自治提前办理，酌定限期，恭折具陈，仰祈圣鉴事：

窃据安徽自治筹办处司道详称，奉发会议厅议决谘议局呈请提前赶办州县地方自治一案，据该局原案所称，九年筹备清单，城镇乡地方自治限第六年即宣统五年成立，府厅州县地方自治限第七年即宣统六年成立。而各省对于城镇乡地方自治，大都主张提前办理。如本省各属城厢自治，已于第三年即宣统二年六月成立，镇乡自治亦限于第四年即宣统三年六月成立。惟思地方自治制度分为上下两级，以城镇乡为下级，以府厅州县为上级，若下级已提前办理，而上级仍照原限，未免迟缓，似未能收相辅而行之效，且于办事亦多障碍，开具理由，议决呈核。当经遵章发交会议厅公同审查。旋据审查科呈称，城镇乡为下级地方自治，州县为上级地方自治，编制既殊，手续亦异。现正筹办镇乡自治，若照原案，请

---

① 为朱批批示日期。

将州县地方自治及期并办，均限明年六月底两级同时成立，用意虽善，按之法令事实，仍有扞格之虞。惟是现在钦奉上谕缩短国会期限，定于宣统五年召集，所有一切筹备事宜，责成各省提前办竣，倘必待下级地方自治成立以后，始办上级地方自治，诚恐宣统四年别有应办要政，不免壅滞。拟自本年十一月朔起，提前接办州县自治，选举前之办法略予变通，选举后之办法仍遵法令办理。定限宣统三年十月底次第成立。所有因被灾各属，其于镇乡地方自治，本年曾经禀准暂缓办理者，州县地方自治亦准酌展数月，均限宣统四年上半年一律成立，不得再请展缓。此外亦不得援以为例，藉示限制，并对照自治筹办处原定并办镇乡自治期限清单，穿插时间，酌量伸缩，拟订提前接办州县自治期限清单，全体议决，呈复核办。兹经刷印通饬详请奏咨立案等情前来，臣复核无误，除分咨查照外，所有筹备州县地方自治提前办理酌定期限各缘由，理合会同两江总督臣张人骏恭折具陈，伏乞皇上圣鉴训示。谨奏。

宣统三年三月十八日奉朱批：该衙门知道。钦此。

《政治官报》第一千二百五十一号，折奏类，宣统三年三月二十八日出版

江西巡抚冯汝骙奏设地方自治筹办处等片

宣统元年十二月二十九日①

再，宪政编查馆核议城镇乡地方自治并选举章程原奏内开，各省各就谘议局筹办处，责令兼理地方自治一应筹办事宜，等因。业经臣于奏报第二届筹备宪政事宜折内声明遵照办理。现谘议局成立，筹办处撤销，应将该处改为地方自治筹办处，并管理自治研究所事务，以正名实而专责成。所有总会办各员绅悉仍其旧，分设法制、文牍、庶务三科，派委科长、科员。饬将地方自治应办一切事

---

① 为奉到朱批批示日期。

宜，明定期限，订立章程，并调查宣讲各项规则，通行各属，依限筹办。刊给木质关防一颗，文曰江西全省地方自治筹办处之关防，俾资信守。应需经费，拟请援案作正开销，除分咨宪政编查馆、度支部、民政部查照外，理合会同两江督臣张人骏附片具陈，伏乞圣鉴训示。谨奏。

宣统元年十二月二十九日奉朱批：该衙门知道。钦此。

《政治官报》第八百三十二号，折奏类，宣统二年正月十五日出版

山东巡抚袁树勋奏筹办地方自治设立研究所情形折

宣统元年二月二十三日①

奏为遵章筹办地方自治，设立自治研究所开办情形，恭折仰祈圣鉴事：

窃臣恭读本年正月二十七日电传上谕：前经宪政编查馆奏定颁行分年筹备事宜，本年各省均应举行谘议局选举及筹办各州县地方自治，设立自治研究所，选用公正明慎之员绅，一律依限成立，各等因。钦此。仰见慎重初基，巩固邦本之至意，钦佩莫名。

臣维地方自治，诚如原奏，名虽近沿泰西，实则根荄中古。比闾族党之制，灿备于周时，三老啬夫之名，仅存于汉世。至历代之保甲乡约，及今各处水会、善堂、积谷、保甲诸事，则虽以本乡之人办本乡之事，然选举之法无存，把持之患愈亟。贤者有涂炭衣冠之惧，而自好不为，不肖者煽狐鼠城社之风，而路人以目。官长误以摧残民气为贤能，人民误以习惯服从为安分。礼失求野，文郁从周，斟古酌今，事穷思变。臣于去年冬间，即与司道筹商，以为地方自治施诸今日，必先知其所难，而后知其所便。夫愚民烈焰，燃于暴秦，科举拘挛，始自唐宋，政治委靡，知识消亡。譬如久病痿躄，而与之驰骤，则厥足用伤，甫及含

---

① 为朱批批示日期。

哺，而遽饷膏粱，则虽茹必吐。即如近数年间教育会、商会等，其办有秩序者固日进于文明，其貌是神非者或益丛为诟病。此其所以为难也。然天下无无弊之法，中人皆可造之才。国所与立者惟民，民所附丽者惟国。三代以上，君与民相亲，故则君自治之文，见诸礼运。五洲而遥，国由民所积，故地方自治之制，行且同伦。今者搜采列邦，商榷旧制，将名义范围经费各节，咸纳于自治，监督之所司，即为城为镇为乡，各区悉蕴为自治，精神之所寄，以少数官制之能力，巩卫国家，与以多类人民自治之能力，保守疆土。譬如有中央而护以四方，有头目而捍以手足，其为得失，无待蓍龟。此又所以为便也。

臣等再三讨论，遂于上年冬间即拟定自治研究所章程，计东省一百零七州县，每处选派二人到省，入该所研究。延派娴习法政学识开通者，分别先任所长及教务各事宜。业于本年二月初一日开课。并遵原奏，责成谘议局筹办处兼理地方自治一应筹办事宜，仍派该处司道率同在事员绅认真办理，概不另支薪水，以节糜费。一俟养成此项自治人才，略有基础，再推行各州县遵章依限扩充。除将自治研究所章程及职员清单分咨查照外，刍荛之见，是否有当，恭折具陈，伏乞皇上圣鉴训示。谨奏。

宣统元年二月二十三日奉朱批：该衙门知道。钦此。

《政治官报》第四百九十四号，折奏类，宣统元年二月二十五日出版

河南巡抚宝棻奏筹办地方自治酌量变通办理情形折

宣统三年正月二十九日①

奏为筹办地方自治酌量变通办理情形，恭折具陈，仰祈圣鉴事：

窃查宪政编查馆暨民政部奏定自治逐年筹备期限清单内开，城镇乡地方自治

---

① 为朱批批示日期。

分五年筹办，以宣统元年至五年为起讫，厅州县自治亦分五年筹办，以宣统二年至六年为起讫。业由臣先后奉到定章，一体札饬自治筹办处，遵照清单内规定年限，参酌本省情形，拟定详细期限表，分别咨行各在案。计厅州县自治，限由宣统二年九月至十一月一律成立，城镇乡自治，限由宣统元年十一月至四年九月一律成立。原于斟酌进行之中，已寓提前赶办之意。惟现值国会提前缩短筹备期限，而自治为立宪根本，自宜及早图维，速求进步。查豫省下级之城镇自治，虽已略具规模，似尤以上级之厅州县自治为当务之急，当饬由自治筹办处体察地方情形，权其事势，拟将原定期限各表稍事变通，如厅州县自治限本年年内一律成立，各乡自治缓至四年著手进行，二者兼权，虽有缓急不同，究亦相因而成，无相妨碍。兹将变通办法及有种种利益之处，谨为我皇上缕晰陈之。

查自治章程，凡城镇乡自治经费，资于公款公产及地方公益捐，然公款公产，各乡殊不恒有，即或有之，而为数亦微，于事无济。至倡办公益捐，则乡曲之恒情难与谋始，且自治之利益狃于不知，以是征求殊多阻遏。惟厅州县范围较广，酌盈剂虚，事半功倍。迨上级自治既成，而下级自治之各乡闻风进化，然后因所利而利之，事顺易举。此就财力言之，则缓急宜于变通者，其利一。

豫省风气初开，人民程度不齐，选材于厅州县较易，选材于各乡区较难，且厅州县自治制度，介乎官治自治之间，有官吏以为之指挥监督，则绅民习于事情，模范有资，推行自易。此就人才言之，则缓急宜于变通者，其利二。

下级之乡，本为自治基础，然地方公益要务，有非一乡所克举者，若上级自治成立，以总挈纲维，则决议执行有共同之机关，凡乡所不能办之事业，悉属厅州县之责任，是厅州县受其成，而各乡蒙其利。此就事实言之，则缓急宜于变通者，其利三。

国会现定宣统五年召集，则来年须办理选举，虽区域如何划分尚未明定，而当以采用大选举区制为最宜，若上级自治成立，则责成办理，较易集事，且经费亦可从节。此就执行选政言之，则缓急宜于变通者，其利四。

况依照本省原定表单，厅州县自治期限与上下衔联，如骖之靳，二者交乘，深恐端绪纷繁，转滋贻误，若移厅州县于前，缀各乡各镇于后，则统系分明，事归画一，使各属便于率循，考核亦易。此就筹办次序言之，则缓急宜于变通者，其利五。

凡此五端，饬据自治筹办处各司道等协议，质诸谘议局之舆论，均尚意见相同。臣详加复核，似此一转移间，其与明定期限，固不至大相歧异，而于地方情事，较为缓急适宜。除分咨立案外，理合恭折具陈，伏乞皇上圣鉴训示。谨奏。

宣统三年正月二十九日奉朱批：该衙门知道。钦此。

《政治官报》第一千一百九十七号，折奏类，宣统三年二月初三日出版

湖广总督赵尔巽奏设立地方自治局片①

光绪三十四年二月二十二日②

再，光绪三十三年八月二十三日钦奉懿旨：著民政部妥拟自治章程，通饬各省择地依次试办。等因。钦此。钦遵在案。查地方自治为立宪之基础，其关系为最重，其事务为最繁。兹于湖北省城设立全省地方自治局，委湖北布政使李岷琛为总办，并遴委曾习法政、志趣正大之员充任坐办、参事，分设编制、调查、文牍、总务四科，并附设调查员养成会，以期采访精确，足为草案之依据。又恐将来编成制度未能实行，复于法政学堂附设自治研究班，分饬各府厅州县选送循谨明达之士绅来省入学，与之讲演各国地方自治制度及组织方法，毕业后即派往本地分设传习所。必使人人抱自治之思想，具自治之资格，守自治之制度，然后行之而无弊。至该局开办经费银五千两，又预算常年经费银二万六千两，应在司库动支，作正开销。其开办简章，饬由该局拟定暂行，仍俟民政部颁发自治章程，依次筹办。除将简章咨送宪政编查馆及民政部外，所有创办湖北全省地方自治局缘由，谨附片具陈，伏乞圣鉴。谨奏。

光绪三十四年二月二十二日奉朱批：该衙门知道。

《政治官报》第一百四十六号，折奏类，光绪三十四年二月二十四日出版

---

① 标题为编者重拟，原为"又奏设立地方自治局片"。
② 为奉到上谕批示日期。

湖广总督陈夔龙奏鄂省遵设自治研究所折

宣统元年六月初十日①

奏为鄂省遵设自治研究所，谨陈明办理情形，恭折仰祈圣鉴事：

窃臣恭读本年正月二十七日上谕：前经宪政编查馆奏定颁行分年筹备事宜，本年各省均应举行谘议局选举及筹办各州县地方自治，设立自治研究所，选用公正明慎之员绅，一律依限成立，等因。复承准宪政编查馆咨：宣统元年三月十六日军机大臣奉谕旨：宪政编查馆奏核复自治研究所章程缮单呈览一折，著依议。钦此。各等因。并印刷原奏清单咨行到鄂。

臣惟地方自治之制，其散见于经传者，如周时比闾族党之法，汉代三老啬夫之名，已具规模。我孝钦显皇后、德宗景皇帝特沛纶音，与民更始，推行自上，观听咸孚。直隶、江苏两省奉旨先行试办，鄂据天下中枢，地居冲要，风气早开，上年二月间经前督臣奏设全省地方自治局。臣到任后，即议及事属创办，当以造就人才为根本要义。惟其时自治专章尚未准民政部奏定颁发，因先于法政学堂附设自治研究班，分饬各属选送士绅来省入学。又由该局设立武汉公民养成所，为试办自治之预备。计自上年四月开办，十二月一律毕业。初基略具，推广宜先，始正名为自治研究所。额定大县五人，中小县四人，由各厅州县考送候试。正饬办间，钦奉谕旨颁行城镇乡自治章程，并查照宪政编查馆原奏，将原局归并谘议局筹办处，附设全省地方自治筹办处，专理自治各项事宜。方原局未经归并之先，各属奉饬申送士绅纷纷云集，臣按之宪政筹备清单、自治研究所章程，须俟颁行后始能遵章设立，因饬由该处先行修葺房舍，延委教员，并将各属申送候试各生定期考验。凡应行预备各端，大略就绪。奉到宪政编查馆核复章程，益有依据。先后定正取二百六十九名，又另取备取十五名，以备临时传补。

---

① 为朱批批示日期。

自治一事，关系全省公益，其有未经申送而来处递禀请考者，复酌取二十七名作为旁听生。所列讲授科目，均遵照馆章第五条所开各项作为主课，并酌加财政学、经济学、各国自治大要数门为补助课，分别派员教授。布置大定，即于四月二十四日举行开学。是日臣亲率司道莅所行礼，莘莘诸子，冠带咸集。当谕以朝廷（叠）〔迭〕颁明诏，实行好恶同民之微旨，并训以首须认明自治名义，继须守定自治范围，申儆再三，诸生咸环听鼓舞而退。鄂省自治研究所至是始告成立。至该所扩充办法，自当查照馆章，俟第一届研究士绅毕业，即派赴各本厅州县办理自治研究所。统限宣统二年二月以前一律设立。其各属士绅自愿照章设立者，在省城由自治筹办处查核详细备案，在各厅州县由该管官查核批准，申报该处备案。又凡各属士民未能分入各该所研究者，则由该处发行校外讲义，并督饬各员编辑地方自治浅说，分发各厅州县，以研究卒业各士绅担任分途讲演。以各属分设研究所佐省设研究所之不及。又以校外讲义分途讲演，助各属分设研究所之未逮。将使各省士民无一不涵泳濡育于自治之中，而于公家筹办之初，佐理不患无才，经费无须多款，期于事半功倍，克限观成，以仰副圣朝殷殷倡行自治之至意。

除将自治研究所专章暨教员执务规则、学员管理规则、编发讲义规则咨呈宪政编查馆查照外，所有遵设自治研究所情形，理合恭折具陈，伏乞皇上圣鉴。谨奏。

宣统元年六月初十日奉朱批：该部知道。钦此。

《政治官报》第六百三十二号，折奏类，宣统元年六月十六日出版

湖南巡抚岑春蓂奏
湖南筹办地方自治设立研究所情形折

宣统元年六月二十七日

湖南巡抚岑春蓂跪奏，为筹办地方自治，设立自治研究所办理情形，恭折仰祈圣鉴事：

窃臣恭读宣统元年正月二十七日电传上谕：前经宪政编查馆奏定颁行分年筹备事宜，本年各省均应举行谘议局选举及筹办各州县地方自治，设立自治研究所，选用公正明慎之员绅，一律依限成立，等因。钦此。

伏维自治一端，法始于商周，名成于欧美，举社会公利公益事宜，责之地方绅董，而官府以监督之，法律以范围之，上下相维，古今合辙，法良意美，莫盛于斯。当创办之初，地方风气甫开，人民程度不一，必先养成讲演组织之才，推行方期尽利，亦必预设总汇纲领之所，因应庶免失宜。溯查湖南省前准民政部咨，先就省城设自治研究所一区，即经臣督同司道酌议办法，遵照设立，以各国自治制度及法理，分拟门目，列为学科，定明研习八个月为毕业之期。檄饬各厅州县，遴选品学较优、富于经验、素有乡望之士绅，申送考选。其名额视各该属区域之广狭，人口之多寡，别为上、中、下三类，分定数目，条列资格，令其依限选送。但各属距省道里远近迥殊，险夷各异，选送士绅，自难同时齐集，不得不随时试验，分班课授。本年春间，各属陆续选送到省，先后两次考录合格士绅二百十七名。第一次于三月十五日上课，第二次于五月初八日上课，各为一班教授，而科目程级期限，仍一律规定，间有未经送到者，则留额待补，以期普及。其有送逾定额，未经考取各士绅，概列备取，由该所刊刻讲义，给令于校外自行研究，即名为自修科。惟是湘省创设自治研究所，系在奏定章程颁发未到以前，比经考察谘访，咸以地方自治为法政之一部分，因就原设法政学堂绅校，广赁房屋开办，讲员、管理员即在法政官、绅两校教职人员内慎选派充，藉资节省。旋准宪政编查馆咨送定章到湘，复按原章第五条所列讲授科目，改定授课，暨将该所划归自治筹办处管辖，饬令选派所长，期符定制。计各士绅在所，已历数月，俱能悉心研习，恪守章规。现一面督饬讲员认真讲授，并缩短暑假时期，俾得早日毕业；一面饬由该所将讲义札发各厅州县，加印多张，分给本籍士绅就近研习。俟研究所各生毕业后，再各赴本籍设所传习讲演，庶官绅咸知自治之有裨地方，将来实行兴办，不致别生障碍。

至城镇乡地方自治办法，前准宪政编查馆咨送原奏章程，声明通行直省，各就谘议局筹办处责令兼理地方自治，一应筹办事宜等语，遵即行饬该处添设自治筹办处，仍派原委总办、会办、司道及会办绅士，督率在事员绅办理。业经将原奏章程并增订施行细则，印行各属一体遵照。另拟该处开办简章及办事期限表，以便分年筹备。际此筹办伊始，选举绅董、拨用经费两端，关系最要，措办维艰。偏远地方智识多未开通，劝导不易著手，而误会宗旨、滥动公产之弊，亦不可不防。即遵章出示申明宗旨，通行张贴晓谕，暨饬各属于谘议选举完竣后，将原设选举事务研究所改为筹办地方自治公所，为本籍办事员绅研习职务之地。

至自治经费，照章应以地方公款、公产等项充用。惟各属情形不同，全在经办员绅和平劝导，从长计议，方期有利无弊，亦即饬属照章议办。其省城筹办处暨自治研究所用费，自应官为筹备，由处撙节支用，核实报销。事关自治初基，各厅州县身任地方，职司綦重，臣有监督之权，于牧令之选择告诫，议会之成立效果，尤属责无旁贷。谨当督饬筹办处，将选举事宜次第举行，并随时按章督责，总期与定制适相符合，于期限不致迟误，以冀仰副朝廷注重宪政巩固邦本之至意。

除将自治施行细则并研究所章程及职员清单分咨查照外，所有筹办地方自治，设立自治研究所缘由，谨恭折具奏，伏乞皇上圣鉴。谨奏。

朱批：该衙门知道。

《清末筹备立宪档案史料》，第748—750页

广西巡抚张鸣岐奏以道员刘士骥为自治局总办片

光绪三十三年十月初四日①

再，地方自治，实为宪政基础。广西地处边瘠，开通较各省独后。就目前人民程度而论，本未足遽议自治，然正惟程度不及，愈当力予提倡，以资练习而促进步。近奉明谕，饬各省择地试办。拟先设一自治局，以为全省总汇。如何设所研究，如何组织推行，责成该局，延访通才，招致士绅，悉心筹划，并先就临桂试办，逐渐推广。查有候选道准补怀集县知县刘士骥，志虑朒诚，通达治体，曾赴东洋考查法政，于地方自治事宜，夙有研究。拟恳天恩，准将该员开去怀集县知县底缺，以道员留桂补用，总办自治局事宜，俾收臂助。如蒙俞允，所遗怀集县员缺，广西现有应补人员，应请扣留外补。合并陈明。谨附片陈请，伏乞圣鉴训示。谨奏。

光绪三十三年十月初四日奉朱批：著照所请。该部知道。钦此。

《政治官报》第十八号，折奏类，光绪三十三年十月初七日，标题为编者所拟

① 为奉到朱批批示日期。

广西巡抚张鸣岐奏筹办地方自治情形折

宣统元年四月初五日①

奏为遵旨筹办地方自治,并胪陈历年办理情形,恭折仰祈圣鉴事:

窃臣于宣统元年二月二十五日承准宪政编查馆王大臣咨开,本馆核议民政部奏城镇乡地方自治并另拟选举章程一折,业于光绪三十四年十二月二十七日具奏,奉上谕:地方自治为立宪之根本,城镇乡又为自治之初基,诚非首先开办不可,著民政部及各省督抚督饬所属地方官,选择正绅,按照此次所定章程,将城镇乡地方自治各事宜迅即筹办,实力奉行,不准稍有延误。等因。钦此。仰见朝廷天下为公,好恶同民之至意,钦服莫名。

伏维自治成立之迟速,固视官吏提倡之是否认真,尤视人民责任之有无多寡。人民果能明于时局之大势,知一己与国家之关系,事事引为己责,自不难计日程功。若人民本无希望自治之热心,则议事、董事不免仍旧害公,附捐、特捐或且疑为(厉)〔利〕己,民智之不开,利弊之所以相乘也。广西僻处边陲,风气素称锢蔽,人民责任心之薄弱,地方生产力之凋敝,均远在内地各省之下。臣深知广西办理自治之难,而又知为宪政始基,办理不容稍缓。是以于光绪三十三年九月奏明设立全省自治局以为筹办总汇之区,并于局内附设自制研究所,先考选桂林府所属士绅入所研究,以为著手进行之本。旋因臣出省督师,稍有停滞。该局于光绪三十四年三月开办,研究所于四月开办。截至上年年底,综计入所研究毕业者共一百九十人。一切章程名册均于上年十月咨送民政部有案。此未奉分年筹备清单以前广西即已筹备自治之情形也。

追奉清单,本年应筹办城镇乡地方自治,设立自治研究所。桂省幅员寥阔,交通不便,仅省城设立一所,既苦于山川阻隔之为难,令各属自行设所,又苦于

① 为朱批批示日期。

经费人才之无著。经臣督同局员详加体察，议将全省划作三区，以桂、柳、庆、思为第一区，设所于桂林；以平、梧、浔、郁为第二区，设所于梧州；以南、太、泗、镇、归、百、上为第三区，设所于南宁。按属分配名额，饬令阖省各厅州县考选品学素优之士绅入所研究，于闰二月一律开学，教以自治制度及与自治有关系之法政学科，以十个月毕业，毕业后即派回籍传习研究，以期普及。此广西遵照清单切实筹办自治之情形也。

城镇乡地方自治粗具规模，清单本定在宣统四年；城镇乡地方自治一律成立，清单本定在宣统五年。推原立法之意，或因事属创举，端绪纷繁，若凌节而施，欲速转虞不达，故特宽其期限，俾得从容筹备，而不遽责以完成。臣愚谓凡事百闻不如一见，以今日人民之不识负担义务，官吏之未能悉解提倡，若不先行试办一二处，示以模型，转瞬即届一律成立之期，仓卒恐多敷衍。是以臣复饬局选派上年优等毕业学员分任临桂县属调查宣讲之事，期将临桂县城镇乡地方自治于年内粗具规模。一以树外属之风声，一以验推行之利弊。此又广西遵照清单提前筹办自治之情形也。

以上办法，于养成人才，标示模范，固可稍提纲领，然不为各属定一定推行之准，仍难植积小高大之基。现饬各厅县于城治各设一地方自治筹办公所，遴派正绅主办，为一邑筹办总汇之区，经费就该属原有之地方公款拨用。该公所办事约分两期，第一期召集阖属士绅，调查户口总数，为划分城镇乡区域之预备，第二期禀派干事人员，设立城镇乡筹办事务所，为地方自治之实行。厅州县自治事宜，俟奉到奏定章程，即责成该公所继续筹办，以资熟手。事务所俟城镇乡议事会成立后裁撤，筹办所定于四月初一日开办。其桂林府所属各厅州县及梧州、浔州、南宁、龙州各属，均限本年九月初一日为筹办公所成立之期。此外各属，均分别后先，以次饬令设立。此又广西遵照清单及奏定章程引申筹办自治之情形也。

总之，地方自治实宪政之根基，自治苟不完成，宪政仍难确立。抱人一己百、人十己千之志，虽民愚俗陋而无伤，为月计不足、岁计有余之谋，庶刻日程功之可待。臣惟有认真督饬，次第推行，以期仰副圣主惠爱闾阎之至意。宪政编查馆原奏有令各省谘议局筹办处兼理地方自治事宜之语，查广西奏设全省自治局在开办谘议局筹办处以前，原奏令筹办处兼理，俾资提挈，用意正同。该局筹办各事略有端倪，循序图功，当可渐期就理，可否免其改并，俟谘议局成立时，即将谘议局筹办处裁撤，拟请饬下宪政编查馆核复施行。除将局用经费分咨度支部、民政部立案外，所有广西遵旨筹办自治，并胪陈历年办理情形缘由，理合恭折具陈，伏乞皇上圣鉴训示。谨奏。

宣统元年四月初五日奉朱批：该衙门知道。钦此。

《政治官报》第五百六十四号，折奏类，宣统元年四月初七日出版

护理广西巡抚魏景桐奏变通省会及外府首县自治会筹办期限等折

宣统二年十一月二十一日①

奏为变通省会及外府首县自治会筹办期限，并规定全省厅州县自治逐年筹办成立期限，恭折具陈，仰祈圣鉴事：

窃查宪政编查馆、民政部奏定自治逐年筹备期限清单，厅州县议事会、参事会一项，省城首县则于宣统二年筹设，外府厅州属首县则于宣统三年筹设，冲繁厅州县则于宣统四年筹设，偏僻厅州县则于宣统五年筹设。均先筹设而后考核，限宣统五年粗具规模，六年一律成立，分年递进，阶级井然。惟是各省贫富之情形不一，以广西僻居边徼，未可以腹地之例相绳，能求终局成立之年限不逾部章，即稍事变通，实仍于期限无误。谨将变通情形，为我皇上缕晰陈之。

查临桂号为省会首县，而贫瘠仍与他县相同，虽本年城镇各会勉强成立，而每年经常的款，现尚虚悬，若照部定期限，又筹设县议事、参事各会，时日既觉无多，财力复有未逮。此省城首县自治会之筹设期限不能不稍事变通者也。

---

① 为朱批批示日期。

至外府首县，如平乐、宜山、武缘等属，均前由自治筹办处详定全省城镇地方自治逐年筹办成立期限表内，指定明年成立城镇议事、董事各会。今照部限，则又须筹设县议、参事会，下级自治机关与上级自治机关一年之内同时并举，决难实行。现如镇安之天保，泗城之凌云，繁盛远不如他省之市场，其艰窘之情形尤可想见。此外府首县自治会之筹设期限，又不能不稍事变通者也。

现查自治筹办处汇报第四届成绩，各城镇议事会依限成立者颇少，而逾限成立或未报成立者甚多，其原因要不外乎财力薄弱，人才缺乏，新政迭兴，难于兼顾。今若复责厅州县如期赶办，为炊无米，巧妇犹难，剜肉补疮，势将立溃。体察情形，非妥酌变通不可。除冲繁厅州县及偏僻厅州县分别规定，仍遵部限，于宣统四五六等三年递次成立外，所有省会首县拟展限于宣统三年筹办，外府首县拟分冲繁偏僻二项，冲繁者与冲繁厅州县同年筹办，偏僻者与偏僻厅州县同年筹办，不另别为一期，其有能提前办理者听。似此略加变通，省城与外府首县筹设虽缓一年，考核仍属不误，既可免操切从事，复不（至）〔致〕徒事铺张，民力当可稍纾，实效自能见获，于自治前途不无裨益。伏读宣统元年十月十三日钦奉上谕：立宪要政，若揆诸现在情形，办理或有窒碍，亦准剀切胪陈，妥筹善法，等因。钦此。地方自治为宪政之一端，自当因地而施，以期实事求是。近如山东抚臣孙宝琦，亦因筹办自治奏请变通原案，桂省事同一律，合无仰恳天恩，俯准饬部立案，以昭慎重。臣仍当督饬各属认真办理，不敢稍涉息忽。据自治筹办处详请奏咨前来，除咨宪政编查馆、民政部查核外，所有变通省会及外府首县自治会筹办期限，并规定全省厅州县地方自治逐年筹办成立期限缘由，是否有当，理合恭折具陈，伏乞皇上圣鉴训示。谨奏。

宣统二年十一月二十一日奉朱批：该衙门知道。钦此。

《政治官报》第一千一百三十六号，折奏类，宣统二年十一月二十四日出版

护理四川总督赵尔丰奏设立成都自治局片[①]

光绪三十四年六月初六日[②]

再，光绪三十三年八月二十三日奉上谕：钦奉懿旨：著民政部妥拟自治章程，通饬各省择地依次试办。等因。钦此。仰见朝廷廑怀宪政，锐意图新之至意。奴才查地方自治为立宪行政之机关，欧美各国肇兴于前，日本步武于后，类能民德日崇，民事日治。顾其端绪，至为繁赜，而组织亦至为重要，非先筹预备之方，无以为实行之地，非先由成都试办，无以树各属楷模。因于省城设立局所，名曰成都自治局。檄委升补建昌道现任成都府知府高增爵为局长，成都通判补用直隶州知州倪大来、在籍内阁中书刘紫骥为副局长，署成都县知县钟文虎、署华阳县知县钮传善、拣选知县徐炯为参议。分设法制、调查、文牍、庶务四课，先从警察区域入手调查，并派员宣讲暨撰发白话告示、报章，以牖颛氓。一面广征通省士绅来省设所研究，遴选通晓法政人员为之讲演法理及各国地方自治制。俟毕业后派往本地分设传习所，开益众智，俾人人咸有自治之责任心，自治之规律力，将来议事会与董事会乃可渐图成立。下以慰群情鼓舞忘治之殷，上以副圣朝预备立宪之盛。所有开办简章，即由该局拟定暂行，仍候民政部颁发自治章程，再行遵章筹办。至该局开办经费银五千两，已饬于司库动拨，应请作正开销。其常年经费，将来或由地方担任抑仍由公家助给，再察酌情形，妥拟办理。

除将成都自治局简章暨通省自治研究所章程分别咨送宪政编查馆、民政部外，所有创办四川成都自治局并通省研究所缘由，谨附片具陈，伏乞圣鉴训示。谨奏。

光绪三十四年六月初六日奉朱批：该衙门知道。钦此。

《政治官报》第二百五十一号，折奏类，光绪三十四年六月十一日出版

---

① 标题为编者所拟。
② 为奉到朱批批示日期。

四川总督赵尔巽奏筹办城镇乡地方自治情形折

宣统二年九月十三日①

奏为筹办川省城镇乡并厅州县地方自治情形,恭折仰祈圣鉴事:

窃维城镇乡地方自治,为辅助官治行政之要图,而府厅州县自治又与之上下衔联,如骖之勒,必二者相辅而行,斯治理日臻隆美。川省上年筹办自治情形,业经随时奏咨在案。兹谨将本年上届所办事项,为我皇上缕晰陈之。

查筹备宪政事宜清单内开,本年应续办城镇乡地方自治,并筹办厅州县地方自治,而民政部奏定未尽事宜单开,关于自治者计共三事。其属于续办城镇乡自治者有二:一曰考核繁盛城镇议事会、董事会办理成绩。川省繁盛城镇,业于去岁分别指定通行筹备,以宣统二年五六月为该城镇议事、董事各会成立之期,虽创办之始,各属少谙定章,难尽迅速合辙,经臣督同自治筹办处详加指示,分别严催,并视其办理之迟速得失,酌记功过,以示劝惩。考核既严,咸知激奋,故成都、华阳两首县,先将城议事会、董事会合并设立,并照章将成都驻防加入合办,以期融洽而树风声。外则汉州、彭县、简州、江北厅等三十余厅州县,均经选举完竣,先后具报。其繁盛各镇会,亦依限告成,尚无贻误。综计繁盛城四十处,镇十处,均已一律开办。此办理繁盛城镇议事会、董事会之情形也。一曰指定中等城镇筹设该城镇议事会、董事会。按前定筹办期限清单,指定中等城六十余处,限于本年十一、十二两月成立。至中等镇会,则期成于宣统三年五月。嗣以镇之中等、偏僻,本难骤为区分,而筹办自治事宜,城镇实无甚差异。中等城既届筹备之期,则各镇亦不当纡徐落后。业饬自治筹办处详定筹办中等城自治选举日程单,刊发中等各厅州县照办,并通饬各属,无论所辖之镇为中等、偏僻,均应于筹办中等城会之时,将各镇会全数筹备,或先设一二镇,以符提前赶办之

---

① 为朱批批示日期。

旨。预计本年之内，即可次第观成。而中等之巴州、新都、金堂、云阳、新宁、大竹、宜陇、鄼都等八州县及属于偏僻之盐亭县，现已将各该城议事、董事两会提前成立。此外尚有岳池县属之石垭等四镇，简州属之石桥乡，新宁县属之永安等一十六乡，并已将各该镇乡自治职先行选定，禀报开办。此指定中等城镇筹设议事、董事等会及各城镇乡提前办理自治之情形也。

其属于筹办厅州县地方自治者，部单列为一事，曰就省会地方首县筹设该县议事会、参事会。川省自奉到府厅州县自治章程及选举章程，即经斟酌情形，拟定筹办日程单、议员分配表等件，行令成都、华阳县，首将该县议事会、参事会照章筹设，以资模范。惟此外泸州、江北厅、巴县等属自治，虽不在本年筹办之列，而其繁盛冲要殆与首县相同，自未便置之后图，因并令一体举行，俾促进步。其期限均始自本年五月，而以九月为成立之期。现均据禀筹备次第进行，当可依限集事。此又就省会首县及提前于繁盛地方筹设厅州县议事会、参事会之情形也。

统计各属之内城会成立者四十九处，镇会成立者一十四处，乡会成立者一十七处，厅州县自治之已筹办者五处。以川省风气后开，筹费艰绌，幸能致此，皆由于任事各员勤奋图功，锲而不舍，故能勉为其难，幸免濡滞。抑臣尤有进者，自治为立宪根本，欲自治之卓著成功，必须一面促其新机，即一面纳诸轨物，方能徐达所响，是以筹备之初，臣即详绎定章，参酌通制，拟为地方官监督城镇乡地方自治事务纲要通行各属，俾资循守。但冀上下咸守范围，官绅毫无隔阂，庶几化行闾里，治道以协和而愈彰，人重公权，民质因磨砻而益进。此则臣对于自治前途所兢兢致意不敢或忽者也。除督饬自治筹办处将其余事宜赓续切实筹备，并将各项成绩表册规程咨部查照外，所有筹办川省城镇乡并厅州县地方自治情形，理合恭折具陈，伏乞皇上圣鉴训示。谨奏。

宣统二年九月十三日奉朱批：该部知道。钦此。

《政治官报》第一千六十八号，折奏类，宣统二年九月十六日出版

云贵总督锡良奏设立自治局暨调员差委片①

光绪三十四年三月十二日

再，地方自治，实为立宪始基，论者多谓现时人民程度尚难遽议及此，然人材以造就而成，事理以研精而得，正宜亟为预备之方，斯可徐施实行之策。滇省虽地居偏僻，风气未开，而仰维朝廷殷殷求治之意，下体黎庶喁喁望治之心，自应及早讲求，以立基础。兹拟先就省城设立自治总局，于局内设一自治研究所并实地调查所。略仿天津自治办法，遴派官绅局长各一员，副局长数员。调集各属明通士绅，公同研究，用为预备。仍由藩、学、臬三司随时到局总核其成。除绅局长已由奴才委派前贵州提学使陈荣昌充当外，查有江苏补用道赵上达，才猷卓然，学识闳深，于古今中外政治源流，究心有素，堪以檄委该局局长。该员先经奴才商由两江督臣端方饬调来滇，拟恳天恩，俯准将该员赵上达留于滇省差遣委用，俾收得人之效。

所有设立自治局暨调员差委缘由，理合附片具陈，伏乞圣鉴训示。谨奏。

五月二十日奉朱批：著照所请，该衙门知道。

中国科学院历史研究所第三所主编：《锡良遗稿》第二册，第781—782页，中华书局1959年出版

---

① "云贵总督锡良奏"为编者所加。

护理云贵总督沈秉堃奏改设自治筹办处片①

宣统元年十一月初三日②

再，宪政编查馆前奏核城镇乡地方自治章程原折内开，拟通行直省，各就谘议局筹办处责令兼理地方自治一应筹办事宜，等因。咨行到滇。当查原奏，系恐各省无提纲挈领之处为之主持，则各该地方官遇事无所禀陈，故欲责成谘议局筹办处兼理其事。滇省自上年三月，已由前督臣锡良奏设自治总局，一切筹备自治事宜，向由该局主办，今若改令谘议局筹办处兼理，非特不足以专责成，且失设局之本意。比即电咨馆、部，仍将自治事宜饬局办理。俟谘议局事宜筹办就绪，再将筹办处与该局合并，名为自治筹办处，以核名实而昭画一。现在谘议局筹办处业经裁撤，自应将自治总局改为云南全省地方自治筹办处。至该局应设督理、总办各一员，即以从前官绅局长改任，其余悉仍其旧。除将该局详改自治筹办处简章分咨宪政编查馆、民政部查核外，所有改局为处各缘由，理合附片具陈。伏乞圣鉴训示。谨奏。

宣统元年十一月初三日奉朱批：览。钦此。

《政治官报》第七百七十二号，折奏类，宣统元年十一月初七日出版

---

① "护理云贵总督沈秉堃"为编者所加。
② 为奉到上谕批示日期。

云贵总督李经羲奏厅州县地方自治拟变通期限提前筹办折

宣统二年十一月初一日①

奏为滇省厅州县地方自治，谨拟变通清单期限，一律提前筹办，恭折仰祈圣鉴事：

窃查地方自治制度，定章分为两级，城镇乡为下级自治团体，厅州县为上级自治团体。以法理论，则城镇乡为厅州县之基础，以行政论，则厅州县为城镇乡之表率。宪政编查馆奏定分年筹备事宜清单，城镇乡自治限于第六年一律成立，厅州县自治限于第七年一律成立。原本法理，斟酌后先，固已审虑周详，权衡悉当。滇省遵设自治筹办处以来，节将自治事宜分别筹备，并查照部颁清单，指定繁盛之昆明一城及中等二十九城，限期成立，迭经奏报在案。惟细绎两级章制，按诸滇省情形，非将厅州县自治机关一律提前成立，匪特城镇乡自治骤难望其扩充，即厅州县官治亦且因之不振，谨将其中关系，敬为我皇上缕晰陈之。

查城镇乡各为独立团体，应有独立财政，不仅全厅州县之款非一城一镇一乡所得私，即甲乡之款，亦非乙乡所可据。而地方公款公产，孰为一属所共有，孰为一方所独有，核其性质，区别綦难。且地方办事习惯，乡镇之款，往往为城市所吸收，划分稍有未均，争端必缘之以起。有厅州县自治机关以主持公论，则先事可为之区分，临时亦资其裁决。此宜提前办理者一。

地方公益要务，有非一城一乡所克举者，城镇乡之团体，既未能同时组织，则公共之事务，必不能一律推行。若以上级自治总挈纲维，决议有合一之机关，执行有共同之效力，纵一二乡僻之区机关暂难成立，仍无碍于全局之推行。此宜

---

① 为朱批批示日期。

提前办理者二。

以上第就上下两级之关系言之，至衡以本省情形，则更有进者。滇省夙号瘠区，地方财政尤形难窘，比年各属筹办学警诸务，或搜提公产，或酌抽特捐，百计经营，除一二繁盛之区所获稍巨外，其余岁入不过二三千金，若两级同时举办，则经费以分而益绌，不特未办之事无望扩张，即已办之事且虞废弛。先设一上级机关，则范围较广，力量较厚，自可剂财政之盈虚，谋全体之利益。此宜提前办理者三。

滇省民智未启，倚赖习成，城镇乡为纯粹自治制度，事权专则责任较重，区域狭则选材为难。谨愿者事非素习，或引避之不遑，浮猾者藉便私图，益逞情而武断。厅州县自治制度，则介乎官治与自治之间，有官吏为严重之监督，即可使绅民渐明习于事情，模楷有资，推行自易。此宜提前办理者四。

厅州县自治与城镇乡自治参错办理，一年之中，某处办城镇，某处办乡，某处办厅州县，头绪纷繁，耳目混乱，文牍既易滋疑误，官绅亦不便率循。若以厅州县自治为先，城镇次之，乡又次之，则统系分明，秩序划一，各属既易于筹备，微臣亦便于督催。此宜提前办理者五。

伏读上年十月十三日上谕：各直省督抚奏陈第一二届筹备事宜，均尚妥协，自兹以往，益当振刷精神，认真整饬，无取乎虚文粉饰，徒事铺张。若揆诸现在情形，或有窒碍，亦准其剀切胪陈，妥筹善法，等因。钦此。仰见朝廷慎重宪政，因时制宜至意，钦佩莫名。滇省两级自治，经臣就以上五端悉心体察，若先办城镇乡而后及厅州县，于事实确有窒碍，自应遵旨妥筹善法，按诸筹办清单期限，将施行次第酌量变通。除上年指办昆明各城，业经奏报在先，仍责成各属依限筹办外，现经指定昆明、新兴、通海、蒙自、太和各州县，饬将议事、参事等会提前筹办，限宣统二年成立，其余各厅州县自治机关，通限宣统三年成立。至上年未经指定之城镇乡自治，一俟厅州县自治机关次第成立，即酌量情形陆续筹办。惟滇省禁烟未久，财力拮据，边荒寥阔，交通特别困难，汉夷杂居，土民未尽同化，将来续办城镇乡自治，应否酌展限期，另定专章，期于推行尽利，再由臣随时奏明请旨，并咨商馆、部办理。所有滇省厅州县自治一律提前办理缘由，（叠）〔迭〕经饬据云南自治筹办处员绅悉心筹议，询谋佥同，理合恭折具陈，伏乞皇上圣鉴，敕部立案施行。谨奏。

宣统二年十一月初一日奉朱批：宪政编查馆暨该部知道。钦此。

《政治官报》第一千一百十七号，折奏类，宣统二年十一月初五日出版

陕西巡抚恩寿奏设自治研究所片

宣统元年二月初一日①

再，前准民政部咨开，钦奉谕旨，著妥议自治章程。现在拟订草案，尚待详核，应先就省城设立自治研究所以为预备，等因。准此。奴才覆查自治制度，本为法政中之一门。陕省法政学堂业经开办，所有此项自治研究所应即附设于学堂，以资造就。当饬该堂监督，妥订章程，饬令各府厅州县选送士绅来所讲习，并延通晓法政人员，将各国自治制度及法理分门教授，俟六个月毕业后，派令分赴各属传习宣讲，以广推行而期普及。除将章程咨部外，谨附片具陈，伏乞圣鉴。谨奏。

宣统元年二月初一日奉旨：该部知道。钦此。

《政治官报》第四百七十五号，折奏类，宣统元年二月初六日出版

---

① 为谕旨批示日期。

陕甘总督长庚奏甘肃设立地方自治筹办处并地方自治研究所情形折

宣统二年八月二十八日

陆军部尚书衔陕甘总督臣长庚跪奏,为甘肃遵章设立地方自治筹办处,并设自治研究所,遴派官绅切实经理,恭折仰祈圣鉴事:

窃光绪三十四年十二月恭奉上谕:地方自治为立宪之根本,城镇乡又为自治之初基,诚非首先开办不可。著民政部及各省督抚督饬所属地方官,选择正绅,迅即筹办,不准稍有迟误等因。钦此。并准宪政编查馆将核议城镇乡地方自治章程暨另拟选举章程,咨送到甘,业经前督臣升允札发谘议局筹办处,排印多帙,分饬各属遵办在案。

查宪政编查馆奏定筹备事宜期限清单内开:第二年筹办城镇乡地方自治,设立自治研究所,定限极严,自应及时办理。臣于上年十月到任,一切事项尚付阙如。且谘议局成立后,该筹办处即应裁撤,不能不另设自治筹办处,以为提纲挈领之区,爰一面切饬属遵章赶办,一面于臣署东偏厅舍,克期设立,檄委藩学臬三司、兰州道为总办,刊发关防,俾资信守。该处分设总务、调查、选举、庶务四科,均以通晓新政人员分任其事,并仿照浙省自治筹办处章程,添设参议二员,以本地明达事理乡望素孚之士绅充之,已于本年春间开办。嗣因房舍不能敷用,另移于省城北街宽敞之区。所有城镇乡应分区域设立自治公所,清查户口,调查选民,选举议事、董事会职员,并筹办厅州县地方自治各事,均由该处拟定章程细则及办理期限表,严饬各属依限举办,分期报明成绩,以便分届奏陈。

惟是办理自治,事属创举,必先造成自治之人才,而后可收自治之效果。随于筹办处成立后,即遵设通省自治研究所,遴选熟悉法政之员,充当议员、所长。复因开办较迟,缩短学期,改为六个月毕业,讲授课程,悉遵照奏定各项科目,详晰指示,并以恪守定章,不越范围为要义。其听讲员,先于省城法政学堂绅班内挑取三十人入所研究,一面分行各厅州县,按格选送,每处至少以二人为率。俟第一届听讲员毕业,即派往各属充当研究所讲员、所长,俾各以其所得,广为传习,庶几因势利导,可收事半功倍之效。至该所功课勤惰及应办事宜,统由自治筹办处稽查管理,以一事权。应需开办暨常年经费,已饬藩司照数筹拨,拟请作正开销。据自治筹办处司道详请具奏前来。

臣查甘省僻处边隅,民智锢蔽,语以自治名称、选举资格,多茫然不解所谓,即读书明理之人,亦仅知硁硁自守,或反以公益共谋,诮为多事。故筹办自治,较之东南各省,实属难之又难。今既有筹办处以握自治之枢纽,复有研究所以培自治之人材,臣与各司道等,身膺地方,责无旁贷。惟有督率员绅,认真筹备,由城镇乡而推之厅州县,务使事无丛脞,户尽可封,以期仰副朝廷孜孜求治好恶同民之至意。

除分咨宪政编查馆、民政部、度支部查照外,所有遵章设立地方自治筹办处并设自治研究所缘由,谨恭折具陈,伏乞皇上圣鉴。谨奏。

宣统二年十月初九日奉朱批:该衙门知道。钦此。

《清末筹备立宪档案史料》,第 750—752 页

国家清史编纂委员会·文献丛刊

清末立宪运动史料丛刊 ⑥

清廷的预备仿行立宪 第四卷

主编 胡绳武
副主编 牛贯杰 戴鞍钢

迟云飞 编

山西人民出版社

本书获中国人民大学"中央高校建设世界一流大学（学科）和特色发展引导专项资金"支持

"十二五"国家重点图书出版规划项目

国家清史编纂委员会出版委员会

主　　任　　戴　逸

执行主任　　马大正　崔建飞

委　　员　　卜　键　朱诚如　成崇德　郭成康
　　　　　　潘振平　徐兆仁　邹爱莲

学术秘书　　赫晓琳　李　岚

《清末立宪运动史料丛刊》出版工作委员会

主　　任　　贾新田　胡彦威

副主任　　姚　军　梁晋华

统　　筹　　蒙莉莉

委　　员　　（以姓氏笔画为序）

王新斐　冯灵芝　史美珍　刘小玲　吉　昊

李　靖　李　鑫　张小芳　张志杰　何赵云

杜厚勤　张彦彬　柳承旭　武　静　郝文霞

贺　权　贾登红　崔人杰　阎卫斌　傅晓红

翟丽娟　蔡咏卉　魏美荣

目录

第四卷

七、考察政治馆与宪政编查馆

设立考察政治馆谕	1515
派定考察政治馆提调谕	1516
奕劻等奏请将考察政治馆改为宪政编查馆折	1516
改考察政治馆为宪政编查馆谕	1517
奕劻等奏宪政编查馆办事章程折（附章程）	1518
宪政编查馆奏销毁厘定官制王大臣关防片	1521
宪政编查馆奏调员分任馆务折并单（附片）	1522
宪政编查馆咨各衙门拟定各项章程奏交本馆复核文	1524
宪政编查馆咨各部院衙门钞送各项则例章程文	1525
宪政编查馆奏编辑《光绪政要》折	1526

宪政编查馆会奏遵设专科考核议院未开以前逐年应行筹备事宜
  酌拟章程折（并单） ……………………………………………… 1527
宪政编查馆奏请增设本馆提调及参议等片 ……………………… 1530
宪政编查馆会奏复核各部院九年筹备未尽事宜折 ……………… 1531
以李家驹为宪政编查馆提调谕 …………………………………… 1538
宪政编查馆奏请通饬京外各衙门设立宪政筹备处折 …………… 1539
宪政编查馆奏请派军机章京杨寿枢兼充本馆总核片 …………… 1541
宪政编查馆为统计表等事致各省督抚电 ………………………… 1541
宪政编查馆奏遵限考核京外各衙门第三年第一次筹备宪政
  成绩折 ……………………………………………………………… 1542

八、各地筹备情形

1. 清廷中央文件

宪政编查馆奏拟请饬令各省设立调查局并办事章程折 ………… 1550
各省设调查局各部院设统计处谕 ………………………………… 1553
宪政编查馆大臣奕劻等奏报各省筹办宪政情形折 ……………… 1554
各省筹办宪政人员分别奖惩谕 …………………………………… 1557
宪政编查馆奏变通各省调查办法折 ……………………………… 1558

2. 各省筹备情形

顺天府奏遵旨设立宪政筹备处折 ………………………………… 1559
顺天府奏筹备第三届宪政事宜并各级审判制度暨清讼办法
  请饬交详议折 ……………………………………………………… 1561
直隶总督杨士骧奏设立调查局片 ………………………………… 1563
直隶总督杨士骧奏胪陈第一年筹备事宜折（附设宪政筹备处片） ………… 1564
胪陈筹备事宜折 …………………………………………… 端　方　1567
直隶总督陈夔龙奏胪陈第四届筹备宪政情形折 ………………… 1569
直隶总督陈夔龙奏胪陈第五届筹备宪政情形折 ………………… 1572

目 录

直隶总督陈夔龙奏胪陈第六届筹备宪政情形折 …………………………………… 1574
致徐菊人督部拟设宪政调查局并创办官报等事 …………………… 程德全 1576
奉省设立调查局折 …………………………………………………… 徐世昌 1577
东三省总督徐世昌、吉林巡抚朱家宝奏遵设调查局片 ……………………… 1578
东三省总督徐世昌、署吉林巡抚陈昭常奏筹备宪政第一年期成绩
　并第二年【期】筹备情形折 …………………………………………… 1579
奉省筹备立宪第一年期奏报成绩折 …………………………………… 徐世昌 1583
东三省总督徐世昌、署黑龙江巡抚周树模奏江省遵章筹办
　第一年期成绩折 …………………………………………………………… 1584
东三省总督徐世昌、署黑龙江巡抚周树模奏续陈第二年期
　筹备宪政情形折 …………………………………………………………… 1586
【奉省】公署内设立宪政筹备考核处片 ……………………………… 锡　良 1588
筹备宪政第二届成绩并第三届筹办情形折 …………………………… 锡　良 1589
黑龙江巡抚周树模奏江省筹备宪政第二年期成绩折 ………………………… 1592
筹备宪政第二年第二届成绩并下届筹备情形折 ……………………… 锡　良 1594
兼管奉天巡抚事谢恩折 ………………………………………………… 锡　良 1597
遵将奉省宪政考核处改为宪政筹备处片 ……………………………… 锡　良 1598
筹备宪政第三年第一届成绩并第二届筹备情形折 …………………… 锡　良 1599
吉林巡抚陈昭常奏报第四届筹备宪政情形折 ………………………………… 1602
黑龙江巡抚周树模奏第三年上届筹备宪政成绩
　并下届办理情形折 ………………………………………………………… 1605
恭报筹备宪政第三年成绩折 …………………………………………… 锡　良 1609
东三省总督赵尔巽奏筹办宪政第四年第一届成绩折 ………………………… 1611
东三省总督赵尔巽、黑龙江巡抚周树模奏第四年
　筹备宪政成绩折 …………………………………………………………… 1613
山西巡抚宝棻奏设调查局折 …………………………………………………… 1616
山西巡抚宝棻奏胪陈第二届筹备宪政事宜折 ………………………………… 1618
山西巡抚丁宝铨奏遵旨设立宪政筹备处等折 ………………………………… 1621
山西巡抚丁宝铨奏酌定司道各官公费折 ……………………………………… 1622

003/

山西巡抚丁宝铨奏第三届筹备宪政事宜折 …………………………………………… 1623

山西巡抚丁宝铨奏胪陈晋省第四届筹备宪政情形折 …………………………………… 1626

开缺山西巡抚丁宝铨奏裁撤调查局改设统计处片 …………………………………… 1629

两江总督端方、江苏巡抚陈启泰奏江苏设立调查局片 ……………………………… 1630

两江总督端方奏设立调查局片 …………………………………………………………… 1631

江苏巡抚陈启泰奏遵设会议厅筹备宪政事宜折 ………………………………………… 1632

会奏筹备宪政情形折 ……………………………………………… 端　方　张人骏　1633

江苏巡抚瑞澂奏胪陈苏省筹备宪政成绩并接办情形折 ………………………………… 1636

两江总督张人骏奏江宁省城设立会议厅筹备宪政事宜折 ……………………………… 1639

江苏巡抚程德全、前护江苏巡抚陆钟琦会奏筹备宪政情形折 ………………………… 1640

江苏巡抚程德全奏筹备宪政第四届接办情形折 ………………………………………… 1644

两江总督张人骏奏胪陈第四届筹备宪政成绩折 ………………………………………… 1648

江苏巡抚程德全奏第五届筹备宪政成绩折 ……………………………………………… 1650

江苏巡抚程德全奏苏省筹备第六届宪政成绩折 ………………………………………… 1653

浙江巡抚增韫奏遵设调查局折 …………………………………………………………… 1655

浙江巡抚增韫奏筹备宪政胪陈第一届成绩折 …………………………………………… 1656

浙江巡抚增韫奏第三届筹备宪政胪陈成绩折 …………………………………………… 1659

浙江巡抚增韫奏胪陈第四届筹备宪政事宜折 …………………………………………… 1661

浙江巡抚增韫奏遵章胪陈第五届筹备宪政事宜折 ……………………………………… 1664

浙江巡抚增韫奏筹备宪政遵章胪陈成绩折 ……………………………………………… 1667

安徽巡抚冯煦奏遵设宪政调查局并调员助理折 ………………………………………… 1669

安徽巡抚冯煦奏派道员顾赐书开办宪政调查局折 ……………………………………… 1670

安徽巡抚朱家宝奏筹备宪政第一年期办理情形折 ……………………………………… 1671

安徽巡抚朱家宝奏皖省筹办宪政遵将第二届成绩据实胪陈折 ………………………… 1673

安徽巡抚朱家宝奏安徽第四届筹办宪政情形折 ………………………………………… 1676

闽浙总督松寿奏胪陈第一届筹办事宜及第二年筹备情形折 …………………………… 1679

闽浙总督松寿奏胪陈第四届筹备成绩折 ………………………………………………… 1682

闽浙总督松寿奏陈第五届筹备宪政事宜折 ……………………………………………… 1686

闽浙总督松寿奏第六届筹备宪政成绩折 ………………………………………………… 1689

江西巡抚冯汝骙奏第一年第一届筹备宪政事宜折	1692
江西巡抚冯汝骙奏设立宪政筹备处并恭录上谕悬挂折	1694
江西巡抚冯汝骙奏陈明第三届筹备宪政事宜折	1696
江西巡抚冯汝骙奏第四届筹备宪政事宜折	1699
江西巡抚冯汝骙奏第五届筹备宪政情形折	1702
江西巡抚冯汝骙奏胪陈第六届筹备宪政情形折	1705
署山东巡抚吴廷斌奏设调查局片	1708
署山东巡抚吴廷斌奏设立调查局片	1708
山东巡抚袁树勋奏山东第一年筹办宪政及第二年预备情形折	1709
山东巡抚孙宝琦奏胪陈山东第三年第一届筹备宪政成绩折	1712
山东巡抚孙宝琦奏第三年第二届筹备宪政情形折	1715
山东巡抚孙宝琦奏第六届筹备宪政情形折	1718
河南巡抚吴重憙奏胪陈第一届筹备成绩及第二年筹备情形折	1720
河南巡抚吴重憙奏第二届筹备宪政事宜成绩折	1722
河南巡抚吴重憙奏遵章设立会议厅并开办情形片	1724
河南巡抚吴重憙奏筹备第三届宪政成绩折	1725
河南巡抚宝棻奏胪陈第四届筹备宪政情形折	1727
河南巡抚宝棻奏胪陈第六届筹备宪政情形折	1730
开缺河南巡抚宝棻、河南巡抚齐耀琳奏筹备宪政并目前困难情形折	1732
湖广总督赵尔巽奏设立调查局片	1735
湖广总督陈夔龙奏湖北第一年筹办宪政情形及第二年预备事项折	1736
湖广总督瑞澂奏湖北第四届筹办宪政情形折	1739
湖广总督瑞澂奏湖北第五届筹办宪政情形折	1743
湖南巡抚岑春蓂奏筹备宪政第二届办理情形折	1746
湖南巡抚岑春蓂奏胪陈第三届筹备宪政办理情形折	1748
署理湖南巡抚杨文鼎、开缺湖南巡抚岑春蓂会奏筹备宪政办理情形折	1751

湖南巡抚杨文鼎奏湖南第四届筹办宪政情形折 …………………… 1753

湖南巡抚杨文鼎奏胪陈第五届筹备宪政成绩折 …………………… 1757

陕西巡抚卸任湖南巡抚杨文鼎、湖南巡抚余诚格会奏湘省
　筹备宪政办法情形折 ……………………………………………… 1760

两广总督张人骏奏设立调查局开办情形片 ………………………… 1762

两广总督张人骏奏广东第一年筹办宪政及第二年开办
　各事情形折 ………………………………………………………… 1763

调补两江总督张人骏、署理两广总督袁树勋会奏筹办粤省宪政
　情形折 ……………………………………………………………… 1765

署理两广总督袁树勋奏胪陈上年下届筹备宪政成绩并特别困难
　情形折 ……………………………………………………………… 1768

署理两广总督袁树勋奏本年上届筹备宪政成绩折 ………………… 1773

两广总督张鸣岐奏陈第五届前任筹备宪政成绩等折 ……………… 1777

广西巡抚张鸣岐奏第二届筹备宪政成绩折 ………………………… 1779

广西巡抚张鸣岐奏第三届筹办宪政情形折 ………………………… 1784

广西巡抚张鸣岐奏遵设宪政筹备处并恭悬上谕折 ………………… 1789

护理广西巡抚魏景桐奏第四届筹办宪政情形折 …………………… 1790

广西巡抚沈秉堃、护广西巡抚魏景桐会奏筹备宪政情形折 ……… 1793

四川总督赵尔巽奏第一年筹备事宜依限举办折 …………………… 1795

四川总督赵尔巽奏第二届筹备宪政情形折 ………………………… 1798

四川总督赵尔巽奏四川第四届筹办宪政情形折 …………………… 1802

四川总督赵尔巽、护理总督布政使王人文会奏川省筹备宪政
　情形折 ……………………………………………………………… 1804

护理四川总督王人文奏胪陈上年下届筹备宪政情形折 …………… 1807

贵州巡抚庞鸿书奏贵州第一年筹办宪政及现办情形折 …………… 1810

贵州巡抚庞鸿书奏设立会议厅及宪政考核处办理情形折 ………… 1811

贵州巡抚庞鸿书奏筹备宪政第三届办理情形折 …………………… 1812

贵州巡抚庞鸿书奏胪陈第四届筹备宪政情形折 …………………… 1814

开缺贵州巡抚庞鸿书、贵州巡抚沈瑜庆会奏交替宪政筹备

事宜折	1816
云贵总督锡良奏遵设云南宪政调查局折	1818
护理云贵总督沈秉堃奏胪陈筹备宪政情形折	1819
云贵总督李经羲奏胪陈第三届筹备宪政情形折	1823
云贵总督李经羲奏云南第四届筹办宪政情形折	1827
云贵总督李经羲奏胪陈第五届筹备宪政情形折	1831
陕西巡抚恩寿奏遵报陕省筹备宪政第一年应办事宜折	1834
陕西巡抚恩寿奏设立筹备宪政考核处折	1835
陕西巡抚恩寿奏筹备宪政第三届成绩折	1837
陕西巡抚恩寿奏陈第四届筹备宪政成绩折	1840
开缺陕西巡抚恩寿奏陕省筹备宪政第六届办理情形折	1843
陕甘总督升允奏筹备宪政第一届应办事宜折	1844
陕甘总督长庚奏设立宪政督催处并派员分任催办折	1847
陕甘总督长庚奏筹备宪政分别已办接办情形折	1848
陕甘总督长庚奏陈第三年第二届筹备宪政成绩折	1853
新疆巡抚联魁奏胪陈筹备事宜第二年期第一届成绩折	1857
新疆巡抚联魁奏胪陈筹备宪政第三年第一届成绩折	1860
开缺新疆巡抚联魁奏陈筹备第三年第二届宪政成绩折	1864
伊犁副都统额勒浑奏遵设宪政筹备处折	1868
新疆巡抚袁大化、开缺新疆巡抚联魁会奏筹备宪政办理情形折	1869
热河都统廷杰奏热河第二年立宪筹备事宜折	1872
升任热河都统廷杰、现任热河都统诚勋会奏热河筹备宪政办理情形折	1875
热河都统诚勋奏热河第五届筹备宪政成绩折	1877
热河都统溥颋奏胪陈本年上半年筹备宪政情形折	1880
库伦办事大臣三多奏筹备宪政并案汇报折	1882

九、其他

立宪纪闻 …………………………………………………………… 1884
汪荣宝日记摘录 ………………………………………………… 1893
改定官制回忆
　　——《曹汝霖一生之回忆》节选 …………………………… 1930

十、主要参考文献目录 ………………………………………… 1933

七、考察政治馆与宪政编查馆

设立考察政治馆谕①

光绪三十一年十月二十九日

光绪三十一年十月二十九日,内阁奉上谕:

前经特简载泽等出洋考察各国政治,著即派政务处王大臣设立考察政治馆,延揽通才,悉心研究。择各国政法之与中国治体相宜者,斟酌损益,纂订成书,随时呈进,候旨裁定。所有开馆一切事宜,著该王大臣妥议具奏。钦此。

《光绪宣统两朝上谕档》第三十一册,第191页,广西师范大学1996年影印出版

---

① 标题为编者所拟。

派定考察政治馆提调谕①

光绪三十二年闰四月十五日

光绪三十二年闰四月十五日，内阁奉上谕：

政务处奏开办考察政治馆，请派员充当提调一折。内阁学士兼礼部侍郎宝熙，江苏常、镇、通、海道刘若曾，著开缺以三品京堂候补，均著充考察政治馆提调。仍责成该王大臣等督饬各员，将中外政治，悉心考核，详加纂辑，用备甄采。余依议。钦此。

《光绪宣统两朝上谕档》第三十二册，第89页

奕劻等奏请将考察政治馆改为宪政编查馆折②

光绪三十三年七月初五日

奏为请旨改设宪政编查馆，恭折仰祈圣鉴事：

窃自上年恭奉懿旨预备立宪以来，天下臣民颙颙望治。现在入手办法，总以研究为主。研究之要，不外编译东西洋各国宪法，以为借镜之资；调查中国各行

---

① 标题为编者所拟。
② 该件署名为宪政编查馆大臣和硕庆亲王（奕劻）、宪政编查馆大臣和硕醇亲王（载沣）、宪政编查馆大臣大学士世（续）、宪政编查馆大臣协办大学士鹿（传霖）、军机大臣度支部右侍郎林（绍年）、大学士孙家鼐、大学士外务部会办大臣那桐、外务部尚书吕（海寰）、吏部尚书陆（润庠）、民政部尚书和硕肃亲王（善耆）、度支部尚书奉恩镇国公载（泽）、礼部尚书溥（良）、协办大学士学部尚书荣（庆）、陆军部尚书铁（良）、法部尚书戴（鸿慈）、农工商部尚书溥（颋）、邮传部尚书陈（璧）、理藩部尚书宗室寿（耆）。括号内名字为编者所填。标题为编者所拟。

省政俗，以为更张之渐。凡此两端，皆为至当不易、刻不容缓之事。拟请旨将考察政治馆改为宪政编查馆，以便切实开办。所有军机大臣、大学士、参预政务大臣会议事宜，应请改由内阁办理。其会议一切章程，即由内阁酌定。如蒙俞允，宪政编查馆应请旨由军机处王大臣总理其事，仍设提调二员，即以原派之提调改充，专办编制法规、统计政要各事项。嗣后遇有关系宪政及各种法规、条陈，并请饬交该馆议复，以归一律。至馆中应办之事，俟命下之日，再由臣等督饬馆员，详定妥章，认真经理，以副朝廷实行宪政之至意。是否有当，伏乞皇太后、皇上圣鉴训示。谨奏。

国家图书馆藏历史档案文献丛刊《清宪政编查馆奏稿汇订》，第72—81页，全国图书馆文献缩微复制中心2004年影印

改考察政治馆为宪政编查馆谕[①]

光绪三十三年七月初五日

光绪三十三年七月初五日内阁奉上谕：

朕钦奉慈禧端佑康颐昭豫庄诚寿恭钦献崇熙皇太后懿旨：庆亲王奕劻等奏请改考察政治馆专办宪政，其会议政务事宜，归并内阁办理一折。从前设立考察政治馆，原为办理宪政一切编制法规、统计政要各事项，自应派员专司其事，以重责成。著即改为宪政编查馆。资政院未设以前，暂由军机处王大臣督饬原派该管提调，详细调查编定，以期次第施行。所有军机大臣、大学士、参预政务大臣会议事宜，著由内阁办理。余依议。钦此。

《光绪宣统两朝上谕档》第三十三册，第147页

---

① 标题为编者所拟。

奕劻等奏宪政编查馆办事章程折（附章程）①

光绪三十三年七月十六日

奏为谨拟宪政编查馆办事章程，缮具清单，恭折仰祈圣鉴事：

光绪三十三年七月初五日钦奉懿旨：考察政治馆即改为宪政编查馆，暂由军机处王大臣督饬原派该馆提调，详细调查编定，以期次第施行，等因。钦此。

仰见朝廷注重宪政、切实预备之至意。臣等窃维上年考察政治馆之设，原以编查宪政为宗旨，惟事当创始，名义尚未指明，其范围亦难确定。今奉明诏宣布，薄海臣民，咸知臣馆为宪政之枢纽，责望之殷，当更过于前日，而责任愈重，一切组织，自不能不力求完备。伏查立宪各国，无不以法治为主义②，而欲达法治之域，非先统一法制不可。各项法制规模大具，然后宪法始有成立之期。故各国政府大都附设法制局，以备考核各处法案而统一之。法案核定以后，始付议院议决。臣馆职司编制，应一面调查各国宪法成例，拟订草案，一面于各部院、各省所订各项法制，悉心参考，渐谋统一方法，俟资政院设立后，随时将臣馆核定之稿，送由院中陆续议决。盖一司编纂，一主赞定，庶政府尽提议法案之责，而国民有参预议法之机，立宪之基，将由此以巩固。

至统计一项，所以验国计盈绌、国势强弱，参互比较，以定施政之方。故宜内考全国之情势，外觇世界之竞争，此后各部院、各省应就其所管之事，详细列表，按期咨送臣馆，臣馆总汇各表，即以推知国家现势之若何。考各国每年有统计年鉴之刊，汇集各项统计，俾人民可以一览而知，庶政厘然，法良意美。臣馆拟俟各种事项搜辑完备，即行仿照办理。

---

① 该件署名为宪政编查馆大臣和硕庆亲王（奕劻）、宪政编查馆大臣和硕醇亲王（载沣）、宪政编查馆大臣大学士世（续）、宪政编查馆大臣协办大学士鹿（传霖）。括号内名字为编者所填。标题为编者所拟。《政治官报》标题为《宪政编查馆奏拟办事章程折》。

② "主义"二字，《政治官报》为"至美"。

凡此两大端，头绪纷繁，关系重大，于宪政为经始之图，于臣馆为应尽之务。查日本明治初年，曾设立宪法取调局，其现在内阁则附设法制、统计等局。臣馆既兼有日本新旧办法，自不得不明定职掌，以专责成。臣等公同商酌，拟参用设局分科之法，谨遵谕旨所指编制法规、统计政要事项，于臣馆分设编制、统计两局，各派局长及科员等员分理其事，而以提调总司其成。谨拟具办事章程十六条，缮呈御览，如蒙俞允，再由臣等就原调馆员，并广选通材充当其事，仍随时奏明办理。其馆中岁需经费，拟请饬下度支部，由专使考察政治项下，随时拨给。仍饬该提调等撙节动用，勿得虚縻。至臣馆前奏办《政治官报》，现在机器业将陆续运齐，亦即克期开办。合并陈明。

所有谨拟臣馆办事章程缘由，是否有当，伏乞皇太后、皇上圣鉴训示。谨奏。

光绪三十三年七月十六日具奏，奉旨：依议。钦此。

再，臣馆现谋法制统一办法，应自改设之日起，遇有各衙门、各省奏定章程、规则，均请敕交臣馆复加考核，然后奏请施行。外省改革官制伊始，尤易参差不齐，其应由各部另订职掌各条，亦须有一汇总之地，始足以收整齐划一之功，并应由臣馆核议。至前议直省官制，所有直隶州厅暨各州县佐治员缺考取委用章程，原请由考察政治馆会同各部议定者，应一并请由臣馆接续办理，俾期周密而免纷歧。谨附片具陈，伏乞圣鉴。谨奏①。

谨拟宪政编查馆办事章程缮具清单，恭呈御览。

计开：

第一条　本馆由军机王大臣管理，设提调二员综理馆中一切事宜。

第二条　本馆职掌分列如左：

一、议复奉旨交议有关宪政折件，及承拟军机大臣交付调查各件。

二、调查各国宪法，编定宪法草案。

三、考核法律馆所订法典草案（法典指民法、商法、刑法、刑事诉讼法、

---

① 《政治官报》"再……谨奏"附片一段在章程之后。

民事诉讼法诸种而言），各部院、各省所订各项单行法（单行法指隶于一事之章程，不属法典之各法而言）及行政法规（如改订官制及任用章程之类）①。

四、调查各国统计，颁定格式，汇成全国统计表及各国比较统计表。

第三条　本馆设编制局、统计局两所，分司职掌各事。

第四条　编制局分为三科，如左：

　　第一科　掌属于宪法之事。

　　第二科　掌属于法典之事。

　　第三科　掌属于各项单行法及行政法规之事。

第五条　统计局分为三科，如左：

　　第一科　掌属于外交、民政、财政之事。

　　第二科　掌属于教育、军政、司法之事。

　　第三科　掌属于实业、交通、藩务之事。

第六条　编制局、统计局各设局长一人，承提调之命，管理局务。副局长一人，协同局长管理局务。各科视事务繁简，酌设科员三人或四人，分司科务。所有奏咨文牍，即由局长、副局长挈同科员详慎拟草，送由提调核夺办稿。

第七条　编制局、统计局办事细则，由局长商承提调妥拟，呈王大臣核定施行。

第八条　本馆设总核二员，稽核各项奏咨文牍及官报事件。

第九条　本馆设庶务处一所，专司收发文书、款项出入及各项杂务。庶务处设总办一员，商承提调，督率本处委员办理一切庶务。

第十条　本馆设译书处一所，凡各国书籍为调查所必须者，应精选译才，陆续翻译。其员数多寡，取足备用，不必预定。

另设图书处一所，收储中外图籍，设收掌二员，专司其事。

第十一条　本馆有统一全国法制之责，除法典草案应由法律馆奏交本馆考核外，如各部院、各省法制有应修改及增订者，得随时咨明该管衙门办理，或会同起草，或由该管衙门起草，咨送本馆考核，临时酌定。

所有统计事项，应由各部院、各省就其主管事务，派定专员，按照本馆颁定

---

① 括号内原为说明文字，以小字以示区别，现以括号区别之。

格式，详细列表，随时咨报本馆，由本馆汇齐详核，编列总表，以昭划一。

第十二条　本馆调查及编订之件，应随时发刊报告书，或月刊或季刊，临时酌定。

第十三条　本馆调查各件，关系重要，得随时派员分赴各国、各省实地考察，并得随时咨商各国出使大臣及各省督抚代为调查一切。

第十四条　本馆拟订及考核之件，除法典及重大事项应由资政院议决外，其余各件，呈由军机王大臣阅定，即奏准施行。

第十五条　本馆奏明附设之官报局，应设局长一人，综理原奏所定之编辑、校对、印刷、发行四项事宜，并酌定办事人员，分任责成，由局长商承提调督饬办理。

第十六条　以上各条，胪举纲要，其尚有未尽事宜，应随时酌定，奏明办理。

国家图书馆藏历史档案文献丛刊《清宪政编查馆奏稿汇订》，第83—113页，全国图书馆文献缩微复制中心2004年影印；《政治官报》第一号，光绪三十三年九月二十日出版，第二号，九月二十一日出版

宪政编查馆奏销毁厘定官制王大臣关防片[①]

光绪三十三年七月十六日

再，本年二月十六日准厘定官制王大臣咨称，京内官制编定，奏明奉旨宣布，外省官制业将草案酌拟，目下已无可办之事。所有木质关防移送臣馆查收存储，等因，前来。伏查外省官制，复由臣奕（劻）与臣孙（家鼐）详慎核定，业于本年五月十七日具奏，钦奉谕旨施行在案。现在京外官制一律编定完竣，其

---

① 标题为编者所拟。

有未尽事宜，即归臣馆办理。所有前刊厘定官制王大臣之关防一颗，自应销毁，以昭慎重。谨附片具陈，伏乞圣鉴。谨奏。

国家图书馆藏历史档案文献丛刊《清宪政编查馆奏稿汇订》，第122—123页，全国图书馆文献缩微复制中心2004年影印

宪政编查馆奏调员分任馆务折并单（附片）

光绪三十三年十月二十八日①

奏为馆务重要，遴员分任，以专责成，谨开列衔名，缮具清单，恭折仰祈圣鉴事：

窃查宪政编查馆自遵旨改设以来，臣等业将办事章程酌定奏明在案。查章程内分设之编制、统计两局，每局各置三科，头绪纷繁，关系至重。事当创始，非多得明体达用之材，不能贯彻条文，发明义蕴。此外如译书处、总务处及附设之官报局，亦皆需材甚重，待用方殷。从前考察政治馆仅事考查、编译，调员无多，嗣将政务处归并，留馆办事者亦不过三四人，共计尚不及十员之数，实属不敷分派。兹经臣等再三遴选其通知政体及娴习法律、明悉科学各员，使之分任两局、两处各事。其官报局造端伊始，规制务取闳通，亦均采取才识并优之员分理各务。此后事有专责，即由原派两提调综持督率，务令各该员等尽心经画，并力纂订，以求早立宪政之基，实收预备之效。至臣馆所办编制、统计等事项，既为各署提纲挈领之地，与各署皆有同条共贯之情，所调各部院衙门人员，应以臣馆事务为重。其本官之升转补缺及保列京察，皆照各衙门优差办理。谨将拟调各员衔名并派定各局职掌，缮具清单，恭呈御览。如蒙俞允，当即通行各衙门遵照。至现在所派员数，将来或事务增多，尚须陆续添派者，应由臣等随时遴调，再行

---

① 为奉到上谕批示日期。

奏陈。所有调员分任馆务各缘由，谨恭折具陈，伏乞皇太后、皇上圣鉴。谨奏。

光绪三十三年十月二十八日奉旨：依议。钦此。

谨将拟派宪政编查馆人员缮具清单，恭呈御览：

军机处三品章京王庆平、军机处三品章京曹广桢，以上二员拟派充总核。

宗人府府丞左孝同，该员拟派充总务处总办。

前民政部右参议吴廷燮，该员拟派充编制局局长。

二品顶戴山西补用道沈林一，该员拟派充统计局局长。

前军机处三品章京华世奎，该员拟派充官报局局长。

农工商部主事署民政部参事章宗祥，该员拟派充编制局副局长。

农工商部员外郎钱承鋕，该员拟派充统计局副局长。

裁缺国子监司业荫桓、翰林院编修黄瑞麒、试署学部总务司员外郎法部主事杨熊祥、民政部主事于宝轩、内阁中书张志潜、分省试用州同傅岳棻，以上六员拟派充总务处科员。

署民政部左参议参事汪荣宝、外务部主事曹汝霖、试署学部总务司员外郎吏部主事恩华，以上三员拟派充编制局各科正科员。

民政部右参议延鸿、学部参事林棨、前学部参事陈毅，以上三员拟派充统计局各科正科员。

翰林院编修胡大勋、翰林院庶吉士朱国桢、法部郎中董康、民政部员外郎胡礽泰、试署学部总务司员外郎法部主事陈曾寿、直隶候补知县嵇镜、直隶候补知县富士英、大理院奏调法政科进士章宗元、法政科进士程明超、法政科举人施呼本、法政科举人颜誌庆、法政科举人高种、大理院奏调留学日本大学毕业生张孝栘、大理院奏调留学日本大学毕业生熊垓、留学美国法政毕业生严锦荣、留学日本京都大学毕业生廉隅，以上十六员拟派充编制局各科副科员。

翰林院侍讲宗室文斌、农工商部主事吴振麟、陆军部军谘处第一司司长副参领卢静远、内阁中书张国淦、内阁中书夏道炳、度支部奏调候选主事刘泽熙、民政部六品警官顾鳌、法政科进士王建祖、法政科进士嵇芩孙、商科进士陆梦熊、商科举人张鸿藻、法政科举人钱应清、法政科举人林蔚章，以上十三员拟派充统计局各科副科员。

二品顶戴江苏补用道严璩，该员拟派充译书处总纂。

候选知府傅范初，该员拟派充官报局印刷科科员。

又奏遴选京外各衙门人员派充谘议官片

再，臣馆编纂宪法，必先调查而统一全国法制，凡大而法典，细而各项法规，胥归考核。条件既繁，责任綦重。自非网罗群彦，博采方闻，无以立可大可久之制。所办一切事项，与内而各署，外及各省，无不息息相关，尤宜联络一气，藉资众擎。拟遴选各部院衙门中谙熟典章，通达治体之员，与各省官员中学识精博，物望允孚者，俱派为臣馆谘议官。不必到馆办事，遇有疑难，随时咨询详复，庶得广集众思，共襄盛典，远取周官联事之意，上符虞典询谋之同。一俟选择得人，再行奏充，理合附片陈明。伏乞圣鉴。谨奏。

光绪三十三年十月二十八日奉旨：依议。钦此。

《政治官报》第四十一号，电报奏咨类，光绪三十三年十一月初一日出版

宪政编查馆咨各衙门拟定各项章程奏交本馆复核文[①]

光绪三十三年九月二十九日[②]

宪政编查馆为咨行事：

本年五月二十七日奉上谕：朕钦奉慈禧端佑康颐昭豫庄诚寿恭钦献崇熙皇太后懿旨：各直省官制，前经谕令总核王大臣接续编订。兹据庆亲王奕劻等奏称各节，应即次第施行，至一切办事权限，各项详细章程，有应由各部及各衙门核议者，著即分别妥拟划一办法，奏定陆续颁行。等因。钦此。

---

① 标题为编者所拟。
② 为《政治官报》刊登日期。

查核原奏清单内第九条载，各省布政司所属各官，应仿照提学司属员分科治事章程，由吏部会同民政部、度支部等部另订职掌，酌量改置。第十三条载，各省提法司应设属员，以原按察司所属等官，由法部拟定职掌，酌量改设。第十五条载，劝业、巡警两道各应酌设属员，分科治事，其细则由农工商、邮传、民政等部订之。第三十三条载，各省应就地方情形，分期设立府州县议事会、董事会，其细则由民政部议订，奏定后通行各省办理。各等语。

现当改章之始，各省业有奏设劝业、巡警两道者，一切办事细则及所置属官，虽未据该省咨报，诚恐办理未能一律，于奏章不无参差，亟应遵旨从速妥议划一办法，并应将以上所列各项章程一并拟定通行，方免淆杂纷歧，各为风气。本馆前经奏设编制局，考订各项行政法规，系专为统一法制而设，曾经通咨在案。此次拟定各项章程，即应由各部奏明交本馆详细复核，然后请旨颁行，俾符奏章而归一律。为此合咨贵部，请烦查照办理可也。

须至咨者。

《政治官报》第十号，光绪三十三年九月二十九日

宪政编查馆咨各部院衙门钞送各项则例章程文

光绪三十三年十一月二十七日①

为咨行事：

本馆奏定办事章程内开，本馆有统一全国法制之责，如各部院、各省法制有应修改及增订者，得随时咨明该管衙门办理，等语。现在本馆编制局业经开办，所有各衙门则例、事例，亟应详细调查，以资参考。相应咨行贵衙门，将钦定则例及奏定各项章程检出，全分咨送本馆。其有刊本者，希于十日内送到，其未经

---

① 为《政治官报》刊登日期。

刊印者，并希迅饬钞录，毋稍遗漏，于一月内汇送过馆。为此咨行贵衙门查照办理可也。

须至咨者。

《政治官报》第六十七号，咨札类，光绪三十三年十一月二十七日

宪政编查馆奏编辑《光绪政要》折①

光绪三十四年四月十日

宪政编查馆奏：

窃查臣馆有统一法制之责，前经奏明各部院、各省所订单行法及行政法规，皆归核定，兼得修改增订各项法制，钦奉谕旨允准在案。

伏维经国之要，首重法制，因革损益，随时异宜。历年愈多，则条例益富。前人所创，著以为法，后王所定，疏以为令。非整齐画一，勒为成书，则散见错出，遵循不易。周礼称：凡治，以典待邦国，以则待都鄙，以法待官府，以官成待万民，以礼待宾客。贾公彦疏之曰：此皆言以者，当别有篇卷，使人执持施行之，是知法令所垂，必有专帙，而后官司遵奉，方免淆杂扞格之虞。溯自光绪元年以来，我皇太后、皇上振兴庶政，丕焕文明，大而制度之改更，小而科条之增益，方策所布，日以加多。际兹宪政肇新，立法尤密，一切内治外交之要，均难执成格以相绳，而兵刑教养之繁，亦多因时势而措置，新章故事，先后每歧，奏案例文，援引易舛。各部二十四年所纂则例，有未成书者，有未刊行者。续修会典，亦断自开馆之年，此后更无编述。时阅三纪，事倍六典，而称引钩索，未有专书，以致述旧者无所折衷，更张者苦其烦杂，学治者难于研究，舞文者易以欺（朦）〔蒙〕。自非详为考求，悉心纂述，不足以规画一而诏方来。昔唐臣杜佑，

---

① 标题为编者所拟，原文无标题。

宋臣司马光，皆以编辑政书为治本。刻下预备立宪，编纂法典，关系尤重。臣等公同商榷，拟自光绪元年起，所有各衙门成例之删改，新制之推行，及已办成案应纂入则例者，各按年月先后，勒为长编，窃取《贞观政要》之意，名曰《光绪政要》。由臣馆恭查钦定续修会典，并咨示各衙门，调取则例，抄送档案，分别辑录，汇为一书，即酌令馆员分司其事。其从前各衙门则例事例，文字浩繁，义例复杂，并拟钩元提要，櫽括其词，别为简编，以资遵守。庶几源流沿革，朗若列眉，上稽本朝法度之精，乃可以旁采列邦规制之善，似于行政出治之方，不无裨益。谨将酌拟编辑《光绪政要》体例，缮具清单，恭呈御览，如蒙俞允，拟即通行各衙门钦遵办理。

得旨：如所议行。

朱寿朋：《光绪朝东华录》，总第5893—5894页，中华书局1958年出版

宪政编查馆会奏遵设专科考核议院未开以前逐年应行筹备事宜酌拟章程折（并单）

光绪三十四年十二月十一日①

奏为遵旨奏设专科，考核议院未开以前逐年应行筹备事宜，酌拟章程，缮具清单，恭折仰祈圣鉴事：

光绪三十四年八月初一日奉上谕：朕钦奉慈禧端佑康颐昭豫庄诚寿恭钦献崇熙皇太后懿旨：宪政编查馆、资政院王大臣奕劻、溥伦等会奏进呈宪法议院选举各纲要暨议院未开以前逐年应行筹备事宜一折。现值国势积弱，事变纷乘，非朝野同心，不足以图存立，非纪纲整肃，不足以保治安，非官民交勉，互相匡正，不足以促进步而收实效。该王大臣所拟宪法暨议院选举各纲要，条理详密，权限

---

① 为奉到上谕批示日期。

分明，兼采列邦之良规，无违中国之礼教，要不外乎前次迭降明谕大权统于朝廷，庶政公诸舆论之宗旨，将来编纂宪法暨议院选举各法，即以此作为准则，所有权限悉应固守，勿得稍有侵越。其宪法未颁，议院未开以前，悉遵现行制度，静候朝廷次第筹办，如期施行。至单开逐年应行筹备事宜，均属立宪国应有之要政，必须秉公认真次第推行。著该馆、院将此项清单附于此次所降谕旨之后，刊印滕黄，请盖用御宝，分发在京各衙门，在外各督抚府尹司道，敬谨悬挂堂上。即责成内外臣工遵照单开各节依限举办，每届六个月，将筹办成绩胪列奏闻，并咨报宪政编查馆查核。各部院领袖堂官，各省督抚及府尹，遇有交替，后任人员应会同前任，将前任办理情形详细奏明，以期各有考成，免涉诿卸。凡各部及外省同办事宜，部臣本有纠察外省之责，应严定殿最，分别奏闻。并著该馆、院王大臣奏设专科，切实考核。在京言路诸臣亦当留心察访，倘有逾限不办，或阳奉阴违，或有名无实，均得指名据实纠参，定按溺职例议处。该王大臣等若敢扶同讳饰，贻误国事，朝廷亦决不宽假。当此危急存亡之秋，内外臣工同受国恩，均当警觉沉迷，扫除积习，如仍泄沓坐误，岂复尚有天良。该馆、院王大臣休戚相关，任寄尤重，倘竟因循瞻庇，讵能无疚神明。所有人民应行练习自治教育各事宜，在京由该管衙门，在外由各督抚督饬各属随时催办，勿任玩延。至开设议院，应以逐年筹备各事办理完竣为期，自本年起，务在第九年内，将各项筹备事宜一律办齐。届时即行颁布钦定宪法，并颁布召集议员之诏。凡我臣民，皆应淬（厉）〔砺〕精神，赞成郅治。如有不靖之徒，附会名义，藉端搆煽，或躁妄生事，紊乱秩序，朝廷惟有执法惩儆，断不能任其妨害治安。总期国势日臻巩固，民生永保升平，上慰宗庙社稷之灵，下答薄海臣民之望。将此通谕知之，钦此。

又十一月初十日奉上谕：朕缵承大统，登极礼成，追念前谟，弥深乾惕。仰维列圣相传之治法，无非敬天法祖，勤政爱民，凡先朝未竟之功，莫不敬谨继述。本年八月初一日大行皇帝钦奉大行太皇太后懿旨，严饬内外臣工务在第九年内将各项筹备事宜一律办齐，届时即行颁布钦定宪法，并颁布召集议员之诏各等谕。煌煌圣训，薄海同钦，自朕以及大小臣工，均应恪遵前次懿旨，仍以宣统八年为限，理无反汗，期在必行，内外诸臣断不准观望迁延，贻误事机。尚其激发忠义，淬（厉）〔砺〕精神，使宪政成立，朝野乂安，以仰慰大行太皇太后、大行皇帝在天之灵，而巩亿万年郅治之基，朕有厚望焉。钦此。

仰见前圣后圣，道揆同符，凡在臣工，均应振奋精神，恪恭将事。臣等伏查议院未开以前应行筹备各事宜，事体重要，端绪纷繁，内而各部院，外而各督抚，均有应行编辑调查厘订①举办之事，九年期限，不容稍有逾违，必须有提纲挈领之处，随时考察，按限督催，方能日起有功，不致因循贻误。臣等公同商酌，拟即遵旨于臣馆设立专科，派员经理，名曰考核专科。遴派总办以下各员，专司考核京外各衙门应行筹备各事，遵照钦颁九年定限清单，按期查核，期届则先事督催，报到则认真考察，均禀承臣奕劻等分别奏咨办理，务使九年限内所有各项筹备事宜一律办齐，无误颁布召集议员之诏。以期上成先朝未竟之功，下孚天下苍生之望。谨酌拟章程六条，伏候钦定。如蒙俞允，当即通行各衙门遵照，并由臣馆拣派人员，即行开办。

再，此折系宪政编查馆主稿，会同资政院办理。合并声明。

所有遵旨奏设专科缘由，谨合词恭折具陈，伏【乞】②皇上圣鉴训示。谨奏。

光绪三十四年十二月十一日奉谕旨：宪政编查馆会奏遵设专科，考核议院未开以前逐年筹备事宜，酌拟章程折、单各一件。著依议。钦此。

谨将遵拟设立考核专科章程六条缮具清单，恭呈御览。计开：

一、于宪政编查馆内设立专科，考核九年限内议院未开以前京外各衙门各项应行筹备事宜，名曰考核专科。

一、设总办一人，商承提调管理本科事务。帮办二人，协同总办管理本科事务。正科员二人，副科员八人，分司本科各事务。所有奏咨文牍由总办帮办挈同科员详慎拟草，送由提调核夺办稿，呈本馆王大臣核定，分别奏咨施行。其馆中编制、统计两局长，拟均派兼专科会办差使，以收联合统一之效。

一、九年筹备事宜，钦遵懿旨，责成内外臣工每届六个月将筹办成绩胪列奏闻，并咨报宪政编查馆查核。应自光绪三十四年八月起至十二月底止为第一届，以后每年六月底暨十二月底各为一届，限每年二月内及八月内各具奏咨报一次，

---
① 本书"厘订"、"厘定"并用，为保持原貌，不作改动。
② 原文脱"乞"字，据《东方杂志》第六年第一期所载该折补。

俟报到本馆后，查核所办是否核实，于每年四月内及十月内各分别殿最，汇奏一次。

一、本年应办事宜，查有尚未筹办奏报者，由馆行文该管衙门咨催一次，以后每年二月、八月，查明是年应办事宜，行文京外各衙门预行咨催一次。如届限尚有未经奏报者，另行专案酌量分别奏咨催办。

一、京外各衙门于应行筹备事宜，如有逾限不办，或阳奉阴违，或有名无实，即由馆指名据实奏参，如办理稍有未协，由馆分别奏咨，指令更正。

一、以上各条外，如尚有未尽事宜，随时酌定，奏明办理。

《民政部奏折汇存》第一册，第195—200页，全国图书馆文献缩微复制中心2004年影印

宪政编查馆奏请增设本馆提调及参议等片①

光绪三十四年十二月二十三日

再，前奉谕旨，饬将议院未开以前逐年筹备各事分期拟议。臣馆为宪政总汇之区，刻期筹备，事务日见殷烦，应增设提调一员协同经理。查有理藩部侍郎达寿，新自日本考察宪政回国，于宪政源流利弊考核有素。臣等公同商酌，拟请旨派为臣馆提调，以资臂助。惟查提调宝熙、刘若增资格较深，拟派达寿在刘若增之次。合并声明。谨附片具陈，伏乞圣鉴训示。谨奏。

光绪三十四年十二月二十三日奉旨：依议。钦此。

再，臣馆事务日繁，拟设参议二员以收集思广益之效。查有在馆行走候补四品京堂杨度、劳乃宣均堪派为参议。又军机处三品章京兼臣馆总核王庆平，前蒙

---

① 标题为编者所拟。原文为两个附片。

简放浙江盐运使，曹广桢前蒙简放吉林提学使，所遗总核二差，拟派军机处三品章京易贞、刘谷孙充补。又前任安徽布政使连甲、署江西提学使汪诒书先后来京，拟将连甲派充臣馆总务处总办，汪诒书派充帮总办。又翰林院编修伍铨萃、学部试署员外郎湖北候补直隶州知州继宗、法部候补主事陈篆，前经咨调在馆当差，现拟派伍铨萃充统计局副科员，陈篆充编制局副科员，继宗充总务处科员。理合附片陈明，伏乞圣鉴训示。谨奏。

光绪三十四年十二月二十三日奉旨：依议。钦此。

《政治官报》第四百四十二号，折奏类，光绪三十四年十二月二十五日出版

宪政编查馆会奏复核各部院九年筹备未尽事宜折

宣统元年八月十四日①

奏为遵旨会同复核各衙门九年筹备未尽事宜，分别缮单，恭折仰祈圣鉴事：

光绪三十四年九月二十九日内阁奉上谕：朕钦奉慈禧端佑康颐昭豫庄诚寿恭钦献崇熙皇太后懿旨：前据宪政编查馆、资政院将议院未开以前逐年应行筹备事宜开单具奏，当经降旨，谆谕内外臣工依期举办。查单开各衙门筹备事宜，系就与开设议院最关切近者而言，非谓未列单内之各衙门便可不受责成，逍遥事外，如外务部职在考查外事，作养使才；吏部职在变通选法，考核任用；礼部职在修明礼教，移易风俗；陆军部职在巩固国防，振兴军势；农工商部职在提倡实业，保守利权；邮传部职在审度形势，统筹交通；理藩部职在考查藩情，整饬边务，皆与宪政息息相通，理应同时并进。即已入单内之民政部、度支部、学部、法部等衙门，尚多有未尽事宜，若顾此失彼，偏而不全，恐届开设议院之期，规模未备，致滋纷扰。著各衙门统限六个月内，按照该馆院前奏格式，各就本管事宜，

---

① 日期据《东方杂志》，《民政部奏折汇存》未署日期。

以九年应有办法，分期胪列奏明，交宪政编查馆会同复核，请旨遵行，以专责成而杜迁延。钦此。

又宣统元年闰二月初四日内阁奉上谕：现在朝廷预备立宪，各该部院衙门举凡应办要政及一切关于预备立宪各事宜，皆当次第筹画，督率所属官员认真办理，等因。钦此。

仰见我皇上光绍前谟，力策富强之至意。数月以来，各该衙门业将本管之应行筹办各事陆续奏陈，先后准军机处片交奉旨：宪政编查馆知道。钦此。

臣等伏维预备立宪，应以改良行政为最先。中国幅员广大，各直省自为风气，一切行政，颇有狃于积习，难期画一整齐者。今欲图挈领提纲之法，自宜由该管各衙门立定宗旨，按年督责施行，则庶政修明，一届颁布宪法之时，得以推行尽利。是此次各该衙门所奏未尽事宜，补筹备清单所未及，实为宪政之权舆，关系至为重大。伏读上年八月初一日谕旨，该王大臣等若敢扶同讳饰，贻误国事，朝廷亦决不宽贷。等因。钦此。臣等责成所在，更何敢附会因循，以干罪戾。兹谨督率考核专科各员，就各该衙门奏到筹备事宜，按部检核。有未尽者，曲为引申，有过当者，稍示限制，其有彼此互相关联者，酌令同办，有与筹备原单歧出者，指令更定。分别厘正，开具清单，恭呈御览。请旨饬下各该衙门，将臣等复核各节，应筹办者，依限筹办，应更正者，分别更正，应酌核者，再加酌核，另行奏明办理。

惟是为政之道，有准的，有办法。准的者，立定主见，可历久而不渝；办法者，期利推行，要随时而通变。除已列縢黄清单各项，应钦遵前奉谕旨，由各衙门依限筹备外，其未尽事宜，端绪繁赜，似以先定筹备准的，以为递年实行布置之方。盖九年中天时人事之不齐，水旱灾荒之互见，必欲按期按事一一观成，匪特关于财政不能逆赌其盈亏，即时会相承，亦恐多端之窒碍。臣等愚以为此次各该衙门所奏筹备事宜，虽非縢黄中所列宪政重要事项可比，而实为各部院行政准的，与立宪本旨均属息息相通。拟请嗣后每年冬间，由该管衙门按本年原奏清单，再将拟定次年实行办法及预算用款数目，量财政之盈绌，为规模之大小，先期切实奏明办理。但使所筹事项克赴行政准的，纵与各该衙门此次筹备清单略有出入，不妨声明缘由，请旨允行。惟既经第二次预筹实行办法之后，各该衙门堂官即须负其责成，按照所奏实力施行。每届六个月，照章仍将已办成绩咨送臣馆,由臣等督率科员实行考核,以昭慎重。盖与其九年并计,仅为笼统之考成,不如按届预筹,较切现时之情事。与其敷衍于事后,致贻有名无实之讥,不如宽筹于事前,当收得尺得寸之效。不然者,各项筹备,非财莫举,遥揣九年财政,恐难措之裕如。当此初办之时,如各项养成所、研究所、调查所、传习所,仅为筹办中之筹备,无需巨款,尚可勉强因应,二年以后,渐及实行,用度益繁,挹注匪易,不于此时实筹办法,届期竭蹶,纵将该管衙门暨臣等各予处分,而于宪政前途已多贻误矣。

以上办法,系于变通之中预为实行之地,如蒙俞允,即由臣馆咨行各该衙门遵照办理,以图渐进而期有成。所有臣等分别复核各该衙门九年筹备事宜,暨敬陈管见缘由,谨恭折具陈,伏乞皇上圣鉴训示。

再,此折系宪政编查馆主稿,会同资政院办理,合并陈明。谨奏。

宣统元年八月十四日奉旨:著依议。钦此①。

谨将各衙门奏陈逐年筹备未尽事宜,覆加酌核,分别厘正,开具清单,恭呈御览:

外务部

查外交政策,有关国际,操纵因时,化裁通变,必谓其逆料九年进步如何预为之地,势所不能。计惟有预储交涉人才,调查各国情势,以期沉机观变,徐收折冲樽俎之功,则原奏所谓厘定出使报告章程,暨出洋任用章程,洵为筹备根本之要策,应由该部随时妥为办理。惟外交官亦在文官之列,原定逐年筹备事宜清单内厘定京外官制、文官考试任用官俸各章程,系归宪政编查馆、会议政务处同办。外交官未便两歧,应令该部将现定章程作为暂行办法,俟将来统归京外官制、文官各章程内厘定。

吏部

查内政修明,厥惟吏治,欲期吏治之澄清,尤在赏罚之悉当,则叙补班次,处分规则,实为劝惩之标准。查该部清单所载,将以上二项,分年分事,列表颁章,加意改良,果能祛其旧日之拘牵,条文之烦琐,俾实心之吏无所用其迟疑,

---

① 此句据《东方杂志》加。

则巧诈之员自无所受其规避。至厘定京外官制、文官考试任用官俸各章程，上年八月初一日钦奉谕旨，附列清单，系归宪政编查馆、会议政务处同办，业经遵照刊印滕黄，颁行天下，自未敢擅事更张。查会议政务处，吏部尚书本在与议之列，有应查核之处，自可随时商度，毋庸另订办法。又该部单内列有改订京外官革职降调罚俸停升记过各款切实办法，并增订各项处分条例，皆系文官惩戒章程之属。文官惩戒章程本包于任用章程之内，该部所订各条例应作为暂行办法，俟臣馆与会议政务处议定文官各章程颁布实行时，悉归文官各章程办理，以免两歧。其余单开各项，亦应作为暂行办法。一俟新官制及文官各章程颁布实行以后，应即酌量归并办理。

民政部

查该部筹备各事，如调查户口、地方自治、直省巡警，均系按照立宪筹备原单办理，自应由该部依限筹办，毋庸另行复核。但发令之权虽属该部，而能否实行，则仍视地方官吏预备人才、筹储经费之何若。惟在该部严定考成，随时督催各直省该管专员依限办理，庶收坐言起行之效。

度支部

查该部奏称立宪筹备原单应归该部办理者，以颁布清理财政章程始，以制定确当预算案终。其间确查出入，明定会计，划分国家税，试办预算决算一切办法，均已分年胪列。自应遵照单开，次第切实筹办，而尤以清理财政为切要之图。除币制一项，既经会议政务处奏交该部设局调查，应由该部另行筹办外，其余各项事宜，或已包括于逐年清理财政之中，或须推行于将来清理财政之后，容由该部体察情形，随时奏明请旨办理，等语。查臣馆会奏原单内该部应行筹备事宜，自第一年颁布清理财政章程起，至第九年制定明年确当预算案预备向议院提议止，共十五条。于预备立宪期内该部应办之事，其大端略已包举。此外节目，自应如所奏，由该部体察情形，随时奏明请旨办理。

礼部

查礼教盛衰，有关风化，则修明秩序，赖有官吏之转移，尤赖教育之默化。诚如原奏所谓乃积渐熏陶之功，而非旦夕强迫之事。至创设礼学馆，斟酌时宜，援今证古，本通礼为权衡，垂不刊之令典。既据奏报编辑，以三年为期，自应责成该管堂官，会同礼学馆总理督率纂协修各员，分门纂辑，计日程功，俾得依限成书，再由臣馆核定，请旨办理，以正彝伦而昭天秩。

学部

查世界文野，以读书多少为比例，况中国为文明之祖，人类之多，环球未有。预备宪政，非从多数识字及增进普通教育入手，难收实效。考核该部所奏历年筹备事宜，由粗以及精，穷源而竟委，诚属窥见要领，条绪井然。于灌输科学之中，仍寓保存国粹之意，尤为能见其大。惟在该部随时督率各省提学使奉令承教，切实实行，勿令良法美意，徒托空言而鲜实效。

陆军部

查该部所奏应筹事宜，分限七年办理，均属军政要图。惟事关军备，不得不力求详审。窃谓军事重在实际，不在空谈，该部所奏清单内尚有应筹虑者数端，如宣统四年限成三十六镇。查军队扩充，以饷项为根本，似应商明度支部酌核各省财力办理。且中国幅员过广，即练足三十六镇之数，国力仍形单薄。如将来财力充盈，尚可随时酌量扩充，似不必限定镇数、年数，转碍军事进步。又宣统六年绿营一律尽裁，防营一律归并，改练陆军，系因是年巡警均已成立，然必巡警可保治安，乃可尽撤巡防队。应俟届时察看各省巡警是否足恃，再由该部与各省督抚协商核办。又宣统六年七年试办征兵，查旗绿各营本近征兵之制，宪法大纲更附列臣民当兵义务。惟各省情形不同，举办征兵尤不可徒骛虚名。现在各省地方，有文弱之区暂不必征者，有城市游惰之民不宜征者，又如广西等省曾奏明匪党夹杂可虑，不便征者。将来国民程度日高，自无此虑，刻下就实在情形而论，似尚未可概施。且户口未清，亦属无从征发。近年直隶、江南虽有征兵之名，仍系按州县分区招募，并非按户征发，如须实办征兵，应俟户口查清之后，随时体察国民教育程度，斟酌施行，未可预定年限。又宣统五年颁布征输令，查定例办理兵差，一切由官发价，不准派累民间，历年各省支应兵差，不免有派及民间车马之事，而车马之外，应用之物，居处之所，皆属平买平卖，时值给价，不准短少。偶有短给物价，强占民居者，立予军法从事，是以师行而民不扰。今若明定章程，以官价取民所有供给军用，中国民风于供军义务尚未熟谙，所定规则纵极严密，恐兵民皆不能遵守，必致骚扰不安，兵民两损，似应随时体察兵民程度，再定颁布之期。以上数端，虽专属军政，而皆与财政、民政互相关联，必须兼筹并顾，以期有百利而无一害。

至原单所列宣统元年厘定军谘府新官制，扩充军谘处、军学司规制，宣统二年筹备建设军谘府事宜，宣统三年建设军谘府等条，均与军谘处相关，现在军谘处业经设立，应由该处妥筹办法，请旨遵行。且查立宪政体，军略兵谋应归独立，凡巩固国防，保护海权，赞画戎机，振兴士气，一切大计，均非宪法所能左右，应并由该处翊赞筹度，以崇武备而奠邦基。其陆军部现奏筹备各节，均系行政衙门应办之事，应令按照臣馆指陈及该部原单所列各事项，分别筹酌，妥为办理。

法部

查司法独立，为立宪国惟一之主义。该部原奏，除按照筹备原单开列外，如改良监狱、编订法官惩戒暨进级各章程、编订登记章程、筹办京师外城地方审判检察厅各节，均属司法要键。惟筹办模范监狱仅及京师，恐各省相距辽远，未能悉来取法，应酌定年限，令各省一律筹办，以期周遍。又法官惩戒章程与吏部所奏增删承审事件处分则例相同，吏部奏称会同法部办理，应令该部与吏部同办，以免两歧。惟法官亦属文官，惩戒章程本包于任用章程之内，该部所订惩戒进级各章程，应令作为暂行办法，俟臣馆与会议政务处议定文官各章程颁布实行时，悉归文官各章程办理。又登记章程系与民商户籍各法相辅而行，各项专律未颁以前，此项章程应由该部会同民政部、度支部、农工商部编订，奏交臣馆覆核。俟颁布后，亦宜酌定京师及各省推广办法，以期施行。其筹办之期，均应查照筹备原单内直省审判厅成立年限办理。又京师外城地方审判检察厅，该部原拟系参照内外城巡警厅制办理，惟查该部自光绪三十三年奏设京师内城地方审判检察厅以来，兼理外城民刑诉讼，尚觉力能并举，本年复经奏增庭数，已无人少事烦之虑，且该管案件，刑事系在徒罪以上，民事系在二百两以上，比之初级究属烦简不同，应令照旧与内外城并设一厅，毋庸另行筹办，以节财力而规统一。其余单开各项，事属应办，仍由该部查照原奏，依限妥筹办理。

法律馆

查该馆应办之事，为修改颁布新刑律，颁布法院编制法，核定颁布民律、商律、刑事民事诉讼等法典，均已列入立宪筹备原单，自应遵照年限，按期筹办。此外惟新刑律未经颁布以前，先行编订现行刑律，为目前要图，业经臣馆会同法部议准由该馆修订，应令查照原奏，迅速办理。

大理院

查该院为全国最高法院，乃立宪国实行宪政重要之地。法庭规制为观瞻所系，审判人才为民命所关，该院所奏建筑法庭、练习人才两端，均属切要之图，应令该院按照前后所陈，认真办理。

农工商部

查中国与各国通商以来，外货输入，漏卮无算，及今不图振兴实业，小民生计有日趋穷困者。该部原奏所分调查、筹议、兴办、编制四端，不为无见。惟筹议开垦及林业在第二年，而实行则迟至第六年；兴办各处商会既属第三年，而设立商律讲明所直迟至第八年；划一度量权衡，京都及各省会、各商埠定于第三年，而推行于各厅州县又迟至第九年，此中距离不无太远，应令该部酌核更正。其商业登记章程，亦应由该部会同法部等衙门编订奏明办理。至中国实业所以腐败，率由才智之士以兹事为卑贱，而厕身农工商者又多智识薄弱之人，以致日言保护，日言提倡，率难见功。为今之计，惟有选派多数学生，留学欧美，分肄实业各科，俾技能精进，思想发达，回国将其所学见诸施行，方收实效。现在各省各边农业林业待兴正多，应由该部商明各省，或酌择学成各人员分投试办，以验实迹；或催令开辟田矿，种植树木，以浚利源。此为百务之本，必实业发达，而货产乃能充盈，国民乃能富庶，筹备宪政费用乃不致为难。是又在该部于培植人才振兴实业加之意已。

邮传部

查补助实业，转输军务，则轮路电邮无一不关要政，即无一不在筹备之列。考核该部原奏，如路政电政，按年规画，极见详备，惟于船邮二政犹付阙如。查轮船招商局现已奉旨专归该部管辖，自属责无旁贷。至如理船厅之划分权限，航路航业之推广组织，商船学校之预储人才，皆其所应筹备者。即邮政之附属税务司，本在未设专部以前，风气未开，暂归兼辖，今既有专官，自应责成该部堂官会商税务大臣筹备收回方法，以符名实而清权限。至清单筹备电政内叙及某年筹办某省电灯，此为营业性质，无关交通要政，应设与否，以商埠之盛衰为断，似可无庸议及。

理藩部

查蒙藏回疆，虽各自为风气，要皆隶我版图，则巩固边陲，实预备宪政不可缓之举。该部原奏所筹备者，先从已有之王公台吉，已列县治之土著，预定议员额数，此自为保护藩属之权利起见。其余事件，据称所设调查、编纂两局，即为筹备基础。惟查光绪三十二年十一月间理藩部奏准核议该部大概情形折内，声明缓设殖产、边卫两司，拟由理藩部先行调查。三十三年六月间，该部于酌拟司员各缺折内，声明设立调查、编纂两局，为将来添设两司之基础。此次折内该部仍以调查为词，查各立宪国于经营藩政，皆以拓殖为本计，三十二年王大臣厘定该部官制奏案，于殖产、边卫两司列明职掌，如蒙地开垦、林业、畜猎、织造、皮毛、骨角、路矿、鱼盐、军队、学务、商务等，皆为不可缓之图。该部现已调查数年，虽不能概责详备，谅必已稍有端倪，边远即骤难考求，近边如内蒙古诸盟，阿拉善、额济纳等蒙部，亦岂竟一无所得。拟并请饬令先将近年调查情形详晰认真筹画具奏，免致年复一年，仍无措置。此关于藩政要图，不能不亟为筹及者也。

《民政部奏折汇存》第一册，第145—163页，全国图书馆文献缩微复制中心2004年影印；《东方杂志》，第六年第十三期

以李家驹为宪政编查馆提调谕①

宣统元年八月十四日

钤章

军机大臣钦奉谕旨：宪政编查馆奏请派候补内阁学士李家驹充提调折，著依议。又奏总务处总办前安徽布政使连甲请出洋考察财政片。知道了。钦此。

军机大臣署名

---

① 标题为编者所拟，原文无标题。

臣　奕（劻）①

臣　世（续）

臣　张（之洞）假

臣　鹿（传霖）

臣　那（桐）

八月十四日

《光绪宣统两朝上谕档》第三十五册，第361—362页

宪政编查馆奏请通饬京外各衙门设立宪政筹备处折

宣统元年十二月二十日②

奏为拟请通饬京外各衙门一律设立宪政筹备处，并将十月十三日钦奉上谕令各衙门恭书悬挂，以期周密而促进步，恭折仰祈圣鉴事：

本年十月二十五日军机大臣钦奉谕旨：翰林院侍讲景润奏敬陈管见一折，著宪政编查馆知道。钦此。当由军机处将原折抄交前来。

臣等详阅该侍讲所陈设立宪政筹备处八利，大都为注重职守，振刷精神，便于稽核，免致迟误起见。臣馆自设立考核专科后，遇有关于宪政事件，无不随时督催，期于早收成效。各省督抚中，如直隶、湖广、四川、福建、河南、山东、安徽等省，业经先后于各该署中设立宪政筹备或督催、总核、考核等处，分别具奏，并咨报臣馆。在京各衙门亦有设所研究，以资考证之处，虽命名不无稍异，而其为催令执行、稽核成绩则同，且经臣馆于京外各衙门第一第二两届筹备成绩于本年四月十月内奏报在案。惟办理虽免稽延，而名目宜归统一。拟请如该侍讲

---

① 括号内名字均为编者所加。
② 为奉到上谕批示日期。

所请，令京外各衙门一律设立宪政筹备处，在京由各该衙门堂官责成丞参，在外由各省督抚责成司道，督率承办各员办理其事，并毋庸兼支薪水。其从前已设督催、总核、考核等处，即由各该衙门改易今名，藉昭画一。

原折又称各衙门于奏报成绩后，另缮清单，将分办此项人员咨送宪政编查馆以备咨询，等语。臣馆于前年十月奏派谘议官折内，即经声明遴选京外谙熟典章通达治理之员酌量派充，遇有疑难，随时咨询详复，原以联络一气，藉助众擎，与该侍讲原奏大意正自相同。嗣后凡京外各衙门派在宪政筹备处人员，应令开单咨报臣馆，以便遇事互相考论商榷，俾有责成。至所请将十月十三日所奉上谕令各衙门恭悬一节，尤足令承办宪政诸臣随时警惕，应即请旨，一并照准，恭书悬挂，以励进行而免疏懈。如蒙俞允，即由臣馆分别通行，钦遵办理。

所有拟复景润敬陈管见一折各缘由，谨缮折具陈，伏乞皇上圣鉴训示。谨奏。

宪政编查馆大臣和硕庆亲王　　臣　奕　劻
宪政编查馆大臣大学士　　　　臣　世　续
宪政编查馆大臣大学士　　　　臣　鹿传霖
宪政编查馆大臣署大学士　　　臣　那　桐
宪政编查馆大臣尚书协办大学士　臣　戴鸿慈

附：上谕

宣统元年十二月二十日钦奉谕旨：宪政编查馆奏请饬京外各衙门设立宪政筹备处，并将十月十三日上谕恭书悬挂一折。著依议。钦此。

《清末民初宪政史料》第二册，第547—551页，北京图书馆出版社编辑，2006年影印

宪政编查馆奏请派军机章京杨寿枢兼充本馆总核片

宣统二年八月二十三日

再,军机处三品章京兼臣馆总核刘谷孙,现蒙简放甘肃提法使,所遗臣馆总核一差,拟请以军机处三品章京杨寿枢兼充。理合附片陈明,伏乞圣鉴训示。谨奏。

宣统二年八月二十三日奉旨:知道了。钦此。

《政治官报》第一千四十七号,折奏类,宣统二年八月二十四日出版

宪政编查馆为统计表等事致各省督抚电①

宣统二年十月十九日②

成都、云南制台,迪化抚台鉴:统计表逾限已久,贵省三十四年民政,财政表至今未到,现在国会缩短,诸须赶办,尤难延误,祈先将以上各表克日造报,其他教育等表亦各分限于一两月内接续赶送。如再逾延,即请查取职名,咨馆奏请处分,并盼复。宪政编查馆。效。

南京制台鉴:统计表逾限已久,贵省三十三年民政,三十四年民政、财政表至今未到,现在国会缩短,诸须赶办,尤难延误。祈先将以上各表克日造报,其

---

① 标题为编者重拟,原题为"宪政编查馆致各省督抚电"。
② 电报刊于十一月一日官报上,末署"效",当为十月十九日。

他教育等表亦各分限于一两月内接续赶送。如再逾延,即请查取职名,咨馆奏请处分,并盼复。宪政编查馆。效。

济南抚台鉴:统计表逾限已久,贵省三十四年财政表至今未到,现在国会缩短,诸须赶办,尤难延误。祈先将以上各表克日造报,其他教育等表亦各分限于一两月内接续赶送。如再逾延,即请查取职名,咨馆奏请处分,并盼复。宪政编查馆。效。

兰州制台鉴:统计表逾限已久,贵省三十四年民政表至今未到,现在国会缩短,诸须赶办,尤难延误。祈先将以上各表克日造报,其他教育等表亦各分限于一两月内接续赶送。如再逾延,即请查取职名,咨馆奏请处分,并盼复。宪政编查馆。效。

奉天制台鉴:奉天三十三年财政统计表,前准咨明续报,至今未到,祈饬赶速补送,其他教育各表分限于一两月内接续造报,本馆立待汇办,勿任再延为要。宪政编查馆。效。

《政治官报》第一千一百一十三号,宣统二年十一月初一日出版

宪政编查馆奏遵限考核京外各衙门第三年第一次筹备宪政成绩折

宣统二年十月二十九日①

奏为遵限考核京外各衙门第三年第一次筹备宪政成绩,恭折仰祈圣鉴事:

窃查臣馆奏定考核专科章程内开:九年筹备事宜,钦奉懿旨,责成内外臣工每届六个月将筹备成绩胪列奏闻,并咨报宪政编查馆查核。应自光绪三十四年八月起至十二月底止为第一届,以后每年六月底暨十二月底各为一届,限每年二月内及八月内各具奏咨报一次。俟到臣馆后,查核所办是否核实,于每年四月内及

---

① 为奉到上谕批示日期。

七、考察政治馆与宪政编查馆

十月内，分别殿最，汇奏一次。等语。

臣等于宣统二年四月二十九日第二年第二次考核案内声明，除云南一省尚未奏到，拟请归入下次核补等语，奉旨：知道了。钦此。嗣据该省遵章报道，当由臣等督率馆员，逐一补核，该省筹备成绩尚属无误。

兹届第三年第一次考核之期，所有京外各衙门筹备成绩，除云南一省尚未奏到外，余俱陆续胪陈具奏，奉旨：该衙门知道。钦此。宣统元年十月十三日奉上谕：前奉先朝谕旨，谆谆以筹备立宪为要图，业经严定年限，各专责成，期于计日程功，届时颁布，不啻三令五申。朕临御以来，又复（叠）〔迭〕降明谕，或于批折内告诫再三，其于宪政前途，实事求是之心，早为天下臣民所共见。现据各部院堂官暨各省督抚奏陈第一二届筹备事宜，均尚妥恰。果能实心实力，次第兴办，何难日起有功。所虑积习相沿，难保无但以一奏塞责者。须知此项要政，上禀前谟，下慰民望，关系至为重大。自兹以往，益当振刷精神，认真整顿，无取乎虚文粉饰，徒事铺张。若揆诸现在情形，办理或有窒碍，亦准其剀切胪陈，并妥筹善法，仍一面持以毅力，务底于成。断不可遇事畏难，互相诿过。方今时事多艰，朝廷宵旰忧劳，无时或息，尔内外诸臣，受国厚恩，理宜殚竭血诚，担负责任，倘稍涉虚假，将来宪政不克依限实行，试问能当此重咎否耶？即著宪政编查馆将所奏成绩随时稽核，如查有措办迟逾，或因循敷衍，毫无实际者，据实纠参。朕惟有懔遵上年八月初一日谕旨，按照溺职例惩处。纪纲具在，绝不姑宽。要之，仔肩固无旁贷，而协力乃克有成。尤望尔内外诸臣，共矢和衷，屏除私见，毋党同而伐异，毋勤始而怠终。庶几上下一心，弼成郅治。朕心实嘉赖焉。将此通谕知之。钦此。仰见我皇上绍述前谟，注重宪政之至意。

臣等伏维宪政之进行，如行舟然，不进则退，万无中立之理。中国幅员辽阔，各省自为风气，往往有狃于积习，未能一蹴而几者。是以京外各衙门创办之初，与民更始，不能不慎之又慎。诚以操纵贵乎因时，绸缪必于未雨，故欲知事后是否之可以推行，全恃事前之善于策划。现距宪政成立之期已近，倘非同心戮力，急起直追，必至临时有竭蹶之患。本月十一日，复恭奉明谕：所有关于宪法之各项法令及一切机关，应责成主管衙门切实筹备。其民政部调查户口筹设巡警等项，度支部清理财政厘订税法等项，以及法部应筹设各级审判厅等项，学部应筹办教育普及等项，均属关系重要，不容置为缓图。各该管衙门俱有应尽之责任，著即迅将提前办法通盘筹划，凡召集议员以前必需完备各事宜，分别最要、次要，详细奏明，请旨办理。等因。钦此。臣等敬绎明训，虽嗣后筹备清单如何酌量变通，尚待妥为筹划，而朝廷克日观成，殷殷望治之心，愈见无时之或释，自非并计兼营，实不足以励进行而惩玩愒。

伏查本年应行筹备事宜，共十四条，除资政院业已遵旨召集议员，举行开院外，所有关乎吏政、民政、财政、学务、法律、司法等项，率皆以事为纲，以类相附。臣等督饬考核专科各员悉心稽核，严分殿最，谨为我皇上一一陈之。

所谓关乎吏政者，一为厘订京师官制。臣等前于宣统二年二月十九日奏进行政纲目折内，声明此后筹备事宜，如厘订官制等项，悉据此以为准的，等语。当于奉旨后即将原奏行政纲目印刷成帙，咨送各衙门签注。嗣准各衙门先后咨复到馆，臣等仍依原奏体例，为正附表十有四，删除原奏按语，另撰凡例十二条，著于篇首，以挈大纲。当经咨会内阁会议政务处复核无异，缮具清本，于本月初四日会同具奏请旨钦定。奉旨：著依议。钦此。现正督饬馆员，详加厘订，一俟就绪，再行请旨办理。一为颁布文官考试章程、任用章程、官俸章程。臣馆前以官制未定，官俸章程碍难厘订，请将颁布官制及试办年限提前，颁布官俸章程及实行年限展后各情形，于九月十四日具奏，奉旨：著依议。钦此。诚以官俸之等差，万无不渊源于官制之理，现在官制既属未定，则官俸必至无所依据，故请将官制试办年限提前颁布者，职是之由。此筹备之关乎吏政者也。

所谓关乎民政者，一为续办城镇乡地方自治。查民政部筹备未尽事宜清单，本年应考核繁盛城镇议事、董事会办理成绩，并指定中等城镇筹设该城镇议事、董事等会，迭经该部将各省办理情形先后汇报在案。惟筹备自治，均以实在成立为衡，现查各省办理成绩，则以四川为最。该省于本年夏间即将成都、华阳两县城议事、董事会合并设立，并遵章将成都驻防加入办理。其江北厅、简州、彭县等三十余厅州县城会，暨繁盛各镇会均一律依限告成。至原属中等及偏僻州县乡镇，均已提前办竣。综计该省城镇乡等会成立者，多至七十余处，复将指定中等城六十余处并各镇会，统限年内次第组织，缕晰条分，其办理颇著成效。次惟江西、湖北、陕西三省，广西又次之。江西城议事、董事会禀报成立者凡七十余厅州县，繁盛之吴城等四镇，亦经该省电催赶办，约八月内可以观成。湖北如汉阳、天门等十数州县，已将城议事、董事会并报成立。其议事会成立，董事会正在筹备选举者，则惟江夏、兴国等厅州县是。陕西繁盛城区议、董各会，如临潼、咸阳等二十余州县，已于本年三月间一律成立。中等城区应立各会，亦于本年六月间成立至三十余处。广西议、董各会成立者亦得十有余属。此外城议事、董事会业经成立者，如黑龙江之巴彦州等处，直隶之天津、清苑，福建之闽县、侯官，甘肃之皋兰、武威等处，或创办较早，或藉资表率，均属办理无误。奉天则报称城镇乡自治会成立者合得五十余属。河南自治会依限举办者计十二城一镇，提前成立者计十，城乡自治现报成立者计二十余乡。其余各省或将指定各地方及办理选举情形，分别奏报，当可依限集事。一为筹办厅州县地方自治。查本年各省应行举办者，为就省会地方首县筹设议事、参事等会。前经民政部将府厅州县地方自治章程奏交到馆，业经臣馆复核，于宣统元年十二月二十七日具奏请旨颁行在案，并将章程内之董事会改为参事会，以府厅州县长官为会长，示与下级之董事会名称有别。现据直隶奏称，天津议、董各会虽于光绪三十三年成立，惟从前系属试办，致与奏章不甚相符，现饬另行组织，以期完备。其将省会首县各地方照章先后筹设，以为之倡者，如统归直隶筹办之大兴、宛平，山东之历城，山西之阳曲，河南之祥符，四川之成都、华阳均是。陕西亦称先由省会首邑为入手办法。四川复以江北厅、泸州、巴县三处地势冲繁，开通较早，饬令一体举行。此外如吉林、黑龙江、安徽、新疆等省，或称仍用分年分级办法，或称难以同时并举，或称俟各属查报完竣后再行饬办，或称饬将划分区域及宣讲章程规则各事宜切实办理，以备基础。浙江则称该省无直辖地方之府，是所谓府厅州县地方自治，在该省则只有厅州县自治，且因有壤地插花，不便行政之处，查报粮赋户口，在在需时，非仓促所能告竣，现正分别催办。广东前因自治程度不齐，已于议复御史赵炳麟等条陈折内奏陈在案。南海、番禺两县议事、参事等会，明年三月内可先观成。湖南亦因乱事甫定，前经奏明将本年指定繁盛地方及省会首县筹设议事、参事各会暂行展缓，奏奉谕旨允准在案。现据奏称该省秋收丰稔，民情尚属安谧，所有厅州县及城镇乡自治事宜，已并力赶办。此外各省亦均遵章次第筹设。一为汇报各省人户总数。前据民政部于宣统元年十二月十八日将第一次人户总数缮单奏报在案，复据该部奏称已通行各省，限于本年十月内一律报齐，等语。本月即为各省汇报人户总数之期。除俟该部汇总奏报，再行考核外，如奉天、吉林、黑龙江、直隶、山东、山西、河南、浙江、江西、福建、广西、湖南、四川、陕西等省，业将查口事宜提前赶办，以资赓续。新疆则称上年调查人户，业经遵章列表送部备查，时阅一年，不无迁徙，已饬各属分别抽查，以征实在，俟第二次汇报之期，即当详细造报。广东另片奏称，大埔等县因编订门牌，乡民聚众，种种抗阻，拟请将此次调查户口酌缓，至乡镇巡警遍设及识字学塾较多之时，再行举办。现将繁盛城镇及风气开通地方先行办理，等语。本年九月十三日奉朱批：览。钦此。现据民政部咨商臣馆，正在核办期内，容即妥筹办理。一为编订户籍法。此系臣馆与民政部同办之件。现据该部奏称，刻已遴委专员，详细拟订，俟奏复到馆，由臣馆查核后，再行具奏。一为厅州县巡警限年内一律完备。查此次奏报成绩案内，其声明业经完备情形者，则惟四川、黑龙江等省，吉林一省。其警额之增多，诚非易易。四川督臣赵尔巽业将该省厅州县巡警一律完备及提前开办乡镇巡警各情形，于本月十五日专奏在案。现查该省共计一百三十二厅州县，均据报称完备。至各属乡镇巡警，如射洪县之太和镇等八处，已于上年开办。成都、华阳等县乡镇巡警亦已次第设立。共计提前开办者二十五处。乡镇巡警专以流动巡缉为主。黑龙江各属巡警开办最为提前，除新设治各属现时始能成立外，其余各府厅州县，不惟城厢巡警业经完备，即乡镇巡警亦渐次成立。该两省先后完备，实属著有成效。奉天现已次第成立，年内可期完备。直隶整顿各属巡警，以教育为入手办法，就现时而论，殆已渐次设齐。吉林筹备较早，曾将办理乡巡情形奏明在案，除该省增设府厅州县三十余属外，城乡巡警已办者共计五十余处，合之马步长警已达一万一千七百余名，是为正警。又筹办预警二万六千余名，以辅不足。浙江、江西、广东据称节次推广，渐臻完备。安徽惟省城、芜湖规模较备。江苏本年省城扩充公所，整顿警务，并组织骑巡侦探巡逻等队。陕西上届已粗具规模，本年饬属再行扩充。新疆则省城开办较早，各属虽经陆续举办，究未齐全，其教练巡警，南疆缠回错居，语言各异，本难选举合格，惟巡警重在联络，乡村互相保卫，应照章就本地人民酌量考选教练，俾渐知服从义务，共保治安。此外如江苏之上海、镇江，浙江之仁和、钱塘，以及山西、河南、福建、广西、湖南、湖北、贵州、甘肃等省，或水陆兼营，或择要成立，或创办业已过半，或经费尚待宽筹，要皆遵章饬属举办，以期无误。此筹备之关乎民政者也。

所谓关乎财政者，一为复查各省岁出入总数。据度支部奏称，前已咨行各省，将宣统元年出入总数，比照预算册式所列款目，尽早编齐送部。现在预算表册业经办竣，即应赓续办理，以重要政，等语。则各省之先后具报，尚能依限。一为厘订地方税章程。查照原单，地方税章程系臣馆与度支部暨各省督抚为本年应办之件。嗣据度支部于复奏御史王履康条陈折内声明，请以本年为调查国家税地方税年限，宣统三年为厘定年限，宣统四年同时颁布，等语。于本年八月初二日具奏，奉旨：著依议。钦此。自应由该部先期切实调查，再由臣馆与该部暨各省督抚会同办理。一为试办各省预算决算。查试办预算，最为宪政中扼要之图。前据度支部于本年正月间酌订预算表册式，奏请饬下京外各衙门钦遵办理。五月以后，迭据京外各处将试办宣统三年预算表册陆续报部，当由该部督率清理财政处各员逐加复核，悉心钩校，订成宣统三年试办预算总表缮册进呈御览，并咨送内阁会议政务处查核。本年九月二十日，由内阁会议政务处王大臣奏请将度支部试办宣统三年预算请旨饬交资政院照章办理具奏，奉旨：著依议。钦此。应俟该院议决后，再行请旨办理。此筹备之关乎财政者也。

所谓关乎学务者，即推广厅州县简易识字学塾是。前经学部将简易识字课本通行各省在案。现查各省立塾较多者，如四川已设二千六百余所，直隶、湖北已设一千余所，浙江、山东已设七百余所，广西已设六百余所，河南、江西、福建、广东、湖南、陕西、甘肃均设塾在三四百所以上，奉天、吉林、黑龙江、江苏、山西均设塾在一百余所以上，惟安徽、贵州、新疆等省成立较少。其学生名额较多之数，如直隶、浙江、湖北已达二万余名，福建、广东、广西已达一万余名，陕西已达七千余名，河南、江西、湖南已达四五千名，奉天、吉林、江苏、山西已达二三千名，浙江核与议案规划全省之数已逾百所。其余成立较少省份，拟请旨饬下安徽、贵州、新疆等省抚臣，严饬所属，认真赶办，以期普及。此筹备之关乎学务者也。

所谓关乎法律者，即颁布新刑律是。宣统元年十二月二十三日准军机大臣片交，本日钦奉谕旨：修订法律大臣会同法部具奏修正刑律草案告成，缮单呈览一折，著宪政编查馆查核覆奏。钦此。旋经修订法律馆将修正草案排印成书，咨送到馆。臣等督率馆员，逐一修正核订蒇事，仍分总则、分则，共四十三章，增辑删除，凡存四百零五条。业将刑律正文并此次修改与原案有出入者，加具案语，暨暂行章程，分别缮单，恭呈御览，请旨饬交资政院归入议案，于议决后，奏请钦定遵照筹备清单年限颁布施行。本月十四日，臣馆具奏，奉旨：著依议。钦此。是新刑律一项，应俟该院议决后，再行请旨办理。此筹备之关乎法律者也。

所谓关乎司法者，即各省省城及商埠等处各级审判厅限年内一律成立是。据法部奏称，本年二月间，该部奏筹办省城商埠各厅，拟俟考试法官后一律成立，除将广西提前考试外，其余各省均令于秋后试毕始行开庭，仍以不误本年期限为准，通行各省在案。京师法官第一次考试，业于九月内试竣，得士五百六十余人。至派考省分，早经法部遵章办理。惟改良裁判，实为司法独立之关键。现查奉天高等审判及承德、抚顺、营口、新民、安东地方初级审判并检察各厅均于上届奏报成立；辽阳、铁岭地方初级各厅九、十月间即可开办。吉林除省城及长春成立最早外，如延吉等处均于上年成立；依兰、宁安、滨江三埠现已筹款有著，定于本年一律成立。黑龙江高等审判及龙江府地方以下各厅，已于上年十月提前成立；呼兰约于九月内开办；绥化府属款尚无着。直隶天津原办各厅，现均按照法院编制法为准的，妥议改良，高等、地方两厅刻已工竣，初级厅亦照章筹设；至张家口渐成繁盛，现已派员勘估。广西则称高等及桂林地方暨临桂初级各厅内，均分设民刑各一庭，省城审判、检察各厅已于六月内一律开办。山西省城审判各厅已于四月内一律开厅试办。河南所建高等、地方及检察各厅，湖北高等、地方、初级及汉口商埠初级各厅，均已先后工竣。此外如山东、安徽、江苏、江西、广东、四川、贵州、陕西、甘肃等省，均据报称刻期赶办，俟修造工竣，即行开厅，期符部限。浙江则称因经费迭次核减，仅将前经动工之初级厅扩充，作为高等，并附杭州府地方厅于其内，省城应设之仁、钱初级二厅，及拱宸桥商埠酌设之初级一厅，现均分别赶造。湖南前经奏准展限三个月，嗣复改定由长沙府设地方、检察各一厅，长、善两县即免分设。并据江苏奏称，镇江商埠所设地方、初级各厅，已购置民房修改。上海商埠应设各厅，只能就租界外设立，已由臬司会同上海道详请咨商筹办。此筹备之关乎司法者也。

以上各项，业据京外各衙门胪列奏陈，咨报到馆。臣等窃以筹备宪政，其事理则极为繁赜，其期限则递相赓续，臣等综核历次奏报各案内，往往有筹备在他省之先，其始也，未尝无成绩之可言，驯至日积月累，转致退居人后，无他，无实力以盾其后，其初基未有不堕者。臣等历次办理考核京外各衙门奏报成绩，率皆据事直陈，并不得以称述在前，或致回护于后。此次臣等督率考核专科各员，严行比较，综计自治、巡警两项，则以四川为较胜；识字学塾一项，则以直隶、浙江、湖北三省人数为最多；审判一项，则以奉天、吉林、黑龙江成立为较早。其余京外各衙门，尚能照章办理。此臣馆历据京外各衙门奏报成绩，实在考核之情形也。至所办事项，究竟能否与奏报相符，臣馆于第一届考核各省成绩折内，声称随时派员抽查，等因。业于本年夏间派员分赴交通便利如奉天、直隶、吉林、黑龙江、山东、山西、河南、江苏、安徽、江西、湖北、浙江、福建、广东各省实地调查，现已陆续回京。臣等正在汇核，容即奏陈，请旨办理，以昭实际而重宪政。除云南一省尚未报到，拟由臣馆电催外，所有臣馆遵限考核京外各衙门第三年第一次筹办宪政成绩，暨补核第二年第二次续报各缘由，理合恭折具陈，伏乞皇上圣鉴训示。谨奏。

宣统二年十月二十九日奉旨。已录。

又奏续派馆员分赴各省考查宪政片

再，查前次奏请派员分赴直隶等省考查筹备宪政实在情形折内，声明陕西、甘肃、新疆、四川、广西、云南、贵州等省，道途较远，湖南一省，乱事甫平，经该抚奏明筹办宪政展缓三月有案，均请作为第二期，于秋季再行派员前往考查，等语。兹拟以湖南、广西为一路，派臣馆考核专科副科员御史王履康前往；陕西、四川为一路，派臣馆统计局副科员礼部员外郎张则川前往，切实考查。仍请旨饬下各该省督抚转饬所属，于该员等到该省考查时，如须前赴各衙门、局所、学堂稽察办法，询问情形，调阅案卷，务各妥为接待，据实详细检示，不得敷衍回护。俾得认真稽考，察知底蕴。该员等往返川资，旅居费用，仍由臣馆从宽给发，各该省不准丝毫供应馈送，该员等亦不得稍有收受扰累。应由督抚严饬所经过地方官吏，一体遵照。如蒙俞允，即由臣馆咨行各该督抚钦遵办理。其甘肃、新疆、云南、贵州四省，请作为第三期，于明年春季再行派员前往。

所有续派馆员前往湖南等省考查筹备宪政缘由，理合附片陈明，伏乞圣鉴。谨奏。

宣统二年十月二十九日奉旨。已录。

《政治官报》第一千一百一十七号，宣统二年十一月初五日出版

八、各地筹备情形

1. 清廷中央文件

宪政编查馆奏拟请饬令各省设立调查局并办事章程折

光绪三十三年九月十六日①

奏为拟请饬令各省设立调查局并办事章程，缮具清单，恭折仰祈圣鉴事：

窃臣馆奏定办事章程内第十三条所载调查各件，关系重要，得随时派员分赴各国、各省实地考察，并得随时咨商各国出使大臣及各省督抚代为调查一切，等语。业经奏奉俞允，通行各在案。惟是考察各省事实，以为斟酌损益之方，较之考察外国规制，尤为切要。倘于本国之设施，固有之沿习，未能一一得其真际，恐仍无以协综核审定之宜。现在臣馆职司编制、统计二局，亟当预筹京外通力合

---

① 为上奏日期。

作之办法,以期推行尽利。查德国法制局,中央既设本部,各邦复立支部,一司厘定,一任审查,故所定法规,施行无阻。中国疆域广袤,风俗不齐,虽国家之政令初无不同,而社会之情形或多歧异。现在办法,必各省分任调查之责,庶几民宜土俗,洞悉靡遗。将来考核各种法案,臣馆得有所据依,始免两相抵牾。日本统计局则分三级以任调查,其第一级为町村,第二级为郡市,第三级为府县。层递求详,乃臻完密。我国统计之学,萌芽方始,加以名称繁杂,册报参差,根于习惯者,既当求划一之方,涉于弊混者,尤应求真实之象。允宜规彼成式,逐渐求精,然后分门编辑,为统计年鉴之刊,庶不致全涉影响之谈,而可获参观之益。臣等再四筹商,以为仅恃由京派员之法,搜采恐多阙漏,若委诸外省而无专员经理,期日必致迁延。惟有仿东西各国成法,令各省分设调查局,以为臣馆编制法规、统计政要之助。开办之始,必须事事先求其简明确实,断不可参以虚饰之词、敷衍之见,乃可望由疏而至密,祛伪以存真。即由各省疆臣,注重讲求,遴选妥员,实地考察,随时编列,汇交臣馆。俾中外联为一气,报告不为具文,于臣馆奏设两局应办之事,始有把握。除重要专件,仍遵前次奏章,随时派员考察外,谨拟《各省调查局办事章程》,恭呈御览。如蒙俞允,应请饬下各该将军、督抚一律遵行,并将开办情形咨明臣馆存案备查。

所有拟设各省调查局并办事章程缘由,理合缮单,恭折具陈,伏乞皇太后、皇上圣鉴训示。谨奏。

光绪三十三年九月十六日奉旨:钦此。

再,统计一项,在各省者,现由臣馆于请设各省调查局章程内声明,由督抚饬令司道及府厅州县各衙门添设统计处,各就该管事项,按照颁定表式,分别填送汇呈考核,似已稍有基绪。其在京各部院衙门,综持全国政务,为各省之总汇,关系尤为重要,凡属于编制局一部分者,尚不难遇事讨究,随时咨商。其统计一门,头绪纷繁,亦非援照外省办法,由臣馆拟定表式,送交各衙门自行填写不可。将来即以各省所送之表,与各衙门所列,彼此对勘,互为钩稽,义例不至参差,条理亦易详密。一两年后,统计年鉴不难逐年刊布,略具规模。相应请旨饬下在京各部院衙门,均设一统计处,酌派司员专司其事。所有各项表式,应俟奉旨后,再由臣馆细心核订,一律颁行试办。是否有当,谨附片具陈。伏乞圣鉴。谨奏。

谨将臣馆奏设各省调查局办事章程，缮具清单，恭呈御览。计开：

第一条　各省应设调查局一所，专任臣馆一切调查事件，归本省督抚管理主持。

第二条　调查局应设法制、统计两科，分掌各事。

第三条　法制（局）〔科〕分设三股，如左：

　　第一股　掌调查本省一切民情风俗，并所属地方绅士办事与民事、商事及诉讼事之各习惯。

　　第二股　掌调查本省督抚权限内之各项单行法及行政规章。

　　第三股　掌调查本省行政上之沿习及其利弊。

第四条　统计科分设三股，如左：

　　第一股　掌属于外交、民政、财政之统计。

　　第二股　掌属于教育、军政、司法之统计。

　　第三股　掌属于实业、交通之统计。

第五条　调查局设总办一人，综理局务，由本省督抚选派，出具切实考语，咨送臣馆，臣馆得酌量加札派充为臣馆谘议员。

第六条　法制科、统计科各设科长一人，承总办之命综司科务。各股设管股委员一人或二三人，受科长之指挥，分司各股事务。其余应设书记等员，视事务繁简，由科长商承总办酌定。

第七条　除上列两科外，设庶务处一所，由总办选派委员二人，分司一切杂务。

第八条　科长及管股委员，由总办开单，呈请督抚札派。书记、委员等，由总办委用。

第九条　凡调查局任用各员，自总办以至管股委员，均须曾习法政，通达治理者，方为合格。

第十条　凡调查局调查所得之件，应按类编订，呈由本省督抚咨送臣馆。其统计事项，并应分咨主管各部院。

第十一条　凡臣馆所需调查之件，得随时札饬调查局遵照查明，申复臣馆。

其由臣馆照章派员分赴该省考察时，该局应有协同调查之责任。

第十二条　所有编制事项，应由本省督抚札饬府厅州县就近派员调查。其统计事项，按照臣馆所定表式，并札饬司道及府厅州县各衙门添设统计处，选派专员，就该管事项，分别列表，统将以上各事汇送调查局。

第十三条　调查局办事细则，由总办挈同科长详细妥拟，呈报本省督抚核定施行。

《政治官报》第三号、四号，光绪三十三年九月二十二日、二十三日印行

各省设调查局各部院设统计处谕[①]

光绪三十三年九月十六日

光绪三十三年九月十六日，内阁奉上谕：朕钦奉慈禧端佑康颐昭豫庄诚寿恭钦献崇熙皇太后懿旨：本日宪政编查馆奏请饬各省设立调查局、各部院设立统计处各折片。各省民情风俗及一切沿革习尚参差不齐，现在该馆开办编制、统计二局，非有京外通力合作办法，无以推行尽利。著每省设立调查局一所，由该管督抚遴选妥员，按照此次奏定章程，切实经理，随时将调查各件咨报该馆。至统计一项，尤宜由各部院先总其成。著各部院设立统计处，由该管堂官派定专员，照该馆所定表式，详细胪列，按期咨报，以备刊行统计年鉴之用。钦此。

《光绪宣统两朝上谕档》第三十三册，第221页；《政治官报》补第十六号，光绪三十三年九月十六日出版

---

① 标题为编者所拟。

宪政编查馆大臣奕劻等奏报各省筹办宪政情形折

宣统二年十一月十三日

臣奕劻等跪奏，为派员考察宪政事竣回京，谨将各省筹备情形据实胪陈，仰祈圣鉴事：

窃臣馆于本年四月二十日奏派馆员候补四品京堂陆宗舆、候补四品京堂林炳章、掌安徽道监察御史黄瑞麒、翰林院秘书郎刘福姚，分赴各省考察筹备宪政事宜。当经奉旨：依议，钦此。该员等遵即束装起程，分赴东三省、直隶、山东、山西、河南、湖北、江西、安徽、江苏、浙江、福建、广东等省察视一切。凡省会商埠，暨经过繁盛城镇，一一调查案卷，博采舆论，汇录成册。兹据该员等先后查竣回京，将各省实在情形，呈报到馆。臣馆详加复核，按照各省所报成绩，证以该员等所列事实，大致尚属相符。惟财力有丰绌之殊，斯进行有迟速之异，而程度优劣，尤视用人之当否以为衡。故有形式无殊，而按之无甚实效者；亦有规模虽小，而办事尚有精神者。谨就考察各省实情，为皇上缕析陈之。

一、谘议局。查各省谘议局，上年一律成立，所具议案，于民生休戚，地方利弊，颇能详晰无遗。各省督抚，于议案或准或否，亦尚能和衷相商，不致徒争意气。间有两相争执，不能解决之案，随时由臣馆照章解释，总期官绅两面，力袪隔阂，以谋行政之便利。据此次调查，山东、河南、江苏等省，官绅意见，尚不免参差，其余尚称浃洽。现在局舍均由公家拨款建筑，江苏、浙江、湖北、广东，均已落成，余省正在建筑，明年春间，当可一律竣工。

一、筹办地方自治。照章先办城镇乡，再推及于厅州县。直隶创办最早，天津于光绪三十二年已设有自治局，各州县陆续开办，实具有厅州县自治规模。现计自治预备会，设有八十一处；自治研究所，设有一百二十八处，学员三千四百余名。浙江亦取同时并进，筹备处拟定清单，限宣统三年三月全省厅州县城镇乡议事会一律成立。江苏苏属，开通最先，办理亦极迅速。现计四府一州城议事会、董事会，均已一律成立。山东、江西、安徽、福建、广东，城议事会均限本年内成立。乡镇限明年成立。此外东三省、山西、河南、湖北，亦经拟定期限，提前办理。所有划分区域，调查选民，筹集经费，均由官绅合衷商办。

一、推广巡警。查直隶巡警，开办最先，天津、保定两处巡士，程度尚高。东三省屡经整顿，组织亦颇完善。辽阳、锦州、铁岭、长春等处，均已开办。江西力求进步，办理亦有精神。广东经费雄富，筹划周详，凡属巡警应有之机关，颇称完备，惟城内旗界复有满巡警司，骈拇枝指，难收整齐划一之效。浙江则水巡暨巡警学堂，另派专员，不归巡警道管理，亦蹈纷歧之弊。湖北、江苏警务窳败已久，尚须大加改革。江苏省城巡警教练所，至今并未开办。河南则略有规模，亟待扩张。拟请饬下各该督抚斟酌改并，切实整顿，以收实效而专责成。其余各省循序布置，亦尚可观。惟各省办理警政，已历年所，现惟省会、商埠，规模尚有可观。至外州县呈报，大率因陋就简，名不副实，皆以经费无著之故。推至荒僻之乡村，畸零之住户，尤难遍设。应由民政部咨行各省，准其参酌情况，随地变通，庶经费较省，而程功亦易。

一、调查户口。凡百新政，皆以调查户口为始基。各省办理此项，有专用巡警者，有兼任士绅者。东三省清查户籍，尚属认真，奉天尤称详密。其余各省户数，大致均已查竣，现正接续办理查口。惟江苏向分苏、宁两属，巡警道辖地仅及苏属，责任不专，现在只有省会已经查竣，较各省办理稍迟。而通州一属，户数口数，早经查齐，极为精密，则士绅之力居多。惟各地因调查滋事，时有所闻，广东之大埔、新安两处，则其肇衅尤甚者，固由委任之非人，亦由民智之不进。现在各省自治筹办处，或撰拟白话告示、白话公报、自治浅说，以期开通愚氓，办法甚为得宜。

一、筹办各级审判厅。按照筹备清单，各省会及商埠审判厅，今年应一律成立，除东三省业已次第开办外，直隶则天津早经成立，保定正在筹设；山西则本年四月业经开庭试办；湖北、福建暂就地方官署附设各级审判厅，殊非司法独立本意，现正另行组织，改良办法；而福建因财政困难，关于法庭建筑、司法经费，不能不因陋就简，此则该省特别之情形也。司法研究馆，广东课程最为美善，浙江亦在刻意筹备，力求完全，江苏则不免敷衍矣。其余各省，依次进行，尚可不误期限。至各级审判厅，除奉天、吉林、山西，业经建筑完竣外，直隶、山东、河南、湖北、浙江、广东，约计年内均可一律竣工。江苏、福建正在赶办，不免稍后时日。

一、调查岁出入总数及试办预算。各省财政，纷乱无纪，自设监理官后，爬（输）〔梳〕整理，渐有眉目。各省清查上两年出入总数，均已告竣，惟河南于比较总数，尚未算结。核计各省财赋盈绌，相差过巨。江苏苏属、宁属，岁入各二千万。广东至二千六百万，调查所筹划各捐款，如酒捐、膏捐，尚未列入预算，逆计他日决算，当可企及三千万。湖北亦在一千八九百万。江西、安徽、山西、福建等省，率不过六百余万。以故举办新政，恒以财力之丰啬为差。现在各省预算册，均经达部，用款名目，各分门类，收支弊混，逐渐清厘。将来统一财政，酌剂盈虚，自不难以此为基础。

一、创设简易识字学塾。上年由学部编定课本，颁发各省，责成提学使依限设立。查此项学塾，以直隶、河南为最优。直隶已设立一千零九十七处，河南已设立一千八百二十六处，此外湖北设立八百一十五处，山东设立六百五十处，山西设立三百四十一处。所授课程，学童尚能领悟。浙江则据所规划进行之度，且能超过清单。其余各省多寡不同，尚在次第推广，惟江西以奉到课本甚迟，仅于省城设立十处，外州县尚未开办。惟此项学塾，专为造就贫寒子弟，及年长失学之人，课程简单，无取完备。察阅各省塾中学童，往往有已入初等小学一二期者，愚民为惜费起见，当事以多收为功，于教育前途，不无妨碍，应由学部通饬各提学使，随时察看，分别办理。

以上数端，各省遵章筹办，均已略具规模，惟程度未能齐一，瑕瑜不免互见。其主管各员，或有实心任事者，亦有奉行具文者。精神既殊，成效亦异。故为政首重得人，而循名必先核实。臣馆职司考核，查各省人员，如奉天民政使张元奇、提法使吴钫、辽阳州知州史纪常、铁岭县知县徐麟瑞、直隶提学使傅增湘、河南提学使孔祥霖、广东布政使陈夔麟、山东巡警道潘延祖、山西太原府知府周渤、吉林府知府李澍恩、农安县知县寿鹏飞、署黑龙江龙江府知府黄维翰，均能实事求是，不尚粉饰，成绩昭著。江苏候补道夏敬观，办理地方自治，条理秩如；江西候补知府黄立权，襄办警务，勤奋异常；浙江候补知县梁建章，襄办地方自治，措置得宜；浙江候补知县谷钟秀，筹办审判事宜，具有规划，相应请旨奖励，以劝贤能。福建兴泉永道郭道直，办事竭蹶，精神不及，于巡警、禁烟各要政，率多有名无实；直隶天津县知县胡商彝，诸事废弛，敛钱肥己，每年所收陋规，为数颇巨，于调查户口，复欲向民间苛敛，以致民怨沸腾。相应请旨将福建兴泉永道郭道直即行开缺，直隶天津县知县胡商彝即行革职，以示惩儆。河南巡警道蒋楸熙，办理警务，未能扩张整顿，相应请旨开缺另补。至各省督抚奉行尚无玩愒情事，拟请饬令随时督促推行，更求实际，以期日起有功，无误宪政。

除陕西、四川、湖南、广西等省，已由臣等奏请续派妥员前往，俟回京另案考核奏明办理外，所有派员考察奉天等处十四省筹备宪政实在情形，并举劾各员，请旨分别劝惩缘由，谨恭折胪陈，伏乞皇上圣鉴。谨奏。

《清末筹备立宪档案史料》，第796—800页

各省筹办宪政人员分别奖惩谕

宣统二年十一月十三日

宣统二年十一月十三日内阁奉上谕：宪政编查馆奏，派员考察各省筹备宪政情形据实胪陈一折。前因宪政关系重要，曾由宪政编查馆王大臣选派馆员分赴各省考察一切。兹据奏称：派赴东三省、直隶、山东、山西、河南、湖北、江西、安徽、江苏、浙江、福建、广东各员先后察竣回京，将考察实在情形逐一呈报。各省遵章筹办宪政均已略具规模。惟程度未能齐一，瑕瑜难免互见。其主管各员实心任事者固不乏人，而奉行具文者亦在所不免，自应分别优劣加以劝惩。奉天民政使张元奇、提法使吴钫、辽阳州知州史纪常、铁岭县知县徐麟瑞、直隶提学使傅增湘、河南提学使孔祥霖、广东布政使陈夔麟、山东巡警道潘延祖、山西太原府知府周渤、吉林试署西南路道前署吉林府知府李澍恩、农安县知县寿鹏飞、黑龙江署龙江府知府黄维翰、江苏候补道夏敬观、江西候补知府黄立权、浙江候补知县梁建章、古锺秀，俱能实事求是，尚有成绩可观，均著传旨嘉奖。福建兴

泉永道郭道直，办事竭蹶，精神不及，于巡警禁烟各要政，率多有名无实，著即行开缺。河南巡警道蒋楙熙，办理警务，未能扩张整顿，著开缺另补。直隶天津县知县胡商彝，诸事废弛，敛钱肥己，每年所收陋规为数颇巨，调查户口复欲向民间苛敛，以致民怨沸腾，著即行革职。现值提前筹备宪政，内外臣工愈当淬（厉）〔砺〕精神，力图前进，著各省督抚严饬所属妥速筹办，毋再任令敷衍因循，致误期限，并著宪政编查馆王大臣随时加意考核，分别殿最胪列奏陈。总期通力合作，克日观成，用副朝廷孜孜求治之至意。余著照所议办理。该部知道。钦此。

《清末筹备立宪档案史料》，第800—801页

宪政编查馆奏变通各省调查办法折

宣统三年三月十五日①

奏为变通各省调查办法，以节经费而裨统计，恭折仰祈圣鉴事：

光绪三十三年九月十六日，臣馆具奏开办编制、统计二局事宜，奉旨：著每省设立调查局一所，由该管督抚遴选妥员，按照奏定章程，切实经理，随时将调查各件咨报该馆。等因。钦此。当经臣馆通行遵照在案。

各省自设局开办以来，按照章程分设法制、统计两科。法制事宜，专为调查民情风俗法规利弊，果能详晰造报，赓续尚不甚繁。统计一项，月异而岁不同，非有常设机关，不能按年编制。各省试办之初，极形困难，节经臣馆电牍交驰，并将各种统计表式陆续颁发，遇有报告舛漏之处，迭经驳复。至今各省送到表册，渐臻详赡，然尚不免间有缺误，但于事实有一不全，统计即为不备。现据资政院上年议决宣统三年预算，将调查局经费全数议裁，经直隶、浙江、奉天各督

---

① 为奉到上谕批示日期。

抚臣先后电询办法,并先据陕西巡抚咨称,统计事项并归各署自行办理前来。查统计办法,臣馆以各部为依据,各部以各省为张本,而各省调查局之造报,则悉以各署局所为根源。是以臣馆原奏声明京外衙门均须设立一统计处,若各省衙署局所不能详晰造报,则调查局无从核办,而各部及臣馆即亦无以为编制完全统计之据。值此财政支绌,凡有可以节省经费之处,自当竭力筹维。惟各省调查局纵可议裁,而调查事宜,为宪政要端,刻甫办有端倪,断难中辍。臣等再三核议,拟将调查局内所有法制事宜,并归各该督抚会议厅参事科办理。统计尤关重要,即依原奏,在各督抚衙门设立专处,以为汇核全省统计之地,定为常设机关,仍遵前奉谕旨,切实经理。每届上年统计表册,限于次年六月以前咨送到部,由部汇编,送馆覆核,以备编成年鉴。似此变通办理,庶于撙节经费之中,不失专任责成之意,宪政财政,两有裨益。如蒙俞允,即由臣馆咨行遵办。

所有变通各省调查办法缘由,理合恭折具陈,伏乞皇上圣鉴。谨奏。

宣统三年三月十五日奉旨。已录。

《政治官报》第一千二百四十一号,宣统三年三月十八日,第4—5页

2. 各省筹备情形

顺天府奏遵旨设立宪政筹备处折

宣统元年正月十一日[①]

奏为遵旨设立宪政筹备处,并将十月十三日钦奉上谕恭书悬挂,以资策励而促进行,恭折仰祈圣鉴事:

---

① 为奉到上谕批示日期。

窃准宪政编查馆咨开，本馆具奏请饬京外各衙门设立宪政筹备处，并将十月十三日上谕恭书悬挂一折，钦奉谕旨：著依议。钦此。相应刷印原奏咨行查照，钦遵办理，等因。

窃维宪政预备，亦已明定年限，屡奉谕旨督饬进行，若不通力合作，依限举办，实无以定人心而培国本。既设宪政编查馆以为全国筹备之枢纽，则京外各衙门亦须有总汇督率之区，散者使之整，歧者使之一，化其阻碍，祛其粉饰，乃能循序渐进，示天下以必赴之程。查外省所应按年筹备者，曰自治，曰户籍，曰财政，曰审判，曰教育，曰巡警。臣衙门有地方之责，自应与各省督抚同担责成，力图进步。前于第一第二两届筹备成绩，历经据实胪陈，奏报在案。惟查顺属州县，苦瘠居多，一切行政事宜，均与直隶督臣会商办理，而财政困乏，人才不兴，臣衙门又无筹款之方，自备荒经费归度支部存储，新政措施益觉无从挹注。即如学务警务，为今日切要之政，在直隶颇具规模，而顺属则开办已迟，收效尤缓，虽历经整顿，恒苦于款绌才难。府尹一官，虽有地方之责，初无地面可言，故为自治区域所不及。但宪政筹备，依限进行，实为目前惟一之政令，自应实力督率，次第举行。拟于臣衙门内设立宪政筹备处，派治中总其成，刊给木质关防，文曰：顺天宪政筹备处关防，以昭信守。处内分设四科，曰民政科，筹备顺属自治户籍、巡警事宜，而以现设之警务处归并办理；曰学务科，筹备顺属教育事宜，而以现设之学务总汇处归并办理；曰度支科，筹备顺属财政事宜；曰司法科，筹备顺属审判事宜。均遴选谙习法政人员，分科办事，仍由臣等随时督饬，认真调查举办，以收实效。凡有差缺人员，均遵照原奏，不另支薪水，余皆酌给津贴，以资办公。其警务处、学务处原支经费，应并入该处核实支给，仍请作正开销。并遵照原奏，将所派该处各员名咨行该馆，以备顾问。即将十月十三日钦奉上谕谨敬恭书，悬挂该处，以资惕勉。

抑臣等更有进者，目今筹备宪政，志在必行，不容稍有延阻，惟筹备各端，皆宪政之成迹，而其根本则在于全国人民之进化。果能盗贼不惊，吏胥不扰，四民安业，乐利可期，乃能受教育尽义务守法律，以与天下更始。否则官厅之督责虽勤，而民气凋敝，生聚未谋，遑言教训，日促进行，终有事倍功半之势，此则有地方之责者所当加意摅循，培养元气，以为宪政执行之根据者也。

所有遵旨设立宪政筹备处缘由，理合恭折具陈，伏乞皇上圣鉴，饬下宪政编查馆立案施行。谨奏。

宣统元年正月十一日奉旨：该衙门知道，钦此。

《政治官报》第八百三十九号，折奏类，宣统元年正月二十二日出版

顺天府奏筹备第三届宪政事宜并各级审判制度暨清讼办法请饬交详议折①

宣统二年二月三十日②

奏为胪陈顺天筹备第三届宪政事宜，并请以各级审判制度暨现行清讼办法饬交详议事：

窃顺天筹备第一第二届宪政事宜，业经前尹臣于上年依限奏报，本年正月并经前尹臣奏陈遵旨设立筹备宪政处，筹设简易识字学塾情形在案。伏查本年第三届应行胪陈事绩，除简易识字学塾外，如地方自治，已奏明归直隶自治总局主持考核，调查岁出入总数，属于厅州县者，已奏明由直隶督臣汇报。属于臣等署内及各局所收支经费，业经澈底清查，填造表册，按季报部。至厅州县巡警，顺属萌芽最迟，而畿辅之间，盗风素炽，关系警务尤重。自上年冬间经前尹遣员驰赴各州县切实调查，甫于本月蒇事。现经臣等详加考核，悉心筹画，务使城乡巡警日臻完备，力矫因循。复拟增廓旧设巡警马步队，变通规制，遴选得力员弁，责以巡逻，以辅地方警务所不及。一俟办理有成，即行奏报。此本年第三届筹备宪政之实在情形也。

惟各级审判厅遵章应于本年一律成立，在前尹奏案，误以顺天高等审判厅当设于直隶省城。嗣上年十二月钦奉颁布法院编制法，附有司法区域章程，于京师

---

① 时府尹为王乃徵。《国风报》宣统二年第十二号亦刊登该奏折，并指出为王乃徵奏。
② 为奉到谕旨批示日期。

高等审判厅系以顺天府辖境为区域，臣等因查各级审判制度实尚有不能不详加研究者。京师高等审判厅既与各省同级，而监督之权于各省则有提法司，于京师惟直隶法部，在审判递级上行原无窒碍，而法部监督及于初级，不免繁琐。且今日之筹办不能不责成地方行政长官，即各厅之行政未尝不关涉地方行政权限，若以下级归府尹，则上级行政与下级行政不一贯，若并下级归法部，则各厅行政与地方行政必两妨。自非别有明文。凡法令之能通行各省者，转不便于顺天。此不能不研究者一也。

京师地方审判厅，其管辖区域只及京师内外城及京营地面，是大、宛两县所辖余境应划属他分厅。在各国，司法、行政各分区域，不必相符，案牍全在法庭，而裁判各有定籍也。详览司法区域章程各条，皆以不与行政区域相歧为主，原以司法独立之初，尚多关涉地方行政之事，区域相歧则条理易紊，执行多阻。今破两县辖境，使城外远隶他分厅，既不便于赴诉之人，且于户婚田土案件尤多缪辘。以两县合隶一厅，则首善之地虑其太繁，以一县分属两厅，则牵连之事虑其多纠。或移两县于城外而划京师为特区，或分审判为两厅而依旧界为辖境。此不能不研究者二也。

顺天一府，其属二十有四，地大讼繁，自非直省一府之比，章程既以一高等审判厅专辖顺天，又以一地方审判厅专辖内外城，本于外府审判编制有别，而独于所属州县建设分厅，仍从外府与直隶州之例。夫外府之得设分厅者，为便民也，得不设分厅者，为省资也。顺天辖境辽阔，且为首善观瞻所系，规模不宜俭于外府。外府以一地方审判厅辖全境，其所设分厅皆在辖境以内。今京师地方审判厅不包括二十四属，是于总厅辖境以外设分厅，而京城以外无地方审判厅矣。此不能不研究者三也。

顺天州县旗民杂处，凡词讼所自起，皆外府所不闻，虽受治于法权者同等，而法庭行政与地方行政之交涉，实与外府迥殊。遵内务府去年奏案，以词讼分归慎刑司、审判厅，而顺天州县又仍有讯办案件，其范围当若何，权限当若何，必法令有明文而后规画可预定。盖民刑分庭之缔构有阔狭，即筹办经费之多寡有增省。此不能不研究者四也。

以上四者，于筹办之次第，司法行政监督权之枢纽关系甚大，解决宜明。应请饬下宪政编查馆详议奏布。

又顺天清理积讼，为目前要事，而办法尤难。京畿数百里中，内府庄园、王公圈地，所在皆是，一纸文书便成原告，屡经追究，完结无期。论司法独立既有成立之高等审判，应即以各属上诉案件悉隶该厅，行政官吏亦乐诿卸责成。惟是清界催租，每在地方行政范围之内，即审判归厅而办理仍不能不责诸州县，况积年案牍散在各州县衙门，旧例新律势难尽出一贯，骤以委诸法庭，案情猝难了解，审查仍归州县，判断即多周折，而法官复不得侵地方行政之权，则禁格既生，传集更累。将来司法一律成立，新案必归法庭，绝无疑义。现当筹备限内，审判权与行政监督权应如何暂行变通，冀能刻期蒇事，应请饬下法部议定，以便遵行。

所有顺天筹备第三届宪政事宜并请以各级审判制度暨现行清讼办法饬交详议缘由，理合恭折具陈，伏乞皇上圣鉴。谨奏。

宣统二年二月三十日奉旨。已录。

《政治官报》第八百九十七号，折奏类，宣统二年三月二十一日出版

直隶总督杨士骧奏设立调查局片①

光绪三十四年九月二十八日

再，上年九月间承准宪政编查馆咨，奏请饬令各省设立调查局，钦奉谕旨，咨行钦遵查照办理，等因。

查原奏章程，调查局应分设法制、统计两科，一以供编制法规之甄核，一以征统计政要之资料，与宪政编查馆编制、统计二局相为系属，关系至巨，亟应遵旨筹办。当经派委留直补用道汪士元为调查局总办，其科长暨管股委员等，均遵章遴选学习法政通达治理人员酌量派充。刊发木质关防，于上年十二月设局开

---

① 标题为编者所拟。

办。旋据该道挈同科长等，查照奏定章程，体察本省情形，拟订开办章程暨两科及庶务处办事细则，呈由臣复核厘定，并经臣通饬司道及府厅州县各衙门照章设统计处，其省会重要各局所一并仿照设立，俾与该局承接。惟是事属创始，端绪纷繁，开办之初，自当加意考求，从事预备。迭经该局调取司道及府厅州县各衙门旧有图志，暨各局所章程、规则，参互考证，一面查照两科各股事项，拟具办法，分别行文，派员次第调查。现宪政编查馆所定表式尚未颁发，所有学部、农工商部、陆军部行查各项表式，均经饬发该局，会同主管各该署、局，查明填报，仍由臣随时督饬，切实经理，按类编订，以期有裨宪政。所需开办及常年经费，由司、局筹给，应请作正开支。除分咨宪政编查馆暨各部院查照外，谨附片具陈，伏乞圣鉴训示，谨奏。

奉朱批：该衙门知道。钦此。

《政治官报》第三百五十九号，折奏类，光绪三十四年十月初一日出版

直隶总督杨士骧奏胪陈第一年筹备事宜折

（附设宪政筹备处片）

宣统元年闰二月十五日①

奏为遵章胪陈直隶第一年筹备事宜，恭折仰祈圣鉴事：

窃臣恭读光绪三十四年八月初一日上谕：钦奉懿旨：宪政编查馆、资政院会奏单开逐年应行筹备事宜，责成内外臣工依限举办，每届六个月将筹办成绩胪列奏闻。等因。钦此。十二月二十七日上谕：明年以后应行筹备各事，著内外各衙门按期妥筹，次第举办。等因。钦此。仰见朝廷绍述前谟，注重宪政之至意。

臣按宪政编查馆遵设考核专科，自光绪三十四年八月起至十二月底止为第一

---

① 为奉到朱批批示日期。

届，以后每年六月底暨十二月底各为一届，限每年二月内及八月内各具奏一次。查筹备事宜清单内开，筹办谘议局为各省督抚第一年应办之事，业经臣先设筹办处，派员任事，拟定分期办法，认真经理，于上年九月奏陈在案。兹届二月奏报之期，应将该处筹备成绩详细胪陈，以资考核。该处自上年八月遵照奏章筹办谘议局事宜，于九月初饬令司选员分赴各府直隶州厅演讲章程，再由各州县选派士绅充选举调查员，齐集各该管之府直隶州厅听讲，各归本籍帮同办理选举事宜。其选举经费先由该处通筹垫给，不得丝毫有累民间，致生疑阻。复虑地方官措施或有未当，遂致迁延期限，迭经谕饬该处，檄电纷驰，促令依期举办。其于章程有所误会者，必详为辨正，官绅有未接洽者，必力为疏通。各属部署情形，随时报告，纠其非而奖其是。其间有办事不力者，屡经臣严加训迪，率能振刷精神，一气贯注。现在各属调查复查造册，均尚照章依限，未误事机。

大抵直隶办理选举，与他省情形迥不相同。京旗暨驻防专额议员，照章皆属直隶兼办。就驻防论，有归密云、山海关副都统者，有归东陵、西陵承办事务衙门者，有归京营左右翼者，加以顺天府、热河二处，管辖不一，端绪纷繁，非因应得宜，不能速期蒇事。京旗选举业由值年旗王大臣奏办，复经宪政编查馆奏明请旨，以顺天府尹充复选监督，兼由民政部内外城巡警总厅、步军统领衙门各派专员，会同大、宛两县办理。京师内外城暨京营地面民籍选举调查事宜，按京师首善，客籍居多，层转较繁，区域亦广，屡经内外协商，同心办理，不分畛域，成绩可期。其他各属人名册，除新设之开鲁、林西两县，地本沙漠，烟户零星，无从举办，余由各复选监督于去腊今正间一律汇齐。复饬该处逐加考核，其所载资格与章程不合者，概予删除，填注不分明者，复令更正。公益事务一项，如民间公办青苗、水会等事，必其资望较著，始认为合格。财产一项，从前未行登记之法，无从确核，若严查细数，恐习为讳匿者转甘为放弃，因于表册但注五千圆以上字样，冀无遗漏。

现据已到人名册合计，除驳回删汰外，综核全省合格者十六万人有奇。一俟京城暨京营地面民籍初选名册造齐，即当统计全省人数，核定分配各府直隶州厅议员及各属初选当选人额数。其京旗暨驻防专额议员，已拟定专额议员调查选举规则及初选监督协办驻防选举规则，分行各都统各该管，届期一律办理。此直隶筹办第一届筹备事宜之详细情形也。

此后自三月起迄九月止，其中宣示选举人名册、行初选举、复选举三事，仍饬该处切实分办，不得少有延误。至筹办处一年经费，由臣饬司局筹拨，并饬该处核实动用，毋得虚糜。将来谘议局成立，建筑正式议场，正在饬令该处绘图估价，只期规模宏敞，工料坚实，不取侈饰外观，致多糜费。

除分咨查照外，所有直隶第一年筹办详细情形，理合恭折具陈，伏乞皇上圣鉴训示。谨奏。

宣统元年闰二月十五日奉朱批：该衙门知道。钦此。

又奏设宪政筹备处片

再，前准宪政编查馆咨行，遵旨奏设专科，考核逐年应行筹备事宜，限每年二月及八月内各奏报一次，等因。臣按议院未开以前各省督抚应行筹备各事，造端宏大，条理綦繁，非有总汇纲领之区，不足以资考核而免贻误。悉心研究，博采群言，拟就臣署中设一专办处所，名曰宪政筹备处，遴派提调、科长、科员，遵照钦颁九年筹备章程，酌设数科，饬令各按期限专办本省各主管官厅局所遵办事件，统由该处随时考查，禀由臣分别录功记过。其一切编辑、调查、核办、报告，皆隶于此。务期程督进行，始终不懈，依限兴办，聿观厥成。即以本署原办幕僚，各就所长，分科司掌，并不必另行开支经费。除俟详拟章程再行咨呈宪政编查馆、资政院查照外，谨附片具陈，伏乞圣鉴。谨奏。

宣统元年闰二月十五日奉朱批：知道了。畿辅重地，凡关于一切预备宪政事宜，皆当切实筹办，以期依限无误，俾作各省模范。切勿松懈。钦此。

《政治官报》第五百十六号，折奏类，宣统元年闰二月十七日出版

胪陈筹备事宜折

宣统元年八月

端　方

奏为遵章胪陈直隶第二年筹备事宜，恭折仰祈圣鉴事：

窃查宪政编查馆奏定考核章程内开九年筹备事宜，责成内外臣工每届六个月将筹办成绩胪列奏闻，并咨报宪政编查馆查核，应自光绪三十四年八月起至十二月止为第一届，以后每年六月暨十二月底各为一届，限每年二月内及八月内各具奏、咨报一次。等因。咨行遵办在案。直隶自本年闰二月奏报以后，各项筹备事宜，经前督臣杨士骧督饬所属依次筹办，进行无懈。五月间前署督臣那桐到任以后，节经认真催办，成绩尤多。自臣莅事，分饬接续筹备，策励前进，期成日新月异之观。因闰二月以后各前任督臣任期未久，不及分核成绩循章会奏，兹届八月奏报之期，谨将本年历办各项事宜详晰胪陈，用备考核。

计第二年期督抚应办者凡有八事，内除资政院选举章程、简字学塾课本未经颁布，尚未举办外，其一为举行谘议局选举。直隶幅员辽阔，兼办京旗驻防选举专额议员，头绪纷繁，调查筹商，多需时日。前定于三月初一日宣示选举人名册，五月初一日举行初选，七月初一日举行复选，均经按期蒇事。总核选举名册，分配当选额数，衡量审察，力策精详，册登与选各员，尚均合格。选举既毕，应预筹谘议局开办事宜，经臣咨明宪政编查馆，定于八月十六日召集临时会，照章互选假定议长、副议长各员，提挈会议，预订各项规则，庶届九月朔日正式开会，乃有轨辙可循。其建筑事宜，业于五月间开工，仍饬切实经营，按图缔构，务令如期告成。此遵章筹备者一也。

其一为筹办城镇乡自治，设立自治研究所。直隶自治事宜，自光绪三十二年已经设所研究，先由天津府试办，次年即为全省之规划，历次研究毕业者将近千人。上年饬定自治学社章程，通行举办，即令前项毕业学员递相传习，计已成立学社五十余处，本年四月接准奏定自治研究所章程，复饬照章改定。近数月间，各属赓续举办，又得二十余处。统计前后设所研究，已有七十九处。其未报成立者，仍不时严切督催，年内可望遍设。至于推行自治，应从城镇乡入手，自奏章通行以后，即由自治总局拟定施行细则，就疑义而加以解释，审习俗而略事变通，务以因地制宜，仍不失自治精神为主。现已分饬各属准备推行。其分划区域，清理款项，调查选格，均为自治要领，尤须先事妥筹，并经通饬设立自治预备会，令本地士绅议具办法，由地方官详送核定，期除窒碍而收实效。惟部拟筹办自治归谘议局筹办处经理，查直隶自治总局久经开办，颇具规模，应仍饬筹办全省自治，以专责成。谘议局选举告竣，其筹办处即行裁撤，无庸再议归并。此遵章筹备者二也。

其一为调查人户总数。户籍登记之法，曲折繁重，未易一蹴而几，先由调查户数入手，实为执简驭繁之道。即委布政使为监督。本年十月以前为第一次汇报之期，自当加意督催，务令按期举办。此遵章筹备者三也。

其一为调查岁出入总数。直隶遵设清理财政局，按照部章，别为旧案、新案及现行案三种。该局先事调查，分案汇编年报、季报，按期造送。全省款目纠纷，（叠）〔迭〕饬迅速清查，认真钩核，一俟报册汇齐，会商监理官审定，即行分别咨部，以资考核。惟直隶系缺额省分，近年筹办要政，增支添拨，储蓄耗绌滋多，未及开源，先弥罅漏，现正力裁浮滥，将各局所冗员冗费逐渐廓清。此遵章筹备者四也。

其一为筹办省城及商埠各级审判厅。天津改良裁判，筹议最先。自光绪三十二年冬间经前督臣袁世凯奏订章程，经始构造，分设高等、地方、初级各厅，规制粗备。因在部章未布以先，一切官制、员数，未能合符，经前署督臣那桐饬司妥议改定，七月间甫据禀复，由臣详加审核，大致均合新章。惟从前各级审判厅合设检察厅一所，系属权宜之计，尚非完备之规，当饬照章分别筹设，以符定制。此次改置实官，即应次第成立。惟各省情形不同，一俟拟议尽善，再行奏咨办理。省城应设高等审判厅现已择地建筑，仍饬作速筹备，以无误来岁成立之期。此遵章筹备者五也。

其一为各厅州县巡警限年内粗具规模。查直隶巡警自光绪二十八年经前任督臣袁世凯创始筹办，保定、天津及海口一带均派专员分投经理，警规渐臻整肃，历经奏明在案。其推行于各属者，先由地方官选送学员入警务学堂肄习，以养成官长，由厅州县遵设教练所，照部定学科期限，以教成警兵。其经费所需，咸系就地筹集，专由巡董经办，官任稽核，民情均尚翕洽。统计厅州县巡警名额约有二万六千余名，（叠）〔迭〕经加意整顿，一切保卫、公安等事，略有成绩可观。其在偏远各区，纵未一律完备，而随时督饬，自可渐次整齐。全省统筹，现已规模粗具，惟警察系专门学问，内政要图，此后当令淬（厉）〔砺〕精神，无封故步，以期渐进有功。此遵章筹备者六也。

以上各事，或积累程功，业已办有就绪，或初基甫植，急待次第推行，全在毅力坚心，与为贯注。伏查前督臣奏设宪政筹备处一片，钦奉朱批：畿辅重地，凡关于一切预备宪政事宜，皆当切实筹办，以期依限无误，俾作各省模范。等因。钦此。仰见朝廷奋力新猷，而于首善要区，尤为注重，臣甫从南服移掌北门，念夫冯翊依京，观瞻攸系，此后程期踵接，事理愈繁，只当实心实力，黾勉图功，以为宪政进行之准。所有遵章胪列第二届筹备事宜缘由，除分咨查核外，谨恭折具陈，伏祈皇上圣鉴训示，谨奏。

《端忠敏公奏稿》卷十六，第 12—15 页

直隶总督陈夔龙奏胪陈第四届筹备宪政情形折

宣统二年八月十九日①

奏为胪陈第四届筹备宪政情形，恭折仰祈圣鉴事：

窃查筹备宪政事宜，照章每届六个月奏报一次。直隶第三届筹备成绩，业于二月间依限奏咨在案。其正月至六月应办各事，迭经督催，切实进行。兹值第四届奏报之期，所有筹备情形，自应详晰胪陈，以资考核。

---

① 为朱批批示日期。

伏查奏定清单，第三年各省应办之事计九项，除厘定地方税章程，现准宪政编查馆电咨，先由清理财政局将报部说明书，并宣统三年全省预算报告总册比较表，暨常洋各关预算册照缮送馆，以资比较，应俟馆、部参酌续行会商办理外，其余八项，一为续办城镇乡地方自治。查直隶各城可称繁盛中等者，本属无多，而人口能满五万之镇尤为寥寥。迭经札饬自治总局派员调查，城之繁盛者为天津、清苑两县，镇之繁盛者为天津县之杨柳青，文安县之胜方，宁海县之芦台，滦州之唐山，万全县之张家口，束鹿县之辛集。除清苑县业于本年三月成立城议、董事会外，其余统限于本年九月成立城镇议、董事会。其中等各城计共十七处，亦限于本年十二月成立城议、董事会。此外各处属城镇人户既多寥落，商务亦不繁盛，惟有随时督饬，酌量筹设。至划分区域为自治要端，已据呈报一百二十余处，现正由局按照部定图册各式绘造详咨。此筹备城镇乡地方自治之情形也。

一为筹办厅州县地方自治。查民政部奏定清单，本年省城首县应筹设议、参事会。清苑县为直隶首县，业经札催筹设。至于顺天各属，前准顺天府咨，统归直隶筹办。大兴、宛平两县地居首善，视省会首县尤为紧要，亦经并饬限于本年年内筹设，以资表率。至天津县议、董事会虽于光绪三十三年成立，其试办章程与奏定章程诸多未符，业已札饬该县另行组织，据报年底可以实行。其余各属议、参事会虽非本年应办之事，仍饬先行设立预备会，为全属筹办机关，提前办理，俾易观成。该会现已设立者一百三十处，自治研究所一百三十四处。有研究所以植其基，有预备会以筹其事，各属自治当不难渐期发达。此筹备厅州县地方自治之情形也。

一为汇报人户总数。查民政部奏定章程，调查户口以巡警道为总监督，其未设巡警道各省，暂以藩司为总监督。上年由该司查造七十四州县，正附户数总散各表详咨在案。本年设立巡警道后，业经照章将此项调查事宜划归该道办理，并拟定实施细则及办事期限，饬令各属将口数提前并查。一面委派催办员分赴各属，会同地方官规画一切，现在办理完竣者二十四州县，其余各属亦正在调查，总期不误本年十月汇报之期。此筹备汇报户数之情形也。

一为复查岁出入总数。查宣统元年全省岁出入总数，业由清理财政局按季汇编报告，详咨在案。嗣准部咨，尚须按照预算册式，分类分款详晰填注，并经饬局查照上年各季报告册实收实支之数，汇订全省岁出入总册，于本月初四日咨部。此筹备复查岁出入之情形也。

一为试办预算决算。查前准部咨预算册表各式，当以部式仅能为全省总册总表之模范，饬由清理财政局按照上两年报册大略情形，酌分种类，拟定表式七十一种，凡例二十四条，通行各处，遵照编造。惟事属创举，直隶署关局堂营所款目繁多，期限迫促，迭经电札交催，并将延误各官分别记过，始据先后送齐，由局复核，究竟某款应按定额收支，某款应照上两年之数平均计算，逐一斟酌，详细勾稽，汇编全省预算册表，业据造送咨部，并经臣具折奏报在案。此筹备试办预算之情形也。

一为省城及商埠等处各级审判厅限年内成立。查省城高等、地方两厅暨看守所，业于本年四月开工，现正督催赶造，克期告竣。另择合宜空闲官房，酌加修改，为城治初级审判厅设置之区。其天津各厅创办最早，名称职务与新章不无异同，已于三月间妥议改良，一以法院编制法为准，酌定员额，就厅中原有人员分别汰留，并饬天津府县毋庸再兼厅长，以免行政与司法混淆，藉清权限。至张家口地方，近来交通便利，渐成繁盛商埠，亦应酌设厅署，已委员前往，会同地方官勘估建筑，期与省厅均于年内成立。所有省城及商埠应设厅数员数，均经按切事势，详加核定，咨部在案。所需各项经费，事关司法，自应竭力筹拨，以济要需。此筹备省城及商埠各级审判厅之情形也。

一为推广厅州县简易识字学塾。查直隶此项学塾，截至六月底止，报到者甫经及半，共已设立一千四百六十一处，学生二万八千六百一十六名，向学之情尚称发达，仍饬由提学司督同地方官绅，宽筹的款，实力扩充，以期普及。此筹备厅州县简易识字学塾之情形也。

一为厅州县巡警限年内一律完备。查直隶厅州县巡警筹办在先，本已大致成立，从前保定有警务处，天津巡警复分南北段两局，事权不一。本年请设巡警道缺，即将处局归并，分科治事，以专责成。惟整顿各属巡警，以教育为入手要端，上届各属教练所，仅设七十七处，近复饬道严催，已据报陆续遵设。至办理警务人员，责任不可不专，复饬遵照部章试设警务长，俾资整顿。就现在厅州县巡警情形而论，殆已一律完备。仍当督饬巡警道认真考核，总期力求精进，无令稍有懈弛。此筹备厅州县巡警之情形也。

以上各项，或筹措业经完竣，或经营已具规模。现在筹备已届第三年，此后期限愈迫，事理愈繁，精神苟不彻以初终，规画即难期夫切实。臣惟有督饬所司，认真筹办，其已行者固当时时考察，以赓续勿废为功，其未办者尤宜刻刻图维，以逐渐扩充为务。总期直追急赴，计日程功，冀仰副朝廷宵旰忧劳，慎重宪政、之至意。所有依限奏报第四届筹备宪政缘由，除分咨外，谨恭折具陈，伏乞皇上圣鉴。谨奏。

宣统二年八月十九日奉朱批：该衙门知道。钦此。

《政治官报》第一千四十五号，折奏类，宣统二年八月二十二日出版

直隶总督陈夔龙奏胪陈第五届筹备宪政情形折

宣统三年二月初八日①

奏为胪陈第五届筹备宪政情形，恭折仰祈圣鉴事：

窃查筹备宪政事宜，照章每届六个月奏报一次。所有直隶第四届筹办成绩，业于上年八月间依限奏咨在案。其六月以后应办事宜，均经臣严定考成，随时督催，切实筹备。兹值应行奏报之期，自应将办理情形详晰胪陈，以备考核。

伏查本届各省应办事宜计分九项，除复查岁出入总册，业于八月咨部，已经办理完竣外，一为续办城镇乡地方自治。查上年指定繁盛中等城镇二十六处，兹计清苑、天津、遵化、涿州、祁州、卢龙、滦州、河间、沧州、正定、南宫、赵州、定州、邢台、永年、宣化、大名、元城、通州等十九城，杨柳青、胜芳、芦台、唐山、张家口等五镇，议、董事会均已依限成立。惟辛集镇议事会虽经成立，因选举不合定章，尚须改选。临榆一城正在调查选举，不日即可成立。其未经指定而提前筹办者，则有献县、束鹿、元氏、丰润四处，均成立城议、董事

---

① 为奉到朱批批示日期。

会。清苑、天津、元氏、束鹿、丰润五县共九十一乡，均成立乡议事会。此筹备城镇乡地方自治之情形也。

一为筹办厅州县地方自治。查冀州、元氏、博野、赵州、永年、完县、安肃、良乡、宁晋、满城、蠡县、祁州、高邑等十三处，均已提前设立州县议、参事会。其大兴、宛平、清苑亦正在调查选民资格，期速成立。仍当勒限严催，务期无误部定清单今年考核成绩之期。此筹备厅州县地方自治之情形也。

一【为】汇报人户总数。查奏定筹备清单，上年为汇报户数之期，直省前由臣饬令将口数提前并查，并由巡警道委派催办员分赴各属，会同地方官妥为规划，并分别派委调查员按段分查，业于上年十月将全省户口一律查齐，依限造册，咨部在案。仍当饬令遵照部章，按期编订，年终汇报，以昭核实。此筹备汇报户数之情形也。

一为厘订地方税章程。查前准部咨，以上年为调查国家税地方税期限，本年为厘订期限，并饬将本省税项列表，分别国家税地方税，更以地方税总数与地方行政经费总数作一比较，限年底送部。业饬清理财政局分别详细调查遵造，于年内咨部在案。自应俟馆、部参酌会商，再行奏明办理。此筹备厘订地方税之情形也。

一为试办预算。查宣统三年预算册早经咨部，分别交资政院、谘议局议决在案，亟应接办宣统四年预算。直省署局学堂款目繁多，造送舛误，迟延办理，每多窒碍，爰饬清理财政局提前布置，以期改良。现由局编拟表式二十四种，册式十种，并假定岁出入统系表一册，凡例三十五条，分行各处查照办理，以期迅速无误。此筹备预算之情形也。

一为省城及商埠各处各级审判厅限年内成立。查天津审判厅早已成立，前饬改良，业经奏报。其省城及张家口商埠各级审判厅，亦于上年十二月开办，并经专案奏明各在案。复准部咨，以开设议院年限缩短，今将司法区域列表咨部，当经饬司酌量地方情形，分别配置，造表咨送。各厅典簿经理案牍、会计，责任綦重，亦饬传验合格人员，酌量委用。至天津检验吏传习所第一班学生业经卒业，分别派用，现复通饬各属招选二班送津学习。省城监狱为各属模范，拟就保定习艺所量予扩充，添造监房、工厂，以能容八百人为限，已饬绘图贴说，预算经费，另案办理。此筹备各级审判厅之情形也。

一为推广厅州县简易学塾。查上届奏报此项学塾，共已设立一千四百余处，学生二万八千六百余名。复经札催认真推广，并将设立最多及较少之官绅分别各记功过，以示惩劝。兹计截至十一月底止，连前共设立学塾四千一百六十处，学生名数连前计六万九千四百零五名，仍当饬司随时派员查察，并令设法扩充，以期普及。此筹备简易学塾之情形也。

一为厅州县巡警年内一律完备。查直隶各属城厢巡警均已设齐，当于上年十二月咨部在案。惟整顿各属巡警，责任宜专，上届奏报之时，已设警务长者仅十六处，近经迭加督催，已报设八十六处，其余各属，亦经严饬遵章选派，以符定章。至巡警教练所，刻已一律全设，凡巡兵均饬先尽此项毕业生遴充，以收实效。此筹备厅州县巡警之情形也。

综计以上各端，或提前设立而更须勿懈进行，或依限经营而尚须力求完备。现奉谕旨缩短于宣统五年开设议院，并准宪政编查馆将修正筹备清单咨行前来，遵查单内所列诸端，皆为开设议院以前要政。臣惟有督饬所司，认真筹办，计日程功，冀仰副朝廷慎重宪政、克期推行之至意。所有依限奏报第五届筹备宪政缘由，除分咨外，理合恭折具陈，伏乞皇上圣鉴训示。谨奏。

宣统三年二月初八日奉朱批：该衙门知道。钦此。

《政治官报》第一千二百五号，折奏类，宣统三年二月十一日出版

直隶总督陈夔龙奏胪陈第六届筹备宪政情形折

宣统三年八月初十日

奏为胪陈第六届筹备宪政情形，恭折仰祈圣鉴事：

窃查筹备宪政事宜，照章于二月、八月各奏报一次。所有直隶第五届筹备成绩，业于二月间奏咨在案。嗣准前宪政编查馆将奏定修正筹备清单咨行到直，并准电开本年以后筹备成绩，即按修正清单改定各项奏报。等因。

按单开本年各省督抚同办事宜计分四项，均经臣严定考成，随时督催，切实筹办。兹值应行奏报之期，自应将办理情形详晰胪陈，以备考核。

一为厘定国家税地方税各项章程。查直隶国家、地方岁入岁出，前已饬局按照款项性质，详核划分，比较列表咨部在案。嗣清理财政局接奉部颁国家、地方税之标准及租税系统说略、例言，复由局续造直隶两税分类说明表及租税系统表，随案陈述意见，详经咨部，应俟部臣参酌再行厘定。此按单筹备者一也。

一为汇报户口总数。查直隶户口提前并查，业于上年一律查齐，依限咨部在案。惟按定章，人口总数应于第四年十月前汇报一次，直隶口数虽经查齐，仍饬巡警道通饬各属，于本年复查一次，并派专员分途督催，以便与上年所查详细比较，期昭核实。现已陆续据复，计当不误十月前汇报之期。此按单筹备者二也。

一为续办地方自治。查上级自治，上年指定之大兴、宛平、清苑三县，于本年五月以前均已先后据报成立，此外续经设立议、参事会者，外府首县为天津等五处，冲繁厅州县为通州等六十七处，偏僻厅州县为永清等四十九处。下级自治则上年指定之临榆城、辛集镇均已设立议、董事会。其余如东安、满城、任邱、东明、怀来五城，满城、沧州、冀州、东明、怀来、内邱、大名、元城、丰润各乡亦已分别成立议、董事、选民等会及乡董。总计本届成立各厅州县议、参事会一百二十四处，城镇议、董事会七处，乡会、乡董七十三处。此按单筹备者三也。

一为续办各级审判厅。查天津各级厅推、检暨候补学习推、检，业经照章考试，将试卷及成绩等第、分数各表咨部核复在案。其各属地方初级审、检各厅，前饬提法司划分司法区域，列表详咨，一面咨行各府厅州县筹备，已据陆续禀复，现正分别缓急，由司委员履勘，以期逐渐设立。又前准部咨饬设临时法官养成所，亦已饬司于省城法政学堂分校内附设，招考员生二百二十三名，于五月开学，一切课程，悉按部章办理。至省城模范监狱，前就保定习艺所扩充，其改设监房、工厂，业经拨款委员承修，一俟该监成立，即将司府县各监裁撤。此按单筹备者四也。

此外未经列入修正清单各事宜，亦经臣通饬查照各部迭次咨行，赓续办理，毋得以未经列单，遽形弛懈。除将下届应办各事督饬司道员绅认真筹办，勿误进行，并分咨查核外，所有依限奏报第六届筹备宪政情形，理合恭折具陈，伏乞皇上圣鉴训示，谨奏。

宣统三年八月初十日奉朱批：该衙门知道。钦此。

《内阁官报》第四十二号，宣统三年八月十三日出版

致徐菊人督部拟设宪政调查局并创办官报等事①

光绪三十三年

程德全

迭肛寸笺，计先后均邀电鉴。

朝廷力图自强，注重宪政，自去年明诏宣示，中外向风。然求所以预备实行，必有确切下手之处。日本之维新也，曾立宪法取调局，其统治台湾也，于其土俗习惯亦复设局调查，成效昭然。江省僻在边境，政治布施、社会情状较诸内地多有不同，骤而与言宪政，其间披榛辟莽，实行固觉其难，至论白采甘和，预备尤所宜亟。必先从事调查，俟政治风俗一切了然详悉，而后穷变通久，乃易有功。且中央政府既设宪政编查馆，所有统计各项，外省应行报告，即礼部咨取现行礼俗，列表附说，种种须待调查。德全前条陈宪政折内，曾奏请各省设宪政调查局。现拟就江省办起，俾关系宪政之事，统归调查，以专责成。既有总汇之区，庶收划一之效。公如允可，请即见示，俾一面拟折呈阅，一面遴员开办。无任盼祷。

又，报章最足开通风气，江省拟办官报，曾于春间派员购买机器纸张各件，刻已陆续运到，暂就图书馆开办。附钞该报章程一份，并希察阅。

程德全：《赐福楼启事》卷四

---

① 徐菊人，即徐世昌，时任东三省总督。程德全时任黑龙江巡抚。至该函时间，函中有"去年明诏宣示（立宪）"字样，故函当作于1907年。

奉省设立调查局折

光绪三十三年九月以后

徐世昌

奏为奉省遵旨设立调查局，派员编纂法制、统计事宜，以备宪政参考，恭折仰祈圣鉴事：

光绪三十三年九月十六日，奉上谕：朕钦奉慈禧端佑康颐昭豫庄诚寿恭钦献崇熙皇太后懿旨：本日宪政编查馆奏请饬各省设立调查局各折片，各省民情风俗及一切沿革习尚参差不齐，现在该馆开办编制、统计二局，非有京外通力合作办法，无以推行尽利。著每省设立调查局一所，由该管督抚遴选妥员，按照此次奏定章程，切实经理，随时调查各件，咨覆该馆。等因。钦此。钦遵由宪政编查馆咨钞到臣。

窃维立法之始，必观其会通以规全局，而后条理之划一可期。为政之方，必凭诸实验以制时宜，而后名实之综核有据。是故周官三百六十属，月要岁会，无非统计之书，保正闾师，皆负编查之责。上而皇室之费用，政府之经营，下而民生日用之微，动植纤悉之事，莫不随时报告，按籍可稽，既已得失之周知，乃可谋盈虚之酌剂。即今东西各国统计年鉴之作，同此用意，成效昭然。

奉省为丰镐旧都，规制崇闳，而政俗尤为复沓，举凡旗务、蒙务、边务、交涉各节，纷赜迥逾他省，调查更觉冗繁。前经臣于试行奉省新官制时，就谘议厅隶设编纂一科，责以纂编法典、统计报告之事，筹办略有端绪。兹奉明谕，遵即查照馆章，于省城设立调查局一处，遴选熟悉政治各员，认真经理。查有奏调开缺山西道监察御史张瑞荫，学识渊赅，器局深稳，堪以派充总办。局中设科分股，划清职掌，派员分理，各专责成，并刊刻木质关防一颗，文曰"奉天全省调查局关防"，颁发开用，以资信守。将来调查所得，门分类别，应由臣督饬各员，按照各门填列表式，随时咨报宪政编查馆，并分咨各该部院查照办理，庶于宪政前途有所依据。

除咨报该馆，并按照馆章通饬各府厅州县分设统计处外，理合将奉天遵设调查局，派员总办，并刊发关防缘由，恭折具陈，伏乞皇太后、皇上圣鉴。

《退耕堂政书》卷十九，奏议十九，第3—4页

东三省总督徐世昌、吉林巡抚朱家宝奏遵设调查局片①

光绪三十四年九月初四日②

再，准宪政编查馆咨，奏准饬各省设立调查局，由督抚派员经理，等因。查吉林初设行省，风气未开，文献无征，有同草创，而疆里扼塞，筹备尤不容缓。是调查一事，以吉林为最难，亦以吉林为最要，固地势使然矣。臣等就省垣原设之政治考察局改为宪政调查局，檄委奏调吉林差遣学部郎中马浚年为该局总办。开办之初，所有各科员、股员自应慎选分任，而边地乏才，究难一一求备。至局中办事规则及一切组织机关，编造表册，均经该局总办详细拟议，由臣等按照馆章核定饬遵。惟是调查项下，有记录、实地两方法，吉省则各官署文牍向称缺略，即昔贤记载之有关掌故者，尤较内地为稀，是欲搜集资料，非注意实地调查，殊无下手之方。因于该局内附设编译处，并选集士绅常川担任调查事务，以广报告。而边境人材销乏，求于政治素有研究并谙习编辑体例者，殊不多觏，则又非养成学员，不足供橐笔之选，因附设调查员养成所，以资培材。此皆因地制宜之法也。所需经费，现暂由饷捐项下借拨，均饬令核实动支，应请准作正开销，并刊给木质关防，开局试办。除将所拟章程咨送宪政编查馆查照外，理合附片具陈，伏乞圣鉴。谨奏。

---

① 标题为编者所拟，原题为"又奏遵设调查局委郎中马浚年为总办片"。
② 为朱批批示日期。

光绪三十四年九月初四日奉朱批：该衙门知道。钦此。

《政治官报》第三百三十九号，折奏类，光绪三十四年九月十一日出版

东三省总督徐世昌、署吉林巡抚陈昭常奏筹备宪政第一年期成绩并第二年【期】筹备情形折①

宣统元年闰二月二十一日②

奏为遵章筹备宪政，依限奏报第一年期成绩并第二年期筹备情形，恭折仰祈圣鉴事：

窃臣等承准宪政编查馆咨开，光绪三十四年十二月二十一日钦奉谕旨：宪政编查馆会奏遵设专科，考核议院未开以前逐年筹备事宜，酌拟章程折单各一件，著依议。钦此。钦遵粘钞原奏章程等件咨行前来。仰见朝廷注重宪政，锐意期成之至意。莫名钦服。

臣等遵查原奏考核专科章程第三条内载，九年筹备事宜，责成内外臣工，每届六个月将筹办成绩胪列奏闻，并咨报宪政编查馆查核。应自光绪三十四年八月起至十二月底止为第一届，以后每年六月底暨十二月底各为一届，限每年二月、八月内各具奏咨报一次，等语。又查原奏单开逐年筹备事宜，第一年期督抚应办者一项，曰筹备谘议局；第二年期督抚应办者八项，除关于资政院、学部同办事件，应俟颁到章程、课本再行筹办外，其余六项，曰举办谘议局选举，曰筹办城乡镇地方自治，设立自治研究所，曰调查各省人户总数，曰调查各省岁出入总数，曰筹办各省省城及商埠等处各级审判厅，曰府厅州县巡警限年内粗具规模。兹届宣统元年二月第一届奏报之期，谨将第一年期已经筹备及第二年期应行筹备

---

① 《退耕堂政书》标题为"吉林遵章筹备宪政依限奏报折"。
② 为朱批批示日期。发折当为二月内。

者,敬为我皇上缕晰陈之。

查吉林谘议局筹办处于上年九月初一日成立,遴派明达官绅总理其事,并分设参议、参事及各科员,迭饬会议一切筹办事件。其议决纲要,如规定该处章程,划分初、复选举区域,拣派司选员并预设司选员讲习所,妥分筹办细目、期限,厘订调查方法,酌定选举经费等事宜,皆经该处先后议决,随时禀核施行。以上系关于原奏单内筹备谘议局之事,业经依限举办,于上年十二月十五日分别奏咨在案。此则第一年期已经筹备者也。

至第二年期应行筹备之件,约可分为现已筹备、现正筹备、先期筹备三端。所谓现已筹备者,一谘议局选举之办法也。吉省风气闭塞,讲演务须详尽,各属辖地辽阔,调查亦较烦难。因督饬各司选员及各属所添派之义务员,随时随地广为演说,复饬该处查照馆章,妥定选举调查各种表册格式,并编辑章程释例,通饬遵办。至各府厅州县之选举经费,酌定限制,准予作正开销。其司选员川资薪水,则概由该处发给,不得丝毫累及民间。且查山东设有谘议研究会,湖北设有议员研究会,而浙江绅士亦发起议案预备会,皆以创办之初,不能①不为因时之计。吉省士绅之学识经验,尤难与内地各省同日而语,将来复选竣事,被选议员之程度既难合格,且皆初次招集,未经历练,于本省应议事件,未必能胸有成算。亟应一面筹办选举,一面预备议案。因责成该处参议等员,协同资望素著之绅士担任组织,俾关于本省应行调查研究事件,皆于先时预备妥善,庶他日议员齐集,有所依据,得以因事筹议。虽议员程度稍低,而初次谘议局成立,当不至全无成效。一创办地方自治之筹划也。前准宪政编查馆咨开,地方自治筹办事宜,归谘议局筹办处兼理,当饬该处妥筹办法,即将年前奏明仿照天津办法之吉林府自治局,遵照宪政编查馆原咨裁并。该处经理就该处原定章程,添设调查、讲习两科,凡调查地方固有团体及本处习惯,统归调查科掌管,以为改办自治之预备。凡全省自治之教育及白话报、宣讲所等事,统归讲习科董率,以为开通民智之先导。至吉林自治研究所,已于上年十月设立,曾经奏报有案。原定学员名额,按各属分别匀配,通饬备费选送,由该所考验录取,以八十人为一班,六个月为一学期。现在头班将届期

---

① 《政治官报》作"不敢"。

满,复饬各属照章选送。惟各属通塞不一,士绅资格难齐,届时犹恐选不足额,因一面由该所在省招考,以资变通,一面通饬各属自行筹设自治研究分所,以期普及。由是逐渐设施,则异日地方自治之成立,庶不至有名无实。以上关系原奏单内举办谘议局选举及筹办城乡镇地方自治设立自治研究所之各项情形,业于去冬今春次第筹办,已经施行者也。

所谓现正筹备者,一人户调查之期限也。吉林地广人稀,或设治未久,或甫经设治,其距离省城最远者且达二千里以外,调查人户总数,自较内省为难。本年正月奉到部颁章程,当即通饬各属遵章切实调查,统限八月以前一律竣事,不准稍涉敷衍,以免临时或有贻误。一岁出入调查之实行也。吉省财政向极紊乱,既无藩司为之总汇,故管理极为纷歧,复以边省率从便宜,故册籍多不如式。自上年创设度支司,清理一切,备极烦难。经臣等督饬该司,精心稽核,并拟定各项调查表式,通饬各属核实照填,即甫经设治之依兰、临江、大通、滨江等处,亦饬确查具报。现已由该司将岁出入总数查有端绪,以后预算决算即可有所依据,而不至更有财政紊乱之弊矣。以上系原奏单内调查人户总数及岁出入总数之各项情形,现正筹备,当可克期无误者也。

所谓先期筹备者,一审判之机关也。吉林自改省后,即将旧设之裁判所改为高等审判厅。嗣以审判既有专责,急须早定阶级,因于省城增设各级审判厅,以原有之高等审判厅房屋狭小,改为吉林府地方审判厅,并设第一第二初级审判厅,复另择地段建设高等审判厅,而于各厅均附设检察厅。又择于省城内建造新式监狱一所。吉林司法之模范于焉粗具。至若长春府,已开商埠,地当冲要,宾州厅发达较早,地颇繁盛,其地方审判厅已于上年秋间今年春间先后成立。以外各属,亦皆定议创设,务期依限一律完备,俾司法之事,得以完全独立。一巡警之现状也。吉林省城经前将军臣达桂奏设巡警学堂一所,上年遵照民政部所颁章程,改为全省高等巡警学堂,所有该堂屡届毕业学员,历经派赴各属,分充巡警官弁、教员等职。又于省城设巡警教练所,并通饬各属一体照章增设。统计所辖府厅州县共二十二属,除大通县因划界未定,蜜山府、濛江州、长岭县甫经设治,尚待筹办外,其余各属之城乡镇,自三十二年以来,皆已次第举办。虽人数多寡不一,而大致粗有可观。至若省城之巡警总局及西南乡之乡巡,并宾州、阿什河、农安、延吉、珲春等处,则俱已日臻进步,渐著成效。以上系关于原奏单内筹办省城商埠各级审判厅及各府厅州县巡警规模之各项情形,先期筹备,以冀早臻完善者也。

凡上所陈,其第一年期已经筹备者一项,第二年期现已筹备者二项,现正筹备者二项,先期筹备者二项。总计两年期内,共为七项。臣等遵章筹备之情形,大概具此。

伏念吉省疆宇辽阔,外逼俄日,中控蒙藩,且介居奉、江之间,尤三省扼要之所。庚子以后,民气凋伤,办理一切新政,厥有数难。吉省人民程度尚形幼稚,在昔科举之时,应举者已属寥寥,乡举里选,尤为旷古未闻。此次创办选举及自治事宜,固不得因边远省分,稍从降格,而综计全省人数,尚不及内省一大郡之多,借才既苦不能,助长亦殊无术,其难一。吉省民户,客籍多而土著少,或由流移而来,或由招垦而至。东边一带,复有越垦韩民,相与杂处。其地则绵邈无垠,其人则浑噩殊甚,兼之道路不通,所在阻隔,冬春则冰雪载道,夏秋则林箐障天,调查一切,诸多障碍。其难二。吉省财政奇窘,虽屡经臣等厘剔中饱,入款较前骤增,乃出款则较前尤巨。今庶政正多待理,而出入已苦不敷,揆度情势,与内省之不求开源,但求节流者迥不相同。臣等督同度支司,殚心筹划,议定财政大纲,凡属节流事件,无论新旧衙门局所,稍有冗滥之司员,费虽微而必加裁并,凡属开源事件,果能裨益国计民生,确可生利之实业,费虽巨而必事创兴。事体固皆当务之急,经费究同无米之炊,其难三。有此三难,举凡一切新政,莫不受其影响,动生窒碍。惟是根本重地,中外具瞻,无论如何为难,决不敢稍有延误。所幸审判之规制略定,积牍日清,巡警之敷设粗完,奸宄稍靖,以后逐渐措施,尚非全无凭藉。臣等忝膺疆寄,责无旁贷,必期益加策励,努力图成,以仰赞朝廷立宪之盛治。

所有依限奏报第一年期成绩并第二年期筹备情形各缘由,除分咨查照外,理合恭折具陈,伏乞皇上圣鉴训示。谨奏。

宣统元年闰二月二十一日奉朱批:该衙门知道。钦此。①

《政治官报》第五百二十二号,折奏类,宣统元年闰二月二十三日出版;《退耕堂政书》卷二十四,奏议二十四,第10—13页

---

① "谨奏"至"钦此",《退耕堂政书》无。

奉省筹备立宪第一年期奏报成绩折

宣统元年二月

徐世昌

奏为九年筹备事宜，遵章胪列第一年成绩，恭折仰祈圣鉴事：

窃准宪政编查馆咨开，光绪三十四年十二月十一日遵旨奏设专科，考核议院未开以前逐年应行筹备事宜，酌拟章程，伏候钦定一折，奉旨：依议。钦此。钦遵知照到奉。

谨按原奏考核专科章程第三条内开，九年筹备事宜，责成内外臣工每届六个月将筹办成绩胪列奏闻，并咨报宪政编查馆查核。应自光绪三十四年八月起至十二月底止为第一届，以后每年六月暨十二月底各为一届，限每年二月内及八月内各具奏咨报一次，等语。现届期限，自应钦遵办理。

查宪政编查馆原奏九年筹备事宜清单内载，第一年期督抚所应办者，为筹办谘议局一项。奉省谘议局改为筹办处，并附设自治研究所，一切组织情形，业于上年十一月具奏，奉批：该衙门知道。钦此。钦遵在案。惟关外地广人稀，各州县新设治者居多，蒙荒初辟，土客杂处，凡遇创办新政，动生疑阻。臣因体察情形，于上年十一月间饬该处监理民政司使张元奇会同绅士、盛京副都统多文妥慎拟议，刊刷奏定章程，编撰白话告示，遍发城乡村屯，督令研究。旋选本籍法政毕业学员及办理新政素有经历之人员计十六人，充当司选员，分赴各属协助选举事宜。同时并饬该处附设之自治研究所学员一百八十名，暨宪政讲习所学员一百名，于年假限内，各回原籍，由各初选监督派充调查员，详查选举人资格。该学员等粗通法政，热心桑梓，讲演调查，尚能悉心办理。又各属地方苦瘠，诚恐筹款为难，藉端摊派，特仿直隶办法，于税捐项下拨支经费，以资应用。计每初选区发给三百两，每复选区发给三十两，照章奉省应划初选区四十五处，复选区八处，统共发银一万三千七百四十两。复将选举应办事项严立期限，制成简明表，通饬各属依限办理，无得稍有逾延。惟是选举虽有定章，而各属辄多疑义，函电纷驰，头绪复杂，均经该处征引条文，或援据宪政编查馆电复各省成案，详细解释，藉免歧误而便遵循。计自去腊开始调查，至本年二月间陆续完竣，造具初选举人名册呈送前来，共得合格选举人五万二千六百七十九名，预计三月间可行初选举，四月间可行复选举，九月以前谘议局必能成立，不至逾误。

至建筑谘议局，亦应急为筹备，现在派员绘图估工，一俟解冻，即可兴工营造。

除将详细情形咨报宪政编查馆外，所有遵章胪列第一年期筹备成绩缘由，谨恭折具陈，伏乞皇上圣鉴。

《退耕堂政书》卷二十五，奏议二十五，第1—2页

东三省总督徐世昌、署黑龙江巡抚周树模奏江省遵章筹办第一年期成绩折①

宣统元年闰二月十六日②

奏为九年筹备事宜，谨将第一年期成绩遵章具报，恭折仰祈圣鉴事：

窃准宪政编查馆王大臣咨开，光绪三十四年十二月二十一日钦奉谕旨：宪政编查馆会奏遵设专科，考核议院未开以前逐年筹备事宜，酌拟章程折单各一件，著依议。钦此。等因。查原奏考核专科章程内载，九年筹备事宜，责成内外臣工每届六个月将筹办成绩胪列奏闻，并咨报宪政编查馆查核，应自光绪三十四年八月至十二月止为第一届，以后每年六月底暨十二月底各为一届，限每年二月内及八月内各具奏咨报一次，等语。现届本年二月应行奏报第一年期成绩，谨将江省

---

① 《退耕堂政书》标题为"江省筹备立宪第一年期奏报成绩折"。
② 为奉到朱批批示日期。

所已筹办者，胪举大要，敬为我皇上陈之。

查江省谘议局筹办处于上年九月遵章设立，遴派本省官绅预备选举事宜，业经奏明在案。惟是选举之要，视人民程度以为准，江省向系驻兵防守之地，军事为多，民政较少，与内地情形不同。旧有兵丁隶属各城者，大率徒尚武功而未遑文事。其在天资聪颖之士，不过娴熟弓马，谙习清文，求其兼通汉文，晓解政法者，殆不多睹。至本省土著部落①，如索伦、打虎尔、巴尔虎、鄂鲁特，种类不一，各以游猎为生，浑噩自安，俗犹太古；其库玛尔、托河等路，鄂伦春又复山居野处，语言嗜好迥异平民；又如杜尔伯特、札赉特、郭尔罗斯后旗各地，新知未启，故见自封②，变化感通，尤为不易③。至省城及东荒一带，为全境开辟最早之区，从前关内垦户负耒东来，不过村野农民，相望耕凿，近日创设学堂，苦心教育，文化虽然渐兴，民智终难骤进。且选举之事，既非旧日见闻所已经，尤苦新布章程之繁密，谆谆告语，半属茫然。加以江省地面寥廓，各处界址年久未曾勘分，嗣于村落稠密扼要处所添设民官，往往彼此经界穋轕，一时未尽厘正，兼以裁并屯站之地，改隶各城，远近纵横，正待分晰。是江省选举一事，非惟选举资格不易得相当之人，即选举区域且未有确定之地。只以事关宪政，未容置作缓图。经臣等迭次督率该处总理赶紧筹办，旋派熟悉宪政人员为该处顾问员，筹商该处一切事宜。当将本省各属应行筹备各事，体察本省情形，酌定办事期限表，并调查选举各细则，通行各属，克期举办。又恐各属初复选举区办理未能依限完竣，复就本省通晓法政各员绅，派为各属司选员，帮同各初复选监督次第筹办，并于司选员未赴各属之先，将各项选举章程及调查方法详加研究，免致解释参差，办理歧误。迭经各该员分赴各属，会集绅董，分投调查，由臣等严饬，定于本年闰二月初十日以前，各将初选举人名册一律送省汇核，以为分配各属议员名额之根据。其区域之未晰者，均经随时酌定，电饬遵办。

至选举日期，仍参酌定章，以次推算，定于五月初一日一律举行初选举事务，七月初一日举行复选举事务。各初复选举监督倘有故意玩延，致误以上期限者，届时分别酌予处分，以示惩儆。至上年新设民官各地方旧属旗员管辖者，于

---

① "本省土著部落"，《政治官报》为"本部土著部落"，此处从《退耕堂政书》。
② 《退耕堂政书》为"故步自封"。
③ "变化感通，尤为不易"，一句，《政治官报》为"化除尤为非易"，此处从《退耕堂政书》。

未派委民官之先，所有该管初复选举事务，均由该管长官分别照章办理，不得或有遗漏，亦不得稍涉纷歧，务令朴僿之人民，各具政治之思想①，庶仰副朝廷注重宪政，与民更始之至意。除分咨查照，并将本年应行筹备各级审判厅、清理财政暨地方自治、各属巡警等项事宜陆续另行具奏外，所有江省遵章筹办第一年期成绩缘由，理合恭折具陈，伏乞皇上圣鉴训示。谨奏。

宣统元年闰二月十六日奉朱批：该衙门知道。钦此②。

《政治官报》第五百十七号，折奏类，宣统元年闰二月十八日出版；《退耕堂政书》卷二十五，奏议二十五，第10—12页

东三省总督徐世昌、署黑龙江巡抚周树模奏续陈第二年期筹备宪政情形折③

宣统元年三月二十六日④

奏为续陈第二年【期】筹备宪政大概情形，恭折仰祈圣鉴事：

窃查黑龙江省第一届筹办谘议局选举各成绩，业于本年二月间专折奏陈，并声明本年应行筹备各级审判厅、清理财政暨地方自治、各属巡警等项事宜，陆续另行具奏。嗣复在省城设立清理财政局，饬派专员照章清厘，亦经具折奏明在案。其余应办各事，亟应分别筹备，次第进行，以冀急起直追，光辅盛治。谨为我皇上约略陈之。

伏查江省民气朴僿，讼事本稀，旧有刑司，颛典判决。自近年改设行省，析置民官，理刑之事日增，弼教之用弥亟。光绪三十二年曾奏请将刑司改设裁判

---

① 此句《退耕堂政书》为"各具治安知识"。
② 《退耕堂政书》无朱批一句及"谨奏"。
③ 《退耕堂政书》标题为"续陈江省第二年期筹备宪政情形折"。
④ 为朱批批示日期。

处，现在法律更新，尤宜遵章预筹改办。其原有裁判处拟改设高等审判厅，附设高等检察厅，并于审判厅内设司法传习所，购储图籍，选在省人员之明通者入所研究，以备养成审判人才。至地方审判厅，则就龙江府及呼兰、绥化两府人民繁庶之区先行开办，以树风声。其瑷珲、呼伦两处，开埠尚未实行，民刑之事较少，暂由新设两厅审判员办理，以归简易。其余新设治各处，亦经奏明裁去经历、巡检，另设佐治员，将来派员专司审判，即为开厅之基础。现已饬司拟定章程，限期举办。此筹办各级审判厅之大概情形也。

自治机关，原以辅官制之不逮，江省地方辽阔，人民均四远而来，村落零星，全资守望之助，客民杂处，宜有联络之方，纠合同群，共谋公益，较之内地尤为难缓之图。惟是自治①法理，极为纷繁，研索未精，转滋流弊。省城原有研究总会，徒张空名，殊乏实际，现已更定规制，严定范围，改为自治研究所，以符部章。一面催饬各属遴选士绅来省研究，藉资传习。至于自治之实施，尤在户口之明确。江省各属人户总数，上年据民政司汇转，已经查有端倪，现仍饬属查照民政部新定章程，详细调查，期得编氓确数，不准似向来虚填户口，视为具文，以为一切行政之根据。此筹办地方自治及调查人户总数之大概情形也。

江省巡警事宜，原隶于民政司，比年各属创办警务，费皆就地自筹，只以人习故常，动生梗阻，迭经饬属多方劝导，布置经营。省会之地，自城市以及乡镇，业经次第成立。其外属府厅州县，亦皆一律举办，可望渐次扩充。惟施行警政，必先讲明警学，若以未经教育之人滥竽巡弁，恐以卫民之事，转致扰民。现于省城设立高等警察学堂，选各属之秀良者肄习其中，以为将来警弁之储备，并饬各属酌设巡警教练所，以冀警学普及。至于新设民官各属，一俟派员后，再行体察情形，设法推广。此又筹备地方巡警之大概情形也。

至颁布资政院选举章程，创设厅州县简易识字学塾，均俟颁到定章课本，再行分别筹办。臣等维筹备宪政，事关大局②，江省虽处边荒，程度逊于内地，然办理必须一致，程功或免后时。惟有淬（厉）〔砺〕精神，督饬所司，认真举办，务求推行之实效，不事粉饰之虚文，庶以仰副圣主发奋图强之至意。

---

① 《政治官报》无"自治"二字。
② 此句《退耕堂政书》为"臣等责任所在"。

除俟届限再将成绩奏报外，所有江省第二年先期筹备各情形，理合恭折具陈，伏乞皇上圣鉴训示。谨奏。

宣统元年三月二十六日奉朱批：该衙门知道。钦此①。

《政治官报》第五百五十八号，折奏类，宣统元年四月初一日出版；《退耕堂政书》卷二十六，奏议二十六，第11—13页

【奉省】公署内设立宪政筹备考核处片

宣统元年五月初九日

锡　良

再，查九年筹备事宜，屡奉先帝明诏，近复迭沛纶音，其效力为安危所攸关，其事务尤繁赜而待理，实为目今最关切要之图。所有宪政馆单开应办事宜，固均各有专司，惟督抚若无一总汇之区，专派人员经理，殊不足以密考察而促进步。奉省为丰镐名都，尤宜赶先筹办，次第推行，俾免迟误。现经臣等就公署内设立宪政筹备考核处，遴派熟悉宪政幕僚，随时分别详细考核，应行文牍，即由臣等总核施行。所有编辑缮写一切事宜，仍饬一并兼办，均勿庸另支薪公，以节糜费而昭核实。

除酌拟办事章程分咨查照外，谨附片具陈，伏乞圣鉴。

再，吉、江两省已由臣锡良分咨该省抚臣，酌派人员，一律认真督催办理，合并声明。谨奏。

十七日奉朱批：该衙门知道。钦此。

中国科学院历史研究所第三所主编：《锡良遗稿》第二册，第896—897页，中华书局1959年出版

---

① 《退耕堂政书》无此句。

筹备宪政第二届成绩并第三届筹办情形折

宣统元年八月二十五日

锡　良

奏为筹备宪政第二届成绩并第三届筹办情形，恭折仰祈圣鉴事：

窃查奉省筹备宪政第一年期第一届，业经前任督臣徐世昌于闰二月间分别奏咨在案。本年筹备期限，照章分为两届，以六月底为第二届，十二月底为第三届，而皆为第二年内督抚应办之事。按照清单，计分八项，除资政院选举应俟奉到选举章程再行遵办，简易识字【学】塾已就省城旧有官话字母学堂改设三处，一俟部颁课本到日立即开办外，其余六项，有为奉省开办在前，经臣等复加整顿，进步较速者，凡三项：

其一为筹办厅州县巡警。奉省自遭兵燹，伏莽遍野，丧乱甫平，即就堡防改设巡警。故不但厅州县巡警开始较早，而镇乡巡警亦复略具规模。惟事属草创，条理未能井然，规则难言完整。臣等到任后体察情形，知本原不清，难与为治，章制不齐，无以言法。当经檄饬民政使张元奇，先谋统一之规，以作进行之准，必内部机关完全无缺，而后进行为有具，则为之定警官制度，遵照部章，于府厅州县各设警务长一员，执要驭繁，职乃不旷。

奉省警费取足亩捐，而捐法不一，最为弊丛，则为之定收捐制限，凡向以方、晌、绳、锄计者，统以亩名概之，向以两、钱、毫、厘计者，统用银圆代之。月要岁会，制用有节，民乃不怨。

经理警费，向归乡董、会首、方长把持财权，对于民则相削，对于官则相抗，对于同类则相争，地方要政，几成若辈利薮，则为之定出纳方法，于各属署内通设收捐处，由民人自行赴处直接交纳，并由纳捐人投票公举捐务总董，专管其事，有稽核催收之责，无干涉行政之权，拔本塞源，官绅互相监督，害乃不作。

至执行警务，全在警兵，警兵无学，则形式徒具。因复通饬各属，限期设立教练所，务使人人具卫群之思想，一洗从前窳陋不振之习。

综上所述，皆奉省警政目前当务之急，业经将编定通则，咨部立案，颁发各属，颟若画一。

此则筹办在第二届而现时已有成绩者也。

其二为筹办城镇乡自治，设立自治研究所。奉省自治研究所，去年七月间，前任督臣徐世昌已将开办章程分别奏咨。嗣准宪政编查馆颁发民政部奏定城镇乡地方自治章程暨研究所章程，当将前定章程遵照改正，并檄饬谘议局筹办处兼办地方自治，一俟该处裁撤，即就改为地方自治筹办处，凡关于自治事宜，统归筹办，以专责成。现已由等核定章程，议分三期，第一期举办奉天府自治，第二期举办冲繁各属自治，第三期举办偏僻各属自治。三期完竣，即为全省地方自治一律告成之日。而研究所学员实为各属自治之导师，该所开办在先，本年十月内可以毕业，照章派赴各属充当教员。现已檄饬各属，将研究所赶速筹备。俟该所学员毕业，则各属研究所即可次第成立。

此则于第二届内虽有成绩可言，而尚待第三届之续办者也。

其三为筹办省城及商埠各级审判厅。查奉省自设提法使后，即以筹办审判为先务。光绪三十三年设奉天高等审判厅一，奉天府地方审判厅一，初级审判厅六。续将奉天府地方、初级各厅量加裁改，奏定名称，更增设抚顺地方审判厅一，抚顺第一初级审判厅一。以上均属省城。其在商埠，则于本年三月设营口、新民两处地方审判厅一，初级审判厅各一。除安东一埠已由臣等饬司筹定专款，克日成立外，尚有凤凰、辽阳、法库、通江、铁岭五处，现饬筹款设立，亦断不至逾明年之限。

此则提先筹办而于第二届内成绩已有可循者也。

其为奉省从前所无，于第二届内继续第一届以为筹办者，则有若谘议局选举一项。自前任督臣徐世昌将造具初选举人名册于第一届内奏报后，嗣于本年三月十八日举行初选举，计初选区四十五处，得当选人五百名，候补人一百零八名。臣等到任后，复经严立期限，于四月十四日举行复选举，计复选区八处，共选定议员五十名，造具清册，循章咨报。臣等以此事为亘古创举，苟非慎图始基，无以发前途之光荣。当将各议员等，或酌给旅费，饬赴各属实地调查，俾研究地方利病，以作议案之准备，或留驻省城，预备开会时各项规则，以免临事之张皇。

此则第二届内继续筹办之情形也。

至报部期限在第三届而第二届内筹办已有端倪者，凡二项。一曰调查岁出入总数。奉省清理财政局自三月初一日奏明开办，遵照部章，分科治事。现所规定约有二端，奉省体制与各省不同，凡关于币制、盐务、税务、军务、蒙务各项财政，常与吉、江两省有交互之关系，故三省虽各设局清理，而报告程式，必以奉省为准。是为定三省统一之制以清旧案。预算决算，事属创办，将来调查毕事，深恐各属无所依据，因饬将该局费用先行试办。预算分经常、临时两部，部分为项，项分为目，明定表式，昭示来兹。是为尽该局综核之实以苗新机。并（叠）〔迭〕经臣等严檄各属，将去年暨本年春夏两季报告册勒限造送，业已陆续呈送到局。惟案牍山积，爬梳钩稽，实非易事。现又添派员司赶办，按照部电展限三月，当不至再有延误。

二曰调查人户总数。奉省巡警遍及乡镇，编查户籍，著手自较他省为易。自巡警道奏定裁撤后，臣等即遵章檄委民政使张元奇为总监督，通饬各属先期出示晓谕，俾咸知调查户数为调查口数之根据，而户口多寡，即以判选举区域之广狭，自不肯隐匿漏藏以自丧其权利。并饬各属就地方情形，先定入手办法，以防流弊。由总监督详加审核，再行分区调查，钉牌编册。现已据各属将拟定办法呈送，十月以前当可报齐。

以上二项，皆报部期限有待于第三届而于第二届内筹办已有端倪者也。

伏维本年筹备八项事宜，本关内务行政。奉省根本重地，尤应官民交勉，赶先筹办，以裕宪政成立之基。臣等到任以来，奏设宪政考核处，随时考察，按限督催，其已办者，虽未届年限而勿懈进行，其待办者，则力顾考成而毋敢推诿。总期循序渐进，日进有功，以仰副朝廷因时制宜、变法图强之至意。

所有依限奏报第二届成绩暨第三届筹办情形，除分咨查照外，理合恭折具陈，伏乞皇上圣鉴。谨奏。

九月初二日奉到朱批：著即认真筹备，妥慎办理。该衙门知道。钦此。

《锡良遗稿》第二册，第963—966页

黑龙江巡抚周树模奏江省筹备宪政第二年期成绩折

宣统元年九月十一日①

奏为黑龙江省筹备宪政事宜，谨将第二年期成绩据实胪陈，恭折仰祈圣鉴事：

窃查上年钦奉谕旨，令将九年筹备事宜，每届六个月胪列成绩奏闻，等因。钦此。所有江省第一年期成绩，业经臣会同前任督臣奏报在案。兹谨就第二届内应行事宜及目前实在筹办情形，为我皇上详晰陈之。

伏查单开举行谘议局选举各省一律开办一节，江省原定本年五月初一日举行初选举事务，七月初一日举行复选举事务。嗣因各初复选举监督间有漠视选举，调查逾限之事，均经分别记过，派员查明，严加申儆，以示惩儆。其各属送到选举名册，迭经逐加查核，其有资格不符者，复经删剔。实合选举资格者，共计四千四百四十六人，照章以本省议员额数与选举人数相除，计一百四十四人中应出议员一名，按照此数分配各复选区。计原定复选十区，瑷珲道、呼伦道两复选区各应选出议员一名。兴东道复选区人数过少，就近并入呼兰府复选区，共应选出议员八名。铁山包人数尤少，就近并入绥化府复选区，共应选出议员五名。龙江府复选区，应选出议员二名。海伦府复选区，应选出议员十二名。嫩江府复选区，亦不敷选出议员一名之额，就近并入东布特哈复选区，应合选出议员一名。其兴东道、嫩江府所属初选事务，均各照章在本处举行，所有初选当选人至复选时，径赴所附复选区投票。至铁山包选举人数最少，即就近并入绥化府所属附近初选举投票所投票，以归简易。其呼伦贝尔所属蒙旗地方，地阔人稀，集聚匪易，并准于初选举后，将复选举事宜提前接续办理。其选出议员，当饬各属统于九月初一日开会以前，先期到省，筹备一切应行提议事宜。其谘议局会议办公之

---

① 为朱批批示日期。

处，暂就地方公产合宜房屋修葺备用，一俟相度地址，筹定的款，再行如式建筑，以期美备。此筹备谘议局之实在情形也。

又筹办城镇乡地方自治，设立自治研究所，及调查全省人户总数一节。查江省民智甫属萌芽，从前各府厅县间有购备新书，饬各绅民讲求自治原理者，但既无划一办法，又未普遍施行。本年就省会遵章设立研究所，遴派教习，督饬认真讲习，一俟毕业，再行分派各属，设所传习。并饬各属先行划定区域，预备设立自治公所，以植初基。至调查人户总数，迭经饬司催办，旋据民政司呈报，拟从省城及呼兰、绥化、海伦等处入手，以符逐年筹备之秩序。惟各该属近年农商渐集，户口逐日增多，清查亦属匪易。前届所调查者，已由该司列表呈报，现又限令续再确查，务于十二月以前一律报齐，再行逐细查核，造册送部。此筹备地方自治及调查人户总数之实在情形也。

又调查各省岁出入总数一节。查江省本年春间奏设清理财政局，六月间部派副监理官始行到江。业经督饬按照部颁调查财政条款，参酌本省情形，拟定册式条例，分发所属，一律依限切实填报。惟江省榛莽初开，交通多有不便，各属报告及派员调查一切，动需时日，恐难恰如部限到齐，迭经文电交催，期免延误。且吏才缺乏，所报各册，凌杂参差，又须随时驳改，拟将来各属报告，如有故意迟延隐匿者，查出分别从严撤参。务期送部入报告各册，条分缕晰，纤悉毕登，总以不逾部限，设法赶齐为主。其三十三年以前旧案，仍一并督饬截清，赶办销结。至从前宪政编查馆颁发调查财政表，亦迭饬调查局严催迅速照办。此筹备调查岁出入总数之实在情形也。

又筹办省城及商埠各级审判厅一节。查司法为国家最要之机关，前奏预筹第二届筹备情形折内，已将择要先行开办及养成审判人才各节，约略奏陈。现饬提法司就奉、吉两省章程酌量缩减，分拟各级审判、检察厅各项试办章程，业经批令先行照办，一俟诸臻妥协，再行详细奏明立案。其司法传习所一事，并经切饬该司，精聘教员，认真督饬研究。惟江省财政奇绌，现拟开办省城各厅，每岁额支已至五万余金，除将旧有裁判处薪公抵用，及提该属公费讼费罚金外，所需尚属不赀，业饬民政司设法筹拨，务令司法独立制度，得以依限实行。此筹备各级审判厅之实在情形也。

又厅州县巡警年内粗具规模一节。查江省各属从前创办巡警，或以民丁充数，或以会勇改编，大概有名无实。屡经督饬各属认真整顿，复派员分投调查，较前当有起色。现在省城巡警规模已具，绥、海等处乡镇巡警业经推广，迭饬民政司及时将全省警政赶速整理，一面饬令省城高等巡警学堂认真讲习，其各属巡警教练所，已通饬就原有传习所照章改设，并遵照部章，遴派谙习警务之员，为各该属警务长，以资表率。又设稽查长，随时监察，以期保持公安，共维秩序。其东省各处应行开埠地方，目前尚未开办，俟将来市面繁盛，再将巡警一体切实扩充。此又筹备厅州县巡警之实在情形也。

臣维宪政期限至迫，现虽急起直追，惟恐后时，而边地乏可用之才，期限不旋踵而至，惟有勤敏率属，殚竭愚诚，实力举办，上以辅盛世维新之治，下以为边疆久大之谋，以期仰副圣主发奋图强之至意。除举行资政院选举，暨创设厅州县简易识字学塾，仍应俟选举章程及课本分别颁到即行遵办外，所有江省第二年期筹备宪政成绩各缘由，理合会同东三省总督臣锡良，恭折具陈，伏乞皇上圣鉴训示。谨奏。

宣统元年九月十一日奉朱批：该衙门知道。片并发①。钦此。

《政治官报》第七百二十二号，折奏类，宣统元年九月十七日出版

筹备宪政第二年第二届成绩并下届筹备情形折②

宣统二年二月三十日

锡 良

奏为筹备宪政第二年第二届成绩并第三年第一届筹备情形，恭折仰祈圣鉴事：

---

① "片"指此折附片，不录。
② 《政治官报》第八百八十五号载此奏折，为锡良（东三省总督）与奉天巡抚程德全同上。

八、各地筹备情形

窃查奉省第二年第二届筹备宪政情形，业经臣等于上年八月奏报第二年第一届之期先时奏陈，奉朱批：著即认真筹备，妥慎办理。该衙门知道。钦此。祗聆之下，矢勤矢慎，夙夜图维，不敢因循废事，亦不肯粉饰见功，有进行无退缩，实事求是，以期上达圣明。兹值奏报之期，谨将第二年第二届成绩暨第三年第一届筹备情形，分别为我皇上陈之。

查奉省谘议局选举于上年九月初一日遵限开办，臣等亲莅该局，宣布朝廷德意，绅民感戴，庆忭同深。随即监视投票，举定议长吴景濂、副议长袁金铠、孙百斛暨议员五十名。当由臣等草具议案，交其决议。该局亦自行提议，呈请施行。凡开会五十日，得议决之案三十四事，有立予实行者，有尚待研究者。俟咨询就绪，当将各议案分别汇咨馆、部，并督饬各属刻期举办，以收庶政公诸舆论之效。此已办之成绩一。

奉省人户总数，于上年十月间遵章第一次调查完竣，计得正户五十六万八千六百零三，附户二十七万一千九百三十四，当经列表咨送民政部在案。惟是生故嫁娶，随时变迁，节经批饬各属随时由巡警稽查列表按季报告，庶户数既实，将来复查报齐时，即不难按籍而稽。此已办之成绩二。

奉省简易识字学塾，于上年十一月间创设省城官立简易识字总塾一，官立第一简易识字学塾、私立简易识字学塾各一，并通饬各小学堂均附设简易识字夜班，以树风声而谋普及。其省外各属，或专设，或附设，或数处或数十处不等。现查业经开办之府厅州县已有二十五处，课本甫经颁到，即已纷纷请领，惟虞不给。查奉省各属蒙小学堂创办较早，此项学塾于人户稠密之区，利用专设以作模范，而于蒙小各学遍行附设，以期推广，费省事集，莫善于此。将来乡间多一识字之辈，即自治多一明理之人，与宪政前途，不无裨益。此已办之成绩三。

奉省举行资政院选举凡四次。一为宗室、觉罗，照章以臣锡良为监督，业于本年二月初一日召集互选人，在公署内举行投票互选，计得宗室当选十六人，觉罗当选十七人。一为纳税多额，应以民政使为监督，亦于二月初一日举行投票互选，计得当选二人。一为硕学通儒，臣锡良、臣德全暨提学使卢靖应各搜访合格人员，亦经分别遴员保送。以上三项，均经遵章造具当选人名册，咨送汇奏，恭候钦选。其照章应由臣等复选确定为资政院议员者，则为谘议局议员互选，业于上年十月间经臣等复加选定，以陈瀛洲、王玉泉、书铭三人为资政院议员，分别给与执照，将名册分咨馆、院各在案。此已办之成绩四。

以上四项，皆于第二年第二届遵章按期筹备者也。

至于第二年第二届筹备已有成绩，而于下届接续筹备亦有端倪者，则有若厅州县巡警年内粗具规模。奉省巡警，本系城乡兼办。自上届奏报颁定通则，划一章制后，渐次整齐。除长白府、辉南厅甫经设治，尚在筹办外，据民政司呈报，各属警务局之成立者四十七处，食饷官弁二千五百一十员，马巡五千七百三十一名，步巡一万三千八百九十九名，不特府厅州县巡警业经完备，即乡镇巡警亦已粗具规模。此提先筹办者一。

有若筹办城镇乡自治，设立自治研究所。奉天省城研究所于上年八月毕业，共取学员一百七十三名，当经分派各属充当讲员，而各属自治研究所亦即立时开办。现据自治筹办处监理民政使张元奇呈报，各属已设立自治研究所者三十四处，共得学员二千六百八十六名。其偏僻州县未成立者，饬令限期成立，学额未足者限令补足，已足者饬令推广，并饬该处将学课认真稽核，务臻完善。至城镇乡自治会成立，应在下届续办年限，现已通饬各属一律设自治事务所，以为组织自治会之根据。并以划分区域，调查人数，事极繁重，由该处制成限期表说，以免误会而促进行。除长白府、辉南厅、醴泉、镇东两县甫经设治，有待续办外，其他各属，统限六个月内先将城厢议事会、董事会一律设立。此提先筹办者二。

有若筹办省城商埠各级审判厅。除奉天省城高等审判厅，承德、抚顺、营口、新民各地方、初级审判厅并检察厅均于上届奏报成立外，安东一埠，为日商麇集之区，复经提前筹办，设地方、初级审判厅各一，皆附设检察厅，于上年十月十六日开庭，奏咨有案。此外商埠如凤凰、辽阳、法库、同江、铁岭五处，现正饬司筹款，赶期设立。查筹备清单，省城商埠审判厅应于本年年内一律成立。奉省商埠较各省为独多，而地方并非繁盛，财力尤形艰啬。现届尚在筹办年限，而两项成立实已过半。此提先筹办者三。

有若调查岁出入总数。奉省光绪三十四年分全省岁入银一千五百八十万零七千二百七十五两零，岁出一千五百五十八万七千八百八十九两零，业经电咨度支部在案，其宣统元年分各衙门局所营旗各款季报，亦经造送清理财政局，由监理官复核编造，先将春夏两季入款细册呈转咨部。惟光绪三十四年出入报告册，宣统元年春夏季支款细册，并秋季收支款细册，现正严饬催办。一俟编造齐全，即行咨部查核。至试办各省预算，本应在下届年限，奉省上年已由清理财政局制定预算册式，经臣等通饬仿行，定自本年起，即照预算办理，并饬各属一律设立收支委员，令其担负责任，实地练习，庶几循序渐进，办理部预算时即不致无所依据。此提先筹办者四。

以上四项，皆于本届应报成绩外业经筹办下届之情形也。

伏惟筹备立宪，为朝廷确定政策，奉省尤根本重地，臣等材轻责重，敢不凛遵上届谕旨，真实不苟，妥慎将事。惟是举办要政，在在需款，综核偶疏，即邻于滥。并时时告诫僚属，总期循名责实，力戒虚縻，以仰副皇上眷顾东陲，殷殷望治之至意。

所有依限奏报第二年第二届成绩并下届筹备情形，除分咨查照外，理合恭折具陈，伏乞皇上圣鉴。谨奏。

三月初七日奉到朱批：该衙门知道。钦此。

《锡良遗稿》第二册，第1115—1118页

兼管奉天巡抚事谢恩折

宣统二年三月二十六日

锡　良

奏为叩谢天恩，恭折仰祈圣鉴事：

窃臣恭读电传宣统二年三月十九日上谕：奉天巡抚著即裁撤，东三省总督锡良著兼管奉天巡抚事。等因。钦此。遵即恭设香案，望阙叩谢天恩讫。

伏念臣忝总边陲，瞬周岁序，惕时艰之日亟，愧展布之无方。兹复渥荷纶音，兼管奉天巡抚事务，责成愈重，报称愈难。臣惟有勉竭愚诚，恪供职守，综三边而兼筹并顾，饬百度以循序图功。旧邦维新，溯宅镐宅丰之隆轨；画疆而理，踵分陕分洛之成规。

所有感激下忱，谨恭折叩谢天恩，伏乞皇上圣鉴。谨奏。

四月初四日奉到朱批：知道了。钦此。

《锡良遗稿》第二册，第 1128—1129 页

遵将奉省宪政考核处改为宪政筹备处片

宣统二年三月二十六日

锡　良

再，恭查宣统元年十二月二十日奉上谕：宪政编查馆奏请饬京外各衙门设立宪政筹备处，并将十月十三日上谕恭书悬挂一折。著依议。钦此。钦遵由馆钞录原奏咨行到奉。

查奉省于宣统元年五月，就公署内设立宪政筹备考核处，遴派熟习宪政幕僚，酌定简章，分任考核，业经奏报在案。钦奉前因，遵将已设之筹备考核处改为宪政筹备处，俾归一律，即派各司道商同各幕僚办理，照章不另支薪。并将上年十月十三日钦奉上谕，恭书悬挂，昕夕省视，以资警惕。臣总揽全纲，责无旁贷，惟有督率僚属，勉力进行，仰慰朝廷循名责实之至意。

除将各员衔名咨送宪政编查馆查照外，所有奉省遵将宪政筹备考核处，改为宪政筹备处缘由，谨附片具陈，伏乞圣鉴。谨奏。

四月初四日奉到朱批：览。钦此。

《锡良遗稿》第二册，第 1130 页

筹备宪政第三年第一届成绩并第二届筹备情形折

宣统二年八月二十五日

锡　良

奏为筹备宪政第三年第一届成绩并第二届筹备情形，恭折仰祈圣鉴事：

窃查奉省第三年第一届筹备宪政情形，业于本年二月间奏报第二年第二届之期先行奏咨在案。谨按逐年筹备清单，本年各省督抚应行筹备事宜，计分九项。查此九项筹备次序，虽有缓急先后之殊，惟同在本年内均须一律告竣。当入手之初，固当遵限筹备，如有余力，自不妨通盘计画，同时并进。故凡本届应办事件，其可提前办理者，亦当竭力赶办，期底于成，庶于宪政前途不致贻误。兹届奏报之期，谨为我皇上缕晰陈之。

一曰续办城镇乡地方自治。查奉省城镇乡地方自治系继续第二年办理。本年二月，遵章调查选民资格、居民口数竣事。据自治筹办处呈报，统计四十六属城厢人口总数共一百二十三万一千七百一十九人，选民总数共二万六千八百四十七名，平均居民四十七人中得选民一人。至正税、公益捐两项，共二百万七千八百八十九圆二角七厘，平均计算，每选民一人合七十四圆七角有奇，每居民一人合一圆六角有奇。旋于五、六两月遵章组织议事、董事各会，投票选举，计得议事会议长、副议长、议员共五百九十名，董事会总董、董事、名誉董事共二百六十八名。现全省自治区域内四十六属城厢自治会业已一律成立，镇乡会同时成立者计十一属。至自治研究所，除人口稀少之处准其合设外，余均每属各设一所，统计学员已有三千六百七十人。并饬各属开设自治研究会，俾自治职员得以互相讨论。查筹备清单，城镇乡地方自治限宣统五年一律成立，现奉省城镇乡自治虽未一律成立，业已略具规模。此提前办理已有成绩者一也。

一曰筹办厅州县地方自治。查厅州县地方自治，当以城镇乡地方自治为根据，断难一蹴而几。奉省城镇乡自治会已设立过半，厅州县地方自治自可早日成立。现由自治筹办处通饬各属，凡城镇乡自治会已办者，限本年十月内开办厅州县自治，城厢办竣，接办镇乡者，其镇乡自治，限本年十二月成立，即于宣统三年正月接办厅州县自治，并厘定厅州县自治事务期限表札，发各属以便督查。此提前办理已有成绩者二也。

一曰汇报全省人户总数。查人户总数业经遵章调查明确者四十三属，计得正户一百零二万三千七百九十三，附户四十八万五千一百二十六。尚有九属未经报到，业已严催，统限本年十月前一律报齐，再行列表汇报民政部。至口数照章应于宣统三年调查，现已饬令即行办理，已据开通一属查明呈报，此外各属当可陆续报到。此提前办理已有成绩者三也。

一曰复查全省岁出入总数。奉省财政复杂，款项纠纷，上届调查总数，业将光绪三十四年全省出入款目，分别内结、外结、外销，梳剔钩稽，依限报部。至三十四年及宣统元年之报告册，并饬由清理财政局汇造齐全，先后咨部在案。此筹办之成绩四也。

一曰厘订地方税章程。查地方税一项，征之各国前例，均须附加于国家税内。如未厘订国家税章程以前，遽欲厘订地方税章程，事实上颇多窒碍难行。近准部咨，以本年为调查国家税地方税期限，宣统三年为厘订期限。业经饬度支司及清理财政局迅速从事调查，缮具说明书以备咨部。此筹办之成绩五也。

一曰试办各省预算决算。查奉省宣统三年之预算报告册，业据清理财政局详细编成，经臣查核，另案分别奏报在案。计国家行政经费一千二百二十万八百二十四两八钱九分七厘，地方行政经费三百九十二万一千一百二两九钱五分五厘，收支两抵，所亏之数计六十万四千八百九十两八钱二分八厘。第岁出临时门列有预备金六十万两，系属国家行政经费，若除此款以相抵，则岁出仅亏四千八百九十两八钱二分八厘。东省内政外交在在困难，临时经费能否敷用，尚难逆料。惟仅就此次预算报告册而论，似尚不背收支适合之意。此筹办之成绩六也。

一曰省城及商埠等处各级审判厅限年内一律成立。查奉省高等审判厅，承德、抚顺、营口、新民、安东地方初级审判厅并检察厅均于上届奏报成立。至辽阳等处商埠应设之审判厅，皆应于本年成立。嗣因宪政编查馆奏定新章，府厅州县得分别设立分厅。凤凰、法库地方指定通商，尚未开埠，现定先行设立辽阳、铁岭两埠地方初级审判厅，筹备已有端倪，约计九、十月间即可开办。其凤凰、法库两厅拟俟明年遵照新章筹设分厅，业经咨部查核。此外尚有因补助审判机关而筹办者。查宪政编查馆颁发审判阶级区域新章，权限分明，因设特别地方审判厅。又查馆颁现行刑律及登记章程，条理繁密，因设审检讲演会及登记讲习所。又查审判厅之成立，须改良监狱以清狱政，因于法政学堂添设狱政专科以储人才。均经分别奏咨在案。以上数端，虽为筹备事项所无，要皆于司法前途极有关系。此已办有成绩者七也。

一曰推广厅州县简易识字学塾。查此项学塾，上年业经饬司于省城设立三所，并于城关内外各小学堂附设夜课八处以为之倡。现府厅州县呈报筹办者计一百八十八处，开学者七十四处，学生二千九百余人。其余筹办尚未成立者，当严行督催迅速举办，务期逐渐普设，使识字者日多，藉收开通民智之效。此已办有成绩者八也。

一曰厅州县巡警限年内一律完备。奉省各属巡警粗具规模，上届业经奏报。所有辉南、长白、安图、抚松等属，前因设治伊始，未及筹设，嗣饬民政使督催赶办，现均次第据报一律成立。查各属巡警分区广狭不同，有因款项支绌、区官缺额及并未设立者，亦经饬司实力整顿，每区各置区官一员，以归一律。至巡警教练所尚有未经普设之处，亦已严催速设，每所学额并照章以百名为限，必期教练推广，警务日见起色。计年内各属巡警可期一律完备。但奉省地接蒙荒，盗风素炽，仅恃额定巡警，保卫尤恐难周。前经奏明筹办预备巡警，以补额定巡警所不及，尤为刻不容缓之要图。此已办有成绩者九也。

综上九端，或依限次第妥筹，或办理已经竣事，要皆竭诚以求治，并力以图功。惟是奉省承兵燹之余，处强邻之间，较内地各省情势不同，筹办一切尤不能拘执期限，致误事机。自当督促进行，赓续赶办，藉图补救于万一，断不敢畏难苟安，因循敷衍，以期仰副朝廷宵忧劳眷顾东陲之至意。

所有胪陈奉省第三年第一届成绩并下届筹备情形缘由，除分咨查照外，理合恭折具陈，伏乞皇上圣鉴训示。谨奏。

九月初二日奉到朱批：该衙门知道。钦此。

中国科学院历史研究所第三所主编：《锡良遗稿》第二册，第1219—1222页，中华书局1959年出版

吉林巡抚陈昭常奏报第四届筹备宪政情形折

宣统二年九月初十日①

奏为遵章奏报第四届筹备宪政情形,恭折具陈,仰祈圣鉴事:

窃查宪政编查馆奏定考核专科章程第三条内载,九年筹备事宜,责成内外臣工,每届六个月,将筹办成绩胪列奏闻,并咨宪政编查馆查核。自光绪三十四年八月起至十二月底止为第一届,以后每年六月底暨十二月底各为一届,限每年二月、八月内各具奏咨报一次,等语。臣于第一二三届先后会同升任督臣徐世昌暨现任督臣锡良,将筹备宪政情形历次奏报在案。兹届第四届奏报之期,谨按宪政分年筹备清单开列督抚应办事宜,除变通年限提前办理各项业已节届声奏不复赘陈外,本年应行筹备各项,其前届之筹备未尽者,则接续筹备,前届之已经筹备者,则推广筹备。谨将本届历办情形,为我皇上缕晰陈之。

一续办城镇乡地方自治一项。查自治事宜,当以研究所为先导,宣讲所为旁助,而以筹备公所为其办事机关。省城研究所学员本年二班毕业,仍即分派各属办理自治事宜。各属之研究分所,凡繁盛中等之属,均已次第成立。各属宣讲所,首在繁盛,次及偏僻,均已先后告成。其自治筹备公所,本年春间即饬繁盛之城一律举办,并通饬中等偏僻各属,苟力所有逮,亦应酌量提前赶办,计中等厅县之提前办理者有滨江、敦化二处,繁盛乡之提前办理者有吉林府属之乌拉乡一处。综核成绩,以吉林、长春、滨州、农安、新城等属为最,其他各属次之。间有办法不合或稍事迁延怠惰者,均经分别记过,以儆其余。并饬由自治筹办处派委视察员周列各属,详细考查,以为殿最。他如城镇乡自治区域之划分,自治经费捐之规定,则以吉省情形迥殊内省,凡按之部章有必须略为变通者,均经电部准行,庶几推行无阻。至若城镇乡自治章程之施行细则及自治选举事宜之预

---
① 为朱批批示日期。

备，已饬由该处分别拟办。凡城镇乡自治规模，业已大定。

一筹办府厅州县地方自治一项。查府厅州县地方自治，虽较城镇乡略迟一年，而彼此同一进行，即先后自相联属。现经饬由自治筹办处，按照部章，悉心筹议，仍仿城镇乡办法，分年分级，依次推行。业已拟具大纲表，俟将分办明白表拟定后，当即咨部查核，以为筹办基础。

一汇报人户总数一项。查此项吉省系提前办理，业于前届奏内声明，以本年为调查人口总数之期。现在填报者已有一十九属之多所，未报者仅只三属，仍分饬依限赶办，约计本年十月人口总数即可报齐，嗣后当再将迁移生殁之数，随时调查，更注册报。至新设厅州县，多因界址未分，此项调查事宜，均由原管地方官办理，以免参舛。

一复查岁出入总数一项。查馆单宣统元年调查岁出入总数，系指光绪三十四年决算而言，本年复查岁出入总数，悉指宣统元年决算而言。次序分明，本应遵照办理，惟上年试办之初，（叠）〔迭〕奉度支部催报宣统元年决算各册，爰饬清理财政局先将本届复查一项提前办理，业经编竣元年决算各册，咨经度支部奏明有案。本届复查岁出入总数，即系追办光绪三十四年决算，现已大端就绪，俟全部告竣后，再行咨部查核。

一试办预算一项。查是项预算，系指本年及宣统三年预算而言。当试办之始，或款目不免纷歧，或表册不中程式，往还驳造，稍致稽迟。现已于七月内一律告竣，经臣专折奏明在案。其临时发生事项，现又饬局赶办，追加预算，本月即当咨部备核。至决算一项，系指本年决算而言。业由该局先将本年春季收款造册报部，现正接办春季支款，夏季收支各款，一俟分别办竣，再行咨送。

一厘订地方税章程一项。查厘订务必先将各项税源一一证明，方有下手方法。吉省税目繁多，税源冗杂，调查沿革，倍觉繁难。业经饬由度支司、清理财政局将全省税目，考其源流，辨其性质，何者应属国家税，何者应属地方税，地方税内又析分省税、府厅州县税、城镇乡税，编定划分税目表，咨报度支部备核在案。兹该局续奉部知，本届厘订地方税一项，议并入国家税，均于明年办理，是本届应办事项，首在调查两税情形，以为厘订张本。现正由局详细调查，俾臻周密。

以上六项，皆前届筹备未尽，接续筹备者也。

一推广简易识字学塾一项。查简易识字学塾，原为年长失学及无力读书者而设，吉省风气闭塞，生计艰难，此项人民，实较他省为多，则推广此项学塾，亦较他省为急。（叠）〔迭〕经饬由提学司悉心规画，转饬各属，各就所管地方，督同劝学所酌量开办，并饬各属凡办理此项学塾，当专收年长失学及实在无力入学之人，广为陶成，以期普及，不得率将旧有私塾及原址学生改易名称，敷衍塞责，界限既明，教育乃有实际。现查各属此项学塾成立有案者，计学塾新增一百二所，合之上年共一百四十六所，学生新增一千九百九十一人，合之上年共二千七百一十九人。一面仍饬各属随地随时再事推广，良以吉省办法，更与内省不同，每年冰冻之期，几居半载，岁晚务闲，等于逸居无教，是此项学塾办法，尤应将识字时间量为加减，冬春倍之，夏秋倍半之。凡属村屯，均用此制，如人数过多，仍当临时添设学塾，以广造就。如是则劳逸适均，就学者当更众矣。

一厅州县巡警年内一律完备一项。查吉省巡警筹办较早，并于节届奏内声明，将乡巡提前办理在案。吉省原只二十二属，自上年以迄本年，（叠）〔迭〕经增改府厅州县，共计三十七属。现在城巡已办者计三十处，乡巡已办者计二十六处。城乡巡共分一百七十八区，马步长警共一万一千七百四十三员名，此正巡也。复筹办预备巡警二万六千五百九十一名，以辅其不足。又奏定每属设马步游巡三十八员名。新安镇主簿、赫尔苏州同两分防，各设马步游巡三十四员名，共计一千四百五十四员名。此款内旧有捕盗营、护垦队改编，作正开销。吉省现时警政虽不足语完全，而保卫治安尚资得力，由是再加训练，自不难更臻进步。

一省城商埠等处各级审判厅限年内一律成立一项。查吉省审判各厅，除省城及长春成立最早外，此外如延吉等处，均于上年成立，即非商埠地方，亦酌饬提前办理，节经分别奏报在案。惟依兰府、宁安府、滨江厅三属，均属商埠地方，以经费未充，迟迟待举，现已筹有端绪，务于本年一律依限成立，克日程功，当无贻误。其他关于司法之应行筹办者，如改良监狱、创办登记两项，实为切要之图。查省属旧有监狱，规制未完，每虞湫隘。至新设各治，尚未筹议兴建，如使每属各设一狱，不特无此财力，且僻小州县，罪犯稀少，徒耗巨资，无补实际。拟以全省分为六区，每区各建监狱一所，全省狱政既可一律整齐，而筹措之方，亦较轻而易举。此筹办监狱之大要也。吉省客民杂处，遇有民事案件，涉于田产婚姻者，往往奸诈百出，判理为难。延吉一隅，韩侨尤众，杂居无制，交涉愈繁，亟应设立登记，以资稽查。惟登记事项，应附入初级审判厅办理，该厅成立各属，尚未遍及四乡，办理多形不便。独延吉则初级六厅节节布置，举办登记，较易为力，拟先从延吉入手，再行逐渐推广。此筹办登记之大要也。二者既备，司法前途，自可日臻完善。

以上三项，皆前届已经筹备，而推广筹备者也。

统计九项，皆系按照宪政筹备清单所开本年应行筹备之事，举凡各项筹备情形，略具于是。臣惟国家厉行宪政，原以植议院之始基，其所以需至九年始行钦颁宪诏者，良以逐年筹备，非旦夕可以期功，然使内政大端得以先期成立，提前年限，朝廷岂靳予人民，凡圣主之苦衷，皆微臣所深疚。比年旷观时局，事变益繁，吉省丰镐旧都，尤为根本重地，稍有知识者，无不以速开国会为补亡救弱之谋，其说为天下之公言，即凡事为疆臣之专责，待时乘势，何敢以筹备定限为衡，自当督率司道各员，并力进行，竭诚图治，宪政先一日完备，即国会先一日观成，得以上慰圣明，下纾民望，微臣所以报国者，如是而已。

所有第四届奏报筹备宪政缘由，除分咨查照外，谨会同东三省督臣锡良，恭折具陈，伏乞皇上圣鉴训示。谨奏。

宣统二年九月初十日奉朱批：览悉。该衙门知道，钦此。

《政治官报》第一千六十七号，折奏类，宣统二年九月十五日出版

黑龙江巡抚周树模奏第三年上届筹备宪政成绩并下届办理情形折

宣统二年九月十三日①

奏为胪报江省第三年上届筹备宪政成绩并下届办理情形，恭折仰祈圣鉴事：

---

① 为朱批批示日期。

窃查光绪三十四年钦奉谕旨，令将九年筹备事宜，每届六个月胪列成绩奏闻，等因。钦此。江省第二年下届筹备宪政成绩，业于本年二月奏报在案。所有接续上年应办事宜，经臣严定考成，酌拟各项表式，通饬主管各员认真筹办，分晰填报去后，兹届第三年上届奏报之期，据各处将筹备成绩依限列表呈报前来，臣按照清单逐加察核，计本省第三年上届应行筹备者凡八项，谨将办理情形为我皇上详晰陈之。

一、续办城镇乡地方自治。上年筹办期内，业在省城设立自治研究所，养成自治人才，本年五月自治学员毕业，已饬分回各属，责令襄办自治。并饬民政局按照筹备清单暨奏定章程，体察本省情形，酌拟举办各属城镇乡地方自治各种办法，厘订详细章程表式，分别进行秩序，逐件详加说明，通饬遵照认真举办，并将本年应办事宜开列依限清单，严饬依限办理。现在各属自治宣讲所均已成立，繁盛属境自治研究所业经创设，各属筹办城自治公所，次第成立者十居六七，而繁盛地方间有推及于各乡者。惟调查人口，划分区域，各属未及报齐，全省自治区域尚未核定，现已（叠）〔迭〕饬严催，其已经划定区域组织较易者，即令先行成立自治各会，以期迅速。现在龙江府、巴彦州等处城议事、董事各会业经成立。其余各属，应督催赶紧办理。其府厅州县地方自治，应于本年筹办，惟此项部章，本年二月始经颁布到江，维时各属正在调查户口，筹划城镇乡自治区域，并组织各会，若将府厅州县地方自治责令同时并举，不惟力有未逮，抑恐歧误滋多，拟俟全省城镇乡自治区域划定，议事、董事各会成立后，再行分饬认真筹办。此办理地方自治之情形也。

一、汇报全省人户总数。上年十二月，业将各项调查表册依限奏报一次。本年办理复查，前已饬司妥速预备，并饬各属查报人户总数，即将人户总数一并查照，提前报部，以免劳费而省繁文。现在各属举办自治事务正繁，调查户口事宜尚未一律报竣，应饬迅速查明，填注表册，于年内送省核定，依限报部，另案奏明办理。此调查人口之情形也。

一、复查岁出入总数。照章上季报告应于下季造送。江省本年春季应办册报，前经将宣统元年秋季出款、冬季出入各款，并于三十四年及宣统元年春夏两季续经查明出入各款，编成总分各册，汇同一次送部。夏季应办册报，复将宣统二年春季出入各款，并各属续报宣统元年冬季出入各款，编成正补各编，依限送部备核，先后附片奏明在案。现饬清理财政局根据各属报告，将本年夏季出入各款暨续经查明春季出入各款，赶紧汇核编成，于九月内续行送部，届时再行奏明办理。此复查岁出入总数之情形也。

一、试办预算。江省宣统二年预算，业于上年奏明提前试办，藉资练习。所有宣统三年预算，本年二月经度支部将各项表式册式颁发到江，当经刷印多分，通饬遵照办理。旋据各处将三年预算表册填送前来，经饬清理财政局严加核减，遵照部式，编立宣统三年岁出入预算总表一册，预算总册一册，岁出入预算比较表一册，国家行政经费预算比较表一册，地方行政预算比较表一册，并以各种款项有由民政司经管者，有由地方官绅及官业各局厂公司经管者，非详加分晰，盈亏比较，易滋混淆。复编订管理分部报告册一份，附入预算各册，于七月间奏明送部。嗣经部臣复核，以出入比较尚不敷六十余万金，电令将出入各款再加增减，务求收支适合。复将入款再增七万余两，出款再减七万余两，预备金筹还旧欠暨移民经费等项，共减二十四万两。业将增减理由另表填注，并改定预算总表送部再核，以蕲经费确定。此试办预算之情形也。

一、设立省城暨商埠各级审判厅。江省高等审判厅及龙江府地方以下各厅，业于上年十月提前成立，现在规模大定，裁判日渐改良，办理尚有成效。其齐齐哈尔商埠与省城近在咫尺，原拟不设专厅，呼兰、绥化两府地方以下各厅，拟于年内先行开办。惟各属就地筹款情形殊觉为难，迭经文电交催，现惟呼兰府筹定的款二万余两，拟于九月间开办。所有任用法官，应照奏定章程办理。其绥化府属现尚筹款无著，即严饬赶办。至建筑高等及地方审判厅庭，业经勘定地址，绘图估工，省城模范监狱，亦将草图绘就，正在估计，应俟建筑落成后，再行详细奏报。此筹办审判之情形也。

一、推广厅州县简易识字学塾。本年正月，经学部将简易识字课本刷印样本，颁发到江，当饬提学司分行遵办。现查筹备第九年人民识字者应得二十分之一。江省丁口约一百五十余万，二十分之一约得七万五千余人，业将各种课本寄由奉天代印七万五千册，按各处人口多寡，分别札发，饬官民各学堂一律附设此项学塾，以资提倡。各属人口较繁之区，均令每千人中设立一塾，每塾定额五十人。现当推广之初，据教育总会暨各属陆续呈报，已经成立一百五十六所，嫩江、黑河等属人口较少地方，已将颁定课本如数缴价领讫。其余各属，因人口较多，尚未照原定额数具领，迭经严饬札催，并拟定推广办法，先令各署局附设一塾，以教仆役，并由官立各学堂分划学区，责成办学各员分途倡导。其已设学塾尚未足额，拟设学塾尚未开学者，均分别考核，严饬认真办理，应俟下届再行奏报。此推广简易学塾之情形也。

一、府厅州县巡警年内一律完备。江省各属巡警开办最为提前，除新设治各属现时始能成立外，其余各府厅州县，不惟城厢巡警业经完备，即乡镇巡警亦渐次成立。惟从前成立各巡警，办法未尽合宜，现正悉心考察，极力整顿。业饬省城警务公所拟定详细章程，俾办事人员一体遵守，并令各地方官将本管地方巡警官弁严加考核，随时详报备查。并一律添设警务长一员，禀承地方官管理全境警务，兼督饬教练所认真举办，在经费充裕地方，并令专招学兵数十名入所讲习，其经费不足之处，则就各区警兵更番训练。现据各属巡警教练所呈报毕业者已有数处，将来仍饬设法推广，力求进步。此办理巡警之情形也。

余惟厘订地方税章程，应与宪政编查馆、度支部会同办理。业经遵照部章，将全省各项收支分别门类，订成全省财政沿革利弊说明书八十七篇，并再三讨究辨别各款性质，阐述分配理由，附纂划分国家地方两税意见书一通，奏明送部备核。现经度支部将国家税暨地方税章程奏明同时厘定颁布，议以本年为调查年限，宣统三年为厘定年限，宣统四年同时颁布，等语，奉旨俞允。钦遵行知到江。应即遵照另案办理。

臣维国非政不立，政非财不行，财非民不出。江省初建省治，户口极为稀零，新政虽较易推行，而民间之负担已重，地方尚未尽开发，而财计之罗掘已多。现查逐年清单所开，约计本省应办各事，需费既浩穰无极，进境尤推暨无穷。其已经施行者，既款有可筹，事体固断无中辍。其未经推广者，如筹无定款，办法似尚宜变通。臣（维）〔惟〕有随时随事体察情形，分别认真办理，无迁延以废事，亦不敢操切以图功，庶仰副圣朝实行宪政之至意。除分咨外，所有江省胪报第三年上届筹备宪政成绩并下届办理情形，谨会同东三省总督臣锡良恭折具陈，伏乞皇上圣鉴。谨奏。

宣统二年九月十三日奉朱批：该衙门知道。钦此。

《政治官报》第一千七十号，折奏类，宣统二年九月十八日出版

恭报筹备宪政第三年成绩折

宣统三年二月二十八日

锡　良

奏为恭报筹备宪政第三年第二届成绩并第四年第一届筹备情形，恭折仰祈圣鉴事：

窃查奉省第三年第二届筹备宪政事宜，业于上年八月奏报第一届成绩折内奏明在案。嗣奉上谕缩短国会期限，并改正筹备清单，提前赶办，仰见我皇上励精图治之至意，感奋莫名。

伏查原单第三年各省应办之事，计分九项，其中关于民政者四，关于财政者三，关于司法及教育者各一。兹届奏报之期，敬为我皇上缕晰陈之。

一为续办城镇乡地方自治。奉省自治区域，计四十有六处。上年城镇乡同时举办者，业有承德、铁岭、辽阳、海城、开原、盖平、营口、昌图、西安、宁远、凤凰等十一属，八月以后赓续举办者复有抚顺、本溪、辽中、法库、复州、康平、海龙、东平、锦县、盘山、义州、安东、庄河等十三属，统计城镇乡会先后成立之处凡二十四属，比较全省自治区域，业已强半竣功。嗣因各属议员来自田间，未必皆明法理，特设自治职员研究会，并将议决各案，随时呈由自治筹办处人员逐项评论，刊发月报，以资观感。计自秋冬两季开会以来，议、董各员尚能恪遵定章，循序办理。

一为筹办厅州县地方自治。查厅州县自治系城镇乡之上级机关，尤应早日成立，以资模范。自上年九月开办以来，凡选举之调查，名册之制造，议员额数之比算，现均办有端绪。循是以进，全省议事、参事各会，来年二月计可告成。至各属自治研究所，系宣统元年开办，统计至上年十二月为止，毕业学员已达三千七百八十五名。刻又遵章接续办理，务使法政知识普及，藉收知行并进之效。

一为汇报全省人口总数。奉省户数，业于上年遵章查竣，计全省正户一百一十万八千五百一十三户，附户五十二万一千八百六十户，当经先后列表咨报民政部在案。又虑迁徙并析，时有变更，节经饬令各属，随时由巡警列表稽查，按季具报，俾户数确实，将来清查口数，不致漫无凭依。至口数调查一节，虽系第四年应办之事，亦经提前赶办。业据兴京、法库、辽阳、海城、镇安、锦县、广宁、绥中、凤凰、海龙等十属造册汇报，转咨在案。其余各属均可于本年十月一律报齐。

一为厅州县巡警。查奉省巡警一项开办较早，现在厅州县巡警及镇乡巡警均已先后成立，据民政使张元奇呈报，全省警区二百一十有八，分所六百八十有七，巡警一万九千一百九十七名，足敷平时保安之用。又查东边一带，当鸭、浑两江流域之冲，国防紧要，兼之林工麇聚，易滋事端，复添备水上巡警，设总局一，分局十五，以资巡卫。复以奉省盗风素炽，常设巡警分布实恐难周，曾于上年奏设预备巡警，以补不足，刻正赶速筹办，已有多处告成。此关于民政各项之成绩及筹办之实在情形也。

一为商埠审判厅。原单限令年内一律成立。查奉省商埠区域较多，历经提前筹设承德、抚顺、新民、营口、安东等处审判厅，上年十一月又奏设辽阳州地方、初级两审判厅，并奏改抚顺为地方分厅，以裁节之经费，挹注辽阳。其余铁岭、凤凰、法库、同江各处应提前赶速设立者，已于宣统三年预算司法经费内筹定专款，本年当可次第告成。至扩充检察讲演会，筹办高等检验学习所、律师传习所，虽为原单所无，要皆补助法权独立之事。此关于司法事项之成绩及筹办之实在情形也。

一为推广厅州县简易识字学塾。查此项学塾，上届已设七十四处，学生二千九百余人。嗣后逐加增设，现共有学塾二百六十处，学生八千七百八十五人。惟以奉省人口之多，教育虑有未遍，刻拟力图扩充，普及于乡村各处，总期编氓之知识日进，庶几新政之障碍潜消。此关于教育之成绩及筹办之实在情形也。

一为复查全省岁出入总数，试办全省预算决算，厘定地方税章程三项。查奉省岁出入总数及试办预算，业于上届奏咨在案。惟预算创办伊始，与行政互有关系。奉省各府厅州县并各税局之改革办法及预算案内规定一切公廉各费，现已一律试办，以为将来实行预算之张本。至划分国家地方两税，已饬清理财政局分类列表，拟定说明书，转咨度支部在案，一经部臣厘订，自可次第实行。此关于财政事项之成绩及筹办之实在情形也。

综上九端，约为四类，或办理已经竣事，或刻期先行筹办，总期实事求是，不敢稍存敷衍。惟是轮轨交驰之地，疮痍满目之时，财力虽罗掘几空，望治则水火同迫，一切新政之举办，断不能拘牵文义，致误时机。臣才绵力薄，夙夜兢兢，惟有矢慎矢勤，力图进步，以仰副朝廷望治之意于万一。

所有胪陈奉省第三年第二届成绩并下届筹备情形缘由，除分咨外，理合恭折具陈，伏乞皇上圣鉴训示。谨奏。

三月初六日奉到朱批：该衙门知道。钦此。

中国科学院历史研究所第三所主编：《锡良遗稿》第二册，第1277—1280页，中华书局1959年出版

东三省总督赵尔巽奏筹办宪政第四年第一届成绩折

宣统三年九月十三日①

奏为奉省筹办宪政第四年第一届成绩，遵照修正筹备清单，恭折具陈，仰祈圣鉴事：

窃查奉省第三年第二届筹备宪政事宜，业经前督臣锡良奏报在案，嗣准宪政编查馆电开，本年以后筹备成绩，应按修正清单奏报，等因。伏查修正清单，第四年各省应办之事凡四项，臣到任后逐加考察，规模颇复完具。敬将已办成绩，为我皇上缕晰陈之。

一为厘定国家税地方税各项章程。两税款目，奉省调查较早，已于上年饬由清理财政局编拟划分两税说明书暨税目税额表，咨送到部，以备参考。一经部臣核定，即可颁布实行。此按单筹备者一也。

---

① 为奉到上谕批示日期。

一为汇报户口总数。查定章，人口总数本应于第四年十月汇报一次，迭饬民政司饬催各属，限于本年十月以前一律报齐。据该司呈称，已有二十五属陆续造报到司，其余各属，或尚未据报到，或因查核未符驳回更正，业经立限严催，计当不误十月汇报之期，此按清单筹备者二也。

一为续办地方自治。奉省自治区域凡四十六处，计分上下两级。城镇乡会除上年成立之二十四属，已于二月间奏报外，其二月以后陆续成立者，为辽源、奉化、怀德、新民、彰武、镇安、西丰、柳河、广宁、岫岩、兴京、通化、怀仁、绥中、锦西、宽甸、辑安等十七属，惟洮南、临江、开通、靖安、安广五属，因人口稀少，先办上级府县会。现在全省已开办之议、董两会，城厢凡四十一所，镇会六十二所，乡会三百零二所，是为下级自治。至上级府厅州县会，自上年十月间开始筹办，截至本年七月止，已据呈报成立者，为奉天、抚顺、本溪、辽阳、辽中、铁岭、开原、复州、盖平、海城、营口、法库、昌图、奉化、康平、海龙、东平、西丰、西安、柳河、锦州、盘山、广宁、义州、宁远、绥中、凤凰、岫岩、安东、宽甸、庄河、兴京、通化、怀仁、临江、洮南、靖安、安广等三十八属；其预报本年八月间可以成立者，尚有辽源、怀德、新民、彰武、镇安、归西、辑安、开通等八属，均限至八月以内，议、参两会一律成立，是为上级自治。统计上下两级，除长白、辉南、安图、抚松、醴泉、镇东六属，系甫经设治，不在原定四十六区域以内，暨洮南等五属下级自治会尚待续办外，全省两级自治会殆已一律竣事。旧设之自治筹备处业据民政司张元奇呈请裁撤，酌留员司，归并该司赓续办理，以省费用而竟全功。此按单筹备者三也。

一为续办各级审判厅。查奉省审判厅开办最先，历年筹设者已有高等两厅，奉天、抚顺、安东、新民、辽阳、营口等处各级审判、检察厅。本年五月到任后，复经添设锦州地方、初级各审判厅。其昌图、铁岭、凤凰、法库、复州、海城、开原、盖平等各地方、初级审判厅，本拟于本年提前设立，嗣因司库艰窘，法官难得，经臣奏请展缓一年，仰蒙俞允在案，现复详加体察，昌图诉讼最繁，铁岭地属商埠，仍拟于本年赶速设厅，以资治理，其余均缓至明年续设，庶于原单期限仍无贻误，而财力藉以稍纾。此按单筹备者四也。

臣伏查奉省筹备各项宪政，不患其备之不多，而患其筹之无方，不患其行之不速，而患其守之无法。到任以来，夙夜兢兢，补偏救弊，未敢稍形疏忽。即如自治一项，会所太多，区域尚拟合并，良莠宜别，害群在所必去，薪费耗而无节，则特定支给标准，以资考核，会员愚而自用，则月刊自治杂志，以浚学识。审判一项，尤以养成人才为急，故于法政学堂附设法官养成所，俾未来之法官有所造就，尚虑现任法官未谙法律，复将各级审判、检察官吏补行考验，用杜倖进。其学生之已毕业者，则有狱政专科、检验学习所、登记讲习所，均已派赴各属实地练习，现正开办省城高等检验学堂，以广甄陶。建筑新民、营口、辽阳、铁岭四属新监，以重刑狱。凡此皆于清单以外，为辅助宪政要端，臣到任以来，并筹兼顾，力图完备之情形也。此外如巡警、教育等项，虽经馆臣奏明属于普通行政事务，不列修正清单，亦均接续筹办，切实进行，未敢稍懈。

所有奏报奉省第四年第一届筹备宪政缘由，除分咨外，理合恭折具陈，伏乞皇上圣鉴训示。谨奏。

宣统三年九月十三日奉朱批：该衙门知道。钦此。

《内阁官报》第七十六号，折奏·宪政类，宣统三年九月十七日出版

东三省总督赵尔巽、黑龙江巡抚周树模奏第四年筹备宪政成绩折

宣统三年十月初四日①

奏为胪报江省第四年上届筹备宪政成绩并下届办理情形，恭折仰祈圣鉴事：

窃江省第三年下届筹备宪政成绩，业于本年二月间依限奏报在案，维时已准前宪政编查馆将奏定修正逐年筹备事宜清单咨行到江，期限既经缩短，即考核倍宜加严。当经酌定提前办法，拟具各项表式，分饬主管各员认真举办，分晰具报去后。兹届第四年上届奏报之期，据各处将筹备成绩依限列表呈报前来，臣等按

---

① 为奉到上谕批示日期。

照修正清单逐加考核,本届应行筹备事宜计分八项,谨将办理情形,为我皇上缕晰陈之。

其已列修正清单者,凡四项。

一、厘定国家税地方税各项章程。上年业经遵照部章,将全省收支,辨明性质,分别门类,订成黑龙江财政说明书,送部备核查。此项说明书即为厘定国家税地方税章程之预备,前编订时,即于租税一门特加详审,每篇之末附列按语,究论得失利弊,并将各种租税酌分国税、省税、府厅州县税,按定统系,列表系说,纂为划分税项意见书一通,一并咨部查核在案。应俟部中参酌核定,将全国税章详细厘订,颁发到江,再将所有税项按照定章妥为规定,以期改良而昭划一。此厘定国家税地方税章程之情形也。

一、汇报户口总数。上年复查户数,即将人口总数提前查明,曾经奏报有案。本年复饬各属复查,将应报户口总分各数,统限九月初旬一律造报,以凭核咨。现查各属已有先期复查完竣,造送表册到省者,预计届时当能汇齐送部,不致有逾奏报之期。此复查户口总数之情形也。

一、续办地方自治。本省城镇乡地方自治,除龙江、呼兰两府已于上届一律成立外,其上届仅将城议事会、董事会成立者,如绥化、嫩江二府,大通、兰西二县,均于本届将各乡议事会、乡董一律成立;黑河府则因地居偏僻,选民无多,照章于各乡设立乡选民会,并设乡董、乡佐,亦经一律成立;余如大赉、瑷珲、肇州、巴彦、余庆、拜泉各厅州县,虽未一律成立,然经逐渐扩充,应设之乡议事会乡【董】各职成立已居大半;其上届城乡议事会、董事会、乡董均未成立者,如海伦府、呼伦厅、木兰县,均已将城议事会、董事会成立;木兰县则各乡选民清册亦经调查明确,刻期举办;胪滨府则因地处极边,情形略殊,先将所属新巴乡议事会、乡董成立;青冈、汤原两县,亦均经分别筹办,据报有案;即极僻之兴东道所辖地方,亦已设立自治研究所,力促进行。至府厅州县自治,为自治上级机关,本届各属城镇乡自治一律成立者,既有多处,自应迅速接办,以求完备,业经饬司详细酌定办法,并依次举办。清单暨自治公所通则,分别通饬遵办,复遴派谙悉自治人员,分赴繁盛各属襄办一切,以期速成。此续办地方自治之情形也。

一、续办各级审判厅。省城高等以下各级审判厅早经成立,应修法庭,仿照奉、吉两省办法，以高等、地方两厅合修一处，前经通盘筹划，绘图招工，切实估勘，于本年四月动工，统计大小楼平房共二百五十余间，现正督饬赶造，工程已逾十分之八，预计九月可以告竣，应俟落成另折奏报。其各属审判厅应行推广设立者，如呼兰、绥化两府，本拟上年九月提前开办，因筹无的款，未能依限成立。本年春间始据组织就绪，时值鼠疫流行，复经奏请缓办，嗣经查照本省规定司法事宜及预算经费表，酌定厅数庭数员数，分别派员前往开办。现据各厅申报，呼兰地方、初级审检各厅，已于五月开庭；绥化地方、初级审检各厅，已于闰六月开庭，业将成立暨开庭日期专折奏报在案。其海伦、巴彦等属审检各厅，亦拟提前开办，现已饬司督催，一俟就地筹有经费，即于本年冬季成立。省城模范监狱，前经勘定地址，绘具草图，原拟本年成立，嗣以财政支绌，且本年建筑法庭，势难兼顾，业与清理财政局一再筹商，改归四年预算办理。此续办各级审判厅之情形也。

其未列修正清单者，凡四项。

一、复查岁出入总数。上年未经造送各项报告册，业经分别补造，先后送部各在案。所有本届应行造送者，为上年冬季本年春季报告册。现在上年冬季报告，业经根据各处分册汇编总册送部。其本年春季应造简明报告，亦经饬由清理财政局，根据部章改订各处月报条例并册式，呈请通饬遵办，一俟各处分册送局，当即派员详细查核，赶紧编造送部。此复查岁出入总数之情形也。

一、试办预算。本年试办全国预算，部章应编全省岁入预算表册，限四月十五日以前送部，全省岁出预算表册，限五月十五日以前送部，当经遵照，饬由清理财政局依据部章，先后拟定宣统四年岁入岁出预算细则并比较表式，通饬各处遵限造报。旋据各处将宣统四年预算表册陆续填送到局，经饬局员逐款详加稽核，按照部式汇编总册，业于四、五两月先后送部核办在案。至本省现在筹办事宜，乃临时发生事件，按照部章，必须筹有的款，方准追加，应俟查酌情形，另案办理。此试办预算之情形也。

一、推广简易识字学塾。上届酌定推广办法，曾将学部颁到课本饬司印刷，按各处人口多寡分别札发，凡官民各学堂一律附设此项学塾，以资提倡。续奉部颁简易国民必读上卷，亦经依式翻印，照识字课本原数饬属购领讲授，并饬司随时稽考，将设塾最多及较少之官绅，分别各记功过，以示惩劝。兹据各处陆续呈报，已成立简易识字学塾四百四十八所，共得学生一万三千六百六十五人，此较上届实增学塾一百一十三所，学生四千八十四人。现仍分饬各属认真推广，以期普及。此推广识字学塾之情形也。

一、府厅州县巡警限年内一律完备。上年曾经筹办预备巡警，以为经常之补助，由谘议局、民政司拟定详细章程，呈准饬属遵办，并派员分途监察，业已粗具规模。所有各属警务长均经一律派齐，其繁盛地方并分设各科分治庶事，（叠）〔迭〕将警务人员遵照部章，调省详加考核，以资任用而便整饬。其巡警教练所已经多处毕业，警兵均由此遴充，现复设法推广，以为将来之储备。并饬司拟定乡镇巡警章程，分饬各属遵照办理，兼派妥员分赴各属，刻期督办。已据各属禀报办有头绪，现在督办人员尚在各属周巡筹划，一俟各该员等回省销差，再将整顿情形据实续报。此续办府厅州县巡警之情形也。

（一）〔以〕上各项，其已列修正清单者，期极严迫，筹办乃宜提前，其未列修正清单者，事属因仍，推行亦难稍缓。臣等惟有策励进行，始终罔懈，不敢因难而自阻，庶期日起而有功，以仰副朝廷实行宪政之至意。所有胪报江省第四年上届筹备宪政成绩并下届办理情形，除分咨查照外，谨合词恭折具陈，伏乞皇上圣鉴，谨奏。

宣统三年十月初四日奉旨：内阁知道。钦此。

《内阁官报》第九十七号，折奏·宪政类，宣统三年十月初八日出版

山西巡抚宝棻奏设调查局折

光绪三十四年五月初七日①

奏为遵设调查局，谨将开办情形暨各员衔名恭折具报，仰祈圣鉴事：

---

① 为朱批批示日期。

窃前准宪政编查馆以开办编制、统计二局,奏请京外通力合作,奉旨饬令每省设立调查局一所,由该管督抚遴选妥员,按照奏定章程切实经理,随时咨报该馆。等因。钦此。由馆恭录咨行到晋。

奴才窃维宪政预备,非编纂法典,无以具统一规模,非综核名实,无以考庶政举废。是故法制、统计两端,为东西诸国整齐内政之成规,各省设立调查局,仿而行之,大而地方行政,小而民生,至纤至细,莫不备具。编辑者据往事得失利弊之由,定将来损益斟酌之制。宪政权舆,莫要于是。晋省僻在山陬,风气向称谫陋,凡属法制上之地方行政、民气习惯等事,统计上之外交、民政、财政等事,程度高下有不齐即举办难易之各异。自应分门别类,详细考究,庶足以为编制法规、统计政要之优据。惟事经创始,讨论不厌精详,且值此过渡时代,选人任事,必须新旧参用,方能融会贯通,有裨实益。数月以来,由奴才遴员督饬,筹议一切,所议开办章程,详细核定,尚与宪政编查馆原议相符。当经委派山西候补道王为幹为调查局总办,分省同知日本法政大学赵俨威为法制科科长,拣选知县日本明治大学法科生吴人达为统计科科长,日本法政大学专科生刘蕃、山西候补道直隶州知州周之骧、和顺县知县进士馆法政毕业生龚庆云三员为法制股股官,日本法政大学毕业生姚树圻、州同衔江苏南菁高等学堂毕业生吴人彦、山东候补知县潘灏三员为统计股股官。其余庶务、书记等员,即由该道等遵章逐一遴派。刊刻木质关防,于四月十六日在奴才署中西院开局试办。伏思调查一事,关系改革政治之全局,事体重大,条理纷繁,刻下开办之始,一切组织机关,定拟表册,固应由奴才随时督饬各员,广益集思,日臻周密。此外各衙门局所应行设立之统计处,本有通力合作之益,亦应饬催一律遵办,庶早观厥成,按期咨送宪政编查馆复核,以符定章而裨要政。

该局所需经费,统由藩库筹给,应请作正开销。除分咨宪政编查馆暨各部院查照外,所有晋省调查局成立缘由,理合恭折具陈,伏乞皇太后、皇上圣鉴。谨奏。

光绪三十四年五月初七日奉朱批:该衙门知道。钦此。

《政治官报》第二百二十号,折奏类,光绪三十四年五月初十日出版

山西巡抚宝棻奏胪陈第二届筹备宪政事宜折

宣统元年八月二十七日①

奏为遵办胪陈晋省第二届筹备宪政事宜，恭折仰祈圣鉴事：

窃照光绪三十四年十二月二十七日钦奉上谕：明年以后应行筹备各事，著内外各衙门按限妥筹，次第举办。等因。钦此。

按宪政编查馆考核专科章程，应将半年筹办事宜，每年二月及八月内各具奏一次。晋省第一届筹备成绩，业于上年十二月间奏明在案。兹值第二届应行奏报之期，查九年筹备事宜清单，第二年督抚所应办者，为举行谘议局选举、筹办地方自治等八项，兹督同藩司丁宝铨等逐项筹备，谨将办理情形，为我皇上缕晰陈之。

一为举行谘议局选举。晋省选举事宜，先由筹办处排定期限，遴选各绅分任催办，业将大概办法，于第一届奏报案内声明，本年各属调查事毕，先后禀报，合省共得选举人五万五千六十九名，初选区当选人数，本应复选监督加十倍分配，深恐未尽熟谙，延误选期，由筹办处先为配定，饬令初选催办员会同各该地方官，按照投票规则票匦定式，逐一举行。三月十五日，初选举告成。复选事宜，本未若初选之复杂，第事属创始，复遴派深明法政、熟习选举员绅，先期分赴各属，帮同各复选监督，于六月十五日行复选举。据九府、十直隶州、归绥道共二十复选监督报到，选定合省议员八十六名，均经呈明愿书，发给执照。其太原、绥远右卫驻防专额议员及候补当选人，亦经分别选定。目下正在催集各员，互选正副议长、常驻议员，以及酌定议事规则、应议案件，以为开局成立之预备。至谘议局建造工程，先经勘定缉虎营地方，于上年六月间开工，现已造成房屋一百余间，暂可敷用，尚须续筹添建，以期完备。此遵章筹备者一也。

---

① 为朱批批示日期。

一为筹备城镇乡地方自治，设立自治研究所。自治辅官治所不及，筹办当以城镇乡为始基。本年正月间奉到宪政馆奏定章程，即经转饬遵办。无如我国人民向无政治思想，间有明达士绅，亦仅管理善举等事，今欲筹办自治，非先从教育入手，使各属皆有通晓自治法理者数十人，无从措办。查原定九年筹备清单，此项事宜限于宣统五年成立，似亦深悉为难情状。晋省先经分饬各属筹设自治讲习所，延聘曾习法政员绅，招集有选举资格之人入所讲习宪法大纲、地方户籍选举等制度。其瘠苦之区无力专设者，附送就近州县肄习。另在省城遵照宪政馆奏定原章设立自治研究所，授以较深之学科，以四个月为一学期，两学期毕业。已据各属禀报，卒业一二班不等。省城研究所亦将届两学期，一俟毕业，考试合格，即可分发各属，广为传习。一面会同各员划区调查自治规模，由下而上，此后渐及各厅州县，便可迎刃而解。此遵章筹备者又一也。

一为调查人户总数。现行新政千端万绪，如选举、自治等事，皆以清查户口为基础。中国向办保甲，所填户口已成具文，自奉准民政部咨行调查章程，即经转饬遵办，照章以巡警道为总监督，拟订调查户口施行细则，通饬各属遴选绅董，划分区域，确实调查。所有编订门牌，分别正附各户，均照新章办理，并令查造表册，依限呈报。此遵章筹备者又一也。

一为调查岁出入总数。目前财政支绌，几于补救无术，然欲酌剂盈虚，必先得其实数，况此后预算决算，尤不能无所根据。晋省于本年三月间奏明设立清理财政局，照章派藩司为总办，河东道及向办财政之候补道为会办，督率局员，分科治事。嗣正副监理官到省，复详细会商，分年实行调查，凡各署局出入款项，分类列表，催令依限造报，汇核咨部。此遵章筹备者又一也。

一为筹备省城各级审判厅。晋省审判厅，先在臬司署内设立筹办处，以为总汇之区，业于本年五月间奏报。嗣经勘定省城裁缺太原参将衙署，地势宽平，足敷高等审判厅之用。又裁缺太原府同知衙署，堪以改为地方审判厅。其北路第一初级审判厅，即在高等审判厅旁隙地建设，南路第二初级审判厅，另就旧时铁绢局公产改置。应设民刑各庭、检察厅、看守所，各均照章分别添置，约计年内必可落成。所有省城及各厅州县应行预备事宜，该处科员正在挨次编辑调查，逐渐布置。尤以养成审判人材为要务，先经按察司将传习所毕业各员，分发发审局、阳曲县等处实地练习。现复招考第二班候补正佐各员入所传习，庶将来逐年推广，不致有乏才之患。此遵章筹备者又一也。

一为创设厅州县简易识字学塾。立宪之国，必须国民程度增高，而后庶政推行无阻。简易识字学塾，所以辅初等小学之不足，期于教育普及，增高国民之程度者也。本年学部奏准变通初等小学新章，酌分数级。现拟从此入手，省城内外城乡市镇，尽先推行完全科，继之以四年简易科，又继之以三年简易科，视民间生计之优绌，次第增设，俾乡里学童量而后入。其穷民恃营业为生，或已过时失学，另设简易识字学塾，以济其穷，再有窒碍，或酌改为半日等学塾，变通尽利，各就地方情形，不强人以所难，而期于事之有济。至课本一项，暂取民间常用之字酌量课授，俟部中颁发，再行通饬遵用。此遵章筹备者又一也。

一为厅州县巡警年内粗具规模。晋省巡警，自光绪二十九年开办，迭次改良，奴才以警政关系地方治安，必须力求完备，奏设巡警道以专责成，旋因该道王为榦未能办理起色，业经奏参开缺，暂委按察使志森兼理，先就省城加意整顿，以资表率。各属教练巡警，自三四十名至七八十名不等，历年以来，均以限于经费，未能大加扩充。至省城巡警学堂，开办有年，历届毕业各生，先后分派各处办理警务，本年遵照部章，改为高等巡警学堂，并令府厅州县均设巡警教练所，前此省外各属有设立巡警学堂及传习所之类，均令一律改为教练所，添招学生，次第教练，总以足敷一百名为度。其实系瘠苦之地，催令量力举行，逐渐推广。现据陆续禀报，多已遵章设立，仍当督饬认真举办，力图实效，以期警才日多，足敷分布。此遵章筹备者又一也。

此外本年期限内所应办者，尚有举行资政院选举，应俟奉到资政院章程再行遵办。综计本年筹备事宜，除谘议局选举一项业已竣事外，其余或久经议办，或正在推行。凡举办新政，形式与精神并重，奴才忝领疆符，躬逢立宪，既不敢因循敷衍，致误事机，更不敢粉饰铺张，以欺君父。惟有力图振奋，随时督率司道等急起直追，依限认真办理，以期仰副朝廷励精图治之至意。除分咨查照外，所有胪陈第二届筹备宪政成绩缘由，理合恭折具奏，伏乞皇上圣鉴训示。谨奏。

宣统元年八月二十七日奉朱批：该衙门知道。钦此。

《政治官报》第七百六号，折奏类，宣统元年九月初一日出版

八、各地筹备情形

山西巡抚丁宝铨奏遵旨设立宪政筹备处等折

宣统二年二月初二日①

奏为遵旨设立宪政筹备处，并恭书上谕，敬谨悬挂，恭折仰祈圣鉴事：

窃准宪政编查馆咨称，宣统元年十二月二十日具奏，请饬京外各衙门设立宪政筹备处，并将十月十三日上谕恭书悬挂一折，钦奉谕旨：著依议。钦此。钦遵恭录咨行到晋。

臣窃维事预则立者图治之良规，有备无虞者古今之通义。现在时艰孔亟，宪政实行，条目既极纷繁，期限亦关紧要，非先事图维，无以定执行之秩序，非按期稽核，无以立统一之机关。臣到任后，究心宪政，昕夕弗遑，举凡谘议应行之条件，地方自治之规模，以及财政清厘、户口调查、审判成立、巡警扩充等项，均经臣先后督同司道，转饬各属实力奉行，依限举办。九年筹备，庶政待兴，已办者如何考求成绩，未办者如何督令进行，倘无提纲挈领之区，不足资考核而免迟误。爰即查照馆章，于臣署设立宪政筹备处，由臣责成司道，督饬承办各员，按照逐年筹备事宜清单，先期督催，提前赶办。即于臣署幕职及属僚中，遴选熟谙典章，娴习法政者酌量派充，专司其事，不另开支薪水。所有各州县局所遵办事件，统归该处认真考查，列表钩稽，随时呈由臣分别功过，核定施行，以昭郑重而资激劝。并遵章将上年十月十三日所奉上谕恭书悬挂，俾承办各员随事警惕，悉心查核，总期上下交勉，力赴时机，以仰副朝廷注重宪政、实事求是之至意。

除将各员衔名分咨查照外，所有遵旨设立宪政筹备处缘由，理合恭折具陈，伏乞皇上圣鉴。谨奏。

宣统二年二月初二日奉朱批：该衙门知道。钦此。

《政治官报》第八百五十一号，折奏类，宣统二年二月初五日出版

---

① 为奉到朱批批示日期。

山西巡抚丁宝铨奏酌定司道各官公费折

宣统二年二月初二日①

奏为酌定司道各官公费，恭折具陈，仰祈圣鉴事：

窃准度支部咨奏定清理财政章程第二十七条内开，官俸章程未定之先，除督抚公费由会议政务处议筹外，其大小文武各署及局所等处，应由清理财政局调查各处情形，一面禀承督抚及臣部酌定公费，一面提出各项规费，除津贴各署公费外，概归入该省正项收款，等因。当经转行饬遵去后，兹据署山西布政使汪诒书会同清理财政局司道详称，该司道等缴领度支，赞襄财政，目击时艰，自应切实遵办，且司道为阖省官场表率，兹当裁提规费，酌定公费，尤宜克己奉公，首先提倡。现在会同调查，参以报告清册，计藩司年入养廉实支银四千七百六十四两，又地丁随解公费并供支等项二万七百余两；学司年入养廉实支银二千六百三十二两，又由司库年支公费九千二百两，又供支工程等项一千三百两；臬司年入养廉实支银四千九百六十四两，又各属公费岁修等项一万二千三百余两；巡警道年入养廉实支银二千七百六十八两，又津贴银二千八百余两；冀宁道年入养廉实支银二千七百六十八两，又各属公费供支等项九千五百余两；河东道年入养廉实支银二千七百八两，又公费填匦及癸卯新纲经费官运余利等项一万二千五百余两；归绥道年入养廉实支银二千七百八两，又归化关拨解公费一万二千两。以上各款，除养廉照额另支外，余均一律扫提归公。今照章酌定公费，拟藩司年支公费银一万八千两；学司每年改支公费银一万五百两；臬司年支公费银八千两；巡警道原支津贴二千八百余两，实不敷用，拟每年改支公费银八千两；冀宁道年支公费银八千两；河东道稽查盐务，归绥道巡视边防，费用较繁，每年各支公费银一万两。均自宣统二年正月初一日起，由司库分别支发，作正开销。其扫提归公

---

① 为朱批批示日期。

各款，亦自正月初一日起全数解归司库存储，入册造报。通盘核算，计各司道每年裁省之款，除加给巡警道公费外，实计节省银七千八百余两，如尚有漏未查出之款，不论年月远近，均自本年正月初一日起照数饬缴。至府厅州县以下应定公费，俟将每缺每年入款及各项规费名目逐一查明，另案办理。等情。由该司局列表呈送，详请奏咨前来。臣复加察核，现定各司道公费，系与实支养廉合计撙节拟定，较之原支之数实系有减无增，如此核实厘剔，庶几本省财政涓滴归公。此后核定府厅以下公费，即以是为权舆。

除列表咨部，并饬将应提归公各款，由清理财政局详细造报外，所有酌定司道各官公费缘由，理合恭折具陈，伏乞皇上圣鉴，饬部立宪施行。谨奏。

宣统二年二月初二日奉朱批：该部知道，钦此。

《政治官报》第八百五十一号，折奏类，宣统二年二月初五日出版

山西巡抚丁宝铨奏第三届筹备宪政事宜折

宣统二年三月初五日①

奏为遵章胪陈晋省第三届筹备宪政事宜，恭折仰祈圣鉴事：

窃查宪政编查馆奏定考核专科章程内开，九年筹备事宜，责成内外臣工每届六个月将筹办成绩胪列奏闻，并咨报宪政编查馆查核。应自光绪三十四年八月起至十二月底为第一届，以后每年六月及十二月底各为一届，限每年二月及八月内各具奏咨报一次，等语。晋省第二届筹备情形，业经前抚臣宝棻奏报在案。臣到任以来，悉心筹画，次第施行。凡前抚臣所筹办将竣者，勉力以图成，筹议未行者，先期以赶办。因前抚臣交卸后入都陛见，为时过促，未及循章会奏。兹届二月奏报之期，查逐年筹办事宜单内第三届各省督抚所应办者凡八项。计此八项

---

① 为朱批批示日期。

中，筹办就绪者二，曰举行谘议局选举开办谘议局，曰举行资政院选举。提前筹办者二，曰筹办城镇乡地方自治，设立自治研究所；曰调查全省人户总数。接续筹办者四，曰调查各省岁出入总数，曰筹办各省城及商埠等处各级审判厅，曰创设厅州县简易识字学塾，曰厅州县巡警限年内粗具规模。谨将实在情形，为我皇上缕晰陈之。

晋省谘议局选举事宜及成立日期，业经前抚臣奏明在案。查谘议局开会期内，由前抚臣交议经该局议决者凡十六件，由该局提议经前抚臣核复者凡二十件。括其大要，不外自治、教育、警政、庶政诸大端，均由臣先后公布施行。嗣准宪政编查馆电咨，谘议局议事厅宜仿各国议院建筑，取用圆式，以全厅人能彼此互见共闻为主。当派太原府知府周渤仿照湖北议事厅图式，核实估计添筑议事厅及议员室等，以期完备而符部章。此筹办就绪者一。

资政院为上议院基础，选举一端，至为重要。前准资政院咨行奏准各项议员选举章程内，应由各省互选及保送者凡三项。其一为谘议局互选议员。照章晋省定额五名，上年十月十一日经前抚臣亲莅该局，监督各议员投票互选，呈由前抚臣如额复选，计选在籍候补三品京堂渠本翘、陆军部主事李华炳、翰林院检讨解荣辂、河南补用直隶州知州刘绵训、补用知县刘志詹五员为资政院议员。比即给予执照，并分别咨送在案。其一为纳税多额者选举。按章以布政使为监督，会同商务总会总协理调集合格人员投票互选。其一为硕学通儒选举。由学部通行各督抚及提学使搜访保送，均经臣分别饬遵依限选送资政院汇奏。此筹办就绪者二。

晋省地方自治筹办处，业由前抚臣奏明专设，为全省总筹之区。查地方自治为立宪根本，城镇乡又为自治始基。臣督同该处饬令各属一律设立筹办自治事务所，由省颁发简章并宣讲、调查、通则、白话告示、草式，以及期限清单、选民表册等件，庶筹办者得所依据而易于执行。其原设自治讲习所均遵章改办自治研究所，延长毕业期限，研究较深学科，另由司库垫借银二千两，由筹办处组织自治公报，发颁各属，按期宣讲，俾程度较高者得研自治之学理，颛愚无识者亦解自治之利益，且酌择地方繁富风气较开之阳曲、大同、归化、忻州、汾阳、平定、临汾、安邑、平遥、太谷等厅州县，将城镇乡自治提前赶办，限年内一律成立，并遴委本地士绅充当调查科员，实行调查，依限催办，以资考核而促进行。此提前筹办者一。

调查户数为宪政要图，晋省第一次人户总数，业经臣于本年正月奏报在案。查民政部奏定章程内开，人户总数应于第三年即宣统二年十月前一律报齐，人口总数应于第三年及第四年十月前各汇报一次，等语。晋省调查户数事宜，查报完竣者已有九十余州县，惟口外各厅及僻远数县尚未报到，臣现督同巡警道严行札催，切实调查，限于本年四月前一律报齐。其业经查报户数各地方，均令自本年正月为始遵行将户数册每两个月编订一次，并将调查口数事宜提前赶办，限于本年十月前列表申报，以为庶政推行之本。此提前筹办者二。

财政调查原为试办预算之准备，然必出入足以相抵，预算方能施行。前抚臣在任时，商同监理官，责成司道，凡大小文武各衙门局所应造宣统元年春夏秋三季及光绪三十四年全年报告册，务令依限造送，分别咨部。其逾限及舛错者，亦速行驳查，实力督催。统计光绪三十四年岁入银五百八十七万一千八百六两零，岁出银六百一十四万二百五十二两零。业据署藩司查明详报，由臣电咨度支部汇奏在案。臣与司道等勉体时艰，力求撙节，将臣及司道各官公费酌量核定，奏明办理，以为各府厅州县匀定公费之标准。复裁并局所，严汰冗费，守量入为出之义，为徐图补救之方，仍饬清理财政局拟定预算表式及例言，颁发各属查照填报，以为试办预算之依据。此接续筹备者一。

晋省各级审判厅筹办处，业由前抚臣奏设在案。查晋省现无商埠，而省城各级审判厅应于本年成立。臣督同署臬司陈际唐按照部章，认真筹办，于上年十二月间将办理大概情形专折奏报。复酌定各厅办事细则及预算各项经费表册，分别咨部。惟设置既经规定，用人尤当考求。臣遵章督饬臬司于指调部员学习法政、曾任地方历充刑幕及审判传习所毕业各员，认真考查，酌量选派，于四月间开厅先行试办，三月后分别咨部派署。其审判传习所二班亦于臬司署内开办，以储司法人才。此接续筹备者二。

简易识字学塾，上届业经奏明自编课本，提前试办。盖国民程度以识字多寡为衡，而程度增高以简易学塾为要。晋省财力艰难，开通较晚，筹设简易学塾，视东南各省为尤急。现准学部颁出课本两种，臣督同学司从速刷印，通饬遵用。先于省城设立四处以为模范，各厅州县亦按地方情形，分东西南北中五区筹设二塾。每塾名额以五十计，其业经设立者逐渐扩充，未经禀报者飞饬赶办，务使识字人民依九年筹备以递增，合二十分中得一，以为教育普及之本。此接续筹备者三。

晋省改设高等巡警学堂及饬令各属设立教练所，业经前抚臣奏明在案。查高等巡警学堂现有学生一百一十余名，均历三学期。臣督同巡警道按部章遴选教员，认真授课，以期程度符合，并附设教练补习所，将各区旧有巡警依次挑选入学，逐渐改良。至各属教练所，前经通饬筹办，现具报成立者已九十余处，其学额均在百名上下，由巡警道饬令遵章一律招足。其未经禀报者，亦由该道严催赶办。警学既立，警政乃可实行。省城巡警额设千名，划分五区，按段设局站岗。由区长、巡警官等为之督率，而受成于警务公所。至厅州县巡警，不惟各首县已切实办理，即各厅州县亦一律提前赶办，名额虽有多寡，办法要无或殊。现均依限填报，由巡警道列表汇详咨部，以重警政。此接续筹备者四。

以上数端，或循前规而计日程功，或遵定限而先时筹办。全在坚心毅力，贯注始终。臣忝膺疆符，责无旁贷。前经奏明于臣署内设立宪政筹备处，率同司道等认真考核，切实进行。断不敢稍事因循，致滋贻误，亦不敢空言粉饰，徒侈外观。况此后事端至赜，程限綦严，惟有急起直追，实事求是，以期仰答朝廷注重宪政、励精图治之至意。除分咨查核外，所有遵章胪陈晋省第三届筹备宪政事宜缘由，理合恭折具陈，伏乞皇上圣鉴训示。谨奏。

宣统二年三月初五日奉朱批：该衙门知道。钦此。

《政治官报》第八百八十六号，折奏类，宣统二年三月初十日出版

山西巡抚丁宝铨奏胪陈晋省第四届筹备宪政情形折

宣统二年九月十一日①

奏为胪陈晋省第四届筹备宪政情形，恭折仰祈圣鉴事：

---

① 为朱批批示日期。

窃查筹备宪政事宜，照章每届六个月奏报一次。晋省第三届筹备成绩，业由臣于二月间依限奏咨在案。兹值第四届筹备之期，所有筹办情形，自应详细胪陈，以资考核。伏查奏定筹备事宜清单第三年各省应办之事，计分九项，除厘定地方税一项，现经度支部奏明与国家税同时厘定，应以本年为调查年限外，其余八项，或已筹办就绪，或须接续筹办。谨将实在情形为我皇上分晰陈之。

其筹办就绪者，一曰汇报人户总数。晋省调查户数事宜，前查报完竣者九十余州县，其未报到之口外各厅及僻远数县，由臣督同巡警道严行札催，切实调查，已于本年四月一律报齐，造册咨部在案。至调查口数，原系第四年应办之事，亦饬提前赶办，限于本年十月前列表申报，以为庶政推行之本。此筹办就绪者一。

一曰复查各省岁出入总数。查宣统元年晋省岁出入各款，业由清理财政局按季造报，详咨在案。嗣准部咨，各省岁出入总数，应按照预算册式，分类分款详晰填注，当经饬局遵式赶办，编订成册，于七月内咨报核定。至本年春夏季各报告，亦经分别造送，以符部章。此筹办就绪者二。

一曰试办预算决算。查财政为筹备立宪之根原，而预算又为清理财政之张本，事属创始，头绪纷繁，会计既鲜专家，编制又无成案，兼之财源支绌，新政繁多，既未有议院以监察财权，即难语人民以增加税租，不能不就固有之收入，以定岁出之范围。度支部奏陈试办预算情形，兢兢以量入为出、收支适合为言，盖亦深悉外省财力艰难，舍此别无下手之方。晋省综计出入各款，每岁不敷常在一百余万，此次试办预算，由司局极力撙节，设法筹增，分别旧案新案，编订正册副册，勉符部章，收支强合，于五月内送部复核在案。至全省财政说明书，亦由该局督同科长科员筹办，辨别性质，论次得失，以类相从，都为八种：曰山西全省财政沿革利弊，曰藩库内外销收支各款，曰各厅州县留支内外销等款，曰各署局所自行经理各款，曰运库内外销收支各款，曰归绥道收支各款，曰归化关收支各款，曰各府厅州县地方经理各款。洪纤巨细，悉著于篇。编订既成，亦依限送部矣。此筹办就绪者三。

一曰各省省城及商埠等处审判厅年内一律成立。查中国司法、行政久经混淆，今欲尊重法权，改良裁判，非行之以渐，无以资官吏之经验，而释民志之猜疑。晋省现无商埠，而省城审判各厅，已于四月二十六日一律开厅奏明试办，并将考试法官人员遵章送考，俟法部考试后，再行正式开厅。至省城模范监狱，亦于五月间开办，其狱章系取阶级制度，选派典狱科员及技师等分别教练，认真看守。其全省各级审判厅及改良监狱事宜，业由提法司查照部章，分年预算，臣于奏复筹备行政经费折内开单陈明，以重司法。此筹办就绪者四。

其接续筹办者，一曰续办城镇乡地方自治。查地方自治制度分上下两级，而上级自治必以下级自治为基础。晋省各城，可称繁盛、中等者尚属无多，而人口满五万之镇尤为寥寥。臣前经奏明，酌择地方繁盛风气较开之阳曲等十厅州县，将城镇乡自治提前赶办，限于年内一律成立。兹复查照部章，饬由自治筹办处通行各属，将自治区域妥为划分，并绘图列表详为说明。现陆续报到者已八十六处，其未经报到各厅州县，或因调查较难，区画稍缓，亦饬催赶办，以促进行。此接续筹办者一。

一曰筹办厅州县地方自治。查民政部奏定筹备细目，本年省城首县应筹设议事会、参事会。此项自治选举章程，宪政编查馆咨行到晋，即饬自治筹办处拟定施行规则，变通开办时期，先从阳曲县举办，藉资表率，臣于奏复筹备行政经费折内开单陈明在案。现查各厅州县自治研究所已成立者八十一处，自治事务所已设立者一百七处。其地方僻远，规画稍难者，亦随时督催，依限举办。盖有研究所以培养学员，事务所以筹备事宜，各属自治当可渐期发达。此接续筹办者二。

一曰推广厅州县简易识字学塾。国民教育为立宪根本，而简易学塾又为教育泉源。晋省此项学塾，前已设立三百五十余处，共有学生一万七千余名，按之现时财力，尚不为少。然晋省山路崎岖，开明较晚，若非极力扩充，无以增进国民程度。现饬由提学司督同地方官绅，宽筹经费，随时推广，俾教育得以普及，人民识字日多。臣于奏复筹备行政经费折内，将各乡镇逐年增设情形详细开单陈明，以符部章而重学务，此接续筹办者三。

一曰厅州县巡警限年内一律完备。晋省省城及各属筹备巡警情形，业于上届奏报在案。现据巡警道详拟变通办法，全省厅州县分为四等：上等十属，每属额定八十名以上；中等二十六属，每属额定六十名以上；下等四十属，每属额定四十名以上；最下等三十七属，每属额定二十名以上。统计全省应有巡警四千七百余名，岁需经费二十万余两。今据各属禀报，已共有巡警四千一百六十余名，筹定的款一十八万二千九百余两。衡以预定之额，预算之款所差尚属无多，已由该道严饬赶办，限于年内一律齐全。至各属教练所，前因筹款维艰，招生匪易，特酌量情形，按村保送，其经费即由各村社担认。现统计学生已有五千三百九十余名，经费筹有三万余两，仍当依次推广，以重警政。此接续筹办者四。

以上各项，或筹措已就完全，或推行尚待赓续，自应先时筹画，岂容畏难苟安。但事依次而进行，款亦逐渐而增巨，非统筹款项之盈虚，无以定施行之秩序，况此后事端至赜，期限愈严，规画不计夫万全，措施难期于尽善。臣忝膺疆寄，昕夕弗遑，惟有督饬所司，认真筹备，既不敢因循以误要政，亦不敢操切以病庶民，总期事举而款不虚縻，令行而民无或扰，以冀仰副朝廷注重宪政、实事求是之至意。除分咨查照外，所有胪陈晋省第四届筹备宪政事宜缘由，理合恭折具陈，伏乞皇上圣鉴训示。谨奏。

宣统二年九月十一日奉朱批：该衙门知道。钦此。

《政治官报》第一千六十六号，折奏类，宣统二年九月十四日出版

开缺山西巡抚丁宝铨奏裁撤调查局改设统计处片

宣统三年六月初三日①

再，查宪政编查馆奏定章程，各省调查局均即裁撤，所有法制事宜并归会议厅参事科办理，并在各督抚衙门设立统计处，以为汇核全局统计之地。自应查照办理。晋省调查局向分法制、统计两科，委劝业道翁斌孙为总办。现遵章将该局裁撤，改为统计处，仍暂在外设立，由该道随时督率办理。至法制各项事宜，编纂已将告竣，即由该处赶紧造报，一俟法制报告完竣后，即将统计处移入臣署。所有全省统计事宜，均由抚臣发交该处核办，并在调查局原有经费项下，酌提一万两有奇，为统计处及会议厅常年经费，以资办公。除分咨查照外，理合附片具

---

① 为朱批批示日期。

陈，伏乞圣鉴。

宣统三年六月初三日奉朱批：该部知道。钦此。

《政治官报》第一千三百十八号，折奏类，宣统三年六月初七日出版

两江总督端方、江苏巡抚陈启泰奏江苏设立调查局片

光绪三十四年五月十二日①

再，准宪政编查馆咨：奏准饬各省设立调查局，由督抚派员经理，等因。臣等查调查一项，端绪至繁，非详细研究，未易得其纲领。现经臣启泰就江苏省城所设自治局侧附设调查局，檄委藩、学、臬三司督办，并委候补道王仁东总办该局事务，又委省绅分省补用道江衡会同办理。所有调查局分设法制、统计两科，应派科长及每科分设三股，应派管股委员并庶务、书记等项，均由该司道等遴选详委。其局中办事细则及局用薪资，亦经详细拟议，由臣等核定饬遵。所用经费，应请作正开销，并已刊给木质关防，先行开局。至宪政编查馆另片声明由督抚饬令司道及府厅州县各衙门添设统计处，就该管事项，按照颁定表式分别填送一节，亦经通饬设立。俟宪政编查馆表（示）〔式〕颁到，即令遵照填送。除咨宪政编查馆查照外，所有苏省设立调查局缘由，谨合词附片具陈，伏乞圣鉴训示。谨奏。

光绪三十四年五月十二日奉朱批：该衙门知道。钦此。

《政治官报》第二百二十五号，折奏类，光绪三十四年五月十五日出版

① 为朱批批示日期。

两江总督端方奏设立调查局片

光绪三十四年九月二十二日①

再，钦奉懿旨：著各省设立调查局，由该管督抚遴委妥员，按照奏定章程，切实经理。等因。钦此。并准宪政编查馆咨行调查局办事章程。奴才遵于江宁省城设立调查局，遴委江南盐巡道荣恒、候补道王燮为总办，先行咨馆查照，复经加委会办、提调，以及法制、统计两科科长、股员，饬令遵照馆颁章程，认真经理。伏念调查局之设，事体繁赜，欧美各国于审查统计之法，研析至精，学有专科，不容卤莽，中国此项人才尚苦缺乏，奴才现饬该局员等先行调查省城官署局所各项事件，以次推及于各属。至于地方风俗习惯，万有不齐，猝难条贯，当先饬各属养成调查之人才，各以本籍之士绅任本籍之采访，而省局总其成。庶几搜讨得实，理董有资。其统计表式，尚未准宪政编查馆颁行，奴才饬局粗拟表式，发交各属，作为试办，仍俟奉到馆颁表式，再行遵照办理。事属草创，奴才谆谕局员，先以实事求是为主，凡各处复到文册，有涉敷衍搪塞者，即予驳回另造，有延不具复者，禀由奴才量予惩处，期仰副朝廷整齐政俗、修明法典之至意。此项调查局开办经费，约需银一千余两，逐月额支约需银二千余两，均饬财政局筹款动支，应请准其作正开销。谨附片具陈，伏乞圣鉴。谨奏。

光绪三十四年九月二十二日奉朱批：该衙门知道。钦此。

《政治官报》第三百五十四号，折奏类，光绪三十四年九月二十六日出版

---

① 为奉到朱批日期。

江苏巡抚陈启泰奏遵设会议厅筹备宪政事宜折

宣统元年三月初一日①

奏为苏省遵设会议厅，传集各地方官吏会议筹备宪政事宜，恭折仰祈圣鉴事：

窃臣查宪政编查馆原奏逐年筹备事宜原奏单开第二年筹备各事，除选举业经开办外，其有应由各省督抚同办者，如筹办城镇乡地方自治，设立自治研究所，调查人户总数，调查岁出入总数，筹办省城及商埠等处各级审判厅，创设厅州县简易识字学塾，厅州县巡警六项事宜，均应循序渐进，依限办成。

苏省惟地方自治局、巡警两项省城业经举行，外属亦间有兴办者，虽端绪之可寻，尚推行之未遍。其余诸事，尤宜切实议定办法。惟是宪政日有进步，民智不患不开，所虑者，各属地方官吏政治上之识见迂庸，事实间之应付失当，则以其昏昏，使人昭昭，官与民将有冲突之损，而无辅助之益，是则新政前途大可忧也。臣近年体察属吏情形，约有两弊，一则新政未能贯通，往往于札饬应办之件，面从心违，以延宕为得计；一则办法未有条理，往往于严定限期之件，潦草塞责，以敷衍为能事。此皆政策无统一，名实无综核之故也。

臣查光绪三十二年新定直省官制通则第六条，各省督抚应于本署设会议厅，定期传集司道以下官会议紧要事件，决定施行，如有关地方之事，亦可由官酌择公正乡绅与议，等语。意美法良，允当遵守。又查日本国会未开以前，曾于明治八年及十一年开地方官会议二次，以为议院始基，稍变官吏专制之习，藉塞民权自由之口。其会议之法，遴选大臣为议长，条举议案，令各员发论问答，陈其所见，而后从其可否多寡决之。政策既定，仍令各回原任，遵照所议次序，实力奉行，故有联络一气之效，而免南辕北辙之虞。臣窃以为谘议局未立之先，应亟遵

---

① 为朱批批示日期。

照官制通则，参仿日本办法，传集地方官吏会议，俾宪政筹备事件得以整齐画一，不致参差，即地方一切情形，亦得以反复推详，无虞扞格。现已拟定细章，于本衙门设立会议厅，传集省城司道及各局所总会办，暨各属地方官吏到省会议，分为大会、常会、临时会三种。所有本年筹备六项要政，以及凡应兴应革之件，何者为先，何者为后，何者为急，何者为缓，何者为难，何者为易，均有一定之秩序，以为实行之方法。会议厅并选本署文案委员分科考核及预备议案，遇有关系地方要政，兼集公正乡绅同议。总期事无隔阂，办有精神，以仰副朝廷励精图治之至意。惟是苏省三十余府厅州县，皆有地方职守，未便一时同集省垣，臣拟初次举行大会之时，但令苏松常镇四府知府、太仓直隶州知州，届期来省。盖各府均通火车，数时即达，路既匪遥，职亦无旷，会议之后，仍令各回本治，再就近召集该管所属厅县等，同集府治，会议办法，一遵省城所定次序而行，或自辟幕僚以为辅佐，或派员调查以资研究，上下一见，内外一心，庶几筹备期限不致有所贻误，而地方要政亦无不具举矣。

除咨宪政编查馆外，谨会同两江总督臣端方恭折具陈，伏乞皇上圣鉴训示。谨奏。

宣统元年三月初一日奉朱批：该衙门知道，钦此。

《政治官报》第五百三十一号，折奏类，宣统元年三月初三日出版

会奏筹备宪政情形折

宣统元年六月

端　方　张人骏①

奏为遵旨会奏筹备宪政办理情形，恭折具陈，仰祈圣鉴事：

---

① 两江总督端方调任直隶总督，交接时与后任张人骏联衔奏报宪政筹备情况。

窃臣等恭读光绪三十四年八月初一日懿旨：逐年应行筹备事宜，必须秉公认真次第推行，各部院领袖堂官，各督抚及府尹，遇有交替，后任人员应会同前任，将前任办理情形详细奏明，以期各有考成。等因。钦遵在案。

臣人骏自行抵江宁省城，于六月二十六日接篆任事，旋准臣端方以任内筹备宪政情形咨会遵章奏报，臣人骏复经查核案卷，证以事实，谨合词为我皇上缕晰陈之：

查宪政编查馆考核专科章程，本年筹备事宜，上届截至六月为止，应俟八月内分别奏咨。兹值交替之时，自当将臣端方交卸以前经办情形据实具报。计第二年期内督抚应筹备者凡有八项，内除资政院选举章程未经颁布，尚未议办外，其一为举行谘议局选举。宁省自上年十月遵设筹办处，当饬审释名义，厘订规章，发交司选员携赴各属，会合官绅，审查资格，确定名册，并变通定制，以闰月十一日举行初选，四月初五日举行复选，更订定初、复选以前进行日期，通饬遵办。其建筑事理，一面派员赴日本调查，一面相度地址，筹款价购。计自第一届奏报之后，初选复选均已如期竣事，各属议员暨候补当选人一律选足。现正在照章造册分咨，九月开会之期决可不误召集。即室屋会场亦已招工承估，于五月间择吉开工，赶速营造。此遵章筹备者一也。

其一为筹办城镇乡自治，设自治研究所。查宁省于光绪三十三年遵旨设局，定名筹办自治，即系筹办性质。当于十二月奏报在案。开办之后，首从设立研究所入手，自江宁府办起，以次及于各属。研究所学生，每府均分别定额，作为官费，并招自费生另班肄业。本年二月以前，江宁官费、自费各生陆续卒业，并饬令回籍讲演自治法理，筹办自治学社，以期普及。其扬、通、海三属选送学生，亦已于本年二月开校。凡此规画以及设立宣讲所，调查慈善事业，多在未奉部饬以前，自定章颁行到宁，即经通饬各属一体遵办，并查照宪政编查馆逐年成立期限单，析为逐月筹备之期限，督促各属依限进行，而以省局为严核考成、奖勤惩惰之地。宁省筹办自治大略具此。惟部饬自治筹办处并设于谘议筹办处，宁省自治筹办在先，所办事理，头绪正繁，谘议选举业将告竣，不久即须裁撤，是以未议归并。此遵章筹备者二也。

其一为调查各省人户总数。查部章，调查户口，未设巡警道各省，暂以布政使为监督。宁省于未奉部饬之前，先经自治局预为筹议，颁章既至，该局本系布政使督办，因即以该局为总监督办事之机关，定拟先自省城开办，由局自任调查，以为各属之倡导，当附设总、分调查处，厘定办事细则、调查须知及部章所未备之调查表式各种，即于三月内开查，并撰发白话告示，广为谕导。其省外府厅州县并经分别饬行，更订发调查通则，一律遵照。仍由局随时考核，期免各为风气之弊，而收整齐画一之规。此遵章筹备者三也。

其一为调查岁出入总数。查入款如丁漕、盐课、关税、厘捐、杂税、受协等项，出款如廉俸、军饷、京饷、洋款、制造、工程、教育、警察、兴办实业等项，至为繁赜。近年举办新政，兴学、练兵，费为最巨，其余应办事宜，次第施行，用款日增，入不敷出，岁亏甚巨，自非认真调查，无以为酌剂盈虚之地。自度支部奏定《清理财政章程》，臣端方即遵章设立江南宁属清理财政局，派藩司为总办，而以运司、盐粮关道、厘捐官钱两局道员为会办，并委驻局坐办，分设编辑、审核、庶务各科员，悉心经理，业将设局情形奏报并饬订该局办事细则咨部在案。现经分年调查大要，分旧案、现行案、新案、年报、季报、月报等项，数者之中，尤以饬造本年季报为要著，为现在实行清理之基础。自监理财政官到宁，督饬局员，分催各署局所，将出入各款分类造报，并令该局随到随核随编随送，庶审核不致积压，编造可免迟延。此遵章筹办者四也。

其一为筹办省城商埠等处各级审判厅。查中国行政、司法混合不分，历年已数千载，此时定议更张，执行之枢纽未完，防范之机关尚缺。创制伊始，诚不能不出以审慎。臣端方于通饬遵办之后，与原任江苏巡抚臣陈启泰往返函商，并饬由藩、臬司再三核议，更于苏州臬署设立筹办处，以为挈领提纲之地，并派员调查中外规制，以备参仿。总期力除扞格，粗具规模。又以创制需才，爰于江宁省城设立裁判研究所，考取通知时事之官绅入所肄业，所以养成审判之人才，为实行开庭之预备。此遵章筹备者五也。

其一为创设厅州县简易识字学塾。查人民知识，非识字者日有增加，则国民程度骤难进步。江南虽号开通，然下级人民能具国家思想者仍居少数，恐不加强迫，断难程教育普及之效。惟蒙养之始，必须有划一纯粹之课本，据以讲授，庶根本既植，不致误入歧途。臣端方于部饬颁到之时，即通饬各属，预为筹备，一俟简易识字暨国民必读课本由部编定颁发，即可分发各属，依期开办。此遵章筹备者六也。

其一为厅州县巡警限年内粗具规模。查江宁省城巡警于光绪二十八年创办，曾经前署督臣周馥将开办情形分别奏咨。臣端方抵任以来，逐加整顿，渐就完密。其通商埠岸，水陆冲衢，如上海、镇江、清淮、扬州等处，或专案奏办，或派员创设，此外各厅州县亦据陆续禀请举办，仍恐阳奉阴违，虚应故事，并随时派员周历查考。此项人才，前于光绪三十一年即经设有警察学堂，嗣因教育未能普及，复经臣端方改为江南巡警教练所，加拨经费，增添学额，本年复遵照部饬改为高等巡警学堂，各厅州县应改之教练所亦已通饬一体遵办。此遵章筹备者七也。

以上七项，除谘议局选举已将次竣事外，其余或久经议办，或正在推行。臣端方罄竭智能，仅仅具此基础，此后事端至赜，定限复严，臣人骏惟有急起直追，期臻完备，固不敢稍涉觍觍，致观成之无日，亦不敢过事操切，致形式之徒存。

所有臣端方交替以前筹备宪政情形，由臣人骏会同详奏各缘由，是否有当，理合恭折具陈。再，此折系臣端方主稿，会同臣人骏办理，合并声明，伏祈皇上圣鉴。谨奏。

《端忠敏公奏稿》卷十五，第44—48页

江苏巡抚瑞澂奏胪陈苏省筹备宪政成绩并接办情形折

宣统元年九月二十六日①

奏为遵章胪陈苏省第二届筹备宪政成绩，并接续办理情形，恭折仰祈圣鉴事：

窃查苏省筹备宪政第一年期第一届成绩，业经前任抚臣陈启泰于闰二月间分

---

① 为奉到朱批批示日期。

别奏咨在案。本年筹备期限，应以六月底为第二届，照章于八月内具奏咨报。惟是奴才系于五月间接任视事，先经遵章将前任办理情形分别奏明，迨八月间，因督臣张人骏到任未久，正值办理谘议局成立各事宜，往返筹商，稍稽时日，未能依限奏报，实深惶悚。查逐年筹备清单第二年内督抚应办者，计分八项，内除资政院选举章程未经颁布，尚待举办外，其余七项，有为第二届筹备已略著成绩者，有系现今接续办理以促进行者，谨为我皇上缕晰陈之。

　　一曰举行谘议局选举，各省一律开办。查江苏苏、松、常、镇、太四府一直隶州，合选举资格者共五万九千六百四十三人，照章核配，苏州府应选议员十一名，松江府应选议员十五名，常州府应选议员二十一名，镇江府应选议员十一名，太仓直隶州应选议员八名，京口驻防专额议员二名，共计六十八名。初选当选人则六百八十名。均于三月十五日举行复选，按期蒇事。惟各府州议员类皆重选，再三始足正额，如有议员辞职，即须缺额，遵章虽可补选，究恐（展）〔辗〕转需时。当经电商宪政编查馆，复准照议员原额之数加半预选，现在议员辞职以候补人递补者已五六名。此在第二届期内，筹备已有成绩。选举既竣，为议员研究之期，先经批准赴各属实地调查，俾于通省利病、地方治安有指陈筹计之准备，复于八月朔日会同督臣先期召集，并由奴才提出议案，以备九月初一日正式开会。仍随时钦遵谕旨，以共体时艰，同摅忠爱相勖勉。此接续办理之情形一也。

　　一曰筹办城镇乡自治，设立自治研究所。查地方自治事宜，自本年四月间改由谘议局筹办处兼理，厘定办事章程，颁布进行期限，此在第二届业经筹备，经奴才专折奏咨在案。各属筹备自治，皆先从城厢入手，迭经饬令各地方官，遴选绅董，设所调查，七月以前均经具报开办。现在画定各城厢区域，一遵章程，以固有之境界为准，绘图贴说，详确区分。其各镇乡风气开通，陈请提前先办者，如嘉定县之西门乡，崇明县之罗甸厂，宝山县之吴淞镇等处，亦经饬令举办，切实推行，总使人民遵守法律之范围，讲求地方之公益。至省城自治研究所，虽六月间即经筹定，以适在暑假期内，故七月十五日始行开讲，计分两学期，于宣统二年五月可以毕业，届时再行派赴各属递相传习。其各属士绅自请遵章设立者，如太仓州、长洲、元和、吴县、青浦、宝山等处，核与定章相符，即准令先期开办。此接续办理之情形二也。

一曰调查人户总数。江苏户口殷繁，从事调查，必须规定区段，当以各属城治为基本，推及镇乡，与自治事宜相因组合。此在第二届期内，业经筹划，限七月初一日一律举行，本年十月以前照章应汇报一次，容当加意督催，勉副期限。此接续办理之情形三也。

一曰调查岁出入总数。苏省清理财政事宜，于本年闰二月设局，详绎部定章程，参仿宁局体例，举署、局、营、校以为纲，列管、收、除、在以为柱，拟定各项册式，并办事进行表，调取各处册件期限表，分别督催，而以核编季报尤为扼要。综计苏属各署、关、局、所、学校、营队，应造报告者一百余处，计册一百四十三分。此在第二届期内已逐渐筹备，现在勒限严催，各处春夏季报，已得过半之数，仍（叠）〔迭〕饬迅速清厘，认真稽核，毋误咨部期限。此接续办理之情形四也。

一曰筹备省城及商埠各级审判厅。查江苏筹办司法独立，业于臬司衙门设审判厅筹办处，为提挈纲领之区。宁、苏两省城设研究所为养成法官之备。惟吾国行政、司法向不区分，创办之初，关系至重，故在第二届期内，经前督抚臣往复咨商，迄未得其要领。现经拟具办法大要十条，业已会同督臣张人骏开单具奏，并将尚未筹定各端，咨商法部、外务部核议，示复有案，仍督饬臬司按照所拟各节，赶为筹备。此接续办理之情形五也。

一曰创设厅州县简易识字学塾。查简易识字及国民必读各课本，尚未奉部颁发。前经苏提学司详请省城设立模范学塾十所，塾师补习所一所，先咨取山东所编课本，参酌教授，此在第二届期内早经筹定。嗣准山东提学使函送暂用课本前来，查与苏省情形不尽合用，现由学司派员赶速酌编。此接续办理之情形六也。

一曰各厅州县巡警限年内一律粗具规模。查巡警责在保卫治安，办理尤未容苟简，而欲各厅州县日求进步，更赖省城有督促之机关。各属应设警兵名额，虽经于第二届期内筹定，勉招足数，训练初加，难期急效。嗣经奴才于会议厅集议，先经饬令各属遵章设立教练所，力除保甲、团练更名抵充之弊，限十月内将前定名额一律办齐。又将新设警务处归并向有之巡警总局，按照部章，改为巡警公所，咨调北洋办理警务员弁十余员，以整顿省会警务，为各属之表率。此接续办理之情形七也。

以上七端，除谘议局业已成立外，余皆甫具规模，尚期力求实践。奴才材识庸愚，何敢遽言成绩。惟有认真督率，计日程功，以仰副朝廷勤政爱民之至意。所有依限奏报第二届成绩暨接续办理情形，除咨报宪政编查馆外，谨会同两江督臣张人骏，恭折具陈。伏乞皇上圣鉴训示。谨奏。

宣统元年九月二十六日奉朱批：该衙门知道。钦此。

《政治官报》第七百三十四号，折奏类，宣统元年九月二十七日出版

两江总督张人骏奏江宁省城设立会议厅筹备宪政事宜折

宣统二年正月十一日①

奏为江宁省城遵设会议厅，传集司道以次各官筹备宪政事宜，恭折仰祈圣鉴事：

窃维东西洋各国举行宪政，以言论公诸国民，以执行责之官吏。其属之民者，既有下议院及地方议会以为代表舆论之地，其属之官吏者，亦有各部会议、地方官会议以为研究进行之资。官与民朝夕孜孜讲求不倦，是以事无隔阂而程效甚速。我国家预备立宪，斟酌良规，光绪三十二年新定直省官制通则第六条，各省督抚应于本署设立会议厅，定期传集司道以下会议事件，决定施行。又谘议局章程第十二条，常驻议员，如督抚有时召集，亦可至会议厅以备询考，各等语。是会议厅之设，既为官吏筹议宪政之机关，亦即为官民互通情愫之枢纽，用意至为深切。

臣抵任以来，查如苏属会议厅业于本年春间奏设，而宁属尚付阙如，凡关于九年筹备事宜，已办者宜如何考求实际，未办者宜如何讨论推行，倘无提纲挈领之区，恐难收画一整齐之效。爰于臣署内西偏隙地筹款建筑会议厅一所，专为司道以次集议宪政之地。惟工竣需时，先就原有厅事于十月内开办，拟定会议规

---

① 为奉到朱批批示日期。

则，先期通行各属。议员约分两种，甲种为本省司道以下州县以上行政官，乙种为臣署幕职，参仿各省章程，以微臣为议长。其会时分经常临时二种，所议事件或由议长交议，或由司道以次各就应办事宜提议，仍取决于多数。其幕职但备咨询，不得自提议案。遇有地方要政应询问士绅者，并召集谘议局常驻议员以备咨访。惟宁属徐、淮、海等处交通不便，道府州县不能如苏属之随时召集，应将地方主管事件饬具意见书，于开会之日，由臣率同在省司道议决，饬令依限举办。其有特别要事，仍令来省会议，俾昭慎重。

伏念宪政根本，责在州县，今之牧令，明敏任事者固亦有人，而狃于故常，于新政措施茫然不得其端绪者，亦所在皆有。逐年筹备期限设有贻误，臣等实职其咎，会议厅成立以后，庶几献可替否，事理以推阐而愈明，较短挈长，成绩以相观而弥奋，期无负朝廷变法图强、实行宪政之至意。其建筑经费，当饬财政局筹款核实动支。

除咨宪政编查馆外，所有江宁省城遵设会议厅缘由，谨会同护理江苏巡抚臣陆钟琦恭折具陈，伏乞皇上圣鉴训示。谨奏。

宣统二年正月十一日奉朱批：该衙门知道。钦此。

《政治官报》第八百三十一号，折奏类，宣统二年正月十四日出版

江苏巡抚程德全、前护江苏巡抚陆钟琦会奏筹备宪政情形折

宣统二年七月二十四日①

奏为会奏苏省筹备宪政情形，恭折仰祈圣鉴事：

窃臣等恭读光绪三十四年八月初一日谕旨：宪政逐年应行筹备事宜，各部院

---

① 为朱批批示日期。

八、各地筹备情形

领袖堂官，各督抚及府尹，遇有交替，后任人员应会同前任，将前任办理情形详细奏明，以期各有考成。等因。钦遵在案。

查苏省筹备宪政成绩，前抚臣宝棻于本年三月间奏咨至第三届为止，接办第三年第四届应行筹备宪政，臣钟琦奉旨承宣，实始终预闻赞画。及前抚臣宝棻调任豫省，臣钟琦兼护抚篆，经前抚臣宝棻将第四届宪政筹备未竟事宜交由臣钟琦转移臣德全办理。现臣德全于四月二十七日接印任事，当即调查卷宗，详稽事实，所有前抚臣宝棻任内暨臣钟琦护任遵照馆奏次第筹办宪政情形，谨合词为我皇上缕晰陈之。

伏查逐年筹备清单，第三年各省应办之事有九，而综其条目，凡为赓续筹备者六，经始筹备者三。

一曰续办城镇乡地方自治。查地方自治以区域为起点，区域定而后能调查，调查毕而后能选举。苏省城厢自治，于第三届期内，业由各属筹备自治公所，按照划定区域调查将竣，旋即陆续编造选举名册，以纳税捐分甲乙级。遵照定章将投票、开票、检票、当选、应选等项事宜一律依限办齐，所有应行互选城议事会议长议员，并选举城董事会总董董事，悉经如额举定。至镇乡自治，各属提前筹办者，如武进县之循理乡、嘉定县之西门乡所办调查选举，亦据声报竣事。其吴县之梅里镇、香山乡，昆山、新阳二县之城东四乡，武进之安东乡，阳胡县之政成乡、丰南乡，无锡县之天授乡、扬名乡，江阴县之杨库、马镇、蔡泾、云亭、顾山、文林、谢园等镇，嘉定县之白荡乡，分划区域均已确定。此外尚有长洲、元和、昭文、吴江、震泽、华亭、金山、奉贤、武进、阳湖、无锡、嘉定、宝山等县所属，请筹办自治之镇乡不下四十余处。一俟区域确定，即可从事调查。此赓续筹备之情形一也。

一曰汇报人户总数。查民政部奏定调查户口章程第四条，各省以巡警道为总监督，其未设巡警道各省，暂以布政司为总监督。上年调查苏、松、常、镇、太四府厅所属首县，暨苏、沪、镇三处商埠地方正附户总数，系由苏藩司照章汇核填表详咨，现在苏省已设巡警道缺，此项调查户口事宜，业经划归该道主管，以符部章，并由该道到任后通饬所属各厅州县提前调查，切实填表，送道复核，汇填总表，以期无误十月汇报之期。此赓续筹备之情形二也。

一曰复查岁出入总数。查度支部奏定清理财政局章程内开，自宣统元年起，各省文武大小衙门局所应将出入各款按月编订报告册，送清理财政局汇编，呈由督抚核咨，等语。苏省自宣统元年春夏秋三季，署关局所营校各处报告清册，早经由局编就，分作二批出咨。其冬季报册及续到春夏秋报册，亦经该局核编一百二十一分，作为第三批季报，并将光绪三十四年全年报告册编订成书，均于本年四月十八日咨部。至复查上年岁出入总数，现在饬局分别类款，细加稽核，大约七月内可以详咨。此赓续筹备之情形三也。

一曰省城及商埠各级审判厅年内一律成立。查苏州应设高等审判厅、地方审判厅，第三届期内即经勘度地址。原拟高等审判厅、地方审判厅分设两处，嗣因库款支绌，不得不酌量变通以求实际。现拟仿照奉天、吉林办法，就北局空基将高等、地方两厅联设一处，东西各设正门，一为高等，一为地方，法庭各归各设。其余一应屋宇，均通融布置，俾资周转。并于其内建看守所，以备制度。其初级审判厅，长洲、吴县各就县丞署勘建，惟元和县丞向系分防，城内并无署基，议以东禅寺对河空地建筑。又江宁省城设立地方审判厅一所，初级审判厅二所，拟由裁并局所及充公房屋改设。又镇江商埠设立地方、初级审判厅，均系购置民房酌改。至上海商埠审判厅，关系主权，尤应郑重，现由臬司会商上海关道妥筹办理。又模范监狱为司法行政机关，前将苏省习艺所改设，详定管理章程，已于四月间开办。此赓续办理之情形四也。

一曰推广厅州县简易识字学塾。查苏省简易识字学塾，第三届奏报成绩期内，即经各属陆续呈报创设。本届推广学塾，亟应先定办法，督促进行。前已通饬各厅州县将本年推广若干处所，自正月分起按月列入政治表造报，以凭考核，并由提学司派员分赴各属调查人数，遵照定章，三种学塾毕业年限逐年支配推广，按人口之多寡为学额之增减，预计级数，分年列表，并附解说，印发各属，责成地方官会同劝学所切实筹办，即以此定其考成。先在统计四月底止苏属各厅州县前后开办之塾共有七十七所。此赓续办理之情形五也。

一曰厅州县巡警年内一律完备。查上届苏属巡警，惟苏州省城及上海商埠两处开办最先，进步最速。此外各属举办巡警尚有未能足额之处。本年春间省城警务公所整顿权限，归并农工商局所隶巡警，因而参酌定章扩充警政，分别编订现行、预备章程，业经前抚臣宝棻核明奏咨，并一面遵章奏设江苏巡警道缺，事权统一，责有攸归。所有各厅州县巡警上年粗具规模，幸无贻误。本届一律设立，尤在实力奉行。现由巡警道遴派视察员分赴各属详细调查，悉心组织，并先按照部章分别事项，订定表册，颁行各厅州县，饬将应办巡警事宜，按月填表，呈送道署考核优劣，再行汇转，以定功过，使之各顾考成，咸知奋勉。已办者设法推广，不以故步自封，未备者计日程功，不以僻陋自囿，俾于年内完备之期不致逾限。此赓续办理之情形六也。

一曰筹办厅州县地方自治。查厅州县自治选举章程，前经宪政编查馆颁行到苏，即由自治筹办处拟订施行细则九条，并将筹备日期预定宣统二年五月起至二年九月止，共分三十四项，详细列表，通饬各属遵照依限办理。此经始筹备之情形一也。

一曰厘订地方税章程。查地方税为地方行政经费所自出，从前税则未分，事之应属地方行政者，恒由公家补助经费，以致地方税与国家税浑杂不清，相沿已久。本年正届厘订之期，业于春间分饬主管税务之司关道局研究性质，划分界限，妥速筹议。现又分别饬催迅速呈复，以备清理财政局酌拟办法编订说明书之用。此经始筹备之情形二也。

一曰试办预算决算。查清理财政章程第十四条，各省文武大小衙门局所自宣统二年起，预算次年出入款项，编造清册，于二月内送清理财政局，由局汇编全省预算报告册，呈由督抚于五月内咨部，等语。苏属各署关局所营校共计不下一百四五十处，出入各款，繁简既有不同，名目尤为纷杂。前由该局选将部颁原册印刷通行，并查照各处历次册报出入用款，逐一厘订性质，拟定分册式表式，开具凡例，通发各处详晰照填。旋据陆续送局上紧核编，遵限于五月内咨部。此经始筹备之情形三也。

以上九项，皆第三年应行筹备事宜，造端至赜，定限綦严。正、四两月，臣钟琦叨权疆寄，殚竭愚忱，仅随驽步。二、三两月，前抚臣宝棻夙夜经营，具斯基础，臣钟琦奉行有自，胪举能详。臣德全到任以来，责成攸寄，复加考核，闻见相符。但此后限期愈迫，待理愈殷，财力愈艰，仔肩愈重，民力首当勤恤，吏治尤赖修明。臣惟淬（厉）〔砺〕全神，实事求是，维持大局，并顾兼筹，于敦促进步之中，为顾全根本之计，务使款无糜费，事尽推行，既不敢因循溺职，稍滞新机，更不敢操切图功，徒营表面，以仰答圣主变通尽力之至意。所有臣钟琦护任暨前抚臣宝棻任内筹备宪政情形，并臣德全到任后复核无异各缘由，除咨报宪政编查馆查核外，谨会同两江督臣张人骏恭折具陈，伏乞皇上圣鉴。再，此折系臣钟琦开具事实，由臣德全主稿，会核办理，合并声明。谨奏。

宣统二年七月二十四日奉朱批：该衙门知道。钦此。

《政治官报》第一千二十号，折奏类，宣统二年七月二十七日出版

江苏巡抚程德全奏筹备宪政第四届接办情形折

宣统二年九月十二日①

奏为遵章胪陈苏省筹备宪政第三年第四届接续办理成绩，恭折仰祈圣鉴事：

窃臣恭读光绪三十四年八月初一日谕旨，宪政逐年应行筹备事宜，必须秉公认真次第推行，即责成内外臣工，遵照单开各节依限举办。每届六个月将筹办成绩胪列奏闻，并咨报宪政编查馆查核，等因。钦遵在案。

查苏省第三届宪政成绩，系由调任抚臣宝棻任内分别奏咨，嗣臣于四月到苏接篆视事，是为第四届期内，当经遵章先将前任办理情形详细会奏在案。兹际八月应行奏报本届成绩之时，所有按照宪政编查馆清单依限接续筹办事宜，综计九项，谨为我皇上缕晰陈之。

一曰续办城镇乡地方自治。查苏属三十七厅州县城厢自治，本年四月以前，业将议事会、议长、议员，董事会、总董、董事如额选举。现已依限一律开会，筹议各该地方利病。苏省士绅素号文明，研究自治学员头班均经毕业，故其会场一切秩序井然，足为镇乡表率。至镇乡自治，四月间已有武进循理乡、嘉定西门乡二处选举告竣。嗣又有昆山之菉葭滨乡、安亭乡，新阳之夏驾桥乡，昆新二县交界之蓬阆乡，宝山之广福乡五处续报选举办齐，议事会、董事会克期成立。其余各属提前办理之镇乡，或已从事调查，或在确分区域。除四月间所报吴县之梅

① 为朱批批示日期。

里镇香山乡等四十余处外，近复据昆山之千墩乡，崇明之桥镇等二十余处声请筹办自治，均已分别核准。此接续办理之情形一也。

一曰筹办厅州县地方自治。查厅州县为上级自治，有担任城镇乡全体公益事务之责。苏省各属城自治成立后，即由各厅州县长官增设本厅州县自治筹备公所，以为上级自治进行机关，且以督促各镇乡自治公所之成立。前于四月间，已将自治筹办处详定施行细则，通饬各属，以期提前办竣，节省经费。并由省城设测绘队，分派各厅州县，将所属区域详测精绘，以资适用。又于各厅州县设宣讲员，按期派赴所辖各境流通宣讲，以开通民人知识，使得各具自治资格。此接续办理之情形二也。

一曰汇报人户总数。查民政部调查户口章程，本年各厅州县户数均须一律报齐，即上年已经查报之各府州属首县及商埠地方仍应复查汇报。苏省自巡警道设缺以来，所有调查户口事宜，遵章划归该道接办。当经拟定办事规章，匀分四期，循序渐进。第一期为预备调查，第二期为实行调查，第三期为编订门牌，第四期为依限呈报。前已通饬各属遵办，约于九月内一律办齐。现由该道函电交催，并派委员分赴各属促办，冀得提前蒇事。此接续办理之情形三也。

一曰复查岁出入总数。查宣统元年春夏秋冬四季署关局所营校出入各项总册，均经清理财政局查照部颁条款，分别编制完全，计成季入册四本，季出册四本，旧管实在册四本，司关道局六柱册四本，纲要简明册四本，江海关经理各款专册四本，共为二十四本。至复查出入总数，前准部咨，饬局按照预算册式分类分款详晰填注，即经由局逐款钩稽，综核四季之出入，分门编订，汇成一岁之收支，旋将宣统元年岁入岁出各编总册一本，克期告竣，先后核咨在案。此接续办理之情形四也。

一曰厘定地方税章程。查国家税与地方税浑合不分，各沿惯例。前经清理财政局分别移行主管署局，征集答复，以为编制说明书之预备。一面先就预算册内出入各款悉心研究，举凡源流之考订，名义之审查，利弊之推阐，方法之斟酌，在在均关紧要，手续极为繁重。正在编订之中，兹准度支部行知奏明国家税与地方税同时规定，应以本年为调查年限，宣统二年为厘定年限，于八月十二日具奏，奉旨：依议。钞奏行文至苏，自应钦遵办理。此接续办理之情形五也。

一曰试办预算决算。查苏属关署局所营校不下一百四五十处，前饬清理财政局遵照部定原册，印刷通行，并查照各处历次报册，逐一考订性质，支配类款项目，区分经常临时，拟订分册分表式样，开具凡例，通发各处详晰填送，由局审订核编。来册款目，间有歧误，悉为厘正，附列订误表以备考核。当经编制江海、苏州、镇江、扬由、新常各关试办宣统三年预算册并比较表一份计五册，江苏省苏属宣统三年预算册并比较表一份计一册，苏属府厅州县试办宣统三年预算册并比较表一份计一册，都凡七册，连同各处分册表并代编各关另册暨订误表，均于五月底达部。又续送江海关经理各款预算册表计三册。又宣统三年应办各事预算册表计一册，亦经编齐出咨，以符部限。此接续办理之情形六也。

一曰省城及商埠各级审判厅年内一律成立。查苏州省城审判厅，自仿照奉天、吉林办法，将高等、地方两厅联设一处，所有一切经费，均可通融布置，力求节省。当经饬匠绘图，切实估计，共需银九万四千七百两。长洲、元和、吴县初级审判厅三所，亦已分别核减估定，共需银一万五千一百八十两。临时开办，一切从简，约需银七千两。又江宁省城合设上元、江宁二县地方审判厅一所，并分设上元、江宁初级审判厅二所，均用旧局所及充公之屋改设，并添建看守所，共需银一万三百两，开办费约需银二千两。又镇江商埠设立地方审判厅并初级厅各一所，均购置民房修改，并添建看守所，共需银二万八千两，开办费约需银二千两。统计宁、苏省城及镇江商埠设立审判厅并附检察厅，共需建筑费银十四万八千一百八十两，又临时开办费一万一千两，皆系实用实销，万一不敷，再请筹补。至上海商埠应设地方、初级两厅，因牵涉外交，前饬臬司会同上海道筹议，嗣据复称种种妨碍，只能就租界外设立，详请咨商筹办，只可暂行剔出另核。此接续办理之情形七也。

一曰推广简易识字学塾。查苏省简易识字学塾，自通饬各属列入政治表，按月造报，后地方官绅皆知急于赴功，现在详加考核，除上届具报开办各塾外，计苏属推广之塾，则有太湖一所，靖湖二所，长洲一所，昆山、新阳合三所。松属推广之塾，则有南汇十七所，金山四所，上海一所，奉贤一所。常属推广之塾，则有武进、阳湖合四所，无锡、金匮合三所。又无锡五所，宜兴一所，荆溪一所，江阴一所。镇属推广之塾则有太平一所，金坛二所。太属推广之塾则有宝山五所，崇明四所。共本年上学期增设五十七所，前后统计官立公立民立各塾共有学生三千三百七十九名，其在本年下学期推广之塾并应归入下届具报，以昭核实。此接续办理之情形八也。

一曰厅州县巡警年内一律完备。查苏属推广巡警，前由巡警道遴派视察员分赴各属调查，并照部章分别事项订定表册颁行饬填，嗣经该道复核苏、松、常、镇、太各属开呈各表，大致尚符。苏州省城及上海商埠巡警，均系该道直接管理，本年省城扩充公所，整顿警务，增设办事科员，并组织骑巡侦探巡逻等队，合之原有八路三十一区长警统计一千一百八十九员名。又上海商埠华界水陆巡警侦捕消防骑巡各队，共有一千六百四十二名。镇江商埠地面较隘，亦有巡警一百三十六名。其余各厅州县合计已达长警一千八百名。教练所亦皆一律开办，综核学生人数共计一千七百余名。现正赓续增添，以求进步。此接续办理之情形九也。

以上各节，皆为第三年依限举办之事宜，即为第四届应行胪列之成绩。臣到任四月以来，悉心筹画，已办者力求进步，未备者加意经营，虽尚能勉赴程限，实难谓成绩可观。但此后应办之事务益繁，筹款之来源益涸，如期布置，已罗掘之俱穷，苟且补苴，非庸愚所敢出。臣受恩深重，际此艰难，要惟有殚竭驽诚，认真督率，以期仰答圣朝勤政爱民之至意。所有依限奏报第三年第四届成绩缘由，除咨宪政编查馆考核外，理合会同两江总督臣张人骏恭折具陈，伏乞皇上圣鉴训示。谨奏。

宣统二年九月十二日奉朱批：该衙门知道。钦此。

《政治官报》第一千六十九号，折奏类，宣统二年九月十七日出版

两江总督张人骏奏胪陈第四届筹备宪政成绩折

宣统二年十月二十六日①

奏为江苏省筹备宪政，遵将第四届成绩详晰胪陈，恭折仰祈圣鉴事：

窃光绪三十四年八月钦奉懿旨：宪政编查馆奏逐年应行筹备事宜，责成内外臣工依限举办，每届六个月，将筹办成绩胪列奏闻。等因。钦此。钦遵在案。所有江苏应行筹备事件，（叠）〔迭〕经臣等分别催办，严定考成。兹值第四届奏报成绩之期，据该管各司道局公所陆续详报前来，臣按照清单复加察核。本届筹办事宜计有九项，谨为我皇上缕晰陈之。

一曰续办城镇乡地方自治。按定章，城镇乡自治办法，先城镇而后乡，又于城镇分别繁盛、中等两级，勒限举办。现查宁属指定繁盛六州县，除通州已经成立外，上元、江宁两县业经划分区域，绘图呈报，当可次第成立；其铜山、江都、甘泉三县，亦已严催赶办，务责依限竣事。至中等城镇，照章应于本年指定筹办，由臣督饬筹办自治局，指定海门、高邮、六合、宝应、睢宁、清河、如皋、泰兴等八厅州县，饬令遵章速筹妥办。此接续筹备之事宜一也。

一曰筹备厅州县地方自治。按定章，本年省会首县应筹设议事会、董事会，已饬筹办自治局督催赶办。一面分饬各厅州县，将城自治一律成立，即由各该牧令增设本厅州县自治，以负督促进行担任公益之责务。此接续筹备之事宜二也。

一曰汇报人户总数。查各属调查户口，均经切实举办。上元、江宁、江都、甘泉、通州、山阳、铜山等首要州县，八月间已可办竣。其余或因水灾筹赈，或因民间造谣滋事，举办不免参差。当经督饬筹办自治局，严札督催，现将表册造齐申送，以便专案汇咨。此接续筹办之事宜三也。

一曰复查岁出入总数。查前准度支部咨，令将宣统元年岁出入总数，按照部

---

① 为朱批批示日期。

颁册式，分类分款详细填注，业经饬据清理财政局造具岁出入总册二本，沿江巡防队岁出入附册一本，于八月间咨送度支部核定汇奏。此接续筹备之事宜四也。

一曰厘订地方税章程。此节经度支部议将国家税暨地方税章程同时厘订颁布，以便推行，以本年为调查年限，宣统三年为厘订年限，宣统四年为同时颁布年限，于八月十二日具奏，奉旨：依议。钦此。是前项厘订地方税章程，自应归入次年举办。此接续筹备之事宜五也。

一曰试办预算决算。查江南财赋甲于全国，淆乱亦甚于各省。自咸丰兵兴以来，从未清理，挪新抵旧，移东补西，有以征收而列于出款者，有以支用而列于入款者，甚至款已裁汰而名仍循旧，款早改拨而名未更除，名义既不相符，性质更难研究。（叠）〔迭〕经饬由清理财政局反复辨正，切实钩稽，遵照部式一律造齐，拟订凡例二十二条，总册连比较表三本。又淮安、金陵两关及沿江巡防队并州县盐务杂款收支，暨宣统三年特别之款，分别编为册表，附册另成五本，均经汇核出咨，以符部限。此接续筹备之事宜六也。

一曰省城及商埠各级审判厅年内一律成立。查审判事宜关系司法，经臣札饬江苏提法司左孝同通筹办理，除上海商埠，因牵涉外交，种种妨碍，只能就租界外设立，业已据详咨部商办，暂行剔出另核外，宁省合设地方审判厅一所，分设上元、江宁初级审判厅二所。苏属长洲、元和、吴县分设初级审判厅三所。其地方审判厅即设于提法司驻处之高等审判厅，以节经费。镇江商埠设立审判厅初级厅，并各附检察厅、看守所，约共需建筑费十四万八千一百八十两，又临时开办费一万一千两，已饬绘图召匠，筹款兴办。此接续筹备之事宜七也。

一曰推广简易识字学塾。查宁属简易识字学塾，自通饬催督以来，（叠）〔迭〕据禀报开办。现计上元县扩充十三所，江宁县扩充四所，阜宁县成立一所，桃源县扩充五所，江都县成立五所，泰州扩充一所，睢宁县扩充二所，泰兴县成立一所，海门厅扩充二所，统计三十四所。其余江浦、高邮、沛县、海州、赣榆各州县，已由提学司严饬开办，仍随时督饬，逐渐推广，以收教育普及之效。此接续筹备之事宜八也。

一曰厅州县巡警年内一律完备。查宁属江、淮、扬、徐四府，海、通二直隶州，惟海州因去年水潦受灾甚重，已据禀明缓至本年振务竣后，急图举办。邳州则已将城厢巡警实行改良，并于镇乡分别推行，合计巡士有一千二百余名之多；

高邮、溧水均切实扩充整顿；铜山已遵设立教练所；扬州则已推广教练学额，并将附郭东南近乡添置巡逻；通州狼山一带，山路巡警亦经开办；江宁于下关河东就团练改设；句容城巡警整顿亦有起色。现经饬由江南巡警总局派员分赴各属催促，务期于年内依限完备。此接续筹备之事宜九也。

综计以上九端，关于宪政之进行，实系因时之要制，徒以江北频年灾歉，加之今年上海商务败坏，长江各埠均受影响，库帑既万分支绌，搜索益复难施，急切图维，时形竭蹶。微臣忝领疆寄，责无旁贷，敢言日起之有功，幸克循途以勉赴。所有第四届筹备宪政情形，谨会同江苏巡抚臣程德全恭折具奏，伏乞皇上圣鉴训示。谨奏。

宣统二年十月二十六日奉朱批：该衙门知道。钦此。

《政治官报》第一千一百十一号，折奏类，宣统二年十月二十九日出版

江苏巡抚程德全奏第五届筹备宪政成绩折

宣统三年三月十一日①

奏为遵章胪陈苏省筹备宪政第五届成绩，恭折仰祈圣鉴事：

窃臣恭读光绪三十四年八月初一日谕旨，宪政逐年应行筹备事宜，必须秉公认真次第推行，即责成内外臣工，遵照单开各节，依限举办。每届六个月，将筹办成绩胪列奏闻，并咨报宪政编查馆查核。等因。钦遵在案。本年正月间，准宪政编查馆电开，各省奏报上年下半年成绩，仍应按原单所列办法，至本年以后筹备成绩，应即按修正清单改定各项奏报。等语。兹际二月应行奏报第五届成绩之期，系结束上年下半年之事，自应遵照馆电，仍按原单办理。所有依限筹办事宜综计九项，为我皇上缕晰陈之。

---

① 为朱批批示日期。

一曰续办城镇乡地方自治。查苏属三十七厅州县城厢自治，上年四月以前早经成立。其镇乡自治，照章虽以固有之区域为准，而广狭相悬太甚，即彼此争执易生，故先期颁定标准，凡固有境界不满五十方里者应令合并，过三百方里者应令分析，其不合标准而有特别情形未便并析者，仍予酌量核准。又令各属设立厅州县自治筹办公所，慎选公正员绅，将所辖镇乡区域协议确定。统计各属镇乡四百二十余处，除金坛七区尚未确定外，余俱就绪。至镇乡调查选民人数，依限告竣者已占十分之八，业经颁定表式，通饬填报。其各镇乡办理选举，或提前成立，或依限蒇事，大率本年二月以内，选举一律告成，五月以前，合属下级自治全体成立。

一曰筹办厅州县地方自治。查厅州县为城镇乡之上级机关，凡城镇乡所不能举办之事宜，俱由厅州县团体任之。苏省各属自饬设本厅州县自治筹备公所，并遣测绘队，以期区域之翔实，派宣讲员，以使智识之开通，办理尚为迅速。计提前选举厅自治议员者，有川沙一处，已于本年正月告竣。其余各厅州县，计两县或三县同城者十处，皆定为合并设置，即同城州县实行裁撤，自治制度仍无庸变更。现查各属筹备俱有秩序，惟靖湖厅本系新设，其地悬太湖，仅有三小山为所附属，已饬归并城自治办理，其应设之厅自治，或令与附近之太湖厅合并，俟该处官绅协议，再行核办。

一曰汇报人户总数。苏省调查户口事宜，自上年巡警道设立以来，遵章划归该道管理。该道以调查伊始，易滋事端，先饬地方官督率士绅赴乡宣谕，切嘱调查员遇事平和。嗣据各属先后详报，计苏省五府州属，及京口驻防以逮租界华洋各籍，共正户一百六十九万七千四百九十九户，附户四十七万二千六百二十九户，于上年十月间，填列表册汇报民政部，查核有案。

一曰复查岁出入总数。查宣统元年各项总分册，遵照部咨，饬局按预算册式分类分款详晰填注，由局钩稽综核，汇成一岁之收支，业于第四届筹办成绩期内分别编送。所有是年未齐之府厅州县各分册，迭经严催赶送，计续编夏季一份，秋季十六份，冬季四十一份，一律完全。其余查有应行编送之清册，亦已次第催造，呈候核咨。

一曰厘定地方税章程。查国家税地方税之别，各国学说不无异同，我国向来混合不分，因时制宜，手续尤为繁重。上年度支部奏准将国家税地方税同时厘定,以上年为调查年限,本年为厘定年限,嗣以缩短国会期限,各项宪政提前进行,当即遵照部电,将出入款目,区别性质,比照标准,详细划分,编成税项说明书,于上年十二月间送部考核。

一曰试办预算。查苏省宣统三年各项预算册,先经依限造送核咨,惟预算说明书审查考订,条理极繁,督饬局员赶为编订,计成省关府厅州县说明书九本,于上年咨部在案。本年试办宣统四年预算,先饬各署局呈送概算清单,由财政局汇总厘剔,视上年已为正确,可无误五月达部之期。

一曰省城及商埠各级审判厅。查苏省高等、地方合设一厅,勘定北局空地创建。其初级三厅,择官荒基地分别建设,俱经绘图勘估。嗣因工大费巨,筹款为难,暂就牙厘局房屋改为高等、地方两厅,其初级三厅借用守备衙署改设。至江宁省城地方厅一所,初级厅二所,亦以裁并之厘捐局及充公房屋改设,于上年十一月十六日一律开厅。至商埠各厅,镇江系购买民房建筑,尚未竣工,推、检各员由司照章派定,一俟落成,即可开庭。上海因交涉事繁,经臣奏请特设高等分厅,应俟奉准部复,再行核办。

一曰推广厅州县简易识字学塾。查上届推广各塾一百二十所,学生三千二百七十九人,业经陈明在案。嗣后陆续增设者,计苏州府属长洲二所,吴县一所,震泽一所;松江府属娄县三所,奉贤二十五所,金山二所,上海一所,南汇一所,青浦二所;常州府属靖江四所,镇江府属太平州三所,丹阳二所;太仓州属嘉定一所,共增四十八所。通计原有及新增各塾一百六十八所,学生四千五百五十九人。尚有学塾虽已开办,而人数尚未报到者,均批司随案饬查,不令敷衍塞责,以期识字人数日渐增多。

一曰厅州县巡警限年内一律完备。查苏省巡警,上年七月由道饬属迅速筹备,并委定各处警务长,责令专办。截至十二月止,除上海巡警自光绪三十三年专案奏设,早经组织成立外,镇江商埠计分配长警二百十名。其余各邑,察核地势之繁简,酌分区域之多寡,计共二千一百四十五名。复以苏城内外水道纷歧,奸宄最易匿迹,创设水道巡警一百十名,以与陆路巡警相辅而行,兼为推广各属之基础。其省城教练所,上年冬间挑选合格学生每班二百名入所教练,系遵部章授课,省外各属教练所,亦均次第开办。统计五府州巡警学生,现有一千九百九十五名。

以上各项，兼营并进，讵敢稍涉迁延？顾虽黾勉趋功，而限于物力之已殚，或踌躇而未能满志。臣惟有竭尽心力，督饬进行，以副朝廷咸与维新、实事求是之至意。

所有奏报第五届成绩缘由，除咨宪政编查馆考核外，理合会同两江督臣张人骏恭折具陈，伏乞皇上圣鉴训示。谨奏。

宣统三年三月十一日，奉朱批：该衙门知道。钦此。

《政治官报》第一千二百三十八号，折奏类，宣统三年三月十五日出版

江苏巡抚程德全奏苏省筹备第六届宪政成绩折

宣统三年九月十三日①

奏为遵章胪陈苏省筹备宪政第六届成绩，恭折仰祈圣鉴事：

窃臣恭读光绪三十四年八月初五日谕旨，宪政逐年应行筹备事宜，必须秉公认真次第推行，即责成内外臣工，遵照单开各节，依限举办。每届六个月，将筹备成绩胪列奏闻，并咨报宪政编查馆查核。等因。钦遵在案。本年正月间，准宪政编查馆电开，各省奏报本年以后筹备成绩，应即按修正之清单改定各项奏报，等语。兹际八月应行奏报第六届成绩之期，系本年上半年期内之事，自应遵照钦定修正逐年筹备事宜清单办理。查修正清单，督抚同办之事计共四项，所有苏省筹办事宜，谨为我皇上缕晰陈之。

一曰厘定国家税地方税各项章程。查税源之与税法，本无确定界限，今将划分国家地方税项，则必于性质求之，业经于上年冬季报据清理，参考旧章，编订税项说明书一册，凡九章四十二节，咨送度支部参考。嗣准部颁划分国家税地方税标准，逐一复核。惟房捐一项，论其用途，系属凑解赔款，本定归入国家，而

---

① 为奉到上谕批示日期。

究其性质，实当归入地方自治，遵照改正，以期划一，其余大致尚无差池。

一曰汇报各省户口总数。查宣统二年人口总数，早经上年查明汇报，嗣后遵照民政部颁定表式，分别男丁女口，暨附查学童、壮丁各数，饬其呈报。旋据苏属三十七州厅县先后列表呈由巡警道覆核，计男四百八十四万二千二百五十一人，女四百三十四万七千六百七人，附查学童七十八万四百八十六人，壮丁二百三十三万六千三百十六人，于三月间咨部有案。现准部咨，本年奏报全国户口总数及汇造户口清册，统以十月前截算，亦经通饬各属遵章赓续办理。

一曰续办地方自治。查苏属三十七州厅县，共分划镇乡四百二十余区，现已成立者三百二十区，其全数一律成立者计二十州厅县，其镇乡成立过半尚未齐全者计十一县。此外惟宜兴、荆溪二县，以选举经费无著，致阻进行；丹阳一县，因愚民抗拒调查，经派员拿获首要，现方逐渐成立；太平洲一厅，因士绅程度太低；太湖、靖湖二厅，以区域合并初定，以上六厅县视他属成立在后，皆有特别原因。其城自治或乡自治成立在一年以上，据报照章改选者，有太仓等十九州厅县，嘉定、西门等五乡。至上级自治提前办理者，除上届所报川沙厅外，又有太仓、镇洋、崇明、嘉定四州县，其余正在筹备选举期间。

一曰续办各级审判厅。查宁苏省城各厅，业于上年开庭；镇江商埠，因建筑需时，本年夏间始行开办；上海商埠，奉准设立高等分厅，拟就原有海运局改设，而地方厅附之，并就该县主簿署旧址另设初级厅，以秋间工竣一律开办。此外城治各厅，前经饬司筹拟办法，拟于松、常、淮、扬、徐五府，太、通、海三直隶各设地方厅一所，其海门、太平、太湖三直隶厅均只设立初级厅，仍由邻近之地方厅附辖或酌设分厅，其余各州厅县，亦拟于初级厅内附设地方分厅，以资撙节。惟清河距省较远，拟就城治增设地方厅，并设高等分厅，俾民间赴诉便利。惟财政困难，工程浩大，现已派员调查各城治裁缺官署、闲废公所，聊资修葺，俾易观成。宁苏省城应设之临时法官养成所，并附监狱专修科，均经开办，以储司法人才。

以上四项，为苏省按单筹备事宜。此外普通行政如巡警、教育等项未列单内者，仍分饬主管司道，以次筹办。苏省适逢灾歉，公私财产损失不赀，凡救荒善后事宜，尤为当务之急。惟有审量财力，轸念民依，举应筹备宪政各端，固不敢任其迁延，致开官吏诿卸之路，亦何敢过于操切，转蹈欲速不达之讥。要当本恐惧修省之怀，以冀循序程功，仰副圣朝久道化成之至意。所有奏报第六届成绩缘由，除咨内阁法制院考核外，谨会同两江总督臣张人骏恭折具陈，伏乞皇上圣鉴训示。谨奏。

宣统三年九月十三日奉朱批：该衙门知道。钦此。

《内阁官报》第七十六号，折奏·宪政类，宣统三年九月十七日出版

浙江巡抚增韫奏遵设调查局折

光绪三十四年十一月十九日①

奏为遵旨设立调查局，恭折仰祈圣鉴事：

光绪三十三年九月十六日内阁奉上谕：朕钦奉慈禧端佑康颐昭豫庄诚寿恭钦献崇熙皇太后懿旨：本日宪政编查馆奏请饬各省设立调查局，各部院设立统计处各折片。各省民情风俗及一切沿革习尚，参差不齐，现在该馆开办编制、统计二局，非有京外通力合作办法，无以推行尽利。著每省设立调查局一所，由该管督抚遴选妥员，按照此次章程切实经理，随时将调查各件咨报该馆。等因。钦此。并准宪政编查馆咨行，钦遵查照办理前来。

伏维法治之国，一切行政法规综核、编纂、推行无不尽利，其效果虽收于厘定，而握要实在于审查。我国法制未经综核，各地方情形复难颟若划一，自非逐加考察，至周至悉，无以资参证而杜纷歧。查浙省民情风俗并所属地方办事民商诉讼习惯，各项单行法行政规章及行政上沿革利弊，至为繁赜，而外交、民政、财政、教育、军政、司法、实业、交通诸大端，亦未素经考究。际兹预备立宪，核定法案，必当先事调查，然后国家之政令适合于社会之情形，乃能施行无阻。

奴才抵任后，当即札饬司局筹拨的款，设局试办，并遴得奏调来浙候选道章

---

① 为谕旨批示日期。

樾，强毅有为，洞明时务，委为该局总办。设科长二人，管股委员六人，分任编制、统计事件。兹据该总办遵照宪政编查馆奏定章程，并参酌浙省情形，订定办事细则呈报前来，奴才详加复核，尚属周妥，业于八月初一日开局办事。现在该局规模粗具，应办事宜次第毕举，仍由奴才随时督饬，务使在事各员始终奋勉，于全省政务之设施、风土之沿习，留心访察，得其真际，以应咨询而资报告，仰副朝廷考核法典、崇实求精之至意。所有遴员开办调查局缘由，除咨明宪政编查馆查照外，理合恭折具奏，伏乞皇上圣鉴。

再，该局开办常年经费已饬司局筹拨，应请准其作正开销。合并陈明。谨奏。

光绪三十四年十一月十九日奉旨：该衙门知道。钦此。

《政治官报》第四百十一号，折奏类，光绪三十四年十一月二十三日出版

浙江巡抚增韫奏筹备宪政胪陈第一届成绩折

宣统元年闰二月十九日①

奏为宪政筹备事宜，遵章胪陈第一届筹办成绩，恭折具奏仰祈圣鉴事：

窃承准宪政编查馆王大臣咨开，光绪三十四年十二月十一日钦奉谕旨：宪政编查馆会奏遵设专科，考核议院未开以前逐年筹备事宜，酌拟章程折单各一件，著依议。钦此。章程内开，九年筹备事宜，责成内外臣工每届六个月将筹办成绩胪列奏闻，并咨宪政编查馆查核。等因。

奴才查宪政编查馆原奏逐年筹备事宜清单内载，第一年期内各省督抚所应筹备者，有筹办谘议局一项。浙省谘议局筹办处于上年十月间成立，业将开办情形奏报在案。窃维该处为筹办谘议局总机关，头绪纷繁，而著手伊始，筹办之难，

---

① 为朱批批示日期。

约有数端：府厅州县无成案可稽，难免观望推诿，一难也。事属创行，无熟悉谙练之材，二难也。各府厅州县每多自为风气，办理未易划一，三难也。开通之处，筹办敏捷，而或虑有罣漏，僻远之区，风气闭塞，则恐不无延误，四难也。浙省上游各府，交通不便，文书往返，动辄兼旬，兹事体大，钦限綦严，一处愆期，牵动全局，五难也。奴才深鉴于此，即于事先饬该处悉心筹画，自开办至今五阅月，筹办纲要，请为我皇上缕晰陈之。

一、分设驻府参议以资联络也。调查选举，总其成者筹办处，而直接督促州县之实行，则在于各府。然而一府所辖州县有距离甚远耳目难周者，徒恃文书申报，滋多隔阂，故饬每府各举公正明达绅士一人，仍驻本府，参议关于调查选举事务，并遍历所属州县，悉心查察，分别报告，而筹办处亦即藉此而周知各府州县办理之情形。盖声气既通，考核较易，自无观望推诿之弊。

一、选派法政毕业生研究选举事宜，以求谙练也。议员选举事宜，法理精深，条文繁密，非具有政法知识者，未易措置裕如，而期限迫促，造就需时，仓猝研究，复恐难资应用。故于浙省法政学堂讲习科学生择其已经毕业程度相当者，录派八十人，分往各州县，以备司选之用。然犹恐学与事实不无扞格，用先就该处附设司选员研究所，责成该处职员分任讲演，兼旬而毕。此项司选员按每州县各派出一人帮同办理。现在各属造成人名正册，均依限送到，迭加查核，尚无错误之处。盖司选员熟悉法政，谙练选举事宜，斯事无不举矣。

一、代各府厅州县编订各种章程表册，以便遵循也。查谘议局议员选举章程，关于调查选举各项事宜，均由初选监督自行筹办，或呈由复选监督核定施行。此次筹办谘议局限期成立，各府厅州县于办理之次序，苟无一定标准，殊无以杜纷歧之弊。故饬该处分别拟订各项章程规则表册，由奴才核定，刊刻成书，颁行各属，此外投票纸、投票匦等，均由该处遵式代制，分别交由司选员携带前去。初选当选人额数，定章须由复选监督分配者，亦经该处代为除算。盖如是而后各厅州县按期筹办，自有划一之规矣。

一、遣派职员分途视察，以司纠正而任督催也。各府厅州县虽有章程等项可据，然或奉行不得其人，即办理难期合法，且各处办理情形，仅据文书之报告，殊难据以为凭。故饬该处于司选员未经派出以前，派职员分往视察，其未曾举行者严行催促，已举行而未能如法者极力改良。盖勿论开通之处与僻远之区，均经派员视察一切办法，自可免罣漏延误之虞矣。

一、变通公文成式，以期迅速而利推行也。各衙门办公，向例送稿送签，展转濡滞，加以交通不便，往返需时，若不量为变通，必致迁延贻误。故饬各府厅州县遇有筹办处应行禀报文件，分别最要次要，最要事件概用电达，次要事件只用函禀，盖用印信，于变通之中，仍寓慎重之意。既不至于愆期，自弗牵动全局矣。

以上所陈五端，该处办理妥慎，尚称得法。至谘议局为全省议员荟萃之所，观瞻所系，从事建筑，不可不筹备于事先。现经勘定省城总织局地址，预备如期建造，惟谘议局规模既当务从宏展，而建筑经费亦不能不力求撙节。迭经饬绘图样，一再商酌，始行定议，克日兴工。此浙省谘议局筹办处开办以来实在情形也。奴才查该处筹办诸事，悉协机宜，舆论交推，实非奴才初愿所及。各府厅州县遵章赶办，自分区调查以至造具名册，均无贻误。扣计本年九月初一日议员举定，谘议局即能成立，第一年期内应办之事不至延误。

其第二年应行筹备，如举行资政院选举，筹办地方自治，设立自治研究所，调查人户总数、岁出岁入总数，筹办省城等处各级审判厅，创设厅州县简易识字学塾，推广厅州县巡警诸事宜，浙省或业经开办，或正在筹议，容由奴才分别督饬，次第办理，遵照定章，按期陆续奏报，以仰副朝廷重视宪政、切实预备之至意。

所有宪政筹备事宜，遵章胪陈第一届筹办成绩缘由，除咨明宪政编查馆查照外，理合恭折具陈，伏乞皇上圣鉴。谨奏。

宣统元年闰二月十九日奉朱批：该衙门知道。钦此。

《政治官报》第五百二十一号，折奏类，宣统元年闰二月二十二日出版

浙江巡抚增韫奏第三届筹备宪政胪陈成绩折

宣统二年三月初一日①

奏为第三届宪政筹备事宜，遵章胪陈成绩，恭折仰祈圣鉴事：

窃照宪政编查馆奏准考核专科章程内开，九年筹备事宜，责成内外臣工每届六个月将筹备成绩胪列奏闻，并咨宪政编查馆查核。等因。臣查逐年筹备事宜，业将第一、二届成绩依限胪陈。截至本年二月，为第三届，上距先帝颁布九年之诏，下至宣统八年宪政完备之时，岁月骎骎已去六分之一。臣夙夜祗惧，黾勉进行，惟有矢以贞恒，不敢稍参玩愒。谨将此半年中筹办成绩，按照清单，为我皇上缕晰陈之。

一曰举行资政院议员选举。上年十月十一日就浙江谘议局议员按额互选，经臣亲莅该局监督选举事宜，得陈敬第等七人为资政院议员。业于上年十二月间附片陈明，俟开院有期，即当传集各员入都赴会。

一曰地方自治。浙省筹办地方自治事宜，已于上届陆续陈明在案。查定章自治研究所以八个月为毕业期，原定课程平均计算，每星期得二十七小时。浙省研究所延长授课之钟点，缩短毕业之期间，业经于上年十二月分门试验，得毕业学员三百十一名。量其差等，给予文凭，分别派充各厅州县研究所讲员。其优者酌充所长。至各属自治研究所限本年正月开办，并饬各立自治事务所一处，以为筹办自治之分设机关。现据各属详报，俱已成立，一俟学员毕业，即饬令调查选举，俾各城镇乡议事会至迟于十月内报齐。其各项章程规则暨宣讲白话，俱经札发各属依次举行，以为厅州县地方自治之基础。

一曰人户总数。查期限清单应于上年调查，本年汇报。浙省各首县暨商埠地方正户、附户总数，业经造册分咨，其全省人户总数，限本年八月呈送，十月汇

---

① 为朱批批示日期。

咨，并令视察警务之员顺道调查，以昭核实。且拟定查口细则，以为第四年调查人口之先声。

一曰岁出入总数。浙省光绪三十四年出入款目，虽经查明分别奏咨，惟缪辇至多，诸需推究。本年复查总数，复饬财政局澈底清厘，遵照度支部奏定章程，自本年起造送次年预算报告册，与前数参互比较，务得其平。总期梳栉不棼，以为编订会计法之预备。

一曰省城、商埠各级审判厅。查清单上年筹办，本年成立。浙省审判研究所已于七月间开办，并饬法政学堂添设法律专科，约计全省审判厅成立之时，足敷调派。省城高等以下各厅，勘定基地，兴工建筑。宁波、温州等商埠，刻已派员相度，以次筹办。而省城之模范审判厅春夏之交即可成立，所需推事、检察等职，慎选法政专门及素有经验者分别派充；至该厅应有司法警察，于二年十一月间开办教练；其余如检验吏、传习所，如模范监狱，亦皆粗具规模，刻期施行，以为司法独立之标准。

一曰简易识字学塾。此项课本于十二月间颁发到浙，饬司刊成，通行各属。规定全省七十八厅州县设塾六百二十所，每塾照章额设学生六十人。又于各小学堂附设一班，或两班参用半日半夜之例。凡未经动拨之宾兴、考费、儒田、学租，各州县裁缺之学田，暨一切社会寺观、迎神赛会，种种迷信无益之耗费，分别提充该塾的款。期于不出九年，识字人民与各国相去无几，以为普及教育之初桄。

一曰厅州县巡警。浙省城镇乡巡警现计三千九百七十余名。除省城由官费筹办外，各属经费现计银圆二十七万三千余元。城关巡警因提前办理，早已报齐。按照厅州县大中小治，饬添巡警名额，限本年六月各镇一律成立，十二月各乡一律完全。若夫全省水巡，浙西设有巡船四十七艘，浙东亦先后筹办，限夏间粗具规模。其消防卫生事宜，并经拟定表式、规则，通饬遵行。署巡警道杨士燮于月内巡视各属，亲自督催。俟内河水巡进步可观，再当规划沿海水巡，以收警政完全之效。

以上数端，或按次进行，或提前预计。凡兹成绩，仅举大纲。其先经专折具陈者不敢觍缕重申，以渎圣听。抑臣更有进者，行政之本，在于理财，理财之经，在量入以为出，本年试办预算及厘订地方税章程，皆疆臣同办之事，顾浙省预算，以漕粮为大宗，漕价之涨落无常，州县之亏赔难免，以致预算恐无成立之实效。必先破除障碍，昭示大公。又地方税与国家税性质截然不同，但向例颠倒杂糅，必先标目清查，而后秩然不紊。此二者头绪最繁，于宪政尤为紧要。业经饬司妥慎详议，容俟筹有办法，专折请旨施行。

所有第三届宪政筹办事宜胪陈成绩缘由，除咨宪政编查馆查照外，理合恭折具陈，伏乞皇上圣鉴训示。谨奏。

宣统二年三月初一日奉朱批：该衙门知道。钦此。

《政治官报》第八百八十三号，折奏类，宣统二年三月初七日出版

浙江巡抚增韫奏胪陈第四届筹备宪政事宜折

宣统二年九月二十日①

奏为第四届宪政筹备事宜，遵章胪陈成绩，恭折仰祈圣鉴事：

窃照宪政编查馆奏准考核专科章程内开，九年筹备事宜，责成内外臣工，每届六个月，将筹备成绩胪列奏闻，并咨宪政编查馆查核，等因。臣查逐年筹备事宜，业于本年二月间，将第三届成绩奏明在案。现届八月奏报之期，谨将此半年中筹备情形，为我皇上缕晰陈之。

查宪政清单内开，宣统二年各省应办之事凡九项，惟厘定地方税章程，前饬清理财政局分别性质，酌拟办法，编定说明书，依限分咨，应俟馆、部诸臣参酌会商办理。

其余八项，一曰城镇乡自治。查浙省各厅州县自治研究所，原定本年正月一律成立，而开明地方提前开办者，有仁和、钱塘、山阴、会稽、嘉兴、秀水、嘉善、临海、长兴、余姚、金华、永康、永嘉十三县，均经先后毕业，接续办理。其

---

① 为朱批批示日期。

石门、奉化、上虞三县,亦开办较早,现已毕业。余均次第依限开办。调查选民资格,已有仁和、钱塘、平湖、嘉善四县分别办竣。惟分划区域,争执颇多,前经札饬该管地方官,剀切劝导,先后划定。业由自治筹办处制成城镇乡自治区域及人口数自治职员额表,印发各属,遵照办理。其固有区域,亦列在自治区域以下,统系斠然,查核亦易,并派员分赴视察,以资督催。此筹办城镇乡自治之情形也。

一曰厅州县自治。查厅州县自治与城镇乡自治,在制度上实有上级下级之不同,惟就筹办方法言之,大抵一方面为筹办城镇乡自治,而他方面即所以筹办厅州县自治。现在城镇乡区域渐次划定,下级自治转瞬成立,上级自治亦宜早日预备。前已筹议办法,通饬各属遵照,惟各厅州县有壤地插花不便行政之处,行查移复,殊费时日,且查报粮赋户口,更非仓卒所能告竣。现正分别催办,俾可如期观成。此筹备厅州县自治之情形也。

一曰人户总数。查民政部奏定章程,以本年十月为报齐户数之期。浙省人户总数,于宣统元年十月间业经汇报一次,本年春季巡警道出巡,复饬详细考察,分别督催,并饬遵照进行表认真举办,按月报告,所有上年未经呈送户数,现已一律报齐。至各属口数总册,亦经先期举办,依限具报,以期不误要政。此筹备汇报户数之情形也。

一曰岁出入总数。查期限清单,于上年调查,本年复查。虽未指定应查何年之数,惟宣统元年既将三十四年出入总数查明,则本年所复查者,自系宣统元年之数,当将元年四季分款总数汇成一表,并将元年与三十四年逐款比较,编一盈亏比较表,又附全年百分比较表,综合各数,汇成四柱简明总册,于五月间咨部,为编定预算案之根据。此筹备复查岁出入总数之情形也。

一曰试办预算。查清理财政章程,各省自宣统二年起预算次年出入款项,汇编报告册咨送到部,等因。当经督饬清理财政局按照部颁册式,分别门类编成报告总册、比较总册四册,另编本色预算册一册,附编各署局所报告分册、比较分表二十二册。以总册总表为出款入款之经,分册分表为出款入款之纬,破除积习,逐节爬梳,业于五月内咨部,并经臣具折奏报在案。其应行追加裁节各款,亦陆续商同部臣办理。此筹备试办预算之情形也。

一曰省城及商埠各级审判厅。查司法官吏关系最重,上年设立审判研究所,于七月间毕业,甲乙两班共一百六人,并择资格相符者送京应法官考试。司法警察教练所,亦于五月间毕业,共六十名。现已分派各区服务,俟开厅时足可敷用。至修建厅舍,以经费递次核减,议将前经动工之初级厅扩充增筑,作为浙江高等审判厅,并附设杭州府地方厅于其中。省城应设之仁(和)、钱(塘)初级厅二所,即以裁撤绿营之官署改造。宁波、温州之商埠地方初级各厅,亦就废署改造。惟杭州拱宸桥商埠酌设初级厅一所,无相当之官署可改,不得不从新建造。均拟于十一月间开厅,以符钦限。所需司法人员,现拟酌量分设,各员薪俸因预算不敷,暂照递年加俸办法,先以六成给发。至模范监狱,已就犯罪习艺所大加扩充。看守教练所,亦就附设之监狱专科办理。检验传习所,俟高等检察厅开厅后,再行开办。此筹备各级审判厅之情形也。

一曰简易识字学塾。查部颁课本到浙后,即饬提学司翻印通发,并拟定进行表、考核各属功过章程,藉资督催。五月间派员携带表式分往调查,现计全省自创办起截至六月杪止,已设学塾七百三十四所,学生二万三千二百四十二人,核与上年议案规定全省之数,溢额已逾百所。惟各属情形不同,官绅各有勤惰,此项学塾,若按照各厅州县分别大中小治规定所数,核计其中有逾原额多至数倍以上者,有适符原额者,亦有不及原额者。比较成绩,实行考核,严定功过,以资惩劝,总期大加推广,俾识字人民日多一日。此筹备推广简易学塾之情形也。

一曰厅州县巡警。查浙省厅州县城关巡警早经成立,本年二月巡警道巡视各属,办理均尚完备,间有因经费不足,名额未足者,已饬宽筹经费,照章扩充。镇埠巡警已经开办,派有副巡官者五十二处。四乡巡警,仁和、钱塘已择最要区域先期成立。鄞县、永嘉亦依限于本年八月成立。其余各属,已饬查照所报区域,早日开办。水路巡警,计浙东西各处设巡船一百零三只,分布梭巡。消防一项,办有端倪者计三十余处,省城消防已成三队。卫生事项,省城设清道夫役一百二十余名外,厅州县亦分别举办,现仍添委妥员分往视察,以期年内一律完备。此筹备厅州县巡警之情形也。

以上数项,或办理已经完竣,或筹措已具规模,而岁月骎骎,预计宪政完备之年,已去三分之一。此后事机愈迫,筹备愈艰,非有精意以灌输,未必初终之一辙。臣于议复确定行政折中,曾将宪政万不可缓情形披沥以陈,上备圣明采择。亦知财政艰窘,百废具举,竭蹶堪虞,然时局艰危,舍此别无图救之策,臣身任地方行政,何敢故为其难,亦断不敢以畏难而稍阻进步,总冀直追急起,如期告成，以仰副朝廷实事求是、慎重宪政之至意。所有第四届筹备宪政遵章胪陈成绩缘由，除分咨外，谨恭折具陈，伏乞皇上圣鉴训示。谨奏。

宣统二年九月二十日奉朱批：该衙门知道。钦此。

《政治官报》第一千七十七号，折奏类，宣统二年九月二十五日出版

浙江巡抚增韫奏遵章胪陈第五届筹备宪政事宜折

宣统三年三月初二日①

奏为第五届宪政筹备事宜，遵章胪陈成绩，恭折仰祈圣鉴事：

窃照宪政编查馆奏准考核专科章程内开，九年筹备事宜，责成内外臣工，每届六个月，将筹办成绩胪列奏闻，并咨宪政编查馆查核，等因。臣查浙省逐年筹备事宜，业将历届成绩依限胪陈，现截至本年二月为第五届奏报之期，谨将半年以来筹办情形，为我皇上缕晰陈之。

查宪政清单内开宣统二年各省应办之事，凡九项，除岁出入总数、试办预算，于上年五月咨部，已详陈于第四届成绩折内，不复赘陈。其余七项：

一曰城镇乡地方自治。查各属自治研究所，均于上年七月间先后毕业。仁和、钱塘、乌程、归安、山阴、会稽、嘉善、临海等县，并办理第二次毕业。自治区域经划定者，计城七十四，镇七十五，乡九百二十一。两县同城者，照章合并设置自治职。现据禀报，议事会、董事会、乡董、乡佐一律成立者，计城十七，镇六，乡五十九。禀报议事会成立者，计城三十七，镇二十四，乡三百四十四。均先后分别径给图记。此外未据禀报成立各处，业饬自治筹办处随时督促，以冀早日观成。至自治区域分图，现照部定图幅大小，每厅州县各绘总图，再于图中分别现划之城镇乡区域，各别染色，沙流、山脉悉依旧图，都图、村庄则另别一表，随图附呈，俾图表相参，易得梗

---

① 为朱批批示日期。

概,业于上年十二月间一律告竣,咨送部核。此续办城镇乡自治之情形也。

一曰厅州县地方自治。查厅州县自治筹办方法,大半根据于城镇乡自治,而著手之先后,一视城镇乡自治成立迟早以为衡。前将筹办次序及期间,拟订清单,通饬各属,俾资遵守。其城镇乡自治已经成立之处,现已督饬各该地方官绅提前筹办。至插花壤地,查有嘉兴、秀水、嘉善、平湖、石门、桐乡,宁波之慈溪、镇海,台州之天台、宁海,绍兴之新昌,处州之云和、龙泉,业饬各该县会勘,复绘图造册,详细核办。惟昌化有绩溪插花壤地,事连他省,应咨商安徽抚臣办理。此筹办厅州县自治之情形也。

一曰户口总数。查清单第三年应筹备者,只汇报人户总数,而民政部原定期限,人户总数应于宣统二年十月前一律报齐,人口总数亦应于二年十月前汇报一次。浙省开办之始,本系户、口并查,现据巡警道详报人户总数,计正户二百五十二万五千六百三十五,附户一百三十六万三千六百七十七,其有与上年稍增减者及上年呈报错误者,均经详细查核,汇列总表,于上年十月咨部在案。至人口总数已经报到者,计首县、商埠及各厅州县,共五十六处,照部定表式,分别男女口数、学童、壮丁,另计总数附列表下,于上年十月间咨部在案。其未经报到之厅州县,现仍分别催办,以期上符定限。此汇报户口总数之情形也。

一曰调查税项。查原定清单,国家税与地方税章程分年厘订,上年度支部奏明变通厘定案内,以宣统二年为调查国家税地方税年分。当饬清理财政局按照前次送部之说明书内,分析税项之性质,列为岁入经常、临时二门,国家税地方税分别正税、附加、特别总表各一,并地方税与地方行政经费比较表一,均注明宣统三年预算目,弁以例言,说明标准,于上年十二月间分咨馆、部,以为厘定之根据。此调查税项之情形也。

一曰省城、商埠各级审判厅一律成立。查浙江省城、商埠各级审判检察等厅,共十有八,省城于上年十二月十五日开厅,宁波、温州亦于是月二十日、二十六日开厅。经臣附片奏明在案。各厅人员,除高等厅丞、检察长前经请旨简放,推、检各员,咨调现充吉林高等推事及曾充奉天推事者各一人,学部考试及第者二人,又奏调学部考试及第授有京职者六人以外,皆以分发到浙之法官考试及第者充之。至各级厅署,惟高等审判厅系就前拟建造之模范厅扩充增筑,甫经开工,拱宸桥之初级厅,本拟从新建筑,嗣因经费裁减,即以裁撤该埠理事府之衙署修改。其余各厅,各就该处旧署改造,经费既省,而庭宇焕然,尚合审判之用。司法巡警之第二班业经毕业,计八十名,合第一班之六十名,均分派各厅及各区服务。看守教练所已于八月间开办。检验事宜,现以各州县仵作中素有经验且当差勤慎者申送考验,以凭录用。其传习所,一俟经费筹定,即行开办。此筹备审判各厅之情形也。

一曰简易识字学塾。查浙江原就厅州县大中小治,规定设塾所数,以为推广之标准,惟各属情形不同,筹款亦有难易,增设所数多寡遂不一致。现据提学使详称,自上年七月起截至十二月止,仁和等五十四厅州县共增设学塾三百二十三所,学生增多八千八百十七人;合前次已经奏报者,总计全省已设学塾一千五十七所,学生三万二千五十九人,较原案规定之数,已逾四百三十七所。其距省较远者,迭经催查,尚未据复,并入下届再行汇报。此推广简易学塾之情形也。

一曰厅州县巡警一律完备。查浙省城关巡警早经成立,镇乡巡警亦多提前办理。现据巡警道详称,城关巡警计设警务长七十八,区官五,一等巡官十六,教习三十四,巡长三百十五,巡警二千八百二十五;教练所计七十五处,毕业生三千一百四十二,修业生五十九;镇埠巡警计设区官五十,一等巡官五,巡长一百零三,巡警八百七十五;四乡巡警已经报到者四十余处,计设巡长四十四,巡警二百八十九。其因经费不敷名额未足者,业饬速筹推广,以期完备。水路巡警,计浙东西各处设巡船一百零五支,巡长六十一,巡警三百三十六,分布梭巡,尚称得力。消防除省城三队,各属陆续开办者,计有二十四队。卫生事项,亦极注意,省城暨各厅州县共有清道夫三百三十八名。其他关于巡警应设筹备之件,现仍督饬该道严催各属,力求进步,不至蹈有名无实之弊。此筹办巡警之情形也。

以上数项,或依限进行,或提前赶办。其已著成效者,则赓续以要其终,其尚待扩充者,则黾勉以图其继,初不敢以事端丛杂,稍涉因循。现在国会年限钦奉谕旨缩短三年,举凡逐年应行筹备一切事项,谨当遵照钦定修正清单,内商馆部诸臣,外督司道各属,认真举办,俾可如期告成,以仰副朝廷慎重宪政、实事求是之至意。所有第五届筹备宪政遵章胪陈成绩缘由,除咨宪政编查馆暨分咨各部外,谨恭折具奏,伏乞皇上圣鉴训示。谨奏。

宣统三年三月初二日奉朱批:该衙门知道,钦此。

《政治官报》第一千二百二十八号,折奏类,宣统三年三月初五日出版

浙江巡抚增韫奏筹备宪政遵章胪陈成绩折

宣统三年八月三十日①

奏为遵照修正清单，提前筹备，并遵章胪陈成绩，恭折仰祈圣鉴事：

窃查前宪政编查馆奏准考核章程内开，筹备宪政事宜，每届六个月将筹办成绩胪列奏闻，等因。计截（止）〔至〕本年二月为第五届，业经遵照办理在案。嗣奉钦定修正清单，于原定筹备事宜，凡列在六年以后者，酌改年限，一律提前。自应钦遵办理。现查本年应行筹备事项，除国家税地方税章程业经分别调查，制定各表，于上年十二月间分咨馆、部，应候部臣厘定，无庸奏报外，至列入修正清单者凡三项：

一曰汇报户口总数。查浙省办理调查事宜，本系户、口并计，现据巡警道详称，各属报到第三次户数者六十九厅州县，计正户二百六十六万二千八百二十，附户一百三十八万六千二百三十三；报到口数者五十四厅州县，计男丁六百八十二万三千二百一十，女口五百七十四万二千二百八十，学童九十三万七千二十五，壮丁二百八十七万五千一百零八。其未经报到者，并饬巡警道迭电严催，一俟报齐，遵章于十月内列表送部。此按单筹备者一也。

一曰续办地方自治。查浙省筹办自治，城镇乡议事会原限本年三月成立，现计各属禀报成立者一千二十一区。董事会及乡董、乡佐原限本年五月成立，现计各属禀报成立者八百十区，均先后分别颁给图记。至厅州县自治，凡城镇乡自治一律成立之处，自应赓续办理，其分配各选举区议员额数，业经列表核定，计金华等二十四州县，并饬自治筹办处拟订施行细则，代订互选细则暨选举票式、钤记篆文，均通饬各属遵办。惟浙省各首县遵旨于七月二十一日一律裁撤，归府管理，凡两县合置之自治区域不无变更，应俟划分定后，再行咨部立案。此按单筹

---

① 为上谕批示日期。

备者二也。

一曰续办各级审判厅。查城治审判厅按照原定清单提前一年成立，则养成人才，划分区域，实为筹备司法之必要。前准部咨，设立临时法官养成所，规定正额一千名，备额一百二十名，分拨官立、私立法政学堂等处，均于五月间一律开班。监狱专修科浙省早经开办，第一班毕业后，第二班已及两学期，毕业亦近，现仍接续添招新班，期以全省需用人员足额为度。检验传习所亦于三月开办，五月开学，取定正课八十名，附课二十名，年半毕业，将来人才足敷任用。至管辖区域应设高等分厅二，一设衢州，金、衢、严三府隶之，一设温州，温、台、处三府隶之。应设地方分厅十四，以距府较远之州县隶之。初级厅除已设并与地方分厅合设者不计外，应设初级厅六十一，业经详细分划，绘图列表，咨部在案。至模范监狱各项房屋，现已一律竣工。罪犯习艺所于三月间开办，各厅州县亦均通饬遵设。此按单筹备者三也。

其未经列入修正清单而为原单所列者有二项，一曰简易识字学塾。查是项学塾，本年规定各州县增设塾数仍照上年规定原额，全省应增设六百二十所。现计自本年正月起至闰月秒止，仁和等七十八厅州县已增设学塾六百八所，学生一万五千二百三十一人，合之历次奏报之数，全省已设一千六百六十五所，学生四万七千二百九十人。业将各厅州县暨劝学员长分别考核成绩，量记功过，并饬迅筹推广。其不及额之处，责令克日设齐。此按原单筹备者一也。

一曰巡警。查厅州县城关巡警业于上年一律完备，前次举行区官考试，凡考取人员，均经巡警道分派各属，充任城关区官，以资佐理。其昌化、武康、义乌、开化、泰顺、青田、宣平、云和等处警额最少者，亦饬遵章扩充。乡镇巡警，较诸上届逐渐推广，计共成立一百五十一处。其尚未开办者，迭经严饬克期赶办。水路巡警，计东西各处设巡船一百零五只，巡长巡警均较上届增多，分布梭巡，尚称得力。其他关于巡警应行筹备之件，现仍督饬该道严催各属，力求进步，不至蹈始勤终怠之弊。此按原单筹备者二也。

以上数项，或提前赶办，或依限进行，其已列修正清单者，固当急起直追，不敢稍存玩泄，即教育、巡警两项，虽属普通行政事务，亦不敢以修正清单内未经列入，稍事因循。

除将下届应办各事宜督饬司道员绅认真筹办，并分咨查核外，所有筹办宪政遵章胪陈成绩缘由，理合恭折具陈，伏乞皇上圣鉴。谨奏。

宣统三年八月三十日奉朱批：该衙门知道。钦此。

《内阁官报》第六十三号，折奏，宪政类，宣统三年九月初四日出版

安徽巡抚冯煦奏遵设宪政调查局并调员助理折

光绪三十三年十二月十七日①

奏为遵设宪政调查局并调员助理，恭折仰祈圣鉴事：

窃前准宪政编查馆咨称，各省应设调查局，局设总办一人，分法制、统计两科，各设科长一人，每科各晰分三股，酌设管股员，均由本省督抚选派，并单开办事章程十三条，奏准通行在案。

臣伏念法制、统计两科，端绪纠纷，未易理董，非京外合措通筹，难期周密。皖省风气初开，一切因革损益之宜，尤应随时随事详切调查，按类分编，上以资编查馆之采获，下以备自治局之钻研。立宪权舆，莫要于是。谨于臣衙门之左设局，择期先行试办。惟经始之初，百端待理，非有明习法政、洞达治体之员，不足以资赞助。查有法部参事上行走候选道刘钟琳，识略闳通，志趣卓越，曾从五大臣出洋考察，于中外政术洞悉靡遗，而又秉正不回，无新学嚣张之习，臣前经奏调，以法、学二部有编辑未完之件，尚未来皖；又度支部额外主事刘泽熙，宅心正大，饶有干略，曾在日本学习法政；分省补用知府尹彦铄，识练才明，博通时务，曾充法国使臣刘式训随员，于法政亦多研究。相应请旨饬下法、学、度支三部并江苏抚臣，准将刘钟琳等三员调皖，俾收臂助。刘钟琳、刘泽熙二员并援案请免扣资，尹彦铄一员请即留于安徽补用，出自鸿慈。俟该员等到皖后，量材授事。其两科管股员，再于本省各员中酌量选充。由臣躬身督率，博考

---

① 为朱批批示日期。

慎择，一归于正，力袪偏谬率略之弊。并分饬藩、学、臬三司，通行所属府州县各衙门，一体设立统计处。遵照宪政编查馆章程，分别调查，辑为简明簿录，依式立表，会送到局。臣再逐加排比，按期咨送编查馆复核，以符定章而裨要政。

所有遵设宪政调查局及调员助理各缘由，除咨宪政编查馆及法、学、度支三部查照外，理合会同两江总督臣端方恭折具奏，伏乞皇太后、皇上圣鉴训示，敕部核议施行。

再，地方自治研究所与该局相资为用，拟即附于该局之内，选举士绅，照章开议，以端政本。合并陈明。谨奏。

光绪三十三年十二月十七日奉朱批：该衙门知道。钦此。

《政治官报》第一百二十二号，折奏类，光绪三十四年正月三十日出版

安徽巡抚冯煦奏派道员顾赐书开办宪政调查局折

光绪三十四年四月初一日①

奏为皖省宪政调查局遵章遴员开办，以资赞助，恭折仰祈圣鉴事：

窃查宪政编查馆奏设各省调查局章程内开，凡调查局任用各员，均须曾习法政、通达治体者方为合格，等因。臣于上年十二月间奏调法部参事上行走候选道刘钟琳来皖相助为理，仰蒙俞允在案。嗣准法部咨开，该员刘钟琳业经奏留在部，未便离差赴调。臣维调查关系紧要，设局伊始，端绪纷繁，照章应派总办一员综理局务。查有分发试用道顾赐书，经臣于上年受事之初奏调来皖，该员器识明通，志趣端谨，于新旧法政均能观其会通。每办一事，衡情酌理，不躁不矜，一铲近世浮嚣之习，堪以派充该局总办。已于本年三月初八日择地设局，饬令妥订章程，详细调查，按类分编，以备编查馆之采辑。并照章通饬司道及府厅州县

---

① 为朱批批示日期。

各衙门添设统计处,就该管事项分别列表汇送该局,以收通力合作之效。至开办经费银五百两,预算常年经费银约万两,应在司库动支,作正开销。

除咨宪政编查馆暨度支部查照外,谨会同两江总督臣端方,恭折具奏,伏乞皇太后、皇上圣鉴训示。谨奏。

光绪三十四年四月初一日奉朱批:该衙门知道。钦此。

《政治官报》第一百八十五号,折奏类,光绪三十四年四月初五日出版

安徽巡抚朱家宝奏筹备宪政第一年期办理情形折

宣统元年闰二月二十五日①

奏为遵旨筹备宪政,谨将第一年期内办理情形,恭折胪陈,仰祈圣鉴事:

窃查宪政编查馆奏定考核章程第三条内开,九年筹备事宜,责成内外臣工每届六个月将筹办成绩胪列奏闻,并咨报宪政编查馆查核。应自光绪三十四年八月起至十二月底止为第一届,以后每年六月底暨十二月底各为一届,限每年二月内及八月内各具奏咨报一次,等语。兹届二月分奏报之期,自应遵章将第一年期已经筹备事宜及本年续办各项情形,谨为我皇上缕晰陈之。

查逐年筹备事宜清单内开,第一年期归各省督抚办者,为筹办谘议局。皖省筹办该局选举事宜,于上年十月十五日设立筹办处,业经奏咨在案。旋值省城马炮营兵变事起,亟筹防御,未遑兼顾。嗣幸渐就敉平,即督饬该司道等妥速筹备。迭据订拟章程,核准通行。惟本省风气尚未大开,皖北各属尤称朴僿,人民恐致误会,饬将选举理由编就白话告示,广为张贴,并由各属派员分赴城乡,先期演讲,释其疑阻。且因选举事属创办,前无沿袭,所有调查通则,投票开票所办事细则,及人民册式、受调查证书式、投票匦投票簿式、得票记数单式等,均由该处撰拟颁发,以归一

---

① 为朱批批示日期。

律。其选举章程条文简括，遇有疑义，节经臣电询编查馆核示，并汇采各省电询要义，纂入选举人资格说明书中，为调查之标准。复虑各属办理参差，或以一邑延误，牵掣全局，因预选明习法政通达事理之员绅到所研究，于本年正月间派往各府直隶州，与该复选监督筹商布置，以次遍历各州县为之解释章程，指示办法，催饬依限赶办。又据该处划定筹备期限，以调查与选举分为两期，而每期之中各分为数小期。综计属于调查者为三小期，一为实行调查编造草册之期，二为宣示呈诉确定名册之期，三为核定正册分配额数之期，自上年十一月初十日起至本年三月底止。其属于选举者亦三小期，初选投票及齐集复选区为一期，复选投票及给与议员执照为一期，议员到省及预备开局为一期，自四月初一日起至八月底止。通合九月初一日谘议局成立之限。虽按诸定章未能密合，第以事属创办，官绅均非素习，皖北各属有距省较远者，禀牍往还，动经匝月。中间又因叛兵变乱，各属人心惊惶，筹设团防，他务未遑，不得不稍予变通。假以时日，以为责效地步。数月以来，凡各属之逾限未报者，则严札飞催，册报未合者，则批饬更正。现各属名册均已申送到省，由该处复加细核，分配额数。就目前情形，按诸皖省所定期限，准可如期办齐。此属于第一年期已经筹备及本年接续办理之实在情形也。

至与谘议局相为表里，应归本年筹备者，为筹备城镇乡地方自治并设立研究所。皖省上年由前抚臣冯煦接准民政部咨，即经饬司筹议办法，拟由各属选送士绅，授以自治法理。臣到任后，因各属选送未齐，即由省垣就近招考合格者，得七十二名，先行入所研究，于上年十一月间上课。现第一班将次毕业。俟接开二班时，仍当饬属选送，并推广名额，延长学期，以谋普及而资深造。此属于本年应备事宜而于第一年期略有端绪者也。此外本年应归各省筹备者尚有六项，容俟次第筹备，归入本年第一届，照章于八月底奏咨。

当此庶政维新，百端待举，始基不慎，贻误非轻。臣忝膺疆寄，惟有体察皖省情形，督饬僚属，实力奉行，务祛粉饰因循之习，以上分宵旰忧勤于万一。所有筹备第一年期宪政事宜缘由，除将章程咨馆查核外，理合会同两江总督臣端方恭折具陈，伏乞皇上圣鉴训示。谨奏。

宣统元年闰二月二十五日奉朱批：该衙门知道。钦此。

《政治官报》第五百二十七号，折奏类，宣统元年闰二月二十八日出版

安徽巡抚朱家宝奏皖省筹办宪政遵将第二届成绩据实胪陈折

宣统元年九月二十七日①

奏为皖省筹办宪政，遵将第二届成绩据实胪陈，恭折仰祈圣鉴事：

窃查九年筹备宪政事宜，每届六个月，应将筹办成绩胪列奏闻，所有皖省上年第一届筹备各事，业经按照清单，于本年二月间奏咨，奉准核定在案。遵查筹备清单第二年各省督抚筹备事宜，计分八项，内除资政院选举章程未经奉到，简字学塾课本尚待颁布，容俟续办外，谨将皖省现在筹办情形，为我皇上缕晰陈之。

一为举行谘议局选举。查皖省上年十月间设立谘议局筹办处，适值省城马炮营之变，亟筹防御，未遑兼顾。及至地方安靖，即饬该处厘定规章，划分期限，督催各属妥速调查，于闰二月初名册告竣。综计全省选举人七万七千九百零二名，以应选议员八十三名如额分配，于四月初一日举行初选，六月初十日举行复选，并通饬各议员于八月初间先期来省会商，详加研究，以备九月初一日开局集议。一面饬司筹拨的款，委员会同议绅勘地另行建设谘议局。现暂以谘议局筹办处原建之谘议厅为会议之所，业将详细情形，于七月间专折具陈在案。此遵章筹备者一也。

一为筹办城镇乡地方自治，设立自治研究所。查皖省自治研究所，业于上年十一月间开办。由省垣就近招考，为第一班，于本年暑假前毕业，考验及格者得七十二名，发给文凭，饬令回籍设所传习。嗣奉颁到奏定自治研究所章程，当即通饬各属一律遵办。暑假后续开第二班，由各州县选举学员来省研习，以广造就。至城镇乡地方自治分年筹办，查民政部奏定筹备清单，并就皖省情形略为变

---

① 为朱批批示日期。

通,拟将城镇乡划分三起,由城而镇而乡,逐年以次递备。以宣统元年六月为始,预计至宣统四年六月止,一律粗具规模。一面仍照部章,以前年筹设者归入次年考核,以昭划一,业经奏咨在案。此遵章筹备者二也。

一为调查全省人户总数。查调查户口为筹办自治之权舆,本年同时举办,事半功倍。当即照章以巡警道为调查户口总监督,会同自治筹办处,撰拟调查通则、调查须知,酌定详细期限清单,颁行各属。即就城乡自治公所附设调查处,划分区域,筹集经费,分别正户(副)〔附〕户,会同公正士绅,切实调查。并于城乡查户之外,概行提前一年查口,以立城乡自治之基础。现各属均照章次第赶办,仍归该总监督随时考核,不得蹈从前保甲门牌粉饰积习。一俟户册汇齐,即依限造册送部,以为编订户籍法之预备。此遵章筹备者三也。

一为调查岁出入总数。查皖省新政踵兴,岁亏甚巨,库储奇绌,罗掘已觉俱穷,支销纠纷,清查尤属匪易,欲开源而节流,在实事以求是。自上年迭准度支部咨,先将光绪三十三年出入款项分别造报,当由藩司详请设立财政统计处,派员专司其事。本年度支部颁到清理财政章程,遵即设立清理财政局,委藩司为总办。皖南北道及候补道陈师礼为会办,遴选科长科员,分曹治事,于三月间开办。业将设局情形奏报,并将该局办事细则咨部立案。节经饬令总会办会商监理官,将各项款目名称,究其性质之异同、门类之分合,详审综核,并查照部章,别为旧案、新案、现行案三种,以清界限而便勾稽。一面严饬该局员等,将年报季报月报等事,赶造详细表册,依限申送,一俟报册汇齐,即行分别咨部。此遵章筹备者四也。

一为筹办省城及商埠各级审判厅。查皖省设立审判厅,省垣之外,尚有芜湖一埠,华洋杂居,讼狱繁赜,自应与省垣于明年一律成立。业于本年七月间,由臣饬司专设审判厅筹办处,并分总务、编制、审查、设备四科,遴选干员,各司其事,俾专责成。开办之始,暂拟于省垣设高等审判厅一所,于省垣及芜湖各设地方审判厅一所,初级审判厅一所,所有各级检察厅均附于内。业将分设职官,划定权限,营建厅署。大概情形及储材筹款办法,分别奏咨立案。仍由臣饬司督同该处各员,照章依限,切实筹划,无误成立之期,以为全省司法独立之先导。此遵章筹备者五也。

一为各厅州县巡警限年内粗具规模。查皖省襟江带淮,警政最关紧要,自上年奏设巡警诸事，均有专责。臣到任后，复饬该署道卞绪昌切实整顿，先就省城原定区域，分别增并，计城内共分八区，城外东西南三面濒临大江，轮船上下，设立水巡三处，专司梭巡稽缉，其清道、消防、侦探、警卫各队附入，各区遍设，务饬照章组织完全，以为各属之模范。芜湖所有巡警，虽开办有年，而成效未著。本年春间，由臣电调道员用直隶补用知府沈金鑑委为该局坐办，极力整饬，渐有起色。该埠现分四区，水巡一区，共设官记长警三百七十二员名，规模略备。其外府各首县，照章应于本年一律办齐，迭经分别催饬，均已陆续布置。惟因地方有繁简，经费有盈绌，故名额亦有多寡。至乡镇巡警，虽为第四年筹备事宜，而市镇较巨，风气较开者，如铜陵之大通和悦洲，休宁之屯溪镇，寿州之正阳关等处，均据请派专员，照章试办。拟即量予变通，准其提前办理。又查民政部奏定筹备清单，本年各省应设高等巡警学堂，各厅州县应设巡警教练所。皖省遵于臬司署前租赁民房，设立高等巡警学堂，即派巡警道为监督，通饬各属，分额选送到省，考取合格者一百名，列入正科，并附设简易科，添招官班学生五十名，以备将来各属警务长之选，业于七月开办上课。其各属教练所，有已经创设者，有甫经筹办者，亦有限于经费，暂附入各该府直隶州教练者，此系权宜之计，仍当饬令筹定的款，于年内一律办齐。另饬该道编制简明一览表，分咨宪政编查馆、民政部查核。此遵章筹备者六也。

以上数端，或经计日程功，事甫就绪，或正兼营并进，令已重申。臣忝绾疆符，责任綦重，此后应行续办事宜，仍当随时考核，未办者促其进行，已办者稽其成绩，故不敢略存粉饰，亦不敢稍事因循。务使无误定期，克收实效，地方渐进开明，以仰副朝廷孜孜求治之至意。所有筹备宪政，遵将第二届成绩据实胪陈缘由，除分咨查照外，理合会同两江督臣张人骏恭折具陈，伏乞皇上圣鉴训示。谨奏。

宣统元年九月二十七日奉朱批：该衙门知道。钦此。

《政治官报》第七百三十五号，折奏类，宣统元年九月三十日出版

安徽巡抚朱家宝奏安徽第四届筹办宪政情形折

宣统二年八月二十六日

降一级留任安徽巡抚臣朱家宝跪奏，为皖省筹备宪政，遵将第四届成绩据实胪陈，恭折仰祈圣鉴事：

窃查筹备宪政，每届六个月应将成绩胪列具奏一次，皖省第三届筹备事宜，业经奏咨在案。所有本年正月分起至六月分止应办事宜，即经臣分别督催，切实进行。兹值第四届奏报之期，迭据司道局处陆续详报前来，臣详加复核，谨将筹备情形，为我皇上缕晰陈之。

伏查逐年筹备清单，第三年即宣统二年各省应办事宜，其目有九：凡为赓续筹备者六，经始筹备者三。

一曰续办城镇乡地方自治。查地方自治，所有划分区域，调查人口，核定甲乙两级选民名册，分配议、董两会职员额数，并拟定投票通则、筹款条例，前经通饬遵办。嗣各属于二月间举行董事会选举投票，遵章将正陪总董复选一名，加劄任用，城厢自治一律办齐。其镇乡自治，按照清单，本属分年筹办，惟皖省少满五万口以上之镇，则宣统三年无镇之州县，事将中辍，由谘议局议请镇乡自治提前办理。当饬司道折衷定议，拟自本年六月起至明年六月止，将镇乡自治一并筹办。其偏僻之乡，或因事未能依限，准由绅董呈明展缓，统限宣统三年年底一律告成，业经分饬遵办。至官立自治研究所，二班毕业，现招三班。此外省城公立之自治研究所及公立法政学堂附设之自治研究所，陆续毕业，足敷传习之用。各属禀报设立者，已有三十余处，其未报设立之各州县，均勒限严催，迅速设立。

一曰汇报人户总数。查皖省第一次人户总数，已于年前列表咨部，其未经报到之望江等六州县人户，现已一律报齐。惟查上年曾经报部之户数，时经数月，不无迁移，据今列表户数，较上年颇有增减，仍饬随时复查汇报，以符定章。

一曰复查岁出入总数。查皖省宣统元年岁出入总数，业经清理财政局按季编报详咨。惟其中间有缺漏，数目恐致参差，当饬分行各署局，重造全年总册，送局复核。一面按照预算表册，分类分款，逐细详查，计编成全省岁出入各款简明总数册一本、岁出入详细总数册二本、删除重款册二本，另编三关详细总数册三本。凡元年款目与三年预算不同之处，另单开列，加注按语，依限造报，业经咨部查核。

一曰省城及商埠各级审判厅年内一律成立。查省设高等、地方、初级审判厅各一所，芜湖商埠设地方、初级审判厅各一所，所有估工建筑情形，业经奏咨在案。现省城各厅工程告竣，经筹办处委员验收，核明详报。其芜湖两厅工程，月内亦可蒇事，应俟工程委员造报核明，一并咨部。刻就新建厅内派员练习，并将开厅事宜，妥为布置。至模范监狱，拟就城北习艺所改良建造，现正购地扩充，预算经费，计建筑费需银一万五千两，开办费二千两，常年费四千七百六十余两，临时费六千一百九十余两，惟因经费支绌，仍拟量减。其考试法官员生，早经咨送，统俟试竣，分别委用，即行正式开庭。

一曰推广简易识字学塾。查此项学塾，于上年十二月间准学部咨到章程，即饬司通行各属，先由官立，以资倡率，一面将部颁课本，饬属购领遵用。上届筹画，仅具端倪，现届由司于省城半日学堂内附设两塾，嗣据怀宁县禀设二处，又公立、私立者二处，合计六塾，学生五百余人。其外各属州县，后先禀办，计共五十余处，仍饬司严饬各属，未办者赶速举办，已办者逐渐增设，俾人人尽识字义，以蕲普及。

一曰厅州县巡警一律完备。查各属办理巡警，上届略有基础。现省城暨芜湖巡警规模较备，惟高等巡警学堂去秋开办，毕业为期尚远，筹办镇乡巡警，人不敷用。因择定北门内庙宇为校舍，另开简易一科，由道招取学生三百三十余名，并附取客籍生四十名，分为三班，于本年三月开学，一年毕业。开办费一千元，由绅捐助，常年费即以所收学费尽数开支。此外各州县巡警，视地方之繁简，经费之盈绌，量为酌定。其市镇较巨，如铜陵之大通、和悦洲，休宁之屯溪镇，寿州之正阳关，既经提前办理，仍饬认真整顿，俾臻完全。至巡警教练所，各属次第设立，惟需材孔亟，请先设速成一科，一学期毕业，再招二班，准予变通办理，以应急需。

其经始筹画者：一曰筹备厅州县地方自治。查厅州县自治选举章程，前经宪政编查馆颁行到皖，即饬筹办处详订施行细则，通饬各属依限办理。惟按厅州县自治选举章程，选举区以本府厅州县所属城镇乡之区域为率。现既镇乡并办，应俟各属查报镇乡居民选民竣事，即将厅州县自治一律成立。

一曰厘定地方税章程。查清理财政第九条，有分别国家税地方税性质，编订说明书送部等语。现值厘定之期，即分饬主管财政之司关道局，悉心调查划分，何项应属国家行政，何项应属地方行政，依类列表，妥速议复，总期勿误期限，以备编查之用。

一曰试办预算决算。查清厘①财政局章程，自宣统二年起，预算次年出入款项，汇编列册，嗣后颁发册表各式，经饬局拟定表式、册式，开具凡例，通饬各处依限照填，并由局遵式分门、分款、分项，编成总分册二十本，先行咨部查核。计岁出入差数及明年筹备经费不敷银二百一十五万七千八百四十余两。其各州县预算表册，一俟编造齐全，一并咨部。

以上九项，或赓续而蕲求其备，或经始而甫引其端，论条目则日趋于重繁，论财力乃愈形其竭蹶，兹幸按照筹备举行，依限无误。臣惟有督饬所司赓续精进，刻日程功，尽心力之所能为，以期仰副圣主慎重宪政、实事求是之至意。

除分咨查照外，所有胪陈第四届筹备宪政缘由，理合会同两江督臣张人骏恭折具陈，伏乞皇上圣鉴训示。谨奏。

宣统二年九月十六日奉朱批：该衙门知道。钦此。

《清末筹备立宪档案史料》，第 781—784 页

---

① 原文如此，当为清理财政局。

闽浙总督松寿奏胪陈第一届筹办事宜及第二年筹备情形折

宣统元年三月十九日①

奏为遵章胪陈闽省第一届筹办事宜及第二年筹备情形，恭折仰祈圣鉴事：

窃奴才恭读光绪三十四年八月初一日上谕，钦奉懿旨：宪政编查馆、资政院会奏单开，逐年应行筹备事宜，责成内外臣工依限举办，每届六个月将筹办成绩胪列奏闻。等因。钦此。又于十二月二十七日奉上谕：明年以后应行筹备各事，著内外各衙门按期妥筹，次第举办。等因。钦此。仰见圣谟深远，求治维殷，莫名钦服。

按宪政编查馆奏设考核专科，应自光绪三十四年八月起至十二月止为第一届，以后每年六月底暨十二月底各为一届，限每年二月内及八月内各具奏咨报一次。现届本年二月应行奏报第一年期成绩，督抚所应办者，系谘议局一项，谨将闽省所已筹办及属于第二年期筹备情形，敬为我皇上缕晰陈之。

查设立谘议局乃预备立宪之先声，即为资政院人材之基础，关系至为重要。当于上年八月先设谘议局筹办处，派委藩、学、臬三司为总办，并委省垣实缺道府厅县合集通省公正明达士绅协同办理，使官绅悃忱交孚，绝无隔阂。业将遵设筹办处情形同开办日期，于上年分别奏咨在案。惟开办之初，头绪繁赜，各属无成规可循，而人民程度又复不齐，深恐办理未能尽合。随督饬该处酌拟简明告示并章程解释，以及调查选举与各次办事规则，先后颁发各属遵照，俾归一致。一面遴委正佐各员，先在筹办处将章程办法详加研究，始饬赴各府州会同督催襄办，并分往各厅县指导一切。另派省垣法政学堂讲习科毕业生，各回本籍帮同调查选举人资格，并宣讲选举议员宗旨，使具有资格之人民咸知趋向，不致抛弃权

---

① 为朱批批示日期。

利。犹恐各属迁延观望，电檄纷驰，并经分别拟定各该印委功过，用示劝惩。惟定章正月十五日为初选期，三月十五日为复选期，各属地方广狭不同，距省远近不一，为时太促，实恐办理草率，转致贻误。计召集会员，定限九月，但求无误会期，不妨量予宽展。拟定以闰二月初一日为初选投票，四月初六日为复选投票，仍限于九月初一日为开设谘议局之期。旋据各该印委将调查办理情形先后报告，间有未能如法者，确按定章明晰指示，迨至本年二月十五日止，已据各属将选举人名册陆续送到，福建应选议员七十二人，综计全省合格选举人共得五万三十四名。现经分配议员额数，电饬各该复选监督榜示各复选区，并由复选监督分配初选当选人额数，颁示于各初选区，以便一律依期投票，不致稍有延误。至谘议局应建房屋，拟就从前贡院供给所地址，派员勘估，先行择要建造，应需款项及常年经费，均请作正开销，由财政局筹拨，仍饬该处核实动用，毋得虚縻。此第一年期办事之成绩所当详陈者也。

其第二年期督抚所应办者共七项。

一曰筹办地方自治设立自治研究所。查上年奏设谘议局筹办处，声明自治研究所与该局相资为用，应暂附于该局之内，分别讨论。并先于法政学堂内附设自治讲习科，因各属风气未尽开通，语以自治名义，率皆茫然，札饬各属妥选举贡生监等到省学习，已于上年十一月开课，使通晓自治制度，辗转讲演，藉开人民知识，并可及时效用。近准宪政编查馆咨行城镇乡地方自治并选举章程，复行谘议局筹办处，责令兼理一应筹备事宜，逐细讲求，通饬各属一律试办，庶规模妥定，逐渐推行，方无阻碍。

一曰各厅州县巡警限年内粗具规模。查闽省省垣巡警，于光绪二十九年间开办，复于三十二年间设立警察学堂，均将办理情形先后奏报有案。嗣高等、普通、初等各学生先后毕业，随时分别考验给凭，将初等毕业生派充巡士，就省城划分区段，轮流站岗。其派赴北洋日本毕业学生，与高等普通班之毕业生，酌量分配学堂局所，派充教习、巡尉、巡长，均尚称职。省外各属巡警，亦据陆续禀报开办，大抵规模粗具，未臻完备，警务长与区官多未议设。现复严饬各属宽筹的款，按照章程期限，认真举行，已办者实力整顿，未办者从速设立，以期逐渐发达。省垣警察学堂，现遵部章改为高等巡警学堂，招考高等学生六十名，期以三年毕业。先于上年九月未奉部章以前考取学生一百五十名入堂上课，系定以一年毕业，兹拟照章改为附设简易科学生学堂内，并附设教练所，考录学生三百名肄习，仍照旧三个月毕业，备站岗巡士之选，以归一律，俟人数敷用，再照部章教练，徐图完善。至各属已开办警察学堂者，现经饬令遵照部章一律改为巡警教练所。其未设警察学堂者，通饬一体依限设立教练所，招生开课。所有堂内办理秩序、学科等级，悉令恪遵定章办理，并拟多派毕业生分赴各厅州县充当教习并警务长暨分区区官，俾全闽警务渐臻完备。

一曰调查各省岁出入总数。查闽省度支奇窘，近年举办新政，需用尤繁，几有无米为炊之势，清理财政实为目前第一要务。奴才于三十三年到任后，目击困难情形，实深焦灼，屡与司道等筹议，既无开源之法，不能不作节流之计。爰将各局所学堂经费，饬令据实开报，逐加酌核，分别裁并，岁可节省银七万两左右，并自接管闽海关船政以来，实力整顿，认真裁节，将旧有一切陋规悉数和盘托出，计常洋两税节省归公银十九万八千余两，已于上年专折奏报，暨节存船政衙门经费银十七万七千两，统计在四十五万两之谱。虽车薪杯水，仍虑无济于度支，而挹彼注兹，究可稍资夫弥补。近准度支部咨行清理财政章程，以确定预算决算为最要，现已督饬司道局员，将闽省岁出入总数无论正项外销，切实勾稽，分别编列统计表，以备考核。惟此项调查，定章须度支部会同办理，自应候另订册式颁到，再行详细填报。

一曰筹办各省省城及商埠等处各级审判厅。查审判一项，任重事繁，从前定制，责令州县监理，凡司法、行政悉萃于一身，词讼较多者不无积压，自非另设专员，不足以袪积弊，尤非平时练习，不足以合机宜，是审判厅之设，必先养成审判人才为第一要义。闽省法政学堂，于光绪三十三年五月开课，分为别科、讲习两科，嗣复添设法政讲习科，专招本省候补人员分班肄习，计堂内讲习科官绅两班毕业者，已有一百七十人。其现在堂修业者，别科二级三百四十一人，预科一级一百三十人，官班法政讲习科一级八十人，比来官绅报名就学者尚复不少，养成多数通晓法政之官吏，将来设立各级审判厅，取才于此项人员，既讲求于平日，不至贻误于临时。现正饬令该堂扩充校舍，及时添班，以广造就。以上四项，系属于第二年期应筹办而已预备者之详情也。

此外尚有调查各省人口总数一项，甫经民政部颁行章程，饬属遵办。其颁布资政院章程举行议员选举，及颁布简易识字课本创设厅州县简易识字学塾二项，应候资政院、学部会同办理。

当此时艰日亟，求治孔殷，凡应行筹备事宜，自宜上下一心，力图进步。奴才受国厚恩，断不敢因循以将事，尤不敢粉饰以图功，惟有谨遵君主立宪之义，实心实力，认真依限举办，仰副朝廷注重宪政、与民更始之至意。所有遵章胪陈第一届筹办成绩及第二年筹备情形，除分咨查照外，理合恭折具陈，伏乞皇上圣鉴训示。谨奏。

宣统元年三月十九日奉朱批：该衙门知道。钦此。

《政治官报》第五百五十号，折奏类，宣统元年三月二十二日出版

闽浙总督松寿奏胪陈第四届筹备成绩折

宣统二年十月十六日①

奏为闽省第三年期筹备事宜，谨遵定章，将上半年成绩，列作第四届，恭折胪陈，仰祈圣鉴事：

窃查闽省分年筹备宪政事宜，迭经臣遵照宪政编查馆考核专科章程，将历年办理成绩恭折奏报至第三届止在案。兹届宣统二年八月为第四届奏报之期，应将第三年期上半年成绩一一胪陈，以备考核。查第三年筹备事宜内，各省督抚应办者凡九项，除汇报人口总数一项，闽省业于上年办竣，应将调查人口总数提前办理外，其余各项，有上年所创办而本届渐臻成效，赓续进行者，有本年所应办而本届已有就绪或正在筹备者，谨将实在情形，为我皇上缕晰陈之。

如省会及商埠各级审判厅限年内一律成立一项。闽省上年先将应设各厅暂附地方官署，派员实地练习，本系暂时试办之计，查此事成立关键，应以官厅独立、人材合格为最要。现在省城高等、地方审判各厅及南台、厦门两商埠地方审

---

① 为朱批批示日期。

判厅，业经勘定地址，次第兴筑，限于年内一律竣工。其初级各厅，暂租民房备用，仍俟觅得相当空地即行分建。应需司法人员，除高等审判厅丞暨检察长由臣另案遴保备简外，推、检以下，前准部咨，应俟考试后再行任用。当将本省三年毕业之法政别科生，连同刑幕、举贡、文职合格各员，咨部送考在案。一俟部中录取分发，即当遵章选用，正式开庭。其审判研究所、法律讲习所学员，目前尚未毕业，亦可备将来补充之人材。他如模范监狱、监狱学堂、检验传习所，均与审判相辅为用，或正在建筑，或业已开办。现值臬司改为提法使，司法事项责有专归，当饬该司鹿学良随时切实办理，期无误成立之期限。此渐臻成效者一也。

如厅州县巡警限年内一律完备一项。自上年规模粗具后，仍饬各属逐时整顿，并将厅州县警务长及教练所教习一律选派警学毕业生分往充任。本年四月试署巡警道吕承瀚到任，遵章将总局改设公所，以为统一警政机关，一面于省城内外酌增岗位，并添设马巡小轮梭巡水陆，以期呼应灵捷。一面派委谙习警务人员，分投各属，密查其规制程度是否名实相符。据报各该厅州县巡警，虽经费丰啬不齐，未能一律扩张，于形式上均已日见进步。至闽省上游之海面，风气不甚安靖，尤以筹设水上巡警为要策，先经臬司鹿学良议在延平、厦门两处教练所附设水警学堂，以备养成人材，为上下游兴办水警之用。现在延平学堂业已开课，厦门亦即踵办。其各属教练所并通饬添设水警科学，以期水陆相维，警务日几完密。此渐臻成效者二也。

如续办城镇乡地方自治一项。闽省所定自治进行表，省会闽、侯两县，本系城镇乡同时并举，其余均由城而镇而乡。现查闽、侯城议事会、城董事会已于本年三月、五月间先后成立，其所辖三镇二十四乡各议事会及镇董事会、乡董、乡佐，亦皆顺序投票，次第告成。省外各州县城议事会，均各按照限期于五月间陆续成立，惟平和、永定两县办理逾期，经饬筹办处将该地方官分别惩处，一面仍饬赶紧督催，现亦据报成立。其各议事会选举之正陪总董，节据各该州县详请委用前来，臣随到随办，遴选加札，俾无误城董事会成立之期。至各州县镇乡自治，原定期限稍嫌宽缓，现复由筹办处酌改提前，所有各属首县镇乡自治会，统限宣统三年六月以前办齐，其余统限宣统四年二月以前办齐。一切调查选举日期，并经分列细表续饬遵办。所需自治人材，省会研究所先后造就三班，共已得三百六十九人，而各州县研究所学员，转瞬亦可毕业，以之分布社会，灌输知识,于人民自治程度必益继长增高。此赓续进行者一也。

如复查岁出入总数一项。闽省光绪三十三年之出入,有调查局之财政统计表可稽,光绪三十四年之出入,既有调查局之财政统计表,复有清理财政局之全年报告册可稽,是本年所复查者,应注重于宣统元年。兹查元年分春夏秋三季报告册,均早咨部,其冬季报册,因赶办预算,稍形稽滞,现亦即日编齐出咨。其调查局之元年分财政统计表,亦已接续编竣。此两项表册报告成,则元年分出入总数可钩核而知,即近数年出入增减之数亦可比较而得。至既造之表册,其中如有查出未符之处,仍饬随时声明更正,以符清理之实际。此赓续进行者二也。

如推广厅州县简易识字学塾一项。上年筹设学塾情形已详前届折内,本年部颁课本到后,即由福建提学司照式翻印,减价发销,通饬一律遵用,并续订学塾办法、学塾规条及逐年推行表颁示各属,以期切实推广。又以闽省民力素绌,此项学塾创办之初,不能不兼赖公家提倡,先经由官筹款,在省垣设立四所以为模范,并拨款补助。在闽、侯两邑城乡各处劝设二十所,嗣是公立各塾特设附设相继而起。现计省垣已设学塾共得一百四十四所,学生四千五百三十四人。至省外各塾,迭经学司文电交催,有早已开课者,有甫经成立者,统计现在已经报到各塾,共得四百一十所,学生一万零六十一人。按诸本年进行表,大县应设二十所,中县应设十五所,小县应设十所,成绩业已过半,仍饬该司随时催督,并俟各属一律报齐后,派员驰往,认真调查,期收实效。此赓续进行者三也。

如试办预算决算一项。筹备清单内系属总挈之词,就事实言之,本年只应试办预算。闽省于二月间,准度支部颁到奏定预算例言及表册各式,即经督饬清理财政局遵式办理,并于未经编造之先,查明各署局可省之款,由臣倡率裁节,以裨度支。嗣五月间据该局将宣统三年预算总册分册并比较表编齐详送,即经核明咨部。惟查前项表册,因编造时力顾期限,未及细加钩考,其中支出一项,尚有漏刊之处,正拟修正补咨,适接度支部来电,将册内出入各款,分别商令增减,当经臣一面督饬司道详慎核议,就部指应减应增之款,折衷缓急酌量答复,一面仍将漏列之款逐一增补,另编修正预算案总册咨部。统计三年分各款,虽于收入竭力增筹,支出格外撙节,相抵之余,仍不敷银一百二十余万两,将来如何设法收入均衡之处,仍俟度支部核奏奉旨后,再行钦遵办理。此已有就绪者一也。

如筹办府厅州县地方自治一项。本年三月间,准宪政编查馆咨行章程到闽,当经札饬筹办处印刷通颁，并重定两级自治进行表，以本年六月以前为筹办城镇乡自治进行之日期，六月以后为兼办府厅州县自治进行之日期。闽、侯两县城镇乡自治会，既已一律成立，下半年即应将县议事会县参事会著手举办，限于年内告成。其余各属，分别首县旁县，次第办理，均视城镇乡成立之先后，以定厅州县成立之先后，并将应办事项匀配日数，详列分表，通饬依限进行。总期上下两级自治衔接一气，用收相辅相成之效。此正在筹备者一也。

如厘订地方税章程一项，系馆、部与督抚同办之事。查清理财政章程第十条内载明，各省清理财政局，应将何项应属国家税，何项应属地方税，分别性质，酌拟办法，编定说明书送部候核。又上年年底，准度支部咨行转饬所属，将一切厘捐税项开办缘由，及现行章程征收税捐细则，并各属卡员役经费，坐落处所，分别列册开单，绘具图说报部备查，等因。均经饬局通行催办在案。特各种税捐既极复杂，而闽省如建、邵、汀三府，距省又颇窎远，辗转详报，需日既多，间有开列未清或不中程式者，一经驳查改造，往返又增时日。现甫将次报齐，即饬该局一面将说明书赶紧编订，一面将各属所送册报图说汇编分册，克期咨部。并遵照宪政编查馆七月内电咨，将报告说明书及全省预算册表另缮一分咨送，庶馆、部于各税性质办法，朗若列眉，足为参考厘订之据。此正在筹备者二也。

至于提前调查人口一项，前届业已奏明，以宣统二年为调查人口总数之期，宣统三年为汇报人口总数之期。自四月间巡警道到任后，即照章以调查事宜划归该道监督，以专责成。仍饬查照民政部奏定次序，于本年十月前先将省会及各府州县并商埠口数查齐列表，会同调查局详咨一次，届时当不致误。此又举第四年期事宜提前办理之实在情形也。

窃维宪政筹备，忽忽已届第三年，距成立之期不过六年，就国民之企望而论，则渴待此数年而尚觉其迟，就费之繁重而论，则并营于数年而惟忧不足。臣于遵旨议复御史赵炳麟、湖北布政使王乃徵条陈折内，业经历数情形，略陈管见，此后应如何分别缓急变通办理，朝廷博征众论，自有权衡。值未经更议之先，臣仍惟督率僚属，依限鞭策，竭一分之心力，图一分之进行，以冀仰副圣主孜孜求治之至意。除将本年未尽事宜随时认真办理，归入第五届奏报外，所有遵章胪列第四届成绩缘由，理合恭折具奏，伏乞皇上圣鉴训示。谨奏。

宣统二年十月十六日奉朱批：该衙门知道。钦此。

《政治官报》第一千一百一号，折奏类，宣统二年十月十九日出版

闽浙总督松寿奏陈第五届筹备宪政事宜折

宣统三年四月初二日①

奏为闽省第三年期筹备事宜，谨遵定章，将下半年成绩列作第五届，恭折胪陈，仰祈圣鉴事：

窃查闽省分年筹备宪政事宜，迭经臣遵照宪政编查馆考核专科章程，将历年办理成绩恭折奏报至第四届止在案。兹届宣统三年二月，为第五届奏报之期，应将第三年期下半年成绩一一胪陈，以备考核。查本年正月接准宪政编查馆电，各省奏报上年下半年成绩，仍应按原单所列办法，至本年以后筹备成绩，应即按修正清单改定各项奏报，等语。遵查原单第三年筹备事宜内，各省督抚应办者凡九项，除汇报人户总数一项已于宣统元年办竣，应提前办理调查人口总数外，核计各项，有本届筹已就绪者，有渐臻成效者，有赓续进行者，谨将实在情形，为我皇上缕晰陈之。

如省城及商埠审判厅限二年一律成立一项。遵经督饬福建提法使鹿学良先事筹备。其高等审判检察厅丞、长并经臣照章预保，奉旨简放，考试推、检各员，陆续分发到省，饬由提法使分别派委部署，所有省城并南台商埠各厅，均于十二月二十七日行成立礼，一律遵章开办。厦门商埠距省较远，各厅甫经工竣，现亦派员前往开办。提法公所为司法纲领厅，应分设总务、民刑、典狱三科，亦经考选属官，派充科长科员，于正月初旬照章成立。此筹已就绪者一也。

各厅州县巡警限二年一律完备一项。自上年四月试署巡警道吕承瀚到任，于

---

① 为朱批批示日期。

省城内外酌增岗位,添设马巡、水巡,于上游下游筹设水上巡警,警务渐臻完密。嗣由该道详订省城并厅州县乡镇各巡警单行章程,通行照办。省城巡警为各属模范,察度形势,析为十六区,改设城内、南台两总区以为枢纽。各区长区官均照定章,以办理警务得力之员与各项毕业生量材委任,并将侦探、消防、卫生诸事宜认真整顿,渐次著有成效。各属城厢巡警完备,以厦门、石码、龙溪三厅县为最,水巡亦依次成立。此外各属勤务,一切亦均能恪遵警章,经该道巡视福清及下游兴泉、厦门等处察验,成绩均有可观。惟警政扩充,当以人材为先务,省城警察学堂,自高等、普通、简易各班内初等科学生,先后造就千有余人,并遵章附设闽、侯两县教练所。各属教练所因经费难筹,虽名额多寡不等,然亦俱接续成立。此筹已就绪者二也。

如复查岁出入一项,闽省财政统计表及报告册均为复查之根据,前届奏明,此次复查,应注重宣统元年分在案。现查宣统元年冬季分报告册及宣统元年分全年财政统计表,已据清理财政局、调查局等分别编订就绪,并经清理财政局将宣统元年分全省岁出入总数,按照预算册或分类分额详细填注,编订成册,均于上年咨部备核。合之光绪三十三年分及三十四年分之统计报告表册分互参考,近数年出入增减之数钩稽可得。此筹已就绪者三也。

如厘定地方税一项,接准度支部咨,奏明上年为调查国家税地方税年限,宣统三年为厘定年限。闽省各种捐税性质,业经饬清理财政局详细调查,分别编入说明书,其各属厘捐税项现行章程及征收细则,均为调查准的。现查各属造送册报图说将次告齐,已饬局汇核编订咨部。又上年十月接准部电,转饬清理财政局详查该省税类,列一简表送部核定。嗣据该局将附加税、特别税类别条分并逐项分注宣统三年分预算之数,编成国家税地方税总表,更以地方税总数与地方行政经费总数编列作一比较表。又查明粮米类及藩库、旗库各州县之杂收,盐库之杂收,分别国家收入与地方收入,各具附表,朗若列眉,于上年十二月依限咨部,以备考核参订。此筹已就绪者四也。

如推广厅州县简易识字学塾一项。闽省筹设此项学堂,上届折内声明,按之本年进行表成绩,业已过半,亟应接续督催,逐渐推广,期至宣统六年,人民识字义者克得百分之一。惟是地方财政艰窘,创办迄今,系由公家筹额补助。各府厅县筹额有难易之分,即办事有迟速之别,有筹设如额者,饬令认真办理,有未能如额者，务令设法扩充。现查各属报到者，统计学塾实有六百零一所，学生实有一万六千一百六十五人，比较旧有学生塾数均有增加。仍饬提学使电檄严催，派员分往调查，责令各属按照规定原额力图进行，一面饬将乡镇识字学塾，遵照学部地方学务章程，一体筹办。此渐著成效者一也。

如试办预算决算一项。闽省宣统三年分预算表册，遵饬清理财政局编订就绪，先于上年五月依限咨部，并准度支部电商令增减，复经臣督饬司道详加修正，另编总册送部在案。嗣于上年九月谘议局开会，以奉省预算列作议案，于岁出门逐加缩减，于岁入门设法增筹，饬令司道及议员等会同妥为编订，电达资政院往返核商，并开临时会接续核办。总计出入相抵，不敷尚巨，应俟度支部厘正奏定后，遵照办理。一面先饬司道，将宣统四年分预算案著手开办。此赓续进行者一也。

如续办城镇乡地方自治一项。自上年三月、五月间闽省首县闽、侯城议事会、董事会成立后，其所辖之三镇四十五乡，亦皆顺序举办，依限次第告成。省外各属风气不齐，而城镇议事、董事等会成立，亦互有先后。节经札派法政毕业员分投督催，凡地方官办理未协者，随时饬令更正。各属请委董事会之正陪总董，亦经随时遴选札委，始于上年十二月一律成立。通计全省五十九城及已指定之镇七镇，均已编定成绩及资格表册，咨部候核。其各属未指定之镇，分析区域，调查选民，应即与乡自治会同时并举，以期迅速。至全省自治研究所先后成立共计七十有八所，造就学员四千余员，此项自治人材，将来分布各属，足资补助。此赓续进行者二也。

如筹办府厅州县地方自治一项。查省会首县之县自治会，为上级自治机关，尤为各属模范。上年闽、侯两县城镇乡自治会成立后，应即照章举办，以期上下两级自治一气衔接。自上年六月起，复查选民，确定名册及投票选举手续，札饬地方自治筹办处另行编制，饬发照办，一面督促省会城镇董事会认真办理。省会风气开通，两县办理县自治会，比较筹设城镇乡自治尤易奏效，现经一律成立。所有县议事、董事等员姓名资格表册，饬即分别编订报部。其余各属镇乡自治会，节经饬催早日成立，接续开办县自治会，无误定限。此赓续进行者三也。

如提前办理调查人口一项。前届折内声明，以宣统二年为调查人口总数之期，宣统三年为汇报人口总数之期。先经臣饬由巡警道吕承瀚通饬各属一律提前办理，务于上年年内调查明确，以便咨报。当据该道按照民政部奏定次序，于上年十一月将省会及各府首县并商埠人口总数列表呈报，又于上年十二月将各属报到人口总数，造送细册，均经先后咨部备核。其各属已查之户数，亦经按照半年编订一次汇案报部，仍饬各属接续调查，将人口总数遵限以次报齐。此则提前办理者也。

窃维宪政筹备已届第四年期，次第推行，渐有成绩，而国民企望之切，亦复薄海同情。钦奉明谕，缩改期限开设议院，饬令宪政编查馆将筹备事宜分别首要次要修正颁行。仰见朝廷厉行宪政、殷殷求治之至意，臣谨当督饬僚属，遵照定限，实力举行。务袪粉饰因循之习，以促进步而规成效。除将本年筹备事宜妥速赶办，依限奏咨外，所有遵章胪列第五届成绩缘由，谨恭折具陈，伏乞皇上圣鉴训示。谨奏。

宣统三年四月初二日奉朱批：该衙门知道。钦此。

《政治官报》第一千二百六十号，折奏类，宣统三年四月初七日出版

闽浙总督松寿奏第六届筹备宪政成绩折

宣统三年九月初十日①

奏为闽省按照修正筹备事宜清单，谨将宣统三年分上半年成绩列作第六届，恭折胪陈，仰祈圣鉴事：

窃查闽省分年筹备宪政事宜，迭经臣将历年办理成绩恭折奏报至第三年期第五届止在案。本年二月，接准宪政编查馆咨行修正逐年筹备清单，又准电称本年以后筹备成绩应即按照修正清单改定各项奏报，等语。兹届本年八月，为第六届奏报之期，应将第四年期下半年成绩一一胪陈，以备考核。遵查修正逐年筹备事

---

① 为奉到上谕批示日期。

宜单内，宣统三年分各省督抚应办者凡四项，除厘定国家税地方税各项章程一项，已提前于上年十二月办竣咨部，汇报户口总数一项，亦已汇报至宣统二年止，现仍按年接续办理外，其余应行赓续进行者，谨将办理实在情形，敬为我皇上缕晰陈之。

如续办地方自治一项，除全闽五十九城及已指定之七镇，其议事、董事等会均已一律成立，编定成绩及资格表册，咨部候核，已于前届具报外，其各属未指定之镇，先经赶将部颁表式刊印成帙，分布各属，附列说明，俾易通晓，编次期限，计日程功。中间如户口盈缩之实数，区域并合之情形，皆责令地方官亲自履勘，随时报告，如有错误，电函交驰，卒赖群策，如期蒇事。综计本年起全省未指定镇之自治会，先后计得二十四处。其属于福州府者有九处，平潭、海口、东张、渔溪、高山、龙田则隶于福清，胪峰、南区则隶于长乐，寿宁则隶于闽清；其属于泉州府者有六处，长坑、湖头则隶于安溪，安海、石狮、南中、泉南则隶于晋江；其属于延平府者有三处，峡阳、樟湖坂则隶于南平，南三区则隶于沙县；其属于福宁府者有二处，甘棠、穆源则隶于福安；其属于漳州府者有二处，石码、石角东则隶于龙溪；其属于兴化府者有一处，涵江则隶于莆田；其属于建宁府者有一处，水吉则隶于瓯宁。据地方自治筹办处具报成立，并据编成全省未指定镇之议事会成绩表，及未指定镇之议事会、董事会职员表呈送前来，核其资格，均尚无异，而选举亦皆合法。至乡自治会，各属于首县之会，现已著手选举，各属于各县之乡，亦已著手调查，扣算今年下半年必能一律如限成立，而县上级自治会自可次第设立。此筹备地方自治会之实在情形也。

如续办各级审判厅一项，经臣督饬提法使鹿学良查照法院编制法，酌定司法区域，分划章程，将各府直隶州厅县应设地方、初级审检各厅，酌拟办法，通饬各属遵照，各就本属管辖界内，速择空闲公所，或购买相当民房，改作厅署。省城及商埠各级审判厅，先划定区域，成立开庭。省外各府州厅县城治及乡镇应设各厅，现亦调查各厅县管辖地界，分别厘正统计。全省共设高等厅一所，地方厅二十所，地方分厅五十所，初级厅一百三十四所。各该厅管辖区域，业已遵章筹划，一律填表咨送法部核查办理。明年省外城治各级审判厅成立，需用法官数百员，兹已遵照部章，在法政学堂内设立临时法官养成所，录取合格员生一百八十名，已于五月二十三日开校。尚应附设监狱专修科，亦拟定期招考，赓续办理。

又前设法律讲习所,原议定期一年半毕业,计至本年闰六月学期届满,嗣准学部奏定改订法政学堂章程,年半毕业之讲习科应行废止,法律讲习所同是年半课程,亦在废止之列。现将法律讲习所更名为法政专修所,遵照部定别科课程,再行补习四学期,扣足三年半举行毕业,并于本年七月至来年六月两学期加入临时法官养成所课程,并力教授,俟学习完备,择其成绩较优者给予准考法官执照,俾与明年法官考试,用备任使。省城模范监狱,已于本年五月初一日兴工,约计冬间当可告成,复调查各属监狱应用看守监狱人材,先于上年七月间在高等巡警学堂内附设监狱学堂,分高等、看守两科,招取合格学生入堂肄业,遴派教员,悉心教授。看守科学生六十名,已于上年十二月毕业,其高等科学员四十名,原定两学期毕业,惟较之监狱专修科课程尚有未能完备者,今拟延长一学期,补习完全,再行毕业,与专修科员生一律任用。又检验学习所业经考取学生六十名,咨由法部派选京师检验学堂毕业汪癸辰一员来闽充当教员,又由闽访延四人协同教授,已于七月二十八日开堂。此筹备各级审判厅之实在情形也。

此外巡警、教育等项,皆属普通行政事务。巡警一事,除省城现已按照部咨将总区裁撤,总副区长一律变更,分委城台一区区官。寻常违警案件,即由各区取决,按月汇报,其稍涉疑难重大者,直接公所办理。其他各项名目亦悉换今称,一面通饬各属,按照应裁应改各事宜分别遵办,并将从前所订章程另行参酌规定,俾全省各资遵守外,所有乡镇巡警为本年应行筹办之件,现已由省城附近各处先行开办,以为倡率。其余省外各属乡镇,择其要紧地方,首先效仿办理,其偏僻各区,应如何布置,饬由各属详细声叙,分造表册,呈候汇核,次第进行。而上下各属,水巡一端,尤关紧要,于厦门、延平府两处分设水巡警教练所,造就此项人材,以备上下游各属水巡之用。教育一事,本年为创设乡镇简易识字学塾之期,业经严促各属切实推行,计本届据各属具报增设乡镇简易识字学塾共六十一所,学生共二千一百四十五人,连同上届旧设之数,计塾数共六百六十二所,学生共一万八千三百一十人。此又筹备巡警、教育之实在情形也。

窃维宪政筹备已届四年,自议院缩改于宣统五年开设之命下,一切宪政其关系重要者,固应依限办齐,即列入普通者亦应力图进步,臣谨当督饬僚属,遵照修正定限,切实进行,以期仰副朝廷郑重宪政、计日程功之至意。除将本年未尽事宜随时认真办理,依限奏报外,所有宣统三年分上半年第六届成绩缘由,理合恭折具陈，伏乞皇上圣鉴训示。谨奏。

宣统三年九月初十日奉朱批：该衙门知道。钦此。

《内阁官报》第七十二号，折奏·宪政类，宣统三年九月十三日

江西巡抚冯汝骙奏第一年第一届筹备宪政事宜折

宣统元年闰二月十八日①

奏为陈明江西省第一年第一届筹备宪政事宜实在办理情形，恭折仰祈圣鉴事：

窃查宪政编查馆原奏设立考核专科章程内开，九年筹备事宜，责成内外臣工每届六个月将筹办成绩胪列奏闻，并咨报宪政编查馆查核。自光绪三十四年八月起至十二月底止为第一届，以后每年六月暨十二月底各为一届，限每年二月内及八月内各具奏咨报一次。等因。又宪政编查馆原奏逐年筹备事宜清单，第一年各省督抚所应行筹备者，设立谘议局。前经臣将设立筹办处大略情形奏报在案。兹值第一届六个月考核时期，谨将业已筹备事宜，为我皇上据实陈之。

伏念筹办谘议局为臣专责，钦限攸关，亟应淬（厉）〔砺〕精神，实事求是。历经臣督饬该处员绅，急起直追，痛除敷衍因循之习，数月以来，赶将各项通则细章详慎编辑，以次发行。现在各府参议均已举报，以备咨询。各厅州县初选举事务所亦俱成立，责令划分选举区域，调查选举资格，分别造册依限告成。一面遴派司选员，讲习章程，研究方法，于闰二月朔日分赴各属襄同办理选举事宜，禀承初复选举监督，并会同各属调查员，将朝廷对于此事德意之厚，期限之严，剀切详明，广为讲演，务使穷乡僻壤，妇孺皆知，以祛群疑而消阻力。又恐各州县或因事派捐，司选员或藉端需索，复再三申禁，预示训条，由该处发给各

---

① 为朱批批示日期。

属选举事务所经费暨司选员夫马薪水，期于民不苛扰而事易推行，似于宪政前途免滋流弊。臣体察目前各属情形，办理均尚踊跃。屈指九月开局，当不至于后时。倘有一二意存观望，迹涉玩忽者，自应随时惩儆，以杜效尤。所有该处一切经费，前经奏明，饬由藩司筹拨，现均力从撙节，核实支销，不敢稍有糜费。

又地方自治章程，前经宪政编查馆咨行到江，当即设所研究，先令司选员听讲，俾于各属司选之暇，演说自治规则，定章大意，并先于省城组织完全办法，另由士绅发起自治研究会，均已办有规模。又调查户口章程、清理财政章程亦经民政部、度支部先后颁发，臣上年遵设调查局、统计处，已令将户口、财政分科筹办，自奉部章，又经刷印通行。现以清理财政责成藩司，以调查户口责成巡警道，分别遵章办理。又刑律草案前准宪政编查馆行令参考，现经恪遵谕旨，将有关伦纪及于风俗民情未尽合宜各条详晰签注，专案奏咨。其民律、商律、刑事民事诉讼律，俟奉部颁，即行遵办。又简易识字课本、国民必读课本，为人民识字之要点。臣于上年查照内阁、会议政务处、学部奏案，就省城创设私塾改良总会，招集塾师，补习师范，颇收成效。现正推广各属，拟俟部定课本颁到，即当多设简易识字学塾，以期教育普及，及预筹将来满足人民识字分数，无误立宪期限。

以上各节，凡属于第一年限内者，均经悉心筹备，幸未逾限。其于第二年者，如筹备地方自治、调查人户总数、岁出入总数诸端，亦已预为筹备。改良巡警办法，并经奏咨有案。惟各级审判厅应俟法部颁发章程，赶紧筹办，现正查照单开条目，次第推暨，实力奉行。臣渥叨恩遇，惟有得寸得尺，进之以渐，持之以恒，永矢危流共济之心，勉佐圣世维新之治。除将江省第一届筹备各事宜办理实在情形汇总咨送宪政编查馆考核外，谨恭折具陈，伏乞皇上圣鉴训示。谨奏。

宣统元年闰二月十八日奉朱批：该衙门知道。钦此。

《政治官报》第五百二十号，折奏类，宣统元年闰二月二十一日出版

江西巡抚冯汝骙奏设立宪政筹备处并恭录上谕悬挂折

宣统二年三月十二日①

奏为遵旨设立宪政筹备处，恭录上谕，敬谨悬挂，以赴期限而勉进行，恭折仰祈圣鉴事：

窃准宪政编查馆咨开，宣统元年十二月二十日具奏请饬京外各衙门设立宪政筹备处，并将十月十三日上谕恭书悬挂一折，钦奉谕旨：著依议。钦此。钦遵恭录咨行查照办理，等因。窃维宪政逐年筹备事宜，明定期限，依次进行。现在谘议局久已成立，资政院议员亦经遵章选举，外省所应行逐年筹备者，曰财政，曰户籍，曰教育，曰巡警，曰审判，曰自治，臣有督率之责，臣衙门即为总汇之区，自应设立筹备处，以提纲挈领，勉赴程期。庶几按部就班，稍收效果。兹于臣衙门设立宪政筹备处，由臣督办其事。总办以藩、学、臬三司任之，会办以实缺各道及关系宪政各局所道员任之，驻处会办以候补道任之。另设提调、帮提调，以省城首府县任之。分设两科，一曰考核，一曰文牍，派委科长科员分任一切应办事宜，其余庶务、收发、缮校各一二员。规定办事权限，勤务时期，务使一人得一人之实用，一事有一事之责成。仍由臣随时到处督饬办理核定施行，力戒因循，先除粉饰。谨将上年十月十三日上谕恭书悬挂该处，俾在事各员朝夕瞻仰，惕厉奋兴，上下交勉。省城外属如脉络之相通，吏治民生必本原之兼顾，以期仰副朝廷预备宪政、有进无止之至意。除将简明章程并办事各员衔名分咨查照外，所有遵旨设立宪政筹备处缘由，谨会同两江督臣张人骏恭折具陈，伏乞皇上圣鉴训示。谨奏。

宣统二年三月十二日奉朱批：宪政编查馆知道。片并发。钦此。

---

① 为朱批批示日期。

又奏设立会议厅片

再，前准考察政治王大臣咨奏定各省官制通则第六条内开，各省督抚应于本署设会议厅，定期传集司道以下各官，会议紧要事件，决定施行，等因。又谘议局章程第十二条，常驻议员如督抚有时招集，亦可至会议厅以备询考，等语。查江省政务殷繁，亟待振兴，必集议归于统一，庶进行具有条理。自应照章就臣署设立会议厅，为议决机关，与宪政筹备处执行机关相辅而行。所有该厅应办事件，仍派筹备处人员分别办理，以资接洽而免纷歧。除将简明章程分咨查照外，理合会同两江督臣张人骏附片具陈，伏乞圣鉴。谨奏。

宣统二年三月十二日奉朱批：览。钦此。

又奏自治研究所开学情形片

再，赣省创办自治研究所，臣于第二届筹备宪政案内声明由各属申送学员来所，于八月开讲上课。嗣因学员多考试优拔，尚未到齐，展至九月十五日始行开学，即以旧设高等学堂之豫章书院改为校舍，共计学员二百五十名。查有谘议局举充资政院议员在籍江苏候补道文龢，学识明通，研求法政，由臣照会充任所长，并延聘熟悉中外法政之毕业生讲授法政大意、自治制度，冀以养成多数人才，为实行之预备。又于日课之外加授夜班，赶紧肄习。仍限于本年五月毕业。所中经费饬司拨给，学员川资、膳费均由各该地方公款项下筹备。俟学员毕业后，即当分派回籍催办各属自治，以消阻力而期速成。除咨宪政编查馆、民政部外，谨附片陈明，伏乞圣鉴。谨奏。

宣统二年三月十二日奉朱批：该衙门知道。钦此。

《政治官报》第八百九十二号，折奏类，宣统二年三月十六日出版

江西巡抚冯汝骙奏陈明第三届筹备宪政事宜折

宣统二年三月十一日①

奏为陈明赣省第三届筹备宪政事宜现办实在情形，恭折仰祈圣鉴事：

窃赣省第一第二两届筹备宪政情形，臣遵照考核定章，于宣统元年闰二月、八月先后两次奏报各在案。查宪政编查馆奏定逐年筹备事宜单开，第二年应由督抚筹办暨与各部院同办者，总凡八项。上届陈明办有端绪。半年以来，复经臣随时督饬司道暨在事各员绅，将本年应行筹备事宜，已办者加意求备，未办者依限进行。兹当第三届六个月考核时期，谨将现办实在情形，敬为我皇上缕晰陈之。

一、举行谘议局选举也。赣省谘议局，上届已将筹办情形奏报在案。自上年九月初一日成立后，遵章互选议长、副议长、常驻议员，开会集议，秩序谨严。其提出议案，均能研求地方利弊，切实指陈，呈由臣审慎抉择，次第批答，多见施行。上年十一月间将开会闭会提议等情专案奏咨。

一、举行资政院选举也。此项选举，上届因章程尚未颁发，未及举办。嗣准资政院先后咨行奏定续拟院章及选举章程，并学部咨行酌定保送简明办法十条，历经通饬遵照。按定章资政院议员由督抚同办者凡分三项，一由谘议局互选充任者，举定度支部郎中闵荷生等六人，业于上年十一月奏咨；一由硕学通儒保送充任者，保送陆军部郎中陶葆廉一人；一由纳税多额互选充任者，举定黄自希、舒家骒二人。现均分咨学部、资政院在案。

一、筹办城镇乡地方自治并设立自治研究所也。赣省地方自治事宜，上届已奏明设立筹办处专司其事。窃念事属创举，非先将章程规则详细厘定，不足以昭画一而利推行。现据该处编定办法，提要章程，解释宣讲规则、调查方法至簿册、白话告示、演说，及各项简章，详由臣核定通行。又思省城为观瞻所系，尤

---

① 为朱批批示日期。

应提前赶办，以树风声，因将省城自治责成该处直接办理，藉资表率。现正按照巡警区域实行调查，派员演讲。一面督催各属设立地方自治事务所、自治研究所、宣讲员练习所，以期普及。查据禀报遵设者已居多数。至省城自治研究所，上届已奏明开办，现在学员除定额百名之外，又多收一百五十名，分三讲堂，教以宪法、法制各门科学，并于夜间加授功课。本年五月毕业后，即当分别派回原籍担任义务。

一、调查人户总数也。前准民政部咨行单内，有宣统元年督催各省省会及外府所属各首县并商埠地方人户总数调查报齐一条。赣省省会人户上届奏明饬由巡警道自任调查，并通饬各属一律填报。嗣据该道造具户数表、船户表、首县商埠人数表，详经臣于上年十一月咨送民政部在案，并察明将未报各县分别记过，严催补送。现已陆续到齐，容再另案咨报。

一、调查岁出入总数也。赣省清理财政办法，上届业已略陈梗概，嗣准度支部电催，将三十四年全年通省岁出入总数限于十一月内电咨，转饬遵办。维时各处报册尚未造送齐全，谨就司库总汇之区按款开列，依限电咨。但查正杂款目本极纷繁，收支章程尚未画一，各处用款有不由司库领取而截留开支者，收款有向不解库而径自支销者，复有上年赴库领出之款，直至下年始行动用者，头绪极为繁杂，界限尤易混淆。现经清理财政局就各处送到报册复加审核，照章编送总册及盈亏比较表，由臣咨部核办。其中与前次电咨数目略有参差，均经分别更正，声明缘由，不敢稍涉迁就，以归核实。

一、筹办省城及商埠各级审判厅也。赣省于省城设立高等审判厅，附设高等地方检察厅，并检验学习所。又于九江商埠设置地方审判厅，上届均经奏明。派员绘图估工兴筑，现在计日程功，当不致误本年成立之期。惟司法独立必须有专门人才，前就法政学堂附设司法讲习科，考取学员一百名开课讲习，本年五月即可毕业。将来民事刑事诉讼既用新律裁判，尤须多数人民富有法律思想，始能推行无阻。现又议由绅界公同组织司法讲习，附于自治研究所之内，公举品学端正之士收入肄业，务使士民略通法令，知所适从，庶期可收实效。

一、创设厅州县简易识字学塾也。此项学塾，上年未经颁布章程、课本之先，业经臣督饬所属，注重私塾改良以为预备，已于上届奏报折内声明在案。现据提学使详称，已奉学部将章程、课本先后颁行到江，拟先就省城各区学内附设此项学塾十所，每所各设学额四十名，即责成区学教员查照定章，并遵用第一种第二种课本，兼任教授之事。一面分饬各属先就城厢内外及著名村镇官立初等小学堂内外附设一所，以期逐渐推广。并将上年谘议局议决教育普及一案分行各府州，督饬所属会同劝学所、自治会绅董，查照所议简易识字学塾各项事宜，各就地方情形，分年妥定次第办法，而其大要则以筹备期满统计境内识字人民务得二十分之一为目的。统限本年六月以前由各府州汇报详核。

一、厅州县巡警应粗具规模也。赣省巡警自奏设专官以来，力求进步，上届已将大概办法陈明在案。上年十一月又据该道造具统计表册，于行政、司法、保安、卫生各项事宜，略已筹备。又经臣专案咨送民政部查核。现查各属具报员警人夫名数共计有四千四百九十五名；巡警教练所已报成立者共计六十八属，学生计有一千八百六十九名。较之上年报数均有加增。其余未报各属复经分别严催，务臻完备。

以上八项，均经督饬司道员绅协力经营，勉赴期限。所有本年应行筹备事宜，更当上下交儆，夙夜图功。务使岁计有余，弗敢稍邻于操切，日新不已。总期无间于始终，以仰副朝廷立宪期成、自强不息之至意。所有赣省筹备第三届宪政现办实在情形，除分咨外，谨恭折具陈，伏乞皇上圣鉴训示。谨奏。

宣统二年三月十一日奉朱批：该衙门知道。片并发。钦此。

又奏核定自治区域等片

再，前准民政部咨奏定逐年筹备未尽事宜清单内开，宣统元年第二年核定各省城镇乡自治区域，指定各省繁盛城镇地方，督催照章筹设城镇议事会、董事会，等因。窃查江省内地开通较迟，筹办自治必先宣讲，使之勿疑，然后调查方能得实，区域方能确定。而非有研究自治人才，即使草率进行，限令议事、董事两会克期筹设，诚恐难收实效。去秋谘议局开会以后，即由臣督催地方自治，并通饬各属，先将繁盛城镇遵章筹办，而宣讲调查颇费时日，急切无从入手。现据各属禀报，设自治事务所均从区域办起，并先由筹办处规定期限。省城自治议事会限本年三月选举，董事会限五月选举。各属城议事会统限七月一律成立，以次推于各镇而及于乡。其有先期办竣或同时并举者，均听其便。实缘研究学员以夏间毕业，故成立不能不展至秋间。庶几方法完善，经理得益，遂致与奏定期限微有迟早不同，要其依期成立则一。约计本年第四届内，凡繁盛及中等城镇议事、董事两会总不可误成立期限。仍一面督催分划区域，一面接续办理省会南昌新建首县自治，预筹循序渐进之方，勉期推行尽利之效。所有核定自治区域及筹设繁盛城镇议事会、董事会拟请稍展时日无误期限缘由，除分咨外，谨会同两江督臣张人骏附片陈明，伏乞圣鉴训示。谨奏。

宣统二年三月十一日奉朱批：览。钦此。

《政治官报》第八百九十号，折奏类，宣统二年三月十四日出版

江西巡抚冯汝骙奏第四届筹备宪政事宜折

宣统二年九月十五日①

奏为赣省第四届筹备宪政事宜，据实胪陈，恭折仰祈圣鉴事：

窃赣省分年筹备宪政情形，历经臣遵照考核定章，自第一届至第三届依限奏报在案。兹值第四届考核之期，按照宪政编查馆奏定清单内开，本届事宜，应由督抚暨该管各部同办者共计九项。其属于自治者二，属于民政者二，属于财政者三，属于司法及教育者各一。或以续前岁未竟之绪，或以立本年经始之基，进步则愈觉其难，造端则尤贵乎慎。臣督同司道暨在事员绅，统筹全局，协力进行，半年于兹，幸免逾限。谨将办理实在情形，为我皇上缕晰陈之。

查赣省地方自治，前已订章饬办，嗣又督饬筹备处员绅，于部颁表式之外，复将城镇乡各项选举方法及办事细则表例分别拟定，凡二十余种，印刷通行，务使家喻户晓，咸有遵循。其有函电询示疑义者，必为之根据法理，详晰解释。现在各属城自治议事、董事两会，业已禀报成立者，凡七十余厅州县。其因路途较远，禀报稍迟者仅止数县，又已飞札饬催。至繁盛之吴城、樟树、河口、景德四

---

① 为朱批批示日期。

镇，亦经文电交驰，提前赶办，约八月当可观成。省城前办自治研究所第一班学员，已于五月毕业，当即分派各属，饬令照章设所，以次传习，并于省城续开第二班，饬属按额送学，以广造就。自治区域图表，前遵部电通饬分区绘造，惟各乡区域有宜于分晰者，亦有宜于合并者，当以地形便利为主，未便慕繁盛之空名，强合数乡以成镇，亦不必守偏隅之界限，分裂团体以为乡，斟酌适宜，极应详慎。业将部颁图表尺寸式样迅速转行期限具报。其有壤地插花，变通办法，亦令一并陈明。似此自治初基逐项规定，嗣后镇乡及厅州县筹办事宜接续进行，均有标准。此筹办城镇乡及厅州县地方自治之情形也。

查赣省上年应报各属户数船户及商埠首县人数，均经查齐，汇表专咨在案。城乡户数清册已据五十三厅州县陆续造报，其未到二十六厅县，案由巡警道勒限严催，并拟订调查人口细则，分札各属，提前清查。仍饬由各属先撰白话告示，遍贴晓谕，慎选正绅，从容将事。俟册报到齐，再行汇核咨部。

省城警务，迭经实力振兴，渐著成效。其总务、卫生、行政、司法四科所办事宜，本届期内审判违警案件，共计二百余起，施医诊治人数共计一万五千八百余名。余如测绘省城街巷支干图以兴路政，定街巷宽阔规则以利交通，续修全城支沟以便行旅，查修先哲名人祠墓以存古迹，一切详情，（叠）〔迭〕由该道分造表册，先后专咨。又前因驻省兵队与警界时有龃龉，当饬该道督率各员与军队长官妥筹弥衅方法，剀切训诫，由是军警调和，地方赖以安谧。现又拟于省城对河各洲增设警区，暨办理河面警察，以戢奸宄而扩规模。至各属巡警，前已次第办齐，兹又督催推广名额，添设消防、清道夫役器具及官医牛痘局。又将拟定之各厅州县及乡镇巡警章程核定颁行，以期划一。并派选熟谙警章人员，分往巡视，认真考核。又省城高等巡警学堂前办简易科，已于五月毕业，现订见习章程，将此项毕业学生一百十五名分驻省会各警区实地练习，两月期满，分派各属，整理警务。并于该堂改办三年正科，学额一百二十名，遵章选取本省举贡生员及中学本科以上毕业生，即日开课。省城巡警教练所第一班学生已于六月毕业，派出站岗，另招新生一百二十名入所练习。各属巡警教练所通计全省先后成立七十七区，学生二千四百余名。惟是预算全省警费，需款浩繁，非筹定巨资，未易一律完备。现将统筹全省警费及划分警区各问题列入议案，由臣发交谘议局取决众论，再图扩充。此汇报人户总数及厅州县巡警亟筹完备之情形也。

查赣省清理财政，上年已将调查岁出入办竣，本年应再复查。其试办预算决算一项，除决算应归宣统四年办理外，宣统三年预算册前已饬造送部，共计不敷银二百七十余万两，昨准部电增减各款，又将元年实用及三年预算出入细数严加复核，凡可以增入减出者，无不悉心厘剔，综计裁减删并银一百二十三万余两，并拟请减解银四十二万余两，拟请增筹银五十余万两，出入核计，尚不敷银五十余万两。均先后电复，另案奏咨，应俟敕部核议施行。至改良税法，尤为厉行宪政之根本。地方税章程，应于本年厘定，自不容缓。惟地方税不外附加独立二种，均与国家税有密切之关系，若非同时厘定，势难酌剂得宜。昨经臣于遵议御史赵炳麟、湖北藩司王乃徵各折案内敬呈管见，吁恳敕下宪政编查馆、度支部、税务处提前办理，臣自当督饬司道，会同正副监理官，将赣省财政沿革利弊汇订说明书，并拟订改良收支及征收办法簿票册式，陆续送部，以备参酌。此复查岁出入试办预算及拟订地方税办法之情形也。

又赣省前于城内小校场建筑高等、地方审判检察各厅及检验学习所，均系西式楼房，规制尚称宏敞。南昌县初级审判检察厅，以按察司经历署改造。新建县初级审判检察厅，以按察司司狱署改造。九江商埠各级审判检察厅，系于九江府署旧址建设。各项工程，均经由司严切督催，限令八月内一律完工，无误成立。昨奉谕旨改按察使为提法使，所有该司考试属官章程暨属官办事细则，业经分别拟订核咨。一面先于该署设立司筹办处，遴选明习中外法律人员，分任厘定规则、调查习惯、清理档案、考核工程各事，以为遵章分科之预备。前于法政学堂附设之司法讲习科暨绅办之司法讲习所，现均次第毕业，将来审判推行，堪资任使。省城模范监狱，前已奏报成立，该管理各员教授工作，讲求卫生，尚称合法。又饬将南昌、新建二县监狱首先改建，以为通省改良监狱制之先声。此筹办各级审判厅之情形也。

又赣省简易识字学塾，前就省城区学附设十所，以为各属之倡，并转发学部颁行课本，通饬一体遵照办理，已于上届陈明在案。近来各属遵报成立者，连省城并计共有学塾二百三十八所，学生四千四百九十九名。其仅报创设尚未指明处所及学生人数者均不在内，容再催饬详细补报，并派省视学员分往调查，督同规画，务期识字之人日增，教育得以普及。此筹办简易识字学塾之情形也。

以上各项，凡在第三年限内者，已于本届勉力遵筹，具有端绪。其有未尽事宜，遵于下届依次续办，自应锲而不舍，以底于成。第念赣省财政艰难，达于极点，就目前已办之事，预算度支已虞不给，再求推广，需费甚繁。臣只有夙夜兢兢，惟力是视，得寸得尺，稍效涓埃，以仰副朝廷慎重宪政之至意。所有赣省第四届筹备宪政缘由，除咨宪政编查馆暨各部察核外，谨恭折具陈，伏乞皇上圣鉴训示。谨奏。

宣统二年九月十五日奉朱批：该衙门知道。钦此。

《政治官报》第一千七十号，折奏类，宣统二年九月十八日出版

江西巡抚冯汝骙奏第五届筹备宪政情形折

宣统三年三月十五日①

奏为敬陈赣省第五届筹备宪政情形，恭折仰祈圣鉴事：

窃赣省筹备宪政事宜，自光绪三十四年八月为始，历经臣遵照宪政编查馆奏定考核专章，每届半年胪陈一次，已将第一届至第四届办理实在情形，依限奏报各在案。伏念臣莅赣三载，适值筹备之初，经始维艰，责成弥重，加以江省财力之奇绌，民智之未开，并进兼营，尤处万难之势。迭经臣将经验所及，利弊疑难，披沥上陈，幸荷圣明洞鉴，特令提前组织内阁，开设国会，分别缓急，修正筹备清单。仰见朝廷通变宜民，莫名钦感。臣身任疆圻，责无旁贷，无论若何困难，要当壹意进行，不敢以吁请在先，稍宽担负。兹当第五届考核之期，谨将半年以来赓续赶办各要政，敬为我皇上详晰陈之。

一、赣省地方自治。各属城议事、董事两会，上届尚有未报数县，现在全省八十厅州县均已依限报齐。其繁盛四镇，原拟上年八月即可观成，嗣因樟树、河口、吴城三镇，以境界不明，彼此争执，有须另行析并者，迭经派员分往开导，

---

① 为朱批批示日期。

划定区域，确实调查人口，均达五万以上，现与景德一镇，俱已先后据报成立。至镇乡自治，查各属全境告成者，有泸溪等五县；各乡分途并举者，有进贤等十九县，余皆督催赶办。省城自治研究所第二班学员二百四十六名，限于本年四月毕业。其讲义类皆依据法理，于自治制度多所发明，堪资造就。各属禀报设所者，有南昌等五十二厅县，亦皆遵照定章办理，大都第一班毕业学员回籍后，相助为理，成绩尚有可观。自治分区，事属创举，前准部颁图式札发各属遵办，其依式造送者，已有三十余厅州县，容俟催齐，专案咨报。

各属筹办自治经费，前据详定，就亩捐项下附加带征，嗣后各属有征数过多及摊派杂捐者，均经随时批饬核减删除，以昭画一。将来自治公所成立以后常年经费，自应遵照馆章第五章第九十三条办理。

查赣省自治，于馆定原限先已缩短，现因宣统五年开设国会，更应将自治事宜改订期限，格外提前，并饬详定各项规则书说图表，分颁各属，以挈纲领而示范围。此本届续办自治之情形也。

一、赣省人口总数。上届未据造报之二十六厅州县，迭催将户数清册一律送齐，分晰汇造。全省各厅州县户数、人数、职业比较各表及首县商埠人数比较，并船户各表，凡十四种，于上年十一月专案咨部查核在案。其关于本年应行查报人口总数，业已通饬各属提前查报，统俟报齐，归入下届汇办。此本届续办调查人户情形也。

一、赣省警务。迭经实力整顿，渐著成效。上年十月，臣赴建昌举行新军秋操，该道督同员警按站巡逻，并于附近地方预订各项管理规则，严查奸宄，幸能匪戢民安。省城外各警区，原有正副名称，递相节制，上年十二月，遵照部咨，酌量地面繁简，一律改为分区，均直辖于警务公所，机关较为敏捷。又于城外对河各洲相度地势，设立警区，配置员警，并制备巡船，以与城外各区联络一气，互为声援，地方赖以安谧。又于进贤门外改办贫民大工厂一区，暂以三百名为定额，专收年壮贫民，教以粗浅工艺，以化游惰。省城高等巡警学堂正科学生一百二十名，于上年九月上课，均能恪守规章，潜心向学。其简易科毕业生前派各区见习期满，遴派各属充当警务长及教练所教员，尚能得力。省城巡警教练所原招新生一百二十名四①所肄习，现复将所更新组织，加增学额为三百名，并扩充堂舍，添聘教员，分班授课，于本年二月开办。至各属警务，前经遴员分往切实考核，虽能粗具规模，尚难具称完备。其业已开办乡镇巡警者，凡四十二厅州县。现经该道遵照部章考核巡警官吏十二事项，逐加注释，附及详细办法，凡教练应用之课本，划分警区之编制，城乡巡警之布置，行政保安之方法，卫生消防之组织，出入经费之预算决算，外事警察之调查报告，分类列表，刷印颁行，俾有法程，藉资依据。所有本届期内省城各区审警案件及侦获烟赌匪窃案件，施医诊治人数，各属戒烟会社处所，全省城乡长警人数，均经分别咨明在案。此本届续办巡警之情形也。

一、赣省岁出入总数。上届已将拟请减解增筹及不敷之款逐一陈明，嗣准度支部咨以赣省应行解协各款，仍遵历届成案办理，所请减解，应毋庸议，统税改征、银元折合办法，窒碍难行，未便照准，先后奏奉谕旨依议，自应钦遵。惟减解筹增两款，既均无著，本年出入不敷计已一百四五十万两，而陆续追加之数尚不在内，迭经臣督同司道于会议厅公同提议，欲求勉副收支适合之旨，戛乎其难。至地方税章程，现奉谕旨，饬与国家税章程同时厘订，前已督饬清理财政局员调查本省财政沿革利弊，先将入款二百八十项编成说明书，于上年十月送部查核，其出款各项，亦已赶编，即行续送。此本届续办财政之情形也。

一、赣省各级审判。已经臣将省城及九江商埠各厅依限成立，一律开庭，并遵章派委推、检、典簿各员暨改良监狱、分别收禁情形，于本年正月奏明在案。现在南昌、新建、德北三县，于划定审判区域内一律不收民词，以昭司法独立之效。至提法使官制，已于上年遵章实行，于署内设立司法公所，分总务、刑民、典狱三科，遴选明习中外法律人员分科办事。其应设之检验学习所，现由各属申送检验学生均已到齐，于上年十二月开学，所有教科管理法，均遵部章办理。上年十月法部颁发十五项表式，饬将各属监狱照式填写，绘图贴说，限三个月报部，等因。业经该司分饬遵办，已据各属陆续填送到司，先将已到各表汇齐报部，其未列数县，仍行严催填送。此本届续办司法之情形也。

一、赣省简易识字学塾。上届据报成立者，计二百三十八所，业由该司饬令

---

① "四"字疑当为"人"字。待考。

省视学员分赴各属认真考察，均系遵用部颁课本，切实办理。其陆续增添处所及学生人数，容再另册咨报。此外应办各项教育，如优级师范学堂，自上年选科理化、博物两班先后毕业，即经该司遵照部饬，招考二年以上之师范简易科毕业生，甄录入堂，开设补习班，以定升入本科之基础。省城高等中等农业学堂，已于上年下学期开办森林本科暨农业本科。其中等工业学堂、实业教员讲习所、艺徒学堂亦均次第成立。各属开办农业学堂、商业学堂者，亦有二十余处。现正由司规定科目课程，俾资遵守。此本届续办教育之情形也。

以上各项，勉力经营，幸未逾限。惟是筹备宪政，恒以财力之丰啬为差，赣省出入不敷，为数甚巨，此项问题未能解决，则此后之捉襟露肘，更甚于前。臣惟有遵照修正清单，专精一志，不避难危，庶竭涓埃报称之诚，仰纾宵旰忧勤之意。所有赣省第五届筹备宪政情形，除分咨外，谨恭折具陈，伏乞皇上圣鉴训示。谨奏。

宣统三年三月十五日奉朱批：该衙门知道。钦此。

《政治官报》第一千二百四十三号，折奏类，宣统三年三月二十日出版

江西巡抚冯汝骙奏胪陈第六届筹备宪政情形折

宣统三年八月二十七日①

奏为胪陈赣省第六届筹备宪政情形，恭折仰祈圣鉴事：

窃赣省筹备宪政事宜，历经臣将第一届至第五届办理成绩，遵奉奏咨在案。宣统二年十一月，钦奉谕旨，改定召集议院年限，将紧要事项提前赶办，并准前宪政编查馆咨行修正清单前来，又经督饬主管司道，悉心筹办，实力进行，半载于兹，幸无贻误。现值第六届考核之期，谨将实在情形，为我皇上详晰陈之。查

---

① 为朱批批示日期。

修正清单内开本年应办之事，由督抚同办者，综计四项。

一曰清理财政。赣省历年积亏，入不敷出，为数甚巨。迭经臣遵照部院复核，于入款竭力添筹，于出款认真撙节，三年预算，始克勉强成立。嗣准部颁全国暂行章程，当经饬局将四年预算遵编册表，依限分咨，并照部颁说略表式，将全省各税分别何项属之国家，何项属之地方，于分类表中详考沿革，注明理由，再于地方税中，分别何项为附加税，何项为特别税，研究性质，以类比附。复将两税按照统系，分为收益税、行为税、所得税、消费税、关税五项。至地方税收入与地方行政经费支出，亦经勾稽总数，另附比较表暨续纂出款说明书，先后详咨。又自二年起，饬照复查条例，分季报告，咨部察核。现更督令局员，照章赓续汇编年表，专案另咨。凡此手续，胥为彻底清理之基，全局盈虚，既已确有成算，则权衡酌剂，以定制用之经，庶整顿始易着手。此关于清理财政之筹备情形也。

一曰调查户口。赣省风气初开，上年第一次调查人数，乡愚惑于谣言，辄以征收丁税为疑，间生阻力，是以查报一切，诸从简单，嗣经各属员绅剀切开导，民信渐孚，始据将前次漏报之学童、壮丁各数逐一补查，列表咨送。本年应查第二次人数，早经巡警道详定调查细则、册票各式，通饬遵行。惟办法较详，蒇事非易，现饬先将查明户口总数造报，以凭汇核。其未经划分正户、附户男丁女口等数，应俟散表催齐，再行咨报。窃惟户籍之法，古制久湮，几同创举，民愚则难于虑始，法密则易启弊端。赣省筹办数年，备经困难，犹幸持之以渐，尚未激动风潮。现在接续推行，已可无虞窒碍。此关于调查户口之筹备情形也。

一曰地方自治。赣省地方自治筹办处自本年归并，臣署督饬各员，改订乡镇自治进行表，通颁各属，限期观成。迭据禀报，全境告成者凡六十七厅州县，共分五十四镇七百七十四乡，其余十四州县，又经函电交催赶办速报，转瞬通省下级自治，必能完全成立。一面即令续办上级自治，并详订第三期办法，提要以挈纲领，酌定厅州县自治限期清单，以资考核。至各属筹办经费，前饬由亩捐项下附加少数，仅供自治事务所及宣讲、调查、选举等项之用。其常年经费，按照定章，应由各议事会拟具章程于地方官核准遵行。顾各属员绅，程度不一，经验未深，非为之杜渐防微，补偏救弊，深恐利未睹而害先形，故臣于此兢兢致慎，凡遇呈请抽收附捐、特捐，迹涉苛细者，无不痛加驳斥，并援引东西各国自治事实，明示准绳，务令保存啬俭之风，尤忌沾染铺张之习。又自治分区，前经部电催报，自应从速规定，以正名称。现在各属依式绘填图表者，计有七十一厅州县。其未到十县，容俟催齐，并同部颁及臣札发各表，汇订咨送。此关于地方自治之筹备情形也。

一曰各级审判。赣省划分司法区域事宜，上年由提法使拟具表式，通饬各属，按照地方词讼多寡，分别审级，详叙呈核。现据七十六厅州县具报到司，先行列表详咨，余再催办。其各厅之在城治者，以裁缺各衙门作为厅署建筑之费，所省不赀。现已饬司分别查明，统筹办理。至南昌等十三府、宁都一州，及各州县，照章均应设地方监狱一所，惟因财力未逮，容与各该府州县城治各厅并筹建筑，尚难克日观成。其通省原有监狱，屡经臣认真考察，催令切实改良，渐洗旧时黑暗积习。前已由司派员调查，绘图填表，详咨在案，兹又就法政学堂附设临时法官养成所暨监狱专修科，业已招集学员，分班开学，以为储备人材、普设审判之计。查司法、行政，合并已久，今当分权之始，愚民既狃于习惯，法官复囿于成规，往往新旧龃龉，动成诟病。赣省已设各厅，经臣遴用熟悉地方情形，富于阅历各员，会同考取法官，妥慎将事。现计已逾半年，舆论尚称浃洽，此后筹款有着，即将应办事宜扩充完备。此关于司法独立之筹备情形也。

以上四项，皆与国会提前关系密切。臣忝膺疆寄，责任攸归，值此库帑奇绌，惟有任劳任怨，节缩经营，固不敢存畏难之心，致误期限，尤不敢存见功之念，稍涉铺张，以期仰副朝廷通变宜民、实事求是之至意。至巡警、教育等项，属于普通行政范围，虽此次修正清单未经列入，仍由臣随时督率主管司道，切实施行，按期咨部查核，以重责成。

所有赣省第六届筹备宪政成绩缘由，除分咨外，谨恭折具陈，伏乞皇上圣鉴训示。谨奏。

宣统三年八月二十七日奉朱批：该衙门知道。钦此。

《内阁官报》第六十一号，宣统三年九月初二日出版

署山东巡抚吴廷斌奏设调查局片

光绪三十三年十二月十五日①

再,东省应遵旨设立调查局一所,遴选妥员,照宪政编查馆奏定章程,切实经理。窃维调查局之设,原为编制法规、统计要政起见,考察利弊,研究虚实,头绪纷繁,非通达治理之员,不克胜任。查有回避广东候补道周学渊,学识俱优,体用兼备。曾经随使出洋,并保荐经济特科,于中西政治,颇知讲求。前经正任抚臣杨士骧调东差委,深资得力。嗣因丁忧回籍。现东省开办调查局,需员经理,合无仰恳天恩,饬下安徽抚臣传令该员来东,由臣差遣委用,以裨新政。谨附片具陈,伏乞圣鉴训示。谨奏。

光绪三十三年十二月十五日奉朱批:著照所请。该部知道。钦此。

《政治官报》第八十七号,光绪三十三年十二月十七日出版

署山东巡抚吴廷斌奏设立调查局片

光绪三十四年三月二十三日②

再,前准宪政编查馆咨,钦奉懿旨,饬各省设立调查局。东省自应钦遵办理。经臣奏调前广东候补道周学渊来东差遣,奉朱批:著照所请。该部知道。钦

---

① 为奉到朱批时间。
② 为奉到上谕批示日期。

此。当即委为该局总办，刊给关防，于三月初一日开局。并遵章分设法制、统计两科，各设科长一人，每科分三股，每股设委员或一人或二三人，皆选文理优长，通晓政体者充之。又择聪颖明达之员十余人作为该局书记，先令在局分门肄习法政，由总办订立课程，以期养成调查员资格，将来即以此项人员派赴各属调查，庶几考核有法，可收精核翔实之效。并仿湖北办法，在巡抚署内设一统计处。至调查局开办暨常年经费，饬令核实撙节，在司库动支，应请做正开销。所有设立调查局缘由，谨附片具陈，伏乞圣鉴。谨奏。

光绪三十四年三月二十三日奉朱批：该衙门知道。钦此。

《政治官报》第一百七十七号，折奏类，光绪三十四年三月二十六日出版

山东巡抚袁树勋奏山东第一年筹办宪政及第二年预备情形折

宣统元年二月初九日

头品顶戴山东巡抚臣袁树勋跪奏，为九年筹备事宜，遵章胪列第一年期成绩，恭折仰祈圣鉴事：

窃臣承准宪政编查馆王大臣咨开：光绪三十四年十二月十一日钦奉谕旨：宪政编查馆会奏，遵设专科，考核议院未开以前逐年筹备事宜，酌拟章程、折单各一件，著依议。钦此。等因。又恭读本年正月二十七日电传上谕：前经宪政编查馆奏定颁行分年筹备事宜，本年各省均应举行谘议局选举及筹办各州县地方自治，设立自治研究所，并颁布资政院章程等事。著各省将军、督抚，督率所属，选用公正明慎之员绅，一律依限成立。各等因。跪聆之余，仰见圣谟深远，于筹备事宜，包举靡遗，莫名钦佩。查宪政编查馆原奏考核专科章程第三条内载：九年筹备事宜，责成内外臣工，每届六个月将筹办成绩胪列奏闻，并咨报宪政编查馆查核。应自光绪三十四年八月起至十二月底止为第一届，以后每年六月底暨十

二月底各为一届，限每年二月内及八月内各具奏咨报一次，等语。又查宪政编查馆原奏九年筹备事宜清单内载：第一年期，督抚所应办者只一项；第二年期，督抚所应办者共七项。今遵奏定考核专科章程，每年分两届奏报，是本年二月所奏报者，应属于第一年期。兹将第一年期所已筹办，及第二年期应筹办而已预备者，敬为皇上胪陈之。

查山东筹办谘议局选举事宜，于上年十月间设立筹办处，当将开办情形奏报有案。该处参用官绅并延派娴习法政办事素有经验者为参议，文牍、庶务分科办事。据该处所定期限清单，十一月初考取司选员演讲谘议局章程，浃旬而毕。分赴各府直隶州，再由各州县选派明白耐劳之士绅赴该管之府直隶州听司选员演讲，亦浃旬而毕。听讲之后，各回本选举区，实行调查，仍虑人数不敷，得由各州县加派义务调查员，以资赞助。盖山东风气未尽开通，选举法制久废，毋怪蚩蚩者瞠目相顾，经此次辗转演讲，群疑渐释，阻力自消。复虑各州县或不尽晓事，而司选员或需索供张，仿照直隶办法，由该处筹给各州县选举经费暨司选员夫马薪水，期于丝毫不得扰民，以免藉口而专责成。复将初选举画分三期：一为选举人名草册告成之期，二为选举人名经审查判定清册告成之期，三为初选举投票之期。每届一期，饬各该州县电禀该处，以便督催而免延误。自上年十二月实行调查，现据各属陆续禀到人名草册，均依限告成，其有事前稍涉观望者，亦经臣随时访闻，严加训斥。目前情形依照东省所定选举期限，不至后时，并拟俟复选事毕，召集被选各员，于九月开局以前，先期研究一月，为议案之预备，亦即为筹办选举之结束。该处开办以后，一应经费，均经遵章筹拨，于上年十二月附片具陈，奉旨钦遵在案。此属于第一年期已经筹办之实在情形也。

其有事属于第二年期，而目前已分别预备者，如原奏清单，筹办地方自治，设立自治研究所一节。上年冬间，臣即与司道筹商，以为欲实行地方自治，必先瀹人民自治之知识，并养成人民自治之能力，自应先在省城设立研究所，饬知各州县每邑选派二人，到省听讲。正在札饬间，钦奉谕旨，颁布城镇乡自治章程。本年正月奉文后，即遵将上项章程，列入研究所，分期演讲，业于二月初一日开课，并查照宪政编查馆原奏，责成谘议局筹办处兼理地方自治筹办事宜，正在另案奏咨办理。此关系乎地方自治之已预备者一也。

又原奏清单，各厅州县巡警年内粗具规模一节。查山东巡警，业设专官，并先于光绪二十九年开办警务学堂，大致参照直隶办法，经前升任抚臣周馥奏咨有案。三十一年、三十二年，历经分派该学堂官班学生及兵班学生赴各州县分充巡官、教弁等职。上年臣到东后，逐加考核，以此项学堂，岁縻巨款而缺憾滋多，自非大加改良，不足以资任使。嗣准民政部咨行奏定各省巡警学堂章程内开：高等巡警学堂各省城须设一处，巡警教练所府厅州县须设一处。又高等巡警学堂，为目前警官需人计，得附设简易科。其各省已设有巡警学堂者，均按照此次奏定章程办理，并限期设立，由各督抚具奏咨部，等语。臣于奉文后，即谕饬该学堂改为高等巡警学堂，并将已办各班，分别考验毕业给凭，仍按照新章另行招考，暂定为正科学额八十名，简易科学额一百二十名，俟次第招齐，即日开课。惟定章府厅州县各立巡警教练所一节，照章每处至少一百名，以山东一百十七府州县计之，同时举办，学额将万二千名，不特此项教员有乏材之患，抑虑经费支绌同无米之炊。但巡警为宪政最要之图，自不得不从长计议，现于省城先设巡警教练所一处，学额宽定在二百名以上，一俟招齐，即行开课，以资模范而图扩充。其各府州县，从前本派有学生襄办警务，但学识究未完备，拟陆续抽换回省，使之补习而宏造就。所有遵章办理情形，亦当另案奏咨办理。此关系乎各府州县巡警之已预备者又一也。

又原奏清单，调查岁出入总数，度支部各督抚同办一节。查上年十二月度支部奏遵旨妥议清理财政一折内称：决算预算报告各册，与从前报销旧案不同，自应另订册式，现拟逐一厘定，交清理财政局遵式填送，等语。此项调查，既须度支部合同办理，自应俟另订册式遵照填报。惟臣自上年到任后，曾将东省财政异常困难情形，于六月间奏明在案。嗣与司道等筹议，以为不能开源，不能不从事于节流，遂将各项差务，逐一考核，可裁者裁之，可并者并之，可减者减之，计各局所学堂二十余处，较前岁省银四十余万两。惟目前新政日增，在在均需款项，经臣核实撙节，任事人员但求饩廪之称，力袪调剂之私，兼差概不兼薪，择人断非择地，举办伊始，怨谤丛生。但臣忝膺疆寄，未报涓埃，倘取锱铢而用泥沙，即毫无饱橐之私，于国计民生所妨已大。东省岁亏甚巨，此项节省经费，杯水车薪，诚虑无济。然塞从前已漏之卮，汲来日方长之绠，得尺则尺，得寸则寸，舍此殊少良图。此关乎调查岁出入总数之已预备者又一也。

又原奏清单，筹办各省省城及商埠等处各级审判厅，法部、各省督抚同办一节。查审判一项，本系专门之学，吾国旧制，各厅州县兼理刑名词讼，不特用非所长，抑亦日不暇给。现在九年筹备，凡各省举办事宜，无不责成州县，若再兼理审判，贻误恐多，此审判人才之所以尤亟亟也。现在遵章筹办，自以养成审判人才为第一要义。查东省法政学堂开办已久，上年准学部咨行各省法政学堂画一办法，应照奏定京师法政学堂章程办理，等语。当经臣饬该学堂即遵照定章办理，并将原有之速成班，分别认真考验，增益课程，改为司法讲习科，专为养成审判员之地，新招之讲习班，亦准此办理。似此略一变通，于定章固无出入，于事实或有裨补。此关系乎筹办各级审判厅之已预备者又一也。

以上在第一年期已筹办者一项，在第二年期应筹办而已预备者四项。至于颁布资政院章程，举行该院选举，应候资政院同办；调查各省人口总数，应俟民政局同办；颁布简易识字课本，创设厅州县简易识字学塾，应俟学部同办。微臣渥荷圣恩，睠怀时局，淬一息尚存之志，赴万弩待发之机，惟有奋起力追，持平核实，以期仰答高厚鸿慈于万一。

所有遵章胪列筹办事宜成绩缘由，除分咨查照外，理合恭折具陈，伏乞皇上圣鉴训示。谨奏。

朱批：该衙门知道。

《清末筹备立宪档案史料》，第 758—762 页

山东巡抚孙宝琦奏胪陈山东第三年第一届筹备宪政成绩折

宣统二年八月二十二日①

奏为胪陈山东第三年第一届筹备宪政成绩，恭折仰祈圣鉴事：

---

① 为朱批批示日期。

窃查筹备宪政事宜,照章每届六个月将筹备成绩胪列奏闻,并咨报宪政编查馆查核,历经依限遵办,奉准核定在案。自宣统二年正月至六月为第三年第一届奏报之期,限内应办事宜,较历届尤为繁重。经臣按期程督,次第施行,应将本届已办成绩暨现在办理情形,详晰胪陈,以资考核。查筹备清单第三年应办之事,或接续上届属于推广经营,或肇造初基亟待经始筹备,析其条目计有九端。

其一为续办城镇乡地方自治。分区指定繁盛城镇,已于上届筹办在案。原定繁盛九处,为历城、临清、济宁、胶州、潍县、黄县、海州各城暨长山之周村镇、福山之烟台镇,所有调查选举事宜,均经办理就绪,随将各该处议事会议长、议员,董事会总董、董事,照章选举,如额选定。其董事会总董,均由臣遴选委任,本月内即可一律开会。其余城区议事会、董事会,亦经立限筹设,据各州县陆续具报,选举办竣者共有八十余处,悉可定期成立,按照部定期限,系属提前举办。至省外各研究所,均于二三月间陆续开办,全省学员共得四千五百三十九名,授课八月,届期均可毕业,俾具政治知识,以赴自治事机。惟繁盛城镇为一省精华所萃,成立以后,于自治职务当可切实举行,其余城区,团体虽具而实力未充,期以担负责任,恐非易事。惟在员绅互相勖勉,弗以形式粗备而视为具文,弗以权限不明而转滋流弊。仍当饬由地方官认真监察,以期恪守定章,渐图实效。此遵照筹备者一也。

其一为筹办厅州县地方自治。查民政部奏定筹备细目,本年应就省会地方首县照章筹设该县议事会、董事会。此项自治选举章程,前经宪政编查馆颁行到东,即饬自治筹办处拟具施行规则,照章先从历城县举办。县议事会之议员名额,以所属地方人口总数为标准,额数之分配,以各选举区之人口多寡为标准。除省城前已调查外,其余各乡,亦经饬令按区调查,一俟调查选民定有确数,即可投票选举。此遵照筹备者二也。

其一为汇报人口总数。查东省首县、商埠等处暨全省各州县正户、附户,均已照章查明总数,陆续造册咨送,经部核复在案。本年接查口数,各州县已将人口总数查明呈报者,共有六十八处,计在十月以前,均可一律查齐。此系第四年期事宜提前办理。惟户籍登记实为宪政根据,必须查核实数,并应按照部章每届两个月将户册编订一次,冀得户籍盈虚之实况。此遵照筹备者三也。

其一为复查岁出入总数。东省宣统元年分各属关局所四季报告册,久经财政局查明编就，依限分次详咨。其年总报告册，并全年收入支出统计表，及二年分春季报告总计表，亦已分别咨部。至夏季册表，一俟造齐续咨。此遵照筹备者四也。

其一为厘定地方税。查清理财政第九条，有分别国家税地方税性质，编订说明书送部，等语。宣统元年十一月并准度支部咨查厘金、统捐、统税、杂税及一切税捐章程细则，等因。遵经饬由财政局移行各主管衙门依限查复，造具征收税捐清册咨报度支部，以凭汇案厘定。此遵照筹备者五也。

其一为试办预算决算。东省岁入款（须）〔项〕，约在千万左右，而近年岁出解协拨支等款不敷甚巨。从前财政未能统一，因之各署关局所无不有收支之事，系属既散，调查较难。上年即由财政局拟定预算册式，先期颁布，勒限查报，经臣将送到各册亲加审订，力求撙节，以期收支适合。已于限内由财政局遵式编定全册，详咨度支部，听候复核具奏。此遵照筹备者六也。

其一为厅州县巡警限年内一律完备。东省外州县巡警，历经督饬兴办，统计已有官警三千四百三十二员名，于上届奏报在案，规模粗具，自应设法扩充。现据巡警道详拟办法，全省州县厘为三等分配官警额数，上等州县本年额定七十名，中等州县本年额定五十名，下等州县本年额定三十名。似此分别扩充，庶可渐臻完备。惟巡警一项，需款较重，应饬衡量财力，妥慎办理，庶不以新政病民。各属教练公所，现已开办者计有七十四处，其余贫瘠之区，仍饬勉为其难，设法筹办。此遵照筹备者七也。

其一为推广简易识字学塾。查简易（字）〔学〕塾，全省各处前已成立四百余塾。本届极力推广，复经增设三百数十处。是项学塾，在普通教育中，课程最为简单，倘地方官粉饰禀报，即以寻常私塾充数而办理不能合法，则塾舍虽称栉比，仍难多得通晓字义人民。现据提学使委员切实调查，凡所成立各塾，教习授课，均尚认真，学生额数，亦均确实。其有办理不甚得力之处，曾将地方官撤任示惩。使各属咸知政策所向，力祛敷衍积习，并饬随时推广，以赴筹备之程。此遵照筹备者八也。

其一为省城、商埠各级审判厅一律成立。东省择定省城、商埠各处先设六厅，曾已专折奏陈。查法部奏案，凡审判厅未经成立各省，应俟本年考试法官以后，再行开办。东省凡有与考资格各员，现已咨送赴京，将来考试录取分发各省，如何均匀配置，应由馆、部妥定章程，通行遵办。各厅工程限于十月告成，开办常年各费，均已拨定的款。检验吏及司法巡警并饬并力授课，以资开厅任用。机关备具，自可不误成立之期。此遵照筹备者九也。

以上九项，属于本年筹备事宜，皆为近今应行要政，而自治、司法及财务行政各端与宪政关系尤切，察酌公私财力、社会情形，良不容壮往径情，致滋操切，然施行缓急之际，容有变通以尽善，断无畏难而苟安。本届筹备各事，或提前举办，或依限经营，于兼筹并举之中，不忘审端致力之义，庶办事归于核实，政令不致病民，以期仰副圣主注重宪政、推行尽利之至意。所有胪陈山东第三年第一届宪政筹备成绩暨现在办理情形，除分咨查照外，理合恭折具陈，伏乞皇上圣鉴。谨奏。

宣统二年八月二十二日奉朱批：该衙门知道。钦此。

《政治官报》第一千四十八号，折奏类，宣统二年八月二十五日出版

山东巡抚孙宝琦奏第三年第二届筹备宪政情形折

宣统三年三月初七日①

奏为胪陈山东第三年第二届筹备宪政情形，恭折仰祈圣鉴事：

窃查筹备宪政事宜，照章每届六个月奏报一次，并咨宪政编查馆查核，历经依限声叙筹备成绩，奏咨在案。自宣统二年七月至十二月为第三年第二届奏报之期，限内应办事宜，经臣严定考成，按期程督，或继续上届，循序以求扩张，或规画初基，程功务期妥慎。自应将办理情形，进行次第，按项胪陈，以备考核。伏查本届筹备条目凡九：

一为续办城镇乡地方自治。查部颁表式，城镇分繁盛、中等、偏僻，东省前

---

① 为朱批批示日期。

指定繁盛城镇九处，已于上届举办，奏明在案。其余城区百，镇区三，均当作为中等，提前赶办。现据自治筹办处呈报，各城镇议事会、董事会均已成立。莱阳、海阳两城前以乱事停办，现亦一律告成。所有各董事会总董，先后均经臣遴选札委。至乡区自治，前电商馆臣，核准暂缓先办上级，惟历城为省会首邑，自城区自治成立后，接办乡区，已于上年十一月选出议事会各职及乡董乡佐等。按之原定期限，当在第六年，兹则成立提前，诚可模范各属。臣仍随时督饬各该管地方官，认真监督，以期恪守定章，毋滋流弊。此筹备城镇乡地方自治者一也。

一为筹办厅州县地方自治。查自治定章，区分上下两级。下级之城镇乡一经划分，如果同时并举，物力人材恐多未给，因商准馆臣，将厅州县上级自治提前办理。当饬自治筹办处拟具各种细则，通行各属，依限遵办，并饬先将上级地方自治章程编成要义及宣讲白话，使人民咸知，通力合作，共谋公益，人才财力俱易图功。至历城首邑，早经饬令遵照民政部定章筹备，业已呈报议、参两会于年内成立，一俟各处上级自治办有端倪，即将乡区逐渐推广，期于全省两级制度早得观成。此筹备厅州县地方自治者二也。

一为汇报人户总数。查山东通省户数，业经饬由巡警道复查完竣，于上年依限造列表册，咨部在案，并由臣饬将各州县口数提前接查，其已查明呈报者计有九十七州县，仅余长山、范县、福山、招远、掖县、平度、诸城等州县未经呈报，原单列在第四年，此系提前赶办。惟调查户口确数，为户籍法之根据，即关选举法之实施。今当议会缩短开设，尤宜注重，特人民时有迁移，户口因而增减，断非一次调查即可得其确数，仍应遵照部章，按期编订汇报，务臻完密。此筹备汇报户数者三也。

一为复查岁出入总数。查宣统元年东省岁出入总数，前已饬由清理财政局汇造全年报告总册、各项六柱报告册，并附收支总分各表，均经照章编定，依限详咨。至二年分秋季全省出入细数报告册及总分表，亦经咨部，其冬季册表，应俟编齐续咨，以备查核。此筹备复查岁出入总数者四也。

一为厘订地方税章程。查前准度支部咨行国家税地方税同时厘订，奉旨允准以上年为调查年限，本年为厘订年限。业已遵照饬局汇造全省岁出入财政说明书，并饬逐叙性质准学理而参以现情，划分国家地方两税，详列说明表，于上年九月专案咨部。复遵部电，按照两税区分正税、附加税、特别税种类，以本年预算之数逐案分注，造成简表，更以地方税总数与本年地方行政经费，附列比较表，均先后依限咨部查核在案，应俟馆、部会商，奏定章程，再行遵办。此筹备厘订地方税者五也。

一为试办预算。查宣统二年预算册，国家行政费业由度支部核定颁发，地方行政费由本省谘议局议决，各在案。并以东省财政机关错出，殊非划一之义，因饬清理财政局按照部核及谘议局议决预算数目，统归藩、运两库分配收支，以适合为期，以后统收统支。此外代收款项之所，均须解交两库，不得径发。至四年预算，转瞬届期，上年初次试办，款目纠纷，造报每多舛错，编订因而迟延。本年业饬局妥定表式，提前发交各署局所照填，一俟汇齐，详加审订，即当咨部，以期无误限期。此筹备试办预算者六也。

一为省城、商埠各级审判厅限年内成立。查东省审判事宜，早经按照法院编制法及部章筹备，先设六厅，计在省城设高等、地方、初级各一厅，在济南商埠设初级一厅，在烟台设地方、初级各一厅。推事、检察官、典簿、主簿以及录事各项人员，均照章考录，分别遴委到厅。业于上年十二月二十六日一律成立，曾经专折奏明在案。至与审判厅相辅而行者，如省城模范监狱，前已竣工，即饬于今正开办，接收人犯，实行改良狱制。检验关系民命，遵章设检验学习所，原定年底毕业，深虑定限较促，成绩难优，延长学期至本年七月考试毕业。复先经法政巡警两学堂增课司法警察，为办理防卫缉捕所需，均先后于上年十月及十二月毕业。此筹备各级审判厅者七也。

一为推广简易识字学塾。查此项学塾实为教育普及之初基，当谘议局开会时，提交分区均设简字学塾议案，经该局议决，即以自治区为学区，饬据提学司详报办法，先从城区入手，递及乡镇。计自七月起截至十二月底止，各署实在成立者九百零一处，学生九千四百七十六名，较之上届增添一百九十九处，比较全省户口，尚待极力推行。现据司派员切实调查，教授管理尚属认真，学生名额亦均确凿，仍当随时督饬，设法扩充，严定功过，以示惩劝，使各属地方官咸晓然于劝学之责不容稍弛，庶人民知识日进，政令利于进行。此筹备简易识字学塾者八也。

一为厅州县巡警限年内一律完备。查东省各属城厢巡警，本届均已遍设，统计官警六千一百六十八员名，开办教练所者九十九州县，其已设乡镇巡警者三十四州县。现据巡警道详拟办法，全省州县仍照上届厘为三等推广警额，上等州县至少须满百名，中等州县至少须满七十名，下等州县至少须满四十名。似此逐渐扩充，警政庶有进步。惟常年经费需款较繁，前交谘议局提议酌收巡警捐案，未经决议，只有临时督饬，量力进行，务戒因循，冀收实效。此筹办厅州县巡警者九也。

综计以上九项，或体察现情提前设立，或衡量物力依限经营，成绩当求实际，不徒以兼营并骛为名，致力尤在审端，庶克□①急起直追之效。现奉谕旨，议院缩期开设，并准宪政编查馆咨行修正筹备清单。遵查单开各项，皆须于开设议院以前举办，期限愈迫，责任难宽。臣惟有督率僚属，认真经理，以期仰副圣主重视宪政、励精图治之至意。所有胪陈山东第三年第二届筹备宪政成绩各缘由，除分咨外，理合恭折具陈，伏乞皇上圣鉴训示。谨奏。

宣统三年三月初七日奉朱批：该衙门知道，钦此。

《政治官报》第一千二百三十四号，折奏类，宣统三年三月十一日出版

山东巡抚孙宝琦奏第六届筹备宪政情形折

宣统三年九月初十日②

奏为胪陈山东第六届筹备宪政情形，恭折仰祈圣鉴事：

窃查筹备宪政事宜，照章每届六个月奏报一次，所有山东历届成绩，业经依限奏咨在案。自宣统三年正月至闰六月为第六届奏报之期，限内应办事宜，遵照前宪政编查馆奏定修正筹备清单，责成各省督抚同办者共有四项。

一为厘定国家税地方税。东省业经上年九月据清理财政局拟定划分税项，详

---

① 原字模糊不清，疑为"得"或"获"、"收"之类。
② 为奉到上谕批示日期。

叙理由，造表专案送部，其后复遵部电续造区分正税、附加税、特别税，并加注三年预算收数简表，及地方税总数与地方行政费总数比较表。本年造送宣统四年预算，国家地方各为收入，亦经查照部颁表式所定类目及本省前拟范围，分别估列。应俟部臣参酌，再行厘定。

一为汇报户口总数。山东通省户数，上年已经依限查明报部，本届饬由巡警道通饬各属接查口数，并将户数详细复查，期昭核实。现在未经竣事者仅有三州县，定章人口总数于第四年十月前汇报一次，届期必可办齐。

一为续办地方自治。山东通省各州县城镇议、董两会，及历城县全县议事会、参事会，并城乡各会，已于上年年内一律成立。嗣经商准前宪政编查馆提前赶办州县上级，再行接办乡区，当饬自治筹办处拟定分条办法，并期限清单及选举各种细则，通行各属遵办。其次序则在宣讲章程，调查资格，以辖境之广狭划定区域，以人口之多寡分配议员。比议员选出后，则又互选议长、副议长及参事员，并递补缺额议员，遴派自治委员。该处解释条文，核驳册表，日不暇给。现计通省州县议事会、参事会已成立者，有济南府全属及其余府、直隶州属下共七十州县。因春间防疫及秋间水灾赶办不及，禀请展限者，尚有三十六州县，仍当随时督催，以期早日毕事。又济南府商埠上年并入历城县城区内，共为一下级自治区，现查核埠原系奏明另划地段，境内华洋杂居，地皆官有，不便与内地牵连，而又选民过少，不敷选出议员之数。因遵照城镇乡自治章程第十二条第二项办法，析出另设乡董及乡选民会，先经电请民政部更正前案，随即饬令补行选举。据报亦已告成。一俟各属上级自治完全，即当普筹乡区，依次举办。

一为续办各级审判厅。上年山东省城商埠审检各厅成立，曾经专折奏报开庭，以后遵照法院编制法审断各该级民刑诉讼，均能就绪。至全省应行续设地方、初级各厅，已饬提法司将该管区域派员勘查，详审分划，依限列表送部。厅工修葺及开办经费，亦于四年预算案约计列支。所有厅员组织，则拟较部表改就简易。已先将州县兼充检察一节，奏请饬下阁部核议，现正遵照部咨，清查裁撤首县款项，以备提充，但使经费有著，自可逐渐设立。

以上数项，均经臣严定考成，督催该管司道局处，切实办有端绪。此外未经列入修正清单各事宜，亦经臣通饬查照各部咨行赓续办理，未敢稍涉懈弛。除将下届应办各事认真推行，并分咨查核外，所有山东第六届筹备宪政情形，理合恭折具陈,伏乞皇上圣鉴训示。谨奏。

宣统三年九月初十日奉朱批:该衙门知道。钦此。

《内阁官报》第七十二号,折奏·宪政类,宣统三年九月十三日出版

河南巡抚吴重憙奏胪陈第一届筹备成绩及第二年筹备情形折

宣统元年闰二月初五日①

奏为九年筹备事宜,胪陈第一届筹办成绩及第二年筹办情形,恭折仰祈圣鉴事:

窃臣于宣统元年二月十七日承准宪政编查馆咨,以奏设专科,考核议院未开以前逐年应行筹备事宜,酌拟章程一折,奉旨:依议。钦此。钦遵行知在案。今遵前奉懿旨,每届六个月将筹办成绩胪列奏报。自光绪三十四年八月起至十二月底止为第一届,以后每年六月底暨十二月底各为一届,限每年二月内及八月内各具奏咨报一次。并将本年应办事宜,就本衙门应办之件,督饬所属依限举办。等因。承准此次宪政编查馆原奏九年筹备事宜清单内载,第一年督抚应办之事,只筹办谘议局一项。经臣于上年十月间督饬员绅设立谘议局筹办处,业将开办日期及筹办情形具折奏明在案。该处成立以后,陆续选派官绅充当检察、参事、科长、科员各职事,并以期限紧迫,董劝兼施。数月以来,规模粗具。(叠)〔迭〕据该处呈报派员赴各处宣讲,饬设选举研究所,一面详定办事期限表。自上年十二月以前颁发调查资格表册及选举告示,限于本年正月开始调查,二月蒇事。现据各州县申报调查草册,依限造送,计定五月初一日为初选举之期,当可无虞。其谘议局房屋,拟就贡院旧址勘估兴修,俟工竣后再行专案奏报。此豫省第一年

---

① 为奉到朱批批示日期。

办事之成绩，所当据实胪陈者也。

至本年督抚应办之事，除谘议局已于第一年筹办，及举行资政院选举、筹办省城各级审判厅、创设厅州县简易识字学塾，均候资政院、法部、学部同办外，查宪政之基，莫急于地方自治，本年正月间，准宪政编查馆咨行城镇乡地方自治章程并选举章程到豫，当行谘议局筹办处，令兼理一应筹办事宜。拟俟初选大致就绪，饬将省城及各属所设之选举研究所一律改为自治研究所，以期循序渐进，不致治丝而棼。若调查人户，尤为自治之根本，臣于正月间准民政部咨行调查户口章程以后，当即通饬清查，犹恐各州县狃于保甲门牌之故习，不免视为具文，现正议设调查总局，遴委专员综司其事，以资考核而专责成。以上二端，皆筹办事宜中之正在预备者。

至清厘财政，现已设专局，派委司道切实钩稽，将来豫省岁出入总数即可逐项调查，无虞隔阂。其厅州县巡警，业已举办有年，臣随时察核，虽办理认真者固不乏人，而未尽合宜者亦复不少。大率由于经费不敷、警材缺乏所致。已饬将各属前设巡警学堂及传习所一律遵章改为教练所，厘订规则，画一课程，俾免糜费而得实际。俟年内考试毕业后，即以派充各该处巡警。虽未能悉臻完善，自可渐次改观。以上二端，皆筹办事宜中之见诸施行者。

伏思时事艰难，正臣子力图报称之日，况屡奉明诏，饬纪陈纲，又何敢观望迁延，稍涉玩忽。惟有督率僚属，次第实行，淬发神明，扫除积习，以仰副朝廷宵旰忧勤、励精图治之至意。

所有遵章胪陈第一届筹办成绩及第二年筹办情形缘由，除咨宪政编查馆查照外，理合恭折具陈，伏乞皇上圣鉴训示。谨奏。

宣统元年闰二月初五日奉朱批：该衙门知道。钦此。

《政治官报》第五百十七号，折奏类，宣统元年闰二月十八日出版

河南巡抚吴重憙奏第二届筹备宪政事宜成绩折

宣统元年九月初二日①

奏为豫省筹备宪政事宜，胪陈第二届筹备成绩，恭折仰祈圣鉴事：

窃臣于宣统元年二月十七日，承准宪政编查馆咨以奏设专科，考核议院未开以前逐年应行筹备事宜，酌拟章程一折，奉旨：依议。钦此。钦遵行知在案。今遵前奉懿旨，每届六个月将筹办成绩胪列奏闻，自光绪三十四年八月起至十二月底止为第一届，以后每年六月底及十二月底各为一届，限每年二月内及八月内各具奏咨报一次，等因。承准此，遵于二月间胪陈第一届成绩，奏咨在案。

伏查宪政编查馆原奏九年筹备事宜清单，第二届督抚所应办者凡八项，除举行资政院选举，甫经奉到颁布院章，未及举办外，其余各项，或将次就绪，或正在筹办，谨为我皇上缕罗陈之。

一为举行谘议局选举，各省一律开办。查豫省谘议局筹办处，经臣于上年十月间设立，当即拟定办事期限清单，选派员绅分赴各府直隶州讲习章程，另派选举调查员，会同城乡董事，调查选举资格，先后举行初选复选，并将选举人名册及议员名册，分别咨报资政院、民政部在案。其谘议局房屋，由臣勘定，就贡院至公堂前基地改建，凡议厅以及办事室等，共二百三十余间，参照各国议会制度，详细绘图，筹款建筑。现在各属议员亦经召集，可无误九月初一开会之期。此筹备就绪者一也。

一为筹办城镇乡地方自治，设立自治研究所。臣自奉到部定章程，节经邀集在事官绅，悉心筹议，就谘议局筹办处兼理地方自治筹办事宜，厘订施行细则并颁发表式，调查各厅州县城镇乡固有境界及户口，以便核定城镇乡地方自治区域，为举行城镇议事会、董事会之预备。复遵章在省垣设立自治研究总所，饬各

---

① 为奉到朱批批示日期。

厅州县保送士绅到所听讲，业于五月间开课，并饬各厅州县分设自治研究所，为地方养成自治人材，现在各属业已次第成立。此正在筹备者二也。

一为调查全省人口总数。查调查户口为预备立宪之基础，豫省巡警道甫经设立，当由臣督令先从省会、各直隶州厅及外府所属各首县入手，以次推及各厅州县，照章编列牌号，分别正附户主，造册详查，一俟调查完竣，再行复查报部。此正在筹办者三也。

一为调查岁出入总数。查清理财政为施行预算决算、划分国家地方经费起见，自当以截清旧案、列款调查为入手办法。臣于正月间，（叠）〔迭〕准度支部咨行章程，即遵设清理财政局，业于二月间开局。经臣督同该局总会办及监理官悉心稽核，并照章分设各科，遴员经理，编列调查各厅州县出入款项册式，分年按月，逐项详查。现正饬令赶办，应俟各属造报齐全，即行汇核咨报。此正在筹办者四也。

一为筹办省城及商埠等处各级审判厅。查豫省向无商埠，自应遵章将省城各级审判厅先行筹设，以树风声。惟当筹备伊始，不得不详慎于先，悉心筹画，经臣饬司就按察司衙门设立审判厅筹办处，遴员编订章程，酌定各项经费及经理建筑审判厅房屋一切事宜，并于省城法政学堂附设司法研究所，招选本省候补人员中明白事理之员入所肄业，以储审判人材。此正在筹办者五也。

一为创设厅州县简易识字学塾。查此项学塾为普及教育之根本，亟应早为预备。拟先在省城暂行筹设二十处，并通饬各州县，统于年内各由地方官酌量分设，城乡各处，视其地方区域户口之数，以定设塾之多寡。现已饬司筹拨经费，一俟奉到部颁课本，即可开办。此正在筹办者六也。

一为厅州县巡警限年内粗具规模。查豫省巡警，省会地方业经办理有年，向归按察司兼理。现在新设巡警道，经臣督令将所属警务事宜认真经理，逐加整顿。并遵照筹备清单，先令各直隶州及外府首县巡警一律办齐，以次而及各厅州县，务期巡警规模渐臻完备。至各州县应设之巡警教练所，刻正陆续禀报成立。此正在筹办者七也。

以上各端，皆筹备宪政切要之图，当兹时势艰难，非立宪无以图存，非将九年筹备事宜实力奉行，以赴时机而符期限。臣忝膺疆寄，既不敢空言粉饰，徒事外观，亦何敢稍涉因循，致滋贻误。惟有督率僚属，淬（励）〔砺〕精神，急起直追，以仰副朝廷慎重宪政之至意。所有胪陈第二届筹办宪政成绩情形缘由，除咨宪政编查馆查照外，理合恭折具陈，仰祈皇上圣鉴。谨奏。

宣统元年九月初二日奉朱批：该衙门知道。钦此。

《政治官报》第七百十二号，折奏类，宣统元年九月初七日出版

河南巡抚吴重憙奏遵章设立会议厅并开办情形片①

宣统元年十一月二十三日②

再，方今预备立宪，政务殷繁，全省所属各厅州县，地方情形不齐，非有行政合议机关，举九年筹备事宜，一切施行方法切实研究，不足以收行政统一之效而促宪政之进步。伏查光绪三十三年总核官制大臣奏定直省官制通则内载，各省督抚于本省内设会议厅，定期传集司道以下官，会议紧要事件，决定施行，等语。臣遵于署内设会议厅一所，其会议分大会、经常会、临时会三种。大会于每年七月举行一次，议定一年内应办事件，预备提出谘议局草案。经常会每月举行二次，筹议一切行政事件，决定施行。如有特别重要事件，酌开临时会，无定期。凡省城司道各局所总会办以及外任道府直隶厅州，统由臣定期分别召集到会与议，并饬现任道府直隶厅州，于会期前召集所属，考询地方利弊暨应兴应革事件，呈具意见书，藉资讨论。遇有关地方之事，复查照定章，召集谘议局常驻议员，或酌择公正乡绅，招延来厅，以备询考。每届会议，所有议案，应行审查编辑以及记录收发，事务较繁，酌派文案三员、书记二员，分司其事。并遴派提调一员，经理厅中一切事宜。业经拟定章程，通行各属，并于十月十六日起，节次举行经常临时会议在案。除分咨查照外，所有遵章设立会议厅并开办情形缘由，

---

① 标题中"河南巡抚吴重憙"为编者所加。
② 为奉到朱批批示日期。

理合附片具陈，伏乞圣鉴。谨奏。

宣统元年十一月二十三日奉朱批：该衙门知道。钦此。

《政治官报》第七百九十一号，折奏类，宣统元年十一月二十六日出版

河南巡抚吴重憙奏筹备第三届宪政成绩折

宣统二年三月初六日①

奏为遵章筹备第三届宪政成绩，恭折胪陈，仰祈圣鉴事：

窃查豫省筹备宪政，按照清单，第二年内督抚应办之事计分八项，业经臣于奏报第二届成绩折内，将办理就绪并正在筹办各事项，分别胪陈在案。嗣谘议局成立，照章裁撤筹办处，所有召集议员、选定正副议长暨本届会议公布议案情形，亦经臣于上年专折具奏，详细陈明。兹值第三届应行奏报之期，谨将逐项赓续筹备事宜，为我皇上缕晰陈之。

一、举行资政院选举。臣自承准院颁互选议员章程后，遵于宣统元年十月十一日举行谘议局互选资政院议员，并亲莅谘议局监督其事。计得互选当选人王绍勋等十人，照章应由互选监督复加选定，即经臣选定五人，给与执照，造具议员名册，连同当选人原册咨送备案。其互选纳税多额议员，应由布政使为监督，会同商务总会办理。臣于上年九月间即饬布政使司行知各属，查照原定资格，详细调查，期无遗漏。业由布政使如期举行互选，得当选人房续元等二人，候补当选人一人。即日电咨资政院查照。惟硕学通儒一项资格，一时颇难其选，容俟搜访有人，再行咨送。此遵章筹备者一。

一、筹办城镇乡地方自治，设立自治研究所。豫省各厅州县城镇乡自治区域，前经饬由地方自治筹办处订定表式，通行各属。就固有区域划分，已据各属

---

① 为朱批批示日期。

照章划定，陆续详报，并饬各厅州县各就所管繁盛城镇地方，一律筹设议事会、董事会。先在衙署附近设立自治筹办事务所，确定期限，只准提前，不准越后。现在各属繁盛城镇自治筹办事务所业已先后成立。至应设之自治研究所，亦于上年一律禀报设立齐全，且间有举办毕业者。省城之自治研究总所，已办第一届，毕业学员成绩亦经列表分咨，并分遣回籍充当自治讲员或办事员，以资应用。此遵章筹备者二。

一、调查全省人户总数。查此项调查为编订户籍法之预备，关系重要。照章未设巡警道以前，以布政司为监督。自上年八月设置巡警道后，即归该道监督一切。由臣督令详订调查户数施行细则，并规定表式，分行各属，饬即依限调查，详细填报。业据各直隶州厅及外府所属州县，于去年十月间如限造报，由巡警道汇详咨部。其未经具报之各州县，于调查完竣后，仍饬随时具报，照章归入第二届汇案报部。此遵章筹备者三。

一、调查岁入岁出。豫省自设立清理财政局，经臣饬令该局编订出入款项表式，通行各署局所，分年按月逐项查造。如遇款目纠纷或报不详实者，亦即随案驳查。总期数无虚饰，以免延误。即据该局将宣统元年春夏季册报，并宣统元年秋季册报，暨光绪三十四年全年报告册，分别赶造完竣，先后详请奏咨，且均于限内藏事。现当试办预算之期，更宜爬梳剔抉，因干寻枝，实力清厘，求其归宿。惟有遵循部颁册式，分饬据实详填，即入不敷出，亦当力从裁节，以免临事周章。此遵章筹备者四。

一、筹办省城及商埠等处各级审判厅。查省城各级审判厅，照章应在宣统二年年内成立。臣于上年已将筹办情形据实陈奏，一面督司责成审判厅筹办处各员将应办事项详定期限，提前赶办。饬于本年四月内司法研习所开庭，八月内各级审判厅开庭。并于七月内照章考试任用人员，不得稍有延宕。至司法研究科附设在省城法政学堂，额定学员一百二十名，分甲乙两班，所有甲班各员业经招集，于上年十月杪开课。此遵章筹备者五。

一、创设厅州县简易识字学塾。查此项学塾，前经臣督司先在省城暂设二十处，并饬属一体赶紧就地筹款，各倡办二十处，分设城乡，以为模范，限于年内成立。旋经各属禀报设立者已有二十一属，其尚未筹设之州县，仍饬限严催，以期教育普及。一面先由学司酌定简章，编辑课本，分发各属暂时遵用。现在已奉到部章，亦即分饬遵办，一俟课本颁到，再行饬属遵照改用，以归划一。此遵章筹备者六。

一、厅州县巡警限年内粗具规模。豫省巡警，自设置巡警道后，即饬认真整理，将旧设之巡警局裁撤，改为警务公所。分设四科，遴委熟谙警务及警察法政毕业人员分司职掌。先饬各直隶州厅及外府所属首县限年内一律将巡警办齐。业由巡警道实力督催办理就绪，于上年年内汇详咨部。至各属应设之巡警教练所，先已成立九十余处，由臣奏报在案。旋据未设各属次第具报，现已一律开办。惟学生名额尚有未满百名者，亦已饬令扩充。至省城巡警学堂，业改归巡警道接管，即派该道为监督，并附设教练所在内，招选学生二百名，以为毕业后整顿省垣及铁路巡警之预备。此遵章筹备者七。

以上各端，均属内务行政事宜，即为宪政推行之本。凡筹有端绪，自应随时督察，不敢弛一篑之功。即未经规画者，亦当计日进行，以渐收九年之效。是则臣之竭虑尽愚，以淬（厉）〔砺〕属僚共相策勉者也。

所有遵章胪陈第三届筹办宪政成绩缘由，除分咨查照外，理合恭折具陈，伏乞皇上圣鉴。谨奏。

宣统二年三月初六日奉朱批：该衙门知道。钦此。

《政治官报》第八百八十六号，折奏类，宣统二年三月初十日出版

河南巡抚宝棻奏胪陈第四届筹备宪政情形折

宣统二年十月初二日①

奏为遵章奏报第四届筹备宪政情形，恭折具陈，仰祈圣鉴事：

窃查宪政编查馆奏定考核专科章程第三条内载，九年筹备事宜，责成内外臣

---

① 为朱批批示日期。

工,每届六个月,将筹办成绩胪列奏闻,并报宪政编查馆查核,等语。豫省历届应办各事,经前抚臣吴重意先后奏咨,并臣到任时会同前任,将办理成绩胪举具奏各在案。兹当第四届奏报之期,谨将筹备宪政情形,为我皇上缕晰陈之。

伏查筹备清单内载,外省所应办者,除厘定地方税一项,现经部臣奏明与国家税同时厘定,应以本年为调查年限不计外,其应办者共有八端,而综其事类凡六。

其一为地方自治事宜。查豫省城镇乡自治区域,悉照固有之区详细划定,列表分咨在案。续以按诸定章,尚多未洽,饬令筹办事务所绅董重行审察,遇有分划未能合宜,于实行自治时或有不便者,得随时呈请更正。至区域图表,前准民政部颁发表式后,即饬筹办处分行各属勒限填绘,现已填送者八十三处。惟审阅各图,仍未悉臻妥善,饬由筹办处重行测绘,以昭核实而免参差。至办理自治,以养成自治人材为首务,故除省城设立研究总所,现办第二届,仍饬各属选送肄业者外,其各属之研究分所办有成效者,计共六十二属,学额以四十名至百二十名不等,皆以筹款之难易,居民之疏密,定名额之等差。现计已办第二届者,如尉氏、密县等十九属。凡已毕业者,均分派襄办自治,以资历练。此外若筹办事务所及选举自治职,按照本省详定期限清单,各直隶厅州各首县分县及繁盛各镇,均应于本年五月成立。惟创办之始,各属未谙定章,应办事宜动多舛错,往返①正,不免耽延时日。现据禀报,事务所业已一律设置。自治会依限举办者,计十二城一镇,如祥符、商丘、许州、安阳、汲县、河内、洛阳、南阳、汝阳、汝州、淮宁、陕州、周家口等处是;提前成立者计十城,如扶沟、杞县、夏邑、武安、沈丘、陈留、舞阳、伊阳、虞城、新安等处是。至乡自治,据呈报创立者,有杞县属四乡,沈丘县属八乡,陈留县属二乡,伊阳县属六乡,虞城县属七乡,虽期限未届,而有准提前不准落后之定章,故不得不准如所请,以期早日观成。府厅州县自治会为上级自治机关,实与城镇乡自治相辅为用。自奉到章程后,即饬筹办处详定筹备清单及期限顺序表,札发各属一体遵照,并行令祥符县,首将议事、参事各会照章筹设,为各属倡,现据禀报,分别调查,计可依限成立。凡此数项,皆属办理自治之实在情形也。

---

① 此处疑漏一"纠"或"改"。

其二为户籍事宜。查豫省汇报人户清册，除去岁十月间依限将省城驻防及各直隶厅州并外府所属州县汇表咨送外，嗣后分檄督催，饬令已报户数各属将查口事务提前办理。其余未报各州县，均限五月内将调查户数一律完竣，业经先后禀报汇总，咨达民政部查照在案。此查报户数之实在情形也。

其三为财政事宜。查豫省衙署局所学堂岁出入款总数，均经清理财政局按季造报，咨达在案。而本届应办事项所最繁重者，莫如预算，诚以试办预算，事属创举，虽有部颁程式，而款目纷杂，编造殊非易易。故非汇集全省出入各款，爬罗剔抉，因干寻枝，不能得其实在之确数。当由该局悉心审核，漏夜趱赶，送部尚未误期。此外，如酌定外官公费、编辑说明书等项，亦皆依限奏咨。此清理财政之实在情形也。

其四为审判事宜。查豫省地处中原，向无交通之商埠，本届所应筹办者，惟在省城各级厅署之建筑及造就司法人材为急务耳。现计高等、地方两级审判厅应造房屋及检察各厅并看守检验各所，共三百七十余间，已一律完竣。其初级审判厅，即以祥符人证公所酌改。至各厅需用司法巡警，已附设于巡警学堂内添班教练。又司法研究科、审判见习所，均已先后毕业，咨送应考，统俟录取，分别委用，即可行正式开庭。此筹画审判之实在情形也。

其五为巡警事宜。查豫省巡警，自上年奏请设巡警道后，按照部章改设警务公所，分科办事；设高等巡警学堂，以造就人材，早已略具规模。现又设法改良，颇称进步者，约有数端，如省城马路先后共修三十余里，惟滨临黄河，地含碱质，日燥雨淋，易成阬陷，兼以车马杂遝，非时加修筑，有碍交通。现则逐段翻造，并严定马车通行章程，而路政赖以保持矣。省城地面辽阔，人烟较多，即有七百名巡警，尚属不敷分布，现则添设三百名，务使通衢隘巷平均酌置，而保护较为周密矣。旧有岗位窄狭，仅足风雨蔽身，毫无精神作用，现则改造放大，更于繁盛孔道，添设板屋，而督查长警得以栖息，调查登记之所亦于此增置矣。此外，若更番训练，明定赏罚，讲求卫生，整顿消防等事，皆已次第赶办。至各厅州县巡警，虽经通饬照章限办，而每以经费难筹，未能遵章办理。其据各属禀报者，先后虽有九十余处，类皆自为风气，不足以昭划一。现已饬由巡警道拟订暂行官警编制及薪饷赏罚章程，严行督饬，并教练所名额限期招足，勤加训练，期图进步而符定章。此扩充警务之实在情形也。

其六为推广简易识字学塾。查此等学塾，有国民教育之性质，为宪政限期内最要之关键，自去岁饬学司先于省城筹设二十处以资模范外，各厅州县学塾，通限本年三月以前一律赶办二十处。现据各属先后禀报成立者，所数名额，均已遵照办理，即间有一二处或以经费不足及就学乏人尚未详报，而仍勒限严催，并委视学员切实劝导，以期普及。此办理简易识字学塾之实在情形也。

以上各端，均属本届内应办事项，敢不勉力以竟其功？即有未尽事宜，亦当赓续而求其备。虽财政日绌，目前犹虞不给，嗣后益见其艰，臣只有矢慎矢勤，惟力是视，得尺得寸，稍效涓埃，以副朝廷重视宪政之至意。除分咨宪政编查馆以凭考核外，谨恭折具陈，伏乞皇上圣鉴训示。谨奏。

宣统二年十月初二日奉朱批：该衙门知道。钦此。

《政治官报》第一千八十八号，折奏类，宣统二年十月初六日出版

河南巡抚宝棻奏胪陈第六届筹备宪政情形折

宣统三年九月二十九日①

奏为胪陈豫省第六届筹备宪政情形，恭折仰祈圣鉴事：

窃查考核专科章程内载，筹备宪政事宜，责成内外臣工，每届六个月，将筹备成绩胪列奏闻，续经前宪政编查馆奏定修正筹备清单咨行到豫，又准电开嗣后筹备成绩应即按修正清单改定各项奏报，等因。豫省第五届筹备事宜，业于本年二月间遵照原定清单胪举奏咨在案。兹值第六届应行奏报之期，自应将本届续办成绩，按照修正清单所列下项，谨为我皇上缕晰陈之。

查单内开列应办之事，由督抚同办者综计四项。

一为厘定国家税地方税各项章程。按河南划分税项办法，于上年咨报财政说

---

① 为奉到上谕批示日期。

明书内逐一分别注明，嗣准部颁表式专案另编，当即饬由清理财政局遵照各种学说，逐项讨论，或就款目之性质，或就用途之习惯，拟定划分国家税地方税分类说明表，并附税外收入比较租税统系各表，业于本年三月间详经咨部，应俟部臣参酌研求，以定税法之归宿。此外关于清理财政事宜，如编订预算汇报季报年报各表册，虽权衡酌剂，颇费时日，而与专案咨部之期均无贻误。此按单筹备之成绩一也。

一为汇报户口总数。查提前调查口数各办法，前经民政部奏定清单，饬由巡警道克期赶办，以期早日观成。现据详报办理成绩，除省城暨陈留等四十九厅州县业已先后查竣，汇报表册，核咨在案外，本届内续报查竣者，又有二十五属。其未经造报及造报而不合定式之各属，亦经分别督催，务令于本年以内一律查报齐全，免误部定期限。惟查口较查户为难，册票各式亦较周密，幸持之以渐，民信尚属相孚，自不难计日就绪。此按单筹备之成绩二也。

一为续办地方自治。查豫省直隶州厅及外府首县之城自治，暨繁盛各镇乡自治，均已先后成立，于上届奏报案内详细叙明。本届内续报举办者，计有禹州、通许等县四十四城，武陟、舞阳各县之古怀、武功等三十镇，荥阳、固始各县所属之敦睦、兴代等五十八乡。其余未经筹设之偏僻各城及中等之镇，现正督饬赶办，其未办各乡，须俟上级自治成立后再行接办，俾模范有资，推行自易。至府厅州县自治，业经奏明于本年内提前筹办，现计禀报组织完备者，虽仅有祥符一县，而陈留、杞县等五十五州县，或已划分选举区，或已核定人名册，或已分配议员额，均经陆续详报有案，不日即可告成。此按单筹备之成绩三也。

一为续办各级审判厅。查河南全省幅员辽阔，设治既多，则分配审检机关，自应体察各地实情，以定管辖区域之广狭。现计全省所宜设备之处，除省城高等、地方、初级各厅，经上届奏报开办不计外，其省外各属应设地方厅十六处，地方分厅六十处，初级厅一百零六处，均已先后详细分划列表，咨部查核，以期斟酌咸宜，俾得次第设立。至厅署建筑及监狱构造，若概行依法经营，则需款过巨，财力实有未逮，业由提法司调查旧日官衙及旧有监狱，修葺拨用，以节经费而应急需。此按单筹备之成绩四也。

至于普通行政事宜，若教育，若巡警，虽此次修正清单未经列入，而普及知识，保卫治安，悉属当务之急，经臣随时督率主管司道，按照原定清单实力奉行，并将筹备成绩分别列表依限详咨，均无贻误。

当此世变日亟，内忧外患相逼而来，臣受国厚恩，忝膺疆寄，治标之策，固难视为缓图，而治本之计，尤属责无旁贷。惟有任劳任怨，矢慎矢勤，将未办者勉力推行，既已办者亦务求美备，用副朝廷慎重宪政之至意。所有豫省第六届筹备宪政情形，除分咨查照外，谨恭折具陈，伏乞皇上圣鉴训示。谨奏。

宣统三年九月二十九日奉朱批：该衙门知道。钦此。

《内阁官报》第九十一号，折奏·宪政类，宣统三年十月初二日出版

开缺河南巡抚宝棻、河南巡抚齐耀琳奏筹备宪政并目前困难情形折

宣统三年十二月十七日①

奏为筹备宪政并目前困难情形，恭折具陈，仰祈圣鉴事：

臣等恭读光绪三十四年八月初一日懿旨：逐年应行筹备事宜，各部院领袖堂官，各督抚及府尹，遇有交替，后任人员应会同前任，将办理情形详细奏明，以期各有考成。等因。钦此。钦遵在案。

查豫省历届筹备宪政成绩，均经前抚臣及臣宝棻先后依限奏咨各在案。现值新旧交替之时，应由臣耀琳将办理情形会同具奏，以期各专责成。惟查核接管卷宗，详稽事实，臣宝棻任内所有筹办成绩，均于第四、五届奏报，臣折内详晰奏陈，早邀圣明洞鉴。伏念世变日亟，其危棘更非前两月可比，地方政务，既难墨守成规，尤贵熟权轻重。窃将目前继续筹办困难各情形，谨合词为我皇上缕析陈之。

查原定及修正筹备清单内载，各省应办事宜，都凡九端，综其事类，计分六

---

① 此日期为上谕批复日期。

项。其一为清理财政。查理财大要，首重预算。预算案之成立，显以示出纳标准，即以定行政方针，关系甚巨。豫省实行预算，本较各省为先，而以极繁至赜之款目，费数月钩稽之力而成，其中舛错遗漏，实所难免。现在入款短绌，出款增多，收支已难适合，加以部院议裁核减之数，竟达百有余万，削足适履，困难尤多。虽军兴以来，京协各款吁蒙俞允，暂停部库，且时予接济，但事繁费无，日有增加，而各属征解各款，多以地方不靖，异常阻滞。即地方杂捐规费，预算案内概作正项收入者，现值办团御盗之时，纷纷禀请留充防剿经费，事关辖境安危，亦不得不量予批准。如照预算通例，临时非常用度，原不在预算范围以内，而全省财力只有此数。出款既已骤增，入款又复锐减，帑源将涸，支绌万分。臣耀琳于无可设法之中，作暂时权宜之计，惟有将各项不急政费分别裁节，以期勉强支持。此预算未能确定，为目前继续筹备困难之实在情形也。

其二为推广巡警。查安民政策，以整顿警务为先。豫省创办巡警，亦既有年，惟省城巡警略称完备，其在外属各城治，或形式已成而精神未备，或初基甫立而规制尚疏，遽欲推及镇乡，办理殊难着手。查民政部奏定本年各省巡警办法，应择繁盛乡镇实行筹备，此外分别缓急次第进行。所有豫省繁盛镇区，如周口、道口、马市街等处，现亦不过规模粗具，若再勉强筹及各乡，不仅徒费饷糈，益且转滋扰累。方今盗贼充斥，民不聊生，缉捕巡防，端资武力，与其拥虚名而卒鲜实用，何如权缓急而稍事更张。臣宝棻整顿守望社办法，正为补助巡警所不逮。臣耀琳复饬属添设团防，将已办乡镇巡警并入编练，与城治巡警联为一气，以期各相援助，渐保治安。此变通推广巡警办法，为目前继续筹备困难之实在情形也。

其三为续办地方自治。查豫省直隶州厅及各府首县之城自治，暨繁盛各乡自治，均已逐渐成立，于上届奏报案内分晰声明。惟值国会提前，缩短筹备期限，所有各属城镇下级自治，虽筹办略有眉目，尤以提前赶办上级之厅州县自治为当务之急。前经臣宝棻奏明请将厅州县自治统限年内一律成立，其各乡自治则缓自来年办理，饬由自治筹备处依次进行各在案。现查各属具报上级自治成立，尚属寥寥无几。良以筹集经费，本极艰难，旋值邻氛日逼，土匪乘机窃发，各属在事员绅，半皆仓皇惊徙，纵督责不遗余力，而各该地方官或苦无从呼应，瞬届年终，观成不易，应由臣耀琳随时体察情形，另案奏咨推展，庶得以徐收实效，免出于敷衍塞责之一途。

此又改定成立自治日期，目前继续筹备困难之实在情形也。

其四为扩充各级审判厅。查修正筹备清单，各省续办审判厅事宜，限令提前成立。司法独立之制，关系宪政精神，必须权限分明，政治乃能整饬。向例民人词讼，均由州县衙门起诉，地方之习惯，民间之信用，悉注重地方牧令。当司法行政创始分权，行政官每于厅员司法内之行政事务，亦多任意推诿，甚至置缉捕命盗重案于不顾，转以应归审判衙门为辞。职权不清，流弊滋大。豫省幅员辽阔，设治既多，分配审判机关自不得不力求周密。现计除省城高等、地方、初级各厅业已成立外，各属应行设备之处，尚在划分区域，所虑按区推广之时，行政官既未明责任，司法官又好揽事权，将利未见而弊旋生，人民生命财产之危，益将无可究诘。况际此伏莽遍地，抢劫烧杀之事层见（叠）〔迭〕出，办理一有牵掣，其为患何可胜言？窃以为此项设施，直接民生利害，所有业经成立各厅，当饬恪守定章，专勤职务，不得稍有挽越，以利推行；其各属规划须时，且经费亦多无着，应俟新官制及各种法令颁行后，再从根本力图整理，庶得一劳永逸之效。此又扩充各级审判厅目前继续筹备困难之实在情形也。

此外若调查户口与划分选举区分配议员额，莫不以户籍为根据，关系至为繁重。豫省人口总数业经一律查竣，依限奏咨，其人口总数，亦于上届汇奏案内提前查报者十得八九，自当赓续查报，务期核实。第各属比当多事，载道流亡，其调查种种为难，概可想见。又若简易识字学塾，关于普通国民智识，自宜多多益善，以期计日程功。查豫省历届办理成绩，通属共计二千数百余所，学徒达五万九千余名，进步不可谓不速。然此项教育为补助初等小学及改良私塾之用，厅属之下级自治范围以内，必待自治事业各具规模，方能切实考求，功不虚费。此调查户口及简易识字二项亦目前难于继续筹备之实在情形也。

要之，豫省筹办宪政，虽未敢遽称完备，尚能按部就班。惟经纬万端，非财莫举。时逢多难，创巨痛深，不徒国家财政既悉索靡遗，即地方财政亦蹂躏殆尽，自不能不深规利病，为得尺得寸之谋。臣耀琳疆寄忝膺，责无旁贷，惟有任劳任怨，节缩经营。固不敢有急功之念，稍涉铺张，亦不敢存畏难之心，致滋诿误。只将臣宝棻任内所已办者，仍应极力维持，而未办者当酌予损益。务使款不虚糜，事求实际，用以副朝廷通变宜民、勤求治理之至意。

所有臣耀琳接任后，会同前任，将筹备宪政情形及目前办理困难各缘由，理

八、各地筹备情形

合恭折具陈,伏乞皇上圣鉴训示。

再此折系臣耀琳主稿,咨由臣宝棻会核办理,合并声明。谨奏。

宣统三年十二月十七日奉旨:内阁知道。钦此。

《内阁官报》第一百六十八号,宣统三年十二月二十日出版

湖广总督赵尔巽奏设立调查局片

光绪三十四年二月二十二日①

再,宪政编查馆请饬各省设立调查局,经奉懿旨通饬钦遵在案。原奏章程内开,调查局设总办一人。又分设编制、统计两科,各设科长一人,每科分三股,每股设委员一人或二三人。又设庶务处,派委员二人司一切杂务。办法至为详密,湖北自应遵章办理。当于省城裁缺粮道衙门设调查局一所,并经附片奏请以翰林院编修陈敬第为该局总办。奉朱批:著照所请,该衙门知道。钦此。该局统计事项,并札饬司道及府厅州县各衙门添设统计处,选派委员,就该管事项分别列表汇送该局。惟查尚有重要局所亦有专管事件应行调查,拟于总督署内设一统计处综核其事,以补原章所不及。该局编制事项,亦经札饬府厅州县就近派员调查。惟调查各员非有法政资格者不可,现在法政学堂同时成立,地方自治局亦附设调查员养成会,二三年后,即以此项人员由该局派赴调查,庶可一气贯注。至该局开办经费银二千两,常年经费预计需银二万两,应在司库动支,作正开销。所有设立调查局缘由,谨附片具陈,伏祈圣鉴。谨奏。

光绪三十四年二月二十二日奉朱批:该衙门知道。钦此。

《政治官报》第一百四十六号,折奏类,光绪三十四年二月二十四日出版

---

① 为朱批批示日期。

湖广总督陈夔龙奏湖北第一年筹办宪政情形及第二年预备事项折

宣统元年闰二月十四日

湖广总督臣陈夔龙跪奏，为鄂省逐年筹备事宜，遵章将第一年筹办成绩暨第二年预备事项，恭折具陈，仰祈圣鉴事：

窃臣承准宪政编查馆王大臣咨开，光绪三十四年十二月十一日钦奉谕旨：宪政编查馆会奏遵设专科，考核议院未开以前逐年筹备事宜，酌拟章程、折单各一件，著依议。钦此。等因。又恭读本年正月二十七日上谕，前经宪政编查馆奏定，颁行分年筹备事宜，本年各省均应举行谘议局选举及筹办各州县地方自治，设立自治研究所，并颁布资政院章程等事。著各省将军、督抚，督率所属，选用公正明慎之员绅，一律依限成立，各等因。仰见我皇上眷怀宪政、策励臣工之至意，跪聆之下，钦佩莫名。臣窃惟九年筹备事宜，无一日不在实行之中，即无一日不在预备之中，事别后先，理贯终始。查宪政编查馆原奏九年筹备事宜清单内载，第一年督抚所应办者只一项，第二年督抚所应办者共八项。又查宪政编查馆奏定考核专科章程第三条内载，九年筹备事宜，责成内外臣工，每届六个月将筹办成绩胪列奏闻，并咨报宪政编查馆查核。应自光绪三十四年八月起至十二月底止为第一届，以后每年六月底暨十二月底各为一届，限每年二月内及八月内各具奏咨报一次，等语。是本年二月所奏报者，属于第一年筹备事宜，虽未列附奏第二年应办事项明文，而筹办伊始，预备宜先。兹将第一年筹办成绩暨第二年预备各项，敬为我皇上陈之。

查鄂省筹办谘议局选举事宜，上年八月准宪政编查馆咨行各省设立谘议局筹办处。臣于文到后，即就前督臣奏设谘议局创办所改为谘议局筹办处，曾于上年十二月间将办理大概情形奏报在案。当筹办之始，以选举事属创行，入手无方，势必漫无结束，因以确定期限统一规则为第一要义。据该处划定办事顺序期限，以本年四月十五日为初选期，六月十五日为复选期。而其间如调查、申报等事，皆明定日期，以资考核，并经该处拟定调查选举详细规则，由臣详加复核，通饬一体遵行。虑司选员之难其人也，先于筹办处附设选举研究所，择在省候补中明白事理各员，研究选举事宜，已于上年十月毕业，分派各厅州县为初选司选员，会同初选监督办理初选一切事务。虑调查员之未能尽谙也，复派籍隶本省留日法政专科毕业各生，分赴各府直隶州为选举襄理员，担任讲演，并由该处通饬各属选派调查员，前赴该管府直隶州听讲，五日而毕，各回所属调查。虑士民之未尽浃洽也，因饬刊白话告示，广为晓谕。一面由襄理员、司选员邀集所属派定之管理监察员，练习投票、开票一切办法。自上年十二月实行调查，各属选举人名册，业经一律到处。一俟复选举确定后，拟于本年七月间在省设立议员讲习所，招集复选当选人，先期来所讲习，一为议案之预备，一为开议之练习。筹办谘议局选举事宜，至此毕事。至该局建筑地址，拟用原有贡院改建，以阖属贡选之场，为全省谘议之地，名实尚属相符。近正饬工绘具图式，核实估计，筹款兴办，届时当专折奏明。此属于第一年已经筹办之实在情形也。

臣又查原奏清单内载，第二年应归督抚筹办者，除选举事宜续筹开办外，其余七项，其已由臣分别预备者，如筹办城镇乡地方自治，设立研究所一节。查湖北地方自治事宜，于上年二月间经前督臣奏设全省地方自治局。臣到任后，因调查乏员，先于法政学堂附设自治研究班，分饬各厅州县选送循谨明达之士绅来省入学，与之讲演各国地方制度及组织方法。又由该局设立公民养成所，为武昌、汉阳两府试办自治之预备，业于上年四月开办，期以年终毕业。各属士民屡有以试办自治为请者，深惟地方自治实与官治有相成而无相妨，然行之不慎，士庶涉于嚣张，官吏引为疑虑，是转失好恶同民之本旨。鄂省既设立武、汉公民养成所，即藉武、汉两府为试办自治之地，使人民咸晓然于职务范围之所在，然后推行遵办，庶不致法立弊生，徒滋纷扰。上年十二月该所一律毕业，即议及推广办法，改名为自治研究所，定额三百名，由各厅州县考送，大县五人，中小县四人，为养成全省地方自治人才之本。正饬办间，钦奉谕旨，颁布城镇乡自治章程，并查照宪政编查馆原奏，责成谘议局筹办处兼理地方自治筹办事宜。遵将原局归并谘议局筹办处兼理其事，俟办理就绪，即当奏咨立案。此属于办理地方自治之预备者一也。

又调查各省人户总数一节。臣惟宪法万端，必自清查户口始。鄂省设立之调查局，上年分制统计各表，于民政户口特详，现正刊表饬发。且户口消长与地方自治关系尤密，前设自治局，曾通饬各厅州县举定调查员，即以调查户口为第一要端。现又准民政部咨送奏定调查户口章程，当经饬由巡警道转饬各属一体遵办，既有依据之资，益利推行之用，必使户口之消长盈虚了如指掌，而后可与言治。此属于调查户口之预备者又一也。

又调查各省岁出入总数一节。查上年迭准度支部咨行清理财政，详核部章，自以厘定款项为入手办法，尤以截清旧案为承接关键。界画既明，举凡预算决算，乃有凭藉。当饬司道各员，遵设清理财政局，业于本年二月开办。惟查上年十二月度支部奏，遵旨妥议清理财政一折内称：决算、预算报告各册，与从前报销旧案不同，自应另订册式，现拟逐一厘订，交清理财政局遵式填送，等语。此项调查，应候部定册式到后，遵造填报。现在试办大纲，先饬省内外文武大小各署及局处、学堂、场厂、公所，均自光绪三十四年起，分别内销、外销，赶造收支清册，注明事由，近者限闰二月内到局，远者限三月内到局，复限于此两月内，由该局核定，厘为国家行政、地方行政两项，详晰开列。其自光绪三十三年以前，应遵部章第五条作为旧案，仍饬照光绪三十四年造报办法，分别内销、外销，核实开列，由臣详细复核，妥议截结办法。似先界别部分，为今日清理之初基，亦即为将来预算之张本。此属于调查岁出入之预备者又一也。

又筹办各省省城及商埠等处各级审判厅一节。臣惟宪政要端，其一在司法独立。鄂居天下中枢，又为通商大埠，将来拟收回领事裁判权，必先改良审判，使外人无所藉词，而后法权乃无旁落。现在遵章筹办，即以省城及商埠审判厅计之，其需才已在数十人以上，循流溯源，自应以养成审判人才为预备始基，已督饬臬司迅遵筹办，另案奏陈。此属于筹办各级审判厅之预备者又一也。

又各厅州县巡警年内粗具规模一节。查鄂省巡警，业设专官，且于武昌省城开办警察学堂，数年以来，计毕业学生已及三四百人，分派武、汉及外属充当巡士，并在该堂内附设巡警教练所，招集粗通文字之人，入所训练。继又陆续抽调武、汉两处警兵来所补习，于更番训练之中，寓逐渐推广之意。兹准民政部咨行奏定各省设立高等巡警学堂，各府厅州县应设教练所，期限三月、六月设立，按章教授，等语。臣于奉文后，即札饬该学堂改为高等巡警学堂，招选高等科学生一百人，三年毕业，仍在该学堂内附设巡警教练所，专以养成巡警下士为主。至定章府厅州县应设巡警教练所一节，通饬各属一律筹办，其有因经费不足，不能如期设立，或已练巡警仍属不敷分布者，则由省城教练所酌派巡警前往开办。此属于筹办各属巡警之预备者又一也。

以上各节，就第一年已经筹办者只一项，于第二年应筹办而已预备者共六项。余如举行资政院选举及创设厅州县简易识字学堂、颁布国民必读课本各节，应俟资政院章程并简易识字国民必读各课本由资政院暨学部颁发到鄂后，再行分别筹办。臣惟九年筹备事宜，外用虽殊，内体则一，事以能豫而不穷，理以相因而各当，直追急赴，犹恐后时，月考岁稽，敢忘惜守。微臣遭际圣明，忝膺疆寄，惟有督饬所属各员，振刷精神（朱批：是），克期责效，庶几交相鞭策，必求实事之归，不使稍涉铺张，致蹈空言之咎。是则区区愚虑，不得不披沥直陈者也。

所有遵章胪列第一年筹办成绩暨第二年预备各项，除分咨查照外，理合恭折具陈，伏乞皇上圣鉴。谨奏。

朱批：该衙门知道。

《清末筹备立宪档案史料》，第767—771页

湖广总督瑞澂奏湖北第四届筹办宪政情形折

宣统二年八月二十八日

头品顶戴湖广总督兼管湖北巡抚事臣瑞澂跪奏，为胪陈鄂省筹备宪政情形，恭折仰祈圣鉴事：

窃查宪政编查馆奏定考核专科章程第三条内载，九年筹备事宜，责成内外臣工，每届六个月将筹备成绩胪列奏闻，并咨报宪政编查馆查核，等语。鄂省第三届筹备事宜，业经臣会同前护督臣杨文鼎，于本年二月间分别奏咨在案。除谘议

局建筑工程，现据监修委员禀报完竣，应即专案奏报，资政院纳税多额议员，业于四月初一日，由前署湖北布政司高凌霨监督互选，将当选人名、票数照章咨送资政院外，其第四届应行筹备宪政各项情形，谨为我皇上缕晰陈之。

伏查逐年筹备清单，第三年各省应行筹备之事，一曰续办城镇乡地方自治及筹办厅州县地方自治。查鄂省各属城治之自治公所，已据报告一律成立，自治研究所亦各次第开办。所有该所总理所员，均由自治筹办处札派省城自治研究所第一届毕业学员回籍充当，尚能尽职。目下各属划分区域，调查选民，均已陆续申报。计城议事会、董事会并报成立者，则有汉阳、天门、远安、宜城、南漳、谷城、光化、竹谿、应山、黄安、蕲水、公安、东湖、恩施、咸丰等州县。城议事会成立，正在筹备董事会选举者，则有江夏、兴国、孝感、沔阳、钟祥、京山、枣阳、郧县、郧西、安陆、随州、黄冈、麻城、黄梅、江陵、监利、宜都、巴东、宣恩、来凤、建始、鹤峰等厅州县。其繁盛各镇，提前先设自治公所者，则有襄阳之樊城，宜城之官庄、璞茅，南漳之东安、豫城，光化之老河口，应城之长江埠，江陵之沙市，麻城之阎河、宋埠，应山之广水、马坪、陈家等镇。其余各属或以区域宜分，或以选民过少，筹议务求适当，成立因尚需时。至筹办厅州县地方自治，则范围较广，诠释宜详，业经饬令自治筹办处核定筹办事务清单，颁发各属，饬即另行组织全属自治公所，以便挈领提纲，兼筹并顾。此续办城镇乡地方自治及筹办厅州县地方自治之实在情形也。

一曰汇报人户总数。查鄂省户数，上年以水患频仍，流亡未复，仅将各府首县、商埠地方人户总数，查明咨部。今年系汇报人户总数之年，若不从事调查，则户籍失稽，庶政百端，无从著手。经臣督饬巡警道遵发部颁表式，札令各属切实详查，依限填写，现在各属申报户数，已到者计有六十七州县，总计正户四百零五万三千五百九十八户，附户七十五万九千六百八十七户。惟照章十月报部，期限尚宽，居民辗转迁移，尚恐不无增减。又复饬令详细复核，切实填表，送道会填总表，以期依限咨报。此筹办汇报人户总数之实在情形也。

一曰复查各省岁出入总数及试办预算决算。查湖北通省财政，自光绪三十四年起至宣统元年秋季止，收支各册并各项盈虚比较表，前已奏明咨送度支部查核。其宣统元年冬季，二年春夏两季收支，暨宣统元年岁出入各报告册，亦据清理财政局先后造齐送部。鄂省度支困竭，供不逮求，每岁计短银二百余万两，而历年之积亏、新增之用款尚不在内。迭经臣将关于财政各局所一律裁撤，设立度支公所，统归藩司经办。此外可裁局所，亦均分别归并，并将学务、军政冗费，酌量核减，计每年节省银二十余万两，惟不敷之数，尚属不赀。至试办预算决算，部电宗旨，则以量入为出、收支适合为断。揆诸鄂省现在情势，尚多扞格。前经督同清理财政局司道会商监理财政官，严饬各署局赶紧编造预算表册，陆续送局汇编，依限完竣，详送奏咨。所有关于财政之司道及府厅州县各官公费，亦均就其原有进款，酌定奏咨核办。惟府厅州县本署行政经费，繁简缺有不同，多寡数难悬定。现正按属派员调查最近三年出入实数，容俟通盘筹画，另行酌议。此复查岁出入总数及试办预算决算之实在情形也。

一曰厘定地方税章程。查中国地方税与国家税向未区分，今欲厘定章程，自非确实调查不可。饬经前署藩司高凌霨，议设地方税调查处，审查所属各项税捐情形，约分四类：一、税目，二、额数，三、征收方法，四、使用目的。均令详细禀陈，以便逐加研究。现在近属州县，业据陆续答复，而距省辽远之区，未经复到者尚居大半，应俟查报齐全，再行辨明性质，分别奏咨，用清界限。此筹办厘定地方税之实在情形也。

一曰各省省城及商埠等处各级审判厅，限年内一律成立。查各级审判厅之设，为司法独立初基，非先改定统辖名称，不足以示标准。业经督饬臬司，按照提法司官制，逐节规定，撤除旧幕，考用属官，奏准自本年四月十五日为始，分科治事，各专责成。其鄂省省城高等、地方、初级及汉口商埠初级审判各厅，已先后据报竣工。汉口地方审判厅则因委员承办不力，稍致稽延，现正另派妥员刻期营造。宜昌、沙市两埠地方初级各厅，原定西式图，按工费较巨，由司详请改从华制建筑，量为变通，藉资撙节，亦经派员分往监造，以冀依限完全。至鄂省任用法官，应由法部考试，当招合格人员咨送投考，一俟录用，即可实行。至司法警察，为审判辅助机关，亦饬巡警道预为养成，以应临时调度。余若检验吏，若承发吏，若庭丁、看守人等，亦俱分班招练，预备开庭。惟是前筹经费，关税既不容动拨，签捐则又虑将停，比正设法另筹，俾无匮绌。此筹办省城、商埠各级审判厅之实在情形也。

一曰推广厅州县简易识字学塾。查此项教育，重在普及。本年二月准学部送到章程课本，当饬提学司印刷通行，限期开办，一面派委视学员周巡各属，编辑白话文告，张贴晓谕。据各厅州县先后禀报开办，计全省已设者一千零七十余所，学生达二万二千四百余人，其中尤以兴国、汉阳、黄陂、黄冈、蕲州、钟祥、京山、天门、应山等州县所设为多，办理亦较合法。惟保康一县尚未据报，业由提学司专札饬催，务使各厅州县一律整齐，认真讲授，庶识字人数日有增加之望。此外尚有学部筹备清单，本年应行检定两等小学教员、编定初级师范学堂教授细目、分画学区各项。查湖北检定两等教员，自光绪三十四年业经试办，嗣奉部章复为校正。现在已经检定者四千四百余人，其未经检定之处，仍令接续办理。至初级师范学堂教授细目，甫准部咨，业经派员编定。分画学区，则与自治区域互有关系，尚须参酌地方情形，妥为支配。其余若图书馆、存古学堂两项，鄂省筹办在前，早经奏咨有案，尚拟极力扩充，以求完赡。此筹备推广厅州县识字学塾及本年学务之实在情形也。

一曰各厅州县巡警，限年内一律完备。查鄂省武汉巡警以及各厅州县巡警原额，计有五千四百九十五名，教练未开办者共有三千二百七十四名，惟办法未尽适宜，致执行尚难得力，经臣督率巡警道遵照部章认真整顿，精神形势似较胜前。所有教练毕业者，悉经催令实地服勤。其各属教练所教员，亦一律任用警生，冀收得人之效。计目下鄂省警察，除分区守望外，设有卫生、教练、工程、消防、差遣各队，改良章制，大制井然。一面编辑司法讲义，使长警研究服习，以备检察之指挥，而为审判之辅助。其各属教练所举行毕业者，复饬开练二班，以供调遣。而规定岗额，虽僻小地方，亦饬以六十名为度，统俟年内派员考查，再行列表咨报。此筹办厅州县巡警，力求完备之实在情形也。

以上各项，计共赓续办理之事六，经始筹备之事三，均经敦促进行，不敢稍存纡缓。惟其中有事实相生而声叙无庸分晰者，如续办城镇乡地方自治与筹办厅州县地方自治，机轴本属相关，自应兼营而并进。如复查岁出入总数及试办预算决算，表里必须如一，务综全局以通筹。是办法既以联属为宜，故汇述正可互觇其实。此后限期愈促，措置尤难，臣惟有殚竭愚忱，遵循秩序，益加策励，计日程功，以期仰副朝廷宵旰勤劳、惠民求治之至意。

除照章分咨外，所有鄂省第四届筹备宪政各情形，理合恭折具陈，伏乞皇上圣鉴。

再，臣因赴京觐见，甫经回任，是以奏报稍迟，合并陈明。谨奏。

宣统二年九月初八日奉朱批：该衙门知道。钦此。

《清末筹备立宪档案史料》，第785—789页

湖广总督瑞澂奏湖北第五届筹办宪政情形折

宣统三年三月十四日

头品顶戴湖广总督兼管湖北巡抚事臣瑞澂跪奏，为鄂省第五届筹备宪政情形，恭折胪陈，仰祈圣鉴事：

窃查宪政编查馆奏定考核章程内载，九年筹备事宜，每届六个月，内外臣工应将筹办成绩胪列奏闻，等语。臣到任后，业将鄂省第三、第四两届筹办大端分别奏咨在案。去年仰奉明诏提前召集国会，旋经宪政编查馆遵旨颁到修正清单，并准通电各省奏报上年下半年成绩仍按原单所列办理，至本年以后筹备成绩，应即按修正清单改定各项奏报，等语。自应恪遵办理。伏查筹备清单，各省第三年应行筹办之事：

一曰续办城镇乡地方自治。查鄂省规定办法，条理尚觉秩然，各属循序进行，均能依期举办，现在全省城自治议事、董事各会已于年内一律成立，正饬自治筹办处司道将各职员汇造名册，咨部立案。其镇自治会之成立者则有江陵县之沙市，京山县之永兴、吴堰岭、孙家桥，天门县之乾驿、岳口、渔工、新河、皂市，襄阳县之樊城，光化县之老河口，郧县之十堰，应山县之马坪、陈家镇，麻城县之阎河、宋埠等共十五镇。乡自治会之成立者则有崇阳、麻城、蕲水、石首四县，计共二十四乡。现据筹办处司道详请，限令各属于宣统三年闰六月间将各镇乡自治会一体办竣，严加策励，似不难计日程功。此鄂省续办城镇乡自治之实在情形也。

一曰筹办厅州县地方自治。查上级自治不立，则机关终欠完全，臣体察情形，决宜提前赶办，即经一面咨部商订，一面饬属筹设各属自治公所。查全省自

治研究所已属两次毕业，合之各属官立、公立。各研究所自治学员，计共有四千三百余人，不患无材。风气既渐开通，推行自较便捷。并经遴派妥员驻府督催，各厅州县当能益加奋勉，已限于宣统三年十月以前同时竣事。此筹办厅州县自治之实在情形也。

一曰汇报人户总数。查鄂省水患频仍，流亡未复，调查户口得实殊难，去岁秋收较丰，多归安业，经臣督饬巡警道遵照部颁表式札饬各属确切调查，即据依限填报，按册钩稽，统计湖北全省正户四百十八万三千一百七十九户，附户七十四万九千三百五十四户。除将各属户数细表另行咨部外，其人口细数，业又檄饬各属接续赶查，造册具报，俾版籍有所编查，则庶政便于规定。此筹办调查户数之实在情形也。

一曰复查各省岁出入总数及试办预算决算。查鄂省全省财政自光绪三十四年起至宣统二年春夏两季止，收支各册各项盈亏比较表暨宣统元年岁出入各报告册，先后由清理财政局造齐，详经奏明，并咨送度支部查核，兹复将宣统元年各府厅州县岁出入总册，查照调查条款审编，计分岁入为十二款，岁出为十款，造具总数各表送部。至预算决算案内，前准度支部电，不敷过巨，须令收支适合，等因。饬据前藩司王乃徵核议裁减，并准度支部酌拟应增应减各款，经臣督同各主管署而按切事实，再四核商，共裁节银三十八万余两，另就原有岁入款项切实厘整，约可增银二百余万，以收抵支，所差无几。业经遵章具奏，并将追加预算各数附片说明，一面详叙理由，分造表册，先后咨部核办。此复查岁出入总数及试办预算决算之实在情形也。

一曰厘定地方税章程。查中国地方税与国家税向未区分，久经饬由前藩司高凌霨设立地方税调查处，详确审查。嗣经度支部奏明国家税地方税须同时厘定，应以宣统二年为调查地方税国家税年限，三年厘定，四年颁布。并准部电，令收税项列一简表，分别国家税地方税，并编定财政说明书同于年底送部，等因。饬清理财政局司道与监理官公同综核详考税额之现在情形，酌财政之学理，逐款分别列为沿革、利弊、性质、办法四端，编成财政说明书一帙，一面按照宣统三年预算之数，将国家行政经费若干，地方行政经费若干，分别国家税地方税，汇为一比较表，均于年内造齐，详咨送部。此调查国家税地方税之实在情形也。

一曰省城及商埠等处各级审判厅限年内一律成立。查鄂省审判，省城应设高等、地方、初级各一厅，汉口、宜昌、沙市三商埠应设地方、初级各一厅，均经督饬提法司按照法院编制法妥为筹画，酌分庭数，配置各级检察厅。其高等厅丞检察长，由臣遴员保奏，钦奉简放，试署推、检各官亦经先期咨部照额分发，嗣因分发法官一时不克到省，且员数亦未足额，复经电商法部查照奏定试办章程用人条内所定四项资格，遴员暂派代理，陆续更换，并饬司将应设书记官及（丞）〔承〕发吏、司法警察、庭丁人等分别考试派充募用，于十二月十六日一律开庭。虽各项机关组合粗备，惟宜昌、沙市两埠各厅，汉口地方一厅，省城、汉口初级两厅，或工程尚未落成，或建设尚须修改，不得不暂赁合式房屋先为布置。惟以经费不充，用人较少，讼狱繁重，竭蹶可虞，犹须广筹的款，添庭增员，俾巩法权而宣民隐。此各级审判厅依限成立之情形也。

一曰推广厅州县简易识字学塾。查鄂省厅州县简易识字学塾，上届奏报时惟保康一县尚未设立，其余各属已设者计有一千七十余所。现在全省均经遵章开办，顾以限于财力，附设两等小学者为多。近准学部改定章程，教法益趋单简，当即饬司预定推广办法，责成各地方官及学界人员设法举办，以图普及。至本年应行筹备学务事宜，尚有编订初级师范学堂教授细目。查湖北初级师范计共四所，惟两湖师范学堂规模较大，学科颇全，该堂各科教员曾编订必修科细目十四册，随意科细目三册，于去岁十二月咨送学部在案。又检定两等小学教员及优待教员，查检定两等教员上届奏报时全省尚未完竣，现经臣督饬湖北提学司委派省视学，并另选专员分赴各属照章检定，计得初等教员六千三百八十八名，其年功加俸章程亦经酌量实行，以广师资而昭激励。至分画学区，迭经札司饬属赶办，并颁发图表、凡例以备填注。现据赍到者三十九州县，其郧、襄、施、宜偏远各属，交通阻滞，报告稍迟，正饬勒限严催，务使析并分明，以资支配。此筹办简易识字学塾及本年学务之实在情形也。

一曰厅州县巡警限年内一律完备。查巡警手续最属繁难，迭经臣督饬进行，严定功过，各厅州县亦知关系要政，无不勉为其难。所有前招教练警生，已先后具报出勤服务，总计全省巡警共有九千三百三十二名，较第四届巡警表册计增五百六十三名。饬道派员巡视，规模尚有可观。现仍严饬各属接续招生教练，以为办理乡镇巡警之预备，第经济异常支绌，推广尚费筹维，已饬巡警道督催所属，与各自治会就地妥筹，不任延误。此筹办厅州县巡警之实在情形也。

综核以上各大端，或成立如期而完密须求渐进，或基础已立而扩充尚复需时，大抵绌于经费者半，窘于人才者亦半。然湖北地处澳区，为中外观瞻之所系，而宪政事关国本，知朝廷廑念之弥殷，臣世受国恩，忝膺疆寄，自当殚竭血诚，督饬所属按照修正清单尽力筹办，总期早日观成，以仰副圣明励精图治、轸念民依之至意。

所有依限奏报第五届筹备宪政缘由，除分咨外，理合恭折具陈，伏乞皇上圣鉴。谨奏。

宣统三年三月二十三日奉朱批：该衙门知道。钦此。

《清末筹备立宪档案史料》，第816—820页

湖南巡抚岑春蓂奏筹备宪政第二届办理情形折

宣统元年九月初四日①

奏为遵章胪陈筹备宪政第二届期内办理情形，恭折仰祈圣鉴事：

窃照前准宪政编查馆咨奏设考核专科章程第三条内开，九年筹备事宜，责成内外臣工，每届六个月将筹办成绩胪列奏闻，自光绪三十四年八月起至十二月底止为第一届，每年六月底暨十二月底各为一届，限每年二月内及八月内各具奏咨报一次，等语。咨行遵办，业将第一届期内筹备情形，恭折奏报在案。兹值宣统元年八月第二届胪陈成绩之期，自应遵照办理。

查九年筹备单内第二年事项由各省督抚专办者，为举行谘议局选举一律开办一节，关系至为重要。溯自光绪三十四年设立筹办处，按照原奏章程，酌拟选举调查各项章规，行饬遵办。惟选举系属创办，事期不容迟误，于宣统元年正月，

---

① 为奉到朱批批示日期。

经臣督饬筹办处酌定各属办事期限功过表。凡选举事务属在初选监督者,如人名册之编造,宣布选举区之分划报告,职事员之保荐征集诸端;属在复选监督者,如核定初选名额册簿,颁发票纸执照,饬派管理监察员诸端;其初选复选监督所同负责任者,如各选举时期、票所之宣示,投票开票之布置,当选人之榜示,应选书之收取一应事项,均议定举办起止月日。计初选监督办事分为五期,复选监督办事分为七期,即以各该属办事有无逾期,为各守令居官行政之殿最,定明记功记过格式,详经通行各属,一律遵办,加之训戒。一面饬属将经办情状,按旬列表具报,一面督率筹办处严行考核纠正。数月以来,电檄分驰,遇事不厌求详,各府厅州县亦能竭力举办,初选复选,均各遵限完竣。此六月底以前筹办谘议局之详情。七月以后应办之事,亦均如期应付。现举定议员陆续到省,正在预备开会,应俟成立开局,另行奏闻。

其第二年筹备事项,为督抚与各部院同办者,臣先后接准馆、部咨送定章,均各分饬筹备,于地方自治,则遵设筹办处,立研究所,拟定开办施行各章则,编列期限、办事各表式。于调查户口,则遵派巡警道为总监督,转饬厅州县为本境监督,分揭申明宗旨、严禁造谣各示谕,明示划分区域、查填户口各办法,均节次檄行,一体遵照。省城自治研究所,旋即招考开办。各属查户表册,亦据陆续填报。又省城及商埠各级审判厅,造端宏大,而部章尚未颁行。臣先行督同升任按察使陆钟琦议拟办法,约分设立总汇、区划机关、养成官吏、筹计经费四端,尤于设厅之前整顿现理刑名,以为实施之基础。又厅州县巡警开办已久,而规制未尽具备,臣督饬巡警道赖承裕遵章改办高等学堂,饬属筹设教练所,严稽州县警政之成绩,力图水面警政之推广。其省城巡警业已办有规模,仍即严课进步,以为推行之准则。至调查岁出入总数,已于本年二月设立清理财政局,由局拟订各项表册格式,移行各署局核实查复,以便编造咨报。

以上各节,均经先后专案奏明办理。此外,简易识字学塾为立宪之根本,业饬署提学使吴庆坻遵照学部奏咨,将师范、普通、实业、专门四类教育,按年列表,详咨核定,现正遵章妥为筹备。其第三届期内应办事宜,亦经接续饬办,臣仍当随时考察,分别督催,不敢稍涉延误,以冀仰副朝廷慎重立宪之至意。

除咨宪政编察馆查照外,所有第二届筹备情形,理合会同湖广总督臣陈夔龙,恭折具陈,伏乞皇上圣鉴。谨奏。

宣统元年九月初四日奉朱批：该衙门知道。片并发。钦此。

《政治官报》第七百十二号，折奏类，宣统元年九月初七日出版

湖南巡抚岑春蓂奏胪陈第三届筹备宪政办理情形折

宣统二年三月十二日①

奏为遵章胪陈筹备宪政第三届期内办理情形，恭折仰祈圣鉴事：

窃照宪政编查馆奏定：九年筹备事宜，责成内外臣工，每届六个月将筹办成绩胪列奏闻，限每年二月内及八月内各具奏咨报一次。业将光绪三十四年八月起至宣统元年六月底止第一第二两届办理情形恭折奏报在案。兹值第三届胪陈成绩之期，自应查照办理。

查宪政筹备第二年由督抚筹办事项计分八条。

一、谘议局选举及开办。湘省各府直隶州按照谘议局筹办处所定办事期限表举办复选，一律依限蒇事，如额选定议员，详赍各册，经臣征集来省，互选议长一人、副议长二人、常驻议员十六人，遵于九月初一日行开会礼式。先期由臣提出议案二十件，该局亦草具十四案，分期会议，并延长会期十日，至十月二十日闭会。议决各案内，湘省铁路限年赶修一案，事体重大，条绪繁多，当经臣据情具奏，其余由臣督同该管司道详细体察，分别公布施行，或说明理由，交局备案复议，均经札饬遵办。此谘议局选举及开办之情形也。

一、资政院选举。湘省接准院咨，当饬谘议局互选资政院议员，由臣复定详细规则，遵照定期，在谘议局内投票，复经臣选定五人，造册咨送。又硕学通儒议员，由臣搜访二人，提学使搜访一人，开列简明事实，如期保送。至纳税多额议员，前照章饬布政使为监督，调查互选人资格，现经举行投票，选定二人，咨

---

① 为朱批批示日期。

送在案。此办理资政院选举之情形也。

一、城镇乡地方自治及自治研究所。湘省自治筹办处拟定办事期限表，限令各属城镇乡地方遵设自治公所，已据陆续具报成立，并饬调查各城区户口及选民资格。其需用经费之清厘划拨，固有团体之调查改良，亦经分定章规，通行饬办。至省城自治研究所第一班已经毕业，遵照馆章派赴各属充当讲员，并由自治筹办处刊发讲义，以资官绅之研究，暨饬各属编设白话报、宣讲所，以启人民之知识。此筹办地方自治及研究所之情形也。

一、调查人口总数。湘省前遵定章，由巡警道定明划分区域、查填户口各办法，檄发各属清查。旋据汇齐已报户数，遵限详咨，并由该道督饬厅州县将宣统二年应行报齐之总数提前赶办，至宣统元年十二月一律调查齐备。统计全省七十八厅州县正户二百五十四万八千一百一十六户，附户一百七十三万四千二百一十七户。造册咨部，暨饬属每两个月编报一次，赓续拟定查口细则，通行遵办。此调查人户总数之情形也。

一、调查岁出入总数。湘省清理财政局前经详定各种表式，移行核实查填。自七月以后，迭据该局将盘查藩、粮两库暨盐、关各局存储实收，并文武大小衙门处局宣统元年春夏秋三季出入款项，各造总册，先后咨送到部。其光绪三十四年全省出入总数，按照度支部电咨，饬由司局查明电复度支部，汇案奏陈。此调查岁出入总数之情形也。

一、省城及商埠各级审判厅。湘省前经臣奏陈筹备审判厅办法，拟分设立总汇、区画机关、养成官吏、筹计经费四端，声明商埠均附省城及府县城治，可毋庸另设。现在审判厅筹办处暨司法研究所业已次第开办，应行勘估建筑之省城各级审判厅署工程及设备开庭一切事宜，均经臣督同按察使赶紧办理，总期不误第三年成立期限。此筹办省城各级审判厅之情形也。

一、创设简易识字学塾。教育普及为立宪之根本，湘省前经提学使于普通教育事目表内将此项学塾创设推广之次序分年计画，汇案详咨学部，并通饬各属会绅筹办。现学部颁发章程课表到湘，爰在省城先行创设，为各属之倡导，暨刊印原章课本，檄发各属遵章设立，造表汇报查考。此创设简易识字学塾之情形也。

一、厅州县巡警。湘省警察前经督饬巡警道严稽各属办理情形，并开办水面巡警。旋据该道考察各厅州县巡警，均已粗具规模，列表详咨到部。现在各属教练所多已具报成立。至巡警名数，或百名以上，或七八十名，或五六十名，布置尚符规制，成绩渐有可观。其边瘠之区，进步较难捷速，仍随时督催，设法扩充，以冀如期完备，并由该道将宣统元年办过事项开列统计图表，呈部查核。此筹办厅州县巡警及巡警教练所之情形也。

以上各条，或办理业经完竣，或筹备具有端倪，其继续应办事宜，条理至繁，力行尤亟。虽湘省度支奇绌，不无捉襟见肘之虞，而国家宪政攸关，具有挈领提纲之任。臣忝绾疆符，责无旁贷，惟有懔遵谕旨，查照定章，切实举办，并将第四届期内应行筹备事务督饬所属，计日程功，以冀仰副朝廷注重宪政、循名责实之至意。除咨宪政编查馆查照外，理合会同护理湖广督臣杨文鼎恭折具陈，伏乞皇上圣鉴。谨奏。

宣统二年三月十二日奉朱批：著杨文鼎到任后①，认真妥筹办理。该衙门知道。片并发。钦此。

又奏设立宪政筹备处恭书上谕悬挂片

再，准宪政编查馆具奏请饬京外各衙门设立宪政筹备处，并将十月十三日上谕恭书悬挂一折，钦奉谕旨：著依议。钦此。咨行遵办到湘。查筹备宪政，事体既关重大，期限复极紧严，前经臣遴选谙悉法政通达治理之员，于臣署原设之文案处专司赞助筹备，凡有关于宪政事宜，责令各该员公同研究，详晰考核，两年以来，未敢稍涉稽延。兹遵宪政编查馆奏定办法，于臣署设立宪政筹备处，并将宣统元年十月十三日钦奉谕旨恭书悬挂。所有宪政筹备事宜，仍由臣责成司道并原派各员认真经办，以冀无误事期。除开具各员衔名清单咨送宪政编查馆查照外，谨附片具陈，伏乞圣鉴。谨奏。

宣统二年三月十二日奉朱批：览。钦此。

《政治官报》第八百九十二号，折奏类，宣统二年三月十六日出版

---

① 湖南巡抚岑春蓂因抢米风潮事件被免职，杨文鼎接任。

署理湖南巡抚杨文鼎、开缺湖南巡抚岑春蓂
会奏筹备宪政办理情形折

宣统二年四月初十日①

奏为会奏筹备宪政办理情形，恭折具陈，仰祈圣鉴事：

窃臣等恭读光绪三十四年八月初一日钦奉懿旨：逐年应行筹备事宜，必须秉公认真次第推行。各部院领袖堂官，各督抚及府尹，遇有交替，后任人员应会同前任，将前任办理情形详细奏明，以期各有考成。等因。钦此。钦遵办理在案。查宪政编查馆考核专科章程，内外臣工每届六个月应将筹备成绩具奏咨报一次。湘省第一第二等届期内宪政事宜，迭经臣春蓂将办理情形按期奏咨，既不敢稍事因循，亦不敢习为粉饰。其第三届奏报折于宣统二年三月二十日钦奉朱批：著杨文鼎到任后，认真妥筹办理。该衙门知道。片并发。钦此。适臣文鼎业经到湘，于十七日接印任事。查宪政第二年限期已满，第三年各省督抚应行筹备者共计九项，当此交替之际，自应将臣春蓂任内经办各节，总括大要，遵旨会同据实奏陈，以期各专责成。现已遵章咨会考查，经臣文鼎详核案卷，证以事实，谨合词为我皇上缕晰陈之。

一、开办谘议局。查湘省于光绪三十四年设立谘议局筹办处，酌定各属办事期限功过表，初选、复选如期蒇事，遵限于宣统元年九月初一日开局，十月二十日闭会。计该局议决者三十三案，已将限年赶修铁路一案先行奏报，余均饬据该管司道议复，经臣春蓂复加酌核，札经谘议局呈复，已核准者即公布施行，应复议者仍行交局备案，俟下届开会时再议。均经分别札饬遵办。此遵章筹备者一也。

一、资政院选举。湘省就谘议局议员内互选五人，其纳税多额者互选二人，

---

① 为朱批批示日期。

硕学通儒则搜访三人，分别造具名册，按期咨送。此遵章筹备者二也。

一、筹办城镇乡地方自治及设立自治研究所。查湘省于宣统元年设立地方自治筹办处，规定办事期限表，督责綦严，其各属应设自治公所暨调查各城镇乡区域户口及选民资格等项，均已次第筹办。自治研究所省城已开办毕业，以次推广各属，并编白话报，设宣讲所，以辅乡曲观听所不及。此遵章筹备者三也。

一、调查人户总数。前项表册当由巡警道督饬各属划分区域，切实查填，并将宣统二年应行报齐之总数提前赶办，至上年十二月即将全省人户总数调查齐全，汇造总分表册咨部，并续定查口细则，通行遵办。此遵章筹备者四也。

一、调查岁出入总数。湘省司道关局各库岁入岁出款目，业经清理财政局逐细查明，将光绪三十四年全年报册并宣统元年各季报册先后详咨送部。其光绪三十四年出入总数，亦经电咨度支部汇案奏陈。此遵章筹备者五也。

一、筹办省城及商埠各级审判厅。湘省商埠应设审判厅，业经奏明均附省城，府县城治无庸另设。其审判厅筹办处、司法研究所均已次第开办。至省城建筑各级厅署，现正督同按察使赶紧筹办，以期无误开庭限期。各厅未成立以前，则先行督饬各员，将现理刑名认真整顿，以资练习。此遵章筹备者六也。

一、创设简易识字学塾。查此项（字学）〔学塾〕，于宣统元年先经通饬各属会绅筹办，现准部颁章程、课本业已刊印，檄发各属，并在省创设多所，以树教育普及之先声，即以扩立宪国民之知识。此遵章筹备者七也。

一、厅州县巡警。湘省各属巡警，据巡警道具报，均已粗具规模，水面警察亦于冲要地方次第举办。省城设高等巡警学堂以资学员之造就，各属设巡警教练所以广巡士之陶成。所有宣统元年经办事项，业饬巡警道遵章开列统计图表，另行咨部查核。惟边圉贫瘠之区，筹款艰难，尚不无缺略待补，仍须设法扩充，以期逐渐完整。此遵章筹办者八也。

至第三年应行筹备事宜，除汇报人口总数业经提前赶办外，他若续办城镇乡地方自治，省城、商埠审判厅年内成立，推广简易识字学塾，厅州县巡警一律完备各节，皆系第四届应行续办之事。若厅州县地方自治，复查岁出入总数，厘订地方税章程，应俟馆、部颁章奉到，再行议办。其试办预算决算一项，预算表册业由清理财政局拟订格式，移行各署局处所核实查复，必须预算办竣，方能议及决算。此外如教育事项，湘省定有预备立宪筹备专门、普通、师范、实业四类教育事目表，业经咨部，并由提学使于宣统元年起按期办理。实业事项如兴办农桑、讲求种植，及各属设劝业所、农务商务分会、工业学堂场厂等项，亦经督饬劝业道通饬赶办。至抚署内应设立宪政筹备处，已照章设立，并将承办各员衔名开单咨送宪政编查馆查核。臣春煊在湘三年，值宪政造端之始，殚竭庸愚，仅具基础。此后百端益赜，定限复严，臣文鼎谨当仰禀宸谟，实力奉行，勉图进步。惟现当痞徒滋事，焚署毁堂之后，购运米石，办理平粜，布置防务，查拿匪犯及一切善后事宜，均关紧要。臣文鼎惟有体察情形，酌量缓急，分别办理。不敢稍涉偏废，以期仰副朝廷慎重宪政、兼筹并顾之至意。

所有臣春煊任内筹备宪政情形，并臣文鼎到任后考查办理缘由，谨合词恭折具陈，伏乞皇上圣鉴。再，此折由臣春煊开列所办事宜，咨经臣文鼎会核办理，合并声明。谨奏。

宣统二年四月初十日奉朱批：该衙门知道。钦此。

《政治官报》第九百二十号，折奏类，宣统二年四月十五日出版

湖南巡抚杨文鼎奏湖南第四届筹办宪政情形折

宣统二年八月二十八日

头品顶戴湖南巡抚臣杨文鼎跪奏，为遵章胪陈筹备宪政第四届期内办理情形，恭折仰祈圣鉴事：

窃照宪政编查馆奏设考核专科章程第三条载：九年筹备事宜，责成内外臣工，每届六个月将筹办成绩胪列奏陈，并咨报宪政编查馆查核，等语。查湘省第一、第二、第三等届宪政事宜，业经前抚臣历次奏咨，臣到任之始，并会同前抚臣岑春煊，将前任经办事项，遵章奏明各在案。兹值第四届胪陈成绩之期，自应钦遵查照办理。查宪政分年筹备清单，第三年由督抚筹办者计分九项：

一、续办城镇乡地方自治。湘省各属自治公所，业经成立。省城自治研究所

毕业一次，派赴各属充当讲员。并据各厅州县先后报告设所，虽长期短期办法不同，要皆具有规模，逐渐毕业。自治经费或提拨公款、公产，或兴办附捐，均经斟酌再三，量为准驳。现查各厅州县已筹定的款者，十居六七，其偏僻瘠苦之区，亦在设法筹措，以立始基。至调查户口区域，举行各会选举，均按照自治筹办处原定期限，次第办理。固有团体则设法改善，公款、公产则逐渐清厘，推及宣讲所、白话报告事，各属类能照章兴办。此遵章筹备者一也。

一、厅州县地方自治。前准宪政编查馆颁行府厅州县地方自治暨选举章程，本年三月间始行奉到，当即札饬自治筹办处通行各属，一体遵办。惟湘省中经灾乱，各属办赈办匪兼顾为难，经臣奏明将本年指定繁盛地方及省会首善筹设议、董各会，暂行展缓，其他各厅州县应办调查户口区域、选民资格，以及设立自治研究所、宣讲所等事，仍遵定限切实奉行。户口一项，原定五月起调查城厢，六月竣事，以次递推。现在各属城乡多已查竣，自当接办复查，划分区域，以便编订名册，选举自治职员。其自治研究所、宣讲所，各属举办城自治时，业已次第设立。厅州县地方自治章程，与城镇乡章程原属相辅而行。现在湘省秋收丰稔，民情尚属安谧，自当将厅州县及城镇乡自治事宜并力赶办，按序程功。此遵章筹备者二也。

一、汇报人户总数。湘省调查户口办法，已由巡警道督饬各属划分区域，分别查填。将宣统二年应行报齐之总数，提前赶办。统计全省七十八厅州县正户、附户数目，均经汇齐造册咨部。其人口实数，现正饬属按照查口细则，赓续办理。此遵章筹备者三也。

一、复查岁出入总数。本年五月间准度支部咨，饬清理财政局将宣统元年岁出入总数，按照部颁预算册式，分类分款，详晰填注，限七月内送部，当即札行清理财政局依限详咨。嗣据该局复查宣统元年岁入之款，经常、临时共库平银八百二十六万零；岁出之数，经常、临时共库平银六百四十九万零；又地方行政经费，经常、临时共库平银二百八十五万五千零。湘省历年积亏，结至本年六月底止，几及三百万两，出入相抵，不敷甚巨，复查总数自当据实奏报。此遵章筹办者四也。

一、厘定地方税章程。查清理财政章程第十条，由清理财政局将国家税地方税分别性质，酌拟办法，编订详细说明书送部候核。此项业经通行各属造齐财政说明书，由该局汇齐编造，详候核咨。其地方税章程，应俟宪政编查馆暨度支部会同厘订奏定颁行后，再行照办。此遵章筹办者五也。

一、试办预算决算。查清理财政章程第十四条，由清理财政局汇编全省预算报告册，呈由督抚于五月内咨送到部。湘省因乱展限一月，由各司道会同监理官督率局员，删其浮靡，正其舛误，按照部颁分册式，将预算宣统三年岁出、岁入各款，切实厘定，并分别宣统三年以前已办之事、已有之款，宣统三年应办之事、未筹之款，综计不敷若干，参以湘省现筹办法，冀合部章量入为出、收支适合之宗旨，预算报告册已于七月间咨送度支部核办，并专案奏明。其决算一项，仍候部文办理。此遵章筹办者六也。

一、省城及商埠审判厅年内成立。湘省审判厅筹备处开办数月，筹备事项次第进行，而建筑各厅最为繁重。原奏省城设高等审判检察厅，长沙、善化两县各设地方审判检察厅，商埠审判即归并办理，继改定由长沙府设地方审判、检察厅各一处，长、善两县无庸分设，于司法、行政上既有统一之效，且可节省经费。勘定省城内古稻田地址，估计经费，与部臣往复电商，适值本年三月省垣之乱，民心浮动，建筑难以刻期，当经奏准展缓三个月办理。嗣复勘得长沙协副将衙门并毗连之箭道，足敷该厅建筑之用，无须筹给他价，现已勘量明确，赶紧兴工，以备开庭。其司法研究所，经前抚臣奏明就长沙府署设立，旋以修理房屋及用人一切经费较多，改由官立法政学堂附设，考选合格员绅入所研究，以预储司法人材。此遵章筹办者七也。

一、推广厅州县简易识字学塾。湘省奉到部颁此项章程、课本，当经札行提学使刊发各属遵章办理，并于省城先行创设，以为倡导。现据各厅州县禀报，设立者已有三百五十六所，学生五千七百六十五名。其未经禀官立案者尚不在内。此遵章筹办者八也。

一、厅州县巡警年内完备。湘省警察事项，前经巡警道列表详咨到部，臣莅任后递经督饬认真办理，并随时派员考察各属，设法整顿。现据该道赍呈本年上半年成绩表，并改良警察各章程规则，臣逐加审察，各属巡警名数比照上年已数增加，如湘乡、新化、衡阳、巴陵、武陵、永顺等县，巡警均在百名以上，余亦逐渐扩充。省城高等巡警学堂，按照部章讲授，已毕业者有五百六十一名，未毕业者一百名。巡警教练所各属次第设立，巡士均由毕业生充当，另派印委各员充各厅州县警务长,以专责成。凡近河滨江繁盛地方,水面警察尤关紧要,省城及湘阴、湘潭、醴陵、湘乡、安化、株洲、沅江、安乡、靖川等属,均已设立。其消防所、卫生队各项,有业已成立者,有正在筹办者,臣督同该道严催各属照章举办,以冀如期完备。此遵章筹办者九也。

此外有为宪政清单所未备者,如农工商部奏定筹备宪政第三年事宜,有各省筹设农业学堂、农事试验场,举办农务分会,推广蚕业茶务讲习所,调查商品及商务衰旺诸大端,湘省均由劝业道遵照办理。四项教育分年筹备,湘省业经提学使开单详咨,按期办理。本届成绩,若师范、专门均有推广,普通一项各属小学增设者共一百七十六所,实业一项省城农、工、商各设中学,并筹设农工教育讲习所,此盖举其荦荦大者。夫宪政条理繁密,必先之调查,而筹备期限紧严,尤必有所总汇。省城调查局综揽统计,类能按序程功。宪政筹办处规画大纲,亦经遵章设立。惟湘省当灾乱之后,元气未复,财用益绌,捉襟见肘,在在堪虞。臣忝绾疆符,责无旁贷,自当懔遵宸训,力任其难。第五届期内应办事宜,亦经接续办理,仍当随时考察,分别督催,以冀仰副朝廷注重宪政、(责无循名)〔循名责实〕之至意。

所有湘省第四届筹办宪政各情形,除咨宪政编查馆查核外,谨会同湖广总督臣瑞澂恭折具陈,伏乞皇上圣鉴。谨奏。

宣统二年九月十八日奉朱批:该衙门知道。钦此。

《清末筹备立宪档案史料》,第789—793页

湖南巡抚杨文鼎奏胪陈第五届筹备宪政成绩折

宣统三年三月二十四日①

奏为湘省第五届筹备宪政成绩，遵章胪陈，恭折仰祈圣鉴事：

窃照宪政编查馆奏设考核专科章程内载：九年筹备事宜，责成内外臣工，每届六个月将筹办成绩胪列奏闻，并咨宪政编查馆查核，等因。湘省第四届宪政成绩，前经臣依限奏明在案。现当第五届奏报之期，据该管司道等筹备成绩分别详报前来，谨将办理情形，为我皇上缕晰陈之。

查宪政清单，宣统二年各省应办之事凡九项，除汇报人户总数暨复核岁出入总数两项，业于第四届奏明，无庸复陈外，其余七项：

一、城镇乡地方自治暨厅州县地方自治。湘省前因灾乱，指定繁盛城镇并省城两首县议、董各会奏请展缓成立，迨秋丰稔以后，节经文电交催，不容稍事延缓。现查各属户口及选民资格，城厢复查均一律告竣，各乡初查亦将次蒇事，一俟划定自治区域，分配甲乙级议员额，即行举办选举事宜。其省城自治研究所第二届亦已毕业，计两届学员四百零六名，先后派往各属充任讲职。各属研究分所第一届均已具报毕业，赍呈名册，合计二千八百十九人。省城研究所现因款绌停办，复经通饬各属接续开办第二届研究分所，以宏造就。至厅州县议事、参事会，为城镇乡自治上级机关，自应一并赶办，俾之相辅而行。筹办之初，当以调查户口暨选民资格为要义，现在各厅州县城乡复查初查正在敦促进行。各属筹办自治公所，亦正分途举办。查城镇乡自治会限宣统三年一律成立，厅州县自治会限宣统四年五月一律成立，复虑事繁期迫，各丞倅牧令未能依限程功，更严定功过章程，藉资惩劝而免延误。余如改良固有团体，清查公款、公产，编辑白话报，设立宣讲所，类能克期举办，各著成效。此筹办城镇乡自治暨厅州县自治之

① 为朱批批示日期。

实在情形也。

一、厘订地方税章程。查此项前经遵照清理财政章程第十条，通饬各属造赍财政说明书，由清理财政局汇齐编造，详候核咨。嗣准度支部咨，改宣统二年为调查国家税地方税年限，宣统三年为厘订年限，又准颁发划分税项标准。当即转饬该局悉心参考，先就已经调查明晰各款，量为填造划分税项表，编订详细说明书，其有阙疑之处，复派员分途调查，务求详尽，以为厘订章程之预备。此筹办厘订地方税章程之实在情形也。

一、试办预算决算。湘省试办宣统三年预算，前经饬据清理财政局造具总分各册，于宣统二年七月咨送度支部查核。嗣准部复出入款目量为增减，并据谘议局议决呈送前来。当饬清理财政局司道会商各主管衙门局所，复定预算出入总册，业已另案奏咨，计出入相抵，尚不敷银二十八万两有奇，仍当随时设法筹措，以期收支适合，决算无愆。此筹办预算决算之实在情形也。

一、省城及商埠各级审判厅。湘省商埠不设审判厅，业经奏明在案。其省城应设各厅，上年因灾变迭乘，奏请展缓三个月，嗣以财力奇窘，经常款项无著，复经奏明，俟厅署工竣，规模大备，再行开庭。现查省城高等、地方两厅，已于上年八月间，就长沙协副将衙门并毗连之箭道拆建动工，勒限告成。长沙、善化两县初级审判厅，系就各该县县丞衙门改作，据提法使详称，现在督饬承办各员赶紧兴修，以期无误。至司法研究所开办时，系取速成办法，以一年为毕业期限，兹复参照部章，考取官、绅、幕合格人员一百名，限定三年毕业，已于上年八月间开学，预储司法人材，俾资深造。此筹办省城各级审判厅之实在情形也。

一、厅州县简易识字学塾。湘省各属所设此项学塾，悉遵用部颁章程、课本，并由臣督饬提学使札发简明表式，饬各属州县每届三个月，将境内设塾处所及学生名额增减数目，照式填报，以备考察。其宣统二年春夏两季遵章举办者，业经汇报奏咨，自七月起至十二月止，据各厅州县具报继续成立者，计五百三十二所，学生九千五百七十五人，其未经呈报立案者不在此数。各属情形不同，办理亦难一致，自非切实调查，量予劝惩，不足以资观感。当饬提学使遴派视学员绅分途考察，如有办理合法成绩卓著者，照章给以奖励，其因循敷衍者，即分别记过撤参，庶几各丞倅牧令自顾考成，奋勉将事，渐收教育普及之效。此筹办厅州县简易识字学塾之实在情形也。

一、厅州县巡警一律完备。湘省巡警规模粗具，有待扩充。上年七月间，巡警道桂龄莅任，臣历次饬令将各属警察详细考查，恪遵期限，力求完备。该道以注重教练所，慎选警务长为入手办法，又分别厅州县等第，更订警务通行章程。凡区域之划分，警员之多寡，别以等差，令其按等办理，不得稍有缺略，而于员警之职务权限，以及消防、卫生各办法，均足详加规定，通饬实力奉行。（叠）〔迭〕据各属汇报成绩，教练所已一律遵章办理，学生名册及开学卒业日期，均陆续禀报立案。巡警名额，繁盛地方达百名以上，其次则数十名不等，尚足以资派遣。消防办法，如湘潭、常德、巴陵、衡州、益阳、澧州等处，均设置常备消防队，名额在二十名以上，队长设有专员。其余各属，消防兵及救火器械类能因地制宜。卫生事项，亦均次第兴办，而于烟禁尤为注意，统计各属戒断人数，较之宣统元年减加一倍，土膏各店，限制綦严，日见减少。水上警察，若省河及湘潭一带，办理数年，较有进步。醴陵、南洲、湘乡、安化、株洲、武陵、沅江、龙阳、湘阴、靖州等处，节经添置巡划，极力推广；澧州、安乡、巴陵、华容等处，前因水灾款绌，暂行停办，现已另委委员接续办理。其余未尽事宜，仍由臣随时督饬巡警道设法整顿扩充。此筹办厅州县巡警之实在情形也。

此外若提学使经办之四项教育，劝业道办理之实业事项，亦均督饬举办，继续前功。宪政筹备处为宪政总汇之区，上年八月间归并会议厅，照章办理，考核督促是其专责。现在宪政提前赶办，限期更极紧严，本年筹备事宜，臣自当遵照改正清单，督率属僚，认真筹办。惟是百端待理，靡不恃财力以为进行，而财所从来，无一非取诸百姓。湘省民情浮动，物力艰难，朘削多则咨怨繁兴，猜疑积则推行辄阻。臣惟有审时量力，尽其智虑之所能为，以仰副朝廷励精图治之至意。所有湘省第五届筹办宪政各情形，除咨宪政编查馆查核外，谨会同湖广总督臣瑞澂恭折具陈，伏乞皇上圣鉴。谨奏。

宣统三年三月二十四日奉朱批：该衙门知道。钦此。

《政治官报》第一千二百五十一号，折奏类，宣统三年三月二十八日出版

陕西巡抚卸任湖南巡抚杨文鼎、湖南巡抚余诚格会奏湘省筹备宪政办法情形折

宣统三年八月二十一日①

奏为会奏湘省筹备宪政办理情形，恭折仰祈圣鉴事：

窃臣等恭读光绪三十四年八月初一日懿旨：逐年应行筹备事宜，必须秉公认真次第推行。各部院领袖堂官，各督抚及府尹，遇有交替，后任人员应会同前任，【将】办理情形详细奏明，以期各有考成。等因。钦此。钦遵在案。

查湘省第一届至第五届宪政成绩，历经前抚臣及臣文鼎先后依限奏咨在案。现值交替之时，自应将臣文鼎任内办理宪政情形遵旨会同具奏，以期各专责成。兹经饬据各该主管司道将筹备成绩分别详报前来，咨由臣诚格详加查考，更稽诸档案，证以事实，谨合词为我皇上陈之。

查修正清单暨原定筹备清单内载，本年各省应办事宜，计分六项：

一、厘定国家税地方税章程。上年接准度支部颁发划分税项程式，当即饬知清理财政局详细参考关于本省税项，切实调查，为厘定章程之根据。本年五月，据该局将全省税项划分国家地方，填造说明表及租税系统表，详请咨部在案。此项章程应由度支部分别厘定，奏请颁行。此遵章筹备者一也。

一、汇报户口总数。准民政部咨，各省户口总数限本年十月以前汇报。兹据巡警道详称，现在全省户口查竣者，已有六十四属，统计正户二百六十万零五百八十户，附户一百七十四万八千零六十四户，男丁一千零八十六万七千六百零二口，女丁八百七十一万三千九百零一口。尚有十四属未经查竣。业经严切行催，勒限申送，计当不误汇报之期。此遵章筹备者二也。

一、续办地方自治。湘省繁盛城镇自治会上年因灾变奏明展缓，现查指定之

---

① 此为奉到朱批日期。

繁盛城如长沙、善化、湘潭、武陵四县议、董事会均已依限成立。洪江为指定之繁盛镇，据报调查人口不满五万，照章应改为乡，自应另文咨部更正。中等城如澧州、靖州、桂阳州、衡阳、清泉、巴陵、零陵等七州县，其余各城如醴陵、浏阳、安化、益阳、衡山、桂东、华容、会同、新田、祁阳、新宁、城步、绥宁、蓝山、桑植、沅江、道州、嘉禾、永定、桂阳、新化、宜章、宁乡、临武、耒阳、乾州、凤凰、永绥、晃州二十九厅州县议、董各会均已具报成立。其他各属因复查册分级错误，驳令更正，及选举无效，饬令改选者，均应归入下届汇报。至各镇议、董事会，各乡议事会乡董，原限十一月开办选举，现正督催赶办，并进兼营。此遵章筹备者三也。

一、续办各级审判厅。省城高等、地方、初级等厅工程将次告竣，业已预备开庭。至各属应设审判各厅，自应赓续举办，先事筹维。前经臣文鼎札饬提法使妥筹办理，前据详称，筹划各厅办法，以厘定区域、储养人才、预算经费三者为入手要义。厘定区域之法，照章应以行政区域为司法区域，业已饬令列表详咨。若全省审判厅一律开庭，需用人员至夥，现已照部章开办临时法官养成所，以广成就。惟经费一项，为数颇巨，统计各厅（运）〔建〕筑费应支库平银二百零四万两，常年费应支库平银四十八万两，业经列入宣统四年预算。湘省财政困难已达极点，此项大宗司法费，断非无米所能为炊。已饬由提法使会同布政使妥速筹商，总期款集事举。此遵章筹备者四也。

一、创设乡镇简易识字学塾。湘省此项学塾上年业已开办，具有规模，兹据提学使列表详报，计全省简易识字学塾共五百六十七所，学生一万零七十九人，各地方情形不同，风气通塞亦异。据各属禀报，有学塾已经开办而贫民急于谋生，来去无常，不能安心就学，致未克完全成立者，所在皆有。简易小学为教育普及之先导，仍应责成提学使严檄催办，认真推广，以期各乡镇次第成立。此遵章筹备者五也。

一、筹办乡镇巡警。查民政部奏定办法，乡镇巡警，各省应酌择繁盛乡镇实行筹办，此外分别缓急次第进行。湘省洪江、津市为著名繁盛乡镇，巡警早经开办。查洪江警察已达一百名，津市六十二名，余如湘乡县之永丰、娄底，祁阳县之大忠桥、文明市，华容县之鱼鲢须、注滋口、塔市驿，巴陵县之城陵矶，沅江县之阳罗洲、草尾，安福县之合口，辰州府之浦市，会同县之太平里，桂阳县之高排、晃州厅之龙市，均已陆续举办。警察名额多则三十名，少亦二十余名十余名不等，仍当极力扩充，迅求进步。此遵章筹备者六也。

以上各项，值国会提前之日，皆宪政切要之图。臣文鼎于上年三月抵湘，地方甫经灾变，财政倍极困难，办赈筹防，力谋善后，至于应行筹备诸大端，均经殚竭愚诚，勉力图办。当时体察情形，其有实难如期竣事者，业经奏请展限，收效不无稍缓，现仍敦促进行。此后继续应办事宜，条理至繁，需费尤巨。臣诚格谨当督饬属僚，依限办理。惟查湖南民气未驯，筹款匪易，固不敢因循以误事，尤不敢操切以图功。自应权先后缓急之宜，定次第施行之准，以期仰副朝廷注重宪政、综核名实之至意。除咨内阁查照外，所有臣文鼎任内办理宪政各情形，谨合词恭折具陈，伏乞皇上圣鉴训示。

再，此折系由臣文鼎主稿，由臣诚格复核无异。至本年八月应报第六届宪政成绩，即系此次会奏上项事宜，请另案再奏，合并陈明。谨奏。

宣统三年八月二十一日奉朱批：该衙门知道。钦此。

《内阁官报》第五十三号，宣统三年八月二十四日出版

两广总督张人骏奏设立调查局开办情形片

光绪三十四年八月十四日①

再，前准宪政编查馆咨奏，奉上谕：钦奉懿旨，著每省设立调查局一所，由该管督抚遴选委员，按照奏定章程，切实经理，随时将调查各件咨报该馆。等因。钦此。抄录原奏章程，咨行到粤。当经行司钦遵筹办在案。

臣窃维预备立宪，必先详考庶政，博采民俗，方足以定划一之成规。东西各国，于法制、统计两端，至详且悉，举凡官吏政事之施设，地方民情之习惯，无

---

① 为奉到朱批时间。

所不赅。中国政务殷（烦）〔繁〕，洪纤毕具，惟分职任事，各有专司，欲求包举无遗，实非一官一司所能详备。且各省情事不一，风俗各殊，尤非博访周咨，考求研习，亦无以斟酌损益，而协乎综核审定之宜。是统计年鉴之刊，编制法规之用，均非实地调查不可。

臣悉心核酌，该局于全省政俗，皆当考查，必须令现任监司各员公同办理，方能接洽。即经派委广东布政使胡湘林、署提学使沈曾桐、署按察使蒋式芬、署两广盐运使丁乃扬督办调查局事务，并委广东候补道汪零充当总办。此外科长、股员，亦饬加意遴选，详请札派。其庶务各员，照章由局派委。一面饬司刊刻木质关防，已于六月二十五日设局开办，仍饬将办事细则妥为详订，送臣核明，发交该司道督同局员认真经理，随时将调查所得之件，编列表册详缴，由臣分别咨送宪政编查馆及主管各部院查核。所需经费，饬由善后局筹拨，拟请援照直隶、湖北、陕西、山西各省办法，作正支销。其余未尽事宜，容当督饬该局司道妥筹办理，以副朝廷整齐政俗之至意。除分咨宪政编查馆及各部院查照外，谨附片具陈，伏乞圣鉴。谨奏。

光绪三十四年八月十四日奉朱批：该衙门知道。钦此。

《政治官报》第三百十六号，折奏类，光绪三十四年八月十七日

两广总督张人骏奏广东第一年筹办宪政及第二年开办各事情形折

宣统元年二月二十九日

两广总督兼管广东巡抚事臣张人骏跪奏，为遵旨举办第一年筹备事宜，恭折具陈，仰祈圣鉴事：

窃臣承准宪政编查馆咨,光绪三十四年八月初一日奉上谕:①。又十一月初十日奉上谕:本年八月初一日,大行皇帝钦奉大行太皇太后懿旨,严饬内外臣工,务在第九年内将各项筹备事宜,一律办齐,届时即行颁布钦定宪法,并颁布召集议员之诏,各等谕。煌煌圣训,薄海同钦。自朕以及大小臣工,均应恪遵前次懿旨,仍以宣统八年为限,理无反汗,期在必行,内外诸臣,断不准观望迁延,等因。钦此。仰见圣谟广运,先后同揆,本变法图强之意,为因时制宜之方,薄海臣民,同深钦感。遵将奉发谕旨誊黄,敬谨悬挂,并转行钦遵查照办理在案。

伏查单开逐年筹备事宜,以光绪三十四年为第一年,各省督抚应筹办谘议局一项。前经臣遵照宪政编查馆奏定章程,在于省城设立谘议局筹办处,派委司道办理,并选延正绅到处遇事公议,由官执行,业将开办情形奏明在案。旋将应办选举一切事宜,分别议订详细规则,通饬各属克期遵办,一面选择地段,博采图式,估建合格房屋,以便谘议局成立会集议员之所。举凡调查、检察、投票、开票、分区支配定额、当选给照宣示诸端,务于本年八月内一律办妥,以期无误九月初一日该局成立定限。此筹办谘议局之情形也。

至本年为第二年,应办之事较多,如调查岁出岁入总数,调查人户总数,甫准度支、民政二部颁发章程到粤,业饬藩司照章设立清理财政局,会同各司道调查款目,编造报告,一面画分新旧现行各案,赶紧报销。至通省人户繁多,向无版籍,今稽核总数,必须按乡编查,亦经责成巡警道严饬各属,认真办理。其应办省城及商埠等处各级审判厅,已饬臬司派员调查京师、奉天、天津开办成法,赶紧筹设。又应办城镇乡地方自治,虽章程尚未奉颁,而先已在于省城设立自治研究所,选绅讲习,省外各属亦多设所研求,一俟部章颁到,即当督饬地方有司,实行选举,遵章开办。各厅州县巡警,其繁盛之区,多已奉行,间有地处偏隅,财力不赡者,亦饬该管警察道员严为程督,责令设法筹款,一律办理,务期年内粗具规模,不许稍事延宕。至若举行资政院选举及创设厅州县简易识字学塾,应俟奉颁资政院章程暨简易识字课本到日,再行督饬

---

① 即《九年预备立宪逐年推行筹备事宜谕》,为免重复,《清末筹备立宪档案史料》此处省略了此谕。本书已收入此谕。

咨议局筹办处司道并提学使率属举办，统俟本年八月再行详晰奏报。此又开办各事之情形也。

窃维举行宪法，所以宣德达情，尊朝纲而保兹臣庶，盱衡时局，实难视为缓图。现在行政机关骤未完全，人民程度尚有弗及，自当将逐年应办事宜，切实筹办，以冀届期成立。臣才识浅陋，无补高深，惟有殚竭愚诚，策励僚属，实力兴举，固不敢迁延贻误，亦不敢操切扰民（朱批：甚是，切戒迁延，妥速筹备为要），期于逐渐办齐，仰副朝廷励精图治之至意。

除咨报宪政编查馆查核外，所有举办第一年筹备事宜，谨恭折具陈，伏乞皇上圣鉴训示。谨奏。

朱批：该衙门知道。

《清末筹备立宪档案史料》，第765—767页

调补两江总督张人骏、署理两广总督袁树勋会奏筹办粤省宪政情形折

宣统元年九月三十日①

奏为遵旨会奏筹办粤省宪政情形，恭折仰祈圣鉴事：

窃臣等恭读光绪三十四年八月初一日谕旨，逐年应行筹备事宜，必须秉公认真次第推行，各部院领袖堂官，各督抚府尹，遇有交替，后任人员应会同前任，将前任办理情形详细奏明，以期各有考成。等因。钦此。钦遵在案。臣人骏于本年六月二十六日抵江宁调任受事，维时臣树勋已交卸东抚篆务，奏明由青岛航海南下，纡道至宁，与臣人骏晤商一切。及到粤以后，稽之案牍，证以实行，于本年筹备事宜，业已得其梗概，应即谨遵会同详奏之谕旨，逐一为皇上陈之。

---

① 为奉到朱批批示日期。

查宪政编查馆原奏逐年筹备事宜，系以光绪三十四年为第一年，各省督抚应筹办谘议局一项，已由臣人骏奏明于本年正月设局开办。其第二年期应办者八项。

一曰举行谘议局选举。粤省自设立筹办处后，当经通饬所属，各设选举事务所，酌派员绅经理，并选法政毕业者分赴各属司选暨演讲章程办法，复饬地方官多派明白士绅赴所听讲，以便分任调查。嗣由各属将选举人名册缴齐，饬据筹办处复核，尚与定章相合。综计全省选举人十四万一千五百五十八名，以议员定额九十一名除之，计一千一百五十人选得议员一名，广州驻防选举人三百六十九名，照章酌定议员专额三名，悉令其按区分配。支配既定，即举行投票，于六月初一日初选，七月初十日复选，先后一律蒇事。刻已催令谘议局工程，克期八月内完竣，当不误九月初一日开局之期。以上办理情形，曾由臣人骏于五月内具奏在案。此筹办之已竣者一也。

一曰筹办城镇乡地方自治，设立自治研究所。粤省自治之筹备，已遵章饬由谘议局筹办处兼理，于省城设立自治研究所，为推行之本。各属城镇，如韶州府、东莞、三水、龙门等县，及嘉应州、汕头，亦均禀明议设。而此外绅民自设者尚多，惟核其章程规则，既不合于部章，且失研究之义节，经臣人骏分别批饬，以为设所宗旨在于讲求治理，并非即事执行，且自治具有范围，尤须详审。令其禀明地方官妥议举办，并饬各厅州县选送士绅入所肄业，至少者二人，多者听之，以八个月为毕业，其考验及格者给以毕业凭照，饬令回原籍传习，以规划一而杜歧趋。此其筹办者二也。

一曰调查人户总数。查民政部调查户口章程内开，各省以巡警道为总监督。又章程第十四条云，本章程之施行细则，由总监督拟定通行，仍报部立案，等因。已据该道将细则分别拟定，详由护督臣胡湘林核咨在案。此项调查事宜，为内部行政之大端，一切要政，无不从此入手，且粤东素称多盗，户籍厘然，则良莠众著，尤可以清盗之源。现据各属禀报，有已经分区开查者，其未报之处，应由臣树勋饬道查明，严切督催，不任延误。此其筹办者三也。

一曰调查岁出入总数。粤省清理财政局，经臣人骏于本年二月奏明设立，随由该局司道等按奏定章程，先将各署局出入款调查，以便汇编季报，并拟定按月报告册式，一律仿照编订。计自开局起至六月十七日止，已据该局将本年春季分司、局等库出入款分别编毕，详由护督臣核明具奏，并将各项总分册咨部查核，声明府厅州县之收支等款，俟该局调查明确，另行奏咨在案。查粤省财政，关于全省统计者，名目琐碎，为数极繁，经理之权本不统一，此次奉行清理，前无可师，惟有逐项澈查，力祛欺饰之风，冀有澄清之日。此其筹办者四也。

一曰筹办省城、商埠各级审判厅。查此项审判事宜，明年即须成立，惟措置苟有未当，方枘圆凿，阻碍必多，恐不合于独立之性质。前经臣人骏饬据升任臬司魏景桐会同司道等，筹议于该司署内特设广东审判筹备处，以冀提纲挈领，权限分明，并调法政毕业人员入省城谳局帮审，实地练习。又于法政学堂内附设审判研究所，就同通以下需次者，拣调入所，讲求审判、检察之制度及中西法律学说，仍令其入局参观审判，俾受切磋之益。明年各厅成立，或不至用乏才。至省城应设高等及地方审判两厅，至商埠各设地方审判厅，南海、番禺、新会、三水、合浦、澄迈、琼山等七县，为各商埠所在，应就分防之二十八处，各设初级审判厅。所有建筑之费，及审判、检察各员通年应需公费等款，已据该司道等分析预算，详由护督臣复核具奏，并将图说章程，咨部查照在案。此其筹办者五也。

一曰厅州县巡警年内粗具规模。粤省各属巡警，其地方繁盛之区，多已次第筹设，商埠如潮、汕、佛山等处，巡额尤多，间有偏僻州县，财力不赡，至今尚未举行者，业经臣人骏饬令巡警道严为程督，责令邀集绅民，迅速设法筹款，一律依期禀办。惟是警学不明，难任警务，巡警教练所之设，自不可缓。省城巡警学堂，已于上年遵通行章程改为高等，由臣人骏奏明在案，并先经设有巡警教练所，以资试习。而各属遵章设所者尚少，应由臣树勋通饬速办。总期服务警界者，人人受成于教育，庶免有形式而乏精神。此其筹办者六也。

以上六项，除谘议局选举现经办竣，又资政院选举章程尚未颁到，厅州县简易识字学塾，已由提学使通饬议设，俟学部课本到日，即当举办，不在此数外，其余各项，虽措置未能完备，而计划已有端倪。臣人骏经始于先，勉策愚柔以从事，臣树勋忝承其后，谨当赓续以图功。所有臣人骏暨护督臣任内筹办本年宪政情形，由臣树勋会同详奏各缘由，理合恭折具陈，伏乞皇上圣鉴训示。

再，此折系臣人骏主稿，会同臣树勋办理，并查宪政编查馆定章，各项筹备事宜，按半年奏报一次，前半年至六月止，应于八月内分别奏咨。现适届八月之期，既由臣等会奏在案，应请免再奏报，以省繁复，合并陈明。谨奏。

宣统元年九月三十日奉朱批：该衙门知道。钦此。

《政治官报》第七百三十九号，折奏类，宣统元年十月初四日出版

署理两广总督袁树勋奏胪陈上年下届筹备宪政成绩并特别困难情形折

宣统二年三月十三日①

奏为遵章胪列广东省上年下届筹备宪政成绩并特别困难情形，恭折具陈，仰祈圣鉴事：

查宪政编查馆原奏考核专科章程第三条内载：九年筹备事宜，内外臣工每届六个月将筹办成绩胪列奏闻，并咨报宪政编查馆查核，等语。臣于上年七月间抵任，当由前督臣张人骏将上半年成绩胪列会奏在案。自七月至十二月属于上年第二届，遵章应于本年二月奏咨。

臣维筹办宪政，由预备而进乎实行，论九年之时间，则预备之时少而进行之时多。综九年之事实，则预备之事易而进行之事难。此犹就普通者言之也。吾国幅员既广，风俗习惯彼此互异，于是同一预备，或程效较寡，同一进行，或措施较艰。非优于彼而绌于此也。如治病然，必先去其外邪而后可固其内亏。今各省程度相等，所谓内亏者尚不甚异，独广东一省以赌博闻，且以奏抽赌饷闻，既旧时法律所不许，亦文明各国所未闻。坐是不变，则外邪蟠结日深，参苓且不能奏效，顾欲遂饷以膏粱不得矣。故臣于履任伊始，即熟审粤省筹办新政较之在东抚任内下手方法至为不同。节经将次第禁赌与办理宪政之关系大概情形奏明在案，仍以赌饷非有实在筹抵，则赌祸不能即予澌除，于宪政进行尚多窒碍。适有商承

---
① 为朱批批示日期。

盐饷之举，筹款可得大宗，数月以来，寝馈经营，形神俱瘁。维时朝廷亦有整顿盐务之命，臣所规画改良粤盐办法，复奏蒙敕下部臣核议，而粤省宪政之前途与风俗转移之关键，均视此一举矣。夫医者疗病之方，不能不苦病者之口，乃群医窃议，以为不如以饴也而姑甘之。自臣视之，则彼所谓甘者，皆鸩毒也。今当奏报宪政之际，万不敢以敷衍粉饰上欺朝廷。在疆臣日与民生疾苦相接，既确审其受病之原，不能不稍担用药之责。苟日日言病而日日忌医，虽扁鹊在旁，亦将束手，况梼昧如臣。所由夙夜兢兢为粤省虑，尤为大局虑者也。谨将上年下届筹办宪政成绩，并微臣经验所及，为我皇上缕晰陈之。

  一曰开办谘议局。查此事先经前督臣张人骏任内遵章筹办，两次奏陈。臣到任后，照案饬催赶办，旋届九月初一日成立之期，由臣召集全体议员九十四名，亲临督率开会。当时如法选定议长、副议长、常驻议员，开会集议，经分别奏咨在案。计自九月初一日开局，展长议期至十月二十日闭会，均能遵守秩序，进退如礼。维时臣先就本省应行兴革较为重大事件，酌编草案交议，旋据次第决议呈复。其谘议局自行提议及收受人民陈请建议事件，亦经臣（叠）〔迭〕开会议厅，召集司局主务各官悉心研究，各具说帖，由臣详细核定，仍集众公布，征取同意，分别札复。各该议员于立言请愿之项，咸能体念时艰，发抒忠爱。其切中事理者，均经甄采所长，饬行拟办。间有范围稍越而宗旨无他，陈义甚高而施行尚碍者，亦经酌量制裁，婉切批答。复虑开会以后空存形式，仍不足表健全之舆论，爰嘱令各属议员于地方利弊分别门类，各就所知，担任调查报告到局，由议长分交常驻议员讨论编辑，随时呈报，监督长官，以免旷废而资历练。此其筹备者一也。

  一曰举行资政院选举。查此项选举章程系于上年十月内咨行到粤，内谘议局互选章程一项，先于九月间准该院电咨，即经转行如法互选。经臣复核，选定五名，造册咨送。其满汉世爵一项，查有高要县人世爵一等男兼一云骑尉张绳祖一员，系阵亡江南提督张国樑之嫡长孙，现在贵胄学堂王公世爵讲习班听讲，核与院章相符，遵经电咨陆军部汇案办理。又纳税多额一项，经于上年十一月间督饬藩司设立事务所，拟章拨款，选派专员办理，随据各属陆续查报，由藩司遴选合格之选举人投票互选，得当选人二名，均经照章咨报。以上三项，均系院章应由督抚选送咨报之件，粤省已遵章办竣，尚无迟误。此其筹备者二也。

一曰筹办城镇乡地方自治，设立自治研究所。查粤省自治事宜，先经饬由谘议局筹办处兼理，至上年九月初一日谘议局成立，即遵章改为地方自治筹办处，专任责成。计省城研究所陆续考选学员三班共三百六十人，于七月、九月间先后开课，潜心力学者尚不乏人。拟俟各该员毕业期满，分派各属充当自治研究所长或教员，及帮同地方官办理自治各项职务。其绅民禀请自行设立，核与定章相符者，续有香山、新宁、博罗、灵山、连州、花县等处，以外请设尚多，均经饬核章程是否合法，分别立案。至自治实行，先以画定区域，调查人口为入手方法，经拟订期限清单及调查选民资格细则，遵照部颁清单分别繁盛、中等及未经指定各城镇，暨近城并偏僻各乡，为次第推行之准。现据陆续具报者计六十余属，拟定繁盛城镇四十余处，此外查报迟延或有遗漏者，亦经随时严催速查补报，期无贻误。一面将已报图表清册详核先行编订，以赴事机。此其筹备者三也。

一曰调查人户总数。查此事先经护督臣任内筹办，由主管之巡警道拟定施行细则通饬查报，并咨部查照。臣抵任后接准部咨，宣统元年务将各该省省会及外府各属首县并商埠地方人户总数照章调查，一律报齐，等因。又经转行遵办。一面严切督催各在案。嗣据巡警道列表详报，计省会及外府各首县暨各县之有商埠者共一十三属，所有正户附户各细数，当于上年十月间核明咨部。此外关于全省调查编订门牌各节，查照部章，在于本年十月内报齐。先经节次行催，饬令于六月以前赶办完竣。现据各厅州县陆续查报到省，亦有一属之中先从紧要城镇入手，声明分画区段逐渐填查者。斯事条理缜密，乡民风气闭塞，动生疑阻，未便操之过蹙。其购置门牌一项，为物至微，每具仅值银二三分，而积少成多，每属动需数千圆以上，一切薪公杂费尚不在内，责之贫瘠州县，亦实非分期举办不可。仍严加董率，鞭策进行，冀符部限。此其筹备者四也。

一曰调查岁出入总数。查粤省各署局经管项目，本极纷歧，辗转行查，动需时日。（叠）〔迭〕经督饬藩司及清理财政局切实调查，确遵实收实支办法，先将光绪三十四年分岁入岁出总数于上年十二月间电咨度支部。续经督编细数总册，咨送各在案。其宣统元年分春季报册，先由护督臣核咨，夏秋冬季三季报册，均经臣陆续查催编送，尚无贻误。本年试办预算，前无所因，而实以岁出入总数是否正确为标准。惟部颁册式需时，拟先督同清理财政局司道体察本省情形，参考各国成法，酌订岁出岁入两项册式，并辅以收支分款及收支对照各表式，查照部章，分门别类，通行试办。仍俟接准部定册式，再行依式查报。又续奉谕旨饬办统一财政一事，定限以一年为期，现已督饬藩司拟设财政公所，分科治事，遵将向来关涉财政各局所次第一律裁撤。容当专案奏咨办理。此其筹备者五也。

一曰筹办省城、商埠各级审判厅。查此事先经前督臣张人骏暨暂护督臣任内先后奏咨。臣到任后经奏调湖北道员梅光羲来粤，会同臬司筹办。维时复查上届奏咨办法，多属草创，应行损益之处尚多。经臣督率该司道等筹议修改，计省城设高等审判厅一，地方审判厅一，初级审判厅二；五商埠州县各设地方审判厅一，初级审判厅一，并各就本级附设检察厅。应需建筑薪公等费，均经分别核实估计。一面设立司法研究馆，按照部章，遴派合格官吏入馆肄业，专为养成推事、检察各官之用。此外司法警察、检验吏、典狱官、典簿、承发吏等项人员，均一律分班研究，并拟特开律师一班，以为试行辩护法之张本。统限本年十月毕业，以赴审判成立之期。其改良监狱一事，亦即并案统筹，先就未定罪之看守所一项，选派曾习监狱学人员专司管理，并于现在筹办之审判各厅酌量拟建监狱看守所各六处以为模范。约需银二十七万余两以上。关于司法独立一切事项，略具端倪，均经专管分别奏咨。此其筹备者六也。

一曰创设厅州县简易识字学塾。查此项学塾专为普通人民多识字义之预备，粤省先经饬由提学司筹议通饬举办，并先就省城地面创设二十所，派员专董其事，克日成立，以为提倡。每塾额设教员一人，以师范简易传习毕业生充之，采用学级教授法，不收学费。约计开办费每塾六十余元，统计银一千三百余元；常年费每塾四百一十余元，统计银八千二百余元。另委谙晓学务委员二人，督催赶办，限两个月内一律成立，需用经费由该司造具预算表，在学务公所经费项下筹拨。其各厅州县至少以现年先立十所为限，并由各印官督率劝学所加意董劝，多多益善。官立由官筹款，公立由地方或家族筹款，私立者准予通融酌收学费，惟每人每月不得过银元二角，以示限制，并加入劝学所人员考成。其绅商能捐设劝设者，由地方官酌给花红匾额，以示旌奖。现准学部咨送甲乙二种国民必读课本到粤，拟即一面行司察验，一面发省塾试行，并饬催各属一体迫促开办。此其筹备者七也。

一曰厅州县巡警限年内粗具规模。查粤省巡警先于光绪二十九年开办，历年赓续推广，省城、商埠及繁盛市场早已次第设立；其各属城治地方，亦经陆续筹办。现计省会地面已办警局三十四所，巡长警三千四百余名。全省厅州县已办警局二百四十八所，长警七千七百余名，共为八十九属。惟佛冈、信宜、平远、感恩四厅县尚未兴办，均系偏远瘠区，仍当严切督催，以归一律。稽考成立次第，除光绪三十三年以前举办不计外，实在第一年筹备期内添办警局五十二所，巡长警一千五百余名，第二年筹备期内添办警局五十六所，巡长警一千四百余名。各该主管官吏督饬进行，尚称奋勉。至求精神效果之所在，则省城、商埠及繁富州县经费充裕名额较多之地，尚能力尽义务，捍卫闾阎；以外各属，少者或仅二三十名，等诸大辂椎轮。惟有俟地方财力稍充，再求完备。此其筹备者八也。

以上八项，按照筹备清单，次第措施，尚不致遽落人后，然事固有外观则近是而内容则不甚安者。困难情形，各省均不免，而广东则尤甚。何也？赌饷一日不筹抵，则赌祸一日不能澌除。于是咨议选举资格有营业不正应在剥夺之列者，广东则赌商号于时，且赴部报效而请注册矣。地方自治甫立，规画分区选举各事，有赌馆厕其间，则非自治而直自扰矣。调查岁出入总数，则粤省岁收数百万之赌饷，涓涓江河，恐久而愈不可塞矣。筹设各级审判、筹办各厅州县巡警，而此项赌徒不能援旧律以加罪，更不能执新法以干涉矣。创设厅州县简易学塾，则此辈习与性成，有赌博以为之饵，更无心于习书习算以谋正当之生计矣。尤可异者，赌之害则人人能言之，而赌之利则人人思染之，于是地方一切公益皆将于此乎分肥，赌馆既以报效为美名，官绅遂以庇赌为尽职。哀莫大于心死，盖粤省人心有赌横梗其间，几索索无生气，二三有志之士，亦惟相与咨嗟太息，以期至于守死善道而止，更无余力足以挽狂而救溺，为可慨已。臣居官一日，则有一日应办之宪政，然确见广东受病之原，则先去外邪为用药入手之必要，较之东抚任内情形既不同，即较之各省政策亦殊异。人有恒言，积重难返，夫因其难而不返，则愈积而愈重，皮之不存，毛将安附。恐庶政终无就理之日，此则臣款款之愚，不敢不披肝沥胆一再渎陈圣听者也。

所有广东第二年下届筹办宪政成绩并特别困难各缘由，除分咨外，理合恭折具陈，伏乞皇上圣鉴训示。谨奏。

宣统二年三月十三日奉朱批：该衙门知道。片并发。钦此。

又奏设宪政筹备处片

再，宣统元年十二月二十日钦奉谕旨：宪政编查馆奏请饬京外各衙门设立宪政筹备处一折，著依议。钦此。当由该馆钞录原奏咨行到粤。臣前抚山东，即在署中设立筹备宪政考核处，嗣抵两广署任，复选派幕僚，分掌筹备宪政事宜，程督进行，认真考核，期于黾勉成绩，趋赴时机。钦奉前因，除遵设专处，恭书上年十月十三日上谕，敬谨悬挂，并将在事各员衔名及所拟该处办事章程咨馆查照外，理合附片具陈，伏乞圣鉴。谨奏。

宣统二年三月十三日奉朱批：览。钦此。

《政治官报》第八百九十三号，折奏类，宣统二年三月十七日出版

署理两广总督袁树勋奏本年上届筹备宪政成绩折

宣统二年九月二十五日①

奏为遵章胪列广东省本年上届筹备宪政成绩，恭折仰祈圣鉴事：

窃查宪政编查馆奏定考核专科章程，九年筹备事宜，每届六个月应将筹备成绩胪列奏闻，并咨报宪政编查馆查核，历经遵办奉准核定在案。自宣统二年正月至六月应办事宜，较前更为繁赜，经臣切实程督，次第进行，幸无贻误。兹届奏报之期，所有筹备情形，自应详晰胪陈，以资考核。

伏查筹备清单第三年各省应办之事，凡关巡警、教育、司法、户籍、自治、财政诸大端，共分九目。其关于巡警者一，曰厅州县巡警限年内一律完备。查粤省各厅州县警务，上年即粗具规模，其未设者，仅信宜、平远、感恩数县。本年（叠）〔迭〕经督催，均据具报一律举办。此外各属，设立既先，皆已渐臻完备，

---

① 为朱批批示日期。

且有提前推及于繁盛乡镇者。计添办警局十三所，巡长警二百三十余名。省城则举旧设之二十八局画为十区，严定规章，藉资整顿。至各厅州县巡警教练所，屡经督催，多因款绌未能设立，现由巡警道参照前在桂省办法，酌量变通，督饬筹办。计本届具报成立者已十一处，学生共五百余名，并于省城高等巡警学堂内添设简易科两班，以备从速养成警官。其现充警差堪资造就之员，亦饬入堂补习。此筹办巡警力求完备之情形也。

其关于国民教育者一，曰推广厅州县简易识字学塾。查此事先经提学司派委专员，在省城试办学塾二十处，以为各属之倡。旋因章程及各种课本陆续完备，先后面饬办理，复恐各属官绅于部颁学塾章程命意作用尚少体会，究以师资难得，经费难筹为藉口，饬由该司将原章各条逐加诠释，附及详细办法，举凡课本之应用，教授之法程，时间之支配，进行之比较，开办经常至确极廉之预算，稽查报告分表附例之说明，件系条举，纤屑不遗，务使勇于任事者有辙可循，惮于举作者无词可藉，经臣核准兹报，颁行遵守。计上半年开报成立者有四十八州县，设塾四百七十所，得学生一万二千四百四十六人，连司署直辖之二十塾生徒一千八百零六人，都凡学生一万四千二百五十二人。其未经报到各属，并经报到而塾数人数较少者，仍从严督促，实力扩充，以期识字之人日多一日。此筹备国民教育及时推广之情形也。

其关于司法者一，曰省城及商埠等处各级审判厅限年内一律成立。查粤省各级审判厅办法，经臣于二月内专折奏报在案。所有省埠各厅建筑工程，先后勘估明确，省城应设高等、地方两厅，现正加紧督造；五处商埠，亦分派委员，会同地方官督率构造，务赶于年内一律开厅。惟因经费较多，屡与度支部往返筹商，一再核减，尚未十分就绪。各厅之看守所，现尚悬工以待，一俟商妥后，即当攒工落成，毋误限期。至司法研究馆各班学员，因法部颁行考试期限已迫，先将推检班学员办理毕业，偕同应试资格相合之员，共计一百余人，一并给咨送部应考。其余司法警察、监狱检验吏、典主簿各班，均渐次毕业，计期开厅，亦不至有乏才之患。此筹备司法刻期成立之情形也。

其关于户籍者一，曰汇报人户总数。查粤省省会及外府首县暨各县之有商埠者，凡一十三属，所有正附各户细数，已于上年依限查明咨部汇奏。其全省人户总数，应在本年十月前汇报民政部一次，先经节次行催，饬令赶办完竣。现据各厅州县陆续具报，计已得八十余州县。惟新安、大埔等县，因编钉门牌，间有无知乡民聚众抗阻情事，经臣飞饬营县弹压解散，一面遴选干员驰往该处，督同地方官妥办，并多出白话告示剀切晓谕，虽暂即安堵，惟此事民间见少怪多，尚宜斟酌情形，变通办理。经臣另片奏陈在案。其尚未报到之增城、清远、广宁、西宁等十七州县，亦已严檄催办，统俟各属一律报齐，再行汇案办理。此筹备调查人户正在程督之情形也。

其关于地方自治者二，曰续办城镇乡地方自治，曰筹办厅州县地方自治。查粤省城镇乡地方自治，上年九月曾经饬据自治筹办处查照民政部补订清单，分别次第，酌定本年先办繁盛及中等城镇两项，并饬有繁盛城镇之各厅州县先行设立事务所为总汇机关，半年内迭据各厅州县禀报设立者计二十余处。至繁盛各城镇，初次调查共四十二处，嗣因各该属士绅间有变更前议者，如新安县之深圳、黄松岗，石城县之安铺、石岭、塞蓬、青平等镇，均请改定为乡；新宁县城及石城县城原拟定作中等，继请改为繁盛之城；海阳县之东关、厢乡原系附城，继请改为繁盛之镇，均经筹办处陆续厘定。其余拟定之繁盛城镇，现方办理调查选举，所有议事、董事等会，本年八月内一律成立。至厅州县地方自治，照依部章，先从省会两首县办起，以次推广，亦经于六月内拟定筹办期限清单，颁发各属，按期督催。现计南、番两首县九月间即当举办，明年三月议、参事会可先观成。惟自治程度，各处容有不齐，窒碍情形，亦经臣于议复御史赵炳麟等条陈折内奏陈在案。其省城筹设之自治研究所，因春夏间先后毕业，即将该所裁撤，计得学生三百余人，成绩尚优，均经派回本籍地方，充当各厅州县自治研究所所长或教员，及帮同地方料理筹办自治事务。现查各厅州县开设自治研究所禀报有案者，官立者四十八所，公立者十二所，即饬由该处派员分往各处考核成绩，以免冒滥。此两级地方自治分别续办筹办双方并进之情形也。

其关于清理财政者三，曰复查岁出入总数，曰厘订地方税章程，曰试办预算决算。查粤省宣统元年各项季报，前经分别咨部，本届汇总，复查明上年岁出入细数，督率局员，漏夜编册送部查考。至厘订税法之预备，查清理财政章程第十条，应将本省财政筹拟兴利除弊方法，区别正杂各款门类，酌量何项应属国家税，何项应属地方税，研究性质，划分界线，编订详细说明书送部。粤省已经照办，咨报有案，并准照宪政编查馆电行，将宣统三年预算总册及上项说明书照缮一份咨送，以备厘订地方税时参考之资。其试办预算，照依部咨，量入为出。粤省财政困难，历年出入相权，不敷甚巨，现值筹备宪政期内，扩充新政与收缩用度，两者意稍背驰，然际此库储支绌，仰屋兴嗟，不得不勉为其难，力图撙节。凡出款有近浮滥者悉裁除之，可从减省及事涉次要者，亦即酌量归并，递年推展；而急于星火之款，虽总册未列，亦予追加预算，期在稍纾物力，仍自无误进行。计此事所历阶级甚多，至最后结束，卒能收支适合，实非臣初念所及料。其决算事项，既经度支部奏明展至宣统四年试办，自应留以有待，以归各省一律。此关系清理财政分别部居按款筹备之情形也。

以上各项，皆属筹备要纲，或措理甫经就绪，或致力方在审端，或基础已成如前矛中权尤资后劲，或昼夜不舍如决江放海尚待盈科。现在筹备已届第三年，此后期限益加迫促，事理益觉繁难，稍纵即逝者，可宝之光阴，竭蹶相赴者，兼程之情状。惟是筹办之经验日积，发现之困难愈多，无事则财用已苦其艰，有事则人才愈形其乏，当变通以尽利，敢畏难而苟安。臣以病躯勉支艰巨，在事一日，应负一日之责成，毋操切以厉民，毋粉饰以干誉。已办者随时综核，以赓续为进行，待举者坚忍图功，以缓急为先后，庶几兼筹并顾，急起直追，仰副圣主宵旰忧劳，注重宪政之至意。所有胪陈广东省本年上届筹备宪政成绩，暨现在办理情形，除分咨查照外，理合恭折具陈，伏乞皇上圣鉴。谨奏。

宣统二年九月二十五日奉朱批：该衙门知道。钦此。

《政治官报》第一千八十号，折奏类，宣统二年九月二十八日出版

两广总督张鸣岐奏陈第五届前任筹备宪政成绩等折

宣统三年四月初三日①

奏为遵将粤省第五届前任筹备宪政成绩，及微臣赓续办理情形，恭折具陈，仰祈圣鉴事：

窃查光绪三十四年八月初一日钦奉谕旨：逐年筹备事宜，各督抚遇有交替，后任人员会同前任，将前任办理情形详细奏明，等因。钦此。又查宪政编查馆考核专科章程，九年筹备事宜，每届六个月应将筹备成绩胪列奏闻，并咨宪政编查馆查核，等因，钦遵查照各在案。宣统二年七月至十二月，为筹备宪政之第五届，粤省应行筹备者共有九项：一续办城镇乡地方自治，一筹办厅州县地方自治，一汇报各省人户总数，一复查各省岁出入总数，一厘订地方税章程，一试办各省预算决算，一各省省城及商埠等处各级审判厅限年内一律成立，一推广厅州县简易识字学塾，一厅州县巡警限年内一律完备。

本届六个月中筹备事项，隶前署督臣袁树勋三阅月，隶前兼署督臣增祺者两月余，隶臣者半月余。臣于十二月初四日抵任，袁树勋早经开缺去粤，增祺旋又遵旨晋京，所有前任办理情形未及会奏。现值第五届具报成绩之期，臣到任未久，实无成绩可言，谨将前任筹备成绩及臣赓续办理情形，为我皇上逐一陈之。

两级自治，端在双方并进，民政部补订清单，下级自治先从繁、中城镇办起，上级自治先从省会首县办起，以次推广。当查南海、番禺、顺德、新会、香山、归善、海阳、澄海、新宁九县城，九江堡、大沥堡、官山、佛山、沙头、河南、陈村、石龙、隆都、小揽、黄梁都、中路、北平、新塘、新昌、公益、内龙溪、南桂、上莆、东厢、达豪、玉峡、汕头、苏南、黄冈、洽光二十六镇各议事会、董事会业已先后据报成立。南海、番禺两县议事会、参事会亦经同时筹办，

---

① 为朱批批示日期。

分划区域，调查资格，本年三月当可成立。至自治研究所，本届增设者三十四处。自治事务所，本届增设者二十七处。此筹备第一、二项宪政之情形也。

粤东人户殷繁，现据各属调查，通计全省正户四百三十万八千四百五十五户，附户六十八万三千三百零七户，报经巡警道汇册详咨在案。住户增减迁移，仍饬照章呈报登记，用备稽核户数无舛，此后按户查口，当必事半功倍。此筹办第三项宪政之情形也。

宣统元年各项季报，本届汇总复查，岁入共银三千七百三十九万六千四百余两，岁出共银三千八百三十二万六千八百余两，出入相抵不敷银九十三万零三百余两，列表造册，依限咨送。

地方税章程改于宣统三年始行厘订，而于宣统二年先事调查，与国家税同时办理。旋遵部电，将本省税项列一简表，分别国家地方，何为附加，何为特别，查明，宣统三年预算之数分注其下，并将地方税总数与地方行政经费总数作一比较，依限咨送。决算事项展至宣统四年试办。至试办宣统三年预算，业于上届六月册报，追加预算，复于本届十月册报。查预算全案，经资政院驳减，奉旨仍交各省核议具奏。臣抵任后，调查原册，税项分划未清，款目亦欠详确，分册四千余本，尤苦散漫难稽。现先饬局妥为修正，俟准本案驳减部咨，再行遵旨核办。此筹办第四、五、六项宪政之情形也。

省城及五商埠各级审判厅建筑经费浩繁，迭经部驳，十月始奉核准兴工，年内未克告竣。奉简试署广东高等审判厅厅丞史绪任、广东高等检察厅检察长文需及分发来粤推、检各员，多未到省，省埠审判成立不获如期，先经增祺电部展限。臣抵任后，复遵部示，以时近岁除，建筑人才均难急就，电奏奉准展至今春一律成立。现在省城各厅次第落成，商埠各厅加工赶筑。司法研究馆分设七班，作养司法人才，七八两月先经毕业，一俟史绪任、文需到粤，即行陆续开厅。此筹办第七项宪政之情形也。

简字学塾，前届原有四百七十所，生徒一万二千四百四十六人。本届推广，计增学塾三百四五十所，生徒八千四百五十二人，各塾尚有增开夜班以宏教育者。至此项简字学塾，系为初等小学之补助，业饬各属仍应妥筹推广两等小学，不得顾此失彼，避难就易。此筹办第八项宪政之情形也。

巡警为内政机关，各厅州县均已如期筹备，通计省城共有巡警局三十一所，巡长警三千七百二十九名，各厅州县共有巡警局二百八十一所，巡长警八千一百六十三名，较之前届增加巡长警四百二十四名。惟佛冈厅地瘠民贫，尚未成立，现饬设法筹款开办。此筹办第九项宪政之情形也。

以上九项，前任几经措注，微臣敢怠规随，现值速开国会，修正逐年筹备清单，期限愈迫，斯办理愈难。中夜彷徨，方虞陨越。而此邦赌博公行，盗匪充斥，又足扰乱治安。臣抵任后，熟察情形，深维二害不除，遑言治理。迭经召集官绅，悉心筹议，奏奉核准，本年三月初一日实行禁赌。并督率司局，宽筹赏格，委员分路大举清乡。务使此邦民庶业皆务正，人得安居，然后咸与维新，宪政推行而无阻。惟是凡百要政，非财不行，粤省财力拮据，大有罗掘俱穷之慨。赌饷既须筹抵，捕费又属要需，并骛兼营，捉襟见肘。臣惟有督饬僚属，黾勉筹维，理财禁赌，励精图治，以期仰副朝廷立宪保邦、实事求是之至意。除分咨查照外，所有粤省第五届前任筹备宪政成绩及臣赓续办理情形，理合恭折具陈，伏乞皇上圣鉴训示。谨奏。

宣统三年四月初三日奉朱批：该衙门知道。钦此。

《政治官报》第一千二百六十一号，折奏类，宣统三年四月初八日出版

广西巡抚张鸣岐奏第二届筹备宪政成绩折

宣统元年九月二十三日①

奏为筹备宪政，遵将第二届成绩恭折具陈，仰祈圣鉴事：

窃查宪政编查馆奏定考核专科章程第三条内开，九年筹备事宜，责成内外臣工，每届六个月将筹办成绩胪列奏闻，并咨报宪政编查馆查核。应自光绪三十四年八月起至十二月底为一届，以后每年六月底暨十二月底各为一届，限每年二

---

① 为奉到朱批批示日期。

月、八月内各具奏咨报一次，等语。广西第一届筹备成绩，前经遵章具折奏报在案。查第二年期督抚应办者八项，除资政院章程应俟院章颁布到桂，即行遵办外，其余七项，曰举行谘议局选举，各省一律开办；曰筹办城镇乡地方自治，设立自治研究所；曰调查各省人户总数；曰调查各省岁出入总数；曰筹办各省省城及商埠等处各级审判厅；曰创设厅州县简易识字学塾；曰厅州县巡警限年内粗具规模。兹届宣统元年八月第二届奏报之期，谨将筹备情形，为我皇上缕晰陈之。

桂省谘议局筹办处于上年九月初八日开办。惟是苗（猺）〔瑶〕杂处，风气未开，山川阻深，文报多滞。当变通选期，派员司选，宣讲章程，以为着手进行之本。自筹办处开办之日起，至谘议局成立之日止，应办事件，无论巨细，确定期限，统一办法，严切通行，期收计日程功之效。幸各属官绅咸知振奋，本年五月十五日行初选举，七月十五日行复选举，罔不依限集事，秩序整齐，边徼得此，良非始愿所及。间有一二选举诉讼，略与解答，群情释然。现在各属议员陆续到省，谘议局就原日贡院改建，仿日本东京府议会图式，斟酌损益，议员席可容百余人，为将来酌增议员地步，工程大致告竣。开局期迩，各项议案亟应先期预备，惟必官厅政见之画一，方可要求舆论之赞成。当就臣署遵章设立会议厅，先开临时会数次，传集寅僚，磋商议案，以备交议。此筹办谘议局选举之情形也。

自治为宪政之基，臣未奉逐年筹备清单，即于光绪三十三年九月奏设全省自治局，三十四年三月，并于该局附设自治研究所，考选桂林府属士绅一百九十名入所研究，四月开学，十二月毕业。迨奉清单，因将全省划为三区，以桂、柳、庆、思为第一区，设所于桂林；以平、梧、浔、郁为第二区，设所于梧州；以南、太、泗、镇、归、百、上为第三区，设所于南宁。按属分配名额，选绅送所研究自治。本年闰二月一律开学，俟十一月毕业后，派回本籍传习研究，以期普及城镇乡地方自治。成立清单本定于宣统五年，现在筹备期内择要试办，用作提倡，较为切实。临桂为附省首县，饬于四月议立地方自治筹办公所，选派上年优等毕业学员，调查选民资格，六月事竣。该县城镇乡议事会准于十一月成立。现在体察情形，当无延误。并就各属分别冲僻，定立期限，督饬普设自治筹办公所。划分两期，第一期筹办城镇乡地方自治，第二期筹办厅州县地方自治，赓续办理。盖有自治研究所，以备人员之养成，必有自治筹办公所，以为实行之导线，两翼双轮，不可偏废。各地方官奉行尚力，三区而外，阳朔、怀集等属，有自行设立研究所者，修仁、北流等处，有提前设立筹办公所者。禁烟为地方自治之一端，全州、兴安等属士绅，先后请将境内膏土各店一律禁绝，不准复开，各属闻风，亦多继起，自治效果，已见一斑。此筹办地方自治之情形也。

凡百宪政，无不以户籍为宗，桂省幅员寥阔，村落畸零，兵燹（叠）〔迭〕经，流亡未复，调查户数，实较他省为难。加以民智颛愚，人心浮动，未悉调查宗旨，将有抽丁增税之疑，办理稍未得宜，易致滋生事故。当经分饬各属，遵照部章，先行出示晓谕，并编造白话浅语，广为讲演，以祛疑虑。一面分划区域，遴派职员，著手办理。部定期限，人户总数，省会及外府所属各首①县并商埠州县，应于本年十月以前汇报一次，其余各属，归明年十月以前一律报齐。桂省泗城府属之凌云县，镇安府属之天宝县，太平府属之崇善县，及龙州厅、百色直隶厅本管及所属恩隆县、归顺直隶州本管及所属镇边县等处，均为各该府厅州首县及商埠厅治，然皆距省二千里内外，程途既远，文报自艰，调查一事，本已委曲繁难，重以限迫途长，欲速深虞不达，现已札发调查。至调查报告，一切妥筹办法，列单定限，通饬遵行，并将水陆文报限定日期，令其专送，惜寸惜分，期得依限藏事。桂民贫瘠，乡村小户大都矮屋低檐，部颁门牌式样，系用椭圆形，圆径一尺二寸，质用洋铁，门小牌大，不适悬挂。洋铁来自外处，物少价昂，即此门牌一项，每届需价有至数千元者，且虽高价购买，亦复不敷制造，现饬改用坚木，尺寸稍为改窄，求适于用。牌费及一切调查经费，均由地方官就地筹支，不许稍有需索。现查各属均能照单赶办。此筹办调查户数之情形也。

新政万端，非财莫举。广西为受协省分，兵荒叠告，财政困难。近年筹办新政，牵萝补屋，百孔千疮，财政至为纷杂。派办政事处自光绪三十年将善后总局改设，而后为通省度支总汇，巨细兼包，款项繁错。本年正月，饬据该处改订章程，分科治事，确定主管事项，析簿籍为百数十种，用期一岁，出入数目分明。迨奉部行清理财政章程，遵于闰二月设立清理财政局，遴员开办，先将出入一切款目，分门别类，彻底清厘。昨奉部颁调查财政条款，当即转发该局，体察本省情形，按照开列纲要，酌加详细条目，拟定省分各署局营校报告册式，分别移行

---
① "首"字原文作"省"，应为"首"。见本书所收民政部《遵拟本部逐年筹备未尽事宜折并单》。

遵照填用。各署局应造之春季报告册，现均一律送到财政局，由该局汇总合编，九月以内当可如限到部。至全省财政沿革利弊，征收收支章程，及各项簿票式，各衙门局所规费及摊款，一面详确调查，分别办理，陆续咨报。此筹办调查岁出入数之情形也。

审判为宪政所关，尤为法权所系。广西省城各级审判厅，定于明年四月成立。梧州、南宁、龙州三商埠各级审判厅，定于明年七月成立。自是以迄宣统七年，逐年均有应筹办应成立之处，若无一总汇之所，何以资提挈而利推行。臣于本年四月设立审判筹备处，以臬司总办处事，分设审查、编订各科，遴员开办。全省七十五厅州县，查照部章，自本年至宣统七年，应设高等审判厅一所，地方审判厅约七十余所，初级审判厅约二百余所，检察厅数亦如之，需员既多，培养司法人才，至为紧要。当饬法政学堂自本年上学期起，将别科原有大清律例、民法、刑法、商法学科，酌加授课时刻，并加入民事诉讼法、刑事诉讼法两项，讲习科加入大清律例、商法、民刑诉讼法等科，以期毕业学员堪膺司法。惟是毕业需时，缓不济急，复将全省上控提审要案之谳局，移设审判筹备处内，附设审判研究所，令谳局承审委员于审理余闲，入所研究审判检察制度及中西法律学说，延揽曾习法政之士来局派充帮审，俾资实习，以期浑融新旧，相与有成。其来桂投效及照章不入学堂之同通州县佐杂各员，如有才堪造就者，派令入所研究法律，入局参观审判。明年审判成立，即尽以上各项人员，按其原官、成绩，分别委署推事以下各缺。至吏为官辅，非亟为造就，亦无以供指臂之资，并就该处附设检验学习所，年半毕业；录事、书记、承发吏学习所，半年毕业，庶几官吏稍知梗概，不至临事茫然。监狱与审判相表里，未有监狱不良而审判可称完善者，当于省城建立模范监狱一所；监狱学本专门，非未经教育之人所可滥竽从事，因于模范监狱先行附设监狱学堂一所，作养管狱官吏，用备审判结果之执行。此筹办各级审判之情形也。

简易识字课本，现未奉学部颁行，学塾一项，不能不暂有所待。惟教育实宪政基础，未敢以现无课本视为后图，况广西习惯犷悍，迭经兵燹，育才兴学，实较他省为倍殷。比年以来，臣督同学司，实力提倡，认真整顿，核计光绪三十四年全省共有专门学堂一所，学生三百四十六名；实业学堂七所，学生三百八十六名；优级初级简易讲习各师范学堂十二所，学生一千四百六十四名；中学堂十一

八、各地筹备情形

所，学生一千四百四十名；高初两等小学堂六百七十六所，学生二万七千七百零五名；半日学堂七所，学生二百四十九名。都为学堂七百二十八所，学生三万二千二百五十三名。比较光绪三十三年，增多学堂二百二十六所，学生九千九百三十六名。比较光绪三十二年，增多学堂五百六十二所，学生二万三千六百四十名。汉属七十五厅州县，略已普行设学。臣为造就土官起见，上年奏设全省土司学堂一所，各属闻风兴起，思恩七土司则有师范一所，永顺、凤山、上映、下冻、下石、思陵、凭祥等土司州县，则有两等小学九所，各峒苗瑶种族不同，久成化外，上年平乐府属金秀①瑶亦经该府欧阳中鹄亲往开导，创设开化小学一所，本年复有增设。现在就学人数，虽以全省人口比例，为数尚属有限，而就近年增加之速率以测，将来之进步，似尚有先难后获之几。此筹办学务之情形也。

广西自光绪二十九年前抚臣柯逢时创设省城巡警，梧州、南宁后先继起。比年以来，臣复随时督饬，陆续据报开办者二十余属。惟巡警为内政之机关，巡官长警②学理未谙，警政何由完备。并经分年派遣学生赴京师及日本留学警察专科，因资整顿，现奉民政部咨行奏定期限，各城治巡警限于宣统二年办齐，需才尤亟。省城高等巡警学堂建筑将竣，定于九月开办高等、简易两科。至各属应办巡警教练所，定额至少百人，惟百人教练经费，至少需七八千元，广西贫瘠异常，大半力难办此，且各厅州县多属山城斗大，百名巡警，未免事简人浮，因即察酌情形，分别贫富冲僻，区为五等。第一等省城及商埠厅县，名额由于特定，第二等定额百名，第三等定额八十名，第四等定额五十名，第五等定额三十名。其名额多财力足者，令其遵章自设一教练所，其名额少财力艰者，合数属共设一教练所。通计全省共设教练所十四处，八月一律开学，毕业续办。经费一事，高等巡警学堂、省城巡警教练所及省城巡警经费，均由公帑支给；各属巡警教练所及巡警经费，均令就地自筹，不得请拨公款。至桂省紧接越南，边界绵长一千九百余里，国际警察尤关紧要，警察科目，定章本授英日文字，惟此间需用法文尤亟，所有外国文一科，前经奏明改授法文，以资实用而便交涉。此筹办各属巡警之情形也。

---

① "金秀"，原文作"全秀"，疑有误。广西今有金秀瑶族自治县。
② "巡官长警"，指巡官、巡长、巡警。

窃惟本届事项，实为宪政筹备之初基，且与已未筹诸政无不息息相关，固不敢偏于躁切，滋间阎骚扰之忧，尤不敢略涉因循，误宪政进行之限。臣惟有督率寅僚，交相策勉，实事求是，按序程功，期副朝廷变法图强之至意。除咨宪政编查馆查核外，所有第二届筹备情形，理合恭折具陈，伏乞皇上圣鉴训示。谨奏。

宣统元年九月二十三日奉朱批：该衙门知道。钦此。

《政治官报》第七百三十三号，折奏类，宣统元年九月二十八日出版

广西巡抚张鸣岐奏第三届筹办宪政情形折

宣统二年二月二十八日

头品顶戴广西巡抚臣张鸣岐跪奏，为筹备宪政，遵将第三届筹办情形，恭折具陈，仰祈圣鉴事：

窃九年筹备事宜，查照定章应以每年六月底暨十二月底各为一届，限每年二月、八月将筹办成绩各具奏咨报一次。桂省第一、第二两届筹办情形，经臣遵限先后奏报在案。查第二年期督抚应办者八项：曰举行谘议局选举，各省一律开办；曰颁布资政院章程，举行该院选举；曰筹办城镇乡地方自治，设立自治研究所；曰调查各省人户总数；曰调查各省岁出入总数；曰筹办各省省城及商埠等处各级审判厅；曰颁布简易识字课本，创设厅州县简易识字学堂；曰厅州县巡警限年内粗具规模。兹值第三届奏报之期，谨将筹办情形为我皇上缕晰陈之。

谘议局为采取舆论之地，即为资政院储议员之阶，意美法良，造端宏大。自上年五月十五日举行初选后，七月十五日行复选举，九月初一日谘议局成立，先期召集全省议员投票互选，定翰林院编修陈树勋为议长，翰林院编修唐尚光、附生甘德蕃为副议长，核定一切规则，至期臣亲自莅局行开会式，宣布朝廷德意，勉以各摅忠爱，共济时艰。旋奉电传上谕，当即敬谨缮录，悬挂议场，钦遵遵守。先就臣署会议厅提出议案陆续交议，并由各议员自抒己见，草具议案，互相

讨论。据呈议决各案，多属明通平正，随时公布施行，间有一二意见难免异同，情势不无窒碍，亦经照章分别札局复议咨院核定，务以推行无阻为归。会期延长四日，于十月十五日闭会，自开会以至闭会，会场秩序尚属严肃整齐，人民程度渐高，于此可见。此筹办谘议局选举之情形也。

查资政院章程，督抚应行选举咨送者，一各省谘议局互选议员，一硕学通儒选举议员，一纳税多额者选举议员。谘议局互选议员，遵于上年十月十一日，由臣莅局监督互选，计议员五十七人，实到投票者五十四人，选出当选人黄廼昌、唐钟元、冯汝梅、吴赐龄四名，未足定额。随于十二日再选，计选出当选人黄晋蒲、李识韩二名。臣复加选定，以举人黄廼昌、陆军部主事唐钟元、举人冯汝梅为互选资政院议员。唐钟元于榜示后三日呈明辞退，又经复选，以副贡吴赐龄接充。分别给与执照，分造名册咨送，听候召集赴京。硕学通儒，经臣遵章搜访五品卿衔孙葆田、翰林院编修衔沈同芳，行据学司李翰芬搜访礼学馆顾问官简朝亮，先后咨送学部审查。纳税多额者，其互选非由本届举行。现据互选监督藩司魏景桐，于本年二月初十日选定当选人何治方、蒋实英二名，候补当选人陈智伟、罗振书二名，申送名册前来，亦经咨院核办。此筹办资政院选举之情形也。

自治为立宪根本，城镇乡又为自治初基，创办之初，必须条理详明，然后措施悉当。自治研究所之设，实为进行著手之方。前将本省地方画为三区，每区设一自治研究所，按属派定名额，饬于上年闰二月选送士绅入所研究，十一月三所同时毕业，共得学生三百二十余名，思恩府、宁明州、怀集、宜山、崇善县于三区之外，就地各设自治研究所，亦先后毕业，共得学生三百六十余名。自治筹办公所暨事务所，与自治研究所相为体用，先经分别贫富冲僻，定立期限，通饬筹设。现计依限设立筹办公所或事务所者二十八属，提前设立筹办公所者八属，各所学生研究毕业，足为办事之资。然自治固在人民，监督实由官吏。各地方官倘于自治法理未尝学问，冥行擿埴，办理必致乖方。臣前奉颁布城镇乡自治章程，当即通饬寅僚认真讲习，遇有新委府厅州县各员，饬司详送，由臣亲加考验，就自治章程摘要析疑，当堂问难，应对无讹，方准赴任。其不能面答或答非所问者，均予扣委。数月以来察看各员，尚知淬（励）〔砺〕，仍当随时策勉，以造吏才而端治本。临桂附省，风气较开，程督较近，地方自治，经饬提前试办，用作提倡，调查选举，次第就绪。该县与修仁县城镇乡议事会同时据报成立，开会议事,秩序井然。此筹办地方自治之情形也。

司民掌登万民之数,周官失职,斯制遂淹,后世保甲成规,专为弭盗而设,寖久复成具文。近来新政迭兴,举凡兴学、征兵、选民、榷税诸事宜,非有户口可稽,势难推行不紊。中国人民向称四万万,调查自极繁难,逐年筹备清单,于查报户口,分限四年,宽以时期,务求详确。本届为省会及外府所属各首县并商埠地方人户总数报部之期,调任巡警道刘永滇,根据部章编就办事细则及期限清单,并白话演讲文,详定通饬遵行,以期官有率循,民无疑阻。九月据上思、郁林、临桂、平乐、马平、武缘、桂平、宣化、苍梧各厅州县查报,十月据百色、龙州、归顺、崇善、凌云、天保各厅州县查报,计共正户五十万九千一百八十二户,附户二万九千零四十六户,先后由道详经核咨在案。此外各属人户总数,提前赶办,业据查报者三十处。省会巡警成立已久,调查机关较为完备,接署道欧阳中鹄,业将查口一事提前接办,据报查得男子三万七千九百五十八口,女子二万七千六百三十八口,附查得学童六千四百一十八口,壮丁一万六千九百五十四口。惟调查户口为实行户籍法之权舆,定章调查处之设,最为紧要机关,已查户口遇有增减迁移,必须随时饬报登记,庶可征实持久,未容以一查塞责,迭经切饬遵办。此筹办调查户数之情形也。

清理财政,以确定预算为归,然非于岁出入总数详晰调查,预算何能确定?桂省以兵荒受(胁)〔协〕之区,值庶政繁兴之会,牵萝补屋,年复一年,万绪千头,方苦棼丝难治。自清理财政设局而后,正监理官汪德溥、副监理官谢鼎庸综核精详,总办藩司魏景桐、会办道员彭清范,督率科员悉心经理,本届为调查光绪三十四年出入总数之期,遵章画分新旧移行省外各署局,将是年出入款目造册送局,逐一钩稽,共计岁入银四百八十九万六百余两,岁出银四百九十九万二千一百余两,详经核明,先将总数电部,细数各册,亦经依限咨送。至宣统元年按季报告册,为现行案出入所关,经局拟定妥式、款别之后,兼列库名,季总之中,仍存月别,剔除抵拨,分别四柱,以别于实收、实支,摘叙沿革大概,具载说明书中,用备考核。桂省交通不便,文报稽延,款目偶讹,往复询查,动需时日。而部限又极严切,每当汇核造报,各科员伏案持筹,连宵达旦,办理尚为勤奋,春夏秋三季册,先后依限详咨。理财正辞,自以酌定公费、豁免摊款为要著,现在妥筹办理,以期一出一入,昭然共见,庶清治源。财政公所,为本省财用出入之总枢，经饬藩司悉心规画，将派办政事处统税总局、经征总局照章归并，本年正月初一日公所成立，收支方法现并加意改良，以慎出纳而便稽核。此筹办调查岁出入数之情形也。

桂省商埠有三：曰梧州，曰南宁，曰龙州。按照筹备清单，应与省城各级审判厅同时筹办。惟查梧州为三江总汇，华洋杂处，尚称繁庶之区。南宁、龙州号称商埠，要皆有名无实，商务民居均非蕃庶，讼狱尚简。臣与臬司王芝祥及奏调京师地方审判厅推事俞澍棠、朱文劭等，体察情形，筹议变通，拟于宣统二年春间设省城高等以下各厅，秋间设梧州地方初级各厅。其南宁、龙州地方初级各厅，量为展缓，于宣统三年春间、秋间先后设立，以纾财力。乡镇初级审判，其成立当在宣统七年，惟城治乡镇情形、办法各有不同，临桂为附省首县，亟应提前办理，用资模范。且使该县审判概行设备，行政、司法从可分离，一以树各属之风声，一以验施行之利弊。拟于宣统二年秋间，先就该县乡镇设立初级厅一所，前于筹办审判请将区域期限酌量变通折内，详晰奏陈在案。至审判研究所，录事、书记、承发吏学习所现已次第毕业，检验学习所亦已提前毕业，审判官吏尚可就地取材，监狱学堂亦经开学。省城高等厅就左营参将旧署修改，业已竣工。梧州地方厅，拟就该府考棚修改。此筹办各级审判之情形也。

教育为宪政本源，比年以来，学司李翰芬整顿提倡，不遗余力。光绪三十四年两学期各项学堂人数，比较上年增多九千九百余名，宣统元年上学期小学人数，比较上年增多一万二千八百余名，具征风气渐开，人知向学。惟是桂省地方异常贫瘠，办学、就学两者均难，非亟筹办简易识字学塾，俾年长失学及贫寒子弟得有从学之区，教育未由普及。查简易识字学塾定章，毕业分一年、二年、三年三种，前经学司分年规画，就人口多寡，财力盈绌，将各厅州县区为甲、乙、丙三类，甲类一十六属，乙类二十四属，丙类三十六属。宣统元年省城五区应设五塾，将三种分配全设甲城须设四塾以上，三种全设乙城须设三塾以上，丙城须设二塾以上，各酌设一二种。简易识字课本，现尚未奉颁行，暂用学部初等国文课本先行教授，以免阁待。现在据报成立者，计共五百八十一塾，倍逾定额，办理尚属认真。间有边僻地方，设塾稍迟，亦经严切督催，一律赶设，并由教育会、劝学所组织简易识字会，凡属学界中人热心公益者，皆为会员，于通衢广众之间，将三五字义指画口诠，老幼男女均可听受传习，不必设校，不必延师，其事尤为简易。先经学司于分年筹备教育案内详定通行，用期遍造识字国民，以促宪政进步。此筹办简易识字学塾之情形也。

巡警局务向由臬司总办，自上年三月新设巡警道缺，责成始专，调任道刘永滇、现署道欧阳中鹄，先后履任，设立警务公所，改正警区，实行警律，一切编制，悉遵部章，力图整顿。分设侦探、消防两队，认真办理，数月以来，偷窃、火警实较往年减少，冬防亦极安谧。外府所属各县及商埠地方，据报开办巡警者二十余处，惟是巡官长警多未身受教育，势难遽臻完善，非亟图作养，未由收改良进步之功。省城高等巡警学堂遵设高等、简易两科，业于九月考取学生拨校肄习。各属教练所亦经分别贫富冲僻，区为五等，按属派定名额，或分或合，公设一十四所，十月内外先后据报开学，并据镇安府于定额外分设一所，据报开学前来。诚恐各属办理或涉敷衍，复经由道委员分赴调查报告，整顿扩充，期收实效。此筹办各属巡警之情形也。

凡兹八项，皆为宪政切要之端，惟治具之张弛，全视财力之盈绌以为衡，广西凋敝情形甲于他省，要政待举，经费奇穷，剜肉医疮，捉襟见肘，兼营并骛，备极困难，微臣一介驽庸，报政深惭寡效。本届筹备，实赖两监理官和衷共济，司道僚属并力经营，得以勉赞新猷，幸无贻误。自时厥后，宪政则岁有扩张，财政日形竭蹶，前途尚远，来日大难，中夜彷徨，罔知所届，惟有督率僚属，殚虑竭能，随事随时妥筹办理。时会正当相迫，敢忘奋迅以图功？情势容有难行，就在变通而尽利。策一篑为山之力，赞九年立宪之成，以期上副朝廷变法图强、实事求是之至意。

除咨宪政编查馆查核外，所有第三届筹办情形，理合恭折具陈，伏乞皇上圣鉴训示。谨奏。

《清末筹备立宪档案史料》，第771—777页

广西巡抚张鸣岐奏遵设宪政筹备处并恭悬上谕折

宣统二年五月十四日①

奏为遵旨设立宪政筹备处并恭书上谕，敬谨悬挂，恭折仰祈圣鉴事：

宣统二年二月初九日承准宪政编查馆咨开：本馆具奏请饬京外各衙门设立宪政筹备处，并将十月十三日上谕恭书悬挂一折，钦奉谕旨：著依议。钦此。相应印刷原奏，咨行查照，钦遵办理。等因，前来。查原奏内称，拟令京外各衙门一律设立宪政筹备处，在外由督抚责成司道督率承办各员办理其事。凡派在宪政筹备处人员，应令开单咨馆，以便遇事互相考论。并将十月十三日上谕恭书悬挂，以励进行而免疏懈。各等语。

查逐年筹备清单督抚应行筹备事宜，除谘议局、资政院选举已于第一、二年筹办外，第三年以后应行筹备者，为自治、户籍、财政、审判、教育、巡警数端。前经督同臣署科员及各署局司道，各就主管事项程督各属切实筹办，仿照考核专科章程，通饬司道府厅州县印委各员，每届六个月将筹办成绩禀报一次，遇有交替，由后任会同前任将筹办一切情形详细通报，用备考核而杜诿卸，各在案。承准前因就臣署西偏设立宪政筹备处，刊刻木质关防一颗，文曰"广西宪政筹备处之关防"，以资信守。檄委布、学、按三司充当总办，劝业、巡警两道充当会办。分设两科，一曰考核科，派委专员一二员，酌给薪水。一曰文牍科，即以臣署各科参事员兼充，不另支薪水。该处应需笔墨纸张一切因公杂用，均就上年新筹之宪政研究会专款内撙节匀支，亦不别支公款，以节糜费。并将宣统元年十月十三日上谕恭书一通，敬谨悬挂处内，俾在处诸员昕夕懔遵。将一切应办事宜，按期筹备，暨将各属宪政整齐利导，免风气之自为，稽核激扬，冀柔愚之共勉。以期上副朝廷立宪图强、循名核实之至意。除将各员衔名造册咨报宪政编

---

① 为朱批批示日期。

查馆外，所有遵设宪政筹备处缘由，理合恭折具陈，伏乞皇上圣鉴训示。谨奏。

宣统二年五月十四日奉朱批：该衙门知道。钦此。

《政治官报》第九百五十一号，折奏类，宣统二年五月十七日出版

护理广西巡抚魏景桐奏第四届筹办宪政情形折

宣统二年十月初六日①

奏为筹备宪政，遵将第四届筹办情形恭折具陈，仰祈圣鉴事：

窃九年筹备事宜，查照定章，应以每年六月底暨十二月底各为一届，限每年二月、八月将筹办成绩各具奏咨报一次。桂省第一、第二、第三届筹办情形，业经抚臣张鸣岐遵限先后奏报在案。查第三年期督抚应办者九项，除地方税章程应俟度支部、宪政编查馆厘定外，其余八项，曰续办城镇乡地方自治，曰筹办厅州县地方自治，曰汇报各省人户总数，曰复查各省岁出入总数，曰试办各省预算决算，曰各省省城及商埠等处各级审判厅限年内一律成立，曰推广厅州县简易识字学塾，曰厅州县巡警限年内一律完备。兹值第四届奏报之期，所有抚臣张鸣岐自宣统二年正月起至六月止一切筹办情形，谨为我皇上缕晰陈之。

办理自治，首在得人，故储材最为要务。上年设立自治研究所三处，于十月同时毕业，本年复就第一研究所扩充名额，改为全省自治研究所，共招学生一百六十余名，赓续办理。并督催各厅州县筹设自治研究所，即就上届毕业各生分饬充当所长、教员，认真管理教授。现计已成立者共六十二属。自治筹办公所暨事务所与自治研究所相为体用，先经分别贫富冲僻，定立期限，通饬筹设。本届设立筹办公所者共十一属，内有提前成立者十属；各土司地方提前设立筹办公所者三属，土属人民竟能热心自治，尤为不可多得。议事会一项，依限成立者十二

---

① 为朱批批示日期。

八、各地筹备情形

属，提前成立者二属，已报选举者七属。董事会一项，已成立者二属，已报选举者七属。此后循序渐进，当可一律观成。此筹办地方自治之情形也。

查报人户一事，本届为外厅州县及各土属呈报户数之期。先经署巡警道欧阳中鹄督饬各属详细查报，综计汉属外厅州县共正户一百七万八千三百九户，附户七万七千四户；土属州县共正户二十万四百九十户，附户六千五百三十八户。由道详经核咨在案。仍饬遇有增减迁移，随时查报登记，以昭核实。并饬将查口一事提前筹备，根据部章编定细则，详加考订，先期颁布，以期事豫则立。此筹办调查户数之情形也。

复查宣统元年岁出入总数，先准部咨，饬照部颁预算册式，分类分款详细填注，送部核定。当由清理财政局将宣统元年报告总分各册，复加稽核，分门别类编纂总册，现已告竣，咨送度支部汇奏。

试办各省预算，为试办全国预算之张本，而试办全国预算，又为确定全国预算向议院提议之张本，关系宪政前途，至为重要。顾事属创始，头绪纷繁，不为先事之经营，难免临时之竭蹶。抚臣张鸣岐于上年九月即经饬令清理财政局移行全省文武大小衙门局所，各就主管事项，预算宣统三年出入款目，造具草案，送由藩司汇造总册，开会议厅，邀同正副监理官，召集主管各员，将预算出入各款逐一审查，切实删减。计初次呈到草案，岁出岁入两项比较，不敷至三百数十万两之多，迭经磋议，或就款核减，或因事节缩，先后提除出款二百余万两。反复揣求，实已无可再减。随于本年三月准度支部将预算册式颁发到桂，并准度支部电令将宣统三年以前已办之事、已有之款，宣统三年应办之事、可筹之款，均各分别岁出岁入，于册表末列一总数，当经清理财政局遵照办理，将总分各表册依限办竣。统计广西省宣统三年分共岁入库平足银四百五十三万余两，岁出库平足银五百八十四万余两，收支比较，不敷银一百三十一万余两，是为预算之正册。又宣统三年应办事项，国家行政岁出库平足银四十四万余两，地方行政岁出库平足银四十一万余两，款皆无著，计共不敷银八十六万余两，是为预算之附册。合正附两册并计，共不敷银二百一十七万余两，随将表册咨送，依限于六月十五日到部。并经抚臣张鸣岐将收支不能适合各缘由详细奏陈，请将正册不敷之一百三十余万两，由度支部将广西解款酌量停解，改拨约六七十万两，再由本省勉筹六七十万两；附册不敷之八十余万两，请由会议政务处通盘筹画，将应办各事分别展缓，以纾民力而裕度支。现尚未准部、处议复，惟续准度支部来电，摘举预算案内出入各款，饬令分别增减，当复核明于无可再减之中，勉为核减银七万八千两，其入款则无可再增，均经先后电咨在案。此复查宣统元年出入总数及试办宣统三年预算之情形也。

省城各级审判厅，原定本年三月提前开办。梧州、南宁、龙州地方初级各厅，则于本年秋间及宣统三年春间秋间先后设立，前经抚臣张鸣岐于筹办审判请将区域期限酌量变通折内奏明在案。省城各级审判厅本可依限成立，嗣因承准宪政编查馆咨行奏定法官考试任用暂行章程，法官非经考试不得录用，复经商准法部定期五月十五日考试法官，招致本省及湘粤近省合格人员来桂应考。法部奏奉简派抚臣张鸣岐充监临，提学使李翰芬、按察使王芝祥充考试官，钦遵入闱，排日分场考试，录取三十二名，咨部核办会奏复命。其原设之审判研究所，录事、书记、承发吏、检验吏各学习所，均次第毕业，各厅建筑亦一律告竣。当经臬司遵照法院编制法，参酌情形，于高等审判厅内分设民、刑各一庭，桂林地方审判厅内分设民、刑各一庭，临桂初级审判厅内亦分设二庭，并配置各级检察厅，仍独立行其职务。札委奏调京师地方审判厅推事俞澍棠、朱文劭二员，分署高等审判厅厅丞、高等检察长，刊刻各厅关防，暂发启用。考试录取各员，由司照章酌量派署省城各级审判、检察官缺，其典簿、主簿、录事及书记、承发吏等，就研究所、学习所各项人员中分别试验，暂行派充。六月初三日，省城审、检各厅一律开厅。业经抚臣张鸣岐详晰奏报在案。至梧州商埠各级审判厅，原议本年秋间成立，应归下届具报，现已派员前往，将前次勘定基址鸠工庀材，刻期建筑，预计九月初可以告竣。审判人员不敷尚多，本省考试已过，无从取材，亦经电请法部就京考取分发，以资任使。此筹办审判之情形也。

人民识字与宪政前途关系綦重，增设简易识字学塾，以促进国民之程度，实为切要之图。迭经学司督饬各属广为筹设，综计本届实增加简易识字学塾四十一所，合之上届原有之数，共得六百二十二所，学生一万三千九百八十人。其筹备而尚待成立者，如马平、贺县、怀集等属，尚有百数十所。上年开办学塾时，识字课本尚未编辑，暂用部编初等国文先行授课。现时识字课本三种，印本渐多，本省官书印刷所，亦经多方翻印，附近省会各塾，业经遵用课本教授。其僻远州县，交通未便，一时未能遵购者，已饬从速购备，以归一律。仍当督饬所属，力图扩充,务使边省学风与年俱进,以收教育普及之效。此推广简易识字学塾之情形也。

各属巡警上届具报开办者,已有多处,惟办理之是否完善,全视巡官长警曾否身受教育,故教练一事,在所必先。兹查百色直隶厅之巡警教练生业已毕业,其城治巡警五十名,亦已开办;郁林直隶州巡警教练所甲班学生业经毕业,布置开办事宜;思恩府之府治巡警教练生业经毕业,将思恩本管地方及武缘县两处巡警分别开办,合共巡警七十二名,于本年正月实行改区;太平府、泗城府、龙州厅、桂平县、雒容县各巡警教练所亦均已毕业,分别派员考试,克期开办。此外,尚有南宁府城添设水上巡警,泗城府属提前开办,逻里乡镇巡警均已成立。仍由巡警道督催各属,已毕业者随时开办,未毕业者先事筹维,总期计日程功,不容稍有玩愒。此筹办巡警之情形也。

凡兹八项,皆为宪政之要端,抚臣筹办于前,微臣承乏于后。自兹以往,事机愈迫,要政愈繁,惟有督率群僚,并骛兼营,赓续妥办,断不敢以暂时护篆,稍涉因循,以仰副朝廷变法图强、实事求是之至意。除咨呈宪政编查馆查核外,所有第四届筹办宪政情形,理合恭折具陈,伏乞皇上圣鉴训示。谨奏。

宣统二年十月初六日奉朱批:该衙门知道。钦此。

《政治官报》第一千九十四号,折奏类,宣统二年十月十二日出版

广西巡抚沈秉堃、护广西巡抚魏景桐会奏筹备宪政情形折

宣统三年三月二十二日①

奏为会奏桂省筹备宪政情形,恭折具陈,仰祈圣鉴事:

---

① 为朱批批示日期。

窃臣等恭读光绪三十四年八月初一日谕旨，逐年应行筹备事宜，必须秉公认真次第推行，各部院领袖堂官，各督抚及府尹，遇有交替，后任人员应会同前任，将前任办理情形详细奏明，以期各有考成。等因。钦此。钦遵在案。查桂省筹备宪政第一、第二、第三、第四各届情形，均由前抚臣及臣景桐先后依限奏咨在案。兹值第五届奏报成绩之期，适臣秉堃到任接篆之日，查照九年清单第三年即宣统二年各省应办事宜，共分九项。除地方税章程应俟馆、部厘定外，其余八项均由臣景桐遵照定限次第办理。现值交替，自应将任内办理情形会奏。臣秉堃当即详稽档案，证以事实，请为皇上缕晰陈之。

自治筹办公所，计本届依限成立者四属，提前成立者四属。城镇乡议事会，本届展限成立者十三属，提前成立者七属。城镇乡董事会，本届依限成立者十一属，提前成立者两属。业已选举者十六属。厅州县议事会提前筹办者两属。全省自治研究所毕业者一百五十名。各属具报毕业者三十六属，毕业学员共一千九百名。此续办城镇乡地方自治及筹办厅州县地方自治之情形也。

人户总数，各属均经依限查明汇报。惟怀远一县，因苗民滋事，户口流亡，禀请缓报，业经饬令赶办。又拟定查口办事细则，划分期限，提前办理查口事宜。此筹办汇报人户总数之情形也。

岁出入总数，以修正预算案为准。计岁入经常、临时两项，共库平银三百八十九万余两。岁出之款，国家行政部经常、临时两项，共库平银四百一十七万余两，地方行政部经常、临时两项，共库平银四十三万余两，合计岁出库平银四百六十万余两。此项预算案系上年十一月重加修正，较原编岁出正册计减省银一百二十三万余两。出入相抵，仍不敷银七十一万余两。此复查岁出入总数及试办预算之情形也。

省城高等审判厅以下各厅提前成立，已于第四届筹备成绩案内奏明在案。梧州商埠地方、初级两厅，均于上年十一月开庭。邕、龙两埠，限于财力，尚未举办。省城模范监狱亦经告成。此筹办省城及商埠各级审判厅之情形也。

简易识字学塾，合计全省已经成立者共九百五十所，学生共二万一千四百六十人，比较上届增加学塾三百二十八所，增多学生七千四百八十人。此推广厅州县简易识字学塾之情形也。

厅州县城治巡警，除桂林府属之永宁州、中渡厅，太平府属之明江厅，梧州府属之怀集县，庆远府属之安化厅，或因地方穷瘠，或因匪乱初平，未能依限举办，其余各属均经呈报成立。惟地方繁简不同，经费多寡互异，巡警之数，多至二百人，少仅十余人。尚难一律遽臻完备。此筹办厅州县巡警之情形也。

窃维桂省筹备宪政，前抚臣张鸣岐创办于前，臣景桐继续于后，内忧库储之支绌，外迫人才之消乏，几经艰苦曲折，始能依限进行。臣秉堃考核筹办事项，均系实在情形。惟是自今以往，期限愈迫，财力愈艰，既不敢扩张逾量，徒为无米之炊，复何敢苟且自安，致蹈愆期之咎。惟有审量盈虚之数，熟察缓急之宜，殚竭愚诚，力求进步，以副朝廷实事求是之至意。除照章分咨外，所有护抚臣任内筹备各情形，理合会同恭折具奏，伏乞皇上圣鉴训示。

再，此折系臣景桐主稿，由臣秉堃复核无异。至应报第五届宪政成绩，即系会奏上项事宜，请免另案再奏，合并陈明。谨奏。

宣统三年三月二十二日奉朱批：该衙门知道。钦此。

《政治官报》第一千二百五十一号，折奏类，宣统三年三月二十八日出版

四川总督赵尔巽奏第一年筹备事宜依限举办折

宣统元年闰二月二十五日①

奏为遵旨筹办议院未开以前第一年应行筹备事宜，系于第一届限内举办，恭折具陈，仰祈圣鉴事：

光绪三十四年八月初一日奉上谕：朕钦奉慈禧端佑康颐昭豫庄诚寿恭钦献崇熙皇太后懿旨，宪政编查馆、资政院王大臣奕劻、溥伦等会奏进呈宪政议院选举各纲要暨议院未开以前逐年应行筹备事宜一折，现值国势积弱，事变纷乘，非朝野同心，不足以图存立，非纪纲整肃，不足以保治安，非官民交勉，互相匡正，

---

① 为朱批批示日期

不足以促进步而收实效。该王大臣所拟宪法暨议院选举各纲要，条理详密，权限分明，兼采列邦之良规，无违中国之礼教，要不外乎前次迭降明谕大权统于朝廷，庶政公诸舆论之宗旨。将来编纂宪法暨议院选举各法，即以此作为准则，所有权限，悉应固守，勿得稍有侵越。其宪法未颁议院未开以前，悉遵现行制度，静候朝廷次第筹办，如期施行。至单开逐年应行筹备事宜，均属立宪国应有之要政，必须秉公认真次第推行。著该馆、院将此次清单附于此次所降谕旨之后，刊印誊黄，呈请盖用御宝，分发在京各衙门、在外各督抚府尹司道，敬谨悬挂堂上。即责成内外臣工遵照单开各节，依限举办，每届六个月将筹办成绩胪列奏闻，并咨报宪政编查馆查核。各部院领袖堂官，各省督抚及府尹，遇有交替，后任人员应会同前任，将前任办理情形详细奏明，以期各有考成，免涉诿卸。凡各部及外省同办事宜，部臣本有纠查外省之责，应严定殿最，分别奏闻。并著该馆、院王大臣奏设专科，切实考核。在京言路诸臣，亦当留心察访，倘有逾限不办，或阳奉阴违，或有名无实，均得指名据实纠参，定按溺职例议处。该王大臣等若敢扶同讳饰，贻误国事，朝廷亦决不宽假。当此危急存亡之秋，内外臣工同受国恩，均当警觉沉迷，扫除积习。如仍泄沓坐误，岂复尚有天良。该馆、院王大臣休戚相关，任寄尤重，倘竟因循瞻庇，讵能无疚神明。所有人民应行练习自治教育各事宜，在京由该管衙门，在外由各督抚，督饬各属，随时催办，勿任玩延。至开设议院，应以逐年筹备各事办理完竣为期，自本年起务在第九年内将各项筹备事宜一律办齐，届时即行颁布钦定宪法，并颁布召集议员之诏。凡我臣民，皆应淬（厉）〔砺〕精神，赞成郅治，如有不靖之徒，附会名义，藉端构煽，或躁妄生事，紊乱秩序，朝廷惟有执法惩儆，断不能任其妨害治安。总期国势日臻巩固，民生永保昇平，上慰宗庙社稷之灵，下答薄海臣民之望。将此通谕知之。钦此。

又准宪政编查馆咨行考核专科章程内开：一、九年筹备事宜，钦遵懿旨，责成内外臣工，每届六个月将筹办成绩胪列奏闻，并咨报宪政编查馆查核，应自光绪三十四年八月起至十二月底止为第一届，以后每年六月底暨十二月底各为一届，限每年二月内及八月内各具奏咨报一次。等因。遵查清单内光绪三十四年应行筹备事宜，一、筹办谘议局，各省督抚办，等因。遵于光绪三十四年九月初九日按照宪政编查馆咨行谘议局章程，设立谘议局筹办处，札委藩司王人文为总理，署学司方旭、巡警道高增爵、在籍翰林院编修胡峻、即用知县邵从恩为协理。按照选举章程认真筹办。当于是年腊月初一日奏报在案。惟是选举事系创办，头绪纷（烦）〔繁〕，不惟人民昧所适从，即官吏亦穷于因应。照该局成立期以本年九月，事繁限迫，稍涉松懈，即虑贻误要公。是以开办以来，即督饬该处官绅，遵照定章，悉心商榷，举初选复选诸事分别列表，以事务之难易，定程限之久暂。并胪列办法，次第发交各初选复选监督，依限办理。复虑各属官民于选举之资格、调查之方法以及投票开票之规则多所未谙，乃就省城绅班法政学堂及自治研究所毕业学生中选用一百四十余人，派往各属，会同地方官襄办一切。并由该处详定办事功过章程，随时稽核，择尤惩劝，俾在事者知所歆惧。现统计、调查、造册诸事，各属已办齐报省，刻正分配议员名额，厘定初选当选人员数，一俟初选事毕，即赶办复选事宜。约于八月以前各属选出议员，当可一律到省。

又谘议局工程重大，兴作宜先。现已择就省城督右游击旧署扩充改建，由谘议局筹办处遴选妥员，赶紧兴筑。其款项归司库支拨。但使计日程功，当不误九月开局之期。惟川省风气晚开，人材消乏，以至促之期间，为至烦之创举，各处之选格能否恰合，将来之开局是何现象，虽希望无穷，究少把握。奴才惟有勉竭驽钝，督同在事官绅，悉心筹画，先事防维，以期仰副宸厪于万一。

此系第一届筹办情形。至本年筹备事宜，亦经次第规画，略具条理。应俟办理就绪，归入第二、第三两届陆续依限奏报。所有遵旨筹办第一年筹备事宜，系于第一届限内举办缘由，除咨宪政编查馆外，谨恭折具奏，伏乞皇上圣鉴。谨奏。

宣统元年闰二月二十五日奉朱批：该衙门知道。钦此。

《政治官报》第五百二十七号，折奏类，宣统元年闰二月二十八日出版

四川总督赵尔巽奏第二届筹备宪政情形折

宣统元年十月初一日①

奏为遵旨胪陈第二届筹备宪政情形，恭折仰祈圣鉴事：

窃奴才恭读光绪三十四年八月初一日上谕：钦奉懿旨，宪政编查馆、资政院会奏遵拟宪法大纲及议院选举各法，并逐年筹备事宜一折，著将单开应行筹备事宜，责成内外臣工依限举办，每届六个月，将筹办成绩胪列奏闻。等因。钦此。十二月二十七日上谕：明年以后应行筹办各事，著内外各衙门按限妥筹，次第举办。等因。钦此。仰见朝廷迪光前烈，锐意图强，莫名钦悚。嗣准宪政编查馆奏定宪政考核处章程，京外筹办宪政，每年六月底暨十二月底各为一届，限每年二月内及八月内各具奏咨报一次。等因。所有川省去年第一届筹设谘议筹办处情形，已于本年二月内专折奏陈，奉旨钦遵在案。今届八月奏报之期，合将本年筹备事宜，详陈圣明鉴核。

查筹备宪政事宜单开，本年督抚所应筹办者共八项。

一曰举行谘议局选举。川省自上年奏设谘议局筹办处，即经分划办事程限，明定功过章程，通饬各属设立选举事务所，分区调查选格，复一面选派法政自治毕业学绅充任司选员，分路讲演，襄同各初复选监督办理一切。及本年二月底，各属已将选举人名册造齐送省，当由奴才按照全省选举人数，以全省应得之议员人数，分配于各复选区，复就各复选区之选举人数，以该区应得之初选当选人数分配于各初选区。统限于五月初一日举行初选，六月十五日举行复选。其旗籍专额议员，以川省驻防旧日取进学额本在二十名以内，特会商将军臣马亮定为专额议员二名，应行初复选举，即并入成都选举区一同办理。分布既定，幸各属官绅等能重视宪政，依限程功，各具有选举权之人，亦皆恪循秩序，踊跃投举。共选

---

① 为朱批批示日期。

出议员一百零五名，专额议员二名，均于七月内，经奴才宣示召集，先后到省，藉资预备。其谘议局之建筑，亦于八月内落成。刻正督同僚属，草具议案，以便开局提议。此筹办已毕者一也。

一曰筹办城镇乡地方自治，设立自治研究所。查自治为立宪要图，奴才于上年已饬四川全省地方自治局，将应办各事预为规划。本年奉到城镇乡地方自治章程，当饬各属划分区域，清厘地方公款公产，并于调查户口时，一并清查选民资格，以为之备。随遵照民政部奏定逐年筹备清单，将全省城镇区为繁盛、中等、偏僻三种。其繁盛城镇，即饬该管之厅州县，于本年十月筹定经费，设立自治公所，筹办议事会、董事会选举各事宜，再以次推及于中等、偏僻各城镇。一俟城镇自治成立，即令续办各乡自治，分年兴举，期不误第六年一律成立之期。至养成自治人材，以设所研究为第一要义。川省于自治制度讲求颇早，本年复就原设之通省自治研究所，增大规模，添设名额，招选学绅五百余人，分班肆习，期以年底毕业。各厅州县地方，亦令遵章各设一所，以具有选民资格之士绅入之。现据报告成立者共七十余属，余正促令赶办，年内可望设齐。似此兼收并蓄，将来各地办理公益，或不致以乏材为虑。惟全省地方自治局，本为筹办自治之机关，与直隶处理自治者有别。前准宪政编查馆咨行原奏，本令以谘议局筹办处续办筹备自治事宜，即奏定自治研究所章程，亦有自治筹办处之名称，亟应遵照办理，以符名实。现已将该局改称全省地方自治筹办处，委藩司及巡警道为总、会办，而以官绅二坐办协理之，其下科长、科员等职，均遴选通材，分任权责，藉收提挈纲维之效。此已经筹办者二也。

一曰调查各省人户总数。本年准民政部咨到调查户口章程表式各件，当即照章派巡警道为总监督，并通饬各属一体遵办。惟查部章，户数口数系分两项调查，诚以事端繁重，同时并举，恐有未能，第户数口数本相连属，而消弭匪徒与清查丁口，尤有密切之关系，且川省近年迭奉部文试办清查户口事宜，业已略具端绪，因利乘便，正可一气办理。因饬各属于调查户数时，即一并调查口数，以期迅捷。衡以部章，其人户总数业已查明地方，应将查口事宜提前办理之条，亦属相合。现据各属禀报，均已划分区段，选派员长，依限调查，并拟有白话告示，晓谕乡民，免升疑阻。目前尚未届汇报之期，应由奴才督同巡警道严行督催，不使延误。此已经筹办者三也。

一曰调查各省岁出入。岁出入总数之调查，为编制各省预算之初基，即为办理全国预算之准备，其关系至为重要。川省自本年春间奉到度支部奏定清理财政章程，即经设立清理财政局，拟定办事细则，预制各种表式，通行各属，先事清厘。嗣准部颁调查条款，复赶紧刊印多分，逐细诠释，饬令遵式查报，并为严定功过，明示劝惩，俾承办者知所歆惧。惟各署局款目纠纷，钩稽非易，现值认真清查，又不容任意捏报，反贻有名无实之讥。重以地广道艰，各厅州县距省辽远，地方文报往返动需经旬累月，其造报合格者固已难望克期，若款项稍涉纷歧，一经驳查，尤不免稽延贻误。且本年春季报告册，虽经部臣奏准展限汇咨，而夏季报告册不能援以为例，是第一次即须造送两季之报告，方与部章相符。头绪既繁，限期尤促，自非指示方针，严重督责，无以收兼程并进之效。奴才现已（叠）〔迭〕饬该局严札督催，一俟清理财政监理官到川，即当商筹办法，切实考核，以速成功而重会计。此已经筹办者四也。

一曰筹办省城及商埠各级审判厅。查法权独立，为立宪国精神所在，吾国行政司法混合已久，今当预备立宪之时，亟益切实划分，以固宪政之根本。川省于本年四月即设立审判厅筹办处，规划一切，拟定在省城设一高等审判厅，成都、华阳两首县及重庆商埠所在之巴县，各设一地方审判厅。以上三县，均各暂设一初级审判厅，徐图推广。其他检察厅之配置，看守所之附设，及内部一应组织，悉遵照法部奏定审判厅试办章程办理，而各厅建筑之地址及应需经费，亦经分别择定，撙节拨济。复以各厅州县地方审判亟须设立，并饬令预择公地，酌筹款项，藉利推行。至需用人员，除扩充法政学堂养成完全人材外，已饬由该处设立审判员讲习所及检验吏学习所，多为储备，以应急需。此已经筹办者五也。

一曰创设厅州县简易识字学塾。宪政以教育为本根，而教育之道，尤以人尽识字为先务。奴才前已饬提学使通饬各属，调查所属乡场之人口、财力及儿童学龄等项，按地方之繁简，人民之贫富，以为设立简易识字学塾多少之标准。所需经费，亦饬妥为指定，并刊发改良私塾章程，养成此项学塾教员。先就通都大邑设立模范学塾，以资取法。一俟学部所定之通章、课本颁发到川，即行开办。此方事筹办者六也。

一曰各厅州县巡警限年内粗具规模。警务与警学相表里，断未有训练无方而可以推行尽利者。川省自开办警察，即以研求警学为要图，今春复遵照部章，于省城设立高等巡警学堂，选录绅班法政学堂二年毕业之生补习警务专科，预储各属警官之选。又以省区巡警需用弁目至二千余人之多，不可无储材之地以备拨补，特就原设之警务学堂，改办一通省巡警教练所，招生训练，并使旧有巡警分班入所补习，藉资深造。其各厅州县巡警教练，惟成、华两首县即就通省教练所招生附学，余皆令遵设一所，由各团保保送学生，筹给公费，择熟谙警务之员训导之。现计禀报成立者，已一百三十余处，将来开办乡镇巡警，即可取材于此。至本年筹办巡警，查照民政部续奏清单，本以各省省城、外府首县城治地方为限，而川省自前督臣岑春煊开办警务以来，迭经整饬规章，增益设备，省区巡警已颇有可观。嗣复选派警务卒业员绅，分赴各属，次第兴办，俾资保卫。及奴才去岁抵任，特奏设巡警道以综其成，全省警务益得有所督率，力图成绩。现截至第二届止，除各府首县城厢巡警不计外，其各厅州县提前办理者亦不下一百三十余处，余亦正事部署，勒限观成，未敢稍涉因循，致迟进步。惟川省河道纵横，支流错杂，素为盗匪出没之区，亦非增设水警，无以安行旅而占利涉。现已委派试用道王棪筹办川江水道警察，即就旧有之靖川、川东水师两营酌量改设，仍一面增制炮船，添练警卒，以为逐渐扩充之计，刻正竭力图维，容俟办有成效，再行详细入奏。此已经筹办者七也。

以上各项，除谘议局选举现已办竣，资政院选举俟章程颁发再行照办外，其余各项，皆已粗具规模，不致贻误。仍当赓续经营，悉心筹划，断不敢因本年应办之事已得过半，稍形懈弛。惟继出之新政无穷，地方之物力有限，以公私交窘之秋，值遗大投艰之会，奴才惟有屏绝虚浮，力求实际，务期宪政咸具精神，民力不忧匮乏，以仰副朝廷轸念民依、力求上理之至意。除分咨查照外，所有川省第二届筹办宪政情形，理合恭折具陈，伏乞皇上圣鉴训示。谨奏。

宣统元年十月初一日奉朱批：该衙门知道。钦此。

《政治官报》第七百四十一号，折奏类，宣统元年十月初六日出版

四川总督赵尔巽奏四川第四届筹办宪政情形折

宣统二年八月二十八日

尚书衔四川总督臣赵尔巽跪奏，为胪陈川省第四届筹备宪政情形，恭折仰祈圣鉴事：

窃筹备宪政事宜，照章应于每年二月暨八月各具奏咨报一次。川省自第一届至第三届筹备宪政情形，业经先后奏咨在案。查清单内开：第三年即宣统二年，各省督抚同办事宜计分九项，较之上年事体益繁，期限愈迫，自非刻期赶办，何能日起有功。（叠）〔迭〕经严定考成，分饬主管署局实力奉行，于本年应办各事，幸皆确具端倪，未逾定限。兹届续报成绩之期，除地方税章程应由馆部厘定会商办理外，所有第四届筹办情形，谨为我皇上缕晰陈之。

一、续办城镇乡地方自治。查照民政部清单，本年应考核繁盛城镇议事会、董事会办理成绩，指定中等城镇筹设该城议事会、董事会等会。川省繁盛城镇，业于上年分别指定筹备自治，本年夏间，成都、华阳两县首将城议事会、董事会合并成立，并照章将成都驻防加入办理。其江北厅、简州、彭县等三十余厅州县城会暨繁盛各镇会，均一律依限告成。而原属中等之巴州等八州县及属于偏僻之盐亭一县，岳池等属之石垭各镇，简州等属之石桥各乡，均已提前办竣。综计成立者，城会四十九处，镇会一十四处，乡会一十七处，复一面指定中等城六十余处并各镇会督饬赶办，期于年内次第组织，仍随时核其成绩，促其进行，以符实力推行之旨。

一、筹办厅州县地方自治。部单本年应就省会地方首县，筹设议事、参事等会。川省自奉到章程，即酌定日程单、议员分配表等件，饬成都、华阳两县先后筹办，复以江北厅、泸州、巴县三处地面冲繁，开通较早，饬令一体举行，通限本年九月成立。现据各属禀报，于分区调查预备选举等事，均已办有眉目，当可即时成立，树之风声。

一、汇报人口总数。部章本年十月以前，应将人户总数一律报齐。其人户总数业已查明地方，应将查口事宜，提前办理。川省前经奏明，查户之时，兼查口数，故至本年五月，已将全省人户总数一律报齐，并将成都等一百二十五属人口总数及清江之绵州等三十五属船户口数，先后咨部在案。此外未报人口总数及未报船户口数之十余厅州县，业经飞檄严催，年内定限报齐。惟户口变动靡常，自非按期编定不足以昭核实，应饬巡警道妥拟办法，通饬各属，责成自治职员及未设之地方绅董认真稽查，将所属境内迁徙生殁等事，分期造报，以为编定之资。

一、复查各省岁出入总数。宣统元年川省出入款项，早经清理财政局照章编纂，依限送部，并查照部电，饬照预算册式汇编年报，咨部核办，以觇全年出入盈亏，未尝稍涉迁延。

一、试办预算决算。前准馆咨，预算决算不能同时举办，本年试办预算表册，限于五月送部。川省自本年三月奉到部颁表册，并准度支部电咨，裁节浮靡，期于收支适合。又准电开，于七月内专案送部。当饬清理财政局据各该署局送到预算草册，查照部定册式，编成总分各册并比较各表，先行遵限送部。复饬司局公同协议，切实核减，另编册表，亦于七月初旬咨部，以便通筹而昭核实。

一、省城、商埠各级审判厅限年内一律成立。前奉到法院编制法及暂行各项章程，当即督同司处，将一切筹备事宜悉心措画，酌拟省城、重庆两处审判、检察各厅员缺，并定本年开庭日期暨开办经常等费表册，先后咨部。两处厅署暨看守所，早经兴工建筑，准于冬初竣工。需用推、检、书记各项人员，应俟照章考试，届时量才分别奏咨试署。其承发吏、检验吏、庭丁人等，现在饬司预筹考选，藉资器使。至省城审判各厅既于年内成立，模范监狱并应同时筹办，经臣饬司委员择地绘图，估工兴修，造具经费出入清册，送部查核，不久亦可竣事。

一、推广厅州县简易识字学塾。前准部咨此项学塾章程，即饬提学司转行各属，责成地方官、劝学所实力筹设。当即通饬筹备，略具初基，嗣于本年正月部颁课本始行到川，复经刊行各属，督饬开塾教课，并由司将各属具报设塾之数，汇编为表，详咨查核。共计就原有小学附设者二千零二十处，就祠庙公所创设者六百零六处。其预为规画，应俟逐年筹设者九千零一十七处，仍一面注重养成师资，认真改良私塾，期臻周溥。

一、厅州县巡警限年内一律完备。部单本年督催各省，将上年未经筹办之各厅州县巡警一律办齐。川省各厅州县巡警，上年咨报粗具规模者一百三十七属，旋据古宋、盐源、西昌三县补报开办，合计一百四十属。其余彭水、秀山两县，理番、懋功两厅，亦据禀办有基础，秋冬定可成立。惟未办者固应督催，已办者尤当考核。前经巡警道派员分路调查，其堪称完备者共计一百一十一厅州县，昨已由道汇填表册，作为本年一律完备第一次报告，详经咨部查核，应饬其余各属，切实筹备，以竟全模。至乡镇巡警，虽未届筹办之期，亦据成都等属次第提前开办。现查成、华两县境内，年内均可办齐，合之其余各属，已报开办者共得二十五处。川江水道巡警，缔造年余，亦已具有规模，刻正就省城、重庆两处添练司法巡警，养成侦缉人材，为审判开庭之预备。

　　以上各端，或依定限以程功，或审时宜而速进，幸皆勉副初期，未迟明效，惟是逐年筹备应办之事方多，宪政进行根本之图尤亟，臣忝膺疆寄，内审国情，惟有懔遵（叠）〔迭〕奉谕旨，于兼营并进之中，寓崇实黜华之意，以期深维邦本，仰副宸厪。

　　所有胪陈川省第四届筹备宪政情形，除分咨外，理合恭折具陈，伏乞皇上圣鉴训示。谨奏。

　　宣统二年十月十四日奉朱批：该衙门知道。片一件并发。钦此。

《清末筹备立宪档案史料》，第 793—796 页

四川总督赵尔巽、护理总督布政使王人文会奏川省筹备宪政情形折

宣统三年二月初五日①

　　奏为会奏川省筹备宪政情形，恭折仰祈圣鉴事：

---

① 为朱批批示日期。

窃臣等于光绪三十四年八月初一日钦奉谕旨：宪政逐年应行筹备事宜，各部院领袖堂官，各督抚及府尹，遇有交替，后任人员应会同前任，将前任办理情形详细奏明，以期各有考成。等因。钦此。查川省筹备宪政成绩，经臣尔巽先后依限奏咨各在案。现臣人文于宣统三年正月初一日接护督篆任事，遵即调查卷宗，详稽事实，所有臣尔巽上年任内赓续筹备宪政情形，谨合词为我皇上缕缕陈之。

伏查筹备清单，第三年即宣统二年各省应办之事有九。

一、续办城镇乡地方自治。按民政部单开，应考核繁盛城镇议事会、董事会办理成绩，指实中等城镇筹设该镇议事会、董事会。川省繁盛城会四十处，镇会十处，自夏间设置以来，于地方公益事宜，类能兴举。中等各城，则巴州、叙永厅、郫县等五十八厅州县均据禀报城会成立，余亦陆续竣事。各镇自治，前已通饬各属，不分中等、偏僻，全数筹备，或先办一二镇，以促进步。岳池、叙永、泸州等三十余厅州县所办镇会成立者，现已得一百三十三处。至于偏僻城厢及乡自治，虽未届筹备之期，亦多先行赶办，如盐亭、雷波等属之城会，简州、绵州、成都、新宁、梁山、资阳、绵竹、宜陇、宜宾、仁寿、荣县、大竹等州县之乡会六十七处，皆先后成立。计川省共已成立城会一百处，镇会一百四十三处，乡会六十七处。

一、筹办厅州县地方自治。部单应就省会地方首县筹设议事、参事等会。川省除成都、华阳两首县遵照筹设外，并饬江北厅、泸州、巴县三属同时办理。绵竹一县亦请按章举办，均已告成。昨复饬自治筹办处，酌令其余各厅州县预为筹备，俾本年克有多数之厅州县自治成立。

一、汇报人户总数。川省户、口并查，全省人户总数及成都县等一百二十五属人口总数，绵州等三十五属船户口数，已于上年上届具报。嗣据巡警道周肇祥将崇庆州等十九属人口总数，华阳县等二十属船户口数汇详咨报，合之前报各属，全省人口总数亦已一律报齐，衡诸部定程限，尚属提前办竣。惟此事最为繁难，日有增减，月有迁移，非比他事可以一次调查即为定断。此后赓续调查事宜，已饬巡警道参酌定章，拟具办法，饬属遵办，以备编订而期细密。

一、复查岁出入总数。查宣统元年出入总数，前已饬由清理财政局分门别类编纂成册，咨送度支部在案。宣统二年春夏季报告，亦经照章编审，依限详咨。试办预算，查宣统三年预算案，早经赶办送部。其属于地方行政经费者，又经查照部电发交谘议局议决呈复，应俟审查就绪，再行咨明馆、部酌核办理。至四年预算案，转瞬即届应办之期，并已饬局先期查造，免误部限。

一、厘定地方税章程。查前经度支部奏准将国家税地方税同时厘定，以上年为调查年限，本年为厘定年限。业已遵照部电详辨性质，划分种类，列表送部核办。

一、省城、商埠各级审判厅限年内一律成立。查审判应办事宜，早经妥为筹备，推、检、书记各项人员，均分别照章考取录用。省城高等、成都府地方，及成、华两县初级审判检察各厅，已于上年十一月初一日开厅。重庆府地方及巴县初级审判检察各厅，亦于十二月初一日开厅。其省城模范监狱早兴工建筑，一俟工竣，即当开办。

一、推广厅州县简易识字学塾。川省前经奏报，此项学塾已成立者二千六百二十六处，并声明注重改良私塾，以期普及。嗣檄提学使刘嘉琛通饬各属，将上年下届办理情形详报查考。现据各厅州县先后报到八十九属，合计就原有学堂附设者一千三百一十四塾，学生二万二千四百二十一名，就祠庙公所特设者七百六十四塾，学生一万四千二百一十三名。其改良私塾，遵照三年简易科办理者四千六百八十三塾，学生六万三千六百八十四名；遵照四年简易科办理者四千八百二十一塾，学生七万三千九百零五名。此外各厅州县原报已开办者七百五十余塾，尚未据将学生人数及改良私塾学生数目查明申复，刻已严催赶报，并分饬视学员认真考察，冀收实效。

一、厅州县巡警限年内一律完备。查川省一百四十四厅州县，前奏报巡警完备者，共计一百三十余属，其宜宾县等十余属，续据调查，实已一律完备。乡镇巡警提前筹办者，前经奏明有成都县等二十五处，现又据简州等十六州县，将所辖乡镇巡警禀报筹办，当可次第观成。至川江水道巡警，早已具备规模，刻正力加整顿，俾水陆互相维系，警务日起有功。

以上各项，或按程办理，或先事绸缪，并驾兼营，未敢稍涉延误。惟议院缩期开设，此后定限愈迫，事务愈繁，精神不彻以初终，要政即难期美备。臣尔巽缔造于前，幸能树斯基础，臣人文成规继踵，益当勉策将来，总期急起直追，计时收效，仰副朝廷孜孜求治、有加无已之至意。所有臣尔巽上年任内筹备宪政情形，臣人文到护任后复核无异各缘由，除分咨查照外，谨合词恭折具陈，伏乞皇上圣鉴。

再，此折由臣人文主稿，会同臣尔巽办理。合并声明。谨奏。

宣统三年二月初五日奉朱批：该衙门知道。钦此。

《政治官报》第一千二百三号，折奏类，宣统三年二月初九日出版

护理四川总督王人文奏胪陈上年下届筹备宪政情形折

宣统三年四月初三日①

奏为遵限胪陈川省上年下届筹备宪政情形，恭折仰祈圣鉴事：

窃查筹备宪政事宜，照章六个月为一届，并限二月、八月各具奏咨报一次。川省历年筹备宪政成绩，业经本任督臣赵尔巽先后依限奏咨。臣于本年正月初一日接护督篆，复经遵章会奏在案。惟川省版图辽阔，交通不便，其时各属申报本届成绩文册尚未一律到省，是以奏陈各节犹有未尽。前届二月奏报之期，自应按照原定逐年筹备宪政清单所开督抚应办事项，为我皇上分别陈之。

一、续办城镇乡地方自治。前奏城镇乡自治共已成立城会一百处，镇会一百四十三处，乡会六十七处。嗣查繁盛城会四十一处，镇会十处，早已全数成立。中等城会先后报到成立六十四处，各属镇会先后报到成立一百六十七处。其偏僻城乡提前办成者，则有盐亭、彰明、南江、理番、雷波五城，简州等属一百一十二乡，合计成立城会一百一十处，镇会一百七十七处，乡会一百一十二处。此续办城镇乡自治之情形也。

一、筹办厅州县地方自治。民政部清单，应就省会地方首县筹设议事、参事等会。川省成都、华阳两县县会首先成立，其饬办之江北厅、泸州、巴县三属，亦已具报成立。绵竹一县，自请提前赶办，亦早竣事。其余各厅州县，现正禀报

---
① 为朱批批示日期。

筹办，当可次第观成。此筹办厅州县自治之情形也。

一、汇报人户总数。川省户、口并查，全省人户总数，已于是年五月一律报齐。全省人口总数，亦于是年十一月具报。滨江各属船户口数，并经尽数造报。惟户口变动靡常，自非一次调查即可据为定断。已饬由巡警道参酌定章，拟具赓续调查户口事宜详说暨刊发各项必需表册书类，通饬各属照办，以期整齐而昭核实。此汇报人户总数并提前查造口数之情形也。

一、复查岁出入总数。宣统元年出入总数，前已由清理财政局汇编年报咨部在案。宣统二年各署局及各属收支之款春夏季报告册，业经分次咨送。秋季报告亦已由局编成，详赍核咨，刻正赶办。冬季报告办齐，即行汇送，未敢稍涉迁延。此复查岁出入之情形也。

一、试办预算。川省宣统三年预算案，已于上届编制奏咨。除国家行政经费由部汇办外，其归入地方行政者，照章发交谘议局议决，并经会议厅审查，分别遵行。至宣统四年预算，虽非本届应办之事，亦已饬由清理财政局先事移行催办，俾免贻误。此试办预算之情形也。

一、厘定地方税章程。前经度支部奏准国家税地方税同时厘订，并照部电，饬将全省国家税地方税，及何者为附加税，何者为特别税，详办性质，划分列表，仍将宣统三年预算之数依类分注，并以地方税收入总数与地方行政经费列表比较，均经遵办咨报。嗣奉部发例言表式，条理更密，办法较详，复由清理财政局详查核办。一俟编制告成，即行赍送。此查报地方税之情形也。

一、省城、商埠各级审判厅限年内一律成立。川省省城应设之高等审判检察各厅，成都府地方审判检察各厅，成都、华阳两县初级审判检察各厅，已于上年十一月初一日一律开厅。重庆商埠应设之重庆府地方审判检察各厅，巴县初级审判检察各厅，亦于上年十二月初一日一律开厅。其余各厅州县，均已饬司预为筹画。并拟先就附近重庆之江北厅筹设初级审判检察各厅，以期推广，业经择地估工，计可及早设立。省城模范监狱工程，亦将告竣，不久即当开办。现正由司调查各属监狱，妥议改良，藉收司法行政日趋完美之效。此筹办省城、商埠各级审判厅，并整顿监狱之情形也。

一、推广厅州县简易识字学塾。前次奏报此项塾数人数时，仅据报到八十九属，嗣据提学使详称，现已报到一百四十余属。合计就原有小学附设者一千六百七十塾,学生二万九千一百三十七名,就祠庙公所特设者九百二十六塾,学生一万八千四百七十四名。其改良私塾,遵照三年简易科办理者七千五百零四塾,学生一十万零三千三百八十七名,遵照四年简易科办理者六千二百一十四塾,学生九万四千四百八十九名。此外,边远之盐源等数州县,刻正严催赶报。并由司分饬视学员随时考察,兼饬于简易课本及珠算外加授习字、写信、簿记等科,以利推行而期实效。此推广厅州县简易识字学塾之情形也。

一、厅州县巡警限年内一律完备。川省各属城厢巡警,前已由巡警道派员考察,早已一律完备,并将办理情形列表报部。其提前筹办乡镇巡警者,前有成都县等二十五处,并据简州等十六州县先后禀报开办。兹查成都、华阳、巴县三属境内乡镇巡警,现已一律完备。汉州、阆中、峨嵋、郫县均已一律开办。此外蓬溪等属,亦各遵照筹办乡镇巡警日程,或先办数区作为模范,或择要开办,藉资巡缉,已饬由巡警道认真考核,当可及时收效。川江水道巡警自开办后,商旅往来颇称安谧,应再力加整顿,俾臻完备。此厅州县巡警完备,并办理乡镇及水道巡警之情形也。

以上各项,虽不敢云成绩,幸未至于后时,经本任督臣缔造于先,早已确立基础,微臣承乏于后,自当勉续成规。惟自今以往,事愈繁而时愈迫,其为修正筹备清单所列举,而与立宪政治有直接关系者,固宜敦促进行,勉赴期限。即其他之普通行政,如巡警、教育等项,亦为保卫公安、开通民智之必要,但使财力所能胜,务统全局而兼筹断,不敢以暂时护篆,稍形懈弛,以期仰副朝廷注重宪政、计日程功之至意。除分咨外,所有川省上年下届筹备宪政成绩缘由,理合恭折具陈,伏乞皇上圣鉴训示。谨奏。

宣统三年四月初三日奉朱批:该衙门知道。钦此。

《政治官报》第一千二百六十号,折奏类,宣统三年四月初七日出版

贵州巡抚庞鸿书奏贵州第一年筹办宪政及现办情形折

宣统元年二月初十日

贵州巡抚臣庞鸿书跪奏，为遵将筹办成绩胪列具陈，恭折仰祈圣鉴事：

窃查光绪三十四年八月初一日奉上谕：宪法未颁、议院未开以前逐年应行筹备事宜责成内外臣工遵照单开各节，依限举办，每届六个月将筹办成绩胪列奏闻，并咨报宪政编查馆查核。钦此。旋准宪政编查馆咨，应自光绪三十四年八月起至十二月底为第一届，以后六月底暨十二月底各为一届，限每年二月内及八月内具奏咨报一次，各等因。

查第一年外省事宜为筹办谘议局，而筹办之法，首重开通人民知识，次则划分各属区域，又次则调查选举人资格，造立名簿，然后初选、复选得以次举行。贵州筹办处自上年九月二十六日设立，当即依照馆章，将应办事宜分期列表，确定会期。每月逢一为绅议期，逢六为官绅合议期，遇有事关紧要，仍临时召集特别会期。议时先由各绅上意见书，臣督同司道随加裁决，订立议事汇录，饬书记员绅详晰编载，登之报章，并将颁发章程刷印札发，饬地方官悉心查阅。十月间，遴派官绅为各属选举调查员，先就处内研究章程逐一解释，于十一月初旬一律出省，即以该调查员为宣讲员，饬各属遴选士绅，随同研究，分任调查事宜。复饬处编纂自治白话报，按期分发，责成各地方官派员分投宣讲，俾共知选举为公民之特权，被选为与闻政事之始基。贵州地多插花，或隔越在百里数百里外，或二壤本属一邑，中间一线为他境，或一线插入他境，既断复续，已续又断，区域分配，稍有疏漏，则投票时动多困难。去冬札饬各属，详审分划，绘图列说，有不合者，仍由处驳回，再行酌配，大致尚数井然。现合计全省约共四百二十四区，各处选举人名册，限闰二月十五日以前申送到省，此后初选、复选及配定员额各事，自当查照定期，依限催办。其投票匦早经处内制备多具，各饬依式仿造。至投票纸、投票簿，一并由处制备分给，各项就绪，即可开办选举，于本年九月谘议局准可成立。至谘议局基址，已择省城请裁之右营守备衙门，面积宽广，地势适中，现派官绅合估，不日即可兴工建筑，夏月当能竣事。

此外筹办巡警，省城已具规模，各府厅州县亦已札催举办。地方自治，已于省城设研究所，饬各属选送士绅来所听讲，再谋推广。调查人户总数，业经民政部咨到章程，已饬巡警道查照办理。清理财政局，业经度支部咨到章程，已委布政司并加派道员择所开办。至各级审判厅及简易识字学塾，均俟接到部章，督同该管各司认真筹画。臣于各事皆有督率之责，自应竭力图维，不敢以一隅迟误，致牵全局。

所有遵章奏报成绩各缘由，谨恭折具陈，伏祈皇上圣鉴。谨奏。

朱批：该衙门知道。

《清末筹备立宪档案史料》，第762—763页

贵州巡抚庞鸿书奏设立会议厅及宪政考核处办理情形折

宣统元年十二月十四日①

奏为臣署遵章设立会议厅及宪政考核处，谨将办理情形，恭折仰祈圣鉴事：

窃维预备立宪，条目殷繁，九年之期限既严，百度之振兴宜亟。现谘议局早经成立，人民与闻政事已具初基，而行政官厅必先有共同决议之机关，推行始能尽利。至各属地方官吏，对于克期应办之件，尤当循序渐进，力赴新机，苟一端稍有迟延，全体必多窒碍。臣究心宪政，昕夕筹思，操于上者，非集思广益，无以妙因应之权衡，行于下者，非计日程功，无以谋政策之统一。查光绪三十二年新定直省官制通则第六条，各督抚应于本署设会议厅，定期传集司道以下各官，

---

① 为朱批批示日期。

会议紧要事件，决定施行，如有关地方之事，亦可由官酌择公正乡绅与议，等语。又查上年宪政编查馆奏设考核专科，苏鄂豫皖等省各已次第仿设，盖一以合群策而杜涣散睽离之弊，一以稽成绩而收整齐画一之功，提挈纲领，淬（厉）〔砺〕精神，二者实交相为用。今拟遵章就臣署设立会议厅，已于十一月初一日开会，以司道、首府县及关系行政之各局所委员为额定议员，省外各官，如有要公应与议者，及谘议局常驻议员，经臣召集，均得与席。会期分通常、特别两种，举凡逐年应行筹备事件，按其先后缓急，详加讨论，俾有一定之秩序，以为执行之标准。并附设宪政考核处①，共分四股，即派臣署文案委员及娴习法政、富有经验之员兼司其事。又刊行功过表式，饬该员等悉心钩考，据实填注，使各属知所劝惩，而期限庶免贻误。仍由臣随时督率僚属，认真经理，以仰副朝廷励精图治之至意。除将简章分咨外，所有臣署遵设会议厅及宪政考核处大概情形，理合恭折具陈，伏乞皇上圣鉴训示。谨奏。

宣统元年十二月十四日奉朱批：该衙门知道。钦此。

《政治官报》第八百十一号，折奏类，宣统元年十二月十七日出版

贵州巡抚庞鸿书奏筹备宪政第三届办理情形折

宣统二年三月十五日②

奏为黔省筹办宪政，遵将第三届办理情形恭折具陈，仰祈圣鉴事：

窃臣前准宪政编查馆咨，各省筹办事宜，每年二、八两月内各具奏一次。臣业将第一届、第二届筹备情形依期胪列奏明在案。兹值宣统二年二月应行奏报之期，谨将第三届筹办各项事宜，为我皇上缕晰陈之。

---

① 原文"处"之后尚有"所"字。
② 为朱批批示日期。

八、各地筹备情形

查第二年清单内开，一开办谘议局及举行资政院选举。贵州谘议局业经成立，选定议长、议员等三十九人，于上年八月到省，九月初一日遵章开局。臣亲莅监督，发交议案，令议员各抒所见，取决于多数赞成。各议员议论尚属纯正，其有切实可行者，已饬各属遵照办理，其余亦研究改良方法，以促进行。选举资政院议员，遵于十月十一日亲临谘议局，照章选得钟振玉、王牟琳二名，业将该二员履历连同票数名册咨送资政院，并令该二员于宣统二年九月以前到京，以备召集开院。

一、筹办城镇乡地方自治，设立自治研究所。自治根本，首以划分区域、调查选民资格、清厘地方公款公产为入手第一办法。臣已饬各府厅州县遵章认真办理，先于省城设立全省地方自治筹办处以总其成，并于该处附设自治研究所，招选士绅，分班肄习。其各府州县亦饬一律设齐，现据报告成立者共六十余属。余外丹江、都江、台拱等处，本属苗疆，开通匪易，亦令遵章筹设，以期逐渐推广。

一、调查人户总数。调查人户，关系重要。惟黔省山岭重复，汉苗杂处，办理较他省为难。臣前已饬巡警道妥订调查章程，通饬各属遵照办理，一面撰成白话演说，派员宣讲，俾民不至误会。现在省城人户总数已调查得实，各属亦据陆续具报，应即汇齐报部，以为实行户籍法之基。

一、调查岁出入总数。黔省本著名贫瘠，举办新政，每苦于财政困难。上年准度支部咨到奏定清理财政章程，业经设局清理，拟定办事细则，预制各种表式，通行各属，分别切实填报。上年冬季，报告册已遵限咨部。将来编制预算决算，即可以此为依据。

一、筹办省城各级审判厅。司法、行政本应分立，黔省上年十月内设立审判厅筹办处，以按察司为总理，拟于省城设高等审判厅一，地方审判厅一，初级审判厅一。现在建筑各厅已分别勘定地址，一切经费总期撙节动用。该处并设立司法讲习所，以养成审判人员，庶开办时不至有乏才之虑。

一、创设厅州县简易识字学塾。查教育之广狭，以人民识字之多寡为衡。此项学塾，已饬提学使拟订办法，通饬各属赶速筹设。先就省城设立十所，以资模范。上年十月业经开办，并饬各属改良私塾，以为此项教育之预备。

一、厅州县巡警年内粗具规模。黔省举办巡警已历三年，省城具有规模，各属每因经费难筹，办法或参差不一。业经臣督饬巡警道将全省警政切实整理，一面饬省城高等巡警学堂认真讲授，其各属巡警教练所亦通饬照章增立。现据全省七十三府厅州县均已陆续禀报，仍饬就原有巡警更番教练，严课进步，以臻完备。

以上各项，除开办谘议局及选举资政院议员已遵章完竣外，其余各节，均已立有基础，仍当赓续经营，不敢稍形懈弛，以仰副朝廷注重宪政之至意。

再，臣于上年奏设宪政考核处，嗣准宪政编查馆咨奏定改为宪政筹备处，现已遵改，合并陈明。所有黔省第三届筹备宪政情形，除分咨外，谨会同云贵督臣李经羲恭折具奏，伏乞皇上圣鉴训示。谨奏。

宣统二年三月十五日奉朱批：该衙门知道。钦此。

《政治官报》第八百九十七号，折奏类，宣统二年三月二十一日出版

贵州巡抚庞鸿书奏胪陈第四届筹备宪政情形折

宣统二年九月二十八日①

奏为胪陈第四届筹备宪政情形，恭折仰祈圣鉴事：

窃臣前准宪政编查馆咨，各省筹办事宜，每年二、八两月内各具奏一次，臣业将三次筹备情形按期胪列奏明在案。兹值第四届应行奏报之期，谨将筹办各项事宜，为我皇上缕（悉）〔晰〕陈之。

一、续办城镇乡地方自治及筹办厅州县地方自治。上年在省城设立地方自治筹办处，当饬拟定分期筹办表式，札发各属依限筹办。现据各属申报调查选民资格，选举城议事会议员，均已将当选各册先后送到。厅州县地方自治章程，前准宪政编查馆颁发，当即札饬筹办处照式排印，通行各属，妥为筹办。

一、汇报人户总数。上年饬巡警道妥订章程，切实调查，各属已先后查明申

---

① 为朱批批示日期。

报，业经臣汇齐报部在案。

一、复查岁出入总数及试办预算决算。查上年岁出入总册及宣统三年预算册，均经先后造册，依限送部。决算册籍，亦饬清理财政局妥定办法，预为筹备。

一、续办省城各级审判厅。上年设立审判厅筹办处，饬将应办各事早为筹备。兹据详称，筹办审判，以分区域、筑厅署、储人材数端最关紧要，现按照宪政编查馆奏定司法区域分划督行章程，拟先设贵州省高等审判厅一所，贵阳府地方审判厅一所，贵阳府直辖地面及贵筑县地面各设初级审判厅一所，勘定发审局及毗连之府经历署、按司狱署、府监、司监地址改建厅署，高等、地方各分其半，业经派员兴工，赶紧修筑。至初级审判厅二所，亦正择地从速估修，八月间可以一律竣事。司法讲习科学员已将毕业，现正举行法官考试，人材亦不至缺乏，并将发审局改为审判练习所，俾资实地练习。余如司法警察训练所、检验传习所、监狱专修科、监狱守卫训练所，凡关于审判者，均已次第筹设，渐有端绪。惟黔省瘠苦，筹款维艰，司法独立，关系至重，既不敢稍事铺张，尤不敢过于简陋。臣惟有督饬布政、提法二司，随时妥商，设法筹拨，力求撙节，毋稍贻误。

一、推广厅州县简易识字学塾。上年饬提学司拟定办法，通饬筹办，现在风气渐开，私立学堂日见增益。兹又通饬各属认真劝导，竭力推广，务使民间多识字之人，风俗可期丕变矣。

一、厅州县巡警年内一律完备。查黔省警政，经臣督饬巡警道切实整理，并派员赴各属视察，总计府厅州县开办之处业已过半。现又酌定筹款之法，饬属遵办，以期完备。

以上各项，或正在筹办，或已具规模，臣惟有督饬所属，竭力经营，并饬宪政筹备处各员随时考核，先事督催，总期于宪政进行毫无阻碍，以仰副朝廷宵旰焦劳、孜孜求治之至意。所有遵章奏报第四届筹备宪政情形，除分咨外，谨会同云贵总督臣李经羲恭折具陈，伏乞皇上圣鉴训示。谨奏。

宣统二年九月二十八日奉朱批：该衙门知道。钦此。

《政治官报》第一千八十四号，折奏类，宣统二年十月初二日出版

开缺贵州巡抚庞鸿书、贵州巡抚沈瑜庆会奏交替宪政筹备事宜折

宣统三年六月三十日①

奏为会奏交替宪政筹备事宜，恭折具陈，仰祈圣鉴事：

窃自光绪三十四年八月初一日钦奉懿旨：逐年应行筹备事宜，必须秉公认真次第推行，各部院领袖堂官，各督抚及府尹遇有交替，后任人员应会同前任，将前任办理情形详细奏明，以期各有考成。等因。钦此。钦遵在案。

查宪政编查馆考核专科章程，内外臣工每届六个月应将筹备成绩奏报一次，黔省第一、第二、第三、第四、第五等届筹办情形，（叠）〔迭〕经臣鸿书据实陈奏，凡按照清单应办之事，尚幸未有迁延。现当交替之时，谨遵章将臣鸿书任内经办各节咨会考查，经臣瑜庆详核案卷，参证事实，谨合词为我皇上缕晰陈之。

一、筹办谘议局及举行资政院选举。查黔省谘议局遵限于宣统元年九月初一日成立，凡两届会期内各议员议决各案，其有切实可行者，均经饬属遵照办理。选举资政院议员，已遵章选出，造具名册，按期咨送。

一、筹办府厅州县地方自治及设立自治研究所，并筹办府厅州县地方自治②。查黔省自宣统元年在省城设立地方自治筹备处，并于该处附设自治研究所，以养成会员资格。其后各属亦皆遵饬设所研究，风气渐开。所有城议事会、董事会各项选举，均已遵章举行，依限成立。即府厅州县议事、参事等会，现亦陆续具报，正在电催，俾不至误期。

一、调查人户暨人口总数。查调查户口自奉部颁章程，当饬巡警道参订办事

---

① 为朱批批示日期。
② 府厅州县地方自治重复，原文如此，当有一处为城镇乡地方自治。

细则，通饬遵办。嗣据各属将户口分次查报，业经造具表册，先后咨部。

一、调查岁出入总数及试办预算决算。黔本贫瘠省分，出入不敷甚巨，自经设局清理，已按年将各季报册并宣统三年预算册先后详咨送部，决算册籍亦饬财政局妥订办法，预为筹备。宣统四年预算岁入表，上月业经送部，其岁出表册亦已办齐，即日咨送。

一、筹办省城各级审判厅。查上年奏明就提法司署设立审判厅筹办处，其筹办次第，遵章先从省城下手。因就省城设立高等审判检察厅，贵阳地方审判检察二厅，初级审判检察四厅，于上年十二月初一日一律开庭。其外属审检厅亦经督同提法司审察筹划，或一府设一地方审检厅，或并府建设，酌道途之远近，取人民之便利。初级则按县设立。余如司法讲习所、检验传习所、监狱专修科、监狱守卫训练所，均经次第开办。

一、厅州县及乡镇简易识字学塾。黔省民风朴僿，自上年通饬各属认真劝导，私立学堂逐渐增益。现又饬属竭力扩充，凡堡寨村庄，一并筹款建塾，识字者日多，苗汉可期同化。

一、厅州县及乡镇巡警。黔省警政，已据各府厅州县禀报，凡城内巡警，均已先后开办，粗具规模。现复督同巡警道拟订切实办法，饬属将乡镇巡警依限筹备，并经遴派谙习警务各员，分赴上下游视察，以求进步。

综计以上各项，有已办理就绪者，有应赓续经营者。此外如教育事项，凡专门、普通、师范、实业四类，已饬经提学使妥订分年筹备表，以便按期举办。其他关于惠工之务，亦经督饬劝业道创设劝工陈列所，以资观感。复办工艺局，以求改良。臣鸿书在黔四年，值宪政造端之始，殚竭庸愚，幸免贻误。此后百端益赜，财政困难，当兹国会缩短年限之时，凡属宪政事宜，均应提前赶办。臣瑜庆谨当上禀宸谟，下率僚吏，实力进行，不敢稍形懈弛，以仰副朝廷励精图治之至意。

所有臣鸿书任内筹备宪政情形，并臣瑜庆考察接受办理缘由，除分咨外，谨合词恭折具陈，伏乞皇上圣鉴训示。再，此折由臣鸿书主稿，会同臣瑜庆办理。合并声明。谨奏。

宣统三年六月三十日奉朱批：该衙门知道。钦此。

《政治官报》第一千三百四十四号，折奏类，宣统三年闰六月初三日出版

云贵总督锡良奏遵设云南宪政调查局折

光绪三十四年四月十四日①

奏为遵设云南宪政调查局，恭折具陈，仰祈圣鉴事：

窃查前奉谕旨，饬令各省设立调查局，并准宪政编查馆咨称，各局应设总办一人，分法制、统计两科，每科析分三股，通行查照办理，等因。仰见朝廷锐意立宪、考察精详之至意。钦佩莫名。

伏维各省设立调查局，所以上备编查馆随时之审核，下资自治局实地之研求。诚如该馆原奏所称，开办之始，必须事事简明确实，而后报告不等具文，调查得所依据。夫既曰法制，则不同掌故之官书，只征文献。既曰统计，则不同例存之公牍，有类钞胥。其理想至为精微，端绪更形复杂，自非设立专局，难望采取靡遗，编订合格。而局中自总办以下，治其事者，尤非不学无术之人所可滥竽充选。滇省地处边瘠，通才既不易得，局费亦无可筹。第似此政要所关，又何敢稍图敷衍。查有署云南提学使叶尔恺，学识优长，洞明新政，热心毅力，办事条理井井，具见本原，当檄委为调查局总办。该局即附设于学务公所之内。其科股各员，均由该司遴举，公所各课员绅中，学问素优、通达治体者，分委兼任，各专责成，概不另支薪水。并据该司详请仿照宪政编查馆成案，逐日编印云南政治官报，送馆备查，由局添派编纂两员经理报务。

以上办法，虽属因地制宜，要其实事以求是，而学界各官绅亦得藉此参考政治，储为有用之才，似犹不仅经费之归于节省也。业经奴才先将大概情形咨明宪政编查馆在案。兹据报已于三月初一日开局。除由奴才随时督同办理，暨俟酌定章程再行通饬各属添设统计处外，所有遵设宪政调查局缘由，理合恭折具陈，伏

---

① 为朱批批示日期。《锡良遗稿》（中国科学院历史研究所第三所主编，中华书局1959年出版）第二册第780页，作光绪三十四年三月十二日，当为自云南发出日期。文后作"五月二十日奉朱批"，当为锡良奉到朱批日期。

乞皇太后、皇上圣鉴训示。谨奏。

光绪三十四年四月十四日奉朱批：该部知道。钦此。

《政治官报》第一百九十七号，折奏类，光绪三十四年四月十七日出版

护理云贵总督沈秉堃奏胪陈筹备宪政情形折

宣统元年十一月初三日①

奏为胪陈筹备宪政情形，恭折仰祈圣鉴事：

窃查光绪三十四年八月初一日内阁奉上谕：钦奉慈禧端佑康颐昭豫庄诚寿恭钦献崇熙皇太后懿旨，宪政编查馆、资政院王大臣奕劻、溥伦等会奏进呈宪法议院选举各纲要，暨议院未开以前逐年应行筹备事宜一折，即责成内外臣工，遵照单开各节，依限举办，每届六个月将筹办成绩胪列奏闻，并咨报宪政编查馆查核。等因。钦此。钦遵在案。

谨按逐年筹备事宜清单，本年督抚应办事项有八。除创设厅州县简易识字学塾，业经奏明于沿边土司地面先行试办，俟部颁课本到日即行推广。其举行资政院选举，已将承准院电札行谘议局遵办，应俟选举事竣，再行具奏。至调查岁出入总数，曾于本年四月，将清理财政局开办情形据实陈奏，目前系从本年季报办起，所有查造春季报告，依限咨部各情，亦经另折恭陈。惟其余各项，有由前督臣任内开办，臣到护任即继续办理者，有本年由臣遵章举办者，兹届六个月期满，先后饬据各司道局处，将筹办成绩陆续具报，谨分条撮要，为我皇上敬陈之。

一曰举行谘议局选举。滇省谘议局筹办处开办于上年九月，臣于本年二月内，业将筹办情形缕晰陈奏。自斯以后，督同筹办处员绅，按照所定办理选举日

---

① 为奉到上谕批示日期。

期清单，循序准备，克期考成。因地处边僻，进化较迟，邮电既未遍设，文牍之往返綦难，官民苦乏新知，规章之解释易误。不得已，每于先时严札申儆，临事复急电交催，奉行最力者奖之，玩延逾限者罚之。至闰月末三月初，先后饬据各厅州县，将各属选举人数电禀到臣，当将各复选区应出议员额数照章分配，复将各初选区应出当选人额数代为分配饬遵。先由筹办处将初选复选投票开票各细则，一一为之规定，并照式制成投票簿、投票匦、投票纸及初复选当选执照，分颁各属，俾便遵用。遂恪循奏定日期，于四月初二日一律举行初选，于五月初二日举行复选。选举既毕，由臣电招各议员先期到省，预备开会事宜，并分饬各司道遵照局章，将应行提议事件分别起草，由臣悉心审核，编成议案，以便提议。从前勘定之局所，因改建议事厅尚未竣工，权假省垣三迤会馆，暂设局所，遵于九月初一日成立开会。此成立谘议局之大概情形也。

  一曰筹办城镇乡自治，设立研究所。滇省地方自治萌芽于光绪三十四年三月，初设自治总局于会垣，曾由前督臣锡良奏明在案。以预备自治之要，不外广储自治人才，沦启绅民智识，遂一面由局附设研究所，轮调各郡士绅入所讲习，遴延精研法政之士，授以关系自治之法学，俾先明乎原理，更详究夫事实。计上年七月开学，是冬毕业一班，目前第四班已届毕业，先后修学士绅共三百四十余人。现经续办五班，则全省郡邑轮调已遍。复一面由局编辑自治白话报，以浅显之文言，述法制之大意，月出数千分，派销各属，务使略识字义之人民，晓然于实行自治之利益，藉以鼓舞群情，潜消阻力。此皆创始于上年，今岁继续办理者也。厥后因奉文筹办谘议局，愈觉启发民智之不容缓，爰定章程，饬设自治宣讲所，以育成多数选民为宗旨，以自治白话及现行章制为宣讲书，以曾习法政之士为讲员。调查合格人民，分区轮听，轮派到班者，给以宣讲之券，听满期限者，予以证明之书。初试办于会垣，继推行于全省。数月以来，饬据各属禀报开讲者，凡四百三十六所，入所听讲者不下二万人。复仿省会研究所办法，饬由各府直隶州各设自治传习所，选调所属绅董，轮赴府州讲习，而以邻近之直隶厅附焉，即以本省法政学堂及研究所毕业成绩较优之士分充讲员。自去冬定章通行，本年二月以后陆续开办，计今毕业二班者，有临安、楚雄、广南、顺宁各府，其余均经办毕一班，入所学习之绅董，凡一千二百八十余人。此皆去冬规定办法，本年实力筹办者也。因其时奏定城镇乡自治选举各章暨自治研究所章程均未颁到，故各所学期，仅以三四月为限，所讲者悉关自治之科学，而非现行之法制，及奉城镇乡自治各章，即饬详明注释，印发添讲。现将自治总局改为全省自治筹办处，由处查照研究所定章，酌定详细章程，将各府州前设之传习所改为该府首县及该州本属之研究所，并饬各厅州县一体遵章筹设，通限年内成立。由处遴委讲员，克期开学。复由处厘定筹办自治公所章程及逐年分期办事清单，通饬各厅州县各设公所，依单筹办。先将地方区域及应行调查事项饬查详报，一俟调查就绪，各属研究所学绅将次毕业，即可举行选举，组织自治机关。此筹办地方自治之大概情形也。

一曰筹办省城及商埠审判厅。司法分立之制，在中国实为创始。臣以事关宪政基础，自到护任，即率同臬司妥议办法，电咨馆、部，依次筹备，并于臬司署内附设审判厅筹办处，以司其事。本年四月，曾将筹备情形详细陈奏。嗣以审判检查各厅需员甚众，而臬署应设公所，尤需司法行政之才，当由筹办处将原设司法讲习科酌量推广，添招学员，以宏造就。惟滇省官吏尚未识法权之关系、法官之尊严，学识并茂之员，每不乐入学讲习。计先后考取入学者，约一百二十余员，及经两次学期试验，取录仍仅百名，而考列中等以上者，不及四十人。不得已，乃饬法政学堂讲习科曾经毕业之官吏，分领司法科讲义，俾资研究。拟俟设厅有日，再为分别遴用。至各级厅署，原拟就旧日衙署公屋酌量改修，旋经拨定寺庙一所，公屋二所，拟以改建高等地方各厅，并勘购附近民地，以备扩充。另拨裁缺公署一所，拟以改建城内初级两厅。余如城外商埠及各乡初级厅署，或以公所改设，或购民地另修，均经该处勘明地址，规定管辖区域，派员绘图估工。当由臣电商督臣李经羲，拟俟到任，即指拨专款，克日兴修，总期依限成立，无或迟误。此筹办审判厅之大概情形也。

一曰筹办厅州县巡警。滇省巡警，惟会垣开办最先。经从前警察总局暨现任巡警道杨福璋继续整顿，日有起色。至各属巡警，虽肇始于光绪三十二年之冬，经前督臣丁振铎奏明改团为警，前督臣锡良复通饬各属，就地筹款举办，而各属百废待兴，牧令每以无款为辞，率请缓办。去岁以来，迫于文牍之督责，有挪移他项公款暂时开办者，有由地方官绅垫款筹办者。本年复经文电交驰，切示办法，并由道随时派员考察。目前已办者共八十四属，每属各设警局，每局率设正副巡长各一员，巡目多者五六名，少则二三名，巡警多者五十余名，次者三四十名，少者一二十名。通计全省共设正副巡长凡一百三十八员，巡目凡二百一十四名，巡警凡二千二百五十七名。其未设各属，因地处极边，或初设县治，现由道督同筹办，当可次第兴举。惟巡警皆随时选募，未受相当之教育，警员亦多就地择人，实鲜专门之智识，欲力求进步，自非设学储才不为功。爰遵前督臣锡良奏案，于会垣改设高等巡警学堂，先办简易科，附以教练所，并饬各府直隶州各设一教练所，悉照部章组织，课以必要之科学及现行之章制。省垣简易科生计五十名，限以一年内毕业，其附设教练所，第一班生凡百二十人，已于六月毕业。现因筹办铁路，巡警需人愈多，业将省垣教练所酌量扩充，招生三百名，续开二班，仍限六个月毕业。至各府州之教练所，迭经文电交催，均于六月以前一律开办。通计设所十七，仅瘴疠素烈之元江，附设于邻近之普洱。其余每府直隶州，均各成立一所。共选录学生凡一千四百名。开学较早者已毕业一班，续办二班，开学至晚之处，年底亦可毕业。一俟省外学生赓续毕业，各属警政自可切实改良，形式精神，或当为之一振。此筹办各属巡警之大概情形也。

一曰调查人户总数。民政之推行，莫不以户籍为基础，故筹备宪政，以调查户口为最要。滇于本年二月承准部咨并调查户口章程，当饬巡警道排印通行，督属举办。先将正附人户总数，遵章调查，依表填报。因边省情形迥异腹地，汉夷杂处，猜疑易生，而各属辖地半多辽阔，调查既需时日，填表尤虞错漏。数月以来，迭据各属分别造报，其中办未如式，或填写未明者，均由道往复驳正。延至九月初旬，始据陆续报齐。综计全省正户凡一百二十万五千三十有六，其同住之附户凡二十一万七千九百五十有三。随时由道饬查，办法尚属核实。第沿边土司辖地，民多犷愚，语文罔通，情谊尤隔，查报既苦难周，脱漏当亦不免，现由道督饬复查，务期于明年汇报限内确实填报。至调查人口数目，原以第四、五年为限。现因省垣风气较开，业经该道提前办理，将城内外九区各户，一律遵章编订门牌，即将各户人口数目，调查明确，填表报部，以为各属模范。此调查全省户数之大概情形也。

臣维预备立宪，经纬万端，首在改良政治机关，助长人民程度。谘议局、审判厅之设，固属改良机关之要图，而筹办自治，调查户籍，尤为助长民政之根本。至警察之设施，虽无积极助长之作用，苟措置悉协机宜，维持社会，亦即以保卫闾阎。滇处边隅，民智固塞，论地方之僻远，进化之迟滞，几难与腹省同风。今幸明谕迭颁,官民感奋。自筹备宪政以来,各司道局处均各恪体圣慈,黾勉经营,当庶政之毕张,实始愿所不逮。臣虽暂时护篆,惟有协励官绅,愈加奋勉,办事务求实际,开支力戒虚糜。仰副朝廷励精图治、实事求是之至意。

除将应行咨送表册章程分咨宪政编查馆、民政部查核外,所有筹备宪政情形,理合恭折具陈,伏乞皇上圣鉴训示。

再此次因筹办自治、巡警暨调查户数各事,须俟各属禀报到齐,由该管局道汇报到臣,始克具奏,是以稍迟。合并陈明。谨奏。

宣统元年十一月初三日奉朱批:该衙门知道,片一件并发①。钦此。

《政治官报》第七百七十二号,折奏类,宣统元年十一月初七日出版

云贵总督李经羲奏胪陈第三届筹备宪政情形折

宣统二年五月初三日②

奏为胪陈第三届筹备宪政情形,恭折仰祈圣鉴事:

窃查光绪三十四年八月初一日奉上谕:钦奉懿旨:宪政编查馆、资政院会奏进呈宪法议院选举各纲要暨议院未开以前逐年应行筹备事宜一折,即责成内外臣工遵照单开各节依限举办,每届六个月将筹办成绩胪列奏闻。等因。钦此。又于十二月二十七日奉上谕:明年以后,所有应行筹备各事,著内外各衙门按限妥筹,次第举办。等因。钦此。仰见朝廷绍述前谟、注重宪政之至意。钦服莫名。

臣按宪政编查馆遵设考核专科章程,宣统元年为第二、第三两届筹备期限,所有第二届筹备情形,业经布政使沈秉堃于护督任内奏陈在案。兹值第三届奏报之期,谨将遵章举办各事,敬为我皇上缕晰陈之。

---

① 指"改设自治筹办处片",见本资料集地方自治部分。
② 为朱批批示日期。

一曰开办谘议局。滇省谘议局遵于上年九月初一日成立，其应行提议事件，当经前护督臣查照局章，编列议案，交局会议。臣履任伊始，先后据该局将由院交议及由局提议各案议决呈院。臣维议局之设，以采取舆论为宗旨，苟无违法越权之议决，自应如议执行，以示好恶同民之意。比将所呈各案悉心核阅，参稽国家法制，体察社会情形，觉其中固多可行之议，亦间有按诸定章稍有不符或于奏准成案不无抵触者，时因议局甫经闭会，既未便重行召集遽开临时会议，又不能以全体议决之案再交驻省议员另行议复。当一面电咨宪政编查馆核示办法，一面分饬各司道将应行各案逐一审察，酌拟设施之序、执行之方。旋准馆电复，由臣详加裁夺，分别公布。滇省议员尚无嚣张之习，各议案公布以后，咸晓然于微臣之苦衷，无或抗言争执者。至该局局所，由前谘议局筹办处暨该局常驻议员先后勘定改建议事厅，并增修应用各室。目前工程亦将告竣，计本年常会之期自可移入治事。此开办谘议局之大概情形也。

一曰筹办地方自治。滇省预备自治时将两载，自去秋以来，其筹办事实约有数端。一通饬设立筹办公所。各属创办自治，端绪至繁，不可无一机关为之经营擘画，爰饬会垣筹办处厘订筹办自治公所章程，俾官绅同负其责，并由处拟定分期办事清单，详准通行。凡该属各级自治机关未经成立以前一应筹备事宜，悉以该所任之。现除边荒贫瘠之区或初设县治之地，因人材两绌，办理綦难，其余各厅州县均据先后禀报一体筹设。从兹推行自治，或有若网在纲之效。二通饬设立研究所并推广宣讲所。滇省各府直隶州原有自治传习所之设，继奉奏定研究所章程，即饬筹办处详订细章，改由各厅州县设立，伸长学期，厘正科目，通名为研究所。其讲舍得附设于筹办公所，其职员即以公所职员兼充，藉省经费。惟学员以通晓文义之选民为限，讲员以毕业法学之士为限，俾教者学者悉具授受之能力。近据各属详报，已设筹办公所之地，率经次第筹设，亦有研究所之成立先于筹办公所者。综计业经开所之学员，凡二千余人，陆续开学以后，其数当必倍此。至各属宣讲所由本届推广设立及继续开办者，凡一百七十余所，入所听讲人民时有增益，公民之思想，自治之精神，或将因兹而启之。通饬分划区域，调查选民，并指定地方筹设议事等会。地方团体之组织，以地域住民为要素，故开办自治，即以分划区域、调查选民为著手之关键。爰饬筹办处分拟表式细则，通颁各属，俾使率循。顾以地方辽阔，交通迟滞，迭经文电交催各属，查明填报者尚未及三分之二，其绘图列表有条不紊者，尤不过三分之一。筹办处官绅有鉴于此，因查照部定清单，指定昆明一县一城饬先筹设议事等会，并指阳州、昆定等二十九城，通限本年先后筹设，为各属之风声。此筹办地方自治之大概情形也。

一曰举行资政院选举。资政院议员之选举，由各省举行者有二，一为谘议局互选议员。滇省自接准院电，即札行谘议局照章准备，遵于上年十月十一日举行，当由前护督臣莅局监视，并将当选人名列电咨报。臣到任后查照云南应出员额，就前列当选人中复加选定，与选者为前署贵州提学使陈荣昌等四名，业经另文咨送。一为纳税多额者互选当选人。滇于奉文之始，即遵章以布政使为互选监督。饬令商务总会遴派管理各员，并通电各属调查互选人资格。旋于本年二月初一日就商务总会举行互选，即由该监督监视开票，当选人为候补四五品京堂王鸿图等二名，并经咨送资政院在案。查此项选举在中国实为创见，滇省官绅欣旷典之特逢，咸敬慎以将事，两次投票，均无干涉指使之弊。此举行资政院选举之大概情形也。

一【曰】整理财政。滇省清理财政局开办于上年四月，其办理情形（叠）〔迭〕经前护督臣先后陈奏。宣统元年春夏两季报告亦经依限咨部在案。臣履任后，饬据该局造送之表册有五，一为元年秋季报告册，一为盘查司道局库实存数目清册，一为光绪三十四年全年报告册，一为三十四年六柱清册附盈亏比较表。均于元年十二月先后咨部。其元年冬季报告册亦于本年三月二十八日备文咨送。自去冬以来，复一面饬派局员分赴各署调查卷宗，推究沿革，考求利弊，以为编辑说明书之底本。一面饬局拟定预算表式，分别国家行政经费、地方行政经费，附以衙门出入经费表，颁发各署，照式查填，勒限报局，以为试办预算之根据。一面钦遵谕旨，奏设财政公所于藩司署内，裁并善后、厘金两局，俾全省款项出入悉由藩司综核，一洗从前滥支之弊、辗转迁延之习。此整理财政之大概情形也。

一曰筹办各级审判厅。滇省审判各厅，拟从省城及城外商埠办起，共设高等、地方各一厅，初级五厅。其筹备情形，迭经奏咨在案。嗣奉法部奏定编制大纲，凡省城、商埠同在一处者，设高等一厅，凡首县设地方一厅、初级一二厅。等因。当查滇省自开商埠紧接会垣南门，与同在一处无异。原奏高等、地方厅数适符部章，自当照案筹设。惟初级应酌照编制大纲暂设一厅，藉纾财力。饬据审判厅筹办处核议，询谋佥同，因一面饬就原拨寺庙公屋酌改各级厅署，切实勘估，拨款兴修，一面饬将各厅员缺、经费暨各种办事细则查照部定章制，参证本省情形，分别酌拟，详候核定。复念审、检各厅之设，实宪政基础所存，中外观听所系，吾民身命财产之所托，欲彰司法独立之精神，尤以组织得人为最要。滇省司法讲习一科，原以储备审、检人才，第学额虽足百名，实鲜上驷之选，学期仅限一年，不免欲速之弊，爰饬筹办处于毕业试验后严加甄别，择其学行较优者留堂补习，并于听讲之余研究现行法制，练习审、检方法，以为异日实行之准备。计本年六月各学员补习期满，厅署工程渐次告竣，再由臣择期奏明开办，以昭慎重。此筹办各级审判厅之大概情形也。

一曰整饬巡警。滇省厅州县巡警至上年夏秋之交已开办者凡八十四属。曾于省垣巡警学堂先开简易科，附设教练所，并就各府直隶州先后分设教练所，均于前两届奏陈在案。臣以警政之推行，恃干涉为作用，非巡警人员悉受相当之教育，具有专门之智能，不足以警卫闾阎，维持社会。际此财政艰窘，人才消乏，与其推广警政谋形式之扩张，自不若注重警学，求精神之进步。故到任以来，即督同巡警道通饬省外各堂所，认真教练，循序图功。至去冬十二月，省垣简易科毕业者凡四十余人，其附设教练所毕业者凡二百七十余人，各郡教练所学生先后毕业者凡一千二百数十人。遂一面由道督饬严汰未受教育之巡警，以毕业诸生分配服务，一面仍体察地方情形，就省外各教练所赓续开班，谋教育之普及，而于会垣巡警学堂则暂停简易科，改办高等完全科，以资深造。至各属巡警，除初设县治之彝良、华坪及著名荒瘠之镇边、邱北正在筹设外，其余或略具规模，或渐有起色，仍饬就已设者力加改良，务于保持公安之中，寓休养民力之意。此整理省外巡警之大概情形也。

以上诸端而外，属于上年筹备事项有二。一调查人户总数。已于第二届查明汇报，臣履任后复经通饬复查，应俟查悉详报，再行奏咨。一创设简易识字学塾。滇省未奉部章以前，曾经奏准由沿边土司地面先行试办，其办理情形，并经前护督臣详晰具奏。本年正月接准部章，复由臣饬司印行各属，一体遵章筹设，亦应俟办有成绩，再于下届奏陈。

臣维庶政之张弛，贵因时地以制宜，尤视物力为标准。惟是宪政推行，实关国本，而自治、教育诸要务，尤属振兴百度之基。臣惟有缓急通筹，标本兼治，察边民之程度，酌财政之盈虚。总期财不虚糜，事求实济，以仰副圣明励精图治、综核名实之至意。除咨宪政编查馆暨民政、度支、法、学各部查核外，所有第三届筹备宪政情形，理合恭折具陈，伏乞皇上圣鉴训示。再，此次因筹办自治等事，须俟各属禀报到省始克具奏，是以稍迟。合并陈明，谨奏。

宣统二年五月初三日奉朱批：该衙门知道。钦此。

《政治官报》第九百四十二号，折奏类，宣统二年五月初八日出版

云贵总督李经羲奏云南第四届筹办宪政情形折

宣统二年十一月二十八日

云贵总督臣李经羲奏，为胪陈第四届筹备宪政情形，恭折仰祈圣鉴事：

窃查筹备宪政事宜，照章每届六个月奏报一次，滇省历经遵办在案。兹值第四届奏报之期，自应将本届筹备情形详晰胪陈，以资考核。查筹备清单，本年各省应办事宜计分九端，除厘订地方税章程经度支部奏准，以本年为调查期限，前宪政编查馆电取说明书及宣统三年预算报告总册比较表暨常洋各关预算册，当饬清理财政局赶缮咨送外，其余八端：

一为续办城镇乡地方自治。查民政部奏定逐年筹备未尽事宜清单，本年应指定中等城镇地方照章筹设议事会、董事会。滇自上年指定繁盛之昆明一城提前筹办，旋即指定中等之昆阳州等二十九城，饬设议事、董事各会，通限本年先后成立，当于第三届奏明在案。嗣据安宁、云南两州县禀报，调查选民事竣，复经核准，将该两城自治各会，比照昆阳各城，一律限期筹设。所有各城应行筹备事宜，饬由全省自治筹办处妥定办事日期清单，分期饬办，按单考核，并将选举、投票、开票各细则，及议事、董事各会开会规则，逐一详晰拟订，通行饬遵。现在昆明城议事会、董事会业经依限成立，其余各城（叠）〔迭〕据陆续禀报，尚能依限筹办。其禀报稍迟及办理违章之属，复经分别指示，电札饬催，似可渐次

就绪。照章应备木质图记，已饬处依式拟定，先期刊发，俾资钤用。此续办城镇乡自治之大概情形也。

一为筹办厅州县地方自治。查厅州县自治章程，于本年三月内奉颁到滇，按照馆部清单，除省会首县应于本年成立议事会、董事会外，其余均在筹备时期，原可暂缓成立。惟就法制原理言之，城镇乡为下级自治，诚宜先期筹设，以立厅州县之基础。而就滇省情形言之，人才既属凋乏，财政尤形艰窘，非先设厅州县自治机关以统筹规画，则多数之城镇乡团体，必难以次组织。爰定变通办法，饬将各厅州县议事会、参事会一律提前筹设，所有新兴、通海、太和、蒙自四州县，限于本年内与昆明县自治各会一体成立。此外八十四属之厅州县自治，通限宣统三年成立，已由臣专案陈奏，并经先后饬拟分期办事清单及调查选民，投票所、开票所、议事会、参事会各细则，详经核准分饬妥办。其昆明、新兴各州县，均限本年十一月成立议事会，十二月成立参事会，现据陆续申报，均经如期筹备。至各该州县议事会、参事会应用钤记，亦经遵照部定式样，篆刻颁发。此筹办厅州县自治之大概情形也。

一为汇报人户总数。查部颁调查户口章程，本年为第二次汇报之期。滇处边峤，幅员辽阔，僻远州县距省率数十日程，屡经文电交催，始陆续据报到省，其有填注错误未能悉符部章者，亦经驳饬更正。计全省正户之数凡一百三十二万八千三百二十二，附户之数凡二十一万九千七百一十二，业由臣遵章汇列表册，另案咨部。此筹办汇报人户总数之大概情形也。

一为复查岁出入总数。查光绪三十四年岁出入总数，业于上年十二月汇册咨部，由部具奏有案。其宣统元年全省岁出入总数，前准部咨饬由清理财政局按照部颁预算册式，分类分款，详晰填注，造册送部。当经饬局将元年分各处报告分册及该局汇造四季总册互相核对，漏者补之，重者删之，应列甲类而误列乙类者移之，凡增删移改之处，均于各类之后附以说明，并将复查总数与宣统三年预算表所列元年总数未能符合之处，附加案语，以资考证。汇成查复宣统元年岁出、岁入总数各一册，于八月内咨部备核。此复查岁出入总数之大概情形也。

一为试办预算决算。查度支部奏试办预算大概情形原折内开：准宪政编查馆咨称，预算决算虽在一年，然必先有预算方有决算，不能同年举办，等语。是筹备清单内虽预算决算并举，本年所能办到者只有预算，而无决算。滇自上年即经饬由清理财政局拟定预算表式，分别国家行政经费、地方行政经费，并附各衙门经费表于后，颁发各署局处所照式查填。本年三月准部颁册式例言，随即排印，专丁飞递各属，饬从部式依限赶办。嗣据各署局处所暨各府厅州县陆续将预算分册造送到局，由局分别核汇编成总册，于五月依限咨部。综计全年出入不敷银二百五十余万两，内除预备费约六十余万两不能据为额亏外，实不敷银一百九十余万两，旋准部电另造加估核减册，当即饬局照办，于八月咨部，计共加估入款银二十三万二千六百余两，核减出款银二万九千八百余两。此试办预算之大概情形也。

一为筹设省城及商埠各级审判厅。滇因自开商埠紧接会垣南门，实无异与省城同在一处，爰照奏定编制大纲，就省城设立高等、地方、初级各一厅，当经奏咨有案。本年以来，迭经饬据审判厅筹办处先后拟定各厅员役缺额暨常年经费，并各项诉讼费用表、承发吏职务章程，驻厅司法警察、昆明四乡司法警察各办法，均经核准分别咨部。此外如检察厅调度司法警察章程施行细则、看守所章程、审判检查各厅办事章程、庭丁职务章程，现正饬速拟订。高等厅署亦经建筑完竣，地方、初级两厅，不日并可落成。惟是边荒僻远，求材綦难，滇省原设司法讲习科，本系储备审检人才之用，嗣准法部咨到法官考试任用章程，则非在法律学堂三年毕业者不得与考，讲习科毕业各员遂为考格所限，遴才愈艰，当经咨准法部，将来滇省考取法官如不敷用，应临时咨请拣发。现在各厅尚未开庭，拟俟法部奏简高等厅丞、高等检察长后，再由臣督同提法司查酌滇中人员是否足用，分别咨部拣发。此筹设省城、商埠各级审判厅之大概情形也。

一为推广厅州县简易识字学塾。查此项学塾，滇省未奉部章以前，业就永昌、顺宁、普洱、镇边各属土司地面先行试办，本年正月接准部章，即由臣饬司印行各属，一体遵章筹设。现据昆明各属陆续禀报，计设学凡五十九所，学生共一千九百余人，复据沿边学务局禀报，先后成立土塾计一百三十五所，学生共四千一百八十余人，余悉饬由提学司严催举办，并饬将堂教地址、学生姓名、年籍、入塾年月、教员姓名、学科钟点、毕业年限，一一详晰造报。查此项学塾，欲谋推广，自以附设为便，迭经通饬各厅州县于城内所办两等小学或高等小学及繁盛乡镇所办高等小学堂内先行附设，次则于城乡初等小学附设，又次则于各项学堂附设，其余户口稀少向无学堂者，或人民程度较低不能遽设初等小学者，均酌量地方情形，借地另行开办。此推广厅州县简易识字学塾之大概情形也。

一为筹办厅州县巡警。滇省各属巡警，上年已粗具规模，业经第三届奏陈在案。本年因滇越铁路直达省城，绵亘千余里，全省普通巡警固宜加意整顿，而铁路所经之十余厅州县，尤宜特别经营，当由臣奏派蒙自关道龚心湛督理其事，于蒙自设路警公所，于昆明、阿迷、河口三处设正局各一所，另于沿路设分局三十一所，并一面饬由巡警道将各府直隶州教练所第一班毕业生，分派全省各厅州县服务，各属警政较之从前，均觉渐有起色。现在省城巡警学堂添设高等完全科，业经开学，教练所第三班学生亦将毕业，省外教练所除毕业生已足敷用，及经费异常支绌者暂准缓开二班外，余如曲靖、临安、广南、东川等府，均经赓续办理，计至本年年底，厅州县巡警当可渐期完备。惟初设县治之彝良、华坪，著名荒瘠之镇边、邱北，上届未及筹办，本年严札督催，并由道派员往查，据报地僻财竭，实难与各属一律兴举，现仍饬设法规画，因地制宜，赶速筹设，将来应否稍予变通，俟随时体察酌办，统于下届奏陈。此筹办厅州县巡警之大概情形也。

以上各端，或筹备既经竣事，或期限业已提前，或办法因部咨而变通，或规模已及时而粗具，从兹始终不懈，或有成效可期。惟此后事既逐年而递增，款既随时而加巨，滇省民生凋敝，帑储空虚，欲量力而经营，势必贻敷衍迟延之弊，欲按期而推广，又苦无搜罗发掘之方，若不亟谋变通，诚恐愈形竭蹶。臣夙夕焦思，无所为计，惟有督同僚属黾勉图维，期收寸尺之微效，以仰副朝廷注重宪政、计日程功之至意。

所有胪陈滇省第四届筹备宪政情形缘由，除分咨查核外，谨恭折具陈，伏乞皇上圣鉴训示。

再，此次因筹办自治、巡警、学务及调查民户总数各事，均须俟各属禀报到齐，由各主管司道局处汇核转详，始克具奏。滇省交通不便，文报需时，是以奏报稍迟，合并陈明。谨奏。

宣统二年十一月二十八日奉朱批：该衙门知道。钦此。

《清末筹备立宪档案史料》，第 801—805 页

云贵总督李经羲奏胪陈第五届筹备宪政情形折

宣统三年五月初五日①

奏为胪陈第五届筹备宪政情形，恭折仰祈圣鉴事：

窃查筹备宪政事宜，照章每届六个月奏报一次。滇省历经遵办在案。兹值第五届奏报之期，自应将本届筹备情形详晰胪陈，以资考核。

查筹备清单，本届各省应办事宜，计分九项，除复查岁出入总册业经依限咨部办理完竣外，一为续办城镇乡地方自治。查滇省前经指定繁盛、中等之昆明等属三十二城，除昆明城议事会、董事会业经依限成立，于上届奏陈在案。其昆阳州、楚雄县、河阳县、新兴州、景东直隶厅、宝宁县、顺宁县、广西直隶州、蒙化直隶厅、保山县、会泽县等十一城，均据报议、董两会遵照定限于上年十一月以前陆续成立。安宁州、呈贡县、宜良县、太和县、云南县、通海县、蒙自县、南宁县、丽江县、宁洱县、腾越厅、文山县、镇沅直隶厅、恩安县、镇雄直隶州等十五城，亦据报于年内两会成立。惟嵩明州、建永县、元江直隶州、武定直隶州、永北直隶厅等五城逾限未报，当经电札严催，勒限赶办成立，并将筹办出力及逾限未报各厅州县分别酌记功过，以示劝惩。其各该城议事会、董事会照章应造职员履历名册，并饬照部颁各项表式填报，另案汇咨。此筹备城镇乡地方自治之大概情形也。

一为筹备厅州县地方自治。查滇省上级地方自治，业经奏明变通办理，将通省厅州县议事会、参事会一律提前筹设。所有指定之昆明、新兴、太和、通海、蒙自五州县议、参两会，均经于年内陆续申报成立。此外各厅州县除镇边、永康等属，均属夷疆，改流未久，能否一律办理，应俟参酌情形，另案奏明外，其禄丰县等属厅州县议、参两会，均通限本年成立，饬由自治筹办处将一切应办事

---

① 为朱批批示日期。

宜，详细拟订办事日期清单，及调查选民、投票所、开票所、议参两会各细则，详经核准，分饬妥办。并饬每届两个月将筹办情形具报一次，以备考核。此筹备厅州县自治之大概情形也。

一为汇报人户总数。查奏定筹备清单，上年为汇报户数之期。滇边幅员辽阔，交通不便，文牍往返需时，自非先事筹维，届期每虞贻误。臣于第二次复查户数之际，当饬将口数提前并查。计全省正附户总数凡一百五十四万八千零一十四户，全省男女总数凡七百一十七万四千八百八十七口。内除边地所辖土民其学童、壮丁年龄一项，因夷俗愚蔽，语言隔阂，调查骤难详确，应俟下届造报再行详晰复查更正填注，以昭核实外，所有第二次汇报人户总数及第一次汇报人口总数，业经分别造册，于上年十月间咨部在案。此筹备汇报户口之大概情形也。

一为厘订地方税章程。查厘订地方税章程，当以国家税为标准，际此国家地方税项未分之先，自宜先事调查，以为厘订预备。前准度支部电咨，以上年为调查期限，本年为厘订期限。当饬清理财政局将本省各项收入悉心审酌，专属于国家收入可为税则者，列为国家税，专属于地方收入可为税则者，列为地方税。其性质复杂，未能率定者，列为尚未确定性质各税。其他收款不能定为税则者，则另列其他国家收入及地方收入两门。共分五表。又将地方税总数与地方行政经费总数列表比较。惟地方税之外尚有其他地方收入，虽不能定为税则，究系地方应收之款，亦经核计总数，并同地方税与地方行政经费总数另列一表比较，以期周密。以上七表，均经依限咨部在案，自应俟馆、部参酌会商，再行奏明办理。此筹备厘订地方税之大概情形也。

一为试办全省预算决算。除决算应俟宣统四年试办外，所有宣统三年全省出入款项，经饬清理财政局查照部颁册式逐项编列，于上年五月咨部。旋准部电另造加估核减册。当即饬局照办，于八月咨部各在案。惟滇省款项奇绌，新政繁兴，虽经第一次核减，而出入仍未能适合。当复饬司会局移商各署局堂所，再行切实核减，由局汇造核减及摊闰册另案咨部。其宣统四年预算，现正饬局迅速赓续办理，以期无误定限。此筹备预算之大概情形也。

一为筹设省城及商埠各级审判厅。滇因省城南关外自开商埠，密迩会垣，照奏定编制大纲，就省城设立高等、地方、初级各一厅，迭经奏咨在案。所有建筑厅署、拟定规章、养成司法人材、划分管辖区域一切事宜，经督饬审判厅筹办处

八、各地筹备情形

先事筹备，于上年十一月底一律完竣，十二月初一日各厅已同时成立开庭。除高等审判厅厅丞、高等检察厅检察长蒙恩简放王耒、张一鹏两员试署外，其余推、检各员，均由臣遴员分别试署代理，业经专案奏明。此筹备省城、商埠各级审判厅之大概情形也。

一为推广厅州县简易识字学塾。查上届奏报，此项学塾，计昆明各属设立五十九所，学生共一千九百余人。沿边土塾设立一百三十五所，学生共四千一百八十余人。当以定章此项学塾专为年长失学及贫寒子弟无力就学者而设，而于开化土民尤为切要。复经札饬提学司认真推广，责成地方官督同劝学所总董切实筹办，并由司派员随时视察。嗣据昆明各属陆续申报，截至年底，共添设学塾二百三十二所，学生计五千五百八十余人。此后仍当逐年设法扩充，以期教育普及。此筹备简易学塾之大概情形也。

一为筹办厅州县巡警。查筹备事宜清单，厅州县巡警于上年一律完备。滇省各属巡警，（叠）〔迭〕经督饬各该地方官迅速筹办。所有昆明等八十四属，均早经设立。惟彝良、华坪、镇边、邱北四属，（叠）〔迭〕次严催，未及筹设，业于上届奏报时声明。该四属地僻财竭，实难与各属一律照办，应否稍予变通，俟随时体察酌办，统于下届奏陈。自上年十月以后，复经严切督催，文电交驰，除华坪一县已于上年底勉力创设外，其余三属，臣悉心体察，如邱北之苦瘠逾恒，款绌无着，彝良之甫设县治，庶政未修，镇边之风气荒陋，是年又土夷滋乱，均实有为难情形。若强迫相绳，非因搜括而肇变端，必至粉饰而无实际。再四筹思，不得不因地制宜，稍宽时日。至昆明等属之久经设立者，均经分别饬令整顿扩充。各属巡警并饬以教练毕业学生选派更补，巡官巡长亦饬遴选省学毕业而又经在省服务者逐渐派充，以期各属警政渐有起色。此筹备厅州县巡警之大概情形也。

综计以上各端，或照章筹设，或因地变通，或期限既已提前，或规模业经粗具，虽未遽臻完备，实已竭力图维。惟是滇省民生凋敝，库帑空虚，本年预算之款不敷甚巨，此后新增之事为日方长，欲量入以为出，既虑蹉延搁要政之愆，欲计日程功，又苦乏仓促点金之术。此中竭蹶情状，均经（叠）〔迭〕次陈明。现奉谕旨缩短预备期限于宣统五年开设议院，并饬令宪政编查馆修正筹备清单，仰见圣谟深远，洞烛时艰，莫名钦佩。臣惟有督同僚属，黾勉图功，固不敢因循以误事机，尤不敢迁就以徇时论。一俟前项修正清单咨行到滇，当即酌核边地情形，审量财力盈绌，随时奏明请旨办理，以仰副朝廷慎重宪政、实事求是之至意。

所有胪陈滇省第五届筹备宪政缘由，除分咨外，谨恭折具陈，伏乞皇上圣鉴训示。再，本届因筹办自治、巡警、学务各事，须俟各属禀报到齐，由该管司道局处汇核转详，始克具奏，是以稍迟。合并陈明。谨奏。

宣统三年五月初五日奉朱批：该衙门知道。钦此。

《政治官报》第一千二百九十一号，折奏类，宣统三年五月初九日出版

陕西巡抚恩寿奏遵报陕省筹备宪政第一年应办事宜折

宣统元年闰二月十二日①

奏为遵报陕省宪政筹备第一年应办事宜，恭折具陈，仰祈圣鉴事：

光绪三十四年八月钦奉懿旨：宪政编查馆、资政院王大臣会奏进呈宪法议院选举各纲要暨议院未开以前逐年应行筹办事宜一折，单开逐年应行筹办事宜，著该馆、院将此次清单附于此次所降谕旨之后，刊印誊黄，呈请盖用御宝，分发在京各衙门、在外各督抚府尹司道，敬谨悬挂堂上。即责成内外臣工，遵照单开各节，依限举办，每届六个月将筹办成绩胪列奏闻，并咨报宪政编查馆查核。等因。钦此。

仰见朝廷求治维殷，实行立宪之意。并准宪政编查馆将誊黄刊印颁发前来，祗领之余，莫名钦佩。奴才遵即分颁各署，敬谨悬挂堂上，俾得警惕时加克勤其事，并督饬司道查照单内各事宜依限筹办。现届第一年期满，应将遵办情形，照章奏报。

---

① 为奉到朱批批示日期。

谨案筹备事宜清单内开，第一年筹办谘议局，各省督抚办，等因。查上年奴才奉到宪政编查馆咨行谘议选举各章程，令各省先设谘议局筹办处，当经奴才札委布政使许涵度为筹办处督办，会同司道统筹妥办，并委任在籍前山西候补道阎迺竹为总评事，在籍翰林院编修吴怀清、在籍法部主事周镛为评事。设处长一员，协理二员以为之佐，分设选举、调查、自治、庶务四科，每科各设科长一人，科副设如额。均遴选员绅之明达者分任其事，毋许冗滥。于上年十月初一日据报开办，业经奴才奏报，并将开办章程及期限表册咨呈宪政编查馆查核在案。至其成绩，则先饬各属设立宣讲所，将谘议选举章程分别讲解，并札各属划投票区；委各厅州县充初选监督，各府直隶州充复选监督；设选举事务所，颁发告示，遵造调查各项表册簿籍。此第一届筹备事宜之办理情形也。现在已届复查户籍登记之期，各属均已一律依限备办，仍当随时由奴才督饬司道各员将应备各事宜认真依限举办，不敢稍涉因循，上烦宸廑。

所有遵报陕省第一年筹办各事宜缘由，除分咨外，理合恭折具陈，伏乞皇上圣鉴训示。谨奏。

宣统元年闰二月十二日奉朱批：该衙门知道。钦此。

《政治官报》第五百十四号，折奏类，宣统元年闰二月十五日出版

陕西巡抚恩寿奏设立筹备宪政考核处折

宣统元年十月二十五日①

奏为设立筹备宪政考核处，以严稽察而重要政，恭折仰祈圣鉴事：

窃奴才钦奉谕旨：宪政编查馆、资政院王大臣会奏议院未开以前逐年应行筹备事宜一折，凡各部院及外省同办事宜，部臣本有纠察外省之责，应严定殿最，

---

① 为奉到上谕批示日期。

分别奏闻，并著该馆、院王大臣奏设专科，切实考核。等因。钦此。仰见庙谟深远、垂廑宪政、慎重责成之至意，薄海臣民，同欣鼓舞。

窃维筹备宪政，原以综核名实为先，以力赴事机为准。奴才忝任封疆，责无旁贷，兢兢夙夜，每以旷时废职为惧，举凡谘议局之成立，地方自治之推行，以及财政之清厘，户口之稽核，学务、巡警之亟图扩充，审判、调查之冀臻完备，均经督饬司属，严饬各该地方官实力奉行，次第就理，并将办理情形，随时奏报在案。惟是宪政机关至为密要，条目抑且繁赜，先时之设备未可或疏，后此之程功尤不易造，矧当年限迫近，智识未周，设有迁延，贻误匪细。自非设一总汇之区，遴派专员，随时考核不足以促进步而力推行。奴才现于署内设立筹备宪政考核处一所，查照清单，按期催办全省筹备宪政事宜，派总理一员，帮理一员，并分设科员专司其事。即于文案委员中慎选熟谙法政、学识明通者兼任，所有一切文牍事件，仍由奴才亲自核定施行，并饬拟定办事规则及各项期限表，分行各属地方官，以为考核之准。庶几事有专属，日进可期，用收得寸得尺之效，以竟群策群力之功。

所有设立筹备宪政考核处缘由，除分咨外，理合恭折具陈，伏乞皇上圣鉴训示。谨奏。

宣统元年十月二十五日奉朱批：该衙门知道。钦此。

又奏设立地方自治筹办处经费请作正开销等片

再，地方自治为立宪基础，关系重要，所有应办事宜，向隶谘议局筹备处兼理，现在谘议局业已成立，应即照章将该处改为地方自治筹办处，并管理自治研究所事务，以符名实而专责成。当经奴才札委藩司，会同学、臬二司暨巡警、劝业二道，督同员绅将地方自治应办各事，拟订简章及期限表，饬令各属依限筹办。并刊给木质关防一颗，文曰陕西地方自治筹办处之关防，俾昭信守。应需经费，拟请援案作正开支。除分咨外，谨附片陈明。伏乞圣鉴训示。谨奏。

宣统元年十月二十五日奉朱批：该衙门知道。钦此。

《政治官报》第七百六十三号，折奏类，宣统元年十月二十八日出版

陕西巡抚恩寿奏筹备宪政第三届成绩折

宣统二年二月初九日①

奏为陕省筹备宪政，遵将第三届成绩据实胪陈，恭折仰祈圣鉴事：

窃钦奉谕旨，饬将单开九年筹备宪政事宜，每届六个月将筹办成绩胪列奏闻，等因。并准宪政编查馆议定每次奏报毋逾二月及八月之限。所有陕省第一、二届成绩，业经遵限奏咨在案。上年十月钦奉上谕：前奉先朝谕旨，谆谆以筹备立宪为要图，业经严定年限，各专责成，计日程②功，届时颁布，等因。钦此。仰见朝廷殷殷望治、好恶同民之至意。伏读之下，钦企莫名。奴才自顾樗庸，毫无报称，受恩深重，久绾疆符，自应殚竭愚诚，力膺艰巨。兹届第三届奏报之期，据该管司道将筹备事宜成绩分别详报前来，奴才按照清单，复加察核，有接续上届筹备，力图进行者七，有本届筹备，用待采择者一。谨将目前办理情形，为我皇上缕晰陈之。

一曰举行谘议局选举，各省一律开办。查选举谘议局议员，上届六月已由各府直隶州举行复选，业将谘议局如额选定，于八月间陆续到省，谘议局即于九月初一日遵限成立。是日奴才督同行政各官亲莅该局行开会礼，并宣布谕旨，示定范围，当经举定议长王恒晋、副议长郭忠清、李良材，并常驻各议员等，于十月初十日照章闭会。总计开会共四十日，各该议员尚能恪守权限，引畅枢机。所有议案，有由奴才衙门发交者，有由该议员等呈请者，现正参酌缓急，次第就理。此接续筹备者一。

二曰筹办城镇乡地方自治及设立自治研究所。查地方自治，事体至为繁赜，上届由谘议局筹办处拟定期限表，发交各属依限筹办。本届应办者为城之区域，

---

① 为奉到朱批批示日期。
② "程"字原文作"成"，误。据《光绪宣统两朝上谕档》改。

约分三种，最要者即为设立自治公所，次则设立自治研究所，次则调查城区户口总数，定为城之居民。现据筹办处汇报，各属设立自治公所者计十处，设研究所者八十八处，其城区户口亦均一律查竣，陆续报告。至省城第二届研究所学员，业经按期上课，俟八个月期满，即行分别试验。此接续筹备者二。

三曰调查全省人户总数。查前准民政部颁到调查户口章程，即饬巡警道遵章刊发门牌，编列号数，将所查户数分别正附造表申赍，并将部定期限酌计提前办理。旋于十月间据该道调查齐备，造赍总表。通计陕西全省正户一百二十七万八千九百四十二户，附户二十六万五千四百三十五户。均经咨部汇奏在案。此接续筹备者三。

四曰调查各省岁出入总数。查上届业已遵章设立清理财政局，将进出各项逐一钩稽，分别厘剔，所有应造宣统元年春夏秋三季大小文武衙门局所营旗报告清册，均由该局监理官暨总会办造具清册咨部。至光绪三十四年岁出入总数，共计岁入银三百九十六万三千七百二两四钱零，岁出银四百一十二万七千五百六十五两九钱零，业据藩司查明详报，电咨度支部汇案奏陈在案。此接续筹备者四。

五曰筹办各省省城、各商埠等处各级审判厅。查司法、行政分权独立，为立宪之根基，关系至为重要。陕省现无商埠，而省会繁盛之区应设各级审判厅，定限綦严，尤不容缓。上届业由奴才饬令臬司设立审判传习所以资研究，并派员前赴京津汴晋等处考察办法，于回陕后即在臬署设立审判筹办处，综理其事。查照法部编制法大纲，拟在省城设高等审判厅一所，长安、咸宁二县设地方审判厅各一所。又就该二县城治关厢辖境分设初等审判厅各一所，均分民事、刑事两庭，即以同等之检察厅分别配设。现已勘定地址，按照京津等处厅式酌量建筑。一面饬催传习所学员分赴谳局学习裁判，藉资历练。俟工程告竣，学科完毕，即当奏明开办，总期不误本年成立限期。此接续筹备者五。

六曰颁布简易识字课本，创设厅州县简易识字学塾。查此项学塾，上届已饬学司督令各厅州县先行预备，按照城之大小以定塾之多寡，以部颁课本未到，尚未开学，因饬先用字课图说及部颁初等小学课本，俾利开导。现据各属报告，计全省所设学塾三百余处，仍俟课本章程到后，照章改良，力求推广，以冀普及。此接续筹备者六。

七曰厅州县巡警限年内粗具规模。查巡警为内治要政，陕省自设专官，警务渐有起色。省城警察，向以绿营兵丁拨充，至上年始以巡警学堂简易科毕业生全数更换，精神形式现已改观。并将原设学堂改办高等，另添马巡，以资侦缉，兼设消防，尚为得力，均于冬间一律成立。其各属教练所均已设齐，共计学生二千六百余名，各属城内警兵通共计算约在三千。陕省地瘠民贫，仅有此数。经巡警道派员调查，规模均属粗备，再当加力督饬，务就完全。此接续筹备者七。

以上七项，系上届已经筹备，此次应再接续办理力图进行者。

至于颁布资政院章程，举行该院选举一项，则为本届所筹备。查上年十月准资政院颁到选举章程，遵即通饬办理。谨按此节选举归外省举办者，计分三项，其一为各省谘议局互选资政院议员，系由督抚监督，当经奴才照章札行谘议局先期预备，于十月十一日亲赴该局监督投票互选，将当选人员加倍选取，呈由奴才复选，计选在籍翰林院编修吴怀清、法部主事周镛、内阁中书卢润瀛、举人梁守典等四人为资政院议员。比即榜示，并给予执照，分别咨明在案。其一为纳税多额者选举，系以布政使为监督，即经札饬藩司，遵章会同商会遴委西安府知府尹昌龄为管理员，通饬各属调查合格人造具名册，汇由藩司选定二十人，宣示后，饬令该合格人于正月间齐集省城，定于二月初一日投票互选，俟选定当选人二名，即行咨明资政院汇案奏陈，恭候钦选。其一为硕学通儒选举。照章系由学部通行各省督抚、提学司搜访一人或二人保送，等因。查此项合格人员一时颇难其选，现由奴才饬令学司详加采访，一俟遴选得人，秉公保送，未敢轻举。此本届筹备者一。

惟是宪政所赅，造端宏大，纲目繁多，以前之设筹固未敢疏于条理，后此之进步惟在实利于推行。奴才惟有督饬司道暨各员绅振刷精神，将应行筹备事宜，按照清单依限筹办，以期按日程功，兼途并进。庶以上慰宸廑，下孚民望，此奴才夙夜兢兢，仰企深盼者也。

所有筹办成绩各缘由，除分咨外，谨恭折具陈，伏乞皇上圣鉴训示。谨奏。

宣统二年二月初九日奉朱批：宪政编查馆知道，片并发。钦此。

又奏改设宪政筹备处片

再，查宪政筹备，期限重要，端绪殷繁。前经奏设筹备宪政考核处，督率委员，悉心考核，专折奏明在案。兹准宪政编查馆咨开，具奏请饬京外各衙门设立宪政筹备处，并将十月十三日上谕恭书悬挂一折，钦奉谕旨：著依议。钦此。咨行前来，自应钦遵。即将原设筹备宪政考核处改为宪政筹备处，并将十月十三日钦奉谕旨恭录悬挂。所有关于宪政事宜，均由奴才责成司道及原派各委员依限办理，务期勉益加勉，筹备无遗，以仰副朝廷实事求是之至意。除将委办宪政筹备处人员开单咨报外，谨附片陈明，伏乞圣鉴。谨奏。

宣统二年二月初九日奉朱批：览。钦此。

《政治官报》第八百五十九号，折奏类，宣统二年二月十三日出版

陕西巡抚恩寿奏陈第四届筹备宪政成绩折

宣统二年八月二十九日①

奏为陕省筹备宪政，遵将第四届成绩据实胪陈，恭折仰祈圣鉴事：

窃臣钦奉谕旨：九年筹备宪政事宜，每届六个月将筹办成绩胪列奏闻。等因。钦此。并准宪政编查馆议定每次奏报毋逾二月、八月之限，历经遵限奏咨核复各在案。兹届第四次奏报之期，据该管司道等将筹备成绩分别详报前来，臣按照清单详加考核，合计筹备纲目，约分九端，谨将办理情形，为我皇上缕晰陈之。

一曰续办城镇乡地方自治。查陕省城镇乡地方自治办法，系分三级，由城而镇而乡。上届已将城区户口一律查竣，并立自治公所及研究所。本届即遵章举行繁盛城区议事、董事各会，计指定临潼、咸阳等二十二州县，均于三月间一律成立，业经造具表册，咨部在案。其中等城区议事、董事各会，亦于六月间成立三十余处。其余荒僻之区，亦限于下届一体办齐。至省城研究所第二次学员，已于五月毕业九十余名，试验后发给文凭，分派回籍襄办自治事宜。其三次学员，业

---

① 为朱批批示日期。

据各属申送到省，暑假后即照章上课。此筹备者一。

二曰筹备厅州县地方自治。查厅州县参事、议事各会，为城镇乡自治上级机关，至为重要。本年三月间，准部颁奏定章程，即经发交自治筹办处刷印分行，妥筹办法，嗣据该处拟定限期，先由省会首邑设立参事、议事各会，均限本年年内成立。外府首邑，限次年举办。冲要城邑，定于宣统四年办成。此筹备者二。

三曰汇报全省人户总数。查陕省人户总数，业经提前于上年十月间查竣，分咨汇报。惟兹事体大，实为编查户籍之本原，初次调查，难免遗漏。因饬巡警道饬属复查，一俟查毕，即将上年所报数目核计增减，另案咨部，以昭核实。并一面饬将人口总数提前清查，业将部颁表册发交各地方官，督饬员绅，详晰填注。此筹备者三。

四曰复查岁出入总数。查上届已将光绪三十四年岁出入总数查明奏报。所有宣统元年岁出入总数，业由藩司会同清理财政局逐一钩稽，计司局两库岁入银四百六万七百四十四两九钱九分一厘，岁出银四百六十二万八百一十七两九钱六分五厘。其余地方行政及各项进出数目，均已遵章造具表册，咨报有案。此筹备者四。

五曰厘定地方税章程。查此项章程，现准宪政编查馆电取说明书及宣统三年预算册比较表送馆，以凭厘定，等因。刻已饬知清理财政局遵缮表册，赶速赍送，一俟颁到章程，即当遵办。此筹备者五。

六曰试办预算决算。上年十月间，清理财政局接准部函，饬令试办预算，并由局拟定表式，经臣核饬各文武衙门暨府厅州县营旗局所，按照格式，将宣统三年所需经常、临时出入各款预为计算，分别列表送局，由局汇为总册。凡一应出入款目，悉遵部式满列收支，画分公私，各清界限，并具说明书，以备参考。当将全册依限于六月送部。嗣准部电，以预算明年出入相抵，不敷甚巨，饬令设法酌减，当饬司道会议，将各项行政经费分别缓急，酌剂盈虚，务令收支适合。复经减定数目，另造表册咨部复核。至决算册式，应俟部颁到日再行遵办。此筹备者六。

七曰省城及各商埠审判厅限年内一律成立。陕省审判办法，系于省城先设高等审判厅一所，业经开工建筑基址，原拟在咸宁、长安各设地方审判厅一所，嗣准部章改为共设一处。又就该二县分设初等审判厅二处，均将检察厅附入，所有工程渐次完竣。前设之审判传习所学员，亦已毕业六十余名，并遵章保送法官入京考试，现拟布置开厅，先行试办，以期年内如限成立。其司法官厅书记研究所、检验吏传习所、承发吏及厅丁教练所，均已陆续开办。此筹备者七。

八曰推广厅州县简易识字学塾。查此项学塾，上届业已设立三百余处，嗣于本年三月奉到部颁课本，即饬学司遵照加意推广。数月以来，复由该司饬属增设百余处，凡年长失学及贫民子弟，均令入学听讲。据报就学人数已达七千人以上，并经该司饬令各属随处创办，市镇村乡，均宜遍设，以期教育普及而收实效。此筹备者八。

九曰厅州县巡警限年内一律完备。查各属巡警，上届已经粗具规模，本年复饬各属照原额再行扩充三分之一。其各属教练所，已由巡警道张藻派员前往考试，毕业程度合格者共计五百余人，均照章发给文凭，饬令更换上岗，精神形式为之一振。其省城已设之马巡队、消防队，均日就整齐。余如贫民教养所、司法警察及侦探学研究所、官医局，亦均由巡警道分别妥筹，力求完备。此筹备者九。

以上九项，或办有端倪而尚须力图完备，或已著成效而更宜勿懈进行。臣惟有督率司道员绅，协力经营，勉副期限，以仰副圣主励精图治、计日程功之至意。所有陕省第四届筹备宪政成绩各缘由，除分咨外，理合恭折具陈，伏乞皇上圣鉴训示。谨奏。

宣统二年八月二十九日奉朱批：该衙门知道。钦此。

《政治官报》第一千五十六号，折奏类，宣统二年九月初四日出版

开缺陕西巡抚恩寿奏陕省筹备宪政第六届办理情形折

宣统三年七月初八日①

奏为陕省筹备宪政第六届办理情形，恭折仰祈圣鉴事：

恭读光绪三十四年八月初一日上谕：逐年应行筹备事宜，各部院领袖堂官，各省督抚及府尹，遇有交替，后任人员应会同前任，将办理情形详细奏明，以期各有考成。等因。钦此。

窃维朝廷立宪政策实行，依限举办，事无可缓。臣莅陕以来，举凡教育、巡警、自治，以及清理财政、调查户口各要政，督饬该管司道悉心筹划，切实推行，夙夜惕兢，恐滋贻误，业将历届成绩敬谨奏咨在案。

上年钦奉谕旨，改定召集议院年限，各事提前赶办，嗣准宪政编查馆咨行修正清单前来，本届遵照办理已阅六月，现在仰荷天恩，准其开缺调理，交替在即，宜重责成。谨将臣任内办理各节，胪列具陈，藉纾宸廑。

查修正清单，外省本年应办事宜综计四项。陕省前接部电，饬造国家地方税简表，当饬清理财政局详考性质、类别、用途，先于预算表册暂行划分，候部核定。一面查照定章，编定各项收支章程及各项簿票册式，缮订成册，咨部查核。此办理厘定国家税地方税各项章程一项之情形也。

陕省户数口数，上届已提前赶办，列表咨部。本届复由巡警道拟定表册，饬属详晰调查，并先将商埠暨省会及各首县地方人口总数查明报告。此办理汇报户口总数一项之情形也。

陕省自治区域，前准部饬绘图，当由自治筹办处札饬各属，一律填绘汇齐送部。省垣自治研究所第三届学生五月举行考试，计毕业员八十六名；各属研究

---
① 为奉到上谕日期。

所，据郿县①等处续报，毕业亦不下四百名。至县议事、董事各会，本届饬催外府首县筹设，续据大荔、南郑、安康、肤施等县先后禀报成立，复饬各县设镇处所及近城乡区，提前筹设议事、董事各会，并设乡董、乡团，以资助理。此办理、续办地方自治一项之情形也。

陕省审判成立，上届业经奏报，本年为续行筹设省外府厅州县各级审、检厅之期。据提法司详称，全省划分管辖区域，应设三十三地方分厅，各属应设各级厅暨监狱经费，预算约需款二百五十余万，并开办法官养成所，附设监狱专修科，考取合格员生五百余名，以资预备。此办理、续办各级审判厅一项之情形也。

以上各项，皆臣任内经手办理，或措注方殷，宜求赓续，或规模甫具，有待扩充。无不列叙周详，移交后任，庶期审端致力，计日程功，仰副朝廷实行宪政、注重考成之至意。所有陕省筹备宪政第六届办理情形，除分咨查照外，理合恭折具陈，伏乞皇上圣鉴训示。谨奏。

宣统三年七月初八日奉朱批：该衙门知道。钦此。

《内阁官报》第十一号，宣统三年七月十一日出版

陕甘总督升允奏筹备宪政第一届应办事宜折

宣统元年三月十三日②

奏为遵限筹备第一届应办事宜，恭折具陈，仰祈圣鉴事：

窃维国家预备立宪，迭奉先朝诏谕，不啻三令五申，上年十一月又钦奉上谕，饬令恪遵前次懿旨，仍以宣统八年为限，等因。钦此。嗣准宪政编查馆咨行

---

① 郿县，今作眉县。
② 为朱批批示日期。

考核章程，内外臣工每届六个月，将筹办成绩胪列奏闻，并咨报查核，应自光绪三十四年八月起至十二月底止为第一届，以后每年六月底暨十二月底止各为一届，限每年二月内及八月内奏咨，等因。

伏查第一届筹备事宜，以筹办谘议局为宗旨，事体至重，端绪复繁，自非急起直追，断难速收实效。惟办理选举，应由地方士绅担任义务，相与赞成。甘省僻处边隅，风气闭塞，诸绅之素孚乡望者，亦仅知硁硁自守，且境域辽远，文报稽迟，经费左支右绌，尤属无米为炊，种种艰窘情形，其难数倍于各省，而事关要政，又不敢因循敷衍，贻误事机。兹当第一届期满，谨将筹办情形，敬为我皇上陈之。

东南各省民智开通，宪政萌芽早已发露，甘省基础毫无，一切措施，苦难著手。奴才上年六月接奉懿旨，特选派专员驰赴江、鄂等省考查完善办法，并地方自治规模，以资仿效，迟至十月，始据将调查所得邮寄到甘。当于十一月二十日，遵章在省城创设谘议局筹办处，檄委藩、学、臬三司、兰州道为总办，并派在籍绅士翰林院编修刘尔炘等充总评事及评事各职，其余应委官绅，均已慎选贤能，藉收襄赞。数月以来，渐有头绪。一面择就宽敞地基，鸠工庀材，修建厅舍，工程亦将次告竣。此设立筹办处之实在情形也。

选举各事，筹办处虽总其成，而分途办事，仍在地方行政各官。自应多派司选员，分赴各府厅州县帮同办理，以为扶助。爰饬于筹办处附设研究所，遴选明白事理之员绅，令每日入所切实研究，并饬将各项章程及续颁解释逐条签注，稍有疑误，即由处长协理科员等详晰指示，务令了然于心。嗣据研究竣事，即分派驰赴各属帮办选举事宜，并催令依限筹办，免误定期。其司选员薪费川资，俱由公款筹发，不准扰累地方。此筹备入手办法，先设研究所分派司选员之实在情形也。

司选员有催办之责，而地方官习于玩泄，又非严定考成，难期振作，且筹办处开办较迟，所有应办事宜，又不能不酌量缩短，俾不至误九月成立之期。爰由奴才严札各属，并经筹办处将办事则序分期列表，通饬府厅州县认真举办，每届一期毕，即将筹办事实详报考核，各地方官遇有交替，亦须将已办成绩由后任会同前任详细禀报，以防诿卸。其迁延观望者，准筹办处指名详参。此督饬地方官吏之实在情形也。

甘省种族杂居，人安固陋，语以议员之贵，选举之荣，皆漠然视如秦越。节由奴才督同司道明白晓谕，并刊发简言告示，饬令各府厅州县到处张贴，仍令各就本管境内，宣讲一切章程与将来议员之权利，俾生其慕而祛其疑。倘或横生谣诼，藉词阻挠，亦定处以相当之罚。此劝导地方民庶之实在情形也。

至初选举应以厅州县为选举区，复选举应以府直隶州为选举区。已经札饬各该管官充当监督，并以各衙门为选举事务所。其应划分之投票区，每区应设之投票所，并派委选举调查员，以及应制之投票甑，均已饬令恪守定章，统限光绪三十四年底办齐。惟选举人名册暨初复选之投票纸、当选人议员执照等项，原章均由各该监督分别制造。甘居边远，属邑大都僻陋，设办理稍有参差，势必徒烦驳换，兹改由筹办处代为置备齐全，一律颁发，并酌颁初复选办事规则，以昭画一而资遵守。此筹办初复选举之实在情形也。

其驻防专额议员，照章以旧日取进学额为准。甘省驻防分处宁夏、凉州①，既未便合并计算，且向来学额系按人数之多寡录取，故历年均无定数。此次应设专额议员若干名，已经咨商将军、都统，速为酌定。所有初复选投票、开票各事，即附于驻防相近之区同日办理。凡研究章程、调查选举一切事宜，亦已咨商详为经画，以免迟误。此筹备驻防选举之实在情形也。

夫谘议局为议院初阶，议员即人民代表，凡其范围以内之事，皆为万不容缓之图，惟既限于地僻民愚，又苦于期迫款绌，故不得不量为变通，斟酌办理。现在筹备事宜粗有秩序，仍当督同在事官绅，悉心筹画，循序图功，总求不逾九月谘议局成立限期，用以仰副朝廷实行立宪之至意。除咨宪政编查馆查照外，所有遵限筹备第一届应办事宜缘由，理合恭折具陈，伏乞皇上圣鉴。谨奏。

宣统元年三月十三日奉朱批：该衙门知道。钦此。

《政治官报》第五百四十四号，折奏类，宣统元年三月十六日出版

---

① "凉州"，原文作"凉庄"，疑误。清代凉州（今武威）有旗兵驻防。

陕甘总督长庚奏设立宪政督催处并派员分任催办折

宣统元年十二月二十五日①

奏为设立宪政督催处，遴派委员分任催办，以免延误要政，恭折仰祈圣鉴事：

窃奴才于宣统元年五月二十日在伊犁时，承准军机大臣电称：陕甘地方紧要，希作速兼程赴任。至二年内应行预备之各项立宪事宜，尤不可视为缓图，赴任后即将应办各事次第举办，随时奏闻，勿稍延误，遵旨电达。等因。奴才遵于交卸伊犁将军篆务，即日就道，沿途均未敢稍事延缓，十月初三日行抵甘肃，初八日接印任事，业经奏报在案。惟甘肃应办宪政，虽经前督臣升允与护督臣毛庆蕃先后饬办，并未办有端倪。奴才到任后，询知第二届筹备事宜，已由毛庆蕃于十月具奏，当即电达宪政编查馆查照。奴才清厘尘牍，将关系宪政之事，逐一考查，有已举办者，有正在设立者，有尚未施行者。现已（叠）〔迭〕次严催，而头绪纷繁，若不设法督催，必致贻误要政。因在奴才署中设立宪政督催处，遴委候补道孙庭寿充当总办，分派各员，分任督催之责。按照颁发抄单内开第二年应办各事，调查档案，于已办者作奏咨，未办者勒限严催，总期赶紧清理，依限呈送，以免延误。除将办理情形电知军机大臣暨宪政编查馆外，所有设立宪政督催处缘由，理合恭折驰陈，伏乞皇上圣鉴训示。谨奏。

宣统元年十二月二十五日奉朱批：该衙门知道。钦此。

《政治官报》第八百二十三号，折奏类，宣统元年十二月二十九日出版

---

① 为朱批批示日期。

陕甘总督长庚奏筹备宪政分别已办接办情形折

宣统二年六月初一日①

奏为筹备甘肃第二年两届宪政事宜，分别前任已办暨微臣接办情形，据实一并胪陈，仰祈圣鉴事：

窃照逐年筹备事宜并分届奏报期限，业经宪政编查馆钦遵懿旨奏定考核章程，限每年二月内及八月内各具奏咨报一次，行令遵照在案。臣上年蒙恩调补时，在伊犁即承准军机处称乙年内应行预备之各项立宪事宜，赴任后即将应办各事次第举办，遵旨电达，等因。当以抵兰道途辽远，尚需时日，即电嘱护督臣毛庆蕃赶为筹办。迨臣抵任，清厘一切，始知第二年内应行筹备各事，尚多未能举办。当于臣署设立宪政督催处，遴委专员，分科催办。查第二年第一届甘省筹备事宜，先经已革前护督臣布政使毛庆蕃具奏在案，嗣于十二月十四日承准军机大臣字寄奉上谕著交长庚复核具奏，等因。钦此。臣遵即稽核卷宗，考证事实，除谘议局选举外，余无成绩可定。盖因甘省连年旱歉，查灾放赈，昕夕鲜暇，亦属情有可原。惟限期已逾，臣系十月初八日接印任事，扣至年底未满三月，以数月赶办两年未办之事，急遽补救，实属竭蹶不遑。兹惟有将第二年两届筹备事宜，分别前任所办暨臣接办实在情形，敬为我皇上一并陈之。

查筹备宪政事宜清单内开，第二年督抚所应办者共八项。

一曰谘议局选举。此项选举，前督臣升允自奉文后，即将谘议局筹办处于光绪三十四年十一月二十日设立，派藩、学、臬三司及兰州道为总办。一面择地鸠工，修建厅舍，并派司选员分赴各属帮同办理初选、复选事务。嗣据司选员会同各属册报合选举资格者共九千二百四十九名，正分配间，适值交卸，经毛庆蕃接续办理，照章以本省议员额数分配，计二百一十五名应选议员一名。凡八府六直

---

① 为朱批批示日期。

隶州，共选定议员四十三名。至驻防专额议员，经升允先已与宁夏将军、凉州副都统商定，宁夏二名，凉（庄）〔州〕一名，其初选、复选附于宁夏、凉州、武威等府县一律举行。于上年八月催集来省，迨九月初一日开会之期，由前护督臣毛庆蕃率同司道等莅局亲为监督，并就甘省应兴应革如禁种罂粟、讲求种树等事，先令分条详议。一时到会，各员尚皆恪循秩序，依条议复，各守本分，亦无嚣张习气。该局议长照章投票选定在籍翰林院检讨张林焱，副议长二员，选定徽县教谕郭锐嘉、丁忧陕西试用直隶州州判王黼堂，嗣王黼堂辞退，另选拔贡生何念忠接充。并选定常驻议员九员。应需旅费公费及书记等薪金，即饬统捐局拨给，作正开销。建筑工程早已完竣，当于谘议局成立后，随将谘议局筹办处照章裁撤。此升允、毛庆蕃任内业已筹备者也。

一曰举行资政院议员选举。查资政院奏定选举章程，归外省选举者，一为谘议局互选议员，甘省定额三名，经臣于十月二十一日亲诣谘议局监视投票互选，先将得票多数之当选人加倍选出，随又于前列当选人内复加选定，选得皋兰县翰林院编修刘尔炘、静宁州进士前四川即用知县降选教授王曜南、伏羌县举人改指四川直隶州州同杨锡田。因刘尔炘辞退，按互选名册列于刘尔炘之后者何念忠一员，业经充补谘议局副议长，应再挨次以丁忧秦州举人陕西直隶州州同罗其光递充。已给执照，于本年二月初四日咨送赴京。又汉世爵选举，甘省仅有伯爵赵良栋之九世孙赵承铭，于光绪五年承袭，现任处州镇总兵，并无停止差俸及他项事故；子爵王进宝之十世孙王同履，于袭封后现已身故，尚未承袭有人。均经电复陆军部在案。又应保送硕学通儒议员，查此项议员资格较高，搜访不易，惟有在籍翰林院编修刘尔炘，品端学富，所著各书，有裨政治学术，核与奏定章程相符，但该绅系奏留办理学务之员，现当兴学育才之际，正赖该绅于讲授功课时，教以尊君孝亲之义，植身立品之方，以正人心而端士习，据提学使以学务重要，详请留甘，已于本年三月初三日咨复学部在案。至纳税多额议员一项，甘省各属申送计合格者共二十名，由藩司会同商务总会投票互选，选定狄道州拔贡生宋振声、伏羌县优廪生王念诚，均堪以作为当选人，已于本年三月二十二日咨送资政院恭候钦选。此臣到任后遵章筹备者也。

一曰筹备城镇乡地方自治，设立自治研究所。查甘省谘议局筹办处，臣到任时谘议局业已成立，该筹办处已裁撤在先，而自治筹办处应即遵章另行设立。随在臣署东偏院内设立自治筹办处，以为全省自治总汇之区，委派藩、学、臬三司，兰州道为总办，遴委通晓新政、明达有为之员，分科任事。嗣因臣署房间不能敷用，改移北街宽敞院落，并仿照浙江自治筹办处章程，添设参议二员，藉资筹画。本处一切事务，以本地绅士端方公正乡望素孚之人充之。先定自治章程细则，阐明自治系为地方商谋公益，遇事受成于官，以辅佐官治为宗旨。遴选总董、董事、名誉董事，设立自治公所，开办省城首县议事会、董事会以为之倡。并通饬各属就地方公产房屋或庙宇设立自治公所，调查地方人口，各就本地固有之境界划分区域，并于查户口时一并清查选民资格以为之备。至于自治研究所为造就自治人才、预备立宪根本，臣于设立自治筹办处后即于该处附设省城自治研究所，遴派通晓法政人员充当讲员所长，又以开办较迟，不能不缩短学期，改为六个月毕业，以免误限。一面分饬各属选送合格士绅，按届来所听讲，一面由法政学堂绅班内挑选三十人入所研究，俟第一届听讲员毕业，即行派赴各厅州县充任讲员所长，俾各属自治研究所一律成立。此又臣到任后遵章筹备者一也。

一曰调查人户总数。查户籍登记，即周官比要之法。凡预备立宪诸事，无一不以户籍为根本，必调查得其确数，而后地方自治始能次第施行。惟甘肃地方辽阔，山岭崎岖，穷乡僻壤，烟户零星，或岩栖穴处，或古戍荒村，畸零小户，远近不齐。加以循化、洮州、贵德、巴燕、戎格、丹噶尔等厅，皆与番族错居，好则人怒则兽，剽掠时闻。且有撒拉尔回子介处其间，其性犷悍，素以抢窃为生。又如河州、狄道、清水、固原、海城、灵州、平凉、泾州、化平、宁灵，及平番、碾伯、大通各厅县，皆回民居多，宗教不同，风俗各异，其狃于奸宄，不畏刑诛者，又复动辄滋事。而庆阳所属各县，又有川陕游民，时来时去，迁徙靡定。是区域有所难分，而选举亦属不易，兼因边鄙各厅州县，距省窎远，文报往返，动需经旬累月。其造报合格者固已难望迅速，其不能如格者，一经驳查，尤属易致迟延。前准民政部颁到章程，节经出示晓谕。应设监督，甘省巡警道现尚未设，照章以布政使充之，并于司署派员专理。拟订调查细则，分饬各属，遴派本地公正绅耆助同办理。一切办法，即照章分别正户附户，编列号数，详细调查，力除从前办理保甲奉行故事之积习，严禁胥役人等需索陋规之锢弊。数月以来，据司详赍各厅州县造送户数册表，共计五十处，已于上年十二月咨部查核在案。其未经送到各属，已严札饬催补赍。总期不误本年十月一律报齐之期。至查报省会及外府首县户数，列于部奏未尽事宜内者，亦经文电飞催，免再迟误。此又臣到任后遵章筹备者也。

一曰调查各省岁出入总数。查清理财政为立宪最要之图，上年六月正副监理官到甘，业经派委藩司为总办，兰州道为会办，克期设局，照章清理。嗣布政使毛庆蕃因延误财政获咎，仅据将光绪三十四年岁出入总数呈请报部。当因限期迫促，一面电咨，一面严饬新委总办署布政使陈曾佑、会办兰州道彭英甲多派员司，认真钩稽，复经臣督同该局总会办及正副监理官亲诣藩库、道库及统税局、官银钱局逐细盘查，于本年正、二、三等月，据该局将光绪三十四年一岁出入款目总数并宣统元年四季报告及两届盈亏比较、各局库实存款项数目先后造具册表呈送前来，臣复加查核，计三十四年全省岁入总数共银三百六十一万七千六百九十两零，钱五千二百三十千五百文零，熟砂金四百五十二两零；岁出总数共银三百六十六万九千七百九十两零，钱六千四十二千七百文零，熟砂金三百二十五两零。宣统元年全省岁入总数共银三百二十六万四千一百二十两零，钱二千七百九十千三百文零，熟砂金三百二两零；岁出总数共银三百九十七万二千三百四十九两零，钱六千一百二十三千三百文零。出入相抵，不敷甚巨。委因甘肃地瘠民贫，筹款维艰。近年各省关欠解协饷积至七百余万，加以新政繁兴，在在需款，出多入少，仰屋徒嗟。至岁入数内应分别本省收入、邻省协拨，出数内应分别解部、协解邻省、本省支出，均照部章详细开列，陆续咨部查核亦在案。此又臣到任后遵章筹备者也。

一曰筹办省城及商埠等处各级审判厅。甘省向无商埠，而省城应设审判各厅，照章于第二年筹办，第三年成立。臣上年十月到甘，此事尚无基址，爰饬臬司陈灿赶为筹办。即于臬署设立审判厅筹办处，以该臬司为总办，兰州知府为提调，已于十一月十五日开办。复因审判之设，首重储材，特于筹备处附设审判研究所，酌定章程十九条，考选候补正佐曾习法政及文理通顺人员，暂定额八十名，研究中律及现行法规，并各国刑法、民法、商法暨监狱事务，限定一年毕业，亦于十一月十九日开学。其讲员即选素习大清律例，并在天津、日本学习法律毕业者，编辑讲义，轮班授课，并令学员于研究之暇日，赴兰州府谳局及皋兰县署轮流观审，择其才具较优、事理明达者，酌派帮审案件，以资实地练习。至省城地方照章应设高等审判厅一，地方审判厅一，初级审判厅二，现已于城关内外觅得隙地四区，约计建筑厅署共需银三万余两，即饬由藩、道两库分筹拨用，现已鸠工庀材，一俟前派赴京津调查委员复音到甘，即行开工。各厅管辖区域均经划分清楚。其司法巡警即于警兵中按格挑选，令讲员于星期之暇讲授一切规章，俾知服从而备驱策。又刑事案内之检验，于罪名出入极有关系，甘省旧设仵作学堂，已著成效，今拟再加扩充，改为检验传习所，以为速成检验吏之阶梯。刻正饬将布置开厅事宜妥速筹办，务限本年内一律成立。此又臣到任后遵章筹备者也。

一曰创设厅州县简易识字学塾。甘省地处边陲，羌戎旧壤，习俗鄙陋，民间儿童识字者十无一二。此项学塾以之教导幼童最为相宜。惟前因章程、课本均尚未到，致稍迟缓。臣已饬提学使于省城酌设学塾十处，专收贫寒子弟无力就学及恃营业为生过时失学之人，以辅小学教育之不及。一切讲授课程，先令拟具简章，略如半日学堂办法，暂取民间常用之字，详为讲解，以明白易晓为主，兼酌授浅易算术，绝不致以难能。迨本年正月初六日准学部咨送奏定章程一本，并于二月十六日将国民必读课本寄甘，即饬学司排印通行遵办。凡厅州县官立、公立、私立各项学堂，经费稍裕者，均附设此项学塾，照章不收学费。并于城治地方及著名村镇由官筹设一二所以为提倡。其教员，科学虽不求备，仍须略具普通知识。现一面饬令厅州县各设塾师补习所，将部颁章程、课本速为研究，以期造就此项师资，俾资先导。此又臣到任后遵章筹备者也。

一曰各厅州县巡警限年内略具规模。甘肃省城巡警早经开办，城内设立巡警总局，并于城关内外共设分局十处。其省外各属巡警，亦陆续据报先后设局，惟或系参用营兵，或系临时招募，且所委员绅多非学堂出身，是以一切办法，仅有形式，并无精神。经臣迭与司道筹商，先于省城建立高等巡警学堂，其各厅州县均饬赶设巡警教练所。现由巡警局司道详定批准，于省城西关外贡院设立高等巡警学堂，饬属选送学生一百二十名，先办简易科，一年毕业，刻已派员兴工。一面通饬各属选送合格学生。绅班以外，更从候补正佐人员内考取四十员，作为简易科官班学生，俟其毕业，派充省城各局警员。约计本年秋初即可开学。其教练警兵，拟即于巡警学堂内附设城关巡警教练所，遵照部定学科，由各局警兵中分提四十人入所肄习，惟变通毕业期限为三个月，以冀速成。甲班毕业，再提四十人作为乙班，更番教练。学堂工程未竣以前，即暂就旧日传习所先行改办。其各属应设之教练所，已严饬遵章筹设，并将所拟办法、教练人数及筹定经费，详晰列表申报，以昭核实。省城巡警总局即令按照奏定警务公所章程，分设总务、行政、司法、卫生四科，派员分任其事，并饬将省区巡警兵丁随时训诫斥换，务令谙习教育，逐渐改观。仍俟高等巡警学堂成立，学生毕业，另为除旧布新，以期渐臻完备。至如外属巡警，如秦州、河州、武威、张掖、西宁、肃州、陇西、平凉、灵台及凉州满营等处，均尚能略具规模。其余瘠苦地方，亦饬妥筹经费，迅速改良，先从城镇办起，次及四乡，渐推渐广，庶几警务前途当有进步。此又臣到任后遵章筹备者也。

伏惟宪政体大，头绪纷繁，限期紧迫，臣奉命来甘，又承延误之后，虽云接续办理，实皆创立初基。故其成绩仅止如此，斯亦由臣之不敏以致如此迟钝，抚躬循省，惭悚难名。继自今惟有恪遵迭次钦奉谕旨，淬（励）〔砺〕精神，率作兴事，兼营并进，切实预备，则司道以下所属各员竞相劝勉，亦可以循序程功，决不敢以地僻民贫，事艰款绌，稍存敷衍之心，以期仰副朝廷变法图强、制治保邦之至意。所有筹备第二年两届宪政事宜，分别前后任所办情形，合并胪陈各缘由，除咨宪政编查馆查照外，谨恭折具奏，伏乞皇上圣鉴。谨奏。

宣统二年六月初一日奉朱批：该衙门知道。钦此。

《政治官报》第九百六十八号，折奏类，宣统二年六月初四日出版

陕甘总督长庚奏陈第三年第二届筹备宪政成绩折

宣统三年五月初二日①

奏为甘省第三年第二届筹备宪政成绩，恭折胪陈，仰祈圣鉴事：

窃甘省历年筹备宪政，迭经遵照考核定章，按六个月分届奏报在案。现在筹

---

① 为朱批批示日期。

备清单业经宪政编查馆遵奉明谕修改，于宣统二年十二月十七日奉旨：依议。通行各省，钦遵办理。宣统三年二月，复准宪政编查馆电开，上年下半年成绩，仍应按原单所列办法奏报，等因。

查甘省筹备各节，有年前应报而竭力赶办者，有现正依限成立者，有应办事宜而上届先已列报者，有续准部电变通办理者，有办有规模而庚续进行者。谨为我皇上缕晰陈之。

如自治一项办理成绩约有五端：

一为自治研究总所。第一届毕业试验合格学员八十二员，业经发回本籍，札饬各地方官派襄自治事宜。第二届学员，已由各属陆续申送到所听讲。各厅州县研究分所，据各属禀报开办情形，尚能与定章不背，间有偏僻州县未经举办及办未合法者，均已严饬一律开办改良。

一为划分自治区域。甘肃幅员辽阔，人口甚稀，从前学区、警区分划未能一律，此次尤不得不审慎周详，以期妥善。复核各属所报，或分区不合，或图表不符，或误会表中名义，或不谙绘造方法，迭经逐细指驳更正，以归划一。此自治之年前应报而竭力赶办者也。

一为城镇乡议事会、董事会。如皋兰、秦州、河州、武威、宁夏等指定之繁盛地方均一律成立。其总董并由臣照章加委，以昭郑重。其泾州、固原、阶州、肃州、狄道、张掖、平凉、秦安、陇西、西宁等指定之中等地方，迭经饬照前颁期限，本年二月以前，一律成立。虽据张掖、陇西各属先后申报到省，而其办法之不合者，已随时批驳，饬令更正迅详，以便转咨。

一为厅州县议事会、参事会。皋兰为省城首善之区，上级自治议事、参事两会，亟应先行成立，以为各属之倡，先已照章开办，并将选定职员名册详赍备案。此自治之依限成立者也。

如省城暨商埠各级审判厅成立一项，甘肃向无商埠，上届承办省城各级审判厅事宜，业经奏咨有案。此次接续筹办，约有数端：

一为分别委署各厅推、检等官。法官之任用，于司法前途关系最为重要。除高等厅丞暨检察长已请旨简署外，其余均按考试成绩，择其经验较深、学识较优者，分别派署。又遵章酌设推、检数员，由提法司派赴各厅办理预审事件，俾为补助，藉资历练。

一为依限一律开厅。甘肃省城高等厅一，地方厅一，初级厅二，检察均附于审判，已于上年十二月十五日一律开厅。除兰州府皋兰县未结各旧案饬令赶速讯结外，所有新案，均就其管辖区域，归各级厅分别管理。

一为分拨司法巡警。查司法巡警照章系由检察官临时向各局调度，但甘肃乡镇巡警尚未编设，势不得不养成此项专门人材。已由提法司于巡警教练所中遴派三十人轮驻各厅，候检察官随时调遣，并于高等厅内另设讲堂，令该巡警等轮班听讲，以资训练。

一为考试。法院书记，已由提法司照章派员考试，选用二十八员名，分发各厅学习。其承发吏，亦均照章考选。他如考用司署属官，开办模范监狱，凡司法范围应办事宜，均由提法司督同所属，拟定章程，刻期兴办。此司法之依限成立者也。

如复查岁出入一项，甘肃宣统元年一岁出入总数，已于上年八月据司道暨清理财政局详赍清册，转咨度支部查核。此上届先已列报者也。

如试办预算决算一项，宣统三年一切经费，已由清理财政局汇造预算总册送部，嗣准部电核减，复经另造咨部。现在部中修改之数，并资政院审查之数，均已先后奉到。预算原为量入为出之计，实贵斟酌轻重缓急之宜，甘肃地处边隅，各项行政经费尤为重要，资政院审查之数，有为甘省所不能尽行照办者，已由臣另案奏咨。至于试办决算，部章原有自宣统四年起，京外各处始造送上年决算报告之语，自应候部中将册式颁到，再行遵办。此预算之上届先行列报，决算之应行变通者也。

如厘定地方税一项，宪政编查馆原单，以国家税与地方税分年厘定，度支部议复御史王履康奏请变通厘订折内，称应以宣统二年为调查年限，宣统三年为厘订年限，宣统四年同时颁布，等语。钦奉谕旨，俞允在案。是地方税与国家税必应同时厘订颁布，已由臣转饬清理财政局遵章调查，列表送部，应俟奉到部复，遵章厘定。此续准部咨变通办理者也。

如汇报人户总数一项，甘肃第一次查报户数，业于宣统元年第二届奏明在案。其第二次应报户数，前由藩司厘定调查户口施行细则十三条，于上年五月间通饬各属切实举办。已于九月内一律报到，各厅州县及分州分县，凡八十一处，共九十万六千七百四十户，已咨请宪政编查馆、民政部查照。惟是清查人口，尤为民政最要之点，前经饬属勒限上年十月造报。现在各厅州县陆续报到，惟岷州、陇西县丞、巴燕戎格厅三处尚未造齐，已饬司勒限催详，以便汇咨。此户口之赓续进行者也。

如简易识字学塾一项，上两届举办推广情形，业经奏报在案。现据庆阳府、宁州、环县、正宁、董志原县丞、宁夏、宁翔、中卫、宁灵厅、金县、渭源、红水县丞、陇西、西和、伏羌、洮州厅、秦安、两当、清水、文县、成县、大通、巴燕戎格厅、镇番、平番、抚彝、山丹等处，共增设一百八十八处，连前已设三百六十处，共设学塾五百四十余处。现在立宪期限既经缩短，人民程度亟应从速增进。甘肃风气迟开，于此项简易识字学塾，尤应极力推广，仍由臣一面督同学司分饬各属随时增设，以期教育之普及。此推广学塾之赓续进行者也。

各厅州县巡警一律完备一项，各属巡警，前年已具规模，上年报告成绩，除河州所属太子寺州判未经列报外，其余均已一律开办，惟挑选营兵一节，或系由营拨派，或系随时招募，营兵既无学识，故警政未见精神。自臣到甘以后，催设省城高等巡警学堂及各厅州县巡警教练所，以求厅州县巡警改良之实益，并为城镇乡推广巡警之预谋。高等巡警学堂，已于上年七月开学。上届各属详报教练所成立者三十余处，本届续报成立者又得三十余处，其余教练所虽未遽设，而城治巡警均已一律举办。上年秋间并由巡警总局，将逐年筹备应需之数，按各属人户多寡，分列六等，预算大要，分行各属，通盘筹计，以为将来乡镇巡警之预算。刻下巡警道员新蒙简放，责任更专，已饬将警务应办之行政、司法、卫生各事项，认真整顿，以利推行。此巡警之赓续进行者也。

以上各项，地方自治、司法独立，与立宪有直接之关系，自宜急起直追，财务行政、军务行政又为甘肃特别之要端，尤不得不悉心规画。至于教育、巡警，原系内务行政之一部分，清单虽已经修改，仍应由臣督饬司道，按照部定年限，力求进步，以仰副朝廷励精图治、计日程功之至意。所有甘肃第三年第二届筹备宪政成绩各缘由，除分咨查照外，理合恭折具奏，伏乞皇上圣鉴训示。谨奏。

宣统三年五月初二日奉朱批：该衙门知道。钦此。

《政治官报》第一千二百八十九号，宣统三年五月初七日出版

新疆巡抚联魁奏胪陈筹备事宜第二年期第一届成绩折

宣统元年十月十二日①

奏为遵章胪列筹备事宜第二年期第一届成绩，恭折仰祈圣鉴事：

窃照筹备立宪事宜第一年成绩，业经奴才奏报在案。查宪政编查馆原奏考核专科章程第三条内开，九年筹备事宜，应自光绪三十四年八月起至十二月底止为第一届，以后每年六月底暨十二月底各为一届，限每年二月内暨八月内，各具奏咨报一次，等因。又查宪政编查馆原奏逐年筹备事宜清单暨续订分年筹备表内，列第二年各省督抚所应办者共八条。兹值八月奏报届期，除资政院选举一条，应候资政院颁布章程另筹外，谨将本届所已筹备者七项，敬为皇上陈之。

一、举行谘议局选举，各省一律开办。查新疆筹办谘议局选举事宜，去年六月遵设谘议局，旋改筹办处，派藩、学、臬三司为总办，委用员绅，次第筹备。嗣据该司等以新省人民品类不同，尚乏合选举资格之人，酌拟变通办法，官绅并用，详经奴才于奏报第一年成绩案内，详晰胪陈。奉旨后，由宪政编查馆核议，以边地情形既与内地不同，自应从权试办，奏奉谕旨，钦遵咨行在案。奴才当经行司饬属，暂按变通章程，慎择汉人中具有被选举之资格者，详委谘议局议员，一面由该司等于候补中择品学兼优熟悉本地情形者，分别派委，限八月内一律派齐，即于九月初一日将谘议局告成。俟派齐后，随将议长、议员年籍履历造册分咨。至谘议局议事厅，七月已委员建筑，亦俟工竣，绘图贴说，咨报立案。此关于议员选举之筹备也。

一、筹办城镇乡地方自治，设立自治研究所。查自治为宪政初基，欲实行自治，必先养成有自治知识能力之人，方能推行尽利。自钦奉谕旨颁布自治章程，复准宪政编查馆咨到核复自治研究所原奏清单，（叠）〔迭〕经行司饬属遵办。

---

① 为朱批批示日期。

嗣据司详，遵章在省城设立自治研究所一处，饬令各属选择品行端正之士入所研习，业经遴派讲员，于本年七月初四日开课，俟八个月毕业，即派赴各属宣讲，已酌拟细则，分咨备案。又详称，各属现已有将自治研究所提前设立者，有已划分自治区域者，容俟办齐再行汇报。此关于地方自治之筹备也。

一、调查各省人户总数。自本年二月准民政部咨行奏定调查户口章程，暨门牌、调查证、查口票、报部表各式到新，当经严饬遵章迅办。新省未设巡警道，即以藩司王树枏相为总监督，先将部发告示饬属张贴，俾人人皆知调查之宗旨，每道复遴派委员二人，循环催查，以期实行而防流弊。照章调查户、口应分二次办理，新省地方辽阔，若不酌量变通，不惟糜费，且恐逾限，已饬户、口并查，仍作两次申报，以符定章。前已将该监督拟订施行细则报部立案，现各属正在调查，俟造报到日，应即填表汇咨，此关于调查户口之筹备也。

一、调查各省岁出入总数。新省财政困难异常，每年以入抵出，不敷甚巨。近因筹办新政，需款更多，目前别无利源可浚，惟有设法节缩腾挪，勉顾要需。前年准度支部咨到议覆御使赵炳麟奏制定预算决算整理财政折单，已饬将历年销案暨例支外销款项逐细清厘汇报，从前关涉财政一切局所早经裁撤，本年准度支部咨到奏定财政局暨清理财政各章程，当经饬委员择于迪化府署东偏建筑清理财政局，遵章以藩司兼充该局总办，刊发木质关防，遴员设科，分司稽核。正月二十三日开局，饬省城内外衙署局所，赶将出入各款分晰造报，现据详称，在省内者均已报齐，省外各道，路途辽远，尚未赍到。事属创办，条例纷繁，曾电部请将本年春季报告册展缓限期，现副监理官已到，会同总办稽查督催，核实清理，虽报部稍稽时日，而调查务得确数。此关于调查全省岁出入之筹备也。

一、筹办省城暨商埠等处各级审判厅。审判一项，关系綦重，中国旧制由地方兼理，行政、司法丛集一身，既多用非所长，抑实力有不逮，自应逐渐改良，以慎庶狱。饬据兼臬司荣霈按照法部奏设京外各级审判厅官制并附设检察厅章程，悉心研究，参酌新省情形，筹议办法，详经奴才核酌。拟先在省城设立高等审判厅一所，酌设厅丞一员，推事六员，典簿二员，主簿二员，录事三员；并附设检察厅，酌设检察长一员，检察官二员，录事二员。其厅丞、检察长、推事、检察官，暂由候补府厅州县内，甄择通晓法律之员委用；典簿、主簿由府经历、县丞，录事由巡典杂职内拣派，均暂行试办，不作额缺。迪化县设一地方审判厅，城内外各设一初级审判厅。省外商埠，塔城、宁远、疏附等厅县衙门，各附设一地方审判厅，并择于适中地面，各设一初级审判厅，照章划分权限，审理案件。地方审判厅设推事长一员，暂以各该厅县兼之。初级审判厅设推事一员，其余地方之推事、典簿、主簿、录事与初级之书记生，均按事务繁简酌设，各级均附设检察厅，亦酌量委用，业经批饬分别筹设，明年依限成立，再行奏咨立案。此关于省城暨商埠各级审判厅之筹备也。

一、颁布简易识字课本，创设简易识字学塾。查部编简易识字课本尚未颁布到新。本年上学期已过，新省幅员辽阔，文报交通匪易，若不稍寓变通，势必延误期限。前据署学司杜彤饬由商务印书馆购来五彩精图方字一种，虽与部编简易识字课本难必尽同，而以教授初学，尚属适用，已令各府厅州县迅将简易识字学塾一律筹设，即以此项方字暂行教授，俟部颁课本到日，再行分发改用。至南疆缠民不通汉语者，断难识字，此项学塾势难另设。新省原订汉语学堂章程，系半日教授汉语，现酌将此项学塾并入汉语学堂，即以半日教授识字，以期易举。此关于府厅州县简易识字学塾之筹备也。

一、府厅州县巡警限年内粗具规模。查新省自抽巡防队六营分编巡警兵，府厅州县巡警已略备基础。惟边地人格不齐，虽概系从新招募，非以旧有弁勇丁役充数，然亦不尽合格之选，自应遵章速设教练所，以资模范而图整饬。第教练必须教员，上年省城所设之巡警教练所，仅足供省中之用，本年设立之高等巡警学堂并附设简易科，开学未久，毕业期限尚远，教员难得，教练所暂难按期设立，但巡警有保卫地方、监察人民之责，不得不力求进步。现今各属所募警勇，暂觅武弁中粗谙警章者权任教授，一面严饬省城学堂承办人员认真经理，急宏造就，俟前项简易班学生毕业，再行派往，将教练所襄同设立。至前准度支部咨称，各属警勇所编巡弁、巡记、巡丁、巡目、巡兵阶级名目，与定章不符，应遵照奏定巡警道官制细则办理，等因。业经行司遵照，俟改定后，仍咨部备案。此关于府厅州县巡警之筹备也。

以上系第二年期所应办，或悉遵定章或量加通变，皆以敬谨预备。此外有事关宪政，为原奏清单所未列而并为筹备者，如审判本专门之学，必于中外法律确有研究，方能胜任，将来各级审判依限成立，需员孔多，若不预储谳才，临时必致乏人。已饬于法政学堂附设审判研究所，收集正佐三四十员，遴委熟谙裁判法政专门，讲演法政，俾资练习，俟毕业试验及格，随时酌委，庶将来次第推行，可收效果。又实业为新省急要之图，前据学司于详议九年以内应行筹备教育事宜按年列表案内声明，宣统二年在省城设立实业讲习所一处，开办农业、工业各一班等语，现定明年设立，自应先行筹备。现已饬该司先将延聘教员，添购图籍，建筑堂舍、试验场，饬属选送学生，四者分别筹办，当可无误设立时期。至表列艺徒学堂，第二年繁庶之府厅州县共设七处。现据申报筹款兴工者已有数处，统俟下届续将开办情形胪列具报。

奴才忝抚严疆，眷怀时事，值百端之待举，矢壹志以图成。惟有督同该司道等，将前列各事宜切实办理，以期仰副圣主实事求是、再三告诫之至意。所有胪列筹备事宜成绩缘由，除分咨外，谨会同署理陕甘督臣毛庆蕃，恭折具陈，伏乞皇上圣鉴训示。谨奏。

宣统元年十月十二日奉朱批：该衙门知道。钦此。

《政治官报》第七百五十三号，折奏类，宣统元年十月十八日出版

新疆巡抚联魁奏胪陈筹备宪政第三年第一届成绩折

宣统二年十月十九日①

奏为胪陈筹备宪政第三年第一届成绩，恭折仰祈圣鉴事：

窃筹备宪政事宜，照章每届六个月胪陈成绩奏报一次。新省第二年期筹备各事，业经臣依限奏咨，奉准核复在案。所有第三年分隶督抚应办事件，均经按次饬催，黾勉举行。本年五月遵章于臣衙门设立宪政筹备处，由臣责成司道，督率在于关系宪政各署局所派出人员办理其事，谨将上年十月十三日钦奉上谕恭书悬

---

① 为朱批批示日期。《清末筹备立宪档案史料》第777页亦载此奏折，所署日期为宣统二年八月二十五日，当为自新疆发出日期。

挂，倍加警惕。兹值八月奏报届期，据该管司道将筹办成绩分别详报前来，臣复加查察，应即按照清单详晰胪陈，以资考核。

一、续办城镇乡地方自治。新省谘议局筹办处附设自治研究所，选送听讲员入所研究，自上年七月开办至本年三月，为八个月毕业之期，当经臣亲临考试，平均分数，择程度较优者先行毕业；其次补习三个月，期满复试，一体毕业。仿照学堂章程发给文凭，派充各属讲员，现已先后赴差。由司遵将部颁关于自治一切章程刷印多本分发各属，俾资讲演，并饬接续选送听讲员入所研究，期利推行。至议事、董事各会，迪化为省会首县，自应酌量试办，其余各属，亦宜逐渐推广。惟边地僻陋，用人筹款，在在维艰，若不预事图维，临时恐为滞碍，已并饬将外府所属各首县提前筹设，以资导率，现在陆续禀报，设法筹备。其城镇乡自治区域，前据各属就原有境界划分区段，仅列村庄地名，未免简略，已通饬将相距里数山脉河流逐段详验，俟民政部颁到通行表式，当饬照式分别绘图造册送部，以凭核定。

一、筹办厅州县地方自治。查自治为宪政根本，厅州县与城镇乡实有互相维系之势。第按照定章，要必城镇乡办有端绪，厅州县乃能筹设。现惟饬令将划分区域及宣讲章程规则各事宜切实办理，以备基础。

一、汇报各省人户总数。上年调查人户，业经遵章列表送部备查。惟事属创办，难免遗漏，时阅一年，不无迁徙，已饬各属监督，将上年查过正附各户以及尚未清查之处，分别抽查明确，以征实在。俟第二次汇报之期，当即详细造报。

一、复查各省岁出入总数。查光绪三十四年全年通省岁出入总数，业准度支部电咨查复开单汇奏，惟款目纷繁，初次调查，不无漏误。前因复查届期，已饬清理财政局将宣统元年岁出入总数，按照部颁预算册式，分类分款详晰填注赍送。现据详称，正督饬员司逐一详细钩稽，遵章赶速造册，期免贻误。

一、厘订地方税章程。新省地居荒瘠，兵燹迭经，自置省后，物力未充。朝廷轸念民依，轻徭薄赋，正供以外，就地抽捐之款无多。近办新政，需款浩繁，地方官无从措注，赔贴维艰。喀什噶尔道属始量办亩捐，阿克苏道属始酌收草捐，镇迪、伊塔两道，地更瘠苦，各府厅州县亦察酌情形，量为筹措，以弥补新政要需，业经分别准驳，务期于公有济，于民无损。现又由司移道，饬属将现行各项地方税章程，重加妥议，送司复核，呈请分别厘订。

一、试办各省预算决算。预算为清理财政初基，实为筹备立宪要素。上年十月，经清理财政局遵章酌拟办法，通行文武大小衙门局所，应造表册，限期造赍送局汇编，而各府厅州县距省窎远者，冬雪夏水，有碍交通，文册在途，常多阻滞，未能一律依限赍局，只得先就已到者逐款稽核。不合格者分别驳更，款目不符者一再行查，未到者文电交催。嗣于本年四月准度支部颁到试办预算例言、总册、比较分表各式，当即饬由藩司王树枏会商监理官，督同员司，遵将本省收支各项银两，凡关于国家地方行政经费者，均分别岁入岁出、经常临时两门，每门分类款项子目，逐细填造总分表册，均附加说明。有应行比较者，以宣统元年或光绪三十四年实收实支之数，比较增减，其无从比较者，均于说明格内声叙。其款项子目应说明者，均注于摘要格内。各属征收本色粮草出入细数，另编总分清册随文附赍。其该各属局所分册内，列造出入各款，均已覆加审核，切实删减，凡有可裁可并之款，一律认真裁节，期符部臣量入为出、收支适合之义。又由局遵照部章，分别门类，编订详细说明书共十七本。凡表册不能曲达者，俱为发明参考，藉资印证。已于本年五月二十日随同预算表册一并详赍咨部。

一、省城及商埠等处各级审判厅限年内一律成立。新省地广人稀，词讼尚简。镇迪以省城兼商埠，其余伊犁、塔城、喀什噶尔各埠，亦均附近城治，除高等一厅照章设立省城毋庸分设外，所有商埠诉讼，拟仿湖南、金陵下关各处办法，暂饬迪化及塔城与伊犁之宁远县、喀什噶尔之疏附县，各暂设地方一厅，初级一厅，将商埠并入厅县审判办理，均不另设专厅。至案件之管辖，悉遵照法院编制法，参酌新省情形变通妥办。惟成立必须组织，而筹备首重储才，本年三月已于兼臬司衙门设立审判厅筹备处，遴员分科任事，以挈纲领。又法政学堂附设审判研究所，业经招考候补正佐各员入所练习，限一学期卒业，照章考试，分别任用。至建筑厅署，系司法独立之要端，业由审判筹备处绘具图说，分饬各该属按照部章，将法庭及办公处所从新建造，或就旧有闲废公所改修，务于八月一律告竣。现据详称，均已克日兴工，当于成立期限不致有误。第改良司法，需款浩繁，新省困难倍蓰他省，现拟将前项应设厅署建筑开办经常临时各费，暂由藩库挪垫动用，实系一时权宜之计，业经按款咨部汇核办理。

一、推广厅州县简易识字学塾。简易识字以普及为要义，前经学司于拟订分年筹备教育表内声明，此项学塾，第三年各府厅州县应酌量推广，业经先行通饬并详晰指示办法。上年因期限迫促,北路各属均于沿城设立一处,南路附设汉语学堂者多寡不一。现据具报增设者已有十数州县,其余均经札催设法增添,以期无误定限。

至本年关于学务尚有各省所应办者,如学部分年筹备事宜清单内开,初级师范教员,编订教授细目,检定两等小学教员及优待教员等项章程,因城镇乡已定之界域分划学区,估计逐年经费,设立存古学堂,开办图书馆,省城初级师范学堂及中小学堂兼学官话。又学司拟订筹备教育表内,续办初级师范、推广汉语学堂、设立官话讲习所、实行省城私塾改良、调查风俗改良宣讲所一律成立。繁庶之区,开办初等实业,省城设立实业教员讲习所,法政学堂开办讲习科,各项均经署学司杜彤通饬遵办,并察度情形,或能依限办到,或应量筹变通,已分晰详咨学部查核。

一、厅州县巡警限年内一律完备。新省警务,省城开办较早,各属虽经陆续举办,究未齐全。自前年设法抽拨巡防队饷项编练警兵,全省警制始渐一致。现计省城共设官警四百六十六员名,各府厅州县官警共一千五百四十员名。前已饬取详细表册报部备查。至各属应设之巡警教练所,前以师资缺乏,猝难筹设。现值高等巡警学堂简易科将届毕业,已饬巡警总办兼臬司荣霈查照定章,体察各府厅州县情形,各就户口繁简、地方冲僻区分五等,酌定学生额数。一等每年招生六十名,二等五十名,三等三十名,四等二十名或十六名,五等十名,均一年毕业,以次推广,务期足敷各该乡镇巡警之用。计通省府厅州县县丞直辖人民者共三十九属,每属各设一所,惟简僻州县有愿附入府厅或两属合办者,听其自便。其学生,因北路土客杂处,迁徙靡常,南疆缠回错居,语言各异,本难选举合格,惟巡警重在联络村乡,互相保卫,应照章就本地人民酌量考选教练,俾渐知服从义务,共保治安。容俟简易科考毕业,当即分派开办。

以上各项,均系紧关宪政,条理繁多,期限俱迫。臣赋性迂谨,重寄兢膺,固不敢操切以邀功,亦未敢因循以废事。限于边地风气未开,勉策进行,究乏速效。论九年之全体,固仅粗具根荄,即本届所筹维,亦宜递加程督。钦承恩命,行将去新,昕夕悚惶,时虞陨越。惟赖新抚臣悉心规画,次第图成,以副朝廷求治之怀,而补微臣疏虞之咎,此则愚衷所切企者也。除分咨备查外,所有奏报筹备成绩缘由,谨会同陕甘督臣长庚恭折具陈,伏乞皇上圣鉴训示。谨奏。

宣统二年十月十九日奉朱批：该衙门知道。钦此。

《政治官报》第一千一百四号，折奏类，宣统二年十月二十二日出版

开缺新疆巡抚联魁奏陈筹备第三年第二届宪政成绩折

宣统三年四月十六日①

奏为胪陈筹备宪政第三年期第二届成绩，恭折仰祈圣鉴事：

窃查筹备宪政事宜，应每年分届，于二月内及八月内各奏咨一次。新省第三年期筹备各事，经臣按次督饬，黾勉举行，上年八月遵限奏咨，奉准核复。兹值二月奏报届期，据该管司道各将续办成绩分晰详报前来，臣复加查察，谨分类为我皇上陈之。

一曰自治。照章本年应续办城镇乡暨筹办厅州县地方自治。新疆省城自治研究所第一届听讲员上年三月研究期满，先后毕业，分派各府厅州县，委充研究分所讲员。饬就各区段公正士绅中挑选能通汉语汉文之缠民，及能通缠语缠文之汉民，量地暂定额数，多者十余名，少者数名，常川驻所研习部颁各项自治章程，并以宁远、塔城、疏附均系商埠，令添交涉一门，将中俄条约暨新订一切约章择要研究，其有地僻人少碍难设立分所之厅县县丞，则附入该管府县听讲，俟届毕业，仍回本区广为劝导。现已一律申报成立。应设议事、董事各会，边地人格不齐，选举尚难实行，只能酌量试办。迪化县地当省会，已设法组织。外府所属各首县，前饬一并提前筹设，现如疏附、温宿、绥定等县暨无首县之莎车府，并疏勒、和阗、乌什、宁远、拜城、库车、塔城等处，均经详报成立。所有城镇乡自治区域，前准部咨，酌定图表各式，通饬遵照填报。嗣据各属申赍填造图表，未尽如法。现已饬由自治筹办处逐细更正，赶紧详咨。其有辖境接壤插花，不便行政之处，屡经饬查改正。据各属查报

---

① 为朱批批示日期。

境界，均尚分明，并无插花不便行政者。惟温宿县与分防柯坪县丞，壤地不相联络，已饬妥拟修改，另案奏明办理。至汇报人户总数，前由调查户口总监督分饬各属，将宣统元年查过正附各户以及未经清查之人户总数分区分段逐细确查，于上年十月列表详咨在案。此续办自治之情形也。

一曰财政。查筹备清单内开，复查岁出入总数，厘订地方税章程，试办预算决算，皆第三年关于财政应办事件。前饬司局将宣统元年各属文武大小衙署岁出入一切款项总数迅速据实报告，无如南北两路府厅州县距省类多辽远，未能一律依限造送。嗣因查报届期，经局以司道各库为全省出入总汇之区，先就各该库已到收支各册逐款稽核，一面呈报先行电部，一面汇编总册，已于上年十一月详咨在案。税捐一项，新省地居荒瘠，就地抽捐之款无多，近办新政，需款浩繁，始开办亩捐、草捐及杂项各捐。惟各处情形不同，章程互异，前已由司局移道饬属将现行各项章程再行厘订，呈转复核。嗣准度支部咨，奏准将国家税地方税章程同时厘定颁布推行，应以宣统二年为调查年限，宣统四年同时颁布，等因。行经司局转饬各府厅州县暨各统税局，将何项为国家税地方税，何项应属附加税特别税，按照性质，分晰明确，赶紧造报。因各署局造报类多牵混，未能分晰明白。旋经司局往返驳更，已分别查核列表，并编订说明书，详咨备核。至试办预算，自上年五月将表册报部后，其原报款项间有漏误，应行追加者，已补造表册送部查核。此续办财政之情形也。

一曰审判。查司法独立为立宪根本，照章各省省城及商埠等处各级审判厅限上年年内一律成立。新疆自设审判筹办处，已将筹备事宜参酌本省情形，次第预备，冀应设各厅得以按限告成。惟上年应行设立者共九厅，需用推检至少应三十员以上。前准法部电咨，此项人员应以考试及格及有免考资格人员为限。（浙）〔新〕省法官第一次考试合格者仅八员，其免考试资格人员，认真遴选，亦仅四员，实不敷用，因从权先将省城高等、地方、初级三厅开办，以符定限。其高等审判厅厅丞、高等检察厅检察长钦遵电传上谕，即饬郭鹏、张培恺入厅试署。各级推、检即以前项合格人员配置，典、主以下就审判研究所毕业各员派用，已择于宣统二年十二月十九日成立。所有省外商埠三处六厅应派各员，现已电商法部，奏准暂就审判研究所毕业并候补中品秩相当，或专门法政毕业及曾任正印历充刑幕人员变通任用。先在省试验数月，再行发往开办。其办事细则，俟商埠一律开庭，即由各该厅妥拟呈转核咨。至省城模范监狱，据司详报，业已择定地址，俟届春融即可估工兴筑。此续办各级审判之情形也。

一曰教育。查筹备清单，第三年推广厅州县简易识字学塾，又学司拟订分年筹备教育表内开，此项学塾，第三年各府厅州县应酌量推广，等语。新省僻处极边，与内地迥殊，汉民皆系客游，向学者鲜。缠民虽多，更视入学为畏途，办理学堂正非易易。惟此项学塾尚与筹办他项学堂有别，一切设备不求完美，但求识字有人，即为教育普及基础。前年因期限迫促，北路各属均于治城设立一处，南路附于汉语学堂者多寡不一，部颁课本未到，暂发给商务印书馆五彩精图方字，俾资教授。本届为府厅州县推广之年，先已由司通饬各属赶紧筹办。复经指示办法，严饬认真赶办。嗣据各府厅州县力顾考成，均报成立。迪化已添设十六处，其余由一处至数处不等。虽各回部暨古城满营不在府厅州县之列，均已照办，尚未违误。适准部颁课本到新，已饬司排印分发改授，以符定章。仍不时严催各地方官督饬办学人员，当晓然于立宪年限业已缩短，务令识字人民按期增加，期于宪政前途不至贻误。统计本届六个月各属续报成立，并证以比较表，除旧有九十余处，现又增加一倍有余。至本年关于学务为学部分年筹备事宜清单及学司拟订筹备教育表所备列者，均经饬据学司详加察度，或已遵限办理，或宜量筹变通，已分条详咨学部查核。此续办教育之情形也。

一曰巡警。新省巡警，迪化省会设立较早，几经更正，始具根基，然额数究嫌单简，值班换班不敷轮换。上年八月已由司拟订改良细则，追加预算表册，详情分咨，力求完备。省外府厅州县县丞各城治计三十九处，酌分最要、次要、中要三等，以莎车、疏附、奇台、绥来、绥定、塔城、库车、和阗、焉耆、温宿十府厅州县为最要，昌吉、宁远、温宿①、于阗、叶城、哈密、吐鲁番、库尔喀喇乌苏、精河、乌什、英吉沙尔、巴楚、疏勒十三府厅州县为次要，孚远、阜康、鄯善、婼羌、新平、轮台、沙雅、拜城、伽师、皮山、洛浦、镇西、蒲犁、霍尔果斯、呼图壁、柯坪十六厅县县丞为中要，皆酌量分别编练。前年粗具规模，上年勉臻完备。细绎完备理由，不外配置警官、扩充警学、筹备款项三端。迪化以省治兼商埠，种类错居，消极行为，各属资为模范，故本届改良故步，一切酌照

---

① 原文如此。

新章，巡警定为头二三等，虽无特别知识，尚能服从义务。巡官则遴选能通警务人员，巡长亦皆考取任用，仍按各局辖地分段分岗支配布置，实行站岗巡逻诸事，且添募消防，置备器械，预防水火灾害。省外各属所设巡警亦皆选派巡官，配置区域，堪敷保卫预防之用。省城教练所现已重加整顿，各属教练所亦促逐渐成立，分派高等巡警学堂简易科毕业生充当教员，训练新收之学生，兼教旧有之巡警，以期同有进益。款项一端，新省饷需向系仰给邻省，就地筹款实不容易。现计各项警费，省城并各属原由营队提拨者，仍暂由司库支领，其余均饬设法就地筹措，勉强弥缝。查巡警为内政要端，编制固宜完备，推行尤贵切实。近准民政部咨行，未设巡警道以前，其巡警总局亦应分科设员办事，等因。刻已据司详议，将省城总局改设警务公所，酌量分科治事，为全省警务总汇之区，庶于筹办警政更有裨益。此续办巡警之情形也。

以上各项，均经督饬司道协力经营，勉赴期限。窃思宪政关系紧要，筹备事宜体例繁重，新省僻处边塞，风气固陋，财力困难倍蓰他省，年来勉强图维，虽根荄仅属粗具，实已竭蹶不遑。伏读宣统二年十月十一日钦奉上谕：凡开设议院以前地方应行提前赶办事项，著即懔遵前旨，切实遵行。其有边远省分与腹地情形显有不同，应办各事有不得不分别先后缓急者，准由该督抚等据实奏明，请旨裁夺，等因。钦此。仰见皇上励精图治、注重宪政之中，仍寓因地制宜之意。钦服莫名。臣待罪西陲，倏将六稔，考察经验，于地方情形不无所见，前于遵议御史赵炳麟、湖北布政使王乃徵条陈宪政案内，业已据实陈明，钦奉电传谕旨：联魁电奏新省现在情形，详议筹备宪政酌量变通等语，著该衙门知道。钦此。所议是否可行，尚未奉准核复。臣仰承恩命，虽将去新，第念宪政与边地均关重要，惟赖圣明主持于上，馆、部诸臣赞助于下，因时地而定制，分缓急以进行，用以免窒碍而规实效，此则旦夕所切祷者也。除分咨外，所有续陈筹备成绩缘由，谨会同陕甘督臣长庚恭折具奏，伏乞皇上圣鉴训示。谨奏。

宣统三年四月十六日奉朱批：该衙门知道。钦此。

《政治官报》第一千二百七十二号，折奏类，宣统三年四月十九日出版

伊犁副都统额勒浑奏遵设宪政筹备处折

宣统三年六月二十二日①

奏为遵设宪政筹备处，恭录上谕，敬谨悬挂，恭折仰祈圣鉴事：

窃臣查接管卷内准宪政编查馆咨开，宣统元年十二月二十日具奏，请饬京外各衙门设立宪政筹备处，并将十月十三日上谕恭书悬挂一折，钦奉谕旨：著依议。钦此。钦遵恭录，咨行查照办理，等因。前任未及举办，移送前来。查宪政为立国要图，凡在臣僚，罔不应靖共尔职，恪谨筹维。在筹备事宜清单边徼范围以内，如清厘财政、筹划旗丁生计、学务、警务等项，虽较省分略简，第期限迫切，藩属诸务，胥待研求。往日缺漏，不能不同时并举。现已于臣署内设立宪政筹备处，谨将宣统元年十月十三日谕旨恭书悬挂，俾朝夕瞻仰，惕励奋兴。即由臣督理其事，并遴派文案等处差缺人员参助考究，与臣时相晤商，庶几如臂运指，祛除隔阂，筹来补往，迅赴事机，以仰副朝廷注重宪政之至意。在委各员，系属原有差缺人员，均拟不支薪津等费，以节虚糜。其该处应支各项零费，即请在于粮饷处封存银两项下作正支销。除将各员职名清单咨送宪政编查馆并分咨查照外，谨恭折具奏，伏乞皇上圣鉴训示。谨奏。

宣统三年六月二十二日奉朱批：知道了。钦此。

《政治官报》第一千三百三十六号，宣统三年六月二十五日出版

---

① 为朱批批示日期。

新疆巡抚袁大化、开缺新疆巡抚联魁
会奏筹备宪政办理情形折

宣统三年六月三十日①

奏为会奏筹备宪政办理情形，恭折具陈，仰祈圣鉴事：

窃臣等恭读光绪三十四年八月初一日谕旨：逐年应行筹备事宜，必须秉公认真次第推行，每届六个月将筹备办理成绩胪列奏闻，并咨报宪政编查馆查核。各部院领袖堂官，各省督抚及府尹，遇有交替，后任人员应会同前任，将前任办理情形详细奏明，以期各有考成。等因。钦此。钦遵在案。新省第一、第二、第三等年筹办宪政成绩，迭经臣联魁分届按期奏咨。兹值臣大化驰抵新省，于五月十三日接篆任事，由臣联魁将任内经办各项咨会奏报。臣大化初到省垣，稽诸案牍，除选举一项，因新省人民程度过低，尚乏合选举资格之人，系奏准从权，官绅并用，慎选派委外，其余依限筹备各事，谨综括大要，敬为我皇上陈之。

一曰谘议局。新省自光绪三十四年遵设谘议局筹办处，遴委员绅筹办选举事宜。嗣经奏准将选举变通办理，已于宣统元年遵将谘议局议长、议员，慎选官绅，如额派委开办，仍留谘议局筹办处，责令司道经理，以督其成，兼筹办地方自治一应事宜。此依限筹备者一。

一曰自治。查筹备清单，第二年筹办城镇乡地方自治，设立自治研究所，第三年续办城镇乡地方自治，筹办厅州县地方自治。新省筹办自治事宜，先于省城遵设研究所，以资提倡。自宣统二年三月该所第一届听讲员先后毕业，派充各府厅州县研究分所讲员，现在应设各分所已陆续据报成立。因自治关系紧要，本年四月后将第二届听讲员择程度较优者照章考验毕业，已派往各首县暨冲繁府厅州县推广劝导，以助进行。其议事、董事各会，因选举尚难实行，酌量试办。迪化

---

① 为朱批批示日期。

省会组织较先，外府首邑疏附、温宿、绥定等县暨无首县之莎车府并疏勒、和阗、乌什、宁远、拜城、库车、塔城等处，亦均报设法成立。此依限筹备者二。

一曰户籍。查筹备清单，第二年调查各省人户总数，第三年汇报各省人户总数。新省自宣统元年二月准民政部咨行调查户口章程暨门牌、调查证、查口票、报部表各式。当饬委总监督，先将部发告示札属张贴，复经详拟施行细则，每道遴派专员二人，循环催查。宣统元年已查报一次，上年复饬将查过正附各户及未经清查人户总数分区分段逐细复查，亦已于十月列表详咨。惟疆域辽阔，户民星散，一时难得确数，应随时详查更正。此依限筹备者三。

一曰财政。查第二年调查岁出入总数，第三年复查岁出入总数及厘订地方税章程，试办预算决算，皆财政上筹备事件。新省自设清理财政局，通饬各署局所营旗，按照年季造具报册图表，送局审核。已据该局查照定章及部颁调查条款，分门别类，详造宣统元年季报及光绪三十四年年报总分表册，先后详咨送部。其光绪三十四年、宣统元年岁出入总数，亦经按期调查报部汇办。地方税一项，新省向来收数无多，近办新政，始加收亩捐、草捐及杂项税捐，前由局饬属各就现行章程重加厘订，申复备核。嗣准度支部咨，奏准将国家税地方税同时厘定，已行据司局，饬各按照税捐性质核实调查，分晰列表，并编订说明书，详咨核办。至试办预算，自宣统元年十月经局酌拟办法，通行文武大小衙门局所，将硬造表册限期送局，旋由局按照部颁试办预算总册比较分表各式，分别门类逐加审核，认真裁节，汇编全省总分表册，并详订说明书，于宣统二年五月一并赍咨送核议，奏奉谕旨钦遵在案。此依限筹备者四。

一曰审判。查筹备清单，第二年筹办省城及商埠等处各级审判厅，第三年一律成立，等因。新省自设审判厅筹备处，遴员分科任事，一面于法政学堂附设审判研究所，招考候补正佐入所授课，照章考验毕业。并已举行第一次法官考试，分别录用。上年应行设立各厅，除省外商埠塔城、宁远、疏附三处六厅，因人员不敷分派，款亦暂难筹措，遵照法部奏准变通任用办法，将酌派各员，先在省厅试验，再行酌夺办理外，其省城高等、地方、初级三厅已一律开庭审理案件。至省城模范监狱，现亦已择定基址，估工兴筑。此依限筹备者五。

一曰教育。查筹备清单，第二年颁布简易识字课本，创设厅州县简易识字学塾，第三年推广厅州县简易识字学塾。新省创设此项学塾，前因期限迫促，于宣统元年饬北路各属均于城治先设一处，南路从权并入汉语学堂办理。因部颁课本未到，暂购发五彩精图方字，俾资教授。上年饬属设法推广，俱已勉顾考成，增设多所。虽各回部暨古城满营不在府厅州县之列，亦经先后筹设。适准部颁课本到新，当已饬司印发，一律照章改授。统计上年下学期内各属续报成立学塾，证以比较表，除旧有九十余处，约增一倍有余。至此外关于学部分年筹备事宜清单及学司拟定筹备教育表各事，先后饬行遵办，并体察地方情形，或已按限办理，或经量筹通变，均分期详咨学部有案。此依限筹备者六。

一曰巡警。查筹备清单，第二年厅州县巡警粗具规模，第三年一律完备，等因。新省巡警，省城开办较早，迭经整顿，上年复遵章切实改良，渐趋完整。各属警务夙多敷衍，自奏明抽提巡防队六营饷项拨令配置区域，分别编练，警政始逐渐实行。所有编制情形及实在办法，曾详细开列报部查核。其应设教练所饬据各该属陆续筹设，业将高等巡警学堂简易科毕业生分别派往训练，现因警政亟待扩充，已酌就省城总局改设警务公所，分科治事，以资综核而利推行，此依限筹备者七。

以上各项，皆系臣联魁任内次第筹办，奏咨有案事件。至本年关于宪政编查馆原奏及修正清单应办各事，臣联魁均经按限督催，分端并进。俟奏报届期，由臣大化察核成绩，胪列奏咨。伏维新疆边远省份，虽经设治，人民稀少，财力奇绌，与腹地情形实有不同。臣联魁莅任六年，值宪政筹备伊始，竭蹶以赴，勉具规模，以后限期愈迫，用款愈紧，臣大化惟有察度情形，量力筹办，以期与事有裨，仰副朝廷励精图治之至意。所有臣联魁交替以前筹备宪政情形，由臣大化会同详奏缘由，除分咨外，谨合词恭折具陈，伏乞皇上圣鉴。再，此折系臣联魁主稿，经臣大化会核办理，合并声明。谨奏。

宣统三年六月三十日奉朱批：该衙门知道。钦此。

《政治官报》第一千三百四十三号，折奏类，宣统三年闰六月初二日出版

热河都统廷杰奏热河第二年立宪筹备事宜折

宣统元年九月十七日①

奏为热河第二年立宪筹备事宜，谨遵章分届胪列，恭折具陈，仰祈圣鉴事：

窃查宪政编查馆奏准考核专章，九年筹备事宜，应自光绪三十四年八月起至十二月底止为第一届，以后每年六月暨十二月底各为一届，限每年二月内及八月内各具奏咨报一次，等因。所有热河筹备第二年立宪事宜，前经分别筹办预备各情奏陈在案。兹届八月奏报之期，查清单第二年筹备事宜，除举行谘议局选举应归直隶开办，暨颁布编订各项章程法制由宪政编查馆及各部处办理外，自应将热河筹办成绩，胪列奏闻。

单开筹办城镇乡地方自治，设立自治研究所，暨调查人户总数两节。查该两事，奴才前拟合并提前赶办，分月定限，业已详悉奏陈。计自三月划分区域后，即遴选绅董为调查长、员，官给川资，分赴各区，会同巡警实行查户，由奴才严督饬催，并饬员绅遵照部颁示谕宣讲，俾民间晓然于自治查户之所以然。间有不肖绅董，藉调查到乡，有摊派资费情事，经奴才访查得实，立予严惩，务除旧染，以葆新机，体察民情，颇称翕服。据两府一直隶州暨所属州县电报，门牌一律依限于六月钉齐，并据申送户数册，由总监督呈核。因其附户列号，多误会部章，碍难填表。经奴才拟定程式，酌予展限，驳斥重造。续据承德、朝阳、赤峰各府州并所属滦平、建昌、开鲁等县更正报到，即饬调查局遴派调查员，分往复查，以期核实。一面电催各监督续造申送，约计九月内可以取齐填表报部，不致误民政部奏定第一次汇报之期。此项已查之户，嗣后如有迁移等事，若不报查另列表册，恐蹈保甲门牌积弊，业经专札各监督，查照部章第十五条切实办理，以为实行户籍法之基。其杂居之蒙户，前经电准宪政编查馆，归地方官一律调查，

---

① 为奉到上谕批示日期。

而蒙旗间有误会新章，援引编审旧例，迁延不即遵照者，经一再文电责斥申告，均遵派旗员，协同地方官办理。奈曼、库伦、西土默特户册最先送到，办理尚为迅速，余正（叠）〔迭〕电饬催。七月以后，为各区按户查口之期，但其事较查户倍繁，宜防草率虚饰，已从严责成各监督，如经复查不实，必予惩处，仍督促不准误九月填齐查口票之限。至自治研究所，八所均于四月初一成立，前奏陈明缩短毕业期限，九月底即届毕业之期，此届计约得三百人，本取速成，以应急用。查自治人材，不厌其多，现饬各属接续办理第二届，其科目、期限悉遵部章，务臻完密。其十月限内应筹办议事会、自治公所、选民册，即责成本届毕业绅董办理。此自治、户口之已经筹办者也。

单开调查岁出入总数一节。查热河清理财政局办法，前已奏陈，所有本年按季报告册，（叠）〔迭〕饬各府州县局所以及驻防、园庭，照章按月造报。因创办之初，大都统笼含混，经奴才逐项驳查，并译部章类款项目，推寻入细之意，拟定条例程式，饬令依照详悉填造，由财政局分科审核编辑，将春季报告册造呈。奴才正在复核，小有差池，驳查更正，计可遵照度支部展限九月内奏陈。夏季以后，既有定式可循，不难赓续办理。其光绪三十四年应办第三届报销，现正赶办以结，第二届报销之数，仍督饬调查局统计科，遵照宪政编查馆奏定统计表例，查填三十三年财政表，俾相衔接而资印证。此项册表，均经奴才亲核，计可于九月造成奏报。查热河款项虽属无多，而分隶局、道、驻防、园庭各库，其中往往有多年纠葛不清者，经此次澈底清查，将来部订预算决算表式，计不难分别按实查填。此调查岁出入总数之已经筹办者也。

单开筹办各省省城及商埠等处各级审判厅一节。查热河并无商埠，惟与直隶分疆而治，民刑案件向归奴才衙门管理，自应按照省城办法。奴才前奏拟裁并理刑司，设高等以下审判三厅，惟原拟地方审判厅附设于承德府，核与法部补订章程不符，自应另筹设立，以期与行政官署分清界限。兹查有承德府考棚，屋宇宏敞，拟就加修葺，分建民刑各庭，将高等地方两厅并设，其中附设两等检（查）〔察〕厅，取内分外合之制，并于附近勘买民地，仿照北洋形势建造监狱，俟模范监狱成立，即以承德府原有监狱改修初级审判厅。其开办经费，指定历年截存闲款银一万五千两，撙节动用，常年经费，以裁并理刑司发审局俸薪公费及各该厅讼费罚金等款移用，不敷尚多，将来由税务官津贴项下筹添。厅丞、推事长、检（查）〔察〕长职崇责重，首贵得人，容咨商法部遴选派署。推事以下各员，就法政学堂毕业学员，暨查照部章用人一节，拔选资格程度相当者委用，并拟请将热河道加提法使衔，俾为司法上行政之官。其未设审判地方民蒙案件，仍由该道审转。查审判事极繁难，虽部章有可遵循，而规制最难草创，现于奴才衙门设立审判筹备处，即以热河道为总办，选派通晓法政及曾任地方人员研究筹备，应俟另案奏明办理。此审判之已经筹办者也。

单开创设厅州县简易识字学塾一节。查热河学务，向以热河道为总办，嗣于奴才衙门设立学务科，奏调人员，专司考核督催。究以口外风气晚开，程度难侔内地。此项识字学塾为教育普及之始基，于边地尤为有益，除驻防原有识字学塾二处业已正名为学塾，督饬扩充外，并通饬各地方官仿照，设法措款，广筹建立，一俟部定课本颁到，即可切实推行。又驻防原有满文学堂三处，蒙文学堂一处，现有学生六十八名，亦一律正名为学塾，督饬旗民印委添招学生，拟变通旧制，满汉并收，以广满蒙文语之教。此识字学塾之已经筹办者也。

单开厅州县巡警限年内粗具规模一节。查热河全属巡警开办，均已数年。口外蒙匪马贼出没靡常，故乡镇巡警转形吃重，责任防剿，藉补兵力之不足，其程度职务，碍难遽责完全。其各州县巡警，前经奴才分布学堂官兵、毕业学生设所传习，嗣遵部章改为教练所。除新设之开鲁、林西、绥东三县甫经开办，姑从疏阔外，其余府州县均据报遵章改设，或另立专所，或附设巡警局，并遵饬就原有巡警更番教练。现据承德府报教练毕业八十名，拨区膺差，平泉报毕业一班，未详名数，现正饬查，并饬催各属赶紧呈报。仍于奴才衙门专设警务科，遴员管理，专司稽查督饬。约计各府州县巡警年内均可粗具规模。此巡警之已经筹办者也。

奴才伏查立宪重要，分限严明。热河以军府之制，实兼行省规模，虽才财势处于两难，而事实综归于一致。奴才现蒙恩命内调，仍当并日程功，不敢以交卸在迩，存五日京兆之心，稍涉诿怠，上负圣明勤求郅治之至意。所有热河第二年立宪筹备事宜，谨遵章分届胪列缘由，除分咨查照外，理合恭折具陈，伏乞皇上圣鉴训示。谨奏。

宣统元年九月十七日奉朱批：该衙门知道。钦此。

《政治官报》第七百二十五号，折奏类，宣统元年九月二十日出版

升任热河都统廷杰、现任热河都统诚勋
会奏热河筹备宪政办理情形折

宣统元年十一月十九日①

奏为遵章会奏热河筹备宪政办理情形，谨合词恭折具陈，仰祈圣鉴事：

窃查光绪三十四年八月初一日内阁奉上谕：钦奉懿旨：议院未开以前逐年应行筹备事宜，各部院领袖堂官，各省督抚及府尹，遇有交替，后任人员应会同前任，将前任办理情形详细奏明，以期各有考成，免涉诿卸。等因。钦此。自应钦遵查照办理。

兹奴才勋于本年十一月初七日抵热接印，奴才杰即于是日交卸，均经分别奏报在案。所有奴才杰任内办理热河筹备宪政事宜，业于本年四月及八月分届奏陈，现当交替之际，自应专案移交。奴才勋考核遵章会奏，仅将筹备各项，为皇上详细陈之。

如调查户口、筹办自治两节。前经奴才杰奏明合并提前赶办，分月立限。自六月门牌钉齐之后，据各处暨蒙旗造送户册，驳查更正，于九月内取齐，遵章依限填表咨送民政部。仍恐查造未实，现正遴员携带原册分赴各属，按区抽查。原限九月内查口票填齐，（叠）〔迭〕行督催，赤峰州口册，已经造报，俟各属报齐，仍分派员绅复查，以昭核实。自此次门牌、口票办齐之后，所有该户迁移、生死、婚嫁、承继来往等事，若不另列表册，必致蹈保甲旧习，无以立户籍法之基。业经严饬各属，查照调查户口章程第十五暨二十二条，切实办理。自治研究所，除开鲁、林西、绥东、滦平四属附设外，计承德、朝阳、赤峰、平泉、丰宁、建平、建昌、阜新等府州县八所，均于九月毕业。据报试验，发给文凭，责成遵限筹办，十月限内，议事会、自治公所、选民册等事。续办第二届自治研究

---

① 为奉到朱批批示日期。

所课程期限，悉遵部章，经奴才杰奏明通饬遵照，以及十一月起至明年三月止应办之事，自投票开匦选举议长、副议长、议员以至董事会、选民会成立，应由奴才勋督饬依限筹办，期收一气呵成之效，而徐施循序渐进之功。此自治、户口两项之已经筹备者也。

如调查岁出入一节。查热河春季报告，业据财政局汇编五册，呈经奴才杰复核咨部，并将办理情形暨清厘道库、府仓、五行税亏、局库余款各缘由据实奏陈。光绪三十三年财政统计表、三十四年现行第一案报销，亦经督饬各该局处办竣，分别奏咨在案。自经此次清理，凡文武旗民衙门局所款项，无不轩豁呈露，积习为之一空，权限渐臻划一。其应办夏季以后报告，暨光绪三十四年全年报告各册，应由奴才勋督局依限造报，并考求沿革利弊，区分国家、地方各税性质，审编咨报，藉立预算决算之基。此调查岁出入一项之已经筹备者也。

如筹省城各级审判一节。热河高等、地方两厅，拟就考棚改设建筑之，费既省亦复具有规模，并于各棚附近勘得绿营原建营房官地十一亩有奇，堪敷建筑模范监狱之用。现已酌赏该营弁兵迁费，将地收回，一面遴员调查直隶监狱规制。惟塞外早寒，据审判筹备处案呈，动用提拨专款，绘图购料，一俟春融，即可兴工。合计工程所需暨开办不可少之费，原拨万五千金尚苦不敷，应由奴才勋接续筹办，约计明春工程完竣之日，即为法庭成立之期。凡事前应行预备各端，如司法巡警，已饬由巡警招班教练，于新筹定朝阳煤运车捐项内提银三百两，作为此项专款，俾资经久。如检察吏传习所，已饬属选送，并饬法政学堂监督遴聘教习，采买书籍标本，仿照直隶该所章程，缩小办理。如口外剿办匪盗之案，事关军务，有碍难归入审判刑事者，已饬于巡防营务处设立发审处，专司承审匪盗巨案。又如民蒙交涉，向归理刑司，理藩部司员开庭之后，该司员应否裁留，抑或以厅丞兼衔，以暨用人行政筹款订章诸端，凡奴才杰前奏所及者，均饬筹备处赶紧调查编制，呈由奴才勋专案奏明办理。此审判之已经筹备者也。

如识字学塾一节。业饬各地方官预先筹设，俟部订课本颁到，即可推行。其驻防之识字学塾暨满蒙文学塾，亦经分别正各招生推广办理。再，热河都统管辖两盟十七旗，蒙智不开，边政推行诸多阻碍。奴才杰前于筹办禁烟事宜折内陈明，拟清理民蒙租佃地亩，酌收纸费，等因。嗣拟规复理藩部则例注册办法，行令蒙地府州县会议，将来拟于收取注册费内，酌提若干，为筹设蒙旗识字学塾之费。但此事繁难，艰于谋始，应由奴才勋体察情形，妥筹办理。此学塾一项已经筹备者也。

如巡警一节。查热河自奴才到任，始筹办车辆各捐，创设学堂，分设局区，并派毕业官兵分布各属传习，节经分案奏陈。边瘠之区，筹款奇艰，基础虽立，究未能扩充完备。至各属乡镇巡警开办较早，剿贼防边，深资得力。盖含有军营之性质，转不尽合巡警之规模，而于保卫地方，宗旨则一。奴才杰以巡警一事与宪政息息相关，职任程度宜求精进，故有各属传习所之设，嗣遵新章改为教练所，饬令挑选，更番教练。承德、平泉已有毕业三班，其余各属亦均据报挑练，应由奴才勋接续督饬认真办理。此巡警一项之已经筹备者也。

伏查热河控制民蒙，地方最形重要，而人财两乏，办事之难，倍于内地。奴才杰在任四年，承前任都统锡良、松寿改制整顿之后，规随筹画，免竭智能，草创之规，端资润色，况此后事项愈繁，期限尤迫，奴才勋惟有懔遵明谕，督饬在事员司实力奉行，不敢稍涉因循，致负圣明勤求郅治之至意。

所有遵章会奏热河筹备宪政情形，谨合词恭折具陈，伏乞皇上圣鉴训示。再，此折系奴才杰主稿，咨会奴才勋考核具奏，合并声明。谨奏。

宣统元年十一月十九日奉朱批：该衙门知道。钦此。

《政治官报》第七百八十九号，折奏类，宣统元年十一月二十四日出版

热河都统诚勋奏热河第五届筹备宪政成绩折

宣统三年三月二十一日①

奏为胪陈热河第五届筹备宪政成绩，恭折具陈，仰祈圣鉴事：

窃照热河筹备宪政事宜，业经遵章将第四届成绩于上年秋季奏报在案。嗣奉

---

① 为朱批批示日期。

明诏缩短年限，提前赶办。凡有地方之责者，敢不量度财力，按照清单竭诚筹办。兹又届半年具报之期，谨将办理情形分晰陈之。

一、续办城镇乡自治。查热属旗汉蒙回零星杂处，乡村市集偏僻荒凉，自非划分区域，则正附户之疏密既有不齐，选民会之多寡必难合格。兹据各属划定区域，绘图贴说，陆续呈报，其有不合部颁式样者，当即驳回，另绘测量，先求核实，界限自可分明。其自治职员额数，应俟册报到齐，另行汇咨。此续办城镇乡地方自治之情形也。

一、筹办厅州县地方自治。查自治分上下两级，有下级以分治四乡，必有上级以专资督率。热属僻居塞外，风气初开，各府州县设治之所，本无城郭之可依，筹办自治较之内地尤难著手。查民政部清单，宣统二年省城首县应设议事、董事等会。热河以承德为首府，向以府兼县事。前经迭次催办，已据承德、朝阳两府并赤峰直隶州，暨平泉、滦平、建昌、绥东、丰宁等州县，将议、董两会先后呈报成立。建平、阜新两县亦分设自治会、自治公所，均饬于本年一律开办。惟开鲁、林西、隆化三县系新造之区，调查尚未完竣，业经咨明暂缓在案。此筹备厅州县地方自治之情形也。

一、汇报人户总数。热属各府州县所有正户附户，暨蒙古十七旗户数，前经遵照定章一律查明，汇列总数，分次咨送在案。惟上年试办之隆化县，系由承德、丰宁辖境分设，迭经札催将户口数目暨寄居该县之察哈尔旗户赶紧调查，一俟册报到日，与蒙古口数分列总表，即行汇咨。此汇报人户总数之情形也。

一、复查岁出入总数。热河岁入，一曰协款，一曰税捐，一曰钱粮，一曰矿课。岁出则以军饷为大宗，各府州县廉俸津贴次之，各局所薪费又次之。其余如承德之学堂、巡警等项，均由税收项下，分投拨给。所有宣统元年分出入总数，业经清理财政局详细钩稽，分晰列表，详请咨部。其二年分春夏季报告册，亦经札饬赶紧编造，容俟查报齐全，另行核咨。此复查岁出入总数之情形也。

一、厘订地方税章程。查中国地方税与国家税向未区分，一时尚难厘定，应俟馆部颁布规则到日，再行遵办。

一、试办预算。查财政为筹备立宪之根源，而预算又为清理财政之标准。第事属创始，条目甚繁，编制固无成案可稽，会计又鲜专门学问，况常年所入款项，只有此数，新政进行，支出更复不赀。查度支部奏陈试办预算情形，兢兢以量入为出、收支适合为要点，盖亦深知财力艰窘，舍此别无入手方法。热河度支困难，入不抵出，约计三年分预算已不敷银二十六万八千余两，业于上届奏明在案。此后头绪愈紧，需费愈巨，竭蹶图维，益行支绌。此试办预算之情形也。

一、省城、商埠各级审判厅，部定年内一律成立。查中国司法、行政混淆已久，今拟改良裁判，独立法权，自非逐渐进行，俾官吏之经验日见增加，则民庶之猜疑方能渐化。热属现无商埠，其高等总厅应设之厅丞及高等检察长，业由臣于上年专折奏保，现尚未蒙议定。其余各厅官吏，则审判研究所官绅两班，已于上年冬季毕业，应俟馆议准设总厅后，方可层递委员试办。至检验传习所学生共二十四名，司法巡警毕业者八十八名，似可勉敷各级审判之用。惟模范监狱，因冬寒泥冻暂且停工，现届春融冰解，业经严饬在事人等勒限建筑，克日告成，以期无误开庭。此筹备各级审判厅之情形也。

一、推广简易识字学塾。国民之知识，非识字不能开通，而年长及贫寒之人，非简易则惮于就学。热属此项学塾，自奉部章，即饬各府州县督同学董，宽筹经费，竭力扩充，俾教育渐臻普及。兹据各属禀报，统计官立、公立、私立识字学塾共一百五十九处，较上届增多一倍，即蒙荒甫辟之林西、开鲁两县，前经咨请缓办者，亦据报筹设蒙汉初等及蒙汉识字学塾各一处，仍饬逐渐推广，力求普遍。此推广简易识字学塾之情形也。

一、府厅州县巡警年内一律完备。热河各属巡警开办本系提前，除林西、开鲁、隆化均因设治未久，一时遽难成立外，其余各属，不独在城巡警规模已具，即四乡亦大半成立。惟从前办法未尽合宜，现正饬催筹设教练所，认真训迪。其经费不足之处，则就各区警兵更番抽练，并一律添设警务长，禀承地方官管理。所有巡警官弁详加考核，分别劝惩。兹据各属禀报，城乡巡警共一万二千七百余名，其常年经费应俟册报汇齐，另案咨送。至卫生、清道、消防各事宜，承德府已附设于巡警总局，余亦分饬赶办，以符定章。此筹备府厅州县巡警之情形也。

以上各节，凡已经成立者，固当加意图维，防其懈弛，而亟待扩充者，尤宜精心讨究，策其推行。惟热河地处边荒，村墟寥落，岁止一稔，民户萧条。古人谓冬暖号寒，年丰啼饥者，体察情形，殆非过甚。以故办理一切新政，较内地难于十倍。此固限于地力，不能操切从事，而当此宪法机关萌芽发达，虽迫于财才之两乏，何敢稍涉因循。矧臣渥受厚恩，更不敢以受代在即，稍存推诿之见。惟有实心实力,督饬所司,勉为其难,以期得尺得寸,仰副朝廷实事求是,敷治绥边之至意。除俟交卸时遵章另行会奏并分咨外,所有热河筹备第五届宪政情形,理合恭折具陈,伏乞皇上圣鉴训示。谨奏。

宣统三年三月二十一日奉朱批:该衙门知道。钦此。

《政治官报》第一千二百四十八号,折奏类,宣统三年三月二十五日出版

热河都统溥颋奏胪陈本年上半年筹备宪政情形折

宣统三年八月初九日①

奏为胪陈宣统三年上半年筹备宪政情形,恭折具陈,仰祈圣鉴事:

窃查热河宣统二年筹备宪政事宜,业经前升任都统臣诚勋分晰奏陈,臣于本年四月二十六日接任后,复将筹备各项遵章会奏在案。现经臣严饬属僚认真筹办,数月以来,逐渐进步,又届半年具报之期,谨将筹备情形,为我皇上缕晰陈之。

窃查上年修正筹备清单,宣统三年应办各事,除厘定国家、地方税业经奏咨,应俟奉到部章续行遵办外,其余各项,一为汇报户口总数。查热河各府州县业经提前赶办,一律完竣,列表汇咨。惟蒙古十七旗户数查竣,口数仅报五旗,一俟催齐,另案具报。此调查口数之大概情形也。

一为续办地方自治。查热河僻居塞外,地瘠民贫,选举资格既多不符,负担增加更难骤议。(叠)〔迭〕经严饬各属,因地制宜,次第赶办。现在各属,城议、董各会先后禀报成立,惟开鲁、林西、隆化三属系新设县治,獉狉初开,一时尚难告成,业经奏咨暂缓在案。其乡镇地方自治,热河村户畸零,并无人口满五万之镇,仅就各属所辖之乡,量加支配,划成区域,设立议、董等会,以为佐

---

① 此为奉到朱批日期。

理新政之资。兹据承德、朝阳、平泉、建昌、建平五属均已先后禀报成立。至厅州县地方自治，本系上级自治机关，现已一律催办，以期逐渐告成。此续办地方自治之大概情形也。

一为续办各级审判厅。查热河请设高等审判、检察厅，暨热河道暂加提法使衔，已蒙恩准，并经预保高等厅丞及检察长在案。其余各厅任用官吏，则有审判研究所官绅两班、司法巡警两班、检验传习学生一班，均已先后毕业，即可于此取材。模范监狱现在修理将次完竣，不日落成，现正布置开庭及调查奉天、直隶两省开庭后一切设置，丞、长钦奉简署，即可奏报开庭。此筹备审判厅之大概情形也。

其原定清单应行筹备者，一为创设简易识字学塾。查此项学塾，本为人民开普通知识起见，化导民蒙，尤为急务，当饬各属一律推广。兹据禀报，已成立者，统计官立、公立、私立共二百二十五处，较上届增多六十六处，仍由臣饬催扩充，以期人民皆识字义。此推广简易识字学塾之大概情形也。

一为筹办乡镇巡警。查热河开办巡警，本系提前，现查各属本城巡警共六百余名，各乡巡警共一万三千九百余名。缉捕巡查尚称得力。并由各属筹设教练所，俾得四乡更番抽练，以期共谙警章。复经严催未设巡警之开鲁、林西、隆化等县先后设立，共添巡警一百一十四名。至卫生、清道、消防各事宜，惟承德府较为完备，并设医院、暖厂、牛痘官局、戒烟所各项；朝阳、建昌亦次第设立；其余各属，或设清道、消防，而未设卫生，或设卫生而未设清道、消防，已经通饬迅速妥筹，以期完备。此推广巡警之大概情形也。

以上各节，其未办者，固当尽心筹划，以期早日观成，其已办者，尤宜竭力扩充，俾得渐臻美备。虽热河地处边荒，财力竭蹶，民风闭塞，开化殊难，果能选用循良，因势利导，预防流弊，慎始图终，未始不可渐臻上理。臣惟有勉竭愚诚，相机举办，以冀仰副朝廷励精图治之至意。

所有本年上半年筹备宪政情形，理合恭折具奏，伏乞皇上圣鉴训示。谨奏。

宣统三年八月初九日奉朱批：该衙门知道。钦此。

《内阁官报》第四十一号，宣统三年八月十二日出版

库伦办事大臣三多奏筹备宪政并案汇报折

宣统三年正月二十三日①

奏为库伦筹备宪政,并案汇报,恭折仰祈圣鉴事:

窃奉先朝谕旨筹备宪政,并令各疆吏每届六个月将筹备情形奏报一次。我皇上继志述事,既已明定国是,而又重趑官民之所请,深维时势之所趋,诏示天下,将召集国会之期缩短至宣统五年。凡有血气,莫不感激欢欣。库伦地属外蒙,风气闭塞,语以新政,往往舌挢目瞪,前大臣延祉已将谘议局、地方自治两事查无合格议员专折奏明。臣愚以为,之二者实为宪政权舆,今民间既无自治能力,则官治能力之所及者,尤当急起直追,以树其鹄。

查宪政编查馆奏定九年筹备事宜,自光绪三十三年至本年止,凡各督抚等自行筹备者,除谘议局、地方自治外,尚有数端:曰人户总数,曰岁出入总数,曰预决算,曰审判厅,曰简易识字学塾,曰巡警。臣自本年二月②到任,即并力进行,如人户总数、岁出入总数、试办宣统三年预算,已次第造册,咨送主管各署。又以库、恰两处,中外错居,民刑案件日见繁多,非司法独立,无以收回治外法权。拟裁去部派领催五名、理刑司员一员,腾出经费,设立各级审判、检察厅,业已与各部院文电会商,另案具奏。又库伦本止有蒙养学堂一所,臣复添设半日学堂两所,并遵章改为简易识字学塾。前已电请学部遴派教员,如果风气渐开,来学日众,再当竭力扩充,以期教育普及。至巡警一项,从前止有七十七名,复以宣化防兵四十四名错杂其内,共足成一百二十一名。臣于春间将防兵剔出,募足一百二十一名,使之各专责成。现准度支部咨开,添募之四十四名于预算册内开除,库地又无别款可筹,势难遵章完备。幸明年新军分期成立,兵备较

---

① 为朱批批示日期。
② 三多于宣统元年十月受命署理库伦办事大臣,此处"本年二月",指宣统二年二月。

八、各地筹备情形

充,则原有防营即可兼任巡缉,以补巡警之不足。此外虽非馆章所载,而与宪政及财政有息息相关者,亦酌量缓急,或办理就绪,或尚待筹议,均先后奏咨有案。伏读上谕:其有边远省分未经设治,及甫经设治人民稀少地方,与腹地情形显有不同,应办各事有不得不分别先后缓急者,准由该督抚等据实奏明,请旨裁夺,等因。钦此。仰见圣明于兼营并进之中,仍寓因地制宜之意。臣惟有督率宪政筹备处各员,勉求治理,各矢辛勤,既不敢操切以图功,尤不敢畏难以贻误,总期循序渐进,默化潜移,则成效可期,知识日启,庶议员资格由渐养成,而宪政推行亦不至茫无基础矣。所有库伦筹备宪政并案汇报缘由,谨专折具陈,伏乞皇上圣鉴训示。

再,蒙古大臣绷楚克车林因病请假,未经列衔。合并声明。谨奏。

宣统三年正月二十三日奉朱批:各该衙门知道。钦此。

《政治官报》第一千一百九十号,折奏类,宣统三年正月二十六日

九、其他

立宪纪闻

中国立宪之起原

吾国之言变法，盖数十年于兹矣。自甲午中日一战，而吾国以东海大邦，见败于扶桑三岛，知微之士，乃冥心孤往，探索其由，始有见于强国之道，不在坚甲利兵，而实以修政立教为本原。政府诸公有鉴于此，于是更新庶政，振兴教育，凡彼邦之所赖以富强者，莫不举而措之于国中，以为自强之道，在于此矣。然补苴罅漏，本实先拨，行之数年，而效仍未睹也。及甲辰日俄战起，识者咸为之说曰，此非日俄之战，而立宪专制二政体之战也。自海陆交绥，而日无不胜，俄无不败，于是俄国人民，乃群起而为立宪之争。吾国士夫，亦恍然知专制昏乱之国家，不足容于廿禩清明之世界，于是立宪之议，主者渐多。时孙府尹宝琦适奉使于法，首以更革政体为请，疆吏如署江督周制军馥、鄂督张制军之洞、署粤督岑制军春萱①,又以立宪为言。而枢臣懿亲,亦稍稍有持其说者。乙巳六月,直督袁制军世凯奏请简派亲贵,分赴各国考察政治,以为改政张本。朝旨俞之,特派载公泽、戴尚书鸿慈、徐尚书世昌、端制军方四人,游历各国,考求政治,以期择善而从,时六月初四日也。二十五日,续派绍左丞英会同载、戴、徐、端,前往考察。七月中旬,廷议派定载、徐、绍赴日英法比等国,戴、端赴美德义奥等国,分途前往,冀省时日。十九日,两宫召见,谕以切实考求,为将来实行立宪之预备。二十六日,轺车启行,抵车站,为吴樾炸弹所阻,五大臣受重惊。时政府大老以党人横行日下,非严行譏察,无以保全治安,乃议设巡警部,以徐为尚书,使当戒备之任,而出洋考政之事,遂暂置弗举。九月,驻俄使臣胡星使惟德奏称,俄已公布宪法,我国亟宜仿行,以期上下一心,共御外侮。至九月二十八日,朝命改派李星使盛铎、尚方伯其亨以代徐、绍,偕泽、戴、端前往考察。五大臣既奉命,调员筹资,至十一月十五日,始部署讫事。载赋皇华,分两道,泽、李、尚为一道,戴、端为一道,仍前议也。自此以后,薄海人民,咸知朝廷实有与民更始之意,而希望立宪之情,乃益切矣。远猷辰告,始于出使诸公,继之者乃有枢臣疆吏。驻英汪星使大燮则因各国盼望立宪而奏请速定办法,驻美梁星使诚则因华侨要求立宪而奏请速定宗旨,学部尚书张尚书百熙、礼部侍郎唐侍郎景崇,暨署粤督岑制军春萱、黔抚林中丞绍年等,亦纷纷奏请立宪,而士夫于立宪之事,亦知详加研究,以牖启国民。不数月间,立宪之议,遍于全国,盖至是而中国立宪之机,直如火然泉达,有不能自已之势焉。

考政大臣之陈奏及廷臣会议立宪情形

五大臣历聘诸邦,舟车所经,考其政治。至丙午六月,方及岁周,始考察告毕,分道回国,不期月而即奉明诏,宣示立宪。海内外人民,咸开大会,举祝典,喜可知矣。虽然,立宪之事,为吾国创局,哲臣达士,知时势所迫,不得不出于立宪,其竭力赞成,固无容疑,而顽固者流,多为之说,以蛊惑圣听者,岂遂无人。吾闻之,四大臣(李已赴比使任故未归国)之回京复命也,两宫召见泽公二次,端大臣三次,戴、尚两大臣各一次,垂问周详,皆痛陈中国不立宪之

---

① 一般作"岑春煊"。

害,及立宪后之利。两宫动容,谕以只要办妥,深宫初无成见。于是顽固诸臣,百端阻挠,设为疑似之词,故作异同之论,或以立宪有妨君主大权为说,或以立宪利汉不利满为言,肆其簧鼓,淆乱群听。泽、戴、端诸大臣地处孤立,几有不能自克之势。幸两宫圣明,不为浮言所惑,谕令详晰指陈,冀备采择。故泽公又上一折,敷陈大计,力言今日国势民情,均非立宪不可,且请破除满汉意见,于向分满汉界之事,一并除去。又谓近来反对此事者,未免只顾目前,不规久远。又谓满人之言立宪不利者,实专为其一身利禄起见,决非忠于谋国,使行其排汉之政策,必至自取覆亡,等语。两宫览奏,大为感动。端大臣亦具奏三次,第一折敷陈各国宪法,第二折言必须立宪,第三折则请详定官制。而军机大臣亦各有所陈奏,徐尚书世昌请采用地方自治制,以为立宪预备;荣尚书庆谓宜保存旧制,参以新意;瞿中堂鸿禨则参酌二者之间。盖至此而枢臣与考政大臣之意见,已渐归一致。反对者虽众,亦无所施其技矣。于是朝廷立宪之意始决,命廷臣会议,并派醇亲王载沣、军机大臣、政务处大臣、大学士,暨直督袁世凯等,公同阅看考政大臣回京奏陈各折件,请旨办理。

　　旋于七月初八日开第一次会议,先将发下之泽公及戴、端两大臣各折,以次传观,以折文甚长,逮传阅毕,时已暮,遂不及议而散。次日,军机大臣退值后,复与诸王大臣先后至外务部公所会议。庆邸先言:今读泽公及戴、端两大臣折,历陈各国宪政之善,力言宪法一立,全国之人,皆受治于法,无有差别,既同享权利,即各尽义务,且言立宪国之君主,虽权力略有限制,而威荣则有增无减等语,是立宪一事,固有利而无弊也。比者全国新党议论,及中外各报海外留学各生所指陈所盼望者,胥在于是。我国自古以来,朝廷大政,咸以民之趋向为趋向,今举国趋向在此,足见现在应措施之策,即莫要于此。若必舍此他图,即拂民意,是舍安而趋危,避福而就祸也。以吾之意,似应决定立宪,从速宣布,以顺民心而副圣意。孙中堂家鼐即起而言曰:立宪国之法,与君主国全异,而其异之要点,则不在形迹而在宗旨。宗旨一变,则一切用人行政之道,无不尽变,譬之重心一移,则全体之质点,均改其方面。此等大变动,在国力强盛之时行之,尚不免有骚动之忧,今国势衰弱,以予视之,变之太大太骤,实恐有骚然不靖之象,似但宜革其丛弊太甚诸事,俟政体清明,以渐变更,似亦未迟。徐尚书世昌驳之曰:逐渐变更之法,行之既有年矣,而初无成效。盖国民之观念不变,则其精神亦无由变,是则惟大变之,乃所以发起全国之精神也。孙中堂曰:如君言,是必民之程度渐已能及,乃可为也。今国民能实知立宪之利益者,不过千百之一,至能知立宪之所以然而又知为之之道者,殆不过万分之一,上虽颁布宪法,而民犹懜然不知,所为如是,则恐无益而适为厉阶,仍宜慎之又慎乃可。张尚书百熙曰:国民程度,全在上之劝导,今上无法以高其程度,而曰俟国民程度高乃立宪法,此永不能必之事也。予以为与其俟程度高而后立宪,何如先预备立宪而徐施诱导,使国民得渐几于立宪国民程度之为愈乎。荣尚书庆曰:吾非不深知立宪政体之美,顾以吾国政体宽大,渐流弛紊,今方宜整饬纪纲,综核名实,立居中驭外之规,定上下相维之制,行之数年,使官吏尽知奉法,然后徐议立宪可也。若不察中外国势之异,而徒徇立宪之美名,势必至执政者无权,而神奸巨蠹,得以栖息其间,日引月长,为祸非小。瞿中堂曰:惟如是,故言预备立宪,而不能遽立宪也。铁尚书良曰:吾闻各国之立宪,皆由国民要求,甚至暴动。日本虽不至暴动,而要求则甚力。夫彼能要求,固深知立宪之善,即知为国家分担义务也。今未经国民要求,而辄授之以权,彼不知事之为幸,而反以分担义务为苦,将若之何。袁制军曰:天下事势,何常之有!昔欧洲之民,积受压力,复有爱国思想,故出于暴动以求权利。我国则不然,朝廷既崇尚宽大,又无外力之相迫,故民相处于不识不知之天,而绝不知有当兵纳税之义务。是以各国之立宪,因民之有知识而使民有权,我国则使民以有权之故而知有当尽之义务,其事之顺逆不同,则预备之法亦不同,而以使民知识渐开,不迷所向,为吾辈莫大之责任,则吾辈所当共勉者也。铁尚书曰:如是,则宣布立宪后,宜设立内阁,厘定官制,明定权限,整理种种机关,且须以全力开国民之知识,溥及普通教育,派人分至各地演说,使各处绅士商民,知识略相平等,乃可为也。袁制军曰:岂特如是而已,夫以数千年未大变更之政体,一旦欲大变其面目,则各种问题,皆当相连而及,譬之老屋,当未议修改之时,任其飘摇,亦若尚可支持,逮至议及修改,则一经拆卸,而朽腐之梁柱,摧坏之粉壁,纷纷发见,致多费工作。改政之道,亦如是矣。今即以所知者言之,则如京城各省之措置也,蒙古、西藏之统辖也,钱币之画一也,赋税之改正也,漕运之停止也,其事皆极委曲繁重,宜于立宪以前逐渐办妥,诚哉日不暇给矣。铁尚书曰:吾又有疑焉,今地方官所严惩者有四:劣绅也,劣衿也,土豪也,讼棍也。凡百州县,几为若辈盘踞,无复有起而与之争者。今预备立宪，则必先讲求自治，而此辈且公然握地方之命脉，则事殆矣。袁制军曰：此必须多选循良之吏为地方官，专以扶植善类为事，使公直者得各伸其志，奸慝者无由施其技，如是，始可为地方自治之基础也。瞿中堂曰：如是，仍当以讲求吏治为第一要义，旧法新法，固无二致也。醇亲王曰：立宪之事，既如是繁重，而程度之能及与否，又在难必之数，则不能不多留时日，为预备之地矣。于是诸王大臣之意见，大略相同，遂于次日面奏两宫，请行宪政。至十三日，乃始涣发大诏，宣示立宪。

计自四大臣归国以迄宣布立宪，才足一月。其间大臣阻挠，百僚抗议，立宪之局，几为所动。苟非考政大臣不惜以身府怨，排击俗论，则吾国之得由专制而进于立宪与否，未可知也。故说者谓此次宣布立宪，当以泽公等为首功，而庆王、袁制军实左右之。洵然，吾知他日宪政实行，则开幕元勋之称，如日人之所以赞美伊藤博文者，固将舍是莫属矣。

更革京朝官制大概情形

立宪要端，首在集权中央，设立议会。然今日法律未修，民智未启，若操切从事，徒饰空文，则未见其利，而害已形矣。朝廷有见于此，故决定入手之方法曰，更革官制，而又以廓清积弊、明定责成二者，诏示臣庶。夫设官分职，治国之大本也，更革官制，关系綦巨，苟非上稽本国法度之精，旁参列邦规制之善，则欲其推行尽利而无扞格之虞，盖有难言者矣。故两宫郑重其事，于七月十四日特派载公泽、世中堂续、那中堂桐、荣中堂庆、载贝子振、奎尚书俊、铁尚书良、张尚书百熙、戴尚书鸿慈、葛尚书宝华、徐尚书世昌、陆尚书润庠、寿尚书耆、袁制军世凯等，公同编纂，并著端制军方、张制军之洞、升制军允、锡制军良、周制军馥、岑制军春萱，各派司道大员至京，随同参议。又派庆亲王、瞿中堂鸿禨、孙中堂家鼐总司核定。

编制大臣等旋于十六日开第一次会议于颐和园。十八日，设编制馆于恭王府之朗润园，以孙府尹宝琦、杨京卿士琦为提调，金邦平、张一麐、曹汝霖、汪荣宝为起草课委员，陆宗舆、邓邦述、熙彦为评议课委员，吴廷燮、郭曾炘、黄瑞祖为考定课委员，周树模、钱能训为审定课委员。其他京曹预议者，吏部则有长顺、刘元弼，户部则有李经野、程利川、林景贤、傅蘭泰，财政处则有陈霸声，礼部则有端绪、刘果、聂献琛，兵部则有王维翰、庆蕃，练兵处则有哈汉章、良弼、王士珍、朱彭寿，刑部则有曾鉴、胡彤恩，工部则有郭庆华、潘慎修。疆臣所派，两江为蒯光典、俞明震，两湖为陈夔麟、曾广镕，两广为于式枚，四川为刘学谦、徐樾，陕甘为熙麟。

编制各大臣先奏陈厘定官制宗旨，大略五条：一、此次厘定官制，遵旨为立宪预备，应参仿君主立宪国官制厘定，先就行政、司法各官，以次编改。此外凡与司法、行政无甚关系各署，一律照旧。一、此次厘定要旨，总使官无尸位，事有专司，以期各有责成，尽心职守。一、现在议院遽难成立，先就行政、司法厘定，当采用君主立宪国制度，以合大权统于朝廷之谕旨。一、钦差官、阁部院大臣、京卿以上各官，作为特简官。阁部院所属三四品人员，作为请简官。阁部院五品至七品人员，作为奏补官。八九品人员，作为委用官。一、厘定官制之后，原衙门人员，不无更动，或致闲散。拟在京另设集贤、资政各院，妥筹位置，分别量移，仍优予俸禄。奏上，奉谕旨，即按照陆续筹议，详加编定。先由起草课撰拟草案，次由评议课评议之，再由考定课加以考核，经审定课审定后，呈由编制大臣等一律署诺，然后送往总司核定处删改具奏。其所拟官制，大抵依据端制军等原奏，斟酌而成。首内阁，设总理大臣一人，左右副大臣二人，各部尚书均为内阁政务大臣，参知政事。下设提调一，副提调一，置局五：一制诰局，一庸勋局（附设文官考试处），一编制局，一统计局，一印铸局。各部则设尚书、左右侍郎各一人（惟外务部仍设管部大臣一人），下设承政厅、参议厅及参事、郎中、主事、七品小京官、录事等员，视各部事务之繁简，以定额缺之多寡，是为各部通则。凡陆海军部、吏部以外各部，皆通用之。至各部之名称、次第，则首为外务部；次为民政部，以巡警部改设，并将步军统领衙门所掌事务及户、礼、工三部所掌有关民政各事并入；次财政部，以户部、财政处改设；次陆军部，以兵部、练兵处及太仆寺裁并改设；次海军部，暂归陆军部办理；次法部，以刑部改，并以户部现审处所掌事务，并归复核；次学部，仍旧；次农工商部，以商部、工部归并设立；次交通部；次理藩部，以理藩院改；又次吏部，殿焉。此外并改政务处为资政院（各院设官办法详见官制草案，兹不赘述）；尊礼部为典礼院；改大理寺为大理院；而都察院则仍旧贯。又设集贤院、审计院、行政裁判院及军谘府等。共计十一部七院一府。嗣经庆亲王等公同筹议，以财政部改为度支部，交通部改为邮传部，而罢设典礼院之议，仍用礼部名目。行政裁判院、集贤院，亦经删去。视编制大臣原拟之制，颇已不同。及九月二十日上谕宣示官制，则内阁之设，亦作罢论，而仍军机处之旧。各署名称，略与总司核定处所奏相类，至其次第先后，则已大有移易，自军机处外，为外务部、吏部、民政部、度支部、礼部、学部、陆海军部、法部、大理院、农工商部、邮传部、理藩部、都察院等。其资政院、审计院、军谘府，则均以次设立。编改京朝官制之事，于是告竣。

说者谓此次厘定官制，原以预备立宪，而立宪国之内阁，实为行政之总机关，盖以一国政事，至为殷繁，非有分司之官以各任其责，则丛脞必多；而庶政之行，尤贵画一，非有合议之地以互通其情，则纷歧可虑。故其中央政府，即会合各部行政长官而成，名曰内阁，其制本甚善也。今乃仍设军机处，而罢设立内阁之议，得毋于预备立宪之道相背驰乎。虽然，是无妨也。有其名而无其实，何如求其实而异其名。上谕不云乎，军机处为行政总汇，雍正年间，本由内阁分设，取其近接内廷，每日入值，承旨办事，较为密速，相承至今，尚无流弊，自毋庸编改，内阁军机处一切旧制，著照旧行。其各部尚书，均著充参预政务大臣，轮班值日，听候召对。是则军机处之名，虽异于内阁，而各部尚书，出则为各部长官，入则为参预政务大臣，与外国内阁官制，其精神固无异也。所差者，彼设总理大臣一人，故得事权专一之功，而吾则有四军机，虑滋推诿之弊耳。然诚能顾名思义，协力同心，秉承圣谟，翊赞机务，则厘百工熙庶绩之效，未必不可于此收之。矧法度非一成不变之物，察运会之所趋，循秩序以渐进，随时修改，俾臻至善，当议会未设以前，吾不得不有望于政府诸公矣。

编改外省官制办法及各疆臣之意见

京曹官制，既已厘定，则外省官制，自宜参仿其意，以次编改。庶京朝与行省，上下相维，有指臂相承之效，无枘凿难入之虞。而其大要，则在明权限，去隔阂，通朝野之情谊，专官吏之责成，期有合于立宪国行政机关之制。若夫立自治之权舆，许人民以议政，则尤要中之要，原中之原也。故编制大臣致各省督抚之电曰：亲民之职，古今中外，皆所最重。我朝承明制，管官官多，管民官少。州县以上，府道司院，层层钤制，而以州县一人，萃地方百务于其身，又无分曹为佐,遂至假手幕宾,寄权胥役。坏吏治,酿祸乱,皆由于此。今拟仿汉唐县分数级之制,分地方为三等,甲等曰府,乙等曰州,丙等曰县。现设知府,解所属州县,专治府郭县事,仍称知府,从四品。其原设首县,即行裁撤。直隶州知州、直隶厅抚民同知,均不管属县,与散州知州统称知州,正五品。直隶厅抚民通判及知县,统称知县,从五品。每府州县各设六品至九品官,分掌财赋、巡警、教育、监狱、农工商及庶务,同集一署办公。别设地方审判厅,置审判官,受理诉讼,并画府州县各分数区,每区设谳局一所,置审判官,受理细故诉讼,不服者,方准上控于地方审判厅。每府州县各设议事会,由民选举议员,公议本府州县应办之事。并设董事会,由人民选举会员,辅助地方官办理议事会所议决之事。俟府州县议事会及董事会成立后,再推广设城乡镇各议事会、董事会及城镇乡长等自治机关。以上均受地方官监督。仍留各巡道,监督各府州县,宜体察情形,并按地方广狭、属县多寡,酌量增减。并分置曹佐,由各省督抚酌量推行。至省城院司各官,现拟有两层办法,(中略)。仿国朝各边将军衙署,分设户礼兵刑工各司、粮饷各处办法,合院司所掌于一省,名之曰行省衙门。督抚总理本衙门政务,略如各部尚书;藩、臬二司,略如各部丞;其下参酌京部官制,合并藩、臬以外司道局所,分设各司,酌设官,略如参议者领之;以下分设各曹,置五品至九品官分掌之。每日督抚率同属官,定时入署,事关急速者,即可决议施行,疑难者,亦可悉心商榷,一稿同画,不必彼此移送申详。各府州县公牍,直达于省,由省径行府州县。每省各设高等审判厅,置审判官,受理上控案件。行政、司法,各有专职,文牍简一,机关灵通,于立宪国官制,最为相近。是为第一层办法。其次则以督抚经管外务、军政,兼监督一切行政、司法。以布政使专管民政,兼管农工商。以按察使专管司法上之行政,监督高等审判厅。另设财政司,专管财政,兼管交通事务,秩视运司。均酌设属官,佐理一切。此外学、盐、粮、关、河司道,仍旧制。以上司道,均按主管事务,秉承督抚办理,并监督各该局所,以专责成而清权限。此为第二层办法。云云。由是观之。则外省官制,虽未议有端绪,而其中要旨,固已于此电尽之。

闻各省督抚自接电后,皆已陆续议复。今滇督岑制军春萱则主张第一层办法,力辟种种阻止说之非。奉天将军赵留守尔巽亦主第一层,请于十年以内,各省一律遵办。卸任黔抚林中丞绍年前后凡二电,第一电主变通铨选州县法,第二电主变通官制阶级。黑龙江将军程留守德全主张第一层办法，惟以财力不足为言。吉林将军达留守桂亦主第一层，而以人民程度未及自治为言。粤督周制军馥不决第一第二两层办法，惟以合署办事为然，赞成司法分立，反对设财政司直隶度支部，主分别国家用、地方用款项。署黔抚兴中丞禄主第二层办法，并采用第一层合署办事之说。鲁抚杨中丞士骧主第一层与第二层参互酌核，举人才筹款定律为难，又举议事会及董事会为难。湘抚岑中丞春蓂①以第一层办法为然，且于州县之官，三致意焉，然以人民程度未及自治为言。秦抚曹中丞鸿勋主第二层办法，惟言地有不齐，当分别办理。川督锡制军良亦主第二层办法，而以司法独立为难，以无财为虑。苏抚陈中丞夔龙亦主第二层，并请于院署设议政厅。皖抚恩中丞铭于两层办法，均以为然，惟以不得人为虑，且反对设立地方会。调任黔抚庞中丞鸿书主先由第二层入手，再用第一层办法，惟亦以无人才为言。浙抚张中丞曾敭不主第一层办法，而以财力人才为难，且以同署办事为不便。汴抚张中丞人骏则未定第一第二两层办法，惟以三事为言，一财力，二司法独立，三合署办事。署闽督崇留守善主第一层，如有不足，则用第二层，惟举三可缓为辞，一财政，二司法独立，三同署办事。晋抚恩中丞寿则依第一层办法，以薪费无著为词。疆抚联中丞魁亦主第一层，而以新疆人民程度太低尚无自治资格为言。署赣抚吴中丞重憙亦主第一层，而以先养人才预筹的款为言，且斤斤以民权发达为可虑。新授闽督丁制军振铎则用两说而执其中，余均语涉题外。陕督升制军允则全行反对，请俟各省举行后再议。鄂督张制军之洞亦全行反对，不主更张。综各电观之，大抵主第二层办法者，多于第一层，主第二层办法而请缓行者，多于速行。以编制局两层办法为是，而以财力不足程度未及为言者，尤居多数。其中电复速者，必赞成之意多而反对之意少。电复愈迟者，必反对之意多而赞成之意少。电复之词愈长者，则其反对也愈力。平日不得志于政府，而欲乘此得政府之欢心者，其反对也亦愈力。前此不得与闻立宪之事而素负开通之名者，则其反对也亦愈力。虽然，编纂官制各大臣固已成竹在胸，将来编拟外省官制草案，其与前次电文，必无大相出入之处。可断言也。

《东方杂志》临时增刊《宪政初纲》，光绪三十二年

---

① 岑春蓂，原文作"春萱"，误。湘抚岑春蓂，即岑春煊之弟。

汪荣宝日记摘录

编者说明：汪荣宝（1878—1933），字衮甫，号太玄，江苏吴县人，留日。回国后任民政部左参议、宪政编查馆编制局正科员、修订法律馆第二科总纂等职，又为资政院钦选议员，这些职务汪荣宝几乎是同时兼任，非常活跃。宣统三年，清政府草拟正式宪法，汪荣宝是参与起草的主要官员。此处摘录的日记，以反映清廷立宪活动为主，兼及其他。《汪荣宝日记》系手稿影印。为方便读者，谨据编者所知，对其中人物等作简单注释。无法辨认的，以"□"表示。疏漏错误之处，敬请读者指正。

宣统元年二月初三日

本日午刻资政院会议，依时往。同人络绎到院，候伦贝子①至一时顷方至。余献议将奏章程二章并续订八章一并酌加修改，另拟选举章程，一同具奏。贝子甚以为然。

二月三十日

与润田②同往仲和③家，商改资政院章。余意第二章选举、第十章经费不妥处甚多，必应大加修改。两君亦以为然。即草草签注若干条，属仲和润色之。

宣统元年闰二月初一日

五时顷，与仲和同到外务部，约润田同诣伦贝子府……将签注院章应改各节

---

① 伦贝子，即溥伦，时为资政院总裁。
② 润田，即曹汝霖，留日归国。宪政编查馆编制局正科员、外务部参议、外务部侍郎。民国初曾参加对日"二十一条"谈判。
③ 仲和，即章宗祥，留日归国。宪政编查馆编制局副局长、京师内城巡警总厅厅丞，并在农工商部任职，宣统三年"皇族内阁"成立后，任内阁法制院副使。民国初曾参加对日"二十一条"谈判。

详细讨论。贝子多以为可。

闰二月初三日

到资政院会议……伦贝子至，余将签改院章及折稿呈阅，逐条讨论，迄六时方毕事。

闰二月初八日

十时顷到宪政馆。世、张、鹿①三枢相来馆，咨询本年筹备事宜办法，就中以厘订京师官制一条为最难着手。寻议定分官制为二种：一、完全立宪国官制。一、暂行官制。完全官制，按照逐年筹备清单于第八年一律实行；暂行官制，自本年起次第修改……拟请拨贡院旧址建筑资政院折稿②。

闰二月初九日

以资政院会议，到西城访仲和与同往，将昨拟折稿呈两总裁阅定，并决定钦选各议员额数。修改院章字句数处而散。

闰二月廿二日

到宪政馆。南皮相国③方在。时提调诸君尚无到者，余往周旋。

闰二月廿九日

到宪政馆。世、张两枢相来馆，略谈本年预备事宜。

宣统元年三月初九日

到宪政馆。本日奏设考核专科，闻各枢拟以劳玉初④京卿为总办，余及恩咏春⑤员外为帮办。行将奏派云。

---

① 即世续、张之洞、鹿传霖。
② 清亡前，资政院并未建成，系借法律学堂开院。
③ 张之洞，直隶南皮人。
④ 劳玉初，即劳乃宣，时为宪政编查馆参议。
⑤ 恩咏春，名恩华，留学日本，学部总务司员外郎、宪政编查馆编制局正科员。

三月廿一日

到宪政编查馆，与达稚甫①、杨皙子②、胡伯平③讨论本年厘订官制事宜。

宣统元年四月初三日

到宪政编查馆，与杨皙子讨论外省官制改正事……本日宪政馆大臣奏派余充考核科帮办，奉旨：依议。钦此。

宣统元年五月初七日

到部④。将京师地方自治章程草案呈堂⑤……于晦若⑥有疏攻击谘议局章程，词甚峻厉。奉旨交馆妥议具奏。

五月廿三日

二时半往资政院公所会议院章，本已定稿，近因于晦若侍郎折力陈谘议局章程之流弊，政府欲资政院章程补救之，因议修改院章。本日议定修改数处，俟会商枢廷后再决。

五月廿八日

三时到宪政编查馆。达侍郎见示日本北鬼学士三郎⑦所著《大清宪法案》，浏览一遍，觉其精实。请得借归细读之。六时顷回寓。阅北鬼氏《宪法案》。

宣统元年六月十六日

八时顷，伦贝子使来约晚餐。至则润田在座。院章经张中堂⑧签出数条，大

---

① 达稚甫，即达寿。第二次考察宪政大臣之一，宪政编查馆提调、理藩部侍郎。
② 杨皙子，即杨度。
③ 胡伯平，即胡礽泰，江苏宝山人，留日，宪政编查馆编制局副科员、民政部员外郎。
④ 指民政部。
⑤ 呈堂，应指呈民政部尚书善耆。
⑥ 于晦若，即于式枚，邮传部侍郎，第二次考察宪政大臣之一。
⑦ 北鬼三郎，日本法学家，著《大清宪法案》，1909年东京经世书院出版。
⑧ 张中堂，指张之洞。

率多保护督抚权势之意。贝子颇不以为然，与余辈私议，谓仍当力争。

六月廿二日

到宪政馆。世、鹿二相来馆，阅复于晦若奏陈谘议局流弊折稿，并修改资政院院章稿。

六月廿五日

赴资政院会议，就枢府签改之处酌加修正，归入条文，颇费周折。伦贝子先散。已而拟稿成，同人属予持白贝子。因同仲和回家借电话通知贝子，策骑而往，面陈修改理由。谈片刻而散。

宣统元年七月初五日

以资政院会议往与。院章已与枢府商妥，总裁定于初八日具奏。余与瑞臣①侍郎、仲和警监磨勘折子无误。六时顷散。

七月十三日

以资政院会议往与。仲和拟资政院议员选举章程分类编订，各自为件：（一）宗室王公选举章程。（二）外藩王公选举章程。（三）满汉世爵选举章程。（四）宗室觉罗选举章程。（五）硕学通儒及纳税多额者选举章程。（六）各部院衙门官选举章程。（七）各省谘议局选举章程。余分任自一至四四种，子端分任第五种，润田分任第六种，仲和分任第七种。限十九日脱稿。议定而散。

七月十七日

拟草宗室王公世爵及宗室觉罗选举资政院议员章程，未就。

七月十八日

到宪政馆草宗室王公世爵选举资政院议员章程及宗室觉罗选举资政院议员章

---

① 宝熙，字瑞臣，清宗室，宪政编查馆提调，学部侍郎。

程各一件。六时顷始毕。

七月廿三日

资政院三时顷有会议……伦贝子将拟订各选举章程逐条讨论，仍付修改，约二十九日提出会议。

七月廿七日

到宪政馆。续拟资政院满汉世爵及外藩王公世爵选举议员章程。傍晚携稿回寓，续加修正。

七月廿八日

修改资政院选举章程，并将仲和所拟谘议局互选资政院议员章程酌加修改，令与各种章程义例文字一律。饭后三时顷毕事。闻仲和在闰生①处，因携往共商。

七月廿九日

将续拟及修正各选举章程呈叙斋②贝子阅。

宣统元年八月初二日

拟订各部院衙门及多额纳税人选举资政院议员章程各二十余条。饭后到宪政馆拟订硕学通儒选举资政院章程，未成。

八月初三日

拟订硕学通儒议员选举章程九条成。饭后二时顷，诣伦贝子府，将各稿呈阅，贝子属函送公所写印清本，公同加签议决，即行具奏。

---

① 闰生，即陆宗舆，留日。考察政治大臣随员、宪政编查馆编制局科员。
② 叙斋，即溥伦。

八月初九日

往资政院公所……将各种选举章程校勘一过，增修若干处。呈总裁阅定。

八月十七日

以资政院会议往与。宝侍郎函送所签七条，李阁学①亦有签改之处。五时半，伦贝子始至。将宝、李所签各条一一议决。仍令余当场将原稿修改，作为改定底本，付余携归，细加校勘。

八月廿一日

十时顷到宪政馆，与李柳溪讨论资政院选举章程良久。二时半，以资政院会议，往赴。满汉世爵议员原定公侯选六人，伯子男选六人，本日据吏部抄送世爵名单，公侯多于伯子男，因改为公侯八人，伯子男四人。又宝瑞臣签改一条（硕学通儒议员选举章程第一条第三款），为李柳溪代为提出，余无所更动。议定明日送枢府核阅。

八月廿五日

资政院选举章程稿已粗定，贝子②属余草奏，夜间属稿，至十一时顷始毕。

宣统元年九月十三日

到宪政馆，知本日资政院会奏选举章程一折，奉旨：依议。钦此。饭后与柳溪阁学拟通电各省督抚举行谘议局互选事宜及通咨各衙门文各一件。

宣统元年十月二十日

到部。逐年筹备事宜清单本年应行颁布之厅州县自治章程，当由民部起草，

---

① 指李家驹，字柳溪，曾任驻日公使，第二次考察宪政大臣之一，宪政编查馆提调，宣统三年二月任资政院副总裁，与汪荣宝同时受命协助纂拟宪法。后文"柳溪"均指李家驹。
② 指溥伦。

已由尚之①参事草就，月内即可具奏。本日余为草折稿一通。

十月廿一日

到民部，与尚之讨论府厅州县自治章程草案。四时半散归，修改自治章程草案。

十月廿二日

到宪政馆……与伯平商改府厅州县自治章程草案。三时顷，携稿赴部，示尚之，尚之以为然。属书记写稿。

十月廿四日

到部。阅定府厅州县自治章程及选举章程清单，酌改数处，交民治司缮折。

宣统元年十一月十三日

到宪政馆与柳溪讨论各部官制通则问题。

十一月十五日

到宪政馆。闰生约共修改法院编制法草案，寻议定先由闰生、仲和两君修正，俟脱稿后，再由余增润文句。

宣统元年十二月初二日

孟庸生昭常②来谈……日来各省士绅纷纷举代表赴京请速开国会，庸生盖亦代表之一。余因与讨论此事之当否，并略述所见，供其参考。庸生亦颇以为然。谈四十分而去。余往宪政编查馆，仲和草奏进法院编制法折稿成，属余酌加修润。又顾巨六③拟奏进府厅州县自治章程折稿，同人嫌其词费，属余删定。余允携归删改。

---

① 尚之，即徐承锦，户部主事，民政部员外郎、参事、参议。
② 孟昭常，字庸生，江苏武进人，留日，预备立宪公会会员、资政院民选议员。为活跃的立宪派人士。
③ 顾鳌，字巨六，四川人，留日，京师外城巡警总厅丞、宪政编查馆统计局副科员。

十二月初六日

民政部拟订府厅州县自治章程，多袭用城镇乡条文，柳溪以为上级自治制与下级自治制精神不同，编制各异，提议修正。余甚是之。柳溪约本日在馆会商。竟日讨论，觉应改之处甚多。薄暮携稿而归。

十二月初七日

到部。将议复麦侍御折稿呈左右堂核阅。侍御原奏请嗣后各省民政司或巡警道员缺一律由民政部预保候简，毋庸再由督抚保奏。余恐限制太严，议复稿内请仍准督抚预保，惟须先行咨部核准再奏。林侍郎以为如此则部有考核之虚名，而负保荐之责任，力持不可。余因如其意删定之，函送肃邸核定。

十二月廿六日

到宪政馆。定兴①相国方在坐，阅法院编制法，颇有所疑问，余与仲鲁②、稚甫③从容解释，并修改一二文字。定兴意解。阅竟，属再详细校勘而去。

十二月廿七日

本日宪政馆奏府厅州县地方自治章程并府厅州县议事会议员选举章程。得旨宣布。

十二月廿八日

到宪政编查馆。本日奏法院编制法及法官考试任用、司法区域分划、初级及地方审判厅管辖事件各暂行章程，得旨颁布。司法独立之基础，至是始为确定。冈田博士朝太郎④言，法院编制法行，而立宪政体已得三之一矣。

---

① 定兴，即鹿传霖，直隶定兴人，时为军机大臣。
② 仲鲁，即刘若曾，宪政编查馆提调、大理院少卿。
③ 稚甫，即达寿。
④ 冈田朝太郎，日本刑法学者，留学德国和法国，东京帝国大学教授。1909年任清政府顾问，协助起草刑法等法典。

宣统二年二月初一日

到都察院投票互选资政院议员，予举胡伯平，并代陆闰生投一票。投票场秩序颇为整肃。

宣统二年三月二十一日

资政院钦选议员名单，照章应于选举年分三月以前奏陈。本年为第一次选举之期，各项备选人员名册，除纳税多额者因展缓互选尚未一律选定外，均先后经各该衙门咨送到院。本院另缮清单，亦已齐备，月内必须奏上。午前为草奏一通。

宣统二年四月初六日

到宪政馆。核改宗室诉讼暂行章程一通。世相及吴侍郎①来馆，商酌奏派馆员分赴各省视察宪政筹备情形事，定派陆闰生、林蔚亭、刘伯崇、黄次腴②四君。

四月十六日

到宪政编查馆，闰生拟一说帖，谓改订官制当自枢部入手，请改军机处为尚书省，为各部尚书合议之府，设尚书令一人以总之，略仿各国内阁之制。三时顷，枢堂先后来馆，阅定宗室觉罗诉讼章程，并将闰生说帖携去。

四月二十九日

到宪政馆会议厘订官制事，筹备清单分厘定官制为四期，一厘订，二颁布，三试办，四实行。中间相距各二年。晳子议以为如此则实行以前之光阴均为空过，而届实行时又有一旦骤进之患，不如改四小期为一长期，于此期内随时可以厘定。余谓清单所指官制，乃完全立宪官制，故厘订与实行相距甚远，今宜一面

---

① 指吏部左侍郎吴郁生，时为学习入值军机大臣。
② 即陆宗舆、林炳章、刘福姚、黄瑞麒。

厘订官制，以为标准，一面将现行官制逐渐修改，以与标准官制相接近。如此分别办理，既与清单年限不相抵牾，亦不至有数年不变，一旦骤变之患。讨论数四，众然佥议。寻公推余与李孟鲁为标准官制起草员，先将内阁官制及各部通则草定，于初三日提出公议。

宣统二年五月初七日

到宪政馆。同人讨论外省官制，余主分省以为若干道，分道以为若干府州县。上县为府，中县为州，常县为县，三者并列，不相统摄，而均隶于道。每省设巡抚一员，所属有各司，略如京部之制，各司以巡抚之名行事，不得独立发动。每道设分巡一员，酌设佐治员。府州县设知府知州知县如故，仍各均设佐治员。同人多赞同余说，惟柳溪、晳子欲以府州县平列，均直隶于省，不更设分巡道一级。辩论数四，不得要领。

五月十六日

到部①。邸②询国会速设请愿书已否奏上，余连日杜门不出，殊茫然无所闻知……到宪政馆，各枢咸在。闻蔚老③言，国会请愿书已于昨日由都察院代递，监国留览，尚未发下。此次各团体代表请愿书至十件之多，非数日不能披览完竣，能否邀准固不敢言，但无论准否，必有上谕公布也。

五月十七日

往宪政馆。李孟鲁草内阁官制案及按语成。考证详博，言之有物。本日同人集议条文，甫决三条。

五月十九日

到宪政馆。闻本日有旨令内阁会议政务处王大臣于二十一日预备召见，所谓"叫大起"也。向例非有大事不为此郑重之举，庚子年宣战之议即以是年五月二

---

① 到部，指民政部。
② 邸，指民政部尚书肃亲王善耆。
③ 蔚老，吴郁生字蔚若。

十一日叫大起决定者，今朝廷别无何等紧急问题，此举必为对付国会速设请愿无疑也。四时顷，以目疾先散回寓。得于子昂电话云，明日内阁会议政务处有特别会议，当是后日奉答意见之准备也。

五月二十日

肃邸以电话招往一谈，余知必为国会问题有所咨询，甚欲一陈愚见，以备采择。立即前往。邸略述本日会议情形及枢府宗旨。余因白邸：召集国会，为立宪政体题中应有之义，何必断断于三五年迟早之间。人心难得而易失，借此激发舆情，亦未尝非绝好之政策。应请以资政院议员任满之日，改设上下议院，以时计之，不过提早三年，而人心必当大奋，朝廷何惮而不为。邸亦甚以为然，而决其必不能行。因提出两议：（一）请设立责任政府。（二）请实行钦定宪法，先设宪法讲筵，亲临讲习。即就座上草成说帖一件。邸属抄写两份，明日当与隐坪上公①计议。

五月二十一日

早起。九时顷，得肃邸电话，令以午后五时与逵臣②、仲和诣府，有事面谈……到宪政馆，遇仲和，告以邸约。恭读本日上谕，国会召集定以仍俟九年筹备完全，再行降旨。并令嗣后毋得渎请。五时半，与孟鲁讨议内阁官制草案。孟鲁于责任精神极为注意，故于召对及陈奏之限制规定甚详。此与我国之情颇相矛盾，去之则失统一事权之要义，留之则惹起日后种种之阻力。本日提出讨议，未能解决。五时半，诣肃王府，逵臣先在，少选仲和亦至。邸详述本日召对情形，属余将请设宪法讲筵先事研究，实行钦定之旨，拟一奏稿，预备陈奏。

五月二十二日

为肃邸草敬陈管见折，约二千余言，大旨如下：（一）国会与宪法成立之先后，视国体而异。（二）中国国会之成立，当在宪法制定以后。（三）宪法必须

---

① 隐坪上公，指载泽。
② 逵臣，即后文之贝子延鸿。

钦定。（四）宪法必须真正钦定。（五）钦定宪法必要之预备及预备之时机。（六）日本制定宪法之历史：（1）天皇之英断；（2）伊藤博文自述之语。（七）请设宪法讲筵。至晚饭后始行脱稿。

五月二十三日

修改昨稿……携稿到部。衙散后邸约余偕逵臣往福全馆饭，共商此事。于坐中出稿呈邸，邸大称善。因商榷呈递之法。余向者尝以此意陈诸月华①贝勒，贝勒极表同意。当即劝邸与贝勒一商，如能连合仲泉贝勒②、隐坪上公为一致之运动，尤为上策。邸允先商月华。席间谈及大局之危险，邸问计将安出，余谓"惟有启沃圣聪"③。邸首肯者再。席散……五时顷，肃邸电话索宪法大纲，即检一部送去。

五月二十四日

四时顷，得肃邸电话，云前稿已商诸月华贝勒，属（于）〔予〕二十六日午前十时诣贝勒处一谈。

五月二十六日

诣月华贝勒……乃与余论条陈钦定宪法事宜。贝勒意改奏折为说帖，又删去请设讲筵一节，即就（坐）〔座〕上改正。经贝勒阅定，属携归付缮。二时顷散。到宪政馆。世相、蔚老先已在（坐）〔座〕，少选那相亦至。阅定宗室诉讼章程，准于明日具奏。五时顷，各枢均散，余与仲老对读诉讼章程折单。黄次腴到山东调查宪政筹备成绩，寄宝侍郎一书，力言东省官绅无不以筹备宪政为今日唯一之巨患，至比诸义和团。侍郎出示，同人相与嗟叹。六时半散归。阅北鬼氏《大清宪法案》。

---

① 月华，即毓朗，字月华，时为协办大学士、军机大臣，后又为军谘大臣。
② 仲泉贝勒，即载洵。
③ 引号为日记原有。

宣统二年六月十四日

阅穗积八束①《日本宪法说明书》。

六月十六日

往宪政馆。吴侍郎、世相先后到。论撰拟文官考试章程、任用章程、官俸章程事,又论本年颁布新刑律。余谓当由馆奏交资政院协赞。刘仲鲁、达稚甫等竭力反对,伯屏②援院章抗论刑律系属新定法典,应行交议,争论久之,不得要领。

宣统二年七月初三日

孟纯生森、杨翼之廷栋来谈,二君以各省谘议局组织联合会于京师,被举来京也。

七月十二日

到宪政馆。李孟鲁撰内阁官制草案及弼德院官制草案,各加按语,引各国制度,论证甚悉。顷以将随海军大臣游历日美,出草案付余润色之。余就所撰内阁官制先行修改文句,又删去一条,共为五条。交宝瑞臣侍郎。

七月十五日

拟定编纂《日本宪法释义》体例,与伯平商榷,并检出参考书数种付之,属其草创。

七月十八日

草日本宪法讲义四纸,函送逵臣。

---

① 穗积八束,日本著名法学家,留学德国,日本东京帝国大学教授,号称国权主义宪法学者。
② 伯屏,即金邦平,字伯平,又作伯屏,留日,先后任袁世凯秘书、练兵处参议、宪政编查馆谘议官、资政院秘书长等职。

宣统二年八月二十四日

杨晳子、胡伯平同来。宪政馆同人对于刑律草案分新旧两派,各持一说,争议不已。主张新说者均欲赶紧定稿出奏,不交资政院议决。余虽赞成新案,而以资政院有议决之权,若不交议,即为违法。今当第一次开院,即开政府规避议院之端,殊与立宪精神不合,持论颇与仲和诸君异同。晳子、伯平述仲和意,以资政院议员中有法律知识者尚鲜,交议必致破坏,劝余深思熟虑。余坚持初议,与二君辩论。二君亦无以难,允再设法运动交议之事。

八月二十六日

到宪政馆,复校刑律草案一过。饭后月华贝勒、那相到馆,批阅文牍,并决议将刑律草案提出于资政院。

宣统二年九月初一日

本日资政院举行开院式。余八时顷前往。各议员到者百七十余人。九时顷,议长到院,邀余往谈,密告本届预算,有不交院议之说,恐起风潮。正筹商间,由军机章京捧本日开院上谕送来,余即退出。政府各大臣陆续到院。十一时半,监国摄政王驾临,入休憩室少坐。各议员依次入议场序立,政府各大臣、议长、副议长、秘书官,均向御座行三跪九叩首礼。礼毕,政府各大臣分就议台东西序立,议长以下均序立如初。议长恭导摄政就御座东旁座次。全场肃立致敬。庆邸展本日谕旨宣读迄,议长跪受,安放黄案上。摄政王宣示训辞毕,礼成。议长、副议长送摄政王出。政府各大臣咸退。议长返就议台发言:本日钦奉上谕训勉,应恭折奏答,以表欢欣鼓舞之意,众赞成……饭后议长延徵雨、庸生、季兴及余一谈,谓政府既不愿提出预算,则此项专任股员应否选举,若当场宣布,恐群情激怒,致生变端,亟宜及早设法,维持大局。余等请议长将选举专任股员事暂行挪后,一面迅向枢府密商,力求挽回,若不得请,再筹他法。议定而散。

九月初三日

往见天津相国①，询悉本届预算，决定交院。

九月初四日

晚饭后，肃邸有电话招谈。即往。喀邸②在坐。邸大有组织政党思想，属转邀同志数人，明夕会喀喇沁府商榷。

九月初五日

余以肃邸意密告久香③、季兴、庸生、伯平、伯初（胡伯平弟）、仲威④诸君。散会后与兴、庸、平、威四君共到伯初家一谈。旋共诣喀府。久香、仲和踵至。肃邸令余代为宣布意见，众皆赞成，惟下手之法如何，颇须研究。议定先草政纲，再行分头纠约。会肃邸因有人在摄政王府投书请速开国会，时摄政住三所未归，众不信，固请面递，久而不散，即与仲和同往劝谕。余等亦散。

九月初七日

午后季兴、庸生、李缉菴文熙、邵仲威羲来谈，商榷组织政党事，将建设国会制度、制定宪法、建设责任内阁诸问题分别讨论，不得要领。姑属庸生草定政纲数条再商。

九月初十日

晚饭后，久香来谈，言前见涛贝勒⑤，谈及近来政局，颇持锐进主事，并延访通材，愿得常常见之。久香以季兴、庸生及余荐。贝勒属其转邀于十三日午前十时往谈。

---

① 徐世昌为直隶天津人，故称其为"天津相国"。
② 应指蒙古郡王贡桑诺尔布。
③ 久香，许鼎霖，字九香，亦作久香，江苏人，清末著名实业家，预备立宪公会发起人，资政院议员，支持国会请愿运动。
④ 即邵羲，浙江人，留日，预备立宪公会会员。
⑤ 涛贝勒，即载涛。

九月十三日

诣成寿寺访久香、季兴、庸生，咸在。四人同往涛贝勒府，遇幹臣于门。幹臣先入见，有顷，延余等入。贝勒降阶迎。谈一时许。余略述立宪政体之要义，首在统一行政，故责任政府不可不设，而国会与责任政府为对待机关，一面设责任政府，一面不可不设国会。贝勒略谈自己对于军备之宗旨，在整顿不在扩张。言语明晰，气度雍容，故自难得。

九月二十日

到（资政）院，一时二十余分开会……旋讨论国会问题，经三数人演说之后，即付表决。满场一致，无不起立，拍手喝彩，声震屋瓦。余以得意之极，大呼大清国万岁，今上皇帝陛下万岁，大清国立宪政体万岁。众和之，楼上旁听之内外国人亦各和之。自开议以来，此为第一次有声有色之举矣。旋由议长指定伯潜①、竹垣②、久香、季兴、庸生及余为具奏案起草员。散会后，与伯潜、竹垣诸公商略折稿大意。抵暮而回。

九月二十一日

十一时顷，往谒月华贝勒。贝勒言比日资政院举动之不规则，政府对于资政院之疑虑，并自陈居间调停之苦衷，及速开国会之难行。余竭力解释，并以不能不速开国会之理由详细剖陈。因出第九期《国风报》所载国会同志会意见书，请其一阅。留饭之后，又谈一时许……以本院议员假财政学堂开国会问题研究会，往赴。许久香、易纬舆、于泽园、雷季兴诸君各有演说。余亦登台演说一番，大意有二：一、同院诸君应各除意见，略其所不必争，而争其大者。二、国会制度与资政院制度之比较。资政院为一院制之国会，与近世国会主义不合，故改资政院为国会，与谓为利民，宁谓为利政府。散会后，庸生谓今日外间喧传余反对国会，一面赞成一面竭力运动使不得裁可。众情愤怒，将谋暴动云云。抑何可笑乃尔。

---

① 当为陈宝琛，字伯潜，内阁学士兼礼部侍郎，资政院议员。清帝退位后担任溥仪的老师。
② 竹垣，即赵炳麟，字柏岩，御史，有《赵柏岩集》。

九、其他

九月二十二日

十时顷,诣叙斋贝子……贝子言,"前日隐坪上公来谈,向之破釜沉舟,痛陈利害,国会问题,非缩短年限无从解决。上公亦以为然。本日召见,已将此意奏闻。监国颇以枢臣首鼠两端诿过当道为憾。顷,上公来述召对情形,想此事或可略有转机。但具奏期日宜稍从缓,最好于上奏之前能一见监国,面陈利害,于事更易有济"① 云云。余以昨日在财政学堂演说及所闻外间谣言告之,相与太息。十二时顷回寓。千里在坐,述代表团及各报馆对于余之疑谤颇悉。令人灰心……林梅贞来,谈良久。谈近年财政情形,余因论及此种问题,惟有国会可以解决,并与论一院制与两院制之利害得失,与其开资政院不如径开上下议院之为愈。梅贞颇动听。余因属其见隐坪上公时可乘间言之。

九月二十四日

到(资政)院。叙斋贝子已到,延见各议员,言本日销假,召见奏对至七刻之久,国会问题,大有圆满解决之望,并将余等所拟奏稿示众,属转告同人,安心毋躁。午后一时二十分开会……旋由秘书朗读请旨速开国会奏稿,众起立静听,余复登台说明奏稿要义所在,随即表决,满场一致通过。

九月二十五日

十一时顷,到伦贝子府,遇润田同来,少顷,仲和亦至。商榷呈递速开国会奏折前后应行办理各事。午后一时顷……赴(资政)院……李君文熙来,言于君邦华等欲余偕同诣伦贝子,请奏对时面陈速开国会之理由。余随与李君同车前往,随后于君邦华、李君桀、籍君忠寅、顾君栋臣同来,谈一时许。各痛切尽言,大意请以宣统四年为召集国会之期。随辞出……闻各省督抚本日电致外部,请速设内阁、国会,词理详尽。外部将于明日代递(本院奏稿亦定于明日呈递)。此事上下一心,机会成熟,以理度之,应有圆满之结果矣。

---

① 引号为原文所有。

九月二十六日

本院奏请速开国会折，初拟二十七八日呈递，昨因探闻各省电奏于今晨上闻，因连夜赶办，同时呈递。十时顷，诣润田处研究此问题之解决，仲和亦来，以宪政馆有会议先散，余留商榷。已而叙斋贝子至，谈片刻，探悉本日有旨将原折电交会议政务处王大臣阅看，复预备召见。

九月二十七日

诣肃邸①，遇仲和于途，同车而往，微探邸对于国会问题之意见如何，并力劝以主张速开，应以宣统四年为召集之期。邸于政界上力量不足，颇持超然主义。一时顷，辞出。

九月二十八日

诣叙斋贝子，仲和、润田先后来，研究国会问题解决后之进行。已而那相来谈，述及本日政务处王大臣阅看折、电，拟各递说帖，汇齐进呈。再行召见，须待来月初三云。

宣统二年十月初一日

十时顷，到宪政馆。本日有旨着内阁会议政务处王大臣于初二日预备召见。闻玉老②言，枢廷说帖，请以宣统五年召集国会。午后二时顷，与仲和同诣偶邸③。邸以颁布宪法为召集国会之根本，既须速开国会，便须速定宪法。明日召对，拟即申明此义……回寓，电询延鸿五年说是否确定，可否再提前一年。属其设法……晚饭后得延鸿电，一切明日面谈。

十月初二日

八时半，诣延鸿④贝子，祝其生辰，仲和亦来。贝子言，召集国会之期，闻

---

① 肃邸，即民政部尚书肃亲王善耆。
② 玉老，当指劳乃宣，字玉初，时为宪政编查馆参议。
③ 偶邸，指肃亲王善耆。
④ 延鸿，留日，归国后任民政部右参议、左丞，宪政编查馆统计局正科员。

已确定宣统五年，欲再提前，实难为力。正商论间，闻那相于退朝后有事来谈，余与仲和匆匆辞去。余即赴法律馆，饭后到（资政）院。一时顷，贝子来院，余往一谈。贝子略述本日会议政务处王大臣召对情形，多数赞成五年说，嘱密告晓事议员，设法镇定，毋再反对。三十分开议……休息半小时再见议长①，仲和、润田亦在（坐）〔座〕，议长深恐五年说发表后，人心不甚满足，力属密探民选诸君意见……回寓后作一书与延鸿，力请设法再行提前一年。略言今日危急存亡之际，朝廷政策以鼓舞人心为第一要义。又言多一日预备，不过多一日敷衍。又言安危之机，在此一举，若发表之后再有更动，则朝廷之威信尽失，即大权之根本不坚。与其贻悔于将来，何如审机于此日。又言若坚持五年，必令花团锦簇之举，消归乌有，决非得策。

十月初三日

十时顷，延鸿贝子来谈，谓昨日得书，反复省览，非常感动。今日诣三所谒摄政②，已竭力敷陈。摄政屈于群议，亦无如何。贝子复向军机大臣等力争，应者寥寥。最后惟闻上谕内召集议院改为开设议院，并令会议政务处王大臣全行到署云云。因属电邀季兴③、仲和来谈。二君先后至，伯屏、润田亦来会。留饭。遣仆人到宪政馆抄录本日上谕，不得。三时顷，客散。与伯屏同往官报局恭读谕旨。

十月初四日

十一时顷，到宪政馆。本日有旨，派伦贝子、泽公纂拟宪法④。……得季兴电话云，本日代表团会议，议决遵旨解散，另行组织政党。明日民选议员在全蜀馆会议，情形如何，尚难预料云。

---

① 指资政院总裁溥伦。
② 即摄政王载沣。
③ 季兴，即雷奋，江苏松江（今上海）人，留日。江苏谘议局议员、资政院议员，极具口才，为当时活跃的立宪派人士。
④ 指溥伦、载泽为纂拟宪法大臣。

十月初五日

饭后，闻京师各学堂以初三日之诏，将于本日结提灯行列，集大清门歌呼庆祝……得家中电话云，延鸿贝子有书来，询本日民选诸君会议情形，立候复书。余即电询季兴，季兴外出未归。因雇人力车匆匆回寓，复延鸿一书。旋得季兴电话云，本日全蜀馆会议，并无何等反对之议决，惟易伟舆①提出质问说帖一件，质问国会必须宣统五年开设理由，以此为下台地步而已。

十月初六日

十一时顷。诣延鸿贝子，以昨夕所闻于季兴者告之，请今日毋庸宣读上谕，恐生问题。旋到院。开会前，议长延余密示江浙谘议局及我苏商学各团体祝电，问本日应否当场报告。余意以报告为宜。遂开会报告文件迄，众无言。忽闻议场南面发一种悲凉之声，谓国会开设年限，乃可吊之事，非可贺之事。众愕然。已而，易宗夔、于邦华、李搢荣等，群起发言，多不满五年说。喻君长霖②起立演说，略示国会不能骤设之旨。语未毕，哗噪之声大作。罗杰提出再上奏问题，请付表决。议长大声对众宣言，先将易议员质问说帖送付政务处，俟得复文，再定办法，众始宁静。

十月初七日

九时半诣延鸿贝子，贝子以昨日议场情形近于乱暴，要求过分，难于维持，慨然有辞职之志。

十月十八日

到宪政馆。本日同人以厘订官制事开会议于考核科。余发表意见如下：（一）以各部为内阁。（二）各部设尚书一人，侍郎一人。（三）侍郎有会同尚书奏事及发部令之权，但不副署谕旨，不列阁议。（四）罢兼辖总督，各置巡

---

① 即易宗夔，湖南湘潭人，留日，回国后为湖南谘议局议员、资政院议员，为活跃的立宪派人士。
② 喻长霖，翰林院编修，资政院钦选议员。

抚。（五）巡抚有奏事之权，但须敕部议复乃行。（六）罢司道，于巡抚衙门内设诸司，为补助之职。（七）罢直隶厅、散厅，以府州县平列为三，大县为府，中县为州，小县为县。（八）官品分离。同人多赞同余说。惟李孟鲁对于（三）（五）两问题有异说，余亦无以难之。卒不得要领而散。

宣统二年十一月二十一日

诣叙斋贝子……金伯屏亦来谈，留晚饭。比日东三省人民公举代表来京，为第四次国会请愿，并送一陈请书于本院①。贝子颇以为难，筹商应付之策。余谓宜延见东省议员及代表，开诚布公，告以无从再请之理由。贝子亦无他法，约明日邀长寿卿来府一商。

十一月二十三日

诣李柳溪侍郎，询昨日枢议之结果，知内阁官制草案已阅毕交还，令详议施行之程序。

十一月二十九日

到资政院……易议员倡议，以刘监督廷琛奏劾本院议员，奉旨交宪政馆知道，本院已不为朝廷所信任，故本（员）〔院〕议决具奏事件，都归无效。应请旨解散。各议员继续发言，甲论乙驳，约费两小时，最后议决以说帖质问宪政馆有无其事，并请从速抄示。

宣统二年十二月十八日

赴宪政馆。阅枢改内阁暂行官制，殊有与狐谋皮之叹。

宣统三年正月二十二日

到宪政馆，伯平出所抄胡肃堂②侍御论官制疏见示，攻击宪馆不遗余力。疏

---

① 指资政院。
② 胡思敬，字漱唐。此处写作"肃堂"，或为音同，待考。

中指名究参者，李柳溪居首，荫午楼①为殿，中间牵涉项城及张文达②，目余与吴向之③、章仲和为丙午余孽。又谓杨皙子实行革命于政治之中。末称新刑律成而民乱于下，新官制成而官乱于上。其余诞妄乖谬之语不可悉记。

宣统三年二月十四日

润田来谈，述叙斋贝子邀往有事面商，因与同车往。以编纂宪法问题有所咨询。

二月二十日（1911年3月20日）

本日上谕，派陈侍郎邦瑞、李侍郎家驹④及余协同纂拟宪法。自维浅薄，何敢当此重任，用逾其量，不胜憬憬。饭后到部，邸⑤闻余奉命草宪，属谨慎秘密⑥，余谨受教。

二月二十一日

诣叙斋贝子，时柳溪在（坐）〔座〕，略谈纂拟宪法之预备。贝子约晚间到府再谈。四时顷，诣月华贝勒谈枢府近状，及言路攻击新政之气势……八时顷……重诣叙斋贝子，（坐）〔座〕有季兴、庸生、伯屏。贝子谋集同志，设一俱乐部，隐为组织政党之预备，记录同志姓名数十人，约他日再商集会之法。

二月二十七日

内阁暂行官制，设总理大臣一人，协理大臣一人或二人。余于肃邸前力陈其非，本日为代作一说帖，说明此制之流弊，函送肃府。未知其能否力争也。

---

① 荫午楼，即陆军部尚书荫昌。
② 张百熙死后清廷予谥"文达"。
③ 吴向之，即吴廷燮。宪政编查馆编制局局长。民国后曾任清史馆总纂。
④ 即度支部右侍郎陈邦瑞、学部右侍郎李家驹。
⑤ 邸，指肃亲王善耆。
⑥ 汪荣宝在"谨慎秘密"四字旁加了着重号。

九、其 他

二月二十八日

十时许，诣柳溪，时晦若侍郎在座方（奕）〔弈〕，余旁观终局，晦老去，余与柳溪略谈纂拟宪法事……隐坪上公招饮邸第，七时顷往赴。座有叙斋贝子，瑶圃①、柳溪两侍郎，商酌纂拟宪法开办各事。至十一时顷而散。

宣统三年三月初三日

访陈瑶圃侍郎，入谈片刻……到部办事。余近以宪政馆办事棘手，每有献替，多不见纳，而论者或疑余等把持一切，枉道取容，交相攻击。余久有去志，苦未得间。比奉诏协纂宪法，两邸意亦不愿余兼此差。本日因具呈辞职，以部务殷繁为词，并函致四提调，请于枢堂前善为我辞。

三月十七日

十时许，诣柳溪，旋共谒叙斋贝子，遇润田。纂拟宪法，初拟就文华殿办事，现已议定改就武英殿，正收拾房屋，事竣即可开办云。

三月二十一日

饭后到部办事。旋诣肃王府，谈一时许。邸述及阁制行将发表，并略谈组织之概要。

宣统三年四月初五日

闻诸仲老，阁制及弼德院官制奏稿已具，明日必奏云。

闻阁制定于今日发表。十时许，以电话询润田，尚无所闻。有顷，外务部有电话报告，大略如下：庆邸任总理大臣，那相、徐相任协理大臣，梁崧生②任外务大臣，

---

① 瑶圃，即协同纂拟宪法之陈邦瑞。
② 即梁敦彦。

余部仍旧。陆相任弼德院院长,荣相①任副院长。涛邸、朗邸②任军谘大臣。

宣统三年五月十一日

(晚)饭后从事宪法纂拟,检阅群籍。

五月十二日

到部办事。六时顷回寓,与子函讨论宪法问题种种。夜中犹萦思未已,几不成寐。

五月十四日

诣柳溪,商榷宪草。会世相③来,以江苏资政院议员为苏省议局以预算问题与张督④冲突致全体辞职事,呈请总裁咨内阁设法解决,故就柳溪商办法也。

五月二十一日

诣柳溪,讨论关于宪法问题。

五月二十八日

内阁属官官制及法制院官制昨奉旨公布。以华世奎为阁丞;李家驹为法制院院使,章宗祥副之;杨度、陆宗舆各得一局长。本日又奉旨以李景铄署法制院参议,以王善荃调内厅丞,以吴钱孙补外厅丞。

宣统三年六月初八日

纂拟宪法,本日在武英殿西庑焕章殿开办。余于十时顷前往。陈侍御及李院使先在。十一时,伦、泽二邸同至。会议纂拟程叙及派员办理庶务,寻派定李秘书绍烈及恩郎中华二人。一时顷,散回寓。

---

① 陆相、荣相,即大学士陆润庠、协办大学士荣庆。
② 涛邸、朗邸,即贝勒载涛(摄政王载沣之弟)、贝勒毓朗。
③ 世相,即世续,文华殿大学士,宣统三年二月接替溥伦为资政院总裁。
④ 张督,指两江总督张人骏。

六月十一日

早起,冷水浴。部署行箧,带书十余种。十一时,诣西直门车场,少选,柳溪院使来会,以十二时四十五分发,二时四十三分抵南口,止华洋旅馆。

六月十二日

早餐毕,七时顷与柳公同乘肩舆诣明陵……至玉虚观止宿。

六月十三日

与柳公商榷纂拟义例。饭后睡两小时。起草凡例六条,又拟定章目如左:
(一)皇帝。(二)摄政。(三)领土。(四)臣民。(五)帝国议会。(六)政府。(七)法院。(八)法律。(九)会计。(十)附则。

六月十四日

早起,与柳公讨论弼德院应列为宪法上之机关与否。参考所携群籍,不得要领。旋草拟第一章,至第八条规定命令权,余欲采普鲁士等国宪法主义,不取独立命令,而略采俄罗斯宪法之意,加入委任命令一层,议久不决,遂搁笔。

六月十五日

与柳公讨论独立命令问题,卒定议采日本宪法主义而条件加严。接续起草尽第二章。

六月十六日

抵午桥侍郎①别业……晚饭后,与柳公论领土变更问题,至十时许而睡。

---

① 午桥即端方,考察政治大臣之一,任两江总督、直隶总督。宣统元年直隶总督任上,因慈禧太后安葬时命人拍照,又命人在风水墙内之树上安设电线,被革职。宣统三年四月,命以侍郎候补,充督办粤汉、川汉铁路大臣,故称其午桥侍郎。

六月十七日

余等决意还京。

六月十八日

叙斋贝子电约一时顷往谈……诣叙斋贝子，为纂拟事，有所商榷。旋诣焕章殿，隐坪上公及瑶圃侍郎先至。上公将半年间朝官条陈宪法折片数件见示。已而柳溪及贝子陆续至，由柳溪将纂拟凡例及章目提出，余为两邸陈说大意，两邸均以为然。拟即呈递监国，恭候训示。又令咏春拟奏报开办情形及请款各折片。阅定而散。

六月二十日

（午）饭后缮写凡例及章目，预备进呈。

六月二十一日

……恂士亦来谈，与论日本宪法疑问数事。

宣统三年闰六月初一日

早起，冷水浴。接续抄写宪草。

闰六月初七日

写宪草……到署……两邸及陈、李两公已先在。两邸各将第一章正文抄录一通，又令书记将第一第二条参考条文及按语抄出细阅。至七时许而散。定初十日午后再集。

闰六月初八日

晚，草宪法第十二条按语。

闰六月初九日

诣柳溪，将第十二条按语付之，请其斟酌。

闰六月初十日

诣焕章殿。陈、李二公已先在。分写按语。午后二时许，两邸先后至，将前五条正文及按语逐一讨论。正文无所改动，惟将按语酌改数处。约十二日午后再行复议。议定即于十三日督书记缮写，定期进呈。七时半散。

闰六月十一日

草第十六条按语……六时许回寓，续草十二条按语，至十二时许始毕。

闰六月十二日

早起，冷水浴。草第十七条按语。饭后诣焕章殿，将十六、十七两条按语与诸公一阅。又草第十八条按语。六时顷散。

闰六月十三日

八时顷诣焕章殿，与陈侍郎督书记将前五条参考条文及按语誊真。饭后一时顷，柳溪来接班，余与陈侍郎同散。

闰六月十四日

草第十八条按语，脱稿。诣焕章殿，两邸及陈、李二君均已到。决议将皇室大典之制定加入本章内，作为第二条之第二项，属书记改写一页，由两邸将正文分别填入，装订成册，预备十六日进呈。三时顷散。

闰六月十五日

访柳溪，拟将第二条第二项改为正条。又颁历为中国历史上大权之一，亦应增入。谈一时许。

闰六月十六日

本日由两邸将第一条至第五条正文及按语进呈。

闰六月十九日

诣焕章殿，与柳公商榷，将第二条第二项抽出另立一条，而颁历一节毋庸增入。两邸明日预备召见，计前五条清本当可发下。六时许散。

闰六月二十日

诣柳溪，讨论疑义数事。

闰六月二十一日

以建议增加第十九条，草具按语……旋诣焕章殿。两邸至，略述昨日召对情形，并将发下之第一条至第五条原本见示。其中正条无所更易，惟按语颇有删节。余以第二条所采主义与摄政一章颇有关系，提出问题数事，共相讨论，两邸拟于下次进呈时再行婉陈。旋又议决以制定皇室大典之事于本章内特设一条，为第十八条。先将第六条至第九条正文及按语接续进呈，由陈侍郎招书记于明日往其家敬谨缮写。后日再行会集校勘……六时顷，自焕章殿散。

闰六月二十三日

十时顷，诣焕章殿，陈、李二公先在。余与柳溪讨论第八条疑义，拟加入消极条件，而以法律未有规定时为限，辨难半日，仍定议用原文。午后二时许，两邸先后至，填写正条，校勘装订，事毕已六时许，定于明日进呈。余与柳溪约定明日往上方山接续起草。寻散归。

闰六月二十四日

九时十五分，往西车场，柳溪先在。五十分发，午后一时抵周口店，下车易肩舆进发，泥路停顿，至七时顷抵接待庵止焉。

闰六月二十五日

早起，八时顷与柳公由接待庵入山，曲折行里许，经云梯凡二百余级。中有数十级势颇（斗）〔陡〕峭，两旁施铁索，攀援而上，级尽有庵，名云梯庵，与柳公入憩片刻。更上至兜率寺,为此山最高处,寺颇宏大,视玉虚观可广四五倍,就西院东厢止焉。检点行箧,安置笔砚,补写十七日以后日记。饭后草第三章成,又删改第十五条按语。睡两小时,天雨。傍晚与柳公讨论第二章及第三章,大略粗定。九时许睡。

闰六月二十六日

草宪法第四章。

闰六月二十七日

早起,草宪法第五章,易稿数回,伏案竟日。又与柳溪讨论第四章,修改文字,增加一条。傍晚就寺旁散步,柳公以日本宪法第三十一条余未经采入,颇有疑义。余固谓此条殊不可解,与其于第四章内采用此条,不如以大权事项昨列举所加尽之旨,酌采伊藤①及穗积诸人学说,明白规定,列入第一章之末,作为第二十条,柳公大以为然,因酌拟条文,彼此商定而罢。

闰六月二十八日

早起,写定宪草第四章,与柳公讨论第五章,阅有贺②氏大臣责任论。

闰六月二十九日

早起天阴,与柳公讨论第五章条文,略有修改。饭后,阅清水博士宪法。四时许下山,止接待庵。

宣统三年七月初一日

早起,自接待庵发。十一时许至琉璃河,乘汽车③,午后二时抵前门。即回寓。

---

① "伊藤",原文作"依藤"。又"伊藤"当指"伊藤博文"。
② "有贺",指法学家有贺长雄,曾到德国、奥匈留学,归国后任枢密院书记官。甲午战争和日俄战争中曾随日军到中国。辛亥革命后再来华,任袁世凯法律顾问。
③ "汽车",日语,指火车。

七月初二日

以宪草十六条颇多挂漏，思加修正，编检清水、织田①、美浓部②、上杉③诸氏著书阅之，酌拟条文，终苦不当。饭后到部，谒见桂大臣④，与巨六、尚之复核府厅州县地方自治收支章程及预算表式。

七月初三日

早起，冷水浴。补写日记。阅副岛⑤氏宪法论关于条约与立法关系，颇与余意见相合，即采其意，拟成条文。

七月初四日

早起，冷水浴。阅宪法各书。饭后诣柳溪，略述近日所见……拟改第三章第二十六条条文，参考各书。

七月初五日

以武英殿会议入内，将拟改十六条二项，又拟增之二十条，再与柳溪商定，呈两邸。两邸无异词，惟第二十条文义，细思终觉未妥。因请作为未定之稿，下届再商。先将第十条至第十五条清理，预备进呈。由瑶老督同书记官，明日在其家缮写。两邸又将第六条至第八条进呈原本宣示，内中按语经宸邸⑥删削不少，语极简当而条文一无更动。仰见睿鉴莹澈，无任欢怃。

---

① 织田，当为日本著名学者织田万，京都帝国大学教授、关西大学校长、立命馆大学校长。著有《法学通论》、《清国行政法》等。

② 美浓部达吉，日本著名法学家，曾留学欧洲，日本东京帝国大学教授。主张对天皇的权力应有限制，天皇只是国家行使统治权的机关，而主权应属于国民全体。他的多种著作被译为中文。

③ 上杉慎吉，日本著名法学家，穗积八束的学生，东京帝国大学教授，与他的老师一样，主张天皇是国家的主体，即天皇主权说，与美浓部达吉的观点论战。

④ 桂大臣，指接替善耆任民政部尚书的桂春。

⑤ 副岛，指日本学者副岛义一，曾留学德国，其著作《日本帝国宪法论》晚清即被翻译为中文，革命家宋教仁且曾给予评论。南京临时政府曾聘其为法制顾问。

⑥ 宸邸，当指摄政王载沣。

七月初六日

阅美浓部、副岛、上杉诸氏宪法书……三时许回寓，续阅各书，略有悟。与子函讨论良久。饭后手谈一局。连日钻研宪法，方寸萦回，跬步不忘，梦寐皆是，殊于身心无益，故欲藉手谈以遣之也。

七月初七日

晚得叙斋贝子书云，与隐坪商定以初九日午前十时会议，并属转致陈、李。随即复一缄。

七月初八日

以宪草续增第二十条疑义甚多，易滋误解，思有以易之。编检日本诸博士说，苦不得当。饭后李孟鲁来谈，知世相于本日奏请开缺，奉旨赏假一月，以李柳溪摄总裁，而以达稚甫摄副总裁①。得叙斋贝子书，以感冒改明日会议为十一日。

七月初九日

以柳溪摄资政院总裁，往贺。略谈纂拟事，定十八九日赴泰山登日观，接续前草。随又诣叙斋贝子一谈。回寓，饭。阅关于宪法各书。

七月十一日

以焕章殿会议，往赴。将第十条至第十五条正文及按语校勘装订。两邸定于明日进呈。料理竟日，至五时许而散（本日将增加第二十条之议作为罢论）。

七月十三日

柳溪来谈……将第三章参考条文面改，请加按语。

---

① 总裁、副总裁，指资政院总裁、副总裁。

晚阅美浓部博士译述"厄利纳克"①氏宪法变化论。末段述国会制度之缺点及代表主义之无用，精警透澈。以他人行之数十年而犹未惬意者，我乃方思学步，即一一摹拟惟肖，已不免为学人所嗤，况复袭其皮毛而遗其精意。欲以挽回颓运，岂可得哉。掩卷深思，百忧交集。

七月十六日

以谕旨诏告制敕，向来未有包括之名词，日本宪法第五十五条第二项所谓诏敕，盖即所以隐括各种者。普鲁士宪法谓之国王所发之公文书。一文一质，于中国均不合用。因思唐律所谓制书，殆即包举一切而言。亟求《唐律疏议》考之，殊不得确诂。五时许，访冈田博士，质以关于司法权解释之异同，亦颇不了了。冈田刑法专门，于其他公法未尝十分研究也……晚修改第六章（政府）及第七章（法院）正文。

七月十七日

写定第七章草案……晚研究大臣责任问题，以土耳其宪法于此事规定独详，反复审思，因悟彼宪法第三十五条之精意，窃思采用，撰拟条文，辗转不寐。

七月十八日

写定第六章草案。十时顷，诣焕章殿，恭阅第三批发还稿本。除删改按语外，又将第十二条第二项删去。余与柳溪商榷，此条似不可删，当即婉白两邸，俟将来面陈宸坐②。旋将第十六条至第十九条按语清出，由陈侍郎于明日监督誊真，预备进呈。并将第二、三章正文及按语呈两邸。三时半散。

七月二十日

以原拟宪草第三章（领土）未能明确，思加修正，语太浑，则近于循环，词过析则嫌于缍漏。易稿三四次，迄未惬心。与柳溪为登岱之约，本日发轫。饭

---

① 今译"耶利内克"（G. Jellineck），德国法学家。
② 宸坐，与前"宸邸"同，均指摄政王载沣。

后收拾行箧，赴西车场，柳溪亦来会。午后二时半车发，抵津，止大兄寓所（人和里）。

七月二十一日

早起，七时许与柳公同诣车场……自车中得读上谕，以川路风潮未定，宣示办法，有"朝廷不得已而用兵"之语。途中时雨时霁。午后八时许抵黄河，铁路代办、总办何子霄观察及提调朱旭初观察同渡河来迎。孙中丞亦闻信遣人致候。旋与两观察乘小蒸汽船共济，风雨交作。比抵南岸，大雨如注，冒雨登车，衣服尽湿。九时许抵济南，止督办行辕。

七月二十二日

七时顷登车……十时顷抵泰安……至岱庙略憩，饭罢登岱……入南天门……遂由天街上玉皇顶……早睡。

七月二十三日

（午）饭后，与柳公复核第五章条文，意见未能一致。将第三章（领土）修正。又草第八章（法律）成。

七月二十四日

阅副岛学士宪法论，参考关于预算各学说。日本宪法六十七条于议会预算协赞权限制颇严，初拟照此规定，则议会对于预算殆无自由修正之余地，似于事实不符。及细加考订，乃知其所谓既定岁出者，指上年预算所既定之额而言，非谓大权所定。自伊藤义解以及有贺、副岛、美浓部、市村光惠①、上野贞正及北鬼诸氏著书，均是如此解释。惟清水博士及都筑学士馨六②颇持异议，以为照此解释，于大权有非常之影响。因检穗积氏《宪法提要》阅之，于此独不及一语，盖博士亦未必如清水博士之极端主张也。

---

① 日本法学家，清末其著作《宪法要论》等被译成中文出版。
② 都筑馨六，法学博士，曾任文部次官、外务次官、贵族院议员、枢密顾问官。

七月二十五日

草会计一章，于既定岁出一条，采用伊藤诸人说，明白规定，以免将来论争。夜与柳公讨论改正宪法程叙。草附则三条。

七月二十六日

早起，天晴。与柳公商定政府及法院两章，改国务审判院为弹劾惩戒院。又将法律一章修改数处。

七月二十七日

修改法律章。参考各书。柳公对于会计一章颇有增损。傍晚以改正本未见示，余因就其意略加修饰，彼此商定而罢。晚饭后又商酌附则，修改字句为两条。

七月二十八日

早起。于附则复加修正，与柳公商榷定稿。全部凡八十六条一百十六项。

七月二十九日

……下山……往车场……七时许抵济南。

宣统三年八月初二日

九时快车赴京。十一时半抵前门。回寓。

八月初五日

晤瑶老。敬悉第四批宪草摄邸颇有删改。大抵以日本宪法为依据，不欲有所出入也。

八月初八日

将宪法草案清写一通。伏案竟日。

八月初九日

日本宪法第二章之意义，最为学者所聚讼，实则沿袭欧洲各国之历史，冀防止专制政府滥用权力之弊，于法理上无何等之关系也。我国制定宪法，尽可用概括主义，不必一一列举，转生误解。本日参考各书，根据法理，另拟概括的条文，当与柳溪熟商之。

八月初十日

叙斋贝子前蒙召见，奉谕进呈宪草，不必俟泽公销假（时以病痢请假），可接续办理。因约今日会议。将第三章缮齐，于明日进呈。午前十时须入内。本章条文于上月早经提出泽邸，嫌有语病，嗣于泰山与柳溪斟酌改订，本日呈贝子阅后，复专差封送泽邸。有顷，送还云："极妥。即照缮。"① 遂将按语酌改誊真，并由贝子填写正文，余与陈、李二公装订圈点。至四时许始散。

八月十一日

草宪法第四章按语，凡成六条。函送瑶老付写，并分送两邸。

八月十二日

午刻入内，瑶老已先到。二时许柳溪亦至。监督书记官钞写按语。余以第三十条文字尚欠清晰，拟加修正，与二公商酌，均无异议。四时许，按语清本写迄，校对无误，交瑶老收藏。约明日午后再集。旋散归。

八月十三日

第四章前六条定明日进呈。饭后入内，预备一切。叙斋贝子填写正文（第三十条照余所拟修正）。余与柳公装订圈点，已近五时，即出。

八月十六日

早起，冷水浴。草宪法第四章按语。

---

① 文中引号，为汪荣宝日记原文所有。

八月十七日

早起，冷水浴。续草第四章按语，凡六条。饭后封送陈侍郎。

八月十八日

（午后）四时许诣瑶老，适李柳溪在座。第四章按语已经清出，二公各无异词，惟删去一句。谈一时许。余携清稿诣伦邸。邸略有质询。七时许回寓。

八月二十日

（午）饭后阅云南保君廷樑所著《大清宪法论》，瑕瑜互见，足供参考……闻湖北兵变，武昌已陷，总督瑞澂退驻楚豫兵船中，提督张彪阵亡。

八月二十一日

饭后，以预备进呈宪草入内。仍由叙斋贝子填写正文（自三十二条至三十七条）。予与柳溪装订圈点。

八月二十六日

草宪法第四章按语。伏案竟日，成五条……晚间以按语函送瑶老。

八月三十日

饭后到焕章殿，会议第九次进呈稿本。两邸均无异议。遂分填正文，由隐邸装订，余施圈点。事迄已近五时，各散（此件定于初二日进呈）。

宣统三年九月十二日

往资政院，与同人商榷宪法信条。籍君忠寅持一院制说，而理由颇不贯澈。予起辨难，几致决裂。午刻，伦、泽两邸到院，述本日滦州军队电奏，对于初九日谕旨尚多不满，有荷戈西望，不胜迫切待命之至等语。并闻禁卫军亦与滦州联合，岌岌可危。又闻武昌有电到阁，请停战，惟其条件如何，尚不可知。审查情形，非将滦军要请各条立予决答，不足以救危急。余仍回起草室。同人已议定信条十九事，即付秘书厅誊写。随后两邸亦来演说纂拟始末及今后办法。同人力陈利害，请将宣布信条之事于明日奏陈，务定即日裁可，以安人心。两邸应允……忽议长持上谕，宣布将宪法交资政院起草。众欢呼。余未及散会，先行退出。

九月十三日

见本日上谕，所有本院具奏宪法信条，悉予裁可，立即颁布。朝廷如此让步，是亦可以已矣①。

十月初二日

以延鸿贝子生日，与仲和、润田相约往祝。午刻在陆宅会齐，同往入谈一小时。去年今日，为速开国会问题，余曾以书致贝子，力言五年说之非计。本日贝子谈及旧事，且出此书示仲和、润田，谓君等未尝负大清，大清实负君等耳。言之惨然。

北京大学图书馆馆藏稿本丛书编委会编辑：《北京大学图书馆馆藏稿本丛书》第一册，天津古籍出版社1987年出版

---

① 九月十八日至二十三日，汪荣宝一度携家眷到天津避乱。

改定官制回忆

——《曹汝霖一生之回忆》节选①

十七　修订官制袁宫保晋京

立法、行政、司法，三权独立，是近代立宪国之常规。中国现行官制，内阁几同虚设，行政权不能完全，司法又不能独立，财政则无预算，与现代立宪国官制、政治大相径庭。北洋大臣袁制军，以朝廷既颁布立宪诏书，预备立宪，推行宪政，现行官制，自应改订，以符立宪国之体制，奏请改订，奉旨允准。袁制军特到北京，住于海淀，并于西郊朗润园设修改官制馆，亲自主持，调京外知名之士三十余人为编修，新旧学者都有。以宝瑞臣（熙）为提调，余与衮父、仲和、闰生均与焉。余对此举，期望很深，以为有行宪希望。编修均宿于园中，以期克期蒇事，分司法、行政两部，各拟说帖，附以条例，由提调汇呈项城阅定，可见其对于此举之重视。揣项城之意，以朝廷既决意立宪，自应照立宪国成例，改为内阁制，其他不适用于现代之官署，亦应审核，应留应废，以利推行新政。岂知遭了瞿军机及满洲大员的疑忌，以为袁为自己布置，新内阁成立即为总理大臣，大权独揽，故对于各部九卿官制，应改应废之处，均顺利通过，独对于废军机处，改设内阁一条，即横生阻力，再三易稿，均不能同意。军机处本来成立于雍正西征之时，其时因内阁办事迂缓，故另设军机处，大臣可随时奏对，以期速应戎机，后因方便，政事亦渐归军机处，内阁等于虚设，沿袭至今。这种制度，何能适用于立宪国？故此次草案，以设责任内阁为行政重心，下设各部。总理大臣由钦派，惟须交国会通过，此为立宪国之常规。但亲王大臣等，对责任内阁多持

---

① 《曹汝霖一生之回忆》系曹汝霖晚年所撰回忆录，因为事隔多年，年事已高，其中有不准确之处，但曹氏为参加起草官制的官员之一，所忆清政府高层的分歧与矛盾，有一定参考价值，故节选收录。标题系编者所拟。

反对，只见宝瑞臣提调奔走忙碌，可想争论之剧烈。微闻反对之主张，以为政权操之总理，岂非成了独裁，又谓君权下移，流弊更甚等语。夫责任内阁，成为立宪国通例，总理权限，自有宪法规定，何能成为独裁。至君主之权，亦定之宪法，王大臣并此而不知，何能行立宪政治。其实目的，只恐项城为总理而已……

张之洞、袁世凯均内调为军机大臣，张兼体仁阁大学士（清制非正途出身不能拜相入阁），袁兼外务部尚书。铁良（宝臣）为陆军大臣，北洋两湖新军归陆军节制。枢臣与满大臣，皆如愿以偿。项城抱了改革政治热心而来，而所得者适得其反，乘兴而来，败兴而返。出京前夕，在北洋所设宴通请王公大臣，下及馆员，并演话剧，剧名"朝鲜烈士蹈海记"，寓有讽刺警惕之意。剧情大意，朝鲜顽固党争名夺利，与一烈士争论，烈士对顽固大臣，力说朝鲜不变法，即将亡国。顽固大臣只顾权利，不肯改革。有一大臣调停其间，一面劝烈士不宜鲁莽，一面劝大臣，强敌当前，若不变法，何以图存。大臣不听，后日本进兵，迫王退位，烈士痛哭流涕，演说一场，跳海而死。剧情切实现势，语语打动心弦，使听者惊心动魄。这出戏本名"朝鲜烈士殉国记"，演员个个精彩，讲的道地官话，穿的却是朝鲜服装。项城特演此剧，寓有深意，真能感动人心，观者听烈士演说完了，蹈海而死一场，有流涕者，不知王公大臣，看了作何感想。

改定官制后，将张袁两督内调，崇以空洞之荣衔，解除了实际之兵权，以新军统归陆军部节制。直隶总督，继以杨士骧，两湖总督，继以瑞澂，枢廷以为可以中央集权，疆臣可听命于中央矣。不知那时之王朝，譬之古老之大厦，基础已不稳固，全靠三支大柱（指刘坤一、张之洞、袁世凯）合力支持，自刘辞世，只剩两支，已感吃力，今并两支全撤，又无它力以扶持，而欲古老之大厦屹立无恙，其可得乎？袁氏此次抱有推行新政之决心，使朝廷变法维新，以挽救危局，岂知反遭满汉大臣之疑忌，连内阁制都不能行，何能立宪，从此灰心变志。

假使实行内阁制，予项城以实权，或可能挽救危局，维持清室，未可知也。此次修改官制，惟一收获，只是司法独立。至修改法律，早已成立法律馆，派沈家本、伍廷芳为正副总裁。沈为大清律例专家，为刑部当家侍郎。刑部必有一当家侍郎，上奏定罪，非当家侍郎核准不能上，但限于命案，此是慎重人命之意也。

又聘日本民法大家岩谷博士、刑法大家冈田博士为顾问（两博士兼教授进士馆)。刑法及刑事诉讼法草案,均已告成。新刑法已废止体刑及非法拷问,死刑改斩为绞,凌迟已废,流刑改为徒刑服役,不遣戍。商法已由商部订定颁行。讲到刑法有一插曲:当资政院成立后,依照立法程序,刑法法案提交资政院审查,经过三读,才算成立。惟对于奸非罪一章,新旧两派主张不同,新派主张强奸有罪,和奸无罪。旧派主张,和奸亦有罪,惟轻重不同;双方展开辩论甚烈。总之新派以人格立论,旧派以风化立论,辩论好久,终不能决。后以投票表决,主张新者,仅多二票,通过原案,可见其时一般人的心理。之后,又设立宪政编查馆,将考察宪政大臣携回的资料,都交宪政馆编查参考,以张南皮为总裁,网罗新旧名士为编纂,筹备立宪事宜,余所记者,有严璩、施愚、张一麐、顾鳌、吴向之、方枢、江庸、汪衮父、章仲和、陆闰生,余亦滥竽其间,仍以宝瑞臣为提调。张南皮每周开会,必亲自出席,携带家制四川豆腐脑一樽,菜碟四色,白干一壶,与馆员共餐,边饮边谈,谈笑风生。南皮身矮而声宏,银髯飘飘,道貌俨然,说话带四川音。他不喜用手续、取缔等字,见到这等字,指为外国语,即打一红杠。后看了选举法草案,此法于行宪最为重要,故编辑时,大家对于被选举人之资格,选举规律,监督选举种种,都照各国成法,防弊极严,甚至请客送礼,在所必禁,若用金钱贿选,定罪更重。南皮看了,掀髯笑道,诸君定法,真想得周密,中国初次立宪,人民对于选举,稍有越规亦是难免,连请吃饭亦算犯法,若照法认真执行,恐人民连投票也要视为畏途了。南皮的话,足见中国那时行宪之困难。他对选举法用公民两字,亦说是外国语,后改为选民,沿用至今。

　　我与汪衮父、章仲和、陆闰生四人,每逢新政,无役不从,议论最多,时人戏称为"四金刚"。宪政馆第一大事为起草宪法,公推李柳溪(家驹)、汪衮父为起草,另推若干人为参与,余亦为参与之一。柳溪与衮父都是新旧兼通之学者,他们两人特在红螺山赁一小寺,静心研究,参酌各国宪法,采用责任内阁制,总理钦派,阁员由总理遴请钦派,国会两院制,人民应享之权利,与各国宪法相同。另设枢密院,以位置旧人。

　　选自曹汝霖:《曹汝霖一生之回忆》,传记文学出版社,中国台北,1980年出版

十、主要参考文献目录

1. 档案及公报类

中国第一历史档案馆编：《光绪宣统两朝上谕档》，广西师范大学出版社，1996年影印出版。

中国第一历史档案馆编：《清代军机处电报档汇编》，中国人民大学出版社，2005年出版。

《宪政编查馆各项奏折》，共十四种，合订，不著印行者，应系当时宪政编查馆自印。藏中国社会科学院近代史研究所图书馆。

宪政编查馆编《政治官报》，光绪三十三年起宪政编查馆印行。

国家图书馆藏历史档案文献丛刊《清宪政编查馆奏稿汇订》，全国图书馆文献缩微复制中心，2004年7月。

《清末民初宪政史料辑刊》，北京图书馆出版社编辑，2006年影印出版。

《民政部奏折汇存》，2册，全国图书馆文献缩微复制中心，2004年影印出版。

故宫博物院明清档案部编：《清末筹备立宪档案史料》，中华书局，1979年出版。

（江苏）苏属地方自治筹办处印行《江苏自治公报》，宣统元年起印行。

2. 报刊类

（光绪三十二年至宣统三年）

《国风报》

《东方杂志》

《申报》

《大公报》

《时报》

《中国新报》

《法政杂志》

3. 文集类

端方：《端忠敏公奏稿》，民国七年上海印行。文海出版社影印本。

徐世昌：《退耕堂政书》，民国三年印行。文海出版社影印本。

锡良：《锡良遗稿》，中国科学院历史研究所第三所主编，中华书局，1959年出版。

杨寿枏：《云在山房类稿》、《苓泉居士自订年谱》，民国年间自印。中国社会科学院近代史研究所藏。

杨士骧：《杨文敬公奏议》，泗州杨氏1911年刻本。

赵炳麟：《赵柏岩集》，民国十一年全州赵氏铅印。

李兴盛、马秀娟主编：《程德全守江奏稿》，黑龙江人民出版社，1999年出版。

陈旭麓、顾廷龙、汪熙主编：《辛亥革命前后——盛宣怀档案资料选辑之一》，上海人民出版社，1979年出版。

4. 史料集类

朱寿朋编：《光绪朝东华录》（1-5册），中华书局，1958年出版。

5. 日记类

北京大学图书馆馆藏稿本丛书编委会编辑：《汪荣宝日记》，《北京大学图书馆馆藏稿本丛书》第一册，天津古籍出版社，1987年出版。

载泽：《考察政治日记》，上海商务印书馆，宣统元年六月印行。

戴鸿慈：《出使九国日记》，农工商部工艺局印刷科，光绪三十二年十二月印行。

图书在版编目（CIP）数据

清廷的预备仿行立宪／迟云飞编．— 太原：山西人民出版社，2020.6

（清末立宪运动史料丛刊／胡绳武主编）

ISBN 978-7-203-10392-9

Ⅰ．①清…　Ⅱ．①迟…　Ⅲ．①预备立宪-研究-中国-清后期　Ⅳ．①K257.507

中国版本图书馆 CIP 数据核字（2018）第 093739 号

清末立宪运动史料丛刊·清廷的预备仿行立宪（全4卷）

主　　编：	胡绳武
副 主 编：	牛贯杰　戴鞍钢
编　者：	迟云飞
责任编辑：	阎卫斌　郝文霞　武　静
特约编辑：	张彦彬　杜厚勤
复　　审：	秦继华
终　　审：	蒙莉莉
装帧设计：	谢　成
出 版 者：	山西出版传媒集团·山西人民出版社
地　　址：	太原市建设南路 21 号
发行营销：	0351-4922220　4955996　4956039　4922127（传真）
天猫官网：	https：//sxrmcbs.tmall.com　电话：0351-4922159
E-mail：	sxskcb@163.com　发行部
	sxskcb@126.com　总编室
网　　址：	www.sxskcb.com
经 销 者：	山西出版传媒集团·山西人民出版社
承 印 厂：	山西出版传媒集团·山西人民印刷有限责任公司
开　　本：	787mm×1092mm　1/16
印　　张：	124.5
字　　数：	2000 千字
版　　次：	2020 年 6 月　第 1 版
印　　次：	2020 年 6 月　第 1 次印刷
书　　号：	ISBN 978-7-203-10392-9
定　　价：	776.00 元（全 4 卷）

如有印装质量问题请与本社联系调换